PETER WATSON

Das Lächeln der Medusa

Buch

Fluch und Segen der Erkenntnis – »Das Lächeln der Medusa« beschreibt das Abenteuer des Denkens im 20. Jahrhundert aus einer besonderen Perspektive. Malerei und Physik, Philosophie und Wissenschaft, Literatur und Medizin, Architektur und Theater – im Jahr 1900 begann ein in jeder Hinsicht bemerkenswertes Zeitalter. Peter Watson hat jene Ideen und Entdeckungen (das Elektron, das Gen, das Unbewusste …) zusammengetragen, die alle bestehenden Weltbilder auf den Kopf stellten und für die folgenden hundert Jahre das wissenschaftliche, philosophische und kulturelle Nachdenken bestimmten. Er erzählt zudem die Geschichte der Menschen, die hinter diesen bahnbrechend neuen Erkenntnissen stehen.

»Präzise, eloquent und voller Begeisterung fasst Peter Watson das Leben und die Gedanken unzähliger Geistesgrößen aus nahezu jeder Disziplin zusammen. Bei ihm erscheinen Archäologie, Geschichts- und Wirtschaftswissenschaften ebenso schillernd wie Poesie, Musik und Astraltheorie. Sein unerschöpfliches Interesse ist ansteckend und weckt beim Leser die Lust auf mehr.«

Felipe Fernández-Armesto, The Times

Autor

Peter Watson, geboren 1943, studierte an den Universitäten von Durham, London und Rom. Er war stellvertretender Herausgeber von »New Science« und arbeitete vier Jahre lang für die »Sunday Times«. Er war Korrespondent in New York für die »Times« und schrieb für den »Observer«, die »New York Times«, »Punch« und »Spectator«. Er hat bisher dreizehn Bücher veröffentlicht und war an einigen TV-Produktionen zum Thema Kunst beteiligt. Seit 1989 ist er als Lehrbeauftragter am McDonald Institute for Archaeological Research der Universität Cambridge tätig.

Peter Watson

Das Lächeln der Medusa

Die Geschichte des modernen Wissens

Aus dem Englischen übertragen und bearbeitet von Yvonne Badal

GOLDMANN

Umwelthinweis:
Alle bedruckten Materialien dieses Buches
sind chlorfrei und umweltschonend.

3. Auflage
Vollständige Taschenbuchausgabe November 2003
Wilhelm Goldmann Verlag, München,
in der Verlagsgruppe Random House GmbH

Originaltitel: A Terrible Beauty
Originalverlag: Weidenfeld & Nicolson, London
Umschlaggestaltung: Design Team München
nach einer Idee von Richard Carr
Umschlagfotos: Popperfoto und Science Photo Library;
Penguin Books gab die freundliche Genehmigung
zu abgebildetem Buchumschlag
Druck und Bindung: GGP Media GmbH, Pößneck
KF · Herstellung: Sebastian Strohmaier
Printed in Germany
ISBN 978-3-442-15253-7

www.goldmann-verlag.de

»Denn wo viel Weisheit ist, da ist viel Grämens …«

Prediger Salomo

»Genau so können wir sagen, dass die Genies, die uns bekannt sind, sich allen Widrigkeiten zum Trotz durchgesetzt haben. Wer aber kann sagen, wie viel geniale Begabung in der Stille verkümmert ist, ohne die Mannesreife zu erreichen?«

Bertrand Russell

»ALL CHANGED, CHANGED UTTERLY:
A TERRIBLE BEAUTY IS BORN.«

W. B. Yeats

DEM UNBEKANNTEN LEKTOR

Dieses Buch ist all den namenlosen Lektoren der großen Werke gewidmet, über die in den folgenden Seiten zu berichten sein wird.

INHALT

VORWORT

Mitte der achtziger Jahre besuchte ich im Auftrag des Londoner *Observer* die Harvard University. Willard van Orman Quine führte mich herum. Es war Februar und der Boden mit Schnee und Eis bedeckt. Wir rutschten beide aus. Dass ich den größten lebenden Philosophen ein paar Stunden ganz für mich allein hatte, war eine seltene Ehre. Später, als ich anderen von dieser Begegnung erzählte, stellte ich zu meiner großen Überraschung fest, wie wenige von diesem Mann überhaupt je gehört hatten. Nicht einmal lang gedienten Kollegen vom *Observer* war er ein Begriff. Mit dieser Erkenntnis wurde dieses Buch gewissermaßen geboren. Ich hatte mir schon immer gewünscht, eine literarische Form zu finden, mit der ich das Schlaglicht auf Personen der Zeitgeschichte und jüngsten Vergangenheit lenken könnte, die sich um den heute so allgegenwärtigen Prominentenkult niemals scherten, aber deren Leistungen meines Erachtens häufig weit mehr Aufmerksamkeit gebührte.

Dann las ich um 1990 Richard Rhodes' *Die Atombombe oder Die Geschichte des 8. Schöpfungstages.* Dieses Buch, das ohne Frage den 1988 zuerkannten Pulitzer-Preis verdiente, liefert auf den ersten dreihundert Seiten einen unglaublich spannenden Bericht über die frühen Tage der Teilchenphysik. Zuerst kann man sich überhaupt nicht vorstellen, dass sich Elektronen, Protonen und Neutronen als Hauptdarsteller einer Geschichte eignen. Weder scheinen sie Kandidaten für Bestsellerlisten abzugeben, noch sind sie im oben genannten Sinne prominent. Doch Rhodes gelang es, sogar die schwierigsten Geschichten nicht nur verständlich, sondern auch fesselnd zu erzählen. Am Beginn des Buches schildert er, wie Leo Szilard 1933 an einer Ampel die Southampton Row in London überquert und ihm dabei zum ersten Mal die Idee von einer atomaren Kettenreaktion und damit einer Bombe mit unvorstellbaren Kräften in den Sinn kommt. Diese Szene ist ein kleines Meisterwerk. Sie führte mir beispielhaft vor Augen, wie man – bei ausreichender Begabung – sogar die trockenste und schwierigste Materie in höchst lesbare Geschichte verwandeln kann.

Gestalt anzunehmen begann dieses Buch dann allerdings erst nach langen Diskussionen mit meinem alten Freund und Kollegen W. Graham

Roebuck, Professor emeritus für Englisch an der McMaster University in Kanada, der nicht nur Historiker, sondern auch ein großer Theaterliebhaber und Experte für Literatur ist. Wir planten, *Das Lächeln der Medusa* gemeinsam zu schreiben. Zusammen wollten wir nach den großen prägenden Ideen des zwanzigsten Jahrhunderts Ausschau halten und deren Geschichten historisch zusammenhängend und nicht als Aneinanderreihungen einzelner Essays erzählen. Wir wollten mit narrativen Mitteln versuchen, die Funken des lebendigen Geistes dieses Jahrhunderts auf den Leser überspringen und all jene Menschen mitsamt ihren Fehlern und Rivalitäten wieder aufleben zu lassen, welche zu den geistigen Strömungen beitrugen, die aus den einflussreichsten Ideen des Jahrhunderts geboren worden waren. Zu meinem Leidwesen nahmen Professor Roebucks Verpflichtungen dann doch zu viel Zeit in Anspruch, um dieses Projekt gemeinsam verfolgen zu können.

Ihm habe ich am meisten zu verdanken, aber er ist bei weitem nicht der Einzige, dem ich Dank schulde. Für ein derart groß angelegtes Unternehmen mit so breit gestreuter Thematik wie *Das Lächeln der Medusa* brauchte ich den Sachverstand, die Autorität und die wissenschaftlichen Kenntnisse von vielen anderen – von Naturwissenschaftlern und Historikern, Malern und Ökonomen, Philosophen und Bühnenautoren, Filmregisseuren, Dichtern und zahllosen Experten auf den unterschiedlichsten Gebieten. Für ihre Hilfe und ihre Bereitschaft, oft ausgesprochen langwierige Korrespondenzen mit mir zu führen, möchte ich besonders folgenden Personen danken:

Konstantin Akinsha, John Albery, Walter Alva, Philip Anderson, R. F. Ash, Hugh Baker, Dilip Bannerjee, Daniel Bell, David Blewett, Paul Boghossian, Lucy Boutin, Michel Brent, Cass Canfield jr., Dilip Chakrabarti, Christopher Chippindale, Kim Clark, Clemency Coggins, Richard Cohen, Robin Conyngham, John Cornwell, Elisabeth Croll, Susan Dickerson, Frank Dikötter, Robin Duthy, Rick Elia, Niles Eldredge, Francesco Estrada-Belli, Amitai Etzioni, Israel Finkelstein, Carlos Zhea Flores, David Gill, Nicholas Goodman, Ian Graham, Stephen Graubard, Philip Griffiths, Andrew Hacker, Sophocles Hadjisavvas, Eva Hajdu, Norman Hammond, Arlen Hastings, Inge Heckel, Agnes Heller, David Henn, Nerea Herrera, Ira Heyman, Gerald Holton, Irving Louis Horowitz, Derek Johns, Robert Johnston, Evie Joselow, Vassos Karageorghis, Larry Kaye, Marvin Kalb, Thomas Kline, Robert Knox, Alison Kommer, Willi Korte, Herbert Kretzmer, David Landes, Jean Larteguy, Constance Lowenthal, Kevin McDonald, Pierre de Maret, Alexander Marshack, Trent Maul, Bruce Mazlish, John und Patricia Menzies, Mercedes Morales, Barber Mueller, Charles Murray, Janice Murray, Richard Nicholson, Andrew Nurnberg, Joan Oates, Patrick O'Keefe, Marc Pachter, Cathrine Palmer, Norman Palmer, Ada Petrova, Nicholas Postgate, Neil Postman, Lindel Prott, Colin Renfrew, Carl Riskin, Raquel Chang Rodriguez, Mark Rose, James Roundell,

John Russell, Gref Sarris, Chris Scarre, Daniel Schavelzón, Arthur Sheps, Amartya Sen, Andrew Slayman, Jean Smith, Robert Solow, Howard Spiegler, Ian Stewart, Robin Straus, Herb Terrace, Sharne Thomas, Cecilia Todeschini, Mark Tomkins, Marion True, Bob Tyrer, Joaquim Valdes, Harold Varmus, Anna Vinton, Carlos Western, Randall White, Keith Whitelaw, Patricia Williams, E. O. Wilson, Rebecca Wilson, Kate Zebiri, Henry Zhao, Dorothy Zinberg, W. R. Zku.

Besonders danken möchte ich meiner Übersetzerin Yvonne Badal.

Da so viele Geistesgrößen des zwanzigsten Jahrhunderts bereits nicht mehr leben, musste ich mich natürlich auch auf Bücher stützen, und zwar nicht nur auf die großen Jahrhundertwerke selbst, sondern oft auch auf Kommentare und Kritiken, die diese nach sich zogen. Ganz besondere Freude bei meinen Recherchen für *Das Lächeln der Medusa* bereitete es mir, vergessene Autoren, die aus unerfindlichen Gründen aus dem Rampenlicht verschwanden, obwohl sie meist nach wie vor Anregendes, Erhellendes und Relevantes mitzuteilen haben, wieder zu entdecken. Ich hoffe, der Leser wird in diesem Punkt meine Meinung teilen.

Da dies keine wissenschaftliche Publikation ist, wäre es nur störend gewesen, den Textfluss mit Verweisen zu unterbrechen. *Sämtliche* Zitate werden in den über dreitausend Referenzen im Anhang ausgewiesen. Die Autoren und Herausgeber von Werken, denen ich ganz besonders viel schulde, weil ich sie schamlos ausgebeutet, auf ein Minimum verkürzt und paraphrasiert habe, möchte ich an dieser Stelle jedoch gesondert anführen. In alphabetischer Reihenfolge sind dies:

Bernard Bergonzi, *Reading the Thirties*, 1978, sowie *Heroes' Twilight: A study of the Literature of the Great War*, 1980; Walter Bodmer und Robin McKie, *The Book of Man: The Quest to Discover Our Genetic Heritage*, 1994; Malcolm Bradbury, *The Modern American Novel*, 1983; Malcolm Bradbury und James McFarlane (Hg.), *Modernism: A Guide to European Literature 1890–1930*, 1976; C. W. Ceram, *Gods, Graves an Scholars*, 1951 (*Götter, Gräber und Gelehrte*, 1972), sowie *The First Americans*, 1971 (*Der erste Amerikaner*, 1991); William Everdell, *The First Moderns*, 1997; Richard Fortey, *Life: An Unauthorized Biography*, 1997 (*Leben. Die ersten vier Milliarden Jahre. Eine Biographie*, 1999); Peter Gay, *Weimar Culture*, 1969; Stephen Jay Gould, *The Mismeasure of Man*, 1986 (*Der falsch vermessene Mensch*, 1988); Paul Griffiths, *Modern Music: A Concise History*, 1994; Henry Grosshans, *Hitler and the Artists*, 1983; Katie Hafner und Matthew Lyon, *Where Wizards Stay Up Late: The Origins of the Internet*, 1998 (*ARPAkadabra oder: Die Geschichte des Internet*, 2000); Ian Hamilton (Hg.), *The Oxford Companion of Twentieth-Century Poetry in English*, 1994; Ivan Hannaford, *Race: The History of an Idea in the West*, 1996; Mike Hawkins, *Social Darwinism in European and American Thought: 1860–1945*, 1997; John Heidenry, *What Wild Ecs-*

tasy: The Rise and Fall of the Sexual Revolution, 1997; Robert Heilbroner, *The Worldly Philosophers: The Lives, Times and Ideas of the Great Economic Thinkers*, 1953; John Hemming, *The Conquest of the Incas*, 1970; Arthur Herman, *The Idea of Decline in Western History*, 1997 (*Propheten des Niedergangs. Der Endzeitmythos im westlichen Denken*, 1998); John Horgan, *The End of Science: Facing the Limits of Knowledge in the Twilight of Scientific Age*, 1996 (*An den Grenzen des Wissens. Siegeszug und Dilemma der Naturwissenschaften*, 2000); Robert Hughes, *The Shock of the New*, 1991; Jarrell Jackman und Carla Borden, *The Muses Flee Hitler: Cultural Transfer and Adaptation 1930–1945*, 1983; Andrew Jamison und Ron Eyerman, *Seeds of the Sixties*, 1994; William Johnston, *The Austrian Mind: An Intellectual and Social History 1848–1938*, 1972; Arthur Knight, *The Liveliest Art*, 1957; Nikolai Krementsov, *Stalinist Science*, 1997; Paul Krugman, *Peddling Prosperity: Economic Sense and Nonsense in the Age of Diminished Expectations*, 1995 (*Der Mythos vom globalen Wirtschaftskrieg. Eine Abrechnung mit den Pop-Ökonomen*, 1999); Robert Lekachman, *The Age of Keynes*, 1967; J. D. Macdougall, *A Short History of Planet Earth*, 1996 (*Eine kurze Geschichte der Erde. Eine Reise durch fünf Milliarden Jahre*, 1997); Bryan Magee, *Men of Ideas. Some Creators of Contemporary Philosophy*, 1978; Arthur Marwick, *The Sixties*, 1998; Ernst Mayr, *The Growth of Biological Thought*, 1982; Virginia Morrell, *Ancestral Passions: The Leakey Family and the Quest for Humankind's Beginnings*, 1995; Richard Rhodes, *The Making of the Atomic Bomb, 1986 (Die Atombombe oder Die Geschichte des 8. Schöpfungstages,*1988); Harold Schonberg, *The Lives of the Great Composers*, 1970; Roger Shattuck, *The Banquet Years: The Origins of the Avant-Garde in France 1885 to World War One*, 1955; Quentin Skinner (Hg.), *The Return of Grand Theory in the Social Sciences*, Cambridge, 1985; Michael Stewart, *Keynes and After*, 1967; Ian Tattersall, *The Fossil Trail*, 1995 (*Puzzle Menschwerdung*, 1997); Nicholas Timmins, *The Five Giants: A Biography of the Welfare State*, 1995; M. Weatherall, *In Search of a Cure: A History of Pharmaceutical Discovery*, 1990.

Das Lächeln der Medusa ist keine vollständige Geistesgeschichte des zwanzigsten Jahrhunderts – wer würde ein solches Projekt schon wagen! Dieses Buch ist nur eine wohl überlegte tour d'horizon aus der Sicht einer einzigen Person. Daher übernehme natürlich auch ich allein die Verantwortung für alle etwaigen Fehler oder Auslassungen. Mein Dank für ihre Bereitschaft, das ganze Manuskript oder Teile daraus zu lesen und Verbesserungsvorschläge zu machen, gilt Robert Gildea, Robert Johnston, Bruce Mazlish, Samuel Waksal und Bernard Wasserstein.

In *Humboldts Vermächtnis* (1975) schreibt Saul Bellow über seinen Titelhelden Von Humboldt Fleisher: »Er war ein wunderbarer Sprecher, ein hektischer Non-Stop-Monologist, ein unübertroffener Lästerer. Von

Humboldt verhackstückt zu werden, war tatsächlich eine Art von Auszeichnung. Es war, als sei man das Sujet eines zweinasigen Porträts von Picasso … Geld feuerte ihn immer an. Er sprach mit größter Wonne von den Reichen … Aber sein eigentlicher Reichtum war literarisch. Er hatte viele Tausende von Büchern gelesen. Er sagte, die Geschichte sei ein Albtraum, bei dem er versuche, gut und gesund zu schlafen. Schlaflosigkeit machte ihn noch gebildeter. In den frühen Morgenstunden las er dicke Bücher – Marx und Sombart, Toynbee, Rostowzeff, Freud.«[1] Das zwanzigste Jahrhundert *war* in vieler Hinsicht ein Albtraum. Doch inmitten all der selbstverschuldeten Tragödien der Menschheit erschufen Menschen Werke, die Humboldt – und nicht nur ihn – davor retteten, den Verstand zu verlieren. Sie sind das Thema dieses Buches, und ihnen sollte unser aller Dank gelten.

PETER WATSON *London, im Juni 2000*

EINFÜHRUNG

Die Evolution von Ideen

Kurz vor seinem Tod 1997 wurde der Oxforder Philosoph und Ideengeschichtler Sir Isaiah Berlin von seinem Biografen für die BBC interviewt und gefragt, was ihn in seinem langen Leben am meisten überrascht habe. Berlin, 1909 als Sohn eines jüdischen Holzhändlers geboren, hatte mit siebeneinhalb Jahren in der Familienwohnung über einer Keramikfabrik in Petrograd den Beginn der Februarrevolution miterlebt. Er antwortete: »Die einfache Tatsache, dass ich so friedlich gelebt und so viele Schrecken so glücklich überstanden habe.« Die Schuld, fügt sein Biograf an, »die ein Überlebender verspürt, trübt immer ein wenig sein generelles Glücksgefühl. Wie hätte er die Zeit der Finsternis vergessen können! Es war das ›schlimmste Jahrhundert‹ gewesen, ›das es jemals gegeben hat‹«.[1] Und doch, er hatte überlebt und er war glücklich. Das erschien Berlin ziemlich erstaunlich.

Als das Interview im Fernsehen ausgestrahlt wurde, befand ich mich gerade mitten in den Vorarbeiten für dieses Buch. Berlins Antwort elektrisierte mich. Alle konventionelleren Historiografien des zwanzigsten Jahrhunderts beschränkten sich aus durchaus verständlichen Gründen auf den uns allen vertrauten politisch-militärischen Kanon: die beiden Weltkriege, die russische Revolution, die Weltwirtschaftskrise in den Dreißigerjahren, Stalins Sowjetunion, Hitlers Deutschland, die Dekolonisierung, der Kalte Krieg. Es ist ein Katalog des Schreckens. Die von Hitler und Stalin oder in ihren Namen verübten Gräuel wurden bis heute nicht vollständig aufgearbeitet und werden es nun vermutlich auch nicht mehr – die Zahl der Getöteten ist sogar für ein Zeitalter zu hoch, das sich an wahrlich astronomische Zahlen gewöhnt hat. Und doch konnte jemand wie Berlin, der diese ganze Zeit miterlebt hat und dessen in Riga zurückgebliebenen Familienmitglieder sämtlich ermordet wurden, ein nach eigenen Worten »glückliches Leben« führen.

Deshalb lag mir vor allem daran, den Fokus meines Buches von den Ereignissen, die die konventionellen Geschichtsbücher üblicherweise behandeln – Politik, Militär, Staat –, auf Themen zu verlagern, die, wie ich zuversichtlich glaube, dazu beigetragen haben, dass das Leben eines Isaiah

Berlin trotz alledem so beeindruckend reich sein konnte. Die Schrecken der vergangenen hundert Jahre waren in vielen Teilen der Welt so gewaltig und sind so präsent geblieben im Bewusstsein der Nachwelt, dass konventionelle Historiker scheinbar kaum oder gar keinen Raum mehr für andere Themen sehen. In einer jüngst erschienenen, siebenhundert Seiten umfassenden Geschichte über das erste Drittel des zwanzigsten Jahrhunderts werden zum Beispiel mit keinem Wort die Relativitätstheorie oder Matisse erwähnt, es gibt keinen Mendel, Rutherford, Joyce oder Proust, keinen Satz über Orwell, Dubois, Margaret Mead, Spengler oder Virginia Woolf; es kommt kein Leo Szilard und kein Baekeland vor, kein James Chadwick oder Paul Ehrlich, kein Sinclair Lewis und damit auch kein Babbitt.[2] Und dies ist längst nicht das einzige Geschichtsbuch mit solchen Mängeln. Darum möchte ich auf den folgenden Seiten versuchen, die Dinge ins Lot zu rücken und mich auf all jene intellektuellen Ideen zu konzentrieren, die das zwanzigste Jahrhundert nicht nur entscheidend geprägt, sondern, wie Isaiah Berlin es empfand, auch einzigartig bereichert haben.

Mit dieser thematischen Begrenzung möchte ich allerdings keinesfalls suggerieren, dass das zwanzigste Jahrhundert weniger katastrophal gewesen sei, als es die konservativere Geschichtsschreibung darstellt. Mir geht es dabei nur um die Betonung, dass dieses Jahrhundert von wesentlich mehr als Krieg bestimmt war. Auch liegt mir fern, bekämpfen zu wollen, dass politische oder militärische Fragen keiner intellektuellen oder intelligenten Behandlung bedürften – das wäre wahrlich falsch: Der Versuch der Politik, Philosophie und Theorien über die menschliche Natur in praktische Regierungsarbeit einfließen zu lassen, schien mir immer zu den anspruchsvolleren intellektuellen Aufgaben zu gehören; und militärische Vorgänge, bei denen das Leben Einzelner wie nirgends sonst auf dem Spiel steht und Menschen ganz unvermittelbar miteinander konfrontiert werden, stehen der Politik an Bedeutung gewiss in nichts nach. Doch nachdem ich bereits eine Menge konventioneller Geschichtsbücher gelesen hatte, suchte ich endlich eines, das anders angelegt wäre, das mehr anbieten würde. Aber ich fand es nicht.

Wenn man sich einmal von dem schrecklichen Elend abwendet, in das der Mensch den Menschen im zwanzigsten Jahrhundert immer wieder gestürzt hat, und wenn man den Blick von all den Gräueltaten in jedem Jahrzehnt löst, dann entdeckt man plötzlich, dass es einen grundlegenden intellektuellen Trend gab, der sich wie ein roter Faden durch das ganze Jahrhundert zog. Man erkennt, welche geistige Strömung sich am Ende als interessanteste, dauerhafteste und fundamentalste entpuppte – nämlich die Tatsache, dass die Naturwissenschaften zunehmend mehr Akzeptanz fanden. Und das brachte ausgesprochen tief greifende Veränderungen mit sich. Denn zu den naturwissenschaftlichen Erfolgen gehörte ja nicht nur die Erfindung neuer Produkte von so großer Bandbreite, dass sie unser aller Leben veränderten, dazu gehörte auch, dass sie beeinflussten, was wir denken und *wie* wir denken. Der französische Anthropologe Claude Lévi-Strauss stellte sich 1988 den Fragen des Wissenschaftspublizisten Didier Eribon. Das Gespräch wurde unter dem Titel *Das Nahe und das Ferne* veröffentlicht:

»D. E.: Behält die Philosophie in Ihren Augen einen Rang in der Welt von heute?

C. L.-S.: Sicherlich, aber unter der Bedingung, dass sie ihre Reflexion auf die laufende wissenschaftliche Forschung und deren Ergebnisse stützt ... Doch die Philosophen können sich nicht ungestraft von einer Wissenschaft absondern und isolieren, die nicht nur unsere Sicht des Lebens und der Welt ungeheuer erweitert und umgestaltet, sondern auch die Regeln der Funktionsweisen des Denkens umgestürzt hat.«[3]

Genau um den Umsturz dieser Regeln wird es im vorliegenden Buch gehen.

Kritiker mögen behaupten, dass sich das zwanzigste Jahrhundert hinsichtlich seines Verhältnisses zu den Naturwissenschaften nicht vom neunzehnten oder achtzehnten Jahrhundert unterschied und im Prinzip nur ein Reifungsprozess von Gedanken stattgefunden habe, die bereits viel früher gedacht wurden, etwa von Kopernikus oder Francis Bacon. Bis zu einem gewissen Grad stimmt das auch. Doch es lassen sich zumindest drei Aspekte hervorheben, die dafür sorgten, dass sich das zwanzigste Jahrhundert wesentlich vom neunzehnten oder gar früheren Jahrhunderten unterschied. Erstens waren die Naturwissenschaften vor hundert Jahren, gar nicht zu sprechen von früheren Zeiten, noch völlig unvernetzte, einzeln vor sich hin arbeitende Disziplinen, die obendrein längst noch nicht zu den grundlegenden Fragen vorgedrungen waren. Dalton beispielsweise hatte Anfang des neunzehnten Jahrhunderts die Existenz des Atoms zwar vermutet, doch niemand war damals auch nur annähernd in der Lage, eine solche Struktur zu identifizieren oder gar zu beschreiben. Erst den Naturwissenschaften des zwanzigsten Jahrhunderts gelang es, den »Fluss der Erkenntnis« (um John Maddox' Begriff aufzugreifen) zu einem Strom anschwellen zu lassen und buchstäblich eine *fundamentale* Erkenntnis nach der anderen zu gewinnen, sei es in der Physik, der Kosmologie, Geologie, Biologie, Paläontologie, Archäologie oder Psychologie.[4] Und es mutet wie einer jener seltsamen historischen Zufälle an, dass die meisten dieser grundlegenden Entdeckungen, beispielsweise das Elektron, Gen, Quant oder das Unbewusste, im oder um das Jahr 1900 gemacht wurden.

Der zweite Aspekt, durch den sich das zwanzigste Jahrhundert von vorangegangenen Jahrhunderten unterschied, war, dass sich unterschiedliche Forschungsgebiete – alle bereits erwähnten plus Anthropologie, Geschichte, Genetik und Linguistik – immer enger zu vernetzen begannen, um auf überzeugende Weise eine einzige, kohärente Geschichte über die Natur zu erzählen. Bei dieser »großen Geschichte« geht es um nicht weniger als die Evolution des Universums, unserer Erde, ihrer Kontinente und Ozeane, um den Ursprung allen Lebens und die Bevölkerung unseres Planeten, mitsamt der Entwicklung aller unterschiedlichen Rassen und den auf ihnen beruhenden Zivilisationen. Das Fundament und der Rahmen dieser Geschichte ist der Evolutionsprozess. Sogar 1996 noch nannte der amerikanische Philosoph Daniel Dennett Darwins Idee der Evolution »die beste Einzelidee aller Zeiten«.[5] Im Jahr 1900 fanden Hugo de Vries, Carl Correns und Erich Tschermack – nachdem sie die Aufzeichnungen des Benediktinermönchs Gregor Mendel über seine Zuchtexperimente mit Erbsen wieder entdeckt und überprüft hatten – eine Erklärung, wie Darwins Idee auf individueller Ebene funktionieren könnte, und öffneten damit unendlich vielen wissenschaftlichen (ganz zu schweigen von philosophischen) Aktivitäten Tür und Tor. Solchen sehr realen Beispielen ist es zu verdanken, dass ich die Evolution durch natürliche Auslese in diesem Buch nicht nur als eine Theorie des neunzehnten, sondern auch als eine des zwanzigsten Jahrhunderts darstellen werde.

Der dritte Aspekt, in dem sich das zwanzigste Jahrhundert aus wissenschaftlicher Sicht von früheren Zeiten unterschied, bezieht sich auf das Reich der Psychologie. Roger Smith nannte es einmal das psychologische Zeitalter, das Jahrhundert, in dem das Ich privatisiert wurde, während die öffentliche Sphäre – jener wichtige Bereich, in dem politische Aktion zum Wohle der Allgemeinheit stattfindet – aus dieser Sicht relativ unbesetzt blieb.[6] Der Mensch begann eine in ihren Ausmaßen bis dahin undenkbare Nabelschau zu betreiben; parallel dazu sorgten der Niedergang von organisierten Religionen und der Aufstieg des Individualismus dafür, dass sich dieses Jahrhundert tatsächlich auch anders *anfühlte* als die vorangegangenen.

Zu Beginn sprach ich von einer wachsenden Akzeptanz der Naturwissenschaften. Was ich damit vor allem meinte – abgesehen von den naturwissenschaftlichen Fortschritten selbst, die sich den Menschen ja geradezu aufdrängten –, ist, dass verschiedene andere Disziplinen, Denkmodelle, Methoden und Vorgehensweisen auf die Naturwissenschaften *reagiert,* sich ihnen angepasst haben, sie ganz einfach nicht ignorieren konnten. Viele Strömungen, sogar in der bildenden Kunst – Kubismus, Surrealismus, Futurismus, Konstruktivismus, selbst das Abstrakte –, waren Antworten auf naturwissenschaftliche Erkenntnisse (oder das, was die Künstler dafür hielten). Und auch Schriftsteller wie Joseph Conrad, D. H. Lawrence, Marcel Proust, Thomas Mann, T. S. Eliot, Franz Kafka, Virginia Woolf oder James Joyce – um nur einige zu nennen – wussten, was sie Darwin, Einstein, Freud und all den anderen schuldeten. Die Musik und der moderne Tanz waren unübersehbar von Atomphysik und Anthropologie beeinflusst (was nicht zuletzt Schönberg selber eingestand). Der Ausdruck »elektronische Musik« spricht für sich. Ob in den Rechtswissenschaften, der Architektur, Religion, den Erziehungswissenschaften, Wirtschaftswissenschaften oder bei der Organisation von Arbeit, überall haben sich die Erkenntnisse und Methodologien der empirischen Wissenschaften als unverzichtbar erwiesen.

Von besonderer Bedeutung in diesem Kontext ist die Geschichtsforschung, denn während sich die Naturwissenschaften unmittelbar darauf auswirkten, wie und worüber Historiker schrieben, schritt die Geschichte voran. Noch heute dreht sich eine der großen Historikerdebatten um die Frage, auf welche Weise sich Geschichte entfaltet. Eine Denkschule behauptet, dass es immer die »großen Männer« sind, die den größten Einfluss auf den Fortgang der Dinge haben, dass die Entscheidungen der Mächtigen immer die bedeutendsten Veränderungen im Weltgeschehen wie bei den Geisteshaltungen nach sich zögen. Andere vertreten die Meinung, dass wirtschaftliche und kommerzielle Einflüsse immer den entscheidenden Wandel herbeiführen, indem sie die Interessen bestimmter Klassen innerhalb der Gesellschaft fördern.[7] Bei der Betrachtung des zwanzigsten Jahrhunderts scheint es natürlich auf der Hand zu liegen, dass »große« Männer wie Stalin und Hitler in der Tat entscheidenden Einfluss auf das historische Geschehen ausübten. Andererseits aber wurden die Geschicke in der zweiten Hälfte des Jahrhunderts von der Existenz der Wasserstoffbombe beherrscht – und könnte man wirklich behaupten, dass irgendeine Einzelperson, »groß« oder nicht, allein dafür die Verantwortung trug? Natürlich nicht. Meiner Meinung nach ist es eher so, dass wir zurzeit einen Umbruch erleben, der uns in mehr als nur einer Hinsicht vor einen Kreuzweg führt. Unsere alten Erklärungen für gesellschaftliche Entwicklungen – große Männer oder ökonomische Faktoren als »Motor« von sozialer Bewegung – sind überholt. Es gibt einen neuen Motor, und das sind die Naturwissenschaften.

Einen Aspekt der Naturwissenschaften finde ich besonders erfrischend, nämlich dass sie nicht wirklich planbar sind. Ihrer ureigensten Art nach können sie niemals in eine spezifische Richtung gezwungen werden. Ihr notwendigerweise offener Charakter (ungeachtet all der geheimen Forschungen während des Kalten Krieges oder in den kommerziellen Labors) garantiert, dass bei diesem vielleicht wichtigsten menschlichen Unterfangen geistige Demokratie herrscht. Auch finde ich es auch ausgesprochen ermutigend, dass die Naturwissenschaften nicht nur kraftvolle Werkzeuge für neue Erkenntnisse sind, die dann ebenso politisch bedeutend wie intellektuell stimulierend sein können, sondern mittlerweile auch zu einer wichtigen gesellschaftlichen *Metapher* wurden: Um erfolgreich zu sein, um voranzukommen, muss die Welt offen, unendlich modifizierbar und absolut unvoreingenommen sein. So gesehen sind die Naturwissenschaften gleichermaßen von moralischem wie von geistigem Gewicht – ein Punkt, dem nicht jeder zustimmt.

Ich möchte nicht den Eindruck erwecken, als gehe es in diesem Buch ausschließlich um Wissenschaft, denn das wäre falsch; trotzdem sollen in dieser Einführung auch zwei philosophische Auswirkungen der Naturwissenschaften im zwanzigsten Jahrhundert erwähnt sein. Erstens Technologie: Technologische Fortschritte gehören zu den greifbarsten Früchten der Naturwissenschaften, aber ihre philosophischen Konsequenzen wurden nur allzu gerne übersehen. Natürlich bieten sie keine universellen Lösungen für die Conditio humana an, vergleichbar den Versprechungen der meisten Religionen und auch so mancher Politiker. Die Naturwissenschaften betrachten die Welt immer nur in Teilmengen und immer pragmatisch; und auch die Technologie deckt immer nur Teilbereiche ab und verschafft dem Individuum innerhalb dieser dann mehr Kontrolle über bestimmte Aspekte des Lebens und/oder größere Freiheit (Handy, Laptop, die Pille). Nun wird sicher nicht jeder »Gadgets« oder technische »Spielereien« für eine angemessene philosophische Antwort auf das große Dilemma der Entfremdung halten. Trotzdem möchte ich hier behaupten, dass sie es sind.

Der andere Hinblick, in dem die Naturwissenschaften philosophisch von Bedeutung sind, ist wahrscheinlich der wichtigste, gewiss aber der umstrittenste. Ende des zwanzigsten Jahrhunderts wurde immer deutlicher, dass wir in eine Periode des rapiden Wandels eintreten, was die Evolution von Wissen selbst betrifft: Die Akkumulation von empirischem Wissen zieht keine parallelen Fortschritte in den Geisteswissenschaften mehr nach sich. Einige werden nun argumentieren, dass ein solcher Vergleich unsinnig sei, dass geisteswissenschaftliche Forschung wie schöngeistige Betätigung, die des kreativen, imaginativen, intuitiven und instinktiven Wissens bedürfen, niemals auf vergleichbare Weise kumulativ sein können wie die Naturwissenschaft. Darauf gibt es meiner Meinung nach zwei Antworten. Erstens, das ist falsch. Denn in gewisser Weise *ist* jede schöngeistige und geisteswissenschaftliche Aktivität kumulativ. Der Philosoph Roger Scruton hat das in seinem jüngsten Buch sehr schön formuliert: »Originalität«, schrieb er, »ist nicht der Versuch, auf Teufel komm raus Aufmerksamkeit zu erregen, zu schockieren und aufzuwühlen, um jede Konkurrenz weltweit auszustechen. Die originellsten Kunstwerke sind meist geniale Umsetzungen eines vertrauten Vokabulars... Originell werden sie nicht durch das Verhöhnen von Althergebrachtem oder durch rüde Attacken gegen die Erwartungen des Establishments, sondern durch das Element der Überraschung, mit dem sie die Formen und das Repertoire einer Tradition umgeben. Ohne Tradition kann Originalität nicht existieren, denn wahrnehmbar wird sie immer nur im Gegensatz zur Tradition.«[8] Dies kommt dem sehr nahe, was Walter Pater im neunzehnten Jahrhundert »die Wunden der Erfahrung« genannt hat: Um zu erkennen, was neu ist, muss man erst einmal wissen, was vorausging. Anderenfalls riskiert man immer nur Neuauflagen des bereits Bestehenden und dreht sich ständig im konventionellen Kreis. Das Auseinanderdriften der geisteswissenschaftlichen Disziplinen im zwanzigsten Jahrhundert entpuppte sich in vielen Fällen als Obsession des Neuen allein um des Neuen willen, aber nicht als Originalität, die auf dem aufbaut, was wir bereits erkannt und worauf wir uns geeinigt haben.

Die zweite Antwort bezieht ihre Überzeugungskraft aus dem additiven Charakter der Naturwissenschaften – sie können nur kumulativ sein, weil spätere Erkenntnisse vorangegangene grundsätzlich modifizieren und damit ihre Glaubwürdigkeit verstärken. Das gehört zum Wesen von Naturwissenschaft. Eine Konsequenz daraus scheint mir zu sein, dass Humanwissenschaften im zwanzigsten Jahrhundert in einem mit keinem Ereignis des neunzehnten oder irgendeines früheren Jahrhunderts vergleichbaren Maße von den Naturwissenschaften überholt und übernommen wurden. Vor hundert Jahren konnten Autoren wie Hugo von Hofmannsthal, Friedrich Nietzsche, Henri Bergson oder Thomas Mann noch hoffen, eine Aussage über die Conditio humana zu machen, die dem damals herrschenden naturwissenschaftlichen Verständnis etwas entgegenzusetzen hatte. Dasselbe gilt für Wagner, Brahms, Monet oder Manet. Die Familie von Max Planck (siehe Kapitel 1) im Deutschland der Jahrhundertwende betrachtete geisteswissenschaftliche Erkenntnisse beispielsweise noch als durchweg überlegenes Wissensgut (und die Plancks waren da sicher keine Ausnahme). Könnte man das auch heute noch behaupten? Die Humanwissenschaften haben immer die sozialen Realitäten reflektiert, deren Teil sie waren und sind. Nur, im Verlauf der letzten hundert Jahre gelang ihnen das mit immer weniger Überzeugungskraft.[9]

Viel wurde über den Modernismus als Reaktion auf die befremdliche urbane Welt des späten neunzehnten Jahrhunderts geschrieben, als Antwort auf die Flüchtigkeit von Begegnungen, auf den menschenverachtenden Industrialismus und auf ein nie da gewesenes Elend. Doch mindestens so wichtig, vielleicht sogar noch wichtiger als die Reaktion auf die Technologien und ihre gesellschaftlichen Folgen war die modernistische Antwort auf die Naturwissenschaften *per se*. Viele Aspekte von naturwissenschaftlichen Erkenntnissen im zwanzigsten Jahrhundert – Relativität, Quantentheorie, Atomtheorie, symbolische Logik, stochastischer Prozess, Hormone, Nahrungsergänzungsmittel (Vitamine) – sind oder waren zum Zeitpunkt ihrer Entdeckung ziemlich schwer zu verstehen. Meines Erachtens hat sich nun gerade diese Tatsache, nämlich dass ein so großer Teil der modernen Naturwissenschaften so schwer verständlich ist, nachteilig auf die Geisteswissenschaften ausgewirkt. Vereinfacht ausgedrückt heißt das, Geisteswissenschaftler haben eine Auseinandersetzung mit den meisten (ich betone: meisten) Naturwissenschaften schlicht vermieden. Eine Folge davon wird gegen Ende dieses Buches besprochen werden: der Aufstieg von John Brockmans so genannter »dritter Kultur« – eine Verbeugung vor C. P. Snows Idee der wettstreitenden »Zwei Kulturen«, der Kultur der literarisch gebildeten Intellektuellen und der Kultur der Naturwissenschaftler.[10] Brockmans dritte Kultur bezieht sich auf eine neue Generation (amerikanischer) Naturwissenschaftler, die sich unmittelbar an die Öffentlichkeit wendet und somit die Naturwissenschaften in eine »öffentliche Kultur« verwandelt. Vertreten wird sie vornehmlich von Physikern und Biologen – jenen Forschern also, die heutzutage am ehesten in der Lage sind, neue Einschätzungen vorzunehmen –, welche die Menschheit und ihren Platz im Universum aus dem Blickwinkel einer neuen Art von Naturphilosophie betrachten. Mir scheint dieser Ansatz jedenfalls eine Möglichkeit darzustellen, die Evolution von Wissensformen messbar zu machen. Und genau das ist die zentrale Botschaft dieses Buches.

Dem deutschen Leser wird ein anderer roter Faden durch dieses Buch und vor allem seine ersten Kapitel vertraut sein, nämlich die Tatsache, dass die deutschsprachige Welt zu Beginn des zwanzigsten Jahrhunderts die intellektuell bei weitem fruchtbarste war. Man braucht nur einmal die folgende Liste zu betrachten: Im Bereich der Physik gab es Namen wie Max Planck, Albert Einstein, Ernst Mach, Werner Heisenberg, Erwin Schrödinger, Wolfgang Pauli, Max Born, Arnold Sommerfeld; auf dem Gebiet der Mathematik David Hilbert, Gottlob Frege, Richard Courant, Rudolf Carnap, Kurt Gödel; in der Medizin und Biologie Paul Ehrlich, Konrad Lorenz, Karl von Frisch; in der Musik Richard Strauss, Gustav Mahler, Arnold Schönberg, Alban Berg, Anton von Webern, Kurt Weill; am Theater Max Reinhardt, Erwin Piscator, Bertolt Brecht; in der Literatur Arthur Schnitzler, Hugo von Hofmannsthal, Rainer Maria Rilke, Thomas Mann, Robert Musil, Franz Kafka, Karl Kraus, Stefan Zweig; im Bereich der Ökonomie und Soziologie Max Weber, Ernst Simmel, Werner Sombart; in der Philosophie Friedrich Nietzsche, Martin Heidegger, Karl Jaspers, Edmund Husserl, Franz Brentano, Oswald Spengler, Ludwig Wittgenstein, den Wiener Kreis; in der Psychologie Sigmund Freud, Richard von Krafft-Ebing, Carl Jung, Alfred Adler; in der Architektur Otto Wagner, Adolf Loos, das Bauhaus; und in der Malerei Max Liebermann, Gustav Klimt, Ludwig Kirchner, Emil Nolde, George Grosz, Otto Dix, Paula Modersohn-Becker. Ganz ohne Frage, es war eine ruhmreiche Epoche.

Dann kam Hitler. Nach dem Zweiten Weltkrieg konnte Deutschland zwar seine Vorherrschaft auf dem kommerziellen und industriellen Sektor wieder herstellen, doch in der Kunst, in den Geistes- und in den Naturwissenschaften gewann es seine alte Führungsrolle noch nicht wieder zurück. Die Vereinigten Staaten, und in geringerem Maße auch Großbritannien, profitierten von der Einwanderung der deutschsprachigen Intellektuellen nach dem Aufstieg der Nationalsozialisten in den Dreißigerjahren; umgekehrt wurde aus dem Deutschland der Nachkriegszeit vermutlich gerade deshalb das Land, das es heute ist, weil Handel und Industrie weniger mit der Psychologie eines Volkes verknüpft sind als die Künste und die Wissenschaften, und natürlich auch, weil seine Teilung bis 1989 eine tiefe Wunde gerissen hatte. Aber gewiss hat bei allem eine Rolle gespielt, dass Juden nur in den ersten Jahrzehnten des zwanzigsten Jahrhunderts auf allen schöpferischen Gebieten in Deutschland so präsent waren.

Doch welche Gründe man dafür auch angeben mag, Fakt bleibt, dass sich das intellektuelle und künstlerische Profil der deutschen Republik vor 1933 und des Deutschland von heute deutlich unterscheidet. Man kann nur hoffen, dass das Land nun, nachdem seine Wunde endlich verheilt ist, wieder zu seiner einstigen glanzvollen geistigen Kultur zurückfinden wird. Denn das wäre ganz und gar nicht nur im deutschen Interesse – die Zusammenhänge zwischen offener Demokratie und dem Entstehen von kreativen Ideen gehen uns alle etwas an. Auf dieses Thema werde ich im Schlusskapitel genauer eingehen.

*

Ich wiederhole noch einmal, was ich bereits im Vorwort erwähnte: *Das Lächeln der Medusa* spiegelt nur die Betrachtungen eines einzelnen Menschen über die Geistesströmungen im zwanzigsten Jahrhundert. Anfänglich war die Bandbreite dieses Buches so groß, dass ich schließlich gezwungen war, äußerst selektiv bei der Materialauswahl vorzugehen. Bedauerlicherweise musste ich einige Themen praktisch ganz ignorieren. Beispielsweise wäre es mir sehr wichtig gewesen, den geistigen Folgen des Holocaust ein eigenes Kapitel zu widmen – ein Thema, das gewiss eine adäquatere Behandlung verdiente, vergleichbar etwa der, die Paul Fussell und Jay Winter den geistigen Folgen des Ersten Weltkriegs angedeihen ließen (siehe Kapitel 9). Obendrein hätte dieses Thema auch zu dem Kapitel gehört, welches Hannah Arendts Darstellung des Eichmann-Prozesses 1963 in Jerusalem behandelt. Aber auch die Errungenschaften eines Henry Ford und die Entwicklung des Fließbands, das so große Auswirkungen auf unser Leben hatte, hätten nach Meinung vieler einer eigenen Behandlung bedurft. Und natürlich hätte auch einer Persönlichkeit wie Charlie Chaplin, einem der ersten großen Stars der um die Jahrhundertwende neu geborenen Kunstform Film, Raum in diesem Buch gebührt. Doch am Ende mussten sich alle Entscheidungen dem Auswahlkriterium beugen, dass rein kulturelle Leistungen, die nicht zugleich intellektuelle Fortschritte darstellen, nicht berücksichtigt werden konnten. Mir blieb nichts anderes übrig, als sehr zögerlich auszusieben. Übergehen musste ich zum Beispiel auch das Fachgebiet der Statistik, obwohl erst durch dessen neue Versuchsanordnungen Schlussfolgerungen und Hypothesen möglich wurden, zu denen man auf anderen Wegen nie gelangt wäre. Es war Daniel Bell, der mich auf diese Tatsache aufmerksam machte, und ich bedaure wirklich, dass ich seinem Rat nicht folgen konnte. In einem Stadium meiner Vorbereitungen plante ich auch einen eigenen Abschnitt über Universitäten, und zwar nicht nur über die großen und bedeutenden Institutionen wie Cambridge, Harvard, Göttingen oder die kaiserlichen Fünf von Japan, sondern auch über so wichtige Einrichtungen wie Woods Hole, Scripps, Cern oder Akademgorok, die russische Wissenschaftsstadt. Außerdem hatte ich zunächst geplant, die Redaktionen von *Nature, Science, The New York Review of Books*, die Nobel-Stiftung und einige große Universitätsverlage zu besuchen, um über die aufreibende Arbeit in ihrem Geschäft zu berichten. Und schließlich gibt es auch noch die großartigen islamischen Bibliotheken der arabischen Welt, etwa in Tunesien, Ägypten oder dem Jemen. Alles sehr faszinierend, doch hätte ich all diese Themen einbezogen, hätten sich Umfang und Gewicht dieses Buches verdoppelt.

Eine besondere Freude beim Verfassen dieses Buches war – abgesehen von der guten Ausrede, endlich alle Werke lesen zu können, die ich mir schon seit Jahren parat gelegt hatte, oder mir die Zeit nehmen zu dürfen, bereits gelesene Bücher erneut zu lesen –, dass ich trotz all dieser Einschränkungen so viele Universitäten besuchen und so vielen Schriftstellern, Wissenschaftlern, Philosophen, Akademikern, Filmemachern und anderen Persönlichkeiten begegnen konnte, deren Wirken in diesem Buch eine Rolle spielt. In allen Fällen ging ich nach derselben Methode vor: Im Verlauf eines jeden Gesprächs, das üblicherweise mindestens drei Stunden dauerte, fragte ich mein Gegenüber, was ihrer oder seiner Meinung nach die drei wichtigsten Ideen des zwanzigsten Jahrhunderts auf dem jeweils eigenen Fachgebiet waren. Einige nannten bis zu fünf, andere machten sich nur für eine Idee stark. Bei drei Ökonomen, zwei von ihnen Nobelpreisträger, überlappten sich die Vorschläge so stark, dass sie am Ende von neun möglichen großen Ideen ständig vier zwischen sich hin- und herschoben.

Dieses Buch ist narrativ. Eine Möglichkeit, sich der geistigen Errungenschaften des zwanzigsten Jahrhunderts anzunähern, war, diese selber als den Versuch zu verstehen, die großartigste aller je »geschriebenen« Geschichten zu entschlüsseln. Deshalb sind die meisten Kapitel chronologisch »vertikal« strukturiert. Einige habe ich jedoch bewusst »horizontal« gegliedert: das erste Kapitel über das Jahr 1900; Kapitel 2 über das Wien der Jahrhundertwende und seine noch unausgegorenen Denkschulen des »halb-beschrittnen Wegs«; Kapitel 8 über 1913, das Jahr der Wunder; Kapitel 9 über die geistigen Folgen des Ersten Weltkriegs und Kapitel 23 über Sartres Paris. In diesen Kapiteln habe ich den Vorwärtsdrang der

Ideen verlangsamt, um auch noch andere, zeitgleiche Erscheinungen, manchmal sogar am selben Ort, genauer zu beleuchten. Hin und wieder wandte ich diese Methode aber auch nur deshalb an, weil sich die Geschichte ganz einfach so abgespielt hat. Ich hoffe, dass auch der Leser solche Momente des Verweilens schätzen wird.

Die vier Teile, in die der Text gegliedert ist, schienen mir durch jeweils eindeutig wahrnehmbare Befindlichkeitsveränderungen vorgegeben zu sein. Im ersten Teil habe ich zum Beispiel die Vorzeichen der Hypothese verkehrt, die von Frank Kermode in *The Sense of an Ending* (1967)[11] aufgestellt wurde. Insbesondere in der Erzählliteratur, schrieb Kermode, stellten die Art, in der eine Geschichte endet, und die Konkordanz ihres Endes mit dem, was voranging, immer einen fundamentalen Aspekt der menschlichen Natur dar, nämlich eine Möglichkeit, der Welt einen Sinn abzugewinnen. Zuerst hatten wir Engel – Mythen –, die ewig fortwirkten; dann die Tragödie und als jüngste Innovation schließlich die endlose Krise. Der erste Teil meines Buches basiert hingegen auf meiner Überzeugung, dass zu Beginn des zwanzigsten Jahrhunderts auf allen nur erdenklichen Gebieten – Physik, Biologie, Malerei, Musik, Philosophie, Film, Architektur, Transportwesen – das Gefühl herrschte, Neuland zu betreten, neue Geschichten mit einem jeweils ganz neuartigen Schluss erzählen zu können. Natürlich herrschte nicht nur Optimismus angesichts all der Umbrüche, die auf diesen Gebieten stattfanden, doch im Prinzip wurde überall in dieser Epoche das Neue *per se* als bahnbrechende Idee gefeiert. Dieses Empfinden hielt sich bis zum Ersten Weltkrieg.

Obwohl sich insbesondere Kapitel 9 mit den intellektuellen Konsequenzen des Ersten Weltkriegs befasst, zieht sich dieses Thema – das Unbehagen von Kulturen – durch den gesamten zweiten Teil. Man braucht nicht gleich alle Argumente zu teilen, die Freud 1931 in seiner Schrift *Das Unbehagen in der Kultur* aufstellte, um sich der Meinung anschließen zu können, dass in dieser Formulierung die Stimmung einer ganzen Generation zum Ausdruck kam.

Der dritte Teil spiegelt wieder eine ganz andere Befindlichkeit, nämlich eine viel optimistischere Einstellung, als sie in der Zwischenkriegszeit herrschte. In ihr kam vielleicht sogar das positivste Moment einer insgesamt positiv gestimmten Zeit zum Ausdruck: Im Westen (oder eher: in der nicht kommunistischen Welt) schienen liberalsoziale gesellschaftliche Entwicklungen plötzlich möglich. Einer der eher merkwürdigen Aspekte der Geschichte des zwanzigsten Jahrhunderts war sicher, dass der Erste Weltkrieg so viel Pessimismus freisetzte, während der Zweite Weltkrieg die gegenteilige Wirkung hatte.

Noch ist es zu früh, um sagen zu können, ob die den vierten Teil dieses Buches prägende Befindlichkeit, die man allgemein unter dem Begriff Postmoderne zusammenfasst, eines Tages als ein vergleichbarer Wendepunkt empfunden wird. Manche betrachten diese Stimmung schlicht als einen Epilog der Moderne; doch angesichts all der existierenden Vorzeichen, dass wir in eine Ära des postwestlichen und vielleicht sogar postwissenschaftlichen Denkens eintreten, könnte sich diese neue Befindlichkeit durchaus als ein noch weit radikalerer Bruch mit allem Vergangenen herausstellen als sämtliche vorangegangenen Neuorientierungen. Aber das muss sich erst noch erweisen. Wenn wir allerdings *tatsächlich* im Begriff sind, in ein postwissenschaftliches Zeitalter einzutreten (und da bin ich doch etwas skeptisch), dann wird dieses neue Jahrtausend einen Bruch erleben, der in seiner Radikalität bestimmt keinem Umschwung im Denken seit Darwins »bester Einzelidee aller Zeiten« nachstünde.

TEIL EINS

VON FREUD BIS WITTGENSTEIN:

Ein Neubeginn

I

Der gestörte Friede

Es gab keinen ersichtlichen Grund, weshalb das Jahr 1900 ein so besonderes werden sollte. Die Jahrhundertzählung ist eine gesellschaftliche Konvention: Der Mensch mag in den Begriffen von Jahrzehnten, Jahrhunderten oder Jahrtausenden denken – die Natur tut es nicht. Sie gibt ihre Geheimnisse peu à peu preis, jedenfalls uns Menschen, und auch das nur im Glücksfall. Außerdem war die Jahreszahl 1900 ohnedies für die meisten Menschen der Welt nur von geringer Bedeutung. Ein christliches Datum ist für viele Bewohner Afrikas, des amerikanischen Kontinents, Asiens oder des Nahen Ostens kaum von Relevanz. Dennoch *war* das Jahr, das der Westen als das eintausendneunhundertste zählte, ein nach allen Maßstäben ungewöhnliches Jahr. Im Geistesleben, das ja das Thema dieses Buches ist, gab es je einen Durchbruch auf vier sehr unterschiedlichen Gebieten zu vermelden; jeder bewertete die Natur und den Platz, den der Mensch in ihr einnimmt, auf faszinierende Weise neu, und jeder basierte auf so fundamental neuen Ideen, dass sich die geistige Landschaft mit einem Mal dramatisch veränderte.

Das zwanzigste Jahrhundert war knapp eine Woche alt, als am 6. Januar in Wien die Rezension eines Buches erschien, welches die Selbsteinschätzung des Menschen von Grund auf revidieren sollte. Als Erscheinungsdatum war das Jahr 1900 angegeben, und diese Rezension war tatsächlich der erste öffentliche Hinweis auf die Existenz dieser Studie, doch genau genommen war sie bereits im vorangegangenen November in Leipzig und Wien erschienen. Der Titel lautete *Die Traumdeutung,* und sein Autor war der vierundvierzigjährige, aus Freiberg in Mähren stammende jüdische Arzt Sigmund Freud.[1] Freud, ältestes von neun Geschwistern, war nach außen hin ein konventioneller Mensch. Er glaubte unbeirrbar an Werte wie Pünktlichkeit und bevorzugte Anzüge im englischen Stil, deren Stoffe seine Frau auszusuchen pflegte. Schon als ziemlich selbstbewusster junger Mann hatte er einmal gesagt, dass ihm der gute Ruf seines Schneiders ebenso viel bedeute wie der seines Professors.[2] Aber Freud war auch ein begeisterter Bergwanderer und suchtgeplagter Zigarrenraucher.[3] Hanns Sachs, Mitglied des inneren Zirkels und guter Freund, mit dem er

»in die Pilze« zu gehen pflegte (damals ein beliebter Zeitvertreib), schilderte einmal Freuds fein gemeißelte, bemerkenswert hohe Stirn und tief liegenden, stechenden Augen.[4] Doch es waren wohl weniger diese Augen als ihr Blick, der die Aufmerksamkeit von Freund wie Feind auf sich zog. So schrieb zum Beispiel Freuds Biograph Giovanni Costigan, es sei etwas Unstetes in diesem Blick gewesen – immer abwechselnd ein wenig Seelenschmerz, ein wenig Misstrauen und ein wenig Ablehnung.[5]

Dazu hatte Freud auch allen Grund. Seine Gepflogenheiten mögen zwar konservativ gewesen sein, seine heftig umstrittene *Traumdeutung* aber war für viele Wiener ein höchst schockierendes Buch. Auf ausländische Besucher wirkte die Kapitale der österreichisch-ungarischen Monarchie im Jahr 1900 liebenswürdig, wenn auch altmodisch: Das Stadtbild war dominiert vom Dom, dessen gotische Türme hoch über die barocken Dächer und verschnörkelten Fassaden der Stadt hinausragten; der Hof war längst in einer schwerfälligen Mischung aus Pomp und Müßiggang erstarrt und hielt sich noch immer sklavisch an die strenge spanische Hofetikette, die bis hin zur Platzierung des Tafelsilbers das gesamte höfische Leben regelte.[6] Und genau diese k. u. k. Welt mit all ihren Eigenarten war es, die bei Freud so großen Abscheu vor Wien auslöste. 1898 schrieb er, dass er das Leben dort miserabel finde, ohne jede Atmosphäre und für jeden hinderlich, der etwas Neues anpacken wollte.[7] Seine Verachtung galt vor allem den »achtzig Familien« Österreichs und der Überheblichkeit ihres Standes, ihren starren Umgangsformen und ihrem Schwarm von Beamten. Die Wiener Aristokratie hatte in der Tat so oft untereinander geheiratet, dass sie letztlich eine einzige große Familie bildete, deren Mitglieder sich vertraulich mit Spitznamen anredeten und sich gemeinsam die Zeit vertrieben.[8] Den Stephansdom nannte Freud den »abscheulichen Turm«, weil er für ihn das Symbol eines unterdrückerischen Klerikalismus war; und da er kein großer Musikliebhaber war, hatte er auch für die »frivolen« Walzer von Johann Strauß wenig übrig. So gesehen ist nicht schwer zu verstehen, weshalb er seine Stadt nicht mochte. Allerdings gibt es genügend Hinweise, dass seine so häufig geäußerte Abneigung gegen Wien auch wirklich gute Gründe hatte, selbst wenn er am 11. November 1918, dem Tag, an dem die Waffen des Ersten Weltkriegs schwiegen und die Doppelmonarchie der Vergangenheit angehörte, notierte, dass er in keinem anderen Land leben wolle und Emigration für ihn nicht in Frage komme. Ihr zog er sogar vor, was von der Monarchie übrig geblieben war. [9]

Doch es gab einen Aspekt des Wiener Lebens, dem Freud nicht entrinnen und dem gegenüber er auch kaum ambivalente Gefühle haben konnte – der Antisemitismus. Je mehr die jüdische Bevölkerung der Stadt angewachsen war – von 70000 im Jahr 1873 auf 147000 im Jahr 1900 –, desto stärker bekamen ihn die Juden zu spüren. Im Wien der Jahrhundertwende war Antisemitismus schließlich so virulent geworden, dass es sich praktisch jeder erlauben konnte, wie es in einem Bericht hieß, seinen jüdischen Arzt als »Judensau« zu beschimpfen.[10] Der Antisemit Karl Lueger, der einmal vorgeschlagen hatte, alle Juden auf Schiffe zu verfrachten und mit Mann und Maus zu versenken, wurde zum Bürgermeister der Stadt gewählt.[11] Freud reagierte äußerst empfindlich auf jede Art von Antisemitismus, was beispielsweise auch darin zum Ausdruck kam, dass er sich bis an sein Lebensende weigerte, Tantiemen aus hebräischen oder jiddischen Übersetzungen seiner Werke anzunehmen. Und sogar Carl Jung verglich er einmal mit einem Joshua, »der das gelobte Land der Psychiatrie in Besitz nehmen werde, während er [Freud] als Moses es nur von ferne erblicken dürfe«.[12]

Ein weniger bekannter Aspekt des geistigen Lebens von Wien, der aber ebenfalls zur Entwicklung von Freuds Theorien beitrug, war der so genannte therapeutische Nihilismus, welchem zufolge sich die Leiden einer Gesellschaft jeder Heilung entzogen. Obwohl diese Theorie weit gehend Eingang in die Philosophie und Sozialtheorie fand (Otto Weininger wie Ludwig Wittgenstein hingen ihr an), war sie als wissenschaftlicher Begriff in der medizinischen Fakultät Wiens geprägt worden, wo seit Anfang des neunzehnten Jahrhunderts Krankheit als eine Art Faszinosum behandelt wurde, nach dem Motto: Der Krankheit als solcher müsse man ihren Lauf lassen, dem Patienten könne man bestenfalls mitfühlende Aufmerksamkeit schenken. Und das hieß konsequenterweise, dass therapeutische Maßnahmen vernachlässigt wurden. Zur Zeit von Freuds Ausbildung war diese Tradition, gegen die er sich stark auflehnte, noch immer vorherrschend.[13] Auf uns wirkt Freuds Beharren auf Therapie nur menschlich, aber damals trug diese Einstellung noch zusätzlich zur Ablehnung seiner so ungewöhnlich wirkenden Ideen bei.

Freud selbst hielt die *Traumdeutung* zu Recht für sein bedeutendstes Werk. Hier finden die vier Fundamente seiner psychoanalytischen Theorie erstmals zusammen: das Unbewusste, die Verdrängung, die frühkindliche Sexualität (die dann zum Ödipuskomplex führen kann) und die Dreiteilung des Geistes in das Ich, also das eigene Bewusstsein; das Über-Ich, welches verallgemeinert ausgedrückt das Gewissen darstellt; und das Es, den primären biologischen Ausdruck des Unbewussten. Diese Ideen dazu hatte Freud bereits Mitte der 1880er-Jahre entwickelt. Im Verlauf dieser eineinhalb Jahrzehnte hatte er seine Technik dann ständig verfeinert, wobei er sich in der von Darwin begründeten biologischen Tradition beheimatet fühlte. Nachdem er sich als Arzt qualifiziert hatte, erhielt er ein Stipendium bei dem berühmten Pariser Arzt Jean-Martin Charcot, der in seinem Asyl Studien mit nervenkranken Frauen durchführte und nachgewiesen hatte, dass Hysterie mit hypnotischer Suggestion symptomatisch herbeigeführt werden konnte. Nach einigen Monaten kehrte Freud nach Wien zurück und begann, nachdem er eine Reihe von neurologischen

Schriften verfasst hatte (beispielsweise über »Infantile Cerebrallähmung« oder »Aphasie«), mit Josef Breuer (1842–1925), einem weiteren brillanten Wiener Arzt, zu kooperieren. Breuer, ebenfalls Jude, war einer der angesehensten Mediziner Wiens und zählte viele hoch stehende Persönlichkeiten zu seinen Patienten. Auf wissenschaftlicher Ebene hatte er zwei bedeutende Entdeckungen gemacht: über die Rolle des Vagus (10. Gehirnnerv) für die Atmungsregulierung und über die des Bogengangs im Innenohr für das physische Gleichgewicht. Wichtig für Freud und die Psychoanalyse waren jedoch seine 1881 gewonnenen Erkenntnisse im Rahmen der so genannten »Redecur«.[14] Seit Dezember 1880 hatte er zwei Jahre lang eine junge Wiener Jüdin namens Bertha Pappenheim (1859–1936) wegen »Hysterie« behandelt (in seinen berühmten Fallstudien nannte er sie »Anna O«). Bertha erkrankte während der Pflege ihres heiß geliebten kranken Vaters, der einige Monate später starb. Ihr Leiden äußerte sich mit wechselnden Symptomen in Form von Schlafwandeln, Lähmungen, Halluzinationen, Persönlichkeitsspaltung, bis hin zu Sprachregressionen und sogar einer Scheinschwangerschaft. Im Verlauf der Behandlung entdeckte Breuer, dass Berthas Symptome zu verschwinden begannen, sobald er ihr gestattete, im Zustand einer Art von Autohypnose detailliert von sich zu erzählen. Tatsächlich war es Bertha Pappenheim selbst gewesen, die Breuers Methode »Redecur« getauft hatte (sie aber manchmal auch süffisant als »Kaminfegen« bezeichnete). Während dieser Hypnosesitzungen stellte Breuer dann fest, dass sich Bertha zu erinnern schien, wie sehr sie ihre Gefühle am Krankenlager des Vaters verdrängt hatte, und dass sie diese »verlorenen« Gefühle nach ihrer Wiederentdeckung einfach »wegerzählen« konnte. Im Juni 1882 waren die Symptome verschwunden, »seitdem erfreut sie sich vollständiger Gesundheit«. Allerdings ist bekannt, dass sie kaum einen Monat später in ein Sanatorium eingewiesen wurde.[15]

Der Fall der Anna O. beeindruckte Freud zutiefst. Eine Weile lang behandelte auch er »Hysterikerinnen« mit Hypnose, ließ jedoch wieder von diesem therapeutischen Ansatz ab und ersetzte ihn durch »freie Assoziation«, eine Technik, die es den Patientinnen erlaubte, über alles zu sprechen, was ihnen in den Sinn kam. Dabei fand Freud schließlich heraus, dass viele Menschen unter den richtigen Umständen in der Lage waren, sich an längst vergessene Ereignisse aus der Kindheit zu erinnern. Er schloss daraus, dass frühe Erlebnisse das Verhalten einer Person selbst dann noch stark prägen konnten, wenn sie vollständig in Vergessenheit geraten waren. Und damit war das Konzept des *Unbewussten* mit dem Begriff *Verdrängung* geboren. Nun postulierte Freud auch, dass viele frühe Erinnerungen, die durch freie Assoziation – wenn auch unter Schwierigkeiten – an die Oberfläche drängten, sexueller Natur seien. Erst als er dann feststellen musste, dass diese »erinnerten« Begebenheiten in Wirklichkeit oft gar nicht stattgefunden hatten, begann er seine komplexe Ödipus-

Theorie zu entwickeln. Mit anderen Worten: Die von seinen Patienten erfundenen sexuellen Traumata und Verwirrungen betrachtete Freud als eine Art Code für das, was sich der Mensch insgeheim *wünscht*. Außerdem bestätigte es ihm seine Theorie, dass schon das Kleinkind sehr früh eine Phase sexuellen Erlebens durchmacht, welche dann dazu führt, dass sich ein Sohn zur Mutter hingezogen fühlt und den Vater als Rivalen erlebt (Ödipus-Komplex) oder die Tochter zum Vater, mit umgekehrtem Vorzeichen (Elektra-Komplex). Diese Grundmuster, glaubte Freud, blieben das ganze Leben lang bestehen und trugen zur Charakterbildung bei.

Diese frühen Theorien Freuds stießen auf Ungläubigkeit, Empörung und beharrliche Feindseligkeit. Baron Krafft-Ebing zum Beispiel, Autor der berühmt-berüchtigten *Psychopathia Sexualis*, hielt Freuds Darstellungen von Hysterie für »Märchen«. Auch das Wiener Institut für Neurologie wollte mit Freud nichts zu tun haben. Freud fühlte sich völlig im Stich gelassen, wie im luftleeren Raum.[16]

Doch das führte ihn nur dazu, sich noch tiefer in seine Studien zu vergraben, außerdem begann er sich einer Selbstanalyse zu unterziehen. Der Anstoß dazu kam nach dem Tod seines Vaters Jakob im Oktober 1896. Obwohl sich Vater und Sohn während vieler Jahre nicht sehr nahe gestanden hatten, stellte Freud zu seiner Überraschung fest, dass ihn sein Tod unerklärlich stark bewegte und spontan lang begrabene Erinnerungen an die Oberfläche schwemmte. Auch seine Träume veränderten sich. Plötzlich entdeckte er in ihnen eine unbewusste und bisher verdrängte Feindseligkeit gegenüber dem Vater. Er kam zu der Überzeugung, dass Träume der Königsweg zum Unbewussten seien.[17] In der *Traumdeutung* führte Freud die Unterscheidung zwischen dem manifesten Trauminhalt und dem latenten Traumgedanken ein. An Ersteren kann man sich meist erinnern, aber latente Traumgedanken bleiben verborgen und tauchen günstigstenfalls stark verschleiert auf: »Wir dürfen also als die Urheber der Traumgestaltung zwei psychische Mächte (Strömungen, Systeme) im Einzelmenschen annehmen, von denen die eine den durch den Traum zum Ausdruck gebrachten Wunsch bildet, während die andere eine Zensur an diesem Traumwunsch übt und durch diese Zensur eine Entstellung seiner Äußerung zwingt.«[18] Freud war sich im Klaren, dass er mit einem Buch über Träume eine Menge riskierte. Die Tradition der Traumdeutung geht zwar bis auf das Alte Testament zurück, dennoch war es riskant, ein Buch mit diesem Titel zu veröffentlichen, denn zu dieser Zeit verstand man unter »Traumdeutung« nichts anderes als das, was Wahrsager auf Jahrmärkten anboten.[19]

Die ersten Verkaufszahlen der *Traumdeutung* sprachen denn auch Bände. Von den ursprünglich 600 Erstausgaben wurden 228 in den ersten beiden Jahren nach Erscheinen verkauft, aber auch nach sechs Jahren waren erst insgesamt 351 Exemplare über den Ladentisch gegangen.[20] Als noch gravierender empfand Freud die geringe Aufmerksamkeit, die seiner Studie in den medizinischen Fachkreisen Wiens geschenkt wurde.[21] Auch in Berlin sah das Bild nicht viel anders aus. Freud hatte sich bereit erklärt, an der Universität einen Vortrag über seine Traumtheorie zu halten, doch dann saßen nur drei Personen im Saal. 1901 wurde ihm kurz vor Beginn einer Rede vor der Philosophischen Gesellschaft ein Zettel überreicht, auf dem er gebeten wurde, anzukündigen, wann er auf anstößige Themen zu sprechen kommen würde, damit eine Pause eingelegt werden könne und die Damen den Saal verlassen könnten. Viele seiner Kollegen betrachteten Freud als einen gescheiten, aber inzwischen zu einer Art Monster gewandelten Wissenschaftler, dessen armer Frau ihr ganzes Mitleid galt.[22]

Nun mochte Freud selber vielleicht das Gefühl haben, dass sich ganz Wien gegen ihn verschworen hatte, doch in Wirklichkeit begann sich immer mehr Unterstützung für ihn aufzubauen. 1902, eineinhalb Jahrzehnte nachdem er mit seinen Forschungen begonnen hatte, meldete sich der bekannte Wiener Arzt Wilhelm Stekel beim Autor der *Traumdeutung* mit dem Wunsch, das Buch, dessen Rezension er völlig unbefriedigend fand, mit ihm zu diskutieren. Im Anschluss daran bat er Freud, ihn zu analysieren. Ein Jahr später begann er selber Psychoanalyse zu praktizieren. Gemeinsam riefen sie die »Psychoanalytische Mittwochsgesellschaft« ins Leben, die jeden Mittwochabend in Freuds Arbeitszimmer unter den Blicken der alten Göttergestalten aus seiner archäologischen Sammlung diskutierte.[23] 1902 stieß Alfred Adler dazu, 1904 Paul Federn, 1905 Eduard Hirschmann, 1906 Otto Rank und 1907 Carl Gustav Jung aus Zürich. In diesem Jahr wurde die Gruppe in »Wiener Psychoanalytische Vereinigung« umbenannt, und die Treffen wurden ins Medizinerkollegium verlegt. Noch hatte die Psychoanalyse einen weiten Weg vor sich, um akzeptiert zu werden, und viele sollten sie nie als Wissenschaft anerkennen. Doch 1908 waren zumindest für Freud selber die Jahre der Isolation überstanden.

*

In der ersten Märzwoche des Jahres 1900 betrat Arthur Evans mitten im stärksten Sturm seit Menschengedenken die Nordküste Kretas auf der Höhe von Candia (Heraklion).[24] Der neunundvierzigjährige Evans war ein widersprüchlicher Mensch, »gleichermaßen arrogant und seltsam bescheiden, würdevoll und auf einnehmende Weise spöttisch… Er konnte ungemein freundlich sein und dennoch völlig desinteressiert an anderen Menschen… Er war immer loyal gegenüber seinen Freunden und gab niemals auf, sobald er von Herzen beschlossen hatte, jemandem, den er liebte, zu Gefallen zu sein.«[25] Evans war sechzehn Jahre lang Kurator des Oxforder Ashmolean-Museums gewesen, hatte jedoch niemals den Ruhm seines Vaters Sir John Evans erlangt, des zu seiner Zeit wahrscheinlich bedeutendsten britischen Antiquitätenhändlers, einer Autorität auf dem Gebiet prähistorischer Steinäxte und vorrömischer Münzen.

Um 1900 war Kreta ein gewaltiger Magnet für Archäologen, jedenfalls sofern sie dort eine Grabungsgenehmigung erhielten. Das Interesse an der Insel war durch den reichen deutschen Kaufmann Heinrich Schliemann (1822–1890) geweckt worden, der Frau und Kinder verlassen hatte, um sich der Archäologie zu widmen. Unbeirrt von der Skepsis etablierter Archäologen zwang er seine missgünstigen Kollegen schließlich zu einer grundlegenden Neubewertung der Antike, denn seine Funde hatten bewiesen, dass vieles, was bislang als Mythologie gegolten hatte – etwa Homers *Ilias* und *Odyssee* –, auf Tatsachen beruhte. 1870 begann er mit seinen Ausgrabungen von Mykenä und Troja, wo sich ein Großteil der Homerschen Erzählung abspielt, und was er dort entdeckte, sollte die Sicht der Disziplin völlig verändern. Nachdem Schliemann auf dem Grabungsareal von Troja neun Städte gefunden hatte, kam er zu dem Schluss, dass es sich bei der zweiten nur um die in der *Ilias* beschriebene Stadt handeln konnte.[26]

Schliemanns Entdeckungen veränderten zwar unsere Vorstellungen vom alten Griechenland, warfen aber ebenso viele Fragen auf, wie sie beantworteten. Beispielsweise die Frage nach dem Ursprung der großen vorhellenistischen Kultur, die sowohl in der *Ilias* als auch in der *Odyssee* beschrieben wurde. Ausgrabungen im gesamten östlichen Mittelmeerraum bestätigten, dass es eine solche Kultur gegeben haben muss. Und als Forscher daraufhin die klassischen Werke von Homer, Hesiod, Thukydides, Herodot oder Strabo erneut zu durchforsten begannen, stellten sie fest, dass überall ein König Minos, »der große Gesetzgeber«, erwähnt war, der die Ägäis von Piraten befreit haben soll und Sohn des Zeus gewesen sei. Zeus wiederum war laut griechischer Mythologie in einer kretischen Höhle geboren worden.[27] Das war der Kenntnisstand gewesen, als in den 1880er-Jahren ein kretischer Bauer in Knossos über ein paar große Gefäße und Tonstücke mykenischer Art stolperte – im Hinterland von Candia und gut zweihundertfünfzig Meilen von Mykenä durch offenes Meer getrennt. Das war nach antiken Maßstäben ausgesprochen weit. Was konnte die Verbindung zwischen diesen beiden Orten gewesen sein? Schliemann besuchte den Fundort, erhielt aber keine Grabungsrechte. Dann entdeckte Arthur Evans 1883 bei einem Antiquitätenhändler in Athen einige drei- und viereckige Steine mit eingemeißelten Symbolen. Sofort war er überzeugt, dass sie zu einem Hieroglyphensystem gehören mussten, konnte sie aber keinem der bekannten ägyptischen Systeme zuordnen. Die Händler, nach der Herkunft der Steine befragt, erzählten, dass sie aus Kreta stammten.[28] Evans war schon zuvor der Gedanke gekommen, dass Kreta eine Mittlerrolle bei der Ausbreitung von Kultur zwischen Ägypten und Europa gespielt haben könnte. Wenn sich das nun bewahrheitete, würde auch eine auf der Insel entwickelte Schrift, die irgendwo zwischen den Schriftensystemen Afrikas und Europas (evolutionäre Ideen gab es überall) angesiedelt war, einen Sinn ergeben. Evans, ohnehin ein begeisterter Reisender, machte sich wild entschlossen nach Kreta auf, ungeachtet seiner starken Kurzsichtigkeit und der Tatsache, dass er unter heftiger Seekrankheit litt.[29] Im März 1894 betrat er kretischen Boden und begab sich sofort nach Knossos. Zu diesem Zeitpunkt war die Insel wegen der politischen Probleme mit dem Osmanischen Reich nicht gerade ein idealer Grabungsort, doch Evans war fest überzeugt, dass bedeutende Entdeckungen dort auf ihn warteten. Mit unbeirrbarer Sturheit (die heutzutage gegen Behördenwillkür kaum noch etwas ausrichten könnte) begann er überall dort in Knossos Gelände *aufzukaufen*, wo er Gipsblöcke liegen gesehen hatte, in die bis dato unbekannte Schriftzeichen eingemeißelt waren. Angesichts der gravierten Steine aus Athen schien ihm das ein äußerst viel versprechender Anfang zu sein.[30]

Evans wollte sofort das gesamte Gelände von Knossos erwerben, konnte dies aber erst im Jahr 1900, nachdem sich die türkische Herrschaft einigermaßen fest etabliert hatte. Augenblicklich begann er mit den Vorbereitungen für eine groß angelegte Grabung. Unmittelbar nach seiner Ankunft hatte er ein baufälliges türkisches Haus in der Nähe des von ihm erstandenen Areals bezogen und dreißig Einheimische für die ersten Grabungsarbeiten eingestellt, zu denen später noch fünfzig weitere Leute aus der Gegend kamen. Der erste Spatenstich erfolgte am 23. März. Zur Überraschung aller stießen sie beinahe sofort auf einen bedeutenden Fund:[31] Bereits am zweiten Tag entdeckten sie die Überreste eines antiken, mit Fresken verzierten Hauses – also nicht irgendeines Hauses: Dieses war der eindeutige Nachweis für die Existenz einer Hochkultur. Nun folgte Fund auf Fund. Am 27. März, nur vier Tage nach Grabungsbeginn, hatte Evans bereits das wichtigste Rätsel von Knossos gelöst, was ihn denn auch weit über die Grenzen der Profession hinaus berühmt machen sollte – diese Funde waren *weder der griechischen noch der römischen Kultur* zuzuordnen. Das heißt, die Fundstelle musste aus einer viel früheren Epoche stammen. Im Verlauf der ersten Grabungswochen entdeckte Evans mehr aufregendes Material als die meisten Archäologen in ihrem ganzen Leben: gepflasterte Straßen, Paläste, riesige Mengen an Fresken und menschlichen Überresten – ein Skelett war noch immer mit einer farbenprächtigen Tunika bekleidet. Er fand ein ausgeklügeltes Abflusssystem, Badezimmer, Weinkeller, Hunderte von Amphoren und einen architektonisch phantastisch durchdachten Palast, der allem Anschein nach niedergebrannt worden war. Auch Tausende von Tontafeln mit »einer Art Kursivschrift« grub er aus.[32] Es handelte sich um die sagenhaften, seither weltberühmten »Linear-A«- und »Linear-B«-Schriften (die Linear-A-Schrift wurde bis heute nicht entziffert). Doch die schönsten Fundstücke waren die Fresken an den Wänden der Gänge und Säle des Palastes. Auf wundervollen Darstellungen antiken Lebens waren Männer und Frauen mit feinen Gesichtszügen und grazilem Körperbau in einer bislang unbekannten Art von Kleidung abgebildet.[33] Evans vermutete, dass sie einer Kultur angehört hatten, die zur Zeit der biblischen Pharaonen um 2500–1500 v.Chr. geherrscht haben musste und diesen an Zivilisiertheit in nichts nachstand. Im Gegenteil, Evans fand, dass sie sogar Salomon überstrahlten, dessen sagenhafte Herrlichkeit erst Jahrhunderte später von den Israeliten besungen worden war.

In der Tat hatte Evans eine Kultur entdeckt, von deren Existenz bis dahin niemand auch nur geahnt hatte und die für sich in Anspruch nehmen durfte, unter den ersten zivilisierten Europäern entstanden zu sein. Er nannte sie die Minoische Kultur, nicht nur wegen der vielen Hinweise, die bei antiken Schriftstellern zu finden waren, sondern auch, weil unter diesen Kretern der Bronzezeit, die offensichtlich alle möglichen tierischen Gottheiten in Tiergestalt angebetet hatten, eindeutig der Stierkult vorgeherrscht zu haben schien. Die Darstellungen des Minotaurus stellten die aller anderen Gottheiten in den Schatten. Auf vielen Fresken entdeckte Evans Stierszenen – der Stier als Gott, im Turnier und, am eindrucksvollsten, in einem riesigen Relief an der Wand eines der größten Säle des Palastes von Knossos.

Kaum war die Bedeutung von Evans' Entdeckung klar geworden, begannen sich auch seine Kollegen der Meinung anzuschließen, dass Knossos der Schauplatz bestimmter Passagen der *Odyssee* sei und Odysseus selbst dort an Land gegangen sein muss. Evans verbrachte über ein Vierteljahrhundert in Knossos, bis er auch noch die kleinsten Scherben ausgegraben hatte. Mittlerweile hatte er auch seine Datierung revidiert. Nun ordnete er die Minoer in die Zeit um 2000 v. Chr. ein, weil er glaubte, dass sie aus der Verschmelzung von anatolischen Zuwanderern und der auf Kreta ansässigen neolithischen Bevölkerung hervorgegangen waren. Sie hatten Städte mit großartigen Palästen nach allen Regeln der Kunst errichtet (der Palast von Knossos war so riesig und verschlungen, dass man ihn heute für das in der *Odyssee* beschriebene Labyrinth hält); und die ebenfalls sehr geräumigen Stadthäuser waren keineswegs allein der Königsfamilie vorbehalten gewesen, sondern auch von normalen Bürgern bewohnt worden. Auch das ein Grund, weshalb viele Wissenschaftler die minoische Kultur, deren Credo offensichtlich »Besitz, Kunst und Wohlstand für alle« gelautet hatte, als Wiege der abendländischen Kultur betrachten, aus welcher dann die antike Welt der Griechen und Römer hervorging.[34]

*

Zwei Wochen nachdem Arthur Evans am 24. März 1900 auf Kreta an Land gegangen war, in derselben Woche also, in welcher der Archäologe seine erste große Entdeckung machte, eröffnete ein holländischer Botaniker namens Hugo de Vries der Deutschen Botanischen Gesellschaft in Mannheim bei einem Vortrag mit dem Titel »Über das Spaltungsgesetz der Bastarde«, dass auch er ein – ganz anderes, letztlich aber noch bedeutenderes – Puzzlestück aus dem großen Rätsel der Evolution gefunden hatte.

De Vries, ein hoch gewachsener, wortkarger Mann, hatte seit 1889 Pflanzen gezüchtet und hybridisiert, darunter so verbreitete wie Astern, Chrysanthemen und Veilchen. Nun berichtete er dem Mannheimer Auditorium, auf Grund seiner Experimente sei er zu der Ansicht gelangt, dass sich die Merkmale einer Pflanze – ihr Erbgut – aus deutlich umgrenzten Einheiten zusammensetzten. Jedes einzelne Merkmal – etwa die Länge des Staubfadens oder die Farbe der Blätter – korrespondiere mit einer spezifischen Trägerform. Und dann machte er eine Bemerkung, die weit reichende Folgen haben sollte: Eine Verwandlung dieser Elemente könne niemals stattfinden. Wenn auch in sehr einfacher Sprache und seinen Weg mehr ertastend als erkennend, hatte de Vries an diesem Abend in Mannheim identifiziert, was man später das »Gen« nennen sollte.[35] Er hatte durch seine Forschungen mit Blumen erkannt, dass bestimmte Merkmale, wie die Farbe der Blütenblätter, grundsätzlich nur in der einen oder anderen Form auftraten, aber niemals als Zwischenform: Waren sie zum Beispiel weiß oder rot, konnten sie niemals rosa werden. Außerdem hatte er jene beiden Merkmale von Genen identifiziert, welche wir heute »dominant« oder »rezessiv« nennen, das heißt: Einige Formen dominieren andere nach einer Kreuzung (Züchtung). Das war eine bedeutende Erkenntnis. Doch bevor ihm seine Zuhörer gratulieren konnten, erwähnte er noch etwas, das als Echo bis zum heutigen Tag nachhallt: Beide Thesen, sagte er, während er über »Gene« und deren Dominanz oder Rezessivität sprach, habe bereits Mendel aufgestellt; sie seien nur in Vergessenheit geraten oder einfach nie verstanden worden. Mendels Abhandlungen seien so selten zitiert worden, dass auch er erst von ihnen erfahren habe, nachdem er die meisten seiner Experimente bereits abgeschlossen und unabhängig von Mendels Erkenntnissen deduziert habe. Das war ein sehr großzügiges Zugeständnis von de Vries, denn es kann wahrlich nicht besonders angenehm für ihn gewesen sein, nach mehr als einem Jahrzehnt harter Arbeit herauszufinden, dass ihm bereits jemand um rund dreißig Jahre zuvorgekommen war.[36]

Die beiden Abhandlungen, auf die sich de Vries bezog, hatten den Titel »Versuche über Pflanzenhybriden« und waren von dem Benediktinermönch Gregor Mendel an einem kalten Februarabend im Jahr 1865 dem »Naturforschenden Verein« in Brünn vorgetragen worden. Etwa vierzig Männer waren damals bei dieser Veranstaltung anwesend und vernahmen mit Erstaunen, was ihnen dieser stämmige Mönch mitzuteilen hatte. Ihre Verwunderung steigerte sich noch, als dieser ihnen während der Sitzung im folgenden Monat auch noch eine komplizierte Darstellung der höheren Mathematik lieferte, die sich hinter dem Prinzip von Dominanz und Rezessivität versteckt – ein Zusammenhang zwischen Mathematik und Botanik wurde als höchst merkwürdig empfunden. Mendels Abhandlungen wurden ein paar Monate später in den *Verhandlungen des naturforschenden Vereins in Brünn* veröffentlicht, zusammen mit einem begeisterten Aufsatz, den ein anderes Vereinsmitglied über Darwins sieben Jahre zuvor publizierte Evolutionstheorie geschrieben hatte. Die *Verhandlungen* wurden aus Brünn an über einhundertzwanzig andere Vereine verschickt, darunter in Berlin, Wien, London, St. Petersburg, Rom und Uppsala (nur so konnten wissenschaftliche Informationen damals ausgetauscht werden), doch niemand schenkte Mendels Theorien viel Aufmerksamkeit.[37]

Wie es scheint, war die Welt einfach noch nicht bereit für Mendels Denkansatz. Der Grundgedanke bei Darwins Theorie, die zur selben Zeit so viel Aufmerksamkeit erregte, war die Veränderlichkeit oder Variabilität der Arten, wohingegen der Grundgedanke bei Mendel die Konstanz war – zwar nicht gleich auf ganze Arten bezogen, aber doch immerhin auf deren Elemente. Nur de Vries' beharrlichem Durchforsten der zur Verfügung stehenden wissenschaftlichen Literatur war es zu verdanken, dass Mendels frühere Publikationen wieder entdeckt wurden. Kurz nach de Vries' Vortrag beriefen sich noch zwei weitere Botaniker aus Tübingen und Wien darauf. Am 24. April, genau einen Monat nach der Veröffentlichung von de Vries' Ergebnissen, publizierte Carl Correns in den *Berichten der Deutschen Botanischen Gesellschaft* eine zehnseitige Abhandlung mit dem Titel »Gregor Mendels Regel über das Verhalten der Nachkommenschaft der Rassenbastarde«. Correns war zu sehr ähnlichen Erkenntnissen gelangt wie de Vries, auch nachdem er die Literatur durchforstet hatte und dabei auf Mendels Abhandlungen gestoßen war. Dann, im Juni desselben Jahres und wieder in den *Berichten der Deutschen Botanischen Gesellschaft*, erschien ein Aufsatz des Wiener Botanikers Erich Tschermak mit dem Titel »Über künstliche Kreuzung bei Pisum sativum«, der im Prinzip ebenfalls zu den gleichen Ergebnissen gelangt war wie Correns und de Vries.[38] Tschermak erklärte, dass er seine Experimente unter dem Einfluss von Darwin begonnen und erst anschließend Mendels Abhandlungen in den *Verhandlungen* des Brünner Vereins aufgestöbert habe.[39] Das Ganze war ein außerordentlicher Zufall, eine Kette von Ereignissen, die auch ein Jahrhundert später nichts von ihrer Faszination eingebüßt hat. Aber natürlich spielte hier nicht nur der Zufall eine Rolle, und entscheidend war, dass die von Mendel erkannten und von anderen wieder entdeckten Mechanismen die große Lücke bei einer Idee füllen konnten, die man zu Recht als einflussreichste Idee aller Zeiten bezeichnen kann: Darwins Evolutionstheorie.

In den Mauern seines Klostergartens hatte Mendel 34 mehr oder weniger verschiedene Erbsensorten gezüchtet und diese dann zwei Jahre lang ständigen Versuchen unterzogen. Bewusst hatte er dazu Pflanzen mit »konstant differierenden Merkmalen« ausgesucht, nachdem er bereits herausgefunden hatte, dass immer eine Seite jeder Variation dominante Merkmale aufwies – beispielsweise glatt, gelb und langstielig gegenüber runzelig, grün und kurzstielig. Außerdem hatte er entdeckt, dass »durch Befruchtung verbunden... die gemeinsamen Merkmale unverändert auf die Hybriden und ihre Nachkommen« weitergegeben wurden. Doch immer wenn er mit der ersten Tochtergeneration (oder Filialgeneration F_1) die Generation F_2 erzeugen wollte, kam eine ganz eigenartige Arithmetik zum Vorschein: 253 Hybriden produzierten im zweiten Versuchsjahr 7324 Samen; von diesen waren 5474 »rund oder rundlich« und 1850 »kantig runzelig«, was einem Verhältnis von 2,96:1 entsprach. Bei der Samenfarbe ergab sich wieder eine andere Rechnung: 258 Pflanzen produzierten 8023 Samen, darunter 6022 gelbe und 2001 grüne, was diesmal einem Verhältnis von 3,01:1 entsprach. Mendel schlussfolgerte: »In dieser Generation treten nebst den dominierenden Merkmalen auch die rezessiven Eigentümlichkeiten wieder auf, und zwar in dem entschieden ausgesprochenen Durchschnittsverhältnis von 3:1, sodass unter je vier Pflanzen aus dieser Generation drei den dominierenden und eine den rezessiven Charakter erhalten.« Dieses Experiment ermöglichte Mendel dann die Hypothese: »Das dominierende Merkmal kann hier eine doppelte Bedeutung haben, nämlich die des Stammcharakters oder die des Hybridenmerkmals.«[40] Die Allgemeingültigkeit des Verhältnisses 3:1 über mehrere Merkmale hinweg bestätigte dies.* Später entdeckte er, dass diese Merkmale in Gruppen – Chromosomen – auftraten (auf die später in diesem Buch eingegangen wird). Seine Zahlen und Versuchsanordnungen trugen zu der Erklärung bei, *wie* Darwins Theorie und die Evolution funktionieren: Dominante und rezessive Gene beherrschen die Variabilität aller Lebensformen, indem sie unterschiedliche Merkmale von Generation zu Generation weitergeben. Und genau auf diese Variabilität übt die natürliche Auslese ihren Einfluss aus und erhöht damit die Wahrscheinlichkeit, dass sich bestimmte Organismen fortpflanzen, um den Fortbestand ihrer Gene zu sichern.

Mendels Theorien waren einfach und für viele Wissenschaftler auch schlicht und einfach schön. Ihre Originalität ermöglichte nun im Prinzip jedem Forscher, der sich für dieses Fachgebiet interessierte, neue Entde-

* Das 3:1-Verhältnis kann grafisch wie folgt dargestellt werden:

Gene vom Elternteil eins	Y	y		
Gene vom Elternteil zwei	Y	YY	Yy	
		y	yY	yy

ckungen. Und genau das sollte geschehen. Ernst Mayr schrieb in seinem Buch *The Growth of Biological Thought*, dass die Geschwindigkeit, mit der nach 1900 genetische Erkenntnisse gewonnen wurden, in der Wissenschaftsgeschichte einmalig gewesen sei.[41]

*

So hatte also das gerade erst flügge werdende Jahrhundert schon im Alter von knapp sechs Monaten nicht nur die Mendelsche Erblehre hervorgebracht, die ihrerseits die Darwinsche Evolutionslehre bestätigte, sondern auch die Freud'schen Theorien. Beide Denkschulen standen für ein jeweils völlig neues Menschenbild. Aber sie hatten auch noch etwas anderes gemein: In beiden Fällen ging es um eine wissenschaftliche Idee – zumindest wurde sie als solche dargestellt –, die eine Erklärung für versteckte Kräfte anbot, für Strukturen, die dem menschlichen Auge verborgen bleiben (eine Eigenart, die sie sich mit den Viren teilten, die nur zwei Jahre zuvor von Friedrich Löffler und Paul Frosch im Rahmen der Erforschung der Maul- und Klauenseuche entdeckt worden waren). Im Prinzip waren solcherart versteckte Kräfte nichts Neues mehr. Schon die Erfindungen des Teleskops und des Mikroskops sowie die Entdeckung der elektromagnetischen Wellen und der Bakterien hatten die Menschheit mit der Idee vertraut gemacht, dass viele Elemente der Natur mit dem menschlichen Auge oder Ohr allein nicht wahrnehmbar sind. Neu bei den Freudschen und Mendelschen Theorien war jedoch, dass sie ein so völlig anderes Licht auf die Natur warfen – und das wirkte sich auf das Leben eines jeden aus. Die Entdeckung »der Wiege der europäischen Kultur« fügte dem Ganzen noch ein weiteres Element hinzu, nämlich die Erkenntnis, dass sogar Religionen einer Evolution unterliegen – mit anderen Worten: dass die jeweils ältere Sicht der Dinge immer unter ein neueres und wissenschaftlicheres Weltbild subsumiert wird. Allein diese Erkenntnisse zwangen zu so gewaltigen Revisionen alter Einsichten und schufen ein derart neues Weltbild, dass dies auf viele letztlich nur verstörend wirken konnte. Dabei war das erst der Anfang. Im Herbst 1900 kündigte sich noch ein weiterer Durchbruch an, der dann seinerseits zu einem völlig neuen Verständnis der Natur zwingen sollte.

*

Im Jahr 1900 war Max Planck zweiundvierzig Jahre alt. Er stammte aus einer sehr religiösen, aber dem liberalen Bildungsbürgertum angehörenden Familie und war ein exzellenter Musiker. Naturwissenschaftler wurde er eher trotz und nicht wegen seiner Familie, in der geisteswissenschaftliche Erkenntnisse einen weit höheren Rang einnahmen als jedes naturwissenschaftlich begründete Wissen. Sein Vetter, der Historiker Max Lenz, pflegte Naturforscher scherzhaft »Naturförster« zu nennen.

Doch genau zu diesen Naturwissenschaften fühlte Planck sich hingezogen. Niemals hatten für ihn Zweifel an seiner Berufung bestanden, niemals hatte er versucht, sich anders zu orientieren. Um die Jahrhundertwende gehörte er bereits zur Crème de la crème seines Berufsstandes, war Mitglied der Preußischen Akademie der Wissenschaften und ordentlicher Professor an der Universität von Berlin, wo man ihn als ungemein produktiven Lieferanten neuer Ideen kannte, die allerdings nicht immer tragfähig waren.[42]

Um die Jahrhundertwende geriet die Physik plötzlich gewaltig in Bewegung. Die Idee vom Atom in Form einer unsichtbaren und unteilbaren Materie war bereits in der griechischen Antike formuliert worden; zu Beginn des achtzehnten Jahrhunderts stellte sich dann Newton Atome wie winzigste feststoffliche Billardkugeln vor; und den Chemikern des frühen neunzehnten Jahrhunderts, wie John Dalton, blieb praktisch gar nichts anderes übrig, als die Idee zu akzeptieren, dass es sich bei Atomen um kleinste Elementareinheiten handelt, da sie sich anders keinen Reim auf chemische Reaktionen machen konnten, die eine Substanz ohne Zwischenphase in eine andere verwandeln konnten. Aber um die Wende vom neunzehnten zum zwanzigsten Jahrhundert kam plötzlich Bewegung in die Forschung: Physiker experimentierten mit der revolutionären Vorstellung, dass Materie und Energie zwei Seiten derselben Medaille sein könnten. James Clark Maxwell, ein schottischer Physiker und Mitbegründer des Cavendish Laboratory im englischen Cambridge, hatte 1873 postuliert, dass der »leere Raum« zwischen Atomen mit einem elektromagnetischen Feld gefüllt ist, durch das sich Energie mit Lichtgeschwindigkeit bewegt. Und er hatte gezeigt, dass Licht selbst eine Form von elektromagnetischer Strahlung ist. Doch auch er hielt Atome noch für Festkörper und daher für prinzipiell mechanisch. Dennoch waren bereits das intellektuelle Fortschritte, die weit über alles seit Newton Gedachte hinausgingen.[43]

1887 hatte Heinrich Hertz die »elektromagnetischen Wellen« oder Radiofrequenzstrahlung entdeckt; 1897 führte J. J. Thomson, der Maxwell als Direktor des Cavendish gefolgt war, sein berühmtes Experiment mit der Kathodenstrahlröhre durch: Mit Metallplättchen verschloss er die Öffnungen der Röhre und saugte dann das Gas aus ihr heraus, um ein Vakuum zu erzeugen. Wenn er anschließend die Metallplatten an eine Batterie anschloss und Strom erzeugte, konnte er beobachten, wie der leere Raum, das Vakuum, im Inneren der Glasröhre zu glühen begann. Dieses Glühen wurde von der negativen Platte, der Kathode, erzeugt und von der positiven Platte, der Anode, absorbiert.[44]*

* Dies ist auch das Grundprinzip der Röhren im Fernsehapparat. Die Anode wurde nur durch einen Glaszylinder umkonfiguriert: Auf dem Weg durch das Vakuum zur Anode verursachen die Kathodenstrahlen das Fluoreszieren des Glases.

Die Herstellung von Kathodenstrahlen war an sich ein großer Fortschritt. Doch *woraus* bestanden sie eigentlich genau? Zu Beginn glaubte jeder, dass es sich dabei um Licht handle. Doch im Frühjahr 1897 pumpte Thomson unterschiedliche Gase in die Röhren und ummantelte sie zeitweise mit Magneten. Durch diese systematische Veränderung der Grundbedingungen gelang ihm der Nachweis, dass Kathodenstrahlen in Wirklichkeit infinitesimal winzige *Teilchen* sind, die aus der Kathode ausbrechen und von der Anode angezogen werden. Zudem fand er heraus, dass die Trajektorie dieser Teilchen durch ein elektrisches Feld verändert und durch ein magnetisches Feld in eine Kurve verwandelt werden konnte; und schließlich entdeckte er, dass diese Teilchen leichter als Wasserstoffatome waren – die kleinste bekannte Materieeinheit – und völlig unverändert blieben, *unabhängig* von der Art des Gases, durch das die elektrische Ladung floss. Thomson war eine fundamentale Entdeckung gelungen: der erste experimentelle Hinweis auf die kommende Teilchentheorie.[45]

Dieses Teilchen – oder »Korpuskel«, wie Thomson es anfänglich noch nannte – kennt man heute als »Elektron«. Mit diesem Elektron war die Teilchenphysik geboren, das in so mancher Hinsicht am zielstrebigsten verfolgte intellektuelle Abenteuer des zwanzigsten Jahrhunderts, welches schließlich im Bau der Atombombe mündete. In den kommenden Jahren sollten noch viele weitere Materieteilchen entdeckt werden, doch Max Planck interessierten weniger die Teilchen, denn die Vorstellung von Partikularität als solcher. Wieso gab es sie? Sein Physikprofessor an der Universität München hatte ihm während seiner Studienzeit einmal gesagt, dass die Physik bereits kurz vor ihrem Abschluss stünde, aber davon war Planck schon damals nicht überzeugt.[46] Anfänglich hatte er sogar bezweifelt, dass Atome überhaupt existieren, jedenfalls sicher nicht in der von Newton und Maxwell vorausgesagten Form als feststoffliche Miniaturbillardkugeln. Er begründete das auch mit dem Zweiten Hauptsatz der Thermodynamik, der von Rudolf Clausius, einem von Plancks Vorgängern in Berlin, aufgestellt worden war. Betrachten wir uns einmal den Ersten Hauptsatz der Thermodynamik so, wie er Planck selbst einst beigebracht worden war: Stellen wir uns einen Bauarbeiter vor, der einen schweren Stein auf das Dach eines Hauses hievt.[47] Der Stein wird noch lange, nachdem er dort abgelegt wurde, in seiner Position verharren und Energie speichern, bis er irgendwann wieder auf die Erde zurückfällt. Energie, sagt der Erste Hauptsatz, kann weder geschaffen noch zerstört werden. Clausius bewies nun aber mit seinem Zweiten Hauptsatz, dass der Erste Hauptsatz nicht das gesamte Problem gelöst hatte. Energie wird vom Bauarbeiter verbraucht, um den Stein an seinen Platz zu hieven, und bei dieser Anstrengung in Hitze umgewandelt, die unter anderem den Arbeiter ins Schwitzen bringt. Diese Zerstreuung von Energie nannte Clausius »Entropie«, und die war für ihn deshalb von so enormer Bedeutung, weil, wie er sagte, Energie niemals in ihre ursprüngliche Form zurückverwandelt werden kann, aber auch nicht aus dem Universum verschwindet. Clausius schlussfolgerte daher, dass die Natur (inklusive Universum) ständig zu mehr Zerstreuung tendiert, daher permanent mehr Entropie bewirkt und deshalb schließlich irgendwann am Ende ihrer Kräfte angelangt sein müsse. Das Entscheidende bei dieser Idee war die implizite Behauptung, dass das Universum ein einseitiger Prozess ist. Der Zweite Hauptsatz der Thermodynamik ist ein mathematischer Ausdruck von Zeit; und seine Gültigkeit bedeutete wiederum, dass Newtons und Maxwells Vorstellung von den Billardkugeln falsch sein musste, weil sich »Kugeln« in alle Richtungen bewegen können. Unter diesem Aspekt betrachtet *war* Zeit reversibel und gab es *keine* Möglichkeit der Entropie.[48]

1897, in dem Jahr, in dem Thomson das Elektron entdeckte, begann Planck mit dem Projekt, das seinen Namen unsterblich machen sollte. Im Prinzip verknüpfte er dabei zwei Beobachtungen, die jedem zugänglich waren. Erstens war seit der Antike bekannt, dass ein Metall (beispielsweise Eisen) im Laufe des Erhitzens zuerst dunkelrot zu glühen beginnt, dann grellrot und schließlich weiß. Der Grund dafür ist, dass bei niedrigeren Temperaturen die längeren Wellenlängen (des Lichts) und bei steigenden Temperaturen die kürzeren abgegeben werden. Sobald das Material weiß zu glühen beginnt, werden alle Wellenlängen abgegeben. Studien über sogar noch heißere Körper wie Sterne zeigten, dass die längeren Wellenlängen im nächsten Stadium abfallen, sodass sich die Farbe allmählich zum blauen Teil des Spektrums verschiebt. Planck war fasziniert von diesem Vorgang und fragte sich, wie dieser mit einem zweiten Rätsel in Zusammenhang stand, nämlich dem Phänomen der so genannten Schwarzkörper-Strahlung. Ein perfekt geformter Schwarzkörper absorbiert alle Wellenlängen von elektromagnetischer Strahlung gleichermaßen gut. In der Natur gibt es einen derart perfekten Körper nicht, aber manche kommen diesem Ideal sehr nahe: Lampenruß zum Beispiel absorbiert 98 Prozent jeder Strahlung.[49] Der klassischen Physik zufolge müsste ein Schwarzkörper immer eine seiner Temperatur angemessene gleich bleibende Strahlung auf jeder Wellenlänge abgeben. Mit anderen Worten: er dürfte grundsätzlich nur weiß glühen. In Deutschland gab es zu Plancks Zeiten drei perfekte Schwarzkörper, zwei davon in Berlin. Das Planck und seinen Kollegen zur Verfügung stehende Modell war aus Platin und Porzellan und stand im Eichamt von Berlin-Charlottenburg.[50] Die dort durchgeführten Experimente zeigten nun, dass sich erhitzte Schwarzkörper mehr oder weniger genauso wie Eisenklumpen verhielten, das heißt, auch sie glühten zuerst dunkelrot, dann grellrot und schließlich weiß. Warum?

Plancks revolutionäre Idee scheint ihm erstmals am 7. Oktober 1900 in den Sinn gekommen zu sein. An diesem Tag schickte er seinem Kollegen

Heinrich Rubens eine Postkarte mit einer Gleichung, die das Verhalten der Schwarzkörper-Strahlung erklärte.[51] Die Essenz dieser nur anfänglich rein mathematischen Idee war, dass der Energieaustausch zwischen dem elektromagnetischen Wellenfeld und noch nicht näher spezifizierten »Resonatoren« nicht, wie man bisher angenommen hatte, »stetig«, sondern nur »portionsweise« erfolgen könne. Newton hatte behauptet, dass Energieaustausch stetig stattfindet, und genau das bestritt Planck: Das Ganze funktioniere genauso, sagte er, wie bei einer Schlauchleitung, die Flüssigkeit immer nur portionsweise ausspuckt. Rubens war von dieser Idee ebenso begeistert wie Planck (und Planck war kein leicht zu begeisternder Mensch). Bis zum 14. Dezember dieses Jahres, als Planck seine Formel auf der Sitzung der Deutschen Physikalischen Gesellschaft in Berlin vorstellte, hatte er seine Theorie dann vollständig ausformuliert,[52] inklusive der Kalkulation der kleinstmöglichen »Energieportion«. Von Planck als *h* bezeichnet, ging sie als »Planck-Konstante« oder »Wirkungsquantum« in die Geschichte ein. Diese Konstante hatte nach Plancks Berechnungen den Wert $6{,}55 \times 10^{-27}$ ergs pro Sekunde (erg ist die Einheit für eine sehr kleine Energiemenge). Seine Beobachtung der Schwarzkörper-Strahlung erklärte er nun damit, dass die elektromagnetischen Wellenpakete zwar im Prinzip für jede Farbe des Lichts gleich, für beispielsweise Rot jedoch kleiner als für Gelb, Grün oder Blau sind. Wird ein Körper erhitzt, sendet er elektromagnetische Wellenportionen von geringerer Energie aus. Wird die Hitze verstärkt, vergrößert sich auch die Energie dieser Portionen. Planck hatte also einen konkreten Baustein des Universums identifiziert, ein Strahlenatom oder »Wirkungsquantum«. Und damit war bestätigt, dass die Natur kein stetiger Prozess ist, sondern sich in einer Abfolge von extrem kleinen Rucken vorwärts bewegt. Es war der Beginn der Quantenphysik.

Aber noch nicht ganz. Während Freuds Ideen auf Feindseligkeiten stießen und de Vries' Wiederentdeckung der Mendelschen Gesetze eine Explosion von Experimenten auslöste, wurde Plancks Idee weitgehend ignoriert. Sein Problem war, dass sich so viele seiner Theorien in den zwanzig Jahren vor der Entwicklung seiner Quantentheorie als falsch erwiesen hatten. So ließ man ihn nun, als er seine neueste Theorie der Physikalischen Gesellschaft vorstellte, höflich schweigend ausreden, stellte aber nicht einmal Fragen. Bis heute ist nicht ganz klar, ob sich Planck überhaupt selber des revolutionären Geistes seiner Idee bewusst war. Es dauerte vier Jahre, bis jemandem ihre Bedeutung dämmerte – und dieser Jemand sollte selber eine Revolution in Gang setzen. Sein Name war Albert Einstein.

*

Am 25. Oktober 1900, nur Tage nachdem Planck seine entscheidende Formel auf einer Postkarte an Heinrich Rubens notiert hatte, entstieg Pablo Picasso am Pariser Gare d'Orsay einem Zug aus Barcelona. Planck und Picasso hätten nicht unterschiedlicher sein können. Während Planck ein geordnetes und relativ ruhiges Leben führte, in dem Traditionen eine große Rolle spielten, wurde Picasso sogar von der eigenen Mutter als »Engel und Teufel in einer Gestalt« beschrieben. In der Schule hatte er sich kaum je an Regeln gehalten, unentwegt vor sich hin gekritzelt und mit seiner Lese- und Schreibschwäche geradezu geprahlt. Dafür war er ein Wunder an künstlerischer Begabung. Deshalb wechselte er auch bald von der Schule in seiner Geburtsstadt Málaga in den Kurs seines Vaters an der Kunsthochschule von Corunna, dann nach La Llotja an die Kunstakademie von Barcelona und schließlich, nachdem er einen Preis für sein Gemälde *Wissenschaft und Nächstenliebe* gewonnen hatte, an die Königliche Akademie von Madrid. Doch für ihn galt dasselbe wie für viele andere Künstler seiner Zeit: Das Zentrum des Universums war Paris. Und so kam es, dass er kurz vor seinem neunzehnten Geburtstag im gerade eröffneten Bahnhof aus dem Zug stieg, der ihn in die Stadt des Lichts gebracht hatte. Er besaß weder einen Platz zum Schlafen noch sprach er gut Französisch. Also nahm er sich zunächst ein Zimmer im Hôtel du Nouvel Hippodrome, einem *maison de passe* in der rue Caulaincourt, umgeben von Bordellen.[53] Später mietete er sich ein Atelier am Montparnasse am *rive gauche*, zog aber bald schon auf den Montmarte am rechten Seine-Ufer um.

Das Paris von 1900 wimmelte nur so von Talenten auf beiden Seiten des Flusses. Es gab 70 Tageszeitungen, 350000 elektrische Straßenlaternen, und gerade war der erste Michelin-Führer erschienen. Die Stadt war das Zuhause von Alfred Jarry, dessen Theaterstück *Ubu Roi* – eine groteske Shakespeare-Parodie, in der ein fetter, marionettenartiger König Polen durch Massenmord erobern will – sogar W. B. Yeats, der zur Premiere gekommen war, schockiert hatte. Es arbeiteten dort Marie Curie, die gerade über Radioaktivität forschte, oder der Symbolist Stephane Mallarmé, der »Impressionist der Musik« Claude Debussy und Eric Satie, der dort seine »atonalen Abenteuer« auf dem Klavier vorstellte. James Whistler und Oscar Wilde lebten im Pariser Exil (Wilde starb allerdings noch in demselben Jahr), und es war die Stadt von Zola und der Dreyfus-Affäre, von Auguste und Louis Lumière, die der Welt 1895 in Lyon erstmals einen kommerziell produzierten Film vorgeführt und mit ihrer neuen Leidenschaft dann auch die Metropole angesteckt hatten. Untrennbar mit dem Moulin Rouge verbunden war Henri Toulouse-Lautrec, und auch Sarah Bernhardt war nicht mehr aus der Metropole und dem nach ihr benannten Theater wegzudenken, in dem sie den Hamlet *en travesti* gab. Es war die Stadt von Gertrude Stein, Maurice Maeterlinck, Guillaume Apollinaire, Isadora Duncan und Henri Bergson. Roger Shattuck, Literaturwissenschaftler und

Kulturhistoriker in Harvard, nannte diese Periode in seiner Studie desselben Titels die »Banquet Years«, denn Paris feierte mit hingebungsvoller Begeisterung sich und das Leben. Und in dieser avantgardistischen Gesellschaft hoffte Pablo Picasso nun Fuß zu fassen.[54]

Mit seinen knapp neunzehn Jahren war er bereits ein viel versprechendes Talent. Ein etwas sentimentales Bild von ihm, betitelt *Letzte Momente,* hing 1900 im Spanischen Pavillon der Pariser Weltausstellung, die im Grand und Petit Palais zur Feier des neuen Jahrhunderts veranstaltet wurde.[55] Über die zweihundertsechzig Morgen Ausstellungsfläche fuhr eine eigens installierte elektrische Eisenbahn, es gab einen Rollweg, der sich mit beinahe zehn Stundenkilometer fortbewegte, ein Riesenrad mit über achtzig Gondeln, und auf einer Länge von über einem Kilometer waren die Ufer der Seine auf beiden Seiten des Trocadéro von exotischen Fassaden gesäumt – kambodschanische Tempel, eine Moschee aus Samarkand und ganze afrikanische Dörfer. Unterirdisch konnte man in der Nachbildung einer kalifornischen Goldmine oder in Pharaonengräbern herumspazieren. Es gab sechsunddreißig Kassenhäuschen, durch die sich eintausend Besucher pro Minute schoben.[56] Seinen Beitrag zu dieser Weltausstellung übermalte Picasso später, doch noch heute ist seine Komposition bei einer Röntgenbestrahlung des Gemäldes genau so zu erkennen, wie er sie auf Skizzen festgehalten hatte: Ein Priester beugt sich über das Bett eines sterbenden Mädchens, die Szenerie nur durch den matten Schein einer Lampe beleuchtet. Vielleicht war Picasso durch den Tod seiner Schwester Conchita zu diesem Thema inspiriert worden, vielleicht auch durch Puccinis Oper *La Bohème,* die bei ihrer Premiere in der katalanischen Hauptstadt kurz zuvor großes Aufsehen erregt hatte. Das Bild war von den Ausstellungsmachern viel zu hoch angebracht worden, um genau betrachtet werden zu können, doch nach einer Zeichnung Picassos zu schließen, auf der er und Freunde zu sehen sind, wie sie vergnügt die Ausstellung verlassen, muss er von seiner Wirkung trotzdem sehr angetan gewesen sein.[57]

Zeitgleich mit der Weltausstellung hielten viele berühmte Wissenschaftsverbände ihre Jahresversammlungen in Paris ab, in einem Gebäude nahe dem Pont d'Alma, das eigens für diesen Zweck reserviert war. Mindestens hundertdreißig Kongresse fanden 1900 dort statt, darunter vierzig wissenschaftliche Veranstaltungen, wie etwa der Dreizehnte Internationale Medizinerkongress, ein Internationaler Philosophiekongress, ein weiterer über Frauenrechte, sowie bedeutende Versammlungen von Mathematikern, Physikern und Elektroingenieuren. Die Philosophen versuchten bei einer von Bertrand Russell und Alfred North Whitehead – die gemeinsam ein Buch über dieses Thema planten – geleiteten Diskussion (erfolglos) die Grundlagen der Mathematik zu definieren. Der Mathematikerkongress wurde von David Hilbert aus Göttingen, Deutschlands (und vielleicht der Welt) führendem Mathematiker dominiert, der die dreiundzwanzig wichtigsten mathematischen Probleme des zwanzigsten Jahrhunderts umriss, die es seiner Meinung nach zu lösen galt.[58] Sie gingen als »Hilberts mathematische Probleme« in die Geschichte ein. Ihre Auswahl führte zu heftigen Kontroversen im Kollegenkreis, aber inzwischen wurden fast alle gelöst.

Es sollte nicht lange dauern, bis Picasso die quirlige Welt der Künstler und Intellektuellen in Paris erobert hatte. Als »Engel und Teufel« in persona konnte er sich nie über fehlendes Interesse beklagen. Bald schon sollten seine Gemälde die Grundprinzipien der Kunst erschüttern und das Auge mit derselben Intensität zwingen, sich auf Neues einzulassen, mit der die Physik, Biologie und Psychologie den Geist zu neuem Denken drängten. Oft stellte Picassos Malerei sogar dieselben Fragen wie diese Disziplinen, denn auch sein Werk sondierte, was fest ist und was nicht, und tauchte unter die Oberfläche von äußeren Erscheinungsformen, um Zusammenhänge zwischen bis dahin unvorstellbaren versteckten Strukturen in der Natur zu erforschen. Picassos Themen dieser Zeit kreisten um sexuelle Ängste, »primitive« Denkmuster, den Minotaurus und den Stellenwert antiker Kulturen im Lichte modernen Wissens. Für seine Collagen verwendete er gerne Materialien aus der industriellen Massenproduktion, um mit Bedeutungen zu spielen und damit mindestens so sehr zu verstören wie zu begeistern. (Ein Bild, sagte er einmal, ist eine Summe von Zerstörungen.) Wie Darwin, Mendel, Freud, J. J. Thomson und Max Planck forderte auch er mit seinem Werk sämtliche Kategorien heraus, in die man die Natur bis dahin eingeteilt hatte.[59]

Picassos Werk und die außergewöhnliche Bandbreite der Pariser Weltausstellung waren kennzeichnend für den geistigen Umbruch zur Zeit der Jahrhundertwende. Zwei Aspekte traten dabei besonders hervor: erstens die ungewöhnliche Komplementarität vieler neuen Ideen bei der optimistischen Suche nach den versteckten Grundbausteinen der Natur und der Klärung der Frage, wie sie sich in das, was Freud mit charakteristischer Übertreibung »Unterwelten« genannt hatte, einordnen; und zweitens die Tatsache, dass die treibende Kraft dieser neuen Geistesströmungen immer die Naturwissenschaften waren, sogar dann, wenn sie als Kunst erfahrbar wurden. Die tragende Säule des neuen Jahrhunderts stand bereits im Jahr 1900.

2

Der »halb-beschrittne Weg«

Im Jahre 1900 war Großbritannien die politisch wie wirtschaftlich einflussreichste Nation der Welt. Ihr gehörten Gebiete in Nord- und Mittelamerika, das südamerikanische Argentinien war zumindest stark von ihr abhängig, und sie herrschte über Kolonien in Afrika, dem Nahen Osten, dem entfernten Ozeanien und Australien. Ein Großteil der restlichen Welt war unter anderen europäischen Mächten aufgeteilt – Frankreich, Belgien, Holland, Portugal, Italien und sogar Dänemark. 1899 hatten die Vereinigten Staaten den Panamakanal erworben, und soeben war ihnen auch das spanische Imperium in die Hände gefallen. Der Machthunger der USA wurde immer größer, aber in der Welt der Ideen – Philosophie, Kunst, Geistes- und Sozialwissenschaften, Naturwissenschaften – war Deutschland das einflussreichste Land, oder genauer gesagt: der deutsche Sprachraum. Diese Differenzierung ist wichtig, denn zwischen den geistigen Traditionen Deutschlands und den kommenden politischen Entwicklungen gab es wahrlich enge Zusammenhänge.

Ein Grund für die geistige Vorherrschaft der deutschsprachigen Welt waren die Universitäten, die so viel Anteil am Wissensstand der Chemie des neunzehnten Jahrhunderts gehabt und so viele Schriftgelehrte und Archäologen des klassischen Altertums hervorgebracht hatten, ganz zu schweigen vom Konzept des Doktorats selbst, das in Deutschland entstand. Ein anderer Grund war eher demografischer Natur: Im Jahr 1900 gab es dreiunddreißig Städte mit über 100 000 Einwohnern in den deutschsprachigen Ländern, und Urbanität war ein wesentliches Element für die Entstehung eines Marktplatzes der Ideen. Unter diesen Städten nahm Wien den vordersten Rang ein. Wenn ein Ort am Beginn des zwanzigsten Jahrhunderts für abendländische Kultur stand, dann gewiss die Metropole des Habsburgerreichs.

Im Gegensatz zu den Gebieten anderer Imperien, wie dem britischen oder belgischen Königreich, lagen fast alle von der Habsburger-Doppelmonarchie beherrschten Territorien in Europa. Außerdem war diese Monarchie im Wesentlichen nach innen orientiert. Der deutschsprachige Raum war von stolzen Völkern bewohnt, die sich ihrer Geschichte und all dessen, was sie ihrer Meinung nach von anderen Völkern unterschied, sehr bewusst waren. Diese Form von Nationalismus verlieh ihrem intellektuellen Leben typische Merkmale, das heißt, er fungierte nicht nur als Motor, sondern auch als Abgrenzung (worauf später noch genauer eingegangen wird). Zum besonderen Charakter von Wien trug aber auch die Architektur der Stadt bei. Die Ringstraße, gesäumt von so prächtigen Gebäuden wie der Universität, der Oper oder dem Parlament, war in der zweiten Hälfte des neunzehnten Jahrhunderts um die alte Stadtmitte gebaut, als Verbindung zwischen dieser und den äußeren Bezirken; sie umschloss damit das relativ kleine und sehr gut zugängliche Gebiet, in dem sich das intellektuelle und kulturelle Leben der Stadt abspielte.[1] In diesem umgrenzten Areal waren auch die typischen Wiener Kaffeehäuser angesiedelt, eine Institution, die Wien unverkennbar von London, Paris oder Berlin unterschied. An den kleinen Marmortischen wurden nicht nur Tageszeitungen und die gerade aktuellen Wissenschaftsjournale oder Bücher gelesen, sondern auch jede Menge Ideen ausgebrütet. Angeblich geht diese Kaffeehauskultur auf das Ende der zweiten Türkenbelagerung 1683 zurück, als riesige Vorräte von Kaffeebohnen in der Stadt entdeckt worden waren. Doch was ihr Ursprung auch gewesen sein mag, im Jahr 1900 waren sie jedenfalls ein nicht mehr wegzudenkender Teil des urbanen Wiener Lebens. Sie waren großzügig und bequem eingerichtet, und wer dort am Morgen eine Tasse Kaffee bestellte, hatte damit das Recht erworben, bis zur Sperrstunde am Tisch sitzen bleiben zu dürfen und halbstündlich ein frisches Glas Wasser auf dem Silbertablett serviert zu bekommen.[2] Zeitungen, Illustrierte, Billardtische und Schachbretter gehörten ebenso zum kostenlosen Service wie Feder, Tinte und Briefpapier mit dem Kopf des jeweiligen Cafés. Man konnte sich seine Post in sein Stammcafé schicken lassen oder seine Abendgarderobe dort deponieren, um nicht zum Umziehen nach Hause gehen zu müssen. In einigen Etablissements, wie zum Beispiel dem Café Griensteidl, standen sogar große Enzyklopädien und andere Nachschlagewerke für die Schriftsteller zur Verfügung, die den ganzen Tag an ihren Kaffeehaustischen arbeiteten.[3]

Die heftigsten Streitgespräche im Café Griensteidl und den anderen Kaffeehäusern dieser Zeit gingen um die von dem Sozialphilosophen Karl Pribram postulierten weltanschaulichen Gegensätze »Individualismus« und »Universalismus«.[4] Allerdings kam darin eine schon ältere Dichotomie zum Ausdruck, für die sich insbesondere Freud sehr interessierte. Entstanden war sie zu Beginn des neunzehnten Jahrhunderts während der Transformation der ländlichen Gesellschaft, in der jeder jeden kannte, in eine urbane Gesellschaft aus »atomistischen« Individuen, die ständig in Eile waren und einander deshalb niemals wirklich begegneten. Der Individualist, so Pribram, glaubt nach Art der Aufklärung an die empirische Vernunft und folgt bei seiner Suche nach Wahrheit der wissenschaftlichen

Methode: Zuerst wird eine Hypothese aufgestellt, und dann wird diese überprüft. Der Universalist hingegen postuliere die ewige, dem menschlichen Geist überlegene Wahrheit, deren Gültigkeit sich jeder Überprüfung entziehe. Der Individualist entdeckt die Wahrheit, der Universalist erduldet sie.[5] Für Pribram war Wien die einzig wahre individualistische Stadt östlich des Rheins, obwohl sogar dort, unter dem Einfluss der nach wie vor mächtigen katholischen Kirche, der Universalismus allgegenwärtig war. Aus geistiger Perspektive betrachtet war Wien daher ein »halb-beschrittner Weg«,* ein Ort von konkurrierenden »halb-vollend'ten« Denkschulen, wofür die Psychoanalyse als prototypisches Beispiel steht. Freud selbst betrachtete sich als Wissenschaftler, bot jedoch keinerlei Methodologie an, mit der etwa die Existenz des Unbewussten zur Zufriedenheit eines Skeptikers hätte nachgewiesen werden können. Doch Freud und sein Unbewusstes waren nicht das einzige Beispiel. Allem voran bewies die Lehre des therapeutischen Nihilismus – man könne nichts gegen Krankheiten tun, die eine Gesellschaft oder den menschlichen Körper befallen – völlige Indifferenz gegenüber der Progressivität, die in seinem genauen Gegenteil zum Ausdruck kam: im empirischen, optimistisch wissenschaftlichen Ansatz. Auch die Ästhetik des Impressionismus – sehr populär in Wien – war Teil dieser Dichotomie. Impressionismus war, so der ungarische Kunsthistoriker Arnold Hauser, eine grundlegend urbane Kunst, die »die Veränderlichkeit, den nervösen Rhythmus, die plötzlichen, intensiven, aber immer kurzlebigen Eindrücke des städtischen Lebens beschreibt«.[6] Diese Betonung der Vergänglichkeit, der Flüchtigkeit von Erfahrungen, basierte letztlich auf derselben Idee wie der therapeutische Nihilismus: Da man an der Welt ohnedies nichts ändern kann, könne man sie bestenfalls aus einer gewissen Distanz beobachten.

Zwei Schriftsteller rangen auf unterschiedliche Weise mit dieser Vorstellung, Arthur Schnitzler und Hugo von Hofmannsthal. Beide gehörten einer Gruppe junger Bohemiens an, die sich im Café Griensteidl traf und unter dem Namen »Jung Wien« bekannt war.[7] Zu ihr zählten auch der brillante Journalist, Essayist und spätere Präsident des Zionistischen Weltkongresses, Theodor Herzl, der Schriftsteller Stefan Zweig und, als Kopf der Gruppe, der Verleger Hermann Bahr. Sein Blatt *Die Zeit* war für viele dieser Talente ein ebenso wichtiges Forum wie die *Fackel* von Karl Kraus, dem nicht weniger brillanten Autor der *Letzten Tage der Menschheit*, der ebenfalls der Griensteidl-Gruppe angehörte.

Der Lebenslauf von Arthur Schnitzler (1862–1931) weist ein paar erstaunliche Parallelen zu der Karriere von Sigmund Freud auf. Auch er war Facharzt für Neurologie und hatte sich mit Neurasthenie auseinander ge-

* Anm. d. Ü.: So das Urteil des Dramatikers Franz Grillparzer über die Habsburgermonarchie: ein »halb-beschrittner Weg der halb vollend'ten Tat«.

setzt.[8] Freud hatte bei Theodor Meynert studiert, Schnitzler war dessen Assistent gewesen. Und Schnitzlers Interesse an Erotik – die so viel »thörichter und frevelhafter Geringschätzung« ausgesetzt war, wie Freud einmal an ihn schrieb –, deckte sich so sehr mit der Faszination, die sie auf Freud ausübte, dass dieser ihm einmal erklärte, er vermeide aus einer gewissen »Doppelgängerscheu« heraus bewusst die Begegnung mit ihm. Schnitzler wandte sich schließlich von der Medizin der Literatur zu, doch seine Werke spiegeln viele psychoanalytische Vorstellungen. In den frühen Werken hatte er sich noch ausschließlich mit der Hohlheit der Wiener Kaffeehausgesellschaft befasst, doch mit *Leutnant Gustl* und dem *Weg ins Freie* begann er, ganz neue Zeichen zu setzen.[9] *Leutnant Gustl*, ein langer innerer Monolog, beginnt mit einer Episode, bei der ein »bloßer Bäckermeister« im Getümmel an der Garderobe des Opernhauses den Säbel des Leutnants berührt und ihn einen »dummen Buben« nennt. Diese unbedeutende Episode löst im Leutnant spontane Assoziationen aus, was an den späteren Proust erinnert. Zwar ist auch dieses Buch von Schnitzler noch vorrangig eine Gesellschaftskritik, aber da wo er über längst vergessen geglaubte Kindheitserinnerungen des Leutnants schreibt, spielt er auf psychoanalytische Ideen an.[10] Der *Weg ins Freie* behandelt dann schon auf breiterer Ebene die instinktiven und irrationalen Aspekte individuellen und gesellschaftlichen Handelns. Der dramatische Aufbau dieses Romans erhält seine Kraft vor allem aus Schnitzlers Darstellung, wie dem Leben und der Laufbahn der verschiedenen jüdischen Figuren allmählich immer mehr Steine in den Weg gelegt werden. Dabei klagt Schnitzler den Antisemitismus nicht einfach nur als ein Symptom des geistigen Verfalls an, sondern entlarvt ihn auch als Symbol der neuen, illiberalen Kultur des dekadenten Ästhetizismus und einer Massengesellschaft, die, im Zusammenwirken mit einem »zur Schaubühne der Manipulation der Massen« verkommenen Parlament, alle Macht den Instinkten überlässt und jene »zielvolle sittliche und wissenschaftliche« Kultur verdrängt, die von vielen der jüdischen Romangestalten vertreten wird. Schnitzler wollte nicht nur »die essenzielle Unlösbarkeit des jüdischen Problems« beleuchten, sondern auch das Dilemma zwischen Kunst und Naturwissenschaften.[11] Von beiden war er bitter enttäuscht – von der Kunst, weil sie nichts veränderte, und von den Naturwissenschaften, weil sie dem Ich zu keiner neuen Bedeutung verhalfen.[12]

Hugo von Hofmannsthal (1879–1929) ging noch weiter als Schnitzler. Als Sohn einer in den Adelsstand erhobenen jüdischen Familie hatte er das Glück, einen Vater zu haben, der die geistigen und musischen Neigungen des Sohnes nicht nur förderte, sondern geradezu erwartete. Hofmannsthal senior nahm Hugo schon in jungen Jahren ins Café Griensteidl mit, sodass die Gruppe um Bahr wie ein Verstärker auf die früh entwickelten Talente des Kindes wirkte. Bereits zu Anfang seiner Karriere vollbrachte

Hofmannsthal, wie einmal geschrieben wurde, »die glänzendste Leistung in der Geschichte der deutschen Dichtkunst«, doch in der Rolle des Ästheten fühlte er sich nie ganz wohl.[13] Sowohl im *Tod des Tizian* (1892) als auch in *Der Tor und Tod* (1893), den beiden berühmtesten seiner vor 1900 verfassten lyrischen Dramen, kommt seine Skepsis zum Ausdruck, ob es »einen Einklang des künstlerischen Selbst mit dem Leben, dem Individuum, mit der Welt« überhaupt geben könne.[14] Das Problem für Hofmannsthal war, dass Kunst seiner Meinung nach zwar ihre *Schöpfer* erfüllen und erfreuen kann, aber nicht notwendigerweise auch die zu Schöpferischem unfähige Masse.

Und unsere Gegenwart ist trüb und leer
Kommt uns die Weihe nicht von außen her.[15]

Hofmannsthals Sicht kommt am deutlichsten in seinem Gedicht »Idylle. Nach einem antiken Vasenbild: Zentaur mit verwundeter Frau am Rand eines Flusses« zum Ausdruck, das die Geschichte der verheirateten Tochter eines griechischen Vasenmalers erzählt. Obwohl ihr der Ehemann ein angenehmes Leben bietet, ist sie unzufrieden und unausgefüllt. Sie verbringt ihre Zeit mit Tagträumereien über ihre Kindheit und die mythologischen Bilder des Vaters, welche ihre Sehnsucht nach dem Leben der Götter wecken. Schließlich erfüllt Hofmannsthal ihre Wünsche und lässt sie einem Zentauren begegnen. Beglückt von dieser Wendung ihres Schicksals, entflieht sie ihrem alten Leben und folgt ihm. Doch der Ehemann hat offenbar andere Vorstellungen: Wenn er sie nicht haben kann, dann soll auch kein anderer sie bekommen. Er tötet sie mit einem Speer.[16] Alles in allem wirkt dieses Gedicht etwas schwerfällig, aber an Hofmannsthals Aussage lässt es keinen Zweifel: Schönheit ist etwas Zwiespältiges und kann nicht nur subversiv, sondern sogar tödlich sein; ein spontanes, den Instinkten gehorchendes Leben kann zwar durchaus seine Reize haben, ganz unabhängig davon, ob es auch als erfüllt betrachtet wird, aber es ist gefährlich. Mit anderen Worten: Das Schöne ist nicht einfach selbstgenügsam und passiv, sondern erfordert Urteils- und Handlungsvermögen.

Auch mit dem Einfluss der Naturwissenschaften auf die alte ästhetische Kultur Wiens beschäftigte sich Hofmannsthal. »Das Wesen unserer Epoche«, schrieb er 1905, »ist Vieldeutigkeit und Unbestimmtheit. Sie kann nur auf Gleitendem ausruhen.« Und dann fügte er hinzu: Sie »ist sich bewusst, dass es Gleitendes ist, wo andere Generationen an das Feste glaubten«.[17] Hätte man besser beschreiben können, wie die alte Welt Newtons nach den Entdeckungen von Maxwell und Planck zu entgleiten drohte? »Es zerfiel mir alles in Teile«, schrieb Hofmannsthal, »die Teile wieder in Teile, und nichts mehr ließ sich mit einem Begriff umspannen.«[18] Wie Schnitzler war auch Hofmannsthal über die politischen Entwicklungen im Habsburgerreich und vor allem den immer bedrohlicheren Antisemitismus entsetzt. Doch er gab den Naturwissenschaften die Schuld am Aufstieg der Irrationalität, weil sie es waren, die zu massivem Umdenken im allgemeinen Weltverständnis gezwungen hatten. Die neuen Erkenntnisse und Ideen wirkten derart verstörend, dass sie in weiten Teilen der Gesellschaft zu reaktionärer Irrationalität führten. Hofmannsthal selbst reagierte idiosynkratisch, um das Mindeste zu sagen, doch seine Reaktion entbehrte nicht einer gewissen Logik: Im »hohen« Alter von sechsundzwanzig Jahren beschloss er, die Dichtkunst links liegen zu lassen und sich dem Drama zu widmen, weil es ihm bessere Möglichkeiten zu bieten schien, um sich den Herausforderungen seiner Zeit zu stellen. Schnitzler hatte die Politik eine Schaubühne genannt; Hofmannsthal glaubte nun, dass diese Schaubühne ein notwendiges Korrektiv der politischen Entwicklungen sein könne.[19] In all seinen Schauspielen, von *Die Söhne des Fortunatus* (1900–1901) über *König Candaules* (1903) bis hin zu seinen Libretti für Richard Strauss, ging es um Politik als Kunst, um die Lebensaufgabe von Königen, eine ästhetische Komponente zu bewahren, welche für Ordnung sorgt und somit die Irrationalität in ihre Schranken weist. Dennoch glaubte Hofmannsthal, dass der Irrationalität ein Ventil gelassen werden müsse. Deshalb schlug er »die Zeremonie des Ganzen« vor, eine ritualisierte Form von Politik, bei der sich niemand ausgeschlossen fühlen würde. Seine Dramen sind in der Tat ein Versuch, dem Ganzen einen zeremoniellen Rahmen zu geben, individuelle Psychologie mit Gruppenpsychologie zu verbinden und Psychodramen zu entwickeln, die wie ein Vorbote der späteren Theorien Freuds wirken.[20] Während also Schnitzler bereit war, sich als reiner Beobachter der Wiener Gesellschaft zu verstehen und die Rolle eines eleganten Diagnostikers ihrer Unzulänglichkeiten einzunehmen, widersetzte sich Hofmannsthal dieser Art des therapeutischen Nihilismus und versuchte die Gesellschaft zu verändern, indem er bewusst eine aktivere Rolle einnahm. Er schrieb in diesem Zusammenhang bezeichnenderweise, dass »das Schrifttum« zum »geistigen Freiraum der Nation« geworden sei.[21] Tief im Herzen hatte Hofmannsthal immer gehofft, dass seine Königsdramen Wien helfen würden, eine starke Führungspersönlichkeit hervorzubringen, einen Mann, der als moralische Instanz den Weg weisen, Splitter zu einem Ganzen fügen und Materie in die Form einer neuen deutschen Wirklichkeit gießen könnte. Dafür wählte er Begriffe, die dem kommenden Geschehen bereits auf unheimliche Weise nahe kamen. So hoffte er zum Beispiel auf ein Genie, das alle Merkmale des Usurpators besitzen würde, auf einen wahren Deutschen und wirklichen Mann, einen Propheten, Dichter, Lehrmeister, Verführer und erotischen Träumer.[22] Hofmannsthals Königsästhetik deckte sich nicht nur mit Freuds Vorstellungen vom dominanten Mann, sondern auch mit den anthropologischen Erkenntnissen von Sir James Frazer oder mit den Ideen von Nietzsche und Darwin. Im Übrigen hatte er sehr ambitionierte Vorstellungen von den harmonisierenden Fähigkeiten der Künste, wenn er glaubte, sie könnten den brisanten Auswirkungen der naturwissenschaftlichen Erkenntnisse etwas entgegensetzen.

*

Damals war für niemanden abzusehen, dass Hofmannsthals Werk zu einem späteren Zeitpunkt im zwanzigsten Jahrhundert dazu beitragen würde, den Weg für einen noch größeren Ausbruch an Irrationalität in Deutschland zu ebnen. Aber auch Franz Brentano (1838–1917) reagierte mit seiner Philosophie, nicht anders als Hofmannsthal mit seiner Königsästhetik und »Zeremonie des Ganzen«, auf das »Gleitende«, das durch die jüngsten naturwissenschaftlichen Erkenntnisse hervorgerufen wurde. Brentano war außerordentlich beliebt. Seine Vorlesungen waren so legendär, dass sich die Hörer – unter ihnen Freud und Tomás Masaryk – bis in die Flure drängten. Dabei war er von Ehrfurcht gebietender Statur (manchmal, hieß es, umgab ihn geradezu die Aura eines Kirchenfürsten). Außerdem war er ein leidenschaftlicher, aber notorisch unkonzentrierter Schachspieler (weshalb er auch selten gewann, aber das lag wohl vor allem an seiner Experimentierfreudigkeit und dem Spaß, den er an der Analyse von Ursache und Wirkung hatte). Er war Dichter, ein fabelhafter Koch, Tischler und sogar ein guter Schwimmer (er pflegte regelmäßig in der Donau zu baden); er veröffentlichte ein Rätselbuch, das zum Renner wurde, und zu seinem Freundeskreis zählten Theodor Meynert, Theodor Gomperz und Brentanos Arzt Josef Breuer.[23] Ursprünglich war er Priester gewesen, aber 1873 aus der Kirche ausgetreten. Später heiratete er eine reiche, zum Christentum konvertierte Jüdin (was einen Spaßvogel zu der Bemerkung veranlasste, er sei eine Ikone auf der Suche nach ihrem goldenen Hintergrund).[24]

Brentanos eigentliches Interesse aber war darauf gerichtet, mit möglichst wissenschaftlichen Methoden den Beweis für die Existenz Gottes anzutreten. Er hatte ein höchst individuelles Wissenschaftsverständnis; danach nimmt die Wissenschaft die Form einer Geschichtsanalyse an. Für ihn vollzog sich die Philosophie in Zyklen. Die drei Perioden, Altertum, Mittelalter und Neuzeit, gliederte er jeweils in vier identische Phasen, wobei die Skepsis immer die dritte Phase (und zweite Verfallsphase) bildet. Im Mittelalter wird sie durch den Nominalismus, in der Neuzeit durch Hume vertreten. Auf das Misstrauen gegenüber der Wissenschaft folgt als vierte Phase die Reaktion auf die Skepsis in Gestalt einer neuen, aber gewaltsamen Dogmatik.[25]

Nicht zuletzt dieser Denkansatz machte Brentano zu einem typischen Vertreter der Wiener Geistesgeschichte dieses »halb-beschrittnen Weges«. Nach zwanzig Jahren Forschung und Lehre führten ihn seine Studien zu der Schlussfolgerung, dass es ein ewig schaffendes und bewahrendes Prinzip gebe, welches er mit dem Begriff »Verständnis« umschrieb.[26] Seine Überzeugung, dass sich auch die Philosophie in Zyklen entwickelt, ließ ihn zugleich an der Progressivität der Naturwissenschaften zweifeln. In Großbritannien erinnert man sich seiner heute hauptsächlich des Versuches wegen, der Suche nach Gott mehr intellektuelles Gewicht zu verleihen. Damals glaubten allerdings viele Zeitgenossen – die ihn durchaus für sein Bemühen bewunderten, Wissenschaft und Glauben zu vereinen –, dass sein System von Anfang an zum Scheitern verurteilt sei. Ungeachtet solcher Kritik regte Brentano zu zwei anderen philosophischen Ideen an, die zu Beginn des Jahrhunderts sehr einflussreich werden sollten: Edmund Husserls Phänomenologie und Christian von Ehrenfels' Gestalttheorie.

Edmund Husserl (1859–1938) wurde in demselben Jahr und demselben Land – Mähren – geboren wie Freud und Mendel. Wie Freud war auch er Jude, hatte aber eine kosmopolitischere Erziehung genossen und in Berlin, Leipzig und Wien studiert.[27] Obwohl sein eigentliches Interesse der Mathematik und Logik galt, fühlte er sich zunehmend zur Psychologie hingezogen. Damals wurde Psychologie üblicherweise noch im Rahmen der Philosophie gelehrt, begann sich aber dank der naturwissenschaftlichen Fortschritte schnell zu einer eigenen Disziplin zu entwickeln. Was Husserl am meisten interessierte, war die Verbindung zwischen Bewusstsein und Logik. Vereinfacht ausgedrückt stellte sich für ihn die Grundfrage, ob objektiv Logik »außerhalb von uns« (siehe Henri Bergson, Kapitel 4) überhaupt existiert oder ob sie in irgendeinem grundlegenden Sinne vom Bewusstsein abhängig ist. Was ist die logische Grundlage aller Phänomene? Hier übernahm nun die Mathematik einc Vorreiterrolle, jedenfalls was Zahlen betraf, denn deren Verhaltensweisen (Addition, Subtraktion usw.) sind ja das deutlichste Beispiel für angewandte Logik. Wie war das aber nun mit Zahlen? Existierten sie objektiv betrachtet überhaupt, oder waren auch sie eine reine Funktion des Bewusstseins? Brentano hatte behauptet, dass das Bewusstsein Zahlen auf irgendeine Weise »intendiert« und sich dieser Umstand, sofern seine Annahme richtig war, sowohl auf ihren logischen als auch ihren objektiven Zustand auswirken müsse. Eine noch grundsätzlichere Frage stellte sich in Bezug auf das Bewusstsein als solches: »Intendiert« sich das Bewusstsein selbst, ist es sein eigenes Konstrukt? Wenn ja, welche Auswirkungen hat dies dann auf das logische und objektive Denken?[28]

Husserls großes Werk über diese Fragen, *Logische Untersuchungen*, wurde in zwei Bänden 1900–1901 veröffentlicht. Wegen der Arbeit daran hatte er im Jahr zuvor nicht am Mathematischen Kongress während der Pariser Weltausstellung teilnehmen können. Darin forderte er nun als »Anfang aller Philosophie« die »Einklammerung der Weltexistenz« und deren *Beschreibung,* unter Einbeziehung jedes nur erdenklichen Gegenstands und Sachverhalts. Sein entscheidender Beitrag nicht nur zu dieser Debatte, sondern zur abendländischen Philosophie überhaupt war die »Phänomenologie« oder »transzendentale Phänomenologie«, mit der er seine berühmte Dichotomie von Noema (Gedankeninhalt) und Noesis (Denkvorgang) erklärte. Noema verstand er als das Gegebene, das »Erlebnis als solches«, das »Erscheinende als solches« und als das »noematische Korrelat der Noesen«. Beispielsweise könne man behaupten, dass Gott existiert, ob man es nun glaube oder nicht. Noesis hingegen interpretierte er psychologischer – im Prinzip nicht anders als Brentano mit seiner Behauptung, dass das Bewusstsein ein Objekt »intendiert«. Beides aber, Noema wie Noesis, betrachtete Husserl als etwas im menschlichen Bewusstsein Vorhandenes – eine Erkenntnis, die er selber als seinen wissenschaftlichen Durchbruch empfand: Er hatte eine notwendige Korrelation zwischen Noesis und Noema entdeckt, die eine Gleichsetzung beider nahe legte.[29] Viele Menschen fanden diese Dichotomie verwirrend – und Husserl selbst trug auch nicht viel zur Erhellung bei. Er erfand immer neue, noch komplexere Neologismen für seine Ideen (nach seinem Tod wurden über vierzigtausend Manuskriptseiten in der Bibliothek der Louvain-Universität eingelagert, fast alle noch nicht gelesen, geschweige denn erforscht).[30] Doch *dass* er Bedeutendes geleistet hatte, davon war er fest überzeugt. Ganz im Sinne von Brentano und in der Tradition des »halb-beschrittnen Wegs« glaubte er, eine von jeder Psychologie und allen wissenschaftlichen Fakten unabhängige theoretische Wissenschaft ausformuliert zu haben.[31] Kaum jemand in der angelsächsischen Welt wollte ihm da folgen, geschweige denn verstehen, wie es eine von wissenschaftlichen Fakten unabhängige theoretische Wissenschaft überhaupt geben könne. Heute wird Husserl im angelsächsischen Sprachraum am ehesten als Urvater der so genannten »Kontinentalen Schule« der abendländischen Philosophie verstanden, zu der auch Martin Heidegger, Jean-Paul Sartre und Jürgen Habermas gezählt werden und die im deutlichen Gegensatz zu der von Bertrand Russell und Ludwig Wittgenstein begründeten »Analytischen Schule« steht, welche in Nordamerika und Großbritannien sehr viel mehr Anhänger fand.[32]

Ein anderer geistiger Erbe von Brentano war Christian von Ehrenfels (1859–1932), der Vater der Gestaltphilosophie und -psychologie. Der Österreicher Ehrenfels war ein reicher Mann, der sein ganzes Vermögen dem jüngeren Bruder vermacht hatte, um sich allein seinen intellektuellen und literarischen Vorlieben widmen zu können.[33] 1897 trat er eine Professur für Philosophie in Prag an. Hier modifizierte er dann, ausgehend von Ernst Machs »weißer Marmorkugel«*, Brentanos Ideen mit der Behauptung, dass das Bewusstsein die »Gestaltqualität« intendiere. Was er damit meinte, ist, dass es das »gestalthafte Ganze« in der Natur gebe, welches zu erkennen das Bewusstsein wie das Nervensystem prädestiniert seien. (Ein bekanntes Beispiel dafür ist das zur optischen Täuschung anregende Bild, welches einerseits einen weißen Kerzenständer und andererseits zwei schwarze, sich zugewandte Profile erkennen lässt.) Die Gestalttheorie sollte eine Zeit lang großen Einfluss auf die deutsche Psychologie haben und, obwohl sie selber ins Nichts führte, schließlich zur Grundlage für die Entwicklung des Begriffs der »Prägung« werden, jener Fähigkeit von Neugeborenen, bestimmte Gestalten während entscheidender Entwicklungsphasen »intuitiv« zu erkennen[34]. Vor allem Mitte des zwanzigsten Jahrhunderts widmete man sich dieser Idee ausgiebig; popularisiert wurde sie von deutschen und holländischen Biologen und Ethologen.

*

Bei all diesen Wiener Beispielen – Schnitzler, von Hofmannsthal, Husserl, Ehrenfels – wird deutlich, wie sehr sie von den jüngsten naturwissenschaftlichen Erkenntnissen beeinflusst waren, ob es nun um das Unbewusste oder um Elementarteilchen ging (oder um jene noch verstörendere »Leere« zwischen ihnen), ob um Gestalt oder um Entropie und den Zweiten Hauptsatz der Thermodynamik. Wem so mancher philosophische Begriff aus jenen Tagen überholt oder inkohärent erscheint, der sollte sich in Erinnerung rufen, dass sie alle erst Teilaspekte zu erklären versuchten. Das Wien jener Tage wurde auch von erklärtermaßen rationalen, im Grunde aber pseudowissenschaftlichen Ideen beherrscht, die heute auch nicht mehr nachvollziehbar sind. Hierzu gehören in erster Linie die berüchtigten Theorien von Otto Weininger (1880–1903).[35] Weininger, Sohn eines antisemitischen, wenngleich jüdischen Kupferstechers, war ein arroganter »Kaffeehaus-Geck«[36] und als Kind noch frühreifer als Hofmannsthal. Er hatte autodidaktisch acht Sprachen erlernt, noch bevor er sein Studium mit einer Dissertation abschloss, die – 1903 unter dem vom Verlag neu gewählten Titel *Geschlecht und Charakter* – ein riesiger Erfolg werden sollte. Es handelte sich um ein fanatisch antisemitisches und außerordentlich frauenfeindliches Machwerk, in dem Weininger die Ansicht vertrat, dass männliches und weibliches Verhalten stark von einem »einheitlichen Protoplasma« geprägt sei, denn »jede Zelle des Organismus ist … geschlechtlich charakterisiert oder hat eine bestimmte sexuelle Betonung«. Wie Husserl eigene Neologismen für seine Ideen prägte, er-

* Anm. d. Ü.: Eine Kugel lässt sich verstandesgemäß in Elemente wie Farbe, Form, Härte und Ort zerlegen, wobei diese Zerlegung künstlich ist und nicht dem tatsächlichen – ganzheitlichen – Erkenntnisprozess entspricht. Siehe Gereon Wolters, Vorwort zu: Mach, *Analyse der Empfindungen*, Darmstadt, 1985, S. XV.

fand auch Weininger ein ganz eigenes Lexikon. »Homologes Gewebe«, das »nicht mehr unmittelbar für die Fortpflanzung verwertet werden kann«, nannte er »Idioplasma«, rein männliches Gewebe »Arrhenoplasma« und rein weibliches »Thelyplasma«. Mit Hilfe von komplizierten Berechnungen wollte er herausgefunden haben, dass in ungleichem Verhältnis vorhandenes Arrhenoplasma und Thelyplasma auch zu so unterschiedlichen Phänomenen führten wie »Genie«, »Prostitution«, »Gedächtnisleistung«, »Amoralität« etc. Alle großen Errungenschaften in der Menschheitsgeschichte – Kunst, Literatur oder Jurisprudenz, einfach alles – seien durch das männliche Prinzip entstanden. Das weibliche Prinzip sei hingegen für alle negativen Elemente verantwortlich und kulminiere schließlich in der jüdischen Rasse. Die arische Rasse sei die Verkörperung des für den Mann typischen, starken Organisationsprinzips, wohingegen die jüdische Rasse »durchtränkt« sei von »Weibischkeit« und wie das Weib an sich »das Nichts-Sein« verkörpere.[37] Trotz des kommerziellen Erfolgs seines Buches und Weiningers eigener Popularität fand sein rastloser Geist keine Ruhe. Noch im Jahr der Veröffentlichung mietete er sich ein Zimmer im Wiener Sterbehaus Beethovens und erschoss sich. Er war dreiundzwanzig Jahre alt.

Ein vielleicht etwas fundierterer Wissenschaftler und nicht weniger an Fragen der Sexualität interessiert als Weininger war der katholische Psychiater Richard von Krafft-Ebing (1840–1902). Seinen Namen hatte er sich 1886 mit einem dünnen, in lateinischer Sprache erschienenen Band mit dem Titel *Psychopathia sexualis* erworben. Nach dessen durchschlagendem Erfolg wurde er überarbeitet, stark erweitert, mit dem Untertitel *Eine medizinisch-gerichtliche Studie für Ärzte und Juristen* neu aufgelegt und bald schon in sieben Sprachen übersetzt. Die meisten der darin besprochenen »medizinisch-gerichtlichen« Fallstudien hatte Krafft-Ebing Gerichtsprotokollen entnommen, anhand derer er die sexuelle Psychopathologie mit dem ehelichen Leben, bestimmten Motiven in der Kunst oder mit der Struktur organisierter Religion in Verbindung brachte.[38] Als Katholik vertrat Krafft-Ebing eine strenge Linie in Fragen der Sexualität, die er ohnedies nur für vertretbar hielt, sofern sie der Fortpflanzung im Rahmen der Institution Ehe diente. Entsprechend hart urteilte er über »Perversionen«, die er in seinem Buch aufzählte. Ein berüchtigtes Beispiel der von ihm geschilderten »Abartigkeiten« – derentwegen dieses Machwerk später unter anderem als so infam empfunden werden sollte – hing mit seiner Wortschöpfung »Masochismus« zusammen. Den Begriff entlehnte er den Romanen und Kurzgeschichten von Leopold von Sacher-Masoch, Sohn eines Grazer Polizeipräsidenten. In einer seiner freizügigsten Geschichten, *Venus im Pelze*, beschreibt Sacher-Masoch eine Affäre, die er in Baden bei Wien mit der Baronesse Fanny Pistor hatte und in deren Verlauf er, wie sein Held Severin von Kusiemski gegenüber seiner Wanda, einen Vertrag unterzeichnete, der ihn verpflichtete, »mit seinem Ehrenworte als Mann und Edelmann, fortan der Sklave derselben zu sein...«[39] Später verließ Sacher-Masoch Österreich (und seine Frau) in der Hoffnung, seine Neigungen in Paris eher ausleben zu können.

Die *Psychopathia sexualis* war eindeutig ein Vorbote bestimmter Aspekte der Psychoanalyse. Krafft-Ebing hatte erkannt, dass Sexualität ebenso wie Religion in der Kunst sublimiert werden kann und beide »der Phantasie den weitesten Spielraum« lassen. »Was wären die bildende Kunst und die Poesie ohne sexuelle Grundlage? In der (sinnlichen) Liebe gewinnen sie jene Wärme der Phantasie, ohne die eine wahre Kunstschöpfung nicht möglich ist, und in dem Feuer sinnlicher Gefühle erhält sich ihre Glut und Wärme.«[40] Für ihn spielte bei beidem – »Religion und Liebe« (und somit auch in der Ehe) – »neben der Erwartung eines unfassbaren Glückes das Bedürfnis schrankenloser Unterwerfung eine Rolle«. Und genau in diesem Prozess – oder vielmehr in dessen seiner Meinung nach pervertierten Form – glaubte er die Ätiologie eines pathologischen Masochismus zu erkennen. Krafft-Ebings Ideen gehörten zwar noch viel mehr zum »halb-beschrittnen Weg« als Freuds Theorien, doch für eine Gesellschaft, die sich der Bedrohung ausgesetzt sah, dass die alten kirchlichen Dogmen von den Naturwissenschaften widerlegt werden könnten, konnte eine Theorie, die sich mit Glaubenspathologie und ihren Konsequenzen auseinander setzte, einfach nur faszinierend sein, vor allem, wenn es dabei auch um Sex ging. Angesichts seiner eigenen Theorien hätte sich Krafft-Ebing eigentlich voll und ganz für Freuds Ideen erwärmen müssen, doch er konnte sich niemals mit dem umstrittenen Begriff der frühkindlichen Sexualität anfreunden. Und so wurde er schließlich zu einem seiner heftigsten Kritiker.

*

Die beherrschende Architektur Wiens war die Ringstraße. Begonnen wurde mit ihrem Bau Mitte des neunzehnten Jahrhunderts, nachdem von Kaiser Franz Joseph angeordnet worden war, die Wehranlagen um die Altstadt zu schleifen und eine riesige Schneise ringförmig um die alte Stadtmitte zu schlagen. Im Laufe der nächsten fünfzig Jahre wurden Dutzende monumentaler Gebäude an diesem Ring entlang errichtet, darunter das Opernhaus, das Parlament, das Rathaus, Teile der Universität und die Votivkirche. Die meisten waren mit Ornamenten geradezu überladen, und von diesen überreichen Verzierungen fühlten sich zuerst Otto Wagner und dann Adolf Loos provoziert.

Otto Wagners (1841–1918) anfänglicher Ruhm gründete sich vor allem auf seine »Beardsley'sche Phantasie«, als er 1894 den Wettbewerb für den Bau der Wiener Stadtbahn gewann: über dreißig Stationen und Brücken. Später folgten noch einige Wohnhäuser entlang der Wienzeile.[41] Nach dem Diktum »Form folgt Funktion« schuf er etwas völlig Neues, indem er neue Materialien nicht nur verwendete, sondern auch *zeigte*. Die Stahlträger von Brücken blieben sichtbar, anstatt hinter schmückenden Verschalungen verborgen zu werden, wie bei den Bauten der Ringstraße noch üblich. Obwohl Wagner sie anstreichen ließ, wurden ihre Gebrauchsformen mitsamt allen Nietungen zur Schau gestellt. Es ging Wagner um die Sichtbarmachung von Zweck und Funktion,[42] wie er es auch bei den Portalen der Bahnhöfe realisierte – anstatt sie massiv oder neoklassizistisch aus Stein zu errichten, wiederholte Wagner in ihnen die skelettartige Form von Eisenbahnbrücken oder Viadukten, sodass sie einem schon von weitem die Richtung zum Bahnhof wiesen.[43] Je mehr sich Wagner für dieses Thema erwärmte, umso deutlicher begannen seine Entwürfe auch die Idee zu verkörpern, dass die Straße zum wichtigsten Bauplatz geworden war, da der moderne, urbane Mensch ständig in Eile zwischen Wohnung und Arbeitsplatz hin- und herjagt, weshalb Plätze, Passagen oder gar Paläste immer mehr an Bedeutung verloren. Wagner wollte für Wien eine gerade, zielgerichtete Straßenführung. Stadtviertel sollten so strukturiert sein, dass Arbeitsstätten in der Nähe von Wohnanlagen angesiedelt waren und über eigene Zentren jenseits des Großstadtzentrums verfügten. Die Fassaden von Wagners Gebäuden wurden immer schmuckloser, schlichter, funktioneller und spiegelten damit das veränderte Alltagsleben. In diesem Sinne war Wagners Stil eine Vorwegnahme nicht nur des Bauhauses, sondern der gesamten internationalen Bewegung in der Architektur.[44]

Adolf Loos (1870–1933) war sogar noch strenger. Befreundet mit Karl Kraus und dem Rest des Kreises aus dem Café Griensteidl, vertrat Loos einen anderen Rationalismus als Wagner – er war revolutionärer, aber noch immer rational. Architektur, erklärte Loos, sei nicht Kunst: »Das Kunstwerk ist eine Privatangelegenheit des Künstlers. Das Haus ist es nicht … Das Kunstwerk ist niemandem verantwortlich, das Haus einem jeden: Das Kunstwerk will die Menschen aus ihrer Bequemlichkeit reißen. Das Haus hat der Bequemlichkeit zu dienen. Das Kunstwerk ist revolutionär, das Haus konservativ.«[45] Diese Vorstellung von gestaltender Kunst übertrug Loos auch auf Kleidung und sogar Verhaltensweisen. Er bevorzugte Simplizität, Funktionalität und Schmucklosigkeit und glaubte, dass der Mensch Gefahr laufe, sich von der materialistischen Kultur versklaven zu lassen, weshalb er eine angemessene Beziehung zwischen Kunst und Leben wieder herstellen wollte. Die Gebrauchskunst ist nach Loos der Kunst untergeordnet, weil sie konservativ ist. Nur wer diesen Unterschied versteht, kann sich befreien: »Das Kunsthandwerk ist ewig, das Werk des Handwerkers ist vergänglich … Der Gebrauchsgegenstand ist nur für den Zeitgenossen gearbeitet und hat nur diesem zu genügen – das Kunstwerk wirkt bis in die letzten Tage der Menschheit.«[46]

Die Ideen von Weininger und Loos – beide auf ihren jeweiligen Gebieten typisch für eine bestimmte Denkweise im Wien der Jahrhundertwende – waren an einem anderen Kreuzpunkt des »halb-beschrittnen Wegs« entstanden als die Ideen von Hofmannsthal oder Husserl. Während Letztere grundlegend misstrauisch gegenüber den Naturwissenschaften und deren Versprechungen blieben, ließ sich vor allem Weininger, aber auch Loos, vom Rationalismus verführen. Beide adaptierten pseudowissenschaftliche Ideen oder Begriffe und setzten sich schnell über wissenschaftliche Erkenntnisse hinweg, um Systeme zu konstruieren, die am Ende ebenso phantastisch waren wie die unwissenschaftlichen Vorstellungen, die sie so verabscheuten. Aber falsch verstandene und ergo falsch umgesetzte wissenschaftliche Methodik führt letztlich auch auf den falschen Weg, und genau das geschah in Wien.

Nichts illustriert die geistige Spaltung und die unterschiedlichen Denkweisen im Wien der Jahrhundertwende besser als der Aufruhr um Gustav Klimts geplante drei Gemälde für die Universität, dessen erstes er 1900 vollendete. Klimt wurde 1862 in Baumgarten bei Wien geboren und war, wie Weininger, Sohn eines Kupferstechers. Aber damit endet die Vergleichbarkeit auch schon. Einen Namen erwarb sich Klimt mit Deckengemälden und Fresken für das Burgtheater und das Kunsthistorische Museum an der Ringstraße. Er hatte sie noch gemeinsam mit seinem Bruder Ernst fertig gestellt, nach dessen Tod im Jahr 1892 er sich fünf Jahre lang zurückzog, um sich dem Werk von Whistler, Beardsley und – wie auch Picasso – Munch zu widmen. Erst 1897 tauchte er als Kopf der Wiener »Secession« plötzlich wieder auf, einer Gruppe von neunzehn Künstlern, die, ähnlich den Pariser Impressionisten und den Künstlern aus der Berliner Sezession, den akademischen Malstil verabscheuten und ihrer eigenen Version von Kunst nachhingen. Man taufte sie »Art noveau«.[47]

Klimts neuer Stil – ebenso kühn wie verschlungen – war von drei charakteristischen Merkmalen gekennzeichnet: dem ausgiebigen Gebrauch von Blattgold (die Technik hatte er von seinem Vater erlernt), dem Auftragen kleinster Sprenkel schillernder Farben, hart wie Email, und von Frauenporträts, die eine laszive Erotik ausstrahlen. Seine Gemälde waren ganz und gar nicht freudianisch, denn seine Frauen waren alles andere als neurotisch. Sie wirkten ruhig, gelassen und vor allem sinnlich, wie die »Wiedererweckung des sinnlichen Lebens, das in der Kunst erstarrt war«.[48] Indem Klimt derart stark die Aufmerksamkeit auf weibliche Sinnlichkeit lenkte, wies er zugleich darauf hin, wie unbefriedigt diese war, was wiederum zur Folge hatte, dass die Frauen in seinen Gemälden durchaus bedrohlich auf Männer wirkten. Klimt stellte sie nicht nur als unersättlich dar, sondern auch bar jedes Moralgefühls. Und damit untergrub er das herrschende Denken mindestens ebenso tief wie Freud. Hier waren Frauen zu sehen, die zu all jenen »Perversionen« fähig schienen, welche Krafft-Ebing in seinem Buch so verdammte. Und das ließ sie zwar einerseits aufreizend wirken, löste aber andererseits heftigste Empörung aus. Klimts neuer Stil spaltete die Wiener Gesellschaft vom ersten Moment an. Der Streit kulminierte schließlich mit seinem Auftrag, die so genannten »Fakultätsbilder« für die Universität zu malen.

Drei große Gemälde sollten es sein: »Philosophie«, »Medizin«, und »Jurisprudenz«. Und alle drei sollten zu Tumulten führen (allerdings waren die Streitigkeiten um »Medizin« und »Jurisprudenz« nur Neuauflagen der Debatten, die es bereits um »Philosophie« gegeben hatte). Als Thema war ihm von den Auftraggebern »Der Sieg des Lichts über die Finsternis« vorgegeben worden. Doch was Klimt dann ablieferte, waren »ineinander verknotete Leiber der leidenden Menschheit«, die am Betrachter vorbeizutreiben schienen, eine kaleidoskopische »Verdichtung des atomisierten Raumes« in der »kosmischen Trübe«. Die Herren Professoren waren empört. Verächtlich hieß es, Klimt präsentiere »verschwommene Gedanken durch verschwommene Formen«.[49] In einem Zeitalter, erklärte der Rektor der Universität, in welchem die Philosophie die Wahrheit in den exakten Wissenschaften suche, verdiene sie es nicht, als »nebelhaftes Gebilde« dargestellt zu werden.[50] Klimts Vision war unerwünscht. Achtzig Professoren unterzeichneten eine Petition, mit der sie forderten, dass Klimts Gemälde auf keinen Fall in der Universität zur Schau gestellt werden dürften. Der Maler reagierte mit der Rückgabe seines Honorars und beschloss, die restlichen Auftragsbilder nicht abzuliefern. Unverzeihlicherweise wurden sie 1945 zerstört, als die Nationalsozialisten Schloss Immendorf niederbrannten, wo während des Zweiten Weltkriegs Gemälde ausgelagert worden waren.[51] Hier interessiert uns dieser Streit aber vor allem deshalb, weil er zu Hofmannsthal und Schnitzler, zu Husserl und Brentano zurückführt. Denn in Klimts Interpretation dieser Auftragsgemälde für die Universität kam eine grundlegende Frage zum Ausdruck: Wie kann der Rationalismus erfolgreich sein, wenn das Irrationale und das Instinktive unser Leben beherrschen? Ist Vernunft wirklich Fortschritt? Der Instinkt ist eine ältere und mächtigere Kraft, eine atavistische, primitive und manchmal auch dunkle Macht. Was haben wir davon, wenn wir sie verleugnen? Genau diese Einstellung sollte bis zum Beginn des Zweiten Weltkriegs ein wichtiger Impulsgeber im deutschen Denken bleiben.

*

Was bislang geschildert wurde, war zwar der vorherrschende Zeitgeist in der Habsburgermonarchie um die Jahrhundertwende, von der Literatur über die Philosophie bis hin zur bildenden Kunst, doch es gab in Wien (und den deutschsprachigen Ländern) auch eine konkurrierende, rein wissenschaftlich orientierte und klar reduktionistische Denkschule, entsprechend den Arbeiten von Planck, de Vries und Mendel. Der leidenschaftlichste, eindrucksvollste und bei weitem einflussreichste Reduktionist Wiens war Ernst Mach (1838–1916).[52] Geboren bei Brünn, wo Mendel seine Theorien entwickelt hatte, wurde Mach – ein frühreifes und schwieriges Kind, das ständig alles in Frage stellte – zu Hause vom Vater unterrichtet, bis er nach Wien übersiedelte, um Mathematik und Physik zu studieren. Im Laufe seiner Studien gelangen ihm zwei bedeutende Entdeckungen. Gleichzeitig mit Breuer, aber völlig unabhängig von ihm, erkannte er, dass die Bogengänge im Innenohr für das Gleichgewicht zuständig sind; und es gelang ihm mit einer speziellen Technik, Fotografien von Projektilen anzufertigen, die sich mit Überschallgeschwindigkeit bewegten.[53] Dabei entdeckte er, dass sie nicht nur eine, sondern zwei Schockwellen hervorriefen, jeweils an der Spitze und am Ende, als Folge des Vakuums, das sich um das schnelle Geschoss bildete. Diese Erkenntnis sollte nach dem Zweiten Weltkrieg bei der Entwicklung von Jets mit Schallgeschwindigkeit von großer Bedeutung sein. Bis heute wird Schall- bzw. Überschallgeschwindigkeit (wie etwa in der Concorde) in »Machzahlen« ausgedrückt.[54]

Nach diesen bemerkenswerten empirischen Erkenntnissen begann sich Mach zunehmend für Philosophie und Wissenschaftsgeschichte zu interessieren.[55] Er war ein unerbittlicher Gegner jeglicher Metaphysik und verehrte die Aufklärung als bedeutendste Periode der Geschichte, weil sie die falsche Anwendung von Begriffen wie Gott, Natur und Seele aufgedeckt habe; das Ich betrachtete er als »so wenig absolut beständig als die Körper«.[56] Als Physiker hatte er zuerst Zweifel an der Existenz von Atomen geäußert und sich dafür eingesetzt, jede Verbildlichung – also geistige Vorstellung von der Beschaffenheit der Dinge – durch Messbarmachung zu ersetzen, wobei er dann aber nicht einmal Kants A-priori-Theorie des »Ding an sich« gelten ließ (Zahlen sind Zahlen und nichts sonst). [57] Und mit seiner »Denkökonomie« stellte er die These auf, dass der Mensch unter den vielen Möglichkeiten der Reizwahrnehmung grundsätzlich jenen Wahrnehmungsprozess bevorzuge, welcher am ökonomischsten ist, und folglich immer auf der Suche nach einem Hilfsmittel für die schnellstmögliche Kalkulation sei. (Das war eine deutliche Replik auf Husserl.) Schließlich postulierte er, »dass alles, was wir von der Welt wissen können, sich notwendig in den Sinnesempfindungen ausspricht« und es daher Aufgabe der Naturwissenschaften sei, diese Empfindungen anhand von Daten auf die einfachste und neutralste Weise zu beschreiben. Damit erklärte er die Physik (weil sie das Rohmaterial für »sinnliche Elemente« liefert) und Psychologie (weil sie uns unsere Empfindungen bewusst macht) zur Grundlagenforschung. Aber auch Philosophie gab es für Mach nur im Rahmen des Wissenschaftlichen.[58] Die wissenschaftliche Ideengeschichte bewies ihm, dass sich auch Ideen nach dem Evolutionsprinzip entwickeln und auch unter ihnen immer nur die

Stärksten überlebten. Mit anderen Worten: Wir entwickeln grundsätzlich jede Idee, auch die wissenschaftliche, zum Zwecke des eigenen Überlebens. Physikalische Theorien waren für ihn reine Beschreibungen und die Mathematik nur deren Organisationsform. Deshalb machte es für ihn auch weit weniger Sinn, über die Wahrheit oder Unwahrheit von Theorien zu sprechen, als über ihren Nutzen. Wahrheit als eine beständige, unabänderliche Sache zu betrachten, als etwas, das einfach *ist*, war für ihn undenkbar. Planck und andere kritisierten Mach mit der Begründung, dass seine evolutionsbiologische Theorie selbst nichts anderes als metaphysische Spekulation sei, doch damit konnten sie nicht verhindern, dass er zu einem der einflussreichsten Denker seiner Zeit wurde. Russische Marxisten wie Lunatscharski und Lenin lasen seine Schriften; auch der Wiener Kreis stützte sich mindestens so sehr auf die Ideen von Mach wie auf die Philosophie von Wittgenstein. Und nicht nur Hofmannsthal oder Robert Musil, sondern auch Albert Einstein erkannte, welch grundlegende Bedeutung Machs Denken hatte.[59]

Nach einem Schlaganfall 1898 begann Machs Arbeitswut spürbar nachzulassen. Als er 1916 starb, hatte die Physik bereits einige erstaunliche Fortschritte gemacht. Zwar hatte sich Mach nie so ganz mit so exotischen Ideen wie der Relativitätstheorie anfreunden können, doch nicht zuletzt seinem kompromisslosen Reduktionismus war es zu verdanken, dass die Forschung nach den Entdeckungen des Elektrons und des Quants einen so gewaltigen Schub bekommen konnte. Diese beiden neuen Strukturen hatten Dimensionen und waren messbar, und damit bestätigten sie die Notwendigkeit genau dessen, was Mach von den Naturforschern gefordert hatte. Ohne Zweifel war es auch Machs Einfluss zu verdanken, dass so viele künftige Teilchenphysiker aus Wien und der Habsburgermonarchie hervorgingen. Es lag am Aufstieg der rivalisierenden, alle Macht dem Irrationalen zuschreibenden Denkschule, dass am Ende nur so wenige von ihnen auch in ihrer Heimat wissenschaftlich arbeiten konnten.

*

Damit ist dieser Bericht aus Wien natürlich noch nicht abgeschlossen, jedenfalls nicht ganz. Zwei Dinge fehlen in dieser Schilderung der von Talenten nur so strotzenden habsburgischen Welt: erstens die Musik. Doch die zweite Wiener Musikschule, zu der Komponisten wie Mahler, Schönberg, Webern, Berg und auch Richard (nicht Johann) Strauss (der Hofmannsthal als Librettisten gewonnen hatte) zählten, passt besser zum vierten Kapitel, zu den *Demoiselles de Modernisme*. Zweitens fehlt die spezifische Mischung aus Wissenschaft und Politik, die jenen tiefen Pessimismus hervorbrachte, welcher angesichts dieser ersten Schritte in das neue Jahrhundert in Österreich besonders stark zu spüren war. Doch die Ideenkonstellation, um die es dabei ging, griff auf viele und sogar auf so weit entfernte Länder wie die Vereinigten Staaten und China über. Wissenschaftlich basierte dieser Pessimismus auf dem Darwinismus, der alarmierende soziologische Prozess hieß »Entartung«, und das politische Resultat war, wie so oft, eine Form von Rassismus. Auch davon wird noch ausführlich die Rede sein.

3
Darwins *Herz der Finsternis*

Unter den Todesfällen im Jahr 1900 sind drei besonders hervorzuheben. Am 20. Januar starb im Alter von 81 Jahren John Ruskin in geistiger Umnachtung. Als einflussreichster englischer Kritiker seiner Zeit hatte er entscheidend auf die Architektur des neunzehnten Jahrhunderts eingewirkt und durch sein Buch *Modern Painters* wesentlich zur Akzeptanz von Turner beigetragen.[1] Ruskin hasste den Industrialismus und seine ästhetischen Auswirkungen, dafür setzte er sich vehement für die Präraphaeliten ein – er war einfach wunderbar anachronistisch. Oscar Wilde starb am 30. November mit 44 Jahren. Sein Können und sein Witz, sein Feldzug gegen all die Versuche, Exzentriker in Schablonen zu pressen, und sein Bemühen, »eine Moral der Strenge durch eine des Mitgefühls zu ersetzen«, ließen ihn im Laufe des Jahrhunderts immer moderner erscheinen und seinen Verlust immer schmerzlicher bewusst werden. Der Todesfall aber, der bei weitem die größte Wirkung nach sich zog, jedenfalls was das Thema dieses Buches anbelangt, ereignete sich am 25. August: Friedrich Nietzsche starb im Alter von sechsundfünfzig Jahren, auch er in geistiger Umnachtung.

Ohne Zweifel schwebte der Schatten Nietzsches über den Denkern des zwanzigsten Jahrhunderts. Dem von Schopenhauer ererbten Pessimismus hatte er einen modernen, postdarwinistischen Aspekt verliehen und damit kommende Denker wie Oswald Spengler, T. S. Eliot, Martin Heidegger, Jean-Paul Sartre, Herbert Marcuse und sogar Alexander Solschenizyn oder Michel Foucault inspiriert. Doch die letzten zehn Jahre seines Lebens war Nietzsche praktisch nur noch ein körperliches und geistiges Wrack. Am 3. Januar 1889 war er aus seiner Pension in Turin auf die Straße getreten und hatte beobachtet, wie ein Kutscher vor dem Palazzo Carlo Alberto auf ein Pferd einschlug. Als er dem Tier zu Hilfe eilen wollte, brach er plötzlich auf der Straße zusammen. Passanten trugen ihn in seine Unterkunft zurück, wo er zu toben und auf die Tasten des Klaviers einzuhämmern begann, auf dem er kurz zuvor noch friedlich Wagner gespielt hatte. Der herbeigerufene Arzt diagnostizierte »geistige Umnachtung«. Das war, wie sich herausstellen sollte, ein ziemlich ironisches Urteil.[2]

Nietzsche litt unter Syphilis dritten Grades. Zuerst machte sie sich in Form von heftigen Selbsttäuschungen bemerkbar. Er hielt sich für den Kaiser und war überzeugt, dass Bismarck seine Einkerkerung angeordnet habe. Solche Wahnvorstellungen wechselten sich ständig mit unkontrollierbaren Wutanfällen ab. Doch allmählich begann er sich wieder zu beruhigen und konnte in die Obhut seiner Mutter entlassen werden, später von seiner Schwester Elisabeth Förster-Nietzsche, die großes Interesse am philosophischen Werk des Bruders an den Tag legte. Sie gehörte dem intellektuellen Kreis um Wagner an und war mit einem anderen Akoluthen namens Bernard Förster verheiratet, der 1887 den exzentrischen Plan entworfen hatte, eine Kolonie von »deutschen Ariern« in Paraguay zu gründen, um die Neue Welt mit »reinrassig nordischen Siedlern« aufzuwerten. Nach dem rasanten Fehlschlag dieses Projekts kehrte Elisabeth nach Deutschland zurück (und Bernard beging Selbstmord). Ungebrochen von dieser Erfahrung begann sie sich für die philosophische Arbeit des Bruders einzusetzen. Zuerst zwang sie die Mutter, ihr die alleinige Vollmacht für dessen Angelegenheiten zu übertragen, und gründete ein Nietzsche-Archiv. Dann machte sie sich daran, eine zweibändige, lobhudelnde Biografie über den Bruder zu schreiben und seinen Haushalt in einen Tempel für sein Werk zu verwandeln.[3] Allerdings vereinfachte und verzerrte sie seine Ideen auf plumpeste Art: Sie ließ ganz einfach alles aus, was sie für politisch zu gewagt und umstritten hielt – aber der Rest war immer noch umstritten genug. Nietzsches Kerngedanke – nicht, dass er besonders systematisch gewesen wäre – kreiste um die Idee, dass Geschichte der metaphysische Kampf zwischen zwei Gruppen sei. Die eine zeigt »den Willen zur Macht«, jenen vitalen Lebenswillen also, der zur Begründung von kulturschaffenden Werten notwendig ist; die andere, die sich im Wesentlichen aus den vom »demokratischen Europa« geschaffenen Massen zusammensetzt, verfügt über diesen Willen nicht.[4] »Die Geschichte wird nur von starken Persönlichkeiten ertragen, die schwachen löscht sie vollends aus.«[5] Jede Kultur verdanke sich »Barbaren«, denn »Raubmenschen, noch in Besitz ungebrochner Willenskräfte und Macht-Begierden, warfen sich auf schwächere, gesittetere, friedlichere… Rassen oder auf alte mürbe Kulturen, in denen eben die letzte Lebenskraft in glänzenden Feuerwerken von Geist und Verderbnis verflackerte«.[6] Die »Eroberer- und Herren-Rasse, die Arier« und ergo »vornehme Kaste war im Anfang immer die Barbarenkaste«, denn »ihr Übergewicht lag nicht vorerst in der physischen Kraft, sondern in der seelischen – es waren die ganzeren Menschen«.[7] Aufgabe dieser vornehmen Kaste war es nun, Werte zu schaffen, zu definieren, was gut oder böse, Pflicht und Ehre, Wahrheit oder Lüge, schön und hässlich ist, und diese Definitionen dann mit dem Recht des Eroberers den Eroberten aufzuzwingen – denn »es ist das eigentliche Herrenrecht, Werte zu schaffen«.[8] Moral hingegen sei eine Erfindung der niederen Klassen, sie entspringe der Ablehnung, nähre die »Herdentiermoral« und negiere das Leben.[9] Die konventionelle, gebildete Zivilisation, der abendländische Mensch, sei unweigerlich dem Untergang geweiht – Nietzsches berühmte Darstellung des »letzten Menschen«.[10]

Es war der Anerkennung von Nietzsches Ideen gewiss nicht förderlich, dass er viele davon in einer Zeit zu Papier gebracht hatte, als sich bereits erste Anzeichen von Syphilis zeigten. Doch zweifellos wurde seine Philosophie – verrückt oder nicht – außerordentlich einflussreich, was wohl nicht zuletzt daran lag, dass sie nach Meinung vieler mit den in Darwins 1859 veröffentlichter Evolutionstheorie aufgestellten Thesen konvergierte. Nietzsches Begriff des dominanten »Übermenschen« ist gewiss ein Anklang an die Evolution, an das Gesetz des Dschungels und die natürliche Auslese zum Zwecke des »Überlebens des Stärksten« im Sinne des Allgemeinwohls, ungeachtet der Auswirkungen auf bestimmte Individuen. Doch die Fähigkeit, zu führen, Werte zu schaffen, anderen den eigenen Willen aufzuzwingen, ist nicht das, was die Evolutionstheorie unter dem »Stärksten« versteht. Mit diesem Begriff bezeichnet sie vielmehr alle, die durch Vermehrung stark wurden und so ihrer eigenen Art das Überleben sicherten. Sozialdarwinisten – und im Grunde war Nietzsche nichts anderes – haben dies oft missverstanden.

Nach der Veröffentlichung von Darwins *Entstehung der Arten* dauerte es nicht lange, bis seine Vorstellungen von den biologischen Zusammenhängen auf die Strukturen von menschlichen Gesellschaften übertragen wurden. Zuerst erfasste der Darwinismus die Vereinigten Staaten. (Darwin wurde 1869 zum Ehrenmitglied der *American Philosophical Society* ernannt, zehn Jahre bevor ihm seine eigene Universität Cambridge einen Ehrendoktor verlieh.[11]) Alle amerikanischen Sozialwissenschaftler, von William Graham Sumner und Thorsten Veblen aus Yale über Lester Ward von der Brown University, John Dewey von der University of Chicago bis hin zu William James, John Fiske und andere Harvard-Wissenschaftler, debattierten nun über Politik, Krieg und die Aufteilung der menschlichen Gesellschaften in Klassen vor dem Hintergrund des Darwinschen »Kampfes ums Dasein« und dem Prinzip des »Überlebens des Stärksten«. Sumner glaubte zum Beispiel, dass Darwins neue Perspektive bei der Betrachtung der Menschheit die endgültige Erklärung – und rationale Durchdringung – der materiellen Welt ermöglicht habe. Andere erklärten sich damit die *Laisser-faire*-Wirtschaft, also den freien, unbehinderten Wettbewerb, der unter Geschäftsleuten so populär geworden war; und für wieder andere war damit die Frage der vorherrschenden imperialen Strukturen in einer Welt beantwortet, in der die »starken« weißen Rassen »natürlicherweise« den »degenerierten« Rassen anderer Hautfarben überlegen waren. William Sumner stellte in einem anderen Zusammenhang auch die Überlegung an, dass das langsame, nur im Laufe von geologischen Äonen fortschreitende Tempo der Evolution eine natürliche Metapher für politischen Fortschritt sei. Denn schneller, revolutionärer Wandel sei »unnatürlich«, und die Welt sei im Prinzip nur auf Grund von Naturgesetzen, die ausschließlich graduelle Veränderungen erlaubten, das, was sie ist.[12]

Fiske und Thorsten Veblen, dessen *Theorie der Feinen Leute* 1899 veröffentlicht wurde, legten scharfen Widerspruch gegen Sumners Behauptung ein, dass die reiche Oberschicht mit den biologisch Stärksten gleichgesetzt werden könne. Veblen stellte die Umkehrthese auf, nämlich dass all jene, die in der Geschäftswelt »auf Grund ihrer Dominanz selektiert« werden, letztlich nichts anderes als Barbaren seien und insofern einen »Rückschlag« zu einer primitiveren gesellschaftlichen Entwicklungsstufe darstellten.[13]

Großbritannien verfügte mit Herbert Spencer über den vermutlich einflussreichsten Sozialdarwinisten. 1820 als Sohn einer nonkonformistischen* englischen Familie der unteren Mittelschicht in Derby geboren, hasste Spencer sein Leben lang jede Form von Staatsmacht. In seinen jungen Jahren hatte er der Redaktion des *Economist* angehört, einer fanatisch pro-*laisser-faire* eingestellten Wochenzeitschrift. Aber auch von positivistischen Wissenschaftstheoretikern – wie vor allem Sir Charles Lyell, der in den 1830er-Jahren mit den *Principles of Geology* eine Abhandlung über Millionen Jahre alte Fossile geschrieben hatte – war er stark beeinflusst. Damit war Spencer prädestiniert, Darwins Theorie anzuerkennen, denn sie schien mit einem Schlag eine logische Verbindung zwischen frühen und späteren Lebensformen zu ermöglichen. Tatsächlich war es Spencer, und nicht Darwin, der die Formulierung »Überleben des Stärksten« (»survival of the fittest«) geprägt und zudem schnell begriffen hatte, wie der Darwinismus auf menschliche Gesellschaften angewandt werden könnte. Seine Ansichten dazu waren absolut kompromisslos. Zum Beispiel war er gegen jede staatliche Unterstützung für Bedürftige, denn sie seien schwach (»unfit«) und müssten ausgerottet werden. »Alles Bestreben der Natur geht dahin, sich ihrer zu entledigen, die Welt von ihnen zu befreien und Platz zu schaffen für Bessere.«[14] Theorien dieser Art erläuterte er dann auch in seinem umfassenden Werk *Prinzipien der Soziologie* (1872–1873), das starken Einfluss auf die Entstehungsgeschichte der Soziologie als eigene Disziplin haben sollte (da es auf biologischen Überlegungen fußte, konnte es auch mehr als andere den Anspruch auf Wissenschaftlichkeit erheben). Jedenfalls wurde Spencer zum gewiss meistgelesenen Sozialdarwinisten und in den USA mindestens so berühmt wie in Großbritannien.

Deutschland hatte eine eigene Figur à la Spencer, nämlich Ernst Hae-

* Anm. d. Ü.: Hier im Sinne von Angehörigen einer Freikirche.

ckel (1834–1919), Zoologe an der Universität Jena, dem der Sozialdarwinismus zur zweiten Natur wurde und der den »Kampf ums Dasein« zur täglichen Losung erklärte.[15] Leidenschaftlich vertrat er das Prinzip der Erblichkeit von erworbenen Merkmalen und favorisierte im Gegensatz zu Spencer einen starken Staat. Seine Thesen, im Zusammenwirken mit seinem fanatischen Rassismus und Antisemitismus, führten später dazu, dass man ihn als prototypischen Nationalsozialisten einstufte.[16] Frankreich schloss sich dem Sozialdarwinismus erst relativ spät an, hatte aber dann mit Clemence August Royer und dessen Buch *Origines de l'homme et des sociétés* einen ebenso begeisterten Vertreter der unverbrüchlich sozialdarwinistischen Linie vorzuweisen. Auch er betrachtete »Arier« als überlegene Rasse und kriegerische Konflikte zwischen ihnen und anderen Rassen als unvermeidlich im Interesse des Fortschritts.[17] Der russische Anarchist Pjotr Kropotkin (1842–1921) propagierte in seinem 1902 veröffentlichten Buch *Gegenseitige Hilfe in der Tier- und Menschenwelt* wiederum eine ganz andere These. So hob er zum Beispiel hervor, dass Konkurrenz zwar ohne Frage zum Leben gehört, aber Kooperation, die im Reich der Tiere immerhin so selbstverständlich sei, dass sie ein Naturgesetz konstituiere, mindestens ebenso ausgeprägt sei. Wie Veblen präsentierte auch er ein alternatives Modell zum Spencerismus, das Gewalt als anomal verwarf. Unter russischen Intellektuellen wurde der Sozialdarwinismus gern mit dem Marxismus verglichen – was ja gar nicht so weit hergeholt war.[18] Weder Marx noch Engels betrachteten die beiden Systeme als unvereinbar. Am Grabe von Marx sagte Engels: »Charles Darwin entdeckte das Gesetz der Entwicklung der organischen Natur auf unserem Planeten. Marx ist der Entdecker jenes grundlegenden Gesetzes, das den Gang und die Entwicklung der menschlichen Geschichte bestimmt.«[19] Aber genügend andere sahen durchaus einen Konflikt zwischen diesen beiden Systemen – denn während der Darwinismus sich auf immer während den Kampf gründete, hoffte der Marxismus auf den Beginn immer währender Harmonie.

Müsste man eine Bilanz der sozialdarwinistischen Argumente zum Zeitpunkt der Jahrhundertwende ziehen, dann käme man unweigerlich zu dem Schluss, dass der fanatische Spencerismus (der auch mehrere Mitglieder von Darwins eigener Familie für sich gewinnen konnte, wenn auch nie den großen Mann selbst) das Rennen machte. Und damit erklärt sich auch der zu dieser Zeit so weit verbreitete Rassismus, wie er etwa in den Theorien des aristokratischen französischen Dichters Arthur de Gobineau (1816–1882) zum Ausdruck kam. Eine Kreuzung mit anderen Rassen würde nach Gobineau den Bestand der arischen Rasse gefährden und sei nur ein Vorbote des unweigerlichen Niedergangs der Zivilisation. Diese Art der Argumentation wurde von seinem Landsmann Georges Vacher de Lapouge (1854–1936) dann bis an ihre Grenzen weiter entwickelt.

Lapouge, der alte Schädelfunde zu vermessen pflegte, verstand unter »Rassen« im Entstehen begriffene Spezies und hielt rassische Unterschiede für »angeboren und unausrottbar«, weshalb die Vorstellung, sie könnten sich verschmelzen, für ihn allen Naturgesetzen widersprach.[20] Lapouge sah Europa von drei rassischen Gruppen bevölkert: dem *Homo europaeus* – groß, weißhäutig und mit langem Schädel (dolichocephalisch); dem *Homo alpinus* – kleiner, dunkelhäutiger und kurzköpfig (brachycephalisch); und dem mediterranen Typ – wieder langschädelig, aber dunkelhäutiger und noch kleiner als der *Homo alpinus*. (Vergleichbare Versuche, rassische Unterschiede zu kalibrieren, sollten im Verlauf des zwanzigsten Jahrhunderts immer wieder unternommen werden.[21]) Demokratie war für ihn eine Katastrophe, und den Brachycephalus hielt er für den kommenden Herrscher der Welt. Obwohl der Anteil an den dolichocephalischen Individuen in Europa seiner Meinung nach wegen der verstärkten Auswanderung in die Vereinigten Staaten ohnedies abnahm, schlug er sicherheitshalber noch die kostenlose Verteilung von Alkoholika vor, damit sich die schlimmsten Exemplare in ihren Exzessen ganz von allein ausrotten konnten. Das war sein voller Ernst.[22]

Im deutschsprachigen Raum begann nun ein ganzes Heer von Wissenschaftlern und Pseudowissenschaftlern, Philosophen und Pseudophilosophen, Intellektuellen und Möchtegern-Intellektuellen miteinander um die öffentliche Aufmerksamkeit zu buhlen. Der Zoologe und Geograf Friedrich Ratzel behauptete zum Beispiel, dass alle lebenden Organismen miteinander um »Lebensraum« ringen, damit die jeweiligen Gewinner die Verlierer vertreiben können. Auch der Mensch beteilige sich an diesem Kampf, weil die erfolgreichen Rassen ihren Lebensraum ganz einfach ausdehnen müssten, wenn sie denn ihrem Aussterben zuvorkommen wollten.[23] Houston Stewart Chamberlain (1855–1927), der abtrünnige Sohn eines britischen Admirals und Ehemann von Richard Wagners Tochter, empfand diesen Kampf der Rassen »grundlegend für das ›wissenschaftliche‹ Verständnis von Geschichte und Kultur«.[24] Die abendländische Geschichte definierte er als den »unaufhörlichen Konflikt zwischen den vergeistigten und kulturschaffenden Ariern und den selbstsüchtigen und materialistischen Juden« (seine erste Frau war Halbjüdin gewesen);[25] und die germanischen Völker betrachtete er als die letzten überlebenden Arier, wenngleich bereits durch ständige Kreuzung mit anderen Rassen geschwächt.

Max Nordau (1849–1923) war in Budapest als Sohn eines Rabbiners geboren worden. Sein bekanntestes Werk erschien in zwei Bänden unter dem Titel *Entartung* und wurde trotz seiner über achthundert Seiten zu einem internationalen Bestseller. Nordau war überzeugt, dass sich Europa »mitten in einer schweren geistigen Volkskrankheit, in einer Art schwarzer Pest von Entartung und Hysterien« befand, die den Kontinent seiner

Lebenskraft beraube. Erkennbar werde diese Volkskrankheit anhand von Symptomen wie »henkelartig vom Kopf abstehende Ohren ... Schielauge, Hasenscharte ... überzählige Finger« oder die »Asymmetrie der Fähigkeiten, Selbstsucht, Impulsivität, Emotivität, Willensschwäche« und ganz allgemein durch das Fehlen jeden »Sinns für Sittlichkeit und Recht«.[26] Wo er auch hinsah, überall war Verfall.[27] Impressionistische Maler waren für ihn das logische Ergebnis von entartetem Körperbau und Augenlidkrampf (Nystagmus), welchem die typisch verschwommene, undeutliche Malerei zu verdanken sei; Baudelaire und Wilde waren unsittliche, schmarotzende »Ich-Süchtige«, Zola ein von »Kopolalie« beherrschter »Sexual-Psychopath« und Nietzsche, der Schlimmste von allen, verbreite nichts als »Gedanken-Kehricht« und mache den »Eindruck eines Tobsüchtigen«. Nordau war überzeugt, dass all diese »Entartungen« durch die Industriegesellschaft hervorgerufen wurden – buchstäblich durch den körperlichen Verschleiß, dem der Mensch unter den Bedingungen eines Lebens mit Eisenbahn, Dampfschiff, Telefon und Fabrik unterlag. Freud, der Nordau einmal besuchte, fand ihn unerträglich eitel und völlig humorlos.[28] In Österreich machte der Sozialdarwinismus während dessen noch weniger als in jedem anderen europäischen Land bei der Theorie Halt: Die beiden Politiker Georg von Schönerer und Karl Lueger zum Beispiel pflegten sich aus dieser Brühe ihre Ideencocktails zu mixen, um sie dann auf der politischen Bühne mit zwei Zielen zu verkaufen: einmal nach dem Motto: »Alle Macht den Bauern« (da diese noch »unverseucht« waren von der Korruption der Städte) und zum anderen, um den virulenten Antisemitismus zu manifestieren, indem sie Juden als die Verkörperung von Entartung schlechthin darstellten. Genau diesem Ideenmiasma begegnete der junge Adolf Hitler, als er 1907 in Wien mit dem Plan eintraf, die Kunstakademie zu besuchen.

Ganz ähnliche Argumente waren aber auch jenseits des Atlantiks in den Südstaaten der USA zu hören. Der Darwinismus sprach von einem gemeinsamen Ursprung aller Rassen und hätte sich daher, wie auch Chester Loring Brace bewies, bestens als Argument *gegen* die Sklaverei geeignet.[29] Doch viele propagierten das genaue Gegenteil. Joseph le Conte (1823–1901) hatte eine mindestens ebenso gute Erziehung genossen wie Lapouge oder Ratzel und war daher gewiss kein »Red-neck«, sondern eben ein gebildeter Geologe. Als 1892 sein Buch *The Race Problem in the South* erschien, hatte er gerade die hoch angesehene Position des Präsidenten der *American Association for the Advancement of Science* inne. Doch was er vorbrachte, war eine brutale Verzerrung sämtlicher darwinistischer Theorien.[30] So behauptete er zum Beispiel, dass eine Rasse notwendigerweise die andere beherrschen müsse, wenn sich beide im gleichen Gebiet niederlassen. Befände sich die schwächere Rasse noch am Beginn ihrer Entwicklung, so wie »die Neger«, sei Versklavung durchaus ein angemessener Schritt, um den »primitiven« Verstand zu formen; befände sich diese Rasse allerdings bereits auf einer höheren Entwicklungsstufe, so wie »die Rothäute«, sei »Ausrottung unvermeidlich«.[31]

*

Die unmittelbarste politische Folge des Sozialdarwinismus war die Eugenik-Bewegung, die sich mit dem neuen Jahrhundert etablierte. Alle oben genannten Autoren spielten dabei eine Rolle, doch ihr wichtigster Ideenlieferant, sozusagen ihr Urvater, war Darwins Cousin Francis Galton (1822–1911). In einem 1904 veröffentlichten Artikel im *American Journal of Sociology* erklärte er, dass es bei der Eugenik im Kern darum gehe, »Minderwertigkeit« und »Überlegenheit« objektiv zu beschreiben und zu messen – ein Grund, weshalb er Lapouges Schädelvermessungen auch so wichtig fand.[32] Unterstützt wurde dieses Argument noch vom Bevölkerungsrückgang, der gerade in Europa zu verzeichnen war (was allerdings eher an der Auswanderung in die USA lag) und die Angst schürte, dass »Degeneration« durch Urbanisierung und Industrialisierung gefördert werde. Nach Galton wirkten sich beide Phänomene nachteilig auf den Fortbestand des gesunden Menschen aus, da die »Schwächeren« dadurch häufiger zur Produktion von Nachkommen ermuntert würden als die »Stärkeren«. Steigende Selbstmordraten, Kriminalität, Prostitution, sexuelle »Abartigkeiten« oder Nordaus »Henkelohren« schienen diese Ansicht zu stützen ebenso wie eine zwischen 1899 und 1902 im Burenkrieg unter britischen Soldaten durchgeführte Studie, die alarmierend niedrige Gesundheits- und Ausbildungsniveaus bei Angehörigen der städtischen Arbeiterklasse zu Tage gefördert hatte.[33]

1905 wurde die Deutsche Gesellschaft für Rassenhygiene gegründet, 1907 folgte die Eugenics Education Society in England,[34] 1910 entsprechende Gesellschaften in den USA und 1912 auch in Frankreich.[35] Allen gemein waren Argumente, die meist auf reinem Fanatismus basierten. So empfahl beispielsweise der Oxforder Professor F. H. Bradley, alle »Irren« und »erbkranken Krüppel« *samt ihren Kindern* zu töten.[36] In den USA verabschiedete der Staat Indiana 1907 ein Gesetz, das Sterilisation als radikale Bestrafungsmaßnahme für die in staatlichen Institutionen einsitzenden »Verrückten, Idioten, Blödsinnigen, Schwachsinnigen oder verurteilten Vergewaltigungsverbrecher« vorsah.[37]

*

Nun sollte hier aber nicht der Eindruck erweckt werden, als habe der Sozialdarwinismus ausschließlich Brutalität und Schrecken hervorgebracht, denn so war es auch wieder nicht.

Typisch für den Wiener Journalismus der Jahrhundertwende war das Feuilleton. Dabei handelte es sich um einen unterhalb des Falzes abtrennbaren Teil der Titelseite, in dem statt Nachrichten ein im Plauderton gehaltener – und im Idealfall geistreicher – Essay über ein beliebiges Thema abgedruckt war. Einer der besten Feuilletonisten war Theodor Herzl (1860–1904) aus der Gruppe im Café Griensteidl. Herzl, Sohn eines jüdischen Kaufmanns, in Budapest geboren, war zum Studium der Rechtswissenschaften nach Wien gezogen, wo er sich schnell zu Hause fühlte. Noch während seiner Universitätszeit begann er, kleine Spottgedichte an die *Neue Freie Presse* zu schicken, und entwickelte dabei bald schon den für ihn typischen geistreichen Prosastil, der so gut zu seinem dandyhaften Äußeren passte. Er war mit Hofmannsthal, Schnitzler und Stefan Zweig befreundet und tat sein Bestes, den wachsenden Antisemitismus um ihn herum zu ignorieren. Es lag ihm ohnedies mehr, sich mit der liberalen k. u. k. Aristokratie als mit den hässlichen Massen zu identifizieren, dem »Plebs«, wie Freud zu sagen pflegte. Seiner Meinung nach sollten sich die Juden assimilieren – so wie er –, weshalb er auch vorschlug, dass sich jeder Jude, der sich in seiner Ehre verletzt fühlte, nach der damals üblichen Wiener Art duellieren sollte; spätestens nach einigen solcher Duelle (die ja eine geradezu darwinistische Einrichtung waren) wäre die jüdische Ehre dann wiederhergestellt. Im Oktober 1891 begann sich Herzls Leben jedoch schlagartig zu ändern. Seine journalistischen Leistungen waren ihm mit der Ernennung zum Pariser Korrespondenten der *Neuen Freien Presse* vergolten worden, doch bei seiner Ankunft in der französischen Hauptstadt empfing ihn eine Welle des Antisemitismus, ausgelöst durch den Panama-Skandal und den Prozess gegen korrupte Beamte der Kanalgesellschaft, auf den 1894 die Affäre um den wegen Hochverrats verurteilten jüdischen Offizier Alfred Dreyfus folgte. Herzl glaubte von Anfang an nicht an die Schuld des Mannes, doch mit dieser Meinung stand er ziemlich allein. Bis dahin hatte Frankreich für Herzl alles Progressive und Noble in Europa verkörpert, nun hatte er im Laufe von nur wenigen Monaten entdeckt, dass es dort nicht anders zuging als in Wien, wo sich der geifernde Antisemit Karl Lueger gerade auf dem besten Wege befand, zum Bürgermeister der Stadt gewählt zu werden.[38]

Herzl machte eine Wandlung durch. Ende Mai 1895 besuchte er eine *Tannhäuser*-Aufführung in der Pariser Oper. Obwohl er eigentlich kein Opernfan war, sollte er später schreiben, dass er wie »elektrisiert« von dieser Aufführung gewesen sei, da sie so eindringlich »die Wahrheit hinter der Irrationalität völkischer Politik wiedergegeben« habe.[39] Aufgeregt kehrte er nach Hause zurück und machte sich augenblicklich daran, eine Strategie auszuarbeiten, um die Juden zum Auszug aus Europa zu bewegen, damit »ein solcher jüdischer Staat verwirklicht werden« konnte.[40] Vom selben Moment an war er ein anderer Mensch und leidenschaftlicher Zionist. Zwischen der *Tannhäuser*-Aufführung und seinem Tod im Jahr 1904 organisierte er nicht weniger als sechs Zionistische Weltkongresse und trug vom Papst bis zum Sultan der halben Welt sein Anliegen vor.[41] Die kosmopolitischen Juden und jüdischen Aristokraten wollten davon zuerst nichts wissen, aber Herzl schaffte es, sie zu überlisten. Zionistische Bewegungen hatte es schon vor Herzl gegeben, doch die hatten immer eher eigennützige Wünsche und/oder finanzielle Beweggründe angesprochen. Herzl hingegen betonte nun die »rein psychische Energie als bewegende Kraft der Geschichte«. Denn für ihn war klar, dass in die Sache der Juden schleunigst Bewegung kommen musste: »Große Dinge brauchen kein Fundament ... Das Geheimnis liegt in der Bewegung. Ich glaube, dahinaus wird auch irgendwo das lenkbare Luftschiff gefunden werden. Die Schwere überwunden durch die Bewegung.«[42] Herzl bestand nicht darauf, dass die Wanderung nach Zion unbedingt in Richtung Palästina gehen musste und hätte sich auch mit einem Gebiet in Argentinien begnügt. Im Übrigen sah er auch keine Notwendigkeit für Hebräisch als Landessprache.[43] Orthodoxe Juden verdammten ihn natürlich als Häretiker (denn er war ja eindeutig nicht der Messias), doch bis er zehn Jahre und sechs Weltkongresse später starb, hatten eine von ihm ins Leben gerufene Bank und ein Fonds für den Ankauf von Land in Palästina – eine Aktiengesellschaft, die das Rückgrat des neuen Staates bilden sollte – 135 000 Anteilseigner gewonnen, mehr als jedes andere damals existierende Unternehmen. An seiner Beerdigung nahmen 10000 Juden aus ganz Europa teil. Die Idee einer jüdischen Heimstatt hatte sich noch nicht materialisiert, aber Häresie war sie längst nicht mehr.[44]

*

Wie Herzl befasste sich auch Max Weber mit Religion unter dem Aspekt einer Gemeinschaftserfahrung. Und wie Nordau und Lombroso* war auch er über den »entarteten« Charakter der modernen Gesellschaft entsetzt. Doch im Gegensatz zu ihnen fand er nicht alles schlecht, was er um sich herum wahrnahm. Beispielsweise betrachtete er Gruppenidentität als entscheidenden Faktor, um einigermaßen erträglich in Großstädten leben zu können, und beklagte, dass dies in seiner Bedeutung bislang völlig übersehen worden sei. Außerdem war ihm selber jene »Entfremdung« nicht unvertraut, die das moderne Leben bereithalten konnte. Mehrere Jahre lang, um die Jahrhundertwende, hatte er fast keine ernst zu nehmende wissenschaftliche Arbeit geleistet (inzwischen hatte er den Freiburger Lehrstuhl für Nationalökonomie inne), da er von einer so schweren Depression heimgesucht worden war, dass sich erst 1904 erste Anzeichen einer Besserung einstellten. Eine dramatischere Genesung kann man sich kaum vorstellen. Das Buch, das er im selben Jahr veröf-

* Anm. d. Ü.: Gemeint ist der italienische Mediziner Cesare Lombroso, der im 19. Jahrhundert die berüchtigte These aufstellte, dass es eine physiopsychologische Anlage zum Verbrechen gebe.

fentlichte, war jedenfalls ganz anders geartet als alles, was er zuvor geschrieben hatte. Es sollte seinen Ruf vollständig verändern.[45]

Vor seiner Krankheit hatte Weber fast nur trockene, technische Monografien über Agrarrecht, Wirtschaftswissenschaften und Wirtschaftsgesetze verfasst, darunter Studien über mittelalterliches Handelsrecht oder die Lage der ostelbischen Landarbeiter – kaum dazu prädestiniert, Bestseller zu werden, wenngleich sich in den akademischen Kreisen Englands durchaus Interesse für seinen spezifisch deutschen Ansatz fand, der sich im Gegensatz zum britischen auf Wirtschaftsfragen innerhalb des kulturellen Kontextes konzentrierte und Ökonomie und Politik nicht als duale und sich mehr oder weniger selbst regulierende Entitäten verstand[46].

Weber, ein hoch gewachsener, immer leicht vornüber gebeugter Mann von ähnlich würdevoller Präsenz wie Brentano, war ein Mensch voller Widersprüche.[47] Man sah ihn kaum einmal lächeln, im Gegenteil, meist waren seine Gesichtszüge sorgenvoll. Doch die Jahre seiner Depression – oder vielleicht eher: die Zeit, die ihm dadurch zur Reflexion gegeben war – schienen ihn so verändert zu haben, dass er nun seine kontroversen, aber zweifellos mächtigen Ideen entwickeln konnte. Die Studie, die Weber sofort nach seiner Genesung begann, befasste sich mit einem wahrlich gewichtigeren Thema als den ostelbischen Landarbeitern. Sie trug den Titel *Die Protestantische Ethik und der »Geist« des Kapitalismus.*

Webers wichtigste These in diesem Buch war kaum weniger umstritten als die von Freud und führte denn auch ebenso schnell zu heftigen Debatten. Weber selbst glaubte damit sowohl den Marxismus als auch den Materialismus widerlegen zu können. Doch vor einer Darstellung dieser These bedarf es einiger Hinweise auf Webers intellektuellen Hintergrund:[48] Weber stammte aus derselben Tradition wie Brentano und Husserl, der Tradition des Geisteswissenschaftlers also, der auf einer klaren Unterscheidung zwischen Natur- und Sozialwissenschaften bestand.[49] Demnach können die Erscheinungen der Natur durch die Anwendung von Kausalgesetzen erklärt werden, während menschliches Verhalten ein Wert an sich ist und daher auf eine Weise gedeutet beziehungsweise verstanden werden muss, für die es keine Entsprechung in der Natur gibt.[50] Auf Weber bezogen bedeutete dies, dass ihm soziale und psychologische Fragen wesentlich relevanter erschienen als rein ökonomische oder materielle. Schon in der Einführung zur *Protestantischen Ethik* lieferte er Hinweise auf seine charakteristische Denkungsart: »Ein Blick in die Berufsstatistik eines konfessionell gemischten Landes pflegt, mit relativ geringen Abweichungen und Ausnahmen, eine Erscheinung zu zeigen, welche in den letzten Jahren mehrfach in der katholischen Presse und Literatur und auf den Katholikentagen Deutschlands lebhaft erörtert worden ist: den ganz vorwiegend *protestantischen* Charakter des Kapitalbesitzes und Unternehmertums sowohl wie der oberen gelernten Schichten der Arbeiterschaft und namentlich des höheren technisch oder kaufmännisch vorgebildeten Personals der modernen Unternehmungen.«[51]

Diese Beobachtung war der springende Punkt für Weber, die entscheidende Diskrepanz, die es zu erklären galt. Gleich zu Beginn des Buches stellt er klar, dass es ihm hier nicht nur um den »Zustrom neuen Geldes« geht. Kapitalistisches Unternehmertum und Erwerbsstreben sind für ihn ganz und gar nicht dasselbe. Das »unbedingte Leitmotiv des Kapitalismus« lautet, dass der Mensch »auf das Erwerben als Zweck seines Lebens« ausgerichtet ist. Doch »die Frage nach den Triebkräften der Entwicklung des Kapitalismus ist nicht in erster Linie eine Frage nach der Herkunft der kapitalistisch verwertbaren *Geld*vorräte, sondern nach der Entwicklung des kapitalistischen Geistes ... Aber sein Einzug pflegte kein friedlicher zu sein.«[52] Schon seit Jahrtausenden habe es »in der Welt von China, Indien, Babylon, Hellas, Rom, Florenz [den] bis in die Gegenwart verbreiteten Kapitalismus« gegeben, doch nur in Europa habe seit der Reformation den »Vertretern des kapitalistischen Geistes« Arbeit »im Dienste einer rationalen Gestaltung der materiellen Güterversorgung« als »richtungsweisender Zweck« vorgeschwebt.[53]

Weber war fasziniert von einem Umstand, den er anfänglich für ein verwirrendes Paradox gehalten hatte, nämlich von der Tatsache, dass viele bürgerliche Unternehmer nicht allein den Drang zur Kapitalbildung bewiesen, sondern zugleich eine »asketische Selbstdisziplin« an den Tag legten, ein seltsames Desinteresse gegenüber den diesseitigen Vergnügungen, die mit diesem Kapital erkauft werden konnten. Viele verfolgten in der Tat einen Lebensstil des »asketischen Sparzwangs«.[54] War das nicht seltsam? Warum sollte ein Mensch so hart für so wenig Belohnung arbeiten wollen? Nach langen Überlegungen während seiner Depression glaubte Weber eine Antwort in der »diesseitigen Askese« des Puritanismus gefunden zu haben, welche er auf das Konzept des »›Berufs‹-Begriffs« zurückführte.[55] Eine entsprechende Idee habe es weder bei den »lateinisch-katholischen Völkern« noch »im klassischen Altertum« gegeben, während sie »bei *allen* protestantischen Völkern existiert«; sie sei eindeutig »ein Produkt der Reformation« und gründete in der Vorstellung, dass die höchste moralische Pflicht des Menschen, »das einzige Mittel, Gott wohlgefällig zu leben ... die Schätzung der Pflichterfüllung« und die darin zum Tragen kommende sittliche Selbstbestätigung sei – und zwar »im Dienste des diesseitigen Lebens der Gesamtheit«. Während das höchste Gut für Katholiken die »innerweltliche Sittlichkeit durch mönchische Askese« war, ging es also im Protestantismus ausschließlich »um die Erfüllung der innerweltlichen Pflichten« und darum, »für andere zu arbeiten«.[56] Weber verteidigte diese Behauptung mit dem Hinweis, dass das Streben nach weltlichen Gütern in den ersten Stadien des Kapitalismus und vor allem in den vom Calvinismus geprägten Ländern nur dann moralisch sanktioniert war, wenn es mit »asketischer Sittlichkeit« einherging. Als verwerflich galten »das Ausruhen auf dem Besitz und Müßigkeit« und »Zeitvergeudung, die schwerste aller Sünden«. Mit einem Wort: Weber glaubte, dass der Kapitalismus, was sich auch aus ihm entwickelte, religiösem Eifer entsprungen sei, ohne den die Organisation von Arbeit, die ihn so deutlich von allem Vorangegangenen unterschied, nicht möglich gewesen wäre.

Auch mit den Religionen und wirtschaftlichen Gepflogenheiten außereuropäischer Regionen – Indien, China oder Naher Osten – war Weber vertraut, was der *Protestantischen Ethik* zusätzliches Gewicht verlieh. So berief er sich zum Beispiel darauf, dass in China weit verzweigte verwandtschaftliche Beziehungsgeflechte die vorherrschende Form der Wirtschaftskooperation darstellten und damit auf natürliche Weise den Einfluss von Gilden und Einzelunternehmern beschränkten.[57] In Indien wiederum herrsche der historisch mit großem Reichtum verknüpfte Hinduismus, dessen Dogma der Wiedergeburt jedoch die vom Protestantismus freigesetzten Energien verhinderten, weshalb sich ein wirklicher Kapitalismus dort auch nie habe entwickeln können. Europa habe überdies den Vorteil gehabt, die Traditionen des römischen Rechts geerbt zu haben, welche eine integrativere Rechtspraxis zuließen als anderenorts und somit die neuen Ideen eines einvernehmlichen Vertragswesens erleichterten.[58] Dass *Die Protestantische Ethik* noch heute zu Kontroversen führt, dass es Versuche gab, ihre Grundgedanken auf Kulturen wie zum Beispiel die konfuzianische zu übertragen, und dass sogar noch heute, vor allem im überwiegend katholischen Lateinamerika, deutliche Zusammenhänge zwischen Protestantismus und Wirtschaftswachstum sichtbar sind, beweist, dass Webers These durchaus plausibel war.

Den Darwinismus behandelte Weber in der *Protestantischen Ethik* zwar nicht explizit, doch war er deutlich in seiner Vorstellung vertreten, dass der Protestantismus auf dem Wege über die Reformation aus früheren, primitiveren Glaubensformen erwachsen sei und ein fortschrittlicheres Wirtschaftssystem hervorgebracht habe (fortschrittlicher, weil weniger »sündig« und weil mehr Menschen davon profitieren konnten). Aber einen »primitiven Arianismus« gibt es auch in Webers Theorie zu entdecken. Weber selbst hatte 1895 in seiner Inaugurationsrede an der Freiburger Universität zum Darwinschen Kampf ums Dasein Stellung bezogen.[59] Und es sollte seine Schrift sein, die von späteren Soziobiologen als Beleg für die Anwendbarkeit ihrer eigenen Theorien in der Ökonomie angeführt wurde.[60]

*

Nietzsche huldigte dem »Raubmenschen«, dessen Tatendrang die Welt zu dem machte, was sie ist. Vermutlich aber gab es um 1900 nie schlimmere

Raubmenschen mit gravierenderen Folgen für die Welt als die Imperialisten, die im Kampf um Afrika und andere Kolonialgebiete ihre westlichen Technologien und Ideen schneller und weiter verbreiteten als irgendjemand zuvor. Unter all den Menschen, die in irgendeiner Form an diesem Kampf teilnahmen, ist Joseph Conrad das wohl berühmteste Beispiel dafür, dass man durchaus eine persönliche Wahl hatte, dass man diesem »Aktivismus« den Rücken kehren und sich aus den dunklen »Kolonien des Überflusses«, in denen es relativ einfach (und sicher) war, den »Willen zur Macht« umzusetzen, zurückziehen konnte: Nach Jahren als Seefahrer für unterschiedliche Handelsmarinen entschied sich Conrad für das sesshafte Leben als Schriftsteller, doch in seiner Phantasie kehrte er immer wieder in ferne Länder zurück – Afrika, Fernost oder die Südsee – und begründete damit das erste bedeutende literarische Thema des neuen Jahrhunderts.

Conrads bekannteste Bücher – *Lord Jim* (1900), *Herz der Finsternis* (in Buchform erstmals 1902 veröffentlicht), *Nostromo* (1904) und *Der Geheimagent* (1907) – schöpften aus den Ideen von Darwin, Nietzsche, Nordau und sogar Lombroso, um die große Bruchstelle zwischen dem wissenschaftlichen, liberalen und technischen Optimismus des zwanzigsten Jahrhunderts und seinem Pessimismus in Bezug auf die Natur des Menschen zu ergründen. Einmal sagte er zu H. G. Wells: »Der Unterschied zwischen uns beiden, Wells, ist gewaltig. Du scherst dich nicht um die Menschheit, glaubst aber, dass sie sich bessern sollte. Ich liebe die Menschheit, weiß aber, dass sie das nicht tun wird!«[61] Es war ein typischer Conradscher Seitenhieb, den *Geheimagenten* just Wells zu widmen.

Geboren wurde Conrad 1857 unter dem Namen Józef Teodor Konrad Korzeniowski in einem Gebiet Polens, das 1793 bei der Teilung des so oft zerstückelten Landes an die Russen gefallen war (der Geburtsort liegt in der heutigen Ukraine). Sein Vater Apollo war ein Adliger ohne Land, denn die Besitztümer der Familie waren nach dem Aufstand gegen die Russen 1839 beschlagnahmt worden. 1862 wurden die Eltern mitsamt Józef nach Wologda im Norden Russlands deportiert, wo die Mutter an Tuberkulose starb. Der Tod des Vaters an derselben Krankheit 1869, ein Jahr nachdem er nach Krakau zurückkehren durfte, machte Józef zum Waisen. Seither hing er völlig von der Großzügigkeit eines Onkels aus der mütterlichen Linie ab. Onkel Tadeusz versorgte ihn mit einer jährlichen Apanage und hinterließ ihm nach seinem Tod im Jahr 1894 nach heutigem Wert ungefähr 300000 Mark. Zur selben Zeit wurde Józefs erstes Buch *Almayers Luftschloss*, das er 1889 unter seinem Künstlernamen Joseph Conrad zu schreiben begonnen hatte, vom Verlag angenommen. Nun war er Schriftsteller und begann seine Erfahrungen zur See und die Geschichten, die ihm während dieser Reisen erzählt wurden, in Romane zu verwandeln.[62]

Sein erstes Abenteuer erlebte Conrad als Sechzehnjähriger an Bord der

»Mont Blanc«, die sich auf dem Wege von Marseille nach Martinique befand. Zweifellos haben seine Erlebnisse auf dieser Seereise in die Karibik zu einem großen Teil jener Bilder beigetragen, die er später in seine Arbeiten und vor allem in sein Buch *Nostromo* einfließen ließ. Wie es heißt, war er auch am Waffenschmuggel zwischen Marseille und Spanien beteiligt, der ein für ihn katastrophales Ende nahm. Tief verschuldet durch diese dunklen Geschäfte und Glücksspiele im Casino von Monte Carlo unternahm er einen Selbstmordversuch: Er schoss sich in die Brust. Doch Onkel Tadeusz rettete ihn, bezahlte seine Schulden und erzählte überall die Geschichte, sein Neffe sei bei einem Duell angeschossen worden, was Conrad später bei seiner Frau und seinen Freunden wohl zu nutzen verstand.[63]

Conrads sechzehnjährige Karriere in der britischen Handelsmarine, die er als gemeiner Matrose begonnen hatte, verlief zwar nicht konfliktfrei, lieferte ihm aber den Grundstock an Geschichten, von denen er als Schriftsteller zehrte. Sein bestes Buch, *Herz der Finsternis*, ist das Ergebnis langer Denkpausen, die er auch immer wieder nutzte, um vor dem Hintergrund der neuesten naturwissenschaftlichen Erkenntnisse über die Bedeutung oder Symbolik seiner Erlebnisse nachzudenken. Obwohl er die Innovationen der Naturwissenschaften meist eher verhängnisvoll als befreiend für die Menschheit fand, war er nicht antiwissenschaftlich eingestellt. Im Gegenteil, er beschäftigte sich sogar ausgiebig mit neuen empirischen Denkmodellen, wie auch Robert O'Hanlon in seiner Studie *Joseph Conrad and Charles Darwin: The Influence of the Scientific Thought on Conrad's Fiction* (1984) deutlich machte.[64] Conrad war mit der klassischen Physik des Viktorianischen Zeitalters aufgewachsen, deren Eckpfeiler der Glaube an die Unveränderlichkeit aller Materie war, wenngleich bereits unter der Annahme, dass sich die Sonne abkühlt und das Schicksal allen Lebens auf Erden daher unweigerlich besiegelt ist. In einem Brief an seinen Verleger schilderte Conrad am 29. September 1898 die Vorführung eines Röntgenapparats. Er war in Glasgow zu Gast bei dem Radiologen John McIntyre gewesen: »Beim Abendessen: Fonograf, Röntgenstrahlen, Gespräche über *das* Geheimnis des Universums und die Nichtexistenz so genannter Materie. Das Geheimnis des Universums verbirgt sich in der Existenz von horizontalen Wellen, deren unterschiedliche Schwingungen die Grundlage aller Bewusstseinsstadien bilden... Neil Munro stand vor einem Röntgenapparat, während wir auf dem Bildschirm dahinter seine Wirbelsäule und Rippen betrachteten... So sehe es aus – sagte der Doktor –, und dass es keinen Raum, keine Zeit, Materie, keinen Geist nach allgemeinem Verständnis gebe... nur die ewige Kraft, die diese Wellen verursacht – das ist nicht viel.«[65]

Allerdings war Conrad nicht so auf der Höhe seiner Zeit, wie er glaubte, denn J. J. Thomson hatte bereits im Vorjahr bewiesen, dass es sich bei diesen »Wellen« um Teilchen handelte. Aber hier geht es weniger darum, dass Conrads Kenntnisse nicht auf letztem wissenschaftlichen Stand waren, sondern vielmehr darum, dass inzwischen sämtliche, auch von ihm übernommenen physikalischen Gewissheiten ins Wanken geraten waren. Das muss er gespürt haben, denn er ließ diesen Umstand in die Persönlichkeitsstrukturen vieler seiner Charaktere einfließen – bisher scheinbar unerschütterliche Personen erweisen sich plötzlich als äußerst instabil oder gar verdorben, sobald sie den Unbilden der Natur (oft während Seereisen) ausgesetzt sind.

Wegen einer Erkrankung seines Onkels reiste Józef nach Polen und machte auf dem Weg dorthin in Brüssel Halt, um ein Vorstellungsgespräch bei der Société Belge pour le Commerce du Haut-Congo zu führen – ein schicksalhaftes Gespräch, das nicht nur seine Erlebnisse zwischen Juni und Dezember 1890 in Belgisch-Kongo zur Folge haben, sondern zehn Jahre später auch zum *Herz der Finsternis* führen sollte. Das ganze Jahrzehnt über hatte der Kongo in Conrads Kopf gelauert und nur auf ein auslösendes Moment gewartet, um sich als Prosa Bahn zu brechen. Dieser Auslöser waren dann die schockierenden Enthüllungen über die »Benin-Massaker« von 1897 und die Berichte von Stanleys Afrika-Expeditionen.[66] Bacons Report *Benin: The City of Blood*, 1897 in London und New York veröffentlicht, enthüllte der zivilisierten westlichen Welt eine Horrorgeschichte von blutrünstigen Ritualen afrikanischer Eingeborener. Nach der Berliner Konferenz von 1884 hatte Großbritannien das Protektorat über die Flussregion des Niger proklamiert, weshalb nach dem Massaker in der britischen Mission von Benin (westlich von Nigeria), das während der rituellen Opferfeierlichkeiten von König Duboar zu Ehren seiner Ahnen verübt worden war, eine Strafexpedition losgeschickt wurde, um dieses Gebiet – schon lange ein Zentrum der Sklaverei – einzunehmen. Der Bericht von Commander R. H. Bacon, dem Geheimdienstoffizier dieser Expedition, deckt sich in einigen Einzelheiten mit den Ereignissen im *Herz der Finsternis*. Als Commander Bacon Benin erreichte, musste er mitansehen, was sogar für ihn, den Sprachgewaltigen, nicht mehr beschreibbar war: »Es ist sinnlos, die Schrecken dieses Ortes noch weiter zu beschreiben, überall Tod, Barbarei, Blut und Gestank von einer Art, wie sie kein Mensch jemals erlebt haben sollte.«[67] Conrad hingegen erspart dem Leser die Einzelheiten: »Das Grauen! Das Grauen!«, jene berühmten letzten Worte von Kurtz, zu dessen Rettung Conrads Held Marlow geeilt war, sprachen für sich. Wo Bacon überdeutlich von Schädel- und Knochenhaufen, Kreuzigungspfählen und überall verschmiertem Blut, sogar auf den Götzenbildern aus Bronze und Elfenbein, berichtete, begnügte sich Conrad mit Hinweisen auf aufgespießte »runde Kugeln«, die Marlow durch seinen Feldstecher zu erkennen glaubt, als er sich der Unterkunft von Kurtz nähert.

Conrad ging es nicht darum, die typische Reaktion der zivilisierten

Welt auf solche Akte der Barbarei hervorzulocken, wie es Commander Bacon exemplarisch mit seinem Bericht versucht hatte: »Es kann ihnen [den Eingeborenen] nicht entgehen, dass Frieden und die gute Herrschaft des weißen Mannes Glück, Zufriedenheit und Sicherheit bedeuten.« Eine ähnliche Haltung kommt auch in dem Report zum Ausdruck, den Conrads Figur Kurtz für die »Internationale Gesellschaft für die Unterdrückung wilder Bräuche« angefertigt hatte. Sein Held Marlow beschreibt dieses »prächtige Stück Literatur« als »beredt, vor Beredsamkeit bebend«, fügt jedoch hinzu: »Am Ende dieses Appells an alle uneigennützigen Gefühle – wie ein Blitz aus heiterem Himmel, grell und erschreckend: ›Schlagt diese Bestien alle tot!‹«[68]

Das Barbarische im Herzen des zivilisierten Menschen enthüllt sich im Verhalten des weißen Kaufmanns, des »ungläubigen Pilgers«, wie Marlow ihn nennt. Geschichten von weißen Händlern, wie sie H. M. Stanley aus dem »schwärzesten Afrika« erzählte – alle im Geist der nie in Frage gestellten Überlegenheit des Europäers gegenüber dem Afrikaner verfasst –, gab es genügend, um Conrads düstere Visionen zu nähren. In *Herz der Finsternis* wimmelt es nur so von ironischen Verkehrungen der Begriffe Zivilisation und Barbarei, Licht und Dunkel. In einer charakteristischen Passage schilderte Stanley in seinem Tagebuch, wie er auf der Suche nach Lebensmitteln mit einer Gruppe Eingeborener umging: »Ich muss [die Lebensmittel] haben oder wir sterben. Ihr müsst sie gegen Perlen, rote, blaue oder grüne, Kupfer- oder Messingdraht oder Muscheln eintauschen, oder... Ich machte ein eindeutiges Zeichen quer über den Hals. Das war genug, sie verstanden sofort.«[69] Conrads Marlow aus *Herz der Finsternis* ist hingegen von der außerordentlichen Zurückhaltung der hungrigen Kannibalen beeindruckt, die die Expedition begleiten. Sie waren nur mit ein wenig Messingdraht bezahlt worden und hatten nichts mehr zu essen, seit ihr faulendes Flusspferdfleisch über Bord geworfen worden war, weil sein Geruch für europäische Nasen einfach zu ekelerregend war. Marlow fragt sich, »wieso sie sich, im Namen aller nagenden Hungerteufel, nicht über uns hergemacht – sie waren dreißig, wir fünf – und sich den Bauch einmal so richtig voll geschlagen hatten«. [70] Kurtz ist natürlich eine Symbolfigur (»Ganz Europa war daran beteiligt gewesen, Kurtz zu Stande zu bringen.«). Ihre eigentliche Spannung erhält Conrads grimmige Satire durch die Sprache, die er Marlow in den Mund legt.[71] Die imperialistische Zivilisierungsmission läuft auf eine barbarische Plünderei hinaus: »Es war ganz einfach Raub unter Anwendung von Gewalt, Mord in großem Stil«, schrieb Conrad.[72] Am Ende des zwanzigsten Jahrhunderts wäre eine solche Schlussfolgerung nur nahe liegend gewesen, doch für die Rezensenten der Erstauflage von Conrads Buch im Jahr 1902 war sie noch nicht selbstverständlich. Der *Manchester Guardian* zum Beispiel schrieb, dass Conrad nicht Kolonialisierung, Expansion oder Imperialismus angreife, sondern beweise, wie billige Ideale ad absurdum geführt werden können.[73] Einen Teil der Faszination dieses Buchs macht sicher aus, wie Conrad seine Charaktere psychologisch anlegte. Die Reise ins Innere vieler seiner Figuren wirkt ausgesprochen Freudianisch, und in der Tat sollte es viele Freudsche Interpretationen seines Werks geben. Doch Conrad selbst empfand eine starke Abneigung gegen Freud. Als er sich einmal auf Korsika am Rande eines Nervenzusammenbruchs befand, gab ihm jemand eine Ausgabe von Freuds *Traumdeutung*. Doch Conrad hatte nur Hohn und Spott für Freud übrig. Das Buch nahm er mit auf sein Zimmer und gab es am Abend seiner Abreise ungeöffnet wieder zurück.[74]

Ob im Erscheinungsjahr von *Herz der Finsternis* oder heute, etliche Leser lehnten und lehnen den Autor ab. Doch gerade diese Ablehnung bestätigt Conrads Bedeutung. Am besten hat dies vielleicht Richard Curle erklärt, der 1914 die erste große Studie über Conrad schrieb.[75] Curle erkannte, dass viele Menschen das unüberwindliche Bedürfnis haben zu glauben, die schreckliche Welt könne durch menschliche Anstrengung und so etwas wie liberale Philosophie geheilt werden. Aber bei Conrad – im Gegensatz zu den Romanen seiner Zeitgenossen Wells und Galsworthy – wird immer deutlich, dass er dies bestenfalls für Wunschdenken und schlimmstenfalls für einen ersten Schritt auf dem Weg zu heilloser Destruktion hielt. Es ist noch gar nicht so lange her, dass die Moral von Conrads Werk – nicht sein künstlerischer Wert! – wieder einmal in Frage gestellt wurde. 1977 hatte ihn der nigerianische Schriftsteller Chinua Achebe einen »verdammten Rassisten« gescholten und *Herz der Finsternis* als ein Machwerk bezeichnet, das die Entmenschlichung menschlicher Rassen »zelebriere«. 1993 äußerte der Kulturkritiker Edward Said, dass Achebe mit dieser Kritik noch längst nicht weit genug gegangen sei.[76] Im Grunde sprechen aber alle Anzeichen dafür, dass Conrads Erlebnisse in Afrika geistigen wie körperlichen Ekel bei ihm hinterließen. Im Kongo war er Roger Casement begegnet (1916 für seine Aktivitäten in Irland hingerichtet), der als britischer Konsularbeamter dreizehn Jahre später in einem Bericht die Gräuel enthüllte, welche er und Conrad miterlebt hatten.[77] 1904 besuchte er Conrad, um seine Unterstützung zu erbitten. Wie Conrads Verhältnis zu seinem Helden Marlow auch gewesen sein mag, fest steht, dass er tiefe Abneigung gegen die imperialistischen, rassistischen Ausbeuter Afrikas und der Afrikaner empfand. Und nicht zuletzt war es *Herz der Finsternis*, das dazu beitrug, dass Leopolds Tyrannei ein Ende bereitet wurde.[78] Wer diesen Roman liest, der empfindet nichts als Grauen vor der Unmenschlichkeit der Sklaverei und diesem ganzen Gemetzel. Was bleibt, ist ein Gefühl von der unglaublichen Sinnlosigkeit und Schuld, das Conrads Erzählung vermittelt. Kurtz' letzte Worte »Das Grauen! Das Grauen!« stehen exemplarisch für eine letzte Konsequenz, zu der der Sozialdarwinismus nur allzu leicht führen kann.

4
Les Demoiselles de Modernisme

1905 war Dresden eine der schönsten Städte der Welt, ein erlesenes Barockjuwel an den Ufern der Elbe. Genau der passende Rahmen für die Uraufführung von Richard Strauss' neuer Oper *Salomé*. Aber schon nach den ersten Proben kursierten Gerüchte in der Stadt, dass es hinter den Kulissen nicht zum Besten stand. Strauss' neues Werk, hieß es, sei »viel zu schwer« für die Sänger. Je näher die Uraufführung am 9. Dezember rückte, desto heftiger wurde auf der Bühne gestritten. Einige Sänger waren kurz davor, alles hinzuschmeißen. Doch Strauss behielt die ganze Probenzeit hindurch die Nerven. Einmal beschwerte sich der Oboer: »Herr Doktor, diese Stelle geht vielleicht auf dem Klavier, aber nicht auf der Oboe.« »Trösten Sie sich,« antwortete Strauss gelassen, »auf dem Klavier geht sie auch nicht.« Die Dresdner nahmen sich die Berichte über die Probleme in ihrem Opernhaus so zu Herzen, dass sie hinter dem Dirigenten Ernst von Schuch auf der Straße höhnisch zu tuscheln begannen. Jeder erwartete, dass es zu einem kostspieligen, peinlichen Fiasko kommen würde, und das war einfach zu viel für die stolzen Dresdner Bürger. Aber Schuch war von der Bedeutung dieser neuen Strauss-Oper so tief überzeugt, dass er die Vorbereitungen ungeachtet aller Probleme und Gerüchte weiterlaufen ließ. Die Uraufführung von *Salomé* wurde dann nach Meinung eines Kritikers »eines der revolutionären Ereignisse nach Wagner. Strauss krempelte damit alle Begriffe der Moderne um.«[1]

Der Begriff »Moderne« hat drei Bedeutungen, die wir hier unterscheiden müssen. Erstens bezieht er sich auf den historischen Bruch zwischen Renaissance und Reformation, als die Welt erkennbar modern zu werden begann und sich die Naturwissenschaften als alternatives Wissenssystem, im Gegensatz zu Religion und Metaphysik, etablierten. In seiner zweiten und gebräuchlichsten Bedeutung bezieht sich dieser Begriff auf eine Bewegung – im Wesentlichen in der Kunst –, die mit Baudelaire in Frankreich begann, sich aber bald ausweitete. Sie setzte sich aus drei Elementen zusammen: Das erste und grundlegendste war die Überzeugung, dass man sich in der Moderne ebenso zu Hause fühlen könne wie in vergangenen Epochen. In Frankreich und vor allem in Paris war das eine deutliche Reaktion auf den Historizismus, der besonders in der Malerei des neunzehnten Jahrhunderts zum Ausdruck gekommen war, verstärkt noch durch Baron Haussmans bauliche Erneuerungen im Paris der 1850er-Jahre. Das zweite Element der Moderne in diesem Sinne war ihre Zugehörigkeit zur urbanen Kunst, zumal die Großstädte Unruheherde der Kultur waren. Das wurde vor allem in einer der frühesten Formen der Moderne deutlich, im Impressionismus, dessen Ziel es war, den flüchtigen Moment festzuhalten, jenen so rasch vergänglichen Augenblick, der so sehr Teil des Großstadterlebens ist. Und das dritte Element schließlich implizierte – da die Moderne das Neue über alles stellte – die Existenz einer Avantgarde, einer künstlerischen und intellektuellen Elite, die sich durch Geist und Kreativität von den Massen abhob, aber von diesen oft sogar dann noch strikt abgelehnt wurde, wenn ihre Ideen längst zum Allgemeingut geworden waren. Diese Form der Moderne unterscheidet also zwischen der gemächlichen, vor-modernen Agrargesellschaft, in der jeder jeden kennt, und den anonymen, schnelllebigen und atomistischen Großstadtgesellschaften, die das Risiko von Entfremdung, Verwahrlosung und Degeneration mit sich bringen (wie unter anderem Freud hervorhob).[2]

In seiner dritten allgemeinen Bedeutung bezieht sich der Begriff in der Zuspitzung »Modernismus« schließlich auf die organisierte Religion und insbesondere auf die katholische Kirche. Im Verlauf des neunzehnten Jahrhunderts wurden immer mehr Aspekte von katholischen Dogmen in Frage gestellt: Junge Kleriker hatten inständig gehofft, dass die Kirche auf die neuen naturwissenschaftlichen Erkenntnisse reagieren würde, vor allem natürlich auf Darwins Evolutionstheorie und die Entdeckungen, die deutsche Archäologen im Heiligen Land gemacht hatten und die etwas ganz anderes erzählten als die Bibel. In diesem Kapitel sollen nun alle drei Aspekte der Moderne beleuchtet werden, wie sie in den ersten Jahren des zwanzigsten Jahrhunderts gemeinsam in Erscheinung traten.

*

Die Oper *Salomé* lehnt sich eng an Oscar Wildes Bühnenstück gleichen Namens an. Strauss war sich der Skandalträchtigkeit dieses Stücks sehr wohl bewusst. Als Wilde *Salomé* erstmals in London zur Aufführung bringen wollte, wurde ihm das von Lord Chamberlain verboten.[3] (Aus Rache drohte Wilde, die französische Staatsbürgerschaft anzunehmen.) Die Oper ist eine »modernistische« Bearbeitung der alten Geschichte von Herodes, Salomé und Johannes dem Täufer, in welcher »die Heldin« als eine »von boshafter Keuschheit zerfressene Jungfer« dargestellt wird.[4] Als Wilde das Stück schrieb, kannte er Freuds Schriften noch nicht, aber Krafft-Ebings *Psychopathia sexualis* dafür umso besser. Denn seine Version lässt kaum Zweifel daran, dass Salomes Forderung nach dem Kopf von Johannes eine Anspielung auf »sexuelle Perversion« war. In einer

Zeit, in der sich noch viele Menschen als religiös betrachteten, musste einfach von vornherein klar gewesen sein, dass diese Interpretation einen Aufschrei der Entrüstung auslösen würde – die Musik von Strauss goss dann nur noch zusätzlich Öl in diese Flamme. Die Orchestrierung war schwierig, verstörend und für viele Ohren schlicht disharmonisch. Um den psychologischen Kontrast zwischen Herodes und Jochanaan hervorzuheben, hatte Strauss den ungewöhnlichen Kunstgriff der Bitonalität (zwei Tonarten gleichzeitig) angewendet. Die ständige Dissonanz der Partitur sollte die Spannungen im Stück reflektieren, die ihren Höhepunkt mit Salomés verzweifeltem Stöhnen vor ihrer Hinrichtung erreicht. Mit dem gequetschten hohen B der Kontrabässe drängt hier das schmerzliche Drama von Salomés Schicksal seinem Ende zu – sie wird von den Wachen niedergemetzelt.[5]

Nach der Uraufführung gingen die Meinungen auseinander. Cosima Wagner hielt die neue Oper für »nichtigen Unfug, vermählt mit Unzucht«. Und der Kaiser genehmigte die Aufführung in Berlin erst, nachdem der Operndirektor den Einfall gehabt hatte, die Geschichte im letzten Akt mit dem Aufgang des Sterns von Bethlehem enden zu lassen.[6] Dieser simple Trick änderte alles – die Oper wurde fünfzig Mal allein in dieser einen Saison aufgeführt. Zehn der sechzig Opernhäuser Deutschlands – die heftigst miteinander konkurrierten – folgten dem Berliner Beispiel und brachten *Salomé* auf die Bühne. Nach nur wenigen Monaten konnte Strauss sich in Garmisch den Bau einer Villa im *Art-nouveau*-Stil leisten.[7] International aber galt die Oper trotz ihrer Erfolge in Deutschland weiterhin als skandalös. Thomas Beecham in London musste »wie ein Löwe kämpfen«, um sie aufführen zu können.[8] In New York und Chicago wurde sie einfach verboten. (Ein New Yorker Karikaturist meinte damals, dass es sicher hilfreich wäre, wenn man auf jeden der sieben Schleier eine Reklame aufdrucken würde.[9]) Auch in Wien wurde die Aufführung untersagt, aber aus unerfindlichen Gründen nicht in Graz, wo *Salomé* im Mai 1906 Premiere feierte. Unter den Zuschauern befanden sich Puccini, Mahler sowie eine Gruppe junger Musikliebhaber, die extra aus Wien angereist war, darunter der arbeitslose Möchtegernkünstler Adolf Hitler.

Ungeachtet aller Skandale um *Salomé* war die Oper ein derart großer Erfolg, dass Strauss schließlich zum preußisch-königlichen Generalmusikdirektor in Berlin ernannt wurde. Der Komponist trat seinen Dienst jedoch erst einmal mit einem einjährigen unbezahlten Urlaub an, um seine neue Oper *Elektra* fertig zu stellen. Es war seine erste wichtige Zusammenarbeit mit Hugo von Hofmannsthal, dessen von Max Reinhardt – dem Zauberer des deutschen Theaters – für die Bühne adaptiertes Stück gleichen Namens Strauss in Berlin gesehen hatte (in demselben Theater, in dem er auch die Aufführung von Wildes *Salomé* besucht hatte).[10] Zuerst war Strauss von dieser Idee nicht besonders begeistert gewesen. Die Themen von *Elektra* und *Salomé* schienen ihm einfach zu ähnlich. Doch Hofmannsthals »dämonisch ekstatisches Griechentum« des sechsten Jahrhunderts faszinierte ihn. Es war so anders als die traditionell edlen, eleganten und *gelassenen* Szenerien in den Werken von Winckelmann und Goethe. Also änderte Strauss seine Meinung und schuf eine Oper, die sogar noch intensiver, gewaltiger und dichter sein sollte als *Salomé*. »Beide Opern stehen in meinem Lebenswerk vereinzelt da«, erklärte Strauss später, »ich bin in ihnen bis an die äußersten Grenzen der Harmonie, psychologischer Polyfonie (Klytämnestras Traum) und Aufnahmefähigkeit heutiger Ohren gegangen.«[11]

Das Bühnenbild zeigte das Löwentor von Mykenä – nach Krafft-Ebing nun also Schliemann. Und *Elektra* bedurfte eines noch größeren Orchesters als *Salomé*, nämlich einhundertelf Musiker. Diese Art von Partitur, kombiniert mit dieser Vielzahl von Musikern, erzeugte ein noch schmerzlicheres, dissonanteres Klangerlebnis – Schwaden von »Akkorden aus riesigem Granit«, wie der Strauss-Biograf Michael Kennedy schrieb.[12] *Salomé* ist trotz aller Dissonanz sehr sinnlich, *Elektra* aber ist abweisend, kantig, schrill. Die erste Klytämnestra, die Sängerin Ernestine Schumann-Heink, empfand die ersten Aufführungen denn auch als geradezu »beängstigend ... Wir waren ein Ensemble völlig verrückter Weiber ... Nach *Elektra* gibt es nichts mehr ... Wir waren am Endpunkt angelangt. Ich glaube, das sieht Strauss selber so.« Dann betonte sie, dass sie die Rolle nicht einmal für 3000 Dollar pro Abend noch einmal singen würde.[13]

Vor allem zwei Aspekte dieser Oper erregten die Gemüter. Da war zum einen Klytämnestras Schreckens-Arie. Einerseits stellt sie das »strauchelnde, albtraumgeplagte, gespenstische Wrack eines Menschen« dar, andererseits ist sie über und über mit Schmuck behängt. Und genau diesem Geklirr und Geklapper der Schmuckstücke beginnt die Musik am Beginn zu folgen,[14] gleichzeitig jedoch berichtet Klytämnestra von einem schrecklichen Traum, von dem Gefühl, »lebendigen Leibes wie ein wüstes Gefild« von »Nessel« und »Gewürm« befallen zu werden. Allmählich beginnt die Musik schriller zu werden, misstönender, atonaler. Der Schrecken verdichtet sich, das Grauen ist unausweichlich. Parallel dazu findet die Konfrontation der drei weiblichen Charaktere statt: Elektra und Klytämnestra auf der einen und Elektra und Chrysothemis auf der anderen Seite. Beide Begegnungen haben einen stark lesbischen Anklang, was, von der dissonanten Musik einmal ganz abgesehen, von vornherein sicherstellte, dass *Elektra* als ebenso skandalös empfunden würde wie *Salomé*. Nach der Uraufführung am 25. Januar 1909, ebenfalls in Dresden, wurde die Oper von einem wütenden Kritiker prompt als Kunstschändung verrissen.[15]

Strauss und Hofmannsthal versuchten mit *Elektra* zweierlei zu erreichen. Erstens und am offensichtlichsten war, dass sie auf musikalischer und librettistischer Ebene zu den gleichen Mitteln griffen wie die Expressionisten der *Brücke* und des *Blauen Reiters* (Kirchner, Heckel, Kandinsky, Marc) bei der Malerei, das heißt, sie setzten unerwartete und »unnatürliche« Farben, verstörende Verzerrungen und krasse Kontraste, um die Menschen zu einer neuen Sicht auf die Welt zu zwingen. Und diese Sicht lieferte zugleich ein völlig neues Bild von der Antike. Ob in Deutschland, Großbritannien oder den Vereinigten Staaten, überall hatten Gelehrte damals das idealisierende Bild übernommen, das Winckelmann und Goethe von der Antike gezeichnet hatten – maßvoll, schlicht, streng und von kühler Schönheit. Diese Vorstellung stieß Nietzsche dann völlig um, als er die instinktiven, wilden, irrationalen und dunkleren Aspekte des vorhomerischen Griechenland betonte (ohnedies ziemlich offenkundig für den, der die *Ilias* oder *Odyssee* unvoreingenommen liest). Aber bei Strauss' *Elektra* ging es nicht allein um die Vergangenheit, sondern auch um die wahre Natur des Menschen (damit auch die der Frauen). Und dabei spielte die Psychoanalyse eine tragende Rolle. Hofmannsthal traf sich beinahe täglich mit Schnitzler im Wiener Café Griensteidl, und dieser war immerhin von Freud selbst als sein eigener Doppelgänger bezeichnet worden. Zweifellos hatte Hofmannsthal daher sowohl Freuds *Studien über Hysterie* als auch seine *Traumdeutung* gelesen.[16] Und tatsächlich zeigt *Elektra* Symptome, die von Josef Breuers berühmter Patientin »Anna O.« geschildert worden waren, etwa die Fixierung auf den Vater, wiederholte Halluzinationen und eine gestörte Sexualität. Allerdings haben wir es bei *Elektra* mit Theater zu tun und nicht mit einer Fallstudie.[17] Hier sehen sich die Protagonisten moralischen und nicht nur psychischen Problemen ausgesetzt. Aber wie auch immer, diese Bühnenpräsenz von Freuds Ideen sorgte jedenfalls dafür, dass nicht nur das traditionelle Verständnis der antiken Mythologie, sondern auch die etablierten Grundlagen der Musik und des Tanzes (sowohl in *Salomé* als auch in *Elektra* gibt es Tanzszenen) zerstört wurden. Und damit standen Strauss und Hofmannsthal fest im Lager der Moderne. *Elektra* war ein Angriff auf alles, was allgemein als schön oder nicht schön empfunden wurde. Die Art und Weise, wie diese Oper das Unbewusste unterhalb der Oberfläche auslotet, mag das Publikum vielleicht nicht zufrieden gestellt haben, regte es aber mit Sicherheit zum Nachdenken an.

Auch Strauss wurde von *Elektra* zum Nachdenken angeregt. Ernestine Schumann-Heink hatte Recht gehabt: Er war den Weg der Dissonanz, der Instinkte und des Irrationalen weit genug gegangen. Wie Michael Kennedy schrieb, war der berühmte »Blut-Akkord« von *Elektra* – »E-Dur und D-Dur in Schmerzen vereint«, während die Stimmen ihren eigenen Weg gehen und sich so weit vom Orchester entfernen wie der Traum von der Realität – nicht weniger aufwühlend als das zeitgleiche Geschehen in der Malerei. Obwohl »Strauss am besten war, wo er Wahnsinn in Musik verwandelte«, verließ er nun die diskordante Linie, die er von *Salomé* bis *Elektra* verfolgt hatte, und machte den Weg für eine neue Komponistengeneration frei, zu der auch Arnold Schönberg zählte, der gewiss Innovativste von allen.*[18, 19]

*

Strauss hatte jedoch ein ziemlich ambivalentes Verhältnis zu Schönberg. Einerseits fand er, dass er lieber »Schnee schaufeln« als komponieren solle, andererseits empfahl er ihn für ein Liszt-Stipendium (die jährlichen Einnahmen der Liszt-Stiftung wurden zur Förderung von Komponisten oder Pianisten verwendet).[20] Arnold Schönberg, im September 1874 als Sohn armer Leute geboren, war immer ein besonders ernster Mensch gewesen und hatte sich seine Kenntnisse praktisch als Autodidakt erwerben müssen.[21] Wie Max Weber fiel auch ihm das Lächeln nicht leicht, und dass er, ein kleiner drahtiger Mann, so früh schon eine Glatze bekommen hatte, trug zusätzlich zu seinem strengen Ausdruck bei – diesem »Gesicht eines Fanatikers«, wie sein Kritiker und Beinahe-Namensvetter Harold Schonberg schrieb.[22] Strawinsky sagte einmal, das Charakteristischste an seinem Kollegen seien dessen hervortretende Augen mit dem flammenden Blick gewesen, in dem seine ganze Kraft gelegen habe.[23] Schönberg war unglaublich schöpferisch, dabei beschränkte sich seine Kreativität nicht nur auf die Musik. Er schnitzte Schachfiguren und band seine Bücher selbst, malte (Kandinsky war ein großer Fan von ihm) und erfand eine Notenschreibmaschine.[24]

Schon als Schönberg noch in einer Bank arbeitete, dachte er an nichts anderes als Musik. Einmal wurde er in der Armee gefragt, ob er der Komponist Arnold Schönberg sei. Irgendwer muss es ja sein, antwortete er, und da es sonst keiner sein wollte, habe er es übernommen.[25] Obwohl Schönberg Wien vorzog, wo er Stammgast in den Cafés Landtmann und Griensteidl war – Kraus, Herzl und Klimt zählten zu seinem engen Freundeskreis –, realisierte er bald, dass Berlin für seine Karriere der bessere Ort sein würde. Dort studierte er dann bei Alexander von Zemlinsky, dessen Schwester Mathilde er 1901 heiratete.[26]

Schönbergs autodidaktische Fähigkeiten und sein unglaublicher Erfindungsreichtum leisteten ihm gute Dienste. Während andere Komponisten wie Strauss, Mahler und Debussy nach Bayreuth pilgerten, um sich von Wagners chromatischer Harmonie inspirieren zu lassen, wählte Schönberg einen eigenen Weg. Er war zu dem Schluss gekommen, dass sich evolutionäre Prozesse auch in der Kunst durch völlige Richtungsän-

* Strauss war nicht der einzige (aber erste) Komponist des zwanzigsten Jahrhunderts, der sich aus der kritischen Zone der Avantgarde zurückzog. Auch Strawinsky, Hindemith und Schostakowitsch verabschiedeten sich schließlich von den stilistischen Innovationen aus den Anfangszeiten ihrer Karriere. (Siehe Kennedy, Op. cit. S. 150.)

derungen – Quantensprünge also – und nicht immer nur durch graduelle Schritte entwickeln können.[27] Genauso, wie die expressionistischen Maler die von der modernen Welt sichtbar gemachten und von Freud analysierten und systematisch kodifizierten Formen sichtbar zu machen versuchten, wollte er einen musikalischen Ausdruck dafür finden. Er nannte das »die Emanzipation der Dissonanz«.[28]

Einmal bezeichnete Schönberg Musik als Prophetie, in der sich jene höhere Lebensform enthülle, welcher die Menschheit zustrebe.[29] Seine eigene Entwicklung empfand er allerdings als sehr schleppend und schmerzlich. Obwohl auch seine frühe Musik von Wagner und vor allem von dessem *Tristan* inspiriert worden war, hatte sie in Wien einen schweren Stand. Zum ersten Mal stellte er sie 1900 bei einem Konzertabend der Öffentlichkeit vor. Seither, schrieb Schönberg später, habe sich der Aufruhr nicht mehr gelegt.[30] Dabei hatte er sich erst nach diesen Skandalen der Dissonanz gewidmet. Im Bereich der Musik war nun das Gleiche zu beobachten wie bei allen geistigen Strömungen zu Beginn des neuen Jahrhunderts, ob Relativitätstheorie oder abstrakte Kunst: Diverse Komponisten begannen sich mehr oder weniger gleichzeitig mit Dissonanz und Atonalität zu beschäftigen. Ob Strauss oder Sibelius, Mahler oder Aleksandr Skrjabin (alle älter als Schönberg), kurz vor ihrem Tod schienen sich alle diesem Weg angenähert zu haben. Also war es letztlich vor allem Schönbergs relativer Jugend und seinem entschiedenen, kompromisslosen Charakter zu verdanken, dass ausgerechnet er den Weg in die Atonalität wies.[31]

Eines Morgens im Dezember 1907 versammelten sich Schönberg, Anton Webern, Gustav Klimt und Hunderte andere Persönlichkeiten am Wiener Westbahnhof, um den Komponisten und Dirigenten Gustav Mahler zu verabschieden, der sich entschlossen hatte, nach New York zu gehen, weil er den »modischen Antisemitismus« in Wien und seine ständigen Auseinandersetzungen mit der Operndirektion satt hatte.[32] Als der Zug langsam aus dem Bahnhof fuhr, winkten Schönberg und die anderen aus dem Café Griensteidl schweigend dem Star hinterher, der die Wiener Musikszene ein Jahrzehnt lang geprägt hatte und den sie nun nicht mehr um sich haben würden. Klimt sprach allen aus der Seele, als er flüsterte: »Vorbei!« Schönberg muss das besonders stark empfunden haben, denn Mahler war die einzige große Persönlichkeit in der deutschsprachigen Musikwelt, die verstanden hatte, was er zu erreichen versuchte.[33] Aber bald schon sah sich Schönberg einer noch schmerzlicheren Erschütterung ausgesetzt. Im Sommer 1908, just zu dem Zeitpunkt, als er atonale Musik zu komponieren begann, verließ ihn Mathilde wegen eines gemeinsamen Freundes.[34] Von seiner Frau im Stich gelassen und von Mahler getrennt, blieb ihm nun nur noch die Musik. Kein Wunder, dass seine frühen atonalen Werke von ebenso düsteren Themen beherrscht waren.

1908 war ein Jahr von gleich großer Tragweite für die Musik wie für Schönberg selbst. In dieser Zeit komponierte er sein Zweites Streichquartett und *Das Buch der hängenden Gärten*. Bei beiden Kompositionen hatte er den historischen Schritt zu einem Stil vollzogen, der die »all ihrer Grundlagen beraubte« neue Physik widerspiegelte.[35] Beide waren außerdem von der »streng gemessenen Dichtung«[36] Stefan Georges inspiriert – eines weiteren Mitglieds der Griensteidl-Gruppe –, die eine Art Kreuzungspunkt zwischen der experimentellen Malerei und den Opern von Strauss darstellte, voller dunkler Anspielungen auf versteckte Welten, heilige Feuer und innere Stimmen.

Nach Schönbergs eigenen Aussagen hatte er den Punkt der Atonalität genau im Moment der Niederschrift des dritten und vierten Satzes seines Streichquartetts erreicht. Bei der Vertonung von Georges *Entrückung* habe er plötzlich alle sechs Kreuze der Vorzeichnung ausgelassen. Und während er eilig den Part für das Cello fertig schrieb, verabschiedete er sich auch noch von jeder Tonart und schuf ein wahres Pandämonium von Tönen, Rhythmen und Formen.[37] Glücklicherweise beginnt die Strophe mit der Zeile: »Ich fühle Luft vom anderen Planeten.« Es hätte keine angemesseneren Worte in diesem Moment geben können.[38] Gegen Ende Juli war das Zweite Streichquartett fertig gestellt. Zwischen diesem Zeitpunkt und der Uraufführung am 21. Dezember wurde Schönberg erneut von einem einschneidenden Erlebnis erschüttert. Der Maler, dessentwegen Mathilde ihren Mann einst verlassen hatte, hatte sich erhängt, nachdem er bereits erfolglos versucht hatte, sich zu erstechen. Schönberg nahm Mathilde mit offenen Armen wieder auf. Die Noten, die er dem Orchester vor den Proben aushändigte, trugen die Widmung: »An meine Frau.«[39]

Die Premiere des Zweiten Streichquartetts sollte zu einem der größten Skandale der Musikgeschichte werden. Die Lichter erloschen, das Publikum lauschte den ersten Takten in erwartungsvoller Stille. Doch nur den allerersten. Damals hatten die meisten Wiener Trillerpfeifen an ihren Schlüsselbunden hängen, damit sie, wenn sie spät nach Hause kamen und die Eingangstür bereits verschlossen war, nur zu pfeifen brauchten, um die Aufmerksamkeit der Hausbesorgerin zu erregen. An diesem Abend nahm praktisch das gesamte Publikum seine Pfeifen aus den Taschen. Im Nu erstickte der schrille Lärm das Geschehen auf der Bühne. Ein Kritiker sprang von seinem Sitz auf und schrie: »Aufhören! Genug!«, wobei allerdings niemandem klar war, ob er damit das Publikum oder die Musiker meinte. Als Schönbergs Anhänger ihm dann ebenso lärmend zu Hilfe eilten, wurde das Getöse vollends unerträglich. Eine Zeitung betitelte die Aufführung in ihrer Kritik am nächsten Tag als Katzenjammer; und die *Neue Wiener Presse* setzte ihre Besprechung unter die Rubrik Verbrechen – was ja immerhin so innovativ war, dass es eigentlich sogar Schönberg hätte begeistern müssen.[40] »Mahler vertraute ihm, ohne ihn verstehen zu können.«[41]

Jahre später gestand Schönberg, dass dies einer der schlimmsten Momente seines Lebens gewesen sei. Aber er ließ sich nicht beirren. 1909 fuhr er mit seiner »Emanzipation der Dissonanz« fort und komponierte *Erwartung*, eine dreißigminütige Oper mit derart minimaler Handlung, dass sie zu vernachlässigen ist – eine Frau geht in den Wald, um ihren Liebhaber zu suchen, und findet ihn tot unweit des Hauses der Rivalin, die ihn ihr weggenommen hatte. Auch die Musik erzählt weniger eine Geschichte, als dass sie die Stimmungen der Frau aufgreift – Freude, Wut, Eifersucht.[42] Mit den Begriffen der Malerei ausgedrückt, ist *Erwartung* sowohl expressionistisch als auch abstrakt. Hinter der Geschichte verbirgt sich letztlich nichts anderes als die persönliche Erfahrung Schönbergs, von einer Frau verlassen zu werden.[43] In dieser Minimalgeschichte wird nun weder ein Thema noch eine Melodie wiederholt. Da aber die traditionelle »klassische« Musik größtenteils von Variationen über Themen lebt und Wiederholungen überdies das offensichtlichste Kennzeichen von populärer Musik sind, kann man Schönbergs Zweites Streichquartett und seine Oper *Erwartung* als jenen großen Bruch mit den Traditionen bezeichnen, nach dem die »E-Musik« ihre einstige getreue Anhängerschaft zu verlieren begann. Doch es sollte noch fünfzehn Jahre dauern, bis *Erwartung* endlich aufgeführt wurde.

Viele Menschen mochten Schönberg für unzugänglich halten – unsensibel war er nicht. Auch war ihm völlig bewusst, dass so mancher nur deshalb gegen seine Atonalität war, weil er Atonalität an sich ablehnte. Aber das war nicht das einzige Problem. Wie Freud (und Picasso) sah auch er sich mit einer Menge Traditionalisten konfrontiert, denen das, *was* er zu sagen hatte, mindestens ebenso suspekt war wie die Form, in der er es sagte. Schönbergs Antwort darauf war ein Stück, das er selbst als leicht, ironisch und satirisch bezeichnete.[44] In dem 1912 uraufgeführten Liederzyklus *Pierrot lunaire* tritt eine vertraute Ikone des Theaters auf – der tragische Clown, ein Wesen voller Gefühle, ein trauriger Zyniker, der unangenehme Wahrheiten aussprechen darf, solange er sie verschlüsselt und in Rätsel verpackt. Das Stück war von der Wiener Diseuse Albertine Zehme in Auftrag gegeben worden, weil ihr die Rolle des Pierrot so gut gefiel.[45] Aus dieser ungewöhnlichen Vorgabe gelang es Schönberg, etwas zu erschaffen, das viele für sein schöpferischstes Werk halten: »Das musikalische Äquivalent zu *Les Demoiselles d'Avignon* oder $E = mc^2$.«[46] *Pierrot* konzentriert sich auf ein Thema, mit dem wir bereits vertraut sind, nämlich die Dekadenz und Degeneration des modernen Menschen. Schönberg führte hier mehrere formale Neuerungen ein, darunter vor allem den Sprechgesang, bei dem sich die Stimme zwar hebt und senkt, der jedoch weder als Gesang noch als Sprechen bezeichnet werden kann. Und die eher für eine Schauspielerin als für eine ausgebildete Sängerin angelegte Hauptrolle erfordert sowohl »ernsthaftes« schauspielerisches als auch kabarettistisches Talent. Doch ungeachtet dieses Versuchs, eine populärere, besser zugängliche Form zu finden, geriet auch dieses Stück unter heftigen Beschuss: Die Musik verhalte sich auf sprunghaft unkoordinierte Art, gleich jenen Molekülen, welche nach dem Prinzip der Brownschen Bewegung Teilchen bombardieren.[47]

Schönberg selbst hielt viel von *Pierrot*. Einmal erklärte er, Debussy sei ein impressionistischer Komponist, weil seine Harmonien lediglich die Farben von Stimmungen vertieften. Sich selbst betrachtete er aber als Expressionist, als einen Postimpressionisten wie Gaugin, Cézanne oder Van Gogh, weil er mit ähnlichen Methoden wie expressionistische Maler, die ja den rein dekorativen Impressionismus überwinden wollten, unbewusste Zusammenhänge aufzudecken versuchte. Ganz gewiss jedenfalls kam in seiner Harmonielehre die Überzeugung von Bertrand Russell und Alfred North Whitehead zum Ausdruck, dass Musik – wie Mathematik – logisch ist (siehe Kapitel 6).[48]

Die Uraufführung fand Mitte Oktober im Berliner Choralionsaal in der Bellevuestraße statt, der 1945 von alliierten Bomben zerstört werden sollte. Als die Lichter im Saal langsam ausgingen, wurde auf der Bühne Albertine Zehme als Columbine verkleidet vor dunklen Trennwänden sichtbar. Das vom Komponisten selbst dirigierte Orchester befand sich weiter im Hintergrund. Die Struktur des *Pierrot* ist sehr in sich geschlossen. Das Stück besteht aus drei Teilen, die sich um jeweils sieben Kurzgedichte drehen. Jedes der insgesamt einundzwanzig Gedichte hat eine Länge von ungefähr eineinhalb Minuten, das ergibt eine Gesamtdauer von einer guten halben Stunde. Trotz dieser strengen Form wurde der Musik äußerste Freiheit gelassen, ebenso wie dem Wandel der Stimmungen, die vom Humoristischen – wenn Pierrot versucht, einen Fleck aus seiner Kleidung zu entfernen – bis hin zu völliger Trübsal reichen, wenn »finstre, schwarze Riesenfalter« der »Sonne Glanz rauben«. Nach den Skandalen bei den Uraufführungen des Streichquartetts und der *Erwartung* waren diesmal eine Menge Kritiker gekommen – und erinnerten selber an nichts so sehr wie finstre, schwarze Riesenfalter, allzeit bereit, dieser strahlenden Sonne ihren Glanz zu rauben. Doch dann herrschte Totenstille während der Vorstellung. Kaum war sie zu Ende, brach das Publikum in Ovationen aus. Da das Stück so kurz war und so viele Dacapo-Rufe aus dem Publikum kamen, wurde es nochmals komplett wiederholt. Danach kannte die Begeisterung keine Grenzen mehr, sogar unter den Kritikern. Einer ging sogar so weit zu schreiben, dass dieser Abend nicht das Ende der Musik bedeute, sondern im Gegenteil den Beginn einer neuen Art des Hörens.

Und das stimmte durchaus. Denn eine der vielen Innovationen der Moderne waren die Anforderungen, die sie an die alten Hör- und Sehgewohnheiten des Publikums stellte. Musik, Malerei, Literatur und sogar die Architektur sollten niemals wieder so »leicht« sein wie zuvor. Schönberg glaubte ebenso wie Freud, Klimt, Kokoschka, Weininger, Hofmannsthal oder Schnitzler an die Instinkte, an den Expressionismus, den Subjektivismus.[49] Wer gewillt war, auf diesen Zug aufzuspringen, erlebte eine höchst anregende Fahrt – wer allerdings nicht dazu bereit war, der fand weder einen Zufluchtsort noch eine Zukunftsperspektive. Denn ob es einem nun gefiel oder nicht, Schönberg hatte eine Möglichkeit zur Weiterentwicklung nach Wagner gefunden. Der französische Komponist Claude Debussy sagte einmal, Wagners Musik sei ein wunderschöner Sonnenuntergang, den man für die Morgenröte halte. Niemandem war das bewusster als Schönberg.

*

Salomé, Elektra und Pierrots Columbine waren die Gründerfrauen der Moderne, denen bald schon fünf mindestens ebenso sinnliche, zweifelhafte und verstörende Schwestern folgten – die *Demoiselles d'Avignon*, die Picasso 1907 auf der Leinwand verewigte. Ebenso wie die Frauen von Strauss stellten sie einen Angriff auf die althergebrachten Vorstellungen von Kunst dar: bewusst schockierend und provokant, aber unwiderstehlich.

Im Herbst 1907 war Picasso sechsundzwanzig Jahre alt. Zwischen seiner Ankunft in Paris im Jahr 1900 und seinem bescheidenen ersten Erfolg mit dem Bild *Der letzte Augenblick* war er ständig zwischen Málaga, Barcelona und Paris hin- und hergereist, bis er schließlich ebenso berühmt wie umstritten war (was in seiner Welt allerdings so ziemlich dasselbe bedeutete). Nach 1886 und vor dem Ausbruch des Ersten Weltkriegs gab es mehr neue Bewegungen in der Malerei als zu jeder anderen Zeit seit der Renaissance, und Paris war eindeutig das Zentrum dieser Aktivitäten. 1886 hatte Seurat den Impressionismus durch den Pointillismus abgelöst; drei Jahre später gründeten Vuillard und Maillol die Gruppe *Les Nabis* (aus dem hebräischen Wort für »Prophet« abgeleitet), die die Idee Gaugins propagieren wollte, mit reinen, flächenhaft aufgetragenen Farben zu malen. Etwas später in den 1890er-Jahren distanzierten sich immer mehr Maler – hauptsächlich im deutschen Sprachraum: Wien, Berlin, München – wie Klimt von der rein akademischen Malerei und gründeten diverse »sezessionistische« Bewegungen. Zuerst orientierten sie sich dabei meist am Impressionismus, aber die von ihnen selbst angeregten Experimente brachten schließlich den *Ex*pressionismus hervor, die Suche nach der emotionalen Erschütterung mit den Mitteln der Übertreibung und Verzerrung von Linien und Farben. Die fruchtbarste Bewegung war der Fauvismus, insbesondere das Werk von Henri Matisse, der Picassos größter Konkurrent zu beider Lebzeiten werden sollte. 1905 wurden im Pariser Salon d'Automne Bilder von Matisse, Derain, Vlaminck, Rouault, Marquet, Manguin und Camoin nebeneinander in einem Saal ausgestellt, in dessen Mitte eine Statue des Florentiner Bildhauers Donatello aus dem fünfzehnten Jahrhundert stand. Als der Kritiker Louis Vauxcelles dieses Arrangement sah, die kontemplative Ruhe der Statue inmitten all dieser wilden, flächigen und verzerrten Farbkompositionen an den Wänden, stöhnte er auf: »Ah, Donatello chez les Fauves!« Und »Fauve,« was soviel wie »wilde Bestie« heißt, sollte als Name haften bleiben. Aber er richtete keinen Schaden an, im Gegenteil: Eine Weile galt Matisse, als »Chefbestie« der Pariser Avantgarde.

Auch Picassos damals umstrittensten Werke aus dieser frühen Periode waren »demoiselles de modernisme«: *Frau mit Hut* und *Olga im Sessel*, ein Porträt seiner damaligen Frau. Bei beiden hatte er mit den Mitteln der Farbe alles Vertraute auf den Kopf gestellt und beide lösten vergleichbare Skandale aus. In diesem Stadium führte Matisse, und Picasso folgte ihm. Die beiden Maler waren sich erstmals 1905 im Pariser Salon der amerikanischen Schriftstellerin Gertrude Stein begegnet. Sie war eine ebenso scharfsichtige und leidenschaftliche Sammlerin moderner Kunst wie ihr gleichermaßen wohlhabender Bruder Leo, und Einladungen zu ihren samstäglichen Soiréen in der rue de Fleurus waren heiß begehrt.[50] Matisse und Picasso waren regelmäßige Gäste bei den Steins, jeder mit seinem eigenen Tross von Anhängern. Doch schon damals spürte Picasso, wie unterschiedlich sie waren. Einmal bezeichnete er Matisse und sich als »Nordpol und Südpol«.[51] Er sagte von Matisse, dieser habe sich zum Ziel gesetzt, eine ausbalancierte, reine, heitere Kunst zu schaffen, frei von störenden oder zerstörenden Objekten. Sie sollte auf den Betrachter beruhigend wirken.[52]

Anders Picasso. Bis dahin hatte er seinen Weg nur ertastet. Zwar hatte er bereits einen unverkennbar eigenen Stil gefunden, doch seine Themen – arme Akrobaten und Zirkusartisten – waren kaum als avantgardistisch zu bezeichnen, ja, man könnte sogar sagen, dass sie sentimental waren. Sein künstlerischer Ansatz war noch nicht ausgereift. Mit Blick auf das Geschehen um sich herum wusste Picasso nur, dass er mit seiner Malerei das Gleiche erreichen wollte wie die anderen Modernen, wie Strauss und Schönberg und Matisse – nämlich zu schockieren. Und wie ihm das gelingen könnte, ahnte er erstmals, als er feststellte, dass viele seiner Künstlerfreunde in die Abteilungen der »primitiven Kunst« im Louvre oder in das Ethnografische Museum des Trocadéro pilgerten. Und das war alles andere als Zufall. Darwins Theorien waren mittlerweile ebenso bekannt wie die sozialdarwinistischen Polemiken. Der Anthropologe James Frazer übte mit seinem Buch *Der Goldene Zweig*, in dem er viele Mythen und Gebräuche fremder Völker gesammelt hatte, großen Einfluss aus; und vor allem anderen hatten die imperialen Streitigkeiten um Afrika und andere Kolonien das Interesse am Fremdartigen neu geweckt. Kunst und Kulturen aus den entfernten »dunklen« Kontinenten, vor allen Dingen aus der südpazifischen Region und Afrika, waren also gerade sehr in Mode. Alle Pariser Freunde von Picasso begannen Masken und Statuetten von Bric-à-brac-Händlern zu kaufen, doch niemand war von dieser Kunst stärker fasziniert als Matisse und Derain. Matisse erzählte einmal: »In der rue de Rennes bin ich oft am Laden von Père Sauvage vorbeigekommen. In seinem Schaufenster standen Negerstatuetten. Ich war fasziniert von ihrem Ausdruck, von der Klarheit ihrer Linien. Das war nicht weniger schön als ägyptische Kunst. Also kaufte ich eine und zeigte sie Gertrude Stein, die ich an diesem Tag besuchte. Und dann kam Picasso. Er war sofort begeistert.«[53]

Das war er gewiss, denn diese Statuette scheint seine erste Inspiration zu den *Demoiselles d'Avignon* gewesen zu sein. Kurz darauf bestellte er, wie uns der Kritiker Robert Hughes überlieferte, eine extra große Leinwand, die zusätzlicher Keilrahmen bedurfte. Später erzählte er dem französischen Schriftsteller und Kulturminister André Malraux, was in ihm vorgegangen war: »An diesem Tag, ganz allein in diesem ehrwürdigen Museum [dem Trocadéro] mit all den Masken, den von den Rothäuten gemachten Puppen, den verstaubten Gliederpuppen, muss mir die Idee zu *Les Demoiselles d'Avignon* gekommen sein, aber nicht etwa wegen der Formen, sondern weil es mein erstes Exorzismus-Bild war – ja, genau das... Die Masken waren nicht einfach nur irgendwelche Skulpturen. Keineswegs. Es waren magische Dinge... Diese Negersachen waren *intercesseurs*, mediale Vermittler; seit damals kenne ich dieses Wort auf Französisch. Sie wirkten gegen alles – gegen fremde, bedrohliche Geister. Fetische habe ich mir immer angesehen. Ich verstand sie. Auch ich wirke gegen alles. Auch ich glaube, dass alles fremd ist, dass alles Feind ist!... Diese Fetische wurden alle zum selben Zweck eingesetzt. Es waren Waffen. Um den Menschen zu helfen, nicht mehr unter den Einfluss von Geistern zu geraten, um ihnen zu helfen, unabhängig zu werden. Es sind Werkzeuge. Wenn wir Geistern Gestalt verleihen, befreien wir uns. Geister, das Unbewusste (damals haben die Leute darüber noch nicht viel gesprochen), Gefühl – das ist alles dasselbe. Ich verstand, weshalb ich Maler war.«[54]

Hier vermischt sich alles – Darwin, Freud, Frazer, Henri Bergson (dem wir später in diesem Kapitel begegnen werden). Auch eine Spur von Nietzsche enthüllt sich in dem nihilistischen und entlarvenden Satz »alles ist Feind... Es waren Waffen«.[55] Die *Demoiselles* waren ein Angriff auf alle althergebrachten Vorstellungen von Kunst. Wie *Elektra* und *Erwartung* war dieses Bild modernistisch, weil es ebenso zerstörerisch wie schöpferisch war, weil es schockierte, bewusst hässlich und unbestreitbar provozierend war. Picassos Genialität war es zu verdanken, dass es dennoch unwiderstehlich wirkte. Die fünf Frauen sind nackt, stark geschminkt und zeigen absolut schamlos, was sie sind, nämlich Huren. Sie starren ohne mit der Wimper zu zucken und eher konfrontativ als verführerisch den Betrachter an. Ihre Gesichter sind primitive Masken, die sowohl die Ähnlichkeiten als auch die Unterschiede zwischen den so genannten primitiven und zivilisierten Völkern hervorheben. Während andere Maler Klarheit und Schönheit in der außereuropäischen Kunst suchten, stellte Picasso nicht nur den abendländischen Schönheitsbegriff an sich in Frage, sondern verknüpfte seine Interpretation dieses Begriffs auch noch mit dem Unbewussten und den Trieben. Mit Sicherheit ließ Picassos Bild niemanden kalt. Bei Georges Braque hinterließ es den Eindruck, als habe jemand Benzin getrunken und spucke nun Feuer, was ja an sich kein negativer Kommentar ist, weil es eine Explosion von Energie impliziert.[56] Gertrude Steins Bruder Leo brach peinlich berührt in schallendes Gelächter aus, als er *Les Demoiselles* zum ersten Mal sah. Nur Braque verstand, dass das Bild zwar auf Cézanne aufbaute, aber ansonsten die Ideen des zwanzigsten Jahrhunderts verkörperte – ähnlich wie Schönbergs eigene Innovationen auf Wagner und Strauss aufbauten.

Cézanne selbst, der im Jahr zuvor gestorben war, erfuhr erst am Ende seines Lebens Anerkennung, nachdem seine Kritiker endlich begriffen hatten, dass er Kunst zu vereinfachen und auf ihre »konkreten Bausteine« zu reduzieren versucht hatte. Der größte Teil von Cézannes Werk war im neunzehnten Jahrhundert entstanden, doch seine letzte große Serie »*Die Badenden*« schuf er 1904 und 1905 in just denselben Monaten, in denen Einstein die Veröffentlichung seiner drei großen Abhandlungen über die Relativität, die Braunsche Molekularbewegung und die Quantentheorie vorbereitete. Die moderne Kunst und ein wesentlicher Teil der modernen Naturwissenschaften wurden also genau zeitgleich konzipiert. Hinzu kommt, dass Cézanne die Essenz einer Landschaft oder eines Stilllebens durch das Setzen von Farbpunkten – Quanten – einfing, die alle in einem wohl durchdachten Verhältnis zueinander standen, *sich aber nicht in exakter Übereinstimmung mit dem real Sichtbaren befanden*. Entsprechend dem Verhältnis von Elektronen und Atomen zur sichtbaren Materie enthüllte Cézanne die durchschimmernde, aber ungewisse Beschaffenheit jenseits des konkret Wahrnehmbaren.

Im Jahr nach Cézannes Tod, 1907, dem Jahr von *Les Demoiselles*, veranstaltete der Kunsthändler Ambroise Vollard eine riesige Werkschau des Künstlers, vor der Tausende Pariser Schlange standen. Nachdem Braque zuerst diese Ausstellung und kurz darauf die *Demoiselles* gesehen hatte, änderte er seine Meinung völlig. Bis dahin war er eher ein Anhänger von Matisse als von Picasso gewesen, nun war er vollständig konvertiert.

Georges Braque, ein Mann von über einem Meter achtzig, mit kantig-attraktivem Gesicht, war der Sohn des Besitzers eines Malereigeschäfts in

Le Havre, der sich für einen verkannten Maler hielt. Braque war sehr körperbetont. Er boxte, tanzte leidenschaftlich gern und war mit seiner Ziehharmonika immer ein willkommener Gast auf den Festen am Montmartre (obwohl Beethoven mehr nach seinem Geschmack war). »Ich habe genauso wenig beschlossen, Maler zu werden, wie ich beschloss, zu atmen«, sagte er einmal. »Ich kann mich wirklich nicht erinnern, jemals eine Wahl gehabt zu haben.«[57] Zum ersten Mal zeigte er seine Bilder 1906 im Salon des Indépendants; 1907 hingen sie dann bereits neben den Werken von Matisse und Derain. Und bald darauf waren sie so gefragt, dass er jedes ausgestellte Bild verkaufen konnte. Doch trotz dieser eigenen Erfolge wurde ihm nach einer neuerlichen Betrachtung von *Les Demoiselles d'Avignon* sehr schnell klar, dass die Entwicklung auf Picassos Seite war. Also änderte er seinen Kurs. Zwei Jahre lang, während der Entstehungsphase des Kubismus, inspirierten sich Braque und Picasso gegenseitig. Sie dachten und malten, als seien sie eins. »Was Picasso und ich im Laufe dieser Jahre zueinander sagten«, erzählte Braque später, »wird niemals wieder gesagt werden, und selbst wenn, würde es niemand mehr verstehen. Wir waren wie zwei Bergsteiger einer Seilschaft.«[58]

Vor den *Demoiselles* hatte Picasso im Prinzip nur die emotionalen Ausdrucksmöglichkeiten zweier Farbpaletten ausprobiert – Blau und Rosa. Nach diesem Bild wurde seine Palette subtiler – und stiller – als in irgendeiner anderen Phase seines Lebens. Damals arbeitete er in La-Rue-des-Bois im Umland von Paris, wo er auch zu den herbstlichen Grüntönen seiner frühen kubistischen Werke inspiriert wurde. Braque hatte sich Richtung Süden aufgemacht, nach L'Estanque und in das *paysage Cézanne* in der Nähe von Aix. Ungeachtet dieser räumlichen Distanz ist die Ähnlichkeit zwischen Braques Gemälden aus dem Süden und Picassos Periode aus La-Rue-des-Bois frappant – und zwar nicht nur, was die Farbtöne betrifft, sondern auch im Hinblick auf ihre geometrische, geologische Einfachheit. Es waren Landschaften, denen jede ordnende Hand fehlt, so wie es sie vielleicht in einem früheren Stadium der Evolution gegeben haben mag, oder es war die *paysage Cézanne*, aus der Nähe betrachtet, die molekulare Grundstruktur einer Landschaft.[59]

Obwohl diese Bilder einen so revolutionären Bruch mit den Traditionen darstellten, wurden sie schon bald ausgestellt. Dem deutschen Kunsthändler Daniel Henry Kahnweiler gefielen sie so gut, dass er im November 1908 augenblicklich eine Ausstellung mit Braques Landschaften in seiner Galerie in der rue Vignon organisierte. Unter den Geladenen befand sich auch Louis Vauxcelles, der Kritiker, dem die Bezeichnung »Fauvismus« zu verdanken war. Auch diesmal hatte er in seiner Kritik eine Formulierung gefunden, die in die Geschichte eingehen sollte. Braque, schrieb er, verwandle alles in »kubische Bizarrerien«, womit er ein vernichtendes Urteil fällen wollte. Aber Kahnweiler war nicht umsonst ein erfolgreicher Händler – er machte einfach das Beste aus diesem frühen Beispiel der bei den heutigen Medien so beliebten »Soundbites«. Und so war der Kubismus geboren.[60]

Der Kubismus währte als Bewegung und Stil, bis der Kanonendonner im August 1914 den Beginn des Ersten Weltkriegs ankündigte. Braque zog in den Kampf und wurde verwundet, danach sollte die Beziehung zwischen ihm und Picasso nie wieder wie vorher sein. Im Gegensatz zu den *Demoiselles*, die ja schockieren sollten, war der Kubismus eine stillere, reflektivere Angelegenheit mit anderem Ziel. »Picasso und ich«, erklärte Braque, »waren mit etwas befasst, das wir als Suche nach der anonymen Persönlichkeit verstanden. Wir tendierten dazu, unsere eigenen Persönlichkeiten in den Hintergrund zu stellen, um Ursprünglichkeit zu finden.«[61] Aus diesem Grund wurden kubistische Arbeiten auch bald nur noch am Leinwandrücken signiert. Es sollte die Anonymität gewahrt bleiben und die Komposition nicht durch eine vordergründige Kenntlichmachung ihres Schöpfers zerstört werden. In der Zeit zwischen 1907 und 1908 war es nie einfach gewesen, herauszufinden, welcher Maler welches Bild gemalt hatte, aber genau das war beabsichtigt. Historisch betrachtet ist der Kubismus vor allem deshalb von zentraler Bedeutung, weil er zum eigentlichen Dreh- und Angelpunkt der Kunst des zwanzigsten Jahrhunderts wurde. Er war nicht nur die Kulmination des Prozesses, der mit dem Impressionismus begonnen hatte, sondern öffnete auch den Weg in die Abstraktion. Wie gesagt, Cézannes großartige Gemälde wurden in denselben Monaten erschaffen, in denen Einstein seine Theorien für die Veröffentlichung vorbereitete. Alle neuen Strömungen in der Kunst reflektierten die neuen Erkenntnisse der Naturwissenschaften. Auf beiden Gebieten wurde nach den konkreten Bausteinen gesucht, nach einer tieferen Wirklichkeit, in der sich neue Formen enthüllen würden. Paradoxerweise führte genau das zu einer Kunst, bei der sich die *Abwesenheit* von Form als mindestens ebenso befreiend erwies.

*

Die abstrakte Kunst hat eine lange Geschichte. In der Antike schrieb man bestimmten Formen und Farben – Sternen oder der Mondsichel – magische Kräfte zu. Außerdem war und ist es in islamischen Kulturen verboten, die menschliche Gestalt abzubilden, weshalb abstrakte Motive – Arabesken – sowohl in säkularen als auch religiösen Kunstwerken hoch entwickelt waren. Da diese den abendländischen Künstlern also bereits seit Jahrhunderten zur Verfügung gestanden hatten, war es doch seltsam, dass sich ausgerechnet im ersten Jahrzehnt des zwanzigsten Jahrhunderts die unterschiedlichsten Künstler in den verschiedensten Ländern plötzlich dem Abstrakten anzunähern begannen – eine Parallele zu der Tatsache, dass sich plötzlich die verschiedensten Personen mit dem Unbewussten oder mit den Grenzen der Newtonschen Physik zu befassen begannen.

In Paris malten Robert Delauny und František Kupka – ein tschechischer Karikaturist, der aus der Wiener Kunstschule ausgestiegen war –, erste ungegenständliche Bilder. Kupka war sicher der Interessantere von beiden. Obwohl er sich von Darwins Theorien hatte überzeugen lassen, behielt er doch einen deutlichen Hang zur Mystik und glaubte fest an versteckte Kräfte im Universum, die sich darstellen ließen.[62] In St. Petersburg begann der litauische Maler Mikalojus-Konstantinas Ciurlionis mit seiner Serie von »transzendenten« Bildern, denen ebenfalls jede erkennbare Gegenständlichkeit fehlte und die er nach musikalischen Tempi benannte: Andante, Allegro und so weiter. (Einer seiner Gönner war ein junger Komponist namens Igor Strawinsky.)[63] Auch die USA hatten ihren frühen Abstrakten in der Person von Arthur Dove, der 1907 seinen sicheren Job als Illustrator und Pressezeichner aufgab, um nach Paris zu gehen, wo er dann derart überwältigt von Cézannes Werken war, dass er niemals wieder ein repräsentatives Bild malte. Der Fotograf Alfred Stieglitz – der die berühmte »291«-Avantgarde-Galerie am Broadway Nr. 291 gegründet hatte[64] – stellte Doves Bilder aus. Jeder dieser Künstler in diesen drei so unterschiedlichen Städten eröffnete neue Welten und verdiente ein eigenes Kapitel in der Kunstgeschichte. Doch als Vater der abstrakten Kunst gilt im Allgemeinen nur ein Mann, weil dessen Werk den größten Einfluss auf andere Künstler hatte.

Wassily Kandinsky wurde 1866 in Moskau geboren. Eigentlich hatte er Anwalt werden wollen, gab diesen Plan jedoch auf, um an der Münchner Kunsthochschule zu studieren. München war kulturell gesehen zwar bei weitem nicht so aufregend wie Paris oder Wien, aber rückständig war es auch nicht gerade. Thomas Mann und Stefan George lebten dort; es gab das berühmte Kabarett *Die Elf Scharfrichter*, für das Frank Wedekind schrieb und sang.[65] Mit den Museen der Stadt konnte sich innerhalb Deutschlands nur noch Berlin messen, und seit 1892 gab es auch eine *Sezession* der Münchner Künstler. Der Expressionismus hatte die Stadt im Sturm erobert. Franz Marc, Alexej Jawlensky und Kandinsky hatten die Münchner Künstlergruppe *Phalanx* gegründet. Kandinsky war nicht so früh entwickelt gewesen wie Picasso, der *Les Demoiselles d'Avignon* bereits als Sechsundzwanzigjähriger gemalt hatte. Tatsächlich war er schon dreißig, als er sein erstes Bild fertig stellte. Silvester 1910/11 – er war fünfundvierzig – besuchte er allein, da seine Ehe kurz vor dem Ende stand, ein Künstlerfest. Dort begegnete er erstmals Franz Marc. Sie verabredeten sich zum Konzert eines neuen Komponisten, dessen Musik sie noch nicht gehört hatten, von dem sie aber wussten, dass er ebenfalls expressionistische Bilder malte. Sein Name war Arnold Schönberg. Solche Einflüsse sollten sich auf Kandinsky dann ebenso prägend auswirken wie die theosophischen Lehren von Madame Blawatsky und Rudolf Steiner. Von Blawatsky, die ein neues, spirituelleres und weniger materialistisches Zeitalter prophezeite, war Kandinsky so beeindruckt (wie viele Künstler, die sich zu pseudoreligiösen Gruppen zusammenschlossen), dass er schließlich zu der Überzeugung gelangte, dieses neue Zeitalter bedürfe auch einer neuen Kunst.[66] Stark beeindruckt hatte ihn auch eine Ausstellung französischer Impressionisten in den 1890er-Jahren in Moskau, wo er minutenlang vor einem von Monets *Heuhaufen* gestanden und überlegt hatte, welches Thema in diesem »packenden« Bild wohl dargestellt sein könnte. Fasziniert von der »verborgenen Kraft der Palette«, wie er einmal schrieb, begann er zu begreifen, dass »auch der Gegenstand als unvermeidliches Element des Bildes diskreditiert« war.[67] Es dauerte nicht lange bis sich auch die anderen Maler aus seinem Kreis in diese Richtung zu orientieren begannen.[68]

Auch die Einflüsse der Naturwissenschaften waren beträchtlich. Rein äußerlich machte Kandinsky mit seinen starken Brillengläsern und dem etwas autoritären Gehabe einen eher nüchternen, strengen Eindruck. Aber er hatte ja, wie gesagt, auch eine mystische Seite, und die brachte ihn oft dazu, Dinge überzuinterpretieren, wie zum Beispiel nach der Entdeckung des Elektrons: »Das Zerfallen des Atoms war in meiner Seele dem Zerfall der ganzen Welt gleich. Plötzlich fielen die dicksten Mauern. Alles wurde unsicher, wackelig und weich.«[69] Alles?

Bei so vielen Einflüssen auf Kandinsky war es vielleicht nicht überraschend, dass er der Erste sein sollte, der die Abstraktion »entdeckte«. Es gab aber wohl in der Tat ein bestimmendes Moment, an dem sich die Geburt der abstrakten Kunst festmachen lässt. 1908, Kandinsky lebte in Murnau am oberbayerischen Staffelsee, fuhr er einmal nach Garmisch – wo Strauss sich nach den Erfolgen mit *Salomé* gerade seine Villa bauen ließ –, um am Fuße der Alpen zu zeichnen. Am Nachmittag kehrte er in Gedanken versunken nach Hause zurück. Als er die Tür zum Atelier öffnete, stand er plötzlich vor einem Bild von unbeschreiblicher strahlender Schönheit. Verwirrt blieb er stehen und starrte es an. Dem Bild fehlte jede Gegenständlichkeit, es ließ kein Objekt erkennen, war nichts als ein Kaleidoskop heller Farbkleckse. Erst als er näher trat, erkannte er, was es war – sein eigenes Bild, nur quer gestellt. Jetzt wurde ihm klar, dass Objektivität in der Darstellung von Gegenständen in seinen Gemälden keinen Platz mehr hatte, ja, ihnen sogar schadete.[70]

Nach diesem Erlebnis malte Kandinsky eine Reihe von Landschaften, jede ein wenig anders als die vorherige. Die Formen wurden immer undeutlicher, die Farben immer lebendiger und beherrschender. Bäume sind gerade eben noch als solche zu erkennen, der aus einer Lokomotive aufsteigende Rauch gerade eben noch als Rauch auszumachen. Doch nichts ist mehr gewiss. Seine Entwicklung zum Abstrakten vollzog sich ohne

Eile und sehr bewusst. Der Prozess setzte sich bis 1911 fort, als Kandinsky eine Serie von drei Bildern malte, denen er die Titel *Impressionen, Improvisationen* und *Kompositionen* gab, jedes vollständig abstrakt. Als er sie fertig gestellt hatte, wurde seine Scheidung ausgesprochen[71] – eine auffällige Parallele zum Privatleben von Schönberg und seiner Hinwendung zur Atonalität.

*

Um die Jahrhundertwende lebten sechs große Philosophen. Da Nietzsche noch vor Ende des Jahres 1900 starb, blieben fünf – Henri Bergson, Benedetto Croce, Edmund Husserl, William James und Bertrand Russell. Am Ende des zwanzigsten Jahrhunderts sollten Russell in Europa und James in Amerika den höchsten Bekanntheitsgrad haben, doch im ersten Jahrzehnt des Jahrhunderts waren es Bergsons Ideen, die allgemein als die zugänglichsten empfunden wurden. Jedenfalls war er nach 1907 der mit Sicherheit Berühmteste der fünf.

Bergson wurde 1859 in der Pariser rue Lamartin geboren, im selben Jahr wie Edmund Husserl, dem Jahr, in dem Darwins *Entstehung der Arten* erschien.[72] Schon als Kind war er ein Einzelgänger gewesen. Mit seiner sehr hohen Stirn, der schwächlichen Konstitution und einer schleppend langsamen Sprechweise, weil er zwischen jedem Wort tief Luft zu holen pflegte, unterschied er sich schon äußerlich von anderen. Auf diese Weise wirkte er leicht affektiert. In seinem Gymnasium, dem Lycée Condorcet in Paris, empfanden ihn seine Mitschüler als so reserviert, dass sie ihn für völlig »seelenlos« hielten, was angesichts seiner späteren Theorien von ziemlicher Ironie war.[73] Gegenüber seinen Lehrern konnte er sein exzentrisches Verhalten allerdings durch brillante mathematische Leistungen wettmachen. Er verließ das Condorcet mit gutem Abschluss und sicherte sich damit 1878 die Zulassung zur Ecole Normale – ein Jahr nach Emile Durkheim, später der berühmteste Soziologe seiner Tage.[74] Nachdem Bergson an verschiedenen Schulen unterrichtet hatte, bewarb er sich zwei Mal für eine Stelle an der Sorbonne, wurde aber beide Male abgelehnt. Wie es heißt, soll Durkheim mit seinem Neid auf Bergson dafür verantwortlich gewesen sein. Doch Bergson ließ sich nicht beirren und begann sein erstes Buch *Zeit und Freiheit* (1889) zu schreiben, dem 1896 *Materie und Gedächtnis: Eine Abhandlung über die Beziehung zwischen Körper und Geist* folgte. Von Brentano und Husserl beeinflusst, setzte er sich vehement für eine deutliche Unterscheidung zwischen körperlichen und geistigen Zuständen ein. Die Methoden, die zur Erforschung der materiellen Welt entwickelt worden waren, fand er absolut unangemessen für die Untersuchung geistiger Vorgänge. Beide Bücher waren sehr erfolgreich. 1900 triumphierte Bergson mit einem Lehrstuhl am Collège de France endlich über Durkheim.

Aber es war sein 1907 erschienenes Werk *L'Evolution créative (Schöpferische Entwicklung)*, das Bergson weit über die Grenzen des eigenen Landes und der akademischen Kreise hinaus berühmt machen sollte. Es wurde bald ins Englische, Deutsche und Russische übersetzt, und Bergsons ohnedies völlig überfüllte wöchentliche Vorlesung am Collège de France verwandelte sich zu einem gesellschaftlichen Ereignis, zu dem nicht nur die Pariser, sondern auch die internationale Elite pilgerten. 1914 entschied die Kongregation für die Glaubenslehre im Vatikan – die Wächterin über die reine Lehre –, Bergsons Werk auf den Index zu setzen.[75] Eine solche Maßnahme wurde nur höchst selten über nichtkatholische Autoren verhängt. Was hatte also diese ganze Aufregung verursacht? Bergson hatte einmal geschrieben, dass jeder Philosoph nur eine »ursprüngliche Intuition« (»intuition originelle«) habe, einen einzigartigen Moment der Erkenntnis: »In diesem Punkt liegt etwas so Einfaches, so unendlich Einfaches, so außergewöhnlich Einfaches, dass es den Philosophen niemals gelungen ist, es auszudrücken. Und darum hat er sein ganzes Leben lang darüber gesprochen.« Bergsons eigene »ursprüngliche Intuition« war der Begriff der »Dauer«: »Dauer ist *Leben*« – Zeit also etwas Reales. Das war kaum besonders originell oder provokant, aber das Aufregende an dieser Aussage verbarg sich im Detail. Was die Aufmerksamkeit von Bergsons Lesern erregte, war die Behauptung, dass es in keinerlei Hinsicht eine Zukunft gibt – eine höchst umstrittene Aussage, weil 1907 alle wissenschaftlichen Deterministen, gestützt auf die jüngsten naturwissenschaftlichen Erkenntnisse, behaupteten, dass Leben im Wesentlichen die Entfaltung einer bereits existierenden Sequenz von Ereignissen sei, so als sei Zeit nichts anderes als eine gigantische Filmrolle und Zukunft nur jener Teil von ihr, der noch nicht abgespielt wurde. In Frankreich verdankte sich diese Auffassung zum großen Teil dem von Hippolyte Taine popularisierten Szientismus-Kult, welcher behauptete, dass die Zukunft, wenn denn alles in Atome zerlegt werden könne, per definitionem vorhersagbar sei.[76]

Bergson hielt das für Unsinn. Für ihn gab es zwei Arten von Zeit, eine physikalische und eine reale, die er »die Dauer außerhalb von uns« nannte. Per definitionem, so Bergson, bedürfe Zeit, wie wir sie normalerweise verstehen, des Gedächtnisses. Physikalische Zeit hingegen, die »Dauer außerhalb von uns« und folglich auch die Zeit des Raumes, bestehe aus »einer Sukzession« von fast identischen Segmenten, wobei die einzelnen Segmente der Vergangenheit beinahe augenblicklich wieder verschwänden: »Von den vorangegangenen Simultaneitäten ist [dann] keine Spur vorhanden.« Die »reale« Zeit dagegen sei nicht reversibel – im Gegenteil, jedes neue Segment nehme seine Farbe von der Vergangenheit. Aber letztlich war es eine bestimmte Schlussfolgerung Bergsons, die für die meisten Menschen nur schwer akzeptabel war. Vereinfacht ausgedrückt lautete sie: Da Erinnerung für das Erleben von Zeit notwendig ist,

ist Zeit selbst bis zu einem gewissen Grad etwas Psychologisches, ein Produkt des Bewusstseins. (Vor allem dagegen verwahrte sich der Vatikan, denn dies wurde als klare Einmischung in die Angelegenheiten Gottes betrachtet.) Für Bergson ergab sich daraus die logische Konsequenz, dass auch die Evolution des Universums selbst, soweit man dies je feststellen könne, ein Bewusstseinsprozess ist. Im Anklang an Brentano und Husserl behauptete er also, dass die Evolution alles andere als eine Wahrheit »außerhalb von uns« ist, sondern vielmehr eine »Intention« des Geistes.[77]

Was jedoch zuerst die Franzosen und schließlich immer mehr Menschen in aller Welt begeisterte, war Bergsons unerschütterlicher Glaube an die Freiheit des Menschen zu eigener Wahl und an die – nichtwissenschaftlichen – Effekte einer Entität, die er *élan vital*, die »Lebensschwungkraft« nannte. Bergson begnügte sich niemals mit bloßer Rationalität, so belesen er auch in den Wissenschaften war. Für ihn musste es noch etwas darüber hinaus geben, ein der Vernunft nicht zugängliches natürliches Phänomen, dessen man sich nur durch Intuition gewahr werden könne.[78] Diese »Lebensschwungkraft« erklärte für ihn auch, weshalb sich der Mensch qualitativ von anderen Lebensformen unterscheidet. Ein Tier betrachtete er als eine Art naturgegebenen Spezialisten – mit anderen Worten: Tiere verfügten von Natur aus über die Fähigkeit, eine einzige Sache gut zu beherrschen (ähnlich wie Philosophen), sozusagen über »ursprüngliche Intuition«. Menschen hingegen seien keine naturgegebenen Spezialisten auf Grund ihrer Begabung zu Vernunft *und* Intuition. Genau solche Hypothesen wirkten auf die jüngere Intellektuellengeneration in Frankreich so anziehend, dass sie bei Bergsons Vorlesungen Schlange stand. Sie ernannten ihn zum »Befreier« und erhoben ihn zum Mann, »der das abendländische Denken von der ›Wissenschaftsreligion‹ des neunzehnten Jahrhunderts erlöste«. T. E. Hulme, ein britischer Weggefährte, schrieb sogar, dass Bergson einer »ganzen Generation Erleichterung« verschafft habe, weil er »den Albtraum des Determinismus« vertrieben habe.[79]

»Einer ganzen Generation« war nun wirklich übertrieben, denn es herrschte wahrlich kein Mangel an Kritikern. Julien Benda zum Beispiel, ein fanatischer Rationalist, sagte, er hätte Bergson »mit Vergnügen umgebracht«, wenn er dessen Ansichten damit ebenfalls zum Schweigen hätte bringen können.[80] Die Rationalisten entdeckten in Bergsons Philosophie Anzeichen von Degeneration, empfanden sie als atavistische Zusammenwürfelung von Meinungen, welche naturwissenschaftliche Gesetze durch pseudomystische Schwafelei ersetzten. Paradoxerweise wurde Bergson von der Kirche attackiert, weil er den Naturwissenschaften *zu viel* Gewicht beimaß. Doch solcherart Kritik konnte ihm erst einmal kaum schaden. Seine *Schöpferische Entwicklung* wurde zum Dauerbrenner. (T. S. Eliot sollte den Bergsonismus sogar »eine Epidemie« nennen.[81]) Auch in den USA kannte die Begeisterung kaum Grenzen. William James zum Beispiel schrieb an Bergson über dessen Werk *Materie und Gedächtnis:* »Was mich betrifft, füllt es mir den Kopf mit so vielen neuen Fragen und Hypothesen, dass es die alten in den sehr angenehmen Zustand der Verflüchtigung bringt.«[82] *Élan vital,* Bergsons »Lebensschwungkraft«, wurde zu einem weit verbreiteten Klischee, aber »Leben« bedeutete hier nicht nur Leben, sondern auch Intuition und Instinkt, also das genaue Gegenteil von Vernunft. Und das hatte zur Folge, dass religiöse und metaphysische Mysterien, die von den Naturwissenschaften scheinbar endgültig ins Abseits gedrängt worden waren, plötzlich wieder in »annehmbaren« Verkleidungen auftauchten. William James, der selbst ein Buch über Religion geschrieben hatte, glaubte sogar, dass Bergson jede Intellektualität endgültig und ohne Hoffnung auf Wiederbelebung getötet habe. Er sehe nicht, wie der Intellekt jemals wieder in seiner alten platonisierenden Rolle als authentischster, genauester und erschöpfendster Erklärer des Wesens der Natur wiederauferstehen könne.[83] Bergsons Anhänger hielten dagegen, er habe mit der *Schöpferischen Entwicklung* bewiesen, dass Logik nur ein Aspekt des Lebens sei und nicht etwa der oberste Richter über alles Wesentliche. Das deckte sich nicht nur mit Freud, sondern fand auch zu einem viel späteren Zeitpunkt im zwanzigsten Jahrhundert nochmal ein Echo unter den Philosophen der Postmoderne.

Einer der zentralen Lehrsätze des Bergsonismus war, dass Zukunft nicht vorhersagbar ist. Doch in seinem Testament, datiert am 8. Februar 1937, schrieb Bergson: »Ich wäre konvertiert [zum Katholizismus], hätte ich nicht seit Jahren die schreckliche Welle des Antisemitismus anrollen gesehen, welche über die Welt hereinbrechen wird. Ich wollte weiterhin zu denjenigen gehören, die man morgen verfolgen wird.«[84] Bergson starb 1941 an einer Lungenentzündung. Er hatte sie sich zugezogen, während er stundenlang mit anderen Juden in einer Schlange wartete, um bei den französischen Behörden, die der nationalsozialistischen Besatzungsmacht unterstanden, registriert zu werden.

*

Während des neunzehnten Jahrhunderts standen organisierte Religionen und vor allem das Christentum ständig unter dem Beschuss der Naturwissenschaften, nachdem diese mit ihren neuen Erkenntnissen die biblische Schöpfungsgeschichte widerlegt hatten. Viele jüngere Kleriker drängten den Vatikan nun, auf diese Erkenntnisse zu reagieren, doch die Traditionalisten der Kirche setzten sich durch und begannen, diese wissenschaftlichen Entdeckungen einfach wegzuerklären, um die Rückkehr zu den alten dogmatischen Wahrheiten zu ermöglichen. Die jungen Radikalen bei dieser Debatte – die eine tiefe Kluft aufzureißen drohte – wurden als »Modernisten« bekannt.

Im September 1907 wurden die Gebete der Traditionalisten erhört. Papst Pius X. veröffentlichte in Rom seine Enzyklika *Pascendi dominici gregis*, die den Modernismus in all seinen Formen unmissverständlich verdammte. Heutzutage machen päpstliche Enzykliken kaum noch Schlagzeilen, doch damals waren sie für Gläubige noch eine wichtige Bestärkung; und *Pascendi* war immerhin die erste Enzyklika des neuen Jahrhunderts.[85] Die geistigen Strömungen, auf die Pius hier reagierte, können unter vier Kategorien zusammengefasst werden. Erstens bewirkte die generelle Einstellung in den Naturwissenschaften, die sich seit der Aufklärung entwickelt hatte, eine Veränderung des Weltbildes des Menschen und stellte mit dem Eintreten für Vernunft und empirische Erfahrung – beides kennzeichnend für die Naturwissenschaften – eine Bedrohung für die etablierte kirchliche Autorität dar. Zweitens gab es die wissenschaftlichen Theorien Darwins und dessen Konzept der Evolution, welche zweierlei zur Folge hatten: Erstens gingen sie noch weit über die revolutionären Thesen von Kopernikus und Galilei hinaus, da sie den Menschen aus seiner Vormachtstellung in einem begrenzten Universum vertrieben. Sie bewiesen, dass der Mensch ein Säugetier ist, sich nicht wesentlich von anderen Säugetieren unterscheidet und ganz gewiss nicht über diese erhaben ist. Zweitens folgte daraus die Verwendung des Begriffes Evolution als Metapher – in dem Sinne, dass sich Ideen wie Tiere durch Evolution verändern und entwickeln. Die theologischen Modernisten vertraten nun die Ansicht, dass sich auch die Kirche – und damit der Glaube – durch Evolution entwickeln müsse und es in der modernen Welt prinzipiell keinen Platz mehr für Dogmen gebe. Drittens stand die Philosophie des protestantischen Philosophen Immanuel Kant (1724–1804) im Raum, dessen »ursprüngliche Intuition« (wie Bergson es ausgedrückt hätte) aus der Behauptung bestand, dass es so etwas wie die »reine Vernunft« nicht gibt, sondern dass jede Behauptung einen psychologischen Hintergrund habe. Und schließlich gab es noch die Theorien von Henri Bergson. Wie wir wissen, hatte er spirituelle Vorstellungen sogar unterstützt, dennoch wichen sie nach dem Geschmack des Vatikans viel zu stark von den traditionellen Lehren der Kirche ab und waren zu eng mit Wissenschaft und Vernunft verquickt.[86]

Die theologischen Modernisten fanden überdies, dass die Kirche die »zu ihren Gunsten« wirkenden Dogmen – wie zum Beispiel die Unbefleckte Empfängnis und die Unfehlbarkeit des Papstes – thematisieren sollte. Außerdem forderten sie eine Neubewertung der Kirchenlehren im Lichte der Erkenntnisse von Kant, des Pragmatismus und der jüngsten wissenschaftlichen Entwicklungen. Auf dem Gebiet der Archäologie hatten die Entdeckungen und Forschungen der deutschen Schule auf der Suche nach dem historischen Jesus mittlerweile zwar Hinweise auf seine reale, irdische Existenz gefunden, sich aber nicht um deren *Bedeutung* für die Gläubigen gekümmert. In der Anthropologie hatte *Der Goldene Zweig* von Sir James Frazer belegt, dass es überall, in den unterschiedlichsten Kulturen, vergleichbare Magien und religiöse Riten gab. Und diese große Diversität von Religionen hatte nun die Behauptung der christlichen Kirche unterminiert, im Besitz der alleingültigen Wahrheit zu sein. Die Menschen konnten einfach nicht nachvollziehen, dass sich, wie ein Autor schrieb, »der größere Teil der Menschheit derart geirrt« haben sollte.[87] Aus heutiger Sicht ist man versucht, *Pascendi* nur als einen weiteren Schritt auf dem Weg zum »Tode Gottes« zu sehen. Doch die meisten jungen Kleriker, die an der Debatte über den theologischen Modernismus teilnahmen, wollten der Kirche gar nicht den Rücken kehren; sie hatten einfach nur gehofft, dass diese selber eine »Evolution« zu einer höheren Entwicklungsstufe durchmachen würde.

Papst Pius X. (später heilig gesprochen) stammte aus der Arbeiterklasse in Riese, einem Städtchen in der norditalienischen Provinz Veneto. Da er kein Intellektueller und lange Jahre Priester auf dem Land gewesen war, war es nicht verwunderlich, dass er ein so kompromissloser Konservativer blieb und obendrein nicht die geringsten Berührungsängste mit Machtpolitik hatte. Auf die jungen Kleriker reagierte er folglich auch nicht mit der Erfüllung ihrer Forderungen, sondern indem er diese Auseinandersetzung einfach auf sie abwälzte. Den Modernismus verdammte er ausnahmslos mit der Begründung, dass er nichts weiter als eine Verbrüderung des Glaubens mit trügerischen Werten darstelle.[88] Lexikalisch wurde »Modernismus« dann noch extra für den Papst und seine Schafe unmissverständlich als »übertriebene Liebe für das Moderne, Verblendung durch moderne Ideen« definiert. Ein katholischer Autor verstieg sich sogar zu der Behauptung, Modernismus sei der Missbrauch alles Modernen.[89] *Pascendi* war letztlich nur der bedeutendste Ausdruck einer vom Vatikan gesteuerten Kampagne gegen den Modernismus. Denn verteufelt wurde dieser Trend von allen kirchlichen Seiten, ob von der Glaubenskongregation oder vom Kardinalstaatssekretär, ob durch Dekrete des Konsistoriums oder die 1910 veröffentlichte neue Enzyklika *Editae*. Pius X. wiederholte seine Argumente außerdem mehrfach in diversen päpstlichen Bullen und Briefen an das Katholische Institut in Paris. In seinem Dekret *Lamentabili* führte er schließlich nicht weniger als fünfundsechzig verdammenswerte Leitsätze des Modernismus an. Alle Kandidaten für das höhere Priesteramt, alle neu ernannten Diakone, Gemeindepfarrer, Ordensmitglieder und Kirchensekretäre mussten ihren Gehorsam gegenüber dem Papst unter der bedingungslosen Anerkennung einer Glaubensformel schwören, die die grundlegenden modernistischen Anschauungen verdammte. Auch die Unfehlbarkeit der kirchlichen Lehre wurde erneut bestätigt: Der Glaube, hieß es, sei ein Akt des Geistes unter dem Zepter des Willens.[90]

Gläubige Katholiken in aller Welt waren dankbar für die detailliert dargelegten Argumente des Vatikans und dessen Standfestigkeit. In den ersten Jahren des neuen Jahrhunderts folgte eine naturwissenschaftliche Erkenntnis der anderen, und auch die neuen Strömungen in der Kunst wurden als verwirrender und verstörender denn je erlebt – wie gut, dass man da auf einen Fels in der tosenden Brandung bauen konnte. Außerhalb der katholischen Kirche wollten allerdings nur wenige Menschen ihre Argumente hören.

*

Ein Land, in dem niemand zuhörte, war China. Im Jahr 1900 belief sich die Zahl der Konvertiten zum Christentum nach Jahrhunderten der Missionsarbeit in diesem Land auf nur knapp eine Million. Intellektueller Wandel in China hatte ein anderes Gesicht als anderswo. Doch wenigstens setzte sich dieses riesige Land endlich mit den Bedingungen der modernen Welt auseinander. Aber um diesen Weg weiterzugehen, bedurfte es vor allem der Abschaffung des Konfuzianismus, einer Religion, die China einst zu einer bedeutenden Kultur von weltweiter Bedeutung gemacht hatte (und unter anderem zur Entwicklung einer Gesellschaft beitrug, der das Papier, Schießpulver und vieles mehr zu verdanken ist). Mittlerweile besaß diese Religion allerdings längst schon keine innovative Kraft mehr, sondern war, im Gegenteil, nur noch eine Last. Doch ihre Abschaffung war ein weit gewagteres Unternehmen als all die halbherzigen Versuche des Abendlands, sich über das Christentum hinaus zu entwickeln.

Der Konfuzianismus hatte sich analog zur kosmischen Ordnung konstituiert und aus ihr seine ganze Kraft bezogen. Vereinfacht dargestellt baut er auf einer Hierarchie von verschiedenrangigen Verhältnissen auf, die das oberste Lebensprinzip bilden. Eltern sind den Kindern überlegen, Männern den Frauen, Herrscher den Untertanen. Daraus folgt, dass jeder Mensch eine Rolle zu erfüllen hat, dass es »konventionelle gesellschaftliche Erwartungen [gibt], an der sich individuelles Verhalten orientieren muss«. Konfuzius selbst beschrieb dies mit den Worten *jun jun chen chen fu fu zi zi*, was soviel bedeutet wie: »Lasse den Herrscher Herrscher sein, lasse den Minister Minister sein, lasse den Vater Vater sein, lasse den Sohn Sohn sein.« Solange jeder seine Rolle ausfüllt, ist die gesellschaftliche Stabilität garantiert.[91] Da er großen Wert auf ein »dem Status angemessenes Verhalten« legte, ließ sich der konfuzianische Ehrenmann von *li* leiten, einem Moralkodex, der die stillen Tugenden der Geduld, des Pazifismus, der Kompromissbereitschaft, der Ahnenverehrung, des Respekts für die Alten und Gebildeten und vor allem einen ehrenhaften Humanismus betonte, welcher den Menschen zum Maß aller Dinge machte. Zudem hob der Konfuzianismus hervor, dass alle Menschen gleich geboren werden, sich aber vervollkommnen müssen, indem jeder durch eigenes Bemühen, »das Richtige« tut und so zum Vorbild für andere wird. Weise ist, wer »richtiges Verhalten« über alles stellt.[92]

Dieser Lehre und ihren unzweifelhaften Erfolgen zum Trotz stellte die konfuzianische Lebensanschauung letztlich jedoch nur eine Form von Konservatismus dar. Und angesichts der revolutionären Umwälzungen im späten neunzehnten und frühen zwanzigsten Jahrhundert konnte nicht lange verborgen bleiben, dass dieses System abgewirtschaftet hatte. Während sich die übrige Welt mit dem wissenschaftlichen Fortschritt, den Konzepten der Moderne und dem Aufstieg des Sozialismus auseinander setzte, bedurfte China tiefer greifender Veränderungen und hatte einen noch schwierigeren geistigen und moralischen Weg vor sich. Die alten Tugenden der Geduld und Kompromissbereitschaft boten inzwischen keine Hoffnung mehr, ebenso wenig wie die Alten oder traditionell Erzogenen noch Antworten parat hatten. Nirgends war die Demoralisierung offensichtlicher als in der Klasse der Gebildeten, der Gelehrten, welche die wahren Hüter des neokonfuzianischen Glaubens waren.

Eine Modernisierung hatte in China theoretisch seit dem siebzehnten Jahrhundert stattgefunden, doch am Beginn des zwanzigsten war sie praktisch zum Spielball von einigen wenigen hohen Beamten verkommen, die wussten, dass Modernisierung notwendig war, aber nicht die politischen Mittel besaßen, um sie auch durchzuführen. Im achtzehnten und neunzehnten Jahrhundert hatten jesuitische Missionare über vierhundert westliche Werke übersetzt, mehr als die Hälfte davon über das Christentum und ungefähr ein Drittel über naturwissenschaftliche Themen. Doch die chinesischen Gelehrten blieben konservativ zurückhaltend, wie zum Beispiel im Fall des Studenten Yung Wing, der 1847 von Missionaren in die USA eingeladen worden war und dort 1854 an der Yale University graduiert hatte. Als er nach acht Jahren Studium nach China zurückkehrte, musste er nochmals acht Jahre warten, bevor man sich seiner Fähigkeiten als Dolmetscher und Übersetzer bedienen wollte.[93] Ein *paar* Veränderungen gab es jedoch. Die ursprüngliche Konzentration konfuzianischer Gelehrter auf die Philosophie hatte im neunzehnten Jahrhundert einer »beweisführenden Forschung« Platz gemacht – also der konkreten Analyse alter Texte.[94] Und das hatte zwei gravierende Folgen. Erstens die Entdeckung, dass viele der so genannten klassischen Texte Fälschungen waren, was die Grundfesten des Konfuzianismus erschütterte. Zweitens – und nicht weniger wichtig –, dass diese »beweisführende Forschung« auch auf die Mathematik, Astronomie, auf fiskalische und administrative Fragen sowie auf die Archäologie ausgeweitet werden konnte. Das war zwar noch keine wissenschaftliche Revolution, aber es war ein Anfang, wenn auch ein später.

Der entscheidende Impuls für eine Entwicklung über den Konfuzianismus hinaus kam mit dem Boxeraufstand 1898, der drei Jahre später mit den Anfängen der republikanischen Revolution Chinas endete. Grund dafür war wieder einmal die konfuzianische Lebenseinstellung gewesen. Das heißt, ungeachtet einigen Wandels bei wissenschaftlichen Aktivitäten war die vom klassischen Konfuzianismus vorgegebene sektionsartige Aufteilung der chinesischen Gesellschaft noch immer höchstes Gut, was im Wesentlichen zur Folge hatte, dass viele der reaktionären und mächtigen Mandschu-Prinzen in ihren Palästen »der Welt gegenüber ignorant blieben und auch noch stolz darauf waren«.[95] Diese totale Ignoranz war nur einer der Gründe, weshalb sich so viele von ihnen zu Schutzpatronen eines bäuerlichen Geheimbundes – der Boxer – erklärten. Letztlich war das aber nur das deutlichste und tragischste Zeichen von Chinas intellektuellem Bankrott. Die Boxer, deren Aufstieg in der Schandong-Ära begonnen hatte, waren auf brutalste Weise xenophobisch und orientierten sich an zwei bäuerlichen Traditionen – der Technik der Kampfeskunst (»boxen«) und an einer Art von Schamanismus. Nichts hätte zu dieser Zeit unangebrachter sein können, und genau diese fatale Kombination sollte denn auch zu einer furchtbaren Episode nach der anderen führen: zur völligen Niederlage der Chinesen durch ein Expeditionskorps unter Beteiligung von elf (verachteten) ausländischen Staaten; zur Verurteilung Chinas zu Entschädigungszahlungen in Höhe von 333 Millionen Dollar im Verlauf von vierzig Jahren (was nach heutigem Stand mindestens 20 Milliarden wären); und zum schlimmsten Gesichtsverlust, den die Nation jemals erlebt hatte. Das Jahr, in dem der Boxeraufstand niedergeschlagen wurde, war die absolute Bankrotterklärung für den Konfuzianismus. Jedem innerhalb und außerhalb Chinas war nun klar, dass ein radikaler, fundamentaler *Werte*wandel unausweichlich war.[96]

Und dieser Wandel setzte dann mit einer Reihe von Neuen Politischen Ansätzen (großgeschrieben) ein, darunter als unheilvollster, die Schwierigkeiten Chinas am deutlichsten enthüllend, der Kraftakt einer Erziehungsreform. Mit dieser Maßnahme sollte eine Hierarchie moderner Schulen in allen Verwaltungsbezirken, Präfekturen und Provinzen errichtet und Lehrpläne nach japanischer Art in alten und neuen Fächern entwickelt werden. (Japan war die Kultur, der es nachzueifern galt, da dieses Land China 1895 besiegt hatte und nach den Regeln des Konfuzianismus der Sieger dem Besiegten überlegen ist – um die Jahrhundertwende sollten chinesische Studenten vor den Universitäten Tokios Schlange stehen.)[97] Geplant war, viele Bildungsanstalten Chinas in Lehrstätten nach dem neuen Muster zu verwandeln. Traditionell verfügte das Land über Hunderte, wenn nicht sogar Tausende solcher Anstalten, wo allerdings immer nur ein paar Dutzend örtliche Gelehrte ihren abgehobenen Betrachtungen nachgingen, ohne sich in irgendeiner Form untereinander auszutauschen oder die Bedürfnisse des Landes zu berücksichtigen. Im

Laufe der Zeit hatten sie sich schließlich zu kleinen Eliten entwickelt, die auf lokaler Ebene alles bestimmten, von Begräbnissen bis hin zur Wasserversorgung, aber keinen weiter reichenden systematischen Einfluss hatten. Genau dieses System sollte nun also modernisiert werden.[98]

Aber das funktionierte nicht. Die neuen – modernen, japanischen und auf westliche Wissenschaften ausgerichteten – Lehrpläne erwiesen sich als so fremdartig und schwierig für Chinesen, dass die meisten Studenten lieber beim einfacheren, vertrauteren Konfuzianismus blieben, ungeachtet aller Nachweise, dass er nirgendwo funktionierte oder den Bedürfnissen des Landes gerecht wurde. Bald wurde klar, dass es nur eine einzige Möglichkeit gab, des klassischen Systems Herr zu werden – nämlich es vollständig abzuschaffen. Und genau das sollte nur vier Jahre später, 1905, geschehen. Es war ein gewaltiger Wendepunkt für China. Mit einem Schlag gab es keinen Nachwuchs mehr für die akademische Elite, die gebildete Klasse. Ergebnis war, dass die alte Ordnung ihrer geistigen Grundlagen und damit auch ihres geistigen Zusammenhangs beraubt war. So weit so gut, möchte man denken. Doch die Klasse der neuen Studenten, die nun die alte gebildete Klasse ersetzte, wurde mit einer »Wundertüte« – wie John Fairbanks schrieb – voll chinesischem und westlichem Denken konfrontiert, das den Studenten zwar zu modernen technischen Spezialisierungen verhalf, sie aber gleichzeitig ohne jede Wertevorstellung zurückließ. »Die neo-konfuzianische Synthese war wertlos oder nutzlos geworden, doch es war nichts in Sicht, was sie hätte ersetzen können.«[99] Man muss sich bewusst machen, dass dies bis heute die Situation in China geblieben ist. Zwar mag das Land im Laufe der Jahre dem äußeren Anschein nach immer mehr westliches Denken und Verhalten übernommen haben, doch die moralische Leere, die der Konfuzianismus im Zentrum dieser Gesellschaft hinterlassen hat, konnte bisher nicht gefüllt werden.

*

Für uns ist heute vielleicht schwer nachzuvollziehen, welch gravierende Auswirkungen die Moderne hatte. Alle heute lebenden Menschen sind in einer von Wissenschaft geprägten Welt aufgewachsen. Für viele ist das Großstadtleben das Einzige, das sie kennen, und schneller Wandel der Einzige, den es gibt. Nur noch wenige haben eine intensive Beziehung zum Leben auf dem Land oder zur Natur.

Nichts davon traf am Beginn des zwanzigsten Jahrhunderts zu. Riesige Städte waren noch eine relativ neue Erfahrung für die meisten Menschen, soziale Sicherheitsnetze gab es noch nicht, folglich herrschten viel mehr Elend und Armut und hatte das Leben viel größere Schattenseiten. Die grundlegenden naturwissenschaftlichen Erkenntnisse, die nur noch mehr Unsicherheiten heraufbeschworen, führten in weiten Teilen der Gesellschaften zu so starken Gefühlen von Verunsicherung, Vereinsamung und Verlust wie vermutlich niemals zuvor oder danach. Der Niedergang der organisierten Religionen war nur noch ein zusätzlicher Faktor bei den seismischen Verschiebungen in den Weltanschauungen. Wachsender Nationalismus und Antisemitismus, die allgemeinen Rassentheorien, aber auch die Begeisterung für die modernen Kunstformen, mit denen versucht wurde, Erfahrbares in seine konkreten Bausteine zu zerlegen – all das gehörte letztlich zu ein und derselben Reaktion.

Das größte Paradoxon, die beunruhigendste Neuerung aber war dies: Nach den Erkenntnissen der Evolutionstheorie vollzog sich der Wandel auf Erden unendlich langsam, aber nach den Thesen der Moderne veränderte sich alles auf einen Schlag, praktisch über Nacht und von Grund auf. Für die meisten Menschen war die Moderne daher eher eine Bedrohung als ein Versprechen: Ihre Schönheit verbarg den Schrecken.

5
Der amerikanische Pragmatismus

1906 publizierte eine Gruppe Ägypter unter der Führung von Prinz Ahmad Fuad ein Manifest, das zu einer öffentlichen Unterschriftenaktion zu Gunsten der Gründung einer ägyptischen Universität aufrief, »um eine mit den europäischen Universitäten vergleichbare und den Bedürfnissen des Landes angepasste Lehrinstitution zu schaffen«. Der Aufruf hatte Erfolg, und die Universität – in der ersten Phase war es nur eine Abendschule – wurde zwei Jahre später mit einem aus zwei ägyptischen und drei europäischen Professoren bestehenden Kollegium eröffnet. Diese Aktion war notwendig geworden, weil die Studienmoschee al-Azhar in Kairo, einst die bedeutendste Lehranstalt der muslimischen Welt, an Ansehen verloren hatte, seit man dort eine Modernisierung und Anpassung des mittelalterlichen Lehrplans strikt abgelehnt hatte. Ergebnis war, dass Ägypten und Syrien im ganzen neunzehnten Jahrhundert über keine Universität im modernen Sinne verfügt hatten.[1]

In China existierten im Jahr 1900 nur vier Universitäten, in Japan zwei (eine dritte sollte 1909 gegründet werden); im Iran gab es nur einige Fachhochschulen (die Teheraner Hochschule für Politische Wissenschaften wurde 1900 gegründet), in Beirut ein College, und in der Türkei – bis zum Ersten Weltkrieg immerhin eine Großmacht – war die unter dem Namen Dar-al-funoun (Haus des Lernens) 1871 gegründete und bald schon wieder geschlossene Universität von Istanbul im Jahr 1900 gerade erst wieder eröffnet worden. In Afrika südlich der Sahara gab es vier: am Kap, das Grey University College von Bloemfontein, das Rhodes University College in Grahamstown und das Natal University College. Auch Australien verfügte nur über vier Universitäten und Neuseeland sogar nur über eine. Die indischen Hochschulen von Kalkutta, Bombay und Madras waren 1857, die von Allahabad und Punjab zwischen 1857 und 1887 gegründet worden; bis 1919 sollte keine neue Universität hinzukommen.[2] In Russland gab es zu Beginn des Jahrhunderts zehn staatliche Universitäten, hinzu kamen eine in Finnland (Finnland war technisch gesehen autonom) sowie eine private Hochschule in Moskau.

Während also das intellektuelle Leben außerhalb West-Mitteleuropas von der Tatsache beeinflusst war, dass es nur so wenige Universitäten gab, wurden die Vereinigten Staaten von den Auseinandersetzungen zwischen Anhängern der Universitäten nach britischem Muster und Befürwortern des deutschen Modells geprägt. Zuerst waren die meisten amerikanischen Colleges nach englischen Vorbildern strukturiert worden. Harvard, die erste Hochschule in den Vereinigten Staaten, eröffnete 1636 als puritanisches College seine Pforten. Mehr als dreißig Partner der Massachusetts Bay Colony hatten ihren Hochschulabschluss am Emmanuel College im englischen Cambridge gemacht; daher orientierte sich das von ihnen in der Nähe von Boston gegründete College natürlich auch an diesem Muster. Mindestens so einflussreich war jedoch auch das schottische Model, insbesondere die Universität von Aberdeen. [3] Schottische Universitäten verfügten über keine Studentenwohnheime, waren eher demokratisch als religiös orientiert und unterstanden der Leitung örtlicher Honoratioren – ähnlich dem späteren amerikanischen Leitungsmodell des Board of Trustees. Bis ins zwanzigste Jahrhundert waren amerikanische Hochschulen im Prinzip nur der Lehre verpflichtete Colleges und keine Forschungseinrichtungen im eigentlichen Sinn. Nur die Johns Hopkins University in Baltimore (1876 gegründet) und die Clark University (1888) fielen unter diese letztere Kategorie, waren jedoch beide bald schon gezwungen, ebenfalls einen reinen Lehrbetrieb einzuführen.[4]

Eine moderne Universität nach heutigem Muster plante als Erster Charles Eliot, Chemieprofessor am Massachusetts Institute of Technology (MIT). 1869 wurde er im Alter von nur fünfunddreißig Jahren zum Präsidenten seiner alten Alma mater Harvard ernannt. Bei seinem Amtsantritt gab es in Harvard 1050 Studenten und 59 Fakultätsmitglieder. Als Eliot 1909 pensioniert wurde, hatte sich die Studentenzahl vervierfacht und die Anzahl der Fakultätsmitglieder verzehnfacht. Doch ihm war es um mehr als nur personelles Wachstum gegangen. »Er verabschiedete sich ein für alle Mal vom ererbten, eng umgrenzten geisteswissenschaftlichen Curriculum, baute die einzelnen Fachbereiche der Fakultäten auf und machte sie zum integralen Bestandteil der Universität. Außerdem förderte er die Graduiertenausbildung und etablierte damit ein Modell, dem praktisch alle amerikanischen Universitäten, die Doktorhüte verleihen wollten, zu folgen hatten.«[5]

Vor allem aber orientierte sich Eliot am Hochschulsystem der deutschsprachigen Länder, dem die Welt einen Planck, Weber, Freud oder Einstein zu verdanken hatte. Die Vorherrschaft deutscher Universitäten im neunzehnten Jahrhundert ging zurück auf die Schlacht von Jena im Jahr 1806, nach der Napoleon Berlin erreichte und die starren Preußen zu wesentlich mehr Flexibilität gezwungen waren. Aus intellektueller Sicht war es vor allem Johann Fichte, Christian Wolff und Immanuel Kant zu verdanken, dass die deutsche Forschung von ihrer lähmenden Bindung an die Theologie befreit wurde und deutsche Gelehrte einen deutlichen Vorsprung vor ihren europäischen Gegenspielern auf den Gebieten der Philosophie, Philologie und der Naturwissenschaften erreichen konnten. Deutsche Universitäten waren es auch gewesen, die erstmals Physik, Chemie und Geologie als den Geisteswissenschaften gleichwertige Fächer anerkannten. Unzählige Amerikaner und hoch gebildete Briten wie Matthew Arnold und Thomas Huxley schwärmten nach ihren Besuchen in Deutschland von dem geistigen Leben an den Universitäten dieses Landes.[6]

Seit Eliots Zeiten versuchten amerikanische Universitäten das deutsche System nachzuahmen, vor allem im Bereich der Forschung. Andererseits bot dieses Modell – so beeindruckend seine Erfolge bei der Akkumulation von Wissen und der Entwicklung von neuen technologischen Prozessen für die Industrie auch waren – kaum etwas im Hinblick auf die »kollegiale Lebensart« oder die Entwicklung von engen persönlichen Beziehungen zwischen Studenten und Fakultätsmitgliedern, welche vor der Übernahme des deutschen universitären Ansatzes ein wesentlicher Faktor des amerikanischen Hochschulsystems gewesen waren. Und schließlich war dem deutschen System auch zu verdanken, was William James einmal den »PhD octopus« nannte: 1861 hatte Yale den ersten Doktorhut westlich des Atlantiks vergeben, im Jahr 1900 waren es bereits weit über dreihundert jährlich.[7]

Der Preis für die Entscheidung, dem deutschen Vorbild zu folgen, war ein totaler Bruch mit dem britischen College-System. Studentenwohnheime und Mensen verschwanden aus vielen Universitäten. In den 1880er-Jahren folgte Harvard dem deutschen Beispiel sogar so sklavisch, dass nicht einmal mehr eine Anwesenheitspflicht bei Seminaren gefordert war. Das Einzige, was zählte, war die Examensleistung. Doch allmählich formierte sich eine Gegenbewegung. Chicago baute 1900 als erste amerikanische Universität sieben Studentenwohnheime, »ungeachtet des damals vor allem in West-(Mittel-)Europa herrschenden Vorurteils, demzufolge diese eine mittelalterlich britische und autokratische Einrichtung darstellten«. Yale und Princeton schlugen bald darauf einen ähnlichen Weg ein. Und auch Harvard sollte sich in den zwanziger Jahren des neuen Jahrhunderts wieder nach britischem Wohnheim-Modell reorganisieren.[8]

Da amerikanische Universitäten die Treibhäuser so vieler Entwicklungen waren, die später in diesem Buch diskutiert werden sollen, wäre hier natürlich auch deren eigene Geschichte von Belang. Doch der Kampf um den Geist von Harvard, Chicago, Yale und den anderen berühmten Institutionen in den USA hatte nicht nur Folgen innerhalb der Universitäten. Die Amalgamierung der besten deutschen und britischen Lehrpraktiken war eine sinnvolle, aber auch pragmatische Reaktion auf die Lage, in der sich die amerikanischen Universitäten am Beginn des zwanzigsten Jahrhunderts befanden. Und von Pragmatismus war das Denken in den Vereinigten Staaten ohnehin stark geprägt. Das Land hing nicht sklavisch europäischen Dogmen oder Ideologien an, sondern hatte eine unverkennbar eigene »Siedlermentalität« entwickelt und dennoch sämtliche Möglichkeiten genutzt, immer nur das Beste aus der Alten Welt beizubehalten oder zu übernehmen. Genau das war einer der Gründe, weshalb alle in diesem Kapitel behandelten Phänomene – Wolkenkratzer, »Ashcan«-Malerei, Fliegerei, Film – in deutlichem Kontrast zum europäischen Ästhetizismus, der Psychoanalyse, dem *Élan vital* oder der abstrakten Kunst standen. In den USA fanden rein pragmatische Entwicklungen statt, schnelle und in einem ganz nüchternen Sinne *nützliche* Reaktionen auf die Welt, die sich zu Beginn des neuen Jahrhunderts abzeichnete.

*

Der Begründer der philosophischen Lehre des Pragmatismus in den Vereinigten Staaten war in den 1870er-Jahren der Philosoph Charles Sanders Peirce. 1906 wurden seine Ideen dann von William James auf den neuesten Stand gebracht und popularisiert. William und sein jünger Bruder, der Romancier Henry, stammten aus einer reichen Bostoner Familie (ihr Vater Henry James sen. verfasste »mystische und amorphe philosophische Traktate«).[9] Dass William James seinem Vorgänger Peirce eine Menge schuldete, gestand er nicht zuletzt mit dem Titel ein, unter dem er 1907 seine berühmte Vorlesungsreihe in Boston hielt: *Der Pragmatismus. Ein neuer Name für alte Denkmethoden*. Hinter diesem Pragmatismus stand die Idee, eine Philosophie zu entwickeln, die bar jeden idealistischen Dogmas war und denselben rigorosen empirischen Standards wie die neuen Naturwissenschaften entsprach. Was James den Ideen von Peirce hinzufügte, war die Vorstellung, dass Philosophie einem jeden zugänglich sein müsse. Für ihn stand außer Frage, dass jeder Mensch eine Art von Philosophie braucht, etwas, das ihm hilft, die Welt zu begreifen. Mit seinen (acht) Vorlesungen wollte er genau dazu beitragen.

James' Ansatz verdeutlichte die zweite große Spaltung in der Philosophie des zwanzigsten Jahrhunderts – die zweite nach der Kluft zwischen der kontinentaleuropäischen Schule von Brentano, Husserl und Bergson einerseits und der analytischen Schule von Russell, Wittgenstein und dem späteren Wiener Kreis andererseits. Während des ganzen zwanzigsten Jahrhunderts waren die Philosophen in zwei Lager gespalten. Die einen gründeten ihre Konzeptionen auf Idealsituationen. Das heißt, sie versuchten eine Weltanschauung und Richtlinien für Denk- und Verhaltensweisen auszuarbeiten, die aus theoretisch »reinen« oder »sauberen« Grundsituationen abgeleitet wurden und solche Dinge wie Gleichheit oder Freiheit als bereits gegeben annahmen. Anschließend konstruierten sie um diese Idealsituation herum ein hypothetisches System. Das Gegenlager ging von der real existierenden Welt mitsamt ihren Unsauberkeiten, Ungleichheiten und Ungerechtigkeiten aus. James stand mit beiden Beinen fest im zweiten Lager.

Er begann seine Vorlesungsreihe, indem er diese Kluft mit der Existenz von zwei grundlegend verschiedenen »intellektuellen Temperamenten« zu erklären versuchte – dem »rationalistischen« und dem »empiristischen« Temperament. Zwar sagte er nicht expressis verbis, dass diese genetisch determiniert seien – 1907 war es noch ein bisschen früh für ein solches Verständnis –, doch seine Wortwahl lässt vermuten, dass er von einer solchen Grundsituation ausgegangen war. James' Ansicht nach mussten die Unterschiede zwischen diesen Temperamenten unweigerlich zu großen Antipathien gegenüber den Vertretern des jeweils anderen Lagers führen, ein Zusammenstoß war unvermeidlich. In seiner ersten Vorlesung charakterisierte er die »zwei geistigen Typen« – einerseits »Zartfühlende« und andererseits »Grobkörnige« – folgendermaßen:

Zartfühlende (tender-minded)	*Grobkörnige (tough-minded)*
Rationalist (Prinzipienmensch)	Empirist (Tatsachenmensch)
Intellektualist	Sensualist
Idealist	Materialist
Optimist	Pessimist
Religiös	Irreligiös
Anhänger der Willensfreiheit	Fatalist
Monist	Pluralist
Dogmatiker	Skeptiker

Er betonte diese Kluft, um die Aufmerksamkeit auf die Art und Weise zu lenken, in der sich die Welt zu verändern begann: »Niemals hat es so viele Menschen von entschieden empirischer Geistesrichtung gegeben als heutzutage. Unsere Kinder werden fast schon als Wissenschaftler geboren.«[10]

Doch diese Aussage machte James noch nicht zum wissenschaftlichen Atheisten (immerhin hatte er 1902 selber ein bedeutendes Werk mit dem Titel *Die Vielfalt religiöser Erfahrung* veröffentlicht[11]); sie führte ihn vielmehr geradewegs zum Pragmatismus. Philosophie sollte vor allem eine »innigste Verbindung mit den Tatsachen pflegen«, und genau mit dieser Aussage erkannte er an, was er Peirce schuldete. Glaubensbekenntnisse, hatte Peirce geschrieben, seien in Wirklichkeit Verhaltensregeln. James führte dieses Thema nun weiter aus und kam zu dem Schluss: »Die ganze Aufgabe der Philosophie sollte darin bestehen, herauszufinden, welchen bestimmten Unterschied es für Sie und für mich in bestimmten Momenten des Lebens ausmacht, ob diese oder jene Weltformel die wahre ist... Ein Pragmatist wendet einem ganzen Haufen veralteter Gewohnheiten, die den Fachphilosophen lieb geworden sind, ein für alle Mal entschlossen den Rücken. Er wendet sich weg von Abstraktionen und Unzulänglichkeiten, weg von Problemlösungen, die nur Worte sind, weg von schlechten A-priori-Begründungen, von festgelegten Prinzipien, von geschlossenen Systemen, weg von dem Absoluten und den Ursprüngen. Er wendet sich vielmehr zu der Wirklichkeit und Angemessenheit, zu den Tatsachen, zum Handeln und zur Macht.«[12] Die Metaphysik, die James als primitiv ansah, klebe viel zu sehr an den großen Worten wie – »Gott«, »Materie«, »Vernunft«, »Das Absolute«, »Energie«, die er nur insofern für beachtenswert hielt, als man aus ihnen einen »praktischen Kassenwert herausbringen« müsse. Was machte denn sonst ihren *Unterschied* aus »in bestimmten Momenten des Lebens«? James jedenfalls scheute sich nicht, das, was tatsächlich einen Unterschied machen und »die existierende Realität verändern kann«, *Wahrheit* zu nennen. Doch Wahrheit sei niemals etwas Absolutes. Vielmehr gebe es viele Wahrheiten, die immer nur wahr sind, solange sie »auch in allen praktischen Kämpfen des Lebens helfen«. Die allgemeine Ansicht, dass Wahrheit »göttlich und köstlich« sei, mache sie noch nicht unumstößlich. Ergo ist Wahrheit nur gut, wenn sie sich »aus bestimmt angebbaren Gründen als gut erweist«. Mit diesem Ansatz behandelte James eine Reihe von metaphysischen Problemen, von denen hier nur eines aufgegriffen werden soll, um zu zeigen, wie seine Argumentation funktionierte: Gibt es so etwas wie eine Seele und, wenn ja, in welcher Beziehung steht sie zum Bewusstsein? Der Rationalismus, so James, habe eine Einheit unserer »Seelensubstanz« nur eingeführt, um bestimmte Arten von intuitiven Erfahrungen zu erklären, beispielsweise »dass wir in einem Augenblick des Lebens uns an andere Augenblicke erinnern und dass wir alle diese Augenblicke als Teile einer und derselben persönlichen Erlebnisreihe empfinden«. In Anlehnung an Locke fragt er: »Angenommen, Gott nähme das Bewusstsein weg, würde uns da das Seelenprinzip etwas nützen?« Dürfe man also behaupten, dass eine Seele ohne Bewusstsein existieren kann? Nein, antwortet James. Warum sich also dann überhaupt mit ihr beschäftigen? James war ein überzeugter Darwinist – worunter er einen pragmatischen Denkansatz gegenüber dem Universum verstand, nach dem Motto: So *sind* Anpassungsformen – Spezies – eben![13]

Amerikas dritter Philosoph des Pragmatismus nach Peirce und James war John Dewey, der zwar längst als Professor in Chicago tätig war, aber nach wie vor den schleppenden Vermonter Tonfall pflegte und im Übrigen auch nicht den geringsten Sinn für seine äußere Erscheinung hatte. In gewisser Weise war er der erfolgreichste Pragmatiker von allen. Wie James war auch er überzeugt, dass jeder seine eigene Philosophie, seine ganz persönlichen Glaubenssätze vertrete, aber er fand außerdem, dass Philosophie, so verstanden, den Menschen zu einem glücklicheren und produktiveren Leben verhelfen sollte. Sein eigenes Leben war denn auch außerordentlich produktiv. Durch Zeitungsartikel, populärwissenschaftliche Bücher und zahllose öffentliche Debatten mit anderen Philosophen wie Bertrand Russell oder Arthur Lovejoy – dem Autor von *Die große Kette des Wesens: Geschichte eines Gedankens* – wurde Dewey der allgemeinen Öffentlichkeit in einem Maße bekannt, wie es nur wenigen Philosophen vergönnt ist.[14] Wie James war auch er ein überzeugter Darwinist und vertrat die Ansicht, dass die Naturwissenschaften und der empirische Ansatz per se in viele andere Bereiche des Lebens Eingang finden sollten. Vor allem aber verlangte er, naturwissenschaftliche Erkenntnisse zur Grundlage der Kindererziehung zu machen. Da der Beginn des zwanzigsten Jahrhunderts ein Zeitalter »der Demokratie, Wissenschaft und des Industrialismus« darstellte, müsse sich dies, so Dewey, auch grundlegend in der Erziehung niederschlagen. Zu dieser Zeit begann sich die Einstellung zu Kindern gerade rapide zu verändern. 1909 veröffentlichte die schwedische Feministin Ellen Key ihr Buch *Das Jahrhundert des Kindes*, in dem sich die allgemeine »Wiederentdeckung« des Kindes spiegelte – Wiederentdeckung in dem Sinne, als die Kindheit nun als wesentlich unbeschwertere Zeit begriffen und Kinder nicht nur als Nichterwachsene, sondern auch als untereinander verschiedene Persönlichkeiten betrachtet wurden.[15] Auf uns wirken solche Erkenntnisse heute nahezu banal, doch im neunzehnten Jahrhundert – bevor die hohe Todesrate bei Kindern besiegt werden konnte, als Familien noch erheblich größer waren und viele Kinder starben – konnten nicht im selben Maße Zeit, Erziehung und *Gefühl* in Kinder investiert werden wie heute. Dewey erkannte, dass das auch bedeutsame Konsequenzen für das Lehramt hatte. Bis dahin war das Schulsystem sogar in den Vereinigten Staaten, wo man im Allgemeinen Kindern gegenüber viel nachsichtiger war als in Europa, von der rigiden Autorität eines Lehrertyps bestimmt, der noch ganz andere Vorstellungen vom wohlerzogenen Menschen hatte und dessen Hauptziel es war, seinen Schülern die Idee zu vermitteln, dass Wissen »die Kontemplation feststehender Wahrheiten« bedeute.[16]

Dewey wurde zu einem der führenden Vertreter einer Bewegung, die diese Denkweise in zweierlei Hinsicht verändern wollte. Da die traditionelle Vorstellung von Erziehung, wie Dewey erklärte, aus der müßiggängerischen Adelsschicht stammte, die in den Demokratien Europas immer mehr an den Rand gedrängt wurde und in Amerika ohnedies nie existiert hatte, musste die Erziehung eiligst demokratischen Bedingungen angepasst werden. Außerdem sollte sich in ihr die Tatsache spiegeln, dass sich Kinder in ihren Fähigkeiten und Interessen stark voneinander unterscheiden. Damit ein Kind künftig einmal den bestmöglichen Beitrag zur Gesellschaft leisten konnte, sollte es bei seiner Erziehung weniger um das »Einpauken« der vom Lehrer als notwendig erachteten Fakten gehen als darum, herausfinden, wo die Begabungen und Fähigkeiten des Kindes lagen. Mit anderen Worten: Es ging um einen auf Erziehung und Ausbildung angewandten Pragmatismus.

Deweys Begeisterung für die Wissenschaft kam auch im Namen der von ihm 1896 gegründeten »Laboratory School« zum Ausdruck.[17] Motiviert von den Theorien des frommen Schweizer Erziehungswissenschaftlers Johann Pestalozzi wie des deutschen Philosophen Friedrich Fröbel und des Kinderpsychologen G. Stanley Hall, beruhte diese Institution auf der Prämisse, dass Individualität bei jedem Kind positive und negative Auswirkungen haben kann. Erstens setzten die natürlichen Begabungen den Fähigkeiten immer Grenzen, was positiver formuliert hieß: Um zu sehen, welches »Wachstum« möglich war, mussten zuerst einmal die Interessen und Fähigkeiten eines Kindes ausgelotet werden. »Wachstum« war ein wichtiger Begriff für die »Kind-orientierten« Apostel der neuen Erziehungsbewegung zu Beginn des zwanzigsten Jahrhunderts. Dewey fand die seit dem Altertum herrschende Trennung zwischen müßiggängerischen adligen Klassen – den Hütern des Wissens – einerseits und der Arbeiterklasse und ihrem praktischen Wissen andererseits ohnehin fatal. Aber vollends unmöglich fand er sie in einer Demokratie. Eine klassenorientierte Erziehung oder den Gedanken, dass der Zugang zu Wissen etwas mit dem eigenen Stand zu tun habe, lehnte er strikt ab. Dies war nach seiner Auffassung sowohl einer Demokratie als auch einem von Industrialismus und Wissenschaft geprägten Zeitalter keineswegs angemessen.[18]

Ohne Zweifel spielten die Ideen von Dewey und die Theorien von Freud eine große Rolle bei dieser neuen Wertschätzung der Kindheit. Die Vorstellung von der Möglichkeit eines Persönlichkeitswachstums, die Ablehnung aller traditionellen, autoritären Konzepte von Wissensvermittlung und die Neubewertung des Sinns und Zwecks von Erziehung waren gewiss für viele Menschen befreiend. In den Vereinigten Staaten, mit ihren vielen Immigrantengruppen und riesigen geografischen Ausdehnungen, trugen diese neuen Erziehungsmethoden aber auch viel zur Betonung des Individualismus bei, was ja immer auch die Gefahr barg, dass die Ideen dieser »Wachstumsbewegung« zu weit getrieben und Kinder zu sehr ihren eigenen Neigungen überlassen wurden. In manchen Schulen glaubten Lehrer nun, dass »kein Kind je erleben sollte, was Versagen bedeutet«, weshalb sie auch prompt Prüfungen und Noten abschafften.[19] Dieser strukturelle Fehlgriff sollte sich am Ende rächen und Kinder nur noch konformistischer machen, eben weil ihnen alles »harte« Wissen oder die eigene Urteilsfähigkeit fehlte, welche nicht zuletzt durch gelegentliches Versagen entstehen. Die Befreiung des Kindes aus der elterlichen »Willkürherrschaft« war ohne Frage ein Freiheitskonzept, doch genau das sollte zu einem späteren Zeitpunkt im zwanzigsten Jahrhunderts zu ganz neuen Problemen führen.

*

Es ist natürlich ein Klischee, die Universität als Elfenbeinturm darzustellen – als ein Refugium im Gegensatz zu dem von vielen gern als »reale Welt« bezeichneten Rummel, wo Professoren sich in stundenlangen philosophischen Betrachtungen ergehen können (wie James in Harvard, Dewey in Chicago oder Bergson am Collège de France). Daher entbehrt es nicht der Ironie, dass die folgende pragmatische Idee 1908 ausgerechnet in Harvard umgesetzt wurde: die Harvard Graduate School of Business Administration. Man beachte, dass es sich dabei um ein *Graduierten*studium handelte. Karrierefördernde Ausbildungen im Business waren bereits seit den 1880er-Jahren von amerikanischen Universitäten angeboten worden, allerdings immer nur als Nichtgraduiertenstudium. Und auch die Harvard School war ursprünglich als reines College für die verwaltungstechnische Ausbildung künftiger Diplomaten und Beamten gedacht. Doch nach der Börsenpanik im Jahr 1907 war allen klar geworden, dass es einfach besser ausgebildete Fachleute in der Geschäftswelt geben musste.

Die Graduate School of Business Administration öffnete ihre Pforten im Oktober 1908 mit neunundfünfzig Kandidaten für den neuen Abschluss »Master of Business Administration« (MBA).[20] Damals war nicht nur strittig, *was* man unterrichten sollte, sondern auch *wie*. Rechnungs-, Transport-, Versicherungs- und Bankwesen wurden bereits von anderen Institutionen angeboten, darum erfand Harvard einfach seine eigene Definition von »Business«: »Business heißt, Dinge zu einem angemessenen Profit für den Verkauf herzustellen.« Mit dieser Definition wurden zwei grundlegende Tätigkeitsbereiche hervorgehoben – die Herstellung, also der Akt des Produzierens, und der Handel oder das Marketing, also der Akt der Verteilung. Da es noch keine Lehrbücher für diese Bereiche gab, begannen die Professoren einfach einzelne Geschäftsleute und ihre Betriebe unter die Lupe zu nehmen und entwickelten damit jenes System der Fallstudien, für das Harvard so berühmt werden sollte. Abgesehen von den Seminaren über Herstellung und Verteilung wurde auch ein Kurs über Frederick Winslow Taylors Analyse *Die Grundsätze wissenschaftlicher Betriebsführung* angeboten.[21] Taylor, ein Ingenieur, teilte die Ansicht, die von Präsident Theodore Roosevelt in einer Rede im Weißen Haus zum Ausdruck gebracht worden war, dass viele Alltagsaspekte in den USA schlicht ineffizient und reine Zufallsprodukte seien und Firmenmanagements auf eine wesentlich »wissenschaftlichere« Grundlage gestellt werden müssten. Mit seiner Studie wollte Taylor zeigen, dass auch Management eine Wissenschaft ist. Zu diesem Zweck hatte er die Effizienz mehrerer Betriebe geprüft und schließlich auch verbessert. So ergaben seine Nachforschungen beispielsweise, dass ein durchschnittlich gebauter Mann viel mehr Kohle oder Sand (oder was auch immer) mit einer Schaufel bewegt, die ein Gewicht von 21 Pounds fassen kann, als mit einer, die 24 oder 18 Pounds fasst. Mit einer schwereren Schaufel ermüdet der Mann schneller wegen des höheren Gewichts; mit einer leichteren ermüdet er schneller, weil er flinker arbeiten muss. Mit einer Schaufel von 21 Pounds Gewicht aber kann er länger durchhalten und braucht weniger Pausen. Taylor entwickelte für diverse Betriebe neue Strategien, die dann seiner Aussage nach sowohl höhere Löhne für die Arbeiter als auch höhere Profite für den jeweiligen Betrieb zur Folge hatten. In einem Fall konnten Arbeiter aus einer Roheisen verarbeitenden Fabrik ihre Löhne von 1,15 auf 1,85 Dollar pro Tag steigern, was einem Zuwachs von 60 Prozent entsprach, während die Durchschnittsproduktion von 12,5 auf 47 Tonnen pro Tag anstieg – ein Zuwachs von beinahe 400 Prozent. Folglich, so Taylor, war jeder Beteiligte zufrieden.[22]

Das Harvard-Curriculum hatte aber noch zwei weitere Elemente, nämlich einmal die Forschung – das erste Projekt war eine Untersuchung über den Schuheinzelhandel – und zum anderen ein Betriebspraktikum, das jeder Student während der langen Semesterferien leisten musste. Beide erwiesen sich als sehr erfolgreiche Konzepte. Damit entwickelte sich das Business-Studium in Harvard zu einer Mischung aus Fallstudien, wie es bei den Rechtswissenschaften üblich war, und einem »klinischen« Ansatz ähnlich dem Medizinstudium, in Verbindung mit der Forschung. Dieser Studienansatz sollte schließlich so berühmt werden, dass viele andere Universitäten dem Beispiel folgten. Aus den neunundfünfzig MBA-Kandidaten im Jahr 1908 wurden bis zum nächsten Börsencrash im Jahr 1929 872, darunter Graduierte aus vierzehn anderen Staaten. Die Publikation der Universität, *Harvard Business Review*, rollte erstmals 1922 von der Druckerpresse; ihr Ziel war, die Zusammenhänge zwischen ökonomischer Grundlagentheorie und den Alltagserfahrungen und Problemen von Betriebsleitungen darzulegen – eine nachdrückliche Übung in Pragmatismus.[23]

Was in diesen Entwicklungen von Harvard, an anderen Business-Schools oder in der Geschäftswelt selbst zum Ausdruck kam, war deutlich ein Aspekt der von Richard Hofstadter so genannten »praktischen Kultur« Nordamerikas. Dazu zählt er – abgesehen vom Business – die Landwirtschaft, die amerikanische Arbeiterbewegung (eine viel mehr praxisorientierte und weniger ideologische Form von Sozialismus als in Europa), die Tradition des Selfmademan und sogar die Religion[24], weil, wie Hofstadter zu Recht betonte, auch das Christentum in vielen Teilen der USA rein praktisch orientiert war. Dem von ihm zitierten Theologen Reinhold Niebuhr zufolge gab es eine Linie in der amerikanischen Theologie, die dazu neigte, Religion als Anpassung an eine von Gott gegebene Wirklichkeit zu verstehen. Das bedeutete, dass sie eher nach eigenem Machtzuwachs strebte, als die Gläubigen im Sinne der Offenbarung einer ständig prüfenden Kritik zu unterwerfen.[25] Hofstadter betonte auch, dass viele theologische Bewegungen »spirituelle Techniken« als Mittel zum

Zweck einsetzen. Er zitierte einen Autor mit den Worten, dass »der Körper ein Gerät zum Empfang von Botschaften aus der Sendestation Gottes« und Gott selbst »der größte aller Konstrukteure ... dein ständiger stiller Teilhaber« sei.[26] In einer praktischen Kultur ist es offenbar nur natürlich, sogar Gott zum Geschäftsmann zu machen.

*

Die Kreuzung zwischen Broadway und der 23. Straße in Manhattan ist schon immer äußerst geschäftig gewesen. Die Querstraße kreuzt den Broadway hier im steilen Winkel, wodurch auf der nördlichen Seite ein kleines Dreieck entsteht, das sich von den für New York so typischen monumentalen rechtwinkligen »Blocks« deutlich unterscheidet. 1903 nutzte der Architekt Daniel Burnham diesen ungewöhnlichen Grundriss, um eine der späteren Ikonen dieser Stadt zu schaffen, ein Gebäude, das sich noch heute von allen anderen unterscheidet und schön ist wie am Tag seiner Einweihung. Seiner typischen Form wegen wurde diese schmale Keilstruktur liebevoll »Flatiron« getauft (»Plätteisen«, wegen seiner abgerundeten Hochkante). Doch die Form war nicht der einzige Grund für seine Berühmtheit – das Flatiron Building war mit seinen 21 Stockwerken 87 Meter hoch und damit New Yorks erster Wolkenkratzer.[27]

Häuser sind der gegenwärtigste Ausdruck gestalterischer Kunst und Wolkenkratzer die pragmatischste Antwort auf die riesigen, überfüllten Städte, die im späten neunzehnten Jahrhundert aus dem Boden wuchsen. Raum wurde vor allem auf einer so schmalen Insel wie Manhattan immer kostbarer.[28] Es gibt kein Bild, das das frühe zwanzigste Jahrhundert besser symbolisieren könnte als diese völlig neuartigen Bauten, diese immer faszinierenden und manchmal auch wunderschönen Wolkenkratzer. Mancher wird nun bestreiten, dass das Flatiron der erste Bau seiner Art gewesen sei, denn im neunzehnten Jahrhundert gab es tatsächlich bereits zwölf-, fünfzehn- oder sogar neunzehnstöckige Gebäude. George Posts 1892 erbautes Pulitzer Building in der Park Row war eines davon. Doch das Flatiron war das erste, das die Skyline beherrschte. Sofort wurde es zum begehrten Objekt von Künstlern und Fotografen. Edward Steichen, einer der großen amerikanischen Fotografen, der gemeinsam mit Alfred Stieglitz eine der ersten modernen Kunstgalerien in New York führte (und Cézanne in Amerika bekannt machte), porträtierte das Flatiron, wie es aus dem Dunst emporragte, beinahe so, als sei es ein gewachsener Teil der natürlichen Landschaft. Seine Bilder lassen winzige Pferdedroschken auf den von Gaslaternen beleuchteten Straßen um das Gebäude erkennen – fast wie auf den impressionistischen Pariser Szenerien.[29] Typisch für das Flatiron waren auch die Fallwinde, die die Röcke der Passantinnen hoch wirbelten – zur Freude von Jugendlichen, die einen Blick auf flatternde Unterröcke zu erhaschen hofften.[30]

Der in jeder Hinsicht zu New York gehörende Wolkenkratzer ist jedoch effektiv in Chicago konzipiert worden.[31] Die Geschichte seiner Entwicklung ist zugleich die fesselnde Geschichte ihres tragischen Helden Louis Henri Sullivan (1856–1924). Sullivan wurde in Boston als Sohn einer musikalisch begabten Mutter und eines Tanzlehrers geboren. Louis, der sich für einen Poeten hielt und eine Menge schlechter Gedichte schrieb, hatte die chaotische Architektur seiner Heimatstadt zwar gehasst, sie dann aber nicht weit entfernt, auf der anderen Seite des Flusses am MIT, studiert.[32] Der rundgesichtige Sullivan war schon in seinen Studententagen von imponierendem Selbstbewusstsein gewesen, was auch in seinem dandyhaften Auftreten zum Ausdruck kam – ohne seine Manschettenknöpfe aus Perlen und einen Spazierstock mit Silberknauf hätte er nie das Haus verlassen. Er reiste durch Europa, besuchte Wagner-Aufführungen, begutachtete die Architektur und begann im Anschluss eine Weile in den Büros von William LeBaron Jenney in Philadelphia und Chicago zu arbeiten, der oft als Vater des Wolkenkratzers bezeichnet wird, weil er das Home Insurance Building erstmals mit einem Stahlskelett und Aufzügen ausgestattet hatte (Chicago 1883–85).[33] Aber es ist zweifelhaft, ob dieses nach späteren Standards gedrungen wirkende Gebäude wirklich als Wolkenkratzer bezeichnet werden kann. Nach Sullivans Meinung musste ein Wolkenkratzer »hoch, in jedem Zentimeter hoch sein. Die Kraft und Macht der Höhe muss in ihm selbst sein, die Pracht und der Stolz des Erhabenen müssen in ihm zum Ausdruck kommen. Er muss Zentimeter für Zentimeter stolz empor ragen, zu reiner Erhabenheit aufstreben, sodass er von unten bis oben eine Einheit ohne eine einzige abweichende Linie bildet.«[34]

1876 herrschte in Chicago in gewissem Sinne noch immer eine Siedlermentalität. Rudyard Kipling, der dort im Palmer House Hotel gewohnt hatte, hielt die Stadt für »ein vergoldetes Kaninchengehege … voller Menschen, die nur über Geld reden und ausspucken«. Doch nach der großen Feuersbrunst von 1871, die den Stadtkern völlig zerstörte, bot sie phantastische architektonische Möglichkeiten.[35] 1880 trat Sullivan in das Büro von Dankmar Adler ein. Ein Jahr später wurde er zum vollwertigen Partner. Und diese Partnerschaft sollte schon bald seinen Ruf als führende Figur der Chicagoer Architekturschule begründen.

Obwohl Chicago allgemein als Geburtsstätte des Wolkenkratzers gilt, hatte man sich schon seit undenklichen Zeiten den Bau sehr hoher Gebäude vorgestellt. Der geistige Durchbruch kam jedoch erst mit der Erkenntnis, dass ein hohes Gebäude nicht auf Mauerwerk angewiesen sei.* Die Antwort war ein Metallrahmen – anfänglich aus Eisen, später aus

* Auch der Fahrstuhl spielte eine Rolle. Erstmals war er 1889 von der Firma Otis Brothers & Co. in das New Yorker Demarest-Building eingebaut, aber nach dem Prinzip der Seiltrommel betrieben worden. Und weil man kein längeres Seil um die Trommel winden konnte, waren Aufzüge noch auf ca. 45 Meter Höhe – etwa 10 Stockwerke – beschränkt.

Stahl –, der mit Stahlplatten verbolzt (später wegen der schnelleren Bauweise vernietet) wurde, die wie Regalbretter den Boden eines jeden Stockwerks bildeten. An dieser Struktur konnten dann die Verbindungsmauern einfach aufgehängt werden. Im Gegensatz zu den bisher üblichen tragenden Wänden bildete die Außenwand eine nichttragende Hülle des Gebäudes. Die meisten strukturellen Probleme beim Bau von Wolkenkratzern wurden schon früh gelöst, das heißt, bei der architektonischen Debatte der Jahrhundertwende ging es noch weniger um die Ästhetik des Designs als um die technische Konstruktion an sich. Sullivan nahm an dieser Debatte als leidenschaftlicher Vertreter einer modernen Architektur teil und wandte sich vehement gegen altmodische Stile und sentimentale Zitate der alten Ordnung. Sein berühmtes Diktum »Form folgt Funktion« – bereits im Zusammenhang mit der Arbeit von Adolf Loos in Wien erwähnt – wurde zum Schlachtruf der Moderne.[36]

Als Sullivans frühes Meisterwerk gilt das Wainwright Building in St. Louis. Auch dieser Ziegelbau mit seinen zehn Stockwerken war kein wirklich hohes Gebäude, aber Sullivan hatte hier zum Ausdruck gebracht, dass ein Haus allein durch architektonische Erfindungsgabe »aufgestockt« werden konnte.[37] Ein Architekturhistoriker schrieb einmal, dass das Wainwright Building im Prinzip weniger hoch sei, als Höhe *an sich* repräsentiere – »es ist architektonisch höher als physisch«.[38] Mit dem Wainwright Building hatte Sullivan seinen Ausdruck gefunden, hatte er gelernt, die Vertikalität zu zähmen, und gezeigt, wie sie kontrolliert werden kann. Aber als sein schönstes Gebäude gilt allgemein das Carson-Pirie-Scott-Warenhaus in Chicago, das zwischen 1903 und 1904 fertig gestellt wurde. Auch hier handelte es sich nicht um einen wirklichen Wolkenkratzer, denn das Gebäude ist nur zwölf Stockwerke hoch, außerdem legte Sullivan hier mehr Gewicht auf horizontale als auf vertikale Linien. Doch mit der Erfindung von ganz neuen Schmuckelementen – von »stromlinienförmiger Erhabenheit«, »welliger Ornamentik« und »sinnlicher Webstruktur« – bewies Sullivan hier mehr als bei jedem anderen Bau seine Originalität.[39] Das Erdgeschoss des Carso-Pirie-Scott-Hauses steht für die Amerikanisierung des Art noveau, den Sullivan in Paris gesehen hatte: eine zum Warenhaus umfunktionierte Metro-Station.[40]

Auch Frank Lloyd Wright experimentierte mit urbanen Strukturen. Nach den Fotografien seines 1904 fertig gestellten Larkin-Hauses in Buffalo, nahe der kanadischen Grenze zu urteilen – sie sind das Einzige, was davon geblieben ist, da es 1950 abgerissen wurde –, war dieser Bau zugleich aufregend, bedrohlich und unheimlich.[41] (John Larkin baute das Empire State Building in New York, das erste Gebäude mit mehr als hundert Stockwerken.) Es beherbergte riesige, von »einer schlichten Ziegelklippe« umschlossene und bis ins letzte Detail symmetrisch möblierte Großraumbüros, in denen Angestellte an langen Schreibtischreihen arbeiteten, was eher wie eine Fertigungshalle voller Automatenreihen anmutete als, wie Wright es empfand, »eine große Bürofamilie bei der Arbeit in sauberen und luftigen Räumen, welche von Tageslicht aus einem Innenhof beleuchtet und beherrscht wurden.«[42] Viele brandneue Elemente dieser Architektur sind heutzutage in aller Welt üblich. Das Gebäude verfügte über eine Klimanlage und war vollständig feuerfest; die Möbel – auch Schreibtische, Stühle und Aktenschränke – bestanden aus Stahl und Magnesit; die Türen waren aus Glas, die Fenster hatten Doppelscheiben. Wright war auf eine mit Sullivan unvergleichliche Weise von Materialien und den Maschinen, die sie herstellten, fasziniert. Er baute für das »Maschinenzeitalter«, für die Normung. Außerdem interessierte er sich sehr für die Eigenschaften von Stahlbeton, damals ein völlig neues Baumaterial, das sämtliche Konstruktionsentwürfe revolutionierte. In Großbritannien war Stahl bereits 1851 beim Bau des Crystal Palace verwendet worden, eines Vorgängers all der kommenden Paläste aus Stahl und Glas, und in Frankreich war im selben Jahr der Eisenbeton – *beton armé* – von François Hennebique erfunden worden. Doch erst mit dem Bau der Wolkenkratzer in den Vereinigten Staaten konnten diese Materialien wirklich erprobt werden. 1956 entwarf Wright einen Wolkenkratzer von *einer Meile Höhe* für Chicago.[43]

*

Weiter unten an der Ostküste der Vereinigten Staaten, 685 Meilen südlicher, an der Küste von North Carolina, um genau zu sein, liegt Kill Devil Hill. 1903 war dieser Ort ebenso gottverlassen wie Manhattan bevölkert. Von heftigen Meeresstürmen umtost, glänzte er vor allem durch die Abwesenheit von Pinien, die das Bild dieses Staates sonst beherrschten. Doch genau deshalb war diese Stelle für ein Experiment ausgewählt worden, das am 17. Dezember des Jahres durchgeführt werden sollte. Es war eines der aufregendsten Unternehmungen des zwanzigsten Jahrhunderts und sollte enorme Auswirkungen auf das Leben vieler Menschen haben. Der Wolkenkratzer war eine Möglichkeit, sich von der Erde in die Luft zu erheben – dies war eine andere und noch viel radikalere.

Ungefähr um halb elf Uhr an diesem Morgen standen vier Männer von der nahe gelegenen Rettungsstation und ein siebzehnjähriger Junge auf einem Hügel, starrten auf das Feld unter ihnen und warteten. Im nahe gelegenen Ort Kitty Hawk war ein vereinbartes Signal in Form einer gelben Flagge aufgezogen worden, um die örtliche Küstenwache und andere zu warnen, dass gleich etwas Ungewöhnliches geschehen könnte. Für den Fall, dass es tatsächlich eintreten würde, waren der Junge und die vier Männer als Zeugen anwesend. Von der See blies, gelinde ausgedrückt, eine steife Brise. Ständig verschwanden die Gebrüder Wilbur und Orville

Wright, denen die Aufmerksamkeit der Beobachter galt, in einer Hütte, um sich ihre erfrorenen Finger über dem Ofen aufzuwärmen und wieder etwas Gefühl in sie zurückzubringen.[44]

Am frühen Morgen hatten Orville und Wilbur eine Münze geworfen, um zu entscheiden, wer von beiden das Experiment als Erster wagen sollte. Orville hatte gewonnen. Wie sein Bruder war auch er in einen Dreiteiler gekleidet, perfekt bis hin zum steifen Kragen und der Krawatte. Die Beobachter hatten den Eindruck, als wollte Orville den Beginn des Experiments hinauszögern. Doch endlich schüttelte er seinem Bruder die Hand. Ein Zuschauer erzählte später: »Es war nicht zu übersehen, dass sie einander an den Händen festhielten, als wollten sie sich gar nicht mehr loslassen, wie Freunde, die sich verabschieden müssen und nicht sicher sind, ob sie sich jemals wiedersehen.«[45] Kurz nach halb elf riss sich Orville endlich von Wilbur los, ging zur Maschine, stieg auf die untere Tragfläche und legte sich bäuchlings auf deren Mitte, gehalten von einer Art Hüftgerüst. Dann prüfte er die Kontrollanzeigen dieses verrückten Gebildes, das auf die Beobachter wie ein einziges Gewirr aus Kabeln, hölzernen Verstrebungen und riesigen, mit Leinen bespannten Flügeln wirkte. Dieses ganze Durcheinander war zudem auf eine zerbrechlich wirkende, hölzerne Schienenkonstruktion aufgesetzt, die parallel zur Windrichtung ausgelegt worden war. Auf ihr sollte das Flugzeug, das mitsamt seinen Landekufen auf ein kleines, frei bewegliches Laufwerk aus zwei extra präparierten Radnaben und einem genagelten Querträger montiert war, bis zur Abhebgeschwindigkeit rollen.

Orville studierte seine Instrumente. Ein Windgeschwindigkeitsmesser war auf der ihm nächstgelegenen Strebe befestigt und mit einem Drehzylinder verbunden, der die zurückgelegte Entfernung messen sollte. Außerdem gab es eine Stoppuhr, damit die Gebrüder in der Lage sein würden, die Fluggeschwindigkeit zu berechnen. Und als Drittes war ein Drehzahlmesser befestigt worden, um die Zahl der Schraubenumdrehungen festzuhalten. Damit wollten sie nicht nur nachprüfen, wie effizient sich das Flugzeug verhalten und wie viel Benzin es verbraucht haben würde, sondern auch die Entfernung berechnen, die es tatsächlich in der Luft zurücklegte.[46] Während der auf der unteren Tragfläche montierte Vierzylindermotor seine acht bis zwölf PS auf maximale Tourenzahl beschleunigte, wurde das Flugzeug nur durch ein Halteseil zurückgehalten. Über zwei verkleidete Fahrradketten wurden zwei Druckschrauben – oder Propeller – hinter den Holzstreben der Tragflächen angetrieben. Der Wind heulte mit einer Stärke von bis zu 30 Meilen durch die Streben und Drähte. Die Gebrüder Wright wussten, dass sie ein Risiko eingingen, weil sie erstmals ihr Sicherheitsprinzip über Bord geworfen hatten, alle Segelflugzeuge Testflügen zu unterziehen, bevor sie sie mit Motorkraft in die Luft zu erheben versuchten. Wilbur stand an der rechten Flügelspitze und rief den

Zeugen zu, sie sollten nicht so traurig herumstehen, sondern lieber lachen und klatschen und Orville beim Start aufmunternde Worte zurufen.[47] Also versuchten die Zuschauer das Windgeheul und das dumpfe Tosen der aufgepeitschten See mit Jubelschreien und aufmunternden Zurufen zu übertönen.

Als der Motor auf vollen Tourenzahlen lief, wurde das Halteseil gelöst. Das Fluggerät – von seinen Erfindern die *Flyer* getauft – sauste los und gewann beim Rollen über die Monoschiene an Geschwindigkeit. Wilbur Wright versuchte noch einen Moment, daneben herzulaufen, konnte aber bald nicht mehr mithalten. Als die *Flyer* 30 Meilen pro Stunde erreicht hatte, löste sie sich vom Laufwerk und erhob sich in die Lüfte. Zusammen mit den sprachlosen Zeugen beobachtete Wilbur, wie sie einen Moment dahinschwebte, dann absackte und schließlich durch den weichen Sand pflügte. Da sie kräftigen Gegenwind gehabt hatte, war sie in Wirklichkeit weiter geflogen – rund 180 Meter Luftraum –, also die knapp 70 Meter, die dann zwischen Start- und Landeplatz über Grund gemessen wurden. »Dieser Flug dauerte nur zwölf Sekunden«, schrieb Orville später, »doch war es das erste Mal in der Geschichte der Menschheit, dass sich eine Maschine mit einem Menschen durch eigene Kraft zu vollem Flug in die Luft erhob, ohne dabei die Geschwindigkeit zu verringern, und schließlich an einem Punkt landete, der ebenso hoch war wie der, von dem sie gestartet war.« Beim vierten Versuch am selben Tag gelang Wilbur, der ein besserer Pilot als Orville war, eine 59 Sekunden dauernde »Reise« über die Entfernung von 260 über dem Boden gemessenen Metern. Sie hatten bewiesen, was sie beweisen wollten, nämlich dass es die Möglichkeit für einen kraftangetriebenen, steuerbaren und unterbrechungslosen Flug gibt – drei Begriffe, die die Flugtauglichkeit eines motorisierten Flugzeugs definierten.[48]

Vom Fliegen träumte der Mensch schon seit frühesten Zeiten. In persischen Legenden wurden Könige von Vogelschwärmen in der Luft zur Welt gebracht; Leonardo da Vinci fertigte Konstruktionszeichnungen für einen Fallschirm und einen Hubschrauber an;[49] und mehrfach in der Geschichte war die Ballonfahrt zur reinsten Manie geworden. Im neunzehnten Jahrhundert hatten sich unzählige Erfinder entweder umgebracht oder zum Narren gemacht mit ihren missglückten Versuchen, sich mit irgendwelchen Gerätschaften, die sich oft gar nicht erst von der Stelle rührten, in die Luft zu erheben.[50] Die Gebrüder Wright waren da anders und vor allem praktisch bis zur Perfektion.

Es war Wilbur, der am 30. Mai 1899 an das Washingtoner Smithsonian-Institut geschrieben und darum gebeten hatte, ihm eine Literaturliste über die Fliegerei zu schicken. Sich selbst bezeichnete er als »Enthusiast, aber kein Spinner«.[51] Damals war der 1867 geborene, vier Jahre ältere Wilbur gerade erst 32. Obwohl sie immer ein wahrhaft brüderliches Team waren, übernahm vor allem in den Anfangsjahren Wilbur die Führung. Als Söhne eines Pfarrers (und später Bischofs) der Brüdergemeinde von Dayton, Ohio, waren beide zu Nachdenklichkeit, Beharrlichkeit und Methodik erzogen worden. Und beide waren intellektuell wie handwerklich begabt. Zuerst hatten sie Bücher gedruckt, dann Fahrräder fabriziert und repariert. Da ihnen das Fahrradgeschäft ein einigermaßen gutes Auskommen ermöglichte, konnten sie Rücklagen für die Konstruktion ihrer Fluggeräte schaffen, die ihnen von niemandem finanziert wurden.[52] Ihr Interesse für die Fliegerei war also bereits in den frühen 1890er-Jahren geweckt worden, doch wie es scheint, begannen sie erst nach dem Absturz des großen deutschen Flugpioniers Otto Lilienthal im Jahr 1896 wirklich etwas für ihre neue Leidenschaft zu tun. (Lilienthals letzte Worte sollen gelautet haben: »Man muss Opfer bringen.«)[53]

Die Wrights erhielten ihre Antwort vom Smithsonian um einiges schneller, als das heute der Fall wäre, nämlich nur drei Tage später, nachdem Wilbur geschrieben hatte. Nach den heute noch vorhandenen Unterlagen zu schließen, war die Literaturliste am 2. Juni 1899 an sie abgeschickt worden. Die Brüder begannen sofort in ihrer gewohnt methodischen Weise, die Probleme des Fliegens zu studieren, und begriffen schnell, dass es mit dem Lesen von Büchern und dem Beobachten von Vögeln nicht getan war – sie mussten sich selbst in die Lüfte erheben. Also begannen sie ihre Experimente, indem sie ein Segelflugzeug bauten. Im September 1900 war es fertig, und sie transportierten es nach Kitty Hawk in North Carolina, dem nächstgelegenen Ort mit ausreichend konstantem Wind. Insgesamt konstruierten sie zwischen 1900 und 1902 drei Segelflugzeuge – eine Investition, die sich lohnte, denn dabei gelang es ihnen, die Form der Flügel wesentlich zu verbessern und das hintere doppelte Seitenruder zu entwickeln (nur einer ihrer Beiträge zur aeronautischen Technik).[54] Sie machten so gute Fortschritte, dass sie Anfang 1903 glaubten, für einen motorisierten Flug gerüstet zu sein. Als Antriebskraft gab es nur eine Option: den in den späten 1880er-Jahren entwickelten Verbrennungsmotor. Doch 1903 konnten sie einfach kein Exemplar auftreiben, das leicht genug gewesen wäre, um an einem Fluggerät angebracht werden zu können, also hatten sie keine andere Wahl, als ihren eigenen Motor zu bauen. Am 23. September 1903 brachten sie ihr neues Flugzeug in Lattenkisten verpackt nach Kitty Hawk. Doch wegen ständiger unvorhergesehener Ereignisse – gebrochene Propellerhalterungen und immer neue Wetterprobleme (Regen, Stürme, peitschende Winde) – waren sie erst am 11. Dezember flugbereit. Dann machte ihnen der Wind bis zum 14. des Monats noch einmal einen Strich durch die Rechnung. An diesem Tag wurde schließlich die Münze geworfen, und Wilbur kletterte in die *Flyer*. Die Maschine stieg zu steil hoch, überzog und krachte relativ weich in den Sand. Nach Orvilles Triumph am 17. Dezember gelangen die Landungen schon wesentlich besser, was ihnen noch drei weitere Flüge am selben Tag ermöglichte.[55] Es war ein wahrhaft historischer Moment, und angesichts der Revolution, die er für die von uns als so selbstverständlich empfundene Fliegerei bedeutete, sollte man annehmen, dass die Gebrüder Wright damit Schlagzeilen machten. Aber weit gefehlt. Es hatte schon so viele Spinner und verrückte Flugmaschinen gegeben, dass sowohl die Presse als auch die Öffentlichkeit alles, was mit Fliegerei zu tun hatte, zutiefst skeptisch beäugten. Und sogar die Wrights waren bis 1904 – nach 105 Flügen – nur insgesamt fünfundvierzig Minuten in der Luft gewesen und hatten nur zwei Flüge von je fünf Minuten Dauer am Stück geschafft. Die US-Regierung lehnte drei Angebote der Brüder für den Bau eines Flugzeug ab, ohne sich auch nur die Mühe gemacht zu haben, deren Angaben zu verifizieren. 1906 bauten Wilbur und Orville dann weder ein neues Flugzeug, noch hoben sie ein einziges Mal vom Boden ab. 1907 versuchten sie ihre Erfindung in Großbritannien, Frankreich und Deutschland zu verkaufen, aber alle Bemühungen schlugen fehl. Erst 1908 sollte das amerikanische Kriegsministerium endlich ein Angebot der Gebrüder annehmen. Im selben Jahr wurde auch ein Vertrag zur Gründung eines französischen Unternehmens unterzeichnet.[56] Es hatte viereinhalb Jahre gedauert, bis es den Wrights endlich gelang, ihr revolutionäres Konzept zu verkaufen.

*

Die Prinzipien des Fliegens hätten ebenso gut in Europa entdeckt werden können. Der Unterschied war nur, dass die Gebrüder Wright in Richard Hofstadters »praktischer Kultur« aufgewachsen waren, was an ihrem Erfolg keinen geringen Anteil hatte. Und genau diese Kultur hatte auch dafür gesorgt, dass sich eine Gruppe von Malern mit einem ähnlich pragmatischen, reportagehaften künstlerischen Ansatz zusammenfand. Später sollte man sie auf Grund ihrer profanen Alltagsthemen die »Ashcan School« (Mülleimer-Schule) nennen. Während sich die Kubisten, Fauvisten und Abstrakten mit Schönheitstheorien oder den konkreten Bausteinen von Realität und Materie befassten, malte die Ashcan-Schule die neu entstandenen urbanen Landschaften in lebhaftesten Details – allergenaueste Porträts von den oft abstoßenden Aspekten des städtischen Lebens. Ihre Vision (einen gemeinsamen Stil hatten sie nicht) wurde bei einer bahnbrechenden Ausstellung in der New Yorker Macbeth Gallery vorgestellt.[57]

Anführer dieser Ashcan-Schule war Robert Henri (1865–1929), ein Abkömmling französischer Hugenotten, die während der Verfolgung durch die Katholiken im späten sechzehnten Jahrhundert nach Holland geflohen waren.[58] Henri, der 1888 Paris besucht hatte, war mit seiner Weltgewandtheit und den für ihn typischen Verrücktheiten ein natürlicher Magnet für

Künstler wie John Sloan, William Glackens oder George Luks, die meist für die Lokalpresse von Philadelphia arbeiteten.[59] Es war eine ziemlich alkoholfeste Runde geübter Pokerspieler, die jedoch über das scharfe Auge des Zeitungsmachers für das Detail verfügten und obendrein eine Menge Sympathie für Underdogs empfanden, die manchmal fast ans Sentimentale grenzte. Bald trafen sie sich so oft, dass sie sich selbst den Namen »Henri's Stock Company« gaben.[60] Henri ging später an die New York School of Art, wo er George Bellows, Stuart Davis, Edward Hopper, Rockwell Kent, Man Ray und Leon Trotzki unterrichtete. Der Einfluss seiner Überzeugung, dass das amerikanische Volk »sich mit den Mitteln der eigenen Zeit und des eigenen Landes auszudrücken« lernen musste, war gewaltig.[61]

Die typischsten Vertreter der Ashcan-Schule waren John Sloan (1871–1951), George Luks (1867–1933) und George Bellows (1882–1925). Sloan, Illustrator für *The Masses* – ein sozialkritisches, links orientiertes Magazin, zu dessen Autoren auch John Reed zählte –, suchte nach den »kleinen Wonnen«, wie er es nannte, im New Yorker Leben, nach den farbigen Momenten im Alltag der Arbeiterklasse – ein paar Augenblicke der Ruhe auf einer Fähre; ein Mädchen, das sich am Fenster einer heruntergekommenen Mietwohnung reckt; eine Frau, die den Duft von frischer Wäsche auf der Leine einsaugt – all den tausend kleinen Dingen, mit denen sich einfache Leute das harte Leben am untersten Spektrum der Gesellschaft erträglicher oder sogar schön machen konnten.[62]

George Luks und der Anarchist George Bellows waren härter, weniger gefühlsbetont.[63] Luks malte die Massen von New York, das Gewimmel auf den Straßen und in einzelnen Vierteln. Und beide stellten immer wieder Box- und Ringkämpfe dar, die eine so große Rolle im Leben der Arbeiter spielten und so typisch für den harten, nackten Überlebenskampf unter den Neueinwanderern waren. Hier war das Leben in jeder Hinsicht aufs Äußerste angespannt. Preiskämpfe waren im New York der Jahrhundertwende zwar illegal, fanden aber natürlich dennoch statt. In Bellows Gemälde *Beide sind Clubmitglieder* (ursprünglich hatte das Bild den Titel »A Nigger and a White Man«) spiegeln sich die damals weit verbreiteten Ängste über den Aufstieg der Schwarzen, zum Beispiel im Sport. »Wenn der Neger den Weißen schlagen konnte, was sagt das dann über die Herrenrasse aus?«[64] Bellows, der wahrscheinlich talentierteste Vertreter dieser Schule, verfolgte auch den Bau der Penn Station, für deren von McKim, Mead und White entworfene Anlage ein Tunnel unter Manhattan gegraben und vier komplette Blocks zwischen der 31. und 33. Straße abgerissen werden mussten. Jahrelang wurde New Yorks Zentrum von einem riesigen Krater beherrscht, in dem sich Dampflöffelbagger und andere Schwermaschinen inmitten von Flammen, Rauch und Hunderten von Arbeitern ihren Weg vorwärts fraßen. Bellows gelang es, die Details dieser schmutzigen Szenerie in Schönheit zu verwandeln.[65]

Die Leistung der Ashcan-Schule bestand darin, ein Schlaglicht auf die harten Seiten des New Yorker Immigrantenlebens zu werfen und darüber zu berichten. Zwar waren ihre Künstler manchmal mit einem generell unkritischen Blick auf die flüchtige Schönheit fixiert, aber es blieb ihr erklärtes Ziel, das Leben der kleinen Leute so darzustellen, dass nicht Mühsal im Vordergrund stand, sondern das Bemühen, das Beste aus allem zu machen. Von den Malern, die Henri unterrichtet hatte, sollten viele im Laufe der Zeit zu führenden abstrakten Künstlern Amerikas werden.[66]

*

Ende 1903, in derselben Woche, in der die Gebrüder Wright ihren ersten Flug unternahmen, und nur zwei Blocks vom Flatiron Building entfernt, wurde bei Edison Kinetograph in der 23. Straße in New York die erste Zelluloidkopie von *The Great Train Robbery* gezogen. Thomas Edison war einer von einer Hand voll Menschen in den USA, Frankreich, Deutschland und Großbritannien, die Mitte der 1890er-Jahre den Stummfilm entwickelt hatten.

Zwischen damals und dem Jahr 1903 waren bereits Hunderte von Filmen nach den Prinzipien des Theaterspiels gedreht worden, aber keiner von der Länge des Streifens *The Great Train Robbery*, die sechs Minuten bertug. Auch Verfolgungsjagden waren bereits dargestellt worden, viele davon Ende des neunzehnten Jahrhunderts in Großbritannien produziert, doch sie waren immer nur mit einer Kamera gedreht worden und hatten eine einfache Geschichte auf einfachste Weise erzählt. *The Great Train Robbery* von Edwin Porter war bereits wesentlich ausgefeilter und ambitionierter als alles Vorangegangene, was aber hauptsächlich an der Art und Weise lag, *wie* Porter seine Geschichte erzählte. Seit die Gebrüder Lumière 1895 in Frankreich der Öffentlichkeit zum ersten Mal lebende Bilder vorgestellt hatten, versuchte man, Filme in den unterschiedlichsten natürlichen Kulissen zu drehen, um sich vom Theater abzusetzen. Kameras wurden auf Züge montiert oder für einen Blick nach innen vor den Fenstern von echten Häusern aufgebaut und sogar schon unter Wasser eingesetzt worden. Doch in *The Great Train Robbery*, bei dem es um einen Raub mit anschließender Verfolgungsjagd geht, erzählte Porter erstmals *zwei* ineinander verwobene Geschichten. Und genau deshalb war dieser Film etwas Besonderes. Der Telegrafist wird überfallen und gefesselt, der Raub findet statt, die Banditen fliehen. Doch mit den Mitteln des Zwischenschnitts wird nun gezeigt, wie sich der Mann aus seinen Fesseln befreit und die Gesetzeshüter verständigt. Während das Polizeiaufgebot die Banditen zu jagen beginnt, vereinen sich die beiden Erzählstränge.[67] Heutzutage finden wir solche Parallelschnitte – sich überschneidende Handlungen – völlig normal. Damals jedoch waren viele Leute von der Frage fasziniert, ob sich mit filmischen Mitteln etwas über die assoziativen Vorgänge in unserem Bewusstsein, über Bergsons Zeitbegriffe oder Husserls Phänomenologie erfahren ließe. Praktischer veranlagte Menschen fanden solche parallelen Handlungsabläufe aber wohl eher deshalb so aufregend, weil man damit auf eine mit dem Theater unvergleichbare Weise höchste Spannung erzeugen konnte.[68] Ende 1903 spielte dieser Film in *jedem* New Yorker Kino – in allen zehn. Er war auch dafür verantwortlich, dass sich Adolph Zukor und Marcus Loew aus dem Pelzhandel zurückzogen und kleine Theater aufzukaufen begannen, die dann ausschließlich für Filmvorführungen genutzt wurden. Und da man dort üblicherweise einen Nickel Eintritt verlangte, taufte sie der Volksmund »Nickelodeons«. Auch William Fox und Sam Warner waren so angetan von Porters *Robbery*, dass sie ihre eigenen Filmtheater zu kaufen begannen, sich dann aber doch ganz auf die Produktion verlegten und jeweils unter eigenem Namen Studios gründeten.[69]

Auf Porters Erfolg baute ein Mann auf, der instinktiv verstanden hatte, dass der intime Charakter des Films im Vergleich zum Theater das Verhältnis zwischen Zuschauer und Schauspieler verändern würde – es entstand die Idee des Filmstars. David Wark (D.W.) Griffith war ein schlanker Mann mit grauen Augen und einer Hakennase. Er wirkte größer, als er war, da er ständig Halbstiefel mit hohen Absätzen trug. Und weil diese zum leichteren Anziehen Schlaufen am Schaft hatten, an denen sich die Hosenbeine stießen, lief er ständig mit Ziehharmonikahosen herum. Obendrein trug er zu große Kragen mit viel zu locker sitzenden Krawatten und liebte große Hüte, als große Hüte längst außer Mode waren. Der Mann, den viele für genial hielten, sah einfach furchtbar aus. Er war der Sohn eines Konföderiertengenerals, den man nur »Roaring Jake« genannt hatte, weil er angeblich der einzige Mensch in der Armee gewesen war, der einen Soldaten noch auf die Entfernung von fünf Meilen anbrüllen konnte.[70] Griffith hatte seine Karriere als Theaterschau spieler begonnen, war dann jedoch zum Film gegangen, um Handlungsabrisse kurzer Geschichten zu verkaufen (da es sich um Stummfilme handelte, waren Drehbücher noch nicht nötig). Im Alter von Zweiunddreißig wechselte er zu einem der ersten Filmstudios, der Biograph Company in Manhattan. Ein Jahr später kam Mary Pickford dort hereinspaziert, gerade sechzehn Jahre alt. Sie war 1893 unter dem Namen Gladys Smith in Toronto geboren und ein frühreifes, aber sehr zartes Mädchen. Nachdem ihr Vater bei einem Unfall mit einem Schaufelraddampfer ums Leben gekommen war, war die Mutter gezwungen, das größte Zimmer ihres Hauses an ein Ehepaar zu vermieten. Der Mieter war Intendant eines örtlichen Theaters, und das sollte sich für Gladys als schicksalhaft erweisen, denn er überzeugte Charlotte Smith, ihre beiden Töchter als Statistinnen auftreten zu lassen. Gladys stellte bald schon fest, dass sie Talent besaß und ihr diese Art Leben gefiel. Sie war sieben, als die Familie nach

New York zog, weil dort die Gage mit 15 Dollar pro Woche viel höher war. Bereits damals verdiente Gladys den Löwenanteil des Familieneinkommens.[71]

Zu Zeiten, als der Film noch ebenso jung war wie Gladys, hatte New York noch ein viel intensiveres Theaterleben als heute. 1901 und 1902 wurden zum Beispiel nicht weniger als 314 Stücke On und Off Broadway gespielt, und für jemanden mit Gladys' Talent war es nicht schwer, Arbeit zu finden. Mit zwölf Jahren verdiente sie 40 Dollar pro Woche. Mit vierzehn ging sie mit der Komödie *The Warrens of Virginia* auf Tournee. Als sie während eines Gastspiels in Chicago ihren ersten Film sah, begriff sie sofort die Möglichkeiten, die ihr dieses neue Medium bieten konnte, und bewarb sich unter ihrem weniger streng klingenden Künstlernamen Mary Pickford bei verschiedenen Studios. Aber ihre ersten Versuche schlugen fehl, und ihre Mutter drängte sie, sich bei Biograph vorzustellen. Griffith hielt Mary Pickford zuerst für »zu klein und zu fett« für den Film. Doch ihm selbst gefiel sie mit ihren Locken offenbar, denn er lud sie sofort zum Dinner ein. Aber Mary lehnte ab.[72] Erst als sie mit ihm über das Studiogelände schlenderte und er sie beobachtete, wie sie mit Schauspielern plauderte, die sie nie zuvor gesehen hatte, dämmerte ihm, dass sie doch für die Leinwand attraktiv sein könnte. Damals waren Filme noch kurz und billig in der Herstellung. Es gab keine Maskenbildner, und die Schauspieler trugen ihre eigene Kleidung (1909 gab es gerade erste Versuche mit Beleuchtungstechniken). Ein Regisseur drehte zwei bis drei Filme pro Woche, normalerweise bei Außenaufnahmen irgendwo in New York. 1909 stellte Griffith 142 Filme fertig.[73]

Nach anfänglichem Zögern gab Griffith Mary Pickford 1909 die Hauptrolle im *Violin-Maker of Cremona*.[74] Das ganze Studio war wie elektrisiert. Als der Film zum ersten Mal im Vorführraum von Biograph gezeigt wurde, gab es keinen im Studio, der das Spektakel verpassen wollte. Allein in diesem einen Jahr sollte Mary noch 26 Hauptrollen spielen.

Doch noch kannte niemand den Namen Mary Pickford. In der ersten Kritik im *New York Dramatic Mirror*, in der sie erwähnt wurde, hieß es: »Die köstliche kleine Komödie stellt erneut eine Naive vor, deren Darstellung in den Biograph-Filmen Aufmerksamkeit erregt.« Ihr Name wurde nicht genannt, weil sämtliche Schauspieler in Griffiths Filmen anonym blieben. Doch Griffith war offenbar ebenso bewusst geworden wie diesem Kritiker, dass der Kreis der Pickford-Fans immer größer wurde, also erhöhte er stillschweigend ihre Gage von 40 auf 100 Dollar pro Woche, was für einen Repertoire-Schauspieler damals eine unerhörte Summe war.[75] Sie war noch immer erst sechzehn Jahre alt.

Drei der großen Innovationen im Filmgeschäft stammten aus Griffiths Studio. Die erste veränderte die Drehweise. Griffith war der Erste, der

Schauspieler nicht von rechts oder links auftreten ließ, wie im Theater üblich, sondern von *hinter* der Kamera ins Bild kommen und auf die Kamera zulaufend wieder abtreten ließ. Damit konnte man sie bei ein und derselben Einstellung aus der Ferne, aus nächster Nähe und sogar im Close-up sehen. Solche Nahaufnahmen sollten sich dann entscheidend darauf auswirken, dass der optischen Wirkung von Schauspielern mindestens ebenso viel Gewicht beigemessen wurde wie ihrem Talent. Die zweite Neuerung trat ein, als Griffith einen weiteren Regisseur engagierte. Damit konnte er aus dem Muster der auf zwei Tage begrenzten Dreharbeiten ausbrechen und größere Projekte mit komplexeren Geschichten planen. Die dritte revolutionäre Neuerung schließlich war eine Folge der ersten und sicher die wichtigste.[76] Florence Lawrence, die vor dem Auftauchen von Mary als »Biograph Girl« vermarktet worden war, schloss einen Vertrag mit einem anderen Studio ab, der eine bis dahin einmalige Klausel enthielt. Mit der Anonymität war es vorbei: Sie wollte unter ihrem eigenen Namen als »Star« ihrer Filme angekündigt werden. Die Details des Vertrages verbreiteten sich in Windeseile in der gerade flügge werdenden Filmindustrie, mit dem Resultat, dass es am Ende nicht Lawrence war, die den größten Vorteil aus der Veränderung zog, die sie durchgesetzt hatte. Griffith sah sich gezwungen, Mary Pickford einen vergleichbaren Vertrag anzubieten. Zu Beginn des Jahres 1910 stand sie kurz davor, der erste Weltstar der Filmindustrie zu werden.[77]

*

Amerika, dieses riesige Land der Einwanderer ohne gemeinsames Erbe, war geradezu prädestiniert für die Erfindungen des Flugzeugs, des Massenkinos und des Wolkenkratzers. Die Ashcan-Schule hielt nicht nur die Armut fest, die die meisten Immigranten nach ihrer Ankunft in diesem Land erdulden mussten, sondern vermittelte auch einen Eindruck jenes Optimismus, mit dem die meisten von ihnen ihre neue Heimat betreten hatten. Die riesigen Ozeane auf beiden Seiten des amerikanischen Kontinents trugen wesentlich mit dazu bei, dass sich die Vereinigten Staaten vor einem Großteil der irrationalen und verachtenswerten Lehren und Ideologien schützen konnten, vor denen viele dieser Einwanderer aus Europa geflohen waren. Statt der grandiosen Ideen von Freud, Hofmannsthal oder Brentano, statt der mystischen Vorstellungen von Kandinsky oder den vagen Theorien von Bergson bevorzugten die Amerikaner praktischere, konkretere Ideen. Und die funktionierten nicht nur, sondern manifestierten auch die Andersartigkeit der USA und ihre Abschottung von der Alten Welt. Diese pragmatische Isolation sollte niemals wirklich aufgegeben werden. Aber vielleicht war sie auch tatsächlich das Wertvollste, was die Vereinigten Staaten besaßen.

6

$E=mc^2$, $\supset/\equiv/v + C_7H_{38}O_{43}$

Der Pragmatismus war zwar eine typisch amerikanische Lebenseinstellung, basierte aber auf einem viel älteren europäischen Begriff – Empirie. Philosophen wie Nietzsche, Bergson, Husserl und ihre weit greifenden monistischen, dogmatischen und explanatorischen Theorien (wie William James gesagt haben könnte) wurden in den Anfangsjahren des zwanzigsten Jahrhunderts natürlich auch in den Vereinigten Staaten berühmt, doch viele Wissenschaftler ignorierten deren Philosophien und gingen lieber ihre eigenen Wege. Es ist ein Zeichen für die geistige Spaltung im gesamten zwanzigsten Jahrhundert, dass die Naturwissenschaftler, indifferent gegenüber Kritik wie Lob, unbeirrt ihre Ziele verfolgten, ohne dass sie über die Schulter blickten oder auch nur zur Kenntnis nahmen, was die Philosophen, die sich den neuen empirischen Erkenntnissen ständig anzupassen versuchten, ihnen anzubieten hatten. Zu keiner Zeit war das deutlicher als in der zweiten Hälfte des ersten Jahrzehnts, als auf mehreren Gebieten der »harten« Wissenschaften die schwierige Grundlagenforschung zum Abschluss gebracht wurde. (»Hart« hier im doppelten Sinne: erstens, weil intellektuell schwierig, zweitens, weil es hier um Wissenschaften geht, die sich mit konkreter Materie, mit der materiellen Basis von Phänomenen auseinander setzen.) Ganz im Gegensatz zu Nietzsche und anderen Philosophen konzentrierten sich Naturwissenschaftler ausschließlich auf die Experimentation und daraus resultierende Theorien über klar umgrenzte Aspekte des beobachtbaren Universums. Ihr ignorantes Verhalten gegenüber der Philosophie änderte aber nichts an der Tatsache, dass ihre Erkenntnisse in der Tat von wesentlich größerer Relevanz waren als sämtliche philosophischen Betrachtungen, sobald sie einmal akzeptiert waren, und das waren sie meist sehr schnell.

Ein gutes Beispiel für diesen stringent wissenschaftlichen Ansatz ist eine Begebenheit, die am Abend des 7. März 1911 im englischen Manchester stattfand. Dank des berühmten Physikers James Chadwick, damals noch Student, sind uns die Einzelheiten dieses Ereignisses, das sich während einer Veranstaltung der »Literary and Philosophical Society« in Manchester zutrug, überliefert. Das Auditorium bestand hauptsächlich aus örtlichen Honoratioren – intelligente Leute, sicher, aber doch kaum Experten. An solchen Abenden wurden üblicherweise zwei bis drei Vorträge über ein bestimmtes Thema gehalten, und auch der 7. März bildete da keine Ausnahme. Zuerst berichtete ein Obstimporteur von seiner Überraschung, als er mitten in einer Ladung jamaikanischer Bananen eine seltene Schlange entdeckt hatte. Als Nächstes hielt Ernest Rutherford, Physikprofessor an der Manchester University, einen Vortrag, bei dem er die Anwesenden in eine der gewiss einflussreichsten Ideen des ganzen Jahrhunderts einweihte – in die Grundstruktur des Atoms. Wie viele der Zuhörer Rutherford überhaupt verstanden, ist schwer zu sagen. Jedenfalls erklärte er ihnen, ein Atom bestehe aus »einer elektrischen, sich auf einen Punkt konzentrierenden Ladung, die von einer gleichartigen kugelförmigen Verteilung mit einer identischen Menge von der entgegengesetzten Ladung umgeben« sei. Das klingt sehr trocken, doch für Rutherfords anwesende Kollegen und Studenten war das die aufregendste Nachricht, die sie je zu hören bekommen hatten. James Chadwick erzählte später, dass er sich sein Leben lang an diesen Abend erinnern werde. »Für so junge Kerle, wie wir es damals waren, war das eine absolut welterschütternde Vorstellung… Wir spürten, dass das die Wahrheit sein musste. Das war's!«[1]

Nicht immer hatte man solches Zutrauen zu Rutherfords revolutionären Ideen gehabt. Ende der 1890er-Jahre hatte er die Thesen des französischen Physikers Henri Becquerel weitergeführt, welcher seinerseits auf Röntgens Strahlenentdeckung, der wir im ersten Kapitel begegnet sind, aufgebaut hatte. Fasziniert von der mysteriösen Strahlung des fluoreszierenden Glases hatte Becquerel – wie schon sein Vater und Großvater Physikprofessor am Musée d'Histoire Naturelle in Paris – beschlossen, weitere »fluoreszierende« Substanzen zu untersuchen. Sein berühmtes Experiment sollte dann jedoch aus purem Zufall entstehen: Er hatte etwas Uranylkaliumsulfat auf ein Fotorohpapier gestreut und dieses mehrere Tage lang in einer Schublade aufbewahrt. Als er das nächste Mal einen Blick darauf warf, sah er, dass die Salzkörner auf dem Papier abgebildet waren. Da das Papier durch keinen natürlichen Lichteinfall aktiviert worden sein konnte, musste diese Veränderung durch das Uransalz entstanden sein. Becquerel hatte die auf natürlichem Wege entstehende Radioaktivität gefunden.[2]

Diese Entdeckung zog nun die Aufmerksamkeit von Ernest Rutherford auf sich. Rutherford, ein stämmiger Mann mit wettergegerbtem Gesicht, pflegte bei jeder Gelegenheit mit wahrer Begeisterung, eine Zigarette zwischen den Lippen, ein Lied zu grölen. »Onward Christian Soldiers« war sein besonderer Favorit. Nach seiner Ankunft in Cambridge, im Oktober 1895, begann er sofort mit einer Experimentalreihe, die an Becquerels Ergebnisse anschließen sollte.[3] Es gab drei auf natürlichem Wege entstehende radioaktive Substanzen – Uran, Radium und Thorium. Rutherford wollte sich mit seinem Assistenten Frederick Soddy erst einmal ganz auf das radioaktive Thorium-Gas konzentrieren. Doch als sie es dann analysierten, stellten sie verwundert fest, dass es vollständig inaktiv war – mit anderen Worten: Es war kein Thorium. Wie konnte das sein? Soddy beschrieb die Aufregung von damals in seinen Memoiren: Es begann ihnen allmählich zu dämmern, dass ihre Ergebnisse »zu der unglaublichen, aber unvermeidlichen Schlussfolgerung führten, dass sich das Element Thorium spontan in das [chemisch inaktive] Argon umwandelte!« Dies war das erste von vielen bedeutenden Experimenten Rutherfords. Gemeinsam mit Soddy hatte er den spontanen Zerfall von radioaktiven Elementen entdeckt – eine moderne Form von Alchimie. Die Implikationen waren gewaltig.[4]

Doch das war noch nicht alles. Rutherford beobachtete auch, dass Uran oder Thorium beim Zerfall zwei Arten von Strahlen abgaben. Die schwächeren davon nannte er »Alphastrahlen«. Bei späteren Experimenten stellte sich heraus, dass es sich bei den »Alphateilchen« in Wirklichkeit um 2-fach positivierte Heliumatome handelte, während die stärkeren »Betastrahlen« aus negativ geladenen Elektronen bestanden, die, so Rutherford, »in jeder Hinsicht Katodenstrahlen gleichen«. Diese Ergebnisse waren derart bahnbrechend, dass Rutherford bereits 1908, im Alter von 37 Jahren, der Nobelpreis zuerkannt wurde. Inzwischen war er von Cambridge zuerst nach Kanada gezogen und dann wieder zurück nach Großbritannien, um eine Stelle als Physikprofessor in Manchester anzutreten.[5] Jetzt widmete er seine ganze Energie dem Alphateilchen. Da es so viel größer als das Beta-Elektron war (das fast keine Masse besaß), glaubte er, dass es auch mit größerer Wahrscheinlichkeit mit Materie interagiert – was für alle weiteren Erkenntnisse von grundlegender Bedeutung wäre. Wenn ihm nur die richtigen Experimente einfielen, würde ihm Alpha vielleicht sogar etwas über die Struktur des Atoms sagen. »Ich war damit aufgewachsen, das Atom als einen netten, harten Kerl zu betrachten, der je nach Geschmack von roter oder grauer Farbe war«, erzählte er.[6] Diese Sicht hatte er bereits während seines Aufenthalts in Kanada revidiert, denn dort hatte er nachgewiesen, dass Alphateilchen durch ein Magnetfeld abgelenkt werden konnten, wenn sie durch einen schmalen Schlitz zu einem Strahl gebündelt wurden. Solche Experimente wurden damals noch mit einfachsten Mitteln gemacht – aber gerade das war das Schöne an Rutherfords Ansatz. Der nächste große Durchbruch war dann aber doch einer verbesserten Ausrüstung zu verdanken. Bei einem seiner vielen folgenden Experimente bedeckte er diesen Schlitz mit einem sehr dünnen Glimmerblättchen, einem Mineral, das sich auf natürliche Weise in blättrig-tafelige Scheibchen zerlegt. Das Blättchen bei Rutherfords Experiment war so dünn – etwa ein dreitausendstel Inch –, dass es zumindest theoretisch von Alphateilchen durchdrungen werden konnte. Und genau das geschah, allerdings nicht ganz so, wie Rutherford es sich vorgestellt hatte: Auf dem Fotopapier waren die »gesammelten« Ergebnisse an den Rändern des Bildes verschwommen. Rutherford hatte nur eine Erklärung dafür – einige Teilchen waren abgelenkt worden, so viel war sicher. Aber es war das *Ausmaß* dieser Ablenkung, das ihn faszinierte. Durch seine Experimente mit Magnetfeldern wusste er bereits, dass es schon für winzigste Ablenkungen starker Kräfte bedurfte. Nun zeigte sein Fotopapier, dass einige der Alphateilchen bis zu zwei Grad vom Kurs abgelenkt worden waren. Und dafür gab es wiederum nur eine Erklärung, nämlich, wie Rutherford selber sagte: »Atome von Materie müssen sehr starke elektrische Kräfte besitzen.«[7]

Naturwissenschaftliche Forschung führt nicht immer so geradlinig zum Ziel, wie man es gerne hätte. Und so verhalf auch dieses überraschende Ergebnis Rutherford nicht automatisch zu neuen Erkenntnissen. Im Gegenteil, verbissen musste er nun mit seinem neuen Assistenten Ernest Marsden das Verhalten von Alphateilchen weiter studieren, indem er sie auf unterschiedlichste Folien streute – Gold, Silber, Aluminium.[8] Aber es war nichts Außergewöhnliches zu beobachten. Doch dann hatte Rutherford eine Idee. Eines Morgens kam er ins Labor und fragte, den Blick auf Marsden gerichtet, ob es (angesichts der Ablenkungsergebnisse, die ihm noch immer im Kopf herumspukten) vielleicht ein guter Einfall wäre, wenn sie die Teilchen *schräg* auf die Metallfolien auftreffen lassen würden. Der am nächsten liegende Winkel war 45 Grad. Marsden griff sich eine Goldfolie und probierte es aus. Und dieses simple Experiment sollte »die Physik bis ins Mark erschüttern« und einen »völlig neuen Blick auf die Natur« ermöglichen. Es war nicht weniger als »die Entdeckung einer neuen Schicht Wahrheit, einer neuen Dimension des Universums«.[9] Trafen die Alphateilchen in einem Winkel von 45 Grad auf, drangen sie nicht *durch* die Goldfolie hindurch, sondern wurden im 90-Grad-Winkel auf den Zinksulfidschirm zurückgeschleudert. »Ich erinnere mich noch gut daran, wie ich Rutherford von diesem Ergebnis berichtete«, schrieb Marsden in seiner Biographie, »wie es war, als ich ihn auf den Stufen zu seinem Privatzimmer traf, und mit welcher Freude ich es ihm mitteilte.«[10] Rutherford verstand sofort, was Marsden kombiniert hatte: Damit eine solche Ablenkung auftreten konnte, musste irgendwo in den Gerätschaften, die sie für dieses einfache Experiment verwendeten, eine *Riesenmenge* an Energie verborgen sein.

Doch das machte Rutherford erst einmal ziemlich ratlos. »Es war so ziemlich das unglaublichste Ereignis, das mir je in meinem Leben passierte«, schrieb er in seiner Autobiographie. »Es war fast genauso unglaublich, als ob man eine 38-cm-Granate gegen ein Stück Seidenpapier abfeuert, und die prallt zurück und trifft einen. Bei näherer Betrachtung wurde mir klar, dass dieser Rückprall das Ergebnis einer einzigen Kollision sein musste, doch als ich dann meine Berechnungen anstellte, sah ich, dass man unmöglich etwas von dieser Größenordnung bekommen konnte, ausgenommen man legte ein System zu Grunde, in dem der größte Masseanteil des Atoms in einem winzigen Kern konzentriert ist.«[11] Monatelang grübelte er nach, bis er endlich zuversichtlich glaubte, auf dem richtigen Weg zu sein. Er hatte sich erst langsam mit der Idee vertraut machen müssen, dass die Vorstellung vom Atom, mit der er aufgewachsen war – J. J. Thomsons winziger »Rosinenkuchen«, nur dass es statt Rosinen Elektronen sind –, nicht mehr galt.[12] Mit immer größerer Gewissheit hielt er ein ganz anderes Modell für denkbar, das er schließlich analog zum Himmelsgewölbe beschrieb: Die Elektronen befinden sich auf einer kreisförmigen Umlaufbahn um den Kern wie Planeten um Sterne.

Als Theorie war das planetarische Modell natürlich wesentlich eleganter als die Version des »Rosinenkuchens«. Aber war sie auch richtig? Um das zu überprüfen, ließ Rutherford einen großen Magneten von der Decke seines Labors herunterhängen. Auf einem Tisch direkt darunter fixierte er einen zweiten Magneten. Als der Pendelmagnet im 45-Grad-Winkel über den Tisch schwang und sich der Polaritätszustand beider Magneten angeglichen hatte, schlug der Pendelmagnet im 90-Grad-Winkel aus, genauso wie die Alphateilchen, wenn sie auf Goldfolie auftrafen. Seine Theorie hatte den ersten Test bestanden. Aus der Atomphysik war Kernphysik geworden.[13]

*

Viele Menschen betrachten die Teilchenphysik als das größte intellektuelle Abenteuer des zwanzigsten Jahrhunderts. Sie hatte gewissermaßen zwei Seiten. Beispielhaft für die eine steht Rutherford, ein Meister, was das Erfinden von oft sehr einfachen Experimenten anbelangt, um die neuesten Theorien zu beweisen oder zu widerlegen. Die andere Seite war das Projekt *theoretische* Physik. Bei ihr ging es darum, bereits vorhandene Informationen so zu verwerten und zu überdenken, dass der Wissensstand erweitert werden konnte. Natürlich sind experimentelle und theoretische Physik eng miteinander verknüpft, denn irgendwann muss schließlich jede Theorie überprüft werden. Doch innerhalb der Disziplin gilt die Beschäftigung mit reiner Theorie als absolut eigenständiger Zweig; und für viele hoch angesehene Physiker gibt es nur die theoretische Arbeit. Doch physikalische Theorien können oft jahrelang nicht durch das Experiment verifiziert werden, einfach weil die dazu nötige Technologie noch gar nicht existiert.

Der berühmteste theoretische Physiker der Menschheitsgeschichte und die in der Tat berühmteste Persönlichkeit des zwanzigsten Jahrhunderts entwickelte seine Theorien fast zur selben Zeit, in der Rutherford seine Experimente durchführte. Albert Einstein betrat die wissenschaftliche Bühne mit einem Paukenschlag. Das bei weitem begehrteste Sammlerobjekt unter allen Wissenschaftsjournalen der Welt ist Band XVII der *Annalen der Physik* aus dem Jahr 1905, denn darin ist nicht nur eine, darin sind gleich *drei* Abhandlungen enthalten, die Einstein in diesem Jahr veröffentlichte und die das Jahr 1905 zum Annus mirabilis der Naturwissenschaften schlechthin machen sollten: Einstein lieferte die erste experimentelle Verifikation der von Max Planck begründeten Quantentheorie; ferner eine Theorie der Brownschen Molekularbewegung, mit der er die Existenz von Molekülen bewies; und schließlich die Spezielle Relativitätstheorie mit ihrer berühmten Formel $E=mc^2$.

Einstein wurde am 14. März 1879 als Sohn des Elektroingenieurs Hermann Einstein in Ulm geboren. Seine Mutter Pauline war schockiert, als sie ihren Sohn nach einer normal verlaufenen Geburt erstmals erblickte – sein Kopf war so groß und seltsam geformt, dass sie überzeugt war, er sei behindert.[14] In Wirklichkeit war alles in Ordnung, aber Einstein hatte in der Tat sogar noch für einen Erwachsenen einen ungewöhnlich großen Schädel. Der Familienlegende zufolge ist er in der Grundschule weder besonders glücklich noch besonders schlau gewesen.[15] Später behauptete er, dass er sich nur deshalb so lange mit dem Sprechen Zeit gelassen habe, weil er »warten« wollte, bis er zu vollständigen Sätzen fähig war. In Wahrheit übertreibt die Familienlegende. Die Forschung über Einsteins Leben ergab, dass er in den Schulfächern Mathematik und Latein immer der Beste gewesen war oder zumindest zu den Besten gehört hatte. Richtig ist aber, dass er sich gern allein unterhielt und ganz besonders von seinen Bauklötzen fasziniert war. Als er fünf Jahre alt war, schenkte ihm sein Vater einen Kompass, den er so aufregend fand, dass er nach eigenen Worten bei seinem Anblick »erbebte«.[16]

Obwohl Einstein kein Einzelkind war, war er von Natur aus ein ziemlicher Einzelgänger und schon früh unabhängig, gefördert von der Einstellung seiner Eltern, dass Kinder von klein auf Selbstvertrauen gewinnen sollten. Beispielsweise wurde er schon mit vier oder fünf Jahren allein losgeschickt, um auf den belebten Straßen von München Besorgungen zu machen.[17] Außerdem ermunterten die Einsteins ihre Kinder, eigene literarische Interessen zu entwickeln. Während Albert sich in der Schule für Mathematik interessierte, entdeckte er ganz ohne Zutun der Eltern zu Hause Kant und Darwin – was doch ziemlich frühreif scheint.[18] Vielleicht war das letztlich auch der Grund, weshalb aus diesem stillen Kind ein »schwieriger« und rebellischer Jugendlicher wurde, denn sein Charakter allein kann dafür sicher nicht verantwortlich gewesen sein. Er hasste den autokratischen Stil seiner Schule ebenso wie die autoritäre Seite Deutschlands, die sich wie in Wien auch hier auf der politischen Bühne als brutaler Nationalismus und gefährlicher Antisemitismus niederschlug. Einstein fühlte sich so unwohl in diesem geistigen Klima, dass er unaufhörlich mit seinen Mitschülern und Lehrern stritt, bis er schließlich der

Schule verwiesen wurde. Aber er hatte längst selbst daran gedacht, fortzugehen. Als er sechzehn war, brachen seine Eltern ihre Zelte in München ab, um nach Mailand zu ziehen, was der Sohn nutzte, um in die Schweiz zu gehen. Nach dem Abitur in Aarau ging er an die Eidgenössische Technische Hochschule Zürich, fand später eine Anstellung im Patentamt von Bern und begann 1901 – mit nur einem Fuß im Wissenschaftsbetrieb (erst 1905 erhielt er den Doktorgrad an der Universität Zürich) – wissenschaftliche Aufsätze zu veröffentlichen. Sein erster Artikel, »Folgerungen aus den Capillaritätserscheinungen«, war nach Aussage eines Experten »schlicht und einfach falsch«. 1903 und 1904 folgten weitere Publikationen, die zwar interessant waren, denen jedoch allen irgendwas fehlte. Nicht zu vergessen, Einstein hatte zu dieser Zeit keinen Zugang zur neuesten wissenschaftlichen Fachliteratur und wiederholte daher die Forschungsarbeiten anderer oder verstand sie falsch. Doch was er gut beherrschte, waren die Techniken der Statistik, und das sollte ihm später noch gute Dienste leisten. Außerdem hat die Tatsache, dass er sich nicht im Mainstream des Wissenschaftsbetriebs befand, am Ende sicher zu seiner Originalität beigetragen. Und die brach sich 1905 ganz unerwartet Bahn. Das heißt, »unerwartet« zumindest soweit es Einstein selbst betraf, denn in Wirklichkeit tendierten Ende des neunzehnten Jahrhunderts viele Mathematiker und Physiker – Ludwig Boltzmann, Ernst Mach oder Jules-Henri Poincaré – in eine ähnliche Richtung. Die Relativitätstheorie war bei ihrer Veröffentlichung also sowohl *eine* als auch *keine* große Überraschung.[19]

Einsteins drei große Abhandlungen in diesem Jahr der Wunder erschienen in folgender Reihenfolge: im März die Arbeit über die Quantentheorie, im Mai der Aufsatz über die Brownsche Molekularbewegung und im Juni über die Elektrodynamik bewegter Körper (was man später als Spezielle Relativitätstheorie bezeichnete). Die Quantenphysik, das geistige Kind des deutschen Physikers Max Planck, war ja, wie gesagt, selbst noch etwas völlig Neues. Planck hatte behauptet, dass Licht eine Form von elektromagnetischer Strahlung ist, die »portionsweise« abgegeben wird. Und diese »Portionen« hatte er dann Quanten genannt. Obwohl sein Grundlagenpapier wenig Aufsehen erregte, als er es im Dezember 1900 der Deutschen Physikalischen Gesellschaft in Berlin vorgetragen hatte, wurde den Physikern bald klar, dass Planck Recht haben musste. Seine Idee erklärte einfach zu vieles, nicht zuletzt die Beobachtung, dass die chemische Welt aus diskreten Einheiten besteht – aus Elementen. Und diese Elemente implizieren konkrete Materiebausteine, welche ihrerseits wieder diskret sind. Einstein beglückwünschte Planck für die wohl durchdachten Implikationen seiner Theorie und stimmte seiner These zu, dass Licht aus diskreten Einheiten besteht – in Form von stabilen Elementarteilchen, den so genannten Photonen. Dass außer Einstein so viele Wissenschaftler Schwierigkeiten hatten, die Vorstellung von Quanten zu akzeptieren, lag wohl einfach daran, dass seit Jahren die experimentell bestätigte Vorstellung herrschte, Licht sei eine Wellenerscheinung. In seiner ersten Abhandlung stellte Einstein nun die revolutionäre Hypothese auf – und bewies damit schon früh jene Offenheit für das Undenkbare, für welche die Physik im Laufe der kommenden Jahrzehnte so gefeiert werden sollte –, dass Licht *beides* sein kann: manchmal Welle und manchmal Teilchen. Es dauerte eine ganze Weile, bis diese Vorstellung allgemein akzeptiert oder auch nur verstanden wurde. Vorerst war nur den Physikern bewusst, dass sich Einsteins Erkenntnisse mit allen vorliegenden Fakten deckten. In den Zwanzigerjahren wurde dieser Welle-Teilchen-Dualismus, wie man ihn nennen sollte, schließlich zur Grundlage der Quantenmechanik. (Wen das alles verwirrt, wer Schwierigkeiten hat, sich etwas vorzustellen, das sowohl Teilchen als auch Welle sein kann, der sei beruhigt – er befindet sich in bester Gesellschaft. Denn hier haben wir es mit grundlegend *mathematischen* Eigenschaften zu tun, weshalb sämtliche visuellen Analogien nur inadäquat sein können. Niels Bohr, der als einer der beiden größten Physiker des zwanzigsten Jahrhunderts gilt, sagte einmal, dass niemand ganz richtig im Kopf sein könne, dem nicht allein schon von der Idee dieser Sache »schwindlig« werde – eine Sache, die spätere Physiker nicht umsonst den »Zauber der Quantentheorie« nannten.)

Zwei Monate nach der Veröffentlichung seiner Abhandlung über die Quantentheorie publizierte Einstein seine zweite große Arbeit über die Brownsche Molekularbewegung.[20] Vielen Menschen ist dieses Phänomen aus der Schulzeit bekannt: Verteilt man kleinste Teilchen von oft nur einem Hundertstel Millimeter in einer Flüssigkeit, kann man sie unter dem Mikroskop in völlig unregelmäßigen Stößen hin- und her-, vor- und zurückzucken sehen. Einstein hatte nun die Idee, dass dieser »Tanz« entsteht, weil die Teilchen in zufälligen Abständen von den umgebenden Wasseratomen und -molekülen bombardiert werden. Sofern er damit Recht habe, so Einstein, und diese die Teilchen tatsächlich aufs Geratewohl bombardierten, würde deren Eigenbewegung, die ja im Prinzip durch das Bombardement von allen Seiten zum Stillstand kommen müsste, einige Teilchen dennoch nicht an Ort und Stelle halten. Vielmehr müssten diese sich in einer bestimmten Geschwindigkeit auf dem Wasser bewegen. Hier machten sich seine Statistikkenntnisse bezahlt, denn seine komplexen Berechnungen wurden sämtlich experimentell bestätigt. Und dies galt allgemein als erster Beweis für die Existenz von Molekülen.

Doch erst Einsteins dritter, im Juni des Jahres veröffentlichter Aufsatz über die Elektrodynamik bewegter Körper (die Spezielle Relativitätstheorie also, die Allgemeine folgte später) sollte ihn weltberühmt machen. Es war diese Theorie, die ihn auf seine berühmte Formel $E=mc^2$ gebracht hatte. Sie ist nicht einfach zu erklären, denn sie bezieht sich auf derart extreme – und grundlegende – Zustände im Universum, dass der gesunde Menschenverstand allein nicht mehr ausreicht, um sie zu begreifen. Vielleicht kann hier ein berühmtes Gedankenexperiment weiterhelfen.[21] Stellen Sie sich vor, Sie stehen auf einem Bahnsteig, und ein Zug rauscht von links nach rechts an Ihnen vorbei. In genau dem Moment, in dem eine im Zug befindliche Person an Ihnen vorbeifährt, wird in der Mitte des Waggons, in dem diese sich befindet, ein Licht angeschaltet. Angenommen nun, der Zug wäre durchsichtig, und Sie könnten hineinsehen, dann würden Sie als Beobachter auf dem Bahnsteig sehen, dass sich der Waggon bis zu dem Moment, an dem der Lichtstrahl dessen Ende erreicht, vorwärts bewegt hat. Mit anderen Worten, der Lichtstrahl hat sich über eine Strecke von etwas weniger als die Hälfte der Gesamtlänge des Waggons vorwärts bewegt. Die Person im Inneren des Zuges wird jedoch sehen, dass dieser Lichtstrahl zur selben Zeit das Ende wie den Anfang des Waggons erreicht, denn aus deren Position betrachtet, hat er exakt die halbe Strecke der Gesamtlänge des Waggons zurückgelegt. Folglich ist die Zeit, die der Lichtstrahl braucht, um das Ende des Waggons zu erreichen, für beide Beobachter unterschiedlich. Dennoch ist es in beiden Fällen derselbe Lichtstrahl, der dieselbe Strecke mit derselben Geschwindigkeit zurücklegt. Diese Diskrepanz kann, laut Einstein, nur erklärt werden, wenn man von der Annahme ausgeht, dass Wahrnehmung je nach Beobachter *relativ* ist und dass sich Zeit, da Lichtgeschwindigkeit ja konstant bleibt, je nach Umstand verändert.

Die Vorstellung, dass sich Zeit verlangsamen oder beschleunigen kann, ist kaum nachzuvollziehen. Doch genau das behauptete Einstein. Die Einstein-Biographen Michael White und John Gribbin bieten auch hierzu ein Gedankenexperiment an: Stellen Sie sich einen Bleistift vor, auf den ein Lichtstrahl fällt, wodurch ein Schatten auf die Tischplatte geworfen wird. Der in drei Dimensionen existierende Stift wirft einen in zwei Dimensionen existierenden Schatten auf die Platte. Wenn man den Stift im Licht dreht oder das Licht um den Stift herum bewegt, wächst oder schrumpft der Schatten. Was Einstein nun behauptete, ist, dass Objekte an Stelle der uns vertrauten drei Dimensionen über vier verfügen – denn da Objekte die Zeit überdauern, nehmen sie auch noch Raumzeit in Anspruch, wie das heute genannt wird.[22] Wenn man also mit einem vierdimensionalen Objekt spielt, so wie wir es mit diesem Bleistift getan haben, kann man Zeit verkürzen oder verlängern, genauso wie man den Schatten des Stifts wachsen oder schrumpfen lassen kann. Doch hier von »spielen« zu sprechen, ist reichlich gewagt, denn Einsteins Theorie zufolge müssen sich Objekte mit oder nahezu mit Lichtgeschwindigkeit bewegen, damit sich die von ihm vorausgesagten Effekte zeigen. Aber sobald sie es tun, verändert sich Zeit tatsächlich. Einsteins berühmteste Voraussage war, dass Uhren bei hoher Geschwindigkeit langsamer gehen. Diese Theorie, der sich jeder gesunde Menschenverstand verweigert, wurde erst viele Jahre später experimentell bestätigt. Einsteins Ideen mögen zwar keinen unmittelbaren praktischen Nutzen gehabt haben, aber die Physik haben sie augenblicklich und ein für alle Mal verwandelt.[23]

*

Auch die Chemie wurde ungefähr zur selben Zeit grundlegend verändert, und das mit angeblich wesentlich mehr Nutzen für die Menschheit. Doch dem Mann, dem diese Transformation zu verdanken war, war niemals ein Ruhm wie Einstein vergönnt. Als er der Presse seinen wissenschaftlichen Durchbruch eröffnete, wurde nicht einmal sein Name in den Schlagzeilen erwähnt. Dafür formulierte die *New York Times* eine Schlagzeile, die wohl als die seltsamste in die Annalen der Zeitung eingegangen sein dürfte: »HERE'S TO $C_7H_{38}O_{43}$.«[24] Es handelte sich um die chemische Formel für Kunstharz, dem heute wahrscheinlich weltweit gebräuchlichsten Material. Unser modernes Leben – Flugzeug, Telefon, Fernsehen, Computer – wäre ohne es undenkbar. Der Mann hinter dieser Entdeckung hieß Leo Hendrik Baekeland.

Baekeland war Belgier, hatte aber zur Zeit der Bekanntgabe seines Durchbruchs im Jahr 1907 schon fast zwanzig Jahre in den USA gelebt. Er war ein selbstbewusster Individualist und Kunstharz bei weitem nicht seine erste Erfindung. Unter anderem hatte er bereits ein lichtempfindliches Papier mit der Bezeichnung »Velox« erfunden, das er für 750000 Dollar an die Eastman Company verkaufte (was einem heutigen Wert von 40 Millionen Dollar entspricht) oder die so genannte »Townsend Cell«, welche Sole elektrolytisch zersetzen und Ätznatron produzieren kann, was für die Herstellung von Seifen und anderen Produkten entscheidend war.[25]

Die Suche nach einem synthetischen Kunststoff war nichts Neues. Organischer Kunststoff wurde schon seit Jahrhunderten verwendet: Die Ägypter hatten ihre Sarkophage mit Harzen überzogen; die Griechen hatten eine Vorliebe für Schmuck aus Bernstein; und Knochen, Muscheln, Elfenbein und Gummiharze wurden überall eingesetzt. Im neunzehnten Jahrhundert wurde Schellack entwickelt und fand sofort viele Anwendungen, beispielsweise in der Schallplattenindustrie oder als Isoliermaterial. Und 1865 hatte Alexander Parkes die Royal Society of Arts in London in die Geheimnisse von »Parkesin« eingeweiht, dem ersten aus einer Reihe von Kunstharzen, das beim Versuch der Modifizierung von Nitrozellulose entstand.[26] Erfolgreicher, insbesondere als Grundlagenmaterial für Zahnkronen, war jedoch Zelluloid – mit Kollodium vermischtes und durch Erhitzen zersetztes Kampfergummiharz. Diese Erfindung sollte solche Dinge wie Kämme, Manschetten und steife Kragen auch für soziale Gruppen erreichbar machen, die sich solchen Luxus bis dahin nicht hatten leisten können. Allerdings gab es einige gravierende Probleme mit Zelluloid, vor allem im Hinblick auf seine leichte Brennbarkeit. Ein Leitartikel der *New York Times* fasste dieses Problem 1875 in der alarmierenden Schlagzeile zusammen: »Explosive Teeth.«[27]

Am häufigsten wurde in den 1890er-Jahren und im Jahr 1900 mit Phenol-Formaldehyd-Mischungen experimentiert. Chemiker hatten jede nur erdenkliche Kombination auf unterschiedlichste Temperaturen erhitzt und mit allen möglichen anderen Verbindungen zu mischen versucht. Doch das Ergebnis blieb immer gleich – eine Gummimischung, die nie eine kommerziell verwertbare Qualität erreichte und von den Chemikern samt und sonders unter die Rubrik »awkward resins« (zähe Harze) abgelegt wurde.[28] Doch genau diese Unhandlichkeit weckte das Interesse von Baekeland.[29] 1904 stellte er Nathaniel Thurlow als Assistenten ein, weil dieser sich gut mit den chemischen Eigenschaften von Phenol auskannte. Gemeinsam begannen sie nach einem Muster in diesem Durcheinander von Ergebnissen zu suchen. Thurlow machte zwar einige Fortschritte, aber der Durchbruch sollte erst am 18. Juni 1907 gelingen. An diesem Tag war Baekeland allein im Labor und legte gerade ein neues Laborbuch an. Vier Tage später beantragte er das Patent für eine Substanz, die er »Bakalit« nannte (der Name Bakelit wurde erst später eingeführt.)[30] Das war in der Tat eine rasante Entdeckung.

Anhand der peinlich genauen Aufzeichnungen von Baekeland wissen wir, dass er Holzstücke in eine Lösung getaucht hatte, die zu gleichen Teilen aus Phenol und Formaldehyd bestand, um diese dann auf 140 bis 150 Grad C zu erhitzen. Nach einem Tag stellte er fest, dass sich zwar nicht die Holzoberfläche erhärtet hatte, doch *sehr* hartes Gummiharz ausgetreten war. Er fragte sich, ob das damit zu tun haben könnte, dass sich das Formaldehyd verflüchtigt hatte, bevor es mit dem Phenol reagieren konnte.[31] Um diese Vermutung zu bestätigen, wiederholte er den Prozess mehrmals, immer mit einer anderen Mischung, einer anderen Temperatur, unter anderem Druck und bei verschiedenen Trockenvorgängen. Dabei fand er nicht weniger als vier Substanzen, die er A, B, C und D nannte. Einige waren gummiartiger als andere, manche wurden durch Erhitzen und andere durch Kochen in Phenol weicher. Doch es war die Mischung D, die ihn besonders faszinierte.[32] Diese Variante war »in allen Lösungsmitteln unlöslich und erweicht sich nicht. Ich nenne sie Bakalit, sie wird durch Erhitzung von A oder B oder C in verschlossenen Gefäßen gewonnen.«[33] Während der nächsten vier Tage kam Baekeland kaum zum Schlafen und kritzelte über dreiunddreißig Seiten mit Notizen voll. In dieser Zeit bestätigte er, dass man D nur erhält, wenn man A, B und C weit über 100 Grad Celsius in fest verschlossenen Töpfen erhitzt, damit die Reaktion unter Druck erfolgen kann. So bearbeitet, wurde aus Substanz D eine »schöne, weiche, elfenbeinartige Masse«.[34] Die Bakalit-Patente wurden am 13. Juli 1907 erteilt. Baekeland erfand sofort alle möglichen nützlichen Anwendungen für sein neues Produkt – Isolierung, Modelliermaterial, ein neues Linoleum und Fliesen, die im Winter warm halten konnten. Die ersten Gegenstände, die dann tatsächlich aus Bakalit gemacht wurden und bereits Ende des Jahres zum Verkauf standen, waren aber Billardkugeln – kein großer Erfolg, weil sie zu schwer und nicht elastisch genug waren. Im Januar 1908 suchte ihn ein Repräsentant der Loando Company aus Boonton in New Jersey auf. Die Firma interessierte sich für das Bakelit, wie es mittlerweile genannt wurde, um Spulen herzustellen, die bislang nur wenig zufrieden stellend aus einer Gummi-Asbest-Verbindung gemacht worden waren.[35] Von da an wiesen die Kassenbücher für das Jahr 1908 – die anfangs von Baekelands Frau geführt wurden (obwohl sie längst schon Millionäre waren) – einen ständigen Auftragsanstieg und zwei weitere Firmen als Kunden aus. 1909 stiegen die Geschäfte nochmals dramatisch an. Vielleicht erklärt sich das mit einem Vortrag, den Baekeland am ersten Freitag im Februar dieses Jahres vor der New Yorker Sektion der American Chemical Society in deren Gebäude an der Ecke 14. Straße und Fifth Avenue gehalten hatte.[36] Die Veranstaltung erinnerte ein wenig an Manchester, als Rutherford die Struktur des Atoms erklärte. Auch diesmal begann der offizielle Teil nach einem Dinner, und auch Baekelands Vortrag stand nicht als erster auf der Liste. Er berichtete, wie er auf die Substanz D, das polymerisierte $n(C_7H_{38}O_{43})$, gestoßen war. Es war schon nach 22 Uhr, als er endlich alle Eigenschaften von Bakelit anhand von diversen Proben demonstriert hatte. Die anwesenden Chemiker brachen in stehende Ovationen aus. Wie James Chadwick während Rutherfords Vortrag hatten auch sie begriffen, dass sie gerade einem historischen Moment beigewohnt hatten. Baekeland fuhr so aufgeregt nach Hause, dass er nicht schlafen konnte und in sein Arbeitszimmer ging, um einen zehnseitigen Bericht über diese Zusammenkunft zu schreiben. Am nächsten Tag berichteten drei New Yorker Zeitungen von diesem Abend – und die *New York Times* kam mit ihrer berühmten Schlagzeile heraus.[37]

Das erste Plastik (im üblichen Sinne des Wortes) kam wie ein Wink des Himmels genau rechtzeitig, um verschiedenen Neuerungen zum Durchbruch zu verhelfen. Die Elektroindustrie wuchs ebenso schnell wie die Autoindustrie[38] und beide benötigten dringend gutes Isoliermaterial; Elektrizität und Telefon wurden immer häufiger genutzt; und auch der Phonograph erwies sich als viel populärer als einst angenommen. Im Frühjahr 1910 wurde eine Werbebroschüre über die Gründung einer Bakelit-Gesellschaft konzipiert, die sechs Monate später am 5. Oktober in New York ihre Pforten öffnete.[39] Im Gegensatz zum Flugzeug der Gebrüder Wright wurde Bakelit augenblicklich zu einem riesigen kommerziellen Erfolg.

*

Aus dem Bakelit entwickelte sich schließlich der Kunststoff, ohne den es unsere heutigen Computer vermutlich nicht geben würde. Aber zur selben Zeit, in der dieser »Hardware«-Aspekt unserer modernen Welt entwickelt wurde, waren auch wichtige Elemente der »Software« in Arbeit, vor allem bei der Grundlagenforschung über mathematische Logik. Hier hießen die Pioniere Bertrand Russell und Alfred North Whitehead.

Russell – ein schmächtiger, feingliedriger und pedantisch gekleideter Mann, ein »aristokratischer Spatz« – wurde von August John mit bohrend skeptischem Blick, spöttisch hochgezogenen Brauen und einem zynischen Zug um die Lippen porträtiert. Das Patenkind des Philosophen John Stuart Mill wurde 1872 geboren, zur Halbzeit der Regentschaft von Königin Victoria, und starb beinahe ein Jahrhundert später als entschiedener Atomkraftgegner. Einmal schrieb er, dass sein Leben von drei Leidenschaften beherrscht worden sei: »dem Drang nach Erkenntnis, dem Verlangen nach Liebe und einem unerträglichen Mitgefühl gegenüber den Leiden der Menschheit... So war mein Leben. Ich habe es lebenswert gefunden und würde es mit Freuden noch einmal leben, wenn sich mir die Möglichkeit dazu böte.«[40]

Leicht zu verstehen. Denn John Stuart Mill war nicht die einzige Berühmtheit, zu der er in freundschaftlicher Beziehung stand: T.S. Eliot, Lytton Strachey, G. E. Moore, Joseph Conrad, D. H. Lawrence, Ludwig Wittgenstein und Katherine Mansfield waren nur einige, die seinem Kreis angehörten. Russell bewarb sich mehrmals für das Parlament (wurde jedoch nie gewählt), trat für die Sowjetunion ein, gewann den Nobelpreis für Literatur (1951) und tauchte als Figur in zumindest sechs literarischen Werken auf (manchmal sehr zu seinem Leidwesen), darunter in solchen von Roy Campbell, T. S. Eliot, Aldous Huxley, D. H. Lawrence und Siegfried Sassoon. Als Russell 1970 im Alter von 96 Jahren starb, waren noch über sechzig seiner Titel lieferbar.[41]

Das originellste seiner Werke ist der erstmals 1910 erschienene dicke Wälzer mit dem an Isaac Newton angelehnten Titel *Principia Mathematica*, das mit Sicherheit zu den am seltensten gelesenen Büchern des zwanzigsten Jahrhunderts gehört. Erstens ging es darin um Mathematik, und dieses Thema ist nun einmal nicht nach jedermanns Geschmack. Zweitens war es übermäßig lang – drei Bände mit zusammen über 2000 Seiten im englischen Original. Und drittens wurde dieses Buch – das indirekt zur Geburt des Computers führte – deshalb von so Wenigen gelesen, weil es um ein ohnedies nur schwer zugängliches Argument kreist, das dann aber nicht einmal in gewohnter Sprache, sondern mit den Mitteln von speziell dafür erfundenen Symbolen dargestellt wurde. »Nicht« wurde zum Beispiel durch einen geschwungenen Querbalken symbolisiert, ein fett gedrucktes **v** stand für »oder«, ein viereckiger Punkt bedeutete »und«, während andere logische Zusammenhänge durch Zeichen wie zum Beispiel ein quer gelegtes U (⊃) für »impliziert« oder einen Dreistrich (≡) für »von gleicher Wertigkeit« verdeutlicht wurden. Das Buch hatte zehn Jahre bis zu seiner Fertigstellung gebraucht und kein geringeres Ziel, als die logischen Grundlagen der Mathematik zu beschreiben.

Ein solches Bravourstück erforderte einen außergewöhnlichen Autor. Russells Erziehung und Ausbildung waren von Anfang an ungewöhnlich. Zunächst hatte er einen Privatlehrer, der sich vor allem dadurch auszeichnete, dass er Agnostiker war. Und als ob das noch nicht abenteuerlich genug für die damalige Zeit gewesen wäre, führte dieser seinen Schüler dann bereits im zarten Alter von zehn Jahren in die Literatur von Euklid und später auch von Marx ein. Im Dezember 1889, mit siebzehn Jahren, ging Russell nach Cambridge. Diese Wahl war nahe liegend, denn die einzige Leidenschaft, die man dem jungen Mann nachsagen konnte, galt der Mathematik, und Cambridge hatte einfach den besten Ruf in dieser Disziplin. Russell liebte die Gewissheit und Klarheit der Mathematik, außerdem fand er sie nicht weniger »bewegend« als Dichtung, romantische Liebe oder die Herrlichkeiten der Natur. Und es gefiel ihm, dass dieses Studiengebiet von menschlichen Gefühlen so vollständig »unverseucht« geblieben war. Er habe eine Vorliebe für Mathematik, schrieb er, weil sie *nicht* menschlich sei, nichts Spezifisches mit unserem Planeten oder dem ganzen zufälligen Universum zu tun habe und weil sie unsere Liebe nicht erwidere, wie Spinozas Gott. Leibniz und Spinoza zählte er zu seinen »Ahnen.«[42]

In Cambridge besuchte er das Trinity College, für das er ein Stipendium beantragt hatte. Und hier hatte er nun das große Glück, Alfred North Whitehead als Prüfer zu haben. Whitehead, damals selbst erst neunundzwanzig Jahre alt, war ein liebenswürdiger Mensch (in Cambridge nannte man ihn nur den »Cherub«), der bereits damals erste Anzeichen jener »Schussligkeit« zeigte, für die er später so berühmt-berüchtigt werden sollte. Kaum weniger leidenschaftlich in die Mathematik verliebt wie Russell, drückte er seine Sympathie für diesen jungen Mann allerdings auf eher ungewöhnliche Weise aus. Bei der Stipendiumsprüfung hatte Russell nur die zweitbeste Punktzahl nach einem jungen Mann namens Bushell erreicht, doch Whitehead, überzeugt, dass Russell der Fähigere von beiden war, verbrannte alle Prüfungsbögen mitsamt den eigenen Anmerkungen und Noten einfach, bevor er sich mit den anderen Prüfern zusammensetzte. Dann empfahl er Russell.[43] Whitehead war hoch erfreut, dem jungen Studenten als Mentor behilflich sein zu können, doch Russell war eher dem Zauber des Philosophen G. E. Moore erlegen. Moore, der von seinen Zeitgenossen als »sehr schön« beschrieben wurde, war zwar nicht so geistreich wie Russell, aber dafür ein geduldiger und höchst beeindruckender Gesprächspartner, eine Mischung, wie Russell einmal schrieb, aus »Newton und Satan«. Ein Wissenschaftler pries die Begegnung dieser beiden Männer einmal als »Meilenstein für die Entwicklung der modernen Ethik«.[44]

Russell graduierte als »Wrangler«, wie man in Cambridge einen Studenten nennt, der Summa cum laude abschließt, doch es wäre ein Irrtum zu glauben, dass ihm dieser Erfolg in den Schoß gefallen wäre. Seine Abschlussexamen erschöpften ihn derart (Einstein war es ebenso ergangen), dass er im Anschluss daran seine sämtlichen mathematischen Lehrbücher verkaufte und sich erleichtert der Philosophie zuwandte.[45] Später sagte er, dass er die Philosophie als eine Art Niemandsland zwischen Naturwissenschaft und Theologie empfunden hätte. In Cambridge hatte er sich für sehr vieles zu interessieren begonnen (seine Examen waren auch deshalb so anstrengend für ihn, weil er sich lieber anderen Dingen widmete als sich vorzubereiten). Unter anderem faszinierte ihn Politik und besonders der Marxismus, was ihn dazu veranlasste, Deutschland zu besuchen und anschließend sein erstes Buch über die deutsche Sozialdemokratie zu schreiben, unmittelbar danach einen Band über seinen »Ahnen« Leibniz. Erst anschließend wandte er sich wieder seinem ursprünglichen Studienthema zu und begann *Die Prinzipien der Mathematik* zu schreiben.

Mit diesem Buch wollte Russell die damals ziemlich unpopuläre Ansicht propagieren, dass Mathematik auf Logik basiert und sich aus einer Reihe von Grundprinzipien ableiten lässt, die ihrerseits in sich logisch sind.[46] Im ersten Band plante er, eine eigene Philosophie der Logik darzustellen, im zweiten dann, detailliert deren mathematische Konsequenzen zu erläutern. Der erste Band wurde mit Wohlwollen aufgenommen, obwohl Russell auf eine grundlegende Schwierigkeit gestoßen war (beziehungsweise, wie man später sagen sollte, auf ein Paradox der Logik). In den *Prinzipien* ging es ihm insbesondere um das Problem von Klassifizierungen. Hier ein Beispiel daraus: Alle Teelöffel gehören der Klasse der Teelöffel an; die Klasse der Teelöffel an sich ist jedoch selbst kein Teelöffel und kann daher auch nicht dieser Klasse angehören. So weit, so klar. Doch dann führte Russell sein Argument noch einen Schritt weiter: Man stelle sich nun eine Klasse all der Klassen vor, welche nicht sich selbst angehören – etwa die Klasse aller Elefanten, welche selbst kein Elefant ist, oder die Klasse aller Türen, welche selbst keine Tür ist. Gehört nun die Klasse all der Klassen, welche sich nicht selbst angehören, sich selbst an? Ganz egal, ob man diese Frage mit »nein« oder »ja« beantwortete, man stieß auf einen Widerspruch.[47] Weder Russell noch sein Mentor Whitehead fanden eine Lösung für dieses Problem, also veröffentlichte Russell seine *Prinzipien* ohne eine Klärung dieses Paradox. »Dann aber«, schreibt einer seiner Biographen, »fand ein Ereignis statt, das als ein Moment von höchster Dramatik in die Geschichte der Mathematik einging.« In den 1890er-Jahren hatte Russell die *Begriffsschrift* des deutschen Mathematikers Gottlob Frege gelesen, aber noch nicht verstanden. Ende 1900 erstand er den ersten Band von Freges *Grundgesetze der Arithmetik* und stellte zu seinem Entsetzen fest, dass Frege dieses Paradox bereits vorausgesagt hatte, allerdings selbst zu keiner Lösung gelangt war. Ungeachtet dieses ungeklärten Problems galten die *Prinzipien* nach ihrem Erscheinen 1903 als erste umfassende englischsprachige Abhandlung über die logischen Grundlagen der Mathematik.[48]

Das Manuskript der *Prinzipien* wurde am letzten Tag des Jahres 1900 fertig gestellt. In den Wochen zuvor, als Russell bereits über den zweiten Band nachzudenken begann, erfuhr er, dass sein einstiger Prüfer und inzwischen guter Freund Whitehead ebenfalls mit dem zweiten Band seines Buches *Universal Algebra* begonnen hatte. Im Laufe ihrer Gespräche wurde bald deutlich, dass sie beide an denselben Problemen interessiert waren, also beschlossen sie, zusammenzuarbeiten. Niemand weiß, wann diese Kooperation genau begann, denn Russells Memoiren sind alles andere als genau und Whiteheads Unterlagen wurden von seiner Witwe Evelyn vernichtet – eine Aktion, die vielleicht weniger unglaublich und eher verständlich erscheint, wenn man bedenkt, dass sich Russell nach allen existierenden Hinweisen in die Frau seines Freundes verliebt hatte, nachdem seine Ehe mit Aly Pearsall Smith 1900 in die Brüche gegangen war.[49]

Die Zusammenarbeit zwischen Russell und Whitehead war ein gewaltiges Unternehmen. Nicht nur, dass sich die beiden mit nicht weniger als den Grundlagen der Mathematik befassten, sie knüpften auch an die Arbeiten von Giuseppe Peano an, einem Mathematikprofessor von der Universität von Turin, der erst kurz zuvor eine Reihe von neuen Symbolen erdacht hatte, mit denen er die herrschende Algebra erweitern und logische Beziehungen in viel größerem Ausmaß als bisher ermöglichen wollte. 1900 glaubte Russell, das Projekt mit Whitehead würde etwa ein Jahr beanspruchen.[50] Tatsächlich sollte es zehn Jahre dauern. Whitehead galt allgemein als der bessere Mathematiker. Er konzipierte die Struktur des Buches und entwarf auch die meisten Symbole. Doch es war Russell, der sechs Tage die Woche zwischen sieben und zehn Stunden daran arbeitete.[51] Die geistige Anstrengung war so groß, dass sie manchmal sogar gefährlich wurde. »Damals«, schrieb Russell später, »fragte ich mich oft, ob ich jemals Licht am Ende des Tunnels erblicken würde, in dem ich mich zu befinden schien ... Oft stand ich auf der Fußgängerbrücke von Kennington nahe Oxford, betrachtete die durchfahrenden Züge und beschloss, mich am nächsten Tag unter einen von ihnen zu werfen. Doch wenn dann der nächste Tag war, hoffte ich immer wieder, dass die ›Principia Mathematica‹ eines Tages vielleicht doch fertig sein würden.«[52] Sogar am Weihnachtsabend 1907 saß er siebeneinhalb Stunden über dem Manuskript. Während des ganzen Jahrzehnts hatte diese Arbeit das Leben beider beherrscht. Die Russells und Whiteheads pflegten sich gegenseitig zu besuchen, damit die Männer über ihre Fortschritte diskutieren konnten, und dann jeweils als zahlende Gäste im Haus der anderen zu übernachten. Irgendwann im Jahr 1906 löste Russell schließlich das Paradox mit Hilfe seiner Typentheorie. Es war eine eher logisch-philosophische als rein logische Lösung, derzufolge es zwei Möglichkeiten der Erkenntnis gab: nämlich einmal »aus eigener Bekanntschaft« (Löffel) und zum anderen »aus bloßer Beschreibung« (die Klasse der Löffel), was eine Art Erkenntnis aus zweiter Hand ist. Daraus folgt, dass die »Beschreibung einer Beschreibung« eine höhere Ordnung ist als die »Beschreibung des Beschriebenen«. Mit dieser Analyse verschwand das Paradox.[53]

Allmählich wurde das Buch kompiliert. Bis Mai 1908 war es bereits auf ungefähr 8000 Seiten angewachsen.[54] Im Oktober schrieb Russell an einen Freund, dass er es in einem Jahr für die Veröffentlichung bereit zu haben glaube. »Es wird ein sehr dickes Werk«, schrieb er, »niemand wird es lesen.«[55] An anderer Stelle notierte er einmal: »Jedesmal, wenn ich spazieren ging, fürchtete ich, dass das Haus Feuer fangen und das Manuskript verbrennen würde.«[56] Im Sommer 1909 waren sie beinahe fertig, und im Herbst begann Whitehead mit Verlegern zu verhandeln. »Land in Sicht«, schrieb er und verkündete, dass er sich mit den Syndika der Cambridge University Press treffen werde (die beiden Autoren zogen das Manuskript dann auf einer Schubkarre zum Drucker). Doch dieser Optimismus war etwas voreilig. Nicht nur war das Buch sehr umfangreich (das endgültige englische Manuskript umfasste dann »nur« noch 4500 Seiten, beinahe genauso viele wie Newtons gleichnamiges Werk), es gab auch keine Typen für das Alphabet der symbolischen Logik, in dem das halbe Manuskript verfasst worden war. Schlimmer noch, nachdem die Syndika ihre Marktanalysen gemacht hatten, waren sie zu dem Schluss gekommen, dass das Buch etwa 600 Pfund Verlust machen würde. Cambridge University Press stimmte zwar zu, 50 Prozent der Verlustkosten zu tragen, erklärte aber gleichzeitig, dass sie das Buch nur veröffentlichen könne, wenn es die Royal Society mit 300 Pfund bezuschussen würde. Die jedoch wollte nur eine Summe von 200 Pfund beisteuern, also mussten sich Russell und Whitehead den Rest teilen. »Folglich hat jeder von uns 50 Pfund Miese für die Arbeit von zehn Jahren verdient«, sagte Russel. »Das übertrifft sogar ›Das verlorene Paradies‹.«[57]

Der erste Band der *Principia Mathematica* erschien im Dezember 1910, der zweite 1912, der dritte Band 1913. Die Kritiken waren fast alle sehr schmeichelhaft. Der *Spectator* endete mit den Worten, dieses Buch sei mit seinem Versuch, die Mathematik auf festere Grundlagen zu stellen als das Universum selbst, »etwas Epochales in der Geschichte des spekulativen Denkens«.[58] Bis zum Jahresende 1911 wurden jedoch nur 320 Exemplare verkauft. Die Reaktion der Kollegen im In- und Ausland war eher ehrfürchtig als begeistert, und die im ersten Band behandelte Theorie der Logik wird noch heute unter Philosophen heftig diskutiert, doch der Rest des Buches, mit seinen hunderten Seiten voller formaler Nachweise (auf S. 86 zum Beispiel wird nachgewiesen: 1+1=2), wird nach wie vor nur selten konsultiert. »Ich wusste von nur sechs Leuten, die die anschließenden Teile des Buches gelesen hatten«, schrieb Russell in den Fünfzigerjahren. »Drei von ihnen waren Polen, die später (glaube ich) von Hitler ermordet wurden. Die anderen drei waren Texaner, die später erfolgreich assimiliert wurden.«[59]

Nichtsdestoweniger hatten Russell und Whitehead etwas Wichtiges entdeckt, nämlich dass der größte Teil der Mathematik – wenn nicht die gesamte – aus einer Reihe von Axiomen abgeleitet werden kann, die in einem logischen Zusammenhang miteinander stehen. Der Impetus, den die mathematische Logik dadurch erhielt, ist vielleicht das wertvollste Erbe dieser beiden Wissenschaftler. Denn er inspirierte Mathematiker wie Alan Turing und John von Neumann, denen die ersten Computer zu verdanken sind. In diesem Sinne können Russell und Whitehead auch durchaus als Großväter der Software bezeichnet werden.[60]

*

1905 führte E. H. Starling, Professor für Physiologie am Londoner University College, in einem Artikel für die britische Zeitschrift für Medizin, *The Lancet*, einen neuen Begriff in das medizinische Vokabular ein, der unsere Auffassung von unserem Körper vollständig verändern sollte. Der Begriff hieß Hormon. Starling war nur einer von vielen Ärzten, die sich damals für jenen neuen Zweig der Medizin interessierten, welcher sich mit »Botenstoffen« befasste. Schon seit Jahrzehnten hatten Mediziner solche Stoffe beobachtet und anhand von endlosen Experimenten bestätigt, dass die endokrinen Drüsen – Schilddrüse, Hypophyse und Nebennieren – zwar ihre eigenen »Säfte« produzierten, aber offenbar über keine Mittel verfügten, diese zu anderen Körperstellen zu transportieren. Nur ganz allmählich begannen sich die physiologischen Fakten deutlicher zu enthüllen. Beispielsweise hatte Thomas Addison 1855 im Londoner Guy's Hospital beobachtet, dass die Nebennieren von Patienten, die unter einem tödlichen, inzwischen als Addisonsche Krankheit bekannten Syndrom dahinvegetierten, erkrankt oder zerstört waren.[61] Später entdeckte der Franzose Daniel Vulpian, dass sich Zellen im Mittelbereich der Nebenniere mit bestimmten Farbstoffen anreicherten, wenn man Jod oder Eisenchlorid injizierte, und dass anschließend eine Substanz mit identischer Farbreaktion in dem Blut, das man aus der Nebenniere nahm, beobachtet werden konnte. 1890 hatten zwei Ärzte aus Lissabon die scheinbar brutale Idee, einer Frau, deren eigene Schilddrüse nicht richtig arbeitete, die halbe Schilddrüse eines Schafes einzupflanzen. Ihr Zustand besserte sich sehr rasch. Beim Lesen des Berichts aus Lissabon fiel George Murray, einem britischen Arzt aus Newcastle-upon-Tyne, auf, dass sich die ersten Anzeichen einer Besserung bei dieser Frau bereits einen Tag nach der Operation gezeigt hatten, was er für viel zu früh hielt, unter der Voraussetzung, dass sich Blutgefäße ausbilden mussten, um eine Verbindung zu der transplantierten Drüse herzustellen. Folglich kam er zu dem Schluss, dass die von der Drüse abgesonderte Substanz direkt in die Blutbahn der Patientin aufgenommen worden sein musste. Mit einer Lösung imitierte er den medizinischen Vorgang von Lissabon und fand heraus, dass damit beinahe ebenso schnell eine Besserung erreicht werden konnte wie durch die Implantation von Schafsschilddrüsen.[62]

Diese Nachweise legten nahe, dass die Botenstoffe von den endokrinen Drüsen des Körpers sekretiert wurden. Sofort begannen mehrere Labore, darunter das Pasteur Institute in New York (nicht Paris) und die Medical School des Londoner University College, mit Drüsensekreten zu experimentieren. Der wichtigste Versuch wurde 1895 von George Oliver und E. A. Sharpy-Shafer am University College von London unternommen. Sie stellten fest, dass der »Saft«, den man durch das Substrat von Nebennieren erhielt, den Blutdruck nach oben schnellen ließ. Da Patienten, die unter der Addisonschen Krankheit litten, zumeist auch einen sehr niedrigen Blutdruck hatten, bestätigte dies eine Verbindung zwischen Nebenniere und Herz. Man nannte diesen Botenstoff Adrenalin. John Abel von der Johns Hopkins University in Baltimore war der Erste, der dessen chemische Struktur identifizierte. Seinen Durchbruch gab er im Juni 1903 in einem nur zweiseitigen Artikel im *American Journal of Physiology* bekannt. Die Chemie des Adrenalin ist überraschend einfach – daher auch die Kürze dieses Artikels. Sie besteht aus nur wenigen Molekülen, die sich jeweils aus nur zweiundzwanzig Atomen zusammensetzen.[63] Es sollte jedoch noch eine ganze Weile dauern, bis man die Funktionsweise des Adrenalins vollständig verstand und die richtige Dosierung für die Behandlung von Patienten herausgefunden hatte. Doch diese Entdeckung war keinen Moment zu früh gekommen, denn je mehr der Stress des modernen Lebens im Laufe des zwanzigsten Jahrhunderts zunahm, desto mehr Menschen begannen unter Herz-Kreislaufproblemen zu leiden.

*

Zu Beginn des zwanzigsten Jahrhunderts hing der Gesundheitszustand der Industriegesellschaften noch stark von der »ungezähmten Dreieinigkeit« Tuberkulose, Alkoholismus und Syphilis ab, die sich über viele Jahre lang jeder Behandlung verweigerten. Allein die TB regte zu vielen Dramen und Romanen an. Sie befiel Alt und Jung, Arm wie Reich und bedeutete in den meisten Fällen ein langsames Dahinsiechen, eine Auszehrung von Körper und Seele, wie es in *La Bohème* oder im *Zauberberg* geschildert wird. Tschechow, Katharine Mansfield und Franz Kafka starben daran. Auch Alkoholismus und Syphilis warfen massive Probleme auf, denn in beiden Fällen handelte es sich nicht einfach nur um medizinisch beschreibbare Symptome, sondern um Probleme, die Einstellungen und Mythen nach sich zogen, welche mindestens so viel mit Moralempfinden wie mit Medizin zu tun hatten. Vor allem wer unter Syphilis litt, war Gefangener in diesem moralischen Labyrinth.[64]

Die Ängste vor dem Thema Syphilis und der Abscheu vor allen, die unter dieser Krankheit litten, waren damals so gravierend, dass ungeachtet des Ausmaßes dieses Problems kaum je darüber gesprochen wurde. Ein Autor schrieb im Oktober 1906 im *Journal of the American Medical Association*: »Es gilt als schwerwiegendere Verletzung der öffentlichen Ordnung, Geschlechtskrankheiten öffentlich zu erwähnen, als sich selbst angesteckt zu haben.«[65] Als Edward Bok, Herausgeber des *Ladies' Journal*, eine Artikelserie über Geschlechtskrankheiten veröffentlichte, sank die Auflage des Blattes rapide um 75000. Zahnärzte, Barbiere und Ammen wurden beschuldigt, Syphilis zu verbreiten. Die einen behaupteten, diese Krankheit sei im sechzehnten Jahrhundert aus dem neu entdeckten Amerika eingeschleppt worden, das stark antiklerikale Frankreich hingegen schob alle Schuld dem »Weihwasser« zu.[66] Prostitution trug ebenso wenig zur Eindämmung dieser Seuche bei wie die medizinische Ethik des Viktorianischen Zeitalters, die es zum Beispiel Ärzten untersagte, jemanden über die Infektion des Partners zu unterrichten, sofern dieser es nicht ausdrücklich gestattet hatte. Hinzu kam, dass noch niemand wusste, ob Syphilis »erworben« oder »erblich« war. Die Warnungen vor dieser Krankheit grenzten oft an Hysterie. Ein »psychologischer Roman« *Vénus* erschien im selben Jahr – 1910 – wie Eugène Brieux' Theaterstück *Les Avariés* (Die Verdorbenen).[67] Abend für Abend, bevor sich im Théâtre Antoine in Paris der Vorhang hob, wandte sich der Spielleiter an das Publikum: »Meine Damen und Herren, der Autor und die Direktion sind hoch erfreut, Ihnen mitteilen zu können, dass dieses Stück nur eine Studie der Beziehung zwischen Syphilis und Ehe ist. Es enthält weder skandalöse noch unpassende Szenen, es fällt kein einziges obszönes Wort, und der Inhalt ist von jedem nachvollziehbar, sofern wir uns darauf einigen können, dass Frauen absolut nicht verrückt oder ignorant sein müssen, wenn sie tugendhaft sein wollen.«[68] Dennoch wurde *Les Avariés* schnell von der Zensur verboten, was empörte und erstaunte Leitartikel in den medizinischen Journalen nach sich zog, da andererseits in sämtlichen Kabaretts quer durch Paris ungestraft die freizügigsten Stücke gespielt werden durften.[69]

Im Anschluss an die erste internationale Konferenz zur Verhütung von Syphilis und Geschlechtskrankheiten, die 1899 in Brüssel stattfand, gründete Dr. Alfred Fournier das medizinische Fachgebiet der »Syphilidologie« und bewies mit epidemiologischen und statistischen Techniken, dass erstens diese Krankheit nicht nur die Demimonde, sondern alle Gesellschaftsschichten befiel, zweitens bei Frauen früher erste Symptome auslöste als bei Männern und drittens in überwältigend hohem Maße bei jungen Frauen auftrat, die sich durch Armut zur Prostitution gezwungen sahen. Fourniers Arbeit folgte die Gründung von Fachzeitschriften, die sich ausschließlich mit dem Thema Syphilis befassten und dann ihrerseits die klinische Forschung ankurbelten. Kurz darauf gab es erste Resultate. Am 3. März 1905 entdeckte der Berliner Zoologe Fritz Schaudinn unter dem Mikroskop eine sehr kleine, bewegliche und schwer zu beobachtende Spirochäte in der Blutprobe eines Syphilitikers. Eine Woche später beobachteten er und der Bakteriologe Eric Achille Hoffmann Spirochäten auch in Blutproben, die unterschiedlichen Körperregionen eines Patienten entnommen worden waren, welcher kurz darauf Resolea entwickelt hatte – jene roten Exantheme, die die Haut eines Syphilitikers ab einem bestimmten Stadium verunstalten.[70] So schwierig diese Spirochäte wegen ihrer Winzigkeit auch zu untersuchen war, so war sie doch eindeutig als Syphilismikrobe zu identifizieren. Sie erhielt den Namen *Treponema* (wegen ihrer Ähnlichkeit mit einem gedrehten Faden) *pallidum* (wegen ihrer blassen Farbe). Nach der Erfindung des Ultramikroskops im Jahr 1906 konnte man einfacher mit dieser Spirochäte experimentieren, als Schaudinn es für möglich gehalten hatte, und noch vor Ende desselben Jahres hatte August Wassermann einen Färbetest für die Diagnostik entwickelt, was bedeutete, dass man Syphilis nun frühzeitig identifizieren und eine weitere Ausbreitung somit verhindern konnte. Aber es fehlte noch eine erfolgreiche Heilmethode.[71]

Entdeckt wurde sie von Paul Ehrlich (1854–1915), einem Oberschlesier, der bereits eine persönliche Erfahrung mit einer Infektionskrankheit gemacht hatte: Als junger Arzt hatte er sich während seiner Tuberkuloseforschung mit dieser Krankheit angesteckt und bis nach Ägypten fahren müssen, um sie auszukurieren.[72] Wie so oft in der Wissenschaft begann auch Ehrlich damit, Rückschlüsse aus jedermann zugänglichen Beobachtungen zu ziehen. Während ein Bazillus nach dem anderen entdeckt und mit unterschiedlichen Krankheiten in Verbindung gebracht wurde, stellte er fest, dass die infizierten Zellen jeweils unterschiedlich auf Farbstoffe reagierten. Offensichtlich wurde die Biochemie dieser Zellen je nach Bazillus unterschiedlich verändert. Dieser Rückschluss brachte ihn auf die Idee, dass es ein natürliches Antitoxin geben müsse – »Zauberkugeln«, wie er es nannte –, eine spezielle körpereigene Substanz, die der Körper gegen fremde Eindringlinge absondert. Tatsächlich hatte Ehrlich damit sowohl das Prinzip der Antibiotika als auch das des menschlichen Immunsystems erkannt.[73] Er begann wie besessen nach solchen Antitoxinen zu suchen, diese dann herzustellen und das Serum seinen Patienten zu injizieren. Neben der Syphilis erforschte er Tuberkulose und Diphtherie.

1908 erhielt er für seine Forschung auf dem Gebiet der Immunologie den Nobelpreis.[74]

Bis 1907 hatte Ehrlich nicht weniger als sechshundertsechs verschiedene Substanzen oder »Zauberkugeln« gegen eine Vielzahl von unterschiedlichen Krankheiten entwickelt. Den meisten davon gelang allerdings alles andere als Zauberei; erst das »Präparat 606«, wie es in seinem Labor genannt wurde, sollte sich endlich als effektive Behandlung gegen Syphilis erweisen. Es bestand aus Dioxy-diamino-arsenobenzol-dihydrochlorid, einem auf Arsen basierenden Salz. Obwohl Arsen schwere toxische Nebenwirkungen hatte, war es ein traditionelles Mittel gegen Syphilis, und Mediziner hatten eine Zeit lang damit in verschiedenen Verbindungen experimentiert. Ehrlichs Assistent, der die Effizienz von 606 herausfinden sollte, berichtete jedoch, dass es keinerlei Effekte bei syphilitischen Tieren gezeigt habe. Also wurde das Präparat ausrangiert. Kurz darauf wurde der Assistent, in dessen Aufgabenbereich 606 gefallen war – ein relativ junger, aber voll ausgebildeter Mediziner – aus dem Labor entlassen. Im Frühjahr 1909 schickte ein japanischer Kollege Ehrlichs, Professor Kitasato aus Tokyo, einen seiner Schüler zu Studienzwecken in Ehrlichs Labor. Dr. Sachachiro Hata interessierte sich für Syphilis und war mit Ehrlichs »Zauberkugeln« vertraut.[75] Obwohl Ehrlich zu diesem Zeitpunkt Experimente mit Präparat 606 längst aufgegeben hatte, überließ er es Hata zu neuerlichen Versuchen. Warum? Wurmte ihn das Urteil noch immer, das sein (entlassener) Assistent zwei Jahre zuvor gefällt hatte? Jedenfalls händigte er Hata eine Substanz aus, die bereits erforscht und ad acta gelegt worden war. Ein paar Wochen später drückte Hata Ehrlich das Laborbuch in die Hand und sagte: »Nur erste Versuche – nur eine vorläufige, allgemeine Meinung.«[76]

Ehrlich blätterte die Seiten durch und nickte: »Sehr schön… sehr schön.« Dann stieß er auf das letzte Experiment, das Hata erst wenige Tage zuvor gemacht hatte. In überraschtem Ton las er laut vor, was Hata aufgezeichnet hatte: »Halte 606 für *sehr* wirkungsvoll.« Ehrlich stutzte und blickte hoch: »*Wieso denn das… wieso denn*? Es wurde von Dr. R. doch bis in alle Einzelheiten getestet, und er fand nichts – *nichts*!«

Hata zuckte mit keiner Wimper. »Ich fand *das*!«

Ehrlich dachte einen Moment nach. Als Kitasatos Schüler konnte Hato doch nicht den ganzen Weg von Japan gekommen sein, um Ergebnisse einfach zu erfinden. Dann erinnerte er sich, dass Dr. R. entlassen worden war, weil er sich nicht strikt an wissenschaftliche Gepflogenheiten gehalten hatte. Konnte es denn möglich sein, dass sie auf Grund seines Verhaltens etwas übersehen hatten? Ehrlich bat Hata, sämtliche Experimente zu wiederholen. Im Verlauf der nächsten Wochen stapelten sich in Ehrlichs ohnehin schon chaotischem Arbeitszimmer Berichte über Berichte, Säulendiagramme, Tabellen und andere Dokumente über Hatas Ergebnisse. Aber am überzeugendsten waren die Fotografien von mit Syphilis infizierten Hühnern, Mäusen und Kaninchen, auf denen Schritt für Schritt ein deutlicher Heilprozess abgebildet war, nachdem die Tiere mit Präparat 606 behandelt worden waren. Die Fotos konnten zwar nicht lügen, aber um ganz sicher zu gehen, schickten Ehrlich und Hata Präparat 606 an mehrere Labors, um zu sehen, ob andere Forscher zu denselben Ergebnissen kommen würden. Die Zauberkugeln wurden an Kollegen in St. Petersburg, Sizilien und Magdeburg versandt. Am 19. Juni 1910 stellte Ehrlich auf dem Kongress für Innere Medizin erstmals das Ergebnis seiner Forschung vor, die inzwischen noch einer Menge weiteren Tests unterzogen worden war. Er eröffnete seinen Kollegen, dass vierundzwanzig menschliche Syphilitiker erfolgreich mit Präparat 606 behandelt worden seien. Seiner Zauberkugel mit der chemischen Bezeichnung Asphenamin hatte er den Namen Salvarsan gegeben.[77]

Die Entdeckung von Salvarsan war nicht nur ein außerordentlich bedeutender medizinischer Durchbruch, sondern zog auch eine soziale Veränderung nach sich, die in den kommenden Jahren auf mehr als nur eine Weise unser Denken beeinflussen sollte. Ein bislang kaum erforschter Aspekt der Geistesgeschichte des zwanzigsten Jahrhundert ist der Zusammenhang zwischen Syphilis und Psychoanalyse. Als Folge der Syphilis war »verbotener« Sex zu Beginn des Jahrhunderts mit weit größeren Angst- und Schuldgefühlen behaftet als heute, was eine Menge zu jenem Klima beitrug, in dem der Freud-Kult wachsen und gedeihen konnte. Freud war dies durchaus bewusst. 1905 schrieb er in seinen *Drei Abhandlungen zur Sexaltheorie*: »Bei mehr als der Hälfte meiner psychotherapeutisch behandelten schweren Fälle von Hysterie, Zwangsneurose usw. ist mir der Nachweis der vor der Ehe überstandenen Syphilis der Väter sicher gelungen… Ich bemerke ausdrücklich, dass die später neurotischen Kinder keine körperlichen Zeichen von hereditärer Lues an sich trugen… So fern es mir nun liegt, die Abkunft von syphilitischen Eltern als regelmäßige oder unentbehrliche ätiologische Bedingung der neuropathischen Konstitution hinzustellen, so halte ich doch das von mir beobachtete Zusammentreffen für nicht zufällig und nicht bedeutungslos.«[78]

Dieser Absatz scheint in späteren Jahren in Vergessenheit geraten zu sein, aber er ist entscheidend. Die chronische Angst, die all diejenigen vor Syphilis hatten, die nicht unter ihr litten, und die chronischen Schuldgefühle derjenigen, die unter ihr litten, legten in der westlichen Welt der Jahrhundertwende den Grundstock für die später so genannte Tiefenpsychologie. Die Vorstellung, die man sich von Keimen, Spirochäten oder Bazillen machte, unterschied sich gar nicht so sehr von dem Bild, das man von Elektronen und Atomen hatte, die zwar nicht pathologisch, aber ebenso wenig mit bloßem Auge zu erkennen waren. Und beide Phänomene aus der unsichtbaren Natur trugen dazu bei, das psychoanalytische

Konzept des »Unbewussten« akzeptabel erscheinen zu lassen. Die naturwissenschaftlichen Fortschritte des neunzehnten Jahrhunderts und der Niedergang der organisierten Religionen hatten zu einem Klima beigetragen, in dem ein »wissenschaftlicher Mystizismus« den Bedürfnissen vieler Menschen entgegenkam. Es war der Höhepunkt des Szientismus. Und zu ihm hatte auch die Syphilis ihren Teil beigetragen.

*

Man sollte die in diesem Kapitel erwähnten Wissenschaftler und ihre Theorien sicher nicht über einen Kamm scheren, aber deutlich ist doch, dass, von Russell abgesehen, die meisten von ihnen eine Eigenschaft teilten – sie waren ziemliche Einzelgänger. Ob Einstein, Rutherford, Ehrlich oder Baekeland, alle haben sie am Beginn ihrer Laufbahn allein ihren Acker bestellt. Ein Café Griensteidl oder eine Moulin de la Galette waren nicht nach ihrem Geschmack. Sie arbeiteten für sich, bis sie ihre Ergebnisse dann auf Konferenzen oder in Fachzeitschriften veröffentlichten. Darin unterschied sich die »Kultur« der Naturwissenschaften gravierend von der der Geisteswissenschaften und der Künste (und so sollte es auch bleiben). Doch auf diesen Unterschied sind vermutlich auch die vielen Animositäten gegenüber den Naturwissenschaften zurückzuführen, die so viele Menschen im Laufe der kommenden Jahrzehnte entwickeln sollten. Die Unabhängigkeit der Naturwissenschaften, die Beschränkung der Naturwissenschaftler auf sich selbst und die bloße *Schwierigkeit* eines großen Teils dieser Wissenschaften machen sie auf eine Weise *unzugänglich*, wie es weder die Geisteswissenschaften noch die Künste jemals waren. Auf deren Gebieten wurde der Begriff »Avantgarde« immer vertrauter und konnte sich schließlich etablieren, auch wenn die Themen, um die es ging, oft noch umstritten waren – nach dem Motto: Was die Avantgarde heute propagiert, kauft ihr die Bourgeoisie morgen ab. Doch neue Ideen aus den Naturwissenschaften hatten es schwer, denn nur sehr wenige Angehörige des Bürgertums waren überhaupt in der Lage, sie in all ihren Details zu verstehen. Die »harten« und später oft auch »unheimlich« konkreten Wissenschaften waren auf eine Weise konkret und/oder unheimlich, wie es die Geisteswissenschaften und Künste nie waren.

Allerdings spielte diese Unzugänglichkeit der Naturwissenschaften für Nichtexperten keine oder kaum eine Rolle, denn die Technologien, die aus deren Erkenntnissen hervorgegangen waren, funktionierten. Und das verhalf wiederum der Physik, Medizin und sogar der Mathematik zu stetigem Ansehen. Die Hauptwirkung der Entwicklungen in den konkreten Wissenschaften bestand darin, zwei verschiedene geistige Strömungen des Jahrhunderts zu verstärken: Die Naturwissenschaftler forschten bei ihrer fortgesetzten Arbeit nach immer grundlegenderen Antworten auf die empirischen Probleme um sie herum. Geisteswissenschaftler wie

Künstler reagierten auf die neuen naturwissenschaftlichen Erkenntnisse, wo immer ihnen das möglich war; doch die harte Wahrheit ist, dass es sich hier letztlich fast ausschließlich um einen Einbahnverkehr handelte. Die Naturwissenschaften nährten die Geisteswissenschaften und die Künste, nicht umgekehrt. Das zeichnete sich bereits am Ende des ersten Jahrzehnts des zwanzigsten Jahrhunderts deutlich ab. Im Laufe der kommenden Jahrzehnte sollte die Frage, ob die Naturwissenschaften eine spezielle Art von Wissen offerieren und auf festeren Fundamenten stehen als alle anderen Wissenschaften, zu einem wichtigen Anliegen der Philosophie werden.

7
Die biologische Leiter

Am Montag, dem 31. Mai 1909, wurden morgens im Hörsaal der Charity Organization Society unweit des Astor Place in New York drei Gläser mit Gehirnen auf einen Holztisch gestellt. Eins war das eines Affen, das zweite das eines Weißen und das dritte das eines Schwarzen. Sie dienten Professor Burt Wilder, einem Neurologen von der Cornell University, als Schauobjekte während eines Vortrags. Zuerst präsentierte Wilder eine Reihe von Tabellen und Dias und berichtete über Messungen, die sich auf die »angeblichen Mängel im Vorderhirn von Negern« beziehen sollten. Im Anschluss daran versicherte er dem multi-ethnischen Auditorium jedoch, dass die jüngste Forschung keinerlei Unterschiede zwischen dem Gehirn eines Weißen und eines Schwarzen ergeben habe.[1]

Der Vortrag – dessen Thema heute so überholt und doch so modern wirkt – fand anlässlich eines historischen Ereignisses statt: Es handelte sich um die Eröffnung der dreitägigen »National Negro Conference«, den ersten Schritt bei dem Versuch, eine Organisation ins Leben zu rufen, die sich für die Bürgerrechte der amerikanischen Farbigen einsetzen sollte. Dass sie überhaupt zu Stande gekommen war, war nur der weißen Sozialarbeiterin Mary Ovington zu verdanken. Fast zwei Jahre hatten die Vorbereitungen dafür gedauert. Nachdem Ovington einen Artikel von William Walling über die Rassenunruhen gelesen hatte, die im Sommer 1908 in Springfield, Illinois, gewütet hatten, war ihr klar geworden, dass etwas unternommen werden musste. Der Funke, der sich am Abend des 1. August in Springfield entzündet hatte, signalisierte, dass sich die Rassenprobleme nicht länger auf den Süden der Vereinigten Staaten begrenzen ließen und, wie Walling schrieb, nicht mehr nur »ein brutales und blutiges Drama sind, das sich hinter einem Magnolien-Vorhang abspielt«. Der Funke entzündete sich, nachdem das Gerücht entstanden war, dass ein gebildeter Schwarzer eine weiße Eisenbahnerfrau vergewaltigt habe. (Die Eisenbahn war zu dieser Zeit ohnedies Anlass heißer Debatten. Einige Südstaaten hatten die so genannten »Jim Crow«-Waggons für Neger eingeführt, in die Schwarze aus den Zügen vom Norden, welche allen Rassen offen standen, beim Überqueren der Staatsgrenzen umsteigen mussten.) Nachdem sich die Nachricht über die angebliche Vergewaltigung noch in derselben Nacht wie ein Lauffeuer verbreitet hatte, kam es zu zwei Fällen von Lynchjustiz, sechs Schusswechseln mit Todesfolge, achtzig Verletzungen und Sachbeschädigungen im Wert von über 200 000 Dollar. Zweitausend afrikanische Amerikaner flohen aus der Stadt, bevor die National Guard die öffentliche Ordnung wiederherstellen konnte.[2]

William Wallings Artikel »Race War in the North«, der erst drei Wochen später im *Independent* erschien, war nicht gerade ein unparteiischer Bericht. Walling rekonstruierte den Aufstand und seine unmittelbaren Ursachen zwar in allen Einzelheiten, aber das mit einer so leidenschaftlichen Rhetorik, dass Mary Ovington einfach erschüttert war. Punkt für Punkt wies Walling nach, wie wenig sich an der Einstellung gegenüber den Schwarzen seit dem Bürgerkrieg verändert hatte. Er prangerte die Bigotterie der Südstaaten-Gouverneure an und versuchte zu erklären, weshalb sich die Rassenunruhen auf den Norden auszuweiten begannen. Mary Ovington war alarmiert. Sie setzte sich mit Walling in Verbindung und schlug ihm die Gründung einer Organisation vor. Gemeinsam gewannen sie weiße Sympathisanten, die sich dann zuerst in Wallings Wohnung und später, als sich immer mehr Befürworter fanden, im Liberal Club an der East, Ecke 19. Straße regelmäßig trafen. Als sie sich an diesem warmen Morgen im Mai 1909 zur ersten »National Negro Conference« zusammenfanden, waren allerdings nur knapp über tausend Interessenten gekommen. Schwarze waren deutlich in der Minderzahl.

Nach der wissenschaftlichen Einführung von Professor Wilder begaben sich Schwarze und Weiße zum Mittagessen in das nahe gelegene Union Square Hotel, »zum gegenseitigen Kennenlernen«. Obwohl beinahe ein halbes Jahrhundert seit dem Bürgerkrieg vergangen war, waren gemeinsame Aktivitäten von Schwarzen und Weißen sogar in den Großstädten des Nordens noch etwas sehr Ungewöhnliches, und die Konferenzteilnehmer mussten sich zumindest darauf gefasst machen, dass sie sich dem Gespött der Leute aussetzten. Doch das Essen verlief ohne Zwischenfälle, und moralisch gestärkt marschierten sie ins Konferenzzentrum zurück. Der Hauptredner am Nachmittag war Mitglied der schwarzen Minderheit – ein kleiner, bärtiger, reservierter Akademiker, der an den Universitäten Fisk und Harvard studiert hatte. Sein Name war William Edward Burghardt Du Bois.

W. E. B. Du Bois wurde vor allem von seinen Kritikern oft als arrogant, kühl und anmaßend beschrieben.[3] An diesem Nachmittag schien er das alles bestätigen zu wollen. Doch das fiel letztlich nicht ins Gewicht, denn zum ersten Mal konnten Weiße ein noch weit einprägsameres Merkmal von Du Bois live erleben: seinen Intellekt. Er sagte es nicht expressis verbis, aber er vermittelte mit seiner Rede den Eindruck, dass die Frage in den Vorträgen des Vormittags – ob Weiße intelligenter seien als

Schwarze – zweitrangig sei. Mit den nüchternen Worten des exakten Wissenschaftlers betonte er, dass er es zwar begrüße, wenn sich Weiße über die erbärmliche Lage der Schwarzen im Wohn-, Arbeits- und Gesundheitsbereich oder über die Moralvorstellungen der Schwarzen Gedanken machten, dass sie dabei aber »Ursache und Wirkung verwechselten«. Wesentlich gravierender fand er, dass Schwarze ihre Selbstachtung opferten, weil sie sich nicht das Wahlrecht verschafften, ohne die diese »neue Sklaverei« niemals abgeschafft werden könne. Seine Botschaft war klar und einfach: Schwarze könnten nur zu wirtschaftlicher Macht kommen – und daher sich selbst verwirklichen –, wenn sie zu politischer Macht gelangt wären.[4]

1909 war Du Bois der Öffentlichkeit bereits als wortgewaltiger Redner bekannt, als ein Meister des Details, der seine Leidenschaft im Zaum zu halten wusste. Doch zum Zeitpunkt dieser Konferenz durchlebte er gerade einen Wandel vom reinen Akademiker zum politischen Aktivisten. Die Gründe für diesen inneren Umschwung sind aufschlussreich. Nach dem amerikanischen Bürgerkrieg hatte sich im Süden die Rekonstruktion gegründet, eine Bewegung, die durch eine Umordnung der politischen Verhältnisse nach dem Sezessionskrieg die Uhren zurückstellen wollte und in den einstigen konföderierten Staaten de facto – wenn nicht sogar de jure – wieder eine Rassentrennung anstrebte. Noch um die Jahrhundertwende hatten viele Südstaaten den Schwarzen die Bürgerrechte verwehrt, und sogar im Norden wurden sie von vielen Weißen als Menschen zweiter Klasse behandelt. Ihre Lage hatte sich seit dem Bürgerkrieg also nicht nur *nicht* gebessert, sondern sogar verschlechtert. Und dazu hatten die Theorien und Aktivitäten des ersten prominenten Schwarzenführers und ehemaligen Sklaven aus Alabama, Booker T. Washington, eine Menge beigetragen. Denn er vertrat die Meinung, dass es für die Rassenbeziehungen am besten sei, wenn sich die Schwarzen den Erwartungen der Weißen beugten und darauf vertrauten, dass sich die Dinge früher oder später ganz von allein bessern würden. Jeder andere Versuch berge die Gefahr neuerlicher Aggression der Weißen. Also gab Washington die Parole aus, dass sich Neger »als Arbeitskraft, aber nicht als politische Kraft« verstehen sollten. Auf dieser Prämisse baute er dann in Alabama nahe Montgomery sein Tuskegee-Institut auf, dessen Aufgabe er darin sah, Schwarze in Fertigkeiten auszubilden, die auf den Südstaatenfarmen des Industriezeitalters gefragt waren. Die Weißen fühlten sich von dieser Einstellung natürlich bestärkt und ließen dem Tuskegee-Institut jede Menge Gelder zukommen. Washingtons Ruf und sein Einfluss wuchsen, bis in den ersten Jahren des zwanzigsten Jahrhunderts kein Schwarzer mehr in ein öffentliches Amt berufen werden konnte, ohne dass Präsident Theodore Roosevelt sich zuvor den Rat des Schwarzenführers eingeholt hatte.[5]

Washington und Du Bois hätten unterschiedlicher nicht sein können.

Du Bois war drei Jahre nach Ende des Bürgerkriegs im Jahr 1868 als Sohn von Schwarzen des Nordens mit französischem und holländischem Einschlag geboren worden. Aufgewachsen war er in Great Barrington, Massachusetts, in einer Gegend, deren Hügel und Flüsse er einmal als »ein Paradies für Jungen« beschrieb. Er war ein glänzender Schüler und musste keinerlei diskriminierende Erfahrungen machen, bis ein Mitschüler, er war damals ungefähr zwölf Jahre alt, sich weigerte, mit ihm »Visitenkarten zu tauschen«. Zum ersten Mal fühlte er sich hinter einen »dichten Schleier« verbannt.[6] Und der sollte sich gewissermaßen nie wieder heben. Doch Du Bois war intelligent genug, um bessere schulische Leistungen zu liefern als sämtliche weißen Klassenkameraden in Great Barrington. Er erhielt ein Stipendium der Fisk University, eines »Neger-College«, das nach dem Bürgerkrieg vom Verein der amerikanischen Missionare in Nashville, Tennessee, gegründet worden war. Von Fisk wechselte er nach Harvard, wo er bei William James und George Santayana Sozialwissenschaften studierte. Doch nach seiner Graduierung hatte er Schwierigkeiten, einen Job zu finden. Nach einem kurzen Intermezzo als Lehrer bekam er schließlich den Auftrag, eine soziologische Studie über den Slum der Schwarzen in Philadelphia durchzuführen. Das war genau, was er gesucht hatte. Der erste Schritt seiner Karriere war getan. Im Laufe der nächsten Jahre veröffentlichte er mehrere soziologischen Studien: *The Philadelphia Negro; The Negro in Business, The College-Bred Negro; Economic Cooperation Among Negro Americans; The Negro Artisan; The Negro Church* und im Frühjahr 1903 schließlich *Souls of Black Folk*. Nach den Worten von James Weldon Johnson, dem Eigner der ersten schwarzen Zeitung Amerikas, Opernkomponist, Rechtsanwalt und Sohn eines bereits vor dem Bürgerkrieg freien Schwarzen, hatte dieses Buch »größere Auswirkungen auf die Negerrasse Amerikas als jedes andere, das seit *Onkel Toms Hütte* in diesem Land veröffentlicht worden ist«.[7]

Souls of Black Folk war eine Zusammenfassung von Du Bois' soziologischen Forschungen und Gedanken aus dem vorangegangenen Jahrzehnt. Es bestätigte nicht nur die zunehmende Entrechtung und Desillusionierung der amerikanischen Schwarzen, sondern bewies auch überzeugend die brutalen ökonomischen Auswirkungen der Diskriminierungen im Wohn-, Arbeits- und Gesundheitsbereich. Was Du Bois im Laufe seiner Studien erfahren hatte, sprach von einer derartigen Verschlechterung der allgemeinen Lage der Schwarzen, dass er zu der Auffassung gelangte, Booker T. Washingtons politischer Ansatz richte mehr Schaden an, als dass er Gutes bewirke. In diesem Buch rechnete Du Bois nun mit ihm ab. Das war eine riskante Sache und begann auch prompt die Beziehungen zwischen den beiden Schwarzenführern zu verschlechtern. Ihr Zwist wurde noch verschärft durch die Tatsache, dass Washington Macht, Geld und das Ohr des Präsidenten besaß. Aber Du Bois besaß Geist und die Ergebnisse seiner Studien, und die führten ihn zu der unerschütterlichen Überzeugung, dass das höchste Ziel des »begabten Zehntels« der amerikanischen Schwarzen – ihrer künftigen Führer – eine Hochschulbildung sein müsse.[8] Für Weiße klang das bedrohlich, aber Du Bois konnte den »ach so milden« politischen Ansatz von Washington einfach nicht akzeptieren. Er wusste, dass Weiße ihre Einstellung nur ändern würden, wenn man sie dazu *zwang*.

Anfänglich hielt es Du Bois für wichtiger, seine Sache gegenüber den Weißen zu vertreten als sie unter Schwarzen durchzusetzen. Doch das sollte sich im Juli 1905 ändern, als die Streitereien zwischen den beiden schwarzen Lagern eskalierten und er und neunundzwanzig Gesinnungsgenossen in Fort Erie, Ontario, während eines Geheimtreffens die später so genannte »Niagara-Bewegung« gegründet hatten[9] – die erste offene Protestbewegung von Schwarzen, die auf eine Weise zu kämpfen bereit waren, von der Washington nicht einmal zu träumen wagte. Sie planten, Vertretungen im ganzen Land einzurichten und genügend finanzielle Mittel aufzutreiben, um nicht nur allgemein für die Bürgerrechte einzutreten, sondern auch im Einzelfall. Es gab Komitees für Fragen der Gesundheit und Ausbildung, für wirtschaftliche Probleme, Presse und öffentliche Meinung sowie einen Fonds zur Bekämpfung von Lynchjustiz. Als Washington davon erfuhr, explodierte er. »Niagara« bekämpfte alles, wofür er stand. Augenblicklich begann er zu lobbyieren, um dieser Bewegung den Garaus zu machen – und er war ein gefährlicher Feind mit nicht zu unterschätzenden propagandistischen Fähigkeiten. Sofort machte er sich daran, diese Schlacht um die Seelen der Schwarzen als einen Kampf zwischen »Soreheads«*, wie er die Mitglieder der Protestbewegung nannte, und den »verantwortlichen Führern« der Schwarzen darzustellen. Und tatsächlich erreichte er mit dieser Kampagne, dass die Weißen »Niagara« jede finanzielle Unterstützung versagten. Nur vier Weiße schlossen sich Du Bois' Bewegung an. Vermutlich wäre die »Niagara-Bewegung« heute völlig in Vergessenheit geraten, wäre da nicht dieser seltsame Zufall gewesen, dass das letzte Jahrestreffen der Bewegung am 22. September 1908 in Oberlin, Ohio, einen Tag vor Erscheinen von William Wallings Artikel stattfand. Nur noch neunundzwanzig Anhänger waren erschienen, die Zukunft sah düster aus, und die jüngsten Rassenunruhen in Springfield trugen auch nicht zu mehr Optimismus bei. Aber am nächsten Tag las Mary Ovington William Wallings Artikel im *Independent* und erklärte das Schicksal der Schwarzen zu dem ihren.[10]

Nach der von ihr und Walling organisierten Konferenz, die noch etwas unsicher mit der Diskussion über Gehirne begonnen hatte, erlahmte das Interesse aber keineswegs, im Gegenteil. Die erste National Negro Con-

* Anm. d. Ü.: Als »soreheads« werden in den USA hoffnungslose Wahlkandidaten bezeichnet.

ference hatte ein »National Committee for the Advancement of the Negro« gewählt, das, obwohl sehr viel mehr Weiße als Schwarze darin vertreten waren, eindeutig Stellung gegen Booker T. Washington bezog. Von da an sollte sein Einfluss schwinden. In den ersten zwölf Monaten nach Gründung des NNC konzentrierte man sich auf administrative oder organisatorische Fragen und betrieb mit Vehemenz den Aufbau eines Finanzierungssystems und einer landesweiten Struktur. Bei der nächsten Zusammenkunft im Mai 1910 war man mehr als bereit, organisiert gegen Rassenvorurteile anzukämpfen.[11]

Und das keinen Moment zu spät. Noch immer gab es durchschnittlich zweiundneunzig Fälle von Lynchjustiz pro Jahr. Und Roosevelt hatte zwar demonstrativ eine Hand voll Schwarzer in die Bundesadministration berufen, doch William Howard Taft, der 1909 das Präsidentenamt übernahm, »verwandelte das dünne Rinnsal wieder in einzelne Tropfen«, weil er der festen Meinung war, dass er den Süden nicht, wie sein Vorgänger, durch »die Berufungen von ungeeigneten Schwarzen« ständig vor den Kopf stoßen durfte.[12] Wenig überraschend also, dass das Thema der zweiten NNC-Konferenz – die im Prinzip allein das Werk von Du Bois war – »Die Entrechtung der Neger und ihre Folgen« lautete. Nun sollte der Kampf argumentativ *zu* den Weißen getragen werden. Dazu gehörte auch, dass die Konferenz einen Bericht des »Preliminary Committee on Organisation« verabschiedete, welcher ein aus einhundert Personen bestehendes Nationalkomitee und ein Exekutivkomitee aus dreißig Mitgliedern vorsah, fünfzehn aus New York und fünfzehn aus anderen Staaten der USA.[13] Aber noch wichtiger war, dass genügend Mittel aufgetrieben werden konnten, um fünf Vollzeitämter einzurichten – das eines Nationalen Präsidenten, eines Vorsitzenden des Exekutivkomitees, eines Schatzmeisters und seines Assistenten und eines Direktors für Öffentlichkeitsarbeit, alles Weiße, mit Ausnahme des Letzteren: W. E. B. Du Bois.[14]

Bei dieser zweiten Konferenz entschieden die Delegierten, das Wort »Neger« künftig nicht mehr zu verwenden, weil die Organisation im Namen aller Menschen dunkler Hautfarbe die Bürgerrechte einforderte. Der Name »National Negro Conference« wurde fallen gelassen, und die Organisation nannte sich forthin »National Association for the Advancement of Colored People« (NAACP).[15] Die Organisationsform wie ihre Statuten waren vor allem das Werk von Du Bois. Nun war dieser reservierte schwarze Intellektuelle bereit, seine Botschaft nicht mehr nur in den USA zu verbreiten, sondern in die ganze Welt zu tragen.

*

Es gab gute praktische und taktische Gründe für Du Bois, die biologischen Argumente im Zusammenhang mit dem amerikanischen Rassenproblem zu ignorieren, was aber nicht hieß, dass damit die Vorstellung von einer biologischen Leiter, auf deren Sprossen Weiß über Schwarz stand, verschwunden gewesen wäre. Der Sozialdarwinismus saß weiterhin fest im Sattel. Und eine seiner wildesten Blüten trieb er 1903 bei der sechs Monate währenden Weltausstellung in St. Louis, Missouri. Es war nicht nur die ambitionierteste Zusammenkunft von Intellektuellen, die die Neue Welt jemals erlebt hatte, sondern auch die größte bis heute veranstaltete Weltausstellung.[16]

Eröffnet wurde sie mit der »Louisiana Purchase Exhibition«, einer Veranstaltung anlässlich des hundertsten Jahrestags des Staatsankaufes. (Nachdem Präsident Jefferson Louisiana 1803 den Franzosen abgekauft hatte, wurde die Befahrung des Mississippi möglich und St. Louis durch seinen Binnenhafen zur viertgrößten Stadt der USA nach New York, Chicago und Philadelphia.) Die Ausstellung hatte geistig anspruchsvolle Aspekte, auch der Ungeist trieb sein Unwesen. Ende September fand zum Beispiel ein »International Congress of Arts and Sciences« statt (der als ein »Niagara der wissenschaftlichen Talente« dargestellt wurde, obgleich auch die Literatur vertreten war), unter dessen Teilnehmern der Begründer des Behaviourismus, John B. Watson, der neue Präsident der Princeton University Woodrow Wilson, der Anthropologe Franz Boas, der Historiker James Bryce, der Ökonom und Soziologe Max Weber, die Physiker Ernest Rutherford und Henri Poincaré sowie die Genetiker Hugo de Vries und T. H. Morgan waren. Auch die brandneuen Theorien von Freud, Planck und Frege wurden diskutiert, obwohl deren Erfinder selbst nicht anwesend waren. Aber vielleicht hatte ja so mancher Teilnehmer ohnedies größeres Vergnügen an der Anwesenheit von Scott Joplin, dem King des Ragtime, oder am neuesten Hit, der extra für die Weltausstellung erfundenen Eistüte.[17]

Es gab auch eine Ausstellung über »Die Entwicklung des Menschen«, die die Überlegenheit der »westlichen« (also europäischen) Rassen darstellen sollte. Und das war wirklich ein Schauspiel – die größte Zurschaustellung »nichtwestlicher« Völker, die es jemals gab: Inuit aus der Arktis, Patagonier aus der antarktischen Region, Zulu aus Südafrika, ein philippinischer Negrito, der als »das fehlende Glied« dargestellt wurde, und Indianer (wie man die amerikanischen Ureinwohner, »native Americans«, damals noch nannte) aus nicht weniger als einundfünfzig unterschiedlichen Stämmen. Diese »Exponate« wurden Tag für Tag »ausgestellt«, was von weißen Besuchern weder als Herabwürdigung noch als politisch unkorrekt empfunden wurde. Doch das war längst nicht die einzige Darbietung von schlechtem Geschmack (wollen wir es einmal so nennen). St. Louis hatte anlässlich der Weltausstellung auch den Zuschlag für die Olympischen Spiele von 1904 bekommen. Inspiriert von der olympischen Idee, wurden daher im Rahmen der Weltausstellung alternative »Spiele« unter der Bezeichung »Anthropology Days« organisiert. Alle »Exponate«

der großen ethnischen »Ausstellung« waren aufgefordert, sich im Wettstreit miteinander den Weißen zur Schau zu stellen, die ganz offensichtlich der Meinung waren, dass auf diese Weise die unterschiedliche »Überlebensfähigkeit« von Menschenrassen demonstriert werden könne. Ein Crow gewann den 1000-Meter-Lauf, ein Sioux den Hochsprung und ein Moro von den Philippinen das Speerwerfen.[18]

Sozialdarwinistische Ideen waren in den USA besonders virulent. 1907 führte Indiana ein Sterilisationsgesetz für Vergewaltigungsverbrecher und Schwachsinnige in den Gefängnissen ein. Doch ähnliche, wenngleich vielleicht auch etwas weniger drastische Planungen gab es überall. 1912 verabschiedete die Internationale Eugenik-Konferenz in London eine Resolution, die eine stärkere Einmischung des Staates bei der Familienplanung forderte. Der Franzose Charles Richet, der in seinem Machwerk *Sélection humaine* (1912) offen dafür eingetreten war, alle Neugeborenen mit Erbdefekten zu töten, fand Kastration die angemessene Maßnahme bei Behinderungen, die erst im Kindesalter augenscheinlich werden. Doch dann beugte er sich der entsetzten Öffentlichkeit und propagierte stattdessen ein Eheverbot für Personen mit den unterschiedlichsten »Defekten« – Tuberkulose, Rachitis, Epilepsie, Syphilis (offenbar hatte er noch nichts von Salvarsan gehört) –, für »Menschen, die zu klein oder schwach geraten sind« und für Kriminelle und Personen, »die weder schreiben noch lesen, noch rechnen können«.[19] Major Leonard Darwin, Darwins Sohn und von 1911 bis 1928 Präsident der »British Eugenics Education Society«, ging zwar nicht gleich ganz so weit, vertrat aber ebenfalls die Ansicht, dass »überlegene« Rassen ermuntert und »unterlegene« gehindert werden sollten, Kinder zu zeugen.[20] In den USA behielt die Eugenikbewegung bis in die zwanziger Jahre eine starke Anhängerschaft; das Sterilisationsgesetz wurde dort sogar erst 1931 aufgehoben. Auch in Großbritannien konnte die Eugenics Education Society bis in die zwanziger Jahre ihr Unwesen treiben. Die deutsche Geschichte ist eine andere Sache.

Paul Ehrlich wollte nicht zulassen, dass seine Syphilisforschung von den damals vorherrschenden Einstellungen infiziert wurde, aber von vielen anderen Genetikern kann das nicht berichtet werden. In der Anfangsphase der Genetik liehen viele Wissenschaftler zumindest zeitweilig eugenischen Gesellschaften und deren Forschungen ihren guten Namen, weil sie alle beunruhigt waren von der ihrer Meinung nach bedrohlichen Zunahme von Alkoholismus, Seuchen und Kriminalität in den Großstädten. Dafür verantwortlich machten auch sie eine »rassische Degeneration«. Der amerikanische Genetiker Charles B. Davenport veröffentlichte eine klassische, bis heute zitierte Studie, in der er nachwies, dass Huntington-Chorea – Veitstanz, eine progressive Nervenkrankheit – durch ein nach Mendelschem Verständnis dominantes Merkmal vererbt wird. Da hatte er Recht. Doch fast zur selben Zeit setzte er sich auch für eugenische Sterilisationsgesetze ein und forderte, dass Einwanderung in die Vereinigten Staaten aus rassischen und anderen biologisch-genetischen Gründen beschränkt werden müsse. Das führte ihn so in die Irre, dass er sich nur noch dem Versuch widmete, die Anfälligkeit für Krämpfe und dergleichen als das Ergebnis eines dominanten Gens nachzuweisen. Aber Wissenschaft lässt sich nicht auf solche Weise »erzwingen«.[21]

Ein anderer Genetiker, der sich kurzzeitig der eugenischen Bewegung anschloss, war T. H. Morgan. Ihm und seinen Mitarbeitern gelang der erste Durchbruch in der Genetik, nachdem de Vries im Jahr 1900 Mendel wieder entdeckt hatte. 1910, im Jahr der Gründung der amerikanischen Eugenischen Gesellschaft, veröffentlichte Morgan seine ersten Experimente mit der Taufliege *Drosophila melanogaster*. Das mag wenig aufregend klingen, doch Tatsache ist, dass die Taufliege wegen ihrer Simplizität und enorm schnellen Fortpflanzung in den kommenden Jahren dank Morgan zu *dem* Forschungsobjekt der Genetik wurde. Morgans »Fly room« an der New Yorker Columbia University wurde weltberühmt.[22] Seit de Vries die Mendelschen Gesetze wieder entdeckt hatte, war der Grundmechanismus der Vererbung immer wieder bestätigt worden. Mendels und de Vries' Forschungsansätze beruhten auf Statistik und besagtem 3:1-Verhältnis bei der Variabilität von Tochtergenerationen. Doch je öfter dieses Verhältnis bestätigt wurde, umso mehr wurde den Forschern bewusst, dass es für diesen Mechanismus auch eine physische, biologische und cytologische Begründung geben müsse, und dafür drängte sich nun eine bestimmte Struktur geradezu auf: Seit ungefähr fünfzig Jahren hatten Biologen unter dem Mikroskop ein charakteristisches Verhalten von Zellen während der Reproduktion beobachtet – winzige Fäden, die sich zu einem Teil des Zellkerns vereinten und während dieses Prozesses wieder separierten. Bereits 1882 hatte Walter Flemming festgehalten, dass diese Fäden nach einer Einfärbung eine dunklere Farbe als die übrigen Zellen anzunehmen begannen.[23] Diese Reaktion ließ vermuten, dass es sich bei der spezifischen Substanz, die diese Färbung annahm, um Chromatin handelte. Also nannte man diese Fäden Chromosomen, doch es dauerte noch neun Jahre, bis H. Henking 1891 die nächste entscheidende Beobachtung machte. Bei seiner Forschung mit dem Insekt *Pyrrhocoris* stellte er fest, dass während der Meiosis (Zellteilung) die eine Hälfte der Spermatozoen elf Chromosomen empfing, während die andere Hälfte neben diesen elf noch eine weitere Struktur erhielt, die stark auf Färbung reagierte. Da Henking nicht mit Sicherheit sagen konnte, ob es sich bei dieser zusätzlichen Struktur ebenfalls um ein Chromosom handelte, nannte er sie einfach »X«. Es kam ihm nie in den Sinne, dass dieser »X-Körper«, den die eine Hälfte erhielt und die andere nicht, für die Geschlechtsbestimmung verantwortlich sein könnte. Aber andere zogen diesen Schluss schon sehr bald.[24] Nach Henkings Beobachtung wurde bestätigt, dass die gleichen

Chromosomen in der gleichen Konfiguration bei allen Nachfolgegenerationen auftraten. Walter Sutton wies 1902 nach, dass sich während des Reproduktionsprozesses ähnliche Chromosomen zusammenschlossen und anschließend wieder trennten. Mit anderen Worten, die Chromosomen verhielten sich exakt auf die von den Mendelschen Gesetzen postulierte Weise.[25] Allerdings war dies erst eine Schlussfolgerung, der Beweis stand noch aus. 1908 begann T. H. Morgan ein ambitioniertes Zuchtexperiment, mit dem er diese Hypothese unwiderleglich zu beweisen hoffte. Zuerst machte er Versuche mit Ratten und Mäusen, doch weil der Generationenwechsel bei solchen Tieren zu lange dauerte und sie zu oft krank wurden, entschied er sich für die gewöhnliche Taufliege *Drosophila melanogaster*. Diese winzige Kreatur war zwar vielleicht nicht sehr spannend, bot aber den großen Vorteil einer einfachen und für diesen Versuch genau richtigen Lebensweise: »Erstens blüht und gedeiht sie sogar in alten Milchflaschen, dann kennt sie kaum Krankheiten, und außerdem produziert sie angenehmerweise alle paar Wochen eine neue Generation.«[26] Vereinfachend kam hinzu, dass die *Drosophila*, im Gegensatz zu Säugetieren mit ihren über zwanzig, nur vier Chromosomen besaß.

Die Taufliege regte vielleicht nicht gerade zu romantischen Betrachtungen an, aber zu wissenschaftlichen Zwecken war sie perfekt, vor allem seit unter den Tausenden von Morgans normalen rotäugigen Fliegen plötzlich ein einzelnes weißäugiges Männchen aufgetaucht war. Diese unerwartete Mutation war etwas, dem man genauer auf den Grund gehen wollte. Im Verlauf der nächsten Monate züchteten Morgan und sein Team Abertausende von Fliegen in ihrem Labor an der New Yorker Columbia University (die sich überall im Raum tummelten, weshalb er »Fly room« getauft wurde). Durch die schiere Masse seiner Ergebnisse wurde ihm dann die Schlussfolgerung möglich, dass sich Mutationen bei Taufliegen in regelmäßigen Abständen entwickelten. Bis 1912 wurden über zwanzig rezessive Mutanten entdeckt, darunter die in der Genetik wegen ihrer verstümmelten Flügel berühmten »Rudimentary Wings« und »Yellow«, so genannt wegen der gelblichen Körperfärbung. Aber das war noch nicht alles. Sie fanden heraus, dass Mutationen grundsätzlich nur bei einem Geschlecht auftraten, also immer nur bei Männchen oder nur bei Weibchen, aber niemals bei beiden. Die Entdeckung des geschlechtsspezifischen Charakters von Mutationen war außerordentlich wichtig, weil sie die Theorie einer *partikularen* Vererbung stützte. Da der einzige *physische* Unterschied zwischen den Zellen der männlichen und weiblichen Taufliege also der »X-Körper« war, musste es sich bei diesem um ein geschlechtsbestimmendes Chromosom handeln. Und wenn alle Mutationen geschlechtsspezifisch waren, mussten auch die im Fliegenlabor aufgetretenen Mutationen auf diesem Chromosom angesiedelt sein.[27]

Bereits im Juli 1910 veröffentliche Morgan einen Bericht über seine

Drosophila im Wissenschaftsmagazin *Science*, doch die gewaltigen Folgen seiner Entdeckung wurden erst 1915 deutlich, nach der Veröffentlichung seines Buches *The Mechanism of Mendelian Inheritance*, dem ersten wissenschaftlichen Werk, in dem der Begriff »Gen« auftauchte.[28] Nach Morgan und seinen Kollegen war ein Gen das spezifische Segment eines Chromosoms, welches das Wachstum auf eindeutig festgelegte Weise beeinflusst und daher ein jeweils spezifisches Merkmal im ausgeprägten Organismus bedingt. Weiterhin, so Morgan, dupliziert sich das Gen selbst und wird unverändert von den Eltern an die Nachkommen weitergegeben, weshalb Mutationen auch die einzige Möglichkeit für das Entstehen von neuen Genen sind, die dann zu neuen Merkmalen führen können. Am wichtigsten aber war die Erkenntnis, dass es sich bei Mutationen um einen zufälligen Prozess handelt, der in keiner Weise von den Bedürfnissen des jeweiligen Organismus bedingt wird. Das hieß zugleich, dass eine Vererbung von erworbenen Merkmalen unmöglich ist. Genau das war Morgans entscheidende Botschaft, und die führte vor allem in den Vereinigten Staaten sofort zu hektischer Labortätigkeit. Allerdings waren die Vertreter der etablierten Forschungsgebiete (wie der Paläontologie) noch bis zum Konsens der modernen Synthese in den vierziger Jahren nicht so einfach bereit, ihre Vorstellungen, mit denen sie Mendel und Darwin zu widerlegen glaubten, aufzugeben.[29] Und auch bei Morgan war nicht alles so glatt gelaufen. So musste er beispielsweise konzedieren, dass ein einzelnes ausgeprägtes Merkmal von mehr als einem Gen kontrolliert werden und umgekehrt ein einzelnes Gen mehrere Merkmale bedingen kann. Auch die Position eines Gens auf dem Chromosom stellte sich als wichtig heraus, da seine Wirkungen gelegentlich durch benachbarte Gene modifiziert werden können.

Im Laufe von fünfzehn Jahren war die Genetik einen langen Weg gegangen, und das nicht nur aus empirischer, sondern auch aus philosophischer Sicht. In gewisser Weise kann man sagen, dass das Gen ein mächtigerer konkreter Baustein ist als das Elektron oder Atom, weil sein Zusammenhang mit der spezifisch menschlichen Natur noch viel unmittelbarer ist. Morgans Behauptung, dass zufällige und unkontrollierbare Mutationen, die ausschließlich unter der »indifferenten Kontrolle der natürlichen Auslese« stehen, der einzig zur Verfügung stehende Mechanismus für evolutionären Wandel sind, wurde von vielen Kritikern – Philosophen und kirchlichen Autoritäten vor allem – schlicht abgelehnt, weil dies für sie eine Unterwerfung des Menschen unter Kräfte ohne Sinn und Verstand bedeutete. Natürlich war diese These für sie ein neuerlicher Tiefschlag, denn sie beschleunigte ja den Abstieg des Menschen aus jenen Höhen, in die ihn die Religion platziert hatte. Morgan selbst hielt sich aus solchen philosophischen Debatten häufig heraus. Als Empiriker wusste er, dass die Genetik weit komplizierter war, als es sich die meisten Eugeniker vorstellten, und dass mit den kruden Kontrolltechniken, die die sozialdarwinistischen Zeloten favorisierten, kein sinnvolles Ziel anzupeilen war. Um 1914 verließ er die eugenische Bewegung, nicht zuletzt, weil mittlerweile auch anthropologische Forschungen die so sicher vorgebrachten Behauptungen der Rassebiologen widerlegt hatten. Unter diesen Anthropologen befand sich ein Wissenschaftler, dessen Büro nur ein paar Blocks von Morgan und der Columbia University entfernt im American Museum of Natural History, Ecke 79. Straße und Central Park West, lag. Seine Entdeckungen und Thesen sollten sich als ebenso folgenreich erweisen wie die von Morgan.

*

Franz Boas, 1858 im nordwestdeutschen Minden geboren, war Physiker und Geologe und hatte sich erst durch sein Interesse an den Eskimos der Anthropologie zugewandt. Nach seiner Auswanderung in die USA schrieb er zuerst für *Science* und wurde dann Kurator des American Museum of Natural History. Boas, ein kleiner, dunkelhaariger Mann mit sehr hoher Stirn, hatte eine entspannte, umgängliche Art. Um die Jahrhundertwende hatte er verschiedene Gruppen von amerikanischen Ureinwohnern studiert, die Kunst der nordpazifischen Küstenstämme und die Geheimgesellschaften der Kwakiutl-Indianer aus der Umgebung von Vancouver erforscht. Angeregt von der gerade herrschenden Vorliebe für Craniologie, begann er Schädel von Kindern in unterschiedlichen Wachstumsstadien zu vermessen und erfand eine Reihe von physischen Messmethoden, die er »Cephalischen Index« nannte.[30] Die große Bandbreite seiner Arbeit und seine unermüdliche Forschungsneugier machten ihn schließlich weltberühmt. Gemeinsam mit Sir James Frazer, Autor des Buches *Der Goldene Zweig*, trug er dazu bei, die Anthropologie zu einer geachteten Disziplin zu machen. Im Jahr 1900 wurde er gebeten, für den amerikanischen Zensus die Population amerikanischer Ureinwohner festzustellen. Anschließend sollte er für die Dillingham Commission des US-Senats diverse Studien betreiben – der Bericht wurde 1910 veröffentlicht –, weil amerikanische Politiker befürchtet hatten, dass die Vereinigten Staaten zu viele Einwanderer der »falschen Sorte« anziehen würden und die »Schmelztiegel«-Politik auf Dauer nicht funktionieren könne, wenn Einwanderer aus rassischen oder kulturellen Gründen und wegen mangelnder Intelligenz zur Assimilation nicht bereit oder in der Lage wären.[31] Argumente dieser Art kennen wir noch heute, aber aus heutiger Sicht wirken die Ängste der Restriktionisten aus dem Jahr 1910 doch recht merkwürdig, weil sie sich auf die rein physische Dimension der Einwanderung bezogen, besonders die Möglichkeit, dass »degenerierte Rassen« ins Land kamen. Boas hatte den Auftrag erhalten, eine biometrische Einschätzung von zufällig ausgewählten neu eingewanderten Erwachsenen und Kindern abzugeben – eine Impertinenz, die schon damals nicht weniger kontroverse Diskussionen auslöste, als sie es heute täte. Seit die neue Wissenschaft der Genetik so hohe Wellen schlug, glaubten viele, dass der Typus eines Menschen ausschließlich durch seine Erbanlagen bestimmt werde. Boas bewies jedoch, dass sich Immigranten sehr schnell assimilierten und sich nach kaum einer, höchstens aber zwei Generationen der Bevölkerung ihrer neuen Heimat in fast allen identifizierbaren Bereichen angenähert haben. Dabei wies er, der ja selber eingewandert war, mit aller Schärfe darauf hin, dass sich die Neuankömmlinge kaum dem Trauma einer Emigration ausgesetzt hätten – einer mühseligen, schweren Reise –, um dann ein Außenseiterdasein zu führen. Die meisten wollten nichts als ein ruhiges, auskömmliches Leben.[32]

Doch ungeachtet von Boas' Einlassungen kam die Dillingham Commission in ihrem Bericht – achtzehn Bände – zu dem Schluss, dass Immigranten aus der europäischen Mittelmeerregion anderen Einwanderern »biologisch unterlegen« seien. Folge dieser Beurteilung war dann allerdings kein Einwanderungsverbot für alle »degenerierten Rassen«, sondern die Entscheidung, deren Mitglieder einem Lese- und Schreibtest zu unterziehen und sich auf diese Weise auf die Identifizierung von »degenerierten Einzelpersonen« zu konzentrieren.*[33]

Angesichts dieser Entscheidung sollte Boas' zweites, noch im selben Jahr veröffentlichtes Buch *The Mind of the Primitive Man* (*Das Geschöpf des sechsten Tages*) von besonderer Brisanz sein. Es wurde bald schon zu einem Klassiker der Sozialwissenschaften, auch in Großbritannien, wohingegen es in Deutschland der Bücherverbrennung der Nationalsozialisten zum Opfer fiel. Dabei war Boas letztlich weniger ein phantasievoller Anthropologe als ein reiner Vermesser und Statistiker. Wie Morgan war auch er als Empiriker und Naturforscher bemüht, aus der Anthropologie eine Wissenschaft zu machen, die so »hart« wie möglich sein sollte. Deshalb wollte er auch unbedingt so »objektive« Dinge wie Größe, Gewicht und Kopfumfang studieren. Er war auch weit gereist, um die unterschiedlichsten ethnischen Gruppen kennen zu lernen, da er sich der Tatsache bewusst war, dass sich der Kontakt der meisten Amerikaner zu anderen »Rassen« nur auf den mit »amerikanischen Negern« beschränkte.

Boas eröffnete sein Buch mit der Feststellung: »Stolz auf seine wunderbaren Errungenschaften blickt der zivilisierte Mensch auf die anspruchsloseren Mitglieder der Menschheit herab. Er hat die Kräfte der Natur erobert und gezwungen, ihm zu Diensten zu sein.«[34] Das war eine Art Köder, dazu gedacht, den Leser in Selbstzufriedenheit zu wiegen. Denn dann begann er sämtliche angenommenen Unterschiede zwischen dem »zivilisierten« und dem »primitiven« Menschen in Frage zu stellen, ja ge-

* Dies wurde gegen das Veto des Präsidenten 1917 als Gesetz verabschiedet.

radezu mit der Wurzel auszureißen. Auf beinahe dreihundert Seiten baute er umsichtig ein Argument aufs andere, Fakt auf Fakt, und stellte die konventionellen Kenntnisse der damaligen Zeit völlig auf den Kopf. Beispielsweise hatten psychometrische Studien in Baltimore beim Vergleich der Gehirne von Schwarzen und Weißen strukturelle Unterschiede bei der relativen Größe der Vorder- und Hinterhauptlappen und im Corpus callosum festgestellt. Boas konterte, dass es ebenso große Unterschiede zwischen den Gehirnen von Franzosen aus dem Norden und aus der Mitte Frankreichs gab. Er konzedierte, dass die Dimensionen des »Negerschädels« denen von Affenschädeln ähnlicher seien als den Schädeln »höherer Rassen«, merkte aber sofort an, dass die weißen Rassen den Affen insgesamt viel ähnlicher seien, weil sie behaarter als Negerrassen sind und über Gliedmaßenproportionen verfügen, die denen anderer Primaten mehr glichen als die entsprechenden negroiden Merkmale. Er akzeptierte, dass das Durchschnittsvolumen europäischer Schädel 1560 cm^3, der Schädel von afrikanischen Negern 1405 cm^3 und der Schädel von »Negern im pazifischen Raum« 1460 cm^3 betrage, wies aber gleich darauf hin, dass sich bei der Vermessung der Schädel von Hunderten von Mördern ein Durchschnittsvolumen von 1580 cm^3 ergeben habe.[35] Er beschrieb, dass die »primitiven« Rassen sehr wohl zu einem nicht-impulsiven, kontrollierten Verhalten in der Lage seien, sobald es ihren Zwecken dient, und ihre Sprachen ebenso hoch wie unsere entwickelt seien, man das allerdings nur feststellen könne, wenn man bereit sei, sie zu erlernen. Eskimos verfügten natürlich über wesentlich mehr Wörter für »Schnee« als irgendeine andere Kultur, weil dieser Begriff für sie von ganz anderer Bedeutung war. Boas verwarf die Vorstellungen, dass ein Mensch, dessen eigene Sprache über kein höheres Zahlwort als zehn verfügt – wie bei einigen Stämmen der amerikanischen Ureinwohner der Fall –, deshalb im Englischen nicht weiter als bis zehn zählen könne. Man müsse ihm die englische Sprache eben nur beibringen.[36]

Ein wichtiger Teil von Boas' Buch waren dessen beeindruckende Verweise. Da wurden anthropologische, agrikulturelle, botanische, linguistische und geologische Belege angeführt, die häufig aus deutschen oder französischen wissenschaftlichen Publikationen stammten, die über den Horizont seiner Kritiker hinausgingen. Seinem letzten Kapitel über die »Rassenprobleme in den Vereinigten Staaten« fügte er Untersuchungen über die italienischen Städte Lucca und Neapel sowie über Spanien und das ostelbische Deutschland an, wo man überall Erfahrungen mit großen Einwanderungswellen und »Rassenmischungen« gemacht hatte, aber weder physische noch geistige oder moralische Degenerationserscheinungen feststellen konnte.[37] Viele angebliche Unterschiede zwischen den Rassen, erklärte er, hätten sich als bloße Übergangserscheinungen entpuppt. Er belegte das mit seiner eigenen Forschung über die Kinder von

Einwanderern in den Vereinigten Staaten: Spätestens innerhalb von zwei Generationen hatten sie sich vollständig an ihre neue Umwelt angepasst – also an diejenigen, die vor ihnen eingewandert waren! –, und das sogar in körperlicher Hinsicht. Er schloss mit der Forderung nach einer Klärung der Frage, inwiefern sich Einwanderer und Schwarze nach all diesen Anpassungsleistungen in Amerika von ihren in Europa, Afrika oder China verbliebenen Landsleuten unterschieden. Es sei höchste Zeit, sich von Studien zu verabschieden, die nur eingebildete Unterschiede oder Übergangserscheinungen betonen wollten. In Wahrheit ähnelten sich die Sitten und Gebräuche in aller Welt, unabhängig von Rasse oder Umwelt, sogar so stark, dass der Begriff »Rasse« völlig irrelevant werde. Schließlich brachte Boas seine Hoffnung zum Ausdruck, dass solche anthropologischen Erkenntnisse zu mehr Toleranz gegenüber Zivilisationen führen möchten, die sich von der westlichen unterschieden.[38]

Boas' Werk war eine Tour de force und gewann, wie er selbst, großen Einfluss. Es führte nicht nur die Anthropologen von der unilinearen Evolutions- und Rassentheorie weg und hin zu einem besseren Verständnis von Kulturgeschichte, sondern diese Betonung auf Kulturgeschichte trug ihrerseits zur Ausprägung des vielleicht wichtigsten Fortschritts bei, der im zwanzigsten Jahrhundert im Reich der reinen Ideen stattgefunden hat – zum Relativismus. Doch vor dem Ersten Weltkrieg sollte Boas ein einsamer Rufer bleiben. Es dauerte noch zwanzig Jahre, bis seine Studenten – unter ihnen vor allem Margaret Mead und Ruth Benedict – das Banner übernahmen.

*

Zur selben Zeit, in der Boas die Kwakiutl-Indianer und Eskimos studierte, begannen auch die Archäologen neue Erkenntnisse über die Geschichte der amerikanischen Urweinwohner zu gewinnen und dabei zu entdecken, dass diese eine sehr viel interessantere Kultur und Vergangenheit besaßen, als es ihnen die Rassebiologen zugestehen wollten. Verkörpert wurde diese Erkenntnis durch Hiram Bingham, einen Historiker aus Yale.[39]

Bingham, 1875 in Honolulu geboren, stammte aus einer Missionarsfamilie, die die Bibel in einige der entlegensten Sprachen (z. B. Hawaiisch) übersetzt hatte. Nachdem er sein Studium in Yale abgeschlossen und in Harvard promoviert hatte, drängte es den Prähistoriker und begeisterten Reisenden mit seinem Hang zum Abenteuer zu exotischen Zielen. 1909 traf er in Peru ein und begegnete in Lima dem gefeierten Historiker Carlos Romero. Beim Coca-Tee auf der Veranda seines Hauses zeigte ihm Romero die Schriften von Padre de la Calancha, dessen Berichte über die untergegangene Inka-Stadt Vilcabamba Binghams Phantasie beflügelten.[40] Einige der größeren präkolumbianischen Städte Amerikas waren bereits detailliert von den spanischen Eroberern beschrieben worden, aber erst in den späten 1880er- und frühen 1890er-Jahren hatte der deutsche Forscher Eduard Seler mit der systematischen Erforschung dieser Region begonnen. Romero fesselte Bingham mit seinen Erzählungen über Vilcabamba, die untergegangene Hauptstadt von Manco Inca, dem letzten großen König der Inka, die seit Generationen zur Obsession von Archäologen, Historikern und Schatzsuchern geworden war.

Ohne Zweifel war das eine höchst farbige Geschichte. Manco Inca hatte im sechzehnten Jahrhundert, mit knapp neunzehn Jahren, die Macht übernommen. Trotz seiner Jugend erwies er sich als mutiger und geschickter Gegner. Als die Spanier unter Führung der Gebrüder Pizarro immer weiter auf Inka-Gebiet vordrangen, blies Manco Inca zum Rückzug in unzugänglichere Regionen, bis er schließlich Vilcabamba erreichte. 1539 kam es zur Entscheidung. Gonzalo Pizarro führte dreihundert seiner besten Offiziere und Soldaten in eine nach den Maßstäben des sechzehnten Jahrhunderts gewaltige Schlacht. Die Spanier ritten, so weit es ging, zu Pferde (Pferde waren vor der Ankunft der Spanier in Amerika ausgestorben[41]). Als die Kavallerie nicht mehr vorankam, ließen die Reiter die Pferde bei einer Wache zurück und gingen zu Fuß weiter. Sie überquerten den Urumbamba und marschierten auf verschlungenen Pfaden das Vilcabamba-Tal bis zum Pass unterhalb von Vitcos hinauf. Inzwischen war der dichte Dschungel völlig unpassierbar geworden. Die Nervosität der Spanier wuchs. Da entdeckten sie zwei neue Brücken über zwei Gebirgsflüsse. Sicher sahen sie einladend aus, aber die Tatsache, dass sie so neu waren, hätte Pizarro misstrauisch machen müssen. Nichts Böses ahnend, führte er seine Leute prompt in einen Hinterhalt. Zuerst donnerten Felsen auf sie herab, dann folgten Pfeile. Sechsunddreißig Spanier wurden getötet, und Gonzalo Pizarro zog sich zurück. Aber nicht lange. Zehn Tage später machten sich die Spanier mit einem noch größeren Heer erneut auf den Weg und fanden eine Möglichkeit, die Brücken zu umgehen. Sie erreichten Vilcabamba und nahmen die Stadt ein. Manco Inca aber war bereits weitergezogen. Am Ende wurde er von Spaniern verraten, denen er das Leben geschenkt hatte, weil sie versprochen hatten, ihm im Kampf gegen Pizarro beizustehen. Doch mit seinem Mut und seiner Schläue hatte er sich sogar den Respekt der Spanier verdient.[42] Im Laufe der Jahrhunderte wurde die Legende um Manco Inca immer prächtiger, und auch die geheimnisvolle Stadt Vilcabamba gewann an Bedeutung, seit im sechzehnten Jahrhundert dort Silber entdeckt worden war. Doch als die Minen im siebzehnten Jahrhundert ausgebeutet waren, holte sich der Dschungel die Stadt zurück. Sämtliche Versuche im neunzehnten Jahrhundert, sie wieder zu finden, schlugen fehl.

Bingham ging Romeros Geschichte nicht mehr aus dem Kopf. Nach seiner Rückkehr nach Yale überzeugte er den millionenschweren Bankier Edward Harkness – Vorstandsmitglied des New Yorker Metropolitan Museums, befreundet mit Henry Clay Frick und John Rockefeller und Sammler von peruanischen Artefakten –, eine Expedition zu finanzieren. Im Sommer 1911 zog Bingham los. Das Glück sollte ihm ebenso hold sein wie Arthur Evans in Knossos. Das Urumbamba-Tal wurde wegen des amazonischen Gummi-Booms ohnehin gerade gerodet. (Malakka hatte Südamerika noch nicht als wichtigster Gummilieferant der Welt abgelöst.)[43] Bingham versammelte sein Team in Cuzco, 350 Meilen südöstlich von Lima und dem alten Zentrum des Inka-Reichs. Im Juli setzte sich die Muli-Karawane auf der neuen Urumbamba-Straße in Bewegung. Nur ein paar Tagesmärsche von Cuzco entfernt kam Bingham ein glücklicher Zufall zu Hilfe. Nachdem die Karawane zwischen der Straße und dem Urumbamba ihre Zelte aufgeschlagen hatte[44], zogen der Lärm der Mulis und der Geruch aus dem Küchenzelt (oder umgekehrt) die Aufmerksamkeit eines gewissen Melchor Artega auf sich, der in einer heruntergekommenen Hütte in der Nähe hauste. Er unterhielt sich mit ein paar Leuten aus Binghams Team und erfuhr dabei, wonach sie suchten. Da erwähnte er ein paar Ruinen auf der Bergspitze jenseits des Flusses. Er selbst sei früher einmal dort gewesen.[45] Eingeschüchtert von der Dichte des Dschungels und der Steilheit der Schlucht, hatte niemand große Lust, Artegas Hinweis nachzugehen. Das heißt, niemand außer Bingham. Er hielt es für seine Pflicht, jedem noch so unbedeutenden Fingerzeig zu folgen, und so machte er sich am Morgen des 24. Juli mit Artega und einem peruanischen Leutnant namens Carrasco – dem einzigen, den er hatte überreden können – auf den Weg.[46] Die reißenden Stromschnellen des Urumbamba überquerten sie, indem sie Baumstämme über die Flusssteine legten und sich so eine Art Brücke bauten. Bingham hatte solche Angst beim Überqueren, dass er auf allen vieren kroch. Am anderen Ufer entdeckten sie einen Pfad durch das Unterholz, der manchmal so steil war, dass das Ganze geradezu in Kletterei ausartete. Nachdem sie auf diese Weise zweitausend Meter erklommen hatten, legten sie eine Rast ein. Bingham stellte überrascht fest, dass sie nicht allein waren – zwei Indianer hatten sich in dieser Höhe einen kleinen Gemüsegarten angelegt. Noch überraschender war, dass sich diese Anlage aus einer Reihe von Terrassen ergab – und diese Terrassen waren ganz offensichtlich sehr alt.[47]

Bingham beendete sein Mittagessen und war unschlüssig. Die Terrassen waren zwar interessant, aber auch nicht mehr. Die Aussicht auf weiteres Klettern am Nachmittag wirkte nicht gerade verlockend. Andererseits hatte er diese ganze Mühsal auf sich genommen, also beschloss er, weiter zu steigen. Er musste nicht mehr weit gehen, um zu wissen, dass er die richtige Entscheidung getroffen hatte. Nach wenigen Schritten um den Berg herum stieß er auf eine riesige Flucht von Hunderten von Steinterrassen, die sich ungefähr tausend Fuß steil in die Höhe zogen.[48] Während er diesen gewaltigen Anblick in sich aufnahm, bemerkte er, dass die

Terrassen einigermaßen frei von Überwucherungen waren, aber darüber tiefster Dschungel zu sehen war – und dahinter konnte sich alles Mögliche verbergen. Er vergaß seine Müdigkeit und kletterte geschwind die Terrassen hinauf – und dort, auf der Höhe, verborgen im üppigen Grün der Bäume und im dichten Unterholz, erblickte er eine Ruine nach der anderen. Aufgeregt entdeckte er eine Höhle und einen an drei Seiten von Granitquadern begrenzten Tempel – riesige Gesteinsbrocken, die zu glatten Vier- oder Dreiecken gehauen und mit einer Präzision ineinander gefügt waren, die den schönsten Bauwerken von Cuzco in nichts nachstand. Mit Binghams eigenen Worten: »Wir liefen einen Pfad bis zu einer Lichtung entlang, auf der Indianer einen kleinen Gemüsegarten angelegt hatten. Plötzlich standen wir vor den Ruinen von zwei Bauwerken, die zu den schönsten und interessantesten des alten Amerika gehören. Die Mauern waren aus wunderschönem weißen Granit und bestanden aus Blöcken von wahrhaft zyklopischer Größe, größer als mannshoch. Die Ansicht machte mich schaudern… Jedes Bauwerk hatte nur drei Wände und war zu einer Seite hin vollständig offen. Die Mauern des Haupttempels waren 12 Fuß hoch, und in die Rückwand eingelassen befanden sich vorzüglich gemauerte Nischen von jeweils fünf Fuß Höhe und sieben Breite. Diese Rückwände bestanden aus sieben Quaderreihen. Unter den sieben rückseitigen Nischen stand ein rechteckiger Block von 14 Fuß Länge, vielleicht ein Opferaltar, aber vermutlich eher ein Thron für die Mumien von verstorbenen Inkas, die hierher gebracht wurden, um verehrt zu werden. Das Gebäude sah nicht aus, als hätte es jemals ein Dach besessen. Die oberste Reihe aus wunderbar glatten Quadern war unbedeckt geblieben, damit die Sonne von Priestern wie Mumien begrüßt werden konnte. Ich staunte nicht schlecht, als ich die größeren Quader in der unteren Reihe untersuchte und zu der Schätzung gelangte, dass sie jeweils zehn bis fünfzehn Tonnen wiegen müssten. Wird mir irgendwer meine Entdeckung glauben? Gott sei Dank… hatte ich eine gute Kamera, und es schien die Sonne.«[49]

Einer der Tempel, die er an diesem ersten Tag inspizierte, hatte drei riesige Fenster – viel zu groß, um einfach nur Nutzobjekte zu sein. Da fiel ihm ein, dass es in einem Bericht aus dem Jahr 1620 hieß, Manco Inca, der Große König, habe befohlen, an seinem Geburtsort Bauwerke zu errichten mit einer Mauer, die drei Fenster enthalten sollte. »War es das, was ich gefunden hatte? Wenn ja, dann war dies nicht die Hauptstadt des letzten Inka, sondern der Geburtsort des ersten. Dass es beides sein könnte, kam mir nicht in den Sinn.« Hiram Bingham hatte auf Anhieb Machu Picchu entdeckt, die berühmteste Ausgrabungsstätte Südamerikas.[50]

Bingham kehrte 1912 und 1915 zurück und machte noch weitere Funde, aber Machu Picchu blieb der Ort, der die Aufmerksamkeit der Welt auf sich zog. Denn die Stadt, die dann bei umsichtigen Ausgrabungen zu

Tage gefördert wurde, war von unvergleichlicher Schönheit.[51] Das lag nicht nur an den vielen Bauwerken, die aus den typischen ineinander gefügten Quadern errichtet waren, sondern auch an der Tatsache, dass sie so bemerkenswert erhalten geblieben waren, bis hin zu den Dachgauben. Hinzu kam ihre einzigartige Anlage. Einzelne Häusergruppen waren von kleinen, landwirtschaftlich genutzten Terrassen umgeben und miteinander durch ein Netzwerk aus Hunderten von Pfaden und Treppen verbunden. Damit war das Alltagsleben der Inka ziemlich genau rekonstruierbar. Auch die Lage von Machu Picchu war einmalig. Nachdem man den Dschungel gerodet hatte, war die Abgelegenheit dieser Stadt auf dem schmalen, von einer tiefen Schlucht umgebenen Bergrücken noch augenfälliger geworden. Isoliert im einsamen wilden Dschungel hatte eine Hochkultur gelebt.[52]

Bingham war überzeugt, dass Machu Picchu und Vicabamba identisch waren. Ein Grund für diese Annahme war, dass er vor den Toren der Stadt nicht weniger als 135 Skelette entdeckt hatte, darunter viele von Frauen und viele mit eingeschlagenem Schädel, aber kein einziges Skelett innerhalb der Stadt. Er folgerte daraus, dass die Skelette mit den eingeschlagenen Schädeln fremde Soldaten gewesen sein mussten, die diese eindeutig heilige Stätte nicht hatten betreten dürfen (eine Interpretation, der nicht jeder zustimmte). Aber es gab noch einen anderen Fund, der ihn zu dieser Überzeugung brachte, ein Hohlrohr, das Binghams Meinung nach bei religiösen Ritualen zur Inhalation von Drogen aus dem gelben Samen des regionalen Huilca-Baumes benutzt worden war, von dem er auch den Namen Vilcabamba ableitete: die Ebene (bamba) von Huilca. Doch Binghams entscheidendes Argument für die Gleichsetzung von Machu Picchu mit Vilcabamba war die schiere Größe der Stadt. Mit ihren ungefähr einhundert Häusern war sie die bedeutendste Ruinenanlage der ganzen Region, und in alten spanischen Schriften war von Vilcabamba als größter Stadt dieser Provinz die Rede. Es schien daher nur logisch, dass Manco Inca bei seiner Flucht vor Pizarros Kavallerie diesen leicht zu verteidigenden Ort ausgesucht hatte.[53] Jedenfalls hielt man Binghams Argumente allgemein für schlüssig. Machu Picchu wurde zu Vilcabamba erklärt und ein halbes Jahrhundert lang von Archäologen und Historikern als die Stadt betrachtet, die die letzte Zufluchtsstätte von Manco Inca und Schauplatz der schrecklichen Folterungen und Todesqualen seiner Frau gewesen war.[54] Später erwies sich, dass Bingham Unrecht hatte.

Von besonderer Bedeutung war damals, dass seine Entdeckungen – wie die von Boas oder Morgan – den Exzessen der Rassebiologen entgegenwirkten, die wild entschlossen propagierten, dass nach Darwin alle Rassen dieser Welt auf einem simplen evolutionären »Familienstamm« von unten nach oben gruppiert werden könnten. Binghams Entdeckung der Einzigartigkeit der Inkas, ihrer strahlenden Kunst, phantastischen Bauten, des unglaublich ausgeklügelten Straßennetzes, das sich über dreißigtausend Kilometer erstreckte und in mehrerer Hinsicht den damals in Europa angelegten Straßen überlegen war, bewies, wie oberflächlich die Behauptungen der Rassenbiologie waren. Man brauchte sich nur den auf vielen Gebieten erbrachten Nachweisen zu öffnen, um zu wissen, dass die Evolution ein sehr viel komplexerer Prozess war als von den Sozialdarwinisten dargestellt.

*

Aber gar keine Frage, die Evolutionsidee wurde immer populärer. Und es wurde auch immer deutlicher, dass zwischen den Erkenntnissen von Du Bois, Morgan, Boas und Bingham ein Zusammenhang bestand, der nicht nur neue Nachweise für die Bindeglieder zwischen Mensch und Tier, sondern auch zwischen den unterschiedlichen »Menschenrassen« dieser Welt lieferte. Allein die Tatsache, wie populär der Sozialdarwinismus geworden war, zeigte letztlich, wie mächtig die ursprüngliche Evolutionsidee war. Und die sollte 1914 einen neuen Schub aus ganz unerwarteter Richtung bekommen, denn nun begann auch die Geologie faszinierende neue Einblicke in die Entwicklungsgeschichte der Erde anzubieten.

Der Deutsche Alfred Wegener war Geophysiker und Meteorologe. Sein Buch *Die Entstehung der Kontinente und Ozeane* war nicht besonders originell, denn es vertrat eine These – dass die sechs Kontinente dieser Welt einst ein riesiger, zusammenhängender Kontinent gewesen waren –, die bereits 1908 von dem Amerikaner F. B. Taylor aufgestellt worden war. Doch Wegener belegte sie mit sehr viel mehr und sehr viel beeindruckenderen Nachweisen als jeder andere vor ihm. Im Januar 1912 stellte er sie der Deutschen Geologischen Gesellschaft in Frankfurt am Main vor.[55] Rückblickend fragt man sich, warum andere Wissenschaftler nicht schon früher zu Wegeners Schlussfolgerung gelangt waren, denn bereits Ende des neunzehnten Jahrhunderts war offensichtlich gewesen, dass man sich der Natur und ihrer globalen Verteilung ohne irgendeine Art von vernünftiger Erklärung kaum annähern konnte. Nachweise für diese globale Ausbreitung hatte es bisher meist nur in Form von Fossilien oder anhand der spezifischen Verteilung sich gleichender Felsstrukturen gegeben. Darwins *Entstehung der Arten* hatte großes Interesse an solchen Fossilien geweckt, da man realisierte, dass eine Datierung solcher Versteinerungen vielleicht auch Licht auf die Evolution vergangener Epochen und möglicherweise sogar auf die Entstehung des Lebens selbst werfen könnte. Man wusste bereits eine Menge über Gesteine und wie die Separation einer Gesteinsart von der anderen stattgefunden haben musste, während sich die Erde aus einer Gasmasse kondensierend zu einer Flüssigkeit und schließlich einem Festkörper ausgebildet hatte. Das prinzipielle Problem lag eher in der globalen Verteilung von bestimmten Gesteinsarten und den darin bewahrten Fossilien. Beispielsweise verläuft eine Bergkette von Norwegen bis in den Norden Großbritanniens, die sich allen Berechnungen nach in Irland mit Kämmen kreuzen müsste, welche sich quer durch Norddeutschland bis in den Süden Großbritanniens erstrecken. Wegener vermutete nun, dass diese Kreuzung tatsächlich stattfindet, aber in der Küstennähe von Nordamerika, als ob diese beiden Meeresküsten des Nordatlantiks einst zusammengehangen hätten.[56] Auch Pflanzen und tierische Fossilien sind auf eine Weise über die ganze Welt verteilt, die sich nur damit erklären lässt, dass die heute von riesigen Ozeanen getrennten Landflächen einst verbunden waren.[57] Die von den Forschern des neunzehnten Jahrhunderts dafür gefundene Erklärung waren »Landbrücken«, höchst praktische Vorkehrungen, die sich, wie man glaubte, über die Meere erstreckten, um beispielsweise Afrika mit Südamerika oder Europa mit Nordamerika zu verbinden. Doch wenn solche Landbrücken existierten – wohin sind sie dann verschwunden? Was hat ihnen so viel Energie verliehen, um auftauchen und wieder verschwinden zu können? Und was wäre dann mit dem Meereswasser geschehen?

Wegener hatte darauf eine klare Antwort: Es gab keine Landbrücken. Die Kontinente in ihrer heutigen Form – Afrika, Australien, Nord- und Südamerika, Eurasien und Antarktika – haben einst einen einzigen, riesigen Kontinent gebildet, eine Landmasse von unglaublichen Ausmaßen, der er den Namen *Pangaea* gab (zusammengesetzt aus den griechischen Wörtern für »alles« und »Erde«). In ihre heutigen Positionen seien die Kontinente durch eine »Drift« gebracht worden – also indem sie dahintrieben wie große Eisberge. Diese Theorie erklärte auch Bergketten in der Mitte von Kontinenten, die nur durch kollidierende Landmassen aufgefaltet worden sein konnten.[58] An diese Idee musste man sich aber erst gewöhnen. Wie konnten ganze Kontinente »dahintreiben?« Auf *was* trieben sie? Und *wenn* sie sich tatsächlich bewegt haben, welche enorme Kraft *hat* sie bewegt? Zu Wegeners Zeit war der geologische Aufbau der Erde im Prinzip bereits bekannt. Geologen hatten aus Aufzeichnungen von Erdbebenwellen abgeleitet, dass die Erde aus einer Kruste, einem Mantel besteht, aus einem äußeren und einem inneren Kern. Die erste grundlegende Entdeckung war, dass alle Kontinente der Erde aus demselben Gestein aufgebaut sind, nämlich aus Granit beziehungsweise granuliertem Eruptivgestein (durch gewaltige Hitzeeinwirkung entstanden), das sich aus Feldspat und Quarz zusammensetzt. An diesen Granitkontinenten begann sich dann eine andere Gesteinsart abzulagern: Basalt, der wesentlich dichter und härter ist. Es gibt zwei Arten von Basalt, einen festen und einen flüssigen (vulkanische »Lava« besteht zum Beispiel aus halb geschmolzenem Basalt). Dies legte wiederum nahe, dass sich die Zusammenhänge zwischen dem äußeren und inneren Aufbau der Erde mit der

Art und Weise erklären lassen, wie sich unser Planet aus einer sich abkühlenden Gasmasse zuerst verflüssigt und dann verfestigt hat.

Die riesigen Granitblöcke, die unsere Kontinente bilden, sollen ungefähr 50 Kilometer dick sein. Darunter besteht die Erde aus etwa drei Kilometer »elastischem Feststoff« oder halb geschmolzenem Basalt. Und darunter gibt es bis zum Erdmittelpunkt (die Erde hat einen Radius von ungefähr 6000 Kilometern) nichts als flüssiges Eisen.* Vor Millionen von Jahren, als die Erde noch viel heißer als heute war, müsste dann natürlich auch der Basalt weniger fest gewesen sein. Und damit hätte die Situation der Kontinente tatsächlich etwas von dahintreibenden Eisbergen gehabt, das heißt, nach dieser Lesart wird eine Kontinentaldrift sehr viel vorstellbarer.

Wegeners Theorie wurde überprüft, indem er und andere herauszufinden versuchten, wie die Landmassen einst tatsächlich zusammenhingen. Natürlich bestehen die Kontinente nicht nur aus dem Land, das wir gegenwärtig über Meereshöhe sehen können. Die Meereshöhen variierten im Laufe der geologischen Zeit mit dem Absenken des Wasserspiegels während der Eiszeiten und seinem Anstieg während wärmerer Zeiten, sodass die Kontinentalplatten – jene Landgebiete, die derzeit als relativ flache Formationen unter Wasser liegen, bevor die Konturen etliche tausend Meter steil abfallen – sehr wahrscheinlich entsprechend zueinander passende Bruchstellen haben. Mehrere ungewöhnliche geologische Formationen ergeben sofort einen Sinn, wenn man dieses Puzzle zusammenfügt. Beispielsweise gibt es identische Ablagerungen aus der Vergletscherung im Zeitalter des Karbon und Perm an der Westküste Südafrikas und an den Ostküsten von Argentinien und Uruguay (vor etwa 200 Millionen Jahren entstandene Urwälder, die heute Kohlenreviere sind). Regionen, die aus vergleichbarem Jura- und Kreidegestein bestehen (ungefähr 100–200 Millionen Jahre alt), finden sich um Niger in Westafrika und um Recife in Brasilien, exakt auf der gegenüberliegenden Seite des Südatlantiks. Eine Geosynklinale (Absenkung der Erdoberfläche), die sich über das südliche Afrika erstreckt, setzt sich durch Mittelargentinien fort und passt an den Bruchstellen genau zusammen. Und schließlich gibt es noch die globale Verteilung der charakteristischen *Glossopteris*-Flora. *Glossopteris*-Fossilien wurden sowohl in Südafrika als auch im weit davon entfernten Südamerika und in der Antarktis gefunden. Wind ist ein sehr unwahrscheinlicher Faktor für diese Ausbreitung, da die Samen der *Glossopteris* viel zu schwer sind, um auf diese Weise verteilt worden zu sein. Auch die Tatsa-

* Sowohl der Druck des Gesteins als auch dessen Alter lassen den Rückschluss zu, dass es geschmolzen ist. Wenn Materie kondensiert, steigt ihre Temperatur. Man braucht nur einmal in die tiefste Goldmine der Welt, die Robinson Deep in Südafrika, einzusteigen. Die Felswände sind so heiß, dass eine Luftkühlanlange im Wert von einer halben Million Dollar (Preisstand von 1960) gebaut werden musste, damit die Minenarbeiter nicht bei lebendigem Leib gegrillt wurden. Studien haben ergeben, dass die Untergrundtemperatur bei etwa 2000 Meter Tiefe 100 Grad Celsius, den Siedepunkt von Wasser, erreicht.

che, dass diese Pflanze in so weit voneinander entfernten Regionen zu finden ist, lässt sich nur durch eine Kontinentaldrift erklären.

Wie lange hat »Pangaea« existiert? Wann und warum hat ein solcher Abbruch stattgefunden? Was hat dazu geführt, dass er sich fortsetzte? Dies sind die letzten noch unbeantworteten Fragen einer der gewiss atemberaubendsten Theorien des zwanzigsten Jahrhunderts. (Die allerdings eine Weile brauchte, bis sie sich durchsetzen konnte – noch 1939 bezeichneten geologische Lehrbücher die Kontinentaldrift »ausschließlich als Hypothese« [siehe Kapitel 31]).[59]

Die Theorie der Kontinentaldrift entstand Anfang des Jahrhunderts zeitgleich mit einer anderen fortschrittlichen Idee der Geologie, diesmal im Zusammenhang mit dem Alter der Erde. 1650 hatte James Ussher, Erzbischof von Armagh in Irland, anhand der biblischen Genealogie die Erschaffung der Erde exakt auf den 26. Oktober im Jahre 4004 v. Chr. um 9 Uhr morgens datiert.* In den folgenden Jahrhunderten wurde anhand fossiler Funde klar, dass die Erde mindestens dreihundert Millionen Jahre alt sein musste, was etwas später auf 500 Millionen aufgerundet wurde. Im ausgehenden neunzehnten Jahrhundert berechnete William Thomson (Lord Kelvin, 1824–1907) auf Grund der Erdabkühlung ein Alter der Erdkruste von zwischen 20 und 98 Millionen Jahren. Doch sämtliche Berechnungen wurden schließlich von der Tatsache aus dem Rennen geworfen, dass Bertram Boltwoods 1909 die Radioaktivität und den radioaktiven Zerfall entdeckte. Ihm war klar geworden, dass man auch das Alter von Gestein berechnen kann, wenn man misst, wie viel Uran und Blei es enthält – die letzten Zerfallsprodukte – und diesen Anteil dann in Relation zur Halbwertzeit von Uran setzt. Als älteste Substanzen der Erde gelten bis heute die Zirkonkristalle aus Australien mit einem 1983 errechneten Alter von 4,2 Milliarden Jahren. Nach heutiger Schätzung beläuft sich das Alter der Erde auf 4,5 Milliarden Jahre.[60]

Auch das Alter der Ozeane wurde inzwischen geschätzt. Geologen gingen von der Annahme aus, dass sämtliche Meere dieser Welt einst ausschließlich aus Süßwasser bestanden und schrittweise das von den Flüssen eingeleitete Salz der Kontinente aufnahmen. Indem man nun berechnet, wie viel Salz jährlich in den Ozeanen abgelagert wird, und diese Summe dann durch den durchschnittlichen Salzgehalt der gesamten Meerwassermenge der Erde dividiert, kann man eine Zahl für die Dauer ableiten, in der die Versalzung stattfand. Die bestmögliche Antwort zum heutigen Zeitpunkt ist: Das Alter der Ozeane beträgt zwischen 100 und 200 Millionen Jahre.[61]

*

* In den Geologie-Fachbereichen einiger Universitäten wird der 26. Oktober noch heute spaßeshalber als Geburtstag der Erde gefeiert.

An Du Bois' Forderung, für die Situation der Schwarzen in den Vereinigten Staaten nicht biologische Gegebenheiten verantwortlich zu machen, lässt sich ablesen, dass er längst verstanden hatte, was andere erst Jahrzehnte später begreifen sollten – nämlich dass sich eine Besserung der Lage für Schwarze nur durch politische Aktion erreichen ließ, nur dann, wenn sich die Schwarzen die gleichen Rechte erkämpften, die den Weißen zustanden. Doch er (und nicht nur er allein) unterschätzte die Macht von Vorurteilen, die zwar vielleicht nicht immer gleich gefährlich waren, aber immer Darwins Evolutionstheorie untergruben. Während des zwanzigsten Jahrhunderts führte die Idee von der Evolution nicht nur ein wissenschaftliches, sondern auch ein populärwissenschaftliches Leben – und die waren selten identisch. Was Menschen über die Evolution *dachten*, war mindestens so wichtig wie die wissenschaftliche Beschreibung dessen, was Evolution *ist*. Vor allem in den Vereinigten Staaten machte sich diese Kluft bemerkbar – in dieser Einwanderernation mit ihrer so einzigartigen ethnischen, biologischen und sozialen Mischung, durch die sie sich von fast allen anderen Ländern dieser Welt unterscheidet. Die Debatten über den Einfluss von Genen auf die Geschichte oder über die unterschiedliche Intelligenz von »Rassen« sollten im Laufe der Jahrzehnte niemals ganz zum Schweigen gebracht werden.

Die Erkenntnis, dass Evolution derart langsam voranschreitet, dass sie nur in geologischen Zeitläufen sichtbar wird, und die neu gewonnenen Erkenntnisse über das Alter der Erde gaben der Vorstellung, dass die menschliche Natur wie Fossilien im Gestein festgelegt sei, neue Nahrung. Dass sich die Gene als mehrheitlich unveränderbar herausstellten, trug zu dieser Vorstellung von Kontinuität bei. Und dass alte Hochkulturen entdeckt wurden, die, obwohl einst von großer Bedeutung, völlig von der Bildfläche verschwunden waren, förderte die Einstellung, dass selbst die prächtigsten und einfallsreichsten Völker untergehen, wenn sie es im evolutionären Sinne »verdienten«. Zur gleichen Zeit, in der die Physik sämtliche etablierten Vorstellungen von der Natur über den Haufen warf, kamen auch die biologischen Wissenschaften – inklusive Archäologie, Anthropologie und Geologie – zu neuen Einsichten. Und diese Erkenntnisse prägten das Bewusstsein der Öffentlichkeit oft sogar stärker als das der einzelnen Fachwissenschaft. Die Vorstellungen von einer linearen Evolution und von rassischen Unterschieden gingen Hand in Hand. Es sollte sich als ein katastrophales Bündnis herausstellen.

8
Vulkan

Hin und wieder schenkt uns die Geschichte eine Verschnaufpause. Wir halten inne und spüren, dass uns dieser Moment für alle Zeit im Gedächtnis bleiben wird. 1913 war ein solcher Moment. Es schien, als wollte Klio, die Muse der Geschichtsschreibung, der Menschheit einen Streich spielen: Die Welt stand am Rande eines Abgrunds, der Erste Weltkrieg mit seinen schrecklichen, nie da gewesenen Opfern lag nur Monate vor ihr und auch die Russische Revolution, die die Welt völlig neu aufteilen sollte, war nicht mehr weit, da schenkte uns Klio das aus künstlerischer Sicht produktivste – und explosivste – Jahr des Jahrhunderts. Wie Robert Frost in seiner ersten, in demselben Jahr veröffentlichten Gedichtsammlung *A Boy's Will* schrieb:

The light of heaven falls whole and white…
The light for ever is morning light[1]

*

Gegen Ende des Jahres 1912 erhielt die in Paris lebende amerikanische Schriftstellerin Gertrude Stein einen weitschweifigen, aufgeregten Brief ihrer alten Freundin Mabel Dodge. »Vom 15. Feb. bis 15. März wird eine Ausstellung stattfinden, die das wichtigste öffentliche Ereignis seit der Unterzeichnung der Unabhängigkeitserklärung & ihrer Art nach dasselbe ist. Arthur Davies ist Präsident einer Gruppe von Leuten, die finden, dass das amerikanische Volk eine Chance haben sollte, zu sehen, was moderne Künstler in Europa, Amerika & England in den letzten Jahren gemacht haben … Das wird ein *Heuler* werden!«[2]

Der Vergleich der berühmten Armory Show mit der Unabhängigkeitserklärung war von Mabel Dodge (hoffentlich) ironisch gemeint. Aber so falsch lag sie damit gar nicht. In einem Presseartikel aus dieser Zeit stand: »Die Armory Show war eine Eruption, die sich nur insofern von einer vulkanischen unterschied, als sie von Menschen herbeigeführt war.« Sie eröffnete am Abend des 17. Februar 1913. Viertausend Menschen drängten sich in achtzehn Galerien in den Mauern des Zeughauses (»Armory«), einer ehemaligen New Yorker Kaserne auf der Park Avenue, Ecke 65.

Straße. Die hohen Decken waren mit gelben Planen verhängt und Pinien verströmten in großen Töpfen ihren Duft. Die Eröffnungsrede hielt der Anwalt John Quinn, ein distinguierter Kunstmäzen, der Matisse, Picasso, Derain, W. B. Yeats, Ezra Pound und James Joyce zu seinen Freunden zählte.[3] Er versprach: »Diese Ausstellung wird in der amerikanischen Kunstgeschichte Epoche machen. Der heutige Abend wird nicht nur in die Geschichte der amerikanischen Kunst als denkwürdiges Ereignis eingehen, sondern auch in die der gesamten modernen Kunst.«[4]

Wie Mabel Dodge an Gertrude Stein geschrieben hatte, war die Armory Show das geistige Kind von Arthur Davies, einem eher zahmen Maler, der sich auf »Einhörner und Ritterfräulein« spezialisiert hatte. Die Idee dazu hatte er vier Künstlern der »Pastellists Society« geklaut, als diese laut über die Möglichkeit nachgedacht hatten, im Armory eine Ausstellung über die neuesten Strömungen in der amerikanischen Kunst zu veranstalten. Davies war mit drei reichen New Yorker Salonlöwinnen – Gertrude Vanderbilt Whitney, Lillie P. Bliss und Mrs. Cornelis J. Sullivan –, gut bekannt und überredete sie, die Ausstellung zu finanzieren. Dann machte er sich mit dem Künstler Walter Kuhn und dem in Paris lebenden amerikanischen Maler und Kritiker Walter Pach auf den Weg nach Europa, um das Radikalste an Malerei aufzutreiben, was der Kontinent derzeit zu bieten hatte.

Die Armory Show war bereits die dritte große Vorkriegsausstellung, die es sich zum Ziel gesetzt hatte, der Öffentlichkeit revolutionäre Malerei aus Frankreich und anderen europäischen Ländern vorzustellen. Die erste war vom Kritiker Roger Fry und dem Künstler Clive Bell zusammengestellt worden und hatte 1910 in den Londoner Grafton Galleries unter dem Titel »Manet and the Post-Impressionists« stattgefunden. Der Bogen zog sich von Manet (dem letzten »alten Meister« und ersten Modernen) über Cézanne und van Gogh bis hin zu Gaugin, ohne, wie der Kritiker John Rewald anmerkte, »Zeit mit anderen Impressionisten zu verschwenden«. In Frys Augen waren Cèzanne, van Gogh und Gaugin – zu dieser Zeit noch völlig unbekannte Größen in Großbritannien – die unmittelbaren Vorgänger der modernen Kunst. Und ihm war es vor allem darum gegangen, die Unterschiede zwischen Impressionisten und Postimpressionisten zu zeigen, die er für die größeren Künstler hielt, weil sie es sich zum Ziel gesetzt hatten, »die emotionale Bedeutung einer Welt« einzufangen, die von den Impressionisten »bestenfalls protokolliert« worden sei.[5] Cézanne war der Dreh- und Angelpunkt: Wie er seine Stillleben und Landschaften in ein Patchwork aus farbigen Rhomben aufbrach, als seien es die Bausteine der Natur, empfand Fry als Vorboten von Kubismus und Abstraktion. Mehrere Kunsthändler aus Paris und Paul Cassirer aus Berlin hatten dieser Ausstellung Bilder geliehen. Obwohl sie auch heftig kritisiert wurde, fühlte Fry sich ermuntert, zwei Jahre darauf noch eine Ausstellung dieser Art zu organisieren.

Dieser Versuch wurde jedoch von der Sonderbundausstellung überschattet, die am 25. Mai 1912 in Köln ihre Pforten geöffnet hatte und ebenfalls einer dieser »Vulkane« war – mit John Rewalds Worten: »wahrhaft erschütternd.« Im Gegensatz zu ihren Londoner Kollegen setzten deren Organisatoren voraus, dass das Publikum bereits ausreichend vertraut mit der Malerei des neunzehnten Jahrhunderts war, und fühlten sich daher frei, sich ganz auf die neuesten Strömungen in der modernen Kunst zu konzentrieren. Außerdem wollte der Sonderbund ganz bewusst provozieren. Die Cézanne gewidmeten Säle schlossen an Räume für van Gogh an, Picasso hing neben Gaugin. Es waren Werke zu sehen von Pierre Bonnard, André Derain, Erich Heckel, Alexej von Jawlenski, Paul Klee, Henri Matisse, Edvard Munch, Emil Nolde, Max Pechstein, Egon Schiele, Paul Signac, Maurice de Vlaminck und Edouard Vuillard. Von den 108 ausgestellten Exponaten befand sich ein Drittel im Besitz von Deutschen – allein von den achtundzwanzig Cézannes gehörten siebzehn deutschen Sammlern. Ganz eindeutig fühlte man sich in diesem Land der neuen Malerei näher als in Großbritannien oder in den Vereinigten Staaten.[6] Als Arthur Davies den Katalog des Sonderbunds erhielt, war er so perplex, dass er Walt Kuhn drängte, augenblicklich nach Köln zu reisen. Während dieser Tour knüpfte Kuhn dann nicht nur Kontakte zu dem Sonderbund: Er begegnete auch Munch und überzeugte ihn, an der Armory mitzuwirken; er fuhr nach Holland auf der Suche nach van Goghs; in Paris hörte er überall nur von der Kubismus-Ausstellung im Salon d'Automne und von den Futuristen, die im selben Jahr bei Bernheim-Jeune ausgestellt worden waren; er beendete seine Reise schließlich in London, wo er Frys noch laufende zweite Ausstellung plündern konnte.[7]

Gleich am ersten Morgen nach Quinns Eröffnungsrede begannen die Attacken der Presse. Eine ganze Woche lang sollten sich die Medien nicht beruhigen. Das heftigste Gelächter löste der Kubistensaal aus – man nannte ihn »Chamber of Horrors«. Ein Gemälde empfand man als besonders skandalös: Marcel Duchamps *Akt, eine Treppe hinabsteigend*. Duchamp hatte in diesem Jahr bereits Schlagzeilen mit der »Schöpfung« seines ersten »Ready-made«* gemacht, einer Arbeit, die er schlicht *Fahrrad-Rad* getauft hatte. Der *Akt*, schrieb nun die Presse, stelle »eine Menge abgelegter Golfschläger und Taschen« dar, »einen ordentlichen Haufen kaputter Geigen« oder die »Explosion in einer Schindelfabrik«. Man übertrumpfte sich gegenseitig mit Häme. Einer machte sogar den Vorschlag, den *Akt* in *Fressalien, eine Treppe hinabsteigend* umzubenennen.[8]

Doch die Ausstellung erfuhr auch ernst zu nehmende kritische Aufmerksamkeit. Zu den New Yorker Zeitungen, denen sie nicht gefiel, gehörten die

* Anm. d. Ü.: Von Duchamp eingeführter Begriff für vorfabrizierte Alltagsgegenstände, die er äußerlich unverändert zu künstlerischen Manifestationen erklärte.

Tribune, die *Mail*, die *World* und die *Times*. Zwar begrüßten sie alle das Ziel der »Association of American Painters and Sculptors«, der Öffentlichkeit neue Kunstströmungen vorzustellen, fanden aber, dass die ausgestellten Exponate nur schwer verständlich seien. Die *Sun* aus Baltimore und die Chicagoer *Tribune* waren hingegen sehr angetan. Angesichts solcher Aufnahme bei der Kritik – fünf zu zwei dagegen – und der Heiterkeitsausbrüche, die diese Ausstellung in der Öffentlichkeit auslöste, hätte die Armory Show eigentlich ein kommerzielles Desaster werden müssen. Aber davon konnte gar keine Rede sein: Zehntausend Menschen strömten tagtäglich in das Zeughaus, und sie wurde trotz – oder vielleicht gerade wegen – ihrer vielen negativen Kritiken zu einem Muss der New Yorker »Society«, einem *succès d'estime*. Mrs. Astor besuchte sie täglich nach dem Frühstück.[9]

Von New York zog die Armory Show weiter nach Chicago und Boston. Es wurden insgesamt 174 Exponate verkauft. In ihrem Kielwasser eröffneten jede Menge neuer Galerien, vor allem in New York. Und ungeachtet aller Skandale nicht nur um diese, sondern auch folgende Ausstellungen moderner Kunst, gab es ganz offensichtlich genügend Menschen, die in den neuen Strömungen etwas Erfrischendes, Begrüßenswertes und sogar Schönes entdecken konnten. Und sie begannen zu sammeln.[10]

*

Ironischerweise regte sich der massivste Widerstand gegen die neueste Malerei ausgerechnet in Paris, in der Stadt, die sich rühmte, die Kapitale der Avantgarde zu sein und in der schon immer das heute Brandneue morgen zur Norm geworden war: 1913 war der einst so skandalöse Impressionismus längst zur neuen Orthodoxie in der Malerei geworden; die Kontroverse um Wagner in der Musikszene gehörte längst der Vergangenheit an, denn seine gewaltigen Klänge erfüllten die Konzertsäle; und in der Literatur hatte der Symbolismus des neunzehnten Jahrhunderts, vertreten durch die einstigen Enfants terribles Mallarmé, Rimbaud und Laforgue, längst die Zustimmung solcher Wächter des guten Geschmacks wie Anatole France gefunden.

Nur der Kubismus wurde von der Öffentlichkeit noch immer nicht akzeptiert. Zwei Tage nachdem die Armory Show in New York ihre Tore schloss, kündigte Guillaume Apollinaires Verleger in Paris die fast zeitgleiche Veröffentlichung seiner beiden einflussreichsten Bücher an, *Les Peintres cubistes* und *Alcools*. Apollinaire war 1880 als uneheliches Kind einer polnischen Gräfin geboren worden, die am Heiligen Stuhl um Asyl nach gesucht hatte. 1913 war er bereits eine skandalumwitterte Berühmtheit – man hatte ihn auf Grund der völlig haltlosen Anschuldigung, Leonardo da Vincis *Mona Lisa* aus dem Louvre gestohlen zu haben, ins Gefängnis geworfen. Nachdem das Gemälde wieder aufgetaucht und er aus der Haft entlassen war, versuchte er sofort, diesen Skandal werbewirksam für ein Buch auszuschlachten, mit dem er auf die Werke seiner Freunde Picasso (den die Polizei verdächtigte, beim Diebstahl der *Mona Lisa* ebenfalls die Hand im Spiel gehabt zu haben), Braque, Robert Delaunay und eines neuen Malers, von dem noch niemand gehört hatte, aufmerksam machen wollte. Sein Name war Piet Mondrian. Während Apollinaire die Fahnen des Buches durchsah, fügte er noch seine berühmte Definition des »kubistischen Orphismus« hinzu: wissenschaftlich, körperlich und instinktiv sollte er sein.[11] Aber was das bedeutete, verstand kaum einer, und so setzte sich Apollinaire mit seinen Ansatz auch nicht durch. Doch seine wohlwollende Erläuterung der Ziele der Kubisten *wurde* verstanden und trug in der Tat zu ihrer Akzeptanz bei. Apollinaire machte dem Leser klar, dass er schon bald sehr gelangweilt von der Natur wäre, wenn es nicht immer wieder Künstler gäbe, die ihm helfen würden, sie aus neuen Blickwinkeln zu betrachten.[12]

Picasso und seine *bande* (Max Jacob, André Salmon und später auch Jean Cocteau) mochten den an der Côte d'Azur aufgewachsenen Apollinaire wegen seiner »direkten, schlagfertigen, sinnenfreudigen« Art. Er zog nach Paris, um sich dort als Schriftsteller niederzulassen, und entdeckte dort schnell seine Begabung, Maler, Musiker und Schriftsteller zusammenzubringen und ihre Werke auf aufregend neue Weise zu präsentieren. Also begann er sich allmählich den Titel eines »Impresarios der Avantgarde« zu verdienen. 1913 war ein ausgesprochen gutes Jahr für Apollinaire. Im April, bereits einen Monat nach Erscheinen von *Les Peintres cubistes*, publizierte er sein noch umstritteneres Werk *Alcools*: eine Sammlung von »Kunst-Gedichten«, die sich um einen einzigen langen Vers mit dem Titel *Zone* ranken.[13] In vielerlei Hinsicht kann er als das dichterische Äquivalent zu Schönbergs Musik oder Frank Lloyd Wrights Gebäuden gelten. Alles daran war neu, Traditionalisten fanden darin kaum etwas Bekanntes wieder. Apollinaire hatte jede Form von traditioneller Typografie oder Versmaß vermieden; Satzzeichen hielt er für unnötig, da »Rhythmus und Zeilentrennung eine natürliche Interpunktion bilden«.[14] Auch seine Themen waren durch und durch modern: Stadtlandschaften, Stenografen, Flieger (französische Piloten waren in ihrer Fortschrittlichkeit nur noch mit den Gebrüdern Wright vergleichbar). Die Schauplätze des Gedichts sind Paris und sechs andere Städte, darunter Amsterdam und Prag, wo sich dann zum Teil verrückte Szenen abspielen, beispielsweise wenn die Brücken von Paris Schafe sind, die ihren Hirten Eiffelturm anblöken.[15] *Zone* war eine literarische Sensation. In nur wenigen Jahren wurde Apollinaire, der schließlich während einer Grippeepidemie sterben sollte, zur führenden Figur der modernen Bewegung in der Dichtkunst. Doch das war nicht allein seinem literarischen Werk, sondern auch seinem Ruf als leidenschaftlicher Vorkämpfer zu verdanken.[16]

*

Apollinaire wurde am stärksten vom Kubismus inspiriert. Die Inspiration des russischen Komponisten Igor Strawinsky, auch er ein Vulkan, war der Fauvismus. Der Kritiker Harold Schonberg schildert, wie es dazu kam, dass Strawinskys 1913 uraufgeführtes Ballett *Le Sacre du printemps* den berühmtesten Skandal der Musikgeschichte auslöste.[17] Die Uraufführung am 29. Mai im Théâtre des Champs-Elysées veränderte Paris über Nacht – die Stadt, die sich ohnedies im Umbruch befand: Gaslaternen wurden gerade durch elektrische Straßenbeleuchtung ersetzt, *pneumatique* durch das Telefon, und auch die letzten von Pferden gezogenen Busse stellten ihre Dienste 1913 ein. Dennoch, für so manchen war der von Strawinsky vollzogene Bruch mit den Traditionen nicht weniger schockierend als der Denkwandel, der durch Rutherfords von der Goldfolie abprallendes Atom ausgelöst worden war.[18]

Strawinsky, am 17. Juni 1882 in St. Petersburg geboren, war 1913 erst einunddreißig Jahre alt. Mit der Pariser Uraufführung seines Balletts *Feuervogel* im Juni 1910 hatte er bereits Weltruhm erworben. Er verdankte eine Menge seinem russischen Landsmann Sergej Diaghilew, der einst selbst Komponist hatte werden wollen, sich aber von Rimskij-Korssakow, der ihm jegliches Talent abgesprochen hatte, entmutigen ließ und sich stattdessen der Kunstgeschichte, der Organisation von Ausstellungen und schließlich seinen Musik- und Ballettaufführungen in Paris widmete. Ähnlich wie Apollinaire sollte auch er feststellen, dass er Talent zum Impresario besaß. Doch seine große Liebe war das Ballett. Hier konnte er alle seiner Leidenschaften verwirklichen – Musik, Tanz und Malerei (Bühnenbilder).[19]

Strawinskys Vater war Sänger an der Oper von St. Petersburg gewesen.[20] In seinem Haus gingen russische wie ausländische Musiker ein und aus und Igor war ständig mit Musik konfrontiert. Dennoch begann er, Jura zu studieren. Er wechselte erst vollständig zur Musik über, nachdem er 1900 Rimskij-Korssakow vorgestellt worden war und dieser ihn als Schüler angenommen hatte, weil ihm Igors erste Kompositionen so gut gefallen hatten. 1908, im Todesjahr von Rimskij-Korssakow, komponierte Strawinsky die Orchesterphantasie *Feu d'artifice*. Seit Diaghilew sie in St. Petersburg gehört hatte, ging sie ihm nicht mehr aus dem Kopf.[21] Damals gab es seine *Ballets Russes* noch nicht, jenes Ensemble, das ihn und viele andere berühmt machen sollte. Erst 1909, nachdem er diverse Konzerte und Opern russischer Komponisten in Paris auf die Bühne gebracht hatte, übernahm er eine Truppe und beschloss, ein ganz neuartiges Ensemble aus ihr zu machen. In kürzester Zeit sollte es zum Zentrum der Avantgarde werden. Unter den Komponisten, die für diese Truppe schrieben, waren Debussy, de Falla, Prokofiew und Ravel; Picasso und Leon Bakst entwarfen Bühnenbilder; und als Solisten tanzten Waclaw Nijinski, Tamara Karsawina und Léonide Massine. Erst später sollte sich Diaghilew mit einem anderen Russen namens Georges Balanchine zusammentun.[22] Für die Pariser Saison 1910 wünschte er sich nun die Musik für ein Ballett nach dem Märchen Feuervogel, choreographiert von dem legendären Michel Fokine, der so viel zur Modernisierung des Kaiserlichen Balletts beigetragen hatte. Zuerst verpflichtete Diaghilew den Komponisten Anatol Liadow, doch die Zeit der Proben rückte immer näher, und er hatte noch keine Note abgeliefert. Verzweifelt beschloss Diaghilew daher, sich einen anderen Komponisten zu suchen. Aber der musste nicht nur bereit, sondern auch in der Lage sein, eine Partitur in kürzester Zeit fertig zu stellen. Da erinnerte er sich an *Feu d'artifice* und kontaktierte Strawinsky in St. Petersburg. Der Komponist nahm den nächsten Zug nach Paris, um sich die Proben anzusehen.[23]

Diaghilew war hingerissen von der Musik, die Strawinsky dann ablieferte. *Feu d'artifice* war viel versprechend gewesen, aber der *Feuervogel* war weitaus aufregender. Bevor sich der Vorhang am Premierenabend öffnete, flüsterte Diaghilew dem Komponisten zu, dass ihn diese Musik weltberühmt machen werde. Er sollte Recht behalten. Es war eine sehr russische und erkennbar von einem Schüler Rimskij-Korssakows komponierte Musik, doch schon die etwas düstere Eröffnung war wesentlich origineller, als es sich der Impresario je erhofft hatte.[24] Debussy sagte nach der Premiere, eine der großen Qualitäten dieser Musik liege darin, dass sie »nicht den gefügigen Diener des Tanzes« abgebe.[25] 1911 folgte *Petruschka*. Auch diesmal war die Musik sehr russisch, doch hier begann Strawinsky erstmals, mit Polytonalität zu experimentieren. Der elektrisierende Effekt, wenn zwei Harmonien in unterschiedlichen Tonarten zusammenfließen, wirkte sich auch auf Komponisten wie Hindemith aus. Den Erfolg, den *Petruschka* Strawinsky bescheren sollte, hatte nicht einmal Diaghilew vorausgesehen.

Der junge Komponist war jedoch nicht der einzige Russe, der Skandale um *Les Ballets Russes* auslöste. Im Jahr vor der Pariser Uraufführung von *Le sacre du printemps* war Nijinski der Star von Debussys *Nachmittag eines Fauns*. Debussy war wie Apollinaire ein genussfreudiger, sinnlicher Mensch, und das spiegelte sich sowohl in seiner Musik als auch im Tanz von Nijinski. Trotz seiner technischen Brillanz brauchte Nijinski neunzig Proben für das von ihm selbst choreographierte zehnminütige Stück. Es war sein Versuch, eigene *Demoiselles d'Avignon* zu schaffen, einen vulkanisch-eruptiven, ikonoklastischen Tanz, mit dem er eine Figur kreierte, die halb Mensch, halb Tier war und ebenso verstörend wie sinnlich wirkte. Sein Geschöpf hatte nicht nur den Ausdruck des kalten Primitivismus von Picassos *Demoiselles*, sondern auch den der expressiven Ordnung (und Unordnung) der Maler des *Blauen Reiters*. Paris erstrahlte in neuem Lichterglanz.

Obwohl die Premierengäste von *Le sacre du printemps* an Avantgardistisches gewöhnt waren und nicht gerade einen besinnlichen Abend erwartet hatten, sollte *dieser* Vulkan alle anderen in den Schatten stellen. *Le sacre* ist kein Märchen, es ist die düstere Legende von Jungfrauenopfern im alten Russland: »Szenen aus dem heidnischen Russland«, lautet der Untertitel.[26] In der entscheidenden Szene muss sich die erwählte Jungfrau Gott Yarilo opfern und zu Tode tanzen, angefeuert von einem grausamen und zugleich unwiderstehlichen Rhythmus, der dem Ballett seine archetypische Qualität verleiht. Wie Debussys *Faun* spricht diese Musik sämtliche triebhaften Leidenschaften an – es ist eine Geschichte aus Blut, Sex und Unbewusstem. Und vermutlich war es gerade diese »Primitivität«, auf die die Zuschauer bei der Uraufführung so heftig reagierten (der abergläubische Diaghilew hatte dafür gesorgt, dass sie am Jahrestag der Premiere des *Faun* stattfand).[27] Kaum drei Minuten nach Beginn der Vorstellung, das Fagott hatte gerade den Eröffnungssatz beendet, begann es im Publikum zu rumoren.[28] Dann brach es aus den Leuten heraus: Sie johlten, pfiffen, lachten und übertönten mit ihrem Lärm bald die Musik. Doch der Dirigent Pierre Monteux hielt tapfer durch. Als dann die Jungfrauen bei den *dances des adolescents* auch noch mit Zöpfen und in roten Kostümen auftraten, brach der Sturm erst richtig los. Der Komponist Camille Saint-Saëns verließ empört das Theater, dafür stand Maurice Ravel auf und schrie: »Genie!«. Auch Strawinsky, der in der Nähe des Orchesters gesessen hatte, verließ wutentbrannt und Türen knallend den Saal. Später erzählte er, dass er niemals zuvor so wütend gewesen sei. Er marschierte hinter die Bühne, wo er Diaghilew vorfand, wie er im verzweifelten Versuch, den Saal zu beruhigen, ständig das Licht an- und ausschaltete. Es half alles nichts. Strawinsky klammerte sich an die Rockschöße von Nijinski, der in der Seitenkulisse auf einem Stuhl stand und den Tänzerinnen den Rhythmus »wie ein Steuermann brüllend« vorgab.[29] Zwei Männer im Zuschauerraum stritten sich so heftig über Sinn und Zweck dieser Aufführung, dass sie schließlich mitten im Zuschauerraum einen Boxkampf austrugen.[30]

»Genau was ich wollte«, sagte Diaghilew zu Strawinsky bei der Premierenfeier in einem Restaurant. Was hätte er als Impresario auch sonst sagen sollen? Die Reaktionen der anderen waren schon weniger vorhersehbar. »*Massacre* du Printemps«, schrieb eine Zeitung am nächsten Tag, was zu einer Art Running-Gag werden sollte.[31] Viele warfen das Ballett in einen Topf mit dem Kubismus, da sie beides als Ausdruck jener verhassten Barbarei betrachteten, die die »degenerierten« Ausländer in die französische Hauptstadt eingeschleppt hätten. (Die Kubisten nannte man *métèques*, was soviel wie ausländischer Bastard heißt, und ausländische Künstler wurden in Karikaturen und Witzen oft als Epileptiker dargestellt.[32]) Auch der Kritiker des *Figaro* war über die Musik empört, aber offenbar zugleich besorgt, als altmodisch zu gelten, denn am Ende seiner

Kritik fragte er sich, ob sich dieser Abend nicht vielleicht doch eines Tages als ein Dreh- und Angelpunkt der Musikgeschichte herausstellen könnte.[33] Er hatte allen Grund, unsicher zu sein, denn ungeachtet des Premierenskandals feierte *Le sacre du printemps* bald einen Triumph nach dem anderen. Ensembles aus allen Ländern baten um die Aufführungsrechte, und innerhalb weniger Monate begannen Komponisten aus der ganzen westlichen Welt Strawinskys Rhythmen zu imitieren oder die Prinzipien seiner Komposition aufzugreifen. Es waren gerade diese »barbarischen« Rhythmen, die sie ansprachen: »Sie drangen in das musikalische Unterbewusstsein eines jeden jungen Komponisten ein.«[34]

*

Im August 1913 wanderte Albert Einstein mit der verwitweten französischen Physikerin Marie Curie und deren Töchtern in den Schweizer Alpen. Marie war vor einem Skandal geflüchtet, der durch den Zorn der Ehefrau von Paul Langevin – ebenfalls Physiker und mit Poincaré befreundet – ausgelöst worden war, nachdem diese Maries Liebesbriefe an ihren Ehemann gefunden hatte. Einstein, damals vierunddreißig, war zu dieser Zeit Professor an der Eidgenössischen Technischen Hochschule von Zürich und ein viel begehrter Redner und Gastdozent. Doch in diesem Sommer zerbrach er sich ständig den Kopf über ein Problem, das ihm schon seit 1907 keine Ruhe ließ. Plötzlich blieb er stehen, ergriff Marie Curies Arm und erklärte, er müsse unbedingt wissen, was mit den Personen in einem Aufzug geschieht, wenn dieser ins Leere stürzt.[35]

Nach seiner 1905 veröffentlichen Speziellen Relativitätstheorie hatte Einstein begonnen, seine eigenen Ideen wieder auf den Kopf zu stellen – oder zumindest zu kippen. Für seine Spezielle Relativitätstheorie hatte er sich das erwähnte Gedankenexperiment mit dem Zug überlegt. (»Speziell« wurde diese Theorie genannt, weil sie sich nur auf Körper bezog, die sich im Kontext zueinander bewegen.) Bei diesem Experiment hatte sich der Lichtstrahl in gerader Linie mit der Geschwindigkeit des Zuges bewegt. Doch schon seit 1911 hatte Einstein angenommen, dass auch die Schwerkraft einen Effekt auf das Licht ausüben muss.[36] Er stellte sich »einen geräumigen Kasten von der Gestalt eines Zimmers« vor und darin einen Beobachter. Ein Kasten – oder Aufzug – stürzt in einem Vakuum mit einer Fallbeschleunigung von – wie wir uns aus Schulzeiten erinnern sollten – 9,81 m/s^2 auf die Erde herab. Doch in einem fensterlosen Käfig und bei angenommen konstanter Beschleunigung gibt es keine Möglichkeit festzustellen, ob sich der Aufzug bewegt. Obendrein würde der Beobachter sein Eigengewicht nicht mehr fühlen. Diese Vorstellung verblüffte Einstein. Also entwickelte er ein neues Gedankenexperiment, bei dem der Lichtstrahl nicht in Richtung der Fallgeschwindigkeit, sondern im rechten Winkel auf den Aufzug auftrifft. Wieder verglich er, wie zwei Beobachter jeweils innerhalb und außerhalb des Aufzugs diesen Lichtstrahl wahrnehmen würden. Ähnlich wie bei seinem Gedankenexperiment aus dem Jahr 1905 würde der Beobachter im Aufzug den Lichtstrahl auf einer bestimmten Höhe in den »Kasten« eindringen und in derselben Höhe auf der gegenüberliegenden Wand auftreffen sehen. Der Beobachter außerhalb würde jedoch einen *gekrümmten* Lichtstrahl wahrnehmen, denn bis das Licht die gegenüberliegende Wand des Aufzugs erreicht hätte, hätte sich diese ja bereits weiter bewegt. Einstein schlussfolgerte, »dass sich Lichtstrahlen in Gravitationsfeldern im Allgemeinen krummlinig fortpflanzen« – dass Beschleunigung einen Lichtstrahl also krümmen kann und, da Beschleunigung selbst ein Ergebnis von Schwerkraft ist, auch diese zur Lichtkrümmung beiträgt. Noch im selben Jahr stellte er diese Gedanken während eines Vortrags in Wien Kollegen vor, die sie einfach sensationell fanden. Die Implikationen der Allgemeinen Relativitätstheorie können durch ein vergleichbares Modell wie das des Bleistifts, der im Licht gedreht längere und kürzere Schatten wirft, für Einsteins spezielle Theorie erklärt werden. Man stelle sich eine dünne, horizontal ausgelegte Gummischicht vor, die wie die Leinwand eines Malers in einen Rahmen gespannt wurde. Wenn man nun eine kleine Murmel oder Kugel über die Gummischicht rollen lässt, wird sie sich in gerader Linie fortbewegen. Legt man aber eine schwerere Kugel, beispielsweise eine Kanonenkugel, in die Mitte des Rahmens, sodass sie mit ihrem Gewicht die Gummischicht eindrückt, würde sich die kleine Murmel in einer Kurve auf die Stelle zubewegen, in der sich das schwere Gewicht befindet. Und genau das, behauptete Einstein, geschieht mit Licht, wenn es sich auf so große Körper wie Sterne zubewegt. Es gibt eine Krümmung der Raumzeit wie eine Krümmung des Lichts.[37]

Bei der Allgemeinen Relativitätstheorie geht es um Gravitation und – wie bei der Speziellen Relativitätstheorie – um Natur im kosmischen Maßstab, jenseits aller Alltagserfahrungen. J. J. Thomson war zurückhaltend, was diese Theorie betraf, doch Ernest Rutherford gefiel sie so gut, dass er meinte, selbst wenn sie nicht stimmen würde, sei sie ein wunderschönes Kunstwerk.[38] Zu dieser Schönheit gehörte auch, dass Einsteins Theorie überprüft werden konnte. Aus den Gleichungen ergaben sich bestimmte Schlussfolgerungen. Eine war, dass sich Licht bei der Annäherung an große Objekte krümmen muss; eine andere, dass das Universum keine statische Entität sein kann, sondern sich entweder zusammenziehen oder ausdehnen muss. Aber das gefiel Einstein nicht, denn er hielt das Universum für statisch. Also erfand er eine Korrektur, damit er an diesem Glauben festhalten konnte. Später sollte er diese Korrektur als »die größte Eselei meines Lebens« bezeichnen, denn (worauf noch zurückzukommen sein wird) *beide* Voraussagen der Allgemeinen Theorie sollten experimentell unter höchst dramatischen Umständen bestätigt werden. Rutherford hatte Recht: Relativität war eine unglaublich schöne Theorie.[39]

Der zweite Physiker, dem im Sommer 1913 ein wesentlicher Beitrag zum naturwissenschaftlichen Verständnis gelang, hätte sich von Einstein kaum stärker unterscheiden können. Niels Henrick David Bohr war Däne und ein ungewöhnlich guter Sportler. Er spielte in der Fußballmannschaft der Universität Kopenhagen, liebte Skifahren, Radfahren und Segeln und war »unschlagbar« beim Tischtennis. C. P. Snow beschrieb diesen Mann, der zweifellos zu den brillantesten Geistern des Jahrhunderts zählte, einmal folgendermaßen: groß, rundes Gesicht, langes, schweres Kinn und riesige Hände, dazu dickes, widerspenstiges Haar und eine so leise Stimme, dass sein Sprechen kaum mehr als ein Flüstern war. Wer Bohr verstehen wollte, musste sich anstrengen. Hinzu kam noch, wie Snow schrieb, dass man ihn genauso schwer wie Henry James in seinen späteren Jahren dazu bewegen konnte, Dinge umstandslos auf den Punkt zu bringen.[40]

Dieser außergewöhnliche Mann stammte aus einer kultivierten Gelehrtenfamilie – sein Vater war Professor der Physiologie, sein Bruder Mathematiker, alle in vier Sprachen belesen und besonders dem Werk des dänischen Philosophen Søren Kierkegaard zugetan. Begonnen hatte Bohr seine Karriere mit einer Arbeit über die Oberflächenspannung von Wasser, sich dann aber bald schon der Radioaktivität zugewandt, was auch im Wesentlichen der Grund war, weshalb es ihn 1911 nach England und schließlich zu Rutherford zog. Zuerst studierte er in Cambridge, wechselte aber nach Manchester über, nachdem er 1911 Rutherfords Rede bei einem Dinner des Cavendish Laboratory in Cambridge gehört hatte. Rutherfords Atommodell war zu dieser Zeit zwar schon allgemein anerkannt, hatte aber noch ein paar ernsthafte Probleme aufzuweisen. Das stärkste Kopfzerbrechen bereitete den Physikern die vorausgesagte Instabilität des Atoms – niemand begriff, warum Elektronen nicht einfach in den Kern stürzten. Kurz nachdem Bohr zu Rutherford gekommen war, hatte er ein paar geniale Eingebungen, darunter als wichtigste, dass sich in den chemischen Eigenschaften von Elementen in erster Linie die Zahl und Verteilung von Elektronen spiegelten – ungeachtet der Tatsache, dass deren radioaktive Eigenschaften im Atomkern ihren Ursprung haben. Auf einen Schlag hatte er ein Bindeglied zwischen Physik und Chemie erklärt. Dass Bohr damit ein gewaltiger Durchbruch gelungen war, formulierte er zum ersten Mal am 19. Juni 1912 in einem Brief an seinen Bruder: »Es könnte sein, dass ich etwas über die Struktur des Atoms herausgefunden habe … vielleicht ein kleines Stückchen Realität« – er war auf eine Idee gekommen, wie man sich die Elektronen in der Umlaufbahn um Rutherfords Atom besser erklären konnte.[41] Noch im selben Sommer kehrte Bohr nach Dänemark zurück, heiratete und begann im Herbst an der Universität von Kopenhagen zu lehren. Aber er ließ nicht ab von seiner Idee. Am 4. November schrieb er an Rutherford, dass er in einigen Wochen mit einem Thesenpapier fertig zu sein hoffte. Er zog sich aufs Land zurück und schrieb eine lange Abhandlung, die er schließlich in drei kürzere aufteilte, damit er alle Gedanken unterbringen konnte. Veröffentlicht wurden sie unter dem gemeinsamen Titel »On the Constitutions of Atoms and Molecules«. Teil I schickte er am 3. März 1913 an Rutherford, Teil II und III überarbeitete er noch bis kurz vor Weihnachten. Rutherford hatte gewusst, was er tat, als er Bohr den Wechsel nach Cambridge ermöglichte. Denn der hatte nun, wie seine Biographin schrieb, »eine Erkenntnisrevolution« ausgelöst.[42]

Rutherford stellte sich das Atom, wie gesagt, als seiner inneren Natur nach instabil vor. Der »klassischen« Theorie gemäß musste ein Elektron, das sich nicht in gerader Linie bewegt, durch Strahlung an Energie verlieren. Wenn sich Elektronen nun tatsächlich in Kreisbahnen um den Atomkern bewegten – weshalb flogen sie dann nicht in alle Richtungen auseinander oder kollabierten in einer Explosion von Licht? Das war eindeutig nicht der Fall. Im Gegenteil, atomare Materie zeigte sich im großen Ganzen als sehr stabil. Bohrs Beitrag zur Klärung dieses Phänomens bestand darin, dass er eine Hypothese und eine Beobachtung auf einen Nenner brachte,[43] indem er postulierte, dass im Atom ein »stationärer Zustand« herrscht. Rutherford fand das zuerst schwer akzeptabel, aber Bohr beharrte unbeirrt darauf, dass sich ein Elektron nur auf bestimmten »diskreten Kreisbahnen« aufhalten könne, wenn es nicht »auf einen Ort zwischen den erlaubten Bahnen« oder auf eine weiter innen liegende Bahn springen sollte, wo es unumgänglich einen bestimmten Energiebeitrag in Form eines emittierten Lichtquants freisetzen müsste.[44] Diese Hypothese stützte Bohr auf eine Beobachtung, die man bereits Jahre zuvor gemacht hatte: Geht ein Lichtstrahl durch eine Substanz hindurch, gibt jedes Element ein charakteristisches und überdies stabiles, diskontinuierliches Farbspektrum ab. Mit anderen Worten: Es emittiert Licht von spezifischen Wellenlängen – ein Prozess, den man aus der Spektroskopie kennt. Bohrs brillanter Einfall war nun, dass diese Spektralfrequenzen nur existieren, weil Elektronen auf ihren Kreisbahnen um den Atomkern nur »erlaubte« Bahnen besetzen können, welchen wiederum die Stabilität des Atoms zu verdanken ist.[45] Die eigentliche Bedeutung dieses wissenschaftlichen Durchbruchs war, dass Bohr damit Rutherford, Planck und Einstein vereint hatte: Er hatte die quantenartige – diskrete – Natur alles Existenten und die Stabilität des Atoms bestätigt und eine Verbindung zwischen Chemie und Physik hergestellt. Als man Einstein berichtete, auf welche Weise die dänischen Theorien mit den Gesetzen der Spektroskopie übereinstimmten, reagierte er mit den Worten: »Dann ist das eine der bedeutendsten Entdeckungen.«[46]

In seinem Heimatland wurde Bohr gefeiert und bekam schließlich sogar ein eigenes Institut für theoretische Physik, das in den Zwischenkriegsjahren zu einem bedeutenden Forschungszentrum wurde. Bohrs liebenswürdige, stille und nachdenkliche Art (wenn er redete, hielt er oft inne und suchte minutenlang nach den richtigen Worten) hatte natürlich wesentlichen Anteil an seiner Beliebtheit, aber bei dem Aufstieg seines Instituts spielte auch die besondere Situation Dänemarks als kleines, neutrales Land eine Rolle, denn in den dunklen Jahren des zwanzigsten Jahrhunderts hatten Physiker hier eine Möglichkeit der Begegnung abseits von dem grellen Scheinwerferlicht, in dem die größeren Zentren von Europa und Nordamerika standen.

*

Für die Psychoanalyse war 1913 das wichtigste Jahr seit 1900 und seit der Veröffentlichung der *Traumdeutung*. Von Freuds neuem Buch *Totem und Tabu* erschien die englische Übersetzung.* Darin dehnte Freud seine Theorien auf die Darwinsche anthropologische Welt aus, welche seiner Meinung nach den Charakter der Gesellschaft bestimmte. Das Buch war aber nicht zuletzt eine Reaktion auf seinen ehemaligen Mitstreiter Carl Gustav Jung. Jung hatte 1911 und 1912 seine Studie *Wandlungen und Symbole der Libido* herausgebracht, das Werk, das den ersten ernsthaften Bruch in der psychoanalytischen Theorie bezeichnete. Außerdem erschienen drei wichtige, literarische Werke, die sich zwar sehr voneinander unterschieden, aber alle drei zeigten, welchen Einfluss die Freudschen Ideen auf die Gesellschaft jenseits der medizinischen Fachwelt hatten.

Thomas Manns Meisterwerk *Buddenbrooks. Der Verfall einer Familie* war 1901 herausgekommen. Der manchmal recht düstere Roman ist in einer norddeutschen Familie der oberen Mittelschicht angesiedelt, ähnlich der wohlhabenden Lübecker Kaufmannsfamilie, aus der Mann stammte. Thomas Buddenbrook und sein Sohn Hanno sterben jung – Thomas in seinen Vierzigern und Hanno bereits als Jugendlicher –, beide aus keinem anderen Grund als mangelndem Lebenswillen.[47] Die Geschichte ist lebendig und oft sogar komisch erzählt, aber im Hintergrund lauern die Gespenster von Nietzsche, Nihilismus und Degeneration.

Auch in seiner 1913 in englischer Übersetzung erschienenen Novelle *Tod in Venedig*** geht es um Degeneration, um Instinkte versus Vernunft. Hier erforscht Mann das Unbewusste auf wesentlich schmerzlichere und offenere Weise als je zuvor. Der Schriftsteller Gustav von Aschenbach reist nach Venedig, um sein Meisterwerk zu vollenden. Seine äußere Erscheinung und sein Vorname verweisen auf Mahler, den Mann zutiefst bewundert hatte und der am Vorabend von Manns Ankunft in Venedig 1911

* Anm. d. Ü.: Im Original bereits 1912 in vier Folgen in *Imago* unter dem Titel »Über einige Übereinstimmungen im Seelenleben der Wilden und der Neurotiker« veröffentlicht.
** Anm. d. Ü.: Erschien im Original ebenfalls bereits 1912.

gestorben war. Kaum eingetroffen, begegnet Aschenbach einer polnischen Familie, die im selben Hotel logiert. Er ist hingerissen von der verwirrenden Schönheit des in feines, englisches Tuch gekleideten Sohnes Tadzio. Die Geschichte folgt der Liebe des alternden Aschenbachs zu Tadzio. Er vernachlässigt seine Arbeit und siecht schließlich an Cholera dahin, die sich gerade epidemisch in Venedig ausbreitet. Weder beendet Aschenbach sein Werk, noch setzt er Tadzios Familie von der Epidemie in Kenntnis, damit sie sich in Sicherheit bringen kann. Der Schriftsteller stirbt, ohne jemals ein Wort mit Tadzio, dem Objekt seiner Liebe, gewechselt zu haben.

Aschenbach, mit seinem lächerlich frisierten Haar, dem aufgetragenen Rouge und seiner übertriebenen Art sich zu kleiden, soll nach Manns Intuition eine einstmals große und nunmehr entwurzelte, degenerierte Kultur verkörpern. Aber er trägt auch deutlich autobiographische Züge.[48] In seinen privaten, posthum veröffentlichten Tagebüchern bestätigte Mann, dass er sogar noch als alternder Mensch romantische Gefühle für junge Männer hegte, ganz unabhängig von der Tatsache, dass seine seit 1905 bestehende Ehe mit Katia Pringsheim offenbar relativ glücklich gewesen ist. 1925 gestand er den unmittelbaren Einfluss Freuds auf sein Buch *Tod in Venedig* ein. Er schrieb, dass Aschenbach ständig Todessehnsucht habe, auch wenn er sich dessen nicht bewusst sei. Das *Ich* taucht bei Mann immer wieder in der Freudschen Definition als der zum Handeln gezwungene und oft gegen den Trieb agierende Teil der Persönlichkeit auf. Die Atmosphäre in Manns Venedig – düstere, verfallene Gassen, in denen ungeahnte, unaussprechliche Schrecken lauern – erinnert an Freuds primitives *Es*, das unter der Oberfläche des Bewusstseins nur darauf lauert, jede Entgleisung des *Ich* zu seinen Gunsten auszunutzen. Manche Literaturkritiker spekulierten darüber, dass allein schon die vielen Jahre, die Mann für dieses kurze Werk brauchte, einen Hinweis darauf gäben, welche Schwierigkeiten er gehabt haben muss, seine Homosexualität einzugestehen.[49]

1913 war auch das Erscheinungsjahr von D. H. Lawrences *Söhne und Liebhaber*. Ob Lawrence sich bereits 1905 psychoanalytischer Theorien bewusst war, als er »mit beinahe ebenso expliziten Begriffen wie Freud« über die frühkindliche Sexualität schrieb, sei dahingestellt. Seit 1912 aber, nachdem er Frieda Weekley begegnet war, kannte er sie gewiss. Frieda, 1879 als Baroness von Richthofen in Metz geboren, hatte sich eine Weile von ihrem Liebhaber, dem Psychoanalytiker Otto Gross, analysieren lassen.[50] Seine Behandlungstechnik war eine eklektische Mischung aus den Ideen von Freud und Nietzsche. *Söhne und Liebhaber* befasst sich jedenfalls mit einem eindeutig Freudschen Thema, nämlich dem Ödipalen, das natürlich schon lange vor Freud thematisch vorhanden und von der Literatur aufgegriffen worden war. Doch Lawrences Schilderung der Familie

Morel aus dem Kohlerevier von Nottinghamshire (Nottingham war auch Lawrences Heimatstadt) stellt den ödipalen Konflikt in einen breiteren Kontext. Die Welt der Morels verändert sich und spiegelt den Übergang von der agrikulturellen Vergangenheit zur industriellen Zukunft und zum Krieg (Paul Morel sagt den Ersten Weltkrieg hier sogar voraus).[51] Gertrude Morel, die Mutter, verfügt über eine gewisse Bildung, was sie deutlich von dem eher geistlosen Arbeiter, mit dem sie verheiratet ist, trennt. Also widmet sie ihre gesamte Energie den Söhnen William und Paul, für die sie sich ein besseres Leben in dieser Welt des Wandels erhofft. Doch der kunstsinnige Paul, der seinen Lebensunterhalt in einer Fabrik verdienen muss, verliebt sich und versucht, sich dem Einfluss der Familie zu entziehen. Wo es also zuvor um den Konflikt zwischen Ehefrau und Ehemann ging, geht es nun um einen Mutter-Sohn-Konflikt. »Diese Söhne werden ins Leben hinaus *gedrängt* von der Liebe, die sie der Mutter gegenüber empfinden und von ihr erfahren – immer weiter weggedrängt. Als sie das Mannesalter erreichen, sind sie wahrer Liebe nicht fähig. Die Mutter, die sich an sie klammert, bleibt die stärkste Kraft in ihrem Leben… Kaum im Kontakt mit Frauen, geht ein Riss durch die jungen Männer. Williams Sexualität gehört einer Tändelei, an seiner Seele aber hält die Mutter fest.«[52] Genau wie Mann in *Der Tod in Venedig* das Tabu der Homosexualität aufzubrechen versuchte, sprach Lawrence in *Söhne und Liebhaber* freimütig über die Verbindung von Sexualität und anderen Aspekten des Lebens, vor allem in Bezug auf die Rolle der Mutter in der Familie. Doch dabei belässt er es nicht. Sozialistische und modernistische Themen mischen sich: niedrige Löhne, gefährliche Arbeitsbedingungen in den Minen, Streiks, die Zustände auf den Geburtenstationen, die Ausbildungssituation für Heranwachsende, der zunehmende Wunsch von Frauen, den Arbeitsplatz im Haus gegen eine Stelle außer Haus zu tauschen und sich für ihr Wahlrecht einzusetzen, die brisanten Auswirkungen der Evolutionstheorie auf viele Aspekte des gesellschaftlichen Lebens und der Moral und schließlich das erwachende Interesse an der Existenz des so genannten Unbewussten.[53] Bei seinen Kunststudien begegnet Paul den sozialdarwinistischen Thesen und der Gravitationslehre. Thomas Manns Geschichte dreht sich um eine Welt, die zu Ende geht, Lawrences Buch um eine Welt, die einer anderen weicht. Aber beide reflektieren das Freudsche Thema der Vorrangstellung von Sexualität und der triebhaften Seite des Lebens vor dem Hintergrund der Schriften Nietzsches und sozialdarwinistischer Ideen. Und bei beiden spielt das Unbewusste eine nicht immer bekömmliche Rolle. Klimt und Hofmannsthal hatten im Wien des fin-de-siècle betont, dass der Mensch dazu tendiert, seine Instinkte zum eigenen Nachteil zu ignorieren: Was die Physik auch behaupten mag, Biologie hat den Alltag fest im Griff. Und Biologie, das heißt Sex und Fortpflanzung – und Evolution. In *Der Tod in Venedig* geht es um die Auslöschung einer bestimmten Kultur durch Degeneration. *Söhne und Liebhaber* ist weniger pessimistisch, aber beide Werke erforschen Nietzsches Kampf zwischen den lebendig-kraftvollen Barbaren und den überfeinerten, zivilisierteren und rationalen Menschentypen. Lawrence sah die Wissenschaften als eine Form der Überfeinerung an. Paul Morel verfügt über eine starke, triebhafte Lebenskraft, kann dem Schatten der Mutter jedoch niemals entfliehen.

Marcel Proust gab Einflüsse von Freud, Darwin oder Einstein auf sein Werk niemals zu. Doch wie der amerikanische Kritiker Edmund Wilson einmal schrieb, bezogen Einstein, Freud und Proust – Einstein und Freud Juden, Proust Halbjude – »ihre Kraft allesamt aus einem Gefühl der Marginalität, welches ihre Beobachtungsgabe schärfte«. Im November 1913 veröffentlichte Proust den ersten Band seines mehrbändigen Werkes *Auf der Suche nach der verlorenen Zeit*.

Proust wurde 1871 als Sohn einer wohlhabenden Familie geboren und brauchte sein Leben lang nicht für den Broterwerb zu arbeiten. Er war ein hochbegabtes Kind und wurde sowohl im Lyceé Condorcet als auch von Privatlehrern unterrichtet – ein Arrangement, das die enge Bindung zu seiner neurotischen Mutter förderte. Als diese 1905 im Alter von 57 Jahren nur zwei Jahre nach ihrem Mann starb, zog sich der Sohn von der Welt in ein kleines Zimmer zurück, wo er dann mit Hunderten von Freunden zu korrespondieren und detaillierte Tagebuchaufzeichnungen in sein Meisterwerk zu verwandeln begann. *Auf der Suche nach der verlorenen Zeit* wurde das literarische Äquivalent zu Einstein oder Freud genannt, doch wie der Proust-Forscher Harold March betonte, bewiesen solche Vergleiche nur, wie wenig vertraut die Menschen mit Einstein oder Freud waren. Proust selbst beschrieb sein vielbändiges Werk in einem Interview als »Romane des Unbewussten«, doch das darf man nicht im Freudschen Sinne verstehen (es gibt keinerlei Hinweise, dass Proust jemals etwas von Freud gelesen hat; Freuds Arbeiten wurden ohnedies erst gegen Ende von Prousts Leben ins Französische übersetzt). Proust »verwirklichte« eine Idee bis zur höchsten Vollendung. Es war die Idee des »unwillkürlichen Erinnerns«, die Idee, dass der Geschmack einer »Madeleine« oder der Geruch einer alten Hintertreppe nicht nur Ereignisse aus der Vergangenheit zurückrufen können, sondern auch alles Drumherum, alle Gefühle oder inneren Erfahrungen, in die solche Momente eingebettet waren.

Seine große Leistung war die Umsetzung dieser Idee. Wie er zum Beispiel intensive Kindheitsgefühle wieder erweckt – wenn er zu Beginn des Buches seinen verzweifelten Wunsch beschreibt, von der Mutter einen Gutenachtkuss zu bekommen. Dieses fließende Hin und Her in der Zeit führte viele Kritiker zu der Ansicht, dass Proust eine Antwort auf Einsteins Theorien über Relativität und Zeit zu geben versucht habe. Doch in Wirklichkeit lieferte er uns keinen einzigen Hinweis, der die Herstellung solcher Zusammenhänge mit den Theorien des Physikers – oder von

Freud – zulassen würde. Harold March forderte zu Recht, Proust nach dessen eigenen Begriffen zu beurteilen. Aus dieser Perspektive ist *Auf der Suche nach der verlorenen Zeit* ein üppiges, im Plauderton heraufbeschworenes Bild vom Leben der französischen Aristokratie und Oberschicht, jener auch von Tschechow und Mann beschriebenen Klasse, die mit dem Ersten Weltkrieg völlig verschwinden sollte. Proust kannte sich bestens in ihr aus – in seinen Briefen bezieht er sich ständig auf die Prinzessin oder den Grafen oder den Herzog Soundso.[54] Seine Charaktere sind wundervoll gezeichnet. Proust besaß nicht nur eine große Beobachtungsgabe, sondern auch die Fähigkeit, diese in klangvolle Prosa zu verwandeln, in lange dahinfließende, mit Nebensätzen verschlungene Perioden, in denen Richtung und Sinn jedoch immer klar und deutlich bleiben.

Der 1913 veröffentlichte Band *In Swanns Welt* (womit der Teil der Stadt gemeint war, in der er lebte) umfasste, wie sich später herausstellen sollte, bereits ein Drittel der gesamten Geschichte.* Der Leser taucht in die Vergangenheit ein und tritt wieder aus ihr heraus, er kehrt immer wieder nach Combray zurück, lernt nicht nur die dort lebenden Personen kennen, sondern auch die Architektur des Ortes, die Anlage der Straßen, die Aussicht von diesem und jenem Fenster, Blumenrabatten, Bürgersteige. Zu den handelnden Personen gehören Swann selbst, seine Geliebte Odette, die Herzogin von Guermantes. In einigen Fällen gehen seine Figuren auf reale Personen zurück.[55] Proust kann uns spüren lassen, welchen Genuss es bedeutet, eine Madeleine zu essen, oder was es heißt, ein eifersüchtiger Liebhaber und Opfer der Erniedrigungen von Snobismus oder Antisemitismus zu sein. Ob man es nun für nötig hält oder nicht, Proust mit Bergson, Baudelaire oder Zola in Verbindung zu bringen, wie es so gern gemacht wurde, Prousts Schilderungen sprechen für sich selbst.

Doch Proust sollte es nicht einfach haben, einen Verleger für dieses Werk zu finden. Viele lehnten das Manuskript ab, auch der Schriftsteller André Gide für die *Nouvelle Revue Française*, der Proust für einen Snob und Amateurliteraten hielt. Der zweiundvierzigjährige Autor geriet in Panik und dachte gerade daran, es selbst zu verlegen, als er von Grasset eine Zusage erhielt. Augenblicklich begann der Verlag schamlos die Reklametrommel zu rühren. Am Ende gewann Proust zwar nicht den Prix Goncourt, wie er gehofft hatte, doch zahllose einflussreiche Bewunderer, die reinste Hymnen auf sein Werk schrieben. Sogar Gide hatte nun die Größe zuzugeben, dass er mit seiner Ablehnung schlecht beraten gewesen war, und bot an, alle künftigen Bände zu veröffentlichen. Zu diesem Zeitpunkt war noch ein weiterer Band geplant. Doch dann brach der Krieg aus, und

* Anm. d. Ü.: Die einzelnen Bände wurden in der englischen Proust-Übersetzung, auf die sich der Autor hier bezieht, anders aufgeteilt als in der deutschen.

jede weitere Veröffentlichung wurde zurückgestellt. Proust musste sich erst einmal mit seiner umfangreichen Korrespondenz begnügen.

*

Seit 1900 hatte Freud viel Zeit und Energie darauf verwandt, den Einflussbereich der von ihm begründeten Disziplin auszuweiten. Psychoanalytische Gesellschaften gab es mittlerweile in sechs Ländern, und 1908 war auch ein internationaler psychoanalytischer Verband gegründet worden. Doch gleichzeitig hatte »die Bewegung«, wie Freud zu sagen pflegte, ihre ersten Abtrünnigen zu vermelden. Alfred Adler und Wilhelm Stekel verließen sie 1911. Adler, weil ihm seine eigenen Erfahrungen mit Krankheit zu grundlegend anderen Ansichten über persönlichkeitsprägende psychische Kräfte verhalfen – ohnedies behindert durch eine Rachitis aus Kindertagen und eine chronische Lungenentzündung, musste er auch noch an den Folgen diverser Verkehrsunfälle leiden. Als Augenarzt war ihm natürlich bewusst, dass Patienten mit einem körperlichen Leiden, wie zum Beispiel Blinde, die außerordentlich gute Hörfähigkeiten entwickeln, häufig versuchen, dieses durch die Betonung anderer Fähigkeiten zu kompensieren. Und als Sozialdemokrat versuchte er, die marxistische Doktrin des Klassenkampfes mit seinen eigenen Vorstellungen vom Kampf der Psyche in Einklang zu bringen. Schließlich gelangte Adler zu der Ansicht, dass die Libido nicht in erster Linie eine sexuelle Kraft, sondern ein »Aggressionstrieb« sei; das Bedürfnis nach Macht verstand er als die treibende und den Minderwertigkeitskomplex als die steuernde Kraft des Lebens.[56] Angesichts solchen Abweichlertums von den Freudschen Lehren wurde Adler gezwungen, als Obmann der Wiener Psychoanalytischen Vereinigung zurückzutreten, doch seine »Individualpsychologie« sollte jahrelang sehr populär sein.

Freuds Bruch mit Jung, der sich zwischen Ende 1911 und Frühjahr 1914 vollzog, war ein wesentlich erbitterterer Kampf als die Auseinandersetzungen mit anderen Abtrünnigen, denn Freud, der 1913 siebenundfünfzig Jahre alt war, hatte Jung als seinen Nachfolger und den neuen Führer »der Bewegung« im Sinn gehabt. Der Bruch entstand, weil Jung, anfangs ein treuer Anhänger Freuds, seine Ansichten über zwei grundlegende Freudsche Konzepte revidiert hatte. Erstens fand er, dass man die Libido nicht, wie Freud behauptete, ausschließlich als sexuellen Trieb verstehen dürfte, sondern sie als eine umfassende »seelische Energie« betrachten müsse. Mit diesem Umdenken sah Freud seine gesamte Theorie der frühkindlichen Sexualität gefährdet, ganz zu schweigen von den ödipalen Theorien. Noch ärgerlicher aber machte ihn vielleicht, dass Jung behauptete, er habe die Existenz des Unbewussten unabhängig von Freud erkannt, während er in der Züricher Burghölzli-Klinik die »Regression« der Libido bei der Behandlung einer Schizophrenen beobachtete, die ihr Lieblingskind getötet hatte.[57] Vor Jahren hatte sich diese Patientin in einen jungen Mann verliebt, der, so glaubte sie, viel zu reich war und gesellschaftlich zu hoch über ihr stand, um sie je zu heiraten, sodass sie sich einem anderen zugewandt hatte. Ein paar Jahre später erfuhr sie durch einen Freund, dass dieser Mann untröstlich über ihre Zurückweisung gewesen war. Kurze Zeit darauf badete sie ihre beiden kleinen Kinder und erlaubte der Tochter, am Badeschwamm zu saugen, obwohl sie wusste, dass das Wasser verunreinigt war. Ihrem Sohn gab sie sogar ein Glas des verseuchten Wassers zu trinken. Jung behauptete nun, dass er das entscheidende Moment bei diesem Fall ganz unabhängig von Freud erkannt habe – nämlich dass diese Frau nach dem *unbewussten* Wunsch gehandelt habe, alle Spuren ihrer Ehe zu beseitigen, um sich für den Mann frei zu fühlen, den sie wirklich liebte. Nachdem ihre Tochter durch den Schwamm mit Typhus infiziert und daran gestorben war, begann sich ihre Depression – unter der sie litt, seit sie die Reaktion des geliebten Mannes erfahren hatte – in einem Maße zu vertiefen, dass sie in die Burghölzli-Klinik eingewiesen wurde.

Anfänglich stellte Jung die Diagnose »Dementia praecox« nicht in Frage. Erst als er anfing, sie nach ihren Träumen zu befragen und sie »Assoziationstests« zu unterziehen, begann sich ihm die wahre Geschichte zu enthüllen. Diese später berühmte Methode war von dem deutschen Arzt Wilhelm Wundt (1832–1920) erfunden worden. Das Prinzip ist einfach: Dem Patienten werden Wörter vorgelesen, auf die er mit dem ersten Begriff reagieren soll, der ihm dabei jeweils in den Sinn kommt. Das Ganze beruht auf der Überlegung, die Kontrolle des Bewusstseins über unbewusste Impulse damit abzuschwächen. Während der Rekonstruktion ihrer Geschichte durch Traumanalysen und Assoziationstests begriff Jung, dass seine Patientin ihren unbewussten Impulsen gehorchend die Tochter tatsächlich hatte umbringen wollen. Als er sie mit dieser Wahrheit konfrontierte, geschah etwas Bemerkenswertes. Im Gegensatz zu allem, was die Diagnose einer unheilbaren »Dementia praecox« erwarten ließ, erholte sich die Frau und konnte bereits drei Wochen später aus der Klinik entlassen werden. Ein Rückfall wurde nicht bekannt.

Aus Jungs Berichten über seine Entdeckung des Unbewussten sprach eine gewisse trotzige Herausforderung, denn sie implizierten zugleich, dass sich Jung nicht als Protégé Freuds, sondern als Gleichwertiger verstand, der gleichzeitig mit Freud, aber unabhängig von ihm zu vergleichbaren Erkenntnissen gelangt war. Jung und Freud waren, nachdem sie sich 1907 beim Treffen der Mittwochsgesellschaft erstmals begegnet waren, enge Freunde geworden. 1909 reisten sie gemeinsam in die Vereinigten Staaten, wo Jung dann aber im Schatten des großen Freud stand und erstmals erkannte, dass seine Ansichten von denen des Begründers der Psychoanalyse abwichen. Während dann im Laufe der Jahre eine Patientin Freuds nach der anderen über frühe Inzesterfahrungen berichtete und ihn somit bestärkte, noch mehr Gewicht auf die Sexualität als Triebkraft des Unbewussten zu legen, betrachtete Jung Sexualität immer weniger als etwas derart Grundlegendes. In seinen Augen gehörte sie zum Spektrum religiöser Transformation, war also nur einer von vielen Aspekten des religiösen Triebes. Jung wandte sich zunehmend den »Manifestationen der primitiven Psyche und ihrer Mythen- und Sagenwelt« bei anderen Völkern zu. Auf seinen Reisen entdeckte er zum Beispiel, dass die Tempelgötter der Religionen des Fernen Ostens als höchst erotische Wesen dargestellt waren; und diese freimütig zur Schau gestellte Sexualität betrachtete er als Symbol einer höheren »Wirklichkeit der Seele«. Schließlich begann er vor dem Hintergrund solcher Erkenntnisse seine berühmten Studien über Religionen und Mythologien als Repräsentationen des Unbewussten in anderen Regionen und Zeiten zu verfassen.

Der Bruch mit Freud begann 1912, nach der Rückkehr aus den USA und mit der Veröffentlichung von Jungs langer Abhandlung *Wandlungen und Symbole der Libido*[58] (später verlegt unter dem Titel *Symbole der Wandlung*), die im *Jahrbuch der Psychoanalyse* erschien und Jungs erste öffentliche Stellungnahme zum »Kollektiven Unbewussten« war. Er war zu der Überzeugung gelangt, dass das Unbewusste auf einer tieferen Ebene bei jedem Menschen identisch sei – Teil einer »rassischen Begabung«. Und genau *darum* ging es für Jung bei der Psychotherapie – mit diesem kollektiven Unbewussten wollte er in Berührung kommen.[59] Je mehr sich Jung nun der Religion, Mythologie und Philosophie zuwandte, desto mehr entfernte er sich von Freud und dem wissenschaftlichen Ansatz. A. C. Brown schrieb einmal, man bekomme »beim Lesen von Jung einen sehr ähnlichen Eindruck wie beim Lesen von hinduistischen, taoistischen oder konfuzianischen Schriften: Man mag sich zwar bewusst sein, dass hier eine Menge kluger und wahrer Dinge zum Ausdruck gebracht werden, kommt jedoch zu dem Schluss, dass man diese ebenso hätte sagen können, ohne [dem Leser] die psychologischen Theorien, auf denen sie fußen, aufzuzwingen.«[60]

Nach Jung ist die psychische Ausstattung des Menschen dreigeteilt: durch das Unbewusste, das persönliche Unbewusste und das kollektive Unbewusste. Seine Darstellung der menschlichen Psyche wurde mit einer Inselkette im Meer verglichen, deren sichtbarer, über dem Wasserspiegel liegender Teil gleichbedeutend mit dem Bewusstsein ist und deren (größerer) Teil direkt unterhalb der Oberfläche das Äquivalent zum persönlichen Unbewussten ist. Darunter, so Jung, seien die Menschen miteinander – wie Archipele durch die jeweilige tektonische Kontinentalplatte – durch das »rassische« Unbewusste einer bestimmten Ethnie verbunden. Und in den tiefsten Tiefen schließlich, vergleichbar dem Kern der Erde, herrsche das kollektive Unbewusste »der gewaltigen Erbmasse der Menschheitsentwicklung«, wozu auch das Erbe der Primaten und aller anderen Tiere gehöre. Das war eine kühne, einfache Theorie, die von drei »Nachweisen« gestützt wurde. Zum einen verwies Jung auf außergewöhnliche Übereinstimmungen in den Erzählungen und Mythologien der unterschiedlichsten Kulturen; dann machte er geltend, dass im Laufe von Langzeitanalysen bestimmte Symbole mit beunruhigender Hartnäckigkeit immer wieder auftauchten und sich während der Behandlung den universellen Symbolen von Mythen und Legenden immer stärker annäherten; und schließlich erklärte er, dass die Wahngeschichten von Geisteskranken häufig den Inhalten von Mythologien ähnelten.

Sein Begriff der »Archetypen«, die Theorie eines grundlegenden schöpferischen Prinzips, demzufolge sich alle Menschen dem einen oder anderen psychisch (erblichen) Grundtypus zuordnen ließen – die bekanntesten sind der introvertierte und der extrovertierte Charakter – bezeichnete eine seiner anderen populären Ideen. Solche Begriffe beziehen sich natürlich nur auf die bewusste Ebene der Psyche, doch nach typisch psychoanalytischer Art entdeckte Jung die Wahrheit im Gegensätzlichen – das extrovertierte Temperament ist in Wirklichkeit unbewusst introvertiert und umgekehrt. Deshalb müsse die Psychoanalyse auch auf die Mittel von Traumdeutung und freier Assoziation zurückgreifen, um den Patienten in Kontakt mit dem kollektiven Unbewussten zu bringen – um einen kathartischen Prozess auszulösen. Während Freud organisierten Religionen skeptisch bis feindselig gegenüberstand, fand Jung den religiösen Standpunkt therapeutisch hilfreich. Sogar Jungs Anhänger konzedierten, dass dieser Aspekt seiner Theorien etwas konfus war.[61]

Obwohl Jung den psychoanalytischen Kollegen sein divergierendes Verständnis vom Unbewussten schon 1911 dargelegt hatte und ein Bruch innerhalb der Professionen damit bereits unausweichlich schien, wurde die Trennung von Freud erst mit dem Erscheinen von Jungs *Symbole der Wandlung* öffentlich. Danach gab es keine Chance zur Versöhnung mehr. Beim vierten Internationalen Psychoanalytischen Kongress im September 1913 in München saßen Freud und seine Anhänger demonstrativ von Jung und dessen Gefolge abgewandt. Anschließend schrieb Freud: »Man schied voneinander ohne das Bedürfnis, sich wiederzusehen.«[62] Aber Freud war nicht nur von dieser persönlichen Auseinandersetzung – die durchaus antisemitische Untertöne bei Jung hatte – enttäuscht, er war auch besorgt, dass Jungs Version den Anspruch der Psychoanalyse auf Wissenschaftlichkeit gefährden könnte.[63] Jungs Begriff des Kollektiven Unbewussten implizierte eindeutig die Erblichkeit von erworbenen Merkmalen, und das war eine These, die vom Darwinismus schon Jahre zuvor diskreditiert worden war. Ronald Clark schrieb: »Kurzum, Jung ersetzte die Freudsche Theorie, die zwar ebenfalls schwer zu belegen ist, aber dennoch ihre Befürworter findet, durch ein unüberprüfbares System, das dem Stand der heutigen genetischen Erkenntnisse völlig widerspricht.«[64]

Es ist nicht zu leugnen, dass Freud den Bruch mit Jung längst vorausgesehen und nicht zuletzt deshalb 1912 mit einer theoretischen Arbeit begonnen hatte, die die Hypothesen von Jung diskreditieren und die Psychoanalyse fest auf die Grundlagen moderner Wissenschaft stellen sollte. Über seine im Frühjahr begonnenen und mehrere Monate später abgeschlossenen Essays für *Totem und Tabu* sagte Freud: »Ich schreibe jetzt am Totem mit der Empfindung, dass es mein Größtes, Bestes, vielleicht mein letztes Gutes ist.«[65] Es war sein Versuch, genau jenes Gebiet – »die gewaltige Erbmasse der Menschheitsentwicklung« – zu erforschen, welches Jung für sich in Anspruch nahm. Doch während Jung sich auf die Universalität von Mythen konzentrierte, um das kollektive und »rassische« Unbewusste zu erklären, wandte sich Freud der Anthropologie zu, insbesondere James Frazers *Der Goldene Zweig* und Darwins Berichten über das Verhalten von Primatengruppen. Nach Freud (der von Anfang an betont hatte, dass *Totem und Tabu* rein spekulativ sei) ist die primitive Gesellschaft durch eine Horde von Wilden gekennzeichnet, in der ein Despot alle Frauen beherrscht und Konkurrenten, eingeschlossen die eigenen männlichen Nachkommen, entweder tötet oder zu untergeordneten Rollen verdammt. Deshalb werde der dominante Mann von Zeit zu Zeit attackiert und schließlich überwältigt – ein neues Bindeglied zum Ödipuskomplex, dem zentralen Thema der »klassischen« Freudschen Theorie. *Totem und Tabu* sollte zeigen, wie eng Individual- und Gruppenpsychologie verflochten sind und wie tief die Psychologie in der Biologie – einer »harten« Wissenschaft also – wurzelt. Um diese Theorien (im Gegensatz zu denen von Jung) zu überprüfen, so Freud, braucht man nur die Primatengesellschaften zu beobachten, aus denen der Mensch hervorging.

Mit diesem jüngsten Werk wollte Freud aber auch noch etwas anderes »erklären«, nämlich dass Jung versucht habe, Freud als den dominanten Mann der psychoanalytischen »wilden Horde« vom Thron zu stoßen. In einem 1913 verfassten, erst nach Freuds Tod veröffentlichten Brief gab er zu, dass Jung, den er »reinlich abzuschneiden« gedachte, der Hauptgrund für seine Auseinandersetzung mit *Totem und Tabu* gewesen sei.[66] Das Buch wurde kein Erfolg – Freud war hinsichtlich seiner Lektüre nicht so auf der Höhe seiner Zeit gewesen, wie er selbst glaubte, und die Wissenschaft, für deren Speerspitze er sich hielt, wandte sich in Wirklichkeit gegen ihn.[67] Die Evolution betrachtete Freud in dieser Studie als einen unilinearen Prozess und die unterschiedlichen »Rassen« der Menschheit als den Ausdruck von bestimmten Entwicklungsstufen auf dem Weg zur »weißen«, »zivilisierten« Gesellschaft – eine Auffassung, die schon damals dank der Forschungen von Franz Boas überholt war. In den zwanziger und dreißiger Jahren sollten Anthropologen wie Bronislaw Malinowski, Margaret Mead und Ruth Benedict anhand von neuen Feldstudien bestätigen, dass *Totem und Tabu* wissenschaftlich betrachtet wertlos war.

Mit seinem Versuch, Jung zu diskreditieren, hatte sich Freud selbst eine Falle gestellt.[68]

Der Bruch zwischen den beiden Männern sollte mit diesem Buch ein für alle Mal besiegelt sein. (Dabei darf nicht vergessen werden, dass Jung nicht die einzige Person war, die sich von Freud abwandte: Auch Breuer, Fliess, Adler und Stekel vollzogen einen Bruch.)[69] Jungs Arbeit wurde zunehmend metaphysisch, vage und pseudomystisch. Sie fand zwar treue Anhänger, aber diese bildeten nur eine Randgruppe. Freud fuhr fort, Individualpsychologie und Gruppenverhalten miteinander zu verknüpfen, und versuchte so eine Möglichkeit zu schaffen, die Welt mit wissenschaftlicheren Augen zu betrachten als Jung. Bis 1913 stellte die psychoanalytische Bewegung ein kohärentes Denksystem dar, ab diesem Zeitpunkt waren es zwei.

*

Mable Dodge hatte Recht in ihrem Brief an Gertrude Stein. Die Eruption an Talenten im Jahr 1913 kann nur vulkanisch genannt werden. Abgesehen von den Ideen, die in diesem Kapitel dargestellt wurden, erlebte 1913 auch das erste moderne Fließband in Henry Fords Detroiter Fabrik; und erstmals trat Charlie Chaplin als der kleine, listige Mann mit den zerbeulten Hosen und dem Bowler auf, der so wunderbar den unverwüstlichen Optimismus eines Einwanderungslandes verkörperte. Doch man muss die Geschehnisse des Jahres 1913 schon sehr genau betrachten, um ihnen gerecht zu werden, denn viele Ereignisse in diesem Annus mirabilis waren eher die Vollendung von Trends, die sich bereits angekündigt hatten, als ein Aufbruch zu ganz neuen Ufern. Die moderne Kunst hatte sich über den Atlantik gewagt und dort eine zweite Heimat gefunden; Bohr hatte auf Einstein und Rutherford aufgebaut wie Strawinsky auf Debussy (wenn nicht Schönberg); die Psychoanalyse hatte Mann und Lawrence erobert und bis zu einem gewissen Maße auch Proust; Jung hatte auf Freud aufgebaut (oder Freud hatte das zumindest geglaubt), während Freud seine eigenen Ideen weiter ausformulierte und die Psychoanalyse – wie die modernen Künste – an den Küsten Amerikas landete; der Film hatte im Gegensatz zum »Star« seinen ersten unsterblichen Charakterdarsteller bekommen. Leute wie Apollinaire, Strawinsky, Proust und Mann versuchten, unterschiedliche Geistesströmungen – Physik, Psychoanalyse, Literatur, Malerei – auf einen Nenner zu bringen, um sich neuen Wahrheiten über die Conditio humana anzunähern. All diese Entwicklungen waren von nichts so sehr geprägt wie von Optimismus. Das neue Denken, das sich in den ersten Monaten des zwanzigsten Jahrhunderts herauszubilden begonnen hatte, schien sich nun zu konsolidieren.

Doch ein Mann erhob warnend seine Stimme. In *A Boy's Will* (1913) verbindet Robert Frost die Bilder einer unschuldigen, natürlichen Welt mit derart verstörenden Rhythmen, dass man dabei unwillkürlich an die Tücken der Natur erinnert wird – nicht zuletzt im Hinblick auf das Phänomen Zeit:

> Ah, when to the heart of man
> Was it ever less than treason
> To go with the drift of things
> To yield with grace to reason …[70]

9
Grabenkämpfe und Schützengräben

Der Ausbruch des Ersten Weltkriegs kam sogar für viele gebildete Menschen völlig überraschend. Am 29. Juni besuchte der so genannte Wolfsmann Sigmund Freud, ein reicher junger Russe, der sich während seiner Analyse an eine Wolfsphobie aus der Kindheit erinnert hatte. Am Tag zuvor waren Erzherzog Franz Ferdinand und seine Frau in Sarajevo ermordet worden. Das Gespräch zwischen Freud und dem Wolfsmann drehte sich um die Beendigung der Therapie, unter anderem auch deshalb, weil Freud sich einen Urlaub gönnen wollte. Später sollte sich sein Patient fragen, weshalb kaum ein Mensch geahnt hatte, dass das Attentat von Sarajevo zum Ersten Weltkrieg führen würde.[1] J. J. Thomson, der bald nach seiner Entdeckung des Elektrons Präsident der Royal Society geworden war, gehörte zu den herausragenden Persönlichkeiten Großbritanniens, die Ende Juli eine Petition unterzeichneten, in der es hieß: »Ein Krieg gegen [Deutschland] im Interesse von Serbien und Russland wäre eine Versündigung an der Zivilisation.«[2] Aber sogar Mitunterzeichner Bertrand Russell begriff erst, wie nahe ein Krieg bevorstand, als er am 2. August beim Überqueren des Trinity Great Court in Cambridge auf John Maynard Keynes traf und von ihm erfuhr, dass er von der Regierung einbestellt worden sei und sich gerade auf der Suche nach einem Motorrad befinde, um eiligst nach London fahren zu können. Am nächsten Tag reiste auch Russell nach London, um »am Schauplatz des Geschehens« zu sein.[3] Picasso malte gerade in Avignon, voller Sorge, dass Daniel Kahnweilers Galerie geschlossen werden könnte (Picassos Kunsthändler war Deutscher) und der Markt für seine Bilder einbrechen würde. Also eilte er ein oder zwei Tage vor der Kriegserklärung nach Paris und hob noch schnell sein gesamtes Geld vom Konto ab – laut Matisse 100000 Goldfrancs. Das taten natürlich Tausende von Franzosen auch, aber der Spanier hatte sich besonders beeilt. Er kam gerade rechtzeitig mit seinem gesamten Barvermögen nach Avignon zurück, um sich von Braque und Derain zu verabschieden, die ihre Einberufungen erhalten hatten und nun ungeduldig darauf warteten, an die Waffen zu dürfen.[4] Später sollte Picasso sagen, dass er die beiden Männer niemals wiedergesehen habe. Das stimmt natürlich nicht –

was er meinte, war, dass Braque und Derain nach dem Krieg nicht mehr dieselben waren.

Der Erste Weltkrieg hatte für viele Schriftsteller, Künstler, Musiker, Mathematiker, Philosophen und Wissenschaftler ganz unmittelbare Folgen. Und viele überlebten ihn nicht: Der Maler August Macke wurde beim Einmarsch der deutschen Truppen in Frankreich erschossen; der Bildhauer und Maler Henri Gaudier-Brzeska kam im französischen Schützengraben in der Nähe des Kanals um; und der deutsche Expressionist Franz Marc fiel in Verdun. Der italienische Futurist Umberto Boccioni starb an der italienisch-österreichischen Front, und der englische Dichter Wilfred Owen wurde eine Woche vor dem Waffenstillstand am Sambre-Kanal erschossen.[5] Oskar Kokoschka und Guillaume Apollinaire wurden verwundet. Apollinaire kehrte mit einem Loch im Kopf nach Paris zurück und starb kurze Zeit später, allerdings an einer Grippe. Bertrand Russell und all die anderen, die öffentlich gegen den Krieg protestiert hatten, wurden entweder ins Gefängnis gesteckt, wie Albert Einstein geächtet oder wie Siegfried Sassoon für verrückt erklärt.[6] Max Planck verlor seinen Sohn Karl, und auch Käthe Kollwitz' Sohn kehrte nicht zurück (sie sollte im Zweiten Weltkrieg auch noch ihren Enkel verlieren). Virginia Woolf sah weder ihren Freund Rupert Brooke noch die drei britischen Dichter Isaac Rosenberg, Julian Grenfell und Charles Hamilton Sorley wieder. Der Mathematiker und Philosoph Ludwig Wittgenstein wurde in einem Campo Concentramento in Norditalien interniert, von wo aus er Bertrand Russell sein gerade vollendetes Werk *Tractatus Logico-Philosophicus* schickte.[7]

So manche Konsequenz des Krieges wirkte sich wesentlich indirekter auf das Geistesleben aus und sollte sich erst Jahre später niederschlagen – ein uferloses Thema, fesselnd und jedes einzelne Buch wert, das ihm gewidmet war.[8] Der unglaubliche Blutzoll des Krieges, das militärische Patt, das so charakteristisch für die Kämpfe zwischen 1914 und 1918 war, und schließlich die Schieflagen des Waffenstillstands sollten nicht nur die Mentalitäten dieser Jahre, sondern auch späterer Zeiten prägen. Hinzu kam, dass die mitten im Krieg ausgebrochene russische Revolution ebenfalls verzerrte politische, militärische und geistige Landschaften schuf, welche dann siebzig Jahre lang unverrückbar blieben. Dieses Kapitel wird sich auf all die Ideen und geistigen Strömungen konzentrieren, die während des Ersten Weltkriegs entstanden oder als unmittelbare Reaktion darauf begriffen werden können.

*

Paul Fussell schrieb mit *The Great War in Modern Memory* einen der klarsichtigsten und zugleich quälendsten Berichte über den Ersten Weltkrieg. So schildert er zum Beispiel, dass der Blutzoll bereits zu Beginn des

Krieges derart hoch war, dass die britische Armee ihre im August 1914 für Soldaten festgelegte Größe von fünf Fuß acht (1,76 m) am 11. Oktober auf fünf Fuß fünf (1,67 m) senkte.[9] Nach dreißigtausend Gefallenen allein im Oktober wurde am 5. November erneut entschieden – nun brauchten Männer für die Front nur noch fünf Fuß drei (1,61m) groß zu sein. Ende Oktober hatte Kriegsminister Lord Kitchener noch zu 300000 Freiwilligen aufgerufen, aber Anfang 1916 gab es nicht mehr genügend Freiwillige, um die Getöteten oder Verwundeten zu ersetzen. Also wurde zum ersten Mal in der britischen Geschichte die Wehrpflicht eingeführt, »ein Ereignis, von dem man sagen könnte, dass es für den Beginn des modernen Zeitalters steht«.[10] General Douglas Haig, der Oberbefehlshaber der britischen Streitkräfte, und sein Stab verbrachten die gesamte erste Hälfte dieses Jahres mit der Planung einer gewaltigen Offensive.

Der Erste Weltkrieg begann als Konflikt zwischen Österreich-Ungarn und Serbien nach dem Attentat auf Erzherzog Franz-Ferdinand. Doch Deutschland hatte sich mit Österreich-Ungarn zu den Mittelmächten verbündet und Serbien hatte sich an Russland gewandt, das gerade mobil machte. Deutschland reagierte darauf mit der eigenen Mobilmachung, ihm folgten Großbritannien und Frankreich, die Deutschland sofort aufforderten, die Neutralität Belgiens zu respektieren. Anfang August 1914 fiel Russland in Ostpreußen ein, am selben Tag besetzte Deutschland Luxemburg. Zwei Tage darauf, am 4. August, erklärte Deutschland Frankreich den Krieg und Großbritannien Deutschland. Fast ohne es zu wollen, stürzte sich die Welt in einen globalen Krieg.

Nach sechs Monaten Vorbereitung begann am 1. Juli 1917 um 7 Uhr 30 morgens die britisch-französische Offensive an der Somme. Zuvor hatte Haig eine Woche lang die deutschen Schützengräben mit eineinhalb Millionen Artilleriegeschossen aus 1500 Kanonen bombardieren lassen. Das dürfte als das einfallsloseste militärische Manöver aller Zeiten in die Geschichtsbücher eingegangen sein – jedenfalls war damit jedes Überraschungsmoment dahin. Wie Fussell schreibt, hatten die Deutschen »um 7:31 Uhr« bereits sämtliche Kanonen aus den Unterständen herausmanövriert, in denen sie das einwöchige Bombardement erfolgreich überstanden hatten, und auf höher gelegenes Gebiet gebracht (die Briten hatten keine Ahnung, wie gut sich die Deutschen eingegraben hatten). Von den 111000 britischen Soldaten, die an diesem Morgen entlang der zwanzig Kilometer langen Frontlinie an der Somme angriffen, wurden nicht weniger als 60000 am ersten Tag getötet oder verwundet – *noch* ein Rekord. »Über 2000 lagen tot zwischen den Linien, und es dauerte Tage, bis die Schreie der Verwundeten im Niemandsland aufhörten.«[11] Doch Einfallslosigkeit war nur ein Grund für diese Katastrophe. Natürlich kann man nicht allein sozialdarwinistischem Denken die Schuld geben, aber es ist doch offenkundig, dass der britische Generalstab das frische Kanonenfutter als niedrigere

Lebensform betrachtete (die neuen Wehrpflichtigen kamen mehrheitlich aus den Midlands) und sie für zu primitiv hielt, um mehr als nur die einfachsten Befehle befolgen zu können.[12] Nicht zuletzt deshalb wurde der Angriff bei Tageslicht und in gerader Linie geplant. Der britische Generalstab glaubte tatsächlich, es würde die Männer nur verwirren, wenn sie bei Nacht angreifen oder im Zickzackkurs von Deckung zu Deckung robben müssten. Hinzu kam, dass die britische Armee damals zwar bereits Panzer besaß, aber nur zweiunddreißig davon einsetzte, »weil die Kavallerie Pferde bevorzugte«. Das Desaster an der Somme wiederholte sich im April 1917 beim Angriff auf die Hügelkämme von Vimy. Der zum flandrischen Ypernbogen – den berüchtigten Ypres Salient – gehörende Landstrich war an drei Seiten von deutschen Truppen umzingelt. Der Angriff dauerte drei Tage und gewann rund 6 Kilometer an Boden, auf Kosten von 160000 britischen Toten und Verwundeten – mehr als zwanzig für jeden Meter eroberten Bodens.[13]

Der Angriff auf Passchendaele galt den deutschen U-Boot-Basen an der belgischen Küste. Wieder einmal wurde er von der Artillerie »vorbereitet« – mit vier Millionen Granaten im Laufe von zehn Tagen. Doch heftiger Regen hatte den Boden so aufgeweicht, dass diese vorbereitende Aktion zu nichts anderem führte, als das gesamte Gelände in einen tiefen Morast zu verwandeln, der dann die angreifenden Truppen extrem behinderte. Wer nicht im Kanonen- oder Granatenhagel umkam, starb an Erfrierungen oder versank buchstäblich im Sumpf. Die Briten verloren 370000 Mann. Während des gesamten Krieges wurden tagtäglich ungefähr siebentausend britische Offiziere und ihre Männer getötet oder verwundet. In der Heimat machte das Wort von der »Vergeudung« die Runde.[14] Am Ende des Krieges war die Hälfte aller britischen Soldaten unter neunzehn Jahre alt.[15] Kein Wunder, dass in Großbritannien nur noch von der »verlorenen Generation« gesprochen wurde.

*

Die unmittelbarsten und brutalsten Auswirkungen des Krieges erlebten die Mediziner und Psychologen. Auf dem Gebiet der wiederherstellenden Chirurgie und der Entwicklung von Vitaminpräparaten – aus dieser Zeit stammt unsere heute so ernährungsbewusste Einstellung – wurden große Fortschritte gemacht. Die bei weitem wichtigsten Erkenntnisse wurden auf dem Gebiet der Blutphysiologie gewonnen; die umstrittenste Neuerung war der Intelligenztest; und die eigentlichen Kriegsgewinnler waren Psychiatrie und Psychoanalyse, weil ihnen seither wesentlich mehr Respekt entgegengebracht wurde.*

* Der Krieg beschleunigte auch die Weiterentwicklung der Fliegerei und brachte die ersten Panzer mit sich. Doch Grundkenntnisse über Flugzeuge waren ohnedies bereits vorhanden gewesen, und Panzer waren, so wichtig sie für den Krieg auch gewesen sein mochten, im zivilen Bereich kaum von Nutzen.

Schätzungen zufolge wurden von den circa 56 Millionen Menschen, die während des Ersten Weltkriegs zu den Waffen gerufen worden waren, ungefähr 26 Millionen verwundet.[16] Die Art dieser Verwundungen unterschied sich stark von den Verletzungen, die man sich in vorangegangenen Kriegen zuziehen konnte, da Sprengstoffe inzwischen sehr viel wirkungsvoller geworden waren und auch häufiger eingesetzt wurden, was wiederum mehr Fälle von völlig zerstörtem Gewebe als von reinen Fleischwunden zur Folge hatte. Außerdem gab es dank des Feuers der Maschinengewehre auch mehr Verstümmelungen. Schusswunden im Gesicht waren zwangsläufig eine Folge der Schützengräben, wo Köpfe meist das einzige Ziel für die Männer hinter den Gewehren und Kanonen in den feindlichen Stellungen waren (Stahlhelme wurden erst Ende 1915 eingeführt). Abgesehen davon war es der erste Krieg, bei dem es Bomben und Kugeln vom Himmel hagelte. Die Piloten ihrerseits hatten im Verlauf der Kämpfe nichts so sehr fürchten gelernt wie das Feuer. Angesichts all dieser Bedingungen wird überdeutlich, welchen Herausforderungen die Medizin ausgesetzt war. Menschen wurden bis zur Unkenntlichkeit entstellt und die Medizin war gezwungen, schleunigst ihre Fähigkeiten auf dem Gebiet der wiederherstellenden Chirurgie zu verbessern. Hippokrates hatte wohl Recht mit seiner Bemerkung, dass der Krieg die beste Schule für Chirurgen sei.

Ob nun aber eine riesige Wunde klaffte oder eine kleine, in jedem Fall war die Verletzung unweigerlich von großen Blutverlusten begleitet. Die neuen Erkenntnisse über das menschliche Blut waren daher ebenfalls ein kriegsbedingter medizinischer Fortschritt. Vor 1914 waren Bluttransfusionen völlig unbekannt gewesen, bis zum Kriegsende waren sie beinahe schon Routine geworden.[17] 1616 hatte William Harvey den Blutkreislauf entdeckt, doch es sollte bis 1907 dauern, bis einem Prager Arzt namens Jan Jansky der Nachweis gelang, dass menschliches Blut in vier Gruppen eingeteilt werden kann, die er mit 0, A, B und AB bezeichnete und von denen er glaubte, dass sie unter der europäischen Bevölkerung relativ gleichmäßig verteilt seien.[18] Mit dieser Erkenntnis wurde auch klar, weshalb in der Vergangenheit so viele Transfusionen misslungen und Patienten dabei gestorben waren. Aber noch immer stand man vor dem Problem der Blutgerinnung. Spenderblut begann innerhalb kürzester Zeit zu klumpen, wenn es dem Empfänger nicht umgehend transfundiert wurde.[19] Die Lösung dieses Problems entdeckte man ebenfalls 1914. Völlig unabhängig voneinander und beinahe gleichzeitig verkündeten Forscher aus New York und Buenos Aires, dass durch die Beimengung von 0,2 Prozent Natriumcitrat gefahrlos für den Patienten eine ausreichende Gerinnungshemmung erzielt werden konnte.[20] Richard Lewisohn, der New Yorker Part dieses Duos, perfektionierte die Dosierung so, dass zwei Jahre später Transfusionen auf den Schlachtfeldern Frankreichs die gebräuchlichste

Methode zum Ausgleich von Blutverlust geworden waren.[21] Kenneth Walker, einer der Pioniere der Transfusionsforschung, schrieb in seinen Memoiren: »Die Nachricht von meiner Ankunft verbreitete sich schnell in den Schützengräben und hatte einen ausgezeichneten Effekt auf die Moral der angreifenden Truppe. ›Da ist ein Kerl vom G. H. Q [Allgemeinen Hauptquartier] gekommen; wenn der Blut in einen reinpumpt, kann er dich sogar von den Toten erwecken.‹ Das war eine höchst erfreuliche Nachricht für alle, die hier ihr Leben aufs Spiel setzen mussten.«[22]

*

Der Intelligenztest, der zum Begriff des Intelligenzquotienten »IQ« führte, war eine französische Idee, Geistesprodukt des in Nizza geborenen Psychologen Alfred Binet. Zu Beginn des zwanzigsten Jahrhunderts war die Freudsche Psychologie keineswegs die einzige Verhaltenswissenschaft; die italienisch-französischen Schulen der Craniometrie (Schädelvermessung) und der Deutung von Entartungen waren nicht weniger aktiv. Beide basierten auf der Überzeugung ihrer Vorreiter – des Franzosen Paul Broca und des Italieners Cesare Lombroso –, dass Intelligenz etwas mit der Größe des Gehirns zu tun habe und Persönlichkeitsstrukturen, vor allem Defekte, die dann angeblich zu kriminellem Verhalten führten, anhand von bestimmten Merkmalen im Gesicht oder am Körper definiert werden könnten. Lombroso nannte solche Merkmale »Entartungszeichen«.

Doch Binet, Professor an der Sorbonne, konnte Brocas Theorie nicht bestätigen. 1904 sollte er im Auftrag des französischen Erziehungsministeriums eine Technik entwickeln, die die Früherkennung von Lernschwäche bei Kindern in Frankreichs Schulen und in der Folge deren Ausbildung in Sonderschulen erlauben würde. Desillusioniert von der Craniometrie, entwarf Binet eine Reihe von kurzen Tests mit unkomplizierten Fragen. Beispielsweise sollte die Testperson Münzen zählen oder entscheiden, welches von zwei Gesichtern »hübscher« ist. Das heißt, er wollte nicht nach schulisch geforderten Begabungen wie Mathematik und Lesen forschen, da die Lehrer ohnedies bereits wussten, welches Kind in diesen Fächern versagte.[23] Überhaupt orientierte sich Binet bei der Entwicklung seiner Tests stark an praktischen Gesichtspunkten und vermied jede Mystifizierung.[24] Einmal sagte er sogar, es komme überhaupt auf den Inhalt der Testfragen an, sofern man nur ausreichende und ausreichend unterschiedliche Fragen stellte. Sein Ziel war, einen Punktwert zu ermitteln, der die wirklichen Fähigkeiten eines Schülers zum Ausdruck brachte, ganz unabhängig davon, wie gut seine Schule war oder wie viel Unterstützung er zu Hause bekam.

Zwischen 1905 und 1911 gab es drei Versionen solcher Tests, doch am Ende sollte sich Binets 1908 entwickeltes Verfahren durchsetzen und zum Konzept des so genannten IQ führen.[25] Die Idee dabei war, die Einordnung der Antworten mit dem Lebensalter zu verknüpfen, das heißt, ein normales Kind sollte in einem bestimmten Alter in der Lage sein, bestimmte Aufgaben auszuführen. Dem Endergebnis entnahm Binet dann das jeweils abgerundete »Intelligenzalter« des Kindes, welches er mit dem tatsächlichen Alter verglich. Anfänglich zog er einfach das »Intelligenzalter« vom chronologischen Alter ab, um einen Endwert zu erhalten. Doch das war eine ziemlich ungenaue Messung, denn ein Kind von beispielsweise sechs Lebensjahren, das um zwei Jahre hinterher hinkte, musste ja als mehr zurückgeblieben eingestuft werden als ein elfjähriges Kind, das mit seinem »Intelligenzalter« um zwei Jahre zurücklag. Aus diesem Grund schlug der deutsche Psychologe William Stern 1912 vor, das Intelligenzalter durch das chronologische zu *dividieren* und das Ergebnis als individuellen Intelligenzquotienten festzulegen.[26] Binet hatte nie geplant, diesen IQ-Test bei unauffälligen Kindern oder gar Erwachsenen anzuwenden. Im Gegenteil, er äußerte sich sogar sehr besorgt über erste Versuche dieser Art. Doch noch vor dem Ersten Weltkrieg wurde seine Idee in die USA importiert. Und dort sollte sie dann völlig auf den Kopf gestellt werden.

Der Erste, der Binets Intelligenzmessung in den USA propagierte, war H. H. Goddard, umstrittener Forschungsdirektor der »Vineland-Trainingsschule für schwachsinnige Jungen und Mädchen« in New Jersey.[27] Goddard war ein wesentlich strengerer Darwinist als Binet, und das Messen von Intelligenz sollte nie wieder so sein wie vorher, nachdem sich Goddards Vorstellungen durchgesetzt hatten.[28] Im angelsächsischen Sprachraum waren damals zwei Definitionen in der Psychologie etabliert, die heute wohl kaum ein vernünftiger Mensch noch verwenden würde. Ein »Idiot« war, wer Sprachschwierigkeiten und daher auch Probleme hatte, Anweisungen zu folgen, und als jemand beurteilt wurde, der über ein Intelligenzalter von nur drei Jahren verfügte; »schwachsinnig« hingegen war, wer Schreibschwierigkeiten hatte und über ein Intelligenzalter von drei bis sieben Jahren verfügte. Goddards erste Innovation war die Einführung eines neuen Begriffs – »moron«*, aus dem griechischen Wort für »närrisch« abgeleitet – als Bezeichnung für »Schwachsinnige« knapp unter dem durchschnittlichen Intelligenzniveau.[29] Zwischen 1912 und Kriegsausbruch führte Goddard eine Reihe von bizarren Experimenten durch, die ihn zu der alarmierenden – oder besser: absurden – Schlussfolgerung führten, dass zwischen 50 und 80 Prozent der Durchschnittsamerikaner über ein Intelligenzalter von elf oder noch weniger Jahren verfüg-

* Anm. d. Ü.: Es gibt kein deutsches Äquivalent für diese Bezeichnung. Zwar gab es Versuche, den »Moronen« auch in die Sprache der deutschen Psychiatrie einzuführen, aber er setzte sich nicht gegen die damals üblichen deutschen Bezeichnungen durch.

ten und infolgedessen »Moronen« waren. Und solche »Moronen« hielt Goddard für eine gewaltige Bedrohung der Gesellschaft. »Idioten« und »Schwachsinnige« könnten sich wenigstens nicht verstecken und daher umstandslos hinter Schloss und Riegel gebracht werden, wo man auch verhindern konnte, dass sie sich fortpflanzten. »Moronen« hingegen waren nicht so leicht aufzuspüren, und das warf ein Problem auf. Denn erstens sollten sie nie Führungsaufgaben übernehmen, weil sie zum selbstständigen Denken nicht in der Lage seien und sich bestenfalls zum Arbeiter eigneten, zu Drohnen, denen man sagen musste, was sie zu tun hatten, und zweitens würden sich die vielen, die es bereits gab, auch noch unentwegt fortpflanzen und immer mehr ihrer Art produzieren. Goddards größte Sorge aber galt den Einwanderern. Tatsächlich schaffte er es, für eine groß angelegte und höchst fragwürdige Studie offiziell Zugang zu Ellis Island zu bekommen, wo die Neuankömmlinge bis zur ihrer Einreisegenehmigung kaserniert waren. Nach Abschluss dieser Studie konnte er dann zu seiner großen Genugtuung (und seinem gehörigen Entsetzen) kundtun, dass vier Fünftel der von ihm getesteten Ungarn, Italiener und Russen »moronisch« waren.[30]

Goddards Thesen wurden dann von Lewis Terman aufgegriffen und mit den Theorien von Charles Spearman verschmolzen, einem englischen Offizier, der bei dem berühmten deutschen Psychologen Wilhelm Wundt in Leipzig studiert und im Burenkrieg gekämpft hatte. Bis zu Spearman waren die meisten Praktiker der jungen Disziplin Psychologie nur an den Extremen der Intelligenzskala interessiert gewesen – also jeweils an geistig stark Minderbemittelten und Hochintelligenten. Spearman aber interessierte sich für die Frage, weshalb sich Menschen, die eine bestimmte Begabung hatten, meist auch in anderen Bereichen hervortaten. Und das brachte ihn schließlich zu der Überlegung, dass sich Intelligenz aus einer »generellen« Fähigkeit – *g* – zusammensetzt, die vielen Aktivitäten zugrunde liege. Zu dieser Fähigkeit *g* addierte er dann die jeweils besonders ausgeprägte Begabung, zum Beispiel mathematisch-logisches Denkvermögen, Musikalität oder räumliches Denkvermögen. Später sollte sich aus diesem Denkansatz die so genannte »Faktorenanalyse von Intelligenz« entwickeln.[31]

Bei Ausbruch des Ersten Weltkriegs war Terman nach Kalifornien gezogen, wo er als Psychologe an der Stanford University die von Binet und anderen erdachten Tests zum »Stanford-Binet-Test« weiterentwickelte. Doch ihm ging es weniger darum, herauszufinden, wer besonderer Lernunterstützung bedurfte, sondern mehr darum, »Hochbegabte« anhand eines Tests der komplexeren kognitiven Funktionen und Begabungen zu identifizieren. So ermittelte er beispielsweise das individuell zur Verfügung stehende Vokabular, die Raum-Zeit-Orientierungsfähigkeiten, das Vermögen, Absurditäten als solche zu erkennen, das Allgemeinwissen und die Koordinationsfähigkeit von Auge-Hand.[32] Unter Terman wurde die Ermittlung des Intelligenzquotienten also zu einem allgemeinen, auf jeden Menschen anwendbaren Test. Von ihm stammt auch die Idee, Sterns IQ-Berechnung (Intelligenzalter dividiert durch chronologisches Alter) mit 100 zu multiplizieren, um die Dezimalstelle aufzuheben. Somit war als durchschnittlicher Intelligenzquotient die Zahl 100 festgelegt worden. Und gerade diese runde Zahl sollte sich der Öffentlichkeit einprägen und »den IQ« zum Allgemeingut machen.

Genau an diesem Punkt meldete sich die Weltgeschichte und mit ihr auch der Psychologe Robert Yerkes zu Wort.[33] Yerkes war bei Kriegsbeginn fast vierzig Jahre alt und ein in jeder Hinsicht frustrierter Mensch.[34] Zwar war er schon seit Beginn des Jahrhunderts Fakultätsmitglied von Harvard, aber es wurmte ihn, dass seine Disziplin noch immer nicht als Wissenschaft anerkannt und an den Universitäten oft noch Teil des Fachbereichs Philosophie war. Während sich Europa bereits im Kriegszustand befand und die USA sich gerade auf ihren Eintritt vorbereiteten, sah Yerkes seine große Zeit gekommen – er wollte durchsetzen, dass er als Psychologe mit Hilfe von Intelligenztests zur Einschätzung von Rekruten beitragen konnte.[35] Es war nicht vergessen, dass die Briten während des Burenkrieges mit Entsetzen zur Kenntnis nehmen mussten, wie schlecht ihre Soldaten bei Tests abgeschnitten hatten; und die Eugeniker klagten schon seit Jahren, dass die »Qualität« der Einwanderer nach Amerika ständig abnahm – also war das doch *die* Gelegenheit, zwei Fliegen mit einer Klappe zu schlagen. Zum einen würde er anhand einer riesengroßen Anzahl von Personen feststellen können, wie hoch das durchschnittliche Intelligenzalter der Amerikaner wirklich war, zum anderen würde er herausfinden können, wie im Verhältnis dazu die Immigranten abschnitten. Damit könnte dann jeder in einer ihm angemessenen Position bei den kommenden militärischen Aktionen eingesetzt werden. Yerkes jedenfalls fand, dass die US-Streitkräfte enorm von psychologischen Tests profitieren würden, mit denen Schwächlinge aussortiert werden könnten und zugleich herausgefunden würde, wer am besten für einen Kommandoposten, einen Einsatz an technischem Gerät, als Meldeoffizier usw. geeignet war. Doch dieses ehrgeizige Ziel erforderte eine enorme Erweiterung der damals zu Testzwecken zur Verfügung stehenden Technologie. Erstens mussten Gruppentests durchgeführt werden können, und zweitens mussten diese Tests selbst so angelegt sein, dass sowohl Genies als auch Schwachköpfe erkannt werden konnten. Die Navy lehnte Yerkes Initiative dankend ab, doch die Army hielt das Ganze für eine gute Idee – und hat dies offenbar auch nie bereut. Yerkes wurde zum Colonel ernannt und sollte sich später damit brüsten, dass seine Intelligenztests »den Krieg gewinnen halfen«. Das war, wie noch zu sehen sein wird, eine ziemliche Übertreibung.[36]

Bis heute ist nicht klar, in welchem Umfang die US Army diese Yerkes-Tests wirklich eingesetzt hat. Ein langfristiger Vorteil durch die Beteiligung des Militärs ergab sich jedenfalls für Yerkes, Terman und einen weiteren Kollegen namens C. C. Brigham aus der Tatsache, dass sie im Verlauf des Krieges nicht weniger als 1,75 Millionen Personen testen konnten.[37] Als die Menge des Materials (nach dem Krieg) gesichtet wurde, kristallisierten sich nach Meinung der Auswerter drei wesentliche Faktoren heraus. Erstens, dass das durchschnittliche Intelligenzalter der Rekruten dreizehn Lebensjahre betragen habe. Für uns, am Beginn des neuen Jahrtausends, hört sich das höchst fragwürdig an – wie soll eine Nation aus durchschnittlich Dreizehnjährigen auch nur die geringste Hoffnung auf ein Überleben in der modernen Welt haben? Doch in dem damals herrschenden eugenischen Klima zogen die meisten dieses »Untergangs«-Szenario der alternativen Ansicht vor, dass diese Tests schlicht und ergreifend blödsinnig waren. Als zweiter Faktor wurde angegeben, dass europäische Einwanderer ihren Herkunftsländern entsprechend abgeschnitten hätten, das heißt (wie überraschend!), dass dunklere Typen aus Süd- und Osteuropa weniger Punkte erreicht hatten als die Blonden und Hellhäutigen aus dem Norden und Westen des Kontinents. Und drittens schließlich wurde festgestellt, dass Schwarze mit einem gemessenen Intelligenzalter von zehneinhalb Jahren auf der untersten Skala rangierten.[38]

Kurz nach Ende des Ersten Weltkriegs tat sich Terman dann mit Yerkes zusammen, um einen auf diesem Armee-Modell basierenden *National Intelligence Test* auszuarbeiten, mit dem die Intelligenz von Schulkindern gruppenweise festgestellt werden sollte. Durch den Bekanntheitsgrad des Army-Tests war bereits ein Markt geschaffen worden, nun aber sollten Intelligenztests zum Big Business werden. Mit dem Erlös aus dem Verkauf der Rechte für seinen Test wurde Terman nicht nur ein wohlhabender, sondern auch berühmter Psychologe. Als dann in den zwanziger Jahren eine neue Welle der Ausländerfeindlichkeit über die Vereinigten Staaten schwappte und sich das eugenische Gewissen regte, kamen die vermeintlichen Resultate der IQ-Tests aus Kriegszeiten gerade recht, um dafür zu sorgen, dass eine Einwanderungsbeschränkung verhängt wurde (auf deren Folgen noch einzugehen sein wird).[39]

*

Die letzte Disziplin schließlich, die aus medizinischer Sicht vom Ersten Weltkrieg profitierte, war die Psychoanalyse. Freud hatte anfänglich optimistisch an einen schnellen und schmerzlosen Sieg der Mittelmächte geglaubt, sah sich jedoch wie alle anderen bald gezwungen, sich von dieser Idee zu verabschieden.[40] In jedem Fall aber hatte er sich zu dieser Zeit noch keine Vorstellungen davon machen können, wie positiv der Krieg das Schicksal der Psychoanalyse beeinflussen würde. In den USA zum Beispiel wurde die Disziplin trotz der Tatsache, dass Amerika zu den etwa sechs Ländern außerhalb Österreichs gehörte, in denen es psychoanalytische Vereinigungen gab, damals meist noch als medizinische Randerscheinung behandelt, auf einer Ebene mit Wunderheilungen und Yoga. In Großbritannien sah die Lage nicht viel besser aus. Als im ersten Kriegswinter Freuds *Zur Psychopathologie des Alltagslebens* in englischer Übersetzung erschien, geriet das Buch sofort unter den heftigen Beschuss des *British Medical Journal*: Psychoanalyse sei »völliger Unsinn«, eine »virulente pathogene Mikrobe«. Unter britischen Medizinern war nur abschätzig von Freuds »dirty doctrines« die Rede.[41]

Die Wende im Denken der Mediziner auf allen Seiten des Krieges kam mit der wachsenden Zahl von Soldaten, die unter Kriegsneurosen (auch Frontkoller genannt) litten. Auch in früheren Kriegen waren Männer psychisch zusammengebrochen, doch verglichen mit den physisch Verwundeten war ihre Zahl immer geringer gewesen. Der entscheidende Unterschied bei diesem Krieg war die Art der Kämpfe und der Kriegsführung – endloses Ausharren in Schützengräben unter ständigem schweren Beschuss, und riesige Armeen aus Wehrpflichtigen, die für den Kriegsdienst oft völlig ungeeignet waren.[42] Den Psychiatern wurde schnell klar, dass es unter den unendlich vielen zu Soldaten gewandelten Zivilisten eine Menge gab, für die ein Dienst in der Armee unter normalen Umständen nie eine Alternative gewesen wäre und die dem Stress daher einfach nicht gewachsen waren. Unter Dauerbeschuss mussten solche »Zivilisten-Neurosen« notgedrungen zum Ausdruck kommen. Die Mediziner lernten aber auch, zwischen solchen Fällen und Soldaten zu unterscheiden, die zwar ebenfalls unter hartnäckigeren Psychosen litten, aber letztlich nur deshalb, weil sie am Ende ihrer Kräfte waren. Die intensive Beobachtung von Männern auf den Kriegsschauplätzen enthüllte der Psychologie vieles, was sie zu Friedenszeiten noch jahrelang nicht herausgefunden hätte. Rawlings Rees schrieb: »Das beträchtliche Ausmaß an Kriegsneurosen im Krieg 1914–1918 erschütterte die Psychiatrie wie die Medizin insgesamt in gehörigem Maße.« Am Ende trugen sie dazu bei, die Psychotherapie zu einer angesehenen Disziplin zu machen.[43] Was einst im Wesentlichen als eine Art Geheimwissenschaft von einigen Männern und Frauen betrachtet worden war, galt nun in weiten Kreisen als wertvolle Hilfe, um eine ganze Generation, die an den Gräueln des Krieges fast verrückt geworden war, wenigstens einigermaßen wieder in die Normalität zurückzuführen. Eine Untersuchung unter 1 043 653 hospitalisierten britischen Verwundeten zeigte, dass ihrem Leiden in 34 Prozent aller Fälle eine Kriegsneurose zu Grunde lag.[44]

Psychoanalyse war jedoch nicht die einzige Methode, mit der man zu heilen versuchte; außerdem dauerte es in ihrer klassischen Form ohnedies zu lange, bis sich Resultate einstellten. Aber darum ging es letztlich gar nicht. Sowohl die Alliierten als auch die Mittelmächte mussten feststellen, dass nicht nur einfache Soldaten, sondern auch Offiziere zusammenbrachen, in vielen Fällen durchtrainierte und mutige Männer, die man nie als Simulanten hätte bezeichnen können. Solche totalen Zusammenbrüche hatten sich derart gehäuft, dass hinter den Linien oder in den Heimatländern psychiatrische Lazarette eingerichtet werden mussten, wo diese Soldaten dann kuriert wurden, um schnell wieder an die Front zurückgeschickt werden zu können.[45] Zwei Episoden können vielleicht beispielhaft zeigen, wie sich der Krieg auf die Psychoanalyse auswirkte. Die erste begab sich im Februar 1918. Freud erhielt einen Brief des deutschen Arztes Ernst Simmel, der dem Kollegium eines Feldlazaretts angehört und dort angebliche Simulanten mit Hypnose behandelt hatte. Er schilderte Freud, dass er zum Beispiel eine Puppe gebastelt habe, an der seine Patienten ihre aufgestauten Aggressionen auslassen konnten, und dass sich diese Methode als so hilfreich erwiesen habe, dass er beim deutschen Kriegsministerium Gelder für den Aufbau einer psychoanalytischen Klinik beantragte. Während des Krieges sollte die deutsche Obrigkeit zwar noch keinen Handlungsbedarf hierfür sehen, aber bereits 1918 schickte sie einen Beobachter zum Internationalen Psychoanalytischen Kongress nach Budapest.[46] Die zweite Episode fand 1920 statt, nachdem die österreichische Regierung eine Kommission zur Überprüfung der Anschuldigungen gegen den Wiener Psychiater Julius Wagner-Jauregg ins Leben gerufen hatte. Wagner-Jauregg war ein hoch angesehener Mediziner. 1927 sollte er den Nobelpreis für die von ihm entdeckte Behandlung von progressiver Paralyse erhalten (die den durch Schilddrüsenfehlfunktionen ausgelösten »Kretinismus« in Europa praktisch ausrotten konnte, indem sie einfach nur den Jodmangel im Körper ausglich). Im Krieg war Wagner-Jauregg für die Behandlung von Kriegsneurotikern zuständig gewesen. Doch nach der Niederlage waren viele Beschwerden von Soldaten über die Brutalität seiner Methoden eingegangen, beispielsweise über seine Elektroschocktherapien. Freud wurde von der Kommission als Gutachter bestellt. Seine Aussage und die Erklärungen von Wagner-Jauregg sollten zwar als Hahnenkampf um die einzig wahre Lehre verhöhnt werden, doch am Ende sprach die Kommission Wagner-Jauregg von allen Anschuldigungen frei. Allein schon die Tatsache, dass Freud von einer Regierungskommission als Gutachter bestellt worden war, konnte als Zeichen seiner wachsenden Akzeptanz gewertet werden. Seinem Biographen Ronald Clark zufolge war dies der Moment, in dem das Zeitalter der Freudianer erst wirklich begann.[47]

*

Zu keiner anderen Zeit des zwanzigsten Jahrhunderts war Dichtung – zumindest in Großbritannien – so sehr die vorherrschende literarische Form gewesen wie zur Zeit des Ersten Weltkriegs. Bernard Bergonzi meinte sogar, die englische Dichtung sei »niemals über den Ersten Weltkrieg hinweg gekommen«. Und Francis Hope schrieb: »In einem ganz und gar nicht rhetorischen Sinne ist sämtliche seit 1918 geschriebene Dichtung Kriegsdichtung.«[48] Im Rückblick fällt es nicht schwer zu verstehen, weshalb das so empfunden wurde. Viele junge Engländer, die an die Front geschickt wurden, hatten eine gute Erziehung genossen, wozu damals auch gehörte, mit der englischen Literatur vertraut zu sein. Das gefährliche und nervenaufreibende Leben an der Front forcierte eine knappe, pointierte Sprache und gedrängte Form des Gedichts. Der Krieg lieferte eine Fülle von außergewöhnlich einprägsamen Bildern. Und wenn der unglückliche Dichter dem Krieg dann auch noch selbst zum Opfer fiel, gewann sogar das dünnste Bändchen elegischer Gedichte romantische Anziehungskraft. Viele Jungs, die direkt von den Kricket-Plätzen an die Somme oder nach Passchendaele geschickt wurden, gaben armselige Dichter ab, trotzdem stapelten sich in den Buchläden Gedichtbändchen, die unter anderen Umständen niemals veröffentlicht worden wären. Doch einige hoben sich von dieser Masse ab, und die Namen ihrer Verfasser sind aus der englischen Literatur nicht mehr wegzudenken.[49]

Diese Dichter des Ersten Weltkriegs können in zwei Gruppen geteilt werden: Es gab einerseits die frühen Dichter, die über Ruhm und Ehre des Krieges schrieben und dann darin umkamen; und andererseits diejenigen, die lange genug lebten, um das Blutbad und das Grauen zu bezeugen, diese schreckliche Vergeudung von Menschenleben und die Dummheit, die Kommandos des Krieges von 1914 bis 1918 zum großen Teil kennzeichnete.[50] Rupert Brooke ist der berühmteste Vertreter der ersten Gruppe. Über ihn wurde gesagt, dass er sein ganzes kurzes Leben lang darauf vorbereitet gewesen sei, dic Rolle des dichtenden Märtyrers zu übernehmen. Der gut aussehende Junge mit seinem auffallenden Blondschopf war das typische gescheite, etwas theatralische Produkt des Cambridger Milieus. Hätte er überlebt, hätte es ihn mit Sicherheit zur Bloomsbury-Gruppe gezogen. Frances Cornford schrieb in den gemeinsamen Cambridger Tagen einen kurzen Reim über ihn:

> A young Apollo, golden-haired,
> Stands dreaming on the verge of strife,
> Magnificently unprepared
> For the long littleness of life.[51]

Vor Kriegsausbruch hatte Brooke zu der Gruppe georgianischer Dichter gehört, die das edle Landleben Englands priesen. Ihre bevorzugten Techniken waren unprätentiös und direkt, aber auch ein wenig selbstgefällig.[52] 1914 hatte es seit Waterloo ein Jahrhundert lang keine größeren Kriege gegeben – und auf das Unbekannte zu reagieren ist niemals leicht. Viele von Brookes Gedichten wurden in den ersten Kriegswochen geschrieben, als die meisten Menschen auf beiden Seiten der Front noch annahmen, dass die Feindseligkeiten sehr schnell vorüber sein würden. Brooke selbst hatte im Herbst 1914 vor Antwerpen zwar eine kurze Zeit Kämpfe erlebt, sich jedoch niemals wirklich in Gefahr befunden. Einige seiner Gedichte wurden schließlich in einer Anthologie mit dem Titel *New Numbers* veröffentlicht, von der jedoch kaum jemand Notiz nahm, bis der Dean der St.-Pauls-Kathedrale am Ostersonntag 1915 das darin enthaltene Gedicht »The Soldier« in seiner Predigt verlas und die *Times* es daraufhin in voller Länge abdruckte. Plötzlich galt Brooke alle Aufmerksamkeit. Eine Woche später war er tot. Es war kein »Heldentod«, denn er starb in der Ägäis an Blutvergiftung und nicht im heroischen Kampf, auch wenn er sich gerade auf dem Weg an die Front von Gallipoli befunden hatte. Es war allein die Nachricht von seinem Tod, die ihn zum Helden machte.[53]

Einige, darunter auch Brookes Dichterkollege Ivor Gurney, waren der Meinung, dass es in seinen Gedichten weniger um den Krieg an sich als um das ging, was die Engländer in diesen ersten Kriegsmonaten empfanden – oder zu fühlen vorgaben.[54] Mit anderen Worten: Sie sagen uns mehr über die damals herrschende Stimmung in Großbritannien als über Brookes eigene Fronterfahrungen. »The Soldier« aus dem Jahr 1914 sollte sein bekanntestes Gedicht bleiben.

If I should die, think only this of me:
That there's some corner of a foreign field
That is for ever England. There shall be
In that rich earth a richer dust concealed;
A dust whom England bore, shaped, made aware,
Gave, once, her flowers to love, her ways to roam,
A body of England's, breathing English air,
Washed by the rivers, blest by suns of home.

Robert Graves, 1895 in Wimbledon geboren, war der Sohn des irischen Dichters Alfred Perceval Graves. Nach seiner Verwundung in Frankreich hatte man ihn bewusstlos auf einer Pritsche in einem ehemaligen Feldverbandsplatz der Deutschen liegen gelassen und für tot erklärt.[55] Graves hatte sich schon immer sehr für Mythologie interessiert, und so sprach auch aus seinen Gedichten eine seltsame Abgehobenheit, wenngleich in der Tat mit sehr beunruhigender Wirkung. In einem zum Beispiel beschreibt er die erste Leiche, die er gesehen hat – ein gefallener Deutscher, über dem Stacheldraht vor dem Schützengraben liegend, der nicht begraben werden konnte. Das hatte mit propagandistischer Dichtung wahrlich nichts zu tun. Viele Gedichte von Graves waren eine einzige Anklage gegen die Dummheit der Politiker und die Sinnlosigkeit dieses Krieges. Den stärksten Eindruck hinterlässt vielleicht seine Verfremdung vieler vertrauter Mythen:

One cruel backhand sabre-cut –
»I'm hit! I'm killed!« young David cries,
Throws blindly forward, chokes ... and dies.
Steel-helmeted and grey and grim
Goliath straddles over him.[56]

Das ist antiheroisch, ernüchternd und bitter. Goliath *darf* doch schließlich nicht gewinnen. Graves selbst wollte seine Kriegsdichtung nicht mehr veröffentlichen. Erst nach seinem Tod im Jahr 1985 wurde sein Band *Poems About War* neu verlegt.[57]

Im Gegensatz zu Brooke und Graves stammte Isaac Rosenberg weder aus der oberen Mittelschicht, noch hatte er eine feine Privatschule besucht oder in seiner Kindheit das edle Landleben genossen. Rosenberg war der Sohn einer armen jüdischen Familie aus Bristol und hatte seine Kindheit kränkelnd im Londoner East End verbracht.[58] Er verließ die Schule im Alter von vierzehn Jahren, konnte aber dank wohlhabender Freunde der Familie, die seine Talente erkannt hatten, eine Ausbildung an der Slade School antreten, wo er Malerei studierte und David Bomberg, C. R. W. Nevinson und Stanley Spencer begegnete.[59] Dass er zur Armee ging, geschah nach eigenen Angaben nicht aus patriotischen Gründen, sondern nur, weil seine Mutter dringend die Trennungszulage brauchte. Doch weil er das Leben in der Armee höchst verdrießlich fand und sich entsprechend verhielt, kam er auch nie über den Rang eines einfachen Soldaten hinaus. Und da er außerdem nie irgendwas über dichterische Traditionen gelernt hatte, näherte er sich dem Krieg auch auf ganz andere Weise als die anderen britischen Dichter. Kunst und Krieg, das waren zwei ganz unterschiedliche Dinge für ihn. Er verwandelte den Krieg nicht in eine Metapher, sondern rang mit seinen schrecklichen Bildern, um das Kriegserlebnis wiederzugeben, das untrennbar zu seinem Leben, jedoch nicht zum Leben der meisten anderen Menschen gehörte.

Hier sein Gedicht »Break of Day in the Trenches« aus dem Jahr 1916:

The darkness crumbles away –
It is the same old druid Time as ever.
Only a live thing leaps my hand –
A queer sardonic rat –
As I pull the parapet's poppy

To stick behind my ear....
Poppies whose roots are in man's veins
Drop, and are ever dropping;
But mine in my ear is safe,
Just a little white with the dust.

Rosenberg verstand es vor allem, den Leser diese Erfahrung miterleben zu lassen. Die durch das Niemandsland jagende Ratte, die eine Freiheit genießt wie kein Mann um sie herum, die Mohnblumen, die ihre Nahrung aus dem blutgetränkten Boden ziehen – das sind kraftvolle Bilder. Aber am Ende beeindruckt am meisten ihre Unmittelbarkeit. Rosenberg selbst schrieb später in einem Brief, dass sein Stil »gewiss so simpel wie Alltagsgerede« gewesen sei.[60] Sein Blick schreckt vor nichts zurück, bleibt zugleich aber diskret. Das Grauen spricht für sich. Vielleicht ist das der Grund, weshalb Rosenbergs Gedichte im Laufe der Jahre weniger an Kraft verloren haben als die vieler anderer Kriegsdichter. Er wurde am Tag der Narren, am 1. April 1918, getötet.

Wilfred Owen gilt allgemein als Einziger, der Rosenberg ebenbürtig und ihm vielleicht sogar überlegen war. Owen wurde 1893 als Sohn einer sehr religiösen und traditionsbewussten Familie in Oswestry, Shropshire, geboren und war bei der Kriegserklärung einundzwanzig Jahre alt.[61] Nach seiner Exmatrikulation von der London University wurde er Schüler und Laienassistent eines Vikars in Oxfordshire und nahm anschließend die Stelle eines Englisch-Tutors an der Berlitz-Schule von Bordeaux an. Nach Ausbruch des Krieges 1914 sah er die verwundeten Franzosen, die ins Krankenhaus von Bordeaux eingeliefert wurden. In Briefen an seine Mutter schilderte er detailliert ihre Verwundungen und sein Mitgefühl. Im Oktober 1915 wurde er bei den »Artists' Rifles« angenommen (man stelle sich heutzutage eine Einheit dieses Namens vor!), dann jedoch zum Manchester Regiment abgestellt. Ende Dezember 1916 verschiffte man ihn zum aktiven Einsatz mit den Lancashire Fusiliers nach Frankreich. Zu diesem Zeitpunkt war die Lage an der Front längst zum Hohn jenes Front*bildes* geworden, das von der Regierungspropaganda in Großbritannien so hochgehalten wurde.

Owens erster Fronteinsatz an der Somme war, wie aus seinen Briefen deutlich wird, eine so überwältigende Erfahrung für ihn, dass sie zu einer schnellen und bemerkenswerten geistigen Reifung führte. Im März 1917 wurde er verwundet und nach England zurücktransportiert, wo er dann von einem Krankenhaus ins nächste verlegt wurde, bis er im Juni schließlich im Craiglockart Hospital am Rande von Edinburgh landete, das laut Owens Biograph »zur wichtigsten Wasserscheide in Wilfreds kurzem Leben« wurde.[62] Es war die berühmte Klinik, in der W. H. Rivers seine ersten Studien über Kriegsneurosen durchführte und erste Heilungserfolge mit seinen Methoden nachweisen konnte. Dort traf Owen auf Edmund Blunden und Siegfried Sassoon, die diese Begegnung beide in ihren Memoiren beschrieben. In *Siegfried's Journey* (erst 1948 veröffentlicht) schreibt Sassoon über Owens Dichtung: »Meine Skizzen über die Schützengräben waren wie Raketen hochgeschossen, um die Finsternis zu erhellen. Es waren die ersten ihrer Art, und sie konnten daher für sich in Anspruch nehmen, angemessen zu sein. Es war Owen, der uns zeigte, wie aus realem Grauen und Verachtung wirklich Dichtung werden kann.«[63] Im September 1918 kehrte Owen an die Front zurück, auch weil er glaubte, auf diese Weise mächtigere Argumente gegen den Krieg vorbringen zu können. Im Oktober erhielt er das englische Militärverdienstkreuz für seinen Anteil an dem erfolgreichen Angriff auf die Beaurevoir-Fonsomme-Linie. In seinem letzten Lebensjahr verfasste er seine besten Gedichte. *Vergeblichkeit* (*Futility*, 1918) ist Lichtjahre entfernt von Brookes Dichtung, ja, hebt ihn sogar von Rosenberg ab. Sein Bild vom Soldatenleben ist das einer bestialischen Welt, die sich von allem unterscheidet, was seine Leser zu Hause je kennen lernen würden. Sein Thema ist die Zerstörung der Jugend, das Gemetzel, die Verstümmelungen, das Gefühl, dass dies alles nie ein Ende haben würde; und zugleich findet er eine Sprache, die das Grauen auf klare, schöne, aber immer schreckliche Weise vermittelt.

Legt ihn doch in die Sonne –
Zart hat ihr Strahl ihn einst geweckt,
Daheim, von Feldern flüsternd, halbgesäten.
Stets hat sie ihn geweckt, in Frankreich gar,
Bis auf diesen Schnee und diesen Morgen.
Könnte ihn jetzt noch etwas regen,
Die gute alte Sonne würd's besorgen.

Denk, wie sie immer weckt die Samen,
Einst weckte die Stäube eines kalten Sterns.
Sind Glieder so teuer erworbne, Seiten,
So durchnervt, noch warm, nicht mehr zu stören?
Sollte so groß der Staub nur dafür werden?
– O, was ließ dumme Sonnenstrahlen streben,
Je einzubrechen in den Schlaf der Erde?

In *Die Wache* (*The Sentry*) sind die physischen Zustände und ihre Schrecken in den Worten eingefangen. Das Blutbad kann jeden Moment beginnen:

Wir hatten einen alten Unterstand des Hunnen entdeckt;
der wusste es
Und heizte uns ein; denn ein wildes Geschoß nach dem andern
Traf voll die Decke, durchschlug sie aber niemals ganz.
Regen, niederströmend in Kaskaden von Schlamm,
Hielt hüfttief den Schlick und ließ ihn steigen,
Stunde um Stunde...

Für Owen konnte der Krieg niemals Metapher für irgendwas sein – Krieg, das war etwas viel zu Gewaltiges, zu Schreckliches, um irgendwas anderes als Krieg sein zu können. Seine Gedichte sollten um ihrer kumulativen Wirkung willen gelesen werden. Das sind keine Raketen, die die »Finsternis erhellen« (wie Sassoon über seine eigene Arbeit schrieb), das sind schwere Artilleriegeschosse, die erbarmungslos ganze Landschaften im Dauerfeuer zerstören. Das Vaterland ließ Owen im Stich, die Kirche tat desgleichen, und darum, so fürchtete Owen, würde er sich nun auch selbst im Stich lassen. Das Einzige, was blieb, war die Erfahrung des Krieges.[64]

Ich konnte Gemeinschaft finden –
  Von Liebenden in alten Liedern nie besungen.
  Denn Lieb ist nicht, wenn zarte Lippen sich verbinden,
  Von weicher Seide sehnender Augen umschlungen,
Von Freude, deren Band
  Sich löst, sondern vom scharfen Draht des Krieges festgezurrt,
  Verbunden vom tropfenden Armverband,
  Ganz eingewebt in der Gewehre Gurt.
  Apologia Pro Poemate Meo, 1917

Owen sah sich selbst, wie Bernard Bergonzi einmal so treffend schrieb, als Priester und Opfer zugleich. W. B. Yeats begründete seine berüchtigte Entscheidung, ihn nicht in das *Oxford Book of Modern Verse* (1936) aufzunehmen, mit dem Urteilsspruch, dass »passives Leid kein angemessenes Thema für Dichtung« sei. So mancher Kritiker schrieb diese verächtliche Bemerkung schlicht Yeats' Eifersucht auf Owen zu. Eines jedenfalls ist gewiss: Owens Dichtung hat überlebt. Er selbst fiel im Kampf beim Versuch, seine Männer über den Sambre-Kanal zu führen. Es geschah am 4. November 1918, knapp eine Woche vor Kriegsende.

*

Der Krieg veränderte in vielerlei Hinsicht unser Denken. Paul Fussell – damals Professor an der Rutgers University in New Jersey, heute lehrt er an der University of Pennsylvania – erforschte in seinem 1975 veröffentlichten Buch *The Great War and Modern Memory* die Ursachen dieses Wandels. Nach dem Krieg begann sich die Fortschrittsidee in ihr Gegenteil zu verkehren; viele hatten ihren Glauben an Gott verloren; und Ironie – eine Möglichkeit, sich von den eigenen Gefühlen zu distanzieren – »nistete sich als Dauergast in der Seele des modernen Menschen ein«.[65] Auch die Tendenz, die in Fussells Formulierung »Moderne versus Gewohnheit« zum Ausdruck kommt, führt er auf den Krieg zurück. Er meint damit, dass Ambiguitäten durch »einen Sinn für Polarität« ersetzt worden seien, der es dann ermöglichte, den Feind zu dämonisieren, in jeder seiner Äußerungen etwas Böses und Perverses zu sehen und deshalb »seine totale Unterwerfung« zu fordern. Sogar auf die Folgen des Krieges für die Erotik der Briten geht Fussell ein. Beispielsweise hatten sich viele Frauen, die ihren Liebsten an der Front verloren hatten, zu lesbischen Paaren zusammenschlossen – ein Anblick, der in den zwanziger und dreißiger Jahren in England zum Stadtbild gehörte. Dieses Verhaltensmuster, vermutet Fussell, habe dann zwar die Ansicht der Briten gefördert, dass weibliche Homosexualität ihrer Ätiologie nach etwas sehr Ungewöhnliches sei – was tatsächlich nicht der Fall ist –, andererseits aber Lesbierinnen gesellschaftsfähiger gemacht, weil der Ursprung einer solchen Umorientierung oft Trauer über den Verlust eines Menschen gewesen war. Und Verlust verdiente Mitgefühl.

Jay Winter, der in *Sites of Memory, Sites of Mourning* (1995) Fussells Interpretationen folgt, hebt in seinem Buch hervor, dass dieses apokalyptische Blutvergießen und nie da gewesene Leid viele Menschen vor den Neuerungen der Moderne – abstrakte Malerei, *vers libre*, Atonalität und der ganze Rest – zurückschrecken und wieder bei den traditionelleren Ausdrucksformen Zuflucht suchen ließ.[66] Nicht zuletzt in den realistischen, einfachen und konservativen Kriegerdenkmälern werde dies sichtbar. Sogar Vertreter der Avantgarde – wie Otto Dix, Max Beckmann, Stanley Spencer, selbst Cocteau und Picasso bei ihrer Gemeinschaftsarbeit mit Eric Satie an dessen modernistischem Ballett *Parade* (1917) – kehrten zu traditionellen und sogar christlichen Vorbildern und Themen zurück, weil sie glaubten, dass dies die einzigen Darstellungen und Mythen seien, die der niederschmetternden Erfahrung mit einem Krieg, diesem »massiven, von allen geteilten Problem« einen Sinn abgewinnen könnten.[67] In Frankreich wurden die *Images d'Épinal* wieder belebt, jene naiven pietistischen Bilderbögen, die seit dem neunzehnten Jahrhundert aus der Mode gekommen waren. Auch eine apokalyptische, »unmoderne« Literatur tauchte wieder auf, ebenfalls in Frankreich, aber nicht nur dort – Henri Barbusses *Das Feuer* und Karl Kraus' *Die letzten Tage der Menschheit* sind nur zwei Beispiele. Und ungeachtet aller Verteufelungen von Seiten des Vatikans hatte auch der Spiritualismus wieder einmal Hochkonjunktur. Fast jeder wollte mit seinen verstorbenen Liebsten reden, bei weitem nicht nur weniger Gebildete: In Frankreich stand der Nobelpreisträger und Physiologe Charles Richet dem »Institut Métaphysique« vor, in Großbritannien fungierte der Liverpooler Physikprofessor und spätere Principal der Birmingham University, Sir Oliver Lodge, als Präsident der »Society for Psychical Research«.[68] In Winters Buch sind »Geisterfotografien« abgebildet, die 1922 während der Feierlichkeiten zum Rememberance Day in Whitehall aufgenommen wurden und als Beweis dafür herhalten sollten, dass die Toten zurückgekommen seien, um das Gedenken an sie zu beobachten. Auch Abel Gance ließ in seinem Film *J'accuse* (1918) – einem der großen filmischen Meisterwerke nach dem Ersten Weltkrieg – die Toten mitsamt ihren Bandagen und Krücken aus ihren Gräbern auf dem Schlachtfeld auferstehen und in ihre Heimatorte zurückkehren, um herauszufinden, ob sich ihr Opfer gelohnt hatte. »Der Anblick der Gefallenen entsetzte die Leute so sehr, dass sie sich sofort bessern wollten; die Toten kehrten in ihre Gräber zurück, ihre Mission war erfüllt.«[69] Sie waren offenbar leicht zufrieden zu stellen.

Andere Antworten – vielleicht die besten – sollten noch Jahre der Reifung brauchen, bis sie in Form von großer Literatur in den zwanziger und frühen dreißiger Jahren öffentlich wurden.

*

Sämtliche Entwicklungen und Episoden, die bisher in diesem Kapitel zur Sprache kamen, waren unmittelbare Reaktionen auf den Krieg. Ludwig Wittgenstein hingegen schrieb *während* des Krieges Gedanken nieder, die keine unmittelbare Reaktion auf die Kämpfe waren. Doch wäre Wittgenstein nicht mit der realen Möglichkeit seines eigenen Todes konfrontiert gewesen, hätte er sein Werk *Tractatus Logico-Philosophicus* vermutlich nie zu diesem Zeitpunkt fertig gestellt, oder es hätte zumindest nicht denselben Ton gehabt.

Wittgenstein meldete sich freiwillig am 7. August, dem Tag, nachdem Österreich Russland den Krieg erklärt hatte. Er wurde einem Artillerieregiment an der Ostfront in Krakau zugeteilt.[70] Später ließ er durchblicken, dass er nicht ohne romantische Vorstellungen und dem Gefühl in den Krieg gezogen sei, dass ihn die Erfahrung, dem Tod gegenüberzustehen, auf undefinierbare Weise zum besseren Menschen machen würde (fast dasselbe hatte auch Rupert Brooke gesagt). Nachdem er das erste Mal feindlichen Truppen gegenübergestanden hatte, vertraute er seinem Tagebuch an: Nun, da er dem Tod Auge in Auge gegenüberstehe, habe er Gelegenheit, ein anständiger Mensch zu werden.

Wittgenstein, jüngstes von acht Geschwistern, war bei Kriegsausbruch fünfundzwanzig Jahre alt. Er stammte aus einer reichen jüdischen Familie, die vollkommen in die Wiener Gesellschaft integriert war. Der Dichter und Dramatiker Franz Grillparzer war ein Freund des Vaters, und Johannes Brahms erteilte der Mutter und einer Tante Klavierunterricht. Die Hausmusikabende bei den Wittgensteins waren gesellschaftliche Ereignisse: Gustav Mahler und Bruno Walter waren regelmäßige Gäste und Brahms' Klarinettenquintett erlebte dort seine Uraufführung. Margarete Wittgenstein, Ludwigs Schwester, saß Gustav Klimt für ein Porträt Modell, das zu einer Kaskade gebrochener weiß-goldener Farben wurde.[71] Ironischerweise galt Ludwig, der heute Berühmteste von allen Wittgensteins, in der Familie ursprünglich als der am wenigsten Begabte. Margarete war mit Schönheit gesegnet, der ältere Bruder Hans hatte bereits im Alter von vier Jahren zu komponieren begonnen und spielte Klavier und Geige, während es den Bruder Rudolf ans Theater nach Berlin zog. Wäre Hans 1903 nicht in der Chesapeake Bay verschollen und hätte Rudolf sich nicht in einer Berliner Bar vergiftet, nachdem er dem Pianisten einen Drink spendiert und ihn gebeten hatte, für ihn den Schlager »Ich bin verloren« zu spielen, wäre Ludwig vielleicht nie er selbst geworden.[72] Beide Brüder hatten sich damit gequält, den Ansprüchen des Vaters als Geschäftsleute niemals genügen zu können; Rudolf war nicht zuletzt auch an seinen homosexuellen Neigungen verzweifelt.

Ludwig war nicht weniger musikbegeistert als der Rest der Familie, aber er war auch der technisch und praktisch Begabteste von allen. Also kam er nach jahrelangem Privatunterricht auf eine Realschule nach Linz, die sich allerdings vor allem durch ihren Geschichtslehrer einen Namen machen sollte, einen überzeugten Rechten namens Leopold Pötsch, der die Habsburgerdynastie für völlig »degeneriert« und Loyalität gegenüber einem solchen Herrscherhaus für absurd hielt.[73] Lieber schloss er sich dem völkischen Nationalismus der zugänglicheren »Alldeutschen« an. Es gibt keinerlei Hinweise, dass sich Wittgenstein je zu den Theorien Pötschs hingezogen gefühlt hätte, aber ein anderer Schüler, der sich 1904 gerade anschickte, diese Schule zu verlassen, tat dies gewiss. Sein Name war Adolf Hitler. Nach der Matura in Linz begann Wittgenstein ein Ingenieurstudium an der Technischen Hochschule in Berlin, interessierte sich jedoch zunehmend auch für Philosophie. Gleichzeitig war er so von der Aeronautik fasziniert, dass sein Vater – der noch immer hoffte, dass wenigstens einer seiner Söhne eine lukrative Karriere anstreben werde – vorschlug, er solle an das exzellente College of Technology der Universität von Manchester wechseln. Ludwig tat dies und besuchte dort auch die Seminare des Mathematikprofessors Horace Lamb. In einem dieser Seminare wurde er von einem Kommilitonen erstmals auf Bertrand Russells *Prinzipien der Mathematik* aufmerksam gemacht, mit dem der Autor nachweisen wollte, dass Mathematik und Logik ein und dieselbe Sache sind. Für Wittgenstein war dieses Buch eine Offenbarung. Monatelang vergrub er sich in das Studium der *Prinzipien* und Gottlob Freges *Grundgesetze der Arithmetik*.[74] Im Spätsommer 1911 reiste er nach Jena, um

Frege – einen kleinen Mann, der »beim Reden ständig im Zimmer herumhüpfte« – zu besuchen. Frege war von dem jungen Mann so beeindruckt, dass er ihm nahe legte, bei Bertrand Russell in Cambridge zu studieren.[75] Also reiste der junge Wiener 1911 nach Cambridge. Der erste Eindruck, den man dort von ihm hatte, war zwiespältig. Jedenfalls verpasste man ihm den Spitznamen »Witter-Gitter«, weil er allgemein als ziemlicher Langweiler mit einem gequälten »deutschen« Sinn für Humor galt. Doch wie Schönberg und Kokoschka, die ebenfalls Autodidakten waren, war es Wittgenstein offenbar völlig egal, was andere von ihm dachten. Allerdings wurde bald allen klar, dass hier der Schüler auf dem besten Wege war, den Meister zu überholen. Und spätestens nachdem Russell dafür gesorgt hatte, dass Wittgenstein bei den »Aposteln« aufgenommen wurde – einer der berühmten Cambridger Studentengesellschaften, fast eine Art Geheimbund, die bis auf das Jahr 1829 zurückreicht und zu dieser Zeit von Lytton Strachey und Maynard Keynes dominiert wurde –, »wusste ganz Cambridge, dass es ein weiteres Genie in seinen Mauern beherbergte«.[76]

1914, nach drei Jahren Cambridge, begann Wittgenstein – oder Luki, wie er inzwischen genannt wurde – seine eigene Logiktheorie zu entwickeln.[77] Doch während er die langen Semesterferien in Wien verbrachte, wurde der Krieg erklärt, und Wittgenstein saß in der Falle. Sein Leben in den nächsten Jahren wurde zu einem komplexen Zusammenspiel zwischen seinen Ideen und den Gefahren an der Front. Gleich zu Beginn des Krieges begann er sich Gedanken über seine »Bild«-Theorie zu machen – über den Zusammenhang zwischen den »Bildern der Tatsachen« und ihrem sprachlichen Ausdruck. Und diese Theorie sollte er dann ausgerechnet während des chaotischen Rückzugs der österreichischen Armee vor den Russen ausarbeiten. 1916 wurde er nach dem Angriff der Russen auf die Mittelmächte an ihrer baltischen Flanke als Artilleriebeobachter an die galizische Front geschickt. Tapfer suchte er um einen Einsatz an vorderster Linie nach, die ihn zu einem sicheren Ziel machen würde. Am 29. April dieses Jahres schrieb er in sein Tagebuch, dass er angeschossen worden sei.[78] Trotz solcher Erlebnisse entwickelte er in diesen Monaten seine Philosophie weiter, jedenfalls zumindest bis Juni, als Russland seine lang geplante Brusilow-Offensive startete und die Kämpfe immer heftiger wurden. Ab diesem Zeitpunkt werden Wittgensteins Tagebucheinträge philosophischer als jemals zuvor, fast möchte man sagen: religiös. Ende Juli wurden die Österreicher wieder zurückgedrängt, diesmal in die Eiseskälte, den Regen und Nebel der Karpaten.[79] Wittgenstein wurde erneut verwundet, für eine Tapferkeitsmedaille vorgeschlagen, dann zum Korporal und schließlich zum Fähnrich befördert.[80] Während der Zeit in der Offiziersschule überarbeitete er sein Manuskript zusammen mit Paul Engelmann, einem Verwandten und Bruder im Geiste. Dann kam er als Leutnant an die italienische Front.[81] Im Laufe eines kurzen Heimaturlaubs 1918 und nachdem er per Zufall von seinem Onkel Paul an einer Bahnstation von einem Selbstmordversuch abgehalten werden konnte, stellte er am Wohnsitz dieses Onkels in Hallein die neueste Version des Manuskripts fertig, bevor er wieder zu seiner Einheit zurückkehrte.[82] Doch dann geriet Wittgenstein bei Trient zusammen mit einer halben Million anderer Soldaten in Gefangenschaft. Während seiner Zeit in einem Lager bei Como fasste er den Entschluss, dass er, da er nun mit diesem Buch alle noch offenen Fragen der Philosophie gelöst habe, nach dem Krieg alles aufgeben und Volksschullehrer werden wollte. Auch sein riesiges Vermögen wollte er verschenken. Er machte beides wahr.

Wahrscheinlich wurden nur wenige Werke unter solch quälenden Umständen geboren wie Wittgensteins *Tractatus Logico-Philosophicus*. Zudem hatte er ungeheure Schwierigkeiten, einen Verleger zu finden: Der erste Verlag, an den er sich wandte, wollte das Buch nur herausbringen, wenn Wittgenstein selbst für die Druck- und Papierkosten aufkommen würde.[83] Auch andere Verleger waren vorsichtig. So kam es, dass dieses Werk in Großbritannien erst 1922 erschien (die deutsche Fassung 1921).[84] Aber kaum erschienen, war es eine Sensation. Die einen verstanden kein Wort, die anderen stellten Mängel fest und fanden, es trage Selbstverständlichkeiten vor, und wieder andere teilten Frank Ramsays Meinung, der im philosophischen Journal *Mind* schrieb: »Dies ist ein außerordentlich wichtiges Buch voller origineller Ideen von großer thematischer Bandbreite, die ein kohärentes System bilden…«[85] Keynes schrieb an Wittgenstein: »Ich weiß noch immer nicht, was ich zu deinem Buch sagen soll, außer dass ich es mit Sicherheit als ein Werk von außerordentlicher Bedeutung und Genialität empfinde. Ob zu Recht oder nicht, seit seinem Erscheinen beherrscht es alle wichtigen Diskussionen in Cambridge.«[86] In Wien erregte es die Aufmerksamkeit des so genannten »Schlick-Zirkels«, jener Gruppe von Philosophen um Moritz Schlick, die sich später zum berühmten *Wiener Kreis* der logischen Positivisten formieren sollte. Im Wesentlichen befasste sich Wittgenstein im *Tractatus* mit der Frage, inwieweit Sprache mit den »Bildern der Tatsachen« übereinstimmt, vergleichbar dem Umkehrschluss, inwieweit ein Bild wirklich mit der Welt übereinstimmt, die es darstellen soll. Wittgensteins eigene Sprache ist kompromisslos. Am Ende seines Vorworts schreibt er: »Daher scheint mir die *Wahrheit* der hier mitgeteilten Gedanken unantastbar und definitiv.« Doch nach dem Geständnis, dass er glaubt, »die Probleme im Wesentlichen endgültig gelöst zu haben«, schließt er mit der Bemerkung: »…und wenn ich mich hierin nicht irre, so besteht nun der Wert dieser Arbeit zweitens darin, dass sie zeigt, wie wenig damit getan ist, dass diese Probleme gelöst sind.«[87] Sämtliche kurzen Absätze des Buches sind durchnummeriert. So ist beispielsweise der Gedanke 2.151 eine Weiterentwicklung des Gedankens 2.15, welcher wiederum nicht ohne

Referenz auf Gedanken 2.1 verstanden werden kann. Nur wenige dieser Gedanken können für sich stehen, werden aber, wie Russell es einmal formulierte, vorgebracht, »als handle es sich um einen Ukas des Zaren«.[88]

Vielleicht lässt sich einfacher erklären, auf was Wittgenstein hinauswollte, wenn wir uns der zweiten Hälfte seines Buches zuwenden. Sein wichtigster philosophischer Beitrag war hier die Erkenntnis, dass Sprache gewisse Dinge bewirken und gewisse Dinge nicht bewirken kann. So erklärt er beispielsweise, dass ethische Aussagen unmöglich seien, denn »der Sinn der Welt muss außerhalb ihrer liegen... Es gibt in ihr keinen Wert – und wenn es ihn gäbe, so hätte er keinen Wert.«[89] Das heißt auch, dass auf Logik und Ethik gründende Urteile niemals durch Sprache vermittelt werden können, da sich beides auf etwas bezieht, was nicht gesagt werden kann. Als weiteres Beispiel führte er die Verallgemeinerungen an, mit welchen Menschen die Welt beschreiben. Auch sie seien bedeutungslos. Wenn wir begreifen wollten, müssten wir unsere Sicht auf das beschränken, worüber wir sprechen könnten – nämlich nur über das, was wir anhand einzelner Fakten, aus denen sich Wirklichkeit zusammensetzt, beschreiben können. Wittgenstein ging es darum, die Aufmerksamkeit auf die Grenzen von Sprache zu lenken. Darin spiegelten sich sämtliche Entwicklungen der Mathematik, Physik, Chemie und Biologie seiner Zeit – sie alle erforschten Welten, die mit üblicher Sprache nicht mehr zu beschreiben waren, deren Zusammenhänge, deren *Logik* nicht mehr in Worte gekleidet oder vollständig mit Worten erklärt werden konnte (Welle-Teilchen-Dualität, Raumzeit usw.).

Wittgenstein wurde der haltlosen Kritik ausgesetzt, bestenfalls einen philosophischen Trend begründet und nur seine »Obsession mit Wortspielen« ausgelebt zu haben. Das Gegenteil ist der Fall – es war ihm todernst. Er versuchte, unser Bewusstsein von Sprache und deren Gebrauch zu präzisieren, indem er darauf verwies, worüber wir sinnvollerweise sprechen können und worüber nicht. Die letzten Worte im *Tractatus* wurden weltberühmt: »Wovon man nicht sprechen kann, darüber muss man schweigen.«[90] Damit wollte er nichts anderes sagen, als dass es keinen Sinn hat, über etwas zu sprechen, dessen Realität niemals mit Worten übereinstimmend erklärt werden kann. Er selbst machte seine Ankündigung wahr, wurde Volksschullehrer in diversen österreichischen Kleinstädten und erfüllte obendrein seine eigene Forderung – er schwieg. Erst 1929 kehrte er nach Cambridge zurück, begann seine Sprache wieder zu finden und zu schreiben. Doch zu seinen Lebzeiten sollte kein Buch mehr von ihm erscheinen.[91]

*

Während des Krieges zogen sich viele Künstler und Schriftsteller nach Zürich in die neutrale Schweiz zurück. James Joyce schrieb einen Großteil des *Ulysses* dort am See, Hans Arp, Frank Wedekind und Romain Rolland hatten sich ebenfalls dort niedergelassen und trafen sich regelmäßig in den Züricher Cafés, die nun eine Weile lang von ebenso großer Bedeutung sein sollten wie die Wiener Kaffeehäuser um die Jahrhundertwende, vor allem das Café Odéon. Für viele Exilanten in Zürich bedeutete dieser Krieg das Ende der Kultur, der sie ihre Entwicklungen zu verdanken hatten. Er war zu einem Zeitpunkt ausgebrochen, in der gerade eine Periode der »Ismen« in der Kunst herrschte und die Naturwissenschaften nicht nur die Vorstellung von unveränderlichen Wahrheiten, sondern auch vom vollkommen rationalen, sich seiner selbst bewussten Menschen, diskreditierten. In dieser neuen Welt, so glaubten die Dadaisten, mussten auch die Vorstellungen von der Kunst und dem Künstler radikal verändert werden. Der Krieg hatte explosionsartig eine Forschrittsidee zu Tage gefördert, die alle Ambitionen, »klassische« künstlerische Werke von dauerhaftem Wert für die Nachwelt schaffen zu können, zunichte machte.[92] Ein Kritiker schrieb, der Künstler habe nur noch zwei Möglichkeiten – zu schweigen oder zu handeln.

Zu den Stammgästen im Café Odéon gehörten Franz Werfel, Alexej Jawlensky, der Philosoph Ernst Cassirer und ein damals unbekannter deutscher Schriftsteller – gläubiger Katholik und Anarchist zugleich – namens Hugo Ball und dessen Freundin Emmy Hennings. Hennings war eigentlich Journalistin, trat aber auch, von Ball am Klavier begleitet, als Kabarettistin auf. Im Februar 1916 hatten sie die gemeinsame Idee, ein literarisches Kabarett zu gründen, ironischerweise Cabaret Voltaire genannt (ironisch, weil Dada all das vermied, wofür Voltaire gefeiert worden war). Der Spielort befand sich in einem Haus in der steilen, schmalen Spiegelgasse, in der Lenin wohnte.[93] Zu den Ersten, die dort auftraten, gehörten zwei Rumänen: der Maler Marcel Janco und ein junger Dichter namens Sami Rosenstock, der das Pseudonym Tristan Tzara angenommen hatte. Die einzige Schweizerin der Truppe, zu der damals noch Walter Serner aus Österreich, Marcel Slodki aus der Ukraine sowie Richard Hülsenbeck und Hans Richter aus Deutschland gehörten, war Sophie Taeubner, die Frau von Hans Arp. Das Programm für Juni 1916 stellte Ball zusammen. In seiner Einführung im Programmheft tauchte erstmals der Begriff »Dada« auf, und in Balls Aufzeichnungen steht, dass die im Cabaret Voltaire gebotene Unterhaltung eine Mischung aus Provokation, primitiven Tanzeinlagen, Kakophonie und kubistischem Theater sein sollte.[94] Tzara hatte immer behauptet, das Wort »Dada« im Larousse-Lexikon gefunden zu haben. Doch ob es nun wirklich in irgendeiner Sprache existierte oder nicht, jetzt hatte es jedenfalls eine Bedeutung erhalten, und die fasste vielleicht am besten Hans Richter zusammen: Dada sei wie die fröhlich lebensbejahende slawische Seele: »›Da, da‹,… ›Ja, ja‹«[95] In Zeiten des Krieges wollte Dada den menschlichen Spieltrieb feiern. Abgestoßen von den

»Schlächtereien des Weltkriegs«, so Arp, wandte man sich der Suche nach einer grundlegend neuen Kunstform zu, die zugleich »anonym und kollektiv« sein und die Menschheit vor dem Wahnsinn der Zeit bewahren sollte.[96] »Dada ist der Ekel vor der albernen verstandesmäßigen Erklärung der Welt«, welche die Menschheit in die Katastrophe geführt hatte; Dada wollte den gesunden Menschenverstand retten.[97] Angesichts der naturwissenschaftlichen und politischen Entwicklungen dieser Zeit stellten Dadaisten in Frage, ob Kunst im weitesten Sinne überhaupt noch möglich sei. Sie bezweifelten, dass eine Wirklichkeit, die nach wissenschaftlichen Aussagen so schwer fassbar war, überhaupt noch in irgendeiner Form dargestellt werden konnte. Allein schon den Versuch einer »realistischen« Darstellung fanden sie moralisch und gesellschaftlich fragwürdig. Wenn Dada überhaupt einen Wert vertrat, dann die Freiheit des Experiments.[98]

Doch hinter Dada verbarg sich, ebenso wie hinter den anderen modernen Bewegungen, ein Paradox – die Dadaisten mochten der Kunst zwar jeden moralischen oder gesellschaftlichen Wert absprechen, hatten aber selbst kaum eine andere Wahl, Künstler zu bleiben. Mit ihren Versuchen, den gesunden Menschenverstand walten zu lassen, verteidigten letztlich auch sie die avantgardistische Vorstellung von einer erklärenden und erlösenden Kraft der Kunst. Der einzige Unterschied war, dass sie sich keinem der bekannten und von ihnen verhöhnten »Ismen« anschlossen und sich dem Kindlichen und Zufälligen zuwandten, nicht nur um sich Unschuld, Reinheit und Klarheit zurückzuerobern, sondern vor allem, um ins Unbewusste vorzudringen.

Keinen gelang das besser als Hans Arp und Kurt Schwitters. Arp schuf in den Jahren 1916 bis 1920 zwei Arten von Kunst: seine Holzreliefs, die anfänglich aus collagenartig übereinander gefügten Holzflächen bestanden, aber dann polychrom wie Kinderspielzeuge wurden; und wie Kinder liebte er es, Wolken und Blätter in großflächigen, starken Farben zu malen. Dann überließ er sich ganz dem spielerischen Experiment, riss Papier in Streifen, ließ die Streifen fallen und fixierte sie genau dort, wo sie aufgetroffen waren, zu Zufallscollagen. Ganz zweifellos sind die Werke Arps von meditativer Qualität: einfach und stabil.[99] Tristan Tzara erreichte das Gleiche mit Dichtung – angeblich buchstäblich, indem er Zettel mit einzelnen Worten aus einem Sack fischte und dann zu »Sätzen« zusammenfügte.[100] Auch Kurt Schwitters (1887–1948) fabrizierte Collagen, überließ dabei jedoch, auch wenn es anders aussehen mag, nichts dem Zufall. So wie Duchamp Alltagsgegenstände – sein berühmtes *Urinal* oder *Fahrrad-Rad* – zu Kunst erklärte, indem er ihnen einfach neue Namen gab und sie dann in Kunstgalerien ausstellte, entdeckte Schwitters im Müll Poesie. Ständig streifte er durch seine Heimatstadt Hannover auf der Suche nach irgendwas schön Schmutzigem, Abgeblättertem, Verflecktem, Halbverbranntem oder Zerrissenem. Und wenn dieser Kubist im Herzen diese Objekte dann zusammenfügte, verwandelte er sie in etwas vollständig Neues, etwas, das eine Geschichte erzählte und einfach schön war.[101] Obwohl seine Collagen zufällig zusammengewürfelt scheinen, sind sie doch immer harmonisch. Da passen die Kanten des einen Materials perfekt mit denen des anderen zusammen, da findet der Fleck auf einer Zeitung sein Gegenstück an einer anderen Stelle der Komposition. Schwitters nannte das »Merzkunst«, ein Name, der entstanden war, als er auf einer seiner Assemblagen zufällig den Schriftzug MERZ entdeckt hatte, ein Fragment der Druckzeile »Commerz- und Privatbank«. Seine Materialien aus Strandgut und Abfallprodukten waren für ihn eine Aussage über die Kultur, die zu einem Krieg führen konnte und dabei nicht nur ein Blutbad anrichtete, sondern auch Müll und Dreck hinterließ. Es waren Statements über Städte, in denen diese Kultur mitsamt ihrem selbst produzierten Elend wachsen und gedeihen konnte. Wo Manet, Baudelaire und die Impressionisten die flüchtige, flirrende Schönheit der Städte des neunzehnten Jahrhunderts gefeiert hatten – das Feld, auf dem die Moderne erblühen konnte –, waren Schwitters' Collagen unbequeme Elegien auf das Ende einer Ära. Schwitters schuf eine neue Kunst, die in gewisser Weise zugleich Relikt, Verdammung des Bestehenden und Memento mori war. Es war genau diese Ambiguität oder dieses Paradox, das die Dadaisten darstellen wollten.[102]

Gegen Ende des Krieges verließ Hugo Ball Zürich und zog ins Tessin. Das Gravitationszentrum der Dadaisten verlagerte sich nach Deutschland. Hans Arp und Max Ernst, ein weiterer Collagist, gingen nach Köln, Schwitters lebte in Hannover. Doch erst in Berlin sollte der Dadaismus wirklich seine politische Ausprägung bekommen. Zu Zeiten der Niederlage Deutschlands war das Leben in dieser Stadt ungemein hart. Es fehlte an allem, überall herrschte Elend, die Politik war in feindliche Lager gespalten, und Revolution war so kurz nach den Umwälzungen in Russland immer eine durchaus reale Möglichkeit. Im November 1918 kam es zum Spartakusaufstand. Er wurde niedergeschlagen, und seine Führer Karl Liebknecht und Rosa Luxemburg wurden ermordet – ein Ereignis, das nicht nur für Adolf Hitler, sondern auch für die Dadaisten maßgeblich war.[103]

Es war Richard Hülsenbeck, der den »Dada-Virus« nach Berlin einschleppte.[104] Im April 1918 veröffentlichte er sein Dada-Manifest, anschließend wurde der »Club Dada« gegründet, zu dessen ersten Mitgliedern Raoul Hausmann, George Grosz, Helmut Herzfelde (John Heartfield) und Hannah Höch gehörten. Ihre Collagen ersetzten sie nun durch Fotomontagen, mit denen sie die verachtete preußische Kultur aufs Korn nahmen. Doch als Künstler waren sie nach wie vor umstritten und lösten einen Skandal nach dem anderen aus. Johannes Baader zum Beispiel drang in die Weimarer Nationalversammlung ein, überschüttete die Abgeordneten mit Flugblättern und erklärte sich zum Staatspräsidenten.[105] In Berlin wurde die Dada-Bewegung kollektivistischer, als sie es in Zürich gewesen war. Außerdem führte sie einen noch viel vehementeren Kampf gegen deutsche Expressionisten wie Heckel, Kirchner und Nolde, die ihrer Meinung nach nichts als bürgerliche Romantiker waren.[106] George Grosz und Otto Dix gehörten mit ihren Darstellungen elender, kaum noch menschenähnlicher Kriegskrüppel zu den bissigsten Kritikern unter den Malern. Ihre grotesk entstellten Figuren sollten die Verschonten an den brutalen Wahnsinn des Krieges gemahnen. Doch auch Dix, Höch und Herzfelde stellten mit ihren Bildern – durch absurde Prothesen zu halben Maschinen gewordene Menschen – die Folgen des Krieges auf brutale Weise dar. Diese verstümmelten Figuren waren aber auch überdeutliche Metaphern der kommenden Weimarer Kultur – korrupte, entstellte Marionetten der noch immer herrschenden alten Ordnung. Doch vor allem waren sie eines: Opfer des Krieges.

Niemand brandmarkte diese Gesellschaft schärfer als Grosz mit seinem Meisterwerk *Republikanische Automaten* (1920). Die Hochhauslandschaft ist derart abschreckend, dass sie sogar De Chirico als bedrohlich empfunden hätte. Im Vordergrund spazieren deformierte, von absurdesten Prothesen gestützte Gestalten, die geradezu atavistisch mit traditionellem Bowler, steifem Kragen und Frackhemd bekleidet sind *und* deutsche Fahnen schwenkend ihre Kriegsorden zur Schau stellen. Dieses Gemälde ist, wie alle Bilder von Grosz, der beißend-sarkastische Ausdruck einer ungeheuren Verachtung nicht nur alles Preußischen, sondern auch eines Bürgertums, das diese abscheuliche Situation mit einer solchen Leichtigkeit zu akzeptieren schien.[107] Für Grosz war das Übel nicht mit dem Krieg beendet, im Gegenteil – gerade dass sich so wenig verändert hatte, trotz allen Grauens und all der sichtbaren Verstümmelungen, prangerte er an. »In Grosz' Deutschland steht alles und jedes zum Verkauf (Prostituierte waren ein beliebtes Sujet)… Die Welt wird von vier Arten von Schweinen beherrscht: vom Kapitalisten, vom Offizier, vom Priester und von der Hure, deren andere Version die reiche Ehefrau und Salonlöwin ist. Da hatte der Einwand gar keinen Sinn, dass es auch anständige Offiziere und kultivierte Bankiers gegeben hat. Die Wut und der Schmerz, die aus Grosz' Bildern sprechen, wischten solche Vorbehalte einfach vom Tisch.«[108]

In Paris wurde Dada 1920 von Tristan Tzara eingeführt. André Breton, Louis Aragon und Philippe Soupault, die gemeinsam die Zeitschrift *Littérature* herausgaben, waren bereits von Alfred Jarrys Symbolismus und dessen Vorliebe für das Absurde beeinflusst und standen dem neuen Trend daher mit Sympathie gegenüber.[109] Außerdem liebten auch sie es, zu schockieren. Doch im Gegensatz zu Berlin fand Dada in Paris vor allem seinen literarischen Ausdruck. Bis Ende der zwanziger Jahre sollte es mindestens sechs dadaistische Zeitschriften und ebenso viele Bücher geben, darunter

Picabias *Pensées sans langage* (Gedanken ohne Sprache) oder Éluards *Les nécessités de la vie et les conséquences des rêves* (Die Notwendigkeiten des Lebens und die Folgen der Träume). Solche Schriften fanden in den *salons* und bei den *soirées* großen Anklang, wobei es im Prinzip immer darum ging, der Öffentlichkeit etwas Skandalöses zu versprechen, nur um sie dann zu enttäuschen und die Bourgeoisie mit ihrer eigenen Nutzlosigkeit zu konfrontieren, sie zu zwingen, »in einen Abgrund des Nichts zu blicken«.[110] Solche Attacken gegen die Öffentlichkeit, diese Faszination angesichts des Risikos, diese »Trittsicherheit am Abgrund des Chaos« verbanden die Dadaisten in Paris, Berlin und Zürich.[111]

Nur auf Paris beschränkt blieb das automatische Schreiben, eine psychoanalytische Technik, die den Schreibenden zum »Aufnahmegerät« eines »unbewussten Gemurmels« macht. André Breton hoffte damit eine »Sprache der Seele« zu finden, in tiefere Schichten vorzudringen und auf diese Weise »analoge Gedankenabfolgen« freizusetzen. 1924 veröffentlichte er einen kurzen Essay über den tieferen Sinn und Zweck von bewussten Gedanken, sein *Manifeste de Surréalisme*.[112] Es hatte enormen Einfluss auf das künstlerische und kulturelle Leben in den zwanziger und dreißiger Jahren. Und obwohl der Surrealismus erst Mitte der Zwanzigerjahre wirklich zu blühen begann, sollte Breton unterschütterlich bei seiner Ansicht bleiben, dass sich diese Kunstrichtung einzig dem Krieg verdankte.[113]

*

Jenseits der österreichischen Front, dort, wo Wittgenstein seinen *Tractatus* schrieb und wieder umschrieb, auf der russischen Seite also, gab es mehrere Künstler, die sich den Kampf zum Thema gemacht hatten. Marc Chagall zeichnete verwundete Soldaten; Nathalie Gontscharowa veröffentlichte eine Serie von Lithographien unter dem Titel *Mystische Kriegsbilder*: traditionelle russische Ikonen, die von feindlichen Flugzeugen angegriffen werden. Kasimir Malewitsch schuf eine Reihe von Propagandaplakaten, mit denen er die deutsche Armee lächerlich machte. Aber die unmittelbarste und brutalste Folge des Krieges für die russische Kunst war, dass die russische Künstlergemeinde vollständig von Paris abgeschnitten wurde.

Vor dem Ersten Weltkrieg war russische Kunst in hohem Grade in Paris vertreten gewesen. 1914 war der vom italienischen Dichter Filippo Marinetti 1909 begründete Futurismus in Paris durch Michail Larionow und Nathalie Gontscharowa vertreten worden. Seine beiden zentralen Ideen waren, dass die Maschinenwelt einen neuen Menschen erschaffen und diesen somit von historischem Ballast befreit habe; und dass diese Konfrontation in der Tat Veränderungen herbeiführen könne, weil sie die Menschen aus ihrer bürgerlichen Selbstgefälligkeit aufschrecken könnte.

Auch wenn sich diese konfrontative Seite des Futurismus nicht lange hielt, wurde sie doch zum Vorboten ähnlicher Tendenzen des Dada, Surrealismus und der »Happenings« der sechziger Jahre. In Paris entwarf Gontscharowa das Bühnenbild für Rimskij-Korssakows *Le Coq d'or*, und Alexandre Benois arbeitete für Diaghilews *Ballets Russes*. Apollinaire schrieb in *Les Soirées de Paris* in seiner Kritik über eine Ausstellung von Larionow und Gontscharowa in der Galerie Paul Guillaume, dass hier eine »universelle Kunst« geschaffen worden sei, eine Kunst, die Malerei, Bildhauerei, Dichtung, Musik und sogar die Naturwissenschaften in all ihren vielen unterschiedlichen Facetten in sich vereine. 1914 stellte auch Chagall in Paris aus, und von Malewitsch hingen einige Bilder im Salon des Indépendents. Es waren eine ganze Anzahl russischer Künstler vor dem Krieg in Paris, zum Beispiel Vladimir Tatlin oder Lydia Popowa, Eliezer Lissitzky, Naum Gabo und Anton Pevsner. Wohlhabende russische Kunstsammler wie Sergej Schchukin oder Ivan Morozow kauften die besten modernen Gemälde, die die französische Schule zu bieten hatte, und schlossen Freundschaften mit Picasso, Braque, Matisse oder Gertrude und Leo Stein.[114] Bis Kriegsausbruch besaß Schchukin 54 Picassos, 37 Matisses, 29 Gaugins, 26 Cézannes und 19 Monets.[115]

Vor 1914 genossen die Russen noch Reisefreiheit. Deshalb konnte sich die russische Kunst den internationalen Einflüssen der Moderne öffnen und dennoch stark russisch geprägt bleiben. Alle Werke von Gontscharowa, Malewitsch oder Chagall waren erkennbar von »östlich« russischen wie »westlich« modernen Themen bestimmt: orthodoxe Ikonen und zugefrorene sibirische Landschaften einerseits, Eisenträger, Maschinen, Flugzeuge und der ganze Rest der technisch-wissenschaftlichen Palette andererseits. Russische Kunst vor der Revolution war alles andere als rückständig. Malewitschs »Suprematismus« zum Beispiel (noch einer der vielen europäischen »Ismen«) – eine Form von geometrischer Abstraktion, die seiner Obsession für alles Mathematische entsprang – war zwischen Kriegsausbruch und Revolution entstanden. Erst die im Oktober 1917 mitten im Kriegsgetümmel explosionsartig ausbrechende Revolution sollte die bildenden Künste in Russland völlig verändern. Und für diese Revolution in der russischen Kunst stehen exemplarisch drei Künstler und ein Kommissar: Malewitsch, Wladimir Tatlin, Alexander Rodtschenko und Anatoli Lunatscharskij.

Lunatscharskij war der sensible und idealistische Autor von nicht weniger als 36 Büchern und zutiefst von der zentralen Bedeutung der Kunst für die Revolution und die Regeneration des Lebens in Russland überzeugt. Außerdem hatte er sehr konkrete Vorstellungen von der Rolle, die sie übernehmen sollte.[116] Da der Staat nun der einzige Kunstmäzen war (die Schchukin-Sammlung wurde am 5. November 1918 verstaatlicht), konzipierte Lunatscharskij eine neue Kunstform: Agitprop, die Kombination aus Agitation und Propaganda.[117] Für ihn war die Kunst ein wichtiges Medium der Veränderung. Als Kommissar für Erziehung, dem auch Musik und Theater unterstanden, hatte er Lenins Ohr. Prompt begann er mit ihm große Pläne zu diskutieren. Beispielsweise wollte er vor allen bekannten historischen Wahrzeichen Moskaus Statuen von allen großen Revolutionären der Welt aufstellen. Da könnte man natürlich sagen, dass am Ende die meisten dieser »Revolutionäre« Franzosen gewesen wären: Danton, Marat, Voltaire, Zola, Cézanne.[118] Der Plan scheiterte, wie so viele andere, an fehlenden Ressourcen – an Künstlern herrschte in Russland gewiss kein Mangel, aber an Bronze.[119] Dafür wurden andere Agitprop-Pläne verwirklicht. Es gab Agitprop-Plakate, Agitprop-Banner, Agitprop-Züge und Agitprop-Boote auf der Wolga.[120] Auch die Kunstakademien stellte Lunatscharskij auf den Kopf, darunter auch die beiden bedeutendsten, die eine in Witebsk nordwestlich von Smolensk und die andere in Moskau. 1918 wurde Erstere von Chagall geleitet, während Malewitsch und Lissitzky dort unterrichteten. Letztere – die staatlichen Moskauer Freien Künstlerischen Werkstätten oder *Wchutemas* – waren eine Art russisches Bauhaus, »die fortschrittlichste Kunsthochschule der Welt und das ideologische Zentrum des russischen Konstruktivismus«.[121]

Die frühen Arbeiten von Kasimir Malewitsch (1878–1935) hatten einiges dem Impressionismus zu verdanken, aber auch starke Anklänge an Cézanne und Gaugin – klare Flächen – und an die Fauvisten, vor allem Matisse. Ungefähr um 1912 begann Malewitsch, seine Bilder in kubistische Formen aufzubrechen, doch die Bauern, die sein Werk in dieser Periode beherrschten, waren noch immer eindeutig Russen. Nach 1912 veränderten sich seine Bilder erneut, wurden einfacher. Das Werk von Malewitsch, der sich eng dem Dichter und Mathematiker Velimir Chlebnikow verbunden fühlte, wurde häufig als Analogie zu einer Dichtung beschrieben, die sich des Abstrakten bedient – dreidimensionale Formen, Dreiecke, Kreise und Vierecke mit geringer farblicher Variation.[122] Seine Formen sind jedoch weniger klar umrissen als die von Braque oder Picasso. Schließlich vollzog Malewitsch erneut einen Wandel, der dann zu seinen gefeierten Werken *Schwarzes Quadrat auf Weißem Grund* und, 1918, *Weißes Quadrat auf Weißem Grund* führte. Während allenthalben revolutionärer Aufbruch herrschte, setzte Malewitschs Werk damit einen Schlusspunkt – weiter konnte man sich vom Repräsentativen nicht mehr entfernen. (Als Kunsttheoretiker hatte er einer seiner Schriften den Titel *Die gegenstandslose Welt* gegeben.[123]) Sein Ziel war es, die Einfachheit, Klarheit und Reinheit, die er in der Mathematik gefunden hatte, in die Kunst zu übersetzen – in die schöne Einfachheit der Form, in die Wesentlichkeit der Natur und in jene abstrakte Wirklichkeit, welche sogar dem Kubismus zu Grunde lag. Malewitsch revolutionierte die russische Malerei, zwang sie an die Grenzen aller Form und reduzierte sie auf ihre konkreten Bausteine, ganz so wie es die Physiker gerade mit der Materie versuchten.

Malewitsch mag zwar die Malerei revolutioniert haben, doch der Konstruktivismus war selbst *Teil* dieser Revolution und dieser in Gestalt und Ziel am ähnlichsten. Lunatscharskij wollte eine Volkskunst erschaffen, eine »Kunst der fünf Kopeken«, wie er es nannte, erschwinglich und jedermann zugänglich. Der Konstruktivismus reagierte auf die kommissarischen Forderungen mit Darstellungen, die optimistisch vorwärts blickten, endlose Bewegung suggerierten und die Grenzen zwischen Kunst und Kunsthandwerk, zwischen Technik und Architektur aufzuheben versuchten. Flugzeuge, Nieten, Stahlplatten, Winkel – das waren die beherrschenden Bilder des Konstruktivismus.[124] Wladimir Tatlin (1885–1953), die treibende Kraft des Konstruktivismus, war Seemann und Zimmermann bei der Marine, bevor er zu einer Ikone der Malerei wurde. Wie Kandinsky und Malewitsch wollte auch er neue und vor allem logische Formen schaffen.[125] Und wie Lunatscharskij wünschte er sich eine proletarische, eine sozialistische Kunst. Also arbeitete er mit Eisen und Glas – »sozialistischen Materialien«, die jeder kennt und denen »jeder Stolz fehlt«.[126] Die erste Chance, seine Theorien zu verwirklichen, bekam er 1919, zwei Jahre nach der Revolution, als er aufgefordert wurde, ein »Monument der Dritten Internationale« zu schaffen. Sein 1920 beim Achten Sowjetkongress enthülltes Modell, genannt der »Spiralen-Turm«, war auf eine Höhe von knapp 400 Meter angelegt, was selbst den Eiffelturm zum Zwergen gemacht hätte. Er war nicht nur Staatspropaganda, sondern sollte auch Tatlins Verständnis von höchster »Maschinenkunst« verkörpern (Tatlin, ein sehr eifersüchtiger Mensch, rivalisierte mit Malewitsch).[127] Das Modell bestand aus drei Teilen, die sich in jeweils unterschiedlicher Geschwindigkeit drehten. Der Turm aus Glas und Stahl wurde als *die* Umsetzung des Konstruktivismus betrachtet, als ein auf unendlich dynamische Weise nützlicher *Gebrauchsgegenstand* voller Symbolik. Auf dem Transparent über dem enthüllten Modell stand: »Ingenieure schaffen neue Formen.« Doch einer Gesellschaft, die keine Bronze für Voltaire oder Danton hatte, mangelte es natürlich auch an Stahl und Glas für Tatlin, und so kam der Turm nie über das Modellstadium hinaus. »Er ist nach wie vor das einflussreichste nicht existierende Objekt des zwanzigsten Jahrhunderts und zudem eines der paradoxesten – eine unbrauchbare und vermutlich auch undurchführbare Metapher für Zweckmäßigkeit«[128] – der absolute Inbegriff von Malewitschs gegenstandsloser Welt.

Der dritte im Bunde der Dreifaltigkeit russischer Kunst war der Maler Alexander Rodschenko (1891–1956). Begeistert vom Geist der Revolution, schuf er seine ganz eigene Form von Futurismus und Agitprop. Beginnend mit einer Reihe von Kompositionen – teils architektonischen Modellen und teils Plastiken –, wandte er sich einer höchst eigenwilligen, realistischen Fotografie und den unmittelbaren Ausdrucksmöglichkeiten der Plakatkunst zu.[129] Er versuchte eine Kunstform zu finden, die, mit den Worten von Robert Hughes, »ebenso innehalten lässt wie ein Schrei auf der Straße«.[130] »Die Kunst der Zukunft wird keine gemütliche Dekoration der Familienwohnung sein. Sie wird ebenso unverzichtbar sein wie zu Kunst verwandelte 48-stöckige Hochhäuser, gewaltige Brücken, Rundfunk, Aeronautik und Unterseeboote.« Gemeinsam mit dem großen russischen Dichter der Moderne, Wladimir Majakowskij, gründete er eine Werkstatt. Auf ihrem Stempel stand: »Anzeigenkonstruktion Majakowskij-Rocenko.«[131] Ihre Plakate waren Reklame für den neuen Staat. Für Rodtschenko war Propaganda große Kunst.[132]

Rodtschenko und Majakowskij teilten die Ideen von Tatlin und Lunatscharskij über proletarische Kunst und deren Bedeutung für das Volk. Als wahre Angehörige der Revolution fanden sie nicht nur, dass Kunst einem jeden gehören sollte, sondern brachten auch die Ansicht des Kommissars zum Ausdruck, dass das ganze Land, oder doch zumindest sein Staat, als Kunstwerk betrachtet werden müsse.[133] Heute findet man das weniger grandios als grotesk, aber damals war es den Leuten todernst damit. Für Rodtschenko war die Fotografie die proletarischste aller Künste, mehr noch als die Typografie und der Textilentwurf (oder sein Interesse daran). Sie war billig, und man konnte Abzüge nach Bedarf machen. Hier einige seiner typischen Manifestationen[134]:

Nieder mit der Kunst als greller APPLIKATION auf dem *unbegabten* Leben von besitzenden Menschen.

Nieder mit der *Kunst* als einem EDELSTEIN inmitten des schmutzigen, dunklen Lebens der Mittellosen.

Nieder mit der Kunst als Mittel DER FLUCHT AUS EINEM LEBEN, das sich nicht lohnt.

Bewußtes und organisiertes LEBEN, das SEHEN und KONSTRUIEREN kann, ist moderne Kunst.

Der MENSCH, der sein Leben, seine Arbeit und sich selbst organisiert hat, ist ein MODERNER KÜNSTLER.

ARBEITEN *für* das LEBEN und nicht für PALÄSTE, TEMPEL, FRIEDHÖFE und MUSEEN.

Unter, für und mit *allen* arbeiten.

NIEDER mit den Klöstern, Instituten, Studios, Ateliers, Kabinetten und Inseln.

Bewußtsein, EXPERIMENT, *Ziel*, KONSTRUKTION, Technik und *Mathematik* sind die BRÜDER der modernen KUNST.[135]

Das durch und durch konstruktivistische Material – modern, bescheiden, real – begann Rodschenko nun, beeinflusst von seinem Freund, dem russischen Regisseur Dziga Wertow, zu Fotomontagen zu verarbeiten. Dabei arbeitete er mit den Mitteln der Wiederholung, Verzerrung, Vergrößerung und anderen Techniken, mit dem Vorsatz, den Massen immer wieder die Revolution zu erklären. Bei ihm konnte sogar Bier – ein proletarisches Getränk! – von revolutionärer Sprengkraft sein.

Obwohl Suprematismus und Konstruktivismus einst als Kunstform für die Massen geschaffen wurden, werden sie heute als »hohe Kunst« betrachtet. Beim Proletariat haben sie allerdings gegen jeden Plan einen eher flüchtigen Eindruck hinterlassen. Nachdem sämtliche grandiose Vorhaben an fehlenden Mitteln gescheitert waren, tat sich der Staat etwas schwer mit der Behauptung, selbst ein Kunstwerk zu sein. Im »neuen«, modernen Russland war der Aussage, dass Kunst der wichtigste Aspekt des Lebens sei, jede Grundlage entzogen worden. Das Proletariat wollte keine Kunst, es wollte Essen, Arbeit, Wohnung und Bier.

*

Es nimmt dem Ersten Weltkrieg nichts von seinen Schrecken und entbindet uns auch nicht von der Pflicht, all jener zu gedenken, die ihr Leben lassen mussten, wenn man feststellt, dass sich die meisten in diesem Kapitel erwähnten Reaktionen am Ende positiv auswirkten. Irgendwas in der menschlichen Natur sorgt dafür, dass sogar dann, wenn der Mensch Kunst oder Philosophie aus tiefem Pessimismus heraus schafft – wie die Dadaisten –, Kunst oder Philosophie überleben, und nicht der Pessimismus. Es wird wohl für kaum jemanden strittig sein, welches die dunkelsten Zeiten des zwanzigsten Jahrhunderts waren: die Westfront 1914–1918, Stalins Sowjetunion und Hitlers Drittes Reich. Aber aus der Zeit des Ersten Weltkriegs gibt es etwas Bewahrenswertes.

TEIL ZWEI

VON SPENGLER BIS ZUR *FARM DER TIERE:*

Das Unbehagen in den Kulturen

10
Eklipsen

Eine der einflussreichsten Ideen der europäischen Zwischenkriegszeit wurde im April 1918 der Öffentlichkeit vorgestellt, mitten in der flandrischen Frühjahrsoffensive von Generalstabschef Ludendorff, die sich entscheidend auf den Ausgang des Krieges an der Westfront auswirkte und der Anfang vom Ende der Karriere von Ludendorff war, da es ihm nicht gelungen war, die Briten vor der Nordküste Frankreichs und Belgiens von den anderen Kriegsparteien zu isolieren: Der in München lebende Gymnasiallehrer und Privatgelehrte Oswald Spengler veröffentlichte den *Untergang des Abendlandes*. Für diesen Titel hatte er sich bereits 1912 entschieden; und auch am Inhalt des Buches hatte er trotz allem, was geschehen war, seit er es zu schreiben begonnen hatte, kaum ein Wort geändert. Zehn Jahre später sollte er es bescheiden zu *dem* Denkansatz seiner Zeit erklären.[1]

Spengler wurde 1880 in Blankenburg, rund hundertfünfzig Kilometer südwestlich Berlins, in eine Familie geboren, deren Gefühlskälte und Reserviertheit prägend für seine Entwicklung waren. Der einsame Junge wuchs im Schatten höchst germanischer Giganten auf – Wagner, Ernst Haeckel, Ibsen und Nietzsche. Vor allem Nietzsches Differenzierung zwischen Kultur und Zivilisation hatte es dem Heranwachsenden angetan: »Kultur«, symbolisiert durch den einsamen Seher Zarathustra, der in selbstgewählter Einsamkeit »nach innen lebend« Ordnung schuf; und »Zivilisation«, symbolisiert durch beispielsweise Thomas Manns »nach außen lebendem« Venedig, jener glitzernden, geistsprühenden, aber degenerierten und korrupten Stadt am Rande des Verfalls.[2] Großen Einfluss auf Spengler übte auch der Nationalökonom und Soziologe Werner Sombart mit seinem 1911 unter dem Titel »Technik und Kultur« veröffentlichten Essay aus, in dem er darlegte, weshalb er Menschlichkeit mit der mechanisch-technischen Dimension des Lebens für unvereinbar hielt – ein konträrer Standpunkt zur Prämisse der Futuristen. Für Sombart bestand auch ein unverkennbarer Zusammenhang zwischen dem wirtschaftlichen und politischen Liberalismus und der Kommerzialisierungsflut, die über das Abendland zu schwappen und es seiner Meinung nach in den Abgrund zu ziehen drohte. Eines seiner Hauptargumente war, dass die Geschichte von zwei Typen geprägt worden sei, von »Händlern und Helden«, als deren extreme Vertreter er einerseits Deutschland – Helden – und andererseits Großbritannien – Händler – betrachtete.

1903 war Spenglers Dissertation abgelehnt worden. Im Jahr darauf wurde sie zwar angenommen, doch ihre ursprüngliche Ablehnung hatte in dem wettbewerbsorientierten deutschen System zur Folge, dass ihm die oberen akademischen Ränge für immer verschlossen blieben. 1905 erlitt er einen Nervenzusammenbruch und ward für ein Jahr nicht mehr gesehen. Da er es verabscheute, als Gymnasiallehrer sein Brot verdienen zu müssen, statt an einer Universität zu lehren, zog er schließlich nach München und ließ sich als Privatgelehrter nieder. München war damals eine ziemlich bunte Stadt, ganz anders als das aufs akademische Leben konzentrierte Heidelberg oder Göttingen. Stefan George und sein Dichterkreis waren dort, Thomas Mann beendete in München gerade seine Arbeit an *Tod in Venedig*, und auch die Maler Franz Marc und Paul Klee lebten in dieser Stadt.[3]

Das für Spengler entscheidende historische Ereignis, das ihn direkt zu seinem Buch leiten sollte, fand 1911 statt, in dem Jahr, als er nach München gezogen war: Das deutsche Kanonenboot *Panther* lief in den marokkanischen Hafen Agadir ein, um Frankreich an der Besetzung des Landes zu hindern. Die Konfrontation brachte Europa an den Rand eines Krieges, doch Frankreich und Großbritannien gewannen schließlich die Oberhand und zwangen Deutschland zum Rückzug. Viele Deutsche und insbesondere Münchner empfanden das als unerträgliche Erniedrigung, aber niemand mehr als Spengler.[4] Deutschland und die deutsche Mentalität standen für ihn im krassen Gegensatz zu den Kulturen Frankreichs und vor allem Großbritanniens. Beide Länder waren für ihn der Inbegriff des wissenschaftlichen Rationalismus, der sich seit der Aufklärung entwickelt hatte. Aus unerfindlichen Gründen betrachtete er nun ausgerechnet diese Konfrontation vor Agadir als Signal für das Ende dieser Ära Die Zeit war reif für Helden, die der Händler war abgelaufen. Unverzüglich machte er sich an sein Lebensprojekt, eine historische Erklärung, weshalb Deutschland *das* Land und *die* Kultur der Zukunft sei. Es mochte vielleicht die Schlacht vor Marokko verloren haben, aber eines Tages werde ein Krieg kommen, aus dem Deutschland und seine Kultur siegreich hervorgehen würden. Spengler sah diesen von Nietzsche prophezeiten Wendepunkt der Geschichte genau vor sich. Als Arbeitstitel seines Buches hatte er »Konservativ und Liberal« gewählt, doch eines Tages entdeckte er in der Auslage einer Münchner Buchhandlung einen Band mit dem Titel *Der Untergang der Antike* – da wusste er: Das ist es.[5]

Die Vorahnung, dass nicht nur Deutschland, sondern auch ganz Europa ein gewaltiger Wandel bevorstand, beschränkte sich natürlich nicht auf

Spengler. Jugendbewegungen in Frankreich und Deutschland forderten auf oft ziemlich militante Weise eine »geistige Verjüngung« ihrer Länder; Max Nordaus *Entartung* war noch immer sehr einflussreich; und da es seit beinahe einem Jahrhundert keinen großen Krieg gegeben hatte, waren auch Vorstellungen vom ehrenhaften Heldentod keine Seltenheit. Wie wir wissen, hegte sie sogar Wittgenstein.[6] Spengler befasste sich nun mit acht großen Weltkulturen – neben der Antike und dem Abendland mit Indien, Babylon, China, Ägypten, dem präkolumbianischen Mexiko und den »Magiern«, wie sein Begriff für die arabische, israelitische und byzantinische Welt lautete. All diese Kulturen sah er durch ein ebenso »wunderbares Werden und Vergehen organischer Formen« geprägt wie die Kultur des Abendlandes: »Jede Kultur hat ihre neuen Möglichkeiten des Ausdrucks, die erscheinen, reifen, verwelken und nie wiederkehren.« Kultur war für Spengler nie das Endergebnis von sozialer Evolution – wie für rationale Wissenschaftler die abendländische Kultur –, sondern ein »Lebewesen höchsten Ranges«, das in »einer erhabenen Zwecklosigkeit« heranwuchs. Eine lineare Entwicklung gab es für ihn nicht: »Ich sehe in der Weltgeschichte das Bild einer ewigen Gestaltung und Umgestaltung… Der zünftige Historiker aber sieht sie in der Gestalt eines Bandwurms, der unermündlich [*sic*] Epochen ansetzt.«[7] Ob eine neue Kultur entsteht, hänge nicht nur davon ab, welcher Rasse sie angehöre, sondern auch von der jeweiligen »*Idee* des allgemeinen oder einzelnen Daseins« und »inneren Erlebnis des ›Wir‹«. Von Rationalität geprägte Gesellschaften betrachtete Spengler als das Äquivalent der »oberflächlichen wissenschaftlichen Welten«, die den Triumph des unbezwingbaren abendländischen Willens beweisen wollten, aber im Angesicht eines noch weit stärkeren Willens – des deutschen – sofort in sich zusammenfielen. Die Tatsache, dass der Wille Deutschlands so viel stärker sei, sei dem viel stärker ausgeprägten »›Wir‹-Empfinden« der deutschen Nation zu verdanken. Das Abendland habe sich immer obsessiv mit Fragen befasst, die sich ebenso »außerhalb« der menschlichen Natur befanden wie die Forschungen der physikalischen Wissenschaft; in Deutschland hingegen sei das Gespür für die innere, geistige Verfassung stärker gewesen; und das allein zähle.[8] Deutschland, schrieb Spengler in einem Brief, könne man mit Rom vergleichen, und wie die Römer würden auch die Deutschen eines Tages vor den Toren Londons stehen.[9]

Der Untergang des Abendlandes wurde augenblicklich ein riesiger kommerzieller Erfolg. Bei Thomas Mann hinterließ das Werk einen Eindruck, den er mit seiner ersten Lektüre von Schopenhauer verglich.[10] Ludwig Wittgenstein fand das Buch erstaunlich, Max Weber nannte Spengler einen »genialen und gebildeten Dilettanten«. Elisabeth Förster-Nietzsche war so beeindruckt, dass sie dafür sorgte, dass Spengler der Nietzsche-Preis verliehen wurde. Spengler war zu einer Berühmtheit geworden, und wer ihn besuchen wollte, der musste sich auf mindestens drei Tage Wartezeit einrichten.[11] Nun versuchte er sogar den verachteten Engländern Nietzsche schmackhaft zu machen.[12]

Zwischen Kriegsende und Ende 1919 herrschten in Deutschland Chaos und Krise. Die Zentralmacht war zusammengebrochen, aus Russland wurde revolutionäres Gedankengut eingeschleppt und Soldaten und Matrosen gründeten bewaffnete Komitees, die sie »Sowjets« nannten. Ganze Städte wurden mit der Waffe »regiert«, nicht anders als in den Sowjetrepubliken. Schließlich sahen sich die Sozialdemokraten der Weimarer Republik gezwungen, ihren alten Feind, die Armee, ins Spiel zu bringen, um wieder Ruhe und Ordnung herzustellen. Es gelang nur mit brutalen Mitteln. Tausende mussten dabei ihr Leben lassen. Vor genau diesem Hintergrund fühlte sich Spengler als Prophet eines nationalistischen Erwachen Deutschlands, das obendrein nur noch durch eine Kommandowirtschaft gerettet werden könne. Seine eigene Aufgabe sah er darin, den Sozialismus vor dem russischen Marxismus zu bewahren und ihn dem vitaleren Deutschland anzupassen. Nun war eine neue politische Kategorie gefragt, die er ausführlich als »ethischen Sozialismus« darlegte, eine preußische Version des Nationalsozialismus. Nur dieser könne der in Amerika und England praktizierten Freiheit jene »innere Freiheit« entgegensetzen, welche durch die Übergabe aller Rechte und Pflichten an das organische Ganze entstünde.[13] Auch Dietrich Eckhart, der zum Aufbau der Deutschen Arbeiterpartei beigetragen hatte – die sich mit dem Symbol der Alldeutschen Thule-Gesellschaft schmückte, deren Mitglied Eckhart war –, ließ sich von Spenglers Argumenten beeindrucken. Zum ersten Mal sollte das »heilbringende Zeichen« der Arier politische Bedeutung erhalten. Alfred Rosenberg, ebenfalls ein begeisterter Anhänger Spenglers, trat der DAP im Mai 1919 bei. Kurz darauf brachte er zu einer Veranstaltung einen Freund mit, der gerade von der Front zurückgekehrt war: Adolf Hitler.

*

Vom 18. Januar 1919 an tagten die ehemaligen Kriegsparteien in Paris, um im Rahmen einer Friedenskonferenz die Gebiete der Habsburgermonarchie und des Deutschen Reiches neu aufzuteilen und über die Reparationsfrage zu diskutieren. Sechs Monate später, am 28. Juni, unterzeichnete Deutschland den Vertrag an einem sehr passenden Ort – im Spiegelsaal von Versailles, vor den Toren von Paris.

Diese rund 75 Meter lange, an den *Salon de la Guerre* angrenzende *Galerie des Glaces,* mit ihrer Front aus siebzehn saalhohen Fenstern – die auf die im späten siebzehnten Jahrhundert von André Le Nôtre entworfenen Schlossgärten hinausgingen –, war ein einziges Lichtermeer. Auf halber Höhe des Saales befanden sich zwischen marmornen Pfeilern eingelassen drei riesige Spiegel, die den Blick auf die Gärten reflektierten.

Inmitten dieser überwältigenden Pracht versammelten sich die alliierten Führer, Diplomaten und Militärs zu einem wahrhaft historischen Ereignis, *festgehalten* von dem britischen Maler Sir William Orpen. Den Alliierten gegenüber, die Gesichter vom Betrachter abgewandt, zwei deutsche Beamte, angereist, um den Vertrag zu unterzeichnen. Orpens Gemälde *Unterzeichnung des Friedensabkommens im Spiegelsaal von Versailles* hat die Schwere und Bedeutung dieses Augenblicks wunderbar *zum Ausdruck gebracht.*[14]

Versailles stand in gewisser Hinsicht für die Kontinuität der europäischen Kultur, für die Verkörperung dessen, was Spengler so verachtete und bereits dem Untergang geweiht sah. Was jedoch oft übersehen wurde, ist die Tatsache, dass Versailles schon seit 1837 ein Museum war. Die Hauptrolle auf dieser Bühne wurde 1919 nicht von einer der königlichen Familien Europas gespielt, sondern von den führenden Politikern der drei wichtigsten alliierten und der assoziierten Mächte. Orpens Gemälde konzentriert sich auf den bereits stark gealterten, mit seinem weißen Walrossbart und dem weißen Haarkranz ausgesprochen kummervoll dreinblickenden Georges Clemenceau. Kerzengerade neben ihm sitzt mit listig zufriedenem Gesichtsausdruck Präsident Woodrow Wilson (die USA waren eine »assoziierte Macht«). David Lloyd George, damals auf dem Höhepunkt seiner Karriere, sitzt mit klugem, nachdenklichem Gesicht an Clemenceaus anderer Seite. Auffällig ist das Fehlen des bolschewistischen Russland, dessen Führer geglaubt hatten, dass die Alliierten vom unaufhaltsamen Marsch der Geschichte bereits ebenso dem Untergang geweiht waren wie die Deutschen, die sie soeben besiegt hatten. Eine von allen getragene Vereinbarung in Versailles war daher ohnedies illusorisch. Und nicht ohne Grund betrachteten viele diesen Vertrag als eine reine Bestrafungsmaßnahme zu Gunsten einer Umverteilung der Beute unter den Siegern. So manchem Anwesenden war auch nicht die Ironie entgangen, dass die Räumlichkeit der Vertragsunterzeichnung ausgerechnet ein Spiegelsaal war.

Kaum war der Vertrag unterzeichnet, wurde er als unhaltbar verdammt. Mit dem Erscheinen des Buches *Die wirtschaftlichen Folgen des Friedensvertrages* wurde im November 1919 auch noch das letzte bisschen Vertrauen erschüttert, das die Öffentlichkeit in ihn gesetzt haben mochte. Der Autor dieser Kritik, John Maynard Keynes, war nicht nur ein brillanter Ökonom und origineller Geist in der philosophischen Tradition von J. S. Mill, er hatte auch Witz und war obendrein eine zentrale Figur der berühmten Bloomsbury-Gruppe. Keynes stammte aus einer bekannten Akademikerfamilie – sein Vater lehrte Ökonomie in Cambridge, und seine Mutter hatte in Newnham Hall studiert (doch wie andere Frauen ihrer Zeit in Cambridge keinen Abschluss machen können). Bereits als Eton-Schüler hatte Keynes mit seiner Vielzahl bemerkenswerter Aufsätze nicht weniger Aufmerksamkeit erregt als mit seiner betonten Eleganz und der täglich frischen Blume im Knopfloch.[15] Sein Ruf eilte ihm ans King's College voraus, wo er 1902 sein Studium antrat. Schon nach einem Semester erhielt er die Einladung, den »Aposteln« beizutreten, denen bereits Lytton Strachey, Leonard Woolf, G. Lowes Dickinson und E. M. Forster angehörten. Er selbst sollte später Bertrand Russell und G. E. Moore in diese Studentengesellschaft einführen. Unter diesen liberalen, rationalen Geistern würden sich genau die Ansichten von Keynes über vernünftiges und zivilisiertes Handeln ausprägen, die dann seiner Kritik an der Politik des Friedensvertrages zu Grunde lagen.

Doch vor der Erörterung der wichtigsten Punkte aus Keynes' *Die wirtschaftlichen Folgen*, soll noch ein Wort zu seinem Werdegang zwischen Cambridge und Versailles gesagt werden. Seine schon in jungen Jahren gehegte Überzeugung, der Hässlichste weit und breit zu sein – ein Eindruck, der sich durch die vorhandenen Fotografien und Porträts nicht bestätigen lässt, auch wenn er nicht gerade von kraftvollem Körperbau war –, kompensierte er mit Geist. Er hatte auch einen besonders aufmerksamen Blick für Schönheit. Zu seinen vielen homosexuellen Affären seit seinen Tagen in Cambridge zählte auch das Verhältnis mit dem »Apostel« Arthur Hobbhouse. Ein Brief aus dem Jahr 1905 an Hobbhouse lässt die Empfindsamkeiten erahnen, von denen Keynes Persönlichkeit geprägt war: »Ja, ich bin ein kluger Kopf, ein schwacher Charakter mit einem Hang zur Rührseligkeit und von abstoßender äußerer Erscheinung … bleibe aufrichtig und – wenn irgend möglich – mag mich. Auch wenn du mich niemals lieben solltest, wird mir so doch deine Sympathie gehören – und die wünsche ich mir mindestens so sehr wie das andere.«[16] Seine geistigen Interessen verfolgte er allerdings mit außergewöhnlicher Selbstsicherheit. Nachdem er die Prüfungen zur Aufnahme in den Staatsdienst bestanden hatte, übernahm er eine Position im »Indian Office«, aber nicht, weil er sich so für Indien interessierte, sondern weil dies eine der wichtigsten Abteilungen im Außenamt war.[17] Die wenig anspruchsvollen Pflichten des Beamten ermöglichten es ihm, während dieser Zeit seine Dissertation zu schreiben. 1909 wurde er zum Fellow des King's College in Cambridge ernannt und 1911 zum Chefredakteur des *Economic Journal* bestellt. Mit nur einundzwanzig Jahren war er also bereits eine imponierende Gestalt in den akademischen Zirkeln, und dort hätte er sich vermutlich auch sein Leben lang bewegt, wäre nicht der Krieg dazwischen gekommen.

Seine Aktivitäten während des Krieges entbehrten nicht einer gewissen Ironie. Einerseits war er auf Grund seiner ökonomischen Expertise zum Kriegsdienst ins Schatzamt versetzt worden, wo er dann mit den Alliierten genau die Kredite verhandelte, die Großbritannien eine Weiterführung des Krieges ermöglichten; andererseits teilte er die pazifistischen Überzeugungen der streitbaren Kriegsgegner aus der Bloomsbury-Gruppe und dem Kreis von Lady Ottoline Morrell; er trat sogar bei den staatlichen Tribunalen gegen seine Freunde als Kronzeuge für sie auf. Doch als der Krieg dann in vollem Gange war, erklärte auch er Lytton Strachey und Bertrand Russell, dass »es wirklich keine praktische Alternative« gäbe. Und er *war* praktisch veranlagt. Beispielsweise war er im Verlauf des Krieges dahinter gekommen, dass es Frankreich niemals gelingen würde, bestimmte Kredite an Großbritannien zurückzuzahlen. Also machte er 1917, als die Degas-Sammlung nach dem Tod des Malers in Paris zum Verkauf stand, der britischen Regierung den Vorschlag, einige der impressionistischen und postimpressionistischen Meisterwerke des Künstlers zu erstehen und den Kaufpreis der französischen Regierung in Rechnung zu stellen. Der Vorschlag wurde angenommen, und Keynes reiste – inoffiziell, um der Presse zu entgehen – gemeinsam mit dem Direktor der Nationalgalerie nach Paris, wo er ein sehr gutes Geschäft machte, inklusive des Erwerbs eines Cézanne.[18]

An den Friedensverhandlungen in Versailles nahm Keynes als Vertreter des Schatzkanzlers teil. Man diskutierte die Bedingungen, unter welchen Deutschland im November 1918 der Waffenstillstand diktiert worden war. Die zentralen Fragen waren nun, ob der Friede zu einer Aussöhnung führen sollte und man helfen wollte, Deutschland als demokratisches Land in einer neuen Weltordnung zu etablieren, oder ob der deutsche Staat in einem Maße bestraft werden sollte, das ihm nie wieder eine Kriegsführung erlauben würde. Doch die Großen Drei hatten unterschiedliche Interessen, und nach monatelangen Verhandlungen war klar, dass die Bedingungen des Waffenstillstands nicht erfüllt werden würden, stattdessen aber enorme Reparationsleistungen von Deutschland gefordert, ein beträchtlicher Teil der deutschen Gebiete konfisziert und die Kolonialgebiete des Landes unter den Siegern aufgeteilt werden sollten.

Keynes war angewidert. Er kündigte sein Regierungsamt »voller Abscheu und Zorn«. Seine liberalen Ideen, seine Sicht von der menschlichen Natur, seine so völlig anderen Ansichten über den deutschen Charakter – den Clemenceau als grundlegend feindselig empfand – und nicht zuletzt sein Schuldgefühl, weil er im Krieg nicht aktiv gekämpft hatte (als Beamter des Schatzministeriums war er vom Dienst an der Waffe befreit gewesen) veranlassten ihn schließlich, seine Kritik als eine ökonomische Analyse des Versailler Vertrages und seiner Folgen niederzuschreiben. Für ihn bestand gar kein Zweifel, dass man zuerst einmal das vom Krieg zerstörte Gleichgewicht zwischen der Alten und der Neuen Welt wiederherstellen musste. Da Investitionen aus europäischen Kapitalrücklagen in den USA die Lebensmittel und Güter produzieren halfen, die von den wachsenden Bevölkerungen und steigenden Lebensstandards in Europa benötigt wurden, durfte der Markt seiner Ansicht nach nicht derart beschnitten werden, wie es der Vertrag für Deutschland vorsah, sondern musste, im Gegenteil liberalisiert werden. Keynes argumentierte deutlich aus der Sicht des Europäers und nicht des Nationalisten. Nur mit seinen Vorschlägen glaubte er, das Gespenst eines massiven Bevölkerungswachstums mit der möglichen Folge von neuen Blutbädern zähmen zu können.[19] Zivilisation, so Keynes, basierte nicht nur auf einem von allen geteilten Moralempfinden, sondern auch auf Besonnenheit, Planung und Voraussicht. Die Deutschland auferlegten Strafen könnten nur den gegenteiligen Effekt haben und zu einer Verarmung Europas führen. Keynes war überzeugt, dass aufgeklärte Ökonomen besser in der Lage waren als Politiker, die Grundbedingungen eines zivilisierten Miteinanders zu wahren oder zumindest einer Regression vorzubeugen. Einer der weitsichtigsten Aspekte dieses Buches war Keynes' durch Zahlen und Tabellen belegte Behauptung, dass Deutschland nicht die geringsten Möglichkeiten haben würde, die enormen Reparationen innerhalb der von den Alliierten vorgesehenen dreißig Jahre zu leisten, sei es auf finanzielle oder irgendeine andere Weise. Nach seiner Wahrscheinlichkeitstheorie konnten wirtschaftliche Entwicklungen einfach nicht derart weit vorausgesagt werden. Deshalb forderte er sehr viel bescheidenere Reparationen über einen wesentlich kürzeren Zeitraum. Außerdem war ihm völlig klar, dass die Kommission, die gegründet worden war, um die Zahlungen Deutschlands und die Beschlagnahme deutscher Güter zu überwachen, sämtliche Regeln des freien Wirtschaftsverbundes von demokratischen Staaten brach. Auf genau diese Argumente von Keynes sollte sich später die allgemeine Einstellung gründen, dass Versailles Hitler überhaupt erst möglich gemacht habe und die Nationalsozialisten ohne die weit verbreiteten deutschen Ressentiments gegen den Friedensvertrag in Deutschland nie an die Macht gekommen wären. Am Ende spielte es gar keine Rolle mehr, dass die Reparationsforderungen als Reaktion auf Keynes' Buch verringert wurden oder ein Großteil am Ende nicht mehr eingefordert wurde. Es genügte, dass die Deutschen glaubten, Opfer eines reinen Rachcakts geworden zu sein.

Über Keynes' Argumente lässt sich streiten. Vom ersten Moment des Friedens an herrschte unter deutschen Militärs eine große Abneigung, den Demilitarisierungsbefehlen nachzukommen. Zum Beispiel weigerten sie sich nicht nur, sämtliche von den Alliierten eingeforderten Kampfflugzeuge herauszugeben, sondern spornten sogar noch zu neuer Produktion und Forschung an.[20] Kann es sein, dass der enorme Erfolg von Keynes' Buch überhaupt erst zu den Einstellungen führte, die dann sämtliche Vorkehrungen des Vertrages unterminieren sollten? Etwa weil Keynes das Gewicht so stark auf letztlich vielleicht weniger wichtige Teile des Vertrages gelegt hatte?[21] Trug Keynes womöglich sogar entscheidend zu dem Klima bei, das in den dreißiger Jahren in der Beschwichtigungspolitik des Westens kulminierte, auf die sich die Nationalsozialisten so verlassen hatten? Solche Fragen waren die Grundlagen einer bitteren Attacke gegen

Keynes, die erst 1946, nach seinem Tod wie dem Tod ihres Autors Etienne Mantoux veröffentlicht wurde. Mantoux, so könnte man sagen, hat den schwersten Preis für Keynes' Einflüsse nach Versailles zahlen müssen – er fiel 1945 im Kampf gegen die Deutschen. Schon der bitterböse Titel seines Buches – *Der Karthagische Friede oder: Die wirtschaftlichen Folgen des Herrn Keynes* – ließ keinen Zweifel daran, was er über ihn dachte.[22]

Außer Frage aber steht der riesige Erfolg, den Keynes nicht nur dank seiner Polemik, sondern auch auf Grund seiner literarischen Fähigkeiten hatte. Diese kamen besonders gut in seinen ätzenden Porträts der Verhandlungsführer in Versailles zum Tragen. Über Clemenceau zum Beispiel schrieb er, dass er weder Verachtung noch Abneigung für ihn empfinden könne. Er könne nur anderer Ansicht über die Natur des zivilisierten Menschen sein oder wenigstens eine andere Hoffnung hegen als dieser: »Er hatte eine Illusion: Frankreich; und eine Desillusion: die Menschheit im Allgemeinen und die Franzosen und seine Kollegen im Besonderen.« Er schilderte sogar, was seiner Meinung nach in Clemenceaus Kopf vorgegangen war: »Machtpolitik ist unvermeidlich und von diesem Krieg oder den Zielen, derentwegen er geführt wurde, kann nicht wirklich etwas Neues gelernt werden; England hat wie in jedem vorangegangenen Jahrhundert einfach einen Handelsfeind zerstört; und im jahrhundertelangen Kampf zwischen der Ehre Deutschlands und der Ehre Frankreichs war ein gewaltiges Kapitel geschlossen worden. Die Klugheit forderte zwar bis zu einem gewissen Grad ein Lippenbekenntnis zu den ›Idealen‹ der verrückten Amerikaner und der scheinheiligen Engländer, aber es wäre dumm, zu glauben, dass es in der Welt, in der wir leben, viel Raum für so etwas wie den Völkerbund gäbe, oder dass die Prinzipien der Selbstbestimmung irgendeinen anderen Sinn hätten als den einer geschickten Formel für eine Neuverteilung und ein Gleichgewicht der Mächte im jeweils eigenen Interesse.«[23]

Nach dieser Charakteristik geht Keynes auf die »verrückten« Amerikaner ein. Woodrow Wilson verkörpere den Wohlstand und die Macht der USA: »Als Präsident Wilson Washington verließ, genoss er weltweites Prestige und einen moralischen Einfluss, die in der Geschichte ihresgleichen suchen.« Europa war sowohl finanziell als auch hinsichtlich seiner Lebensmittelversorgung von den Vereinigten Staaten abhängig. Keynes hatte daher hoffnungsfroh erwartet, dass auch eine neue Weltordnung von der Neuen in die Alte Welt zurückfließen werde. Doch diese Hoffnung wurde schnell zerstört: »Nie zuvor hatte ein Philosoph über die nötigen Waffen verfügt, um sich die Prinzen dieser Welt zu verpflichten … Sein Kopf war fein gemeißelt und seine Gestalt zierlich, genau wie es auf den Fotografien von ihm zu erkennen war … Doch dieser blinde und taube Don Quixote betrat die Höhle von Gegnern, die scharfe, funkelnde Klingen in Händen hielten … Die Schwerfälligkeit des Präsidenten unter den

Europäern war bemerkenswert. Er war nicht in der Lage, momentan zu begreifen, wovon die anderen sprachen, oder die Lage mit einem Blick zu erfassen ... deshalb war er der Behändigkeit, Auffassungsgabe und Agilität eines Lloyd George notgedrungen unterlegen.« In dieser schrecklich sterilen Atmosphäre »schwand der Glaube des Präsidenten dahin und verdorrte«.

Zu den intellektuellen Folgen des Krieges und des Versailler Vertrages gehörte auch die Idee einer Art von Weltregierung. Eine Denkschule vertrat nun die Meinung, dass man in den Ersten Weltkrieg einfach hineingestolpert sei und er durch bessere Diplomatie eine vermeidbare Katastrophe gewesen wäre. Andere waren der Ansicht, dass auch diesem Krieg, wie den meisten anderen – wenn nicht allen – tiefer gehende, kohärentere Ursachen zu Grunde gelegen hätten. Die Antwort des Versailler Vertrages jedenfalls war die Gründung des Völkerbunds – ein Sieg, wie es im ersten Moment schien, für Präsident Wilson. Die Vorstellung von einem international gültigen Gesetz und einem internationalen Gerichtshof war bereits von dem holländischen Gelehrten Hugo Grotius im siebzehnten Jahrhundert formuliert worden. Neu beim Völkerbund war, dass er auch als ständiges Schiedsgericht und als eine Organisation fungieren sollte, die die Umsetzung der Entscheidungen dieses Gerichts überwachen würde. Wären die Deutschen 1914 mit einer Koalition aus Nationen konfrontiert gewesen, die an solches Recht und Gesetz gebunden gewesen wären, so das Argument, hätte es vom Angriff auf Belgien abgeschreckt werden können. Doch die Großen Drei hatten jeweils ganz eigene Vorstellungen von diesem Völkerbund. Frankreich wollte ein stehendes Heer, um Deutschland kontrollieren zu können; Großbritanniens Führer betrachteten einen solchen Bund als ein zahnloses Schlichtungsinstrument; nur Wilson verstand ihn als ein schiedsrichterliches Forum und kollektives Sicherheitsinstrument. Doch in den USA war diese Idee von Anfang an eine Totgeburt. Der Senat weigerte sich, ein Arrangement zu ratifizieren, das ihm grundlegende Entscheidungen aus der Hand nehmen würde. Es sollte noch eines weiteren Krieges und der Entwicklung von Atomwaffen bedürfen, bis die Welt endlich ausreichend das Fürchten gelernt hatte, um sich mit einer sehr ähnlichen Idee wie dem Völkerbund anzufreunden.

*

Vor dem Ersten Weltkrieg hatte Deutschland so genannte Konzessionen Chinas besessen, darunter auch die Kontrolle über die gesamte Halbinsel von Schandong. Der Versailler Vertrag gab diese nun jedoch nicht an die Regierung in Peking zurück, sondern überließ sie Japan. Als diese Nachricht am 4. Mai 1919 in China bekannt wurde, versammelten sich etwa dreitausend Studenten aus der Pekinger Beida-Universität und anderen

Institutionen zu einer Protestkundgebung auf dem Tiananmen. Es kam zu heftigen Zusammenstößen mit der Polizei und in der Folge zu einem Studentenstreik. Demonstrationen im ganzen Land riefen zum Boykott japanischer Waren auf: Es war »die größte Demonstration nationaler Gefühle, die jemals in China stattgefunden hatte«.[24] Der außergewöhnlichste Aspekt dieser Entwicklung – sie sollte schließlich als »Bewegung des 4. Mai« in die Geschichte eingehen – war jedoch, dass es sich hier um das gemeinsame Werk von etablierten Intellektuellen und Studenten handelte. Beeinflusst vom westlichen Demokratiebegriff und beeindruckt von den wissenschaftlichen Fortschritten des Westens, bündelten die Führer dieser Bewegung neue Ideen zu einem antiimperialistischen Programm. Es war das erste und nicht das letzte Mal, dass Studenten ihre Macht im neuen China unter Beweis stellten. Viele chinesische Intellektuelle hatten in Japan studiert und waren dort mit westlichen Ideen konfrontiert worden, nicht zuletzt mit der Idee der persönlichen Freiheit, wozu auch die freie Partnerwahl und das Recht auf freie Meinungsäußerung gehörten – Erfahrungen, die unter den Intellektuellen starke Zweifel an den traditionellen Strukturen Chinas aufkeimen ließen. Unter solchen westlichen Einflüssen begannen sich die Protestler schließlich auch dem Roman als effektiver Möglichkeit der Kritik am traditionellen China zuzuwenden, wobei sie oft auf das stilistische Mittel der umgangssprachlichen Erzählungen in erster Person zurückgriffen. Im Westen mag das völlig normal gewesen sein, in China empfand man das als schockierend.

Der erste Schriftsteller aus dieser neuen Garde, der sich einen Namen zu machen begann, war Lu Xun. Sein wirklicher Name lautete Tschou Schu-jen. Da er der Sohn einer wohlhabenden Familie war (wie viele aus der Bewegung des 4. Mai), hatte er westliche Medizin und Naturwissenschaften studiert. Einer seiner Brüder übersetzte Havelock Ellis' Sexualtheorien ins Chinesische, und ein anderer, Biologe und Eugeniker, war der Übersetzer von Darwin. 1918 hatte Lu Xun in der Zeitschrift *Neue Jugend* eine Satire mit dem Titel »Das Tagebuch eines Verrückten« veröffentlicht, in der er höchst kritisch mit der chinesischen Gesellschaft umging, indem er sie als einen Kannibalen darstellte, der seine größten Talente frisst, als eine Gesellschaft, in der nur Verrückte und Träumer einen Zipfel Wahrheit erhaschen können. Dieses Thema sollte sich nicht nur in China über die Jahre wiederholen. Das Problem mit der chinesischen Kultur war, so Lu Xun, dass sie »Herren dient, die nur auf Kosten des Elends der Massen herrschen«.[25]

Der Versailler Vertrag mag zwar der unmittelbare Auslöser für die Gründung der »Bewegung des 4. Mai« gewesen sein, aber noch weit mehr Einfluss hatten sicher jene Ideen, welche die chinesische Gesellschaft seit dem Zusammenbruch der Qing-Dynastie 1911 geprägt hatten, als diese durch eine Republik ersetzt wurde.[26] Im Prinzip hatten sich diese Ideen immer um eine Zivilgesellschaft gedreht, was für den Westen natürlich nichts Neues war. Doch für China handelte es sich um eine wirkliche Innovation, der das Erbe des Konfuzianismus allerdings zwei Hindernisse in den Weg stellte. Das erste Problem war das Konzept des Individualismus, dieses Bollwerks jeder westlichen (und vor allem amerikanischen) Zivilgesellschaft. Selbst ein chinesischer Reformer wie Yan Fu, der viele Klassiker des westlichen Liberalismus ins Chinesische übersetzt hatte (darunter J. S. Mills' *Über die Freiheit* und Herbert Spencers *Prinzipien der Soziologie*), betrachtete den Individualismus nur als Mittel zum Zweck der Unterstützung des Staates und beschwor, es niemals gegen ihn zu verwenden.[27] Das zweite Problem war sogar noch schwieriger zu lösen. Obwohl die Chinesen bereits etwas entwickelt hatten, das sie »Neues Lernen« nannten – wozu auch »ausländische Fragen« (wie Modernisierung) gehörten –, wurde in der Praxis etwas gelehrt, das wohl am geeignetsten mit den Worten des Harvard-Historikers John Fairbanks als »östliche Ethik und westliche Wissenschaft« zu beschreiben war.[28] Chinesen (und bis zu einem gewissen Grad auch Japaner) hingen dem Glauben an, dass es sich bei westlichen Ideen – insbesondere bei wissenschaftlichen Ideen – im Prinzip nur um rein technische oder funktionelle Fragen handelte, um Werkzeuge also, mit denen man im Gegensatz zu den östlichen Philosophien, bei denen es um die »Substanz« von Erziehung und Wissen ging, nur an der Oberfläche kratzen könne. Doch dabei betrogen sich die Chinesen selbst. Denn ihre eigenen Bildungsmöglichkeiten standen seit jeher nur einem Bruchteil der Bevölkerung zur Verfügung. Das von Männern erdachte Bildungssystem hatte in der späten Qing-Zeit (bis 1911) sogar nur 30 bis 45 Prozent aller Männer – und nur 2 bis 10 Prozent der Frauen – erreicht. Als Maßstab für die damalige bildungspolitische Rückständigkeit könnte man zum Beispiel anführen, dass die existierenden Hochschulen zwar vieles lehrten und prüften – etwa Ingenieurswesen, Technik und Wirtschaft –, dazu aber englische Lehrbücher verwenden mussten, weil es keine chinesischen Wörter für die verwendeten Fachbegriffe gab.[29]

Damit war klar, dass Chinas gebildete Elite zwei Revolutionen durchlaufen musste. Erstens musste sie den Konfuzianismus mitsamt seinen sozialen und pädagogischen Strukturen abstreifen, zweitens musste sie das merkwürdige Amalgam aus »östlicher Ethik und westlicher Wissenschaft« auflösen. Praktisch gelang das jedoch nur denjenigen, die zum Studium in die USA reisen konnten (ermöglicht durch ein 1908 vom US-Kongress verabschiedetes Gesetz), denn bis zu einem gewissen Grad sollte diese Möglichkeit tatsächlich Früchte tragen: Junge chinesische Wissenschaftler, die in den USA studiert hatten, gründeten 1914 eine Wissenschaftsgesellschaft, die eine Zeit lang die einzig wirkliche Chance für eine im chinesisch-konfuzianischen Kontext betriebene Wissenschaft bot.[30] Aber auch die Pekinger Universität spielte eine Rolle, da auch dort eine Reihe von Wissenschaftlern, die im Ausland studiert hatten, versuchten, China »im Namen von Wissenschaft und Demokratie« vom Konfuzianismus zu säubern.[31] Dieser Prozess wurde später als »Bewegung Neues Lernen« – oder »Kulturrevolution« – bekannt.[32] Welches Ausmaß an Veränderungen dieser Bewegung wirklich bevorstand, wird deutlich, wenn man sich vor Augen führt, was sie sich als Erstes vorgenommen hatte: das chinesische Schriftzeichensystem. Da es bereits um 200 v. Chr. entstanden war und sich in der Zwischenzeit kaum verändert hatte, hatten diese Zeichen immer mehr Bedeutungen angenommen, bis sie überhaupt nur noch im spezifischen Kontext und mit Kenntnis der klassischen Texte entziffert werden konnten.[33] Wenig überraschend also (jedenfalls für uns im Westen), dass sich junge Gelehrte dafür einsetzten, die klassische Sprache durch Alltagssprache zu ersetzen. (Der Umfang dieser Aufgabe wird deutlich, wenn man sich klar macht, dass ein solcher Schritt in Europa bereits vierhundert Jahre früher, in der Renaissance, angestrengt worden war, als man Latein durch nationale Alltagssprachen zu ersetzen begann.[34])

Mit seiner Entscheidung, mundartlich zu schreiben, hatte Lu Xun zugleich den Naturwissenschaften den Rücken gekehrt (auch in China gaben viele Menschen den wissenschaftlich-technischen Errungenschaften die Schuld an den Gräueln des Ersten Weltkriegs). Als Romancier glaubte er mehr Einfluss ausüben zu können.[35] Doch Wissenschaft per se blieb ein integraler Bestandteil des Geschehens. Beispielsweise betonten zwei Führer der »Bewegung des 4. Mai«, Fu Sinian und Luo Jialun von der Beida-Universität, in ihrer Zeitschrift *Neuer Strom (Renaissance)* – einer von elf mit dieser Bewegung entstandenen Zeitschriften – die Notwendigkeit einer chinesischen »Aufklärung«.[36] Was sie damit meinten, war ein Individualismus jenseits von familiären Banden, ein rationaler, empirischer Lösungsansatz für die bestehenden Probleme. Ihre Theorien wollten sie in die Praxis umsetzen, indem sie ihre eigene Lehr-Gesellschaft gründeten, um so viele Menschen wie möglich zu erreichen.[37]

Die »Bewegung des 4. Mai« war von entscheidender Bedeutung, weil sie zwischen intellektuellen und politischen Fragen eine so unmittelbare Verbindung herstellte, wie es sie zu keiner Zeit gegeben hatte. Im Gegensatz zum Westen nach der Aufklärung war China traditionell in nur zwei Klassen aufgeteilt – in die herrschenden Eliten und die Massen. Erst mit dem 4. Mai begann sich auch eine Art Bürgertum zu etablieren, das sich den Einstellungen und Ideen des Westens zuwandte und beispielsweise Geburtenkontrolle und regionale Selbstbestimmung forderte. Solche Entwicklungen mussten ganz einfach zu einem politischen Bewusstsein führen.[38] Allmählich begann sich die Kluft zwischen dem eher akademischen Flügel der »Bewegung des 4. Mai« und ihrer politischen Phalanx zu vergrößern. Ermutigt durch den Erfolg des Leninismus in Russland, entwickelte sich der politische Flügel zu einer machtbewussten, geheimen, exklusiven, zentralistischen Partei nach bolschewistischem Modell. Einer ihrer Intellektuellen, der als Reformgläubiger angetreten war, sich aber bald schon der gewaltsamen Revolution zuwandte, war der stämmige Sohn eines Kornhändlers aus Hünan, dessen Vorstellungen auf unheimliche Weise an die von Spengler und anderen Deutschen erinnerten.[39] Sein Name war Mao Tse-tung.

*

Das alte Wien endete offiziell am 3. April 1919, als die Republik Österreich sämtliche Adelstitel abschaffte und das Adelsprädikat »von« gar als Bestandteil des Namens verbot. Zu Beginn der Friedenszeit war aus Österreich eine Nation von nur sieben Millionen Bürgern geworden. Allein zwei Millionen drängten sich in der Hauptstadt, wo in den kommenden Jahren Hunger, Inflation, chronischer Mangel und eine katastrophale Grippe-Epidemie wüteten. Hausfrauen waren gezwungen, Bäume in den umgebenden Wäldern abzuholzen, und die Universität musste schließen, weil ihr Dach seit 1914 nicht hatte repariert werden können.[40] Kaffee wurde aus Gerste gewonnen, Brot verursachte Ruhr. Freuds Tochter Sophie erlag ebenso der Epidemie wie der Maler Egon Schiele. In diese Welt entließ Alban Berg seine Oper *Wozzeck* (1917–1921), in der es um den mörderischen Zorn eines von der Armee entwürdigten Soldaten geht. Aber noch war die Moral der Österreicher nicht vollends zerstört. Der Deal mit einer amerikanischen Gesellschaft, die ihnen Lebensmittel gegen die Gobelins des Kaisers geboten hatte, platzte wegen massiver öffentlicher Proteste.[41] Mit dem »von« waren auch andere Eigenarten des Wiener Lebensstils verschwunden. Beispielsweise die Tradition, dass der Pförtner vornehmer Häuser bei einem männlichen Besucher einmal, bei einem weiblichen Besuch zweimal und beim Besuch eines Erzbischofs oder Kardinals dreimal klingelte. Auch mit der Gepflogenheit, allen und jedem Trinkgeld zu geben, war es erst einmal vorbei. Viele Traditionen endeten mit den schrecklichen, vom Friedensvertrag auferlegten Bedingungen, um nie wieder aufgegriffen zu werden. Hofmannsthal, Freud, Karl Kraus und Otto Neurath waren zwar alle noch in Wien, aber die Stadt war nicht mehr dieselbe. Lebensmittel waren so knapp, dass sogar ein britisches Ärzteteam, das über »Nahrungsergänzungsmittel« (Vitamine) forschte, nichts dabei fand, mit Kindern zu experimentieren und dafür die »natürlichen« Umstände als Vergleichsmöglichkeit zu nutzen, wodurch es einigen skrupellos die Chance auf ein gesundes Leben verwehrte.[42] Die apokalyptischen Reiter waren weitergezogen, aber die typische Wiener Unbeschwertheit war verschwunden.

In Budapest waren die Veränderungen noch gravierender – und noch bezeichnender. Eine ganze Gruppe brillanter Wissenschaftler – Physiker und

Mathematiker – war gezwungen, anderenorts nach Arbeit und Anregungen zu suchen, darunter Edward Teller, Leo Szilard und Eugene Wigner, allesamt Juden. Jeder von ihnen sollte schließlich in Großbritannien oder den Vereinigten Staaten an der Atombombe arbeiten. Eine Gruppe von Schriftstellern und Künstlern war hingegen in Budapest geblieben, jedenfalls vorerst, nachdem sie bei Kriegsausbruch alle gezwungen gewesen waren, in ihr Land zurückzukehren. Von besonderer Bedeutung war diese Gruppe vor allem, weil sie sowohl vom Ersten Weltkrieg als auch von der bolschewistischen Revolution in Russland geprägt worden war. Was in diesem Sonntagskreis geschah, wie der Zirkel um Georg Lukács genannt wurde, kam einer Eklipse von Ethik und Moral gleich. Und diese sollte die Welt länger verfinstern als die meisten.

Der Budapester Sonntagskreis hatte sich gleich nach Kriegsausbruch formiert. Junge Intellektuelle trafen sich jeden Sonntagnachmittag, um künstlerische und philosophische Fragen – hauptsächlich im Zusammenhang mit der Moderne – zu diskutieren, darunter der Soziologe Karl Mannheim, der Kunsthistoriker Arnold Hauser, die Schriftsteller Béla Balàsz und Anna Leznai und die Musiker Béla Bartók und Zoltán Kodály. Mittelpunkt dieser Runde aber war der Gesellschaftskritiker und Philosoph Georg Lukács. Wie Teller & Co. waren auch die meisten von ihnen weit gereist und des Deutschen, Französischen, Englischen ebenso mächtig wie des Ungarischen. Obwohl sich diese »Sonntage« um Lukács drehten (der mit Max Weber befreundet war), fanden sie üblicherweise in Balászs eleganter »berüchtigter« Wohnung auf dem Hügel statt.[43] Die Diskussionen waren höchst abstrakt, wenn auch manchmal aufgelockert durch die anwesenden Musiker – Bartók zum Beispiel pflegte seine Musik zuerst an seinen Freunden zu testen. Anfangs hatte ihre größte Besorgnis der »Entfremdung« gegolten, denn wie viele Menschen waren auch sie der Ansicht, dass mit dem Krieg der logische Endpunkt jener liberalen Gesellschaft gekommen war, die sich im neunzehnten Jahrhundert entwickelt und nicht nur den Industriekapitalismus, sondern auch den bürgerlichen Individualismus mit sich gebracht hatte. Lukács und seine Freunde empfanden diesen Status quo als krankhaft und irreal. Die Kräfte des Industriekapitalismus hatten eine Welt geschaffen, der sie sich nicht zugehörig fühlten, weil in ihr eine kulturelle *Gesamtexistenz* nicht mehr auf der Agenda stand und die Institutionen von Religion, Kunst, Wissenschaft so wie die des Staates ihre kommunale Bedeutung verloren hatten. Viele von ihnen waren in dieser Ansicht von Georg Simmel und seinen Berliner Vorlesungen bestärkt worden. Simmel, dieser »Manet der Philosophie«, unterschied zwischen »objektiver« und »subjektiver« Kultur. Unter objektiver Kultur verstand er das Beste, das gedacht, geschrieben, komponiert und gemalt wurde: »Dinge in jener Ausarbeitung, Steigerung, Vollendung, mit der sie die Seele zu deren eigener Vollendung führen«. Eine Kultur werde bestimmt durch die Beziehung, die ihre Mitglieder zu dem Kanon dieser Werke hätten. In einer subjektiven Kultur suche das Individuum Selbstverwirklichung und Identität, »indem man nämlich die Dinge mit einem selbständigen Triebe zu einer Perfektion ausstattet«. Überprüfbar werde diese Art von Kultur durch das »Anteilhaben des seelischen Lebensprozesses an jenen objektiven Gütern«. Als klassisches Beispiel für »tiefe Unbefriedigung« galten Simmel die »Dissonanzen des modernen Lebens« im ausgehenden neunzehnten Jahrhundert, die seiner Meinung nach dazu geführt hatten, dass »zwar die Dinge immer kultivierter werden, die Menschen aber nur im geringen Maße im Stande sind,... eine Vollendung des subjektiven Lebens zu gewinnen«.[44] Für den Budapester Sonntagskreis war die stabilisierende Kraft der objektiven Kultur das sine qua non. Nur durch die »Gesamtexistenz« von Kultur könne sich das Selbst der Allgemeinheit und damit letztlich auch sich selbst enthüllen. Nur durch die Überprüfung, ob der eigene Standpunkt von anderen geteilt werde, könne Entfremdung als solche überhaupt kenntlich werden. Die Einsamkeit im Herzen des modernen Kapitalismus dominierte die Diskussionen des Sonntagskreises im Laufe des Krieges immer stärker, bis es seine Mitglieder nach der bolschewistischen Revolution schließlich in die Radikalpolitik drängte. Dass sie alle Juden waren, war ein zusätzlicher Faktor für die von ihnen empfundene Entfremdung: In einer Zeit des ständig wachsenden Antisemitismus konnten sie sich nur marginalisiert fühlen. Vor dem Krieg hatten sie Zugang zu internationalen Bewegungen wie dem Impressionismus oder Ästhetizismus gehabt – vor allem zu Gaugin hatten sie sich hingezogen gefühlt, weil er seine Erfüllung weit weg von der antisemitischen Handelskultur Europas in Tahiti gefunden hatte. Tahiti, schrieb Lukács einmal, habe Gaugin geheilt.[45] Er selbst fühlte sich inzwischen seinem Ungarn sogar so entfremdet, dass er auf Deutsch zu schreiben begann.

Die Faszination, die die erlösende Kraft der Kunst auf die Mitglieder des Sonntagskreises ausübte, hatte vorhersehbare Folgen. Eine Weile kokettierten sie mit dem Mystischen und wandten sich gegen jede Wissenschaftlichkeit. (Für Mannheim war das ein Problem, denn die in Ungarn besonders stark vertretene Soziologie war ihrem Selbstverständnis nach längst eine Wissenschaft, die von sich glaubte, eines Tages die Evolution der Gesellschaft erklären zu können.) Auch Erotik war ein Thema im Sonntagskreis.[46] In *Blaubarts Schloss* beschrieb Béla Balász die erotische Begegnung von Mann und Frau als einen unvermeidlichen Kampf der Geschlechter. In Bartócks vertonter Version *Herzog Blaubart* hält Judith als dessen neue Braut Einzug ins Schloss. Immer selbstsicherer erforscht sie die versteckten Schichten – oder Kammern – des männlichen Bewusstseins. Zu Beginn schafft sie es noch, Freude in das trübsinnige Dunkel zu bringen, doch je tiefer sie eindringt, desto mehr Widerstand wird ihr entgegengebracht. Zu immer mehr Geschicklichkeit, ja geradezu Verwegenheit gezwungen, lässt sie sich nicht davon abbringen, auch die siebte, die verbotene Tür zu öffnen. Absolute Intimität, will uns Balázs vermitteln, führt zum Endkampf um Besitz und Macht. Doch diese Macht ist eine Schimäre, da sie nur zu »neuerlicher Einsamkeit« führt.[47]

Schritt für Schritt kamen Lukács und die anderen daher zu der Erkenntnis, dass auch Kunst nur eine begrenzte Rolle im Leben des Menschen spielen könne und bestenfalls Inseln in einem Meer der Fragmentation schaffe.[48] Das war – jedenfalls was die Kunst betraf – die Eklipse von Sinn und Bedeutung. Und diese Trostlosigkeit sollte nun zur wichtigsten Botschaft werden, die die Freie Schule für Humanistische Studien anzubieten hatte, welche der Sonntagskreis während der Kriegsjahre gegründet hatte. Doch allein die Tatsache, dass diese Freie Schule existierte, ist lehrreich – denn nun ging es nicht mehr um sonntägliche Debatten, nun ging es um Aktion.

Dann kam die bolschewistische Revolution. Bislang war der Marxismus zu materialistisch und szientistisch für den Sonntagskreis gewesen. Doch nun, nach so viel Dunkelheit – und nach Lukács' eigener Reise durch die Kunst bis hin zu einem Punkt, an dem er seine Hoffnung auf eine Erlösung mit ihrer Hilfe schon sehr reduziert hatte –, schien der Sozialismus ihm und den anderen Gruppenmitgliedern die einzige Hoffnung für die Zukunft zu sein. »Wie Kant übertrug auch Lukács das Primat der Moral auf die Politik.«[49] Und das unter ziemlichem Zeitdruck, da nun quer durch Europa eine kompromisslose Linke aufzutauchen begann, die alles daran setzte, den Krieg möglichst schnell zu beenden. 1917 schrieb Lukács, er sehe sich nicht in der Lage, die Überzeugung und metaphysische Prämisse des Bolschewismus zu teilen, dass aus Bösem Gutes entstehen könne und es möglich sei, sich den Weg zur Wahrheit zu erlügen.[50] Ein paar Wochen später trat er in die Kommunistische Partei Ungarns ein. Seine Gründe dafür legte er in einem Artikel über »Taktik und Moral« dar. Die zentrale Frage aber lautete für ihn unverändert: Ist es gerechtfertigt, den Sozialismus durch Terror hervorzubringen, durch eine Verletzung der Rechte des Einzelnen im Interesse der Mehrheit? Kann man sich den Weg zur Macht erlügen? Oder sind solche Taktiken ganz und gar unvereinbar mit sozialistischen Prinzipien? Lukács, der sich noch kurz zuvor nicht in der Lage gesehen hatte, die Überzeugungen des Bolschewismus zu teilen, kam nun zu dem Schluss, dass Terror im sozialistischen Kontext legitim und der Bolschewismus die wahrhaftige Verkörperung des Sozialismus sei. Überdies sei der Klassenkampf – die Basis des Sozialismus – eine transzendentale Erfahrung, auf die die alten Gesetze nicht mehr anwendbar seien.[51]

Kurzum, dies war die Eklipse von Moral und Ethik, die Verwirklichung neuer Prinzipien durch die Verdrängung von alten. Lukács ist hier besonders erwähnenswert, weil er seinen ideologischen Wandel und seine Rechtfertigung des Terrors später selbst kritisieren sollte. Conrad hatte solche Wandlungen vorausgesagt, und Kafka war gerade dabei, deren tief greifende psychologische Auswirkungen auf alle Betroffenen niederzuschreiben. Eine ganze Generation von Intellektuellen, vielleicht sogar zwei Generationen, sollten auf die gleiche Weise kompromittiert werden wie Lukács. Aber Lukács hatte wenigstens den Mut gehabt, in seinem Essay über »Taktik und Moral« – im Gegensatz zu anderen – der Öffentlichkeit eine kritische Auseinandersetzung mit diesem Thema zu ermöglichen.

Ende 1919 stand der Sonntagskreis dann selbst vor einer Eklipse. Die Geheimpolizei hatte seine Mitglieder unter ständige Beobachtung gestellt und konfiszierte einmal sogar Balázs' Tagebücher, um sie nach staatsfeindlichen Einträgen zu durchforsten. Die Polizei sollte zwar kein Glück haben, aber die ständigen Spannungen waren für manche Gruppenmitglieder einfach zu viel geworden. Später traf sich der Kreis in Wien wieder – montags diesmal, und auch nicht mehr lange, weil alle unter falschen Papieren lebten und es zu gefährlich geworden war.[52] Außerdem hatte Lukács, noch immer der Mittelpunkt, längst anderes im Kopf, seit er sich dem kommunistischen Untergrund angeschlossen hatte. Im Dezember 1919 schrieb Balász: »Er bietet den herzzerreißendsten Anblick, den man sich vorstellen kann, totenblass, eingefallene Wangen, ungeduldig und traurig. Er wird beobachtet und verfolgt, läuft mit einer Kanone in der Tasche herum... In Budapest liegt ein Haftbefehl gegen ihn vor, der ihn in neun Fällen zum Tode verurteilen würde... Und hier [in Wien] ist er mit hoffnungslos konspirativer Parteiarbeit beschäftigt, versucht Leute aufzutreiben, die sich mit Parteigeldern aus dem Staub gemacht haben... Inzwischen wird sein philosophisches Genie unterdrückt wie ein Fluss, der unter die Erde gedrängt wird und den Boden darüber auflockert und zerstört...«[53] Eine lebendige Schilderung, nur nicht ganz die Wahrheit. Denn während Lukács mit hoffnungslos konspirativen Dingen beschäftigt war, begann in seinem Kopf sein später berühmtestes Werk, *Geschichte und Klassenbewusstsein,* Gestalt anzunehmen.

Die Achse Wien–Budapest (und Prag) verschwand nach dem Ersten Weltkrieg nicht vollständig. Der Wiener Philosophenkreis um Moritz Schlick war in den zwanziger Jahren höchst aktiv, und sowohl Franz Kafka als auch Robert Musil schufen in dieser Zeit ihre bedeutendsten Werke. Die Gesellschaft brachte noch immer Geistesgrößen wie Michael Polanyi, Friedrich von Hayek, Ludwig von Bertalanffy, Karl Popper und Ernst Gombrich hervor – doch berühmt wurden sie erst, nachdem sie mit dem Aufstieg der Nazis zur Flucht gezwungen worden waren. Das vor geistigen Aktivitäten nur so vibrierende Zentrum Wien hatte das Ende der Habsburgermonarchie nicht überlebt.

*

Zwischen 1914 und 1918 waren alle direkten Verbindungen zwischen Großbritannien und Deutschland gekappt, was auch Wittgenstein feststellen musste, als er im Anschluss an die Semesterferien nicht mehr nach Cambridge zurückkehren konnte. Holland war wie die Schweiz neutral geblieben, und so kam es, dass W. de Sitter an der Universität von Leiden eines Tages im Jahr 1915 eine Abschrift von Einsteins Abhandlung über die Allgemeine Relativitätstheorie erhielt. De Sitter, ein bewanderter Physiker, verfügte über gute Verbindungen und realisierte, dass er als neutraler Holländer eine wichtige Mittlerrolle übernehmen musste. Also schickte er eine weitere Abschrift dieser Abhandlung an Arthur Eddington nach London.[54] Eddington war zu dieser Zeit längst schon eine prominente Figur im naturwissenschaftlichen Establishment Großbritanniens, ungeachtet der Tatsache, dass er, wie einer seiner Biographen schreibt, einen ausgesprochenen Hang zur Mystik hatte.[55] Eddington wurde 1882 in Kendal im Lake District als Sohn einer bäuerlichen Quäker-Familie geboren. Nachdem er von Privatlehrern unterrichtet worden war, wurde er ans Trinity College in Cambridge geschickt, wo er als »Senior Wrangler«* in Kontakt mit J. J. Thomson und Ernest Rutherford kam. Da er schon seit seiner Kindheit von Astronomie fasziniert war, nahm er 1906 die angebotene Stellung am Royal Observatory in Greenwich an. 1912 wurde er zum Sekretär der Royal Astronomical Society ernannt. Seine erste wirklich wichtige und höchst ambitionierte Forschungsarbeit galt der Struktur des Universums. In Gemeinschaftsarbeit mit anderen Forschern und dank der Entwicklung von stärkeren Teleskopen war es ihm bei diesem Projekt gelungen, eine Menge neuer Erkenntnisse über die Größe, Struktur und das Alter des Universums zu gewinnen. 1912 gelang ihm die entscheidende Entdeckung, dass die Helligkeit der so genannten Cepheiden-Sterne immer in Relation zu deren Größe wechselte. Nun konnte man konkrete Entfernungen im Universum berechnen – der Umfang unserer Galaxie wurde zum Beispiel mit etwa 100000 Lichtjahren angegeben; außerdem stellte sich heraus, dass die Sonne nicht, wie vermutet, in ihrem Zentrum steht, sondern tatsächlich um ungefähr 30000 Lichtjahre exzentrisch. Die nächste folgenreiche Erkenntnis aus der Cepheiden-Forschung war, dass Spiralnebel in Wirklichkeit extragalaktische Objekte sind, also vollständige, sehr weit entfernte Galaxien (die der unseren am nächsten liegende ist der Große Andromedanebel in ungefähr 750000 Lichtjahren Entfernung). Anhand dieser Entdeckungen wurde schließlich auch die Zahl von 500 Millionen Lichtjahren Entfernung für die Distanz zwischen der Erde und des von ihr am weitesten entfernten Objekts berechnet und das Alter unseres Universums auf zwischen 10 und 20 Milliarden Jahre festgesetzt.[56]

* Anm. d. Ü.: Bezeichnung der Universität Cambridge für Studenten, die bei der höchsten mathematischen Abschlussprüfung den ersten Grad erhalten haben.

Eddington befasste sich auch mit der Entstehungsgeschichte von Sternen auf der Basis der Erkenntnis, dass es unter ihnen Riesen und Zwerge gibt. Riesen sind im Allgemeinen weniger dicht als Zwerge, welche, laut Eddingtons Berechnungen, bis zu 20 Millionen Grad Kelvin* in ihrem Zentrum messen können, bei einer Dichte von einer Tonne pro 16,387 cm^3. Hinzu kam, dass Eddington ein begeisterter Reisender war und bereits in Brasilien und auf Malta je eine Sonnenfinsternis beobachtet hatte. Angesichts dieser Forschungen und seines akademischen Rufs lag es nahe, dass die Wahl auf ihn fiel, als die Physical Society of London mitten im Krieg jemanden suchte, der einen *Report on the Relativity Theory of Gravitation* schreiben konnte.[57] Und dieser 1918 veröffentlichte Bericht sollte die erste vollständige Darstellung der Allgemeinen Relativitätstheorie in englischer Sprache sein. Da Eddington bereits 1915 die Abschrift der Einstein-Abhandlung aus Holland bekommen hatte, war er bestens vorbereitet. Sein Bericht erregte dann so viel Aufmerksamkeit, dass der königliche Astronom Sir Frank Dyson ihm die einzigartige Möglichkeit bot, Einsteins Theorie zu überprüfen. Am 29. Mai 1919 sollte es zu einer totalen Sonnenfinsternis kommen. Damit war auch die Chance gegeben, herauszufinden, ob Lichtstrahlen tatsächlich durch die Sonne abgelenkt werden, wie Einstein postuliert hatte. Es sagt eine Menge über den Einfluss des königlichen Astronomen Großbritanniens aus, dass er während des letzten, heftigen Kriegsjahres von der Regierung 1000 Pfund bewilligt bekam, um nicht nur eine, sondern gleich zwei Expeditionen auf die Beine zu stellen – zur Vulkaninsel Principe im Golf von Guinea und eine zweite quer über den Atlantik nach Sobral in Brasilien.[58]

Eddington reiste gemeinsam mit E. T. Cottingham nach Principe. Den Abend vor ihrer Abreise verbrachten sie mit Dyson in dessen Arbeitszimmer und berechneten, wie weit das Licht abgelenkt werden müsste, um Einsteins Theorie zu bestätigen. Cottingham fragte rhetorisch, was denn wäre, wenn sie einen doppelt so hohen Wert als erwartet bekämen. Darauf Dyson trocken: »Dann wird Eddington verrückt, und Sie werden alleine nach Hause fahren müssen!«[59] Eddingtons Notizbücher setzen den Bericht fort: »Wir segelten Anfang März nach Lissabon. In Funchal verabschiedeten wir uns am 16. März von [den beiden anderen Astronomen], die sich auf den Weg nach Brasilien machten. Wir mussten noch bis 9. April warten,... bis wir am Morgen des 23. April erstmals Principe erblickten... Bald stellten wir fest, dass wir großes Glück hatten und uns jede nur erdenkliche Hilfe zuteil wurde... Um den 16. Mai konnten wir ohne Probleme in drei Nächten Probeaufnahmen machen. Ich hatte einiges zu tun, um sie zu vermessen.« Dann änderte sich das Wetter. Am Morgen des 29.

* Anm. d. Ü.: Die Kelvinsche Skala legt den absoluten Nullpunkt bei minus 273 Grad Celsius fest.

Mai, des Tags der Sonnenfinsternis, öffnete der Himmel seine Schleusen. Es schüttete für Stunden. Eddington begann bereits zu fürchten, dass die ganze aufwendige Reise umsonst gewesen sei. Doch mittags um ein Uhr dreißig – der Schatten begann sich bereits über die Sonne zu schieben – rissen die Wolken endlich auf. »Ich selbst sah die Eklipse nicht«, schrieb Eddington kurz darauf, »denn ich war viel zu beschäftigt mit dem Auswechseln der Fotoplatten, abgesehen von einem kurzen Blick, nur um mit eigenen Augen zu bestätigen, dass sie begonnen hatte, und einem zweiten Blick ungefähr nach der Hälfte der Zeit, um festzustellen, wie viele Wolken noch da waren. Wir machten sechzehn Aufnahmen. Sehr gute von der Sonne, die bemerkenswerte Protuberanzen erkennen lassen; doch die Sterne sind von Wolken verdeckt. Auf den letzten sechs Fotografien sind einige Sterne zu erkennen, und ich hoffe, damit haben wir, was wir brauchen… 3. Juni. Wir haben die Fotografien entwickelt, 2 pro Nacht im Laufe von 6 Nächten nach der Eklipse. Ich verbrachte den ganzen Tag mit Messungen. Das bewölkte Wetter stört meine Pläne… Eine der von mir vermessenen Platten weist ein Ergebnis auf, das mit Einstein übereinstimmt.« Eddington wandte sich seinem Begleiter zu. »Cottingham«, sagte er, »du musst nicht alleine nach Hause fahren.«[60]

Später nannte Eddington sein Experiment vor der Küste Westafrikas »den wichtigsten Moment meines Lebens«.[61] Einstein hatte drei Tests für seine Relativitätstheorie vorgeschlagen, und nun waren zwei davon bestätigt worden. Eddington schrieb Einstein sofort einen vollständigen Bericht und schickte ihm eine Kopie seiner Berechnungen. Am 15. Dezember 1919 antwortete Einstein aus Berlin. Er gratulierte Eddington zum erfolgreichen Abschluss seiner schwierigen Expedition und bedankte sich für sein schon so früh gezeigtes Interesse an der Relativitätstheorie und für seine Initiative. Er, Einstein, sei wirklich erstaunt über das Interesse, das seine englischen Kollegen ungeachtet aller Schwierigkeit an dieser Theorie gezeigt hätten.[62]

Das war ziemlich hinterlistig von Einstein. Denn die Aufmerksamkeit, die Eddingtons Bestätigung der Relativitätstheorie geschenkt wurde, machte nicht diesen, sondern Einstein zum berühmtesten Wissenschaftler aller Zeiten. »EINSTEINS THEORY TRIUMPHS« trompetete die *New York Times* mit riesigen Lettern. Nicht viel anders sahen die Aufmacher der meisten anderen Zeitungen in aller Welt aus. Die Royal Society berief eine Sondersitzung in London ein, bei der Frank Dyson einen vollständigen Bericht über die Expeditionen nach Sobral und Principe lieferte.[63] A. N. Whitehead, der ebenfalls teilgenommen hatte, vermittelte in seinem Buch *Wissenschaft und die Moderne Welt* – das er eigentlich gar nicht veröffentlichen wollte – einen Eindruck von der dort herrschenden Aufregung: »Die ganze Atmosphäre gespannten Interesses war genau die des griechischen Dramas: Wir waren der Chor, der den Schicksalsbeschluss kommentierte, wie er sich im Höhepunkt der Entwicklung offenbarte. Allein schon die Inszenierung hatte etwas Dramatisches: das altehrwürdige Zeremoniell und im Hintergrund das Bild Newtons, um uns daran zu erinnern, dass die größte aller wissenschaftlichen Verallgemeinerungen jetzt, nach mehr als zwei Jahrhunderten, ihre erste Modifikation erfahren sollte. Es fehlte nicht an persönlichem Interesse: Ein großes Abenteuer des Denkens war schließlich sicher bestanden worden.«[64]

Als Einstein seine Relativitätstheorie bekannt gegeben hatte, war sie in manchen Kreisen mit Skepsis aufgenommen worden; nach Eddingtons Beobachtungen auf Principe sahen sich viele Wissenschaftler zu der Konzession gezwungen, dass diese so unglaubliche und so abwegig erscheinende Vorstellung über die materielle Welt in der Tat richtig war. Von diesem Moment an veränderte sich unser Denken. Der gesunde Menschenverstand, so viel war nun klar, hat ganz offenbar seine Grenzen. Eddingtons – oder vielmehr Dysons – Zeitplan war perfekt gewesen. In mehr als nur einer Hinsicht hatte die Welt eine Eklipse erlebt.

11

Das habsüchtige *wüste Land*

Vieles im Denken der zwanziger Jahre und fast die gesamte bedeutende Literatur dieser Zeit kann als Reaktion auf den Ersten Weltkrieg angesehen werden. Aber das wird natürlich niemanden überraschen. Weniger vorhersehbar war, dass so viele Schriftsteller auf ganz ähnliche Weise reagierten. Fast alle betonten ihren Bruch mit der Vergangenheit durch neue literarische *Formen*, das heißt in all ihren Romanen, Bühnenstücken und Gedichten legten sie mindestens so viel Gewicht auf die Art der Darstellung wie auf das Dargestellte selbst. Es dauerte eine Weile, bis die Schriftsteller das Geschehen der Kriegsjahre verdaut, es in all seinen Bedeutungen verstanden hatten und sich auch noch über ihre eigenen Gefühle klar geworden waren. Doch dann plötzlich, im Jahr 1922 – ein Annus mirabilis, vergleichbar nur noch mit 1913 –, erschien eine Flut von Literatur, die samt und sonders zu neuen Ufern aufgebrochen war: James Joyce mit *Ulysses*, T. S. Eliot mit *Das wüste Land*, Sinclair Lewis mit *Babbitt*, Proust mit dem (in der deutschen Übersetzung) siebten Band seiner *Suche nach der verlorenen Zeit*: *Sodom und Gomorra 2*, Virginia Woolfs erster experimenteller Roman *Jacobs Zimmer*, Rilke mit den *Duineser Elegien*, Pirandello mit *Heinrich der Vierte*. Es waren Werke, die den Grundstein für die Architektur einer Jahrhundertliteratur legten.

Was Joyce, Eliot, Lewis und die anderen anprangerten, war jedoch vor allem die vom Kapitalismus geschaffene und nicht nur die aus dem Krieg hervorgegangene Gesellschaft; eine Gesellschaft, deren Werte sich am Besitz orientierten und in der das Leben zu einer Jagd nach *materiellen Gütern* geworden war und nicht dem Erwerb von Wissen, Erkenntnis oder Tugenden galt. Kurzum, sie attackierten die »habsüchtige Gesellschaft«: *the acquisitive society*, ein Begriff, den R. H. Tawney ein Jahr zuvor mit dem Titel seines Buches geprägt hatte, das jedoch zu hitzköpfig und zu unverblümt war, um als große Literatur gelten zu können. Tawney war mit William Beveridge einer der Begründer des britischen Wohlfahrtsstaats und Vertreter eines bestimmten Typs der damaligen britischen Gesellschaft. Wie Beveridge und George Orwell stammte Tawney aus der Oberschicht und hatte an der privaten Rugby School und am Balliol College in

Oxford eine ausgezeichnete Ausbildung genossen. Dennoch befasste er sich sein ganzes Leben lang mit der Armut und Ungleichheit. Nach Abschluss seines Studiums ließ er sich nicht im Zentrum von London nieder wie die meisten anderen seines Standes, sondern begann in Toynbee Hall im Londoner East End zu arbeiten (wo auch William Beveridge lehrte). Toynbee Hall beruhte auf der Idee, auch der Arbeiterklasse die Chancen einer Universitätsausbildung zu öffnen und ihr auch den Lebensstil und die Atmosphäre eines solchen Ortes nahe zu bringen – und das war eine Erfahrung, die im Allgemeinen bei jedem einen bleibenden Eindruck hinterließ. Den Intellektuellen Tawney jedenfalls verwandelte sie in einen Sozialisten, der dann beste Kontakte zu den Gewerkschaften pflegte.[1] Doch erst der Bergarbeiterstreik im Februar 1919 sollte seinen weiteren Weg besiegeln. Um der Konfrontation ihre Schärfe zu nehmen, beschloss die Regierung, eine für die Kohlebergwerke zuständige Royal Commission einzurichten. Tawney vertrat als eines von sechs Mitgliedern die Labour-Seite (auch Sidney Webb gehörte dazu).[2] Diese Kommission erhielt nun Tausende von Beschwerden über die Zustände in den Bergwerken, und Tawney las sie Wort für Wort. So bewegt war er von den geschilderten Gefahren, den gesundheitsschädlichen Arbeitsbedingungen und der Armut, die unter den Arbeitern herrschte, dass er sie sofort im ersten seiner drei bekanntesten Bücher thematisierte: *The Acquisitive Society* (1921). (*Religion and the Rise of Capitalism*, 1926, und *Equality*, 1931, waren die beiden anderen.)

Tawney, ein sanfter Mensch, der mit seinem buschigen Schnurrbart eher an einen gutmütigen Onkel erinnerte, verabscheute die Brutalitäten des zügellosen Kapitalismus, vor allem die Verschwendungssucht und die Ungleichheiten, die er hervorbrachte. Den Krieg hatte er aus diesem Grund ganz bewusst als einfacher Soldat in den Schützengräben verbracht und sich jeder Beförderung verweigert. Er war fest davon überzeugt gewesen, dass der Kapitalismus nach dem Krieg zusammenbrechen würde, da er Produktion und Profit zum Zweck an sich erhob. Für Tawney waren dies bestenfalls Mittel zum Zweck, die außerdem völlig gegen die menschliche Natur gingen und daher logischerweise auch die falschen Instinkte ansprachen – allem voran Habgier, die Tawney, der ein sehr religiöser Mensch war, wirklich gegen den Strich ging: Sie sabotiere »den Instinkt für den Dienst am Nächsten und jede Solidarität mit ihm«. Und Solidarität war für Tawney die Grundbedingung für die traditionelle Zivilgesellschaft.[3] Mit einem Wort, für ihn war der Kapitalismus langfristig betrachtet mit Zivilisation unvereinbar. Im Kapitalismus, schrieb er, werde Kultur eher privatisiert, deshalb herrsche auch weniger Bereitschaft, zu teilen. Dieser Trend verhindere das gesellschaftliche Gemeinwohl, weil Individualität unweigerlich zu Ungleichheit führe. Der Kapitalismus verändere den eigentlichen Begriff von Kultur, indem die Kultur immer weniger durch innere Einstellungen definiert als vom besitzenden Stand funktionalisiert werde.[4] Obendrein sei der Kapitalismus mit Demokratie unvereinbar, denn seine endemischen Ungleichheiten – die durch das habsüchtige Anhäufen von Konsumartikel mehr denn je zu Tage träten – gefährdeten unweigerlich den gesellschaftlichen Zusammenhalt. Daher betrachtete Tawney es als seine Aufgabe, den vielen Menschen, die wie er der Meinung waren, dass der Kapitalismus zumindest teilweise für den Krieg verantwortlich gewesen sei, mit einer *moralischen* Gegenoffensive zu Hilfe zu eilen.[5]

Doch das hielt Tawney nicht für seine einzige Pflicht. Als Historiker wollte er sich in seinem zweiten Buch auch aus historischer Sicht mit dem Kapitalismus auseinander setzen. Seine These in *Religion and the Rise of Capitalism* lautete, dass der »ökonomische Mensch« – die Schöpfung der klassischen Ökonomie also – keineswegs jene universelle historische Erscheinung sei, als die er betrachtet werde; dass die menschliche Natur mitnichten immer den Wünschen der klassischen Liberalen entspräche; und dass der Aufstieg des Kapitalismus keinesfalls unvermeidlich war, denn immerhin waren seine Erfolge – die, so Tawney, unglücklicherweise bereits eine Reihe von etablierten Verhaltensweisen ausgerottet und durch eigene ersetzt hatten – noch relativ jung. Dass er auch die Religion habe ausrotten können, sei nicht zuletzt Schuld der Kirche selbst, die ihre moralische Führungsrolle einfach abgegeben habe.[6]

Rückblickend betrachtet haben so manche Kritikpunkte Tawneys ihre Überzeugungskraft verloren.[7] Am deutlichsten und wichtigsten – aus heutiger Sicht – ist dabei, dass sich Kapitalismus und Demokratie nicht als unvereinbar erwiesen haben. Aber so völlig Unrecht hatte er trotzdem nicht, denn wahrscheinlich steht der Kapitalismus einer Kultur im Sinne von Tawney tatsächlich feindselig gegenüber. Oder anders ausgedrückt: Der Kapitalismus *hat* unser aller Verständnis von Kultur verändert und vermutlich dem Wandel in Ethik und Moral beigetragen, der im Verlauf des zwanzigsten Jahrhunderts zu beobachten war. Aber natürlich gab es dafür auch noch andere Gründe.

*

Tawneys Sicht war bitter, aber präzise. Auch wenn nicht jeder dem Kapitalismus so gram war wie er und obwohl man im Laufe der zwanziger Jahre etwas mehr Abstand zu den Folgen des Ersten Weltkriegs gewann: Ein gewisses Unbehagen blieb. Charakteristisch bei diesem Unbehagen war, dass es sich nicht nur auf den Kapitalismus bezog – es erstreckte sich auf die abendländische Kultur als solche und war in so mancher Hinsicht das Äquivalent zu Oswald Spenglers These vom Verfall und Untergang des Abendlandes. Diese Stimmung wurde zweifellos am besten von einem Mann eingefangen, der sowohl Bankier – das Urbild des Kapitalisten – als auch Dichter und damit sozusagen der geborene Agent provocateur war.

T. S. Eliot, 1888 als Sohn einer sehr religiösen puritanischen Familie geboren, studierte in Harvard und nahm sich anschließend ein Jahr Zeit, um sich in Paris der Literatur zu widmen, bevor er nach Harvard zurückkehrte, um dort Philosophie zu lehren. Eliot war schon immer sehr an indischer Philosophie und den Zusammenhängen zwischen Philosophie und Religion interessiert gewesen, deshalb reagierte er auch besonders empört, als man in Harvard versuchte, zwei unterschiedliche Disziplinen aus diesen Gebieten zu machen. 1914 wechselte er nach Oxford, wo er seine philosophischen Studien fortzusetzen hoffte. Doch dann brach der Krieg aus. In Europa begegnete Eliot zwei Menschen, die ihn stark beeinflussen sollten: Ezra Pound und Vivien Haigh-Wood. Zur Zeit der ersten Begegnung war Pound der bei weitem Weltgewandtere von beiden, außerdem war er auch ein vorzüglicher Lehrer und der noch bessere Dichter. Vivien Haigh-Wood wurde Eliots erste Frau. Nach einer kurzen, glücklichen Zeit wurde die Ehe Anfang der zwanziger Jahre jedoch zu einem Albtraum. Vivien glitt immer mehr in einen Wahnzustand ab, und Eliot hatte so große Probleme, mit dieser Situation umzugehen, dass er sich schließlich selber in der Schweiz in psychiatrische Behandlung begab.[8]

Die puritanische Welt, in der Eliot aufwuchs, war streng rational. In ihr nahm die Wissenschaft den ersten Rang ein, weil man sich nur von ihr die Minderung von Ungerechtigkeiten versprach. Beatrice Webb brachte dieselben Hoffnungen wie Eliot zum Ausdruck, als sie 1870 schrieb: »Durch Wissenschaft, und allein durch Wissenschaft, wird menschliches Elend dereinst vollständig ausgerottet werden können.«[9] Doch Eliots Welt lag 1918 in Trümmern. Wie so viele war auch er der Meinung, dass die Naturwissenschaften zu einem Krieg geführt hatten, in dem die Waffen schrecklicher waren als je zuvor, dass die riesigen, im neunzehnten Jahrhundert gewachsenen Städte mindestens so sehr vom Elend wie von jener Schönheit geprägt waren, welche die Impressionisten in ihren Bildern eingefangen hatten, und dass sogar die bedrückenden Geschichten Zolas von einer immer grausameren Wirklichkeit überholt wurden. Außerdem trug die neue Physik dazu bei, dass den alten Gewissheiten immer mehr die Grundlagen entzogen wurden, während Darwins Evolutionstheorie den religiösen Glauben aushöhlte und Freud die Vernunft sabotierte. 1922, im selben Jahr, in dem *Das wüste Land* erschien, wurde James Frazers *Der goldene Zweig* neu verlegt und sollte die Welt von Eliot noch mehr erschüttert werden. Denn Frazer hatte nachgewiesen, dass die Religionen der so genannten »Wilden« in aller Welt keineswegs weniger entwickelt, komplex oder differenziert waren als das Christentum. Mit einem Schlag war die simple sozialdarwinistische Vorstellung vom Tisch gewischt, dass die Welt, in der Eliot lebte, der gegenwärtige Endpunkt eines langen evolutionären Kampfes war, welcher den Menschen auf die höchste Stufe der Evolution befördert und das Christentum zu etwas Einzigartigem gemacht hatte. Harvard hatte zu Recht Philosophie und Religion separiert: Die westliche Welt war, um hier Max Webers Begriff aufzugreifen, in eine Phase der Entzauberung eingetreten. Sowohl in materieller als auch in intellektueller und spiritueller Hinsicht – also auf jede denkbare Weise – war Eliots Welt zu einem wüsten Land geworden.[10]

Eliot reagierte darauf mit einem Gedichtzyklus, dem er den Titel *He Do the Police in Different Voices* gab, eine Zeile, die er Dickens' *Our Mutual Friend* (*Unser gemeinsamer Freund*) entnommen hatte. Zu dieser Zeit arbeitete Eliot, »fasziniert von der Wissenschaft des Geldes«, in der Kolonial- und Auslandsabteilung der Lloyds Bank, wo er sich mit den Kreditschulden Deutschlands gegenüber Lloyds aus der Vorkriegszeit befasste. Morgen für Morgen stand er um fünf Uhr auf, um zu schreiben, bevor er in die Bank ging. Schließlich erschöpfte ihn das derartig, dass er im Herbst 1921 um unbezahlten Urlaub bat.[11] Pound hatte im Vorjahr das Gedicht *Hugh Selwyn Mauberly, Kontakte und Leben* veröffentlicht, das vom Thema her Eliots *Das wüste Land* nicht unähnlich war. Auch darin ging es um die intellektuelle, künstlerische und sexuelle Sterilität der alten, vom Krieg zerstörten Welt. England zum Beispiel nannte Pound in seinem Gedicht »an old bitch, gone in the teeth«.[12] Doch *Mauberly* wies weder die lebendigen, schroffen Bilder von *He do the Police* auf noch dessen schockierend neue Form. Pound, das muss zu seinen Gunsten betont werden, erkannte das sofort. Heute wissen wir, dass er es war, der die Urfassung von Eliots Gedicht redigiert, in eine kohärente Form gebracht und schließlich mit dem Titel *Das wüste Land* versehen hatte (eines seiner Kriterien war, ob sich die Zeilen auch laut gesprochen gut lesen lassen).[13] Eliot sollte mit gutem Grund ihm, diesem *miglior fabbro* – dem »Bessermacher« – das Werk widmen, in dem er sich mit eben jener Sterilität auseinander setzte, die für Eliot ein so entscheidender Faktor des Lebens nach dem Ersten Weltkrieg war: eine duale Sterilität im geistigen wie sexuellen Sinne.[14] Doch Eliot begnügte sich nicht damit, diese Nachkriegswelt anzuprangern. Er setzte sie in Kontrast zu anderen Welten, anderen Möglichkeiten, anderen Orten und anderen Zeiten, die für ihn alles andere als verhängnisvoll, sondern produktiv und schöpferisch waren. Damit verlieh er dem *wüsten Land* seine einzigartige poetische Struktur. Wie bei den Romanen von Virginia Woolf, wie bei Joyces *Ulysses* und Prousts *roman fleuve* war auch bei Eliots Gedicht die – revolutionäre – Form ein integraler Bestandteil der Botschaft. Übrigens war dieses auch autobiographische Gedicht nach Aussagen von Eliots Frau zum Teil von Bertrand Russell inspiriert worden.[15] Eliot stellte Bilder von toten Bäumen, toten Ratten und toten Menschen, welche die Schrecken von Verdun und der Somme heraufbeschwören, neben Anspielungen auf alte Mythen. Szenen von käuflicher Sexualität verwandeln sich in klassische

Dichtung, die bedeutungslose Anonymität des modernen Lebens mischt sich mit religiöser Bedeutung. Es ist das Aufeinanderprallen solch unterschiedlicher Vorstellungen, das diesem Gedicht seine erstaunliche Originalität verleiht. Eliot versuchte zu zeigen, wie tief der Mensch gesunken war und in welch hohem Maße Evolution ein *Verfalls*prozess ist.

Das Gedicht ist in sechs Teile gegliedert: *Vorwort*, *Das Begräbnis der Toten*, *Eine Schachpartie*, *Die Feuerpredigt*, *Tod durchs Wasser* und *Was der Donner sprach* – Überschriften, die wie Beschwörungsformeln klingen und auf den ersten Blick dunkel und schwer verständlich sind. Da gibt es einen Chor von Stimmen, die manchmal einzeln sprechen, sich hier Begriffe aus der Klassik unterschiedlicher Kulturen leihen und dort mit den beschwörenden Worten des blinden Tiresias sprechen.[16] Im einen Moment besuchen wir einen Tarockspieler, im nächsten befinden wir uns in einem East-End-Pub zur Sperrstunde, dann folgen wir einem Hinweis auf eine griechische Sage und stehen plötzlich vor ein, zwei Zeilen in deutscher Sprache. Bis man sich an diese Sprünge nicht gewöhnt hat, wirkt dieses Verfahren rätselhaft, völlig anders als alles, was man in anderen Werken erlebt hat. Noch seltsamer ist, dass das Gedicht mit Zitaten und Anmerkungen gespickt ist wie eine wissenschaftliche Abhandlung. Doch es lohnt sich, diesen Anmerkungen nachzugehen, denn das Studium alter Mythen verschafft uns den Zugang zu anderen Kulturen mit anderen kohärenten Weltanschauungen und anderen Werten. Und genau darum ging es Eliot: Wenn wir der habsüchtigen Gesellschaft den Rücken kehren wollen, müssen wir bereit sein, uns *Mühe zu geben*:

In der lila Stunde, wo Augen und Rücken
Vom Pult sich erheben, wenn der Menschenmotor wartet,
Wie ein knatterndes Taxi-Auto wartet,
Kann ich Tiresias, pochend zwischen zwei Leben, ich blinder
Greis mit runzligen Weiberbrüsten, sehen,
In der lila Stunde, der Abendstunde,
Die heimwärts drängt und den Seefahrer heimbringt,
Das Tippmädchen. Teezeit. Sie räumt das Frühstück weg,
Macht Feuer, stellt Konservenbüchsen auf.
Gefahrvoll aus dem Fenster hängend,
Trocknet die Hemdhose im letzten Sonnenstrahl.
Auf dem Sofa, das nachts ihr Bett ist, ein Stapel
Von Strümpfen, Pantoffeln, Nachtjacken, Korsetts.

Ohne zu verweilen springt das Gedicht zwischen dem Heroischen und dem Banalen hin und her, verknüpft echtes und falsches Pathos, zeichnet die Konturen einer Alltagswelt am Rande von etwas Höherem, doch ohne dass die Akteure dies deutlich wahrnehmen:

Es schattet unter dem roten Stein
(Komm unter den Schatten des roten Steins),
Und ich will dir weisen ein Ding, das weder
Dein Schatten am Morgen ist, der dir nachfolgt,
Noch dein Schatten am Abend, der dir begegnet;
Ich zeige dir die Angst in einer Handvoll Staub.
Frisch weht der Wind
Der Heimat zu,
Mein irisch Kind,
Wo weilest du?[17]

Die beiden ersten Zeilen sollen uns an die Weissagung des Jesaia erinnern: Der Messias werde uns erscheinen »... wie die Wasserbäche am dürren Ort, wie der Schatten eines großen Felsen im trocknen Lande« (Jesaias 32,2). Die letzten vier Zeilen stammen aus Wagners *Tristan und Isolde*. Die Bilder sind von großer Dichte und verfolgen ein ehrgeiziges Ziel. *Das wüste Land* kann bei einmaligem Lesen oder ohne »Forschungsarbeit« beziehungsweise »Mühe« kaum verstanden werden. Es wurde mit dem Gemälde eines alten Meisters verglichen, das wir nicht deuten können, ohne zuvor etwas über Ikonographie gelernt zu haben. Um dieses Gedicht wirklich genießen zu können, muss sich der Leser darauf einlassen. Er muss der darin geschilderten sterilen Kultur zu entkommen versuchen, indem er sich anderen Kulturen öffnet. Die ersten beiden »provaten Abschriften« des Gedichts erhielten John Quinn und Ezra Pound.[18]

Übrigens teilte Eliot nicht die Freudsche Ansicht vieler Menschen seiner Zeit, dass Kunst der Ausdruck von Persönlichkeit sei. Im Gegenteil, für ihn war sie »eine Flucht vor der eigenen Persönlichkeit«. Er war kein Expressionist, der eine »übervolle Seele« in sein Werk einfließen ließ. *Das wüste Land* ist vielmehr das Ergebnis genauester Reflexion, das Resultat von handwerklichem Können wie von Kunst. Es profitierte nicht minder von den Vorteilen einer hervorragenden Bildung wie von den versteckten Trieben des Unbewussten. Viel später sollte Eliot entschieden grimmigere Ansichten auf weit weniger poetische Weise über die Rolle der Kultur, insbesondere der »Hochkultur« in unserem Leben äußern. Dafür setzte er sich dem Vorwurf der Überheblichkeit und Schlimmerem aus. Am Ende befasste auch er sich, wie so viele andere Schriftsteller und Maler seiner Zeit, mit dem Thema »Degeneration« im kulturellen, wenn nicht gar im individuellen oder biologischen Sinne.

*

Der Kritiker und Übersetzer Frederick May schrieb einmal, Luigi Pirandellos höchst innovatives Stück *Sechs Personen suchen einen Autor* sei das dramatische Gegenstück zu *Das wüste Land*. »Beides sind höchst poetische Darstellungen der Desillusionierung und geistigen Verarmung ihrer Zeit, durchdrungen von Mitgefühl und der bitteren Erkenntnis, etwas verloren zu haben … Beide sind auf ihren Gebieten Aussagen über ein Zeitalter und zugleich dessen Symbole.«[19]

Pirandello, der 1867 während einer Cholera-Epidemie in Caos auf Sizilien nahe Girgenti (dem heutigen Agrigento), geboren wurde, studierte in Palermo, Rom und Bonn Literatur. 1889 veröffentlichte er sein erstes Stück, doch wirkliche Erfolge sollten sich erst 1921 einstellen, nachdem seine Frau in eine Heil- und Pflegeanstalt für Geisteskranke eingewiesen worden war. Bei beiden Stücken, die hier besprochen werden sollen – *Sechs Personen suchen einen Autor* (1921) und *Heinrich der Vierte* (1922) –, handelt es sich um die Unmöglichkeit, Realität zu beschreiben oder auch nur zu erfassen. »Er dramatisiert das Unbewusste.« Im ersten Stück kommen sechs Personen zur Probe eines Schauspiels, das Pirandello ein paar Jahre zuvor selbst geschrieben hatte, und behaupten, weder Schauspieler noch bereits richtige Personen zu sein, sondern nur Figuren, die eines »Autors« bedürfen, um die in ihnen verborgene Geschichte freizusetzen. Ähnlich wie Wittgenstein, Einstein oder Freud lenkte auch Pirandello die Aufmerksamkeit auf das Versagen der Worte, wenn sie die Realität beschreiben sollen. Was ist der Unterschied zwischen Figur und Persönlichkeit und wo liegen die Überlappungen? Können wir überhaupt jemals darauf hoffen, sie in der Kunst genau zu bestimmen? Wie Eliot, der eine neue Art von Dichtung zu schaffen versuchte, wollte auch Pirandello eine neue Form des Dramas entwickeln, indem er ein Schlaglicht auf das Theater selbst warf – auf das Theater als Möglichkeit, die Wahrheit zu erzählen. Die Charaktere in seinem Stück wissen um die Grenzen ihrer Verständnismöglichkeiten und dass Wahrheit immer relativ ist. Sie wissen, dass ihr Problem – wie das unsere – darin liegt, sich selbst zu verwirklichen.

Die Uraufführung von *Sechs Personen* in Rom war ein Skandal, aber bereits ein Jahr später wurde es in Paris bejubelt. *Heinrich der Vierte* wurde, nachdem Pirandellos guter Ruf nunmehr wieder hergestellt war, bei seiner Premiere in Mailand von den Italienern schon wesentlich besser aufgenommen. Während dieser Zeit glitt seine Frau – wie Eliots Frau – immer mehr in einen Wahnzustand. Pirandello verließ sie schließlich und verband sich mit der italienischen Schauspielerin Marta Abba.[20] Im Gegensatz zu Eliot jedoch, der *trotz* der Umstände seines Privatlebens Kunst schuf, verwertete Pirandello »Irrsinn« immer wieder als dramaturgisches Mittel.[21] *Heinrich der Vierte* erzählt die Geschichte eines Mannes, der zwanzig Jahre zuvor bei einer Maskerade im Kostüm des deutschen Kaisers Heinrich IV. vom Pferd gefallen und beim Sturz auf den Boden bewusstlos geworden war. Während seiner Vorbereitungen auf die Maskerade hatte er eine Menge über den Herrscher gelesen. Als er wieder zu sich kam, glaubte er, selbst Heinrich IV. zu sein. Um ihm seinen Zustand so angenehm wie möglich zu machen, bringt ihn seine wohlhabende Schwester auf ein mittelalterliches Schloss, wo Schauspieler, die als Höflinge des elften Jahrhunderts verkleidet sind, ihm ein Leben als Heinrich IV. ermöglichen sollen. Doch *sie* sind es, die ständig ihre Rolle wechseln müssen, was zu endlosen und manchmal höchst amüsanten Verwirrungen führt (etwa wenn sich ein Schauspieler, sein höfisches Kostüm plötzlich vergessend, eine Zigarette ansteckt). Und wenn in dieser Szenerie dann auch noch reale alte Freunde auftauchen, wie die noch immer schöne Donna Matilda und deren Tochter Frida oder ein Arzt, erreicht Pirandellos Ränkespiel seinen Höhepunkt. Denn der Zuschauer kann sich nie sicher sein, ob Heinrich *wirklich* verrückt ist oder auch nur eine Rolle spielt. Wie der Narr in älteren Schauspielen beginnt er seine Mitspieler plötzlich penetrant zu befragen, ob sie sich immer als ein und derselbe Mensch fühlen. Man weiß also nie, ob Heinrich nun wirklich eine tragische Figur ist, und wenn ja, ob er sich dessen bewusst ist. Dadurch wirkt er ergreifend – und normal, was wiederum alle anderen Mitspieler wie Narren oder Verrückte erscheinen lässt oder als beides zugleich. Nur, wenn Heinrich völlig gesund ist, welchen Sinn ergibt dann das Leben, das er führt? Am Ende ist jeder in diesem Stück bei aller Wahrhaftigkeit zugleich auch ein Verzweifelter, der eine Lüge lebt.

Die wirkliche Tragödie entfaltet sich, als der Arzt Heinrich zu »behandeln« versucht, indem er ihn mit der schockierenden Wahrheit konfrontiert und ihn damit zu einem Mord provoziert. In diesem Stück gibt es keinen, der sich selbst versteht, am wenigsten der Mann der Wissenschaft, der, sich seiner selbst und seiner Methoden so sicher, die größte Katastrophe heraufbeschwört. Völlig zerstört vom wüsten Land seines Lebens hatte Heinrich sich einst für den geplanten Wahnsinn entschieden, nur um am Ende auch von dieser Entscheidung zerstört zu werden. Pirandello betrachtete das Leben als ein Schauspiel im Schauspiel und setzte diesen Kunstgriff immer wieder in seinen Stücken ein. Der Zuschauer weiß nie, wer gerade eine Rolle spielt und wer nicht. Am Ende weiß er nicht einmal, ob er nicht vielleicht selbst gerade eine Rolle spielt.

*

Wittgensteins *Tractatus* wurde im annus mirabilis 1922 veröffentlicht, in demselben Jahr, in dem auch *Die letzten Tage der Menschheit*, das große Werk seines Wiener Freundes Karl Kraus, erschienen. Kraus, der Jude war, hatte zu Beginn des Jahrhunderts der Gruppe *Jung Wien* aus dem Café Griensteidl angehört, wo er regelmäßig mit Hofmannsthal, Schnitzler, Loos und Schönberg zusammentraf. Er war ein schwieriger Mensch und zudem durch eine angeborene Anomalität zu einer leicht buckligen Haltung gezwungen. Und er war ein Satiriker von einzigartiger Bissigkeit.

Einen Großteil seines beträchtlichen Einkommens verdiente er mit Vorträgen und Lesungen. Zugleich gab er von 1899 bis zu seinem Tod 1936 die drei Mal monatlich erscheinende Zeitschrift *Die Fackel* heraus, mit der er sich eine Menge Feinde schaffte, aber auch eine große Anhängerschaft, bis hin zu den Soldaten an den Fronten des Ersten Weltkriegs. Als äußerster Pedant war er nicht weniger an Sprache interessiert als sein Freund Wittgenstein und fühlte sich geradezu gepeinigt von grammatikalischen Fehlern, verunglückten Formulierungen und plumpen Satzkonstruktionen. Sein Ziel, sagte er einmal, sei, das Zeitalter zwischen zwei Anführungszeichen festzuhalten.[22] Er war ein erbitterter Gegner der Frauenemanzipation, die er als hysterische Reaktion auf sexuelle Neurosen verunglimpfte, und hasste die Blasiertheit und den Antisemitismus der Wiener Presselandschaft mindestens so sehr wie die Freimaurer, was ihn nicht nur einmal vor Gericht brachte. Was Kraus auf literarischem und gesellschaftskritischem Gebiet leistete, ist vergleichbar dem, was Loos im Bereich der Architektur tat – er attackierte das Pompöse, Selbstherrliche und Selbstzufriedene der alten k.u.k. Herrlichkeit. Sein Ziel formulierte er in der ersten Nummer der *Fackel* mit den Worten: »Was hier geplant wird, ist nichts als eine Trockenlegung des weiten Phrasensumpfes, den andre immerzu national abgrenzen möchten.«[23]

Die letzten Tage der Menschheit verfasste er – für gewöhnlich spät nachts – »in den Sommern 1915–1917« während seiner gelegentlichen Fluchten vor den Wiener Turbulenzen und den Blicken des Zensors in die Schweiz. Seine körperliche Behinderung hatte ihn vom Dienst an der Waffe befreit, was ihn in den Augen so mancher Kritiker bereits höchst suspekt machte, aber Opposition gegen die Ziele der Mittelmächte brachte ihm nur noch mehr Schmähungen ein. In den *Letzten Tagen der Menschheit* besiegelte er sein Urteil über den Krieg. Erste Teile daraus erschienen bereits 1919 in der *Fackel*, endgültig fertig gestellt war das Stück 1921, nachdem Kraus immer wieder neues Material hinzugefügt hatte.[24] Ihre starke Kraft bezieht diese Tragödie aus Hunderten von kleinen Vignetten, die allesamt aus Zeitungsberichten stammten und keineswegs frei erfunden waren. Das Leben an der Front wird (mit einer Sprachtechnik, die man das Äquivalent von Schwitters nennen könnte) mit all seinen Gräueln und Absurditäten neben das ebenso absurde und korrupte zeitgleiche Geschehen in Wien gestellt. Die Sprache blieb das entscheidende Element für Kraus. (Die *letzten Tage* sind denn auch eher ein Hörspiel als ein Schauspiel.) Wir hören die Stimme des Kaisers, des Dichters, des Mannes an der Front, das typisch wienerische Jiddisch, alle bewusst zueinander in Beziehung gesetzt, um jedes Verbrechen – im Denken wie im Handeln – deutlich hervorzuheben. Die Technik des Satirikers, einen Satz (oder Gedanken, eine Meinung oder Überzeugung) jeweils mit dem genauen Gegenteil zu konfrontieren, wirkt sehr entlarvend und dieser Effekt verstärkte sich noch, je mehr Zeit verging.

Die Tragödie wurde wegen ihrer Länge – zehn Stunden – nur selten aufgeführt. Kraus selbst schrieb, sie sei nur »einem Marstheater zugedacht«, denn »der Inhalt ist von dem Inhalt der unwirklichen, undenkbaren, keinen wachen Sinn erreichbaren, keiner Erinnerung zugänglichen und nur in blutigem Traume verwahrten Jahre, da Operettenfiguren die Tragödie der Menschheit aufführten«.[25] Am Ende des Stücks zerstört sich die Menschheit in einer Sequenz aus »Flammenlohe«, »Weltendonner«, »Untergang« und »Ruhe«. Die letzten Worte, gesprochen von der »Stimme Gottes«, sind die gleichen, die der Kaiser zu Beginn des Krieges gesagt haben soll: »Ich habe es nicht gewollt.« Brechts Epitaph zu Kraus lautete: »Als das Zeitalter Hand an sich legte, war er diese Hand.«[26]

*

Das gewiss überwältigendste von allen der 1922 veröffentlichten großen literarischen Werke war James Joyces *Ulysses*. Auf den ersten Blick könnte der Unterschied zu *Das wüste Land* oder Virginia Woolfs *Jacobs Zimmer*, über das noch zu sprechen sein wird, nicht größer sein. Doch es gab auch Ähnlichkeiten, und die Autoren waren sich ihrer durchaus bewusst. Auch *Ulysses* war eine Reaktion auf den Krieg. Die letzte Zeile lautet: »Triest–Zürich–Paris, 1914–1921.«[27] Wie Eliot in *Das wüste Land* – was er selbst betonte – hatte auch Joyce zur Mythologie (in diesem Fall Homer) als einem Mittel der Strukturierung gegriffen, um dem immensen Panorama der Vergänglichkeit und Anarchie dieser Zeit Gestalt und Bedeutung zu verleihen.[28]

Joyce, 1882 in Dublin geboren, war das älteste von zehn Kindern. Die Eltern hatten zwar finanzielle Probleme, konnten dem Sohn aber eine gute Erziehung bei den Jesuiten und am Dubliner University College bieten. Im Anschluss an seine Ausbildung ging Joyce nach Paris, um Medizin zu studieren, begann aber schon bald nur noch zu schreiben. Seit 1905 lebte er in Triest mit Nora Barnacle zusammen, einer jungen Frau aus Galway, der er 1904 in der Nassau Street in Dublin begegnet war. 1907 wurde sein Gedichtband *Chamber Music* (Kammermusik) veröffentlicht und 1914 seine Kurzgeschichtensammlung *Dubliners*. Mit Kriegsausbruch war er gezwungen, in die neutrale Schweiz überzusiedeln (Irland gehörte damals zu Großbritannien), obwohl er auch kurz überlegt hatte, statt nach Zürich nach Prag zu gehen.[29] Während des Krieges veröffentlichte er *Ein Portrait des Künstlers als junger Mann*, doch erst *Ulysses* begründete seinen Weltruhm. Einige Kapitel daraus erschienen 1919 als Vorabdruck in der Londoner Zeitschrift *The Egoist*. Doch nach dem Einspruch der Druckerei und einiger Abonnenten sah man von der Veröffentlichung weiterer Kapitel ab. Joyce wandte sich an das amerikanischen Avantgarde-Magazin *The Little Review*, das weitere Kapitel druckte, bis ihm im Februar 1921 die Verbreitung von unzüchtigen Schriften vorgeworfen wurde und die Herausgeber zu einer Geldstrafe verurteilt wurden.[30] Schließlich sprach Joyce mit einer jungen amerikanischen Buchhändlerin in Paris namens Sylvia Beach. Ihre Buchhandlung Shakespeare & Co. übernahm dann die Veröffentlichung des gesamten Bandes. Für die erste Auflage vom 2. Februar 1922 wurden tausend Exemplare gedruckt.

In *Ulysses* gibt es zwei Hauptfiguren und zahllose Nebenfiguren, die sich allerdings nicht weniger dem Gedächtnis einprägen. Stephen Dedalus ist ein junger Künstler, der gerade eine persönliche Krise durchlebt (wie die abendländische Kultur ist auch er innerlich verdorrt, hat er seine großen Ziele, seine Schaffenskraft verloren). Leopold Bloom hingegen – »Poldy«, wie ihn seine Frau nennt –, der passagenweise nach Joyces Vater oder Bruder gestaltet wurde, steht eher mit beiden Beinen auf der Erde. Joyce (der von den Theorien Otto Weiningers beeinflusst war) machte ihn zum Juden und etwas »weibisch«, doch es ist sein so völlig unprätentiöses, wundervoll reiches inneres und äußeres Leben, das ihn zum Ulysses macht.*[31] Joyce wollte zum Ausdruck bringen, dass das Zeitalter für Helden vorbei war. Er verachtete die »heroischen Abstraktionen«, für die so viele Soldaten geopfert wurden, und all die »großen Worte«, die uns nur ins Unglück stürzen.[32] Die Odyssee *seiner* Figuren führt nicht durch die beängstigenden Abenteuer der Welt griechischer Mythen, sondern durch einen einzigen Tag, den 16. Juni 1904, in Dublin.[33] Wir begleiten Bloom vom Frühstück zum Begräbnis eines Freundes, zu Treffen mit Bekannten von der Zeitung und Rennbegeisterten, folgen ihm auf seinen Einkaufstouren, wo er schließlich Fleisch und Seife ersteht, beobachten ihn beim Trinken und während einer wundervoll erotischen Szene am Strand, wo er neben drei jungen Frauen steht, die einem Feuerwerk zusehen, und schließlich bei der letzten Begegnung dieses Tages mit der Polizei, als er spät abends nach Hause geht. Wir verlassen ihn, während er vorsichtig, um sie nicht zu wecken, neben seine Frau ins Bett schlüpft und die Geschichte die Perspektive wechselt: Nun erfahren wir, was uns seine Frau Molly ohne Punkt und Komma von ihm zu berichten hat.

Genau diese Stilbrüche sind eine der großen Attraktionen dieses Buches. Ständig wechselt es zwischen Bewusstseinsstrom, Frage und Antwort, einem Schauspiel, das zugleich Traum ist, und direkten Gesprächen hin und her. Es liefert uns ein paar herrliche Aphorismen (»Shakespeare ist der ewige Jagdgrund für alle Köpfe, die aus der Balance geraten sind.«[34]) und hoffnungslos pubertäre Sprüche (»Ständer. Hat man'n? Ständer. Hat man'n? Stistaständer.«[35]). Joyces Sprache ist unglaublich erfinderisch und

* Tatsächlich ist *Ulysses* mit seinen vielen Passagen, die sich den unterschiedlichen Körperteilen widmen (Nieren, Leib), mythischer als viele realisieren. Das Buch *James Joyce's Ulysses*, das 1930 in Zusammenarbeit mit Stuart Gilbert veröffentlicht wurde, widmet sich diesem Aspekt im Detail. Doch damit die Lektüre des *Ulysses* zu einem reichen und lohnenswerten Erlebnis wird, bedarf es solcher Analysen wahrlich nicht. (Siehe Kiberd, Op. cit. S. XXIII.)

gespickt mit zahllosen Anspielungen auf Personen, Dinge und jüngste wissenschaftliche Entwicklungen. Der Umfang des Buches von fast tausend Seiten dient ganz bewusst dazu, dem Leser die Welt in Zeitlupe vorzuführen, ihm Zeit zu lassen, sich an der Sprache zu ergötzen – einer Sprache, die niemals schläft. Damit gelingt es Joyce, die Aufmerksamkeit auf die Vielfalt des Lebens im Dublin des Jahres 1904 zu lenken, in dem die Poesie, die Oper, Latein und Liturgie ebenso zum Alltag der unteren Mittelschicht gehörten wie Spiele und Wetten, kleine Betrügereien und die matte Lust des Mannes im mittleren Alter auf buchstäblich jede Frau, der er begegnet. »If Ulysses isn't fit to read«, sagte Joyce einmal zu seinem Cousin in Reaktion auf die heftige Kritik an seinem Buch, »life isn't fit to live.« (Etwa: Wenn Ulysses unlesbar ist, ist auch das Leben unlebbar.) Überall gibt es Schilderungen von Essbarem, die einem das Wasser im Mund zusammenlaufen lassen. (»... rote grüne gelbe braune rostrotdunkle süße große bittere reife pomellierte Äpfel ...«[36]); Ortsnamen bleiben einfach in der Luft hängen, damit wir merken, wie unwahrscheinlich, aber wunderschön sogar Eigennamen sind: Malahide, Clonghowes, Castleconnel. Joyce verändert Wörter und Schreibweisen, sodass wir vertraute Begriffe neu entdecken (»Gewissens Bisse«[37]).

Während der Leser Bloom begleitet, ist er – wie Dedalus – beschwingt und befreit.[38] Bloom will kein anderer sein als der, der er ist, »weder Faust noch Jesus«. Er bewohnt eine erstaunlich *großzügige* Welt, in der die Menschen einander gestatten, so zu sein, wie sie sind, wenn sie ihren Alltag zelebrieren und uns einen Blick auf das gewähren, was mit Zivilisation verbunden ist: Essen, Dichtung, Rituale, Liebe, Sex, Saufen, Sprache. Jeder kann das leben, sagt Joyce. Es ist das, was uns inneren wie äußeren Frieden bietet.

T. S. Eliot schrieb 1923 in der Zeitschrift *The Dial* einen Essay über *Ulysses*, in dem er bekannte, dass dieses Buch für ihn »den Rang einer wissenschaftlichen Entdeckung« habe und dass es unter anderem Joyces Ziel gewesen sei, die Sprache weiterzuentwickeln, da er das Gefühl hatte, sie sei hinter der Wissenschaft zurückgefallen. Ihm habe auch gefallen, dass Joyce das anwandte, was er »die mythische Methode« nannte.[39] Diese könnte, so glaubte er, einen Fortschritt für die Literatur bedeuten, indem sie die narrative Methode ersetze. Doch der deutlichste Unterschied zwischen *Ulysses* einerseits und *Das wüste Land*, *Jacobs Zimmer* oder *Heinrich der Vierte* andererseits ist, dass Stephen Dedalus, der zu Beginn des Buches selbst ein geistig und moralisch »wüstes Land« und aller Ideen und Hoffnungen beraubt ist, am Ende erlöst wird. Und Bloom, der fähig ist, die Welt durch die Augen anderer zu betrachten – durch die seiner Frau Molly, die er aus nächster Nähe kennt, ebenso wie durch die von Dedalus, der ein relativ Fremder für ihn ist –, erweist sich dadurch nicht nur als eine zutiefst vorurteilslose Figur – und das in einer antisemitischen Welt! –,

Joyce vermittelt durch ihn auch eine wunderbar optimistische Botschaft: Persönliche Beziehungen sind lebbar, und Einsamkeit, Atomisierung, Entfremdung und Langeweile sind nicht unausweichlich.

*

1922 wurde Joyces irischer Kollege W. B. Yeats zum Senator in Irland ernannt. Zwei Jahre später erhielt er den Nobelpreis für Literatur. Seine siebenundfünfzigjährige Karriere als Dichter umfasste die unterschiedlichsten Perioden, doch von Anfang an deckte sich sein politisches Engagement mit seinen künstlerischen Visionen. Schon in einem Polizeibericht aus dem Jahr 1899 hatte man ihn »mehr oder weniger revolutionär« genannt; und 1916 schrieb er das Gedicht »Ostern 1916« über den verpfuschten nationalen Aufstand in Irland, das in manchen Zeilen, auch wenn sie sich auf die hingerichteten Führer des Aufstands beziehen, als Epitaph für das gesamte zwanzigste Jahrhundert gelten könnte:

We know their dream; enough
To know they dreamed and are dead;
And what if excess of love
Bewildered them till they died?
I write it out in a verse –
MacDonagh and MacBride
And Conolly and Pearse
Now and in time to be;
Wherever the green is worn,
All changed, changed utterly:
A terrible beauty is born.[40]

Yeats erkannte, dass seine Religiosität auf eine Zeit traf, in der die Naturwissenschaften diese Option weitgehend zerstört hatten. Für ihn war dieses Leben letztlich tragisch, weil es immer von »entfernten … unerfahrbaren Realitäten« bestimmt wird.[41] Dem Konsens des Lebens, seiner eigentlichen Struktur, hatte der Mensch seiner Meinung nach nichts entgegenzusetzen. Daher sei es seine edelste Pflicht, wenigstens seine »Maske« abzulegen. »Könnten Maske und das Selbst vereint werden, würde man das Sein in seiner Vollständigkeit erfahren.«[42] Das war zwar noch kein Freudianismus, aber doch nahe daran. Diese Überzeugung brachte Yeats dazu, ein kompliziertes und höchst persönliches ikonographisches und symbolisches System von Antithesen zu entwickeln: Jugend und Alter, Körper und Seele, Leidenschaften und Geist, Bestie und Mensch, kreatives Chaos und Ordnung, Offenbarung und Zivilisation, Zeit und Ewigkeit.[43]

Yeats' Schriftstellerleben wird gewöhnlich in vier Phasen gegliedert:

vor 1899, 1899–1914, 1914–1928 und nach 1928. Doch seine bedeutendsten Werke schuf er in der dritten Periode, darunter *The Wild Swans at Coole* (1919), *Michael Robartes and the Dancer* (1921), *The Tower* (1928) und schließlich die Prosa *A Vision* (1925). In dem letzteren stellte er sein okkultes Zeichen- und Symbolsystem vor, das sich der »Entdeckung« verdankte, dass seine Frau über übersinnliche Fähigkeiten verfügte; durch automatisches Schreiben und in Trancezuständen habe sie Kontakt zu Seelen aus dem Jenseits bekommen.[44] Bei jedem anderen hätte eine solche Behauptung vermutlich peinlich gewirkt, doch bei Yeats tritt selbst in einem solchen Fall sein handwerkliches Können in den Vordergrund, sodass am Ende nur jene klare, poetische Stimme vernehmbar ist, die vollkommen autonom »die wahrhaftigen Gedanken eines Mannes in einem leidenschaftlichen Moment seines Lebens« vermittelt.[45] Der Mensch Yeats ähnelt in keiner Weise dem Menschen Bloom, und doch befinden sich beide auf derselben Reise:

> The trees are in their autumn beauty,
> The woodland paths are dry,
> Under the October twilight the water
> Mirrors a still sky;
> Upon the brimming water among the stones
> Are nine-and-fifty swans...
> Unwearied still, lover by lover,
> They paddle in the cold
> Companionable streams or climb the air;
> Their hearts have not grown old;
> Passion or conquest, wander where they will,
> Attend upon them still.
> *The Wild Swans at Coole*, 1919

Auch vom Krieg und die durch ihn geschaffene Verwüstung war Yeats beeinflusst:

> Many ingenious lovely things are gone
> That seemed sheer miracle to the multitude...
> O but we dreamed to mend
> Whatever mischief seemed
> To afflict mankind, but now
> That winds of winter blow
> *Nineteen Hundred and Nineteen*, 1919

Doch am Ende ging es ihm – wie Bloom – mehr darum, das von der Natur Neuerschaffene wahrzunehmen, als über das Verlorene zu lamentieren:

That is no country for old men. The young
In one another's arms, birds in the trees,
– Those dying generations – at their song,
Those salmon-falls, the mackerel-crowded seas,
Fish, flesh, or fowl, commend all summer long
Whatever is begotten, born, and dies.
Caught in that sensual music all neglect
Monuments of unageing intellect.
Sailing to Byzantium, 1928.

Zu Beginn seiner schriftstellerischen Laufbahn hatte Yeats die irischen Sagen zu dichterischen Zwecken nutzen wollen. Niemals teilte er das Bestreben der Moderne, ein genaues Abbild der zeitgenössischen urbanen Landschaften zu liefern. Im Gegenteil, je älter er wurde, desto klarer erkannte er die zentrale Bedeutung der »Sehnsucht in unserer Einsamkeit«, die Leidenschaft für das Persönliche. Und dazu hatte die Wissenschaft, wie er fand, nichts Wesentliches beizutragen.[46] Größe, so stellte Bloom fest, liege darin, weiser, mutiger und einsichtiger zu sein, sogar oder vielmehr besonders in den kleinen Dingen des Alltags. Inmitten des ihn umgebenden »wüsten Landes« betrachtete es Yeats als Aufgabe des Dichters, zu verstören und aufzurütteln. Seine Dichtung unterschied sich gewaltig von der Dichtung Eliots, aber in diesem Ziel waren beide vereint.

*

Bloom ist natürlich ein wandelnder Vorwurf für die Bürger einer habsüchtigen Gesellschaft. Es mangelt ihm nicht an Besitz, aber er besitzt nicht viel, gerade das, was er unbedingt braucht. Doch das bekümmert ihn nicht. Es ist sein Innenleben, das zählt. Auch andere Menschen beurteilt er nicht nach ihrem Besitz. Er will in ihrc Gedanken eindringen und herausfinden, worin sie sich von den seinen unterscheiden, da ihm das vielleicht helfen kann, die Welt zu begreifen.

1926, vier Jahre nach Erscheinen des *Ulysses*, veröffentlichte Scott Fitzgerald seinen Roman *Der große Gatsby*, der, wenn auch auf viel konventionellere Weise, dasselbe Thema aus entgegengesetztem Blickwinkel betrachtet. Während Leopold Bloom der unteren Mittelschicht von Dublin angehört und mit befreiendem Witz und kleinen Hinterlisten über engstirnige Arroganz triumphiert, sind die Figuren im *Gatsby* entweder immens reich oder wollen immens reich werden. Alle rauschen dabei auf eine Weise durchs Leben, dass sie kaum noch von etwas berührt werden können. Sie ergehen sich in einer Welt großer moralischer und geistiger Leere, die eine ganz eigene Form von »wüstem Land« darstellt.

Die wichtigsten Protagonisten dieses Buches sind Jay Gatsby, Daisy und Tom Buchanan, Nick Carraway und der Erzähler. Die Handlung spielt während eines Sommers auf der zwischen Nantucket, Martha's Vinyard und Long Island gelegenen Insel West Egg, die schnell von Manhattan aus zu erreichen ist. Carraway, ein Verwandter von Daisy, hat zufällig das Anwesen neben Gatsbys Haus gemietet. Zuerst leben Gatsby, der *ein paar* biographische Gemeinsamkeiten mit Fitzgerald aufweist, die Buchanans und Carraway relativ unabhängig voneinander dahin, dann werden ihre Schicksale zusammengeführt.[47] Gatsby ist eine geheimnisumwitterte Figur. Sein Haus steht immer offen für wilde Partys im Stil des Jazz-Zeitalters, aber er selbst bleibt ein enigmatischer Einzelgänger. Niemand weiß wirklich, wer er ist oder wie er zu seinem Geld kam. Man trifft ihn häufig bei Ferngesprächen an (zu einer Zeit, als Ferngespräche etwas Exotisches und sehr Teures waren). Allmählich wird Nick in Gatsbys Einflusssphäre gezogen. Gleichzeitig erfährt er, dass Tom Buchanan eine Affäre mit Myrtle Wilson hat, der Frau des Tankstellenbesitzers, bei dem er auf seinen Fahrten von und nach Manhattan oft Halt macht. Daisy, die den Part der »Unschuldigen« spielt, ein pfiffiges junges Ding, typisch für die zwanziger Jahre, hat davon keine Ahnung.

Nichts auf diesen nur knapp 190 Seiten ist frei erfunden. Zu Beginn fällt einmal der Satz: »Hast du den ›Aufstieg der farbigen Völker‹ von diesem Goddard gelesen?« – ein deutlicher Hinweis auf Lothrop Stoddards eugenisches Machwerk *The Rising Tide of Colour*. Die Frage löst eine Diskussion über Rassen aus, bei der Tom erklärt: »Es vertritt die These, dass die weiße Rasse, wenn wir nicht aufpassen, glatt überschwemmt wird. Alles vollkommen wissenschaftlich und belegt ... Es ist an uns, der dominierenden Rasse, auf dem Posten zu sein, sonst werden die anderen alles an sich reißen ... Er geht davon aus ..., dass wir die nordische Rasse sind ... und wir haben alle Dinge produziert, die die Kultur ausmachen – hm, Wissenschaft, Kunst und so. Versteht ihr?«[48] Die Gegend, in der dann der schicksalhafte Unfall geschieht, bei dem Myrtle ums Leben kommt, heißt Valley of Ashes, eine Anspielung auf das real existierende Flushing Meadow, jenes mit Müll und Asche aufgefüllte Sumpfgebiet. Auch der standesgemäße Sex ist ein faszinierendes Thema für die Protagonisten, allerdings so delikat und in so leichtem Ton angesprochen, dass der Leser sich davon nicht irritiert fühlt.

Jede Figur beschäftigt sich unentwegt mit dem zweifelhaften Ruf von Gatsby und den dunklen Gerüchten über die Herkunft seines Vermögens – Alkohol, Drogen, Glücksspiel. Gatsby möchte Daisy vorgestellt werden, also bittet er ihren Verwandten Nick, ein Treffen zu arrangieren. Dabei stellt sich heraus, dass Gatsby und Daisy vor ihrer Hochzeit mit Tom ein Paar waren. (Fitzgerald befürchtete, dass dies die Schwachstelle seiner Geschichte sei und er die frühere Beziehung zwischen Gatsby und Daisy nicht adäquat erklärt habe.)[49] Sie nehmen ihre Beziehung wieder auf.

Eines Nachmittags fährt die Gruppe in zwei Autos nach Manhattan. Tom sagt Gatsby und Daisy auf den Kopf zu, eine Affäre zu haben. Daisy gesteht auf Gatsbys Drängen, Tom niemals geliebt zu haben. Verärgert enthüllt Tom nun, dass er Gatsby überprüfen ließ – seine Geschichte stimmt, er war tatsächlich in Oxford und ist im Krieg ausgezeichnet worden. Nun beginnt sich der Leser, wie Nick, für Gatsby zu erwärmen. Inzwischen haben wir auch erfahren, dass sein wirklicher Name James Gatz ist und ihm als Kind armer Leute das Glück hold war, als er einmal einem Millionär einen Gefallen tun konnte. Aber Toms Nachforschungen haben auch ergeben, dass Gatsby inzwischen tatsächlich an einer Reihe von illegalen Geschäften beteiligt ist – Schmuggelei und Handel mit gestohlenen Wertpapieren. Doch bevor wir das verdauen können, bricht das Gespräch ab und die Gruppe fährt wieder in zwei Autos auf die Insel zurück, nun aber Gatsby und Daisy in dem einen und die Übrigen in dem anderen Wagen. Der Leser glaubt, dass die Auseinandersetzung später fortgesetzt wird. Doch auf dem Rückweg wird Myrtle Wilson, Toms Geliebte, von Gatsbys Wagen angefahren und dabei getötet. Er hält nicht an. Tom, Nick und die anderen, die weit zurückliegen, erreichen die Stelle, als bereits die Polizei und ein verzweifelter Mr. Wilson dort sind. Wilson hat die Untreue seiner Frau bereits geahnt, aber nicht gewusst, wer ihr Liebhaber war. Jetzt glaubt er, Gatsby habe seine Frau getötet, um sie an einem Geständnis zu hindern. Also fährt er zu Gatsbys Haus, findet ihn im Pool, erschießt erst ihn und dann sich selbst. Was Wilson nicht weiß und weder Tom noch die Polizei je herausfinden sollen, ist, dass Daisy am Steuer saß. Daisy, deren Unachtsamkeit Myrtle das Leben kostete, kommt ungeschoren davon. Toms Affäre, die die ganze Tragödie auslöste, wird nie bekannt. Tom und Daisy reisen ab und überlassen es Carraway, für Gatsbys Beerdigung zu sorgen. Doch weil seine dunklen Geschäfte inzwischen bestätigt worden sind, nimmt niemand daran teil.[50]

Die letzte Szene des Buches spielt in New York. Nick trifft Tom auf der Fifth Avenue. Er weigert sich, ihm die Hand zu reichen. Im Laufe dieser Begegnung wird deutlich, dass Tom immer noch keine Ahnung hat, wer wirklich am Steuer saß. Doch für Nick spielt das keine Rolle, im Gegenteil, er findet diese Naivität sogar gefährlich. Er empfindet sie als ein Symbol all dessen, was Amerika entzaubert und verunstaltet. Gatsby betrügt und wird betrogen.[51] Obwohl sich Tom noch immer nicht im Klaren ist, dass Daisy die Fahrerin war, ist für ihn das Verhalten beider so verabscheuungswürdig, dass selbst das keinen Unterschied mehr machen würde. Er findet nur noch harte Worte: »Sie zerschlugen gedankenlos, was ihnen unter die Finger kam … und zogen sich dann einfach zurück auf ihren Mammon.«[52] Damit kündigt er seine Blutsbande mit Daisy auf, will nichts mehr mit den »Kulturträgern« der »nordischen Rasse« zu tun haben. Was Tom und Daisy zurücklassen, ist trotz ihrer »standesgemäßen«

Erziehung eine Katastrophe. Die Buchanans – und andere wie sie – leben in einem moralischen Vakuum, unfähig zu erkennen, was wichtig und was nebensächlich ist, gefangen in den Fallstricken des Luxus. Welche Seite des *Großen Gatsby* der Leser auch aufschlägt – es begegnet ihm nur »wüstes Land«: moralisch, geistig, biologisch und, in Gestalt des Valley of Ashes, sogar topografisch.

*

James Joyce und Marcel Proust begegneten sich am 18. Mai 1922 nach der Uraufführung von Strawinskys *Rénard* auf einer Party bei Diaghilew, bei der auch Picasso, der das Bühnenbild entworfen hatte, anwesend war. Anschließend nahm Proust Joyce im Taxi mit und eröffnete ihm während der Fahrt in seinem trunkenen Zustand, dass er noch nie ein Wort von ihm gelesen habe. Proust war sehr beleidigt und verzog sich ins Ritz, wo er eine Vereinbarung getroffen hatte, jederzeit, egal wie spät, einen Imbiss serviert zu bekommen.[53]

Joyces Äußerung war in der Tat unziemlich. Denn nachdem die Veröffentlichung weiterer Bände der *Suche nach der verlorenen Zeit* durch den Kriegsausbruch zurückgestellt worden war, hatte Proust in relativ kurzer Folge vier neue Bände publiziert. *Im Schatten junger Mädchenblüte* erschien 1919 (und gewann den Prix Goncourt), *Die Welt der Guermantes I* kam im Jahr danach heraus und die beiden Bände *Die Welt der Guermantes II* und *Sodom und Gomorra* wurden im Mai 1922 veröffentlicht, in demselben Monat, in dem sich Joyce und Proust begegnet waren. Die drei letzten Bände *Die Gefangene*, *Die Entflohene* und *Die wiedergefundene Zeit* erschienen erst nach Prousts Tod im Jahr 1922.

Nach dieser langen Pause führen uns *Mädchenblüte* und *Die Welt der Guermantes* zurück zu Swann, in die Salons von Paris, in den Alltag der snobistischen Aristokratie und zu den Problemen, die sich aus Swanns Liebe zu Gilberte und Odette ergaben. Doch in *Sodom und Gomorra* hat sich deutlich etwas verändert. Proust begann sich nun auf jenen Bereich des Lebens zu konzentrieren, den auch Eliot und Joyce so ausgiebig betrachteten – auf die Rolle von Sexualität in der modernen Welt. Im Gegensatz zu seinen beiden Schriftstellerkollegen, die über außerehelichen Sex ohne kirchlichen Segen oder über beiläufigen, bedeutungslosen Sex schrieben, konzentrierte sich Proust auf Homosexualität. Proust, selbst homosexuell, hatte in den Kriegsjahren eine doppelte Tragödie erlebt: Zuerst hatte ihn sein Fahrer und Schreiber Alfred Agostinelli, in den er sich verliebt hatte, wegen einer Frau verlassen und war nach Südfrankreich gezogen, dann wurde er kurz darauf bei einem Flugzeugunfall getötet. Proust war monatelang untröstlich.[54] Nach dieser Episode begann Homosexualität eine offenere Rolle in seiner Arbeit zu spielen. Proust war überzeugt, dass sie viel weiter verbreitet war, als allgemein behauptet wurde, und es viel mehr Männer gab, die homosexuell waren, ohne es sich einzugestehen. Er hielt Homosexualität für eine Krankheit, für eine Art Nervenleiden, das den Männern »weibische« Eigenschaften verlieh (wieder einmal ein Echo Weiningers). Damit veränderte sich die Erzähltechnik Prousts dramatisch. Dem Leser wird deutlich gemacht, dass mehrere seiner männlichen Figuren ein Doppelleben führen, was deren steife, zur Schau getragene Würde und ihren Snobismus nur noch grotesker macht. In *Sodom und Gomorra* treibt Proust das Ganze dann so auf die Spitze, dass sogar die sozialen Strukturen, die die vorangegangenen Bände beherrscht hatten, völlig absurd wirken. Sogar das angenehmste Leben, zeigt Proust uns nun, ist nur eine schlechte Komödie von Lug und Trug.

Tatsächlich ist diese Komödie für ihre Mitspieler ganz und gar nicht komisch.[55] Die letzten Bände des Gesamtwerks sind düsterer, auch der Krieg spielt nun mit hinein – in *Die Entflohene* gibt es eine bemerkenswerte Schilderung von Trauer –, und auch der Sexualität kommt weiterhin Bedeutung zu. Doch der vielleicht eindringlichste Moment begegnet uns im letzten Band. Der Erzähler springt vor einem herannahenden Wagen zur Seite und landet auf »schlecht behauenen Pflastersteinen«, der eine etwas höher als der andere, und erinnert sich sofort daran, dass er bereits einmal »auf zwei ungleichen Bodenplatten im Baptisterium von San Marco« gestanden hatte. Das löst eine Flut von unwillkürlichen Erinnerungen aus, geradeso wie zu Beginn des ersten Bandes. Doch Proust schließt den Kreis nicht für den Leser. Diesmal weigert sich der Erzähler, dem Weg der Erinnerungen zu folgen, und zieht es vor, seine Gedanken auf die Gegenwart zu konzentrieren. Diese Tatsache legt nahe, dass sich etwas Entscheidendes bei Proust verändert hatte – in gewisser Weise wirkt es sogar wie eine Ablehnung alles Vorangegangenen. Der Meistererzähler hat sich seine größte Überraschung für den Schluss aufgespart. Doch angesichts des vielfältigen Geschehens in so vielen Bänden kann man kaum mehr sagen, dass es sich hier um einen Höhepunkt handelt.[56]

Zum Zeitpunkt seines Todes war Prousts Reputation unantastbar. Heute sind die Meinungen geteilt. Es gibt Kritiker, die finden, dass seine Leistung die gewaltigen Bemühungen darum nicht mehr wert sei. Für andere hingegen wird *Auf der Suche nach der verlorenen Zeit* immer eines der herausragendsten Beispiele moderner Literatur bleiben – und »die größte jemals unternommene Selbsterforschung, einschließlich der von Freud selbst«.[57]

*

Der erste Band Prousts war, wie man sich erinnern wird, von André Gide für die *Nouvelle Revue Française* (NRF) abgelehnt worden. Doch das Blatt hatte sich bald gewendet: Gide entschuldigte sich für sein Fehlurteil, und 1916 wechselte Proust zur NRF. Als Proust starb, begann Gide gerade seinen großen Roman *Die Falschmünzer*. In seinem Tagebuch findet sich unter dem 15. März 1923 (Proust war im November des Vorjahres gestorben) der Eintrag über einen Traum: Gide sitzt in Prousts Arbeitszimmer und stellt plötzlich fest, dass er eine Schnur in Händen hält, die an zwei Büchern in Prousts Regal befestigt ist. Gide zieht daran und löst den schönen Einband von Saint-Simons *Memoiren*. Gide war schon im Traum untröstlich, aber erst später gestand er sich ein, dass er das vielleicht mit Absicht gemacht hatte.[58]

Die Falschmünzer, ein Thema, mit dem sich der Autor schon seit 1914 getragen hatte, sind zwar keineswegs vergleichbar mit der *Suche nach der verlorenen Zeit*, aber einige Ähnlichkeiten wurden zu Recht festgestellt.[59] »Auch in Gides Roman gibt es einen Baron de Charlus und eine Gruppe Heranwachsender. Auch er befasst sich mit der großbürgerlichen Scheinwelt. In beiden Werken schreibt der Protagonist an einem Roman, der sich mehr oder weniger mit dem deckt, den wir lesen. Doch die entscheidendste Ähnlichkeit ist, dass beide mit der bewussten Intention verfasst wurden, einen großen Roman zu schreiben. Gide versuchte Proust auf seinem eigenen Gebiet Konkurrenz zu machen. In seinem Traum »wird das Element der Eifersucht in Gides Einstellung zu Proust auf die Spitze getrieben, eingestanden und damit beigelegt«.[60] Der Roman, mit seinem äußerst komplexen Plot ist aus mehreren Gründen bedeutend, nicht zuletzt weil Gide ein Tagebuch führte, in dem er seine Gedanken über künstlerische Gestaltung festhielt. Und dieses Tagebuch ist vermutlich der vollständigste Bericht über das Werden eines literarischen Werkes, der uns zur Verfügung steht. Es ist außerordentlich lehrreich, wie Gide seine Ideen immer wieder veränderte, die Spreu vom Weizen trennte und seine Charaktere ausarbeitete. Er wollte ein Buch schreiben, in dem es keine Hauptfigur, sondern mehrere unterschiedliche Charaktere von gleicher Bedeutung gibt, ein bisschen wie Picasso, der seine Themen nicht aus einer bestimmten Richtung, sondern gleichzeitig aus allen Richtungen darstellen wollte. Gides Tagebuch enthält auch diverse Presseartikel, beispielsweise über eine Bande Jugendlicher, die Falschgeld in Umlauf gebracht hatten, oder über einen Schüler, der sich unter dem Druck der Mitschüler im Klassenzimmer eine Kugel durch den Kopf jagte. Gide verwebt diese Elemente zu einem komplizierten Plot – zu dem auch die Figur des Edouard gehört, der einen Roman mit dem Titel »Die Falschmünzer« schreibt. Letztlich ist jedermann in irgendeiner Form ein Fälscher.[61] Der Autor Edouard und die Gymnasiasten mit den falschen Goldstücken sind natürlich die offensichtlichsten Betrüger, doch was die Leser damals wirklich schockierte, war Gides Urteil über das Leben der französischen Mittelschicht – eine von Betrügereien und Homosexualität durchdrungene Welt hinter der aufrechterhaltenen Fassade von respektabler Schicklichkeit (ein Thema, das sich gar nicht so sehr von dem in Prousts letzten Bänden unterscheidet). Die Komplexität des Plots besteht darin, dass sich die Charaktere – wie im wirklichen Leben – nicht immer der Konsequenzen ihrer eigenen Handlungen oder der Gründe für die Handlungen anderer bewusst sind, ja nicht einmal immer wissen, wann sie selbst aufrichtig sind und wann sie etwas vortäuschen. Wie soll in einem solchen Milieu irgendetwas, allem voran die Kunst, funktionieren? (Hier gibt es eine Übereinstimmung mit Pirandello.) Während offensichtlich ist, weshalb Betrügereien (wie Geldfälscherei) funktionieren, bleiben andere Handlungen, etwa der Selbstmord des Jungen, in gewisser Weise immer unerklärlich, ein Geheimnis. Nach welchen Regeln soll man in dieser Welt leben? Der Roman *Die Falschmünzer* ist vielleicht die realistischste Diagnose unserer Zeit. Er bietet kein Rezept an, sondern gibt zu verstehen, dass es keine Rezepte gibt. Er hat auch keine Antwort auf die Frage: Weshalb verüben nicht mehr Menschen Selbstmord, wenn unser Leben letztlich eine Tragödie ist? Auch das bleibt ein Geheimnis.

*

Gide hatte ein ungewöhnlich starkes Interesse an englischer Literatur: Blake, Browning, Dickens. Die Bloomsbury-Gruppe kannte er persönlich, da er 1918 in Cambridge, dem Außenposten dieser Gruppe, Englisch studiert hatte. Clive Bell begegnete er 1919 in Paris; 1920 wohnte er bei Lady Ottoline Morrell in Garsington; mit Roger Fry korrespondierte er ausgiebig (sie teilten die Liebe zu Poussin); und mit Virginia Woolf schloss er sich später einem antifaschistischen Komitee von Intellektuellen an.

Während der Vorarbeiten zu *Jacobs Zimmer* war sich Virginia Woolf nur allzu bewusst, dass sie etwas versuchte, um das sich auch andere Schriftsteller gerade bemühten. Am 26. September 1920 notierte sie in ihr Tagebuch, dass ihr Vorhaben vermutlich besser von Mr. Joyce realisiert werden könne.[62] Von T. S. Eliot, der mit James Joyce in Kontakt stand, wurde sie ständig informiert, woran der Ire gerade arbeitete.

Virginia Woolf wurde 1882 als Tochter einer außerordentlich belesenen Familie geboren (ihr Vater war Gründer und Herausgeber des ersten *Dictionary of National Biography,* seine erste Frau eine Tochter von Tackeray). Eine den Brüdern gleichwertige Ausbildung wurde ihr verwehrt, aber wenigstens stand ihr die große Bibliothek der Eltern zur Verfügung. Und so war sie schon in jungen Jahren um ein Vielfaches vertrauter mit Literatur als die meisten ihrer Zeitgenossinnen. Nie wollte sie etwas anderes als Schriftstellerin werden, also begann sie Artikel für das *Times Literary Supplement* zu schreiben (das seit 1902 als Beilage zum Mutterblatt *Times* erschien). Doch ihren ersten Roman, *Die Fahrt hinaus,* sollte sie erst 1915, im Alter von dreiunddreißig Jahren, veröffentlichen.[63]

Mit *Jacobs Zimmer* begann jene Reihe experimenteller Arbeiten, für die Virginia Woolf so berühmt werden sollte. Das Buch erzählt die Geschichte des jungen Jacob, und das zentrale Thema, während sein Werdegang in Cambridge und in den Literatur- und Künstlerkreisen Londons bis hin zu einer Griechenlandreise verfolgt wird, ist die Beschreibung der Generation und Schicht, die Großbritannien in den Krieg führte.[64] Das ist zwar ein bedeutsames Konzept, doch wieder ist es die Form, die das Buch auszeichnet. In ihr Tagebuch notierte Woolf Anfang der zwanziger Jahre, sie glaube, dass ihr Ansatz diesmal ein völlig anderer sein werde: kein Gerüst, kaum ein sichtbarer Baustein, alles im Dämmerlicht, nur das Herz, die Leidenschaft, der Humor, so hell wie ein Leuchtfeuer im Nebel.[65] *Jacobs Zimmer* ist ein Großstadtroman. Er schildert die Anonymität und die flüchtigen Erlebnisse in den Straßen, die atomisierten Massen, die sich über die Waterloo Bridge schieben; den Blick durch die hohen Fenster von Teestuben auf starre Gesichter, die von nichts als Langeweile und den verzweifelten Leidenschaften eines kleinen Lebens sprechen, um das niemand weiß.[66] Wie *Ulysses* und wie das Werk von Proust besteht das Buch aus einem »stream of consciousness«, der dem Leser in Form von inneren Monologen – manchmal sprunghaft – präsentiert wird. Dieser Bewusstseinsstrom bewegt sich in der Zeit vorwärts und rückwärts, gleitet ohne Vorwarnung von einem Charakter zum anderen und wechselt Perspektiven und Einstellungen ebenso schnell und fließend, wie flüchtige Begegnungen in der Großstadt verlaufen.[67] Nichts ist statisch in *Jacobs Zimmer*. Einen Plot im konventionellen Sinne gibt es nicht. Das anfängliche Versprechen wird nie erfüllt, die Charaktere bleiben bestimmt, Menschen kommen und gehen. An nebensächlichen Figuren wie einer Blumenverkäuferin an der Straßenecke zeigt die Autorin ebenso viel Interesse wie an Charakteren, die zumindest theoretisch wichtiger für die Handlung sind. Es gibt keine Geschichte im herkömmlichen Sinne. Figuren werden einfach gestutzt, wie auf einem impressionistischen Gemälde. »Der Versuch, Menschen in ihrer Gänze zu erfassen, ist zwecklos«, sagt zum Beispiel eine Figur, die aus einem Roman von Gide sein könnte. »Man muss Andeutungen nachgehen, nicht unbedingt dem, was gesagt wird, auch nicht völlig dem, was getan wird.«[68] Virginia Woolf vermittelt uns, was es heißt, in den riesigen kosmopolitischen Städten der modernen Welt zu leben. Die Fragmentation, die Auflösung aller vertrauten Kategorien – psychisch wie physisch –, sind laut Woolf ebenso Folgen des Ersten Weltkriegs wie all die militärischen, politischen und wirtschaftlichen Veränderungen, um die es dabei ging, und die angeblich so viel wichtiger waren.

*

Auf André Breton (1896–1966) wirkte sich die Psychologie Freuds sehr unmittelbar aus. Während des Ersten Weltkriegs war Breton an das Psychiatrische Zentrum von Saint-Dizier dienstverpflichtet worden, um Opfer von Kriegsneurosen zu behandeln. Dort begegnete er erstmals der Traumdeutung, mit der er, wie er später erklärte, den »Grundstock« des Surrealismus legte. Besonders an einen Patienten erinnerte er sich. Er lebte in einer vollständig eigenen Welt, hatte sich im Schützengraben in die Überzeugung geflüchtet, absolut unverwundbar zu sein, da das Ganze ohnedies nur von Schauspielern ohne scharfe Munition und mit Theaterrequisiten »vorgetäuscht« werde. So überzeugt war er davon, dass er sich mitten im Kugelhagel zu voller Größe aufrichtete und wild gestikulierend auf die Einschüsse um sich deutete. Die wundersame Unfähigkeit des Feindes, ihn zu töten, bestärkte ihn nur noch in seinem Unverwundbarkeitswahn.[69]

Die »parallele Welt« dieses Mannes hatte gewaltigen Einfluss auf Bréton. Der Wahn dieses Patienten war für ihn im Grunde eine nachvollziehbare, rationale Reaktion auf eine Welt, die verrückt geworden war – was ja viele Menschen jahrzehntelang im zwanzigsten Jahrhundert empfanden. Träume, jene andere parallele Welt und Freuds Königsweg zum Unbewussten, wurden für Bréton der Königsweg zur Kunst. Die Kunst und das Unbewusste gingen »ein neues Bündnis« ein, das sich durch Träume, Geistesblitze, Zufälle, Witze äußerte – durch alles, was Freud erforschte. Und diese neue Realität nannte Bréton *sur*-réalité, ein Begriff, den er bei Apollinaire entliehen hatte, der 1917 die Zusammenarbeit von Picasso, Jean Cocteau, Erik Satie und Leonid Massine für das Ballett *Parade* »une espèce de *sur*-réalisme« genannt hatte.[70]

Doch der Surrealismus verdankte mehr dem, was seine Vertreter für Freuds Erkenntnisse *hielten,* als dem, was Freud tatsächlich geschrieben hat. Nur wenige französische oder spanische Surrealisten konnten seine Schriften lesen, da sie zu dieser Zeit nur in deutscher Sprache vorlagen. (Die Psychoanalyse sollte in Frankreich erst nach dem Zweiten Weltkrieg populär werden, und die British Psychoanalytic Association wurde erst 1919 gegründet.) Brétons Vorstellungen von Träumen, und von Neurosen als einer Art von »verknöchertem« Dauertraum, oder auch die Ansicht der Surrealisten, dass Neurosen deshalb »interessant« seien, weil sie eine Art mystisch-metaphysischen Geisteszustand darstellten, wären bei Freud mit ziemlicher Sicherheit in Ungnade gefallen. In gewisser Weise kam in der Vorstellung, dass Neurosen eine »dunkle Seite« des Geistes darstellten und gefährliche neue Wahrheiten über uns parat hielten, nur ein Romantizismus des zwanzigsten Jahrhunderts zum Ausdruck.[71]

Auch wenn der Surrealismus, angeführt von Bréton, Paul Éluard (1895–1952) und Louis Aragon (1897–1982), als eine Bewegung der Schriftsteller begann, waren es die Maler, die ihn unsterblich machten. Vier von ihnen führten das Feld an, und bei dreien wurde das »wüste Land« zum vertrauten Anblick.

Max Ernst schloss sich als erster Maler den Surrealisten an (1921). Da er angeblich als Kind oft Halluzinationen gehabt hatte, war er für diesen künstlerischen Ansatz wohl auch besonders prädisponiert.[72] Seine Landschaften und Gegenstände sind auf seltsame Weise vertraut und fremd zugleich. Bäume und Kliffs erwecken den Eindruck, als bestünden sie aus der Textur von inneren Organen; das Hinterteil eines Tiers ist so massig, so überproportioniert, dass es sogar die Sonne verdunkelt. Immer scheint gerade irgendetwas Schreckliches geschehen zu sein oder kurz bevorzustehen. Ernst malte aber auch auf ersten Blick fröhliche Szenen, gab diesen Bildern dann jedoch so gewundene und geheimnisvolle Titel, dass sich trotzdem wieder etwas Sinistres aufdrängt: *Der Inquisitor: Um 7:07 Wird Die Justiz Verrückt.*[73] Auch das Bild *Zwei Kinder werden von einer Nachtigall bedroht* wirkt auf den ersten Blick fröhlich: Da gibt es einen Vogel, eine Art Kuckucksuhr und einen von einer Mauer umschlossenen Garten. Doch dann bemerkt der Betrachter, dass die Figuren auf dem Bild vor etwas davonlaufen, das unserem Blick verborgen bleibt. Und da es in Öl auf Holz gemalt ist, drängt sich der Eindruck einer Truhe auf – was wird sich zeigen, wenn man sie öffnet? Das Unbekannte wirkt als Bedrohung.

Der Surrealist aber, der gewiss das größte Unbehagen hervorrufen konnte, war Giorgio de Chirico (1888–1978), der »Bahnhofsmaler«, wie ihn Picasso einmal nannte. De Chirico war Italiener griechischer Abstammung und fasziniert von den Piazzas und Arkaden norditalienischer Städte. »Ich hatte gerade eine lange und schmerzhafte Darmerkrankung überstanden. Ich befand mich in einem fast schon pathologisch sensiblen Zustand. Die ganze Welt, bis hin zum Marmor der Gebäude und der Brunnen, schien mir konvaleszent zu sein … Die Herbstsonne, warm, ohne zu wärmen, beschien die Statue und die Kirchenfassade. Plötzlich hatte ich den seltsamen Eindruck, all diese Dinge zum ersten Mal zu sehen …«[74] Solche Landschaften und Stadtlandschaften werden von de Chirico immer auf die gleiche Weise dargestellt. Das Licht ist immer gleich (ein Nachmittagslicht, das eher von links oder rechts einfällt als von oben), überall liegen lange, unheimliche Schatten, die Dunkelheit ist nie fern.[75] Außerdem tauchen praktisch nie Menschen auf – vollständig verlassene Stadtlandschaften. Manchmal steht eine Schneiderpuppe herum, oder eine Skulptur, Figuren, die zwar wie Menschen aussehen, aber blind, taub, stumm und gefühllos sind. Oft erkennt man einen menschenähnlichen Schatten hinter einer Ecke. De Chiricos Welt ist eine kalte Welt in einer unheimlichen Stimmung, die dem Betrachter das Gefühl vermittelt, hier vielleicht den letzten aller Tage zu sehen: Das Universum steht kurz vor der Explosion, und die Sonne wird sich gleich für immer verdunkeln. Und wieder ist entweder gerade etwas Schreckliches geschehen, oder es steht kurz bevor.[76]

Joan Miró (1893–1983) scheint auf den ersten Blick ein viel fröhlicherer, spielerischer Maler gewesen zu sein als seine beiden Kollegen. Auch hatte er nie etwas mit dem politischen Flügel der Surrealisten zu tun, unterschrieb nie Manifeste oder nahm an irgendwelchen Kampagnen teil.[77] Doch an Gruppenausstellungen beteiligte er sich, und dort wurde auch augenfällig, in welchem Kontrast sein Stil zu dem der anderen Surrealisten stand. Miró, Katalane von Geburt, hatte seine Ausbildung in Barcelona erhalten zu einer Zeit, in der diese Stadt eine kosmopolitische Kapitale und noch nicht durch den Spanischen Bürgerkrieg vom Rest Europas abgeschnitten war. Schon früh hatte er sich für den Kubismus interessiert, ihn dann aber wieder fallen lassen, weil nach einer Kindheit auf dem Bauernhof seine Naturverbundenheit immer wieder durchbrach.[78] Das verlieh seinen Gemälden ihre biologische Lyrik, die im Laufe der Zeit immer abstrakter wurde. Mit seinem Bild *Der Bauernhof* (1921–22), auf dem die unterschiedlichsten Tiere in geradezu wissenschaftlichen Details zu sehen sind, schuf er ein Werk, das Kinder ebenso erfreut wie Erwachsene. (Er schleppte getrocknetes Gras von Barcelona bis nach Paris, nur um sicherzugehen, dass er in den Details genau blieb.) Die unendliche Vielfalt der Formen seiner späteren »Konstellations«-Serie erinnert an frühere Künstler wie Bosch, nur sind sie noch fröhlicher und auch zunehmend abstrakter vor einen nebulösen Himmel gesetzt, dessen Sterne keine physikalisch-chemischen, sondern biologische Gebilde zu sein scheinen. Zu den Surrealisten stieß Miró durch den Maler André Masson, der in Paris sein Nachbar war. 1924 nahm er an der ersten Surrealistenausstellung teil. Doch er war weniger ein Maler des Schreckens als einer, der das Überleben des Kindes im Erwachsenen, das unzensierte »Ich« und damit ein weiteres konfuses, aus der Psychoanalyse bezogenes Konzept, zum Ausdruck brachte.[79]

Die »wüsten Länder« von Salvador Dalí sind berühmt. Und es *ist* jedes Bild von ihm ein wüstes Land, denn selbst dort, wo Leben erscheint, beginnt es im Moment seiner Blüte zu verdorren und zu verfallen. Nach Picasso ist Dalí wohl der berühmteste Künstler des zwanzigsten Jahrhunderts, was allerdings nicht heißt, dass er auch der Zweitbeste war. Es hat wohl mehr mit seiner ungewöhnlichen Technik zu tun, mit seiner Wahnsinnsangst vor dem Wahnsinn und mit seiner persönlichen Erscheinung, den immer weit aufgerissenen Augen und dem hoch gezwirbelten Moustache, den er einem Velasquez-Porträt von Philipp IV. von Spanien abgeguckt hatte.[80] Nachdem er seine Begabung für die Malerei entdeckt hatte, fand er schnell heraus, dass er kristallklare Landschaften völlig verändern konnte, indem er mit den Realitäten seines Themas auf traumhafte Weise spielte. Er hatte die Lyrik eines Miró, das Nachmittagslicht eines de Chirico und verstand es, mit dem Gespür eines Ernst Schrecken auszulösen, indem er vertraute Dinge minimal veränderte. Seine Porträts von angeschlagenen Eiern (»Dalinsche DNS«), weichen Uhren, lang gezogenen Brüsten und toten Bäumen inmitten von dürren Landschaften spielen den Sehgewohnheiten Streiche und verstören den Geist.[81] Sie vermitteln die Welt eines völlig unkoordiniert sprießenden Lebens, als seien sämtliche Naturgesetze außer Kraft gesetzt, als sei die Biologie an einem Endpunkt angelangt und der Darwinsche Kampf ums Dasein verrückt geworden.

René Magritte (1898–1967) spielte nie eine Rolle im *salon* der Surrealisten, denn er verbrachte sein ganzes Leben in Brüssel. Doch er teilte ihre Obsession in Bezug auf den Schrecken und verband sie mit einer beinahe Wittgensteinschen Faszination angesichts der Sprache und ihres mächtigen Einflusses auf Sinn und Bedeutung. In seinen klassischen Gemälden stellt er Alltagsgegenstände dar – einen Bowler (er trug selbst oft einen Bowler[82]), eine Pfeife, einen Apfel, einen Schirm –, mit denen er dann höchst Ungewöhnliches anstellt. In *La condition humaine* zum Beispiel (1934) überlappt sich der Augenblick aus einem Fenster mit einem exakten Doppel desselben Ausblicks, sodass beide verschmelzen und der Betrachter nicht in der Lage ist zu sagen, wo der eine beginnt und der andere endet. Die Welt »außerhalb von uns«, sagt er uns damit, ist im Grunde nur ein Konstrukt des Bewusstseins – eine Erinnerung an Bergson. In dem ebenfalls 1934 gemalten Bild *Die Vergewaltigung* ist ein weiblicher, von Haaren umrahmter Torso so dargestellt, dass sich die Illusion eines Gesichts ergibt, dessen zugleich spröder und wilder Ausdruck Zweifel weckt, an der Echtheit solcher Abweisung, indem es suggeriert, dass sich dahinter immer die schiere sexuelle Lust verbirgt. Auch diese Darstellung vor dem Hintergrund einer flachen, leeren Landschaft ist, psychoanalytisch betrachtet, nichts als ein »wüstes Land«.[83]

Die Surrealisten spielten mit Vorstellungen – und »spielen« ist hier durchaus der angemessene Begriff. Denn sie suggerierten allen Ernstes, dass der Mensch sich aus seinen Problemen hinausspielen könne, da sich im Spiel das Unbewusste befreit. Aus dem gleichen Grund förderten sie auch die Erotik zu Tage, weil die Unterdrückung der Sexualität des Menschen wahre Natur beschneidet. Doch vor allem offenbarten ihre Werke, die durch Träume und das Unbewusste gelenkt worden waren, eine bewusste Ablehnung der Vernunft. Sie wollten mit ihrer Malerei beweisen, dass Forschritt, so er denn überhaupt möglich sei, niemals geradlinig stattfindet, dass nichts vorhersehbar ist und die einzige Alternative zu den Banalitäten der habsüchtigen Gesellschaft nun, da die Religion versagt hatte, eine neue Art von Verzauberung war.

*

Ironischerweise war »das wüste Land« eine sehr fruchtbare Metapher. All den in diesem Kapitel erörterten Werken lag ein Gefühl der Entzauberung zu Grunde, die Ernüchterung durch die Welt und die vereinten Kräfte von Kapitalismus und Naturwissenschaften, die das »wüste Land« überhaupt erst geschaffen hatten. Und diese Angriffsziele waren wohl gewählt, denn sowohl der Kapitalismus als auch die Naturwissenschaften sollten sich als die dauerhaftesten Denk- und Verhaltensmodelle des zwanzigsten Jahrhunderts erweisen. Aber bei weitem nicht jeder fand sie ernüchternd.

12
Babbitts *Middletown*

In den zwanziger Jahren waren die Eugenik und der wissenschaftlich begründete Rassismus in den Vereinigten Staaten sehr mächtig. Eine der Bibeln dieser Bewegungen war ein 1923 veröffentlichtes Buch von C. C. Brigham mit dem Titel *A Study of American Intelligence*. Brigham, damals Assistenzprofessor für Psychologie an der Princeton University, war ein Schüler von Robert Yerkes und hatte sich für diese Arbeit auch auf Material gestützt, das Yerkes (der auch das Vorwort zu Brighams Buch schrieb) während des Ersten Weltkriegs angesammelt hatte. Ungeachtet der Nachweise, dass Einwanderer umso besser bei IQ-Tests abschnitten, je länger sie schon in den Vereinigten Staaten lebten, wollte Bringham beweisen, dass Immigranten aus süd- und osteuropäischen Volksgruppen – und natürlich die Schwarzen – von minderer Intelligenz waren. Zu diesem Zweck berief er sich auch auf bereits vorliegende Studien wie zum Beispiel die des Grafen Georges Vacher de Lapouge, der behauptet hatte, dass sich Europa anhand der dort vertretenen Schädelformen in drei rassische Kategorien einteilen lasse. Angesichts solcher Grundlagen waren Brighams Schlussfolgerungen keine Überraschung: »Der Niedergang der Intelligenz [in Amerika] verdankt sich zwei Faktoren: den andersartigen Rassen, die nunmehr in dieses Land migrieren, wie dem Faktor, dass immer minderwertigere Vertreter einer jeden Rasse hergeschickt werden … Neben der Wanderung dieser europäischen Völker erleben wir das dunkelste Kapitel in der Geschichte dieses Kontinents, den Import von Negern … Der Niedergang amerikanischer Intelligenz wird auf Grund der Präsenz von Negern schneller vonstatten gehen als der Niedergang von Intelligenz unter den diversen nationalen Gruppen Europas.«[1]

In einer solchen Atmosphäre lauerte der Wunsch nach der Rückkehr zu einer völligen Rassentrennung nie sehr tief unter der Oberfläche. Cornelia Cannon zum Beispiel schrieb im amerikanischen Magazin *Atlantic Monthly* nach der Feststellung, dass sich bei verschiedenen Tests 89 Prozent aller Schwarzen als »Moronen« erwiesen hätten: »Der Schwerpunkt muss notwendigerweise auf die Grundschulerziehung gelegt werden, auf die Einübung von Tätigkeiten, Lebensweisen und Arbeiten, die keine höheren geistigen Fähigkeiten verlangen. Vor allem im Süden … kann die Erziehung von Weißen und Farbigen in separaten Schulen mit anderen Argumenten als nur solchen gerechtfertigt werden, welche allein aus Rassenvorurteilen entstehen.«[2] Henry Fairfield Osborn, ein Trustee der Columbia University und Präsident des American Museum of National History, fand: »Diese Tests waren die gesamten Kriegskosten wert, sogar die Kosten an Menschenleben, wenn sie dazu dienten, unserem Volk den Mangel an Intelligenz in unserem Lande sowie die Gradunterschiede der Intelligenz bei den verschiedenen zu uns kommenden Rassen vor Augen zu führen, und zwar auf eine Weise, dass niemand behaupten kann, dies sei ein Resultat von Vorurteilen … Wir haben ein für alle Mal gelernt, dass der Neger nicht ist wie wir.«[3]

Aber die Schlacht um den Primat der Biologie war mit dem Sieg der Eugeniker – die es 1924 geschafft hatten, dass ein Einwanderungsbeschränkungsgesetz erlassen wurde – noch nicht beendet. Im Jahr darauf wurde der Öffentlichkeit ein neues Kapitel Biologie in Form des berühmt-berüchtigten Gerichtsverfahrens gegen John Scopes aufgeschlagen. Bereits 1910 hatte die Generalversammlung der Presbyterianer eine Liste mit »Fünf Grundsätzen« veröffentlicht, welche ihrer Meinung nach die Grundpfeiler des Christentums waren: die Wunder Christi, die unbefleckte Empfängnis, die Auferstehung, die Kreuzigung als Vergebung aller Sünden der Menschheit und die Bibel als das unmittelbare Wort Gottes. Letzteres war Thema des Scopes-Verfahrens. Die Fakten dieses Falles standen außer Frage[4]: John Scopes aus Dayton, Tennessee, hatte Biologie anhand des Lehrbuches *Civic Biology* von George William Hunter unterrichtet, das von der staatlichen Lehrbuchkommission 1919 als Standardtext angenommen worden war. (In Wirklichkeit war es in einigen Schulen bereits seit 1909 verwendet worden, das heißt, es war bereits 15 Jahre in Umlauf gewesen, bevor es als gefährlich eingestuft wurde.[5]) Der von Scopes verwendete Teil dieses Lehrbuches stellte die Evolution als eine Tatsache dar. Und das, so die Argumentation der Staatsanwaltschaft, verstieß gegen das Gesetz von Tennessee. Die Evolution sei eine Theorie, welche die Bibel in Frage stelle, und dürfe nicht als bewiesene Tatsache dargestellt werden. Die Gerichtsverhandlung war eine Farce. Die Anklage führte William Jennings Bryan, der drei Mal als Präsidentschaftskandidat nominiert worden und einmal Außenminister gewesen war. Vor der Verhandlung hatte er Repräsentanten der Adventisten des Siebten Tages mitgeteilt, dass dieses Verfahren bestimmen werde, ob die Evolution oder das Christentum überleben würde: »Alles Übel, unter dem Amerika leidet, ist auf die Evolutionslehre zurückzuführen. Es wäre besser, wenn wir jedes jemals geschriebene Buch vernichten und nur die ersten drei Kapitel der Genesis retten würden.«[6] Die Verteidigung fand unter Leitung einer nicht weniger schillernden Persönlichkeit, nämlich von Clarence Darrow statt, einem begabten Rhetoriker und legendären Strafverteidiger. Während Bryan also entschlossen war, die Verhandlung zu einem Wettkampf zwischen Darwin und der Bibel zu machen, bediente sich Darrow der Unterstützung von hervorragenden Wissenschaftlern und Theologen, die nach Dayton angereist waren, um zu verhindern, dass sich Bryans fundamentalistische Position durchsetzte und um ihm den Wind aus den Segeln zu nehmen. Einmal zum Beispiel wollte sich Bryan als Bibelexperte beweisen, war dann aber nicht einmal in der Lage oder willens, Fragen über das Alter der Erde oder die Lage allgemein bekannter biblischer Stätten zu beantworten. Er verteidigte dies mit den Worten: »Ich denke nicht über Dinge nach, über die ich nicht nachdenke.« Darauf Darrow trocken: »Denken Sie denn über Dinge nach, über die Sie nachdenken?« Am Ende gewann Bryan den Fall, allerdings nur im technischen Sinne: Der Richter hatte nicht zugelassen, dass die Verhandlung zu einem Streit um die Frage wurde, ob Darwin Recht hatte oder nicht, sondern sich einzig auf den Punkt konzentriert, ob Scopes Evolutionsgeschichte gelehrt hatte oder nicht. Und da Scopes dies längst zugegeben hatte, stand ein Schuldspruch angesichts der herrschenden Rechtslage von vornherein fest. Er wurde zu einer Geldbuße von 100 Dollar verurteilt, gewann aber in der Revision, da der Richter selbst, nicht die Jury, das Strafmaß festgesetzt hatte. Doch von dieser Formsache einmal abgesehen, hatte Bryan mit Pauken und Trompeten verloren und sich nicht nur zum Gespött der amerikanischen, sondern auch der internationalen Presse gemacht. Er starb fünf Tage nach Ende der Verhandlung.[7]

Die Reaktionen auf das Scopes-Verfahren lassen sich nur zum Teil mit religiösen Beweggründen erklären. Richard Hofstadter argumentierte in seinem Buch *Anti-Intellectualism in American Life*, dass die Auseinandersetzung Christentum/Evolution vor allem in den Südstaaten und dem Mittleren Westen der USA als Mittel zum Zweck benutzt wurde, um sich gegen jede Art von Modernität aufzulehnen. Dazu gehörte zum Beispiel auch die sture Verteidigung der damals herrschenden Prohibition. Hofstadter zitierte sogar mit einiger Zustimmung die Erklärung von Hiram W. Evans, dem Großmeister des Ku-Klux-Klan, dass die große Auseinandersetzung dieser Zeit der »Kampf zwischen der großen Masse der Amerikaner vom alten Pionier-Schlag und den auf geistige Abwege geratenen Liberalen« gewesen sei. »Wir sind eine Bewegung des schlichten Volkes«, hatte Evans geschrieben, »sehr schwach in Sachen Kultur, ohne intellektuelle Unterstützung und gebildete Führer. Wir fordern nicht nur, sondern erwarten, dass die Macht wieder in die Hand des normalen, nicht hochkultivierten, nicht über-intellektualisierten, dafür aber ganz und gar unverdorbenen und noch nicht entamerikanisierten Durchschnittsbürgers vom alten Schlag gelegt wird... Damit gestehen wir zweifellos eine Schwäche zu. Es macht uns als ›Provinzler‹ und ›Bauerntölpel‹ und Besitzer von gebrauchten Fords angreifbar. Wir geben es zu.«[8] Solche Worte des Großmeisters waren bezeichnend für die Atmosphäre, die damals in den Vereinigten Staaten herrschte und die so ganz anders war als in Europa, zum Beispiel in London oder Paris, wo die Moderne ihre Blütezeit erlebte.

*

Die Vereinigten Staaten waren völlig verändert aus dem Ersten Weltkrieg hervorgegangen – als einziges Land gestärkt und unzerstört. Die vorherrschende Stimmung im Land war noch immer von Pragmatismus, praktischem Denken und der Unabhängigkeit von den großen »Ismen« der Alten Welt geprägt. »Dies ist im Wesentlichen ein Business-Land«, hatte Warren Harding 1920 betont. 1922 sollte diese Einstellung mit dem noch berühmteren Satz von Calvin Coolidge bestärkt werden: »The business of America is business.« All diese unterschiedlichen Einflüsse – Antiintellektualismus, Business, das Misstrauen gegenüber Europa oder zumindest gegenüber seinen Völkern – wurden aufs Wunderbarste in den Romanen von Sinclair Lewis verwoben. Sein bestes Buch, *Babbitt*, erschien im annus mirabilis 1922.

Man kann sich kaum einen Charakter vorstellen, der sich mehr von Dedalus oder Tiresias, von Jacob oder Swann unterschieden hätte als George F. Babbitt aus Zenith in Ohio, einer mittelgroßen Kleinstadt im amerikanischen Mittleren Westen, in der Babbitt als hart arbeitender, erfolgreicher und bei seinen Mitbürgern beliebter Makler lebt. Doch mit Babbitts Erfolg und Popularität beginnen auch seine Probleme. Auch Lewis war ein heftiger Kritiker jener materialistischen, habsüchtigen Gesellschaft, die Spengler, Tawney und Eliot so verachteten. Eliot und Joyce hatten die Kräfte alter Mythen beschworen, um sich der modernen Welt zu nähern; Lewis hingegen begann in den Zwanzigerjahren amerikanische Mythen zu zerstören. Babbitt ist wie die anderen »Helden« in seinen Büchern ein Opfer, auch wenn ihm das selbst nicht bewusst ist.

Harry Sinclair Lewis wurde 1885 in der kleinen Stadt Sauk Centre in Minnesota geboren und wuchs auch dort auf. Später nannte er sie »engstirnig und gesellschaftlich provinziell«. Eine zentrale Aussage in allen Romanen von Lewis ist, dass das kleinstädtische Amerika nicht einmal annähernd so freundlich und angenehm war, wie es der Volksmythos gerne darstellte. Lewis erlebte den amerikanischen Kleinstädter als misstrauisch gegenüber jedem, der nicht seine Ansichten teilte oder der auf irgendeine Weise anders war.[9] Seine eigene Jugend wurde durch seine aus Chicago stammende Stiefmutter etwas erleichtert, denn auch wenn Chicago damals nicht gerade ein kulturelles Zentrum war, so war es doch wenigstens keine Kleinstadt. Die Stiefmutter hatte den jungen Harry ermuntert, »fremdländische« Literatur zu lesen und zu reisen. Nachdem er das Oberlin-College abgeschlossen hatte, machte er sich also gen Osten nach

Yale auf, wo er sich mit Dichtung befasste, fremde Sprachen lernte und Menschen traf, die noch viel weiter gereist waren als seine Stiefmutter. Im Anschluss an Yale zog er nach New York. Er war fünfundzwanzig, als er einen Job als Lektor und Presseagent in einem Verlag fand, der ihn dann mit den Lesegewohnheiten der Amerikaner vertraut machen sollte. Er publizierte ein Reihe von Kurzgeschichten in der *Saturday Evening Post*, die zwar bereits am Selbstbild der Amerikaner kratzten, aber in ihrer Kürze dem Anliegen des Autors noch kaum gerecht werden konnten. Erst mit der Veröffentlichung seines ersten Romans, *Die Hauptstraße,* im Oktober 1920 bekam die amerikanische Öffentlichkeit eine ganz neue Stimme zu hören.[10] Dieses Buch, das im Spätherbst und damit gerade rechtzeitig für das Weihnachtsgeschäft erschien, war der seltene Fall eines Bestsellers durch reine Mundpropaganda. Die Handlung war in der Kleinstadt Gopher Prairie angesiedelt, die natürlich eine Menge mit Lewis' Heimatstadt Sauk Centre gemein hatte. Die Bewohner von Gopher waren mitsamt ihren Vorurteilen, kleinen Schwächen und Vorlieben derart brillant beschrieben und klug erfasst, dass das Buch im kleinstädtischen Amerika ebenso erfolgreich wurde wie unter den Gebildeteren, die in »der finsteren Provinz« nicht begraben sein mochten. Der Erfolg war so durchschlagend, dass der Verlag nicht einmal genug Papier für den Nachdruck auftreiben konnte. Im Osten der Vereinigten Staaten löste das Buch sogar einen Skandal aus: Es war bekannt geworden, dass die Pulitzer-Preis-Jury zwar *Die Hauptstraße* als Gewinner ausgewählt hatte, von den Trustees der Columbia University – den Verwaltern des Preisgeldes – jedoch gegen die Regel gezwungen worden war, den Preis an Edith Warton für das Buch *Zeit der Unschuld* zu vergeben. Lewis machte das nichts aus, oder jedenfalls nicht viel. Er war ein Fan von Wharton und widmete ihr sein nächstes Buch *Dr. med. Arrowsmith.*[11]

In *Babbitt* tauschte Lewis die dörfliche amerikanische Kleinstadt gegen die typische »Middletown« des Mittleren Westens der USA ein. Es war ein in vieler Hinsicht typischerer amerikanischer Schauplatz, denn in Zenith, der Stadt, in der seine Geschichte spielt, wurden die Vorteile und Probleme des amerikanischen Alltagslebens viel deutlicher. 1922 waren bereits eine Reihe von Romanen über amerikanische Businessleute erschienen, etwa Dean Howells *The Rise of Silas Lapham* (1885) oder Theodore Dreisers *The Financier* (1912), doch keiner hatte die tragische Struktur von *Babbitt.* Lewis, mit seiner Leidenschaft für »fremdländische« Literatur, nahm sich Emile Zolas mit seinen Vorarbeiten zum Vorbild. Der Franzose war bei den Recherchen zu seinem großen Romanzyklus über die Rougon-Macquart im letzten Viertel des neunzehnten Jahrhunderts sogar auf dem Trittbrett von Zügen mitgefahren oder in Bergwerke eingestiegen. Auch Lewis bereiste mit der Eisenbahn diverse Kleinstädte des Mittleren Westens und speiste dort mit Grundstücksmaklern, Bürgermeistern und den Vorsitzenden von Handelskammern in ihren Rotary-Clubs. Und wie Zola machte auch er sich dabei ausgiebig Notizen in seinen grauen Tagebüchern und hielt typische Phrasen und Redewendungen fest oder sammelte passende Namen für Menschen und Orte. Am Ende kam Babbitt heraus, ein Mann »aus dem Herzen der materialistischen Kultur Amerikas«.[12] Das prägendste Merkmal, mit dem Lewis ihn ausgestattet hat, ist der Erfolg. Und der bedeutet für Babbitt dreierlei: materiellen Komfort, Beliebtheit bei den Mitbürgern, die seine Ansichten teilen, und ein Gefühl der Überlegenheit gegenüber den weniger Erfolgreichen. Er ist selbstgefällig, ohne seine Selbstgefälligkeit als solche wahrzunehmen. Babbit lebt ein Leben nach einem Kodex, der von Effizienz, Verkaufspolitik und Konsum bestimmt ist – von Dingen, materiellem Besitz. Lewis empfindet das – wie Eliot – als eine Art Götzendienst: In Babbitts Welt werden Kunst und Religion pervertiert, indem sogar sie dem Business und nur dem Business dienen. An einer Stelle im Buch wird dies besonders deutlich: Chum Frink, eine von Lewis' Figuren, hält eine Rede im »Booster's Club«, einer Art Rotary-Club, bei der er erklärt, weshalb Zenith sein eigenes Symphonieorchester bekommen sollte: »Kultur ist heutzutage für jede Stadt ein ebenso notwendiger Schmuck und wichtiger Reklameposten wie asphaltierte Straßen und hohe Umsatzzahlen der Banken. Die Kultur, die sich in Theatern und Bildergalerien offenbart, ist es, die alljährlich Tausende von Besuchern … lockt … Nach allem, was ich gesagt habe, rufe ich euch, liebe Brüder, auf, mit mir für Kultur und für einen Weltschlager von Symphonieorchester zu stimmen!«[13]

Diese Selbstgerechtigkeit ist kaum zu ertragen, aber Lewis lässt ihr keine Chance. Ein Schatten beginnt sich über diese perfekte Welt zu legen: Babbitts engster Freund bringt seine Frau um. Es gibt nichts Geheimnisvolles um diesen Tod, der Mann ist schuldig, es war Totschlag, aber kein Mord. Trotzdem wird er ins Gefängnis gesteckt. Diese Kette von Ereignissen wirft Babbitt völlig aus der Bahn und löst bei ihm eine Reihe von Veränderungen aus. Dem Leser scheinen dies nur kleine Schritte zu sein, unbedeutende Zeichen der Auflehnung. Aber jedes Mal, wenn Babbitt versucht, zu rebellieren und ein nach seinem Verständnis »unbürgerlicheres« Leben zu führen, stellt er fest, dass er es nicht kann. Das Leben, in dem er sich eingenistet hat, wird beherrscht, ist geradezu abhängig von Konformität. In Amerika zahlt man einen Preis für Erfolg. Und den stellt Lewis als einen faustischen Handel dar, der für Babbitt und seinesgleichen Himmel und Hölle austauschbar macht.

Lewis' Urteil über den Materialismus und die habsüchtige Gesellschaft ist ebenso effektiv wie Tawneys Kritik, aber sein Werk prägt sich viel stärker ins Gedächtnis ein. Außerdem ist es weniger zornig.[14] Beispielsweise zeichnete Lewis Babbitts Sohn Ted bereits als einen etwas nachdenklicheren Menschen, was vielleicht ein Hinweis darauf ist, dass sich auch das Middletown-Amerika weiterentwickeln kann. Möglicherweise war dieser leise Optimismus aber auch nur ein schlauer Schachzug von Lewis, um seinem Buch mehr Erfolg zu verschaffen. Das Wort »Babbitt« und der Begriff »Babbittry« gingen nach seiner Veröffentlichung am 14. September 1922 jedenfalls augenblicklich als Synonyme für Konformismus in den amerikanischen Sprachgebrauch ein. Noch sprichwörtlicher wurde – in Anlehnung an Lewis' »Booster's Club« – der Begriff »Boosterismus« für die nur allzu vertraute amerikanische Form von Selbstgerechtigkeit. Upton Sinclair hielt das Buch für »ein echtes amerikanisches Meisterwerk«, und Virginia Woolf beurteilte es als »gleichrangig mit jedem im gegenwärtigen Jahrhundert geschriebenen englischsprachigen Roman«.[15] Was Babbitt jedoch von den gleichzeitig in Europa erschaffenen Romanfiguren unterscheidet, ist, dass er sich selbst nicht als tragische Figur begreift. Im Gegensatz zu den klassischen tragischen Charakteren mangelt es ihm an Einsicht. Und genau diese Selbstzufriedenheit, diese unreflektierte Selbstgerechtigkeit betrachtete Lewis als Gewohnheitssünde des kleinbürgerlichen Amerika.[16]

*

Abgesehen davon, dass Babbitt der prototypische amerikanische Durchschnittsbürger war, war er auch der typische Vertreter des geistigen Mittelmaßes, des *middlebrow*. Dieser Begriff wurde in den zwanziger Jahren zur Beschreibung jener Kultur geprägt, welche die British Broadcasting Corporation, BBC, vertrat. Aber eigentlich traf sie viel besser auf die Vereinigten Staaten zu, wo Unmengen neuer Medien in den zwanziger Jahren dazu beitrugen, eine neue Kultur zu erschaffen, in der sich Babbitt und seine Booster-Freunde zu Hause fühlen konnten.

Heute, zu Beginn des einundzwanzigsten Jahrhunderts, sind die elektronischen Medien – vor allem das Fernsehen, aber auch noch das Radio – wesentlich mächtiger als die Printmedien, weil sie viel mehr Menschen erreichen. In den Zwanzigerjahren war das anders. Die Funktionsweisen des Radios waren bereits seit 1873 bekannt, seit der Schotte James Maxwell und der Deutsche Heinrich Hertz ihre ersten Experimente gemacht hatten. 1900 gründete der italienische Physik-Nobelpreisträger Guglielmo Marconi dann die erste »Gesellschaft für drahtlose Nachrichtenübermittlung«, und 1906 strahlte R. A. Fessenden aus Pittsburgh die erste Rundfunksendung aus (das Wort *broadcast* fiel zum ersten Mal). Doch wirklich zu Nachrichtenzwecken wurde die Radiotechnik erst 1912 eingesetzt, als mit ihrer Hilfe Schiffe an die Unglücksstelle der *Titanic* gerufen wurden. Im Ersten Weltkrieg bedienten sich dann bereits alle Kriegsparteien ausgiebig des neuen Mediums zu Propagandazwecken. Nun war es bereit, Amerika im Sturm zu erobern. Das Radio schien das natürliche

Vehikel zu sein, um das riesige Land enger zusammenrücken zu lassen. Der Chef von RCA, David Sarnoff, prophezeite ein amerikanisches Rundfunkwesen, dessen Qualitätsanspruch nicht nur vom Profit bestimmt sei, weil es sich als öffentliches Dienstleistungsunternehmen sowohl für Information als auch für Unterhaltung verstehen werde. Unseligerweise war das Business Amerikas noch immer Business. So erlebten die USA Anfang der Zwanzigerjahre einen Radio-Boom, der bis zum Jahr 1924 nicht weniger als 1105 Radiostationen ins Leben rufen sollte. Doch weil viele einfach zu klein waren und sich über die Hälfte nicht über Wasser halten konnte, stellten Radiostationen in den USA nie besonders ambitionierte Ansprüche an sich selbst und beugten sich von Anfang an den Interessen ihrer Werbekunden, die so massiv waren, dass es plötzlich nicht mehr genügend Frequenzen für alle gab und »Chaos im Äther« ausbrach.[17]

Die Folge war, dass bis zum Aufstieg des Fernsehens zwei Generationen später die neuen Printmedien die Tagesordnung bestimmten. In den Vereinigten Staaten kam noch verstärkend hinzu, dass akademische Ausbildungen nach dem Ersten Weltkrieg rapide zunahmen. Die Anzahl von Immatrikulationen an amerikanischen Universitäten hatte sich 1922 gegenüber 1918 beinahe verdoppelt.[18] Früher oder später musste sich diese Entwicklung in der Nachfrage nach neuen Medien niederschlagen. Prompt tauchten neben dem Radio vier neue Presseerzeugnisse auf, die alle diese Nachfrage befriedigen wollten – *Reader's Digest*, *Time*, der »Book-of-the-Month Club« und *The New Yorker*.

Hätte es keinen Krieg gegeben, und wäre Sergeant DeWitt Wallace nicht während der Maas-Argonne-Offensive von einem Schrapnell getroffen worden, hätte er vielleicht nie die »Muße« gehabt, seine Idee für einen neue Zeitschrift umzusetzen.[19] Wallace war nämlich zu der Überzeugung gelangt, dass die meisten Menschen einfach viel zu beschäftigt waren, um alles lesen zu können, was ihnen in die Hände fiel. Außerdem fand er, dass ohnedies viel zu viel veröffentlicht wurde und sogar die interessanten Artikel häufig zu langatmig seien, sodass man sie problemlos kürzen könnte. Während seiner Rekonvaleszenz in einem Krankenhaus in Frankreich begann er also, Ausschnitte aus den vielen Zeitschriften zu sammeln, die von der Heimatfront geschickt wurden. Nach seiner Entlassung und der Rückkehr nach Saint Paul in Minnesota feilte er noch ein paar Monate an seinem Konzept herum, dann sortierte er seine Sammlung bis auf einunddreißig Artikel aus, die er für längerfristig interessant hielt, aber drastisch gekürzt hatte. Er ließ sie in einheitlichem Schriftbild drucken und zu einem handlichen Journal binden, das er *Reader's Digest* nannte. Die Auflage betrug 200 Exemplare, die er an ungefähr ein Dutzend New Yorker Verleger schickte. Keiner war interessiert.[20]

Wallaces Ringen um den *Reader's Digest*, seine Bemühungen, ihn nach seinem ersten Erscheinen 1922 auf ein festes Fundament zu stellen, ergaben eine schöne Abenteuergeschichte mit dem typisch amerikanischen Happyend, vergleichbar mit dem Engagement von Briton Hadden und Henry Luce für die *Time*, die erstmals im März 1923 erschienen war, aber vor 1928 nicht den geringsten Profit einbrachte. Auch der vom Kanadier Harry Sherman im April 1926 gegründete »Book-of-the-Month Club« hatte einen ähnlich schwierigen Start. Die ersten Bücher – Sylvia Townsend Warners *Lolly Willowes*, T. S. Striblings *Teeftallow* und *The Heart of Emerson's Journals*, von Bliss Perry ediert – brachten nichts als »fuderweise« Remittenden.[21] Doch Wallace hatte einen guten Instinkt. Der Bildungsboom, der nach dem Ersten Weltkrieg in Amerika einsetzte, hatte auch den geistigen Appetit der Amerikaner verändert, wenn auch nicht immer in einer von allen gut geheißenen Richtung. Vor allem gegen den »Book-of-the-Month Club« und die Tatsache, dass ein Komitee entschied, was das Volk lesen sollte, wurde Sturm gelaufen. Man wollte nicht, dass das amerikanische Denken »standardisiert« würde.[22] »Standardisierung« war ohnedies gerade ein Thema, das viele Amerikaner aus verschiedenen Schichten und Berufen beunruhigte, seit bei Ford 1913 das Fließbandsystem eingeführt und damit eine »Fordisierung« der Industrie eingeläutet worden war. Auch Sinclair Lewis sprach dieses Thema in *Babbitt* und nochmals 1926 an, als er den Pulitzer-Preis für seinen Roman *Dr. med. Arrowsmith* mit der Begründung ablehnte, dass es absurd sei, irgendein Buch als »das Beste« hervorzuheben. Die meisten Leute setzten sich jedoch gegen den literarischen Mischmasch zur Wehr, der vom »Book-of-the-Month Club« angeboten wurde. Man befürchtete, dass dieses ständige Hin und Her zwischen ernsthaften, »kulturell wertvollen« Werken und »reiner Unterhaltungsliteratur« eine völlig neue Geisteshaltung erzeugen könnte. Genau dieser Debatte war dann Mitte der zwanziger Jahre der neue Begriff *middlebrow*, zu verdanken. Die Unterscheidung zwischen *highbrow* und *lowbrow* – zwischen hohem intellektuellen Anspruch und geistiger Anspruchslosigkeit also – war bereits zu Beginn des Jahrhunderts im Zuge der Etablierung des Professorenstandes während der Expansion der Universitäten vor und nach dem Ersten Weltkrieg eingeführt worden. Mitte und Ende der Zwanzigerjahre beschäftigten sich nun vor allem die Zeitschriften der USA mit der Frage, ob sich der *Middlebrow*-Geschmack schädlich auf die Geistesbildung junger Menschen auswirken könne.

*

Sinclair Lewis konnte zwar den Pulitzer-Preis und die Idee eines »besten Buches« ablehnen, aber den Einfluss, den seine Bücher auf die Menschen hatten, konnte er nicht aufhalten. Schließlich erhielt er einen Ritterschlag, der vermutlich ohnehin von dauerhafterem Wert war als der Pulitzer-Preis: Mitte der Zwanzigerjahre waren Soziologen so fasziniert vom

Babbitt-Phänomen, dass sie beschlossen, selbst eine amerikanische Kleinstadt zu erforschen.

Robert und Helen Lynd wollten eine amerikanische Durchschnittsstadt in allen soziologischen und anthropologischen Details studieren und beschreiben. Clark Wissler vom American Museum of Natural History schrieb später im Vorwort zu ihrer Studie *Middletown*: »Die meisten Menschen verstehen unter Anthropologie eine Ansammlung seltsamer Informationen über Wilde, was durchaus richtig ist, da sich Anthropologie in der Tat mit den weniger Zivilisierten befasst.« War das ironisch gemeint oder einfach nur eine Frechheit?[23] Die vom Institute of Social and Religious Research finanzierte Feldarbeit für diese Studie wurde 1925 abgeschlossen. Die Mitglieder des Teams hatten zwischen fünf und achtzehn Monate in Middletown verbracht, um eine »typische« Stadt des Mittleren Westens zu studieren. Diese musste bestimmte Kriterien erfüllen, damit soziale Prozesse überhaupt sichtbar werden konnten. Die ausgewählte Stadt hatte 30 000 Einwohner (laut US-Zensus gab es 143 Städte mit zwischen 25 000 und 50 000 Einwohnern) und war sehr homogen, das heißt, sie besaß nur eine kleine schwarze Bevölkerungsgruppe, weil die Lynds geglaubt hatten, kulturelle Veränderungen würden sich einfacher studieren lassen, wenn sie nicht durch rassische Faktoren kompliziert würden. Nach ihren Kriterien sollte die Stadt außerdem über eine zeitgemäße Industriekultur und ein substanzielles künstlerisches Leben, aber kein eigenes College verfügen, damit die Bevölkerungsstruktur nicht durch einen wechselnden Studentenanteil geprägt wäre. Und schließlich sollte in Middletown ein gemäßigtes Klima herrschen. (Auf diesen Punkt legten die Autoren besonderen Wert. Gleich auf der ersten Seite des Buches fügten sie eine Fußnote mit einer Bemerkung aus J. Russel Smiths *North America* ein: »Ein Mensch, auf den niemals Schnee herabfällt, ist keinen Pfifferling wert.«[24]) Die Stadt ihrer Wahl, was erst später bekannt wurde, hieß Muncie und lag in Indiana, sechzig Meilen nordöstlich von Indianapolis.

Niemand würde *Middletown* als große Literatur bezeichnen, doch für ein soziologisches Werk war es bewundernswert klarsichtig und einfühlsam. Die Lynds hatten herausgefunden, dass sich der Alltag in dieser Stadt in sechs einfache Kategorien gliedern ließ: Broterwerb; Schaffung eines Heims; Kinderziehung; Freizeitgestaltung mit Spiel in verschiedener Form, Kunst, Handwerk usw.; Engagement bei kirchlichen kommunalen Aktivitäten. Doch es waren ihre Ergebnisanalyse und die Veränderungen, die sie beobachtet hatten, die *Middletown* schließlich so faszinierend machten. Während zum Beispiel viele Soziologen – in Europa allemal – die Gesellschaft traditionell in drei Klassen einstuften – Oberschicht, Mittelschicht und Arbeiterklasse –, fanden die Lynds in Middletown nur zwei vor: die Businessklasse und die Arbeiterklasse. Die Männer und Frauen dieser Stadt waren auf unterschiedliche Weise konservativ, also grundsätzlich jeder Neuerung gegenüber misstrauisch. Am Arbeitsplatz konnten sehr viel mehr Veränderungen durchgesetzt werden und wurden Innovationen viel schneller akzeptiert als im Privatbereich. Middletown, so schlussfolgerten die Lynds zum Beispiel auch, stützte sich »bei der privaten Kindererziehung im Wesentlichen auf die Psychologie des letzten Jahrhunderts, während in der Tatsache, dass die Bürger überzeugt werden konnten, Waren ausschließlich aus den Läden der eigenen Stadt zu kaufen, die Psychologie des gegenwärtigen Jahrhunderts zum Ausdruck kam«.[25] Es gab 400 verschiedene Arten von Jobs in Middletown; Klassenunterschiede waren überall und bereits an jedem normalen Morgen sichtbar:[26] »Wenn man an einem Wintermorgen um sechs Uhr durch die Straßen von Middletown schlendert, entdeckt man zwei Arten von Häusern: die dunklen, deren Bewohner noch schlafen, und solche mit erleuchteten Küchen, in denen man die Erwachsenen des Haushalts hin und her gehen und ihr Tagwerk beginnen sieht.« Die Arbeiterklasse trat zwischen 6.15 Uhr und 7.30 Uhr – »durchschnittlich um 7 Uhr« – ihren Dienst an, die Businessklasse zwischen 7.45 und 9 Uhr, »durchschnittlich um 8 Uhr 30.« Mit der Modernisierung, die sich verschieden stark auf die verschiedenen Lebensbereiche auswirkte, begannen sich immer mehr Paradoxa zu entwickeln. Während zum Beispiel moderne (im Wesentlichen psychologische) Ideen allmählich in die Gerichte von Middletown Einzug hielten und zu der Einstellung führten, dass »Individuen nicht allein für ihre Taten verantwortlich sind«, herrschte im Business die gegenteilige Überzeugung. Hier war es zum Beispiel möglich, dass »ein Mann seinen Lebensunterhalt mit der Bedienung einer Maschine aus dem zwanzigsten Jahrhundert verdient, sich aber gleichzeitig einen Job nach dem Muster des Laisser-faire-Individualismus aus dem vergangenen Jahrhundert wünscht«. Oder: »Eine Mutter kann bereit sein, die kommunale Verantwortung für die Ausbildung ihrer Kinder zu akzeptieren, nicht aber für deren Gesundheit.«[27]

Im Allgemeinen, so stellten die Lynds fest, lernte Middletown neue Verhaltensweisen im materiellen Bereich schneller als im Umgang mit Personen oder nichtmateriellen Institutionen: »Badezimmer und Elektrizität haben schneller Eingang in die Häuser der Stadt gefunden als Neuerungen in die Beziehungen zwischen Mann und Frau oder Eltern und Kindern. Automobile haben das Freizeitverhalten drastischer verändert als die den Jugendlichen angebotenen Literaturkurse, und berufsbildende Handwerkskurse sind im Curriculum der Schule schneller aufgetaucht als Veränderungen in den Kunstkursen. Die Entwicklung der Linotype und des Radios veränderten die Strategien, die zum politischen Wahlsieg führten, als die rhetorischen Techniken oder die Neuerungen beim Wahlprozedere in Middletown. Der auf dem Gelände einer Turnhalle eingerichtete Y.M.C.A. zeugte von mehr Veränderungen in den religiösen Institutionen von Middletown als die wöchentlichen Predigten seiner Pfarrer…«[28] Ein klassischer Bereich des Privatlebens, der sich wohl kaum verändert haben dürfte, jedenfalls nicht seit den 1890er-Jahren, und den auch die Lynds als Vergleich heranzogen, war »die Nachfrage nach romantischer Liebe als der einzigen gültigen Grundlage für die Ehe… Die Erwachsenen von Middletown scheinen Romantik in der Ehe offenbar als etwas zu betrachten, an das man glauben muss wie an Gott, damit die Gesellschaft zusammengehalten wird. Kindern wird von den Eltern versichert, dass ›Liebe‹ ein nicht analysierbares Geheimnis sei und ›einfach geschieht‹… Aber, obwohl dieser ›Thrill‹ theoretisch genügte, um dauerhaftes Glück zu sichern, haben wiederholte Gespräche mit Müttern gezeigt, dass diese, vor allem wenn sie der Businessklasse angehörten, letztlich um ganz andere Dinge besorgt waren.« An erster Stelle stand die Fähigkeit, für den eigenen Lebensunterhalt zu sorgen. Tatsächlich fanden die Lynds heraus, dass das Middletown der 1920er-Jahre viel mehr an Geld interessiert war als in den 1890er-Jahren. 1890 hatte Nachbarschaftlichkeit die größte Rolle für die Menschen gespielt, in den 1920er-Jahren waren der finanzielle und soziale Status plus Automobil zu wesentlich engeren Verbündeten geworden.[29]

Auto, Kino und Radio hatten die Freizeit vollständig verwandelt. Die Begeisterung, mit der das Auto aufgenommen wurde, war außergewöhnlich. Familien in Middletown erzählten den Lynds, dass sie sogar auf den Kauf von Kleidung verzichten würden, um sich ein Auto leisten zu können. Viele zogen den Besitz eines Wagens dem einer Badewanne vor (die Lynds fanden in der Tat Häuser, in denen es keine Wanne gab, vor denen jedoch ein Auto stand). Viele sagten, dass ein Auto die Familie zusammenhalte. Andererseits wirkte sich der »Sonntagsausflug« negativ auf die Beteiligung am Gottesdienst aus. Den vielleicht deutlichsten Hinweis auf die Veränderungen im Alltag von Middletown lieferte eine Tabelle am Ende des Buches, die in Prozenten angibt, wie viel Raum die örtlichen Zeitungen jeweils 1890 und 1923 verschiedenen Themen gewidmet haben:[30]

	1890	**1923**	**Änderung in %**
Cartoons	0,2	14,6	+7300
Frauenthemen	0,5	3,4	+ 680
Sport	3,8	13,2	+ 347
Business	3,4	6,6	+ 94
Öffentliche Ang.	9,1	15,7	+ 72
Wissenschaft	2,0	1,0	– 50
Unfälle	5,4	1,9	– 65
Landwirtschaft	4,3	1,1	– 74
Politik	17,3	1,2	– 93

Bestimmte Themen, die wir als modern betrachten, begannen sich genau in dieser Zeit zu entwickeln, beispielsweise der Sexualkundeunterricht oder die wachsende Rolle (und Kaufkraft) von Jugendlichen, zwei Themen, die natürlich in einem gewissen Zusammenhang stehen. Die Lynds verwendeten auch IQ-Tests, um klassenspezifische Divergenzen herauszufinden. In Middletown gab es zwölf Schulen, darunter fünf, die ihre Schüler sowohl aus der Arbeiter- als auch der Businessklasse rekrutierten, während im Rest Klassentrennung herrschte, jedenfalls deutlich genug, um den Lynds eine Vergleichsstudie zu ermöglichen. Ihre IQ-Tests mit 387 Erstklässlern (Sechsjährigen) ergaben das folgende Bild:[31]

	% Businessklasse	**% Arbeiterklasse**
Überdurchschnittlich		
IQ 110–139	25,8	6,5
Durchschnittlich		
IQ 90–109	60,8	51,0
Unterdurchschnittlich		
IQ 70–89	13,4	36,2
Moronen oder Schwachsinnige		
IQ 25–69	0,0	6,3

Den Lynds schienen die Kontroversen um solche Intelligenztests zwar bewusst gewesen zu sein (beispielsweise setzten sie den Begriff »Intelligenztest« immer in Anführungszeichen), dennoch kamen sie zu der Schlussfolgerung, es gebe »Unterschiede bei den Veranlagungen, welche die Kinder brauchen, um jederzeit in ihrer Welt zurechtzukommen«.

Hier handelte es sich nicht nur um eine soziologische und anthropologische Studie, sondern auch um eine ganz neue Form von Geschichtsschreibung. Auch wenn *Middletown* die Leidenschaft und der Witz von *Babbitt* fehlten, verkörperte diese Stadt doch erkennbar das gleiche Wesen, das auch Babbitts Zenith darstellte. Die Lynds hatten die folgenschwere Entdeckung gemacht, dass es in einer typisch amerikanischen Kleinstadt zwei und nicht drei Klassen gibt. Und genau diesen Sachverhalt sollte jene typische Mobilität begünstigen, die vielleicht zu einem der positivsten Unterschiede der Vereinigten Staaten gegenüber Europa wurde.

*

Babbitts Middletown mag zwar in intellektueller, soziologischer und statistischer Hinsicht typisch amerikanisch gewesen sein. Aber es war nicht das einzige real existierende Amerika. Nicht jeder Amerikaner konnte und wollte nur Vorgekautes verdauen (*Reader's Digest*), nicht jeder hatte es zu eilig oder war zu beschäftigt, um zu lesen, und nicht jeder wollte, dass andere für ihn eine Vorauswahl trafen. Diese anderen »Amerikas« verbanden sich alle mit bestimmten Orten, in erster Linie mit Paris, gefolgt vom New Yorker Greenwich Village und dem schwarzen Harlem. In den Zwanzigerjahren strömten die Amerikaner nur so nach Paris – der Dollar war stark und die Moderne bei weitem noch nicht tot. Ernest Hemingway hielt sich eine Zeit lang dort auf, ebenso Scott Fitzgerald. Und eine Amerikanerin, nämlich Sylvia Beach, verlegte *Ulysses*. Doch von solchen Stars der Literaturszene einmal abgesehen, war der Zustrom von Amerikanern in die französische Hauptstadt (und an die französische Riviera) eher ein Thema der Sozial- als der Geistesgeschichte. Harlem und Greenwich Village waren etwas anderes.

Als der englische Schriftsteller Sir Osbert Sitwell 1926 in New York eintraf, stellte er fest, dass »Amerika tüchtig der Prohibition entsprach, indem es unentwegt herrlich betrunken war«. Die typisch amerikanische Freiheitsliebe, schrieb er, »machte es beinahe zur Pflicht, mehr zu trinken als gut tat«. Nach einer Party sei es nichts Ungewöhnliches gewesen, »junge Männer zu erleben, die, im Flur an die Wand gelehnt, darauf warteten, von einem Taxi zu Hause abgeliefert zu werden«.[32] Eine noch größere Überraschung stand ihm bevor, als er nach einem Abend, den er in Mrs. Cornelis Vanderbilts »Fifth Avenue Chateau« verbracht hatte, nach Uptown in das Etablissement von A'Lelia Walker in der 136. Straße von Harlem mitgenommen wurde. A'Lelias Soirées waren berühmt. Die Nutznießerin eines Vermögens, das mit einem »Negerhaarentkrauser« gemacht worden war, hatte ihr Apartment verschwenderisch ausgestattet. Ein Raum war mit zeltartigen Draperien im »Pariser Stil des zweiten Empire« dekoriert, in anderen Zimmern standen ein goldener Flügel oder eine mit Blattgold verzierte Orgel, und eines war als Privatkapelle hergerichtet.[33] Hier konnten die auf Besuch weilenden Granden von Europa oder anderen Kontinenten den prominentesten schwarzen Intellektuellen begegnen: W. E. B. Du Bois, Langston Hughes, Charles Johnson, Paul Robeson, Alain Loke. A'Lelia führte das Haus des später so genannten »neuen Negers«, aber es war bei weitem nicht das einzige seiner Art.[34] Unmittelbar nach dem Ersten Weltkrieg – in dem schwarze Amerikaner in separaten Einheiten so ruhmvoll gekämpft hatten – herrschte großer Optimismus hinsichtlich der künftigen Beziehungen zwischen den Rassen (an der Ostküste in jedem Fall, wenn nicht sogar auch in den Südstaaten). Und dieser Optimismus wurde nicht nur von der später so genannten »Harlem Renaissance« begründet, sondern auch widergespiegelt – einer Periode, die sich über eineinhalb Jahrzehnte erstreckte und in der farbige Schriftsteller, Schauspieler und Musiker der geistigen Landschaft Amerikas ihre Stempel aufdrückten und Harlem zu einer Szene von nie dagewesener und auch später nie wieder erlebter Vitalität machten.

Die Renaissance von Harlem begann mit der Fusion zweier Boheme-Gruppen, nachdem die Künstler des Greenwich Village endlich die Talente der schwarzen Schauspieler schätzen gelernt hatten, was nicht zuletzt der schauspielerischen Leistung von Charles Gilpin in Eugene O'Neills *Kaiser Jones* zu verdanken war.[35] Du Bois hatte schon immer behauptet, dass die Zukunft der amerikanischen Schwarzen in den Händen ihres »talentierten Zehntels« lag. Die Harlem Renaissance war nun das perfekt in Szene gesetzte Beispiel. Etwas mehr als ein Jahrzehnt lang sollten schwarze Bühnenstars der lebende Beweis für die Behauptung sein, dass Kunst und Bildung die Macht haben, eine Gesellschaft zu ändern. Aber natürlich hatte diese Renaissance auch ihre politische Brisanz. Die Rassenunruhen in den Südstaaten und dem Mittleren Westen förderten das Gefühl, mit Harlem einen Ort der Zuflucht zu haben. Schwarze Sozialisten publizierten dort Zeitschriften wie den *Messenger* (»das weltweit einzige von Negern herausgegebene Magazin des wissenschaftlichen Radikalismus«[36]); und es gab Marcus Garvey, »einen kleinen, ständig wild gestikulierenden, sehr beschlagenen schwarzen Mann« aus Jamaika, dessen »Panafrikanische Bewegung« alle Schwarzen zur Rückkehr nach Afrika und vor allem Liberia aufrief. Bis zu seiner Verhaftung wegen angeblichen Betrugs im Jahr 1923 gehörte er untrennbar zur Harlemer Szene.[37]

Doch die größte Faszination auf die Menschen übten Literatur, Theater, Musik, Dichtung und Malerei aus. Überall schossen Clubs wie Pilze aus dem Boden und zogen Jazzmusiker wie »Jelly Roll« Morton, Fats Waller, Edward Kennedy »Duke« Ellington, Scott Joplin und später auch Fletcher Henderson an. Nick La Roccas »Original Dixieland Jazz Band« nahm 1917 in New York die erste Jazzplatte auf: *Dark Town Strutter's Ball*.[38] Aus dieser Renaissance gingen auch scharenweise schwarze Romanciers, Dichter, Soziologen und Schauspieler hervor, deren bloße Anzahl schon Hoffnungen im Hinblick auf das Verhältnis der Rassen weckte, obwohl sogar ihre eigenen Schriften diesen Optimismus Lügen straften. Unter ihnen befanden sich Namen wie Claude McKay, Countee Cullen, Langston Hughes, Jean Toomer oder Jessie Fauset. McKay zum Beispiel porträtierte Harlem in seinem Buch *Harlem Shadows* als einen üppigen Dschungel, in dem sich (geistiger) Verfall und Stagnation verbargen;[39] und Jean Toomers Buch *Cane*, teils Gedicht, teils Essay, teils Roman, klagte mit elegischem Unterton über das Erbe der Sklaverei und das »rassische Zwielicht«, in dem sich die Schwarzen befanden: Sie konnten und wollten nicht zurück, kannten aber den Weg in die Zukunft nicht.[40] Alain Locke, eine Art Impresario, sozusagen der Apollinaire von Harlem, veröffentlichte 1925 eine Anthologie von Dichtung und Prosa unter dem Titel *The New Negro*.[41] Und der Soziologe Charles Johnson, der bei Robert Park in Chicago studiert hatte, organisierte im Civic Club Diskussionen mit Leuten wie O'Neill, Carl van Doren oder Albert Barnes, der dort über afrikanische Kunst referierte. Außerdem gab Johnson auch eine neue schwarze Zeitschrift heraus, die er angesichts von Du Bois' *The Crisis* nicht ohne Grund *Opportunity* genannt hatte – ein Titel, in dem der Optimismus dieser Zeit perfekt zum Ausdruck kam.[42]

Als Höhepunkt und gleichzeitig Niedergang der Harlem Renaissance gilt allgemein das 1926 von Carl van Vechten veröffentlichte Buch *Nigger Heaven*. Heute wird dieser Roman des Mannes, der »Harlems begeistertster und allgegenwärtigster Nordeuropäer« genannt wurde, kaum noch gelesen. Doch nachdem er damals von Alfred A. Knopf herausgebracht worden war, wurde er sofort zum Kassenschlager. Sein Thema war »high Harlem«, jenes Harlem, das Van Vechten kannte und liebte, in dem er aber letztlich immer Außenseiter blieb. Er *hielt* das Leben in Harlem für wunderbar, *glaubte*, dass die Schwarzen sich dort »wohl in ihrer Haut« fühlten, und vertrat im Übrigen die vorherrschende Ansicht, dass afrikanische Amerikaner von einer Vitalität seien, mit der Weiße nicht gleichziehen könnten oder die sie auf Grund der Dekadenz ihrer Kultur verloren hätten. Das mag noch gerade akzeptabel gewesen sein, doch dann machte Van Vechten zwei für einen Außenseiter unverzeihliche Fehler, mit denen er sein Buch dann endgültig ins Abseits drängte: Erstens ignorierte er ganz einfach die Härten, denen selbst die gebildeten Schwarzen im Alltag nach wie vor ausgesetzt waren, und zweitens bediente er sich einerseits selbst des schwarzen Slangs und kommentierte den typisch »schwarzen Gang« und Ähnliches, was ihm vielleicht »anthropologisch« vorgekommen sein mochten, was aber nur herablassend und peinlich wirkte. *Nigger Heaven* war ganz und gar nicht ironisch gemeint.[43]

Die Harlem Renaissance überlebte den Börsenkrach an der Wall Street 1929 und die folgende Wirtschaftskrise nur knapp. Es erschienen zwar weiterhin Romane und Gedichtbände, doch der wirtschaftliche Druck brachte wieder verstärkt Rassentrennungen mit sich und ließ sogar die Lynchjustiz wieder aufleben. Vor einem solchen Hintergrund war der Optimismus dieser Renaissance kaum aufrechtzuerhalten. Schöngeistiges mag da zwar noch kurze Erholungspausen von der harten Realität geboten haben, doch spätestens seit den Dreißigerjahren konnten sich amerikanische Schwarze nicht länger der düsteren Wahrheit verschließen, dass sich trotz aller Renaissance unter der Oberfläche nicht das Geringste geändert hatte.

Die Harlem Renaissance war von einer weiter reichenden Bedeutung in einem doppelten Sinne: Erstens entstand sie genau zur selben Zeit, in der die Anhänger des wissenschaftlichen Rassismus das Gesetz zur Einwanderungsbeschränkung verabschiedeten und zu beweisen versuchten, dass Schwarze schlicht zu dumm seien, genau jene Kultur zu schaffen, von der diese Renaissance geprägt war; und zweitens geriet sie, kaum vorbei, vollständig in Vergessenheit. Auch das war ein Maßstab für den Rassismus.*

*

Die große Zeit des New Yorker Greenwich Village war in den Zwanzigerjahren gewissermaßen schon vorbei. Aber noch war es ein Refugium für Künstler und der Entstehungsort vieler Literaturzeitschriften, von denen einige nur kurzfristig Erfolg hatten – wie *Masses* und *Little Review* –, während es andere, wie *New Republic* und *Nation*, noch heute gibt. Auch die »Provincetown Players« und die »Washington Square Players« traten nur noch zur Theatersaison auf, zum Beispiel mit den frühen Stücken von O'Neill. Nach dem Krieg schienen Kostümfeste oder die noch wesentlich farbigeren Exzesse der Boheme den meisten offenbar zu frivol. Der *Geist* des Village aber lebte in den Zwanzigerjahren in einer Zeitschrift weiter – oder vielleicht sollte man eher sagen: reifte heran –, welche die Werte des Village in einer Weise spiegelte, die ein Schlag ins Gesicht von *Time*, *Reader's Digest*, Middletown und dem ganzen Rest gewesen sein muss. Es war der *New Yorker*.

Die Tatsache, dass der *New Yorker* seinen unmissverständlichen Kurs verfolgen konnte, war einzig und allein seinem Herausgeber Harold Ross zu verdanken. Ross war in vieler Hinsicht ein unmöglicher Chefredakteur. Zuerst einmal war er kein New Yorker. Er war ein »Poker spielender, ständig fluchender« Reporter aus Colorado, dessen Erfahrungen als Chefredakteur der US-Armeezeitung, *Stars and Stripes*, die während der Kriegsjahre in Paris herausgebracht wurde, ihm zu einem gerüttelt Maß an Welterfahrenheit und Skepsis verholfen hatten. Kaum zurück in New York, schloss er sich dem Literatenzirkel an, der sich mittags am berühmten Runden Tisch im Algonquin Hotel in der 44. Straße zu treffen pflegte, und befreundete sich mit Dorothy Parker, Robert Benchley, Marc Connelly, Franklin P. Adams und Edna Ferber. Weniger berühmt, aber noch wichtiger für Ross' Karriere wurde der Runde Tisch, der sich an den Samstagabenden zum Pokerspiel traf. Denn bei einem dieser Spiele begegnete Ross dem Bäcker-Millionär Raoul Fleischmann und überredete ihn, die Finanzierung eines satirischen Wochenblatts zu übernehmen.[44]

Wie all die anderen Publikationen aus den Zwanzigerjahren hatte auch der *New Yorker* einen schweren Start. Man war vom Verkauf von 70 000 Exemplaren ausgegangen, deshalb sah die Zukunft nicht gerade rosig aus, als von der ersten Ausgabe am 25. Februar 1925 nur 15 000 und von der nächsten sogar nur noch 8000 über den Ladentisch gegangen wa-

* Die Geschichte von Harlem wurde denn auch erst in den Achtzigerjahren vollständig erforscht, u.a. von Wissenschaftlern wie David Levering Lewis und George Hutchinson, auf deren Studien mein Bericht größtenteils fußt.

ren. Der Erfolg kam erst, jedenfalls so die Legende, nachdem eines Tages ein anonymes Päckchen in der Redaktion gelandet war. Es enthielt eine handgeschriebene, in feinstes Leder gebundene Artikelserie, deren Autorin, wie sich später herausstellte, eine Debütantin namens Ellin Mackay aus der obersten New Yorker Gesellschaft war. Ross begriff sofort, was sich daraus machen ließ. Den ersten dieser spritzig geschriebenen Artikel veröffentlichte er unter der Überschrift: »Why we go to cabarets«. Er schilderte, weshalb das New Yorker Nachtleben so anders und viel vergnüglicher war als die steifen gesellschaftlichen Anlässe, die Ms. Mackays Eltern für sie organisierten. Dieser geistreiche Stil war nicht nur genau das, was Ross vorgeschwebt hatte, er animierte auch andere Schreiber: E. B. White stieß 1926 zum *New Yorker*, James Thurber ein Jahr später, danach von John O'Hara, Ogden Nash und S. J. Perelman.[45]

Doch trockener Witz und geistreicher Stil waren nicht die einzigen Qualitäten des *New Yorker*. Er hatte auch eine durchaus ernste Seite, der vor allem in seinen Profilen zum Ausdruck kam. Die *Time* versuchte, aus Menschen – erfolgreichen Menschen – Nachrichten zu machen. Der *New Yorker* erhob die Kurzbiografie wenn nicht zu einer Kunstform, so doch zu einem handwerklichen Meisterstück. In den folgenden Jahren durften sich Reporter des *New Yorker* für einen einzigen Artikel fünf Monate Zeit lassen – »drei Monate Recherche, einen Monat Schreiben und einen Monat Redigieren (und all das, bevor sich die Faktenprüfer ans Werk machten). Von Bankreferenzen bis hin zur Urinprobe, alles wurde überprüft, die Artikel waren seitenlang«.[46] Der *New Yorker* gewann eine treue Leserschaft. Seine absolute Blütezeit erreichte er unmittelbar nach dem Zweiten Weltkrieg, als beinahe 400 000 Exemplare wöchentlich abgesetzt werden konnten. Und Anfang der Vierzigerjahre wurden am Broadway nicht weniger als vier Komödien gespielt, die auf Artikeln aus dem New Yorker beruhten: *Mr and Mrs North*, *Pal Joey*, *Life with Father* und *My Sister Eileen*.[47]

*

In der Entwicklung des Rundfunks in Großbritannien spiegelte sich die ganz reale Angst, dass sich dieses Medium negativ auf den Informationsstand und den Geschmack der Briten auswirken könnte. Im »Establishment« herrschte die feste Überzeugung, dass ein solches Medium einer zentralen Führung bedürfe. »Chaos im Äther« sollte unter allen Umständen vermieden werden.[48] Zuerst erhielten ein paar große Gesellschaften Lizenzen für experimentelle Übertragungen, dann gründeten Hersteller von Rundfunkgeräten ein Syndikat, das von der Post mit den 10 Shilling pro Gerät finanziert wurde, die jeder Käufer zu entrichten hatte. Reklame wurde als »vulgär und aufdringlich« abgelehnt.[49] Diese British Broadcasting *Company* bestand vier Jahre, bevor daraus die heutige *Corporation* wurde, welcher das *royal charter* (königliche Privilegium) zugestanden wurde, um sie vor jedem Versuch der politischen Einflussnahme zu schützen.

In den Anfangszeiten war die BBC als öffentliches Dienstleistungsunternehmen als eine äußerst fragwürdige Sache empfunden worden. Alle möglichen Kräfte sprachen gegen sie. Zuerst einmal war die Stimmung im Land sehr schwankend. Großbritannien hatte noch große finanzielle Probleme, sich vom Krieg zu erholen; es gab 1,5 Millionen Arbeitslose; und Lloyd Georges Koalitionsregierung war alles andere als populär. All das führte 1926 zu einem Generalstreik, der die BBC sehr gefährdete. Ein zweiter Faktor waren die Printmedien, die die BBC als derart große Bedrohung empfanden, dass dem Sender schließlich keine Nachrichtenbulletins vor 19 Uhr gestattet wurden. Und drittens wusste niemand, welche Art von Sendematerial überhaupt übertragen werden sollte. Zuhörerbefragungen wurden erst 1936 eingeführt, und »listening in«, wie es genannt wurde – »einfach mal reinhören« –, hielten alle für eine vorübergehende Modeerscheinung.[50] Hinzu kam dann noch der Charakter des ersten BBC-Direktors, eines 33-jährigen schottischen Ingenieurs namens John Reith. Für Reith, einen hochmütigen Presbyterianer, stand nicht einen Moment lang in Frage, dass Radio viel mehr als Unterhaltung sein müsse und auch die Aufgabe habe, zu bilden und zu informieren. Resultat war, dass die BBC ihren Hörern das lieferte, was Reith für notwendig hielt, aber nicht das, was die Menschen hören wollten. Trotz dieser Anmaßung begann der Sender an Popularität zu gewinnen. Aus dem Vier-Personen-Stab der Anfangszeit waren zwölf Monate später 177 Angestellte geworden. Der gewaltigen Entwicklung des Rundfunks konnte das Fernsehen etwa eine Generation später kaum Paroli bieten, wie folgende Zahlen beweisen:[51]

Anzahl lizenzierter

	Radios		**Fernsehgeräte**
1922	35 744	1944	14 560
1923	59 5496	1948	45 564
1924	112 9578	1949	126 567
1925	164 5207	1950	343 882
1926	217 8259	1951	763 941
	+6094%		+5246%*

Doch diesem deutlichen Popularitätszuwachs standen jede Menge Einwände in Bezug auf den intellektuellen Schaden entgegen, den der Rundfunk anrichten könnte. »Anstatt zurückgezogen nachzudenken«, klagte der Headmaster der privaten Rugby School, »hört man sich nun an, was

* Fernsehgeräte waren allerdings vergleichsweise sehr viel teurer als Radiogeräte. Trotzdem sprechen diese Zahlen eine deutliche Sprache.

für Millionen gedacht ist, und das kann ja wohl nicht das Beste sein.«[52] Eine andere Sorge war, dass das Radio die Menschen »passiver« machen oder eine uniforme Generation heranzüchten würde. Auch befürchtete man, dass es die Ehemänner ans Haus fesseln und damit die wirtschaftliche Lage der Pubs schwächen würde. 1925 schließlich bezeichnete das *Punch*-Magazin die von der BBC geschaffene neue Kultur als »middlebrow«, als geistiges Mittelmaß.[53]

Im Hinblick auf die Redaktion kam für die BBC mit dem Beginn des Generalstreiks 1926 der erste Test. Da die meisten Zeitungen vom Streik betroffen waren, war die BBC in dieser Zeit die mehr oder weniger einzige Nachrichtenquelle. Reith reagierte, indem er fünf Bulletins pro Tag anstatt der bisher üblichen einen Nachrichtensendung anordnete. Heute ist man allgemein der Meinung, dass Reith sich als Handlanger der Regierung verstand, weil er deren Politik grundsätzlich optimistisch verpackte. Professor Asa Briggs gibt in seiner offiziellen Geschichte der BBC folgendes Zitat von ihm aus der Zeit des Streiks wieder: »Wer unter einer ›Streikdepression‹ leidet, kann wohl Besseres tun als die ›RSVP‹ [eine Show] im New Vaudeville Theatre zu besuchen.« Doch nicht jeder hielt Reith für einen Erfüllungsgehilfen der Regierung. Winston Churchill zum Beispiel, damals Finanzminister, fand die BBC sogar derart kritisch, dass er ihre sofortige Verstaatlichung forderte. In Wirklichkeit hatte er sie einfach als Konkurrenz für seine *British Gazette* betrachtet, die in seiner Dienstwohnung Downing Street Nr. 11 herausgegeben wurde.[54] Churchill setzte sich nicht durch, aber nun hatten die Leute die Gefahr begriffen. Nicht zuletzt als Folge dieser Auseinandersetzung wurde das »C« der BBC 1927 schließlich von »Company« in »Corporation« verändert und durch die *royal charter* geschützt. Der Generalstreik war also eine Wasserscheide für die BBC und ihre politische Rolle. Vor dem Streik war die Politik (wie andere »kontroverse« Themen) vollständig übergangen worden; nach dem Streik änderte sich alles. 1929 wurde erstmals *The Week in Parliament* gesendet. Drei Jahre später begann die BBC das Material für ihre Nachrichten unabhängig zu recherchieren.[55]

*

Der Historiker J. G. Plumb sagte einmal, dass die große, »unbesungene« Leistung des zwanzigsten Jahrhunderts die Ausbildung von so unglaublich vielen Menschen gewesen sei. Staatliche Schulen und Universitäten haben den Weg gewiesen, aber auch die neuen Medien, von denen viele in den Zwanzigerjahren gegründet wurden, spielten dabei keine geringe Rolle. Die Formulierung »middlebrow« mag von einigen Wenigen abwertend gemeint gewesen sein, aber für Millionen, wie zum Beispiel für die Leser der *Time* oder die Zuhörer der BBC, handelte es sich wohl doch eher um Information und Aufklärung als um Verdummung.

13
Götzendämmerung

Im Februar 1929 fand in Berlin die Uraufführung eines Films statt, der mit den Worten eines Kritikers eine Geschichte von Mord, Blut und Wahnsinn erzählte und von düsteren Kulissen beherrscht wurde, die alle Schatten verzerrten.[1] Es war das von vielen als erster »Kunstfilm« betrachtete Werk *Das Kabinett des Dr. Caligari*. Sein Erfolg war so gewaltig, dass er in einem Pariser Kino buchstäblich jeden Tag zwischen 1920 und 1927 gespielt wurde.[2] Doch dieser Film war mehr als nur ein Kassenschlager. Der Historiker Peter Gay schrieb in seinem Buch über die Zwischenkriegsjahre in Deutschland, dass er mit seinem albtraumhaften Plot, expressionistischen Kulissen und seiner düsteren Atmosphäre den Geist von Weimar für die Nachwelt ebenso greifbar bewahrte wie die Bauten von Gropius, die Abstraktionen von Kandinsky, die Karikaturen von Grosz oder die Beine von Marlene Dietrich. *Caligari* sei nicht nur entscheidend für die Filmgeschichte gewesen, sondern auch ein Lehrstück über die Geschichte Weimars. Es handelte sich um mehr als nur ein ungewöhnliches Drehbuch oder neue Beleuchtungstechniken.[3]

Nach dem Ersten Weltkrieg wurde das Deutsche Reich beinahe über Nacht zur Republik. Berlin blieb Hauptstadt, aber für Weimar als ersten Tagungsort der verfassunggebenden Nationalversammlung entschied man sich wegen seines hohen Ansehens (Goethe, Schiller) und weil man Sorge hatte, dass es in Berlin oder München zu einer Eskalation von Gewalt kommen könnte. Die Weimarer Republik dauerte bis zur Machtübernahme Hitlers 1933, vierzehn Jahre später. Obwohl sie ein so turbulentes Interregnum zwischen zwei Katastrophen war, konnte sich in dieser Zeit erstaunlicherweise eine einzigartige Kultur entwickeln, geprägt von einer Geisteshaltung, die das Kontrastprogramm zu Middletown war.

Man kann diese Periode in drei deutlich unterscheidbare Phasen gliedern.[4] Von Ende 1918 bis 1924 herrschte trotz Revolution, Bürgerkrieg, ausländischer Besatzung und unglaublicher Inflation eine Zeit des künstlerischen Experiments; der Expressionismus beherrschte die Politik ebenso wie die Malerei oder das Theater.[5] Dann folgte die Periode von

1924 bis 1929, eine Zeit der wirtschaftlichen Stabilisierung, der Distanzierung von politischer Gewalt und des zunehmenden Wohlstands, was nicht zuletzt mit der *Neuen Sachlichkeit* in der Kunst zum Ausdruck kam, einer Bewegung, die sich der sachlichen Nüchternheit verschrieben hatte. Die Jahre 1929 bis 1933 schließlich erlebten die Rückkehr zu politischer Gewalt, wachsender Arbeitslosigkeit und zum autoritären Staat. Die Kunst wurde durch Einschüchterungsversuche zum Schweigen gebracht und durch propagandistischen Kitsch ersetzt.[6]

*

Caligari entstand aus der Zusammenarbeit des jungen tschechischen Dichters Hans Janowitz und des Österreichers Carl Meyer, die sich zum ersten Mal 1919 in Berlin begegnet waren[7]. Sie wollten nicht nur ein deutliches Zeichen gegen den Krieg setzen, sondern auch herausfinden, was mit expressionistischen Mitteln filmisch erreicht werden konnte. Erzählt wird die Geschichte des verrückten Dr. Caligari – einer absurden Vaudeville-Figur –, der mit dem somnambulen Cesare auf dem Rummelplatz auftritt. Aber jenseits des Rummels spielt sich eine ganz andere und weit unheimlichere Geschichte ab. Wo immer Caligari auftaucht, ist der Tod nicht fern. Wer seinen Weg kreuzt, stirbt. Die eigentliche Handlung beginnt, nachdem Caligari zwei Studenten getötet hat, beziehungsweise er glaubt, sie getötet zu haben. In Wirklichkeit hat einer von ihnen überlebt: Francis, der nun Nachforschungen anzustellen beginnt. Er schnüffelt herum und entdeckt den schlafenden Cesare. Aber das Töten geht weiter. Als Francis zu der Stelle zurückkehrt, an der er Cesare schlafend vorgefunden hat, stellt er fest, dass der bewegungslos daliegende »Mensch« eine Puppe ist. Es dämmert ihm und der Polizei, die er inzwischen eingeschaltet hat, dass Cesare in seinen schlafwandlerischen Zuständen Befehle von Caligari ausführt und in dessen Auftrag tötet, ohne zu begreifen, was er tut. Als Caligari erkennt, dass er enttarnt wurde, flieht er in ein Irrenhaus. Und wieder stellt sich etwas Unerwartetes heraus: Francis erfährt, dass Caligari auch der *Leiter* des Irrenhauses ist. Entsetzen macht sich breit, doch am Ende gibt es kein Entkommen für Caligari. Als sein Doppelleben aufgeflogen ist, verliert er jede Selbstkontrolle und endet in der Zwangsjacke.[8]

Das war die ursprüngliche Geschichte des Dr. Caligari. Im Film machte sie jedoch eine drastische Metamorphose durch. Janowitz und Meyer hatten ihr Drehbuch als heftige Polemik gegen den militärischen Kadavergehorsam angelegt und angenommen, dass Erich Pommer, einer der damals erfolgreichsten Produzenten, dem sie ihr Script verkauft hatten, die Geschichte nicht ändern würde.[9] Doch Pommer und sein Regisseur Robert Wiene stellten sie dann so auf den Kopf, dass am Ende Francis und seine Freundin als die Verrückten dastehen. Die Idee, dass es einen Zusammenhang zwischen Verführung und Mord gibt, ist nun zu *ihrer* Wahnvorstellung geworden. Der Leiter des Irrenhauses wird zum gütigen Arzt, welcher Francis von seinen Wahnvorstellungen erlösen will. Janowitz und Meyer waren wütend. Pommer hatte das genaue Gegenteil ihrer Geschichte verfilmt. Ihre Kritik am blinden Gehorsam war verschwunden, Autorität trat im Gewand von Liebenswürdigkeit und sogar Fürsorge auf. Es war eine Travestie.[10]

Die Ironie war nur, dass Pommers Version ein riesiger kommerzieller und künstlerischer Erfolg wurde. Filmhistoriker haben oft gefragt, ob die ursprüngliche Geschichte diese Chance auch gehabt hätte. Vielleicht hätte sie es, denn Tatsache ist, dass zwar der Plot, nicht aber die Erzählweise verändert wurde: Diese war und blieb expressionistisch. Und der Expressionismus war eine revolutionäre Kraft, ein Impuls zum Wandel, auch wenn er, wie die psychoanalytische Theorie, auf der er beruhte, noch nicht ausgereift war. Das wird auch am Beispiel der expressionistischen, im Dezember 1918 gegründeten Novembergruppe deutlich, einem Zusammenschluss von Künstlern, die zu Veränderungen beitragen wollten – Emil Nolde, Walter Gropius, Bertolt Brecht, Kurt Weill, Alban Berg und Paul Hindemith. Doch Revolution bedurfte nicht nur eines Motors, sie brauchte auch Lenkung. Und für die hat der Expressionismus nie gesorgt. Vielleicht zählte am Ende sogar dieser Mangel an richtunggebundener Lenkung zu den Faktoren, die Hitlers Aufstieg und seine Machtübernahme ermöglicht haben. Hitler jedenfalls hasste den Expressionismus ebenso wie fast alles andere im Leben.[11]

Nun sollte man Weimar aber nicht einfach nur als eine Zwischenstation auf dem Weg zum Nationalsozialismus betrachten. Erstens verstand sich die Republik selbst mit Sicherheit nicht als solche, zweitens brachte gerade diese Zeit viele Errungenschaften von bleibendem Wert hervor, nicht zuletzt einige höchst angesehene akademische Institutionen, die noch heute für ihre überragende Qualität bekannt sind. Darunter waren das Berliner Psychoanalytische Institut – dem Franz Alexander, Karen Horney, Otto Fenichel, Melanie Klein und Wilhelm Reich angehörten; die Deutsche Hochschule für Politik in Berlin, die im letzten Jahr der Republik über zweitausend Studenten hatte und über Professoren wie Sigmund Neumann, Franz Neumann und Hajo Holborn verfügte; und das Hamburger Warburg-Institut für Kunstgeschichte.

1920 besuchte der deutsche Philosoph Ernst Cassirer die kunsthistorische Bibliothek des Warburg-Instituts. Er hatte gerade den Lehrstuhl für Philosophie an der neuen Universität von Hamburg übernommen und wusste, dass einige Wissenschaftler von der Warburg-Bibliothek seine Interessen teilten. Der damalige Leiter Fritz Saxl führte ihn durch die Räume der Bibliothek – das einmalige Ergebnis der lebenslangen Sammelleidenschaft von Aby Warburg, einem reichen, hoch gebildeten und »zeitweise psychotischen Menschen«, der, ähnlich wie Eliot und Joyce, vom klassischen Altertum fasziniert war und sich geradezu obsessiv mit der Frage beschäftigt hatte, inwieweit antike Ideen und Werte in die moderne Welt einfließen können.[12] Der Charme und besondere Wert dieser Bibliothek gründeten sich jedoch weniger auf die Tatsache, dass Warburg finanziell in der Lage gewesen war, Tausende von seltenen Erstausgaben über die verschiedensten Themen zu erwerben, als darauf, dass er sie mit großem Bedacht so vortrefflich zusammengestellt hatte, dass sie in eine erhellende Wechselwirkung zueinander traten. Kunst, Religion und Philosophie ergänzten sich mit Geschichte, Mathematik und Anthropologie. Für Warburg hatte es – ganz im Sinne von J. G. Frazer – außer Frage gestanden, dass Philosophie ohne Erforschung des »primitiven Geistes« nicht möglich sei. Das Warburg-Institut sollte später (darauf wird noch näher eingegangen) zur Grundlage von vielen bedeutenden kunsthistorischen Arbeiten werden. Doch seine Anfänge lagen in der Weimarer Republik. Zu den Studien unter seiner Ägide gehörten zum Beispiel *Idee*, *Dürers »Melancolia 1«* und *Hercules am Scheidewege* von Erwin Panofsky – dessen Interpretationsweise, seine »ikonologische Methode«, wie sie genannt wurde, sich nach dem Zweiten Weltkrieg als außerordentlich einflussreich erweisen sollte[13] – und Percy Schramms *Kaiser, Rom und Renovatio.*

*

Europa war fasziniert von den hoch aufragenden Wolkenkratzern in den USA, konnte sie den Amerikanern aber nicht so einfach nachbauen, weil es auf dieser Seite des Atlantiks noch völlig unverwüstete alte Städte gab, ob in Frankreich, Italien oder Deutschland, die viel zu schön waren, um ihr harmonisches Bild durch solche Bauten zu zerstören.[14] Andererseits waren die Baumaterialien des zwanzigsten Jahrhunderts, die den Wolkenkratzer überhaupt erst ermöglichten, sehr verführerisch und auch in Europa sehr populär, vor allem Stahl, Eisenbeton und Walzglas. Gerade Letzteres veränderte nicht nur das Erscheinungsbild neuer Gebäude, sondern auch die Erfahrung, sich *in* einem Haus aufzuhalten. Vom Glas, mit seinen unterschiedlichen Farben, Spiegeleffekten und seiner Transparenz, und dem Stahl, der zur flexiblen, ausdrucksstarken Außenhaut von Stahlkonstruktionen werden konnte, ließen sich die europäischen Architekten viel mehr beeinflussen als von Beton. Vor allem drei Namen sind hier zu nennen, alle Mitglieder des Architekturbüros von Peter Behrens (1868–1940), einem Pionier der deutschen Industriearchitektur: Walter Gropius, Mies van der Rohe und Charles-Édouard Jeanneret, besser bekannt als Le Corbusier. Jeder von ihnen sollte den Städten einen eigenen Stempel aufdrücken, aber keiner so unverkennbar wie Gropius, der Gründer des Bauhauses.

Warum ausgerechnet er die Führung übernahm, ist nicht schwer zu verstehen. Beeinflusst von Marx wie William Morris war er im Gegensatz zu Adolf Loos immer der Überzeugung gewesen, dass das Handwerk mindestens so schöne Dinge herzustellen vermag wie die Kunst. Außerdem hatte er eine Menge von Behrens gelernt, dessen Architekturbüro als eines der ersten funktionelle »Pakete« bot, zum Beispiel der AEG in Berlin, die es nicht nur mit Werksgebäuden, sondern auch mit einem einheitlichen Firmendesign bis hin zum Briefkopf und den Bogenlampen ausstattete. Als dann die Mitte des achtzehnten Jahrhunderts gegründete Weimarer Hochschule für Bildende Kunst mit der 1902 gegründeten Kunstgewerbeschule zusammengelegt wurde, war Gropius' Berufung zum Direktor eine nahe liegende Wahl. Die neue Bildungsstätte erhielt den Namen *Bauhaus*, nach den Bauhütten, die den Baumeistern der großen Kathedralen des Mittelalters als Unterkünfte gedient hatten.[15]

Während der ersten Jahre hatte das Weimarer Bauhaus mit einer Menge Probleme zu kämpfen. Den konservativen Weimarer Behörden waren der kollektivistische Ansatz dieser Schule, die Aufmüpfigkeit ihrer Studenten und der Stil von Johannes Itten – einem streitlustigen Maler mit mathematisch-naturwissenschaftlicher Vorbildung, der die Vorkurse für Gestaltungs- und Formenlehre leitete – ein mächtiger Dorn im Auge.[16] Gerade als das Budget auf weniger als die Hälfte zusammengestrichen werden sollte und Gropius das Bauhaus auflösen wollte, kam die Einladung des sozialdemokratischen Bürgermeisters aus Dessau, mit Sack und Pack dorthin überzusiedeln.[17] Mit dieser örtlichen Veränderung scheint sich auch Gropius selbst verändert zu haben. Er schrieb ein neues Manifest, in dem er ankündigte, dass sich die Schule von nun an mit den praktischen Fragen der Moderne befassen wollte – sozialem Wohnungsbau, Industriedesign, Typographie und der »Entwicklung von Prototypen«. Auch vom bisherigen Schwerpunkt Holz wandte er sich ab. Die neuen Dessauer Schulgebäude waren nach Gropius' Entwürfen ganz aus Stahl, Glas und Beton gebaut, um die Partnerschaft mit der Industrie zu betonen. Studenten wie Lehrkörper wollten sich nun der lebendigen, von Technik geprägten Umwelt zuwenden und dabei auf sämtliche romantisierenden Zitate und Schnörkel verzichten.[18]

Nach dem verlorenen Krieg und dem enormen Inflationsanstieg gab es kein brennenderes soziales Thema in der Weimarer Republik als den Wohnungsbau für breite Schichten des Volkes. Also widmeten sich die Bauhaus-Architekten jener Form von Wohnsiedlungen, deren Anblick uns so vertraut werden sollte. Erstmals der Öffentlichkeit vorgestellt wurden sie 1927 bei der Stuttgarter Bauausstellung, für die Corbusier, Mies van der Rohe, Gropius, J. P. Oud und Bruno Taut Häuser in der Stuttgarter Weißenhofsiedlung entworfen hatten. »Zwanzigtausend Menschen kamen täglich und staunten über die flachen Dächer, weißen Wände, streifenförmigen Fenster und Piloten an Gebäuden, die Rohes großer Kampf um eine neue Lebensweise darstellten.«[19] Diese Siedlungen waren natürlich unvergleichlich besser als die Elendsviertel aus dem neunzehnten Jahrhundert, trotzdem sollte das Bauhaus seinen dauerhaftesten Einfluss auf dem Gebiet des Industriedesigns haben.[20] Die Bauhaus-Philosophie, nach der es viel schwieriger sei, eine erstklassige Teekanne zu entwerfen als ein zweitklassiges Bild zu malen, fand großen Anklang und wurde schnell in die Massenproduktion von Klappbetten, Einbauschränken, stapelbaren Stühlen und Tischen umgesetzt, alle mit Blick auf die neuen Gebäude entworfen, in denen sie gebraucht werden sollten.[21] Frank Lloyd Wright sagte einmal: »Es ist völlig unmöglich, Gebäude als die eine Sache und ihre Einrichtung als eine andere zu betrachten… Stühle, Tische, Schränke, ja sogar Musikinstrumente sind, wo immer praktikabel, als Teile des Gebäudes selbst und niemals einfach nur als Inventar zu betrachten.« Marcel Breuer, dessen Stühle heute Klassiker sind, führte diese Idee noch einen Schritt weiter, indem er auf Möbel ganz verzichten wollte und den Menschen vorschlug, stattdessen wie auf einer Luft- oder Wassersäule tänzelnde Ping-Pong-Bälle auf Luftgebläsen zu sitzen.

*

Die Katastrophe des Ersten Weltkriegs, auf die Hungersnöte, Arbeitslosigkeit und die Inflation der Nachkriegsjahre folgten, erlebten viele Menschen als Bestätigung der marxistischen Theorie, dass der Kapitalismus früher oder später unter dem Gewicht seiner eigenen intellektuellen und ökonomischen Unzulänglichkeiten zusammenbrechen werde. Doch es wurde schon bald klar, dass nicht der Kommunismus aus den Ruinen auferstand, sondern der Faschismus. Einige waren davon so desillusioniert, dass sie den Glauben an den Marxismus vollends aufgaben Andere hielten ungeachtet der herrschenden Praxis an der Theorie fest. Eine dritte Gruppe bestand aus Leuten, die überzeugte Marxisten blieben, aber der Meinung waren, dass die marxistische Theorie umformuliert werden müsste, wenn sie ihre Glaubwürdigkeit nicht verlieren wollte. Einige Anhänger dieser Idee formierten sich Ende der zwanziger Jahre zur Frankfurter Schule und gründeten das Historische Institut für Sozialforschung. Wegen der Nationalsozialisten konnte es sich in Deutschland nicht lange halten, doch den Namen sollte es in die Emigration mitnehmen.[22]

Die drei bekanntesten Mitglieder dieser Schule waren Theodor Adorno, der sich »gleichermaßen in der Philosophie, Soziologie und Musik zu Hause zu fühlen schien«; dann der Philosoph und Soziologe Max Horkheimer, der weniger innovativ, aber dafür vielleicht verlässlicher war als Adorno, und der Sozialphilosoph Herbert Marcuse, der schließlich der weltweit Berühmteste von allen dreien wurde. Horkheimer fungierte als Direktor des Instituts, weil er nicht nur Philosoph und Soziologe war, sondern auch ein begnadeter Finanzjongleur, der das Institutsvermögen sowohl in Deutschland als auch später in den Vereinigten Staaten äußerst Gewinn bringend anlegte. Nichts aus der Frankfurter Schule wurde ohne seinen Segen veröffentlicht. Aber der eigentliche Star des Hauses war zunächst Adorno. »Er redete druckreif«, wie Marcuse später feststellte. Außerdem gehörten zu ihnen noch der Literatursoziologe Leo Löwenthal (später auch Lowenthal), der Rechtsphilosoph Franz Neumann und Friedrich Pollock, der als einer der Ersten – im Widerspruch zu Marx – behauptete, dass es keine überzeugenden inneren Gründe dafür gebe, dass der Kapitalismus zusammenbrechen müsse.[23]

In ihren Anfangsjahren befasste sich die Schule hauptsächlich mit der Idee der Entfremdung. Dieser ursprünglich von Hegel stammende Begriff war von Marx übernommen und neu definiert, aber seit den 1870er-Jahren von den Philosophen ignoriert worden. Laut Marx, so Marcuse, war »Entfremdung« ein sozioökonomischer Begriff.[24] Was er damit meinte, war, dass der Kapitalismus die Bedürfnisse des Menschen in der Arbeitswelt nicht befriedigen könne und die dadurch hervorgerufene Entfremdung logischerweise – da die kapitalistische Produktionsweise falsch sei – nur aufgehoben werden könne, wenn man die Produktionsweise grundlegend verändert. Die Frankfurter Schule entwickelte diese Idee nun zu einer *sozialpsychologischen* Frage weiter, die nicht mehr nur oder primär an die kapitalistische Produktionsweise gebunden war. Nach ihrer Definition wurde Entfremdung durch den modernen Alltag per se herbeigeführt. Diese Analyse führte zu dem dauerhaftesten Arbeitsschwerpunkt dieser Schule, nämlich dem Versuch, Freud und Marx auf einen Nenner zu bringen.[25] Hier war nun deutlich Marcuse der Vordenker, obwohl Erich Fromm später mehr Abhandlungen über dieses Thema veröffentlichen sollte. Für Marcuse waren Freuds Theorien und der Marxismus zwei Seiten derselben Medaille. Freuds unbewusste Triebe, vor allem der Lebens- und Todestrieb, standen für ihn in einem gesellschaftlichen Kontext, der bestimme, auf welche Weise diese Triebe zum Ausdruck kämen. Da sich nach Freud die Verdrängung mit dem Fortschreiten der Zivilisation notwendigerweise verstärkt, muss sich unweigerlich auch die Aggression aufbauen und schließlich in immer größerem Ausmaß entladen. Marx hatte vorausgesagt, dass die Revolution unvermeidlich sei, weil sie unausweichlich vom Kapitalismus selbst hervorgerufen würde. Marcuse bedient sich nun der Thesen Freuds, um ein entsprechendes, aber mehr auf das Individuum bezogenes Szenario herauszuarbeiten, das erklärt, wie sich Destruktivität aufbaut und schließlich nicht nur zur Selbstzerstörung, sondern auch zur Zerstörung anderer führt.[26]

Der dritte Schwerpunkt der Frankfurter Schule war die grundlegende Analyse von sozialem Wandel und Fortschritt. Mit Hilfe eines interdisziplinären Ansatzes – Soziologie, Psychologie, Philosophie – wollte sie die ihrer Meinung nach wichtigste Frage der Gegenwart klären: Was ist fehlgeschlagen in der Kultur des Abendlandes, wenn wir nun, auf der Höhe des technischen Fortschritts, eine Absage an den menschlichen Fortschritt erleben, nämlich durch: Entmenschlichung, Brutalisierung bis hin zur neuerlichen Akzeptanz von Folter als normaler Verhörtechnik, die Entwicklung von destruktiver Atomenergie, die Vergiftung der Biosphäre und vieles andere mehr? Wie konnte es dazu kommen?[27] Auf der Suche nach Antworten wandten sie dann eine ganz neue Methode an: Sie verfolgten historische Ereignisse und Ideen bis zur Zeit der Aufklärung zurück, um sich dann, von ihren Ursprungspunkten ausgehend, wieder bis zum zwanzigsten Jahrhundert vorzuarbeiten. Mit dieser Technik entdeckten sie die »Dialektik« des Zusammenspiels von progressiven und repressiven Perioden. Außerdem sei jede repressive Periode auf Grund der technischen Entwicklungen des Kapitalismus stärker gewesen als die vorangegangene, bis man Ende der Zwanzigerjahre schließlich an einem Punkt angelangt sei, wo der soziale Wohlstand, den die Kultur des Westens hauptsächlich dank des Kapitalismus angesammelt hatte, faktisch nur noch dazu genutzt worden ist, eine anständigere, menschlichere Gesellschaft zu verhindern, anstatt sie zu etablieren.[28] Faschismus war für die Frankfurter Schule nunmehr nur noch die logische Weiterentwicklung der kapitalistischen Geschichte seit der Aufklärung. Mit dieser Vorhersage in den späten Zwanzigerjahren sollte sich die Frankfurter Schule den Respekt vieler Kollegen verdienen. Ihre Forschung beruhte sehr häufig auf dem Prinzip, originalgenau zu analysieren und auf der Grundlage dieser Analyse Thesen aufzustellen, die von vorangegangenen Analysen unbeeinflusst blieben. Das erwies sich als ausgesprochen kreativer Forschungsansatz, im Sinne des neuen analytischen Verständnisses, das die Frankfurter Schule mit ihrer als »Kritische Theorie« bekannt gewordenen Methode ins Leben rief.[29] Adorno, der auch Kunsttheoretiker war, hatte seine eigene sozialistische Kunstauffassung. Sie besagt, dass es Einsichten und Wahrheiten gibt, die nur in der künstlerischen Form ausgedrückt werden können, und dass daher die künstlerische Erfahrung neben der psychologischen und politischen eine weitere Liberalisierungsmöglichkeit sei, die so vielen Menschen wie nur möglich zugänglich gemacht sein sollte.

*

Das Psychoanalytische Institut, das Warburg-Institut, die Deutsche Hochschule für Politik und das Institut für Sozialforschung der Frankfurter Schule gehörten allesamt einer Gemeinschaft der Vernunft an, wie Peter Gay es nannte, welche versuchte, die gesellschaftlichen Probleme und Erfahrungen im klaren Licht wissenschaftlicher Rationalität zu betrachten. Doch nicht jeder fühlte sich davon angesprochen.

Es gab in der Weimarer Republik auch eine heftige Kampagne gegen den »kalten Positivismus« der empirischen Wissenschaften, an der sich unter anderen auch der George-Kreis, eine Gruppe von Dichtern und Schriftstellern um Stefan George, den »König eines geheimen Deutschland«, beteiligte.[30] George, Jahrgang 1868, war Ende des Ersten Weltkriegs bereits einundfünfzig Jahre alt; seine in den literarischen Zirkeln Europas viel gelesenen Gedichte grenzten zum Teil ans Preziöse und waren geprägt von der »Ästhetik eines arroganten Intuitionismus«. Obwohl dieser Kreis um einen Dichter zentriert war, lag seine Bedeutung weniger in seiner künstlerischen Produktion als in seiner gesellschaftspolitischen Einstellung. Denn die meisten seiner Mitglieder waren Biographen – und das war sicher kein Zufall –, deren Absicht es war, »große Männer« darzustellen, vor allem Männer aus »heroischeren« Tagen, die allein durch die Macht ihres Willens den Gang der Dinge verändert hatten. Das erfolgreichste Buch aus diesem Kreis war Ernst Kantorowiczs Biographie über Kaiser Friedrich II.[31] George und sein Kreis betrachteten die Weimarer Republik gewiss nicht als ein Zeitalter der Helden, und da die Empirie ihrer Meinung nach keine Antworten auf die Prädikamente dieser Zeit anzubieten hatte, erklärten sie es zur Aufgabe der Schriftsteller, das Volk mit ihrer überlegenen Intuition zu inspirieren.

Doch George sollte nie den Einfluss haben, den er und seine Jünger sich wünschten. Und auch dichterisch wurde er von einem viel größeren Talent in den Schatten gestellt. Rainer Maria Rilke, 1875 in Prag als René Maria Rilke geboren (er germanisierte seinen Namen erst 1897) und in einer Kadettenschule erzogen[32], war ein passionierter Reisender mit einem gewissen Hang zum Snobismus (zumindest sammelte er Freundschaften mit Aristokraten). Seine Wege kreuzten sich mit denen von Nietzsche, Hofmannsthal, Schnitzler, Paula Modersohn-Becker, Gerhard Hauptmann, Oskar Kokoschka und Ellen Key (Autorin von *Jahrhundert des Kindes*), um nur einige zu nennen.[33] Auch Rilke hatte sich zu Beginn seiner Karriere nicht nur mit dramatischer und lyrischer Dichtung, sondern auch mit Biographien befasst, doch seinen internationalen Ruf erwarb er sich allein mit seiner Dichtung, die dann andere, wie zum Beispiel Auden, beeinflusste.[34] Nach den fünf »Kriegsgesängen August 1914«, die er als Reaktion auf den Ersten Weltkrieg schrieb, begann sich sein Ruf jedoch vollständig zu ändern. Junge deutsche Soldaten gingen mit diesem dünnen Band in der Hand an die Front und oft waren seine Worte die letzten, die sie lasen, bevor sie starben. Man könnte sagen, er hatte die Popularität von Rupert Brooke erreicht, ohne sich selbst je ähnlichen Gefahren ausgesetzt zu haben; er wurde das Idol einer männerlosen Generation.[35] Sein berühmtester Gedichtzyklus, die 1923 erschienenen *Duineser Elegien*, fing mit mystisch-philosophischem Ton und »Mächtigkeit« die Stimmung der Zeit ein.[36] Begonnen hatte Rilke diese Elegien bereits vor

Ausbruch des Ersten Weltkriegs, während er bei Fürstin Marie von Thurn und Taxis-Hohenlohe zu Gast auf Schloss Duino bei Triest gewesen war, wo sich auch Dante einst aufgehalten haben soll. Aber die meisten Passagen drängten in einer einzigen Woche zwischen dem 7. und 14. Februar 1922 wie ein »geistiger Orkan« aus ihm heraus.[37] Angesichts ihrer lyrischen Qualitäten, ihrer Metaphysik und großen Dichte war ihnen nicht nur in Deutschland dauerhafter Erfolg beschieden. Nachdem Rilke sie nach jener erschöpfenden Woche im Februar abgeschlossen hatte, schrieb er einem Freund, es sei endlich »vollbracht« (elf Jahre nachdem er das erste Wort niedergeschrieben hatte), ganz so als sei er das Sprachrohr einer anderen, vielleicht sogar göttlichen Stimme gewesen, was laut Aussagen von Freunden und Begleitern durchaus Rilkes Empfinden und Verhalten entsprach. Er rang um den Sinn des Lebens, rang mit »der weiten Landschaft der Klagen« und warf sein Netz über Kunst, Literatur, Geschichte, Mythologie und die Wissenschaften (Biologie, Anthropologie und Psychoanalyse) aus.[38] Die Szenerie ist von Engeln und Liebenden, Kindern, Hunden und Heiligen bevölkert, von Helden, die eine ausgesprochen germanische Vision spiegeln, aber auch von bodenständigeren Geschöpfen, ähnlich den Akrobaten und Gauklern, die Rilke in den frühen Arbeiten von Picasso entdeckt hatte. Er feierte das Leben, ließ ein originelles Bild auf das andere folgen (in einem Rhythmus, der in einer Weise ungeläufig ist, dass sich der Leser auf jedes einzelne Wort konzentrieren muss) und kontrapunktierte die Natur mit den Mechanismen der Moderne. Doch inmitten dieser »Feier des Ganzen« erinnert er uns an die Zerbrechlichkeit des Lebens und unser elegisches Verhältnis zum Dasein, da wir uns als einzige Lebewesen unseres nahenden Todes bewusst sind. Für Rilkes Biograph E. M. Butler war das dichterische Konzept der »schrecklichen Engel« Rilkes wahrhaftigste poetische Schöpfung, weil sie »keine rationale Deutung zulassen … sie stehen wie eine strahlende Feuerwand zwischen dem Menschen und seinem Schöpfer …«

> Frühe Geglückte, ihr Verwöhnten der Schöpfung,
> Höhenzüge, morgenrötliche Grate
> aller Erschaffung, – Pollen der blühenden Gottheit,
> Gelenke des Lichtes, Gänge, Treppen, Throne,
> Räume aus Wesen, Schilde aus Wonne, Tumulte
> stürmisch entzückten Gefühls und plötzlich, einzeln,
> Spiegel: die die entströmte eigene Schönheit
> wiederschöpfen zurück in das eigene Antlitz.[39]

Stefan Zweig zeichnete ihn nach seinem Tod in einer Eloge mit dem Ehrentitel *Dichter* aus:[40] Der tiefste Sinn des Lebens habe für Rilke in der Sprache gelegen, in der Fähigkeit, Wahrheiten auszusprechen und die von

Maschinen geprägte Kultur in etwas Heldenhaftes zu verwandeln, in etwas Spirituelleres, das der Liebenden und Heiligen wert sei. Obwohl sich Rilkes Dichtung bei weitem nicht jedem erschloss, wurde er zu einer internationalen Kultfigur. Er erhielt Tausende von Briefen, zumeist von Frauen, und nachdem seine Antworten in einem Sammelband erschienen waren, erreichte seine Vergötterung einen neuen Höhepunkt. Einige Kritiker sahen in diesem Rilke-Kult den Vorboten genau jenes völkischen Nationalismus, welcher in den späten Zwanziger- und Dreißigerjahren die Macht in Deutschland übernahm. Sicher, in mancher Hinsicht nahm Rilke tatsächlich die Philosophie von Heidegger vorweg. Doch man muss dem Dichter Gerechtigkeit widerfahren lassen und darauf hinweisen, dass ihm die Gefahren eines solchen Kults immer bewusst gewesen sind. Viele junge Deutsche, sagte er einmal, seien nur verwirrt, weil sie den Ruf der Kunst als einen Ruf *nach* Kunst missverstünden.[41] Auch darin kam wieder einmal die von Hofmannsthal gestellte Frage zum Ausdruck: Was ist das Schicksal aller, die nicht schöpferisch sein können? Rilke betrachtete diesen Kult um Kunst als eine Art Rückzug vom Leben, den diejenigen vollziehen, die Künstler sein wollen, anstatt zu *leben*.[42] Mit einem Wort: Rilke hat die Begeisterung, die in der Weimarer Republik für alles Spirituelle herrschte, nicht hervorgerufen, denn das war bereits eine alte deutsche Obsession. Aber er hat sie bestärkt. Seine wunderbare sprachliche Begabung, schrieb Peter Gay, habe eher einen Zugang zur Musik als zur Logik geschaffen.[43]

Während Rilke also Hofmannsthals Glauben teilte, dass auch der Künstler die vorherrschende Mentalität eines Zeitalters beeinflussen kann, ging es Thomas Mann eher wie Schnitzler darum, diese Veränderung so dramatisch wie möglich zu beschreiben. Manns international berühmtester Roman *Der Zauberberg* wurde 1924 (in zwei Bänden) veröffentlicht, der mit fünfzigtausend verkauften Exemplaren im Erscheinungsjahr sofort ein großer Erfolg war. Die Geschichte ist voller Symbolik und hier insofern hervorzuheben, als wir sie bereits kennen – denn auch im *Zauberberg* geht es um das wüste Land, welches den Anstoß zu *Das wüste Land* gab oder ihm zumindest vorausging. *Der Zauberberg* erzählt die Geschichte von Hans Castorp, einem jungen Mann, der am Vorabend des Ersten Weltkriegs seinen an Tuberkulose erkrankten Cousin in einem Schweizer Sanatorium besucht. (Einstein fuhr übrigens im Frühjahr 1928 nach Davos, um Physikvorlesungen für Tuberkulosepatienten zu halten.[44]) Eigentlich wollte Hans nur kurz bleiben, doch dann steckt er sich an und ist gezwungen, sieben Jahre in der Klinik zu verbringen. Im Verlauf des Romans werden seine Begegnungen mit den Mitgliedern der Belegschaft, anderen Patienten und Besuchern geschildert, wobei jede Figur für eine der Weltanschauungen steht, die sich um die Seele von Hans streiten. Die alles überlagernde Symbolik ist nicht besonders geheimnisvoll: Das Sanatorium ist Europa, eine im Prinzip stabile, alte Institution, die jedoch von Verfall und Korruption bedroht wird. Wie die Generäle des Ersten Weltkriegs geht auch Hans davon aus, dass sein Aufenthalt in der Klinik nur von kurzer Dauer oder sogar in Kürze vorüber sein wird.[45] Und ebenfalls wie die Militärs ist auch er dann der unerwarteten und schockierenden Erkenntnis ausgesetzt, dass seine gesamte Lebensplanung über den Haufen geworfen wird. Dann gibt es den des liberalen Settembrini: ein antiklerikaler, optimistischer und vor allem rationaler Charakter. Ihm gegenüber steht Naphta, eloquent, aber mit dem düsteren Zug eines Anhängers heroischer Leidenschaft und Instinkthaftigkeit, der Befürworter des Irrationalismus.[46] Peeperkorn könnte wiederum eine Schöpfung Rilkes sein, ein sinnlicher Zelebrant des Lebens, dem die Worte nur so von den Lippen perlen, ihn aber als jemanden entlarven, der wenig zu sagen hat. Sein Körper ist wie sein Geist: krank und impotent.[47] Clawdia Chauchat, eine Russin, ist wie Hans arglos, aber auf andere Weise. Sie ist selbstsicher, jedoch unbeleckt von jeglicher Bildung. Hans glaubt, indem er ihr sein gesamtes erlerntes Wissen vermittelt, wird er sie besitzen. Sie haben eine kurze Affäre, doch Hans kann von ihrem Geist und ihrer Seele ebenso wenig Besitz ergreifen, wie Wissenschaft und natürliche Klugheit sich gleichen.[48] Und schließlich gibt es noch den Soldaten Joachim, Hans' Vetter, den am wenigsten romantisch Veranlagten von allen, ganz besonders, was den Krieg anbelangt. Als er stirbt, fühlt der Leser diesen Verlust wie eine Amputation. Castorp findet Erlösung durch einen Traum – jene Art von Traum, der Freud gefallen hätte (und der im wirklichen Leben kaum je vorkommt), erfüllt von einer Symbolik, die nur einen einzigen Schluss zulässt, nämlich dass es immer und überall nur um Liebe geht, dass Liebe stärker als Vernunft ist und allein in der Lage, jene Kräfte zu besiegen, die allenthalben nur Tod bringen. Hans entsagt der Vernunft zwar nicht völlig, begreift jedoch, dass ein Leben ohne Leidenschaft nur ein halb gelebtes Leben ist.[49] Anders als Rilke, dessen Ziel es war, Erfahrungen als solche in Literatur zu verwandeln, war es Thomas Manns Ziel, den Zustand der Menschheit (oder doch zumindest des Abendlandes) im Besonderen und im Allgemeinen zu beschreiben. Dabei war er sich immer – wie Rilke – bewusst, dass gerade eine Ära zu Ende ging. Mit Humor und Mitgefühl, aber völlig ohne Mystizismus, macht Mann klar, dass Helden keine Antwort sind. In seinen Augen ist sich der moderne Mensch seiner selbst auf eine Weise bewusst wie noch kein Mensch vor ihm. Doch war dieses Selbstbewusstsein nun eine Form der Vernunft? Oder ein Instinkt?

*

In der letzten Hälfte des neunzehnten und während der ersten beiden Jahrzehnte des zwanzigsten Jahrhunderts hatten Paris, Wien und für eine Weile auch Zürich das kulturelle Leben Europas bestimmt. Jetzt war Berlin an der Reihe. Der damalige britische Botschafter in Berlin, Viscount d'Abernon, nannte die Zeit nach 1925 in seinen Memoiren eine »Epoche der Herrlichkeit«.[50] Bertolt Brecht und Heinrich Mann zog es ebenso nach Berlin wie Erich Kästner, nachdem er von seiner Leipziger Zeitung gefeuert worden war. Maler, Journalisten und Architekten strömten in die Stadt, aber vor allem war sie zum Magneten für Schauspieler geworden. Neben 120 Zeitungen gab es vierzig Theater von »unvergleichlicher geistiger Wachheit«.[51] Und es herrschten die goldenen Jahre des politischen Kabaretts, des Kunstfilms, des Chansons, des experimentellen Theaters von Erwin Piscator und der Operetten von Léhar.

In dieser Ansammlung von Talenten, dieser unvergleichlichen Atmosphäre geistiger Lebendigkeit, fallen vor allem drei Personen auf dem Gebiet der darstellenden Künste auf: Arnold Schönberg, Alban Berg und Bertolt Brecht. Schönberg hatte zwischen 1915 und 1923 wenig komponiert, dafür der Welt 1923 »ein völlig neues Kompositionssystem« geschenkt.[52] Zwei Jahre zuvor hatte er, verbittert von den schwierigen zurückliegenden Jahren, angekündigt: »Ich habe eine Entdeckung gemacht, durch welche die Vorherrschaft der deutschen Musik für die nächsten hundert Jahre gesichert ist«[53] – seine berühmte »Tonreihe«. Angeregt zu diesem Begriff hatte Schönberg selbst: »Die Methode der Komposition mit zwölf Tönen substituiert die Ordnung… durch eine andere Ordnung, derzufolge jedes in sich geschlossene Teilstück sich als ein Derivat der Tonbeziehungen in einer zwölftönigen ›Grundgestalt‹ in fasslichem Zusammenhang mit allen anderen Teilstücken befindet, weil es sich ununterbrochen auf diese selbe Grundgestalt rückbezieht.«[54] »Teilstücke in fasslichem Zusammenhang« war eine sehr angemessene Beschreibung, denn in dieser Reihe kommt weniger ein neuer musikalischer Stil zum Ausdruck als eine völlig neue musikalische »Grammatik«. Schönbergs vorangegangene Erfindung, die Atonalität, hatte nicht zuletzt den individuellen Intellekt aus der Komposition eliminieren sollen; die Tonreihe führte diesen Prozess nun noch einen Schritt weiter, indem sie die Möglichkeiten minimierte, einzelne Noten zu betonen. Nach diesem System besteht eine Komposition aus der Exposition aller zwölf Töne der chromatischen Leiter, die je nach Zweck unterschiedlich arrangiert, aber ihrer Reihe nach nicht wiederholt werden dürfen, sodass einer einzelnen Note nicht mehr Bedeutung als jeder anderen zukommt und das Gefühl eines tonalen Zentrums – wie in der traditionellen Musik durch entsprechende Schlüssel – nicht entstehen kann. Schönbergs Tonreihen konnten demnach nicht nur in ihrer ursprünglichen Form gespielt werden, sondern auch umgekehrt (invers), rückläufig (retrograd) und sogar umgekehrt rückläufig (retrograde Inversion). Die Idee bei dieser neuen Musik war, dass sie kontrapunktisch und nicht harmonisch sein sollte.[55] Ihre melodische Linie war oft sprunghaft; Töne schnellten in die Höhe oder sackten ab, während zugleich stark rhythmisch variiert wurde. Anstatt die Komposition also in harmonisch gruppierte, sich wiederholende Grundthemen zu arrangieren, wurde sie in einzelne Zellen aufgegliedert. Wiederholung per se musste vermieden werden. Damit waren unglaublich viele Variationen möglich, auch der Einsatz von Stimmen und Instrumenten in den ungewöhnlichsten Tonlagen. Dennoch besaßen auch diese Kompositionen eine gewisse harmonische Kohärenz, »da das grundlegende Intervallmuster immer gleich bleibt«.[56]

Als erstes Werk, das vollständig nach dieser Methode abgeschlossen wurde, gilt allgemein Schönbergs 1923 uraufgeführte Klaviersonate (Op. 25). Sowohl Berg als auch Anton von Webern adaptierten begeistert Schönbergs neue Technik; für viele sollten dann Bergs Opern *Wozzeck* und *Lulu* zu den vertrautesten Beispielen für Atonalität und Tonreihe werden. Am *Wozzeck* hatte Berg 1918 zu arbeiten begonnen, doch obwohl er das Werk bereits 1920 abgeschlossen hatte, wurde es erst 1925 in Berlin uraufgeführt.[57] Die Handlung basiert auf Georg Büchners Dramenfragment *Woyzeck* und erzählt die Geschichte eines einfachen Soldaten, der zum Opfer der Verhältnisse wird. Geliebte, Arzt, Hauptmann, Major – alle betrügen ihn. In so mancher Hinsicht kann man diese Oper als das musikalische Gegenstück zu den giftigen Bildern von Grosz bezeichnen. Am Ende begeht der Soldat erst einen Mord und dann Selbstmord. Berg, ein hoch gewachsener und gut aussehender Mann, hatte den Einflüssen des Romantizismus weniger entsagt als Schönberg oder Webern (vielleicht sind seine Werke daher auch bis heute populärer). Auch *Wozzeck* ist reich an Stimmungen, Formen – Rhapsodie, Schlaflied, Militärmarsch – und lebendigen Charakteren.[58] Bei seiner Uraufführung im Dezember 1925 – Erich Kleiber hatte zuvor »ungewöhnlich viele Proben« angesetzt – reagierte das Publikum mit Gelächter und Buhrufen.[59] Die Oper galt als degeneriert. Der Kritiker der *Deutschen Zeitung* schrieb, dass er das Gefühl gehabt habe, sich nicht in einem Theater, sondern in einem Irrenhaus zu befinden. Aber nicht alle fühlten sich derart vor den Kopf gestoßen. »Die einen sahen in Bergs Oper nur Wahnsinn, die anderen Genie.«[60] *Lulu* ist gewissermaßen das Gegenstück zu *Wozzeck*. Während der Soldat die Beute seiner Umwelt wird, ist Lulu das Raubtier, eine unmoralische Verführerin, »die zerstört, was sie berührt«.[61] Auch diese, auf zwei Dramen von Frank Wedekind basierende Oper grenzt an Atonalität. Obwohl Berg, der 1935 starb, sie nicht beenden konnte, ist sie voller bravouröser Passagen und raffinierter Koloraturen, etwa bei den Konfrontationen zwischen der zur Hure gewandelten Heldin und ihrem Mörder. Lulu ist »die Evangelistin eines neuen Jahrhunderts«. Sie wird von dem Mann getötet, der sie fürchtet.[62] Und sie verkörperte genau das Berlin, in dem sich unter anderen auch Bertolt Brecht zu Hause fühlte.

Wie Berg, Kurt Weill und Paul Hindemith war auch Brecht Mitglied der

1918 gegründeten Novembergruppe, die sich dem Ziel verschrieben hatte, eine dem neuen Zeitalter angemessene Kunst zu schaffen. Die Gruppe selbst löste sich zwar 1924 mit Beginn der zweiten Phase der Weimarer Republik auf, doch nicht nur ihr revolutionärer Geist überlebte, sondern mit Brecht auch ihr Stil. Brecht – der 1898 in Augsburg geboren wurde und gerne behauptete, »aus den schwarzen Wäldern« zu stammen – war einer der ersten Künstler, Schriftsteller, Dichter, der unter dem Einfluss des Films (und insbesondere von Chaplin) aufgewachsen war. Von frühester Jugend an war er von Amerika und amerikanischen Ideen fasziniert (später besonders von Upton Sinclair und dem Jazz). In Augsburg hatte Eugen Bertolt Friedrich Brecht – Namen, die er für einen Dichter nicht angemessen fand – als Sohn einer kleinbürgerlichen Familie seine prägenden Jahre verbracht. Aber schon bald darauf betrachtete er sich »als eine Person des öffentlichen Lebens«, auch wenn er weiterhin »pseudoproletarische Männlichkeit« zur Schau stellte.[63] Er hatte aber nicht nur dichterisches Talent. Wenn er zur Laute griff, konnte er jeden – wie zum Beispiel Lion Feuchtwanger – »in einen magischen Bann schlagen«.[64] Er schloss Freundschaften mit Karl Kraus, Carl Zuckmayer, Erwin Piscator, Paul Hindemith, Kurt Weill, Gerhart und Elisabeth Hauptmann und einem Schauspieler, der »wie eine Kaulquappe« aussah. Sein Name war Peter Lorre. Brecht war in den Zwanzigern und wollte nichts als Theater, Marxismus und Berlin.[65]

Seine ersten Stücke, wie *Baal*, brachten ihm zwar Anerkennung in den Kreisen der Avantgarde ein, doch wirklich berühmt wurde er erst mit seiner *Dreigroschenoper*. Sie beruhte auf John Gays Balladentheater aus dem Jahr 1728, *The Beggar's Opera*, die 1920 von Sir Nigel Playfair für das Londoner Lyric Theatre ausgegraben und dann jahrelang dort gespielt worden war. Elisabeth Hauptmann, die sich sicher war, dass dieses Stück in Deutschland ebenso erfolgreich sein würde, übersetzte es für Brecht.[66] Es gefiel ihm, er fand einen Produzenten und ein Theater und zog sich mit dem Komponisten Kurt Weill nach Le Lavandou in der Nähe von Saint-Tropez zurück, um daran zu arbeiten. John Gays Ziel war gewesen, das Prätentiöse von italienischen Opern ins Lächerliche zu ziehen und obendrein dem damaligen Premierminister Walpole, dem Korruption und eine Geliebte nachgesagt wurden, eins auszuwischen. Brecht hatte ernsthaftere Ideen. Er verlagerte das Stück in die näher liegende viktorianische Zeit, verwandelte es in eine Attacke gegen bürgerliche Selbstgefälligkeit und machte die Bettler zu Versehrten, ähnlich den Kriegskrüppeln, die Georges Grosz so eindrucksvoll porträtierte. Die Proben waren eine einzige Katastrophe. Schauspielerinnen liefen davon oder begannen unter unerklärlichen Krankheiten zu leiden. Die Bühnenstars wehrten sich gegen die ständigen Änderungen am Rollenbuch und verweigerten sogar die von Brecht verlangten Bewegungsabläufe. Auch sexuell anzügliche Lieder mussten gestrichen werden, weil die Schauspielerinnen »so etwas« nicht singen wollten. Aber nicht nur wegen solcher Episoden erinnerten diese Proben an *Salomé*, auch in der Berliner Gerüchteküche kursierten ganze Dramen über das Geschehen hinter den Kulissen der *Dreigroschenoper*. Es hieß, der Theaterleiter suche verzweifelt nach einem Stück, das sofort aufgeführt werden könnte, wenn das Vorhaben von Brecht und Weill geplatzt war.[67]

Die Uraufführung lief nicht gut. Während der ersten beiden Lieder verharrte das Publikum in eisigem Schweigen. Beinahe wäre es zu einer Katastrophe gekommen, weil der Leierkasten, der das erste Lied begleiten sollte, keinen Ton von sich gab und der Schauspieler deshalb gezwungen war, ohne Begleitung zu singen (das Orchester beeilte sich, wenigstens die zweite Strophe zu unterstützen). Erst das dritte Lied, das Duett, in dem sich Macheath und der Polizeichef Tiger Brown an ihre alten Zeiten in Indien erinnern, löste dann wahre Begeisterungsstürme aus.[68] Der Theaterleiter hatte zuvor angekündigt, dass es an diesem Abend keine Wiederholungen geben würde, doch das Publikum überhäufte die Schauspieler derart mit Dacaporufen, dass er seine Entscheidung schließlich zurücknehmen musste. Dass die Oper am Ende doch erfolgreich war, verdankte sich aber sicher auch der Entscheidung, ihre deutlich marxistischen Tendenzen zu verhüllen. Brechts Biograf Ronald Hayman schrieb: »Was die Bourgeosie mit den skrupellosen Kriminellen gemein hatte, war nicht besonders beleidigend dargestellt; und die Brandstifter und Halsabschneider kommen nur am Rande und obendrein sehr melodiös untermalt vor, während sich die elegant gekleideten Unternehmer in den Logen den Ganoven, die das Gehabe der Neureichen nachahmen, ohne weiteres überlegen fühlen können.«[69] Ein zweiter Grund für den Erfolg war die in Deutschland gerade herrschende Vorliebe für »Zeitopern«, Opern mit Gegenwartsbezug, für die es in den Jahren 1929–30 auch noch andere Beispiele gab, etwa Hindemiths *Neues vom Tage*, die Geschichte des Konkurrenzkampfes zweier Zeitungen; *Jonny spielt auf* von Ernst Kreutz oder Max Brandts *Maschinist Hopkins* und Schönbergs *Von heute auf morgen*.[70]

Brecht und Weill konnten ihren Erfolg mit *Aufstieg und Fall der Stadt Mahagonny* wiederholen, einem Stück, das wie die *Dreigroschenoper* eine Parabel auf die moderne Gesellschaft war. Weill sagte einmal, dass *Mahagonny* wie Sodom und Gomorra wegen der kriminellen Machenschaften, der Zügellosigkeit und der Verirrungen ihrer Bewohner fallen musste.[71] Musikalisch gesehen war die Oper populär, weil die bitteren, kommerzialisierten Jazzklänge nicht die Freiheiten Afrikas oder Amerikas symbolisierten, sondern die Korruption des Kapitalismus. Zudem gab es Anklänge an den Degenerationsgedanken. Nach seiner Lesart des Marxismus war Brecht zu der Überzeugung gelangt, dass so ziemlich alles vom Kommerz bestimmt sei und daher auch die Kunst durch das Netzwerk, das zwischen Theatern, Zeitungen, Inserenten usw. entstanden war, bedingt sei. Deshalb sollte *Mahagonny* durch die Darstellung von Irrationalität, Irrealität und Frivolität an den richtigen Stellen eine Doppelbedeutung bekommen.[72] Wichtig für Brecht war auch, dass es sich um episches Theater handelte. Die Prämisse des dramatischen Theaters war, dass sich die Natur des Menschen nicht verändern lasse; das epische Theater hingegen ging nicht nur von der Annahme aus, dass sie sich verändern lasse, sondern implizierte, dass sie bereits dabei war, sich zu verändern.[73]

Und Veränderungen fanden in der Tat statt. Vor der Uraufführung demonstrierten Nazihorden vor dem Theater, während der Vorstellung wurde von den Rängen gepöbelt, und in den Gängen kam es zu Schlägereien, die sich bis zur Bühne ausdehnten. Vor der zweiten Aufführung bildete die Polizei ein Spalier entlang den Wänden des Saals, und die Lichter durften während der ganzen Vorstellung nicht gelöscht werden.[74] Die Nationalsozialisten begannen sich mehr und mehr für Brecht zu interessieren. Doch als er dann einen Filmproduzenten verklagte (dem er die Rechte an der *Dreigroschenoper* verkauft hatte), weil er vertraglich nicht abgesprochene Änderungen vornehmen wollte, hatten die Braunhemden ein Problem: Wie sollten sie Stellung bei einem Streit zwischen einem Marxisten und einem Juden beziehen? Derart zur Untätigkeit verdammt sollten sie jedoch nicht lange bleiben. Weill, der im Oktober 1929 einmal aus reiner Neugier zu einer ihrer Veranstaltungen ging, hörte fassungslos, wie er zusammen mit Albert Einstein und Thomas Mann als »eine Gefahr für unser Land« bezeichnet wurde. Es gelang ihm, unerkannt zu entkommen.[75]

*

Martin Heidegger hasste Berlin – ein Babylon, wie er sagte. Aber er mochte ohnehin Städte nicht (»Bauern sind viel interessanter«[76]). Und dieser Widerwille gegen das urbane Leben prägte auch seine Philosophie. Heidegger, Jahrgang 1889 und Schüler von Husserl, zelebrierte geradezu seine Vorliebe für das »unverfälschte« Landleben, bis hin zur Bekleidung mit Kniebundhosen. Seine abfälligen Bemerkungen über die Stadt waren für seine leicht zu beeindruckenden Studenten nur noch eine zusätzliche Bestätigung seiner Philosophie. 1927 veröffentlichte er sein wichtigstes Buch *Sein und Zeit*. Auch wenn es Jean-Paul Sartre war, der dann in den Dreißiger-, Vierziger- und Fünfzigerjahren als Verkörperung des Existenzialismus berühmt werden sollte, war Heidegger der tiefgründigere Existenzialist – außerdem schon vor Sartre.

Sein und Zeit ist ein schwer zugängliches Werk, »kaum entzifferbar«, wie einmal ein Kritiker schrieb. Und doch wurde es ungeheuer populär.[77] Der zentrale Punkt bei Heidegger ist die Seinsfrage, der man sich nur stellen kann, indem man das Dasein so exakt wie möglich *beschreibt*. Da sich die empirischen Wissenschaften und Philosophien des Abendlandes allesamt in den vergangenen drei, vier Jahrhunderten entwickelt hätten, so Heidegger, habe sich der abendländische Mensch auch vorrangig mit der Eroberung der Natur befasst – mit dem Ergebnis, dass er sich nun selbst als Subjekt und die Natur als Objekt betrachte. Aus philosophischer Sicht rückte damit die Frage, wie man um das Seiende überhaupt wissen kann, in den Mittelpunkt. Was wissen wir und wie wissen wir, dass wir wissen? Diese Fragen beherrschten das Denken seit Descartes. Heidegger aber betrachtete Vernunft und Geist als hoffnungslos inadäquate Wegbereiter zur Erkundung der Geheimnisse des Daseins. Er ging sogar so weit, zu behaupten, dass Denken der Todfeind des Verstehens sei.[78] Vereinfacht ausgedrückt vertrat er die These, dass der Tod für den Menschen der Schlüssel zum Verständnis der »Zeitlichkeit« des »In-der-Welt-Seins« ist, da der Mensch ins Leben geworfen, kaum dass er sich an den Gedanken eines Daseins gewöhnt hat, bereits mit dem Tod konfrontiert ist.[79] Die Angst des Menschen vor dem »Entgleiten des Seienden im Ganzen« begleite ihn, bis ihm der Tod wirklich begegnet. Und erst diese Begegnung verleihe dann dem Dasein seine wahre Bedeutung; unsere Zeit auf Erden müssen wir nutzen, um uns zu erschaffen und in eine ungewisse, da noch unerschaffene Zukunft voranzugehen. Noch ein anderes Element des Heideggerschen Denkens ist für das Verständnis wesentlich: Während Wissenschaft und Technik eine reine Willensäußerung seien, das »Spiegel-Bild« unserer Bestimmung, die Natur zu kontrollieren, komme in der Dichtung die Seite der menschlichen Natur zum Ausdruck, die sich dem Willen entzieht. Der Dichter könne ein Gedicht nicht schreiben wollen, es werde ihm eingegeben.[80] Diese Auffassung verbindet ihn mit Rilke. Doch nach Heidegger kann nicht einmal der Leser willentlich auf ein Gedicht reagieren, sondern sich ihm nur unterwerfen und es auf sich wirken lassen. Das ist eine zentrale Vorstellung bei Heidegger – die Trennung zwischen dem Willen und jenem inneren Sein, das dem Willen unzugänglich bleibt und nicht durch Gedanken, sondern allein durch Unterwerfung verständlich wird. Auf einer bestimmten Ebene erinnert das ein wenig an östliche Philosophien. Mit Sicherheit jedenfalls glaubte Heidegger, dass das Abendland im zwanzigsten Jahrhundert auf dem Prüfstein stand, weil seine wissenschaftlichen Errungenschaften so sehr auf Beherrschung und Macht beruhten, dass sie nun aus der Kontrolle zu geraten drohten.[81] Einmal werde die Zeit kommen, sagte er, in der wir aufhören müssten, uns ständig behaupten zu wollen – in der wir uns einfach unterwerfen, einfach loslassen würden. Dabei berief er sich auf Hölderlin: Wir durchlebten eine Periode der Dunkelheit zwischen den entschwundenen Göttern und jenen, welche sich uns noch nicht offenbart haben – zwischen Matthew Arnolds zwei Welten, der toten und derjenigen, die nicht die Kraft hat, geboren zu werden.[82]

Natürlich kann eine Zusammenfassung des Heideggerschen Denkens in einem solchen Rahmen nur sehr oberflächlich sein. Wirklich populär wurde Heideggers Philosophie, weil sie der deutschen Passion für den Tod und das Irrationale, der Ablehnung rational-urbaner Kultur und schließlich auch dem Hass gegenüber den Werten der Weimarer Republik Ansehen verschaffte. Stillschweigend erkannte sie die gerade entstehenden völkischen Bewegungen an, die nicht an die Vernunft, sondern an das Heldentum appellierten, die dazu aufriefen, sich einem anderen als dem wissenschaftlichen Willen zu unterwerfen, und die, um hier eine vortreffliche Formulierung von Peter Gay aufzugreifen, »mit ihrem Blut dachten«. Heidegger schuf weder den Nationalsozialismus noch die Stimmungen, die zu seinem Aufstieg führten. Doch wie der von den Nazis verfolgte Theologe Paul Tillich später einmal schrieb, ist es auch nicht *völlig* aus der Luft gegriffen, wenn man die Namen Nietzsche und Heidegger in einem Atemzug mit den unmoralischen faschistischen und nationalsozialistischen Bewegungen nennt. *Sein und Zeit* war Heideggers jüdischem Mentor Edmund Husserl gewidmet. Als das Buch im nationalsozialistischen Deutschland neu aufgelegt wurde, war die Widmung verschwunden.[83]

*

Georg Lukács verließen wir in Kapitel 10 im Wiener Exil, »mit hoffnungslos konspirativer Parteiarbeit beschäftigt«.[84] Sein Leben in den Zwanzigerjahren blieb schwierig. Es gab ständige Auseinandersetzungen mit dem nach Moskau geflohenen Béla Kuhn um die Führung der ungarischen kommunistischen Partei im Exil. Lukács selbst war in Moskau Lenin und in Wien Mann begegnet und hatte bei Letzterem einen so tiefen Eindruck hinterlassen, dass dieser seinen kommunistischen Eiferer Naphta im *Zauberberg* teilweise nach ihm gestaltete.[85] Fast die ganze Zeit über lebte er in Armut. 1929 hielt er sich eine Weile illegal in Ungarn auf, bevor er zuerst nach Berlin und dann nach Moskau weiterreiste, wo er dann am Marx-Engels-Institut arbeitete (Nikolai Ryasanow edierte dort gerade die neu entdeckten Manuskripte des jungen Marx[86]).

Trotz all dieser Schwierigkeiten veröffentlichte Lukács 1923 sein berühmtestes Werk *Geschichte und Klassenbewusstsein*[87], neun Essays, die sowohl die Politik als auch die Literatur zum Thema haben. In seiner Literaturtheorie ging er von der Prämisse aus, dass sich die Romanciers seit Cervantes' *Don Quichotte* in zwei Gruppen teilen lassen, nämlich in diejenigen, welche die Unvereinbarkeit des Selbst (oder des Helden) mit der Umwelt (oder der Gesellschaft) als Weltflucht darstellen, wie Cervantes, Schiller und Balzac; und in solche, die sich, wie Flaubert, Turgenjew oder Tolstoj, desillusioniert in Romantizismen flüchten und zutiefst davon überzeugt sind – wie Conrad –, dass der Mensch unverbesserlich sei.[88] Mit anderen Worten: In beiden Ansätzen kam ein antipositivistisches und antiprogressives Weltbild zum Ausdruck. Von der Literatur zur Politik überleitend stellte Lukásc fest, dass in den unterschiedlichen Klassen auch ein unterschiedliches Bewusstsein herrsche. Die Bourgeoisie glorifiziere Individualismus und Wettbewerb und berufe sich sowohl in der Literatur als auch im Alltag darauf, dass die Gesellschaft an unveränderliche und ebenso inhumane Naturgesetze gebunden sei wie die Physik.[89] Das Proletariat hingegen suche nach einer gesellschaftlichen Ordnung, die anerkennt, *dass* die Natur des Menschen veränderbar und eine neue Synthese zwischen dem Selbst und der Gesellschaft möglich sei. Lukács betrachtete es als seine Aufgabe, dem Bürgertum diese Dichotomie verständlich zu machen, damit es die bevorstehende Revolution verstehen könnte. Dass der Film so populär war, lag für ihn daran, dass die Realität im Kino nicht mehr gegenwärtig war und dass die Menschen die Illusion genossen, ohne Schicksal, ohne Gründe, ohne Motive zu leben.[90] Schließlich stellte er fest, dass der Marxismus die Unterschiede im Klassenbewusstsein zwar erkläre, dass er sich jedoch nach der Revolution und der von ihm vollzogenen Synthese von Individuum und Gesellschaft selbst aufheben werde. Er kam daher zu dem Schluss, dass der Kommunismus nicht durch seine eigenen Erbauer konkretisiert werden musste.[91]

Lukács wurde als Revisionist und Anti-Leninist verdammt. Davon sollte er sich nie wieder erholen, aber er startete auch nie einen Gegenangriff. Am Ende gestand er seinen »Irrtum« ein. Seine Analysen von Marxismus, Klassenbewusstsein und Literatur aber fanden nicht nur ein Echo in Walter Benjamins Werk der dreißiger Jahre, sondern lebten in modifizierter Form nach dem Zweiten Weltkrieg wieder auf in der von Raymond Williams und anderen aufgestellten Lehre des kulturellen Materialismus.

*

1924, ein Jahr nach der Veröffentlichung von *Geschichte und Klassenbewusstsein*, begann sich eine Gruppe von Philosophen und Wissenschaftlern unter dem Namen Ernst-Mach-Gesellschaft jeden Donnerstag in Wien zu treffen. 1928 änderten sie den Namen in *Wiener Kreis*, und der sollte zur vielleicht bedeutendsten philosophischen (Heidegger ablehnenden) Bewegung des Jahrhunderts werden.

Das Herz und der zentrale Geist dieses Kreises war der in Berlin geborene Moritz Schlick (1882–1936), wie viele seiner Mitglieder promovierter Naturwissenschaftler (in seinem Fall Physiker, er hatte von 1900–1904 bei Max Planck studiert). Zu den mehr als zwanzig Mitgliedern des Schlick-Kreises gehörten der Wiener Otto Neurath, ein bemerkenswerter jüdischer Universalgelehrter; Rudolf Carnap, ein Mathematiker, der in Jena Schüler von Frege gewesen war; der Physiker Philipp Frank, der Psychoanalytiker Heinz Hartmann, der Mathematiker Kurt Gödel und zeitweise auch Karl Popper, der nach dem Zweiten Weltkrieg ein so einflussreicher Philosoph werden sollte. Die Philosophie, die sich nun in den Zwanzigerjahren in Wien entwickelte, hatte Schlick zuerst »konsequenter Empirismus« genannt, war dann jedoch nach seinen beiden Besuchen in den USA 1929 und 1931–32 auf den Begriff »logischer Positivismus« übergegangen. Und der sollte bleiben.

Die logischen Positivisten attackierten auf geistreiche Weise jede Metaphysik und jedes Postulat, »dass es eine Welt jenseits der wissenschaftlich und mit gesundem Menschenverstand begreifbaren Welt, welche uns durch unsere Sinne enthüllt wird«, geben könne.[92] Für sie war jede Aussage unsinnig, die nicht empirisch nachzuweisen – verifizierbar – war oder eine logische oder mathematische Aussage darstellte. Auf diese Weise betrachteten sie einen Großteil aller theologischen, schöngeistigen und politischen Prämissen als erledigt. Doch natürlich ging es um mehr als das. Der britische Philosoph A. J. Ayer, der eine Zeit lang als Beobachter an diesem Kreis teilgenommen hatte, schrieb einmal, dass sich die Wiener gegen alles wandten, »was wir die germanische Vergangenheit nennen könnten«, gegen das romantische und ihrer Ansicht nach ziemlich konfuse Denken von Hegel und Nietzsche also (nicht aber von Marx).[93] Der amerikanische Philosoph Sidney Hook, der zu dieser Zeit gerade Deutschland bereiste, bestätigte mit seinen Schilderungen, dass die traditionelleren deutschen Philosophen den empirischen Wissenschaften höchst skeptisch gegenüber standen und es als ihre Pflicht betrachteten, »die Sache von Religion, Moral, der Freiheit des Willens, des Volkes und des organischen Nationalstaats zu fördern«.[94] Ziel des Wiener Kreises war nun, die Philosophie mit den Methoden der Logik und der empirischen Wissenschaft zu erhellen und letztlich auch zu vereinfachen. Damit machte er die Philosophie zur Magd der empirischen Wissenschaften, zu einer »Disziplin zweiter Ordnung«. Gebiete erster Ordnung (wie die Physik oder Biologie) sprechen über die Welt; Disziplinen zweiter Ordnung sprechen darüber, dass und wie sie über die Welt sprechen.[95] Wittgensteins *Tractatus* hatte entscheidenden Einfluss auf den Wiener Kreis, denn auch er war ja vorrangig an der Rolle von Sprache interessiert gewesen und hatte der traditionellen Metaphysik kritisch gegenübergestanden. Der Oxforder Philosoph Gilbert Ray schrieb einmal, dass nicht zuletzt diese Auseinandersetzung dazu geführt habe, Philosophie als das »Gespräch über Sprache« zu betrachten.[96]

Der Mathematiker Neurath war vielleicht der Talentierteste in diesem Kreis. Er hatte auch bei Max Weber studiert und ein Buch mit dem Titel *Anti-Spengler* geschrieben (1921); außerdem fühlte er sich dem Bauhaus verbunden und entwickelte die »Wiener Methode der Bildstatistik«, ein System aus zweitausend Symbolen, heute Isotypen genannt, die dazu gedacht waren, Analphabeten das Lernen zu erleichtern. (Er selbst pflegte seine Briefe mit der Isotype eines Elefanten zu unterzeichnen, der je nach Stimmung lustig oder unglücklich dreinblickte.[97]) Doch dieser fröhliche Bär von Mann war ein zutiefst ernster Mensch und sich mit Wittgenstein völlig darin einig, dass man über Metaphysik schweigen sollte, weil sie Unsinn sei, aber zugleich erkennen müsse, dass man über etwas schweigt, das nicht existiert.[98]

Entscheidend für den Einfluss des Wiener Kreises waren sicher auch das selbstbewusste Auftreten seiner Mitglieder und ihre Begeisterung über ihren eigenen wissenschaftlichen Ansatz. Es war, als hätten sie plötzlich begriffen, was Philosophie wirklich ist: Wissenschaft beschreibt die Welt, und zwar die einzige, die es gibt, nämlich die Welt der Dinge um uns; daher kann die Philosophie bestenfalls wissenschaftliche Konzepte und Theorien analysieren und kritisieren, um sie zu verbessern. Auf Grund dieser Aussage wurde der logische Positivismus später auch »analytische Philosophie« genannt.

*

Im selben Jahr, in dem Moritz Schlick den Wiener Kreis ins Leben rief und Thomas Manns *Zauberberg* erschien, begann Robert Musil in Wien sein Meisterwerk *Der Mann ohne Eigenschaften* zu schreiben.[99] Für so manchen ist dieses dreibändige Werk, dessen erster Band zu Beginn des Winters 1930 erschien, der bedeutendste deutschsprachige Roman des zwanzigsten Jahrhunderts, noch weit bedeutender als alles, was Thomas Mann je geschrieben hat. Doch obwohl viele Musils Roman auf die gleiche Stufe mit Joyces *Ulysses* und Prousts *Auf der Suche nach der verlorenen Zeit* stellen, ist er bis heute international weit weniger bekannt als deren Werke oder Manns *Zauberberg*.

Musil, 1880 in Klagenfurt geboren, stammte aus der oberen Mittelschicht, Teil des österreichischen »Mandinarats.« Er studierte Maschinenbau, wechselte dann aber zur Philosophie und Psychologie und promovierte 1908 über Ernst Mach. *Der Mann ohne Eigenschaften* beginnt im Jahr 1913 im Lande »Kakanien«, der verballhornten Form des kaiserlich und königlichen Österreich-Ungarn.[100] Viele empfinden dieses Buch trotz seines gewaltigen Umfangs als die brillanteste literarische Antwort auf all die Entwicklungen, die zu Beginn des zwanzigsten Jahrhunderts in so vielen Bereichen stattgefunden hatten, und als eines von bestenfalls einer Hand voll Büchern, die sich jeder Überinterpretation entziehen. Musils Werk ist: post Bergson, post Einstein, post Rutherford, post Bohr, post Freud, post Husserl, post Picasso, post Proust, post Joyce und allem voran post Wittgenstein.

Es gibt darin drei ineinander verschlungene Themen, die sich zu einem lockeren narrativen Faden verflechten. Als wichtigstes die Suche der Hauptfigur Ulrich von…, eines Wiener Intellektuellen in seinen frühen dreißiger Jahren, dessen Versuche, den Sinn des modernen Lebens zu durchdringen, ihn zu dem Versuch führen, den Geist eines Mörders zu verstehen. Das zweite Thema ist Ulrichs (Liebes-) Beziehung zu seiner Schwester, die er schon in der Kindheit aus den Augen verloren hat. Und als drittes schließlich ist der Roman eine Sozialsatire über Wien am Vorabend des Ersten Weltkriegs.[101]

Aber das eigentliche Thema, das sich als roter Faden durch das gesamte Buch zieht, ist die Frage, was es heißt, in einem wissenschaftlichen Zeitalter zu leben. Wenn wir unseren Sinnen trauen können, wenn auch wir uns nur auf die gleiche Weise erfahren können, wie Wissenschaftler uns erfahren, wenn alle Generalisierungen und Gespräche über Werte, Moral und Ästhetik sinnlos sind, wie Wittgenstein uns klar gemacht hat – wie sollen wir dann leben? Musil akzeptierte, dass die alten Denkkategorien der Menschheit – all die »halb-beschrittnen« Wege und Ideen über Rasse und Religion – nicht mehr von Nutzen sind, aber mit welchen sollen wir sie ersetzen? Ulrichs Versuche, die Gedanken des Mörders Moosbrugger zu verstehen, erinnern an Gides Argument, dass es Dinge gibt, die sich einfach nicht erklären lassen. (Musil studierte wie Husserl bei dem Psychologen Carl Stumpf und war daher kein großer Anhänger Freuds; zwar glaubte auch er, dass es so etwas wie das Unbewusste gibt, war sich aber sicher, dass es sich dabei eher um einen Wust vergessener Erinnerungen à la Proust handelt. Im Übrigen machte er für dieses Buch wissenschaftliche Recherchen, so über einen realen Mörder in einem Wiener Gefängnis.) Einmal stellt Ulrich fest, dass er zwar groß und breitschultrig ist und einen Brustkorb hat, der sich wie ein Segel am Mast blähen kann, aber dass er sich immer dann, wenn er etwas liest, das ihn bewegt, klein und weich fühlt, wie eine Qualle, die durchs Wasser treibt. Mit anderen Worten: Es gibt keine Beschreibung, keine Charakterisierung oder Eigenschaft, die grundsätzlich auf ihn zutrifft. So gesehen ist er ein Mann ohne Eigenschaften.

Kaum hatte Musil sein großes Werk beendet, starb er 1942 vollständig erschöpft. Die Zeit, die er bis zur Fertigstellung gebraucht hatte, spiegelte seine Ansicht, dass sich im Kielwasser so vieler anderer Neuerungen auch der Roman des zwanzigsten Jahrhunderts verändern müsse. Für ihn war der traditionelle Roman als Möglichkeit, eine Geschichte zu erzählen, überholt und der moderne Roman zur natürlichen Heimstatt von Metaphysik geworden. Romane – sein Roman jedenfalls – waren Gedankenexperimente, vergleichbar denjenigen Einsteins oder den Bildern Picassos, die eine Person frontal wie seitlich zugleich erfassten. Jeder Erfahrung lagen für ihn notwendigerweise die zwei Prinzipien Gewalt und Liebe zu Grunde – eine Aussage, die ihn mit Joyce verband: Wissenschaft mag in der Lage sein, Sex zu erklären, aber Liebe? Und Liebe kann wiederum derart erschöpfen, dass wir nur noch in der Lage sind, einen Tag nach dem anderen zu bewältigen. Das Denken über ein Morgen – Philosophie – ist damit inkommensurabel. Musil war kein Antiwissenschaftler wie so viele andere (Ulrich liebt die Mathematik nicht zuletzt wegen gewisser Menschen, die sie nicht ausstehen können), aber er glaubte, dass Romanciers in der Lage sind, herauszufinden, wohin uns die Wissenschaften führen. Die fundamentale Frage für ihn war, ob die Seele jemals durch Logik ersetzt werden könne. Die Suche nach Objektivität und die Suche nach Sinn sind für ihn unvereinbar.

Auch Franz Kafka befasste sich obsessiv mit der Frage, was es bedeutet, Mensch zu sein, und interessierte sich für den Kampf zwischen Wissenschaft und Ethik. 1923 erfüllte er sich den lang gehegten Wunsch, von Prag nach Berlin überzusiedeln. Doch nach kaum einem Jahr in Berlin zwang ihn eine Kehlkopftuberkulose zuerst nach Prag zurück und dann in ein Sanatorium nach Klosterneuburg, wo er mit nur einundvierzig Jahren starb.

Aus Kafkas Privatleben sind nur wenige Details bekannt, die erklären könnten, wie er zu seinen außerordentlichen Phantasien gelangt war. Kafka, ein schmaler, immer mit Bedacht etwas dandyhaft gekleideter Mann war als Jurist in ein Versicherungsunternehmen eingetreten. Den einzigen Hinweis auf sein unkonventionelles Innenleben liefert vielleicht die Tatsache seiner drei gescheiterten Verlobungen, zwei Mal mit derselben Frau.[102] Ebenso ambivalente Gefühle wie Freud gegenüber Wien hatte er gegenüber Prag: »Prag lässt nicht los. ... Dieses Mütterchen hat Krallen«,[103] schrieb er einmal über die Stadt, die er immer verlassen wollte, wovon ihn seine gut dotierte Stellung in der Versicherung aber immer wieder abhielt. Als er 1923 schließlich wegging, war es bereits zu spät. Auch dass er ständig Auseinandersetzungen mit seinem Vater hatte, mag sich auf sein Schreiben ausgewirkt haben. Doch wie bei allen großen Künstlern bleiben auch bei Kafka die Zusammenhänge zwischen Leben und Werk verschwommen.

International am bekanntesten sind wohl seine drei Erzählungen *Die Verwandlung* (1916), *Der Prozess* (posthum 1925) und *Das Schloss* (posthum 1926). Abgesehen von seinem dichterischen Werk hinterließ Kafka Tagebuchaufzeichnungen aus vierzehn Jahren und ausgiebige Briefwechsel, die einen zutiefst widersprüchlichen und rätselhaften Menschen enthüllen. Beispielsweise hat er oft betont, dass ihm Unabhängigkeit über alles gehe, aber trotzdem bis zu seiner Übersiedlung nach Berlin in seinem Elternhaus gelebt; er war fünf Jahre lang mit derselben Frau verlobt, sah sie aber kaum ein Dutzend Mal in dieser Zeit; und er stellte sich mit Vorliebe die grauenhaftesten Todesmöglichkeiten für sich selbst vor. Er lebte für das Schreiben und arbeitete monatelang wie ein Besessener, bis er schließlich vor Erschöpfung zusammenbrach, war aber im Stande, alles wieder über Bord zu werfen, wenn er das Geleistete untauglich fand. Er hatte relativ wenige Briefpartner, denen er allerdings sehr häufig sehr lange Briefe schrieb. Einer Frau schrieb er neunzig Briefe innerhalb von nur zwei Monaten nach ihrer ersten Begegnung, manche darunter zwanzig bis dreißig Seiten lang. Einer anderen schrieb er hundertdreißig Briefe innerhalb von fünf Monaten. Im Alter von sechsunddreißig Jahren teilte er seinem Vater in einem fünfunddreißig Seiten langen Brief mit, weshalb er ihn noch immer fürchtete. Seinem künftigen Schwiegervater, dem er nur einmal begegnet war, erklärte er in einem ausführlichen Brief, dass er wahrscheinlich impotent sei.[104]

Obwohl Kafkas Erzählungen und Romane thematisch ganz unterschiedlich sind, weisen sie verblüffende Ähnlichkeiten auf, sodass die Gesamtwirkung von Kafkas Werk mehr als nur die Summe seiner Teile ausmacht. *Die Verwandlung* beginnt mit einer der berühmtesten Eröffnungen der Literatur: »Als Gregor Samsa eines Morgens aus unruhigen Träumen erwachte, fand er sich in seinem Bett zu einem ungeheueren Ungeziefer verwandelt.« Auf den ersten Blick scheint es, als ob die Fabel dieser Geschichte damit gleich zu Beginn verraten worden sei. Doch in Wahrheit erforscht die Erzählung Gregors Reaktion auf diese Ungeheuerlichkeit und wie sie sich auf seine Beziehung zu seiner Familie und zu seinen Arbeitskollegen auswirkt. Wenn sich ein Mensch in ein Ungeziefer verwandelt, hilft ihm/uns das, zu verstehen, was es heißt, Mensch zu sein? Im *Prozess* wird Joseph K. (dessen Nachnamen wir nie erfahren) verhaftet und vor Gericht gestellt. Doch weder er noch der Leser erfahren, warum er angeklagt ist oder nach welchem Recht sich das Gericht konstituiert hat, und darum kann weder K. noch der Leser entscheiden, ob das Todesurteil berechtigt ist.[105] Und im *Schloss* schließlich kommt K. (wieder erfahren wir nicht mehr) in ein Dorf, um eine Stelle als Landvermesser auf dem Schloss anzutreten, das über dem zugehörigen Dorf aufragt und dessen Eigentümer auch alle anderen Häuser besitzt. Dort stellt K. fest, dass man auf dem Schloss noch nie etwas von ihm gehört haben will, jedenfalls wird ihm das zuerst gesagt. Er sollte nicht einmal im Gasthof des Dorfes übernachten dürfen. Damit entfaltet sich allmählich eine Kette von außcrordentlichen Ereignissen, bei denen sich die Figuren ständig selbst widersprechen, unvorhersehbar von einer Stimmung in die andere fallen und ihr Verhalten gegenüber K. andauernd ändern, buchstäblich über Nacht altern oder verwirrende Lügen auftischen. Sogar K. selbst sieht sich gelegentlich in Lügen verstrickt. Die Emissäre aus dem Schloss kommen ins Dorf, doch aus dem Schloss selbst dringt nie ein Lebenszeichen heraus, und K. wird es nie betreten.[106]

Eine Schwierigkeit bei der Interpretation von Kafkas Werk ergibt sich durch die Tatsache, dass er keine seiner drei wichtigsten Arbeiten fertig gestellt hat. Wir wissen nur aus seinen Tagebüchern, was er bis zum Zeitpunkt seines Todes beabsichtigt hatte und was er seinem Freund Max

Brod über sein weiteres Vorgehen beim *Schloss*, seinem meist verkauften Buch, erklärt hat. Manche Kritiker glauben, dass er in jedem seiner Werke die Innenwelten von geistig instabilen Persönlichkeiten erforschte, vor allem im Roman *Der Prozess*, der nach dieser Lesart zur phantasievollen Fallgeschichte eines unter Verfolgungswahn leidenden Menschen wird. Doch braucht man gar nicht so weit zu gehen. Alle drei Geschichten erzählen von einem Mann, der keine Kontrolle über sich oder sein Leben hat. In jedem Fall wird ein Mensch vom Leben gebeutelt und gerät dabei in den Einflussbereich von Kräften – biologischer, psychologischer und logischer Art –, denen er seinen Willen nicht aufzwingen kann und blind gehorchen muss. Es gibt keine Entwicklung, keinen Fortschritt im konventionellen Sinn und keinerlei Optimismus. Der Protagonist gewinnt nie, er verliert immer. In Kafkas Werk sind immer irgendwelche Kräfte, aber keine Autoritäten am Werk. Es ist eine freudlose Welt, die einen frösteln macht. Der Jude und Tscheche Kafka spürte sogar als Außenstehender genau, was auf diese Weimarer Gesellschaft zukam. Und zwischen Kafka und Heidegger besteht insofern eine Ähnlichkeit, als sich auch Kafkas Charaktere mächtigeren Kräften unterwerfen müssen, Kräften, die sie nicht wirklich begreifen. Einmal schrieb Kafka, dass er manchmal glaube, er verstehe den Untergang der Menschheit wie kein anderer.[107] Klar unterscheidet sich Kafka jedoch von Heidegger in der Aussage, dass nicht einmal Unterwerfung zur Erfüllung führt, dass so etwas wie Erfüllung in der modernen Welt vermutlich gar nicht möglich ist. Genau das macht *Das Schloss* zu Kafkas Meisterwerk. Viele haben es als moderne Version der *Göttlichen Komödie* gepriesen. W. H. Auden schrieb: »Müsste man den Autor nennen, der unserem Zeitalter ebenso nahe kam wie Dante, Shakespeare oder Goethe den ihren, wäre Kafka der Erste, an den man dächte.[108]

Das *Schloss* dominiert das Dorfleben. Seine Dominanz steht außer Frage, ohne jedoch erklärt zu werden. Ebenso außer Frage steht die Launenhaftigkeit seiner Bürokratie. Aber alle Versuche von K., sie zu verstehen, schlagen fehl. Obwohl Kafkas Arbeiten überdeutlich und vielleicht sogar ein wenig zu allegorisch die modernen Gesellschaften spiegeln – gesichtslose Massenbürokratien, ein Dasein, das immer am Rande des Schreckens laviert und von Unpersönlichkeit wie von dem vorherrschenden Gefühl geprägt ist, ständigen Übergriffen (durch Wissenschaft und Technik) und einer ständig drohenden Entmenschlichung ausgesetzt zu sein –, sagen sie genau die Welt voraus, die sich materialisieren sollte. *Das Schloss* stellt zumindest insofern den Höhepunkt von Kafkas Werk dar, als es den Leser dazu zwingt, diese Geschichte ebenso verstehen zu wollen wie K. das Schloss zu verstehen versucht. Doch Kafka gelang es mit all seinen Büchern, dem Leser den Terror vor Augen zu führen und ihn jene Gefühle des Grauens, der Entfremdung und Vereinsamung *spüren* zu lassen, die das Leben in der modernen Welt so häufig kennzeichnen. Auf unheimliche Weise gelang es ihm, jene besonderen Welten vorwegzunehmen, die schon bald darauf Wirklichkeit werden sollten – Stalins Russland und Hitlers Deutschland.

*

1924, im Jahr, in dem Kafka der Tuberkulose erlag, feierte Adolf Hitler seinen fünfunddreißigsten Geburtstag – im Gefängnis von Landsberg, wo er eine fünfjährige Haftstrafe wegen Hochverrats und seiner Rolle beim Münchener Putsch absaß. Er war nicht der einzige Nationalsozialist, der dort inhaftiert war. Doch einmal ganz abgesehen davon, dass über alle ohnedies nur die Mindeststrafe verhängt worden war, hatten sie eine gute Zeit. Es gab reichlich zu essen, und sie konnten sich im Hof vergnügen. Hitler, der bei seinen Mithäftlingen sehr beliebt war, empfing zu seinem Geburtstag unzählige Pakete und Blumengebinde. Er begann an Gewicht zuzunehmen.[109]

Die Gerichtsverhandlung hatte über drei Wochen lang die Schlagzeilen aller deutschen Zeitungen beherrscht und es Hitler zum ersten Mal ermöglicht, landesweit Aufmerksamkeit auf sich zu lenken. Später sollte er feststellen, dass diese Verhandlung und ihre Begleiterscheinungen einen Wendepunkt in seinem Leben darstellten. Seine Zeit im Gefängnis nutzte er, um den ersten Teil von *Mein Kampf* zu schreiben. Es ist absolut vorstellbar, dass er nie ein Wort geschrieben hätte, wäre er nicht nach Landsberg geschickt worden. Alan Bullock betonte, dass er diese unbezahlbare Gelegenheit einfach am Schopf gepackt hatte. Jedenfalls sollte ihn dieses Machwerk, kaum geschrieben, zum Führer der Nationalsozialisten erheben. Es legte die Grundlagen für den Mythos Hitler und half ihm selbst, sich über seine Ideen klar zu werden. Er hatte instinktiv begriffen, dass eine Bewegung, wie sie ihm vorschwebte, einer »Heiligen Schrift«, einer eigenen Bibel bedurfte.[110]

Vieles ist über Hitler zu sagen, aber eines ist gewiss: Er selbst hielt sich für einen großen Geist mit einem besonderen Verständnis für technisch-militärische Fragen, Naturwissenschaften und vor allem Geschichte. Er war davon durchdrungen, dass ihn dieses Verständnis von anderen Menschen unterschied – und damit hatte er nicht einmal völlig Unrecht. Erinnern wir uns, dass er den Wunsch gehabt hatte, Maler und Architekt zu werden. Dass er dann etwas ganz anderes wurde, war unter anderem dem Ersten Weltkrieg, der daran anschließenden Friedenszeit und seinen spezifischen autodidaktischen Bildungsversuchen zu verdanken. Doch das in unserem Zusammenhang für dieses Buch wichtigste Moment der geistigen Entwicklung Hitlers war, dass zwischen ihr und der Entwicklung der meisten, wenn nicht aller in diesem Kapitel behandelten Personen Welten lagen. Man braucht *Mein Kampf* nur durchzublättern, um festzustellen, dass es sich hier fast ausschließlich um Ideen des neunzehnten Jahrhunderts oder spätestens der Jahrhundertwende handelte – um solche also, die in Kapitel 2 und 3 zur Sprache kamen. Und die legte Hitler, nachdem er einmal von ihnen überzeugt war, nie wieder ab. Die Vorstellungen des »Führers«, die in den *Tischgesprächen* während des Zweiten Weltkriegs zum Ausdruck kamen, sind direkt auf Hitlers Denken als junger Mann zurückzuführen.[111]

Der berühmte amerikanische Historiker George L. Mosse verfolgte die Geschichte des Dritten Reichs bis zu ihren Wurzeln zurück.[112] Er zeigte, wie sich das Amalgam aus »völkischem Naturmystizismus« und »Deutschthum« im neunzehnten Jahrhundert teils als Reaktion auf die romantische Bewegung, teils auf das verwirrende Tempo der Industrialisierung und teils als Aspekt der nationalen Einigung herausbilden konnte. Während sich »das Volk« zu einer heroischen alldeutschen Nation einen sollte, diente das »verdorrte Volk« der »wurzellosen« Juden als negativer Vergleich, als Abgrenzung dieser kulturellen Einheit (was natürlich schon deshalb unsinnig war, da Juden in Deutschland zum Beispiel erst 1918 Beamte werden oder einen Lehrstuhl bekommen konnten). Mosse spürte auch dem Einfluss von inzwischen völlig in Vergessenheit geratenen Autoren nach, die »einen großen Teil der Verantwortung« für dieses völkische Denken trugen. Beispielsweise Paul de Lagarde (der eigentlich Paul Bötticher hieß) und Julius Langbehn, die das »Deutschthum« zu jener Kraft erhoben, an welcher die Welt genesen sollte, oder der Verleger Eugen Diederichs, der sich »als Ersatz für den Staat ... das Ideal einer Kulturnation unter der Führung einer geweihten Elite« vorstellte und deutsche Mythen und Sagen wie zum Beispiel den »*Werwolf*« verlegte, um ein Zeitalter in Erinnerung zu rufen, »als die deutsche Kultur noch völlig rein gewesen sei«, und seine Verbundenheit mit der Antike zu betonen (große, aber auch heidnische Kulturen). Bei alledem ging es darum, das Volk selbst auf die Stufe einer Gottheit zu erheben.[113] Anfang des zwanzigsten Jahrhunderts waren Bücher wie *Die Germanen und die Renaissance von Italien* (1905) von Ludwig Woltmann sehr populär gewesen. Woltmann hatte behauptet, dass »die deutsche Rasse« sogar die Renaissance dominiert habe: »Die Führer der italienischen Renaissance [waren] nicht die Nachkommen der Römer, sondern der Goten und Langobarden.«[114] Mosse weist nach, wie stark sich der Sozialdarwinismus in dieser Gesellschaft bereits etabliert hatte. 1900 hatte der Industrielle Alfred Krupp zum Beispiel einen öffentlichen Wettbewerb finanziell unterstützt, »dessen Teilnehmer eine Abhandlung über die praktische Anwendung der darwinistischen Grundsätze auf die innenpolitischen Entwicklungen und das Staatsrecht zu schreiben hatten«.[115] Wenig überraschend, dass der Gewinner ausnahmslos *alle* Aspekte des Staates »vor dem Hintergrund des Überlebenskampfes« betrachtete. Auch die Versuche, »germanische Utopien« zu verwirklichen, beschreibt Mosse – von den »arischen« Kolonien in Paraguay und Mexiko bis hin zu den Nudistenlagern in Bayern, die »als Teil der völkischen Bewegung betrachtet... versuchten, eine rassische Ideologie zu verwirklichen«. Nicht nur der Körperkult entwickelte sich aus diesen Utopien, sondern auch die »Freiland-Bewegung« oder das Schulfach »Heimatkunde« mit seinen »typisch völkischen« Inhalten. »Deutsch-völkische Gesinnung«, zu der »nur deutsches Ariertum befähigte«, war zur Grundlage von einfach allem geworden.[116] Und in eben dieser Atmosphäre wuchs Hitler auf, ohne sich irgendwelcher Alternativen bewusst zu sein.

Tatsächlich machte Hitler daraus nie ein Geheimnis. Seine Heimatstadt Linz war eine »halbdörfliche, mittelbürgerliche« und von Deutschnationalen bewohnte Stadt, in der Alldeutsche Verbindungen wie »Gothia« und »Wodan« behördlich zwar verboten, aber geduldet waren.[117] Als Jugendlicher hatte sich Hitler solchen Gruppen angeschlossen, aber auch den intoleranten Nationalismus der Erwachsenen in der Stadt erlebt. Tschechenfeindliche Einstellungen waren in Linz zum Beispiel derart virulent, dass sie sogar der bedeutende tschechische Geiger Jan Kubelik bei einem Auftritt in der Stadt zu spüren bekam. In *Mein Kampf* nehmen solche Erinnerungen viel Raum ein; und auch die Polemik Hitlers gegen die Habsburger – wegen ihrer »Tschechisierung« der Österreicher – erklärt sich aus dieser Zeit. Hitler schreibt, er habe »während der Linzer Schulzeit ›die Geschichte ihrem Sinne nach verstehen und begreifen‹ gelernt – ›Geschichte lernen [heißt], die Kräfte suchen und finden, die als Ursachen zu jenen Wirkungen führen, die wir dann als geschichtliche Ereignisse vor unseren Augen sehen‹«.[118] Eine dieser Kräfte fand er dann in der Überzeugung (auch die hatte er bereits als Jugendlicher erworben), dass Großbritannien, Frankreich und Russland nichts anderes wollten als Deutschland umzingeln. Von dieser Sicht sollte er sich nie verabschieden. Wenig überraschend ist auch, dass er Geschichte als das Werk großer Männer betrachtete. Seine Helden hießen Karl der Große, Rudolf von Habsburg, Friedrich der Große, Napoleon, Bismarck und Wilhelm I. So gesehen war er eher aus dem Holz eines George oder Rilke geschnitzt als dem eines Marx oder Engels, die ja die Geschichte vom Klassenkampf beherrscht sahen. Für Hitler war Geschichte eine Aneinanderreihung von Rassenkämpfen, deren Ausgang jedoch grundsätzlich von großen Männern abhängt: »[Geschichte ist] die Summe von Kampf und Krieg jeder gegen jeden schlechthin. In ihr gibt es für ihn weder Barmherzigkeit noch Humanität.« Als Nachweis zitierte er oft die Aussage von General Helmut von Moltke, dass »die schärfste Kampfesweise im Kriege nur das Leid abkürzte«.[119]

Hitlers Vorstellungen von Biologie waren ein Amalgam aus Thomas R. Malthus, Darwin, Joseph Arthur Gobineau und William McDougall: Der Mensch erstarke im Kampf; seine Ziele setze er nur durch, wenn er sich mit aller Brutalität seiner ursprünglichen Kraft bediene; Kampf sei der Vater aller Dinge, Tugend liege im Blute, Herrschaftswille sei das oberste Gebot; wer leben wolle, müsse kämpfen, und wer nicht kämpfen wolle, habe in dieser Welt, in der ewiger Kampf das Gesetz des Lebens sei, jedes Recht auf Leben verwirkt. Malthus glaubte, die Erde werde die Weltbevölkerung nicht lange ertragen können, weshalb Hunger und Krieg unvermeidlich seien. Daher setzte er seine ganze Hoffnung auf Geburtenkontrolle und Modernisierungen in der Landwirtschaft. Hitler fand eine andere Antwort: den Vernichtungskrieg als Mittel zum Zweck, als historisch unumgängliche Reaktion auf die Gesetze und Notwendigkeiten der Natur. Werner Maser schrieb in seiner Biographie, dass Hitlers »bestialische Auffassung über die ›Behandlung‹ Schwacher und Kranker« aus den Lehren des Mediziners Alfred Ploetz stammten, dessen Machwerk *Die Tüchtigkeit unserer Rasse und der Schutz der Schwachen* er als junger Mann vor dem Ersten Weltkrieg in Wien gelesen habe. Anhand des folgenden Auszugs aus Ploetz' Buch wird deutlich, wie sich das Denken aus dem neunzehnten Jahrhundert fortsetzte: »Gegen die Kriege wird der Rassenhygieniker [die neue Bezeichnung für den Eugeniker] weniger etwas haben, da sie eines der Mittel zum Kampf ums Dasein der Völker bilden ... Während des Feldzugs wäre es dann gut, die besonders zusammengereihten, schlechten Varianten an die Stellen zu bringen, wo man hauptsächlich Kanonenfutter braucht und wo es auf die individuelle Tüchtigkeit nicht so ankommt.«[120]

Hitlers Biologismus war untrennbar mit seinem Geschichtsverständnis verknüpft. Er wusste sehr wenig über Frühgeschichte, betrachtete sich aber als Kenner der Antike. So pflegte er zum Beispiel gerne zu betonen, dass das alte Griechenland oder Rom seine »natürliche Heimat« sei und er mit Plato mehr als nur flüchtig kenne. Dies mag wohl auch ein Grund dafür gewesen sein, weshalb er die »Ostrassen« (die einstigen Barbaren) als so stark unterlegen empfand. »Reinzucht« war eine seiner Lieblingsideen, beispielsweise auf die in Wien herrschende »Habsburgerbrut« bezogen, die er zur Degeneration verdammt sah. Aber auch organisierte Religionen, insbesondere die katholische Kirche, sah er wegen ihrer antiwissenschaftlichen Haltung und ihrem fehlgeleiteten Engagement für die Armen (»Überlebensschwachen«) dem Untergang geweiht. Für Hitler war die Menschheit in drei Kategorien geteilt – in die Schöpfer von Kultur, die Träger von Kultur und die Vernichter von Kultur. Kultur schaffen konnten nur die »Arier«. Und für den Untergang von Kultur gab es immer nur den einen Grund: Rassenmischung. Die germanischen Stämme hätten schließlich schon im antiken Rom dekadente Kulturen verdrängt, weshalb also sollten sie mit dem dekadenten Europa nicht ebenso verfahren können. Auch hier ist wieder der Linzer Einfluss zu spüren, mit dem sich auch zum Teil die Affinität Hitlers zu Hegel erklärt. Hegel hatte behauptet, Europa sei maßgeblich für die Entwicklung der Geschichte, und Russland ebenso wie die Vereinigten Staaten hätten nur eine periphere Bedeutung. Das landumschlossene Linz verstärkte diesen Eindruck bei Hitler. »Während seines ganzen Lebens blieb Hitler ein am Binnenland orientierter Deutscher, das Meer regte seine Phantasie nicht an ... Seine Wurzeln lagen vollständig innerhalb der kulturellen Grenzen des alten Römischen Reichs.«[121] Genau diese Einstellung war vermutlich entscheidend, weil sie Hitler dazu brachte, diese »Peripherie« – Großbritannien, die Vereinigten Staaten und Russland – auf verhängnisvolle Weise zu unterschätzen.

Während Linz Hitlers Denken auf das neunzehnte Jahrhundert konzentrierte, lehrte Wien ihn den Hass. Werner Maser schildert diese Entwicklung ausführlich, angefangen bei »seinem elementaren Hass gegen die Schule« – gemeint sind die Allgemeine Malerschule der Wiener Akademie der Bildenden Künste und die Architekturschule der Akademie –, die ihn beide ablehnten und damit seinem Traum, Malerei oder Architektur zu studieren, ein jähes Ende bereiteten.[122] In Wien erlebte Hitler auch zum ersten Mal Antisemitismus als etwas absolut Gesellschaftsfähiges. In *Mein Kampf* behauptete er, dass er im väterlichen Haus das Wort Jude nicht einmal gehört habe, geschweige denn in Linz vielen Juden oder Antisemitismus begegnet sei. Antisemitismus hatte für ihn eine rationale Basis, nämlich als »Sieg des Verstandes über das Gefühl«. Diese Darstellung wird von seinem Jugendfreund August Kubizek glattweg bestritten. (Wie die Forschung heute weiß, fälschte Hitler viele biographische Details in *Mein Kampf*.) Laut Kubizek war beispielsweise Hitlers Vater ganz und gar nicht jener »aufgeschlossene Weltbürger«, als den Hitler ihn darstellte, sondern »ein konsequent antisemitisch eingestellter Schönerer-Anhänger«. (Gemeint ist Georg Ritter von Schönerer, jener fanatische Rassist, dem wir in Kapitel 3 begegneten und der alle Juden Österreichs auf Schiffe verfrachten und versenken wollte.) Kubizek erklärte auch, dass Hitler schon damals, als er ihn 1904 als fünfzehnjährigen Schüler kennen gelernt habe, »ausgesprochen antisemitisch eingestellt« gewesen sei.[123] Die Forschung fand denn auch heraus, dass es in Hitlers Schule fünfzehn und nicht einen Juden gab, wie er in *Mein Kampf* behauptete.

Doch ob nun Hitlers oder Kubizeks Darstellung des in Linz herrschenden Antisemitismus richtig war, eines jedenfalls steht fest: Wien war ein Sumpf des bösartigsten Antisemitismus. Schon kurz nach seiner Ankunft in der Stadt fiel Hitler das Pamphlet *Ostara* in die Hände, eine Zeitschrift, die sich mit Hakenkreuz-Abbildungen schmückte.[124] Sie war 1905 vom Rassenfanatiker Georg Lanz von Liebenfels gegründet worden und hatte zu dieser Zeit eine Auflagenhöhe von 100000 angegeben. Aus ihrer Haltung machte sie nicht den geringsten Hehl: »Die *Ostara* ist die erste und einzige Zeitschrift zur Erforschung und Pflege des heroischen Rassentums und Mannesrechtes, die die Ergebnisse der Rassenkunde tatsächlich in Anwendung bringen will, um die heroische Edelrasse auf dem Wege der planmäßigen Reinzucht und des Menschenrechts vor der Vernichtung durch sozialistische und feministische Umstürzler zu bewahren.« Lanz von Liebenfels war übrigens auch der Gründer des »Ordens des Neuen Tempels«, dem nur »›blond-blaue‹ Männer angehören durften, die sich verpflichten mussten, ›blond-blaue‹ Frauen zu heiraten«. Zwischen 1928 und 1930 druckte die *Ostara* in Serie ein Pamphlet von Liebenfels aus dem Jahr 1908 mit dem Titel *Theozoologie oder Die Kunde von den Sodoms-Äfflingen und dem Götter-Elektron. Eine Einführung in die älteste und neueste Weltanschauung und eine Rechtfertigung des Fürstentums und des Adels.* »›Sodoms-Äfflinge‹ waren für Lanz die dunklen ›Minderrassigen‹, die er als Pfuschwerk der Dämonen« betrachtete.[125] Hitlers Antisemitismus wurde aber auch von Georg Ritter von Schönerer bestärkt, dessen Ansichten ihrerseits stark von Gobineaus *Essai sur l'inégalité des races humaines* (Versuch über die Ungleichheit der Menschenrassen) geprägt waren. Beim Treffen des Alldeutschen Verbandes im Februar 1919 wurde unter anderem als Ziel festgelegt: »Bekämpfung des jüdischen, zersetzenden, verhetzenden Einflusses, eine Rassenfrage, die mit Glaubensfragen gar nichts zu tun hat.« Damit hatte, wie Werner Maser bemerkt, der Alldeutsche Verband »den biologischen Antisemitismus propagiert«.[126] Als Hitler fünf Jahre darauf *Mein Kampf* schrieb, bezog er sich auf »den Juden« bereits wie selbstverständlich als »Parasit«, »Bazillus«, »Bazillenträger« oder »Spaltpilz der Menschheit«. Spätestens von jetzt an besaßen die Juden aus nationalsozialistischer Sicht keinerlei menschliche Eigenschaften mehr.

Es ist umstritten, welche Art von Literatur Hitler »zeitlebens gelesen hat« und ob er überhaupt gelesen hat, doch zumindest »laut seinen kritiklosen Bewunderern« soll er sich im Laufe der Zeit zunehmend auf den Gebieten Architektur, Kunst, Militärgeschichte, allgemeine Geschichte und Technik ausgekannt haben. Und in Musik, Biologie, Medizin und der Kultur- wie Religionsgeschichte war er angeblich sogar so bewandert, dass er seine Umwelt mit Detailkenntnissen verblüffte. »So protokollierte beispielsweise sein zeitweiliger Hals-, Nasen- und Ohrenarzt… ›Er kannte den Zusammenhang zwischen Blutgerinnung und Thrombocyten sowie den Einfluss des Nikotins auf die Herzkranzgefäße…‹«[127] Von entscheidendem Einfluss war gewiss, dass Hitler im Prinzip ein reiner Autodidakt war. Er hatte niemals einen Lehrer, der ihm auf irgendeinem Gebiet eine systematische oder breitere Grundlage vermittelt hätte. Er erfuhr niemals eine objektive, außerhalb seiner Kreise vertretene Sicht, die sich auf sein Urteilsvermögen oder seine Art, die Dinge zu gewichten, hätte auswirken können. Hinzu kam, dass der Erste Weltkrieg, bei dessen Ausbruch Hitler fünfundzwanzig Jahre alt war, seine Ausbildung nicht nur unterbrach, sondern vollständig abbrach. Die geistige Entwicklung Hitlers endete 1914. Danach war er mehr oder weniger nur noch von alldeutschen Ideen umgeben. Und diese Entwicklung beweist, *was* sich aus dieser Mischung von Rilkes Mystizismus, Heideggers Metaphysik, Sombarts »Händlern und Helden«, dem Sozialdarwinismus, dem Pessimismus von Nietzsche und schließlich dem hasserfüllten Antisemitismus herausbilden konnte. Letztlich aber konnte diese Mixtur wohl nur unter den heldenbesessenen Bewohnern eines Binnenlands zum Tragen kommen. Denn die »Händler«, vor allem die aus maritimen Ländern oder aus den USA, deren »Business das Business war«, mussten allein schon durch den Akt des Handels viel zu viel Respekt für andere Völker entwickeln. Im Übrigen wird viel zu selten zur Kenntnis genommen, dass Hitlers Gedankenwelt ausgerechnet von jenem westlichen Rationalismus besiegt wurde, welcher zu einem so großen Teil das Werk von Juden war.

Man sollte jedoch aufpassen, dass man Hitlers Denkansätzen nicht zu viel Bedeutung beimisst. Denn erstens diente ein Großteil seiner späteren Lektüre einzig und allein der Bestätigung seiner längst unverrückbaren Ansichten. Und zweitens konnte er nur dann eine gewisse Kongruenz bei seinen Aussagen und Haltungen wahren, wenn er Fakten massiv verzerrte. Beispielsweise behauptete er mehrfach, dass Deutschland seinen Drang nach Osterweiterung bereits vor sechshundert Jahren aufgegeben habe. Das hatte mit den Erklärungen zu tun, die er sich für die Geschichte Deutschlands und dessen künftige Bedürfnisse zurechtlegte. Denn Fakt ist, dass sowohl die Habsburger als auch die Hohenzollern eine langwährende Ostpolitik betrieben haben – immerhin wurde Polen drei Mal geteilt. Hitlers Geschichtsverständnis war also stark von seiner Fähigkeit bestimmt, eigene Versionen zu erfinden und sich selbst wie andere davon zu überzeugen, dass er Recht und die wissenschaftlich-historischen Analysen gewöhnlich Unrecht hatten. Während beispielsweise die meisten Historiker annahmen, dass Napoleons Niedergang durch seinen Russlandfeldzug begründet war, schrieb Hitler ihn dem korsischen »Familiensinn« und der »Geschmacklosigkeit« zu, dass er sich »zum Kaiser erhoben und mit der Degeneration gemein gemacht« hatte.[128]

Aus politisch-historischer Sicht trägt Hitler die Verantwortung für die NSDAP, das Dritte Reich, den Zweiten Weltkrieg und den Holocaust. Im Kontext dieses Buches betrachtet, repräsentiert er obendrein das letzte Aufflackern der alten Metaphysik. Weimar stand nicht nur für »unvergleichliche geistige Lebendigkeit«, sondern auch für den Abschaum jener völkischen Romantik des neunzehnten Jahrhunderts, welche die Menschen dazu brachte, »mit ihrem Blut zu denken«. Dass die Weimarer Kultur, die Hitler so sehr hasste, dann buchstäblich en bloc exportiert wurde, sollte der von ihm propagierten Geisteswelt am Ende entgegenwirken: Die zweite Hälfte des zwanzigsten Jahrhunderts war nicht nur von den Folgen von Hitlers militärischem Größenwahn geprägt, sondern auch und gerade durch die von ihm so verhasste Kultur.

14
Die Evolution der Evolution

Zu den Opfern des Ersten Weltkriegs gehörte nicht zuletzt auch der Fortschrittsgedanke. Bis 1914 hatte es hundert Jahre lang keinen großen kriegerischen Konflikt mehr gegeben, die Lebenserwartungen im Westen waren drastisch gestiegen, viele Krankheiten und die Kindersterblichkeit waren besiegt, und das Christentum hatte sich auf große Gebiete Asiens und Afrikas ausgedehnt. Natürlich empfand das nicht jeder als Fortschritt: Joseph Conrad zum Beispiel versuchte die Aufmerksamkeit der Öffentlichkeit auf Rassismus und Imperialismus zu lenken, und Zola stellte die Verwahrlosung an den Pranger. Für die meisten Menschen im Westen war das neunzehnte Jahrhundert jedoch eine Ära des moralischen, materiellen und sozialen Fortschritts. Dieses Gefühl zerstörte der Erste Weltkrieg mit einem Schlag.

Oder nicht? Fortschritt ist ein berüchtigt schwammiger Begriff. Es ist die eine Sache, zu sagen, dass die Menschheit keine moralischen Fortschritte gemacht habe, dass sich unsere Veranlagung, Grausamkeiten zu begehen und Ungerechtigkeiten geschehen zu lassen, parallel zu unseren technologischen Errungenschaften verstärkt habe; es ist aber etwas anderes, wenn man feststellt, *dass* es technologischen Fortschritt gab, denn das wird niemand bestreiten. Der Geschichtsprofessor J. B. Bury aus Cambridge begann gegen Ende des Ersten Weltkriegs ein Forschungsprojekt, mit dem er herausfinden wollte, wie sich der Fortschrittsgedanke entwickelte, wie er sich am besten verstehen lässt und welche Lehren daraus gezogen werden können. 1920 erschien sein Buch *The Idea of Progress*, in dem er den provokativen, ja geradezu subversiven Gedanken verfolgte, dass der Fortschrittsgedanke selbst Fortschritte gemacht habe.[1] Ursprünglich sei er ein im wesentlichen französischer Gedanke gewesen, der bis zur Französischen Revolution allerdings relativ nachlässig verfolgt wurde, da die meisten Bürger dieser noch sehr religiösen Gesellschaft mit ihrer Erlösung nach dem Tode beschäftigt waren und sich daher (relativ gesehen) weniger Sorgen um ihr gegenwärtiges Los auf Erden machten. Außerdem hatten sie unterschiedliche und zumeist ganz intuitive Vorstellungen über die Organisationsformen der Gesellschaft: Im siebzehnten Jahrhundert stellte der französische Schriftsteller Bernard de Fontenelle beispielsweise jeden Fortschritt auf schöngeistiger Ebene in Abrede, da die Literatur seiner Meinung nach schon mit Cicero und Livy ihre höchste Vollkommenheit erreicht hatte.[2] Der französische Philosoph und Mathematiker Marie Jean de Condorcet (1743–1794) ging von einem Zivilisationsprozess in zehn Stadien aus, Auguste Comte (1798–1857) hingegen von einem Prozess in drei Schritten;[3] und Jean-Jacques Rousseau (1712–1778) zog den Umkehrschluss und behauptete, dass Zivilisation schon immer untrennbar mit einem graduellen Degenerationsprozess verbunden, ergo retrogressiv gewesen sei.[4] Bury hatte während der Vorarbeiten zu seinem Buch zwei französische Werke ausgegraben, die im späten achtzehnten Jahrhundert unter den Titeln *Das Jahr 2000* und *Das Jahr 2440* erschienen waren und unter anderem vorausgesagt hatten, dass die perfekte progressive Gesellschaft zum Beispiel über keine Kreditguthaben und nur noch über Bargeld verfügen werde, aber auch, dass sie das ganze historische und literarische Erbe der Vergangenheit verbrennen werde, da für sie darin nur eine »Schande der Menschheit« zum Ausdruck kommen könne: »Seite für Seite… nur Verbrechen und Wahnsinn«.[5]

Als Nächstes befasste sich Bury mit der Periode, die zwischen dem Beginn der Französischen Revolution 1789 und 1859 die Ära der ersten industriellen Revolution konstituierte, eine, wie er schrieb, absolut optimistische Zeit, da nunmehr der Glaube vorgeherrscht habe, dass Wissenschaft die Gesellschaft umgestalten, Armut verringern, Ungleichheiten mindern und sogar das Werk Gottes vollenden könne. Ab 1859, nach der Veröffentlichung von Darwins *Entstehung der Arten,* entdeckte Bury dann eine gewisse Zwiegespaltenheit gegenüber dem Fortschrittsgedanken, weil die Menschen nun in der Lage waren, sowohl optimistische als auch pessimistische Konsequenzen aus dem evolutionären Algorithmus herauszulesen.[6] Dass sich die Idee des Fortschritts durchsetzen konnte, begründete er mit der zunehmenden Abwendung von der Religion, die zur Folge hatte, dass sich die Menschen mehr auf die irdische als die jenseitige Welt zu konzentrieren begannen. Und das wiederum hatte zur Folge, dass der Mensch mehr Kontrolle über die Natur gewann, mehr Wandel möglich wurde und sich schließlich Demokratie – die formale Realisierung der Grundziele von Freiheit und Gleichheit – entwickeln konnte. Zur wichtigsten Wissenschaft, um diesen Fortschritt zu definieren und solchen Wandel zu messen, wurde die Soziologie.[7] Abschließend überlegte Bury sogar, ob letztlich nicht auch im Blutbad des Ersten Weltkriegs ein Fortschrittsgedanke zum Ausdruck gekommen sei, da Fortschritt ja impliziere, dass alle materiellen und moralischen Umstände einer Verbesserung zustrebten und es eine Nachwelt überhaupt nur geben könne, wenn Opfer gebracht würden. So gesehen habe sich der Fortschritt in etwas verwandelt, wofür es sich zu sterben lohne.[8]

Das letzte Kapitel von Burys Buch ist der Frage gewidmet, wie sich die Vorstellung von »Fortschritt« zum Evolutionsgedanken entwickelte.[9] Seiner Ansicht nach lag diesem Prozess in erster Linie ein philosophisches Umdenken zu Grunde, da Evolution weder etwas Teleologisches an sich habe noch von Politik, Gesellschaft oder Religion beeinflussbar sei. Der Evolutionsgedanke beinhalte nicht nur den Grundsatz, dass Fortschritt möglich ist – ohne jedoch zu spezifizieren, in welche Richtung er führt –, sondern auch das Gegenteil, nämlich dass Aussterben oder Ausrottung ständige Möglichkeiten sind. Mit einem Wort: Der Fortschrittsgedanke begann sich nun mit den älteren Vorstellungen des Sozialdarwinismus, der Rassentheorie und der Degenerationsidee zu vermischen[10] – eine verführerische Idee. Ihre ersten praktischen Auswirkungen waren unter anderem, dass plötzlich die unterschiedlichsten Disziplinen – Geologie, Zoologie, Botanik, Paläontologie, Anthropologie, Linguistik – historische Dimensionen bekamen, weil man nun alle neuen Erkenntnisse, ganz unabhängig davon, welchen Wert sie an sich hatten, daraufhin analysierte, inwieweit sie unserem Verständnis von Evolution – Fortschritt – entsprachen. In den Zwanzigerjahren orientierte sich unser Verständnis vom Fortschritt oder von der Evolution der Zivilisation an einer noch weiter zurückliegenden Vergangenheit.

*

T. S. Eliot, James Joyce und Adolf Hitler hatten, so unterschiedlich sie auch waren, eines gemein – eine Vorliebe für die Antike. 1922, im selben Jahr, in dem Eliot und Joyce ihre Meisterwerke veröffentlichten und in dem Hitler eingeladen worden war, im »Nationalclub« von Berlin vor militärischer, großindustrieller und großbürgerlicher Prominenz zu referieren, verließ eine Expedition London in Richtung Ägypten, mit dem Ziel, das Grab eines Mannes zu suchen, der, wie man glaubte, vielleicht der bedeutendste Herrscher des alten Ägypten gewesen war.

Vor dem Ersten Weltkrieg hatten bereits drei groß angelegte Ausgrabungen im Tal der Könige ungefähr 400 Kilometer südlich von Kairo stattgefunden. Immer wieder war man dabei auf den Namen Tut-ench-Amun gestoßen: als Inschrift auf einem »Fayencebecher«, auf den Goldplättchen eines hölzernen Kastens und auf einigen Tonsiegeln.[11] Folglich nahm man an, dass Tut-ench-Amun eine bedeutende Persönlichkeit gewesen sein musste; doch kein Ägyptologe wagte zu hoffen, dass man jemals das Glück haben würde, sein Grab zu finden. Howard Carter und sein Förderer Lord Carnarvon waren trotz der vielen erfolglosen Suchaktionen im Tal der Könige entschlossen, es dennoch zu probieren. Obwohl sie sich jahrelang umsonst bemüht hatten und der Krieg dann alle neuen Expeditionsvorhaben zunichte gemacht hatte, gaben sie diesen Plan nie auf. Carter, ein zierlicher Mann mit dunklen Augen und einem buschigen

Schnurrbart, ein gewissenhafter Forscher, der immer sehr geduldig und gründlich vorging, war schon 1899 an Ausgrabungen in Nordafrika beteiligt gewesen. Nach dem Waffenstillstand gelang es ihm und Carnarvon endlich, eine Grabungslizenz für das Gebiet jenseits von Karnak und Luxor am anderen Ufer des Nils zu bekommen.

Carter verließ London ohne Carnarvon. Bis zum Morgen des 4. Novembers geschah nichts Bemerkenswertes.[12] Dann, als die Sonne die umgebenden Sandhügel zu bleichen begann, stieß ein Grabungsgehilfe gegen eine in den Felsen gehauene Steinstufe. Nach vorsichtigem Freilegen mehrerer Stufen »trat der Fuß der zwölften Stufe hervor, und es wurde der obere Teil einer verschlossenen, mit Mörtel bestrichenen und versiegelten Tür sichtbar«.[13] Carter prüfte die Siegel und stellte zu seinem großen Erstaunen fest, dass es die der Königstotenstadt waren. Es reizte ihn natürlich, die Tür einfach aufzubrechen. Doch als er am Abend auf seinem Esel ins Lager zurückritt, nachdem er Wachen an der Grabungsstätte postiert hatte, wurde ihm klar, dass er warten musste. Immerhin finanzierte Carnarvon die Grabung, also sollte er auch anwesend sein, wenn irgendeine große Grabhöhle geöffnet wurde. Am nächsten Tag schickte Carter ihm ein Telegramm mit der Neuigkeit und bat ihn, umgehend zu kommen.[14]

Lord Carnarvon war ein Romantiker, ein vorzüglicher Schütze und berühmter Segler, seit er bereits im Alter von dreiundzwanzig Jahren die Welt umsegelt hatte. Außerdem war er ein leidenschaftlicher Sammler und Autofahrer (er besaß das dritte in Großbritannien zugelassene Automobil). Diese Leidenschaft für Geschwindigkeit war indirekt auch für seine Reise ins Tal der Könige verantwortlich: Nach einem Autounfall hatte er sich einen bleibenden Lungenschaden zugezogen, und da England im Winter kein besonders angenehmer Ort mehr für ihn war, hatte er auf der Suche nach einem milden Klima Ägypten und die Archäologie entdeckt. Carnarvon traf am 23. November in Luxor ein. Hinter der ersten Tür befand sich ein Gang voller Geröll. Nachdem sie es beiseite geschafft hatten, entdeckten sie eine zweite Tür. Carter stieß eine Eisenstange hindurch und machte mehrere Flammenproben für den Fall, dass sich giftige Gase gebildet hatten. Dann erweiterte er das Loch und leuchtete mit einer Kerze hinein, um einen Blick in die zweite Kammer zu werfen.

»›Können Sie etwas sehen?‹, fragte Carnarvor ungeduldig.«

Carter, der eine Weile stumm geblieben war, »wendet sich langsam um und sagt aus tiefster Seele, wie verzaubert: ›Ja. Wunderbare Dinge‹«.[15]

Und das war keine Übertreibung. Kein Archäologe hatte je erblickt, was sich ihm nun beim Licht einer elektrischen Lampe enthüllte.[16] Nachdem sie die zweite Grabkammer betreten hatten, entdeckten sie die kunstvollsten Gegenstände – einen goldenen Thronsessel, zwei goldene Bahren und Alabastervasen; seltsame Tierköpfe warfen Schatten an die Wände, und auf einem goldenen Schrein züngelte eine Schlange.[17] Zwei schwarze Statuen standen sich wie Schildwachen gegenüber, »mit goldenem Schurz, goldenen Sandalen, mit Keule und Stab und mit der schimmernden heiligen Schlange an ihrer Stirn«. Während Carnarvon und Carter stumm den Anblick dieser unglaublichen Pracht genossen, realisierten sie, dass etwas fehlte – es gab keinen Sarkophag. War er geraubt worden? Erst jetzt bemerkte Carter eine *dritte* Tür. Angesichts all dessen, was sie bereits gefunden hatten, versprach eine innere Kammer natürlich noch größere Reichtümer. Aber Carter verhielt sich professionell. Bevor die dritte Kammer geöffnet werden durfte, musste zuerst eine angemessene archäologische Inventur der Artefakte aus der äußeren Kammer gemacht werden, damit keine wichtigen Erkenntnisse verloren gingen. Also wurde die Vorkammer wieder versiegelt (und natürlich auch schwer bewacht). Carter trommelte eine Reihe von Experten aus aller Welt zusammen, um eine fachliche Bestandsaufnahme vorzunehmen und die Inschriften, Siegel und die entdeckten Überreste von Pflanzen zu studieren.[18]

Die Grabkammer wurde am 16. Dezember wieder geöffnet. Die darin befindlichen Gegenstände waren von ganz erstaunlicher Qualität.[19] Eine hölzerne Truhe zum Beispiel war mit »Jagd- und Schlachtszenen« von einer Schönheit und mit einer Kunstfertigkeit bemalt, die alle bisher gefundenen ägyptischen Artefakte überragte. Dann standen dort drei große Bahren mit »Tierköpfen als Fußstützen«, die Carter, wie er sich nun erinnerte, schon in Grabmalereien dargestellt gesehen hatte – mit anderen Worten: Diese Stätte musste bereits im alten Ägypten berühmt gewesen sein.[20] Außerdem standen dort vier Streitwagen, komplett vergoldet und so groß, dass die Achsen in der Mitte zersägt worden waren, um sie ins Grab schaffen zu können. Nicht weniger als vierunddreißig schwere Kisten wurden mit Gegenständen aus der Vorkammer per Feldeisenbahn zu einem Frachtboot auf dem Nil transportiert, um eine siebentägige Reise nach Kairo anzutreten. Erst als die Vorkammer vollständig ausgeräumt war, wurde der Weg frei, um die versiegelte Tür zwischen den Schildwachen zu öffnen. Carter entfernte die oberste Steinschicht, bis eine Öffnung entstand und er mit der elektrischen Lampe hineinleuchten konnte. Er sah sich »vor einer blinkenden Wand, die er, von rechts nach links blickend, nicht abmessen konnte. Sie versperrte den ganzen Eingang … Er stand vor einer Mauer aus massivem Gold.« Nachdem die Tür abgetragen worden war, wurde sichtbar, dass diese Goldwand in Wirklichkeit die Vorderwand eines kostbaren Totenschreins war. Spätere Messungen ergaben, dass er die Ausmaße von »5,00 x 3,30 x 2,73 Meter« hatte und vollständig mit Gold überzogen war. Auf den Intarsien aus leuchtend blauer Fayence befanden sich Zauberzeichen zum Schutz der Toten.[21] Carnarvon, Carter und die Helfer waren sprachlos. Zu ihrem Erstaunen entdeckten sie schließlich noch eine weitere, von der Vorkammer ausgehende Seitenkammer sowie eine Schatzkammer, die durch eine Tür in der Sargkammer erreichbar war.

Der Transport der Schreine aus der Grabkammer dauerte vierundachtzig Tage.[22] Um die zentnerschwere Platte des Sarkophags anheben zu können, mussten extra Winden angefertigt werden. Nun strebte das Drama seinem Höhepunkt entgegen. Unter Leinenbandagen tauchte das goldene Abbild des noch knabenhaften Herrschers Tut-ench-Amun auf. »Der Goldstuck strahlte, als sei er soeben aus der Werkstatt gekommen.«[23] Noch nie hatte Carter einen Schatz wie diesen Königskopf erblickt, das Gesicht aus purem Gold, Brauen und Lider aus blauem Lapislazuli, die Augen in kontrastierendem Obsidian und Aragonit. Doch am meisten bewegte ihn »der rührende kleine Blumenkranz, der Abschiedsgruß der Witwe an ihren geliebten Gatten«.[24] Der Körper selbst war, wie sich später herausstellte, eine Enttäuschung. Der Leichnam des jungen Königs war mit so vielen Salben und Ölen behandelt worden, »dass der ganze Raum zwischen dem zweiten und dritten Sarg fast bis zum Deckel mit einer schwarzen festen Masse angefüllt war«. Die Schmuckbeigaben zwischen den verschiedenen Lagen hatten mit dem Balsam reagiert und einen spontanen Verbrennungsprozess in Gang gesetzt, wodurch die sterblichen Überreste und die Leinenbandagen verkohlt waren. Dennoch gelang es, das Alter des Königs zum Zeitpunkt seines Todes auf siebzehn bis achtzehn Jahre festzusetzen.[25]

Zu seinen Lebzeiten war Tut-ench-Amun ein unbedeutender Herrscher gewesen, doch Tausende Jahre später regten die Schätze aus seinem prachtvollen Grabmal zu einem nie da gewesenen öffentlichen Interesse für Archäologie an, mehr noch als die Entdeckung von Macchu Pichu. Nur eine Frage konnte diese höchst dramatische Ausgrabung nicht klären: Wenn die alten Ägypter einen siebzehnjährigen Herrscher mit solchem Prunk begruben, mit welchen Ehren hatten sie dann erst ältere, schon zu Lebzeiten bedeutende Pharaonen beigesetzt? Muss man, da keine entsprechenden Grabmäler gefunden wurden – bis heute nicht –, annehmen, dass Plünderer am Werk gewesen waren? Welches Wissen ist uns dadurch verloren gegangen? Und wenn es diese Grabmäler doch noch gibt und wir sie fänden, würden sie unser Verständnis von kultureller Evolution verändern?

*

Das Faszinierende an den Ausgrabungen im Nahen Osten waren allerdings weniger die Goldfunde als das Auseinandertüfteln von Fakten und Mythen. Schon vor den 1920er-Jahren waren die biblischen Darstellungen der Menschheitsgeschichte in Frage gestellt worden; mittlerweile gab es zwar Beweise, dass einige wirklich auf Tatsachen beruhten, aber man wusste auch, dass die Bibeltexte an vielen Stellen sehr ungenau waren.

Deshalb waren die Entstehung der Schrift und die Ursprünge der ältesten vorhandenen Aufzeichnungen über die Menschheitsgeschichte ein nahe liegendes Forschungsgebiet. Und genau dieser Entdeckungsgeschichte war zu verdanken, dass schließlich ein weiteres Rätsel gelöst werden konnte.

Eines der größten Geheimnisse verbarg sich hinter der komplizierten Keilschrift – benannt nach den keilförmigen Eindrücken von Griffeln in weichem Ton –, die aus Mesopotamien, dem Zweistromland von Euphrat und Tigris, stammte. Allgemein glaubte man, dass sie sich aus einer Bildschrift entwickelt hatte, welche im Laufe der Zeit in ganz Mesopotamien gebräuchlich geworden war. Das Problem war nur, dass diese Mischung aus Bild-, Silben- und alphabetischen Schriften unmöglich als ein zusammenhängendes System in einer bestimmten Zeit an einem einzigen Ort entstanden sein konnte. Diese Keilschrift musste sich aus einem früheren System herausgebildet haben – aber aus welchem? Und welches Volk hat sie verwendet? Analysen der am häufigsten auftauchenden Zeichen, gebräuchlichsten Wörter und der Aufzeichnungen von typischen Geschäftstransaktionen brachten die Philologen schließlich auf die Idee, dass diese Schrift nicht von den semitischen Babyloniern oder Assyrern, sondern von einem anderen Volk aus dem östlich gelegenen Hochland erfunden worden sein musste. Und obwohl dessen Herkunft bis heute ungesichert ist, gab man diesem Volk kühn einen Namen – Sumerer, benannt nach den frühesten bekannten Herrschern im südlichen Mesopotamien, den Königen von Sumer und Akkad.[26]

Mit diesem Wissensstand begann der Franzose Ernest de Sarzec auf einem Hügel bei Tello nahe Ur und Uruk, nördlich des heutigen Basra im Irak, zu graben und fand dort die Statue einer Kultur, die noch älter gewesen sein musste als die ägyptische.[27] Sofort flammte das Interesse an den »Sumerern« wieder auf. Neue Grabungsexpeditionen unter amerikanischer und deutscher Leitung machten sich auf den Weg und förderten dann riesige Stufenpyramiden zu Tage, die von einer hoch entwickelten Kultur zeugten und auf eine Zeit »bis ins Zwielicht der Menschheit« zurück datiert wurden. »Es schien fast«, schrieb Ceram, »als träfen sich ihre Anfänge tatsächlich mit der Genesis, wie sie in der Bibel steht, mit den ersten Menschen zumindest nach der großen Flut, die Gott geschickt hatte und die nur Noah überdauerte.« Diese Funde enthüllten aber nicht nur, wie sich frühe Kulturen entwickelten, sondern auch, welche Denkweisen am Beginn der Kultur geherrscht hatten. Und genau deshalb beschloss auch der britische Archäologe Leonard Woolley 1927, im biblischen Ur in Chaldäa zu graben, das laut Überlieferung die Heimat von Abraham, dem Stammvater der Juden, war.

Woolley, Jahrgang 1880, hatte in Oxford studiert und gemeinsam mit seinem Freund und Kollegen T. E. Lawrence (»Lawrence von Arabien«) die

Stätte Karkemisch am Euphrat, an der heutigen Grenze zwischen der Türkei und Syrien, ausgegraben. Im Ersten Weltkrieg war er als Geheimagent in Ägypten tätig und anschließend zwei Jahre in türkischer Kriegsgefangenschaft gewesen. Seinen Grabungen in Ur waren nun drei bedeutende Erkenntnisse zu verdanken: Er entdeckte die »Königsgräber von Ur«, darunter das Grab der Königin Schub-ad, das beinahe so viele Gold- und Silbergefäße enthielt wie das Grabmal des Tut-ench-Amun; er fand die so genannte »Mosaikstandarte von Ur«, eine Tafel, auf der unter anderem Streitwagen dargestellt waren, was bewies, dass die Sumerer bereits Ende des vierten Jahrtausends v. Chr. über solches Kriegsgerät verfügten; und schließlich machte er noch einen grausigen Fund, der »Aufschluss über die Totenbräuche vor 5000 Jahren gab« – er entdeckte, dass die Herrscher mitsamt ihren engsten Untertanen begraben wurden.[28] Da lagen Wachsoldaten (»Kupferhelm neben dem Schädel, den Speer neben der Hand, alle erschlagen«) und neun Hofdamen im selben Grab, den Kopfschmuck noch auf den Schädeln, alle »hingeschlachtet«.[29] Das wirklich Bedeutende dieser Entdeckung war aber nicht, dass damit ein höchst grausames Ritual nachgewiesen werden konnte, sondern die Tatsache, dass *kein einziger bekannter Text auf solche Kollektivopfer Bezug nahm*. Wenn keiner einzigen historischen Quelle aus keiner Zeit solche Menschenopfer bekannt gewesen waren, konnte das für Woolley nur heißen, dass die Gräber von Ur nicht nur außerordentlich alt waren, sondern auch aus einer Zeit stammen mussten, in der eine Schrift noch nicht entwickelt war. Denn ein Ereignis von solcher Bedeutung wäre unbedingt festgehalten worden. Damit galt die Kultur der Sumerer nach damaligem wissenschaftlichen Stand als die älteste der Welt.

Doch Woolley hörte nach dieser erstaunlichen Entdeckung nicht auf zu graben. Er stieß bis auf zwölf Meter Tiefe vor, fand aber nicht das Geringste.[30] Über zweieinhalb Meter Tiefe war nur Tonschicht, ohne eine einzige Scherbe, ohne Schutt oder irgendwelche Artefakte. Damit sich eine natürliche Schwemmschicht solcher Höhe hatte aufbauen können, musste das Land der Sumerer von einer unglaublichen Flut heimgesucht worden sein. War dies ein Hinweis auf die biblische Sintflut?[31] Wie alle klassischen Archäologen wusste natürlich auch Woolley um die Übereinstimmungen zwischen der biblischen Geschichte von der Sintflut und dem viel älteren Gilgamesch-Epos, der Legende vom halb menschlichen, halb göttlichen Gilgamesch und seinen vielen Abenteuern und Prüfungen, darunter auch der Kampf gegen eine große Flut (die Wasser des Todes).[32] Gab es noch andere Verbindungen zwischen den Sumerern und den frühen biblischen Überlieferungen? Woolley begann zu suchen und entdeckte immer mehr. Am meisten beeindruckte ihn, dass nicht nur die Genesis von zehn Urvätern für die Zeit zwischen Adam und Noah – also bis zur Sintflut – spricht, welche allesamt ein gleichermaßen biblisches Alter erreichten, sondern sich auch die sumerische Literatur auf zehn »Urkönige« beruft. Die Israeliten erreichten laut Altem Testament ein unglaublich hohes Lebensalter. Adam zum Beispiel soll seinen ersten Sohn im Alter von einhundertdreißig Jahren gezeugt haben und selbst achthundert Jahre alt geworden sein. Woolley entdeckte nun, dass das Leben der alten Sumerer noch länger gewährt haben sollte.[33] Nach einer Darstellung (die allerdings nur acht Herrscher zählt) haben die Urkönige zusammen 241 200 Jahre regiert, nach einer anderen (die alle zehn Urkönige aufzählt) sogar 456000 Jahre – also 45 600 Jahre pro König.[34] Woolley brauchte nur weiterzusuchen, um immer mehr Übereinstimmungen mit der Genesis zu entdecken. Hinzu kam, dass die Sumerer ganz offensichtlich einen Wendepunkt in der Entwicklung der Menschheit darstellten.[35] Denn sie waren die Ersten gewesen, die Schulen eingerichtet und als Erste Schatten spendende Gärten angelegt hatten; sie verfügten über die erste Bibliothek und hatten bereits die Vorstellung von einer »Auferstehung«. Obendrein orientierten sie sich an einem beeindruckenden und in vieler Hinsicht überraschend modernen Gesetzeskodex[36]. »In unserem Sinne ganz erstaunlich, weil modern an dieser Sammlung, war die Herausarbeitung eines Schuldgedankens.«[37] In allen Lebensbereichen, und offenbar ohne religiöse Bezüge, kam dieses Rechtsverständnis zum Ausdruck. Die Blutrache zum Beispiel lehnten die Sumerer ab; das weist darauf hin, dass der Staat das Individuum als Rechtsvollstrecker abgelöst hatte. Auch wenn ihre Justiz hart war, versuchte sie offenbar ihr Bestes, objektiv zu sein. Medizin und Mathematik hatten einen hohen Stellenwert – »der architektonische Bogen« ist zum Beispiel eine sumerische Erfindung. Wie wir rieben sie die Äpfel ab, bevor sie sie aßen; und die Idee, dass eine schwarze Katze Unglück bringt, stammt ebenso von ihnen wie »das zwölfgeteilte Ziffernblatt«.[38] Sumer war ganz augenscheinlich das fehlende Bindeglied in der Evolution von Kultur. Und die Sumerer selbst waren nach allem, was Woolley herausfinden konnte, nichtsemitische »›Schwarzköpfe‹, wie sie in den Schriften genannt werden«, die zwei semitische Völker aus dem mesopotamischen Zweistromland vertrieben hatten.[39]

Soweit Woolleys Erkenntnisse. Auf die hebräischen Ursprünge und die Evolution der Schrift wurde dann durch die Entdeckung von Ras Schamra neues Licht geworfen. Ras Schamra liegt im Nordwesten von Syrien, in der Nähe der Mittelmeerbucht von Alexandretta, im Winkel zwischen Syrien und Kleinasien. Hier, auf einem Hügel über dem kleinen Hafen, gruben Franzosen unter der Leitung von Claude Schaeffer 1929 eine antike Siedlung aus. Nach der vollständigen Freilegung, zu der auch schriftliche Aufzeichnungen aus Ras Schamra aus der Zeit zwischen dem fünfzehnten und vierzehnten Jahrhundert v. Chr. gehörten, konnten sie die Chronologie dieser Stätte vollständig rekonstruieren. Demzufolge hieß der Ort Ugarit und wurde von einem den Amoritern und Kanaanitern zugehörigen semitischen Volk bewohnt.[40] Nach biblischer Darstellung war dies genau die Zeit, in der die Israeliten von Süden kommend Palästina erreicht hatten und sich bei den Kanaanitern, Verwandten der Einwohner von Ugarit, niederließen. Die Bibliothek von Ugarit wurde in einem Gebäude zwischen einem Baal- und einem Dagon-Tempel entdeckt, hatte also dem Hohepriester unterstanden. Sie enthielt hauptsächlich Tontafeln mit keilschriftförmigen Schriftzügen, die bereits an eine alphabetische Schrift aus neunundzwanzig Schriftzeichen angepasst worden waren. Das früheste bekannte Alphabet war gefunden.[41]

Wie sich herausstellte, handelte es sich bei diesen Texten hauptsächlich um Rechtskommentare, Preislisten, medizinische oder tiermedizinische Rezepte und unzählige religiöse Schriften, welchen zu entnehmen war, dass der oberste Gott der Ugarit den Namen El trug – der auch in der Thora als einer der Namen des Gottes Israels aufgeführt ist.* In den Tontafeltexten von Ras Schamra heißt es: »El ist der König, der Oberste Richter, der Vater der Jahre« und: »Er herrschet über alle anderen Götter.«[42] Das Land Kanaan wird »das ungeteilte Land von El« genannt. El und sein Weib Ascherat haben einen gemeinsamen Sohn namens Baal. Häufig wird El als Stier dargestellt, als dessen Sitz in einem Text Kreta angegeben wird. Es überlappen sich also sumerische, assyrische, kretische und israelitische Vorstellungen mit den Texten von Ras Schamra. In vielen werden die Abenteuer von Baal dargestellt, beispielsweise seine Kämpfe mit Lotan, »der gewundenen Schlange, der mächtigen Siebenköpfigen«, die an »das gewundene Tier«, den kanaanitischen Leviathan, erinnert, welcher wiederum Anklänge an die Nattern aus dem Buch Hiob hat.[43] In einer anderen Textfolge übergibt El das Kommando einer riesigen Armee an Keret, genannt »Armee des Negeb« – womit nur die Wüste Negev im südlichen Palästina gemeint sein kann. Keret erhielt den Auftrag, Invasoren zu besiegen, welche Terachiten genannt und als Abkömmlinge des Terach, Vater des Abraham, bezeichnet werden. Mit anderen Worten, es handelte sich hier um die Israeliten, die sich zu dieser Zeit (zumindest nach der damals allgemein anerkannten Chronologie) auf ihrer vierzigjährigen Wanderschaft durch die Wüste befanden.[44] Die Texte von Ras Schamra und Ugarit enthielten noch viele weitere Parallelen zum Alten Testament und stellten einen überzeugenden, wenn nicht sogar eindeutigen Zusammenhang her zwischen dem Stierkult, der im ganzen südlichen und östlichen Mittelmeerraum um die Zeit zwischen 4000 und 2000 v. Chr. praktiziert wurde, und Religionen, wie wir sie noch heute kennen.

* Anm. d. Ü.: Der Autor verweist hier auf die englische Übersetzung der Genesis, 33,20, die den Namen »El« übernahm. Weder in der deutsch-lutherischen Übersetzung noch in der Einheitsübersetzung der *Ökumenischen Studienausgabe* oder der Buber-Rosenzweigschen Neuübersetzung des Alten Testatments taucht der aramäische Name »Eli« oder »El« an dieser Stelle auf (bei Luther wie in der Einheitsübersetzung heißt es: »Gott ist der Gott Israels«; bei Buber-Rosenzweig: »Gottheit Gott Jisraels«).

Die Entdeckungen von Ras Schamra sind in zweierlei Hinsicht von besonderer Bedeutung. Erstens stellen sie die Abgrenzungen zwischen Arabern und Juden in Frage, die seit der Existenz des Landes Israel in Palästina so betont werden. Sie beweisen, dass sich das Judentum im Laufe eines natürlichen Prozesses aus einer kanaanitischen Religion entwickelte, und dieser Prozess wiederum legt nahe, dass die uralten Stämme dieser kleinen Region, Kanaaniter und Israeliten, im Grunde ein und dasselbe Volk waren. Zweitens revolutionierte diese so frühe Existenz einer Schrift – und eines Alphabets – unser Denken über die Bibel. Denn bis zur Ausgrabung von Ugarit hatte man allgemein angenommen, dass den Hebräern vor dem neunten Jahrhundert v. Chr. und den Griechen vor dem siebten Jahrhundert v. Chr. eine Schrift unbekannt gewesen sei. Auf dieser Annahme basierte auch die Vorstellung, dass die Bibel Jahrhunderte lang nur mündlich weitergegeben worden war, dabei ständig ausgeschmückt wurde und die Darstellung der Traditionen deshalb unzuverlässig sei. Tatsache ist, dass die Schrift ein halbes Jahrtausend älter ist, als man geglaubt hatte.

*

Datierungen in der klassischen Archäologie und Paläontologie wurden traditionell durch die Methode der Stratigraphie, der Formationskunde, vorgenommen. Schon der gesunde Menschenverstand legt nahe, dass tiefer liegende Schichten älter sein müssen als darüber liegende. Damit kann jedoch nur eine relative Chronologie dargestellt werden, das heißt, man kann nur Später von Früher unterscheiden. Um zu absoluten Daten zu gelangen, bedarf es unabhängiger Nachweise, etwa einer Königsliste mit schriftlichen Daten, gepunzter Münzen oder schriftlicher Hinweise auf Naturereignisse wie zum Beispiel eine Sonnenfinsternis, deren Auftreten anhand der modernen Astrologie zurückdatiert werden kann. Solche Informationen können dann mit stratigraphischen verglichen werden. Doch auch diese Kombination bietet noch keine absolute Sicherheit: Stätten können bewusst oder zufällig, durch Menschenhand oder die Natur, zerstört und Grabmäler neu belegt worden sein. Deshalb waren Archäologen, Paläontologen und Historiker seit jeher auf der Suche nach anderen Datierungsmethoden. Das zwanzigste Jahrhundert sollte schließlich mehrere neue liefern, die erste davon im Jahr 1929.

In den Notizbüchern von Leonardo da Vinci befindet sich ein kurzer Absatz über die Möglichkeit, trockene und nasse Jahre anhand von Baumringen zu rekonstruieren. Die gleiche Beobachtung machte 1837 Charles Babbage, den man eher als den Mann in Erinnerung hat, dem die erste mechanische Rechenmaschine – Vorfahr unseres Computers – zu verdanken war. Babbage aber war bewusst geworden, dass Baumringe noch ganz andere Datierungsmöglichkeiten zuließen. Generationen lang kümmerte sich niemand um diese Aussage, bis dem amerikanischen Physiker und Astronomen Andrew Ellicott Douglass, Direktor des Steward-Observatoriums an der Universität von Arizona, ein Durchbruch gelang. Im Zentrum seiner Forschung stand die Frage, welche Auswirkungen Sonnenflecken auf das Klima der Erde haben. Wie alle Astronomen und Klimatologen wusste natürlich auch er, dass, vereinfacht ausgedrückt, etwa alle elf Jahre, wenn die Aktivitäten der Protuberanzen an einem zyklischen Höhepunkt angelangt sind, die Erde von Stürmen und Regen heimgesucht wird, was unter anderem zur Folge hat, dass weit mehr als die durchschnittliche Feuchtigkeit auf Pflanzen und Bäume einwirkt.[45] Um diesen Zusammenhang nachweisen zu können, musste Douglass jedoch zuerst einmal beweisen, dass sich dieses Muster seit Urzeiten wiederholte. Doch für ein solches Projekt standen noch viel zu wenige und zu ungenaue Wetteraufzeichnungen und Messdaten zur Verfügung. Da erinnerte sich Douglass an etwas, das ihm schon als Junge aufgefallen war, nämlich eine Beobachtung, die jeder macht, der auf dem Land aufwächst: Betrachtet man die Schnittfläche eines abgesägten Baumes, entdeckt man viele Ringe. Wie jeder Waldarbeiter, Gärtner und Schreiner weiß, handelt es sich dabei um Jahresringe. Douglass aber bemerkte noch etwas, worauf keiner zuvor geachtet hatte, nämlich dass diese Ringe niemals den gleichen Durchmesser haben. Manche sind schmal, manche breit. »Sollten etwa«, dachte sich Douglass, »die fetten Ringe die ›fetten Jahre‹ und die mageren Ringe die ›mageren Jahre‹ darstellen – nämlich die feuchten und die trockenen?«[46]

Das war eine einfache, aber folgenreiche Idee, weil sich damit auf einfachste Weise etwas überprüfen ließ. Douglass begann, die äußeren Ringe eines frisch gefällten Baumes mit den Wetterberichten aus jüngster Vergangenheit zu vergleichen und entdeckte zu seiner Zufriedenheit, dass seine Annahme mit den Fakten übereinstimmte. Er forschte weiter zurück. Einige Bäume in seinem Heimatstaat Arizona waren bis zu dreihundert Jahre alt. Er brauchte also nur den Ringen bis in die Mitte des Stammes zu folgen, um die Klimaveränderungen in seiner Region während der letzten dreihundert Jahre rekonstruieren zu können: Alle elf Jahre, im Rhythmus der Aktivitäten der Sonnenflecken, hatte es eine »fette Zeit« gegeben, die, über mehrere Jahre verteilt, breite Ringe zur Folge gehabt hatte. Douglass hatte bewiesen, dass die Aktivität der Sonnenflecken und das Wetter auf Erden in einem Zusammenhang stehen. Nun kam ihm in den Sinn, dass mit dieser Methode auch andere Beweise erbracht werden könnten. Bei den Bäumen von Arizona handelte es sich zumeist um Pinien, deren Alter bis zum Jahr 1450 zurückreichten, also bis kurz vor der Invasion des amerikanischen Kontinents durch die Europäer.[47] Er begann Proben von Bäumen zu sammeln, die von den Spaniern Anfang des sechzehnten Jahrhunderts für den Bau ihrer Missionshäuser gefällt worden waren. Dann bat er Archäologen aus dem Südwesten des Kontinents um Holzproben aus ihren Gegenden. Auch Earl Morris, der gerade in den aztekischen Ruinen, fünfzig Meilen nördlich der prähistorischen Stätte von Pueblo Bonita in New Mexico, grub, und Neil Judd, der Pueblo Bonita selbst ausgrub, schickten Proben.[48] Allem Anschein nach waren die »Groß-Häuser« der Azteken alle um dieselbe Zeit errichtet worden, zumindest legten das ihr Stil und die darin entdeckten Artefakte nahe. Da es in Nordamerika jedoch keinen schriftlichen Kalender gegeben hatte, war niemand in der Lage, diese Pueblos genau zu datieren. Nachdem Douglass die Proben von Morris und Judd untersucht hatte, bedankte er sich bei ihnen für ihre Hilfe mit einem Satz, der weit reichende Folgen haben sollte: »Ich dachte es könnte für Sie von Interesse sein, zu erfahren«, schrieb er ihnen, »dass der letzte Balken im Dach der Aztec-Ruinen genau neun Jahre vor dem letzten Balken von Pueblo Bonito geschlagen wurde.«[49]

Eine neue Wissenschaft, die Dendrochronologie, war geboren. Pueblo Bonito war das erste Rätsel, das sie zu lösen half. Douglass hatte 1913 mit seiner Forschung begonnen, aber erst 1928–29 war er sich seiner Ergebnisse sicher genug gewesen, um sie der Welt zu offenbaren. Inzwischen hatte er anhand von Bäumen unterschiedlichsten Alters, die zu den verschiedensten Zeiten geschlagen worden waren, zwei lückenlose Rückdatierungen für den Südwesten der Vereinigten Staaten vorgenommen, eine bis auf das Jahr 1300 zurückgehend und eine zweite, von dieser Zeit zurück bis zum Jahr 700.[50] Diese Sequenz enthüllte, dass es zwischen 1276 und 1299 eine schreckliche Dürre gegeben hatte. Und damit war geklärt, weshalb es in dieser Zeit zu jener gewaltigen Migration der Pueblo-Indianer gekommen war, über die sich Generationen von Archäologen den Kopf zerbrochen hatten.

*

Jede dieser Entdeckungen verhalf der evolutionären Leiter der Menschheitsgeschichte zu einer neuen Stufe und damit den Forschern zu immer genaueren Eingrenzungsmöglichkeiten zeitlicher Abläufe. Die Evolutionen von Schrift, Religionen, Gesetzen und sogar von Bauweisen begannen sich in den Zwanzigerjahren zu einem immer kohärenteren Bild zu fügen, die Abläufe von prähistorischen und historischen Vorgängen wurden immer verständlicher. Auch so manche biblische Darstellung schien sich nun in die sich abzeichnende Sequenz historischer Ereignisse einzupassen. Natürlich barg diese Art der Deutung auch Gefahren: Man konnte Ordnung in etwas hineininterpretieren, wo es vielleicht gar keine gegeben hatte, und man konnte einst komplexe Prozesse unzulässig vereinfachend darstellen. Viele Menschen waren von den jüngsten Entdeckungen der Forschung fasziniert und gaben sich mit den neuen Interpretationen zufrieden, einige aber fanden sie ausgesprochen »ernüchternd«, weil sie der Welt das Mysterium nahmen. Unter anderem deshalb sollte ein dünner, 1931 veröffentlichter Band so großes Aufsehen erregen.

Herbert Butterfield war erst sechsundzwanzig Jahre alt und gerade Tutor am Peterhouse College in Cambridge geworden, als er mit seinem Buch *The Whig Interpretation of History* berühmt wurde.[51] Mit seiner Darstellung der Dinge, bei der er sich im Grunde gar nicht mit Evolution als solcher befasste, löste er derartige Kontroversen aus, dass sein Buch schließlich von »Freunden wie Feinden des Fortschritts« als bedenklich eingestuft wurde. Und damit erfüllte es den durchaus nützlichen Zweck eines Korrektivs für den Konsens, der sich gerade herauszubilden begann: Butterfield brachte die teleologische Sicht von Geschichte – als mehr oder weniger direkte Linie bis zur Gegenwart – zu Fall. Allein schon der Begriff »Fortschritt« war ihm suspekt, ebenso die Vorstellung, dass es bei jedem Konflikt Gute und Böse geben müsse, wobei die Guten immer gewinnen und die Bösen immer verlieren. Als Beispiel für seine Argumentation wählte er die Entwicklung von der Renaissance über die Reformation bis hin zu seiner Gegenwart. Die vorherrschende Meinung der »Whigs«, wie man in England Liberalkonservative bezeichnet, ging von einer geraden Linie seit der katholisch dominierten Renaissance über die protestantische Reformation bis hin zur freiheitlichen Welt der Moderne aus, weshalb viele von ihnen, so Butterfield, auch glaubten, dass sich Luther allein der Promotion von Freiheit verschrieben habe.[52] Diese Sichtweise setze jedoch »eine falschen Kontinuität der Ereignisse« voraus. Der liberalkonservative Historiker »stellt sich gern vor, dass sich Religionsfreiheit ganz wunderbar aus dem Protestantismus ergeben habe, während sie in Wirklichkeit unter Schmerzen und Qualen erst durch eine ganz andere Situation entstand, nämlich die Tragödie der postreformatorischen Welt«.[53]

Das Motiv dieser Historiker war für ihn klar: Sie wollten der herrschenden Politik, so weit es ging, in die Hände spielen. Die Begeisterung, die der moderne Historiker für Demokratie, Gedankenfreiheit oder liberale Traditionen hege, verleite ihn zu der Schlussfolgerung, dass schon die Völker der Vergangenheit auf diese Ziele hingearbeitet hätten.[54] Eine logische Folge dieses Missverständnisses sei, dass der liberalkonservative Historiker nur allzu gern moralische Urteile über die Vergangenheit fälle. »Für ihn ist die Stimme der Nachwelt die Stimme des Herrn, und der Historiker ist seinerseits die Stimme der Nachwelt. Typisch für ihn ist, dass er sich als Richter aufspielt, obwohl er sich mit seinen Methoden und seinem Rüstzeug bestenfalls zum Detektiv eignet.«[55] Diese Vorliebe für moralische Urteile verleite ihn dann prompt zur nächsten Fehlinterpretation, dass größeres Übel immer die Folge bewusster Schuld und nicht unbewusster Fehler sei[56] – eine Meinung, die Butterfield ganz und gar nicht teilte. Er betonte, dass sich Geschichtsschreibung darauf beschränken müsse, ihr jeweiliges Objekt unter Vermeidung von verzerrenden Abkürzungen so lange einzukreisen, bis Details deutlich würden. Moralische Urteile fand er schlicht und einfach unangemessen, denn erstens sei es unmöglich, in die Gedanken der Menschen vergangener Zeiten einzudringen, und zweitens hätten die großen historischen Auseinandersetzungen niemals zwischen den Gegenparteien »Gut« und »Böse«, sondern immer zwischen gegnerischen Gruppen stattgefunden (die sich nicht notwendigerweise auf zwei Kontrahenten beschränken mussten), welche konkurrierende Zielvorstellungen im Hinblick auf den Gang der Ereignisse und der Entwicklung der Gesellschaft hatten. Wer von der Gegenwart Rückschlüsse auf die Vergangenheit ziehe, zwinge den vergangenen Ereignissen eine moderne Geisteshaltung auf und könne sie daher niemals wirklich verstehen.[57]

Butterfields Buch wirkte wie ein Dämpfer auf die Entwicklung des Evolutionsgedankens, aber es bremste sie nur. Mit den immer neuen Erkenntnissen im Laufe der Jahre häuften sich auch die Nachweise für einen zusammenhängenden historischen Prozess. »Fortschritt« wurde zu einem seltener benutzten Begriff, dafür setzte sich »Evolution« immer mehr durch, bis diese Idee schließlich auch Einzug in die Geschichtsschreibung selbst hielt. Die Entdeckungen in den Zwanzigerjahren förderten die Vorstellung, dass die Geschichte der Menschheit eines Tages tatsächlich von A bis Z geschrieben werden könnte. Diese Vision wurde durch parallele Entwicklungen in der Physik immer weiter verstärkt.

15
Die goldenen Jahre der Physik

Die Zeit zwischen 1919, als Rutherford die erste künstliche Kernumwandlung gelang, und 1932, als sein Schüler James Chadwick das Neutron entdeckte, waren die goldenen Jahre der Physik. Kaum ein Jahr verging ohne irgendeine große Entdeckung. Die Vereinigten Staaten waren noch weit von ihrer späteren Führungsrolle in dieser Disziplin entfernt. Die gesamte Grundlagenforschung wurde in einer von drei europäischen Forschungsstätten geleistet: im Cavendish Laboratory in Cambridge, England, in Niels Bohrs Institut für Theoretische Physik in Kopenhagen und in der alten deutschen Universitätsstadt Göttingen.

Mark Oliphant, einer von Rutherfords Protégés in den Zwanzigerjahren, erinnerte sich an den äußeren Eindruck, den zum Beispiel der Flur im Cavendish hinterließ, wenn man ins Zimmer des Direktors ging: »nackte Dielen, schmuddelig übertünchte Holztüren und bröckelnder Putz an den Wänden, das Ganze spärlich erhellt durch ein verschmutztes Oberlicht.«[1] C. P. Snow, der ebenfalls dort ausgebildet worden war und das Labor in seinem ersten Roman *The Search* beschrieb, hatte hingegen kein Auge für abblätternde Farbe und schmutziges Glas gehabt: »Die Mittwochstreffen am Cavendish werde ich so schnell nicht vergessen. Für mich waren sie die Essenz all dessen, was den *persönlichen* Reiz von Wissenschaft ausmacht; sie waren, könnte man sagen, romantisch und [die Gespräche] nicht unbedingt immer auf höchstem Niveau, wie ich bald feststellen sollte; doch Woche für Woche stapfte ich durch die nasskalte Nacht, der Ostwind heulte vom Marschland durch die alten Straßen, und ich glühte vor Begeisterung, weil ich den Führern der großartigsten Bewegung der Welt zusehen, zuhören und nahe sein konnte.« Rutherford, der Maxwell 1919 als Direktor des Cavendish abgelöst hatte, war offenbar derselben Meinung. Bei einem Treffen der British Association im Jahr 1923 verblüffte er seine Kollegen mit dem plötzlichen Ausruf: »Wir leben im heroischen Zeitalter der Physik!«[2]

In gewisser Weise verkörperte Rutherford selbst – inzwischen ein Mann in den besten Jahren, mit Schnurrbärtchen und der ewig kalten Pfeife im Mund – dieses heroische Zeitalter. Während des Ersten Weltkriegs hatte die Teilchenphysik mehr oder weniger Pause machen müssen. Offiziell hatte Rutherford für die Admiralität Möglichkeiten erforscht, Unterseeboote aufzuspüren. Doch wann immer es seine Zeit erlaubte, hatte er eigene Forschungen betrieben. Im letzten Kriegsjahr, im April 1919, zur selben Zeit als Arthur Eddington seine Reisevorbereitungen traf, um in Westafrika Einsteins Voraussage zu überprüfen, brachte Rutherford einen Aufsatz heraus, der ihm sogar dann einen Platz in der Geschichte gesichert hätte, wenn er nie etwas anderes veröffentlicht hätte. Nicht, dass das aus dem Titel dieser Abhandlung – »An anamalous effect in nitrogen« – irgendwie hervorgegangen wäre. Wie immer bei seinen Experimenten hatte Rutherford auch diesmal eine an Einfachheit kaum zu überbietende Vorrichtung konstruiert – ein Kathodenstrahlrohr, ein in einer Glasröhre versiegeltes Messinggestänge, an dem einen Ende mit einem Zinksulfid-Schirm verbunden. Nachdem er sie mit Stickstoff gefüllt hatte, schoss er Alphateilchen – Heliumkerne –, die von Radon, dem radioaktiven Gas des Radiums abgegeben wurden, durch die Röhre. Aufgeregt wurde Rutherford erst, als er die Aktivität auf dem Schirm beobachtete: Die von der Kathode ausgehenden Strahlen leuchteten auf die gleiche Weise wie bei Wasserstoff. Wie konnte das sein, da doch kein Wasserstoff in diesem System enthalten war? Diese Frage führte ihn schließlich zu seinem so berühmt unaufgeregten Satz im vierten Teil seiner Abhandlung: »Aus den bisher gewonnenen Ergebnissen lässt sich kaum die Schlussfolgerung vermeiden, dass es sich bei den long-range Atomen, die sich aus der Kollision der [Alpha-] Teilchen mit dem Stickstoff ergeben, nicht um Stickstoffatome, sondern wahrscheinlich um Wasserstoffatome handelt... Entspricht dies den Tatsachen, müssen wir zu dem Schluss gelangen, dass das Stickstoffatom zerfällt.« Die Presse reagierte weit weniger zurückhaltend – Sir Ernest Rutherford, posaunten die Zeitungen, habe *das Atom gespalten.*[3] Aber ihm war durchaus selbst klar, von welcher Tragweite seine Entdeckung war. Seine Experimente hatten ihn zeitweilig so von seiner U-Boot-Forschung fern gehalten, dass er sich vor einem Komitee rechtfertigen musste. Und das tat er mit den Worten: »Wenn ich, wie ich Grund zur Annahme habe, den Kern des Atoms gespalten habe, dann ist dies von größerer Tragweite als der Krieg.«[4]

In gewissem Sinne hatte Rutherford erreicht, was Alchimisten schon seit Urzeiten versuchten – er hatte ein Element in ein anderes verwandelt: Stickstoff in Sauerstoff und Wasserstoff. Der Mechanismus, der diese erste künstliche Kernumwandlung ermöglicht hatte, lag auf der Hand: Ein Alphateilchen – Heliumkern – besitzt eine relative Atommasse von 4; wenn ein Stickstoffatom – von der Atommasse 14 – damit beschossen wurde, entstand ein Zwischenkern, welcher dann einen Wasserstoffkern (von Rutherford bald *Proton* genannt) abstieß, worauf die restlichen Nukleonen einen neuen Kern bildeten. Verglich man Masse und Kernladungszahlen, so ergab sich, dass es sich um Sauerstoff handeln musste. Die Berechnung lautet: 4+14–1=17, ergibt das Sauerstoffisotop O^{17}.[5]

Die Bedeutung dieser Entdeckung – einmal ganz abgesehen von den philosophischen Konsequenzen der Erkenntnis, dass die Natur transformierbar ist – lag in den neuen Möglichkeiten, die sich nun zur Erforschung des Atomkerns boten. Rutherford und Chadwick machten sich sofort daran, andere leichte Atome zu testen, um herauszufinden, ob sich diese genauso verhalten würden. Sie taten es: Die Überprüfung von Bor, Fluor, Natrium, Aluminium, Phosphor bewies, dass alle über einen Kern verfügten, also nicht einfach feststofflich waren, sondern Struktur besaßen. Fünf Jahre lang arbeiteten sie mit solchen leichten Elementen, dann stießen sie auf ein Problem. Die schwereren Elemente waren, wie ja schon der Name nahe legt, von einer Außenhülle aus vielen Elektronen umgeben, die eine viel stärkere elektrische Barriere bildeten und deshalb auch nur von einer stärkeren Alphateilchenquelle durchdrungen werden konnten. James Chadwick und seine jungen Kollegen am Cavendish wussten sofort, dass eine Möglichkeit, dies zu erreichen, in der Beschleunigung des Teilchenbeschusses lag. Rutherford war davon nicht überzeugt. Wie immer zog er einfachere experimentelle Mittel vor. Doch anderenorts, besonders in den USA, war den Physikern sofort klar, dass ohne den Teilchenbeschleuniger künftig kaum mehr etwas weitergehen würde.

*

Zwischen 1924 und 1932, als Chadwick schließlich das Neutron isolierte, gab es keinen neuen Durchbruch in der Kernphysik zu vermelden. Bei der Quantenphysik sah das schon anders aus. Niels Bohrs Institut für Theoretische Physik hatte am 18. Januar 1921 in Kopenhagen seine Pforten geöffnet. Das Grundstück war von der Stadt zur Verfügung gestellt worden – praktischerweise neben einem Fußballplatz (Niels und sein Bruder Harald waren begeisterte Spieler).[6] Das große, vierstöckige und L-förmige Gebäude beherbergte nicht nur einen Vorlesungssaal, eine Bibliothek und diverse Labors (was ja eher eigenartig für ein Institut der *theoretischen* Physik war), sondern auch eine Tischtennisplatte, an der Bohr ebenfalls viel Können unter Beweis stellte. »Seine Reaktionen waren schnell und genau«, erzählte Otto Frisch, »er hatte eine unglaubliche Willenskraft und Zähigkeit. Seine wissenschaftliche Arbeit war gewissermaßen von denselben Eigenschaften geprägt.«[7] Ein Jahr später erhielt Bohr den Nobelpreis und wurde zum dänischen Nationalhelden. Sogar der König riss sich um ein Treffen mit ihm. Im selben Jahr war jedoch etwas noch Aufregenderes als die Nobelpreisverleihung geschehen – Bohr hatte Chemie und Physik ein für alle Mal und unwiderruflich vernetzt. 1922 erklärte er, in welchem Zusammenhang der Aufbau des Atoms mit dem Periodensystem der chemischen Elemente stand, das der russische Chemiker Mendeleew im neunzehnten Jahrhundert aufgestellt hatte. Nach seinem ersten Durchbruch knapp vor dem Ersten Weltkrieg hatte Bohr erklärt, warum sich Elektronen nur in bestimmten kreisförmigen Bahnen um den Kern bewegen und weshalb dieser Umstand erklärt, dass dabei ein bestimmter Energiebeitrag freigesetzt und in Form eines Lichtquants emittiert wird. Die Idee einer natürlichen Umlaufbahn hatte sich perfekt mit Max Plancks Idee der Quanten gedeckt. Nun behauptete Bohr, dass die äußeren Schalen von Elektronen immer nur über eine präzise Anzahl von Elektronen verfügen könnten. Elemente, die chemisch ähnlich reagierten, täten dies nur deshalb, weil sie über eine ähnliche Elektronenanordnung in ihren äußeren Schalen – wo die häufigsten chemischen Reaktionen stattfinden – verfügten. Zum Nachweis verglich er Barium und Radium, beides Erdkali, die jedoch eine sehr unterschiedliche Atommasse haben beziehungsweise den 56. und 88. Platz im Periodensystem besetzen. Diesen Umstand erklärte Bohr mit dem Nachweis, dass Barium mit der Atommasse 137,34 über Elektronenschalen verfügt, die sich sukzessiv aus 2, 8, 18, 18, 8 und 2 (=56) Elektronen zusammensetzten, wohingegen Radium mit der Atommasse 226 Elektronenschalen besitzt, die mit jeweils 2, 8, 18, 32, 18, 8 und 2 (=88) Elektronen gefüllt sind.[8] Abgesehen davon, dass damit die Position im Periodensystem erklärt war, konnte aus der Tatsache, dass die äußere Schale eines jeden Elements aus zwei Elektronen besteht, abgeleitet werden, dass Barium und Radium trotz ihrer beträchtlichen Unterschiede einander chemisch ähnlich sind. Wie Einstein einmal sagte: Das war die höchste Form von Musikalität im Denken.[9]

In den Zwanzigerjahren begann sich der Schwerpunkt der Physik – mit Sicherheit jedenfalls der Quantenphysik – nach Kopenhagen zu verlagern, woran Bohr natürlich einen wesentlichen Anteil hatte. Bohr, ein in jeder Hinsicht großer Mann, der bei sich wie bei anderen allergrößten Wert auf exakte Formulierungen legte – was bei ihm oft zu quälend langen Denkpausen führte –, war großzügig, von liebenswürdigem Humor und völlig frei von jenem Konkurrenzdenken, welches die Zusammenarbeit so oft zur Qual macht. Doch der Erfolg des Kopenhagener Instituts hatte nicht zuletzt auch mit der Tatsache zu tun, dass Dänemark ein so kleines und obendrein neutrales Land war, in dem man nationale Rivalitäten zwischen Amerikanern, Briten, Franzosen, Deutschen, Russen und Italienern schlicht vergessen konnte. Unter den 63 bekannten Physikern, die in den zwanziger Jahren in Kopenhagen forschten, waren zum Beispiel auch Paul Dirac (Brite), Werner Heisenberg (Deutscher) und Lew Landau (Russe).[10]

Auch ein Schweizer österreichischer Herkunft forschte 1924 dort: Wolfgang Pauli, ein untersetzter Dreiundzwanzigjähriger, der leicht in Depressionen fiel, wenn sich ihm die Lösung eines wissenschaftlichen Problems entzog. Besonders eine Frage, die auch Bohr großen Verdruss bereitete, brachte ihn in dieser Zeit dazu, gedankenverloren durch die Straßen der dänischen Hauptstadt zu streifen: Niemand verstand, weshalb sich die Elektronen in der Umlaufbahn um den Kern nicht einfach samt und sonders auf der inneren Schale bündelten. Denn genau das wäre angesichts der Tatsache, dass Elektronen Energie in Form von Licht emittieren, zu erwarten gewesen. Das Einzige, was man bislang wusste, war, dass es um die innere Schale eines jeden Elektrons immer nur eine Umlaufbahn gab, um die jeweils nächst äußere jedoch vier. Pauli gelang es schließlich, zu zeigen, dass keine Umlaufbahn mehr als zwei Elektronen enthalten konnte. Sobald ein Orbit über zwei verfügte, war er »voll«, alle anderen Elektronen wurden ausgeschlossen und mussten auf die nächstgelegene äußere Umlaufbahn springen.[11] Das bedeutete, dass die innere Schale (eine Umlaufbahn) nie mehr als zwei Elektronen enthalten konnte und die nächstgelegene äußere Schale (vier Umlaufbahnen) nie mehr als acht. Dieses Pauli-Prinzip – oder »Ausschließungsprinzip«, wie man es auch nennt – war besonders schön, weil es an Bohrs Erklärung der chemischen Eigenschaften des Atoms anknüpfte.[12] Wasserstoff zum Beispiel, mit einem Elektron im ersten Orbit, ist chemisch aktiv; Helium hingegen, mit zwei Elektronen im ersten Orbit (diese Umlaufbahn ist also »voll«), ist inaktiv. Oder ein anderes Beispiel: Lithium, das dritte Element, mit zwei Elektronen in der inneren Schale und einem in der nächsten, ist chemisch höchst aktiv; Neon hingegen, das aus zehn Elektronen besteht, zwei in der inneren Schale (»voll«) und acht in den vier äußeren Orbits der zweiten Schale (ebenfalls »voll«), ist wiederum inaktiv.[13] Gemeinsam hatten Bohr und Pauli also nachgewiesen, dass die chemischen Eigenschaften von Elementen nicht nur von der Zahl der Elektronen eines Atoms abhängen, sondern auch von der Verteilung dieser Elektronen in den äußeren Schalen.

Das nächste Jahr, 1925, sollte den Höhepunkt des goldenen Zeitalters der Physik einläuten und den Forschungsschwerpunkt für eine Weile nach Göttingen verlagern. Schon vor dem Ersten Weltkrieg waren britische und amerikanische Studenten regelmäßig zum Studium nach Deutschland gereist und Göttingen oft eine ihrer Anlaufstellen gewesen. Außerdem hatte diese Stadt ihren Ruf besser in die Weimarer Zeit retten können als die meisten anderen. 1922 hatte sich Bohr dort bei einem Vortrag von einem Studenten herausgefordert gesehen, der seine Darstellung an einem Punkt einfach zu korrigieren wagte. Aber Bohr war Bohr und fühlte sich nicht brüskiert, im Gegenteil. Werner Heisenberg schrieb später: »... nach Abschluss der Diskussion kam er zu mir und fragte mich, ob wir nicht zusammen am Nachmittag einen Spaziergang über den Hainberg machen könnten ... Dieser Spaziergang hat auf meine spätere wissenschaftliche Entwicklung den stärksten Eindruck ausgeübt, oder man kann vielleicht besser sagen, dass meine eigentliche wissenschaftliche Entwicklung erst mit diesem Spaziergang begonnen hat.«[14] Tatsächlich blieb es nicht bei einem Spaziergang. Bohr lud den jungen Bayern nach Kopenhagen ein. Dass Heisenberg sich noch anderthalb Jahre lang nicht in der Lage dazu fühlte, änderte nichts an Bohrs herzlichem Empfang. Sie begannen sich sofort einem weiteren Problem der Quantentheorie zu widmen, nämlich der von Bohr so genannten »Korrespondenz«,[15] abgeleitet aus der Beobachtung, dass ein gewisser gesetzmäßiger Zusammenhang zwischen Quantenphysik und klassischer Physik bestand. Wie konnte das sein? Nach der Quantentheorie bestand Energie – wie Licht – aus kleinen Paketen, die sich mit großer Geschwindigkeit durch den Raum bewegen; nach Sicht der klassischen Physik wurde Energie kontinuierlich emittiert. Heisenberg kehrte äußerst motiviert, aber auch verwirrt nach Göttingen zurück. Konfusion konnte er ebenso wenig ertragen wie Pauli. Ende Mai 1925 erkrankte er »so unangenehm an Heufieber«, dass er nach Helgoland fuhr, um sich »fern von blühenden Büschen« auszukurieren. Heisenberg war nicht nur ein ausgezeichneter Pianist und Goethe-Rezitator, sondern auch körperlich sehr fit (er liebte das Bergsteigen), also begann er sich bei langen täglichen Spaziergängen den Kopf frei zu machen.[16] Die Eingebung, die er dann in dieser klaren Luft hatte, war das erste Beispiel für das, was man später den »Zauber der Quantentheorie« nennen sollte: Er kam zu der Überzeugung, dass man endlich aufhören müsse, sich das Vorgehen im Inneren des Atoms vorstellen zu wollen, da es ohnedies unmöglich sei, jemals etwas derart Winziges direkt beobachten zu können.[17] Bestenfalls könne man dessen Eigenschaften berechnen. Und wenn man dann zu dem Ergebnis komme, dass sich etwas einmal als kontinuierlich und ein andermal als unstetig erweist, sei dies eben die Realität – wenn es zwei Werte gebe, mache es keinen Sinn, diese als Widerspruch zu bezeichnen, da es sich ganz einfach um zwei verschiedene Aspekte derselben Sache handle.

Das war Heisenbergs zentrale Erkenntnis. In den kommenden hektischen Wochen machte er sich daran, die einzelnen »Terme … in der Energiematrix durch eine nach heutigen Maßstäben reichlich umständliche Rechnung zu bestimmen« – nämlich nach einem von David Hilbert stammenden Prinzip, bei dem die gewonnenen Werte zu einer zweidimensionalen Zahlentabelle gruppiert werden und jeweils zwei miteinander multiplizierte Matrizen eine weitere Matrix ergeben.[18] Nach Heisenbergs Schema wird jedes Atom durch eine Matrix repräsentiert und jede »Regel« durch eine andere. Multipliziert man zum Beispiel die »Natrium-Matrix« mit der »Spektrallinien-Matrix«, muss das Ergebnis die Matrix der Wellenlängen der Spektrallinien von Natrium sein. Zu Heisenbergs und Bohrs großer Freude wurde das bestätigt. »So konnte ich an der mathematischen Widerspruchsfreiheit und Geschlossenheit der damit angedeuteten Quantenmechanik nicht mehr zweifeln.«[19] Der Begriff Quantenmechanik war geboren.

Die Akzeptanz von Heisenbergs Idee wurde durch eine weitere neue Theorie gefördert, welche Louis de Broglie ebenfalls im Jahr 1925 in Paris vorstellte. Sowohl Planck als auch Einstein hatten behauptet, dass Licht, welches bislang als Welle betrachtet worden war, sich auch wie ein Teilchen verhalten könne. De Broglie stellte nun den Umkehrschluss her und behauptete, dass sich Teilchen manchmal wie Wellen verhalten. Kaum war diese Theorie bekannt, wurde sie auch schon experimentell bestätigt.[20] Die Welle-Teilchen-Dualität war noch so ein Zauber der Quantenphysik; dass sie sich so schnell durchsetzen konnte, lag auch an der Arbeit eines anderen Genies, nämlich des Österreichers Erwin Schrödinger, der von Heisenbergs Idee verstört und von de Broglies fasziniert war. Der mit seinen damals neununddreißig Jahren für einen Physiker schon ziemlich »alte« Schrödinger fügte dieser Dualität nun noch die Idee hinzu, dass sich das Elektron auf seiner Umlaufbahn um den Kern nicht wie ein Planet, sondern wie eine Welle verhalte.[21] Und dieses Wellenmuster bestimme auch die Größe des Orbits. Um einen kompletten Kreis bilden zu können, müsse die Welle mit einer ganzen Zahl berechenbar sein, dürfe also keine Bruchzahlen ergeben (sonst würde sie ins Chaos stürzen). Diese Zahl wiederum bestimmte die Entfernung des Orbits vom Kern. Schrödingers elegante Abhandlung, die im Frühjahr und Sommer 1926 in vier langen Teilen in den *Annalen der Physik* veröffentlicht wurde, erklärte also die Position von Bohrs Umlaufbahnen. Und die dieser Theorie zu Grunde liegende Mathematik erwies sich als mehr oder weniger identisch mit Heisenbergs Matrizen, nur war sie einfacher. Wieder einmal drängten neue Erkenntnisse zueinander.[22]

Das i-Tüpfelchen auf diesen Zauber der Quantenphysik wurde 1927 wieder von Heisenberg gesetzt. Es war Ende Februar, Bohr war zum Ski-Langlaufen nach Norwegen gefahren, und Heisenberg stapfte allein durch die Straßen von Kopenhagen. Eines Abends erinnerte er sich in seiner kleinen Wohnung im Obergeschoss des Kopenhagener Instituts plötzlich an etwas, das Einstein einmal zu ihm gesagt hatte: »Erst die Theorie entscheidet darüber, was man beobachten kann.«[23] Obwohl es längst nach Mitternacht war, unternahm er einen Spaziergang durch den Fälledpark, um über diese Äußerung nachzudenken. Im Gegensatz zu den unendlichen kosmischen Weiten über ihm war die Welt, mit der es der Quantenphysiker zu tun hatte, unvorstellbar klein. Könnte es sein, fragte sich Heisenberg, dass es auf der Ebene des Atoms eine Grenze des Erfahrbaren gibt? »Die Bahn des Elektrons in der Nebelkammer kann man beobachten. Aber vielleicht war das, was man wirklich beobachtet, weniger.« Durch das Auftreffen des Alphateilchens auf dem Zinksulfid-Schirm veränderte sich dessen Geschwindigkeit, und das wiederum bedeutete, dass man diese im entscheidenden Moment nicht messen kann. Wird die Geschwindigkeit eines Teilchens beispielsweise durch die Streuung von

Gammastrahlen gemessen, wird dieses Teilchen bereits dadurch auf eine andere Bahn gelenkt und seine exakte Position im Moment der Messung verändert. Heisenbergs Unschärferelation, wie sie genannt werden sollte, postulierte also, dass sich die exakte Position und präzise Geschwindigkeit eines Elektrons nicht gleichzeitig genau bestimmen lassen.[24] Das war sowohl in praktischer als auch in philosophischer Hinsicht verstörend, denn es bedeutete, dass sich auf subatomarer Ebene Ursache und Wirkung niemals feststellen lassen können. Die einzige Möglichkeit, das Verhalten von Elektronen zu verstehen, war damit auf Statistik und Wahrscheinlichkeitsgesetz beschränkt. Nicht einmal dem Prinzip nach, so Heisenberg, können wir die Gegenwart in allen Einzelheiten erkennen. Was immer wir beobachten, ist nur ein winziger Ausschnitt von unzähligen Möglichkeiten und limitiert daher notgedrungen alles, was künftig gedacht werden kann.[25]

Einstein konnte sich mit dem grundsätzlich statistischen Charakter der neuen Quantentheorie nie anfreunden, und dieses Thema blieb bis ans Ende seines Lebens ein Streitpunkt zwischen ihm und Bohr. 1926 schrieb er in einem berühmten Brief an den Physiker Max Born in Göttingen: »Die Quantenmechanik ist sehr Achtung gebietend. Aber eine innere Stimme sagt mir, dass das noch nicht der wahre Jakob ist. Die Theorie liefert viel, aber dem Geheimnis des Alten bringt sie uns kaum näher. Jedenfalls bin ich überzeugt, dass der Alte nicht würfelt.«[26]

*

Fast ein Jahrzehnt lang hatte die Quantentheorie die Schlagzeilen beherrscht. Auf dem Höhepunkt des goldenen Zeitalters war die Vorherrschaft Deutschlands allein schon an der Tatsache abzulesen, dass mehr Abhandlungen zu diesem Thema in deutscher als in jeder anderen Sprache erschienen.[27] Die experimentelle Teilchenphysik war in diesen Jahren völlig zum Stillstand gekommen. Aus heutiger Sicht ist schwer nachzuvollziehen, warum das so war, denn Ernest Rutherford hatte bereits 1920 eine erstaunliche Vorhersage gemacht. Anlässlich eines Bakerian-Vortrags vor der Londoner Royal Society hatte er detailliert über ein Stickstoffexperiment im Vorjahr berichtet und anschließend noch ein wenig über die Zukunft spekuliert.[28] Dabei erwog er nicht nur die Entdeckung einer dritten subatomaren Struktur neben dem Elektron und dem Proton, sondern beschrieb sogar bereits einige Eigenschaften dieser Struktur, die, so Rutherford, keine elektrische Ladung trage. »Solch ein Atom«, behauptete er, »besäße ganz neue Eigenschaften. Sein äußeres [elektrisches] Feld sei praktisch null, außer sehr nahe am Kern, weshalb es konsequenterweise in der Lage sein müsste, sich frei durch Materie zu bewegen.« Auch wenn es schwer zu entdecken sein werde, sei es gewiss der Suche wert: »Es sollte ohne weiteres in die Struktur von Atomen eindringen können und wird entweder mit dem Kern verschmelzen oder aber durch dessen starkes Feld zerfallen.« Falls diese subatomare Struktur tatsächlich existiere, schlage er den Namen *Neutron* vor.[29]

James Chadwick, der bereits 1911 dabeigewesen war, als Rutherford in Manchester die Struktur des Atoms selbst beschrieben hatte, saß auch diesmal im Auditorium. Immerhin war er ja inzwischen Rutherfords rechte Hand. Doch bei dieser Ankündigung hielt sich seine Begeisterung für die Idee seines Chefs in Grenzen, denn ihm erschien die Symmetrie von Elektron und Proton, von negativ und positiv, bereits derart perfekt und vollständig, dass er an so etwas wie ein Neutron nicht glauben wollte. Und da andere Physiker nur höchst selten Bakerian-Vorträge nachlasen – sie waren eine ziemlich verstaubte Angelegenheit –, wäre Rutherfords Einfall vermutlich untergegangen und hätte niemanden zu weiteren Forschungen angeregt, wenn sich bis Ende der zwanziger Jahre nicht immer mehr Anomalien aufgebaut hätten. Eine der spannendsten war der Zusammenhang zwischen relativer Atommasse und Atomzahl. Die Atomzahl wurde aus der elektrischen Ladung des Kerns und der Berechnung der Protonen abgeleitet. So war zum Beispiel die Atomzahl von Helium 2, seine relative Atommasse aber 4; für Silber lauteten die Zahlen 47 und 107, für Uran 92 und 235 oder 238.[30] Eine populäre Theorie besagte nun, dass es zusätzliche Protonen im Kern gebe, die mit Elektronen gekoppelt seien und dadurch neutralisiert würden. Doch damit ergab sich nur eine weitere theoretische Anomalie – Teilchen, die so klein und leicht wie Elektronen waren, konnten nur durch enorme Energiemengen im Kern festgehalten werden; und diese Energie müsste sich zeigen, wenn der Kern mit Teilchen beschossen und dadurch seine Struktur verändert würde. Doch das geschah nie.[31] Anfang der zwanziger Jahre wurde unendlich viel Zeit darauf verwendet, das Stickstoff-Umwandlungsexperiment mit anderen leichten Elementen zu wiederholen, weshalb auch Chadwick kaum Zeit für irgendwelche anderen Überlegungen hatte. Erst als immer deutlicher wurde, dass sich diese Anomalien durch nichts zufrieden stellend lösen ließen, begann auch er sich Rutherfords Annahme zu nähern: Es musste ganz einfach so etwas wie ein Neutron existieren.

Chadwick war aus purem Zufall Physiker geworden.[32] Er wirkte scheu und oft auch ziemlich barsch, womit er aber nur versuchte, seine natürliche Sanftmut zu verbergen. Eigentlich hatte er Mathematiker werden wollen. An die Physik geriet er nur, weil er sich bei der Immatrikulation an der Manchester University in der falschen Schlange angestellt hatte und dann von dem Physiker beeindruckt war, der das Zulassungsgespräch mit ihm führte. Später studierte er in Berlin bei Hans Geiger, und weil er den Moment für seine Abreise vor Kriegsausbruch verpasst hatte, verbrachte er den gesamten Krieg in einem deutschen Internierungslager. In den zwanziger Jahren wollte er nun endlich Karriere machen.[33] Aber erst einmal führte die experimentelle Suche nach dem Neutron ins Nichts. Da Rutherford und Chadwick glaubten, dass es sich dabei um eine enge Verbindung von Proton und Elektron handeln müsse, erfanden sie die unterschiedlichsten Methoden, um, wie Richard Rhodes schrieb, »Wasserstoff zu foltern«. Dann wurde diese Forschungsgeschichte etwas verwickelt: Zwischen 1928 und 1930 studierte der deutsche Physiker Walter Bothe die Gammastrahlung, die freigesetzt wurde, wenn leichte Elemente wie Lithium und Sauerstoff mit Alphateilchen beschossen wurden. Dabei fand er heraus, dass seltsamerweise nicht nur Bor, Magnesium und Aluminium eine starke Strahlung abgaben – was zu erwarten gewesen war, da Alphateilchen diese Elemente zerfallen ließen (wie Rutherford und Chadwick bewiesen hatten) –, sondern auch Beryllium, welches beim Beschuss mit Alphateilchen nicht zerfiel.[34] Diese Erkenntnis von Bothe faszinierte Chadwick in Cambridge ebenso sehr wie Irène Curie – Tochter von Marie – und ihren Mann Frédéric Joliot in Paris, weshalb sich nun alle drei diesem deutschen Forschungsansatz zuwandten. Beide Labors entdeckten bald darauf neue Anomalien. Im Frühjahr 1931 fand H. C. Webster, einer von Chadwicks Studenten, heraus, dass »die Strahlung [von Beryllium], die in dieselbe Richtung emittierte wie die ... Alphateilchen, härter [durchdringender] war als die Strahlung, die in die Gegenrichtung emittierte«. Das war wichtig, denn hätte es sich um Gammastrahlen – Licht – gehandelt, hätte sich die Strahlung gleichmäßig in alle Richtungen verteilen müssen, nicht anders als das Licht, das von einer Glühbirne ausgeht. Nur ein *Teilchen* würde sich anders verhalten. Und nur ein Teilchen könnte in Richtung eines einschießenden Alphateilchens nach vorne geschleudert werden.[35] Chadwick dachte: »Na, da haben wir's ja, das Neutron.«[36]

Im Dezember 1931 verkündete Irène Joliot-Curie der Französischen Akademie der Wissenschaften, dass sie Bothes Experimente mit Berylliumstrahlung wiederholt, die Messungen standardisiert habe und dabei zu der Berechnung gelangt sei, dass die Energie der abgegebenen Strahlung *dreimal höher* war als die Energie der Alphateilchen. Eine solche Größenordnung konnte nur bedeuten, dass es sich eindeutig nicht um Gammastrahlen handelte und hier eine ganz andere Struktur am Werk sein musste. Unglücklicherweise hatte Irène Joliot-Curie nie Rutherfords Bakerian-Vortrag gelesen und es deshalb als selbstverständlich genommen, dass die Berylliumstrahlung durch Protonen verursacht wurde. Kaum zwei Wochen später, Mitte Januar 1932, veröffentlichten Joliot und Curie erneut einen Aufsatz. Diesmal gaben sie bekannt, dass Festparaffin unter Beschuss mit Berylliumstrahlung Protonen mit Höchstgeschwindigkeit emittierte.[37]

Als Chadwick diesen Bericht im französischen Physikjournal *Comptes Rendus* Anfang Februar mit seiner Morgenpost las, merkte er sofort, dass mit dieser Beschreibung und Auslegung etwas nicht stimmte. Jeder Physiker, der etwas taugte, wusste, dass ein Proton 1,836-mal schwerer ist als ein Elektron. Folglich war es absolut unmöglich, dass ein Proton von einem Elektron verdrängt werden konnte. Noch während Chadwick den Bericht las, betrat ein Kollege namens Feather sein Zimmer, der diesen Bericht ebenfalls gelesen hatte und Chadwick sofort darauf aufmerksam machen wollte. Am Vormittag diskutierte Chadwick beim täglichen Arbeitstreffen mit Rutherford darüber. »Als ich ihm von der Curie-Joliot-Beobachtung und ihrer Schlussfolgerung berichtete, wurde sein Ausdruck immer erstaunter, bis er schließlich explodierte: ›Das glaube ich einfach nicht.‹ Eine derart ungehaltene Bemerkung war absolut untypisch für ihn, und ich kann mich nicht erinnern, während meiner langen Zusammenarbeit mit ihm jemals wieder Ähnliches erlebt zu haben. Ich erwähne das, um deutlich zu machen, wie aufgestört wir von dem Curie-Joliot-Bericht waren. Denn natürlich fand Rutherford, dass man ihren Beobachtungen an sich Glauben schenken musste; doch mit ihrer Erklärung war das eine ganz andere Sache.«[38] Chadwick wiederholte das Joliot-Curie-Experiment augenblicklich. Die erste Entdeckung, die ihn in Aufregung versetzte, war, dass die Berylliumstrahlen ungehindert eine zwei Zentimeter dicke Bleiplatte durchdringen konnten. Dann stellte er fest, dass die Protonen unter dem Beschuss von Berylliumstrahlen bis zu 40 Zentimeter weit aus einigen Elementen herausgeschleudert wurden. Was immer das für eine Strahlung war, sie war gewaltig – und obendrein ein negativer Ladungsträger. Schließlich entfernte Chadwick die Paraffinfläche, die die Joliot-Curies benutzt hatten, um zu sehen, was passieren würde, wenn Elemente direkt mit Berylliumstrahlen bombardiert würden. Bei der Strahlenmessung mit einem Oszilloskopen stellte er dann fest, dass die Berylliumstrahlung die Protonen völlig unabhängig vom jeweiligen Element verdrängte und, was noch entscheidender war, die Energie dieser verdrängten Protonen einfach viel zu gewaltig war, um von Gammastrahlen produziert worden zu sein. Chadwick hatte inzwischen einiges von Rutherford gelernt, darunter auch ein gewisses Understatement. In seiner Abhandlung, der er den Titel »Possible Existence of a Neutron« gegeben hatte und die er eiligst zu *Nature* expedierte, schrieb er: »Es ist offenkundig, dass wir entweder von der Gewohnheit ablassen müssen, Energie und Impuls bei diesen Kollisionen zu konservieren, oder eine andere Hypothese über die Natur von Strahlung aufstellen müssen.« Nach der Anmerkung, dass sein Experiment erstmals den Nachweis für ein Teilchen »ohne eigene Ladung« geliefert habe, schlussfolgerte er: »Wir können annehmen, dass es sich hier um das von Rutherford in seinem Bakerian-Vortrag diskutierte ›Neutron‹ handelt.«[39] Der beobachtete Prozess lautete: $^4He + {^9Be} \rightarrow {^{12}C} + n$, wobei n für das Neutron mit der Massezahl 1 steht.[40]

Den Joliot-Curies war es ungeheuer peinlich, dass ihnen nicht aufgefallen war, was Rutherford und Chadwick mit einem Blick erkannten (dafür sollten die Franzosen später andere Entdeckungen machen). Chadwick, der zehn Tage lang durchgearbeitet hatte, damit ihm niemand zuvorkam, kündigte seine Ergebnisse noch vor deren Veröffentlichung bei einem Treffen des Kapitza-Clubs an, eines Debattierclubs, den der junge russische Physiker Peter Kapitza am Cavendish Laboratory ins Leben gerufen hatte, weil ihn die formalen, hierarchischen Strukturen in Cambridge abstießen und er sich ein Forum wünschte, in dem Rang keine Rolle spielte. Bei einem dieser allwöchentlichen Mittwochstreffen des Clubs berichtete Chadwick nun erschöpft, dass er das dritte subatomare Teilchen entdeckt habe, hielt dann einen kurzen Vortrag und meinte schließlich trocken: »Und jetzt will ich chloroformiert und in vierzehntägigen Tiefschlaf versetzt werden.«[41] Für das Ergebnis seiner verbissenen Detektivarbeit erhielt er den Nobelpreis. Die Tatsache, dass das von ihm entdeckte neue Teilchen ein negativer Ladungsträger war, sollte der Kernforschung ganz neue Einblicke ermöglichen – einigen Physikern sogar so weit über Chadwicks Entdeckung hinaus, dass so manchen von ihnen ganz und gar nicht mehr gefiel, was sie da entdeckt hatten.

*

Die Physik wurde nun zur Königin der Naturwissenschaften, zu einer fundamentalen Möglichkeit der Annäherung an die Natur, mit praktischen wie tief greifenden philosophischen Implikationen. Doch abgesehen von einer Stellungnahme zu der Erkenntnis, dass Natur transformierbar ist, war die Philosophie am meisten dort gefordert, wo sich Physik und Astronomie überlappten.

An diesem Punkt müssen wir kurz zu Einstein zurückkehren. Als er seine Relativitätstheorie postulierte, waren die meisten Wissenschaftler überzeugt, dass das Universum statisch sei. Das neunzehnte Jahrhundert hatte eine Menge neuer Informationen über die Sterne geliefert, einschließlich neuer Methoden, ihre Temperaturen und Entfernungen zu messen. Doch noch hatte kein Astronom beobachtet, dass sich Himmelskörper zu Galaxien gruppieren oder dass sie sich voneinander wegbewegen.[42] Aber Einsteins Relativitätstheorie brachte für Astronomen eine Überraschung: Einsteins Gleichungen sagten voraus, dass sich das Universum entweder ausdehnen oder zusammenziehen müsse. Und diese unerwartete logische Folgerung erschien sogar Einstein selbst so verrückt, dass er so lange an seinen Berechnungen herumpfuschte, bis er sein theoretisches Universum endlich zum Stillstand gebracht hatte (wie gesagt, sollte er diese Korrekturen später »die größte Eselei« seines Lebens nennen).[43]

Seltsamerweise gab es jedoch eine Reihe von Wissenschaftlern, die zwar Einsteins Relativitätstheorie und die ihr zu Grunde liegenden Berechnungen akzeptierten, nicht aber sein »kosmologisches Glied der Feldgleichung« und die Korrekturen, auf welchen *dieses* basierte. Der junge russische Wissenschaftler Alexander Friedmann war der Erste, der Einstein dazu brachte, das Ganze noch einmal zu überdenken. Friedmann hatte eine sehr schwere Kindheit gehabt: Nachdem seine Mutter ihren brutalen Ehemann verlassen und den Sohn mitgenommen hatte, wurde sie der »Vernachlässigung der ehelichen Pflichten« angeklagt, vom zaristischen Gerichtshof zum Zölibat verurteilt und von ihrem Sohn getrennt. Er sollte sie beinahe zwanzig Jahre lang nicht wieder sehen. Bereits in jungen Jahren hatte er sich dann ausgiebig mit der Relativitätstheorie auseinander gesetzt und dabei festgestellt, dass Einstein einen Fehler gemacht hatte: Seine Feldgleichungen konnten ohne eine »kosmologische Konstante« kein statisches Universum beschreiben – das hieß, es musste sich in der Tat ausdehnen oder zusammenziehen.[44] Und diese Vorstellung fand Friedmann so aufregend, dass er es einfach wagte, Einsteins Arbeit zu korrigieren. Er entwickelte ein mathematisches Modell, mit dem er seine Überzeugung darlegen konnte, und schickte das Ganze an Einstein. Doch der war, seit Eddington Anfang der zwanziger Jahre seine Voraussage bestätigt hatte, so weltberühmt geworden, dass er geradezu in Briefen ertrank. Friedmanns Ideen gingen in dieser Postlawine einfach unter.[45] Unbeirrt wollte er daraufhin bei Einstein persönlich vorsprechen, aber auch dieser Versuch schlug fehl. Erst durch die Intervention eines Kollegen gelang es ihm schließlich, Einsteins Aufmerksamkeit auf seine Gedanken zu lenken, mit dem Ergebnis, dass dieser tatsächlich an seinem »kosmologischen Glied der Feldgleichung« und dessen Implikationen zu zweifeln begann. Doch am Ende sollte es nicht Einstein sein, der Friedmanns Theorie voranbrachte, sondern der belgische Kosmologe Georges Lemaître und einige andere Wissenschaftler, die sie ihren Berechnungen zu Grunde legten und damit noch in den zwanziger Jahren eine voll ausgearbeitete geometrische Beschreibung des homogenen und expandierenden Universums zur Verfügung stellten.[46]

So weit die Theorie. Doch Planeten, Sterne und Galaxien sind nicht gerade kleine Körper, sie nehmen gewaltige Räume ein. Wenn sich das Universum nun tatsächlich ausdehnte, musste das nicht zu beobachten sein? Eine Möglichkeit dafür bot sich mit den damals so genannten »Spiralnebeln«. Heute wissen wir, dass es sich dabei um weit entfernte Galaxien handelt, aber mit den damals zur Verfügung stehenden Teleskopen erschienen sie bestenfalls als undeutliche Kleckse im Universum jenseits unseres Sonnensystems. Niemand wusste, ob sie aus Gasen oder festen Stoffen bestanden, und niemand wusste, wie groß oder wie weit entfernt sie waren. Dann entdeckte man, dass sich das von ihnen ausgehende Licht systematisch ans rote Ende des Spektrums verschob. Diese Rotverschiebung lässt sich beispielsweise in Analogie zum Doppler-Effekt erklären, jenem Phänomen, das der österreichische Physiker Christian Doppler 1842 entdeckt hatte: Fährt ein Fahrzeug auf uns zu und dann an uns vorbei, hören wir das von ihm verursachte Geräusch in jeweils unterschiedlicher Tonhöhe. Der Grund dafür ist einfach: Nähert sich das Fahrzeug, werden die Schallwellen »zusammengedrückt«, was zu kürzeren Intervallen und folglich einem höheren Ton führt; entfernt sich das Fahrzeug wieder, werden die Schallwellen gestreckt, die Intervalle also länger, was einen tieferen Ton verursacht. Mehr oder weniger dasselbe geschieht mit dem Licht: Kommt die Lichtquelle auf uns zu, verschiebt sich das Licht zum blauen Ende des Spektrums; entfernt sich die Lichtquelle von uns, verschiebt sich das Licht zum roten Ende des Spektrums.

Die ersten entscheidenden Tests wurden 1912 von Vesto Slipher am Lowell-Observatorium in Flagstaff, Arizona, gemacht,[47] das 1893 gebaut worden war, um die »Kanäle« auf dem Mars zu erforschen. Slipher war sich sicher, dass er Rotverschiebungen auf einer Seite der Spiralnebel (in dem Bereich, der sich vom Betrachter weg bewegt) und Blauverschiebungen auf der anderen (in dem Teil der Spirale, der sich auf die Erde zudreht) finden würde. Stattdessen aber stellte er fest, dass bei allen außer bei vier der von ihm untersuchten Spiralnebel ausschließlich Rotverschiebungen zu beobachten waren. Wieso das? Letztlich konnte diese Verwirrung nur entstehen, weil Slipher noch nicht wusste, wie weit entfernt diese Nebel in Wirklichkeit waren, was wiederum eine Korrelation zwischen Rotverschiebung und Entfernung sehr schwierig machte. Trotzdem waren seine Ergebnisse höchst anregend.[48]

Es sollten einige Jahre ins Land gehen, bis diese Frage gelöst werden konnte. 1929 gelang es Edwin Hubble schließlich mit dem größten damals zur Verfügung stehenden Teleskop, dem 2,5-Meter-Teleskop auf dem Mount Wilson nahe Los Angeles, einzelne Sterne in der Andromedagalaxie zu identifizieren und damit die Annahme vieler Astronomen zu bestätigen, dass es sich bei den »Nebeln« in Wahrheit um ganze Galaxien handelte. Hubble lokalisierte eine Reihe von »variablen Cepheiden«, Sterne von ungeheurer Leuchtkraft, die ihre Helligkeit in regelmäßigen Rhythmen verändern (zwischen 1 und 50 Tage variierend). Von der Existenz dieser Cepheiden wusste man schon seit Ende des achtzehnten Jahrhunderts, doch erst 1908 hatte Henrietta Leavitt in Harvard bewiesen, dass ein mathematischer Zusammenhang zwischen der durchschnittlichen Helligkeit eines Sterns, dessen Größe und seiner Entfernung zur Erde besteht.[49] Aus den Beobachtungsdaten der Cepheiden konnte Hubble nun die Entfernungen weit entfernter Galaxien ableiten.[50] Sein nächster Schritt bestand darin, diese Entfernungen mit der jeweiligen Rotverschiebung zu korrelieren. Insgesamt sammelte Hubble Informationen über 24 Galaxien an. Seine Beobachtungen und Berechnungen ergaben ein einfaches, aber sensationelles Ergebnis, nämlich einen direkten, linearen Zusammenhang: Je weiter entfernt eine Galaxie, desto stärker die Rotverschiebung in ihren Spektren – das *Hubble-Gesetz*.[51] Es war anhand von nur 24 Galaxien formuliert worden und wurde seit 1929 durch Tausende weitere bestätigt.[52]

Also hatte sich wieder einmal eine Voraussage von Einstein bewahrheitet; sämtliche Berechnungen Einsteins, Friedmanns und Lemaîtres wurden durch das Experiment bestätigt – das Universum dehnt sich in der Tat aus. Das war für viele ein höchst gewöhnungsbedürftiger Gedanke, denn es betraf auch die herrschende Sicht über den Ursprung des Universums, seine Beschaffenheit und die grundlegende Bedeutung von Zeit. Hubble machten diese unmittelbaren Auswirkungen seiner Entdeckung eine Zeit lang fast ebenso berühmt wie Einstein. Er wurde überhäuft mit Ehrenbezeugungen, darunter auch ein Ehrendoktor von Oxford; das *Time*-Magazin brachte sein Bild auf der Titelseite; und das Observatorium bei Los Angeles wurde zur Pilgerstätte vieler Berühmtheiten: Aldous Huxley, Andrew Carnegie und Anita Loos gehörten zu den Auserwählten, denen eine Führung gewährt wurde. Auch Hollywood vereinnahmte die Hubbles. Die Briefe von Hubbles Frau Grace aus den frühen dreißiger Jahren erzählen von Dinners mit Helen Hayes, Ethel Barrymore, Douglas Fairbanks, Walter Lippmann, Igor Strawinsky, Frieda von Richthofen (D.H. Lawrences Witwe), Harpo Marx und Charlie Chaplin.[53] Neidische Kollegen von Hubble ließen zwar durchblicken, dass er gar kein so besonders scharfsinniger Beobachter und gewiss weder ein Galilei noch ein Kopernikus sei und dass sein Anteil an diesen Erkenntnissen ohnedies begrenzt gewesen sei, da andere Wissenschaftler diese Ergebnisse bereits vorausgesagt hätten. Doch Hubble hatte mit seiner mühevollen Pionierarbeit immerhin so viele exakte Daten gesammelt, dass nicht einmal sehr skeptische Kollegen die Theorie des expandierenden Universums noch verhöhnen konnten. Eine der erstaunlichsten Theorien des Jahrhunderts war durch Hubble über jeden Zweifel erhaben bewiesen worden.

*

Zur selben Zeit, als die Physik die Erklärung für Phänomene so riesigen Ausmaßes wie das Universum lieferte, machte sie auch Fortschritte im Bereich der Natur im Miniaturformat, insbesondere auf der Ebene der Moleküle, die unser Verständnis von Chemie wesentlich verbessern sollten. Das neunzehnte Jahrhundert hatte das erste goldene Zeitalter der Chemie und vor allem der Industriechemie erlebt; und der Chemie war auch im Wesentlichen der Aufstieg Deutschlands zu jener Macht im neunzehnten Jahrhundert zu verdanken, die Hitler nun so dringend zurückgewinnen wollte. Nur ein Vergleich: Die Produktion von Schwefelsäure in Deutschland war nach dem Ersten Weltkrieg von der Hälfte des britischen Produktionsumfangs in der Vorkriegszeit auf 50 Prozent darüber angestiegen; die Produktion von Chlor mit dem modernen Elektrolytverfahren war drei

Mal höher als die in Großbritannien; und Deutschlands Anteil am Farbstoffmarkt stieg sogar auf unglaubliche 90 Prozent.

Der entscheidende Durchbruch im Bereich der theoretischen Chemie des zwanzigsten Jahrhunderts war Linus Pauling zu verdanken. Seine Forschung über die chemische Bindung war ebenso grundlegend wie die Forschungen in der Genetik oder Quantenphysik, denn durch sie ließen sich molekulare Strukturen nun physikalisch deuten: sie zeigten, in welchem Zusammenhang diese Strukturen mit den Eigenschaften und sogar dem Erscheinungsbild von chemischen Elementen standen. Pauling erklärte, weshalb manche Substanzen logischerweise in Form von gelben Flüssigkeiten, manche als weiße Pulver und andere als rote Feststoffe auftreten. Der Physiker Max Perutz sagte über Paulings Arbeit einmal, sie habe die Chemie endlich in etwas verwandelt, das man verstehen könne und nicht immer einfach nur auswendig lernen müsse.[54]

Pauling, Jahrgang 1901, war der Sohn eines Apothekers aus Portland in Oregon und mit einer gesunden Portion Selbstvertrauen gesegnet, was seiner Karriere zweifellos zuträglich war. Nach seiner College-Ausbildung lehnte er ein Angebot von Harvard ab und entschloss sich stattdessen für das Throop-Polytechnikum, das 1922 in California Institute of Technology – oder Caltech – umbenannt wurde und dessen baldiger Weltruf nicht zuletzt Pauling zu verdanken war.[55] Als er dort eintraf, bestand es aus nur drei Gebäuden, die im Umkreis von 120 Quadratkilometern von nichts als brachliegendem Land, Zwergeichen und einem alten Orangenhain umgeben waren. Ursprünglich hatte er in dem noch jungen Fach der chemischen Verfahrenstechnik forschen wollen, mit der sich nachweisen ließ, in welchem Zusammenhang die typisch kristallinen Formen von Chemikalien mit der Struktur der Moleküle stehen, aus denen sich diese Kristalle aufbauen. Dass sich ein Bündel von Röntgenstrahlen, die auf einem Kristall auftreffen, auf charakteristische Weise verteilte, wusste man bereits. Nun hatte man auf einmal eine Möglichkeit, auch die chemischen Strukturen zu untersuchen. Doch obwohl diese Röntgenkristallographie in der Zeit, als Pauling promovierte, gerade erst ihren Kinderschuhen entwachsen war, wurde ihm schnell klar, dass weder seine mathematischen noch seine physikalischen Kenntnisse ausreichten, um das Beste aus dieser neuen Technik herauszuholen. Also beschloss er, nach Europa zu gehen und mit den großen Naturwissenschaftlern seiner Zeit Kontakt aufzunehmen – Niels Bohr, Erwin Schrödinger, Werner Heisenberg und all den anderen. Später schrieb er: »Es hat mir einen ziemlichen Schock versetzt, als ich 1926 nach Europa ging und feststellen musste, dass da nicht wenige Menschen waren, die ich für schlauer hielt als mich.«[56]

Für sein eigentliches wissenschaftliches Interessengebiet – die chemische Bindung –, lohnte sich sein Aufenthalt in Zürich am meisten. Denn dort begegnete er den beiden Deutschen Walter Heitler und Fritz London, die zwar weniger berühmt waren, dafür aber eine Theorie entwickelt hatten zu der möglichen Rolle, die Elektronen und Wellenfunktionen bei chemischen Reaktionen spielen.[57] Am einfachsten ist es, man stellt sich Folgendes vor: Zwei Wasserstoffatome nähern sich einander. Jedes besteht aus einem Kern (Proton) und einem Elektron. Während die beiden Atome einander immer näher kommen, »wird das jeweilige Elektron vom Kern des anderen Atoms angezogen. An einem bestimmten Punkt springen beide Elektronen in das jeweils andere Atom über.« Diesen Vorgang nannten sie »Elektronenaustausch«, und der, behaupteten sie, fand *Milliarden* Mal pro Sekunde statt.[58] Es handelte sich hier gewissermaßen um »heimatlose« Elektronen, deren Austausch den »Zement« bildet, welcher die beiden Atome aneinander bindet. Mit dieser Theorie hatten sie nicht nur die Arbeiten von Pauli, Schrödinger und Heisenberg auf einen Nenner gebracht, sondern auch herausgefunden, dass es dieser »Austausch« war, der die Struktur eines Moleküls bestimmte.[59] Das war eine wundervolle gedankliche Leistung, die jedoch aus Paulings Sicht einen gewaltigen Nachteil hatte – sie stammte nicht von ihm. Wenn er sich einen eigenen Namen machen wollte, musste er diese Idee weiterentwickeln. Als er in die USA zurückkehrte, hatte sich das Caltech bereits beträchtlich verändert. Gerade fanden Verhandlungen statt, auf dem Mount Wilson das größte Teleskop der Welt zu bauen, in dem Hubble dann arbeiten sollte. Ein Jet Propulsion Lab (Düsenantriebslabor) war im Planungsstadium und die Ankunft von T. H. Morgan, der dort sein Biologielabor einrichten wollte, stand kurz bevor.[60] Pauling war wild entschlossen, sie alle an Ruhm zu übertreffen. Anfang der dreißiger Jahre schrieb er einen Forschungsbericht nach dem anderen über das immer gleiche Thema: die chemische Bindung. Schließlich gelang es ihm fabelhaft auf der Arbeit von Heitler und London aufzubauen. Seine frühen Experimente mit Kohlenstoff, dem Grundbaustein des Lebens, und dann mit Silikaten bewiesen, dass Elemente je nach ihren elektronischen Beziehungen systematisch gruppiert werden konnten – die so genannte »Paulingschen Regeln«. Er wies nach, dass einige Bindungen schwächer sind als andere und sich damit chemische Eigenschaften erklären ließen. Glimmer zum Beispiel ist ein Silikat, das sich, wie alle Chemiker wissen, in hauchdünne durchsichtige Blättchen splittet. Pauling war nun in der Lage, nachzuweisen, dass Glimmerkristalle starke Bindungen in zwei Richtungen und eine schwache Bindung in einer dritten Richtung hatten, was sich exakt mit der bisherigen Beobachtung deckte; oder dass ein Silikat, dass wir alle unter der Bezeichnung Talk kennen, durch ausschließlich schwache Bindungen gekennzeichnet ist, weshalb es sich nicht splittet, sondern pulverisiert.[61]

Paulings Arbeit war für andere fast ebenso befriedigend wie für ihn selbst.[62] Endlich hatte man eine Erklärung auf der Ebene von Atomen und

Elektronen für die beobachtbaren Eigenschaften von bekannten Substanzen. Das Jahrhundert hatte mit grundlegenden Entdeckungen in der Physik und Biologie begonnen, nun war die Chemie an der Reihe. Und wieder einmal drängten die Erkenntnisse zueinander. Zwischen 1930 und 1935 veröffentlichte Pauling durchschnittlich alle fünf Wochen eine Abhandlung über die chemische Bindung.[63] Im Alter von erst zweiunddreißig Jahren wurde er als jüngster Wissenschaftler, dem diese Ehre jemals zuteil wurde, in die amerikanische National Academy of Sciences gewählt.[64] Eine Zeit lang stand er so einsam an der Spitze, dass nur wenige mit ihm geistig mithalten konnten. Einstein gab einmal nach einem Vortrag von Pauling zu, dass ihm das alles einfach zu hoch gewesen sei. Einmalig war auch, dass Paulings Abhandlungen vom *Journal of the American Chemical Society* ohne sachverständige Beurteilung gedruckt wurden, weil der Herausgeber einfach niemanden finden konnte, der qualifiziert genug gewesen wäre, um sich ein Urteil darüber zuzutrauen.[65] Pauling wusste, dass er seine Ergebnisse eigentlich in Buchform hätte konsolidieren müssen, war aber einfach zu beschäftigt, eine neue Abhandlung nach der anderen zu schreiben. Deshalb erschien *The Nature of the Chemical Bond*, das die Forschung in der Chemie grundlegend veränderte, erst 1939. Es wurde augenblicklich zum Standardwerk, in mehrere Sprachen übersetzt und sollte sich entscheidend auf die Arbeit der Molekularbiologen nach dem Zweiten Weltkrieg auswirken.[66]

*

Die mittlerweile von der Physik produzierten neuen Daten hatten ganz praktische Auswirkungen und veränderten unser Leben auf sehr viel direktere Weise, als es sich die Wissenschaftler, deren Hauptinteresse ja der Grundlagenforschung galt, vorgestellt hatten: Das Radio hielt im Laufe der zwanziger Jahre praktisch in jedes Heim Einzug und das Fernsehen wurde erstmals im August 1928 vorgestellt. Aber eine Erfindung aus der Physik veränderte später einen ganz anderen Bereich unseres Alltags – das »Strahltriebwerk«, das unter schwierigsten Umständen vom Engländer Frank Whittle entwickelt wurde.

Whittle stammte aus der Arbeiterklasse. Sein Vater war Mechaniker gewesen, und die Familie hatte in einem Wohnblock in Coventry gelebt. Als Junge hatte er seine gesamte Freizeit in der öffentlichen Bibliothek verbracht und populärwissenschaftliche Bücher über Flugzeuge und Turbinen verschlungen.[67] Frank Whittle war zeit seines Lebens besessen von der Fliegerei, aber da sein sozialer Hintergrund zur damaligen Zeit kaum eine Universitätsausbildung erlaubte, bewarb er sich im Alter von fünfzehn Jahren für eine Mechanikerlehre bei der Royal Air Force. Er fiel durch. Die schriftliche Prüfung hatte er zwar bestanden, aber nicht die medizinische: Frank Whittle war nur 1,53 Meter groß. Doch anstatt aufzugeben, besorgte er sich von einem wohlwollenden Prüfer einen Diätplan und eine Liste mit körperlichen Übungen und trainierte so verbissen, dass er nach ein paar Monaten tatsächlich acht Zentimeter gewachsen war und acht Zentimeter an Brustumfang zugenommen hatte. Das war eine kaum weniger beeindruckende Leistung als alles, was ihm später gelingen sollte. Er wurde bei der RAF als Lehrling angenommen. Das Leben in den Baracken fand er verdrießlich, doch schon in seinem zweiten Jahr als Kadett – er war erst neunzehn – schrieb er eine Arbeit über die künftige Entwicklung des Flugzeugbaus, in der er bereits erste Ideen für das Strahltriebwerk darlegte. Diese Abhandlung, die sich heute im Londoner Science Museum befindet, ist zwar mit noch kindlicher Handschrift verfasst, aber ausgesprochen klar und selbstbewusst formuliert.[68] Whittles entscheidende Berechnung basierte auf der Überlegung, dass »ein Wind, der mit 100 mph [Meilen pro Stunde] gegen eine Maschine, die mit 600mph in 120000 Fuß Höhe fliegt, weniger ausrichtet als ein Gegenwind von 20 mph auf dieselbe Maschine in 1000 Fuß Höhe.« Er schlussfolgerte: »Damit weist alles darauf hin, dass sich die Konstrukteure auf die Höhe konzentrieren sollten.« Er wusste, dass Propeller und Benzinmotoren in großer Höhe nicht gut funktionierten und ein Raketenantrieb nur für die Raumfahrt geeignet war. Hier machte sich nun sein langjähriges Interesse an Turbinen bezahlt: Er konnte nachweisen, dass sich die Funktionsfähigkeit von Turbinen mit steigender Höhe verbessert. Wie weit voraus Whittle hier seiner Zeit wirklich war, wird anhand seiner Darstellung eines Flugzeugs deutlich, das mit 500 mph in 60000 Fuß Höhe fliegen sollte – und das zu einer Zeit, als die Höchstgeschwindigkeit der RAF-Kampfflugzeuge 1926 150 mph betrug und diese nicht viel höher als 10000 Fuß fliegen konnten.

Im Anschluss an seine Stationierung in Cranwell wurde Whittle nach Hornchurch in Essex zu einem Luftkampfgeschwader versetzt und 1929 dann als Instrukteur an die Central Flying School in Wittering, Sussex, geschickt. Während der ganzen Zeit hatte er verbissen die Frage im Kopf gewälzt, wie man ein neues Triebwerk konstruieren könnte, wobei er die meiste Zeit an eine Verbindung aus Benzinmotor und dem bei Turbinen üblichen Leitrad dachte. In Wittering begriff er plötzlich, dass die Lösung unglaublich einfach war, sogar so einfach, dass seine Vorgesetzten ihm schlicht nicht glaubten. Whittle war klar geworden, dass »das Prinzip des Strahltriebwerks kreisförmig angelegt« sein müsste, sofern eine Turbine den Kompressor antrieb.[69] Die vom Kompressor angesaugte Luft würde sich mit dem Treibstoff mischen und entzünden. Die Zündung würde das Gas ausdehnen und es dann mit einer solchen Hochgeschwindigkeit durch die Turbinenschaufeln pressen, dass eine gewaltige Strahlströmung das Flugzeug nach vorne treiben würde, während die Turbinenschaufeln zugleich erneut kalte Luft in den Kompressor saugen würden und der ganze Prozess von vorne begänne. Wenn Kompressor und Turbine auf derselben Welle montiert wären, gäbe es nur noch einen einzigen beweglichen Teil im Strahltriebwerk. Damit würde es nicht nur unvergleichlich kraftvoller als ein Kolbenmotor mit seinen vielen beweglichen Teilen sein, sondern auch wesentlich sicherer. Doch Whittle war erst zweiundzwanzig Jahre alt; und wie einst seine Körpergröße wandte sich nun seine Jugendlichkeit gegen ihn. Seine Idee wurde vom verantwortlichen Ministerium in London verworfen. Das konnte er nur schwer verkraften. Obwohl er seine Erfindungen patentieren ließ, sollte sich zwischen 1929 und Mitte der dreißiger Jahre nichts auf diesem Gebiet tun. Als die Patente zur Erneuerung anstanden, war Whittle so arm, dass er sie verfallen lassen musste.[70]

Hans von Ohain, Student der Physik und Aerodynamik an der Universität Göttingen, hatte Anfang der Dreißigerjahre eine sehr ähnliche Idee wie Whittle. Aber Ohain war adlig, reich und über 1,80 Meter groß. Außerdem hatte er eine ganz andere Vorstellung vom Einsatz seines Strahltriebwerks.[71] Unter Umgehung der Regierung trug er seine Idee direkt zum privaten Flugzeugbauer Ernst Heinkel, der sofort begriff, dass die Möglichkeit eines Hochgeschwindigkeitstransports sehr gefragt wäre und Ohain vom ersten Augenblick an ernst nahm. Heinkel arrangierte ein Treffen in seinem Landhaus in Warnemünde an der Ostsee, wo der fünfundzwanzigjährige Ohain dann einigen der führenden Aeronautikern aus Heinkels Betrieb Rede und Antwort stehen musste. Ungeachtet seiner Jugend wurde ihm ein Vertrag angeboten, der ihm einen prozentualen Anteil an jedem verkauften Triebwerk sicherte. Der Vertrag, an dem das Luftfahrtministerium oder die Luftwaffe nicht den geringsten Anteil hatten, wurde im April 1936 unterzeichnet, sieben Jahre nachdem Whittle seine Abhandlung geschrieben hatte.

Von Whittles offenkundig genialer und Erfolg versprechender Idee waren mittlerweile zwei Freunde so überzeugt, dass sie sich zum Dinner trafen und beschlossen, aus rein geschäftlichen Erwägungen Gelder für die Finanzierung des Baus eines Strahltriebwerks aufzutreiben. Whittle war inzwischen achtundzwanzig, und viele Aeronautiker, die weit erfahrener waren als er, glaubten noch immer, dass sein Triebwerk niemals flugfähig sein würde. Doch mit Hilfe der City-Banker O. T. Falk and Partners wurde mit 20000 Pfund Kapital eine Firma namens Power Jets gegründet.[72] Whittle erhielt Gesellschaftsanteile (aber keine Gewinnanteile), und das Luftfahrtministerium stimmte einer Einlage von 25 Prozent zu.

Power Jets wurde im März 1936 registriert. Am 3. März wurde der Verteidigungshaushalt Großbritanniens von 122 Millionen Pfund auf 159 Millionen aufgestockt, unter anderem um 250 weitere Flugzeuge für die Luftverteidigungsflotte anzuschaffen. Vier Tage später besetzten deutsche Truppen die entmilitarisierte Zone im Rheinland und verletzten damit den Vertrag von Versailles. Ein Krieg war plötzlich viel wahrscheinlicher geworden, ein Krieg, in dem sich die Luftüberlegenheit als entscheidend erweisen konnte. Alle Zweifel an der Theorie des Strahltriebwerks wurden vom Tisch gewischt. Von da an ging es nur noch um die Frage, wer den ersten flugtauglichen Jet herstellen würde.

*

Die intellektuellen Überschneidungen von Physik und Mathematik waren schon immer beträchtlich. Wie bei Heisenbergs Matrizen und Schrödingers Berechnungen deutlich wurde, war oft eine neue mathematische Idee an den Fortschritten der Physik in ihren goldenen Jahren beteiligt. Bis Ende der Zwanzigerjahre waren die meisten der von David Hilbert während der Pariser Konferenz 1900 postulierten mathematischen Fragen gelöst (siehe Kapitel 1), und die Mathematiker blickten optimistisch in die Zukunft. Aber diese Zuversicht galt nicht nur dem technischen Prozedere, denn da Mathematik auf Logik basiert, hatte sie natürlich auch philosophische Implikationen. Und wenn mathematische Fragen als vollständig gelöst und in sich schlüssig schienen – wie es damals der Fall zu sein schien –, dann, so meinte man, sagte das auch etwas Grundsätzliches über die Natur der Dinge aus.

Doch dann versammelten sich 1931 Philosophen und Mathematiker in Königsberg zu einer Konferenz über die Erkenntnistheorie in den empirischen Wissenschaften, an der unter anderen auch Wittgenstein, Carnap und Moritz Schlick teilnahmen. Geprägt war diese Veranstaltung dann aber ganz und gar von den revolutionären Thesen eines jungen Brünner Mathematikers, die dieser in einer Abhandlung mit dem späteren Titel, »Über formal unentscheidbare Sätze der ›Principia Mathematica‹ und verwandter Systeme« aufgestellt hatte.[73] Der Autor hieß Kurt Gödel und war ein fünfundzwanzigjähriger Mathematiker von der Universität Wien. Heute gilt diese Abhandlung als Meilenstein in der Geschichte der Logik und Mathematik. Gödel war Mitglied von Schlicks Wiener Kreis, wo sein Interesse an den philosophischen Aspekten der empirischen Wissenschaften geweckt worden war. In dieser Abhandlung aus dem Jahr 1931 hatte er nun Hilberts Traum von einer konsistenten Mathematik völlig zerstört, indem er ein Theorem aufstellte, welches – mit ebensolcher Überzeugungskraft wie Heisenbergs Unschärferelation – besagte, dass nicht alle Aktivitäten unseres Gehirns vollständig durch unser Gehirn selbst erklärt werden können. Und damit hatte er auch Russells und Whiteheads Ziel zerschlagen, die gesamte Mathematik aus einem einzigen logischen System abzuleiten.[74]

Es lässt sich nicht verhehlen, dass Gödels Theorem eine ausgesprochen schwierige Angelegenheit ist. Zwei Elemente aber gibt es, die klar verständlich sind: Einmal, dass jede axiomatische Methode ihre Grenzen hat, es also formale Systeme gibt, die weder als richtig noch als falsch bewiesen werden können; und zweitens, dass sich die Richtigkeit von Problemlösungen nicht *innerhalb* dieses Systems beweisen lässt, sondern nur von außerhalb der so genannten Lenkungscharakteristika.[75] Am einfachsten lässt sich dies vielleicht mit dem Paradox erklären, das 1905 von dem französischen Mathematiker Jules Richard aufgestellt wurde.[76] Nach diesem System werden unterschiedlichen mathematischen Sätzen »eindeutige Zahlen« (Gödelzahlen) zugewiesen. Beispielsweise könnte man den mathematischen Satz »nicht teilbar außer durch 1 und durch sich selbst« (Primzahl) die eindeutige Zahl 17 zuweisen. Oder man könnte dem mathematischen Satz »von gleichem Wert wie die Summe einer ganzen Zahl multipliziert mit dieser Zahl« (perfektes Quadrat) die eindeutige Zahl 20 zuteilen. Nehmen wir an, solche mathematischen Sätze würden aufgelistet und die oben erwähnten Beispiele als 17. und 20. eindeutige Zahl eingereiht werden. Es würden sich sofort zwei Dinge aufdrängen: Erstens, die der ersten Aussage zugewiesene 17 ist selbst eine Primzahl; zweitens, die der zweiten Aussage zugewiesene 20 ist nicht selbst ein Quadrat. Nach der Richardschen Mathematik ist also die oben gemachte Aussage über Primzahlen nicht »Richardisch«, wohingegen die Aussage über das perfekte Quadrat »Richardisch« ist. Formal beinhaltet die Eigenschaft, »Richardisch« zu sein, demzufolge: »nicht über die durch den mathematischen Satz zugewiesene Eigenschaft zu verfügen, mit welcher eine eindeutige Zahl in der periodischen Anordnung von mathematischen Sätzen korreliert wird«. Nun ist diese Aussage natürlich bereits selbst ein mathematischer Satz und gehört folglich nicht nur selbst dieser Anordnung an, sondern besitzt auch eine eigene eindeutige Zahl, nämlich *n*. Damit stellt sich nun die Frage: Ist *n* Richardisch? Der entscheidende Widerspruch wird deutlich, wenn man sich klar macht, dass *n* dann – und nur dann – Richardisch sein kann, wenn es *nicht* die Eigenschaft besitzt, die vom mathematischen Satz, mit welchem *n* korreliert wird, vorgegeben wurde. Somit ist leicht erkennbar, dass *n* dann – und nur dann – nicht Richardisch sein kann, wenn *n* nicht Richardisch ist.[77]

Keine solche Analogie könnte Gödels Theorem jemals wirklich gerecht werden, aber zumindest kann damit das bestehende Paradox zum Ausdruck gebracht werden. Für so manchen war dies eine deprimierende Schlussfolgerung.[78] (Gödel litt selbst immer wieder unter schweren Depressionen. Nach einem asketischen Leben starb er 1978 im Alter von 72 Jahren an »Unterernährung und Entkräftung«, hervorgerufen durch psychische Störungen.) Gödel hatte die Grenzen von Mathematik und Logik aufgezeigt. Das Ziel von Frege, Hilbert und Russell, ein einheitliches deduktives System zu erschaffen, in dem die ganze mathematische (und daher auch logische) Wahrheit aus einigen wenigen Axiomen abgeleitet werden kann, konnte nicht verwirklicht werden. Gödels Theorem war eine

Form von mathematischer Unschärferelation – und dies sollte die Mathematik ein für alle Mal verändern. Wie Roger Penrose schrieb, ist Gödels »unendliche mathematische Intuition grundlegend unvereinbar mit der existierenden Struktur der Physik«.[79]

In gewisser Weise war Gödels Entdeckung die grundlegendste und zugleich geheimnisvollste aller in diesem Kapitel beschriebenen Ideen. Er hatte sicher einen Hang zur Mystik, zumindest fand er, dass man der (mathematischen) Intuition mindestens ebenso trauen müsse wie anderen Formen der Erfahrung.[80] Neben Heisenbergs Unschärferelation beschrieb nun auch sein Theorem die Grenzen der Erkenntnis. Und während gerade überall Fortschritte gemacht wurden und neue Denkansätze in alle Richtungen explodierten, überschattete diese Unschärfe alles mit Zweifel und Pessimismus: Warum gibt es überhaupt Grenzen unserer Erkenntnisfähigkeit? Und was bedeutet es zu wissen, dass solche Grenzen existieren?

16

Das Unbehagen in den Kulturen

Am 28. Oktober 1929 kam es zum berüchtigten Börsencrash an der Wall Street, und die amerikanischen Kredite an Europa wurden zurückgezogen. Die alliierten Truppen begannen trotz der bösen Vorahnungen vieler Menschen in den kommenden Wochen und Monaten ihren Abzug aus dem Rheinland vorzubereiten. In Frankreich starb George Clemenceau im Alter von achtundachtzig Jahren, während in Thüringen Wilhelm Frick auf dem bestem Wege war, durch die kommende Landtagswahl erster nationalsozialistischer Minister in einer rechtsbürgerlichen Koalitionsregierung zu werden. Mussolini forderte lautstark eine Revision des Versailler Vertrages, und in Indien begann Mohandas Gandhi mit seiner Kampagne des bürgerlichen Ungehorsams. In Großbritannien wurde eine Regierung der Nationalen Einheit gebildet, um den Haushaltsplan zu konsolidieren, während Japan den Goldstandard aufgab. Überall griff die Angst vor einer großen Krise um sich.

Sigmund Freud, inzwischen dreiundsiebzig Jahre alt, hatte noch weit persönlichere Gründe, pessimistisch zu sein. 1924 hatte er sich zwei Krebsoperationen unterziehen müssen, wobei ihm ein Teil des Oberkiefers entfernt und durch eine Metallprothese ersetzt worden war, ein Verfahren, das nur mit Lokalanästhesie durchgeführt werden konnte. Seither konnte er nur unter Schwierigkeiten sprechen und essen, weigerte sich aber nach wie vor, das Rauchen – vermutlich Ursache seiner Krebserkrankung – aufzugeben. Bevor er 1939 in London starb, operierte man ihn noch zwei Dutzend Mal, um karzinogenes Gewebe zu entfernen und seine Prothese zu reinigen oder erneuern zu lassen. Während all dieser Jahre arbeitete er unermüdlich weiter.

1927 veröffentlichte er seinen Essay *Die Zukunft einer Illusion*, der die organisierte Religion rechtfertigte und doch zugleich auf einen Angriff gegen diese hinauslief. Es war die zweite von drei Arbeiten Freuds über das Thema »Kultur« (die erste war *Totem und Tabu*). Ende 1929, während die Wall Street zusammenbrach, veröffentlichte er die dritte Abhandlung aus dieser Reihe: *Das Unbehagen in der Kultur*. In Österreich herrschte eine Hungersnot; in Deutschland hatte der Versuch einer Revolution stattgefunden, während das Land unter einer Mega-Inflation litt; und in den Vereinigten Staaten schien der Kapitalismus endgültig am Ende zu sein. Die vom Ersten Weltkrieg hinterlassene Verwüstung und moralische Leere erfüllten viele Menschen immer noch mit Sorge, und Hitler gewann immer mehr Einfluss. Wo man auch hinsah – der Titel von Freuds Essay deckte sich mit den Tatsachen.[1]

Einige Themen in *Unbehagen in der Kultur* hatte Freud bereits in *Totem und Tabu* behandelt, insbesondere die Frage, inwieweit sich eine Gesellschaft – Kultur – aus der Notwendigkeit entwickelt, die ungebührlichen, vom Trieb diktierten Wünsche und die aggressiven Impulse des Individuums in die Schranken weisen zu müssen. Nun argumentierte er jedoch, dass Kultur unausweichlich mit Verdrängungen und Neurosen verknüpft sei. Je weiter sich Kultur entwickle, desto mehr Verdrängung sei gefordert, weshalb logischerweise immer mehr Neurosen entstünden. Folglich mache Kultur den Menschen ständig unglücklicher, was auch erkläre, dass sich so viele in den Alkohol, in Drogen, Tabakgenuss oder Religion flüchteten. Angesichts solcher Probleme der »individuellen Libidoökonomie« bestimme letztlich allein die individuelle »psychische Konstitution«, wie anpassungsfähig der Einzelne sei. Zum Beispiel: »Der vorwiegend erotische Mensch wird die Gefühlsbeziehungen zu anderen Personen voranstellen, der eher selbstgenügsame Narzisstische die wesentlichen Befriedigungen in seinen inneren seelischen Vorgängen suchen ...«[2] Es ging Freud bei dieser Schrift, wie er betonte, jedoch nicht darum, Allheilmittel gegen die Krankheiten der Gesellschaft anzubieten; vielmehr wollte er darauf hinweisen, dass Ethik und Moral – die Regeln, unter welchen Menschen einvernehmlich zusammenleben – vom psychoanalytischen Verständnis des Über-Ich oder Gewissens nur profitieren könnten.[3]

Freuds Hoffnungen sollten sich nicht erfüllen. Die Dreißigerjahre waren vor allem in den deutschsprachigen Ländern viel weitgehender von totaler Gewissenlosigkeit als von irgendwelchen Versuchen geprägt, das Gewissen zu kultivieren. Doch dieser Essay sollte eine Menge Literatur nach sich ziehen, die, obwohl grundlegend anderer Art, gleichermaßen tiefes Unbehagen gegenüber den kapitalistischen Gesellschaften des Westens zum Ausdruck brachte – ob die Quellen dieses Unbehagens nun dem wirtschaftlichen, wissenschaftlichen oder technologischen Bereich entsprangen, ob es sich auf rassistisches Denken gründete oder auf die psychologischen Unwägbarkeiten in der Natur des Menschen. Der Beginn der Dreißigerjahre war geprägt von Theorien und Analysen, die sich allesamt dem Unbehagen in der westlichen Kultur widmeten.

*

Das Buch, das dem Essay von Freud inhaltlich am nächsten kam, publizierte 1931 C. G. Jung, der zum Erzkritiker der Psychoanalyse gewandelte ehemalige Kronprinz Freuds. In *Seelenprobleme der Gegenwart* behauptete Jung, dass die »moderne« Gesellschaft mehr mit »archaischen« primitiven Gesellschaften gemeinsam habe als mit der unmittelbaren Vergangenheit – wie zum Beispiel der vorausgegangenen Phase der Kultur.[4] In der modernen Welt enthüllten sich die alten »Archetypen« mehr als in der jüngeren Vergangenheit, woraus sich für ihn auch die obsessive Hinwendung des modernen Menschen zu seiner Psyche und seine Abwendung von der Religion erklärte. Der moderne Mensch halte sich für den Gipfel der Evolution, weil ihm das die Naturwissenschaften beigebracht hätten, sei sich aber bewusst, dass er schon morgen von diesem Sockel gestoßen werden könnte. Und diese Erkenntnis habe dazu geführt, dass sein Leben einsam, kalt und beängstigend geworden sei.[5] Die Psychoanalyse tue letztlich nichts anderes, als die Seele durch die Psyche zu ersetzen (davon war Jung mittlerweile fest überzeugt), und könne daher bestenfalls Linderung anbieten; die psychoanalytische Technik könne immer nur auf individueller, aber nie auf »organisierter« Ebene – wie der Katholizismus – wirken und Millionen Menschen gleichzeitig helfen; diese Dimension der *participation mystique*, wie der Anthropologe Lucien Lévy-Bruhl es nannte, bleibe dem modernen Menschen vollständig verschlossen. Und genau darin unterscheide sich die moderne westliche Zivilisation von den älteren, östlichen Gesellschaften:[6] Dieser Mangel an kollektivem Leben – Hofmannsthals »Zeremonie des Ganzen« – trage zur Ausprägung von Neurosen und Ängsten bei.[7]

Karen Horney praktizierte fünfzehn Jahre lang als orthodoxe freudianische Analytikerin neben Melanie Klein, Franz Alexander, Karl Abraham und Wilhelm Reich am Berliner Psychoanalytischen Institut. Erst nachdem sie in die Vereinigten Staaten ausgewandert war – zunächst arbeitete sie als stellvertretende Direktorin des Chicagoer Instituts, dann in New York am Psychoanalytischen Institut und an der New School for Social Research –, sah sie sich zur Kritik am Gründer der Bewegung in der Lage. Die Ideen in ihrem Buch *Der neurotische Mensch unserer Zeit* decken sich zwar passagenweise mit den Theorien von Freud oder auch Jung, unterscheiden sich aber darin, dass sie auch eine Kritik der kapitalistischen Gesellschaft als Verursacherin von Neurosen einschließen.[8]

Horneys Kritik an Freud bezog sich vor allem auf seine frauenfeindlichen Tendenzen (zu ihren ersten Studien zählten »The Dread of Women« und »The Denial of the Vagina«), doch als Marxistin fand sie seinen Ansatz natürlich auch viel zu biologistisch und außerdem »zutiefst ignorant« gegenüber der modernen Anthropologie und Soziologie (womit sie Recht hatte). Zu dieser Zeit hatte sich die Psychoanalyse bereits in einen rechten und in einen linken Flügel gespalten. »Rechts« waren sozusagen alle, die sich auf biologische Aspekte konzentrierten und immer tiefer in frühkindliche Erfahrungen eindrangen. Die Vorreiterin dieses Ansatzes war Melanie Klein, eine deutsche Schülerin Freuds, die nach Großbritannien ausgewandert war. Der linke Flügel, den im Wesentlichen Horney, Erich Fromm und Harry Stack Sullivan vertraten, befasste sich mehr mit dem sozialen und kulturellen Hintergrund des Individuums.[9]

Horney vertrat die Ansicht: »Eine für die gesamte Menschheit gültige Normalpsychologie [gibt es] einfach nicht.«[10] Was in einer Kultur als normal empfunden werde, könne in einer anderen als neurotisch gelten. Allerdings gebe es »zwei besondere Merkmale, die in allen Neurosen wahrzunehmen sind«: Erstens »eine gewisse Starrheit der Reaktion« und zweitens »eine Diskrepanz zwischen Möglichkeit und Leistung«. Ein normaler Mensch sei zum Beispiel nur dann misstrauisch, wenn er dazu konkreten Anlass zu haben glaubt; ein neurotischer Mensch hingegen sei grundsätzlich und »ganz abgesehen von der jeweiligen Situation« misstrauisch. Auch Freuds Ödipuskomplex erschien ihr fragwürdig. Sie präferierte den Begriff »Grundangst«, wobei es sich »nicht um ein biologisches, sondern um ein kulturbedingtes Phänomen handelt«, welches von Kindheit an auf das Individuum einwirke.[11] Diese Grundangst äußere sich, indem man sich klein fühle, unbedeutend, hilflos den Gefahren einer Welt ausgesetzt, die nur darauf aus ist, einen zu missbrauchen, zu betrügen, anzugreifen, bloßzustellen oder mit Neid zu verfolgen. Solche Ängste verschlimmerten sich noch, wenn einem Menschen als Kind nicht genug Wärme und Liebe von den Eltern entgegengebracht wurde, was gewöhnlich in Familien geschehe, wo Eltern selbst unter ungelösten Neurosen litten und dadurch einen endlosen Teufelskreis in Gang setzten. Der Neurotiker habe die segensreiche Gewissheit der Erfahrung, erwünscht zu sein, verloren oder ohnedies niemals erfahren.[12] Ein Kind, das unter diesen Bedingungen aufwächst, entwickle notgedrungen eine von vier möglichen Tendenzen, die sich dann jeder normalen Leistungsfähigkeit in den Weg stellten: ein neurotisches Verlangen nach Zuneigung, ein neurotisches Machtbedürfnis, ein neurotisches Verlangen nach Rückzug oder ein neurotisches Unterwerfungsbedürfnis.[13]

Als umstrittenster Teil von Horneys Theorie galt unter Nicht-Psychoanalytikern, dass sie die Entwicklung solcher Neurosen den Widersprüchen des typisch amerikanischen Lebensstils zuschrieb. In den USA herrschte ihrer Meinung nach mehr als anderenorts ein Dilemma zwischen »neurotischem Konkurrenzbedürfnis« einerseits und dem »übermäßigen Verlangen danach, von allen geliebt zu werden« andererseits; zwischen der Jagd nach »Macht, Ansehen und Besitz« und der Unfähigkeit des Individuums, diese Ambitionen zu befriedigen; zwischen der Garantie von individueller Freiheit und den zunehmend engeren Grenzen, die dem Individuum durch die immer neuen Gesetzmäßigkeiten seiner

Umwelt gesetzt würden.[14] Ungeachtet der vielen materiellen Vorteile, die diese Gesellschaft biete, manifestiere sie bei vielen Menschen das Gefühl, »allein und hilflos« zu sein.[15] Fraglos erkannten sich viele Menschen in der Beschreibung wieder, allein, hilflos und vielleicht sogar auch neurotisch zu sein. Doch Horneys Theorie erklärte nie, weshalb einige Neurotiker der Zuneigung bedurften und andere machthungrig oder unterwürfig waren. Sie verneinte, dass die Biologie verantwortlich sei, definierte aber nie, welche anderen Faktoren derart große Verhaltensunterschiede erklären könnten.

*

Horney war nicht die Einzige, die diese neue Art von Feminismus vertrat. Vor dem Ersten Weltkrieg hatten Frauen in mehreren Ländern mit der Forderung nach Wahlrecht die Politiker aufgescheucht, nicht zuletzt in Österreich und Großbritannien. Unmittelbar nach dem Krieg hatten sich die Prioritäten – in wirtschaftlicher und psychologischer Hinsicht – erst einmal verändert, aber im Verlauf der zwanziger Jahre begannen die Frauen ihre Lage erneut zu thematisieren.

Zwei Nebenaspekte in Virginia Woolfs Roman *Jacobs Zimmer* sind die bequeme Ungezwungenheit der Männer, die Großbritannien in den Krieg manövrierten, und die Gleichgültigkeit, mit der sie Frauen behandeln. Während die Männer in diesem Buch grundsätzlich die Annehmlichkeiten eigener Wohnungen genießen, aus deren sicherem Schutz heraus sie dann ihren Lebenszielen entgegenstreben, müssen Frauen immer teilen oder sind zu einem Leben in kalten, zugigen Häusern verdammt. Dieser Diskrepanz widmete sich Woolf dann ausführlich in ihrem berühmtesten, 1929 veröffentlichten Bericht *Ein Zimmer für Sich Allein*. Angeregt zu ihrer ersten feministischen Polemik hatte sie offenbar die Tatsache, dass ihr als Frau die Bibliothek eines College in Oxford oder Cambridge verschlossen geblieben war. Man kann sicher behaupten, dass die größte psychologische Revolution des zwanzigsten Jahrhunderts von der weiblichen Sensibilität ausging.[16]

1929 hatte Virginia Woolf bereits sechs Romane veröffentlicht, darunter *Jacobs Zimmer*, welcher im Jahr der Wunder 1922 erschienen war, *Mrs. Dalloway* (1925), *Zum Leuchtturm* (1927) und *Orlando* (1928). Ihr Erfolg schien ihr die Situation, in der sich die meisten Schriftstellerinnen befanden, nur noch unangenehmer bewusst gemacht zu haben. Der 140-seitige Essay *Ein Zimmer für Sich Allein* war nun ganz um die Feststellung herum konstruiert: »... eine Frau muss Geld haben und ein Zimmer für sich allein, wenn sie Fiction schreiben will«.[17] Die Möglichkeit, Schriftstellerin zu werden, war für sie eindeutig mit der Frage gekoppelt, unter welchen individuellen historischen Umständen und, als entscheidendster Faktor natürlich, unter welchen materiellen Bedingungen dieser

Versuch unternommen wurde – eine Sichtweise, die später auf unterschiedliche Weise von anderen Autoren aufgegriffen werden sollte: Das Materielle wirkt sich nicht nur entscheidend darauf aus, ob ein Buch überhaupt geschrieben werden kann, sondern auch darauf, in welcher psychischen Grundverfassung sich der Autor, männlich oder weiblich, befindet. Da es Woolf aber vor allem um die Lage der Frauen ging, legte sie besonderes Gewicht auf die Darstellung ihrer Lebensumstände wie zum Beispiel die Tatsache, dass zumindest in Großbritannien nur der Ehemann über das rechtmäßig erworbene Einkommen einer verheirateten Frau verfügen durfte, bis die 1870 und 1882 verabschiedeten Gesetze über das Besitzrecht von Frauen diesem Missbrauch ein Ende bereiteten. Woolf machte deutlich, dass geistige Freiheit nicht entstehen kann, wo keine materielle Freiheit herrscht. Daher habe es vor Ende des siebzehnten Jahrhunderts kaum bedeutende Schriftstellerinnen gegeben, viele Frauen, die sich dem Schreiben widmeten, seien nicht über den Dilettantismus hinausgekommen. Sie selbst hatte als junges Mädchen sehr darunter gelitten, dass die Söhne der Familie auf Internate und Universitäten geschickt wurden, sie und andere weibliche Familienmitglieder aber nur Privatunterricht im Haus erhalten konnten.[18] Aus dieser unterschiedlichen Behandlung resultierte, dass die Erfahrungen von Frauen eine Randerscheinung in der Literatur blieben, und wenn sie denn beschrieben wurden, unvermeidlich einseitig beziehungsweise nur auf bestimmte Erlebnisbereiche beschränkt waren. Jane Austen zum Beispiel wurde, wie Woolf schilderte, nie der Zugang zu der Welt gewährt, den ihre Talente verdienten; das Gleiche traf auf Elizabeth Barret Browning zu: »Es steht außer Frage, dass ihr die langen Jahre der Isolation als Künstlerin irreparablen Schaden zugefügt haben.«[19]

Als Frau reagierte Woolf tief verärgert auf diese Zustände, aber als Schriftstellerin war sie sich bewusst, dass dieser Zorn im Roman keinen Platz hatte, weil es in der Literatur um mehr ging – frühere Autorinnen wie Browning oder Charlotte Brontë kritisierte sie, gerade *weil* sie sich zu diesem Zorn hatten hinreißen lassen. Woolf zeigte, wie der weibliche Geist den männlichen ergänzen kann, indem sie aufzählte, was die Literatur verloren habe, als sie Frauen derart in die Schranken wies. Als Beispiel für die Offenheit gegenüber allen Möglichkeiten führte sie Coleridges Begriff des androgynen Geistes an, das Prinzip der harmonisch koexistierenden männlichen und weiblichen Eigenschaften. Sie vertrat also nicht die Ansicht, dass ein Geschlecht dem anderen überlegen sei, sondern betonte, dass die geistigen Fähigkeiten beider gleichwertig sind, ja, sie ging sogar so weit, zu sagen, dass es für jeden Autor fatal sei, sich während des Schreibens seines Geschlechts bewusst zu sein.[20] Ihren Essay *Ein Zimmer für Sich Allein* bezeichnete sie selbst als Nebensächlichkeit, obwohl sie ihn, wie sie sagte, mit so viel Inbrunst geschrieben hatte.

Er wurde ein riesiger Erfolg. Nach seiner Veröffentlichung im Oktober 1929 erklärte Desmond MacCarthy das Buch in der *Sunday Times* zwar zur »feministischen Propaganda«, jedoch nicht ohne hinzuzufügen, dass es ihn »an einen blühenden Mandelbaum« erinnert habe.[21] Virginia Woolfs Stil ist unterhaltend und persönlich. Es gelingt ihr, ihren Zorn über all das, was nicht nur Schriftstellerinnen in der Vergangenheit angetan wurde, gleichzeitig zu zeigen und darüber zu stehen. Seitenlang beschreibt sie auch Situationen wie die Mittagessen in Oxbridge Colleges (das Essen in den Frauencolleges fand sie wesentlich besser als in den Männercolleges) und bringt es dabei fertig, etwas so Nebensächliches in etwas Bedeutendes zu verwandeln. Doch man sollte wirklich nicht nur ihren Bericht *Ein Zimmer für Sich Allein* lesen, sondern auch ihre Romane. Denn Woolf hat sowohl durch ihre Polemik zur Emanzipation der Frauen beigetragen als auch durch ihr Vorbild.

*

Psychoanalytiker und Schriftsteller waren nicht die Einzigen, die die Unzulänglichkeiten der Kulturen thematisierten. Auch Anthropologen, Soziologen, Philosophen und Journalisten setzten sich leidenschaftlich mit diesem Thema auseinander. In den Dreißigerjahren sollte sich jedoch vor allem die Anthropologie erfolgreich mit diesem Thema befassen, denn sie verglich und kritisierte die kapitalistische Lebensweise nicht nur, sie bot auch Beispiele für mehr oder weniger erfolgreiche Alternativen.

Dominiert wurde die Anthropologie noch immer von Franz Boas. Sein 1911 erschienenes Buch *The Mind of Primitive Man* hatte seinen Abscheu vor der Idee des neunzehnten Jahrhunderts verdeutlicht, dass der Weiße aus dem Abendland allen anderen Menschen überlegen sei, und bewiesen, dass er unter Anthropologie etwas verstand, das »eine Kultur von ihren Vorurteilen befreien« könne – je mehr Daten aus anderen Zivilisationen gesammelt würden und in das allgemeine Bewusstsein Eingang fänden, desto besser. Sein machtvolles und leidenschaftliches Engagement machte die Anthropologie für viele Menschen zu einer aufregenden neuen Disziplin, die mit den veralteten Ethnozentrismen vergangener Jahrzehnte und dem vagen Biologismus der Psychoanalyse kaum mehr etwas gemein hatte. Nun schickten sich auch zwei seiner Schülerinnen, Margaret Mead und Ruth Benedict, mit einflussreichen Studien an, diesen Biologismus in die Schranken zu weisen. Wie Boas interessierten auch sie sich vor allem für die Zusammenhänge zwischen Rasse, Genetik (die noch immer in den Kinderschuhen steckte) und Kultur. Mead hatte zwar einen Abschluss in Psychologie, fand aber die Anthropologie reizvoller, nachdem sie sich, wie so viele andere, von Ruth Benedicts Begeisterung hatte anstecken lassen (obwohl Ruth ein so introvertierter Mensch war, dass ihre Kommilitonen, die ihren strengen Blick fürchteten, sie sogar für depressiv hielten; doch der Respekt, den sie allen einflößte, litt darunter nicht.) Nun klinkten sich auch Mead und Benedict in das internationale Anthropologennetzwerk ein, dem zum Beispiel Geoffrey Gorer, Gregory Bateson, Harry Stack Sullivan, Erik Erikson und Meyer Fortes angehörten.

Boas betrachtete die Anthropologie als »eine gigantische Rettungsaktion« für die Kultur in ihrer ganzen Bedeutung, wie Mead einmal sagte.[22] Er war es auch gewesen, der Mead noch in ihren Zwanzigern auf jene Idee brachte, die sie weltberühmt machte: Sie sollte die Adoleszenz in einer nicht-westlichen Gesellschaft erforschen. Das war eine kluge Wahl, denn in den westlichen Kulturen galt gerade die Adoleszenz als ein Sammelbecken gesellschaftlicher Pathologien. »Erfunden« hatte sie 1905 der amerikanische Psychologe G. Stanley Hall (der mit Freud befreundet war[23]), als er eine Studie veröffentlichte, die sich auf über sechzig Untersuchungen allein über das physische Wachstum stützte und die Adoleszenz als eine Periode beschrieb, »in welcher Idealismus blüht und die Auflehnung gegen Autorität stark zunimmt, eine Zeit der absolut unvermeidbaren Probleme und Konflikte«.[24] Mit anderen Worten: Es handelt sich um eine entscheidende Lebensphase für die Ausprägung der Psyche. Boas aber war skeptisch, ob die Probleme der Adoleszenz wirklich ausschließlich oder vorrangig biologischer Natur seien und nicht mindestens ebenso viel mit der Kultur wie mit den Genen zu tun hätten.[25]

Den September 1925 verbrachte Margaret Mead in Pago Pago, der Hauptstadt von Tutuila, der größten Insel von Amerikanisch Samoa im südwestlichen Pazifik[26], wo sie in demselben Hotel wohnte, das Somerset Maugham in seiner 1920 veröffentlichten Geschichte *Rain* verewigt hatte.[27] Bevor sie mit ihrer Feldstudie begann, erwarb sie sich erst einmal die Grundkenntnisse der samoanischen Sprache.[28] Nach ihren Vorstudien, so schrieb sie Boas, wolle sie Ta'u als Aufenthaltsort vorschlagen, eine von drei kleinen Inseln der Manu'a-Gruppe, ungefähr hundertsechzig Kilometer östlich von Pago Pago und »die einzige Insel mit Dörfern, in denen genügend Adoleszente leben, die auch ausreichend primitiv sind, und wo ich dennoch mit Amerikanern wohnen kann. Denn ich kann die örtlichen Speisen zwar essen, mich aber nicht sechs Monate lang davon ernähren, sie sind einfach zu scharf.«[29] Es gab zwar ein Dampfschiff der Regierung, das alle paar Wochen dort anlegte, doch Mead fand, das sei zu selten, um die Insel als eine unberührte, abgesonderte Kultur verderben zu können. Die Menschen auf Ta'u waren »viel primitiver und unverdorbener als irgendwo sonst in Samoa… Es gibt keine Weißen auf der Insel, abgesehen von dem Navy-Mann, der für die Sanitätsstation zuständig ist, seiner Familie und zwei Soldaten.« Das Klima war alles andere als angenehm: Die Luftfeuchtigkeit betrug das ganze Jahr über 80 Prozent, die Temperaturen bewegten sich zwischen 30 und 40 Grad Celsius und fünf

Mal täglich tobte »wütender Regen« mit »Tropfen in Mandelgröße«. Sobald die Sonne wieder hervorkam, begann alles und jeder auf der Insel »zu dampfen«.[30]

Meads Bericht über ihre Feldstudie, *Coming of Age in Samoa* (*Kindheit und Jugend in Samoa*), war sofort nach seinem Erscheinen 1928 ein durchschlagender Erfolg. Ihre Einführung endete mit einer Schilderung, was sich nach Einbruch der Dunkelheit abspielte: Jünglinge und Mädchen begannen im Mondlicht zu tanzen und sich dann von den anderen entfernt hinter Bäume zurückzuziehen. Manchmal fiel das Dorf erst lange nach Mitternacht in den Schlaf. Bis zum Morgengrauen waren dann nur noch das sanfte Plätschern der Wellen gegen das Riff und das leise Flüstern der Liebenden zu vernehmen.[31] Sie beschrieb die »derben Späße« der Jugend, die »besonders in den Gruppen junger Frauen beliebt waren und häufig auf das spielerische Greifen nach den Geschlechtsteilen hinausliefen«. Erfreut stellte sie fest, dass die Adoleszenz für diese Mädchen »keine Krisenzeit oder Stress-Periode darstellte, sondern vielmehr ein allmähliches Reifen von Interessen und Aktivitäten. Die Seelen der Mädchen wurden nicht von Konflikten verwirrt, von keinen philosophischen Fragen belastet, nicht von lebensfremden Ambitionen gefangen genommen... Dass Mädchen so viele Liebhaber wie möglich haben und dann im eigenen Dorf heiraten, in der Nähe der Verwandten und viele Kinder bekommen, waren einheitliche und erfüllbare Wünsche.« Samoaner hatten nicht die leiseste Ahnung von »romantischer Liebe, wie sie in unserer Kultur existiert und untrennbar mit den Vorstellungen von Monogamie, Ausschließlichkeit, Eifersucht und unwandelbarer Treue verknüpft ist«.[32] Ebenso »vollkommen bedeutungslos« war der Begriff Zölibat.[33]

Samoa, oder zumindest Ta'u, war eine Idylle. Mead erlebte diese Insel nur »in Pastelltönen« und nahm an, dass diese Beschreibung auf ganz Samoa zutraf. Tatsächlich war diese Generalisierung falsch, denn erst 1924 war es auf der Hauptinsel zu politischen Turbulenzen gekommen, gefolgt von Mord und Totschlag. In Ta'u hatte sie völlig isoliert gelebt und war sehr zuvorkommend behandelt worden – die Samoaner nannten sie sogar »Makelita«, nach einer ihrer verstorbenen Königinnen. Sicher war der Erfolg von *Coming of Age in Samoa* nicht zuletzt dem Vorschlag ihres Verlegers William Morrow zu verdanken, dem Manuskript noch zwei Kapitel hinzuzufügen, um den Amerikanern vor Augen zu führen, welche Bedeutung ihre Erkenntnisse für die amerikanische Kultur hatten. Mead folgte diesem Rat ganz im Sinne von »Papa Franz«, indem sie die grundsätzliche Vorherrschaft von Kultur über Biologie betonte: Adoleszenz brauchte nicht notwendigerweise eine turbulente Angelegenheit zu sein; Freud, Horney und andere hatten Recht: Es gab in der Tat vieles, für das die Kultur des Abendlandes Rede und Antwort stehen musste. Das Buch wurde begeistert von Wissenschaftlern wie dem Sexualforscher und Anthropologen Havelock Ellis, Autor der Abhandlung *The Sexual Life of Savages*, und H. K. Mencken begrüßt. Mead war mit einem Schlag zur berühmtesten Anthropologin der Welt geworden.[34]

Es folgten zwei weitere Feldstudien Anfang der dreißiger Jahre, *Growing Up in New Guinea* (1930) und *Sex and Temperament in Three Primitive Societies* (1935; *Geschlecht und Temperament in drei primitiven Gesellschaften*). Ein Kritiker schrieb, Mead habe bloß mit »diabolischem Vergnügen« betont, wie wenig Unterschiede es zwischen dem so genannten zivilisierten Menschen und seinen »primitiven« Vettern gebe. Das war unfair. Denn Mead stand diesen »primitiven« Gesellschaften nicht unkritisch gegenüber. Der Sinn und Zweck ihrer Publikationen bestand für sie vorrangig darin, die Aufmerksamkeit der Öffentlichkeit auf die Variationen von Kultur zu lenken. Ein Beispiel: In Neuguinea mochte den Kindern zwar den ganzen Tag das Spielen erlaubt sein, aber, schrieb sie, »Pech für die Theoretiker: Ihr Spiel ist das von jungen Hunden oder Katzen. Ohne die reichhaltigen Anregungen, die sich die Kinder anderer Gesellschaften von den bewunderten Traditionen der Erwachsenen für ihr Spiel holen, führen sie ein langweiliges, uninteressantes Kinderleben, tollen gut gelaunt herum, bis sie müde sind, liegen dann unbewegt und atemlos da, bis sie sich genügend ausgeruht haben, um wieder herumzutollen.«[35] In *Geschlecht und Temperament*, ihrer Feldstudie bei den Arapesch, stellte sie fest, dass Kriegführung »praktisch ebenso unbekannt« war wie persönliche Aggression. Die Arapesch hatten aber auch so gut wie keine künstlerischen Ambitionen und machten, was Mead am seltsamsten fand, kaum Unterschiede zwischen Männern und Frauen, zumindest nicht aus psychologischer Sicht.[36] Als sie dann von den Arapesch zu den Mundugumor am Yua-Fluss weiterzog, einem Zustrom des Sepik (ebenfalls in Neuguinea), entdeckte sie hingegen ein nach eigenen Worten höchst abstoßendes Volk.[37] Erst drei Jahre zuvor hatte es sich von Kopfjagd und Kannibalismus verabschiedet, aber noch immer war es keine Seltenheit, Körper von kleinen Kindern – »ungewaschen und ungewollt« – den Fluss herabtreiben zu sehen.[38] »Säuglinge werden hier ständig weggeworfen«, schrieb sie. Kinder, die am Leben gelassen wurden, wurden in fest verschlossenen Körben herumgetragen, aus denen sie nicht heraussehen konnten und in die so gut wie kein Licht drang. Niemals wurden Kinder gestreichelt oder getröstet, wenn sie weinten. Daher fand Mead es auch nicht überraschend, dass eine Gesellschaft, die aus lauter ungeliebten Menschen bestand, »von Argwohn und Misstrauen erfüllt« war. In der dritten von ihr erforschten Gesellschaft, den Tschambuli, die 80 Kilometer stromaufwärts am Sepik lebten, waren die in westlichen Gesellschaften üblichen Rollen von Männern und Frauen vertauscht worden. Frauen waren die »dominanten, unpersönlichen, alles regulierenden Partner« und Männer die »weniger Verantwortlichen und emotional Abhängigen«.[39] Meads Schlussfolgerung nach dieser »Feldstudienorgie« lautete: »Die menschliche Natur ist auf beinahe unglaubliche Weise formbar und reagiert exakt, aber vollkommen unterschiedlich auf unterschiedliche kulturelle Bedingungen…«

Ruth Benedicts Buch *Patterns of Culture*, das im selben Jahr wie Meads *Geschlecht und Temperament* erschien, hätte auch »Geschlecht und Temperament, Ökonomie, Religion, Nahrungsproduktion und Rivalität in drei primitiven Gesellschaften« heißen können, so ähnlich waren sich beide Bücher.[40] Benedict hatte die Zuñi-Indianer von New Mexico (damals nannten sogar Anthropologen die amerikanischen Ureinwohner noch »Indianer«), die Dobu in Neuguinea und die Kwaikutl studiert, die an der Pazifikküste von Alaska und am Pugetsund im Staate Washington lebten. Auch sie beschrieb starke Idiosynkratien zwischen den unterschiedlichen Kulturen. Die Zuñi waren »ein Volk, welches Mäßigkeit und Friedfertigkeit als höchste Tugenden« verstand und stark auf imitative Magie vertraute. Um Regen zu produzieren, wurde zum Beispiel Wasser über den Boden gesprenkelt.[41] Kinder wurden von Zeit zu Zeit einer rituellen Auspeitschung unterzogen, »um Schlechtigkeit auszutreiben«.[42] Besitz, insbesondere der Besitz von heiligen Fetischen, wurde in mütterlicher Linie vererbt. Aber der augenfälligste Aspekt im Leben der Zuñi waren, abgesehen von ihrer Religion, ihre Höflichkeit und eine Ordnungsstruktur, die jede Individualität in der Gruppe verschwinden ließ. Die Dobu hingegen waren »gesetzlos und hinterhältig«. »Die von den Dobu angenommenen sozialen Verhaltensweisen betonen Übelwollendes und Hinterhältigkeit und verwandeln beides in anerkannte Werte ihrer Gesellschaft.«[43] Treue zwischen Mann und Frau wurde nicht erwartet, und zerbrochene Ehen waren »übermäßig gebräuchlich«. Eine besondere Rolle spielte Krankheit. Wenn jemand krank wurde, dann nur, weil jemand anderer es so wollte. Amulette gegen Krankheiten wurden überall verkauft, wobei einige Anbieter offenbar ein Monopol auf bestimmte Krankheiten hatten. Beim Handel wurde Betrug als höchste Kunst betrachtet. »Der Dobu ist daher mürrisch, spröde und von leidenschaftlichem Neid, Misstrauen und Ablehnung zerfressen. Jede Art von persönlichem Wohlergehen versteht er als etwas, das er einer bösartigen Welt abgerungen hat, indem er im Zuge eines Konflikts die Lage seines Gegners verschlechtern konnte.«[44] Als eindrucksvollstes äußeres Merkmal der Kwaikutl empfand sie deren ekstatische Kulttänze und als deren wichtigstes gesellschaftliches Organisationsprinzip die Vererbung von Besitz – wozu auch Anteile am Meer gehörten, in dem sie nach Heilbutt fischten. Sogar immaterielle Dinge wie Lieder und Mythen wurden als Wohlstandsgüter betrachtet, die sich unter anderem erwerben ließen, indem man deren Besitzer tötete. Das Jahr der Kwaikutl war in zwei Teile gegliedert: Im Sommer genoss man den Wohlstand und soziale Privilegien, im Winter pflegte man eine etwas egalitärere Lebensweise.[45]

Benedicts Berichten über primitive Gesellschaften folgten polemische Kapitel, die ganz eindeutig auf Boas Ansichten zurückgingen. Ihr Hauptanliegen war, die menschliche Natur als grundsätzlich formbar darzustellen und zu zeigen, dass geographisch weit auseinander liegende Gesellschaften ebenso weit auseinander liegende Aspekte der menschlichen Natur integrierten und dadurch ihren jeweils ganz eigenen Charakter erhielten. Einige Kulturen, schrieb sie, seien »dionysisch«, gefühlsorientiert organisiert, andere »apollonisch«, mit dem Schwerpunkt auf Rationalität.[46] Anhand einer Reihe von höchst unterschiedlichen Beispielen wollte sie nachweisen, dass auch Don Quichotte, Babbitt, Middletown, D. H. Lawrence oder die Homosexualität bei Plato am besten im anthropologischen Kontext verständlich würden, also indem man sie als normale, aber grundsätzlich inkommensurable Variationen der menschlichen Natur begreift. Jede Gesellschaft könne nur nach ihren jeweils eigenen Gesetzmäßigkeiten beurteilt werden und nicht anhand irgendeiner allgemeinen Werteskala (auf der natürlich »wir« Weiße immer das Maß aller Dinge seien); indem andere Gesellschaften und Kulturen ihre eigenen »Kulturmuster« geschaffen hätten, sei es ihnen gelungen, einige Probleme der westlichen Zivilisationen zu vermeiden, aber nicht, ohne dafür andere hervorzubringen.[47]

Heutzutage lässt sich nur noch schwer nachvollziehen, wie packend die Anthropologie in den Zwanziger- und Dreißigerjahren war.[48] In dieser Zeit gab es weder einen vergleichbaren Flugverkehr noch Massentourismus oder das Fernsehen. Die Erforschung solcher »primitiven« Gesellschaften – bevor sie sich zu verändern begannen oder ausgerottet wurden – war daher eines der letzten großen Abenteuer. Die Anthropologen kannten sich noch alle untereinander (und waren manchmal sogar miteinander verheiratet: Mead war dreimal verheiratet, zweimal mit Anthropologen; eine Zeit lang war sie auch Benedicts Liebhaberin), und alle betrachteten ihre Arbeit als eine Art Kreuzzug: Sie wollten beweisen, dass Kultur relativ ist, und diese Botschaft verbrämten sie dann mit ihren jeweiligen sozialpolitischen Ansichten (Mead zum Beispiel war überzeugte Anhängerin der offenen Ehe; Benedict hingegen, die aus einer Farmerfamilie stammte, legte den Schwerpunkt auf Selbstdisziplin).

Benedicts Buch war nicht weniger erfolgreich als Meads. Über die Jahre wurden Hunderttausende von Exemplaren verkauft. In den USA konnte man es nicht nur in Buchhandlungen, sondern sogar in Drugstores erwerben. Den beiden Schülerinnen von Boas gelang es – auf Boas Erkenntnissen aufbauend und ergänzt durch die Forschungen von Malinowski und Meads Ehemann Reo Fortune –, unseren Blick auf die Welt völlig zu verändern. Die wissenschaftlich präsentierten Schlussfolgerungen dieser beiden Forscherinnen hatten eine befreiende Wirkung, denn in der ersten Hälfte des zwanzigsten Jahrhunderts waren Ethnozentrismus und sexueller Chauvinismus noch wesentlich weiter verbreitet als heute. Boas, Benedict und Mead hatten es sich zum Ziel gesetzt, die Bedeutung von Kultur für die Ausprägung von Verhalten zweifelsfrei zu beweisen und damit die Vorreiterrolle der Biologie in Frage zu stellen. Sie wollten zeigen, dass Gesellschaften immer nur nach ihren eigenen Gesetzen beurteilt werden können. Genau diese Erkenntnis hat sich uns dauerhaft eingeprägt. In der Tat hat die vergleichsweise kleine Disziplin Anthropologie zur Ausprägung einer der bedeutendsten Ideen des zwanzigsten Jahrhunderts beigetragen – zum Relativismus. Margaret Mead brachte dies einmal sehr schön zum Ausdruck. 1939 notierte sie – auf dem Rücken liegend und die Beine gegen einen Stuhl gestemmt, »die einzige Lage, die man als Schwangere aushält« – ein paar Gedanken für das Vorwort zu ihrem Buch *From the South Seas*, einer Anthologie ihrer Arbeiten über pazifische Gesellschaften: »1939«, schrieb sie prophetisch, »stellen die Menschen viel ernsthaftere und tief schürfendere Fragen an die Sozialwissenschaften als 1925... Wir befinden uns an einem Scheideweg und müssen uns nun entscheiden, ob wir vorwärts in Richtung einer geordneteren Heterogenität gehen, oder uns ängstlich auf irgendeinen Standard zurückziehen wollen, der neunzig Prozent des Potenzials der menschlichen Rasse unbeachtet lässt, nur damit wir uns sicher fühlen können. Diese Sicherheit wäre jedoch sehr teuer erkauft.«[49]

*

Die Soziologen reizte die Exotik ferner Länder nicht, für sie gab es zu Hause genug zu tun, jedenfalls wenn sie den Besonderheiten des westlichen Kapitalismus einen Sinn abgewinnen wollten. Die Schlüsselfigur auf diesem Gebiet war Robert E. Park, Professor der Soziologie an der Universität von Chicago. Mehr als jeder andere trug er dazu bei, der Soziologie einen wissenschaftlicheren Status zu verleihen. Die University von Chicago war nach der Johns Hopkins und der Clark University die dritte große Forschungsinstitution, die Ende des neunzehnten Jahrhunderts in den USA gegründet worden war (und einen Ph.D. für künftige Forscher in den Vereinigten Staaten zur Grundvoraussetzung machte). In Chicago entstanden vier große Denkschulen: die Philosophie unter John Dewey, die Soziologie unter Park, die Politologie unter Charles Merriam und die Ökonomie – allerdings erst viel später – unter Milton Friedman. Parks großartige Leistung war, dass er die Soziologie aus einer primär beobachtenden Aktivität Einzelner in eine Disziplin verwandelte, die sehr viel mehr auf Empirie beruht.[50]

Die erste Studie aus Chicago von wirklich grundlegender Bedeutung befasste sich mit dem Thema *The Polish Peasant in Europe and America*. Heute ist sie praktisch vergessen, aber unter Soziologen gilt sie noch immer als Meilenstein für die Entwicklung der Methode, empirische Daten und Generalisierungen zu kombinieren. W. I. Thomas und Florian Znaniecki waren nach Polen gereist, hatten dort mehrere Monate verbracht und waren schließlich Tausenden polnischen Auswanderern nach Amerika gefolgt. Das heißt, sie hatten dieselben Menschen diesseits und jenseits des Atlantiks studiert. Außerdem bekamen sie Zugang zu privaten Korrespondenzen, den Archiven der amerikanischen Einwanderungsbehörde und der Zeitungen und konnten sich damit ein so vollständiges Bild wie nur möglich von der Migrationserfahrung verschaffen. Im Anschluss an diese Studie untersuchte in Chicago eine ganze Studienreihe die verschiedenen in dieser Zeit herrschenden »Zustände des Unbehagens« oder ihre Symptome: 1927 *The Gang* von Frederic Thrasher, 1928 *The Ghetto* von Louis Wirth, *Suicide* von Ruth Shonle Cavan und *The Strike* von E. T. Hiller und 1929 *Organised Crime in Chicago* von John Landesco. Ein Großteil dieser Studien war politisch motiviert, sollte also dazu beitragen, die Kriminalitäts- und Selbstmordraten in Chicago zu verringern oder die Gangs von der Straße zu holen. Park zum Beispiel pflegte immer mit einem örtlichen Community Committee zusammenzuarbeiten, um sicherzugehen, dass sich seine Erkenntnisse mit den realen Bedürfnissen der Bewohner deckten. Doch ihre Bedeutung erhielt die Soziologie von Chicago – die ihren größten Einfluss zwischen 1918 und 1935 ausübte – vor allem durch die Entwicklung von neuen Untersuchungstechniken, darunter das so genannte »nicht-strukturierte Interview« und die »Einstellungsmessung«. Erst damit wurde es möglich, Menschen auf psychologisch sinnvolle Weise zu gruppieren und sich nicht mehr allein auf das Bild verlassen zu müssen, das die platte Methode des Zensus bot.[51]

Die bedeutendste Studie aus Chicago befasste sich mit dem »Unbehagen«, von dem die amerikanische Kultur am stärksten entstellt worden war (stärker noch als von der während der Weltwirtschaftskrise herrschenden Arbeitslosigkeit): mit »Rasse«. 1931 veröffentlichte Charles Johnson *The Negro in American Civilisation* und fror damit erstmals ein statistisches Bild des schwarzen Amerikaners ein, an dem künftig jeder Fortschritt – beziehungsweise mangelnder Fortschritt – gemessen werden konnte.[52] Zum Zeitpunkt der Veröffentlichung war Johnson zwar bereits von Chicago an die Fisk University gewechselt, trotzdem kann man ihn zu den »Chicagoern« zählen, denn die Studie *The Negro in Chicago* war 1922 noch im Rahmen der Studienreihe in Parks Institut entstanden.[53] Mit der vorgetragenen Überzeugung, dass sich die Neger der USA der Kunst zuwenden sollten, sofern sie auf keinem anderen Wege Gleichberechtigung oder zumindest Respekt erwerben konnten, trug sie mehr als alles andere zum Entstehen der Harlem Renaissance bei (Johnson hatte, bevor er sich Ende der zwanziger Jahre ganz seiner akademischen Laufbahn widmete, *Opportunity* herausgegeben, das New Yorker Magazin für Schwarze). Der Untertitel seines Buches lautete: »A Study of Negro Life and Race Relations in the Light of Social Research«, und in der Tat war sein stärkstes Argument, dass es sich hier um wirkliche Forschung handelte. Diese bis dahin gründlichste Analyse der Lebensumstände von amerikanischen Schwarzen umfasste Aufzeichnungen und Berichte der Regierung, Gesundheits- und Kriminalitätsstatistiken, Tabellen, Grafiken und Listen. Viele Schwarze – sie wurden noch Neger genannt – konnten sich zu dieser Zeit noch an die Sklaverei oder ihre Kämpfe als Soldaten im Bürgerkrieg erinnern.

Die Statistiken bewiesen, dass sich das Leben der Schwarzen verbessert hatte. Der Analphabetismus unter ihnen war von 70 Prozent im Jahr 1880 auf 22,9 Prozent im Jahr 1929 gesunken, was natürlich immer noch schlecht war im Vergleich zum Analphabetismus bei Weißen, der 1920 nur noch 4,1 Prozent betrug.[54] Lynchjustiz war von 155 Fällen im Jahr 1892 auf 57 Fälle im Jahr 1920 und 8 im Jahr 1928 gesunken – zum ersten Mal handelte es sich nur noch um eine einstellige Zahl. Doch acht gelynchte Schwarze pro Jahr waren noch immer grauenvoll viele.[55] Noch erhellender – und verräterischer – aber war, wie sich die rassistischen Vorurteile weiterentwickelt hatten. Beispielsweise herrschte zu dieser Zeit die weit verbreitete Ansicht, Neger seien derart anfällig für Tuberkulose, dass Ausgaben für Präventiv- oder Heilmaßnahmen herausgeschmissenes Geld wären. Gleichzeitig behauptete man, dass Neger gegen Krankheiten wie Krebs, Malaria und Diabetes praktisch immun seien, weshalb auch hier jede Vorsorge oder andere Maßnahmen als völlig unnötig empfunden wurden. Den Schwarzen war sehr wohl bewusst, dass die Mehrheit die Faktenlage immer zum Nachteil der Minderheit auslegte.[56] Johnsons Untersuchung zeigte nun erstmals auf wirklich wissenschaftliche Weise, dass viele soziale Faktoren, nicht aber Rasse *als solche,* den Gesundheitszustand bestimmten. Nachforschungen in fünfzehn Städten, darunter New York, Louisville und Memphis, ergaben, dass die Bevölkerungsdichte *nirgendwo* weniger Schwarze als Weiße aufwies, im Gegenteil, in einigen Fällen war die der Schwarzen sogar vier Mal so hoch.[57] In fünfzehn Staaten war die Sterblichkeitsrate unter Schwarzen höher als unter Weißen, in einigen Fällen sogar doppelt so hoch. Das Bild, das sich aus diesen Statistiken ergab, sollte mit einem immer vertrauter werdenden Anblick übereinstimmen – die Schwarzen begannen in die Citys zu ziehen, wo Häuser kleiner und weniger solide gebaut waren und über weniger Annehmlichkeiten verfügten. Und schon damals herrschte eine unterschiedliche Auslegung der »Gesetzestreue« von Weißen und Schwarzen:[58] Eine Untersuchung in zehn Städten, darunter Cleveland, Detroit und Baltimore, zeigte, dass Schwarze mit zweieinhalbfach größerer Wahrscheinlichkeit als Weiße verhaftet wurden und weiße Straftäter mit dreieinhalb Mal *geringerer* Wahrscheinlichkeit zu einer Haftstrafe von einem Jahr oder mehr verurteilt wurden. Die Studie brachte in jeder Beziehung deutlich zum Ausdruck, dass Schwarze ganz gewiss nicht prädestinierter für Gewalt waren, wie Weiße so gern behaupteten.

W. E. Du Bois wiederholte in seinem Beitrag zu Johnsons Buch sein altes Argument, dass die angenommenen biologischen Unterschiede zwischen den Rassen ignoriert werden müssten und die Aufmerksamkeit stattdessen auf soziologische Statistiken – von denen es inzwischen immer mehr gab – gelenkt werden sollte, weil nur diese die Auswirkungen der Diskriminierung von Schwarzen enthüllen könnten. Insbesondere im Bereich der Ausbildung spiegelte sich in diesen Statistiken die Realität: 1931 gab es 19000 schwarze Collegestudenten, verglichen mit 1000 im Jahr 1900, und 2000 Schwarze, die einen Abschluss als Bachelors of Arts gemacht hatten, verglichen mit 150. Diese Zahlen waren ein eindeutiger Beweis für die Unsinnigkeit der Behauptung, dass Schwarze niemals einen Nutzen aus einer guten Ausbildung ziehen könnten.[59] Du Bois sollte immer bei seiner Einstellung bleiben, dass sich hinter der obsessiven Betonung von biologischen und psychologischen Unterschieden nur der Wunsch der mit Vorurteilen behafteten Weißen verbarg, über genau jene realen soziologischen Unterschiede hinwegzusehen, für welche sie selbst – die Weißen – die größte Verantwortung trugen. Herbert Miller, ein Soziologe von der Ohio State University, betonte zwar, dass die 1920 eingeführten stärkeren Einwanderungskontrollen »die Beziehungen zwischen den Rassen grundlegend beeinflusst haben, weil der Neger gegen den Europäer [als Zielobjekt der Diskriminierung] ausgetauscht wurde«.[60] Die Botschaft von *The Negro in American Civilisation* war da jedoch langfristig gesehen wenig optimistisch und führte das amerikanische Selbstverständnis als Land der unbegrenzten Möglichkeiten endgültig ad absurdum.

*

Charles Johnson, dieser urbane schwarze Universalgelehrte und Star der Harlem Renaissance, und William Faulkner, der weiße Monomane (im besten Sinne des Wortes) aus dem ländlichen tiefsten Süden, hätten nicht unterschiedlicher sein können. Zwischen 1929 und 1936 schrieb Faulkner seine vier Meisterwerke *Schall und Wahn* (1929), *Als ich im Sterben lag* (1930), *Licht im August* (1932) und *Absalom, Absalom!* (1936). Vor allem in den beiden letztgenannten Romanen beschäftigte er sich mit dem Thema Schwarz und Weiß.

Faulkner, der in Oxford, Mississippi, lebte, war besessen vom Süden und dessen eigener Besessenheit mit sich selbst und seiner Geschichte – was Faulkners Biograph »die große Entdeckung« nannte.[61] Faulkner glaubte, dass die Niederlage im Bürgerkrieg die Südstaaten nur noch stärker an ihre Vergangenheit gekettet hatte. Während der größere Teil der USA fast keine Vergangenheit hatte, optimistisch in die Zukunft blickte und vom ständigen Zustrom der Einwanderer mit einer unentwegt veränderten Gegenwart konfrontiert wurde, bildete der Süden eine Enklave, die praktisch das genaue Gegenteil des vorwärtsstrebenden Nordens und der Westküste darstellte. Faulkner wollte nun dem Süden den Süden erklären, ihm seine Vergangenheit auf phantasievollere Weise vor Augen führen und das Unbehagen einer Kultur beschreiben, die abgelöst worden war, sich aber weigerte, loszulassen. In all seinen bedeutenden Werken über den Süden geht es um stolze Dynastien und ein soziales Umfeld, dessen künstliche, willkürliche Grenzen – vor allem die von Klasse, Rasse und Sexualität – ständig übertreten wurden. Seine Familien befinden sich immer entweder auf dem aufsteigenden oder dem absteigenden Ast, und alles spielt sich vor dem Hintergrund von Schande, Inzucht und – wie in *Licht im August* und *Absalom, Absalom!* – der »Rassenmischung« ab. Solche »gemischtrassischen« Beziehungen wecken immer Leidenschaften, gewaltige Leidenschaften, die dann bis zum Mord oder Selbstmord führen und sämtliche dynastischen Ambitionen ruinieren.

Am typischsten für Faulkners Anliegen ist *Absalom, Absalom!* Dieses Buch ist, zusätzlich zu seiner Geschichte, ausgesprochen schwierig – wie allerdings auch *Schall und Wahn* und *Als ich im Sterben lag*. Faulkner fordert viel vom Leser, bietet ihm ständige Rückblicke, wechselt ohne Ankündigung schnell die Standpunkte und macht geheimnisvolle Querverweise, die erst später aufgeklärt werden.[62] Er will den Leser die Irrungen und Wirrungen dieser Gesellschaft *spüren* lassen, ohne ihm als Autor zu Hilfe zu eilen. Wie seine Figuren, die sich ihre Identitäten und Reichtümer selber schaffen, soll der Leser sich selbst erarbeiten, was Faulkner ihm mitteilen will.[63]

Absalom, Absalom! beginnt mit der Szene, in der Miss Rosa Colfield den Freund und Amateurhistoriker Quentin Compson zu sich zitiert, um ihm die Geschichte des Aufstiegs und Falls von Thomas Sutpen zu erzählen, dem Gründer einer Südstaatendynastie, die von dem Moment an dem Untergang geweiht war, als der Sohn Henry seinen Freund und Kriegskameraden Charles Bon erschoss.[64] Welche Motive konnten Henry Sutpen zu dieser Tat veranlasst haben? Schritt für Schritt beginnt Compson die fehlenden Glieder dieser Geschichte zu ergänzen – wenn nötig, wo Fakten fehlen, mit eigener Phantasie.[65] Am Ende ist das Rätsel gelöst: Charles Bon war in Wirklichkeit die Frucht einer Liebesbeziehung zwischen Thomas Sutpen und einer Schwarzen (und daher sein Erstgeborener). In Sutpens Weigerung, seinen Erstgeborenen anzuerkennen, erleben wir die »große Schuld«, auf der das gesamte Konzept solcher Dynastien und damit implizit die gesamten Südstaaten beruhten. Faulkner wich den moralischen Dilemmas nicht aus, doch sein Ziel war immer eher, die Schmerzen zu beschreiben, die als Folge solcher Dilemmas auftraten. Während Charles Johnson die Mängel der nördlichen urbanen Gesellschaft der USA verzeichnete, beleuchtete Faulkner – mit Sympathie – die Unvollkommenheiten der Südstaaten.

*

Während in den USA die Rassenzugehörigkeit noch immer das hartnäckigste Problem war, trennte in Europa – am deutlichsten in Großbritannien – die Klassenzugehörigkeit die Menschen. Es war George Orwell, der eine Menge dazu beitrug, die Aufmerksamkeit auf die Armut der unteren Klassen in Großbritannien zu lenken, vor allem während des Tiefpunkts der Weltwirtschaftskrise in den Dreißigerjahren. Sicher war es kein Zufall, dass Orwell sowohl Reporter als auch Romancier war oder dass er seine Botschaft bevorzugt in Form von Reportagen an den Mann brachte. »Ein selbstbewusstes, ein goldenes Zeitalter der Reportage« hatte erst nach 1914 begonnen, wie Eric Hobsbawm schrieb. Und die »Reportage als Begriff« war erst nach Gründung der großen Zeitungen wie *Time* oder der Entstehung von Nachrichtenagenturen aufgetaucht und hatte sogar erst 1929 in französische und 1931 in englische Lexika Eingang gefunden. Viele Schriftsteller dieser Zeit waren oder wurden Reporter (Hemingway, Dreiser, Lewis).[66]

Orwell, am 25. Juni 1903 unter dem Namen Eric Blair in der abgelegenen Stadt Motihari in Bengalen, nordwestlich von Kalkutta, geboren, erhielt die typische konventionelle – also privilegierte – Erziehung der britischen oberen Mittelschicht. Er ging auf die Schule Saint Cyprian's nahe Eastbourne, wo er sich mit Cyril Connolly anfreundete, aber, weil er Bettnässer war, viel zu leiden hatte. Anschließend wurde er nach Wellington und Eton geschickt.[67] Nach der Schule trat er in den Dienst der Indian Imperial Police in Burma und begann zugleich seine Laufbahn als Schriftsteller. »Da er seinen ›Erfolg‹ als junger Kolonialoffizier als Makel empfand, wollte er alles vermeiden, was ihn an das ungerechte System erinnerte, dem er gedient hatte. ›Ich fand, dass ich nicht nur dem Imperialismus entrinnen musste, sondern jeder Herrschaft des Menschen über den Menschen‹, erklärte er später. ›Scheitern erschien mir als die einzige Tugend. Jeder Verdacht, Karriere machen zu wollen, selbst der Verdacht, Erfolg zu haben, in dem Sinne, dass man ein paar Hundert Pfund im Jahr verdient, erschien mir innerlich als widerwärtig, als eine Art der Tyrannei‹.«[68]

Man würde es sich zu einfach machen, wollte man behaupten, dass sein Wunsch, keinen Erfolg zu haben, eine direkte Folge seiner Erfahrungen in Burma gewesen sei.[69] Dieser Gedanke hatte sich bei ihm schon lange, bevor er Offizier in Burma wurde, festgesetzt. Saint Cyprian's, mit seinem verkommenen Leistungsbegriff, ließ ihn schon in jungen Jahren misstrauisch werden gegenüber Erfolg. Nur der Sieg spielte in dieser Schule eine Rolle, »und Sieger wurde man, wenn man ›größer, stärker, schöner, reicher, beliebter, eleganter, rücksichtsloser als andere‹ war – kurz, wenn man die anderen in jeder Hinsicht ausstach«. Später schrieb er: »Das Leben war hierarchisch, und was immer geschah, war richtig. Da gab es die Starken, die es verdient hatten, zu gewinnen, und tatsächlich immer gewannen, und da waren die Schwachen, die es verdient hatten, zu verlieren, und tatsächlich immer verloren, unaufhörlich.«[70] Ihm gab man das Gefühl, einer der Schwachen zu sein und, ganz gleich was er tat, niemals zu den Siegern gehören zu können. Den einzigen Trost fand er in dem Gedanken, dass Verlieren ehrenvoll war, dass man stolz darauf sein konnte, wenn man sich dieser falschen Auffassung von Erfolg nicht unterwarf. »Ich konnte mein Scheitern akzeptieren und das Beste daraus machen.«[71] Von den vier berühmtesten Büchern Orwells erforschen zwei reportageartig die schwächsten (und ärmsten) Elemente der Gesellschaft, das Treibgut des Kapitalismus der Dreißigerjahre. Die beiden anderen, nach dem Zweiten Weltkrieg geschrieben, erforschten das Wesen von Macht und Erfolg und wie es dazu kommt, dass beides so leicht missbraucht werden kann.

Nachdem Orwell die Kolonialpolizei verlassen und ein paar Monate bei seinen Eltern gewohnt hatte, fand er im Herbst 1927 ein kleines Zimmer in der Portobello Road im Londoner Westen. Er begann sich dem Roman zu widmen und zu diesem Zweck das Londoner East End zu erforschen. Er zog mit Obdachlosen und Bettlern herum, um das Leben der Armen kennen zu lernen und am eigenen Leib etwas von ihren Beschwernissen zu erfahren.[72] »Nachdem er ›jede Form der Herrschaft des Menschen über den Menschen‹ abgelehnt hatte, wollte er ›untertauchen, geradewegs zu den Unterdrückten gelangen, einer von ihnen sein und auf ihrer Seite gegen die Tyrannen stehen‹.« Jedes Mal, bevor er sich unter sie mischte, verwandelte er mit großer Sorgsamkeit seine Erscheinung. Er erstand einen schäbigen Mantel, grobe Kattunhosen, ein verschlissenes Halstuch und eine Kappe. Er veränderte seine Redeweise, weil er befürchtete, dass ihn sein typischer Oberschichtakzent verraten würde. Bald schon kannte er sich in der verkommenen Gegend der West India Docks aus und konnte sich unauffällig unter die Schauermänner, Matrosen und Gelegenheitsarbeiter mischen. Seine Nächte verbrachte er in einer einfachen Herberge in Limehouse Causeway (für neun Pence). Nach dieser Erfahrung fühlte er sich stark genug, um eine Weile als Obdachloser durch die Londoner Außenbezirke zu ziehen und in den überfüllten »Spikes« zu übernachten, den Obdachlosenasylen der städtischen Armenhäuser. Diese Erfahrungen bildeten das Rückgrat seines Buches *Erledigt in Paris und London: Sozial-Reportage aus dem Jahr 1933*. Natürlich war Orwell niemals wirklich bedürftig, war sein Obdachlosendasein eine Art Spiel, in dem seine ambivalenten Gefühle gegenüber seiner eigenen Herkunft, seinen Ambitionen und seiner Zukunft zum Ausdruck kamen. Aber ein rein frivoles Spiel war es auch nicht. »Das Beste, das er für diese Unglücklichen tun konnte, war, für sie zu sprechen, den Rest der Welt daran zu erinnern, dass es sie gab, dass sie Menschen waren, die Besseres verdient hatten, und dass ihr Elend real war.«[73]

1929 ging er nach Paris, um zu zeigen, dass nicht nur in seinem Land Elend herrschte. Er nahm sich ein kleines Zimmer in einem heruntergekommenen Hotel in der rue du Pot de Fer, einer düsteren Gasse im Quartier Latin. Die Wände waren dünn, »überall war es schmutzig, und es wimmelte von Wanzen«.[74] Er erlitt einen Nervenzusammenbruch.[75] Nur ein paar Schritte entfernt wurden die Straßen heller: Ein paar Blocks weiter war die Ecole Normale Supérieure angesiedelt, wo gerade Jean-Paul Sartre als Student glänzte und Samuel Beckett einen zweijährigen Lehrauftrag für Englisch angenommen hatte; und auch die Place de la Contrescarpe mit ihren »verrückten Typen, den Betrunkenen, Prostituierten und ihrer ehrbaren Arbeiterbevölkerung«, die Hemingway in seinem Buch *Schnee auf dem Kilimandscharo* beschreibt, war nicht weit.[76] Orwell schilderte zum Beispiel, wie er dort das Opfer eines Raubüberfalls wurde und nun praktisch ohne einen Pfennig da stand.[77]

Erledigt in Paris und London wurde von Victor Gollancz herausgebracht, der seinen Verlag 1929 in Covent Garden gegründet hatte. Gollancz war ein Besessener, aber auch ein gewiefter Geschäftsmann, also begann sein Geschäft schon bald zu blühen. Seinen Autoren zahlte er nur einen knappen Vorschuss, dafür steckte er enorme Summen in aufwändige Annoncen. Er publizierte alle Arten von Bücher, doch sein eigentliches Interesse als überzeugter Sozialist galt der Politik. Orwells Buch, das ebenso soziologische wie politische Reportagen enthielt, empfand Gollancz als mächtige Anklage gegen soziale Ungerechtigkeiten.[78] Es erschien im Januar 1933 und wurde augenblicklich ein großer kommerzieller Erfolg und von der Presse hoch gelobt (unter anderen von Compton Mackenzie). Orwell wollte keine Lösungen anbieten, wie man der Armut Herr werden konnte, sondern zu einer grundsätzlich anderen Einstellung gegenüber diesem Problem beitragen. »Kein Plan wird funktionieren, solange Armut generell als gleichsam abstoßende Krankheit betrachtet wird, die Menschen befällt, welche sich nicht selbst helfen können.« Noch mehr deprimierten ihn jedoch »die kleinen wohltätigen Gruppen, die nur das Beste wollen, aber stets eine Demonstration von Reue erwarten, als sei Armut ein Beweis für begangene Sünden«.[79] Genau diese Einstellung, fand er, trug dazu bei, dass Armut bisher nicht abgeschafft werden konnte.

Auf *Erledigt in Paris und London* folgten drei Romane, *Tage in Burma*, *Eine Pfarrerstochter* und *Die Wonnen der Aspidistra*. Jeder von ihnen beschäftigte sich mit einem bestimmten Aspekt des Lebens in Großbritannien, und alle sollten zu Orwells Weltruf beitragen. 1937 kehrte er mit *Der Weg nach Wigan Pier* zu seinen sozialkritischen Reportagen zurück. Das Buch verdankte sich vor allem Orwells sensibilisierter politischer

Wachsamkeit, dem Aufstieg von Hitler und Mussolini und Orwells wachsender Überzeugung, dass »der Sozialismus der einzige wirkliche Feind [ist], dem der Faschismus entgegentreten muss«.[80] Gollancz hatte ihn gebeten, ein Buch über Arbeitslosigkeit zu schreiben – die Geißel der Dreißigerjahre seit Beginn der Weltwirtschaftskrise. Das war zwar keine besonders originelle Idee (tatsächlich hatte Orwell einen beinahe gleichlautenden Vorschlag vom *News Chronicle* erst ein paar Monate zuvor abgelehnt[81]), aber da er mittlerweile glaubte, sich politisch stärker engagieren zu müssen, nahm er den Vorschlag an. Zuerst fuhr er nach Coventry, dann weiter in Richtung Norden nach Manchester, wo er bei einem Gewerkschaftsfunktionär unterkam, der ihm nahe legte, nach Wigan zu fahren.[82] Dort fand er ein Zimmer über einem Kuttelladen, das nach seinem Eindruck seit Jahren nicht geputzt worden war. Die anderen Pensionsgäste erzählten ihm, dass die Kuttelvorräte im Keller »von schwarzen Käfern bedeckt« seien. Einmal entdeckte er sogar fassungslos einen vollen Nachttopf unter dem Frühstückstisch.[83] Er verbrachte Stunden in der Stadtbibliothek auf der Suche nach statistischen Angaben über den Kohlebergbau und die Arbeitslosigkeit, doch die meiste Zeit fuhr er herum und inspizierte die Wohnbedingungen, die Kanäle und die Minen oder sprach mit Arbeitern und Arbeitslosen. In einem Brief schilderte er, welch armseliger Ort Wigan war und welch »niederschmetternde Erfahrung« die Minen. Er verbrachte einen ganzen Tag im Bett, um sich von der Besichtigung der Zeche zu erholen.[84] »Es ist ein schrecklicher Gedanke, dass das anstrengende Kriechen bis ans Ende des Kohlenflözes (etwa eine Meile in diesem Fall, aber in manchen Gruben sind es bis zu drei Meilen) – meine Beine waren jedenfalls vier Tage nicht mehr zu gebrauchen – für einen Kumpel nur der Anfang und das Ende eines Arbeitstags ist, und die eigentliche Arbeit findet dazwischen statt.« In sein Tagebuch notierte er: »Tatsächlich gab es nur ganz wenige Stellen, wo man aufrecht stehen konnte.«[85]

Die Zahlen, die er in der Stadtbibliothek recherchierte – und die jedem zur Verfügung gestanden hätten –, bewiesen, dass es unter den Bergarbeitern eine phänomenal hohe Unfallrate gab. In den vorangegangenen acht Jahren waren beinahe achttausend Männer in den Bergwerken umgekommen, und jeder sechste hatte sich Verletzungen zugezogen. Tod war etwas so Normales, dass er fast schon zur Routine gehörte. »Immer dann nämlich, wenn ein Kumpel bei einem Unfall ums Leben gekommen war, wurde seinen Kollegen ein Shilling vom Lohn abgezogen – das Geld ging in eine Witwenkasse –, aber dieser Abzug wurde mit so erschreckender Regelmäßigkeit vorgenommen, dass das Lohnbüro dazu übergegangen war, den entsprechenden Vermerk auf dem Lohnstreifen mit Hilfe eines Gummistempels [›Death Stoppage‹] anzubringen.«[86] Nach zwei Monaten im Norden saß Orwell wieder im Zug Richtung London. Aus dem Fenster erhaschte er noch ein letztes schockierendes Bild von der Last, die diese schreckliche Stadt ihren Bewohnern aufbürdete. Eine junge Frau stocherte mit einem Stock in einem verstopften Abflussrohr hinter ihrem Haus herum: »Sie sah auf, als der Zug vorbeifuhr, und ich war so nahe, dass ich fast ihrem Blick begegnete. Sie hatte ein rundes, bleiches Gesicht, das gewöhnliche, erschöpfte Gesicht einer Slumbewohnerin, die fünfundzwanzig Jahre alt ist, aber durch Fehlgeburten und Plackerei wie vierzig aussieht. Und ihr Gesicht hatte in dieser Sekunde den elendesten, hoffnungslosesten Ausdruck, den ich je gesehen habe. Mir fiel plötzlich auf, dass wir uns irren, wenn wir sagen, ›dass es für sie nicht das Gleiche ist wie für uns‹ und dass Leute, die in den Slums groß geworden sind, sich nichts anderes als die Slums vorstellen können… Sie wusste sehr wohl, was mit ihr passierte – wusste genau wie ich, was für ein schreckliches Los es war, dort in der bitteren Kälte auf den schmierigen Steinen eines Slum-Hinterhofs zu knien und mit einem Stock in einem verstopften Abflussrohr herumzustochern.«[87]

Orwell war so zornig über seine Erlebnisse im Norden Englands, dass er beschloss, sein Buch in zwei Teile zu gliedern. Im ersten ließ er die harten Tatsachen für sich sprechen. Der zweite Teil war eine leidenschaftliche Polemik gegen das kapitalistische System und für den Sozialismus. Schon der Verleger hatte Zweifel geäußert, ob diese Unterteilung sinnvoll sei.[88] Viele Kritiker sahen in diesem Teil mit seiner vagen und emotional überladenen Prosa denn auch tatsächlich wenig Sinn. Doch die krassen Tatsachen im ersten Teil konnten nicht beschönigt werden. Sie waren für Großbritannien ebenso beschämend wie Johnsons Anklagen für die USA. *Der Weg nach Wigan Pier* war eine Sensation.

*

Kritik an einem ganz anderen Aspekt der Zivilisation übte der Schriftsteller Lewis Mumford. Mumford gehörte einer Gruppe an, die sich um den Fotografen Alfred Stieglitz in New York geschart hatte. Anfang der Zwanzigerjahre hatte er an der New School for Social Research in Manhattan Architektur unterrichtet und war dann als Architekturkritiker zum *New Yorker* gegangen. Sein wachsender Ruhm brachte ihm Offerten vom MIT, der Columbia und der Stanford University ein, Vorlesungen zu halten. Diese veröffentlichte er in einem Sammelband unter dem Titel *Technics and Civilisation* 1934. Er stellte darin die Evolution der Technik dar:[89] In der »eotechnischen Phase« war die Gesellschaft durch Maschinen gekennzeichnet, die aus Holz gemacht waren und von der Kraft des Wassers oder Windes angetrieben wurden;[90] in der »paläotechnischen Phase«, meist als industrielle Revolution bezeichnet, war Dampf die wesentliche Form der Energiegewinnung und Eisen das wichtigste Material; das »neotechnische Zeitalter« (die zweite industrielle Revolution) wurde von

Elektrizität, Aluminium und anderen neuen Legierungen und synthetischen Verbindungen geprägt.[91]

Nach Mumfords Auffassung wurde die Technologie im Wesentlichen vom Kapitalismus angetrieben, der ständige Expansion, größere Macht, weitere Ausdehnungen und höhere Geschwindigkeiten brauchte. Die Unzufriedenheit mit dem Kapitalismus sei nur entstanden, weil in den Zwanzigerjahren das neotechnische Zeitalter begonnen habe, die sozialen Beziehungen aber im paläotechnischen Zeitalter stehen geblieben seien, in der die meisten Menschen die Arbeit immer noch als entfremdend empfanden, weil sie keine Kontrolle über das eigene Leben hatten. Mumford, der ein begabter Erfinder von einprägsamen Sätzen und Schlagworten war («Raub ist die vielleicht größte Arbeitsersparnis, die je erfunden wurde«), fand jedoch eine Lösung: »Basic Communism«. Unter diesem »Grundkommunismus« verstand er weniger den Kommunismus sowjetischer Machart als vielmehr eine kommunale Organisation von Arbeit, entsprechend der kommunalen Organisation von Parks, Feuerwehr oder städtischen Schwimmbädern.[92] Bemerkenswert war auch, dass Mumford mit diesem Buch als einer der Ersten die Aufmerksamkeit auf den Schaden lenkte, den kapitalistische Betriebe der Umwelt zufügten, oder zeigte, wie Konsumverhalten durch Werbung manipuliert wurde. Wie viele andere betrachtete auch er den Ersten Weltkrieg als Kulmination eines technologischen Wettstreits, der die Bedürfnisse sowohl von Kapitalisten als auch von Militaristen befriedigte; aber im Gegensatz zu vielen anderen sah er als einzigen Ausweg die Planwirtschaft. Weitblickend sagte Mumford voraus, dass das Industrieproletariat (Orwells Thema) allmählich verschwinden würde, sobald die Fabriken alten Stils obsolet würden, und sich die Industrien des neotechnischen Zeitalters gleichmäßiger über das ganze Land wie den Rest der Welt ausbreiten würden (also nicht mehr nur um Häfen oder Bergwerke angesiedelt wären). Er prophezeite, dass Asien und Afrika neotechnische Märkte und Mächte werden würden, dass die Biologie die Physik als wichtigste, aber zugleich umstrittenste Wissenschaft ablösen würde und das Bevölkerungswachstum zu einem der Hauptprobleme der Zukunft würden. Unmittelbare Gefahren für die Amerikaner sah er in dem »ziellosen Materialismus« und in der gedankenlosen Akzeptanz des zügellosen Kapitalismus als einzig wahres Organisationsprinzip des modernen Lebens. Mumfords Buch war in seiner Grundtendenz optimistisch (es enthielt auch einen Abschnitt über die Schönheit von Maschinen) und in seiner Kritik an der westlichen Gesellschaft seiner Zeit weit voraus. Das lässt es heute nur noch beeindruckender wirken, denn rückblickend kann man feststellen, dass er viel öfter richtig als falsch geurteilt hatte.[93]

Vier Jahre später veröffentlichte er *The Culture of Cities.*[94] Das Buch beginnt im Jahr 1000, als nach dem frühen Mittelalter eine Wiederbelebung der Städte eingesetzt hatte, wobei Mumford die Definition »Stadt« davon abhängig machte, ob es dort Zentren des kollektiven Geschehens gab. In den Städten des Mittelalters waren dies der Markt, das Turnier und die kirchlichen Prozessionen; im Barock bot der Hof die besten Dramen; und in der Industriestadt waren es der Bahnhof, die Straße und die politischen Versammlungen, die zählten.[95] Zudem unterschied er städtisches Leben nach sechs Entwicklungsstadien: die Eopolis (Gründung von Dorfgemeinschaften und Domestizierung von Tieren), die Polis (Zusammenschluss von Dörfern oder Gruppen Blutsverwandter zum Zwecke der Verteidigung), die Metropolis (der entscheidende Wandel zur »Vaterstadt«, in welcher der Überschuss regionaler Produkte verkauft wurde), die Megalopolis (Beginn des urbanen Niedergangs, der Mechanisierung und der Standardisierung, insgesamt dadurch charakterisiert, dass mangelndes Geschehen durch Routine ersetzt wurde), die Tyrannopolis (Ausdehnung über die Stadtgrenzen hinaus, Dekadenz, Rückgang der Einwohnerzahlen in der Innenstadt) und schließlich die Nekropolis (Krieg, Hungersnot, Seuchen). Die beiden letzten Stadien waren reine Voraussagen, doch das Stadium der Megalopolis sah Mumford bereits in mehreren Fällen erreicht, beispielsweise in New York.[96]

Mumford glaubte, die Antwort auf die Probleme von Entfremdung und Armut in den Städten sei die Entwicklung von Regionen (obwohl er auch Gartenstädte erwog). Auch hier bewies er Voraussicht. Das letzte Kapitel seines Buches widmete er fast ausschließlich Umweltfragen und Themen, die wir heute unter die Rubrik »Lebensqualität« einordnen würden.

*

Obwohl Mumford sich stark auf die Auswirkungen von Technik auf Umwelt und Lebensqualität konzentrierte, war er nicht, wie so manch anderer, wissenschaftsfeindlich eingestellt: Während Leute wie Freud, Mead oder Johnson glaubten, dass gerade die Wissenschaften Antworten auf die Plagen der Gesellschaft boten, sahen Skeptiker jeden wissenschaftlichen Fortschritt von Nachteilen begleitet – Fortschritt mit schrecklich schönem Antlitz. Auch die Kirche musste so manchen Schlag der Wissenschaften aushalten, aber verschwinden sollte sie deshalb nicht. Zweifellos hatte die chronische Arbeitslosigkeit etwas mit der Skepsis der Kirche gegenüber der Wissenschaft zu tun, jedenfalls gelang es ihr aber, im Verlauf der dreißiger Jahre ihre Autorität wieder geltend zu machen.

Der gewiss außergewöhnlichste Beitrag zu diesem Wiedererstarken von Religion war eine Vortragsreihe von Ernest William Barnes, Bischof von Birmingham, die 1933 unter dem Titel *Scientific Theory and Religion* veröffentlicht wurde.[97] Wohl nur wenige Leser, die sich das Buch eines Bischofs vornahmen, hätten erwartet, dass es sich dabei auf den ersten 400 Seiten um eine ausführliche Darstellung der fortgeschrittenen Mathematik handelte. Ernest Barnes war ein mathematisch höchst versierter, promovierter Wissenschaftler und obendrein Fellow der Royal Society. Mit diesem Buch wollte er beweisen, dass er, obwohl Theologe, eine Menge über moderne Wissenschaft wusste und keine Berührungsängste mit ihr hatte: Er besprach sämtliche jüngsten Entwicklungen auf den Gebieten der Physik, Geologie, der Evolutionsforschung und der Mathematik. Es war eine Tour de force. Ausnahmslos stellte sich Barnes auf die Seite der Naturwissenschaften – der Teilchenphysik, der Relativitätstheorie, der Raumzeit, der neuen Vorstellung eines expandierenden Universums und der neuen Erkenntnisse der Geologie über das Alter der Erde und die Fossilien als Nachweise für den Verlauf der Evolution. Er war ein überzeugter Evolutionist.[98] Mystizismen und Paranormales jeder Art verwarf er. (Trotz der gewaltigen Bandbreite wissenschaftlicher Erkenntnisse des zwanzigsten Jahrhunderts, die er in diesem Buch darlegte, erwähnte er Freud übrigens mit keinem Wort.)

Was hatte ein solcher Bischof nun über Gott zu sagen? Er argumentierte, es gebe einen »universellen Geist«, der jeder Materie im Universum innewohne. Unser Daseinszweck in diesem Universum bestand für ihn darin, Bewusstsein und Gewissen zu entwickeln, um Gutes und Schönes zu schaffen. Im Hinblick auf die Unsterblichkeit sagte er, dass es so etwas wie eine »Seele« nicht gebe, dass jedoch das von Menschen geschaffene Gute und Schöne ewig lebe. Allerdings betonte er, dass er persönlich an ein Leben nach dem Tode glaube.[99]

Ein Exemplar dieses Buches schickte er an einen anderen berühmten Theologen, William Ralph Inge, den Dean von Saint Paul's, der am Ostersonntag 1915 Rupert Brookes Gedichte in seiner Predigt rezitiert hatte. Als dieser das Buch erhielt, war er gerade dabei, die Fahnen seines eigenen Werkes *God and the Astronomers* zu korrigieren, das ebenfalls noch 1933 erscheinen sollte. Auch dieses Buch beruhte auf einer Reihe von Vorträgen – in Inges Fall waren es Warburg Lectures, die er in der Londoner Lincoln's Inn Chapel gehalten hatte.[100] Inge war nicht nur Dean von Saint Paul's, sondern auch Fellow des Jesus College in Cambridge und des Hertford College in Oxford und außerdem ein bekannter Redner, Schriftsteller und Intellektueller. Wie provokant seine Ansichten waren, hatte er bereits mit seinen *Outspoken Essays* unter Beweis gestellt. *In God and the Astronomers* befasste er sich nun mit dem Zweiten Hauptsatz der Thermodynamik, der Entropie und der Evolution. Für Inge stand fest, dass diese Gebiete in einem grundlegenden Zusammenhang standen, da es bei jedem um Zeit ging. Die Vorstellung von einem Universum, das erschaffen wird, sich ausweitet, wieder zusammenzieht und dann in einer letzten Götterdämmerung – wie er schrieb – verschwindet, beunruhigte ihn zutiefst, da sie den Gedanken nahe legte, dass es so etwas wie »die Ewigkeit« nicht geben kann.

Die Hauptwirkung der Evolutionslehre bestand für ihn darin, dass sie ältere Ideen degradierte, indem sie argumentierte, dass die »Evolution« modernerer Ideen verdrängend wirke.[101] Inge zog zur Unterstützung seiner Argumente ausgiebig Philosophen der Antike, hauptsächlich des griechischen Altertums, heran. Er wollte beweisen, wie brillant diese – verglichen mit dem herrschenden Geist – gedacht hatten. Mehrmals wollte er mit Anspielungen auf »dysgenische« Trends beweisen, dass die Evolution nicht nur Fortschritte erzeugte. Zwar räumte er ein, dass seine Argumente *intuitiver* Natur waren, insistierte aber (fast wie die Dichter der Weimarer Republik), dass allein schon die Existenz eines solchen Phänomens wie Intuition auf etwas Göttliches hinweise, für das die Naturwissenschaften keine Erklärung hätten.[102] Wie Bergson glaubte Inge an einen *Élan vital* und eine »unüberwindbare Kluft« zwischen naturwissenschaftlicher Erkenntnis und der Existenz Gottes. Und wie Barnes sah er die Existenz Gottes bereits mit dem Konzept des Guten und der mystischen Verzückung im Gebet bewiesen, deren Zustandekommen bisher noch keine Wissenschaft erklären konnte. Die Zivilisation, schrieb er, mit ihren Zwängen und ihrem Tempo entfremde uns solchen Erfahrungen. Möglicherweise sei die Existenz Gottes phänomenal auch durch das erfahrbar, was Naturwissenschaftler »Aggregateigenschaften«* nannten, entsprechend dem klassischen Beispiel von Wassermolekülen, die selbst nicht flüssig wie Wasser sind. Denn mit dieser Aussage sei bereits eine naturwissenschaftliche Metapher zum Beweis der Existenz Gottes gegeben.[103] Im Gegensatz zu Barnes konnte Inge jüngste wissenschaftliche Erkenntnisse jedoch nicht akzeptieren. »Es ist doch eine seltsame Vorstellung, dass sich Gott deutlicher und unmittelbarer in der unbeseelten Natur offenbaren soll als im menschlichen Geist oder Herzen … Meine Schlussfolgerung lautet, dass das Schicksal des materiellen Universums keine lebenswichtige Frage für die Religion darstellt.«[104] Auch Inge erwähnte Freud mit keinem Wort.

Ein Jahr nachdem Barnes und Inge ihre Ansichten dargelegt hatten, veröffentlichte Bertrand Russell ein kleines, aber inhaltsschweres Büchlein mit dem Titel *Religion and Science*.[105] Russells Verhältnis zur Religion war kompliziert. Er hatte eine ganze Reihe von religiösen Freunden (insbesondere Lady Ottoline Morrell), die er um ihren Glauben einerseits beneidete, während er andererseits gerade deshalb von ihnen irritiert war. In einem Brief vom Januar 1912 schrieb er: »Was wir *wissen*, ist, dass uns manchmal Dinge im Leben begegnen, die unvergleichlich viel besser sind als die Dinge des Alltags, sodass es den *Anschein* hat, als seien sie von

* Anm. d. Ü.: Die spezifischen Eigenschaften eines Ganzen oder eines Systems, welche sich nicht als Summe der Einzeleigenschaften ergeben und daher auch nicht über deren Bestandteile oder Subsysteme verfügen.

einer anderen Welt geschickt worden und könnten nicht aus uns selbst kommen.«[106] Dann fügte er hinzu: »Ich aber habe eine andere Vorstellung… nach dieser Vorstellung ist Leid die ultimative Wahrheit… unter Schmerzen holen wir Atem… Denken ist das Tor zur Verzweiflung.«[107]

In *Religion und Science* befasste sich Russell größtenteils mit den gleichen Fragen wie Barnes und Inge – mit der kopernikanischen Revolution, der neuen Physik, der Evolution und den kosmischen Zielen –, fügte jedoch auch eine Analyse der Medizin, Dämonologie und der Wunder an, sowie ein ganzes Kapitel über Determinismus und Mystizismus.[108] Das Buch sollte dem Leser beweisen, dass nur die Naturwissenschaften in der Lage seien, immer mehr Phänomene der Natur zu erklären. Doch für einen Wissenschaftler ging Russell erstaunlich sanft mit dem Mystizismus um, ja, er erklärte sogar, dass er von einigen parapsychologischen Experimenten gehört habe, die »einen vernünftigen Menschen überzeugen« müssten. In den beiden letzten Kapiteln über Naturwissenschaften und Ethik zeigte er sich hingegen wieder als strenger Logiker, der zu beweisen versucht, dass es so etwas wie objektive Schönheit oder Güte nicht gibt. Er begann seine Argumentation mit der Aussage: »Alle Chinesen sind Buddhisten.« Eine solche Aussage könne bereits »durch die Erschaffung eines einzigen chinesischen Christen« widerlegt werden.[109] Die Aussage »Ich glaube, dass alle Chinesen Buddhisten sind«, könne hingegen nicht »mittels irgendeines Nachweises aus China« (z. B. über Buddhisten in China) widerlegt werden, sondern ausschließlich durch die nachweisliche Feststellung »Ich glaube nicht, was ich sage«. Wenn ein Philosoph behauptet: »Schönheit ist gut«, könne dies zwei Dinge bedeuten: »Zum einen, dass jeder das Schöne liebt« (was mit der Aussage übereinstimmt, dass alle Chinesen Buddhisten sind), zum anderen: »Ich wünschte mir, dass jeder das Schöne liebte« (was mit der Aussage übereinstimmt: Ich glaube, dass alle Chinesen Buddhisten sind). »Die erste dieser Aussagen stellt keine Behauptung auf, sondern bringt einen Wunsch zum Ausdruck; und da sie nichts behauptet, ist es logischerweise auch unmöglich, dass es einen Nachweis für oder gegen sie gibt oder dass sie entweder wahr oder falsch ist. Der zweite Satz ist hingegen nicht mehr rein optativ, er macht eine Aussage, doch ist dies eine Aussage über den Geisteszustand des Philosophen, welche nur durch den Nachweis widerlegt werden könnte, dass dieser den Wunsch, den er zu haben vorgibt, nicht hat. Dieser zweite Satz gehört nicht zur Ethik, sondern zur Psychologie oder Biologie. Der erste, der Ethik zugehörige Satz, drückt einen Wunsch nach etwas aus, behauptet aber nichts.«[110]

Russell beendete diese Diskussion mit den Worten: »Ich komme zu dem Schluss, es ist wahr, dass die Naturwissenschaften keine Fragen über Werte klären können [Inges Argument], weil diese niemals intellektuell entschieden werden können und dem Reich von richtig und falsch fern liegen. Jedes erfahrbare Wissen muss mit naturwissenschaftlichen Methoden erworben werden; was die Naturwissenschaften nicht entdecken können, kann die Menschheit nicht wissen.«[111] Auch er erwähnte Freud mit keinem Wort.

*

Ganz andere Gründe, die Naturwissenschaften zu kritisieren, hatte José Ortegy y Gasset, dessen *Aufstand der Massen* 1930 in Spanien erschien. Ortega, Professor für Metaphysik an der Universität von Madrid, vertrat die These, dass die Gesellschaft dank des Massenmenschen in einer immer anonymeren und entfremdeteren Massenkultur ständig degeneriere. Dieser Prozess sei in nicht geringem Maße den Fortschritten der »experimentellen Naturwissenschaften« zu verdanken. Demokratie konnte seiner Ansicht nach nur entstehen, wo eine kleine »adlige« Elite an die Macht gewählt wurde. Stattdessen aber entwickle sich zunehmend eine Art von Überdemokratie, in welcher der Durchschnittsmensch, der mittelmäßig begabte Massenmensch, »den Platz der Eliten besetzen möchte«. Da dieser Mensch jedoch jeden verachte, der nicht ist wie er, fördere er eine ganze Gesellschaft der Mittelmäßigkeit, die »das historische Niveau« senkt. Dem Naturwissenschaftler, der viel über sehr wenig wisse, warf er vor, »reine Wissenschaftsübungen« zu betreiben und sich zum »gelehrten Ignoranten« zu entwickeln, welcher sich, »von einer Generation zur anderen immer mehr beschränkt, auf ein stets engeres geistiges Betätigungsfeld festgelegt hat«. Für ihn war dieses »Urbild des Massenmenschen« nur »das klarste und deutlichste Beispiel dafür, wie die Zivilisation des vorigen Jahrhunderts, *sich selbst überlassen*, diesen Schössling der Primitivität und Barbarei treiben musste«.[112]

Ortega y Gasset war eine Art kultureller Sozialdarwinist oder Nietzscheist. In *The Dehumanisation of Art* erklärte er, es sei die grundlegende Funktion von moderner Kunst, die Öffentlichkeit in zwei Klassen zu teilen – in diejenigen, die sie verstehen, und solche, die sie nicht verstehen.[113] Kunst hielt er für ein Mittel, das die Elite, die privilegierte Minderheit mit subtilerer Wahrnehmungsfähigkeit in die Lage versetzt, sich zu erkennen und von den eintönigen Massen abzugrenzen. Das gemeine Volk sei immer nur an dem Menschen interessiert, der sich hinter dem Künstler verbirgt, und könne sich kaum je für das rein Ästhetische begeistern (Eliot hätte ihm da zugestimmt). Für Ortega y Gasset standen Naturwissenschaften und Massengesellschaft den »schönen« Dingen gleichermaßen feindselig gegenüber.

*

Während sich der Faschismus in Deutschland und Italien zu etablieren begann und der Westen ganz allgemein von ungemein vielen Problemen belastet war, begannen die Menschen auf der Suche nach einer alternativen gesellschaftlichen Organisationsform nach Sowjetrussland zu blicken und sich zu fragen, ob der Westen etwas vom dortigen System lernen könnte. Viele westliche Intellektuelle, darunter auch George Bernard Shaw und Bertrand Russell, reisten in den zwanziger und dreißiger Jahren nach Russland, doch der gefeiertste Reisebericht stammt nicht von ihnen, sondern von Sidney und Beatrice Webb, die ihre Beobachtungen 1935 in dem Buch *Soviet Communism: A new Civilisation?* veröffentlichten.

Die Webbs hatten schon lange vor Erscheinen dieses Berichts großen Einfluss auf die Politik und Gesellschaft Großbritanniens ausgeübt und obendrein viele gute Beziehungen gepflegt, beispielsweise zu den Balfours, den Haldanes, Dilkes und den Shaws.[114] Sidney Webb war Kabinettsmitglied beider Labour-Regierungen in den Zwischenkriegsjahren, und seine Partnerschaft mit Beatrice galt als die bedeutendste intellektuelle Verbindung, die England je erlebt hatte (Sidney nannte man einmal sogar »den fähigsten Mann Englands«).[115] 1896 gründeten sie die London School of Economics, 1913 den *New Statesman*, und in vieler Hinsicht leisteten sie wesentliche Beiträge zur Gründung des Wohlfahrtstaates und der »Fabian Society«, einer sozialistischen Organisation, die fest von der Unvermeidlichkeit eines graduellen Wandels überzeugt war. Sie veröffentlichten als Autorenpaar oder jeder für sich an die hundert Bücher und Aufsätze, darunter *The Eight Hours Day*, *The Reform of the Poor Law*, *Socialism and Individualism*, *The Wages of Men and Women: Should They be Equal?* und *The Decay of Capitalist Civilisation*. Ihr ganzes Leben lang blieben sie engagierte Sozialisten. Begegnet waren sie sich, als Beatrice nach einem Mitarbeiter für ihre Studie über das Co-op Movement suchte und ein Freund Sidney vorschlug. Sidney und Beatrice waren als kooperierende Organisatoren und Theoretiker immer erfolgreicher als Sidney allein, ob in seiner Rolle als politisch Engagierter oder als Kabinettsminister. Allerdings hatten ihre ungeheure Produktivität als Autoren und ihre kompromisslosen sozialistischen Ansichten auch zur Folge, dass ihnen kaum jemand indifferent gegenüberstand. Leonard Woolf zum Beispiel mochte sie sehr, Virginia konnte sie nicht ausstehen.[116]

Als die Wells 1932 nach Russland reisten, waren sie beide schon über siebzig Jahre alt. Beatrice hatte sich diese Reise gewünscht, weil sie glaubte, dass der Kapitalismus nun endgültig am Ende sei und das sowjetische System vielleicht wirklich eine Alternative bot. In ihren Schriften hatten sie immer betont, dass sich der Sozialismus im Gegensatz zur Behauptung von Marx durchaus Schritt für Schritt aufbauen lasse und nicht notwendigerweise einer Revolution bedurfte. Die Menschen ließen sich ihrer Meinung nach mit vernünftigen Argumenten von der Gleichheit überzeugen und zur Entwicklung anregen (das war im Wesentlichen das Credo der Fabianer).[117] Unter diesem Blickwinkel wurde auch die sowjetische Planwirtschaft vorstellbarer. Ende 1930 begann sich Beatrice mit Hilfe des russischen Botschafters und dessen Frau in London russischer Literatur und den Schriften russischer Kommunisten zu widmen. Kurz darauf vermerkte sie in ihrem Tagebuch: »Es kann zwar noch immer möglich sein, dass die russisch-kommunistische Regierung ihr Ziel nicht erreichen wird, ebenso wie sie sicher nicht in der Lage sein wird, die Welt mit einer russischen Version des Kommunismus zu erobern, doch dessen Errungenschaften stehen beispielhaft für die Mendelsche Sicht von plötzlichen Sprüngen in der biologischen Evolution und gegen die Spencersche Version einer allmählichen Anpassung...« (der Sozialdarwinist Herbert Spencer war mit Beatrices Vater befreundet). Ein Jahr später, kurz vor Antritt ihrer Reise, notierte sie dann jene Worte, an denen sich all ihre künftigen Kritiker orientierten: »Im Laufe eines Jahrzehnts werden wir wissen, ob der amerikanische Kapitalismus oder der russische Kommunismus ein besseres Leben für die Mehrheit der Menschen bereithält... ohne Frage stehen wir auf der Seite Russlands.«[118]

Das Russland, das die Webbs Ende 1932 dann betraten, befand sich gerade mitten im ersten Fünfjahresplan, den Stalin 1929 aufgestellt hatte, um eine schnelle Industrialisierung und die Sozialisierung in ländlichen Gebieten zu erzwingen. (Pläne waren gerade sehr in Mode: Roosevelt kam 1933 mit seinem New Deal heraus, und auch Deutschland setzte bald seinen so genannten Vierjahresplan in Kraft.) Stalins Plan jedenfalls führte auf direktem Wege zur Ausrottung von Millionen Kulaken, zu Massendeportationen und Hungersnöten. Er erweiterte die Macht der politischen Staatspolizei GPU (*Gossudarstwennoje politischeskoje uprawlenije*, Vorgänger des 1953 installierten KGB), schwächte die Gewerkschaften und beschränkte durch die Einführung von Kennkarten die Bewegungsfreiheit der Menschen. Natürlich gab es *auch* Fortschritte – Erziehung und Ausbildung wurden verbessert und mehr Kindern zugänglich gemacht, Frauen hatten bessere Arbeitsmöglichkeiten –, doch wie Lisanne Radice schreibt, bewies bereits der erste Fünfjahresplan, »wenn man hinter die propagandistische Sprache blickt, ... eine gewaltige Ausweitung von totalitärer Macht«.[119]

Die Webbs wurden als hochrangige ausländische Gäste behandelt und von diesen negativen Aspekten des neuen Russland stets fern gehalten. Sie bewohnten eine Suite im Leningrader Hotel Astoria, die so riesig war, dass Beatrice sich schon Sorgen machte, sie könnten als »eine neue Art von Majestäten« betrachtet werden. Sie besichtigten eine Traktorenfabrik in Stalingrad und nahmen an einer Komsomol-Sitzung teil. In Moskau wurde ihnen ein Gästehaus des Außenministeriums zur Verfügung gestellt, von wo aus man sie dann zu Schulen, Gefängnissen, Fabriken und ins Theater chauffierte. Sie fuhren nach Rostow, etwa 200 Kilometer nordöstlich von Moskau, um mehrere Kolchosen zu besichtigen. Doch da sie von einem Dolmetscher abhängig waren, erfuhren sie bei ihren Gesprächen nur ein einziges Mal von einem Problem: Ein Motorenwerk konnte seinen Plan nicht erfüllen. Und die einzigen Statistiken, die für sie zugänglich waren, wurden ihnen von der Regierung zur Verfügung gestellt. Tatsache ist, dass sich die Gründer der London School of Economics und des *New Statesman* mit Informationen aus Quellen zufrieden gaben, denen kein Akademiker oder Journalist, der auf sich hält, trauen würde oder die er ohne unabhängige Prüfung veröffentlicht hätte. Es wäre ein Einfaches für sie gewesen, wenigstens Malcom Muggeridge zu konsultieren, der als Korrespondent des *Manchester Guardian* in Moskau lebte und mit einer Nichte von Beatrice verheiratet war. Aber weil er dem Regime höchst kritisch gegenüberstand, nahmen sie keine Notiz von ihm. Nach ihrer Rückkehr schrieb Beatrice: »Die sowjetische Regierung … repräsentiert eine neue Kultur … mit einer neuen Weltanschauung – welche zu neuen Verhaltensmustern beim Individuum wie in seinen Beziehungen zur Gemeinschaft führt –, die mich insgesamt zu der Überzeugung bringt, dass sie dazu ausersehen ist, sich in den nächsten hundert Jahren auf viele andere Länder auszuweiten.«[120]

Um mit Lisanne Radice zu sprechen, war *Soviet Communism: A new Civilisation?* »monumental hinsichtlich seiner Konzeption, seines Umfangs und seiner Fehlurteile«.[121] Die Webbs waren zutiefst davon überzeugt, dass der sowjetische Kommunismus dem westlichen System überlegen sei, weil er dem Durchschnittsbürger wesentlich mehr Möglichkeiten biete, an der Gestaltung seines Landes mitzuwirken. Stalin war für sie kein Diktator, sondern einfach nur der Sekretär »einer Reihe von Komitees«. Die Kommunistische Partei diente ihrer Meinung nach der Beseitigung von Armut, ihre Parteifunktionäre genössen »keinerlei verbriefte Privilegien«; die GPU leiste »konstruktive Arbeit«. Für spätere Auflagen änderten sie den Titel ihres Buches zuerst in *Is Soviet Communism a New Civilisation?* (1936) und, im selben Jahr, nochmals in *Soviet Communism. Dictatorship or Democracy?* Hatten sich ihre Ansichten am Ende doch ein wenig gewandelt? Allerdings sollten sie immer zögern, das, was sie geschrieben hatten, völlig zu revidieren – nicht einmal nach Stalins Schauprozessen Ende der Dreißigerjahre. 1937, auf dem Höhepunkt seines Terrorregimes, ließen sie die Neuauflage ihres Buches unter dem Titel *Soviet Communism: A New Civilisation* drucken – das Fragezeichen war verschwunden. Anlässlich ihres siebenundvierzigsten Hochzeitstages im Juli 1939 vertraute Beatrice ihrem Tagebuch an, dass *Soviet Communism* »die Krönung unserer Partnerschaft« gewesen sei.[122] Das Unbehagen mit dem Kapitalismus hat wohl nur wenige Menschen so weit in die Irre geführt wie die Webbs.

*

Der sowjetische Kommunismus war eine Alternative zum Kapitalismus. Eine andere begann sich in Deutschland zu enthüllen, wo die Nationalsozialisten immer zuversichtlicher zu agieren begannen. Wie gesagt, in der Weimarer Republik war es zu ständigen Auseinandersetzungen zwischen Rationalisten, Szientisten, Naturwissenschaftlern und Nationalisten wie den Alldeutschen gekommen, die nicht von ihrer Vorstellung wichen, dass dem »Deutschthum« und seiner Geschichte – die instinktive Überlegenheit seiner Helden – etwas ganz Besonderes anhafte. Oswald Spengler hatte im *Untergang des Abendlandes* hervorgehoben, wie stark sich Deutschland von Frankreich, den USA oder Großbritannien unterschied. Und das hatte nicht nur Hitler angesprochen, sondern unter den Nationalsozialisten, die ihre Macht nun fast schon mit Händen greifen konnten, allgemein immer mehr Zustimmung gefunden. Aus diesem wachsenden Selbstvertrauen heraus entstand 1928 ein Buch, das mit an Sicherheit grenzender Wahrscheinlichkeit in Paris, London oder New York niemals einen Verleger gefunden hätte.

Der Text allein war verhetzend genug, aber die Bilder sprachen noch eine ganz eigene Sprache – auf einer Seite waren moderne Gemälde von Künstlern wie Modigliani oder Karl Schmidt-Rottluff abgebildet, auf der gegenüberliegenden Fotografien von behinderten und kranken Menschen, zum Beispiel mit Basedow-Augen, dem Down-Syndrom oder anderen angeborenen Krankheiten. Autor dieses Machwerks mit dem Titel *Kunst und Rasse* war der bekannte Architekt Paul Schultze-Naumburg. Die These, die er darin vertrat, war grotesk, hatte aber großen Einfluss auf den Nationalsozialismus.[123] Sie lautete, dass Behinderte und Kranke, wie sie in seinem Buch abgebildet waren, vielen Gemälden der Moderne – vor allem des Expressionismus – als Vorbilder gegolten hätten. Es handelte sich »um Abbilder der rassischen Entartungserscheinungen«. Wie es scheint, war er durch ein wissenschaftliches Projekt zu dieser Überzeugung gelangt, welches ein paar Jahre zuvor in der Heidelberger Psychiatrie durchgeführt worden war: Anhand der Bilder von Schizophrenen hatte man versucht, ein besseres Verständnis für die zu Grunde liegenden Probleme der Geisteskrankheit zu bekommen. 1922 veröffentlichte der Psychiater Hans Prinzhorn eine Studie mit dem Titel *Bildnerei der Geisteskranken*, beruhend auf dem Material, das er durch die Analyse von fünftausend der von 450 Patienten gemalten Bildern angesammelt hatte. Diese Studie, in der er zeigte, dass der Kunst von psychisch Kranken bestimmte Eigenschaften innewohnten, weckte bei Kritikern weit über die Fachkreise der Medizin hinaus ernsthaftes Interesse.[124]

Kunst und Rasse zog Hitlers Aufmerksamkeit auf sich, weil sich Schultze-Naumburgs brutale »Theorie« aufs Beste mit seinen Zielen deckte. Außerdem griff Hitler ohnedies bevorzugt die moderne Kunst und moderne Künstler an, aber wie andere führende Nationalsozialisten war er seinem Wesen nach völlig unintellektuell. Für ihn stand fest, dass die meisten großen Männer der Geschichte Handelnde und nicht Denkende gewesen waren. In diesem geistigen Gebräu gab es allerdings eine Ausnahme, einen Möchtegernintellektuellen, der ein noch deutlicherer Außenseiter in der bestehenden deutschen Gesellschaft war als andere führende Nazis. Sein Name war Alfred Rosenberg.[125] Rosenberg stammte aus einer deutsch-baltischen Familie aus Reval, das bis 1918 zu Russland gehört hatte. Es gab Gerüchte, dass »jüdisches Blut« in seinen Adern floss*, doch das kümmerte Hitler offenbar wenig, denn Rosenberg stand ihm schon länger zur Seite als viele andere Mitstreiter aus den frühen Jahren. Schon als Junge war Rosenberg von Geschichte fasziniert gewesen, und vollends begeistert war er dann, nachdem er die Werke von Houston Stewart Chamberlain gelesen hatte.[126] Chamberlain, der England den Rücken gekehrt und Wagners Tochter geheiratet hatte, betrachtete die europäische Geschichte als den einzigartigen Kampf des deutschen Volkes gegen die entkräftenden Einflüsse des Judentums und der römisch-katholischen Kirche. Seit Rosenberg während gemeinsamer Ferien mit der Familie 1909 Chamberlains *Grundlagen des 19. Jahrhunderts* entdeckt hatte, war er ein anderer Mensch. Hier hatte er die intellektuelle Bestätigung für seine deutsch-nationalen Gefühle und eine gute Begründung gefunden, weshalb Juden ebenso abgrundtief hassenswert waren wie – nach all seinen Erfahrungen in Lettland – die Russen. Nach dem Waffenstillstand 1918 zog er nach München und begann, nachdem er im Herbst 1919 der NSDAP beigetreten war, seine wütenden antisemitischen Schmähschriften zu verfassen. Mit seinen Formulierungskünsten, seinen Kenntnissen von Russland und der russischen Sprache stieg er bald schon zum Ostexperten der Partei auf. 1923 übernahm er die Schriftleitung des parteieigenen *Völkischen Beobachters.* Im Verlauf der zwanziger Jahre setzte sich bei Rosenberg, Martin Bormann und Heinrich Himmler immer mehr die Erkenntnis durch, dass der Nationalsozialismus auf noch wesentlich festeren ideologischen Grundlagen stehen musste, als sie *Mein Kampf* bot. 1930 veröffentlichte Rosenberg seinen *Mythus des 20. Jahrhunderts*, mit dem er den geistigen Grundstein für den Nationalsozialismus gelegt zu haben glaubte.

Mythus ist ein weitschweifiges und völlig zusammenhangloses Machwerk und deshalb nur schwer mit wenigen Worten zusammenzufassen. (Wie obskur es offenbar sogar schon damals wirkte, wird anhand der Tatsache ersichtlich, dass einer von Rosenbergs Bewunderern glaubte, ein Glossar mit 850 Begriffen zusammenstellen zu müssen, welche seiner

* Anm. d. Ü.: Am 15. September 1937 war im *Osservatore Romano* eine absurde Genealogie der Familie Rosenberg aufgetaucht, derzufolge »die Großmutter seines Urgroßvaters« jüdischen Glaubens gewesen sei. Die Forschung nach dem Zweiten Weltkrieg konnte dies nicht bestätigen. Siehe z.B. Andreas Molau, *Alfred Rosenberg*, Koblenz, 1993, S. 18.

Meinung nach weiterer Erklärungen bedurften.) Als Hauptfeind der deutschen Kultur stellt Rosenberg gleich zu Anfang den römischen Katholizismus dar. Die deutsche Geschichte und deutsche Kunst nehmen über 60 Prozent des gesamten Textes ein, der nahezu tausend auf drei »Bücher« verteilte Seiten umfasst.[127] Das dritte »Buch« trägt den Titel »Das kommende Reich« und befasst sich unter anderem mit »Rassenhygiene«, Erziehung, Religion und am Ende auch mit internationaler Politik. In diesem Teil verstieg sich Rosenberg beispielsweise zu der Behauptung, dass Jesus selber kein Jude war und seine Botschaft vielmehr vom »knechtseeligen Paulus«, seines Zeichens in der Tat Jude, pervertiert und in dessen Version schließlich von der »typenzersetzenden« katholischen Kirche aufgegriffen wurde. Die Kirche habe dann das Christentum unter Missachtung der Ideen von Aristokratie und Rasse zu jenem vertrauten Konglomerat gefälschter Dogmen verformt – Erbsünde, ewiges Leben, Fegefeuer –, welche sich allesamt »ungesund« ausgewirkt hätten.

Rosenbergs atemberaubend anmaßendes Ziel war, für Deutschland eine Ersatzreligion zu schaffen. Allein das »Gesetz des Blutes«, das die Deutschen zu einer Herrenrasse einte, sollte herrschen – und »Rasse« war für ihn »das Gleichnis der Seele«. Umstandslos benutzte er deutsche Figuren aus der Vergangenheit, wie Meister Eckhart mit seinem »ewigdeutschen Traum« oder Martin Luther, weil er Rom widerstanden hatte, erwähnte aber immer nur die Teile ihrer Geschichten, die seinen Zwecken dienlich waren. Auch aus den Machwerken des führenden nationalsozialistischen Rassentheoretikers Hans F. K. Günther bediente er sich, indem er zum Beispiel aus dessen *Rassenkunde des Deutschen Volkes* (1922) die angeblich wissenschaftlich nachgewiesenen typischen Merkmale der arisch-nordischen Rasse ableitete. Wie Hitler und schon andere vor ihm tat auch Rosenberg sein Bestes, um anhand des Verfalls der indischen oder griechischen Kultur Gefahren für das deutsche Volk zu verdeutlichen.[128] Am Ende benutzte er auch noch Rembrandt, Herder, Wagner, Friedrich den Großen und Heinrich den Löwen für seine völlig willkürlichen, aber dafür heroischen historischen Darstellungen, die keinem anderem Zweck dienten, als die NSDAP tief in der deutschen Vergangenheit zu verankern.

Die Rasse – das »Gesetz des Blutes« – betrachtete Rosenberg als die einzige Kraft, welche um die von ihm gefürchteten Auflösungsprozesse durch Individualismus und Universalismus aufhalten konnte. Den »ungehemmten Unternehmergeist« des individualistischen Amerika betrachtete er als geschickte »Vortäuschung des jüdischen Ungeistes, um die Menschen ins Verderben zu locken«.[129] Aber auch dem römischen Universalismus musste er dringend etwas entgegensetzen; und da er seine eigene Religion begründen wollte, mussten natürlich auch bestimmte christliche Symbole wie das Kreuz verschwinden. Wenn Deutschland und die Deutschen nach der katastrophalen militärischen Niederlage wieder erstarken sollten, war »das Kreuz ein zu mächtiges Symbol, es wird der Umgestaltung hinderlich sein«. Außerdem sei »das Heilige Land der Deutschen« nicht Palästina. Deren heilige Stätten waren vielmehr die Schlösser am Rhein, die gute Erde zum Beispiel von Niedersachsen oder die preußische Marienburg. In so mancher Hinsicht fiel der *Mythus* auf bereits sehr fruchtbaren Boden. Das »Gesetz des Blutes« passte bestens zu den neuen Ritualen, die sich unter den gläubigen Nazis bereits herausgebildet hatten. Nationalsozialisten, die früh im »Kampf« gefallen waren, wurden zu »Märtyrern« ernannt, ihre Särge in blutgetränkte Fahnen gewickelt, die dann wie Totems herumgereicht und bei den folgenden Fahnenweihen erneut zum Einsatz kamen. (Eine andere neu begründete »Tradition« war zum Beispiel, dass Parteimitglieder »Hier« rufen mussten, wenn die Namen von Toten beim Anwesenheitsappell verlesen wurden.) Hitler selbst scheint sich seiner Gefühle im Hinblick auf *Mythus* offenbar nicht ganz klar gewesen zu sein, denn nachdem Rosenberg ihm das Manuskript vorgelegt hatte, behielt er es sechs Monate. Seine Veröffentlichung gestattete er erst nach dem 14. September 1930, nachdem die NSDAP einen sensationellen Massenzustrom bei der Reichstagswahl hatte verbuchen können. Vielleicht hatte er mit der Veröffentlichung warten wollen, bis die Partei so stark war, dass ihr der Verlust der katholischen Wählerschaft, der mit Sicherheit zu erwarten war, nichts mehr ausmachen würde. Es sollten 500000 Exemplare dieses Buches verkauft werden, inklusive der Ausgaben, die jedes Gymnasium und jede höhere Bildungsanstalt erwerben mussten.

Sollte der Blick auf die katholische Kirche tatsächlich der Grund für Hitlers Zögern gewesen sein, hätte er damit nur Realitätssinn bewiesen. Denn natürlich war der Vatikan empört über dieses Buch und setzte es 1934 prompt auf den Index. Kardinal Schulte, der Erzbischof von Köln, rief einen »Verteidigungsstab« aus sieben jungen Priestern ins Leben, die rund um die Uhr mit nichts anderem beschäftigt waren als die Fehler im *Mythus* aufzulisten. Diese wurden dann in der katholischen »Studien«-Reihe simultan in fünf verschiedenen Städten ohne Autorenzeichnung, um diese vor der Gestapo zu schützen, veröffentlicht.[130] Ein grausamer Effekt dieses Machwerks war, dass es auch als Mittel zum Zweck der Denunziation von Priestern missbraucht wurde: Katholischen Nationalsozialisten wurde befohlen, sich bei der Beichte auf den *Mythus* zu berufen und jeden Priester anzuzeigen, der daraufhin gewagt hatte, sich kritisch über die Ideologie der NSDAP zu äußern. Eine Zeit lang schien Rosenberg wirklich geglaubt zu haben, dass er zur Entstehung einer neuen Religion beigetragen hatte, jedenfalls äußerte er sich im August 1939 Göring gegenüber in diesem Sinne. Doch kaum einen Monat später befand sich Deutschland im Krieg. Welchen Einfluss der *Mythus* danach noch hatte, ist schwer feststellbar. Rosenberg selbst war jedenfalls nach wie vor gern bei Hitler gesehen und bekam zu Kriegsbeginn sogar seine eigene Einheit, den »Einsatzstab Reichsleiter Rosenberg« oder kurz ERR, der sich mit nichts anderem als Kunstraub befasste.

Die beiden Bücher *Kunst und Rasse* und *Mythus* sind zwar nicht zu vergleichen, waren aber gleichermaßen in jeder Beziehung willkürlich und attackierten beide das noch bestehende intellektuelle und kulturelle Leben in Deutschland. Trotz all ihrer Verfälschungen und Fehler, trotz ihrer geschmacklosen und eindeutig tendenziösen Machart repräsentierten sie den deutlichen Versuch der Nationalsozialisten, das Denken auch weit jenseits der Grenzen von Parteipolitik zu besetzen. Nach der Veröffentlichung dieser Ansichten stand jedenfalls zweifelsfrei fest, wie die Nazis die deutsche Kultur zu verbessern gedachten.

*

Dass aus einer Zeit und einer Stimmung, in der sich so viele Menschen besorgt fragten, in welche Richtung die Zivilisation driftete, und in der es auf allen Seiten Unheil kündende Vorboten gab, eines der größten literarischen Werke des zwanzigsten Jahrhunderts hervorgehen sollte, war vielleicht nicht wirklich überraschend. John Steinbeck war *der* Chronist der Arbeitslosigkeit in den dreißiger Jahren gewesen und Christopher Isherwoods Romane über Berlin hatten wie ein Gegengift gegen die düsteren Absurditäten des *Mythus* gewirkt. Doch Pessimismus und Weltuntergangsstimmung waren nicht nur durch Arbeitslosigkeit und das allgemeine Geschehen in Deutschland hervorgerufen worden. Ihre Ursachen hat auf unvergleichliche Weise ein anderer Autor eingefangen: Aldous Huxley in seinem Buch *Brave New World* (*Schöne neue Welt*).[131]

Aldous, sieben Jahre jünger als sein Bruder Julian, der berühmte Biologe, wurde 1894 geboren.[132] Seine Kurzsichtigkeit hatte ihn im Ersten Weltkrieg vor einer Einberufung bewahrt, daher verbachte er die Kriegsjahre auf Ottoline Morrells Farm in der Nähe von Oxford, wo er Lytton Strachey, T. S. Eliot, Mark Gertler, Middleton Murray, D. H. Lawrence und Bertrand Russell begegnete. (Eliot berichtete, dass Huxley ihm dort einmal eines seiner frühen Gedichte gezeigt habe und er sich dafür »nicht begeistern konnte«.[133]) Bis Anfang der dreißiger Jahre hatte Huxley, der sehr belesen und ein großer Skeptiker war, vier Bücher veröffentlicht, darunter die Romane *Crome Yellow* und *Antic Hay*.[134] *Brave New World*, 1932 erschienen, ist ein verstörendes Buch, das einen pessimistischen Vorgeschmack gibt auf die schrecklichen Konsequenzen, die das Denken des zwanzigsten Jahrhunderts nach sich ziehen könnte. Einerseits ist *Brave New World* Science-Fiction, doch andererseits ist es auch eine Geschichte mit Moral. Wo Freud im *Unbehagen in der Kultur* das Über-Ich als Grundlage einer neuen Ethik erforschte, beschrieb Huxley diese neue Ethik selbst – und für die war nicht zuletzt die neue Psychologie verantwortlich.[135]

Huxley zieht hier hauptsächlich gegen Biologie, Genetik, Verhaltenspsychologie und den Technikwahn zu Felde. Die Handlung spielt in der Zukunft, im Jahr 632 n. F. – »nach Ford« – (also um das Jahr 2545). Die technischen Möglichkeiten sind mittlerweile so fortgeschritten, dass es mit dem so genannten Bokanowsky-Verfahren möglich ist, aus einer einzigen befruchteten Eizelle bis zu sechzehntausend Menschen zu produzieren – der reinste Mendelsche Prozess, dem sich dann eine ganz neue Gesellschaft verdankt, in der sich eine große Anzahl Menschen noch mehr als heute gleichen. Um Kinder zu konditionieren, hat man neopawlowsche Methoden erfunden (beispielsweise kann man ihnen eine Abneigung gegen Bücher und Blumen anzüchten, indem man ihnen jedes Mal, wenn sie danach greifen, einen Elektroschock versetzt). Außerdem bringt man ihnen durch eine Art Hypnoseschlaf »die Grundegeln des Klassenbewusstseins« bei. Sexuelle Triebe dürfen ausgelebt werden, aber da Frauen Schwangerschaften nicht mehr austragen, doch nach wie vor ein hormonell gesteuertes Bedürfnis danach haben, bekommen sie Injektionen mit »Schwangerschaftsersatz«. Ansonsten tragen sie ständig so genannte Malthusgürtel mit Verhütungsmitteln wie Patronengurte um die Hüfte. Polygamie ist die Norm, monogam veranlagt zu sein wird als Schande empfunden. Die Konzepte von Familie und Elternschaft sind überholt. Es wird als unangemessen empfunden, Zeit für sich zu beanspruchen, sich zu verlieben und Bücher aus reinem Vergnügen zu lesen. Wie als schauriges Echo des *Mythus* (Huxleys Werk erschien im selben Jahr) wurde das christliche Symbol des Kreuzes abgeschafft, indem das obere Stück des Längsbalkens gekappt und ein »T« daraus gemacht wurde – nach dem T-Modell von Ford. Gottesdienste wurden durch »Solidaritätsdienste« ersetzt. Über die Entwicklung dieser neuen Welt erfährt der Leser nur indirekt durch die Information, dass ihr neun Jahre Krieg mit biologischen Waffen vorangegangen sind, mit Zerstörungen solchen Ausmaßes, dass »eine Weltföderation und die narrensichere Kontrolle über Menschen die einzige Alternative waren«. Die eugenischen Methoden, mit der diese narrensichere Kontrolle inzwischen ausgeübt wird, beschreibt Huxley in allen Einzelheiten, beispielsweise dass Eizellen zuerst eingestuft (in Alphas oder Ypsilons) und dann in »eine warme Brühe mit frei umherschwimmenden Spermatozoen« getaucht werden. Ständig begegnen wir damals futuristischen und heute schon fast vertraut anmutenden Organisationen wie dem »Allgemeinen Brut- und Konditionierungszentrum London« und Charakteren wie Mustapha Mond, dem Generalinspekteur für Westeuropa, oder Bernard Marx und Lenina Crowne, die uns zeigen, was diese schöne neue Welt verloren hat und was eine solche Gesellschaft noch bewahrenswert findet. Huxley macht sehr deutlich, dass Hochmut und Neid ebenso wenig abgeschafft werden konnten wie Einsamkeit, »trotz aller Versuche, Gefühle solcher Art auszurotten«.

Derart zusammengefasst wirkt diese Geschichte düster und schwer, aber sie ist stellenweise sehr komisch. Außerdem malte Huxley die Zukunft nicht nur trübe – denn zumindest die Elite kann das Leben wie zu allen Zeiten genießen.[136] Und damit schließt sich der Kreis: Wir sind wieder bei Freud angelangt, mit dem dieses Kapitel begann. Freud glaubte, dass ein tieferes, ein psychoanalytisches Verständnis des Über-Ich am Ende zu einem tieferen ethischen Verständnis und daher moralischeren Verhalten führen würde. Huxley war da skeptischer. Er hatte mehr mit Russell als mit Freud gemein. Für ihn gab es weder das absolute Gute noch das absolute Böse. Er glaubte vielmehr, dass der Mensch seine politischen Institutionen ständig den neuen, durch Wissenszuwachs geschaffenen Bedingungen anpassen muss, um die bestmögliche Gesellschaft zu schaffen. Die Gesellschaft der *Schönen neuen Welt* mag uns grauenvoll erscheinen, doch die Menschen in dieser Geschichte finden sie gar nicht so Furcht erregend, weil sie ja keine andere kennen. Sie sind ebenso fröhlich und glücklich wie die Dobu, Arapesch oder Kwaikutl, die ebenfalls keine anderen Welten als die ihren kannten. Huxley ermahnt uns, dass wir für die Welt, in der wir zu leben wünschen, kämpfen müssen. Der Umkehrschluss lautet: Bricht deine Welt zusammen, dann hast du nicht hart genug für sie gekämpft. Aus dem Blickwinkel von 1932 betrachtet war Huxleys Vorstellung, dass Kampf bevorstehe, gewiss eine der hellsichtigsten.

17

Inquisition

Am 30. Januar 1933 wurde Adolf Hitler Reichskanzler von Deutschland. Kaum sechs Wochen später, am 11. März, gründete er das Reichsministerium für Volksaufklärung und Propaganda mit Joseph Goebbels als Minister.[1] Der Name dieses Ministeriums hätte geradewegs aus Huxleys *schöner neuer Welt* stammen können. Es sollte Hitler wie Goebbels dazu dienen, einen Vernichtungsfeldzug ungekannten Ausmaßes gegen das kulturelle Leben Deutschlands zu führen. Allerdings kamen ihre brutalen Aktionen keineswegs aus heiterem Himmel, denn Hitler hatte nie einen Hehl daraus gemacht, dass er eine Menge Rechnungen mit allen möglichen Feinden, zuvorderst mit den Künstlern, zu begleichen hätte, wenn die NSDAP erst einmal an der Macht wäre. 1930 hatte er seinem künftigen Minister Goebbels in einem Brief versichert, dass die Partei nach der Machtübernahme hinsichtlich der Kunst gewiss kein Debattierclub sein werde. Schon 1920 hatte das Parteiprogramm zum Kampf gegen die volksverhetzenden Tendenzen von moderner Kunst und Literatur aufgerufen.[2]

Am 15. März 1933 wurde die erste schwarze Künstlerliste veröffentlicht. George Grosz, der sich gerade in den USA aufhielt, wurde die deutsche Staatsangehörigkeit aberkannt. Das Bauhaus wurde geschlossen. Max Liebermann (bereits achtundachtzig), Käthe Kollwitz (sechsundsechzig), Paul Klee, Max Beckmann, Otto Dix und Oskar Schlemmer wurden ihrer Ämter als Lehrer in Kunstakademien enthoben. Diese Säuberungen fanden mit einer derartigen Geschwindigkeit statt, dass sie erst rückwirkend durch ein am 7. April 1933 erlassenes Gesetz legalisiert werden konnten.[3] Im selben Monat wurde in Nürnberg die erste Ausstellung veranstaltet, die moderne Kunst unter dem Rubrum »Schreckenskammer« oder »Schauerkabinett« diffamierte, und anschließend auf Reisen nach Dresden und Dessau geschickt.[4] Es dauerte nicht lange, bis nationalsozialistische Parteigrößen aus Magdeburg die Entfernung von Ernst Barlachs Ehrenmal für die Gefallenen des Ersten Weltkriegs aus dem Dom forderten. Gesagt, getan: Kurz darauf befand es sich auf dem Weg »zur Einlagerung« nach Berlin.[5] *Der Sturm*, die Zeitschrift, die so viel zur Förderung der modernen Kunst in Deutschland beigetragen hatte, wurde ebenso verboten wie *Die Aktion* oder *Kunst und Künstler*. Herwarth Walden, Herausgeber des *Sturm*, floh in die Sowjetunion, wo er 1941 starb.[6] John Heartfield (Herzfelde) setzte sich nach Prag ab.

So mancher moderne Künstler versuchte 1933, mit den Nationalsozialisten gemeinsame Sache zu machen. Aber Goebbels wollte davon nichts wissen und ließ alle modernen Kunstausstellungen schließen. Eine Weile lang konkurrierten er und Rosenberg um das Recht, die politischen Richtlinien für das intellektuelle und kulturelle Leben zu bestimmen, doch dem Propagandaminister, der ein vorzüglicher Organisator war, gelang es, Rosenberg auszustechen, sobald er die Reichskulturkammer unter seine Kontrolle gebracht hatte. Ihre Macht war gewaltig. Kein Künstler, dem die Eintragung in die Kammer verweigert wurde, konnte ausstellen oder Anrechtsscheine auf Arbeitsmaterialien erhalten. Goebbels hatte zudem dafür gesorgt, dass es keine öffentliche Kunstausstellung mehr ohne Genehmigung seiner Kammer geben durfte.[7] Auf dem Parteitag im September 1934 stellte Hitler nochmals klar, aus welcher Richtung dem deutschen Volk Gefahr drohte: Er wollte keine modernen »Kunstverderber« wie die Modernen, keine »Kubisten, Futuristen, Dadaisten«, keine »Rückwärtse« und auch keine »Zerrbilder«, sondern eine »artgesunde« neue deutsche Kunst[8], die, so betonte er, kein Hilfsmittel der Politik sei, sondern eine Rolle im nationalsozialistischen Programm spielen solle. Nach dieser Rede veränderte sich auch die Lage all derjenigen Künstler, die noch nicht ihre Lehrämter oder das Ausstellungsrecht verloren hatten. Bis dahin hatte Goebbels noch gewisse Sympathien für Leute wie Nolde und Barlach gehegt, doch nun verschärften sich seine Ansichten. Eine Welle der Konfiszierungen setzte ein, und wieder wurden Maler und Bildhauer aus ihren Lehrämtern an den Akademien entlassen und ihre Werke aus den Museen entfernt. Auch Hans Grundig durfte nun nicht mehr arbeiten. Bücher von oder über moderne Künstler wurden zu Schmähobjekten. Die Exemplare eines 1934 gedruckten Katalogs mit Zeichnungen von Klee wurden noch vor ihrer Auslieferung in die Buchläden beschlagnahmt. Zwei Jahre später wurden auch ein Katalog über das Werk von Franz Marc (der bereits seit fast zwanzig Jahren tot war) und ein Bildband mit Ernst Barlachs Zeichnungen konfisziert, beide, weil sie eine Gefahr für die öffentliche Sicherheit und Ordnung darstellten. Der Bildband wurde später von der Gestapo eingestampft.[9] Im Mai 1936 mussten alle bei der Reichskulturkammer registrierten Künstler einen »Ariernachweis« vorlegen. Im Oktober 1936 schloss die Berliner Nationalgalerie ihre Abteilung für moderne Kunst, im November verbot Goebbels jede Kunstkritik von nicht-offizieller Stelle. Von nun an war nur noch das *Berichten* über Kunstereignisse erlaubt.

Ein paar Künstler versuchten sich zu wehren. Als Ludwig Kirchner aus der Preußischen Akademie der Künste ausgeschlossen wurde, meinte er, klarstellen zu müssen, dass er weder Jude noch Sozialdemokrat sei. Dreißig Jahre seines Lebens habe er sich um eine neue, starke und wahrhaft deutsche Kunst bemüht und werde dies auch für den Rest seiner Tage tun.[10] Auch Max Pechstein wollte nicht glauben, was ihm geschah, und erinnerte die Gestapo daran, dass er für Deutschland im Ersten Weltkrieg an der Westfront gekämpft hatte und obendrein einen Sohn in der SA und einen anderen in der Hitlerjugend hatte. Emil Nolde, der schon seit Ende der Zwanzigerjahre ein begeisterter Anhänger der Nationalsozialisten gewesen war, kritisierte das Gekleckse seiner Kollegen, die er dann in seiner 1934 veröffentlichten Autobiographie *Jahre der Kämpfe* als Halbblute, Mischlinge und Mulatten bezeichnete.[11] Im selben Jahr pries er Goebbels seine eigenen Bilder in einem Brief als kraftvoll, von dauerhaftem Wert und inbrünstig deutsch an. Aber Goebbels war nicht interessiert. Im Juni 1937 wurden 1052 Werke von Nolde konfisziert.[12] Oskar Schlemmer hingegen trat für die Künstler ein, die Gottfried Benn in seinem Buch *Der neue Staat und die Intellektuellen* – eine leidenschaftliche Verteidigungsschrift des Nationalsozialismus und eine wütende Attacke gegen dessen Feinde – geschmäht hatte. In einem Brief antwortete er ihm: »Künstler von Rang, die etwas hingestellt haben … werden abgebaut und rigoros entlassen. An ihre Stelle treten nicht mutige Revolutionäre, sondern es werden Kitschiers ausgegraben.«[13]

Aber solche Einwände erreichten nicht das Geringste. Hitlers Meinung stand seit langem fest, und er gedachte nicht, auch nur ein Jota davon abzurücken. Tatsächlich hatten Künstler wie Schlemmer noch großes Glück, wenn sie mit solchen Aussagen keine Vergeltungsmaßnahmen herausforderten. Ihnen blieb nur noch, als Künstler mit ihrer Kunst zu protestieren. Otto Dix wies den Weg: In seinem 1933 gemalten Bild *Die sieben Todsünden* porträtierte er Hitler als »Neid«. (Womit er natürlich meinte, dass der verhinderte Künstler Hitler alle echten Künstler beneidete.) Beckmann karikierte ihn als »Verführer«, und Max Liebermann, der populärste lebende Künstler Deutschlands nach dem Ersten Weltkrieg, meinte sarkastisch, nachdem er erfahren hatte, dass er aus der Akademie ausgeschlossen worden war: »Ich kann gar nicht so viel essen, wie ich kotzen möchte.«[14]

Viele Künstler entschieden sich schließlich für Emigration und Exil.[15] Kurt Schwitters floh nach Norwegen, Paul Klee in die Schweiz, Lyonel Feininger in die USA, Max Beckmann nach Holland, Heinrich Campendonck zuerst nach Belgien und dann nach Holland, Ludwig Meidner nach England und Max Liebermann nach Palästina. Liebermann liebte Deutschland, das ihn bis zum Ersten Weltkrieg gut behandelt hatte, und er war mit einigen der berühmtesten Persönlichkeiten des Landes befreundet oder hatte sie gemalt. Und doch musste er kurz vor seinem Tod 1935 zu der traurigen Erkenntnis gelangen, dass es für junge deutsche

Künstler, die Juden waren, nur eine einzige Rettung gab – die Emigration nach Palästina, wo sie sich als freie Menschen weiter entwickeln konnten und der Gefahr entronnen waren, für immer Flüchtlinge zu bleiben.[16]

*

An sich sollte man denken, dass Wissenschaft – vor allem die »harten« Naturwissenschaften wie Physik, Chemie, Mathematik und Geologie – von politischen Verhältnissen unbeeinflusst blieben. Immerhin herrscht der generelle Konsens, dass die naturwissenschaftliche Grundlagenforschung so frei von politischen Färbungen ist, wie geistige Arbeit überhaupt nur frei sein kann. Doch im nationalsozialistischen Deutschland konnte man nichts mehr für selbstverständlich nehmen.

Die Verfolgung Albert Einsteins begann schon früh, im Prinzip bereits mit den internationalen Begeisterungsstürmen, nachdem Arthur Eddington im November 1919 bekannt gegeben hatte, dass er die Allgemeine Relativitätstheorie experimentell bestätigt habe. Aber noch waren dies im Wesentlichen nur Gehässigkeiten der politischen und wissenschaftlichen Extremisten, noch gab es auch Unterstützung für ihn – beispielsweise vom deutschen Botschafter in London, der 1920 sein Auswärtiges Amt inoffiziell warnte, dass Professor Einstein gerade ein kultureller Faktor ersten Ranges sei und man nicht einen Mann aus Deutschland vertreiben sollte, der sich derart gut zur Kulturpropaganda eigne. Doch schon zwei Jahre später, nach der Ermordung von Außenminister Walther Rathenau, wurde ruchbar, dass auch Einstein auf der schwarzen Liste stand.[17]

Als die Nationalsozialisten gut zehn Jahre später schließlich an der Macht waren, ließ die Aktion nicht mehr lange auf sich warten. Im Januar 1933 bereiste Einstein die Vereinigten Staaten. Er war vierundfünfzig Jahre alt und empfand seinen Ruhm als ständige Last. Am liebsten hätte er sich nur in seine Arbeit vergraben, aber es war ihm klar, dass er als Figur des öffentlichen Lebens der Aufmerksamkeit nicht entgehen konnte. Also verkündete er, dass er nicht an die Preußische Akademie der Wissenschaften und die Kaiser-Wilhelm-Gesellschaft zurückkehren werde, solange die Nationalsozialisten an der Macht seien.[18] Die Nazis antworteten prompt, indem sie sein Konto einfroren, sein Haus nach angeblich von Kommunisten dort versteckten Waffen durchsuchten und anlässlich von Goebbels' »öffentlicher Verbrennung undeutschen Schrifttums« auch seine Abhandlungen verbrannten. Im Frühsommer veröffentlichten sie eine Art Fahndungsliste ihrer »Staatsfeinde«. Sie hatten großen Wert darauf gelegt, diese Personen mit höchst unschmeichelhaften Fotografien abzubilden. Darunter stand jeweils eine kurze Bemerkung. Einsteins Bild führte die Liste an. Unter seiner Fotografie stand: »Noch nicht gehängt.«[19]

Im September, kurz bevor Einstein seine Lehrtätigkeit am California Institute of Technology wieder aufnehmen sollte, war er in Oxford. Zu dieser Zeit hatte er sich noch nicht entschieden, wo er sich endgültig niederlassen würde. Einem Journalisten erzählte er, dass er sich als Europäer fühle und irgendwann zurückkehren wolle, was immer in der Zwischenzeit auch geschehen sein mochte. Hin- und hergerissen hatte er deshalb gleichzeitig Professuren in Spanien, Frankreich, Belgien, an der Hebrew University in Jerusalem und am neu gegründeten Institute for Advanced Studies in Princeton angenommen. Die Briten wollten ihm einen eigenen Lehrstuhl in Oxford einrichten und hatten im House of Commons bereits eine Eingabe zu seiner Einbürgerung vorgelegt. Aber Anfang der dreißiger Jahre war auch die amerikanische Physik nicht mehr rückständig, auch in diesem Fach vergaben die Universitäten längst Promotionen (1300 im Jahr 1920), die Einsteins Arbeit weiterführten. Hinzu kam, dass Einstein das Leben in Amerika gefiel, und einen weiteren Anlass als Hitlers Ernennung zum Reichskanzler brauchte er wahrlich nicht, um Deutschland endgültig den Rücken zu kehren. Aber er ging nicht ans Caltech zurück, sondern nach Princeton. 1929 war es dem amerikanischen Erziehungswissenschaftler Abraham Flexner gelungen, genügend Gelder aufzutreiben – darunter allein fünf Millionen Dollar von den reichen Geschäftsleuten Louis Bamberger und seiner Schwester Caroline Fuld aus New Jersey –, um ein Forschungsinstitut in Princeton, New Jersey, aufzubauen.[20] Die Grundidee dabei war, ein Zentrum für fortgeschrittene Studien zu etablieren, in dem weltberühmte Wissenschaftler ohne jede Lehrverpflichtung in friedlicher und produktiver Atmosphäre forschen konnten. Flexner war zu den Einsteins nach Caputh gefahren und versuchte nun seinem Gastgeber während langer Spaziergänge am See die Idee schmackhaft zu machen, nach Princeton zu kommen. Schließlich waren die Verhandlungen so weit gediehen, dass über Geld geredet werden konnte. »Auf die Frage nach dem Gehaltswunsch reagierte Einstein zunächst mit dem Vorschlag von 3000 Dollar, und auf Flexners verdutzte Miene fragte er: ›Könnte ich auch mit weniger auskommen?‹ Was der Administrator als weltfremde Bescheidenheit des großen Gelehrten empfand, war allerdings nur Einsteins bauernschlaue Art ... Das Angebot belief sich dann auf 10000 Dollar bei Übernahme der Steuern durch das Institut sowie Erstattung der Reisekosten auch für Frau Elsa, keine schlechte Lösung für fünf Monate.«[21] Aber auch Flexner hatte damit einen Coup gelandet. Sobald die Nachricht von Einsteins Zusage bekannt wurde, hatte sein neues Institut mit einem Schlag Weltruf erlangt. In Deutschland sahen die Reaktionen etwas anders aus. Eine Zeitung brachte die Schlagzeile: »Gute Nachricht von Einstein – er kommt nicht wieder.«[22] Aber auch in den USA war Einstein nicht überall erwünscht. Der *National Patriotic Council* zum Beispiel nannte ihn einen Bolschewisten, der nur wertlose Theorien verbreite, und die American *Women's League* schalt ihn einen Kommunisten und forderte vom State Department, ihm die Einreise zu verweigern. Man schenkte ihr kein Gehör. Nun war Einstein zwar der berühmteste Physiker, der Deutschland verließ, aber bei weitem nicht der Einzige. Ungefähr einhundert Kollegen von Weltklasseniveau fanden zwischen 1933 und 1941 Zuflucht in den Vereinigten Staaten.[23]

*

Andere Wissenschaftler, die etwas weniger berühmt waren als Einstein und deshalb auch weniger Chancen hatten, sofort einen sicheren Hafen im Ausland zu finden, sahen sich durch die Haltung der Nationalsozialisten oft vor ernsthafte Probleme gestellt. Zum Beispiel Karl von Frisch, der Zoologe, der unter anderem die »Bienensprache« entdeckt hatte, als er bestimmte Formen des Bienentanzes »auf der Wabe« als Mittel ihrer Kommunikation über Pollen- und Nektarquellen studiert hatte. Ein »Rundtanz« wies auf eine Nektarquelle hin, ein »Schwänzeltanz« auf Pollen. Seine Experimente regten die Phantasien der Leser an und machten seine populärwissenschaftlichen Bücher zu Bestsellern. Doch das stimmte die Nazis kein bisschen milder. Nach der Verabschiedung des »Gesetzes zur Wiederherstellung des Berufsbeamtentums« im April 1933 forderten sie auch von ihm einen »Ariernachweis«. Das Problem war seine Großmutter mütterlicherseits. Frisch musste angeben, dass sie »möglicherweise ›nichtarischer‹ Abstammung« war, und wurde als »Achteljude« eingestuft, woraufhin die *Deutsche Studentenzeitung* an der Münchner Universität eine wütende Hetzkampagne gegen ihn startete. Dass er seinen Beruf weiter ausüben konnte, verdankte er nur einem »Forschungsauftrag des Reichsernährungsinstituts zur Bekämpfung der Nosemaseuche«, einer Bienenkrankheit, der 1941 hunderttausende Bienenvölker zum Opfer gefallen waren, was gravierende Auswirkungen auf den Obstbau und die Landwirtschaft hatte. Und da Deutschland zu dieser Zeit von eigenen landwirtschaftlichen Erzeugnissen abhängig war, entschieden die Reichsbehörden, dass Frisch bleiben musste, weil er der beste Mann schien, um die Situation zu retten.[24]

Jüngsten Forschungen zufolge wurden zwischen 1933 und Kriegsausbruch ungefähr 13 Prozent aller Biologen (Botaniker, Zoologen, Genetiker) entlassen, darunter 80 Prozent, weil sie jüdischer Abstammung waren. Etwa 10 Prozent von denen, die ihre Arbeit verloren hatten, emigrierten. Im Nachhinein sollte sich herausstellen, dass die »Leistungen« der emigrierten Biologen »drei Mal höher« waren als die ihrer in Deutschland gebliebenen Kollegen. Vor allem auf das neue Forschungsgebiet der Molekularbiologie wirkte sich diese Vertreibung aus, was aber letztlich weniger mit der Qualität der in Deutschland gebliebenen Wissenschaftler zu tun hatte als mit der Tatsache, dass wissenschaftliche Fortschritte auf diesem Gebiet vorrangig in den USA gemacht wurden und der allgemein übliche Dialog zwischen deutschen und amerikanischen oder in die USA emigrierten Forschern seit den späten dreißiger Jahren noch lange Zeit nach dem Zweiten Weltkrieg nicht stattfand.[25]

*

1925 hatten Walter Gropius und László Moholy-Nagy das Bauhaus aus Thüringen nach Dessau verlegt, weil die konservativen Thüringer Behörden dessen Budget hatten kürzen wollen. Gleich nachdem die Nationalsozialisten bei der Wahl in Sachsen-Anhalt im Mai 1932 die Mehrheit errungen hatten, forderten sie in ihrem Parteiprogramm auch die Streichung aller Ausgaben für die »jüdische Bauhauskultur«.[26] Die neue Regierung machte ihr Versprechen wahr und schloss das Bauhaus im September. Doch Mies van der Rohe gab nicht auf. Er übersiedelte nach Berlin-Steglitz und führte das Bauhaus dort tapfer als Privatschule ohne jede staatliche Förderung weiter. Aber Geld war nicht das eigentliche Problem. Am 11. April 1933 wurde das Gebäude der Schule von Polizei umstellt und von SA-Truppen gestürmt. Studenten wurden verhaftet, Akten beschlagnahmt und der Eingang versiegelt. Wachen verhinderten monatelang jeden Zutritt. Als das Bauhaus in Dessau geschlossen worden war, hatte die Presse wenigstens noch protestiert. Jetzt, in Berlin, startete sie eine Kampagne *gegen* diese »Keimzelle bolschewistischer Zersetzung« und polemisierte gegen deren »Förderer und Päpste des deutschen Kunstreiches jüdischer Nation«.[27] Es gab zwar diverse Versuche, die Schule unter dem Aspekt der nationalsozialistischen »Gleichschaltung« wieder zu öffnen[28], aber es nützte alles nichts, nicht einmal dass sich Kandinsky für den Beitritt zum Kampfbund für Deutsche Kultur aussprach und Mies van der Rohe sich bei Alfred Rosenberg persönlich für die Wiedereröffnung einsetzte. Am 20. Juli 1933 wurde das Bauhaus endgültig aufgelöst. Es ging um mehr als reinen Antisemitismus: Mit dem Versuch, klassische und moderne Ideen zu vereinen, stand das Bauhaus für alles, was die Nationalsozialisten verachteten.

Einige der prominentesten Bauhaus-Lehrer gingen ins Exil. Beinahe der gesamte innere Zirkel – Walter Gropius, Mies van der Rohe, Josef Albers, Marcel Breuer und László Moholy-Nagy – verließ Deutschland in zwei Wellen 1933/34 und 1937/38. Die meisten emigrierten, weil ihre Karrieren auf dem Spiel standen, und nicht, weil ihr Leben in Gefahr war. Anders beim Weber Otti Berger: Er wurde in Auschwitz ermordet.[29] Gropius übersiedelte erst nach Großbritannien, nachdem er 1934 die offizielle Ausreisegenehmigung der Nationalsozialisten erhalten hatte. Dort vermied er dann jeden Kontakt mit politisch aktiven deutschen Künstlern, die hier Zuflucht gefunden und sich zum so genannten Oskar-Kokoschka-Bund zusammengeschlossen hatten. Als er 1937 eine Professur in Harvard erhielt, wurde diese Nachricht von der deutschen Presse wohlwollend erwähnt.[30] In den Vereinigten Staaten wurde er bald zu einer hoch geachteten Autorität der Moderne, aber zu politischen Äußerungen gegen die Nazis ließ er sich nach wie vor nicht hinreißen. Kunsthistorikern ist es jedenfalls nicht gelungen, irgendeine öffentliche Stellungnahme von ihm über das Geschehen im nationalsozialistischen Deutschland zu finden – nicht einmal über die Ausstellung *Entartete Kunst* (siehe S. 448ff.), die im selben Jahr eröffnet wurde, in dem er seine Professur antrat, und in der praktisch alle seine Künstlerfreunde und Kollegen aus dem Bauhaus aufs Übelste diffamiert wurden.

Die Schließung des Warburg-Instituts in Hamburg war der des Bauhauses sogar noch vorangegangen. Aby Warburg war 1929 gestorben, doch seine Freunde nahmen in weiser Voraussicht bereits 1931 an, dass eine von einem Juden gegründete Institution nach einem Wahlsieg der Nationalsozialisten augenblicklich zu einer Zielscheibe ihres Hasses werden würde, also verlegten sie sie 1933 mit ihrer gesamten Kulturwissenschaftlichen Bibliothek in das sichere Großbritannien, wo daraus dann das *Graduate Art History Department* der University of London wurde. Etwas später in den dreißiger Jahren verließ auch Erwin Panofsky Deutschland, einer von Warburgs begabtesten Jüngern, der seine berühmte Studie über »die Perspektive als symbolische Form« am Hamburger Institut geschrieben hatte. Nachdem er 1933 auf Grund der nationalsozialistischen Rassegesetze aus dem Kunstgeschichtlichen Seminar der Hamburger Universität entlassen worden war, wurde er ebenfalls von Flexner nach Princeton geholt.

Die meisten Mitglieder der Frankfurter Schule waren nicht nur Juden, sondern auch eingestandenermaßen Marxisten. Das Stiftungsvermögen des Instituts für Sozialforschung war dank der Voraussicht seines Direktors Max Horkheimer bereits 1931 nach Holland transferiert und Auslandsdependancen in Genf, Paris und London (an der London School of Economics) gegründet worden. Nach Hitlers Machtübernahme zog Horkheimer mit seiner Frau sofort aus seinem Haus in Kronberg bei Frankfurt in ein Hotel in der Nähe des Hauptbahnhofs um. Im Februar 1933 ersetzte er seine Vorlesungen über Logik durch politische Diskussionen, insbesondere über die Frage der Freiheit. Im März, nur Tage vor Schließung des Instituts wegen »staatsfeindlicher Tendenzen«, entkam er über die Grenze in die Schweiz.[31] Das Gebäude an der Victoria-Allee wurde mitsamt den sechzigtausend Bänden seiner Bibliothek beschlagnahmt. Wenige Tage nach seiner Flucht wurden Horkheimer, Paul Tillich und Karl Mannheim offiziell entlassen. Doch da waren die wichtigsten Mitarbeiter schon fast alle geflohen – Horkheimer, sein Stellvertreter Friedrich Pollock und Erich Fromm nach Genf. Henri Bergson und Raymond Aron sorgten dafür, dass sie Lehrangebote aus Frankreich erhielten. Adorno war bereits am Merton College in Oxford gelandet, wo er von 1934 bis 1937 wirken sollte. Sidney Webb, R. H. Tawney, Morris Ginsberg und Harold Laski taten alles in ihrer Macht Stehende, um die Londoner Dependance bis 1936 zu erhalten. In Genf war man allerdings weniger gastfreundlich. Pollock schrieb damals, dass der Faschismus auch in der Schweiz große Fortschritte machte. Gemeinsam mit Horkheimer fuhr er nach London und New York, um die Möglichkeiten einer Übersiedlung zu sondieren, und da sie von der New Yorker Columbia University sehr viel Optimistischeres zu hören bekamen als von William Beveridge an der London School of Economics, fand das Frankfurter Institut für Sozialforschung Mitte des Jahres 1934 schließlich eine neue Heimstatt: 429 West 117th Street, wo es bis 1950 blieb und einen Großteil seiner bedeutenden Arbeit leistete. Die Kombination aus deutscher Analyse und den empirischen Methoden der USA trug viel zur Entwicklung der Soziologie in der Nachkriegszeit bei.[32]

*

Die Migration der Philosophen des Wiener Kreises gestaltete sich vielleicht etwas weniger traumatisch als die anderer Wissenschaftler. Dank der Tradition des Pragmatismus in den Vereinigten Staaten standen dort nicht wenige Gelehrte den Vorstellungen der logischen Positivisten sehr offen gegenüber, außerdem hatten bereits mehrere Mitglieder des Kreises in den späten zwanziger und frühen dreißiger Jahren den Atlantik überquert, um Vorträge zu halten und sich mit gleich gesinnten Kollegen auszutauschen. Geholfen hatte ihnen auch eine internationale Gruppe aus Philosophen und Wissenschaftlern namens *Unity in Science*, die nach verbindenden Konstanten der einzelnen Disziplinen forschten und zu diesem Zweck Treffen in ganz Europa und Nordamerika veranstalteten. Und nachdem der britische Philosoph A. J. Ayer 1936 sein Werk *Sprache, Wahrheit, Logik* veröffentlichte hatte, eine wunderbar klare Darstellung des logischen Positivismus, wurden diese Ideen noch populärer in den USA und die Anwesenheit von Mitgliedern des Wiener Kreises auf dieser Seite des Atlantiks noch mehr begrüßt. Herbert Feigl ging als Erster. Er übersiedelte 1931 nach Iowa. Carnap folgte 1936 und ging gemeinsam mit Carl Hempel und Olaf Helmer nach Chicago. Hans Reichenbach etablierte sich 1938 an der University of California, Los Angeles (UCLA), und kurze Zeit später akzeptierte auch Kurt Gödel eine Forschungsstelle am Institute of Advanced Studies in Princeton, wo bereits Einstein und Panofsky arbeiteten.[33]

*

Die Psychoanalyse war von den Nationalsozialisten schon immer als »jüdische Wissenschaft« betrachtet worden. Trotzdem war es für alle ein Schock, als ihren Vertretern im Oktober 1933 die Teilnahme am Leipziger Psychologiekongress verweigert wurde. Die Psychoanalytiker in Deutschland mussten sich anderenorts nach Arbeitsmöglichkeiten umsehen. Einigen diente Freuds Wien ein paar Jahre als Fluchtburg, aber die meisten emigrierten sofort in die USA. Die amerikanischen Psychologen zeigten keine besondere Vorliebe für die Freudsche Theorie – William James und der Pragmatismus hatten noch immer großen Einfluss –, dennoch rief der amerikanische Psychologenverband (APA) ein Komitee für »Displaced Foreign Psychologists« ins Leben, das bis 1940 Kontakt mit 269 führenden Vertretern der Profession – nicht nur Psychoanalytikern – aufnahm, von denen bereits 134 in den USA eingetroffen waren, darunter Karen Horney, Bruno Bettelheim, Else Frenkel-Brunswik und David Rapoport.[34]

Freud war 82 Jahre alt und keineswegs gesund, als Österreich im März 1938 ans Deutsche Reich »angeschlossen« wurde. Freunde allerorten fürchteten um sein Leben, ganz besonders Ernest Jones in London. Sogar Präsident Roosevelt wollte ständig auf dem Laufenden gehalten werden und wies nicht nur William Bullit, den amerikanischen Botschafter in Paris, an, ein Auge auf die »Freud-Situation« zu haben, sondern auch den Stab des Wiener Generalkonsulats, den Freuds »freundliches Interesse« zu erweisen.[35] Ernest Jones, der sofort die Möglichkeiten für eine Niederlassung Freuds in London sondiert hatte, eilte nach Wien, nur um zu erfahren, dass Freud absolut nicht fort wollte. Er konnte ihn schließlich nur mit dem Argument zur Ausreise bewegen, dass seine Kinder im Ausland eine bessere Zukunft haben würden.[36]

Doch bis es so weit war, wurde Freuds »Fall« weitergereicht, bis er schließlich bei Himmler landete. Offenbar war es nur dem persönlichen Interesse Präsident Roosevelts zu verdanken, dass Freud doch noch in Sicherheit gebracht werden konnte. Zuvor wurde allerdings noch seine Tochter Anna verhaftet und einen Tag zum Verhör einbehalten. Und Freud erhielt von den Nationalsozialisten die Auflage, eine »Reichsfluchtsteuer« zu entrichten und Schulden gegenüber seinem Verleger zu begleichen (obwohl sein Vermögen längst beschlagnahmt worden war). Die Ausreisevisa trafen mit Verzögerung eines nach dem anderen ein, Freuds eigenes zum Schluss, sodass er bis zum letzten Moment befürchten musste, dass seine Familie auseinander gerissen werden könnte.[37] Bevor die Behörden die Freuds endgültig ziehen ließen, bestanden sie noch darauf, dass er eine Erklärung unterzeichnete und bestätigte, dass er und seine Familie nicht misshandelt wurden. Freud unterzeichnete und fügte den Kommentar dazu: »Ich kann die Gestapo jedermann aufs Beste empfehlen.« Die Familie verließ Wien mit dem Orientexpress nach Paris und reiste von dort nach London weiter. Ein amerikanischer Legationsrat begleitete sie, um für ihre Sicherheit zu garantieren.[38] In London bezog Freud als erstes Quartier in der Elsworthy Road Nr. 39 in Hampstead, wo ihn Stefan Zweig, Salvador Dalí, Bruno Malinowski und Chaim Weizmann besuchten und wo ihm die Sekretäre der Royal Society das Charter Book der Society zur Signatur vorlegten – eine Ehre, die bis dahin nur Königen vorbehalten war.

Innerhalb eines Monats nach seiner Ankunft begann er am dritten Teil des Manuskripts zu *Der Mann Moses und die monotheistische Religion* zu arbeiten, seiner 1934 begonnenen Abhandlung, die er anfänglich als eine Art historischen Roman konzipiert hatte. Den biblischen Moses interpretierte er als ein Amalgam zweier historischer Persönlichkeiten, des Ägypters und des Juden. Die Ermordung des Ägypters, des autokratischen Moses, und die daraus resultierenden Schuldgefühle hätten schließlich zur neuen sozialen und religiösen Ordnung des jüdischen Volkes geführt. Der Jahwe, zu dem die Juden während ihrer Wanderung nach dem Auszug aus Ägypten beteten, war ein roher, rachsüchtiger, blutgieriger »Vulkangott«.[39] Und die Sitte der Beschneidung habe bei Nichtjuden solche Kastrationsängste ausgelöst, dass sie zur Wurzel des Antisemitismus geworden sei. Es fällt schwer, diesen Teil des Buches nicht als eine Antwort auf Hitler zu verstehen, fast so, als habe ihm Freud auch noch die andere Wange hinhalten wollen. Die entscheidende Bedeutung war hier der Zeitpunkt, den Freud gewählt hatte, um als Jude dem Judentum (zumindest in intellektueller Hinsicht, emotional gesehen sicher nicht) in seiner dunkelsten Stunde den Rücken zu kehren: Er wies darauf hin, dass die Isoliertheit des Juden psychologisch tief greifend und obendrein teilweise selbst verschuldet sei. Freud stimmte gewiss nicht mit Hitler überein, dass die Juden alles Übel dieser Welt verkörperten, aber er räumte mit diesem Buch ein, dass sie mit einem Makel behaftet seien.[40] Viele jüdische Gelehrte beschworen ihn, dieses Werk nicht zu veröffentlichen, nicht nur weil es historisch fragwürdig war, sondern auch, weil es jedes politisch-religiöse Feingefühl verletzte und wie eine Rechtfertigung der Verfolgung von Staats wegen wirkte. Freud veröffentlichte. Es war kein angemessenes letztes Werk.

Ende 1938, Anfang 1939 bildeten sich bei Freud neue Geschwülste in Mund und Kehle. Freuds Wiener Arzt hatte eine Sondergenehmigung erhalten, Freud ohne britische Approbation behandeln zu dürfen, aber er konnte nichts mehr tun. Freud starb im September 1939, drei Wochen nach der Kriegserklärung.

*

Hannah Arendt kam 1924 als achtzehnjährige Theologie- und Philosophiestudentin nach Marburg, um bei Martin Heidegger zu studieren, dem zu dieser Zeit angeblich berühmtesten Philosophen Europas. Er arbeitete gerade am Manuskript für sein bedeutendstes Werk *Sein und Zeit*, das drei Jahre später erschien. Als Arendt und Heidegger sich erstmals begegneten, war er bereits fünfunddreißig Jahre alt, verheiratet und Vater zweier kleiner Kinder. Heidegger, der eigentlich katholischer Priester werden wollte, hatte sich zu einem charismatischen Hochschullehrer entwickelt, der seinen Studenten allerdings derart komplizierte und verwirrende intellektuelle Konstruktionen bot, dass so mancher weniger hingerissen als schlicht verzweifelt war. Von einem jedenfalls ist belegt, dass er aus diesem Grund Selbstmord beging.

Arendt hatte einen völlig anderen Hintergrund als Heidegger. Sie stammte aus einer vornehmen, kosmopolitischen und völlig assimilierten jüdischen Familie in Königsberg. Da ihr Großvater und Vater beide früh gestorben waren und die Mutter häufig auf Reisen war, hatte die kleine Hannah unter ständigen Verlustängsten gelitten. Schließlich heiratete die Mutter einen Mann, für den sich Hannah nie erwärmen konnte, ebenso wenig wie für die beiden Stiefschwestern, die aus dieser Verbindung hervorgingen. Die junge Frau, die nun in Marburg eintraf, sprühte vor Leben, war aber emotional höchst instabil und auf der Suche nach Liebe, Schutz und geistiger Führung.[41] Marburg war damals eine kleine, verschlafene, bürgerlich-beschauliche Universitätsstadt. Wenn ein verheirateter Professor in dieser Atmosphäre seine Karriere durch eine Liebesaffäre mit einer Studentin riskierte, wie Heidegger es tat, dann sagt das eine Menge über die leidenschaftlichen Gefühle aus, die Hannah bei ihm ausgelöst haben muss. Zwei Monate nachdem sie begonnen hatte, seine Seminare zu besuchen, lud er sie in sein Büro ein, um seine Arbeit mit ihr zu diskutieren. Zwei Wochen später waren sie ein Paar. Heidegger wurde durch Hannah ein anderer Mensch. Die »jüdische Kosmopolitin« war so völlig anders als die »bodenständigen Frauen«, die ihn sonst umgaben, außerdem war sie eine der gescheitesten Studentinnen, die er je gehabt hatte.[42] Der an sich ziemlich griesgrämige, ja beinahe unfreundliche Mann verwandelte sich plötzlich in einen zugänglichen Menschen, der leidenschaftliche Liebesgedichte an Hannah schrieb. Monatelang trieben sie Versteckspiel mit der Welt, erfanden »ausgeklügelte Signale von ein- und ausgeschalteten Lampen«, um anzukündigen, dass sie sich gefahrlos treffen konnten, und wo. Auch über seine Arbeit an *Sein und Zeit* »hielt er sie auf dem Laufenden«, was für beide eine starke emotionale Erfahrung war. Hannah genoss es, in ein Projekt von so großer philosophischer Bedeutung einbezogen zu werden. Doch die Leidenschaft ebbte ab und schließlich wurde beiden bewusst, dass es besser wäre, wenn Hannah Marburg verlassen würde. Sie wechselte an die Universität Heidelberg, wo sie bei Heideggers Freund Karl Jaspers weiterstudierte. Mit Heidegger blieb sie brieflich in Kontakt und traf sich ab und zu mit ihm. Nach wie vor teilten sie ihre Liebe zu Beethoven und Bach, Rilke und Thomas Mann. Wann immer Heidegger Vorwände für eine Reise finden konnte, trafen sie sich in kleinen deutschen oder Schweizer Orten.[43]

Nach ihrer Promotion zog Hannah nach Berlin und heiratete einen jüdischen Freund, den sie nicht liebte. Für sie war das eine reine Frage des

Überlebens. Auch er war Philosoph, allerdings weit weniger leidenschaftlich als sie, und arbeitete als Journalist. Gemeinsam bewegten sie sich in linken Kreisen. Zu ihren engen Freunden zählten Bertolt Brecht und die Sozialphilosophen der Frankfurter Schule – Theodor W. Adorno, Herbert Marcuse und Erich Fromm. Mit Heidegger korrespondierte Hannah immer noch, doch nach der Machtergreifung der Nationalsozialisten 1933 gingen ihre Wege in entgegengesetzte Richtungen. Er wurde Rektor der Freiburger Universität, und sie hörte Gerüchte, dass er »Juden von seinem Seminar ausschließe... jüdische Doktoranden abweise«. Sie stellte ihn schriftlich zur Rede. »Heidegger antwortete darauf in wütendem Ton«.[44] Also zwang sie sich, das Ganze zu vergessen. Ihr linkspolitisch engagierter Mann entschloss sich, Deutschland zu verlassen und nach Paris zu gehen. Heidegger, der schon vor seiner berühmten Rektoratsrede, die bei kritischen ausländischen Kommentatoren »ungläubiges Staunen und Entsetzen« auslöste, in die NSDAP eingetreten war, schien mittlerweile »wie vom Rausch ergriffen« und zu völkischem »Blut und Boden«-Denken bekehrt.[45] Hannah war zutiefst erzürnt und verstört von Heideggers Verhalten. Inzwischen hatte sich auch der Kommunist Bert Brecht gezwungen gesehen, aus Deutschland zu fliehen und dabei einen Großteil seiner persönlichen Dinge zurücklassen zu müssen, darunter ein Adressbuch, das die Gestapo nützte, um die Linke Berlins zu zerschlagen. Hannah wurde während eines illegalen Auftrags für die deutsche Zionistische Organisation verhaftet und acht Tage im Gefängnis verhört. Ihr Mann war bereits in Paris, Martin Heidegger hätte ihr helfen können. Er rührte keinen Finger.[46]

Sobald sie aus dem Gefängnis entlassen wurde, floh sie aus Deutschland und erreichte nach einer Odyssee über Prag und Genf schließlich Paris, wo sie sich niederließ. Von nun an lebten Heidegger und Arendt in zwei grundverschiedenen Welten. Als Jüdin im Exil, heimatlos, arbeitslos, abgeschnitten von ihrer Familie und allem, was ihr vertraut gewesen war, führte sie in den späten dreißiger und frühen vierziger Jahren ein trostlos trauriges Leben. Sie schloss sich einer jüdischen Flüchtlingsorganisation an, die junge Menschen für ein Leben in Palästina ausbildete. 1935 machte sie sich selbst dorthin auf den Weg und war begeistert von den Möglichkeiten, die den Juden dort geboten waren, aber ganz und gar nicht vom »Palästina-zentrierten Zionismus«, wie sie später schrieb.[47] Nichtsdestotrotz brauchte sie Arbeit und wollte anderen Juden helfen.

Heidegger lebte völlig anders. Er spielte inzwischen eine bedeutende Rolle im öffentlichen Leben Deutschlands. Als Philosoph legte er sein ganzes Gewicht für das Dritte Reich in die Waagschale und trug damit zur Entwicklung des nationalsozialistischen Gedankens bei, dass der Nazismus tief in der deutschen Geschichte verwurzelt und nunmehr zur Frage des deutschen Selbstwertgefühls geworden sei. Der Unterstützung von

Goebbels und Himmler konnte er sicher sein.[48] Als führende Persönlichkeit des akademischen Betriebs spielte er zudem eine entscheidende Rolle bei der universitären Umstrukturierung, die ja vorrangig der Entfernung aller Juden aus dem Universitätsbereich galt. Unter der Ägide von Heideggers Universitätspolitik verloren sowohl Edmund Husserl, Begründer der Phänomenologie und Heideggers einstiger Lehrer, als auch Karl Jaspers, der mit einer Jüdin verheiratet war, ihre Positionen. Hannah Arendt schrieb später, Martin habe Edmund ermordet. Als *Sein und Zeit* Anfang der Vierzigerjahre in einer Neuauflage erschien, war die Widmung an Husserl verschwunden.[49] Heidegger machte sich und seine Philosophie zum Handlanger des staatsideologischen Apparats der Nationalsozialisten. Sogar den Krieg rechtfertigte er (anlässlich der Veröffentlichung seiner Rektoratsrede 1937). Er kritisierte, dass sich die Nationalsozialisten nicht ausgiebig genug mit Nietzsches großen Männern und deren Kampfgeist befassten. Schließlich trug er auch das Seine dazu bei, die nazistische Biologie in der Antike zu verankern, indem er Parallelen zwischen der in Deutschland wie im alten Griechenland herrschenden Begeisterung für Sport und Körperkultur zog.

*

Die Begegnung von Hannah Arendt und Martin Heidegger ist nicht nur eine an sich bereits entlarvende Geschichte, sondern auch ein Nachweis, dass Intellektuelle zu den Opfern wie zu den Helfern von Hitlers Inquisition gehörten.

In der folgenden Darstellung geht es um Abläufe in der Zeit vor und während des Krieges, die erst durch die Öffnung vieler Archive nach dem Fall der Berliner Mauer 1989 vollständig beweisbar wurden. Zu den Wissenschaftlern, die, wie man heute definitiv weiß, wahrlich unethische Forschung betrieben (um es milde auszudrücken), gehörten auch Konrad Lorenz, der 1973 den Nobelpreis erhielt, Hans Nachtsheim, Mitglied des berüchtigen »Kaiser-Wilhem-Instituts für Anthropologie, menschliche Erblehre und Eugenik«, und Heinz Brücher vom Institut für Pflanzengenetik im so genannten »Ahnenerbe« von Lannach bei Graz.

In der Vorkriegszeit war Lorenz als Mitbegründer der Ethologie, der vergleichenden Verhaltensforschung, und als Autor vieler Schriften über menschliches und tierisches Verhalten bekannt geworden. Unter anderem war er der Entdecker jenes »auslösenden Schemas«, das als »Prägung« in die Fachliteratur einging. Während seiner berühmten Experimente hatte er herausgefunden, dass junge Graugänse vom ersten visuellen Eindruck, den sie in ihrem Leben aufnehmen, für immer geprägt werden – und dieser Eindruck war in vielen Fällen Lorenz selbst. Die Fotografien, auf denen der Professor, mit einer Schar junger Entenvögel im Gefolge, zu sehen ist, waren ein beliebtes Motiv der Presse. Theoretisch war diese Prägung bedeutend, weil sie ein fehlendes Bindeglied zwischen Gestalt und Instinkt darstellte.[50] Doch auch Lorenz hatte Spenglers *Untergang des Abendlandes* gelesen und hegte gewisse Sympathien für die Nationalsozialisten. Geprägt vom herrschenden Klima, entwickelte er nun Überlegungen wie zum Beispiel diese, »dass alle körperlichen und moralischen Verfallserscheinungen, die das Absinken von Kulturvölkern... bewirken, mit den Domestikationserscheinungen der Haustiere wesensgleich sind«. Im September 1940 nahm er auf Drängen der Partei und gegen den Willen seiner Familie die Position des Direktors des Instituts für vergleichende Psychologie an der Universität Königsberg an. Damit stand er im Staatsdienst, und von da an bis 1943 sollten seine Studien allein den rassepolitischen Zielen der nationalsozialistischen Ideologie gewidmet sein.[51] So behauptete er beispielsweise, dass Menschen anhand einer »biologischen Einheit« in »Vollwertige« und »Minderwertige« eingestuft werden könnten. Zu den »Minderwertigen« gehörte auch der »unter den Selektionsbedingungen der Großstadt« entstehende »Ausfalltypus«, welcher ähnlich wie das »im schmutzigsten Stall und mit beliebigem Geschlechtspartner züchtbare Haustier« ständig Nachkommen in die Welt setzte. Deshalb fand Lorenz jede Maßnahme legitim, die »zur Ausmerzung ethisch Minderwertiger« oder der »mit Ausfällen behafteten Elemente« führte.[52]

Das »Kaiser-Wilhelm-Institut für Anthropologie, menschliche Erblehre und Eugenik« wurde 1927 in Berlin-Dahlem anlässlich des Fünften Internationalen Kongresses für Erblehre in der deutschen Hauptstadt gegründet. Beide, Institut wie Kongress, strebten internationale Anerkennung für die Disziplin der menschlichen Erblehre in Deutschland an, denn wie andere Wissenschaftler hatten auch die Biologen unter dem Boykott deutscher Wissenschaftler nach dem Ersten Weltkrieg gelitten. Zum ersten Direktor des Instituts wurde der führende deutsche Anthropologe Eugen Fischer ernannt. Die Wissenschaftler, mit denen er sich dann dort umgab, gehörten zu den berüchtigsten des Dritten Reichs, darunter Kurt Gottschaldt, der die Abteilung für Erbpathologie leitete; Wolfgang Abel, verantwortlich für die Rassenkunde; Fritz Lenz, Leiter der Rassenhygiene; und Karl Nachtsheim, Leiter der Abteilung für experimentelle Erbpathologie. Nahezu alle Wissenschaftler am KWI für Anthropologie unterstützten die rassenpolitischen Ziele der Nazis und ließen sich zu deren Umsetzung in die Praxis einspannen, beispielsweise indem sie ihre Expertisen für rassische Einstufungen im Rahmen der Nürnberger Gesetze zur Verfügung stellten. Außerdem gab es intensive Beziehungen zwischen den Medizinern dieses Instituts und Josef Mengele in Auschwitz. Das Institut wurde von den Alliierten nach dem Krieg aufgelöst.[53]

Nachtsheim studierte unter anderem die Erblichkeit von Epilepsie, die, wie er glaubte, durch Sauerstoffmangel im Gehirn verursacht werde. Da sich diese Anfälle bei Jugendlichen anders äußerten als bei Erwachsenen, wurde es als »wünschenswert« empfunden, mit Kindern im Alter von fünf bis sechs Jahren zu experimentieren. Um festzustellen, welches dieser Kinder (wenn überhaupt) unter Sauerstoffmangel epileptische Anfälle bekommen würde, unterzog man sie Experimenten in Unterdruckkammern.[54] Man ließ sie ein Sauerstoffgemisch atmen, das der Luft in einer Höhe von etwa 4000 Metern entsprach, was ausreichte, um epileptische Kinder zu töten. Wer überlebte, konnte nach herrschendem Gesetz sterilisiert werden. Wohlgemerkt, diejenigen, die diese Experimente durchführten, waren keine völkischen Bestien, sondern gebildete Akademiker.

*

Es war im Wesentlichen Heinrich Himmler (1900–1945), der die Ziele der SS-Wissenschaftspolitik und die praktischen Inhalte der von ihm initiierten medizinischen und anderen wissenschaftlichen Forschungen festlegte. Himmler war in einer streng katholischen Familie aufgewachsen; er hatte sich bereits als Kind für die Konsequenzen eines Krieges auf die Landwirtschaft und vor allem die Tier- und Pflanzenzucht interessiert. Sein Interesse galt auch schon früh alternativen medizinischen Praktiken, besonders der Homöopathie. Er war sehr abergläubisch. Mit Hitler teilte er den unverbrüchlichen Glauben an den überlegenen rassischen Wert des arisch-nordischen Menschen. 1942 gab er den Befehl zur Einrichtung eines »Instituts für Wehrwissenschaftliche Zweckforschung im Ahnenerbe«, das aus Mitteln der Waffen-SS finanziert wurde.[55] Dort sollte unter anderem auch ein für alle Mal die »jüdische Frage« anthropologisch und biologisch geklärt werden. Bereits bei der Gründung des »Ahnenerbes« im Jahr 1935 hatte Himmler, der 1938 dessen Präsident wurde, eine entscheidende Rolle gespielt. Analysen, die nach dem Krieg von der Forschung der SS im Rahmen des Ahnenerbes gemacht wurden, verdeutlichten, dass Himmlers Hauptinteresse bei allem, was er tat, der Geschichte der nordischen Rasse und der Frage gegolten hatte, durch was diese bedroht und wie sie bewahrt werden konnte, jener Rasse, die er als Träger und Wahrer der höchsten Zivilisation und Kultur betrachtete.

Unter der Ägide des Instituts für Wehrwissenschaftliche Zweckforschung wurden zum Beispiel auch die berüchtigten »Kälteversuche« an KZ-Häftlingen in Dachau angestellt. Als Forschungsziel wurde angegeben: »Wiedererwärmung bei allgemeiner Abkühlung des menschlichen Körpers, Heilung bei teilweise Erfrierungen, Kälteanpassung des menschlichen Körpers.« Von 300 Häftlingen, die diesen Versuchen unterzogen wurden, kamen 80 dabei ums Leben. Als Nächstes wurden Senfgasversuche an KZ-Häftlingen durchgeführt, um das »Verhalten von Gelbkreuz (Lost) im lebenden Organismus« zu studieren. Bei diesen Experimenten starben so viele Menschen, dass sich nicht einmal mit dem Versprechen einer anschließenden Freilassung noch »Freiwillige« ködern ließen. August Hirt, der diese »Untersuchungen« leitete, erhielt obendrein die Genehmigung, sich 115 jüdische KZ-Häftlinge aus Auschwitz auszusuchen, um diese für die Gründung einer »jüdischen Skelettsammlung« ermorden zu lassen. (Hirt beging 1945 Selbstmord).[56] Auf ganz andere Weise brutal war auch die Forschung des in Lannach bei Graz angesiedelten »Instituts für Pflanzengenetik im Ahnenerbe,« vor allem die Arbeit von Heinz Brücher, für die ihm eine ganze Kommandoeinheit zur Verfügung gestellt worden war. Während der Invasion in Russland sollte sie den gesamten Samenbestand (siehe S. 457) aus dem Wawilow-Institut rauben, damit das expandierende Reich genügend lebenswichtige Rohstoffe für den Anbau im Osten haben würde, um das deutsche Volk ernähren zu können. Brücher und seine Einheit unternahmen sogar Expeditionen bis nach Tibet, nicht nur um ethnologische Studien zu betreiben, sondern um auch dort nach »Wildformen und Primitivsorten von Kulturpflanzen« zu suchen.[57] Dies zeigt, wie weit sie vorausdachten: Sie suchten sich weit entfernte und von »minderwertigen« Völkern besiedelte Gebiete, um diese zu zwingen, für die Ernährung des deutschen Volkes zu sorgen, andernfalls hätte man sie gegen solche ausgetauscht, die dazu bereit gewesen wären.

*

Am 2. Mai 1938 unterzeichnete Hitler seinen letzten Willen. Darin verfügte er, dass sein Leichnam nach München überführt und in der Feldherrnhalle aufgebahrt werden sollte, um anschließend in der Nähe begraben zu werden. Mehr als irgendeine andere Stadt, mehr sogar noch als Linz, war ihm München zur Heimat geworden. Schon in *Mein Kampf* hatte er diese Stadt als *die* deutsche Kunstmetropole bezeichnet und betont, dass man keine Ahnung von deutscher Kunst haben könne, ohne München gesehen zu haben. Nicht umsonst also wählte er genau diese Stadt 1937 für sein letztes Gefecht gegen die moderne Kunst.[58]

Am 18. Juli dieses Jahres eröffnete Hitler in München das »Haus der Deutschen Kunst« mit 884 Gemälden und Skulpturen von nationalsozialistischen Favoriten wie Arno Breker, Josef Thorak und Adolf Ziegler, darunter auch diverse Porträts von Hitler, wie das von Hermann Hoyer, betitelt *Am Anfang war das Wort*, eine nostalgische Darstellung des Führers im Gespräch mit Parteigenossen aus frühesten Tagen.[59] Ein Kunstkritiker verbarg seine Kritik angesichts der Tatsache, dass inzwischen jede Art von kritischer Beurteilung untersagt und nur noch reine Ereignis-Berichterstattung erlaubt war, hinter den Worten, dass jedes Exponat dieser Ausstellung seelenvolle Erhabenheit und herausfordernden Heroismus darstelle und den Eindruck eines intakten Lebens vermittle, aus dem die Lasten und Probleme des modernen Alltags vollständig verschwunden seien; es sei augenfällig, dass auf keiner Leinwand urbanes oder industrielles Leben dargestellt sei.[60]

Hitler eröffnete die »große deutsche Kunstausstellung« mit einer neunzigminütigen Rede, was zeigt, welche Bedeutung er diesem Ereignis zuschrieb. Er versicherte, dass nunmehr eine »Wende ... in der Entwicklung des gesamten kulturellen deutschen Schaffens« eintreten werde und das »Ende der deutschen Kunstvernarrung und damit der Kulturvernichtung unseres Volkes« begonnen habe. Dann wiederholte er seine inzwischen allbekannten Ansichten über die »Kultursteinzeitler und Kunststotterer« der Moderne. Aber diesmal hatte er mehr als das Übliche zu sagen: »Die Kunst dieses neuen Reiches [wird] nicht mit den Maßstäben von alt oder modern zu messen sein«, Kunst unterliege keiner Mode, erschaffe nicht jedes Jahr etwas Neues, nicht an dem einen Tag Impressionismus und am nächsten Futurismus, Kubismus oder gar Dadaismus. »Eine Kunst, die nicht auf freudigste und innigste Zustimmung der gesunden breiten Masse des Volkes rechnen kann« sei unerträglich.[61] Kunst habe die völkische Rasse – das Blut – zu respektieren und »wird als eine deutsche Kunst sich ihre Unvergänglichkeit vor unserer Geschichte zu sichern haben«. Daher gelte es, »auch hier mit den Phrasen im deutschen Kunstleben aufzuräumen«. Im deutschen Volk habe immer schon eine tiefe innere Sehnsucht nach einer deutschen Kunst geherrscht. »Der Künstler schafft nicht für den Künstler, sondern er schafft für das Volk« und müsse deshalb darstellen, was das Volk tatsächlich sehe – keine blauen Wiesen, gelben Wolken und Ähnliches mehr. In der deutschen Kunst sei kein Platz für jene bedauernswerten Gestalten, die ganz offenbar unter Augenkrankheiten litten.[62] »Wir werden von jetzt ab einen unerbittlichen Säuberungskrieg führen gegen die letzten Elemente unserer Kulturzersetzung.«[63]

Kunstkritik war natürlich nicht die einzige Art von Kritik, die im neuen Deutschland verboten war. Natürlich war auch jede Kritik an den Reden des Führers tabu. Doch nach dieser Rede *gab* es Kritik, wenngleich völlig ungewollt aus den Reihen der Nationalsozialisten selbst. Denn bereits am nächsten Tag, dem 19. Juli, wurde in den Räumen der Gipsabdruck-Sammlung des archäologischen Seminars in den Hofgarten-Arkaden, nahe dem Haus der Deutschen Kunst in München, die Ausstellung »Entartete Kunst« eröffnet.[64] Es war sozusagen das komplette Gegenprogramm, mit 112 Exponaten von deutschen und ausländischen Künstlern, darunter 8 Noldes, 17 Dix, 13 Heckels, 32 Schmidt-Rottluffs, 17 Klees, 32 Kirchners sowie Gemälde von Gauguin, Picasso und anderen nicht-deutschen Malern. Sämtliche Bilder stammten aus beschlagnahmten Privatsammlungen oder Museen in ganz Deutschland.[65] Diese Ausstellung war gewiss die berüchtigtste ihrer Art, die es jemals gab. Sie betrat nicht nur völliges Neuland, indem sie einzig dem Zweck der Schmähung und Verteufelung einiger der größten Maler des Jahrhunderts diente, sondern setzte auch völlig neue Standards im Hinblick auf die Präsentation von Kunstwerken. Angeblich war sogar der Führer überrascht vom demagogischen Effekt dieser Darbietung.

Gemälde und Skulpturen wurden derart unzusammenhängend präsentiert, dass sie bei vielen Besuchern größtes Befremden auslösten. Der propagandistische Zweck wurde durch zahlreiche »Beischriften« neben und unter den einzelnen Werken sowie »thematische Leitsätze«, die den einzelnen Räumen zugeordnet waren, noch verstärkt. Das Thema »Deutsche Bauern – jüdisch gesehen« wurde zum Beispiel durch Bilder von Pechstein dargestellt; »Jüdische Wüstensehnsucht« durch vier Bilder von Otto Mueller und die »Verhöhnung der deutschen Frau« durch Hofers *Sitzender Akt*.[66]

Aber wenn Adolf Hitler und Adolf Ziegler, der Leiter des Hauses der Deutschen Kunst, geglaubt hatten, dass sie den Leuten moderne Kunst damit ein für alle Mal vergällt hätten, hatten sie sich getäuscht. Während der zwei Monate, in der die Ausstellung »Entartete Kunst« lief, kamen über zwei Millionen Besucher, weit mehr als die wenigen Schaulustigen, die sich die Gegenausstellung im Haus der Deutschen Kunst ansahen.[67] Für die Künstler, denen diese Art der Zurschaustellung ihrer Werke das Herz brach, war das allerdings kaum ein Trost. Nolde wandte sich erneut an Goebbels und bat in mehr als nur stiller Verzweiflung, dass die Diffamierungen in seinem Fall doch endlich ein Ende haben mögen. Max Beckmann war da um einiges realistischer: Am Tag der Ausstellungseröffnung ging er ins Exil. Auch der in New York als Sohn deutscher Einwanderer geborene Lyonel Feininger, der seit 1887 in Europa gelebt hatte, nahm seinen amerikanischen Pass und fuhr per Schiff in die Neue Welt zurück.

Im Anschluss an München wanderte die »Entartete Kunst« nach Berlin und in eine Reihe weiterer deutscher Städten. Wieder einmal wurde rückwirkend im Mai 1938 ein Gesetz erlassen, demzufolge »entartete Kunst« jederzeit beschlagnahmt und ohne Kompensationen aus Museen eingezogen werden konnte. Einige dieser Bilder wurden dann bei einer Sonderauktion in der Galerie Fischer in Luzern zu lächerlichen Summen verkauft, bei anderen beschlossen die Nazis, dass sie schlicht vom Erdboden verschwinden sollten. Ungefähr viertausend moderne Kunstwerke wurden im März 1938 in einem riesigen Feuer in der Berliner Kopernikusstraße verbrannt.[68] Diese einmalige Präsentation von »Degenerierter Kunst« sollte sich nicht wiederholen, doch das Haus der Deutschen Kunst konnte die Bilder nach Hitlers Geschmack – ländliche Szenerien, militärische Porträts und Gebirgslandschaften – die sich im Laufe der Jahre kaum veränderten und denen ähnelten, die er als jüngerer Mann selbst gemalt hatte, bis 1944 zur Schau stellen.[69]

Auch wenn spätere Historiker Hitlers Angriffen gegen die Maler und Bildhauer immer größere Aufmerksamkeit schenken sollten, waren seine Aktionen gegen Musiker kaum weniger aggressiv. Auch hier war es zu einem Machtkampf zwischen Goebbels und Rosenberg gekommen. Das Musikrepertoire war bereits 1933 von »degenerierten« Komponisten wie Schönberg, Weill, Eisler und Toch gesäubert worden, während Dirigenten wie Otto Klemperer und Hermann Scherchen zur Emigration gezwungen wurden. Im Mai 1938 wurde die Propaganda-Ausstellung »Entartete Musik« in Düsseldorf veranstaltet, das Geisteskind von Hans-Severus Ziegler, zu deren Exponaten auch Fotografien »entarteter«, »undeutscher« Komponisten wie Schönberg, Strawinski, Hindemith und Webern mit ihren »zersetzenden« Einflüssen auf die deutsche Musik gehörten. Ein bisschen besser erging es dem Jazz. Da Goebbels wusste, wie beliebt diese Musik bei den Massen war und dass ein vollständiges Verbot den Nationalsozialisten Anhänger entziehen konnte, durfte er weiterhin gespielt werden, sofern die Musiker »Arier« waren. Opern hingegen wurden strikt kontrolliert: Die »ungefährlichen« Werke von Wagner, Verdi, Puccini und Mozart dominierten das Repertoire, die Werke der Modernen wurden von den Bühnen verbannt.[70]

*

Wenn Alfred Rosenberg im Namen des Nationalsozialismus eine neue nationalsozialistische Religion erschaffen wollte, wie er hoffte, dann mussten die existierenden Religionen erst einmal zerstört werden. Mehr als jeder andere Protestant oder Katholik hat ein Mann diese Gefahr erkannt. Dietrich Bonhoeffer, Sohn eines Psychiaters, 1906 als Zwilling – die zweieiigen Zwillinge waren die sechsten und siebten Kinder in einer Reihe von acht Geschwistern – in Breslau geboren. Der Vater, einer der führenden Gegner von Freud, war zwar völlig überrascht, als sein Sohn sich immer mehr zur Kirche hingezogen fühlte, erhob aber als Liberaler niemals Einwände dagegen.

Bonhoeffer hatte starke theoretisch-wissenschaftliche und ökumenische Neigungen. Obwohl Protestant, fühlte er sich dem bekenntnishaften Wesen des Katholizismus nahe. Auch durch Heidegger und den Existenzialismus war er beeinflusst – allerdings im negativen Sinne. Seine bedeutendsten Werke schrieb Bonhoeffer, der zu den einflussreichsten Theologen des 20. Jahrhunderts zählte, während des Nationalsozialismus: *Sanctorum Communio* (1930), *Akt und Sein* (1931), *Verantwortung und Hingabe* (1937), *Ethik* (1940/44, unvollendet) und schließlich seine Briefe und Aufzeichnungen aus der Haft (1943/4), die 1951 posthum unter dem Titel *Widerstand und Ergebung* veröffentlicht wurden. Wie bereits der Titel *Akt und Sein* nahe legte, stimmte Bonhoeffer mit Heidegger in der Auffassung überein, dass das Sein des Tuns bedürfte, aber er teilte nicht auch dessen Meinung, dass der Mensch allein in dieser Welt stehe oder ständig nur mit Heideggers harter Realität des Todes konfrontiert sei. Für Bonhoeffer war die *Communio* die eindeutige Antwort auf die von so vielen Philosophen beklagte Einsamkeit, und die natürlichste Communio war für ihn diejenige, welche die Kirche bot.[71] Das Leben in der Communio schien ihm zumindest theoretisch lohnender als das in einer atomisierten Gesellschaft, bedurfte allerdings einiger Opfer, wenn es funktionieren sollte. Und diese Opfer waren Bonhoeffers Ansicht nach dieselben, die Christus im Namen Gottes gefordert hatte: Verantwortung, Hingabe und gelegentlich sogar Leid.[72] Also wurde eher die *Kirche* zum Zentrum von Bonhoeffers Denken als Gott an sich. Das Tun im Rahmen der Kirche, die seit Jahrhunderten bestehe und auf Jesus selbst zurückgehe, lehre uns, wie wir uns verhalten müssten. Das heißt, hier ging es um Ethik. Diese Gemeinschaft der Heiligen mit allen Menschen lehre uns, wie wir denken sollen und wie sich die Theologie weiterentwickeln soll: In diesem Kontext würden wir beten; das sei ein religiöser existenzieller Akt, durch welchen wir hoffen könnten, Christus ähnlicher zu werden.[73]

Es war natürlich kein Zufall, dass Bonhoeffers Betonung auf Communio, Verantwortung und Hingabe während der Zeit der nationalsozialistischen Machtübernahme zu einer zentralen theologischen Frage wurde, dass er genau diese drei Punkte so deutlich hervorhob. Bonhoeffer erkannte die Gefahren sofort, die von den Nationalsozialisten nicht nur für die Gesellschaft als solche, sondern insbesondere auch für die Kirche ausgingen. Am 1. Februar 1933, dem Tag, nach dem Hitler an die Macht gewählt worden war, hielt Bonhoeffer einen Rundfunkvortrag, der so konfrontativ war, dass ihm mittendrin der Ton abgedreht wurde. Er hatte das Konzept des »Führers« als den Versuch entlarvt, die jüngere Generation zu verführen. Doch für die komplexe moderne Gesellschaft, so Bonhoeffer, sei ein Jugendkult gerade das, was sie *nicht* brauche; durch die Hitlerjugend werde künstlich ein Generationenkonflikt hervorgerufen, anstatt den Zusammenhalt von Eltern und Kindern zu fördern, damit die jugendlichen Energien durch die Erfahrungen der Älteren in die richtigen Bahnen gelenkt werden könnten. Was er damit eigentlich sagte, war, dass die Nationalsozialisten nur deshalb die glühende Begeisterung der Jugend zu gewinnen versuchten, weil erwachsene Menschen die bombastischen und leeren Worthülsen Hitlers und der anderen nationalsozialistischen Führer leichter durchschauen konnten.[74] Diese Rede brachte nicht nur Bonhoeffers eigene klare Geisteshaltung, sondern auch seinen großen Mut zum Ausdruck. Von diesem Moment an setzte er sich offen gegen alle Versuche des Staates zur Wehr, die Kirche und ihre Funktionen zu übernehmen. Die Kirche, betonte er, beruhe auf dem Glauben, auf der Beziehung des Menschen zu Gott, und nicht auf seinem Verhältnis zum Staat. Mutig stellte er sich auch gegen die im folgenden Monat eingeführten »Arier«-Gesetze, indem er es als Christenpflicht bezeichnete, sich für Juden einzusetzen. Nun war er so verhasst bei den Behörden, dass er sich im Sommer 1933 gezwungen sah, ein Angebot als Auslandspfarrer der deutschen Gemeinde in London anzunehmen. Im April 1935 kehrte er jedoch zurück und begann sich ganz dem illegalen Seminar der Bekennenden Kirche in Finkenwalde zu widmen. Dort schrieb und veröffentlichte er auch sein Buch *Verantwortung und Hingabe*, das erste, das allgemein große Aufmerksamkeit erregte.[75] Eines seiner Hauptthemen war der Vergleich zwischen geistiger Communio und psychologischer Manipulation. Mit anderen Worten: Er stellte den Ideen der Bekennenden Kirche die Begriffe aus Rosenbergs *Mythus* gegenüber, und im weiteren Sinne auch die Techniken, die Hitler anwendete, um die Menschen für sich einzunehmen. Finkenwalde wurde noch im selben Jahr von Himmler geschlossen, die Seminaristen verhaftet und später geschlossen an die Front geschickt, wo einundzwanzig von ihnen fielen. Bonhoeffer blieb noch auf freiem Fuß, durfte aber weder lehren noch publizieren. Im Sommer 1939 wurde er von dem Theologen Reinhold Niebuhr in die USA eingeladen, doch kaum in New York angekommen, fühlte er, dass seine Ausreise ein Fehler gewesen war, und kehrte mit einem der letzten Schiffe vor Ausbruch des Krieges nach Deutschland zurück.[76]

Da er nun nicht mehr am allgemeinen Leben teilnehmen konnte, ging er in den Untergrund und schloss sich der Widerstandsgruppe der Militärischen Abwehr um Admiral Canaris an, wo auch sein Schwager Hans von Dohnanyi tätig war. 1940 erhielt er den Auftrag, Geheimtreffen mit Kontaktpersonen der feindlichen Alliierten in neutralen Ländern wie der Schweiz und Schweden zu arrangieren, um deren Einstellung zu einem Attentat auf Hitler herauszufinden.[77] Doch diese Treffen ergaben nichts und die Canaris-Gruppe traf weiter ihre Vorbereitungen für den ersten Versuch eines Attentats auf den Führer, der 1943 in Smolensk gestartet wurde. Er misslang ebenso wie der nächste Versuch am 20. Juli 1944. Am 5. April wurde Bonhoeffer verhaftet und ins Wehrmachtsuntersuchungsgefängnis Berlin-Tegel gebracht, wo er seine später veröffentlichten Briefe und Aufzeichnungen schrieb.[78] Zuerst hatte die Gestapo keine eindeutigen Beweise für Bonhoeffers Tätigkeiten im Widerstand, doch nach dem misslungenen Attentatsversuch im Juli 1944 fand sie Unterlagen in Zossen, die die Kontakte zwischen der Abwehr und den Alliierten bestätigten. Bonhoeffer wurde in den Gestapo-Keller in der Prinz-Albrecht-Straße verlegt, wo sich seine Spur verlor. Erst später fand man heraus, dass sein Weg ab Februar 1945 über Buchenwald und Schönberg nach Flossenbürg führte. Seine Odyssee durch diese Lager fand statt, als das Dritte Reich bereits zusammengebrochen war. Doch Hitler hatte beschlossen, dass keiner überleben sollte, der an einem Attentat gegen ihn beteiligt gewesen war. Und so verlangte er auch Bonhoeffers Tod, während er selber bereits in seinem »Führcrbunker« gefangen war. Dietrich Bonhoeffer wurde am 9. April in Flossenbürg hingerichtet.[79]

Hitler hatte ein System errichtet, das Millionen verfolgte und ermordete. Die Ermordung Bonhoeffers war eine der letzten von ihm persönlich angeordneten Gewaltakte. Hitler hasste Gott noch mehr als die Künstler.

*

1938 schickte ein zwanzigjähriger russischer Schriftsteller – beziehungsweise ein junger Mann, der sich zum Schreiben berufen fühlte – einen Bericht über seine Erlebnisse in Kolyma, jener unendlichen sibirischen Weite, in der die schlimmsten Gulags lagen, an den sowjetischen Schriftstellerverband nach Moskau. Oder jedenfalls glaubte er, das getan zu haben. Denn was Iwan Wassiljewitsch Okunew in einem Schulheft notiert hatte, wurde nirgendwohin geschickt. Es verschwand in seiner KGB-Akte, wo es erst in den 1990er-Jahren von dem Dichter und Schriftsteller Witali Schentalinski aufgefunden wurde. Nach jahrelangen vergeblichen Versuchen war es ihm endlich gelungen, die neuen russischen Behörden zu überzeugen, einer Kommission des russischen Schriftstellerverbands die Prozessakten aus dem »Literaturarchiv« des KGB zu öffnen. Seine Beharrlichkeit hatte sich ausgezahlt.[80]

Okunew war verhaftet und in den Gulag geschickt worden, weil er vergessen hatte, seine Kennkarte verlängern zu lassen. Das war alles. Er wurde zur Zwangsarbeit »in den Schächten von Goldbergwerken« verurteilt. Alle Gefangenen erhielten »zwei Ärmel von ausgemusterten Mänteln sowie ein paar Handschuhe – und das für zwei Jahre«. Die Ärmel waren »rasch vom Steinschutt verschlissen«. Eines Tages erklärte der Lagerverwalter den Häftlingen beim Appell: »Wer irgendwelche Wünsche hat, soll sie vor der Arbeit äußern.« Okunew und ein paar andere Gefangene baten um neue Ärmel, weil sie inzwischen ohne Handschuhe arbeiten mussten. Alle anderen der Schicht wurden ins Bergwerk geschickt, nur die vier, die vorgetreten waren, wurden in die »Isolierzelle« gebracht. Dort wurden sie eine halbe Stunde lang mit eiskaltem Wasser abgespritzt. Es war Dezember und die Temperatur 50 Grad unter Null. Nach vier Stunden wurden sie in die Baracke zurückbeordert, »aber wir alle waren aneinander festgefroren«. Mit einer Axt wurden sie »auseinander gehackt«, doch da sie nicht laufen konnten – ihre Kleidung war an der Haut festgefroren –, wurden sie einfach in den Schnee gekippt und zu ihrem Schlafblock zurückgerollt. Im Fallen war Okunow mit dem Gesicht auf den eisigen Boden aufgeschlagen und hatte zwei Zähne verloren. In der Hütte ließ man ihn dann neben einem Ofen zum Auftauen liegen. Am nächsten Morgen war seine Kleidung noch immer nass, und er hatte eine Lungenentzündung, von der er sich einen Monat lang kaum erholen konnte. Zwei der anderen drei, die mit ihm zum Eisblock gefroren waren, überlebten nicht.[81]

Okunew hatte Glück – wenn man überleben unter diesen Bedingungen als Glück bezeichnen kann. Heute weiß man, dass bis zu 1500 Schriftsteller in der Sowjetunion verschwanden, die meisten Ende der Dreißigerjahre. Viele andere wurden in die Verbannung geschickt oder ins Exil getrieben. Robert Conquest berechnete anhand der Daten in dem 1962 veröffentlichten *Penguin Book of Russian Verse*, dass seit Beginn der Revolution Dichter im Exil durchschnittlich zweiundsiebzig Jahre alt wurden, wohingegen all jene, die in der Sowjetunion zurückblieben oder dorthin zurückkehrten, im Schnitt mit fünfundvierzig Jahren starben. Auch viele Wissenschaftler wurden verbannt, ins Gefängnis gebracht oder erschossen. Schließlich aber kapierte Stalin, dass er für die Produktion von mehr Lebensmitteln, besseren Maschinen und – im Verlauf der dreißiger Jahre – auch besseren Waffen auf Wissenschaftler nicht verzichten konnte. Also standen diese nun unter großem Druck, sich der marxistischen Ideologie zu beugen, selbst wenn dies bedeutete, unbequeme Wahrheiten zu ignorieren. Für Wissenschaftler wurden spezielle Lager eingerichtet, genannt *Scharaschki*, wo sie besseres Essen bekamen als andere Gefangene und gleichzeitig gezwungen wurden, sich mit wissenschaftlichen Fragen zu befassen.

Auch die russische Inquisition brach nicht über Nacht herein. Schon im Sommer 1918, nach Beginn des Bürgerkriegs, waren sämtliche nichtbolschewistischen Publikationen verboten worden. Andererseits wurde mit der 1922 eingeführten neuen Wirtschaftspolitik der Kommunistischen Partei (wie die Bolschewisten jetzt genannt wurden) eine seltsame Mischwirtschaft ins Leben gerufen, die sowohl Privatunternehmertum als auch Kooperativen ermöglichte. Resultat war, dass nicht nur mehrere Verleger aus der vorrevolutionären Zeit wieder auftauchten, sondern auch über hundert literarische Kooperativen, von denen einige – wie der RAPP, der Verband der proletarischen Schriftsteller– ziemlich mächtig wurden. Für die Literatur waren die zwanziger Jahre eine sehr unruhige Zeit. Mehrere Schriftsteller gingen ins Exil, dabei gab es noch gar keine klaren Kriterien für das, was akzeptabel in der Literatur war und was nicht. Die Sorgen der Führungsriege galten ganz offensichtlich dringlicheren Dingen als der Literatur, auch wenn bereits zwei neue Zeitschriften unter der Kontrolle von marxistischen Hardlinern herausgegeben wurden – *Krasnaja nov* (1921) und *Novi mir* (1925) – und mehrere Schriftsteller wie Ossip Mandelstam und Nikolai Kljujew schon große Schwierigkeiten hatten, veröffentlicht zu werden. 1936, ein Jahrzehnt später, wurden nicht weniger als 108 Zeitungen und 162 Zeitschriften in russischer Sprache publiziert – allerdings *außerhalb* der Sowjetunion.

Die Wissenschaft war bereits 1917 von den Bolschewiken »nationalisiert« und damit zum Staatseigentum erklärt worden.[82] Anfangs hatten die Wissenschaftler gar nichts dagegen gehabt, denn unter dem Zaren war die Forschung in Russland nur langsam vorangekommen und lag daher noch weit hinter dem Stand in anderen europäischen Staaten zurück. Die Bolschewisten erwarteten nun einen entscheidenden Beitrag der Wissenschaften zu ihrer technokratischen Zukunft und gewährten den Forschern daher während des Bürgerkriegs diverse Privilegien, zum Beispiel bessere Lebensmittelrationen (*Paiki*) oder die Befreiung vom Militärdienst. 1919 wurde ein Sonderdekret »zur Verbesserung der Lebensbedingungen für Forscher« erlassen. Anfang der zwanziger Jahre wurden ihnen außerdem Devisen zum Ankauf von Forschungsausrüstungen aus dem Ausland zur Verfügung gestellt und sanktionierte »Expeditionen« in andere Länder ermöglicht. 1925 wurde der Lenin-Forschungspreis ins Leben gerufen. Wissenschaftler besetzten nun Plätze in allen wichtigen Räten. Unter ihrer Ägide wurden zahlreiche neue Institutionen gegründet, zum Beispiel das Röntgeninstitut, das Soil-Institut, das Optische Institut und das Institut für Experimentalbiologie, eine riesige Einrichtung mit Abteilungen für Zytologie, Genetik, Eugenik, Tierpsychologie, Hydrologie, Histologie und Embryologie.[83] Dieser Modernisierungsansatz spiegelte sich auch in der Tatsache, dass die Beziehungen mit dem Westen in dieser Periode noch gut waren und auch die »sowjetische Physik« blühen und gedeihen konnte, insbesondere das Leningrader Physikalisch-Technische Laborinstitut.[84] Wissenschaft zu betreiben galt nicht länger als bürgerlich.

Die Neuorientierung Mitte der zwanziger Jahre begann sich auch im wissenschaftlichen Sprachgebrauch abzuzeichnen. Sogar in den Wissenschaftsjournalen wurden nun ein neuer Wortschatz und ein neuer – und polemischerer – Stil eingeführt. Berufsverbände, wie die Mathematischen Materialisten oder Marxistischen Agrarwissenschaftler, wurden gegründet, und erste Bücher mit Titeln wie *Psychologie, Reflexologie und Marxismus* (1925) erschienen. Das Journal der Sowjetischen Akademie der Wissenschaften, *Unter dem Banner des Marxismus,* veröffentlichte eine Reihe von Abhandlungen, deren Verfasser eine hervorragende wissenschaftliche Reputation hatten, aber steif und fest behaupteten, dass ihre Ergebnisse durch keinerlei spezielle Interessen beeinflusst worden seien. Kommunistische Kaderuniversitäten wurden gegründet und ein Institut »Roter Professoren« eingerichtet, beide mit dem Ziel der »Erschaffung einer neuen, kommunistischen Intelligenz«.[85] Im Mai 1928 ließ Stalin beim Achten Kongress der Kommunistischen Jugendunion – Komsomol – deutlich durchblicken, dass er die Zeit für eine neue Phase im Leben der Sowjetunion für gekommen sehe. In seiner Rede sagte er: »Vor uns steht eine neue Festung. Diese Festung heißt Wissenschaft und besteht aus unzähligen Wissensgebieten. Wir müssen diese Festung um jeden Preis erstürmen, die Jugend muss diese Festung erstürmen, wenn sie der Baumeister eines neuen Lebens sein will, wenn sie die alte Garde wirklich ersetzen will... *Ein Massenansturm der revolutionären Jugend auf die Wissenschaften ist, was wir jetzt brauchen, Genossen.*«[86]

Ein Jahr später wurde Stalins *Velikii Perelom* gestartet, sein »Großer Bruch« mit der Vergangenheit. Jede Privatinitiative wurde unterdrückt, alle Marktkräfte wurden beseitigt und der Bauernstand kollektiviert. Auf Stalins Befehl hatte der Staat von nun an das absolute Monopol über Ressourcen und Produktion übernommen. In den Wissenschaften setzte eine Periode des »verschärften Klassenkampfes« ein, was in Wirklichkeit bedeutete, dass es zu ersten Verhaftungswellen, Exilierungen und Schauprozessen kam, aber auch zur Einführung von Parteikadern in der Landwirtschaft – mit fatalen Folgen, bis hin zu den Hungersnöten von 1931 bis 1933. Auch die Wissenschaften expandierten (um etwa 50 Prozent) im Rahmen des ersten Fünfjahresplans. Sie sollten inzwischen zwar die wichtigste intellektuelle Stütze zur Überwindung des Großen Bruchs sein, aber dagegen stand ein mindestens ebenso bewusster politischer Schritt: Parteiaktivisten übernahmen sämtliche neue Einrichtungen oder infiltrierten die bestehenden, inklusive der Akademie der Wissenschaften.[87] Sogar Iwan Pawlow, der große Psychologe und Nobelpreisträger für Physiologie, wurde ständig beschattet (er war bereits achtzig). Der »große proletarische Schriftsteller« Maksim Gorkij, der mit Stalin befreundet war, wurde zum Leiter der genetischen und medizinischen Forschung ernannt.[88] Später, im Juli 1936, wurden sämtliche Fachbereiche der Psychologie und Pädagogik geschlossen. Die Akademie der Wissenschaften, einst ein Club von Wissenschaftlern, die einen Preis nach dem anderen nach Hause brachten, wurde zum Verwaltungskopf von über hundert Labors, Observatorien und Forschungsinstitutionen gemacht – allerdings war die Akademie zu dieser Zeit ohnedies bereits von »roten Direktoren« dominiert. »Kader entscheiden alles«, war die offizielle Parole: *Kadrij reschajut wse*. Ein neu gegründeter Kreis materialistischer Physiker und Mathematiker sollte die marxistische Methodologie in beiden Disziplinen einführen.[89] Die Nomenklatura bestand mittlerweile nur noch aus Posten, die nicht ohne Erlaubnis der entsprechenden Parteikomitees besetzt (und natürlich auch nicht verlassen) werden durften. Je höher der Posten, desto höher auch das Parteikomitee, welches die Berufung autorisierte. (Der Präsident der Akademie musste vom Politbüro selbst bestätigt werden.[90]) Nun wurden auch Auslandsbesuche aufs notwendige Mindestmaß beschränkt und Wissenschaftler, die einen Reiseantrag stellten, oder ausländische Wissenschaftler, die in die Sowjetunion einreisen wollten, genauestens beobachtet. Beim Ministerrat der UdSSR wurde eine »Hauptverwaltung Literatur und Verlagswesen« (Glawlit) eingerichtet, die sämtliche Publikationen, auch wissenschaftliche, zensierte und »zersetzende« Literatur aus den Bibliotheken entfernen ließ.[91]

Einige Wissenschaftler hatten sich inzwischen mit dem System arrangiert, indem sie großzügig Zitate erwünschter Autoren wie Marx in die Einführungen ihrer Abhandlungen streuten, bevor sie zur Sache kamen. Anfang Dezember 1930 betraute Stalin die philosophische Disziplin mit der Aufgabe, traditionelle Ideen zu bekämpfen und eine leninistische Philosophie zu entwickeln. Zuständig dafür war das »Institut der Roten Professoren für Philosophie und Naturwissenschaften«. Dahinter stand der Gedanke, dass auch die Wissenschaften einer »Klassenstruktur« unterlägen und deshalb »proletarischer« gemacht werden müssten.[92] Auch eine Kampagne zu Gunsten einer »praktischeren Anwendbarkeit« der Wissenschaften wurde gestartet, das heißt, angewandte Wissenschaft wurde der Grundlagenforschung grundsätzlich vorgezogen. »Militante« Wissenschaftler kritisierten ihre weniger militanten (aber oft viel begabteren) Kollegen und zwangen sie bei öffentlichen Diskussionen, begangene »Fehler« einzugestehen. Bis Mitte der Dreißigerjahre hatte sich der Charakter der Wissenschaften in der Sowjetunion völlig verändert. Nun wurden sie von Parteifunktionären geleitet und – soweit dies möglich war – den Lehren des Marxismus-Leninismus unterworfen. Natürlich führte das zu unglaublichen Absurditäten.[93] Am vielleicht absurdesten aber war, was sich auf dem Gebiet der Genetik abspielte. Vor der Revolution hatte es diese Disziplin in Russland nicht gegeben, erst seit den frühen Zwanzigerjahren begann sie zu florieren. 1921 wurde ein Amt für Eugenik geschaffen, das sich allerdings fast ausschließlich mit Pflanzenzucht befasste, bis einer von T. H. Morgans Assistenten einen wertvollen Satz von *Drosophila*-Taufliegen aus den USA nach Russland mitbrachte. Morgan, William Bateson und Hugo de Vries wurden 1923 und 1924 zu ausländischen Mitgliedern der Sowjetischen Akademie der Wissenschaften gewählt.[94]

In den späten Zwanzigerjahren wurde die Lage immer düsterer und komplizierter. In der unmittelbaren nachrevolutionären Zeit hatten sich die Marxisten für die Schaffung des »neuen Menschen« der sozialistischen Gesellschaft des Darwinismus bedient. Doch die Genetik erklärte nicht nur, wie sich Gesellschaften entwickeln, sie lenkte die Aufmerksamkeit auch unvermeidlich auf die Tatsache, dass viele Merkmale angeboren sind. Das passte den Bolschewisten gar nicht. Genetiker, die auf der Basis dieser Prämisse forschten, wurden in den dreißiger Jahren ebenso angefeindet wie das Institut für Genetik bei der Akademie der Wissenschaften selbst. Doch angesichts der Ernährungsprobleme der riesigen Sowjetunion mit ihren klimatischen Extremen war die Genetik von enormer potenzieller Bedeutung, beispielsweise für die Züchtung von neuen Weizenstämmen, welche nicht nur höhere Erträge bringen, sondern auch auf bis dahin unkultivierbarem Land gedeihen konnten. Die Schlüsselfigur war hier in den späten zwanziger und frühen dreißiger Jahren Nikolai Wawilow, einer jener drei Forscher, die Anfang der zwanziger Jahre zur Etablierung dieser Disziplin in der Sowjetunion beigetragen hatten und gute Kontakte zu ausländischen Genetikern wie T. H. Morgan in den USA oder C. D. Darlington in Großbritannien pflegten. Aber natürlich war diese Art von Forschung von »traditionellem Denken« geprägt, und so kam es, dass zu Beginn der dreißiger Jahre in den genetischen Kreisen Russlands ein neuer Name aufzutauchen begann – Trofim Lyssenko.[95]

Lyssenko, 1898 als Bauernsohn geboren, hatte nie eine akademische Ausbildung genossen – und in der Tat war Forschung auch nie seine Sache. Bekannt wurde er durch eine Reihe polemischer Aufsätze über die Rolle der Genetik in der sowjetischen Gesellschaft, vor allem in Bezug auf die Frage, was diese Forschung *hervorbringen* müsste. Und das war genau das, was die Parteifunktionäre hören wollten – immerhin war das ja außerordentlich »praktisch anwendbar« gedacht. 1934 wurde Lyssenko zum Forschungsleiter des Instituts für Genetik und Zuchtverfahren in Odessa ernannt und zum Mitglied der Ukrainischen Akademie der Wissenschaften »gewählt«.[96] Seine Lehre, die er als »Agrarbiologie« bezeichnete, war ein Amalgam aus Physiologie, Zytologie, Genetik und Evolutionstheorie, der er ein ganz neues Element hinzugefügt hatte, nämlich sein Konzept der »Vernalisation« (Keimstimmung). Diese Vernalisation bestimmt, wie Pflanzensamen auf die Temperaturen der verschiedenen Jahreszeiten reagieren. Lyssenko behauptete, Pflanzen würden durch die Manipulation der Temperatur »glauben«, es sei eher Frühjahr oder Sommer geworden, und auf diese Weise frühere Ernten produzieren. Die Frage war nur, ob es auch funktionierte. Aber wenn es funktionierte – und man die Agrikultur als Metapher betrachtete –, konnte damit bewiesen werden, dass das Produkt einer Pflanze zumindest teilweise von der Art ihrer Behandlung abhängt, also nicht allein von ihren genetischen Komponenten bestimmt wird. Für die Marxisten war das *die* Möglichkeit, nachzuweisen, dass die Umwelt – ergo auch die menschliche Gesellschaft beziehungsweise ihre Aufzucht und Ausbildung – ebenso wichtig, wenn nicht wesentlich wichtiger sei als Gene. Während der ganzen ersten Hälfte der dreißiger Jahre versuchte Lyssenko mit Artikeln in seinem *Bulletin der Vernalisation* wie durch Pressekampagnen, die seine Parteifreunde für ihn organisierten, seine Version durchzusetzen und seine Rivalen mundtot zu machen.[97] Das Ganze kulminierte 1935 mit der Abberufung Wawilows als Leiter des Instituts für Genetik bei der Akademie der sowjetischen Wissenschaften, der prestigeträchtigsten Position im Bereich der Pflanzenzucht und Genetik. Er wurde durch einen Parteifunktionär ersetzt und Lyssenko zum Mitglied der Akademie ernannt. Es war klar, wie sich die Landschaft verändern würde.[98]

Doch Wawilow wollte sich nicht kampflos ergeben, und so veranstaltete die Akademie eine Diskussion über Lyssenkos kontroverse Ansichten, bei der detailliert dargelegt wurde, weshalb man sie für so ungewöhnlich und unzuverlässig hielt.[99] Lyssenko aber bestand weiterhin darauf, dass »erworbene Eigenschaften unmittelbar in das Erbgut überführt« würden, dass also Umweltbedingungen *direkt* in das Erbgut eingriffen, und widersprach damit sämtlichen Gesetzen Mendels.[100] Die auf Seiten von Wawilow argumentierenden Wissenschaftler betonten ihrerseits weiterhin die zweifelhafte Qualität von Lyssenkos Experimenten, da diese weder je repliziert worden waren noch durch andere Experimente gestützt werden konnten und obendrein der gesamten Forschung in anderen Ländern widersprachen. Die Anhänger Lyssenkos bezeichneten ihre Gegner darauf hin als »Faschisten« und »Antidarwinisten« und betonten die logischen Zusammenhänge mit den Herrenrasse-Thesen der deutschen Biologen. Tatsächlich scheint die Akademie in dieser Zeit eher auf Wawilows denn Lyssenkos Seite gestanden zu haben, zumindest insofern, als sie die Wissenschaftlichkeit von Lyssenkos Forschung anzweifelte und weitere Experimente forderte. Für das Jahr 1938 war ein Weltkongress der Genetiker in Moskau geplant, und Wawilows Verbündete gingen nun davon aus, dass die Diskussionen mit internationalen Genetikern dem Lyssenkoismus ein für alle Mal ein Ende bereiten würden. Damit begann die große Säuberungsaktion.

Neun führende Genetiker wurden 1937 verhaftet und anschließend erschossen. (Insgesamt wurden dreiundachtzig Biologen und zweiundzwanzig Physiker hingerichtet.[101]) Das Verbrechen der Genetiker war, dass sie Gene für das *einzige* Erbgut hielten und gegenüber der offiziell sanktionierten Vernalisation zur Skepsis aufgerufen hatten. Die von solchen Genetikern geleiteten Institute führten von da an ein Schattendasein oder wurden von Lyssenko-Getreuen übernommen. Er selbst erhielt die zuvor von Wawilow besetzte Position als Leiter des Instituts für Genetik bei der Akademie der Wissenschaften, fiel dann aber noch ein paar Treppen höher und wurde Mitglied des Obersten Sowjets der UdSSR. Aber auch für Lyssenko lief nicht alles nach Plan. 1939 war es Wawilow und einigen seiner Kollegen noch gelungen, der im März dieses Jahres endenden Säuberungswelle zu entgehen. Sie schickten ein sechsseitiges Schreiben an Andrej Sdanow, den Sekretär des Zentralkomitees der Partei in Leningrad, in dem sie sich für die traditionelle Genetik und gegen Lyssenkos Version stark machten (Sdanow und sein Sohn waren beide Chemiker).[102] Gestützt wurde ihre Argumentation noch von der Tatsache, dass T. H. Morgan 1933 den Nobelpreis erhalten hatte.[103] Sie wehrten sich gegen den »Karrierismus« von Lyssenko und seinen Verbündeten, gegen die Unzuverlässigkeit seiner Forschungsergebnisse und die Unvereinbarkeit seiner Ideen mit dem Darwinismus und dem internationalen Konsens in der Genetik. Der Brief erregte Aufmerksamkeit. Das Parteisekretariat – darunter natürlich Stalin selbst – beschloss, den Philosophen die endgültige Beurteilung zu überlassen. Deren Treffen fand dann vom 7. bis 14. Oktober 1939 am Marx-Engels-Lenin-Institut in Moskau statt. Alle vier »Richter« stammten aus dem »Institut der Roten Professoren«.

Dreiundfünfzig Akademiker unterschiedlicher Fachrichtungen nahmen an den Diskussionen teil, deren formales Ziel die Philosophen in ihren Einladungen mit folgenden Worten umrissen hatten: »Festlegung der marxistisch-leninistischen Forschungslinie auf dem Gebiet der Genetik und Zuchtforschung sowie Mobilisierung aller Arbeiter auf diesem Gebiet im vorgegebenen Sinne für den gemeinsamen Kampf um die Entwicklung der sozialistischen Agrikultur und die reale Umsetzung des theoretischen Darwinismus«. Was dann tatsächlich diskutiert wurde, war einerseits das Allbekannte: Die Lyssenkoisten klagten ihre Gegner »praktisch unbrauchbarer« Arbeit an, da sie mit Taufliegen anstatt mit nützlichen Tomaten, Kartoffeln oder anderen Nahrungspflanzen und -tieren forschten. Allerdings diffamierten sie ihre Gegner nun nicht mehr als »Faschisten«, denn im Oktober 1939 hatte die Sowjetunion bereits den Molotow-Ribbentrop-Nichtangriffspakt unterzeichnet und eine solche Bezugnahme auf Faschisten wäre als sehr unangebracht empfunden worden. Die Genetiker ihrerseits verwiesen erneut auf die Unzuverlässigkeit von Lyssenkos Ergebnissen und betonten, dass seine hastig zusammengezimmerten theoretischen Schlussfolgerungen spätestens dann zu einer Katastrophe für die sowjetische Landwirtschaft führen würden, wenn man feststellen müsste, dass sie nicht die erwarteten Ergebnisse brachten. Andererseits ging es bei dieser Debatte aber auch ganz konkret um Darwinismus. Denn inzwischen waren Marxismus und Darwinismus in der Sowjetunion miteinander verschmolzen worden.[104] Die Unausweichlichkeit der biologischen Evolution wurde von den Marxisten als Parallele der erhofften soziologischen Evolution betrachtet, durch welche die UdSSR die höchste Stufe der Gesellschaft erreichen sollte, einen Gipfel der »Evolution«, den alle anderen früher oder später auch erreichen würden.

In ihrer Beurteilung stellten die Philosophen dann fest, dass Lyssenko zwar einige Regeln der sowjetischen Bürokratie übertreten habe, stimmten ihm aber hinsichtlich der Aussage zu, dass die formale Genetik »antidarwinistisch« und ihre Methoden »praktisch undurchführbar« seien. Der Leningrader Brief, wie er inzwischen genannt wurde, hatte nichts verändert. Die traditionellen Genetiker durften weiterhin ihre unbedeutende Rolle spielen, und Lyssenko war keinerlei Schaden entstanden oder gar eine seiner vielen Positionen aberkannt worden. Im Gegenteil, er sollte schon bald noch fester im Sattel sitzen. Im Sommer 1940 wurde Wawilow als »englischer Spion« von der Geheimpolizei verhaftet. Anlass zu dieser Beschuldigung war anscheinend sein Briefwechsel mit dem britischen Genetiker C. D. Darlington, welcher sich gerade um die Übersetzung von Wawilows Publikationen ins Englische bemühte. Es fiel der Geheimpolizei nicht schwer, die Grundlagen für eine solche Anklage zu fabrizieren oder sich ein »Geständnis« zu sichern, dass Wawilow den Plan gehabt habe, den Briten lebenswichtige Details über die sowjetische Genforschung zu verraten, was sich gravierend auf die Ernährung des sowjetischen Volkes ausgewirkt hätte.[105]

Wawilow wurde im Juli 1941 hingerichtet. Und mit ihm starb auch ein Großteil der russischen Genetik. Er war der vermutlich bedeutendste

Wissenschaftler, der den großen Säuberungen zum Opfer fiel, doch die Pflanzengenetik war nicht die einzige Disziplin, die vollständig zerstört wurde. Auch die Psychologie und andere biologische Fachbereiche litten massiv unter Stalins Terrorregime. Wawilows Tod jedenfalls wurde im Ausland, wo man sich seiner bis heute als großen Wissenschaftler erinnert, vermutlich mehr beklagt als in der Sowjetunion. Lyssenko hatte freie Bahn.[106]

*

Am 20. Juni 1936 starb Maksim Gorkij in seiner Datscha in Gorki vor den Toren Moskaus. Zum Zeitpunkt seines Todes war er der wahrscheinlich bekannteste Romancier, Bühnenautor und Dichter Russlands, obwohl er sich zunächst in den 1890er-Jahren mit Kurzgeschichten einen Namen gemacht hatte. Gorki hatte an der Revolution von 1905 teilgenommen und sich den Bolschewiki angeschlossen, aber von 1906 bis 1913 im Exil auf Capri gelebt.[107] Seinen Roman *Mutter* (1906), der noch heute als Prototyp des proletarischen Romans gilt, schrieb er in den Vereinigten Staaten, wo er für die politische und materielle Unterstützung der Bolschewiki warb. Als Lenins Freund stand er der Revolution von 1917 nahe und gründete anschließend die Zeitung *Nowaja Schism* (neues Leben). Anfang der zwanziger Jahre verließ er aus Protest gegen die Behandlung der Intellektuellen sein Land erneut, bis ihn Stalin zu Beginn der dreißiger Jahre zur Rückkehr bewegen konnte.

Für alle, die den mittlerweile zweiundsechzigjährigen Schriftsteller kannten und um seinen schlechten Gesundheitszustand wussten, kam sein Tod nicht überraschend. Trotzdem begannen augenblicklich die wildesten Gerüchte zu kursieren. Eine Version lautete, dass ihn Genrich Jagoda, der oberste Funktionär des Moskauer Schriftstellerverbandes, töten ließ, weil Gorkij vorgehabt habe, gegenüber dem französischen Autor André Gide (der seine einstige Begeisterung für die Sowjetunion inzwischen revidiert hatte) die Wahrheit über Stalin zu enthüllen. Einem anderen Gerücht zufolge hatte man Gorkij mit »großen Mengen von Herzmitteln« wie Kampfer, Koffein und anderen starken Herz-Kreislauf-Medikamenten voll gepumpt. Die Übeltäter bei dieser Version waren von ausländischen Regierungen finanzierte »Rechte und Trotzkisten«, die die sowjetische Gesellschaft durch die Ermordung wichtiger öffentlicher Persönlichkeiten destabilisieren sollten.[108] Als man Witali Schentalinski 1990 Zugang zu den KGB-Archiven gewährte, fand er auch die Gorkij-Akte. Sie enthielt zwei Versionen seines Todes, die »offizielle« und die wahre. Zumindest theoretisch möglich scheint nun auch, dass die Ermordung seines Sohnes 1934 arrangiert worden war, um den Vater psychisch zu brechen. Doch selbst das ist noch nicht wirklich überzeugend, da Gorkij ja kein Feind des Regimes war. Als alter Freund Lenins mag er zwar das Gefühl gehabt haben, vorsichtig sein zu müssen, wenn es um Stalin ging, und gewiss hatte sich das Verhältnis zwischen ihm und Stalin abgekühlt, doch die KGB-Akten enthüllten, dass Stalin den Schriftsteller zwei Mal während seiner letzten Krankheit besucht hatte. Gorkij starb eines natürlichen Todes.[109]

Solche Gerüchte um seinen Tod unterstrichen nur, in welch düsterer Atmosphäre Schriftsteller, Künstler und Wissenschaftler lebten. In dem Jahrzehnt zwischen dem »Großen Bruch« und dem Zweiten Weltkrieg durchlief die Literatur der Sowjetunion drei unterschiedliche Phasen, die jedoch weit mehr den Versuchen der Behörden zu verdanken waren, Schriftsteller auf Linie zu trimmen, als irgendwelchen literarischen Innovationen. Die erste Phase von 1929 bis 1932 erlebte den Aufstieg des proletarischen Schriftstellers, der eher ein Anhänger von Stalin als von Lenin war. Diese Bewegung wurde vom proletarischen Schriftstellerverband RAPP angeführt, der einen ganz neuen Autorentyp propagierte und eine Kampagne gegen ältere Literaten führte, die der Meinung waren, dass sich ein Schriftsteller – wie letztlich jeder Intellektuelle – aus der Politik heraushalten sollte, um die Gesellschaft besser kritisieren zu können. Der RAPP kritisierte diesen »Psychologismus« auf der Basis, dass eine Auseinandersetzung mit individuellen Motiven grundsätzlich »bourgeois« sei; außerdem nahm er an jeder Literatur Anstoß, die den Bauern nicht in schmeichelhaften Licht porträtierte.[110] Bauern waren nobel und nicht neidisch, die Kulaken – die zaristischen Großgrundbesitzer – verdienten keinerlei Sympathie. Der RAPP war auch an der Gründung von »Schriftstellerbrigaden« beteiligt, deren einzige Aufgabe darin bestand, zu beschreiben, was Parteifunktionäre und insbesondere die Kollektivierung leisteten. Ossip Mandelstam, Boris Pasternak und Wladimir Majakowski gehörten zu denjenigen, die der RAPP heftigst kritisierte.[111] Zwischen 1932 und 1935 schlug das Pendel dann wieder zurück. Jeder, der seiner Sinne mächtig war, hatte feststellen können, dass unter dem RAPP-System Leute mit wenig oder ganz ohne Talent unvergleichlich viel bessere Schriftsteller zum Schweigen verdammten. Der neue politische Ansatz garantierte wirklichen Schriftstellern nun plötzlich eine Reihe Sonderprivilegien – Datschas, Urlaubsdomizile, Kuraufenthalte, Auslandsreisen –, aber verpflichtete sie zugleich, einer neuen Organisation beizutreten. Der RAPP wurde aufgelöst und durch den Sowjetischen Schriftstellerverband ersetzt. Und der war weit mehr als nur ein Verband – er drängte alles auf einen Nenner, zwang alle in die eine Orthodoxie: den sozialistischen Realismus. Und genau diese neue Doktrin führte dann dazu, dass man beschloss, Gorkij nach Hause zu holen.

Der sozialistische Realismus war eine Dreieinigkeit. In erster Linie sollte er den »neuen Menschen« der Sowjetunion ansprechen und insofern didaktisch sein, als er reale Ereignisse in ihrem revolutionären Kontext darstellen musste.[112] Zweitens sollte die Literatur nicht »zu abstrakt«, sondern vielmehr ein »Handlungsleitfaden« sein und einen »feierlichen« Ton anschlagen, damit sie der großen Epoche des Sozialismus würdig war. Und drittens sollte der sozialistische Realismus *Partiinost* demonstrieren, Eintracht mit der Partei, ein Echo sein der »alles entscheidenden Kader«, sogar in den Wissenschaften.[113] Selbst Gorki war bewusst, dass unter solchen Bedingungen keine große Literatur entstehen konnte. Zwar gab es einige gewichtige Projekte, die er durchaus begrüßenswert fand, etwa eine umfassende Geschichte des Bürgerkriegs, eine Geschichte der Fabriken oder eine Literatur über die Hungersnot, doch glaubte er, dass diese unter solchen Auflagen nur schwerfällig und wenig phantasievoll sein konnten.[114] Gorkijs Bestreben war es daher, dafür zu sorgen, dass die sowjetische Literatur nicht auf banale Propaganda reduziert würde. Höhepunkt des sozialistischen Realismus war der Erste Sowjetische Schriftstellerkongress, der 1935 in der Säulenhalle des sowjetischen Gewerkschaftshauses in Moskau tagte. Die Halle war mit riesigen Porträts von Shakespeare, Cervantes, Puschkin und Tolstoi geschmückt – offenbar wurde keiner dieser Unsterblichen als Bourgeois betrachtet. Arbeiter- und Bauerndelegationen marschierten, Handwerksgerät in der Hand, an den Teilnehmern vorbei, um die sowjetischen Delegierten an ihre »soziale Verantwortung« zu erinnern.[115] Gorkij hielt eine ziemlich zweideutige Rede, in der er einerseits seine Sympathien mit den von der Revolution befreiten aufstrebenden Talenten Russlands betonte, andererseits aber geradezu über sich hinauswuchs, um Funktionäre zu kritisieren, die keine Ahnung davon hätten, was es heißt, Schriftsteller zu sein. Dieser Hieb war allerdings nicht weniger gegen die Funktionäre des Schriftstellerverbandes selbst gerichtet. Der sozialistische Realismus, so Gorkij, müsse nicht nur sozialistisch, sondern auch real sein – womit er den gleichen Standpunkt einnahm, den Wawilow in der Biologie verfocht. Doch schließlich sollten sämtliche Vorschläge dieses Kongresses von Stalins Schreckensherrschaft zunichte gemacht werden. Noch im selben Jahr wurden Legionen von Schriftstellern nach der Ermordung von Kirow in der Ukraine erschossen. Die Bibliotheken mussten sämtliche Werke Trotzkis, Sinowjews und vieler anderer ausrangieren. Doch den größten Schauder löste die Tatsache aus, dass Stalin plötzlich persönliches Interesse an der Literatur zeigte: Er rief Schriftsteller wie Pasternak höchstpersönlich an; er fällte sein willkürliches Verdikt über einzelne Werke (so genehmigte er den *Stillen Don*, aber verbot Schostakowitschs Oper *Lady MacBeth von Mzensk*); er redigierte Leonid Leonows *Russischen Wald* selbst mit dem Rotstift.[116]

Seine Einlassung im Falle von Ossip Mandelstam war noch dramatischer. Auch Mandelstams Akte wurde von Witali Schentalinski im KGB-Archiv entdeckt, und sie ist die bewegendste. Mandelstam wurde zwei Mal verhaftet, einmal 1934 und dann erneut 1938. Beim zweiten Mal war gerade Anna Achmatowa aus Leningrad zu Besuch bei ihm.[117] Im Gefängnis wurde Mandelstam dann von Nikolai Schiwarow verhört, der auf absurde Weise mit ihm über seine Gedichte diskutierte, darunter über eines, das er über Stalin geschrieben hatte.

»*Frage*: ›Bekennen Sie sich des Verfassens von konterrevolutionären Werken schuldig?‹
Antwort: ›Ich bin der Verfasser des folgenden konterrevolutionären Gedichts:
Wir leben, unter uns das Land nicht kennend,
unhörbar unsre Worte auf zehn Schritt,
und wo es reicht für ein kleines Gespräch –
wird der Kremlbergbewohner erwähnt.
Seine dicken Finger, fettig wie Würmer,
und seine Worte – wie Zentnergewichte.
Wie eine Kakerlake lacht sein Schnurrbart,
und es glänzt sein Stiefelschaft.
Und um ihn herum das Pack der dickhäutigen Führer,
er spielt mit den Diensten von Halbmenschen.
Wie Hufeisen schmiedet Befehl um Befehl er –
dem in die Stirn, dem in die Braue, dem in die Leiste,
dem ins Auge.
Welche Todesstrafe immer – es ist eine Himbeere*,
und breit ist die Brust des Osseten**‹.«[118]

Anschließend rezitierte er noch ein Gedicht über die schreckliche Hungersnot in der Ukraine. Ergebnis dieser »Diskussion« war, dass Mandelstam für drei Jahre in die Verbannung geschickt wurde. Es hätte schlimmer kommen können, wenn Stalin nicht persönliches Interesse an ihm geäußert und seinen Häschern befohlen hätte, ihn zu »isolieren, aber am Leben erhalten«.[119] 1938 wurde erneut Anklage gegen ihn erhoben, nach demselben Paragraphen wie zuvor. »Das Urteil bedeutete, dass man den Dichter ›isolieren, aber nicht unbedingt am Leben erhalten‹ würde.«[120] Mandelstam hatte sich noch kaum von seiner Verbannung erholt, war mager und ausgezehrt. Die Machthaber (inklusive Stalin) wussten, dass er fünf Jahre in einem Lager niemals überleben würde. Das Urteil wurde im August gesprochen. Im Dezember hatte er in einem Übergangsgefängnis nicht einmal mehr die Kraft, sich von seiner Pritsche zu erheben. Am 26. Dezember brach er zusammen, am nächsten Tag starb er. In seiner KGB-Akte ist vermerkt: »Man befestigte ein Holzschild an seinem Bein,

* »Himbeere« hat hier negative Bedeutung. Nähere Erklärung in Anmerkung 118.
** »Ossete« – Bergstamm des Kaukasus. Erläuterung in 118.

warf die Leiche zusammen mit anderen auf einen Leiterwagen, schob ihn durchs Lagertor und kippte die Toten in ein Massengrab.« Seine Frau Nadeschda erfuhr von seinem Tod erst am 5. Februar 1939, sechs Wochen später, als eine Geldanweisung, die sie ihm geschickt hatte, »wegen des Todes des Adressaten« zurückkam.[121]

Isaac Babel, gefeierter Autor von Kurzgeschichten – zu seinen berühmtesten Arbeiten gehören *Reiterarmee* (1926) und *So wurde es in Odessa gemacht* (1927), ein Bericht über seine Erfahrungen im Bürgerkrieg – war niemals Parteimitglied, außerdem war er Jude. Wie gelähmt vom Geschehen in Russland, schrieb er in den dreißiger Jahren nur wenig (was ihm prompt zum Vorwurf gemacht wurde). Trotzdem wurde er im Mai 1939 verhaftet und niemals wieder gesehen. Im Verlauf der Vierzigerjahre ließ man seine Frau immer wieder einmal wissen: Er lebt, es geht ihm gut, er ist im Lager.[122] 1947 teilte man ihr von offizieller Seite mit, dass Isaac 1948 entlassen werden würde. Erst im März 1955 wurde ihr bekannt gegeben, dass ihr Mann »während der Verbüßung seiner Strafe« am 17. März 1941 verstorben sei. Und sogar das war noch gelogen. Seine KGB-Akte lässt keinen Zweifel daran, dass er am 27. Januar 1940 erschossen wurde.

Die Periode 1937 bis 1938 wurde unter Intellektuellen als das Jahr der *Jeschowschina* sprichwörtlich (Jeschows Schreckensherrschaft), benannt nach Nikolai Jeschow, Chef des KGB-Vorgängers NKWD. Dieses »Spiel«, Zustände nach Personen zu benennen, hatte Boris Pasternak begonnen, als er in Anlehnung an die Figur Schigaljow aus Dostojewskis *Dämonen* – ein Buch über gesellschaftliche Dystopie, Denunziationen und Überwachungen – immer von einer *Schigaljowschina* gesprochen hatte. Zu den Schriftstellern, Künstlern und Wissenschaftlern, die während Stalins Terrorherrschaft ermordet wurden, gehörten auch der Philosoph Jan Sten – der Stalin unterrichtet hatte –, Leopold Awerbach, Iwan Katajew, Alexander Tschajanow, Boris Guber, Pavel Florenski, Klichow Lelewitsch, Wladimir Kirschans, Iwan Michailowitsch Bespalow, Wsewelod Myerhold, der Futurismushistoriker Benedikt Ljischits, und Prinz Dimitri Swjatopolk Mirskij.[123] Die Schätzungen über die Zahl der ermordeten Schriftsteller gehen von 600 bis 1500. Selbst die niedrigste Zahl würde bedeuten, dass ein Viertel aller Mitglieder des Schriftstellerverbands dem Regime zum Opfer gefallen wäre.[124]

Das Resultat all dieser Brutalität, obsessiven Kontrollsucht und Paranoia war völlige Sterilität. Der sozialistische Realismus war eine Totgeburt, was zu Stalins Lebzeiten jedoch niemand auszusprechen wagte. Die Literatur dieser Epoche – etwa die Geschichte der Fabriken – liest niemand zum Vergnügen (*wenn* sie denn gelesen wird), oder um sich aufklären zu lassen, sondern bestenfalls aus einem grimmigen Interesse an einer düsteren Geschichte. Was in der Literatur dieser Zeit geschah, wurde vom parallelen Geschehen in der Psychologie, Linguistik, Philosophie und Biologie ergänzt. Rückblickend betrachtet stammt das vielleicht passendste Epitaph aus der Feder eines wahren russischen Schriftstellers. Wladimir Majakowski schildert in einem seiner frühen futuristischen Gedichte einen Mann beim Friseur. Als dieser ihn nach seinen Wünschen fragt, antwortet er schlicht: »Bitte stutzen Sie mir die Ohren.«[125]

18
Schwacher Trost

Trotz allem, was in Deutschland und in der Sowjetunion geschah, und ungeachtet auch der hohen Arbeitslosigkeit auf beiden Seiten des Atlantiks, ließen sich neue Ideen und neue künstlerische Ausdrucksformen nicht unterdrücken. Die Dreißigerjahre des zwanzigsten Jahrhunderts waren in so mancher Hinsicht erstaunlich schöpferisch.

Während an der Wall Street 1929 die Börse zusammenbrach und eine weltweite Wirtschaftskrise nach sich zog, wurden zum Beispiel die Filmemacher von der Einführung des Tonfilms überrascht.[1] Als erster Regisseur hatte der Franzose René Clair verstanden, was sich mit der Einbeziehung des Tons alles bewirken ließ, aber der erste Tonfilm selbst war *The Jazz Singer* mit Al Jolson in der Hauptrolle, und unter der Regie von Alan Crosland. Er war das prototypische Beispiel für die »Tyrannei des Tons«, wie der Filmhistoriker Arthur Knight die Vorliebe der ersten Tonfilmemacher nannte, bei jeder Gelegenheit alle nur erdenklichen Geräusche einzubauen – einfach weil diese Möglichkeit neu war. In den frühen Tonfilmen wurde dem Publikum zum Beispiel vorgeführt, wie es klingt, wenn Darsteller beim Picknick an Selleriestangen nagen, und die Erklärungen der alten Untertitel waren durch Schauspieler ersetzt worden, die dem Publikum jeden Mitwirkenden vor seinem ersten Auftritt vorstellten. Reklametafeln vor den Kinos kündigten »den ersten Tonfilm, der 100-prozentig an Originalschauplätzen gedreht wurde« oder »den ersten echten Tonfilm nur mit Negern« an.[2]

Clair war da schon wesentlich raffinierter. Anfänglich hatte er sich gegen die Verwendung des Tons in seinen Filmen gewehrt, und selbst als er seine Vorbehalte beiseite geräumt hatte, entschied er, Dialoge und Soundeffekte äußerst sparsam einzusetzen, aber wenn, dann oft sogar *anstatt* der Bilder, um einen gewünschten Effekt zu verstärken. So *zeigte* er beispielsweise nicht das Schließen einer Tür, sondern ließ den Zuschauer hören, wie sie ins Schloss fiel. Das dramatischste Beispiel für Clairs Technik ist ein Kampf in seinem Film *Unter den Dächern von Paris*. Er findet im Dunkel neben einer Bahnlinie statt – der Zuschauer hört das Rattern und den hastigen Rhythmus der vorbeifahrenden Züge, sieht sie aber nicht, was den Ton der dumpfen Schläge und das Ächzen der kämpfenden Schatten nur noch eindringlicher macht. Kurzum, Clair hatte eine einzigartige neue Filmsprache erfunden: Durch Anspielungen wurden zusätzliche Informationen gegeben und damit Stimmung und Atmosphäre verstärkt.[3]

Einen psychologischen Stimmungswandel brachte vor allem der amerikanische Film zum Ausdruck. Er hatte viel mit der Wirtschaftskrise, der Wahl von Franklin D. Roosevelt zum Präsidenten der USA und seinem New Deal von 1933 zu tun, mit dem er die Wirtschaft entlasten und damit wieder ankurbeln wollte. Das führte zwar zu einem gewissen Optimismus in der Bevölkerung, doch die Geschwindigkeit, mit der Roosevelt seine Maßnahmen umsetzte, unterstrich, wie gravierend die herrschenden Probleme wirklich waren. Hollywood jedenfalls fand die konventionellen Komödien und Musicals, die mit dem Tonfilm entstanden waren, dieser Krisenzeit offenbar nicht mehr angemessen und außerdem ungeeignet, den Menschen über die harten Tatsachen der frühen dreißiger Jahre hinwegzuhelfen. Das Publikum suchte im Kino zwar noch immer Fluchtmöglichkeiten vor der harten Wirklichkeit, aber inzwischen war eine immer stärkere Nachfrage nach realistischen Geschichten entstanden, die die realen Probleme der Menschen ansprachen.

Warner Brothers reagierte als erstes auf diese Nachfrage und landete mit *Der kleine Caesar*, dem ersten erfolgreichen Gangsterfilm (der die Biografie von Al Capone aufgriff), prompt einen Kassenschlager. Sofort brachte Hollywood in schneller Folge eine Reihe von sehr ähnlichen Sensationsstorys (allein 1931 waren es fünfzig) über dunkle Machenschaften, politische Korruption, die Brutalität in Gefängnissen oder Bankencrashs. Filme wie *Hölle hinter Gittern* (1930), *Titelblatt* (1931), *Der öffentliche Feind* (1931) und *The Secret Six* (1931) erzählten dem Publikum die Geschichten hinter den Schlagzeilen.[4] Oft waren die Storys auf einfachste Plots reduziert, aber es gab auch andere: Der auf einer wahren Geschichte beruhende Film *Ich bin ein entflohener Kettensträfling* (1932) führte beispielsweise tatsächlich zur Abschaffung der Ketten im Strafvollzug; und in *Blonde Venus* (1932) und *Letty Lynton* (1932) wurde Armut unbeschönigt aufs Korn genommen.[5] Nach Roosevelts Wahl zum Präsidenten veränderte sich die Stimmung wieder. Zwar konzentrierte man sich weiterhin auf soziale Probleme – Slums, Arbeitslosigkeit, die Bedingungen der Landarbeiter –, doch nun vermittelte der Film auch, dass es hier um Themen ging, die von einer Demokratie angesprochen werden mussten, dass die Tragödien einzelner Personen – egal, ob die jeweilige Geschichte ein Happyend hatte oder nicht – von den Fehlern des *politischen* Systems hervorgerufen worden waren. Auch das steigende Interesse an »Biopics«, an verfilmten Biografien, war einem wachsenden politischen Bewusstsein zu verdanken: Man wollte den heroischen Kampf von Menschen zeigen, die sich mit Erfolg gegen das herrschende System auflehnten. Alle Verfilmungen von Lebensgeschichten – Lincoln, Louis Pasteur, Marie Curie und Paul Ehrlich – waren große Kassenerfolge, aber der vielleicht beste dieser Art war *Das Leben des Émile Zola* (1937). Die Darstellung von Zolas klassischer Verteidigung des Hauptmann Dreyfus war eine scharfe Attacke gegen den Antisemitismus, der zu dieser Zeit ja nicht nur in Deutschland tobte, sondern auch in den USA die Stimmung beherrschte.[6]

Bei der New Yorker Weltausstellung im Jahr 1939 wurden Filme aller Genres präsentiert, vom Reisebericht bis hin zum Werbefilm, doch eine in den Dreißigerjahren entwickelte Form hob sich besonders ab: der britische Dokumentarfilm. Bei reinen Unterhaltungsfilmen war Großbritannien das Schlusslicht, weit hinter Hollywood und sogar den Filmindustrien anderer europäischen Staaten.[7] Dafür gab es eine sehr lebendige britische Dokumentarfilmtradition, die ihresgleichen suchte. Angefangen hatte alles mit der *Empire Marketing Board Film Unit*, die 1929 zu Propagandazwecken gegründet worden war und mit Plakaten und Broschüren für britische Lebensmittel aus dem noch existierenden Empire warb. Eine eigene Filmabteilung war erst ins Leben gerufen worden, nachdem der sture Schotte John Grierson, der sehr von den amerikanischen Werbetechniken beeindruckt war, den Präsidenten der Film Unit, Sir Stephen Tallents, davon überzeugt hatte, dass mit filmischen Mitteln sehr viel mehr erreicht werden konnte als mit gedruckten Pamphleten.[8] Für den neuen Tonfilm wollte sich Grierson die Talente der bedeutendsten Regisseure sichern – Erich von Stroheim oder Sergej Eisenstein –, um »reales Leben«, das alltägliche Drama realer Menschen und vor allem Geschichten über den Heldenmut der Arbeiter auf die Leinwand zu bannen. Der Dokumentarfilm war für Grierson eine Kunstform, die erst noch geboren werden musste.[9] Die ersten Filme über Fischer, Töpfer oder Bergarbeiter waren dann allerdings wenig dramatisch und noch weniger als Kunst zu bezeichnen. Erst nachdem die Film Unit 1933 mit Sack und Pack in das General Post Office übergesiedelt war, wo sie bis zum Zweiten Weltkrieg untergebracht sein sollte,[10] begann sie Dokumentarfilme zu produzieren, die völlig neue Regeln setzten – die neue Kunstform, um die sich Grierson so bemüht hatte, war geboren. Eine bestimmte Stilrichtung gab es nicht. Basil Wrights Dokumentation *Das Lied von Ceylon* zum Beispiel war voller Symbolik. Das sanfte, »zeitlose Ritual der Teepflücker« war mit wohl bedachten Zwischenschnitten über die härtere Gang- und Tonart der Teegroßhändler und mit impressionistischen Bildern aus dem prosaischen Alltag der Londoner Börse durchsetzt. Aber der wohl berühmteste Dokumentarfilm für Generationen von Briten war Harry Watts *Nachtpost* (wie alle anderen wurde auch er in Schulen vorgeführt und war daher jedem Engländer bekannt). Er verfolgte die nächtliche Tour des Postzuges von London nach Schottland, unterlegt mit einem Kommentar von W. H. Auden und der Musik von Benjamin Britten. Auden war die perfekte Wahl: Sein Gedicht vermittelte sowohl den lyrischen Rhythmus des Zuges, die Eile und die alltägliche Routine dieser ganzen Operation als auch die Wirkung, die ein ganz gewöhnlicher Brief auf das Leben seines Empfängers haben konnte:[11]

> And none will hear the postman's knock
> Without a quickening of the heart.
> For who can bear to feel himself forgotten?[12]

Erst durch den Krieg begriffen die Briten den Wert eines Propagandafilms. In Deutschland hatte man das schon fast ein Jahrzehnt früher verstanden – Hitler hatte sich nicht nur eigene Künstler, sondern auch eigene Filmemacher herangezogen. Und eine der ersten Handlungen des neuen Propagandaministers Joseph Goebbels war, dass er die prominentesten Filmemacher Deutschlands zusammentrommelte und ihnen Eisensteins Meisterwerk *Panzerkreuzer Potemkin* vorführte, mit dem dieser 1925 der Revolution ein Denkmal gesetzt hatte. Dieser Film war nicht nur ein Kunstwerk, sondern auch ein Stück Propaganda. »Meine Herren«, soll sich Goebbels an die Anwesenden gewandt haben, als die Lichter wieder angingen, »jetzt haben Sie eine Vorstellung davon, was ich von Ihnen erwarte.«[13] Der Propagandaminister wollte keine platte Propaganda, dazu war er zu schlau, trotzdem sollten die Filme, die ihm vorschwebten, das Dritte Reich natürlich verherrlichen. Deshalb sorgte er auch umgehend dafür, dass jedes Kino vor Beginn der eigentlichen Vorstellung eine staatlich zensierte Wochenschau und möglichst auch noch einen Dokumentarfilm zeigte. Nach Kriegsausbruch konnten diese Wochenschauen dann bis zu vierzig Minuten dauern. Aber noch stärkere Wirkung ging von den Dokumentarfilmen aus. Und deren unbestrittene Meisterin war die technisch brillante Leni Riefenstahl, zu Zeiten der Weimarer Republik eine unauffällige Schauspielerin, die sich dann als Dokumentarfilmerin neu erfand. Eine Inhaltsbeschreibung ihrer Filme würde jeden langweilen – Parteitage, Görings neue Luftwaffe, die Wehrmacht, die Olympischen Spiele. Es waren ihre völlig neuen Darstellungsweisen und ihre Fähigkeiten als Regisseurin, die diese Filme unvergessen machten. Ihre aus filmischer Sicht sicher beste Arbeit war *Triumph des Willens* (1937), der mit seinen drei Stunden Dauer allerdings kaum noch kurz zu nennen war, wie es Goebbels gefordert hatte. Immerhin hatte sie der Führer selbst beauftragt, den Nürnberger Parteitag für die Nachwelt festzuhalten. Um das gesamte Panorama einzufangen – Paraden, flammende Reden, das Exerzieren der Truppen, die massensportlichen Darbietungen oder die Essensversorgung der Menschenmassen –, wurden hinter den Kameras beinahe ebenso viele Leute gebraucht wie davor: sechzehn komplette Kameracrews waren im Einsatz.[14] Als der Film nach zwei Jahren Arbeit am Schneidetisch in die Lichtspielhäuser kam, übte er auf viele Zuschauer eine unwiderstehliche Wirkung aus.[15] Die endlosen Fackelzüge, eine geifernde Rede nach der anderen, die gleichgerichteten Massen hingebungsvoll lauschender Braun- und Schwarzhemden und die begeisterten »Sieg Heil«-Ausbrüche der riesigen Menschenmenge wirkten geradezu hypnotisierend.[16]

Propagandistisch kaum weniger geschickt war Riefenstahls zweiteiliger Film über die Olympiade, die 1936 in Berlin stattfand – *Fest der Völker* und *Fest der Schönheit* –, den Goebbels in Auftrag gegeben hatte. Es war ausgerechnet das nationalsozialistische Deutschland, das die heutige moderne Form der Olympiade einführte. Die ersten Olympischen Spiele nach der Antike hatten 1896 in Athen stattgefunden; und bei den Spielen 1932 in Los Angeles hatten erstmals schwarze Sportler ihre Leistungen unter Beweis stellen können. Deutschland gewann damals kaum Medaillen, worüber sich alle außer den Nationalsozialisten freuten, denn sie hatten die Teilnahme an kosmopolitischen Spielen unter der Beteiligung »aller Rassen« ursprünglich strikt abgelehnt. Angesichts dieser Vorgeschichte war die Tatsache, dass die Spiele des Jahres 1936 ausgerechnet in Deutschland stattfanden, noch aufsehenerregender.[17]

Nach ihrer Machtübernahme begannen die Nationalsozialisten sofort, Sport nicht nur als einen ideellen Wert, sondern auch als stabilisierende gesellschaftliche Kraft zu verherrlichen. Für Hitler und Goebbels waren diese Olympischen Spiele ungeachtet der Tatsache, dass alle Rassen teilnehmen konnten, eine perfekte Möglichkeit, der Welt das Dritte Reich zu präsentieren und allen die Errungenschaften und hohen Ideale der Nationalsozialisten vor Augen zu führen – und damit all ihren Gegnern eine Lektion zu erteilen. Juden waren aus den Sportvereinen des nazistischen Deutschland längst ausgeschlossen worden, weshalb die Vereinigten Staaten auch zum Boykott gegen Spiele in diesem Land aufgerufen hatten. Doch ihre Vorbehalte schwanden schnell dahin, als Deutschland aller Welt versicherte, dass jeder Sportler willkommen sei. Hitler und Goebbels begannen ein riesiges Spektakel vorzubereiten. Hitlers Architekt Albert Speer errichtete ein gewaltiges Stadion, Straßennamen in Berlin wurden für die Dauer der Spiele nach ausländischen Athleten umbenannt, und erstmals wurde der olympische Fackellauf veranstaltet – die in Griechenland entzündete olympische Flamme wurde im Staffellauf nach Berlin getragen, wobei der letzte Läufer genau zur Eröffnung der Spiele im Stadion eintraf.[18]

Leni Riefenstahl wurden für ihren Olympiafilm achtzig Kameramänner mitsamt Crew und buchstäblich unbegrenzte finanzielle Mittel zur Verfügung gestellt.[19] Sie verschoss rund 500000 Meter Film und brachte nach fast vierjähriger Schneidearbeit 1938 schließlich ein sechsstündiges Werk in zwei Teilen mit entweder deutschem, englischem, französischem oder italienischem Soundtrack in die Kinos. Ein Kritiker schrieb: »Riefenstahls Film übernahm sämtliche künstlichen Mythen, die sich um die modernen Olympischen Spiele rankten, und erhärtete sie, indem sie die Symbole der griechischen Antike mit den Motiven der industriellen Sportarenen verflocht. Sie erhöhte die Prinzipien des guten Verlierers und des überlegenen Siegers und verweilte in extenso auf Feinmuskulatur, insbesondere auf dem Körper von Jesse Owens, dem Negersportler aus den Vereinigten Staaten, der zu Hitlers großem Missvergnügen vier Goldmedaillen gewann.«[20] Riefenstahl setzte auch erstmals die Mittel der Zeitlupe und des radikalen Schnitts ein, um den unglaublichen Kraftaufwand zu zeigen, der für überragende sportliche Leistungen nötig ist. Einige Szenen aus diesen Olympiafilmen, vor allem die Sequenzen über die Turmspringer, sind nach wie vor unübertroffen schön.[21]*

Nach Kriegsbeginn setzte Goebbels alle ihm zur Verfügung stehenden Mittel ein, um das Meiste aus den propagandistischen Möglichkeiten des Films herauszuholen. Kameramänner flogen beispielsweise in den Stukas mit und begleiteten die Panzerdivisionen auf ihrem Vormarsch durch Polen. Solche Dokumentationen waren aber nicht nur für die Zuschauer an der Heimatfront gedacht. Speziell geschnittene Versionen wurden Regierungsvertretern in Dänemark, Holland, Belgien und Rumänien vorgeführt, um »die Sinnlosigkeit jedes Widerstands« zu unterstreichen.[22] Goebbels betonte gern, dass »Bilder nicht lügen«. Er muss wohl jedes Mal seine Finger hinter dem Rücken gekreuzt haben, wenn er das sagte.

*

Stalins instinktives Verständnis für den Nutzen des Films zu Propagandazwecken stand dem von Goebbels kaum nach. Ein Ziel seines ersten Fünfjahresplans war zum Beispiel, mehr Filmprojektoren in der Sowjetunion zu verteilen. Zwischen 1929 und 1932 sollte sich die Anzahl dann tatsächlich auf 27 000 Geräte verdreifachen, was »das Ansehen des Films in der Sowjetunion drastisch veränderte«.[23] Die Parteifunktionäre behaupteten zwar alle, dass sie von der neuen Filmindustrie »sozialistischen Realismus« erwarteten, doch was sie wirklich wollten, war Propaganda.

Der Ton wurde 1934 mit dem Film *Tschapajew*, unter der Regie der Brüder Sergej und Grigori Wassiliew, eingesetzt. Es war ein cleverer, komischer und romantischer Film über einen roten Partisanenführer im Bürgerkrieg, einen kleinen Bauern, der seine Leute zum Sieg führte und sich

* Bis zu den Olympischen Spielen in Berlin war es im Prinzip nur um das überragende Können von Sportlern gegangen. Diesmal erstellten die Berichterstatter erstmals den so genannten Medaillenspiegel, anhand dessen die Leistungen der beteiligten Länder verglichen werden konnten. 1936 hatte Deutschland die meisten Punkte, gefolgt von den Vereinigten Staaten und Italien. Großbritannien lag noch hinter Japan zurück.

dann zum »disziplinierten Bolschewiken« wandelte. Trotz dieser Geschichte gelang es dem Film, menschlich zu bleiben, weil er die kleinen Fehler seines Helden nie zu verstecken suchte.[24] *Tschapajew* wurde zum Vorbild für viele russische Filme bis zum Ausbruch des Zweiten Weltkriegs, so etwa für *Wir aus Kronstadt* (1936), *Stürmischer Lebensabend* (1937) oder die *Maxim*-Trilogie (1938–40). Sie alle stellten Revolutionshelden dar, die sich in gute Bolschewiken verwandelten.[25] Dass Filme über die real herrschenden Lebensbedingungen durch Abwesenheit glänzten, ist nicht schwer zu erklären: »Sozialistischer Realismus« hätte nach allgemeinem Verständnis Sozialkritik beinhalten müssen, und das war ein höchst gefährliches Unterfangen in der stalinistischen Sowjetunion. *Erlaubt* waren historische Kostümfilme, die das Leben im vorrevolutionären Russland dann auch nicht durchweg zu kritisieren brauchten. Diesem Umstand lag Stalins wachsende Überzeugung Mitte der dreißiger Jahre zu Grunde, dass es nie zu einer weltweiten Revolution kommen und Deutschland sich als größte Bedrohung der Sowjetunion herausstellen werde. Den Regisseuren war gestattet, Geschichten über Peter den Großen, Iwan den Schrecklichen oder andere historische Größen zu verfilmen, solange sie als Verfechter einer großrussischen Einheit dargestellt wurden.[26] Doch mit nationalistischen Aussagen allein waren Stalins Propagandawünsche bald nicht mehr zufrieden zu stellen. Je mehr Spannungen sich zwischen Deutschland und der Sowjetunion aufbauten, umso unmissverständlicher musste die Botschaft werden. Sergej Eisenstein zum Beispiel stellte in *Alexander Newsky* (1938) dar, wie dieser die Russen im dreizehnten Jahrhundert zum Sieg gegen die germanischen Ritter geführt hatte; doch das verwirklichte er mit Mitteln, die keinen Zweifel daran ließen, dass den Russen so etwas in der Not jederzeit wieder gelingen würde. In der Schlussszene sagt Newsky mit Blick in die Kamera: »Wer mit dem Schwert zu uns kommt, wird durch das Schwert umkommen.«[27] Andere Filme sprachen eine noch deutlichere Sprache: *Die Moorsoldaten* (1938) und *Familie Oppenheim* (1939) zeigten die grausamen Realitäten des Antisemitismus in Deutschland und die verzweifelten Zustände in den Konzentrationslagern.[28] Doch das Problem bei der Propaganda ist natürlich, dass sie immer den herrschenden politischen Bedingungen unterliegt. Kaum hatte Molotow im August 1939 den Nichtangriffspakt mit dem Deutschen Reich unterzeichnet, waren urplötzlich alle antideutschen Filme verschwunden.

*

Eine ganz andere Betrachtung des Films bot 1936 Walter Benjamin in seinem gefeierten Essay »Das Kunstwerk im Zeitalter seiner technischen Reproduzierbarkeit«, erschienen in der neu gegründeten *Zeitschrift für Sozialforschung* des Instituts der exilierten Frankfurter Schule. Benjamin,

1892 als Sohn eines jüdischen Antiquitäten- und Kunstauktionators in Berlin geboren, war ein radikaler Intellektueller, ein »Kulturzionist«, wie er selbst sagte (womit er meinte, dass er sich als Anwalt der liberalen jüdischen Werte in der europäischen Kultur verstand), der seinen Lebensunterhalt als Historiker, Philosoph, Kunst- und Literaturkritiker und Journalist verdiente.

Nachdem er wehruntauglich geschrieben worden war, übersiedelte Benjamin nach München und 1917 von dort in die Schweiz, wo er den Rest des Ersten Weltkriegs verbrachte. Er pflegte Freundschaften mit Hugo von Hofmannsthal, der Bildhauerin Julia Cohn, Bert Brecht und den Gründern der Frankfurter Schule. In vielen Schriften und Büchern – zum Beispiel in seinem *Wahlverwandtschaften*-Essay oder im *Ursprung des deutschen Trauerspiels* – stellte er Vergleiche zwischen traditionellen und neuen Kunstformen an und nahm damit gewissermaßen die Ideen von Raymond Williams, Andy Warhol und Marshall McLuhan vorweg.[29] In seinem 1936 in der Emigration verfassten Essay »Das Kunstwerk im Zeitalter seiner technischen Reproduzierbarkeit« entwickelte er schließlich seine »Theorie der nicht auratischen Kunst« weiter:[30] Seit der Antike hatte das Kunstwerk seinen Ursprung in der Religion und hatten sogar säkulare Werke immer eine »Aura« des Göttlichen, der »einmaligen Erscheinung einer Ferne, so nah sie sein mag«. Und nach den Aussagen von Hofmannsthal, Rilke oder Ortega y Gasset implizierte das einen wesentlichen Unterschied zwischen Künstler und Nichtkünstler, zwischen Intelligenz und Proletariat. Im Zeitalter der technischen Reproduzierbarkeit aber, und vor allem auf dem Gebiet des Films – eher eine kollektive Anstrengung als das Produkt eines Einzelnen –, werde mit dieser Tradition gebrochen und damit die Distanz zwischen Künstler und Nichtkünstler verringert. Die Kunst kann sich nun nicht mehr auf das Göttliche berufen; zwischen den Klassen herrscht neue Freiheit, und zwischen Autor und Leser gibt es keinen Unterschied mehr, denn »der Lesende ist jederzeit bereit ein Schreibender zu werden«, wenn er die Gelegenheit dazu bekommt.[31] Benjamin begrüßte diesen Wandel: Im Zeitalter der technischen Reproduzierbarkeit ist die Öffentlichkeit nicht mehr nur ein Agglomerat einzelner Seelen; und der Film als Mittel der Massenunterhaltung kann die psychischen Probleme der Gesellschaft besonders gut ansprechen. Damit wurde eine gesellschaftliche Revolution ohne Anwendung von Gewalt endlich denkbar.

Stellt man die Ansichten des exilierten liberalen Intellektuellen Benjamin den Vorstellungen von Goebbels gegenüber, fällt auf, dass beide gleichermaßen verstanden hatten, welche politische Macht der Film ausüben kann. Goebbels nutzte diese Macht als Instrument zur Durchsetzung seiner kurzfristigen politischen Ziele, Benjamin nahm als einer der Ersten wahr, dass sich mit dem Film die Kunst als solche veränderte und auch einen Teil ihrer Bedeutung verlor. Benjamin prophezeite hier bereits die Phase der kulturellen Evolution, die erst in der zweiten Hälfte des zwanzigsten Jahrhunderts wahrnehmbar werden sollte.

*

1929 wurde das Museum of Modern Art in New York eröffnet. Seine erste Ausstellung war Paul Cézanne, Paul Gauguin, Georges Seurat und Vincent van Gogh gewidmet. Vielleicht noch größeren Einfluss aber hatte eine Ausstellung, die 1932 im selben Haus über die Strömungen in der Architektur seit 1920 stattfand. Hier tauchten erstmals die Begriffe »internationaler Stil« oder »internationaler moderner Stil« auf. Die aufsehenerregendsten neuen New Yorker Gebäude dieser Zeit waren das Hauptquartier von Chrysler (1930) und das Rockefeller Center (1931–39) – keines von beiden im Internationalen Stil gebaut, doch das, was man damals als unzeitgemäß empfand, waren letztlich die für Manhattan typischen Formen. Im zwanzigsten Jahrhundert war der Internationale Stil jedenfalls einflussreicher als jede andere architektonische Strömung, denn hier ging es um mehr als nur Stil: nämlich um eine völlig neue Konzeption des Städtebaus, die erstmals 1933 beim Internationalen Kongress der Modernen Architektur (CIAM) klar definiert wurde.[32] Der CIAM verabschiedete ein dogmatisches Manifest, genannt Charta von Athen, das die Bedeutung von Stadtplanung betonte und eine streng funktionelle »Zoneneinteilung« sowie die Festlegung auf eine Bebauung mit hohen, weit auseinander liegenden Apartmenthäusern propagierte. Die treibende Kraft bei diesem Ansatz war ein sechsundvierzigjähriger Schweizer namens Charles-Edouard Jeanneret, seit 1920 besser bekannt unter dem Namen Le Corbusier. Auch Walter Gropius, der Finne Alvar Aalto, Philip Johnson (Kurator der Architekturausstellung im New Yorker Museum of Modern Art, der den Begriff »Internationaler Stil« geprägt hatte) und sogar Frank Lloyd Wright teilten Le Corbusiers Leidenschaft für neue Materialien und klare, gerade Linien als Ausdruck einer demokratischeren Baukunst. Aber Le Corbusier war eindeutig der Innovativste und auch bei weitem Kämpferischste von allen.[33]

In den ersten Jahren des Jahrhunderts hatte er in Paris Kunst und Architektur studiert und sich stark von John Ruskin und den sozialen Idealen der *Arts and Craft*-Bewegung beeinflussen lassen. 1910/1911 arbeitete er in Peter Behrens' Berliner Architekturbüro und beschäftigte sich mit den Ideen von Wright und dem Bauhaus, deren Ziele in vieler Hinsicht den seinen entsprachen und deren Entwürfe seinen sehr ähnelten.[34] Nach dem Ersten Weltkrieg wurden seine Pläne für eine neue Architektur allmählich radikaler. Zuerst entstand seine Idee für das »Haus im Serienbau ›Citrohan‹... wie ein Auto entworfen und durchgebildet wie ein Gesellschaftswagen«, eine auf Stützen gebaute »Wohnmaschine« ohne konventionelle Trennwände.[35] Für die internationale Ausstellung *Arts Décoratifs et Industriels* in Paris entwarf er 1925 ein strenges, weißes Haus, aus dem ein Baum herauswuchs. Es war Bestandteil seines *plan voisin* für ein neues Viertel, dem ein Großteil der Stadtmitte von Paris weichen sollte, um durch achtzehn riesige Hochhäuser ersetzt zu werden.[36] Erstmals umsetzen konnte Le Corbusier den für ihn typischen Internationalen Stil mit der Villa Savoye in Poissy (1929–32) und seinem Schweizer Pavillon in der Cité Universitaire von Paris (1930–32), beides schmucklose, auf Säulen errichtete Rechtecke.[37] Was Le Corbusier hier wie auch mit seinem Nachtasyl für die Heilsarmee (1929–1933) in Paris erreichen wollte, waren jene Klarheit und Einfachheit, welche Antike, Moderne und die »konkreten Bausteine« der neuen Naturwissenschaften miteinander vereinen sollten.[38] Er wollte die »weiße Welt« zelebrieren – klare, reine Materialien, Durchblicke und luftige Räume als Kontrast zur »braunen Welt«, mit ihrem beengenden, verschlossenen und verworrenen Denken und entsprechenden Entwürfen.[39] Das war ein ehrenvolles Ziel und wurde ihm auch prompt mit dem Auftrag gedankt, den *Pavillon des Temps Nouveaux* für die Pariser Weltausstellung 1937 zu errichten (wo auch Picassos *Guernica* ausgestellt wurde).

Unglücklicherweise gab es ein paar gravierende Probleme bei der Umsetzung von Le Corbusiers Ideen. Die zur Verfügung stehenden Materialien konnten seinen Visionen nie gerecht werden; ungebrochene weiße Oberflächen haben die Tendenz, schon bald zu verschmutzen, Risse zu bilden oder abzublättern. Außerdem wollten die Menschen nicht in solchen Kästen wohnen oder arbeiten, schon gar nicht in den von Le Corbusier entworfenen minimalistischen Wohnblocks.[40] Die weiße Welt der Internationalen Bewegung, mit ihrer Leidenschaft für strenge Durchplanung, sollte trotzdem den Wiederaufbau unmittelbar nach dem Zweiten Weltkrieg beherrschen. Und das erwies sich in vieler Hinsicht als katastrophal.

*

Heute spricht man gerne von der »Auden-Generation«, wenn man Schriftsteller, wie zum Beispiel Christopher Isherwood, Stephen Spender, Cecil Day Lewis, John Betjeman oder auch Louis MacNeice meint. In Wahrheit sprachen sie nicht alle mit derselben »Audenschen« Stimme, auch wenn das »Audensche« in die Sprache aller einzufließen begann.

Wystan Hugh Auden, Jahrgang 1907, wuchs als Sohn einer Familie des gehobenen Bürgertums in Birmingham auf (zur Schule ging er jedoch in Norfolk), der schon früh nicht nur von der Mythologie fasziniert war, sondern auch von den Industrielandschaften der Midlands mit ihren Eisenbahnen, Gaswerken, Fabriken und den damals typischen Maschinen und Motoren.[41] In Oxford belegte er dennoch zuerst Biologie, wechselte aber bald zur Anglistik über und pflegte dennoch weiterhin sein Interesse für die Naturwissenschaften und besonders die Psychoanalyse. Er orientierte sich um, weil er längst wusste, dass er nichts anderes als Dichter werden wollte.[42] Sein erstes Gedicht wurde 1928 von Stephen Spender veröffentlicht, den er in Oxford kennen gelernt hatte und der im Besitz einer eigenen Handpresse war. T. S. Eliot, damals Lektor bei Faber & Faber, hatte seine erste Gedichtsammlung abgelehnt, aber 1930 beschloss der Verlag, eine neue Zusammenstellung zu publizieren.[43] Und dieser Gedichtband bewies, dass Auden schon als Dreiundzwanzigjähriger eine faszinierende eigene Sprache und Technik gefunden hatte. Seine Kindheitserfahrungen im bereits untergehenden industriellen Kernland Großbritanniens, sein Interesse an den Naturwissenschaften und an der Psychoanalyse verhalfen ihm zu einem ganz eigenen Vokabular, das in einer zeitgenössischen, realen Außenwelt wurzelte. Er verzerrte die Syntax und stellte seine Bilder bewusst so zusammen, dass sie disharmonisch wirkten; damit entstand eine Arrhythmie, die in der Tat an Maschinen erinnerte. Es liegt häufig etwas Vertrautes, ja beinahe Gewöhnliches in der Art, in der viele seiner Gedichte enden.

> The dogs are barking, the crops are growing,
> But nobody knows how the wind is blowing:
> Gosh, to look at we're no great catch;
> History seems to have struck a bad patch.[44]

Oder:

> Brothers, who when the sirens roar
> From office, shop and factory pour
>   'Neath evening sky;
> By cops directed to the fug
> Of talkie-houses for a drug,
> Or down canals to find a hug
>   Until you die.[45]

Auden übte einen seltsam beruhigenden Effekt auf seine Leser aus, gewissermaßen so, als entpuppte sich ein völlig Fremder als Freund. In der mit so vielen Unsicherheiten belasteten Welt der Dreißigerjahre boten seine vertrauten, klaren Bilder vielleicht etwas, an dem man sich festhalten konnte.[46] Auden hatte übrigens auch keinerlei Probleme damit, so manche Idee aus soziologischen Studien oder den Informationen zu beziehen, die in den neuen Umfragen zum Ausdruck kamen (1935 begann man in den USA mit den berühmten Gallup-Umfragen, ein Jahr später richtete Gallup auch ein Büro in Großbritannien ein).[47] Seine späteren Gedichte waren politischer, aber sein Stil blieb immer von der für ihn typischen »Palette« geprägt. Er bemächtigte sich der Rhythmen des Jazz, der Hollywood-Musicals und der populären Songs (die mittlerweile dank des Radios noch populärer waren) und bezog sogar Filmstars wie die Garbo oder die Dietrich in seine Verse ein.

The soldier loves his rifle,
  The scholar loves his books,
The farmer loves his horses,
  The film star loves her looks.
There's love the whole world over
  Wherever you may be;
Some lose their rest for gay Mae West,
  But you're my cup of tea.[48]

Auden wurde schon bald imitiert, aber Qualität und Intensität seiner eigenen Dichtung begannen nach *Spain,* einem seiner besten Werke, Ende der Dreißigerjahre nachzulassen. Im Januar 1937 hatte sich Auden nach Spanien aufgemacht, aber nicht wie viele andere prominente Intellektuelle, um im Bürgerkrieg zu kämpfen, sondern um für die republikanische Seite Ambulanzen zu fahren. Doch dazu sollte es dann gar nicht kommen, denn nachdem er die verzweifelten Kämpfe unter den diversen republikanischen Fraktionen miterlebt und tief schockiert von den Grausamkeiten erfahren hatte, die den Priestern angetan wurden, kehrte er umgehend nach Großbritannien zurück. Trotzdem fand er noch immer, dass ein Sieg der Faschisten verhindert werden musste, also schrieb er in nur knapp vier Wochen *Spain.*[49] Hier ging es ihm im Wesentlichen um die Frage, was Liberalismus ist, und ob er überhaupt überleben kann.

  All presented their lives.
On that arid square, that fragment nipped off from hot
Africa, soldered so crudely to inventive Europe;
  On that tableland scored by rivers,

Our thoughts have bodys; the menacing shapes of our fever
Are precise and alive.[50]
Doch es fanden sich darin auch Zeilen wie:
Today the deliberate increase in the chances of death,
The conscious acceptance of guilt in the necessary murder.

*

George Orwell, der mit *Mein Katalonien* auch einen Bericht über den Bürgerkrieg schrieb, in dem er selbst gekämpft hatte, kritisierte Auden vehement für dieses Gedicht: So etwas habe nur ein Mensch schreiben können, »für den Mord nichts als ein *Wort*« sei.[51] Tatsächlich war Auden mit der Formulierung »necessary murder« selbst nicht glücklich und veränderte sie schließlich in »the fact of murder«. Später musste er dann auch andere Kritik über sich ergehen lassen, nämlich dass er dem Kreis von Intellektuellen angehöre, die offenbar nichts gegen politischen Mord hätten, aber kollektiv die Augen vor dem Terror in der Sowjetunion verschlössen.

So weit ging Orwell nicht. Wie Auden befürchtete auch er einen Sieg der Faschisten in Spanien und fühlte sich deshalb wie viele andere zum Kampf verpflichtet. Tatsächlich war die Gruppe der Intellektuellen und Schriftsteller, die sich nach Spanien durchschlugen, um im Bürgerkrieg zu kämpfen, bemerkenswert: aus Frankreich André Malraux, François Mauriac, Jacques Maritain, Antoine de Saint-Exupéry, Louis Aragon und Paul Eluard; aus Großbritannien, abgesehen von Orwell und Auden, Stephen Spender, C. Day Lewis und Herbert Read; aus den Vereinigten Staaten Ernest Hemingway, John Dos Passos und Theodore Dreiser; aus Russland Ilja Ehrenburg und Michael Koltsow und aus Chile Pablo Neruda.[52] Noch hatte die große Desillusion gegenüber dem sowjetischen System nicht eingesetzt, und viele Intellektuelle befürchteten eine Ausbreitung des Faschismus über Deutschland und Italien hinaus (faschistische Parteien existierten auch in Finnland, Portugal, Großbritannien und anderenorts). Sie alle glaubten, es sei ein »gerechter Krieg«. Natürlich gab es auch einige wenige Schriftsteller, die sich auf die Seite Francos schlugen – darunter George Santayana und Ezra Pound –, weil sie glaubten, er würde dem Land eine nationalistische und aristokratische gesellschaftliche Ordnung geben, welche die Kultur vor ihrem unvermeidlichen Untergang retten könne; und ein paar katholische Schriftsteller erhofften sich von Franco die Rückkehr zu einer christlichen Gesellschaft. Manche entschlossen sich erst zum Kampf, nachdem Spaniens bester Dichter, García Lorca, in der nationalistisch besetzten Zone ermordet worden war; aus ihren Reihen gingen mehrere autobiografische Berichte über diesen Krieg hervor.[53] Die meisten Fragen, die sich durch den Spanischen Bürgerkrieg stellten, wurden schließlich vom Zweiten Weltkrieg und dem kommenden Kalten Krieg überholt, aber zumindest zwei große Romane und ein großartiges Gemälde von bleibendem Wert gingen direkt aus ihm hervor: André Malraux' *Die Hoffnung*, Ernest Hemingways *Wem die Stunde schlägt* und Pablo Picassos *Guernica*.

André Malraux engagierte sich weit mehr als die meisten anderen Intellektuellen – und weit über seine Funktion als Schriftsteller hinaus – in diesem Krieg. Er stellte seine Fähigkeiten als Pilot zur Verfügung, verbrachte viel Zeit damit, Panzer und Flugzeuge für die Republikaner zu besorgen, und reiste bis in die Vereinigten Staaten, um (erfolgreich) Geld zu beschaffen. Sein Buch *Die Hoffnung* folgt dem Schicksal des Luftgeschwaders der Internationalen Brigade vom Beginn des Krieges in Madrid über Barcelona und Toledo bis hin zur Schlacht von Guadalajara im März 1937.[54] Einerseits ist es ein Kriegstagebuch, andererseits eine Betrachtung der unterschiedlichen Weltanschauungen der Brigademitglieder.[55] Das zu Grunde liegende Thema ist, dass Mut allein in einem Krieg nicht ausreicht und der Sieg immer der Seite gehört, die diesen Mut auch am besten *organisiert*. Malraux hatte dies als Doppelbotschaft konzipiert: Da das Buch noch während des Krieges veröffentlicht wurde, sprach er hier nicht nur zu einer größeren Leserschaft, sondern auch zu seinen Kampfgenossen selbst. Mut, schrieb er, ist eine Grundbedingung für jede Revolution, bei seiner Organisation geht es noch um ganz andere Erfordernisse: Disziplin, Rangordnung, Opfer. Den Blick fest auf Lenin und Stalin gerichtet – beides Organisatoren par excellence –, lenkte Malraux die Aufmerksamkeit des Lesers auf die inhärenten Gefahren der Revolution und gemahnte ihn, dass Organisation als eine Waffe eingesetzt werden kann, die, wie alle Waffen, nur Unheil anrichtet, wenn sie in falsche Hände gerät.

Ernest Hemingway siedelte sein Buch in einer späteren Zeit des Spanischen Bürgerkriegs an, im Frühsommer 1937, einem wichtigen Datum, weil zu dieser Zeit eine Niederlage der Republikaner schon sehr wahrscheinlich schien. Sein Plot konzentriert sich auf eine Gruppe republikanischer Partisanen, die aus ganz Spanien zusammengezogen wurden und sich in einer Höhle hoch über den Pinien der Sierra de Guadarrama, hundert Kilometer südwestlich von Madrid, hinter den Linien der Faschisten verschanzten. Viel mehr noch als Malreaux' *Hoffnung* ist dies ein Buch über Verhängnis und Verrat, über die wachsende Erkenntnis unter den Protagonisten, dass die Sache, für die sie kämpfen, nicht siegen kann. Und es stellt die Frage, warum das Unternehmen gescheitert ist und wer dafür die Verantwortung trägt. Nach Hemingways Auffassung war das spanische Volk eindeutig verraten worden, und zwar durch die internationalen Mächte, die ihre Versprechungen nicht hielten, aber auch durch Spanien selbst, das sich eigennützig seinen Spaltungstendenzen und seinem undisziplinierten Individualismus ergab. Die Stärke dieses Romans liegt zum Teil in der schmerzlichen Erkenntnis des amerikanischen Protagonisten Robert Jordan, dass es in jedem Krieg zu einer Phase kommt, in der die Niederlage möglich erscheint; da diese Möglichkeit jedoch nie eingestanden werden darf, ist man immer weiter zum Töten gezwungen. Wo bleibt da das liberale Gewissen?[56]

Einen Monat nach der Schlacht von Guadalajara am 26. April 1937, die eine zentrale Rolle in Malraux' Roman spielt, griffen dreiundvierzig Heinkel der deutschen Luftwaffe die kleine Stadt Guernica im Baskenland an.

Eine Maschine nach der anderen stürzte sich auf die im Nachmittagslicht liegende Stadt und bombardierte im Tiefflug die unbewehrten Dächer, Kirchen und Plätze dieses alten ehrwürdigen Ortes. Als der Angriff vorüber war, waren 1600 von 7000 Einwohnern tot und 70 Prozent der Stadt zerstört. Es war ein Akt willkürlichster Grausamkeit. Schon vorher war Pablo Picasso von der spanischen Regierung beauftragt worden, ein Gemälde für den spanischen Pavillon der Pariser Weltausstellung zu malen. Angesichts der Verachtung, die er für Franco empfand, hatte er nur zögernd zugestimmt. Anfang 1937 schließlich begann er nach Art alter Bilderbögen die bissige Bildagitation *Traum und Lüge Francos*, auf der er den General als ekelhaftes, kaum noch menschlich zu nennendes, haariges Etwas lächerlich machte. Monatelang hatte Picasso diesen staatlichen Auftrag unentschlossen vor sich her geschoben, doch nun, nach dem Angriff auf Guernica, gab es für ihn kein Halten mehr. Innerhalb von nur wenigen Wochen bearbeitete er mit wahrer Besessenheit eine riesige, 3,51 x 7,82 Meter umfassende Leinwand.[57] Und zum ersten Mal ließ er zu, bei der Arbeit beobachtet zu werden. Seine Geliebte Dora Maar fotografierte jede Entstehungsphase des Gemäldes, und Paul Éluard – der wie Christian Zervos, André Malraux, Maurice Raynal und Jean Cassou zu Picassos engsten Freunden zählte – war als ständiger Beobachter zugegen, während Picasso mit hoch gekrempelten Ärmeln die Leinwand attackierte und dabei von Goya sprach, der die Schrecken der napoleonischen Kriege festgehalten hatte.[58] *Guernica* war das Destillat einer vierzigjährigen künstlerischen Entwicklung, zutiefst introspektiv und persönlich, aber zugleich von einer weit über die Person des Malers hinausreichenden Bedeutung.[59] Hervortreten eine Frau, ein Stier und ein Pferd, erstarrt im gemeinsam erlebten Moment des Schreckens inmitten einer albtraumhaften Schwarz-Weiß-Komposition. Der Romancier Claude Roy erzählte, dass er das Gemälde, als er es bei der Pariser Weltausstellung als Jurastudent erstmals gesehen und für »eine Botschaft von einem anderen Stern« gehalten habe: »Seine Gewalt machte mich sprachlos, versteinerte mich in noch nie verspürter Angst.«[60] Herbert Read schrieb: »Es gibt schon lange keine monumentale Kunst mehr, dazu muss das Zeitalter einen Sinn für Ruhm und Ehre haben. Dazu braucht der Künstler ein gewisses Vertrauen in seine Mitmenschen und ein gewisses Zutrauen zu der Kultur, der er angehört. Die moderne Welt macht eine solche Einstellung unmöglich … Das einzige logische Monument heute wäre ein negatives Monument. Ein Monument der Desillusion, der Verzweiflung, der Zerstörung. Es war unumgänglich, dass der größte Künstler unserer Zeit zu dieser Schlussfolgerung kam. Picassos großartiges Fresko ist ein Monument der Zerstörung, ein Aufschrei des Grauens und Entsetzens, verstärkt durch den Geist des Genies.«[61]

Das Gemälde ist vor allem Picasso. Die entsetzt aufschreiende Frau, das vor Schmerzen brüllende Pferd, die Augäpfel in Agonie verdreht, der erstarrte Stier, alles auf diesem Bild ist zerbrochen, entstellt vom Grauen des Krieges und vom Tod, das Ganze in Schwarz-Weiß mit den Spuren eines Zeitungsdrucks auf dem Pferdekörper. In seiner Verzweiflung gab Picasso uns den Hinweis, dass selbst ein Monument wie dieses ebenso wenig dauerhaft ist wie eine Zeitung. Robert Hughes schrieb einmal, *Guernica* sei das letzte große Historiengemälde.[62] Tatsächlich ist es aber auch das letzte große Gemälde, das mit der Absicht entstand, die Denkweisen und Gefühle der Menschen gegenüber der Macht zu verändern, das einen politischen Akt thematisierte. Denn schon im nächsten, dem Zweiten Weltkrieg wurden die Kriegsmaler von Kriegsfotografen verdrängt.[63] Im Herbst 1940 lebte Picasso im besetzten Paris. Die Nationalsozialisten machten eine Bestandsaufnahme seines Besitzes. Sie ließen die Stahlkammern seiner Bank öffnen und inventarisierten seine dort lagernden Gemälde. Dann durchsuchten sie seine Wohnung. Einer der Offiziere sah eine Fotografie von *Guernica* auf einem Tisch. Er betrachtete sie und fragte Picasso: »Haben Sie das gemacht?« »Nein«, erwiderte Picasso, »Sie.«[64]

Picasso hatte Unrecht. Die Bildeindrücke von *Guernica* haben bis heute nicht an Intensität verloren und finden noch immer Resonanz, genauso wie der Spanische Bürgerkrieg selbst. George Orwell, der mit den republikanischen Partisanen in und um Barcelona kämpfte und mit seinem Buch *Mein Katalonien* einen großartigen Bericht darüber hinterließ, erklärte mit folgenden Worten, weshalb dieser Krieg wie ein Katalysator auf ihn wirkte: »Der Spanische Bürgerkrieg und all die anderen Geschehnisse in den Jahren 1936–1937 rissen das Heft herum, danach wusste ich, wo ich stand. Jedes ernsthafte Wort, das ich seit 1936 geschrieben habe, schrieb ich direkt oder indirekt *gegen* den Totalitarismus und *für* das, was ich unter demokratischem Sozialismus verstehe.«[65] Mit anderen Worten, Orwell wusste bereits 1936 ganz genau, wohin der Totalitarismus führt. Andere sollten dafür noch Jahrzehnte brauchen.

*

Mein Katalonien vermittelt nicht nur das Grauen des Krieges mit seiner Kälte, den Läusen und Schmerzen (Orwell wurde von einer Kugel in den Nacken getroffen), sondern auch mit seiner Langeweile.[66] Gegen Kälte und Läuse gab es keine Mittel, gegen Langeweile schon: In einer Randbemerkung berichtete Orwell, dass er sie mit »ein paar Penguins« zu bekämpfen pflegte, die er in seinen Rucksack gestopft hatte. Es war einer der ersten gedruckten Hinweise auf ein in den Dreißigerjahren entwickeltes Phänomen aus dem Literaturbetrieb – das Taschenbuch.

Mein Katalonien wurde selbst ein sehr populäres Taschenbuch, aber die Penguin-Taschenbücher, die Orwell in Spanien zur Verfügung standen, waren wohl kaum hochgeistig zu nennen. Die »Penguin Books« hatten eine schwierige Geburt unter nicht gerade angenehmen Begleitumständen erlebt. Die Idee, diesen Verlag ins Leben zu rufen, war nach einem Wochenende entstanden, das Allen Lane im Frühjahr 1934 bei Agatha Christie und ihrem zweiten Mann, dem Archäologen Max Mallowan, in Devon verbracht hatte. Lane, zu dieser Zeit Verkaufsleiter des Londoner Verlages Bodley Head, genoss dieses Wochenende bei seinen gut gelaunten Gastgebern. (Christie pflegte immer zu sagen: »Ein Archäologe ist die beste Wahl, die eine Frau treffen kann – je älter man wird, umso mehr interessiert er sich für einen.«) Auf der Heimfahrt stellte Lane fest, dass er vergessen hatte, etwas zum Lesen mitzunehmen.[67] In Exeter, wo er umsteigen musste, hatte er eine Stunde Aufenthalt und genug Zeit, um in den Bücherständen des Bahnhofs zu stöbern. Aber er fand nichts außer Zeitschriften, billigen Kriminalromanen und Liebesschnulzen in unhandlichen Hardcover-Ausgaben. Gleich am nächsten Morgen erzählte er seinen Brüdern Dick und John, ebenfalls Direktoren von Bodley Head, von seiner Idee, qualitativ gute Romane und Sachbücher in handlichem Format und zwischen fröhlich aufgemachten Pappdeckeln gebunden neu zu verlegen. Sie sollten nicht mehr als einen Sixpence kosten – so viel wie ein Päckchen Zigaretten – und damit weit unter dem Preis eines Hardcovers liegen. Die Brüder hatten nicht viel übrig für diese Idee. Wenn man Bücher für einen Sixpence verkauft – wie sollte man dann Profit machen? Allen antwortete mit einem einzigen Wort: Woolworth (er hätte aber genauso gut Ford sagen können). Gerade weil diese Taschenbücher so unvorstellbar billig wären, würden sich auch bis dahin unvorstellbar hohe Auflagen verkaufen lassen. Die Herstellungskosten wären minimal und der Gewinn maximal. Schließlich steckte Allen die Brüder mit seiner Begeisterung an. Projekte für billige Bücher hatte es schon zuvor gegeben, aber keines hatte die Lesegewohnheiten so verändert wie Allen Lanes realisierter Plan.[68] Zuerst wollte er die neue Reihe unter dem Namen »Dolphin« vertreiben, weil der Delfin zum Stadtwappen seiner Heimatstadt Bristol gehörte. Aber der Name war bereits vergeben, ebenso wie »Porpoise« (Tümmler). Nur Penguin war noch zu haben. Allerdings sollte es sich dann viel schwieriger erweisen als gedacht, diese Idee dem Buchhandel schmackhaft zu machen; und Verkaufserfolge hatten die Penguin-Bücher erst, nachdem die Frau des Chefeinkäufers von Woolworth zufällig bei einem Treffen im Verlag anwesend gewesen war und Lane erzählt hatte, dass ihr die Bandbreite der ersten zehn Titel und die Umschlaggestaltung dieser Reihe sehr gut gefielen.[69] Prompt traf eine Massenbestellung von ihrem Mann ein.

Die ersten Titel der Penguin-Reihe waren eine ziemlich bunte Mischung: Nummer eins war André Maurois' *Ariel (Ariel oder das Leben der Shelleys)*, darauf Hemingways *A Farewell to Arms (In einem anderen*

Land); dann kamen Eric Linklaters *Poet's Pub*, Susan Ertz' *Madame Claire*, Dorothy L. Sayers' *The Unpleasantness at the Bellona Club* (*Es geschah im Bellona Club)* und Agatha Christies *The Mysterious Affairs at Styles (Das fehlende Glied in der Kette)*; und schließlich folgten noch Beverly Nichols *Twenty-five*, E. H. Youngs *William* und Mary Webbs *Gone to Earth*. Nummer zehn war Compton Mackenzies *Carnival*. Das war zwar eine seriöse Liste, doch dass sie einen intellektuellen Durchbruch darstellte, war nicht gerade zu behaupten – sie war »vernünftig und sicher«, wie einer von Lanes Freunden meinte.[70] Und sie war sofort ein kommerzieller Erfolg, für den dann schnell mehr oder weniger plausible soziologische Gründe gefunden wurden – dass solche Bücher zu Zeiten einer Weltwirtschaftskrise billige Fluchten böten oder dass sie deshalb so populär seien, weil große Privatbibliotheken in den typisch kleinen Häusern, die J. B. Priestley in seiner *English Journey* beschrieb – einer Untersuchung über den sozialen Wandel im Großbritannien der dreißiger Jahre – nicht möglich seien.[71] Besser ließ sich der Erfolg von Penguin vielleicht durch die Studie *Fiction and the Reading Public* von Q. D. Leavis über die Lesegewohnheiten der Briten erklären. Lane hatte sie mit Sicherheit gelesen, da sie 1932, bereits zwei Jahre vor Gründung seiner neuen Reihe, veröffentlicht worden war. Queenie Leavis war die Frau von F. R. Leavis, einem umstrittenen Literaturkritiker und Professor im Fachbereich Anglistik der Universität Cambridge. Anglistik war damals noch ein relativ junges Lehrfach, das heißt, der Fachbereich war erst kurz nach dem Ersten Weltkrieg gegründet worden und wurde inzwischen von den Professoren Hector Munro Chadwick, I. A. Richards, William Empson und eben den Leavises geleitet. Ihr Interesse galt der Durchsetzung zweier Ziele: Erstens wollten sie den Briten beibringen, dass Literatur das edelste aller Abenteuer ist, *der* Versuch schlechthin, ein ethisch-moralisches und daher wirklich genießbares und zufrieden stellendes Leben zu gestalten; und zweitens wollten sie die korrumpierenden Einflüsse des Kommerz auf die Literatur und daher auch auf das Geistesleben entlarven. 1930 hatte F. R. Leavis sein Buch *Mass Civilisation and Minority Culture* herausgebracht, in dem er behauptete, dass die »urteilsfähige Wertschätzung« von Kunst und Literatur immer von einer kleinen Minderheit geprägt werde und ein »gebildetes Leben« immer von der »unbeeinflussten, geradlinigen Beurteilung« dieser kleinen Minderheit abhänge.[72] Mit einem Wort, wie geistig hoch stehend eine Kultur sei, hänge von ihrer Literatur ab.

In Cambridge waren die Richards und Leavises von lauter Naturwissenschaftlern umgeben. William Empson war ursprünglich an diese Universität gekommen, um Mathematik zu lehren, Kathleen Raine unterrichtete Biologie, und sogar die führende studentische Literaturzeitung wurde von einem Naturwissenschaftler, Jacob Bronowski, herausgegeben. Ganz ohne Frage waren die Leavises von dieser Tatsache beeinflusst. Leavis'

Biograf erklärte, dass Literatur für ihn zu jenem »umfangreichen *corpus* von Problemen« gehört habe, welcher eher durch subjektive Meinung als durch wissenschaftliche Methodik oder konventionelle Faustregeln angesprochen werde: »Kurzum, es ist die ganze Welt der abstrakten Meinungen und Dispute um *Gefühlsdinge*«. Dichtung lade zur Subjektivität ein, folglich sei sie ein außerordentlich angemessener Köder für jeden, der sich Meinungen und Reaktionen eines breiten Publikums zu Nutze machen wolle.[73] Leavis und Richards interessierten sich für das, was »gewöhnliche« Menschen (im Gegensatz zu Literaturkritikern) über Literatur im Allgemeinen und über Dichtung im Besonderen dachten. Und um solche Meinungen herauszufinden, starteten sie diverse Umfragen und diskutierten ihre »Protokolle« dann in ihren Seminaren, was eine völlig neue und für die damalige Zeit revolutionäre Interaktion bei Lehrveranstaltungen bedeutete. Auch das gehörte ebenso untrennbar zu ihren Versuchen, objektiver und wissenschaftlicher vorzugehen, wie Queenie Leavis' Buch *Fiction and the Reading Public*, in dem sie sich selbst als eine Art Literaturanthropologin darstellte.

Im Zentrum ihres Interesses standen der »Bestseller« und die Frage, weshalb diese nie als große Literatur betrachtet werden. In den ersten Kapiteln widmete sie sich der Auswertung eines Fragebogens, den sie an Bestsellerautoren geschickt hatte; dann folgte ein historischer Teil, in dem sie die Evolution der Romane lesenden Öffentlichkeit Großbritanniens darstellt. Zu Elisabethanischen Zeiten, so Leavis, war Musik die populärste kulturelle Ausdrucksform; im siebzehnten und achtzehnten Jahrhundert beharrte das puritanische Gewissen auf einem moralisch erbaulichen Literaturkanon, was sich auch darin zeigte, dass die etablierte Kirche »einen Gelehrten und Gentleman in jede Gemeinde schickte«, dessen Aufgabe es war, als Autorität über den guten Geschmack zu wachen. Was immer sich seither verändert habe, sei dann allein dem Aufstieg der Journaille und den Veränderungen innerhalb der journalistischen Profession zu verdanken gewesen. Im späten achtzehnten Jahrhundert vervierfachte sich die Leserschaft von Prosa, parallel zur Popularität von Zeitschriften wie *Tatler* und *Spectator*. Doch dieser Wandel, so Leavis weiter, ging derart rapide vonstatten, dass der Standard einfach sinken musste – die Romanciers schrieben immer schneller immer schlechtere Werke, um die steigende öffentliche Nachfrage zu befriedigen. Anfang des neunzehnten Jahrhunderts setzte schließlich auch die Nachfrage nach Serienromanen ein, was zur Folge hatte, dass die Schriftsteller nun nicht nur schneller arbeiten, sondern ihre Geschichten auch so strukturieren mussten, dass jede Fortsetzung mit extrem aufgebauter Spannung endete. Der Standard sank immer weiter. Ende des neunzehnten Jahrhunderts, nach Einführung der Rotationspresse und der modernen Zeitungen, rutschte er dann noch weiter ab – vor allem bei der *Daily Mail* von Lord Northcliffe.

Nun hieß das Motto: »Gebt dem Volk, was es will.« Was Leavis hier verdeutlichen wollte, war, dass der Roman Schritt für Schritt ein gewisses Niveau erreicht und wieder verloren habe. Die einstige gelehrte Beschäftigung mit der menschlichen Natur und ihren Auswirkungen auf ethisches Verhalten sei Schritt für Schritt zum reinen Geschichtenerzählen verkommen. Gegen Ende des Buches verliert Leavis dann ziemlich deutlich ihre anthropologische Contenance und wissenschaftliche Unparteilichkeit: *Fiction and the Reading Public* endet als wütendes Pamphlet, das sich vor allem gegen Lord Northcliffe richtet.[74]

Aber dieses Buch liefert in der Tat Hinweise, weshalb Allen Lane und Penguin Books so erfolgreich sein konnten. Mehrere der von Leavis besprochenen Schriftsteller – Hemingway, G. K. Chesterton oder Hilaire Belloc – gehörten zu Penguins ersten Autoren. Hemingway, so Leavis, habe den »gewöhnlichen Mann« verherrlicht, jenen von der Journaille hofierten Gegenpart des Schöngeists, während Chesterton und Belloc eine Prosa vertraten, die zwar kunstvoller als die journalistische, aber nach wie vor als solche erkennbar gewesen sei und keinerlei intellektuelle Anforderungen an den Leser stellte.[75] Das war nicht besonders fair gegenüber Lane, denn seine Autorenliste war eine durchaus gefällige Mischung, außerdem hatte er in der Tat mit dem einen oder anderen Titel versucht, den Horizont seiner Leserschaft zu erweitern. Die nächsten zehn Titel von Penguin boten bereits eine weit bessere Literatur- und Autorenauswahl als die ersten zehn, darunter Norman Douglas' *South Wind*, W. H. Hudsons *Purple Land*, Dashiell Hammetts *Thin Man (Der dünne Mann)*, Vita Sackville-Wests *Edwardians* und Samuel Butlers *Erewhon*. Im Mai 1937 startete Lane schließlich die Pelican-Sachbuchreihe, die ihm vermutlich seine größten Triumphe bescherte[76] – denn dies waren die dreißiger Jahre, irgendwas lief eindeutig schief mit dem westlichen Kapitalismus oder dem westlichen System.[77] Die Idee zur Pelican-Reihe war entstanden, nachdem Allen Lane im Sommer 1936 eine von George Bernard Shaws berühmten Postkarten mit der Botschaft erhalten hatte, dass ihm die ersten Penguins gefallen hätten und er Apsley Cherry-Garrards *Worst Journey in the World* als »ausgezeichnete Ergänzung« empfehle. Lane hatte diesen Titel bereits abgelehnt, weil er ihn viel zu umfangreich fand, um bei einem Preis von einem Sixpence pro Buch Profit abwerfen zu können. Also formulierte er seine Antwort an Shaw so vorsichtig, dass sie ihm nicht als Versprechen ausgelegt werden konnte, fügte aber hinzu, dass er außerordentlich interessiert an Shaws *Wegweiser für die intelligente Frau zum Sozialismus und Kapitalismus* wäre. Shaw antwortete einfach: »Wie viel?«[78] Kaum war Shaw an Bord, folgten H. G. Wells, Julian Huxley, G. D. H. Cole und Leonard Woolley. Diese Liste zeigt, wie schnell sich Penguin dem Wissenschaftlichen zuwandte und eine deutlich links orientierte Weltanschauung präsentierte. Doch 1937 begann sich die Welt immer mehr zu verdunkeln, und um auch auf diese Lage zu reagieren, führte Lane mit den *Penguin Specials* noch eine dritte Reihe ein.[79] Als erster Titel erschien im November 1937 *Germany Puts the Clock Back*, verfasst von einem eigenwilligen amerikanischen Journalisten namens Edgar Mowrer. Der Erfolg dieses polemischen Buchs verdankte sich mehr oder weniger der Tatsache, dass es die vorherrschende Stimmung im Land so schnell aufgegriffen hatte und unverzüglich auf den Markt kam. Solche schnellen Reaktionen auf bestimmte Stimmungen im Land waren etwas völlig Neues, aber genau darin unterschieden sich die Penguin Specials von der traditionellen Gemächlichkeit des Buchhandels. Bis zum Ausbruch des Zweiten Weltkriegs verlegte Penguin sechsunddreißig solcher Specials, darunter *Blackmail or War?*, *China Struggles for Unity*, *The Air Defence of Britain*, *Europe and the Czechs*, *Between Two Wars?*, *Our Food Problem*, und *Poland* (Letzteres nur zwei Monate vor Hitlers Einmarsch).[80]

Allen Lane und Penguin waren zwar vielen Lesern politisch zu links, trotzdem wurden die meisten Titel ein Erfolg. Die durchschnittlich verkaufte Auflage lag bei 40000, bei den politischen Sonderausgaben sogar beim Sechsfachen.[81] Und damit war Queenie Leavis in eine gewisse Verlegenheit geraten, denn es mochte zwar richtig gewesen sein, dass ernste Literatur, an ihren Standards gemessen, nicht sehr hoch im Kurs stand, aber nun gab es doch ganz eindeutig eine gesunde Nachfrage nach ernsten *Büchern*. Es war eben, daran brauchte niemand erinnert zu werden, eine sehr ernste Zeit.

*

Der Künstler Clive Bell hatte keinerlei Zweifel, wer der gescheiteste Mensch war, dem er je begegnet war – John Maynard Keynes. Viele teilten die Ansicht Bells, aber das war auch nicht schwer. Keynes' »Political Economy Club«, der sich im Cambridger Kings College traf, zog die gescheitesten Studenten und Ökonomen aus aller Welt an. Obendrein hatte es Keynes' Ruf auch nicht geschadet, dass er sich durch eine Reihe von Spekulationen in der Londoner Innenstadt ein bequemes finanzielles Polster zugelegt und damit neben seinem akademischen auch noch einen ganz praktischen Sinn für Ökonomie bewiesen hatte. Seit der Veröffentlichung seines Buchs *Die wirtschaftlichen Folgen des Friedensvertrages* befand er sich in einer etwas seltsamen Lage: Für das Establishment war er ein Außenseiter, doch als Mitglied der Bloomsbury-Gruppe alles andere als unsichtbar. Unbeirrt fuhr er fort, Politiker zu korrigieren und zu kritisieren, etwa 1925 den Schatzkanzler Winston Churchill, weil dieser zum Goldstandard von 4,86 US-Dollar pro Pfund zurückgekehrt war, was Keynes' Ansicht nach um 10 Prozent überhöht war.[82] Keynes hatte auch vorhergesagt, dass die Kohlepreise infolge der genehmigten Wiederaufnahme des Ruhrbergbaus 1924 deutlich sinken und schließlich zu den Bedingungen führen würden, die in Großbritannien 1926 den Generalstreik auslösten.[83]

Dass er ständig Recht hatte, machte Keynes nicht unbedingt populärer. Aber deswegen hielt er seine Zunge noch lange nicht im Zaum. Nach dem Börsencrash an der Wall Street 1929 und der anschließenden Weltwirtschaftskrise, in deren Verlauf die Arbeitslosenrate in den USA um beinahe 25 Prozent und in Europa um bis zu 33 Prozent stieg und nicht weniger als 9000 Banken in den Vereinigten Staaten Konkurs machten, hielten die meisten Ökonomen keine Aktion immer noch für die beste Aktion.[84] Allenthalben war man der Ansicht, dass Wirtschaftskrisen »therapeutisch« seien; dass nur sie die Ineffizienz und Verschwendung »herauspressen« könnten, die sich wie Gift in den Nationalökonomien angesammelt hatten; und dass jede Einmischung in diese natürliche ökonomische Homöopathie zur Inflation führen würde. Keynes hielt das nicht nur für kompletten Unsinn, sondern angesichts der durch die Massenarbeitslosigkeit hervorgerufenen Härten auch für absolut unmoralisch. Das Weltbild der traditionellen Ökonomen folgte nach wie vor jenem Gesetz des Marktes, welches im neunzehnten Jahrhundert vom französischen Ökonomen Jean-Baptiste Say postuliert worden war und demzufolge eine allgemeine Warenüberproduktion ebenso unmöglich war wie eine allgemeine Arbeitslosigkeit, da der Mensch Waren immer nur produziere, um in den Konsumgenuss von Waren zu kommen. Jedem Investitionsanstieg musste Says Meinung nach daher bald schon eine Steigerung der Nachfrage folgen. Da auch die Banken Spareinlagen zur Finanzierung von Investitionskrediten nutzten, gäbe es letztlich keinen Unterschied zwischen Ausgaben und Sparguthaben. Arbeitslosigkeit entstehe immer nur temporär und fände immer schnell eine Lösung, oder es komme in ihr eben die freiwillige Entscheidung zum Ausdruck, sich eine Auszeit nehmen zu wollen, um den akkumulierten Wohlstand zu genießen.[85]

Aber Keynes war nicht der Einzige, der darauf hinwies, dass das System selbst die in den dreißiger Jahren überall herrschende Arbeitslosigkeit geschaffen hatte und dieser Zustand ganz und gar nicht freiwillig und obendrein weit davon entfernt war, temporär zu sein. Hinzu kam seine Beobachtung, dass die Menschen inzwischen nicht mehr nur jeden Zuwachs ihres Einkommens ausgaben, sie gaben sogar mehr aus und behielten zugleich einen Teil ihres Einkommens zurück. Auf den ersten Blick mag das nicht besonders signifikant erscheinen, doch Keynes hatte den Dominoeffekt erkannt: Geschäftsleute investierten nicht mehr ihre gesamten Profite, weshalb sich die Motoren des von Say beschriebenen Systems notgedrungen verlangsamen und schließlich zum Stillstand kommen mussten. Das wiederum führte Keynes zu drei weiteren Erkenntnissen: Erstens, dass eine Wirtschaft ebenso von den *Vorstellungen* abhängt, die sich die

Menschen von bevorstehenden Ereignissen machen, wie vom tatsächlichen Geschehen; zweitens, dass ein Wirtschaftssystem trotz signifikanter Arbeitslosigkeit und all den dadurch entstehenden sozialen Schäden Stabilität erreichen kann; und drittens, dass Investition das Schlüsselwort war. Diese Analyse brachte Keynes schließlich zur entscheidenden Erkenntnis, dass dort, wo keine privaten Investitionen getätigt werden, der Staat eingreifen muss, indem er staatliche Kredite vergibt und Zinsraten manipuliert, um Arbeitsplätze zu erschaffen. Ob solche Jobs dann nützlich (etwa Straßenbau) oder im Prinzip unrentabel seien, spiele dabei überhaupt keine Rolle – entscheidend sei allein, dass damit Einkommen geschaffen würden, die wiederum reale Ausgaben nach sich zögen, welche ihrerseits Einkommen für andere schafften, die dann ebenfalls weitergegeben würden.[86]

Aber noch immer wollte der harte Kern des britischen Establishments nicht auf Keynes hören, und es sollte eines weiteren Krieges bedürfen, bis man ihn endlich aus der Kälte holte. Keynes war immer ein »praktischer Visionär« gewesen, aber kaum jemand wollte das wahrhaben.[87] Ironischerweise sollte das erste Land, in dem Keynes' Thesen dem Praxistest unterzogen wurden, das nationalsozialistische Deutschland sein. Hitler verhielt sich vom ersten Moment als Reichskanzler an als beinahe perfekter Keynesianer. Er baute die Schienenwege, Straßen und Kanäle aus und investierte in andere öffentliche Projekte, während er den Menschen zugleich strikte Devisenkontrollen auferlegte, damit sie ihr Geld nicht ins Ausland transferieren konnten und gezwungen waren, inländische Produkte zu kaufen. Innerhalb von zwei Jahren war die Arbeitslosigkeit beseitigt, Preise und Löhne begannen parallel anzusteigen.[88] Aber was in Deutschland geschah, zählte für die meisten Menschen nicht. Das Entsetzen vor Hitler verhinderte jeden unabhängigen Blick auf seine wirtschaftlichen Maßnahmen. Während eines Aufenthalts in Washington im Jahr 1933 versuchte Keynes Franklin D. Roosevelt für seine Ideen zu gewinnen, doch der neue Präsident war mit seinem eigenen New Deal beschäftigt und hatte kein großes Interesse an Keynes oder seinen Strategien. Nach diesem Misserfolg beschloss Keynes, ein Buch zu schreiben, um ein größeres Publikum für seine Vorstellungen zu interessieren. *Die allgemeine Theorie der Beschäftigung, des Zinses und des Geldes* erschien 1936. So mancher Ökonom empfand dieses Buch als Sensation und stellte es auf eine Stufe mit Adam Smiths *Wohlstand der Nationen* (1776) oder Marx' *Kapital* (1867). Andere fanden Keynes' Radikalismus nicht weniger abstoßend und vielleicht sogar noch gefährlicher als den von Marx, weil er vermutlich auch größere Aussichten auf Erfolg hatte.[89] Die praktischen Folgen des Keynesianismus zeigten sich in den USA schließlich früher als in Großbritannien. Zuerst begannen sich die Universitäten der *Allgemeinen Theorie* zu widmen, dann fasste sie auch in den Washingtoner Regierungskreisen Fuß. J. K. Galbraith erinnerte sich: »In den Jahren des New Deals war der Schnellzug zwischen Boston und Washington jeden Donnerstag und Freitag Abend zur Hälfte mit jüngeren und älteren Fakultätsmitgliedern aus Harvard besetzt, alle auf dem Weg, ihr gesammeltes Wissen dem New Deal zur Verfügung zu stellen. Nach der Veröffentlichung der *Allgemeinen Theorien* war das Wissen, das die jüngeren Ökonomen zur Verfügung stellen wollten, nur noch das Wort von Keynes.«[90]

1937, nur Monate nach der Veröffentlichung von Keynes' Buch, schien sich die Wirtschaftskrise in den USA zu entspannen und wurden erste Anzeichen einer Erholung sichtbar. Die Arbeitslosigkeit war zwar noch immer hoch, aber wenigstens begannen nun Produktion und Preise anzusteigen. Doch kaum zeigten sich die ersten zarten Sprösslinge, erwachten die klassischen Ökonomen aus ihrem Winterschlaf und forderten eine Kürzung der Bundesausgaben und Steuererhöhungen, um den Haushalt auszugleichen. Sofort begann sich der Regenerationsprozess zu verlangsamen, bis er ganz aufhörte und sich schließlich in sein Gegenteil verwandelte. Das Bruttosozialprodukt (BSP) fiel von 91 auf 85 Milliarden Dollar und der Anteil an privaten Investitionen halbierte sich.[91] Es geschieht nicht oft, dass sich die Umwelt als natürliches Labor zur Überprüfung von Hypothesen anbietet, aber hier war genau das der Fall.[92] Doch inzwischen stand der Krieg unmittelbar bevor. Als die Kämpfe in Europa begannen, lag die Arbeitslosigkeit in den Vereinigten Staaten noch immer bei 17 Prozent, und die Wirtschaftskrise hatte bereits ein Jahrzehnt auf dem Buckel. Der Zweite Weltkrieg würde dann nicht nur die Arbeitslosigkeit für Generationen von Amerikanern von der Bildfläche verschwinden lassen, sondern auch Vorbote einer Epoche sein, die spätere Ökonomen nicht umsonst das Keynesianische Zeitalter nannten.

*

Dieser Darstellung der Dreißigerjahre als einer grauen, bedrohlichen Zeit wird nirgendwo mehr widersprochen als im Werk – und mit den Worten – von Cole Porter. Queenie Leavis und ihr Mann hatten die Einflüsse der Massenkultur auf die Qualität des Geisteslebens beklagt (und ihr Pessimismus sollte in den kommenden Jahren immer wieder ein Echo finden), doch manchmal tauchten aus dieser Masse nahezu geniale populäre Künstler auf, so wie Cole Porter, der der Musik seinen unverkennbaren Stempel aufdrückte. Wunderbare Werke schuf er noch bis 1955 (*Silk Stockings*), aber seine große Zeit waren eindeutig die dreißiger Jahre.[93] Zu Porters Œuvre aus diesem Jahrzehnt zählen Songs wie »Don't fence me in«, »Night and Day«, »Just One of those things«, »In the still of the night«, »I've got you under my skin«, »You're the top«, »Begin the Beguine«, »Easy to love« oder »I get a kick out of you«:

I get no kick from champagne;
Mere alcohol doesn't thrill me at all.
So tell me why should it be true
That I get a kick out of you.

I get no kick in a plane.
Flying too high with some guy in the sky
Is my idea of nothing to do,
Yet I get a kick out of you.

Porters Arbeit litt sehr unter seinem Unfall von 1937: Ein Pferd hatte ihn unter sich begraben, dabei beide Beine zerquetscht und ihn damit zum Halbinvaliden gemacht. Aber bis zu diesem Moment erschöpfte sich sein Genie keineswegs in seinem technischen Raffinement und seiner Intelligenz – sein Blick für das gegenständliche Detail war einzigartig und nach Meinung von Graham Greene sogar eines Auden würdig.[94]

You're the purple light of a summer night in Spain
You're the National Gallery
You're Garbo's salary
You're cellophane!

Oder:

In olden days a glimpse of stocking
Was looked on as something shocking,
Now heaven knows, anything goes![95]

*

»Cellophane« und »stocking« – in der Tat Dinge, die noch weit beeindruckender waren als die Gage der Garbo.[96] Die Dreißigerjahre waren nicht nur von Linus Paulings chemischer Bindung geprägt, sie waren auch das Jahrzehnt von Baekelands Entdeckung des Plastik und der Vermarktung eines Kunststoffs nach dem anderen. Die ersten auf Acetylen basierenden Stoffe kamen 1930 auf den Markt, ebenso wie Acryl, aus dem Perspex und Plexiglas entwickelt wurden. Zellophan tauchte ebenfalls 1930 auf, und zwar als Hülle für Camel-Zigaretten.[97] Der gummiartige Kunststoff Neopren stand ein Jahr später zur Verfügung, und synthetische Stoffe aus Polyamid kamen 1935 auf den Markt. In Deutschland wurden 1938 Perlon, die frühe Form von Nylon, und 1939 ein kommerziell nutzbares Polyäthen eingeführt. 1940 wurde Zellophan in den USA zum dritt »schönsten« Wort der englischen Sprache gewählt (gleich nach »mother« und »memory«) – was letztlich der Sieg eines ganz anderen »M«-Worts war, nämlich »Marketing«. Aber das wirklich Entscheidende war hier die Chemie, und diese Entwicklung lässt sich am besten am Beispiel der Geschichte des Nylons darstellen.[98]

Obwohl Deutschland im Ersten Weltkrieg auf der Verliererseite gestanden hatte, behielt es eine mächtige Industriechemie. Gerade weil die alliierte Schiffsblockade so erfolgreich war, musste das Land mit synthetischen Lebensmitteln und anderen Produkten experimentieren. Und das verhalf ihm schließlich dazu, seinen Feinden auf diesem Gebiet weit voraus zu sein. Nach der Gründung der IG Farben im Jahr 1925 begann eine Gruppe talentierter Organchemiker, Grundlagenforschung auf dem Gebiet der polymeren Chemie zu betreiben, mit dem Ziel, spezifische Moleküle mit spezifischen Eigenschaften zu bauen.[99] Da als Grundlagenforschung eingestuft, unterlag diese Forschung nicht den alliierten Sanktionen gegen militärisch nutzbare Produkte. Jahrelang synthetisierte diese Gruppe Tag für Tag ein neues Polymer. Die Industrien in Großbritannien und den USA waren sich dieser kommerziellen Bedrohung sehr wohl bewusst, auch wenn ihre Politiker darin kein militärisches Risiko sahen. 1927 erhöhte die Du Pont Company aus Wilmington, Delaware, das Forschungsbudget ihrer Chemie-Abteilung von 20000 Dollar jährlich auf 25000 Dollar monatlich.[100]

Damals glaubte man, dass es zwei Arten von chemischen Substanzen gab, und zwar einmal in Form von Zucker oder Salzen, deren Moleküle kristallin sind und durch eine feine Membran fallen, und zum anderen in Form von Gummi oder Gelatine, deren größere Moleküle, »Kolloide« genannt, nicht durch eine Membran fallen können. Unter Kolloiden verstand man eine Ansammlung kleinerer Moleküle, die durch eine geheimnisvolle »elektrische« Kraft zusammengehalten wurden. Doch wie Linus Paulings Experimente dann bewiesen, war jede chemische Bindung grundlegend und untrennbar mit Physik verbunden – es gab keine »geheimnisvolle« Kraft. Kaum war dieses Geheimnis gelüftet und die Art der molekularen Bindung klarer geworden, wurde Gummi oder Gelatine zu einer denkbaren Option. Besonders gefragt waren sie als Ersatz für Seide, denn Seide war teuer und nur schwer aus Japan zu bekommen, das sich damals im Krieg mit China befand. Der Durchbruch gelang schließlich Wallace Hume Carothers, genannt »Doc«, der gegen ein rivalisierendes Angebot aus Harvard mit dem Versprechen nach Wilmington gelockt worden war, unbegrenzte Mittel für seine Grundlagenforschung zu bekommen. Carothers begann, mit so genannten difunktionalen Molekülen immer längere Kettenmoleküle zu bauen – das Ergebnis war Polyester. Nach den Regeln der klassischen Chemie entsteht bei der Reaktion von Alkohol mit Säure Ester. Bei difunktionalen Molekülen sind jedoch zwei Säure- oder Alkoholgruppen, nicht nur jeweils eine, an jedem Ende vorhanden. Carothers entdeckte, dass diese Moleküle »in der Lage sind, kontinuierlich miteinander zu reagieren und so eine Kettenreaktion in Gang setzen«, durch welche immer längere Moleküle entstehen.[101] Im Verlauf der Dreißigerjahre baute Carothers Moleküle mit einem Molekulargewicht von 4000, 5000 und dann sogar 6000 (Zucker hat ein Molekulargewicht von 342, Hämoglobin von 6800 und Gummi von approximativ 1 000 000). Eine der sich nun abzeichnenden Eigenschaften dieser Molekülketten war, dass sie zu langen, sehr feinen, aber starken Fäden gezogen werden konnten. Anfänglich waren sie noch zu spröde – und auch zu teuer –, um kommerziell genutzt werden zu können. Im März 1934 bat Carothers daher seinen Assistenten Donald Coffman um den Versuch, eine Faser aus einem bis dahin noch nicht studierten Ester zu bauen. Eine kommerziell nutzbare synthetische Faser musste »kaltgezogen« werden können, ein Verfahren, mit dem ihr Verhalten unter normalen Temperaturen festgestellt werden konnte. Das Standardverfahren für diesen Test bestand aus einem einfachen kalten Glasstäbchen, das in die Mischung getaucht und wieder herausgezogen wurde. Coffman und Carothers fanden heraus, dass das neue Polymer zäh, also ganz und gar nicht brüchig war und obendrein seidig glänzte.

Nach dieser Entdeckung begannen bei Du Pont sofort hektische Aktivitäten, denn natürlich wollte man synthetische Seide als Erste entwickeln. Das Patent wurde am 28. April 1937 eingereicht; auf der New Yorker Weltausstellung 1939 wurde die neue Substanz der Öffentlichkeit in Du Ponts »Wonder World of Chemistry« vorgestellt: Nylon – in der Form von Nylonstrümpfen – stahl allen anderen Produkten die Schau. Zuerst hatte man es »fibre 66« genannt, dann Hunderte von anderen Namen getestet, angefangen bei Klis (»silk« rückwärts) bis zu Nuray und Wacara (man stelle sich vor, wie man im Laden um »ein Paar Wacaras« nachfragt). Schließlich entschloss man sich für Nylon, weil das so schön synthetisch klang und absolut unverwechselbar war. Im Anschluss an die Weltausstellung begann ein solcher Sturm auf Nylons, dass manche Geschäfte den Verkauf auf zwei Paar pro Kunde begrenzten. Die *New York Times* berichtete ausführlich über diese Nylon-Hysterie, aber erwähnte auch die etwas ernsthafteren Folgen dieser Entdeckung: »Normalerweise ist ein synthetisches Material die Reproduktion von etwas, das es in der Natur gibt ... Bei Nylon ist das anders, es hat kein chemisches Äquivalent in der Natur ... Dies bedeutet ... eine so perfekte Kontrolle über Materie, dass der Mensch nicht mehr völlig von Tieren, Pflanzen und der Erdkruste abhängig ist, um Nahrung, Kleidung und Baumaterialien zu gewinnen.«[102]

*

Auf dem Höhepunkt der Weltwirtschaftskrise waren nur achtundzwanzig von sechsundachtzig offiziellen Theatern am Broadway geöffnet. Doch als Eugene O'Neills *Trauer muss Elektra tragen* gegeben wurde, waren sogar die teuren Sechs-Dollar-Plätze ausverkauft.[103] O'Neill war schon lange vor der *Elektra*-Premiere am 26. Oktober 1931 als »der größte amerikanische Bühnenautor, der Mann, mit dem das amerikanische Theater erst wirklich begann« bezeichnet worden.[104] Seine beiden großen Meisterwerke *Der Eismann kommt* und *Eines langen Tages Reise in die Nacht* schrieb er seltsamerweise jedoch erst am Ende dieses Jahrzehnts, im Alter von bereits fünfzig Jahren. Die Zeit dazwischen nannte man später »Das Schweigen«.

Vielleicht noch mehr als bei anderen Künstlern spielen für das Verständnis von O'Neills Werk biographische Details eine Rolle. Im Alter von knapp vierzehn Jahren hatte er herausgefunden, dass seine Geburt die Mutter morphinsüchtig gemacht hatte. Dann musste er mit anhören, wie die Eltern ihrem Erstgeborenen Jamie die Schuld am Tod des Zweitgeborenen Edmund gaben (er war mit achtzehn Monaten an Masern gestorben, angesteckt von Jamie). 1902 ging der drogensüchtigen Ella O'Neill das Morphium aus, und sie unternahm einen Selbstmordversuch, was beim heranwachsenden Eugene eine Periode maßlosen Trinkens und selbstzerstörerischen Verhaltens auslöste. In dieser Zeit begann er auch in Theatern herumzuhängen (sein Vater war Schauspieler).[105] Nach einer missglückten Ehe unternahm 1911 auch Eugene einen Selbstmordversuch und wanderte anschließend von Psychiater zu Psychiater. Ein Jahr später wurde eine Tbc bei ihm diagnostiziert. 1921 starb sein Vater unter tragischen Umständen an Krebs, 1922 folgte seine Mutter. Zwölf Monate später starb auch sein Bruder Jamie, mit fünfundvierzig Jahren, an einem Schlaganfall infolge einer Alkoholikerpsychose. O'Neill ging schließlich nach Princeton und belegte Naturwissenschaften, fühlte sich aber so stark von Nietzsches Ideen beeinflusst, dass er, wie sein Biograph schrieb, bald eine »wissenschaftlich-mystische« Weltanschauung entwickelte und wegen ständiger Abwesenheit vom naturwissenschaftlichen Seminar ausgeschlossen wurde. 1912 begann er als Journalist zu arbeiten und kurz darauf seine ersten Bühnenstücke zu schreiben.[106]

Von seiner Biographie einmal abgesehen, lässt sich O'Neills Art der Annäherung an das Drama auch mit seinem Verdikt über die Vereinigten Staaten erklären. Amerika, sagte er einmal, sei nicht das erfolgreichste Land der Welt, sondern vielmehr ihr größter Fehlschlag. Obwohl diesem Land mehr als jedem anderen gegeben worden sei, spiele es das ewige, von der immer gleichen Überzeugung gelenkte Spiel: Man versucht von der eigenen Seele Besitz zu ergreifen, indem man etwas außerhalb von ihr zu besitzen versucht.[107] Beide Stücke: *Der Eismann kommt* und *Eines langen Tages Reise in die Nacht* dauern mehrere Stunden und sind nahezu reine Sprechdramen mit wenig Handlung. Figuren und Publikum sind im selben Raum gefangen: Ein Dialog wird unvermeidlich. Im *Eismann* sitzen die Darsteller in Harry Hopes Saloon herum und warten, betrinken sich und erzählen sich Tag für Tag dieselben Geschichten. Aber sie erzählen nichts Erlebtes, sondern reine Hirngespinste, Hoffnungen und Illusionen, die sich nie erfüllen.[108] Ein Protagonist möchte wieder bei der Polizei aufgenommen werden, ein anderer als Politiker wieder gewählt werden und ein Dritter einfach nur nach Hause. Im Laufe der Zeit, je mehr Worte fallen, begreift der Zuschauer, dass selbst diese keineswegs ungewöhnlichen Wünsche nichts anderes als Hirngespinste sind. Später wird klar, dass eigentlich alle nur auf Hickey warten, den Handelsvertreter, von dem sie hoffen, dass er ihre Träume wahr machen wird, dass er sie retten wird (Hickey ist der Sohn eines Predigers). Doch als Hickey endlich erscheint, lässt er einen Traum nach dem anderen wie eine Seifenblase zerplatzen. O'Neill will nicht leichthin sagen, dass Realität unvermeidlich kalt ist; er will uns klar machen, dass es so etwas wie Realität gar nicht gibt. Es gibt keine feststehenden Werte, keine endgültige Bedeutung der Dinge, deshalb brauchten wir alle unsere Hirngespinste und Illusionen.[109] Hickey führt ein »ehrliches« Leben. Er arbeitet und stellt sich der Wahrheit oder dem, was er für Wahrheit hält. Doch dann kommt heraus, dass er seine Frau umgebracht hat, weil er nicht ertragen konnte, dass sie seine unzähligen Affären »einfach« akzeptierte. Wir erfahren nie, wie sie sich ihr Leben erklärte, welchen Illusionen *sie* nachhing und wie sie ihren Alltag meisterte, trotzdem realisieren wir, dass auch *sie* nur von Hirngespinsten lebte. Der *Eismann* ist natürlich der Tod. Es wurde oft bemerkt, dass dieses Stück in Anlehnung an Samuel Becketts *Warten auf Godot* ebenso gut *Warten auf Hickey* hätte heißen können. Beide eröffnen uns eine Sicht der Welt nach den Entdeckungen von Charles Darwin, T. H. Morgan, Edwin Hubble und all den anderen, die einen frösteln macht.

Eines langen Tages Reise in die Nacht ist das autobiographischste Werk von O'Neill, ein »Stück von alter Trauer, geschrieben mit Blut und Tränen«.[110] Die Handlung spielt sich in einem einzigen Zimmer zu vier verschiedenen Tageszeiten ab: Frühstück, Mittagessen, Abendessen und Abend, wenn die Mitglieder der Familie Tyrone sich versammeln. Es findet keine wirkliche Handlung statt, aber es geschehen zwei Dinge: Mary Tyrone gibt erneut ihrer Drogenabhängigkeit nach, und Edmund Tyrone (Edmund, wie O'Neills verstorbener Bruder) entdeckt, dass er Tbc hat. Im Laufe des Tages fällt immer trüberes Licht ins Zimmer, wird es immer nebliger vor dem Haus, was es von Mal zu Mal einsamer wirken lässt.[111] Die Protagonisten kehren in ihren Gesprächen immer wieder zu denselben Episoden zurück und enthüllen immer mehr von sich, wenn sie bereits von anderen erzählte Begebnisse aus ihrer jeweils eigenen Perspektive nochmals schildern. Im Zentrum des Geschehens steht O'Neills Pessimismus hinsichtlich des »seltsamen Determinismus« des Lebens. »Keiner von uns kann dafür, was das Leben aus ihm gemacht hat«, sagt

Mary Tyrone. »Alles geschieht mit uns, bevor wir es recht bemerken. Wenn es einmal geschehen ist, werden wir weitergetrieben. Zum Schluss steht alles zwischen einem, wie man ist und wie man sein möchte, und unser wahres Selbst haben wir für immer verloren.«[112] An anderer Stelle sagt ein Bruder zum anderen: »Meine Liebe zu dir ist größer als mein Hass.« Am Ende blicken der Mann und die beiden Söhne auf, als Mary tief in Gedanken versunken – in ihrem eigenen Nebel gefangen – das Zimmer betritt.[113] Sie sehen sie an, während sie lamentiert: »Das war im Winter des letzten Schuljahres. Dann, im Frühjahr, ist irgendetwas mit mir passiert. Ja, ich erinnere mich. Ich verliebte mich in James Tyron und war so glücklich eine Zeit lang.« Es sind die letzten Worte in diesem Stück – und gerade diese abschließende Äußerung »eine Zeit lang« wirkt, wie ein Kritiker schrieb, herzzerreißend. O'Neills Verwandtschaft hasste dieses Stück.[114] Für O'Neill blieb immer ein Geheimnis, dass es möglich ist, zu lieben, und dann doch wieder nicht, und man schließlich für immer in einer Falle zu sitzen scheint. Die Vergangenheit, sagt O'Neill, lebt auf zerstörerische Weise in der Gegenwart fort. Und darüber können die Naturwissenschaften nicht das Geringste sagen.[115]

Man kann darüber streiten, ob das Werk von Orwell, Auden oder O'Neill die dreißiger Jahre am besten eingefangen hat. Gewiss war diese Zeit nicht so katastrophal, wie Auden sie darstellte; sie war auch sicher nicht so »low« und »dishonest«, wie sie auf ihn wirkte. Aber es führt kein Weg an der Tatsache vorbei, dass sie der Beginn einer langen Reise in die Nacht war, an deren Ende der Eismann wartete. Was immer in den Dreißigerjahren geschah – und es geschah eine Menge: Es bot nur schwachen Trost.

*

»Weißt du, dass europäische Vögel nicht halb so viele Melodien haben wie unsere?« Mit dieser Frage von Abigail Adams an John Adams beginnt das letzte Kapitel von *On Native Grounds*, einem 1942 in New York veröffentlichten Buch des Kritikers Alfred Kazin. Man könnte sagen, dieser Satz war sein eigener Epitaph für diese Zeit. Denn worum es ihm in diesem Buch ging, war die Feststellung, dass die amerikanische Literatur zwischen dem Bürgerkrieg und dem Zweiten Weltkrieg erwachsen geworden war und begonnen hatte, Amerika den Amerikanern zu erklären. Während Europa am Rande der Selbstzerstörung stand, war es daher die Aufgabe von Amerika, die abendländischen Traditionen zu wahren und weiterzuentwickeln.[116]

Aber dieses Buch hatte auch noch eine andere Botschaft, und die verbarg sich hinter den typisch amerikanischen Themen, die Kazin seiner Analyse zu Grunde gelegt hatte. Der Untertitel des Buches lautete: *An Interpretation of Modern American Prose Literature*, was einerseits natürlich bedeutete, dass Kazin Dichtung und Drama überging (und damit auch

Figuren wie Wallace Stevens und Eugene O'Neill), andererseits aber nicht hieß, dass er sich nur auf Literatur bezog, wie es vermutlich ein entsprechender europäischer Kritiker getan hätte. Denn Kazin zählte auch die Kritik, den investigativen Journalismus, die Philosophie und sogar den Fotojournalismus zur Literatur. Er begründete das damit, dass die amerikanische Prosa fest im pragmatischen Realismus wurzele (im Gegensatz zu beispielsweise Virginia Woolf oder Kafka, Thomas Mann oder Aldous Huxley) und dass ihr eigentliches, ihr großes Thema innerhalb dieses Kontextes immer das Business und der Materialismus gewesen sei. Folglich besprach er nicht nur die Romane von Theodore Dreiser, Sinclair Lewis, F. Scott Fitzgerald, Willa Cather, John Dos Passos, John Steinbeck, Ernest Hemingway, William Faulkner und Thomas Wolfe, sondern auch die Schriften von Thorsten Veblen, John Dewey, H. L. Mencken und Edmund Wilson. Dabei suchte er nach den verschiedenen, die amerikanische Psyche prägenden gesellschaftlichen Segmenten – Pioniergeist, Schriftgelehrtentum, Journalismus aller Couleur, Business-Elemente und die letzten Überreste des feudalen Südens. All diese Autoren hatten seiner Meinung nach um die Schaffung einer Literatur konkurriert, die zwar manchmal »an Größe heranreichte«, aber oft nur »ein bisschen sentimental und ein bisschen kommerziell« gewesen sei. Kazins eigene Analyse war vollständig unsentimental. Als ein typisch amerikanisches Thema identifizierte er zum Beispiel »immer währende Geschäftstüchtigkeit« in den Werken von Sinclair Lewis oder in der Klage von Van Wyck Brooks, dass sich die besten Talente in den USA immer dem Business oder der Politik und nie den Künsten oder Geisteswissenschaften widmeten und viele amerikanische Schriftsteller wie John Dos Passos glaubten, »dass der Sieg des Business in Amerika die Niederlage des Geistes bedeute und seinen tragikomischen Höhepunkt erreicht habe«, als man Ende der dreißiger Jahre begann, Ausbildung »nur noch als Training für die Businesskultur zu verstehen und in der Politik nur noch das gute materielle Leben zählte«.[117] Gleichzeitig wandte sich Kazin der Entwicklung der Kritik zu, begonnen bei der liberalen Kritik in den zwanziger Jahren über die marxistische Kritik bis hin zur »wissenschaftlichen Kritik« Anfang der dreißiger Jahre, die sich zum Beispiel in Büchern wie Max Eastmans *The Literary Mind: Its Place in an Age of Science* (1931) niederschlug, in dem der Autor behauptete, dass für Literatur kein Platz mehr sei in dieser Welt, da die Naturwissenschaften bald schon Antworten auf »jedes anfallende Problem« hätten.[118] Schließlich dokumentierte Kazin auch noch den ersten Aufschwung der Semiotik, der Lehre von der Sprache als einem Zeichensystem.

Wie das Eröffnungszitat seines letzten Kapitels zeigt, war Kazin der Überzeugung, dass sich Europa seit 1933 verschlossen hatte und deshalb nun, 1942, die amerikanische Literatur, trotz all ihrer Fehler und ihrer

Hassliebe zum Business, »zur Hochburg abendländischer Kultur in einer vom Faschismus überrollten Welt« geworden sei.[119] Diese gewaltige Verlagerung habe zeitgleich mit dem Wiedererwachen amerikanischer Traditionen stattgefunden. Der Börsencrash und der Aufstieg des Faschismus hatten seiner Meinung nach dazu geführt, dass viele Europäer am Kapitalismus zweifelten und sich folglich der Sowjetunion zuwandten: Das wiederum habe die Amerikaner auf sich selbst zurückgeworfen und zu einer moralischen Neuorientierung gezwungen, welche im Nationalismus einen Verbündeten gefunden habe, um den Exzessen des Business, der Industrialisierung und der Naturwissenschaften entgegenzuwirken. Kazin empfand diesen Nationalismus jedoch weder als blind noch als provinziell, für ihn war er eine Art Gewissen der Vereinigten Staaten, das dem Land seine Würde gab. Die Literatur betrachtete er nur als einen Teil dieses gesellschaftlichen Trends, war sich aber bereits sicher, dass sie ihn früher oder später verstärken würde. Auch das war ein schwacher Trost.

*

Eine Parallele zu Kazins These findet man in einem ganz anderen Medium, nämlich in einem Film, der für viele der bedeutendste ist, der jemals gedreht wurde. Er kam kurz vor Erscheinen von Kazins Buch in die Kinos: Orson Welles' *Citizen Kane* (1941). Welles, der 1915 in Kenosha, Wisconsin, geboren wurde, war ein Allroundtalent, das seine Karriere als höchst einfallsreicher Theater- und Rundfunkmann begonnen hatte. Bereits im Alter von Mitte zwanzig hatte er erfolgreich *Macbeth* mit schwarzen Darstellern auf die Bühne gebracht und mit einem auf H. G. Wells' *Krieg der Welten* basierenden und in der Form einer Nachrichtensendung übertragenen Hörspiels Panik bei den Zuhörern ausgelöst, weil sie glaubten, es handle sich tatsächlich um eine Livereportage über eine Invasion vom Mars. Noch immer keine dreißig Jahre alt, wurde er dann mit einem bis dahin einzigartigen Vertrag nach Hollywood gelockt: Er bekam die Rechte, für eigene Filme die Drehbücher zu schreiben, die Regie zu führen sowie die Hauptrollen zu übernehmen.

Von seiner massigen Figur dazu bestimmt, »große« Charaktere zu spielen (wie er selbst einmal sagte), suchte er nach einem passenden Thema für seinen ersten Film, über den bereits im Vorfeld viel und erwartungsvoll spekuliert wurde. Auf Kane kam er offenbar, weil seine erste Frau Virginia Nicholson den Neffen des Filmstars Marion Davies geheiratet hatte, die mit William Randolph Hearst zusammenlebte.[120] *Citizen Kane* wurde unter höchster Geheimhaltung gedreht, nicht nur, damit der Öffentlichkeit die Details nicht bereits vorab bekannt würden, sondern vor allem, damit Hearst nichts darüber erfahren konnte. Aus rechtlichen Gründen konnte Welles seine Hauptrolle zwar nicht allzu deutlich nach dem Pressezaren Hearst gestalten, aber Fakt ist, dass es dabei um einen Medienmogul geht, der seine Macht theatralisch nutzt, um sein Konsortium an die Spitze zu manövrieren, der in einer palastartigen Villa lebt, die von einem Haufen auserlesener Freunde und Anhänger bevölkert wird. Mit einem Wort, es gab gar keinen Zweifel, wen dieser Kane darstellte, weshalb es für eine Weile nach Ende der Dreharbeiten auch nicht so aussah, als würde der Film je in die Kinos kommen, so sehr fürchtete RKO eine Klage von Hearst wegen Verleumdung und Verletzung der Privatsphäre. Tatsächlich sollte Hearst nie klagen, aber einige Filmtheaterketten weigerten sich aus Angst vor Repressionen dennoch, den Film zu spielen. Teils aus diesem Grund, teils aber auch, weil, wie der Impresario Sol Hurol einmal sagte, sich nie jemand einen Film ansehe, den er nicht sehen will, wurde *Citizen Kane* kein kommerzieller Erfolg.

Doch bei der Kritik schlug er ein wie eine Bombe. Erstens hatte er zahlreiche technische Innovationen zu bieten, was nicht zuletzt dem Kameramann Gregg Toland und dem für die Spezialeffekte zuständigen Linwood Dunn zu verdanken war.[121] Damals bedeuteten »Spezialeffekte« noch nicht, Kreaturen von anderen Sternen zu erschaffen, sondern beispielsweise, einzelne Szenen aus mehr als nur einer Perspektive zu drehen, um dem Auge das ganze Bild zu bieten – was sonst nur am Theater möglich war. Im Film war das etwas völlig Neues. Welles pflegte Szenen außerdem von Anfang bis Ende zu drehen, er ließ die Kamera also ohne Zwischenschnitte eine ganze Aktion verfolgen. Und der junge Welles in der Rolle des etwa fünfzigjährigen Kane stellte einen weiteren Spezialeffekt dar, der auf die Masken zurückging. Eine andere technische Neuerung war die Einführung eines »Infotexts«, dem die Lebensgeschichte von Kane zu entnehmen war. Natürlich gab es auch ein paar abgedroschene Szenen, etwa wenn der Reporter zu Beginn losgeschickt wird, um die Bedeutung von Kanes letztem Wort »Rosebud« zu recherchieren. Aber, die Leute waren dennoch beeindruckt.

Nach der zeitgleichen Uraufführung des Films in drei Städten überschlugen sich die Kritiken: »Sensationell« (*New York Times*), »großartig« (*New York Herald Tribune*), »ein Meisterwerk« (*New York World-Telegram*), »von Fesseln befreite Intelligenz« (*New York Post*), »endlich etwas Neues für die Filmwelt« (*New Yorker*).[122] Die konservativere Presse beschuldigte Welles hingegen, eine kommunistische Attacke gegen Hearst geritten zu haben – und genau hier entsteht das Bindeglied zu Kazins These. Denn *Kane* war in der Tat ein Angriff auf das Big Business, allerdings weniger ein politischer, wie ihn ein wahrer Kommunist geführt hätte, sondern eher ein psychologischer. *Kane* zeigt, dass es einem Menschen trotz all seines Besitzes, seiner Macht, seiner riesigen Ländereien und all den Tausenden darin thronenden Skulpturen an etwas mangeln kann – nämlich an Gefühl. Und deshalb bleibt er einsam und ungeliebt. Natürlich war das keine aufregend neue Botschaft, aber auf das Amerika

Ende der dreißiger Jahre hatte sie einen gewaltigen Effekt, was vor allem der Art und Weise zu verdanken war, in der Welles sie vermittelte. Nur ein Rätsel konnte nie gelöst werden (Jorge Luis Borges nannte Kane einmal ein Labyrinth ohne Mitte), nämlich ob Welles bewusst gewollt hatte, dass auch dieser Film ein kaltes Herz hat.[123] Einmal sagte er, dass der wahre Charakter eines Menschen niemals erkennbar werde und man deshalb sämtliche Biographien auf den Müll werfen könne. Mit dieser Aussage wird zumindest vorstellbar, dass Welles in diesem Film davor warnen wollte, wie wenig erkennbar der wahre Charakter eines Menschen wie Kane ist. Das Urteil der meisten Kritiker lautete aber, dass dieser Aspekt des Films eher ein Zufallsprodukt sei als bewusst von Welles inszeniert.

Reichtümer waren für Welles wie für Kane – und in der Tat sogar Hearst – nur ein schwacher Trost . Seine weitere Karriere war im Grunde nur noch ein schwacher Abklatsch seiner frühen Blütezeit und der Größe seines *Kane*. Schon Ende des Jahres, in dem auch Kazins Buch erschienen war, wurde der Film in keinem Kino der USA mehr gespielt. Für Welles begann ein langer, wenn auch sehr langsamer Abstieg.

19
Hitlers Geschenk

Es gibt eine berühmte Fotografie, aufgenommen im März 1942 anlässlich der Ausstellung *Artists in Exile,* die in der New Yorker Galerie von Pierre Matisse stattfand, Sohn des Malers Henri Matisse, der sich in den Dreißigerjahren als erfolgreicher Kunsthändler in Manhattan etabliert hatte. Noch nie hatte es etwas Ähnliches gegeben: Der Gelegenheit »angemessen«, mit Anzug oder Jackett bekleidet, zeigt diese Fotografie (vordere Reihe) Matta, Ossip Zadkine, Yves Tanguy, Max Ernst, Marc Chagall, Fernand Léger und (hintere Reihe) André Breton, Piet Mondrian, André Masson, Amédée Ozenfant, Jacques Lipchitz, Pavel Tschelitschew, Kurt Seligmann und Eugène Berman. Eine solche Ansammlung künstlerischer Talente wurde wohl nur selten, wenn überhaupt jemals wieder in einem Raum zusammen gesehen. Über die Exponate hatten die Kritiker offenbar das Gleiche gedacht: Der *American Mercury* druckte seine Besprechung unter der Titelzeile »Hitlers Geschenk an Amerika«.[1]

Zwischen Januar 1933 und Dezember 1941 landeten 104 098 deutsche und österreichische Flüchtlinge in den USA, darunter 7622 Akademiker und 1500 Künstler oder auf kulturelle Themen spezialisierte Journalisten und Intellektuelle. 1933 war es noch ein Rinnsal, aber seit der »Kristallnacht« 1938 kamen die Flüchtlinge in Strömen, wenn auch nie in einer Flut. Erstens war es für die meisten sehr schwierig geworden, ihr Land zu verlassen; zweitens sorgten in den USA Antisemitismus und Vorbehalte gegen Einwanderer dafür, dass viele potenzielle Immigranten zurückgewiesen wurden. 1924 hatten die Vereinigten Staaten ein Quotensystem eingeführt, das die gesamte Einwanderung auf 165 000 Personen jährlich beschränkte. Aus jeder europäischen Nation, die mit dem amerikanischen Zensus von 1890 erfasst worden war, durften nur maximal 2 Prozent der jeweiligen Bevölkerung eingelassen werden. Aber für Österreich und Deutschland wurden in den dreißiger und vierziger Jahren nicht einmal die zulässigen Quoten ausgeschöpft – eine wenig bekannte und höchst beschämende Statistik angesichts der sonst so umfangreichen humanitären Aktivitäten der Vereinigten Staaten.

Andere Künstler und Akademiker flohen nach Amsterdam, London oder Paris. In der französischen Hauptstadt gründeten Max Ernst, Otto Freundlich und Gert Wollheim das deutsche Künstlerkollektiv und organisierten dort später mit der Freien Künstlerliga eine Gegenausstellung zur nationalsozialistischen Ausstellung »Entartete Kunst« in München. In Amsterdam fanden sich Max Beckmann, Eugen Spiro, Heinrich Campendonck und der Bauhausarchitekt Hajo Rose zu einer losen Gemeinschaft in der privaten Kunstschule von Paul Citroën zusammen. In London waren Künstler wie John Hartfield (Herzfelde), Kurt Schwitters, Ludwig Meidner und Oskar Kokoschka die bekanntesten Mitglieder einer intellektuellen Exilantengemeinde aus ungefähr zweihundert Personen, die sich in der *Free German League of Culture* – gegründet vom Hilfskomitee für geflohene Künstler –, dem *New English Arts Club* oder der Royal Academy organisiert hatte. Den stärksten Eindruck hinterließen sie 1938 mit ihrer *Exhibition of Twentieth-Century German Art* in den New Burlington Galleries – der Titel war bewusst unpolemisch, um die britische Regierung, die gerade ihre Beschwichtigungspolitik gegenüber Hitler umzusetzen begann, nicht gegen sie aufzubringen. Heartfield und Schwitters wurden bei Ausbruch des Krieges als feindliche Ausländer interniert.[2] In Deutschland gebliebene Künstler wie Otto Dix, Willi Baumeister oder Oskar Schlemmer gingen ins innere Exil. Dix versteckte sich am Bodensee und malte Landschaften – das sei, sagte er einmal, dasselbe gewesen wie Emigration.[3] Auch Karl Schmidt-Rottluff und Erich Heckel zogen sich aufs stille Land zurück, in der Hoffnung, so der Aufmerksamkeit der Nationalsozialisten zu entgehen. Ernst Ludwig Kirchner wurde so depressiv von der herrschenden Lage, dass er sich das Leben nahm.

Trotz aller Einwanderungsbeschränkungen war die Emigration in die USA bei weitem die bedeutendste, und das nicht nur wegen der vergleichsweise höheren Flüchtlingszahlen. Denn das Ergebnis dieser Migration des europäischen Geisteslebens war natürlich eine dramatische Veränderung der geistigen Landschaft des zwanzigsten Jahrhunderts der vermutlich größte Transfer von Wissen und Talent, der jemals stattgefunden hat.

*

Als Hitlers Staatsterror von niemandem mehr zu übersehen war, wurden Notstandskomitees in Belgien, Dänemark, Frankreich, Großbritannien, Holland, Schweden und in der Schweiz gegründet. Zwei davon sollen hier beispielhaft herausgegriffen werden. In Großbritannien gründeten die Präsidenten der britischen Universitäten unter der Leitung von Sir William Beveridge von der London School of Economics (LSE) den *Academic Assistance Council* (AAC), der bis November 1938 524 gefährdeten Personen akademische Anstellungen in 36 Ländern verschaffte, darunter 161 in den Vereinigten Staaten. Viele Mitglieder von britischen Universitäten leisteten außerdem eine Abgabe von 2 bis 3 Prozent von ihren Gehältern, um Geld für diese Flüchtlinge zu sammeln. Nachdem amerikanische Wissenschaftler von dieser Aktion erfahren hatten, begannen auch sie zu sammeln und entsprechende Summen über den Atlantik zu schicken. Auf diese Weise konnte der AAC ungefähr 30000 Pfund ansammeln. (Die Organisation wurde erst 1966 aufgelöst; nach dem Krieg hatte sie Wissenschaftler aller Länder unterstützt, die aus politischen oder rassischen Gründen verfolgt wurden.) Einige nach England emigrierte deutsche Wissenschaftler gründeten die *Emergency Society of German Scholars Abroad*, die dann nicht nur alles in ihrer Macht Stehende tat, um Kollegen Anstellungen zu beschaffen, sondern auch die Aktivitäten der anderen Hilfsorganisationen unterstützte, indem sie zum Beispiel eine Liste mit 1500 Namen von gefährdeten deutschen Wissenschaftlern aufstellte, oder die Chancen nutzte, die sich seit Frühjahr 1933 in der Türkei boten. Durch die Neustrukturierung der Universität von Istanbul im Rahmen von Atatürks Europäisierungsmaßnahmen konnten dort – und ab 1935 auch in der zur Universität umgestalteten Istanbuler Schule für Rechtswissenschaften – deutsche Gelehrte (unter ihnen Paul Hindemith) Unterschlupf finden. Deutsche Forscher in der Türkei gründeten dann sogar ein eigenes Wissenschaftsjournal, da sie ja im eigenen Land nicht mehr und in Großbritannien und den USA nur unter großen Schwierigkeiten publizieren konnten. Darin wurden Abhandlungen aus allen nur denkbaren Forschungsgebieten veröffentlicht, von Dermatologie bis Sanskrit; sie ist heute ein begehrtes Sammlerobjekt.[4]

Allerdings kam dieses deutsche Periodikum in der Türkei nur mit achtzehn Ausgaben heraus. Ein Geschenk Hitlers von größerer Haltbarkeit waren die *Mathematical Reviews*. Von der ersten Ausgabe dieser neuen Wissenschaftszeitschrift hatte noch kaum jemand Notiz genommen – die meisten Menschen waren 1939 mit Dringlicherem beschäftigt. Doch still und leise wurde aus der *MR*, wie sie unter Mathematikern bald hieß, eine bedeutende Institution, deren Geschichte bezeichnend ist. Die bis dahin wichtigste mathematische Fachzeitschrift war das seit 1931 vom Berliner Springer-Verlag herausgegebene *Zentralblatt für Mathematik und ihre Grenzgebiete*, das kommentierte Artikel aus aller Welt veröffentlichte. Dank des goldenen Zeitalters der Physik, vor allem aber dank der Arbeiten von Gottlob Frege, David Hilbert, Bertrand Russell und Kurt Gödel hatte die Mathematik starken Zulauf bekommen. Eine solche Fachzeitschrift war daher eine große Hilfe für Mathematiker, um miteinander in Kontakt zu bleiben.[5] Nach 1933 drohte aber auch ihr Gefahr. Der Herausgeber des *Zentralblatts*, Otto Neugebauer, Mitglied von Richard Courants berühmter Fakultät in Göttingen, galt den Nationalsozialisten als politisch unzuverlässig und musste 1934 nach Dänemark fliehen, blieb jedoch Redaktionsmitglied, bis 1938 der italienische Mathematiker Tullio

Levi-Civita, der ebenfalls der Redaktion angehörte, entlassen wurde, weil er Jude war. Unter Protest kündigten Neugebauer und mehrere andere Mitglieder des internationalen Beratergremiums sofort ihre Mitarbeit auf. Ende 1938 war auch die redaktionelle Beteiligung der Russen beendet; Mathematiker, die aus Deutschland emigriert waren, durften nun nicht einmal mehr Kommentare schreiben, und Beiträge von Juden wurden, wie *Science* sofort berichtete, nur noch ohne Inhaltsübersicht im *Zentralblatt* gedruckt.

Amerikanische Mathematiker beobachteten diese Lage alarmiert. Zuerst zogen sie in Erwägung, das *Zentralblatt* einfach zu kaufen, doch der Springer-Verlag wollte davon nichts wissen. Dafür machte er den Gegenvorschlag, eine zweite Redaktion ins Leben zu rufen, die eine andere Version derselben Fachzeitschrift für die Vereinigten Staaten, Großbritannien, das Commonwealth und die Sowjetunion produzieren sollte, während die deutsche Redaktion für Deutschland und seine verbündeten Staaten zuständig bleiben würde. Die amerikanischen Mathematiker waren derart empört über diesen Affront, dass sie im Mai 1939 beschlossen, ihre eigene Zeitschrift zu gründen.[6]

Vertreter der Rockefeller Foundation hatten bereits im April 1933 überlegt, wie sie einzelnen gefährdeten Wissenschaftlern helfen könnten. Sie gründeten einen Fonds für ein Notstandskomitee, das dann bereits im Mai seine Arbeit aufnahm, allerdings sehr umsichtig vorgehen musste, weil die Wirtschaftskrise in den USA noch deutlich zu spüren und Arbeitsplätze rar waren. Also begann das Komitee erst einmal damit, den Umfang des Problems einzuschätzen. Im Oktober legte es seinem stellvertretenden Vorsitzenden Edward R. Murrow das Ergebnis dieser Recherche vor: Mindestens 2000 von insgesamt 27 000 Wissenschaftlern aus 270 Institutionen waren entlassen worden. Das war eine Menge. Hätte man für sie sozusagen im Paket Einwanderungsgenehmigungen besorgt, hätte das nicht nur die Positionen von amerikanischen Forschern gefährden, sondern auch zu einer neuen Welle des Antisemitismus in den USA führen können. Also suchte das Komitee nach einer Möglichkeit, die Anzahl der Wissenschaftler, die bereit waren, den Atlantik zu überqueren, durch neue Statuten zu reduzieren. Am Ende entschied man sich für eine Formulierung, die die Politik des Komitees auf die »Hilfe für die Wissenschaft und nicht die Linderung von Leid« beschränkte, und beschloss, sich außerdem nur auf Wissenschaftler zu konzentrieren, die sich bereits einen Namen gemacht hatten. Der bekannteste Nutznießer dieser Politik war Richard Courant aus Göttingen.[7]

Die beiden Mathematiker, die am meisten unternahmen, um ihren deutschsprachigen Kollegen zu helfen, waren Oswald Veblen (1880–1969) und R. G. D. Richardson (1878–1949). Ersterer, ein Neffe des großen Sozialtheoretikers Thorstein Veblen, war Research Fellow am Institute for

Advanced Studies in Princeton, während Richardson Vorsitzender der mathematischen Fakultät der Brown University und Sekretär der *American Mathematical Society* war. Mit Hilfe dieser Gesellschaft – die sich formal dem Notstandskomitee angeschlossen hatte – wurden 1939 noch vor Ausbruch des Krieges in Europa 51 Mathematiker in die Vereinigten Staaten geholt. Bei Kriegsende lag ihre Zahl knapp unter 150. Sie alle fanden Arbeit, egal, wie alt sie waren. Angesichts von sechs Millionen Juden, die in den Gasöfen der Nationalsozialisten ermordet wurden, klingt diese Zahl wahrlich nicht hoch. Tatsache aber ist, dass keiner anderen Berufsgruppe so viel geholfen wurde wie den Mathematikern. Heute befinden sich drei der acht mathematischen Institutionen von Weltruf in den USA und nicht eine einzige in Deutschland.[8]

*

Aber nicht nur berühmte Maler, Musiker und Mathematiker wurden in die USA geholt, auch 113 international renommierte Biologen und 107 Physiker (über deren entscheidenden Einfluss auf den Ausgang des Krieges in Kapitel 22 die Rede sein wird). Ihnen war bereits eine Sonderregelung zugute gekommen, die das State Department 1940 für Einwanderer erließ: Nun durften Besuchervisa für Verfolgte ausgegeben werden, »deren intellektuelle oder kulturelle Leistungen oder politische Aktivitäten für die Vereinigten Staaten von Interesse sind«. Unter den Personen, die nach dieser Definition in die USA einreisen durften, befanden sich zum Beispiel der Theaterregisseur Max Reinhardt, der Schriftsteller Stefan Zweig und der Linguist Roman Jacobson.[9]

Von all den Hilfsprogrammen für Flüchtlinge, deren Arbeit »von Interesse« war, war sicher keines so ungewöhnlich und effektiv wie das *Emergency Rescue Committee* (ERC), das von den »American Friends of German Freedom« organisiert wurde. Diese »Friends« waren vom deutschen Sozialistenführer Paul Hagen (auch als Karl Frank bekannt) im amerikanischen Exil gegründet worden, um Geld für den Widerstand gegen die Nationalsozialisten zu sammeln. Im Juni 1940, drei Tage nachdem Frankreich einen Waffenstillstand mit Deutschland unterzeichnete, der die berüchtigte Klausel »Auslieferung auf Verlangen« enthielt, trafen sich die »Friends« zu einem Lunch, um zu überlegen, was in dieser neuen und noch bedrohlicheren Situation für die Verfolgten getan werden konnte.[10] Das Ergebnis dieses Gesprächs war die Gründung des ERC mit einer sofortigen Einlage von 3000 Dollar. Noch während des Lunchs hatte man beschlossen, dass eine Liste mit den Namen von bedeutenden Intellektuellen angelegt werden sollte – Wissenschaftler, Schriftsteller, Maler, Musiker –, die sich in Gefahr befanden und nach der neuen Sonderregelung Einreisevisa für die Vereinigten Staaten bekommen konnten. Varian Fry, ein Mitglied des Komitees, wurde beauftragt, nach Frankreich zu fahren, um so viele dieser bedrohten Personen wie nur möglich zu finden und in Sicherheit zu bringen.

Fry, ein schmächtiger, bebrillter Harvard-Absolvent, hatte 1935 in Deutschland mit eigenen Augen das brutale Vorgehen der Nazis gesehen. Er sprach deutsch und französisch und war vertraut mit den Werken der in Frage kommenden Schriftsteller und Maler. Angesichts des herrschenden Antisemitismus in den Vereinigten Staaten beschloss er, als Erstes Eleanor Roosevelt im Weißen Haus aufzusuchen, um sich ihrer Unterstützung zu versichern. Die First Lady sagte ihre Hilfe augenblicklich zu, doch gemessen am Verhalten, welches das State Department in der kommenden Zeit an den Tag legen sollte, kann ihr Ehemann ihre Ansichten kaum geteilt haben. Im August kam Fry mit 3000 Dollar in der Tasche in Marseille an. Die Liste mit den Namen von zweihundert Personen hatte er auswendig gelernt, weil es viel zu gefährlich gewesen wäre, sie mit sich herum zu tragen. Es war eine ad hoc zusammengestellte Gruppe: Thomas Mann hatte die Liste mit gefährdeten Schriftstellern geliefert, Jacques Maritain eine entsprechende mit französischen und Jan Masaryk eine mit tschechischen Namen. Alvin Johnson, Präsident der New School of Social Research, hatte die Namen von gefährdeten Akademikern und Alfred Barr, Direktor des Museum of Modern Art (MoMA), von verfolgten bildenden Künstlern beigesteuert. Das Problem war nur, dass viele Menschen, die Fry nun außer Landes bringen sollte – vor allem viele Künstler – gar nicht weg wollten. Weder Pablo Picasso noch Henri Matisse, Marc Chagall oder Jacques Lipchitz wollten in die Emigration (Chagall zum Beispiel fragte, ob es in Amerika »überhaupt Kühe« gebe. Und Giuseppe Modigliani, Vorsitzender der italienischen Sozialisten und Bruder des Malers Amedeo, erklärte sich nur bereit, außer Landes zu gehen, wenn es nicht auf illegalem Wege geschehen werde.[11]) Auch Pablo Casals, André Gide und André Malraux lehnten das Angebot von Fry ab.

Fry begriff, dass sich nicht alle Personen auf seiner Liste wirklich in Lebensgefahr befanden, abgesehen natürlich von den Juden und all denjenigen, die aus ihrer politischen Gegnerschaft zu den Nationalsozialisten nie einen Hehl gemacht hatten. Außerdem wurde ihm klar, dass viele weltberühmte, aber nichtjüdische unter den »degenerierten« Künstlern im Vichy-Frankreich durch ihre Berühmtheit relativ gut geschützt waren, wohingegen es eine Menge weit weniger berühmter Menschen gab, die sich *tatsächlich* in höchster Gefahr befanden. Ohne mit New York Rücksprache zu halten, änderte Fry daher die Politik des ERC und beschloss, ab sofort jedem zu helfen, der unter die Visa-Sonderregelung fiel, ob er nun auf seiner Liste stand oder nicht.[12] Er eröffnete das *Centre Américain de Secours,* eine »Frontorganisation« in der rue Grignan in Marseille, das ganz offiziell Flüchtlingshilfe leistete – kleine Geldbeträge, Hilfe mit Papieren oder bei der Kommunikation mit den Vereinigten Staaten –, und begann parallel ein geheimes Netzwerk aufzubauen und mit Hilfe des französischen Untergrunds Flüchtlinge aus Frankreich nach Portugal zu schaffen, wo sie sich dann mit entsprechenden Visa nach Amerika einschiffen konnten. In einem »sicheren Haus«, der Villa Air Bel im Norden von Marseille, stattete er die Flüchtlinge mit falschen Papieren aus, bevor er sie von manchmal ziemlich obskuren Einheimischen über die Pyrenäen in die Freiheit führen ließ. Unter den bekanntesten Persönlichkeiten, denen er auf diese dramatische Weise zur Flucht verhalf, waren zum Beispiel André Breton, Marc Chagall, Max Ernst, Lion Feuchtwanger, Konrad Heiden (der eine kritische Biographie über Hitler geschrieben hatte), Heinrich Mann, Alma Mahler-Werfel und Franz Werfel, André Massin und der kubanische Maler Wilfredo Lam. Insgesamt brachte Fry ungefähr zweitausend Menschen in Sicherheit, zehn Mal so viele, wie vom Komitee auf die Liste gesetzt worden waren.[13]

Bis Pearl Harbor (Fry war zu diesem Zeitpunkt bereits wieder zu Hause) stand die amerikanische Öffentlichkeit dem Elend der europäischen Flüchtlinge relativ indifferent und dem der Juden sogar ausgesprochen feindselig gegenüber. Sogar im amerikanischen Außenministerium waren viele wichtige Posten mit Antisemiten besetzt. Ein Ministerialdirektor namens Breckinridge Long hatte sich zum Beispiel derart verächtlich über Frys Arbeit im Untergrund geäußert, dass das State Department den amerikanischen Konsul in Marseille prompt anwies, ihm nicht nur jede Hilfe zu verweigern, sondern sogar Steine in den Weg zu legen. Man darf getrost davon ausgehen, dass dieser Konsul auch seine Hände im Spiel gehabt hat, als Fry im September 1941 von den Vichy-Behörden verhaftet und kurzzeitig ins Gefängnis gesteckt wurde.[14] Doch trotz solcher Manöver im Außenamt überquerten zwischen 1933 und 1941 mehrere tausend Naturwissenschaftler, Mathematiker, Schriftsteller, Maler und Musiker den Atlantik – viele von ihnen, um niemals wieder in ihre alte Heimat zurückzukehren. Alvin Johnson von der New School of Social Research nahm neunzig Sozialwissenschaftler auf und gründete mit ihnen die »University in Exile«, der unter anderen Hannah Arendt, Erich Fromm, Otto Klemperer, Claude Lévi-Strauss, Erwin Piscator und Wilhelm Reich angehörten. Den meisten war er bereits bei den Vorbereitungen zu seiner gewichtigen *Encyclopedia of the Social Sciences* begegnet oder hatte mit ihnen korrespondiert.[15] Nach dem Fall Frankreichs gründete er noch ein weiteres Exilinstitut, die *Ecole Libre des Hautes Etudes*. László Moholy-Nagy ließ mit seinem *New Bauhaus* in Chicago das alte Bauhaus wieder aufleben; ehemalige Kollegen von ihm initiierten ein ähnliches Projekt, aus welchem dann das *Black Mountain College* in den bewaldeten Hügeln von North Carolina hervorgehen sollte, wo nicht nur Architektur, Design und Malerei, sondern auch Biologie, Musik und Psychoanalyse gelehrt wurden. Der Fakultät gehörten zu unterschiedlichen Zeiten zum Beispiel Joseph Albers, Willem de Kooning, Ossip Zadkine, Lyonel Feininger und Amédée Ozenfant an; außerdem gab es dort – obwohl das College im Süden angesiedelt war – sowohl im Lehrkörper als auch unter den Studenten immer Schwarze. Nach dem Krieg etablierte sich dort ein renommierter Literaturkurs, der allerdings in den Fünfzigerjahren wieder eingestellt wurde.[16] Auch das Institut der Frankfurter Schule an der New Yorker Columbia University und Erwin Panofskys Institute of Fine Arts an der New York University waren Exilgründungen mit Fakultäten, die sich ausschließlich aus Flüchtlingen zusammensetzten. Hitlers Geschenk hatte sich als unbezahlbar erwiesen.

*

Nicht nur die Ausstellung *Artists in Exile*, die 1942 in der Pierre-Matisse-Galerie stattfand, auch andere ähnliche Veranstaltungen brachten den Amerikanern die Werke bedeutender europäischer Künstler nahe. Es war der Beginn eines Prozesses in zwei Richtungen: Einige Künstler, die bei Matisse ausgestellt hatten, fühlten sich in den USA nie wohl und kehrten nach Europa zurück, sobald es ihnen wieder möglich war; andere passten sich an das amerikanische Leben an und blieben, aber alle reagierten auf die Apokalypse, die sie überlebt hatten.

Beckmann, Kandinsky, Schwitters, Kokoschka und die Surrealisten attackierten ohne Umwege den Faschismus und seine Abkehr von jeder Liberalität, Vernunft und Modernität. Chagall und Lipchitz interpretierten die Ereignisse auf persönlichere Weise und setzten sich mit der Frage auseinander, was es bedeutet, Jude zu sein. Fernand Léger und Piet Mondrian richteten ihren Blick nach vorne und damit zugleich auf ihre neue Heimat. Léger war besonders von den Wolkenkratzerschluchten in New York fasziniert und erklärte, dass ihn die Vitalität und »elektrisierende Intensität« der USA am stärksten beeindruckten, die Gegensätze und Gemeinsamkeiten eines riesigen Landes, »das so reich an Naturschätzen und immensen mechanischen Kräften ist«.[17] Seine Farbpalette wurde immer kühner und heller, aber zugleich auch einfacher; und seine schwarzen Linien wurden zwar kräftiger, trugen aber immer weniger zum Effekt der Dreidimensionalität bei. Légers Amerikabilder wirken wie Leuchtreklamen, die mit geheimnisvoller Anziehungskraft etwas Vertrautes anpreisen. Piet Mondrians späte Gemälde (er starb 1944 im Alter von zweiundsiebzig Jahren) sind vermutlich die zugänglichsten abstrakten Bilder aller Zeiten, elektrisierende, lebendige, flirrende Gitterwerke. Ob *New York City*, *New York City 1*, *Victory Boogie-Woogie* oder *Broadway Boogie-Woogie*, alles ist aufgeregte Bewegung – das Straßennetz von Manhattan aus der Luft oder vom oberen Stockwerk eines Wolkenkratzers betrachtet. Seine Bilder fangen die winkelförmige, anonyme Schönheit der Neuen Welt ein und zeigen auf abstrakte und zugleich expressionistische Weise, wie die alten Kategorien in der Neuen Welt zerfielen.[18]

Vor allem in New York wurden während des Krieges Ausstellungen veranstaltet, um zu zeigen, wie die europäischen Künstler ihr neues Leben in den USA umsetzten. *War and the Artist* wurde 1943 eröffnet, der *Salon de la Libération* 1944. Langfristig gesehen war jedoch weniger von Gewicht, wie die Emigranten selbst durch Amerika beeinflusst worden waren, als vielmehr, wie sie ihrerseits eine Gruppe von jungen amerikanischen Künstlern beeinflussten, die begierig alles in sich aufsogen, was die Europäer schufen. Aus dieser Gruppe gingen Maler wie Willem de Kooning, Robert Motherwell und Jackson Pollock hervor.

*

Eines der großartigsten Geschenke, die Hitler der Neuen Welt machte, war Arnold Schönberg. Nachdem die Nationalsozialisten an die Macht gekommen waren, gab es für den Komponisten gar keine andere Alternative, als das Land zu verlassen. Dass er sich als junger Jude hatte taufen lassen, machte auf die Nazis nicht den geringsten Eindruck. 1933 kehrte Schönberg zum Judentum zurück; im selben Jahr wurde er auf die Liste der »Kulturbolschewisten« gesetzt und verlor sein Lehramt in Berlin. Er strandete ohne einen Pfennig in der Tasche in Paris. Doch dann erhielt er zu seiner großen Überraschung eine Einladung, an einem kleinen privaten Konservatorium in Boston zu unterrichten, das von dem Cellisten Joseph Malkin gegründet und geleitet wurde. Schönberg sagte augenblicklich zu. Im Oktober kam er in Amerika an.

Aber Amerika war noch nicht bereit für Schönberg. Er hatte es wahrlich nicht leicht in diesen ersten Monaten. Der Winter war hart, sein Englisch dürftig, es gab kaum Studenten, und die Dirigenten fanden seine Werke zu schwierig. Also übersiedelte er, sobald es ihm möglich war, nach Los Angeles, wo wenigstens das Wetter besser war. Dort sollte er bis zu seinem Tod 1951 bleiben und noch erleben, dass sein Ruhm sich auch in den USA immer weiter ausbreitete. Ungefähr ein Jahr nach seiner Übersiedlung wurde er zum Musikprofessor an der University of Southern California ernannt, 1936 nahm er eine entsprechende Position an der UCLA an (University of California, Los Angeles). Aber er verlor nie aus den Augen, um was es ihm mit seiner Musik ging, und widerstand allen Verlockungen Hollywoods – als MGM anfragte, ob er bereit wäre, Filmmusik zu schreiben, verschreckte er sie mit einer so hohen Gagenforderung ($ 50000), dass sie ebenso schnell wieder verschwanden, wie sie aufgetaucht waren.[19]

Die erste Musik, die er in den USA komponierte, war ein leichtes Stück für ein Studentenorchester. Doch dann folgte sein Violinkonzert (Op. 36), das nicht nur sein amerikanisches Debüt, sondern auch sein erstes Konzert war. Gemessen an Schönbergs anderen Werken war es reich und leidenschaftlich, aber der Form nach relativ konventionell, auch wenn es unglaublich schwierige Fingerarbeit vom Violonisten erforderte. Schönberg selbst hielt sich nach wie vor für einen Konservativen auf der Suche nach einer neuen Harmonie, die er (nach eigenem Dafürhalten) nie ganz erreichte.

Paul Hindemith war zwanzig Jahre jünger als Schönberg und kein Jude, sondern sozusagen »reinsten deutschen Blutes«. Aber auch ihm war nichts so fremd wie nationalistische oder rassistische Gefühle, weshalb er auch nicht den geringsten Anlass sah, das international bekannte Amar-Quartett zu verlassen, dem er als Bratschist angehörte, nur weil auch ein Jude dort spielte. Das war der erste Vorwurf gegen ihn. Der zweite war, dass er als Kompositionslehrer an der Berliner Hochschule für Musik zwischen 1927 und 1934 nicht gerade die Musikrichtung vertrat, die den Nazis genehm war. Obwohl er leidenschaftliche Verteidiger hatte, darunter viele einflussreiche Musikkritiker und den Dirigenten Wilhelm Furtwängler, ließ sich Goebbels nicht beeindrucken und ihn ebenfalls sofort auf die Liste der »Kulturbolschewisten« setzen. 1938 ging Hindemith ins Exil. Nach Zwischenaufenthalten in der Schweiz und der Türkei übersiedelte er 1940 in die USA. Béla Bártok, Darius Milhaud und Igor Strawinsky folgten. Viele virtuose Künstler kannten die USA bereits von ihren Reisen und waren mit den Amerikanern schon so vertraut wie diese mit ihnen. Arthur Rubinstein, Hans von Bülow, Fritz Kreisler, Efrem Zimbalist und Mischa Elman, alle ließen sich Ende der Dreißigerjahre in den USA nieder.[20]

Die einzige Stadt, die New Yorks Anziehungskraft auf die Exilanten der Kriegszeit noch übertreffen konnte, war, wie auch Schönberg herausgefunden hatte, Los Angeles. Das Register an berühmten Namen, die dort in enger Nachbarschaft lebten (eng nach den Begriffen von Los Angeles) war bemerkenswert – abgesehen von Schönberg: Thomas und Heinrich Mann, Bertolt Brecht, Lion Feuchtwanger, Theodor W. Adorno, Max Horkheimer, Otto Klemperer, Fritz Lang, Arthur Rubinstein, Franz und Alma Werfel, Bruno Walter, Peter Lorre, Sergej Rachmaninoff, Igor Strawinsky, Man Ray und Jean Renoir.[21] Der amerikanische Publizist Lawrence Weschler erwähnte einmal eine »alternative« Straßenkarte von Hollywood, die statt der Adressen von Filmstars die Wohnsitze von Exilanten aufführte. Aber ganz offensichtlich war das für die Touristen weit weniger interessant.[22] Arnold Schönbergs Witwe pflegte ihre Gäste zu unterhalten, indem sie mit ihnen in den Garten ging, wenn der Tour-Bus draußen hielt, und wartete, bis der Führer den Touristen ihr Haus zeigte und erklärte: »Und hier wohnte Shirley Temple.«[23]

*

In Harvard hatte Varian Fry mit seinem Freund und Kommilitonen Lincoln Kirstein ein studentisches Literaturmagazin herausgegeben, und wie

Fry würde auch Kirstein später nach Europa gehen und dafür sorgen, dass ein Stück Kultur aus der Alten in die Neue Welt gebracht wurde. In Kirsteins Fall hatte dies allerdings weder mit dem Krieg noch mit Antisemitismus oder Hitler zu tun. Kirstein hatte nicht nur literarische Interessen, sondern war auch ein Ballettomane und fand, dass der moderne Tanz endlich auch in die USA Einzug halten musste und dass es nur einen einzigen Mann gab, der dies bewerkstelligen konnte.

Kirstein, Sohn einer jüdischen Familie aus Rochester im Staate New York, war sehr groß, sehr reich und sehr frühreif. Bereits im Alter von zehn Jahren begann er, Kunst zu sammeln, mit zwölf erlebte er sein erstes Ballett (die Pawlowa), mit knapp vierzehn schrieb er sein erstes Theaterstück (es spielte in Tibet), und während des Sommers, den er in London verbrachte, nahm er Kontakt mit der Bloomsbury-Gruppe auf und traf sich mit Lytton Strachey, John Maynard Keynes, E. M. Forster und den Sitwells. Aber am meisten bedeutete ihm das Ballett.[24] Der Tanz hatte ihn fasziniert, seit seine Eltern ihm als Neunjährigen verboten hatten, eine *Scheherezade*-Aufführung des Diaghilew-Ensembles in Boston zu sehen. Als Zweiundzwanzigjähriger wollte er in Venedig eine orthodoxe Kirche besichtigen, als dort zufällig gerade eine Totenmesse abgehalten wurde. Eine ganz in Schwarz-Gold gehaltene Gondel glitt an die Stufen der Kirche heran, um den Leichnam auf die Toteninsel Sant' Erasmos in der Lagune zu bringen. Die Totenbahre, die Kirstein vor dem Altar gesehen hatte, war »bedeckt mit einem Berg von Blumen, unter einer Ikonostasis aus polierter Bronze«.[25] Als die Trauergemeinde nach dem Gottesdienst in die Sonne hinaustrat, glaubte er ein paar Gesichter zu erkennen, konnte sie aber nicht einordnen. Drei Tage später las er in einem Artikel der Londoner *Times*, dass die Kirche, in die er zufällig hineingegangen war, San Giorgio dei Greci hieß und der Tote niemand anderes als Sergej Diaghilew gewesen war.

Im Jahr darauf, nachdem Kirstein seinen Abschluss in Harvard gemacht hatte, nahm ihn sein Vater beiseite und sagte zu ihm: »Schau, ich werde dir eine Menge Geld hinterlassen. Willst du es jetzt oder erst wenn ich sterbe?« Kirstein nahm es sofort. Er war erst Anfang zwanzig, aber seine frühe Leidenschaft für das Ballett war bereits zu einer fixen Idee geworden. Er wollte nicht, dass diese Kunst in den USA nur von »umherzigeunernden Russen« oder irgendwelchen anderen fahrenden Künstlern betrieben wurde. Kirstein hatte eine Mission: Er wollte das Ballett nach Amerika bringen und es in amerikanische Kunst verwandeln.[26] Die Musicals, die in den frühen dreißiger Jahren zum Film übergewechselt waren, hatten bewiesen, dass sein Volk tanzen konnte und einen ganz eigenen Stil entwickelt hatte. Ballett war für Kirstein der Gipfel der Kunst, und er wusste instinktiv, dass man den Amerikanern nur eine Chance geben musste, um auf diesem Gebiet zu brillieren.

Kirstein nahm bei Michail Fokine, dem großen russischen Choreografen, in New York Ballettunterricht.[27] Er half Romola Nijinskaja bei ihrer Biografie über ihren Mann und studierte Ballettgeschichte. Aber nichts davon befriedigte ihn. Während seiner Studien war ihm bewusst geworden, dass es in den dreihundert Jahren, seit das erste Ballettensemble vom französischen König nach Frankreich geholt worden war, nur drei oder vier Mal gelungen war, ein Ballett erfolgreich in ein anderes Land zu verpflanzen. Das spornte ihn an. 1933, während der Flüchtlingsstrom der Künstler nach Amerika anschwoll, fuhr er nach Europa. Er begann seine Suche in Paris, wo er sich »wie ein Groupie« aufführte, wie er später erzählte.[28] In Paris lebte und arbeitete Georges Balanchine, und den hielt Kirstein für den größten lebenden Choreografen. Jeder, dem er begegnete, bestätigte ihm das – aber wirkliche Begeisterung konnte er diesen Äußerungen nicht entnehmen. Ein Problem war der schlechte Gesundheitszustand von Balanchine. Romola Nijinskaja hatte Kirstein bereits gewarnt, dass er »in drei Jahren tot« sei, eine Wahrsagerin habe sogar das genaue Datum prophezeit. Das zweite Problem waren Balanchines berüchtigte Temperamentsausbrüche und sein legendär schlechter Geschmack, nicht nur was seine Kleidung betraf (er trennte sich nie von seiner Westernkordel, die er an Stelle einer Krawatte trug). Aber Kirstein wollte sich nicht abwimmeln lassen: Alle wirklich schöpferischen Menschen seien schwierig, außerdem habe er selbst guten Geschmack für zwei. Und was Balanchines Gesundheitszustand betraf, nun, »in drei Jahren kann man schon eine Menge erreichen«, vertraute er seinem Tagebuch an.[29] Aber während dieses ganzen Hin und Her hatte er den Choreografen in Paris schlicht verpasst und war nun gezwungen, ihm nach London nachzureisen, wo die Truppe als Nächstes auftreten sollte. Endlich trafen sie sich in Kirsteins Hotel. Er erklärte Balanchine auf Französisch lang und breit den Grund seiner Europareise.[30] Da standen sich wirklich zwei extrem unterschiedliche Männer gegenüber: der hoch gewachsene, reiche und sehr ernsthafte Kirstein und der schmächtige, bettelarme Balanchine, dem Ernsthaftigkeit mindestens so suspekt war wie Kirstein jede Zügellosigkeit (einer von Balanchines Lieblingssprüchen war: »Ballett ist wie Kaffee, es riecht besser, als es schmeckt«).[31] Kirstein hatte sich gut auf diese Begegnung vorbereitet und versuchte Balanchine nun ebenso redegewandt wie leidenschaftlich von seiner Idee zu überzeugen. Er pries dessen Choreografie in höchsten Tönen, schwärmte von der Begeisterungsfähigkeit der Amerikaner und versprach dem Russen eine eigene Truppe und sein eigenes Theater. Als Balanchine dann endlich die Chance hatte, auch einmal etwas zu sagen, bemerkte er wie nebenbei, dass er liebend gerne in ein Land gehen würde, das Ginger Rogers hervorgebracht habe. Es dauerte einen Moment, bis Kirstein begriff, dass Balanchine damit praktisch ja gesagt hatte.[32]

Schon im Oktober desselben Jahres traf Balanchine in Manhattan ein. Es war nicht gerade die beste Zeit für ein Projekt von derart innovativem Charakter. Die Wirtschaftskrise war an ihrem Höhepunkt angelangt, und von den Künsten erwartete man ganz einfach, dass sie die Härten dieser Realität aufgriffen oder zumindest nicht ihrerseits noch zu den Problemen der Leute beitrugen, indem sie zum Beispiel zu teuer und zu verschwenderisch waren. Kirstein hatte geplant, die Truppe in einem stillen kleinen Ort in Connecticut unterzubringen, wo Balanchine in Ruhe das Training mit seinen Tänzern beginnen konnte. Aber davon wollte Balanchine nichts wissen. Er war ein Stadtmensch durch und durch, ebenso zu Hause in St. Petersburg wie in Paris oder London. Von der Kleinstadt, die Kirstein vorschwebte, hatte er noch nie im Leben gehört. Prompt machte er Kirstein klar, dass er lieber nach Europa zurückkehren würde, als »in diesem Hartford-Nest zu versauern«.[33] Also fand Kirstein einen Probenraum in einem alten Gebäude Ecke Madison Avenue und 59. Straße. Die *School of American Ballet* öffnete am 1. Januar 1934 ihre Pforten. Dreiundzwanzig Schüler waren angenommen worden, außer drei Tänzern alles junge Frauen – und denen stand nun ein Schock nach dem anderen bevor. Denn ein amerikanischer Tanzlehrer würde eine Schülerin niemals auch nur mit dem Finger berühren, Balanchine aber »prügelte, schubste, zerrte, tatschte und knuffte« von früh bis spät an ihnen herum.[34] Auf diese Weise brachte er sie jedoch dazu, Dinge mit ihrem Körper zu tun, die sie niemals für möglich gehalten hatten.

Balanchine stellte sich der Neuen Welt am 10. Juni 1934 mit dem Ballett *Serenade* vor, das zu seinem ersten amerikanischen Klassiker wurde.[35] Mit dem instinktiven Gespür des Show-Menschen hatte er begriffen, dass sein erstes Ballett nur dann ein Erfolg in diesem Land werden konnte, wenn es dabei nicht nur um Tanz, sondern auch um Amerika gehen würde. Er musste dem amerikanischen Publikum vor Augen führen, dass das Ballett trotz seines klassischen Erbes eine bedeutende, sich ständig verändernde Gegenwartskunst und keine statische Angelegenheit war – dass es nicht immer nur *Giselle* oder die *Nussknackersuite* sein konnte. Er begann zu improvisieren. »Bei der ersten Probe waren siebzehn Tänzerinnen anwesend, also konzipierte er die Eröffnungsszene für siebzehn Tänzer. Einmal stürzte eine der Tänzerinnen und schrie auf – sofort baute er das in seine Choreografie ein. An einem Abend kamen mehrere Tänzer zu spät, also wurde auch das zum Bestandteil des Balletts gemacht.«[36] Die Geschichte innerhalb der Geschichte von *Serenade* handelt davon, wie junge, unerfahrene Tänzer zu Meistern ihrer Kunst werden und dabei im weitesten Sinne persönlich geläutert werden. Balanchine wollte zeigen, dass die Kraft der Kunst den Menschen aufrechter machen kann – und dass dies der eigentliche Grund war, weshalb dieses Ballettensemble in den USA notwendig war.[37] Doch für den Ballettkritiker Edward Denby waren die »zärtlichen Bande« zwischen all den jungen Tänzerinnen eher die Crux von *Serenade*. Amerikaner, so Denby, waren nicht wie Russen, denen das Ballett im Blut lag; Amerikaner stammten aus einer individualistischen, rationalen und weit weniger emotionalen Kultur und fühlten sich auch in weit geringerem Maße durch ein gemeinsames Erbe verbunden. Dieses Gefühl könnte daher durch die Zugehörigkeit zu der Truppe geschaffen werden. Das sei, so Denby, die Basis für Balanchines kontroversen Ansatz – von dem er sich nie verabschiedete –, dass beim modernen Tanz die Truppe wichtiger sei als der einzelne Tänzer und es daher auch keine Primaballerinen gebe.[38]

Die Uraufführung von *Serenade* fand vor geladenem Publikum statt, war also praktisch eine Privatvorführung. Der Rasen, auf dem die Bühne aufgebaut worden war, »sollte sich nie wieder von seinem Schock erholen«.[39] Die erste öffentliche Aufführung im Rahmen eines zweiwöchigen Gastspiels war am 1. März 1935 im Adelphi-Theater, und die Truppe, die mittlerweile aus sechsundzwanzig Tänzern plus zwei Gasttänzern bestand (Tamara Geva, Balanchines erste Frau, und Paul Hakoon), nannte sich inzwischen *American Ballet*.[40] Zu seinem Repertoire zählten abgesehen von *Serenade* auch *Reminiscences* und *Transcendences*. Kirstein war natürlich begeistert, dass seine Bemühungen auf der anderen Seite des Atlantiks so bald schon so gute Früchte trugen, doch Balanchine äußerte sich nach der ersten Aufführung skeptisch. Und er hatte Recht damit. Es dauerte eine ganze Weile, bis dieses moderne Ballett in den USA angenommen wurde. John Martin, der Tanzkritiker der *New York Times*, bezeichnete Balanchine am Tag nach der ersten öffentlichen Aufführung als »affektiert und dekadent«, als ein Beispiel für die »Riviera-Ästhetik«, die Amerika wahrlich nicht bräuchte (ein Seitenhieb gegen Scott Fitzgerald und Bertolt Brecht). Dem *American Ballet* riet er, Balanchine »mitsamt seinen internationalistischen Vorstellungen« zu feuern und ihn durch einen »guten amerikanischen Tänzer« zu ersetzen. Doch hier ging es um Ballett und nicht um Musical, weshalb dankenswerter Weise auch niemand auf John Martin hörte.

*

Zu Hitlers großem Geschenk an Amerika gehörten auch die *Benjamin Frankling Lectures*, die im Frühjahr 1952 an der University of Pennsylvania ausschließlich mit Exilierten veranstaltet wurden. Franz Neumann sprach über die Sozialwissenschaften, Henri Peyre über das Literaturstudium, Erwin Panofsky über Kunstgeschichte, Wolfgang Kohler über Naturwissenschaftler, und Paul Tillich hielt einen Vortrag mit dem Titel »Die Überwindung des theologischen Provinzialismus«. Dass er das Wort »Überwindung« benutzte, sprach für seinen Optimismus, doch die Frage, die er am Ende seines Vortrags stellte, hat bis heute nichts von ihrer Brisanz verloren: »Wird Amerika bleiben, was es für uns [Exilanten] wurde, ein Land, in dem Menschen aus aller Welt ihren geistigen Provinzialismus überwinden können? Es ist durchaus möglich, eine politische Weltmacht mit einem geistig provinziellen Volk zu sein.«[41]

20

Colossus

Am Morgen des 3. September 1939, einem Sonntag, erklärte Großbritannien Deutschland den Krieg. Berlin erlebte einen milden Spätsommertag. Der amerikanische Journalist William Shirer, der später eine höchst lebendige Geschichte über den *Aufstieg und Fall des Dritten Reiches* schreiben sollte, berichtete, dass es zwar ruhig in der Hauptstadt gewesen sei, sich aber in den Gesichtern der Berliner »Erstaunen und Niedergeschlagenheit« abgezeichnet habe. Vor dem Lunch traf er sich mit einem Dutzend Mitarbeiter der britischen Botschaft zu einem Drink im Hotel Adlon. »Sie schienen von den Ereignissen überhaupt nicht bewegt zu sein. Sie redeten über *Hunde* und solches Zeug.«

Von einem anderen Personenkreis erwartete man da schon mehr Einsicht in die Dringlichkeit der Lage. Bereits am nächsten Tag, am Montag, dem 4. September, meldete sich Alan Turing bei der *Government Code and Cipher School* in Bletchley Park, Buckinghamshire, zum Dienst.[1] Der Ort Bletchley liegt in einem sehr unpopulären Teil Englands, nicht weit entfernt von dem Schmutz und Staub der berühmten Ziegeleien des Landes. Aber er hatte einen großen Vorteil – er lag gleich weit entfernt von London, Cambridge und Oxford, den geistigen Zentren Großbritanniens, und am Bahnhof von Bletchley kreuzte sich die Überlandstrecke zwischen London und dem Norden mit dem Regionalverkehr zwischen Oxford und Cambridge. Nördlich vom Bahnhof lagen die Gebäude von Bletchley Park auf einem kaum nennenswerten Hügel verstreut. In den ersten Kriegsjahren wuchs die Bevölkerung des Ortes durch den Zuzug von zwei ganz unterschiedlichen Personengruppen gewaltig an. Die eine bestand aus Hunderten von Kindern, die zum Schutz vor Bombenangriffen – dem späteren »Blitz« – vor allem aus den östlichen Stadtgebieten Londons evakuiert worden waren. Die andere bildeten Leute wie Turing. Doch der Bevölkerung wurde nie erklärt, wer sie waren und was sie in ihrem Ort taten.[2] Ihre Anwesenheit in Bletchley Park unterlag so strenger Geheimhaltung, dass die Einwohner schließlich sogar ihren Abgeordneten aufforderten, eine Anfrage über diese Invasion im Parlament zu stellen. Doch dem Abgeordneten wurde dringend nahe gelegt, von einer solchen Anfrage abzusehen.[3] Turing, ein scheuer, unauffälliger Mann mit streng gescheiteltem dunklen Haar, fand ein Zimmer über dem Crown-Pub in einem etwa vier Kilometer entfernten Dorf. Obwohl er immer hinter der Bar aushalf, sobald es seine Zeit erlaubte, verhehlte seine Vermieterin nicht ihr Misstrauen gegenüber einem körperlich so gesunden jungen Mann wie Turing, der nicht bei der Armee war.

Bletchley Park hatte sich gewissermaßen bereits ein Jahr vor Turings Eintreffen im Krieg befunden. 1938 war ein junger polnischer Techniker namens Robert Lewinski ungesehen in die britische Botschaft in Warschau geschlüpft und hatte dem ansässigen Repräsentanten des militärischen Nachrichtendiensts berichtet, dass er in Deutschland in einer Fabrik gearbeitet habe, in der Maschinen für chiffrierte Nachrichtenübermittlungen gebaut würden, und behauptet, über ein so fotografisches Gedächtnis zu verfügen, dass er sich an jedes Detail dieser so genannten *Enigma* erinnern könne. Die Briten vertrauten ihm und schmuggelten ihn nach Paris, wo er dann in der Tat eine Menge zum Nachbau dieser Maschine beitrug.[4] Es war der erste Durchbruch der Briten in diesem geheimen Krieg um die Codes. Sie hatten zwar bereits gewusst, dass die Deutschen über eine Chiffriermaschine zur Übermittlung von Geheimkommandos an ihre militärischen Befehlshaber zu Wasser und zu Land verfügten, aber nie zuvor eine solche Maschine aus der Nähe begutachten können.

Wie sich herausstellte, war sie äußerst einfach konstruiert, aber ihre Codes waren praktisch nicht zu knacken.[5] Im Prinzip sah sie wie eine Schreibmaschine mit ein paar zusätzlichen Teilen aus. Wer eine Botschaft schicken wollte, tippte diese einfach im Klartext ein, nachdem er zuvor anhand eines Codebuchs eingestellt hatte, welche Rotoren in welcher Reihenfolge benutzt und welche Kombinationen auf dem Steckfeld verwendet werden sollten. Der Empfänger konnte die Nachricht dann anhand der festgelegten Rotoren- und Steckmuster mit einer ähnlichen Maschine entschlüsseln. Die Rotorenstellungen ermöglichten Milliarden von Codierungsmöglichkeiten, und da auch der Steckschlüssel drei Mal täglich geändert wurde und die Deutschen im Laufe von vierundzwanzig Stunden Tausende von Botschaften austauschten, standen die Briten vor einer scheinbar unlösbaren Aufgabe. Die Geschichte der Entschlüsselung der Enigma-Codes wurde viele Jahre lang geheim gehalten und war gewiss eines der dramatischsten intellektuellen Abenteuer des zwanzigsten Jahrhunderts. Aber nicht nur das – sie hatte auch äußerst langfristige Folgen, denn sie beeinflusste nicht nur den Ausgang des Zweiten Weltkriegs, sondern auch die Entwicklung des Computers.

Alan Turing, Jahrgang 1912, war eine Schlüsselfigur bei dieser Geschichte. Während sein Vater in Indien diente, wurde der Sohn auf ein Internat geschickt, wo er beträchtlichen psychischen Schaden erlitt: Seine

Erlebnisse dort machten ihn zum Stotterer und Außenseiter, wie er es empfand, sodass sie vermutlich sogar noch für seinen Selbstmord Jahre später verantwortlich waren. Unter traumatischen Bedingungen erkannte Alan seine Homosexualität und verliebte sich in einen Mitschüler, der an Tuberkulose starb. Doch sein brillanter mathematischer Geist gewann schließlich die Oberhand über die Gefühle. Im Oktober 1931 bekam er ein Stipendium für das Kings College in Cambridge. Es war das Cambridge von John Maynard Keynes, Arthur Eddington, James Chadwick, den Leavis und George Hardy, einem weiteren großen Mathematiker. Zumindest intellektuell konnte sich Turing dort also gut aufgehoben fühlen. Und da der Beginn seines Studiums zeitlich mit der Veröffentlichung des berühmten Theorems von Gödel zusammenfiel, war dies in der Tat eine aufregende Zeit für einen Mathematiker. Auch in Deutschland gärte es damals auf diesem Gebiet, weshalb in regelmäßigen Abständen auch deutsche Wissenschaftler wie Erwin Schrödinger, Max Born oder Richard Courant in Cambridge auftauchten.[6] Nachdem Turing den erwartungsgemäß vorzüglichen Abschluss als »Wrangler« gemacht hatte und darauf hin zum Fellow des Kings College gewählt worden war, begann er sofort mit seinem Versuch, die Mathematik noch über Gödel hinauszuführen. Als Erstes stellte er sich die Frage: Was ist eine »berechenbare Zahl«, und mit welchen Mitteln kann diese überhaupt errechnet werden? Für Turing war Berechnung per se etwas so Logisches, Unmittelbares und so sehr von psychischen Phänomenen Unabhängiges, dass er überzeugt war, sie könne sogar von einer Maschine geleistet werden. Also überlegte er sich, welche Eigenschaften eine solche Maschine haben müsste.

In seiner Lösung kam deutlich Gödels Theorem zum Ausdruck. Zuerst stellte sich Turing eine Maschine vor, die wissen würde, »dass berechenbare Zahlen solche sind, deren Dezimalausdrücke mit endlichen Mitteln errechnet werden können«. Nehmen wir folgendes bekanntes Beispiel:[7]

$$\begin{aligned} 180 : 2 &= 90 \\ 90 : 2 &= 45 \\ 45 : 3 &= 15 \\ 15 : 3 &= 5 \\ 5 : 5 &= 1 \end{aligned}$$

Damit ergibt sich, dass $180 = 2^2 \times 3^2 \times 5$.

Turing war überzeugt, dass man über kurz oder lang eine Maschine bauen könnte, die in der Lage wäre, diesen Regeln zu folgen, genauso wie er sich sicher war, dass eine solche Maschine die Schachregeln beherrschen und folglich als Schachpartner dienen könne (was ja inzwischen längst der Fall ist). Aber er stellte sich eine »universale Rechenmaschine« vor, die in der

Lage wäre, *sämtliche* Berechnungen durchzuführen. Und zu dieser Idee addierte er dann folgendes Gedankenmodell (hier ist das Echo von Gödel am stärksten): Angenommen, eine solche universale Rechenmaschine könnte auf eine Reihe von »reellen Zahlen« reagieren, welche mit bestimmten Berechnungsarten korrespondieren. Beispielsweise könnte die Zahl 1 »Finde die Faktoren« heißen, die Zahl 2 »Finde die Quadratwurzeln«, die Zahl 3 »Folge den Schachregeln« und immer so weiter. Was aber würde geschehen, fragte Turing, wenn man dieser Maschine nun eine Zahl eingäbe, die mit sich selbst korrespondiert? Wie könnte sie einem Befehl folgen, der ihr bedeutet, dass sie sich so verhalten soll, wie sie sich bereits verhält?[8] Turing wollte damit zum Ausdruck bringen, dass eine solche Maschine *nicht einmal theoretisch* vorstellbar und daher eine solche Aufgabe schlicht nicht berechenbar sei. Es gab ganz einfach keine Regeln, die erklärten, wie man etwas Mathematisches mit Mathematik selbst beweisen oder widerlegen konnte. Seine Abhandlung veröffentlichte Turing 1936 in den *Proceedings* der London Mathematical Society – mit Verzögerung, weil ihm das Gleiche geschehen war wie Linus Pauling vor der Veröffentlichung seiner Arbeit über die chemische Bindung: Es gab niemanden weit und breit, der kompetent genug gewesen wäre, diese Abhandlung zu kommentieren. Allein schon ihr Titel *Über berechenbare Zahlen mit einer Anwendung auf das Entscheidungsproblem* garantierte mindestens so viel Aufmerksamkeit wie die mathematische »Katastrophe«, die Gödel mit seiner Abhandlung ausgelöst hatte.[9] Aus mathematischer Sicht war Turings Idee von so großer Wichtigkeit, weil sie eine »Theorie der Berechenbarkeit« aufstellte; aber ihre Brisanz war auch, dass sie theoretisch bereits eine Maschine ermöglichte – inzwischen Turing-Maschine genannt –, die in der Praxis direkt zum heutigen Computer führte.

Mitte der dreißiger Jahre schloss Turing in Princeton seine Dissertation ab. Die mathematische Fakultät war in demselben Gebäude untergebracht wie das jüngst gegründete Institute for Advanced Studies (IAS), wo Turing zu einigen der berühmtesten Denker seiner Zeit stieß: Einstein, Gödel, Courant, Hardy und einem Mann, mit dem er sich besonders gut verstand, nämlich dem österreichisch-ungarischen Mathematiker Johann von Neumann. Während Einstein, Gödel und Turing ausgesprochen exzentrische Einzelgänger waren und wenig Wert auf ihr Äußeres legten, war Neumann ein eleganter Kosmopolit, der das geistig stimulierende Leben und die Kaffeehäuser von Wien sehr vermisste.[10] Obwohl er so völlig anders war als Turing, schätzte er dessen brillanten Geist und lud ihn ein, nach Abschluss seiner Doktorarbeit zu ihm ans IAS zu kommen. Turing fühlte sich natürlich geschmeichelt, kehrte aber doch lieber nach Großbritannien zurück, obwohl es ihm in Amerika, wo liberalere Bedingungen für Homosexuelle herrschten, gut gefallen hatte.[11] Zurück in Cambridge, begegnete er dann einem gleichermaßen brillanten Geist und Exzentriker – Ludwig Wittgenstein, der inzwischen nach Jahren der Abwesenheit zurückgekehrt war. Wittgensteins Lehrveranstaltungen waren nur einem kleinen Kreis Auserwählter zugänglich (seine Exzentrik hatte der Philosoph und Mathematiker inzwischen nicht abgelegt), und wie alle anderen Seminarteilnehmer musste auch Turing auf einem Klappstuhl in einem ansonsten völlig leeren Raum Platz nehmen, wenn er Wittgensteins Ausführungen über die philosophischen Grundlagen der Mathematik lauschen wollte. Eines ist sicher, Turing hatte wenig Ahnung von Philosophie; aber sobald es um Mathematik ging, war er der Überlegene. Es kam zu ein paar heftigen Auseinandersetzungen zwischen den beiden.[12]

Inmitten dieser Gefechte brach der reale Krieg aus, und Turing wurde nach Bletchley zitiert. Seine Konfrontation mit den dort herrschenden Militärs war eigentlich fast komisch – es gab wohl kaum jemanden, der sich weniger für die Armee geeignet hätte als er. Für die Männer in Uniform war dieser Turing einfach ein Irrer. Er rasierte sich kaum, seine Hosen hielt er mit einer Krawatte an Stelle eines Gürtels fest, sein Stottern war kein bisschen besser geworden, und seine Arbeitszeiten waren alles andere als militärisch. Das Einzige, was er bei anderen Menschen anerkannte, war Geist, also behandelte er sogar höchste Offiziere wie Dummköpfe und spielte mit einfachen Soldaten Schach, wenn er sie gescheit genug fand. Seit seiner Rückkehr aus den USA ging er außerdem viel unverklemmter mit seiner Homosexualität um, das heißt, in Bletchley zeigte er deutlich, wenn ihm jemand gefiel – und das zu einer Zeit, als Homosexualität in Großbritannien mit Gefängnis bestraft wurde.[13] Doch um den Code der Enigma zu knacken, bedurfte es seiner überragenden mathematischen Intelligenz, also ließ man ihn gewähren.[14] Die grundlegende Schwierigkeit war, dass sich Turing und die anderen aus seinem Team erst einmal durch Tausende von abgefangenen Nachrichten der Deutschen wühlen mussten, um überhaupt irgendwelche Regularitäten finden geschweige denn verstehen zu können. Turing begriff sofort, dass er es hier mit einem Problem zu tun hatte, das zumindest theoretisch von einer Maschine gelöst werden konnte. Also baute er nach diversen Fehlversuchen ein elektromagnetisches Gerät, das zu Hochgeschwindigkeitsberechnungen in der Lage war und die Enigma-Botschaften nach solchen Regularitäten durchforsten konnte, indem es die erfassten Daten zuvor erst einmal in einem Speicher ablegte.[15] Die Maschine erhielt den Namen *Colossus*. Der erste Colossus (am Ende gab es zehn unterschiedliche Versionen) wurde im Dezember 1943 gebaut.[16] Die Details dieser Maschine unterlagen jahrelang strengster Geheimhaltung; heute wissen wir, dass sie bereits in ihrer ersten Version aus 1500 Röhren bestand – in späteren Versionen sogar aus 2500 – und 5000 Zeichen pro Sekunde verarbeiten konnte. Ihr Speicher umfasste 5 Zeichen mit 5 Bits in Form von Schieberegistern – und da sie Informationen bereits in Bits (unterschiedliche Anordnungen von 0 oder 1) verarbeitete, gilt sie als Vorläufer des elektromagnetischen digitalen Computers.[17] Der Colossus war übermannshoch und nahm, wie auf Fotografien zu sehen ist, die gesamte Wand einer kleinen Hütte in Bletchley ein. Die letzten Versionen dieser Maschine konnten schließlich 25 000 Zeichen pro Sekunde bearbeiten, was wirklich einen gewaltigen technologischen Fortschritt darstellte.[18] Doch trotz dieser nun vorhandenen Technologie gab es noch immer keinen wirklichen Durchbruch bei der Entzifferung der Enigma-Codes. Britische Konvois, die kostbare Lebensmittel und dringend benötigte Versorgungsgüter aus den USA über den Atlantik brachten, wurden 1943 in Besorgnis erregender Zahl von deutschen U-Booten versenkt. In den dunkelsten Zeiten verfügte Großbritannien nur noch über Lebensmittel für knapp eine Woche. Verbissen wurde deshalb eine Verbesserung nach der anderen am Colossus vorgenommen. Die Zeit, die man brauchte, um die codierten deutschen Botschaften zu knacken, reduzierte sich allmählich von Tagen auf Stunden und dann auf Minuten. Schließlich waren die Entschlüssler in Bletchley in der Lage, die genaue Position jedes einzelnen deutschen U-Boots im Atlantik zu bestimmen und die Verluste von britischen Schiffen beträchtlich zu reduzieren. Die Deutschen waren zwar misstrauisch geworden, konnten sich aber einfach nicht vorstellen, dass Enigma-Botschaften in Großbritannien gelesen wurden – ein Fehler, der sie teuer zu stehen kommen sollte.[19]

Turings Arbeit galt als so kriegswichtig, dass er in die USA geschickt wurde, um sein Wissen mit den Verbündeten zu teilen.[20] Dort traf er wieder auf Neumann, der inzwischen ebenfalls versucht hatte, Turings »Theorie der berechenbaren Zahlen« in die Praxis umzusetzen.[21] Diese Versuche hatten schließlich zum ENIAC geführt (Electronic Numerical Integrator and Calculator), der an der Universität von Pennsylvania gebaut wurde und mit 19 000 Röhren nicht nur größer als der Colossus war, sondern auch direktere Folgen für die anschließende Computertechnologie haben sollte.[22] Allerdings war ENIAC erst nach dem Krieg wirklich funktionsfähig und hatte obendrein eine Menge von der Tatsache profitiert, dass das Colossus-Team bereits gewaltige Probleme gelöst hatte.[23] Es steht völlig außer Frage, dass der Colossus dazu beitrug, den Krieg zu gewinnen – oder zumindest Großbritannien vor einer Niederlage zu bewahren. Die »Nichtsnutze« von Bletchley hatten bewiesen, was sie wert waren. Nach Ende des Krieges wurde Turing mit einigen anderen Naturwissenschaftlern und Mathematikern mit dem Auftrag nach Deutschland geschickt, festzustellen, welche Fortschritte die Deutschen im Kommunikationsbereich gemacht hatten.[24] Inzwischen gab es längst Gerüchte über die Existenz des Colossus – natürlich nicht über Einzelheiten, aber dass sich hinter Bletchley ein »großes Geheimnis« verbarg, war allen klar.

Die ganze Wahrheit sollte erst Jahrzehnte später ans Licht kommen, zu einer Zeit, als Computer längst schon zum Alltagsleben gehörten. Turing hat dies nicht mehr erlebt. Er beging 1954 Selbstmord.

*

Im Rahmen eines Forschungsprojekts wurden nach dem Krieg hochrangige britische Militärs und Wissenschaftler befragt, welches ihrer Meinung nach die wichtigsten wissenschaftlichen Beiträge zum Ausgang des Krieges gewesen seien. Zu den Befragten zählten beispielsweise Lord Hankey, Sekretär des Nationalen Verteidigungskomitees; Admiral Sir William Tennant, der die Landung am Küstenabschnitt in der Normandie mit dem Codenamen Mulberry organisiert hatte; Feldmarschall Lord Slim, Kommandeur der Vierzehnten Armee in Burma; Sir John Slessor, Marschall der Royal Air Force und Oberbefehlshaber ihres Küstenkommandos während der kritischen Phase des U-Boot-Krieges; Sir John Cockcroft, ein Atomphysiker, der für die Entwicklung des Radars verantwortlich war; der Physikprofessor P. M. S. Blackett, Mitglied des berühmten Tizard-Komitees (dem diese Radarentwicklung unterstand) und später einer der Zuständigen für die Verfahrensforschung; und der Physikprofessor R. V. Jones, während des Krieges Leiter der wissenschaftlichen Abteilung des Nachrichtendienstes im britischen Luftfahrtministerium. Sie alle kamen zu dem Schluss, dass es sechs entscheidende Entwicklungen oder Gerätschaften gab, die »der Krieg hervorbrachte oder die wegen des Krieges Gestalt annahmen«: die Atombombe, das Radar, der Raketenantrieb, der Düsenantrieb, die Automatisierung und vor allem die Verfahrensforschung (natürlich wurden Bletchley oder die Enigma mit keinem Wort erwähnt). Auf die Atombombe soll ausführlicher in Kapitel 22 eingegangen werden; aber von den anderen genannten Entwicklungen war das Radar die bei weitem radikalste Neuerung.[25]

Radar *(Radio Aircraft Detecting And Ranging)* war der Codename der amerikanischen Marine für eine britische Erfindung, die während des Krieges in vielen Bereichen Anwendung fand, vom U-Boot-Krieg bis hin zur Richtungsbestimmung. Aber um einen Einsatz ranken sich geradezu »romantische« Geschichten – die Schlacht um Großbritannien 1940. Ohne die Vorteile, die das Radar den britischen Piloten bot, hätte es leicht zur Niederlage der Alliierten statt zum Sieg kommen können. Bereits 1928 hatte ein Physiker aus der Signals School im englischen Portsmouth das Patent auf ein Gerät angemeldet, welches Schiffe mittels Radiowellen aufspüren konnte. Doch kaum einer seiner Vorgesetzten hatte geglaubt, dass eine solche Ausrüstung jemals nötig sein würde, also ließ er dieses Patent verfallen. Sechs Jahre später, im Juni 1934, als die bedrohliche Wiederaufrüstung Deutschlands immer deutlicher wurde, forderte der Leiter der Forschungsabteilung im britischen Luftfahrtministerium eine Studie über die Luftverteidigungsfähigkeit Großbritanniens an. Nachdem er sich dann durch den insgesamt dreiundfünfzig Ordner umfassenden Bericht gearbeitet hatte, war ihm klar, dass keine dieser Maßnahmen Aussicht auf Erfolg haben würde.[26] Diese trübe Erkenntnis führte zur Gründung des Tizard-Komitees, eines Subkomitees des Nationalen Verteidigungskomitees. Sir Henry Tizard war Chemiker und ein ausgesprochen energischer Zivilist aus Oxford; und es war dieses Komitee – offiziell hieß es *Scientific Survey of Air Defence* –, das die Radarforschung so unermüdlich vorantrieb, bis dieses Gerät schließlich nicht nur entscheidend in das Schicksal Großbritanniens im Zweiten Weltkrieg eingreifen, sondern auch seinen unverzichtbaren Beitrag zur Sicherheit aller Flugzeuge leisten konnte.

Für die Entwicklung des Radars waren drei Dinge relevant. Erstens wusste man, seit Heinrich Hertz 1885 die elektromagnetischen Wellen nachgewiesen hatte, dass bestimmte Materialien, wie zum Beispiel Metall, diese Wellen reflektieren; zweitens war in den Zwanzigerjahren eine riesige, elektrisch geladene Schicht in der oberen Atmosphäre entdeckt worden, die solche Wellen ebenfalls reflektiert (ursprünglich war sie nach ihrem Entdecker Heaviside-Schicht genannt worden, später sprach man dann nur noch von der Ionosphäre); und drittens wusste man durch Experimente mit Fernseh-Prototypen in den späten zwanziger Jahren, dass Flugzeuge die Übertragung solcher Wellen stören können. Erst 1935 brachte man all diese Entdeckungen auf einen Nenner, aber sogar noch zu diesem Zeitpunkt entstand das Radar wie durch Zufall. Sir Robert Watson-Watt erforschte gerade in der Radioabteilung des National Physical Laboratory den »Todesstrahl« – er hatte die blutrünstige Idee gehabt, einen elektromagnetischen Strahl mit genügend Energie zu erschaffen, um die dünne Metallhaut eines Flugzeugs schmelzen und die darin sitzende Crew töten zu können. Genaue Berechnungen bewiesen dann, dass dies ein reines Science-Fiction-Szenario war. Watson-Watts Assistent A. F. Wilkins, der für diese Berechnungen zuständig gewesen war, realisierte dann jedoch, dass man mit einem solchen Strahl auch herausfinden könnte, ob sich überhaupt ein Flugzeug in der Luft befindet – der Strahl würde am Metall abprallen und als »Echo« zum Sender zurückgeworfen werden.[27] Am 26. Februar 1935 wollte man Wilkins' Idee in der Nähe des Daventry-Senders in den Midlands dem Praxistest unterziehen. Die Mitglieder von Tizards Komitee saßen in einem verschlossenen Caravan und erlebten mit eigenen Augen, dass man ein Flugzeug in der Luft tatsächlich bis zu einer Distanz von etwa acht Meilen aufspüren konnte (allerdings konnte man zu diesem Zeitpunkt noch nicht seine genaue Position bestimmen). Der nächste Test fand an der abgelegenen ostenglischen Küste statt. Es wurden ungefähr zwanzig Meter hohe Masten errichtet, mit deren Hilfe die Flugzeuge nun bereits in vierzig Meilen Entfernung aufzuspüren waren. Mittlerweile war den Mitgliedern des Tizard-Komitees auch klar geworden, dass der Erfolg letztlich davon abhängen würde, ob man die Wellenlänge der Funkstrahlen reduzieren konnte. Damals wurden Wellenlängen noch in Metern gemessen und Wellenlängen von weniger als 50 Zentimetern für völlig unmachbar gehalten. Doch dann hatten John Randall und Mark Oliphant von der Birmingham University die Idee zu einem Gerät, das sie »Hohlraummagnetron« nannten. Im Prinzip handelte es sich um nichts anderes als eine Glasröhre, an deren Enden jeweils mit Siegellack ein Halfpenny befestigt war. Die Luft wurde herausgesogen, sodass ein Vakuum entstand; ein Elektromagnet sorgte für ein Magnetfeld; und von einer in den Hohlraum eingeführten Drahtschlinge »hoffte man, dass sie Hochfrequenzkraft extrahieren (also kürzere Wellen generieren) würde«. Es klappte.[28]

Das war am 21. Februar 1940.[29] Den sicheren Erfolg vor Augen, richtete man sofort eine Kette von Küstenradarstationen ein, die sich von Ventnor auf der Isle of Wight bis zum Firth of Tay in Schottland erstreckte. Sobald sich das Magnetron bewährt hatte, konnten diese Radarstationen also bereits sämtliche feindlichen Flugzeuge beobachten, sogar dann, wenn sie sich gerade erst über Frankreich oder Belgien formierten. Nun waren die Briten in der Lage, mit relativer Genauigkeit die Stärke, Flughöhe und Geschwindigkeit feindlicher Formationen zu ermitteln; und das ermöglichte der berühmten britischen Kampffliegerelite schließlich, Angriffe erfolgreich abzuwehren.[30]

*

Der Mai 1940 brachte für Großbritannien und seine engen Verbündeten die dunkelste Stunde des Krieges. Am Zehnten des Monats fielen deutsche Truppen in Holland, Belgien und Luxemburg ein, darauf folgten die Kapitulation der holländischen und belgischen Armee und die Gefangennahme von König Leopold III. Am Sechsundzwanzigsten des Monats wurde in Dünkirchen mit der Evakuierung von 300000 britischen und französischen Soldaten begonnen, die im Nordosten Frankreichs in der Falle saßen. Oswald Mosley und 750 weitere britische Faschisten wurden interniert. Neville Chamberlein trat von seinem Amt als Premierminister zurück und wurde von Winston Churchill abgelöst.

Obwohl jeder nur den Krieg im Kopf hatte, begannen am Samstag, dem 25. Mai, zwei Wissenschaftler im Pathologischen Institut der Oxford University mit den ersten Experimenten einer Studie, die zum hoffnungsvollsten Durchbruch der Medizin im zwanzigsten Jahrhundert führen sollte. Ernst Chain, Sohn eines russisch-deutschen Industriechemikers, war vor den Nationalsozialisten aus Deutschland geflohen; N. G. Heatly war britischer Mediziner. An diesem Samstag injizierten sie Mäusen Streptokokken und verabreichten einigen der Tiere anschließend Penizillin. Danach ging Chain nach Hause, und Heatley blieb bis 3.30 Uhr morgens im Labor. Bis zu diesem Zeitpunkt waren alle unbehandelten Mäuse gestorben, aber *alle* behandelten am Leben. Als Chain am Sonntagmorgen ins Pathologielabor zurückkehrte und mit eigenen Augen Heatleys Beobachtung bestätigen konnte, soll er getanzt haben.[31]

Das Zeitalter der Antibiotika hatte eine Weile auf sich warten lassen. Das Wort *Antibiotikum* war erstmals um die Jahrhundertwende im englischen Sprachgebrauch aufgetaucht. Mediziner wussten bereits, dass der Körper bis zu einem gewissen Grad seine eigenen Abwehrkräfte mobilisieren kann, und seit 1870 war auch bekannt, dass einige *Penicillium*-Schimmelpilze Bakterien vernichten können. Doch bis zu den zwanziger Jahren waren fast alle medizinischen Versuche fehlgeschlagen, durch Mikroorganismen verursachte Infektionen zu bekämpfen. Man verfügte zwar über Chinin gegen Malaria und konnte »Arsenika« gegen Syphilis einsetzen, aber abgesehen davon hatte man die Erfahrung gemacht, dass solche »chemikalischen« Behandlungen für den Patienten mindestens ebenso schädlich waren wie für die Mikrobe. Deshalb war man schließlich zu der Überzeugung gelangt, dass man etwas finden müsse, das – nach dem alten Prinzip der Homöopathie – die körpereigenen Abwehrkräfte stärkte. Ein führendes Zentrum dieser Forschung war das Saint Mary's Hospital im Londoner Stadtteil Paddington, zu dessem Ärztestab auch Alexander Fleming gehörte. Er arbeitete gerade an seinen Versuchen mit Salvarsan (siehe Kapitel 6). Eines Tages im Sommer 1928 kehrte er nach ein paar Ferienwochen in das Labor von Paddington zurück, wo er vor seiner Abreise Kulturen angelegt hatte, die in der Zwischenzeit gewachsen waren.[32] Er stellte fest, dass eine seiner Kulturen, das *Penicillium,* offenbar die Bakterien der Umgebung vernichtet hatte.[33] Obwohl in den folgenden Wochen mehrere Kollegen erfolgreiche Selbstversuche mit diesem Pilz machten – etwa gegen Augeninfektionen –, zog Fleming keinen weiteren Nutzen aus diesen ersten Erfolgen. Wer weiß, ob er überhaupt jemals noch etwas unternommen hätte, wenn da nicht noch ein Mann ganz anderen Schlages gewesen wäre.

Howard Walter Florey (später Lord Florey, PRS; 1898–1968), ein geborener Australier, war 1922 als Rhodes-Stipendiat nach Großbritannien gekommen und hatte bei Sir Charles Sherrington in Cambridge geforscht, bevor er zuerst nach Sheffield und dann nach Oxford wechselte. In den dreißiger Jahren galt sein Hauptinteresse der Entwicklung von keimtötenden Substanzen, eine Forschung, die schließlich zu vaginalen Verhütungsgels führte. Abgesehen von solchen praktischen Anwendungen waren diese Substanzen auch von großer theoretischer Bedeutung, da sie eine »selektive Toxizität« verkörperten – das heißt, die Spermatozoen wurden abgetötet, ohne dass dies eine schädigende Auswirkung auf die Vaginalwände hatte.[34] In Oxford sicherte sich Florey die Zusammenarbeit mit

E. B. Chain (später Sir Ernst; 1906–1979). Dieser hatte an der Berliner Friedrich-Wilhelm-Universität in Chemie promoviert, war aber als Jude gezwungen gewesen, Deutschland zu verlassen und damit auch seine Mitarbeit als bedeutender Musikkritiker bei einer Berliner Zeitung aufzugeben – ein weiteres lebendiges Beispiel für Hitlers »lebensunwerte« Juden. Chain und Florey konzentrierten sich nun auf die drei Antibiotika *Bacillus subtilis*, *Pseudomonas pyocyanea* und *Penicillium notatum* und begannen ihre alles entscheidenden Tests an Mäusen, nachdem sie zuvor eine Methode entwickelt hatten, den Pilz gefrierzutrocknen (*Penicillium* verhielt sich unter normalen Temperaturen höchst instabil).

Nach den bemerkenswerten ersten Ergebnissen begannen Florey und Chain mit Versuchen am Menschen. Sie hatten genügend Penizillin für diese Tests zur Verfügung und erhielten daher sofort eindrucksvolle Resultate. Doch dann wurde die Testreihe durch den Tod von zumindest einem Patienten getrübt, weil Florey während des Krieges nicht mehr genügend Antibiotika für die Fortsetzung dieser Studie besorgen konnte.[35] Das war absolut inakzeptabel für ihn, auch wenn es unter den gegebenen Umständen verständlich sein mochte, weshalb Antibiotika für seine Zwecke nur begrenzt zur Verfügung standen. Also machten sich Florey und Heatley auf den Weg nach Amerika. Florey versuchte bei allen möglichen Geldgebern und pharmazeutischen Betrieben Mittel aufzutreiben, und Heatly verbrachte mehrere Wochen im *North Reagional Research Laboratory*, das vom amerikanischen Landwirtschaftsministerium in Peoria, Illinois, unterhalten wurde und auf Mikroorganismen spezialisiert war. Aber Florey bekam die nötigen Gelder nicht, und Heatley musste feststellen, dass er sich in der Gesellschaft von exzellenten, aber ausgesprochen isolationistischen und antibritisch eingestellten Wissenschaftlern befand. Das Ergebnis war, dass Penizillin zu einem amerikanischen Produkt wurde (die dortigen Pharmaindustrien machten anhand von Floreys Resultaten sofort eigene klinische Tests). Kein Wunder also, dass viele Menschen Penizillin für eine amerikanische Erfindung halten.[36] Zweifellos hätte dieses Medikament ohne die Hilfe der amerikanischen Pharmaindustrie nicht in solchen Mengen (oder bald schon so preiswert) produziert werden und damit auch nicht eine so große Wirkung haben können, doch mit der Nobelpreisverleihung 1945 an Fleming, Florey und Chain war wenigstens bewiesen, dass es sich hier um die intellektuelle Errungenschaft eines Briten, Australiers und russisch-deutschen Juden gehandelt hat.

*

Das kleine Städtchen Montignac in der französischen Dordogne liegt ungefähr zwanzig Kilometer südöstlich von Périgueux, genau dort, wo die Vézère eine enge Schlucht durch den Kalkstein getrieben hat. Am Morgen des 12. September 1940, der »Blitz« über London hatte gerade begonnen, und Frankreich war bereits in besetzte und freie Zonen geteilt, zogen fünf Jungen aus dem Städtchen los, um Vögel und Kaninchen zu jagen. Sie marschierten in Richtung eines von Birken, Haselnusssträuchern und den für diese Gegend typischen Korkeichen bewachsenen Hügels. Hasen sahen sie jede Menge, aber keinen einzigen Fasan und kein einziges Rebhuhn.[37]

Sie schlichen langsam und leise weiter, um die Tiere nicht aufzuscheuchen. Kurz vor Mittag erreichten sie eine kleine Senke, Jahrzehnte zuvor von einer riesigen, im Sturm gefällten Tanne verursacht. Die Einheimischen nannten diese Stelle den »Eselsgraben«, weil dort einmal ein Esel abgestürzt war, sich ein Bein gebrochen hatte und deshalb erschossen werden musste. Die Jungen gingen am Eselsgraben vorbei. Da die Bewaldung hier dichter wurde, hofften sie, leichter einen Vogel aufs Korn nehmen zu können. Einer der Jungen hatte seinen Hund Robot mitgenommen, eine Promenadenmischung mit einem schwarzen Fleck über einem Auge.[38] Plötzlich war er nirgends mehr zu sehen. Die Jungen liebten Robot und begannen sofort eine Suchaktion. Aber sie fanden ihn nicht und kehrten unverrichteter Dinge um, immer noch nach ihm rufend und pfeifend. Als sie wieder zum Eselsgraben kamen, hörten sie ein seltsam dumpfes Bellen: Robot musste durch eine Felsspalte im Waldboden gestürzt sein. Das war nicht weiter überraschend, denn in dieser Gegend gab es eine Menge Höhlen. Das Gebell führte sie zu einem kleinen Loch, durch das sie einen Stein fallen ließen. Gespannt lauschten sie, bis er nach überraschend langer Zeit zuerst auf Fels aufprallte und dann in Wasser plumpste.[39] Mit Ästen, die sie von den umliegenden Birken und Buchen abbrachen, erweiterten sie das Loch, bis der Kleinste von ihnen hineinkriechen konnte. Im Licht von Zündhölzern fand er den Hund. Aber nicht nur ihn. In diesem trüben Schein entdeckte er, dass sich die enge Felsspalte, durch die Robot gestürzt war, zu einem Dom von ungefähr 18 Meter Länge und 9 Meter Breite öffnete. Beeindruckt rief er den anderen zu, sie sollten herunterklettern und sich das ansehen. Sie murrten zwar, weil sie lieber Vögel schießen wollten, kletterten aber hinunter. Fasziniert betrachteten sie die Felsenformationen des Höhlendoms. Später sollten sie erzählen, dass sie wie »felsige Wolken« ausgesehen hätten, phantastische Formen, die im Laufe der Jahrhunderte von Untergrundströmen ausgespült worden waren, die sich während der Stürme ansammelten. Dann entdeckten sie an den Seitenwänden etwas noch Überraschenderes – seltsame rote, gelbe und schwarze Tierbilder – Pferde, Hirsche, Wisente und riesige Stiere, die Geweihe der Hirsche kunstvoll ausgeformt, die Konturen der Stiere den Wölbungen des Felsen folgend. Einige schienen bis zu den Knien im Gras zu stehen, andere quer über die Felswand zu jagen.[40]

Die Zündhölzer waren bald abgebrannt und es herrschte völlige Dunkelheit. Die Jungen liefen ins Dorf zurück, erzählten aber keinem, was sie entdeckt hatten. In den kommenden Tagen marschierten sie immer wieder im Abstand von zehn Minuten los, um niemanden auf sich aufmerksam zu machen, und begannen mit Hilfe einer selbst gebastelten Fackel jede Wölbung und Vertiefung in der Höhle zu erkunden.[41] Schließlich beschlossen sie, den Dorfschullehrer Léon Laval zu informieren. Der hielt das für einen Streich, bis er dann die Stätte mit eigenen Augen sah. Sofort wurde er aktiv. Schon nach wenigen Tagen wurden die Höhlen von Lascaux von Abbé Breuil inspiziert, einem hervorragenden Archäologen und katholischen Priester, der sich vor dem Ersten Weltkrieg den Ruf eines bedeutenden Höhlenforschers erworben hatte. In der Regel auf dem Rücken eines Maultiers, war er in die unzugänglichsten Höhlen vorgedrungen. Sogar als man ihn während des Ersten Weltkriegs als Spion in Portugal verhaftet hatte, ging er unter strenger Bewachung seinen Forschungen nach (er wurde schließlich von allen Anschuldigungen freigesprochen).[42] Was Breuil nun in Montignac sah, beeindruckte ihn zutiefst. Es bestand für ihn gar kein Zweifel, dass diese Felsmalereien echt und sehr alt waren. Was die Jungen hier gefunden hatten, sagte Breuil, werde nur noch von Altamira in Spanien übertroffen.

Die Entdeckung von Lascaux war der sensationellste Fund seiner Art im gesamten zwanzigsten Jahrhundert.[43] Prähistorische Kunst war erstmals 1879 in Altamira, einer in den kantabrischen Bergen im Norden Spaniens versteckten Höhle gefunden worden. Die Geschichte dieser Entdeckung hat etwas Tragisches, denn der Mann, dem sie zu verdanken ist, der spanische Aristokrat und Hobbyarchäologe Don Marcelino de Sautuola, starb, ohne seine Fachkollegen von der Echtheit und Bedeutung seines Fundes überzeugt zu haben. Es wollte einfach niemand glauben, dass diese so lebendig, modern und *frisch* wirkenden Darstellungen derart alt sein sollten. Bis zu dem Tag, an dem Robot durch die Felsspalte in Lascaux stürzte, waren jedoch bereits viel zu viele Höhlen entdeckt worden, um noch behaupten zu können, dass es sich bei den Felsmalereien um Fälschungen handelte.[44] Tatsächlich wurde bis zum Ausbruch des Zweiten Weltkriegs so viel Höhlenkunst gefunden, dass man zwei Dinge mit Sicherheit sagen konnte: Erstens, dass sich viele Höhlenmalereien im Norden Spaniens und um die Flüsse im französischen Zentralmassiv konzentrieren (seither wurde zwar in der ganzen Welt prähistorische Kunst entdeckt, aber diese Massierung in Spanien und Frankreich ist noch immer ein Fakt, der bis heute nicht absolut schlüssig erklärt werden konnte). Und zweitens, dass sich die Datierung von Lascaux genau in die bereits bekannte Sequenz von prähistorischer Kunst einpassen lässt. Vor rund 35000 bis 30000 Jahren begannen einfachste Zeichnungen aufzutauchen, bei denen es sich offenbar mehrheitlich um Vulven handelte; vor 26000 bis 21000 Jahren entstanden einfache Umrisszeichnungen; vor 18000 Jahren begannen dann malerisch ausgeprägtere dreidimensionale Figuren aufzutauchen. Diese »Explosion an Kreativität« verband man mit der Entwicklung von Steinwerkzeugen, die vor etwa 31 000 Jahren einsetzte und vielerorts so genannte Venusfiguren hervorbrachte, großbusige, geschnitzte oder gemeißelte Frauenfiguren mit ausladenden Hüften, die in ganz Europa und Russland gefunden wurden und deren Alter man auf 28 000 bis 26 000 Jahre schätzte. Die Archäologen zur Zeit der Entdeckung von Lascaux glaubten aber auch, dass diese »Explosion« Hand in Hand mit dem Auftauchen einer neuen menschlichen Spezies gegangen sei – dem Cro-Magnon (benannt nach der französischen Region, in der entsprechende Funde gemacht wurden) oder, wie er offiziell genannt wird, dem *Homo sapiens sapiens*, der den archaischeren *Homo sapiens* und den Neandertaler abgelöst haben sollte. Begleitende Entdeckungen legten obendrein nahe, dass diese Stämme in größeren Gruppen zusammenlebten als ihre Vorgänger – eine entscheidende Entwicklung, aus der sich dann alles Weitere (bis hin zur Zivilisation) ergeben habe.[45] Nach Breuils Ansicht, die von anderen geteilt wurde, handelte es sich bei den Venusfiguren um Fruchtbarkeitsgöttinnen und bei den Höhlenmalereien um primitive Formen von »sympathetischem Zauber«.[46] Mit anderen Worten: Diese frühen Menschen glaubten, mehr Glück bei der Jagd zu haben, wenn sie die entsprechenden Tiere an die Felswände einer heiligen Stätte »bannten« und ihnen dort Opfer brachten. Nach dem Zweiten Weltkrieg wurde noch eine weitere Stätte in Frankreich entdeckt, bekannt unter dem Namen Trois Frères, in der auch die Darstellung eines »Tiermenschen« gefunden wurde: halb Mensch, halb Tier, mit großen runden Augen, einem Geweih auf dem Kopf, Bärentatzen und einem Pferdeschwanz. War dieser »Tiermensch« die Urform eines Schamanen? Wenn ja, konnte das die Vorstellung vom sympathetischen Zauber erhärten? Ein Geheimnis wird wohl nie geklärt werden können: Wie es scheint, endete diese Explosion an Kreativität abrupt vor ungefähr 10 000 Jahren – warum, das weiß niemand.

*

Auch auf der anderen Seite der Erdkugel wurden Nachweise für die frühe Vergangenheit des Menschen gefunden, wenn auch weniger zahlreich, die dann auch noch politischen Konflikten zum Opfer fielen. China und Japan befanden sich seit 1937 im Krieg. Die Japaner fielen Ende Februar 1941 in Java ein und rückten durch Burma vor. Im Juni griffen sie die Inselkette der amerikanischen Aleuten an – China war umzingelt. Bei solch schweren Auseinandersetzungen großer Staaten zählen ein paar alte Knochen wenig. Tatsächlich aber standen die menschlichen Knochen, die in den Höhlen von Zhoukoudian in der Nähe von Peking gefunden wurden, in ihrer Bedeutung anderen anthropologischen und archäologischen Funden in nichts nach.

Bis zum Zweiten Weltkrieg waren vor allem in Europa und Asien Nachweise für die frühesten Menschen gefunden worden. Der berühmteste Fund waren Knochen und Schädel, die 1856 in einer kleinen Höhle in den steilen Abhängen des Neandertals gefunden wurden, durch das die Düssel in den Rhein fließt. Da sich diese Fundstätte in zweihundert bis vierhunderttausend Jahre alten Sedimenten befand, schlussfolgerte die Fachwelt, dass der Neandertaler unser direkter Vorfahre sei. Modernere Schädel, die im Cro-Magnon, dem Flusstal der Vézère in Frankreich, gefunden wurden, legten dann jedoch nahe, dass der moderne Mensch Seite an Seite mit dem Neandertaler gelebt hatte.[47] Und die anatomischen Details des von Raymond Dart 1925 in Südafrika entdeckten *Australopithecus africanus*, des »südafrikanischen Affenmenschen«, förderten schließlich die Vorstellung, dass hier in Taung – in der Nähe von Johannesburg – erstmals Affen von Bäumen heruntergeklettert und aufrecht gegangen waren. Seither wurden immer mehr Funde in Asien, China und auf Java gemacht, die auf den Gebrauch von Feuer und rohen Steinwerkzeugen schließen ließen. Also kam man zu der Überzeugung, dass sich die meisten Merkmale, die aus Hominiden Menschen machen, zuerst in Asien entwickelt hatten, und angesichts dieser Theorie waren die Knochenfunde von Zhoukoudian von so großer Bedeutung.

Die chinesischen Forscher erwogen, ihre kostbaren Funde aus Sicherheitsgründen in die USA zu schicken. Doch die chinesischen Herren über diese Knochen zögerten. Endlich, nach dem Angriff auf Pearl Harbor im Dezember 1941, willigten sie ein, sie zu exportieren.[48] Kaum vierundzwanzig Stunden nach dem Angriff durchsuchten die Japaner in Peking bereits die Fossilienmagazine. Sie fanden nur leere Behältnisse. Aber das hieß noch lange nicht, dass diese Fossilien auch in Sicherheit gewesen wären. Wie es scheint, waren sie in ein paar Feldkisten verpackt einer Einheit der U.S. Marines übergeben worden, die gerade auf dem Weg zum Hafen von Tientsin war. Dort sollten die Kisten auf die *SS President Harrison* verladen und in die USA verfrachtet werden. Unglücklicherweise wurde die *Harrison* noch vor ihrem Einlaufen in den Hafen von Tientsin versenkt. Die Fossilien tauchten nie wieder auf.

Die Fossilien aus Zhoukoudian waren so wichtig, weil sie dazu beitragen konnten, die Geschichte der menschlichen Evolution, die mit diesem Krieg in ein solches Chaos geraten war, zu klären. Während der Dreißigerjahre war ein sensationeller Fund nach dem anderen in Zhoukoudian gemacht worden, weshalb sich auch das Interesse der Paläontologen von Java oder Afrika auf China verlagerte. Franz Weidenreich zum Beispiel berichtete 1939 von etwa vierzig Skelettfunden in den Höhlen von Zhoukoudian (darunter von fünfzehn Kindern), von denen jedoch kein einziges vollständig war. Da es sich sogar fast ausschließlich um Schädel handelte – um eingeschlagene Schädel –, kam Weidenreich zu der dramatischen Schlussfolgerung, dass diese Menschen nicht nur getötet, sondern auch verspeist worden waren. Seiner Meinung nach musste es sich um die Überreste eines primitiven religiösen Rituals handeln, bei dem die Mörder die Gehirne ihrer Opfer verspeisten, um sich deren Kräfte einzuverleiben. Solche Interpretationen waren zwar faszinierend, konnten aber die Evolutionstheorie kaum kohärent und zufrieden stellend erklären.[49]

Diese Inkohärenz wurde durch vier Abhandlungen aufgehoben, die allesamt zwischen 1937 und 1944 erschienen und mit vielen Vorstellungen des neunzehnten Jahrhunderts aufräumten. Ihre Autoren schufen gemeinsam die »Evolutionssynthese«, auf der unser modernes Verständnis von der evolutionären Entwicklung beruht. In chronologischer Reihenfolge waren dies *Genetics and the Origin of Species* von Theodosius Dobzhansky (1937); *Evolution: the Modern Synthesis* von Julian Huxley (1942); *Systematics and the Origin of Species* von Ernst Mayr (ebenfalls 1942) und *Tempo and Mode in Evolution* von George Gaylord Simpson (1944). Alle setzten sich mit den folgenden Fakten auseinander[50]: Nach der Veröffentlichung von Charles Darwins *Entstehung der Arten* im Jahr 1859 waren relativ schnell zwei seiner Theorien angenommen und zwei abgelehnt worden: Die Vorstellung von der Existenz einer Evolution selbst – dass Spezies einem ständigen Wandel unterliegen – wurde ebenso schnell übernommen wie die Idee eines evolutionären Stammbaums mit einem einzigen gemeinsamen Vorfahren für alle Arten. Nicht so leicht akzeptiert wurden hingegen die Ideen eines graduellen Wandels und der »natürlichen Zuchtwahl« als Motor dieses Wandels. Denn ungeachtet seiner Titelwahl hatte Darwin es versäumt, eine Darstellung über die Entstehung von neuen Arten zu liefern. Und damit herrschte schon über drei entscheidende Fragen Uneinigkeit.

Die wichtigsten Gegenargumente waren Folgende: Erstens bevorzugten viele Biologen die These des »Erbsprungs«, demzufolge Evolution nicht graduell, sondern in großen Sprüngen stattfindet. Nur so glaubten sie die großen Unterschiede zwischen den Arten erklären zu können.[51] Denn wieso, fragten sie, spiegelt sich eine graduelle Evolution nicht in den fossilen Nachweisen? Warum wurden niemals irgendwelche artlichen »Zwischenstufen« gefunden? Zweitens unterschrieben viele die Vorstellung einer »Orthogenese«, die von der Prämisse ausging, dass eine irgendwie vorgegebene evolutionäre Richtung den Organismus von seiner Ursprungsform in gerader Linie zu einer höheren Entwicklungsstufe treibe. Und drittens herrschte der weit verbreitete Glaube an eine »weiche« Vererbung – die Lamarckismus-Theorie –, derzufolge die Erblichkeit von erworbenen Eigenschaften möglich ist. Von Julian Huxley – einem Enkel von Darwins »Bulldog« T. H. Huxley und Bruder von Aldous, dem Autor von *Brave New World* – stammte zwar das Wort von der neuen *Synthese*, aber letztlich war er der am wenigsten originelle Denker unter diesen vieren. Es waren die drei anderen, die die jüngsten Entwicklungen auf den

Gebieten der Genetik, Zytologie, Embryologie, Paläontologie, Systematik und Populationenforschung auf einen Nenner brachten und nachwiesen, auf welche Weise die neuen Erkenntnisse mit den Theorien Darwins übereinstimmten.

Ernst Mayr, ein deutscher Emigrant, der seit 1931 am Museum of Natural History in New York arbeitete, verlagerte als Erster den Schwerpunkt vom Individuum auf Populationen. Er behauptete, dass die traditionelle Sichtweise, nach der die Spezies aus zahlreichen Individuen bestünden, welche jeweils einem Archetypus entsprächen, falsch sei: Spezies bestünden vielmehr aus Populationen, aus Clustern von jeweils einzigartigen Individuen, die ihrerseits keinen Idealtypus verkörperten.[52] Am Beispiel sämtlicher »Menschenrassen« dieser Welt stellte Mayr dar, wie unterschiedlich aber dennoch in gewissen Aspekten sich alle ähnlich sind – vor allem in ihrer Fähigkeit, sich kreuzen zu können. Mayr war auch die Verbreitung der Idee zu verdanken, dass zumindest bei Säugetieren geografische Grenzen wie Berge oder Meere nötig sind, damit eine Speziation stattfinden kann; nur so werden Populationen vollständig voneinander getrennt und können sich als separate Linien zu entwickeln beginnen. Wiederum anhand von »Menschenrassen« zeigte er, dass genau dieser Vorgang vermutlich schon seit Tausenden von Jahren stattfindet, allerdings in Form eines graduellen Prozesses, da die existierenden Rassen nach wie vor unendlich weit davon entfernt seien, »unterscheidbare genetische Pakete« – die Definition für Spezies – zu sein.

Dobzhansky, ein Russe, der gerade noch rechtzeitig vor Stalins Terror 1928 nach New York geflohen und im Labor von T. H. Morgan untergekommen war, befasste sich mehr oder weniger mit denselben Fragen, allerdings aus der genetischen und paläontologischen Perspektive. Er konnte nachweisen, dass die Verteilung unterschiedlicher fossilisierter Spezies in aller Welt in unmittelbarem Zusammenhang mit geologischen und geografischen Ereignissen stand. Außerdem kam er zu dem Schluss, dass die Ähnlichkeiten des Peking-Menschen mit dem Java-Menschen ein Nachweis für mehr Simplizität bei der Entwicklung des Menschen seien, das heißt, dass die Ahnenreihe des Menschen von eher geringerer als größerer Vielfalt ist. Im Gegensatz zu der vor dem Zweiten Weltkrieg herrschenden Meinung fand er es zudem höchst unwahrscheinlich, dass jemals mehr als eine hominide Form gleichzeitig auf Erden gelebt hat.[53]

Simpson, ein Kollege von Mayr am American Museum of Natural History, betrachtete den evolutionären Wandel wiederum unter dem Aspekt seines zeitlichen Ablaufs und der Geschwindigkeit, in der sich Mutationen ausprägen konnten. Er konnte nachweisen, dass die bekannten Mutationsraten bei Genen häufig genug unterschiedliche Variationen in genügender Anzahl hervorgebracht hatten, um für die große Diversität, die auf Erden herrscht, verantwortlich sein zu können. Damit waren der klassische Darwinismus bestärkt und sämtliche schwebenden Theorien – Erbsprung, Lamarckismus und Orthogenese – ins Abseits gedrängt worden. Endgültig verworfen wurden solche Theorien dann (jedenfalls im Westen) während eines Symposiums 1947 in Princeton. Von da an pflegten sich Biologen, die sich der Evolutionstheorie anschlossen, als »Neodarwinisten« zu bezeichnen.

*

Erwin Schrödingers 1944 publiziertes Buch *Was ist Leben?* gehörte zwar nicht dieser »Evolutionssynthese« an, spielte jedoch eine mindestens ebenso wichtige Rolle für die Weiterentwicklung der Biologie. Der 1887 in Wien geborene Schrödinger hatte nach seiner Graduierung als Physiker zuerst an der dortigen Universität geforscht und war dann nach Zürich, Jena und Breslau gewechselt, bevor er schließlich Max Plancks Lehrstuhl für theoretische Physik in Berlin übernahm. 1933 erhielt er (gemeinsam mit Werner Heisenberg und Paul Dirac) den Nobelpreis für seinen Anteil an der revolutionären Quantenmechanik (siehe Kapitel 15). Im selben Jahr verließ er aus Abscheu vor den Nationalsozialisten Deutschland und ging nach Oxford, wo er zum Fellow des Magdalen College gewählt wurde. 1936 erhielt er einen Ruf nach Graz und kehrte in seine Heimat zurück, wurde aber nach dem »Anschluss« Österreichs sofort entlassen. Aus dieser schwierigen Situation rettete ihn eine Einladung nach Dublin, wo der irische Ministerpräsident und Mathematikprofessor Eamon de Valera (»Dev«) ein »Institute for Advanced Studies« nach dem Muster des Instituts in Princeton gegründet hatte und Schrödinger die Gelegenheit geben wollte, seine Theorien dort weiterzuentwickeln.[54]

1943 willigte Schrödinger ein, die öffentlichen Vorlesungen zu übernehmen, zu denen das Institut durch seine Satzung verpflichtet war. Als Thema nahm er sich die Vernetzung von Physik und Biologie vor, insbesondere deren Bedeutung für die Erforschung sämtlicher grundlegender Aspekte von Leben und Vererbung. Das Institut sah für diese Vorlesungen eine »populärwissenschaftliche« Darstellung vor, aber angesichts der Bandbreite von Schrödingers komplexen mathematischen und physikalischen Fragen waren sie für die größere Öffentlichkeit ganz gewiss nicht einfach zu verstehen. Trotzdem waren sie so gut besucht, dass alle jeweils für die Freitage im Februar geplanten Veranstaltungen an den kommenden Montagen wiederholt werden mussten.[55] Sogar das *Time*-Magazin berichtete von der Begeisterung, die sie in Dublin ausgelöst hatten.

Schrödinger versuchte dem Auditorium zweierlei zu verdeutlichen. Zuerst erörterte er, wie Leben nach den Gesetzen der Physik definiert werden könnte. Seine Antwort lautete, dass das »Kennzeichen des Lebens« das Prinzip »Ordnung beruht auf Ordnung« sei und die »erstaunliche Gabe eines Organismus … aus einer geeigneten Umwelt Ordnung zu trinken«.[56] Ein solches Verhalten könne aber nicht zufrieden stellend mit dem zweiten Hauptsatz der Thermodynamik und der Entropie erklärt werden. Gewiss würden die Prozesse des Lebens früher oder später durch physikalische Gesetze erklärt werden, doch könne dies nur anhand von ganz neuen und noch völlig unbekannten Gesetzen geschehen. Noch interessanter und sicher noch folgenreicher war jedoch Schrödingers zweites Argument. Diesmal betrachtete er die Erbstruktur, das Chromosom, aus der Sicht des Physikers – und hier waren seine Vorlesungen (und später sein Buch) auch am ehesten populärwissenschaftlich zu nennen. Denn 1943 waren sich die meisten Biologen der Existenz einer Quantenphysik und der jüngsten Erkenntnisse auf dem Gebiet der chemischen Bindung noch nicht bewusst. (Als Fritz London und Walter Heitler diese Bindung entdeckt hatten, hatte sich Schrödinger selbst gerade in Zürich aufgehalten; auf Linus Pauling gibt es in *Was ist Leben?* keinen einzigen Hinweis.) Schrödingers Argument lautete nun, dass es sich beim Gen um »einen aperiodischen Kristall oder festen Körper« handeln müsse, um »organische Moleküle, bei denen jedes Atom und jede Atomgruppe ihre besondere, derjenigen vieler anderer nicht immer gleichwertige Rolle spielen …«[57] Mit anderen Worten: Es handelte sich um eine Struktur, die den Naturwissenschaften bereits einigermaßen vertraut war. Folgendermaßen erklärte Schrödinger, weshalb das Verhalten einzelner Atome und daher auch das der Gene nur unter Anwendung von statistischer Physik erkannt werden könne: Damit Gene überhaupt mit der ungeheuren Präzision und Stabilität, über die sie verfügen, agieren könnten, müsste es sich um »eine höchst geordnete Gruppe von Atomen« handeln, »die nur einen winzigen Bruchteil ihrer Gesamtheit in der Zelle ausmachen«.[58] Ebenfalls anhand der jüngsten Erkenntnisse der Physik zeigte er anschließend, dass sich die Größe eines Gens durch zwei unterschiedliche »Schätzmethoden« berechnen ließ, nämlich einmal auf genetischer Grundlage durch »Zuchtexperimente« und zum anderen auf zytologischer Grundlage durch »direkte mikroskopische Untersuchung«. Daraus ließen sich dann sowohl die Zahl der Atome in jedem Gen als auch der Energiebeitrag ableiten, der für die Entstehung von Mutationen notwendig ist. Die Mutationsrate korrespondiere ebenso mit diesen Berechnungen wie diese »sprungartigen Abweichungen« selbst. Das Ganze erinnere »den Physiker an die Quantentheorie – zwischen zwei benachbarten Energiestufen kommen ebenfalls keine Zwischenstufen vor«.[59]

Den meisten Biologen im Jahr 1943 war schon das etwas völlig Neues, aber Schrödinger ging noch weiter und äußerte auch noch die Vermutung, dass das Gen aus einem langen und äußerst stabilen Molekül bestehen müsse, welches den »Code der Vererbung« enthalte, vergleichbar dem Morsecode, dessen »zwei verschiedene Zeichen Punkt und Strich« bereits so viele »verschiedene Abwandlungen« gestatten.[60] Schrödinger war also der Erste, der den Begriff »Code« in diesem Zusammenhang benutzte. Dieses und die Tatsache, dass die Physik Aussagen über die Biologie machen konnte, riefen das Interesse der Biologen hervor und begründeten die große Wirkung seiner Vorlesungen und des späteren Buches. Schrödinger schlussfolgerte, dass in den »Chromosommolekülen... jedes Atom und jedes Radikal eine ganz individuelle Rolle spielt«.[61] Das Chromosom war also im Prinzip nichts anderes als eine codierte Botschaft. Ironischerweise war sich Schrödinger selbst – dessen herausragende Leistung darin bestand, dass er die neue Physik auf dem Gebiet der Biologie anwandte – nicht bewusst, dass Oswald Thomas Avery zur gleichen Zeit, in der er seine Vorlesungen hielt, am Rockefeller Institute for Medical Research auf der anderen Seite des Atlantiks in New York entdeckte, dass das »Transformationsprinzip« im Herzen des Gens kein Protein, sondern die Desoxyribonukleinsäure (DNS) ist.[62]

Als Schrödinger seine Vorlesungen als Buch veröffentlichte, wollte er noch einen Epilog anfügen. Schon als junger Mensch hatte er sich für die hinduistische Vedânta-Lehre interessiert, deshalb bezog er sich auch in diesem Epilog auf die indische Philosophie des »*Atman=Brahman* (das persönliche Selbst ist dem allgegenwärtigen, allesumfassenden ewigen Selbst gleich)«, nicht jedoch ohne zuvor ausdrücklich festgestellt zu haben, dass diese weniger »gotteslästerlich und wahnsinnig« sei als »wenn man sich der christlichen Ausdrucksweise bedient und erklärt: ›Also bin ich der Liebe Gott‹.« Das reichte für den katholischen Verlag, der Schrödingers Vorlesungen veröffentlichen wollte, um ihm eine Absage zu erteilen, obwohl der Text bereits gesetzt war. Das Buch wurde erst 1944, ein Jahr später, von Cambridge University Press herausgebracht.

Trotz dieses Epilogs erwies sich das Werk als sehr einflussreich, es ist vielleicht sogar das wichtigste Buch, das je von einem Physiker über Biologie geschrieben wurde. Doch gewiss hatte auch der Zeitpunkt der Veröffentlichung etwas mit seinem Erfolg zu tun, denn nicht wenige Physiker hatten sich während der Entwicklung der Atombombe angewidert gefragt, ob dies eigentlich noch ihre Disziplin sei. Begeistert von Schrödingers Argumenten in *Was ist Leben?* waren jedenfalls nicht zuletzt Francis Crick, James Watson und Maurice Wilkins. Was *sie* dann aus Schrödingers Ideen machten, soll in einem späteren Kapitel behandelt werden.

*

Die aus intellektueller Sicht bei weitem bedeutendste Folge des Zweiten Weltkriegs war, dass die Naturwissenschaften mündig geworden waren. Natürlich war man sich auch vorher schon der Einflussmöglichkeiten von Physik, Chemie und anderen Disziplinen bewusst gewesen, doch das Radar, der Colossus und die Atombombe – aber auch weniger einschneidende Neuerungen wie die Verfahrensforschung, die neuen psychologischen Methoden, das Magnetband oder der erste Hubschrauber – hatten unmittelbare Auswirkungen auf den Ausgang des Krieges, viel größere jedenfalls, als die wissenschaftlichen Innovationen im Ersten Weltkrieg (wie der IQ-Test) auf dessen Ausgang gehabt hatten. Die Naturwissenschaften waren nun selbst zu einem Colossus geworden – oder besser gesagt: zu *dem* Colossus schlechthin. Eine Folge davon war, dass nach dem Zweiten Weltkrieg niemals eine derart pessimistische Zeit wie nach dem Ersten Weltkrieg anbrach, sondern im Gegenteil überall großer Optimismus herrschte, und das trotz des gewaltigen Schattens, den die Atombombe warf. Es herrschte der optimistische Glaube, dass die Wissenschaften dem Wohle der ganzen Menschheit dienten. Und aus ebendieser Vorstellung entwickelte sich auch die Idee der *Great Society*.

21

Kein Weg zurück

Vielleicht war es nur natürlich, dass ein Krieg zwischen Staaten mit so unterschiedlichen Regierungssystemen zur Neubewertung der gesellschaftlichen Organisationsmöglichkeiten führte. Während Wissenschaftler, Generäle und Codeknacker den Feind zu überlisten und besiegen versuchten, widmeten andere ihre ganzen Energien der nicht weniger grundlegenden und drängenden Frage, welche Vorteile die so gegensätzlichen Systeme von Faschismus, Kommunismus, Kapitalismus, Liberalismus, Sozialismus und Demokratie jeweils zu bieten hätten. Aus dieser Auseinandersetzung gingen noch während des Krieges vier Studien von Exilanten aus der alten österreichisch-ungarischen Doppelmonarchie hervor – einer der eher ungewöhnlichen Zufälle des zwanzigsten Jahrhunderts –, die ganz unterschiedliche Gesellschaftsformen für die Zeit nach Kriegsende autizipierten.

Das erste dieser Bücher, Joseph Schumpeters *Kapitalismus, Sozialismus und Demokratie*, erschien 1942. Aus Gründen, die noch deutlich werden, soll hier jedoch zuerst auf Karl Mannheims ein Jahr später publizierte Studie *Diagnosis of Our Time (Diagnose unserer Zeit)* eingegangen werden.[1] Mannheim war Mitglied des Sonntagskreises, der sich während des Ersten Weltkriegs um Georg Lukács in Budapest gebildet hatte und dem unter anderen auch Arnold Hauser und Béla Bartók angehört hatten. 1919 floh er aus Ungarn nach Wien, wechselte anschließend nach Freiburg, Berlin und 1921 schließlich nach Heidelberg, wo er seine Studien fortsetzte; in Marburg besuchte er Martin Heideggers Seminare. Von 1930 bis 1933 war er Professor für Soziologie an der Universität von Frankfurt am Main und stand in engem Kontakt mit Theodor W. Adorno, Max Horkheimer und den anderen Mitgliedern der Frankfurter Schule. Nach Hitlers Machtübernahme ging er ins Exil und begann an der London School of Economics (LSE) und am Institute of Education zu lehren und die *International Library of Sociology and Social Reconstruction* herauszugeben, die bei George Routledge erschien (zu ihren Autoren zählten zum Beispiel Harold Lasswell, Professor of Science in Chicago, E. F. Schumacher, Raymond Firth, Erich Fromm und Edward Shils).

Für Mannheim stand völlig außer Frage, dass sich nach dem Krieg eine »geplante Demokratie« entwickeln würde. Den alten Kapitalismus, der zum Börsencrash und zur Weltwirtschaftskrise geführt hatte, betrachtete er als erledigt. Jeder wusste inzwischen, so Mannheim, dass es nach diesem Krieg kein Zurück zum gesellschaftlichen Laissez-faire geben konnte. Und dass ein Krieg im Prinzip immer einer »stillen Revolution« gleichkommt, da er grundsätzlich den Weg zu einer neuen Ordnung ebne, sei ebenfalls allgemein bekannt.[2] Über Stalinismus und Faschismus machte er sich keinerlei Illusionen. Eine neue Nachkriegsgesellschaft – für die er den Begriff *Great Society* prägte – könne nur mit Hilfe einer Planung geschaffen werden, die, anders als in totalitären Staaten, den Bürger nicht seiner Freiheiten beraubt und sich die jüngsten Erkenntnisse aus der Psychologie, Soziologie und vor allem der Psychoanalyse zu Nutze macht. Die bestehende Gesellschaft hielt Mannheim jedenfalls für so krank, dass er für den Titel seines Buchs bewusst den Begriff »Diagnose« wählte. Nur in einer *Great Society* könne die Freiheit des Einzelnen gewahrt bleiben und dieser zugleich von Erkenntnissen profitieren, die man über die unterschiedlichen Funktionsweisen komplexer moderner Technologiegesellschaften und bäuerlicher Agrargemeinschaften gewonnen habe. In der Folge konzentrierte sich Mannheim ganz auf die Rolle zweier Aspekte, die seiner Ansicht nach bei einer Planung für die Gesellschaft von besonderer Bedeutung waren – auf die Ausbildung der Jugend und auf die Religion. Die Jugend, schrieb er, sei auf natürliche Weise progressiv, wenn man sie nur auf den richtigen Weg führe und sie nicht wie die Hitlerjugend in eine konservative Kraft verwandle.[3] Deshalb müsse bereits Schülern ein Bewusstsein für die notwendige soziologische Diversität der Gesellschaft und deren Ursachen beigebracht werden, ebenso wie man sie an die Psychologie heranführen müsse, damit sie verstehen lernten, wie sich Neurosen herausbilden und auf die Gesellschaft auswirken können, und in welcher Form die Psychologie zur Linderung von solchen sozialen Problemen beitragen kann. Im zweiten Teil seines Buches konzentrierte er sich dann ganz auf die Religion, denn für ihn war die Krise, in der sich die westlichen Demokratien befanden, im Wesentlichen eine Krise ihrer Werte: Die alte Klassenstruktur befand sich im Prozess der Auflösung und war noch nicht durch etwas anderes Systematisches oder Produktives ersetzt worden. Die Kirche betrachtete Mannheim zwar als Teil des Problems, hielt aber das Zusammenspiel von Religion und Erziehung für die beste Möglichkeit der Vermittlung von Werten – allerdings nur, wenn sich auch die organisierte Religion modernisieren ließe und die Theologie sich der Soziologie und Psychologie öffnen würde. Mannheim war also *für* Planung in den Bereichen von Ökonomie, Erziehung und Religion, aber nicht in Form von Zwängen oder einer zentralen Kontrolle. Im Grunde wollte er einfach nur, dass die Nachkriegsgesellschaft besser über sich selbst Bescheid wissen sollte als die Vorkriegsgesellschaft.[4] Und natürlich war ihm klar, dass der Sozialismus zur Zentralisierung von Macht neigt und schon immer dazu tendierte, auf reine Kontrollmechanismen zurückzugreifen. Aber er war viel zu anglophil, um nicht fest davon überzeugt zu sein, dass die für Ideologien so wenig anfälligen und so deutlich zum praktisch Machbaren tendierenden Briten Möchtegerndiktatoren augenblicklich zum Teufel jagen würden.

Joseph Schumpeter hatte wenig für Soziologie oder Psychologie übrig. Für ihn waren diese Disziplinen bestenfalls der Ökonomie untergeordnet, wenn er sie denn überhaupt wahrnahm. Mit seinem während des Krieges veröffentlichten Buch *Kapitalismus, Sozialismus und Demokratie* wollte er das ökonomische Denken nicht weniger beeinflussen als John Maynard Keynes mit seinen Schriften[5], die er ebenso entschlossen bekämpfte wie die Lehren von Marx, was aber vielleicht nicht schwer zu verstehen war. Schumpeter wurde 1883 – im selben Jahr wie Keynes – in Mähren geboren. Er besuchte das Theresianum, eine exklusive Schule, die den Söhnen des Adels vorbehalten war.[6] Gelungen war ihm das allerdings nur, weil seine Mutter nach der missglückten Ehe mit seinem weniger vornehmen Vater einen adligen General geheiratet hatte. Ergebnis dieses »Aufstiegs« war, dass sich Schumpeter betont aristokratische Umgangsformen angewöhnte – zur Universität pflegte er beispielsweise im Reitdress zu erscheinen; und jedem, der es hören wollte oder nicht, erklärte er, dass er drei Ziele im Leben habe: ein großer Liebhaber, ein großer Reiter und ein großer Ökonom zu werden. Nach seinen Wiener Universitätsjahren (in der Atmosphäre, die zu Beginn dieses Buches geschildert wurde) nahm er eine Tätigkeit beim Internationalen Gerichtshof in Kairo an, wo er auch seine Habilitationsschrift verfasste, die ihm anschließend erst eine Professur in Czernowitz (heutige Ukraine) und dann in Graz einbrachte. Nach dem Ersten Weltkrieg wurde er Finanzminister des postrevolutionären österreichischen Koalitionskabinetts und erarbeitete einen Plan zur Währungsstabilisierung, verließ die Regierung aber bald und ließ sich als Privatbankier nieder. Als nach dem Versailler Debakel auch diese Bank zugrunde ging, widmete sich Schumpeter in Bonn und anschließend Harvard wieder ganz dem akademischen Leben. (In Harvard machte ihn sein typischer Habitus schnell zu einer bekannten Figur, beispielsweise der wehende Umhang, den er immer etwas theatralisch um sich zu schlingen pflegte.[7]) Sein ganzes Leben lang glaubte er an Eliten, die er als eine Aristokratie der Begabung definierte.

Schumpeters Kernaussage lautete, dass eine »stationäre«, sich also ständig im Gleichgewicht befindende Volkswirtschaft den Kapitalismus »verkümmern« lässt, moderne Industriestaaten aber eine »dynamische« Ökonomie erforderten. Da das stationäre System weder für Arbeitgeber noch für Arbeitnehmer Profite abwirft, akkumuliert es auch keinen

Wohlstand, der dann wiederum investiert werden kann. Die Werktätigen erhalten auf der Basis der Kosten für die Produktion und den Verkauf von Waren nur so viel für ihre Arbeitsleistungen als unbedingt nötig. Profite können sich jedoch immer nur durch Innovationen ergeben, die für eine begrenzte Zeit (bis die Konkurrenz aufgeholt hat) die Produktionskosten senken und für den Überschuss sorgen, der dann wiederum zu Investitionszwecken genutzt werden kann. Daraus ergaben sich für Schumpeter zwei Dinge: Erstens, dass nicht der Kapitalist an sich die Triebkraft des Kapitalismus ist, sondern vielmehr der Unternehmer, der bereit ist, neue Techniken oder Maschinen einzusetzen, um Güter billiger zu produzieren. Solche unternehmerischen Qualitäten könnten weder gelehrt noch vererbt werden, sondern seien im Prinzip immer die Folge, wenn »die Schicht der Bourgeoisie« aktiv wird. Was Schumpeter damit meinte, war, dass es im urbanen Umfeld zwar immer Menschen gibt, die Initiative und Begeisterungsfähigkeit zeigen, es jedoch völlig unvorhersehbar ist, wer diese wann entwickeln und wie umsetzen wird. Die Bourgeoisie handle nicht auf Grund irgendeiner Theorie oder Philosophie, sondern immer nur aus pragmatischem Eigeninteresse.[8] Das stand im klaren Widerspruch zum Marxismus. Das zweite Element von Schumpeters These lautete, dass der von Unternehmern erwirtschaftete Profit immer nur temporär sei.[9] Innovation bedeutete hier nichts anderes, als Produktionsmittel ihrem einstigen Gebrauch zu entziehen und neu zu kombinieren, wodurch schließlich wieder Stabilität entsteht. Der Kapitalismus ist folglich unausweichlich von zyklisch auftretenden konjunkturellen Höhepunkten mit jeweils anschließender Stagnation geprägt.[10] Diese Analyse des Geschehens in den dreißiger Jahren stand den Thesen von Keynes natürlich diametral entgegen. Schumpeter hielt die Weltwirtschaftskrise bis zu einem gewissen Maße für eine unvermeidliche, kalte, zum Realismus zwingende Dusche. Und als es dann zum Krieg kam, hatte er Zweifel, dass der Kapitalismus überhaupt noch überleben könne, weil »die Schicht der Bourgeoisie [nun] die Tendenz zu verschwinden« habe und »unvermeidlich die Charakteristica einer Bürokratie« annehmen und zu einer »Sache der gewöhnlichen Verwaltung« in einer Welt werden würde, in der das »Streben nach anderen als wirtschaftlichen Zielen … die Geister anziehen und das Abenteuer bieten« würde.[11] Mit anderen Worten: Im Kapitalismus war bereits der Same seines eigenen Misserfolgs angelegt – er mochte zwar ein wirtschaftlicher Erfolg sein, aber ein soziobiologischer war er nicht. Schumpeter glaubte, dass der Kapitalismus eine so pointiert wettbewerbsorientierte Welt schafft und eine fast schon endemisch kritische Haltung in der Bevölkerung nach sich zieht, dass er sich am Ende nur gegen sich selbst wenden kann. Ein Funktionieren des Sozialismus hielt er zu dieser Zeit (1942) für durchaus möglich, allerdings verstand er unter Sozialismus eher eine menschenfreundliche, bürokratische Planwirtschaft als einen ausgewachsenen Marxismus oder gar Stalinismus.[12]

Während also Mannheim die Planung der Nachkriegswelt als bereits gegeben voraussetzte und Schumpeter davon gar nichts hielt, stand Friedrich von Hayek, der dritte austro-ungarische Ökonom im Bunde, solchen Prämissen ausgesprochen feindselig gegenüber. Hayek, Jahrgang 1899, stammte aus einer Wissenschaftlerfamilie, die entfernt mit den Wittgensteins verwandt war. Nachdem er zwei Doktorhüte von der Universität Wien erhalten hatte, wurde er 1931 Professor für Ökonomie an der LSE und erwarb 1938 die britische Staatsbürgerschaft. Auch er verachtete Stalinismus wie Faschismus, war aber weit weniger als seine beiden Kollegen davon überzeugt, dass Großbritannien oder die Vereinigten Staaten automatisch von den in der Sowjetunion und Deutschland herrschenden zentralistischen und totalitären Tendenzen verschont bleiben würden. In seinem 1944 erschienenen Buch *Der Weg zur Knechtschaft* erläuterte er, weshalb jede Art von Planwirtschaft abzulehnen sei und Freiheit nur unter den Bedingungen des liberalen Marktes, der eine »spontane Ordnung« schaffe, gewahrt bleiben könne. Mannheims Theorien stand er äußerst kritisch gegenüber und Keynes' Ökonomie bezeichnete er (es war 1944) als unbewiesenes Experiment. »Demokratie«, gemahnte er den Leser, sei kein Ziel an sich, »vielmehr wesentlich ein Mittel und ein von der Nützlichkeit diktiertes Instrument für die Wahrung des inneren Friedens und der individuellen Freiheit«.[13] Zwar betonte er, dass der Markt alles andere als perfekt sei und man keinen Fetisch daraus machen solle, verwies aber darauf, dass die Idee des Rechtsstaats gleichzeitig mit dem Markt und nicht zuletzt als Reaktion auf dessen eigene Mängel entstanden sei. Beides sei gleichermaßen eine Errungenschaft des »liberalen Zeitalters«.[14] Mannheims Aussage über die Bedeutung von soziologischen Erkenntnissen konterte er mit dem Hinweis, dass Märkte »blind« seien und Folgen verursachten, die niemand voraussagen könne; aber genau in dieser »unsichtbaren Hand«, wie Adam Smiths berühmte Formulierung lautete, äußere sich ihr Beitrag zum Erhalt von Freiheit. Dass Planung nicht nur prinzipiell falsch, sondern auch sinnlos sei und immer nur die Schlechtesten nach oben bringe, belegte Hayek anhand von drei Punkten: Erstens seien Menschen mit besserer Ausbildung in der Lage, Argumente schneller zu durchschauen, und tendierten daher auch nicht dazu, sich irgendwelchen Gruppen anzuschließen oder irgendeiner bestimmten Wertehierarchie zuzustimmen; zweitens sei es für einen Zentralisten immer einfacher, die Leichtgläubigen und Fügsamen für sich zu gewinnen; und drittens neige eine Gruppe immer schneller dazu, sich auf ein negatives Programm zu verständigen – etwa auf die Missachtung aller Ausländer oder aller Angehörigen einer anderen Klasse – als auf ein positives. Historiker wie E. H. Carr, die (wie Marx) versuchten, Geschichte als mit einer gewissen Unvermeidlichkeit behaftet darzustellen, attackierte er ebenso wie ihre wissenschaftliche Interpretation, die beispielsweise C. H. Waddington propagierte, der in seinem Buch *The Scientific Attitude* vorausgesagt hatte, dass sich auch die Politik früher oder später des wissenschaftlichen Ansatzes bedienen werde.[15] Diese Wissenschaft war für Hayek jedoch eine Form von Planung. Schließlich konzedierte er aber auch, dass der Kapitalismus einige Schwächen habe, zum Beispiel seine Tendenz zur Monopolisierung: Man müsse sie sorgsam beobachten, aber letztlich sei sie eine weit weniger reale Bedrohung als das Monopol von sozialistischen Gewerkschaften.

Als sich der Krieg dem Ende zuneigte, erschien das vierte Buch aus diesem österreichisch-ungarischen Kreis. Es trug den Titel *Die offene Gesellschaft und ihre Feinde* und der Name seines Autors war Karl Popper[16]. Poppers Laufbahn war alles andere als geradlinig. Er wurde 1902 in Wien geboren, war in seiner Jugend sehr krankheitsanfällig und wurde durch eine langwierige Krankheit vom Schulbesuch abgehalten. Zunächst begann er mit dem Sozialismus zu flirten, wurde letztlich aber doch stärker von Freud und Adler beeinflusst. 1928 schloss er seine Dissertation ab, kümmerte sich dann als Sozialarbeiter um Waisenkinder aus dem Ersten Weltkrieg und arbeitete als Lehrer. Nachdem er mit dem Wiener Kreis in Kontakt gekommen war, schloss er sich vor allem Herbert Feigl und Rudolf Carnap an, die ihn dann beide zum Schreiben ermunterten. Seine Erstlingswerke *Die beiden Grundprobleme der Erkenntnistheorie* und *Logik der Forschung* erregten bereits genügend Aufmerksamkeit, um ihm Mitte der Dreißigerjahre die Einladung zu zwei langen Vortragsreisen nach England einzubringen. Inzwischen hatte die Massenauswanderung der jüdischen Intelligenz aus Deutschland und Österreich bereits begonnen, und als 1936 dann auch noch Moritz Schlick vor der Wiener Universität von einem nationalsozialistischen Studenten ermordet wurde, folgte der Jude Popper einer Einladung der Universität von Canterbury in Christchurch, Neuseeland. Dort lebte er von 1937 bis 1945 in der stillen Zurückgezogenheit seines neuen Heims und schrieb seine beiden nächsten Bücher: *Das Elend des Historizismus* und *Die offene Gesellschaft und ihre Feinde*. Viele Argumente aus dem ersten Werk tauchten auch im zweiten wieder auf[17]; und Popper teilte darin auch viele Ansichten seines Wiener Kollegen Friedrich von Hayek, nur beschränkte er sich mit seinem viel größeren Blickwinkel nicht allein auf Ökonomie.

Der unmittelbare Auslöser für *Die offene Gesellschaft* war 1938 die Nachricht vom »Anschluss« Österreichs. Doch bestimmt noch stärker inspiriert wurde dieses Buch von Poppers »angenehmen Gefühlen« bei seinem ersten Besuch in Großbritannien – in diesem »Land mit seinen alten liberalen Traditionen«, das so anders war als seine vom Nationalsozialismus bedrohte Heimat, die für ihn mittlerweile die geschlossene

Gesellschaft schlechthin repräsentierte wie ein primitiver Stamm oder wie jene feudalistischen Strukturen, wo immer nur die Ideen einiger Weniger etwas galten und sich die Macht auf Einige oder sogar nur eine einzige Person konzentrierte, auf einen König oder eben einen Führer. »Es war, als seien plötzlich die Fenster geöffnet worden.« Popper war wie die logischen Positivisten Wiens stark von der wissenschaftlichen Methode beeinflusst, nur dass er diese auch auf den Bereich der Politik ausweitete. Für ihn gab es hier zwei deutliche Parallelen: Erstens fand er, dass politische und wissenschaftliche Lösungen einander ähnelten – beide könnten immer nur provisorisch sein und stünden jeder Verbesserung offen. Genau das meinte er auch, als er vom »Elend des Historizismus« sprach. Ihm ging es darum, Geschichte nach ihren tieferen Lehren zu durchforsten, aus denen sich dann jene »eisernen Gesetze« ableiten lassen, welche die Gesellschaft entscheidend prägen.[18] Für Popper gab es so etwas wie »die Geschichte« nicht; bestenfalls gab es die Möglichkeit, Geschichte zu interpretieren. Zweitens fand er, dass die Sozialwissenschaften, wenn sie denn zu irgendwas gut sein wollten, »in der Lage sein müssen, Voraussagen zu machen«. Das Argument, dass in diesem Fall sofort wieder Historizismus zum Tragen käme und die Wirkungsmöglichkeiten oder die Verantwortung des Menschen reduziert oder gar ganz eliminiert würden, hielt Popper für Unsinn; und dass es eine »theoretische Geschichte« entsprechend der theoretischen Physik geben könne, hielt er für ganz und gar unmöglich.[19]

Diese Überzeugungen führten Popper dann zum berühmtesten Teil seines Werks, nämlich zu seiner Kritik an Platon, Hegel und Marx (der Titel des zweiten Bandes, *Falsche Propheten: Hegel, Marx und die Folgen,* war ursprünglich als Haupttitel gedacht). Popper fand, dass Platon zwar der vermutlich größte Philosoph aller Zeiten, aber ein Reaktionär war, der die Interessen des Staates über alles stellte und sogar Recht und Gesetz zu dessen Gunsten auslegte. Zum Beispiel hatten nach Plato die Wächter des Staates, die Philosophen sein sollten, das Recht, zu lügen, zu täuschen und zu betrügen, und zwar nicht nur die Feinde, sondern auch die eigenen Mitbürger, alles im Interesse des Staates.[20] Popper wurde wegen seiner Kritik an Platon heftig attackiert, aber er war nun einmal der festen Überzeugung, dass Platon ein Opportunist und in diesem Sinne ein Vorgänger Hegels gewesen sei. Dogmatisch-dialektisch habe er »das Gute« so ausgelegt, dass »alles, was im Interesse des Staates ist, als gut, tugendhaft und gerecht; alles was es bedroht,... schlecht, verworfen und ungerecht« sei, und das wiederum habe logischerweise zu der Schlussfolgerung geführt, dass »Recht ist, was der Macht meiner Nation, oder meiner Klasse, oder meiner Partei nützt«.[21] Popper hielt das für eine völlige Fehlinterpretation von Dialektik. In Wirklichkeit, schrieb er, handle es sich hier um eine Version des wissenschaftlichen Prinzips von Versuch und Irrtum. Hegels Vorstellung, dass die These die Antithese hervorbringe, sei schlicht falsch – romantisch, aber falsch. Denn eine These generiere nicht nur ihr Gegenteil, sondern führe auch zu Modifikationen. Unter dieser Prämisse betrachtete er auch Marx als einen falschen Propheten: Marx habe mit seiner Version des gesellschaftlichen Wandels eine »holistische Ansicht« vertreten, die Popper allein deshalb schon für falsch hielt, weil sie unwissenschaftlich war – sie konnte nicht überprüft werden. Er selbst präferierte einen graduellen Wandel; nur so könne jedes neu eingeführte Element einem Test unterzogen und festgestellt werden, ob es überhaupt eine Verbesserung gegenüber dem vorherigen Arrangement darstelle.[22] Gegen die expliziten Ziele des Marxismus sperrte sich Popper allerdings nicht. So wies er beispielsweise darauf hin, dass vieles, was im *Kommunistischen Manifest* dargestellt ist, von den westlichen Gesellschaften bereits erreicht worden sei – und zwar auf genau die von ihm propagierte Weise, nämlich Schritt für Schritt und ohne Anwendung von Gewalt.[23]

Mit Hayek teilte Popper die Ansicht, dass der Staat auf ein Minimum reduziert werden sollte und seine eigentliche Raison d'être darin bestehe, die Einhaltung von Recht und Gesetz sicherzustellen und dafür zu sorgen, dass die Starken die Schwachen nicht beherrschen. Nicht einverstanden war er mit Mannheims These, weil er glaubte, dass Planung notwendigerweise zu einer geschlossenen Gesellschaft führen müsse und eines historischen, holistischen, utopischen Ansatzes bedürfe, welcher dem wissenschaftlichen Prinzip von Versuch und Irrtum widerspreche.[24] Damit war Demokratie für Popper die einzig lebbare Alternative. Nur sie leiste die Gewähr für eine Regierungsform, die dem wissenschaftlichen Prinzip von Versuch und Irrtum folge und es der Gesellschaft ermögliche, ihre Politik den eigenen Erfahrungen anzupassen und eine Regierung ohne Blutvergießen abzuwählen.[25] Ähnlich wie Hayeks Schriften mögen vielleicht auch Poppers Ideen heute nicht mehr besonders originell wirken – aber nur, weil wir sie heute als so selbstverständlich empfinden. Damals, in der Zeit, als der Totalitarismus blühte, der Börsenmarkt danieder lag, die Folgen der Weltwirtschaftskrise überall spürbar waren und der Erste Weltkrieg noch allen im Gedächtnis war, glaubten viele Menschen, dass sich in der Geschichte eine grundlegende Struktur verberge (Popper zog hier insbesondere gegen Oswald Spenglers *Untergang des Abendlandes* und dessen »nichts sagende« Thesen zu Felde). Und viele glaubten auch, dass Geschichte, vor allem die Wirtschaftsgeschichte, Zyklen unterliege und sowohl dem Kommunismus als auch dem Faschismus etwas Unabwendbares anhafte. Popper hingegen war zutiefst davon überzeugt, dass neue Ideen im Leben des Menschen und für die Gesellschaft eine gewaltige Rolle spielen. Und weil solche Ideen die Welt verändern könnten, solle sich unbedingt auch die politische Philosophie ihrer annehmen. Nur so könnte sich die Gesellschaft Poppers Meinung nach ständig neu erfinden.

Dass diese vier Werke alle von österreichisch-ungarischen Exilanten stammten und mehr oder weniger gleichzeitig erschienen, scheint ein bemerkenswerter Zufall zu sein, war aber rückblickend betrachtet vielleicht gar nicht so überraschend. Es herrschte ein Krieg, bei dem es mindestens ebenso sehr um Ideen und Ideale wie um Gebiete ging. Alle dieser vier Exilanten hatten Totalitarismus und Diktatur aus nächster Nähe erlebt und erkannt, dass der Weltkrieg zwar enden, der Konflikt mit dem Stalinismus aber weitergehen würde.

*

Als William Temple 1941 seine Studie *Christianity and the Social Order* abschloss, war er Erzbischof von York.[26] Als sie Anfang 1942 erschien, war er Erzbischof von Canterbury und damit Oberhaupt der Kirche von England. Es kommt nicht oft vor, dass Kirchenführer sozialwissenschaftliche, geschweige denn politische Traktate publizieren. Daher garantierte allein schon der hohe Stand seines Autors diesem Buch Erfolg. Bereits im Erscheinungsjahr wurden zwei Neuauflagen gedruckt, bald waren über 150000 Ausgaben über den Ladentisch gegangen. Temples Werk illustriert in der Tat ganz vorzüglich einen bestimmten Aspekt des intellektuellen Klimas in den Kriegsjahren.

Der Hauptteil des Buches ist allgemein gehalten. Temple gab sich einige Mühe, um das Recht der Kirche auf »Einmischung« (seine eigene Formulierung) in soziale Fragen mit politischen Konsequenzen zu rechtfertigen. Da gab es ein kirchengeschichtliches Kapitel, in dem Temple die Interventionen der Kirche in früheren Zeiten darstellte und sich als außerordentlich kenntnisreicher Ökonom erwies, indem er eine originelle und unterhaltsame Interpretation der ökonomischen Äußerungen biblischer Autoritäten bot.[27] Er umriss einige »christlich-soziale Prinzipien« und diskutierte Fragen wie Kollegialität am Arbeitsplatz, den Willen Gottes und die Bedeutung von Freiheit. Doch die Hauptattraktion seines Buches war der Anhang. Denn da Temple fand, dass die etablierte Kirche keine »offizielle« Sicht über die gesellschaftliche Entwicklung nach dem Krieg zum Ausdruck bringen solle, blieb er im eigentlichen Text ziemlich vage und verlagerte das, was er eigentlich sagen wollte, in seine Anmerkungen.

Zuerst einmal teilte er die Meinung von Mannheim in Bezug auf Planung. Gleich zu Beginn seiner Anmerkungen schreibt er: »Niemand bezweifelt, dass unser Wirtschaftsleben in der Nachkriegswelt auf eine Weise und in einem Ausmaß ›geplant‹ werden muss, die (beispielsweise) Mr. Gladstone als sozialistisch betrachtet und verdammt hätte.«[28] Den Textteil schloss er mit einer Darstellung von sechs Grundprinzipien, die sich jede Regierung einer christlichen Gesellschaft auf die Fahnen schreiben sollte. Aber erst im Anhang erläuterte er, was er darunter genau verstand. Als oberstes Prinzip postulierte er, dass jeder Mensch anständig untergebracht sein müsse; damit dies geschehen könne, forderte er die Bestellung von regionalen »Commissioners of Housing«, die eindeutige Entscheidungsbefugnisse über bebaubares Land haben müssten, damit jeder Grundstücksspekulation Einhalt geboten würde.[29] Das zweite Prinzip lautete, dass jedem Kind bis zum Abschluss der Adoleszenz die Möglichkeit einer Ausbildung gegeben sein müsse, weshalb das schulpflichtige Alter von vierzehn auf achtzehn Jahre zu erhöhen sei. Beim dritten Prinzip ging es um ein adäquates Einkommen für jedermann, und hier sprach ganz deutlich der Keynesianer aus ihm: Die öffentliche Hand müsse »unter Ausschluss des privaten Unternehmertums« ausreichend Arbeit anbieten, welche je nach Bedarf ausgeweitet oder reduziert werden kann. Viertens sollten alle Bürger das Recht haben, auf die Verfahrensweisen des Betriebes einzuwirken, in dem sie arbeiten: Temple sprach sich für die Rückkehr zu mittelalterlichen Gilden aus, die den Werktätigen, der Betriebsleitung und dem Kapital gleichermaßen Einfluss auf wichtige Entscheidungen geboten hatten. Fünftens sollte allen Bürgern ausreichend Freizeit zur Verfügung stehen, damit sie das Familienleben genießen und ihre Würde wahren könnten. Zu diesem Zweck empfahl Temple die Einführung einer Fünftagewoche bei »versetzter« Freizeit, damit Unternehmen unter solchen Bedingungen nicht in Schwierigkeiten gerieten; zudem forderte er bezahlten Urlaub.[30] Und als Letztes schließlich propagierte er Religions-, Rede- und Versammlungsfreiheit.

Die letzte Forderung war natürlich weit weniger ungewöhnlich als all die anderen, deshalb bemühte sich Temple auch außerordentlich, zu versichern, dass er weder gegen freies Unternehmertum sei noch »Profit« für ein schmutziges Wort halte. Auch betonte er, sich durchaus im Klaren zu sein, dass Planung zu einem Verlust an Freiheit führen kann – fügte allerdings hinzu, dass er gewisse Freiheiten ohnedies kaum für bewahrenswert halte, und untermauerte dies mit Zahlen, welche nachwiesen, dass »drei Viertel aller neu gegründeten Unternehmen innerhalb von drei Jahren Konkurs gehen. Es erschiene mir daher offen gestanden nur als Gewinn, gäbe es weniger Anreize zur Gründung von unsicheren Unternehmen, deren Auflösung nur Unannehmlichkeiten hervorrufen und zu wahrer Not führen können.« Zur Vermeidung solcher Not müsse daher ein bestimmter Prozentsatz der Profite in einen »Lohnausgleichsfonds« eingezahlt werden. Als Letztes schilderte Temple schließlich freudig eine Zukunft, in der das von einer Generation akkumulierte Kapital im Laufe der nächsten zwei oder drei Generationen grundsätzlich durch Erbschaftssteuer »spurlos vernichtet« würde. Geld betrachtete Temple ausschließlich als ein Mittel zum Zweck. Die vordringlichsten Notwendigkeiten des Lebens seien Luft, Sonne, Land und Wasser.[31] Und da niemand von sich behaupten könne, die beiden Ersteren zu besitzen, hatte seiner Meinung nach auch niemand ein Recht auf den Besitz von Letzteren.

Die hohen Verkaufszahlen von Temples Buch zeigten, wie groß nach den unmittelbaren Härten des Krieges das öffentliche Interesse an Planung und sozialer Gerechtigkeit war. Der Börsencrash, die Weltwirtschaftskrise und die Ereignisse der Dreißigerjahre hatten tiefe Narben hinterlassen. Wie tief, wird vielleicht durch die Tatsache deutlich, dass »Planung« zwar für manche ein Anathema gewesen sein mochte, vielen aber noch nicht weit genug ging. Viele Menschen in Großbritannien und den USA hatten klammheimlichen Respekt vor der Art, wie Hitler die Frage der Arbeitslosigkeit gelöst hatte. Und nach den Erfahrungen mit der Weltwirtschaftskrise schien den meisten Menschen ein gesicherter Arbeitsplatz wichtiger als politische Freiheit, weshalb auch eine totalitäre – oder zentralistische – Planung als kalkulierbares Risiko empfunden wurde. Diese Einstellung machte sich letztlich auch für Stalins »Planwirtschaft« bezahlt, denn da die Sowjetunion ein Kriegsverbündeter war, wurde sie während des Krieges auch niemals der dringend nötigen kritischen Prüfung unterzogen. In diese Stimmung platzte dann ein Dokument, das größere Auswirkungen auf Großbritannien haben sollte als alles, was im zwanzigsten Jahrhundert veröffentlicht wurde.

Am späten Abend des 30. November 1942 begann sich eine Menschenschlange vor dem Londoner Hauptquartier von *His Majesty's Stationery Office* in Holborn, Kingsway, zu bilden. Das war wahrlich höchst ungewöhnlich. Regierungspublikationen sind selten Bestseller. Doch als das HMSO am folgenden Morgen seine Pforten öffnete, befand es sich im Belagerungszustand. Sechzigtausend Exemplare eines an diesem Tag veröffentlichten Berichts wurden an Ort und Stelle zum Preis von 2 Schilling (24 Old Pence – heute entspräche das einem Wert von 10 Pence) das Stück verkauft, was dem Vierfachen eines Penguin-Taschenbuchs entsprach. Bereits am Jahresende hatten die Verkaufszahlen 100000 überschritten, und das, obwohl man nicht gerade behaupten konnte, dass sich der Titel dieses Berichts als ein potenzielles Weihnachtsgeschenk anbot und im Gegenteil dazu angetan war, jeden zu verschrecken: *Social Insurance and Allied Services.* Und doch waren am Ende 600000 Exemplare verkauft. Damit war dieser Bericht die meist verkaufte Regierungspublikation aller Zeiten, abgelöst erst von Lord Dennings Untersuchung des Sex- und Spionageskandals um Profumo zwanzig Jahre später.[32] Worum ging nun diese ganze Aufregung? Allgemein bekannt wurde dieser Bericht als Beveridge-Report – und dem war im Prinzip nicht nur der moderne englische Wohlfahrtsstaat, sondern auch ein gewaltiger Stimmungsumschwung in der Nachkriegszeit zu verdanken. Die Hysterie, von der seine Veröffentlichung begleitet war, ist ein mindestens ebenso wichtiger Indikator für die damals herrschende öffentliche Meinung wie das, worum es in diesem Report eigentlich ging.

Die Idee des Wohlfahrtsstaates war damals an sich nichts Neues. In

Deutschland hatte Bismarck bereits in den 1880er-Jahren mit seiner Version der »sozialen Leistungsgemeinschaft« Vorkehrungen für Unfall, Krankheit, Alter und Arbeitsunfähigkeit getroffen. Österreich und Ungarn folgten auf dem Fuße. In Großbritannien hatte Lloyd George – zu dieser Zeit Chancellor einer liberalen britischen Regierung – auf die Agitationen der Webbs, Bernard Shaws, H. G. Wells' und der anderen »Fabians« mit einem Gesetz reagiert, das für Arbeitslosenversicherung und Renten sorgte. In den Zwanzigerjahren hatte der Ökonom Arthur Pigou in Cambridge nachgewiesen, dass die Umverteilung von Wohlstand – eine sozialstaatliche Ökonomie – problemlos durchführbar wäre, sofern die Gesamtproduktion nicht sinken würde. Es war der erste wirkliche Bruch mit der »klassischen Ökonomie«. Und auch in den USA waren John Connor, Richard Ely und Robert La Folette im Kielwasser von Roosevelts New Deal und unter dem Aspekt von Keynes' Theorien in den dreißiger Jahren mit dem so genannten Wisconsin-Plan herausgekommen, der eine bundesstaatliche Arbeitslosenunterstützung vorsah und 1935 durch rudimentäre nationale Vorkehrungen für Alte, in Not Geratene und obdachlose Kinder ergänzt wurde.[33] Im Gegensatz zu all diesen Maßnahmen war der umfangreiche Beveridge-Report jedoch *während* des Krieges erstellt worden und daher nicht nur von der zu dieser Zeit herrschenden Stimmung im Land geprägt, sondern seinerseits eine massive Beeinflussung der öffentlichen Meinung.[34]

Eine solche Konsequenz war wahrlich nicht beabsichtigt gewesen, als Sir William Beveridge im Juni 1941 von Arthur Greenwood, dem Labour-Minister für Wiederaufbau in der Regierungskoalition während des Krieges, gebeten wurde, ein interministerielles Komitee für die Koordination der Sozialversicherungsplanung zu leiten. Das heißt, es wurde von Beveridge im Grunde nur erwartet, einen Teil der sozialen Maschinerie Großbritanniens nachzubessern. Er aber begann in seiner tiefen Enttäuschung (er hatte auf eine aktivere Rolle während des Krieges gehofft) sofort, die gesamte soziale Situation des Landes zu überprüfen. Und erst dabei erkannte er, welcher radikalen und weit reichenden Verbesserungsmöglichkeiten sie bedurfte.[35]

Beveridge war ein bemerkenswerter Mensch mit außerordentlich guten Beziehungen, die denn auch ihre eigene Rolle bei seinem Projekt spielen sollten. 1879 als Sohn eines britischen Richters in Indien geboren, war er in einem Haushalt mit über sechsundzwanzig Bediensteten aufgewachsen. Seine Ausbildung erhielt er im Charterhouse und am Balliol College in Oxford, wo er Mathematik und Altphilologie studierte. Am Balliol geriet er dann wie Tawney unter den Einfluss des Rektors Edward Caird, der seine frisch gebackenen Abgänger zu drängen pflegte, »sich auf Entdeckungsreise zu begeben und herauszufinden, weshalb bei all dem Wohlstand in Großbritannien nach wie vor so viel Armut herrscht, und wie man sie beseitigen kann«. Wie Tawney ging auch Beveridge anschließend nach Toynbee Hall, wo er erfuhr, wie er später schrieb, was Armut bedeutete, und mit eigenen Augen die Folgen der Arbeitslosigkeit sehen konnte.[36] 1907 reiste er nach Deutschland, um das von Bismarck eingeführte Renten- und Krankenpflichtversicherungssystem zu inspizieren. Nach seiner Rückkehr schrieb er mehrere Artikel über das deutsche System in der *Morning Post.* Sie erregten die Aufmerksamkeit von Winston Churchill, der ihn daraufhin zu sich ins Handelsministerium holte. Beveridge war nun Beamter und damit in der Lage, eine Schlüsselrolle bei den Gesetzesänderungen der liberalen Regierung im Jahr 1911 zu spielen, die Renten, staatliche Arbeitsvermittlung und Arbeitslosenversicherung als Pflicht vorsahen. Churchill war von Sozialreformen inzwischen so angetan, dass er den Liberalismus »zur Sache der übergangenen Millionen« erklärte.[37] Nach dem Ersten Weltkrieg wurde Beveridge Direktor der London School of Economics und verwandelte diese zu einem sozialwissenschaftlichen Hochleistungsunternehmen. Vor Ausbruch des Zweiten Weltkriegs kehrte er als Rektor des University College nach Oxford zurück. Seine lange Karriere hatte ihm viele Verbindungen eingebracht: Tawney war sein Schwager geworden, Clement Attlee und Hugh Dalton waren von ihm an die LSE geholt worden und beide inzwischen an der Regierung beteiligt. Er kannte Churchill, Keynes und Seebohm Rowntree, dessen alarmierende Darstellung der in York herrschenden Armut 1899 zu den Gesetzesänderungen von 1911 beigetragen hatte und dessen Folgestudie aus dem Jahr 1936 auch in Beveridges Report einfließen sollte.[38] Harold Wilson, sein Assistent in Oxford, wurde später Premierminister von Großbritannien.[39]

Im Juli 1941, nur einen Monat nach seinem Treffen mit Greenwood, präsentierte Beveridge seinem Komitee einen Bericht mit dem Titel *Social Insurance – General Considerations.* Von »Nachbesserungen« konnte gar keine Rede sein. »Es ist an der Zeit«, schrieb Beveridge, »Sozialversicherungen als solche in Betracht zu ziehen, als einen Beitrag zu einer besseren Welt nach dem Krieg. Wie würde man heute eine Sozialversicherung planen, wenn man freies Spiel hätte … ohne irgendwelche rechtmäßigen Interessen berücksichtigen zu müssen?«[40] In den folgenden Monaten, den dunkelsten des Krieges, verschaffte sich Beveridges Komitee 127 schriftliche Zeugenaussagen und hielt über 50 Sitzungen ab, um sich mündliche Zeugenaussagen anzuhören. Doch wie Nicholas Timmins in seiner Geschichte des Wohlfahrtsstaates später enthüllte, hatte Beveridge tatsächlich nur »eine einzige schriftliche Zeugenaussage vorgelegen, als er im Dezember 1941 seinen Bericht *Heads of a Scheme* in Umlauf brachte, der bereits alles Wesentliche des ein Jahr später erschienenen Schlussberichts enthielt«.[41] Also fußte der einflussreiche Beveridge-Report letztlich auf der Zeugenaussage einer einzigen Person.

Beveridge avisierte in diesem Bericht vor allem zwei Neuerungen: Erstens einen staatlichen Gesundheitsdienst, Kinderfreibeträge und Arbeitslosengelder; zweitens sollten diese Leistungen grundsätzlich als Pauschalbetrag ausbezahlt werden, der einerseits so hoch angesetzt werden sollte, dass ein Mensch davon leben konnte, andererseits anteilig von dem Einzelnen, seinem Arbeitgeber und dem Staat getragen werden musste. Beveridge war absolut gegen eine Staffelung dieses Betrages anhand von Besitzstandsermittlungen oder gegen gleitende Skalen, weil er wusste, dass damit mehr Probleme geschaffen als gelöst würden, nicht zuletzt weil die Bürokratie dafür extrem aufgeblasen werden müsste. Natürlich kannte er alle Argumente, die dagegen sprachen, etwa dass zu hohe Leistungen die Leute nur davon abhalten würden, sich Arbeit zu suchen. Doch er hielt sich lieber an die jüngste Studie von Rowntree, die deutlich nachgewiesen hatte, dass grundsätzlich mangelnde Mittel der Grund für die Verarmung großer Familien waren.[42] Die Beschäftigung mit solchen Themen waren nun aber ganz und gar nicht das, womit ihn die Regierung beauftragt hatte, und Beveridge wusste das genau. Also begann er bei seinen vielen Kontakten die Strippen zu ziehen und an allen Ecken und Enden Gefälligkeiten einzufordern – beispielsweise beim Radio, bei der Presse und in Whitehall –, um schon vor der Veröffentlichung des Reports ein so aufnahmebereites erwartungsvolles Klima zu schaffen, dass er ganz einfach zu einem gesellschaftlichen und politischen Ereignis ersten Ranges werden musste.

Die Wirkung war dann auch so, wie Beveridge sie beabsichtigt hatte. Abgesehen von den sensationellen Verkaufszahlen in Großbritannien zog der Report beträchtliche Aufmerksamkeit auch im Ausland auf sich, weil Beveridge dafür gesorgt hatte, dass sich auch das Informationsministerium der Sache annahm und die BBC seit Tagesanbruch am 1. Dezember in zweiundzwanzig Sprachen Einzelheiten aus dem Bericht zu verbreiten begann. Außerdem erhielt jeder Soldat eine Kopie. In den Vereinigten Staaten verkaufte er sich so gut, dass das britische Schatzamt sogar 5000 Dollar Gewinn machte. Und schließlich wurde er auch noch in Bündeln verpackt mit Fallschirmen über Frankreich und anderen von den Nationalsozialisten besetzten Gebieten Europas abgeworfen – offenbar hatten zwei Kopien sogar ihren Weg bis in Hitlers Bunker geschafft, denn genau dort wurden sie bei Kriegsende gefunden, zusammen mit Kommentaren, die mit »Geheim« gekennzeichnet waren. An einer Stelle stand am Rand vermerkt, dieser Plan sei »ein widerspruchsfreies System… von bemerkenswerter Einfachheit…, das dem gegenwärtigen deutschen Sozialversicherungssystem in beinahe allen Punkten überlegen ist«.[43]

Für den Erfolg dieses Reports lassen sich zwei Gründe anführen: Beveridge mag sich zwar für einen sehr trockenen Titel entschieden haben, aber der Text war es gewiss nicht. Das war kein Regierungschinesisch und auch kein blutleeres Beamtenkauderwelsch: »Ein revolutionärer Moment in der Weltgeschichte«, hieß es da, »ist eine Zeit für Revolutionen und nicht für Nachbesserungen.« Der Krieg habe »alle möglichen alten Marksteine abgeräumt« und damit »die Chance für eine wirkliche Veränderung geschaffen«, und: »Der Sinn eines Sieges ist, dass man künftig in einer besseren Welt als der alten leben kann.« Beveridge ging es vorrangig darum, die Not zu bekämpfen – und genau das, schrieb er, versprachen ein gesichertes Einkommen und ein soziales Sicherheitsnetz. Doch »Not ist nur eines der fünf Übel auf dem Weg zum Wiederaufbau, das im Gegensatz zu Krankheit, Unwissenheit, Verwahrlosung und Arbeitslosigkeit jedoch gewissermaßen am einfachsten in Angriff zu nehmen ist ... Der Staat muss Sicherheiten für Dienstleistungen und andere Arbeiten bieten. Doch mit der Organisation solcher Sicherheiten darf der Staat weder Anreize noch Möglichkeiten oder Eigenverantwortung ersticken; er soll ein nationales Mindesteinkommen garantieren, aber Raum lassen für Eigeninitiative und jeden Menschen ermutigen, freiwillig dafür Sorge zu tragen, dass er mehr als dieses Minimum für sich und seine Familie erwirtschaftet.«[44] Dieses Mindesteinkommen müsse »ein bedingungsloses Recht« sein, auf dem »die Menschen frei aufbauen können«. Dies sei »eine Grundbedingung des Kampfes gegen die fünf großen Übel: gegen die physische Not, die unmittelbar aus Mangel entsteht; gegen Krankheit, die häufig Verursacher von Not ist und in ihrem Gefolge viele andere Probleme mit sich bringt; gegen Unwissenheit, die sich keine Demokratie unter ihren Bürgern leisten kann; gegen Verwahrlosung ... und gegen Arbeitslosigkeit, die den Wohlstand zerstört und den Menschen korrumpiert«.[45]

Es haben wohl nur wenige Menschen in jenen dunklen Tagen erwartet, dass sie von einem Regierungsbericht derart bewegt oder gar ermuntert werden könnten. Beveridge schien instinktiv gespürt zu haben, dass gerade *weil* die Zeiten so trist waren und die größte Bedrohung so offensichtlich von Außen kam, dies genau der richtige Moment war, um einen Sinneswandel unter den Briten hervorzurufen, um ungeachtet allen vorangegangenen Geschehens und all der noch bestehenden Bedrohung ihre Einstellung zu den Gefahren zu ändern, die in der britischen Gesellschaft selbst lauerten. Aus seiner vorteilhaften Position heraus wusste Beveridge besser als die meisten seiner Landsleute, wie wenig sich Großbritannien im zwanzigsten Jahrhundert verändert hatte.[46] Er verfügte über genaue Zahlen, um zu wissen, in welchem Maß Großbritanniens Anteil am internationalen Handel nach dem Ersten Weltkrieg gesunken war. Er wusste, dass Churchills Entscheidung, bei einem viel zu hohen Kurs zum Goldstandard zurückzukehren, diese Lage noch verschlimmert hatte, denn die Folgen waren massive Kürzungen der Staatsausgaben und eine Rückkehr zur Klassentrennung (im Arbeiterbezirk Jarrow herrschten

67 Prozent Arbeitslosigkeit, im vornehmen High Wycombe 3 Prozent).[47] Rob Butler, Erfinder des 1944 von den Konservativen erlassenen »Education Act« – eines Gesetzes, das unmittelbar aus dem Beveridge-Plan hervorging –, schrieb später: »Es wurde immer deutlicher für jeden, dass es, ein Jahrhundert nachdem Disraeli diesen Begriff geprägt hatte, in England noch immer ›zwei Nationen‹ gab.«[48] Der Erfolg des Beveridge-Plans war nach Beveridges eigenen Worten nicht zuletzt Keynes zu verdanken, doch die sozialen und intellektuellen Veränderungen, vor denen Großbritannien und andere Staaten nun standen, waren noch viel tief greifender als die anstehenden ökonomischen Maßnahmen. *Mass Observation*, eine von W. H. Audens Freund Charles Madge 1941 durchgeführte Umfrage, konstatierte, dass 16 Prozent der britischen Bürger angaben, der Krieg habe ihre politischen Ansichten geändert; im August 1942, vier Monate vor Veröffentlichung des Beveridge-Reports, hatte bereits jeder Dritte seine politische Einstellung geändert.[49] Mehr als alles andere bot dieser Bericht Hoffnung, und das zu einer Zeit, in der diese absolute Mangelware war.[50] Einen Monat zuvor hatte Rommel in Nordafrika zum Rückzug geblasen, britische Truppen hatten Tobruk erobert, und Eisenhower war in Marokko gelandet. Zur Feier dieses historischen Moments hatte Churchill angeordnet, zum ersten Mal seit Kriegsausbruch alle Kirchenglocken Großbritanniens zu läuten (sie waren zum Schweigen verurteilt worden, um im Falle einer Invasion als Warnung verstanden werden zu können).

*

Stalins Terrorregime zum Trotz profitierte die Sowjetunion weiterhin von ihrem Status als wichtiger Verbündeter. Im November 1943 trafen sich Churchill, Roosevelt und der sowjetische Diktator in Teheran, um die letzte Phase des Krieges und vor allem die Landung in Frankreich zu diskutieren. Bei diesem Treffen überreichte Churchill Stalin das *Sword of Honor* für die Einwohner von Stalingrad. Nicht jeder hielt den sowjetischen Führer für den angemessenen Empfänger solcher Ehren, gewiss nicht Friedrich von Hayek und Karl Popper. In welchem Ausmaß man inmitten des Krieges Stalin zu beschwichtigen versuchte, erfuhr auch George Orwell, als er versuchte, einen kleinen Band zu veröffentlichen.

In seiner »Fabel« *Farm der Tiere* geht es um eine Revolution, die ihre Unschuld in dem Moment verliert, als die Tiere auf Mr. Jones' Herrenfarm, nachdem sie vom preisgekrönten Eber Old Major zum Widerstand aufgerufen worden sind, die Farm übernehmen und Mr. Jones und seine Frau vertreiben. Das ist wahrlich keine besonders subtile Allegorie. Old Major spricht die anderen Tiere nur als »Genossen«* an; der Aufstand

* Anm. d.Ü.: In der deutschen Übersetzung (Zürich, 1974) wurde »comrades« als »Kameraden« übersetzt, wodurch die deutliche Anspielung Orwells verloren ging.

wird vom Anführer Napoleon unter der Fahne des »Animalismus« geführt. Orwell, der die Idee zu diesem Buch bereits 1937 während seiner Teilnahme am Krieg in Spanien gehabt hatte, machte niemals ein Geheimnis daraus, dass sich diese Satire direkt gegen Stalin und seine Apparatschiks richtete. Er schrieb das Buch in der Zeit zwischen Ende 1943 und Anfang 1944 – entscheidende Monate, denn die Sowjets hatten die Deutschen endlich zurückgedrängt »und die Straße nach Stalingrad in die Straße nach Berlin« verwandelt.[51]

Die Revolution auf der Farm wird schon bald korrumpiert. Die Schweine reißen diktatorisch die Macht an sich; Welpen werden scharf gemacht und zu einer gestapoartigen Prätorianergarde herangebildet; von den ursprünglich »Sieben Geboten des Animalismus«, die an die Scheunenwand geschrieben worden sind, bleibt schließlich nur noch das siebte Gebot: »Alle Tiere sind gleich«, übrig – allerdings mit dem plötzlichen Zusatz: »Aber einige Tiere sind gleicher als andere.« Und nachdem jahrelang der Slogan »Vierbeiner gut, Zweibeiner schlecht!« skandiert worden war, beginnen die Schweine am Ende auf den Hinterbeinen zu gehen.

Die *Farm der Tiere* erschien im August 1945, im selben Monat, in dem die Vereinigten Staaten ihre Atombomben über Hiroshima und Nagasaki abwarfen. Die Verzögerung zwischen Fertigstellung und Veröffentlichung lag an Orwells Schwierigkeiten, einen Verlag zu finden. Victor Gollancz war nur einer von vielen gewesen, die das Buch ablehnten; auch T. S. Eliot bei Faber & Faber wollte es nicht,[52] obwohl er als überzeugter Christ kein Freund des Kommunismus war und auch gewiss nicht erst von Orwells literarischen Fähigkeiten überzeugt werden musste. Dennoch lehnte er es mit den Worten ab: »Wir sind nicht überzeugt…, dass dies der richtige Blickwinkel ist, aus dem man die gegenwärtige politische Lage kritisieren sollte.«[53] Nachdem vier Verleger mit ähnlichen Argumenten reagiert hatten, beklagte sich Orwell wütend über die Selbstzensur, die für ihn aus diesen Ablehnungen sprach. Gerade als er überlegte, das Buch im Selbstverlag herauszubringen, wurde es von Warburgs angenommen, allerdings wegen der herrschenden Papierknappheit auch nicht sofort publiziert.[54] Doch vielleicht war diese neuerliche Verzögerung ganz gut, denn als das Buch schließlich erschien, war der Krieg gerade zu Ende, die Schrecken der Atombombe bereits deutlich geworden und die Welt des Kalten Krieges nach der Konferenz von Potsdam im Juli am Horizont aufgetaucht. Die Menschen erfuhren die ganze Wahrheit über die Konzentrationslager der Nationalsozialisten und damit eine schreckliche Bestätigung all dessen, was der Mensch dem Menschen anzutun in der Lage ist.

Die *Farm der Tiere* war ebenso wenig eine Fabel wie Stalin ein politisches Vorbild. Orwell mochte vielleicht ähnliche sozialpolitische Ziele verfolgt haben wie William Temple, war aber realistischer. Wie Hayek und Popper hatte auch er verstanden, dass der Kampf gegen Hitler zwar gewonnen war, aber der Kampf gegen Stalin noch lange nicht vorüber sein würde. Und der war im Hinblick auf das Denken und die Ideen des zwanzigsten Jahrhunderts von außerordentlicher Bedeutung, denn Stalinismus, Kollektivismus und Planwirtschaft hatten das gesamte liberale Weltbild ins Wanken gebracht.

*

Viele Kriegsgräuel der Nationalsozialisten und der Japaner wurden in ihrem ganzen Ausmaß erst nach Ende des Krieges und der sechs Jahre währenden Grausamkeiten bekannt. Dennoch gab es Optimisten, die über all dieser Düsternis einen Silberstreif am Horizont erblickten. In beinahe allen Staaten der wichtigsten Kriegsparteien, sogar in den entfernteren Gebieten des britischen Imperiums in Australien und Neuseeland, war Vollbeschäftigung erreicht worden. Der Fluch der dreißiger Jahre war gebannt. In den Vereinigten Staaten, wo die Weltwirtschaftskrise ihren Ausgang genommen und am stärksten zugeschlagen hatte, war die Arbeitslosenrate 1944 auf 1,2 Prozent gesunken.[55] Nur noch die heftigsten Widersacher von Keynes betrachteten dies nicht als einen Erfolg seiner Ideen. Die Kriegsregierungen aller Länder hatten Programme – kriegswichtige Produktionen – durchgeführt, die gewaltige Staatsausgaben erforderten und in Kombination mit den riesigen Defiziten zu einer reinen Abfallwirtschaft führten (im Gegensatz beispielsweise zum Straßenbau, der eine langfristige und auch langfristig nützliche Investition darstellte). Die Staatsschulden der USA, die sich 1941 auf 49 Milliarden Dollar belaufen hatten, waren 1945 auf 259 Milliarden Dollar angestiegen.[56]

Keynes war bei Ausbruch des Zweiten Weltkriegs sechsundfünfzig Jahre alt. Obwohl er sich seinen Namen bereits in der Zeit des Ersten Weltkriegs gemacht hatte, war seine Rolle im nächsten Krieg noch viel entscheidender. Innerhalb von nur zwei Monaten nach Kriegsausbruch hatte er drei lange Artikel für die Londoner *Times* geschrieben, die dann in höchster Eile in einem Sammelband unter dem Titel *How to Pay for the War* verlegt wurden. (Tatsächlich waren die darin enthaltenen Thesen nach einem Vortrag von Keynes zuerst in der deutschen Presse erschienen.)[57] Diesmal beruhten Keynes' Ideen auf zwei Elementen. Erstens hatte er sofort erkannt, dass die Wurzel des Problems nicht Geld, sondern Rohstoff war – Kriege werden mit natürlichen Ressourcen, welche schnell in Schiffe, Kanonen, Munition und Ähnliches verwandelt werden können, gewonnen oder verloren. Rohstoffe sind außerdem einschätzbar und kontrollierbar.[58] Keynes hatte aber auch verstanden, worin der Unterschied zwischen einer Kriegs- und einer Friedenswirtschaft bestand – im Frieden geben die Werktätigen jedes Einkommensplus für Waren aus, die sie selbst produzieren, wohingegen im Krieg jeder Ertrag, der über das hinausgeht, was die Werktätigen zum Leben brauchen, an den Staat fließt. Eine weitere Erkenntnis von Keynes war, dass der Krieg die Möglichkeit bietet, sozialen Wandel zu stimulieren und die im Falle eines nationalen Notstands geforderte »Leistungsgleichheit« fiskalisch so zu kanalisieren, dass darin nicht nur diese Leistungsgleichheit selbst zum Ausdruck kommt, sondern auch größere Chancengleichheit nach dem Krieg gesichert wird. Und das, so Keynes, musste der Öffentlichkeit nur ausreichend klar gemacht werden, um wiederum deren Leistungseffizienz zu erhöhen. Als Winston Churchill Premierminister wurde, machte er Keynes – trotz der Feindseligkeiten, die die Beaverbrook-Presse seinen Ideen gegenüber zeigte – zu einem seiner beiden ökonomischen Berater (Lord Catto war der andere).[59] Keynes verlor keine Zeit bei der Umsetzung seiner Ideen. Zwar würden nicht alle in neue Gesetze umgesetzt, aber sein Einfluss war trotzdem gewaltig. »Das britische Schatzamt kämpfte den Zweiten Weltkrieg nach den Prinzipien von Keynes.«[60]

In den Vereinigten Staaten sah die Lage ähnlich aus. Schon bald erkannte man in einflussreichen Kreisen, dass die Kriegszeit eine klassisch keynesianische Situation war. Ein Team von sieben Ökonomen aus Harvard und Tufts setzte sich für eine deutliche Expansion des öffentlichen Sektors ein, damit – wie in Großbritannien – die Gelegenheit am Schopf gepackt wurde und Maßnahmen eingeleitet werden konnten, die die Chancengleichheit nach dem Krieg verstärken würden.[61] Das *National Resources Planning Board* (man beachte den Begriff »Planung« in diesem Namen) erarbeitete neun Prinzipien für eine neue Gesetzesvorlage – eine »New Bill of Rights« –, die erstaunlich ähnlich klangen wie William Temples »Sechs Christlich-Soziale Prinzipen«. Zeitschriften wie die *New Republic* fühlten sich daraufhin zu Erklärungen wie dieser veranlasst: »Man sollte besser gleich zu Beginn feststellen, dass das alte Ideal des Laissez-faire nicht länger gewahrt werden kann… Es wird in *immer höherem Maße* irgendeine Art von Planung und Kontrolle geben müssen.«[62] Doch weder in den USA noch in Großbritannien sollten die Keynesianer einen unangefochtenen Sieg erringen – das traditionelle Unternehmertum wehrte sich erfolgreich gegen viele Ideen, die zu mehr sozialer Gerechtigkeit geführt hätten. Doch nach den düsteren Zeiten der Dreißigerjahre war den meisten westlichen Demokratien – Großbritannien, USA, Kanada, Neuseeland, Australien, Schweden und Südafrika – während des Krieges wenigstens bewusst geworden, dass Vollbeschäftigung eine nationale Priorität sein musste. Und es war ganz eindeutig Keynes, der mit seinen Ideen nicht nur vermittelt hatte, wie dieses Ziel erreicht werden konnte, sondern es auch schaffte, dass sich diese Staaten diesem Ziel verpflichteten.[63]

Nun hatte Keynes zwar einen Sieg in Bezug auf die Regulierung von Binnenwirtschaften errungen, doch bei der Lösung der Probleme, mit denen der internationale Handel konfrontiert war, war ihm weniger Glück beschieden. Dies war das Thema der berühmten Konferenz, die im Sommer 1944 in Bretton Woods stattfand.[64] Ungefähr 750 Personen waren in die White Mountains von New Hampshire gereist, um an der Konferenz teilzunehmen, die die Weltbank und den Internationalen Währungsfonds ins Leben rufen sollte – beides Visionen von Keynes, auch wenn deren reale Macht von der amerikanischen Delegation in Bretton Woods stark beschnitten wurde. Keynes wusste, dass die Nachkriegswelt vor zwei Problemen stehen würde, »von welchen nur eines neu« war. Das alte Problem äußerte sich in der Frage, wie man vermeiden konnte, zu den wettbewerbsorientierten Währungsabwertungen der dreißiger Jahre zurückzukehren, die zum Abbau des internationalen Handels geführt und sich erschwerend auf die Weltwirtschaftskrise ausgewirkt hatten. Das neue Problem war, dass die Nachkriegswelt in zwei Teile geteilt sein würde – in Nehmerländer (wie Großbritannien) und Geberländer (wie am deutlichsten die USA). Solange dieses riesige Ungleichgewicht bestand, sah Keynes keine Erholung des internationalen Handels möglich, was sich dann wiederum auf alle Staaten auswirken würde. Keynes, der bei dieser Konferenz zur Hochform auflief, hatte also ganz klar erkannt, dass ein internationales Währungssystem und eine internationale Bank gebraucht wurden, um die Prinzipien der Binnenwirtschaften auf eine internationale Ebene übertragen zu können.[65] Der entscheidende Punkt bei einer internationalen Bank war, dass sie Kredite und Darlehen (von den Geberländern) in einer Form vergeben konnte, die es den Schuldnerländern ermöglichte, ihre Währungen zu bemessen, ohne andere Staaten sofort zu Vergeltungsmaßnahmen herauszufordern. Außerdem würde dieser Plan die Welt vom Goldstandard befreien.[66] Aber es sollte nicht allein nach dem Willen von Keynes gehen. Der Plan, der schließlich angenommen wurde, war mindestens ebenso sehr das Geisteskind von Harry Dexter White aus dem amerikanischen Finanzministerium.[67] Doch das Klima, in dem diese Probleme in Bretton Woods besprochen wurden, war allein dem Bemühen von Keynes in den Zwischenkriegsjahren zu verdanken. Es ging ihm nicht um Planwirtschaft – Keynes war, wie man weiß, ein großer Befürworter des Marktes; aber er erkannte, dass der Welthandel ein Netzwerk bilden muss und dass der größtmögliche Wohlstand für eine größtmögliche Zahl von Menschen nur erreicht werden kann, wenn alle anerkennen, dass zum Wohlstand nicht nur Produzenten, sondern auch Käufer gehören und es sich dabei um ein und dieselben Personen handelt. Keynes lehrte die Welt, dass ein funktionierender Kapitalismus ebenso sehr auf Kooperation wie auf Wettbewerb beruhen muss.

Das Ende des Zweiten Weltkriegs war die Blütezeit der keynesianischen Ökonomie, und viele hielten Keynes deshalb für einen wahren Zauberer.[68] Viele wünschten sich auch, dass seine Prinzipien nun endlich in Gesetze gegossen würden – was bis zu einem gewissen Grad auch geschah. Andere vertraten eher eine Poppersche Sichtweise: Wenn die Ökonomie denn einen Hang zum Wissenschaftlichen habe, dann müssten sogar Keynes' Ideen früher oder später modifiziert werden. Und auch das sollte später geschehen. Doch Keynes war es gelungen, einen erstaunlichen Wandel im Denken auszulösen (und das nicht nur während des Krieges; er übte sein ganzes Leben lang mit seinen Schriften Einfluss aus). Auch wenn er in späteren Jahren viel kritisiert wurde und seine Theorien in der Tat modifiziert werden sollten, verdanken wir allein ihm unter anderem unsere heutigen Maßnahmen gegen Arbeitslosigkeit (dass sie bis zu einem gewissen Maße der staatlichen Kontrolle unterliegt). Das Ende des Krieges brachte jedoch trotz Keynes die weit verbreitete Angst vor einer schnellen Rückkehr jener Politik mit sich, welche in den Dreißigerjahren zu so vielen Entlassungen geführt und so großes Unheil angerichtet hatte.[69] Nur wenige Ökonomen sahen wie W. S. Wojtinski voraus, dass es ganz einfach deshalb schon zu einen Boom kommen musste, weil die Menschen so lange auf Konsumgüter hatten verzichten müssen; weil Arbeiter und Fachkräfte während des ganzen Krieges Überstunden angesammelt, aber keine Möglichkeiten gehabt hatten, ihr Erspartes auszugeben; weil so viele Soldaten jahrelang ihren Sold angespart hatten; weil riesige Mengen an Kriegsanleihen gekauft worden waren, die nun zur Rückzahlung anstanden; und weil die im Krieg gemachten militärisch-technischen Fortschritte nun schnell in Friedensproduktionen umgewandelt werden konnten. (Wojtinski rechnete mit 250 Milliarden Dollar, die nur darauf warteten, ausgegeben zu werden.)[70] Tatsächlich sollten sich die Erwartungen der Ängstlichen nicht bewahrheiten, nachdem sich die Welt wieder beruhigt hatte. Die hohen Arbeitslosenzahlen der dreißiger Jahre kehrten nicht zurück, auch wenn sie in den USA nie wieder so gering wie zu Kriegszeiten waren (sie fluktuierten zwischen 4 und 7 Prozent, »hoch genug, um zu stören, aber nicht hoch genug, um die wohlhabende Mehrheit zu alarmieren«[71]). Diese so genannte Split-level-Gesellschaft würde den Ökonomen in den kommenden Jahren viel Kopfzerbrechen bereiten – nicht zuletzt, weil sie von Keynes nicht vorausgesagt worden war.

*

In den USA, wo sich die Keynesianer aus Harvard und Tufts so sehr um eine gerechtere Nachkriegsgesellschaft bemüht hatten, war das Hauptproblem nicht Armut, denn das Land genoss mehr oder weniger Vollbeschäftigung, sondern die Tatsache, dass der Krieg letztlich nur das alte Problem der Rassendiskriminierung manifestiert hatte. Viele Schwarze hatten in Europa und im Pazifik gekämpft. Man hatte von ihnen erwartet, dass sie ihr Leben ebenso für ihr Vaterland aufs Spiel setzten wie die Weißen. Warum sollten sie nicht auch anschließend gleich behandelt werden?

Im Januar 1944, gerade als sich der Krieg entschieden zu Gunsten der

Alliierten zu wenden begann, wurde dann ein Dokument in den USA veröffentlicht, das auf die amerikanische Gesellschaft einen mindestens so gravierenden Effekt haben würde wie der Beveridge-Report auf die Briten. Es war eine umfangreiche Studie, die sechs Jahre der Vorbereitung bedurft hatte, unter dem Titel *An American Dilemma: The Negro Problem and Modern Democrary.*[72] Ihr Autor war der Schwede Gunnar Myrdal (1898–1987), der 1937 von Frederick Keppel – dem Präsidenten der Carnegie Foundation, die diese Studie finanzierte – ausgewählt worden war, weil man bei seinem Herkunftsland Schweden voraussetzen durfte, dass es keine imperialistischen Tendenzen verfolgte. Der Bericht umfasste 1000 Seiten plus eines Anhangs von 200 Seiten und 10 Appendizes. Im Gegensatz zu Beveridges Ein-Mann-Show hatte Myrdal die Hilfe vieler Assistenten aus Chicago, Harvard, Yale, Fisk, Columbia und anderen Universitäten in Anspruch genommen. Und wie seinem Vorwort zu entnehmen ist, hatte er sich außerdem Rat bei Legionen berühmter Geistesgrößen eingeholt, etwa bei Ruth Benedict, Franz Boas, Otto Klineberg, Robert Linton, Ashley Montagu, Robert Park und Edward Shils.[73]

Seit den Zeiten von Lothrop Stoddard und Madison Grant in den Zwanzigerjahren hatten sich mit dem Aufstieg der Nationalsozialisten in Deutschland und den Kampagnen von Trofim Lyssenko in der Sowjetunion der wissenschaftlich begründete Rassismus und die Eugenik schwerpunktartig nach Europa verlagert, während in Großbritannien und den USA eine deutliche Abkehr von den einfältigen und unüberprüften Wahrheiten früherer Autoren zu spüren und sogar Zweifel an der Wissenschaftlichkeit des Konzepts Rasse als solcher aufgekommen waren. E. Franklin Frazier, Soziologieprofessor an der Howard University, hatte 1939 mit seiner Anfang der Dreißigerjahre in Chicago begonnenen Studie *The Negro Family in the United States*[74] eine Chronik vorgelegt, in der er die allgemeine Desorganisation von schwarzen Familien einerseits auf die Sklaverei zurückführte, weil viele schwarze Paare von ihren Besitzern willkürlich getrennt worden waren, andererseits aber auch auf die anschließende Emanzipation, weil deren Folgen die Stabilität unter den Schwarzen noch zusätzlich geschwächt hätten. Auch der Zuzug in die Städte hatte seiner Meinung nach nichts Gutes bewirkt, da er nur zur Stereotypisierung »des Negers« als ein »minderbemitteltes, promiskuitives, zu Verbrechen und Kriminalität neigendes« Subjekt beigetragen habe. Frazier konstatierte, dass in solchen Stereotypen immer ein wahrer Kern liege, und versuchte letztlich nur, die allgemein dafür angegebenen Ursachen zu widerlegen.

Myrdal ging viel weiter. Einerseits, schrieb er, verfügten die USA über wesentlich fortschrittlichere Institutionen als Europa und seien auch insgesamt von mehr Rationalität und Optimismus als die westeuropäischen Staaten geprägt, andererseits seien sogar diese fortschrittlicheren Institutionen zu schwach, um der herrschenden Vorurteile im Land Herr zu werden. Und für dieses Dilemma war seiner Meinung nach einzig die weiße Mehrheit verantwortlich.[75] Denn die Lebensumstände der amerikanischen Schwarzen, so Myrdal, jeder einzelne Aspekt ihres Daseins, seien nicht nur von Weißen konditioniert worden, sondern auch eine sekundäre Reaktion der Schwarzen auf deren Welt. Eine der gravierendsten Folgen war, dass Schwarze vom Gesetz und den republikanischen Institutionen und damit auch von jeder politischen Einflussnahme ausgeschlossen waren.[76]

Myrdals Schlussfolgerung war in den USA kaum weniger umstritten als seine Analyse selbst. Der Kongress war laut Myrdal entweder nicht bereit oder nicht in der Lage, das Unrecht an den Schwarzen gut zu machen.[77] Daher sei nun ein ganz anderes »Gewicht« vonnöten, und das hätten nur die Gerichte. Die Justiz müsse sich endlich als Anlaufstelle für Betroffene verstehen, und zwar nicht nur, um endlich die Gesetze für Gleichberechtigung mit Leben zu erfüllen, die bereits seit Jahren in Kraft waren, sondern auch, um den Weißen klar zu machen, dass sich die Zeiten ein für alle Mal geändert hatten. Wie Beveridge und Mannheim war auch Myrdal bewusst, dass es nach dem Krieg keinen Weg zurück geben würde. Und so informierte der Schwede die Amerikaner – während diese gerade weltweit die Demokratie vor der Diktatur retteten –, dass sie sich im eigenen Land erbarmungslos rassistisch verhielten. Das war natürlich kein populäres Urteil, schon gar nicht unter Weißen. Mancher ging sogar so weit, Myrdals Schlussfolgerungen als »sinister« zu bezeichnen.[78] Aber Myrdals Urteil führte andererseits zu zwei langfristigen Erfolgen. Erstens begann die Justiz genau den von Myrdal geforderten Zweck zu erfüllen, was schließlich zu einem Grundsatzurteil führte, das Ivan Hannaford »die wichtigste Entscheidung des Obersten Bundesgerichts in der amerikanischen Geschichte« nannte. Es war das Verfahren »*Brown* gegen *Board of Education of Topeka*« aus dem Jahr 1954. Das Gericht entschied einstimmig, dass die Rassensegregation in Lehranstalten eine Verletzung des vierzehnten Verfassungszusatzes (gleiches Recht für alle) darstellte und erklärte sie damit als definitiv verfassungswidrig. Für die Bürgerrechtsbewegungen der fünfziger und sechziger Jahre spielte dieses Urteil eine immense Rolle.

Die andere Reaktion auf Myrdals Studie war persönlicher. Der schwarze Musiker und Schriftsteller Ralph Ellison kleidete sie in seiner Rezension von Myrdals *American Dilemma* in folgende Worte: »Es kommt Myrdal nicht in den Sinn, dass viele kulturellen Äußerungen [von Schwarzen], die er als rein reflexiv empfindet, eine *Ablehnung* jener Werte verkörpern, die er als ›hohe‹ bezeichnet.«[79] In vieler Hinsicht sollte die Ablehnung dieser »hohen Werte« (nicht nur aus den Reihen der Schwarzen) zum wichtigsten intellektuellen Thema der zweiten Hälfte des zwanzigsten Jahrhunderts werden.

22

Strahlender August

Wenn es denn je einen bestimmten Moment gab, an dem die Atombombe den Bereich der Theorie verließ und zu einer praktischen Option wurde, dann an einem Abend Anfang 1940 im englischen Birmingham. Der »Blitz« war in vollem Gange, und die Nächte waren schwarz wegen der totalen Verdunklung. Otto Frisch und Rudolf Peierls müssen sich manchmal gefragt haben, ob sie mit ihrer Emigration nach Großbritannien die richtige Entscheidung getroffen hatten.

Lise Meitners Neffe Frisch war, während sie selbst 1938 nach Stockholm emigrierte, bei Niels Bohr in Kopenhagen geblieben. Doch je näher der Krieg rückte, umso besorgter wurde er. Falls die Nationalsozialisten in Dänemark einmarschieren würden, drohte ihm das Konzentrationslager, ganz egal, wie wichtig er für die Forschung war. Frisch, auch ein begabter Pianist, suchte Trost am Klavier. Im Sommer 1939 erhielt er eine Einladung von Mark Oliphant – dem Miterfinder des Magnetometers, der inzwischen Physikprofessor an der Universität von Birmingham war –, nach Großbritannien zu kommen. Er wollte mit ihm, wie er schrieb, »physikalische Fragen« diskutieren. (Nachdem Rutherford 1937 mit nur sechsundfünfzig Jahren an einer postoperativen Infektion gestorben war, hatten sich viele aus dem alten Cavendish-Team in alle Winde zerstreut.) Frisch packte also seine Reisetasche für ein Wochenende in England. Kaum angekommen, versuchte ihn Oliphant zu überzeugen, nicht mehr zurückzukehren. Oliphant hatte zwar noch keine längerfristigen Pläne für Frisch gemacht, aber wie jeder andere verstanden, dass es fünf vor zwölf und daher das oberste Gebot war, Frisch zuerst einmal in Sicherheit zu bringen. Noch während Frisch sich in Birmingham aufhielt, wurde der Krieg erklärt. Also blieb er. Alles, was er besaß, auch sein geliebter Flügel, war verloren.[1]

Der wohlhabende Berliner Peierls, einer der vielen brillanten Physiker, die bei Arnold Sommerfeld in München studiert hatten, hielt sich bereits seit 1933 in Großbritannien auf. Als die Säuberungsaktionen an den deutschen Universitäten begonnen hatten, hielt er sich gerade auf Grund eines Rockefeller-Stipendiums in Cambridge auf, und da er genügend finanzielle Mittel besaß, beschloss er zu bleiben. Im Februar 1940 wurde er eingebürgert. Seit dem 3. September 1939 hatte er, wie auch Frisch, theoretisch als feindlicher Ausländer gegolten. Es gelang den beiden Wissenschaftlern jedoch, den damit verbundenen »Unannehmlichkeiten« zu entgehen, indem sie behaupteten, mit Oliphant nur »theoretische Fragen« zu diskutieren.[2]

In der Zeit, als Frisch zu Peierls nach Birmingham stieß, war das größte Hindernis für den Bau einer Atombombe die Uranmenge, die man für nötig hielt, um eine kritische Masse zu erreichen und eine Kettenreaktion auszulösen, die zur Explosion führen würde. Die Schätzungen dieser Menge variierten gewaltig – von 13 über 44 bis sogar 100 Tonnen. Hätte sich das als richtig erwiesen, wäre die Bombe viel zu schwer gewesen, um von einem Flugzeug transportiert werden zu können. Außerdem hätte man für ihren Bau bis zu sechs Jahre gebraucht, und niemand glaubte damals, dass der Krieg so lange dauern würde. Bei ihren Diskussionen auf dem Weg durch die verdunkelten Straßen von Birmingham begriffen Frisch und Peierls dann als Erste, dass sämtliche bisherigen Berechnungen falsch sein mussten.[3] Nach Frischs Kalkulationen wurde tatsächlich nicht mehr als ein Kilogramm spaltbares Material gebraucht, und Peierls bestätigte die Explosionskraft dieser Menge, indem er die Zeit berechnete, die es dauern würde, bis sich das expandierende Material so weit abgespalten hat, um den Fortgang der Kettenreaktion zu stoppen. Die Zahl, auf die Peierls dabei kam, war eine Viermillionstel Sekunde. In ihrem Verlauf würden sich achtzig Neutronengenerationen gebildet haben (1 ergibt 2 ergibt 4→8→16→32 und so fort); und diese achtzig Generationen würden eine Temperatur erzeugen, die so heiß ist wie im Inneren der Sonne, und einen stärkeren Druck bewirken als er »im Mittelpunkt der Erde [herrscht], wo sich Eisen verflüssigt«.[4] Ein Kilogramm des Schwermetalls Uran hatte also etwa die Größe eines Golfballs – das war überraschend klein. Frisch und Peierls überprüften ihre Berechnungen wieder und wieder, kamen aber immer zu demselben Ergebnis: Ein aus U_{235} bestehender atomarer Sprengsatz, bei dem zwei »unterkritische« Halbkugeln aus metallischem U_{235} nach ihrer Vereinigung detonieren, hat eine kritische Masse von mindestens 10 und höchstens 43 Kilogramm – somit konnten Frisch und Peierls hoffen, bereits in wenigen Monaten, und nicht erst in Jahren, genügend spaltbares Material für eine Uranbombe zur Verfügung zu haben. Sie zeigten Oliphant ihre Berechnungen. Er verstand sofort, dass hier eine entscheidende Schwelle überschritten worden war, und bat sie, einen Bericht zu verfassen, der dann nur drei Seiten lang war und den er sofort persönlich zu Henry Tizard nach London brachte.[5] Oliphants weise Entscheidung, Frisch Zuflucht zu bieten, hatte sich schneller bezahlt gemacht, als er es sich je hätte träumen lassen.

*

Seit James Chadwick 1932 das Neutron entdeckt hatte, waren die Atomphysiker vorrangig mit zwei Dingen beschäftigt: Sie wollten sich mehr Klarheit über die Radioaktivität verschaffen und die Struktur des Atomkerns besser verstehen lernen. 1934 gelang den Joliot-Curies in Frankreich schließlich der Durchbruch, für den sie den Nobelpreis erhielten: Beim Beschuss von Aluminiumfolien mit Polonium-Alphateilchen entdeckten sie eine neue Art von Radioaktivität, bei der sich ein Phosphorisotop bildete. Damit war ihnen erstmals ein künstlich ausgelöster radioaktiver Zerfall geglückt. Mit anderen Worten: Sie konnten nun beinahe nach Belieben ein Element in ein anderes verwandeln. Wie Rutherford vorausgesagt hatte, war das entscheidende Teilchen, das mit dem Kern interagierte und ihn zwang, einen Teil seiner Energie beim radioaktiven Zerfall abzugeben, das Neutron.

Etwa zur selben Zeit hatte Enrico Fermi mit seiner Theorie des Betazerfalls die Fachwelt aufgestört (obwohl *Nature* eine seiner Abhandlungen darüber abgelehnt hatte).[6] Auch diese Theorie befasste sich mit der Art und Weise, in der ein Kern Energie in Form von Elektronen abgibt. In diesem Zusammenhang sprach Fermi erstmals von »schwacher Wechselwirkung«, einer bis dahin unbekannten Kraft, mit der die Zahl der bekannten natürlichen Basiskräfte auf vier angestiegen war – nun kannte man die Schwerkraft und den Elektromagnetismus, die über weite Entfernungen wirksam sind, sowie die auf subatomarer Ebene aktiven starken und schwachen Kräfte. Es war eine rein theoretische Abhandlung, basierend auf extensiven Forschungen, die Fermi zu dem Nachweis geführt hatten, dass leichtere Elemente unter Beschuss durch die Emission eines Protons oder Alphateilchens zu noch leichteren Elementen verwandelt wurden, während es bei den schwereren Elementen genau umgekehrt war, das heißt, deren stärkere elektrische Barrieren nahmen das eintreffende Neutron *auf*, wodurch sie natürlich noch schwerer werden. Da sie jedoch instabil sind, zerfallen sie zu einem Element mit einer um eine Einheit höheren Atomzahl. Damit wurde erstmals eine faszinierende Möglichkeit denkbar: Uran war das schwerste aus der Natur bekannte Element und stand mit der Atomzahl 92 an oberster Stelle der Tabelle des periodischen Systems; wenn *dieses* Element nun mit Neutronen beschossen und eines davon aufnehmen würde, müsste es ein schwereres Isotop bilden – U_{238} müsste zu U_{239} werden; und dieses wiederum müsste dann zu einem neuen, noch niemals auf Erden beobachteten Element mit der Atomzahl 93 zerfallen.[7]

Es sollte noch eine Weile dauern, bis man die so genannten »transuranischen« Elemente produzieren konnte, aber kaum war das erreicht, erhielt Fermi 1938 den Nobelpreis dafür. Der Tag, an dem er von dieser bedeutendsten aller Ehrungen erfuhr, verursachte aber auch noch ganz andere Aufregungen. Am frühen Morgen erhielt er einen Anruf von der örtlichen Vermittlungsstelle mit der Nachricht, dass er sich für einen Anruf aus Stockholm um 6 Uhr abends bereithalten sollte. Natürlich konnte er nun annehmen, dass er den begehrten Preis erhalten hatte. Er verbrachte den Tag mit seiner Familie, kaum in der Lage, sich auf irgendwas anderes zu konzentrieren. Als das Telefon um sechs Uhr klingelte, konnte er gar nicht schnell genug abheben. Aber es war nicht Stockholm, es war ein Freund, der ihn fragte, was er von den Nachrichten halte.[8] Die Fermis hatten so gespannt auf den Anruf aus Stockholm gewartet, dass sie ganz vergessen hatten, das Radio einzuschalten. Schnell stellten sie es an. Laura Fermi beschrieb später, was sie hörten: »Hart, eindringlich, mitleidlos verlas die Stimme des Sprechers... die Rassengesetze. Die an diesem Tag erlassenen Gesetze beschränkten die Bewegungsfreiheit und Bürgerrechte der Juden von Italien. Ihre Kinder wurden vom Besuch öffentlicher Schulen ausgeschlossen. Jüdische Lehrer wurden entlassen. Jüdische Rechtsanwälte, Ärzte und andere Akademiker durften nur noch für eine jüdische Klientel praktizieren. Viele jüdische Firmen wurden aufgelöst... Allen Juden wurde die Staatsbürgerschaft aberkannt, ihre Pässe würden eingezogen werden.«[9]

Laura Fermi war Jüdin.

Aber das war noch nicht die einzige schlechte Nachricht. Am Vorabend hatte sich der Antisemitismus in Deutschland mit Gewalt Bahn gebrochen: Der Mob hatte im ganzen Land Synagogen niedergebrannt, jüdische Familien auf die Straßen gezerrt und zusammengeschlagen, Tausende jüdische Firmensitze und Geschäfte zerstört. Weil dabei so viele Fensterscheiben zu Bruch gingen, erfanden die Nationalsozialisten den Namen »Kristallnacht«.

Endlich kam der Anruf aus Stockholm. Enrico hatte den Nobelpreis gewonnen, »für die Bestimmung von neuen, durch Neutronenbeschuss erzeugten radioaktiven Elementen und die in Verbindung mit diesen Arbeiten durchgeführte Entdeckung der durch langsame Neutronen ausgelösten Kernreaktionen«.[10]

*

Es hatten zwar bereits einige Physiker von »Atomenergie« gesprochen, aber kaum einer erwartet, dass man sie tatsächlich jemals gewinnen wird – die Physik war ein unendlich faszinierendes Gebiet, aber bisher doch nur eine Möglichkeit, die Grundlagen der Natur zu *erklären*. Ernest Rutherford hatte 1933 bei einem öffentlichen Vortrag expressis verbis festgestellt, dass die jüngsten Entdeckungen zwar höchst aufregend seien, aber dass die Welt von ihnen keine praktischen Anwendungen erwarten und bestimmt keine neue Energiequelle »von den Kräften des Atoms« erhoffen dürfe. [11]

Doch in Berlin fiel Otto Hahn etwas auf, was eigentlich jeder Physiker hätte sehen können, aber eben keiner außer ihm gesehen hat. Das häufigere Uranisotop U_{238} besteht aus 92 Protonen und 146 Neutronen im Kern. Wenn nun beim Neutronenbeschuss neue, transuranische Elemente entstehen, müssten diese nicht nur andere Gewichte haben, sondern auch andere chemische Eigenschaften besitzen.[12] Also machte er sich auf die Suche nach diesen neuen Eigenschaften, immer bedenkend, dass er Radium finden müsste, sofern die Neutronen nicht aufgenommen wurden, sondern Teilchen aus dem Kern *heraus*brachen. Ein Uranatom, das zwei Alphateilchen verlor (Heliumkerne mit einem jeweiligen Atomgewicht von vier), müsste sich in Radium – R_{230} – verwandeln. Doch Hahn fand weder Radium noch irgendein neues Element. Was er bei den ständigen Wiederholungen seiner Experimente jedoch immer wieder fand, war Barium. Aber Barium war viel leichter – es verfügte über 56 Protonen und 82 Neutronen, also insgesamt über 138 gegenüber 238 beim Uran. Das Ganze ergab überhaupt keinen Sinn. Verwirrt besprach Hahn seine Ergebnisse mit Lise Meitner. Hahn und Meitner hatten sich immer sehr nahe gestanden, und er hatte die Jüdin während der dreißiger Jahre immer zu schützen versucht. Dass sie offiziell weiterarbeiten konnte, lag jedoch nur daran, dass sie die österreichische Staatsangehörigkeit besaß und die Rassengesetze theoretisch auf sie noch nicht anwendbar waren. Nach dem »Anschluss« im März 1938 konnte selbst Hahn sie nicht länger schützen, und sie musste nach Stockholm fliehen. Kurz vor Weihnachten 1938 teilte Hahn ihr seine ungewöhnlichen Ergebnisse in einem Brief mit.[13]

Wie es der Zufall wollte, bekam Meitner über Weihnachten Besuch von ihrem Neffen Otto Frisch, der damals noch bei Bohr in Kopenhagen war. Die beiden Exilanten genossen die gemeinsame Zeit beim Skilanglauf in den nahen, verschneiten Wäldern. Dabei erzählte Meitner ihrem Neffen von Hahns seltsamer Beobachtung, und während sie ihre Bahnen durch die stillen Wälder zogen, begannen sie dieses Barium-Problem im Kopf hin und her zu wälzen.[14] Sie versuchten, alle möglichen radikalen Erklärungen für Hahns verwirrende Beobachtung zu finden, und kehrten dabei immer wieder zu Bohrs Theorie zurück, dass der Kern eines Atoms wie ein Wassertropfen sei, der von der Anziehungskraft, den die Moleküle aufeinander ausüben, zusammengehalten werde genauso wie der Atomkern von *seinen* atomaren Kräften. Wie bereits erwähnt, hatten die Physiker bis dahin angenommen, dass der Kern unter Beschuss so stabil sei, dass bestenfalls einmal ein besonders exzentrisches Teilchen herausgebrochen werden könnte.[15] Zusammengekauert auf einem Baumstumpf in den schwedischen Wäldern, begannen sich Meitner und Frisch nun aber zu fragen, ob der Urankern möglicherweise auch in anderer Hinsicht mit einem Wassertropfen vergleichbar sei.[16] Vor allem erwogen sie die Möglichkeit, dass er nicht nur von Neutronen gespalten, sondern in zwei Teile gebrochen werden könnte. Sie waren drei Stunden lang tief im Gespräch versunken auf ihren Skiern gewandert und froren erbärmlich. Trotzdem kehrten sie nicht um. Sie wollten hier und jetzt ihre Berechnungen anstellen. Und dabei kamen sie schließlich zu folgendem Ergebnis: Für den Fall, dass sich das Uranatom *tatsächlich* teilt, wie sie annahmen, könnte es Barium (57 Protonen) und Krypton (36 Protonen) produzieren – 56 + 36 = 92. Sie hatten Recht. Als Frisch dies Bohr vorrechnete, stöhnte er auf: »Oh, was für Idioten wir waren. Genau so muss es sein!«[17] Aber das war noch nicht alles. Während sich die Nachricht von dieser Erkenntnis bereits unter den Physikern in aller Welt verbreitete, wurde ihnen auch klar, dass der Kern im Zuge der Spaltung Energie in Form von Hitze produziert. Und wenn diese Energie Neutronen in genügender Menge freisetzte, war eine Kettenreaktion tatsächlich vorstellbar – und damit eine Bombe. Vorstellbar, aber nicht so leicht herstellbar! Denn Uran ist sehr stabil und hat eine Halbwertzeit von 4,5 Milliarden Jahren; es gab praktisch kein Labor auf der Welt, das überprüfen konnte, ob es diese Energie tatsächlich freisetzen und damit eine Kettenreaktion auslösen würde. Schließlich war es Bohr, der die Wahrheit erkannte: Das häufigere U_{238}-Isotop war stabil und absorbierte Energie, nur das viel seltenere Uranisotop U_{235} war für eine Kettenreaktion tauglich und konnte daher eine Kernspaltung herbeiführen (der brandneue Begriff für das, was Hahn beobachtet und Meitner und Frisch als Erste verstanden hatten). Man brauchte also nur zwei Mengen dieses U_{235} zusammenzubringen, um eine kritische Masse zu bilden, und schon hatte man eine Bombe. Aber wie viel U_{235} war dafür nötig?

*

Die Ironie des Schicksals war, dass dies alles zu Beginn des Jahres 1939 geschehen war. Hitlers aggressive Pläne wurden zwar immer deutlicher, Krieg drohte, aber die Welt lebte theoretisch noch im Frieden. Die Ergebnisse von Hahn, Meitner und Frisch wurden jedermann zugänglich in *Nature* veröffentlicht und folglich von den Physikern im nationalsozialistischen Deutschland, in der Sowjetunion und in Japan ebenso gelesen wie in Großbritannien, Frankreich, Italien und den Vereinigten Staaten.[18] Damit standen nun sämtliche Atomphysiker vor drei Problemen, die es zu lösen galt: Erstens, wie wahrscheinlich war eine Kettenreaktion? Das ließ sich nur beurteilen, indem man herausfand, welche Energie bei der Kernspaltung freigesetzt wurde. Zweitens, wie konnte man U_{235} von U_{238} trennen? Und drittens, wie lange würde das dauern? Der Lösung der dritten Frage ging die gewiss dramatischste Geschichte voran. Obwohl in Europa im September 1939 der Krieg ausbrach und der Wettlauf um die Bombe immer dringlicher wurde, befanden sich die USA – die über die meisten Ressourcen verfügten und obendrein Zuflucht für viele Exilanten geworden waren – nicht im Kriegszustand. Wie konnte man die Amerikaner überzeugen, dass jetzt schnelles Handeln gefordert war? Im Sommer 1939 empfahl eine Hand voll britischer Physiker ihrer Regierung, Uran aus dem Belgisch-Kongo zu erwerben, und sei es auch nur, um anderen den Ankauf unmöglich zu machen.[19] In den USA hatten die drei ungarischen Flüchtlinge Leo Szilard, Eugene Wigner und Edward Teller die gleiche Idee und gingen zu Einstein, um ihn zu bitten, die belgische Königin – die er kannte – zu bewegen, den Stein ins Rollen zu bringen.[20] Am Ende beschlossen sie, ihn lieber gleich zu Roosevelt zu schicken. Einstein war immerhin so berühmt, dass er sicher angehört würde.[21] Doch dann schickten sie zuerst einmal einen Mittelsmann, und der brauchte sechs Wochen, bis er die Gelegenheit bekam, den Präsidenten zu sprechen. Dann geschah zuerst einmal gar nichts. Erst nachdem Frisch und Peierls ihre Berechnungen in jenem berühmten dreiseitigen Memorandum dargelegt hatten, begann sich etwas zu bewegen. Inzwischen hatten auch die Joliot-Curies ein entscheidendes neues Papier verfasst, in dem sie nachwiesen, dass das U_{235}-Atom bei jedem Beschuss durchschnittlich 2-5 Neutronen freisetzte, und das waren beinahe doppelt so viele, wie Peierls vermutet hatte.[22]

Das Frisch-Peierls-Memorandum wurde von einem kleinen Subkomitee beurteilt, welches von Henry Tizard ins Leben gerufen worden war, und sich erstmals im April 1940 in den Räumen der Royal Society in London traf. Es kam zu dem Schluss, dass die Chancen für den Bau der Bombe in einem Zeitrahmen, der sich noch auf den Krieg auswirken konnte, ziemlich gut standen. Von diesem Moment an war die Entwicklung der Atombombe zur Regierungspolitik von Großbritannien geworden. Die Aufgabe, die Amerikaner zum Mitmachen zu bewegen, fiel Mark Oliphant zu, dem einstigen Lehrmeister von Frisch und Peierls in Birmingham. Großbritannien verfügte als Kriegspartei weder über die nötigen Mittel für ein solches Projekt noch über eine Örtlichkeit, die sicher genug vor einer Bombardierung gewesen wäre.[23] In den USA war 1939 unter der Leitung von Vannevar Bush, einem Ingenieur mit zwei Doktorhüten vom MIT, das »Urankomitee« gegründet worden. Oliphant und John Cockroft reisten also in die USA und überzeugten Bush, Roosevelt die Dringlichkeit dieser Angelegenheit klar zu machen. Aber der amerikanische Präsident wollte die USA nicht verpflichten, am Bau einer solchen Bombe teilzuhaben. Er versprach nur, feststellen zu lassen, ob man sie überhaupt bauen könnte. Ohne den Kongress in Kenntnis zu setzen, entnahm er die dafür notwenigen Mittel »einem besonderen und für solch ungewöhnliche Zwecke vorgesehenen Fonds«.[24]

Während Bush auch in Großbritannien nach Finanzierungsmöglichkeiten suchte, erhielt Niels Bohr in Kopenhagen Besuch von seinem ehemaligen Assistenten Werner Heisenberg, dem Entdecker der Unschärferelation. Dänemark war im April 1940 von deutschen Truppen besetzt worden, aber Bohr hatte sich geweigert, mit einer persönlichen Sicherheitsgarantie der amerikanischen Botschaft in die Vereinigten Staaten auszureisen, und tat stattdessen alles in seiner Macht Stehende, um weniger berühmte und damit stärker gefährdete jüdische Wissenschaftler vor Ort zu schützen. Nach einem langen Gespräch machten Bohr und Heisenberg einen Spaziergang im Brauereiviertel von Kopenhagen, wo die Carlsberg-Fabrik angesiedelt ist. Heisenberg, der inzwischen einer der Verantwortlichen für das deutsche Bombenprojekt in Leipzig war, kam auf die militärische Nutzbarkeit der Atomenergie zu sprechen.[25] Er wusste, dass Bohr gerade in den Vereinigten Staaten gewesen war, und Bohr wusste, dass Heisenberg das wusste. Irgendwann bei dieser Begegnung zog Heisenberg plötzlich seinen Plan für den Bau eines deutschen Reaktors aus der Tasche – und genau dieser Umstand lässt diese Begegnung im Nachhinein so seltsam und dramatisch erscheinen. Wollte Heisenberg Bohr wissen lassen, wie weit die Deutschen bereits gekommen waren, weil er die Nazis verabscheute? Oder wollte er diesen Plan – wie Bohr später meinte – nur benutzen, um Bohr zum Sprechen zu verleiten, damit er preisgab, wie weit die Amerikaner und Briten fortgeschritten waren? Die wahren Gründe für dieses Treffen wurden nie aufgeklärt, aber noch heute, nach all den Jahren, hat es nichts von seiner Dramatik verloren.[26]

Der Bericht der National Academy of Sciences – Resultat des Gespräches, das Bush im Oktober mit Präsident Roosevelt geführt hatte – war nach nur wenigen Wochen fertig gestellt und wurde am Samstag, dem 6. Dezember 1941, bei einer von Bush geleiteten Sitzung in Washington vorgestellt. Der Bau einer Bombe wurde für machbar gehalten und daher alles Nötige in die Wege geleitet. Zu diesem Zeitpunkt war amerikanischen Wissenschaftlern bereits die Herstellung von zwei »transuranischen« Elementen namens Neptunium und Plutonium gelungen (so genannt, weil es die dem Uranus nächst gelegenen Himmelskörper waren), welche per definitionem instabil waren. Besonders das Plutonium war viel versprechend als alternative Möglichkeit für die Freisetzung von Neutronen bei einer Kettenreaktion mit U_{235}. Bushs Komitee benannte die Labors in den USA, die die unterschiedlichen Methoden der Isotopentrennung – die elektromagnetische und die zentrifugale Trennung – testen sollten, dann wurde die Sitzung aufgehoben, und die Teilnehmer verabredeten ein weiteres Treffen in zwei Wochen. Am nächsten Morgen griffen die Japaner Pearl Harbor an. Nun befanden sich auch die USA im Krieg. Mangelnde Dringlichkeit war hier nun kein Problem mehr.

*

Die ersten Monate des Jahres 1942 waren dem Versuch gewidmet, herauszufinden, welche Methode der U_{235}-Spaltung am besten funktionierte. Im Sommer wurde eine Gruppe theoretischer Physiker für ein Forschungsprojekt in Berkeley zusammengestellt, das als das »Manhattan-Projekt« in die Geschichte eingehen sollte. Im Laufe der Debatten wurde immer klarer, dass man viel mehr Uran brauchen würde, als bisherige Berechnungen nahe gelegt hatten; außerdem begriff man, dass die Bombe um ein Vielfaches gewaltiger sein würde. Damit wusste Bush auch, dass keines der Physiklabors an den großen amerikanischen Universitäten für den Bau einer Bombe ausreichte. Was nun gebraucht wurde, war ein weit abgelegener Ort, in dem Geheimhaltung garantiert war.

Als Colonel Leslie Groves, Kommandant der US-Pioniertruppe, im Korridor des Bürogebäudes der Abgeordneten in Washington die Aufgabe übergetragen wurde, einen solchen Ort zu finden, explodierte er. Dieser Job würde bedeuten, dass er mitten im Krieg in Washington bleiben müsste. Bisher hatte er nur »Schreibtischkommandos« gehabt, und er wollte endlich in die Welt hinaus.[27] Erst als er erfuhr, dass er als Trost zum Brigadegeneral befördert werden sollte, änderte er seine Meinung. Außerdem hatte er schnell begriffen, dass eine solche Bombe, *wenn* sie denn gebaut werden und den Krieg entscheiden konnte, *die* Chance für ihn war, eine weit wichtigere Rolle zu spielen als auf irgendeinem Kriegsschauplatz in Übersee. Er akzeptierte und machte sofort eine Besichtigungstour durch die Labors, die mit diesem Projekt beschäftigt waren. Nach Washington zurückgekehrt, gab er Major John Dudley den Auftrag, einen inzwischen mit dem Geheimcode »Y« bedachten geeigneten Ort zu suchen. Dudleys Instruktionen waren sehr präzise: Das Areal musste groß genug sein, um 265 Menschen unterzubringen; es sollte westlich des Mississippi oder mindestens 200 Meilen von den Grenzen Mexikos oder Kanadas entfernt liegen; es sollten dort bereits einige Gebäude vorhanden sein, und es sollte in einer natürlichen Senke liegen. Dudley kam mit dem Vorschlag Oak City in Utah zurück. Aber von dort hätten zu viele Menschen evakuiert werden müssen. Dann fand er Jemez Spring in New Mexico, doch dieser Ort lag in einem zu engen Tal. Aber weiter südlich, auf einem Plateau, befand sich eine Jungenschule auf einem Stück Land, das ideal schien. Es hieß Los Alamos.[28]

Während die Bauarbeiten in Los Alamos begannen, machte Enrico Fermi (er war 1938 in die USA emigriert) in der still gelegten Squash-Halle auf dem Campus der Chicagoer Universität den ersten Schritt ins Atomzeitalter. Inzwischen bezweifelte niemand mehr, dass die Bombe gebaut werden konnte, aber noch hatte niemand bestätigt, dass Leo Szilard mit seiner Idee von der nuklearen Kettenreaktion Recht hatte. Deshalb war Fermi während des ganzen Novembers 1942 damit beschäftigt, den »Chicago Pile 1« (oder kurz CP1) aufzubauen, wie die Wissenschaftler diesen Reaktor nannten – sechs Tonnen reines Uran, fünfzig Tonnen Uranoxid und vierhundert Tonnen Grafit, aufgestapelt in einer Art Kiste aus dicken Holzbohlen von etwa acht mal acht Metern, die praktisch die ganze Squash-Halle füllte. Die Zuschauerempore diente Fermi und seinen Kollegen als Büro.

Der Tag des Experiments, es war der 2. Dezember, war bitterkalt. Das Thermometer zeigte unter null.[29] An diesem Morgen hatte man erstmals eine Bestätigung erhalten, dass mittlerweile etwa zwei Millionen Juden in Europa vom Erdboden verschwunden waren. Jeder wusste, dass sich weitere Millionen in Gefahr befanden. Fermi und seine Kollegen versammelten sich in der Squash-Halle. Alle trugen ihre grauen Labormäntel, »die bereits schwarz waren vom Grafit«.[30] Die Empore war mit Gerätschaften für die Messung der Neutronenemission und mit den Vorrichtungen für die Sicherheitsstäbe bepackt, die im Notfall in den Reaktor gesteckt werden konnten (die mit Cadmium ummantelten Buchenholzstäbe würden die frei gewordenen Neutronen absorbieren und damit eine frühzeitige Kettenreaktion verhindern). Der entscheidende Teil des Experiments begann gegen zehn Uhr. Einer nach dem anderen wurden die Cadmiumstäbe Zentimeter für Zentimeter aus dem Reaktor herausgezogen. Nach jedem Zug begannen »die Geigerzähler auf dem Tisch wütend zu rattern«, wie Fermi erzählte, bis sich die Zeiger an der Kontrollwand wieder beruhigten. So ging es den ganzen Morgen und, nach einer kurzen Mittagspause, auch am Nachmittag. Um 15 Uhr 26 war es soweit: Fermi ordnete an, den letzten Cadmiumstab herauszuziehen und den Reaktor »kritisch« werden zu lassen. Diesmal beruhigten sich die Zeiger an der Kontrollwand nicht mehr, und das Ticken wurde zum Dröhnen. Fermi begann aufzuzeichnen. Die Neutronenproduktionsrate stieg unentwegt und mit einer solchen Intensität an, dass er das Aufzeichnungsgerät ständig neu justieren musste. Um 15 Uhr 53 ließ er die Cadmiumstäbe in den Reaktor zurückschieben. Der »Pile« hatte über vier Minuten durchgehalten. Fermi hob seine Hand und sagte: »The pile has gone critical.«[31]

Die Aufgabe der Forscher in Los Alamos waren parallele Tests im Rahmen von drei Prozessen, die genügend spaltbares Material für eine Bombe produzieren sollten.[32] Bei zweien wurde Uran, beim dritten Plutonium eingesetzt. Die erste Uranmethode war die so genannte Gasdiffusion: Metalluran reagiert mit Fluor und produziert das Gas Uranhexafluorid, das aus zwei Arten von Molekülen besteht, die einen mit U_{238}, die anderen mit U_{235}. Das schwerere Molekül U_{238} ist etwas langsamer als seine Halbschwester – wenn es eine poröse Wand durchdringt, tendiert das U_{235} dazu, sie zuerst zu durchqueren, deshalb ist das Gas am anderen Ende des Filters dann auch stärker mit diesem Isotop angereichert. Je öfter dieser Prozess (mehrere Tausend Mal) wiederholt wird, desto angereicherter ist die Mischung. Er brauchte also nur oft genug wiederholt zu werden, um die in Los Alamos benötigten 90 Prozent zu erreichen. Das war ein mühsamer Prozess, aber er funktionierte. Bei der anderen Methode musste den Uranatomen in einem Vakuum die Elektronen entzogen werden und diesen dann eine elektrische Ladung zugefügt werden, die sie empfänglich für äußere Felder machte, damit das schwerere Isotop eine größere Bahn als das leichtere zog und damit separierbar wurde. Bei der Plutoniumproduktion wurde das häufigere U_{238}-Isotop mit Neutronen bombardiert und so ein neues transuranisches Element namens $Plutonium_{239}$ erzeugt, das sich tatsächlich als spaltbar erwies, wie es die Theoretiker vorausgesagt hatten.[33]

Auf dem Höhepunkt der Aktivitäten in Los Alamos arbeiteten fünfzigtausend Menschen am Manhattan-Projekt. Die Kosten beliefen sich auf zwei Milliarden Dollar jährlich. Es war das gewaltigste Forschungsprojekt aller Zeiten.[34] Das Ziel war, bis Sommer 1945 eine Uran- und eine Plutoniumbombe zu produzieren.

*

Anfang 1943 erhielt Niels Bohr Besuch von einem Hauptmann der dänischen Armee. Sie tranken Tee und zogen sich dann in Bohrs Gewächshaus zurück, weil sie es für abhörsicherer hielten. Der Hauptmann sagte, er habe über den Untergrund die Nachricht von den Briten erhalten, dass Bohr demnächst ein paar Schlüssel bekommen werde, in die winzige Löcher gebohrt worden seien, um darin einen Mikropunkt zu verstecken. Die Löcher würden wieder mit Metall aufgefüllt. Finden könne er den Mikropunkt, wenn er die Schlüssel an den vorgesehenen Stellen vorsichtig abfeilen würde. »Die Botschaft kann dann herausgeholt oder auf einen Objektträger geschwemmt werden.«[35] Der Hauptmann bot die Hilfe der Armee beim technischen Teil dieses Prozesses an. Wie sich dann herausstellte, stammte die Botschaft von James Chadwick und enthielt eine Einladung an Bohr, »zu Forschungszwecken« nach Großbritannien zu kommen. Bohr konnte sich vorstellen, was das hieß. Aber als Patriot zögerte er, das Angebot anzunehmen. Die Dänen hatten einen Deal mit den Nationalsozialisten ausgehandelt: Im Gegenzug für Lebensmittellieferungen ins Reich blieben die dänischen Juden unbehelligt. Doch obwohl dieses Arrangement eine Weile funktionierte, begannen immer mehr Dänen die Deutschen zu sabotieren, vor allem da viele Dänen spürten, dass sich der Lauf des Krieges entscheidend zu ändern begann. Schließlich wurden ihre Sabotageakte so heftig, dass die Nationalsozialisten am 29. August 1942 begannen, die Juden Dänemarks zu deportieren. Bohr wurde gewarnt, dass auch er auf der Liste stehe, also floh er Ende September mit Hilfe des Untergrunds. Er wurde mit einem kleinen Boot durch die Minen im Öresund gesteuert und dann von Schweden nach Schottland geflogen. Kurze Zeit später reiste er von Großbritannien nach Los Alamos weiter. Natürlich war er höchst interessiert an den technischen Details dieser Entwicklung und brachte viele eigene Vorschläge ein, aber allein schon die Tatsache, *dass* er überhaupt dort war, spornte die jungen Forscher an. Er war das große Vorbild vieler, aber verehrt wurde er ganz besonders von jenen jungen Kollegen, die die Waffe, an der sie hier arbeiteten, so schrecklich fanden, dass sie alles zu tun bereit waren, um ihren Einsatz zu verhindern – lieber sollte man dem Feind zeigen, wozu die USA in der Lage waren, und ihm damit die Möglichkeit bieten, sich zu ergeben. Manchen ging nicht einmal das weit genug: Sie wollten sogar die technischen Informationen mit dem Feind teilen, weil sie glaubten, dass nur so die moralische Verpflichtung entstünde, diese Waffe niemals einzusetzen. Daher wurde beschlossen, Bohr zu Roosevelt zu schicken, um ihn von diesem Plan zu überzeugen. Bohr drang bis zu Felix Frankfurter vor, einem Richter am Obersten Bundesgericht und Freund von Roosevelt, der dann eineinhalb Stunden mit dem Präsidenten über diese Angelegenheit sprach. Anschließend teilte er Bohr mit, dass Roosevelt der Sache nicht negativ gegenüber stand, aber wollte, dass der Däne vor irgendeiner Entscheidung mit Churchill sprach. Also überquerte Bohr wieder den Atlantik. Der britische Premierminister ließ ihn wochenlang warten. Das Gespräch war dann ein Desaster. Churchill brach es unvermittelt ab und machte Bohr klar, dass er sich aus der Politik heraushalten sollte. Bohr erzählte später, dass er sich wie ein Schuljunge behandelt gefühlt habe.[36]

Man kann verstehen, dass Churchill besorgt war (zur selben Zeit plante er gerade unter Hochdruck die Landung in der Normandie). Wie konnte man denn wissen, ob die Deutschen, Japaner oder Russen beim Bau der Bombe nicht schon viel weiter gekommen waren? Heute wissen wir, dass keiner von ihnen auch nur annähernd das Wissen der Alliierten erreicht hatte.[37] In Deutschland zum Beispiel hatte sich Fritz Houtermans seit etwa 1939 auf die Produktion des spaltbaren Elements 94 konzentriert, weshalb das deutsche »U-Projekt« die Isotopentrennung auch völlig vernachlässigt hatte. Bohr war jedoch der Plan eines deutschen Reaktors zur Herstellung von schwerem Wasser zugespielt worden, aus dem die Briten natürlich ihre Schlüsse zogen. Sie bombardierten die Vermork-Fabrik in Norwegen, die einzige Anlage, die in der Lage war, dieses Produkt herzustellen.[38] Aber sie wurde schnell wieder aufgebaut, und alle neuerlichen Versuche, sie in die Luft zu jagen, schlugen fehl. Also verlegte man sich auf einen anderen Plan. Aus dem Untergrund hatte man erfahren, dass Ende Februar 1944 schweres Wasser nach Deutschland transportiert werden sollte. Nach den Erkenntnissen des britischen Geheimdienstes wollte man es mit dem Zug nach Tinnsjö bringen und dann mit einer Fähre verschiffen. Am 20. Februar jagte ein norwegisches Kommando die Fähre *Hydro* in die Luft. Sechsundzwanzig der dreiundfünfzig Menschen an Bord kamen dabei ums Leben. Doch mit ihnen sanken auch neununddreißig Tonnen mit 162 Gallonen schweren Wassers auf den Meeresgrund. Später gaben die Deutschen zu, dass der wirkliche Grund, weshalb sie bis Kriegsende keinen funktionierenden Reaktor hatten, der Mangel an schwerem Wasser gewesen war – dank der Angriffe auf Vermonk und auf die *Hydro*.[39] Man darf wohl sagen, dass dies von den vielen Sabotageakten gegen Deutschland während des Krieges die wichtigsten waren.

Die Japaner waren mit diesem Problem nie wirklich zurecht gekommen. Japanische Wissenschaftler hatten sich zwar ebenfalls mit dem Bau der Bombe befasst, doch das Sonderkomitee der Marine, unter dessen Ägide diese Forschung stattfand, war zu dem Schluss gekommen, dass für eine solche Bombe hundert Tonnen Uran und die Hälfte aller Kupfervorräte des Landes nötig wären und ihr Bau außerdem 10 Prozent der gesamten Energieversorgung verschlingen würde. Von da an begannen sich die japanischen Physiker auf die Entwicklung des Radars zu konzentrieren. Die Russen waren da schon klüger. Zwei ihrer Wissenschaftler hatten im Juni 1940 in der *Physical Review* eine Abhandlung über einige neue Beobachtungen beim Uran veröffentlicht.[40] Da diese Publikation aber nicht die geringsten Reaktionen amerikanischer Physiker nach sich zog, folgerten die Russen (vielleicht war das ja der eigentliche Zweck dieser Veröffentlichung gewesen), dass ihre westlichen Bündnispartner bereits mit einem eigenen Bombenprojekt befasst waren und dies vor ihnen geheim hielten. Außerdem hatten sie wie ihre deutschen und japanischen Kollegen festgestellt, dass die berühmtesten Physiker des Westens schon lange keine neuen Arbeiten mehr in den entsprechenden Fachzeitschriften veröffentlichten – ganz offensichtlich waren sie mit etwas anderem beschäftigt. Also begannen die Russen ihre eigene Forschung für die Bombe, wurden aber vom Einmarsch der Deutschen gestoppt (auch hier sollte nun die Radar- und Minensuchforschung die Physiker mit Beschlag belegen, während die Atomlabors mitsamt allem Material in Richtung Osten in Sicherheit gebracht wurden). Nach Stalingrad wurde das Entwicklungsprogramm wieder aufgenommen und alle wichtigen Wissenschaftler von der Front zurückbeordert. Das russische Äquivalent zu Los Alamos hieß »Labor Nummer Zwei« und war in einem verlassenen Bauernhaus an der Moskwa untergebracht. Doch es arbeiteten dort nie mehr als fünfundzwanzig Wissenschaftler, die sich im Prinzip auch nur mit der theoretischen Erforschung der Kettenreaktion und Isotopentrennung befassten. Mit einem Wort: Die Russen waren auf dem richtigen Weg, aber hinkten noch Jahre hinterher – vorerst.[41]

*

Am 12. April 1945 starb Präsident Roosevelt an einer Gehirnblutung. Innerhalb von vierundzwanzig Stunden hatte sein Nachfolger Harry Truman alles Notwendige über die Atombombe erfahren.[42] Knapp einen Monat später, am 8. Mai, war der Krieg in Europa beendet. Aber die Japaner wollten sich noch nicht geschlagen geben, und so sah sich Truman nach nur wenigen Tagen im Amt mit der Aussicht konfrontiert, der Mann sein zu müssen, der den Befehl zum Einsatz dieser fürchterlichsten aller Waffen gab. Noch während des *Victory Day* suchten die verantwortlichen Wissenschaftler Hiroshima und Nagasaki als potenzielle Ziele aus; das Abwurfsystem war bereits verbessert worden, die Flugcrews waren ausgesucht und die aeronautischen Prozeduren für den Abwurf getestet und verbessert worden. Seit dem 31. Mai standen kritische Mengen von Plutonium und Uran zur Verfügung. Ein Test wurde für den 16. Juli um 5 Uhr 50 morgens in der Wüste bei Alamogordo, nahe des Rio Grande an der Grenze zu Mexiko, anberaumt. Die Einheimischen nannten dieses Gebiet Jornada del Muerto – »Reise des Toten«.[43]

Der Test verlief exakt nach Plan. Robert Oppenheimer, der wissenschaftliche Leiter von Los Alamos, beobachtete mit seinem Bruder Frank, wie sich die Wolken in ein »strahlendes Purpur« verwandelten und sich das Echo der Explosion endlos fortsetzte.[44] Die Wissenschaftler waren gespalten – sollte man es den Russen sagen und die Japaner warnen, oder sollte man die erste Bombe vor ihren Augen als Warnung über dem Meer abwerfen? Am Ende wurde beschlossen, völlige Geheimhaltung zu wahren, nicht zuletzt, weil man befürchtete, dass die Japaner Tausende amerikanische Kriegsgefangene als Abschreckungsmaßnahme in jedes potenzielle Abwurfgebiet schaffen würden.[45]

Die U_{235}-Bombe wurde am 6. August kurz vor 9 Uhr morgens Ortszeit über Hiroshima abgeworfen. Im Moment der Explosion war das Trägerflugzeug *Enola Gay* elfeinhalb Meilen entfernt.[46] Trotzdem wurden die Piloten im Cockpit vom grellen Licht der Explosion schwer geblendet. Die Außenhaut des Flugzeugs begann in der Explosionswelle zu knarren und zu knirschen.[47] Die Plutoniumversion der Bombe fiel drei Tage später auf Nagasaki. Sechs Tage darauf verkündete der Kaiser die Kapitulation der Japaner. So gesehen hatten die Bomben ihren Zweck erfüllt.

Die Welt reagierte mit Erleichterung auf das Ende des Krieges und mit Entsetzen auf das Mittel, mit dem dieser Zweck erreicht worden war. Es war das Ende einer Ära und der Beginn einer neuen – und in diesem Fall ist der Begriff »Ära« wahrlich nicht übertrieben. Die Physik war bis zu dem schrecklichen Höhepunkt jenes größten intellektuellen Abenteuers vorgedrungen, das bis dahin »die schöne Wissenschaft« genannt worden war. Aber ein Höhepunkt ist eben einmalig. Die Physik hatte ihre Unschuld verloren, aber ihr Ende war es nicht.

*

Vier lange Kriegsjahre hatten die Japaner den Rest der Welt und vor allem die Amerikaner so sehr das Fürchten gelehrt, dass alle eine Art schauderndes Interesse für diesen Feind zu entwickeln begannen. Mit seinen Kamikazepiloten, seinen grundlosen Grausamkeiten, seinem verstörenden Vernichtungswillen und seiner absoluten Unterwerfung unter den Kaiser wirkte dieser Feind so völlig anders als seine westlichen Gegner. 1944 waren diese Unterschiede schließlich so überdeutlich geworden, dass es die militärische Hierarchie in den USA für notwendig befand, eine Studie über die Japaner in Auftrag zu geben. Man wollte verstehen, zu was diese Nation fähig war und wie sie sich in bestimmten Situationen verhalten würde. (Vor allem wollten die Militärs natürlich wissen – auch wenn niemandem gestattet war, dies laut auszusprechen –, wie sich Japan nach dem Abwurf einer Atombombe verhalten würde. Inzwischen war jedem klar, dass die meisten japanischen Soldaten und Einheiten sogar angesichts eines übermächtigen Feindes eher bis zum bitteren Ende kämpfen als sich ergeben würden, wie es die Soldaten der Alliierten oder der Deutschen in vergleichbaren Fällen getan hätten. Würden die Japaner angesichts einer oder mehrerer Atombomben überhaupt kapitulieren? Und wenn nicht, wie viele Bomben waren die Alliierten abzuwerfen bereit, um eine Kapitulation zu erzwingen? Wie viele konnte man überhaupt abwerfen, um nicht auch die ganze übrige Welt in Gefahr zu bringen?)

Im Juni 1944 erhielt die Anthropologin Ruth Benedict, die damals gerade in der »Foreign Morale Division« des *Office of War Information* arbeitete, den Auftrag, die japanische Kultur und Psychologie zu erforschen.[48] Bisher hatte sie nur Feldarbeit gemacht, und die kam in diesem Fall natürlich nicht in Frage. Sie näherte sich dem Problem so gut sie es vermochte, indem sie so viele Japaner wie möglich interviewte – Japaner, die vor dem Krieg in die USA ausgewandert waren, oder japanische Kriegsgefangene. Außerdem studierte sie sämtliche erbeuteten japanischen Propagandafilme, Spielfilme, Romane sowie die wenigen politischen oder soziologischen Abhandlungen, die bis dahin über Japan auf Englisch erschienen waren. Ihre Studie wurde erst 1946 fertig und unter dem Titel *Chrysanthenum and the Sword (Chrysantheme und Schwert)* veröffentlicht – und sie war eine Sensation, obwohl sie sich an die politische Führung richtete.[49] Noch immer waren eine halbe Million Amerikaner als Besatzungsmacht in Japan, aber dieser einst so schreckliche Feind hatte sie mit einer Freundlichkeit und Höflichkeit begrüßt, die ebenso verbreitet wie überraschend war. Die friedlichen Japaner waren nicht weniger verwirrend als die kriegerischen. Und genau diese Erkenntnis machte Ruth Benedicts Buch wesentlich berühmter als alle vorangegangenen Feldstudien.[50]

Benedict hatte es sich zur Aufgabe gemacht, die dem westlichen Auge so paradox erscheinende japanische Kultur zu erklären – die Kultur eines Volkes, »das so höflich und zugleich so anmaßend sein kann, so rigide und zugleich so anpassungsfähig in neuen Situationen, so unterwürfig und zugleich so schwer von oben zu kontrollieren, so loyal und zugleich so fähig zum Verrat, so diszipliniert und doch gelegentlich ungehorsam, so bereit, durch das Schwert zu sterben und zugleich so sehr der Schönheit der Chrysantheme zugetan«.[51] Ihr wichtigster Beitrag zum Verständnis der japanischen Kultur war die Erkenntnis, dass das gesamte Leben in Japan auf einem ineinander greifenden System aus Verbindlichkeiten beruht, welche ihrerseits einer strikten Hierarchie mit einem jeweils eigenen Verhaltenskodex unterliegen. *On* ist beispielsweise die Bezeichnung für die Verbindlichkeiten, die einem durch das soziale Umfeld entstehen – durch den Kaiser, die Eltern, die Lehrer und alle Kontakte, die man im Laufe eines Lebens knüpft.[52] Aus diesen Verbindlichkeiten ergeben sich eine Reihe von reziproken Pflichten für das Individuum: *Chu* ist die Pflichterfüllung gegenüber dem Kaiser, *ko* die gegenüber den Eltern. Beides sind Unterkategorien von *Gimu*, von Schulden, die niemals völlig beglichen werden können, weshalb ihnen auch kein Tilgungszeitrahmen zugeordnet ist. Im Gegensatz dazu gibt es *Giri*, Schulden, die man »mit mathematischer Äquivalenz zum erfahrenen Gefallen« begleichen muss, wofür drei Zeitrahmen vorgesehen sind. Es gibt die *Giri*-gegenüber-der-Welt (zum Beispiel gegenüber Tanten und Onkeln) und die *Giri*-gegenüber-seinem-Namen, was bedeutet, dass man seinen eigenen Namen vor Schande und dem Vorwurf des Versagens schützen muss. Benedict erklärte, dass die japanische Psychologie die Sünde nach westlichem Verständnis nicht kennt, woraus folgt, dass die Dramen des Lebens immer aus dem Dilemma der miteinander im Widerstreit liegenden Verbindlichkeiten entstehen. Die japanische Gesellschaft gründet sich nicht auf Schuld, sondern auf Scham, aus der wiederum alles andere resultiert.[53] Individuelles Versagen zum Beispiel wird in Japan persönlich viel traumatischer erlebt als in westlichen Gesellschaften, da es als Ehrverletzung empfunden wird, was unter anderem zur Folge hat, dass man sich sehr bemüht, Konkurrenzverhalten zu vermeiden. In den Schulen wird zum Beispiel nicht das Betragen bewertet, sondern nur die Anwesenheit registriert. Während der Schulzeit erlebte Ehrverletzungen können einen Japaner jahrelang belasten und vielleicht erst im Erwachsenenalter »wieder gutgemacht werden«, selbst wenn dem »Empfänger« niemals bewusst wird, dass eine solche »Wiedergutmachung« erfolgt ist. Kindern werden bis zum Alter von etwa neun Jahren große Freiheiten gewährt – laut Benedict weit mehr Freiräume als im Westen –, doch dann betreten sie sofort die Erwachsenenwelt der Verbindlichkeiten; auch das einer der Gründe, weshalb sie ihre »goldene Kindheit« niemals vergessen, was wiederum zu vielen anderen Problemen von Japanern beitrage. Sie haben den Himmel verloren, bevor sie sich überhaupt bewusst wurden, dass es einen Himmel gibt.[54] Ein weiterer entscheidender Aspekt der japanischen Psychologie sei, dass Japaner durch die Nichtexistenz des Begriffes »Sünde« in der Lage sind, sehr bewusst die schönen Seiten des Lebens zu zelebrieren. Benedict widmete sich diesem Thema, indem sie vor allem die Traditionen des Bades, Essens, Alkoholgenusses und des Sexualverhaltens untersuchte. Auf all diesen Gebieten geben sich Japaner ohne die im Westen so typischen

Frustrationen und Schuldgefühle dem Genuss hin. Man nimmt zum Beispiel ausgedehnte und reichhaltige Mahlzeiten ein, wobei jeder Gang nur kleine Portionen enthält, deren Präsentation nicht weniger wichtig ist als ihr Wohlgeschmack. Alkohol wird nur selten in Verbindung mit Speisen getrunken, aber grundsätzlich in solchen Mengen, dass es oft sogar zu Vergiftungen kommt – auch das immer ohne jedes Schuldgefühl. Da Ehen arrangiert werden, fühlten sich die Männer frei, zu Geishas und Prostituierten zu gehen, während der Ehefrau Sex außerhalb der Ehe nicht möglich sei. Dafür fand Benedict heraus, dass japanische Ehefrauen häufig über große Sammlungen antiker Gerätschaften zur Masturbation verfügen. Auch solche Praktiken lösten keinerlei Schuldgefühle aus. Den entscheidendsten Anteil am Genuss solcher Freuden habe die weit verbreitete Einstellung unter Japanern, dass all diese Aspekte des Lebens letztlich unbedeutend sind. Irdische Vergnügen sind dazu da, dass man sie genießt, sogar darin schwelgt, aber einzig von Bedeutung im Leben ist nur das fest gefügte System der Verbindlichkeiten, das sich vorrangig auf die Familie bezieht und grundsätzlich großer Selbstdisziplin bedarf.[55]

In einer Zeit, in der solche kulturvergleichende Studien noch rar waren (anders als heute), konnte Benedicts Buch schnell zu einem Klassiker werden: Es war gründlich, frei von jedem Wissenschaftsjargon und roch nicht nach Intellektualität – den Generälen gefiel es.[56] Aber gewiss trug die Studie auch viel zur Erklärung der Erlebnisse der amerikanischen Besatzungstruppen in Japan bei – etwa dass Amerikaner ungeachtet der Verbissenheit, mit der die Japaner im Krieg gekämpft hatten, kreuz und quer durch das Land reisen konnten, ohne eine Waffe tragen zu müssen, und von allen willkommen geheißen wurden. Benedict deckte die entscheidende Tradition für diese Haltung auf: Die USA hatten den Japanern erlaubt, ihren Kaiser zu behalten; und der Kaiser war es gewesen, der seine Untertanen zur Kapitulation aufgefordert hatte. Obwohl sich mit der militärischen Niederlage Scham verband, hatte die Verbindlichkeit des *chu* dafür gesorgt, dass die Anordnung des Kaisers ohne Widerrede akzeptiert wurde. Sie gab dem besiegten Volk auch die Freiheit, den Siegern nachzueifern – auch das eine natürliche Konsequenz der japanischen Psychologie.[57] Nichts in Benedicts Studie ließ auf die bemerkenswerten kommerziellen Erfolge schließen, die die Japaner später haben sollten, aber rückblickend betrachtet gab es doch deutliche Hinweise auf die kommende Entwicklung. Benedict schloss ihre Studie mit dem Hinweis, dass die japanische Kriegskunst im Zweiten Weltkrieg dem japanischen Denken zufolge ein »Licht« gewesen sei, das nicht »versagt« habe. Deshalb musste sich Japan nun den Respekt der Welt durch eine neue Leistungsfähigkeit und eine neue Kultur verdienen.[58] Und dazu gehörte auch, den Vereinigten Staaten, die Japan besiegt hatten, nachzueifern.

TEIL DREI

VON SARTRE BIS ZUM MEER DER STILLE

Die neue Conditio humana und die *Great Society*

23

Paris im Jahre null

Im Oktober 1945 kehrte der französische Philosoph Jean-Paul Sartre von seinem ersten Besuch in den Vereinigten Staaten – deren Vitalität und Überfluss zumindest temporär einen tiefen Eindruck bei ihm hinterließen – in ein völlig verändertes Paris zurück. Nach den Jahren des Krieges und der Okkupation lag die Stadt am Boden (mehr emotional als physisch betrachtet, denn die Deutschen hatten sie ja verschont). Der Kontrast zu Amerika war atemberaubend. Kaum wieder daheim, hielt Sartre einen Vortrag für den *Club Maintenand* im Salle des Centraux, mit dem Titel »Der Existenzialismus ist ein Humanismus«. Zu seiner Überraschung waren so viele Interessenten gekommen und kämpften nun um Einlass oder einen Sitzplatz, dass er sich selbst nur unter großen Mühen durchboxen konnte. Nach einstündiger Verspätung begann er zwei Stunden ohne Punkt und Komma zu referieren, ohne Notizen und ohne auch nur einmal seine Hände aus den Hosentaschen zu nehmen. Die Veranstaltung ging in die Geistesgeschichte ein.[1] Berühmt wurde sie aber nicht nur, weil Sartre einen Vortrag von solcher Virtuosität gehalten hatte, sondern weil er dabei erstmals öffentlich einen philosophischen Richtungswandel eingestand. Zutiefst beeindruckt von den Geschehnissen im Vichy-Frankreich und dem Sieg der Alliierten, hatte sich Sartres Existenzialismus – vor dem Krieg eine grundlegend pessimistische Lehre – zu »einem Optimismus, einer Lehre der Tat« entwickelt.[2] Was er nun offerierte, waren ein »existenzialistischer Humanismus« und eine Definition des Individuums, die er »für den Europäer von 1945« angemessen fand.[3] Sartre war einer der einflussreichsten Denker der unmittelbaren Nachkriegszeit, und seine neuen Ideen hingen direkt mit seinen persönlichen Erfahrungen im Krieg zusammen, wie auch Arthur Herman in seiner Studie über den Kulturpessimismus deutlich machte. »Der Krieg hat mein Leben regelrecht in zwei Teile geteilt«, schrieb Sartre.[4] In der Résistance habe er das Gefühl der Vereinsamung völlig verloren, habe er sich plötzlich als soziales Wesen begriffen, und obwohl er sich des Gewichtes der Welt auf seinen Schultern bewusst gewesen sei, habe er zu spüren begonnen, dass ihn ein Band mit anderen Menschen verbindet.

Sartre, 1905 in Paris geboren, hatte eine behütete Kindheit. Die gebildeten und aufgeklärten Eltern (sein Großvater mütterlicherseits und der Vater von Albert Schweitzer waren Brüder[5]) führten den Sohn schon früh an Malerei, Literatur und Musik heran. Er besuchte das Lycée Henri IV, eine der vornehmsten Schulen von Paris, und wechselte dann an die École Normale Supérieure. Eigentlich wollte er Dichter werden, denn vor allem bewunderte er Baudelaire. Doch bald beeinflussten ihn Marcel Proust und vor allem Henri Bergson. Die Lektüre von Bergson habe »wie der Blitz eingeschlagen«: »Ich fand dort sofort die Beschreibung meines eigenen psychischen Lebens.«[6] Beeinflusst wurde er aber auch von Edmund Husserl und Martin Heidegger. Auf die beiden Deutschen hatte ihn Anfang der dreißiger Jahre Raymond Aron aufmerksam gemacht, sein einstiger Mitschüler am *Lycée*. (Aron, der gerade erst von seinem Studium bei Husserl in Berlin zurückgekehrt war, war zu dieser Zeit intellektuell bereits weiter entwickelt als Sartre.) Es war nicht nur Husserls Begriff der »Kontingenz«, in dem Sartre sich wiederfand, es waren auch dessen Aussagen, dass ein Großteil der formalen Strukturen der traditionellen Philosophie Unsinn sei; dass sich eigentliches Wissen aus dem intuitiven Erkennen der Wirklichkeit der Dinge ergebe und Wahrheit immer am besten in »Grenzsituationen« zu erfassen sei, in plötzlich auftretenden, extremen Momenten, etwa dann, wenn man sich vor einem heranrasenden Wagen gerade noch auf den Bürgersteig in Sicherheit bringen könne. Es war Husserls »phänomenologische« oder »transzendentale Reduktion« auf das Wesentliche, auf Momente, die den Menschen zum Handeln zwingen, die Sartre faszinierte. Er folgte Aron 1933 zu Husserl nach Berlin, ungeachtet Hitlers Aufstieg.[7]

Neben den Einflüssen von Husserl, Heidegger und Bergson wirkte sich auch das intellektuelle Klima der dreißiger Jahre in Paris stark auf Sartre aus, insbesondere ein Seminar, das der Russe Alexandre Kojève an der Sorbonne hielt und mit dem er einer ganzen Generation von französischen Intellektuellen – Aron, Maurice Merleau-Ponty, Georges Bataille, Jacques Lacan und André Breton – Nietzsches und Hegels Vorstellungen von Geschichte als einem kontinuierlichen Prozess nahe brachte.[8] Kojèves Argument lautete, dass die Zivilisation des Abendlands und das mit ihr verknüpfte demokratische Prinzip über jede andere Alternative gesiegt habe (eine ziemliche Ironie angesichts des gleichzeitigen Geschehens in Deutschland und der Sowjetunion) und daher jedermann, sogar die noch unterdrückten Arbeiterklassen, früher oder später »bourgeoisiefiziert« werden würde. Das war nicht die Schlussfolgerung, zu der Sartre kam – in den dreißiger Jahren war er noch weit pessimistischer als sein russischer Professor gewesen. Einer von Sartres berühmtesten Sätzen lautet, dass der Mensch »zur Freiheit verdammt« sei. Sartre teilte in diesem Punkt eher die Ansicht Heideggers als die von Kojève: Der Mensch ist allein gelassen in einer Welt, die sich immer mehr dem Materialismus, der Industrialisierung und der Normierung unterwirft – der »Amerikanisierung« also (Heidegger, man erinnere sich, war stark von Oswald Spengler beeinflusst worden). Das Leben in einer sich ständig derart verdunkelnden Welt konnte nur »absurd« sein (noch eine von Sartres berühmten Prägungen). Und diese Absurdität, eine Art Leere, wie Sartre hinzufügte, verursache dem Menschen »Ekel« – seine Version der »Entfremdung«. *La Nausée* (*Der Ekel*) wurde denn auch prompt zum Titel eines Romans, den Sartre 1938 veröffentlichte. Eine der Romanfiguren leidet in ihrer provinziellen bürgerlichen Enge, in der sich das Leben dahinschleppt, unter physischen Symptomen, die von ihrem Ekel verursacht werden – *Madame Bovary* im modernen Gewand.[9] Die meisten Menschen, schrieb Sartre, zögen die Freiheit vor, seien aber nicht frei und lebten daher nicht in der Wahrheit. Darin spiegelte sich natürlich Heideggers Idee vom authentischen und nicht-authentischen Leben; doch da Sartres Sprache zugänglicher war als Heideggers und er obendrein Romane und später auch Dramen schrieb, wurde seine Version des Existenzialismus am Ende die berühmtere.[10] Nach dem Zweiten Weltkrieg wurde Sartre optimistischer, doch seine beiden großen Denkperioden waren von einem tiefen Unbehagen – beinahe Hass, möchte man sagen – gegenüber allem Bürgerlichen geprägt. Er benutzte gerne das Beispiel des griesgrämigen Kellners, dessen Griesgrämigkeit – Ekel – entsteht, weil er es hasst, Kellner zu sein, wo er doch eigentlich Künstler sein wollte, Schauspieler, und weil ihm bewusst ist, wie verschwendet jeder Moment ist, den er als Kellner verbringen muss und nicht in der Wahrheit leben kann.[11] Die einzige Möglichkeit, frei zu sein, ist, aus dieser Art von Existenz auszubrechen.

Das geistige Leben in Paris erfuhr 1944 einen gewaltigen Aufschwung, gerade weil die Stadt besetzt gewesen war. Viele Bücher waren von den Deutschen verboten, Theaterstücke zensiert und Geschäfte geschlossen worden, und man hatte ständig aufpassen müssen, was man sagte. Der Einsatzstab Reichsleiter Rosenberg (ERR), dessen Aufgabe es gewesen war, private und öffentliche Kunstsammlungen zu konfiszieren, hatte in Paris ebenso sein Unwesen getrieben wie in allen anderen besetzten Ländern Ostmitteleuropas oder in Holland und Belgien. Und da Papier Mangelware war, wurden außerdem kaum noch Bücher, Zeitungen, Zeitschriften, Theaterprogramme, Schulhefte oder Künstlerbedarf produziert. Von Sartre einmal abgesehen, waren diese ersten Jahre nach der Befreiung die große Zeit von André Gide, Albert Camus, Louis Aragon, Lautréamont, von Federico García Lorca, Luis Buñuel, aber auch von den vor der Befreiung verbotenen amerikanischen Schriftstellern wie Ernest Hemingway, John Steinbeck, Thornton Wilder oder Damon Runyon.[12] 1944 nannten die Pariser das Jahr des »Ritzkriegs«, denn auch wenn sich der Rest Welt noch im Krieg befand – Paris war frei und wurde von Besuchern geradezu überschwemmt. Hemingway kam, um Sylvia Beach zu besuchen – ihre berühmte Buchhandlung Shakespeare & Co. (die James Joyces *Ulysses* herausgebracht hatte) war zwar geschlossen, aber sie hatte die Lager überlebt. Lee Miller von der *Vogue* eilte herbei, um ihre Bekanntschaft mit Pablo Picasso, Jean Cocteau und Paul Éluard aufzufrischen. Wer immer Rang und Namen hatte, tauchte in Paris auf: Marlene Dietrich, William Shirer, William Saroyan, Martha Gellhorn, A. J. Ayer oder George Orwell. Der Gefühlsumschwung war so überwältigend, die Aufbruchstimmung so gewaltig, dass Simone de Beauvoir vom »Paris im Jahre null« sprach.[13]

Für jemanden wie Sartre gehörte aber auch die *épuration*, die Säuberung der Gesellschaft von Kollaborateuren, zum vielleicht nicht gerade vergnüglichen, aber doch zumindest befriedigenden Aspekt einer ausgleichenden Gerechtigkeit nach dem Krieg. Maurice Chevalier und Charles Trenet wurden auf die schwarze Liste gesetzt, weil sie in Radio Paris, das den Deutschen unterstand, gesungen hatten. Georges Simenon wurde drei Monate unter Hausarrest gestellt, weil er den Deutschen die Filmrechte für einige seiner Maigret-Romane übertragen hatte. Die Maler André Derain, Dunoyer de Segonzac, Kees van Dongen und Maurice Vlaminck (der sich nach der Befreiung zu verstecken versucht hatte) wurden dazu verurteilt, je ein großes Werk für den Staat zu malen, weil sie während des Krieges der Einladung der Nationalsozialisten zu einer Reise durch Deutschland gefolgt waren. Und der Verleger Bernard Grasset wurde ins Gefängnis von Fresnes gesperrt, weil er die berüchtigte »Otto-Liste« – die die Namen der von den Nazis verbotenen Werke enthielt und nach dem deutschen Botschafter in Paris, Otto Abetz, benannt worden war – allzu geflissentlich berücksichtigt hatte.[14] Schwerer war das Los von Schriftstellern wie Louis-Ferdinand Cèline, Charles Maurras oder Robert Brasillach, die der Vichy-Regierung nahe gestanden hatten. Einigen von ihnen wurde der Prozess gemacht, bevor sie als Verräter verurteilt wurden, manche flohen ins Ausland, und andere verübten Selbstmord. Am berüchtigsten von allen war der Schriftsteller und »Jubelfaschist« Brasillach, während der deutschen Besatzung Herausgeber des höhnisch-antisemitischen Blatts *Je suis partout* (»Ich bin überall«, was der Volksmund nach der Befreiung sofort in *Je suis parti* – »Ich bin weg« – verwandelte). Er wurde im Februar 1945 durch Erschießen hingerichtet.[15] Der Dramatiker und Schauspieler Sacha Guitry, eine Art französischer Noël Coward, wurde nach seiner Verhaftung gefragt, weshalb er sich darauf eingelassen hatte, Göring die Hand zu schütteln. Er antwortete: »Aus Neugier.« Serge Lifar, der ein Schützling von Sergej Diaghilew und von der Vichy-Regierung zum Direktor der Pariser Oper ernannt worden war, wurde zu lebenslanger Verbannung von französischen Bühnen verurteilt; kurze Zeit darauf wurde das Urteil jedoch in ein Jahr Arbeitsverbot verwandelt.[16]

Sartre, der Soldat gewesen, dann in deutsche Kriegsgefangenschaft geraten war und sich schließlich der Résistance angeschlossen hatte, sah mit dem Ende des Krieges seine große Zeit gekommen. Nun sollten Intellektuelle und Schriftsteller das Zepter übernehmen. Als Philosoph war sein Ziel zwar noch immer die Erschaffung des *l'homme revolté*, des Rebellen, der die Bourgeoisie überwinden würde; doch nun begann er zu diesem Zweck auch die analytische Vernunft, »die offizielle Lehre der bourgeoisen Demokratie«, herauszufordern. Im Krieg hatte Sartre selbst erlebt, dass das überwältigende Gefühl der Isolation überwunden werden kann; nun fand er, dass der Existenzialismus dieser Erkenntnis angepasst werden musste – dass die Aktion oder der Entschluss, eine bewusste Wahl zu treffen, die Lösung des menschlichen Dilemmas war. Philosophie und Existenzialismus verwandelten sich für ihn gewissermaßen in einen Guerillakampf, in dem der Einzelne als einerseits »abseits stehender« Mensch und andererseits Mitverantwortlicher für den gemeinsamen Kampf den Sinn seiner eigenen Existenz entdecken konnte. Mit Simone de Beauvoir und Maurice Merleau-Ponty gründete er (als Chefredakteur) die politische, philosophische und literarische Zeitschrift *Les Temps modernes*, unter dem Motto, dass der Mensch absolut sei – absolut verantwortlich und absolut frei.[17] Damit schlossen sich die Macher der Zeitschrift einer langen Reihe von Denkern an – Bergson, Spengler, Heidegger –, die alle geglaubt hatten, dass der Positivismus, die Naturwissenschaften, die analytische Vernunft und der Kapitalismus eine materialistische, rationale aber tumbe Welt erschufen, welche den Menschen seiner »Lebensschwungkraft« (»Élan vital«) beraubte. Im Laufe der Zeit sollte diese Einstellung Sartre dann allerdings zu einem mindestens so tumben Antiamerikanismus verleiten (wie schon Spengler und Heidegger vor ihm). Doch lange bevor es zu dieser Entwicklung kam, erklärte er in seiner Abhandlung *Existenzialismus* (1946): »Der Mensch ist nichts anderes als sein Entwurf, er existiert nur in dem Maße, in welchem er sich verwirklicht, er ist also nichts anderes als die Gesamtheit seiner Handlungen, nichts anderes als sein Leben« (vielleicht einer seiner berühmtesten Sätze).[18] Um sich selbst zu *realisieren*, müsse der Mensch also erst einmal die Wahl treffen, zu *sein*; und damit ihm das gelingen kann, müsse er sich von jeder bourgeoisen Rationalität befreien. Ganz zweifellos war Sartre ein großes Schreibtalent, vielleicht der erste Philosoph, der den Medien »Soundbites« lieferte. Viele in der unmittelbaren Nachkriegszeit fühlten sich denn auch von seinen Ideen angezogen, vor allem von seiner Überzeugung, dass man eine existenzielle Existenz am ehesten erreicht – dass man nur dann »authentisch« ist, wie Heidegger es ausgedrückt hätte –, wenn man sich *gegen* etwas stellt. Der Kritiker, so Sartre, führt ein erfüllteres Leben als der ergeben Fügsame. (Er selbst lehnte 1964 sogar den Literaturnobelpreis ab.[19]) Genau dieses Selbstverständnis führte ihn 1945 zur Gründung des »Rassemblement Démocratique Révolutionnaire«, RDR, einer neuen

Partei, die vor allem versuchen wollte, die Intelligenz – und nicht nur sie – von einer neuen Obsession abzubringen, die das Leben bereits zu dominieren begann: vom Kalten Krieg.[20]

Sartre war Marxist: »Es ist nicht meine Schuld, wenn die Realität marxistisch ist«, rechtfertigte er seine Haltung einmal. Maurice Merleau-Ponty, das andere Mitglied der Trinität, die *Les Temps modernes* gegründet hatte, überholte ihn in einer Hinsicht noch. Auch er hatte in den dreißiger Jahren am Seminar von Kojève teilgenommen und war von Husserl und Heidegger beeinflusst worden, aber nach dem Krieg trieb er die »Anti«-Lehre noch viel weiter als Sartre. In seinem 1948 veröffentlichten Werk *Humanismus und Terror* verband er Sartre und Stalin in einem ultimativen existenziellen Argument.[21] Zentraler Punkt für ihn war, dass der Kalte Krieg eine klassische »Grenzsituation« darstellte, die den Menschen grundlegende Entscheidungen unter dem Risiko abforderte, alles zu verlieren. Keine einzige erfolgreiche Revolution habe so viel Blut vergossen wie die kapitalistischen Imperien, deshalb sei ihnen die Revolution, die »eine menschliche Zukunft« verspräche, grundsätzlich vorzuziehen. So gesehen stellte auch der Stalinismus, ungeachtet seines Terrors, eine »ehrlichere« Form von Gewalt dar als diejenige, auf welcher der liberale Kapitalismus seiner Meinung nach basierte. Der Stalinismus habe im Gegensatz zu den westlichen Imperien seine Gewalttätigkeit eingestanden und sei allein dadurch schon dem anderen System vorzuziehen.[22]

Der Existenzialismus, Sartre und Merleau-Ponty waren die konzeptionellen Väter eines Großteils des geistigen Klimas, das in der Nachkriegszeit vor allem in Frankreich, aber auch in anderen europäischen Staaten herrschte. Wenn sie von jemandem wie Arthur Koestler mit Fakten konfrontiert wurden – in seinem Buch *Sonnenfinsternis*, von dem allein in Frankreich 250000 Exemplare verkauft wurden, hatte er die Gräuel des stalinistischen Regimes in der Sowjetunion enthüllt –, stellten sie ihn einfach als Lügner hin.[23] Sartre und seine Mitstreiter beriefen sich lieber auf Argumente, wie zum Beispiel dieses, dass die Sowjets ihre Gewalttaten nur verheimlichten, weil sie sich ihrer schämten, wohingegen die westlichen Demokratien, welchen Gewalt implizit sei, sie öffentlich verdammten. Nicht zuletzt Sartre und Merleau-Ponty war es zu verdanken, dass sich in Frankreich die mächtigste kommunistische Partei außerhalb des Sowjetblocks gründete (1952 wurde *Les Temps modernes*, trotz seines Titels, zu einem hundertprozentigen Parteiblatt). Ihr Einfluss hielt sich bis zur Studentenrevolution 1968 ungemindert und führte zu einem philosophisch begründeten Hass auf die Vereinigten Staaten, der dem europäischen Denken zwar auch zuvor nicht fremd gewesen war, nun aber eine nie da gewesene Virulenz bekam. 1954 kehrte Sartre von einer Reise in die Sowjetunion zurück mit den Worten: »In der UdSSR herrscht eine totale Freiheit der Kritik.«[24] Er wusste, dass das nicht stimmte, fand den Kampf gegen amerikanische Werte aber wichtiger als Kritik an der Sowjetunion. Und bei dieser Haltung blieben Sartre und seine Mitstreiter unbeirrt, was nicht zuletzt auch in ihrer Verteidigung der anderen antiamerikanischen Marxisten zum Ausdruck kam – beispielsweise in Sartres Einsatz für Titos Jugoslawien, Castros Kuba, Maos China und Ho Tschi Minhs Vietnam. Am naheliegendsten war für ihn Mitte der fünfziger Jahre natürlich, sich als Anführer der Proteste gegen Frankreichs Algerienkrieg zu verstehen und die Rebellen der FLN zu unterstützen. Dieses Engagement brachte ihm dann die Freundschaft eines Mannes ein, der seine Philosophie noch einen bedeutenden Schritt weiterführte. Sein Name war Frantz Fanon.[25]

*

Frankreich schätzt seine Intellektuellen mehr als die meisten anderen Länder die ihren. Sogar Straßen werden dort nicht nur nach großen Philosophen, sondern auch nach weniger bedeutenden Schriftstellern benannt. Und nirgendwo ist diese Wertschätzung spürbarer als in Paris, wo die unmittelbare Nachkriegszeit das goldene Zeitalter der Intellektuellen war. Während der Besatzungszeit war die intellektuelle Résistance vom *Comité National des Ecrivains* angeführt worden, deren Sprachrohr *Les Lettres Françaises* waren. Nach der Befreiung wurde Louis Aragon, »ein zum Stalinisten gewandelter Surrealist«, ihr Herausgeber. Seine erste Handlung bestand darin, eine Liste mit den Namen von 156 Schriftstellern, Malern, Theaterleuten und Wissenschaftlern zu veröffentlichen, die mit den Deutschen kollaboriert hatten und nun ihrer »gerechten Strafe« zugeführt werden sollten.[26]

Heutzutage hat jeder das Bild des »typischen« französischen Intellektuellen vor Augen: schwarzer Rollkragenpullover und eine schwarze Gauloise oder Gitane zwischen den Lippen. Sartre, der wie jedermann in jenen Tagen wie ein Schlot qualmte und ständig mit von Papieren ausgebeulten Jackentaschen herumlief, hat dieses Bild gewiss mit geprägt.[27] Jedes intellektuelle Grüppchen hatte sein eigenes Stammcafé. Sartre und Simone de Beauvoir hielten im *Flore* Hof, am Boulevard Saint Germain, Ecke rue Saint-Benoît.[28] Sartre pflegte zum Frühstück (zwei Cognacs) zu erscheinen, sich dann an einen Tisch in der ersten Etage zu setzen und drei Stunden lang zu arbeiten. De Beauvoir tat das Gleiche, aber an einem anderen Tisch. Dann nahmen sie im Erdgeschoss ein gemeinsames Mittagessen ein und verschwanden für weitere drei Stunden nach oben. Zuerst hatte der Besitzer des Cafés keine Ahnung, wen er da vor sich hatte. Als Sartre dann berühmt geworden war und ständig Anrufe im Café erhielt, ließ der Besitzer sogar eine Telefonleitung ausschließlich zu seiner Nutzung legen. Die *Brasserie Lipp* auf der anderen Straßenseite wurde eine Weile boykottiert, weil sie wegen ihrer elsässischen Spezialitäten ein beliebter

Treffpunkt der Deutschen gewesen war (allerdings hatte auch Gide dort seine Mahlzeiten eingenommen). Picasso und Dora Maar bevorzugten *Le Catalan* in der rue des Grands Augustins, die Kommunisten hielten das *Bonaparte* am nördlichen Ende der *place* besetzt und die Musiker trafen sich im *Royal Saint-Germain* gegenüber *Deux Magot*, Sartres zweiter Wahl.[29] Aber welches Lokal sie auch bevorzugten, ihre »blasierte Nonchalance« trugen die Existenzialisten jedenfalls ausschließlich im »Vergnügungspark« Saint-Germain-des-Près zur Schau, zwischen dem Boulevard Saint-Michel im Osten, der rue des Saint-Pères im Westen, den Seine-*quais* im Norden und der rue Vaugirard im Süden.[30] Zu dieser Zeit besaß fast kein Schriftsteller, Maler oder Musiker eine eigene Wohnung. Praktisch hausten alle in billigen Hotels, weshalb sie auch so oft in den Cafés anzutreffen waren. Das einzige Café, das mehr oder weniger durchgehend geöffnet hatte, war *Le Tabou* in der rue Dauphine. Nicht nur Sartre, auch Merleau-Ponty, die Diseuse Juliette Greco und Albert Camus zählten hier zu den Stammgästen. 1947 überredete Bernard Lucas den Besitzer des *Tabou*, ihm den Keller zu vermieten, einen schlauchartigen Raum, in dem er eine Bar einbaute und ein Grammophon und ein Piano aufstellte. Es wurde sofort zum Szenetreff und Saint-Germain wie *la famille Sartre* vom selben Moment an zu Touristenattraktionen.[31]

Aber vermutlich lasen nur wenige Touristen die 1945 gegründete Zeitschrift *Les Temps modernes*, die von Gaston Gallimard finanziert und von Sartre, de Beauvoir, Camus, Merleau-Ponty, Raymond Queneau und Raymond Aron redaktionell geleitet wurde. De Beauvoir betrachtete diese Zeitschrift als Aushängeschild des »Sartreschen Ideals«, und gewiss war auch beabsichtigt, sie zum Flaggschiff eines kommenden geistigen Wandels zu machen. Das intellektuelle Paris lebte auf, nicht nur im Hinblick auf die Philosphie und den Existenzialismus. Im Theater wurden 1944 Jean Anouilhs *Antigone* und Sartres *Geschlossene Gesellschaft* gegeben, Camus' *Caligul*a und Giraudoux' *Irre von Chaillot* folgten im Jahr darauf. 1946 wurden Sartres *Tote ohne Begräbnis* und *Die ehrbare Dirne* uraufgeführt und Eugène Ionesco und Samuel Beckett, beeinflusst von Luigi Pirandello, standen bereits in den Startlöchern.

So aufregend diese Zeit auch war, das Klima unter *les intellos* von Paris wurde bald nur noch von den Auseinandersetzungen über ein einziges Thema beherrscht – Stalinismus.[32] Frankreich hatte, wie bereits erwähnt, eine sehr starke kommunistische Partei, doch nach der Zentralisierung Jugoslawiens, der kommunistischen Machtübernahme in der Tschechoslowakei und den ungeklärten Todesumständen ihres demokratischen Außenministers Jan Masaryk wollten viele Franzosen nicht mehr Mitglied der P. C. (Parti Communiste) sein oder wurden von der Partei als abtrünnige Kritiker ausgeschlossen. Eine Reihe von Streiks mit katastrophalen gesellschaftlichen Folgen trieb dann einen weiteren Keil zwischen die

Intellektuellen und die Arbeiter Frankreichs – eine Beziehung, die in Wirklichkeit niemals so eng war, wie es die Intellektuellen gerne darstellten. Nun geschahen zwei Dinge: Sartre und seine »Familie« schlossen sich der RDR an (*Rassemblement Démocratique Révolutionnaire*), die als eine von der UdSSR wie auch den USA unabhängige Bewegung gedacht war.[33] Der Kreml nahm dies sehr ernst, denn er fürchtete, dass Sartres »Philosophie der Dekadenz«, wie der Existenzialismus in Moskau genannt wurde, vor allem unter jüngeren Menschen zu einer »dritten Kraft« werden könnte. Auf der Stelle begann, wie wir heute wissen, Andrej Schdanow dafür zu sorgen, dass Sartre an verschiedenen Fronten zugleich angegriffen wurde, am deutlichsten während einer Friedenskonferenz im August 1948 im polnischen Wrocław, die auch Picasso aufs Übelste schmähte.[34] Schließlich begann sich Sartre für das stalinistische Russland stark zu machen. Er rechtfertigte diesen Einsatz mit der Behauptung, dass jedes Unrecht, das dort begangen werden mochte, nur dem Wohle der Allgemeinheit diente. Aber Erklärungen dieser Art konnte man in der zweiten Hälfte der vierziger Jahre – als immer mehr über die Gräuel Stalins an die Öffentlichkeit drang – natürlich nur noch mit ziemlichen geistigen Verrenkungen äußern. Aber Sartres Abscheu vor dem amerikanischen Materialismus hatte dafür gesorgt, dass er sich dem sowjetischen Lager trotz alledem immer mehr zugehörig fühlte als jedem anderen. Als dann jedoch 1947 Victor Krawtschenkos Buch *I Chose Freedom* erschien – Krawtschenko war ein russischer Ingenieur, der 1944 mit einer russischen Handelsdelegation in die Vereinigten Staaten gereist war und dort um Asyl nachgesucht hatte –, erhielt Sartres Position einen gewaltigen Dämpfer. Das Buch wurde in vielen Sprachen ein Bestseller.[35] Es war der erste Bericht eines Russen, die erste Darstellung der stalinistischen Arbeitslager, der Verfolgung der Kulaken und der erzwungenen Kollektivierungsmaßnahmen aus erster Hand.[36]

In Frankreich war die Kommunistische Partei zu dieser Zeit so stark, dass sich kein großer Verlag an das Buch heranwagte (das erinnert an Orwells britische Odyssee mit seiner *Farm der Tiere*). Schließlich fand sich ein Verleger; das Buch ging vierhunderttausend Mal über den Ladentisch und gewann den Prix Sainte-Beuve. Die Kommunistische Partei griff das »Machwerk« massiv an, und *Les Lettres françaises* veröffentlichten den Artikel eines gewissen Sim Thomas, angeblich ein ehemaliger OSS-Offizier, der behauptete, dass das Buch gar nicht aus der Feder des »notorischen Lügners und Alkoholikers Krawtschenko« stamme, sondern von Agenten des amerikanischen Geheimdienstes verfasst worden sei.[37] Kwatschenko, der sich inzwischen in den USA niedergelassen hatte, verklagte die Zeitschrift wegen übler Nachrede. Das Verfahren fand Mitte Januar 1949 unter großer öffentlicher Anteilnahme statt. *Les Lettres françaises* hatten mit Hilfe des NKWD Zeugen aus der Sowjetunion herbeigeschafft, darunter auch Krawtschenkos ehemalige Frau Zinaïda Gorlowa, die seiner eigenen Aussage zufolge viele der Gräuel an seiner Seite miterlebt hatte. Da Gorlowas Vater jedoch in einem sowjetischen Lager saß, wagte sie natürlich nicht, die Wahrheit zu sagen. Tagtäglich im Zeugenstand mit ihrem Ex-Mann konfrontiert, begann sie beinahe über Nacht körperlich zu verfallen: Sie verlor massiv an Gewicht, vernachlässigte ihr Äußeres und verhielt sich immer teilnahmsloser. Schließlich brachte man sie zum Flughafen Orly, wo bereits eine sowjetische Maschine auf sie wartete, um sie zurück nach Moskau zu fliegen. »Sim Thomas« tauchte nie zum Prozess auf – er existierte gar nicht. Die eindrucksvollste Zeugin für Krawtschenko war Margarete Buber-Neumann, die Witwe von Heinz Neumann, dem deutschen Kommunistenführer der Zwischenkriegsjahre. Nach Hitlers Machtergreifung waren die Neumanns in die Sowjetunion geflohen, dort jedoch wegen »Abweichens von der Parteilinie« ins Arbeitslager verbannt worden.[38] Nach dem Molotow-Ribbentrop-Nichtangriffspakt wurde Margarete Buber-Neumann 1940 zurück nach Deutschland transportiert und von den Nazis sofort ins Konzentrationslager Ravensbrück gebracht. Sie hatte also die Lager auf beiden Seiten des künftigen Eisernen Vorhangs kennen gelernt – aus welchem Grund hätte sie lügen sollen?

Das Urteil wurde am 4. April gesprochen, am Tag der Unterzeichnung des Nordatlantik-Vertrages. Krawtschenko bekam Recht. Zwar erhielt er nur eine geringe Entschädigung, doch darum war es ja auch gar nicht gegangen. Noch im selben Jahr traten viele französische Intellektuelle aus der P. C. aus, kurze Zeit darauf sogar Albert Camus.[39] Aber Sartre und de Beauvoir blieben ihr treu. Für sie war Revolution eben notwendigerweise von »schrecklicher Erhabenheit«;[40] für sie hatte der Kampf gegen den amerikanischen Materialismus weiterhin absolute Priorität.

*

Nach dem Krieg schien Paris sofort bereit, seine Rolle als intellektuelle und künstlerische Kapitale wieder einzunehmen, wieder zur Stadt des Lichts zu werden, die sie immer gewesen war. Breton und Duchamps waren aus den Vereinigten Staaten zurückgekehrt und wieder mit Cocteau vereint. Es war die Ära von Anouilhs *Colombe*, dem *Intimen Tagebuch* des Literaturnobelpreisträgers Gide, von Malraux' *Stimmen der Stille* und Alain Robbe-Grillets *Les Gommes*. Paris war nach einer Unterbrechung wieder die Stadt einer Edith Piaf, eines Sidney Bechet und Maurice Chevalier geworden; von Matisses Jazz-Serie und den großen Werken der Historikerschule *Annales* (auf die später eingegangen wird), von der neuen Mathematik des »Nikolas Bourbaki«, von Frantz Fanons *Black Skin, White Masks* und Jacques Tatis *Die Ferien des Monsieur Hulot*. Coco Chanel entwarf ihre Kreationen noch selbst und Christian Dior war gerade aufgetaucht. Für die E-Musik war es die Blütezeit des großen Individualisten Olivier Messiaen, eines ganz und gar nicht existenzialistischen Komponisten, der sich die beinahe schon theologische Aufgabe stellte, »die menschliche Unvollkommenheit durch das Medium der Kunst mit der göttlichen Herrlichkeit zu versöhnen«. Messiaen verabscheute fast alles, was der moderne Alltag bot, und fühlte sich zu den großen assyrischen und sumerischen Kulturen hingezogen. Stark beeinflusst von Debussy und den russischen Komponisten, beschwor er zeitlose, kontemplative Stimmungen. Zwar versuchte auch er sich an der seriellen Kompositionsweise, setzte aber häufig die Wiederholung in großem Umfang ein. »In der Natur notierte Hörerlebnisse« wie Vogelgesang wurden ihm immer wichtiger. In den ersten fünfzehn Jahren nach Kriegsende probierte er die abenteuerlichsten Techniken aus (darunter auch eine neue Einteilung der Klaviertastatur), entwickelte die Rhythmusmodelle der griechischen Metrik und der altindischen Musiklehre weiter und verwandelte gregorianische Chorgesänge, alles, um der Musik »göttliche Herrlichkeit« zu verleihen: die großorchestrale *Turangalîla*-Symphonie (turangalîla ist Sanskrit und bedeutet Dynamik, Lebenskraft) 1946–1948; *Livre d'Orgue (*Orgelbuch) 1952; *Reveil des Oiseaux* (Vogelkonzerte) 1953. Dass Messiaen den Existenzialismus ablehnte, kam nicht zuletzt in der Aussage seines Schülers Pierre Boulez zum Ausdruck, dass seine Kompositionen der östlichen Philosophie des »Seins« wesentlich näher stünden als der westlichen Idee des »Werdens«.[41]

Trotz alledem begann Paris in den fünfziger Jahre bereits seinen langsamen Abstieg. New York und in geringerem Maße auch London übernahmen allmählich seine neue Rolle als kulturelles Zentrum. Während der Stundentenunruhen in den späten sechziger Jahren sollte die Metropole noch einmal ihr Gesicht verändern, was in der Malerei ebenso spürbar wurde wie in der Philosophie oder der Literatur. Alberto Giacometti schuf im Nachkriegsparis einige der großartigsten seiner zerbrechlich dünnen Figuren, die für viele der Inbegriff der menschlichen Existenz waren. Jean Dubuffet malte seine kindlichen und zugleich höchst raffinierten Porträts von Intellektuellen und Tieren (vor allem von Kühen); sie wirkten ebenso grotesk wie liebevoll und offenbarten die zwiespältigen Gefühle angesichts der Ernsthaftigkeit, mit der die philosophische und literarische Szene des Paris der Nachkriegsjahre sich selbst betrachtete. Sogar die Künstler weniger berühmter Strömungen in Paris, zum Beispiel Bernard Buffet, René Mathieu, Anton Tapies und Jean Atlan, verkauften sich erstaunlich gut in Frankreich, viel besser als ihre britischen und amerikanischen Kollegen. Doch die Härten des Krieges hatten bei Kunsthändlern wie Künstlern gleichermaßen zu einer solchen Kurzsichtigkeit geführt, dass sie sich völlig verspekulierten und 1962 schließlich den Zusammenbruch der Preise auf dem Kunstmarkt herbeiführten, von dem sich die Gegenwartskunst in Frankreich nie wieder erholte. In Wirklichkeit hatte Simone de Beauvoir das tatsächliche Geschehen auf den Kopf gestellt, als sie schrieb, Paris habe sich im Jahre Null befunden, im Moment der Wiedergeburt. Denn in Wahrheit war dies nichts anderes als ein erneuter Sonnenuntergang, den man für die Morgenröte hielt. Das erste Jahrzehnt nach dem Ende des Zweiten Weltkriegs war das letzte Aufleuchten dieser Stadt des Lichts. Der Existenzialismus war nur deshalb so lebendig und populär in Frankreich, weil er auch ein Kind der Résistance war und deshalb für all das stand, was die Franzosen – oder zumindest die französischen Intellektuellen – für sich in Anspruch nehmen wollten. Dieses letzte Leuchten von Paris wurde aber nicht allein von Sartre, sondern auch von vier anderen Männern verursacht. Drei von ihnen waren keine gebürtigen Franzosen und einer, so kann man sagen, verachtete alles, wofür das Paris dieser Jahre stand: Albert Camus, Jean Genet, Samuel Beckett und Eugène Ionesco.

Camus, ein in Algerien geborener *pied-noir*, war selbst in tiefer Armut aufgewachsen und verlor sein Mitgefühl für die Armen und Unterdrückten nie. In seiner kurzen marxistischen Phase während des Krieges gab er die Widerstandszeitschrift *Combat* heraus, und wie Sartre befasste auch er sich mit den »absurden« Bedingungen, welchen der Mensch in einem indifferenten Universum unterworfen wird. Seine ganze Laufbahn war dem Versuch gewidmet, diesem Umstand etwas entgegenzusetzen (oder herauszufinden, wie man dies bewerkstelligen könne). 1942 veröffentlichte er in der Untergrundpresse das philosophische Traktat *Versuch von Sisyphos. Ein Versuch über das Absurde*. Er vertrat darin die These, dass der Mensch zwei Dinge begreifen müsse: Erstens könne er sich nur auf sich selbst und seine eigenen Gedanken verlassen; zweitens sei das Universum *tatsächlich* indifferent, ja sogar feindselig, und wir versuchten wie Sisyphos ständig, den Stein bergauf zu rollen, und würden von ihm überrollt, sobald wir damit aufhörten.[42] So platitüdenhaft das auch klingt und es auch sei – aber am Ende geht alles immer nur *darum*. 1947 veröffentlichte Camus *Die Pest*. Der Roman – viel leichter zu lesen – beginnt mit dem Ausbruch der Beulenpest in der algerischen Stadt Oran. Hier geht es Camus nicht um irgendeine Philosophie, hier will er anhand von verschiedenen Charakteren – Dr. Rieux, seiner Mutter, Tarrou – erforschen, wie der Mensch auf eine so schreckliche Nachricht reagiert und mit ihren Folgen fertig wird.[43] Camus will vor allem zeigen, was die Gemeinschaft tut und unterlässt, was der Mensch also erwarten darf und was nicht. Und das macht dieses Buch zu einer höchst sensiblen Darstellung der Einsamkeit, der Plage, unter der wir alle leiden. Hier ist nicht nur das Echo von Dietrich Bonhoeffers »Communio« zu hören, hier spiegeln sich auch Hugo von Hofmannsthals Ideen. Letzten Endes hat Camus aus der Erfahrung der Absurdität und Einsamkeit ein Kunstwerk geschaffen. Hat es ihn erlöst? 1957 erhielt er den Literaturnobelpreis. Drei Jahre später kam er bei einem Autounfall ums Leben.

Jean Genet – *Saint Genet*, wie er in Sartres Biografie genannt wurde – stellte sich dem Philosophen und seiner Entourage eines schönen Tages während des Krieges im Café Flore vor. Sein Kopf war geschoren und seine Nase gebrochen, doch seine Augen lächelten und um seinen Mund lag der »erstaunte Zug der Kindheit«, wie Simone de Beauvoir einmal schrieb. Seine Erscheinung hatte eine Menge mit seiner Kindheit und Jugend in Erziehungsanstalten, Gefängnissen und später den Bordellen zu tun, in denen er als männliche Hure sein Geld verdiente. Genets künftiger Ruf in der Öffentlichkeit verdankte sich seinem brillanten Umgang mit der Sprache und seinen provokativen Plots, doch für die Existenzialisten war er interessant, weil er ein aggressiv offener Homosexueller und Krimineller war und somit zwei Arten von Gefängnissen kannte (das psychische wie das physische); weil er immer auf dem Vulkan tanzte, ständig Grenzsituationen auslotete und so gesehen wenigstens die Chance hatte, lebendiger und authentischer als alle anderen zu leben. Insbesondere Simone de Beauvoir interessierte sich für ihn, weil er als Homosexueller im Gefängnis immer wieder gezwungen worden war, in die Rolle »der Frau« zu schlüpfen (einmal musste er die »Braut« bei einer Knast-Ehe spielen), und weil er von daher eine ganz andere Einstellung zum Sex und zum Unterschied der Geschlechter hatte als jeder andere. Genet kostete das Leben jedenfalls voll aus. Er ging sogar so weit, eine Kirche zu schänden, nur um festzustellen, was Gott dagegen unternehmen würde. »Und das Wunder geschah: Es gab kein Wunder. Gott war entlarvt worden. Gott war hohl.«[44]

In seinen Romanen und Dramen ergötzte Genet sein Publikum mit Geschichten über das Leben, wie es sich unter den »Homos« und Ganoven aus seinem Bekanntenkreis wirklich abspielte: Ob in den brutalen Hierarchien der Gefängnisse oder bei barocken Sexualpraktiken, immer wurde ein Verhaltenskodex gewahrt, der im absoluten Gegensatz zu allen bürgerlichen Verhaltensweisen stand (einen Mann »Schwanzlutscher« zu nennen, reichte, um abgestochen zu werden).[45] Genet hatte aber auch instinktiv begriffen, dass das Leben am untersten Rand des gesellschaftlichen Spektrums mit seinem ständig lauernden Gewaltpotenzial – Grenzsituationen par excellence –, nicht nur das oberflächlich lüsterne Interesse der Bourgeoisie, sondern auch tiefer gehende Gefühle wecken konnte, ein Verlangen, ausgelöst durch latenten Masochismus, latente Homosexualität oder die latente Lust auf Gewalt. Wie auch immer, in der ungeheuren Popularität von Genets Werken spiegelten sich jedenfalls die Unzulänglichkeiten des bürgerlichen Lebens mehr als in jeder Analyse von Sartre oder einem seiner Mitstreiter. *Notre-Dame-Des-Fleurs* (1946) hatte Genet im Gefängnis von Mettray geschrieben – die kleinen, aber unendlich wichtigen Siege und Niederlagen in der geschlossenen Welt der natürlichen und erzwungenen Homosexuellen immer unmittelbar vor Augen. In *Die Zofen* (1948) hingegen geht es oberflächlich betrachtet um zwei Dienstmädchen, die beschließen, ihre Herrin umzubringen. Doch Genets Beharren darauf, dass sämtliche Rollen von jungen Männern gespielt werden sollen, enthüllt, worum es ihm eigentlich ging: um das Wesen der Sexualität und ihre Beziehung zu unseren Körpern. Das Gleiche trifft auf anderer Ebene auf das Stück *Die Neger* zu (1958). Hier forderte Genet nicht nur, dass einige Rollen von Weißen gespielt werden müssen, sondern darüber hinaus, dass bei jeder Vorstellung auch ein Schwarzer im weißen Publikum anwesend sein soll (und umgekehrt). Er betonte damit, dass es im Leben um Gefühle geht (auch wenn diese aus Scham oder Verlegenheit bestehen), und nicht immer »nur« um Gedanken.[46] Als einstiger Krimineller wusste er, was Sartre einfach nicht zu begreifen schien – dass ein Rebell nicht notwendigerweise zugleich ein Revolutionär sein muss und dass dieser Unterschied manchmal entscheidend sein kann.

Samuel Becketts wichtigste Schaffensperiode überlappte sich mit den kreativsten Phasen von Camus und Genet. Beckett beendete in dieser Zeit *Warten auf Godot*, *Endspiel* und *Das letzte Band.* Allerdings ist bemerkenswert, dass sowohl *Endspiel* als auch *Das letzte Band* in London uraufgeführt wurden. Paris befand sich bereits auf dem absteigenden Ast. Beckett, Jahrgang 1906, war der Sohn wohlhabender Protestanten aus Foxrock in der Nähe von Dublin. So wie Isaiah Berlin die Oktoberrevolution in St. Petersburg beobachtet hatte, hatte er den Osteraufstand von den Hügeln vor der irischen Hauptstadt aus miterlebt.[47] Wie James Joyce besuchte er das Trinity College in Dublin und bereiste nach einem kurzen Intermezzo als Lehrer ganz Europa.[48] Dem Autor des *Ulysses* begegnete er in Paris, freundete sich mit ihm an und stand dem älteren Mann bei der Verteidigung seiner späteren Arbeit bei (Joyce schrieb gerade *Finnegans Wake*).[49] Nach dem Tod des Vaters, der ihm eine Leibrente hinterlassen hatte, ließ sich Beckett in London nieder. 1934 – inzwischen schrieb er Kurzgeschichten, Gedichte und Kritiken – begann er bei Wilfried Bion an der Tavistock-Klinik eine Psychoanalyse.[50] 1937 zog er wieder nach Paris, wo er auch seinen Roman *Murphy* schrieb, den er schließlich bei Routledge herausbrachte, nachdem er von zweiundvierzig Verlagen abgelehnt worden war. Während des Krieges engagierte er sich in der Résistance und erhielt dafür später zwei Ehrenmedaillen. Allerdings hatte er im Vichy-Frankreich so lange Zeit versteckt leben müssen (gemeinsam mit der Schriftstellerin Nathalie Sarraute), dass seine Kritiker später süffisant bemerkten, es sei ja kein Wunder, dass er eine so große Erfahrung im Warten habe. (Als er sich wieder frei bewegen konnte, traf er Nancy Cunard, die fand, dass er das Aussehen »eines aztekischen Adlers« angenommen habe«.[51]) Mittlerweile war Beckett ganz in die französische Kultur eingetaucht. Er war zum ausgesprochenen Proust-Experten geworden, hielt sich viel in den Kreisen um das *Transition*-Magazin auf, verschlang die Werke der symbolistischen Dichter und konnte gar nicht anders, als sich von Sartres Existenzialismus beeinflussen zu lassen. Alle wichtigen Dramen Becketts wurden in französischer Sprache verfasst und dann von ihm selbst ins Englische übertragen, auch wenn er dazu Hilfe in Anspruch nahm.[52] Der Kritiker Andrew Kennedy schrieb einmal, dass diese »sprachlichen Anstrengungen« seinem Werk mit Sicherheit zugute gekommen seien.

Sein berühmtestes Werk *Warten auf Godot* schrieb er in nur knapp vier Monaten zwischen Anfang Oktober 1948 und Januar 1949. Doch es sollte noch vier Jahre dauern, bis es am Théâtre de Babylone in Paris uraufgeführt wurde. Von der Kritik wurde es gemischt aufgenommen, Becketts Freunde mussten Zuschauer in die Aufführung »schleppen«, aber am Ende hatte sich das Warten gelohnt. *Godot* wurde zu einem der meist diskutierten Dramen des zwanzigsten Jahrhunderts und gleichermaßen geliebt und gehasst – zumindest anfänglich, im Laufe der Zeit stieg sein Ansehen gewaltig.[53] Es ist ein karges Stück, sparsam in jeder Hinsicht. Seine beiden Hauptfiguren (insgesamt gibt es fünf) spielen auf einer Bühne, auf der sich nichts als ein Baum befindet.[54] Sie werden häufig als literarische Tramps bezeichnet und mit Bowler ausgestattet auf die Bühne geschickt, obwohl in Becketts Regieanweisungen kein Wort davon steht. Besonders kennzeichnend für das Stück sind die langen Perioden des Schweigens, die Wiederholungen im Dialog (wenn es denn einmal zu einem Dialog kommt), das Hin und Her zwischen metaphysischen Spekulationen und banalen Klischees, die beinahe völlig identischen Handlungsabläufe beider Akte und schließlich die Gewissheit, dass der sprichwörtliche Godot nicht erscheinen wird. Mit seiner einzigartigen Form, den Rückbezügen auf sich selbst und den Anforderungen, die es an das Publikum stellt, ist dieses Stück einer der letzten großen Würfe der Moderne. Pointiert wurde dies einmal von einem Kritiker zusammengefasst: »Nichts geschieht, und das zwei Mal!«[55] Oberflächlich betrachtet stimmt das, dennoch karikiert es das stark. Denn wie bei allen Meisterwerken der Moderne ist die Form bei *Godot* integraler Bestandteil des Inhalts wie der Erfahrung des Zuschauers – es gibt einfach keine zusammenfassende Darstellung, die ihm gerecht werden könnte. Es ist ein Post-*Wüstes-Land*, ein Post-O'Neillsches Stück, Post-Joyce, Post-Proust, Post-Freud, Post-Heisenberg und Post-Rutherford. Nach welchem Einfluss aus dem zwanzigsten Jahrhundert man auch sucht, er ist da – und genau das macht den Reichtum von *Godot* aus. Wladimir und Estragon warten auf Godot. Wir wissen nicht, warum sie warten, wo sie warten, wie lange sie schon warten oder wie lange sie noch zu warten gedenken. Der Akt des Wartens, ihr Schweigen und die Wiederholungen verbünden sich zur Frage nach der Zeit an sich – und indem sie den verwirrt faszinierten Zuschauer zwingen, mit ihnen wartend all dieses Schweigen und all diese Wiederholungen durchzustehen, bietet *Godot* eine Erfahrung an, die man nirgendwo sonst machen könnte und die den Zuschauer zum Nachdenken zwingt. (Der französische Titel lautet *En attendant Godot* – »attendant« heißt auch »erhoffend«, womit das Gefühl der Erwartung noch betont wird.) In so mancher Hinsicht ist *Godot* das Gegenteil von Prousts *Suche nach der verlorenen Zeit*. Proust machte etwas aus nichts; Beckett machte nichts aus etwas. Doch das Resultat ist das gleiche. Beide zwingen den Leser/Zuschauer, darüber nachzudenken, was nichts und was etwas ist und was der Unterschied zwischen beiden sein könnte (und gemahnen damit an Wolfgang Paulis Frage aus den zwanziger Jahren: Warum ist eher etwas als nichts?).[56]

Beide Akte werden nur durch das Auftreten von Lucky und Pozzo und später das des Botenjungen unterbrochen. Erstere sind eine Art von Schaubudenfiguren, der eine taub und der andere stumm.[57] Der Junge ist ein Bote von Herrn Godot, aber er hat keine Botschaft – eine Erinnerung an Kafkas *Schloss*. Natürlich gibt es auch noch anderes – es wird viel geflucht, Hüte werden herumgereicht, Grimassen geschnitten, und es gibt Probleme mit Stiefeln und Körperfunktionen. Doch alles in diesem Stück dreht sich um Leere, Stille und Sinn. Ein wenig fühlt man sich an die analoge Skala von Physikern erinnert, wenn sie einem das Atom zu erklären versuchen – ein Kern, der die größte Masse besitzt, aber nicht größer als ein Sandkorn ist und dabei im Zentrum eines muschelförmigen Elektrons von der Größe eines Opernhauses sitzt. Diese Dinge, sagt Beckett, sind nicht nur trist, und Kommunikation ist nicht nur sinnlos, illusorisch und absurd, sondern auch komisch. Alles, was uns bleibt, ist entweder das Klischee oder die Spekulation und in jedem Fall so weit entfernt von der Realität, dass wir nie erfahren werden, ob es irgendeinen Sinn hat – Wittgenstein lässt grüßen. Beckett mag ein begeisterter Fan von Chaplin gewesen sein, aber seine Botschaft ist eine ganz andere. Da ist nichts Heroisches an Wladimir und Estragon, und ihre Komik ermöglicht auch keine Identifikation. Sie löst Entsetzen aus, sie *soll* Entsetzen auslösen. Beckett bricht mit allen Kategorien. Wladimir und Estragon besetzen das Raum-Zeit-Kontinuum; in den ersten französischen Textbüchern werden Pozzo und Lucky »les comiques staliniens« genannt. In diesem Stück geht es darum, dass die Menschheit – das Universum – abbaut, Energie verliert, abkühlt; die Figuren wurden, wie die Existenzialisten sagten, ohne Sinn, Daseinszweck oder Gefühl in die Welt geworfen.[58] Sie müssen warten, geduldig warten, weil sie keine Ahnung haben, was auf sie zukommt, oder *ob* überhaupt etwas auf sie zukommt, abgesehen natürlich vom Tod. Wladimir und Estragon bleiben zusammen – die einzige optimistische Note dieses Stücks –, bis sie den Höhepunkt erreichen, der gleichsam exemplarisch ist für die nahezu unerreichte Kunst Becketts. »Wir sind keine Heiligen«, sagt Wladimir, »aber wir sind da, wie verabredet. Wie viel Leute können das von sich behaupten?«

Das Entscheidende bei Beckett ist – wie bei O'Neill und Eliot –, dass man sich seinen Werken aussetzen muss. Beckett war kein Zyniker. Die einzig angemessene Möglichkeit, einen Bericht über ihn zu beenden, ist, ihn zu zitieren. Denn seine Schlüsse sind besser, als sie jedem Berichterstatter gelingen könnten. *Godot* endet mit den Worten:

> Wladimir: Also? Wir gehen?
> Estragon: Gehen wir.
> *(Sie bewegen sich nicht.)*

Oder man schließt mit einem Zitat aus Becketts Brief an seinen Kollegen Harold Pinter: »Wenn du darauf bestehst, eine Form [für meine Stücke] finden zu wollen, beschreibe ich sie dir. Ich lag einmal im Krankenhaus. Da war ein Mann in einem anderen Krankensaal, der starb an Kehlkopfkrebs. In den stillen Stunden konnte ich ständig seine Schreie hören. Das ist die Art von Form, die meine Arbeit hat.«

Mitte des zwanzigsten Jahrhunderts erschienen Beckett die Spekulationen von Sartre sinnlos. Er empfand sie schlicht als Feststellungen des Offensichtlichen. Die Naturwissenschaften hatten eine kalte, leere, düstere Welt hervorgebracht; und je mehr Einzelheiten nun aus dieser Welt begriffen wurden, desto undeutlicher wurde das größere Bild – und sei es auch nur, weil Worte nicht mehr ausreichten, um zu erklären, was wir wissen oder zu wissen glauben. Würde ist etwas, das bei *Godot* nahezu verschwunden ist, und Humor überlebt ironischerweise nur durch ungeheure Anstrengung und bestenfalls vage. So tröstlich sie auch sein mag, Beckett vermag in der Würde keinen Sinn zu erkennen. Und was den Humor anbelangt – nun, das Beste, was sich über ihn sagen lässt, ist: Er erleichtert das Warten.

*

Beckett und Genet stammten beide nicht aus dem französischen Kernland, doch beiden bot sich Paris als Bühne für ihre Triumphe an. Die Situation von Eugène Ionesco, des dritten großen Dramatikers dieser Jahre, war etwas anders. Ionesco war rumänischer Herkunft und in Frankreich aufgewachsen, hatte während der sowjetischen Besatzungszeit mehrere Jahre in Rumänien verbracht und war dann nach Paris zurückgekehrt, wo 1950 sein erstes Stück *Die kahle Sängerin* uraufgeführt wurde. Weitere folgten in schneller Reihenfolge, darunter *Die Stühle* (1952), *Fußgänger der Luft* (1962), *Amédée oder Wie wird man ihn los* (1953), *Mörder ohne Bezahlung* (1957) und *Die Nashörner* (1959). Der Untertitel einer Beckett-Biografie lautet »Der letzte Moderne«, aber das würde ebenso gut auf Ionesco zutreffen, denn der war gewissermaßen das perfekte Amalgam aus Wittgenstein, Karl Kraus, Freud, Alfred Jarry, Kafka, Heidegger und den Dada-Surrealisten. Außerdem gab Ionesco zu, dass viele Ideen für seine Stücke aus seinen Träumen kämen.[59] Sein Ziel war – jedenfalls in seinen früheren Stücken –, das Erstaunen zu vermitteln, das er angesichts der schieren Tatsache von Existenz empfand, angesichts der Frage, wieso eher etwas als nichts ist. Doch gleich daran schloss sich seine Sorge um die Sprache an, seine Unzufriedenheit darüber, dass wir uns so leicht auf Klischees verlassen und dass – was für ihn eine noch größere Rolle spielte – die Sprache die Realität nur so unzureichend wiedergeben kann. Und er war fasziniert von der Psychologie, insbesondere von der modernen Gruppenpsychologie, die sich mit der modernen Welt der Massenzivilisation befasst und mit den Fragen, wie sich diese auf unsere Vorstellungen von Einsamkeit auswirkt und worin sich der Mensch letztlich vom Tier unterscheidet.

Die kahle Sängerin wirkt, als seien Bewohner der Landschaften von de Chirico zum Leben erweckt worden. Hier erleben wir buchstäblich Roboter, die keinerlei Gefühl zeigen und nur zu monotonen Verlautbarungen in der Lage sind.[60] Ionesco will uns damit den Zauber wahrer Sprache zeigen, will unsere Aufmerksamkeit auf das lenken, was Sprache wirklich ist und wie sie entsteht. In *Fußgänger der Luft* – eines jener Stücke, das auf einem Traum (übers Fliegen) beruhte – kann die Hauptfigur aus ihrer günstigen Position heraus Einblick in das Leben anderer gewinnen. Diese einseitige Art des Teilnehmens, die natürlich auch große Komik birgt, erweist sich am Ende als tragisch. Denn gerade auf Grund seiner vorteilhaften Lage erlebt dieser Fußgänger in der Luft größere Einsamkeit als jeder Mensch, der mit beiden Beinen auf der Erde steht. In *Die Stühle* werden in höchster Eile Stühle auf die Bühne getragen, wodurch eine Situation geschaffen wird, die mit Worten einfach nicht zu beschreiben ist. Also muss das Publikum selbst herausfinden, worum es hier geht, muss eigene Worte für dieses Geschehen finden. Und in den *Nashörnern* schließlich verwandeln sich die Darsteller allmählich in Tiere, tauschen ihre individuelle menschliche Psyche Schritt für Schritt gegen etwas »Primitiveres« und mehr »Gruppenorientiertes« ein und provozieren damit den Zuschauer ständig, sich zu fragen, wie groß der Unterschied zwischen Mensch und Tier tatsächlich ist.[61]

Ionesco war mit den jüngsten naturwissenschaftlichen Errungenschaften vertraut, beschäftigte sich aber vor allem mit den Psychologien von Freud und Jung und mit der Biologie. Dieses Wissen löste in ihm eine ganz eigene Art von Pessimismus aus. »Ich frage mich«, sagte er 1970, »ob die Kunst nicht in eine Sackgasse geraten ist. Ob sie in ihrer gegenwärtigen Form nicht schon ihr Ende erreicht hat. Früher wurden Dichter und Schriftsteller als Seher und Propheten verehrt. Sie verfügten über eine gewisse Intuition, über eine schärfere Sensibilität als ihre Zeitgenossen, oder besser noch: *Sie* entdeckten Dinge, ihre Vorstellungskraft ging sogar noch über das hinaus, was die Naturwissenschaften gerade entdeckten, bis hin zu solchen Phänomenen, die die Wissenschaften erst fünfundzwanzig oder fünfzig Jahre später herausfinden sollten. Proust war ein Vorbote der Psychologie seiner Zeit... Aber inzwischen haben die Naturwissenschaften und die Psychologie des Unbewussten enorme Fortschritte gemacht, während die empirischen Offenbarungen der Schriftsteller nur sehr wenige machten. Kann Literatur unter diesen Umständen noch als ein Mittel zum Wissenserwerb betrachtet werden?« Und dann fügte er hinzu: »Der [Fernsehsatellit] Telstar selbst ist eine erstaunliche Errungenschaft, aber genutzt wird er, um uns ein Stück von Terence Rattigan vorzusetzen. Auch das Kino ist eine viel interessantere Errungenschaft als die Filme, die in seinen Palästen gezeigt werden.«[62]

Diese Beobachtungen von Ionesco waren seiner Zeit nicht weniger angemessen als seine Stücke. Paris erlebte in den Fünfzigerjahren des zwanzigsten Jahrhunderts das letzte große Aufflackern der Moderne. Es war sozusagen das letzte Mal, dass eine große Zivilisation von »Hochkultur« geprägt wurde. In den Kapiteln 25 und 26 wird zu sehen sein, welche seismischen Verwerfungen sich nun in den Strukturen des geistigen Lebens abzuzeichnen begannen.

24
Töchter und Liebhaber

Dass man die Gruppe der Schriftsteller und Intellektuellen um den Philosophen, Romancier und Dramatiker »La famille Sartre« nannte, war nicht ohne Ironie, jedenfalls nicht, was dessen wichtigste Begleiterin Simone de Beauvoir betraf. Ende der vierziger Jahre war ihre Beziehung mit Sartre ziemlich kompliziert geworden. Das Paar war sich 1929 am Lycée Janson de Sailly begegnet, wo de Beauvoir ein Praktikum machte (gemeinsam mit Maurice Merleau-Ponty und Claude Lévi-Strauss). Mit ihrem ungewöhnlich scharfen Verstand zog sie Aufmerksamkeit auf sich, was ihr schnell Zugang zu Sartres *bande* und der intellektuellen Elite dieser Schule verschaffte. Damit begann die lebenslange und ziemlich ungewöhnliche Beziehung zwischen ihr und Sartre – ungewöhnlich, weil er ihr gleich zu Beginn klar gemacht hatte, dass sie ihn sexuell nicht anzog. Das kann natürlich nicht sehr schmeichelhaft für sie gewesen sein, aber sie passte sich dieser Situation sofort an und ging sogar so weit, ihm Liebhaberinnen zu besorgen. Sich selbst betrachtete sie jedoch immer als seine einzig echte Partnerin, und seit er seine Existenzialismustheorie entwickelt hatte, auch als sein Sprachrohr.[1] Aber auch Sartre zeigte sich großzügig und unterstützte sie (wie so manch anderen) finanziell, als sich seine frühen Romane und Dramen zu amortisieren begannen. Aus der Art ihrer Beziehung wurde kein Geheimnis gemacht; auch de Beauvoir mangelte es nicht an Verehrern beiderlei Geschlechts (beispielsweise war sie zum Objekt der leidenschaftlichen Begierde der lesbischen Schriftstellerin Violette Leduc geworden[2]).

Sartre und de Beauvoir verdross es, von der Welt immer nur als »die Existenzialisten« betrachtet zu werden, doch gelegentlich sollte sich das durchaus bezahlt machen. Am 25. Januar 1947 verließ de Beauvoir Frankreich, um eine Vortragstournee durch amerikanische Universitäten anzutreten, wo man sie als »die hübscheste Existenzialistin« und »weibliche Nachbildung von Jean-Paul Sartre« begeistert empfing. Während ihres Aufenthalts in Chicago lernte sie den Schriftsteller Nelson Algren kennen. Er bestand darauf, ihr »das wahre Chicago« jenseits der Touristenmeile zu zeigen. Sofort stürzten sie sich in eine Affäre (sie hatten nur zwei

Tage). Mit ihm, ihrem »einzigen Mann«, wie sie einmal schrieb, erlebte sie ihren ersten Orgasmus (im Alter von neununddreißig Jahren): »Ich kann es nicht erwarten, wieder in Ihren Armen dahinzuschmelzen.«[3] Trotz ihrer (von Sartre geteilten) Abscheu vor allem, was amerikanisch war, erwog sie, nicht nach Frankreich zurückzukehren. Am Ende entschied sie anders, aber als sie wieder in Frankreich ankam, war sie eine verwandelte Frau. Bis dahin hatte sie sich eher altmodisch unelegant gekleidet (Sartre nannte sie »Castor«, was »Biber« bedeutet; für andere war sie *La Grande Sartreuse* oder *Notre-Dame de Sartre*). Dabei war sie nicht unattraktiv, und ihr Erlebnis mit Algren hatte eine Menge dazu beigetragen, dass sie sich auch nicht mehr so fühlte. Bisher hatte sie jedoch noch nichts geschrieben, was man erinnernswert nennen würde (denkt man an die Artikel für *Les Temps modernes* oder den Roman *Alle Menschen sind sterblich*); doch kaum in Frankreich zurück, begann sie eine Idee in die Tat umzusetzen, die nicht das Geringste mit Existenzialismus zu tun hatte, allerdings auch nicht von ihr stammte, sondern von ihrer langjährige Freundin Colette Audry, die einst an derselben Schule wie sie in Rouen unterrichtet hatte.[4] Audry hätte dieses Thema am liebsten selbst in Angriff genommen, wusste aber, dass ihrer Freundin dies wesentlich besser gelingen würde.[5] Es ging um die Lage der Frauen in der Nachkriegszeit. Nach Jahren der Ausflüchte war de Beauvoir nunmehr aus zwei Gründen bereit, sich auf ein solches Projekt einzulassen: erstens, weil sie sich während ihres Aufenthalts in den Vereinigten Staaten zum ersten Mal mit eigenen Augen von den Ähnlichkeiten wie den sehr großen Unterschieden zwischen amerikanischen und europäischen – vor allem französischen – Frauen überzeugt hatte; zweitens, weil ihr das Erlebnis mit Algren deutlich gemacht hatte, welche seltsame Rolle sie neben Sartre spielte. Sie lebten zwar eine stabile Beziehung und wurden von allen Freunden und Kollegen als »Paar« betrachtet (eine Bezeichnung wie »La Grande Sartreuse« war allerdings ziemlich entlarvend), aber weder waren sie verheiratet, noch hatten sie Sex miteinander, und zu allem hinzu kam, dass er sie finanziell unterstützte. Durch diese »marginale« Position, die sie so sehr von »normalen« Frauen unterschied, fühlte sie sich nun geradezu prädestiniert, um mit Sympathie und Objektivität eine Studie über ihr Geschlecht zu schreiben: »Eines Tages wollte ich mir mich selbst erklären. Ich begann über alles, was mich betraf, nachzudenken, und es überraschte mich einigermaßen, dass mir dabei der Satz, ›ich bin eine Frau‹, als erstes in den Sinn kam.« Aber sie begann nicht nur über sich selbst nachzudenken. 1947 war das Jahr, in dem Frauen in Frankreich das Wahlrecht erhielten, und ihr Buch erschien dann beinahe zeitgleich mit Alfred Kinseys erstem Report über das Sexualleben des Mannes. Ganz ohne Zweifel hatte der Krieg Bewegung in die Beziehung zwischen den Geschlechtern gebracht. De Beauvoir begann ihre Untersuchung im Oktober 1946 und beendete sie im Juni 1949 (1947 verbrachte sie mehrere Monate in den USA[6]). Dann schloss sie sich wieder *la famille Sartre* an. Ihre Analyse war nicht nur ein einmaliges Projekt und ganz anders als ihre sonstigen Arbeiten, sondern gewissermaßen auch ganz anders als sie selbst und ihr eigenes Leben. Jahre später schrieb ein Kritiker, dass de Beauvoir die Situation der Frau verstanden habe, weil sie selbst ihr entkommen sei. De Beauvoir stimmte ihm zu.[7]

De Beauvoirs Studie *Das andere Geschlecht* beruhte auf eigenen Erfahrungen, gestützt auf umfangreiche Literaturrecherchen und Interviews. Sie besteht aus zwei »Büchern« (die französische Ausgabe erschien in zwei Bänden). Das »Erste Buch«, eine historische Übersicht, trägt den Titel *Fakten und Mythen* und ist in drei Teile gegliedert. In den beiden ersten Teilen »Schicksal« und »Geschichte« wird die Lage der Frau aus biologischer, psychoanalytischer und historischer Sicht geschildert. In ihrer historischen Darstellung untersucht de Beauvoir die Lebensbedingungen von Frauen im Mittelalter, in primitiven Gesellschaften, während der Aufklärung und in der modernen Zeit. Im abschließenden Teil »Mythos« erforscht sie am Beispiel von fünf (männlichen) Autoren – Henri de Montherlant, D. H. Lawrence, Paul Claudel, André Breton und Stendhal –, wie Frauen in der Literatur behandelt wurden. Lawrence mochte sie gar nicht, weil er »leidenschaftlich an die Suprematie des Männlichen« glaubte, konzedierte aber, dass er zumindest in der Lage gewesen sei, »die Lehrjahre eines Mannes vor Augen« zu führen. Mit Stendhal hingegen befasste sie sich ausgesprochen gern, weil er sich »unter Frauen aus Fleisch und Blut bewegt«.[8] Das »Zweite Buch« trägt den Titel *Gelebte Erfahrung* und behandelt Kindheit, Jugend, die mittleren Jahre und das Alter.[9] Für ihre Analysen der heterosexuellen und der lesbischen Liebe und ihre Darstellungen von Sex und Ehe bediente sie sich einer beeindruckenden Schar von Freunden und Bekannten; beispielsweise diskutierte sie mehrere Vormittage mit Lévi-Strauss über Anthropologie und mit Jacques Lacan über Psychoanalyse.[10] Auch Algrens Einfluss ist ebenso präsent wie der von Sartre, denn es war der amerikanische Freund, der ihr nicht nur vorgeschlagen hatte, sich der Lage von schwarzen Frauen in einer von Vorurteilen geprägten Gesellschaft anzunehmen, sondern sie auch schwarzen Amerikanern persönlich vorgestellt und mit der Literatur über die Rassenproblematik bekannt gemacht hatte, darunter auch mit Gunnar Myrdals *American Dilemma*.

Als *Das andere Geschlecht* erschien, gab es zwar (wie immer) auch ein paar Kritiker, die fanden, dass de Beauvoirs Aussagen ein alter Hut seien, aber die meisten hatten verstanden, dass sie mit dieser Studie den Finger auf eine Wunde legte, die zu der Zeit gerade vielen Frauen zu schaffen machte, denen sie mit ihrer Analyse nun frische Munition lieferte: »Sie verlieh einer ganzen Generation von Frauen eine Stimme.«[11] Auch in den

USA, wo das Buch im Februar 1953 erschien, wurde es im großen Ganzen wohlwollend aufgenommen, selbst wenn Kritikern wie Stevie Smith und Charles Rollo ihr Ton nicht gefiel oder sie behaupteten, dass sie »den Groll der Feministinnen zu weit trieb«.[12] Die interessanteste Reaktion kam von der Redaktion der *Saturday Review of Literature*. Weil man dort der Meinung war, dass das Thema dieses Buches einen einzelnen Rezensenten überfordern würde, beauftragte man gleich sechs mit einer Beurteilung, darunter den Psychiater Karl Menninger und die beiden Anthropologen Margaret Mead und Ashley Montagu. Mead fand de Beauvoirs zentrale Aussage – dass die Gesellschaft die Begabungen von Frauen verschwende – zwar durchaus gerechtfertigt, fügte aber hinzu, dass die Autorin mit ihrer parteiischen Auswahl jedes wissenschaftliche Prinzip missachtet habe. Wichtiger als solche Kritik aber war, dass die Studie wirklich ernst genommen und deshalb auch von den Rezensenten nüchtern betrachtet wurde – so etwas geschah nicht oft. De Beauvoirs eigentümliche Vorstellung, dass Frauen den »anderen« Teil der Gesellschaft repräsentierten, schlug jedenfalls wie eine Bombe ein und sollte sich in den kommenden Jahren stark auf die Frauenbewegung auswirken. Brendan Gill brachte in seiner Rezension »No More Eve« im *New Yorker* auf einen Nenner, was damals alle spürten: »Hier haben wir es mit mehr als einer Forschungsarbeit zu tun; dies ist ein Kunstwerk, gewürzt mit genau der Prise Rücksichtslosigkeit, die Kunst so anstrengend macht.«[13]

*

Blanche Knopf, die Frau des Verlegers Alfred Knopf (der de Beauvoirs Buch in den USA herausbrachte), war während eines Paris-Aufenthalts auf das Manuskript für *Das andere Geschlecht* aufmerksam gemacht worden, und ihre Neugier erwachte, nachdem man ihr gesagt hatte, dass es sich »wie eine Kreuzung aus Havelock Ellis und dem Kinsey-Report« lese.[14] Havelock Ellis war eine alte Geschichte; seine 1897 begonnenen *Studies in the Psychology of Sex* wurden schon seit 1928 nicht mehr verlegt; er selbst war bereits 1939 gestorben. Mit dem Kinsey-Report verhielt es sich jedoch ganz anders. Wie *Das andere Geschlecht* spiegelte auch Kinseys *Sexual Behaviour in the Human Male* eine veränderte Nachkriegswelt.

Die Generation, die aus dem Zweiten Weltkrieg zurückgekehrt war, hatte sich beinahe sofort wieder in das Alltagsleben eingegliedert. Ehemalige Soldaten nahmen jede Ausbildungsmöglichkeit war, heirateten und bekamen dann wesentlich mehr Kinder als die Generation ihrer Eltern: Das waren die Jahrgänge des Baby-Booms. Während des Krieges hatte es diese Generation meist unter größten Gefahren auf engstem Raum mit anderen aushalten müssen und daher Intimität in einem von anderen nie gekannten Maße erfahren. In dieser Situation war ihnen bewusst geworden, dass eine gewaltige Kluft zwischen den gesellschaftlich erwarteten und tatsächlichen menschlichen Verhaltensweisen bestand, am stärksten spürbar beim Thema Sexualität. Natürlich hatte es auch schon vor dem Zweiten Weltkrieg alle Formen von Sex gegeben, aber noch nie war darüber so unverblümt gesprochen worden wie nach diesem Krieg. Die Lynds hatten in ihre *Middletown*-Studie zwar Fragen über Ehe und »Dating« einbezogen, nicht aber über das Sexualverhalten an sich. Wie wir wissen, hatten sie dann dokumentiert, dass nicht zuletzt das Automobil den kommenden gesellschaftlichen Wandel in den dreißiger Jahren bewirkte. Es bot den Jugendlichen eine Möglichkeit, sich von der häuslichen Überwachung der Eltern zu befreien; es brachte sie zu ihren Treffpunkten, meist Kinos, in denen Hollywood seine Vorstellungen von Romantik verkaufte; und, was am wichtigsten war, es bot ihnen einen privaten Freiraum, um sich auf intime Weise näher zu kommen. Auch das trug zu den völlig veränderten Verhaltensweisen am Ende der vierziger Jahre bei, während der gesellschaftliche Verhaltenskodex mit diesem Umbruch noch längst nicht Schritt hielt. Und genau deshalb war das öffentliche Interesse an einem 804 Seiten langen wissenschaftlichen Bericht, der 1948 unter dem Titel *Sexual Behaviour in the Human Male* erschien, auch so ungewöhnlich groß. Der Autor dieses Reports war Professor der Zoologie an der Universität Indiana (nicht weit entfernt von *Middletown* Muncie).[15] Sein medizinischer Verlag hatte ursprünglich nur eine Auflage von 5000 Stück geplant, dann seine Fehlkalkulation aber schnell realisiert.[16] Am Ende wurden fast eine Viertelmillion Exemplare allein in den USA verkauft; der Titel stand siebenundzwanzig Wochen auf der Bestsellerliste der *New York Times*, und der Zoologieprofessor Alfred Kinsey wurde so berühmt, dass sein Porträt sogar die Titelseite des *Time*-Magazins zierte.[17]

Dass der Ton dieser Studie wissenschaftlich gehalten war, kam ihrem Erfolg sicher zugute. Denn die komplizierten Tabellen und Grafiken, die methodologischen Darlegungen des Interview-Prozederes und Kinseys Einlassungen über die Wertigkeit »solcher« Daten machten aller Welt klar, dass es sich hier nicht um Pornografie handelte und man ausführlich über Sex sprechen konnte, ohne zotig zu sein oder lüstern zu wirken. Im Übrigen war auch Kinseys eigene Person kaum dazu angetan, Kontroversen über eine solche Themenwahl auszulösen: Sein Ruf gründete sich auf Studien über Wespen; auf den Menschen und seine Sexualität war er erst gekommen, nachdem er Ende der dreißiger Jahre ein Seminar über Ehe und Familie veranstaltet und dabei festgestellt hatte, wie groß das Verlangen seiner Studenten nach »exakter, unvoreingenommener Information über Sexualität« war. Außerdem war er als Wissenschaftler entsetzt über den herrschenden Mangel an »verlässlichen, moralisch unbelasteten Daten« über das sexuelle Verhalten des Menschen.[18] Also begann er Material für eigene Statistiken zu sammeln, indem er die sexuellen Praktiken von Studenten aufzeichnete. Anschließend stellte er ein kleines Forscherteam zusammen und bildete es in Interview-Techniken aus, mit denen es das Sexualleben eines Probanden in nur zwei Stunden ergründen konnte. Im Laufe von zehn Jahren sammelte er Material über 18000 Männer und Frauen an.[19]

John D'Emilio und Estelle Freedman schrieben in ihrer Studie *Sexuality in America:* »Hinter der wissenschaftlichen Prosa von *Sexual Behaviour in the Human Male* verbirgt sich das umfassendste Material über die sexuellen Gewohnheiten von weißen (und anderen) Amerikanern, das je zusammengestellt wurde. Detailliert tabellarisierte Kinsey die Häufigkeit von Masturbation, vorehelichem Petting und Sex, ehelichem Verkehr, außerehelichem Sex oder Kontakten mit Tieren. Unter bestmöglicher Umgehung jenes moralisierenden Tons, welcher ihm bei anderen Arbeiten so missfiel, vertrat Kinsey das Prinzip ›Zählen und Katalogisieren‹: Wie viele Probanden hatten was, wie oft und in welchem Alter getan? Seine Ergebnisse waren ein Schock für alle traditionellen Moralisten.«[20] So enthüllte seine Studie über den Mann zum Beispiel, dass Masturbation und heterosexuelles Petting »nahezu universal« waren oder dass beinahe neun von zehn Männern Sex vor der Ehe und die Hälfte Affären während der Ehe hatten und mehr als ein Drittel über mindestens eine homosexuelle Erfahrung verfügten. Praktisch jeder Mann hatte bis zum Alter von fünfzehn Jahren eine Möglichkeit für regelmäßigen Sex gefunden, und »sogar 95 Prozent hatten mindestens einmal das herrschende Gesetz zu Gunsten einer Orgasmus-Erfahrung gebrochen«.[21] Der zweite Band dieser Studienreihe wurde 1953 unter dem Titel *Sexual Behaviour in the Human Female* veröffentlicht und löste einen ähnlichen Sturm aus. Die Zahl der von Kinsey befragten Frauen war zwar geringer als die der Männer (und die Ergebnisse weniger schockierend), aber ausreichend für ihn, um feststellen zu können, dass sechs von zehn Frauen zugaben, zu masturbieren, die Hälfte, Sex vor der Ehe gehabt zu haben, und ein Viertel, Affären während der Ehe eingegangen zu sein.[22] Alles in allem wiesen Kinseys Statistiken die Existenz einer Welt voller geheimer Sexualpraktiken nach, die in gewaltigem Kontrast zu den öffentlich vertretenen Werten standen. Die Kinsey-Berichte waren kulturelle Meilensteine.[23] Aber die vielleicht interessanteste Reaktion darauf war die der Öffentlichkeit. Kaum jemand aus dem *Middletown*-Amerika zeigte sich schockiert oder entrüstet. Im Gegenteil, Meinungsumfragen verdeutlichten, dass eine große öffentliche Mehrheit mit wissenschaftlicher Forschung über Sexualität einverstanden war und begierig darauf wartete, mehr zu erfahren. Ganz zweifellos waren viele Menschen durch die Enthüllung dieser riesigen Kluft zwischen den Idealen und Realitäten der Gesellschaft von der Angst befreit worden, durch ihre persönlichen intimen Vorlieben zum Außenseiter gestempelt zu sein.

Im Rückblick wird deutlich, welch langfristige soziale, psychologische und intellektuelle Auswirkung Kinseys Forschungen hatten, ob einem das gefiel oder nicht. Erstens wusste nun jeder, dass viele – wenn nicht die meisten – Männer und Frauen außereheliche Affären hatten. Bereits ein Jahrzehnt nach Veröffentlichung dieser Studien setzten die Menschen ihr neues Wissen in die Praxis um. Wo man bisher heimliche Affären gehabt hatte, machte man sie nun öffentlich oder ließ sich scheiden. Zweitens wusste man nun, dass »die Zahl der Frauen, die beim ehelichen Geschlechtsverkehr zum Orgasmus kommen, kontinuierlich anstieg«.[24] Anhand des Alters der von ihm befragten Frauen hatte Kinsey festgestellt, dass kaum eine unter denjenigen, die Ende des neunzehnten Jahrhunderts geboren waren, jemals einen Orgasmus in ihrem Leben erlebt hatte (Simone de Beauvoir musste dafür, wie erwähnt neununddreißig Jahre alt werden), wohingegen die meisten der in den zwanziger Jahren geborenen Frauen »während jedes Koitus zum Orgasmus gelangen«. Obwohl Kinsey die weibliche Orgasmusfähigkeit nicht notwendigerweise mit einem glücklichen Sexualleben gleichsetzte, verstanden viele Frauen, die bis dahin nie einen Orgasmus erlebt hatten, dies nun als Ermutigung, sich auf die Suche nach diesem Erlebnis zu machen. Natürlich war dieses Thema bei weitem nicht die einzige Sorge der Frauenbewegung, die sich nun, im Jahrzehnt nach Kinsey, immer schneller zu formieren begann, aber gewiss war es ein elementarer Bestandteil ihrer Auseinandersetzungen. Das dritte Element des Kinsey-Reports mit langfristigen Folgen war schließlich, dass diese Studie mehr homosexuelle Aktivitäten in der Gesellschaft verdeutlichte, als irgendjemand für möglich gehalten hatte. Man erinnere sich: Ein Drittel aller Männer hatte zumindest eine homosexuelle Erfahrung bestätigt.[25] Auch diese Erkenntnis verhalf einer Menge Menschen dazu, ihre Ängste angesichts eines angeblich unnatürlichen Verhaltens über Bord zu werfen und sich nicht länger als Außenseiter zu fühlen. Nun wussten sie, dass Homosexualität in Wirklichkeit sehr viel weiter verbreitet war, als man angenommen hatte.[26] Und so gesehen haben die Kinsey-Berichte die Menschen nicht nur von Ängsten befreit, sondern möglicherweise auch dazu beigetragen, dass sich in den kommenden Jahren viele erleichtert zu ihren sexuellen Präferenzen bekennen konnten.

*

Kinseys direkter Nachfolger war ein ewig braun gebrannter Geburtshelfer und Gynäkologe mit schütterem Haar von der Medical School der Washington University in Saint Louis, Missouri. Sein Name war William Howard Masters, und er betrieb eine ganz andere Sexualforschung als Kinsey. Während Kinsey die Interviewmethode präferierte, interessierte sich Masters als Biologe und Arzt vor allem für die Physiologie und Funktionsstörung des Orgasmus. Er wollte herausfinden, wie sich die sexuelle Physiologie auf Unfruchtbarkeit auswirkt und was getan werden könne, um Paaren zu helfen, die keine Kinder bekamen.[27]

Masters' Interesse an der Sexualforschung war 1941 geweckt worden, als er mit Dr. George Washington Corner am Carnegie-Institut für experimentelle Embryologie in Baltimore geforscht hatte. Corner, Mentor von Kinsey und Masters, entdeckte später das Progesteron, eines der beiden weiblichen Sexualhormone.[28] Masters begann seine Karriere in der Sexualforschung umsichtig zu planen – er wusste, dass er mit dem Feuer spielte und professionell »über jeden Zweifel erhaben« sein musste, bevor er sich auf dieses Gebiet wagen konnte. Also begann er im Laufe der vierziger Jahre eine akademische Qualifikation nach der anderen zu erwerben und solide Forschung über Steroid-Ersatzstoffe und deren richtige Dosierung bei Männern und Frauen zu veröffentlichen. Dann heiratete er. 1953, als bereits beide Kinsey-Berichte veröffentlicht waren, beantragte er beim Kuratorium seiner Universität Gelder zum Studium des menschlichen Sexualverhaltens. Die Universität war nicht begeistert, aber Kinsey hatte einen Präzedenzfall geschaffen. Ein Jahr später wurde Masters grünes Licht gegeben – mit der Begründung, dass Forschung frei ist. Er hatte längst festgestellt, dass es kaum Literatur gab, auf der er aufbauen konnte. Folglich wandte er sich erneut an den Kanzler seiner Universität und bat um die Genehmigung, anhand einer einjährigen Studie mit Prostituierten (weil man von ihnen erwarten durfte, dass sie sich mit Sex auskannten) eigenes statistisches Material ansammeln zu können. Wieder bekam er die Erlaubnis, aber nur unter der Bedingung, dass er sein Vorhaben einer Prüfungskommission vorlegte, die aus dem örtlichen Polizeikommissar, dem Oberhaupt der örtlichen katholischen Erzdiözese und dem Verleger der Lokalzeitung bestand.[29] Nachdem auch sie ihren Segen gegeben hatten, verbrachte Masters achtzehn Monate damit, die Sexualpraktiken von männlichen und weiblichen Prostituierten in den Bordellen des Mittleren Westens und der Westküste der USA, Kanadas und Mexikos zu studieren, »inklusive aller bekannten Varianten des Geschlechtsverkehrs wie oralen Sex, analen Sex und der Verwendung von Fetischen«.[30] Er befragte Prostituierte, wie sich ihre Sexualorgane während des Geschlechtsverkehrs verhielten und was genau sie beim Orgasmus empfänden. Für seine nächste Forschungsphase richtete er dann unter strengster Geheimhaltung eine dreizimmrige Station im obersten Stockwerk einer der Universität angeschlossenen Geburtsklinik ein. Ein Zimmer beherbergte sein Büro, die beiden anderen waren durch ein Spiegelglas verbunden, durch das Masters 382 Frauen und 312 Männer beim Sex filmen konnte – 10000 Filmmeter Orgasmen.[31]

Im Laufe seiner Forschung wurde Masters bewusst, dass er eine Partnerin brauchte, um die weibliche Sexualphysiologie besser verstehen und die richtigen Fragen stellen zu können. Im Januar 1957 bezog er Virginia

Johnson in sein Projekt ein, eine Sängerin ohne jede akademische Ausbildung, was Masters besonders hilfreich fand, weil sie natürlich ganz andere Fragen stellen würde als er. Johnson sollte sich »der Sache« dann mindestens ebenso engagiert widmen wie er. Gemeinsam erfanden sie eine Reihe von neuen Messgeräten, beispielsweise eine Vorrichtung, um die Veränderungen bei der Durchblutung des Penis zu messen, oder einen durchsichtigen künstlichen Phallus, aus dessen Eichel ein feiner Lichtstrahl abgegeben wurde, damit eine im Schaft eingebrachte Kameralinse enthüllen konnte, was sich an den Vaginalwänden während eines Orgasmus abspielt. Als eines der größten Geheimnisse der Sexualität galt damals die Frage, ob es einen Unterschied zwischen einem klitoralen und einem vaginalen Orgasmus gebe, die unter anderem Freud bejahte.[32] Kinsey hatte diese Möglichkeit verneint, und auch Masters und Johnson fanden nie einen konkreten Nachweis für diese These. Dafür entdeckten sie ziemlich schnell etwas ganz anderes, nämlich dass der Penis immer nur zu einem Orgasmus in der Lage ist – dass zwischen zwei Orgasmen also eine Phase der Reizunempfindlichkeit eintritt –, wohingegen die Klitoris zu wiederholten Höhepunkten fähig ist. Das war eine wichtige Entdeckung, eine beinahe »kopernikanische« Erkenntnis, wie John Heidenry schreibt, denn sie hatte nicht nur Konsequenzen für die weibliche Psychologie (die sexuelle Erfüllung brauchte nun nicht mehr am männlichen Muster orientiert zu werden), sondern auch für die Sexualtherapien.[33] Die umstrittenste Neuerung in der Studie von Masters und Johnson – in diesem heiklen Bereich – war der Einsatz von Probanden. Zuerst waren es Prostituierte, einfach weil sie zur Verfügung standen und erfahren waren; aber nachdem hochrangige Vertreter der Universität dagegen Protest eingelegt hatten, gingen Masters und Johnson dazu über per Anzeige Freiwillige auf dem Campus zu suchen.

Im Laufe ihrer Studien und der Entwicklung ihrer Therapietechniken veröffentlichten sie einige erste Resultate in Fachzeitschriften wie *Obstetrics and Gynecology*, hielten aber ihre Methoden, die sie erst in dem geplanten Buch bekannt geben wollten, noch streng geheim. Im November 1964 kam dieses ein Jahrzehnt gehütete Geheimnis mit einem Schlag an die Öffentlichkeit, als die Psychoanalytikerin Leslie Farber in einem Artikel in *Commentary* die Wissenschaftlichkeit der Motive von Masters und Johnsons in Zweifel zog.[34] Die beiden Sexualforscher reagierten, indem sie die Veröffentlichung ihres Buches *Human Sexual Response* auf den April 1966 vorzogen. (Das Buch ist 1967 in Deutschland unter dem Titel *Die sexuelle Reaktion* erschienen.) Der Text war bewusst in einer völlig unsensationellen, ja beinahe schwerfälligen Sprache gehalten, was sich aber nicht als nachteilig erwies: Die erste Auflage war bereits nach einer Woche abgesetzt; am Ende waren 300000 Exemplare verkauft.[35] Zum Glück für die beiden fand sogar das *Journal of the American*

Medical Association ihre Forschung wichtig, weshalb sie auch von den meisten übrigen Medien respektvoll behandelt wurde. Was die langfristige Bedeutung der Erkenntnisse von Masters und Johnson im Anschluss an die Berichte von Kinsey ausmachte, war die Tatsache, dass sie das unverklemmte Gespräch über Sexualität ermöglichten und Licht in einen vitalen Lebensbereich brachten, wo bis dahin nur Dunkel und Ungewissheit geherrscht hatten. Natürlich gab es viele Menschen, die einfach aus Prinzip gegen diesen Wandel waren, aber zu ihnen gehörte gewiss keiner, der selbst jahrelang unter sexuellen Funktionsstörungen gelitten hatte. Masters und Johnson fanden heraus, dass etwa 80 Prozent aller Paare, die wegen sexueller Funktionsstörungen um Therapie nachgesucht hatten, umgehend positiv darauf reagierten. Es gab zwar Rückfälle, aber bei vielen waren ausgezeichnete Fortschritte zu verzeichnen. Zudem stellten sie fest, dass sekundäre Impotenz bei Männern – hervorgerufen durch Alkohol, Erschöpfung oder Spannungen – einfach zu behandeln war und Pornografie sich insofern negativ auswirkt, als sie übertriebene Erwartungen an die sexuelle Leistungsfähigkeit weckt. *Human Sexual Response* selbst war ganz und gar nicht pornografisch, im Gegenteil, es verwies die Pornografie auf den ihr gebührenden Platz.

*

Das andere Geschlecht, die *Kinsey-Reports* und *Die sexuelle Reaktion* trugen zu neuen Einstellungen und Verhaltensweisen bei. Aber sie waren auch selbst Früchte des bereits stattfindenden Gesinnungswandels. Und der war auf Grund des Krieges besonders deutlich in Großbritannien zu spüren. Während des Krieges hatte man dort einen deutlichen Anstieg der Geburtenrate von unehelichen Kindern – von 11,8 Prozent im Jahr 1942 auf 14,9 Prozent 1945 – verzeichnet.[36] Wegen des herrschenden Gummimangels waren auch Kondome und Pessare kaum zu bekommen und folglich von kaum jemandem benutzt worden. Nun glaubte man jedoch, dass insgesamt so *wenige* Kinder in die Welt gesetzt wurden, dass die »Family Planning Association« mit ihrer Besorgnis sogar Premierminister Winston Churchill alarmierte und er sich 1943 genötigt sah, der Nation mitzuteilen, dass »unser Volk … alles tun muss, um größere Familien zu gründen«. 1944 war diese Sorge dann so überwältigend geworden, dass eigens eine »Royal Commission on Population« gegründet wurde. Doch bis ihr Bericht 1949 erschien, war deutlich geworden, dass sich das Verhalten der Briten längst gewandelt hatte und jede weitere Sorge in dieser Hinsicht unnötig war. Britische Familien, die ein halbes Jahrhundert lang angeblich ständig kleiner geworden waren, waren in Wirklichkeit seit zwanzig Jahren mit durchschnittlich 2,2 Kindern pro Ehepaar sogar vergleichsweise stabil geblieben, was bedeutete, dass sogar ein graduelles Bevölkerungswachstum zu erwarten war.[37] Dennoch schien sich die Regierung keine Gedanken über Geburtenkontrolle zu machen (zum Beispiel hatte der neue Nationale Gesundheitsdienst keinerlei Vorkehrungen für Familienberatungsstellen getroffen). Die Bevölkerung hingegen, allen voran natürlich die Frauen, nahm dieses Thema sehr ernst, denn sie hatten sehr wohl den Zusammenhang zwischen Kinderzahl und Lebensstandard begriffen und deshalb ihren Wissensstand über Verhütungsmethoden entsprechend erweitert. Nun war also die Situation entstanden, dass sich die Bürger ohne jede staatliche Beratung um Verhütung kümmerten, während sich staatlicherseits niemand so recht über die allgemeine Lage im Klaren war. Die Kommission kam zu dem Schluss: »Das Überwiegen von kleinen Familienstrukturen in beinahe allen Schichten muss als grundlegende Anpassung an die modernen Lebensbedingungen betrachtet werden; am deutlichsten wird dies in der wachsenden Akzeptanz der Kontrolle der Familiengröße – besonders durch Verhütung – als ein normaler Bestandteil persönlicher Verantwortung.«[38]

Künstliche Verhütung war ein Thema, das die Kirchen spaltete: Die anglikanische Kirche hatte bereits 1918 dafür votiert, die römisch-katholische Kirche ist bis heute dagegen. Somit ist die Tatsache durchaus erwähnenswert, dass John Rock – Chef der Geburtshilfe und Gynäkologie an der Harvard Medical School und der Mann, der 1944 als erster Wissenschaftler ein menschliches Ei in einem Teströhrchen befruchtete und als einer der Ersten menschliches Sperma über ein Jahr eingefroren hatte, ohne dass dessen Potenz beeinträchtigt wurde – Katholik war. Allerdings hatte er sich ursprünglich zum Ziel gesetzt, das Gegenteil von Verhütung zu erreichen, nämlich unfruchtbaren Frauen zur Schwangerschaft zu verhelfen.[39] Rock glaubte, dass die Verabreichung der weiblichen Hormone Progesteron und Östrogen nicht nur die Empfängnisfähigkeit positiv beeinflussen, sondern auch den Menstruationszyklus stabilisieren und es damit allen religiösen Paaren ermöglichen würde, die von der Kirche akzeptierte »Zyklusmethode« anzuwenden.[40] Unglücklicherweise aber verstand man die Funktionsweisen von Hormonen damals erst zum Teil. Von Progesteron zum Beispiel wusste man, dass es den Eisprung verhindern kann, aber den Grund kannte man nicht. Was Rock nun feststellte, war, dass die Verabreichung von Progesteron bei angeblich unfruchtbaren Frauen offenbar gar nichts bewirkte, während erstaunlich viele von ihnen sofort nach dem Absetzen des Hormons schwanger wurden.[41] Mit Hilfe von Gregory Pincus, einem Biologen aus Harvard, der ebenfalls über Unfruchtbarkeit forschte, fand er schließlich heraus, dass eine Kombination aus Östrogen und Progesteron gonadotrope Aktivitäten unterdrückt und folglich den Eisprung verhindert. Also konnte eine Schwangerschaft verhindert werden, indem man diese Hormonkombination an den »fruchtbaren« Tagen einnahm und damit in den normalen Zyklus eingriff. 1956 machten Rock und Pincus die ersten klinischen Versuche mit zweihundert Frauen (in Puerto Rico, da Geburtenkontrolle in Massachusetts illegal war).[42] Als ruchbar wurde, an welchem Projekt Rock forschte, wollte ihn die katholische Kirsche exkommunizieren. Die amerikanische Food and Drug Administration aber genehmigte die Rock-Pincus-Pille, um Frauen mit Menstruationsstörungen zu behandeln. Es folgte eine zweite Versuchsphase, diesmal mit beinahe neunhundert Frauen. Die Ergebnisse waren so viel versprechend, dass die FDA am 10. Mai 1960 *Enovid* zuließ, das erste von G. S. Searle & Co. in Chicago hergestellte Kontrazeptivum, die so genannte Antibabypille.[43] Diese Entwicklung war der *New York Times* gerade einmal zwei Zentimeter Text wert – aber das reichte: Ende 1961 nahmen 400000 Amerikanerinnen die Pille, in den beiden Folgejahren sollte sich ihre Zahl jeweils verdoppeln. 1966 nahmen sechs Millionen amerikanische Frauen und die gleiche Anzahl im Rest der Welt die Pille.[44] Wie groß der unmittelbare Erfolg der Antibabypille war, lässt sich vielleicht anhand von britischen Statistiken zeigen. (In Großbritannien hat Familienplanung eine lange Tradition: Es standen dort auch immer genügend freiwillige Probanden zu statistischen Zwecken zur Verfügung – einer der weniger problematischen Überreste der Eugenik-Bewegung aus den Anfangsjahren des zwanzigsten Jahrhunderts –, weshalb ausgezeichnete Statistiken für dieses Land vorliegen.) 1960 wurde 97,5 Prozent aller Frauen, die sich an Familienberatungsstellen gewandt hatten, zum Pessar geraten (die Pille stand in Großbritannien erst 1961 zur Verfügung); 1975 wurde 58 Prozent die Pille empfohlen.[45] Vor allem aber zeigten diese Statistiken, dass die herrschenden Vorstellungen vom Intimverhalten des Menschen im großen Ganzen völlig falsch und überholt waren. Das Volk hatte sein Verhalten still und leise auf so unzählige Weisen verändert, dass man in der Tat von einer sexuellen Revolution sprechen konnte. Und genau deshalb verkauften sich die Bücher von de Beauvoir, Kinsey, Masters und Johnson auch so gut – Hunderttausende von Lesern hatten ein Aha-Erlebnis.

Aber auch die Verleger und Schriftsteller erkannten die Zeichen der Zeit. In den fünfziger Jahren ging die Literatur freizügiger mit Sexualität um als jemals zuvor. Zu den Werken, die dieses Thema aufgriffen, gehören Vladimir Nabokovs *Lolita* (1953), J. P. Donleavys *Ginger man*, Françoise Sagans *Bonjour Tristesse* (beide 1955) und William Burroughs' *Naked Lunch* (1959). Allen Ginsbergs großes Gedicht *Howl/Geheul* (1958) und D. H. Lawrences *Lady Chatterleys Liebhaber* (in Frankreich bereits 1929 erschienen) waren 1959 beide der Anlass, dass die Autoren wegen der Verbreitung unzüchtiger Schriften angeklagt wurden. Die von der amerikanischen und britischen Öffentlichkeit mit Begeisterung verfolgten Prozesse endeten beide mit einem Urteilsspruch gegen die Zensur, jeweils mit der Begründung, dass es sich um hohe Literatur handle. Seltsamerweise entging Nabokovs *Lolita* einem solchen Verfahren, vielleicht, weil er eine weniger obszöne Sprache gewählt hatte als seine beiden Kollegen. Andererseits war sein Thema – die Liebe eines alternden Mannes zu einem minderjährigen »Nymphchen« – gewiss »perverser« als die aller anderen.

Aber schließlich war Nabokov kein Durchschnittsmensch. Geboren in Sankt Petersburg als Sohn einer alten Adelsfamilie, die in der Revolution alles verlor, und ausgebildet in Cambridge, hatte er in Deutschland und Frankreich gelebt, bevor er sich 1941 schließlich in den USA niederließ. Abgesehen von seinem großen schriftstellerischen Talent, das in russischer Sprache ebenso lebendig wurde wie in englischer, war er auch ein leidenschaftlicher Schachspieler und angesehener Experte für Schmetterlinge.[46] *Lolita* ist abwechselnd komisch, traurig und anrührend. Es ist eine Geschichte, die ebenso vom Altern wie vom Sex handelt, von der Trauer, die aus Erkenntnis entsteht. Es geht um den Unterschied zwischen physischem Sex und psychologischem Sex, um den Unterschied zwischen Sex, Liebe und Leidenschaft und darum, wie verwundbar Liebe machen kann, wie leicht sie einem Fesseln anlegt anstatt zu befreien. Lolita ist der Schmetterling, schön, zart, voll ursprünglicher Lebenskraft, um die sie ein alternder Mann nur beneiden kann; aber sie ist auch vulgär und alles andere als eine idealisierte Figur.[47] Der alternde »Held« verliert sie natürlich, so wie er auch alles andere verliert, inklusive seiner Selbstachtung. Obwohl Lolita durchaus realisiert, was mit ihr geschieht, ist keineswegs klar, was, wenn überhaupt etwas, das auslösende Moment war. Hat seine Wärme ihre Kälte hervorgerufen, oder spielte das hier ohnedies keine Rolle? In *Lolita* sind die Geschlechter sich so fern, wie sie es nur sein können.

*

Der letzte Bericht aus diesen Jahren baute auf all den anderen Untersuchungen und Ereignissen dieser Zeit auf und sollte ohne jeden Zweifel einen großen Fortschritt nach sich ziehen. Es war Betty Friedans 1963 erschienenes Buch *Der Weiblichkeitswahn*. Nach ihrem Abschluss am Smith College lebte Betty Goldstein als Journalistin in New York, in Greenwich Village. 1947 heiratete sie Carl Friedan, zog mit ihm in einen Vorort und wurde hauptberuflich Hausfrau und Mutter. Sie war gerne Mutter, aber sie wollte auch nicht auf einen Beruf verzichten und nahm deshalb ihre Arbeit als Journalistin wieder auf. Oder sagen wir einmal: Sie versuchte es. 1957 entschied sie, einen Artikel über ihr bevorstehendes fünfzehntes College-Treffen für das *McCall's*-Magazin zu schreiben. Zu diesem Zweck hatte sie einen Fragebogen an ihre ehemaligen Kommilitoninnen verschickt, den sie dann ihrem Artikel zu Grunde legte.[48] Mit diesen Fragen wollte sie herausfinden, wie diese Frauen mit ihrem Frausein umgingen und wie sich ihre Geschlechtszugehörigkeit auf ihr Leben auswirkte. Friedan stellte fest, dass sie sich in überwältigendem Maße unerfüllt und isoliert fühlten und ihre Männer um das andere Leben beneideten, das sie führen konnten, um ihre eigenen Freunde und Kollegen und die Herausforderungen, die sich ihnen draußen in der Welt stellten.

McCall's lehnte ihren Artikel ab. »Die männlichen Redakteure von *McCall's* sagten, es könne nicht wahr sein.« Sie schickte ihren Artikel an das *Ladies' Home Journal*, aber diesmal zog sie ihn selbst zurück, »denn sie hatten ihn so umgeschrieben, dass er das genaue Gegenteil von dem besagte, was ich hatte sagen wollen«. Sie versuchte es bei *Redbook*. Der Redakteur meinte zu ihrer Agentin nur: »Betty ist verrückt geworden«, bestenfalls »die neurotischste Hausfrau« könnte sich mit ihren Aussagen identifizieren.[49] Friedan verstand: »Was ich schrieb, bedrohte die Grundfesten der Welt der Frauenzeitschriften.« Sie beschloss, ihre Erkenntnisse in Buchform zu veröffentlichen.[50] Zuerst wählte sie den Titel *The Togetherness Woman*, änderte ihn dann jedoch in *The Feminine Mystique* (*Der Weiblichkeitswahn*): »Der Weiblichkeitswahn besagt, dass der höchste Wert und die einzige Verpflichtung für Frauen die Erfüllung ihrer Weiblichkeit sei«; dass Frauen also keinerlei Interesse an größeren gesellschaftlichen, politischen oder intellektuellen Fragen hätten und keinerlei Bedürfnis nach einer eigenen Karriere. Doch zu ihrer Überraschung fand Friedan heraus, dass diese Einstellung nicht immer geherrscht hatte und dieselben Zeitschriften, die ihren Artikel abgelehnt oder bis zur Unkenntlichkeit verstümmelt hatten, vor dem Zweiten Weltkrieg ganz andere Haltungen vertreten hatten. »Im Jahre 1939 waren die Heldinnen in den Kurzgeschichten und Romanen der Frauenzeitschriften zwar nicht immer jung, aber in gewissem Sinne jünger als ihr heutiges Gegenstück… Die Mehrzahl der Heldinnen in den vier größten Frauenzeitschriften [damals das *Ladies' Home Journal*, *McCall's*, *Good Housekeeping* und *Women's Home Companion*] waren glückliche, stolze, unternehmungslustige, attraktive berufstätige Frauen, die liebten und von ihren Männern geliebt wurden. Und die geistige Beweglichkeit, der Mut, die Selbstständigkeit, Entschlossenheit, Charakterstärke, die sie bei ihrer Tätigkeit als Krankenschwestern, Lehrerinnen, Künstlerinnen, Schauspielerinnen, Redakteurinnen oder Geschäftsfrauen bewiesen, waren ein Teil ihres Charmes. Sie schufen unbedingt eine Atmosphäre, sie waren Persönlichkeiten, die Bewunderung erweckten, und ihre Männer fühlten sich von ihnen angezogen, und zwar ebenso durch ihren Geist und ihren Charakter wie durch ihr Äußeres.«[51]

Dass sich das mittlerweile so deutlich verändert hatte, schrieb sie dem Krieg zu. In den Krieg ziehen »zu dürfen« sei für eine ganze Generation von Männern die größte Erfüllung gewesen. Doch dann kehrten sie zum »kleinen Frauchen« zurück, das natürlich auf sie gewartet hatte, während es allein die Familie ernährte, die oft ganz bewusst vor der Abreise der

Männer gegründet worden war. Die Männer kehrten aber auch zu guten Jobs zurück oder begannen vom *GI bill* (Gesetz für die kostenlose Hochschulausbildung von Veteranen) geförderte erstklassige Ausbildungen. Und schon entstand ein neues Muster, das von der familiären Flucht in die Vorstädte noch gefördert wurde, da sie die Isolation der Frauen noch verstärkte. In den sechziger Jahren, so Friedan weiter, begann sich die Frustration der Frauen schließlich Bahn zu brechen. Ihr Zorn und ihre Neurosen erreichten einen nie da gewesenen Level, wenn man den Antworten auf die von ihr verschickten Fragebögen trauen durfte. Das Problem war nur, dass es dafür noch keinen Namen gab – und hier sollte Friedans Buch Abhilfe schaffen. Das Problem ohne Namen wurde zum *Weiblichkeitswahn*.

Friedans Generalangriff gründete sich auf ausgiebigen Forschungen (denn das Buch war zu einer zwar polemischen, aber still und leise ordentlich durchgeführten Doktorarbeit geworden). Ihr Zorn richtete sich nicht nur gegen die Frauenzeitschriften und »die Madison Avenue«, die die Frauen in ihren »behaglichen vier Wänden« porträtierten, umgeben von neuesten Waschmaschinen, Staubsaugern und anderen arbeitssparenden Gerätschaften, sondern auch gegen Freud, Margaret Mead und die Universitäten, die ihrer Meinung nach alles getan hatten, um Frauen dem stereotypen Ideal anzupassen.[52] Freuds Theorie über den Penisneid hielt sie für reaktionär und für eine Umschreibung einer wissenschaftlich unbewiesenen Ansicht, dass die Frau dem Manne unterlegen sei. Mead habe mit ihren anthropologischen Studien zwar interessante Unterschiede zwischen Frauen in diversen Kulturen beschrieben, sei jedoch ebenfalls von einem Ideal ausgegangen, das die Frau grundsätzlich als passiv darstellt, wodurch sie wiederum nur zur Manifestierung von Stereotypen beigetragen habe. Mead, schreibt Friedan bezeichnenderweise, »hätte eine weniger bedeutende Rolle als berufene Sprecherin der Weiblichkeit gespielt, wenn sich die amerikanischen Frauen statt ihrer Bücher ihr Leben zum Beispiel genommen hätten«: Angesichts ihrer beruflichen Karriere, ihrer Scheidungen, ihrer lesbischen Liebhaberin und ihrer offenen Ehe hätte Meads persönliches Beispiel letztlich ein viel besseres Rollenvorbild für die moderne Frau abgegeben.[53] Friedans Untersuchungen brachten zu Tage, wie viele Frauen bereits als Teenager – und immer früher – heirateten und damit berufliche Karrieren aufgaben, während die an sie gestellten geistigen Anforderungen in der Ehe ins Nichts führten.[54] Und als eine der Ersten lenkte sie die Aufmerksamkeit auch auf die Tatsache, dass es auf Grund dieser schwierigen Umstände meistens die Mutter sei, die eines Tages beginne, ihre Kinder zu schlagen oder auf andere Weise zu missbrauchen.

Friedans Buch traf einen Nerv. Das ließ sich nicht nur an den unglaublich hohen Verkaufszahlen ablesen, sondern auch daran, dass es die Gründung der *President's Commission on the Status of Women* nach sich zog, die 1965 schließlich das diskriminierende Einkommensverhältnis (durchschnittlich der halbe Lohn für Frauen bei gleicher Arbeit) und den immer geringer werdenden Anteil von Frauen in gehobenen und leitenden Positionen publik machte. Als dieser Bericht von der Washingtoner Bürokratie einfach unterdrückt wurde, beschloss eine Gruppe von Frauen, die Dinge endlich selbst in die Hand zu nehmen. Betty Friedan war eine von ihnen. Sie trafen sich in Washington und gründeten NOW, die *National Organization of Women*. Die Zeit des modernen Feminismus war angebrochen.[55]

25
Die neue Conditio humana

Die Kinsey-Reports und die Studie von Betty Friedan vermittelten die Botschaft, dass sich die westlichen Gesellschaften nach dem Zweiten Weltkrieg im Umbruch befanden. Die Vereinigten Staaten bildeten hier die Vorhut, aber Veränderungen fanden auch in anderen Staaten statt, wenn auch vielleicht weniger folgenreiche. Vor dem Krieg hatte bei den Sozialwissenschaften die Anthropologie dank Franz Boas, Ruth Benedict und Margaret Mead die meiste Aufmerksamkeit auf sich gezogen, jedenfalls was das allgemeine Publikum betraf. Nun aber begannen andere sozialwissenschaftliche Disziplinen die Veränderungen in den westlichen Gesellschaften unter die Lupe zu nehmen, in erster Linie die Soziologie, Psychologie und Ökonomie.

Die erste bedeutende Studie aus diesen Forschungsbereichen war das 1950 von dem Harvard- (und späteren Stanford-)Soziologen David Riesman veröffentlichte Buch *The Lonely Crowd* (*Die einsame Masse*). Es beginnt mit einer Erklärung, weshalb die Soziologie der Anthropologie, die Riesman vergleichsweise »arm« fand, seiner Meinung nach so viel voraus hatte. Da es sich bei der Anthropologie nicht um eine große Disziplin handelt und sich viele ihrer Feldstudien auf Expeditionen unter der Beteiligung von meist nur einem einzigen Mann (oder einer Frau) beschränkten, weil für umfangreichere Projekte keine Mittel zur Verfügung stünden, sei sie amateurhaft geblieben und neige »zu einer holistischen Überverallgemeinerung von üblicherweise viel zu wenigen Daten«. Öffentliche Meinungsumfragen hingegen – das tägliche Brot der Soziologen seit Einführung der Gallup-Umfragen Mitte der Dreißigerjahre und ihre Nutzung zur Erkundung der öffentlichen Meinung während des Zweiten Weltkriegs – fand er sowohl in quantitativer Hinsicht, also in Bezug auf das Maß an erfahrbaren Details, als auch hinsichtlich der Repräsentanz ihrer Daten »reich«. Doch nicht nur in den Auswertungsmöglichkeiten von Umfragedaten sah Riesman einen gewaltigen Vorteil der Soziologie; für sie sprach auch, dass sie sich zunehmend solchen Themen wie Werbung, Träumen, Kinderspielen und Erziehungsmethoden zuwandte – alles mittlerweile »the stuff of history«. Damit ausgestattet, könnten Soziologen wie er zum

Beispiel Urteile über den amerikanischen Nationalcharakter mit einer Gewissheit fällen, an die ein Anthropologe niemals auch nur heranreichen würde. (Später sollte er diese Überheblichkeit bedauern, vor allem nachdem er sich gezwungen gesehen hatte, so manche seiner eigenen Generalisierungen wieder zurückzunehmen.)[1]

Riesman stand als Schüler von Erich Fromm indirekt in der Tradition der Frankfurter Schule. Wie sie vertrat auch er Ideen, die sich stark an Freud oder Max Weber orientierten, nämlich insofern, als *The Lonely Crowd* der Versuch war, eine Verbindung zwischen den Psychologien des Individuums und der Familie und der Psychologie ganzer Gesellschaften herzustellen. Riesmans Analyse beruhte auf zwei Thesen. Erstens: Gesellschaften machen im Laufe ihrer Entwicklung drei Stadien durch, die an Veränderungen innerhalb ihrer Bevölkerung gebunden sind. In älteren Gesellschaften mit ihren stabilen, aber relativ geringen Populationen sind die Menschen »traditionsgelenkt«. Im zweiten Stadium setzt ein rapides Bevölkerungswachstum ein, und die Menschen werden »innengelenkt«. Im dritten Stadium schließlich, in dem sich die jeweilige Population auf einer sehr viel höheren Ebene einpegelt, werden die Menschen »außengelenkt«. Seine zweite These lautete, dass sich auch die charakterprägenden Faktoren im Verlauf dieser Entwicklungsstadien verändern. Riesman hob besonders das Schwinden der elterlichen Autorität und des Einflusses der Familien hervor, das mit dem wachsenden Einfluss der Massenmedien und Peergroups, vor allem bei Jugendlichen, einhergeht.[2]

Mitte des zwanzigstens Jahrhunderts waren, so Riesman, Länder wie Indien, Ägypten und China noch deutlich traditionsgelenkt – alles Staaten, die über große, dünn besiedelte Gebiete verfügten, hohe Sterberaten und einen weit verbreiteten Analphabetismus hatten. Hier war das Leben noch von dem Verhaltenskodex und den Beziehungsmustern geprägt, die seit Generationen bestanden. Die Jugendzeit wurde als Lehrzeit betrachtet und der Zugang zur Erwachsenengesellschaft konnte nur durch einen formalen Initiationsritus erworben werden, den jeder durchlaufen musste. Solche Riten führten zu mehr Privilegien, aber auch zu mehr Verantwortung. Eine solche Gesellschaft sei von den »drei Rs« beherrscht – Ritual, Routine und Religion – und bringe »kaum die Energie auf,... neue Lösungen für uralte Probleme zu suchen«.[3] Der Frage, wie sich solche traditionsgelenkten Gesellschaften entwickeln, widmete sich Riesman nicht. Dafür befasste er sich umso detaillierter mit dem anschließenden Stadium, das gekennzeichnet ist von einem rapiden Bevölkerungsanstieg und dadurch geschaffenen ersten Veränderungen des bis dahin relativ stabilen Verhältnisses von Sterbe- und Geburtenraten, die dann wiederum sowohl Ursache als auch Folge weiterer sozialer Veränderungen werden. Das neu entstandene Ungleichgewicht fordert sämtliche traditionellen Reaktionsweisen heraus. Die neue Gesellschaft ist gekennzeichnet durch die zunehmende Mobilität des Einzelnen, durch rapide Akkumulation des Kapitals und eine nahezu konstante Expansion. Erst eine solche Gesellschaft (vergleichbar der Renaissance oder Reformation) kann laut Riesman schließlich einen Menschentypus hervorbringen, der »im Stande ist, ein soziales Leben zu führen, ohne sich von den rigiden und bis dahin selbstverständlichen Traditionen leiten zu lassen«. Riesmans Begriff der »Innengelenktheit« bezieht sich auf eine große Bandbreite von unterschiedlichen Charakteren, denen jedoch eines gemein ist – die Werte, von denen ihr Leben und ihr Verhalten geprägt sind, werden ihnen von Kindesbeinen an ausschließlich von den Eltern vermittelt und führen konsequenterweise zu einem Individualismus, der in sich konsistent das individuelle Verhalten in jeder künftigen Lebenssituation bestimmt. Innengelenkte Menschen seien traditionsbewusst – oder eher: sich ihrer unterschiedlichen Traditionen bewusst, da ja jedes Individuum aus einer ganz anderen Tradition stammen und dieser verpflichtet sein kann, so als verfüge jeder Mensch über ein eigenes »inneres Gyroskop«. Das prototypische Beispiel für die klassische innengelenkte Gesellschaft sei das viktorianische Großbritannien gewesen.[4]

Wenn nach den Sterberaten auch die Geburtenraten zu sinken beginnen, stabilisieren sich die Bevölkerungen wieder, allerdings auf einem höheren Level als zuvor. Immer weniger Menschen arbeiten nun auf dem Land, immer mehr leben in Städten, immer mehr im Überfluss, und immer mehr genießen längere Phasen der Freizeit; die Gesellschaften werden zentralisiert und bürokratisiert, und zunehmend sind *andere* an Stelle des eigenen materiellen Umfelds das Problem.[5] Die Menschen verschiedener sozialer Herkunft mischen sich in größerem Umfang und entwickeln mehr Sensibilität füreinander. Diese Gesellschaft erzeugt den »außengelenkten« Menschentyp, der, so Riesman, im zwanzigsten Jahrhundert am häufigsten in den USA anzutreffen war, da er sich in diesem Land ohne feudale Vergangenheit am ehesten zu Hause fühlte, vor allem in den amerikanischen Städten, wo es praktisch keinen Analphabetismus gab und gebildete Menschen für die Anforderungen des Lebens besser gerüstet waren.[6] Doch nunmehr mit Überfluss konfrontiert, erlitten die Disziplinierungsmöglichkeiten von Eltern und Familie einen Rückschlag, denn in kleineren und biologisch stabileren Familien waren solche Maßnahmen weniger gefordert. Und das zog nach Meinung von Riesman zweierlei nach sich: Erstens kam nun der Peergroup als sozialisierendem Einfluss mindestens so viel, wenn nicht sogar mehr Bedeutung zu als der Familie. Zweitens wurden Kinder zu einer gesellschaftlichen Marktkategorie, zur Zielgruppe nicht nur für die Hersteller von Kinderprodukten, sondern auch für die Medien, die den Verkauf dieser Produkte unterstützten. Das Bedürfnis nach Anleitung und Anerkennung durch andere Personen als die Eltern schuf schließlich die moderne Form von Konformität mit dem vordringlichsten Ziel, so zu sein wie andere – mit einem Wort: »populär« zu sein.[7] Und diese neue, außengelenkte Gruppe ist nun wesentlich mehr an der eigenen Psychologie interessiert als an der Arbeit für persönlichen Gewinn oder am Gemeinwohl. Sie will nicht geachtet, sondern geliebt werden; nichts ist ihr so wichtig wie das Verbundensein mit anderen.

Riesman verdeutlichte dieses Bild mit detaillierten Darstellungen der sich wandelnden Rollen von Eltern, Lehrern, der Print- und elektronischen Medien, der Ökonomie und der Arbeit. Von allen Veränderungen, die er beobachtete und beschrieb, erwartete er gleichermaßen gravierende Auswirkungen im privaten wie öffentlichen Sektor; für jeden Charaktertypus sah er drei Schicksalsmöglichkeiten vorgegeben – Anpassung, Anomie und Autonomie.[8] Später sollte er sich von einigen seiner Behauptungen wieder distanzieren und konzedieren, dass er das Ausmaß des Wandels in den Vereinigten Staaten überbewertet habe. Aber in einem hatte er ganz gewiss Recht – seine Beobachtung, dass sich Amerikaner mit nichts so sehr beschäftigten wie mit »Beziehungen«, ließ bereits ahnen, wie obsessiv sie sich im weiteren Verlauf des zwanzigsten Jahrhunderts jeder Art von Psychologie zuwenden würden, von der sie Hilfe für das Verständnis der eigenen Psyche erwarteten.

*

Die einsame Masse erschien im selben Jahr, in dem Senator Joseph McCarthy dem Republikanischen Frauenverband in Wheeling, West Virginia, mitteilte, dass er im Besitz einer Liste von kommunistischen Agenten im State Department sei. Bis dahin war McCarthy ein unauffälliger Politiker aus dem Mittleren Westen mit einem Alkoholproblem.[9] Mit dieser Behauptung gelang es ihm jedoch, eine »moralische Panik« in den USA zu schüren, sodass schließlich 151 Schauspieler, Schriftsteller, Musiker und Radio- oder Fernsehunterhalter wegen »kommunistischer Umtriebe« angeklagt wurden und sich der Generalstaatsanwalt dazu veranlasst sah, eine Liste mit den Namen von 179 »totalitären, faschistischen, kommunistischen und anderweitig subversiven Organisationen« zu veröffentlichen.* Während also McCarthy und der US-Generalstaatsanwalt Jagd auf Kommunisten und »Subversive« machten, waren andere entsetzt über die Panik, die sie damit auslösten, und das, was sie über den geistigen Zustand der Vereinigten Staaten aussagte. Auch viele der aus Europa geflüchteten Wissenschaftler begannen nun zu fürchten, dass sogar in den Vereinigten Staaten reichlich faschistisches Potenzial schlummerte. Genau diese Überlegung lag jedenfalls einer psychologischen Untersuchung

* Zu den namentlich aufgeführten Personen gehörten zum Beispiel Leonard Bernstein, Lee J. Cobb, Aaron Copland, José Ferrer, Lillian Hellman, Langston Hughes, Burl Ives, Gypsy Rose Lee, Arthur Miller, Zero Mostel, Dorothy Parker, Artie Shaw, Irwin Shaw, William L. Shirer, Sam Wanamaker und Orson Welles.

zu Grunde, die sich inhaltlich mit der *einsamen Masse* überlappte und fast zur selben Zeit erschien.

Die Idee zu dieser Studie mit dem Titel *Der autoritäre Charakter* war bereits 1939 entstanden, als im Rahmen eines gemeinsamen Projekts der *Berkeley Public Opinion Study* und des *American Jewish Committee* der Antisemitismus in den Vereinigten Staaten untersucht werden sollte.[10] Anhand eines Fragebogens wollte man herausfinden, ob sich ein »potenziell faschistischer Charakter« anhand eines psychologischen Profils feststellen ließ. Zum ersten Mal hatte die Frankfurter Schule einen quantitativen Ansatz gewählt; die Ergebnisse ihrer »F«-Skala (für »faschistisch«) »schienen alarmierend«.[11] »Es stellte sich heraus, dass Antisemitismus ... die sichtbare Grenze zu einer funktionsgestörten Persönlichkeit [darstellt], welche sich nicht nur in den vielen ›ethnozentrierten‹ und ›konventionellen‹ Einstellungen der allgemeinen amerikanischen Öffentlichkeit enthüllte, sondern auch in einer beunruhigend unterwürfigen Haltung gegenüber Autoritäten aller Arten.«[12] Genau das war das Bindeglied zu Riesman – solche potenziellen Faschisten waren »außengelenkte«, also ganz normale, konventionelle Amerikaner. *Der autoritäre Charakter* endete mit der Warnung, dass die Vereinigten Staaten der Nachkriegszeit eher vom Faschismus als von Kommunismus bedroht seien und der Faschismus gerade auf dem besten Wege sei, »eine neue Heimstatt« auf der westlichen Seite des Atlantiks zu finden und das bürgerliche Amerika in die schwarze Seele der modernen Zivilisation zu verwandeln.[13] Eine andere Schlussfolgerung dieser Studie lautete, dass der Holocaust nicht einfach nur die Folge der spezifischen Denkmuster und Degenerationstheorien des Nationalsozialismus gewesen sei, sondern die Rationalität, die die kapitalistische Kultur des Westens selbst vertrat, verantwortlich sei. Theodor W. Adorno, unter den Vertretern der Frankfurter Schule im Exil der Hauptautor dieser Studie, stellte fest, dass links orientierte Menschen emotional stabiler und gewöhnlich auch glücklicher seien als ihre konservativen Gegenparts, während der Kapitalismus die Tendenz habe, funktionsgestörte Persönlichkeiten und äußerst autoritäre Antisemiten hervorzubringen, für die Vernunft und Macht Bündnispartner seien. Für solche Persönlichkeiten sei das Pogrom nur der ultimative Ausdruck dieser Macht.[14] Während *Die einsame Masse* als ein früher Versuch betrachtet werden kann, öffentliches Umfragematerial mit den Methoden der Sozialpsychologie und Soziologie auszuwerten, um den Charakter einer ganzen Nation verstehen zu können – ein zwar rationaler, aber nicht durchgehend erfolgreicher Versuch, neue Wissensformen zu assimilieren –, stellte *Der autoritäre Charakter* vielleicht eher einen späten Wurf germanischer Traditionen von Freud bis Spengler dar, einen erneuten groß angelegten Versuch, das westlich-atlantische Bündnis aus Rationalismus, Empirie und Demokratie zu diskreditieren. Es war eine fesselnde These, vor allem vor dem Hintergrund des faulen Zaubers, den McCarthy und seine Anhänger betrieben. Doch kaum veröffentlicht, wurde sie von Kollegen der Zunft heftigst attackiert und sämtliche Schlussfolgerungen dieser Studie zerpflückt. Aber da war die durch nichts erhärtete Typisierung »der autoritäre Charakter« bereits unsterblich geworden.

Ein wesentlich genaueres Bild des Totalitarismus, sowohl im Hinblick auf sein Entstehen als auch auf seine möglichen Ausdrucksformen in der Nachkriegswelt (und vor allem in den USA), lieferte Hannah Arendt, die nach ihrer Flucht aus Frankreich 1941 nach New York emigriert war. Nachdem sie einige Zeit völlig verarmt in Manhattan gelebt und Englisch gelernt hatte, begann sie zu schreiben und sich im intellektuellen Zirkel der *Partisan Review* zu bewegen. Nach Zwischenstationen als Professorin in Princeton, Chicago und an der University of California und nachdem sie bereits regelmäßig für den *New Yorker* geschrieben hatte, ließ sie sich endgültig in New York nieder und begann an der New School for Social Research zu lehren, wo sie bis zu ihrem Tode 1975 bleiben sollte.[15] Ein Ziel, das sich die New School mit ihrer *University in Exile* für die seit den dreißiger Jahren vor dem Faschismus geflüchteten europäischen Intellektuellen gesteckt hatte, war die Amalgamierung des europäischen und amerikanischen Denkens. In den USA erwarb sich Hannah Arendt im Laufe dieses Prozesses einen Namen mit drei sehr einflussrehichen – und gleichermaßen umstrittenen – Werken: *Elemente und Ursprünge totaler Herrschaft* (1951), *Vita activa oder Vom tätigen Leben* und *Eichmann in Jerusalem. Ein Bericht über die Banalität des Bösen* (1963).[16] Das Manuskript zu *Elemente und Ursprünge totaler Herrschaft* hatte sie gleich nach Kriegsende begonnen und im Verlauf von mehreren Jahren immer wieder umgeschrieben.[17] In dieser Studie ging es ihr um eine prinzipielle Klärung der Frage, weshalb eine im Rahmen der Weltpolitik so »unbedeutende« Angelegenheit wie »die jüdische Frage« oder der Antisemitismus zum Katalysator der nationalsozialistischen Bewegung, eines Weltkriegs und schließlich der Errichtung von Todesfabriken werden konnte.[18] Eine ihrer Antworten lautete, dass die Massengesellschaft Einsamkeit und Isolation mit sich bringt – Riesmans »einsame Masse« – und sich unter solchen Bedingungen ein Gefühl »von der Überflüssigkeit« einstellt und das Verlangen »nach politischer Organisation« geweckt wird, welches dann vom Faschismus wie Kommunismus gleichermaßen erfolgreich bedient werden konnte.[19] Beide Systeme statteten die Menschen mit öffentlichen Identifikationsmöglichkeiten aus: Mit Uniformen wurde Zugehörigkeit zur Schau gestellt, mit speziellen Rängen die Anerkennung und Achtung anderer eingefordert und mit Massenveranstaltungen ein Gemeinschaftsgefühl hergestellt. Dass Arendt nun aber die Einsamkeit des Einzelnen als Grundbedingung von totaler Herrschaft so hervorhob (»Die totalitären

Bewegungen sind Massenorganisationen atomisierter und isolierter Individuen«[20]), löste die heftigsten Kontroversen um ihre Analyse aus. Denn obwohl sie Stalinismus und Nazismus gleichsetzte und damit bei vielen den Eindruck erweckte, als plädiere sie für den amerikanischen Way of Life als einzig noch verbleibende Alternative, schien sie damit zugleich nahe zu legen, dass die Vermassung der Gesellschaft *grundsätzlich* ein Schritt zum Totalitarismus ist, unausweichlich zur Ausprägung der »Banalität des Bösen« führt und deshalb auch die neue westliche Massengesellschaft Gefahr laufe, sich dem totalitären Osten immer weiter anzunähern.[21]

In ihrer Studie *Vita activa* versuchte Arendt Lösungen für die Probleme anzubieten, die sie in ihren vorangegangenen Werken identifiziert hatte. Die grundlegende Schwierigkeit mit modernen Gesellschaften sei, dass sich der Mensch politisch (nicht psychologisch) entfremdet fühle: Der gewöhnliche Bürger habe keinen Zugang zu den Insiderinformationen der politischen Elite; die Bürokratie beherrsche alles; das Prinzip »ein Mensch, eine Stimme« gelte nicht mehr viel; und all das gewinne noch zusätzlich Bedeutung, wenn das Individuum mit dem Anwachsen riesiger Konzerne noch weniger Kontrolle über seine Arbeit hat, wenn es noch weniger Tätigkeiten gibt, die ihm Erfüllung bieten, und es noch weniger Einfluss auf das eigene Einkommen hat. Der Mensch fühlt sich allein gelassen, wisse aber, dass er alleine weder handeln noch leben kann.[22] Mit ihrer Vorstellung einer Lösung griff Arendt ihrer Zeit weit voraus: Früher oder später werde sich die Politik personalisieren – also exakt so verfahren, wie wir es heute mit unserer »Themenpolitik« tun (zum Beispiel wenn wir spezifische Themen wie die Umwelt, die Gleichstellung von Mann und Frau oder genmanipulierte Lebensmittel jeweils separat behandeln).[23] Auf diese Weise, so Arendt, habe jeder Mensch die Chance, ebenso informiert zu sein wie ein Experte und könne versuchen, die Kontrolle über sein eigenen Leben zu gewinnen und obendrein aktiv bei der Ausprägung von Politik mitzuwirken. Arendt hatte Recht, was die Personalisierung von Politik anbelangt – es sollte zwar noch eine Weile dauern, aber es *wurde* zu einem wesentlichen Element unseres kollektiven Lebens.

Wie Hannah Arendt war auch Erich Fromm Deutscher und Jude. Als Mitglied des Instituts für Sozialforschung war er wie seine Kollegen aus der Frankfurter Schule zur Emigration gezwungen. Er war 1934 in die Vereinigten Staaten geflohen, wo er sich wieder dem nun »Frankfurt Institute for Social Research« genannten und der Columbia-Universität angegliederten Institut anschloss. Fromm stammte aus einer sehr orthodoxen Familie. 1920 war er dem »Freien Jüdischen Lehrhaus« um Franz Rosenzweig in Frankfurt am Main beigetreten (wo unter anderen auch Martin Buber lehrte). Diese Erfahrung veranlasste ihn schließlich, die Interaktionen in der Gemeinschaft und die Entstehung von Klassenbewusstsein zu untersuchen – eine der ersten Untersuchungen über die Bindeglieder zwischen Psychologie und Politik. Anhand der Antworten auf über eintausend von ihm verteilten Fragebögen fand Fromm heraus, dass sich die Menschen nicht, wie er erwartet hatte, in revolutionäre Arbeiter und nichtrevolutionäre Bürger einteilen ließen – und zwar nicht nur deshalb, weil es auch konservative Arbeiter oder bourgeoise Revolutionäre gab, sondern auch deshalb, weil sich sogar politisch weit links stehende Arbeiter häufig zu überraschend nichtrevolutionären, autoritären Einstellungen in Bereichen bekannten, die allgemein als unpolitisch wahrgenommen werden, zum Beispiel Kindererziehung oder Mode.[24] Nicht zuletzt solche Erkenntnisse überzeugten Fromm und seine Kollegen aus der Frankfurter Schule, dass der Marxismus im Lichte Freuds modifiziert werden musste.

Fromms frühe Arbeiten wiesen Parallelen zu Riesman, Adorno und Arendt auf, doch mit seiner 1955 erschienenen Studie *Wege aus einer kranken Gesellschaft* ging er noch ein beträchtliches Stück weiter.[25] Anstatt sich nur auf die Mängel der Massengesellschaft zu konzentrieren, widmete er sich nun der viel ungewöhnlicheren Frage, ob man eine ganze Gesellschaft als krank betrachten könne. Viele empfanden diese zentrale Frage Fromms als geradezu anmaßend und daher praktisch wertlos. Für ihn aber ging kein Weg daran vorbei. Im Vorwort erklärte er, dass dieses Buch nicht nur eine Fortsetzung seiner zuvor verfassten Werke *Escape from Freedom* und *Man for Himself* sei, sondern auch auf »grundlegenden Erkenntnissen« aufbaue, »wie sie unter dem Einfluss der Ideen und Experimente der Generation nach Freud weitergeführt wurden«, obwohl sich seine Vorstellungen »in dieser Hinsicht wesentlich von denen Freuds unterscheiden«. Zuerst einmal führte er Statistiken zu einem uns heute längst vertrauten Phänomen an: »Dänemark, die Schweiz, Finnland, Schweden und die Vereinigten Staaten sind die Länder mit der höchsten Selbstmordrate und der höchsten kombinierten Selbstmord- und Mordrate«, wohingegen katholisch dominierte Länder die niedrigsten aufwiesen.[26] Also mussten diese protestantisch geprägten Staaten logischerweise kränker sein als andere. Es folgte eine Analyse – aus einer Mischung von psychoanalytischen, ökonomischen, soziologischen und politischen Aspekten –, die ihn zu dem Schluss führte: »Das Problem des neunzehnten Jahrhunderts war, dass *Gott tot ist*; das Problem des zwanzigsten Jahrhunderts ist, dass *der Mensch tot ist*.«[27] Das Problem mit dem Kapitalismus sei, dass er schreckliche Folgen für die Menschheit habe, trotz all seiner Stärken und obwohl er selbst das Resultat so vieler Freiheiten sei. Arbeit zum Beispiel konnte man Fromms Ansicht nach mittlerweile nur noch als eine Ausübung von Tätigkeiten bezeichnen, für die noch keine Maschinen erfunden wurden. Doch letztlich kleidete er das vertraute Argument, dass Arbeit im zwanzigsten Jahrhundert für die meisten Menschen entfremdend, langweilig und bedeutungslos geworden war und vor eine Unzahl von Problemen stellte, nur in ein moderneres Gewand. Er griff auf Formulierungen wie »Unbehagen in der Kultur« und »Entfremdung« zurück, aber die Bedeutung der Kritik Fromms lag in der Behauptung, dass die einengende Erfahrung der modernen Arbeit unmittelbar mit dem geistigen Zustand – der Gesundheit – einer Gesellschaft zusammenhänge. Die Massengesellschaft verwandle den Menschen in eine Ware; sein Wert als Mensch werde nur noch an seiner eigenen Absetzbarkeit gemessen und nicht mehr an seinen menschlichen Qualitäten, wie zum Beispiel der Fähigkeit zu lieben, logisch zu denken oder Kunst zu schaffen. Am Ende schreibt Fromm, dass die »einzige Alternative zum drohenden Robotertum« die Erschaffung einer »gesunden Gesellschaft« sei, denn das erste Opfer des »Superkapitalismus« sei die Beziehung von Mensch zu Mensch: Wir brauchten »eine Gesellschaft, in der der Mensch zu seinen Mitmenschen liebend in Beziehung tritt, in der er die Bindungen an Blut und Boden durch die Bande der Brüderlichkeit ersetzt; eine Gesellschaft, die ihm die Möglichkeit gibt, durch schöpferische Arbeit die Natur zu transzendieren anstatt zu zerstören«.[28] Riesman hatte betont, dass Jugendliche vor allem an Beziehungen interessiert sind, die ihre Popularität steigern können; Fromm hingegen sorgte sich, dass die Menschen einander allmählich indifferent gegenüberstehen. Und wo ein jeder als »Ware« betrachtet werde, könne man ihn auch bald selbst nicht mehr von Dingen unterscheiden. Fromm hatte die Literatur durchforstet nach Aussagen über die Verringerung der Lebensqualität, über den Verlust des Interesses an den schönen Künsten, je mehr die Menschen von ihrer Arbeit in Anspruch genommen wurden. Sein Ziel war in Wahrheit viel weniger die Gesundheit des Menschen als die Wahrung seiner Würde (was 1949 auch Arthur Millers Anliegen mit seinem Stück *Tod eines Handlungsreisenden* gewesen war). Fromm bot trotz seines psychoanalytischen Denkansatzes und seiner Diagnose, dass die westliche Gesellschaft nach dem Krieg verrückt geworden sei, kein psychologisches Rezept für ihre Gesundung an. Stattdessen brachte er klipp und klar zum Ausdruck, dass der Charakter der Arbeit geändert, die sozialen Vereinbarungen in den Fabriken und Büros neu definiert und die Voraussetzungen für ein Mitspracherecht bei den Entscheidungen des Managements geschaffen werden müssten, wenn die gravierenden psychologischen Schäden, die er überall um sich wahrnahm, auch nur ansatzweise geheilt werden sollten.

*

Als einer der Hauptschuldigen für die von Fromm beschriebenen Zustände galt der Großkonzern oder »die Organisation«, und dieser widmete sich insbesondere W. H. Whyte in seinem Buch *Organisation Man*. Es erschien ein Jahr nach Fromms Studie, war wesentlich schärfer und provokativer, entsprach ihr aber inhaltlich sehr.[29] Whytes Buch war jedoch besser geschrieben (er war Journalist beim *Fortune*-Magazin) und pointierter, ein beeindruckender, aber nicht immer sympathisierender Bericht über das Leben und die Kultur der »außengelenkten« amerikanischen Bürger der Nachkriegszeit. Whyte nahm an, dass riesige Organisationen einen bestimmten Menschenschlag nicht nur anziehen, sondern auch hervorbringen, und dass es eine spezifische Psychologie gibt, die den Erfordernissen von Unternehmen und Organisationen besonders entgegenkommt. Doch vor allem sah er in »der Organisation« einen Niedergang der protestantischen Ethik, da in deren Dunstkreis immer ein deutlicher Rückgang von Individualität und Abenteuerlust zu verzeichnen sei.[30] Jedes Mitglied einer Organisation wisse, dass man es dort nur zu etwas bringen kann, wenn man sich als Teil der Gruppe versteht, populär ist und es vermeidet, Unruhe in das System zu bringen. Der Organisationsmensch, so Whyte, ist konservativ und arbeitet fremdbestimmt.[31] Genau diesen Umstand hielt er für eine entscheidende Weiche in der amerikanischen Geschichte: Die wichtigsten Motivationen in einem Unternehmen seien »Zugehörigkeit« und »Zusammengehörigkeit«. Nicht weniger entlarvend waren die Argumente, auf die Whyte seine Analyse stützte: Kurz zuvor hatte sich eine historische Veränderung im amerikanischen Erziehungs- und Ausbildungssystem abzuzeichnen begonnen, und Whyte stellte nun anhand einer Tabelle alle Studienfächer dar, die diesen Wandel reflektierten: Während zwischen 1939 und 1946 und 1954 und 1955 der Zulauf zu den Grundlagenfächern (Geisteswissenschaften, Naturwissenschaften) abgenommen hatte, war ein deutlicher Anstieg in den praktischen Fächern (Ingenieurswesen, Erziehungswissenschaften, Landwirtschaft) zu verzeichnen.[32] Whyte fand das bedauerlich. Er sah darin eine Einschränkung des Lebens, weil die Menschen nicht nur von vornherein weniger Wissen erwerben, sondern auch künftig weniger erfahren und ein viel engeres Leben führen würden, wenn sie sich bereits als Studenten nur noch mit Kommilitonen befreundeten, die ihre eigenen Interessen teilten.[33] Im Anschluss an diese Darstellung übte Whyte heftige Kritik an der »Personalindustrie« und den Konzepten von »Persönlichkeit« und Persönlichkeitstests, die seiner Meinung nach zur Ausbildung von konformistischen, konservativen Charakteren noch zusätzlich beitrugen. Am meisten missfielen ihm die psychoanalytischen Interpretationen solcher Persönlichkeitstests (die er auf eine Stufe mit Astrologie stellte). Seinen entscheidenden Angriff aber sparte er sich für »die Vorstadt« auf – eine »Filiale« der Organisation und perfekte Verlängerung ihrer spezifischen Gruppenpsychologie. Anhand von Karten über die Entwicklung von Vorstadtsiedlungen verdeutlichte er, wie außerordentlich begrenzt das soziale Leben dort war und wie stark es die Orientierung am Nachbarn erforderte (er schildert zum Beispiel die häufigen nachbarlichen Bridgeabende, gemeinsamen Picknicks und Partys). Damit unterstrich er sein zentrales Argument, dass der Organisationsmensch ein Leben unter dem Regime einer »gutartigen Tyrannei« führe, das die Menschen zu genau jener Extrovertiertheit zwinge, welche die Organisation als die bei weitem erstrebenswerteste Eigenschaft propagierte.[34] Sie opferten ihr Privatleben und ihre individuellen Eigenarten, um sie durch einen zwar lebbaren, aber völlig unreflektierten Lebensstil zu ersetzen, der sie von Gruppenaktivität zu Gruppenaktivität führt, aber nirgends hinbringe und jede dritte Familie ohnedies innerhalb eines Jahres umziehe, am wahrscheinlichsten in eine vergleichbare Gemeinde in Hunderten Kilometern Entfernung. Whyte erkannte, dass der Organisationsmensch – genau wie es Riesman vom »außengelenkten« Menschen behauptet hatte – tolerant und ohne Arg ist und sich durchaus bewusst ist, dass es andere Möglichkeiten, zu leben, *gibt*. Sein Käfig ist vergoldet, aber eben ein Käfig.

*

Whyte gefielen die Veränderungen, die er um sich wahrnahm, ganz und gar nicht, aber er betrachtete sie unvoreingenommen und ohne Zorn. Das konnte man von C. Wright Mills nicht gerade behaupten. Mills bezeichnete sich selbst gerne als einen »akademischem Outlaw«.[35] Als geborener Texaner fiel es ihm auch nicht schwer, das passende äußere Bild für diese Selbstdarstellung abzugeben, zumal er auch noch ein riesiges Ungetüm von Motorrad zu fahren pflegte. Aber Mills war nicht zum Scherzen zu Mute, jedenfalls nicht immer. Als ausgebildeter Soziologe, der während des Krieges in Washington gelehrt und dort die neuen sozialwissenschaftlichen Techniken kennen gelernt hatte, die in den späten dreißiger Jahren aufgetaucht und im Laufe des Krieges perfektioniert worden waren, hatte er erkannt, dass sich die amerikanische Gesellschaft (wie auch die anderer westlicher Staaten, wenngleich in geringerem Maße) veränderte – und er hasste diese Tatsache. Im Gegensatz zu David Riesman und Whyte gab er sich nicht damit zufrieden, diesen soziologischen Wandel zu beschreiben; er sah sich als Frontkämpfer in einem neuen Krieg und als einen Warner vor den Gefahren, die die Vereinigten Staaten zu überrollen drohten. Damit manövrierte er sich selbst in eine Ecke, in der ihn viele Kollegen attackieren konnten, die fanden, dass er seine Sache mächtig überzog. So gesehen war er tatsächlich ein Outlaw.

Mills, Jahrgang 1916, hatte sich bereits während des Krieges, als er an der University of Maryland in Washington lehrte, für die Arbeit von Paul Lazersfeld im »Bureau of Applied Social Research« an der New Yorker Columbia University zu interessieren begonnen, in dem eine Menge Studien für die Regierung erstellt wurden. Lazersfelds grundlegend statistischer Forschungsansatz war sehr gefragt, seit die Regierung der angewandten Sozialforschung Mittel zur Klärung von kriegswichtigen Fragen bereitstellte.[36] Für Mills hatte diese kriegsbedingte Situation zwei Folgen: Erstens wurde er sich der Veränderungen in der amerikanischen Gesellschaft stärker bewusst, und zweitens gelangte er zu seiner unverbrüchlichen Ansicht, dass Soziologie einen praktischen Nutzen haben müsse, sich also nicht allein die Funktionsweisen der Gesellschaft zum Studienobjekt machen dürfe, sondern den Durchschnittsbürger mit jenen grundlegenden Informationen auszustatten habe, die dieser braucht, um kluge Entscheidungen treffen zu können. Im Prinzip war das dieselbe Idee, die zu dieser Zeit auch Karl Mannheim in London propagierte. Nach dem Krieg übersiedelte Mills nach New York, wo er sich in den intellektuellen Zirkeln um Philip Rahv, Dwight Macdonald und Irving Howe von der *Partisan Review* oder um Daniel Bell, den Herausgeber des *New Leader,* bewegte.[37] An der Columbia University lernte er auch Robert Lynd kennen, den berühmten Verfasser der *Middletown*-Studie, dessen Ruhm den Zenit damals allerdings schon überschritten hatte. Zwischen 1948 und 1959 veröffentlichte Mills schließlich eine Reihe von Büchern von einer wahrlich seltenen intellektuellen Konsistenz. Dank der Ausbildungsförderung für ehemalige Soldaten (»GI Bill«) kam es Ende der vierziger, Anfang der fünfziger Jahre zu einer Flut von Studenten an den Hochschulen. Damit wurde nicht nur der allgemeine Standard angehoben, sondern in der Folge auch eine Gesellschaft geschaffen, in der es grundsätzlich mehr und auch interessantere Jobs gab, sowie mehr beruflich genutzte Spezialgebiete. Mills betrachtete es als seine Aufgabe, diese neue Situation kritisch unter die Lupe zu nehmen.

Seine Bücher erschienen in folgender Reihenfolge: *The New Men of Power* (1948), *White Collar* (1951), *The Power Elite* (1956) und *The Sociological Imagination* (1959). In allen kam seine Überzeugung zum Ausdruck, dass Arbeit mittlerweile nicht mehr *die* große gesellschaftliche Frage war: »Das Ende des Themas Arbeit in der Innenpolitik wurde von der Wandlung Russlands von einem Bündnispartner in einen Feind und von der zunehmenden kommunistischen Bedrohung begleitet. Das Ende von Utopia war zugleich das Ende der Ideologie, da sich die Arbeiterbewegung von einer sozialen Bewegung in eine Interessengruppe verwandelte. Das entscheidende politische Thema war nun ›Totalitarismus versus Freiheit‹ und nicht mehr ›Kapitalismus versus Sozialismus‹.« Zudem habe das Auto ein Leben in der Vorstadt ermöglicht, in dessen Mittelpunkt die Hausfrau stand, »eine Fachkraft im Hinblick auf Konsum und die Wahrung des familiären Zusammenhalts«.[38] Das Heim und die Privatsphäre, nicht mehr der Arbeitsplatz und die Versammlungsstätten der Gewerkschaften, standen nun im Zentrum der Aufmerksamkeit. Die Weichen für diese Entwicklung seien bereits in den dreißiger Jahren gestellt worden, während der unentwegten staatlichen Interventionen zu Zeiten der Weltwirtschaftskrise. Sogar »Promis« (»celebrities«) stellte Mills erstmals als eigenständige gesellschaftliche Gruppe dar.[39] Das Resultat dieser Entwicklung sei gewesen, dass die einst »radikal individualistischen« Amerikaner »zur Masse« geworden waren, »konformistische Gewohnheitstiere« hatten »freidenkende Aktivisten« abgelöst.[40] In *Organisation Man* konzentrierte sich Mills auf die mittleren Etagen der Organisationen; in *The New Man of Power* betrachtete er dann die Führungskräfte – einen, wie er schrieb, ganz neuen Schlag, weil sie inzwischen Chefs von riesigen bürokratischen Organisationen und damit Angehörige einer neuen Machtelite, Teil des Mainstreams geworden waren. In *White Collar* war sein Thema die Transformation der »wurzellosen und amorphen« amerikanischen Mittelklasse: »Eine Gruppe, deren Status und Macht auf nichts Wahrnehmbarem beruht… wahrhaft eine Klasse in der Mitte, sich ihrer selbst unsicher« und ausgesprochen anomisch, was sie zu den besten Verwertern jener Tranquilizer machte, die gerade den Markt eroberten.[41] Diese White-collar-Kultur hatte sich mittlerweile still und leise in der modernen Gesellschaft breit gemacht. Welche persönliche Geschichte ihre Vertreter auch hätten, sie sei immer ereignislos; welche gemeinsamen Interessen es auch gebe, sie führten nie zu einer Einheit; und welche Zukunft ihnen auch bevorstünde, sie werde nie von ihnen selbst gewählt sein.[42] »Die im neunzehnten Jahrhundert geborene und während der ganzen dreißiger Jahre gehegte Idee, dass die Arbeiterklasse der Träger einer neuen, progressiveren Gesellschaft sein werde«, war ad acta gelegt worden, so die Schlussfolgerung von Mills, bevor er in dem Abschnitt über Mentalitäten schließlich die subversive Idee vorstellte, dass die White-collar-Klasse in Wirklichkeit gar nicht die neue Mittelschicht sei, sondern die neue Arbeiterklasse.[43]

Diese Neubewertungen der amerikanischen Gesellschaft kulminierten 1956 in Mills Buch *The Power Elite* – ein Begriff und eine These, die von vielen aus der Studentenbewegung in den Sechzigerjahren als kongenial empfunden wurde. Hier schloss sich Mills Max Webers Ideen an (er hatte dazu beigetragen, Webers Werke ins Englische zu übersetzen): »Die Kohäsion der modernen Gesellschaft [ist] eine neue Form von Dominanz, ein soziales System, in dem Macht breiter gestreut und weniger sichtbar ist als in früheren Gesellschaftsordnungen. Im Gegensatz zur unmittelbaren Macht, die der Fabrikbesitzer über seine Angestellten und der autokratische Herrscher über seine Untertanen ausübt, wurde moderne Macht bürokratisiert und ist damit weniger leicht zu lokalisieren und zu erkennen… Das neue Gesicht der Macht in der Massengesellschaft ist das Unternehmerische, das eines ineinander verflochtenen hierarchischen Systems.«[44] Im traditionellen Amerika »waren Familie, Schule und Kirche die entscheidenden Institutionen gewesen, um die herum das Sozialgefüge dann zu erstarren begann. Im modernen Amerika wurden sie durch das Unternehmen, den Staat und die Armee ersetzt, die zwar alle in einer eigenen Technologie eingebettet sind, aber ein System aus ineinander fließenden Prozessen bilden.«[45]

Der Titel von Mills letztem Buch *The Sociological Imagination* war eine besonders raffinierte Formulierung, weil er die entscheidende Aussage bereits beinhaltete – nämlich dass man die Welt und die in ihr möglichen Erfahrungen auf ganz neue Weise betrachten und damit dem modernen Menschen helfen könne, »seine eigenen Erfahrungen zu verstehen und sein eigenes Schicksal zu kalibrieren ..., indem er sich in einen Bezug zu seiner eigenen Zeit stellt und sich somit seiner Chancen im Leben klar wird ..., indem er all der Individuen gewahr wird, die sich in der gleichen Lage befinden wie er« (wieder ein Anklang an Mannheim).[46] Wie Hannah Arendt war auch Mills bewusst geworden, dass sich mit dem Zusammenbruch der alten Kategorien auch der Charakter von Politik verändert hatte und mit den neuen Gruppenzugehörigkeiten auch die individuellen Identitäten zusammengebrochen waren und nicht mehr zum Tragen kommen konnten. Konsequenterweise verstand er es als Aufgabe der Soziologie, einen neuen Pragmatismus zu schaffen, »persönliche Sorgen zu öffentlichen Fragen [zu machen] und öffentliche Fragen in die Begriffe ihrer menschlichen Relevanz [zu verwandeln], die sie für unzählige Individuen haben«.[47] Mills' Vision war erfrischend. Sie basierte nicht, oder wenigstens nicht nur, auf Vorurteilen, sondern auf Forschung. Seine Analyse ergänzte die Studien anderer und sein begeisterter Einsatz für die Umsetzung von Wissen in die Praxis war eine Vorwegnahme der direkten politischen Aktion, die viele Akademiker – und vor allem Soziologen – in den kommenden Jahrzehnten fordern und ausüben sollten. Mills war eine Art Sartrescher *homme revolté* im Wissenschaftsbetrieb, und er genoss das. Viele versuchten ihm nachzueifern, aber niemand mit diesem Erfolg.

*

Eine ganz andere Analyse des Wandels, dem die amerikanische und implizit auch andere westliche Gesellschaften unterlagen, bot der Ökonom John Kenneth Galbraith. Galbraith, ein über 1,90 Meter großer Wissenschaftler aus Harvard und Princeton, der die Leitung der US-Preiskontrolle* während des Krieges übernommen und unmittelbar danach die Folgen der strategischen Bombardierung Deutschlands untersucht hatte, entdeckte noch vor dem Aufstieg der Massengesellschaften in der Nachkriegszeit eine gravierende Verlagerung der ökonomischen Sensibilitäten. Seine Ansichten schlossen sich – unbewusst vielleicht – Karl Poppers Idee an, dass Wahrheit im wissenschaftlichen Sinne immer nur temporär sein kann – nämlich bis sie durch spätere Erkenntnisse modifiziert wird.

Für Galbraith war die Ökonomie eine aus reiner Not geborene

* Anm. d. Ü.: Das einflussreichste zivile Amt der Kriegswirtschaftsführung.

»schwammige« Disziplin: Während der längsten Zeit der Geschichte habe die Menschheit unter der großen Ungleichheit gelitten, die durch die gewaltigen Entbehrungen der Mehrheit und den immensen Reichtum einiger Weniger entstanden war. Zu einer Veränderung dieses Allgemeinzustands habe es aber nicht kommen können, da die Ökonomie immer auf der Prämisse beruhte, dass die Steigerung des Einkommens einer Person unweigerlich die Abnahme der Profite einer anderen zur Folge habe. Das Erbe dieser ökonomischen Denkweise war daher, dass hinter der Fassade von Hoffnung und Optimismus immer auch die ständige Furcht vor Armut, Ungleichheit und Unsicherheit lauerte.[48] Dieser pessimistische Blick aus der Position der politischen Mitte sei durch die Visionen der Rechten und Linken noch zusätzlich getrübt worden: Die Sozialdarwinisten behaupteten, dass Konkurrenz und gelegentliches Versagen etwas ganz Normales seien – nämlich schlicht Evolution, die sich die Dinge selbst richtet. Die Marxisten hingegen argumentierten, dass sich Entbehrung, Unsicherheit und Ungleichheit bis zu einem Punkt steigern würden, an dem die Revolution unvermeidlich sein und schließlich alles zum Einsturz bringen würde. Für Galbraith verbargen sich hinter Begriffen wie Produktivität, Ungleichheit und Unsicherheit jedoch »uralte Vorurteile« der Ökonomie.[49] Denn inzwischen lebe man in einer *Gesellschaft im Überfluss* (*Affluent Society*, wie der Originaltitel seines Buches lautete), die beweise, dass diese uralten Vorurteile auf Fakten beruhten, die sich in zweierlei Hinsicht verändert hätten: Erstens hätten sich unmittelbar nach dem Zweiten Weltkrieg und dem »großen Keynesschen Wohlstand«, den der Krieg vor allem in den Vereinigten Staaten mit sich gebracht hatte, keinerlei Tendenzen gezeigt, dass sich Ungleichheit wesentlich verschlimmerte.[50] Daher habe die marxistische Voraussage einer absteigenden Spirale bis hin zur unvermeidlichen Revolution keine guten Karten. Zweitens begründete sich dieser Wandel auf etwas, das Galbraiths Meinung nach bislang kaum wahrgenommen worden war, nämlich das Ausmaß, in dem sich moderne Konzerne gegen ökonomische Unsicherheiten abzusichern verstanden – mit so unterschiedlichen Mitteln wie Kartellen, Zöllen, Quoten oder gesetzlichen Preisbindungen, welche kurzfristig betrachtet gewiss nicht alle ethisch gewesen seien, aber zumindest die brutaleren Auswirkungen des kapitalistischen Wettbewerbs gemildert hätten. Langfristig betrachtet hätten sie jedoch fundamentale Auswirkungen. Zum ersten Mal in der Geschichte (zugegebenermaßen nur in der Geschichte der westlichen Demokratien) habe damit die Angst der Menschen vor ökonomischen Rückschlägen keinen zentralen Stellenwert mehr eingenommen. Niemand lebe mehr in ständiger Gefahr. Das Risiko in einem vom modernen Unternehmertum bestimmten Leben bestünde eigentlich nur in der harmlosen Selbstgefälligkeit des modernen Spitzenmanagers, deshalb werde es auch wirksam an die Öffentlichkeit gebracht.[51]

Dieser tiefe Wandel in der Psychologie des Menschen, so Galbraith, trage zur Erklärung vieler neuer Verhaltensweisen bei – und hier war deutlich das Echo von Riesman zu hören, auch wenn ihn Galbraith kein einziges Mal beim Namen nannte. Nachdem die alles bestimmende Angst vor wirtschaftlicher Not aus dem Leben der Menschen verschwunden und im Hinblick auf Ungleichheit eine Art Waffenstillstand erreicht worden sei, stehe man nur noch vor den Problemen der Güterproduktion. Nur bei höheren Produktionsmengen und erhöhter Produktivität könne der Einkommenslevel gewahrt oder verbessert werden. Dabei sei es kein Paradox, dass die produzierten Güter gar nicht mehr lebensnotwendig sind (unter diesem Aspekt peripher), denn in einer »außengelenkten« Gesellschaft, in der es zum wichtigsten sozialen Ziel gehört, mit Hinz und Kunz gleichzuziehen, spiele es keine Rolle mehr, ob Waren dringend gebraucht werden oder nicht – »der Wunsch nach besseren Waren wird zum Selbstläufer«.[52]

Für Galbraith ergaben sich daraus vier wesentliche Folgen. Erstens komme der Werbung ganz neue Bedeutung zu, denn wenn Waren nicht mehr unbedingt notwendig zum Überleben sind, müssen Bedürfnisse erst erzeugt werden: »Die Produktion der Güter erzeugt die Bedürfnisse, die diese Güter befriedigen sollen« – und damit wurde Werbung zum integralen Bestandteil des Produktionsprozesses.[53] So gesehen war Werbung zugleich das Kind wie die Mutter der Massenkultur. Zweitens könnten Güterproduktion und Konsum nur gesteigert werden, wenn man bewusst mehr Schulden zulasse (es war ein bezeichnender Zufall, dass Kreditkarten in den USA in demselben Jahr eingeführt wurden, in dem Galbraiths Buch auf den Markt kam). In einem solchen System werde jedoch selbst zu Friedenszeiten immer eine Inflationstendenz herrschen (bis dahin war Inflation im Prinzip immer nur mit Kriegen in Verbindung gebracht worden). Für Galbraith lag das im System begründet, eben weil die Hersteller der Waren selbst den Bedarf schaffen müssen, wenn sie sie verkaufen wollen. Hinzu komme, dass in einer expandierenden Wirtschaft Betriebe immer am Rande oder gar an den Grenzen ihrer Leistungsfähigkeit jonglierten und daher immer neue Fabrikanlagen bauen müssten, die massive Kapitalinvestitionen erfordern. In einem Wettbewerbssystem müssten erfolgreiche Betriebe außerdem die höchsten Löhne zahlen, und das, bevor sich ihre Investitionen ausgezahlt haben. Daher werde in einer Konsumgesellschaft immer Druck auf eine Steigerung der Inflationsrate herrschen. Drittens werde der öffentliche Dienst – nicht nur wegen dieser Bedingungen, sondern auch, weil er vom Staat finanziert wird, da in diesen Bereichen kein Markt existieren kann – hinter privat produzierten und vom Markt diktierten Waren und Dienstleistungen zurückstehen.[54] Galbraith sagte also voraus, dass der öffentliche Dienst in einer Gesellschaft des Überflusses permanent der arme Vetter sein werde und Beamte zu den am wenigsten Wohlhabenden gehören würden. Sein vierter und letzter Punkt schließlich war, dass mit der produktorientierten Gesellschaft auch das Zeitalter des Managers angebrochen sei – genauer gesagt, des »Spitzenmanagers«. Solange Ungleichheit eine Hauptsorge gewesen war, habe der Industriemagnat notwendigerweise eine zweifelhafte Position eingenommen: »Er erfüllte eine Funktion von offensichtlicher Dringlichkeit, wurde aber regelmäßig beschuldigt, zu viel für seine Dienste zu nehmen. Als die Sorgen um Ungleichheit abnahmen, verschwand auch diese Einstellung.«

Im Anschluss an seine Darstellung der modernen Massengesellschaft erläuterte Galbraith dann seine berühmte Unterscheidung zwischen privatem Überfluss und öffentlicher Verwahrlosung und erklärte, wie die Privatwirtschaft zur Verarmung des öffentlichen Dienstes, zur Überfüllung von Schulen, Unterbesetzung der Polizei, zu schmutzigen Straßen und unzulänglichen Transportsystemen beitrage. Solche Unzulänglichkeiten, stellte er fest, ergäben sich nur in den alt eingesessenen Dienstleistungsunternehmen, und nicht bei den neuen, da die Erzeugung von Bedürfnissen durch Werbung ja nur in der Privatwirtschaft funktioniere und es keinen Sinn ergebe, für Straßen, Schulen oder Polizeikräfte zu werben. Das führte ihn dann zu dem Schluss, dass der Waffenstillstand in Bezug auf Ungleichheit wieder aufgehoben und durch das Bemühen um ein *Gleichgewicht* zwischen privatem Überfluss und öffentlicher Verwahrlosung ersetzt werden müsse. Eine Inflation trage immer zur Verschlimmerung dieses Ungleichgewichts bei, werde sich aber noch gravierender auf den kommunalen als den staatlichen Sektor auswirken (kommunale Polizeikräfte seien im Gegensatz zum FBI beispielsweise immer unterbezahlt).[55]

Galbraith bot zwei Lösungsvorschläge für die Probleme der Überflussgesellschaft an. Einer wurde in großem Umfang aufgegriffen: die kommunale Mehrwertsteuer.[56] Wenn Konsumgüter die größte Erfolgsstory der modernen Gesellschaft darstellen, aber zugleich eine Ursache des Problems sind – wie Galbraith behauptete –, dann sei es wohl nur gerecht, sie auch zu einem Teil der Lösung zu machen. Sein zweiter Lösungsvorschlag war radikaler und aus psychologischer Sicht ungewöhnlicher, weshalb er auch, soweit feststellbar, bisher nicht eigentlich übernommen wurde – aber das kann ja noch kommen. Galbraith fand, dass viele Menschen in der Überflussgesellschaft nicht deshalb hohe Gehälter einstreichen, weil sie sie brauchen, sondern weil sie eine Möglichkeit seien, mit anderen mitzuhalten, also ein Zeichen von Prestige. Bei diesem Personenkreis handle es sich immer um Menschen, die ihre Arbeit liebten; diese sei nicht mehr ein Mittel, ökonomischer Unsicherheit zu entgehen, sondern ein intellektuell befriedigender Selbstzweck. Galbraith hielt die Zeit für eine neue Freizeitklasse für gekommen. Er dachte zwar, sie würde sich ohnedies ganz von selbst entwickeln, aber er wollte dieses Thema zu einem Politikum machen, um zu weiterem Wachstum anzuspornen. Er wies darauf hin, dass diese »Neue Klasse« (von ihm mit Großbuchstaben geschrieben) auch ein anderes Wertesystem hätte. Ihre Angehörigen hätten nicht nur eine bessere Ausbildung und interessierten sich mehr für Kunst und Literatur, sondern verfügten durch solche Ausgangspositionen auch meist bereits im ersten Drittel ihrer Karrieren über genügend Geld, um sich problemlos aus der Arbeitswelt zurückzuziehen. Damit könnten sie nicht nur den Wertmaßstab verändern, der an die Produktion angelegt wird, sondern obendrein dazu beitragen, das soziale Gleichgewicht zwischen privatem Überfluss und öffentlicher Verwahrlosung ins Lot zu rücken. Und vielleicht würden sie sogar den Rest ihrer Karrieren dem Dienst an der Gesellschaft widmen.[57]

*

Die Gesellschaft im Überfluss hat vermutlich zu so manch anderem Buch angeregt, doch Ende der fünfziger Jahre waren viele in Vorbereitung, die auf ganz ähnlichen Beobachtungen beruhten. Beispielsweise *The Stages of Economic Growth*, das W. W. Rostow im März 1959 abschloss und ein Jahr später veröffentlichte und das einige Parallelen zu Galbraith und Riesman aufwies. Rostow, ein Ökonom vom MIT, der lange Zeit in Großbritannien verbracht hatte, war wie Riesman der Meinung, dass die moderne Welt auf dem Weg von der traditionellen Gesellschaft ins Zeitalter des Massenkonsums bestimmte Stadien durchlaufen habe. Und ähnlich wie Galbraith glaubte auch er, dass Wirtschaftswachstum nicht nur der Motor für einen materiellen, sondern auch für den politischen, sozialen und intellektuellen Wandel ist und solche Wachstumsstadien immer auch einen gewissen Einfluss auf Kriege ausübten – aber nur einen gewissen.[58]

Nach Rostow fand das Wachstum von Gesellschaften in fünf Stadien statt. Aller Anfang war die »Vor-Newtonsche« Welt traditioneller Gesellschaften. Zu ihnen zählte er die Dynastien Chinas, die alten Kulturen des Nahen Ostens und anderer Mittelmeeranrainer sowie die Welt des mittelalterlichen Europa. Ihr gemeinsames Kennzeichen war, dass ihre Produktivität von naturgegebenen Horizonten begrenzt wurde. Zu Veränderungen seien sie zwar bereits prinzipiell in der Lage gewesen, aber immer nur in kleinen Schritten. Irgendwann, so Rostow, brachen diese traditionellen Gesellschaften dann aus ihren begrenzten Situationen aus, was letztlich vor allem dem Aufstieg der modernen Wissenschaften zu verdanken war, die den Menschen mittels neuer Techniken erlaubten, »die Segnungen und Auswahlmöglichkeiten zu genießen, die sich auch durch die Entwicklung von Zinseszinsen eröffneten«.[59] In diesem Stadium, in dem die Voraussetzungen für wirtschaftliches Wachstum geschaffen wurden, geschahen nun mehrere Dinge. Das Wichtigste war, dass sich ein wirkungsvoll zentralisierter Nationalstaat herauszubilden begann, der den lateralen Welthandel ausweitete, und Banken das Kapital mobilisierten. In manchen Fällen wurde dieser Wandel auch durch die Einwirkung einer bereits fortschrittlicheren Gesellschaft gefördert. Das dritte Stadium, von Rostow als die »große Wasserscheide für das Leben in einer modernen Gesellschaft« bezeichnet, war die Phase des »Take-Off«.[60] Die Voraussetzungen für ihr Zustandekommen waren zweierlei: die rapide Beschleunigung des technischen Fortschrittsprozesses und das Entstehen einer Gruppe, die sich politisch organisierte und »bereit war, die Modernisierung der Wirtschaft als ernsthaftes politisches Geschäft höchsten Ranges zu betrachten«. Während dieser Phase erhöhten sich die Kapital- und Spareinlagen von etwa fünf Prozent auf zehn und mehr. Das klassische Beispiel für dieses Stadium war die Zeit des Eisenbahnbooms. Ungefähr sechzig Jahre nach Einsetzen des Take-Offs war dann eine Reifephase erreicht.[61] Nun fand eine Umorientierung von den Schwerpunkten der Eisenbahnperiode, nämlich Kohle, Eisen und Schwerindustrie, zu maschinellen Werkzeugen, Chemie und elektrischen Gerätschaften statt. Rostow illustrierte diese Annäherung mit einer Reihe von Tabellen. Zwei der interessantesten werden hier zur Verdeutlichung zusammengefasst:[62]

LAND	TAKE-OFF	REIFUNG
Großbritannien	1783–1802	1850
Vereinigte Staaten	1843–1860	1900
Deutschland	1850–1873	1910
Frankreich	1830–1860	1910
Schweden	1868–1890	1930
Japan	1878–1900	1940
Russland	1890–1914	1950
Kanada	1896–1914	1950

Die Spanne von rund sechzig Jahren zwischen Take-Off und Reifung erklärte Rostow mit der Zeit, die notwendig war, damit die Zinseszinsen sich rechnen und/oder mindestens drei Generationen unter Bedingungen gelebt haben konnten, in denen Wirtschaftswachstum bereits zur Norm geworden war. Das fünfte Stadium, das Zeitalter des Massenkonsums, zeichnete sich schließlich durch steigende Realeinkommen und bessere Konsumgüterversorgung aus wie Autos, Kühlschränke und andere elektrische Haushaltsgeräte.[63] Die Zeit des Wohlfahrtsstaates brach an.[64] Rostows Buch war ein Kind seiner Zeit, nicht nur weil es sich an Galbraith anlehnte: Der Kalte Krieg war auf seinem Höhepunkt (im Jahr darauf sollte die Berliner Mauer gebaut werden und ein Jahr später die Kuba-Krise ausbrechen). Alles drehte sich um das atomare Wettrüsten; und der Wettlauf im Weltraum hatte gerade ernsthaft begonnen. Rostow jedenfalls hielt seine Stadien-Theorie für die eindeutig bessere Erklärung für sozialen und ökonomischen Wandel als die vom Marxismus offerierte These. Und da er glaubte, dass solche Wachstumsstadien immer auch mit Kriegen in einem Zusammenhang standen, prüfte er drei Arten genauer: den Kolonialkrieg, den regional begrenzten Krieg und die Weltkriege des zwanzigsten Jahrhunderts.[65] Ein Krieg drohe immer dann, schrieb er, wenn Gesellschaften oder Staaten von einem Wachstumsstadium ins nächste überwechselten – denn ein Krieg nutze die in solchen Zwischenphasen freigesetzten Energien nicht nur, sondern verstärke sie auch. Umgekehrt würden stagnierende Staaten, wie Frankreich und Großbritannien nach dem Zweiten Weltkrieg, immer leicht zum Ziel der Aggression von expandierenden Mächten werden. Seine wichtigste Aussage – wichtig ganz gewiss zur Zeit der Veröffentlichung seines Buches, aber sicher auch heute noch von Interesse – war daher, dass der Umschwung zur Massenkonsumgesellschaft überall die größte Hoffnung auf Frieden biete.[66] Nicht nur, weil damit zufriedenere Gesellschaften entstünden, die deshalb auch alles andere als Krieg wollten, sondern auch, weil diese Gesellschaften im Zeitalter der Massenvernichtungswaffen mehr zu verlieren haben. Die UdSSR zum Beispiel habe so viel für ihre Verteidigung ausgegeben, dass ihre Bürger keinerlei Chance bekamen, angemessen von Konsumgütern zu profitieren. Deshalb hoffte Rostow, dass den Bürgern der Sowjetunion früher oder später der Zusammenhang zwischen diesen beiden Faktoren klar werde und sie ihre Staatsmacht zum Umdenken bewegen könnten.[67] Ein Vierteljahrhundert später sollten sich seine Analysen und Hoffnungen bewahrheiten.

So gesehen waren Rostows Ansichten außerordentlich optimistisch, jedenfalls sicher optimistischer als die von Galbraith. Andere Analytiker vertraten eine ganz andere Meinung. Fast gleichzeitig mit Galbraiths Darstellung der relativ neuen Rolle der Werbung veröffentlichte ein zum Sozialkritiker gewandelter amerikanischer Journalist drei Bände, in denen er zum großen Schlag gegen die Werbeindustrie ausholte und Galbraiths Argument noch ein gutes Stück weiterführte. Der Autor hieß Vance Packard, und seine Trilogie erschien unter den Titeln *The Hidden Persuaders* (1957), *The Status Seekers* (1959) und *The Waste Makers* (1960). Alle drei erreichten die Spitze der Bestsellerliste der *New York Times* und verbesserten daher Packards eigene Finanzlage gewaltig. Denn kurz vor Weihnachten 1956 hatte er seinen Job bei *Collier's*, verloren, weil die Zeitschrift eingegangen war.[68] Anfang 1957, als er seine erste Arbeitslosenunterstützung in Empfang nahm, lag das Manuskript seines ersten Buches bereits beim Verleger. Es hatte eine seltsame Geschichte hinter sich. Im Herbst 1954 hatte der *Reader's Digest* Packard den Auftrag erteilt, über die neuen psychologischen Techniken zu schreiben, die die Werbung gerade für sich entdeckte. Später sagte er, dass man ihn um diesen Auftrag

»belogen und betrogen« habe. Packard stellte also Recherchen zu diesem Thema an, schrieb den Artikel, erfuhr dann aber, dass *Reader's Digest* inzwischen mit seiner Tradition gebrochen und beschlossen hatte, Werbung in seine Hefte aufzunehmen. Packard erhielt sein Honorar, doch sein Artikel sollte nie erscheinen. Empört erkannte er natürlich schnell den Zusammenhang zwischen der Entscheidung des *Digest*, Werbung – Ziel der Kritik von Packard – aufzunehmen und seinen Artikel nicht zu drucken.[69] Er beschloss, ein Buch daraus zu machen.

Seine Attacke richtete sich im Wesentlichen auf die relativ neue Technik der Motivationsforschung (später Marktforschung genannt), die sich auf ausgiebige Umfragen, psychoanalytische Theorien und qualitative Methoden stützte und bei der die Geschlechtszugehörigkeit oft eine herausragende Rolle spielte. Galbraith hatte betont, dass viele Menschen die Werbung nicht in Frage stellten und als einen wichtigen Beiträger zur Entwicklung der Nachfrage verstanden, auf welcher der Wohlstand der Massenkonsumgesellschaft beruht. 1956 hatte der prominenteste Verfechter der Motivationsforschung, Ernest Dichter, verkündet: »Horatio Alger ist tot. Wir glauben nicht mehr wirklich, dass harte Arbeit und Ersparnisse die einzig erstrebenswerten Dinge im Leben sind; dennoch sind dies nach wie vor unbewusste Kriterien für unser Moralempfinden.« Dichter fand, dass Konsum etwas mit Vergnügen zu tun habe und man den Konsumenten daher durch die Werbung beweisen müsse, dass es nicht unmoralisch sei, das Leben zu genießen.[70]

In *The Hidden Persuaders* wollte Packard mit Hilfe eines Kataloges von Fallstudien nachweisen, dass amerikanische Konsumenten »hirnlose Zombies« waren, die sich von den neuen psychologischen Techniken manipulieren ließen. Bei der Darstellung eines Falles zitierte er beispielsweise eine enthüllende, von Dichter unter dem Titel *Mistress versus Wife* selbst angefertigte Marktanalyse für die Chrysler Corporation, die die Frage klären sollte, warum Männer Sedan-Modelle kauften, wenn sie doch Sportmodelle bevorzugten.[71] Seine Erklärung lautete, dass Männer in den Tempeln der Automobilindustrie zwar immer geradewegs auf die blitzenden Sportkarossen zusteuerten, dann aber aus den gleichen Gründen ein weit weniger auffälliges Modell kauften, aus denen sie »einst ein unauffälliges Mädchen geheiratet haben«. Dichter legte dem Automobilhersteller deshalb nahe, einen Wagen mit Hardtop zu entwickeln, der die gleichen praktischen Aspekte, die Männer in ihren Ehefrauen suchten, mit dem Abenteuer kombinieren konnte, das sie bei einer Geliebten suchten.[72] Packard fand die Techniken solcher Motivationsforschungen grundlegend undemokratisch, da sie das Irrationale anzusprechen versuchten und in großem Rahmen Gehirnwäsche betrieben. Würde man die gleichen Techniken auf politischer Ebene anwenden, brächte das die Menschen geradewegs zu *1984* oder in die *Farm der Tiere*. Und in Anlehnung an Riesman glaubte Packard auch, dass immer die »außengelenkten« Typen der Massenkonsumgesellschaft dieser Gefahr am stärksten unterlagen. Werbung, so sein Fazit, helfe nicht nur der Konsumgesellschaft, sondern verhindere auch die Autonomie des Bürgers.

Packards zweites Buch *The Status Seekers* war weniger originell. Hier nahm er aufs Korn, wie die Werbung den Status und die Angst der Menschen vor dem Verlust ihres Status nutzte, um Waren abzusetzen.[73] Seiner Kernaussage lag die zur damaligen Zeit in den USA gerade heiß debattierte Frage zu Grunde, ob in diesem Land tatsächlich weniger Klassendenken herrsche als in Europa und es wirklich ein eigenes System entwickelt habe, das eher auf neuem als auf altem Geld beruhte. (Auch Galbraith hatte das thematisiert.) Packard fand, dass die Konzerne hier eine ziemlich scheinheilige Haltung einnahmen. Denn einerseits behaupteten sie, dass die größere Verfügbarkeit der von ihnen produzierten Konsumgüter dazu beitrug, die USA weniger klassenbewusst zu machen, andererseits nutzten sie für die Anpreisung ihrer Waren besonders gerne die Statusunterschiede und spielten dabei mit den Ängsten der Menschen vor dem eigenen Statusverlust. Für sein drittes Buch *The Waste Makers* legte Packard die Diplomarbeit von William Tabel aus Princeton über »das geplante Veralten« zu Grunde – mit anderen Worten: über die bewusste Manipulation des Geschmacks, damit Konsumgüter altmodisch erscheinen und lange vor ihrer tatsächlichen physischen Abnutzung bei den Verbrauchern das Gefühl entsteht, sie ersetzen zu müssen.[74] Vermutlich hatte Packard diesen Punkt etwas übertrieben, doch andererseits zeigte seine Korrespondenz mit unterschiedlichen Personengruppen tatsächlich, wie viele Menschen schon damals von den spezifischen Eigenschaften der Massenkonsumgesellschaft ernüchtert waren, sich gleichzeitig aber so atomisiert fühlten, dass sie einfach nicht wussten, wie sie sich verhalten sollten. Später sollte Packard diese Menschen der »lonely crowd«, der einsamen Masse, zuzählen.[75]

Der Businessgemeinde behagten solche Angriffe natürlich ganz und gar nicht. In einem Leitartikel von *Life* hieß es: »Einige der jüngst erschienenen Bücher haben uns zu Tode erschreckt mit der Darstellung einer einsamen Masse… unter der Fuchtel einer Machtelite… von geheimen Verführern verarscht und zu geschlechtslosen Drohnen namens Organisationsmenschen kastriert.«[76]

*

Ein Mann brachte all diese Ideen schließlich miteinander in Einklang. Als Resultat des Wandels am Arbeitsplatz und der Entstehung der Massenkonsumgesellschaft, aber auch als unmittelbare Konsequenz des Zweiten Weltkriegs und der Ereignisse, die ihn ausgelöst hatten, begann eine neue soziopolitische Psychologie eine neue Conditio humana herauszubilden.

Die traditionellen Quellen, aus denen der Mensch seine Identität bisher geschöpft hatte, waren versiegt und die Menschen damit nicht nur vor neue Möglichkeiten, sondern auch vor neue Probleme gestellt. Riesman, Mills, Galbraith und all die anderen hatten jeweils zu einem Teil des Bildes beigetragen, aber es blieb einem anderen Mann überlassen, dieses Bild zu einem Ganzen zu fügen und den Wandel dieser Epoche mit der Sprache zu beschreiben, die ihm gebührte.

Daniel Bell wurde 1919 als Sohn von Einwanderern aus Bialystok im Schneiderdistrikt der Lower East Side von New York City geboren (sein ursprünglicher Name war Botsky). Seinen eigenen Schilderungen zufolge war er in derartiger Armut aufgewachsen, dass es für ihn »niemals den geringsten Zweifel« gegeben hatte, dass er Soziologie studieren würde, um sich all das Unerklärliche um ihn herum erklären zu können. Am City College von New York schloss er sich einer Literaturgruppe an, zu der auch Meyer Lasky, Irving Kristol, Nathan Glazer und Irving Howe gehörten, allesamt bekannte Soziologen und Sozialkritiker, außerdem Trotzkisten, von denen die meisten später ihrem Glauben abschwören und das Rückgrat der neokonservativen Bewegung der USA bilden sollten. Bell arbeitete auch als Journalist. Zuerst gab er den *New Leader* heraus, dann wechselte er zu Whyte ans *Fortune*-Magazin. Ende des Krieges gab er ein Gastspiel als Soziologe an der University of Chicago, wo auch David Riesman lehrte; und von 1952 bis 1956 hielt er nebenbei soziologische Gastvorlesungen an der Columbia University. Schließlich erhielt er eine Professur an der Columbia, wechselte aber bald nach Harvard, wo er 1965 mit Irving Kristol *The Public Interest* gründete, um ein Forum für die großen öffentlichen Debatten dieser Zeit anzubieten.[77] Aber bereits während der Zeit seiner Gastvorlesungen an der Columbia University hatte er das Buch geschrieben, das ihn weit über die Grenzen der Soziologie hinaus bekannt machen sollte: *Das Ende der Ideologie.*

1955 hatte Bell am Kongress für Kulturelle Freiheit in Mailand teilgenommen, wo renommierte liberale und konservative Intellektuelle über das von Raymond Aron festgelegte Thema »Das Ende des ideologischen Zeitalters?« debattierten. Unter ihnen waren: Edward Shils, Karl Polanyi, Hannah Arendt, Anthony Crosland, Richard Crossman, Hugh Gaitskell, Max Beloff, J. K. Galbraith, José Ortega y Gassett, Sidney Hook und Seymour Martin Lipset. Bell hielt einen Vortrag über die Massengesellschaft der Vereinigten Staaten. Aron hatte die Diskussion über das »Ende der Ideologie« angeregt – die bis Ende des zwanzigsten Jahrhunderts immer wieder einmal in neuem Gewand aufflackern würde –, weil seiner Meinung nach jede Ideologie den Aufbau eines progressiven Staates verhindere. Besonders die drei vorherrschenden Ideologien Nationalismus, Liberalismus und marxistischer Sozialismus standen, wie Aron feststellte, vor dem Aus: der Nationalismus, weil die Staaten im Zuge gegenseitiger Abhängigkeiten schwächer würden; der Liberalismus, weil er keinen Gemeinsinn offeriere und keine Verpflichtungen einfordere; und der Marxismus, weil er falsch sei.[78] Bells Beitrag bestand in der Darstellung, weshalb dieser Prozess in den Vereinigten Staaten nicht nur weiter, sondern auch schneller gegangen war. Aber er verstand unter »Ideologie« nicht einfach nur ein Sortiment vorherrschender Ideen, sondern Ideen, die »von Leidenschaft durchdrungen« waren und »den ganzen Lebensstil transformieren« wollten. So gesehen hätten Ideologien immer etwas von einer säkularen Religion, könnten zugleich aber wirkliche Religionen nicht ersetzen, weil sie die großen existenziellen Fragen – vor allem den Tod – nicht ansprächen. Im neunzehnten und beginnenden zwanzigsten Jahrhundert konnten Ideologien noch funktionieren, weil sie moralische Führung anboten und die realen Unterschiede zwischen den gesellschaftlichen Interessengruppen und Klassen spiegelten. Doch diese Unterschiede waren im Laufe der Jahre immer stärker nivelliert worden – dank des auftauchenden Wohlfahrtsstaates, wegen der unterdrückerischen Gleichmachungspolitik der sozialistischen Regime und durch die Entwicklung der neuen stoischen und existenzialistischen Philosophien, die die romantische Vorstellung von der Perfektionierbarkeit der menschlichen Natur ersetzten.[79] Die Massengesellschaft betrachtete Bell – zumindest auf die USA bezogen – als eine optimistische Gesellschaft im Überfluss, in der traditionelle Klassenunterschiede minimiert und ein Meinungskonsens gebildet worden seien. Blut, Schweiß und Tränen seien aus der Politik verschwunden.[80]

Bell strebte nicht nach einem Rezept, sondern versuchte nur, den seiner Meinung nach epochalen gesellschaftlichen Wandel zu beschreiben, der dazu führte, dass Gesellschaften nicht mehr von einzelnen Ideen beherrscht wurden. Wie Fromm oder Mills sah auch er eine ganz neue Lebensform entstehen. Heute nehmen wir diese Form längst als gegeben, vor allem diejenigen unter uns, die zu jung sind, um je eine andere kennen gelernt zu haben.

*

Wenige dieser Autoren waren – wenn überhaupt – mit irgendeiner bestimmten politischen Partei verbunden, aber fast alle fühlten sich zumindest zeitweilig eher der Linken als der Rechten zugehörig. Dass während des Krieges von allen Teilen der Gesellschaft gleiche Anstrengungen gefordert waren, war von enormer Bedeutung und schlug sich schließlich weit mehr als nur symbolisch nieder. Diese Tatsache spiegelte sich nicht nur in der Bildung des Wohlfahrtsstaats, sondern auch in sämtlichen Analysen über die Massengesellschaft. Alle hatten implizit akzeptiert, dass ausnahmslos jeder Mensch ein Recht auf ein lebenswertes Leben hat. Gleichheit war zum Schlagwort und untrennbaren Bestandteil der neuen Conditio humana geworden.

Aber war das gerechtfertigt? Michael Young, britischer Erziehungswissenschaftler, großer Neuerer, Freund und Kollege von Daniel Bell, brachte 1958 eine Satire heraus, die sich über so manche der nun so beliebten Schlagworte lustig machte.[81] *The Rise of the Meritocracy* (Leistungsgesellschaft oder Meritokratie) spielt im Jahr 2034 und schildert in Form eines »offiziellen« Berichts – als Reaktion auf zunächst nicht spezifizierte »Störfaktoren«[82] –, wie das Vererbungsprinzip allmählich abgeschafft und durch das Leistungsprinzip ersetzt und die »Aristokratie« dabei von der »Meritokratie« abgelöst wurde. Interessanterweise sollte Young größte Schwierigkeiten haben, einen Verleger für dieses Buch zu finden – elf Verlage lehnten es ab.[83] Einer meinte schließlich, dass er es veröffentlichen werde, wenn Young es in der satirischen Art von *Farm der Tiere* umschriebe (als ob *dieses* Buch so leicht einen Verleger gefunden hätte). Also schrieb Young es zu einer Satire um. Der Verleger wollte es trotzdem nicht. (Kritisiert wurde in Großbritannien übrigens auch, dass sich Young für seinen Begriff »Meritokratie« sowohl griechischer als auch lateinischer Wurzeln bedient hatte.) Schließlich wurde das Manuskript aus reiner Freundschaft von einem Lektor bei Thames & Hudson angenommen – und das Buch mit mehreren Hunderttausend verkauften Exemplaren zum Renner.[84]

Es ist in zwei Teile gegliedert. »The Rise of the Elite« ist im Wesentlichen eine optimistische Beschreibung des Weges, der Menschen mit hohem IQ in die Flure der Macht führt; der zweite Teil, »The Decline of the Lower Classes«, beschreibt vergnüglich, wie sich jede Art von Social engineering rächen kann. Young nimmt nicht Partei, er verschießt sozusagen nur beide Ladungen ein und desselben Arguments, indem er schildert, was geschehen könnte, wenn wir tatsächlich mit ganzem Herzen das Mantra »Chancengleichheit« umsetzen würden. Am wichtigsten ist ihm dabei die Aussage, dass ein solcher politischer Ansatz notgedrungen zu eugenischem Unfug und Monstrositäten führen würde, dass die neuen Unterschichten – hier per definitionem dumm – keinerlei Führung hätten, die dieses Namens wert ist, und die neuen IQ-reichen Oberschichten nur damit beschäftigt wären, ihre Macht zu wahren. Er »enthüllt«, dass es der Gesellschaft im Jahre 2034 möglich sein wird, den IQ eines dreimonatigen Babys vorauszusagen – mit vorhersehbarem Resultat: Es entsteht ein Schwarzmarkt für Säuglinge. Die dummen Kinder von Eltern mit hohem IQ werden für reichliche »Morgengaben« gegen Kinder mit hohem IQ von dummen Eltern getauscht.[85] Sobald die Presse dahinter kommt und diesen Handel aufdeckt, kommt es zu besagtem »Störfaktor«: Der dumme Mob erhebt sich, doch weil er ein führungsloser, völlig ungeordneter Haufen ist, hat er keine Aussichten auf Erfolg.

Youngs Geschichte deckt sich insofern mit den Aussagen von Bell, als sie uns mitteilt, dass die neue Conditio humana Gefahr läuft, ein leidenschaftsloser, kalter, langweiliger bürokratischer Zustand zu sein, in dem Tyrannei nicht im Gewand von Faschismus, Kommunismus oder Sozialismus auftritt, sondern als mildtätiger Bürokratismus.[86] Aber er warnt uns auch vor dem Faktor Szientismus: Man könne zwar den IQ messen, aber niemals gute Elternschaft, ebenso wenig wie man je die Begabung zum Künstler oder Spitzenmanager mit einem numerischen Wert bemessen könnte. Am Ende würde sich vermutlich ohnedies herausstellen, dass man mit solchen Versuchen mehr Probleme geschaffen als gelöst hätte.

Young trieb die Argumente von Bell, Riesman und Mills auf die Spitze und bis an ihre letztmöglichen logischen Schlussfolgerungen. Die Identität des Menschen, sagt Young, wäre in einer solchen Welt nicht mehr politisch bestimmt und der Mensch selbst keine existenzielle Wesenheit mehr. Seine Identität wäre psychologisch und biologisch vorherbestimmt: Wenn wir nicht aufpassen, bedeutet das Ende der Ideologie zugleich das Ende der Menschheit.

26
Brüche im Kanon

Im November 1948 erhielt T. S. Eliot den Literaturnobelpreis. Es war sein Jahr der Preise, denn schon im Januar hatte er von König George VI. den Order of Merit bekommen. Nach der Bekanntgabe aus Stockholm fragte ihn ein Reporter in Princeton, für welches Werk er den Nobelpreis denn bekommen habe. Eliot antwortete, nun, er nehme doch wohl an, »für den *corpus*«. Daraufhin der Reporter: »Wann haben Sie denn *den* veröffentlicht?«[1]

Seit *Das wüste Land* hatte sich Eliot mit seiner harten, klaren poetischen Stimme und den unbarmherzigen Schilderungen der Leere und Banalität des modernen Lebens einen beispiellosen Ruf erworben. Inzwischen hatte er auch eine Reihe von kunstvoll konstruierten Dramen geschrieben, die vom Publikum begeistert aufgenommen worden waren, obwohl sie fast ausschließlich von pessimistischen Figuren bevölkert sind, die verloren durch eine erschöpfte Welt irren. Um 1948 war sich Eliot sehr der Tatsache bewusst, dass seine Werke, allesamt Glanzstücke, einer sterbenden Kultur angehörten. Das erklärt auch, weshalb er im selben Monat, in dem er seine Reise nach Stockholm antrat, um aus den Händen des schwedischen Königs den Nobelpreis in Empfang zu nehmen, seine letzte bedeutende Prosa veröffentlichte.[2] *Beiträge zum Begriff der Kultur* ist vielleicht nicht sein bestes Essay, hier aber auf Grund seines Erscheinungsdatums und der Tatsache von Interesse, dass es das erste von wenigen Werken diesseits und jenseits des Atlantiks war, die in der unmittelbaren Nachkriegszeit ein letztes Mal versuchten, genau die traditionelle »Hochkultur« zu definieren und zu wahren, die Eliot und einige Zeitgenossen tödlich bedroht sahen.[3]

Wie bereits in Kapitel 11 besprochen, bot *Das wüste Land* nicht nur eine düstere Vision der geistigen Landschaft nach dem Ersten Weltkrieg, sondern war darüber hinaus in einer Form verfasst, die ganz offen die »Hochkultur« vertrat – entschieden elitär und angesichts der vielen komplizierten Anspielungen auf die Klassiker der Vergangenheit auch ganz bewusst schwierig. Die nach dem Zweiten Weltkrieg herrschende Atmosphäre hatte in Eliot nun ganz eindeutig das Gefühl geweckt, dass er sich für seine Kulturkritik wie für seine Verteidigung der Hochkultur etwas Neues ausdenken musste, dass er seine Ansichten noch unmissverständlicher und mit noch deutlicheren Worten zum Ausdruck bringen musste, um nicht Gefahr zu laufen, missverstanden oder gar überhört zu werden. Die *Beiträge* beginnen mit einer kurzen Darstellung der »drei Bedeutungen des Wortes ›Kultur‹« – im anthropologischen Sinne (primitive Kultur), im biologischen Sinne (bakterielle Kultur oder Agrikultur) und im allgemeinen Sinne in Bezug auf eine Person, die zivilisiert, gebildet, mit den Künsten vertraut und problemlos in der Lage ist, sich mit abstrakten Vorstellungen zu befassen.[4] Nach seiner Erläuterung, inwiefern sich diese Begriffe überschneiden, widmet sich Eliot seinem Lieblingsthema, nämlich der Frage, »wie weit *das bewusste Streben nach Kultur* überhaupt sinnvoll ist«. In diesem Teil erscheint auch seine berühmte Definition, »was hier alles unter den Begriff *Kultur* fällt«: »Es gehören dazu alle charakteristischen Betätigungen und Interessen eines Volkes: das Derby, die Henley-Regatta, Cowes, der zwölfte August, eine Schlussrunde im Pokalwettkampf, die Hunderennen, der Groschen-Glücksautomat, das Wurfpfeilspiel, Wensleydale-Käse, Kohl, im Ganzen gekocht und dann in Scheiben geschnitten, Rote Rüben in Essig, gotische Kirchen aus dem neunzehnten Jahrhundert und die Musik von Edgar Elgar.«[5]

Wem diese Liste zu ökumenisch scheint, dem macht Eliot schnell klar, dass er viele *Ebenen* von Kultur unterscheidet. Er ist nicht blind gegenüber der Tatsache, dass Kulturschaffende wie zum Beispiel Künstler nicht zwangsläufig selbst intellektuell hoch begabt sind: »Oder wir denken an die *Kunst*: dann meinen wir den Künstler und den Liebhaber oder Dilettanten.«[6] Dessen ungeachtet aber könne Kultur nur blühen und gedeihen, wenn sie über eine kulturelle Elite verfügt »und auch ein Teil unserer *gelebten* Religion ist«. Denn letztlich führten nur von allen geteilte Glaubensvorstellungen zu einer »Einheit von Religion und Kultur« und »Kultur als Fleisch gewordene Religion«, die die Menschen verbinden kann. Aber gerade weil das so sei, fürchtete er, stellten Demokratie und Egalitarismus am Ende eine Bedrohung für die Kultur dar. Ausgiebig kommt er auf die »Gruppenkultur« zu sprechen. Was ihn hier wirklich bekümmerte, war der Zusammenbruch der Familie und des Familienlebens, denn nur die Familien, schrieb er, »sorgen dafür, dass die Gruppenkultur weiter besteht«.[7] Er schloss diesen Essay mit einer Diskussion über die »Einheit und Mannigfaltigkeit« der europäischen Kultur und die Beziehungen zwischen Kultur und Politik.[8] Die Einheit Europas war für ihn von großer Bedeutung, da sie – wie Religion – einen gemeinsamen Kontext anbietet, eine Möglichkeit für die verschiedenen Kulturen Europas, ihre Eigenarten zu wahren und zugleich zu übernehmen, was neu für sie ist; sie kann das Fremde annehmen, ohne das Vertraute zu missachten. Er stellte diesem Abschnitt ein Zitat von Alfred North Whitehead aus dessen Buch *Wissenschaft und die moderne Welt* (1925) voran: »... Die Menschen suchen in ihren Nachbarn etwas, das verwandt genug ist, um verstanden zu werden; etwas, das fremdartig genug ist, um Aufmerksamkeit zu erregen; und etwas, das groß genug ist, um Bewunderung zu fordern.«[9] Doch vielleicht am wichtigsten war für Eliot der Einfluss, den die Kultur auf die Politik ausüben kann. Die Machtelite, schrieb er, brauche als Gegenüber eine Kulturelite, weil diese das stärkste Gegengift sei und prinzipiell in jeder Gesellschaft die besten Kritiker dieser Makler der Macht stellen könne. Ihre Kritik treibe dann wiederum zu kultureller Fortentwicklung an und bewahre die Kultur somit vor Stagnation und Niedergang.[10] Deshalb sei es unumgänglich, dass sich die Gesellschaft in Klassen aufteilt; und so gesehen seien Klassen durchaus eine gute Sache. Allerdings wünschte sich Eliot wesentlich mehr Interaktionen zwischen den Klassen. Und er erkannte schließlich auch, dass die Familie immer das größte Hindernis für eine gesellschaftliche Idealsituation sei, weil sie natürlich immer versuche, für ihre Nachkommen Privilegien zu ergattern. Dass sich Kultur entwickelt und manche Kulturen daher natürlicherweise auf einer höheren Stufe stünden als andere, hielt er für offensichtlich; allerdings betonte er, dass dies weder Anlass zur Sorge geben noch dem Rassismus als Entschuldigung dienen dürfe (später wurde er allerdings selbst des Antisemitismus bezichtigt).[11] Für Eliot war es ganz natürlich, dass in einer jeden Kultur die Gebildeteren von ihrer höheren Warte aus, durch ihr größeres Wissen um den *Zweifel* und ihre Erfahrung damit, die Ungebildeteren auf niedrigerer Stufe positiv beeinflussen. Genau dafür sei Wissen ja da; und genau darin bestehe der Beitrag von Wissen zum Glück und Wohl der Allgemeinheit.

In Großbritannien schloss sich F. R. Leavis diesen Ansichten Eliots an. Der in Cambridge geborene und ausgebildete Leavis war, wie man sich aus Kapitel 18 erinnern wird, stark von Eliot beeinflusst. Als Wehrdienstverweigerer aus Gewissensgründen hatte er den Ersten Weltkrieg als Hilfssanitäter verbracht und war anschließend wieder in sein akademisches Leben nach Cambridge zurückgekehrt. Da es damals noch keine eigenständige Fakultät für Anglistik gab, machten sich Leavis, seine Frau Queenie und ein paar Kritiker (also weniger Romanciers, Dichter oder Dramatiker) daran, das Studium der Anglistik in den, wie Leavis später einmal sagen sollte, »Mittelpunkt des menschlichen Bewusstseins« zu rücken. Sein Leben lang pflegte Leavis ein hohes Moralbewusstsein, für ihn das einzige Mittel, »die Möglichkeiten des Lebens« zu erkennen. Schriftsteller, vor allem Dichter und Romanciers, hielt er für grundsätzlich »lebendiger« als andere Menschen; während Hochschullehrer und Kritiker die Aufgabe hätten, den Menschen zu erklären, weshalb einige Schriftsteller größer seien als andere. Die Anglistik öffnete den Weg zu anderen Disziplinen.«[12]

Schon zu Beginn seiner Karriere in den Dreißigerjahren hatte Leavis den englischen Syllabus so erweitert, dass auch Bewertungen von Werbung, Journalismus und Trivialliteratur einbezogen werden konnten, »um den Menschen zu helfen, einer Konditionierung durch die mittlerweile so genannten ›Medien‹ zu widerstehen«. 1948 veröffentlichte er *The Great Tradition* und 1952 *The Common Pursuit* – man beachte die Worte »Tradition« und »Common«: Beide implizieren die Bedeutung des von allen Geteilten.[13] Leavis war in der Tat leidenschaftlich davon überzeugt, dass es eine gemeinsame menschliche Natur gibt, die jedoch jeder für sich allein entdecken müsse – wie die Autoren, auf die er sich in diesen beiden Büchern konzentrierte: Henry James, D. H. Lawrence, George Eliot, Joseph Conrad, Jane Austen und Charles Dickens. Und mindestens ebenso überzeugt vertrat er die Ansicht, dass in der Bewertung hoher Literatur die goldene – transzendierende – Möglichkeit eines Urteils lag, »das ›persönlich‹ und zugleich mehr ist«.[14] Diese transzendentale Erfahrung sei das, worum es bei Literatur und Kritik gehe, und weshalb Literatur im Zentrum des menschlichen Bewusstseins stehe und »der Dichter« das Element darstelle, in dem sich die Entwicklung des Geistes manifestiere. Leavis' Literaturkritik war jedenfalls das deutlichste Beispiel für Eliots auf höchster Ebene angesiedelte Skepsis.[15]

Sowohl Eliot als auch Leavis fanden in den beiden Autoren Lionel Trilling und Henry Commager aus New York verwandte Seelen. Trilling, Jude und Professor an der Columbia University, befasste sich in seinem Buch *The Liberal Imagination,* wie Eliot, mit den »atomisierenden« Folgen der Massengesellschaft (oder David Riesmans »einsamer Masse«).[16] Aber Trillings Hauptanliegen war, vor einer Gefahr zu warnen, die er auf das Geistesleben zukommen sah. Schon im Vorwort seines Buches konzentrierte er sich auf den »Liberalismus«, den er nicht nur als eine vorherrschende, sondern als *die* intellektuelle Strömung der Nachkriegswelt betrachtete: »Tatsache ist doch eindeutig, dass heutzutage weder konservative noch reaktionäre Ideen in Umlauf sind.« Uns soll hier nicht interessieren, ob diese Behauptung richtig war (Eliot hätte jedenfalls nicht zugestimmt), hier geht es um den Einfluss dieser neuen Situation auf die Literatur, der Trilling hauptsächlich interessierte. Er befürchtete eine Vergröberung des Erlebnisses. In liberalen Demokratien, schrieb er, tauchten Ideen immer ganz unvermittelt auf, fänden dann schnell die Zustimmung der Öffentlichkeit und etablierten sich schließlich in einem Maße, dass alle älteren Vorstellungen von der menschlichen Natur nur noch in Zwangsjacken überdauerten. Ein paar solcher Zwangsjacken zählte er dem Leser auf, darunter die Freudsche Psychoanalyse, die Soziologie und die Philosophie Sartres.[17] Das heißt nicht, dass Trilling gegen diese Ideen an sich gewesen wäre; im Gegenteil, Freud und die Psychoanalyse beurteilte er im Allgemeinen sogar sehr positiv. Was er damit sagen wollte, war vielmehr, dass es die Aufgabe von großer Literatur sei, über solche Visionen hinauszusehen und zu verdeutlichen, wie mangelhaft sämtliche Versuche sind, menschliche Erfahrung ausschließlich aus einem bestimmten Blickwinkel zu betrachten, aber dass diese Art von großer Literatur in einer atomisierten, demokratisierten Massengesellschaft verloren gehen würde. Das heißt, wenn sich die Massengesellschaft auf Konsens und Konformität einigt (wie zur Zeit der McCarthy-Anhörungen in den USA der Fall), ist es die Pflicht der Literatur, völlig davon abzuweichen. Diese Überzeugung untermauerte Trilling, indem er ausgiebig darstellte, dass einige der größten Schriftsteller des zwanzigsten Jahrhunderts – er zitierte hier Pound, Yeats, Proust, Joyce, Lawrence und Gide – zwar alles andere als liberale Demokraten gewesen seien, aber ihre Stärken gerade aus dem Umstand bezogen hätten, dass sie eine Alternative repräsentierten. Dem Kritiker, und das war für Trilling der Kern der Sache, obliege es, den gesellschaftlichen Konsens herauszufinden, damit die Schriftsteller wissen, *gegen* was sie anschreiben müssen.[18]

Wie Trillings Buch erschien auch Henry Steele Commagers *American Mind: An Interpretation of American Thought and Character since the 1880s* im Jahr 1950.[19] Doch Commager vertrat eine ganz andere Linie. Er versuchte vor allem zu verdeutlichen, was das amerikanische Denken vom europäischen unterschied. Allein schon die Gliederung seines Buches zeigt, wie er darüber dachte. Er konzentrierte sich weder auf die »großen Männer« seiner Zeit, also nicht auf Monarchen (über die die USA natürlich ohnedies nicht verfügten) oder Politiker (der Politik wurden von zwanzig Kapiteln nur zwei gewidmet) noch auf die »Masse Mensch« und deren Alltag (Lynds *Middletown* wird zwar erwähnt, aber ein vergleichbarer statistischer Ansatz wurde vollständig vermieden). Commager widmete seine ganze Energie den großen Zeitgenossen aus den Bereichen Philosophie, Religion, Literatur, Geschichte, Recht oder den von ihm als neu bezeichneten Wissenschaften Ökonomie und Soziologie.[20] Der rote Faden durch sein ganzes Buch – und zugleich eine Erklärung für seinen Denkansatz – ist die Frage, wie Darwins Evolutionstheorie das Geistesleben in den Vereinigten Staaten beeinflusste. Im neunzehnten Jahrhundert, so Commager, seien Ideen, wie sie Herbert Spencer vertrat (auf die Commager in seinem 3. Kapitel einging), noch relativ pedantisch umgesetzt worden, dann aber habe sich der Darwinismus in Form eines pragmatischen Individualismus im amerikanischen Denken festgesetzt. Daraus schloss er, dass die Amerikaner annahmen, dass außergewöhnliche Individuen die Gesellschaft zu neuen Entwicklungen anregten, dass Historiker (wie er) dafür verantwortlich seien, diesen außergewöhnlichen Persönlichkeiten und ihren Errungenschaften Anerkennung zu verschaffen, und dass sich die Literatur gleichermaßen für die Tradition wie für den Fortschritt einsetzen müsse, um öffentliche Debatten zu lancieren. Schließlich sei es die gemeinsame Aufgabe von Schriftstellern und Wissenschaftlern, deutlich zu machen, dass der Individualismus immer auch eine pathologische Seite hat, die erkannt und in Schach gehalten werden muss.[21] So erklärte Commager zum Beispiel, weshalb eine Reihe von Schriftstellern (er sprach hier vor allem von Jack London und Theodore Dreiser) den darwinistischen Determinismus zu weit getrieben hatten; oder warum die Massierung von religiösen Sekten in den USA eine letztlich ebenso pathologische Abkehr vom Individualismus darstellte (Reinhold Niebuhr sollte später im Prinzip das Gleiche sagen) wie der sich gegen jeden wissenschaftlichen Determinismus auflehnende »Kult des Irrationalen«. Als größten Erfolg der USA betrachtete er die Evolution eines pragmatischen Rechtsempfindens, das anerkennt, dass die Gesellschaft kein statisches System ist oder sein kann und sich für Veränderungen einsetzt.[22] Mit anderen Worten: Während Eliot den Zweifel der Kulturelite zum besten Gegenmittel gegen die versuchten Exzesse der Politik erklärte, betrachtete Commager das amerikanische Rechtssystem als die bedeutendste Errungenschaft der pragmatischen postdarwinistischen Gesellschaft.

All diesen vier Sichtweisen gemein war der Glaube an die Vernunft, den Fortschritt und an die Rolle, die der Literatur von Rang zukommt, um Kulturen zu erklären, wie sie funktionieren. Und im großen Ganzen waren sich auch alle einig, was unter Literatur von Rang – »Hochkultur« – überhaupt zu verstehen war.

*

Doch die Druckerschwärze ihrer Bücher war noch nicht getrocknet, da wurden ihre Thesen bereits heftig kritisiert. »Kritisiert« ist eigentlich ein zu schwacher Ausdruck, denn tatsächlich wurden ihre Standpunkte von allen nur erdenklichen Seiten angegriffen, attackiert und bombardiert. Sie erhielten volle Breitseiten von Anthropologen, Historikern, Soziologen, Naturwissenschaftlern, Musikern, Fernsehmachern und sogar aus Leavis' eigenem English-Department in Cambridge – eine Kampagne, die sich zu einer der intensivsten intellektuellen Auseinandersetzungen in der zweiten Hälfte des zwanzigsten Jahrhunderts ausweitete und im Grunde bis heute andauert. Auch sie erklärt, weshalb es zu einem solchen Aufstieg des Individualismus kommen konnte. Die Initialzündung und zugleich der Motor jener psychologischen und soziologischen Trends, welche David Riesman, C. Wright Mills, John Kenneth Galbraith und Daniel Bell vorausgesehen und beschrieben hatten, war die Entstehung der Massengesellschaft. Doch ein Motor liefert nur Energie, keine Richtungsvorgaben. Mit einem Wort, Riesman et al. haben zwar auch Erklärungen zu den Veränderungen infolge der Massengesellschaft abgegeben, aber zu einer Richtungsbestimmung haben sie nicht beigetragen. Der Rest dieses Kapitels soll nun all denjenigen gewidmet sein, welche die Richtung des Wandels bestimmten, beginnend mit einem Mann, dem dies in besonderem Maße gelang.

*

Als Allen Ginsberg im Oktober 1955 bei einer Veranstaltung in San Francisco aufstand, um aus seinem Gedicht *Howl/Geheul* zu rezitieren, ahnte niemand, dass er damit eine ganze Gegenkultur begründen würde: die Beat-Generation. Wer sich diesen Mann etwas genauer betrachtete, hätte die Zeichen jedoch lesen können. Ginsberg hatte bei Lionel Trilling an der Columbia University englische Literatur studiert (Trillings Verteidigung des amerikanischen Liberalismus fand er gleichermaßen inspirierend und abschreckend). In der Zeit, die sich dann prägend auf *Howl* auswirken sollte, verdiente er sich als freiberuflicher Marktforscher seinen Unterhalt. Deshalb wusste er auch genau, wie konventionell die Amerikaner waren. Wenn er die Norm kannte, kannte er auch das Andersartige.[23]

Hinzu kam, dass sich Ginsberg zeitweise in einer Welt bewegt hatte, die sich sehr von Trillings sozialem Umfeld unterschied. Als Sohn eines Lyrikers und Lehrers aus New Jersey war er in den vierziger Jahren William Burroughs jr. und Jack Kerouac in dem berühmten New Yorker Apartment begegnet, in dem sie den Krieg aussaßen.[24] Der wesentlich ältere Burroughs stammte aus einer wohlhabenden Familie aus Saint Louis und hatte in Harvard Literatur und in Wien Medizin studiert, bevor er beschloss, sich unter die Diebe – buchstäblich – vom Times Square und die Bohemiens im Greenwich Village zu mischen. Diese beiden so unterschiedlichen Persönlichkeitsaspekte von Burroughs – einerseits der gebildete Snob, andererseits der Rebell, der es liebte, sich in der Halbwelt herumzutreiben – faszinierten Ginsberg. Denn wie der Ältere litt auch er seit jeher unter dem Gefühl, ein Außenseiter zu sein. Dieses Empfinden hatte sich während seines Studiums bei Trilling, dessen Formalismus ihm ziemlich zuwider war, noch verstärkt.[25] Deshalb entwickelte Ginsberg auch einen deutlich anderen Stil, geprägt von einer Spontaneität, die für ihn wie ein persönlicher Befreiungsschlag war.[26] Sein Stil bewegte sich immer am Rande des »Primitiven« und richtete sich mit deutlich subversiver Absicht gegen alles, was Ginsberg als eine offiziell verordnete Kultur empfand, die auf den Vorstellungen von Wohlstand und Erfolg der bürgerlichen Mittelschicht beruhte und dank der Werbung im jüngst eingeführten Fernsehen noch besser wahrnehmbar geworden war.

Der Abend, an dem er *Howl* erstmals der Öffentlichkeit vorstellte, stand unter einem seltsamen Stern. Als Ginsberg sich erhob, konnte keinem der ungefähr einhundert Anwesenden verborgen bleiben, wie nervös und betrunken er war.[27] Einer, der diese Szene miterlebt hat, schrieb später: »Seine Stimme war leise und intensiv, aber der Alkohol und die emotionale Intensität des Gedichts waren stärker; bald begann er, in seinem machtvollen Rhythmus zu schwanken und im Singsang eines jüdischen Kantors, die Töne mit langem Atem haltend, genüsslich Obszönitäten auszustoßen.«[28] Plötzlich begann Ginsbergs alter Kumpel aus New York, Jean-Louis »Jack« Kerouac, nach jeder rezitierten Zeile lautstark »Go! Go!« zu jubeln. Bald schlossen sich andere an, und während dieser Chor immer mehr anschwoll, schaukelte sich Ginsberg in eine Art Trance. Die Worte, mit denen er diesen Abend eröffnete, wurden ebenso berühmt wie diese Szenerie:

I saw the best minds of my generation destroyed by madness,
straving hysterical naked,
dragging themselves through the negro streets at dawn looking
for an angry fix
angelheaded hipsters burning for ancient heavenly connection
to the
starry dynamo in the machinery of night.

Der Kritiker Kenneth Rexroth, eine Schlüsselfigur der später so genannten »San Francisco poetry renaissance«, sagte einmal, dass *Howl* Ginsberg »von Brücke zu Brücke« berühmt gemacht habe – von der Triboro-Brücke in New York bis zur Golden-Gate-Brücke in San Francisco.[29] Aber damit wird man dem Gedicht in seiner eigentlichen Bedeutung nicht gerecht, denn seine Form und Ginsbergs Vortrag waren viel wichtiger. Bei *Howl* waren nicht nur Titel und Metaphern »primitiv«, sondern auch, dass Ginsberg so deutlich »vormoderne mündliche Traditionen« aufgegriffen hatte, bei denen die Art des Vortrags ebenso viel zählte wie die Bedeutung des einzelnen Wortes. Ginsberg trug dazu bei, »die Bedeutung von Kultur aus ihren zivilisierenden und rationalisierenden Konnotationen zu lösen und auf das Gemeinsame kollektiver Erfahrung zu verlagern«.[30] Genau das hatte er beabsichtigt. Von Anfang an hatte er sich der Massenmedien – *Time*, *Life* und entsprechender Magazine – anstatt der literarischen Fachzeitschriften für die Verbreitung seiner Ideen bedient (als Marktforscher wusste er genau, was er tat). Und von Anfang an hatte er auch vorgehabt, seine Werke durch den Taschenbuchhandel unters Volk zu bringen. Verleger von *Howl* war Lawrence Ferlinghetti, Eigentümer von City Lights, dem ersten Taschenbuchladen in den Vereinigten Staaten.[31] (Damals waren Taschenbücher noch eine geradezu unschickliche Möglichkeit der Informationsverbreitung.) Aber eben weil sich Ginsberg für *Howl* der alternativen Medien bediente, konnte aus der Beat-Kultur eine alternative Lebensform werden. Sie hatte im Wesentlichen drei Schwerpunkte: eine alternative Vorstellung von dem, was Kultur ist; eine alternative Vorstellung von der Erfahrung (vermittelt durch Drogen) und schließlich ihre unverwechselbare Grenzmentalität, deren Inbegriff die

»road culture« war. Bezweckt wurde damit, die Massen zu mehr Individualität zu ermuntern; und so gesehen ging die Beat-Generation, die sich selbst als radikal empfand, ironischerweise völlig konform mit der amerikanischen Tradition. Das in jeder Hinsicht bezeichnendste Beispiel dieser road culture und all der anderen Ikonen der Beat Generation war Jack Kerouacs 1957 publiziertes Buch *Unterwegs*.

Jean-Louis Lebris de Kerouac wurde am 12. März 1922 in Lowell, Massachusetts, geboren. Nichts an seiner Herkunft prädestinierte ihn zum Schriftsteller. Seine Eltern waren französisch sprechende Einwanderer aus dem kanadischen Quebec und Englisch daher nicht Jacks Muttersprache. 1939 erhielt er ein Stipendium an der Columbia University – aber nur, weil er ein guter Football-Spieler war.[32] Erst seine Begegnungen mit Ginsberg und Burroughs weckten in ihm den Wunsch, Schriftsteller zu werden. Sein berühmtestes Buch (es war sein zweites) erschien, als er bereits fünfunddreißig Jahre alt war.[33] Dass es Furore machte, lag gewiss auch an der Tatsache, dass nur zwei Wochen zuvor gegen Ginsbergs *Howl and Other Poems*, wie der Originaltitel lautete, ein Verfahren wegen Verbreitung unzüchtiger Schriften in San Francisco eingeleitet worden war und das Urteil zu dieser Zeit noch ausstand (der Richter verkündete später, dass das Gedicht von »erlösender sozialer Bedeutung« sei.) »Beat« war daher also gerade in aller Munde. Auf die Frage, was der Begriff »Beat« eigentlich bedeutet, antwortete Kerouac unzähligen Reportern, dass ein Hustler am Times Square damit immer »seinen Zustand erregter Erschöpfung« beschrieben habe, darin aber auch seine eigene Vorstellung von der »beseligenden Gottesschau« der Katholiken zum Ausdruck komme.[34] Bei einem dieser Interviews enthüllte er auch, dass er das Buch in einem drei Wochen anhaltenden »Anfall von Wahn« geschrieben hatte. Das Papier habe er zu einer Endlosrolle zusammengeklebt, um nicht Gefahr zu laufen, mitten in einem Gedanken unterbrochen zu werden. Viele Kritiker fanden diese Technik ausgesprochen spannend und amüsant, nur Truman Capote ließ sich zu der Bemerkung hinreißen: »This isn't writing; it's typing.«[35]

Wie alles andere von Kerouac ist auch *Unterwegs* stark autobiografisch gefärbt. Er erzählte immer gerne, dass er für seine Recherchen zu diesem Buch sieben Jahre »on the road« verbracht habe und auf der Suche nach neuen Erfahrungen, von innerer Unruhe getrieben, von Stadt zu Stadt und Droge zu Droge gewandert sei.[36] Er beschreibt in dieser Geschichte auch die Charaktere von Freunden und seine Erlebnisse mit ihnen, vor allem mit Neal Cassidy – im Buch heißt er Dean Moriarty –, der Kerouac und Ginsberg leidenschaftliche, überschwängliche Briefe schrieb, in denen er seine »sexuellen und chemischen Abenteuer« bis ins Einzelne schilderte.[37] Dieses freischwebende, chaotische, aber im Kern anteilnehmende Gefühl von Energie – das er aus den »Mutmachern« bezog – wollte Kerouac in seinem Buch reproduzieren. Es war sein Ziel, für die fünfziger Jahre zu schaffen, was Scott Fitzgerald für die zwanziger und Hemingway für die dreißiger und vierziger Jahre geschaffen hatten. (Für ihren jeweiligen Stil hatte er nicht viel übrig, aber als Beschreiber von elementaren Gefühlen waren sie ihm Vorbild.) In einer direkten und bewusst saloppen Alltagssprache schilderte er all die nach damals herrschender Meinung ungehörigen Vorlieben dieser Gegenkultur der Außenseiter. Er forderte die Selbstzufriedenheit des wohlhabenden Amerikaners heraus und machte obendrein allen klar, welche Rolle Popmusik (Bebop und Jazz) im Leben ihrer Kinder spielte.[38] Aber vor allem schenkte er uns das erste echte Road book, das später zum Road movie weiter führen würde. »The road« wurde zum Symbol eines alternativen Lebensstils, der wurzellos, aber keineswegs ziellos war. Er war mobil, aber immer mit bestimmten Orten verbunden; er war materiell arm, aber großzügig und geistreich; und er war wohl auch eher ein intellektuelles und moralisches als ein physisches Abenteuer, auch wenn mit Kerouac das Unterwegssein zum untrennbaren Bestandteil dieser neuen Kultur wurde.[39]

Ihre Abwendung von Trilling, Commager und all den anderen zelebrierte die Beat-Generation ebenso bewusst wie Eliot die »Highbrow«-Bildungsstätte in seiner Dichtung. Der unverfälscht wiedergegebene Subkultur-Slang der amerikanischen Drogen-, Biker- und Greyhound-Szene, die »strategische Vermeidung« von allem, was komplex oder schwierig schien, und der Übergang zu einem »alternativen« Bewusstsein, wie es durch Drogen hergestellt werden kann, waren in jeder Hinsicht unverdrossen subversiv.[40] Aber nicht alle Alternativen, die in den fünfziger Jahren die traditionelle Hochkultur herausforderten, waren so selbstbewusst, auch die noch nicht, die zu einer der einflussreichsten werden sollte: die Popmusik.

*

Unabhängig davon, welchen Zeitpunkt man zur Geburtsstunde der Popmusik erklärt, waren deren Ausdrucksmöglichkeiten immer von der zur Verfügung stehenden Technik begrenzt gewesen. Ob zu Zeiten der Drehorgeln, der Livebands in den Dance Halls oder später im Radio, der Einfluss solcher Musik war immer auf die eine oder andere Art beschränkt. Es gab immer eine Elite, eine In-Group, die entschied, welche Musiknoten gedruckt und welche Bands zum Auftritt in die Dance Halls oder Radiostudios eingeladen wurden. Erst nachdem die Columbia Record Company (RCA) 1948 die Langspielplatte und ein Jahr später die erste Single auf den Markt gebracht hatte, konnte sich die heute vertraute Musikszene entwickeln. Vom selben Moment an konnte jeder, der im Besitz eines Grammophons war, die Musik seiner Wahl zu jedem beliebigen Zeitpunkt hören. Das Verhalten im Hinblick auf Musik war ein für alle Mal verändert worden. Parallel dazu tauchte die neue Generation der »außengelenkten« Jugendlichen auf, die bereits bestens darauf vorbereitet waren, ihre Vorteile aus diesen neuen kulturellen Möglichkeiten zu ziehen.

Im Allgemeinen ist man sich einig, dass Popmusik 1954 oder 1955 entstand, nachdem die schwarze R&B-Musik (Rhythm and Blues) aus ihrem kommerziellen Getto ausgebrochen war (vor dem Zweiten Weltkrieg hatte man noch von »Race music« gesprochen). Plötzlich feierten schwarze Sänger riesige Erfolge unter Weißen und begannen Weiße, schwarze Musik zu kopieren. Über die Frage des wahren Ursprungs von Popmusik wurde eine Menge geschrieben, und einig ist man sich wohl nur über folgende Geschichte: Leo Mintz, ein Schallplattenladenbesitzer aus Cleveland, Ohio, erzählte Alan Freed, einem Discjockey von der lokalen WJW-Radiostation, dass ihm weiße Teenager plötzlich wie wild schwarze R&B-Platten aus der Hand rissen. Freed besuchte den Laden von Mintz. Was er dort erlebte, schilderte er später so: »Ich hörte die Tenorsaxophone von Red Prysock und Big Al Sears. Ich hörte den Bluesgesang und das Klavierspiel von Ivory Joe Hunter. Ich wunderte mich. Ich wunderte mich eine Woche lang. Dann ging ich zum Station Manager und überredete ihn, mich nach meinem Klassikprogramm eine Rock'n'Roll Party steigen zu lassen.«[41] Freed würde immer steif und fest behaupten, dass er es war, der den Namen *Rock'n'Roll* erfunden hat, aber Insider erklären, dass er schon lange vor 1954 in schwarzen Musikerkreisen als Slangwort für Geschlechtsverkehr kursierte.[42] Doch egal, ob Freed den R&B oder Rock'n'Roll nun wirklich entdeckt hat, jedenfalls war er mit Sicherheit der Erste, der diese Musik im Radio spielte und dabei übers Mikro die Schallplatten anfeuerte wie Kerouac mit seinem »Go!« Ginsberg.[43]

Dass Freed die Sache R&B nannte, war gerissen, denn so verpackt war es keine »Race music« mehr, und weiße Stationen konnten sie problemlos spielen. Die Schallplattenindustrie hängte sich schnell an diesen Trend an, indem sie weiße (und normalerweise geglättete) Versionen von schwarzen Songs herausbrachte. Einige behaupten, dass »Sh-Boom« von den Chords die erste echte Rock'n'Roll-Nummer gewesen sei und Mercury Records die geglättete Cover-Version von den Crew Cuts, die bereits in der ersten Woche die Top Ten erklettert hatte, erst herausgebracht habe, nachdem die Chords bereits aus allen Kanälen dröhnten.[44] Kurz darauf begannen weiße Musiker wie Bill Haley und Elvis Presley mit ihren Imitationen schwarzer Musik schwarze Musiker kommerziell weit hinter sich zu lassen.[45] Filme wie *The Blackboard Jungle* und Fernsehsendungen wie *American Bandstand*, die vor allem Teenagern ein Gefühl der Zusammengehörigkeit mit unmittelbarem Wiedererkennungswert boten, machten diese Musik noch populärer.[46] Und wer sich für Soziologie interessiert, der kann in den frühen Rock- und Popsongs sogar Riesmans Theorie bestätigt finden – man denke nur an Paul Ankas »Lonely Boy«

(1959), »Mr. Lonely« von den Videls (1960), Roy Orbisons »Only the Lonely« (1960) oder Brenda Lees »All Alone Am I« (1962). Allerdings sollte man nicht vergessen, dass Einsamkeit älter ist als Soziologie. Ein neuer und oft übersehener Aspekt des Rockgeschäfts waren übrigens auch die Charts: In den neuen, schnelllebigen, konformistischen Gemeinschaften, über die sich W. H. Whyte so mokiert hatte, waren Statistiken eine wichtige Sache, um den Menschen zu vermitteln, was andere taten, auf dass sie es ihnen dann gleichtun konnten.[47] Doch der wichtigste Aspekt beim Aufstieg von Rock und Pop war, dass diese Musik als ein weiterer Nagel zum Sarg der Hochkultur diente. Alle darin propagierten Vorstellungen – hippe Mode, durch Drogen »verändertes Bewusstsein«, freie Liebe und vor allem Sex – wurden zu Hymnen dieser Generation. Der Rock übertönte alles. Die Jugendkultur sollte nie wieder dieselbe sein.

*

Es war sicher kein Zufall, dass sich der Pop entwickelte, als die weißen Mittelschichten schwarze Musik – oder eine Version davon – für sich entdeckten. Das Selbstbewusstsein der Schwarzen war in den fünfziger Jahren gestiegen. Schwarze Amerikaner hatten im Weltkrieg gekämpft und sich denselben Gefahren wie Weiße ausgesetzt. Natürlich wollten sie nun ihren gerechten Anteil am Wohlstand haben. Als dann aber im Laufe der fünfziger Jahre immer klarer wurde, dass sie den nicht bekommen würden – jedenfalls nicht in den Südstaaten, wo noch immer menschenunwürdigste Rassentrennung herrschte –, begann sich das schwarze Gemüt zu erhitzen. Nach der Urteilsverkündigung des Obersten US-Bundesgerichts am 17. Mai 1954, dass Rassentrennung in Schulen verfassungswidrig ist und somit auch die bis dahin gültige Doktrin »Segregation aber Gleichheit« ungültig geworden war, war es nur noch eine Frage der Zeit, bis sich der Funke entzünden musste. Es dauerte achtzehn Monate. Rosa Parks, eine schwarze Amerikanerin aus Montgomery, Alabama, wurde verhaftet, weil sie in einer für Weiße reservierten Sitzreihe im vorderen Teil eines Busses Platz genommen hatte. Man könnte sagen, dass die Bürgerrechtsbewegung, die eine so tiefe Kluft in den USA aufreißen sollte, in genau diesem Moment erwachte. Auf internationaler Bühne spielten sich ähnliche Entwicklungen ab, nachdem ehemalige Kolonien, die ebenfalls im Zweiten Weltkrieg gekämpft hatten, nun ihre Unabhängigkeit verhandelten und damit ein steigendes Selbstbewusstsein. (Indien wurde 1947 unabhängig, Libyen 1951, Ghana 1957, Nigeria 1960.) Ein Resultat all dieser Ereignisse war, dass auch schwarze Literatur in den fünfziger Jahren zu blühen und zu gedeihen begann.

Was die Harlem-Renaissance in den zwanziger Jahren in den Vereinigten Staaten erreicht hatte, wurde bereits erwähnt. Die Karriere von Richard Wright überlebte den Zweiten Weltkrieg. Er hatte zwei Bücher publiziert, eines, als die USA in den Krieg zogen, und eines bei Kriegsende: 1940 *Native Son* und 1945 *Black Boy*. In einer wunderbaren Sprache stellen beide auf quälende Weise dar, wie sich die Welt zu verändern begann – und das war eine Welt, die einer von Wrights Protégés noch viel unerträglicher fand als er selbst.

Ralph Ellison hatte nie etwas anderes als Musiker werden wollen, seit er als Achtjähriger von seiner Mutter ein Kornett geschenkt bekommen hatte. Doch nachdem er 1933 in der Bibliothek des Booker T. Washington Tuskegee Institute T. S. Eliots *wüstes Land* entdeckt hatte, »geriet er ans Schreiben«.[48] Inspiriert von seiner Freundschaft mit Wright und von Hemingways Reportagen aus dem Spanischen Bürgerkrieg in der *New York Times*, brachte Ellison 1952 sein Buch *Der unsichtbare Mann* auf den Markt.[49] Im Verlauf von fast siebenhundert Seiten durchwandert der (namenlose) Held fast alle Stadien der modernen Geschichte schwarzer Amerikaner: eine Kindheit im tiefsten Süden; ein Neger-College, das von Philanthropen gefördert wird; Fabrikarbeit im Norden. Er taucht in das wilde Leben der gebildeten Neger in Harlem ein; schließt sich einer »Back-to-Africa«-Bewegung und dann einer quasi-kommunistischen Einrichtung namens »The Brotherhood« an und erlebt sogar eine Episode als Hipster. Aber nichts davon macht ihn glücklich – der unsichtbare Mann passt nirgendwohin. Seiner früheren Kritik an Gunnar Myrdal hatte Ellison selbst kaum etwas Positives entgegenzusetzen: Er sah schwarz für die Schwarzen. Tatsächlich verfiel er nach diesem Roman in tiefes Schweigen, wurde damit aber keineswegs zum unsichtbaren Mann. Es blieb einem dritten schwarzamerikanischen Schriftsteller überlassen, etwas zu schreiben, das den Weißen wirklich unter die Haut ging. Aber auch er war dazu erst in der Lage, nachdem er von den Umständen praktisch dazu gezwungen worden war.

James Arthur Jones, 1924 als eines von zehn Geschwistern geboren, war in erdrückender Armut aufgewachsen. Seinen Vater lernte er nie kennen. Als seine Mutter David Baldwin heiratete, erhielt er den Familiennamen des Stiefvaters, eines Predigers, der »brandstiftende« Reden hielt, mit einem »eingefleischten« Hass gegen Weiße. Mit vierzehn Jahren hatte James Baldwin beides vom Stiefvater übernommen.[50] Doch diese Moralpredigten enthüllten auch sein schriftstellerisches Talent. Eines Tages wurde er von Philip Rahv beim *New Leader* eingeführt (wo C. Wright Mills seinen Durchbruch erlebt hatte). Und da Baldwin nicht nur schwarz, sondern auch homosexuell war, nahm er sich Richard Wrights Buch als Beispiel und ging nach Paris, wo er seine ersten Arbeiten ganz in der Tradition des amerikanischen pragmatischen Realismus, beeinflusst von Henry James und John Dos Passos, verfasste. Sich selbst bezeichnete Baldwin als das »innere Auge« des weißen Amerika, den Blick auf die geschlossenen Familien und verschlossenen Kirchen von Harlem gerichtet, diskret die homosexuelle Szene von Paris beobachtend und sensibel das menschliche Herz im Konflikt mit sich selbst beschreibend.[51] Seinen Ruf als Schriftsteller erwarb er sich bereits mit *Gehe hin und verkünde es vom Berge* (1953) und *Giovannis Zimmer* (1956). Doch erst mit dem Auftauchen der Bürgerrechtsbewegung Ende der fünfziger Jahre begann sein Dasein ganz neue und drängendere Dimensionen anzunehmen. Im Juli 1957 kehrte er aus Frankreich in die Vereinigten Staaten zurück, im September erhielt er vom *Harper's*-Magazin den Auftrag, über die Rassenunruhen in Little Rock in Arkansas und Charlotte in North Carolina zu berichten. Am 5. September hatte der Gouverneur von Arkansas, Orval Faubus, schwarzen Schülern den Zugang zu einer Schule in Little Rock verwehren lassen, worauf Präsident Eisenhower die Nationalgarde schickte, um sicherzustellen, dass der Integrationsprozess ungehindert stattfinden konnte und den Kindern nichts geschehen würde.

Dieses Erlebnis veränderte Baldwin: »Aus einem schwarzen Schriftsteller, der sich um Erfolg in einer weißen Welt bemühte, wurde ein Schwarzer.«[52] Nun war er nicht mehr nur Beobachter. Er überwand seine Angst vor dem Süden (wie er schrieb) und warf den weißen Lesern seiner Artikel in *Harper's* seinen Zorn und seine Ehrlichkeit zum Fraße vor. Mit deutlichen Worten vermittelte er seine schmerzliche Botschaft: »Sie [die Studenten bei den Sit-ins und Freiheitsmärschen] sind nicht die ersten Neger, die sich dem Mob aussetzen; sie sind nur die ersten Neger, die dem Mob mehr Angst einjagen als dieser ihnen.«[53] Zwei von Baldwins Essays wurden unter dem Titel *The Fire Next Time (Hundert Jahre Freiheit)* publiziert. Das Buch erregte große Aufmerksamkeit, weil er darin eine neue Sprache für die Erfahrungen von Schwarzen gefunden hatte und Weißen den inneren virulenten Zorn der Schwarzen erklärte. »Für das Grauen im Leben der amerikanischen Neger gab es praktisch keine Worte... Mir wurde klar, welch unglaubliche Dinge geschahen und dass ich dabei eine Rolle zu spielen hatte. Ich kann hier nicht glücklich sein, aber ich kann hier arbeiten.«[54] Der Zorn der Schwarzen hatte sich Bahn gebrochen. Es würde den Weißen nie wieder gelingen, ihn abzuwehren.

*

Auch anderenorts machte schwarze Literatur Furore, wenngleich zum Beispiel die in Großbritannien erschienenen Romane von Colin MacInnes (*Absolute Beginners*, 1959, und *Mr Love and Mr Justice*, 1960) eher scharfsinnige Betrachtungen über das Leben waren, das die Westinder seit ihrer Ankunft 1948 als Arbeiter im öffentlichen Transportwesen der Hauptstadt führten, und weniger Aussagen von direktem sozialen oder politischen Wert.[55] In Frankreich war bereits vor dem Zweiten Weltkrieg der Begriff *négritude* aufgetaucht, aber in den öffentlichen Sprachgebrauch war er erst nach 1945 eingegangen. Mit ihm verbanden sich meist eine

Glorifizierung der afrikanischen Geschichte und die Betonung schwarzer Emotion und Intuition als Gegensatz zur hellenistischen Vernunft und Logik. Die wichtigsten Protagonisten dieser Strömung waren der senegalesische Präsident Léopold Senghor, Aimé Césaire und Frantz Fanon. (Auf Fanon, einen Psychiater aus Martinique, der in Algerien arbeitete, wird in Kapitel 30 näher eingegangen.) *Négritude* wurde als »schönes« Wort empfunden, weil der von ihm bezeichnete Prozess ungefährlicher klang als der von Baldwin oder Ellison beschriebene. Dennoch glich seine zentrale Botschaft der ihren: dass die Kultur und das Leben Schwarzer ebenso reich, bedeutungsvoll und, ja auch das, zufrieden stellend seien wie die aller anderen, und dass auch aus der Erfahrung von Schwarzen eine ursprüngliche und bewegende Kunst entstehen könne, die der Beachtung wert sei.

In Wirklichkeit aber war *négritude* eher ein Etikett, das weiße Europäer allem aufdrückten, was im französischsprachigen Afrika geschah.[56] Und *was* dort geschah, war wesentlich gewaltsamer und tief greifender, als es mit diesem Wort zum Ausdruck gebracht werden konnte. Der Prozess der Dekolonisierung war eine unvermeidliche Folge des Zweiten Weltkriegs, denn die Kolonialmächte waren viel zu geschwächt, um an ihren Besitztümern festzuhalten (nachdem sie sich während des Krieges auf die Hilfe der Kolonisierten verlassen hatten) und standen obendrein unter zu starkem moralischen Druck, um ihren politischen Griff *nicht* zu lösen. Diese Entwicklungen waren natürlich unweigerlich auch von neuen geistigen Strömungen begleitet.

Der erste moderne, realistische Roman aus Westafrika war *People of the City* (1954) von Cyprian Ekwensi. Doch die neuen Entwicklungen in der afrikanischen Literatur waren den Metropolen des Westens bereits 1951 mit dem Erscheinen von Amos Tutuolas *Der Palmweintrinker* bewusst geworden.[57] Chinua Achebes 1958 veröffentlichter Roman *Okonkwo oder Das Alte stürzt* konnte dann bereits als archetypisch für die afrikanische Literatur bezeichnet werden. Achebe beschreibt lebendig und in einer wunderbaren Sprache (Englisch) den Zusammenbruch einer traditionellen afrikanischen Gesellschaft nach der Ankunft des weißen Mannes. Es war unbestreitbar das Werk eines im westlichen Sinne gebildeten Menschen, das jedoch in einer unverkennbar nichtwestlichen Landschaft angesiedelt war – nichtwestlich im emotionalen wie auch im geografischen Sinn. Und es war verwoben zu einer großartigen Tragödie.[58]

Achebes Muttersprache war Ibo, aber bereits als Junge hatte er Englisch gelernt, und 1953 war er einer der ersten Studenten, die am University College von Ibadan in Nigeria einen Abschluss in englischer Literatur machten. Das Schöne an Achebes Buch – neben seiner tiefen Sympathie für die kleinen Fehler seiner Figuren – ist die schon im Titel enthüllte Erkenntnis, dass alle Gesellschaften, alle Kulturen den Keim des Untergangs bereits in sich tragen. Und so ist auch die Ankunft des weißen Mannes in seiner Geschichte weniger die Ursache als ein Katalysator für das, was ohnedies geschehen muss. Okonkwo, der Held dieses Romans, gehört der Ibo-Kultur an. Er ist der respektierte Dorfälteste und ein ausgesprochener Macho, obendrein ein erfolgreicher Bauer und Ringkämpfer, der in ständigem Konflikt mit seinem viel sanfteren Sohn steht.[59] Der Leser wird so erfolgreich in die Rhythmen des Dorfes Umofia eingelullt, dass schließlich sogar ein weißer Europäer gute Gründe für die »barbarischen« Riten dieser Gesellschaft findet. Es wird uns hier das *bewusst* konstruierte kristallklare Bild einer stabilen, geistig reichen, komplexen und fundamental menschlichen Gesellschaft vor Augen geführt. Wenn Okonkwo die Regeln des Dorfes bricht, akzeptieren wir, dass dies mehrere Jahre Exil zur Folge haben muss. Als die Geisel, die er in seiner Familie groß gezogen hat – und deren Existenz wie deren Liebe zu Okonkwo wir ebenfalls längst akzeptiert haben –, ermordet wird und dabei Okonkwo selbst den tödlichen Schlag ausführt, akzeptieren wir sogar das. Allein das ist eine bemerkenswerte Leistung von Achebe. Und wenn dann schließlich der weiße Mann eintrifft, sind wir ebenso verwirrt von seinem Verhalten wie die Einwohner von Umofia. Doch Achebe ging es nicht nur darum, den weißen Mann bloßzustellen, so sehr er dessen Kolonialismus auch verachtete. Er wollte die Aufmerksamkeit ebenso auf die Mängel der Umofia-Gesellschaft lenken – auf ihre Starrheit, ihre Unfähigkeit zum Wandel und die Umstände, unter denen ihre Ausgestoßenen oder Einzelgänger so leicht vom Christentum überzeugt werden können. (Okonkwo selbst bleibt unverändert, was Teil seiner Tragik ist.) *Das Alte stirbt* ist ein zutiefst bewegendes und wundervoll komponiertes Buch.[60] Mit Okonkwo und Umofia schuf Achebe einen Charakter und eine Gesellschaft von universaler Bedeutung.

Der Dichter und Dramatiker Wole Soyinka, ebenfalls Nigerianer, veröffentlichte sein erstes Werk *The Lion and the Jewel* 1958. Hier handelt es sich um ein Drama in Versform, das ebenfalls in einem afrikanischen Dorf angesiedelt, aber eine Komödie ist. Und ihr sollte mindestens ebenso viel Erfolg beschieden sein wie Achebes Buch. Doch Soyinka war ein mehr »anthropologischer« Autor als Achebe und berief sich stark auf die Mythen der Yaruba (er hatte sogar eine wissenschaftliche Studie darüber geschrieben). Nun war ja Anthropologie eine von mehreren Disziplinen, die inzwischen versuchten, den allgemeinen Begriff »Kultur« in ein neues Licht zu rücken. Und auf diesem Gebiet war Claude Lévi-Strauss mit zwei 1955 veröffentlichten Arbeiten die sicher einflussreichste Persönlichkeit. Lévi-Strauss, 1908 in Brüssel geboren, aber in der Nähe von Versailles aufgewachsen, hatte nach seinem Studium in Paris an der Universität von São Paolo Soziologie gelehrt und in Brasilien Feldstudien betrieben. Nach einem Forschungsaufenthalt in Kuba kehrte er 1939 nach Frankreich zurück und trat in den Militärdienst ein. Vom Faschismus zur Flucht gezwungen, emigrierte er in die USA, wo er von 1942 bis 1945 der New School for Social Research in New York angehörte. Unmittelbar nach dem Krieg wurde er französischer Kulturattachée in den Vereinigten Staaten. Er kehrte nach Paris zurück, wo er 1950 an der École Pratique des Hautes Études den Lehrstuhl für »Vergleichende Religionswissenschaften der schriftlosen Völker« bekam und 1959 am Collège de France schließlich den Lehrstuhl für Anthropologie. Bis dahin hatte er bereits eine Reihe von bemerkenswerten Schriften veröffentlicht, die sich in drei Teile gliedern lassen. Da waren zum einen seine grundlegenden Verwandtschaftsstudien, Untersuchungen zum Verständnis der Familienbeziehungen in vielen unterschiedlichen (hauptsächlich amerikanisch-indianischen) Stämmen; dann seine Studien über Mythologien, in denen er erforschte, welche höheren Ideen im Alltag der unterschiedlichen Völker zum Ausdruck kamen; und schließlich gab es noch eine Art autobiografisch-philosophisches Reisebuch, sein 1955 veröffentlichtes Werk *Traurige Tropen*.[61]

Lévi-Strauss' Theorien waren höchst komplex, und auch sein Stil erleichterte es dem Leser nicht gerade, sie zu verstehen. Seine Sprache war so schwierig, dass sich sein englischer Übersetzer mehr als einmal geschlagen geben musste. Es sei daher ausdrücklich betont, dass man diesem komplizierten Autor in einem Buch wie dem vorliegenden einfach nicht gerecht werden kann. Feststellen aber lässt sich, dass Lévi-Strauss' Werk – abgesehen von seinen Verwandtschaftsstudien – zwei Hauptelemente enthält. In seinem Essay »The Structural Study of Myth«, der 1955 im *Journal of American Folklore* veröffentlicht wurde – im selben Jahr wie die *Traurigen Tropen* –, und das er später in seinem vierbändigen Werk *Mythologica* weiterentwickeln sollte, untersuchte er Hunderte von Mythen aus aller Welt. Aber nicht seine anthropologischen Kenntnisse hatten ihn zu dieser Arbeit animiert, sondern, wie er selbst sagte, seine »drei Geliebten« Geologie, Marx und Freud.[62] Allerdings ist das Freudsche Element in seinen Texten sehr viel präsenter als das marxistische oder gar die Geologie; vermutlich wollte er mit dieser Aussage nur zum Ausdruck bringen, dass er wie Marx und Freud versuchte, die universalen Strukturen aufzudecken, die dem menschlichen Erleben zu Grunde liegen. Und wie die Historiker aus der *Annales*-Schule (siehe Kapitel 31) glaubte auch er, dass die großen Bewegungen der Geschichte wichtiger sind als nahe und nächst liegende Ereignisse.[63]

Allen Mythologien gemein, so Lévi-Strauss, ist eine universale, eingebaute Logik. In jedem mythologischen Stoff wiederholen sich elementare Themen wie Inzest, Brudermord, Vatermord, Kannibalismus. Jeder Mythos sei ein »Instrument der Finsternis«, »eine Art kollektiver Traum« und daher entschlüsselbar.[64] In den insgesamt vier Bänden analysiert Lévi-Strauss 813 Mythen mit einem außerordentlichen Einfallsreichtum, den viele – vor allem angelsächsische – Kritiker ablehnten. So fand er zum

Beispiel heraus, dass Figuren, die den jeweiligen Mythen zufolge aus Lehm geformt und nicht von Frauen geboren wurden, in aller Welt Namen oder Behinderungen, wie etwa einen Klumpfuß, erhielten, welche die Umstände ihrer Schöpfung zum Ausdruck bringen konnten.[65] Oder er stellte fest, dass sich Mythen zu bestimmten Zeiten mit »überbewerteten« Familienbeziehungen (Inzest), »unterbewerteten« Beziehungen (Brudermord/Vatermord) befassten. Bei anderen Mythen gehe es um Nahrungszubereitung (gekocht/roh), um die Frage, ob Geräusch oder Stille herrsche, ob Menschen bekleidet oder nackt seien. Aber worum es im Einzelnen auch ging, wesentlich für seine gesamte Analyse war die Aussage: Die Mythen würden, wenn man sie verstünde, erklären, wie die Menschen der Frühzeit die Welt entschlüsselten und daher die grundlegende, unbewusste Struktur des menschlichen Geistes offenbaren. Dieser Denk- und Forschungsansatz, der für viele eine Offenbarung war, hatte einen sekundären Effekt von großer Bedeutung: Lévi-Strauss betonte immer wieder, dass seinen sämtlichen Erkundungen die fundamentale Erkenntnis zu Grunde liege, dass es zwischen dem »primitiven« und dem »gebildeten« Geist keinen realen Unterschied gibt, dass die so genannten Wilden in ihren Erzählungen ebenso differenziert, ebenso entfernt von dem wirklich Primitiven sind wie wir.[66]

In der ersten Hälfte des zwanzigsten Jahrhunderts hatten die Arbeiten von Margaret Mead und Ruth Benedict zur allgemeinen Erkenntnis beigetragen, dass die unterschiedlichen Völker dieser Welt auch unterschiedliche Verhaltenskodizes entwickelt haben (zum Beispiel in Bezug auf Sex).[67] Lévi-Strauss' Arbeit war hingegen ganz der Erklärung gewidmet, dass sich in den Mythen der Völker grundlegende Ähnlichkeiten enthüllen, dass in ihnen eine fundamentale Übereinstimmung im Hinblick auf die menschliche Natur und die Weltsicht zum Ausdruck kommt. In der zweiten Hälfte des zwanzigsten Jahrhunderts wurde diese These ungemein einflussreich und trug eine Menge dazu bei, dass der Wert der von Eliot, Trilling und deren Geistesgenossen propagierten Hochkultur angezweifelt und die Idee eines »regionalen Wissens« gefördert wurde – die Vorstellung, dass ein kultureller Ausdruck auch dann von Wert ist, wenn er auf bestimmte Gebiete begrenzt bleibt, oder dass die Lesarten eines solchen Ausdrucks vielfältiger, komplexer und reicher sind, als Außenseiter jemals erkennen. In diesem Punkt stimmten Lévi-Strauss und Chinua Achebe überein.

Dieser anthropologischen Strömung kam ein parallel einsetzendes Umdenken in der Schwesterdisziplin Archäologie zu Hilfe. 1959 veröffentlichte Basil Davidson mit *Old Africa Rediscovered* eine detaillierte Geschichte der frühen Vergangenheit des »Schwarzen Kontinents«.[68] Ein Jahr darauf brachte die Oxford University Press ihre umfangreiche *History of African Music* heraus. Beide Werke werden in Kapitel 31, wo neue Konzepte der Geschichtsanalyse untersucht werden, ausführlicher zur Sprache kommen. Aber sie gehören auch in dieses Kapitel, denn wie ein roter Faden zog sich durch die hier besprochenen Werke von Ellison, Baldwin, MacInnes, Achebe und Basil Davidson die Erfahrung, schwarz in einer nicht-schwarzen Umwelt zu sein (während Lévi-Strauss eine Menge dazu beitrug, ihren Stimmen Gehör zu verschaffen). Dic Reaktionen darauf waren zwar unterschiedlich, aber allen gemein war ein wachsendes Bewusstsein, dass die Kunst, die Geschichten, Sprachen und urtümlichen Erfahrungen von Schwarzen bislang bewusst entwertet und unsichtbar gemacht worden waren. Diese Geschichten, Sprachen und Erfahrungen hieß es nun wieder für sich selbst zu beanspruchen und ihnen damit eine neue Gestalt und Stimme zu verleihen. Dies war eine andere Gegenkultur als die der Beat-Generation, aber sie war nicht weniger reich, vielfältig oder wertvoll. Hier gab es ein gemeinsames Ziel, das eine eigene große Tradition hatte.

*

Großbritannien hatte in den Fünfzigerjahren keine große schwarze Bevölkerung. Schwarze Einwanderer waren seit 1948 ins Land gekommen, und hie und da war ihr Leben auch von Schriftstellern wie Colin MacInnes beschrieben worden. Das erste Einwanderungsgesetz, das den Zulauf aus den »neuen« Commonwealth-Staaten (also vorherrschend schwarzen Ländern) beschränkte, wurde erst 1961 verabschiedet, das heißt, dass sich die traditionelle britische Kultur bis zu diesem Moment von »den anderen« kaum bedroht gefühlt hatte. Daher bezogen sich die »Alternativen« der Briten auch auf eine ganz andere soziale Trennlinie, nämlich auf die Klassentrennung, die viele fast ebenso leidenschaftlich bekämpften wie andere die Rassentrennung.

1955 verfolgte ein erlesener kleiner Kreis Gleichgesinnter konkret die Idee, ein Theater in London zu gründen, das sich ausschließlich dem Neuen widmen und neue Stücke von völlig unbekannten Autoren aufführen sollte, um frisches Blut in das Gegenwartsdrama zu pumpen und damit auch ein neues Publikum anzusprechen. Sie nannten dieses Risikounternehmen *The English Stage Company* und pachteten dafür das kleine Royal Court-Theatre am Sloane Square in Chelsea. Diese Lage im Herzen des bürgerlichen London erwies sich als ideal für sein revolutionäres Programm.[69] Sein erster künstlerischer Leiter war George Devine, ein in Oxford und Frankreich ausgebildeter Mann, der als seinen Stellvertreter den siebenundzwanzigjährigen Tony Richardson von der BBC mitgebracht hatte. Devine verfügte über die nötige Erfahrung, Richardson über das Flair. Doch dann war es der grundsolide Devine, der das erste Stück mit echtem Flair entdeckte. Während der Gründungsphase der Company hatte er eine Anzeige in der wöchentlich erscheinenden Theaterzeitung

The Stage aufgegeben und zur Einsendung von neuen Stücken über Gegenwartsthemen aufgefordert. Bereits mit der ersten Post trafen an die siebenhundert Manuskripte ein, darunter auch das eines Dramatikers namens John Osborne mit dem Titel *Blick zurück im Zorn*.[70] Devine war fasziniert von der »schneidenden« Sprache und spürte instinktiv, dass sie sich fabelhaft für die Bühne eignete. Seine Nachforschungen über den Autor ergaben, dass es sich um einen arbeitslosen Schauspieler handelte, also um eine in vieler Hinsicht typische Figur im Nachkriegsengland. Denn das 1944 verabschiedete Ausbildungsgesetz (der »Education Act«, eine Folge des Beveridge-Reports) hatte nicht nur das Mindestalter für den Schulabschluss heraufgesetzt und das moderne System von Grund-, Mittel- und Oberschulen begründet, sondern auch Gelder für Studenten aus der Unterschicht zur Verfügung gestellt, die Schauspielschulen besuchen wollten. Im sonst so farblosen England der Nachkriegszeit gab es daher wesentlich mehr Schauspieler als Engagements. Osborne war derselbe hoffnungslos überqualifizierte Typ wie Jimmy Porter, der »Held« seines Stücks.[71]

»Held« muss hier deshalb in Anführungszeichen gesetzt werden, weil eines der entscheidenden Merkmale von *Blick zurück im Zorn* das Gegenteil von Heldentum ist: Der Protagonist aus der unteren Mittelschicht attackiert nicht nur alles und jeden um sich herum, sondern auch sich selbst. So gesehen ist Jimmy Porter ein direkter Vetter von Okonkwo – »getrieben von wütender Energie, die sich gegen alles und nichts richtet«.[72] Die Struktur des Stücks wurde häufig kritisiert, mit der Begründung, dass es zum Ende hin – Jimmy und seine typische Mittelschichtsfrau ziehen sich in ihre private Phantasiewelt der Kuscheltiere zurück – auseinander falle.[73] Trotzdem war das Stück ein Riesenerfolg. Mit ihm begann die Zeit, in der sich Theaterstücke, wie ein Kritiker einmal schrieb, »nicht mehr mit den Helden der oberen Mittelschicht beschäftigten oder in Landhäusern spielten«.[74] Dem Titel dieses Dramas war auch der Begriff des »zornigen jungen Manns« zu verdanken, dem in den fünfziger Jahren eine ganze Reihe von Theaterstücken, Filmen und Büchern über das Leben von jungen Männern aus der Arbeiterschicht gewidmet waren (zornige junge Frauen schien es nicht zu geben).[75] So gesehen stimmte der von Osborne begründete Trend genau mit den anderen hier besprochenen Versuchen überein, den Begriff von Kultur neu zu bewerten. In allen wichtigen Werken dieser Zeit waren die Hauptdarsteller »Helden« aus der Arbeiterklasse oder Antihelden, wie man sie später nannte – bei Osborne genauso wie in Bernhard Krops *Hamlet of Stepney Green* (1957), John Ardens *Waters of Babylon* (1957) und *Live Like Pigs* (1958), Arnold Weskers *Chicken Soup with Barley* (1958) und *Roots* (1959) oder auch in einer Reihe von Romanen wie John Braines *Room at the Top* (1957), Alan Sillitoes *Saturday Night, Sunday Morning* (1958), oder David Storeys *This*

Sporting Life (1960). Immer sind diese Antihelden aggressiv, und alle *entfliehen* auf Grund ihrer Ausbildung oder Fähigkeiten der Arbeiterklasse, ohne jedoch zu wissen, wohin es sie treibt. Jedem dieser Autoren waren die in den unteren Schichten herrschenden Härten und Mängel bewusst, aber sie verliehen den Erfahrungen dieser Schichten erstmals Legitimität (was natürlich auch andere Kunstformen taten) und boten damit auch erstmals eine Alternative zu den traditionellen kulturellen Ausdrucksformen. Nach Eliots Begriffen waren diese Werke zutiefst skeptisch.

In der Dichtung fand ein ganz ähnlicher Umbruch statt. Am 1. Oktober 1954 erschien ein anonymer Artikel im *Spectator* unter der Überschrift »In the Movement«. Tatsächlich stammte er aus der Feder von J. D. Scott, dem Feuilletonchef der Zeitung. Er hatte eines Tages eine neue Gruppierung in der britischen Literatur ausgemacht, eine Schar von Romanciers und Dichtern, die »Leavis, Empson, Orwell und Graves« bewunderten und angeödet waren von der Verzweiflung der Vierziger… außerordentlich ungeduldig mit poetischen Gefühlen [umgingen]… und skeptisch, grob und ironisch« waren.[76] Der *Spectator* identifizierte fünf dieser Gruppe angehörende Autoren, doch nach D. J. Enrights Buch *Poets of the 1950s* (1955) und Robert Conquests *New Lines* (1956) zählten neun Dichter und Romanciers zu dieser »Bewegung«: Kingsley Amis, Robert Conquest, Donald Davie, Enright selbst, Thom Gunn, Christopher Holloway, Elisabeth Jennings, Philip Larkin und John Wain. Eine Anthologie ging sogar so weit – ein bisschen zu weit vielleicht –, diese Bewegung als den »größten Bruch mit den kulturellen Traditionen seit dem achtzehnten Jahrhundert« zu bezeichnen. Zu ihren wichtigsten Texten gehörten Wains Roman *Hurry on Down* (1953) und Kingsley Amis' *Lucky Jim* (1954); ihr vorherrschender Ton war von der »Skepsis des geistigen Normalverbrauchers« und dessen »ironischem Wirklichkeitssinn« geprägt.[77]

Der typischste Vertreter dieser Bewegung, derjenige, der sowohl ihre Lebenseinstellung als auch ihre Literatur am deutlichsten repräsentierte, war Philip Larkin (1922–1985). Aufgewachsen in Coventry, nicht weit von Audens Birmingham, hatte er nach seinem Studium in Oxford eine Karriere als Universitätsbibliothekar angestrebt (Leicester 1946–1950; Belfast 1950–1955; Hull 1955–1985), aber wie es scheint nur, weil er dringend eines regelmäßigen Einkommens bedurfte. Er schrieb zwei frühe Romane, doch berühmt wurde er erst durch seine Gedichte. (Larkin pflegte immer zu sagen, dass die Dichtung ihn gewählt habe, nicht umgekehrt.) Die poetische Stimme, die in seiner ersten wirklich ausgereiften und 1955 veröffentlichten Sammlung zu hören war, war skeptisch, schnörkellos, uneitel, bescheiden und von gesundem Menschenverstand geprägt. Sie war nicht zornig wie Osbornes Stimme, aber auch sie lehnte die alte Literatur und die Tradition ebenso ab wie alle hochgestochenen Ideen oder die Psychoanalyse – eben das ganze »myth-kitty«, wie Obsorne es nannte. Sogar aus Larkin sprach daher die Bodenständigkeit der »kitchen sink«-Dramen, wie man diese Alltagsdramen nannte, wenn auch mit etwas leiserer Stimme.[78] Eines seiner berühmtesten Gedichte, »Church Going« (*I take off/ My cycle-clips in awkward reverence*), vermittelt von der ersten Zeile an Larkins tiefe Aufrichtigkeit und zugleich seinen ausgeprägten Sinn für Komik. Larkin glaubte, dass der Mensch nach Sinn und Ziel hungert, sich aber meist nicht ganz sicher ist, ob er dem dann auch gewachsen ist. Für ihn gab es keine Existenzfrage – er fand nichts Philosophisches am Leben. Philosophisch relevant sei, dass der Mensch an der Tatsache seiner Existenz nichts ändern könne – er sei ein »hilfloser Zuschauer«; seine Gefühle seien ohne Bedeutung und daher ohne Heimstatt. Deshalb stelle sich die Frage, warum der Mensch überhaupt Gefühle hat. Das ist für Larkin das Dilemma: der »Mensch als hilfloser Zuschauer«, der bestenfalls beobachten kann:

the hail
Of occurence clobber life out
To shape no one sees

Larkin bewegt sich bewusst am Rande des Sentimentalen, gerade weil er auf den herrschenden Gefühlsmangel hinweisen will und sich nur all zu klar ist, dass Gefühle oft alles sind, was der Mensch besitzt. Seine Welt ist eine ernüchternde Welt der Niederlagen (sein Verdikt über die Ehe lautet, dass zwei gemeinsam genauso stupide vor sich hinleben können wie einer allein), beherrscht von »einem passiven Realismus«, dessen eng gestecktes Lebensziel nicht großen Leidenschaften gilt, sondern dem Schutz vor Verletzungen. Das ist die Botschaft eines Menschen, der über genügend Wissen verfügt, um davon niedergedrückt zu sein, aber der zugleich den Existenzialismus durchschaut und all die anderen »großen« Begriffe. Genau deshalb gewann Larkin immer mehr an Statur. Seine Weltsicht mag zwar nicht heroisch gewesen sein, aber sie war von Dauer. Blake Morrison hat darauf hingewiesen, dass es am Ende des zwanzigsten Jahrhunderts so scheint, als ob Larkin, nachdem er Jahrzehnte lang als zweitrangiger Dichter gehandelt worden ist, die Geschichte der englischen Dichtung in der zweiten Hälfte des Jahrhunderts ebenso beherrsche wie Eliot die der ersten Hälfte.[79]

*

Richard Hoggarts höchst originelles Buch *Uses of Literacy* überschnitt sich zeitlich mit den zornigen jungen Männern und deren »Bewegung«, oder doch zumindest mit der Welt, die diese zu beschreiben versuchte. Es erschien 1957, ein Jahr nach der Premiere von *Blick zurück im Zorn*. Hoggart hatte mit Raymond Williams, Stuart Hall und E. P. Thompson jene

Denkschule begründet, die mittlerweile vergleichende Kulturwissenschaften (»cultural studies«) genannt und längst zu einer eigenen akademischen Disziplin geworden ist. Hoggart, Jahrgang 1918, war in Leeds aufgewachsen und ausgebildet worden und im Zweiten Weltkrieg als Soldat in Nordafrika und Italien gewesen. Die Erfahrungen beim Militär hatten auf ihn ebenso großen Einfluss wie auf Williams. Nach dem Krieg arbeitete er wie Larkin an der University of Hull, allerdings als Tutor für Literatur in der Erwachsenenbildung. In dieser Zeit veröffentlichte er auch sein erstes kritisches Werk über *Auden*. Doch erst in *The Uses of Literacy* schlugen sich all seine Erfahrungen, seine Herkunft aus der Arbeiterklasse, seine Zeit als Soldat und sein Lehramt in der Erwachsenenbildung an einer Provinzhochschule nieder. Es war, als habe er plötzlich ein Vokabular für eine bis dahin wortlose Seite des Lebens gefunden.[80]

Hoggart war geschult in den traditionellen Methoden der angewandten Literaturkritik, die von I. A. Richards (siehe Kapitel 18) in der »Great Tradition« von F. R. Leavis entwickelt worden waren. Doch seine Lebenserfahrung führte ihn in eine ganz andere Richtung. Er begann gegen Leavis zu opponieren, wie Ginsberg gegen Lionel Trilling.[81] Anstatt der Tradition von Cambridge zu folgen, wandte er Richards Methoden lieber auf die ihm vertraute Kultur an – von den Arbeitergesangsvereinen bis hin zu den Illustrierten für die Familie, von den kommerziellen Popsongs bis hin zu beliebten Filmen. Wie ein Anthropologe beschrieb und analysierte er die Sitten und Gebräuche, mit denen er aufgewachsen war und die er niemals in Frage gestellt hatte, zum Beispiel die traditionellen Autowasch- oder Treppenscheueraktionen am Sonntagmorgen. Er schilderte die Kultur der Arbeiterklasse und vor allem deren Sprache detailliert anhand der in dieser Schicht beliebten Bücher, Zeitschriften, Lieder und Spiele. Dadurch gelang es ihm zu zeigen, wie reich diese Kultur wirklich war und wie viel mehr es dort zu entdecken gab, als Kritiker sehen wollten. Wie Osborne war Hoggart ebenso wenig blind gegenüber den Mängeln dieser Klasse wie gegenüber der Tatsache, dass die britische Gesellschaft Menschen, die in die Arbeiterklasse hineingeboren wurden, gewöhnlich nicht die geringste Chance gab, ihr zu entfliehen. Aber Hoggart wollte lieber beschreiben und das Beschriebene analysieren, als irgendwelche zielgerichteten politischen Zwecke zu verfolgen. Die Reaktionen auf seine Arbeit ähnelten daher auch stark den Reaktionen auf Osborne: Plötzlich hatte ein bis dahin völlig übergangener Aspekt des Alltagslebens Legitimität und Stimme erhalten – es gab in der Tat nicht nur *eine* große Tradition.[82]

Hoggart führte auf direktem Wege weiter zu Raymond Williams. Wie Hoggart hatte auch Williams im Krieg gedient, aber ansonsten die längste Zeit seines Lebens in der Fakultät für Anglistik in Cambridge verbracht, wo er um Leavis gar nicht herumkam. Williams war theoretischer als Hoggart, und seine Beobachtungen waren weniger fesselnd, aber seine Argumente waren nicht weniger überzeugend. Mit einer Reihe von Büchern, angefangen bei dem 1958 erschienenen *Culture and Society*, stellte Williams in einen Kontext, was im engeren Rahmen von Hoggarts Arbeit nur implizit zum Ausdruck gekommen war.[83] Hier ging es um eine ganz neue Ästhetik. Williams Kerngedanke war, dass kein Kunstwerk – Gemälde, Roman, Gedicht oder Film – ohne einen Kontext existieren kann. Selbst ein Kunstwerk von großer Allgemeingültigkeit, »eine universale Ikone«, habe immer einen intellektuellen, sozialen und vor allem politischen Hintergrund. Die Phantasie, so Williams' entscheidendes Argument, kann einen gewissen Bezug zur Macht nicht vermeiden, und die Form, die ein Kunstwerk annimmt, ist ebenso Politik wie die Haltung, die der Konsument dieser Kunst einnimmt. Das heißt natürlich nicht notwendigerweise, dass es hier um Parteipolitik geht; es heißt nur, dass die Anerkennung dieser Beziehung zwischen Kultur und Macht die höchste Form der Selbstwahrnehmung und -bewusstheit ist. Williams eröffnete *Culture and Society* mit Eliot, Richards und Leavis als Beispiele für Autoren, die »Kultur« als ein unterschiedliche Ebenen umfassendes Phänomen betrachten und behaupten, dass immer nur eine gebildete Minorität zur höchsten kulturellen Ebene beitragen und von ihr profitieren könne. Dann folgt ein Kapitel mit der Überschrift »Marxismus und Kultur«. Nach der marxistischen Theorie, erinnert er uns, sind die Mittel der Produktion und der Verteilung die bestimmenden Faktoren des Lebens, folglich hängt auch der Fortschritt der Kultur immer von den materiellen Bedingungen der Produktion dieser Kultur ab. Deshalb werde sich in der Kultur notgedrungen immer auch die soziale Beschaffenheit der Gesellschaft spiegeln. Daraus ergebe sich als nur natürliche Folge, dass sich niemand an der Spitze Veränderungen wünscht. So gesehen haben Eliot und Leavis nur die sozialen Gegebenheiten ihrer Zeit reflektiert und dabei einen verdächtigen Mangel an Selbstbewusstsein offenbart.[84]

Aus dieser (sehr vereinfachten) Darstellung von Williams' Argumentation ergibt sich nun zum einen, dass es nicht nur ein Kriterium gibt, anhand dessen sich ein Künstler oder ein Kunstwerk beurteilen lässt; und zum anderen, dass Eliten, wie sie Eliot und Leavis sahen, nichts anderes als *ein* Segment der Bevölkerung darstellen, das bestimmte eigene Interessen vertritt. Williams rät uns daher dringend, unseren eigenen Erfahrungen zu vertrauen, wenn wir herausfinden wollen, ob ein Künstler oder sein Werk von Bedeutung sind. Entscheidend sei, dass alle Beurteilungen und Sichtweisen relevant oder wertvoll seien. Williams attackierte also genau jene Tradition, der er selbst zweifellos zuzuzählen war und die die meisten Menschen als Hochkultur bezeichnen würden. Außerdem legten seine Thesen nahe, dass Künstler, die neue Ideen entwickeln, nicht nur ästhetisch, sondern auch politisch gesehen neuen Boden bereiten. Es war diese Verdeutlichung des Zusammenhangs zwischen Kunst und Politik, die schließlich zu der so oft zitierten »kulturellen Linken« führen sollte.

Die letzten beiden Attacken gegen den Kanon von Eliot, Leavis, Trilling und Commager wurden von Historikern und Naturwissenschaftlern geritten. Die geschichtswissenschaftliche Kritik wurde von der französischen *Annales*-Schule angeführt, der die britische Schule der marxistischen Historiker folgte. Ihre Errungenschaften werden in Kapitel 31 ausführlicher diskutiert, hier soll nur erwähnt sein, was sie bewusst machten: »Geschichte« betrifft den »normalen« Menschen ebenso wie Könige, Generäle und Premierminister; die Geschichte von bäuerlichen Siedlungen, rekonstruiert zum Beispiel anhand von Geburten-, Heirats- und Sterberegistern, ist nicht weniger spannend und von Bedeutung als Rekonstruktionen anhand der Chroniken von großen Schlachten und Verträgen; die Welt schreitet vorwärts und gewinnt auch durch andere Mittel als Krieg und Politik an Bedeutung. Indem die Geschichtsforschung diesem Tenor nun zu folgen begann, schloss sie sich zugleich den Disziplinen an, die ihre Aufmerksamkeit bereits der Welt der »niederen Stände« zuwandten und belegten, wie reich deren Leben sein konnte. Was Hoggart im Hinblick auf die britische Arbeiterklasse des zwanzigsten Jahrhundert leistete, tat die *Annales*-Schule unter anderem im Hinblick auf die Bauern des fünfzehnten Jahrhunderts im Languedoc oder Montaillou. Auch die marxistischen Historiker Großbritanniens – etwa Rodney Hilton, Christopher Hill, Eric Hobsbawm und E. P. Thompson – konzentrierten sich auf das Leben der »normalen« Bürger – der Bauern, der unteren Ränge des Klerus und der englischen Arbeiterklasse (wie vor allem Thompson in seiner klassischen Studie). Allen diesen Studien gemein war die Erkenntnis, dass die niederen Stände ein historisch bedeutendes Element gewesen seien und das auch gewusst hätten, wie sich daran zeigt, dass sie rational im eigenen Interesse handelten und sich nicht als Spielball ihrer Herren sahen.

Die Disziplinen der Geschichte, Anthropologie, Archäologie und sogar der englischen Sprache und Literatur durch die Feder von Williams und auf andere Weise auch durch die Werke von Achebe, Baldwin, Ginsberg, Hoggart und Osborne, fanden sich Mitte bis Ende der fünfziger Jahre konspirativ zusammen, um den traditionellen Vorstellungen von Hochkultur den Boden zu entziehen. Allerorten tauchten neue Studien auf und wurden neue Entdeckungen gemacht. Die Idee, dass eine begrenzte Zahl von »großen Werken« das Rückgrat und den Kern einer Kultur bilden, erschien immer realitätsferner. Materiell gesehen waren die USA inzwischen um ein Vielfaches wohlhabender als Europa – warum also sollten sich Amerikaner noch an europäischen Autoren orientieren? Die ehemaligen Kolonien entdeckten begeistert ihre eigenen Geschichten – wozu brauchten sie noch andere? Natürlich gab es Antworten, sogar gute Antworten auf solche Fragen. Aber eine Weile lang schien sich niemand für sie zu interessieren. Bis dann plötzlich aus einer ganz anderen Richtung zum Schlag ausgeholt wurde.

*

Der frontalste Angriff gegen Eliot, Leavis und deren Gesinnungsgenossen kann genau datiert und lokalisiert werden. Es geschah im englischen Cambridge am Nachmittag des 7. März 1959. Eine »unförmige, watschelnde Gestalt« näherte sich dem Vortragssaal am westlichen Ende des Senatshauses, eines weißen Steingebäudes im Zentrum der Stadt.[85] Der Saal in dem stuckverzierten neoklassizistischen Gebäude war zum Bersten gefüllt mit Professoren, Studenten und hohen Gästen, die sich zur alljährlichen *Rede lecture* eingefunden hatten, einer dieser öffentlichen Paradevorlesungen der Universität. In diesem Jahr war Sir Charles Snow als Redner geladen (später Lord Snow, aber jedermann nannte ihn nur bei seinen Initialen C. P.). »Als er sich eine Stunde später setzte, hatte Snow zumindest drei Dinge erreicht: Er hatte einen Satz, ja vielleicht sogar einen Begriff in die Welt gesetzt, der einen unaufhaltbaren internationalen Siegeszug antreten würde; er hatte eine Frage gestellt..., die sich eigentlich jeder nachdenkliche Beobachter von modernen Gesellschaften hätte stellen müssen; und er hatte eine Kontroverse ausgelöst, deren Umfang, Dauer und zumindest zeitweilige Intensität bemerkenswert war.«[86] Der Titel von Snows Vortrag lautete »The Two Cultures and the Scientific Revolution«. Die beiden von ihm identifizierten Kulturen waren die der »literarischen Intelligenz« (gebildet von den um die Literatur und Philosophie gruppierten hermeneutischen Fächern, einschließlich der Künste) und die der »naturwissenschaftlichen Intelligenz« (alle empirisch-naturwissenschaftlichen und technischen Disziplinen). Dass diese beiden Kulturen einander einfach nicht verstehen konnten und sich sogar gegenseitig der Unredlichkeit beschuldigten, als hätten sie nichts miteinander zu tun, schadete Snows Ansicht nach der gesellschaftlichen Entwicklung ungemein und begrenzte die Aussichten, technologische Erkenntnisse umzusetzen, um die Probleme dieser Welt zu mindern.[87]

Snow hatte die äußeren Umstände, unter denen er seine Analyse vorstellte, gut gewählt. Cambridge war nicht nur die bedeutendste wissenschaftliche Institution Großbritanniens, sondern auch die Heimstatt von F. R. Leavis (und natürlich Raymond Williams), einem der berühmtesten Vertreter der literarischen Intelligenz dieses Landes. Außerdem war Snow selbst ein Cambridge-Mann (immerhin hatte er im Cavendish Laboratory bei Ernest Rutherford gearbeitet). 1932 hatte seine wissenschaftliche Karriere einen Rückschlag erlitten, nachdem er verkündet hatte, eine Methode zur künstlichen Herstellung von Vitamin A entdeckt zu haben, dies aber wieder zurücknehmen musste, als sie sich als Sackgasse erwies.[88] Danach sollte er nie wieder wissenschaftliche Forschung betreiben. Stattdessen wurde er wissenschaftlicher Berater der Regierung und schrieb Romane, darunter seine Geschichten aus der Reihe *Strangers and Brothers* über die Entscheidungsprozesse in kleinen, geschlossenen Gemeinschaften (wie Standesvertretungen oder Colleges in Cambridge). Die Vertreter der »hohen« Literatur hatten für diese Geschichten nur ein müdes Lächeln übrig und fanden seinen Stil geschraubt und pompös. Also hatte Snow bereits selbst versucht, eine Brücke zu beiden Kulturen, über die er so streng urteilte, zu schlagen – und war gescheitert.

Snow sagte, dass seine These für die ganze Welt gelte, und die Reaktionen auf seinen Vortrag rechtfertigten diese Behauptung. Richtig ist aber auch, dass sie auf kein Land so zutraf wie auf Großbritannien, denn nirgendwo waren die Kontraste stärker. Die literarische Intelligenz, sagte Snow, halte überall die Zügel der Macht in Händen, ob nun in der Regierung oder in der Oberschicht, was zur Folge habe, dass nur Menschen, die sich in der Klassik, Geschichte und englischen Literatur auskennen, als gebildet gälten. Solche Leute wüssten aber meist nicht viel, oft sogar gar nichts über die Naturwissenschaften; sie fänden sie weder wichtig noch interessant und hielten sie deshalb auch aus jedem politischen Gespräch heraus, wie alles, was für sie langweilig und ohne gesellschaftliche Relevanz sei. Snow fand nun wiederum diese Ignoranz entwürdigend und sogar gefährlich für das Land, jedenfalls sofern sie in Regierungsetagen herrschte. Allerdings erklärte er umgekehrt auch Naturwissenschaftler für geisteswissenschaftliche Ignoranten und verachtete ihre typische Art, Literatur als nutzlosen Subjektivismus abzutun, der für *sie* nichts Wissenswertes enthielt.

Liest man Snows Vortrag heute, ist man noch immer fasziniert von seinen vielen scharfen Beobachtungen. Beispielsweise hielt er die Naturwissenschaftler für optimistischer als das Bildungsbürgertum, was er auch darauf zurückführte, dass sie oft aus ärmeren Familien stammten (was für Großbritannien wie auch »vermutlich« für die Vereinigten Staaten gelte). Die literarische Intelligenz fand er nicht nur eitler als die naturwissenschaftliche, sondern beklagte auch, dass sie sich »taub stellt« für andere Kulturen, wohingegen die Naturwissenschaftler zumindest wüssten, was sie ignorierten.[89] Außerdem sei die literarische Intelligenz eifersüchtig auf ihren wissenschaftlichen Gegenpart. Denn kein junger, wie auch immer talentierter Naturwissenschaftler würde je wie der Held von *Lucky Jim* das Gefühl haben, unerwünscht zu sein, oder Angst haben, dass seine Arbeit lächerlich gemacht werden könnte. Und die Übellaunigkeit von Leuten wie Kingsley Amis sei typisch für unterbeschäftigte Absolventen von Kunsthochschulen.[90] Viele aus der literarischen Intelligenz, schlussfolgerte Snow, seien von Natur aus Ludditen.* Was ihn aber wirklich be-

* Anm. d. Ü.: Anhänger des englischen Arbeiters Ned Lud, der Anfang des neunzehnten Jahrhunderts das Los der Arbeiter bessern wollte, indem er zum Beispiel die Zerstörung aller Maschinen in den Fabriken forderte.

sorgte, war die tiefe Kluft zwischen den beiden Kulturen. Seiner Meinung nach musste es zu einer wissenschaftlichen Revolution kommen.[92] Bei der industriellen Revolution, schrieb er, war es letztlich nur um die Einführung von Maschinen und den Bau von Fabriken und Großstädten gegangen, die den Erfahrungshorizont des Individuums gewaltig veränderten. Die wissenschaftliche Revolution hingegen habe mit der ersten industriellen Nutzung atomarer Teilchen begonnen. Die anschließende Industriegesellschaft des Elektronik-, Atom- und Automationszeitalters sei grundlegend anders als jede Gesellschaft in der Vergangenheit und werde die Welt noch viel stärker verändern. Im Anschluss an diese Schilderung nahm sich Snow die wissenschaftliche Ausbildung in Großbritannien, den Vereinigten Staaten, der Sowjetunion, Frankreich und Skandinavien vor: Nirgendwo bestand seiner Meinung nach so viel Nachholbedarf wie in Großbritannien (in der Sowjetunion glaubte er zwar das richtige Verhältnis vorzufinden, war sich aber nicht sicher, was die Wissenschaften dort eigentlich wirklich hervorbrächten).[92] Er kam zu dem Schluss, dass nur eine angemessene Handhabung der Naturwissenschaften – die nur möglich sei, wenn sich auch die literarische Intelligenz mit den ihnen fremden Disziplinen vertraut mache und ihre Vorurteile über Bord werfe – dazu beitragen könne, die überwältigenden, durch die Existenz von reichen und armen Ländern entstandenen Probleme unseres Planeten zu lösen.[93]

Snows Vortrag fand enormen Widerhall. Er wurde selbst in Sprachen diskutiert, die er gar nicht verstand (ungarisch, japanisch, polnisch), weshalb er auch nie erfuhr, was in diesen Ländern dazu geäußert wurde. Die meisten Kommentatoren, die er verstand, waren mehr oder weniger einer Meinung mit ihm, doch aus zwei Richtungen erreichte ihn geradezu vernichtende und in einem Fall sogar sehr persönliche Kritik. Letzteres durch keinen anderen als F. R. Leavis, der einen Vortrag, den er über Snows These gehalten hatte, anschließend im *Spectator* publizierte. Er griff Snow auf zwei Ebenen an. Sein schwer wiegendes Argument war, dass sich die von der Literatur angewandten Methoden auf völlig andere Weise auf das Individuum bezögen als die von den Naturwissenschaften angewandten, da die Sprache der Literatur gewissermaßen auch die Sprache des Individuums sei – nicht immer offensichtlich, aber zumindest doch offensichtlicher als die Sprache der Naturwissenschaften. »Leavis fand, dass weder das materielle Universum noch der Diskurs über dessen angemessene Bezeichnungen auf dieselbe Weise im Besitz seiner Beobachter waren wie die Literatur im Besitz ihrer Leser oder Autoren ist, weil sich seiner Ansicht nach weder die Literatur noch die literarische Intelligenz an erlernten, sondern nur durch Interaktion entstandenen Begriffen orientiert.«[94] Auf einer zweiten Ebene griff Leavis Snow aber auch sehr persönlich an – so persönlich sogar, dass sowohl der *Spectator* als auch Chatto

& Windus, der Verlag, der Leavis' giftigen Artikel in eine Anthologie aufnehmen wollte, bei Snow anfragten, ob er Leavis in diesem Fall verklagen würde. Er tat es nicht, dennoch ist kaum vorstellbar, dass er nicht tief gekränkt war.[95] Leavis begann seinen Vortrag mit den Worten: »Wenn Genie heißt, dass man sich selbst nur für eine überlegene Geistesgröße mit überragenden Fähigkeiten, Einsichten und Kenntnissen zu halten braucht, um maßgeblich über die Furcht erregenden Probleme unserer Zivilisation sprechen zu können, dann kann es gar keinen Zweifel am Genie von Sir Charles Snow geben. Er jedenfalls stellt dies nicht in Frage.« Dann machte er eine bedeutungsschwere Pause und sagte: »Aber in Wirklichkeit ist Snow ungeheuer ignorant.«[96]

Eine überzeugendere Kritik kam von Lionel Trilling aus New York. Zuerst einmal kanzelte er Leavis ab, und zwar nicht nur wegen seiner schlechten Manieren und weil er so persönlich geworden war, sondern auch, weil er urplötzlich moderne Schriftsteller verteidigte, die er bislang mit Nichtachtung gestraft hatte. Aber auch Trilling fand, dass Snow mächtig übertrieben hatte. Es sei unmöglich, eine solche Anzahl von Schriftstellern derart »unbekümmert« zu charakterisieren. Die Naturwissenschaften mussten ja vielleicht logisch oder konzeptionell zusammenhängen, von der Literatur könne man dies jedoch nicht sagen. Denn die Aktivitäten, aus welchen sich »Literatur« zusammensetzt, seien zu vielfältig, um auf derart simple Weise mit den naturwissenschaftlichen verglichen werden zu können.[97] Aber stimmte das auch? Tatsache ist jedenfalls, dass allen Einwänden Trillings zum Trotz die Debatte über die »zwei Kulturen« in einigen Kreisen bis heute geführt wird. In Großbritannien wurde Snows Vortrag erst 1997 neu verlegt, mit einer langen Einführung von Stefan Collini, in der er den verästelten Folgen von Snows Thesen in aller Welt nachspürt; und 1999 veranstaltete die BBC eine öffentliche Debatte über »Die zwei Kulturen, 40 Jahre später«. Heute wissen wir, dass Snow zumindest im Hinblick auf die Bedeutung der Revolutionen im Bereich von Elektronik und Informationsverarbeitung Recht gehabt hatte. Fakt ist aber auch, dass man sich seiner wohl immer eher dieses Vortrags als seiner Romane wegen erinnern wird.[98] Im Schlusswort des vorliegenden Buches wird dann auch näher zu betrachten sein, weshalb wir zu Beginn des einundzwanzigsten Jahrhunderts in einer Crossover-Kultur leben, in der sich populärwissenschaftliche, aber deshalb kaum weniger komplizierte Bücher beinahe ebenso gut verkaufen wie Romane und definitiv wesentlich besser als jede literaturkritische Abhandlung. Die Menschen werden *tatsächlich* naturwissenschaftlich gebildeter. Ob man nun in allem mit Snow übereinstimmt oder nicht, es wird wohl kaum jemand bestreiten, dass er – im Anklang an Riesman – seinen Finger auf eine offene Wunde gelegt hat.

*

Und so begann der traditionelle Literaturkanon also Stück für Stück, Buch für Buch, Drama für Drama, Song für Song Brüche zu bekommen. Auf die einen hatte das eine befreiende Wirkung, bei anderen löste es ein Verlustgefühl aus. Realistischer war vielleicht die Reaktion all derjenigen, die diesen Umbruch einfach hinnahmen. Mehr über Naturwissenschaften zu wissen, oder sich mit den Werken von Chinua Achebe, James Baldwin und John Osborne vertraut zu machen, musste ja nicht gleich bedeuten, dass man alle traditionellen Werke auf den Müll warf. Zweifellos aber begann das Gefühl gemeinsamen Strebens, der Glaube an eine große Tradition, welcher sich alle Menschen verpflichtet fühlen, die sich für gebildet und kultiviert halten, zu schwinden. Schon allein die Vorstellung, dass es so etwas wie eine Hochkultur gibt, wurde nun in vielen Kreisen als fragwürdig betrachtet. Das Wort »Hochkultur« selbst fand man praktisch nur noch in Anführungszeichen eingebettet (wenn auch noch nicht einbalsamiert), als sei diesem Begriff nicht mehr zu trauen oder als dürfe man ihn zumindest nicht mehr ernst nehmen. Vor allem in der Ästhetik der Postmoderne in den letzten Jahrzehnten des Jahrhunderts kam diese Haltung deutlich zum Ausdruck.

Obwohl Leavis seine Attacke gegen Snow mit so viel bewusster Boshaftigkeit würzte, hatte er ein besonders griffiges Gegenargument nicht erwähnt – vermutlich, weil er es nicht kannte –, das dann im Laufe der Fünfzigerjahre immer mehr an Bedeutung gewann. Snow hatte das Positive des naturwissenschaftlichen Ansatzes hervorgehoben – empirisch, kühl, rational und selbstmodifizierend. Paradoxerweise begannen sich aber just zu der Zeit, in der Snow und Leavis ihren Streit austrugen, immer mehr Nachweise anzusammeln, dass die naturwissenschaftliche »Kultur« tatsächlich gar nicht immer so war, wie Snow sie porträtierte, sondern letztlich viel »menschlicher« war, als es in ihren publizierten Abhandlungen sichtbar werden konnte. Und diese neue Erkenntnis, der wir uns nun zuwenden wollen, sollte auch eine Menge zur Ausprägung der so genannten Postmoderne beitragen.

27
Die Kräfte der Natur

Mit seiner Behauptung, dass es eine naturwissenschaftliche und eine literarische Kultur gebe, betonte C. P. Snow nicht nur die intellektuelle Gleichberechtigung beider, sondern auch ihre Unterschiede. Aber ihr vermutlich größter Unterschied ist gewiss die wissenschaftliche *Methodik* – der Vorgang der empirischen Beobachtung, rationaler Deduktion und ständigen Modifikation im Lichte neuer Erkenntnisse. Auf Grund ebendieser Methodik werden Naturwissenschaftler seit jeher für die rationalsten Wesen gehalten, deren Handlungen niemals von so persönlichen Dingen wie Rivalität, Ehrgeiz oder Ideologie beeinflusst werden könnten und für die nur der Beweis zähle. Dieses Bild wird von den naturwissenschaftlichen Abhandlungen in den vielen Fachzeitschriften nur bestätigt: Sie sind in unverändert sachlichem Stil gehalten, sodass die Handschrift eines Autors kaum noch auszumachen ist, und auch ihre formale Struktur ist praktisch universal – Darlegung des Problems, Überblick über die Literatur, Methode, Ergebnisse, Schlussfolgerung. Nach solchen Veröffentlichungen zu urteilen, schreiten die Naturwissenschaften in regelmäßigem Schritt – ein Schritt nach dem anderen – voran.

Diese Ansicht hat nur einen Haken – sie stimmt nicht. Sie trifft nicht einmal annähernd zu. Und die Naturwissenschaftler wissen das, lassen das aber aus mehreren Gründen – darunter nicht zuletzt die von Snow betonte Unsicherheit – kaum je verlautbaren. Der Erste, der die Aufmerksamkeit auf den wahren Charakter dieser Wissenschaften lenkte, war wieder einmal ein österreichisch-ungarischer Exilant. Michael Polanyi hatte vor dem Zweiten Weltkrieg in Budapest und am Berliner Kaiser-Wilhelm-Institut Medizin und physikalische Chemie studiert, Ende des Krieges dann aber Soziologie an der Universität von Manchester gelehrt (sein Bruder Karl war Ökonom an der New Yorker Columbia University). In seinen *Riddell Lectures*, die er 1946 an der University of Durham hielt und anschließend unter dem Titel *Science, Faith and Society* veröffentlichte, propagierte Polanyi zwei grundlegend neue Ideen über die Naturwissenschaften, die sich tief in das Denken des späten zwanzigsten Jahrhunderts einprägen sollten.[1] Zum einen behauptete er, dass die meisten naturwissenschaftlichen Erkenntnisse rein intuitive Vermutungen seien und in der Praxis kaum je so funktionierten, wie es die Theorie besagt, nämlich als ein Prozess der kontinuierlichen Modifikation: »Der Anteil, den neue Beobachtungen und das Experiment am Entdeckungsprozess haben, wird gewöhnlich überschätzt.«[2] »Es sind weniger die neuen Fakten, die wissenschaftlichen Fortschritt bringen, als die neuen Interpretationen bekannter Fakten oder die Entdeckung neuer Mechanismen oder Systeme, mit welchen bekannte Fakten begründet werden können.« Wissenschaftliche Fortschritte »nehmen häufig die Merkmale einer Gestalt an, als könne man plötzlich etwas ›sehen‹, das zuvor bedeutungslos gewesen war«.[3] Was Polanyi damit sagen wollte, war, dass sich Wissenschaftler viel intuitiver verhalten, als sie selbst glauben, und dass sie weder absolut neutral noch unbeteiligt, sondern vielmehr immer vom Gewissen geleitet an die Dinge herangehen – von einem wissenschaftlichen Gewissen geleitet. Und dieses Gewissen funktioniert in mehr als nur einer Hinsicht: Es führt den Wissenschaftler auf der Suche nach Erkenntnis nicht nur auf einen bestimmten Weg, sondern lenkt ihn auch bei seiner Einsicht, welche Resultate »wahr« sind und welche nicht, oder welche weiterer Forschungen bedürfen. In jedem Fall aber ist das Gewissen für den Naturwissenschaftler ein fundamentales Movens.

Im Gegensatz zu vermutlich vielen anderen betrachtete Polanyi die Naturwissenschaften als eine logische Konsequenz der religiösen Gesellschaft. So erinnert er den Leser zum Beispiel, dass sich christliche Kirchenlehrer wie der heilige Augustinus oft sehr für Naturwissenschaften interessierten. Außerdem sah er sie untrennbar mit dem Prinzip der Freiheit und mit der Entwicklung von atomisierten Gesellschaften verbunden, denn nur in einem solchen sozialen Umfeld könne der Mensch unabhängig genug sein, um sich eine eigene Meinung zu bilden. Gesellschaften dieser Art waren für ihn eindeutig eine Folge des Monotheismus und insbesondere des Christentums, das dem Menschen die Vorstellung und Tradition einer »transzendenten Wahrheit« jenseits aller menschlichen Identität vermittelt habe, einer Wahrheit »außerhalb von uns«, die nur darauf wartet, erkannt zu werden. In seiner Analyse der Wissenschaftsstrukturen stellte er zum Beispiel fest, dass in der britischen Royal Society kaum je ein Wissenschaftler einen anderen der Aufnahme in diese Gesellschaft für unwürdig befunden habe; folglich seien insofern selten Ungerechtigkeiten vorgekommen, als kein Wissenschaftler aus der Society ausgeschlossen blieb, der dieser Mitgliedschaft würdig war. Wissenschaft und Fairness gehörten untrennbar zusammen.

Auch die Wissenschafts*tradition*, die Suche nach der objektiven, transzendenten Wahrheit, betrachtete Polanyi als eine im Wesentlichen christliche Idee, wenngleich natürlich auch ihm bewusst war, dass sich eine Menge jenseits von reiner Offenbarungsreligion entwickelt hatte.

Die Evolution der Wissenschaft und wissenschaftlichen Methodik habe sich deutlich auf das Ausmaß an Toleranz und Freiheit in der Gesellschaft ausgewirkt, was Polanyi nicht weniger beeindruckend fand als sämtliche rein wissenschaftlichen Erkenntnisse, weil er in dieser Entwicklung sogar eine Rückkehr zu Gott entdeckte – die Evolution von Wissenschaft sei wie die des wissenschaftlichen Denkens und Handelns nichts anderes als ein weiteres Stadium bei der Erfüllung des göttlichen Plans; während der Mensch moralische Fortschritte mache. Die Tatsache, dass Wissenschaftler so intuitiv und in Übereinstimmung mit ihrem Gewissen handelten, unterstreiche dies nur.[4]

George Orwell war da ganz anderer Meinung. Er hielt die Naturwissenschaften für kalt und rational; und niemand verabscheute oder fürchtete diesen kalten Rationalismus mehr als er. *Die Farm der Tiere* und *1984* wurden allgemein als politische Romane betrachtet. *1984* erschien 1948 und löste nicht nur ebenso viele Kontroversen aus wie Orwells vorangegangenes Buch, sondern wurde von Konservativen auch als Attacke eines geläuterten Sozialisten gegen den totalitären Charakter des Sozialismus verstanden. Der Autor selbst sah das allerdings ganz anders. Er verstand seine Geschichte mindestens ebenso als eine pessimistische Anklage gegen die Naturwissenschaften. Orwell war pessimistisch, teils weil er an Tuberkulose erkrankt war, teils aber auch, weil das Leben im Großbritannien der Nachkriegszeit, 1948, immer noch sehr trostlos war: Die versprochene Fleischration (zwei Koteletts pro Woche) gab es nicht, Brot und Kartoffeln waren rationiert, die Seife rau, Rasierklingen stumpf, Lifte funktionierten nicht, und der Victory-Gin gab einem »das Gefühl, eins mit dem Gummiknüppel übergezogen zu bekommen«, wie Julian Symons einmal schrieb.[5] Orwell hatte sich in Wirklichkeit nie vom Sozialismus abgewandt, obwohl er ganz genau wusste, dass dieser, wenn er Erfolg haben wollte, gar nicht, anders konnte, als die Brutalität und Totalität eines Stalinismus anzunehmen. Nur so ist zu erklären, dass sich unter den Ideen, die Orwell in *1984* angriff, das zentrale Argument aus James Burnhams *Das Regime der Manager* wiederfand, demzufolge eine »Verwaltungsklasse« aus Wissenschaftlern, Technokraten, Administratoren und Bürokraten Schritt für Schritt in allen Staaten die Regierungsgeschäfte übernehmen würde und im Zuge dieses Geschehens Begriffe wie *Sozialist* und *Kapitalist* immer mehr an Bedeutung verlieren würden.[6] Die eigentliche Stärke von *1984* war Orwells beinahe schon unheimliche Fähigkeit, das Bild einer totalitären Gesellschaft durch die Schilderung ihrer wissenschaftlichen und pseudowissenschaftlichen Errungenschaften heraufzubeschwören (und vorauszusagen). In der berühmten Eröffnung heißt es: »Es war ein klarer, kalter Tag im April, und die Uhren schlugen gerade dreizehn …« Die Uhren haben zwar (noch) nicht dreizehn geschlagen, aber Orwells pseudowissenschaftliche Ideen von einer Gedankenpolizei, einer manipulierten neuen Sprache (»Newspeak«) und der Gehirnwäsche sind uns bereits schrecklich vertraut geworden. Sätze wie »Big brother is watching you« gingen nicht zuletzt deshalb in den allgemeinen Sprachgebrauch über, weil die für die Ausübung solcher Kontrolle nötige Technologie längst zu unserem Alltag gehört.

*

Orwells Timing für *1984* hätte nicht besser sein können. Das Erscheinungsjahr 1948 erlebte den Beginn der Berliner Blockade: Stalin schaltete für den Westteil der Stadt den Strom ab und schloss alle Zufahrtswege aus dem Westen Deutschlands. Welche Bedrohung der Stalinismus auch außerhalb der Sowjetunion darstellte, war damit für jeden unübersehbar geworden. Die Blockade währte fast ein ganzes Jahr, bis Mai 1949, doch ausgewirkt hat sie sich wesentlich länger, denn nun hatten die Westmächte begriffen, dass der Kalte Krieg eine Teilung auf Dauer bedeutete. Orwells Timing war aber auch deshalb so perfekt, weil *1984* just in dem Moment erschien, in dem auch an der intellektuellen Front innerhalb der Sowjetunion Dinge geschahen, die deutlich machten, was vom Stalinismus wirklich zu halten war. Beispielsweise die Lyssenko-Affäre.

Wie bereits in Kapitel 17 erwähnt, war die sowjetische Biologie in den dreißiger Jahren gespalten zwischen Genetikern, die traditionell westliche Ideen vertraten – Darwin, die Mendelschen Erbgesetze, Morgans Chromosomenforschung, das Gen – und solchen, die Trofim Lyssenko und dessen Lamarckistische Ideen über die Erblichkeit von erworbenen Merkmalen anhingen.[7] Im und unmittelbar nach dem Zweiten Weltkrieg hatte sich die Lage in der Sowjetunion dann gewaltig verändert. Krieg konzentriert den Geist auf wundersame Weise; und dank der Erfordernisse dieses hoch mechanisierten und technisierten Krieges hatte die sowjetische Führung plötzlich einen nie da gewesenen Bedarf an empirischen Wissenschaftlern. Also wurden in höchster Eile die naturwissenschaftliche Programme der Sowjetunion reorganisiert: Anstelle von Parteikommissaren wurden wieder Wissenschaftler an die Spitze von Schlüsselkomitees gesetzt; von der Geologie bis hin zur Medizin wurden Disziplinen aufpoliert; und so mancher führende Wissenschaftler wurde sogar noch schnell in den Rang eines Generals erhoben. Wissenschaftler, die den Terror der dreißiger Jahre überlebt hatten, wurden in Vorzugswohnungen einquartiert und durften in speziellen, den Apparatschiks vorbehaltenen Restaurants speisen oder sich in Spezialkliniken und Sanatorien, die bis dahin nur für Parteibonzen reserviert waren, behandeln lassen und erholen. Der Ministerrat verabschiedete sogar eine Resolution, die den Bau eigener Datschen für diese Forscher vorsah. Noch willkommener war die Aufhebung der strikten Kontrolle durch die Partei-Ideologen, die seit Mitte der dreißiger Jahre über die Wissenschaft ausgeübt worden war.

Ganz besonders profitierte die sowjetische Genetik vom Krieg, denn da die Sowjetunion seit 1941 ein Verbündeter der westlichen Alliierten war und die Vereinigten Staaten und Großbritannien die wichtigste Rolle in diesem Bündnis spielten, wurden auch sämtliche vom Stalinismus in den dreißiger Jahren errichteten wissenschaftlichen Barrieren gegen sie abgebaut. Sowjetische Forscher durften wieder reisen und amerikanische oder britische Labors besuchen; ausländische Wissenschaftler (darunter Henry Dale, J. B. S. Haldane und Ernest Lawrence) wurden wieder in russische Akademien gewählt, und ausländische Fachzeitschriften durften in der Sowjetunion wieder gelesen werden.[8] Viele Gegner Lyssenkos unter den russischen Genetikern ergriffen diese Gelegenheit, um sich der Hilfe westlicher Kollegen zu versichern, vor allem der ihrer britischen und amerikanischen Kollegen und der russischen Emigranten in den Vereinigten Staaten, wie Theodosius Dobschanski. Zugute kam ihnen auch die Entwicklung der »Evolutionssynthese« (siehe Kapitel 20), die die Genetik und den Darwinismus auf einen Nenner gebracht und damit Michurin und Lyssenko stark unter Druck gesetzt hatte. Auch Experimente nach den Theorien von Mendel und Morgan waren wieder erlaubt. Gleich nach Kriegsende wurden zum Beispiel Tausende Schachteln voller *Drosophila*-Taufliegen nach Russland eingeführt. Angesichts all dieser Aktivitäten war klar, dass Lyssenko seine einst so mächtige Position bedroht sehen musste, zumal es bereits einmal einen Versuch gegeben hatte, ihn aus seinem Amt als Präsidiumsmitglied der Akademie der Wissenschaften zu vertreiben.[9] Tatsächlich erhielt Stalin eine Menge Beschwerdebriefe über ihn, doch die sowjetische Führung, die sich bis dahin deutlich auf Lyssenkos Seite gestellt hatte, wollte sich vorerst nicht in diese Auseinandersetzung einmischen. Vorerst.

Der Beginn des Kalten Krieges kann auf das Frühjahr 1946 und Winston Churchills Rede in Fulton, Missouri, datiert werden, bei der auch das Wort vom »Eisernen Vorhang« fiel. Doch die eigentliche Konfrontation begann erst im März 1947 mit der Ankündigung der »Truman-Doktrin«, derzufolge Griechenland und die Türkei Hilfsleistungen erhalten sollten, die speziell darauf ausgerichtet waren, kommunistischen Einflüssen entgegenzuwirken. Kurz darauf wurden die Kommunisten aus den Koalitionsregierungen in Frankreich und Italien ausgeschlossen. In der Sowjetunion löste dies eine scharfe ideologische Kampagne aus, die nach Andrej Schdanow – einem Politbüromitglied, das mit einer Reihe von Resolutionen für die Medien festgelegt hatte, was politisch korrekt war und was nicht – *Schdanowschchina* genannt wurde. Zuerst wurden nur Schriftsteller und andere Künstler vor einer »servilen und sklavischen Haltung gegenüber der Kultur des Westens« gewarnt; ab Ende 1946 wurden dann jedoch der Reihe nach eine Akademie der Sozialwissenschaften in Moskau unter Agitprop-Kontrolle gegründet, im Frühjahr 1947 die *Schda-*

nowschchina auf die Philosophie ausgeweitet und im Sommer schließlich auch auf die Naturwissenschaften. Gleichzeitig übernahmen Parteiideologen wieder die Kontrolle. Sowjetische Wissenschaftler im Ausland, die nicht in die Sowjetunion zurückgekehrt waren, wurden öffentlich angeprangert; die Möglichkeit, bedeutende westliche Wissenschaftler in russische Akademien zu wählen, wurde widerrufen; mehrere wissenschaftliche Fachzeitschriften wurden eingestellt und alle fremdsprachlichen Publikationen verbannt. Für die Naturwissenschaften hatte sich der Kreis im stalinistischen Russland geschlossen. Kaum schlug das Pendel wieder zu Lyssenkos Gunsten aus, begann dieser seinen alten Einfluss zurückzuerobern, beispielsweise indem er die Initiative bei einer großen öffentlichen Debatte an der VASKhNIL, der Lenin-Akademie für Agrarwissenschaften, über das Thema »Der Kampf ums Dasein« ergriff. Indem er Darwin in den Mittelpunkt rückte, wollte er die Kluft zwischen den »Mendel-Morgan-Anhängern« und den »Michurin-Anhängern« hervorheben und von der Genetik auf die gesamte Biologie ausweiten. Das Ganze war ein reines Machtspiel. Die Streitfrage bei dieser Debatte war, ob Existenzkampf nur *innerhalb* einer Spezies herrscht – was Lyssenko, der einen Existenzkampf nur *zwischen* unterschiedlichen Spezies zugestand, vehement abstritt –, oder ob er in allen Lebensbereichen stattfindet, wie die Traditionalisten behaupteten. Man erinnere sich, Marx hatte Darwin bewundert und die Geschichte als einen unentwegten dialektischen Überlebenskampf betrachtet. Die offizielle stalinistische Doktrin zu Lyssenkos Zeiten lautete hingegen, dass im Sozialismus alle Menschen gleich und ihre Gesellschaft daher von Kooperation und nicht Konkurrenz geprägt sei. Die Unterschiede zwischen Menschen (ergo innerhalb einer Spezies) waren also nicht genetisch bedingt, sondern ausschließlich von der Umwelt bestimmt. Diese Debatte diente ganz eindeutig der Feststellung, welcher sowjetische Wissenschaftler sich zu welchem Lager bekannte.[10]

Aus unerfindlichen Gründen hatte sich Stalin schon immer für Lyssenko erwärmt, aber offenbar auch eigene Evolutionstheorien vertreten, und die waren eindeutig Lamarckistisch – vielleicht weil er glaubte, dass sich die Ansichten von Lamarck eher mit den marxistischen Ideen deckten. Wahrscheinlicher aber ist, dass der Ansatz von Michurin und Lyssenko einfach besser mit Stalins Einsicht übereinstimmte, die er zu Beginn des Kalten Krieges gewonnen hatte und die besagte, dass alles abzulehnen war, was aus dem Westen kam. Wie auch immer, jedenfalls gab er Lyssenko zur Überprüfung seiner Theorie eine Sonderzuteilung Weizen und ließ sich im Gegenzug von ihm regelmäßig über die Auseinandersetzungen zwischen den Michurin- und den Mendel-Anhängern berichten. Und so kam es, dass Stalin im August 1948 während der Tagung in der Lenin-Akademie der Agrarwissenschaften in der Debatte eindeutig Partei für Lyssenko ergriff und sogar so weit ging, eigenhändig sämtliche Konferenzpapiere mit entsprechenden Vermerken zu versehen.[11]

Die Konferenz selbst war ein genau geplanter Triumph für Lyssenko. Nach seiner Eröffnungsrede waren fünf Tage für Diskussionen geplant, doch keiner seiner Gegner durfte während der ersten Halbzeit das Wort ergreifen; am Ende hatten nur acht von insgesamt sechsundfünfzig Rednern die Möglichkeit, ihn zu kritisieren.[12] Abschließend fassten die Teilnehmer den Beschluss, Lyssenkos Version zu unterstützen, allerdings nicht ohne dass dieser zuvor enthüllt hatte, die Unterstützung des Zentralkomitees zu genießen. Das war natürlich ein deutlicher Hinweis, dass Stalin voll hinter ihm und seinen Versuchen stand, die Biologie der Sowjetunion weit über die Genetik hinaus zu kontrollieren. Auf die VASKhNIL-Tagung folgte eine ebenso wohl geplante Kampagne der *Prawda*. Normalerweise kam die Zeitung mit vier Seiten heraus, doch in diesem Sommer erschien sie neun Tage lang mit sechsseitigen Ausgaben, in denen sie der Biologie ungewöhnlich viel Raum gab.[13] Über Michurins Leben wurde ein Farbfilm mit musikalischer Untermalung von Schostakowitsch in Auftrag gegeben.

Man kann die intellektuellen Folgen dieser Ereignisse gar nicht genug betonen. Jüngste Forschungen, von Nikolaj Krementsow veröffentlicht, haben ergeben, dass Stalin einen Großteil der ersten Augustwoche 1948 damit verbracht hatte, an Lyssenkos Rede zu feilen. In derselben Zeit führte er mit den Botschaftern Frankreichs, Großbritanniens und der Vereinigten Staaten langwierige Konsultationen über die Berlin-Krise. Nach Ende der VASKhNIL-Konferenz wurden auf sein Betreiben hin außerdem keine Mühen gescheut, um die Biologie à la Michurin in die neuentstandenen sozialistischen Länder Bulgarien, Polen, die Tschechoslowakei und Rumänien zu exportieren. Denn da es bei Biologie ja mehr als bei irgendeiner anderen Disziplin um den Stoff ging, aus dem wir Menschen sind, und da Marx für diesen Stoff ganz bestimmte Gesetze formuliert hatte, wurde diese Disziplin auch als eine potenziell viel größere Bedrohung für das marxistische Gedankengut empfunden als jede andere. Lyssenkos Genetik-Version bot der sowjetischen Führung die beste Möglichkeit, eine Naturwissenschaft so zu betreiben, dass sie für den Marxismus keine Bedrohung darstellte und der Sowjetunion zugleich die Chance bot, sich erkennbar vom Westen abzuheben. Nachdem der Eiserne Vorhang fest zugezogen und die Kommunikation zwischen sowjetischen und westlichen Wissenschaftlern auf ein Minimum beschränkt worden war, war der Weg frei für eine Entwicklung, die zu Recht als »Tod der russischen Genetik« bezeichnet wurde. Für die UdSSR erwies sie sich als katastrophal.

*

Die persönlichen Rivalitäten, politischen Manöver, Selbsttäuschungen und schieren Bösartigkeiten, welche die sowjetische Genetik so lange entstellten, sind natürlich die absolute Antithese des Bildes, das die Naturwissenschaften gern von sich selbst zeichnen. Die Lyssenko-Affäre war gewiss das übelste Beispiel für politische Interventionen in ein wichtiges Forschungsprojekt, und deshalb sind die Lehren, die sich daraus ziehen lassen, auch begrenzt. Im Westen gab es nichts wirklich Vergleichbares, doch bei näherer Betrachtung zeigt sich, dass auch hier so manche wissenschaftlichen Fortschritte in den Fünfzigerjahren alles andere als die Früchte ruhiger, reflektierter und uneigennütziger Erkenntnis waren. Im Gegenteil, auch im Westen waren diese Fortschritte oft nicht nur von reinen Glücksfällen abhängig, sondern manchmal auch das Ergebnis von erbitterten Rivalitäten, überwältigendem Ehrgeiz und in einigen Fällen sogar von regelrechten Betrügereien.

Nehmen wir zum Beispiel den so stark von Neid geprägten Charakter von William Shockley. Neid war für seinen Einfluss auf die Ideengeschichte des zwanzigsten Jahrhunderts kaum weniger verantwortlich als seine wissenschaftlichen Leistungen. Dieser Einfluss, so könnte man sagen, begann am 23. Dezember 1947 kurz nach sieben Uhr morgens. Shockley parkte seinen MG Convertible vor den Bell Telephone Laboratories in Murray Hill, New Jersey, ungefähr zwanzig Meilen von Manhattan entfernt.[14] Dann rannte der hagere Mann mit dem schütteren Haar die Stufen zu seinem Büro im dritten Stock hinauf. Er war nervös. Er und seine beiden Kollegen hatten an diesem Tag einen Termin bei ihrem Chef, um ihm ihre jüngste Erfindung vorzustellen. Shockley hatte durchaus Grund für seine Anspannung, denn auch wenn er nominal der Leiter dieser Dreiergruppe war, so war in Wirklichkeit nicht ihm, sondern seinen beiden Kollegen John Bardeen und Walter Brattain der Durchbruch gelungen. Und das ließ Shockley im Quadrat springen.[15] Im Laufe des Vormittags begann es zu schneien. Das konnte Ralph Bown, den Entwicklungschef von Bell, jedoch nicht davon abhalten, nach dem Mittagessen vorbeizukommen. Shockley, Bardeen und Brattain zogen ihr neues Gerät hervor, ein kleines Plastikdreieck mit einem Stück Goldfolie, die von einer kleinen, aus einer Büroklammer zurechtgebogenen Feder gehalten wurde.[16] Der ganze Mechanismus war mit einem durchsichtigen Plastikteil in der Form eines großen C ummantelt. Brattain fummelte nervös an seinem Schnurrbart herum und betrachtete das Schneetreiben vor dem Fenster. Das Baseballfeld im Hof begann bereits unter den weißen Massen zu verschwinden und die Baumspitzen auf den nahe gelegenen Wachtung-Bergen waren von niedrigen Wolken verhüllt. Brattain gab sich einen Ruck, lehnte sich über die Arbeitsfläche und setzte das Gerät in Betrieb. In Sekundenschnelle wurde es warm. Jedes Mal, wenn nun Brattain den Kippschalter bewegte, begann auf dem Bildschirm des damit verbundenen

Oszilloskops ein heller Fleck nach oben oder unten zu springen.[17] Brattain verkabelte das Gerät mit einem Mikrofon und Kopfhörern, die er Bown reichte. Leise sprach er ein paar Worte ins Mikrofon – Bown blickte ihn fassungslos an. Brattain hatte nur geflüstert, aber bei Bown war alles andere als ein Flüstern angekommen. Genau das war der Trick bei dieser Sache: Es handelte sich um einen Verstärker. Der Apparat, den sie da aus Plastik, einem Germaniumplättchen, Goldfolie und einer Büroklammer gebaut hatten, war in der Lage, ein elektrisches Signal um das beinahe Hundertfache zu verstärken.[18]

Sechs Monate später, am 30. Juni 1948, stand Bown im Bell-Hauptquartier in der West Street von Manhattan mit Blick auf den Hudson River und wollte der Presse Rede und Antwort stehen. Er hielt ein kleines Gerät hoch und sagte: »Wir haben es Transistor genannt, weil es ein Widerstand [›resistor‹] oder Halbleiter ist, der durchlaufende elektrische Signale verstärken kann.«[19] Bown setzte große Hoffnungen in dieses neue Gerät, denn die damals in Telefonen verwendeten Verstärker waren unförmig und unzuverlässig, und die Vakuumröhren, die zu dem gleichen Zweck in Radiogeräte eingebaut waren, viel zu groß; außerdem zerbrachen sie leicht und hatten eine sehr lange Aufwärmphase.[20] Doch die Presse zeigte sich nicht beeindruckt: Die *New York Times* druckte eine kleine, versteckte Meldung irgendwo im Innenteil. Nun sollte sich Shockleys notorischer Neid bezahlt machen. Er wollte unbedingt noch einen eigenen Beitrag zu diesem Transistor leisten und überlegte deshalb unermüdlich, wo man ihn noch unterbringen könnte. Und während er sich in der Welt der normierten Massengesellschaft umblickte, begriff er plötzlich, dass Transistoren, wenn man sie denn in großen Stückzahlen produzieren wollte, noch wesentlich einfacher und zugleich stärker sein mussten.

Im Grunde war der Transistor die Weiterentwicklung zweier Erfindungen, die bereits zu Beginn des zwanzigsten Jahrhunderts gemacht worden waren. 1906 war Lee de Forest über die Tatsache gestolpert, dass man in einer Zweielektrodenröhre (Diode) zwischen Kathode und Anode nur ein Steuergitter einzusetzen brauchte, um eine Dreielektrodenröhre (Triode) als steuerbare Verstärkerröhre zu bekommen.[21] Diese natürliche Verstärkung sollte einer der wichtigsten Aspekte der später so genannten elektronischen Revolution sein. Auf de Forests Entdeckung baute dann die Festkörperphysik auf, die sich einem bereits viel besseren Verständnis von Elektrizität verdankte, welches seinerseits von den Fortschritten in der Teilchenphysik profitiert hatte. Ein fester Körper wirkt als Leiter, wenn das Elektron in seiner äußeren Hülle »frei« ist – also nicht »voll« (erinnern wir uns an Paulis Ausschlussprinzip und an Linus Paulings Forschung über die chemische Bindung und deren Einfluss auf die Reaktivität). Kupfer leitet Strom, weil es nur über ein Elektron in seiner äußeren Hülle verfügt, während sämtliche Elektronen von Schwefel um den Kern versammelt sind und er daher überhaupt nicht leitet. Schwefel dient aus diesem Grund als Isolator.[22] Aber nicht alle Elemente sind so einfach. »Halbleiter« (Silizium oder Germanium) sind Materien, die über einige, aber nicht viele freie Elektronen verfügen. Kupfer besitzt ein freies Elektron für jedes Atom, Silizium hingegen eines für jedes *tausendste* Atom. Nun entdeckte man aber, dass solche Halbleiter sehr ungewöhnliche und nützliche Eigenschaften haben, wobei die wichtigste ist, dass sie unter bestimmten Bedingungen leiten (und verstärken) und unter anderem isolieren können. Es war Shockley, der aus lauter Zorn, weil er von Bardeen und Brattain ausgestochen worden war, diese Faktoren schließlich auf einen Nenner brachte und 1950 den ersten einfachen, aber starken Halbleiter-Transistor produzierte, der reif für die Massenproduktion war.[23] Er bestand aus nichts als einem Silizium-Germanium-Plättchen mit drei Drähten. Unter Fachleuten nannte man es einen »Chip«.[24]

Shockleys Timing war perfekt. Gerade waren Langspielplatten und Singles mit großem Erfolg auf den Markt gebracht worden, und das Geschäft mit der Popmusik lief an. 1954, im selben Jahr, in dem Alan Freed R&B in seinen Radioshows zu spielen begann, hatte eine Firma in Dallas namens Texas Instruments (TI) gerade begonnen, Planartransistoren (Chips) für Kofferradios zu produzieren, die gerade in den Läden aufgetaucht, wesentlich billiger als die üblichen Geräte (unter 50 Dollar) und ideal für alle waren, die Popmusik nicht nur zu Hause hören wollten. Doch aus nie ganz geklärten Gründen misstraute TI diesem Markt. Prompt interessierte sich eine japanische Firma namens Sony, von der noch nie ein Mensch gehört hatte, für diese Chips.[25] Shockley war mittlerweile endgültig mit seinen beiden ehemaligen Kollegen zerstritten. Bardeen war 1951 nach einem großen Krach aus dem Labor gestürmt, weil er Shockleys Konkurrenzgehabe einfach nicht mehr ertragen konnte, und Brattain, dem sich mittlerweile beim Anblick seines Chefs ebenfalls der Magen umdrehte, hatte sich in eine andere Abteilung von Bell Labs versetzen lassen. Als sich alle drei 1956 in Stockholm einfanden, um den gemeinsamen Nobelpreis für Physik in Empfang zu nehmen, herrschte eisige Stimmung zwischen ihnen. Es war das letzte Mal, dass sie sich im selben Raum aufhielten.[26] Auch Shockley hatte Bell inzwischen verlassen und den Schnee von New Jersey gegen den ewigen Sonnenschein von Kalifornien eingetauscht, wo er in einem schönen Tal mit Aprikosenhainen südlich von San Francisco sein »Shockley Semiconductor Laboratory« eröffnete.[27] Zuerst war es nur ein kleines Unternehmen, doch im Laufe der Zeit mussten immer mehr Aprikosenhaine immer neuen Labors weichen. Man begann dieses Areal scherzhaft Silicon Valley zu nennen.

*

Shockley, Bardeen und Brattain hatten ihre Kämpfe letztlich nur unter sich ausgetragen. Bei der Entdeckung der DNA, jenes langkettigen Moleküls, das die Reproduktion bestimmt, tobte die Konkurrenz hingegen gleich unter drei ganzen Forscherteams auf verschiedenen Kontinenten, die sich zum Teil nicht einmal persönlich kannten. Aber ihre Aversionen waren deshalb nicht weniger heftig als zwischen Shockley und seinen Kollegen. Und das sollte eine wichtige Rolle bei folgendem Geschehen spielen.

Die Öffentlichkeit erfuhr von dieser Episode erstmals am 25. April 1953 durch einen neunhundert Wörter umfassenden Artikel in *Nature* mit dem Titel »Molecular Structure of Nucleic Acids«. Die Arbeit entsprach dem üblichen Layout der *Nature*-Artikel. Obwohl diese Abhandlung die Wissenschaft der Molekularbiologie begründen sollte und obwohl sie dem Lyssenkoismus ein für alle Mal ein Ende setzte, stellte sie die Kulmination eines zweijährigen, heftigen Kampfes dar, den die falsche Seite gewann, sofern man das Ganze unter dem Aspekt betrachtet, dass die Naturwissenschaften tatsächlich jene umsichtig geordnete Welt darstellen, die sie zu sein vorgeben.

Unter den beteiligten Personen steht Francis Crick an erster Stelle. Crick, 1916 als Sohn eines Schusters in Northampton geboren, hatte seinen Abschluss an der London University gemacht und während des Zweiten Weltkriegs im Marineministerium Minen entworfen. Sein besonderes Interesse an chemischer Forschung war 1946 durch einen Vortrag von Linus Pauling und dann von Erwin Schrödingers These in *Was ist Leben?* geweckt worden, dass die Quantenmechanik auch auf die Genetik anwendbar sei. 1949 wurde Crick in Cambridge vom *Medical Research Council Unit* am Cavendish Laboratory angenommen, wo ihn bald schon jeder wegen seines dröhnenden Lachens (das so manchen Kollegen aus dem Zimmer flüchten ließ) kannte, sowie seiner Angewohnheit, über alles nur Erdenkliche augenblicklich eine Theorie herauszuposaunen.[28] 1951 stieß ein Amerikaner zu diesem Laborteam. James Dewey Watson aus Chicago war ein hoch gewachsener Mann, zwölf Jahre jünger als Crick und ebenfalls außerordentlich selbstsicher. Er galt als Wunderkind und hatte als Student der Zoologie an der Universität von Chicago ebenfalls Schrödingers *Was ist Leben?* verschlungen, nur dass es ihn danach in Richtung Mikrobiologie trieb. Während einer Europareise lernte er bei einem Wissenschaftskongress in Neapel den Neuseeländer Maurice Wilkins vom Londoner King's College kennen, der sich nach seiner Mitarbeit am Manhattan-Projekt während des Zweiten Weltkriegs desillusioniert von der Physik ab- und der Biologie zugewandt hatte und mittlerweile das Biophysik-Team leitete, das der British Medical Research Council am King's College unterhielt. Eine seiner Spezialitäten waren Röntgenbeugungsstudien an der DNS. In Neapel zeigte er Watson einige Aufnahmen, die er bei diesen Studien gemacht hatte.[29] Und diese zufällige Begegnung sollte Watsons weitere Karriere bestimmen, denn offenbar hatte er sich genau in diesem Moment entschieden, seine Energien von nun an ganz der Erforschung der DNS-Struktur zu widmen. Es war ihm völlig klar, dass da ein Nobelpreis wartete, und er wusste, dass die Molekularbiologie ohne Fortschritte in diesem Bereich nicht weiterkommen würde und der Weg für genetisches Engineering und damit einen ganz neuen Forschungsbereich erst offen stünde, wenn man über dieses Wissen verfügte. Also sorgte er für seinen Transfer an das Cavendish-Labor. Ein paar Tage nach seinem dreiundzwanzigsten Geburtstag traf Watson in Cambridge ein.[30]

Was Watson aber nicht wusste, war, dass Cavendish ein Gentleman's Agreement mit dem King's College getroffen hatte: Das Labor in Cambridge sollte die Struktur des Proteins und vor allem des Hämoglobins studieren, während man sich in London der DNS widmen würde. Doch das war nur eines der Probleme, denn abgesehen davon, dass sich Watson und Crick sofort gut verstanden und im Hinblick auf ihre Selbstsicherheit in nichts nachstanden, gab es buchstäblich nichts, was sie verbunden hätte. Crick war keine Leuchte in Biologie, Watson schlecht in Chemie[31]; und keiner von beiden hatte auch nur die geringste Erfahrung mit Röntgenbeugung, jener Technik also, die von Lawrence Bragg, dem Leiter ihres Labors, entwickelt worden war, um die atomare Struktur zu bestimmen.[32] Aber das konnte sie nicht beirren. Beide Männer waren von der Struktur der DNS derart fasziniert, dass sie buchstäblich jeden wachen Moment darüber diskutierten. Außerdem waren sie nicht nur sehr selbstsicher, sondern auch sehr wettbewerbsorientiert. Ihre Hauptrivalen saßen im King's College, wo Maurice Wilkins kurz zuvor die neunundzwanzigjährige Rosalind Franklin eingestellt hatte (»Rosy – wie wir sie aus sicherer Entfernung nannten«[33]). Die »eigensinnige Tochter« einer kultivierten Bankiersfamilie hatte gerade vier Jahre Röntgenbeugungsforschung in Paris hinter sich gebracht und galt weltweit als Top-Expertin auf diesem Gebiet. Nur glaubte sie, nachdem Wilkins sie eingestellt hatte, dass sie ihm gleichberechtigt zur Seite stehen und obendrein die Röntgenbeugungsforschung leiten würde. Wilkins aber hielt sie für seine Assistentin. Die beiden hatten ein echtes Problem.[34]

Trotz dieser höchst angespannten Atmosphäre machte Rosalind gute Fortschritte. Im Herbst 1951 entschied sie, einen Vortrag über ihre Ergebnisse am King's College zu halten. Wilkins erinnerte sich an das Interesse, das Watson bei ihrer Begegnung in Neapel an diesem Thema gezeigt hatte, und lud ihn ein, aus Cambridge anzureisen. Watson war sich sofort bewusst, wie er später in seinem Buch schreibt, »wo der springende Punkt lag: ob Rosys neue Röntgenbeugungsbilder die Theorie, dass die DNS eine spiralförmige Struktur habe, stützten« und ihm »einen Anhaltspunkt für das Konstruieren von Molekülmodellen geben konnten«. Nervös und in einer Sprache, »die keine Spur von Wärme oder Frivolität« zeigte, erklärte Rosalind Franklin dann jedoch etwas ganz anderes, nämlich »dass der einzige Weg, die DNA-Struktur aufzustellen, ein rein kristallografischer war«. Im Anschluss an den Vortrag wanderte Watson mit Maurice Wilkins zu einem chinesischen Restaurant in Soho, wo dieser ihm dann »langsam und präzise« auseinander setzte, weshalb »Rosy trotz ihrer vielen sorgfältigen kristallografischen Analysen nur wenige richtige Fortschritte gemacht hatte… Maurice [hegte] Zweifel, ob sie wirklich gemessen hatte, was sie vorgab, gemessen zu haben.« Während des Dinners schien Wilkins zwar bester Laune, doch »die Möglichkeit, dass er sein Laboratorium wirklich mobilisierte«, um die DNA-Forschung in die Gänge zu bringen, »schwand wieder langsam dahin«.[35]

Die Beziehung zwischen Watson und Crick hingegen hatte sich mittlerweile sehr gut entwickelt. Sie waren so verschieden, was Alter, kulturelle und wissenschaftliche Herkunft betraf, dass Rivalitäten gar nicht erst aufkamen. Und da sie sich auch ihrer gewaltigen Wissenslücken bei so vielen für ihre Forschung relevanten Themen völlig bewusst waren (Paulings *Natur der chemischen Bindung* lag als ihre Bibel immer griffbereit), konnten sie sich wechselseitig über die abwegigen Ideen des anderen mokieren, ohne dabei Gefühle zu verletzen. Das war Lichtjahre entfernt von dem, was sich zwischen Wilkins und Franklin abspielte, aber am Ende hat wohl gerade die persönliche Feindschaft zwischen diesen beiden zum Erfolg von Watson und Crick beigetragen.

Doch erst einmal machten sie alles falsch. Im Dezember 1951 glaubten Watson und Crick, ihr Puzzle gelöst zu haben, und baten Wilkins – der zu ihrer Überraschung dann auch Rosy Franklin mitbrachte –, für einen Tag nach Cambridge zu kommen, um sich anzusehen, was sie gebaut hatten: ein Dreikettenmodell der Helix mit den Basen jeweils an den Außenseiten. Rosy betrachtete das Ganze »bedrohlich« gereizt. »Ihrer Meinung nach gebe es nicht den Schatten eines Beweises dafür, dass die DNS Spiralform habe.« Verächtlich begutachtete sie das Modell: »Kein Punkt in Francis' Beweisführung rechtfertige all dies Getue« darum. Und regelrecht aggressiv reagierte sie auf die Erklärungen, die Watson und Crick über die Phosphatgruppen dieses Dreikettenmodells ablieferten: »Sie wies spitz darauf hin, die Mg^{++}-Ionen seien von einer dichten Hülle von Wassermolekülen umgeben und könnten doch wohl kaum die Angelpunkte einer zusammenhängenden Struktur bilden… Die traurige Wahrheit wurde offenbar: Das korrekte DNS-Modell musste mindestens zehn Mal so viel Wasser enthalten, wie in unserem Modell zu finden war.«[36] Rosy Franklin rauschte ab, empört, dass die beiden Männer ihren Forschungsergebnissen so wenig Beachtung geschenkt hatten und sie einen ganzen Tag für solchen Unsinn in Cambridge verschwendet hatte.[37] Mit der überschwänglichen Selbstsicherheit von Watson und Crick war es dahin, vor allem natürlich nachdem die Kunde von »Rosys Triumph die Treppen hinauf zu Bragg«, ihrem Chef, gedrungen war. Sie hatten das Gentleman's Agreement zwischen Cambridge und London gebrochen. Bragg überlegte, »ob es Sinn hatte, dass Crick und der Amerikaner die gewaltigen Summen verdoppelten, die das King's College bereits in die DNS investierte«. Die Entscheidung fiel, »dass Francis und ich die DNS aufzugeben hätten«.[38]

Für Bragg war die Sache damit erledigt. Aber er hatte seine Rechnung ohne seine beiden Forscher gemacht. Crick stellte zwar seine Arbeit an der DNA ein, fand aber, dass sich das nicht notwendigerweise auch »auf das *Nachdenken* über die DNA« erstrecken müsse. Watson beschloss, »abzuwarten und ein bisschen am Tabakmosaikvirus (TMV) zu arbeiten«, dessen wesentlicher Bestandteil, die Nukleinsäure, eine perfekte Fassade war, »hinter der ich mein unvermindertes Interesse an der DNA verbergen konnte«.[39] Bewegung kam erst wieder in die Sache, als im Herbst 1952 Peter Pauling, Sohn von Linus, mit einem Forschungsstipendium im Cavendish eintraf. Zu Watsons großer Freude war er nicht nur ständig von einer Menge hübscher Frauen umgeben, sondern obendrein in ständigem Kontakt mit seinem Vater. Und der, erzählte er seinen beiden neuen Kollegen, baute gerade an einem Modell für die DNA.[40] Watson und Crick waren verzweifelt, doch als sie dann schließlich eine Vorab-Kopie von Paulings Artikel in Händen hielten, erkannten sie sofort, dass er einen entscheidenden Fehler gemacht hatte.[41] Denn wie sie selbst bei ihrem von Rosy Franklin so heftig verworfenen Modell hatte auch Pauling an seinem Dreikettenmodell die Basen außen angesiedelt und obendrein sogar die Ionisierung vergessen, was bedeutete, dass diese Struktur nicht zusammenhalten konnte, sondern auseinander fallen musste.[42] Watson und Crick wussten, dass es nur eine Frage der Zeit war, bis Pauling diesen Fehler entdecken würde. Sie schätzten, dass ihnen maximal sechs Wochen blieben, wenn sie mit dem richtigen Modell als Erste herauskommen wollten.[43] Sie gingen das Risiko ein, verließen ihre Deckung und erzählten Bragg von ihrem Vorhaben. Diesmal hatte er nichts einzuwenden – was Linus Pauling betraf, gab es kein Gentleman's Agreement.

Und damit begannen die wohl aufregendsten sechs Wochen im Leben von Watson und Crick. Sie besaßen nun die Genehmigung, mehrere Modelle zu bauen (in einer dreidimensionalen Welt waren solche Modelle besonders wichtig) und hatten außerdem bereits eine Theorie entwickelt, in welchem Bezug die vier Basen Adenin, Guanin, Thymin und Cytosin zueinander stehen. Sie wussten, dass zwischen Adenin und Guanin ebenso Anziehungskräfte bestanden wie zwischen Thymin und Cytosin. Obendrein hatten sie seit der jüngsten Kristallografie von Rosy Franklin ein viel besseres Bild von der DNS, was ihnen nun wesentlich genauere Messungen der Dimensionen und damit auch einen viel genaueren Modellbau ermöglichte. Der endgültige Durchbruch gelang ihnen, nachdem Watson klar geworden war, dass er »die falschen tautomeren Formen von Guanin und Thymin gewählt hatte«. Jede Base hat zwei Erscheinungsformen – die Enolform und die Ketoform –, und bislang hatte alles auf die Enolform hingewiesen. Was aber, wenn es doch die Ketoform war?[44] Watson begann aus dicker Pappe Basenmodelle auszuschneiden und hin und her zu schieben. »Plötzlich merkte ich, dass ein durch zwei Wasserstoffbindungen zusammengehaltenes Adenin-Thynin-Paar dieselbe Gestalt hatte wie ein Guanin-Cytosin-Paar... Außerdem bedeutete das Erfordernis von Wasserstoffbrücken, dass sich das Adenin immer mit Thymin paarte, während sich das Guanin nur mit Cytosin paaren konnte... Aber noch aufregender war, dass dieser Typ von Doppelhelix ein Schema für die Replikation ergab... [wonach] eine einzige Kette als Gussform für den Aufbau einer Kette mit der komplementären Sequenz dienen konnte.« Mit anderen Worten: Die in jedem Gen enthaltene biologische Information wurde unverändert weitergegeben, gerade so wie es sein musste, wenn die DNS-Struktur die Erklärung für das Erbgut sein sollte.[45] Watson und Crick bauten wie besessen an dem Modell – und da war sie, die perfekte Doppelhelix! Am 7. März 1953 stellten sie sie ihren Kollegen vor, sechs Wochen später erschien ihre Abhandlung in *Nature*. Maurice Wilkins »gefiel« das Modell, und »der Ton seiner Stimme verriet keine Spur von Bitterkeit«, als er ihnen aus London bestätigte, dass nicht nur er, sondern auch Rosy Franklin festgestellt hatten, »dass ihre Röntgenbefunde die Theorie der Doppelhelix voll und ganz bestätigten«.[46] Doch nicht jeder reagierte so friedfertig auf diese Nachricht. Manche fanden Watson und Crick »skrupellos« und waren der Meinung, dass der Ruhm für diese Entdeckung nicht ihnen allein gebührte.[47] Doch auch damit war das Drama noch nicht zu Ende. 1962 erhielten Watson, Crick und Wilkins gemeinsam den Nobelpreis für Medizin, während der Nobelpreis für Chemie an den Leiter der Röntgenbeugungsabteilung vom Cavendish-Labor, Max Perutz, und seinen Assistenten John Kendrew ging. Rosalind Franklin ging leer aus. 1958 starb sie im Alter von siebenunddreißig Jahren an Krebs.[48]

*

Jahre später schrieb Watson ein amüsantes und viele Details enthüllendes Buch über die Legenden, die sich um dieses Ereignis rankten. Sein Erfolg als Autor war mit Sicherheit vor allem der Offenheit zu verdanken, mit der er diesen Forschungsprozess beschrieb und die ihn und seine Kollegen um einiges menschlicher erscheinen ließ. Unter wissenschaftlichen Büchern hatten die meisten Menschen bis dahin Lehrbücher verstanden, dick wie Ziegelsteine und ebenso trocken. Das lag natürlich vor allem daran, dass traditionell das Einzige, was in der Wissenschaft zählte, Ergebnisse waren, und niemanden interessierte, auf welchen Wegen die Wissenschaftler zu ihnen gelangt waren. Manchmal lag es aber auch an der Tatsache, dass wichtige Fortschritte zu Zeiten des Kalten Krieges zumindest eine Weile lang streng geheim gehalten wurden. Hinzu kam, dass sich viele Wissenschaftler in gesichtslose Bürokraten verwandelt hatten und – gerade so, wie Orwell es in *1984* geschildert hatte – heftige Rivalitäten zwischen den Forschern auf beiden Seiten des Eisernen Vorhangs ausgebrochen waren. Mit der kooperativen Stimmung, die zu Beginn des zwanzigsten Jahrhunderts unter Physikern in aller Welt geherrscht hatte, war es nun vorbei. Die geheimste aller Disziplinen war die Physik, und in ihrem Dunstkreis gab es denn auch die größten Rivalitäten unter den Forschern. So enthüllten die Archive, die nach der Perestroika in der Sowjetunion geöffnet wurden, beispielsweise den Namen eines großen Wissenschaftlers, der auf Grund dieser Geheimhaltung – von der er offenbar selbst besessen war – nicht nur dem Westen, sondern sogar seinem eigenen Land völlig verborgen geblieben war, obwohl mehr oder weniger ihm allein der größte wissenschaftliche Erfolg der Sowjetunion zu verdanken war. Doch seine Stärke war auch seine Schwäche – sein ausgeprägtes Konkurrenzbewusstsein hatte ihn zu schwer wiegenden Fehlern verführt.[49]

Am Freitag, dem 4. Oktober 1957, erfuhr die erstaunte Welt, dass die Sowjetunion einen Satelliten in die Erdumlaufbahn geschossen hatte. *Sputnik I* war nicht viel größer als ein Fußball und tat im Prinzip nichts anderes, als die Erde mit dreihundert Meilen in der Minute zu umkreisen. Aber darum ging es gar nicht – allein die Tatsache, *dass* er da oben war und die Vereinigten Staaten vier Mal während des ersten Tages überflog, war ein Symbol für die Rivalitäten, von denen die Welt des Kalten Krieges beherrscht wurde und die zumindest anfänglich die Sowjets in eine Führungsrolle katapultierten.[50] Die *New York Times* hörte am späten Nachmittag von diesem Satelliten. Am nächsten Morgen kam sie mit einer riesigen Schlagzeile quer über die gesamte Titelseite heraus:

SOVIET FIRES EARTH SATELLITE INTO SPACE;
IT IS CIRCLING THE GLOBE AT 18,000 MPH;
SPHERE TRACKED IN 4 CROSSINGS OVER U.S.[51]

Erst da wurde dem sowjetischen Führer Nikita Chruschtschow wirklich klar, welche propagandistischen Möglichkeiten dieser *Sputnik* im Orbit mit sich brachte. Schon in der *Prawda*-Ausgabe des nächsten Tages war diese Erkenntnis umgesetzt worden. Im Gegensatz zur Vortagsausgabe, die für den Start des *Sputnik* gerade einmal eine halbe Spalte übrig gehabt hatte, beherrschte nun eine einzige Schlagzeile die gesamte Titelseite: »Erster künstlicher Erdsatellit in der Sowjetunion gebaut«. Dann folgten die Gratulationen, die die UdSSR nicht nur aus den Ländern erreicht hatten, die bald schon ihre »Satellitenstaaten« genannt wurden, sondern auch von Wissenschaftlern und Technikern aus dem Westen.[52]

Der *Sputnik* machte aber nicht nur Schlagzeilen, weil er bewies, dass Raumfahrt machbar ist und die Sowjetunion das Rennen um die Kolonisierung des Alls gewinnen könnte – mit all den damit verbundenen psychologischen und materiellen Vorteilen –, sondern auch, weil die Russen ganz offenbar eine Reihe von technischen Problemen in der Raketentechnologie gelöst hatten. Denn damit dieser Satellit seine Umlaufbahn erreichen konnte, musste er mit ungeheurer Genauigkeit und einer Geschwindigkeit von mindestens 8000 Metern pro Sekunde hoch geschossen worden sein. Sowohl die UdSSR als auch die USA verwendeten in dieser Zeit ihre ganzen Energien auf die Entwicklung von Interkontinentalraketen, die in der Lage sein würden, Nuklearsprengköpfe über große Entfernungen zum anderen Kontinent zu tragen. Der Abschuss von *Sputnik* bedeutete, dass die Russen bereits eine Rakete besaßen, die über genügend Kraft und Genauigkeit verfügte, um Wasserstoffbomben über den USA abzuwerfen.[53]

Nachdem die Sowjetunion beim Wettrüsten während des Zweiten Weltkriegs hinterhergehinkt war, konnte sie zwischen 1945 und 1949 dank eines kleinen, exklusiven Zirkels von »Atomspionen« – darunter Julius und Ethel Rosenberg, Morton Sobell, David Greenglass, Garvey Gold und Klaus Fuchs – schnell wieder den Anschluss finden. Doch Atomwaffen zu *transportieren* war eine ganz andere Sache. Und wie den Sowjets das gelungen war, wurde erst mit der Perestroika und vielen Nachforschungen über die Vorgänge hinter den verschlossenen Türen der sowjetischen Wissenschaftsgemeinde bekannt. Am interessantesten in diesem Zusammenhang ist die Biographie, die James Harford über Sergej Pawlowitsch Koroljow schrieb,[54] einen außergewöhnlichen Mann, der mit Fug und Recht als Vater der sowjetischen Interkontinentalrakete und der sowjetischen Raumfahrt bezeichnet werden kann.[55] Er wurde 1907 in der Nähe der ukrainischen Stadt Kiew als Sohn einer alt eingesessenen Kosakenfamilie geboren und war bereits als Kind von der Fliegerei fasziniert. In den dreißiger Jahren führte ihn dieses Interesse direkt weiter zu Raketen und Raketenantriebsystemen. (Nach Öffnung der Archive wurde auch klar, dass es einen Spion der UdSSR in Wernher von Brauns Team gegeben hatte und dass Koroljow und seine Kollegen – ganz zu schweigen von Stalin, Berija oder Molotow – ständig über die Fortschritte der Deutschen auf dem Laufenden gehalten wurden.) Aber Koroljows stetigem Aufstieg im sowjetischen System wurde im Juni 1937 abrupt ein Ende bereitet: Er fiel den Säuberungsaktionen zum Opfer und wurde in den Gulag deportiert, nachdem man ihn der »Subversion in einem neuen Technologiebereich« beschuldigt hatte. Ein Verfahren gab es nicht. Er wurde geprügelt, bis er »gestand«.[56] Eine Zeit lang war er in dem berüchtigten Lager Kolyma im fernöstlichen Sibirien, das durch Alexander Solschenizyns *Archipel Gulag* weltberühmt wurde.[57] Robert Conquest schreibt in seinem Buch *The Great Terror*, Kolyma »hatte eine Todesrate von bis zu 30 Prozent« jährlich. Aber Koroljow überlebte, und weil so viele Menschen seinetwegen intervenierten, wurde er schließlich in eine *Scharaschka* geschickt, ein Arbeitslager, in dem es weit weniger schrecklich zuging als im Gulag. Wissenschaftler und Ingenieure wurden dort gezwungen, an praktischen Projekten »zum Wohle des Volkes« mitzuwirken.[58] Koroljow arbeitete in einer von dem berühmten Flugzeugkonstrukteur Andrej Tupolew geleiteten Scharaschka.[59] Anfang der vierziger Jahre wurden dort der kleine TU-2-Fernbomber und der »fliegende Panzer« Iljuschin-2 konstruiert, die beide entscheidend in den Verlauf des Krieges eingreifen sollten. Korolew wurde im Sommer 1944 entlassen, aber von den Anschuldigungen der »Subversion« freigesprochen wurde er erst 1957 – im Jahr des *Sputnik*. [60]

Fotografien zeigen Koroljow als einen robusten, rundgesichtigen Bär von einem Mann, dem nicht anzusehen ist, dass er eine Naturgewalt war. Sogar ranghöhere Kollegen nahmen sich vor seinen Temperamentsausbrüchen in Acht. Nach dem Krieg machte er sich geschickt das Wissen der von den Sowjets gefangen genommenen deutschen Raketenforscher zu Nutze, außerdem standen ihm sämtliche Informationen zur Verfügung, die den Sowjets von den Atomspionen verraten worden waren. Koroljow hatte begriffen, dass der *Transport* von Massenvernichtungswaffen mindestens so wichtig war wie diese Waffen selbst – man brauchte Raketen, die über Tausende von Meilen mit größter Genauigkeit fliegen konnten. Koroljow wusste, dass man hier zwei Fliegen mit einer Klappe schlagen konnte. Eine Rakete, die einen Nuklearsprengkopf von Moskau nach Washington transportieren konnte, würde auch über genügend Kraft verfügen, um einen Satelliten in die Erdumlaufbahn zu katapultieren.

Es gab genügend schwer wiegende wissenschaftliche Gründe für die Erkundung des Weltalls, doch aus den jüngst über Koroljow veröffentlichten Informationen geht hervor, dass *sein* Motiv einzig der Sieg über die Amerikaner war.[61] Stalin, dem er mehrere Male begegnete, am häufigsten im Jahr 1947, gefiel das natürlich. Endlich gab es neben der Genetik noch eine Disziplin, in der sich die sowjetische Wissenschaft vom Westen absetzen und ihn womöglich sogar übertrumpfen konnte.[62] In einem solchen Klima löste sich dann die Vorstellung, dass Naturwissenschaften kühl-rational, reflektiert und *uneigennützig* seien, in Luft auf. Anfang der fünfziger Jahre war Koroljow der alles entscheidende Motor hinter dem russischen Raketen- und Raumfahrtprogramm. Wie James Harford enthüllte, hingen seine Stimmungen immer ganz davon ab, welche Fortschritte er gerade erreicht hatte: Nach dem Krieg hatte er sich einen deutschen Beutewagen beschaffen lassen, mit dem er durch Moskau und Umgebung zu rasen pflegte, um seine Aggressionen abzureagieren. Jeden Misserfolg seines Projekts nahm er persönlich, und wie ein Berserker durchforstete er alles öffentlich zugängliche technische Material aus den USA, um herauszufinden, wie weit die Amerikaner schon gekommen waren.[63] Bei dieser Hatz nach dem Sieg mussten einfach Fehler passieren. Alle ersten fünf Tests der in der UdSSR so genannten R-7-Rakete misslangen auf ganzer Linie. Doch endlich, am 21. August 1957, flog die R-7 die gesamten 7000 Kilometer bis zur Halbinsel Kamtschatka in Ostsibirien.[64]

Im Juli 1955 hatte die Eisenhower-Administration angekündigt, dass die Vereinigten Staaten anlässlich des Internationalen Jahrs der Geophysik 1957–1958 den Start einer Vanguard-Trägerrakete mit einem Satelliten planten. Sofort nach dieser Ankündigung stellte Koroljow neue Wissenschaftler ein und begann mit dem Bau eines eigenen Satelliten. Die jüngsten Erkenntnisse lassen keinen Zweifel daran, dass sich Koroljow der historischen Bedeutung dieses Projekts sehr bewusst gewesen war. Er *musste* einfach der Erste sein. Und kaum hatte sich die R-7 als leistungsfähig erwiesen, trieb er zu Höchstleistungen an. Nur einen Monat nachdem die erste R-7 Kamtschatka erreicht hatte, hob *Sputnik* von der Startrampe in Bajkonur ab, was dann nicht nur die Schlagzeilen in den Medien aller Welt beherrschte, sondern auch die aeronautischen Fachleute im Westen bis ins Mark erschütterte.[65] Die Amerikaner reagierten beinahe sofort. Ein paar Monate später, im Dezember 1957, war alles bereit, um einen amerikanischen Satelliten ins All zu schießen – auch das kaum das Resultat kühl-rationaler Wissenschaft. Dementsprechend war das Ergebnis. Vor laufenden Fernsehkameras hob die amerikanische Rakete ein Stück vom Boden ab, fiel in sich zusammen und explodierte in einem Flammenmeer auf dem Boden. »JOJ, WELCH FLOPNIK!«, jubelte die *Prawda*. »KAPUTNIK!«, freute sich eine andere russische Zeitung, »BLEIBPUTNIK!« eine Dritte.[66]

Nachdem Chruschtschow endgültig klar geworden war, welchen Coup Koroljow da gelandet hatte, zitierte er ihn in den Kreml und instruierte ihn, der Sowjetunion zur Feier des vierzigsten Jahrestags der Revolution etwas noch viel Spektakuläreres zu schenken.[67] Koroljow baute *Sputnik 2*. Er wurde einen Monat nach *Sputnik 1* mit der Promenadenmischung Laika an Bord gestartet. Ein theatralischeres Drama hätte nicht aufgeführt werden können, aber aus wissenschaftlicher Sicht ließ dieses Spektakel eine Menge zu wünschen übrig. Nachdem sich *Sputnik 2* nicht von seinem Booster gelöst hatte, versagte das Thermokontrollsystem, und die Hündin Laika starb den Hitzetod. Tierschützer protestierten, aber die Russen winkten ab. Laika wurde zur Märtyrerin des Volkes erklärt.[68] Außerdem wurde ohnehin bald darauf *Sputnik 3* in die Umlaufbahn geschickt.[69] Und der sollte noch ausgeklügelter und produktiver als alle bisherigen Satelliten sein: Er war mit empfindlichen Instrumenten zur Messung von diversen atmosphärischen und kosmologischen Phänomenen bestückt. Doch wieder einmal ging es Koroljow vor allem darum, den Vereinigten Staaten eins auszuwischen – und diesmal schlug sein Plan fehl. Während der Tests hatte ein wichtiges Aufzeichnungsgerät versagt. Es gründlich durchzusehen und zu reparieren, hätte eine Startverzögerung zur Folge gehabt, und der Verantwortliche Alexej Bogomolow »wollte nicht als Verlierer in dieser Gesellschaft der Sieger gelten«. Also behauptete er einfach, der Fehler sei durch elektrische Störungen im Testraum entstanden, die im All nicht existierten. Eine zweite Meinung wurde nicht eingeholt – außer die des einzigen Mannes, der zählte: Koroljow.[70] Natürlich versagte das Gerät auch im All. Es passierte nichts Sensationelles, keine spektakuläre Explosion oder Ähnliches, aber wichtige Informationen konnten nicht aufgezeichnet werden. Das Resultat war, dass nun die Amerikaner – nachdem *Explorer 3* am 26. März 1958 endlich gestartet werden konnte – den massiven Strahlengürtel um die Erde entdeckten. Er wurde nach James Van Allen »Van Allen Belt« genannt – dem Mann, der die Instrumente konstruiert hatte, welche die besagten Phänomene dann *tatsächlich* aufzeichneten.[71] Und so kam es, dass nicht Koroljow in der ersten Raumflugphase und allem, was damit verbunden war, die erste große wissenschaftliche Entdeckung machte, sondern die Nachzügler aus den USA. Koroljows Persönlichkeit war verantwortlich für seinen Erfolg, aber auch für seinen Misserfolg.[72]

1958 war mit zweiundzwanzig Startversuchen das erste echte Jahr des Raumzeitalters, auch wenn letztlich nur fünf Starts erfolgreich waren. Koroljow bemühte sich weiter darum, »Erster« zu sein, was ihm mit den ersten unbemannten Landungen auf Mond und Venus, und indem er Yuri Gagarin im April 1961 als ersten Menschen die Erde umkreisen ließ, auch gelang. Koroljow starb im Januar 1966. Er wurde an der Kremlmauer beerdigt, was eine außerordentliche Ehre war. Doch da seine Identität zu seinen Lebzeiten immer geheim gehalten worden war, konnte er erst nach Öffnung der sowjetischen Archive vor einigen Jahren den gebührenden Platz in der Geschichte der Raumfahrt einnehmen.

*

Auch beim fünften großen Fortschritt der Wissenschaft in den fünfziger Jahren spielten Charakterstrukturen eine Rolle und hatte das Glück seine Hand im Spiel. Die Archäologen und Paläontologen Mary und Louis Leakey hatten schon seit den dreißiger Jahren in Afrika – Kenia und Tanganjika (später Tansania) – Ausgrabungen gemacht, ohne je irgendwas Besonderes zu finden. Dabei hatten sie sich vor allem auf die Olduvai-Schlucht konzentriert, einen rund 90 Meter tiefen und 50 Kilometer langen Graben in der Serengetiplatte, der zum so genannten Rift Valley gehört, das sich in nordsüdlicher Richtung durch die östliche Hälfte Afrikas zieht und als Bruchstelle zweier gewaltiger tektonischer Platten gilt.[73] Für Forscher war die Olduvai-Schlucht von großem Interesse, seit der deutsche Entomologe Wilhelm Kattwinkel 1911 bei der Jagd nach Schmetterlingen beinahe abgestürzt wäre und sie dadurch entdeckt hatte.[74] Nachdem er dann an vielen Sedimentschichten vorbei in die Schlucht hinabgestiegen war, fand er dort unzählige fossile Knochen. Er packte einige ein und nahm sie mit nach Deutschland, wo sie große Aufregung verursachten, weil sich unter diesen Funden auch Knochen einer inzwischen ausgestorbenen Pferderasse befanden. Als bei späteren Expeditionen dann auch noch Teile eines modernen menschlichen Skeletts dort gefunden wurden, kam den Forschern erstmals der Gedanke, dass die Olduvai-Schlucht ein idealer Ort für das Studium ausgestorbener Lebensformen sein könnte und womöglich sogar dafür, die Ahnen der Menschheit zu finden.

Es sagt viel über die Willenskraft und Charaktereigenschaften der Leakeys aus, dass sie zwischen Anfang der dreißiger Jahre und 1959 so unermüdlich in der Olduvai-Schlucht gruben, obwohl sie dabei nie die welterschütternde Entdeckung machten, auf die sie immer gehofft hatten.[75] In dieser Zeit glaubte man noch, dass der Mensch aus Asien stammt. Louis Leakey, als Sohn von Missionaren in Kenia geboren, hatte den Spaten nicht weg gelegt, seit er seine ersten Fossilien im Alter von zwölf Jahren entdeckt hatte. Doch weil er etwas von einem Don Quichotte hatte und obendrein ziemlich großzügig mit seiner wissenschaftlichen Beweisführung umging, wurde ihm nie eine formale akademische Position angeboten.[76] Wenig förderlich für seine Karriere – ganz zu schweigen für eine akademische Anstellung im bürgerlichen Cambridge – war im moralischen Klima der Zwischenkriegsjahre außerdem, dass er einen heftigen Scheidungskampf mit seiner ersten Frau ausgefochten hatte.[77] Hinzu kamen noch seine Aktivitäten als britischer Spion zur Zeit der kenianischen Unabhängigkeitsbewegung in den späten vierziger und frühen fünfziger Jahren; Höhepunkt dabei war sein Erscheinen vor Gericht als Zeuge gegen Jomo Kenjatta, den Führer der Unabhängigkeitspartei und späteren ersten Präsidenten des Landes.[78] (Kenjatta schien ihm das aber nie übel genommen zu haben.) Und schließlich war da noch Leakeys Vorliebe für junge Damen. Mit einem Wort, Leakey war wirklich sehr vielseitig, aber eben dieser Charakter trug letztlich wesentlich dazu bei, dass er so lange weitersuchte, bis ihm schließlich die erhoffte große Entdeckung glückte.

Als die Grabungen Ende der dreißiger Jahre wegen des Krieges praktisch zum Stillstand kamen, hatten die Leakeys die meiste Zeit dieses Jahrzehnts im Olduvai-Graben verbracht. Ihre bedeutendsten Funde aus dieser Zeit waren frühe menschliche Steinwerkzeuge, die Louis und seine zweite Frau Mary dann als Erste zu der schlichten, aber entscheidenden Erkenntnis brachten, dass man in diesem Teil Afrikas einfach deshalb nicht die gleichen Feuerwerkzeuge wie in Europa finden konnte, weil es in Ostafrika keinen Feuerstein gibt. Dafür fanden sie an einer Stelle »Kieselwerkzeuge« aus Basalt und Quarzit in Hülle und Fülle.[79] Leakey war überzeugt, einen »Wohnboden« gefunden zu haben, eine Art Wohnzimmer, in dem der prähistorische Mensch auch die Werkzeuge herstellte, mit denen er seine Opfer, deren Überreste man innerhalb oder in der Nähe des Olduvai-Grabens fand, zu essen pflegte. Nach dem Krieg kehrten die Leakeys erst im Kielwasser des Kenjatta-Verfahrens 1951 nach Olduvai zurück, doch dann gruben sie fast während der ganzen fünfziger Jahre unermüdlich weiter. Im Laufe dieses Jahrzehnts fanden sie Tausende von Steinäxten neben den versteinerten Knochen vieler ausgestorbener Schweine-, Büffel- und Antilopenarten, die zum Teil wesentlich größer als ihre heute lebenden Nachkommen waren, wodurch dann das romantisierte Bild eines Afrika entstand, das von riesigen Urviechern bewohnt war. Die Leakeys aber nannten diesen Wohnboden »das Schlachthaus«.[80] Damals glaubten sie noch, dass das tiefste Bett in dieser Schlucht 400 000 und das höchst gelegene Bett 15 000 Jahre alt waren. Louis hatte noch immer nichts von seiner Begeisterungsfähigkeit eingebüßt, obwohl er inzwischen ein Mann mittleren Alters war und nach über zwanzig Jahren der Suche keinen einzigen menschlichen Knochen gefunden hatte. Im Gegenteil, 1953 pflegte er so unermüdlich zu graben, dass er sogar die afrikanische Sonne vergaß und einmal einen so schweren Hitzschlag erlitt, dass sein dunkles Haar buchstäblich über Nacht weiß wurde.[81] Unverdrossen grub das Forscherpaar weiter, nicht zuletzt, weil sie immer wieder einmal einen menschlichen Zahn fanden (Zähne bleiben üblicherweise besser erhalten als andere Knochenteile) und Louis der festen Überzeugung war, eines Tages den dazu gehörigen, alles entscheidenden Schädel zu finden.

Am Morgen des 17. Juli 1959 erwachte Louis mit leichtem Fieber. Mary bestand darauf, dass er im Camp bleiben und sich ausruhen sollte. Erst kurz zuvor hatten sie den Schädel einer ausgestorbenen Giraffenart entdeckt: es gab also auch im Camp eine Menge für ihn zu tun.[82] Mary machte sich, nur von ihren beiden Hunden Sally und Victoria begleitet, in ihrem Landrover auf den Weg. An diesem Morgen arbeitete sie an einer Grabungsstelle im Bett I, dem tiefsten und ältesten, von ihnen auch »FLK« genannt (»Frieda Leakeys Korongo«: Frieda war der Name von Louis' erster Frau; Korongo ist das Suaheli-Wort für »Scheißplatz«). Gegen elf Uhr, als die Hitze bereits sehr unangenehm wurde, stieß Mary auf einen Knochensplitter, »der nicht lose am Boden lag, sondern aus der Erde herausragte. Es schien das Stück eines Schädels zu sein… Er sah hominid aus, aber die Knochen wirkten enorm dick – ganz gewiss zu dick« für einen Menschen, wie sie später in ihrer Autobiografie schrieb.[83] Vorsichtig bürstete sie die obere Erdschicht mit einem Pinsel ab, bis zwei Backenzähne mitsamt Kiefer zum Vorschein kamen. Endlich, nach Jahrzehnten! Es gab gar keinen Zweifel: Dies war der Schädel eines Hominiden.[84] Sie sprang mit den beiden Hunden in den Landrover, raste zurück zum Camp und schrie: »Ich hab' ihn! Ich hab' ihn!« Aufgeregt berichtete sie Louis von ihrem Fund. In seiner Autobiografie schrieb er später, dass er sich binnen Sekunden »auf wundersame Weise genesen« gefühlt habe.[85]

Als Louis den Schädel dann selbst sah, erkannte er anhand der Zähne jedoch sofort, dass es sich nicht um einen frühen *Homo* handelte, sondern sehr wahrscheinlich um einen Australopithecus, ein noch wesentlich affenartigeres Wesen. Erst als sie den Fund vollständig freigelegt hatten, sahen sie, wie riesig dieser Schädel mit seinem ausgeprägten Kiefer, den flachen Gesichtsknochen und riesigen Jochbeinen, zu denen einmal gewaltige Kaumuskeln gehört haben mussten, wirklich war. Nun war dies bereits der dritte australopithecine Schädel, den die Leakeys in der Nähe von einer Fundstelle mit haufenweise Werkzeugen gefunden hatten. Bisher hatte sich Louis dafür immer die Erklärung zurecht gelegt, dass der Australopithecus wahrscheinlich von einem *Homo* getötet worden sei, welcher seinen primitiveren Vorfahren dann verspeist habe. Doch jetzt kamen ihm Zweifel, und er begann sich zu fragen, ob dieser Australopithecus diese Werkzeuge nicht vielleicht selbst angefertigt hatte. Die Fähigkeit, Werkzeuge anzufertigen, hatte man bisher immer für ein einzigartiges menschliches Merkmal gehalten – konnte es also sein, dass der Mensch auf den Australopithecus zurückging?

Es dauerte nicht lange, bis Louis sich überzeugt hatte, dass dieser neue Schädel eine Zwischenform zwischen dem Australopithecus und dem modernen *Homo sapiens* darstellte. Er gab ihm den Namen *Zinjanthropus boisei* – *Zinj* ist die alte arabische Bezeichnung für die Küste von Ostafrika, *anthropos* stand für die menschlichen Eigenschaften dieses Fossils, und *boisei* leitete er von Charles Boise ab, dem Amerikaner, der so viele ihrer Expeditionen finanziert hatte.[86] Und weil dieser »Zinj«-Schädel so vollständig, so alt und so seltsam war, machte er die Leakeys auf einen Schlag weltberühmt und Louis zum Star vieler Konferenzen in Europa, Nordamerika und Afrika. Doch mit seiner Interpretation des Zinj stieß er bei seinen Kollegen auf einigen Widerstand, da sie glaubten, dass sich dieser neue Schädel trotz seiner enormen Größe nicht von den australopithecinen Funden unterschied, die man anderenorts gemacht hatte. Die Zeit sollte erweisen, dass die Kritiker Recht und Leakey Unrecht hatte. Noch während Leakey mit seinen Kollegen über die Fragen stritt, die dieser riesige, flache Schädel aufwarf, machten zwei Forscher eine Entdeckung, die diesen ganzen Forschungszweig in eine völlig neue Richtung lenken sollte. Ein Jahr nach seiner Entdeckung hatte Leakey in einem Artikel für *National Geographic* unter dem Titel »Finding the World's Earliest Man« festgestellt, dass der Zinjanthropus 600000 Jahre alt sein müsse.[87] Wie sich herausstellte, hätte er sich mehr gar nicht täuschen können.

Bis Mitte des Jahrhunderts war die gebräuchliche Datierungsmethode in der Archäologie die Stratigrafie, mit der man Sedimentschichten analysieren konnte. Auch Leakey hatte anhand dieser Technik den Olduvai-Graben in jene Pleistozän-Phase datiert, die sich von vor 600000 bis vor 10000 Jahren erstreckte und in der, wie man allgemein annimmt, riesige Tiere wie Mammuts neben dem Menschen auf der Erde lebten. 1947 wurde dann die Carbon-14-Technik (C^{14}) eingeführt und damit eine viel genauere Datierung möglich, weil sie sich die Tatsache zu Nutze macht, dass Pflanzen Kohlendioxid aus der Luft aufnehmen, das durch die kosmische Bestrahlung geringe Mengen an Radioaktivität enthält. Die Fotosynthese verwandelt dieses CO_2 dann in radioaktives Pflanzengewebe, welches im Verhältnis unverändert vorhanden bleibt, bis diese Pflanze (oder der Organismus, der sie verspeist hat) stirbt und die Aufnahme von radioaktivem Kohlenstoff beendet ist. Da man nun weiß, dass radioaktiver Kohlenstoff eine Halbwertzeit von etwa 5700 Jahren hat, kann man, wenn man dessen Anteil im abgestorbenen Objekt mit dem in einem heute lebenden Objekt vergleicht, berechnen, wie viel Zeit seit dem Tod dieses Organismus vergangen ist. Wegen dieser relativ kurzen Halbwertzeit ermöglicht die C^{14}-Methode jedoch nur Datierungen bis etwa 40000 Jahre zurück. Kurz nach dem Erscheinen von Leakeys Artikel in *National Geographic* gaben nun zwei Geophysiker von der University of California in Berkeley namens Jack Evernden und Garniss Curtis bekannt, dass sie Vulkanasche aus dem Bett 1 des Olduvai-Grabens – wo der Zinj gefunden worden war – mit der so genannten Kalium-Argon-Methode (K/Ar) datiert hatten. Im Prinzip entspricht diese Methode der C^{14}-Datierung, legt aber die Geschwindigkeitsrate zu Grunde, in der das instabile radioaktive Kalium-Isotop 40 (K^{40}) zum stabilen Argon-40 (Ar^{40}) zerfällt. Mit diesem Ergebnis kann man dann das Vorkommen von K^{40} in natürlichen Kalium-Vorkommen vergleichen und aus dessen Halbwertzeit das Alter des Objekts ableiten. Und da die Halbwertzeit von K^{40} 1,3 Milliarden Jahre beträgt, ist diese Methode für geologische Materie natürlich sehr viel besser geeignet.[88]

Anhand dieser Methode hatten die beiden Geophysiker aus Berkeley nun die umwerfende Entdeckung gemacht, dass das Bett 1 im Olduvai-Graben nicht 600000 Jahre, sondern 1,75 *Millionen* Jahre alt ist.[89] Damit hatte man erstmals einen Ansatzpunkt, dass der Mensch viel, viel länger auf Erden lebt, als es bisher irgendwer für möglich gehalten hatte. Nun war der Olduvai-Graben endgültig weltberühmt geworden. In den kommenden Jahren wurden noch viele Schädel und Skelette des frühen Hominiden in Ostafrika gefunden, und es entbrannte eine heiße Debatte über die Frage, wo und wann die Evolution des Menschen begann. Der »Knochenrausch« aber, der nun im Rift Valley ausbrach, war vor allem auf den Zinj der Leakeys und die Entdeckung seines hohen Alters zurückzuführen. Auf diese Weise kam beinahe genau einhundert Jahre nach Darwin die Wissenschaft zu der atemberaubenden Idee, dass der Mensch aus Afrika stammt und von dort aus die Welt besiedelt hat.

*

Jede einzelne dieser Episoden war von großer Bedeutung, wenn auch in ganz unterschiedlichem Sinn, und hat unser Verständnis von der Natur verändert. Neben der Tatsache, dass zumindest vier dieser wissenschaftlichen Fortschritte (Lyssenko wurde Mitte der sechziger Jahre endgültig gestürzt) unser Wissen gewaltig erweitert haben, worauf noch zurückzukommen sein wird, haben sie alle bewiesen, dass die Naturwissenschaften ein unordentliches, emotionales, von Leidenschaften begleitetes und nur allzu menschliches Geschäft sind. Naturwissenschaftliche Forschung ist alles andere als eine ruhige, reflektierte und ausschließlich rationale Angelegenheit, betrieben von nüchternen Wissenschaftlern, denen es um nichts als die Wahrheit geht. Und damit unterscheiden sie sich kaum noch von allen anderen Tätigkeiten des Menschen. Dass eine solche Aussage heute niemandem mehr abwegig vorkommt, beweist nur, wie sich unsere Sichtweisen seit den wissenschaftlichen Fortschritten der vierziger und fünfziger Jahre geändert haben. Auch die Philosophen konnten sich, wie Claude Lévi-Strauss sagte, nicht »ungestraft von einer Wissenschaft absondern und isolieren, die nicht nur unsere Sicht des Lebens und der Welt ungeheuer erweitert und umgestaltet, sondern auch die Regeln der Funktionsweise des Denkens umgestürzt hat«.[90] In England wurde diese Behauptung 1959 mit dem Erscheinen von Karl Poppers Werk *Logik der Forschung* (in deutscher Sprache bereits 1934 erschienen) gestützt. Popper stellte dar, weshalb ein Wissenschaftler der Natur grundsätzlich als Fremder gegenübertritt und dass sich die Naturwissenschaften von jeder anderen Tätigkeit insofern unterscheiden, als sie sich ausschließlich auf widerlegbare Erkenntnisse einlassen. Genau das, schrieb Popper, unterscheidet die Naturwissenschaften von der Religion oder Metaphysik – Offenbarung, Glaube, Intuition haben hier keinen Platz oder spielen zumindest keine wichtige Rolle. Es gibt zwar einen ständigen Wissenszuwachs, aber Wissen per se kann niemals abgeschlossen sein, da es nichts gibt, was als letztgültige Wahrheit für alle Zeiten gelten kann.[91] Aber Popper konzentrierte sich wie Lévi-Strauss letztlich nur auf den wissenschaftlichen Rationalismus und die Logik, mit der dieser Rationalismus vorwärts strebt – was ihm ja auch oft genug gelang. Die Begleitumstände sämtlicher Prozesse – Kontext, Rivalität, Ehrgeiz und die versteckten Programme aller Beteiligten an diesen Dramen (und Dramen waren es in der Tat oft) – hielt er aus seinen Darstellungen heraus, als seien sie unangemessen und irrelevant und nur Episoden am Rande des eigentlichen Geschehens. Damals fand das keiner seltsam. Nur Michael Polanyi meldete 1946 Zweifel an. Und am Ende blieb es einem Wissenschaftshistoriker, und nicht einem Philosophen, überlassen, ein Buch zu schreiben, das ein für alle Mal unsere Wahrnehmung und unser Verständnis von Wissenschaft verändert hat. Sein Name war Thomas S. Kuhn, und das Buch trug den Titel *Die Struktur wissenschaftlicher Revolutionen*.

Kuhn, ein Physiker, der sich am MIT zum Wissenschaftstheoretiker wandelte, befasste sich mit der Frage, wie es zu großen Umbrüchen in der Wissenschaft kommt. Da er seine Ideen in den fünfziger Jahren entwickelte, hatte er die in diesem Kapitel beschriebenen Beispiele noch nicht heranziehen können und sich mit früheren historischen Episoden wie der kopernikanischen Wissensrevolution oder den Entdeckungen des Sauerstoffs, der Röntgenstrahlen und Einsteins Relativitätstheorien befasst. Sein Kernargument war, dass der wissenschaftliche Prozess hauptsächlich aus relativ gleichbleibenden Phasen besteht, in denen nicht viel Interessantes geschieht und Wissenschaftler jeweils im Rahmen von bestimmten »Paradigmen« Experimente durchführen, um diesen oder jenen Aspekt des jeweiligen Paradigmas zu beleuchten. So gesehen, sagte Kuhn, sind Wissenschaftler keine großen Zweifler, sondern vielmehr in der geistigen Zwangsjacke des Paradigmas oder der Theorie gefangen, die sie gerade verfolgen. Unter diesen Umständen ereignen sich jedoch, wie Kuhn beobachtete, zahlreiche »Anomalien«. Die erste Reaktion der Wissenschaftler darauf bestünde meistens in dem Versuch, diese Anomalien in das herrschende Paradigma einzupassen, was dann von mehr oder weniger Erfolg gekrönt sei. Früher oder später aber würden diese Anomalien so groß, dass dem jeweiligen Wissenschaftszweig eine Krise drohe – erst dann fänden sich immer ein oder zwei Wissenschaftler, die ein vollständig neues Paradigma entwickelten, um diese Anomalien besser zu erklären. Damit hat eine wissenschaftliche Revolution stattgefunden.[92] Kuhn stellte auch fest, dass Wissenschaft häufig ein Gemeinschaftsprojekt ist. Am Beispiel der Entdeckung des Sauerstoffs zeigte er, wie schwer sich oft genau sagen lässt, wem ein Durchbruch zu verdanken ist – in diesem Fall, ob er nun Joseph Priestley oder Antoine-Laurent Lavoisier gelungen war –, weil die Arbeit des einen ohne die des anderen nicht stattgefunden hätte. Wissenschaftliche Revolutionen würden außerdem oft von Personen ausgelöst, »die so jung oder so neu sind auf dem Gebiet, welches in die Krise geriet, dass sie seltener als andere dazu tendieren, sich an die alten Paradigmen zu klammern«.[93] Insofern habe auch immer die Soziologie oder Sozialpsychologie einen Anteil am wissenschaftlichen Fortschritt und an der Rezeption der neuen Erkenntnisse durch andere Wissenschaftler. Wie Max Planck konstatierte auch Kuhn, dass ein Großteil der Wissenschaftler fast nie seine Meinungen ändert und dass sich eine neue Theorie deshalb praktisch nur durchsetzen könne, weil die Vertreter des Alten schließlich irgendwann aussterben und die jüngere Generation dazu neigt, neue Theorien zu übernehmen. Mehrfach zitiert Kuhn

Beispiele für dieses evolutionäre Muster wissenschaftlicher Revolutionen, also dafür, dass am Ende immer die besseren, tragfähigeren Ideen überleben und die schwächeren aussterben. Und die Vorstellung, dass naturwissenschaftliche Prozesse ganz und gar geordnet vonstatten gehen, wird laut Kuhn auch von den naturwissenschaftlichen Lehrbüchern gestützt. Alle Disziplinen verwendeten Lehrbücher, doch nirgends seien sie so beliebt wie bei Naturwissenschaftlern. Und dieser Sachverhalt wiederum legt für Kuhn nahe, dass viele junge Naturwissenschaftler dazu tendierten, sich eher an vorgekaute (und somit auch umformulierte) Informationen aus Sekundärquellen zu halten als an die jeweilige Originalliteratur. Naturwissenschaftler erwerben ihr Wissen häufig nicht aus erster Hand, im Gegensatz zu literarisch Interessierten, die Originalliteratur ebenso lesen wie die Literaturkritik. (Hier deckte sich Kuhns Meinung mit einer grundlegenden Kritik von F. R. Leavis an C. P. Snow.)

Um Kuhns Buch wurde in Kreisen von Nichtwissenschaftlern und Wissenschaftsgegnern so viel Wesens gemacht, dass es mir hier nötig scheint, ausdrücklich zu betonen, dass er den Naturwissenschaften *keineswegs* den Boden unter den Füßen wegziehen wollte. Er hat nie etwas anderes behauptet, als dass die Naturwissenschaften, wie auch Lévi-Strauss sagte, ein spezielles Wissen hervorbringen, ein Wissen, das auf bestimmte Weise – und zwar sehr gut – funktioniert.[94] So manche Interpretation seiner Ideen hätte gewiss nicht Kuhns Zustimmung gefunden. Kuhn hinterließ uns eine Neubewertung der Wissenschaft – weniger im Sinne einer eigenen Kultur, wie von Snow propagiert, als im Sinne einer Tradition, in der viele Wissenschaftler in die Lehre gehen und die nicht nur die Art der Fragestellungen vorgibt, sondern auch die Art der Antwortensuche. Doch diese Tradition ist nicht annähernd so rational, wie man gemeinhin glaubt. Natürlich wird sich nicht jeder empirische Wissenschaftler dieser Aussage anschließen, und ganz offensichtlich gibt es auch die unterschiedlichsten Ansichten über die Definition eines Paradigmas oder der normalen Wissenschaft. Tatsache aber ist, dass nicht nur viele Wissenschaftshistoriker, sondern auch Geisteswissenschaftler Kuhns Analyse als sehr befreiend empfanden, denn im Gegensatz zu der bis dahin herrschenden Meinung bot sie eine Möglichkeit, naturwissenschaftliche Erkenntnisse nicht mehr als etwas Unverrückbares zu betrachten.

28

Geist minus Metaphysik

Ende 1959 begann Alfred Hitchcock unter absoluter Geheimhaltung einen Film zu drehen. Auf den Drehklappen tauchte, wie auf allen anderen filmischen Utensilien in den Revue-Studios der Universal Pictures in Los Angeles, nur der Tarnname »Wimpy« auf, und nach Schluss der Dreharbeiten flehte Hitchcock die Filmkritiker an, das Ende der Geschichte nicht zu verraten. Außerdem warnte er sie, dass nach Beginn der Premiere keiner mehr eingelassen würde.

Psycho war in vielerlei Hinsicht ein »Debüt«. Bisher hatte Hitchcock erstklassige Krimis verfilmt, die in exotisch eleganten Umgebungen spielten und üblicherweise in Technicolor gedreht waren. In bewusstem Kontrast dazu wirkte *Psycho* geradezu billig. Er war in Schwarz-Weiß gedreht, in einer schäbigen Umgebung angesiedelt und enthielt Szenen von bisher nie gezeigter Gewalt.[1] Am eindrucksvollsten aber war die Darstellung von Wahnsinn. Die Story basiert auf der wahren Geschichte des Ed Gein, eines kannibalischen Mörders aus Wisconsin, dessen schreckliche Taten bereits zu den Filmen *The Texas Chain Saw Massacre* und *Deranged* inspiriert hatten. Hitchcock aber zeigte – ganz im Trend der Zeit –, dass die Ursachen von Norman Bates' tödlicher Manie eine engstirnige, lieblose Familie und seine gestörte sexuelle Entwicklung waren.[2]

Die Hauptdarsteller Anthony Perkins und Janet Leigh hatten einen Vertrag weit unter ihrer üblichen Gage unterzeichnet, nur um Erfahrungen beim Meistererzähler Hitchcock sammeln zu können. (Dass die von Leigh dargestellte Figur bereits vor der Hälfte des Films ermordet wurde, war ebenfalls eine völlig neue Erfahrung für eine Hauptdarstellerin.) Der Film ist beherrscht von einem visuellen Symbolismus, der die Erlebniswelten des Wahnsinns, besonders der Schizophrenie, in der Szenerie eines heruntergekommenen Motels und altmodischen Hauses – ein scheinbar ständig sturmumtostes, unheimlichen Hexenhaus – betonen wollte. Jede Person hat etwas zu verbergen, sei es eine heimliche Affäre, einen Diebstahl, eine Doppelidentität oder einen unentdeckten Mord. Spiegel spielen eine große Rolle, um Bilder zu verzerren oder durch einen Sprung im Glas die gespaltene Wirklichkeit und scharfen Kanten in der Welt eines gewalttätigen Irren zu signalisieren.[3] Anthony Perkins, der vorgibt, seiner Mutter hörig zu sein, sie in Wirklichkeit aber schon lange zuvor umgebracht hat, verbringt seine Zeit damit, Vögel auszustopfen (Nachtvögel wie die Eulen, die ihn beobachten). Die Spannung kulminiert schließlich in der berühmtesten Szene, dem grausigen Abschlachten von Janet Leigh unter der Dusche. »Das Messer übernimmt die Funktion des Penis, dringt in einer symbolischen Vergewaltigung in den Körper ein.« Das Publikum beobachtet entsetzt und angeekelt, wie das Blut in den Abfluss der Dusche hinab gurgelt.[4] *Psycho* ist ein brillantes Beispiel für die später viel missbrauchte Methode, den Zuschauer so zu manipulieren, dass er die widerstreitenden Gefühle einer schizophrenen Persönlichkeit verstehen oder doch wenigstens nachempfinden kann. Am trickreichsten gelingt Hitchcock dies in einer Szene, wo der Mörder Perkins/Bates sich der Leiche von Janet Leigh entledigen will, indem er sie mitsamt Auto im Moor zu versenken versucht. Während der Wagen in den Morast gesogen wird, bleibt er plötzlich hängen. Unwillkürlich zittert der Zuschauer mit, will, dass er verschwindet – und macht sich für einen Moment zum Komplizen des Verbrechens.[5]

Die Kritik verriss den Film nach der Uraufführung vermutlich auch deshalb, weil Kritiker nicht leiden können, wenn man ihnen vorschreibt, was sie enthüllen dürfen und was nicht. »Ich weiß noch, wie furchtbar uns nach der Premiere von *Psycho* der Kopf gewaschen wurde«, erzählte Hitchcock später. »Die Kritiken waren katastrophal.« Aber das Publikum war ganz anderer Meinung. Der Film hatte nur 800000 Dollar gekostet, aber allein Hitchcock wurde durch ihn um über 20 Millionen Dollar reicher. In kürzester Zeit wurde er zum Kultfilm. »Meine Filme wurden übergangslos von Misserfolgen zu Meisterwerken, ohne jemals Erfolge gewesen zu sein«, erklärte Hitchcock.[6]

Der Versuch, Geisteskrankheit als eine Fehlanpassung, eine Pathologie der Logik in der Wahrnehmung der Dinge und nicht als organische Krankheit zu verstehen, hat eine lange Geschichte und ist Grundlage der psychoanalytischen Richtung innerhalb der Psychiatrie. Im selben Jahr, in dem Hitchcocks Film auf die Leinwand kam, erschien in Großbritannien ein psychoanalytisches Buch, das mindestens ebenso schnell Kultstatus erreichte. Sein Autor, Ronald D. Laing, war ein junger Psychiater aus Glasgow in Schottland, der sich selbst als Existenzialist darstellte und zum Modeautor avancierte. Seine idiosynkratische Karriere spiegelte sich perfekt in seinen Theorien über Geisteskrankheit. In seinem Buch *Das geteilte Selbst* versuchte Laing Sartres existenzialistische Thesen auf schizophrene Psychosen zu übertragen und damit zu erklären, weshalb Menschen verrückt werden. Laing war einer der führenden Köpfe (wie David Cooper oder Aaron Esterson) jener Denkschule, welche von der Prämisse ausging, dass Schizophrenie keine organische Krankheit ist – ungeachtet der bereits damals vorliegenden Nachweise, dass sie gehäuft in bestimmten Familien auftrat und daher zu vermuten war, dass sie zumindest teilweise erblich ist. Nach Meinung dieser Denkschule handelte es sich dabei jedoch nur um individuelle Reaktionen auf ein spezifisches Umfeld, insbesondere auf das, in dem die entsprechende Person aufgewachsen war, nämlich die »schizophrenogene« (Schizophrenie produzierende) Familie, wie sie von Laing und Kollegen getauft wurde. Im *geteilten Selbst* wie in seinen nachfolgenden Werken schildert Laing dic Grundbedingungen, die er während seiner Nachforschungen in den Familien von Schizophrenen überall vorgefunden hatte – ein spezifisches Verhalten der Familie, und vor allem der Mutter, das dazu beitrug, dass sich das Identitätsgefühl des Betroffenen von seinem Körpergefühl abspaltete und sein Leben nun aus einer Folge von »Spielen« bestand, die ihn zu verschlingen drohten.[7]

Wie effizient Laings Theorien waren und welche Erfolge sie als Grundlage für neue Behandlungsmethoden hatten, wird später genauer beschrieben. Hier soll zunächst einmal hervorgehoben werden, dass Laings Ideen nicht nur von der klinischen Psychiatrie wichtig genommen würden, da sein Denkansatz die existenzialistische Philosophie mit der Psychologie Freuds verknüpfte und daher auch seine Theorien zu dem Umbruch beitrugen, der zwischen 1948 und Mitte der sechziger Jahre stattfand. Es waren die Jahre des Abgesangs auf die Metaphysik, wie man sie im neunzehnten Jahrhundert verstanden hatte; und es waren die Philosophen, die sie beerdigten. Ironischerweise war einer der Hauptbeteiligten, Gilbert Ryle, Professor für metaphysische Philosophie an der Oxford University. Sein 1949 veröffentlichtes Werk *Der Begriff des Geistes* war ein gewaltiger Hieb gegen das traditionelle kartesianische Dualitätskonzept und die Überzeugung, dass geistige und körperliche Vorgänge zwei grundlegend verschiedene Dinge seien.[8] Ryle stellt mit seiner »Theorie des Geistes oder der Seele« ein, wie er selbst schrieb, behavioristisches Menschenbild vor, demzufolge es kein »Inneres« im Sinne eines von unseren Handlungen, Gedanken und Verhaltensweisen unabhängigen Vorgangs »im Kopf« gibt. Den Großteil seines Buches widmet er dem Unterschied zwischen der Fähigkeit, Begriffe »anzuwenden, und der Fähigkeit, ihre Beziehungen miteinander oder mit Begriffen anderer Art zu Tage zu bringen«. Hier zwei seiner Beispiele für unseren nachlässigen Umgang mit Sprache: »Wenn mir eine Melodie durch den Kopf geht, glaubt doch niemand, dass ein Chirurg ein kleines, in meinem Schädel verstecktes Orchester ans Licht bringen könnte«, oder wenn wir ein Glas als zerbrechlich bezeichnen, dann bestehe die Zerbrechlichkeit des Glases nicht in der Tatsache, dass es irgendwann wirklich zerbrochen wird. Sich der Dinge bewusst zu sein und sich selbst in Bezug zu ihnen zu stellen, sei nicht einfach nur ein Nebenprodukt des Geistes, sondern *tätiger* Geist. Der Geist belauscht nicht, was wir denken; Denken *ist* tätiger Geist.[9] Kurzum, es gibt keinen Geist in der Maschine – es gibt nur die Maschine. Unter diesem Aspekt betrachtete Ryle auch die Vorstellungen vom eigenen Willen, von Gemütsbewegung, Selbsterkenntnis und Verstand. Mit jeder neuen Wendung zerstörte er die kartesianische Dualität. Sein letztes Kapitel schließlich galt dem Behaviorismus: Psychologie war für ihn eher der Medizin verwandt – im Sinne einer Anhäufung von lose miteinander verbundenen Untersuchungen und Techniken –, als eine Wissenschaft im üblichen Sinne.[10] Letztlich aber wurden Ryles Ideen wohl nur deshalb wahrgenommen, weil sie die alte kartesianische Dualität verwarfen; einen prägenden Einfluss auf die Entwicklung der Psychologie hatten sie nicht.

Während Ryle seine Theorien in Oxford entwickelte, verfolgte Ludwig Wittgenstein einen sehr ähnlichen Kurs in Cambridge. Nach der Veröffentlichung seines *Tractatus Logico-Philosophicus* im Jahr 1921 hatte er ein Jahrzehnt lang die Philosophie ad acta gelegt. Doch 1929 kehrte er nach Cambridge zurück und machte sich sofort daran, seine »alten Gedanken« aus dem *Tractatus*, die so einflussreich geworden waren, als »schwere Irrtümer« zu widerrufen und durch »neue Gedanken« zu ersetzen, die den alten so manches Mal diametral entgegenstanden. Während der Dreißiger- und Vierzigerjahre veröffentlichte er jedoch kein Wort. Er fühlte sich der herrschenden abendländischen Kultur vollständig entfremdet und zog es vor, seinen Einfluss auf die Teilnehmer an seinen Seminaren zu beschränken (in jenen »Deck-chair«-Seminaren, die auch Turing besuchte).[11] Sein zweites Meisterwerk *Philosophische Untersuchungen* erschien 1952 posthum – Wittgenstein war 1951 im Alter von zweiundsechzig Jahren an Krebs gestorben.[12] Seine darin geäußerten Gedanken gingen noch weit über Ryles Ideen hinaus. Viele philosophische Probleme, schrieb Wittgenstein, existierten nur, weil wir von der Sprache in die Irre geführt würden oder weil grammatikalische Ähnlichkeiten grundlegende logische Unterschiede verschleierten. Deshalb müsse »alle Erklärung fort und nur Beschreibung an ihre Stelle treten«. Philosophische Fragen könnten nur »durch eine Einsicht in das Arbeiten unserer Sprache gelöst« werden, denn die logische Betrachtung wolle keine kausalen Zusammenhänge erfassen, sondern strebe danach, »das Fundament, oder Wesen, alles Erfahrungsmäßigen zu verstehen«. »Die Philosophie ist ein Kampf gegen die Verhexung unseres Verstandes durch die Mittel unserer Sprache.« Zum Beispiel könne etwas »Rotes zerstört werden, aber Rot kann nicht zerstört werden, und darum ist die Bedeutung des Wortes ›rot‹ von der Existenz eines roten Dinges abhängig«.[13]

Dies waren keine Sprachspiele, wie ihm so mancher vorwarf.[14] Wittgensteins grundlegende Idee war, dass Philosophie nicht dazu da ist, Probleme zu lösen, sondern um sie zum Verschwinden zu bringen, so wie der Knoten aus einem Strick verschwunden ist, nachdem man ihn aufgelöst hat. Oder mit seinen Worten ausgedrückt: »Diese Probleme werden gelöst, nicht nur durch Beibringen neuer Erfahrung, sondern durch Zusammenstellung des längst Bekannten.«[15] Unter diesem Aspekt wollte er nun die gesamte Sprache einer kritischen Prüfung unterziehen.[16] Dass das einer einzelnen Person gelingen konnte, war kaum zu erwarten. Wittgenstein jedenfalls ging dieses Projekt auf ganz ähnliche Weise an wie Ryle – er konzentrierte sich auf die Dualität von Körper und Geist, die auch er für eine Fehlinterpretation hielt: »Wo unsere Sprache uns einen Körper vermuten lässt, und kein Körper ist, dort, möchten wir sagen, sei *Geist.*« Kein »Bewusstseinszustand oder Vorgang« werde »einwandfrei« verstanden, wenn man dabei »an den Zustand eines Seelenapparates (etwa unseres Gehirns)« denke, mit dem wir nur »*Äußerungen* dieses Wissens erklären«.[17] Eines seiner Beispiele dafür war Schmerz. »Wenn ich sage ›ich habe Schmerzen‹, weise ich nicht auf eine Person, die die Schmerzen hat, da ich in gewissen Sinne gar nicht weiß, *wer* sie hat.«[18] Ebenso wenig überlegten wir, ob wir stöhnen, bevor wir mitteilen, dass wir Schmerzen haben, weshalb so gesehen Stöhnen Teil des Schmerzes sei. Auch »Introspektion« und die Privatheit von Empfindungen würden durch Sprache verfälscht: »Wir möchten doch immer sagen: Schmerzgefühl ist Schmerzgefühl – ob *er* es hat, oder *ich* es habe…« Denn der Schmerz des anderen sei in dem Sinne dem eigenen Schmerz gleich, wie man sagen könnte: »Dieser Sessel ist nicht derselbe, den du gestern hier gesehen hast, aber er ist ein genau gleicher.«[19] Über Introspektion schrieb Wittgenstein zum Beispiel: »Hat es Sinn zu fragen: ›Woher weißt du, dass du das glaubst?‹ – und ist die Antwort: ›Ich erkenne es durch Introspektion‹? In *manchen* Fällen wird man so etwas sagen können, in den meisten nicht. Es hat Sinn, zu fragen; ›Liebe ich sie wirklich, mache ich mir das nicht nur vor?‹, und der Vorgang der Instrospektion ist das Wachrufen von Erinnerungen; von Vorstellungen möglicher Situationen und der Gefühle, die man hätte, wenn…«[20] Die Aussage: Ich will siegen, beschreibe keinen Geisteszustand, sondern sei dessen Manifestation; und die Unterschiede zwischen »außen« oder »innen« im Hinblick auf die Vorgänge, die im Geist ablaufen, seien nur metaphorisch. Wir können sagen, dass Zahnschmerzen physische Schmerzen sind und Leid ein geistiger Schmerz ist, doch sei das Leid nie in dem Sinne schmerzhaft wie die Zahnschmerzen; niemals könne Leid auf dieselbe Weise wehtun wie ein Zahn. Wittgenstein fand, dass wir den Begriff des Geistes gar nicht brauchten und außerordentlich vorsichtig mit der Verwendung dieses Wortes und seiner gedanklichen Einordnung umgehen müssten. Denn es ist immer die *Person,* die Schmerz, Hoffnung oder Enttäuschung empfindet, und nicht sein Gehirn.

Nicht allem, was in den *Philosophischen Untersuchungen* dargestellt wurde, war der gleiche Erfolg beschieden. Aber an Wittgensteins eigenen Kriterien gemessen brachte seine Analyse in der Tat einige Probleme zum

Verschwinden – das Problem des Geistes war nur eines davon. Außerdem gehörte diese Analyse ganz gewiss zu den Werken, die die öffentliche Aufmerksamkeit auf das Bewusstsein lenkten – das Wittgenstein selbst nicht wirklich erfolgreich erklären konnte –, mit dem sich dann die Philosophen und Naturwissenschaftler gegen Ende des Jahrhunderts so ausgiebig auseinander setzten.

*

Welche Folgen die *Philosophischen Untersuchungen* auf die Freudsche Psychoanalyse hatten, wurde nie wirklich erforscht, aber Tatsache ist, dass Wittgensteins Vorstellung vom »Inneren« und »Äußeren« als reine Metaphern Freuds grundlegende Thesen massiv in Frage stellte. In den späten fünfziger Jahren begann die Kritik an Freud ohnedies zuzunehmen: Obwohl das Freudianische Zeitalter seinen Höhepunkt in den Zwischenkriegsjahren erlebt hatte, waren erste Zweifel an der Wirksamkeit der Psychoanalyse bereits Anfang der zwanziger Jahre aufgekommen, nämlich nachdem das Psychoanalytische Institut in Berlin anhand einer Studie über 472 Patienten herausgefunden hatte, dass nur 40 von ihnen als geheilt betrachtet werden konnten. Nachforschungen, die in den vierziger Jahren von der Londoner Psychiatrischen Klinik, dem Chicago Institute for Psychoanalysis und der Menninger Clinic in Kansas gemacht wurden, ergaben dann ebenfalls eine durchschnittliche »Genesungsrate« von 44 Prozent; und eine während der fünfziger Jahre durchgeführte Studienreihe wies mit ziemlicher Konsistenz nach, dass »ein Patient ungefähr eine 50:50-Chance hat, von der Couch in einer etwas besseren geistigen Verfassung aufzustehen als der, in der er sich befand, als er sich erstmals darauf legte«.[21] Am niederschmetterndsten aber war eine Studie, die Mitte der Fünfzigerjahre vom *Central Fact-Gathering Committee* der American Psychoanalytic Association (APsaA) unternommen wurde. Unter dem Vorsitz von Harry Weinstock wurden 1269 psychoanalytische Fälle, die von APsaA-Mitgliedern behandelt worden waren, überprüft. Der Report über diese bis dahin größte Erhebung wurde von der Fachwelt ungeduldig erwartet, doch dann entschied der Verband im Dezember 1957 plötzlich, ihn unter Verschluss zu halten, da »eine kontroverse öffentliche Diskussion über solches Material in keiner Weise von Nutzen sein kann«.[22] Als dann jedoch heimlich Kopien angefertigt wurden und in der Therapeutengemeinde zirkulierten, und als die Gerüchteküche bereits so viele Ergebnisse des Reports kannte, dass sich die Psychiater kaum noch mit etwas anderem beschäftigten, musste die APsaA schließlich einwilligen, ihn doch noch zu veröffentlichen – *ein Jahrzehnt später*. Spätestens da wurde der Grund für ihr Zögern jedem klar. Das »kontroverse Material« wies zum Beispiel nach, dass nur knapp jeder sechste, der zur Analyse angenommen worden war, geheilt wurde. Angesichts der Tatsache, dass es sich hier um einen eigenen Bericht des Verbands handelte, war allein das schon vernichtend genug. Aber damit waren ja nicht nur die Effektivität der Psychoanalyse, sondern gleich sämtliche grundlegenden Theorien Freuds in Frage gestellt. Seine Idee, dass wir alle ein bisschen bisexuell seien, musste nun ebenso hinterfragt werden wie der Ödipuskomplex und die frühkindliche Sexualität. Bisher hatten Psychoanalytiker beispielsweise Erektionen bei Kleinkindern als überzeugender Beweis für die Existenz einer frühkindlichen Sexualität gewertet. Nun aber hatte H. M. Halverson neun Kleinkinder über den Zeitraum von zehn Tagen beobachtet und festgestellt, dass jedes von ihnen mindestens einmal pro Tag eine Erektion hatte – allerdings aus ganz anderen Gründen: »Mit diesen Erektionen verbanden sich keinerlei Anzeichen von Vergnügen, vielmehr zeigten diese tendenziell an, dass sich das Kind unwohl fühlte. In 85 Prozent aller Fälle war die Erektion von Weinen, Unruhe oder dem steifen Ausstrecken der Beine begleitet. Erst wenn die Erektion nachgelassen hatte, entspannten sich die Kinder.«[23] Halverson schlussfolgerte, dass solche Erektionen das Ergebnis von Blasendruck waren und somit »schlicht und einfach ein körperliches, aber kein Freudsches Bedürfnis zum Ausdruck brachten«. Die Schlafforschung bewies, dass auch der Verlust der Erinnerung an Träume – laut Psychoanalyse eine Verdrängung – eine wesentlich simplere Erklärung haben kann. Der Mensch träumt nur in bestimmten Schlafphasen, die wir heute REM-Phasen nennen (wegen der schnellen Augenbewegungen, »Rapid Eye Movements«, die während dieser Phasen auftreten). Weckt man einen Patienten während der REM-Phase, kann er sich leicht an Träume erinnern; weckt man ihn zu oft während dieser Phase, kann dies zu gravierenden Irritationen führen, was darauf hindeutet, dass der REM-Schlaf sehr wichtig für unser Wohlbefinden ist. Weckt man ihn jedoch nach dem REM-Schlaf in einer späteren Phase des Schlafzyklus, erinnert er sich nur unter großen Schwierigkeiten an seine Träume; von häufigem Wecken in dieser Phase zeigt er sich wesentlich weniger irritiert. Kurz gesagt, Träume verschwinden, weil dies von der Natur so vorgegeben ist.[24] Auch immer mehr anthropologische Erkenntnisse in den fünfziger Jahren widerlegten die Thesen von Freud. Nach Freud ist beispielsweise das Stillen von Säuglingen entscheidend für die Entwicklung der emotionalen Verbundenheit von Mutter und Kind, welche natürlich ihrerseits Teil der psychosexuellen Entwicklung des Kleinkinds ist. 1956 veröffentlichte der Anthropologe Ralph Linton jedoch einen Bericht über Frauen auf den Marquesas-Inseln in Polynesien: »Auf Grund der Bedeutung, die Brüsten in ihrer Kultur zukommen, stillen sie ihre Säuglinge nur selten.« Auf den Marquesas-Inseln wird ein Baby einfach auf einen Stein gelegt und ganz nebenbei mit einer Mischung aus Kokosmilch und Brotfrucht gefüttert.[25] Dennoch wuchsen diese Kinder ohne spezifische Probleme auf und hatten nicht weniger enge Gefühlsbindungen an ihre Mütter.

Die Kritik an Freud und Jung wurde seit Anfang der Fünfzigerjahre immer heftiger. Hauptsächlich warf man ihnen vor, unwissenschaftlich vorgegangen zu sein und immer nur dann Beweise vorgelegt zu haben, wenn es ihnen ins Konzept passte.

*

Das heißt natürlich nicht, dass andere Spielarten der Psychologie immun gegenüber Kritik gewesen seien. In demselben Jahr, in dem Wittgensteins *Philosophische Untersuchungen* posthum erschienen, veröffentlichte Burrhus F. Skinner, Psychologieprofessor an der Harvard University, die erste seiner höchst umstrittenen Studien. Fred Skinner war in dem kleinen Städtchen Susquehanna in Pennsylvania aufgewachsen und hatte eigentlich Schriftsteller werden wollen. Er studierte Anglistik am Hamilton College, wo ihm Robert Frost bescheinigte, dass er über eine »wirklich feine Beobachtungsgabe« verfüge. Doch aus Skinner wurde kein Schriftsteller: »Er fand, dass er nichts zu sagen habe.« Später gab er sogar das Saxofonspielen auf, weil es ihm »kein angemessenes Instrument für einen Psychologen« schien.[26] Nachdem er seinen Plan, Schriftsteller zu werden, aufgegeben hatte, widmete er sich jedenfalls mit so viel Erfolg in Harvard der Psychologie, dass er 1945 dort eine Professur erhielt.

Skinners Werk *Science and Human Behavior* deckte sich in mehr als nur einer Hinsicht mit Ryle und Wittgenstein.[27] Wie sie betrachtete auch er den »Geist« als einen metaphysischen Anachronismus und konzentrierte sich als Wissenschaftler ganz auf das konkrete Verhalten. Und wie sie betrachtete er die Sprache als eine oft irreführende Darstellung der Realität und sah es deshalb als Aufgabe von Wissenschaftlern wie Philosophen an, den Sprachgebrauch zu »reinigen«. Seinen Theorien lagen hauptsächlich Experimente mit Tauben und Ratten zu Grunde, die zeigten, dass ihr Verhalten wesentlich und auf voraussagbare Weise verändert werden konnte, wenn man ihr Umfeld strikt kontrollierte, besonders durch den Einsatz von Belohnung und Strafe. Seine Demonstrationen von schnellem Lernen fand Skinner sowohl philosophisch als auch sozial von großer Relevanz. Da er einräumte, dass der Instinkt einen nicht zu vernachlässigenden Teil des menschlichen Verhaltens bestimmt, wollte er sich in *Science and Human Behavior* auch nur auf eine einfache, rationale Erklärung für das nicht vom Instinkt geprägte Verhaltensrepertoire beschränken. Und diese Erklärung glaubte er mit den Prinzipien der Verstärkung (»reinforcement«) geben zu können. Im Wesentlichen versuchte Skinner zu belegen, dass der bei weitem größte Teil des menschlichen Verhaltens, inklusive Meinungsbildung, bestimmte Geisteskrankheiten und unter Umständen sogar »Liebe«, verstanden werden könne in Bezug auf eine individuelle Lebensgeschichte, in der das Verhalten des Individuums in einem bestimmten Maße belohnt und bestraft wurde. Zum Beispiel kann der Satz

»›Du musst einen Schirm nehmen‹ auch bedeuten: ›Du wirst verstärkt werden, wenn du einen Schirm nimmst.‹ Eine noch deutlichere Übersetzung würde mindestens drei Aussagen enthalten: (1) Wenn du dich trocken hältst, verstärkt dich das; (2) wenn du einen Schirm nimmst, wirst du im Regen nicht nass; und (3) es wird regnen... Das ›müssen‹ ist aversiv, und die angesprochene Person kann sich daher schuldig fühlen, wenn sie schließlich nicht zum Schirm greift.«[28] Nach dieser Interpretation des Verhaltens betrachtete Skinner beispielsweise auch den Alkoholismus als eine schlechte Angewohnheit, die man sich dann zulegt, wenn man gelernt hat, die Wirkung von Alkohol darum als Belohnung zu empfinden, weil sie in sozialen Situationen, die man im nüchternen Zustand unangenehm fände, entspannend wirkt. Die Beschäftigung der Freudschen Psychoanalyse mit »Tiefen«psychologie fand er völlig fehlgeleitet, da es ihr erklärtes Ziel sei, »innere und ansonsten nicht beobachtbare Konflikte, Verdrängungen und reaktive Handlungen« zu entdecken, und weil »das Verhalten des Organismus oft als das relativ unbedeutende Nebenprodukt eines gewaltigen Kampfes unter der geistigen Oberfläche betrachtet wird«.[29] Während Freud neurotisches Verhalten als Symptom eines ursächlichen Konflikts ansah, war es für Skinner die Ursache selbst – nach dem Motto: Gib das neurotische Verhalten auf und die Neurose ist verschwunden. Im Detail schilderte Skinner hierzu das Fallbeispiel zweier Brüder, die um die Zuneigung der Eltern rivalisierten. Eine Folge davon war, dass sich der eine Bruder dem anderen gegenüber aggressiv verhielt und deswegen entweder vom Bruder oder von den Eltern bestraft wurde. Wiederholt sich dieser Vorgang, so Skinner, dann kommt unweigerlich der Moment, an dem die Angst vor Bestrafung zu Schuldgefühlen des »aggressiven« Bruders führt und ihn zwingt, sich zu kontrollieren. So gesehen »verdrängt« der Bruder seine Aggression in der Tat: »Die Verdrängung ist erfolgreich, wenn sich das Verhalten so effektiv verschiebt, dass es nur noch selten zu jener anfänglichen, Ängste auslösenden Form zurückkehrt. Sie ist nicht erfolgreich, wenn diese Ängste auch weiterhin ausgelöst werden.« Aber Skinner sah auch deutlich andere Auswege aus einem solchen Konflikt: In Folge einer *Reaktionsbildung* könne sich der »aggressive« Bruder auch sozial zu engagieren beginnen oder eine »brüderliche Liebe« entwickeln; er könne seine Aggression *sublimieren*, beispielsweise indem er in die Armee eintritt oder in einem Schlachthof Arbeit annimmt; er könne seine Aggression *verschieben*, indem er »zufällig« eine andere Person verletzt; oder er könne sich zum Beispiel mit Preisboxern *identifizieren*. Wir bräuchten keine tief sitzenden Neurosen zu erfinden, um solche Verhaltensweisen zu erklären: »Die Dynamik entsteht nicht aus den schlauen Mechanismen eines aggressiven Impulses, der darum kämpft, der hinderlichen Zensur des Individuums oder der Gesellschaft zu entkommen, sondern aus Entschlüssen, die komplexen Variablen folgen. Die Therapie besteht nicht darin, einen Probleme schaffenden Impuls freizusetzen, sondern darin, Variablen einzuführen, die eine Geschichte kompensieren und korrigieren, welche zu unannehmbaren Verhaltensweisen geführt hat. Aufgestaute Emotionen sind nicht der Grund für gestörtes Verhalten, sondern Teil davon. Die Unfähigkeit, sich an frühe Ereignisse zu erinnern, führt nicht zu neurotischen Symptomen, sondern ist selbst ein Beispiel für ineffektives Verhalten.«[30] Mit diesem ersten seiner Bücher wollte Skinner klären, zu welchen Verhaltensformen es überhaupt kommen kann. Daher beendete er es auch mit einer Betrachtung der Mechanismen, die die moderne Gesellschaft zur Verhaltenskontrolle erfand – Staat und Gesetz, Religion, Schule, Psychotherapie, Ökonomie und Geld. Was er damit ausdrücken wollte, war, dass die Gesellschaft bereits über viele Systeme verfügt, die mit Belohnung und Strafe arbeiten und dabei mehr oder weniger gut funktionieren. In den sechziger und siebziger Jahren gerieten diese Theorien Skinners plötzlich sehr in Mode, und viele Kliniken übernahmen seine »Verhaltenstherapie« – sie behandelten Symptome, ohne auch nur einen Gedanken auf die zu Grunde liegenden Probleme zu verschwenden. Zum Beispiel wurde bei einem Patienten, der sich schmutzig fühlte und unter dem zwanghaften Drang litt, Handtücher zu sammeln, nun nicht mehr im Rahmen einer Therapie herauszufinden versucht, weshalb er sich »schmutzig« fühlte, andauernd wusch und deshalb Handtücher hortete; man behandelte ihn einfach nach dem Prinzip der Belohnungen (mit Essen), und zwar immer an Tagen, an denen er es geschafft hatte, keine Handtücher zu sammeln. Auch die spätere Entwicklung des computergestützten Lernens folgte insofern Skinners Theorien, als der Schüler für jede korrekte Antwort belohnt wurde und damit den Fortschritt und das Tempo des Unterrichts selbst festlegte.

Skinners am Verhalten orientierte Methode und sein Verständnis von der Natur des Menschen wurden von vielen als revolutionär betrachtet und sogar auf eine Stufe mit Darwin gestellt.[31] Seine Methode vernetzte Ryle und Wittgenstein zu einer Psychologie. So behauptete er beispielsweise, dass das Bewusstsein ein »soziales Produkt« sei, das sich aus den Interaktionen einer Sprachgemeinschaft herausbildet. Doch das Sprachverhalten, das Skinner dann in seinem 1957 veröffentlichten Buch *Verbal Behavior* vertrat, sollte sein professioneller Untergang sein.[32] Wie Ryle und Wittgenstein war auch ihm klar, dass seine Theorie über den Menschen, wenn sie denn überzeugen sollte, seine Sprache erklären musste, und genau das wollte er in diesem Buch tun. Kurz gefasst lässt sich seine Aussage auf den Nenner bringen, dass die »Sprachgemeinschaft« den »Ablauf von Verstärkungszusammenhängen« festlegt, unsere verbalen Äußerungen also selektiert und konditioniert, und dass dieses System im Laufe des Lebens unsere Sprachgewohnheiten bestimmt. Das Verstärkungssystem, von dem unser verbales Verhalten geprägt wird, bestimmt auch weitgehend unsere anderen Verhaltensweisen – unseren »Charakter« – und unser Selbstverständnis, unser Bewusstsein. Das heißt, das eigene Sprachverhalten ist abhängig davon, wie man sich auf den jeweiligen Außenkontakt bezieht, während der Erfolg des verbalen Verhaltens auch vom jeweiligen Zuhörer abhängt. Daraus folgt, dass sich die individuellen Verhaltensweisen im Laufe der Zeit immer stärker den gesellschaftlichen Standards anpassen. Da sich auch der Zuhörer auf den Redner einstellt, determiniere dieser, so Skinner, die Rede des Sprechenden ebenfalls. Aber das würde zugleich bedeuten, dass es keine zielgerichtete, vom eigenen Willen bestimmte Entscheidung gibt und damit auch keine Willensäußerung des Bewusstseins in Form einer Rede. Diese Vorstellung unterschied sich natürlich erheblich von den Ansichten Freuds oder dem traditionelleren metaphysischen Menschenbild, die immer von der Annahme ausgegangen waren, dass es sich hier um einen reziproken Prozess handelt und selbstverständlich auch immer etwas aus dem »Inneren« nach außen dringt. Zu Skinners Leidwesen griff 1959 Noam Chomsky in der Fachzeitschrift *Language* diese umstrittenen Thesen an und verriss Skinners Buch in einer berühmt gewordenen Rezension. Chomsky, damals einunddreißig Jahre alt, war in Pennsylvania als Sohn eines Talmud-Gelehrten aufgewachsen, der ihm schon früh ein Interesse an Sprache vermittelte. Sein Buch *Syntactic Structures* veröffentlichte Chomsky 1957, im Jahr, in dem auch Skinners Buch erschien, doch letztlich war es seine ätzende Kritik in *Language*, die die öffentliche Aufmerksamkeit auf den jungen Sprachforscher lenkte und die später so genannte Chomsky-Revolution in der Psychologie einleitete.[33]

Chomsky, inzwischen Professor am MIT, nur zwei U-Bahnstationen von Harvard entfernt, konterte, dass es im Gehirn universale, angeborene Grammatikstrukturen gebe. Mit anderen Worten, die Vernetzungen im Gehirn geben irgendwie die Grammatik der Sprachen vor. Viele seiner Erkenntnisse beruhten auf Studien mit Kindern in unterschiedlichen Ländern, denen zufolge normale Kinder, unabhängig von ihrer Herkunft, mit gleicher Geschwindigkeit, in der gleichen Reihenfolge komplexe Grammatiken entwickelten. Seine These war, dass Kleinkinder spontan und ohne entsprechende Anweisungen sprechen lernen können und nur die Sprache vom Umfeld, in dem sie aufwachsen, abhängig ist. Außerdem gehen sie außerordentlich kreativ mit Sprache um. Beispielsweise beginnen sie bereits früh, Sätze zu bilden, die noch durch keine Erfahrung geprägt sein konnten und daher ganz eindeutig nicht auf die Art erlernt worden waren, die Skinner und seine Mitstreiter propagierten.[34] Nach Chomsky hat die Sprache eine Grundstruktur, die wiederum zwei Ebenen besitzt: eine so genannte »Tiefenstruktur« (die Basis mit einer Reihe von einfachen Kernsätzen) und eine »Oberflächenstruktur« (die Transformationsregeln, durch die einfachere Strukturen in immer kompliziertere Sätze umgewandelt werden können). Erlernen wir zum Beispiel eine Fremdsprache, tun wir dies auf der Oberflächenstruktur. Ermöglicht wird uns dies, so Chomsky, dank der Tatsache, dass sich alle Sprachen in ihrer Tiefenstruktur ähneln. Wer deutsch oder holländisch spricht, ist es gewohnt, das Verb ans Ende eines Satzes zu stellen, was Engländer oder Franzosen nicht tun. Doch ob es nun um die deutsche, holländische, französische oder englische Sprache geht, alle *haben* Verben; Verben existieren in allen Sprachen und stehen immer in einem vergleichbaren Bezug zum Substantiv, Adjektiv und so weiter.[35] Chomskys Argumente waren nicht nur deshalb so revolutionär, weil sie sich gegen die behavioristische Orthodoxie richteten, sondern weil sie auch nahe legten, dass der Mensch durch noch unbekannte ererbte Strukturen im Gehirn zu Sprachbildung veranlagt und das Gehirn auf eine Weise vernetzt ist, die zumindest teilweise bestimmt, wie der Mensch die Welt erfährt.

Die Chomsky-Skinner-Affäre war nicht weniger persönlich als die Snow-Leavis-Affäre. Wie es heißt, soll Skinner Chomskys Kritik nie zu Ende gelesen haben, weil er zutiefst überzeugt war, dass dieser ihn völlig missverstanden hatte oder missverstehen wollte.[36] Reagiert hat er jedenfalls nie darauf. Nicht zuletzt dieser Zurückhaltung war es zu verdanken, dass Chomskys Kritik viel breitere Zustimmung fand als das kritisierte Buch von Skinner. Sein Einfluss begann zu schwinden. In Wirklichkeit hat Skinner nie abgestritten, dass ein Großteil des Verhaltens instinktiv ist; und letztlich war er immer nur an der Frage interessiert, wie Verhalten modifiziert werden kann. Unter diesen Gesichtspunkten galt er einer kleinen, aber einflussreichen Anhängerschaft auch nach wie vor als Vorreiter.

*

Welche Folgen Chomskys Kritik für Skinner auch gehabt haben mochte, Freud und der Psychoanalyse brachte sie jedenfalls nichts Gutes. In Manhattan zum Beispiel waren konventionelle Freudianer zwar nach wie vor begehrte Therapeuten, aber viele bekannte Psychoanalytiker begannen nun die Konzepte Freuds den empirisch belegten Erkenntnissen anzupassen und entsprechend zu verändern. Einer der einflussreichsten unter ihnen war John Bowlby.

1948 gab die Sozialkommission der Vereinten Nationen eine Studie über vernachlässigte Kinder in Auftrag. Nach dem Krieg hatte man festgestellt, dass eine große Zahl von Kindern in vielen Ländern auf Grund der Tatsache, dass die Väter im Krieg gefallen waren, keine richtige Familie mehr hatten. Die Weltgesundheitsorganisation WHO bot an, die psychologischen Aspekte dieses Umstands zu untersuchen. John Bowlby, ein britischer Psychiater und Psychoanalytiker, der während des Krieges Männer für die Offizierslaufbahn ausgewählt hatte, übernahm im Januar 1950 das WHO-Projekt und bereiste während des Winters und Frühlings Frankreich, Holland, Schweden, die Schweiz, Großbritannien und die Vereinigten Staaten, um sich mit Sozialarbeitern auszutauschen, die sich um vernachlässigte Kinder kümmerten. 1951 veröffentlichte er seinen berühmten Bericht *Maternal Care and Mental Health*. Offenbar hatte er einen Nerv getroffen, denn dieser Bericht veränderte unsere Einstellung zur Kindheit grundlegend.[37]

Vielen Menschen wurde damit erstmals klar, wie entscheidend die ersten Lebensmonate für die Entwicklung eines Menschen sind und wie wichtig insbesondere das Verhalten der Mutter für die Psyche des Kindes ist. Bowlby verwendete hier erstmals den Schlüsselbegriff »maternal deprivation« (»Mangel an mütterlicher Fürsorge«) als Beschreibung der häufigsten Ursache für pathologische Entwicklungen im Kindesalter, deren Folgen überall feststellbar waren. Ein Säugling ohne entsprechende mütterliche Fürsorge war »teilnahmslos, still, unglücklich und reagierte weder auf ein Lächeln noch auf zärtliche Worte«. Einem Kind mit solcher Vorgeschichte mangelt es in späteren Jahren mit großer Wahrscheinlichkeit an Intelligenz, in manchen Fällen grenzt dieser Mangel fast an Debilität.[38] Bowlby lenkte die öffentliche Aufmerksamkeit auch auf eine große Reihe von anderen Studien, die bewiesen hatten, dass den Opfern mangelnder mütterlicher Fürsorge im späteren Leben die Fähigkeit zum Aufbau von Beziehungen fehlt, ohne dass sie dies als Versagen empfinden. Lieblos aufgewachsene Kinder »bettelten um Zuneigung«, aber waren selbst »ohne Zuneigung«. Untersuchungen in Spanien während des Bürgerkriegs, in den USA oder bei Prostituierten in Kopenhagen hatten obendrein ergeben, dass straffällig gewordene Personen mit größerer Wahrscheinlichkeit aus kaputten Familien mit einem außerordentlichen Mangel an mütterlicher Fürsorge stammten als Personen, die nicht mit dem Gesetz in Konflikt geraten waren.[39] Diese grundlegenden Erkenntnisse zogen nun zweierlei nach sich: Auf der positiven Seite war zu verbuchen, dass Bowlby zweifellos der Beweis gelungen war, dass sogar eine schlechte Familie besser für ein Kind ist als eine gute Verwahranstalt. Damals war es in vielen Ländern Usus, ungewollte oder vernachlässigte Kinder in Anstalten unterzubringen, wo zumindest die Möglichkeit bestand, sie dem Standard entsprechend zu ernähren und ihnen ein sauberes Umfeld und eine medizinische Grundversorgung zu bieten. Nun aber war klar geworden, dass ein solches Umfeld für die Entwicklung nicht ausreicht, weil dort etwas fehlt, das für die psychische Gesundheit unabdingbar ist. Man könnte das mit der Erkenntnis aus dem neunzehnten Jahrhundert vergleichen, dass der Ernährungsplan, den man damals für obdachlose Kinder aufgestellt hatte, für die Entwicklung nicht ausreichte, da ihm sämtliche notwendigen Vitamine fehlten. Viele Länder begannen nach der Veröffentlichung dieses WHO-Berichts ihre Einstellung gegenüber vernachlässigten Kindern zu ändern: Eine Adoption wurde der Unterbringung im Waisenhaus vorgezogen; in den Krankenhäusern wurden langfristig kranke Kinder nicht mehr zwangsweise von den Eltern getrennt; junge Mütter, die eine Strafe abzusitzen hatten, durften ihre Babys ins Gefängnis mitnehmen. Das Arbeitsrecht beschränkte den Mutterschutz nicht mehr nur auf den Zeitpunkt der Entbindung, sondern auf die prägenden ersten Monate im Leben des Kindes. Generell wurde das Besondere der Mutter-Kind-Bindung auf einmal viel sensibler wahrgenommen.[40]

Weniger direkte positive Veränderungen zog der Teil des WHO-Berichts nach sich, der sich mit den Zusammenhängen zwischen einer Kindheit in einer gestörten Familie und einer späteren Straffälligkeit oder entsprechenden anderen Problemen befasste. Dabei wären Veränderungen in diesem Bereich vielleicht sogar noch wichtiger gewesen, denn wie sich erwiesen hatte, wurden Menschen aus »kaputten« Familien später oft selbst zu Problemeltern und damit zur Ursache dessen, was zuerst »serial deprivation« (»fortgesetzter Fürsorgemangel«) und später »cycle of deprivation« (»regelmäßiger Fürsorgemangel«) genannt wurde. Doch nicht alle Kinder, die unter Fürsorgemangel litten, wurden straffällig; und nicht alle straffälligen Kinder stammten aus kaputten Familien (aber die große Mehrheit). Die genauere Natur dieser Zusammenhänge sollte erst in späteren Jahren erforscht werden; doch in den fünfziger Jahren hatte man zumindest einmal entdeckt, *dass* es einen Zusammenhang zwischen kaputten Familien und Straffälligkeit gibt, wobei der mangelnden mütterlichen Fürsorge eine Schlüsselfunktion zukommt. Das gab zumindest Anlass zur Hoffnung, dass sich soziale Probleme in vielen westlichen Nachkriegsgesellschaften abbauen ließen.

Die eigentliche Bedeutung von Bowlbys Bericht lag jedoch darin, dass er ihm zwar ein im Wesentlichen Freudsches Konzept – die Bindung von Mutter und Kind – zu Grunde legte, dieses aber wissenschaftlich überprüfte, indem er objektive Verhaltenskriterien anlegte und sich nicht auf die inneren Funktionsweisen »des Geistes« konzentrierte. Als Psychoanalytiker war Bowlby von Freud auf die Fährte des Mutter-Kind-Schemas gebracht worden und hatte erkannt, wie notwendig diese Bindung für das Leben eines Menschen ist. Als Autor von *Maternal Care and Mental Health* gab er dann aber nur einen einzigen Hinweis auf Freud, und keinen einzigen auf das Unbewusste, das Ich, Es oder Über-Ich. Tatsächlich war Bowlby mindestens ebenso stark von Verhaltensstudien an Tieren beeinflusst worden, auch von solchen, die in den dreißiger Jahren im nationalsozialistischen Deutschland betrieben wurden. So trug auch Bowlbys Arbeit dazu bei, dass man den »Geist« zu Gunsten des Verhaltens zu vernachlässigen begann. Die Tatsache, dass er selbst Psychoanalytiker war, unterstrich, nur die Unangemessenheit der traditionellen Freudschen Konzepte.

*

Das psychologische Interesse am Studienobjekt Kind war schon seit den 1850er-Jahren in regelmäßigen Abständen aufgetaucht. Das amerikanische *Journal of Education Psychology* wurde 1910 gegründet und die ein Jahr später eröffnete Psycho-Clinic an der Universität Yale betrieb als eine der ersten systematische Forschungen mit Säuglingen. Doch richtig ernst genommen wurde die Kinderpsychologie erst kurz vor dem Ersten Weltkrieg in Wien, was teils an der Tatsache lag, dass die Ideen Freuds dort mittlerweile als sehr viel »respektabler« galten, zum Teil aber auch an den wesentlich kritischeren Zuständen, die zu dieser Zeit in Österreich herrschten und von denen Kinder besonders schwer betroffen waren. 1926 gab es vierzig verschiedene Institutionen, die sich mit der Entwicklung des Kindes befassten.

Der wahrscheinlich bedeutendste Kinderpsychologe des zwanzigsten Jahrhunderts war weniger von Freud als von Jung beeinflusst worden: der 1896 im Schweizer Neuchâtel (Neuenburg) geborene Jean Piaget. Schon als Junge leistete er Erstaunliches. Mit elf schrieb er eine wissenschaftliche Abhandlung über den Albino-Sperling und mit fünfzehn hatte er sich europaweit einen Namen mit seinen Arbeiten über Mollusken gemacht. Nach seiner Promotion in Naturwissenschaften an der Universität Neuenburg und einem Studiensemester in Zürich, wo er sich in den Seminaren von Eugen Bleuler – dem der Begriff »Schizophrenie« zu verdanken ist – und Carl Gustav Jung mit der Psychoanalyse auseinander setzte, ging er für ein Jahr nach Paris, um im Laboratoire Alfred Binet gemeinsam mit Théodore Simon die Entwicklung der Intelligenz zu studieren. Seine Aufgabe war, einen neuen, von dem Engländer Cyril Burt entwickelten Intelligenztest auszuprobieren, beispielsweise indem er Fragen wie diese stellte: »Jane ist gerechter als Sue; Sue ist gerechter als Ellen; wer ist gerechter, Jane oder Ellen?«[41] Burt interessierte sich ganz allgemein für die Entwicklung der Intelligenz; Piaget entwickelte anhand seines Tests jedoch eine ganz andere Theorie, die ihn weit berühmter und einflussreicher machen sollte, als es Burt jemals war. Zwei Annahmen lagen ihr zu Grunde: zum einen, dass Kinder buchstäblich unbeschriebene Blätter sind, ohne angeborene logische – intellektuelle – Fähigkeiten, die sie erst im Laufe ihres Heranwachsens erwerben müssten; zum anderen, dass ein Kind verschiedene Entwicklungsstadien durchläuft, in denen es lernt, logische Beziehungen zu begreifen und diese dann im Alltag umzusetzen. Seine Theorien entwickelte Piaget anhand von vielen Experimenten an dem 1955 von ihm gegründeten Centre International d'Epistémologie Génétique (die genetische Epistomologie befasst sich mit der Natur und den

Ursprüngen menschlichen Wissens).[42] Hier nur ein Experiment von vielen: Ein sechs Monate alter Säugling verfügt über das Geschick, nach Dingen zu greifen, sie aufzuheben und wieder fallen zu lassen. Wird ein solches Objekt jedoch unter einem Kissen versteckt, verliert das Baby sofort das Interesse daran, selbst wenn das Objekt noch in Reichweite ist. Piagets Erklärung dafür lautete nun, dass ein sechs Monate altes Kind keine Vorstellung davon habe, dass Objekte, die es nicht sehen kann, dennoch existieren. Im Alter von ungefähr neun Monaten habe es diese Schwierigkeit überwunden.[43]

Im Laufe der Jahre erforschte Piaget bei spielerischen Experimenten das wachsende Repertoire frühkindlicher Fähigkeiten und beschrieb es minuziös.[44] Dass diese Experimente genial erdacht waren, steht außer Frage; es waren vielmehr Piagets Interpretationen, die vielen Kritikern nur schwer akzeptabel schienen, vor allem seine Aussage, dass kein Kind von Geburt an über Logik verfüge und buchstäblich »mit der Welt kämpfen« müsse, um alle Begriffe zu erlernen, die nötig sind, um das Leben erfolgreich zu meistern.[45] Andere Kritiker fanden, dass Piaget nichts anderes getan habe, als den üblichen Reifungsprozess zu beobachten, welcher im Laufe der kindlichen Entwicklung gemäß den von Geburt an vorhandenen »Verdrahtungen« des Gehirns vor sich geht und, wie Chomsky erklärt hatte, von der jeweiligen Erbmasse des Kindes abhängt. »Logik«, sagten diese Kritiker, sei der Motor dieser Entwicklung, und nicht, wie Piaget behauptete, ihr Endprodukt.[46] In späteren Jahren wurde diese Debatte über »nature« und »nurture« – über Anlage und Umwelt und deren jeweilige Anteile am menschlichen Verhalten – immer heftiger geführt. Piaget spielte insofern eine wichtige Rolle dabei, als er sich Skinner und Bowlby anschloss, indem er das *Verhalten* zum zentralen Thema der Psychologie erklärte und die grundlegende Bedeutung der ersten Lebensjahre für die Entwicklung betonte. Somit trug auch Piaget dazu bei, den »Geist« auf einen hinteren Rang zu verbannen.

*

Noch eine Entwicklung in den fünfziger Jahren trug dazu bei, das traditionelle Konzept »Geist« zu diskreditieren – nämlich die Medikamente, die die Funktionsweisen des Gehirns beeinflussen. Ein »Geisteszustand« nach dem anderen stellte sich als physiologisch begründet heraus: der Kretinismus, die progressive Paralyse oder das Pellagra, eine Nervenstörung auf Grund von multipler Avitaminose. Sie alle hatten inzwischen eine biochemische oder physiologische Erklärung gefunden und sich, was natürlich das entscheidende Kriterium war, einer medikamentösen Behandlung als zugänglich erwiesen.[47]

Bis etwa 1950 hatte es keinerlei Hinweise gegeben, dass die »Hardcore«-Krankheitsbilder von Geistesgestörtheit (Schizophrenie und manisch-depressive Psychosen) physische Ursachen haben könnten. Anfang der Fünfzigerjahre wurden dann auch diese Krankheiten von den Naturwissenschaften unter die Lupe genommen, was dazu führte, dass sich drei verschiedene Forschungsrichtungen in einer kohärenten Erklärung trafen:[48] Die Neurologie entdeckte spezifische Botenstoffe, die für die Weiterleitung des Nervenimpulses von einer Zelle zur anderen verantwortlich sind. Das legte nahe, dass mit einer Modifikation dieser Stoffe diese Weiterleitung beschleunigt oder unterbunden werden kann und somit bestimmte Krankheitsbilder positiv beeinflusst werden können. Dann stellte man fest, dass die in den vierziger Jahren gegen Reiseübelkeit entwickelten Antihistamine den Nebeneffekt hatten, Patienten schläfrig zu machen – auch sie mussten also bestimmte Hirnfunktionen beeinflussen. Und schließlich wurde entdeckt, dass die indische Pflanze *Rauwolfia serpentia*, deren Extrakte im Westen gegen hohen Blutdruck eingesetzt wurden, in Indien auch zur Kontrolle von Übererregbarkeit und Manie verabreicht wurden.[49] Das indische Medikament hatte also die gleiche Wirkung wie ein Antihistamin. Seine aktivste Substanz, Promethazin, wurde unter den Namen Phenergan auf den Markt gebracht. Nach diversen Experimenten mit Pro-methazin-Varianten stieß der Franzose Henri Laboret schließlich auf eine Substanz, die unter der Bezeichnung Chlorpromazin in die pharmazeutische Geschichte einging, weil sie zu bemerkenswerter »Inaktivität oder Indifferenz« bei aufgeregten oder agitierten Patienten führte.[50] Chlorpromazin war der erste Tranquilizer.

Solche Tranquilizer funktionieren, indem sie Neurotransmitter wie Acetylcholin und Noradrenalin hemmen. Natürlich fragte man sich nun sofort, welche Effekte mit Substanzen von umgekehrter Wirkung erzielt werden könnten: Würden sie beispielsweise Depressionen lindern? Die noch immer einzige Behandlungsmethode gegen chronische Depressionen war die von vielen als brutal abgelehnte Elektroschocktherapie, obwohl sie durchaus Erfolge hatte. Sie basierte auf einem vermuteten Antagonismus zwischen Epilepsie und Schizophrenie, das heißt, die Verabreichung von Stromschlägen zur Erzeugung künstlicher »epileptischer« Anfälle musste dieser Annahme zufolge bei Schizophrenie hilfreich sein können. Der Durchbruch bei der neuen Forschung kam wieder einmal durch reinen Zufall zu Stande. Nachdem diverse Ärzte ihren Patienten das neue Medikament Isoniazid gegen Tuberkulose verabreicht hatten, stellten sie eine bemerkenswerte Verbesserung des Allgemeinzustands fest. Der Appetit der Patienten kehrte zurück, sie wurden ausgesprochen fröhlich und begannen zuzunehmen. Neurologen fanden dann schnell heraus, dass das Isoniazid und seine Verbindungen den Neurotransmittern im Gehirn, vor allem den Aminen, sehr ähnlich waren.[51] Diese Amine, das wusste man bereits, wurden durch eine Substanz namens Monoaminoxidase abgebaut. Konnte es also sein, dass die Effekte von Isoniazid hervorgerufen wurden, weil es die Monoaminoxidase hemmte und damit verhinderte, dass Neurotransmitter abgebaut wurden? Wie sich herausstellte, wirkten die Monoaminoxidasehemmer zwar sehr gut, hatten aber zu viele toxische Nebenwirkungen, um weiter verabreicht werden zu können. Kurz darauf wurde entdeckt, dass ein Verwandter des Chlorpromazin namens Imipramin ebenfalls die Wirkung eines Antidepressivums hatte und obendrein den Wunsch der Patienten nach sozialen Kontakten weckte.[52] Auch dieses Mittel wurde bald unter dem Markennamen Tofranil weltweit eingesetzt.

Die Erfolge mit diesen Substanzen stützten die Überzeugung, dass »der Geist« chemisch behandelbar sei, folglich kamen im Laufe der Fünfziger- und Sechzigerjahre unzählige Tranquilizer und Antidepressiva auf den Markt. Nicht alle halfen allen, und jedes Mittel hatte Nebeneffekte, doch davon einmal ganz abgesehen – und abgesehen auch von den Schwierigkeiten, die im Zusammenhang mit ihnen bis heute bestehen –, warf die Funktionalität dieser beiden Medikamentengruppen, die viel Leid linderten, grundlegend neue Fragen nach der Natur des Menschen auf. Denn sie bestätigten, dass psychische Zustände das Resultat von chemischen Zuständen im Gehirn sind. Und damit zogen sie das traditionelle metaphysische Konzept des Geistes ernsthaft in Zweifel.

*

Ronald D. Laings Theorien versuchten Freud und Sartre, die Psychoanalyse und den Existenzialismus auf einen Nenner zu bringen und widersprachen damit allem, was zu dieser Zeit in der Psychiatrie als etabliert galt. Doch wenn es so umstritten war, dass Laings Denkansatz jemals zur Genesung eines Patienten beitragen konnte – wieso wurde er dann zur Kultfigur?

Geprägt vom Kontext ihrer Zeit, konzentrierten sich Laing und David Cooper in Großbritannien oder Herbert Marcuse in den Vereinigten Staaten auf die *persönliche* Befreiung des Individuums in der Massengesellschaft, ganz im Gegensatz zur älteren marxistischen Idee der Befreiung einer *Klasse* durch die Revolution. Ob nun Gregory Bateson, Marcuse oder Laing, alle nahmen an, dass der Mensch im Konflikt mit der Industriegesellschaft lebte, dass sich die Gesellschaft und das Unbewusste in einem permanenten Krieg befänden und ein Schizophrener nur das sichtbarste Opfer dieses Krieges sei.[53] Der unerträgliche Druck, der auf der modernen Familie lastete, führte ihrer Ansicht nach zu dem berühmten *Doublebind:* Allmächtige Eltern befehlen ihren Kindern etwas und tun selbst das Gegenteil, mit dem Erfolg, dass die Kinder in einem ständigen Konflikt aufwachsen. Aufs Wesentliche reduziert behaupteten Laing und seine Gesinnungsgenossen also, dass die Gesellschaft verrückt und Schizophrenie nichts anderes ist als eine rationale Reaktion auf eine komplexe, verwirrende Welt. Schizophrenes Verhalten habe seine eigene Logik. Laing betrachtete die Familie – abgesehen von all ihren anderen Rollen – vor allem als Machtfaktor. Es gehöre daher zu den Aufgaben der Psychiatrie, das Individuum aus dieser Machtstruktur zu befreien. Diese Einstellung führte dann zu völlig neuen psychiatrischen Einrichtungen, in denen dann sogar die Machtstrukturen zwischen Psychiater und Patient abgeschafft wurden.

Doch dass Laing Anfang der sechziger Jahre zur Kultfigur wurde, lag nicht nur an seinem radikalen Denkansatz im Falle der Schizophrenie (Antipsychiatrie oder radikale Psychiatrie wurden dank ihm zu Schlagworten), sondern auch an seinem Umgang mit den Möglichkeiten der menschlichen Erfahrung.[54] Seit etwa 1960 nahm Laing ziemlich regelmäßig so genannte bewusstseinserweiternde Drogen wie LSD. Wie viele andere war auch er überzeugt, sich klinisch dank dieses »alternativen Bewusstseins« vom falschen Bewusstsein, das durch die »schizophrenogenen« Familien erzeugt worden sei, befreien zu können. Eine Zeit lang wirkte er sogar auf das britische Innenministerium so überzeugend, dass ihm die Genehmigung für Experimente mit LSD in seiner Londoner Praxis erteilt wurde (es wurde aus der Tschechoslowakei, wo es kommerziell hergestellt wurde, bezogen).[55] Im Laufe der Sechzigerjahre wurden Laing und Cooper schließlich von der Linken entdeckt. Die Zusammenhänge, die sie zwischen Psychiatrie und Politik herstellten, wirkten – zumindest in Großbritannien – neu und radikal, obwohl sie in Wahrheit auf die Lehren der Frankfurter Schule und deren erste Versuche zurückgingen, Marx und Freud zu verbinden. Aus diesem Grund konnte der Laing-Kult in den USA auch nie so um sich greifen wie der Marcuse-Kult.

Herbert Marcuse, 1960 zweiundsechzig Jahre alt, gehörte der Frankfurter Schule an und hatte wie Hannah Arendt bei Martin Heidegger und Edmund Husserl studiert. Wie Max Horkheimer und Theodor W. Adorno war auch er vor Hitler in die USA geflohen, doch im Gegensatz zu ihnen kehrte er nach Kriegsende nicht nach Deutschland zurück. Während des Krieges stellte er seine Sprachbegabung dem amerikanischen Geheimdienst zur Verfügung und blieb auch nach 1945 noch eine Weile in amerikanischen Staatsdiensten.[56] Seine einstige Begeisterung für den Marxismus war durch Stalin, Hitler und den Zweiten Weltkrieg radikal gedämpft worden. Seither, schrieb er, hätten ihn drei Dinge motiviert: erstens die Tatsache, dass der Marxismus den Aufstieg des Nazismus – das Auftauchen einer irrationalen, barbarischen Bewegung aus der kapitalistischen Gesellschaft – nicht vorausgesagt hatte; zweitens die Auswirkungen der Technik auf die Gesellschaft (in den USA insbesondere die Auswirkungen des »Fordismus« und »Taylorismus«); und drittens die Tatsache, dass in dem wohlhabenden Amerika noch immer so viele menschenfeindliche Ansichten und versteckte Widersprüche herrschten.[57] Marcuses Versuche, eine Annäherung zwischen Freud und Marx herzustellen, waren um einiges klüger als die von Erich Fromm oder Ronald D. Laing. Für Marcuse war klar, dass der Marxismus als Erklärung für die Conditio humana versagt hatte, weil er die individuelle Psychologie nicht in Rechnung stellte. In seinen Werken *Eros und Kultur* (1957) und *Der eindimensionale Mensch*[58] (1964) nahm er die konformistische Industriegesellschaft unter die Lupe, deren hoch technisierte materielle Güter er als Inbegriff des wissenschaftlichen Rationalismus ansah wie auch als Mittel, Konformität im Denken und Handeln zu wahren. Auch die Rolle der Ästhetik und Sinnlichkeit im Leben des Menschen definierte er neu. Die lohnendste Antwort, die das Individuum auf die Industriegesellschaft geben kann, war für ihn die Verweigerung (ein Echo von Sartres *l'homme revolté*). Die USA hielt er für eindimensional, weil sie keine alternativen Denk- und Handlungsweisen zuließen: »Weiterer Fortschritt würde den *Bruch* bedeuten... Er würde die Möglichkeit einer wesentlich neuen menschlichen Wirklichkeit eröffnen... die Vollendung der technologischen Wirklichkeit wäre nicht nur die Vorbedingung, sondern auch die rationale Grundlage, die technologische Wirklichkeit zu *transzendieren.*«[59] Dem gegenwärtig paralysierenden Zustand könne man sich nur durch die Betonung von Phantasie, Kunst und Natur verweigern, denn »je schreiender die Irrationalität der Gesellschaft wird, desto größer wird die Rationalität des Universums der Kunst«.[60] Die bereits katastrophalen Entwicklungen, die in den vergangenen Jahrzehnten in den konformistischen Gesellschaften stattgefunden hatten, die neuen Psychologien der Industrie- und Überflussgesellschaft, kombiniert mit all dem, was man als entmenschlichende Effekte der positivistischen Wissenschaft und Philosophie betrachtete, hatten sich Marcuses Meinung nach zu einer kriminell beschränkten, eindimensionalen Welt verbündet.[61]

Für viele gingen die Thesen von Laing und Marcuse Hand in Hand: Die Schizophrenen von Laing waren das natürliche Endprodukt von Marcuses eindimensionaler Gesellschaft, die Ausgestoßenen einer entmenschlichten Welt, die für ihren Nonkonformismus den Preis des Risikos zahlen mussten, verrückt zu werden. Das weckte Assoziationen an Thomas Mann und Franz Kafka und sogar an die Reden Hitlers, der den seiner Ansicht nach »entarteten« Künstlern mit Vernichtung gedroht hatte.

Anfang der sechziger Jahre erreichte die Baby-Boom-Generation Hochschulreife, und die Universitäten hatten plötzlich riesigen Zulauf. Auf dem Campus wirkten die Aussagen von Laing, Marcuse und all den anderen unwiderstehlich – natürlich nicht gerade im Sinne ihrer »klinischen« Anwendung. Riesman hatte festgestellt, dass es ein Charakteristikum von außengelenkten Persönlichkeiten war, das eigene konformistische Image zu verabscheuen. Die Popularität, die Laing und Marcuse gewannen, unterstrich das. Und damit war die Bühne für einen eher individuellen als politischen Umbruch bereitet. Die Sechzigerjahre konnten beginnen.

29

Manhattan Transfer

Am 11. Mai 1960, um halb sieben Uhr abends, stieg Ricardo Klement wie an jedem Arbeitstag aus dem Bus, mit dem er von der Mercedes-Benz-Fabrik in Suarez am Rande von Buenos Aires nach Hause fuhr. Im selben Moment wurde er von drei Männern gepackt, in weniger als einer Minute in einen bereitstehenden Wagen gezerrt und in ein »sicheres Haus« in einem Vorort gebracht. Nach seinem Namen gefragt, antwortete er ohne Zögern: »Ich bin Adolf Eichmann.« Dann fügte er hinzu: »Ich weiß, dass ich in den Händen der Israelis bin.« Der israelische Geheimdienst hatte »Klement« schon längere Zeit beobachtet und mit dieser Aktion die entschlossenen Bemühungen der jungen Nation gekrönt, alles zu tun, damit die Verbrechen des Zweiten Weltkriegs nicht vergessen oder vergeben würden. Nach seiner Gefangennahme wurde Eichmann neun Tage lang in Buenos Aires versteckt, bis man ihn unter strengster Geheimhaltung mit einer Maschine der ElAl nach Israel fliegen konnte. Am 23. Mai verkündete Ministerpräsident David Ben Gurion unter dem Jubel der Abgeordneten der Knesset, dass Eichmann an diesem Morgen israelischen Boden betreten habe. Elf Monate später wurde das Verfahren wegen des Verbrechens gegen das Judentum und die Menschlichkeit in fünfzehn Fällen – »gemeinsam mit anderen« – vor dem Jerusalemer Gerichtshof eröffnet.[1]

Unter den vielen Beobachtern der Verhandlungen befand sich als Berichterstatterin des *New Yorker* auch Hannah Arendt. Ihre Artikel und das Buch, das sie auf der Grundlage dieser Berichte anschließend schrieb, lösten einen Sturm der Entrüstung aus.[2] Vor allem empörte der Untertitel, den Arendt für ihr Buch *Eichmann in Jerusalem* gewählt hatte und der schon bald zu einem klassischen Zitat wurde: »Ein Bericht von der Banalität des Bösen«. Das zentrale Argument ihrer Analyse war, dass Eichmann den Juden zwar Ungeheuerliches angetan hatte oder für ungeheuerliche Taten verantwortlich war, dass er aber kein Ungeheuer im üblichen Sinne des Wortes gewesen sei. Denn kein Gericht in Israel – oder *irgendein* Gericht auf der Welt – hatte es je mit einer Person wie Eichmann zu tun gehabt, und seine Verbrechen waren in keinem Gesetzbuch vorgesehen. Es faszinierte Arendt, wie dieser Mann immer wieder »die ›positive Seite‹ seines Charakters hervorzukehren« verstand. Einmal drückte ihm der Polizeioffizier, der für sein Wohlergehen sorgen musste, Nabokovs *Lolita* in die Hand. »Nach zwei Tagen gab Eichmann das Buch mit offener Entrüstung seinem Wärter zurück: ›Das ist aber ein sehr unerfreuliches Buch‹.«[3] Gewissensbisse wegen seiner Verbrechen waren ihm, wie Arendt schilderte, während des Verfahrens jedoch nicht anzumerken. Obwohl er in ruhiger Verfassung seine Verbrechen gestand und obwohl er irgendwo in seinem tiefsten Inneren gewusst haben musste, dass er Unrecht getan hatte, *fühlte* er sich nicht schuldig. Er erklärte, dass niemand in seinem Umfeld jemals die Endlösung in Frage gestellt oder ihn verurteilt habe für das, was er tat. Er habe nur Befehle befolgt, und mehr gebe es dazu nicht zu sagen: »Die Nachkriegsauffassung von möglicher offener Befehlsverweigerung sei ein Märchen: ›Unter den damaligen Verhältnissen war ein solches Verhalten nicht möglich. Es hat sich ja auch niemand so verhalten‹; für ihn sei dergleichen ›undenkbar‹ gewesen.«[4] Im Übrigen habe er so manches nur getan, weil es seiner Karriere förderlich gewesen sei.

Dass Arendt mit ihrem Bericht so viel Empörung erntete, hatte zwei Gründe.[5] Erstens betonte sie, dass viele Juden in den Tod gegangen waren, ohne auch nur zu versuchen, sich zu wehren. Selbstverständlich interpretierte sie das nicht als Einverständnis, aber doch zumindest als die Bereitschaft, sich zu fügen. Zweitens fanden viele ihrer Kritiker, dass sie mit der Aussage, Eichmann sei kein Ungeheuer im üblichen Sinne gewesen, die Ungeheuerlichkeit und Singularität des Holocaust herabgewürdigt habe. Doch dieser Vorwurf entbehrte jeder Grundlage. Womöglich machte das Bild, das Arendt von Eichmann vermittelte – etwa wie er sich dauernd in Klischees flüchtete oder ständig lamentierte, weil das Verfahren so lange dauere, obwohl die Israelis doch über genügend Nachweise verfügten, um ihn gleich mehrfach zu hängen –, die Ungeheuerlichkeit seiner Taten noch augenfälliger. Aber Arendt schrieb nur, was und wie sie es wahrnahm, beispielsweise dass Eichmann »ruhig und gefasst in den Tod« ging, nachdem er um eine Flasche Rotwein gebeten, sie aber nur zur Hälfte ausgetrunken hatte; dass er den Beistand eines protestantischen Geistlichen ablehnte und dass er bis zum Schluss »ganz er selbst« geblieben sei, wovon die »makabre Komik« seiner letzten Worte unter dem Galgen »ein überzeugendes Zeugnis« ablegten. »In diesen letzten Minuten war es, als zöge Eichmann selbst … das Fazit von der furchtbaren *Banalität des Bösen*, vor der das Wort versagt und an der das Denken scheitert.«[6]

Trotz der heftigen ersten Reaktionen auf Arendts Buch wurde es zum Klassiker.[7] Und aus der Distanz betrachtet ist diese so unvergleichlich exakte Analyse für viele heute vielleicht auch leichter zu akzeptieren. Über einen Aspekt dieses Berichts wurde jedoch nie wirklich diskutiert, obwohl er wahrlich nicht unbedeutend war, nämlich dass Arendt ihn in englischer Sprache verfasste. Wie viele andere Emigranten aus der intellektuellen Szene war auch sie nach dem Krieg nicht nach Deutschland zurückgekehrt, zumindest nicht, um wieder dort zu leben. Die Massenflucht der Intelligenz in den dreißiger Jahren, bei der die meisten in den Vereinigten Staaten landeten, wirkte sich auf viele Berichte des amerikanischen Lebens der Nachkriegszeit aus und veränderte sie. Als *Eichmann in Jerusalem* zu Beginn der sechziger Jahre erschien, war bereits nicht mehr zu übersehen, dass die Immigranten ihre Spuren im gesamten Geistesleben der USA hinterlassen hatten, sei es in der Musik oder der Mathematik, in der Chemie oder Choreografie. Aber nirgendwo so unauslöschlich wie in den Bereichen der Psychoanalyse, Physik und Kunst.

*

Nach anfänglichem Zögern zeigten sich die USA weit empfänglicher für psychoanalytische Ideen als zum Beispiel Großbritannien, Frankreich oder Italien. In den Dreißigerjahren wurden psychoanalytische Institute in New York, Boston und Chicago gegründet, allerdings war die amerikanische Psychiatrie dieser Zeit ohnedies weniger organmedizinisch orientiert als ihre europäischen Gegenparts. Hinzu kam, dass Amerikaner seit jeher geduldiger mit ihren Kindern umgingen, was sie folglich auch aufgeschlossener machten für psychoanalytische Ideen, die die Kindheitserlebnisse und späteren Charakterstrukturen des erwachsenen Individuums untrennbar miteinander verknüpft sahen.

Schon bald nach dem Beginn der Emigration von Psychoanalytikern in die USA gründeten ihre amerikanischen Kollegen zu ihren Gunsten eine Hilfsorganisation. Insgesamt waren zwar nur wenige in die USA geflohen (nach einer Schätzung nur 190), aber sogar diesen Wenigen gelang es, großen Einfluss zu gewinnen: Von Karen Horney, Erich Fromm und Herbert Marcuse war bereits die Rede. Daneben gab es zum Beispiel noch Franz Alexander, Helene Deutsch, Karl Abraham, Ernst Simmel, Otto Fenichel, Theodor Reick oder Hanns Sachs, eines der sieben Mitglieder des »Geheimen Komitees«, das Freuds treueste Schüler und Anhänger 1912 gegründet hatten, um die Sache der Psychoanalyse gegen jede Kritik von außen zu verteidigen (Freud schenkte jedem von ihnen für ihre Treue einen Ring[8]). Dass die Psychoanalyse in den USA auf ein so förderliches Klima traf, hatte auch etwas damit zu tun, dass sich psychische Probleme während und nach dem Zweiten Weltkrieg dort so massiv gehäuft hatten. Nach offiziellen Zahlen waren zwischen 1942 und 1945 rund 1 850000 Männer wegen psychischer Probleme nicht eingezogen worden – das waren 38 Prozent aller, die abgelehnt wurden; und laut einer Erhebung vom 31. Dezember 1946 wurden 54 Prozent aller hospitalisierten Veteranen wegen neurologischer oder psychischer Störungen behandelt.

Zu den einflussreichsten der nach dem Zweiten Weltkrieg in die USA emigrierten Psychoanalytiker gehörten Erik Erikson und Bruno Bettelheim. Erikson – der Name klingt zwar dänisch, aber er stammte aus Norddeutschland – war der letzte Schüler Freuds in Wien gewesen. Nachdem er 1938 als knapp Einundzwanzigjähriger in die USA gekommen war, hatte er sich in einer Bostoner Psychiatrie zum Laienanalytiker ausbilden lassen (in den USA machte man sich viel weniger Sorgen um mangelnde akademische Grade bei Psychoanalytikern als in Europa) und anschließend die Theorie entwickelt, die er in seinem Buch *Childhood and Society* (1950) vorstellte. Jeder Erwachsene, schrieb Erikson, durchlebe eine »Identitätskrise«, und wie er mit ihr umgehe, bestimme seinen Charakter sehr viel mehr als irgendwelche Kindheitserlebnisse nach Freudschem Muster.[9] Nachdem die erste Generation der »außengelenkten« Jugendlichen der Überflussgesellschaft in den fünfziger und sechziger Jahren erwachsen geworden war, wurde diese Idee genauso populär wie Eriksons Ansicht, dass in Freuds Wien die Hysterie die verbreitetste Neurose gewesen sei, aber im Nachkriegsamerika der Narzissmus – worunter er die extensive Beschäftigung mit der eigenen Psyche verstand, in einer Welt, in der Religion für die meisten Menschen buchstäblich gestorben war.[10] Auch Bruno Bettelheim war Laienanalytiker. Da der ausgewiesene Kunstkenner in Wien nicht über Psychoanalyse promovieren könnte, für die er sich seit jeher interessierte, schrieb er eine Dissertation über Kant. Nach dem »Anschluss« Österreichs wurde er verhaftet, konnte nach einer Odyssee durch die KZs Dachau und Buchenwald aber freikommen und in die USA emigrieren. Der Bericht, den er über diese Erfahrungen unter dem Titel *Individual and Mass Behavior in Extreme Situations* schrieb, ging so unter die Haut, dass General Eisenhower ihn sogar zur Pflichtlektüre für die Angehörigen der Besatzungsarmee in Europa machte.[11] In der Nachkriegszeit wurde Bettelheim vor allem wegen seiner Methode berühmt, mit der er autistische Kinder behandelte und die er in dem Buch *Die Geburt des Selbst* darlegte.[12] Tatsächlich standen diese beiden Studien in einem engen Zusammenhang: Bettelheim hatte in den Konzentrationslagern miterlebt, wie sich Menschen am Leben erhielten, indem sie sich in einen »autistischen« Zustand flüchteten, und war deshalb zu der Überzeugung gelangt, dass man autistischen Kindern helfen könne, indem man bei ihnen sozusagen das Bedürfnis nach einer umgekehrten Flucht zu wecken versuchte.[13] Bettelheim selbst behauptete, zu 80 Prozent Erfolg mit seiner Methode gehabt zu haben, später allerdings sollte man diese Aussage wie auch seine Methode wieder in Zweifel ziehen.[14]

Die psychoanalytischen Lehren in den USA waren wesentlich optimistischer als in Europa, weil sie die Ansicht vertraten, dass es Maßnahmen gebe, die das Individuum in die Lage versetzten, sich selbst zu helfen und seine momentanen psychischen Probleme zu lösen. Diese Einstellung unterschied sich gewaltig von der in Europa gerade vorherrschenden Auffassung, dass letztlich immer die Gesellschaft individuelle Verhaltensstörungen hervorrufe und das Individuum seine Situation nicht verändern könne, solange die Gesellschaft sich nicht ändere.

*

Die Physik der Nachkriegszeit war durch zwei Ereignisse in zwei Lager gespalten worden. Erstens durch die Entwicklung der Wasserstoffbombe: Das Manhattan-Projekt war das Gemeinschaftswerk von englischen, dänischen, italienischen, amerikanischen und anderen Wissenschaftlern, wobei die USA nicht nur die Projektleitung, sondern praktisch auch die gesamte Finanzierung übernommen hatten. Angesichts dieser Vorgeschichte und der Tatsache, dass Deutschland und Österreich besetzt und Großbritannien, Frankreich und Italien von sechs Jahren Krieg auf ihrem Boden zu Grunde gerichtet worden waren, war es nicht weiter überraschend, dass nun auch niemand den USA diese Führungsrolle streitig gemachte. Von Göttingen hatte man sich abgewandt; Kopenhagen war gezwungen gewesen, seinen Rang als Zentrum für Forscher aus aller Welt abzugeben; die Gemeinde des Cavendish-Labor im englischen Cambridge war in alle Winde zerstreut, und das Labor selbst hatte seinen Schwerpunkt auf Molekularbiologie verlagert (was sich später als ein sehr sinnvolles Manöver herausstellen sollte). In den ersten beiden Nachkriegsjahrzehnten war vier Atomphysikern, die in die USA emigriert waren, der Nobelpreis zuerkannt worden – 1952 Felix Bloch, 1959 Emilio Segrè und 1963 Maria Mayer und Eugene Wigner –, was ebenfalls enorm zum Prestige der amerikanischen Naturwissenschaften beitrug. Auch ein im Rahmen des US-Atomenergiegesetzes von 1954 ins Leben gerufener Preis – bald nach seinem ersten Gewinner Enrico Fermi benannt – ging 1963 an fünf Immigranten: abgesehen von Fermi an John von Neumann, Eugene Wigner, Hans Bethe und Edward Teller (neben den drei Amerikanern Ernest Lawrence, Glenn Seaborg und Robert Oppenheimer). Sie alle waren der lebende Beweis für die Vorherrschaft der amerikanischen Physik.

Viele dieser Männer (und einige der wenigen Frauen) nutzten ihre prominenten Namen, um sich im »Movement of Atomic Scientists« zu engagieren, das es sich zum Ziel gesetzt hatte, die Öffentlichkeit über die Gefahren des Atomzeitalters aufzuklären und zu diesem Zweck eigens das *Bulletin of the Atomic Scientists* gegründet hatten. Sein Logo wurde weltberühmt: eine Uhr, deren großer Zeiger jeweils so viele Minuten vor Zwölf anzeigte, wie die Welt nach Meinung dieser Wissenschaftler noch von der Apokalypse entfernt war. Doch während Physiker wie Oppenheimer, Fermi und Bethe das Manhattan-Projekt nach dem Krieg verlassen hatten, weil sie es vorzogen, in Friedenszeiten nicht an der Produktion von Massenvernichtungswaffen mitzuarbeiten, hatte zum Beispiel Edward Teller nie das Interesse an der Wasserstoffbombe verloren, seit Fermi während eines Mittagessens im Jahr 1942 einmal die Frage gestellt hatte, ob die Explosion einer Atombombe eine den thermonuklearen Reaktionen der Sonne vergleichbare Reaktion auslösen würde. Als dann im September 1949 die Nachricht eintraf, dass die Russen ihre eigene Bombe erfolgreich getestet hatten, begannen Physiker allerorten ihr Gewissen zu erforschen. Die US-Atomenergiekommission fragte ihr von Oppenheimer geführtes Beraterkomitee, wie man nun weiter vorgehen wolle; und dieses Komitee entschied dann einstimmig, dass die Vereinigten Staaten auf diesem Gebiet keinesfalls die Initiative übernehmen sollten. Doch das konnte die folgenden heftigen Auseinandersetzungen nicht verhindern. Fermi, der sich vom Saulus zum Paulus gewandelt hatte, fand, dass die neue Bombe weltweit geächtet werden müsse, noch bevor sie entstehen konnte, konzedierte aber, dass in der herrschenden Stimmung des Kalten Krieges eine solche generelle Vereinbarung vermutlich niemals zu Stande kommen werde und man »angesichts dieser Fakten mit großem Bedauern weiterforschen« müsse.[15] Man rang noch immer verzweifelt um eine klare Entscheidung, als im Januar 1950 Klaus Fuchs in Großbritannien gestand, während seiner Zeit in Los Alamos Informationen an kommunistische Agenten weitergegeben zu haben. Vier Tage nach diesem Geständnis nahm Präsident Truman den Wissenschaftlern die Entscheidung ab und gab sein Plazet für das amerikanische H-Bomben-Projekt.

Allen war klar, dass das Wesentliche bei einer flüssigen Wasserstoffbombe darin bestand, dass die Explosion nicht durch die Spaltung von schweren, sondern vielmehr von leichten Atomkernen (Tritium und Deuterium) ausgelöst würde, dass durch die Verschmelzung von Deuteriumkernen Temperaturen entstünden, die bislang auf der Erde undenkbar waren, und eine ungeheure Bindungsenergie freigesetzt würde. Erste Berechnungen hatten ergeben, dass eine solche Bombe zu einer Explosion mit dem Äquivalent von 100 Millionen Tonnen TNT führen und im Umkreis von 5000 Quadratkilometern alles zerstören würde (die während des gesamten Zweiten Weltkriegs verbrauchte Menge an Explosivstoffen betrug 3 Millionen Tonnen).[16] Die erste H-Bombe der Welt wurde schließlich am 1. November 1952 auf der kleinen Pazifikinsel Elugelab getestet. Beobachter sahen noch aus einer Entfernung von rund 60 Kilometern, wie sich Millionen Gallonen von Meerwasser in einer gigantischen Blase in Dampf verwandelten und sich der Feuerball über acht Kilometer ausdehnte. Als alles vorbei war, war die Insel Elugelab verschwunden. Sie hatte sich in Dampf aufgelöst. Die Bombe hatte das Äquivalent von 10,4 Millionen Tonnen TNT, das *Eintausendfache* der Bombe, die über Hiroshima abgeworfen worden war. Edward Teller schickte ein verschlüsseltes Telegramm an einen Kollegen: »It's a boy.« Diese Metapher entbehrte nicht einer gewissen Ironie, denn wie sich herausstellen sollte, testeten die Sowjets genau neun Monate später ihre eigene H-Bombe.[17]

*

Die meisten Physiker wollten nach dem Ende des Zweiten Weltkriegs nichts anderes als zu ihrer »normalen« Arbeit zurückkehren. Was genau man unter normaler Arbeit zu verstehen hatte, wurde bei zwei großen Physikerkongressen festgelegt, die im Juni 1947 auf Shelter Island, vor der Küste von Long Island in der Nähe von New York, und 1956 in Rochester, im Staate New York, stattfanden.

Der Höhepunkt der Konferenz auf Shelter Island war ein Bericht von Willis Lamb. Er hatte etwas beobachtet, was es eigentlich gar nicht geben konnte, sofern Paul Diracs Gleichungen über die Relativität und Quantenmechanik korrekt waren, nämlich geringe Varianzen im Feinstrukturspektrum des Wasserstoffatoms. Diese »Lamb-Verschiebung«, – die, wie Naturwissenschaftler rühmen, bislang exakteste Vorhersage der theoretischen Physik – ermöglichte schließlich Hochpräzisionsmessung und diverse Korrekturen im Bereich der Quantenelektrodynamik (QED).[18] Noch im Jahr der Konferenz begannen mathematische und physikalische Kosmologen und Astronomen die kosmische Strahlung zu erforschen, die aus dem Universum auf die Erde trifft. Sie entdeckten dabei weitere subatomare Teilchen, die sich nicht exakt so verhielten, wie vorausgesagt worden war – sie zerfielen zum Beispiel langsamer, als sie es sämtlichen Berechnungen nach eigentlich tun sollten. Genau diese Anomalie läutete dann die Phase der Teilchenphysik ein, von der die ganze zweite Hälfte des zwanzigsten Jahrhunderts beherrscht wurde, ein Amalgam aus Physik, Mathematik, Chemie, Astronomie und, auch wenn das seltsam klingen mag, Geschichte. Ihm sind zwei große Errungenschaften zu verdanken, nämlich erstens unser heutiges Verständnis von der Entstehung des Universums und der Reihenfolge, in welcher die Elemente entstanden; und zweitens die systematische Klassifikation von noch elementareren Teilchen als Elektronen, Protonen und Neutronen.

Wer sich mit Elementarteilchen befasst, findet sich schnell an den Anfang des Universums zurückversetzt. Die »Urknall«-Theorie über den Beginn des Universums tauchte erstmals in den zwanziger Jahren mit den Arbeiten von Georges Lemaître und Edwin Hubble auf. Nach der Konferenz auf Shelter Island im Jahr 1948 veröffentlichten dann die beiden nach Großbritannien emigrierten Österreicher Herman Bondi und Thomas Gold gemeinsam mit dem Cambridger Professor Fred Hoyle die rivalisierende *Steady-state*-Theorie, die von einem unendlichen Universum ausging, in dem unter bestimmten Energiebedingungen ständig neue Materie gebildet wird, wobei sich die Galaxiendichte aber nie verändert. Außer einigen Wenigen nahm niemand diese Theorie ernst, vor allem da George

Gamow, ein Russe, der in den dreißiger Jahren in die USA geflohen war, noch im selben Jahr neue Berechnungen vorstellte, die erklärten, wie atomare Interaktionen in jenen ersten Momenten des Feuerballs, der das expandierende Universum hervorbrachte, Wasserstoff in Helium verwandelt haben könnten. Damit erklärte sich auch der prozentuale Anteil dieser Elemente in sehr alten Sternen. Gamow war es auch, der als Erster postulierte, dass Nachweise für diese Initialzündung in Form von sehr niedrigfrequenter Hintergrundstrahlung überall im Universum aufzuspüren sein müssten.[19]

Gamows Theorien, vor allem seine Aussagen über das »Leben der Sterne«, verlagerten das Interesse der Physiker nun massiv auf die »Nukleosynthese« – auf die Fragen, wie sich schwerere Elemente aus dem leichtesten Element Wasserstoff aufbauen und welche Rolle die bekannten Elementarteilchen dabei spielen. Hier war nun der Punkt erreicht, an dem die kosmische Strahlenforschung gefragt war. Fast keines der seit dem Zweiten Weltkrieg entdeckten neuen Teilchen existiert in der Natur auf der Erde, daher kann man sie auch nur studieren, indem man sie in einem Teilchenbeschleuniger oder Zyklotron bei der Kollision mit anderen Teilchen entstehen lässt. Aber das hieß, dass man sehr große und sehr teure Anlagen bauen musste; und das war einer der Gründe, weshalb »Big Science« in den USA am besten gedeihen konnte. Denn fortan war man auf diesem Gebiet nicht nur intellektuell an der Spitze, sondern verfügte auch über genügend Ehrgeiz und finanzielle Mittel, um solche ambitionierten Projekte bezahlen zu können. Hunderte von Teilchen wurden im Jahrzehnt nach der Shelter-Island-Konferenz entdeckt, doch drei heben sich von allen anderen ab – nämlich diejenigen, die sich nicht so verhielten, wie sie es nach älteren Theorien eigentlich mussten. 1953 wurden sie von Murray Gell-Mann am Caltech *Strange* getauft (das früheste Beispiel für das unter Physikern beliebte Spiel, physikalischen Körpern schräge Namen zu verpassen).[20] Die unterschiedlichen Aspekte ihrer Seltsamkeit (»strangeness«) wurden dann bereits beim zweiten Physikerkongress 1956 in Rochester unter die Lupe genommen, aber auf einen Nenner brachte sie erst 1961 Gell-Mann mit einem Teilchen-Klassifikationsschema, das ein wenig an die Periodentabelle erinnert und von Gell-Man getreu dem Usus, phantasievolle Namen zu erfinden, *The Eight-Fold Way* genannt wurde (welcher auf reiner Mathematik, aber nicht Beobachtung beruht). 1964 stellte Gell-Man dann beinahe zeitgleich mit George Zweigs »Ace« seinen neuen Begriff »Quark« vor, einen noch elementareren Baustein als das Elektron, nämlich dasjenige Elementarteilchen, aus dem sämtliche bekannte Materie besteht (Zweigs Bezeichnung »Aces« für diese Teilchen konnte sich gegen die »Quarks« nicht durchsetzen). Ihre Existenz wurde 1977 experimentell nachgewiesen. Es gibt sechs verschiedene »Flavours« von Quarks, die mit völlig willkürlichen Namen wie *Up* und *Down* oder *Charm* bedacht wurden.[21] Eine ihrer erstaunlichsten Eigenschaften ist ihre elektrische Ladung – nicht die Tatsache, *dass* sie Ladungen tragen, sondern dass es sich dabei um »Drittelladungen« handelt. Das heißt, Quarks tragen entweder die Ladung +⅔ oder –⅓ und Antiquarks folglich –⅔ oder +⅓. Dieses Teilladungsprinzip war deshalb von so großer Bedeutung, weil es bewies, dass Bausteine der Materie immer *noch* kleiner sein können. Nach heutigem Wissensstand setzt sich Materie aus zwei Grundfamilien zusammen – aus *Baryonen*, den relativ schweren Protonen und Neutronen, die sich in Quarks spalten lassen; und aus *Leptonen*, die aus den wesentlich leichteren Elektronen und Neutrinos bestehen und sich *nicht* in Quarks spalten lassen[22]. Ein Proton zum Beispiel setzt sich aus zwei *Up*-Quarks und einem *Down*-Quark zusammen, wohingegen ein Neutron aus zwei *Down*-Quarks und einem *Up*-Quark besteht. Für Nichtphysiker mag das ziemlich verwirrend sein, darum sei hier noch einmal an das Wesentliche erinnert, nämlich dass man bis heute keine anderen natürlicherweise auf der Erde vorkommenden Elementarteilchen gefunden hat als bereits 1932: das Elektron, das Proton und das Neutron. Alle anderen finden sich entweder in der kosmischen Strahlung, die uns aus dem Universum erreicht, oder sie entstehen unter künstlichen Bedingungen im Teilchenbeschleuniger.[23]

Das große Ziel der Physiker war und ist, alle diese Erkenntnisse in einer einzigen Weltformel zu vereinen, die aus zwei Elementen bestehen müsste: Sie müsste die Evolution des Universums, die Erschaffung der Elemente und ihre Verteilung unter den Planeten und Sternen beschreiben, aber auch die Entstehung von Kohlenstoff erklären, welcher das uns bekannte Leben erst ermöglicht hat; und sie müsste die grundlegenden Kräfte erklären, die es der Materie erlauben, sich so zu gestalten, wie sie sich gestaltet. In summa: Außer Gott müsste sie praktisch alles erklären.

*

An einem Sommertag 1960 in New York traf der Kinderbuchillustrator Leonard Kessler zufällig Andy Warhol, den er aus dem College kannte, als dieser gerade aus einem Laden für Malerbedarf trat. Kessler starrte ihn an.

»Andy! Was machst du denn hier?«

»Ich fang' gerade mit Pop Art an«, erwiderte Warhol.

Dazu fiel Kessler nur ein: »Warum?«

»Weil ich den abstrakten Expressionismus hasse. Ich hasse ihn!«[24]

Ist es wirklich so, dass neue Strömungen in der Kunst in ganz bestimmten Momenten beginnen? Vielleicht war das ja so bei der Pop Art, die nicht nur die Kunst, sondern auch die Rolle des Künstlers vollständig verändern sollte – eine Metamorphose, die nicht weniger bezeichnend war für das herrschende Denken im späten zwanzigsten Jahrhundert als alle anderen wichtigen Strömungen. Allerdings, wenn Andy Warhol sagte, dass er die abstrakten Expressionisten hasste, dann zeigte das auch, wie eifersüchtig er auf ihre Erfolge in den sechziger Jahren war. New York hatte Paris inzwischen als avantgardistisches Zentrum abgelöst. Und Warhol sollte einiges dazu beitragen, damit man unter Avantgarde etwas ganz Neues verstand.

Die Ausstellung *Artists in Exile*, die 1943 in der Pierre Matisse Gallery stattgefunden hatte, brachte den Amerikanern die Werke von Fernand Léger, Piet Mondrian, Marc Chagall, Max Ernst, André Breton, André Masson und vieler anderer europäischer Künstler nahe. Aber sie hatte auch großen Einfluss auf amerikanische Künstler.[25] Allerdings wäre es sicher falsch, zu behaupten, dass diese Ausstellung den Kurs der amerikanischen Malerei verändert habe – sie beschleunigte nur einen Prozess, der ohnedies bereits begonnen hatte. Die so genannten abstrakten Expressionisten (dieser Begriff tauchte erst Ende der vierziger Jahre auf) – Jackson Pollock, Mark Rothko, Arshile Gorky, Clyfford Still und Robert Motherwell – hatten alle in den dreißiger Jahren begonnen und waren allesamt fasziniert von der Psychoanalyse und deren Einwirkungen auf die Kunst, allerdings mehr von den Theorien Jungs als von den Ideen Freuds (Pollock hatte sich zwei Jahre lang einer Jungschen Analyse unterzogen). Vor allem gefielen ihnen Jungs Theorien über die Archetypen und das kollektive Unbewusste, was sie auch zu beharrlichen Anhängern (einige aber auch zu Kritikern) des Surrealismus machte. Ihre Stile hatten sich in den Jahren der Weltwirtschaftskrise entwickelt, in einer Welt also, die Künstler mehr oder weniger überging, weshalb viele von ihnen bittere Armut kennen gelernt hatten. Das trug wiederum einiges zum zweiten Charakteristikum der abstrakten Expressionisten bei, nämlich zum Selbstverständnis des Künstlers als sozialen Rebell, dessen größter Feind die Massenkultur war, die sich in den dreißiger Jahren in vielen Gewändern gezeigt hatte (Radio, Tonfilm, *Time* und andere Zeitschriften). Mit anderen Worten: Die abstrakten Expressionisten waren geradezu die geborene Avantgarde.[26]

Zwischen der Armory Show und dem Zweiten Weltkrieg waren vor allem dank Alfred Barr vom New Yorker Museum of Modern Art ständig Ausstellungen europäischer Kunst in die USA gekommen. Barr war es auch gewesen, der 1929 die Ausstellungen über Cézanne, Van Gogh, Seurat und Gaugin zur Eröffnung des MoMA organisiert und eine Menge zu den Ausstellungen über die internationale Moderne (1934) und das Bauhaus (1937) beigetragen hatte.[27] Aber erst in den Jahren zwischen 1935 und 1945 nahmen die Amerikaner dank der eingewanderten Psychoanalytiker auch die psychoanalytischen Einflüsse auf die Kunst wahr. Psychoanalyse war zum Beispiel ein wesentliches Element in den Choreografien von Martha Graham und Merce Cunningham bei den Aufführungen *Dark Meadow* und *Deaths and Entrances*, wo frühe Mythen (der amerikanischen Ureinwohner) mit Jungschen Ideen verknüpft wurden. Während des Krieges widmeten sich auch erstmals ganze Kunstausstellungen der Psychoanalyse. Jackson Pollocks Ausstellung im November 1943 im Guggenheim-Museum machte den Anfang, im März 1945 folgte Arshile Gorkys Ausstellung in der Galerie von Julien Levy, für deren Katalog André Breton das Vorwort schrieb.[28] So betrachtet kommt den abstrakten Expressionisten noch mehr Bedeutung zu – sie waren nicht nur die erste einflussreiche avantgardistische Bewegung der USA, sondern verursachten, wie die Kritiker Issac Rosenfeld und Theodore Solotaroff einmal schrieben, eine geradezu »seismische Verwerfung« in der Malerei. Infolge der Weltwirtschaftskrise und des Krieges seien die Künstler »von Marx zu Freud« übergelaufen; ihr Motto lautete nun nicht mehr »Verändert die Welt!« sondern »Passt euch der Welt an!«[29]

Genau das war es, was die abstrakten Expressionisten zum Dreh- und Angelpunkt machte. Sie selbst betrachteten sich vermutlich als Avantgarde (jedenfalls bis zum Ende des Krieges), und einige von ihnen, wie Willem de Kooning, haben den Schmeicheleien von Mäzenen und Kunsthändlern tatsächlich widerstanden und nur gemalt, was und wie sie wollten. Aber das war der springende Punkt – was die Künstler wollten, das hatte sich verändert. Jede Kritik in ihren Werken war eine rein persönliche Innenschau geworden und kein nach außen gerichtetes und die Gesellschaft bezeichnendes Psychogramm mehr. Es bewahrheitete sich wieder einmal, was Paul Klee 1915 festgestellt hatte: Je Furcht erregender die Welt, desto abstrakter die Kunst. Es ist schon bemerkenswert, dass sich die Kunst just am Beginn des Kalten Krieges, als die Welt angesichts zweier bereits abgeworfener Atombomben und einer getesteten H-Bombe in nie gekanntem Ausmaß bedroht war, ganz auf sich selbst konzentrierte und jede Aussage über Gesellschaft und Politik vermied. Stattdessen konzentrierte sie sich auf jenen Aspekt des Ich – auf das Unbewusste –, über den wir per definitionem nichts wissen oder nur indirekt, unter großen Schwierigkeiten und bestenfalls peu à peu, etwas erfahren können. Diesem Thema widmete sich auch Diana Crane in ihrem Buch *Transformation of the Avant-Garde*, das nicht nur eine Chronik des aufstrebenden New Yorker Kunstmarkts (90 Galerien 1949, 197 im Jahr 1965) war, sondern auch das veränderte Ansehen von Künstlern und deren gewandeltes Selbstverständnis dokumentierte. Die Avantgarde der Moderne hatte sich als Rebellion verstanden und sich der neuen Techniken und Erkenntnisse der Naturwissenschaften bedient, um das Bürgertum aufzurütteln und zu provozieren. Damit hatte sie zur Veränderung einer ganzen Gesellschaftsschicht beigetragen. Was nun aber in den sechziger Jahren geschah, lässt sich vielleicht am besten mit den Worten des Kritikers Harold Rosenberg beschreiben: »Statt Rebellion, Verzweiflung und Hemmungslosigkeit zum Ausdruck zu bringen, normalisierte sich die Malerei und verwandelte die Berufung zum Maler in einen gesellschaftsfähigen Beruf.«[30]

Clyfford Still formulierte es noch schärfer: »Ich bin nicht daran interessiert, mein Zeitalter zu illustrieren … dieses Zeitalter gehört den Wissenschaften – den Mechanismen – von Gewalt und Tod. Ich sehe keinen Sinn darin, seiner ungeheuren Arroganz auch noch mit einer malerischen Hommage Vorschub zu leisten.«[31] Infolgedessen wurde immer wieder kritisiert, dass es den abstrakten Expressionisten an expliziter Bedeutung oder impliziter Sozialkritik mangele. Es war der Beginn einer sehr dauerhaften Veränderung.

Das ultimative Beispiel dafür war die Pop Art. Sowohl für Clement Greenberg als auch für die Kritiker der Frankfurter Schule stand sie im grundlegenden Widerspruch zur traditionellen Rolle der Avantgarde. Kaum ein Vertreter der Pop Art hatte je in dem Maße Armut erlebt wie die abstrakten Expressionisten. Frank Stellas Vater zum Beispiel war der ziemlich erfolgreiche Joseph Stella, und der aus einer Immigrantenfamilie stammende Andy Warhol verdiente Mitte der fünfziger Jahre mit seiner Arbeit für die Werbung bereits 50000 Dollar jährlich. Wogegen sollte er – oder irgend einer von ihnen – da noch rebellieren?[32] Das entscheidende Merkmal von Pop Art war, dass sie die populäre Kultur und den Lebensstil der Mittelschichten *feierte*, nicht kritisierte. Sämtliche Vertreter der Pop Art – Robert Rauschenberg, Jasper Johns, James Rosenquist, Claes Oldenburg, Roy Lichtenstein und Warhol – übernahmen die Bilder, die die Massenkultur in der Werbung, in den Comics und im Fernsehen von sich selbst gab.

Die beginnenden Sechzigerjahre waren vor allem Warhols große Zeit. Robert Hughes schrieb einmal, dass Warhol mehr als jeder andere Maler dazu beigetragen habe, »die Kunstwelt in ein Kunstgeschäft zu verwandeln«.[33] Ein paar Jahre lang, bevor er sich selbst zu langweilen begann, gelang es Warhol, mit seiner Kunst (oder sollte man von einem Werk sprechen?), die Massenkultur zugleich zu dekuvrieren und zu feiern. Warhol hatte begriffen, dass es bei der populären Kultur – womit eher die audiovisuelle Kultur als die Welt der Bücher gemeint war – im Wesentlichen um Wiederholung und nicht um Innovation ging. Er liebte das Banale, die immer gleichen Bilder der Massenproduktion; zugleich trat er das Erbe von Marcel Duchamp an, indem auch er realisierte, dass bestimmte Dinge, etwa ein elektrischer Stuhl oder eine Suppendose, ihre Bedeutung verändern, wenn man sie als »Kunst« präsentiert. Diese neue Ästhetik wurde von dem Maler Jedd Garet einmal mit den Worten zusammengefasst: »Ich fühle mich nicht zu einer Vision verpflichtet. Ich glaube nicht, dass das von irgendeiner Bedeutung ist. Wenn ich lese, was Künstler früher und vor allem vor den beiden Kriegen geschrieben haben, finde ich das eher komisch und lächerlich: dieses Vergeistigte, dieser Drang, Kultur zu verändern. Es ist möglich, Kultur zu verändern, aber ich glaube nicht, dass Kunst das Mittel ist, mit dem man das versuchen sollte oder mit dem man bedeutende Veränderungen erreichen kann, außer vielleicht visuell ... Die Kunst unseres Zeitalters kann einfach nicht mehr so weltbewegend sein ... Welche bildliche Aussage du auch machst, zuerst wird sie vom Mode- und Möbeldesign übernommen, dann wird sie zum Massenprodukt, und am Ende findest du vielleicht eine Zapfsäule, die anders aussieht, weil du sie einmal so gemalt hast. Aber damit hat der Künstler nichts zu tun ... Ständig tauchen neue rigide Vorstellungen von der hohen Schule der Kunst auf. Da ist die Tatsache, dass Mode in die Kunst hineinspielt und umgekehrt, eigentlich eine wunderbare Entwicklung. Mode und Kunst sind sich viel näher gekommen. Das ist gar keine schlechte Sache.«[34]

Seit Beginn der Pop Art boten sogar die Künstler, die als abstrakte Expressionisten begannen, keine »alternativen Visionen« mehr an oder machten es sich zur Aufgabe, solche Visionen anzubieten. Stattdessen ordneten sie sich den konkurrierenden Lebensstilen und Ideologien unter, aus denen sich die außengelenkte Überflussgesellschaft der Gegenwart zusammensetzt. So gesehen war es durchaus angemessen, dass die Preise für Warhols Bilder von durchschnittlich 200 Dollar auf 15 000 Dollar anstiegen, nachdem er 1968 in seiner »Factory« am Union Square von einer feministischen Schauspielerin angeschossen worden war und überlebte, obwohl er bereits für klinisch tot erklärt worden war. Von diesem Moment an war der Preis eines Kunstwerks nicht weniger wichtig als das, was es darstellte.

Ebenso charakteristisch für die amerikanische und vor allem die in Manhattan produzierte Kunst dieser Zeit waren die Verbindungen zwischen Malerei, Dichtung, Tanz und Musik. Wie David Lehman schrieb, war die avantgardistische Idee als solche inzwischen nach Amerika emigriert, und zwar sicher nicht nur in der Malerei, wie bereits der Titel *The Last Avant-Garde* seines Buches über die gefeierte New Yorker Dichterschule in den frühen fünfziger Jahren suggerierte.[35] Alle Dichter dieser Schule suchten einen experimentellen Weg vom ancien régime eines Eliot über die Beat-Generation bis hin zur neuen Kultur eines John Ashbery, Frank O'Hara, Kenneth Koch und James Schuyler und standen den abstrakten Realisten wie de Kooning, Jane Freilicher, Fairfield Porter und Larry Rivers nahe. Ashbery war obendrein stark von dem Komponisten John Cage beeinflusst, während Cage selbst mit Malern wie Robert Rauschenberg und Jasper Johns oder Choreografen wie Merce Cunningham zusammenarbeitete.

Mitte des zwanzigsten Jahrhunderts war die E-Musik von zwei Überzeugungen geprägt – erstens, dass niemand mehr zur Tonalität verpflichtet war, und zweitens, dass die serielle Zwölftonmusik nie allgemeine Anerkennung finden würde.[36] Tonalität existierte zwar noch, insbesondere in den Arbeiten von Sergej Prokofjew und Benjamin Britten (dessen 1945 uraufgeführter *Peter Grimes* den »Antihelden« des zornigen jungen Mannes der fünfziger Jahre vorwegnahm). Doch nach dem Zweiten Weltkrieg versuchten Komponisten in fast allen Länden, außer der Sowjetunion, die inneren Zusammenhänge zwischen »den beiden großen kontrastierenden Prinzipien«, die während und nach dem Ersten Weltkrieg aufgetaucht waren – zwischen der »rationalen« Serialität und dem »irrationalen« Dadaismus –, herauszufinden. Hinzu kam die Erkundung der neuen Musiktechnologie: Tonbandaufnahmen, elektronische Synthese, Computertechniken.[37] Aber niemand dachte darüber mehr nach als John Cage.

Cage, 1912 in Los Angeles geboren, hatte von 1935 bis 1937 bei Schönberg studiert. Doch dessen rationale Serialität war bei weitem nicht der einzige Einfluss auf ihn gewesen. Während seines Studiums bei Henry Cowell war er mit Zen, Buddhismus und Tantra bekannt gemacht worden; und mit Merce Cunningham, dem er erstmals bei Ballettproben 1938 in Seattle begegnet war, arbeitete er zusammen, seit Cunningham 1942 seine eigene Truppe gegründet hatte. 1948 und 1952 lehrten beide an der Summer School des Black Mountain College in North Carolina, wo Cage dann auch Robert Rauschenberg traf. Sofort begannen sich der Maler und der Komponist gegenseitig zu beeinflussen: Rauschenberg erklärte, dass Cages Idee von einer »zweckvollen Zwecklosigkeit« großen Einfluss auf seine Bilder gehabt habe, und Cage sagte, dass ihn Rauschenbergs *White Paintings*, die er erstmals 1952 am Black Mountain gesehen hatte, zu seinem »stillen« Klavierwerk »4'33« ermutigt hätten, das er noch in demselben Sommer aufführte. 1954 wurde Rauschenberg künstlerischer Berater von Cunninghams Tanztruppe.[38]

Cage war ein Experimentalist par excellence. Ständig erforschte er neue Geräuschquellen und rhythmische Strukturen (sein *Imaginary Landscape No. 1* war »für Schallplatten konstanter und variabler Frequenz, große chinesische Zimbel und Piano« geschrieben). Vor allem aber befasste er sich mit der »Nichtintentionalität«. Diese Auseinandersetzung mit dem Zufälligen verband ihn nicht nur mit dem Dada früherer Tage, sondern schlug auch einen Bogen zum surrealistischen absurden Theater und schließlich auch zu Cunninghams Choreografien. Auch postmoderne Ideen nahm Cage vorweg, indem er versuchte (wie Walter Benjamin vorausgesagt hatte), die Grenze zwischen Künstler und Publikum zu durchbrechen. Der Künstler sollte in keiner Weise privilegiert sein, und Cage selbst wollte – wie er es zum Beispiel im *Musiccircus* (1968) zum Ausdruck brachte – nichts anderes sein als der Initiator eines Ereignisses, das einen Großteil der Arbeit dem Publikum überlässt, indem es bewusst große Freiräume zwischen Komposition und Aufführungsweise schafft.[39] Die »archetypische« experimentelle Komposition war besagtes »stilles« Stück mit dem Titel »4'33« (1952; der Titel steht für die von Cage vorgesehene Dauer der drei Sätze): drei Sätze für Klavier, ohne eine einzige

Note. In seinen Anweisungen hielt Cage sogar fest, dass es mit jedem Instrument und in jeder Länge »gespielt« werden kann. Aber Cage wollte keine Parodie oder sich über die übliche konzertante Form lustig machen; er wollte, dass das Publikum auf die Geräusche seiner Umwelt zu achten lernt und sie sich wenigstens für die erträglich kurze Dauer von 4'33 bewusst macht.

Die Überschneidungen mit Cunningham liegen auf der Hand. Der 1919 in Centralia im Staate Washington geborene Choreograf war zunächst Solotänzer bei Martha Graham, wurde aber allmählich immer unzufriedener mit den betont emotionalen, erzählerischen Darstellungen ihrer Truppe. Also begann er sich mit der Frage auseinander zu setzen, wie man Bewegung an sich darstellen kann. 1951 fand er schließlich das choreografische Äquivalent zu Cages Kompositionsweise: das Element Zufall. Welche Reihenfolge er für welche Schrittkombinationen nehmen würde, entschied er, indem er eine Münze warf, würfelte oder sie vom *I Ging* »ableitete«. Doch da natürlich auch diese Schritte Bewegung waren, zerlegte Cunningham sie wie kein anderer vor ihm nochmals in ihre Bestandteile. In den sechziger Jahren perfektionierte er diesen Prozess in seinen Stücken *Story* und *Events*, indem er erst kurz vor der Aufführung entschied, welche Passagen getanzt werden sollten, und es den Tänzern überließ, in bestimmten Momenten selbst zu entscheiden, welchen Schrittkombinationen aus mehreren möglichen sie folgen wollten.[40]

Noch zwei bemerkenswerte Aspekte prägten seine Arbeiten: erstens, dass sich die drei Elemente Tanz, Musik und Ausstattung jedes Mal, wenn jemand wie Cage für die Musik und jemand wie Rauschenberg, Johns, Warhol für die Ausstattung verantwortlich war, normalerweise erst einen Tag vor der Premiere vereinten. Cunningham wusste nicht, mit was Cage ankommen würde, und beide wussten nicht, was Rauschenberg mitbrachte. Zweitens waren es Happenings – es wirkt wie Ironie, dass Cunningham seine Choreografie zum Beispiel *Story* nannte, wenn er fand, dass ein Ballett keine Geschichte erzählen sollte: Das Publikum sollte sich seinen eigenen Reim auf das Geschehen auf der Bühne machen.[41] Wo Cage betonte, dass Stille ein untrennbarer Bestandteil von Musik sei, betonte Cunningham, dass Stillhalten ein untrennbarer Bestandteil von Tanz sei. Manchmal wies er seine Tänzer hinter den Kulissen sogar an, eine Weile lang gar nicht mehr auf der Bühne zu erscheinen; Kostüme und Beleuchtung wechselten jeden Abend, und auch das Bühnenbild wurde ständig umgestellt oder umgestaltet.

Aber kommen wir auf die eigentliche Choreografie Cunninghams zu sprechen. Sally Banes schrieb einmal, dass sie von »Leichtigkeit, Spannkraft... [und einer] agilen, kühlen, luziden analytischen Intelligenz« geprägt gewesen sei.[42] So wie die Musik, der Tanz und die Ausstattung jeweils als etwas vollständig Eigenständiges verstanden werden sollten, wurde auch jede von Cunninghams Schrittvorgaben als etwas in sich Geschlossenes, Ganzes präsentiert und nicht als Teil einer Sequenz. Seine choreografischen Kompositionen hatten eine Menge mit Jacques Tatis filmischen Darstellungen gemein – die interessanteste Handlung spielte sich oft nicht im Zentrum des Geschehens ab, und gleichermaßen interessante Dinge konnten überall auf der Bühne parallel stattfinden. Es bleibt dem Zuschauer überlassen, sich herauszusuchen, was ihn gerade am meisten anspricht.

Noch stärker beeinflusst war Cunningham von Marcel Duchamp und dessen Frage, was Kunst oder einen Künstler ausmache und wie deren Beziehungen zum Betrachter seien. Am deutlichsten kam dies in Cunninghams *Walkaround Time* (1968) zum Ausdruck: Die Bühnenausstattung von Jasper Johns basierte auf *The Bride Stripped Bare by her Bachelors, Even* und die Musik von David Behrman mit dem Titel *... for nearly an hour* war von Duchamps *To Be Looked at (from the Other Side of Glass) with One Eye, Close to, for Almost an Hour* inspiriert worden. Die Idee zu diesem Stück hatte Johns gehabt. Eines Abends waren er und Cunningham bei Duchamp, und Johns erklärte dem Franzosen seine Idee. Aber der fragte entsetzt: »Und wer soll die ganze Arbeit machen?«[43] Erst als Johns versprach, alles Organisatorische zu übernehmen, gab Duchamp sein Plazet, allerdings nicht ohne den anderen das Versprechen abzunehmen, dass man die einzelnen Teile seiner Ausstattung während der Aufführung ständig auf der Bühne hin- und herschieben würde, damit sie seinen Gemälden gerecht wurden.[44] Cunninghams Choreografie ließ die Tänzer auf der Stelle laufen, sich in kleinen Gruppen zu synkopischen Zuckungen wie Maschinen über die Bühne bewegen, um sich dann im Zeitlupentempo wieder zu spannen und dabei kaum wahrnehmbare Bewegungen zu machen. *Walkaround Time* war von »maschinenartiger Grazie« und löste noch mehr Begeisterung aus als *Story*.[45]

Neben Martha Graham und Twyla Tharp war Cunningham einer der einflussreichsten Choreografen in den letzten Jahrzehnten des Jahrhunderts. Bei Künstlern wie Jim Self war dieser Einfluss unmittelbar zu spüren; bei anderen, etwa Yvonne Rainer, kam er ebenso deutlich zum Ausdruck, gerade weil sie gegen seine Zufallsmethode rebellierten.

*

Cunningham, Cage, die abstrakten Expressionisten und die Künstler der Pop Art befassten sich allesamt mit der Form und nicht mit den Bedeutungen oder Inhalten von Kunst. Dieser Unterschied war Thema eines berühmten Essays, den die Autorin und Kritikerin Susan Sontag 1964 unter dem Titel *Against Interpretation (Gegen Interpretation)* in der *Evergreen Review* publizierte. Sontag beklagte das Erbe von Freud, Marx und einem Großteil der Moderne, Kunstwerke »auf aggressive und pietätlose Interpretationstheorien« zu reduzieren. Ob es sich um Malerei, Lyrik, Drama oder Roman handle, nichts könne einfach mehr als solches genossen werden, niemand dürfe sich an Formen oder Stilen einfach nur erfreuen oder sie wegen ihres erhellenden – »auratischen«, wie Benjamin gesagt hätte – Gehalts bewundern. Jeder künstlerische Ausdruck werde in eine »Schattenwelt der ›Bedeutungen‹« eingepasst, was nicht nur diese selbst, sondern auch uns verarme. »Eine Interpretation, die von der höchst zweifelhaften Theorie ausgeht, dass ein Kunstwerk aus inhaltlichen Komponenten zusammengesetzt ist, tut der Kunst Gewalt an. Sie macht die Kunst zum Gebrauchsgegenstand, der sich in ein geistiges Schema von Kategorien einordnen lässt ... Die Flucht vor der Interpretation scheint besonders ausgeprägt in der modernen Malerei. Abstrakte Kunst ist der Versuch, keinen Inhalt im gewöhnlichen Sinn zu haben; da sie keinen Inhalt hat, kann es auch keine Interpretation geben. Pop Art erreicht mit den entgegengesetzten Mitteln das gleiche Resultat; indem sie einen so marktschreierischen Inhalt wählt, ist auch sie letztlich nicht interpretierbar.«[46] Sontag wünschte sich, dass wieder Stille in die Dichtung einkehren möge und Worte wieder ihren ursprünglichen Zauber zurückgewännen: »Die Interpretation setzt ein sinnliches Erlebnis des Kunstwerks als selbstverständlich voraus und basiert darauf. Aber dieses sinnliche Erlebnis lässt sich heute nicht mehr ohne weiteres voraussetzen ... Heute geht es darum, dass wir unsere Sinne wiedererlangen ... Statt einer Hermeneutik brauchen wir eine Erotik in der Kunst.«[47]

Susan Sontags Warnungen kamen zur rechten Zeit. Cage und Cunningham waren in so mancher Hinsicht die letzten Modernisten. In der nun folgenden postmodernen Zeit begann die Interpretation verrückt zu spielen.

30

Gleichheit, Freiheit und Gerechtigkeit in der *Great Society*

Im Frühjahr 1964, nur wenige Monate nach der Ermordung von John F. Kennedy, hielt sein Nachfolger Lyndon B. Johnson eine Rede an der University of Michigan in Ann Arbor. Er stellte sein umfassendes neues Sozialprogramm für die Vereinigten Staaten vor, das, wie er betonte, nicht nur die Tatsache der scheinbar unüberwindlichen Armut im Lande und alle damit verbundenen Verletzungen der Bürgerrechte anerkannte, sondern auch die wachsenden Sorgen der Bürger um die Umwelt und die Forderungen der Frauenbewegung ernst nahm. Das Wirtschaftswachstum in den USA, versicherte er seinen Zuhörern, sei zwar allem Anschein nach ungefährdet und viele Menschen lebten im Überfluss, doch Amerikaner seien nun einmal nicht nur am eigenen materiellen Wohlergehen interessiert, sie wünschten »*allen* Bürgern die Möglichkeit eines erfüllten Lebens«.[1] Der erfahrene Politiker Johnson wusste, dass dieser Zeitpunkt Anfang der sechziger Jahre, nachdem die Ermordung Kennedys ganz Amerika einen tiefen Schock versetzt hatte, als Katalysator für einen historischen Wandel in der amerikanischen Geschichte dienen konnte. Und er wusste auch, dass Visionen gefragt waren, wenn er die Gunst der Stunde nutzen wollte. Seine Antwort war die *Great Society*.

Wie man die Erfolge oder Misserfolge von Johnsons Amtszeit auch beurteilen mag, eines ist sicher: Er *hatte* die Gunst der Stunde erkannt. Die sechziger Jahre führten in vieler Hinsicht zu einem kollektiven Umdenken. Auch wenn dieses Jahrzehnt oft als »frivol« bezeichnet wurde, angeblich modischem Flitter verfallen war, »vergiftet« von Musik, sexueller Libertinage und Drogen mit nihilistischen Konsequenzen, waren zu keiner anderen Zeit – abgesehen vom Krieg – mehr Menschen im Westen mit den elementarsten Fragen der menschlichen Existenz befasst oder konfrontiert gewesen. Es ging um Gleichheit, Freiheit, Gerechtigkeit und um die Frage, welches ihr eigentlicher Sinn ist und wie sie sich durchsetzen lassen. Doch bevor hier dargestellt wird, was Johnson tatsächlich *tat*, muss erst einmal der Kontext seiner Rede in Michigan erläutert werden, denn dieser reichte weiter in die Vergangenheit zurück und umfasste viel mehr als das Attentat auf einen einzigen Mann am 22. November 1963 in Dallas.

*

Am 17. August 1961 hatten Arbeiter der DDR mit dem Bau der Berliner Mauer begonnen, einer praktisch unüberwindbaren Barriere, die Westberlin abschottete und es den Bürgern der DDR unmöglich machen sollte, in den Westen zu fliehen. Das Ganze war die Folge eines ergebnislosen Meinungsaustauschs über Abrüstungsfragen zwischen dem sowjetischen Staats- und Parteichef Nikita Chruschtschow und dem amerikanischen Präsidenten Kennedy in Wien. Chruschtschow hatte diese Gelegenheit wahrgenommen, um Kennedy ein Memorandum zur Deutschlandpolitik zu überreichen, in dem er die Umwandlung Westberlins in eine entmilitarisierte und neutrale Stadt vorschlug und zugleich den Abschluss eines Friedensvertrags und Gespräche über einen Atomteststopp forderte. Tatsächlich begannen diese Gespräche im Juni, brachen aber bereits einen Monat später wieder ab. Der Bau der Berliner Mauer markierte den Höhepunkt des Kalten Krieges und sollte zum dauerhaftesten Symbol der gewaltigen Kluft zwischen Ost und West werden. Im Januar des folgenden Jahres, nachdem eine Dreimächtekonferenz (USA, Großbritannien und UdSSR) über den Atomteststopp nach 353 Sitzungen ergebnislos aufgelöst worden war, froren die Beziehungen vollends ein. Im Oktober 1962 folgte die Kubakrise. Die Russen versprachen Fidel Castro – er hatte 1959 die Macht übernommen –, Kuba durch die Errichtung von Militärbasen und Abschussrampen für Mittelstreckenraketen zu schützen. Präsident Kennedy beschloss daraufhin eine Seeblockade Kubas. Die Welt wartete mit Bangen, ob die Sowjets ihre Schiffe und Raketen wieder abziehen würden. Die Krise währte sechs Tage. Am 28. Oktober verkündete Chruschtschow, dass er den Abzug aller Angriffswaffen aus Kuba angeordnet habe. Die Welt war in letzter Minute einem Atomkrieg entgangen.

Der Kommunismus hatte sich inzwischen weit über die UdSSR hinaus auf den Osten Deutschlands, sieben ost- und mitteleuropäische Staaten, Jugoslawien und Albanien auf dem Balkan, China, Nordkorea und Nordvietnam, Angola in Afrika und Kuba auf dem amerikanischen Kontinent ausgebreitet. In Italien, Chile, Ägypten und Mosambik gab es starke kommunistische Parteien. Mehrere Länder, wie Syrien, der Kongo und Indien, wurden von der Sowjetunion mit Waffen und militärischem Training versorgt. Eine derartige Teilung der Welt in zwei rivalisierende Lager – hier die zentralisierten, verstaatlichten kommunistischen Ökonomien und da die freien Marktwirtschaften des Westens – hatte es nie zuvor gegeben. Vor diesem Hintergrund betrachtet war es nicht überraschend, dass immer mehr Bücher auf den Markt kamen, die sich grundlegend mit dem Begriff der Freiheit befassten. Denn Tatsache war, *dass* der Kommunismus Erfolg hatte, obwohl er mit so vielen Zwängen – um es einmal milde auszudrücken – verbunden und so wenig populär war.

*

Eine der Grundüberlegungen von Friedrich von Hayek in seinem 1944 veröffentlichten Buch *Der Weg zur Knechtschaft* war, dass es eine »spontane Ordnung« der Gesellschaft gibt, die sich im Laufe von Jahren und Generationen aufbaut, und dass die Dinge, so wie sie sind, immer begründet sind. Versuche, sich in diese »spontane Ordnung« einzumischen, seien fast immer zum Scheitern verurteilt. Auf dem Höhepunkt des Kalten Krieges im Jahr 1960 veröffentlichte Hayek dann seine Studie *Die Verfassung der Freiheit*, in der er den Fokus seines ersten Werkes – die Planung – auf die Bereiche von Ethik und Moral erweiterte.[2] Dabei ging er von der Prämisse aus, dass sich die Werte, an denen wir unser Handeln orientieren und uns organisieren, auf die gleiche evolutionäre Weise entwickelt haben wie unsere Intelligenz, woraus er folgerte, dass Freiheit nach den Gesetzen des »Egalitarismus« dazu tendiere, sich Priorität vor jedem Anspruch auf Wohlfahrt zu verschaffen, einfach weil Freiheit und Gerechtigkeit diese Wohlfahrt überhaupt erst *schaffen:* »Freiheit verlangt, dass die Verantwortung des einzelnen sich nur auf das erstreckt, was er beurteilen kann, dass er in seinen Handlungen nur das in Betracht ziehen muss, was innerhalb des Bereichs seiner Voraussicht liegt und vor allem, dass er nur für seine eigenen Handlungen (und die der seiner Fürsorge anvertrauten Personen) verantwortlich ist – aber nicht für die anderer, die ebenso frei sind.«[3] Individuelle Freiheit ist laut Hayek ein Geschöpf des Gesetzes und kann daher außerhalb einer Zivilgesellschaft nicht existieren. Daher müssten Gesetze so allgemein wie möglich gehalten werden und eher das Destillat von gesellschaftlich akzeptierten Konzepten darstellen als auf individuellen Fällen aufbauen. Diesem Gedanken fügte Hayek aber noch zwei entscheidende Punkte hinzu: Freiheit sei immer eng an Privateigentum geknüpft; der Begriff »soziale Gerechtigkeit« – der in den kommenden Jahren so strapaziert werden sollte und auch dem Konzept der *Great Society* zu Grunde lag – sei nichts als »ein quasi-religiöser Aberglaube«. Die Freiheit, nach eigenem Gutdünken auf eigenem Grund und Boden leben zu können, solange man dabei nicht die Rechte anderer verletzt, war für Hayek das höchste Gut. Gesetze entwickelten sich im Laufe der menschlichen Evolution ganz natürlich, da sie unmittelbar aus dem Umgang der Menschen miteinander hervorgingen, deshalb könne man auch sagen – und das war für ihn entscheidend –, dass Gesetze früher da waren als der Staat und folglich weder die Geschöpfe irgendeiner staatlichen Autorität sind noch der Befehlsgewalt irgendeines Souveräns unterstehen. So war es denn auch nur logisch, dass Hayek jede Form von Sozialismus ablehnte, allerdings mit sehr konkreten Gründen: Der sozialistische Staat, beziehungsweise seine jeweilige Regierung, beschließe Gesetze, verfüge aber über keine natürlichen Kontrollmechanismen wie zum Beispiel ein Oberhaus. Der Kommunismus sowjetischen Stils erlaube außerdem kein Privateigentum, in dem die allgemeinen Prinzipien der Freiheit ihren praktischen und für jedermann verständlichen Ausdruck fänden. Da ein kommunistischer Staat zentral gelenkt wird, gebe es auch keinen Raum für die Entwicklung von Gesetzen, die größtmögliche Freiheit für eine größtmögliche Anzahl von Bürgern garantierten. Kurzum, der Sozialismus sei eine klare Einmischung in die natürliche Evolution des Gesetzes.

Abschließend formulierte Hayek etwas, das zu dieser Zeit wohl nur Kontroversen auslösen konnte: »Soziale Gerechtigkeit« sei nichts als ein »Wieselwort«, das, bezogen auf sämtliche positiven wie negativen Komponenten des gesellschaftlichen Lebens, zwar bestimme, was gerecht oder ungerecht ist, dabei aber nie die Bedürfnisse und Verhaltensweisen des Individuums in der Gesellschaft berücksichtige. Darum verfälsche der Begriff »soziale Gerechtigkeit« den Begriff der Freiheit in seinem ursprünglichen, authentischen und ausschließlich auf die Handlung des Individuums bezogenen Sinne.

Mit anderen Worten: Das Gesetz muss auf den einzelnen Menschen anwendbar sein, um alle Menschen gleich behandeln zu können; und wo es nicht individuell angewendet wird, ergeben sich unumgänglich gravierende Ungleichheiten. Die moderne Vorstellung von einer »Ergebnisgerechtigkeit«* bringe mit sich, dass Ideen wie Bedarf beziehungsweise. Bedürfnis oder die Vorstellung, dass Bevorzugungen legitim seien, zu Kriterien für eine »gerechte« Einkommensverteilung würden.[4] Doch nicht alle Bedarfsfälle seien gleichermaßen lösbar, wie zum Beispiel der Bedarf nach einem schmerzlindernden Medikament gegenüber dem Bedarf nach einem lebenserhaltenden Mittel, wenn um den knappen Vorrat dieser Mittel gekämpft wird.[5] Außerdem werde es immer Bedürfnisse geben, die nicht befriedigt werden können. Daraus folge, dass es kein rationales Prinzip für die Lösung eines solchen Konflikts gibt. Dieser Umstand »infiziere« das Leben der Bürger »mit Ungewissheit und der Abhängigkeit von unvorhersehbaren bürokratischen Interventionen«.[6]

Hayeks Analysen waren und sind noch immer einflussreich, auch wenn insbesondere zwei ihrer Elemente heftig kritisiert wurden. Eines davon war der Begriff »spontane Ordnung« – wieso sollte ausgerechnet spontane

* Anm. d. Ü.: Hayek schrieb, dass im Gegensatz zur »Regelgerechtigkeit«, welche das Prinzip der Gleichheit vor dem Gesetz verkörpert, soziale Gerechtigkeit in Form einer »Ergebnisgerechtigkeit« Freiheit in vieler Hinsicht unterminiere.

»Ordnung« entstehen, warum nicht spontane »Unordnung«? Was gibt uns die Sicherheit zu behaupten, dass das, was sich entwickelt hat, tatsächlich auch das Beste ist? Und verbirgt sich hinter spontaner Ordnung als Folge der Evolution nicht auch eine Art von Panglossianismus, eine reine Vermutung, dass wir in der besten aller möglichen Welten leben und folglich kaum etwas tun können, um die Dinge zu verbessern?

Hayeks *Verfassung der Freiheit* ist primär eine Arbeit über Gesetz und Gerechtigkeit. Ökonomie und Politik werden zwar erwähnt, bleiben aber im Hintergrund. 1950 hatte Hayek Großbritannien verlassen, um eine Professur in Sozialethik an der Universität von Chicago anzunehmen, wo er auch dem »Committee on Social Thought« angehörte. Einer seiner Kollegen an dieser Universität sollte den Faden nun genau dort wieder aufnehmen, wo Hayek ihn losgelassen hatte. Milton Friedman vertrat eine sehr ähnliche Ansicht, fügte dieser Debatte aber die bei Hayek fehlende ökonomische Dimension hinzu. In seinem Buch *Kapitalismus und Freiheit* (1962) propagierte Milton Friedman die damals ziemlich unpopuläre Idee, dass die ursprüngliche Bedeutung des Begriffes »Liberalismus« – im Sinne des im neunzehnten Jahrhundert vertretenen ökonomischen Liberalismus, mit dem festen Glauben an Freihandel und freie Märkte – im zwanzigsten Jahrhundert zu der Idee verkehrt worden sei, Gleichheit könne nur durch einen wohlmeinenden Zentralstaat hergestellt werden.[7] Also setzte es sich Friedman zum Ziel, dem Liberalismus seine ursprüngliche Bedeutung zurückzugeben und dabei allen klar zu machen, dass wirkliche Freiheit nur durch die Rückbesinnung auf eine echte Marktwirtschaft garantiert sei und es wahre Freiheit nur geben könne, wenn der Mensch bereits in absoluter ökonomischer Freiheit lebt.[8] Damals war diese Sichtweise noch wesentlich umstrittener als heute, denn zu dieser Zeit saßen die Keynesianer noch auf dem aufsteigenden Ast. Tatsächlich gingen Friedmans Ansichten weit über die traditionellen marktwirtschaftlichen Argumente hinaus. Abgesehen von seiner Überzeugung, dass die Weltwirtschaftskrise nicht *durch* den Börsencrash in den USA ausgelöst wurde, sondern vielmehr durch die Misswirtschaft, die die amerikanische Regierung im Kielwasser dieses Crashs betrieben habe, vertrat er beispielsweise auch die Meinung, dass viele Probleme des Gesundheits- und Schulwesens durch eine Rückbesinnung auf freie Marktwirtschaft gelöst werden könnten und dadurch automatisch auch der Rassendiskriminierung Einhalt geboten würde. Das Gesundheitssystem kranke, so Friedman, vor allem an der Tatsache, dass Mediziner selbst das Monopol auf Ausbildung und die Approbation ihrer Arztkollegen besaßen und damit die Versorgung mit praktischen Ärzten so niedrig wie möglich halten konnten, um ihre eigenen Verdienstmöglichkeiten zu verbessern, die Lage der Patienten aber nur zu verschlechtern. Er zählte eine Reihe von

»medizinischen« Tätigkeiten auf, die seiner Meinung nach ebenso gut von reinen Technikern ausgeübt werden konnten – sofern man sie endlich zulassen würde –, denen man im Übrigen auch wesentlich weniger bezahlen müsste als hoch qualifizierten Ärzten.[9] Bei seiner anschließenden Analyse des Schulsystems betonte er den »Nachbarschaftseffekt«, da in gewissem Maße alle von der Tatsache profitierten, wenn jeder über ein bestimmtes, für die Funktionsfähigkeit der Gesellschaft notwendiges Ausbildungsniveau verfügte, insbesondere auf dem Gebiet der Staatsbürgerkunde. Die Vermittlung dieser Art von Grundwissen sollte grundsätzlich vom Staat und damit kostenlos angeboten werden, während für alle zusätzlichen Ausbildungen wie Lehren (Zahnarzthelfer, Frisöre, Tischler), bezahlt werden müsste.[10] Aber auch die kostenlose Ausbildung sollte nach einer Art Voucher-System angeboten werden: Wenn Eltern die Möglichkeit hätten, mit Vouchers die Schulausbildung der Kinder an Schulen ihrer Wahl zu bezahlen, könnten sie insofern gesellschaftlichen Einfluss nehmen, als Schulen mit guten Lehrern viele Vouchers erhalten und diese dann wiederum der besseren Bezahlung von Lehrern dienen könnten.[11] In Bezug auf Rassendiskriminierung vertrat Friedman die Meinung, dass sich Kapitalismus und freie Marktwirtschaft in ihrer gesamten Geschichte langfristig immer als Förderer von Minderheiten erwiesen hätten, ob es sich nun um Schwarze, Juden oder um Protestanten in vorherrschend katholischen Ländern gehandelt habe. Folglich würde eine wirklich freie Marktwirtschaft unweigerlich auch zur Emanzipation der amerikanischen Schwarzen beitragen.[12] Ein Gesetz für die Integration, betonte er, sei nicht ethischer oder unethischer als ein Gesetz für Segregation.

*

An Friedmans Argumenten wurde unter anderem kritisiert, dass sie den Sinn für die dringende Notwendigkeit vermissen ließen, ganz im Gegensatz zu Johnsons Rede in Michigan. Nicht nur Kennedys Ermordung trieb zur Eile an, auch die Unruhen in den von Schwarzen bewohnten Gegenden und die Kämpfe zwischen Schwarzen und Gesetzeshütern, die während der sechziger Jahre immer wieder aufflammten. Und im Hintergrund lauerte natürlich ständig die kommunistische Aggression. 1964 gab es aber noch einen anderen Faktor: Die Armut in den USA wurde »wieder entdeckt«, das Elend inmitten all des Überflusses. Doch im Unterschied zu vorher wurde nun auch ihr Zusammenhang mit einer Entwicklung verdeutlicht, die jeder Amerikaner mit eigenen Augen verfolgen konnte, nämlich mit der Verslummung der Städte, vor allem der Innenstädte. Hayeks und Friedmans Studien waren kontrovers, aber beide im Ton gelassen und besonnen. Zwei andere, zeitgleich erschienene Bücher waren wesentlich polemischer und daher letztlich auch von größerem Einfluss:

Tod und Leben großer amerikanischer Städte von Jane Jacobs, das ironisch und argumentativ war; und *The Other America: Poverty in the United States* von Michael Harrington, das aus reinem Zorn entstanden war.[13]

The Other America ist gewiss eine der erfolgreichsten Polemiken, die jemals geschrieben wurden, jedenfalls wenn man sie an ihren politischen Konsequenzen misst. 1961, sofort nach Erscheinen dieses Buches in den USA, nahm sich der *New Yorker* unter der Überschrift »Unsere unsichtbaren Armen« seines Themas an, und bereits Ende des Jahres forderte Präsident Kennedy von seinen Beratern Vorschläge für eine Handlungsdirektive gegen die Armut im Land.[14] Harringtons Stil war kämpferisch, aber sehr bemüht, nicht zu übertreiben. Er betonte zum Beispiel, dass absolute Armut in der Dritten Welt für die Betroffenen gewiss schlimmer sei als in Nordamerika, wo die Wohlstandsgesellschaft zwar zu »geistiger Leere und Entfremdung« beigetragen habe, jedoch jeder Mensch, der Hunger der Sattheit vorziehe, als Narr bezeichnet werden könne, weil diese Gesellschaft einem jeden zumindest die materielle Möglichkeit eines reichen und erfüllten Lebens biete.[15] Aber während die Dritte Welt zumindest über den Vorteil verfüge, dass alle im selben Boot sitzen und alle gemeinsam rudern, um einen Ausweg zu finden, existiere in den USA andererseitseine »Armutskultur« – eine versteckte, unsichtbare »unterentwickelte Nation« innerhalb der Überflussgesellschaft – von sehr viel größeren Ausmaßen als bis dahin angenommen: 50 Millionen Menschen, schrieb er, ein Viertel der Nation, lebten unter der Armutsgrenze.[16] Mit dieser Behauptung löste Harrington eine heftige Debatte um die Kriterien zur Bestimmung der Armutsgrenze aus, sowie um die Frage, ob die Armut in den USA zunahm, abnahm oder sich statisch verhielt. Doch Harrington war trotz des von ihm konstatierten gewaltigen Ausmaßes an Armut letztlich mehr daran interessiert, dem Mittelstandsbürgertum in den USA vorzuführen, wie blind es diesem Elend gegenüberstand, auch wenn das eine Menge mit dem Umstand zu tun hatte, dass die schlimmste Armut immer in abgelegenen Gebieten herrschte, beispielsweise unter wandernden Farmarbeitern oder in Gebieten jenseits jeder Zivilisation wie in den Appalachian Mountains und Schwarzengettos, wo der weiße Mittelstand niemals einen Fuß hinsetzte.[17] Es gelang Harrington jedenfalls, dem geschockten Amerika mit einem Mal nicht nur klar zu machen, welche Probleme es in seinem eigenen Hinterhof ignorierte – Arbeitslosigkeit, verkommene Behausungen, mangelnde Gesundheitsversorgung und hohe Kriminalitäts- und Scheidungsraten –, sondern auch, wie diese »Armutskultur« zu Stande kam. Denn als Begründung dafür konnte nicht einfach mangelndes Einkommen zitiert werden, da diese Mangelsituation auf Grund vieler systemischer Veränderungen entstanden war, die der Kapitalismus mit sich gebracht hatte, zum Beispiel die Schließung von Minen (wie in den Appalachians) oder das Sterben von alten Farmbetrieben (wie in Kalifornien). Das heißt, weder konnten die Armen selbst primär für ihr Elend verantwortlich gemacht werden, noch waren Lösungen durch individuelle Initiativen seitens der Armen zu erwarten. Gefragt war der Staat. Harrington glaubte, dass die Grundvoraussetzung für eine Verbesserung dieser Situation Veränderungen auf dem Wohnungssektor waren; und da hier eindeutig der Staat die Initiative übernehmen musste, richtete sich sein Buch auch direkt an die »Blinden im Überfluss«. Seine erschütternden Schilderungen, unter welchen Bedingungen die Armutskultur dahinvegetierte, setzte er bewusst provokativ gegen diese Indifferenz und Blindheit ein. Wie viel Erfolg er damit hatte, lässt sich auch an der Tatsache ablesen, dass seine beiden Formulierungen »Armutskultur« und »Deprivationszyklus« nicht nur in den allgemeinen amerikanischen Sprachgebrauch eingingen, sondern auch in Präsident Johnsons Rede zur Lage der Nation im Januar 1964 einflossen – vier Monate vor seiner Rede in Michigan über die *Great Society* –, in der er seinen Dreizehnpunkteplan für einen »bedingungslosen Krieg gegen die Armut« ankündigte, »gegen einen innenpolitischen Feind, der die Stärke unserer Nation und das Wohlergehen unseres Volkes bedroht«.[18]

Tod und Leben großer amerikanischer Städte erschien im selben Jahr wie Harringtons Polemik und hatte eine beinahe ebenso unmittelbare Wirkung.[19] Seltsamerweise aber führte es nicht zu den langfristigen Auswirkungen, die sich die Autorin Jane Jacobs erhofft hatte, obwohl viele Menschen noch heute mit ihren Thesen übereinstimmen. *Tod und Leben* ist das vermutlich sensibelste Buch, das je über Städte geschrieben wurde. Es kritisierte Ebenezer Howards Vorstellungen von Gartenstädten (an sich schon ein sprachlicher Widerspruch, wie Jacobs fand) ebenso wie Lewis Mumfords »Stadien« des urbanen Lebens (»morbid«, »voreingenommen«) oder vor allem Le Corbusiers Idee von der »ville radieuse«, der leuchtenden Stadt, welche Jacobs für einen Großteil der »schäbigen Fadheit« verantwortlich machte, die sie überall wahrnahm.[20] Die alles entscheidende Komponente einer Stadt, schrieb sie, ist die Straße beziehungsweise der Gehsteig. Aber sicher könne man sich dort nur fühlen, wenn er belebt sei. In einer Straße, die nicht nur von Anwohnern, die einander kennen, sondern auch von Fremden bevölkert wird, bildeten sich ganz natürliche Gemeinschaften wie zum Beispiel von Kindern, die dort Erfahrungen sammeln und allmählich erwachsen werden können (Streetgangs, schrieb sie, versammelten sich hingegen gewöhnlich in Parks oder vor Schulen). Doch eine Straße kann immer nur dann belebt und sicher sein, wenn sie den unterschiedlichsten Interessen eine Heimstatt biete; das heißt, es bedürfte immer der *Mischung* von Anwohnern, Büros und Geschäften.[21] Parks, fuhr sie fort, sind »launischer« als Straßen, da man nie wissen könne, ob sie plötzlich nur noch dem schnellen Vergnügen oder als Treffpunkt für Perverse (ihr Wort) dienten, ebenso wenig, wie sich vorhersagen lasse, welcher Schulhof zweckentfremdet werde und welcher nicht.[22] Eine natürliche »Nachbarschaftlichkeit« hielt sie für reines Wunschdenken jenseits aller gelebten Realität. Neben der Straße schrieb sie dem Bezirk die wichtigste Funktion zu, allerdings nur dann, wenn er natürlich wachsen könne, also mit den räumlichen Vorstellungen übereinstimme, die sich die Anwohner von ihrem jeweiligen Stadtteil machen. Im Gegensatz zur Straße seien die Aufgaben von Bezirken jedoch rein politischer Art und weder von einer spezifischen Psychologie noch von individuellen Präferenzen abhängig. Der Bezirk diene allein dazu, sich der Probleme anzunehmen, gegen die die Straße allein machtlos sei (hier zitiert sie das Beispiel von Drogendealern, die Einzug in eine bestimmte Straße halten), beispielsweise indem sich die Bezirkspolizei einer Straße so lange annimmt, bis das entsprechende Problem gelöst ist. Damit das möglich ist, dürfe ein Bezirk in seinen Ausmaßen auch nie mehr als drei Kilometer vom einen bis zum anderen Ende umfassen.[23]

Das Entscheidende bei Straße und Gehsteig war Jacobs' Meinung nach, dass sich Menschen begegnen und miteinander kommunizieren, dabei aber selbst bestimmen können, wie viel Privatheit sie preisgeben wollen. Auch das sei ein wesentlicher Aspekt von Freiheit. Jacobs war überzeugt, dass die Menschen weit weniger offen mit Privatem umgingen, als angenommen werde, und sich gern hinter der Haltung »kümmere dich nicht um andere« versteckten. Das zeige sich auch im Klatsch, da sogar Menschen, die gerne klatschten, oft vorgäben, dies nicht zu tun oder nicht richtig zu finden. Nur in einer funktionierenden Straße könnten sie sich in ihre private Welt zurückziehen und »um ihren eigenen Mist kümmern«, wann immer ihnen danach ist, ohne dabei ihr nachbarschaftliches Gesicht zu verlieren – was psychologisch sehr wichtig für das Individuum ist, schreibt Jacobs, aber für die Lebendigkeit von Städten eine Grundvoraussetzung. Denn nur wenn der Bürger diese seine psychischen Bedürfnisse erfüllen kann, nur wenn jene Mischung aus Privatheit und Gemeinschaftlichkeit funktioniert, welche die Spezialität von Städten ist, sind die Bewohner zufrieden und gelassen.[24]

Jacobs prägte auch den Begriff der »leeren Grenzräume« – Eisenbahngelände zum Beispiel oder Schnellstraßen, Wasseranlagen und riesige Parks wie der Central Park in New York –, die durchaus störende Einflüsse auf eine Stadt ausüben könnten. Die Planer müssten erkennen, dass solche Grenzräume »nicht nur segensreich« seien und es immer bestimmter Vorkehrungen bedürfe, um ihre negativen Auswirkungen zu begrenzen. In großen Parks sollten beispielsweise Karussells aufgestellt und an ihrem Rand Cafés gebaut werden, damit sie weniger beängstigend wirkten und mehr Bürger zum Besuch ermunterten. Alte Gebäude sollten grundsätzlich erhalten bleiben, weil sie einen ästhetischen Wert haben und die langweilige Öde vieler Stadtlandschaften durchbrechen können, aber auch, weil sie eine andere Ökonomie als neue Gebäude haben. Theater beispielsweise tendieren dazu, sich in neuen Gebäuden anzusiedeln, doch die Werkstätten und Ateliers, ohne die kein Theater auskommen kann, tun dies gewöhnlich nicht, da sie sich die Mieten in Neubauten im Gegensatz zu denen von alten Häusern, die sich längst amortisiert haben, nicht leisten können. Supermärkte mieten sich in neuen Häusern ein, Buchhandlungen nicht. Wichtig war für Jacobs auch die Feststellung, dass man erst ab 100000 Einwohnern von einer Stadt sprechen könne, da erst ab dieser Größenordnung jene Vielfalt garantiert sei, die die Essenz von Städten ist, und weil erst dann die Population groß genug sei, damit die Bewohner genügend Freunde (sie geht von durchschnittlich 30 Personen aus) mit gleichen Interessen finden können.[25] Wer Städte lebendig erhalten wolle, müsse diese Dynamik verstehen. Natürlich spielten auch die Finanzen eine große Rolle, allerdings sei das ein Gebiet, in dem sich Städte ihrer Meinung nach selbst helfen könnten. Zu oft werde die Finanzierung von Immobilien dem privaten Unternehmertum überlassen, was am Ende dazu führe, dass die Finanzierungsform, zum Beispiel die Art der gewährten Hypothek, den Typ einer Immobilie bestimmt anstatt umgekehrt.[26] Jacobs war sich sicher, wie sie betonte, dass die in den Innenstädten herrschenden Probleme aufgehalten werden und eine »Entslumung« funktionieren könne, wenn man vier Grundprinzipien berücksichtige: Erstens die »Nutzungsvielfalt«: Der Bezirk als Ganzes muss mehr als nur einer primären Funktion dienen, möglichst mehr als zweien (Business, Kommerz, Wohnungen); und diese Funktionen müssen sicherstellen, dass sich die Menschen auf den Straßen nach verschiedenen Tagesplänen und zu verschiedenen Zwecken bewegen, aber dennoch gemeinsame Dienste in Anspruch nehmen können. Zweitens »Kurze Baublocks«: die Baublocks müssen durch viele Längs- und Querverbindungen überschaubar bleiben. Drittens die »Gebäudevielfalt«: Der Bezirk muss Gebäude unterschiedlichen Alters und Zustands »feinkörnig« mischen. Und viertens die »Dichte«: In einem Bezirk müssen genügend Menschen konzentriert sein, unabhängig davon, ob es sich um Anwohner oder Personen mit anderen Aufenthaltsgründen handelt.[27] Es war ein optimistisches Buch, geprägt von gesundem Menschenverstand, den viele ihrer Kollegen vermissen ließen. Wozu Jacobs allerdings nicht oder nur indirekt Stellung nahm, war das Rassenproblem. Zwar bezog sie sich das eine oder andere Mal auf Segregation und »Negerslums«, hielt sich aber ansonsten konsequent an die Vision der Stadtplanerin.

*

Präsident Johnson bezog sich in seiner Grundsatzrede sowohl auf die von Harrington als auch die von Jacobs aufgeworfenen Fragen. Doch die drängendsten Probleme hinter seinem Konzept der *Great Society* – abgesehen von den »massiven Hintergründen« des Kalten Krieges – waren gewiss die Rassenfrage und die reale Situation der amerikanischen Schwarzen. 1966 war bereits über ein Jahrzehnt ins Land gegangen, seit das Oberste Bundesgericht im Verfahren *Brown v. Board of Education of Topeka* 1954 entschieden hatte, dass Rassentrennung in Schulen und damit implizit auch die Doktrin »Segregation, aber Gleichheit« verfassungswidrig sei. Seither hatte Johnson verfolgt, welch entmutigende Geschichten die Statistiken über das Leben von Schwarzen, ungeachtet dieser höchst richterlichen Entscheidung, nach wie vor erzählten. 1963 gab es de facto mehr Schwarze in mehr getrennten Schulen als 1952; es gab mehr arbeitslose Schwarze als 1954, und das mittlere Einkommen von Schwarzen – was letztlich die gravierendsten Konsequenzen hatte – war von anteiligen 57 Prozent an dem der Weißen im Jahr 1954 auf 54 Prozent gesunken. Angesichts dieser Lage klang Milton Friedmans Behauptung, dass sich das kapitalistische System langfristig positiv auf die Rassenbeziehungen auswirken werde, ziemlich dürftig. 1963 war Johnson klar geworden, dass endlich gehandelt werden musste, wenn die Probleme nicht eskalieren sollten.

Wie nicht anders zu erwarten, waren die Meinungen der Schwarzen über die nun nötige Vorgehensweise sehr geteilt. Einige hatten es besonders eilig; andere glaubten, dass es ohne Gewalt nicht gehen würde, und wieder andere meinten, dass mit absoluter Gewaltfreiheit am Ende mehr durchzusetzen wäre. Im März 1962 war es zu Unruhen in Birmingham, Alabama, gekommen, nachdem ein Geschäftsboykott zur Entscheidung des für die öffentliche Sicherheit zuständigen Eugene »Bull« Connor geführt hatte, eine Kirche von Polizei umstellen zu lassen und die Schwarzen darin praktisch einzusperren. Unter den Schwarzen, die im Rahmen dieser Ereignisse (an einem Karfreitag) verhaftet wurden, befand sich auch Martin Luther King, ein vierunddreißigjähriger Prediger aus Atlanta, der mit bewegenden, wirkungsvollen Reden für Gewaltfreiheit eintrat und sich bereits einen Namen gemacht hatte. Während seiner Einzelhaft wurde er von einer Gruppe weißer Kleriker öffentlich gebrandmarkt; seine Antwort war ein »Brief aus dem Gefängnis von Birmingham«, neunzehn eng beschriebene Seiten, die King auf Briefumschläge, Toilettenpapier und den Rand von Zeitungsartikeln gekritzelt hatte, die seine Anhänger dann herausschmuggelten. Darin erklärte er eloquent mit höchst lebendigen Details, warum die Bürger von Birmingham (das heißt die Weißen) der »Farbigengemeinde keine andere Wahl ließen, «als den Kurs des zivilen Ungehorsams und der »gewaltfreien Spannung« einzuschlagen, um ihre Ziele durchzusetzen.[28] »Birmingham ist wohl die Stadt in den Vereinigten Staaten, die am schlimmsten von der Rassentrennung geplagt wird... Es gab in Birmingham mehr unaufgeklärte Bombenanschläge auf die Häuser und Kirchen von Farbigen als in jeder anderen Stadt dieser Nation ... Wir hatten keine andere Wahl, als uns auf die direkte Aktion vorzubereiten ... Die Nationen Asiens und Afrikas bewegen sich mit raketenartiger Geschwindigkeit auf ihre politische Unabhängigkeit zu, nur wir kriechen noch immer im Pferdekutschentempo, um eine Tasse Kaffee in einem Stehimbiss trinken zu dürfen.«[29]

Nach seiner Entlassung aus dem Gefängnis war King auf der Höhe seines Ruhmes angelangt und wurde deshalb zum Hauptredner des historischen »Marschs auf Washington« erkoren, der in jenem Sommer stattfinden sollte und von den Schwarzenführern der Bürgerrechtsbewegung bewusst als ein Wendepunkt der Geschichte geplant worden war. Es sollten so viele Menschen daran teilnehmen, dass allein schon diese Masse, obwohl sie friedlich war, Amerika die drohende Botschaft vermitteln würde, *wenn* es sich nicht bald änderte und gegen die Segregation einschritt, *dann* ... Die Drohung wurde bewusst vage gehalten. Am 28. August 1963 marschierten eine Viertelmillion Menschen in Washington ein, ein Viertel oder ein Drittel davon Weiße. Die Demonstranten waren relativ gut gelaunt und friedlich, außerdem wurden sie von einem Team schwarzer Polizisten aus New York in Schach gehalten, die sich freiwillig als Marshalls zur Verfügung gestellt hatten. Das prominente Unterhaltungsaufgebot war einmalig: Es sangen Joan Baez, Bob Dylan, Peter Paul and Mary, Mahalia Jackson; und eine Menge andere Berühmtheiten zeigten durch ihre Anwesenheit ihre Unterstützung, darunter Marlon Brando, Harry Belafonte, Josephine Baker, James Baldwin, Lena Horne, Sammy Davis junior. Doch was sich am Ende jedem unauslöschlich ins Gedächtnis einprägte, waren nicht sie, sondern die Rede von Martin Luther King. Bereits bei früheren Reden hatte er eine Formulierung benutzt, die sich als sehr wirkungsvoll erwies, aber an diesem Tag betonte er sie mit besonderer Innigkeit: »I have a dream ...«[30] Manche Menschen können aus ihrem Aussehen Kapital schlagen, King konnte es aus seiner Stimme, aus diesem so unverwechselbaren Bariton mit dem charakteristischen leichten Beben. In Kombination mit seinen rhetorischen Stärken war es dieses leichte Beben, das seine Stimme zugleich stark und verletzlich wirken ließ und damit auf unvergleichliche Weise die Stimmung unter den amerikanischen Schwarzen zum Ausdruck brachte. Diese Rede vor dem Lincoln Memorial symbolisierte etwas, womit sich sogar Weiße identifizieren konnten. Für viele sollte sie das denkwürdigste Ereignis aus der Zeit der Bürgerrechtsbewegung bleiben. »Vor hundert Jahren«, begann King in beinahe biblischem Ton, »unterzeichnete ein großer Amerikaner, in dessen symbolischem Schatten wir heute stehen, die Deklaration zur Sklavenbefreiung.« Schon mit diesem ersten Satz hatte er sein Thema in der amerikanischen Geschichte verankert. »Doch einhundert Jahre später sind wir noch immer mit der traurigen Tatsache konfrontiert, dass der Farbige nicht frei ist ... Es wird weder Rast noch Ruhe in Amerika geben, bevor nicht auch dem Farbigen die Bürgerrechte gewährt werden.« Dann erhob sich seine Stimme, und er rief: »I have a dream …«, den Traum, dass seine vier kleinen Kinder eines Tages nicht »wegen ihrer Farbe, sondern wegen ihres Charakters« beurteilt würden.[31] Sogar heute noch berührt einen diese Rede, wenn man eine Bandaufzeichnung hört.

King durchlebte und initiierte turbulente Zeiten. Zwischen November 1955, als die Schwarze Rosa Parks inhaftiert wurde, weil sie in der vorderen Reihe eines Busses in Montgomery, Alabama, Platz genommen hatte, und 1973, als Los Angeles seinen ersten schwarzen Bürgermeister wählte, fand eine gewaltige soziale, politische und legislatorische Revolution statt. In den Vereinigten Staaten war sie am sichtbarsten, aber sie hatte auch auf andere Länder in Europa, Afrika und dem Fernen Osten übergegriffen, wie anhand der folgenden Chronologie, die keinerlei Anspruch auf Vollständigkeit erhebt, noch einmal in Erinnerung gerufen werden soll:

- 1958: Unruhen in Little Rock, Arkansas, weil der Gouverneur des Staates versuchte, schwarze Kinder am Schulbesuch zu hindern.
- 1960: Verabschiedung des amerikanischen Bürgerrechtsgesetzes, welches Schwarze zur Klage vor Gericht berechtigt, wenn ihnen das Wahlrecht verweigert wird.
- 1961: Der amerikanische Kongress für Rassische Gleichheit (CORE) organisiert »freedom rides« in Bussen, aus Protest gegen die Rassentrennung im Transportwesen.
- 1962: Das amerikanische »Committee on Equal Employment Opportunity« wird unter dem Vorsitz von Vizepräsident Johnson gegründet; der schwarze Student James Meredith erkämpft sich unter dem Schutz der Federal Guard Einlass in die Universität von Mississippi in Oxford; der »Commonwealth Immigrants Act« in Großbritannien beschränkt das Einwanderungsrecht bestimmter Personenkreise aus dem Commonwealth nach Großbritannien.
- 1963: Der Marsch auf Washington. Das US-Gesetz für gleiche Bezahlung von Männern und Frauen bei gleicher Qualifikation tritt in Kraft.
- 1964: Das US-Bürgerrechtsgesetz verbietet Diskriminierung am Arbeitsplatz, in Restaurants, in den Gewerkschaften und öffentlichen Einrichtungen; die US-Gesetze für »gleiche wirtschaftliche Möglichkeiten« und eine »Grundnahrungsversorgung« werden verabschiedet; die Studie »U.S. Survey of Educational Opportunity« wird veröffentlicht.
- 1965: Initiativen im Rahmen von Johnsons *Great Society* beinhalten unter anderem Programme zur Unterstützung der Ausbildung von Armen und Minderheiten, »Medicaid« und »Medicare« für die medizinische Versorgung von Armen und Alten, urbane Entwicklungsrichtlinien und diverse Wohlfahrtseinrichtungen. Frauen werden in den USA für das Richteramt zugelassen.
- 1966: NOW, die Nationale Frauenorganisation, wird gegründet; die

Black Panthers, der paramilitärische Arm der amerikanischen Schwarzen, formieren sich unter dem Schlachtruf »Black Power«. Infolge des »U.S. Child Nutrition Act« werden landesweit Fonds für die Nahrungsmittelversorgung von armen Kindern eingerichtet. In Großbritannien wird der »British Supplementary Benefit« zur Unterstützung von Kranken, Behinderten, Arbeitslosen und Witwen eingerichtet. Die Restauration der Armenviertel beginnt.

- 1967: Thurgood Marshall wird als erster Schwarzer zum Richter des Obersten amerikanischen Bundesgerichts ernannt. Rassenunruhen in siebzig amerikanischen Städten beschleunigen die »Flucht der Weißen« in die Vorstädte. Colorado legalisiert als erster amerikanischer Bundesstaat die Abtreibung. In Großbritannien wird Homosexualität legalisiert. Ein Bericht der amerikanischen Bürgerrechtskommission kommt zu dem Schluss, dass die Rassenintegration beschleunigt werden muss, um den schwachen Leistungen von afrikanisch-amerikanischen Kindern Einhalt zu gebieten. In Großbritannien werden »Educational Priority Areas« eingerichtet, um gegen Ungleichheit anzukämpfen; die Abtreibung wird in Großbritannien legalisiert.
- 1969: Designierte Richter des Obersten Bundesgerichts in den Vereinigten Staaten werden auf Grund von »Rassismus und Inkompetenz« abgelehnt. Bei Polizeiaktionen in Chicago werden Black Panthers getötet. Der amerikanische Staat beginnt, amerikanischen Ureinwohnern Land zurückzugeben. Zensur in den USA wird verboten.
- 1970: In den USA erhalten Frauen volle Bürgerrechte; staatliche Behörden müssen Frauen nach einer bestimmten Quote einstellen. In Großbritannien wird der »Equal Pay Act« verabschiedet. In Italien wird Scheidung legalisiert. In den Vereinigten Staaten werden die ersten nicht nach Rassen getrennten Schulklassen eingerichtet.
- 1971: In den USA werden an einigen Schulen Programme zur Sicherstellung eines »Gleichgewichts der Rassen« eingeführt. Die Schweiz führt das Wahlrecht für Frauen in der Mehrheit der Kantone ein. In Großbritannien werden Slumschulen geschlossen. In Kanada wird eine staatliche medizinische Grundversorgung eingeführt. Die ersten Frauen werden als Priesterinnen ordiniert (anglikanische Kirche Hongkong).
- 1972: Andrew Young wird als erster afrikanischer Amerikaner seit der Rekonstruktion im Süden in den Kongress gewählt. Die amerikanischen Ureinwohner (Indianer) veranstalten einen Marsch auf Washington. Die erste Frau wird Chefin des New York Stock Exchange.
- 1973: In den USA wird Abtreibung legalisiert. In Los Angeles wird der erste schwarze Bürgermeister gewählt.[32]

Das waren natürlich längst nicht alle Umwälzungen (kurz darauf wurden der erste Amerikaner spanischer Abstammung und die ersten Frauen zu

Gouverneuren amerikanischer Bundesstaaten gewählt sowie die erste Amerikanerin zur Bischöfin ernannt). Doch die turbulentesten Jahre waren vorbei (was auch viel mit dem Ende des Vietnamkriegs und dem wirtschaftlichen Niedergang infolge der Ölkrise 1973 zu tun hatte, worauf in Kapitel 33 näher eingegangen wird). Außerdem hatten ja nicht alle Neuerungen das gleiche Ziel, das heißt, nicht alle förderten die Freiheit der Minderheiten, Frauen und Homosexuellen, im Gegenteil. Hier eine Auswahl aus der Negativliste:

- 1964: In Südafrika werden Ergänzungen zu den bestehenden Bantu-Gesetzen verabschiedet, die das Niederlassungsrecht von Afrikanern auf Randgebiete beschränken.
- 1966: Die Apartheid wird auf Südwestafrika (Namibia) ausgedehnt.
- 1967: In Südafrika werden beschleunigt Wiederansiedlungsdörfer errichtet.
- 1968: Die päpstliche Enzyklika *Humanae Vitae* verbietet den römischen Katholiken den Gebrauch von künstlichen Verhütungsmitteln.
- 1969: Eine Säuberungsaktion der Stonewall Police in einem New Yorker Homosexuellen-Club zieht tagelange Gewalt nach sich, nachdem im Klub Feuer gelegt worden war, während sich die Polizei noch darin aufgehalten hatte. In Großbritannien werden die anti-egalitären »Black Papers« veröffentlicht. Arthur Jensen behauptet in der *Harvard Educational Review*, dass afrikanische Amerikaner bei IQ-Tests grundsätzlich schlechter abschneiden als Weiße.
- 1970: In Südafrika werden alle Schwarzafrikaner gezwungen, in »Bantu homelands« zu wohnen. Mehrere Bücher über das Thema Rassenkonflikt werden auf den Index gesetzt.
- 1971: Bantu-Gebiete in Südafrika werden unter die Kontrolle der Zentralregierung gestellt.
- 1972: Südafrika verbannt farbige Repräsentanten aus den Gemeinderäten.

*

Ende der fünfziger und während der ganzen sechziger Jahre betrachtete man die wachsende Illiberalität der südafrikanischen Gesellschaft und die im Zusammenhang mit der Emanzipation der Schwarzen in den USA ausgelöste Gewalt als Symptome ein und derselben Krankheit – als ein und dasselbe Dilemma, um Myrdal zu zitieren –, was ein paar Autoren veranlasste, sich sehr dezidierte Gedanken über das Rassenproblem zu machen. In ihrer Rhetorik standen sie King gewiss in nichts nach, seinen christlichen Glauben teilten sie allerdings kaum.

Einer von ihnen – auch James Baldwin hatte ihn in seiner Pariser Zeit für sich entdeckt – war Frantz Fanon, ein schwarzer Psychiater, der 1925 im französischen Überseedepartement Kleine Antillen auf Martinique geboren war. Nach seiner Ausbildung in Paris war er einer Klinik in der nordafrikanischen Kolonie Algerien zugeteilt worden, während dort gerade der Aufstand gegen die Franzosen tobte. Was er dort erlebte, entsetzte ihn zutiefst. Sofort ergriff er Partei für die Algerier und schrieb eine Reihe von Büchern, in denen er sich zu ihrem Sprecher machte, ganz ähnlich wie Baldwin für die Unterdrückten der amerikanischen Südstaaten. Mit *L'An Cinq de la Révolution Algérienne* (*Im fünften Jahr der algerischen Revolution*, 1959) und *Peau noire, masques blancs* (*Schwarze Haut, weiße Masken*, 1960) erwies sich Fanon als beredter Kritiker des untergehenden Imperialismus. Daher dauerte es auch nicht lange, bis sein Einsatz für die FLN (Nationale Befreiungsfront) – darunter eine Rede, die er 1956 vor dem ersten Kongress schwarzer Schriftsteller hielt – die Aufmerksamkeit der französischen Sicherheitsdienste erregte.[33] Noch im selben Jahr sah er sich gezwungen, Algerien zu verlassen. Er floh nach Tunesien, von wo aus er weiterhin mit Kollegen *El Moudjahid* herausgab, eine Zeitschrift, die heftig gegen die Kolonialherren agitierte. Sein schärfstes Urteil aber fällte er mit seinem Buch *Die Verdammten dieser Erde* (1961), das er schrieb, als er bereits von seiner Leukämie wusste. Es kostete ihn seine letzte Kraft.[34]

Fanon war zwar als Schriftsteller nicht so polemisch und begabt wie Baldwin, doch beiden Autoren gelang es gleichermaßen, die Weißen mit ihrer Aussage, dass die Schlacht gegen Rassismus und Kolonialismus gewonnen werden kann, in Unruhe zu versetzen und den Schwarzen den Rücken zu stärken. Was *Die Verdammten dieser Erde* von Baldwins Werk unterschied, war Fanons Erfahrung als Psychiater. Er wollte seinen schwarzen Mitmenschen klar machen, dass die Entfremdung, die sie im Zuge des Kolonialismus verspürten, nichts anderes war als eine Folge des Kolonialismus und keineswegs irgendeine angeborene Unterlegenheit der schwarzen Rasse. Um dieses Argument zu stützen, berichtete er von diversen Patienten in seiner Klinik, deren Psychosen, wie er schrieb, unmittelbar mit der Tatsache zusammenhingen, dass sie am Partisanenkampf für die Unabhängigkeit teilgenommen hatten. So schilderte er zum Beispiel den Fall eines algerischen Taxifahrers und FLN-Kämpfers, der impotent geworden war, nachdem seine Frau von französischen »Militärangehörigen« geschlagen und vergewaltigt worden war. Oder den Fall von zwei algerischen Jungen im Alter von 13 und 14 Jahren, die ihren europäischen Spielkameraden ermordet hatten. Der Dreizehnjährige erzählt: »Wir hatten uns nicht mit ihm gezankt... Eines Tages haben wir beschlossen, ihn zu töten, weil die Europäer alle Araber töten wollen. Wir können ja noch nicht die Großen töten. Aber da er in unserem Alter war, ging es.«[35] Auch Berichte über »affektiv-intellektuelle Veränderungen und psychische Störungen nach Folter« sind in diesem Buch enthalten. Folteropfer, schrieb Fanon, konnte man in Untergruppen je nach angewandter Foltermethode einteilen; diese Gefolterten waren dann wiederum in Intellektuelle und Nicht-Intellektuelle zu unterscheiden. Es »gibt zwei Kategorien von Gefolterten: solche, die etwas wissen, und solche, die nichts wissen .... Die etwas wissen, trifft man selten in irgendwelchen medizinischen Behandlungsstellen. Man weiß zwar, dass dieser oder jener Freiheitskämpfer in französischen Gefängnissen gefoltert worden ist, aber man begegnet ihm nicht als Kranken.« Die nichts wissen, seien hingegen oft bei ihm gelandet, aber auch sie »nicht als Kranke«, obwohl sie gefoltert worden waren. In beiden Kategorien gab es spezifische »psychiatrische Krankheitsbilder«, die typisch für bestimmte Foltermethoden wie »Wahrheitsserum« oder »Gehirnwäsche« waren. Wer »Folterungen mit Elektrizität« durchlitten hatte, entwickelte oft »Phobien vor Elektrizität: Angst, einen Schalter zu berühren, das Radio anzustellen ...«[36]

Wie Ronald D. Laing wollte auch Fanon nachweisen, dass Geisteskrankheit eine zwar extreme, aber doch ganz rationale Reaktion auf eine unerträgliche Situation sei. Doch Fanon reagierte damit auch auf die seiner Meinung nach allzu simplifizierenden Analysen der europäischen Natur- und Sozialwissenschaftler in Bezug auf »den afrikanischen Geist« und die Kultur Afrikas. Mitte der fünfziger Jahre hatte die Weltgesundheitsorganisation beim schottischen Psychiater J. C. Carothers eine Studie über die »normale und pathologische Psychologie des Afrikaners« in Auftrag gegeben. Carothers, der als Mediziner für drei Gefängnisse in Kenia zuständig war, kam schließlich zu der Schlussfolgerung: »Der Afrikaner benützt seinen Stirnlappen kaum. Sämtliche Besonderheiten der afrikanischen Psychiatrie sind auf eine Trägheit im frontalen Bereich zurückzuführen.« Dann propagierte er allen Ernstes, dass der »normale Afrikaner« einem »lobotomisierten Europäer« vergleichbar sei (bei einer Lobotomie werden Teile des Gehirns zerstört).[37] Fanon war empört und machte sofort deutlich, wie absurd Carothers Analyse war. Außerdem, schrieb er, bestehe die afrikanische Kultur (wie die schwarzamerikanische Kultur, wie auch Baldwins Texte zum Ausdruck brachten) letztlich ohnedies nur noch aus dem *Kampf*, frei zu sein; Kampf und damit auch Gewaltbereitschaft seien zur kollektiven Kultur der Algerier geworden, die nun den Großteil ihrer Energien verbrauchte. Mit den Worten von King waren auch sie zu »kreativen Extremisten« geworden. Fanon sollte die wieder gewonnene Freiheit und das Ende der Kämpfe gegen die Kolonialmacht in Algerien nicht mehr erleben. Er war zu beschäftigt mit der Niederschrift seines Buches, um seine Leukämie behandeln zu lassen. Ende 1961 wurde er nach Washington transportiert, aber die Krankheit war bereits zu weit fortgeschritten. Er starb ein paar Wochen nach der Veröffentlichung seines Buches im Alter von nur sechsunddreißig Jahren.

Polemische Schriften wie die von Fanon waren genau das, was die Schwarzen in den sechziger Jahren zum Überleben brauchten, und nachdem James Baldwin in *Eine andere Welt* (engl.1962), *Blues für Mister Charlie* (engl. 1964) und *Des Menschen nackte Haut* (engl. 1965) seine Einstellung offensichtlich geändert hatte, nahm Eldridge Cleaver seinen Platz ein. Cleaver, 1935 in Little Rock, Arkansas, geboren, behauptete gerne, »im Negergetto von Los Angeles und in den kalifornischen Staatsgefängnissen von San Quentin, Folsom und Soledad ausgebildet« worden zu sein. Das war natürlich Ironie, aber in gewisser Weise durchaus richtig, denn es war im Gefängnis (er war wegen des Besitzes von Marihuana verurteilt worden), wo Cleaver nicht nur Bücher verschlang, sondern auch Mitgefangene traf, die seine rebellischen Instinkte weckten. Schließlich wurde er »Informationsminister« der paramilitärischen amerikanischen Black Panther Party. Sein erstes Buch *Soul on Ice,* das im Jahr von Kings Ermordung auf den Markt kam, war eine einzige Attacke gegen Baldwin: »Aus James Baldwins Werk spricht ein unglaublich schleimiger, verbohrter, absoluter Hass gegen Schwarze und vor allem sich selbst und die beschämendste fanatische, katzbuckelnde, kriecherische Liebe zu Weißen, die man in den Schriften eines schwarzen Amerikaners unserer Zeit nur finden kann.«[38] Wie Fanon glaubte auch Cleaver, dass die Lage der afrikanischen Amerikaner den Luxus einer künstlerischen Betätigung – welcher Art auch immer – nicht gestattete. Das Problem war so übermächtig geworden, dass in Cleavers Augen jeder, der ihm den Rücken kehrte oder der es, wie von Zeit zu Zeit Baldwin, in einen größeren Kontext zu stellen versuchte, ein Verbrechen an der eigenen Rasse beging. *Soul on Ice,* das Cleaver noch im Gefängnis geschrieben hatte, befasste sich mit drei Themen, die in einem Zusammenhang standen: mit der alltäglichen Brutalität von Weißen gegenüber Schwarzen, die im Gefängnisalltag einen noch schärferen Ausdruck fand; mit der internationalen Rassenpolitik und den Mythen der Weißen über Rasse, Afrika, schwarze Geschichte, schwarzes Essen oder schwarze Musik, aus denen für Cleaver deutlich hervorging, wie gut Mythenbildung als Abwehrmechanismus funktionierte; und drittens mit Sex zwischen den Rassen, wobei sich Cleavers progressive Ansichten zu diesem Thema vom ersten bis zum letzten Essay zogen, angefangen bei seinem Geständnis, dass er als junger Mann weiße Frauen anziehender gefunden habe als schwarze, bis hin zu einem lyrischen, ja beinahe mystischen Päon über die »Black Beauty«: *Let me drink from the river of your love at its source.*[39] So scharf seine Kritik an Baldwin auch war – Baldwins Werk hat die Zeit jedenfalls besser überdauert als Cleavers Essays.

Maya Angelous Bücher sind ganz anders. Ihre Botschaft lautete, dass Schwarze längst frei sind – vielleicht noch nicht im politischen Sinne, aber doch in jeder anderen Hinsicht. Gerade dass sie die politischen Aspekte isoliert von allen übrigen Lebensbereichen betrachtete, verlieh ihrer Aussage eine so besondere, wenngleich auch umstrittene Bedeutung. Der erste, 1969 veröffentlichte Teil ihrer fünfbändigen Autobiographie, *I*

Know Why the Caged Bird Sings, behandelt ihre Kindheit und Jugend, bis sie als Sechzehnjährige ihr erstes Kind bekam.[40] Wir erfahren von der ganzen Fülle des Lebens, das schwarze Kinder im Ort Stamps in Arkansas führten, nicht weit entfernt von Cleavers Geburtsort Little Rock, der Szenerie von so viel rassistischer Gewalt. Angelou malt wunderbare Bilder von einer Kinderwelt aus gestärkten Schürzen, buttergelben Piquékleidchen, Peanut-Pasteten, Wurfspielen und Badewasser, das auf dem Herd brodelt. Wenn etwas Schlimmes passiert, kullern Tränen »wie warme Milch« die Backen herab.[41] Aber diese weich gezeichnete Welt besteht aus mehr als nur der sprichwörtlichen Schippe Körner für die Hühner. Der Vater ist fast immer abwesend, was das emotionale und geistige Leben der zurückgelassenen Familie – Mutter, Sohn und Tochter – jedoch nicht wirklich ärmer macht. William Shakespeare, schreibt Angelou, »war meine erste weiße Liebe« in einer Welt, in der Kipling und Thackeray auf Langston Hughes, James Weldon Johnson und W. E. B. Du Bois prallten.[42] Maya, oder Marguerite, wie sie damals noch hieß, empfindet große Liebe für ihren Bruder Bailey und die Mutter, eine starke, aufrechte und schöne Frau, die sich vom System nicht in die Enge treiben lässt. Doch je größer die Kinder werden, desto tiefer dringt die Welt der Erwachsenen, die hauptsächlich aus Arbeit und Diskriminierung besteht, in ihre Idylle ein, beispielsweise in der Person eines Zahnarztes, der seine Hand lieber in die Schnauze eines Hundes als in den Mund eines Niggers stecken würde.[43] Und doch wird uns das nicht als Tragödie vorgeführt. Maya und ihre Mutter verlieren durch solche Vorfälle keineswegs ihr Interesse am Geschehenen, sie behalten die Kontrolle und hören vor allem nie auf, zu *denken*. Ihr Leben ist reich, ungeachtet all der Probleme, die es für sie bereithält. Natürlich hasst auch Angelou das unterdrückerische System, aber sie betont, dass das Leben zwei Arten von Freiheit bietet – die große politische Freiheit und die zahllosen kleinen Freiheiten, die man sich mit einer guten Ausbildung, Charakterstärke, Humor, Würde und Geist erkämpfen kann. Einmal antwortet die Mutter auf die Frage »Alles in Ordung, Momma?«: »Klar, man sagt, die Weißen liegen noch immer in Führung.«[44]

*

I Know Why the Caged Bird Sings lässt sich ebenso gut in den Kanon der Frauenbücher wie in den der schwarzen Literatur einreihen. Die Emanzipation der Frauen in den sechziger Jahren wies diverse Parallelen zur Emanzipation der Schwarzen auf, obwohl sie nicht annähernd so viel Gewalt mit sich brachte wie die Bürgerrechtsbewegung. In diesem Jahrzehnt fand in fast allen Lebensbereichen eine gewaltige sexuelle Befreiung statt. 1966 hatte das Kinsey Institute seine wichtige erste Studie über Homosexualität begonnen: Sie ergab, dass vier Prozent aller Männer und zwei Prozent aller Frauen vorrangig oder ausschließlich homosexuell waren und nicht weniger als 27 Prozent aller Männer über zumindest eine homosexuelle Erfahrung berichtet hatten.[45] William Howell Masters und Virginia Johnson wiesen in ihrer Studie *Human Sexual Inadequacy* nach, dass beinahe die Hälfte aller Ehen unter mindestens einem sexuellen Problem litten (Männer unter Erektionsproblemen oder Ejaculatio praecox; Frauen unter Orgasmusunfähigkeit).[46] 1967, ein Jahr später, begann aus Skandinavien für den Massenmarkt produzierte Hardcore-Pornografie aufzutauchen. Im selben Jahr schaffte es Hugh Hefner, Herausgeber des *Playboy*, mit einer damaligen Auflage von vier Millionen auf das Titelblatt des *Time*-Magazins.[47] Am 3. November 1968 kam Al Goldstein mit *Screw* heraus, dessen selbst erklärtes Ziel es war, das Äquivalent des *Consumer Reports* im Bereich der »sexuellen Niederungen« zu werden. Ein Jahr darauf veröffentlichte Philip Roth sein Buch *Portnoys Beschwerden*, in dem er Agonie und Ekstase der Masturbation beschreibt, und in London wie am Broadway kam *Oh! Calcutta!* mit seiner zur Schau gestellten Nacktheit und seinen sexuell anzüglichen Dialogen heraus. Im Jahr 1970 wurde erstmals Schamhaar im Männermagazin *Penthouse* abgebildet, und die vom amerikanischen Präsidenten eingesetzte »Commission on Obscenity and Pornography« kam zu dem Schluss, dass das Vorurteil, frei erhältliche Erotika würden zu Sexualverbrechen führen, jeder Grundlage entbehrte. Der Kreis schloss sich gewissermaßen, als das oberste US-Bundesgericht 1973 mit sieben zu zwei Stimmen für die Legalisierung der Abtreibung stimmte und die American Psychiatric Association im selben Jahr Homosexualität aus ihrem Diagnosehandbuch entfernte, mit der Erklärung, dass Schwule und Lesben unter keinerlei geistigen Störungen litten.

Während die Pornografie in Wort und Bild oder die Gay Liberation einen revolutionären Umbruch darstellten, bei dem es im Wesentlichen um sexuelle Befreiung ging (noch war in vielen amerikanischen Bundesstaaten Homosexualität strafbar), ging es bei der Frauenbewegung um weit mehr als nur um ein neues sexuelles Bewusstsein der Frau. Natürlich war das auch ein wichtiger Faktor, doch das gewandelte Selbstverständnis der Frauen, das nach dem Zweiten Weltkrieg von Simone de Beauvoir inspiriert und von Betty Friedan gefördert worden war, reichte sehr viel tiefer und zog sehr viel mehr nach sich. 1970, mitten in der sexuellen Revolution, erschienen beinahe gleichzeitig drei Bücher, die sich mit kompromisslosem Blick der Beziehung der Geschlechter widmeten.

Germaine Greer, eine Australierin, die sich nach Abschluss ihres Studiums in Großbritannien niedergelassen hatte, zog erstmals Aufmerksamkeit auf sich, als sie im *Suck*-Magazin die Missionarsstellung kritisierte (weil Frauen ihrer Meinung nach nicht nur mehr Kontrolle, sondern auch mehr Vergnügen haben, wenn sie während des Geschlechtsakts auf dem Mann sitzen). Der ökonomischen Lage von Frauen widmete sie in ihrem Buch *Der weibliche Eunuch* mit dem Kapitel »Arbeit« hingegen nur eines von dreißig Kapiteln. Doch seine ursprüngliche Kraft bezog dieses Buch ohnehin aus Greers schonungslosem Vergleich zwischen der Behandlung der Themen Frau, Liebe und Ehe in der hohen Literatur, der Trivialliteratur sowie der landläufigen Meinung einerseits und den realen Verhältnissen andererseits. »Freud«, schreibt sie, »ist der Vater der Psychoanalyse. Eine Mutter hatte sie nicht.«[48] Zornig prangert sie an, dass Männer häufig als dominant, sozial überlegen, älter, reicher und größer als ihre Frauen (Greer ist selbst sehr groß) dargestellt werden, angefangen bei Jane Austen über Lord Byron bis hin zu *Women's Weekly*. In ihrem vielleicht originellsten Beitrag entlarvt sie Liebe und Romanze (unter dem Oberbegriff »Liebe«, dem ein ganzer Teil des Buches gewidmet ist, findet sich ein eigenes Kapitel über die »Romanze«) als reine Schimären, da zwischen »Unterlegenen und Überlegenen« solche Gefühle gar nicht aufkommen könnten. Sie sagt sogar: »Die Frauen haben keine Ahnung, wie sehr die Männer sie hassen.«[49] In einem Kapitel mit der Überschrift »Elend« führt sie nicht nur die Mengen an Medikamenten an, die Frauen einnehmen, sondern auch das ganze Zubehör an sexuellen Hilfsmitteln, die vielen Frauen, wie sie erklärt, das unangenehme Gefühl gäben, gegängelt und benutzt zu werden. Greers Analyse lässt nichts aus. Als Lösung dieses Konflikts forderte sie nichts Geringeres als eine radikale Bestandsaufnahme der wirtschaftlichen und psychischen Lage, in der sich Frauen gegenüber Männern befanden, und – noch revolutionärer – eine grundlegende Neubewertung der romantischen Liebe in der Realität. Dabei war sie aufrichtig genug, um zuzugeben, dass sie die romantischen Vorstellungen, mit denen sie aufgewachsen war, selbst noch nicht völlig über Bord geworfen habe, machte aber zugleich klar, dass diese jeglicher – *jeglicher* – Grundlage entbehrten. Wie jede wirkliche Befreiung war auch diese zugleich betrüblich und anregend.

Juliet Mitchells *Women's Estate* lässt sich hingegen kaum anregend nennen.[50] Auch sie war vom anderen Ende der Welt – in ihrem Fall Neuseeland – nach Großbritannien übersiedelt, und auch sie hatte Anglistik an einer britischen Universität studiert, sich dann aber der Psychoanalyse zugewandt. In ihrem marxistisch gefärbten Bericht erklärte sie, dass zwar auch sozialistische Staaten nicht besonders nett mit Frauen umgingen, der Sozialismus per se jedoch nicht die Unterwerfung der Frau fordere – im Gegensatz zum Kapitalismus und dessen Ideologie von der »Kernfamilie«, die nichts anderes erreiche, als die Frau weiterhin an Haus und Herd zu fesseln, und sie dazu verführe, Konsumgüter zu kaufen und »kleine Konsumenten« heranzuziehen.[51] Ihr Argument, dass Frauen einer politischen und einer persönlichen Revolution bedürften, unterlegte sie mit den Erfahrungen von schwarzen Frauen und mit der Psychoanalyse.[52] Wenn sich Frauen politisch organisieren wollten, schrieb sie, müssten sie erst einmal ihr Selbstbewusstsein stärken, so wie es vor allem amerikanische Schwarze getan hätten. Sowohl vom Kapitalismus als auch von Freud sei den Frauen eingeredet worden, dass sie nur leere Behältnisse für Gefühle seien; tatsächlich aber stünden ihnen alle nur denkbaren Welten offen. Zunächst einmal sollten sie sich nur in kleinen Gruppen von mindestens sechs und höchstens vierundzwanzig Frauen zu »bewusstseinserweiternden« Sitzungen treffen und nach dem Vorbild der chinesischen Revolutionärinnen ihre »Verbitterung« aussprechen.[53] Mit ihren Schilderungen, was andere Frauen im Rest der Welt bereits erreicht hatten, wollte Mitchell den Frauen beweisen, dass sie nicht allein waren; und mit ihrer psychoanalytisch inspirierten Analyse wollte sie das weibliche Bewusstsein dafür wecken, dass »das Aussprechen des Unausgesprochen natürlich auch der Zweck ernsthafter psychoanalytischer Arbeit ist«.[54]

Kate Millett erforschte in ihrem Buch *Sexus und Herrschaft* ähnlich wie Greer vorrangig literarische Texte, und zwar ebenso gelehrt, ebenso lesbar und sogar noch gründlicher.[55] Der deutsche Untertitel *Die Tyrannei des Mannes in unserer Gesellschaft** macht unzweideutig klar, worum es hier geht, nämlich um die Macht in den Geschlechterbeziehungen, wobei sich Millett insbesondere der Frage widmete, ob Macht oder Gewaltbereitschaft strukturell »angeboren« sind. Sie selbst war als Dreizehnjährige missbraucht worden und hatte ihr Geheimnis mit sich herumgetragen, bis sie zehn Jahre später in einer Frauengruppe herausfand, dass fast jedes Gruppenmitglied ähnliche Erfahrungen durchgemacht hatte. Das hatte ihren Zorn nur noch mehr entfacht. Ihr Buch beginnt mit einem kurzen Exkurs über soziologische, biologische, anthropologische und sogar mythologische Erklärungen für die Unterschiede zwischen den Geschlechtern. Am Beispiel von John Stuart Mill, John Ruskin, William Wordsworth, Alfred Lord Tennyson und der Theorien von Friedrich Engels und Thorsten Veblen über Familie und Staat, Privateigentum und Revolution untersucht Millet anschließend, wie die Lage der Frau im England des späten achtzehnten und frühen neunzehnten Jahrhundert dargestellt wurde. Die Bindung der Frau an Haus und Herd sowie Prostitution und Sexualität diskutierte sie dann anhand der Schriften von Charlotte Brontë, Thomas Hardy und Oscar Wilde (*Salomé*), die vor den »Gegenrevolutionen« des Nazismus, Stalinismus und Freudianismus ihrer Meinung nach wenigstens noch einigen Grund zur Hoffnung gaben. Dass der Nazismus oder Stalinismus auch den Frauen nicht bekam, davon mussten sicher nur wenige überzeugt werden. Doch dass Millett Freud in einem Atemzug mit diesen beiden Systemen nannte und dann auch noch die Abschaffung der Familie forderte, garantierte für eine Schockwirkung, die schon der halbe Erfolg des Buches war. Die ganze Wucht ihres Zorns hob sie sich dann allerdings für die drei Autoren D. H. Lawrence, Henry

* Anm. d. Ü.: Im Original lautete der Titel – ohne Untertitel – *Sexual Politics*.

Miller und Norman Mailer auf, die sie in ihrer Analyse mit Jean Genet verglich. D. H. Lawrence, schrieb sie, »manipuliert« die Frauen, Miller habe nur »Verachtung« für sie übrig und Mailer »ringt sie nieder«.[56] Ihre Argumente sind kraftvoll, weil sie die Texte dieser Autoren nicht nur detailliert analysiert, sondern zugleich verdeutlicht, welche Themen sich durch sämtliche Werke dieser Autoren ziehen (beispielsweise Patriarchat und Dienstverhältnis bei Lawrence, Mord bei Mailer). Und durch die Gegenüberstellung mit Genet betonte sie, dass das Prinzip Weiblichkeit durchaus von einem Mann verkörpert werden kann; außerdem war sie sehr einverstanden mit seiner Art, die angeblich vorherbestimmten Rollen der Geschlechter und Rassen in Frage zu stellen.[57] Schließlich befasste sie sich mit den Zusammenhängen von Virilität und Macht in der Realpolitik wie im Verhältnis von Mann und Frau. Ihr vielleicht wichtigstes Argument aber war, dass »Entfremdung« kein vager Begriff der Philosophie und Psychologie mehr war, sondern längst seinen realen Ausdruck in den Kränkungen und Lebensumständen von Frauen, Schwarzen und Armen gefunden hatte. Allein *dass* Millett sich dieses Themas angenommen hatte, war an sich als großer Fortschritt zu werten.[58]

Diese Sichtweise kulminierte schließlich in den Werken von Andrea Dworkin und Shere Hite. Dworkin, die sich selbst als »übergewichtiges hässliches Entlein« bezeichnete, verdankte ihrem Vater, einem Lehrer, die Vorliebe für den geistigen Diskurs. Doch dann heiratete sie 1969 einen radikalen linken Genossen, der sich als »gemeiner Vergewaltiger« entpuppte und sie bis zur Bewusstlosigkeit schlug.[59] Nachdem sie endlich den Mut gefasst hatte, ihn zu verlassen, griff sie zur Feder und knüpfte dort an, wo Millett aufgehört hatte. 1974 veröffentlichte sie ihr Buch *Women Hating*. Im selben Jahr hielt sie eine Rede bei einem »Speak out« in New York, das von der Nationalen Frauenorganisation unter dem Motto »Renouncing Sexual ›Equality‹« organisiert war. Der Applaus dauerte geschlagene zehn Minuten; viele der elfhundert anwesenden Frauen »zitterten und weinten«. Dworkin konzentrierte sich vor allem auf die Pornografie, die, wie sie fand, nur durch einen gewaltigen Frauenhass motiviert sein konnte, weshalb sie ihr mit einer radikal Männer hassenden Ideologie entgegentrat. Sie selbst lebte, was sie als einzigen Ausweg für Frauen ansah, in einer offenen, nicht ehelichen, platonischen Beziehung mit einem Homosexuellen.[60]

Der *Hite-Report* erschien 1976. Shere Hite, die unter dem Namen Shirley Gregory in Saint Joseph, Missouri, geboren wurde, behielt den Namen ihres Ehemannes bei, von dem sie sich schon bald hatte scheiden lassen. Eigentlich wollte sie einen M. A. in Kulturgeschichte an der Columbia University machen, gab das Studium aber auf und nahm eine Reihe von Jobs an, um zu überleben. Da sie wie ein präraphaelitischer Rotschopf aussah, erhielt sie schnell Aufträge als Model und posierte für Nacktaufnahmen im *Playboy* und *Oui*. Der große Wandel in ihrem Leben trat ein, nachdem sie den Auftrag bekommen hatte, für eine Werbung des italienischen Schreibmaschinenherstellers Olivetti zu posieren. Die veröffentlichte Reklame zeigte dann eine Sekretärin vor einer Schreibmaschine, dazu den Text »The typewriter that's so smart she doesn't have to be«. Hite erfuhr aus der Zeitung, dass eine Frauengruppe wegen dieser frauenfeindlichen Aussage zum Boykott von Olivetti-Produkten aufgerufen hatte. Sie setzte sich mit ihnen in Verbindung an und wurde kurze Zeit später in der Frauenbewegung aktiv. Dort erfuhr sie dann unter anderem etwas, das ihr besonderes Interesse weckte, nämlich dass Mediziner zur damaligen Zeit Frauen, die beim Geschlechtsverkehr keinen Orgasmus erleben konnten, mitzuteilen pflegten, dass sie »ein medizinisches Problem« hätten. Im Laufe der nächsten fünf Jahre sammelte sie Gelder für ein Forschungsprojekt und verschickte 100000 Fragebögen an Frauen, um festzustellen, wie diese ihr »Orgasmusproblem« selbst sahen. Sie erhielt über dreitausend Antworten. Der *Report*, den sie dann veröffentlichte, war eine Offenbarung.[61] Hites wichtigste Erkenntnis war, dass die meisten Frauen durch vaginale Penetration nicht zum Orgasmus kommen konnten und daher durch eine völlig unrealistische Erwartung unter großen Druck gerieten (ebenso die Männer). Das hieß jedoch nicht, dass Frauen Sex nicht genießen konnten, sondern vielmehr, dass ihr eigentlicher Genuss in der damit verbundenen Intimität und Zärtlichkeit lag. Zweitens fand Hite heraus, dass diese Frauen durch Masturbation sehr wohl zum Orgasmus gelangten, jedoch stark unter dem Tabu litten, mit dem Masturbation bei Frauen behaftet war. Der *Hite-Report* machte seine Autorin buchstäblich über Nacht zur Millionärin, denn mit ihren Entdeckungen schlug sie ganz offensichtlich eine Saite bei Frauen an. Viele empfanden Hites Botschaft als eine Befreiung, denn oft genügte es schon, dass sie entdeckten, ihre persönliche Situation, das eigene Schicksal oder Problem – wie immer man es auch nennen will –, um sich bewusst zu machen, dass sie zumindest statistisch betrachtet völlig »normal« waren. Hites Ergebnisse implizierten, dass sich Frauen, was ihr sexuelles Verhalten anbelangt, nicht wesentlich von Männern unterscheiden.[62] Ihre Statistiken entpuppten sich als etwas Emanzipatorisches, als praktische Antwort auf einen Aspekt der »Entfremdung«. Gewiss, der *Hite-Report* entbehrte nicht eines gewissen Zynismus, denn ein statistisches Kompendium über Orgasmus und Masturbation musste ganz einfach ein kommerzieller Schlager werden. Aber ebenso gewiss war, dass dieser Report das Ende einer bestimmten Phase im Prozess der Selbstbefreiung der Frau markierte, weil er die Ansicht vertrat, dass wirkliche Unabhängigkeit, ob nun die sexuelle oder ökonomische, von jeder Frau, die sie will, erreicht werden kann.

Nicht jeder war von diesem Stimmungswandel beglückt. Nathan

Glazer (der als junger Kollege an David Riesmans *The Lonely Crowd* mitgewirkt hatte) und Patrick Moynihan enthüllten 1963 in ihrem Bericht *Beyond the Melting Pot*, dass das »Mittelstandsamerika« von einem »gleichmacherischen Geisteszustand geprägt ist... gekennzeichnet durch die Ablehnung von Bürgerrechten, der Friedensbewegung, der Studentenbewegungen, der ›Wohlfahrtsintellektuellen‹ und immer so weiter«.[63] Vor diesem Hintergrund wollte Präsident Johnson nun sein großes Experiment wagen. Die Umsetzung in die Praxis begann er mit mehreren Reden, durch die seine *Great Society* mindestens ebenso bekannt wurde wie Martin Luthers »Traum«. Für Alte sollte es staatliche Gesundheitsfürsorgen geben, für Junge Ausbildungsbeihilfen, für das Business Steuerermäßigungen, für Arbeiter ein höherer Mindestlohn, für Farmer Subventionen, für Ungelernte kostenfreie Berufsausbildungen, für Hungernde Nahrung, für Obdachlose Wohnungen, für Arme Sozialhilfe, für Pendler sichere Highways, für Schwarze ein Rechtsschutz, für Indianer ein verbessertes Schulsystem, für Arbeitslose mehr Vergünstigungen, für Ruheständler Renten und für Konsumenten wahrheitsgetreue Etikettierungen. Unzählige Projektgruppen wurden – häufig unter akademischer Leitung – gegründet und entsprechende Gesetze in höchster Eile verabschiedet, denn Johnson wollte, dass die *Great Society* endlich die bereits von Roosevelts *New Deal* geweckten Hoffnungen – und noch weit mehr – erfüllen sollte.

Es war das vermutlich größte Experiment von Social engineering außerhalb der kommunistischen Welt.[64] Zwischen 1965 und 1968 – dem Jahr, in dem sich Johnson nicht mehr zur Wiederwahl aufstellen ließ, der Vietnamkrieg die Nation endgültig zu spalten drohte und die amerikanische Ökonomie immer schwerer belastete – wurden ungefähr fünfhundert Sozialprogramme ins Leben gerufen. Einige waren erfolgreich, andere weniger. Die staatliche medizinische Grundversorgung »Medicare« und die Durchsetzung des Wahlrechts für alle waren beispiellose Erfolge; die Errichtung von Modellstädten hingegen weniger; und die »community action« grub sich gar ihr eigenes Grab. Doch der eigentliche Kampf, der sich über Jahre hinziehen sollte und in gewissem Maße noch heute ausgefochten wird, war der um Erziehung und Ausbildung, um die Idee, dass Schwarzen und anderen benachteiligten Minderheiten der Zugang zu besserer Ausbildung gewährt werden muss und gleiche Chancen auf Ausbildung das Wichtigste in einer Gesellschaft sind, in der Freiheit Freisein von Unwissenheit bedeutet und demokratische Einstellungen wie Fairness und Individualismus gleichbedeutend sind mit der Überzeugung, dass beiden, Männern und Frauen, ein guter Start ins Leben ermöglicht werden soll, aber dass sie anschließend auf sich selbst gestellt sind, um das Beste daraus zu machen. Seit den sechziger Jahren führten diese Ideen zu Tausenden von soziopsychologischen Studien über die Auswirkungen des individuellen ökonomischen, sozialen und rassischen Hintergrunds auf verschiedene Faktoren, unter denen der IQ-Test der bei weitem umstrittenste war. Denn ungeachtet der Kritik, dass dieser Test niemals messen könne, was er zu messen vorgab, und dass er ohnedies immer zu Gunsten der weißen Mittelschicht formuliert und ausgelegt werde, wurden IQ-Tests weiterhin in großem Umfang zu Forschungszwecken in Schulen und am Arbeitsplatz eingesetzt.

Die erste große Studie über die sozialen Missstände, die in der *Great Society* ins Lot gerückt werden sollten, lautete *Equality of Educational Opportunity*. Verfasst wurde sie von James Coleman et al. und herausgegeben 1966 vom U.S. Government Printing Office in Washington.[65] Dieser Coleman-Report, die bislang gründlichste Studie über amerikanische Schulen ohne Rassentrennung, kam zu dem Schluss, dass das sozioökonomische Niveau einer Schule einen größeren Effekt auf die Leistung des Schülers hatte als alle anderen messbaren Faktoren, ausgenommen die sozioökonomischen Verhältnisse der Familie. Mit anderen Worten: Schwarze waren im Allgemeinen nur dann besser in desegregierten Schulen, wenn es sich um funktionierende Institutionen der Mittelschicht handelte; wenn die Aufhebung der Rassentrennung nichts anderes bedeutete, als dass Schwarze eine Schule besuchten, in der Weiße ebenso arm waren wie sie, verbesserten sich ihre Leistungen nicht. Großbritannien begann Mitte der sechziger Jahre dem amerikanischen Beispiel zu folgen und so genannte »Educational Priority Areas« zu gründen, die darauf abzielten, benachteiligte Gruppen in benachteiligten sozioökonomischen Gebieten besonders zu fördern. J. W. B. Douglas et al. kamen in ihrer 1968 veröffentlichten Studie *All Our Future* jedoch zu dem Ergebnis, dass die Kluft zwischen Schülern aus der Mittelschicht und Schülern aus der Arbeiterklasse von einem solchen Social engineering nicht in wünschenswerter Weise verringert werden konnte.[66]

Die heftigste Kontroverse um dieses Thema entstand Ende der Sechzigerjahre mit einem Artikel, den Arthur Jensen, ein Psychologe von der University of California in Berkeley, unter dem Titel »How Much Can We Boost IQ and Scholastic Achievement?« in der *Harvard Educational Review* veröffentlichte. Dem Artikel lagen keine neuen Forschungsergebnisse zu Grunde, vielmehr basierte er auf bereits veröffentlichten Studien. Er begann mit dem Satz: »Die erfolgten ausgleichenden schulischen Maßnahmen schlugen offensichtlich fehl.« Denn, so Jensen, 80 Prozent der IQ-Varianz werde von den Genen bestimmt; die ungefähr 15 Prozent Differenz zwischen dem durchschnittlichen Intelligenzquotienten von Weißen und Schwarzen lasse sich also im Wesentlichen durch erblich bedingte rassische Intelligenzunterschiede erklären. Folglich, schlussfolgerte Jensen, könne kein einziges soziales Programm den sozialen Status von Schwarzen und Weißen nivellieren und sollten Schwarze »lieber für mechanische Aufgaben ausgebildet werden, zu denen sie ihre Gene prädisponieren«.[67] Für Schwarze muss es wirklich so ausgesehen haben, als hätte es seit den Tagen von Du Bois nicht den geringsten Fortschritt gegeben.

Weniger umstritten als Jensens Bericht, und auf lange Sicht auch wesentlich einflussreicher, war eine Studie, die der Soziologieprofessor Christopher Jencks aus Harvard mit sieben anderen Kollegen durchgeführt hatte.[68] Jencks, ebenfalls Schüler von David Riesman, hatte sich schon immer für die Grenzen schulischer Erziehung interessiert und bereits Anfang der Sechzigerjahre ein Buch über dieses Thema geschrieben. Nach der Veröffentlichung des Coleman-Reports initiierten Daniel Moynihan und Thomas Pettigrew ein Seminar in Harvard, um Colemans Daten erneut zu analysieren. Moynihan, Ministerialdirigent in Johnsons Arbeitsministerium, hatte im März 1965 in einem nach ihm benannten Bericht postuliert, dass die Hälfte der schwarzen Bevölkerung unter einer »Soziopathologie« leide. Pettigrew war ein schwarzer Psychologe. Jencks nahm unter anderen ebenfalls an dem Seminar teil, aus dem im Laufe der Jahre das Center for Educational Policy Research entwickelte, dessen erste bedeutende Veröffentlichung ebenjenes Buch *Inequality* von Jencks war.

Ohne Übertreibung kann man sagen, dass die in *Inequality* veröffentlichten Erkenntnisse eine große Anzahl Menschen auf beiden Seiten des Atlantiks schockierten und empörten. Die wichtigsten Resultate dieser Forschungsarbeit aus Harvard – dargestellt unter anderem in einem unfangreichen Kapitel über die Auswirkungen der kognitiven Fähigkeiten auf das Vorwärtskommen eines Menschen und dessen Zusammenhang mit Schule und Rasse, unter anderen Variablen – waren, dass Gene und IQ »sich relativ wenig auf den ökonomischen Erfolg auswirken« und »die Qualität der Ausbildungsstätte geringe Auswirkungen auf die Leistungen oder den wirtschaftlichen und sozialen Erfolg hat«. Die etwas genauere Schlussfolgerung lautete: »Wir können für ökonomische Ungleichheit nicht primär genetische Unterschiede bei der Fähigkeit des Menschen zum abstrakten Denken verantwortlich machen, da es nahezu ebenso viel ökonomische Ungleichheit zwischen Menschen mit vergleichbaren [IQ-]Testergebnissen gibt, wie unter Menschen im Allgemeinen. Wir können für ökonomische Ungleichheit nicht primär die Tatsache verantwortlich machen, dass Eltern ihre eigenen Benachteiligungen an ihre Kinder weitergeben, da es nahezu ebenso viel Ungleichheit zwischen Personen gibt, deren Eltern einen vergleichsweise identischen ökonomischen Status haben. Wir können für ökonomische Ungleichheit nicht die Unterschiede zwischen Schulen verantwortlich machen, da Unterschiede zwischen Schulen nur sehr geringe Auswirkungen auf die messbaren Eigenschaften ihrer Schüler haben ... Ökonomischer Erfolg scheint ebenso von glücklichen Umständen wie von fachlicher Kompetenz abzuhängen, welche jeweils nur in bescheidenem Maße mit dem familiären Hintergrund, der Art der besuchten Schule oder den bei standardisierten Tests erzielten Punkten in einen Zusammenhang zu bringen sind. Die Definition von Kompetenz variiert stark zwischen den einzelnen Jobs, scheint aber in den meisten Fällen mehr von der jeweiligen Persönlichkeit als von den technischen Fähigkeiten abzuhängen. Das macht eine Strategie zur Angleichung von Kompetenz schwer vorstellbar. Eine Strategie zur Angleichung von Glück ist noch schwerer denkbar.«[69]

Der Einfluss, den *Inequality* gewann, hatte auch mit der schieren Masse der Daten, die das Harvard-Team bearbeitet hatte, und den rigorosen mathematischen Analysen zu tun, die mit vielen ausführlichen Anmerkungen am Ende eines jeden Kapitels belegt und in drei gesonderten Anhängen zu den Themen IQ, intergenerationelle Mobilität und Statistik im Detail erläutert wurden. Jensen wurde auf seinen Platz verwiesen, indem die Forscher aus Harvard belegten, dass sich die im IQ zum Ausdruck kommende genetische Vererbung auf zwischen 25 und 45 Prozent, aber gewiss nicht auf 80 Prozent beläuft; allerdings fügten sie unmissverständlich hinzu, dass die Anerkennung einer genetischen Komponente beim IQ einen Forscher noch nicht zum Rassisten abstempelt.[70] Ihr abschließender Kommentar hierzu lautete: »Es ist sicher von symbolischer Bedeutung, wenn hier klar und deutlich von der Prämisse ausgegangen wird, dass Schwarze bei standardisierten Tests ebenso gut abschneiden können wie Weiße. Doch jeder Schwarze oder Weiße, der daraus nun schlussfolgert, dass rassische Ungleichheit primär eine Frage der gerechten Angleichung der Auswertung von Testergebnissen sei, hält sich selbst zum Narren… Schwarze und Weiße mit vergleichbaren Testergebnissen haben noch immer einen völlig unvergleichbaren beruflichen Status und unvergleichbares Einkommen.«[71] Im Hinblick auf die Aufhebung der Rassentrennung kam das Harvard-Team zu dem Ergebnis, dass sich die 15-prozentige Kluft zwischen dem IQ von Weißen und Schwarzen in sämtlichen Bereichen auf vielleicht 12 oder 13 Prozent senken lasse, wenn man überall Integration durchsetzt. Obwohl das nicht unerheblich war, gaben die Forscher zu, dass die Aufhebung der Segregation »gewiss keinen großen Effekt auf das allgemeine Muster rassischer Ungleichheit in den Vereinigten Staaten haben würde«. Und sie fügten hinzu: »Man sollte nicht im Sinne des akademisch Erreichbaren für oder gegen die Aufhebung der Rassentrennung plädieren. Wenn wir eine segregierte Gesellschaft wollen, sollten wir auch segregierte Schulen haben. Wenn wir eine desegregierte Gesellschaft wollen, sollten wir auch desegregierte Schulen haben.« Nur ein politischer und ökonomischer Wandel werde zu mehr Gleichheit führen. »Das entspricht dem, was andere Länder gewöhnlich Sozialismus nennen.«[72]

Angesichts der Nachrichten, die über die Verwirklichung von Freiheit und Gleichheit aus sozialistischen Staaten wie der UdSSR und China drangen, ist nicht verwunderlich, dass diese abschließende Botschaft aus Harvard keine begeisterten Anhänger fand. Doch auf die Bemerkung, dass

Schulen nicht die Gleichheit bringen könnten, die Schwarze wünschten, wurde sofort reagiert. Die führenden Mitglieder der Bürgerrechtsbewegung begannen, sich mit ihrer ganzen Energie auf das Thema Rassentrennung und Diskriminierung am Arbeitsplatz zu konzentrieren, denn sie stimmten dem Harvard-Team zu, dass auf ökonomischer Ebene mehr Gleichheit hergestellt werden könne als auf schulischer.

*

Das traditionelle Schulsystem wurde mittlerweile aber auch aus einer ganz anderen Richtung angegriffen, nämlich durch Ivan Illichs Streitschrift *Entschulung der Gesellschaft*. Illich, ein Wiener, der Theologie an der gregorianischen Universität von Rom studiert hatte, war lange Hilfsvikar in einem von Iren und Puerto-Ricanern bewohnten Viertel von New York. Als wichtigstes Ziel steckte er sich die Entwicklung eines neuen Schulsystens im armen Lateinamerika (er hatte auch in Mexiko gearbeitet), wo die üblichen Schulen (im Jahr 1971) »alles andere als Orte der Bildung« waren und die Schüler weder von der Unwissenheit befreit wurden, noch lernten, das Beste aus ihren Fähigkeiten zu machen. Im Gegenteil, in seinen Augen waren dies langweilige Fabriken, die nichts anderes taten als »Opfer für die Konsumgesellschaft« zu produzieren.[73] Ihre Lehrer waren Verwalter, Moralisten und Therapeuten, aber nicht die Überbringer von Informationen, die den Menschen halfen, ihrem Leben mehr Sinn zu geben. Deshalb plädierte Illich für die vollständige Abschaffung von Lehrinstituten und ihre Ersetzung durch »Lernbörsen«, die er in vier Bereiche für »selbstmotiviertes Lernen« aufgliederte: in »Nachweisdienste für Bildungsgegenstände«, das heißt, die Menschen sollten etwas über Landwirtschaft *in* landwirtschaftlichen Betrieben, über das Fliegen *in* Flughäfen oder über Literatur *in* Bibliotheken erfahren; zweitens in »Börsen für Fertigkeiten«, wo jedem Kind »Vorbilder für seine Fertigkeiten und Wertvorstellungen« zur Verfügung stehen würden, seien es Gitarristen, Tänzer oder Politiker; drittens in eine »Partnervermittlung«, eine »der Kommunikation dienende Anlage, die es Menschen ermöglicht, ihre Lernwünsche anzugeben, um einen Partner für ihre Forschung zu finden«. Und viertens schließlich plädierte er für »Nachweisdienste für Lehrer aller Art«, deren Auswahl »durch spontane Wahl oder auf Grund der Konsultierung früherer Schüler« erfolgen sollte.[74] In jedem Fall aber wollte er die traditionellen Lehrer und Schulen abschaffen. *Die Entschulung der Gesellschaft* war ein ungewöhnliches Buch, ebenso detailliert in seinen Prognosen wie seinen Diagnosen, was dann nicht wenig zur Entwicklung der so genannten Alternativkultur beitrug. Doch die Auswirkungen seiner Ideen auf das reale Schulsystem blieben gering.

*

Ihren wichtigsten Navigator und damit auch ihren Kurs verlor die *Great Society* im März 1968, als Präsident Johnson ankündigte, dass er nicht zur Wiederwahl zur Verfügung stehe. Einer seiner Gründe war der Vietnamkrieg. Bis 1968 hatten die Vereinigten Staaten beinahe eine halbe Million Soldaten nach Asien transportiert und einen jährlichen Verlust von 25 000 zu beklagen. Doch bevor er sein Amt endgültig verließ, setzte Johnson noch seine Politik der »affirmative action« in Kraft – die »Maßnahme zur Beseitigung und Verhütung von Diskriminierung und zur Wiedergutmachung der Folgen vergangener Diskriminierung« –, die auf alle afrikanischen Amerikaner und andere Minoritäten ausgerichtet war. Doch in dieser Hinsicht war Johnson zu optimistisch, denn das Jahr 1968 sollte geradezu versinken in Gewalt und Konflikten an allen Fronten.

Am 8. Februar wurden drei schwarze Studenten in Orangeburg, South Carolina, bei dem Versuch getötet, in eine von Weißen frequentierte Bowlingbahn eingelassen zu werden. Am 4. April wurde Martin Luther King in Memphis erschossen; es folgte eine Woche der Proteste, gewaltsamen Aufstände und Plünderungen in mehreren amerikanischen Städten. Im Juni wurde Robert Kennedy in Kalifornien erschossen. Aber die USA standen nicht allein. In Großbritannien hielt man ein neues »Race relation«-Gesetz für angebracht. In die Tschechoslowakei marschierten am 21. August Truppen des Warschauer Pakts ein und setzten dem Prager Frühling mit seiner Hinwendung zu Pressefreiheit, Aufhebung der Zensur, Religionsfreiheit und anderen liberalen Reformen ein brutales Ende. Außerdem war es das Jahr der Studentenunruhen, der Proteste gegen den Vietnamkrieg, gegen die Diskriminierung von Schwarzen oder Frauen und »den Muff unter den Talaren«. In den Vereinigten Staaten, Großbritannien, der Bundesrepublik (wo der Studentenführer Rudi Dutschke niedergeschossen wurde), in Italien und vor allem in Frankreich – wo es den Studenten am ehesten gelang, sich mit den Arbeitern zu verbünden – besetzten Studenten Fabriken und Universitätsgebäude, gingen auf die Barrikaden und zwangen Regierungen, ihre Politik in so mancher Hinsicht zu ändern. In Frankreich zum Beispiel setzten sie eine Anhebung des Mindestlohns um 33 Prozent durch.

Doch diese Studentenproteste waren nur *ein* Aspekt eines gesamtgesellschaftlichen Phänomens, das die unterschiedlichsten Auswirkungen auf das Geistesleben haben würde – der »Babyboom«, die Folge des massiven Geburtenanstiegs während und unmittelbar nach dem Zweiten Weltkrieg. Seit Ende der fünfziger Jahre, zeitgleich mit dem Aufstieg der Wohlstandsgesellschaft (und, sollte man noch hinzufügen, der Verbreitung des Fernsehens), war eine zahlenmäßig sehr viel stärkere Studentengeneration herangewachsen als jemals zuvor. Die britische Regierung ließ 1963, nach der Veröffentlichung des Robbins-Berichts über den Stand der akademischen Institutionen in Großbritannien, die Anzahl der zur Verfügung stehenden Universitäten beinahe über Nacht verdoppeln (von dreiundzwanzig auf sechsundvierzig). Bücher wie Daniel Bells *End of Ideology* oder Herbert Marcuses *Der eindimensionale Mensch* begründeten um 1960 die so genannte Neue Linke, zu der natürlich auch die Enttäuschung über die traditionelle linke Politik beigetragen hatte, seit nach Stalins Tod Einzelheiten über sein Terrorregime bekannt geworden waren, ganz zu schweigen von der brutalen Niederschlagung des Aufstands in Ungarn 1956 durch die Russen. Der Grundtenor dieser mittlerweile zu einer unübersehbaren Kraft in mehreren Ländern gewordenen Neuen Linken war die Kritik am marxistischen Begriff der Entfremdung. Die Neue Linke betrachtete Politik als etwas eher Persönliches, Psychologisches; ihre Vertreter hielten *Einmischung* für das beste Mittel gegen Entfremdung und Gruppen wie Studenten, Frauen und Schwarze mit ihrem neu gewonnenen Selbstbewusstsein für besser geeignet, einen radikalen Wandel herbeizuführen als die traditionelle Arbeiterklasse. Ihre Kampagne für die (unilaterale) atomare Abrüstung – schon früh ein Fokus ihrer Einmischung – erhielt großen Zulauf um die Zeit der Kubakrise. Doch neben dem Top-Thema »Kalter Krieg« konzentrierten sich die Aktionen der radikalen Einmischung auch auf die Bürger- und Frauenrechtsbewegungen. Die Demonstrationen und Proteste des Jahres 1968 waren die Kulmination eines politischen Prozesses, das Musikfestival von Woodstock im Jahr 1969 hingegen das Symbol für eine persönliche Befreiung, die nicht durch politisches Engagement, sondern durch die neuen Trends in der Psychologie, durch Musik, freie Liebe und Drogen verwirklicht werden sollte – eben durch den ganzen Erfahrungscocktail, der am Ende in eine eigene alternative Kultur mündete.

*

Der Mann, der all diese Themen destillierte und einen Leitfaden durch dieses Jahrzehnt bot, war der Amerikaner Norman Mailer, der für die zweite Hälfte des zwanzigsten Jahrhunderts gewissermaßen das Gleiche bedeutete wie George Orwell für die erste Hälfte. Wie Orwell war auch Mailer Journalist und Romancier und hatte den Krieg in Aktion erlebt. Im Laufe der sechziger Jahre schrieb er eine Reihe von Büchern – *An American Dream (Der Albtraum*; 1965), *Cannibals and Christians* (1967), *The Armies of the Night (Heere aus der Nacht*; 1968), *Miami and the Siege of Chicago* (1968), *Why Are We in Vietnam?* (1969) –, die, wie schon aus den Titeln deutlich wird, die Chronik eines Jahrzehnts der Gewalt sind. Die Hauptfigur (Held wäre wirklich keine angemessene Bezeichnung) in *Der Albtraum* ist Steve Rojack, ein hoch dekorierter Vietnam-Veteran, Kongressabgeordneter und zumindest am Anfang der Geschichte auch TV-Star mit eigener Show – er hat alles erreicht, wonach sich ein Amerikaner sehnt.[75] Gleich zu Beginn der Geschichte erwürgt er seine Frau und wirft ihren Körper, nachdem er das Dienstmädchen vergewaltigt hat, aus dem Fenster seiner Wohnung, in der Hoffnung, dass er durch den Aufprall verstümmelt sei und alle Würgemale vernichtet würden. Das gelingt nicht, aber er kommt dennoch straffrei davon, weil hinter den Kulissen die Strippen gezogen werden. Er verliert nur seine TV-Show. Im Laufe der drei Tage, in denen der Roman spielt, werden noch zwei weitere Menschen – eine Frau und ein Schwarzer – im Zusammenhang mit Rojacks Verbrechen ermordet. Durchgehend in dieser Geschichte ist die Tatsache, dass nichts, was Rojack tut oder ihm geschieht, ihn wirklich berührt; er ist der perfekte Narziss. So weit, sagt Mailer, ist es mit Amerika also gekommen. Henry Steele Commager hatte in den sechziger Jahren das Buch *Was America a Mistake?* veröffentlicht. Für die Figur des Steve Rojack hat Mailer diese Frage bejaht.[76]

Heere aus der Nacht trägt den Untertitel *Geschichte als Roman, der Roman als Geschichte.* Vordergründig erzählt der Hauptteil dieses Buches die interne Geschichte des Marsches auf das Pentagon, bei dem am 21. Oktober 1967 ungefähr 75 000 Menschen gegen den Vietnamkrieg protestierten.[77] Es ist ein Roman nur in dem Sinne, dass sich der Autor während des ganzen Buches auf sich selbst in der dritten Person bezieht und den Leser hinter die Kulissen der Organisation dieses Marsches und hinter die des Menschen Mailer mitnimmt. Die Charaktere sind sämtlich real existierende Personen, darunter Robert Lowell, Noam Chomsky und der Kinderarzt Benjamin Spock. Mailer schildert die verschiedenen Formen seiner Eifersucht, z. B. auf Lowell, den eigenen peinlichen Auftritt bei seiner Rede am Abend vor dem Marsch oder die Liebe zu seiner Frau. Was er dem Leser hier offeriert, ist also ein frühes Beispiel des später so genannten »radical chic«, das heißt, es wird angenommen, dass der Leser sich dafür interessiert, wie sich ein Prominenter hinter den Kulissen eines politischen Ereignisses verhält; so begreift er automatisch, wieso Prominente inzwischen zum Bild jeder politischen Veranstaltung gehören, und er wird einer Geschichte leichter folgen, wenn er sich mit jemandem identifizieren kann, vor allem mit einer Person, die ihm seine Schwächen bekennt. Im weiteren Verlauf der Geschichte werden die Demonstranten in die Enge getrieben; Mailer wird (wie Tausende andere) verhaftet und verbringt eine Nacht in der Zelle, weshalb er eine Party in New York versäumt. Da dies als Roman konzipiert wurde, kann Mailer auch problemlos die Szenerie wechseln und beispielsweise ein Kapitel über den Vietnamkrieg einschieben, in dem er erklärt, warum er das Engagement der USA dort für falsch hält. Der zweite, kürzere Abschnitt des Buches, »Der Roman als Geschichte«, beschreibt die gleichen Ereignisse aus einem allgemeineren Blickwinkel, zum Beispiel anhand von Pressezitaten, an deren Beispiel Mailer belegt, wie konsequent die Medien die Realitäten der Ereignisse, die er im ersten Abschnitt des Buches schildert, verdrehten oder ausschmückten. Mailer benutzt diesen Marsch also zur Beschreibung der Trends im amerikanischen Leben und Denken dieser Zeit, um zu beweisen, dass dicht unter der Oberfläche die Bereitschaft zur Gewalt schlummert und dass auch die Presse zu den Heeren aus der Nacht gehört, obwohl sie ein unverzichtbares Instrument der Information bleibt. Vor allem aber zeigte er, dass niemals nur eine Methode oder Quelle genügt, um der Wahrheit auf die Spur zu kommen.[78] Entscheidend bei Mailer ist seine Rolle als *Anti*existentialist. Sowohl in *Heere aus der Nacht* als auch im *Albtraum* stellte er die Denkweisen der fünfziger Jahre an den Pranger. Mailer machte allen deutlich, dass Gewalt – Grenzsituationen – die Menschen abstumpfen lässt und am Ende auch dazu führt, dass sie einander nicht mehr zuhören. Um kreativ zu sein, bedarf es der ständigen geistigen Auseinandersetzung mit dem alltäglichen Geschehen; durch Gewalt wurden die Ansichten polarisiert und erstarrten. Durch den Vietnamkrieg sei das Denken in den USA erstarrt.

*

Der Kalte Krieg mit seinen Spannungen und Konfrontationen hatte den Beginn der sechziger Jahre beherrscht; die letzten Jahre dieses Jahrzehnts waren von Ereignissen geprägt, in denen die konträren Weltanschauungen zum Ausdruck kamen, die kommunistische Staaten gegenüber Freiheit, Gleichheit und Gerechtigkeit vertraten.

Am 10. November 1965 verriss ein junger Literaturkritiker aus Shanghai namens Yao Wenyuan in der Zeitschrift *Literary Current* das Bühnenstück *Hai Jui Dismissed from Office*, das vier Jahre zuvor von Wu Han, dem stellvertretenden Bürgermeister von Peking, publiziert worden war. Es ging um einen ehrlichen Beamten zu Zeiten der Ming-Dynastie, der, weil er offen einen Einwand gegen die Politik des Herrschers vorgebracht hatte, bestraft wurde. Obwohl dieses Stück so weit in der Vergangenheit angesiedelt war, empfand es Mao Zedong als persönliche Kritik und nahm es zum Vorwand für Veränderungen in gewaltigen Ausmaßen. Die so genannte Kulturrevolution hatte zwei Aspekte: Erstens war sie eine von Mao initiierte politische Bewegung; und zweitens wirkte sich diese zerstörerisch auf die Künstler, Intellektuellen und Akademiker Chinas aus. Sie hatten nun unter den schärfsten Beschneidungen ihrer Rede- und Handlungsfreiheit zu leiden.

Maos Frau Jian Qing wurde zur »Kulturberaterin« der Armee ernannt – eine Entscheidung mit gravierenden Folgen. Umgeben von jungen Aktivisten, nahm sie sich als Erstes die »Wissenschaftlertyrannen« vor, wie sie sie nannte, die mit »abstruser Sprache« versuchten, den Klassenkampf zum Schweigen zu bringen. Schlimme Folgen hatte auch, dass sich die Universitäten ihrer Dialektik einfach verweigerten und dem »Trugschluss« anhingen, »dass jeder ›vor der Wahrheit gleich‹ ist«.[79] Anfangs hatte Jian Qing noch Schwierigkeiten, ihre Botschaft unters Volk zu bringen (die *Volkszeitung* weigerte sich zuerst, ihre Proklamationen zu veröffentlichen), doch bis Ende Mai 1966 hatte sie sich dann der Hilfe eines neuen Phänomens versichert – der *Hung Wei Ping*, der Roten Garden, fast ausschließlich Gymnasiasten und Studenten mit dem vorrangigen Ziel, alle »Brillenträger«, wie sie Lehrer und andere Akademiker nannten, zu attackieren. Sie marschierten in geschlossenen Trupps zuerst gegen die Tsinghua-Universität und anschließend alle anderen Hochschulen, um deren Lehrkörper zu diffamieren.[80] Allmählich beherrschten sie ganze Straßenzüge. Mit massiver Gewalt gingen sie gegen jeden vor, dessen Haar oder Kleidung ihnen nicht passte. Geschäfte und Restaurants wurden gezwungen, alles in ihren Auslagen oder von ihren Menüs zu entfernen, was auch nur den Hauch des Westlichen an sich hatte. Neonzeichen wurden zerstört und riesige Strohfeuer auf den Straßen entzündet, um verbotene Waren wie Jazzschallplatten, Kunstwerke und moderne Kleidung zu verbrennen. Kaffeehäuser, Theater und Zirkusse wurden geschlossen, Hochzeitsfeiern verboten, und sogar Händchenhalten oder Drachensteigen war untersagt. Ein weiblicher Star der Pekingoper berichtete später, dass sie in der Verbannung auf dem Land jeden Tag in ein abgelegenes Wäldchen flüchtete, wo sie niemand hören konnte, um ihre Stimmübungen zu machen; ihre Kostüme und ihr Make-up hatte sie vergraben und erst wieder hervorgeholt, als die Kulturrevolution vorüber war. Bibliotheken wurden geschlossen, Bücher verbrannt. Wie Paul Johnson in seinem deprimierenden Bericht über diese Katastrophe schrieb, hatten nur vier Wissenschaftler – ein berühmtes Beispiel – aus dem Pekinger Forschungsinstitut für Nichteisenmetalle den Mut gehabt, die Bibliothek in der Zeit der Kulturrevolution zu nutzen.[81] Jian Qing genoss ihre Rolle. Sie hielt Reden bei unzähligen Massenveranstaltungen, wo sie sich dann abwechselnd den Jazz, Rock'n'Roll, Striptease, Impressionismus, Fauvismus und jeden nur denkbaren »Ismus« der modernen Kunst vorknöpfte und gegen den Kapitalismus wetterte, der jede wahre Kunst zerstört habe. Auch gegen jede Art der Spezialisierung zog sie zu Felde.[82] In der zweiten Jahreshälfte 1966 stand buchstäblich jede wichtige kulturelle Institution in China unter der Kontrolle der Armee. Am 12. Dezember des Jahres wurden viele »Feinde des Volkes« – Bühnenautoren, Schauspieler, Film- und Theaterregisseure, Dichter und Komponisten – gezwungen, in das mit zehntausend Zuschauern besetzte Arbeiterstadion zu marschieren, ein jeder mit einem Holzschild um den Hals, auf dem sein »Verbrechen« stand. Später übernahm Jian auch das Fernsehen und die Radiostationen, konfiszierte Geräte, Drehbücher, Partituren und Filme, die sie dann in eine ihr genehme Fassung umschneiden oder umarbeiten ließ. Sie beauftragte Komponisten mit Heldenwerken, die an »den Massen« getestet und anschließend nach deren Geschmack verändert wurden. Dem Ballett verbot sie die Darstellung der »Orchideenfinger« sowie nach oben gewendete Handflächen, damit die Tänzer mit geballter Faust und energischen Bewegungen »ihrem Hass auf die Klasse der Landbesitzer« Ausdruck verleihen konnten.[83] Diese Angriffe gegen Universitäten und Künstler säten weitere Gewalt. In den Universitäten wurden Privatarmeen aufgestellt, zu deren bekannteren die »Der-Osten-ist-Rot«-Kommune vom Pekinger Geologischen Institut und die »Himmelsgeist«-Kommune des Aeronautischen Instituts gehörten.[84] Professoren aus vielen wissenschaftlichen Institutionen wurden aufs Land verbannt, um bei den Bauern endlich wirklich nützliche Arbeit zu leisten. Dass man am Genetischen Institut von Peking (vor 1949 hatte es kein solches Institut in China gegeben) den Theorien von Lyssenko sogar noch länger als in der UdSSR anhing, war nicht zuletzt den Roten Garden zu verdanken. Eine der typisch absurden Ideen der Kulturrevolution war beispielsweise, die Farben von Ampeln zu verändern, weil die Roten Garden fanden, dass die revolutionäre Farbe Rot für Aufbruch und Bewegung stand, mit anderen Worten also für »Gehen« und nicht für »Stehen«. Zhou Enlai wischte diese Idee aber schließlich mit der wohl eher amüsierten Bemerkung vom Tisch, dass Rot im Nebel besser zu sehen und daher die sicherste Farbe sei. Aber die Kulturrevolution war ganz und gar kein Scherz.[85] Bis zu ihrem Ende waren vierhunderttausend Menschen umgebracht worden. Ihre Auswirkungen auf die traditionelle Kultur Chinas waren katastrophal und hatten starke Anklänge an Stalins Terror.

*

Nicht dass der geistige Terror in der Sowjetunion mit Stalins Tod vorbei gewesen wäre. Er war vielleicht nicht mehr so gründlich, aber deshalb keineswegs weniger grausam.[86] Die ersten Nachrichten über die dunklen Seiten der sowjetischen Psychiatrie drangen 1969 mit der Veröffentlichung von Valerij Tarsis' Ward 7 in den Westen. Sofort machte sich eine Reihe von europäischen und amerikanischen Psychiatern daran, die Praktiken in der Sowjetunion genauer zu untersuchen. Doch erst die Zwangseinweisung von Zhores Medwedew am 29. Mai 1970 in die Psychiatrie von Kaluga im Süden Moskaus zog die Aufmerksamkeit der Welt auf das, was den Menschen in der Sowjetunion im Namen der Psychiatrie angetan wurde.

A Question of Madness von Zhores Medwedew und seinem Bruder Roy, einem Historiker, liest sich wie eine Geschichte von Kafka. Anfang 1970 war dem KGB bei der Durchsuchung der Wohnung eines Freundes von Zhores eines von seinen Manuskripten in die Hände gefallen. Aber Zhores machte sich deshalb keine großen Gedanken, denn erstens war das Buch noch unvollendet, und zweitens hatte er daraus nie ein Geheimnis gemacht. Nervös begann er erst zu werden, als er aufgefordert wurde, sich in der Kaluga-Psychiatrie einzufinden, um über das Verhalten seines Sohnes zu sprechen, der den Medwedews wegen seiner »misslichen« »Hippie«-Phase selbst gerade einiges Kopfzerbrechen machte. Kaum war Zhores in der Klinik eingetroffen, wurde er in einen Warteraum gesperrt. Als er dann durch das Fenster seinen Sohn fortgehen sah, begriff er, dass er selbst es war, mit dem sich die Behörden befassen wollten. Diesmal gelang es ihm noch, zu entkommen, aber bereits eine Woche später bekam er Besuch von drei Polizisten und zwei Ärzten.[87] Aus den Gesprächen wurde deutlich, dass ein Buch von ihm der eigentliche Stein des Anstoßes war – ursprünglich hatte er dafür den Titel *Biologie und Personenkult* vorgesehen, es dann aber als *Aufstieg und Fall des T. D. Lyssenko* veröffentlicht. Im Westen wurde es, nachdem es herausgeschmuggelt werden konnte, 1969 von Columbia University Press – noch zu Lyssenkos Lebzeiten (er starb 1976) – verlegt. Es war die Schilderung der beschämenden Geschichte der sowjetischen Genetik. Zhores wurde gewaltsam nach Kaluga verschleppt. Die Psychiater der Klinik stellten in Kooperation mit einer vom Kreml geschickten Kommission die Diagnose »Schizophrenie im Anfangsstadium« und behaupteten, dass Zhores auf dem bestem Wege sei, für sich und andere zur Gefahr zu werden.[88] Doch die Behörden hatten nicht mit Zhores' Familie und Freunden gerechnet. Zum einen war Roy sein eineiiger Zwillingsbruder, und da Schizophrenie bekanntlich (jedenfalls zum Teil) erblich ist, hätte nach allen Regeln der Kunst auch Roy Anzeichen dieser Krankheit zeigen müssen. Aber das war eindeutig nicht der Fall. Außerdem begannen viele Akademiker Beschwerden bei den Behörden einzureichen und zu bestätigen, dass sie Zhores seit vielen Jahren kannten und er niemals die geringsten Auffälligkeiten gezeigt habe. Da auch Peter Kapitsa, Andrej Sacharow und Alexander Solschenizyn Zhores zu Hilfe eilten, wurde im Westen ausgiebig über den Fall berichtet.[89] Dennoch dauerte es beinahe drei Wochen, bis er entlassen wurde. Aber diese Zeit reichte, um, wie es die Medwedews in ihrem Buch nachzeichneten, die Niederungen der sowjetischen Psychiatrie kennen zu lernen. Diverse Psychiater hatten in aller Eile die Diagnose gestellt, dass Zhores »verstärkt Nervosität« und »Normabweichungen« zeige, sich »schlecht an die Umwelt anpassen« könne, unter »hypochondrischen Wahnzuständen« und unter einer gravierenden »Selbstüberschätzung« leide. Von Zhores' Verwandten wegen dieser Lüge zur Rede gestellt, zogen sich die Psychiater dann auf die Behauptung zurück, dass nicht Angehörige, sondern nur Fachleute diese »frühen Stadien« von Geisteskrankheit erkennen könnten.[90] Schließlich wurden weitere Psychiater zu der »Sonderkommission« hinzugezogen, um diesen Fall zu beurteilen, darunter Professor Andrej Sneschnewski, Professor Daniel Lunts und Dr. Gregori Morozow, Leiter des Serbski-Instituts für Forensische Psychiatrie, das, wie später bekannt wurde, die schlimmste sowjetische Institution von allen war, die sich am psychiatrisch-politischen Terror beteiligten. Trotz alledem gelang es Zhores' Freunden, am 17. Juli seine Entlassung zu erzwingen und dafür zu sorgen, dass er wieder in die Lenin-Akademie aufgenommen wurde und seine Forschungen über die Aminosäure weiter betreiben konnte. In diesem Fall gab es ein glückliches Ende; bei späteren Nachforschungen für die Zeit von 1965 bis 1975 fand man in den Archiven 210 dokumentierte und »vollständig authentifizierte« Fälle von psychiatrischem Terror und Unterlagen über vierzehn Institutionen, die damals ausschließlich dafür zuständig waren, politische Gefangene unter dem Vorwand einer psychischen Erkrankung zu verwahren.[91]

*

So Furcht einflößend diese psychiatrischen Spezialkliniken in der UdSSR auch waren, am Ende waren ihnen »nur« einige Hundert Menschen in die Fänge geraten. Die Welt, die von Alexander Solschenizyn enthüllt wurde, mussten hingegen ungefähr 66 Millionen Menschen erdulden. Neben der systematischen Vernichtung der Juden war dies das grauenvollste Verbrechen gegen die Menschlichkeit in der Geschichte der Menschheit.

Der Archipel Gulag, von Solschenizyn bereits 1969 fertig gestellt, erschien 1974 in der Bundesrepublik und anderen europäischen Ländern, wo ihn seine vorangegangenen Romane, insbesondere *Ein Tag im Leben des Iwan Denissowitsch* (1962) und *Krebsstation* (zwei Bände, 1968) bereits bekannt gemacht hatten.[92] Geboren wurde Solschenizyn im Dezember 1918 als Halbwaise (sein Vater war sechs Monate zuvor bei einem Jagdunfall ums Leben gekommen) in einer Gegend im Kaukasus, wo die Weißrussen großen Widerstand gegen die Bolschewisten geleistet hatten. Solschenizyn war noch ein Kind, als die kommunistische Partei ihren Griff Anfang der dreißiger Jahre nach Stalins »großer Säuberung« verstärkte.[93] Seine Familie war arm und lebte unter harten Bedingungen, aber Alexander glänzte sowohl in der Schule als auch anschließend an der Universität in den Fächern Physik, Mathematik und Marxismus-Leninismus.[94] Den Krieg hatte er soweit »gut« überstanden (er wurde zum Unteroffizier befördert und erhielt vier Auszeichnungen), doch Anfang 1945 wurde er von der Geheimpolizei inhaftiert. Seine Briefe waren abgefangen und geöffnet worden; zu seinen »Verbrechen« zählte, dass er Stalin in einem dieser Briefe »den Mann mit dem Schnauzbart« genannt hatte und Fotografien von Zar Nikolaus II. und Trotzky unter seinen Sachen gefunden worden waren. Er wurde als »Gefahr für die Gesellschaft« verurteilt, seine Odyssee begann: zuerst von Gefängnis zu Gefängnis, dann nach Novi Jerusalim, ein Umerziehungslager, und schließlich nach Marfino, ein Wissenschaftlerlager, eine *Scharaschka*, wo es wenigstens eine Bibliothek gab. 1955 hauste er mit Kol Terek in einer Lehmhütte, was bedeutete, dass es sich eher um eine Verbannung als Haft handelte. Hier erfuhr er, dass er Krebs hatte. Er wurde erfolgreich behandelt und verarbeitete diese Erfahrung in seinem ersten Meisterwerk *Krebsstation*, das erst 1968 im Westen verlegt werden konnte.

Im Juni 1956 kehrte er nach über elf Jahren Abwesenheit wieder nach Moskau zurück. Er war knapp achtunddreißig Jahre alt. Während der nächsten Jahre unterrichtete er außerhalb von Moskau und schrieb einen Roman mit dem Titel *Sch-854*, nach der *Scharaschka*, in die er verbannt worden war. Es war ein schockierendes Buch über den ganz normalen alltäglichen Wahnsinn eines Lagers im Laufe von vierundzwanzig Stunden. Das eigentlich Schockierende an diesem Bericht war, dass die Insassen die von Solschenizyn beschriebenen Zustände des Lagerlebens bereits als etwas völlig Normales empfanden und sich gar nicht mehr vorstellen konnten, dass ihr Leben je wieder anders aussehen könnte. Die von der Außenwelt so grundverschiedene Lagerpsychologie wird ebenso als gegeben hingenommen wie die vollständig willkürlichen Urteile, die die Menschen dorthin gebracht haben. Solschenizyn schickte das Manuskript an Freunde aus der Redaktion der Literaturzeitung *Novy mir*. Was anschließend geschah, wurde oft erzählt.[95] Jeder, der das Manuskript gelesen hatte, war entsetzt und bewegt; jeder in der Redaktion wollte, dass dieses Buch veröffentlicht würde – aber was würde Chruschtschow dazu sagen? 1956 hatte er eine ermutigende (aber geheime) Rede auf dem Parteitag gehalten, in der er durchblicken ließ, dass nun, nach Stalins Tod, eine Liberalisierung eingeleitet werden könne. Zufällig übergaben Freunde von Solschenizyn dem sowjetischen Staats- und Parteichef das Manuskript just zu dem Zeitpunkt, als er gerade den amerikanischen Dichter Robert Frost zu Gast hatte. Chruschtschow gab die Genehmigung zum Druck, und *Sch-854* wurde 1963 unter dem Titel *Ein Tag im Leben des Iwan Denissowitsch* publiziert und prompt ein Welterfolg.[96] Es war ein Höhepunkt in Solschenizyns Leben. Ein paar Jahre lang – sehr wenige Jahre– wurde er in Russland hofiert. Doch dann, Mitte der sechziger Jahre, verschärfte Chruschtschow die Gangart wieder und mit der Liberalisierung, die er einst selbst angeordnet hatte, war es bald vorbei. Solschenizyn bekam nicht, wie erwartet, den Lenin-Preis, weil ein Mitglied des Preiskomitees behauptet hatte, dass er sich im Krieg den Deutschen ergeben hätte und wegen eines (nicht spezifizierten) Verbrechens verurteilt worden sei. Beide Anschuldigungen waren falsch, aber sie zeigten, mit welchen Mitteln der Hass gegen Solschenizyn und all das, wofür er stand, sich nun Bahn brach.

1965 begann er seine Lagergeschichte *Der Archipel Gulag* zu schreiben. Seit seiner enttäuschten Abwendung vom Marxismus war er zu »einer Art christlichen Glauben« zurückgekehrt.[97] Aber die Sowjetunion erlebte gerade wieder einmal einen neuen Umbruch: Chruschtschow wurde gestürzt. Im September 1965 durchsuchte der KGB die Wohnungen einiger

Freunde von Solschenizyn und beschlagnahmte dabei drei Kopien des Manuskripts *Im ersten Kreis*, in dem er vier Tage im Leben eines Mathematikers – mit eindeutig autobiographischen Zügen – in einer Scharaschka vor den Toren Moskaus beschreibt. Für Solschenizyn begann eine höchst angespannte Zeit. Er zog sich in ein Versteck zurück und konnte nur noch unter allergrößten Schwierigkeiten publizieren. Die Veröffentlichung der beiden Bücher *Im ersten Kreis* und *Krebsstation* machte ihn im Westen zwar noch berühmter, in der Sowjetunion aber führte sie zum offenen Konflikt mit den Behörden. 1970 schließlich war der Kulminationspunkt erreicht. Solschenizyn sollte den Nobelpreis für Literatur bekommen, aber die Behörden machten ihm klar, dass sie ihn nicht mehr ins Land ließen, wenn er zur Preisverleihung nach Stockholm reisen würde.[98] Und so kam es, dass Solschenizyns Leben in genau der Zeit, in der *Der Archipel Gulag* im Westen für so viel Aufregung sorgte, geradezu epische Dimensionen annahm.

Die Niederschrift dieses Werks muss ihn übermenschliche Kraft gekostet haben.[99] Der Gulag *war* etwas derart Überwältigendes und ein so massiver Eingriff in das Leben vieler Millionen Menschen, dass nur ein vergleichbar überwältigendes Werk dieser bewusst inszenierten »schlimmsten Horrorgeschichte der Menschheit« gerecht werden konnte. Acht Jahre hatte Solschenizyn in Lagern verbracht, neun Jahre brauchte er – vom April 1958 bis Februar 1967 –, um dieses Werk fertig zu stellen.[100] Teile seiner Geschichte waren bereits bekannt geworden, aber Solschenizyn wollte der Welt Material in einem solchen Ausmaß präsentieren, dass niemand je wieder Zweifel an dem gewaltigen Menschenrechtsmissbrauch der Sowjetunion hegen würde. Sechshundert Seiten lang wird der Leser in der Tat überwältigt, genauso wie Solschenizyn es beabsichtigt hatte –, allerdings nicht allein vom Inhalt, sondern auch von der literarischen Qualität.

Zuerst erschien der *Gulag* am 28. Dezember 1973 in Paris; im Januar 1974 begannen dann der BBC World Service und die Deutsche Welle Auszüge daraus in russischer Sprache in die Sowjetunion auszustrahlen. Noch in derselben Woche erschien die deutsche Übersetzung. Geschmuggelte russische Ausgaben gingen in Moskau von Hand zu Hand – jeder Leser bekam 24 Stunden Zeit, um das gesamte Buch zu lesen.[101] Am 12. Februar wurde Solschenizyn verhaftet. Am Mittwoch, dem 14. Februar, um 8.30 Uhr morgens, wurde die Bonner Regierung von den Russen informiert, dass die Sowjetunion Solschenizyn ausweisen werde, und gefragt, ob die Bundesrepublik bereit sei, ihn aufzunehmen. Bundeskanzler Willy Brandt erhielt die Nachricht mitten in einer Kabinettssitzung und sagte ohne Zögern zu. In Großbritannien und den Vereinigten Staaten wurde der *Gulag* im Frühjahr veröffentlicht. Laut einer Meldung des *Publisher's Weekly* wurden bis 1976 zwischen 8 und 10 Millionen Exemplare weltweit verkauft (darunter 2,5 Millionen in den Vereinigten Staaten, über eine Million in der Bundesrepublik und knapp unter einer Million jeweils in Großbritannien, Frankreich und Japan). Insgesamt wurden von allen Werken Solschenizyns 30 Millionen Exemplare verkauft.[102]

Gulag – GUlag im Russischen – steht für *Glawnoje Urprawlenjie Lagerei* (Hauptverwaltung der Arbeitslager). Solschenizyn erspart seinem Leser nicht das kleinstes Detail. Von den Verhaftungsstrategien bis zum Grauen der »Vernehmung«, von den »Schiffen des Archipels« (den »Karawanen aus roten Viehwagen«, in denen die Gefangenen transportiert wurden) bis zu der Art und Weise, wie man mit Leichen umging, oder den Gehältern der Wachmannschaften, nichts wird ausgelassen.[103] Er schildert, wie die »roten Karawanen« extra »umgestaltet« werden: »Es mussten ... die kleinen Fensterluken sicher vergittert, im Boden ein Abflussrohr gebohrt und selbiges durch einen nagelbeschlagenen Blechschutz abgesichert« werden, damit niemand entkommen konnte.[104] Wir lernen die Namen einzelner Personen kennen, erfahren, dass sich ein gewisser Naftali Aronowitsch Frenkel, ein türkischer Jude, geboren in der Nähe von Konstantinopel, das Prinzip des Gulag ausgedacht hatte. Welche Todesraten in den diversen Lagern herrschten wird ebenso geschildert wie sämtliche erbarmungslosen Details der einunddreißig angewendeten Verhör- und Foltertechniken. Zum Beispiel, wie die Hände des Häftlings in einer »Sondervorrichtung festgeschraubt« wurden, oder was es bedeutete, dem »Aufzäumen« oder der »Liegewaage« unterzogen zu werden: »Ein langes grobes Tuch wird dir durch den Mund gezogen (das Zaumzeug), dann über dem Rücken an den Fersen festgebunden. Bleib einmal so als Rad auf dem Bauch ohne Essen und Trinken zwei Tage lang liegen!«[105]

Doch der *Gulag* ist nicht einfach nur eine Aneinanderreihung von Methoden oder Statistiken. Solschenizyn lässt eine ganze Welt aufleben, eine ganze Kultur, in ironischem Ton, ohne jedes Selbstmitleid, beispielsweise wenn er uns Witze aus den Lagern erzählt oder den Lagerjargon wiedergibt. Auch welche Unterschiede es in den einzelnen Lagern gab, schildert er, von den Versuchslagern über die Zwangsarbeiterlager, die Transitlager, Insellager oder Jugendlager. Er berichtet, aus welch absurden Gründen Menschen in die Lager geschickt wurden. Irina Tuchinskaja zum Beispiel war beschuldigt worden, in der Kirche für Stalins Tod gebetet zu haben, andere waren wegen des Verbrechens ins Lager gekommen, Wohlwollen gegenüber den Vereinigten Staaten oder eine negative Haltung gegenüber Staatsanleihen gezeigt zu haben. Dann der Lagerjargon: Ein *dokchodjaga* ist ein Mensch, der aus dem letzten Loch pfeift, ein hoffnungsloser Fall also; *katorka* bedeutet Schwerstarbeit; und *Nassedka* nannte man einen »Zellenspitzel«.[106] Jede Realität wurde bewusst verdreht: Die in Wirklichkeit schlimmsten Lager nannte man die privilegierten, und so fort. Doch während sich die Schrecken häuften, während man entsetzt eine Seite nach der anderen liest und schnell an sich vorbeiziehen lässt, was die Lagerinsassen in Wochen und Monaten durchleiden, wird einem allmählich bewusst (und genau das beabsichtigte Solschenizyn), dass ungeachtet der Ermordung von Millionen Menschen der menschliche Geist nicht umgebracht werden konnte, dass Hoffnung und schwarzer Humor einen am Leben erhalten *können*, wenn man, so miserabel es einem auch geht, *denkt*. Wenn man zum Beispiel die Schilderung des vierzig Tage währenden Aufstands im Lager von Kengir gelesen hat, möchte man am liebsten jubeln, weil ganz offenbar Vernunft, Urteilsvermögen und das Gute im Menschen sogar dann siegen können, wenn ein Aufstand so erwartungsgemäß brutal niedergeschlagen wird. So gesehen ist dieses Buch, das geradezu physische Übelkeit angesichts all der geschilderten Grausamkeiten bereitet, am Ende doch nicht ausschließlich ein Dokument des Grauens, wie es Solschenizyn gewollt hatte. Vielmehr gemahnt es uns alle daran, was es bedeutet, die Freiheit zu verlieren; und es warnt alle Tyrannen, sich ihres Sieges niemals allzu sicher zu sein. Der Leser fühlt sich am Ende klein und bescheiden – sehr bescheiden –, aber eben nicht total verzweifelt. W. L. Webb schrieb in seiner Besprechung dieses Buches im *Guardian*: »Heute zu leben und dieses Buch nicht gelesen zu haben, heißt, historischer Narr zu sein und sich einem entscheidenden Teil des Gewissens unseres Zeitalters verweigert zu haben.«[107]

*

Die Unfreiheit in der kommunistischen Welt, die Solschenizyn und die Medwedews geschildert haben, oder die Unfreiheit, die mit der Kulturrevolution in China ausbrach, war mit nichts zu vergleichen, was zur selben Zeit im Westen geschah. Ihr Ausmaß und die unglaubliche Zahl ihrer Opfer unterstrichen, wie fragil Freiheit, Gleichheit und Gerechtigkeit in *allen* Ländern sind. Begonnen hatten die sechziger Jahre mit Hayeks und Friedmans Analysen der Freiheit; beendet wurde dieses Jahrzehnt nach den turbulenten Jahren im Namen der Bürgerrechte mit den Schriften einiger Philosophen, die sich mit genau diesem Thema auseinander setzten.

In seinem 1969 veröffentlichten Werk *Freiheit, Vier Versuche* baut Isaiah Berlin auf Hayeks Vorstellung auf, dass der Mensch, um frei sein zu können, einen privaten Bereich braucht, in dem er niemandem Rechnung schuldig ist, wo er allein gelassen werden kann, befreit von allen Verpflichtungen und Einschränkungen. Berlin, der noch im Riga des Zarenreichs geboren wurde und mit seinen Eltern im Alter von sechs Jahren nach Russland zog, landete 1921 mit seiner Familie schließlich in Großbritannien. Er studierte in Oxford und wurde Fellow am All Souls College, dann Professor für sozialpolitische Theorie und später Mitbegründer des Wolfson College. In seinen Essays über die Freiheit hebt er drei Punkte hervor, aber als den ersten und wichtigsten, dass Freiheit nichts anderes ist als eben dies: Freiheit.[108] Einer seiner berühmtesten Sätze lautet: »Jedes Ding ist das, was es ist: Freiheit ist Freiheit – und nicht Gleichheit oder Fairness oder Gerechtigkeit oder Kultur oder menschliches Glück oder gutes Gewissen.«[109] Es kam ihm sehr auf den Hinweis an, dass die Freiheit des Einen immer mit der eines Anderen in Konflikt geraten und die Freiheit beider sogar miteinander unvereinbar sein kann. Als zweiten und dritten Kernpunkt nennt er den wichtigen Unterschied zwischen »negativer Freiheit« und »positiver Freiheit«. Negative Freiheit wurde von libertären Denkern wie Locke und Mill so definiert, »dass es einen bestimmten persönlichen Freiraum geben müsse, der unter keinen Umständen verletzt werden dürfe; anderenfalls fehle dem Individuum jenes Mindestmaß an Platz, das notwendig ist, um jene natürlichen Fähigkeiten zu entwickeln, die es ihm überhaupt erst ermöglichen, die verschiedenen Zwecke, die Menschen für gut, richtig oder heilig halten, zu verfolgen oder auch nur zu erkennen. Daraus folgt, dass eine Grenze zwischen dem Bereich des Privatlebens und dem der öffentlichen Gewalt gezogen werden muss... Was ist Freiheit für jene, die sie nicht nutzen können? Worin besteht der Wert der Freiheit, wenn angemessene Voraussetzungen zu ihrem Gebrauch nicht vorhanden sind?«[110] Diese Lehre der negativen Freiheit sei, so Berlin »vergleichsweise modern« – das heißt »in der Antike anscheinend kaum erörtert worden«. Doch der Wunsch, »unbehelligt zu bleiben, in Ruhe gelassen zu werden, war sowohl bei Individuen als auch bei ganzen Gesellschaften immer ein Anzeichen hoher Kultur.«[111] Die Bedeutung der negativen Freiheit lag für Berlin nicht nur in dem, wofür dieser Begriff steht, sondern auch in seiner Einfachheit, die ihn für alle Menschen guten Willens akzeptabel macht.

Positive Freiheit war seiner Definition nach also etwas viel Komplexeres. »Die ›positive‹ Bedeutung des Wortes ›Freiheit‹ leitet sich aus dem Wunsch des Individuums ab, sein eigener Herr zu sein.«[112] Dieser Begriff schließe daher Phänomene wie Herrschaft, Vernunft, soziale Identität (Rasse, Stamm, Kirche) und Autonomie ein. Wenn »die einzig wahre Methode zur Erlangung der Freiheit... im Gebrauch der kritischen Vernunft« besteht, dann müssten auch alle Gebiete, die mit kritischer Vernunft zu tun haben – zum Beispiel Geschichte, Psychologie, Naturwissenschaften –, ins Spiel kommen.[113] Somit sei klar: »Alle Konflikte und folglich auch alle Tragik ergeben sich allein aus dem Zusammenprall der Vernunft mit dem Irrationalen oder ungenügend Rationalen.«[114] Wenn der Mensch ein soziales Wesen ist, müsse er sich auch fragen: »Bin ich das, was ich bin, nicht bis zu einem gewissen Grad dank dem, was andere von mir glauben und über mich denken?« Zum »Besitz meiner Eigenschaften... als Engländer, Chinese, Kaufmann, ein bedeutungsloser Mensch, ein Millionär« und so weiter komme bei genauerer Betrachtung immer hinzu, »dass ich von anderen Personen in meiner Gesellschaft als zu einer bestimmten Gruppe oder Klasse gehörig anerkannt werde und dass diese Anerkennung ein wichtiges Element der Bedeutung der meisten Ausdrücke ist, die meine persönlichsten und dauerhaftesten Merkmale bezeichnen«. Genau das verlangten »unterdrückte Klassen oder Nationalitäten« in der Regel.[115] Dieses »Verlangen nach Status und Anerkennung« ziele jedoch »nicht eigentlich auf die Freiheit des Individuums«, sondern auf etwas, »für das sie ebenso leidenschaftlich kämpfen – auf etwas, das der Freiheit verwandt, aber nicht mit ihr identisch ist«.[116] Was Berlin damit letztlich sagen wollte, war, dass es keine »endgültige Lösung« gibt, keine Harmonie, »in der zuletzt alle Rätsel gelöst, alle Widersprüche versöhnt« würden, keine »vollständige Harmonie aller wahren Werte«. Der Mensch, schreibt Berlin, habe es ständig »mit Entscheidungen zwischen gleich gültigen Zielen und gleich absoluten Ansprüchen zu tun, von denen sich einige nur verwirklichen lassen, wenn man andere dafür opfert«. Daher müsse »das Ausmaß der Freiheit eines Menschen oder eines Volkes, so zu leben, wie sie leben wollen« immer gegen die Ansprüche abgewogen werden, die sich auf Grund von anderen Werten stellen, und könne Freiheit nicht unbegrenzt sein. »Zuletzt wählen die Menschen zwischen letzten Werten; sie wählen, wie sie wählen, weil ihr Leben und Denken durch fundamentale moralische Kategorien und Begriffe bestimmt wird, die zumindest über weite Strecken in Zeit und Raum ein Teil ihres Wesens, ihres Denkens und ihrer Identität sind und zu dem gehören, was sie zu Menschen macht.«[117]

Sowohl Raymond Aron in seinem Buch *Les désillusions du progrès* (1968) als auch Herbert Marcuse in seinem *Essay on Liberation* (1969) hielten die Sechzigerjahre für ein entscheidendes Jahrzehnt, weil es bewiesen habe, dass die Naturwissenschaften und ihre Technologien die Freiheit zutiefst bedrohten, und zwar nicht nur wegen der Waffen und der militärischen Forschung, der sich so viele Universitäten angedient hatten, sondern auch, weil die Bürgerrechts- und Frauenbewegungen und die sexuelle Revolution durch einen psychologischen Wandel unterstützt wurden.[118] Für sie hatte die Idee der Freiheit eine massive Ausweitung erfahren. Die traditionellen marxistischen Klassen vor allem in der Dritten Welt warteten jedoch noch immer auf ihre Befreiung, während der vom mittlerweile auch dort weit verbreiteten Fernsehen geförderte Zustrom westlicher Konsumgüter die Menschen in nie da gewesenem Umfang weiter versklavte. Zugleich genossen vor allem junge Menschen in den westlichen Demokratien die persönliche Freiheit, die ihnen vor allem durch die Einsichten der neuen Psychologien in ihren Charakter geboten wurden. Marcuse beschwor zudem eine neue »Ästhetik« in der Politik, eine Zeit, in der Kunst und kreatives Handeln den Menschen mehr Erfüllung bringen und einen Prozess auslösen würden, der »hübschere« (*prettier*) Gesellschaften und schönere Staaten entstehen lassen werde. Endlich, so Marcuse, dürfe man wirklich von Utopia sprechen.

*

Eine völlig andere Vorstellung von Freiheit – was sie ausmacht und welches Schicksal ihr bevorsteht – hatte Marshall McLuhan. McLuhan war 1911 in Edmonton im kanadischen Alberta geboren und hatte 1943 im englischen Cambridge promoviert, wo er unter anderen auch mit F. R. Leavis und I. A Richards, dem Begründer des New Criticism, zusammenarbeitete und dabei jene intellektuelle Zuversicht erwarb, der seine große Originalität zu verdanken ist. Sein Hauptinteresse galt »der neuen Technik der Elektrizität« und der Frage, wie sich die neuen »elektrischen« Medien auf das Selbstverständnis und Verhalten des Menschen auswirken, denn er war sich sicher, dass auch sie entscheidende Konsequenzen für die Freiheit haben. McLuhans Vorstellung vom Individuum und dessen Beziehungen zur Gesellschaft waren unvergleichlich.

Er identifizierte drei große Umbrüche in der Geschichte: die Erfindung des Alphabets, die Erfindung des Buchdrucks und die Erfindung des Telegrafen, des ersten »elektrischen« Mediums; aber natürlich hielt er auch die Einführung des Fernsehens für ein epochales Ereignis. Sein Stil war durchsetzt von Anspielungen und Aphorismen, was zwar von einer umfassenden Bildung zeugte, aber die Dinge manchmal so unklar machte, dass seine Aussagen nur schwer verständlich waren. McLuhan ging von der Prämisse aus, dass die Zivilisation des »alphabetischen Menschen« die orale Struktur der Stammeskulturen, in denen noch ein Gleichgewicht aller Sinne geherrscht hatte, zerstört habe, weil sie die Gefühle und emotionalen Komponenten verdrängte, »welche der Analphabet oder Naturvölker ohne Schrift immer miterleben«, Völker, in denen kein Mensch über entscheidend mehr Wissen verfügte als der andere.[119] »Für den individuellen oder für sich allein lebenden Bürger haben Stammessippen keinen Platz«, schrieb er. In diese Stammeswelt schlug das phonetische Alphabet wie eine Bombe ein. Während seine Komponenten im Gegensatz zu den Bildschriften und Hieroglyphen jedoch bedeutungslos blieben, wertete es die Rolle der Sinne Hören, Tasten, Fühlen, Schmecken ab und das Visuelle auf, mit dem Ergebnis, dass der vollständige Mensch unvollständig wurde. »Bisher haben nur alphabetische Kulturen gelernt, zusammenhängende lineare Abfolgen als universelle Form für den psychisch-sozialen Aufbau ihres Gesellschaftslebens zu verwenden.«[120] Den Stammesmenschen hielt er für sehr viel weniger homogen als den »zivilisierten« Menschen, weshalb die Erfindung »des Buchdrucks oder der mechanisierten Schrift« auch einen Prozess beschleunigt habe, der schließlich zu Nationalismus wie Reformation führte, zum Fließband und in der Folge zur industriellen Revolution. Die Vorstellung von Kausalität, all die kartesischen und newtonschen Ideen vom Universum, von einer Perspektive in der Kunst, von einer narrativen Chronologie in der Literatur oder von einer introspektiven Psychologie verstärkten die Tendenz zum Individualismus.[121] Aber mit der Einführung der »elektrischen«

Medien habe nun wieder ein Umkehrprozess eingesetzt. Und genau deshalb würden wir die Wiederkehr der Stammeskultur erleben.

Die Ideen, die McLuhan berühmt (oder berüchtigt, je nach Sichtweise) gemacht haben, waren zum einen seine Aussage, dass »das Medium die Botschaft« sei, und zum anderen seine Aufteilung der Medien in »heiße« und »kalte«. Mit dem Medium als Botschaft meinte er zwei Dinge. Erstens natürlich, dass die Medien eine Menge im Leben bestimmen. Zweitens, dass wir alle ähnliche Standpunkte im Hinblick auf die Medien vertreten und dass die Art und Weise, wie eine »Story« oder »Nachrichten« berichtet werden, ebenso wichtig ist wie der Inhalt dieser Berichterstattung. Mit anderen Worten: Der Inhalt ist immer nur Teil der Geschichte, weil die »elektrischen« Medien jede Nachricht automatisch mit eigenen Vorstellungen und Gefühlen vermischen. Genau das meinte er, wenn er von einer kollektiven Rückkehr zur Stammeskultur sprach.[122]

»Eine Fotografie«, schreibt McLuhan, »ist optisch ›detailreich‹. Eine Karikatur ist ›detailarm‹, und zwar einfach, weil wenig optisches Informationsmaterial zur Verfügung steht.«[123] Eine Fotografie ist daher »heiß«, eine Karikatur »kalt«. Das Radio ist heiß, das Fernsehen kalt; Vorträge sind heiß, Seminare kalt. Die Politiker des Fernsehzeitalters ähnelten eher Stammesfürsten als ihren eigenen traditionellen Vorgängern, da sie immer auch emotionale und soziale Funktionen ausübten und ihren Anhängern somit das Gefühl vermittelten, eher Teil eines Kollektivs zu sein, als geistige Führer, die ihren Anhängern das Denken abnehmen.[124]

Nach McLuhan hat die Medienlandschaft den Freiheitsbegriff völlig verändert: »Die offene Gesellschaft, jenes visuelle Kind der phonetischen Alphabetisierung, ist für die heutige, wieder zur Stammeskultur zurückgekehrte Jugend irrelevant; die geschlossene Gesellschaft, das Produkt von Techniken wie Sprechen, Trommeln und Hören, wird daher wieder geboren… der alphabetisierte Mensch ist der entfremdete, verarmte Mensch; der zur Stammeskultur zurückgekehrte Mensch kann ein viel reicheres und erfüllteres Leben erlernen… und verfügt über ein tieferes emotionales Bewusstsein in Bezug auf die vollständige gegenseitige Abhängigkeit der Menschheit. In der alten ›individualistischen‹ Gesellschaft des geschriebenen Wortes war das Individuum ›frei‹, nur um entfremdet und dissoziiert zu werden, ein wurzelloser Außenseiter, aller stammeskulturellen Träume beraubt; unser neues elektronisches Umfeld nötigt zu Engagement und Teilnahme und erfüllt damit die grundlegenden psychischen und sozialen Bedürfnisse des Menschen.«[125] McLuhan, der es verstand, vertraute Begriffe auf den Kopf zu stellen, sah zum Beispiel kommen, dass in Italien eines Tages das Fernsehen für die Dauer eines Wahlkampfs auf fünf Stunden täglich reduziert würde, damit die Italiener zum Lesen von Zeitungen gezwungen wären, oder dass Venezuela seine Fernsehprogramme ausweiten werde, um politische Spannungen abzubauen. Die Vorstellung, dass »Öffentlichkeit« ein »differenziertes Agglomerat aus fragmentierten Individuen« sei, die »alle verschieden, aber alle in der Lage sind, sich prinzipiell wie Rädchen am Fließband gleich zu verhalten«, war für McLuhan weit weniger erstrebenswert als eine Massengesellschaft, »in der individuelle Unterschiede betont werden, während zugleich ein jeder simultan auf jeden Reiz reagiert und jeder mit jedem interagiert«.[126]

Einerseits scheint sich McLuhan damit von der traditionellen Vorstellung des autonomen Individuums verabschiedet zu haben, andererseits aber sagte er nicht nur den Tod der Großstädte, das unmittelbar bevorstehende, allmähliche Schwinden des motorisierten Verkehrs oder der Börse in dieser neuen Welt voraus, sondern auch, dass der Begriff Arbeit durch den der individuellen Rolle in der Gesellschaft ersetzt werde. Trotz all seiner faszinierenden Originalität irrte sich McLuhan in vieler Hinsicht.

*

Eine ganz ähnliche Botschaft war aus Frankreich zu vernehmen. 1967 veröffentlichte Guy Debord sein Buch *Die Gesellschaft des Spektakels*, das jedoch erst 1996 in deutscher Übersetzung erschien. Debord betrachtete das Spektakel – worunter er im Wesentlichen die vom Fernsehen beherrschte Gesellschaft meinte, aber auch den Sport, Rockkonzerte und die theatralische Inszenierung von Politik – als das Hauptprodukt der modernen Gesellschaft. »Das Spektakel«, schrieb er, »ist die ununterbrochene Rede, die die gegenwärtige Ordnung über sich selbst erhebt, ihr lobpreisender Monolog.« Sie betone die Passivität vor allem Übrigen: »Was die Zuschauer miteinander verbindet, ist nur ein irreversibles Verhältnis zum Zentrum selbst, das ihre Vereinzelung aufrechterhält... Der Zuschauer fühlt sich daher nirgends zu Hause, denn das Spektakel ist überall... Das Spektakel in der Gesellschaft entspricht einer konkreten Herstellung der Entfremdung... Das Spektakel ist der Moment, worin die Ware zur *völligen Besetzung* des gesellschaftlichen Lebens gelangt ist. Das Verhältnis zur Ware ist nicht nur sichtbar geworden, man sieht sogar nichts anderes mehr: Die Welt, die man sieht, ist seine Welt.« Die Gesellschaft des Spektakels war für Debord alles andere als eine Form von Freiheit; sie war der endgültige Ausdruck von Entfremdung – endgültig, weil die Menschen glaubten, sich zu amüsieren, in Wirklichkeit aber nichts anderes als passive Zuschauer seien. Sein Buch enthält einen langen Abschnitt über »Zeit und Geschichte«, in dem Debord zu Hegel, Marx und Georg Lukács Stellung nimmt und dabei zu der Auffassung gelangt – zusammengefasst formuliert –, dass das Spektakel der endgültig banalisierende Triumph des Kapitalismus sei. (Zu Beginn dieses Abschnitts zitiert er Shakespeares *Henry IV*: »Oh, edle Herrn, des Lebens Zeit ist kurz:/ Wir treten Kön'ge nieder, wenn wir leben.«)[127] Daniel Boorstin, der von allen Seiten geachtete Leiter der Library of Congress, der 1972 *The Image* veröffentlicht hatte, lag nach Meinung von Debord völlig falsch mit seiner Aussage, dass Waren in einem authentischen Privatleben einfach »konsumiert« würden. Vielmehr sei es so, behauptete Dubord, dass angesichts des ganzen Theaters der Werbung sogar der Konsum einzelner Waren zu einem Spektakel werde, welches die Idee einer »Gesellschaft« im historischen Sinne völlig negiere. Die Gesellschaft des Spektakels war für Dubord gleichbedeutend mit der endgültigen Absage an den Fortschrittsgedanken, der zum Selbstbewusstsein des Menschen beiträgt. Der Mensch sei ärmer geworden, versklavt und seines individuellen Lebens beraubt. Der Kapitalismus in der Gesellschaft des Spektakels habe ihn zu dem *Irrglauben* verleitet, frei zu sein.

*

Nach Ansicht von Isaiah Berlin war die positive Freiheit weniger grundlegend als ihre negative Variante. Für den Philosophieprofessor John Rawls aus Harvard stand hingegen Gerechtigkeit vor Freiheit, wenn auch nur mit knappem Vorsprung. Mit seinem 1971 fertig gestellten und ein Jahr später veröffentlichten Werk *Eine Theorie der Gerechtigkeit* hatte Rawls nach Meinung seines philosophischen Kollegen Robert Nozick das bedeutendste Werk der politischen Philosophie seit John Stuart Mill vorgelegt. Rawls vertritt darin den Standpunkt, dass eine gerechte Gesellschaft mehr Freiheiten für eine größtmögliche Zahl ihrer Mitglieder bietet und es daher von entscheidender Bedeutung ist, zu wissen, was Gerechtigkeit überhaupt ist und wie man sie herstellen kann. Vor allem gegen die utilitaristische Tradition (eine Handlung ist gerechtfertigt, wenn sie von Nutzen ist) richtete er seine Forderung, die Gesellschaftsverträge nach Locke, Rousseau und Kant durch »etwas Rationaleres« zu ersetzen. Gerechtigkeit müsse das oberste Gebot aller gesellschaftlichen Institutionen sein, so wie Wahrheit das oberste Gebot aller Gedanken; Gerechtigkeit könne am ehesten als »Fairness« verstanden werden – genau diese Aussage sollte Rawls so viel Aufmerksamkeit einbringen. Zuerst einmal erklärte er: »Der Gerechtigkeitsbegriff ist also für mich definiert durch seine Grundsätze für die Zuweisung von Rechten und Pflichten und die richtige Verteilung gesellschaftlicher Güter. Eine Gerechtigkeitsvorstellung ist eine Ausdeutung dieser Funktion.«[128]

Vor allem sollten Übereinkünfte getroffen werden, die sich auf die »gesellschaftliche Grundstruktur« beziehen. »Es sind diejenigen Grundsätze, die freie und vernünftige Menschen in ihrem eigenen Interesse in einer anfänglichen Situation der Gleichheit zur Bestimmung der Grundverhältnisse ihrer Verbindung annehmen würden.« Dies sei jedoch eine »rein theoretische Situation«, zu deren wesentlichen Eigenschaften gehöre, »dass niemand seine Stellung in der Gesellschaft kennt, seine Klasse oder seinen Status, ebenso wenig sein Los bei der Verteilung natürlicher Gaben wie Intelligenz oder Körperkraft. Ich nehme sogar an, dass die Beteiligten ihre Vorstellung vom Guten und ihre besonderen psychologischen Neigungen nicht kennen. Die Grundsätze der Gerechtigkeit werden hinter einem Schleier des Nichtwissens festgelegt.«[129] Unabhängig davon, welche gesellschaftlichen Institutionen auf diese Weise gewählt oder gegründet würden, könne derjenige, der in sie eingebunden ist, immer »einem anderen Mitglied gegenüber behaupten, beide arbeiten nach Regeln zusammen, auf die sie sich einigen würden, wenn sie freie und gleiche Menschen wären und in fairen Beziehungen zueinander stünden«. Eine Gesellschaft, »die den Grundsätzen der Gerechtigkeit als Fairness entspricht, kommt einem freiwilligen System noch am nächsten, denn sie entspricht den Grundsätzen, denen freie und gleiche Menschen unter fairen Bedingungen zustimmen würden. In diesem Sinne sind ihre Mitglieder autonom und die von ihnen anerkannten Pflichten selbstauferlegt.«[130] Von dieser Prämisse ausgehend lasse sich schlussfolgern, dass es zwei »Grundsätze der Gerechtigkeit« in folgender Reihenfolge gebe: »1. Jedermann soll gleiches Recht auf das umfangreichste System gleicher Grundfreiheiten haben, das mit dem gleichen System für alle anderen verträglich ist. 2. Soziale und wirtschaftliche Ungleichheiten sind so zu gestalten, dass (a) vernünftigerweise zu erwarten ist, dass sie zu jedermanns Vorteil dienen, und (b) sie mit Positionen und Ämtern verbunden sind, die jedem offen stehen.« Anders ausgedrückt: »Alle sozialen Werte – Freiheit, Chancen, Einkommen, Vermögen und die sozialen Grundlagen der Selbstachtung – sind gleichmäßig zu verteilen, soweit nicht eine ungleiche Verteilung jedermann zum Vorteil gereicht.«[131] Die im abschließenden Teil des Buches vorgebrachten Argumente erwiesen sich um einiges kontroverser. So erklärte er beispielsweise die Selbstachtung zu einem »Gut«, auf das jeder rationale Mensch in einer gerechten Gesellschaft Anspruch habe. Unter dem Rubrum »Das Gut der Gerechtigkeit« befasste sich Rawls beispielsweise mit dem »Problem des Neides« und der Frage des »Hedonismus als Entscheidungsverfahren«. Diese Diskussion stellt ihn in deutlichen Kontrast zu Hayek, denn Rawls ist der festen Überzeugung, dass es so etwas wie soziale Gerechtigkeit tatsächlich *gibt*; oder mit den Begriffen von Isaiah Berlin formuliert: Es gibt nicht genügend positive Freiheit für bestimmte Gruppen, da diese Gruppen nicht so behandelt werden, wie sie von rationalen Menschen in der »gesellschaftlichen Grundstruktur« hinter »einem Schleier des Nichtwissens« behandelt werden würden. Und da der erste »Grundsatz der Gerechtigkeit« (Gerechtigkeit als Fairness) Priorität vor dem zweiten Grundsatz hat, haben auch die Grundfreiheiten der Benachteiligten Priorität vor den durch Wohlstand oder Einkommen geschaffenen Ungleichheiten, unabhängig davon, wie weit diese »zu jedermanns Vorteil gereichen«. Mit anderen Worten: Selbst wenn man von der

Prämisse ausgehen würde, dass es Schwarzen unter der Herrschaft von Weißen besser ergehe als beispielsweise unter der gemeinsamen Herrschaft beider, wäre dies noch immer falsch (ungerecht, unfair), solange die Freiheit der Schwarzen beschränkter wäre als die der Weißen. Die Gleichheit der Freiheit rangiert an oberster Stelle.

Diese Überzeugung führte Rawls dann zum vielleicht umstrittensten Teil seines Buches, nämlich zur »Rechtfertigung des zivilen Ungehorsams«.[132] Hier geht er von der Prämisse aus, dass ziviler Ungehorsam immer dann gerechtfertigt ist, wenn die Mehrheit, beispielsweise in Form einer die Mehrheit repräsentierenden politischen Partei, der Minderheit gleiche Freiheiten verweigert. Zuerst, so Rawls, sollte in diesem Fall der Versuch unternommen werden, die Gesetze zu ändern. Ziviler Ungehorsam dürfe immer nur die letzte Zuflucht sein und müsse obendrein immer in Rechnung stellen, dass auch andere Minderheiten zum Mittel des zivilen Ungehorsams greifen können und dadurch nicht nur die öffentliche Ordnung gefährdet werden kann, sondern auch die Gefahr eines allgemeinen Verlusts an Freiheit entsteht und deshalb ziviler Ungehorsam nicht mehr zu rechtfertigen wäre. Doch das sind technische Details. Wenn Rawls argumentiert, dass Selbstachtung ein natürliches Gut ist, das der rationale Mensch in einer freien und fairen Gesellschaft erwarten dürfe, verleiht er jedenfalls der Idee der sozialen Gerechtigkeit, die in den Schriften von Hayek sehr gelitten hatte, neue Legitimität.

Rawls setzte eine Grundstruktur der Gesellschaft hinter dem »Schleier des Nichtwissens« *voraus*, um die Grundsätze einer gerechten, fairen Gesellschaft verwirklichen zu können. Robert Nozick, ein Kollege in Harvard, stellte ihn deshalb zur Rede. Nozick, der mehr der Tradition von Hayek zuzurechnen ist, zog es vor, bei seinen Überlegungen von der *bestehenden* Situation auszugehen, von der Art und Weise, in der die Gesellschaft *tatsächlich* organisiert ist, anstatt nach Art von Rawls eine bereits perfekte Welt anzunehmen.* In seinem 1974 veröffentlichten Buch *Anarchy, State, and Utopia*, das gewissermaßen Nozicks Antwort auf Rawls war, schrieb er, dass jede »schablonierte« Form von Gerechtigkeit, wie zum Beispiel die *affirmative action* (Maßnahmen zur Beseitigung und Verhütung von Diskriminierung), moralisch verwerflich sei, da damit mehr individuelle Rechte als zulässig verletzt würden und angesichts der Zahl von Menschen, welchen damit wirklich geholfen wäre, mehr Schaden angerichtet als Gutes bewirkt würde.[133] Nozick wies auf eine Reihe von logischen Fehlern in Rawls' Argumentation hin, doch sein substanziellster Punkt verberge sich hinter seiner »Berechtigungstheorie« (*En-*

* Es wird noch darauf zurückzukommen sein, dass dies eine der grundlegenden philosophischen Auseinandersetzungen des zwanzigsten Jahrhunderts war: Die einen gingen von einer Idealsituation aus, die anderen akzeptierten die Realitäten dieser Welt.

titlement Theory).[134] Nach der von Rawls angenommenen Grundsituation haben Individuen, die hinter »einem Schleier des Nichtwissens« zur Ausprägung von gesellschaftlichen Vereinbarungen beitragen, keine Vorstellung von ihren eigenen Attributen wie Wohlstand, Status, Intelligenz und so weiter. Im realen Leben, schrieb Nozick, wäre dies nie der Fall, deshalb sei Rawls Position in diesem Zusammenhang auch völlig unangemessen. Logischerweise sei für das Geschehen auch entscheidend, dass Menschen mit unterschiedlichen Begabungen geboren würden. Man könne dies Ungleichheit nennen, doch sei diese Ungleichheit insofern gesondert zu betrachten, als die Tatsache, dass ein Mensch mehr von etwas besitzen kann (sagen wir, mehr Intelligenz), in keiner Weise bedeute, dass jeder andere Bürger dieser Gesellschaft notwendigerweise weniger davon besitzt oder deshalb schlechter dran wäre. Die Tatsache, dass ein Mensch über mehr von einer natürlichen Begabung besitzt, *beraube* keinen anderen dieser Begabung. Folglich sei es falsch von einer Gesellschaft, diese Disparität an Talenten und alles, was sich aus ihr ergibt, nivellieren zu wollen. Noch grundlegender falsch, so Nozick weiter, sei dies natürlich, wenn die Person, die über ein besonderes Talent verfügt, dieses zum Wohl der Gesellschaft einsetzt. Hierzu führt Nozick eine Reihe von bewusst absurden Beispielen an, um die Mängel der Theorie Rawls' zu verdeutlichen. So vergleicht er beispielsweise die staatliche Gesundheitsversorgung mit dem Friseurgewerbe: Bei der Gesundheitsversorgung sei man sich allgemein einig, dass vor und unabhängig von jeder Zahlungsfähigkeit »Bedarf« der Schlüssel für die Versorgung sei; sollte deshalb das Gleiche auch beim Frieseur gelten? Sollten dessen Dienste vordringlich Personen angeboten werden, die eines Haarschnitts oder einer Rasur bedürfen? Ein anderer Fall: Angenommen, es konkurrieren vier Bewerber miteinander um eine Frau; wollen wir, dass sie selbst entscheidet, wen sie heiraten will, oder sollen wir die Bewerber untereinander abstimmen lassen? Ergäbe es denn irgendeinen Sinn, zu behaupten, dass der erfolgreiche Bewerber derjenige sei, welcher diese Frau mehr als die anderen »braucht«? Mit solchen Beispielen wollte Nozick erstens beweisen, dass Rawls' theoretische Vorstellung von der Art, wie der Mensch seine Angelegenheiten regelt, viel zu simpel war; und zweitens wollte er betonen, dass viele Dinge im Leben zu Recht der Entscheidung des Individuums überlassen sind, und zwar auf Basis der frei verfügbaren Talente, mit denen die Natur ihn ausgestattet hat. Denn diese Talente kollidierten weder mit den Bedürfnissen eines anderen Individuums noch mit der Gesamtleistung einer Gesellschaft. Solche Überlegungen führten Nozick schließlich zu dem Schluss, dass nur ein zurückhaltender Staat, der ausschließlich grundlegende Aufgaben zum Schutz seiner Bürger erfüllt – ein Minimum an staatlicher Intervention also –, moralisch gerechtfertigt sei.[135]

Nur ein paar hundert Meter von der philosophischen Fakultät der Harvard University entfernt befindet sich das Psychologie-Gebäude, das nach dem großen Pragmatiker *William James Hall* genannt wurde. Dort schrieb zur selben Zeit, in der auch Rawls und Nozick ihre Theorien in Harvard formulierten, B. F. Skinner ein bemerkenswertes Buch über die Freiheit: *Beyond Freedom and Dignity*. Skinner betrachtete die Dinge aus dem Blickwinkel des Psychologen und nicht des Philosophen; er machte sogar ziemlich deutlich, dass er die traditionellen philosophischen Ideen größtenteils für falsch hielt.[136] Und doch war sein Buch zutiefst philosophisch, jedenfalls in dem Sinne, dass es sich nicht mit Gleichheit und deren Auswirkungen auf die Freiheit befasste, sondern mit der fundamentalen Idee der Freiheit an sich. Als Wissenschaftler und Biologe betrachtete Skinner die Natur des Menschen als das Produkt der Evolution (und daher in hohem Maße von den Genen bestimmt) und der Adaption an die Umwelt. Für ihn gab es deshalb nur eine einzige Möglichkeit für eine Veränderung (und damit implizit Besserung) des Menschen, nämlich die Veränderung seiner Umwelt. Seine zweite Aussage lautete, dass wirkliche Freiheit nicht existiere und nie existiert habe. Die Natur des Menschen sei das Ergebnis seiner Geschichte – Evolution – im Zusammenwirken mit seiner Umwelt. Daher unterliege der Mensch per definitionem einer gewissen Kontrolle. Unter Freiheit ist nach Skinner daher im Wesentlichen auch nur der Zustand zu verstehen, in dem der Mensch sich befindet, wenn er die über ihn ausgeübte Kontrolle nicht *empfindet*.[137] Diese Freiheit drückt sich nicht vorrangig als Gefühl, sondern durch Verhaltensweisen aus. Mit anderen Worten: Freiheit ist die Abwesenheit von aversiven Reizen aus der Umwelt, und was wir als Freiheit empfinden, ist in Wirklichkeit nur das Resultat dieser Abwesenheit. Außerdem, so Skinner, würden solche aversiven Reize von unterschiedlichen Menschen mit unterschiedlichen Geschichten auch unterschiedlich wahrgenommen. In den letzten Kapiteln seines Buches versuchte er eine Kultur zu skizzieren, in der solche aversiven Reize auf ein Minimum beschränkt wären.[138] Die Menschheit, so sein Vorschlag, müsse eine Verhaltenstechnologie entwickeln, welche anerkennt, dass sich die menschliche Natur, die kollektive Natur einer großen Zahl von Individuen also, auf Grund von Kontingenzen entwickelt – durch Belohnungen und Bestrafungen –, die sich langfristig auf die genetische Struktur des Menschen auswirken. Für Skinner gab es keinen autonomen Menschen, oder anders gesagt: Der Mensch muss sich der Beschränkungen seiner Autonomie bewusst sein, wenn er wirklich frei in dem Sinne sein will, dass er mit seiner wahren Natur in Frieden lebt.

Kontrolle und Strafe seien notwendige Aspekte einer Umwelt, in der sich Menschen zu Gesellschaften zusammenschließen; jedoch sollten diese nicht als etwas Einschränkendes und daher Negatives, sondern vielmehr als Möglichkeiten verstanden werden, maximale Freiheit für eine maximale Anzahl von Menschen zu erreichen – wie gesagt: Freiheit als Abwesenheit von aversiven Reizen. (Nicht uninteressant in diesem Zusammenhang ist, dass er dies auf dem Höhepunkt der Studentenunruhen schrieb.) Indem wir also eine bessere Umwelt schaffen, werden wir bessere Menschen. Angesichts dieser Einstellung ist nicht verwunderlich, dass Skinner Begriffe wie »geistige Krise« (unter Studenten) oder das Drogenproblem und andere Abhängigkeiten wie Glücksspiel heftig kritisierte. Solche Probleme, schrieb er, seien der menschlichen Natur nicht inhärent oder tauchten auf, als handle es sich beim Menschen um einen Homunkulus –, sondern seien immer die Folgen eines Fehlmanagements der gesellschaftlichen Kontrolle: »Der autonome Mensch ist eine Erfindung, die der Erklärung dessen dient, was wir auf andere Weise nicht erklären können. Er wurde aus unserer Unwissenheit erschaffen; wenn sich unser Wissen mehrt, verschwindet auch der Stoff, aus dem er gemacht ist. Die empirische Wissenschaft entmenschlicht den Menschen nicht, sie enthomunkulusiert ihn.«[139]

Skinners Ideen erwiesen sich als nicht annähernd so einflussreich wie die Vorstellungen von Rawls oder Nozick oder Hayek, was aber auch daran gelegen haben mag, dass er kaum einen Hinweis gab, wie Freiheit etabliert werden könnte. Doch der Hauptgrund war wohl, dass im amerikanischen Kontext der Bürgerrechtsbewegung der sechziger Jahre Freiheit und Gerechtigkeit von den meisten Menschen für dasselbe gehalten wurden.

*

Die »langen Sechzigerjahre«, die tatsächlich erst um 1973 endeten, waren ganz und gar nicht jenes frivole Jahrzehnt, als das sie oft dargestellt wurden. Im Gegenteil, mit gutem Grund darf man sagen, dass dies die wichtigsten Jahre der Nachkriegszeit waren, *der* Dreh- und Angelpunkt für die weiteren Lebensgrundlagen des Menschen, da dessen grundlegende Freiheit zu dieser Zeit einerseits bedroht war und andererseits detailliert analysiert wurde. Das geschah jedoch nur, weil sich die Psychologie, weil sich das Selbstverständnis des Menschen zu ändern begonnen hatte. Der Wandel von einer auf Klassen basierenden Soziologie hin zu einer auf dem Individuum basierenden Psychologie und der Aufstieg von neuen Identifikationsgruppen (die eigene Rasse, das eigene Geschlecht, die eigenen Kommilitonen) wirkten sich nicht nur auf dieses Selbstverständnis aus, sondern auch, wie Hannah Arendt vorausgesagt hatte, auf die Politik. Vieles, von dem im letzten Teil dieses Buches die Rede sein wird, ein Großteil des Geisteslebens im letzten Viertel des zwanzigsten Jahrhunderts, kann nur unter diesen Gesichtspunkten verstanden werden.

31
La Longue Durée

Zwischen September und November 1965 kreuzte das Schiff *Eltanin* der *United States National Science Foundation* am pazifisch-antarktischen Kontinentalrand und sammelte Routinedaten über den Meeresboden. Im Grunde war das ganze Schiff als Labor des geologischen Lamont-Doherty-Observatoriums von der Columbia University eingerichtet. Die Ozeanografie hatte im Zweiten Weltkrieg Auftrieb bekommen, weil man damals gezwungen war, U-Boote und ihre Umwelt besser zu verstehen. Danach erhielt sie durch die Einführung von hochseetüchtigen atomgetriebenen U-Booten einen neuerlichen Schub. Das Lamont-Institut gehörte zu den aktivsten Einrichtungen auf diesem Forschungsgebiet.[1]

Während der Fahrt 1965 kreuzte die *Eltanin* über einer Tiefseeformation am 51. südlichen Breitengrad, die man das »pazifisch-antarktische Rückensystem« nennt. Mit der an Bord befindlichen Ausrüstung sollte die magnetische Sedimentkomponente des Meeresbodens gemessen werden. Man wusste schon seit geraumer Zeit, dass sich der Gesteinsmagnetismus aus irgendeinem Grund nach jeweils ungefähr einer Million Jahren regelmäßig umpolt, und die Geologen glaubten, dass ihnen die Entschlüsselung dieses Musters eine Menge über die Geschichte der Erdoberfläche verraten würde. Auf dieser Fahrt war Walter Pitman III. von der Columbia University für die Messungsabschnitte 19, 20 und 21 zuständig. Solange er sich an Bord der *Eltanin* befand, war er viel zu ausgelastet mit der ständigen Kontrolle der Instrumente, um sich auf mehr konzentrieren zu können. Aber gleich nach seiner Rückkehr ans Lamont-Institut legte er seine Charts aus, um zu sehen, was sie zeigten. Die Ausdrucke vor ihm stellten in langen Reihen schwarzer und weißer Streifen sämtliche Anomalien dar, die über den Ablagerungsräumen eines bestimmten Abschnitts des Meeresbodens aufgezeichnet worden waren. Sobald eine Anomalie eine Richtungsänderung aufwies, wechselte die Aufzeichnung von schwarz zu weiß und umgekehrt. Was Pitman an diesem Novembertag nun sofort ins Auge fiel, war, dass die Aufzeichnungen, die während der Fahrt der *Eltanin* von einem Punkt 500 Kilometer östlich zu einem anderen 500 Kilometer westlich des pazifisch-antarktischen Rückensystems gemacht worden waren, ziemlich genau auf Höhe des Rückens *absolut symmetrisch* waren.[2] Und das konnte nur heißen, dass sich die Ablagerungen auf beiden Seiten des Rückens zur exakt gleichen Zeit gebildet hatten. Diese Symmetrie ließ den Schluss zu, dass die Sedimente »direkt auf dem Rücken entstanden waren und sich dann über den Meersboden ausgebreitet hatten. Oder anders gesagt: Der Meeresboden wurde an dieser Stelle durch Felsen gebildet, die aus den Tiefen der Erde aufgetaucht waren und sich dann über den Meeresboden verteilten – und auf diese Weise die Kontinente auseinandergedrängt haben. Endlich hatten wir eine Bestätigung für die Kontinentaldrift, die durch Spreizzonen auf dem Meeresboden entstanden war.«[3]

Wie bereits erwähnt, hatte erstmals Alfred Wegener im Jahr 1915 die Verteilung der Landmassen und Lebensformen dieser Erde mit einer Verschiebung der Kontinente erklärt. Für ihn stand diese Theorie angesichts des von ihm angesammelten Materials völlig außer Zweifel, aber viele Geologen, vor allem viele seiner amerikanischen Kollegen, waren nicht davon zu überzeugen: Das Lager der »Fixierer« blieb bei seiner Meinung, dass Kontinente fix und unbeweglich sind. Jahrelang, zumindest bis zum Zweiten Weltkrieg, stritten die Geologen um diese Frage. Doch seit der Entwicklung von atomgetriebenen Unterseeboten hatte vor allem die amerikanische Navy neue Informationen über den Pazifik – der die USA von ihrem Erzfeind UdSSR trennte – gewinnen und dabei herausfinden können, dass die magnetischen Anomalien auf dem pazifischen Meeresboden wie riesige »Dielenbretter« geformt sind und in nahezu parallelen Linien fast immer von Nord nach Süd verlaufen, ein jedes »Brett« 15 bis 25 Kilometer breit und Hunderte von Kilometern lang. Damit hatte man die Grundlage für eine höchst ungewöhnliche Berechnung, die allen großes Kopfzerbrechen bereitete: Teilt man 25 Kilometer durch eine Million (die Anzahl von Jahren, nach welcher die Polarität der Erde durchschnittlich wechselt), erhält man das Ergebnis 2,5 Zentimeter. Hieß das nun, dass sich der Pazifik um genau diese Rate jährlich ausdehnt?[4]

Den »Mobilisten« lagen auch noch andere Nachweise vor. 1953 hatte der französische Seismologe Jean Pierre Rothé bei einem Treffen der Royal Society in London eine Karte präsentiert, auf der die Epizentren von Seebeben im Atlantik und Indischen Ozean verzeichnet waren und die mit bemerkenswerter Konsistenz darauf hindeutete, dass viele dieser Beben in der Region des Mittelozeanischen Rückens ihren Ursprung hatten und Vulkane immer inaktiver wurden, je älter sie waren, was zugleich hieß: je weiter entfernt sie von diesem Rücken lagen.[5] Seit dem Zweiten Weltkrieg hatte man auch die seismischen Schocks analysiert, die sich nach Atomexplosionen über die Erde verbreiten, und war dabei zu der überraschenden Erkenntnis gelangt, dass der Meeresboden im Gegensatz zu den Kontinenten, die eine Dicke von 35 Kilometer haben, gerade einmal sechseinhalb Kilometer dick ist. Erst ein Jahr vor der Fahrt der *Eltanin* hatte der britische Geophysiker Sir Edward Crisp Bullard mit Hilfe des neuesten Unterwassersonars – das eine großflächige Reflexion der Ablagerungsflächen bis in eine Tiefe von 1000 Meter zuließ – die Ränder des Atlantiks rekonstruiert und dabei nachgewiesen, dass in dieser Tiefe der Riss zwischen den Kontinenten sogar noch deutlicher festzustellen war.[6] Doch ungeachtet all dieser Nachweise gaben sich die »Fixierer« erst geschlagen, nachdem die Symmetrie-Daten der *Eltanin* vorlagen.

Nach der kompletten Auswertung aller Daten publizierte William Jason Morgan aus Princeton 1968 seine sogar noch »mobilistischere« Idee, nämlich dass die Kontinente aus einer Reihe von globalen oder »tektonischen« Platten bestehen, die sich zentimeterweise über die Erdkruste schieben, und dass ebendiese Bewegung der jeweils 100 Kilometer dicken Platten für die seismischen Aktivitäten der Erde verantwortlich ist. Die damals höchst umstrittene Idee wurde bald schon von der Entdeckung mehrerer »tiefer Gräben« gestützt, so genannter Subduktionsgebiete, die bis zu 700 Kilometer tief in den Pazifikboden eingebettet liegen – an diesen Stellen tauchen die einander gegenüberliegenden Plattenränder in den darunter liegenden Mantel ab (einer dieser Gräben zieht sich von Japan bis zur russischen Halbinsel Kamtschatka über eine Distanz von 1800 Kilometern).[7]

Die Kontinentaldrift, die Fortbewegung der tektonischen Platten (viele Geophysiker ziehen den Begriff »Blöcke« vor), war ursprünglich von rein geologischem Interesse. Doch Geologie ist auch Geschichte, und eine Errungenschaft der Naturwissenschaften des zwanzigsten Jahrhunderts war, dass immer mehr Details aus weit zurückliegender Vergangenheit zu Tage gefördert werden konnten, die sich als sehr konsistent erwiesen – auf geradezu romantische Weise konsistent, denn sie trugen ja eine Menge dazu bei, die Ursprünge einer Geschichte aufzudecken, die in der Entstehung der Menschheit kulminierte. So gesehen könnte man sogar sagen, dass dies die Krönung aller Erkenntnisse im zwanzigsten Jahrhundert war.

*

In dem Jahr, in dem die *Eltanin* ihre wichtigste Fahrt antrat, trafen sich siebenundzwanzig Wissenschaftler aus sechs Nationen in der Stanford University in Kalifornien, um über die Frage zu diskutieren, wann und wie der amerikanische Kontinent besiedelt wurde. Sie gehörten alle der *International Quaternary Association* von Geologen, Paläontologen, Geografen und Ethnografen an, deren gemeinsames Interesse der jüngsten von vier spezifischen geologischen Perioden galt. Sämtliche auf dieser Konferenz gehaltenen Referate befassten sich mit einem einzigen Thema, nämlich der Bering-Straße. Allgemein heißt es nach wie vor, dass Christoph Kolumbus 1492 Amerika »entdeckt« habe, auch wenn viele Forscher glauben, dass ihm die Wikinger zuvorgekommen sind; aber ganz unzweifelhaft ist, dass die Neue Welt in jedem Fall bereits von »Ureinwohnern« bevölkert war, die dort Tausende Jahre zuvor eingetroffen waren. Um 1959 hatten sich die Paläontologen bereits der Ansicht angenähert, dass sich der Homo sapiens vor Hunderttausenden von Jahren im Rift Valley von Ostafrika entwickelt habe. Die tektonische Forschung hatte bereits nachgewiesen, dass dieses Valley durch den Abbruch einer tektonischen Platte gebildet wurde. Vielleicht wird man bald schon mit weiteren Nachweisen belegen können, weshalb dort die Wiege der Menschheit sein soll. Seit der Zeit müsste der Mensch, wenn er sich nicht in unterschiedlichen Regionen der Welt separat entwickelt hat, in einer theoretisch nachvollziehbaren Sequenz um die Erde gewandert sein. Am weitesten von Ostafrika entfernt sind die Landmassen von Australien, der Antarktis und des amerikanischen Kontinents. Um auf den amerikanischen Kontinent zu gelangen, hätten die ersten Menschen entweder in genügender Zahl auf Booten riesige Distanzen über den Ozean zurücklegen müssen, um ein Ziel (das sie nicht gekannt haben konnten) zu erreichen, oder aber sie hätten die engste Stelle des Meeres (85 Kilometer breit) zwischen Sibirien und Alaska überqueren müssen. Und über diese Möglichkeit wollte die Stanford-Konferenz nun diskutieren.

Diese Idee war nicht neu, doch dieser Konferenz standen erstmals archäologische und geologische Nachweise zur Verfügung, die ein bis dahin sehr unscharfes Bild viel erkennbarer machten. Wie es scheint, überquerte der Mensch diese Meeresenge in drei Wellen: vor 40000, vor 20000 und vor etwa 13000 bis 12000 Jahren. Die Bedingungen und Möglichkeiten für diese Migrationen waren von den Eiszeiten vorgegeben worden, in denen riesige Wassermengen in den polaren Gletschern gebunden und dadurch die Meereshöhen bis zu einhundert Meter gesenkt worden waren (die Bering-Straße ist 24 Faden tief, etwa 45 Meter). Auf die Idee dieser drei Migrationswellen war man zum ersten Mal durch die Analysen von Artefakten und Begräbnistechniken gekommen; später wurde diese Theorie durch das Studium von Kunstgegenständen, Sprachen und Genen gestützt. Im Jahr nach der Stanford-Konferenz stellte C. Vance Haynes aus Denver Berechnungen an, denen zufolge sich ein Stamm aus ursprünglich nur dreißig Mammutjägern im Laufe von 500 Jahren zu 425 Stämmen mit insgesamt 12500 Menschen entwickelt haben könnte. Der Jägerstamm der Clovis, der die dritte Welle gebildet hatte, verbreitete die für ihn charakteristischen Speerspitzen (erstmals in Clovis in New Mexico nahe der texanischen Grenze gefunden) über den ganzen Kontinent – nach Hunts Berechnungen hätten diese Menschen jährlich nur etwa 6 Kilometer weiter in Richtung Süden ziehen müssen, um nach 500 Jahren Mexiko zu erreichen. All diese Berechnungen deckten sich aufs Beste mit den geologischen und ethnografischen Nachweisen für »den ersten Amerikaner«.

Aber nicht nur das, dieser Teil der Geschichte fügte sich auch ausgezeichnet in das Gesamtbild der »großen Geschichte« ein.

*

Diese Rekonstruktion der Geschichte des amerikanischen Kontinents wurde nun auch durch neueste Forschungsergebnisse aus Afrika bestätigt. Entscheidend waren hier Basil Davidson und sein 1959 veröffentlichtes Buch *Old Africa Rediscovered.* Es wurde ein so durchschlagender Erfolg, dass bereits Anfang der sechziger Jahre mehrere Auflagen verkauft waren.[8] Davidson hatte sämtliche Erkenntnisse der sich geradezu explosionsartig ausweitenden Afrika-Forschungen zu einem großen Bild gefügt und auf dieser Grundlage bewiesen – eine große Leistung –, dass der »schwarze Kontinent« keineswegs aus der Dunkelheit kam, sondern eine unverkennbar eigene Geschichte von großer Bedeutung hatte – was ja viele berühmte westliche Historiker immer abgestritten haben. Ganz ohne Zweifel waren dort seit 200 v. Chr. diverse mehr oder weniger ausgeprägte Kulturen entstanden.

Davidson nahm den gesamten afrikanischen Kontinent unter die Lupe, von Ägypten und Libyen im Norden über Ghana, Mali und Benin im Westen, die Küste von Zanj (oder Zinj) im Osten bis hin zu Rhodesien (heute Simbabwe) in der südlichen Mitte des Kontinents. Das Auftauchen von »Neger«-Völkern um etwa 3000 bis 5000 v. Chr. erklärte er anhand der Untersuchungen von ungefähr 800 Schädeln, die in einem Gebiet des vordynastischen Ägypten gefunden worden waren, und durch die Nachweise früher Völkerwanderungen, wie zum Beispiel aus dem Nildelta nach Westafrika (»der Weg der Vierzig Tage«). Er schilderte die Kusch-Kultur, die aus dem dekadenten ägyptischen Imperium hervorgegangen war, und die riesigen Schlackehalden von Meroe (»das Birmingham Afrikas«), etwa 160 Kilometer vom heutigen Khartoum entfernt. Unzählige Pyramiden, Tempel und Paläste zeugen vom Reichtum der Meroe-Kultur, aber erst diese Schlackehalden bewiesen, dass sie ihn durch den kunstvollen Abbau von Eisenerz erworben hatte.[9] Auf Davidsons Schilderung der großen Küstenkulturen von Benin, Kilwa, Brava, Sansibar und Mombasa folgen Darstellungen der bemerkenswerten zentralafrikanischen Kulturen von Songhay, Jebel Uri, Engaruka, Simbabwe und Mapungubwe – bemerkenswert vor allem deshalb, weil sie so völlig von den Einflüssen anderer Länder abgeschieden und damit rein afrikanische Kulturen waren, unvermischt durch internationalen Handel und unbeeinflusst von Ideen, die dieser mit sich bringt. Engaruka an den Grenzen zu Kenia und Tanganjika (heute Tansania) war 1935 von einem Distriktbeamten entdeckt, aber erst später von Louis Leakey ausgegraben worden. Leakey fand heraus, dass der Stadtkern aus fast siebentausend Häusern bestand, und schloss daraus auf eine Einwohnerzahl von mindestens dreißig- bis vierzigtausend Menschen. Die Gebäude waren kunstvoll, verfügten über Terrassen und wiesen Inschriften auf, die er für »Clan-Zeichen« hielt.[10] Leakey datierte Engaruka, das rund 500 Kilometer von der Küste entfernt auf einer steilen Anhöhe des Rift Valley liegt, was die Verteidigung der Stadt einfach machte, auf das siebte Jahrhundert zurück. Er fand gemauerte Anlagen, die er für Abwasserkanäle hielt, und Nachweise für Einzelgräber. Spätere Ausgrabungen zeigten, dass die Stadt von 320000 Morgen Land umgeben war, auf dem Korn angebaut wurde. Der Überschuss wurde auf Handelswegen nach Norden und Süden gebracht (man fand entlang dieser Strecken Dörfer mit bis zu hundert Häusern) und auf den dortigen Märkten angeboten. Auch die Techniken der Eisenverarbeitung hatten sich, von dieser Region Afrikas ausgehend, um etwa 500 n. Chr. verbreitet.

Groß-Simbabwe ist eine riesige Anlage aus steinernen Ruinen, darunter eine »Akropolis« und ein elliptischer »Tempel«, die etwas abseits der Hauptverbindungsstraße zwischen dem heutigen Harare (als Davidson sein Buch veröffentlichte, hieß die Stadt noch Salisbury) und Johannesburg in Südafrika liegt. Sämtliche Gebäude wurden aus dem Granit der Gegend erreichtet, aus den ziegelartig aufgeschichteten »Blättern« des abgeschuppten Felsens. Die Struktur der Verteidigungsanlage mit ihrer terrassenförmigen Brustwehr ähnelt den Bauwerken, die mehrere Hundert Kilometer entfernt in Jebel Uri gefunden wurden, was nahe legt, dass hier über große Entfernungen Handel getrieben und Ideen ausgetauscht wurden. Simbabwe und Mapungubwe liegen fast genau in der Mitte eines riesigen Bergbaugebiets – Gold, Kupfer, Eisen, Zinn –, das sich im Norden bis nach Sambia und den Belgisch-Kongo (heute Zaire) und im Süden bis nach Pretoria und Johannesburg in Transvaal erstreckte. Einige Forscher datierten Simbabwe sogar noch früher auf 2000 v. Chr. und setzten die Blütezeit der Stadt auf zwischen 300 und 1600 n. Chr. fest.[11]

Mapungubwe ist weniger bekannt als Simbabwe, aber noch geheimnisvoller. Die Stätte liegt auf einem kleinen Tafelberg, ungefähr 320 Kilometer südlich, am anderen Ufer des Limpopo. Die Eingeborenen nennen sie den »Ort des Schreckens«. Nachdem es endlich gelungen war, bis zu ihr vorzudringen (durch einen engen »Kamin«, in dem man Löcher eingeschlagen fand, sodass man wie an einer Leiter hinaufklettern konnte), stellte man fest, dass Tonnen von Erde aus der Umgebung auf diese Anhöhe geschleppt worden waren – ein klarer Hinweis, dass es sich um eine Ackerbaukultur gehandelt hatte. Doch noch interessanter für die Entdecker waren die dort gefundenen Artefakte aus purem Gold und die Skelette.[12] Ein Skelett (dreiundzwanzig wurden insgesamt ausgegraben) war über und über mit Goldspangen bedeckt. Die Analyse dieser Skelette bewies, dass sie keinerlei negroide Merkmale hatten und es sich um eine »vornegroide« Art handelte. Die Beerdigungstechnik dieser Menschen glich der Technik der Bantu, doch ihre Skelette waren deutliche Mischformen aus den Merkmalen von Hottentotten und der Gebeine, die man entlang der Küste gefunden hatte. Die Tatsache, dass sie nicht nur ihre eigene Art, sondern auch ihre Rinder begruben, zeugte von der Existenz einer Religion.

Davidson ließ keinen Zweifel daran, dass es noch viel über Afrika zu erforschen gab, aber er bewies, dass Afrika eine Stimme und Geschichte hat. Und damit hatte er sein Ziel erreicht – das gleiche, das Chinua Achebe, Wole Soyinka und andere Afrikaner verfolgten. Da Davidson in seinem Buch außerdem der Frage nachging, wie sich die Herstellung von Steinwerkzeugen und die Metallverarbeitungstechniken verbreitet haben konnten, trug er obendrein dazu bei, dass dem Puzzle der »größeren Geschichte« der Menschheit wieder neue Teile eingefügt werden konnten: Auch die Geschicke Afrikas waren von stärkeren historischen Kräften als den Einflüssen einzelner Individuen bestimmt worden.[13]

*

Auch die Geschichtsforschung im zwanzigsten Jahrhundert wurde nicht durch die Handlungen bedeutender Individuen, sondern durch das Ausmaß solcher stärkeren Faktoren der Geschichte, wie der ökonomischen, soziologischen, geografischen und klimatologischen, zu einem gewaltigen Umdenken gezwungen. Die beiden produktivsten Schulen dieses neuen Paradigmas waren die französischen *Annales*-Historiker und die britischen Marxisten.

In den sechziger Jahren wurden drei außerordentlich einflussreiche Werke von französischen *Annales*-Historikern veröffentlicht: Die *Geschichte der Kindheit* von Philippe Ariès (1960, deutsch 1975); *Die Bauern des Languedoc* von Emmanuel le Roy Ladurie (1966, deutsch 1983); und der erste Band des Werkes *Civilisation matérielle et capitalisme* von Fernand Brandel (3 Bde. zwischen 1967 und 1979; deutsch: *Geschichte der Zivilisation)*. Tatsächlich aber waren die sechziger Jahre bereits die dritte Blütezeit der *Annales* nach den zwanziger und den vierziger Jahren.

Fernand Braudel, der bei weitem etablierteste und außerdem älteste dieser drei Autoren, war eng mit den beiden Gründern der *Annales*-Schule Lucien Febvre und Marc Bloch befreundet, die sich in den zwanziger Jahren an der Universität von Straßburg kennen gelernt und gemeinsam eine neue wissenschaftliche Fachzeitschrift ins Leben gerufen hatten, die *Annales d'histoire économique et social*. Wie schon der Name sagt, wollte sich die *Annales*-Schule von Anfang an auf den sozialen und ökonomischen Kontext von historischen Ereignissen und nicht mehr nur auf die heroischen Taten »großer Männer« konzentrieren. Was sie aber außerdem deutlich von allen anderen Historikern unterschied, war ihre ungeheure Vorstellungskraft, die vor allem in den Werken von Febvre und Bloch zum Ausdruck kam, die sie nach ihrer Rückkehr nach Paris Mitte der Dreißigerjahre verfassten.[14] An zwei Studien von Bloch (ein Held der Résistance im Zweiten Weltkrieg) wird man sich heute noch gut erinnern: *Die wundertätigen Könige* und *Die Feudalgesellschaft*. In den *wundertätigen Königen* schilderte er die Geschichte des in England und Frankreich vom Mittelalter bis ins achtzehnte Jahrhundert herrschenden Glaubens, dass Könige durch rituelles Handauflegen Skrofulose heilen konnten – ein Hautleiden, das »Königskrankheit« genannt wurde.[15] Blochs Studie ging jedoch über die Behandlung eines Kuriosums weit hinaus; sie stützte sich auf die damals neusten Theorien der Soziologie, Psychologie und Anthropologie – auf der Suche nach einem Kontext für das, was Bloch die *mentalité* der Zeit nannte. In seinem Buch *Die Feudalgesellschaft*, das er noch kurz vor dem Zweiten Weltkrieg publiziert hatte, versuchte er hingegen eine historische *Psychologie*, die »Formen des Fühlens und Denkens« der Feudalgesellschaft herauszuarbeiten, was zur damaligen Zeit ein völlig neuer Ansatz war.[16] Unter anderem befasste er sich mit dem mittelalterlichen Zeitbegriff, oder vielmehr mit der »Gleichgültigkeit gegenüber der Zeit« und dem »Desinteresse an präzisen Zeitangaben«. Auf genau die gleiche Weise hatte sich Febvre in seiner *Rabelais*-Studie der *mentalité* des sechzehnten Jahrhunderts angenähert, beispielsweise indem er Briefe und andere Schriften analysierte und dadurch zu dem Schluss kam, dass der »Atheismus«, der Rabelais von seinen Zeitgenossen vorgeworfen worden war, damals etwas ganz anderes bedeutet hatte als der Begriff »Atheist« in seiner modernen präzisen Bedeutung. Im sechzehnten Jahrhundert habe es sich um ein reines Schimpfwort gehandelt, »dem man jede beliebige Bedeutung geben konnte«.[17] Auch sein Geburtsjahr habe Rabelais nicht gekannt: »›Die gemessene Zeit‹, also die Uhrzeit, war noch nicht so wichtig wie die ›erlebte‹ Zeit, bezogen auf den Sonnenaufgang, den Flug der Waldschnepfen oder die Länge eines Ave Marias.«[18] Bloch und Febvre gelang es, »in den Kopf« von Personen aus lang zurückliegenden Zeiten zu sehen, was ihre Leser faszinierte. Das *fühlte* sich mehr an wie Geschichte als die Aneinanderreihung von Ereignissen, die manche Historiker boten. Am stärksten vermochte Braudel dieses Gefühl hervorzurufen, denn er verfolgte den Forschungsansatz der *Annales* in seinem ersten, 1949 erschienenen Buch *La Méditerranée*, das große Aufregung verursachte, am konsequentesten.[19]

Diese Studie war unter höchst ungewöhnlichen Bedingungen entstanden. Geplant hatte sie Braudel bereits in den zwanziger Jahren, und zwar in Form einer Analyse der Außenpolitik von Philipp II. Doch dann, auf der Rückreise von seiner Lehrtätigkeit an der Universität von São Paolo (1935–1937), lernte er Febvre kennen, der ihn sofort als *enfant de la maison* adoptierte und von einem Kurswechsel seines Projekts überzeugte. Zu schreiben begann Braudel die Studie dann jedoch erst als Kriegsgefangener in einem Lager bei Lübeck. »Dass er keinen Zugang zu Bibliotheken hatte, konnte er mit Hilfe seines enormen Gedächtnisses bis zu einem gewissen Grad wettmachen, und die Rohfassung seines Mittelmeerbuchs schrieb er in Schulhefte, die er für die Dauer des Krieges an Febvres Adresse schickte.«[20]

La Méditerranée umfasst etwa 1200 Seiten und ist in drei Teile gegliedert. Auf den ersten 300 Seiten behandelte Braudel die Geografie des Mittelmeerraums – Berge und Flüsse, das Wetter, die Inseln, einzelne Meeresabschnitte und Küstenstriche sowie die einstigen Routen von Händlern und Reisenden. Es ist dies die »›gleichsam unbewegte‹ Geschichte des Menschen in seinen Beziehungen zum ›umgebenden Milieu‹«, es folgt die »allmählich sich verändernde Geschichte der ökonomischen, sozialen und politischen Strukturen«, der sich schließlich eine »rasch verlaufende Ereignisgeschichte« anschließt.[21] Mit dieser Sequenz wollte Braudel die Bedeutung der *longue durée*, wie er es nannte, gerecht werden – der Tatsache, dass Geschichte grundsätzlich und in erster Linie davon bestimmt wird, wo sie sich abspielt. Dem zweiten Teil dieser Studie gab er den Titel »Kollektive Schicksale und Gesamtbewegungen« (*Destins collectifs et mouvements d'ensemble*). Hier geht es um die Geschichte von Strukturen – Staaten, Wirtschaftssystemen, Gesellschaften, Kulturen –, die immer langsamer voranschreitet als die »Ereignisgeschichte« und daher das Leben und die Karrieren von Individuen überdauert.[22] Dabei konzentrierte Braudel den Blick ganz auf die Veränderungen, die im Laufe von Generationen oder Jahrhunderten stattfanden und deshalb vom Individuum kaum wahrgenommen werden konnten. Beispielsweise schilderte er, in welchem Zusammenhang die Aufstiege des spanischen und des Osmanischen Reichs mit der Größe und Gestalt des Mittelmeers standen (lang von West nach Ost, schmal von Nord nach Süd), oder weshalb sich diese Imperien allmählich immer ähnlicher wurden (zum Beispiel weil in beiden »eine ökonomische und soziale Polarisierung« stattfand, die Aristokratie in den Städten blühte, die Armen noch ärmer wurden und die mittleren Schichten verschwanden oder zur Aristokratie »übertraten«).[23] Erst am Schluss widmete er sich den Ereignissen und Charakteren auf der historischen Bühne. Natürlich war Braudel klar, dass sich Menschen charakterlich unterscheiden, aber er nahm an, dass solche charakterlichen Unterschiede eine viel kleinere Rolle bei historischen Entwicklungen spielen, als die traditionellen Historiker glaubten. Um sich das Verhalten von Menschen in der Vergangenheit zu erklären, sollte man seiner Meinung nach lieber versuchen, zu verstehen, wie *sie* die Welt betrachteten. Er selbst versuchte dies unter anderem anhand der »bekannten und oft kritisierten Entscheidungsschwäche Philipps II.«, die »nicht bloß aus seinem Charakter heraus erklärt werden könne, sondern in Bezug gesetzt werden müsse zu der finanziellen Misere Spaniens und den schwierigen Kommunikationsverbindungen in einem so großen Reich«,[24] zum Beispiel weil es zwei Monate dauern konnte, um vom einen Ende des Mittelmeers zum anderen zu gelangen. Philipps Überlegungen waren also mindestens ebenso von der wirtschaftlichen und geografischen Lage Spaniens bestimmt wie von allen anderen denkbaren Faktoren.

Während die Arbeiten von Bloch und Febvre letztlich nur unter Historikern für Aufregung sorgten, sprengte Braudels *La Méditerranée* die Grenzen des Fachgebietes und wurde weit über Frankreich hinaus berühmt (was auch ganz seinem Ehrgeiz entsprach[25]). Für die Leser war diese neue Form der historischen Informationsvermittlung nicht weniger faszinierend als die Geschichten über Monarchen und Ministerpräsidenten. Febvre bat Braudel schließlich – sein (inzwischen fünfzigjähriges) *enfant de la maison* –, an einem noch weit umfangreicheren Projekt mitzuwirken: an einer zweibändigen Geschichte Europas von 1400 bis 1800, »wobei Febvre den Bereich ›Denken und Glauben‹ und Braudel die Geschichte des materiellen Lebens übernehmen sollte«. Doch als Febvre 1956 starb, »war sein Beitrag noch nicht geschrieben«. Braudel machte allein weiter, sollte aber bis zur Fertigstellung beinahe eben so viel Zeit brauchen wie für seine erste Studie. Das Buch erschien zwischen 1967 und 1979 in drei Bänden unter dem Titel *Civilisation matérielle et capitalisme* (*Die Geschichte der Zivilisation*).[26]

Auch diese Studie hatte Braudel in drei Teilen – »als ein dreigeschossiges Haus« – konzipiert: »Konsumtion, Distribution und Produktion, in dieser Reihenfolge, auch wenn er andere Begriffe verwendete«. (Das war eher an Marx angelehnt als wirklich marxistisch.) Im »Geschoss« der Produktion verglich er zum Beispiel die Vor- und Nachteile von Weizen und anderen Getreidesorten mit denjenigen von Reis und stellte dann beides in den Kontext der Entwicklung von Kulturen in aller Welt. So fand er beispielsweise heraus, dass sich in Gegenden wie Asien, »wo Reisfelder gut gedeihen, ›eine große Bevölkerungsdichte und starke gesellschaftliche Ordnung herausgebildet haben‹, wohingegen der Maisanbau, ›der wenig Arbeit erfordert‹, den Indianern die ›Freizeit‹... ließ, ›an den gigantischen Pyramiden der Maya oder Azteken‹ oder den ›zyklopischen Mauern von Cuzco‹ zu arbeiten«.[27] Für den Erfolg des europäischen Kontinents machte Braudel im Wesentlichen dessen relativ geringe Größe und das für die Wachstumsbedingungen von Getreide gute Klima verantwortlich.[28] Dass sich das Leben so weitgehend in Innenräumen abspielen musste, wirkte sich auf die Entwicklung von Möbeln aus und diese wiederum auf die Entwicklung von Werkzeugen. Die schlechteren Witterungsverhältnisse bedingten auch, dass weniger im Außenbereich gearbeitet werden konnte. Da aber trotzdem hungrige Mäuler gestopft werden mussten, führte diese Ausgangsbedingung dazu, dass Arbeitskraft relativ teuer wurde, was dann seinerseits, »besonders im Zusammenhang mit der industriellen Revolution, zu einer verstärkten Entwicklung von mechanischer Energie führte«.[29] In den beiden nächsten Bänden *Les jeux de l'échange* und *Le temps du monde* folgte Braudel dem Aufstieg des Kapitalismus. Auch hier lautete sein Hauptargument, dass immer die Geografie – da sie bestimmt, welche Rohmaterialien zur Verfügung stehen – die Entscheidung trifft, wo Städte (und Märkte) angesiedelt werden und Handelswege entstehen. Mit einem Wort: Wie sich Kulturen entwickelten, war in gewissem Maß vorgegeben und unabänderlich. Und genau diesen Vorgaben war zu verdanken, dass Europa und nicht Asien, Afrika oder Nordamerika die Wiege des Kapitalismus und der empirischen Wissenschaften war.[30]

Braudels Erfolg (er starb 1985) beruhte jedoch nicht allein auf dem, was er schrieb, sondern vor allem auf der Tatsache, dass er andere damit inspirierte. Nach dem Zweiten Weltkrieg gingen eine Menge erfolgreicher Studien aus der *Annales*-Schule hervor, darunter *Die Bauern des Languedoc* und *Montaillou. Ein Dorf vor dem Inquisitor 1294–1342* von Le Roy Ladurie; *Geschichte der Kindheit* und *Geschichte des Todes* von Philippe Ariès; *L'apparition du livre* von Lucien Febvre und Henri-Jean Martin; *Introduction à la France moderne. Essai de psychologie historique* von R. Mandrou; *Le Catholicisme entre Luther et Voltaire* von J. Delumeau. Emmanuel le Roy Ladurie galt allgemein als der brillanteste Schüler von Braudel.[31] Auch er interessierte sich für *la longue durée* und versuchte in seinen Studien *Die Bauern des Languedoc* und *Montaillou* die *méntalité* des mittelalterlichen Europa wieder aufleben zu lassen. Montaillou ist ein Dorf im südwestfranzösischen Ariège, »einer Region, in der die Sekte der Katharer zu Beginn des vierzehnten Jahrhunderts beträchtlichen Anklang fand. Der Bischof Jacques Fournier verfolgte, verhörte und bestrafte die Ketzer. Das Protokoll ihrer Verhöre ist erhalten und wurde 1965 veröffentlicht.« Genau das legte Ladurie nun seiner Geschichte zu Grunde und interpretierte es im Lichte der jüngsten Erkenntnisse aus der Anthropologie, Soziologie und Psychologie.[32] Nachdem er herausgefunden hatte, dass fünfundzwanzig Menschen – ein Viertel aller darin aufgeführten Personen – aus einem einzigen Dorf stammten, nämlich Montaillou, erweckte er sie mit seinen Schilderungen wieder zum Leben. Der erste Teil des Buches behandelt mit Witz und großer bildhafter Vorstellungsgabe die materiellen Aspekte dieses Dorfes – die Bauweise der Häuser, die Straßenanlage, die Platzierung der Kirche.[33] Zum Beispiel schilderte Ladurie, dass der Mörtel zwischen den Steinen der Häuser so uneben aufgetragen wurde, dass die Nachbarn die Möglichkeit hatten, »durch die Ritzen zu spähen und einander zu belauschen«. Privatleben war in Montaillou also unbekannt. Vor allem im zweiten Teil des Buches begeisterte er seine Leser mit solchen lebendigen Schilderungen. Hier lernen wir auch ganz unterschiedliche Charaktere kennen, »vom sanften, freiheitsliebenden Pierre Maury, dem ›guten Hirten‹, bis zur Edelfrau, der attraktiven Béatrice des Planissoles und ihrem Liebhaber, dem aggressiven und selbstsicheren Priester Pierre Clergue«.[34]

Die Schule der *Annales* wurde außerordentlich einflussreich. Ihre phantasievolle Auswertung bislang unbeachteter historischer Details übte große Anziehungskraft auf die Leser aus. Mit dieser Kombination aus Wissenschaftlichkeit und Menschlichkeit gelang es ihr, eine Brücke über ganze Jahrhunderte zu schlagen, und zwar so, dass wirklich jeder begreift, was damals geschah und wie die Menschen damals lebten und dachten. Die Idee, die *mentalités*, die Psychologien vergangener Zeitalter wieder lebendig werden zu lassen, ist eine sehr ambitionierte und für viele die bei weitem faszinierendste Möglichkeit der Geschichtsschreibung – nichts kam bisher einer Zeitreise so nahe wie dies. Aber populär wurde die Technik der *Annales* auch deshalb, weil ihr Interesse den »kleinen Leuten« und ihrem Alltag galt und nicht den Königen, Parlamenten, Generälen oder Armeen, und weil diese Schwerpunktverlagerung in der Geschichtsschreibung außerdem drei historischen Faktoren entsprach – erstens der umfassenden Alphabetisierung seit Ende des neunzehnten Jahrhunderts: Weniger gebildete Leser lasen natürlich lieber etwas über Menschen, deren Leben ihnen irgendwie vertraut vorkam. Zweitens der im Ersten Weltkrieg gewonnenen Erkenntnis, dass sich Katastrophen auf das Leben einfacher Bürger immer viel empfindlicher niederschlagen als auf das von Generälen oder Staatshäuptern. Drittens spiegelte sich darin der allgemeine Trend, dass mit dem Aufstieg der Massenkultur, der neuen Medien und populären Unterhaltungsformen die Welt der »kleinen Leute« überall in den Mittelpunkt des Interesses gerückt war.

Für einige Wissenschaftler gab es aber auch noch einen anderen Grund, sich der Geschichte auf diese Weise zu nähern. Vor allem die Gruppe der kleinen, aber höchst einflussreichen marxistischen Historiker in Großbritannien, die vielleicht weniger originell als ihre französischen Kollegen waren, aber dafür kohärenter, was ihr Ziel betraf, wollte auf diese Weise die englische Geschichte vom Ende des Mittelalters bis zum beginnenden zwanzigsten Jahrhundert »von Grund auf« neu schreiben (eine so beliebte Formulierung, dass sie bald keiner mehr hören konnte). Die meisten ihrer Studien wurden Ende der fünfziger, Anfang der sechziger Jahre veröffentlicht: *Puritanism and Revolution: Studies in Interpretation of the English Revolution of the Seventeenth Century* von Christopher Hill (1958); *Primitive Rebels* (1959) und *The Age of Revolution* (1962) von Eric Hobsbawm; *Studies in the Development of Capitalism* (1963) von Maurice Dobb; *The Making of the English Working Class* (1964) von E. P. Thompson (»*das* Buch der englischen Marxisten« und »vermutlich das wichtigste sozialgeschichtliche Werk seit dem Zweiten Weltkrieg«[35]); *Labouring Men* von Hobsbawm (1964); *Intellectual Origins of the English Revolution* von Hill (1965); *A Medieval Society: The West Midlands at the End of the Thirteenth Century* von Rodney Hilton (1966); *Reformation to Industrial Revolution: A Social and Economic History of Britain,*

1530–1780 von Hill (1967); *The Decline of Serfdom in Medieval England* von Hilton (1969), *Bandits* von Hobsbawm (1969); *God's Englishman: Oliver Cromwell and the English Revolution* von Hill (1970); und *Bond Men Made Free: Medieval Movements and the English Rising of 1381* von Hilton (1973). Drei Autoren dieser Geschichte der unteren Schichten sind hier besonders hervorzuheben: Rodney Hilton, Christopher Hill und E. P. Thompson. Alle drei befassten sich mit der Frage, wie aus der Feudalgesellschaft eine kapitalistische Gesellschaft werden konnte und wie sich der Kampf gestaltet hatte, aus dem die Arbeiterklasse hervorging.

Rodney Hilton, Geschichtsprofessor an der Universität von Birmingham, war wie seine beiden Kollegen bis zum Ungarnaufstand 1956 Mitglied der Kommunistischen Partei Englands. Sein Hauptinteresse galt seit jeher den Vorläufern der Arbeiterklasse – den Bauern. Er hatte nicht nur diverse Studien über dieses Thema geschrieben, sondern auch entscheidend an der Gründung zweier Wissenschaftszeitschriften in den sechziger Jahren mitgewirkt: dem *Journal of Peasant Studies* in Großbritannien und der Zeitschrift *Peasant Studies* in den USA.[36] Hilton wollte nachweisen, dass die Bauern von Britannien im Mittelalter keine passive Klasse waren und ihren Status nicht einfach hingenommen, sondern vielmehr stets versucht hatten, ihn zu verbessern. Er schilderte, wie sie ständig um mehr eigenes Land und die Reduzierung oder Abschaffung des Zehnten kämpften.[37] Es war also ganz und gar keine »goldene Zeit«, in der jedermann seinen angemessenen Platz gefunden hätte und damit zufrieden gewesen wäre. Hilton bewies, dass es schon immer ein bäuerliches »Klassenbewusstsein« gegeben hatte und nicht zuletzt dieses Bewusstsein zum Niedergang des feudalherrschaftlichen Regimes in England beitrug.[38] Also auch hier handelte es sich um eine Form von sozialer Evolution, denn wie Hilton deutlich zum Ausdruck brachte, erwuchs aus diesem Kampf der Agrarkapitalismus und aus diesem wiederum der Industriekapitalismus.[39]

Die nächste evolutionäre Stufe wurde von Christopher Hill erforscht, Fellow am Balliol-College, der sich ganz dem Studium der englischen Revolution widmete. Seine These lautete, dass es auch bei der englischen Revolution – die traditionell als eine konstitutionelle, religiöse und politische Revolution dargestellt wurde –, nicht anders als beim Kampf der Bauern im Mittelalter um mehr Macht ging, dass auch dies ein Klassenkampf war und die Revolution den Höhepunkt des Kampfes der kapitalistischen Händler und Bauern um die Machtübernahme vom Feudaladel und der Monarchie darstellte – dass die Gründe für die Revolution also primär wirtschaftlicher Art gewesen seien.[40] Hill formulierte das so: »Die englische Revolution von 1640 bis 1660 war eine ebenso große soziale Bewegung wie die Französische Revolution von 1789. Die Staatsmacht, die eine alte und im Wesentlichen feudale Ordnung schützte, wurde gewaltsam gestürzt und die Macht in die Hände einer neuen Klasse gelegt [der

Bourgeoisie]; damit war der Weg für eine freiere Entfaltung des Kapitalismus geebnet… Außerdem stellte der Bürgerkrieg einen Klassenkampf gegen die Despotie von Karl I. dar, die von den reaktionären Kräften der etablierten Kirche und den konservativen Großgrundbesitzern verteidigt wurde. Das Parlament besiegte den König, weil es die begeisterte Unterstützung der Handels- und Industrieklassen in Stadt und Land genoss und auch die der Yeomen und des progressiven niederen Adels wie der weiteren Bevölkerung gewinnen konnte, indem es ihnen deutlich machte, worum es bei diesem Kampf eigentlich ging.«[41] Er fügte noch hinzu, dass diese Revolution auch von den jüngsten naturwissenschaftlichen und technischen Entwicklungen profitiert hatte, da diese auf sehr praktische Weise umgesetzt und in neue kommerzielle Produkte verwandelt werden konnten.

Wie Hilton und Hill war auch E. P. Thompson 1956 aus der Kommunistischen Partei Großbritanniens ausgetreten. Und wie sie war auch er davon überzeugt, dass die englische Geschichte zum Großteil vom Klassenkampf bestimmt war. In seinem umfangreichen Werk *The Making of the English Working Class* verfolgte er unter anderem das Ziel, die Arbeiterklasse vor »der enormen Herablassung der Nachwelt« zu »retten« und so vernachlässigte Gruppen wie die Weber und Kunsthandwerker aus der historischen Versenkung zu holen. Dabei definierte er die Arbeiterklasse insofern um, als er die Zugehörigkeit zu ihr zu einer Frage der *Erfahrung* machte – der zwischen 1790 und 1830 gemachten Erfahrung, eine immer unbedeutendere und schwächere Position im gesamtgesellschaftlichen Gefüge einzunehmen. Das Wesentliche bei der industriellen Revolution war laut Thompson für die englische Arbeiterklasse die Tatsache gewesen, dass die Besitzlosen immer mehr allgemeine Rechte verloren und dass unter fast allen Gewerbetreibenden durch die Unsicherheiten, die der bewussten Manipulation von Beschäftigung folgten, immer mehr Armut entstand.[42] Thompsons Studie ist spannend, weil sie Geschichte so lebendig und menschlich schildert, aber seine Darstellung ist auch in einem sozialdarwinistischen Sinn originell: Vor 1790 gab es viele unterschiedliche englische Arbeiterklassen; die Erfahrung mit Unterdrückung und der progressive Verlust an Rechten haben dann jedoch nicht dazu geführt, dass sie ausstarben, sondern im Gegenteil, dass sie sich zu einer Klasse vereinigten und damit stärker wurden.[43]

*

Das letzte Element des »großen Vorwärtssprungs« dieser Geschichtsschreibung lieferte 1973 der britische Archäologe Colin Renfrew. Wie die Vertreter der *Annales*-Schule und die britischen Marxisten und wie auch die Archäologen allerorten hatte er ein großes Interesse an *la longue durée*. Ganz im Sinne der französischen und britischen Historiker galt seine Leidenschaft weniger der Datierung an sich als der Förderung eines neuen

Geschichtsverständnisses. Der Titel seines Buches, geschrieben zu seiner Zeit als Professor an der Universität von Southampton (heute lehrt er in Cambridge), lautete *Before Civilisation: The Radiocarbon Revolution and Prehistoric Europe.*[44] Diese knochentrockene Formulierung verhinderte, dass das Buch ein Bestseller wurde, dabei bietet Renfrew nicht nur eine bewundernswert klare, wenngleich auch kurze Geschichte der Entwicklung der archäologischen Datierungsmethoden im zwanzigsten Jahrhundert, sondern auch eine Erklärung – und darum ging es ihm eigentlich –, wie diese unser Verständnis der Vergangenheit nicht nur im Hinblick auf die Chronologie, sondern auf die gesamte Frühgeschichte der Menschheit verändert haben.

Er beginnt mit der treffenden Schilderung eines spezifischen Problems der Archäologie. Diverse Studien von Schweizer und schwedischen Geologen hatten Anfang des zwanzigsten Jahrhunderts bestätigt, dass die letzte Eiszeit sechshunderttausend Jahre währte und vor zehntausend Jahren endete. Das Problem bei der Rekonstruktion der menschlichen Frühgeschichte aber ist, dass keine schriftlichen Aufzeichnungen aus der Zeit vor 3000 v. Chr. zur Verfügung stehen. Was war zwischen dem Tod der Eiszeit und der Entstehung der Schrift geschehen? Renfrew näherte sich dieser Frage, indem er sich die Archäologie aus dem Blickwinkel ihrer neuen Datierungsmethoden betrachtete – der Dendrochronologie, der Radiokarbon- und der Kalium-Argon-Datierung. Erste Datierungen mit Hilfe der Radiokarbon-Methode wurden von Willard F. Libby in New York bereits 1949 gemacht (1960 gewann er den Nobelpreis in Chemie für diese Innovation); alle an seine Erkenntnisse anschließenden Entdeckungen wurden dann im *American Journal of Science* publiziert, das seit 1959 eine jährliche Beilage zum Thema Radiokarbon herausgab, die schließlich zur eigenständigen *Radiocarbon*-Zeitschrift wurde. Damit stand allen ein leicht zugängliches Archiv für die in aller Welt revidierten und neu gesammelten Daten zur Verfügung. Was folgte, war die vielleicht radikalste Übernahme einer bis dahin der Kunstgeschichte oder den Geisteswissenschaften zugerechneten Disziplin durch die Naturwissenschaften.

Before Civilisation besteht aus zwei Kernaussagen. Erstens revidierte Renfrew die Chronologie der Bevölkerung unserer Erde. Seit ungefähr 1960 wusste man, dass Australien mit Sicherheit bereits 4000 v. Chr., vielleicht aber sogar schon 17 000 v. Chr. bevölkert war; oder dass in Mexiko schon 5000 v. Chr. systematisch Mais gesammelt und aller Wahrscheinlichkeit nach bereits seit vor 3000 v. Chr. angebaut worden war. Die wahre Bedeutung dieser Daten lag jedoch nicht in dem Umstand, dass sie auf eine weit ältere Chronologie verwiesen, als bis dahin für möglich gehalten wurde, sondern dass sie all die vagen und damals weit verbreiteten Theorien über den Haufen warfen, die behaupteten, dass sich eine Kultur in Mittelamerika erst entwickeln konnte, nachdem sie auf unerklärliche

Weise aus Europa importiert worden war. Tatsache ist, dass der amerikanische Kontinent zwischen 13 000 bis 12 000 v. Chr. – der letzten Eiszeit – vom Rest der Welt abgeschnitten war und sämtliche Charakteristika von Zivilisation – Ackerbau, Hausbau, Metallurgie, Religion – vollständig unabhängig entwickelte.[45]

Die Revision der Chronologie und deren Folgen sind das zweite Thema von Renfrews Buch. Hier konzentrierte er sich ganz auf das Zeitalter, das er am besten kannte, nämlich auf die Antike in Europa und im Mittleren Osten. Nach traditioneller Sichtweise wären die Kulturen des Mittleren Ostens – Sumerer, Ägypter – die Mutterkulturen und demzufolge die ersten großen Errungenschaften der Menschheit gewesen, aus denen dann die kretischen Minoer und die Welt der ägäischen Antike – Athen, Mykenä, Troja – hervorgingen. Nach dieser Deutung hätte sich Kultur von dort aus über den Balkan in Richtung Norden nach Deutschland und Britannien und westlich nach Italien, Frankreich und die Iberische Halbinsel ausgebreitet. Nach der C^{14}-Revolution hatte man aber plötzlich ein ernsthaftes Problem mit diesem Denkmodell.[46] Denn nach dieser neuen Datierungsmethode war festzustellen, dass die riesigen Megalithen entlang der Atlantikküste in Spanien, Portugal, der Bretagne sowie in Großbritannien und Dänemark zumindest zeitgleich mit den Kulturen in der Ägäis, vermutlich aber sogar früher entstanden waren. Und hier ging es nun nicht einfach nur um die Revision eines einzelnen Datums hie und da, hier ging es um Hunderte von Daten, die mit einem Mal revidiert und in Einklang miteinander gebracht wurden – einige Megalithen an der Atlantikküste konnten bis zu eintausend Jahre früher datiert werden als die Kulturen des Mittelmeerraums. Das traditionelle Modell für Ägypten, den Mittleren Osten und die Ägäis hielt noch immer stand, doch um die Ägäis herum war, wie Renfrew schrieb, eine archäologisch völlig »falsche Grenze« gezogen worden. Und für die neue wurde nun auch ein neues Denkmodell gebraucht.

Das von Renfrew gelieferte Modell lehnte vor allem die alte Vorstellung einer »Diffusion« ab – dass es eine Region der Mutterkulturen im Mittleren Osten gegeben habe, wo die Ideen von Ackerbau, Metallurgie und der Domestizierung von Pflanzen und Tieren geboren worden seien, um sich mit den Migrationen dann auf alle anderen Regionen auszubreiten. Für Renfrew lag klar auf der Hand, dass sich entlang der gesamten Atlantikküste eine Reihe von Stämmen entwickelt hatten, die unabhängig bereits über ein bestimmtes Maß an sozialer Organisation verfügten und irgendwo zwischen Sammlern und Jägern und den voll erblühten Kulturen angesiedelt waren, die – wie die ägyptische, sumerische oder minoische – über Könige, kunstvoll gebaute Paläste und eine ausgesprochen stratifizierte Gesellschaft verfügten. Ihre souveränen Herrschaftsgebiete waren kleiner (auf der Isle of Arran in Schottland gab es beispielsweise sechs) und um große Grabstätten oder religiöse/astronomische Stätten wie Stonehenge zentriert.[47] Mit diesen Clans waren eine rudimentäre gesellschaftliche Schichtung und erster Handel verbunden. Für die Errichtung der mächtigen Steinmonumente, um die sich diese Clans zu religiösen Zwecken oder Begräbnissen versammelten, bedurfte es einer Menge Menschen. Und Tatsache ist, dass diese Megalithen alle von urbanisierbarem Land umgeben sind, was nahe legt, dass diese Stammesgruppen jene natürliche Stufe in der gesellschaftlichen Evolution erreicht hatten, in welcher der Mensch sesshaft wurde, Getreide anzubauen, sich sozial zu organisieren und eben Megalithen zu errichten begann.[48]

Renfrews heute allgemein anerkannte These beschränkte sich auf Stätten in Großbritannien, Spanien und auf dem Balkan, mit denen er sein Argument stützten konnte. Was jedoch am meisten zählte, war der Denkanstoß, den er mit seiner Analyse gab: Obwohl außer Frage zu stehen scheint, dass sich die ersten Menschen von einem Ursprungspunkt (vielleicht in Ostafrika) über den Globus zu verteilen begannen, entstand Zivilisation oder Kultur – wie immer man es auch nennen mag – sicher nicht an einem einzigen Ort und hat sich sicher nicht von dort aus verbreitet. Zivilisationen entstanden zu unterschiedlichen Zeiten an unterschiedlichen Orten ganz unabhängig voneinander.[49] Diese Erkenntnis zog ein signifikantes Umdenken in zweierlei Hinsicht nach sich (ganz abgesehen davon, dass sie der noch immer irrlichternden Idee ein Ende setzte, alle amerikanischen Zivilisationen hätten ihre Wurzeln in Europa gehabt, so als handle es sich um den »verlorenen Stamm« Israels): Erstens wurde endgültig die Vorstellung ad absurdum geführt, dass die Kulturgeschichte der Menschheit eine kohärente Geschichte sei. Die Wahrheit ist, dass alle Kulturen der Welt sui generis sind und ihre Existenz keiner einmaligen Mutterkultur, einer einzigen Ahnen-Zivilisation, verdanken. Kombiniert mit den Erkenntnissen der Anthropologen war damit zweifelsfrei klar gestellt worden, dass alle Kulturen gleichermaßen potent und gleichermaßen originell sind und »die Antike« nicht mehr als ihr absoluter Ursprung gelten kann.

Auf einer tieferen Ebene, wie Renfrew expressis verbis betonte, wiesen diese neuen Erkenntnisse der Archäologie aber auch nach, wie riskant es ist, sich allzu schnell dem darwinistischen Denkmuster zu unterwerfen.[50] Denn die alte »diffusionistische« Theorie, die behauptete, dass sich Kulturen in einer einzigen, ununterbrochenen Sequenz entwickelt hatten, stellte eine Evolution dar, allerdings eine so verallgemeinerte, dass sie geradezu bedeutungslos war. Die neuen Methoden der C^{14}- und Baumringdatierung bewiesen, dass dies schlicht falsch ist. Auch die heutige Sichtweise ist »evolutionär«, aber eben ganz anders; und ihre Entwicklung erzählt uns ihrerseits eine Geschichte, die uns zur Vorsicht mahnt.

32
Himmel und Erde

Der Begriff »historischer Moment« wurde im zwanzigsten Jahrhundert überstrapaziert. Doch wenn man außerhalb des Krieges einen Moment wirklich als historisch bezeichnen kann, dann mit Sicherheit den, der am Montag, dem 21. Juli 1969, 20 Sekunden nach 4 Uhr 56 mitteleuropäischer Zeit eintrat: Zu diesem Zeitpunkt stieg Neil Armstrong von der letzten Stufe der Leiter des Landemoduls »Eagle« der *Apollo 11* und setzte seinen Fuß auf die Mondoberfläche. Dann sprach der erste Mensch, der einen Himmelskörper außerhalb der Erde betrat, den seither klassischen Satz: »That's one small step for man – one giant leap for mankind.«[1]

In einem nun viel nüchterneren Ton an die Wissenschaftler der Mission Control in Houston gerichtet, fuhr er fort: »Der Boden ist fein und pudrig, ich kann ... ich kann ihn leicht mit der Fußspitze aufwirbeln. Er bleibt wie Kohlenstaub in feinen Schichten an den Sohlen und Seiten meiner Stiefel haften. Ich sinke nur Bruchteile eines Inch ein, vielleicht ein Achtel Inch ... aber ich kann die Abdrücke meiner Stiefel sehen und die Tritte im feinen Sand ... Zu laufen scheint keine Schwierigkeiten zu machen, wie wir es erwartet haben ... Wir sind an einer ziemlich flachen Stelle hier – einer sehr flachen Stelle.«[2] Wenn die größte geistige Leistung in der ersten Hälfte des zwanzigsten Jahrhunderts unbestreitbar die Konzeption und Konstruktion der Atombombe war, so waren die Errungenschaften in der zweiten Hälfte des Jahrhunderts, ob es sich nun um die Entschlüsselung der DNA oder um den Bau von Home-Computern handelte, verschiedenen Disziplinen zu verdanken. Doch die Raumfahrt und die Landung auf dem Mond gehörten gewiss zu den größten Errungenschaften des gesamten Jahrhunderts .

Seit die Russen 1957 zur großen allgemeinen Überraschung den Amerikanern mit dem Start von *Sputnik 1* die Show gestohlen hatten, konnten sie ihre Führungsposition in der Raumfahrt weiter ausbauen. Sie schickten das erste Tier ins All, dann den ersten Menschen (Juri Gagarin, 1961) und schließlich die erste Frau (Valentina Tereschkowa, 1963). Die Amerikaner, man kann es gar nicht anders ausdrücken, gerieten in Panik. Vier Tage nach dem Desaster in der Schweinebucht (als 1500 vom amerikanischen Militär ausgebildete Exilkubaner versuchten, in Kuba einzufallen, nur um sofort getötet oder gefangen genommen zu werden) trommelte Präsident Kennedy seine Leute im Weißen Haus zu einer aufgeregten Sitzung zusammen. »Irgendwas muss geschehen«, brüllte er seinen Vize Lyndon Johnson an. Dann forderte er von ihm, herauszufinden, wann sich die Sowjets geschlagen geben müssten: »Wenn wir ein Labor ins All schicken, oder um den Mond fliegen, oder eine Rakete auf dem Mond landen, oder mit einer bemannten Rakete zum Mond und wieder zurückfliegen?«[3] Am 20. Februar 1963 katapultierten die Amerikaner John Glenn in die Umlaufbahn (im Mai 1961 hatte Alan Shepard einen fünfzehnminütigen Flug absolviert, ohne jedoch in den Orbit einzutauchen). Von da an begannen die USA aufzuholen, was vor allem Kennedys Entscheidung für das Apollo-Programm und damit dem Ziel zu verdanken war, »noch vor Ende dieses Jahrzehnts« ein bemanntes Raumfahrzeug auf dem Mond zu landen.[4] In der ersten Zeit nach 1963 gaben die USA bis zu fünf Milliarden Dollar jährlich für ihr Raumfahrtprogramm aus (obwohl die NASA bereits 1958 gegründet worden war). Diese enorme Summe zeigt, welche Bedeutung dieses Projekt für das Prestige der USA hatte. Es beinhaltete nicht nur die Konstruktion von verlässlichen Raumfahrzeugen, die größer waren als Lokomotiven, und den Bau von Raketen, die schwerer waren als Zerstörer, sondern auch die Erfindung von unterschiedlichsten neuen Materialien.[5] Das Projekt profitierte von dem Wissen von 400000 Spezialisten aus 150 Universitäten und 20000 verschiedenen Firmen. Wie bei der Geschichte von Koroljow bereits deutlich gemacht wurde, war die Raketentechnologie entscheidend für jedes Raumfahrtprogramm. Die größte amerikanische Rakete *Saturn 5* wog 2 700 Tonnen, etwa so viel wie 350 Londoner Doppeldeckerbusse. Entwickelt von dem Deutschen Wernher von Braun, den die Amerikaner nach dem Krieg in die USA geholt hatten, war sie 110 Meter hoch und bestand aus 2 Millionen Verschleißteilen, 2,5 Millionen Lötstellen, 41 Einzelantrieben zu Lenkungszwecken und war mit 11400000 Gallonen Treibstoff beladen – Flüssigstickstoff, Sauerstoff, Wasserstoff und Helium, die teilweise bei minus 221 Grad Celsius gelagert werden mussten, um flüssig zu bleiben.[6] Allein der Sauerstoff füllte Tanks im Äquivalent von 54 Schienencontainern.[7] Das Raumschiff enthielt das kegelförmige Kommandomodul, das einzige Teil, das auf die Erde zurückkehren sollte und deshalb die enormen Temperaturen (verursacht durch die Reibung bei der gewaltigen Geschwindigkeit) beim Wiedereintritt in die Erdatmosphäre aushalten musste.[8] Eines der größten Probleme bei der Konstruktion war die Frage, wie man die Kryogentanks ausreichend kühlen konnte. Schließlich baute man sie so absolut luftdicht, dass Eiswürfel, hätte man sie darin aufbewahrt, neun Jahre lang nicht geschmolzen wären. Für die Konstruktion der Ausstiegsluke des Landemoduls mussten extra 150 neue Werkzeuge erfunden werden; für das Anziehen der Bolzen war ein Schraubenschlüssel von eineinhalb Metern Länge nötig, den nur zwei Männer zugleich betätigen konnten.[9]

Niemand wusste, wie sich die Bedingungen im All wirklich auf den Menschen auswirken würden.[10] Daher wurde bei der Auswahl und dem Training der Crews auch besonderen Wert auf psychische Stabilität gelegt. Es wurde ihnen beigebracht, tolerant und umsichtig zu reagieren (umsichtig auch deshalb, damit sie keine unbedachten Bewegungen machten und sich an einer Kante den Raumanzug aufrissen). Außerdem wurden sie täglich massiert. Ausgesucht wurden zudem nur solche Männer, die bereits ein Jahr lang problemlos kooperiert hatten. Interessanterweise erstellten sowohl die Amerikaner als auch die Russen im Verlauf der Jahre das gleiche Profil des idealen Astronauten: nicht zu alt, also nicht älter als Ende dreißig, und nicht größer als maximal 1,82 Meter; qualifiziert als Kampfjet- und Testpilot, mit einem Abschluss als Ingenieur.[11] Und dann gab es ja noch die Erkundung des Mondes selbst. Ganz abgesehen von der Möglichkeit, dass der Mensch irgendwann einmal dazu gezwungen sein könnte, den Raum und dessen Minerale zu kolonisieren, gab es solide wissenschaftliche Gründe, um den Mond aus der Nähe zu erforschen. Da ihm jede Atmosphäre fehlt, war er sozusagen noch jungfräulich – »eine unbezahlbare Antiquität«, wie einmal ein Forscher sagte, die sich mehr oder weniger noch im selben Zustand befand wie zu der Zeit, als das Universum oder zumindest unser Sonnensystem entstand. Durch die Erforschung seiner Gesteine konnten außerdem Erkenntnisse über die Entstehungsgeschichte des Mondes gewonnen werden – also die Frage geklärt werden, ob er einst ein Teil der Erde war oder gemeinsam mit der Erde nach der Kollision mit einem Asteroiden aus der Sonne herausbrach oder durch die Abkühlung sehr heißer Gase entstand.[12] Sowohl die Raumsonden der Amerikaner als auch die der Russen kamen seiner Geschichte immer näher und funkten immer bessere Fotografien auf die Erde, bis man schließlich Objekte von eineinhalb Meter Größe erkennen konnte. Daraufhin wählte man fünf mögliche Gebiete für eine Landung aus, schloss vier wieder aus und entschied sich für das *Meer der Stille*, eine Ebene ohne erkennbare Krater.[13]

Die größte Katastrophe für die amerikanische Raumfahrt ereignete sich 1967, als in einer Raumfähre an der Startrampe in Cape Kennedy Feuer ausbrach, weil sich aus unbekannten Gründen flüssiger Sauerstoff entzündet hatte und alle drei Astronauten dabei ums Leben kamen. Wegen der viel umfangreicheren Geheimhaltung des russischen Raumfahrtprogramms erfuhr die Welt nie, wie viele Russen ihm wirklich zum Opfer gefallen sind; Notsignale, die von Funkamateuren in aller Welt aufgefangen wurden, lassen darauf schließen, dass zwischen 1962 und 1967 acht Kosmonauten zumindest in allergrößten Schwierigkeiten waren.[14] Das größte Drama vor der eigentlichen Mondlandung fand im Dezember 1968 mit der

Mondumkreisung von *Apollo 8* statt. Zum ersten Mal sollten Menschen die »dunkle Seite« des Mondes sehen, was zugleich bedeutete, dass die Crew über eine halbe Stunde lang keinen Funkkontakt mit Mission Control auf der Erde haben würde. Wenn die Triebwerke auch nur minimal zu lange gezündet worden wären, hätte die Kapsel auf Nimmerwiedersehen in den Tiefen des Alls verschwinden können; hätte die Zündung zu kurz gedauert, hätte die *Apollo* auf den Mond stürzen können, und niemand hätte je wieder von der Besatzung gehört.[15] Nicht nur der Papst schickte eine Grußbotschaft, auch eine Reihe von sowjetischen Raumforschern wünschten alles Gute, womit sie implizit anerkannten, dass ihnen die Amerikaner mittlerweile entschieden voraus waren.

Am Weihnachtsabend um 21.59 Uhr verschwand *Apollo 8* hinter dem Mond. Für Mission Control begann das gemeinsame bange Warten mit dem Rest der Welt. Zehn Minuten Stille vergingen, zwanzig Minuten, dreißig Minuten. Um 22.39 Uhr gab Frank Bormans Stimme die Daten seiner Instrumente durch. *Apollo 8* war exakt im Zeitplan. Nach einer Reise von 150000 Kilometern war die Kapsel mit einer Abweichung von weniger als einem Kilometer in ihrer geplanten Flugbahn wieder aufgetaucht.[16]

Die Bühne war bereit für *Apollo 11*. Edward »Buzz« Aldrin betrat gleich nach Neil Armstrong den Mond. Die beiden Astronauten hinterließen eine Plakette, steckten eine amerikanische Flagge in den Mondboden, pflanzten ein paar Samen und sammelten Gesteinsproben mit Werkzeugen die extra lang gefertigt waren, damit die Astronauten sich nicht bücken mussten. Dann ging es zurück in den »Lunar Bug« und zum Rendezvouz mit Michael Collins im Kommandomodul, und schon waren sie wieder auf der Rückreise, plumpsten in der Nähe von Johnson Island in den Pazifik, wurden von der USS *Hornet* aufgegabelt und von Präsident Richard Nixon an Bord begrüßt. Die Männer waren sicher zur Erde zurückgekehrt: Das Raumzeitalter hatte begonnen.[17]

Doch eigentlich war diese Mondlandung der Höhepunkt und nicht der Auftakt der Mondforschung. Bis 1972 wurde die bemannte Mondfahrt fortgesetzt und dann aufgegeben. Im Laufe der Siebzigerjahre drang man mit der 1972 gestarteten Sonde *Pioneer 10* immer tiefer ins All vor – vorbei an Venus, Mars, Merkur, Jupiter, vorbei an der Sonne und am Saturn. 1983 verließ das erste von Menschenhand gemachte Objekt das Sonnensystem. Nach der ersten Aufregung um den Mond hielt man weitere Landemanöver nicht mehr für dringend erforderlich. Amerikaner wie Russen begannen sich auf längere Flüge im Orbit zu konzentrieren, damit die Wissenschaft Experimente im All durchführen konnte. 1973 verbrachten amerikanische Astronauten vierundachtzig Tage im *Skylab,* und 1980, so könnte man sagen, war die erste Phase des Raumzeitalters abgeschlossen. In diesem Jahr wurde *Intelsat 5* in die Umlaufbahn geschickt, der erste Satellit für Telefongespräche und zwei Fernsehkanäle. Im Jahr darauf startete mit der *Columbia* das erste wieder verwertbare Shuttle. Im Laufe von nur zehn Jahren war aus der exotischen Raumfahrt etwas beinahe Alltägliches geworden.

*

Natürlich weckte dieser Wettlauf im All das allgemeine Interesse am Universum. Das traf sich gut, denn bereits in den sechziger Jahren, noch ganz ohne Hilfe der kommenden Satellitentechnologie, wurden bedeutende Erkenntnisse über das Universum gewonnen. Die größte Errungenschaft der Physik in der ersten Hälfte des Jahrhunderts – abgesehen von der Atombombe und der Relativitätstheorie – war die Vernetzung dieser Disziplin mit der Chemie (siehe die Arbeit von Linus Pauling). Nach dem Zweiten Weltkrieg und mit der Entdeckung von immer mehr »Grundbausteinen der Materie« – vor allem der Quarks – kam es dann zu einer weiteren Vernetzung, diesmal jedoch von Physik und Astronomie. Das Resultat dieses »Zusammenfallens« (*consilience*) oder dieser »Einheit« des Wissens war, dass man die Entstehung und Entwicklung des Universums nun viel vollständiger erklären konnte. Es ergab – jedenfalls für all diejenigen, die das nicht als Blasphemie empfanden – eine ganz andere Genesis.

Wie wir wissen, wurden Quarks 1962 beinahe gleichzeitig von Murray Gell-Mann und George Zweig vorausgesagt. Nun muss man aber verstehen, dass ein Quark in der Natur (zumindest auf der Erde) nicht isoliert existiert. Seine Bedeutung (wie die der anderen in den sechziger und siebziger Jahren entdeckten Teilchen, auf die hier nicht näher eingegangen werden kann) kommt vor allem darin zum Ausdruck, dass es zu einer Erklärung der Bedingungen beiträgt, die in den ersten Momenten des Universums unmittelbar nach dem »Urknall« geherrscht haben könnten. Die Theorie, dass das Universum in einem endlichen Moment entstand, wurde von den meisten Naturwissenschaftlern seit Hubbles Entdeckung der Rotverschiebung im Jahr 1929 anerkannt; doch in den sechziger Jahren flammte das Interesse an dieser Frage erneut auf, was einerseits den Theorien Gell-Mans über das Quark zu verdanken war, andererseits einer zufälligen Entdeckung, die 1965 in den *Bell Telephone Laboratories* in New Jersey gemacht wurde.

Das Forschungslabor der Bell Telephone Company verfügte seit 1964 über eine ungewöhnliche Radioantenne, die auf Crawford Hill bei Holmdel stand, um über den *Echo*-Satelliten Nachrichten zu vermitteln – ungewöhnlich, weil diese Antenne in der Lage war, durch sämtliche atmosphärischen Störungen hindurch ins All »zu sehen« und damit dem Menschen ein viel größeres Spektrum des Universums zugänglich zu machen. »Mit dieser Antenne wollten zwei Radioastronomen, Arno A. Penzias und Robert W. Wilson, die Intensität der Radiowellen messen, die von unserer Galaxis in hohen galaktischen Breiten emittiert werden.« Letztlich war das reine Grundlagenforschung, die der Idee folgte, dass man nur zu wissen brauchte, wie das Muster der von *uns* emittierten Radiowellen aussieht, um im Vergleich dazu Wellen aus einer anderen Region erforschen zu können. Das Problem war nur: Es war keineswegs einfach. In welcher Richtung Penzias und Wilson das Universum auch betrachteten, überall tauchte die gleiche beständige Störquelle auf – eine Art elektrisches Rauschen. Zuerst dachten sie, dass irgendwas mit ihren Instrumenten nicht stimmte. Dann entdeckten sie, dass »ein Taubenpaar den Reflektor der Antenne zu seinem Ruheplatz erkoren« und ihn mit »einem weißen dielektrischen Material beschichtet« hatte. Man fing die Tauben ein, setzte sie vor einem anderen Gebäude von Bell aus, fand sie einige Tage später wieder in der Antenne von Holmdel, fing sie erneut ein, um sie schließlich »mit energischeren Mitteln fern zu halten«.[18] Dann mistete man den Reflektor aus, was aber nur zu einem sehr geringfügigen Sinken des Rauschpegels führte. »Es blieb weiterhin ein Geheimnis, woher dieses Mikrowellenrauschen stammte.« Eines Tages telefonierte Penzias wegen ganz anderer Dinge mit Bernard Burke, einem Radioastronomen vom MIT. »Burke hatte soeben durch einen anderen Kollegen, nämlich Ken Turner von der Carnegie-Institution, von einem Vortrag erfahren, den Turner seinerseits in der Johns-Hopkins-Universität gehört hatte und der von einem jungen Theoretiker aus Princeton, P. J. E. Peebles, gehalten wurde.« Dieser habe davon gesprochen, »dass es einen aus dem frühen Universum herrührenden Hintergrund von Radiorauschen geben müsse«. Peebles' Fachgebiet war die Erforschung des frühen Universums, und das war noch eine sehr junge und äußerst spekulative Disziplin. George Gamow hatte »in den späten vierziger Jahren die ›Urknall‹-Theorie der Kernsynthese aufgestellt«, also versucht, die neue Teilchenphysik auf Bedingungen zu übertragen, die vermutlich während des Urknalls geherrscht haben. So ging er beispielsweise von der Annahme aus, dass »primordialer Wasserstoff« teilweise in Helium umgewandelt wurde, die dabei produzierte Menge aber von der jeweils herrschenden Temperatur beim Urknall abhängig gewesen sein musste. Außerdem glaubte er, dass sich die dem enormen Feuerball entsprechend heiße Strahlung während der Ausdehnung des Universums zwar verringert und in der Folge abgekühlt hatte, aber noch immer in Form von stark »rotverschobenen« Radiowellen existieren müsste.[19] Diese Idee von einer »kosmischen Urstrahlung« – einer Mikrowellen-Hintergrundstrahlung – wurde dann von anderen Forschern aufgegriffen. Deren Berechnungen zufolge musste sie mittlerweile auf eine Temperatur von ungefähr 5K (5 Grad über absolut Null) abgekühlt sein. Seltsamerweise aber schien sich kein Physiker dieser Tage bewusst zu sein, wie weit sich Physik und Astronomie bereits angenähert hatten und dass die Radioastronomie sogar damals schon weit genug gewesen wäre, um diese Frage zu beantworten. Folglich bemühte sich auch keiner um ein entsprechendes Experiment. Als die Radioastronomen aus Princeton unter der Leitung von Robert Dicke das Universum nach Strahlungen abzusuchen begannen, kümmerte sich also einfach deshalb keiner um die kühlste Strahlungsform, weil deren Bedeutung niemandem bewusst war. Es war der klassische Fall einer Situation, in der die rechte Hand nicht weiß, was die linke tut. Als Peebles aus Winnipeg in Kanada Ende der fünfziger Jahre seine Doktorarbeit in Princeton bei Robert Dicke begann, waren nicht nur Gamows Theorien in Vergessenheit geraten, sondern offenbar sogar Dickes eigene Forschungen über die Hintergrundtemperatur.[20] Ergebnis war, dass Peebles unwissentlich Experimente wiederholte, die längst gemacht worden waren, und Theorien aufstellte, die es längst gab. Schließlich aber folgerte auch er, dass das Universum von »einem Meer aus Hintergrundstrahlung« erfüllt und eine Temperatur von nur wenigen K haben müsse. Sogar als Dicke Peebles' Ergebnisse erfuhr, erinnerte er sich offenbar noch immer nicht an seine eigenen früheren Experimente; zumindest erkannte er deren Bedeutung nicht. Aber er beschloss sofort, »in Princeton eine kleine, rauscharme Antenne zu errichten«.

Noch bevor Dicke mit seinen Kollegen die Messungen abschließen konnte, erhielt er einen Anruf von Penzias, der in die Geschichte dieser Disziplin einging. »Da Penzias und Wilson vorhatten, ihre Beobachtungen im ›Astrophysical Journal‹ mitzuteilen, beschloss man, an gleicher Stelle eine kosmologische Interpretation dieser Beobachtungen von Dicke, Peebles, Roll und Wilkinson erscheinen zu lassen« – das heißt, man wollte »vorsichtig«, aber unmissverständlich klar machen, dass es sich hier in der Tat um eine vom Urknall übrig gebliebene Hintergrundstrahlung handelte.[21] Innerhalb der Disziplin verursachten diese Artikel beinahe ebenso großen Aufruhr wie die Bestätigung des Urknalls. Und genau diese parallel publizierten Abhandlungen sollten dann schließlich die meisten Wissenschaftler von der Urknalltheorie überzeugen – das Ganze hatte gewisse Ähnlichkeiten mit der Geschichte der tektonischen Drift, die erst nach den Messungen der *Eltanin* endgültig akzeptiert wurde. Penzias und Wilson wurden 1978 mit dem Nobelpreis belohnt.

Doch bereits lange vor diesem Geschehen war es zu einer Synthese gekommen, die auf einen Nenner gebracht hatte, was über das Verhalten von Elementarteilchen, atomaren Reaktionen und Einsteins Relativitätstheorien bekannt war und eine detaillierte Theorie über den Ursprung und die Evolution des Universums anbot. Die berühmteste Zusammenfassung all dieser komplexen Ideen lieferte Steven Weinberg in seinem 1977 publizierten Buch *Die ersten drei Minuten*, auf dem die folgende Zusammenfassung beruht. Das Erste, was sich über die »Singularität«, wie Physiker die »Stunde null« zu nennen pflegen, sagen lässt, ist, dass hier technisch gesehen alle physikalischen Gesetze zusammenbrechen. Daher können wir einfach nicht genau wissen, was im Moment des Urknalls geschah; wir können bestenfalls nachvollziehen, was Nanosekunden später ablief (eine Nanosekunde ist eine Millionstelsekunde). Damit dieser komplexe Prozess auch dem Laien verständlich wird, soll Steven Weinbergs ausführliche Darstellung hier in einer stark vereinfachten Chronologie wiedergegeben werden:

Nach 0,0001 (10^{-4}) Sekunden:
Der beinahe erste »Augenblick der Schöpfung« vor 15 Milliarden Jahren. Die Temperatur des Universums beträgt 10^{12} K oder 1000 Milliarden Grad (ausgeschrieben sind das 1 000 000 000 000 Grad). Die Dichte des Universums beträgt in diesem Stadium 10^{14} – 100 000 000 000 000 – Gramm pro Kubikzentimeter (die Dichte von Wasser beträgt 1 Gramm pro Kubikzentimeter). Photonen und Teilchen befinden sich im thermischen Gleichgewichtszustand unter ständiger allseitiger Wechselwirkung.

Nach 0,01 (10^{-2}) Sekunden:
Die Temperatur beträgt 100 Milliarden K.

Nach 0,1 Sekunden:
Die Temperatur beträgt 30 Milliarden K.

Nach 13,8 Sekunden:
Die Temperatur beträgt 3 Milliarden K; Deuteriumkerne aus jeweils einem Proton und einem Neutron beginnen sich zu bilden, werden aber schon bald durch die Kollision mit anderen Teilchen abspalten.

Nach 3 Minuten und 2 Sekunden:
Die Temperatur beträgt 1 Milliarde K (ungefähr siebzig Mal so heiß wie die Sonne heute); es bilden sich Deuterium-Helium-Kerne.

Nach 4 Minuten:
Das Universum besteht aus 25 Prozent Helium und ansonsten »freien« Protonen, Wasserstoffkernen.

Nach 300 000 Jahren:
Die Temperatur beträgt 6000 K (ungefähr das Gleiche wie auf der Sonnenoberfläche); die Photonen sind mittlerweile zu schwach, um Elektronen von Atomen abzustoßen. In diesem Moment, so könnte man sagen, ist der Urknall vorüber. Das Universum beginnt sich »relativ still« auszudehnen und dabei immer weiter abzukühlen.

Nach 1 Million Jahren:
Sterne und Galaxien beginnen sich überall dort zu formen, wo eine Nukleosynthese stattfindet; es bilden sich jene schweren Elemente, aus denen dann Sonne und Erde entstehen werden.[22]

Von diesem Moment an wird der Vorgang für das Experiment im Teilchenbeschleuniger, der es ermöglicht, einige Bedingungen aus dem Inneren von Sternen zu reproduzieren, zugänglicher. Solche Experimente zeigen, dass es sich bei den Grundbausteinen der Elemente um Wasserstoff, Helium und Alphateilchen – Helium-4-Kerne – handelt. Diese fusionieren mit den existierenden Kernen, sodass sich die Elemente in Schritten von vier atomphysikalischen Masseeinheiten aufzubauen beginnen: Zwei Helium-4-Kerne bedingen das Entstehen eines äußerst instabilen Zwischenprodukts, des Beryllium-8-Kerns; vier Helium-4-Kerne hingegen werden zu Kohlenstoff-12, der stabil ist. Das ist wichtig, denn jeder Kohlenstoff-12-Kern enthält etwas weniger Masse als die drei Alphateilchen, die ihn bedingten. Daher wird Energie freigesetzt, die, gemäß Einsteins berühmter Gleichung $E=mc^2$, wiederum Energie produziert und zu weiteren Reaktionen und Elementen führt. Der Aufbau der Sterne setzt sich fort: Sauerstoff-16, Neon-20, Magnesium-24 und schließlich Silizium-28. Der letzte Schritt ist vollzogen, erklären uns die Physiker, wenn Silizium-28-Kernpaare fusionieren, um Eisen-56 und verwandte Elemente wie Nickel-56 und Kobalt-56 zu bilden. Dies sind die stabilsten von allen. Flüssiges Eisen, man erinnere sich, bildet den Kern der Erde. Diese Beschreibung des frühen Universums war nicht nur eine brillante wissenschaftliche Leistung, sondern auch das Produkt von großartiger individueller Vorstellungskraft – die zweite evolutionäre Synthese des zwanzigsten Jahrhunderts.[23] Aber es war sogar noch mehr als das, denn auch wenn höchste Vorstellungskraft gefordert war, musste diese Theorie mit den Nachweisen übereinstimmen (jedenfalls mit den Nachweisen, über die man verfügte). Es war eine intellektuelle Leistung, vergleichbar nur den Ideen von Kopernikus, Galilei und Darwin.[24]

Die Hintergrundstrahlung lieferte jedoch nicht die einzige Art von Radiowellen, die in den Sechzigerjahren in den Tiefen des Kosmos entdeckt wurden. Astronomen hatten bereits viele Arten von Radioaktivität beobachtet, die in keinerlei Zusammenhang mit sichtbaren Sternen oder Galaxien standen. 1963 erwarteten die Forscher nun ungeduldig, dass sich der Mond vor eine dieser Quellen schieben würde, die – da sie die Nummer 273 im *Third Cambridge Catalogue of the Heavens* trug – 3C273 genannt worden war. Die Astronomen passten den genauen Moment ab, an dem der Rand des Mondes die Radiogeräusche von 3C273 abschnitt. Auf diese Weise konnten sie die Quelle festlegen und die abstrahlenden Objekte anschließend als »quasi-stellar« (sternenartig) identifizieren. Dabei fanden sie auch heraus, dass diese Quelle eine sehr starke Rotverschiebung hatte, was bedeutete, dass sie von weit außerhalb unseres Milchstraßensystems stammen musste. Später stellte man fest, dass diese spezifischen »quasi-stellaren« Objekte – so genannte Quasare – im Zentrum von weit entfernten Galaxien liegen, so weit entfernt, dass das Licht, das uns erreicht, vor über zehn Milliarden Jahren ausgestrahlt wurde, zu einer Zeit also, als das Universum noch jung war. Und die Helligkeit dieses Lichts ließ darauf schließen, dass die Energie dieser Quasare von einer Region herrührt, die ungefähr einen Lichttag von unserem Sonnensystem entfernt ist. Anschließende Berechnungen ergaben, dass Quasare etwa eintausend Mal mehr Energie als sämtliche in der Milchstraße vorhandenen Sterne zusammen abgeben. 1967 widerlegte dann John Wheeler, ein amerikanischer Physiker, der in Kopenhagen studiert und am Manhattan-Projekt mitgearbeitet hatte, die aus dem achtzehnten Jahrhundert stammende Theorie, derzufolge schwarze Löcher die bestmögliche Erklärung für Quasare waren. Schwarze Löcher waren als mathematische Kuriositäten betrachtet worden, bis die Relativitätstheorie voraussagte, dass es sie tatsächlich gibt. Ein schwarzes Loch ist eine Region von so dichter Materie und so starker Gravitation, dass ihm nichts, nicht einmal Licht, entweichen kann: »Die Energie, die wir als statisches Rauschen wahrnehmen, stammt aus Materiemassen, die mit phantastischer Geschwindigkeit verschluckt werden.«[25]

Pulsare waren die nächsten astronomischen Objekte, die 1967 von Jocelyn Burnell, einer Radioastronomin aus Cambridge, durch Radiowellen entdeckt wurden – und zwar ebenso zufällig wie die Mikrowellen-Hintergrundstrahlung. Als sie eines Tages mit einem Radioteleskop Quasare studierte, stolperte sie über eine völlig unbekannte Radioquelle, deren Impulse außerordentlich regelmäßig waren – so regelmäßig, dass die Astronomen aus Cambridge zuerst glaubten, es könnte sich um Signale einer entfernten Zivilisation handeln. Doch als dann immer mehr solcher Quellen entdeckt wurden, war klar, dass es ein natürliches Phänomen sein musste. Die Impulsfrequenz war derart schnell, dass zwei Schlussfolgerungen nahe lagen: erstens, dass diese Quellen klein waren, und zweitens, dass sie rotierten. Nur ein kleines, schnell rotierendes Objekt konnte solche Impulsfrequenzen abgeben, vergleichbar etwa dem sich sehr schnell drehenden Signal eines Leuchtturms; und wenn diese Pulsare klein waren, bedeutete dies für die Astronomen, dass es sich dabei entweder um weiße Zwerge handelte, um Sterne von der Masse der Sonne, aber der Größe der Erde, oder um Neutronensterne, die ebenfalls eine der Sonne entsprechende Masse besitzen, allerdings »zusammengepresst auf eine Sphäre von weniger als zehn Kilometer Durchmesser«.[26] Als sich dann herausstellte, dass weiße Zwerge nicht schnell genug rotieren und solche Impulsfrequenzen nicht abgeben könnten, ohne auseinander zu brechen, musste die Wissenschaft akzeptieren, dass es tatsächlich Neutronensterne gibt.[27] Sterne mit einer derart extremen Dichte – irgendwo in der Mitte von weißen Zwergen und schwarzen Löchern – besitzen eine feste Eisenkruste über einem flüssigen Neutronenkern und vermutlich auch Quarks. Die Berechnungen ergaben eine Dichte, die eine Trilliarde

Mal größer ist als die von Wasser, das heißt, jeder Kubikzentimeter eines solchen Sterns würde 100 Millionen Tonnen wiegen.[28] Doch die eigentliche Bedeutung der Entdeckung, dass es sich bei diesen Pulsaren um Neutronensterne handelte, war, dass die Sequenz der stellaren Evolution nun fast vollständig nachvollzogen werden konnte: Sterne bilden sich in Form von abkühlendem Gas; während sie sich zusammenziehen, werden sie heißer und schließlich so heiß, dass Kernreaktionen stattfinden. Man nennt dies die »Hauptsequenz« von Sternen. Anschließend, bei entsprechender Größe und Temperatur, lösen Quantenprozesse eine geringe, aber ziemlich stabile Expansion aus – jetzt wird der Stern zu einem roten Riesen. Am Ende seines Lebens stößt er schließlich seine äußeren Schichten ab, und übrig bleibt ein dichter Kern, in dem alle Kernreaktionen zum Stillstand gekommen sind – jetzt ist er ein weißer Zwerg und wird sich im Verlauf von Millionen Jahren abkühlen, bis er zum schwarzen Zwerg geworden ist – es sei denn, er ist sehr groß, denn dann endet er in einer dramatischen Explosion, genannt Supernova, bei der er extrem hell und extrem kurz aufstrahlt und schwere Elemente in den Raum stößt, aus denen sich dann neue Himmelskörper bilden.[29] Es sind diese Supernovae, die Neutronensterne oder auch schwarze Löcher entstehen lassen. Mit all diesen Erkenntnissen – über Quasare und Quarks, Pulsare und Teilchen, über die Relativität, die Bildung der Elemente und das Leben der Sterne – war die Vernetzung von Physik und Chemie vollzogen und eine Synthese gewonnen, die von einer einzigen, konsistenten und kohärenten Geschichte erzählt.[30]

Wenn man erst einmal die atemberaubenden Zahlen, die sich mit jedem Vorgang im Universum verbinden, und all die seltsamen Eigenschaften von Teilchen und Himmelskörpern verdaut hat, bleibt einem die Erkenntnis nicht erspart, dass das Universum fast überall unglaublich unwirtlich ist – extrem heiß oder extrem kalt, extrem radioaktiv und unvorstellbar dicht. Kein Leben, jedenfalls kein uns vorstellbares, könnte in den Tiefen dieses Raums existieren. Das Firmament ist noch heute ebenso Ehrfurcht gebietend, wie es für den ersten Menschen war, der Sonne und Sterne beobachtet hat, doch der Himmel, jedenfalls sofern man ihn mit dem ewigen Paradies gleichsetzt, hat inzwischen alles Paradiesische verloren.

*

Nachdem die Crew von *Apollo 8* Ende 1968 von ihrer gefährlichen Mission um die Rückseite des Mondes wieder aufgetaucht war, gaben die Astronauten den Erdbewohnern eine Bibellesung. »Und die Erde war wüst und leer …«, zitierte Frank Borman aus der Genesis.[31] »Und es war finster auf der Tiefe …,« fuhr Bill Anders fort. Davon war nun aber nicht jeder auf Erden begeistert. Die amerikanischen Fernsehanstalten wurden geradezu bombardiert mit Anrufen von Zuschauern, die der Meinung waren, dass die Religion aus einem solchen Unternehmen herauszuhalten sei. Aber man brauchte kein großer Philosoph zu sein, um zu wissen, dass keine der revolutionären neuen Entdeckungen über das Universum und keine der Theorien, die den wissenschaftlichen Beobachtungen vor und nach Erfindung des Satelliten folgten, mit den traditionellen religiösen Ideen in Einklang gebracht werden konnte – die Evolution hat nicht nur den Menschen, sondern auch das Universum hervorgebracht. Die moderne Astrophysik und Kosmologie lieferten uns zwar gewiss nicht die einzigen neuen Erkenntnisse, die sich auf Glaubensfragen auswirkten, aber mit Sicherheit sehr wesentliche.

Entscheidend für die großen Religionen dieser Welt waren drei Entwicklungen nach dem Ende des Zweiten Weltkriegs. Zwei davon betrafen das Christentum, eine die östlichen Religionen, wie sie vor allem in Indien praktiziert werden. (Die Probleme, denen sich das Judentum und der Islam ausgesetzt sahen, waren hingegen politischer Art und hingen hauptsächlich mit der Staatsgründung Israels im Jahr 1948 zusammen.) Das plötzlich aufflammende Interesse der Menschen im Westen an den Religionen des Ostens wird im nächsten Kapitel behandelt, hier sollen nur die beiden geistigen Strömungen erörtert werden, mit denen sich das Christentum auseinander zu setzen hatte.

Und die sind schnell erklärt: Erstens ging es um die kontinuierlich eintreffenden neuen Erkenntnisse der Wissenschaften und vor allem der Archäologie aus dem von vielen Menschen so genannten Heiligen Land, und zum zweiten um die Existenzphilosophie. 1946, zwei Jahre vor der Staatsgründung Israels, begann die Geschichte der spektakulärsten Ausgrabung seit der Entdeckung des Grabes von Tut-ench-Amun im Jahr 1922 – die Geschichte der Schriftrollen von Qumran am Toten Meer. Die erste Höhle von Qumran wurde Ende 1946 von drei Beduinen gefunden; im Februar 1949 fand dort die erste offizielle Grabung statt. 1951 entdeckten Beduinen in anderen Höhlen Handschriften und kurz darauf weitere Artefakte in einer Höhle nahe Qumran, die bereits Spuren illegaler Grabungen aufwies. Um einer weiteren Zerstörung von möglichen Funden zuvorzukommen, wurde eine Durchsuchung des ganzen Qumran-Plateaus beschlossen. 1952 erzählte dann ein alter Beduine den Grabungsleitern, dass er als Junge einem verirrten Schaf nachgestiegen sei und es in einer Höhle neben sehr alten Tonscherben wieder gefunden habe, anschließend hätten Beduinen dort Tausende von Handschriftenfragmenten entdeckt und verkauft. Erst ein Syrer aus Bethlehem, dem die Pergamentrollen angeboten wurden, zog Gelehrte zu Rate und beschloss aus Angst vor den Behörden, die restlichen Fragmente in seinem Garten zu vergraben, wo sie zu einem klebrigen Leim verdarben. Aus diesem Grund – und da zudem der Unabhängigkeitskrieg zwischen Juden und Arabern tobte – dauerte es Jahre, bis sich das Puzzle zu einem Bild fügte. Aber die Möglichkeit, sämtliche Schriften im Kontext zu entziffern, war ein für alle Mal zunichte gemacht worden.[32]

Doch an Bedeutung hatten diese Rollen deshalb keineswegs verloren. Bis zu ihrer Entdeckung hatte sozusagen als letztes Wort der biblischen Archäologie gegolten, was F. G. Kenyon in seinem 1940 veröffentlichten Band *The Bible and Archaeology* dargestellt hatte. Jede Forschung hatte es sich bisher zur Aufgabe gemacht, die Darstellungen der Bibel zu bestätigen, zum Beispiel dass Jericho von etwa 2000 v. Chr. bis 1400 n. Chr. existierte und dann zerstört wurde. Die Bedeutung der Rollen von Qumran ging jedoch weit über solche Einzelfragen hinaus. Es handelte sich um Schriften aus dem Besitz einer Sekte, die vermutlich zwischen 135 v. Chr. bis zur Zerstörung von Jerusalem im Jahr 70 n. Chr. aktiv gewesen war. Die Rollen enthielten zum Teil identische, aber viel früher verfasste Texte als die der Bibel, darunter eine sehr alte Handschrift des Buches Jesaja. Zu diesem Zeitpunkt stritt die Wissenschaft noch über die Frage, auf welche Weise die Bibeltexte zusammengestellt worden waren. Viele glaubten, dass noch in den ersten Jahrhunderten nach Christus heftig darüber gestritten worden sei, was in das Neue Testament aufgenommen werden sollte und was nicht. Mit anderen Worten: Nach diesem Szenario hätte es auch eine Evolution der Bibel gegeben. Doch die Qumran-Texte bewiesen, dass das Alte Testament spätestens im ersten Jahrhundert n. Chr. bereits in der mehr oder weniger gleichen schriftlichen Form vorgelegen hatte, in der wir es kennen. Eine weitere und zu noch mehr Streitigkeiten führende Erkenntnis aus der Qumran-Forschung war, dass diese Rollen der äußerst asketischen Sekte der Essener zuzuordnen sind, die über »Lehrer des Rechten« verfügten und sich selbst als »Söhne des Lichts« oder Nachkommen des Priesters Zadok bezeichneten. Der Name Jeschua tauchte in den Texten von Qumran nicht auf, und in der Tat gab es einige grundlegende Unterschiede zwischen der Lebensweise der Essener und der von Jesus. Doch allein die Tatsache, dass eine derart strenge Sekte zur selben Zeit existierte, in der Jesus gelebt haben soll, warf ein ganz neues Licht auf die Entstehung des Christentums. Viele Ereignisse, die in den Rollen von Qumran geschildert werden, entsprechen entweder exakt den Darstellungen der Bibel oder sind kaum verhüllte Allegorien. Damit bestand zumindest die Möglichkeit, dass auch Jesus einmal einer solchen jüdischen Sekte angehört hatte.

Die unzweifelhafte Authentizität dieser Texte und die Plausibilität, die ihre Darstellungen im Rahmen des allgemeinen historischen Kontextes haben, wurde auch von der jüngsten Forschung bestätigt. Und das stellte natürlich eine große Bedrohung für die katholische Kirche dar. Am 12. August 1950 veröffentlichte Papst Pius XII. die Enzyklika *Humani Generis* (*Vom Menschengeschlecht*), um den »extremen unchristlichen« Lehren der Evolutionstheorie, der Existenzphilosophie und des Historismus als vermeintlichen Irrlehren entgegenzutreten.[33] Doch ausschließlich defensiv war diese Enzyklika nicht, denn zumindest forderte sie alle katholische Philosophen und Theologen auf, diese Lehren zu studieren, um sie bekämpfen zu können; außerdem konzedierte sie, dass in jeder ein Körnchen Wahrheit enthalten sein könnte.[34] Aber sie verurteilte jeden Versuch, die Darstellungen der Genesis aus dem Alten Testament zu entstellen. Sie betonte, dass die Evolution in keiner Weise bewiesen sei und die Polygenese (dass sich der Mensch an unterschiedlichen Orten der Erde zugleich entwickelt haben könnte) keinesfalls zur Lehre erhoben – ergo akzeptiert – werden dürfe, da nicht erkennbar sei, wie beides mit dem Dogma der Erbsünde in Einklang gebracht werden könnte.[35] Die Existenzphilosophie stellte diese Enzyklika vollends auf den Kopf, indem sie Heidegger und Sartre die Hoffnungslosigkeit und die Ängste verantwortlich machte, die so viele Menschen empfanden.

Eine wesentlich lebendigere, originellere und mit Sicherheit auch lesbarere Kritik der Existenzphilosophie, Evolutionstheorie und Bibelforschung kamen von unabhängigen Theologen, die zum Teil selbst mit Rom auf Kriegsfuß standen. Zum Beispiel von Paul Tillich, einem überragenden religiösen Existenzialphilosophen. Tillich wurde im August 1886 in einem kleinen Dorf in der Nähe von Brandenburg geboren und hatte vor seiner Ordination 1912 Theologie in Berlin, Tübingen und Halle studiert. Mitte der zwanziger Jahre, nachdem er im Ersten Weltkrieg als Militärpfarrer gedient hatte, wurde er Theologieprofessor in Marburg und von Heidegger beeinflusst. 1929 übersiedelte er nach Frankfurt am Main, wo er Philosophie und Soziologie lehrte und in Kontakt mit der Frankfurter Schule kam.[36] Seine Werke, in erster Linie die *Systematische Theologie* (drei Bände, 1956, 1957, 1966) und *Der Mut zum Sein* (1954), gewannen enormen Einfluss. Tillich glaubte fest an die Ziele des Sozialismus, darunter auch viele Aspekte des Marxismus, und wurde 1933 sofort wegen seiner führenden Rolle im *Bund religiöser Sozialisten* entlassen. Reinhold Niebuhr, der sich in jenem Sommer zufällig in Deutschland aufhielt, lud ihn ein, ans *Union Theological Seminar* von New York zu kommen.

Tillich nahm eine vollständige Neubewertung der christlichen Theologie vor, angefangen bei Aussagen, die dem gesunden Menschenverstand entsprechen, wie zum Beispiel die, dass eher etwas als nichts *ist*. Dass viele Menschen »das schöpferische Selbstverständnis der Existenz«, also Gottes Nähe, spürten, oder dass es Sünde gibt (Freuds Libido betrachtete er als moderne Manifestation der treibenden Kraft der Sünde), dass sich der Mensch jedoch »trotz seiner Sünden als von Gott angenommen fühlen darf«[37], war für ihn so selbstverständlich, dass es keiner komplizierten Erklärungen bedurfte. Solche Gefühle und Gedanken entstanden aus

»ekstatischer Vernunft«, welche in ihrer Tiefe nicht weniger vernünftig sei als jede empirische Vernunft oder analytische Logik; sie sei der Ausdruck von etwas tief Empfundenem, das selbst nicht Vernunft ist, sondern der Vernunft vorausgeht und durch diese manifestiert wird. Ich nehme an, was er damit sagen wollte, ist, dass Intuition eine Form von Vernunft und den Nachweis des Göttlichen in uns darstellt. Seine ekstatische Vernunft ist – wie die Offenbarung – »numinoses Erstaunen« und tiefe Ehrfurcht vor dem Mysterium.[38] Auch die Bibel und die Kirche als solche bedurften seiner Meinung nach keiner Erklärung, da in ihnen die Existenz Gottes bereits zum Ausdruck komme. Aber ganz im Sinne von Heidegger glaubte auch Tillich, dass der Mensch für sein eigenes Leben verantwortlich sei, dass er etwas aus nichts erschaffen müsse, so wie es ihm Gott vorgegeben habe; und sofern er sich dabei von der Singularität Jesu leiten lasse, werde er sich des »schöpferischen Selbstverständnisses der Existenz«, des »Sinns des Seins für uns« bewusst und als Mensch von der »Angst des Nichtseins« befreit werden – für Tillich das, worunter die Menschheit am meisten litt.

Als er nach dem Zweiten Weltkrieg erstmals wieder europäischen Boden betrat, gewann er den Eindruck, dass nun, da Rudolf Bultmann im Zentrum des theologischen Geschehens stand, nichts mehr war wie zuvor, als sich noch alle Diskussionen um Karl Barth gedreht hatten.[39] Bultmanns »Entmythologisierung« hinterließ in den ersten zwanzig Jahren nach dem Zweiten Weltkrieg in der Tat starken Eindruck in der Theologie, vergleichbar nur dem Einfluss, den Barth nach dem Ersten Weltkrieg ausgeübt hatte. Barth hatte die Ansicht vertreten, dass die Natur des Menschen unveränderbar sei und es keinen moralischen Fortschritt geben könne, da im Mittelpunkt allen Daseins die Sünde und das Böse stünden. Gegen die moderne Vorstellung, dass der Mensch zum Besseren bekehrt werden könne, setzte er sich vehement zur Wehr. Die Erfahrungen, die die Menschen im Ersten Weltkrieg gemacht hatten, verliehen Barths Ansichten große Glaubwürdigkeit und wurden unter dem Begriff »Krisentheologie« in den harten Zwischenkriegsjahren sehr populär: Die sündige Natur des Menschen, so Barth, führe zu einer perpetuellen Krise; die einzige Möglichkeit der Erlösung sei daher, sich die Liebe Gottes zu *verdienen*, was für Barth auch den buchstabengetreuen Glauben an die Heilige Schrift bedingte. Vielen Menschen bot diese Orthodoxie zu Zeiten der nationalsozialistischen Pseudoreligion neuen Halt.

Bultmann hingegen hatte eine ganz andere Einstellung zur Bibelforschung. Er war sich sehr bewusst, dass Archäologen und auch einige Theologen während des gesamten neunzehnten und der ersten Jahrzehnte des zwanzigsten Jahrhunderts im Heiligen Land nach Belegen für die im Alten und Neuen Testament festgehaltenen Ereignisse suchten. (Ein Höhepunkt dieser Kampagne war Albert Schweitzers Suche nach dem historischen Jesus, die er in Erstfassung 1906 in dem Buch *Von Reimarus zu Wrede* und 1913 in einer Zweitfassung unter dem Titel *Die Geschichte der Leben-Jesu-Forschung* dargestellt hatte.) Im Gegensatz zur Enzyklika *Humani Generis* mahnte Bultmann jedoch nicht zur »Vorsicht«, sondern forderte ein Ende dieser Suche, weil er davon überzeugt war, dass sie ohnedies aussichtslos sei und keine der anstehenden Fragen jemals auf diese oder irgendeine andere Weise geklärt werden könne. Stattdessen solle man lieber das Neue Testament »entmythologisieren« – seine berühmte Formulierung, die viel zu der Ansicht beitragen sollte, dass biblische Wunder wie die Verkündigung des gekreuzigten und auferstandenen Jesus niemals als *historische Ereignisse* stattgefunden hatten. Und da viele Informationen über den biblischen Jesus ursprünglich aus der *Midrasch* stammten (wörtlich »Auslegung« oder »Deutung«), der außertalmudischen Schriftensammlung des Judentums, kam Bultmann auch zu dem Schluss, dass die Bibel nur auf strikt theologische Weise interpretiert werden könne. Zwar mochte es eine historische »Persönlichkeit« Jesus gegeben haben, doch spielten die Details seines Lebens eine geringere Rolle als die Tatsache, dass er das *Kerygma* von Kreuz und Auferstehung verkörpere: »Der Glaube beruft sich nicht auf das, was er als Akt oder Haltung ist, sondern auf Gottes vorangegangene, ihm zuvorgekommene Gnadentat.«[40] Der Gläubige könne also in jedem Fall den Stand der Gnade erreichen und göttliche Offenbarung erfahren. Aber auch Bultmann übernahm Ideen der Existenzphilosophie, als Deutscher allerdings die Heideggersche und nicht die Sartresche Version. Laut Heidegger bedarf jedes Verstehen der Interpretation: Um Christ zu *sein*, müsse man sich *entscheiden* (ein existenzieller Akt), diesem Weg zu folgen (nach Bultmann die Essenz von Glauben) und sich dabei von der Bibel leiten lassen.[41] Bultmann gab zu, dass die Geschichte hier problematische Fragen aufwarf: Warum fanden die für die Christenheit entscheidenden Ereignisse an den beschriebenen Orten vor so langer Zeit statt? Seine Antwort war, dass man diese Geschichte weniger auf wissenschaftliche Weise oder gar auf die zyklische Weise von östlichen Religionen betrachten dürfe, sondern existenziell. Das heißt, jeder Gläubige muss ihr einen individuellen Sinn für sich selbst entnehmen. Bultmann propagierte jedoch keineswegs eine Alles-ist-möglich-Philosophie, im Gegenteil, er investierte viel Zeit in die Diskussionen mit anderen Kritikern über die Frage, was aus dem Neuen Testament entmythologisiert werden könne und was keinesfalls.[42] Gläubigkeit, sagte er, verbindet sich weder mit dem Studium von Religionsgeschichte oder überhaupt mit Geschichte noch mit wissenschaftlicher Forschung. Was zählt, sei allein die religiöse *Erfahrung*; und das *Kergyma* sei nur durch die Entmythologisierung des Bibelstudiums zu erreichen. Eine nicht weniger umstrittene Aussage Bultmanns lautete, dass das Christentum in der Tat einen besonderen Platz unter den Weltreligionen einnehme, da ihm durch den Akt Gottes durch Christus auf Erden Endgültigkeit verliehen worden sei. Um die Zeit der Jahrhundertwende, als die Kultur des Abendlandes scheinbar auf besten Wege war, zur ersten Weltkultur zu werden, habe man leicht den Eindruck gewinnen können, dass sich auch das Christentum auf bestem Wege befinde, Endgültigkeit für die gesamte Menschheit zu erlangen. Aber natürlich sei das nicht geschehen. Nun, in den fünfziger Jahren, sah es für ihn so aus, als würden die unterschiedlichen Religionen noch eine lange Zeit auf Erden miteinander auskommen müssen.[43] Im Grunde sagte Bultmann damit nichts anderes, als dass auch Religionen der Evolution unterliegen und das Christentum die am weitesten entwickelte von allen sei.

Bultmann war der vielleicht originellste und kompromissloseste Theologe in seiner Reaktion auf Existenzphilosophie und Historismus. Teilhard de Chardin erfüllte eine ähnliche Funktion in Bezug auf die Evolutionstheorie. Marie-Joseph-Pierre Teilhard de Chardin wurde am 1. Mai 1881 als viertes von elf Kindern geboren (einige seiner Geschwister starben). Er besuchte ein Jesuitenkolleg, wo er als außerordentlich klug auffiel, sich aber offensichtlich mehr für Minerale als für den Unterricht interessierte. 1889 trat er in Aix-en-Provence als Novize in den Jesuitenorden ein und wurde 1911 nach diversen Auslandsstudien zum Priester geweiht.[44] Sein Interesse für Minerale hatte sich inzwischen zu einer großen Leidenschaft für Geologie und Paläontologie entwickelt – und für die Evolutionsgeschichte. Damit verkörperte er den Kampf zwischen Religion und Naturwissenschaften, zwischen Genesis und Darwin, sozusagen in persona. Seine Ordenspflichten führten ihn in den zwanziger, dreißiger und vierziger Jahren immer wieder nach China, wo er auch Davidson Black und Wen Chung-Pei begegnete, den Entdeckern des Peking-Menschen, und mit großem Interesse deren Ausgrabungen verfolgte. Seine eigene Forschung dieser Zeit galt der Wirbeltierfauna von Choukoutien. Er war mit Abbé Breuil befreundet, der ihm viele Höhlen und Höhlenmalereien in Nordspanien zeigte; mit den beiden Forschern George Gaylord Simpson und Julian Huxley, die eine Menge zur evolutionären Synthese beigetragen hatten; mit Joseph Needham, der 1954 den ersten Band seines siebenbändiges Werk *Science and Civilisation in China* veröffentlichte; und er korrespondierte mit Margaret Mead. Diese Kontakte waren insofern von Bedeutung, als sich Teilhards Interesse für den Ursprung und die Entwicklung der Menschheit stark auf seine Theologie auswirkte. Aber seine Begabungen ermöglichten es ihm wie keinem anderen, die Kirchenlehre mit den Erkenntnissen der empirischen Wissenschaften und vor allem der Evolutionslehre in Einklang zu bringen.

Für Teilhard bewiesen Darwins Ideen, dass sich die Welt vom statischen Kosmos eines Platon oder anderer griechischer Philosophen in ein dynamisches, sich ständig veränderndes Universum weiterentwickelt hatte und daher konsequenterweise auch Religionen einer evolutionären Entwicklung unterlagen und dass der Mensch, da er die Evolution als solche erkannt und begonnen hat, seine eigenen Wurzeln freizulegen, geistige Fortschritte mache. Doch das bedeutendste Ereignis im Universum, das er als Tatsache akzeptierte, war für ihn die Inkarnation Christi. Und eben darin, dass es das einzige nicht evolutionäre Ereignis in der Geschichte des Universums war, zeige sich seine Bedeutung; durch die widerfahrene »Schau Gottes« würden die Menschen »zu denselben religiösen Gesten (zu demselben Kreuz) *gedrängt*«.[45] Auch die Evolution empfand Teilhard als etwas Göttliches, weil sie nicht nur in die Vergangenheit weist, sondern in Verbindung mit Christus auch den Weg in die Zukunft zeigt. Aber sogar Teilhard schrieb – wenngleich er selbst wenig Aufhebens davon machte und der Kritik indigniert entgegnete, dass er nun wahrlich kein Rassist sei –, dass einige Rassen die Speerspitze der Evolution und andere in die evolutionäre Sackgasse geraten seien.[46]

Sein ganzes Leben lang hatte Teilhard ein großes Werk über die Synthese von Religion und Wissenschaft geplant, dem er den Titel *Le Phénomène Humain* (*Der Mensch im Kosmos*) geben wollte. Anfang der vierziger Jahre hatte er es fertig gestellt, doch als Jesuit zuerst dem Vatikan vorlegen müssen. Tatsächlich wurde ihm die Veröffentlichung nie explizit verboten, aber es wurden so viele Änderungen gefordert, dass das Werk vor seinem Tod 1955 nicht mehr veröffentlicht werden konnte.[47] Erst posthum wurde deutlich, dass er die Evolution als Urquell der Sünde betrachtet hatte, da sie niemals ohne Kampf und ohne das Einwirken von Zufällen verläuft und daher Entwicklungen immer auch behindern oder sogar zu Fehlentwicklungen führen kann. Und die Inkarnation Christi war für ihn der Beweis, dass der Mensch bereits eine bestimmte Stufe der Evolution erreicht hatte, denn nur so habe er ja die Bedeutung dieser Inkarnation überhaupt erfassen können. Teilhard war überzeugt, dass sowohl die religiöse als auch die biologische Evolution weiter fortschreiten und schließlich zu einer höheren Bewusstseinsstufe führen würden, zu einer Art von kollektivem Bewusstsein. In dieser Aussage kam eine Affinität zum »kollektiven Unbewussten« von Jung zum Ausdruck und damit zugleich eine Absage an die Theorien Freuds. Die französische Akademie der Wissenschaften ernannte Teilhard de Chardin zu ihrem Mitglied, aber auf die ihm angebotene Professur am Collège de France musste er auf Drängen des Vatikans verzichten.

Nun befasst sich die Kirche ja nicht nur mit Theologie, immerhin ist sie ja auch eine pastorale Organisation. Und genau mit diesem Aufgabenbereich setzte sich Reinhold Niebuhr auseinander, der zweite einflussreiche Religionsphilosoph der Nachkriegszeit. Bezeichnend ist, dass sich ein Amerikaner wie Niebuhr den wesentlich praktischeren und pragmatischeren Fragen der Seelsorge und nicht der Theologie als solcher widmete.

Niebuhr stammte aus dem amerikanischen Mittleren Westen und hatte seine frühen seelsorgerischen Aufgaben in Detroit, der Kapitale des Automobilhandels, wahrgenommen. Mit seiner Schrift *The Godly and the Ungodly* (1958) versuchte er das Nachkriegsamerika vor einem sinnlosen Pietismus zu bewahren, indem er das Christentum neu definierte und den Lesern Unterstützung in allen Bereichen des Lebens anbot, in die die Wissenschaft seiner Meinung nach nie Einzug halten werde.[48] Bereits die Kapitelüberschriften im Buch verdeutlichten, worüber sich Niebuhr Sorgen machte: »Pious and Secular America«, »Frustration in Mid-Century«, »Higher Education in America« oder »Liberty and Equality«. In anderen Kapiteln befasste er sich mit der Situation der Farbigen und dem Antisemitismus. Niebuhr hielt die Vereinigten Staaten in so mancher Hinsicht für ein sehr naives und gefühlsbetontes Land. Zwar fand er, dass auch der Naivität eine gewisse Kraft innewohne, glaubte angesichts der vielen Sekten in den USA jedoch, dass noch immer eine Siedlermentalität herrsche, eine Art von Pietismus, der diese Sekten der realen Welt entfremdete, anstatt sie ihr zu öffnen. Deshalb wollte er mit gutem Beispiel vorangehen und die Fragen, die sich den Gläubigen stellten, mit den Problemen des gesellschaftlichen und politischen Lebens in den USA verbinden. Das, schrieb er, sei nicht nur christliche Nächstenliebe, sondern auch ein Weg, dem Leben Sinn abzugewinnen. Verantwortlich für die herrschenden Probleme machte er nicht zuletzt die höheren Lehranstalten; die Seminare an amerikanischen Universitäten hielt er für viel zu standardisiert und auf sich selbst konzentriert, um wirklich hervorragende Denker hervorbringen zu können, und damit auch für Horte der Intoleranz, der er sich insbesondere in seinen Kapiteln über Schwarze und Juden widmete. Dass fromme Amerikaner allem, was ihnen nicht gefiel, das Etikett »gottlos« verpassten, würde, so betonte Niebuhr, am Ende allen gleichermaßen schaden.[49]

Drei Mysterien werden nach Niebuhr niemals erklärt werden können: die Mysterien der Schöpfung, der Freiheit und der Sünde. Auch wenn es den Naturwissenschaften gelänge, den Augenblick der Schöpfung auf einen immer früheren Zeitpunkt festzulegen, bleibe ein Geheimnis bestehen, das sich jeder Wissenschaft entzieht; und Freiheit war für ihn untrennbar mit Sünde verbunden: »Das Mysterium des Bösen im Menschen lässt sich nicht einfach rational erklären, denn das Böse ist die entsittlichte Form eines Guten, nämlich der Freiheit des Menschen.«[50] Niebuhr hatte also keine Hoffnung auf Offenbarung im Hinblick auf eines dieser Mysterien. Die amerikanische Business-Obsession empfand er als eine klare Einschränkung von Freiheit, da wahre Freiheit, der wirkliche Sieg über das Böse, nur durch soziales und politisches Engagement im Geiste christlicher Nächstenliebe und zum Wohle des Mitmenschen zu erreichen sei. Niebuhrs Analyse war ein erstes Anzeichen des christlichen sozialpolitischen Engagements, von dem die Kirche in den kommenden Jahrzehnten überrollt werden sollte, auch wenn ihn seine besonnenen Worte gewiss nicht als einen Radikalen auswiesen.[51]

*

Zumindest theoretisch waren Katholiken von demselben Geist erfüllt. Am 11. Oktober 1962 versammelten sich 2381 Kardinäle, Bischöfe und Äbte in Rom, um der katholischen Kirche neue Impulse zu geben und sie mit den großen sozialen Fragen dieser Zeit zu konfrontieren und zu einer religiösen Erneuerung anzuregen. Das Zweite Vatikanische Konzil war 1959 von dem damals gerade neu gewählten Papst Angelo Giuseppe Roncalli, der den Namen Johannes XXIII. angenommen hatte, einberufen worden. Johannes, der einen Monat vor seinem siebenundsiebzigsten Geburtstag erst im elften Wahlgang gewählt worden war, galt als ausgesprochene Interimslösung. Doch dieser kleine, rundliche Mann sollte alle überraschen. Seine natürliche, unprätentiöse Art entsprach genau der Stimmung der Gläubigen, und da er zudem der erste Papst des totalen Fernsehzeitalters war, gewann er schnell eine Popularität wie keiner seiner Vorgänger.

Große Dinge wurden vom Zweiten Vatikanum erwartet, obwohl es für die konservativeren Kreise eine große Überraschung war, dass es überhaupt einberufen wurde, da das Erste Vatikanum zweiundneunzig Jahre zuvor bereits die wichtigste aller Fragen geklärt hatte, nämlich die Unfehlbarkeit des Papstes. Für die Puristen gab es also keinen zwingenden Grund für ein neues Konzil. Mit der Einladung nach Rom wurden Fragebögen an die katholischen Bischöfe und Äbte in aller Welt versandt, um bereits im Vorlauf ihre Meinungen über die anstehenden Diskussionspunkte zu eruieren. Zu Beginn des Konzils waren dann eintausend Helfer und mindestens einhundert Beobachter aus anderen Religionen sowie mehrere Hundert Pressevertreter eingetroffen. Es war die größte Versammlung ihrer Art im zwanzigsten Jahrhundert.[52]

Die päpstliche Kurie hatte ursprünglich eine Agenda mit sechsundneunzig Punkten ausgearbeitet, die im Laufe der Zeit auf neunzehn und schließlich dreizehn Diskussionsthemen reduziert wurde. Für jedes einzelne Thema wurde ein Diskussionsbeitrag vorbereitet, in dem die Ideen des Papstes und seiner Kurie festgehalten waren. Am 15. Mai 1961 veröffentlichte der Papst die Enzyklika *Mater et Magistra* über seine Vorstellungen, wie sich die Kirche den sozialen Problemen der Menschheit stellen sollte. Mehrere Beobachter meinten damals, dass diese Enzyklika und dieses Konzil keinen Augenblick zu früh gekommen seien. Denn wie der französische Dominikanerpater Yves Congar 1961 schrieb: »Jeder vierte Mensch ist Chinese, zwei von drei Menschen sind am Verhungern, einer von dreien lebt unter dem Kommunismus und jeder zweite Christ ist kein

Katholik.«[53] Praktisch war dieses Konzil dann jedoch alles andere als ein uneingeschränkter Erfolg. Die erste Konferenz begann am 11. Oktober 1962 und dauerte bis zum 8. Dezember des Jahres. Die Bischöfe diskutierten zwei bis drei Stunden an jedem Vormittag. Im April 1963 veröffentlichte der Papst eine zweite Enzyklika, *Pacem in Terris*, in der er vor allem die Frage des Friedens zur Zeit des Kalten Krieges thematisierte. Bedauerlicherweise starb Johannes XXIII. am 3. Juni desselben Jahres. Doch sein Nachfolger Giovanni Battista Montini, Papst Paul VI., wahrte den Zeitplan: Drei weitere Konzilssitzungen fanden im Herbst 1963, 1964 und 1965 statt.

Im Laufe dieser Jahre gewannen die Beobachter (und die Welt *hat* dieses Konzil beobachtet) den Eindruck, dass sich die katholische Kirche in der Tat zu modernisieren versuchte. Doch allmählich stellte sich heraus, dass zwar der Katholizismus in so mancher Hinsicht gestärkt worden war, Rom selbst aber buchstäblich auf der Stelle trat, unfähig zu irgendeiner Art von Wandel. Je nach Standpunkt des Beobachters hieß es nun, dass sich die Kirche mühsam aus dem Mittelalter ins siebzehnte, achtzehnte oder neunzehnte Jahrhundert geschleppt habe. Aber niemand sprach mehr von einer wirklichen Modernisierung. Eines von vielen Problemen war offenbar die Art der Diskussionsführung.[54] Bei fast allen Fragen gab es, wie zu erwarten, einen »progressiven« und einen »reaktionären« Flügel, aber offene Diskussionen und deutlicher Dissens wurden einfach zu oft durch päpstlichen Erlass unterbunden und die Streitfragen dann an kleine päpstliche Kommissionen übergeben, die sich ihnen später hinter geschlossenen Türen widmeten. Laien wurden von den Fragen der Kirchenlehre, die fest in den Händen der Bischöfe blieben, explizit ausgeschlossen. Bei den ökumenischen Diskussionen mit Protestanten und den orthodoxen Kirchen wurde unzweifelhaft klar gemacht, dass die katholische Kirche den Primat beanspruchte. Der Liturgie *wurde* gestattet, vom Lateinischen in die jeweilige Landessprache zu wechseln, und einige historische Fehler *wurden* eingestanden. Aber die unverrückbare Opposition der Kirche zum Beispiel gegen Geburtenkontrolle war, mit den Worten von Paul Blanshard, der an allen vier Konzilssitzungen als Beobachter teilgenommen hatte, »eine einzigartige Niederlage für die Intelligenz«.[55] Auch bei den anstehenden Fragen über das Bibelstudium, die Jungfrau Maria oder die Rolle der Frau in der Kirche zeigte sich das Konzil jedem Wandel verschlossen und Rom absolut ergeben. Vielleicht waren die Erwartungen durch die Einberufung dieses Konzils einfach zu hoch geschraubt worden, denn allein schon die Tatsache, *dass* es stattfinden sollte, hatte Hoffnungen auf mehr Demokratie in der Kirche aufkeimen lassen. Die Vereinigten Staaten reagierten prompt – sie waren einfach auch innerhalb der Kirche eine viel zu große Weltmacht geworden, als dass man sich auf ihrer Seite des Atlantiks dem Verhalten und den Einstellungen Roms einfach beugen wollte.[56] Welchen Effekt das Zweite Vatikanum auf die *Zahl* der Katholiken in aller Welt wirklich hatte, ist schwer zu sagen; fest steht jedoch, dass in den folgenden Jahren sogar in streng katholischen Ländern die Scheidungsraten anstiegen und Frauen, zumindest in ihrem Privatleben und vor allem im Hinblick auf Geburtenkontrolle, ihre eigenen Entscheidungen trafen. So gesehen kann man nur sagen, dass das Zweite Vatikanum eine verpasste Gelegenheit war.

*

Das für viele Menschen schönste Bild des zwanzigsten Jahrhunderts stammte weder von Picasso noch von Jackson Pollock, es porträtierte weder das Gebäude eines Bauhaus-Architekten noch war es von einem Kameramann aus Hollywood festgehalten worden. Es war einfach ein Foto, Bestandteil einer Reportage; aber es war in jeder Hinsicht einmalig. Es war ein Foto der Erde, aus dem All aufgenommen. Erstmals konnten wir erkennen, wie blau unser Planet dank des Wassers in der Atmosphäre wirkt. Es bewegte uns, weil es unsere Welt so zeigte, wie sie von anderen Lebewesen gesehen werden könnte – ein in jeder Hinsicht verbundener, relativ kleiner und endlicher Planet. Gerade Letzteres rührte das Herz vieler Menschen. Die Ankunft auf dem Mond markierte den Augenblick der Erkenntnis, dass die Weltbevölkerung nicht ewig anwachsen kann und die Ressourcen unseres Planeten begrenzt sind. Es war kein Zufall, dass sich die Umweltschutzbewegung parallel zur Raumfahrt entwickelte oder dass sie ihren Höhepunkt in genau der Zeit hatte, in der Reisen ins Weltall Wirklichkeit wurden.

Eine Umweltschutzbewegung hatte es im Prinzip bereits Mitte des neunzehnten Jahrhunderts gegeben. Das Wort *Ökologie* war von dem Deutschen Ernst Haeckel geprägt und in einen bewussten Kontext mit dem Begriff *Ökonomie* gestellt worden, beides eine Bildung aus dem griechischen *oikos*, »Haus«, »Haushaltung«. Aber es bestand seit jeher ein enger Zusammenhang zwischen Ökologie und Ökonomie, und gerade deutsche Ökonomen hatten sich zu Beginn des zwanzigsten Jahrhunderts enthusiastisch für die Umweltbewegung (die dann in das nationalsozialistische Gedankengut einfließen sollte) stark gemacht.[57] Doch ob dieses Umdenken nun in Deutschland, Großbritannien oder den USA stattfand (den drei Staaten, wo der Ökologie am meisten Aufmerksamkeit geschenkt wurde), es drückte sich darin bis zu den Sechzigerjahren doch immer nur der Gegenatz zwischen ländlicher Idylle und Urbanität aus. Das spiegelte sich nicht nur in den Schriften Haeckels, sondern auch in den Entwürfen der britischen Stadtplaner (wie in Ebenezer Howards Gartenstädten oder den Arbeiten der Fabians), im *Woodcraft Folk*, oder bei Autoren wie D. H. Lawrence, Henry Williamson und J. R. Tolkien.[58] (In Deutschland war es groteskerweise ausgerechnet Heinrich Himmler, der mit landwirtschaftlicher Biodynamik zu experimentieren begann.) Die wirklichen Wurzeln der modernen gesellschaftlichen Probleme wurden erst in den sechziger Jahren wahrgenommen: erstens das rapide Bevölkerungswachstum nach dem Zweiten Weltkrieg, das erst zu dieser Zeit wirklich sichtbar wurde; zweitens die verschwenderischen und inhumanen Planungsprozesse, die in vieler Hinsicht dem Wohlfahrtsstaat zu verdanken waren und mit der Zerstörung ganzer Städte und Dörfer einhergingen; und drittens der Wettlauf im All, der es zu etwas ganz Normalem gemacht hatte, von unserem Planeten als dem »Raumschiff Erde« zu sprechen.

Präsident Johnson erklärte im Frühjahr 1964 in seiner Rede über die *Great Society*, dass ihn nicht zuletzt die Umweltzerstörungen zum Handeln getrieben hätten. Damit meinte er zwar im Wesentlichen die Zerstörung der Städte und jene weithin sichtbare große »Fadheit«, von der Jane Jacobs gesprochen hatte, aber er hatte sich auch von den Schriften einer Frau herausgefordert gefühlt, die das Gewissen der Welt mit einer leidenschaftlichen Darstellung der Gefahren aufrüttelte, denen die Umwelt – Pflanze, Tier und Menschen – durch den industriellen Einsatz von Pestiziden und der kommerziellen Gier ausgesetzt sei. Sie trug den Titel *Der stumme Frühling* und seine Autorin hieß Rachel Carson.[59]

Als das Buch 1962 in den USA erschien, war Rachel Carson der amerikanischen Öffentlichkeit bereits keine Unbekannte mehr. Als Biologin hatte sie sich schon jahrelang für den 1940 ins Leben gerufenen *U. S. Fish and Wildlife Service* eingesetzt, und 1951 hatte sie ihre Studie *The Sea Around Us* veröffentlicht, die dann vom *New Yorker* als Serie abgedruckt, vom Book-of-the-Month Club empfohlen wurde und monatelang auf der Bestsellerliste der *New York Times* stand. Dabei handelte es sich weniger um Polemik als um einen wirklich ungeschönten Bericht über den Zustand der Ozeane. Carson machte allen deutlich, wie abhängig die eine Lebensform von der anderen ist und dass die Wahrung dieses natürlichen Gleichgewichts nicht nur für die Weiterexistenz der Meere, sondern auch für ihre Schönheit unabdingbar sei.[60]

Ihr Buch *Der stumme Frühling* war völlig anders. Es war ein zorniger Text, obwohl Carson es verstand, ihre Wut im Zaum zu halten. Im Laufe der fünfziger Jahre hatte sie immer mehr wissenschaftliche Nachweise – aus Fachzeitschriften und mit Hilfe von Kollegen – über die Schäden angesammelt, die der Umwelt durch Pestizide zugefügt wurden. Die fünfziger Jahre waren die Zeit des großen Wirtschaftswachstums, als viele zu Kriegszwecken gewonnene wissenschaftliche Erkenntnisse einer friedlichen Nutzung zugeführt wurden. Gleichzeitig aber gewann der Kalte Krieg ständig an Intensität und kulminierte just in dem Moment, als *Der stumme Frühling* erschien. Carson hatte das Buch unter tragischen persönlichen Umständen geschrieben. Zur Zeit des Erscheinens von *The Sea*

Around Us hatte sie sich einer Brustkrebsoperation unterziehen müssen; in der Zeit ihrer Recherchen für ihr nächstes Buch litt sie nicht nur unter einem Zwölffingerdarmgeschwür und rheumatischer Arthritis (1960 war sie dreiundfünfzig Jahre alt), sondern auch unter der Rückkehr ihres Krebses, was eine neuerliche Operation und Bestrahlungen erforderte. Einen Großteil dieses Buches hatte sie also im Bett schreiben müssen.[61]

Ende der Fünfzigerjahre konnte jeder wissen, der es wissen wollte, dass viele Umweltgifte, die tagtäglich verwendet wurden, toxische Nebeneffekte hatten. Am schwerwiegendsten, weil die Wirkung auf den Menschen am unmittelbarsten ist, war Tabak. Tabak wurde bereits seit dreihundert Jahren in westlichen Ländern geraucht, doch die Zusammenhänge zwischen Zigarettenrauch und Lungenkrebs wurden erst allgemein bekannt, nachdem 1950 zwei Berichte erschienen waren, einer im *British Medical Journal* und der andere im *Journal of the American Medical Association*, die Rauchen als »einen bedeutenden Faktor für die Entstehung von Lungenkarzinomen« identifizierten.[62] Das war eine Überraschung, denn britische Mediziner, die Experimente auf diesem Gebiet gemacht hatten, hatten immer angenommen, dass andere Umweltfaktoren – Autoabgase und/oder Straßenteer – für den Anstieg von Lungenkrebs im zwanzigsten Jahrhundert verantwortlich waren. Kaum waren diese Forschungsergebnisse aus Großbritannien und den USA veröffentlicht, wurden sie aus Deutschland und Holland bestätigt.

Für Carson wurde aus den von ihr gesammelten Nachweisen jedoch immer ersichtlicher, dass die verwendeten Pestizide noch um ein Vielfaches giftiger waren als Tabak. Das berüchtigtste Mittel DDT war seit 1945 eingesetzt worden, weil es so offensichtlich positive Auswirkungen hatte. Zehn Jahre später musste man erkennen, dass es nicht nur für den Tod von Vögeln, Insekten und Pflanzen verantwortlich war, sondern auch für den Krebstod von Menschen. Ein besonders drastisches, von Carson erforschtes Beispiel war der Clear Lake in Kalifornien.[63] Hier war seit 1949 DDD, eine Variante des DDT, eingesetzt worden, um eine bestimmte Art von Mücken vom See zu vertreiben, die für Fischer wie Urlauber zur Plage geworden waren. Es wurde vorsichtig dosiert, jedenfalls glaubte man das – in einer 1:70 Millionen verdünnten Konzentration. Fünf Jahre später war die Mücke wieder da, also wurde die Konzentration auf 1:50 Millionen erhöht. Vögel begannen zu sterben. Doch da man den Zusammenhang nicht erkannte, wurde 1957 noch mehr DDD am See versprüht. Erst als immer mehr Vögel und Fische starben, wurde eine offizielle Untersuchung in die Wege geleitet – und die wies eine Anlagerung dieses Pestizids bei Seetauchern in Konzentrationen von bis zu 1600:1 Million nach, bei Fischen sogar bis zu 2 500:1 Million. Erst da wurde klar, dass sich das Konzentrat von Chemikalien bis hin zum tödlichen Limit in Lebewesen akkumulieren konnte.[64] Aber Carson war nicht nur von dieser unerwarteten Ablagerung der Chemikalien alarmiert – jeder Fall lag anders; oft waren die schädlichen Folgen auch den geschickten Manipulationen von Menschen zu verdanken. Zum Beispiel im Fall des Herbizids Aminotriazol: Es war offiziell für den Einsatz in moosigem Gelände zugelassen worden, wo Preiselbeeren geerntet wurden – allerdings erst *nach* der Beerenlese. Diese Reihenfolge war sehr wichtig, denn im Labor hatte man herausgefunden, dass Aminotriazol bei Ratten zu Schilddrüsenkrebs führt. Wenn sich also nun herausstellte, dass einige Züchter die Pflanzen vor der Lese besprühten, konnte das Herbizid selbst, beziehungsweise dessen Hersteller, nicht verantwortlich gemacht werden.[65] Wegen solcher Enthüllungen wurde *Der stumme Frühling* zu einem so durchschlagenden Erfolg (wieder druckte der *New Yorker* das Buch gleich nach Erscheinen 1962 in Serie ab). Carson hatte sich nicht nur mit der Pestizidforschung befasst und gezeigt, dass diese Gifte um ein Vielfaches toxischer sind, als den meisten Menschen klar war, sondern auch bewiesen, dass die Richtlinien für die Industrie, die ohnehin meist erbärmlich waren, oft spöttisch umgangen wurden. Sie verzeichnete genau, wann wer auf Grund dieser Tatsache sterben musste, und nannte Firmen beim Namen, deren Pestizide dafür verantwortlich waren, und beschuldigte sie, ihre Profitgier höher zu stellen als die Natur und sogar das Menschenleben.[66] Wie ihr erstes Buch landete auch *Der stumme Frühling* sofort auf Platz eins der Bestsellerlisten. Diesmal mag aber auch dazu beigetragen haben, dass gerade der Contergan-Skandal aufgedeckt worden war (ein Schlaf- und Beruhigungsmittel, das, wenn es von Schwangeren eingenommen wurde, das Kind im Mutterleib schwer schädigte.)[67] Carson sollte vor ihrem Tod im April 1964 noch mit Genugtuung erfahren, dass Präsident Kennedy sein wissenschaftliches Beraterkomitee zu einer Sondersitzung einberufen hatte, um die von ihr beschriebenen Folgen zu diskutieren.[68] Es war ihr Vermächtnis, dass fünf Jahre später, im Jahr 1969, der amerikanische Kongress den *National Environmental Policy Act* verabschiedete, der ab sofort bei jedem Regierungsbeschluss ein Statement über dessen Folgen auf die Umwelt erforderlich machte. Noch im selben Jahr wurde der Einsatz von DDT als Pestizid landesweit verboten; 1970 wurden die amerikanische *Environmental Protection Agency* ins Leben gerufen und das Luftreinhaltungsgesetz verabschiedet; 1972 wurden die Gesetze zur Kontrolle von Gewässern und Küstenzonen sowie das Lärmschutzgesetz verabschiedet; 1973 trat das Gesetz zum Schutz gefährdeter Arten in Kraft.

1969 trafen sich neununddreißig Nationen in Rom, um unter anderem auch über die Umweltverschmutzung zu diskutieren. Ihr Bericht *Die Grenzen des Wachstums* warnte, dass es bereits fünf vor zwölf sei und im Laufe der nächsten hundert Jahre die Grenzen des Wachstums erreicht und die Ressourcen der Erde erschöpft sein würden. Die Weltbevölkerung stünde vor katastrophalen Problemen, sofern nicht augenblicklich ein Umdenken einsetzen würde.[69] Noch im selben Jahr legten Barbara Ward und René Dubois der Umweltkonferenz der Vereinten Nationen einen Bericht mit dem Titel *Only One Earth* vor, der im Wesentlichen die gleiche Botschaft enthielt.[70] Der Europarat erklärte das Jahr 1970 zum europäischen Umweltjahr. 1973 stellten sich in Frankreich und Großbritannien erstmals Kanditaten der Umweltbewegung zur Wahl. Im selben Jahr fand der Jom-Kippur-Krieg in Israel statt, infolge dessen das OPEC-Kartell der ölproduzierenden Länder die Ölpreise massiv heraufsetzte und damit mehrere Staaten zum ersten Mal nach dem Zweiten Weltkrieg zur Rationierung von Benzin zwang. Am Ende machte genau diese Aktion überdeutlich, dass nicht nur die Rohstoffe dieser Erde begrenzt sind, sondern dass die Grenzen des Wachstums auch politische Konsequenzen haben.

*

Charles Reich, ein Wissenschaftler aus Yale und Berkeley, behauptete, die Umweltbewegung habe nicht nur das Verhältnis zur Umwelt revolutioniert, sondern einen historischen Wertewandel ausgelöst. In seinem Buch *The Greening of America* (1970) identifizierte er – auf die USA bezogen – drei Arten von Bewusstsein: »Bewusstsein I steht für die traditionelle Sichtweise des amerikanischen Farmers, kleinen Geschäftsmannes und Arbeiters, der weiterzukommen versucht. Bewusstsein II repräsentiert die Werte einer Organisationsgesellschaft. Bewusstsein III steht für die neue Generation… Das Erste entwickelte sich im neunzehnten Jahrhundert, das Zweite in der ersten Hälfte dieses Jahrhunderts, das Dritte ist gerade im Entstehen begriffen.«[71]

Abgesehen von dieser Dreiteilung gelang es Reich, eine ausgesprochen kluge Synthese herzustellen. So bezog er beispielsweise viele Bereiche aus der Populärkultur in seine Argumentation ein, indem er erklärte, weshalb bestimmte Songs, Filme oder Bücher überhaupt so populär werden konnten. Dem »Bewusstsein I« widmete er relativ wenig Aufmerksamkeit, dafür genoss er es sichtlich, »Bewusstsein II« an den Pranger zu stellen, wobei er im Prinzip den Argumenten aus Herbert Marcuses Buch *Der eindimensionale Mensch* und aus W. H. Whytes *Organisation Man* folgte. Seit Mitte der fünfziger Jahre, so Reich, befinde sich die Welt auf dem absteigenden Ast. Abgesehen von den riesigen Organisationen hätten wir nun einen »corporate state« bekommen, der eine in allen Richtungen aktive, anonyme und in vielen Fällen scheinbar willkürliche Macht darstellte. Bücher wie Raymond Chandlers *The Big Sleep* oder *Farewell My Lovely* übten nur deshalb so große Anziehungskraft aus, weil sie das Bild einer Welt vermittelten, in der niemandem zu trauen ist und nur der Gerissene überleben kann. James Jones' *Verdammt in alle Ewigkeit* schilderte ebenso einen Mann im Kampf gegen eine riesige anonyme Organisation (in diesem Fall die Armee) wie Philip Roths *Portnoys Beschwerden*; und der Reiz von *Casablanca* gründete einzig auf der Tatsache, dass Humphrey Bogart einen Mann spielte, der das Schicksal noch hätte ändern können, wenn er denn gehandelt hätte. »*Casablanca* war vielleicht das letzte Mal, dass die Mehrheit der Amerikaner so etwas glaubte.«[72]

Reich erklärte, wie viel aus dem Bereich der Populärkultur auf den einen oder anderen Aspekt der »Bewusstsein-II-Gesellschaft« ausgerichtet war. In Stanley Kubricks *2001: Odyssee im Weltraum* zum Beispiel sieht man den Raumreisenden in ein Hotelzimmer gehen, in dem alles Plastik und teuer ist, dem jedoch alles fehlt, womit er etwas *anfangen* könnte – »kein Stück, nichts, das eine Reaktion erfordert«.[73] »Fast jede Darstellung eines Menschen bei der Arbeit [in amerikanischen Filmen] zeigt diesen bei einer Tätigkeit, die eindeutig nichts mit der modernen Industriegesellschaft [dem »corporate state«] zu tun hat. Es kann sich um einen Cowboy, einen Pionier aus der Siedlerzeit, einen Privatdedektiv, einen Gangster, eine Abenteurerfigur wie James Bond oder einen Starreporter handeln. Aber kein Film versucht, die Arbeit des kleinen Mannes als etwas Zufriedenstellendes und Sinnvolles darzustellen. Die Romane von George Eliot, Hardy, Dickens, Howells, Garland und Melville behandelten hingegen das durchschnittliche Arbeitsleben und verliehen diesem mit den Mitteln der Kunst mehr Sinn. Unsere Künstler, Werbemacher oder Politiker lehren uns nicht, wie wir in unserer Welt arbeiten könnten.«[74] Den Beginn des »Bewussstseins III« verbindet Reich mit J. D. Salingers *Fänger im Roggen* (1951). Wirklichen Einfluss habe es jedoch erst mit der Musik und den Texten von Bob Dylan, Cream, den Rolling Stones und Crosby, Stills and Nash gewonnen. Dylans »It's All Right, Ma (I'm only Bleeding)« sei eine wesentlich wirkungsvollere und außerdem viel frühere Kritik an den Brutalitäten der Polizei gewesen als jede der folgenden soziologischen Abhandlungen. »Eleanor Rigby« und »Strawberry Fields Forever« von den Beatles hätten mehr und Prägnanteres über die Entfremdung ausgesagt als jeder Psychologe. Dasselbe gelte für »Draft Morning« von den Byrds, »Tommy« von den Who oder »I Feel Free« von Cream. Für Reich kam in der Drogenkultur, in den mystischen Klängen von Procul Harum und sogar in den Bell-botton-trousers (die, wie er mit vielleicht etwas zu viel Phantasie feststellt, aufreizend wirkten, weil sie die Fesseln zur Schau stellten) eine neue Vorstellung von Gemeinschaft zum Ausdruck. Bücher von Autoren wie Ken Kesey, der in *Einer flog über das Kuckucksnest* (1979) die Geschichte des Aufstands in einem Irrenhaus schilderte, verkörperten dieses neue Bewusstsein; und sogar Tom Wolfe, der in *The Kandy-Kolored Tangerine-Flake Streamline Baby* (1965) viele Aspekte dieses neuen Bewusstseins kritisch unter die Lupe nahm, habe zumindest konzediert, dass die Existenz von Subkulturen wie die Stockcar- oder Surferszene bewies, dass es Menschen gibt, die ihre eigenen alternativen Lebensformen *wählten* und nicht einfach nur akzeptierten, was ihnen durch die Eltern vorgegeben wurde.

All dies, so meinte Reich, habe sich dann in der »grünen« Bewegung vereinigt. Sogar bei den Anti-Vietnam-Demonstrationen habe weniger der Krieg als solcher als das »corporate America« und dessen Technologien eine Rolle gespielt, da das Napalm die Umwelt ebenso zerstörte wie den Feind. Seither habe man aus Angst vor Umweltzerstörungen und auf Grund der Erkenntnis, dass unsere Ressourcen begrenzt sind, mit der Ablehnung des »corporate state« zugleich immer auch die aus dem »Bewusstsein II« hervorgegangenen Technologien abgelehnt. Die Leute begannen zum Beispiel, ihr eigenes Brot zu backen oder ausschließlich solches zu kaufen, das unter biologisch-organisch einwandfreien Bedingungen hergestellt wurde. Mit solchen Beispielen beschrieb Reich bereits die späteren Charakteristika der Alternativkultur (der im nächsten Kapitel mehr Raum gewidmet wird). Reich war nicht naiv, er glaubte nicht, dass das »Bewusstsein II« oder das »corporate America« einfach seinen Platz räumen und sich ergeben werde; aber er war fest davon überzeugt, dass das Umweltbewusstsein wachsen und überall grüne Parteien gegründet würden und dass sich nicht mehr alles nur um Karriere, sondern auch wieder um »Berufung« drehen werde. Er war sich sicher, dass es Menschen geben wird, die ihr Leben ganz dem Schutz unserer Welt vor dem Raubbau widmen werden, den die Konzerne des »Bewusstseins II« betrieben.

Ähnlich argumentierte auch der Ökonom Fritz Schumacher in seinen beiden Büchern *Small is Beautiful* (1973; *Rückkehr zum menschlichen Maß*) und *A Guide for the Perplexed*, das in seinem Todesjahr 1977 erschien.[75] Schumacher, der 1911 in Bonn als Sohn einer Diplomatenfamilie geboren wurde, genoss eine kosmopolitische Erziehung (seine Eltern schickten ihn zum Studium an die London School of Economics und nach Oxford). Er war ein enger Freund von Adam von Trott, der nach dem Attentat auf Hitler im Juli 1944 hingerichtet wurde, arbeitete seit Ende der dreißiger Jahre in London und verbrachte den gesamten Zweiten Weltkrieg in England, nachdem er vom Status eines »feindlichen Ausländers« befreit worden war. Nach dem Krieg befreundete er sich mit Nicholas Kaldor und Thomas Balogh – beide wurden Wirtschaftsberater von Premierminister Harold Wilson in den sechziger Jahren – und wurde in eine hochrangige Position in das *National Coal Board* (NCB) berufen. Aber Schumacher hatte schon immer einen eigenen Kopf, und so erkannte auch er frühzeitig, dass die Rohstoffe der Erde begrenzt sind und deshalb dringend etwas unternommen werden musste. Jahrelang nahm ihn niemand ernst, weil er, unabhängig, wie er nun einmal war, nebenbei auch Positionen vertrat, die man in England höchst seltsam fand oder sogar für Anzeichen von psychischer Instabilität hielt. Beispielsweise glaubte er fest an UFOs, flirtete mit dem Buddhismus und ließ sich schließlich, obwohl er als junger Mann jede Religion abgelehnt hatte, im Alter von sechzig Jahren 1971 von der Katholischen Kirche aufnehmen.[76]

Schumacher hatte die Welt bereist, vor allem die ärmeren Länder wie Peru, Burma und Indien. Je stärker er sich der Religion zuwandte, je kritischer er die Lage der Umwelt beurteilte und je bewusster ihm wurde, dass von den westlichen Großkonzernen keine Lösungen gegen die große Armut in vielen Drittweltländern zu erwarten waren, desto konkreter wurden seine alternativen Vorstellungen. 1971 war für ihn ein Wendepunkt erreicht. Er war gerade zum Präsidenten der britischen *Soil Association* ernannt worden (Schumacher war ein begeisterter Hobbygärtner), die Kirche hatte ihn aufgenommen, und er war von seinem Posten beim NCB zurückgetreten. Nun konnte er das Buch schreiben, das er schon immer hatte schreiben wollen. Sein Arbeitstitel lautete »The Homecomers«, worin seine Ansicht zum Ausdruck kommen sollte, dass die Welt einen kritischen Punkt erreicht hatte und ein Umdenken erforderlich war. Im Mittelpunkt von Schumachers Realität stand der Überfluss des Westens, und zwar als eine Abnormität, deren Ende – wie alle Zeichen der Zeit zeigten – gekommen war. Eines dieser Zeichen war die Inflation, unter der die westlichen Gesellschaften gerade zu leiden begannen. Die Party ist vorbei, schrieb Schumacher. »Wessen Party war es denn überhaupt? Die einer kleinen Minderheit von Staaten und in diesen Staaten einer Minderzahl von Menschen.«[77] Natürlich sei zu erwarten, dass diese Minoritäten an der Macht festhielten und die Konzerne wenig gegen die chronische Armut in der übrigen Welt unternehmen würden; aber da sich unterentwickelte Länder nicht über Nacht entwickeln konnten, forderte er maßvolle Schritte, die von den Bürgern auch bewältigt werden konnten – hier führte er seinen Begriff der »intermediate technology« ein. In Großbritannien war bereits Mitte der sechziger Jahre eine *Intermediate Technology Development Group* mit der Prämisse gegründet worden, dass Entwicklungsländer wie Indien oder wie die Staaten von Lateinamerika angepasste Technologien (AT) brauchten, die effizienter sein müssten als die traditionellen Techniken dieser Länder, aber weniger komplex als die im Westen angewandten. (Ein klassisches Beispiel dafür war das aufziehbare Radio, da Batterien in abgelegenen Gegenden nur schwer zu bekommen waren und unter bestimmten Wetterbedingungen leicht korrodierten.) Mit »Homecomers« meinte Schumacher also Menschen, die der Fremdausbeutung den Rücken kehren und zu selbstständiger Arbeit und menschengerechteren und menschlicheren Technologien zurückkehren. Aber seinem Verlag gefiel dieser Titel nicht, deshalb entschied er sich für *Small is Beautiful*, unter Beibehaltung von Schumachers Untertitel »Economics – as if People Mattered«. Das Erscheinen des Buches wurde von der Kritik so gut wie nicht wahrgenommen, erst allmählich sorgte die Mundpropaganda für seinen Verkauf – bis es schließlich zu einem Kultbuch von

Deutschland bis Japan wurde.[78] Schumacher hatte einen Nerv getroffen. Zwar konzentrierte er sich im Wesentlichen auf die Dritte Welt, aber offenbar teilten viele Menschen nicht nur seine Aversion gegen die Großkonzerne, sondern auch seine Sehnsucht nach einem anderen Leben. Schumacher starb 1977 als ein in aller Welt anerkannter Autor, hofiert von amerikanischen Gouverneuren, im Weißen Haus gefeiert von Präsident Carter und in Indien willkommen geheißen als ein »Gandhi der Praxis«. All seinen Vorschlägen lag die feste Überzeugung zu Grunde, dass es Raum für *jeden* auf dieser Erde gibt, sofern man unseren Planeten nur richtig »managt«. Doch dieses Management hatte für ihn nichts mit Ökonomie zu tun, hier ging es um Moral, was schließlich auch erklärt, weshalb für Schumacher Ökonomie und Religion Hand in Hand gingen.[79] Mit seinen Argumenten versuchte er jedenfalls dazu beizutragen, dass die Theorien seiner »Bewusstsein III-Gesellschaft« endlich in die Praxis umgesetzt würden.

*

Im Laufe der Siebzigerjahre wuchsen die Ängste der Menschen vor den Folgen der Behandlung, die sie ihrem Planeten angedeihen ließen, verstärkt noch durch so entsetzliche Ereignisse wie die riesige Giftgaswolke, die einer Pestizidfabrik im italienischen Soveso entwich und sämtliche Tiere in den Häusern und auf dem Land der unmittelbaren Umgebung tötete. 1978 erließen die USA ein Gesetz zur Reduzierung des FCKW-Ausstoßes, um den Schaden in der Ozonschicht zu begrenzen, die uns vor allzu starker ultravioletter Strahlung schützt, sofern sie nicht beschädigt wird, und deren bereits erfolgte Schädigung für den Treibhauseffekt und die damit verbundene globale Erwärmung verantwortlich gemacht wird. 1980 wurde das Weltklimaforschungsprogramm ins Leben gerufen, das sich vor allem der Frage widmen sollte, wie der Mensch das Klima beeinflusst und welche Veränderungen dadurch zu erwarten sind.

Seit über einem Vierteljahrhundert hat kein Mensch mehr einen Fuß auf den Mond gesetzt. Wie es scheint, haben wir die universell optimistische Wissenschaftsgläubigkeit verloren, die das *Apollo*-Programm repräsentierte.

TEIL VIER

VON DER GEGENKULTUR ZUM KOSOVO

Der Blick vom Nirgendwo
Der Blick von Überall

33
Stimmungswandel

Am Samstag, dem 6. Oktober 1973, an Jom Kippur, dem Versöhnungstag und höchsten Feiertag im jüdischen Kalender, griffen Ägypten vom Suezkanal im Süden und Syrien von den Golanhöhen im Norden überraschend Israel an. Achtundvierzig Stunden lang war die Existenz des Staates bedroht. Die Ägypter zwangen die Israelis, die Bar-Lev-Linie auf der Ostseite des Suezkanals aufzugeben, nachdem israelische Kampfflugzeuge bereits am Boden zerstört worden waren. Nur die schnelle Reaktion der Vereinigten Staaten, die Israel innerhalb von nur zwei Tagen Waffen im Wert von über zwei Milliarden Dollar lieferten, ermöglichte es dem Land schließlich, seine Verluste wettzumachen und mit solcher Macht zurückzuschlagen, dass es wieder Boden gewann. Als am 24. Oktober der Waffenstillstand ausgerufen wurde, standen die israelischen Streitkräfte im Norden so knapp vor Damaskus, dass sie die Stadt mit Kanonen hätten beschießen können, und im Süden, nach der Überquerung des Suezkanals, 100 Kilometer vor Kairo.

Doch der Jom-Kippur-Krieg, wie er nun genannt wurde, war mehr als »nur« ein Krieg. Er war der Auslöser für ein unmittelbar folgendes Ereignis, das der damalige amerikanische Außenminister Henry Kissinger »einen Wendepunkt in der Geschichte dieses Jahrhunderts« nannte. Noch während der Kämpfe hatten am 16. Oktober arabische und einige nichtarabische ölexportierende Staaten beschlossen, ihre Erdölförderungen massiv einzuschränken und die Erdölpreise um 70 Prozent zu erhöhen. Zwei Tage vor Weihnachten stiegen die Preise nochmals um 128 Prozent und hatten sich damit in weniger als einem Jahr vervierfacht.[1] Kein Staat blieb von der »Ölkrise« verschont. Die Ökonomie vieler ärmerer Länder Afrikas und Asiens wurde zerstört; in westlichen Staaten, wie zum Beispiel Holland, wurde Benzin rationiert oder, wie in der Bundesrepublik, ein Sonntagsfahrverbot ausgesprochen. Lange Schlangen vor den Tankstellen waren ein vertrautes Bild in allen Ländern. Diese Krise brachte nun ein Phänomen mit sich, das Keynes nicht vorausgesagt hatte – eine Stagflation (Stillstand des Wirtschaftswachstums bei gleichzeitiger Geldentwertung). Vor dem Jom-Kippur-Krieg hatte das durchschnittliche Wirtschaftswachstum der westlichen Industriestaaten 5,2 Prozent betragen, was eine komfortable Marge gegenüber der durchschnittlichen Teuerungsrate von 4,1 Prozent bot. Nach dem Ölschock lag das Wachstum bei null oder sogar im Minus, während die Inflationsrate auf 10 bis 12 Prozent stieg.[2]

Die Ölkrise war das bei weitem zerstörerischste wirtschaftliche Ereignis seit 1945. Aber die Entscheidung der ölproduzierenden Länder, ihre Produktion einzuschränken und die Preise anzuziehen, war nicht nur eine Folge des arabisch-israelischen Krieges oder der Tatsache gewesen, dass ihn die arabischen Staaten auf Grund der amerikanischen Hilfen an Israel am Ende verloren hatten und Gebiete abgeben mussten – die ökonomische Struktur der Welt war ohnedies gerade im Begriff, sich zu verändern, wenngleich dies auf den ersten Blick vielleicht nicht so offensichtlich war. Ironischerweise hatten die Vereinigten Staaten 1968 wegen der Schwarzen- und Studentenunruhen eine innenpolitische Krise, aber zugleich außenpolitisch den größtmöglichen ökonomischen Einfluss. Ihr Bruttosozialprodukt belief sich auf 34 Prozent des globalen BSP. Aber wie viele Erfolgsgeschichten hatte auch diese ziemliche Anlaufschwierigkeiten: Das kommunistische China war seit 1949 so besorgt, dass die USA im Fall einer Krise die Dollarzufuhr des Landes blockieren könnten, dass es seine Dollar in Paris zu deponieren begann. Im Laufe der Zeit waren andere diesem Beispiel gefolgt und ein »Eurodollar«-Markt entstanden, der wiederum einen Eurokredit- und -anleihenmarkt nach sich zog, welcher der Kontrolle Washingtons – wie auch der jedes anderen Einzelstaates – entzogen war und dazu beitrug, dass Geld »flüchtiger« wurde als jemals zuvor. Hinzu kam die Erkenntnis der Ökologie, dass die Rohstoffe der Erde begrenzt sind, was zu einem stetigen Anstieg der Rohstoffpreise führte, und die Tatsache, dass die Ölproduktion der USA 1970 ihren Höhepunkt überschritten hatte (1960 hatten die Vereinigten Staaten 10 Prozent ihres Öls importiert, 1973 führten sie bereits 36 Prozent ein).[3] Das Bild in den Industriestaaten der sechziger Jahre begann sich drastisch zu verändern, und ein gesellschaftlicher Umbruch zeichnete sich immer deutlicher ab. Aber es hatte erst eines Krieges bedurft, damit er auch wahrgenommen wurde.

*

Einer der Ersten, der über diesen Wandel in seiner üblich eleganten Weise reflektierte, war der Ökonom John Kenneth Galbraith. 1967 veröffentlichte er mit seinem Buch *The New Industrial State* eine Analyse des modernen Industriestaates und der Auswirkungen des technologischen Fortschritts auf die Unternehmens- und Wirtschaftsstruktur, die den Charakter des traditionellen Kapitalismus seiner Meinung nach stark verändert hatten. Primär dafür verantwortlich machte er die grundlegende Veränderung der Großkonzerne seit Beginn des Jahrhunderts.[4] Während Unternehmer wie Ford, Rockefeller, Mellon, Carnegie oder Guggenheim noch gewaltige Risiken eingegangen waren, als sie die Unternehmen gegründet hatten, die ihre eigenen Namen trugen, hatte sich deren Charakter bis zu ihrer vollständigen Reife in zwei Hinsichten grundlegend gewandelt: Erstens unterstanden sie nun nicht mehr der Leitung eines einzigen Mannes, der sowohl Firmen- als auch Kapitalseigner war, sondern der von Managern – Galbraith nannte sie die »Technostruktur« (aus Gründen, die noch deutlich werden) –, die jeweils im Besitz einer Aktienminderheit waren. Eine entscheidende Folge dieser Entwicklung war, dass die Shareholder nur noch die nominale Kontrolle über das Unternehmen besaßen, das ihnen theoretisch gehörte, was Galbraiths Meinung nach wiederum bedeutende psychologische Auswirkungen auf die Demokratie hatte. Hinzu komme, dass alte Unternehmen, die teure und komplexe Produkte massenweise herstellen, kaum noch Interesse am Risiko oder Wettbewerb hätten; im Gegenteil, sie brauchten politische und wirtschaftliche Stabilität, um Nachfrage und Nachfragesteigerungen (innerhalb eines gewissen Rahmens) voraussagen zu können. Die wichtigste Folge davon war laut Galbraith, dass ausgewachsene Unternehmen eine gewisse Planung im Wirtschaftssystem *bevorzugen*. Für traditionell Konservative roch Planung verdächtig nach Sozialismus, Marxismus oder gar Schlimmerem, doch in dem oligopolistischen Umfeld, in dem der moderne Industriekonzern operiert – den Galbraith letztlich nur als einen modifizierten Monopolisten betrachtete –, gilt Planung als unerlässlich.[5]

Von diesen beiden Faktoren wird laut Galbraith alles im modernen Industriestaat bestimmt. Die Nachfrage wird nicht nur durch die Finanzpolitik des Staates gesteuert, wie Keynes nachgewiesen hatte – was eine symbiotische Beziehung zwischen Staat und Unternehmertum voraussetzt –, sondern vor allem auch durch Institutionen wie die Werbung geschürt (die Galbraiths Ansicht nach einen so unberechenbar »tödlichen« Effekt auf die Wahrheitsliebe der modernen Gesellschaft hat, dass wir nicht einmal mehr merkten, wie unaufrichtig wir seien). Hinzu komme, dass immer mehr grundlegende Entscheidungen von Informationen abhingen, über die mehr als nur ein Individuum verfügt. Die Technologie spielt dabei insofern eine bedeutende Rolle, als sie für die Entstehung neuer Spezialisten sorgt, für Arbeitskräfte, die über keine besonderen Fähigkeiten im traditionellen Sinne verfügen, aber Aufgaben ganz neuer Art bewältigen können – sie wissen, wie man Information richtig einschätzt. Somit wurde Information als solche zu einer wichtigen Ware. Wer mit Informationen richtig umgehen kann, gehört zur »Insider-Klasse«, den Managern der Technostruktur, wohingegen die Shareholder die »Outsider-Klasse« bilden.[6] Galbraith hielt die Bedeutung dieser neuen Schichtung allerdings für deutlich gravierender, als sie sich in der Praxis dann darstellte (dennoch, das »Insider Trading« in den achtziger Jahren sollte sich tatsächlich zu einem Skandal ausweiten, der das Leben des Business auf beiden Seiten des Atlantiks vergiftete). Jedenfalls nahm Galbraith angesichts all dieser Bedingungen an, dass sich der Alltag von Industriellen völlig gewandelt hatte. Das Leben des Managers war nun nicht mehr von Härten, Individualismus, Konkurrenz und Risiko geprägt, sondern profitierte von einer enormen Sicherheit (als Galbraith dieses Buch schrieb, hatten den damals jüngsten Studien zufolge drei Viertel der in den USA befragten Manager bereits über zwanzig Jahre lang einem einzigen Unternehmen angehört). Und natürlich spielte auch der Wohlstand eine große Rolle bei dieser Entwicklung, denn je weiter sich ein Mensch von der Armutsgrenze entfernt, schrieb Galbraith, desto besser können seine Sehnsüchte manipuliert werden und desto mehr Einfluss gewinnt die Werbung. Deshalb sei es ja auch ein so glücklicher Umstand gewesen, dass der Aufstieg von Radio und Fernsehen Hand in Hand mit der Etablierung des modernen Unternehmertums und dem Anstieg des Wohlstands ging.[7]

Galbraith ging es jedoch nicht nur um diese neuen Arrangements, so wichtig sie auch waren. Mit seinem scharfen Sinn für drohendes Unheil beobachtete er, wie die Technostruktur, das Management des modernen Unternehmens, sich selbst darzustellen pflegt. Anstatt die Wahrheit über den wirklichen Stand des Spiels zu sagen und zuzugeben, dass eindeutig das Unternehmertum am Zug ist, heuchle die Technostruktur, dass der Kunde der König sei. Die Wahrheit, nämlich dass das Unternehmertum praktisch die vollständige Kontrolle über die Preise und obendrein auch die Nachfrage hat, falle dabei einfach unter den Tisch.[8] Als Nächstes nahm sich Galbraith die Arbeitslosigkeit vor, weil sie sich seiner Meinung nach derart zu ändern begonnen hatte, dass sie gewissermaßen sogar ihre einstige Bedeutung verlor: »Die Arbeitslosenzahlen sprechen zunehmend nur noch von Personen, die im gegenwärtigen Industriesystem nicht vermittelbar sind.«[9] Es entstand ein Dominoeffekt, der die Gewerkschaften an Macht verlieren und die gebildeten oder akademischen »Stände« an Macht gewinnen ließ. Was die Macht der Gewerkschaften im Verhältnis zu der von Bildungsinstitutionen und Akademikern betraf, hatte Galbraith zweifellos Recht; er täuschte sich jedoch mit seiner Annahme, das Letztere zu einer vergleichbaren politischen Macht würden wie einst die Gewerkschaften. Denn das sollte sich ebenso wenig bewahrheiten wie Galbraiths Voraussage, dass die im privaten Unternehmertum beschäftigen Wissenschaftler zu einer mächtigen gesellschaftlichen Kraft würden.

Nach einem Überblick über die Rüstungsindustrie und den Beitrag, den der Kalte Krieg im Keynesschen Sinne zum Wirtschaftswachstum leistete (auch wenn die traditionell Konservativen dies abstritten), wechselte Galbraith plötzlich die Spur und betrachtete die »ästhetische Erfahrung«. Die

Welt der Kunst, schrieb er, unterscheidet sich nicht zuletzt deshalb vollständig von der Welt der Technostruktur, weil »Künstler nicht in Gruppen auftreten«. Zwischen Athen, Venedig, Agra und Samarkand einerseits und Nagoja, Düsseldorf, Degenham und Detroit andererseits habe es niemals Ähnlichkeiten gegeben und werde es nie welche geben. Die wichtigste Rolle des Künstlers bestand für ihn nun darin, die Technostruktur bloßzustellen und zu kritisieren; und der Kampf zwischen beiden schien ihm unvermeidlich, weil die ästhetischen Errungenschaften der Kunst für das Industriesystem nicht fassbar sind und folglich ein großes Konfliktpotenzial darstellen. Allerdings hätte es für ihn gar keinen Grund gegeben, diesen Konflikt besonders zu betonen, wenn das Industriesystem nicht ständig gebetsmühlenartig wiederholt, dass es keinen gibt.[10] Die Ziele der Ästhetik, da war sich Galbraith ziemlich sicher, würden jedenfalls am Ende über die der Industrie siegen.

Seine Kernaussage in *The New Industrial State* lautete, dass sich der traditionelle Kapitalismus bereits bis zur Unkenntlichkeit verändert hatte, die traditionellen Kapitalisten jedoch ständig logen und so taten, als sei alles beim Alten. Zurzeit der Drucklegung seines Buches verkauften zum Beispiel Boeing und General Dynamics rund 65 Prozent ihrer Produkte an den Staat, Raytheon 70 Prozent, Lockheed 82 Prozent und Republican Aviation schließlich sogar 100 Prozent.[11] Doch eine Diskussion über die Zukunft des Industriesystems fand nicht statt, weil es diesem System still und leise gelungen war, die Vorstellung auszuräumen, dass es sich hierbei nur um ein vorübergehendes Phänomen handelte, was ja zugleich bedeutet hätte, dass es irgendwie unperfekt wäre. Die verhasstesten Begriffe im Businesslexikon waren Planung, Staatskontrolle, staatliche Unterstützung und Sozialismus. Hätte man ihre Wahrscheinlichkeit in der Zukunft ins Auge gefasst, wäre allen klar geworden, in welchem Ausmaß sie bereits Realität waren, und niemandem wäre verborgen geblieben, dass dieser angeblich so bedauerliche Zustand zumindest mit stiller Zustimmung, wenn nicht gar auf Drängen des Industriesystems selbst herbeigeführt worden war: »Es gibt keine natürliche Präsumtion zu Gunsten des Marktes; angesichts des Wachstums des Industriesystems lässt sich, wenn überhaupt, nur vom Gegenteil ausgehen. Sich auf den Markt zu verlassen, wo Planung gefordert ist, öffnet dem Chaos Tür und Tor.«[12] Galbraiths Kritik war höchst geistvoll und entlarvte so manch unangenehme Tatsache über die Entwicklung und Selbstdarstellung des Kapitalismus. Er sah voraus, dass die empirischen Wissenschaften eine immer größere Rolle spielen würden, die überwältigende Bedeutung der Information und den sich wandelnden Charakter der Arbeitslosigkeit und der Fähigkeiten, die künftig benötigt würden.

Was Galbraith in seiner Studie nicht angesprochen hatte, dem nahm sich nun Daniel Bell an. 1973 standen beide auf der von dem Soziologen

Charles Kadushin erstellten Liste zu der Umfrage, wer zur intellektuellen amerikanischen Elite gezählt werde. Unter den Top Ten waren Noam Chomsky, J. K. Galbraith, Norman Mailer und Susan Sontag; Hannah Arendt und David Riesman tauchten ein Stück weiter unten auf, W. H. Auden und Marshall McLuhan noch weiter unten. Aber nur ein Soziologe befand sich unter den Top Ten: Daniel Bell.

Von Bells »Ende der Ideologie« und der neuen Psychologie des Überflusses war bereits in Kapitel 25 die Rede. 1975 und 1976 veröffentlichte Bell nun zwei neue »big ideas«. Die erste tauchte bereits im Titel seines Buches *Die nachindustrielle Gesellschaft* auf (*The Coming of the Post-Industrial Society*). Bell identifizierte die drei Bereiche, in denen wir unsere Grunderfahrungen sammeln – Natur, Technologie und Gesellschaft –, und analysierte ihre jeweilige Geschichte. Die vorindustrielle Gesellschaft »lief überwiegend auf ein Spiel gegen die Natur hinaus, bei dem es darum ging, Schutz vor den Elementen zu finden; stürmische Meere zu befahren, der Natur Nahrung und Unterhalt abzuringen«.[13] Die Industriegesellschaft war ein »Spiel gegen eine technisierte Natur«, wobei es im Wesentlichen um folgende Punkte ging: »Die Neuschöpfung der Natur [brachte] durch die Herstellung von Dingen eine Steigerung der menschlichen Macht« mit sich; gebraucht wurden nun überwiegend »Transportwesen, öffentliche Einrichtungen und finanzielle Dienste«; und an die Stelle der natürlichen trat nun »eine technische Ordnung, anstelle der zufälligen ökologischen Verteilung von Rohstoffen und klimatischen Verhältnissen eine technische Konzeption von Funktion und Rationalität.«[14] Die nachindustrielle Gesellschaft schließlich ist »in der Hauptsache ein Spiel zwischen Personen«, bei dem es in erster Linie um »*menschliche* und *akademische* Dienstleistungen« geht, »d.h. sie muss einerseits das Gesundheits-, Bildungs- und Erholungswesen und andererseits Wissenschaft, Forschung und Entwicklung ausbauen«, was wiederum bedeutet, dass in der nachindustriellen Gesellschaft in erster Linie Änderungen »im techno-ökonomischen Bereich« gefragt sind.[15] »Am einschneidendsten jedoch«, so Bell, »wurde die Sozialstruktur der modernen Gesellschaft wohl von Wissenschaft und Technologie verändert... Überall wird der Fortschritt abhängig von der vorausgehenden theoretischen Arbeit, die die bekannten Daten sammelt... In zunehmendem Maße wird das theoretische Wissen so zum strategischen Hilfsmittel und axialen Prinzip der Gesellschaft. Universitäten, Forschungsorganisationen und wissenschaftliche Institutionen... entpuppen sich immer deutlicher als axiale Strukturen der entstehenden neuen Gesellschaft.«[16] Infolgedessen war ein deutlicher Wandel in der »Berufsstruktur« festzustellen: Heute konzentriere sich Arbeit eher auf Beziehungen zwischen Menschen als auf die zwischen Menschen und Objekten. »Mit der Ausweitung des Dienstleistungsgewerbes [wird sich auch] der Anteil der Frauen am Arbeitsplatz steigen«,[17] während die Sozialstruktur

»immer mehr von funktionaler Rationalität und Meritokratie geprägt« werde.[18] Auch »Knappheit« habe sich insofern verändert, als die alte Warenknappheit von Informationsknappheit und Zeitmangel abgelöst worden sei.[19] Schließlich identifizierte Bell in vier funktionellen (wissenschaftlich, technologisch, administrativ und kulturell) und fünf institutionalisierten Bereichen (Business, Regierung, Universität/Forschung, Wohlfahrt und Militär) auch einen neuen vertikalen *Situs* der Gesellschaft, im Gegensatz zur bisher üblichen horizontalen Schichtung in Form von Klassen. (Übrigens sollte sich diese Einteilung später merkwürdigerweise sogar in der Strukturierung von E-Mails wieder finden; dazu mehr in Kapitel 42.) Daneben spricht Bell auch von einer ganz neuen »Wissensklasse«, bestehend aus der »schöpferischen Elite der Wissenschaftler und akademisch geschulten Spitzenbeamten«.[20] So weist er beispielsweise darauf hin, dass nur ein Viertel aller Universitätsabschlüsse in den Vereinigten Staaten in den empirischen Wissenschaften gemacht würden, aber über die Hälfte aller Promotionen in den naturwissenschaftlichen Disziplinen und der Mathematik. Diese Wissensklasse habe einen entscheidenden Beitrag zu den Erfolgen der nachindustriellen Gesellschaft geleistet, doch Bell war sich nicht sicher, ob sie sich auch jemals wie eine *Klasse* im marxistischen Sinn verhalten würde, da sie vermutlich nie genügend Unabhängigkeit erreicht, um den Kapitalismus wirklich herausfordern zu können.*

Eine andere wichtige Beobachtung von Bell war, dass die Politik an Bedeutung gewinnen würde, da Wissen kein individuelles, sondern ein allgemeines Gut sei und eine Planung für die Maximierung der Wissenschaftsproduktion grundsätzlich eine nationale und nicht eine regionale oder lokale Organisation erfordere. Damit werde die Politik zum »Cockpit« der nachindustriellen Gesellschaft, zur »sichtbaren Hand«, die immer dort koordinierend eingreift, wo der Markt nicht effektiv sein kann.

Bells dritte und ein Jahr später (1976) veröffentlichte »big idea« stellte er in seinem Buch *Die kulturellen Widersprüche des Kapitalismus* vor. Auch hier verknüpfte er drei Themen mit der These, dass die moderne Gesellschaft von unversöhnlichen Widersprüchen bestimmt sei, nämlich von den Spannungen, die erstens zwischen der (von Max Weber benannten) Askese des ursprünglichen und der Gewinnsucht des entwickelten Kapitalismus herrschten; zweitens zwischen der Bourgeoisie und der Moderne, weil Letztere mit Hilfe der Avantgarde (Ablehnung alles Alten, Betonung auf ständigem Wandel, Propagierung der Idee, dass nichts heilig ist) das Bürgertum seit jeher zu schockieren versuchte; und drittens von der Trennung zwischen Gesetz und Moral, seit der Markt zum Gebieter über sämtliche wirtschaftlichen und sogar sozialen Beziehungen wurde (wie etwa im Rah-

* Der Ökonom Robert Solow machte im Rahmen seiner Wachstumstheorie eine sehr ähnliche Feststellung.

men der Pflichten des Arbeitgebers gegenüber dem Arbeitnehmer) und den Besitz- und Eigentumsrechten wieder Priorität vor allem anderen, sogar vor allen moralisch gerechtfertigten Ansprüchen, gegeben wurde.

Mit anderen Worten: Bell sah einen deutlichen Widerspruch zwischen dem Drang nach Effizienz, der im modernen Kapitalismus herrscht, und dem Drang nach Selbstverwirklichung, der in der modernen Kultur überwiegt. Der Kultur als solcher schreibt Bell hier die vorrangige Bedeutung zu, weil es sich erstens die Kunst (unter dem Rubrum der Avantgarde) zur Aufgabe gemacht habe, unentwegt nach neuen Formen und Sensationen zu suchen, und weil zweitens Kultur keinen moralischen Leitfaden mehr biete, sondern sich nur noch als Produzent des immer wieder aufregenden Neuen anbot. Das Ende der Moderne datierte er auf die Zeit um 1930, erklärte jedoch, dass sie sich erst 1960 vollends erschöpft habe, nachdem sich Kunst und Gesellschaft auf dem Markt getroffen und damit das »Auratische« von Kunst und die Vorstellungen der Hochkultur zum Verschwinden gebracht hätten. Die endlose Nachfrage nach immer Neuem stillten bereits seit ihrer Etablierung in den zwanziger Jahren die Massenmedien, die den unersättlichen Wunsch von der Avantgarde übernommen hatten, die Menschen mit ständig neuen Bildern zu füttern, traditionelle Konventionen zu erschüttern und jedes Abweichlertum oder unkonventionelle Verhalten zu feiern. Im Laufe der Zeit, so Bell, boten die traditionellen soziologischen Kategorien wie Alter, Geschlecht, Klasse und Religion folglich immer weniger verlässliche Verhaltensrichtlinien an und wurden die Strukturen der Gesellschaft – Lebensweisen, soziale Beziehungen, Normen und Werte – immer idiosynkratischer und von individuelleren Präferenzen gefärbt. Das Ergebnis waren Chaos und Uneinigkeit. In der Vergangenheit hatte man noch angenommen, dass »jede Gesellschaft ein strukturell in sich verflochtenes Ganzes sei, das durch ein gewisses, ihm innewohnendes Prinzip zusammengehalten werde«. Es mag durchaus zutreffen, schreibt Bell, »dass es in manchen Zeiten der westlichen Geschichte – im christlichen Mittelalter, zur Zeit des Entstehens der bürgerlichen Kultur – einheitliche soziale und kulturelle Erscheinungsformen gegeben hat. Die Religionen und ihre Vorstellungen von Hierarchie spiegelten sich in der feudalen Gesellschaftsstruktur wider... Mit dem Aufstieg des Bürgertums mag eine einheitliche gesellschaftliche Erscheinungsform einhergegangen sein... angefangen von den Wirtschaftsbeziehungen bis zum moralischen Verhalten, von den kulturellen Vorstellungen bis hin zur Charakterstruktur.«[21] Aber: »Nichts von alledem ist heute gültig.« Während die Natur des Wandels »in der techno-ökonomischen Ordnung linear insofern [ist], als die Prinzipien der Nützlichkeit und der Effizienz klare Regeln für Innovation, Verschiebung und Substitution setzen«, sei »das axiale Prinzip der modernen Kultur das ›Selbst‹... eines Ausdruck suchenden, sich wandelnden Selbst, das Selbstverwirklichung und Selbsterfüllung anstrebt.[22] Diese »Kluft zwischen Sozialstruktur und Kultur« findet Bell »in einem außergewöhnlichen Kontrast wechselnder ethischer Stimmungslagen« wieder, die bei weitem nicht nur mit dem Kapitalismus im Zusammenhang stehen. Die Moderne habe sich erschöpft, der Kommunismus als unfruchtbar erwiesen, das Ich suche sich grenzenlos zu verwirklichen, und die monotonen Gesänge einer monolithischen Politik seien ohne jede Bedeutung – all das lasse vermuten, dass eine lange Ära ihrem allmählichen Ende zustrebe. Die Moderne musste dafür einen hohen Preis zahlen, nämlich das »Insistieren auf absolutem Vorrang des Selbst, des Menschen als ›sich selbst in die Unendlichkeit verlängernden‹ Wesens, das sich gezwungen sieht, das Jenseitige zu erkunden«. »Das Bewusstsein des Wandels [löste] im Menschen… eine tiefe geistige Krise aus: die Angst vor dem Nichts… Man begriff das Individuum als einzigartig… Die Überhöhung des Einzellebens wurde zum Wert an sich… Hinter dem Chiliasmus des modernen Menschen verbirgt sich der Größenwahn des sich als unendlich begreifenden Selbst. Folglich besteht die moderne Hybris in der Weigerung, Grenzen anzuerkennen… Die moderne Welt weist auf ein Ziel hin, das immer *jenseits* liegt: jenseits der Moral, jenseits der Tragödie, jenseits der Kultur.«[23] Natürlich hatten auch die »Revolutionen in der Technologie« eine Menge zu diesem Wandel beigetragen, vor allem durch das erschwingliche Automobil. »Das geschlossene Auto wurde zum *cabinet particulier* der Mittelschicht, zum Ort, an dem die abenteuerlustigen jungen Leute ihre sexuellen Hemmungen ablegten und die alten Tabus zerbrachen.«[24] Und auch die Werbung hatte ihren Anteil: »Werbung ist der Stempel materieller Güter, das Exempel neuer Lebensweisen, der Bote neuer Werte… Im Gegensatz zur Sparsamkeit proklamiert der Verkauf die Verschwendung, im Gegensatz zur Askese den verschwenderischen Aufwand.«[25] Aber ohne »die Idee der Ratenzahlung« wäre nichts von alledem möglich gewesen. »Der Trick beim Ratenverkauf bestand darin, das Wort ›Schulden‹ zu vermeiden.« Damit war ein Umstand, dessen man sich einst schämte, zum legitimen Bestandteil des neuen Lebensstils geworden.[26]

Bells grundlegendste Beobachtung war vielleicht, dass die moderne Kultur das Erlebnis an sich betont und das Publikum selbst ins Zentrum des Geschehens stellt. Das Publikum fühlt sich nicht mehr aufgefordert, sich auf den Dialog mit dem Künstler oder dessen Kunstwerk einzulassen. Und da somit nur noch die Gefühle angesprochen werden, hinterlässt das Erlebnis auch keine anderen Spuren – es ist vorbei, wenn es vorbei ist. Es gibt keinen geistigen Dialog, zu dem sich das Publikum veranlasst sähe. Das war für Bell gleichbedeutend mit der Aussage, dass die moderne Gesellschaft kulturlos geworden war.

*

Theodore Roszak konnte dem nicht zustimmen. Wie zahllose andere glaubte auch er, dass der von Galbraith und Bell beschriebene Wandel den Charakter von Kultur vielmehr so massiv verändert habe, dass sogar ein eigener Name dafür gefunden werden musste – Gegenkultur.

Eine Möglichkeit, sich dieser Gegenkultur zu nähern, ist, sie als »sanfte Landung« der Neuen Linken zu verstehen, die sich Ende der fünfziger und Anfang der sechziger Jahre in mehreren westlichen Ländern formiert hatte (bedingt, wie bereits erwähnt, vor allem durch die Enttäuschungen über die Sowjetunion, die Schrecken des stalinistischen Regimes und die brutale Niederschlagung des Ungarnaufstandes 1956). Eine zweite Möglichkeit ist, einmal genauer zu betrachten, welchen Einfluss die Wiederentdeckung der 1844 verfassten, aber erst 1932 veröffentlichten Ökonomisch-Philosophischen Manuskripte von Marx hatte. Vor dem Zweiten Weltkrieg waren sie im Grunde nicht wirklich wahrgenommen worden, erst in den fünfziger Jahren, als die so genannten Neomarxisten versuchten, eine humanere Form von Marxismus zu finden, wurden sie aus den Schubladen geholt. In den Vereinigten Staaten muss man die Geburt der Neuen Linken außerdem auch in einem Zusammenhang mit dem *Port Huron Statement* sehen, einem vom SDS (»Students for a Democratic Society«) 1962 veröffentlichten Manifest, in dem es unter anderem hieß: »Wir betrachten den *Menschen* als ein unendlich kostbares, zu Vernunft, Freiheit und Liebe begabtes, aber unerfülltes Wesen... Wir widersetzen uns der Entpersonalisierung, die den Menschen auf das Wesen von Dingen reduziert... Einsamkeit, Entfremdung, Isolation kennzeichnen, wie weit sich der Mensch bereits vom Menschen entfernt hat. Diese vorherrschenden Tendenzen können weder durch bessere Personalverwaltungen noch durch verbesserte Gerätschaften überwunden werden, sondern nur, wenn die Liebe zum Menschen die Vergötterung von Dingen durch den Menschen überwindet.«[27] Der Begriff der »Entfremdung« zog sich wie ein roter Faden durch das Denken der Gegenkultur, die sich wie ihr Vorläufer, die Beat-Generation, beeinflusst von C. Wright Mills' *The Power Elite* und David Riesmans *Einsame Masse*, gegen die grundlegenden Konzepte der Massengesellschaft auflehnte. Mit unglaublicher Geschwindigkeit tauchten »alternative« Medien auf, in denen sie ihre Ideen verbreiteten – Zeitungen (wie zum Beispiel das *Journal for the Protection of All Beings* aus San Francisco), Filme, Theaterstücke, Musik oder der *Whole Earth Catalogue*, aus dem man erfuhr, wie man sich autark ernähren und damit von der Mainstream-Gesellschaft unabhängig machen konnte. Theodore Roszak, ein Historiker von der California State University, griff diese Ideen auf und verarbeitete sie in seinem 1970 erschienenen Buch *The Making of a Counter Culture*.[28]

Zuerst einmal betonte Roszak, dass die Gegenkultur ein *Jugend*aufstand war und sich vor allem gegen die reduktionistischen Tendenzen von

Wissenschaft und Technologie auflehnte. Interessanterweise war es vor allem die *gebildete* Jugend, die sich den Idealen der »technokratischen« Gesellschaft verweigerte und ihren Protest in Form von alternativen Lebensstilen zum Ausdruck brachte. Diese Gegenkultur – für Roszak die lebendige Verkörperung sämtlicher kulturellen Widersprüche des Kapitalismus – hatte fünf prägende Elemente: erstens die alternativen Psychologieangebote, zweitens die östlichen (esoterischen) Philosophien, drittens Drogen, dann die revolutionäre Soziologie und schließlich die Rockmusik. Mit diesen Ingredienzen wurde versucht, eine lebenswerte Alternative zur technokratischen Gesellschaft zu entwickeln, indem man zum Beispiel Kommunen der einen oder anderen Art gründete, die vor den Entfremdungen des »normalen« Daseins bewahren sollten. Andere Aspekte dieser Gegenkultur waren freie Universitäten, freie Kliniken, »*food conspiracies*« (Unterstützung der Armen), Untergrundmedien und stammesartig zusammengeschlossene Familien. »Alles«, schrieb Roszak, »wird in Frage gestellt: Familie, Arbeit, Ausbildung, Erfolg, Kindererziehung, die Beziehung zwischen Mann und Frau, Sexualität, Urbanität, Wissenschaft, Technologie, Fortschritt. Die Mittel des Wohlstands, die Bedeutung von Liebe, der Sinn des Lebens – alles wird hinterfragt. Was ist ›Kultur‹? Wer entscheidet, was ›Vortrefflichkeit‹ ist? Oder ›Wissen‹, oder ›Vernunft‹?«[29]

Nach einem Eröffnungskapitel, in dem Roszak die von der »reduktionistischen Wissenschaft« provozierte und zu so viel Unfreiheit führende »eindimensionale« Gesellschaft kritisierte (wobei er in liebevoll beschriebenen Details belegte, wie viele englische Studenten sich von naturwissenschaftlichen Seminaren verabschiedet hatten), widmete er sich dem Vorhaben der Gegenkultur, »die naturwissenschaftlichen Weltanschauungen mitsamt all ihren festgefahrenen Vorstellungen von einem egozentrischen und rein zerebral geprägten Bewusstein zu unterwandern … An ihre Stelle sollte eine neue Kultur treten, in der die vom Verstand unabhängigen Fähigkeiten einer Persönlichkeit – Fähigkeiten, die sich von visionärer Größe und dem Erlebnis einer Communio humana inspirieren lassen – das Gute, Wahre, Schöne bestimmen.«[30] Im Grunde, schrieb Roszak, weiche damit das Grundprinzip des Klassenbewusstseins dem eines *Bewusstsein*bewusstseins.[31] »Man kann ein Kontinuum an Denk- und Erfahrungsweisen bei der Jugend feststellen, in dem sich die neu-linke Soziologie von Mills, der freudianische Marxismus von Herbert Marcuse, der gestalttherapeutische Anarchismus von Paul Goodman, der apokalyptische Körpermystizismus von Norman Brown, die auf den Ideen des Zen aufbauende Psychotherapie von Alan Watts und schließlich auch Timothy Learys … Narzissmus vereinen, was die Welt in ihrer gesamten Realität endlich auf die Größe eines Staubkorns in der eigenen psychedelischen Leere zusammenschrumpfen lässt. Bewegt man sich in diesem Kontinuum vorwärts, stellt man fest, dass Soziologie der Psychologie Platz macht, sozialpolitische Kollektivität sich der persönlichen ergibt und bewusstes, artikuliertes Verhalten sich den Kräften aus Tiefen unterwirft, die nicht vom Verstand geprägt sind.«[32] Das Endresultat war, so Roszak, die Ablehnung aller Ideen der *Great Society*.

Nach dieser Grundeinschätzung widmete sich Roszak Marcuse und Brown, deren Bedeutungen für ihn in ihren Behauptungen lag, dass Entfremdung, entsprechend der Theorien von Freud, das Resultat einer psychischen und nicht sozialen Kondition sei. Da die Befreiung somit also eine persönliche und keine politische Angelegenheit sei, könne man Freiheit auch nur gewinnen, indem man nicht die Gesellschaft als solche, sondern die gesellschaftlichen Bedingungen verändere, und zwar mit Hilfe neuer Individuen, die sich bereits sexuell befreit und jenem Selbstdarstellungszwang verweigert hätten, welcher vom Individuum fordert, sich (wie im Job) auf bestimmte Weise darzustellen. Während Marx glaubte, so Roszak, dass die »Verelendung« des Proletariats mit der Gefangenschaft in Armut einherging, behauptete Marcuse, dass die psychische Verelendung Hand in Hand mit der Maximierung des Wohlstands gehe, weil die Menschen von Gewinnsucht beherrscht und durch die herrschende Technologie subtil unterdrückt würden. Abschließend wandte sich Roszak dem Soziologen Paul Goodman zu, der über das unerschöpfliche Talent verfügte, sich ständig neue soziale Möglichkeiten auszudenken.[33] Goodmans Rolle in der Gegenkultur war die des Erfinders von praktischen Alternativen und alternativen Institutionen als Ersatz für all diejenigen, die die technokratische Gesellschaft bestimmten. Darunter waren nicht nur freie Universitäten, sondern auch der »Generalstreik für den Frieden«. Doch für die Gegenkultur am wichtigsten war Goodmans Gestalttherapie unter der Prämisse, dass der Mensch grundsätzlich als ein Ganzes behandelt werden müsse, nicht seine einzelnen Symptome. Dafür müsse man jedoch erst einmal akzeptieren, dass bestimmte gesellschaftliche Kräfte prinzipiell unvereinbar mit dem ganzheitlichen Menschen sind und sich Gewalt für die Lösung des Problems, oder um der ständigen Unterdrückung von Zorn und Schuldgefühlen ein Ende zu bereiten, durchaus als notwendig erweisen könne. Bei der Gestalttherapie redet man nicht über seine Gefühle, sondern stellt sie dar.

Der Psychologe Abraham Maslow gehörte ebenfalls der Gegenkultur an. In seiner *Psychology of Science* (1966), deren Stichwortgeber Michael Polanyis *Personal Knowledge* (1959) und Thomas Kuhns *Structure of Scientific Revolutions* (1962) waren, vertrat er die Ansicht, dass es so etwas wie Objektivität nicht geben könne, nicht einmal in der Physik.[34] Wer Ordnung »entdeckt«, tue in Wirklichkeit nichts anderes, als dem Chaos Ordnung aufzuoktroyieren, was durchaus der Gepflogenheit von Wissenschaftlern entspreche, »Schönheit« in Ordnung zu finden, aber keinesfalls etwas mit einer im objektiven Sinne real existierenden Ordnung

»außerhalb von uns« zu tun habe. Das Erzwingen von Ordnung marginalisiere die subjektive Erfahrung, die jedoch so real sei, wie etwas nur real sein kann. Es gebe, so glaubten Maslow wie Roszak, andere und sich subjektiv mindestens ebenso stark auswirkende Möglichkeiten, die Welt zu erfahren – seinerseits eine objektive Tatsache. Bei seiner Auseinandersetzung mit Drogen – vor allem mit Marihuana und LSD – legte Roszak großen Wert auf die Feststellung, dass es sich hier um eine legitime Tradition handle, der bereits Leute wie William James, Havelock Ellis und Aldous Huxley (in *Die Pforten der Wahrnehmung*) bei ihren Studien mit halluzinogenen Substanzen (Lachgas oder Peyote) auf der Suche nach »verstandesunabhängigen Kräften« gefolgt waren. Besonders konzentrierte sich Roszak auf die Marihuana- und LSD-Experimente des Harvardprofessors Timothy Leary. Restlos überzeugt von den Prämissen Learys (der in Harvard entlassen wurde) und seinen Darstellungen einer »psychedelischen Revolution« (wenn man den herrschenden Zustand des Bewusstseins verändert, verändert man auch die Welt) war er gewiss nicht. Aber *dass* halluzinogene Drogen emotionale Entspannung und eine Entlastung von den Alltagsproblemen bieten können und dabei kein bisschen schädlicher seien als die Tranquilizer und Antidepressiva, die dem Amerika der Mittelschicht – oft den Eltern der Kinder aus der »Drogengeneration« – damals in solchen Mengen verschrieben wurden, davon war er fest überzeugt.[35]

In seinem Kapitel über Religion stellte Roszak Alan Watts vor. Watts, 1970 fünfundfünfzig Jahre alt, hatte einen Lehrauftrag der *School of Asian Studies* in Berkeley angenommen, nachdem er seine Position als anglikanischer Berater der Northwestern University gekündigt hatte. Seit seiner Kindheit hatte er sich brennend für den Buddhismus interessiert und mittlerweile sieben Bücher über Zen und Taoismus sowie diverse mystische Betrachtungen über das Bewusstsein veröffentlicht. Zen war die erste mystische Religion, die im Westen Anklang fand, ein Sachverhalt, den Roszak vor allem ihrer Sensibilität gegenüber der »Adoleszentisierung« zuschrieb.[36] Was er damit meinte, war, dass die »weise Stille« des Zen »in starkem Kontrast zur Salbaderei des Christentums steht« und sehr attraktiv auf eine Generation wirkte, die mit Fernsehgeräten und der Philosophie umgeben aufwuchs, dass »das Medium die Botschaft« sei. Watts selbst betrachtete höchst kritisch, wie der Zen sogar von Popstars »gebraucht« wurde, so als sei er nichts anderes als der neueste Modehit, beschrieb aber, dass erst die Faszination, die der Zen ausübte, zum Interesse an allen anderen Religionen – Sufismus, Buddhismus, Hinduismus – und von dort aus weiter zum primitiven Schamanismus, der Theosophie, der Kabbala, dem I Ging und schließlich und unvermeidlich zum Kamasutra geführt hatte.

Einen gewaltigen Schub bekam diese Hinwendung zum Zen durch ein

Buch ganz anderer Art, nämlich Robert Pirsigs *Zen und die Kunst, ein Motorrad zu warten* (1974),[37] ein echtes »road book«. Pirsig hatte sich seinen Sohn und ein paar Freunde geschnappt und war mit ihnen über die stillen Straßen des amerikanischen Hinterlands gefahren (zu Beginn des Buches sind sie gerade zwischen Minneapolis und den Dakota-Staaten unterwegs). Der Text wechselt zwischen lyrischen Passagen über das Leben *on the road* – die gewaltigen Canyonwände, das weiche Bett aus Tannennadeln, das sich die Biker bereiten, der Geruch von Regen – und philosophischer Rhetorik, richtet sich aber vor allem gegen die *Church of Reason*, die Kathedrale der Vernunft. Pirsig wandert ständig zwischen östlicher Mystik, Zen-Buddhismus und den griechischen Philosophen hin und her. Das Wartungshandbuch seines Motorrads ist für ihn die exemplarische Sackgasse, in die Vernunft führen kann – peinlich genau, stumpfsinnig, und bevor man es benutzen kann, muss man erst einmal alles über Motorräder wissen. Dieser Vernunft stellt er den »Sinn« des echten Mechanikers für Maschinen gegenüber. Seine originellsten Ideen drehen sich jedoch um die alternativen Erfahrungsmöglichkeiten, um neue rhetorische Qualitäten und um das »Kleben« an Dingen. Vernunft brauche nicht dialektisch zu sein, schrieb er, und Rhetorik beinhalte bereits die Vorstellung, dass Wissen niemals neutral sein kann, jedoch immer einen Wert an sich hat und daher immer irgendwohin führt. Qualität war schon immer schwer zu beschreiben, doch Pirsig verdeutlicht uns nicht nur, dass wir sie ganz einfach erkennen, ob es sich nun um die Qualität von Kunst, Literatur oder die eines Motorrads handelt, sondern auch, dass sich diese Erkenntnis *gedankenlos* vollzieht. »Kleben« bleibe man immer nur an Gedankengängen, die man gar nicht abschütteln *will*. Mit der Form, die Piersig für sein – an sich sehr rhetorisches – Buch gewählt hatte, wollte er zeigen, wie viel ihm natürliche Qualität bedeutete und wie es ihm selbst gelungen war, sich vom »Kleben« am eigenen Denken zu befreien.

»Was uns die Gegenkultur nun also offeriert«, fasst Roszak zusammen, »ist eine bemerkenswerte Lossagung von den alten Traditionen der skeptischen, säkularen Intelligenz, die drei Jahrhunderten der wissenschaftlichen und technischen Errungenschaften im Westen als primäres Vehikel gedient hatte. Beinahe über Nacht (und erstaunlicherweise ohne große Debatten) hat sich ein bedeutender Teil der jüngeren Generation von diesen Traditionen verabschiedet, fast so, als wolle man eine Sofortmaßnahme gegen die massiven Verzerrungen in unserer technologischen Gesellschaft durchführen.«[38] Die Gegenkultur in der von Roszak beschriebenen Form ist schon lange wieder verschwunden, aber sie hat deutliche Spuren hinterlassen. Abgesehen von ihren Einflüssen auf die Umweltbewegung oder den Feminismus waren in ihrem Kielwasser auch viele psychotherapeutische Konzepte entstanden, die fast ans Religiöse grenzten:

Da gab es das »Erhard Seminar Training« (EST)*, die Insight-Psychologie, Primaltherapie, Rebirthing, die so genannte psychoanalytische Typologie des Arica-Instituts in Naranjo, die Bioenergetik oder die Silva-Mind-Control-Methode – alles weit mehr als psychotherapeutische Konzepte, nimmt man ihre Angebote für Gruppenerfahrungen und ihre pseudoreligiösen Rituale. Bei allen standen Körpermanipulationen in irgendeiner Form im Vordergrund (schnelles chaotisches Atmen für den Aufbau und Urschreie für den Abbau von Spannungen). Nicht selten endeten diese Aktivitäten dann mit Gruppensex. Ebenso häufig aber standen hinter solchen therapeutischen Religionen ziemlich komplexe Ideen, mit denen sich das kleine Gruppenmitglied jedoch meist nicht vertraut zu machen brauchte, da immer ein Eingeweihter zur Verfügung stand, um Hilfestellung zu leisten. Was zählte, war einzig die Erfahrung von Spannung und Spannungsabbau.[39]

Gemessen an der Mehrheit, die noch immer den Glaubenssystemen des Mainstream folgt, waren diese neuen therapeutischen Religionen kleine Fische. Sie haben wohl kaum je mehr als ein paar Hunderttausend Menschen erreichen können. Ihre eigentliche Bedeutung ist daher auch woanders zu suchen, nämlich in der Tatsache, dass sich ihnen die Menschen zuwandten, weil ihnen ihr Leben inzwischen so fragmentiert erschien und sie es »immer schwieriger fanden, aus ihren öffentlichen Rollen eine zufrieden stellende und erfüllende Identität zu gewinnen«.[40] Genau deshalb nannte der Religionsgeschichtler Steve Bruce diese neuen Bewegungen auch »Ich-Religionen« – sie rückten das Ich in den Mittelpunkt des Geschehens oder verliehen ihm zumindest mehr Bedeutung, als es die traditionellen Glaubensgemeinschaften vermochten; und für jede Person kam mit Sicherheit wenigstens einmal der Moment, in dem sie in den Mittelpunkt gerückt wurde.

Ein Mann, der von dieser Idee fasziniert war und sie in einer Reihe von brillanten Essays betrachtete, war der amerikanische Journalist Tom Wolfe, der in den sechziger Jahren den später so genannten *New Journalism* – groß geschrieben! – erfand, sein Versuch, dem »blässlichen Ton« so vieler Reportagen zu entkommen. Damit das gelingen und er in die Gedanken der geschilderten Personen eindringen konnte, griff er zu den Tricks und Kniffen des Romans. Seine Artikel wurden von einem »Standpunkt« bereichert (seine Opfer würden vermutlich sagen: verzerrt) und waren daher weit davon entfernt, reine Berichterstattungen zu sein. Wolfe, ein urkomischer und manchmal geradezu manischer Chronist, hatte sich das Ziel gesteckt, die Fragmentierung und Diversität der (ame-

* Anm. d. Ü.: Jack Rosenberg alias Werner Erhard war Begründer der so genannten »Landmark Education«, die konventionelle Entscheidungsprozesse in Frage stellte und Alternativen zur Entwicklung von persönlicher Kommunikationskompetenz anbieten wollte.

rikanischen) Kultur mitsamt ihren Besonderheiten und oft ausgesprochen bizarren Eigenheiten, Kunstformen, Lebensstilen und Statusritualen aufzuzeichnen.[41] *The Electric Kool-Aid Acid Test* (1968) war der vergnügliche und vollständig im Slang und mit den Intonationen der Szene verfasste Bericht über eine Reise mit einem Trupp »Acid Heads« (wie Konsumenten halluzinogener Drogen genannt wurden) in einem psychedelisch angemalten Bus quer durch Amerika. *Radical Chic* (1970) erzählte von den gezierten New Yorker *sophisticates*, wie sie unter Leonard Bernsteins Initiative einmal die Black Panthers empfingen (»I've never meet a Panther – this is a first for me!«) und extra eine Auktion zu ihren Gunsten veranstalteten, unter deren Bietern auch Otto Preminger, Harry Belafonte und Barbara Walters waren. *Mau-mauing the Flak Catchers* (ebenfalls 1970) beschrieb, wie schwarze Sozialhilfeempfänger die Beamten, die sicherstellen sollten, dass ihr System nicht missbraucht wurde, übers Ohr hauen.[42] Doch erst in *The Me Decade* (1976) griff Wolfe den Faden von Daniel Bell, Theodore Roszak und Steve Bruce auf.[43] Wolfe hatte an den Gruppensitzungen mehrerer dieser »Ich-Religionen« teilgenommen, sich aber keinen Moment lang um den Finger wickeln lassen – zumindest sah er das selbst so. Er nannte das seine »Lemon-Sessions«. »Lemon-Session Central« war das *Esalen Institute*, jene berühmte Lodge auf einem Kliff in Big Sur mit Blick über den Pazifik. Aber auch Arica, Synanon und die Urschreitherapie nahm er in sein Pantheon auf. Während sich nun viele Menschen fragten, was wohl so spannend daran sein mochte, endlose Tage in engster Gesellschaft mit absolut Fremden zu verbringen, hatte Wolfe die einzig mögliche Antwort darauf gefunden: »Der Reiz war ziemlich einfach. Er lässt sich in den Worten zusammenfassen: ›Let's talk about *Me*!‹« Die obsessive Beschäftigung mit dem eigenen Ich war für Wolfe nur die natürliche (aber unbekömmliche) Weiterentwicklung der Gegenkultur, eine logische Folge des individuellen Befreiungskampfes, der Hand in Hand mit der sexuellen Revolution, den Drogenexperimenten und den neuen Psychologien ging; eine logische Folge von Entfremdung (Marx), Anomie (Durkheim), dem Massenmenschen (y Gasset) und der einsamen Masse (Riesman). Doch dann fügte er in seinem üblichen Stil hinzu: »Dieses [entfremdete] Opfer moderner Zeiten zog von Anfang an Intellektuelle, Künstler und Architekten an. Gott, was ist es überdeutlich, dass dieser arme Teufel *uns* Seelenklempner braucht, um hier den Begriff zu verwenden, der in den zwanziger Jahren in der Sowjetunion popularisiert wurde ... Doch kaum begannen diese langweiligen kleinen Bastarde in den vierziger Jahren Geld zu scheffeln, taten sie etwas Erstaunliches – sie nahmen es und rannten! Sie machten, was eigentlich nur Aristokraten (und Intellektuellen und Künstlern) vorbehalten war – sie entdeckten das Ich und begannen es zu umschwärmen!«[44]

Wolfe beschrieb das Ich-Jahrzehnt, aber es war der Psychologe Christopher Lasch, Professor an der Universität von Rochester im Staate New York, der sich dann weitgehender mit dem Kult um das Ich und mit der Ich-Generation befasste als irgendein anderer vor ihm. In seiner Studie *The Culture of Narcissism* (1979) vertrat er die These, dass die gesamte Entwicklung der amerikanischen Gesellschaft (und damit implizit auch die anderer westlichen Gesellschaften) seit dem Zweiten Weltkrieg mit der Geschichte der narzisstischen Persönlichkeit gleichzusetzen sei, und zwar in einem solchen Ausmaß, dass mittlerweile die ganze Kultur davon bestimmt sei. Sein Buch war eine Mischung aus Sozialkritik und Psychoanalyse, ausgehend von einer Prämisse, die sich nicht sehr von Daniel Bells unterschied,[45] nämlich dass die Niederlage in Vietnam und die bevorstehende vollständige Ausbeutung aller Rohstoffe zuerst in den oberen Kreisen eine pessimistische Stimmung ausgelöst hatten, die sich dann im Rest der Gesellschaft zu verbreiten begann, parallel zum Verlust des Vertrauens der Menschen in ihre politische Führung.[46] Der Liberalismus, der zu Zeiten von Lionel Trilling »the only game in town« war, war intellektuell bankrott. Die Wissenschaften, die unter seinen Fittichen geblüht hatten und sich einst so sicher waren, Licht ins Dunkel vergangener Zeitalter bringen zu können, boten keine zufrieden stellenden Erklärungen mehr für die Phänomene, die zu erhellen sie angetreten waren. Die neoklassische Wirtschaftstheorie konnte die Koexistenz von Arbeitslosigkeit und Inflation nicht erklären. Die Soziologie zog sich von allen Versuchen zurück, eine allgemeine Theorie von der modernen Gesellschaft anzubieten. Die wissenschaftlich betriebene Psychologie kehrte der Herausforderung Freuds den Rücken und wandte sich der Bewertung von Bagatellen zu. Und in den Geisteswissenschaften ging die allgemeine Demoralisierung bis zu dem Zugeständnis, dass das humanistische Studium nichts zum Verständnis der modernen Welt beizutragen habe.[47] Vor diesem Hintergrund, so Lasch, war der ökonomisch determinierte Mensch dem psychologisch determinierten Menschen – dem »Endprodukt des bourgeoisen Individualismus«, das Lasch nun wirklich gar nicht mochte – gewichen. Nach solchen grundlegenden Beobachtungen widmete er sich sämtlichen gesellschaftlichen Aspekten, die von der modernen narzisstischen Persönlichkeit beeinflusst worden waren – Arbeit, Werbung, Sport, Schulen, Justiz, Alter und die Beziehung zwischen den Geschlechtern.

Sein erstes Angriffsziel war die *Awareness*-Bewegung: Nachdem die Menschen keinerlei Hoffnungen mehr hatten, ihr Leben auf irgendeine sinnvolle Weise verbessern zu können, hatten sie sich einreden lassen, dass das Einzige, was nun noch Sinn machte, die Vervollkommnung der eigenen Psyche sei – sie »treten in Kontakt« mit ihren Gefühlen, essen gesunde Nahrung, nehmen Ballettunterricht oder erlernen den Bauchtanz, vertiefen sich in östliche Weisheiten, joggen, lernen »Beziehungen einzugehen« und überwinden ihre »Furcht vor der Lust«.[48] In Anlehnung an

Steve Bruce erklärte Lasch, dass nun das Zeitalter der »therapeutisch geweckten Gefühle« angebrochen sei: Therapien, schreibt er (allerdings zog er es vor, von »Antireligion« zu sprechen) haben sich als Nachfolger des brutalen Individualismus und der Religion etabliert.[49] Früher oder später werde diese Herangehensweise an die Dinge auch die politische Auseinandersetzung ersetzen. Norman Mailers *Advertisements for Myself*, Philip Roths *Portnoys Beschwerden* und Norman Podhoretz' *Making It* seien allesamt Beispiele für die herrschende Selbstbezogenheit der Mittelschichten, die keinem anderen Zweck diente, als sich selbst vor den Schrecken der um sie herrschenden Armut, des Rassismus und der Ungerechtigkeiten zu bewahren, mit der logischen Konsequenz, dass man sich mehr für den persönlichen als den politischen Wandel einsetzte. All die Encounter-Gruppen, T-Gruppen oder wie immer diese *Awareness*-Gruppen auch hießen, trugen zu nichts anderem bei, als das innere, das private Leben seines eigentlichen Sinns zu berauben – die »Ideologie der Intimität« habe das Private zum Öffentlichen gemacht, habe dazu geführt, dass die Menschen weniger individualistisch und kreativ im ureigenen Sinne seien, dafür aber ihr Bewusstsein für kurzlebige Schrullen und Moden geschärft werde. Dauerhafte Freundschaften und Liebesbeziehungen oder erfolgreiche Ehen wurden immer schwieriger, was wiederum zur Folge hatte, dass die Menschen auf sich selbst zurückgeworfen wurden. Der Kreis schließt sich, und das Ganze beginnt von vorne. Im Anschluss an diese Kritik arbeitete Lasch die unterschiedlichen Aspekte der narzisstischen Gesellschaft heraus: die Schaffung von »Prominenten«, die »berühmt sind, weil sie berühmt sind«; die Degradierung des Sports von einer heroischen Anstrengung zu einer kommerzialisierten Form von Unterhaltung; oder die permissive Haltung in Schulen und Gerichtssälen, die das Bedürfnis nach persönlicher Entfaltung über die altmodischeren Werte des Wissenserwerbs und des Sühneprinzips stellte (also die Jugend eher freundlich behandelte, als ihr die Traditionen des brutalen Individualismus einzuprägen). In diesem Zusammenhang sprach er auch einen Punkt an, der im Laufe der Jahre noch relevanter wurde, nämlich die Ablehnung der Eliten und ihrer spezifischen Meinungen (was auch im Kanon der Pflichtlektüre in den Schulen zum Ausdruck kam). »In zwei Beiträgen zu dem Bericht der Carnegie Commission über den Stand von Erziehung und Ausbildung wird die Vorstellung, dass eine ›bestimmte Literatur allen gebildeten Menschen vertraut sein sollte‹, als inhärent ›elitär‹ verurteilt. Diese Art von Kritik geht häufig mit dem Argument einher, dass sich im akademischen Leben die Vielfalt und Unruhe in der modernen Gesellschaft weit mehr spiegeln müssten als der Versuch, die entstandene Verwirrung zu kritisieren und transzendieren.«[50]

Lasch meinte – und hier kommen wir zum Kern seiner Kritik –, dass die *Awareness*-Bewegung gescheitert sei, grandios gescheitert, weil sie mit ihren vielen Begriffen zu einem falschen Bewusstsein geführt habe. Die Emanzipation, die sie angeblich herbeigeführt habe, sei in Wirklichkeit alles andere als das und stehe vielmehr für eine noch komplexere und subtilere Kontrolle. Ihre Vorstellung von Bewusstwerdung beinhalte all die alten Tricks, um die Macht und die Kontrolle – allgemein gesprochen – in den Händen genau derjenigen zu halten, die sie schon immer hatten. Die Frauenbewegung mochte zwar vielen Frauen mehr Freiheit gebracht haben, aber der Preis dafür war der gewaltige Anstieg von (in erster Linie) allein erziehenden Müttern, die ihren »Widerwillen« gegen enge Bindungen in vielen Fällen an ihre Kinder weitergaben und es diesen damit nicht nur erschwerten, als Erwachsene liebevolle Freundschaften einzugehen, sondern sie zudem zur Ich-Abhängigkeit erzogen. Familien mit einem allein erziehenden Elternteil seien häufig besonders narzisstisch. Auch im Berufsalltag hätten die größere Gesprächsbereitschaft und die stärkere Einbeziehung von Arbeitnehmern in Betriebsentscheidungen bestenfalls zu mehr Fachgesprächen geführt, die das Management sympathischer machten, aber an den grundlegenden Dingen nichts geändert. »Mit der Popularisierung von therapeutischen Denkmodellen wurde zwar Autorität diskreditiert, vor allem autoritäres Verhalten in der Familie und im Klassenzimmer, aber die Herrschaftsstruktur als solche blieb unangefochten. Diese therapeutischen Formen von sozialer Kontrolle machen es dem Bürger nun nur noch schwerer, sich gegen den Staat zur Wehr zu setzen, weil sie das Konfliktpotenzial in der Beziehung zwischen Untergebenen und Vorgesetzten weichzeichnen oder eliminieren oder weil sie es dem Arbeiter erschweren, sich den Forderungen des Unternehmens zu widersetzen. Je mehr Begriffe wie Schuld und Unschuld ihre ethische oder sogar rechtliche Bedeutung verlieren, desto weniger müssen die Vertreter der Macht, all die Richter, Beamten, Lehrer und Prediger, ihre Regeln in Form von herrischen Verordnungen durchsetzen. Die Gesellschaft erwartet von Autoritäten keinen klar begründeten, nachvollziehbaren, gerechtfertigten Gesetzes- und Moralkodex mehr, ebenso wenig wie sie von der Jugend erwartet, die ethischen Normen der Gemeinschaft zu internalisieren. Sie fordert nur noch Konformität mit den Konventionen des täglichen Miteinanders, sanktioniert von den psychiatrischen Definitionen des normalen Verhaltens.«[51]

Der moderne Mensch (in den späten siebziger Jahren), betonte Lasch, ist in seinem Ich-Bewusstsein gefangen; er »sehnt sich nach der verlorenen Unschuld spontaner Gefühle; und da er selbst unfähig ist, Gefühlen Ausdruck zu verleihen, ohne deren Effekte auf andere im Voraus zu kalkulieren, bezweifelt er auch den Wahrheitsgehalt von Gefühlen, die ihm von anderen entgegengebracht werden; daher kann er wenig Tröstliches in den Reaktionen des Publikums auf seine eigene Selbstdarstellung finden«.[52] Lasch und Tom Wolfe waren sich einig in der Beurteilung, dass die

Awareness-Bewegung, die obsessive Beschäftigung mit dem Ich und all die therapeutisch geweckten Gefühle nicht nur höchst befriedigend, sondern im großen Ganzen auch ein gewaltiger Schwindel waren.

*

Roszak, Wolfe und Lasch lenkten die Aufmerksamkeit auf eine Entwicklung, die bei vielen Menschen den privaten, bekennenden, anonymen Charakter traditioneller Religionen durch den öffentlichen, intimen, narzisstischen Charakter der *Awareness*-Bewegung ersetzt hatte. Man könnte also sagen, dass hier ein Glaube dem anderen weichen musste. Und so gesehen war es sicher kein Zufall, dass Anfang der siebziger Jahre drei bekannte Historiker Studien veröffentlichten, die sich mit den historischen Analogien dieses Themas befassten.

Christopher Hill nannte Keith Thomas' *Religion and the Decline of Magic* (1971) das originellste Werk der englischen Geschichtsschreibung. Thomas bewies, dass es trotz aller psychologischen Unterschiede zwischen dem England des sechzehnten und siebzehnten Jahrhunderts und dem Kalifornien oder Paris der 1960er- und 1970er-Jahre Parallelen gab, zumindest was das Aufeinanderprallen von rivalisierenden Glaubenssystemen und die Frage betraf, welche Auswirkungen dies auf den gesellschaftlichen Wandel und die politische Radikalisierung hatte.[53] Beispielsweise erklärte er, weshalb man die im sechzehnten und siebzehnten Jahrhundert betriebene Zauberei als etwas verstehen müsse, das insofern den gleichen Stellenwert hatte wie zum Beispiel gesellschaftliches Trinken oder Glücksspiel, als es ebenfalls eine Möglichkeit darstellte, mit den unzähligen Ungewissheiten des Lebens zurechtzukommen, damals insbesondere mit den ungeklärten medizinischen Problemen. Auch organisierte Religionen hatten sich magischer Praktiken bedient, um ihre Weltanschauungen zu fördern (bis zur Reformation gab es regelmäßig Berichte über Wunder).[54] Im Jahr 1591 habe beispielsweise ein John Allyn, ein Rekusant (der anglikanischen Kirche), behauptet, etwas vom Blut Christi zu besitzen, woraufhin es ihm ohne weiteres gelungen sei, »es zu zwanzig Pfund den Tropfen zu verkaufen«.[55] Der Erfolg der Reformation sei ganz deutlich dadurch gefördert worden, dass Skeptiker nicht mehr an die »Magie« der Messe glaubten, also nicht mehr nachzuvollziehen bereit waren, dass die Hostie in den Leib Christi und der Wein in sein Blut verwandelt würden.[56] Der Protestantismus sei der deutlichste Versuch gewesen, die Religion von aller Magie zu befreien.

Umgekehrt bekamen Sekten nur deshalb so starken Zulauf, weil deren Führer weiterhin jene übernatürlichen Lösungen für irdische Probleme anboten, gegen die sich die Reformation auflehnte.[57] Zum Beispiel warteten viele Frauen darauf, dass ihnen ihr künftiger Ehemann im Traum erscheine; und mit Ausbruch des Bürgerkriegs schoss auch prompt die Zahl der selbst ernannten Messiasse in die Höhe. Einer von ihnen, der Londoner Seiler William Franklin, pflegte seine Anhänger zu Jüngern zu ernennen, als Rache- oder helfende Engel oder im Gewand von Johannes dem Täufer auftreten zu lassen und mit diesem Hokuspokus »unzählige Personen« anzuziehen, sodass er 1650 vom Assisengericht von Winchester schließlich zum Abschwur gezwungen wurde.[58] Thomas glaubte nun, dass das Chaos dieser Zeit – verursacht nicht zuletzt durch die technischen Fortschritte (Schießpulver, Druckerpresse, Schiffskompass) – wesentlich zur Bildung dieser Sekten beigetragen habe und dass deren offen bekannte Ziele daher immer nur Teil ihrer Anziehungskraft gewesen seien. Denn vielen ihrer Anhänger genügte bereits, an irgendwelchen symbolisch-rituellen Handlungen teilhaben zu dürfen, ganz egal, welchen Zwecken sie dienen sollten.[59] Magier hatten viele Namen – es gab weise Männer und Frauen, Beschwörer, Zauberer, Hexen – und boten alle möglichen Arten von Dienstleistungen an, angefangen von Weissagungen über den Verbleib verlorener Gegenstände bis hin zu Wunderheilungen oder Wahrsagerei. Aber zu jeder Methode gehörte grundsätzlich ein einschüchterndes Ritual.[60]

Die vielleicht deutlichste Parallele zwischen den beiden Zeitaltern gab es im Bereich der Astrologie, die zu dieser Zeit das einzige andere System war, das zu erklären versuchte, weshalb sich Menschen charakterlich oder durch äußerliche Merkmale, Neigungen und Temperamente unterschieden.[61] Sogar Sir Isaac Newton hatte in seiner 1728 posthum veröffentlichten Schrift *The Chronology of Ancient Kingdoms Amended* versucht, anhand von astronomischen Daten die verlorene Chronologie der frühen Geschichte zu rekonstruieren, um Antworten auf die Frage zu finden, warum Völker jeweils typische Charakterzüge, Verhaltensweisen und Gesetze hatten.[62] Mit der Astrologie wollte man ein intellektuell anziehendes, kohärentes und umfassendes Denkgebäude anbieten, um den Menschen bei der Lösung persönlicher Probleme und bei »unabhängigen« Entscheidungen zu helfen.[63] Auch hier gab es wieder Parallelen zwischen den beiden historischen Epochen, denn bekanntlich interessierten sich eine ganze Reihe prominenter Figuren für Astronomie und schlossen sich dann sektiererischen oder radikalen Gruppierungen wie den Anabaptisten, Rantern, Quäkern oder Shakern an. Ihre aufrührerischen Gedanken (im politischen Sinne) führten letztlich jedoch, so Thomas, nur zu Prophezeiungen, die in Wahrheit nichts anderes als der Erfüllungswunsch eigener Sehnsüchte waren und ihrerseits Spekulationen über das Übernatürliche nährten.[64] Der technische Wandel wirkte sich auch auf den Fortschrittsgedanken aus. Das galt zunächst nur für das Handwerk mit seinem kumulativen Wissen; erst im sechzehnten Jahrhundert etablierte sich die »moderne« Idee, dass das Neueste grundsätzlich das Beste sei, und dann auch erst nach einem langwährenden Kampf zwischen den Anhängern des »Alten« und den Anhängern des »Neuen«. Sie zog die Gründung neuer Sekten nach sich – ganz nach dem Motto, dass auch die neuste Religion die beste sein müsse. Thomas wies nach, dass Magie immer an den Schwachstellen der Sozialstrukturen auftauchte, ob es nun um soziale Ungerechtigkeiten ging, um physisches Leid, oder um Rachegelüste, und letztlich immer nur ein »Sammelsurium der verschiedenartigsten Rezepte« bot, aber nie auf einer umfassenden Sammlung von Doktrinen beruhte wie das Christentum, das deshalb insgesamt gesehen auch wesentlich mehr Erfüllung bieten konnte. Das Jahrhundert der Reformation, so Thomas, war eine Übergangszeit, weil die Magie in dieser Phase noch allen etwas zu bieten hatte, die die protestantische Ethik der Selbsthilfe zu mühsam fanden.[65] Insofern können die nachfolgenden Veränderungen also als das Ergebnis der sich wandelnden Hoffnungen betrachtet werden. Erst seit es Versicherungsgesellschaften gab, die den täglich möglichen Gefahren das Bedrohlichste nehmen konnten, und erst als die Medizin wirkliche Fortschritte zu verzeichnen hatte, war die Magie zum Rückzug gezwungen. Überlebt hat sie in den Bereichen von Astrologie, Horoskop und Wahrsagerei.

Christopher Hills 1972 veröffentlichte Studie *The World Turned Upside Down* schloss an Thomas' Buch an.[66] Hill betrachtete die Jahre unmittelbar nach dem englischen Bürgerkrieg, eine Zeit also, in der, wie wiederum in den 1960er- und 1970er-Jahren, radikalpolitische Ideen und neue religiöse Sekten wie Pilze aus dem Boden schossen. Auch hier – ohne die Parallelen überstrapazieren zu wollen – finden sich Ähnlichkeiten: zum Beispiel hinsichtlich der Linksorientierung von politischen Ideen; zweitens, weil die neuen Sekten in beiden Epochen das Spirituelle internalisierten und Gott weniger als etwas »außerhalb« oder »oberhalb« von uns definierten denn als eine persönliche Befindlichkeit; und drittens schließlich im Hinblick auf den in beiden Zeitaltern auftauchenden Pazifismus. Hill selbst ging mit seiner Analogie sogar so weit, dic nonkonformistische Bewegung in dem von ihm beschriebenen siebzehnten Jahrhundert mit der modernen Gegenkultur gleichzusetzen: Alle Trends drängten zu persönlicher wie geistiger Freiheit; »masterless men« fühlten sich an keine Feudalherren mehr gebunden, es war die große Zeit der fliegenden Händler, Hausierer, Handwerker und Vagabunden, die niemandem mehr verpflichtet waren, daher nicht mehr in die hierarchische Gesellschaft passten und somit das Rückgrat der neuen Sekten wie der Anabaptisten, Leveller, Ranter, Quäker und Muggletonier bildeten.[67]

Hill entdeckte mehrere neue Denkmuster in der damaligen Zeit, zum Beispiel, dass man nun mehr dem Geist des Christentums (Beherrschung der eigenen Sündhaftigkeit) folgte als einer wortgetreuen Bibelauslegung; oder dass die von den empirischen Wissenschaften aufgeworfenen Fragen Skepsis gegenüber vielen traditionellen Behauptungen des Christentums hervorriefen. Und neben vielen Ideen, die wir aus unserer heutigen Sicht als kommunistisch bezeichnen würden, entwickelte sich auch eine linke Verfassungskritik. Eigentumsrechte wurden in Frage gestellt und führten (wieder ähnlich wie in den 1960ern und 1970ern) zu einer Art Hausbesetzerszene.[68] Gottesdienste wurden demokratischer und Mitglieder der Kirchengemeinden ermuntert, Predigten offen zu kommentieren und zu kritisieren (was allerdings ziemliche Tumulte auslöste). Mit dem Schwinden der Fixpunkte des traditionellen Glaubens, vor allem der Begriffe von Himmel und Hölle, machte sich aber auch Verzweiflung breit, und die Menschen redeten viel offener über Selbstmord (der nach Lehre der katholischen Kirche zu den Todsünden zählt). Viele begannen von Sekte zu Sekte zu wandern. Auch eine plötzliche Vorliebe für Nacktheit beobachtete Hill, ebenso wie eine veränderte Einstellung gegenüber »Irren«, aus der eine Mischung von Ehrfurcht und Angst sprach (ihnen wurden allgemein prophetische Fähigkeiten zugeschrieben). Neue Schulen und Universitäten wurden gegründet, und auch der Status der Frau begann sich beträchtlich zu wandeln, was sich nicht nur mit den höheren Scheidungsraten belegen lässt, sondern auch mit der wichtigeren Rolle, die sie in den Sekten (verglichen mit der etablierten Kirche) spielte; einige Sekten, wie die Quäker, schafften sogar den Brautschwur des Gehorsams der Frau gegenüber dem Manne ab, und andere, wie die Ranters, betrachteten außerehelichen Sex nicht mehr als Sünde.[69] Manchmal erinnerten Hill die Ansichten der Ranters an Marcuse: »Die Welt gehört dem Menschen, und alle Menschen sind gleich. Es gibt kein Leben nach dem Tode: alles von Bedeutung geschieht hier und jetzt ... Im Grab gibt es keine Erinnerung an Trauer oder Freude ... Nichts, was unserem Mitmenschen nicht schadet, ist böse ... Fluchen ist auf köstliche Weise erleichternd, und der Kuss der Leidenschaft kann uns von der unterdrückerischen Moral befreien, die uns unsere Herren auferlegen wollen.«[70] Hill stimmte mit Thomas überein, dass die Idee des Neuen, das Originelle, zu dieser Zeit plötzlich nicht mehr schockierte, sondern gewissermaßen sogar als wünschenswert empfunden wurde. Das war insofern von grundlegender Bedeutung, als die Akzeptanz des Neuen nicht nur den Wandel an sich förderte, sondern darüber hinaus den Menschen auf sich selbst zurückwarf, sodass er erkennen musste, welches Licht er dort fand und ob dieses Licht zum Leuchten gebracht werden konnte.

Im neunzehnten Jahrhundert fand nochmals ein Umbruch statt, und dem widmete sich nun Owen Chadwick in seinem Buch *The Secularisation of the European Mind in the Nineteenth Century* (1975).[71] Im ersten Teil, »The Social Problem«, untersuchte er die Auswirkungen der ökonomischen Liberalisierung, des marxistischen Materialismus und des allgemeinen Antiklerikalismus – eine allgemeine »Unrast«, die nicht zuletzt das Resultat der neuen Maschinen, neuen Städte und des massiven Bevölkerungstransfers war. Im zweiten Teil, »The Intellectual Problem«, behandelte er den Einfluss der empirischen Wissenschaften auf das allgemeine Denken: die Auswirkungen der neuesten historischen (inklusive archäologischen) Forschungen, der Comteschen Philosophie und der Ethik, die sich aus den neuen Sichtweisen entwickelt hatte. Bestimmte Trends, wie zum Beispiel die Zahl der aktiven Kirchgänger mittels der Kirchenbücher, konnte er zweifelsfrei nachweisen. Sowohl in Frankreich als auch in Deutschland und England war ein deutliches Abflauen des praktizierten Glaubens in den 1880er-Jahren zu verzeichnen: je größer die Stadt, desto kleiner der Anteil von sonntäglichen Kirchgängern, was aber gewiss auch daran lag, dass erschwingliche Druckkosten die Veröffentlichung von bedeutend mehr atheistischer Literatur ermöglicht hatten. Eine originellere Feststellung Chadwins war, dass sich im Laufe des neunzehnten Jahrhunderts die Idee der Säkularisierung selbst verändert hatte. Während man anfänglich darunter eine Art von Antiklerikalismus verstanden hatte (wenngleich auch einen ziemlich aggressiven[72]), veränderte sich die Bedeutung dieses Begriffes nun insofern, als sich das zweifellos geschwächte Christentum den neuen Wissensformen immer weiter anpasste, bis schließlich am Ende des Jahrhunderts parallel zur tief religiösen Glaubenswelt ein säkulares Weltbild entstanden war. Zwar gab es noch immer Bereiche im Leben – Trauer oder die Vorsehung –, die allein der Religion überlassen blieben; doch ganz allgemein war nun das Kämpferische und Hitzige aus den Debatten verschwunden. Die Atheisten gingen einfach ihrer Wege und folgten Marx, Darwin oder den radikalen Historikern, während sich die Gläubigen von der Naturwissenschaft je nach Thema beeinflussen ließen oder nicht.[73] Die säkulare Welt verstand Religion als eine Phase oder ein Stadium auf dem Weg zur vollständig säkularisierten Gesellschaft; die Religiösen bestritten, dass die Natur- und Geschichtsforschungen jemals das Phänomen des Glaubens behandeln könnten. Trotz seines Titels war Chadwicks Buch letzten Endes eher eine Chronik des nachhaltigen Einflusses, den die Religion auf viele Menschen ausübt, des menschlichen Bedürfnisses nach einem geistigen Mysterium.

*

Die Analysen von Galbraith, Bell, Roszak, Lasch auf der einen Seite und Thomas, Hill und Chadwick auf der anderen Seite ergänzten einander. Aus den historischen Werken gingen deutlich zwei Prärogative für den allgemeinen Stimmungswandel hervor, nämlich die neuen Kommunikationsmittel (die zum Ich-Bewusstsein beitrugen) und neue Formen der Erkenntnis, besonders der wissenschaftlichen Erkenntnis, welche alte Erklärungen in Frage stellten.

Galbraith und Bell haben das erkannt. Kaum waren ihre Analysen erschienen, bestätigte sich die wichtigste ihrer Voraussagen. Im Frühjahr

1975 kehrten zwei junge Männer ihren bisherigen Tätigkeiten den Rücken und gründeten eine eigene Firma. Einer war vorher Programmierer bei Honeywell in Boston und der andere Student in Harvard. Sie schrieben Software für die neue Generation der jüngst angekündigten Computer für jedermann. 1976, ein paar Monate später, setzte sich ein junger Mikrobiologe in San Francisco mit einem ebenso jungen Venture-Kapitalisten in Verbindung. Kurz darauf gründeten sie eine eigene Firma, um ein bestimmtes Protein aus der DNS zu synthetisieren. Die beiden ersten Männer hießen Paul Allen und Bill Gates, ihre Firma nannten sie *Microsoft*. Die beiden Letzteren waren Herbert Boyer und Robert Swanson. Weil sie ihre Firma weder unter dem Namen Boyer & Swanson noch unter Swanson & Boyer eintragen lassen konnten, nannten sie sie *Genentech*. Mit Beginn des letzten Viertels des zwanzigsten Jahrhunderts begannen auch die rasanten Karrieren der neuen Informationstechnologie und Biotechnologie. Wieder einmal sollte die Welt auf den Kopf gestellt werden.

34
Die genetische Safari

1973 teilten sich drei Männer den Nobelpreis für Medizin und Physiologie. Zwei von ihnen waren bereits vor Kriegsausbruch im nationalsozialistischen Deutschland auf gegnerischen Seiten gestanden. Karl von Frisch hatte unter nationalsozialistischen Studenten zu leiden gehabt, weil er nie nachweisen konnte, dass er kein »Achteljude« war, und nur überlebt, weil er ein weltweit geachteter Bienenexperte war, der dringend zur Rettung der landwirtschaftlichen Produktion gebraucht wurde, als Deutschlands gesamte Bienenpopulation durch einen Virus ausgerottet zu werden drohte. Konrad Lorenz hatte hingegen die herrschende nationalsozialistische Entartungsideologie, die auch bei ihm nicht vor dem Judentum Halt machte, voll und ganz gebilligt und freiwillig an mehreren außerordentlich zweifelhaften Experimenten vor allem in Polen teilgenommen. Gegen Kriegsende war er in russische Gefangenschaft geraten und erst 1948 nach Deutschland zurückgekehrt. Später entschuldigte er sich für seine Aktivitäten vor und während des Zweiten Weltkriegs. Seine Kollegen nahmen die Entschuldigung an, auch Nikolaas Tinbergen, der Dritte im Bunde des Trios, das sich 1973 den Nobelpreis teilte. Der Holländer hatte den Krieg in einem deutschen Gefangenenlager in ständiger Angst verbracht, aus Vergeltung für die Aktivitäten der holländischen Untergrundbewegung erschossen zu werden. Wenn *er* Lorenz' Entschuldigung annahm, muss er überzeugt gewesen sein, dass sie ernst gemeint war.[1] Dieser Nobelpreis war zugleich die Anerkennung der relativ jungen Disziplin Ethologie, der Wissenschaft vom Verhalten der Tiere, mit einer starken vergleichenden Komponente, zu deren Gründervätern jeder der drei Ausgezeichneten gehörte. Ethologen erforschen das Verhalten von Tieren, um etwas über den Instinkt zu erfahren und über das, was den Menschen, wenn überhaupt, von anderen Lebewesen unterscheidet.

Tinbergens klassische Arbeit nach Ende des Zweiten Weltkriegs (nachdem er von Leiden nach Oxford übersiedelt war) baute auf Lorenz' »physiologischer Theorie der Instinktbewegung« über den »angeborenen auslösenden Mechanismus« oder Schlüsselreiz auf. Anhand seiner Experimente mit dem dreistachligen Stichling wies Tinbergen zum Beispiel nach, dass die rote Farbe der männlichen Kehle beim Weibchen das spezifische Verhalten auslöst, dem potenziellen Partner ins Nest zu folgen. Den roten Fleck am Schnabel der Silbermöwe erklärte er ebenfalls als verhaltensauslösenden Schlüsselreiz für die Nahrungserbittung der Küken.[2] Später sollte sich erweisen, dass solche angeborenen auslösenden Mechanismen noch viel komplexer sind, als die Forscher damals glaubten, doch es waren die eleganten Experimente von Tinbergen, die zu weiteren Forschungen und die Phantasie der Laien anregten. John Bowlbys Studien über die mütterliche Bindung waren ebenso von diesen frühen ethologischen Arbeiten inspiriert worden wie viele Feldstudien mit Säugetieren und Primaten, die phylogenetisch enger mit uns verwandt sind als die von den drei Nobelpreisträgern erforschten Insekten, Vögel und Fische.

*

Seit Mary Leakeys Entdeckung des Zinj im Jahr 1959 hatten sie und ihr Mann noch viele bedeutende Funde im Olduvai-Graben von Tansania gemacht, und der bei weitem wichtigste führte schließlich zu der Erkenntnis, dass drei Arten von Hominiden zur selben Zeit existiert haben mussten – der *Australopithecus bosei*, der *Homo erectus* (Louis Leakey hatte mittlerweile konzediert, dass es sich beim Zinj in Wirklichkeit um eine besonders große Art des Peking-Menschen handelte) und der Anfang der sechziger Jahre neu entdeckte *Homo habilis*, der »gewandte Mensch«, von den Leakeys so getauft, weil an seinem Fundort bereits feinere Steinwerkzeuge aufgetan worden waren. In ihrer Studie *Olduvai Gorge* analysierte Mary Leakey 37 000 Artefakte aus diesem Gebiet, darunter die Überreste von 20 Hominiden, 20 000 Tieren und viele Steinwerkzeuge.[3] Insgesamt ergaben sie das Bild einer frühen primitiven Kultur im Olduvai-Graben: Der *Homo erectus* hatte dem *Homo habilis* und dessen verfeinerten, aber noch immer sehr primitiven Werkzeugen weichen müssen, während dort viele inzwischen ausgestorbene Arten lebten (zum Beispiel der Spezies *Hippopotamus*).

Der amerikanische Schriftsteller und Dramatiker Robert Ardrey lenkte die öffentliche Aufmerksamkeit dann erneut auf den Olduvai-Graben und Afrika. Mit seinen Büchern *Adam kam aus Afrika* (1961), *Adam und sein Revier* (1967) und *The Social Contract* (1970) trug er eine Menge dazu bei, die Leser mit der Idee vertraut zu machen, dass alle Tiere – vom Löwen und Pavian bis hin zu den Eidechsen und Dohlen – Territorien abstecken, die in ihrer Größe variierten von einigen Metern bei Eidechsen bis zu Hunderten von Kilometern bei Wolfsrudeln, die von jedem Tier bis aufs Blut verteidigt werden. Er erklärte der Öffentlichkeit, dass es auch in Tiergesellschaften ausgeklügelte Rangordnungen gibt und Primaten so viele sexuelle Arrangements eingehen, dass, wie er fand, Freuds Theorien damit endgültig ins Abseits geraten waren (»Freud lebte zu früh«, schrieb er). Mit seinem Buch über die These, dass der Mensch aus Afrika stammt, propagierte er schließlich auch seine Überzeugung, dass der *Homo sapiens* emotional betrachtet noch immer ein wildes Tier ist und sich nur unter großen Schwierigkeiten selbst zähmen kann. Er schilderte, wie der Mensch einst als Affe durch die Wälder gestreift, dann aber von anderen Großaffen zum Rückzug in den Busch gezwungen worden war und sich vom Vegetarier *Australopithecus robustus* zum Fleischfresser *A. africanus* weiterentwickelte, der schließlich als *Homo sapiens* (oder sogar noch vor dieser Entwicklungsstufe) den Gebrauch von Werkzeugen erlernte – Ardrey bevorzugte den Begriff »Waffen«. Fest stand für ihn jedenfalls, dass die Spezies Mensch nur dann überleben und sich weiterentwickeln kann, wenn sie niemals vergisst, dass sie tief im Herzen ein wildes Tier ist.[4] Die Feldstudien, auf denen Ardreys Buch basierte, hatten zur Durchsetzung der Theorie beigetragen, dass sich die Menschheit – im Gegensatz zu der vor dem Zweiten Weltkrieg herrschenden Meinung – nicht in Asien, sondern in Afrika entwickelt hat, und zwar singulär, irgendwo entlang des Rift Valley, und nicht gleichzeitig an mehreren Orten. Dieses Umdenken ging Hand in Hand mit der Erkenntnis, dass nun auch in anderer Hinsicht neues Denken gefragt war, denn die Ethologie hatte nicht nur bewiesen, dass man Tiere in freier Wildbahn studieren konnte, sie hatte auch gezeigt, dass diese Tiere oft bereits vom Aussterben bedroht waren. Und so gesehen trug auch diese Disziplin zum wachsenden Umweltbewusstsein bei.

*

Die bei weitem erfolgreichste Überzeugungsarbeit für die Entwicklung dieses Bewusstseins und den Nachweis, dass die Ethologie von großem Wert ist, leisteten drei außergewöhnliche Frauen mit phantasievollen und tapferen Erkundungen im afrikanischen Busch: Joy Adamson arbeitete mit Löwen in Kenia; Jane Goodall erforschte Schimpansen im Gebiet des Gombe in Tansania; und Dian Fossey verbrachte Jahre bei den Gorillas in Uganda.

Joy und George Adamson kannten Afrika schon seit den dreißiger Jahren und waren gut mit den Leakeys befreundet. Die gebürtige Australierin Joy genoss den Ruf einer »oft verheirateten, egoistischen, halsstarrigen und manchmal sehr instabilen Frau, die große Energie und Originalität besaß«.[5] 1956 hatte ein Löwe in der Nähe ihres Hauses einen Jungen angefallen und getötet. George Adamson machte sich mit ein paar Leuten auf, um den Menschenfresser zu jagen, denn die afrikanische Tradition verlangte seinen Tod; hätte man ihn »belohnt«, wäre er unweigerlich zurückgekommen. Sie fanden eine Löwin und erschossen sie pflichtgemäß. Doch dann entdeckten sie ganz in der Nähe drei frisch geborene Löwenjungen, noch mit geschlossenen Augen. Sie nahmen sie mit, und die Adamsons zogen sie auf. Zwei wurden schließlich von einem Zoo angekauft, das Dritte, das »Unauffälligste«, von den Adamsons behalten und nach einer offenbar ebenso unauffälligen Verwandten Elsa getauft.[6] Und so ergab es sich, dass die Adamsons das Verhalten von Löwen zu studieren begannen. Ihre Forschung war im wissenschaftlichen Sinne kaum systematisch zu nennen, doch die von ihnen hergestellte große Nähe zwischen Mensch und Tier war etwas völlig Neues und ermöglichte so manche Erkenntnis über das Säugetierverhalten, die man ansonsten schwerlich hätte gewinnen können. »Die bemerkenswerteste Demonstration, dass Elsa in der Lage war, zu verstehen und sich zurückzuhalten, bot sie eines Tages, nachdem sie einen Büffel im Ura angefallen hatte und ihn gerade erfolgreich ertränkte. Noch während ihr Blut in Wallung war, eilte der Moslem Nuru herbei, um dem noch lebenden Tier die Kehle durchzuschneiden, damit er und seine Freunde von dem Fleisch essen konnten. Eine Sekunde lang starrte Elsa ihn an, dann wurde ihr plötzlich klar, dass er ihre Beute nur teilen, aber nicht stehlen wollte.«[7]

1958 wurde Elsa aus verschiedenen Gründen ausgewildert, hauptsächlich, weil sie so stark und unkontrollierbar geworden war (einmal hatte sie bereits Joys Kopf im Maul gehabt). Dieser für die Löwin sehr gefährliche Versuch erwies sich in jeder Hinsicht als Erfolg. Mehrmals tauchte sie wieder auf, begleitet von ihrer neuen Familie, verhielt sich aber fast immer lammfromm. Erst nach dieser Bestätigung schrieb Joy Adamson die drei Bücher, die sie berühmt machten: *Born Free* (1959), *Living Free* (1960) und *Forever Free* (1961). Die vielen Abbildungen der so offensichtlich freundlichen Löwen faszinierten die Öffentlichkeit fast noch mehr als Joys Schilderungen. Bereits vom ersten Buch wurden über fünf Millionen Exemplare in einem Dutzend Sprachen verkauft, ganz zu schweigen von einer erfolgreichen Fernsehserie und diversen Dokumentationen. Ursprünglich hatte sich Joy der Löwenjungen nur angenommen, weil es »Waisen« waren; doch am Ende hatten die Adamsons die ganzen 1960er-, 1970er- und 1980er-Jahre eng mit Löwen zusammengelebt und deren wahre Natur auf zwar unkonventionelle, aber einzigartige Weise erforschen können. Viele kritisierten, dass sie die Löwen »ruinierten«, weil sie ihnen alles Löwenartige nahmen und sie dazu brachten, freundlich mit Menschen umzugehen; doch es gelang den Adamsons damit der Nachweis, dass Löwen, so gefährlich und wild sie auch sind, nicht einfach nur auf Gewalt programmiert und schon gar nicht ausschließlich vom Instinkt beherrscht sind. Sie schienen zu Zuneigung, Respekt und der Entwicklung eines Familiensinns fähig, was bedeutete, dass sie nicht nur von Hunger getriebene Fressmaschinen waren. Der gefeierte englische Dichter Ted Hughes schrieb in seiner Besprechung von *Born Free*: »Dass eine Löwin, eine der größten und launischsten Angreiferinnen, dazu gebracht werden kann, solche Eigenschaften wie die von Elsa zur Schau zu stellen, ist weniger ein Schritt nach vorn in der Zähmung von Löwen als in der Zivilisierung des Menschen.«*[8]

Jane Goodall war, wie Dian Fossey nach ihr, ein Protégé von Louis Leakey, der neben seinen vielen anderen Talenten auch ein großer Frauenheld war und Affären mit vielen seiner Assistentinnen hatte. Goodall hatte sich bereits 1959 an Leakey gewandt – dem Jahr der Entdeckung des Zinj – und ihn angefleht, mit ihm oder für ihn arbeiten zu dürfen. Schon bei der ersten Begegnung hatte Leakey festgestellt, dass Goodall eine Menge über Tiere wusste; also war das Projekt geboren, dass ihm bereits eine ganze Weile im Kopf herumgespukt hatte. Er wusste von einer Schimpansengruppe am Fluss Gombe, in der Nähe von Kigoma am Ufer des Tanganjika-Sees. Leakeys Idee war simpel: Afrika verfügte über eine sehr große Affenpopulation; der Mensch stammt vom Affen ab; je mehr wir also über Affen wissen, desto besser werden wir verstehen, wie sich der Mensch – die Menschheit – entwickelt hat. Goodall hielt er für besonders geeignet, weil sie einerseits eine Menge wusste, andererseits aber nicht zu akademisch war und ihren Kopf nicht »mit Theorie voll gestopft« hatte (nicht dass es zu dieser Zeit viel Theorie gegeben hätte – Ethologie war ja eine neue Disziplin). Jedenfalls war Goodall von dieser Aufgabe begeistert, und ihre offiziellen Berichte wie auch ihr populäres, 1971 erschienenes Buch *In the Shadow of Man* waren nicht nur wissenschaftlich bedeutend, sondern auch sehr bewegend.[9]

Es dauerte einige Monate, bis die Schimpansen sie akzeptiert hatten, aber schließlich kam sie ihnen so nahe, dass sie ihr Verhalten in freier Wildbahn erforschen und jedes einzelne Tier unterscheiden und kennen lernen konnte. Ihre letztlich einfachen Erkenntnisse erwiesen sich als außerordentlich wichtig für die Forschung. Akademiker sollten sie zwar später kritisieren, weil sie »ihren« Schimpansen Namen wie David Greybeard, oder Flo, Flint, Flame und Goliath gegeben hatte, anstatt wie üblich neutrale Nummern, oder weil sie Motive aus Verhaltensweisen herauslas; doch angesichts der von Goodall angesammelten Materialfülle war das eine ziemlich lahme Kritik.[10] Ihre erste wichtige Beobachtung war, dass ein Schimpanse mit einem Stöckchen in einem Termitenbau herumstocherte, um dann die daran klebenden Tiere abzuschlecken. Das war ein erster eindeutiger Beweis, dass Schimpansen Werkzeug benutzen können – was ja bisher als Markenzeichen des Menschen gegolten hatte. Im Laufe von Monaten begannen sich ihr allmählich die sozialen oder gruppenspezifischen Gewohnheiten der Primaten zu enthüllen. Am beeindruckendsten waren die Hierarchie der Männchen und ihr gelegentlich aggressives Gehabe, um die Rangordnung zu wahren oder sich einen hö-

* Joy wurde 1980 von ihrem Küchenboy erstochen, weil sie ihn nicht bezahlt hatte. George wurde 1989 von wildernden somalischen Farmern aus dem Hinterhalt erschossen.

heren Rang zu erkämpfen. Meistens bestimmte diese Rangordnung nur sexuelle Privilegien in der Gruppe und nicht notwendigerweise auch mehr Rechte bei der Nahrungsaufnahme. Aber Goodall stellte obendrein fest, dass die zur Schau gestellte Aggression oft nichts anderes war als eben eine Demonstration. Das dominante Tier pflegte dem Rivalen, sobald er seine Unterwerfungsgesten gemacht hatte, auf die Schulter zu klopfen, als wollte es sagen: Mach dir nichts daraus. Auch das Mutter-Kind-Verhalten beobachtete Goodall; sie erklärte die soziale Bedeutung der gegenseitigen Fellreinigung und stellte eine Verhaltensweise fest, die die Existenz von familiären Gefühlen nahe legte: Schimpansenkinder, die aus irgendeinem Grund die Mutter verloren hatten, begannen zum Beispiel zu zittern und/oder ausgesprochen nervös zu werden – wir Menschen würden das neurotisch nennen; und Brüder, die oft miteinander kämpften oder sich indifferent zueinander verhielten, rannten manchmal unvermittelt aufeinander zu, um sich gegenseitig zu trösten oder ihrer Zuneigung zu versichern. Kontroversen löste vor allem Goodalls Überzeugung aus, dass Schimpansen über ein rudimentäres Ich-Bewusstsein verfügen und Schimpansenkinder einen Großteil ihres Verhaltens von der Mutter erlernten. Einmal beobachtete sie, wie eine Mutter, die gerade Durchfall hatte, sich mit einer Hand voll Blätter säuberte und ihr zwei Monate altes Kind es ihr augenblicklich nachmachte, obwohl es sich gar nicht beschmutzt hatte.[11]

Dian Fossey beschreibt in ihrem Buch *Gorillas im Nebel* die Beobachtungen und Erfahrungen, die sie in den siebziger Jahren im Grenzgebiet von Ruanda, Zaire und Uganda unter den Berggorillas *Gorilla gorilla berengei* gesammelt hatte. Obwohl dieser Primat physisch viel stärker ist als der Schimpanse, gehörte und gehört er zu den gefährdetsten Arten überhaupt. Ruanda ist eines der bevölkerungsreichsten Länder Afrikas, und die Gorillapopulation war zu Fosseys Zeiten seit über zwanzig Jahren um durchschnittlich drei Prozent jährlich gesunken, bis schließlich kaum mehr als 250 Gorillas übrig waren. Fossey ging es bei ihrer Arbeit daher nicht nur um Biologie, sondern auch um Ökologie.[12]

In schockierenden Einzelheiten dokumentierte sie, wie die Wilderer die Tiere einfingen, um sie dann an Zoos zu verkaufen, oder wie sie sie töteten und dabei wütend Kopf und Hände abschlugen, als handelte es sich um ein primitives Ritual. Nach dem Erscheinen des Buches 1983 reagierte die Weltöffentlichkeit entsetzt auf diese Berichte und forderte entschiedenes Handeln, um wenigstens die wenigen noch lebenden Exemplare von Tieren zu schützen, die, wie Fossey bewiesen hatte, zwar gefährlich aussahen, aber durch ihren »King-Kong«-Ruf in ein völlig falsches Licht gerückt worden waren. Es war ihr gelungen, zumindest einige Gorillagruppen in der Nähe ihrer Forschungsstation Karisoke im vulkanischen Parc des Virungas an ihren Anblick zu gewöhnen. Entscheidend dazu beigetragen hatte, dass sie ihre »Rülpslaute«, wie sie es nannte, nachmachen konnte, eine Art sanftes, tiefes Brummen, »*naoom, naoom*«, das ein wenig wie Magenknurren klang. Kündigte sie sich mit diesen Lauten an – die unter Gorillas als Ausdruck der Zufriedenheit gelten –, konnte sie die Gruppe so beruhigen, dass sie sich sogar mitten unter sie auf den Boden kauern, Laute mit ihnen austauschen und sie aus nächster Nähe beobachten konnte. Die Familienstruktur der Gorillas war der menschlichen weit ähnlicher als die von Schimpansen. Sie lebten in relativ stabilen Gruppen von durchschnittlich zehn Tieren: »Zur typischen Gruppe zählen ein Silberrücken, ein geschlechtsreifes Männchen von über fünfzehn Jahren, der der unumstrittene Gruppenführer ist und ungefähr 190 Kilo wiegt, was etwa der doppelten Größe eines Weibchens entspricht; dann ein Schwarzrücken, ein noch nicht geschlechtsreifes Männchen im Alter von zwischen acht und dreizehn Jahren, mit einem Gewicht von ungefähr 125 Kilo; drei bis vier geschlechtsreife Weibchen von über acht Jahren, jedes ungefähr 100 Kilo schwer, die normalerweise mit dem Silberrücken lebenslang verbunden sind; und schließlich zwischen drei und sechs unreife Gruppenmitglieder unter acht Jahren … Die lange Verbundenheitsphase der Jungen mit ihren Eltern, Gleichrangigen und Geschwistern bietet dem Gorilla eine einzigartig gesicherte familiäre Struktur, die von starken verwandtschaftlichen Banden zusammengehalten wird. Trotzdem verlässt ein Tier, männlich oder weiblich, das sich der Geschlechtsreife nähert, seine Gruppe oft. Vielleicht stellt diese Abwanderung einzelner Tiere vor der vollen Geschlechtsreife ein ausgeprägtes Verhaltensmuster dar, das dazu dient, die Inzucht zu reduzieren, andererseits wandern adoleszierende Individuen scheinbar nur dann ab, wenn es in ihrer Gruppe keinen Paarungspartner für sie gibt.«[13]

Fossey fand heraus, dass sich die Gorillas charakterlich stark unterschieden und über ungefähr sieben verschiedene Laute verfügten – sie gaben Alarmrufe von sich, oder eine Art Schweinsgrunzen, wenn sie durch die Gegend streiften; sie konnten Widerspruch ausdrücken, und Erwachsene kannten bestimmte Laute, um die Jungen zu disziplinieren. Unglücklicherweise sollte Dian Fossey ihre Studien nicht weiterbetreiben können. Wie die Adamsons wurde auch sie Ende 1985 ermordet. Sowohl ihr schwarzer Spurensucher als auch ihr weißer Forschungsassistent wurden angeklagt; die Anschuldigungen gegen den Spurensucher wurden fallen gelassen und der Assistent floh aus Angst vor einem unfairen Verfahren des Landes und wurde in Abwesenheit verurteilt.[14] Auf kurze Sicht gesehen war Fosseys Kampf gegen die Wilderei von größerer Bedeutung gewesen als ihre ethologischen Studien – wie wohl auch ihr Tod bewies. Doch nur kurzfristig gesehen. Denn ihre sensiblen Schilderungen, beispielsweise der Reaktionen von »Ikarus« auf den Tod von »Marchesa«, führten zu ganz grundlegenden Fragen über die Fähigkeit von Gorillas, zu trauern, oder über das Verständnis, das Menschenaffen vom Tod haben könnten. In vieler Hinsicht ist die Evolutionspsychologie von Gorillas noch erhellender gewesen als die von Schimpansen.

George Schaller, Direktor der *Wildlife Conservation Division* von der Zoologischen Gesellschaft in New York, machte es sich zur Lebensaufgabe, einige ökologisch bedrohte Großtiere dieser Welt zu erforschen, in der Hoffnung, damit zu ihrem Überleben beitragen zu können. Im Laufe seiner langen Karriere studierte er Pandas, Tiger, Rotwild und Gorillas, doch seine berühmteste Studie galt dem Löwen: *The Serengeti Lion*, veröffentlicht 1972.[15] Mit diesem Buch, das auch Berichte über Geparden, Leoparden, Wildhunde und Hyänen enthält, knüpfte er dort an, wo die Adamsons aufgehört hatten, oder anders gesagt: Schaller ging um einiges systematischer und wissenschaftlicher vor. Er zählte die Löwen, notierte, wie oft sie täglich zur Jagd aufbrachen, wann sie kopulierten und wie viele Bäume sie als ihr Revier markierten.[16] Dieses Vorgehen machte seine Studie zwar zu keiner besonders aufregenden Lektüre, doch das Gesamtbild, das er damit von dem empfindlichen Gleichgewicht zwischen Jäger und Gejagtem in Afrika gab, hatte großen Einfluss auf die Ökologiebewegung. So wies er zum Beispiel nach, dass Raubtiere ganz und gar nicht schädlich für andere Tiere in freier Wildbahn sind, sondern vielmehr eine wichtige Aufgabe erfüllen, indem sie die schwächeren unter ihren Beutetieren aussondern und damit zur Gesundheit und Wachsamkeit der Herden beitragen. Außerdem stellte er fest, dass Löwen in phylogenetischer Hinsicht dem Menschen zwar nicht so nahe stehen wie Schimpansen oder Gorillas, in ökologischer Hinsicht jedoch durchaus mit dem *Australopithecus* vergleichbar seien. Der erste Mensch habe sehr ähnliche Jagdtechniken wie der Löwe angewandt, und auch Löwen könnten, wie seine Studien zeigten, vorzüglich in Rudeln jagen, ohne sich durch irgendwelche ausgeklügelten Laute oder Wörter zu verständigen. Deshalb kam Schaller auch zu dem Schluss, dass sich die menschliche Sprache nicht notwendigerweise als Verständigungsmittel bei der Jagd entwickelt haben musste, wie viele Wissenschaftler glaubten.[17]

Die letzte Studie im Rahmen dieser großen wissenschaftlichen Safari im Grenzgebiet von Kenia, Tansania und Uganda stammte von dem Elefantenforscher Ian Douglas-Hamilton, der bei Nikolaas Tinbergen in Oxford studiert hatte und sich ursprünglich der Löwenforschung widmen wollte, dann aber herausfand, dass dieses Gebiet schon von George Schaller besetzt war. Seine 1975 erschienene Studie *Among the Elephants* war eine Kreuzung aus den Vorgehensweisen von Adamson/Goodall/Fossey und der etwas distanzierteren Forschung von Schaller, was aber vermutlich eher damit zu tun hatte, dass Elefanten in freier Wildbahn viel schwerer an Menschen zu gewöhnen sind.[18] Er beobachtete, dass sie sich zu familiären und verwandtschaftlichen Einheiten gruppierten und ganz offensichtlich Zuneigung für andere Familienmitglieder empfinden, die sich zum Beispiel in einer charakteristischen Rüssel-Maul-Geste ausdrückt. Obwohl Douglas-Hamilton nie so anthropomorphisch gewesen wäre, zu behaupten, dass es sich hier um »Küsse« handelt, fällt einem zur Beschreibung dieses Vorgangs kaum ein anderer Ausdruck ein. Mehrere Familieneinheiten bilden eine Verwandtschaftseinheit. Nach der Regenzeit, wenn es reichlich Nahrung gibt, schließen sich bis zu 200 Tieren zu großen Herden zusammen, wohingegen sie in Dürreperioden wieder nur in kleineren Familiengruppen umherstreifen. Auch zeigen sie außerordentlich starkes Interesse an toten Artgenossen – Kinder verweilen tagelang neben der Leiche der verstorbenen Mutter, und manchmal zerlegt eine Herde sogar den Körper eines verstorbenen Gruppenmitglieds. Minuziös verzeichnete Douglas-Hamilton, welche Elefanten einander nie von der Seite wichen, und bewies damit, dass es zweifellos so etwas wie langjährige »Freundschaft« unter ihnen gibt.[19] Und wie andere Forscher bei anderen Großtieren in Afrika fand auch Douglas-Hamilton bei Elefanten heraus, dass sie ausgesprochen individuelle Charaktere sind.

*

Ein ganzes Stück nördlich von der Olduvai-Schlucht teilt sich das große Rift Valley in zwei Arme: Der eine erstreckt sich nordöstlich bis zum Golf von Aden, der andere nordwestlich bis zum Roten Meer. Das Gebiet zwischen diesen beiden Armen gehört zu Äthiopien und wird das Afar-Dreieck genannt.

Die ersten Ausgrabungen in Afar wurden wiederum von den Leakeys gemacht, diesmal vor allem von Louis' Sohn Richard. Angereist waren sie auf Einladung von Kaiser Haile Selassie, der sich selbst mit der Frage nach dem Ursprung der Menschheit beschäftigte und Louis Leakey, dem er während eines Staatsbesuchs 1966 in Kenia begegnet war, ermuntert hatte, seine Forschungen in Richtung Norden auszuweiten. Die ersten Grabungen schienen das weiter südlich gewonnene Bild zu bestätigen, doch dann wurde es von der Entdeckung eines rivalisierenden französisch-amerikanischen Teams völlig auf den Kopf gestellt. Der führende Geist dieses Teams war Maurice Taieb, ein Geologe, der das Afar-Dreieck zu seinem Spezialgebiet erklärt hatte (es ist in geologischer Hinsicht tatsächlich einmalig). Nachdem Taieb das Gebiet von Hadar gefunden hatte, holte er einen Geologen von der Chicagoer Universität namens Don Johanson in sein Team, den er in Äthiopien kennen gelernt hatte. Hadar – ein mehrere Tausend Quadratkilometer großes, fossilienreiches Gebiet – schien nach Taiebs Ansicht außerordentlich ergiebig zu sein. Man gründete eine Expeditionsgesellschaft, zu der ursprünglich auch die Leakeys zählten. Was dann während und nach dieser Expedition geschah, führte zu einer der größten Kontroversen in der Paläontologie.

Im November 1974 entdeckte Johanson, nur etwa 10 Kilometer von seinem Camp entfernt, das aus einem Hang herausragende Fragment eines Armknochens. Zuerst hielt er es für den Knochen eines Affen, bemerkte dann aber, dass ihm eine für Affen charakteristische Knochenstruktur fehlte.[20] Etwas weiter oben am Hügel entdeckte er noch ein Knochenfragment, dann noch einen Unterkiefer, Rippen und einige Wirbelknochen. Er hatte das bis dahin vollständigste hominide Skelett gefunden: etwa 40 Prozent aller zugehörigen Knochen. Aus der Form des Beckenknochens ließ sich ablesen, dass es mit großer Wahrscheinlichkeit weiblich war. Am Abend feierte das Team das Ereignis im Camp bei Bier und gegrillter Ziege, und Johanson spielte unentwegt den Beatles-Song »Lucy in the Sky with Diamonds«. Völlig unwissenschaftlich wurde das offiziell »AL 288-1« benannte Skelett deshalb bald schon in aller Welt »Lucy« genannt.[21] Das Einmalige an Lucys Entdeckung war, dass ihre Anatomie auf einen aufrechten Gang hinwies und auf ein Alter von 3,1 und 3,2 Millionen Jahren schließen ließ. Ihr Schädelknochen war zwar nicht vollständig erhalten, aber ausreichend für Johanson, um festzustellen, dass er affenartige Ausmaße hatte und Lucys Backenzähne menschenartig waren, die Eckzähne jedoch keinerlei Ähnlichkeiten mit unseren hatten.

Haile Selassi wurde im September 1974 bei einem Staatsstreich gestürzt, der zu einer marxistischen Militärdiktatur in Äthiopien führte. Das sollte die Arbeit zwar erschweren, aber Johanson durfte 1975 zurückkehren und machte prompt eine zweite einschneidende Entdeckung – eine »erste Familie«, bestehend aus dreizehn Personen, Männern und Frauen, Erwachsenen, Jugendlichen und Kindern, insgesamt etwa zweihundert fossile Knochen an einer einzigen Stelle, dem Grabungsort »333«. Im Jahr darauf, 1976, entdeckte er gemeinsam mit der französischen Archäologin Hélène Roche einfache Basaltwerkzeuge, für die ein Alter von 2,5 Millionen Jahren angegeben wurde. Nach diesen Funden musste man sämtliche alten Vorstellungen vom Entstehen der Menschheit über Bord werfen. Der Gebrauch von Werkzeug war wesentlich älter, als man es jemals für möglich gehalten hatte; ebnso verhielt es sich mit dem aufrechten Gang. Dieser war ohne Zweifel als Erstem dem *Australopithecus* und keineswegs der Gattung des *Homo* gelungen.

Doch bevor weitere Funde in Hadar gemacht werden konnten, hatte sich die politische Lage in Äthiopien erneut verschlechtert (in Addis Abeba hatte abermals ein Militärputsch stattgefunden). Während dieses Interregnums geriet nun wieder das südliche Ende des Rift Valley ins Rampenlicht. In den siebziger Jahren war Mary Leakey nach Laetoli zu einer Grabungsstelle zurückgekehrt, die etwa 40 Kilometer südwestlich der Olduvai-Schlucht lag, dort, wo auf einer Fläche von mehreren Quadratkilometern Sedimente aus dem Pliozän freilagen und die Vegetation viel dichter war als in der Schlucht. Nach jahrelangen Grabungen an dieser Stelle hatte sie diverse Fossilien und zuletzt zwei recht gut erhaltene Unterkiefer von »adulten Hominiden« zu Tage gefördert, deren Datierung ein Alter von 3,6 bis 3,8 Millionen Jahre ergab. Gegen Ende Juli 1976 kamen vier Wissenschaftler zu Besuch, darunter Andrew Hill und Kay Behrensmeyer. Mary führte die begeisterten Neuankömmlinge am Morgen nach ihrer Ankunft durch das Grabungsgelände. Übermütig bewarfen sich die Kollegen mit Elefantendung. Gerade als sich Hill vor einem Angriff duckte, sah er in der feinen vulkanischen Asche Elefantentritte. Er rief die anderen, damit sie sich diese Spuren genauer betrachten konnten – sie waren nicht frisch, sondern versteinert. Nachdem der Vulkanstaub »in einer dünnen Schicht die Landschaft überzogen hatte, war leichter Regen gefallen und hatte ihn in eine Art feuchten Zement verwandelt. Bevor er trocknete und aushärtete, liefen verschiedene Vögel und Säugetiere darüber hinweg und hinterließen ihre Spuren«. Im Laufe der Jahrhunderte waren dann die oberen Schichten verwittert und hatten die fossilen Abdrücke wieder frei gegeben. Es war ein höchst ungewöhnlicher Fund, und Mary Leakey bat sofort jeden, nach hominiden Abdrücken Ausschau zu halten – denn die würden mit Gewissheit Schlagzeilen machen. Sie suchten während des ganzen Augusts. Doch erst eines schönen Septembertages fanden sie tatsächlich Spuren mit dem Abdruck eines hominid wirkenden großen Zehs. Zwei Fußspuren waren über eine Länge von insgesamt 24 Metern erhalten geblieben, eine größer als die andere. Ganz offensichtlich stammten sie von Hominiden, die nebeneinander gegangen waren. Im Februar 1978 war sich Mary Leakey ihrer Sache sicher genug, um der Welt diese Entdeckung zu verkünden. Das Aufregendste war, dass diese Abdrücke, da die vulkanische Asche auf 3,7 Millionen Jahre zurückdatiert wurde, aus einer noch früheren Zeit als die Funde in Äthiopien stammen mussten. Und da Experten aus der Abfolge des Spurenmusters herausgelesen hatten, dass diese Hominiden, wer immer sie gewesen waren, nicht ständig aufrecht gegangen sein konnten, stellte sich die Frage: Hatte man hier einen Nachweis für die Zeit vor sich, in der der Mensch sich aufzurichten *begann*?[22]

Die Antwort sollte dann aber nicht Mary Leakey finden. Die Kieferknochen und Zähne aus Laetoli wurden Tim White zur Untersuchung übergeben, einem amerikanischen Paläontologen und sehr schwierigen Menschen, der sich sofort mit Richard und Mary Leakey überwarf. Noch folgenreicher aber war (aus der Perspektive der Leakeys), dass er sich zur Kooperation mit Don Johanson entschloss. Denn »diese beiden Forscher waren für die Beschreibung praktisch aller hominiden Fossilien verantwortlich, die damals aus der Zeit vor vier bis drei Millionen Jahren bekannt waren«.[23] 1979 gaben sie ihre Ergebnisse in *Science* bekannt: Es handelte sich um eine eigenständige Hominidenart, die sich von allen anderen bisher bekannten Arten unterschied und offenbar der Vorfahre vieler war.[24] Sie gaben dieser Spezies den Namen *Australopithecus afarensis* (den Unterkiefer von Laetoli erklärten sie zum Holotypus der neuen Art, die vorwiegend in der äthiopischen Afar-Region gefunden worden war) und behaupteten, dass dieser Hominide »vollkommen biped« und seine männlichen Individuen viel größer als die weiblichen gewesen waren, »obwohl selbst die männlichen kaum größer waren als 1,40 Meter... Ihr Gehirn war etwa so klein wie das von Schimpansen, und auch ihr Gesicht war, wie das der Menschenaffen, groß und vorspringend.«[25] Am umstrittensten aber war die Behauptung von Johanson und White, dass der *A. afarensis* der Vorfahr sowohl des *Australopithecus* als auch der Gattung *Homo* gewesen sei, denn das hätte ja bedeutet, dass sich der *Homo* irgendwann danach, vor ungefähr drei Millionen Jahren, abgezweigt haben müsste.

Zuerst hatten Johanson und White die Forscherin Mary Leakey als Mitautorin erwähnen wollen, aber Mary war verärgert, weil man die von ihr entdeckten Fossilien bereits als *Australopithecus afarensis* bezeichnet hatte. Der wissenschaftlichen Gepflogenheit hätte entsprochen, dem Entdecker das »erste Wort« bei der Veröffentlichung eigener Funde und deren Namensgebung zu überlassen; danach hatte natürlich jeder das Recht auf eine zustimmende oder ablehnende eigene Veröffentlichung. Johanson und White aber hatten Marys Entdeckungen in ihre eigene Abhandlung aufgenommen und damit nicht nur mit der Tradition gebrochen, sondern dies auch im klaren Bewusstsein getan, dass ihre Schlussfolgerungen im starken Widerspruch zur Meinung der Entdeckerin standen. Weil sie den *A. afarensis* unbedingt als gemeinsamen Vorfahren beinahe aller bekannten hominiden Fossilien etablieren wollten, hatten sie sich über alles hinweggesetzt. Die bittere Fehde sollte nie beigelegt werden.[26]

Einmal abgesehen von der unschönen persönlichen Seite dieser Entdeckungsgeschichte führte der *A. afarensis* jedoch zu einer Menge neuer Überlegungen.[27] In der Zeit, als man ihm seinen Namen gab, herrschte noch allgemein die Ansicht, dass die Entwicklung von aufrecht gehenden Bipeden untrennbar mit dem Gebrauch von Werkzeug zusammenhing – nach dem Motto: Der erste Mensch ging aufrecht, um seine Hände für Werkzeuge frei zu haben. Nach Johanson und White war der Bipede jedoch mindestens eine halbe Million Jahre älter als das älteste bekannte Steinwerkzeug. Nach neuestem Stand der Forschung ist seine Entwicklung im Kontext der Periode zu sehen, in der sich die Wälder Afrikas zurückzogen und offenere Savannengebiete entstanden. Denn in einer solchen Umgebung hätte der aufrechte Gang eindeutig Vorteile gehabt – ein aufrechter Mensch konnte schneller laufen, seinen Körper besser kühlen, größere Entfernungen zurücklegen *und* dabei die Hände frei halten, um Nahrung nach Hause zu tragen.[28] Die persönlichen Fehden im Bereich der Forschung waren unerfreulich, doch aus dieser Forschung selbst gingen viele neue Ideen über die Entstehungsgeschichte der Menschheit hervor.

*

Nach der Entdeckung der spiralförmigen Struktur der DNS im Jahr 1953 folgte der nächste Fortschritt in der Theoriebildung bereits 1961, als Francis Crick und Sidney Brenner in Cambridge der Nachweis gelang, dass jede Lebensform von Proteinen gesteuert wird, bestehend aus Aminosäuren, die sich aus drei Basenpaaren auf den DNS-Strängen zusammensetzen. Das heißt, von den vier Basen – (A)denin, (C)ytosin, (G)uanin und (T)hymin – codieren immer nur drei in einer spezifischen Reihenfolge – CGT oder ATG – bestimmte Säuren. Fortschritte in der Praxis folgten jedoch erst, als man im Laufe der gentechnologischen Entwicklungen lernte, die DNS zu klonieren und zu sequenzieren.

Im November 1972 besuchte Stanley Cohen auf Hawaii einen Vortrag von Herbert Boyer, einem Mikrobiologen von der University of California in San Francisco. Boyer sprach über »Restriktionsenzyme« genannte Substanzen, welche die »spezifische« (das heißt bei einer bestimmten Basenfolge auftretende) doppelsträngige DNA* spalten. Beispielsweise spaltet ein Restriktionsenzym (es gibt mehrere) die DNA jedes Mal exakt dort, wo es über ein T(hymin) gleitet, dem ein (A)denin folgt. Wie aber nun Boyer seinen Zuhörern erklärte, sind diese Restriktionsenzyme zu mehr als nur einer solchen Spaltung in der Lage. Denn immer dort, wo sie den DNA-Doppelstrang spalten, entstehen keine stumpfen Enden (»blunt ends«), also solche, wo beide Stränge der Doppelhelix auf gleicher Höhe enden, sondern sich stufenförmig überlappende Einzelstränge, die eine komplementäre Basenabfolge besitzen und, weil sie dazu neigen, sich wieder zusammenzulagern, von den Wissenschaftlern »klebrig« (»sticky ends«) genannt werden.[29] Zur Zeit dieses Vortrags arbeitete Cohen gerade über Plasmide, die kleinen Ringe der DNA-Doppelstränge, welche hauptsächlich in Bakterien vorkommen und unabhängig vom Chromosom vermehrt werden. Während er Boyer zuhörte, begriff er sofort, dass hier ein – revolutionärer – Zusammenhang mit seiner eigenen Arbeit bestand: Da Plasmide Ringe sind, müssten sie mit Boyers Restriktionsenzymen in definierte Fragmente zu spalten sein, etwa wie ein in zwei Hälften zerbrochener Fingerring, und die DNA von anderen Spezies – und dabei spielte keine Rolle, von welchem (also ob vom Löwen oder Insekt) – folglich problemlos einem Bakterium mit solchen »gespaltenen Ringen« inseriert werden können. Die große Bedeutung von Cohens Idee war, dass sich das Plas-

* Anm. d. Ü.: Seit sich in der deutschen Genetik Englisch als Fachsprache durchsetzte, spricht man mehrheitlich nicht mehr von der DNS, sondern verwendet das englische Akronym DNA. Daher wurde auch in dieser Übersetzung je nach gerade in Frage kommendem Zeitrahmen zwischen beiden Bezeichnungen gewechselt.

mid sehr oft in jeder Zelle repliziert und sich das Bakterium *alle zwanzig Minuten* teilt. Mit dieser Art von Replikation und Teilung würde man *täglich* über eine Million Kopien der gespaltenen DNA herstellen können.[30]

Nach dem Vortrag ging Cohen zu Boyer. Wie Walter Bodmer und Robin McKie in ihrer Geschichte des Genom-Projekts erzählen, zogen sich die beiden Mikrobiologen dann in ein Restaurant in der Nähe des Waikiki-Strands zurück und vereinbarten bei Corned-Beef-Sandwiches eine Kooperation. Erste Früchte trug diese mit einem gemeinsamen Artikel in den *Proceedings of the National Academy of Sciences* im November 1973, dem ersten Bericht über eine erfolgreiche Klonierung. Von nun an würde genug DNA zur Verfügung stehen, um nach Belieben experimentieren zu können.[31]

Der nächste Fortschritt – nun von praktischer wie auch theoretischer Bedeutung – war die Erforschung der Basen*sequenzen* im DNA-Molekül. Eine solche Sequenzierung war nötig, denn wenn die Biologen entdecken wollten, welches Gen für welchen Aspekt welcher Funktion zuständig ist, mussten sie erst einmal die genaue Anordnung der Basen verstehen. Fred Sanger in Cambridge, England, und Walter Gilbert von der Harvard University in Cambridge, Massachusetts, entdeckten je eine chemische und enzymatische Methode, die dies ermöglichten. Beide erhielten dafür den Nobelpreis. Doch es war Sangers zuerst identifizierte enzymatische Methode, die sich durchsetzen sollte. Sanger hatte bereits einmal einen Nobelpreis für die Identifizierung der aus Proteinen bestehenden Aminosäuren und der damit verbundenen Entdeckung der Struktur des Insulins bekommen.* Doch diese Methode war viel zu langsam, um sie nun auf das sehr lange DNA-Molekül anzuwenden. Hinzu kam, dass sich die DNA aus nur vier Subeinheiten (A, C, G und T) zusammensetzt und man daher erst einmal unendlich lange Sequenzen hätte verstehen müssen, bevor man irgendwelche Eigenschaften hätte zuordnen können. Der Durchbruch gelang Sanger schließlich durch seinen kreativen Umgang mit bestimmten Chemikalien (»dideoxy sequencing«), den so genannten »Terminatoren«.[32] Dabei handelt es sich um unvollkommene Formen des Adenin, Cytosin, Guanin und Thymin, die im Kontext mit der DNA-Polymerase – dem für die Replikation der DNA verantwortlichen Enzym – nur unvollständige Sequenzen bilden, das heißt, sie brechen ab oder werden terminiert bei entweder A, C, G oder T.[33] Die Folge ist, dass sie DNA von unterschiedlicher Länge bilden, weil sie jedes Mal an derselben Base stoppen. Man stelle sich zum besseren Verständnis eine DNA mit folgender Sequenz vor: CGTAGCATCGCTGAG. Behandelt mit (A)denin-Ter-

* Zur erlesenen Gruppe zweifacher Nobelpreisgewinner gehörten auch Marie Curie, John Bardeen und Linus Pauling.

minatoren würden DNA-Schnipsel entstehen, deren Wachstum jeweils an den Positionen 4, 7 und 15 anhält, wohingegen der (T)hymin-Terminator Schnipsel bilden würde, deren Wachstum bei 3, 8, 12 usw. endet. Die Technik zur Separation dieser unterschiedlichen Stränge bestand nun darin, diese auf eine gallertartige Masse aufzutragen, welche an einen Stromkreislauf angeschlossen war. Da die DNA negativ geladen ist, wandern die DNA-Stücke vom Minus- zum Pluspol. Je kürzer die Sequenzen sind, desto weniger Widerstand bietet das Gel der jeweiligen Sequenz, was bedeutet, dass die kürzeren Fragmente weiter in Richtung des positiven Pols gelangen und sich die Sequenzen schließlich nach Größe separieren. Nun wird die DNA eingefärbt, und das Bandenmuster kann abgelesen werden. Am 24. Februar 1977 wurde diese Technik in *Nature* vorgestellt. Nachdem erste Klonierungsexperimente bereits gelungen waren, könnte man sagen, dass dies der Moment war, an dem die Gentechnologie endgültig geboren war.[34]

Nur etwas über ein Jahr später, am 24. August 1978, gab die von Boyer und dem jungen Venture-Kapitalisten Robert Swanson gegründete Firma Genentech bekannt, dass sie menschliches Insulin mit der Methode der Gensequenzierung und -klonierung produziert und einen Vertrag mit dem Pharmariesen Eli Lilly über die Massenproduktion dieser Substanz abgeschlossen hatte. Im Oktober 1980, zwei Jahre später, ging Genentech mit 1 100 000 Firmenanteilen an die Börse. Damit war die nächste Phase der mikrobiologischen Revolution angebrochen – der Eröffnungswert von 35 Dollar pro Aktie schoss augenblicklich auf 89 Dollar in die Höhe, und Boyer, der Anfang 1974 gerade einmal 500 Dollar in die Firma investiert hatte, konnte praktisch zusehen, wie der Wert seiner 925 000 Anteile auf über 80 Millionen Dollar stieg. Kein Physiker war jemals so viel wert gewesen.[35]

Im Vergleich zum Elektron und den anderen »Grundbausteinen der Materie« hatte es eine Weile gedauert, bis das Gen isoliert und in seine ein zelnen Bestandteile zerlegt werden konnte. Aber wie in der Physik fuhren auch in der Genetik die experimentelle und theoretische Forschung im Tandem.

*

Anfang 1970 begann eine neue Art von Fachliteratur zu erscheinen, die an die Arbeiten von Robert Ardrey anschloss, aber noch um einiges ambitionierter war. Es handelte sich um biologische Abhandlungen mit einem deutlich philosophischen Touch, die nicht aus der Feder von Journalisten oder Dramatikern wie Ardrey stammten, oder im Muster von Gordon Rattray Taylors Buch *The Biological Time Bomb* verfasst worden waren, oder populärwissenschaftlich waren wie Desmond Morris' Buch *Der nackte Affe,* sondern das Produkt der entsprechenden führenden Wissenschaftler selbst. Jedes dieser Bücher behandelte eine ziemliche Bandbreite komplexer Biologie, ging dabei jedoch noch um einiges über rein biologische Fragen hinaus.

Das erste erschien 1970 in Frankreich. Sein Autor war Jacques Monod, der 1965 gemeinsam mit zwei Kollegen den Nobelpreis für die Entdeckung der Proteinsynthese von genetischem Material erhalten hatte. In seinem 1970 publizierten Werk *Le Hasard et la Nécessité (Zufall und Notwendigkeit*, 1975*)* wollte er anhand der neuen biologischen Erkenntnisse seit Watsons und Cricks Entdeckung der Doppelhelix ergründen, was Leben überhaupt ist und welche Implikationen sich aus einer solchen Definition für die Ethik, Politik und Philosophie ergeben. Heute, im Rückblick, ist dieses Buch mit Sicherheit noch beeindruckender als zur Zeit seines Erscheinens, denn Monods Gedanken nahmen so manche Idee von Biologen und Philosophen vorweg, die heutzutage berühmter sind als er, zum Beispiel E. O. Wilson, Stephen J. Gould, Richard Dawkins oder Daniel Dennett.

Obwohl Biologe, kam Monod zu der Einsicht, dass Leben im Wesentlichen ein physikalisches beziehungsweise sogar mathematisches Phänomen ist. Daher ging es ihm auch vorrangig darum, zu zeigen, wie die einzelnen Entitäten des Universums dessen eigene Gesetze »transzendieren« und zugleich befolgen können – oder, mit seinen Worten: weshalb die Evolution keine »Verpflichtung« zu existieren auferlegt, sondern das »Recht« auf Leben verleiht. Zwei der seiner Meinung nach erfolgreichsten Geistesprodukte im zwanzigsten Jahrhundert, nämlich die freie Marktwirtschaft und der Transistor, teilten sich eine entscheidende Eigenschaft mit dem Leben: die Verstärkung. Die Regeln erlaubten, dass die Bestandteile eines Systems spontan – auf natürliche Weise – *mehr* desselben Systems produzierten. So gesehen gebe es im Prinzip nichts, was das Leben einzigartig mache.

Im technischen Teil seines Buches erklärte Monod, wie die beiden Grundbausteine allen Lebens, die Proteine und Nukleinsäuren, *spontan* bestimmte dreidimensionale Formen annehmen und weshalb diese Formen so vieles andere vorherbestimmen. Genau in dieser spontanen Konfiguration sah Monod das wichtigste Element von Leben. Das Charakteristische dieser Substanzen sind ihre physikalischen – und daher mathematischen – Eigenschaften: Große Denker wie Einstein, schrieb Monod, wunderten sich oft über die Tatsache, dass vom Menschen erschaffene mathematische Formeln die Natur so genau beschreiben können, obwohl sie doch nichts der Erfahrung verdankten. Und wieder folgerte er, dass das Leben nichts *Wunder*bares an sich habe, eben weil es aus mindestens ebenso viel Mathematik und Physik wie aus Biologie besteht (worüber im letzten Kapitel dieses Buches noch zu sprechen sein wird).

Dann erklärte er, dass eine Evolution überhaupt nur stattfinden kann, weil Nukleinsäuren in der Lage sind, sich *exakt* zu reproduzieren. Das bedeutet zugleich, dass nur der Zufall Mutationen hervorbringen kann. Und so gesehen, ist das Universum seit jeher (statistisch und daher wiederum mathematisch) zufällig, ein Gedanke, der tiefreichende Folgen hatte – denn wenn Adaption nur ein anderer Ausdruck von Zeit oder eine andere Funktion des Zweiten Hauptsatzes der Thermodynamik ist, unterliegt nicht nur alles Leben einer Evolution. Das Lebendige, als ein jeweils isoliertes, in sich geschlossenes energetisches System verstanden, scheint der Entropie zu widersprechen; und Evolution, als eine Funktion von Zeit verstanden, kann unmöglich rückwärts ablaufen. Das wiederum impliziert, dass Leben im Sinne eines grundlegend physikalischen Phänomens *temporär* ist – unterschiedliche Lebensformen bekämpfen einander so lange, bis das Prinzip Unordnung zunehmend wieder die Oberhand gewinnt.

Nicht weniger umstritten – aber deutlich weniger apokalyptisch – war Monods Ansicht (eine Vorwegnahme der Arbeiten von E. O. Wilson, Richard Dawkins usw.), dass auch Ideen, Kulturen, Sprache oder Mythen (er vermied den Begriff »Religion«) dem Überleben dienen und deshalb ebenfalls früher oder später abgelöst würden. (Das Christentum und Judentum hielt er in diesem Sinne für »primitivere« Religionen als zum Beispiel den Hinduismus, weshalb Letzterer vermutlich auch die beiden Ersten überleben werde.) Der naturwissenschaftliche Denkansatz, wie er komprimiert in der Evolutionstheorie zum Ausdruck kommt – Evolution als ein »blinder« Prozess, der zu keinerlei teleologischen Schlussfolgerungen führen kann –, repräsentierte für Monod die »objektivste« Sicht der Dinge, weil dadurch ausgeschlossen ist, dass die eine Gruppe mehr Zugang zur Wahrheit hat als eine andere. So gesehen widerlegte und ersetzte die Naturwissenschaft nach Monods Auffassung auch Ideen wie den Animismus, Bergsons Vitalismus und vor allem den sich als wissenschaftlich-historische Gesellschaftstheorie darstellenden Marxismus. Die Wissenschaft war für Monod daher nicht einfach nur eine von mehreren Möglichkeiten, sich der Natur anzunähern, sondern zugleich eine *ethische* Einstellung, von der andere gesellschaftliche Institutionen nur profitieren konnten.

Aber er war natürlich nicht blind für die Probleme, die sich mit einer solchen Einstellung verbanden. Moderne Gesellschaften, schrieb er, die sich die Erkenntnisse der empirischen Wissenschaften teilten und sich von deren Produkten nährten, seien ebenso abhängig von ihnen geworden wie Süchtige von Drogen. Sie verdankten ihr materielles Wohl und Wehe der fundamentalen Ethik, auf der ihre Erkenntnisse beruhten, und ihre moralischen Schwächen den Wertesystemen, die von diesen Erkenntnissen selbst zerstört würden, auf die sie sich jedoch nach wie vor berufen. Dieser Widerspruch ist tödlich, weil er uns den Boden unter den Füßen entzieht. Die Ethik des Wissens, das die moderne Welt erschuf, sei die einzige, die mit dieser kompatibel sei, weil sie, sofern man sie verstanden und akzeptiert hat, als einzige in der Lage sei, ihre Evolution zu steuern.[36]

Monods Vision war umfassend, sein Ton jedoch vorsichtig und damit einem Autor angemessen, der sich auf fremdes Terrain begeben hatte und seinen Weg durch die Philosophie ertasten musste. Seine Vorstellung vom »objektiven Wissen« ignorierte das Werk von Thomas Kuhn weit gehend und wurde in den kommenden Jahren häufig von Philosophen kritisiert. Nicht alle Biologen nach Monod sollten so zurückhaltend sein wie er. Besonders zwei Mitte der siebziger Jahre veröffentlichte Publikationen stellten die Verbindung zwischen Genen, gesellschaftlicher Organisation und der menschlichen Natur auf eine weit aggressivere Weise dar.

Der Zoologe Edward O. Wilson aus Harvard wollte mit seinem Buch *Sociobiology: The New Synthesis* (1975) verdeutlichen, in welchem Ausmaß soziales Verhalten – bei Kleintieren wie Menschen – von der Biologie und damit den Genen bestimmt wird.[37] Wilson, eine in allen Bereichen der Biologie viel gelesene und auf dem Gebiet der Insekten weltweit anerkannte Koryphäe, demonstrierte, dass jedes Sozialverhalten, das aus den Notwendigkeiten entsteht, die sich aus den Beziehungen des Organismus zu seiner Umwelt oder durch einen strikt biologischen Faktor wie zum Beispiel Geruch ergeben, genetisch determiniert ist, ob es sich nun um Insekten, Vögel, Fische oder Säugetiere handelt. Er wies nach, dass die Wahl eines Territoriums immer mit den jeweiligen Nahrungserfordernissen zusammenhängt, aber Populationen dennoch nicht nur von der Verfügbarkeit bestimmter Nahrungsquellen abhängen, sondern auch vom jeweiligen sexuellen Verhalten, das seinerseits deutlich von Dominanzmustern bestimmt wird. Anhand von Vogelgesängen erklärte er, dass Vögel bereits ein »Skelett« an Melodien erbten, das sie dann in gewissem Umfang nur zu »Dialekten« erweitern.[38] Er deckte die Bedeutung des Bombykol auf, einer Chemikalie, die in der männlichen Seidenraupe den Drang nach Paarung auslöst und sie – Wilsons Worte – in eine »lüsterne Rakete« verwandelt.[39] Da bereits ein einziges Molekül dieser Substanz genügt, um die Seidenraupe in Fahrt zu bringen, könnte dies ein Hinweis auf die Evolution in Aktion sein – denn das heißt ja zugleich, das schon die winzigste Veränderung des Bombykol oder des ebenso fragilen Rezeptors ausreicht, um eine Population von Individuen hervorzubringen, die sich dem Geschlecht nach bereits völlig von der Elterngeneration unterscheidet. Wilson durchforstete nicht nur viele der hier erwähnten Studien über Gorillas, Schimpansen, Löwen oder Elefanten, er kannte auch die gesamte Forschung über den *Australopithecus*. Dennoch bot er am Ende seines Buches höchst umstrittene Diagramme über die Entwicklung von menschlichen Gesellschaften und menschlichen Verhaltensweisen an, die ihn zur Darstellung einer Hierarchie führten, an deren Spitze die Vereinigten

Staaten, Großbritannien und Indien standen, Hawaii und Neuguinea in der Mitte und die Aborigines und Eskimos ganz unten.[40]

Wilsons Behauptungen wurden auch deshalb von seinen Kritikern als stark vereinfachend, rassistisch (er stammt aus den amerikanischen Südstaaten) und philosophisch höchst fragwürdig abgelehnt, weil sie das Konzept des freien Willens in Frage stellten. Ein eher formal-theoretischer – aber philosophisch sehr bedeutender – Teil dieser Kontroverse bezog sich auf Begriffe wie Altruismus oder Gruppenselektion. Wenn die Evolution tatsächlich auf klassische Weise (auf Individuen) einwirkt, fragten die Kritiker, wie kommt es dann, dass so etwas wie Altruismus entstehen und ein Individuum die Interessen eines anderen über die eigenen stellen kann? Und wie findet Gruppenselektion überhaupt statt? Auf solche Fragen gab dann das zweite, Mitte der Siebzigerjahre veröffentlichte Buch eine klarere Antwort. Für Nichtbiologen vielleicht am überraschendsten war, wie viel Mathematik *Das egoistische Gen* enthielt.[41]

Der Autor dieses Buches, Richard Dawkins aus Oxford, eröffnet diesen Teil seiner Geschichte mit der Schilderung von Falken- oder Taubenpopulationen. Während Falken heftig zu kämpfen pflegen, drohen Tauben lediglich »würdevoll« und laufen dann schnell weg. Nun kommt die Mathematik ins Spiel. »Wir setzen jetzt rein willkürlich Punktzahlen fest, die wir an die Kämpfenden verteilen. Beispielsweise 50 Punkte für einen Sieg, null Punkte für eine Niederlage, –100 für eine ernste Verletzung und –10 für Zeitverschwendung bei einer langen Auseinandersetzung.« Durchschnittlich erzielt der Sieger »50 Punkte dafür, dass er die umstrittene Ressource gewonnen hat, aber er zahlt eine Strafe von –10 für Zeitverschwendung bei einem langen Anstarr-Match; alles in allem erzielt er also 40 Punkte. Der Verlierer wird ebenfalls mit einer Strafe von –10 für Zeitvergeudung belegt. Im Durchschnitt kann jede Taube erwarten, dass sie die Hälfte ihrer Auseinandersetzungen gewinnt und die Hälfte verliert. Ihre durchschnittliche Prämie pro Auseinandersetzung ist daher das Mittel von +40 und –10, das heißt +15.« Angenommen, in der Population tritt nun ein mutierter Falke auf: »Falken schlagen Tauben immer, somit erzielt er in jedem Kampf +50, und das ist seine durchschnittliche Prämie. Er erfreut sich eines enormen Vorteils gegenüber den Tauben, deren Nettoprämie lediglich +15 beträgt. Infolgedessen werden sich die Falkengene schnell über die gesamte Population verbreiten.« Weiter angenommen, die Falkengene würden sich nun erfolgreich ausbreiten, dann wären bald alle Kämpfe nur noch Falkenkämpfe, und die Lage würde ganz anders aussehen: Würde einer ernstlich verletzt, bekäme er –100 Punkte, der Gewinner aber +50 Punkte. »Jeder Falke in einer Falkenpopulation kann damit rechnen, dass er die Hälfte seiner Kämpfe gewinnt und die Hälfte verliert. Die durchschnittliche Prämie, die er pro Kampf zu erwarten hat, liegt daher in der Mitte zwischen +50 und –100, dass heißt bei –25.« Wenn nun aber »eine einzelne Taube in einer Population von Falken [auftaucht]... verliert sie all ihre Kämpfe, andererseits aber wird sie auch niemals verletzt. Ihre durchschnittliche Prämie in einer Falkenpopulation ist null, wogegen die durchschnittliche Prämie für einen Falken in einer Falkenpopulation –25 beträgt. Die Taubengene werden daher dazu tendieren, sich in der gesamten Population auszubreiten.« Führt man diese Berechnung zu Ende, würde die Vogelgemeinschaft irgendwann schließlich zu einer stabilen ESS-Relation (»evolutionary stable strategy«) »von 5/12 Tauben zu 7/12 Falken« gelangen. »Wenn dieses stabile Verhältnis erreicht ist, dann ist die durchschnittliche Prämie für einen Falken genau gleich der durchschnittlichen Prämie für eine Taube. Daher begünstigt die Selektion keinen von beiden.« Der Punkt bei diesem noch relativ einfachen Beispiel ist, dass eine ganze Gruppe Vögel bestimmte Merkmale annehmen kann, während die Selektion einzig auf individueller Ebene stattfindet.[42]

Nun ein etwas komplizierteres Beispiel (das der Autor allerdings noch immer »sehr stark vereinfacht« nennt.) Diesmal fordert Dawkins den Leser auf, ihn sich als ein Tier vorzustellen, »das eine Stelle mit acht Pilzen gefunden hat. Nachdem ich ihren Nährwert zur Kenntnis genommen und etwas für das geringe Risiko abgezogen habe, dass sie giftig sein könnten, würde ich sagen, dass jeder von ihnen +6 Einheiten wert ist... Die Pilze sind so groß, dass ich nur drei von ihnen essen könnte. Soll ich jemand anderem meinen Fund mitteilen, indem ich einen ›Futterruf‹ ausstoße? Wer ist in Hörweite? Mein Bruder B (sein Verwandtschaftsgrad zu mir beträgt 1/2), mein Vetter C (Verwandtschaftsgrad 1/8) und D (keine besondere Beziehung: Sein Verwandtschaftsgrad zu mir ist eine derart kleine Zahl, dass sie für praktische Zwecke als gleich null behandelt werden kann). Der Nettovorteil für mich, wenn ich den Futterruf ausstoße, verlangt etwas Rechenarbeit. Die acht Pilze werden zu gleichen Teilen unter uns vieren aufgeteilt. Die Prämie für mich aus den zweien, die ich selbst esse, beträgt +6 Einheiten pro Pilz, das heißt insgesamt +12. Doch wegen unserer gemeinsamen Gene bekomme ich auch eine Prämie, wenn mein Bruder und mein Vetter jeder ihre zwei Pilze essen. Die tatsächliche Punktzahl beläuft sich auf $(1 \times 12) + (\frac{1}{2} \times 12) + (\frac{1}{8} \times 12) + (0 \times 12) = 19\frac{1}{2}$. Der entsprechende Nettovorteil für das egoistische Verhalten war +18. Die Differenz ist gering, aber nichtsdestoweniger ist das Urteil eindeutig: Ich sollte den Futterruf ausstoßen; mein Altruismus würde in diesem Fall meinen egoistischen Genen zugute kommen.«[43] Was Dawkins sagen will, ist, dass wir uns das Gen als die entscheidende Grundeinheit der Evolution und der natürlichen Auslese vorzustellen haben – das Gen, die replizierende Einheit, kümmert sich nur darum, selbst zu überleben, zu blühen und zu gedeihen; erst wenn wir das verstehen, erklärt sich auch alles andere – die Verwandtschaftsmuster und das Verhalten von Insekten, Vögeln und Säugetieren wie dem Menschen; der Sinn von Altruismus wird dann ebenso deutlich wie die Beziehungen zwischen nicht verwandten Gruppen (Spezies, Rassen).

*

Die eloquent vorgetragenen Argumente von Dawkins und Wilson ließen im letzten Viertel des zwanzigsten Jahrhunderts den darwinistischen Gedanken erneut aufflackern. Dass sie aber auch einen Bezug zu Tom Wolfe, Christopher Lasch, John Rawls und der Ökonomie hatten und damit ein weiteres Beispiel dafür waren, wie alles Wissen gegen Ende des zwanzigsten Jahrhunderts zusammenstrebte, wurde bisher nicht erwähnt. Ob Wolfes Buch *The Me Decades*, Laschs *Culture of Narcissism* oder Dawkins' *Egoistisches Gen* – in all diesen Büchern spielten die Themen Individualisierung und Egoismus eine große Rolle. Auch wenn es sich um völlig unterschiedliche Werke mit deutlich unterschiedlichen Zielen handelte, ist die Tatsache, dass alle diese Themen aufgriffen, doch frappierend. Nur der Zusammenhang mit Rawls' *Theorie der Gerechtigkeit* ist ein anderer, weil dessen »original position« und »Schleier des Nichtwissens« etwas beschreiben, das der Position des egoistischen Gens konträr entgegensteht: Niemand kennt sein Erbe, sagte Rawls, und nur weil wir es nicht kennen, können wir hoffen, jemals zu einem wirklich fairen System zu gelangen und eine Gemeinschaft zu bilden, welcher Egoismus gänzlich fremd ist. In Rawls' »original position« gibt es per definitionem weder Falken noch Tauben, ja noch nicht einmal Verwandte. Rawls' System ist sich der von Dawkins beschriebenen Welt so bewusst, dass es sie bewusst zu umgehen versucht. Daniel Bell lenkte die Aufmerksamkeit auf die kulturellen Widersprüche des Kapitalismus. Rawls' Ideen warfen Licht auf die Widersprüche des Darwinismus. Dawkins wies gewisse Ähnlichkeiten mit der Marktwirtschaft nach, nicht zuletzt durch sein Prinzip, Verhaltensweisen mathematisch zu berechnen. So simplizistisch das auch klingen mag, die Summe der Verhaltensweisen, wie sie Dawkins anhand seiner »Prämien« und »Strafen« bei Falken und Tauben berechnete, findet sich auch in unserer Realität. Nehmen wir nur das Beispiel der von uns selbst erfundenen Preisbindung: Es liegt im Interesse eines jeden Tankstellenbesitzers, dass der Benzinpreis auf eine (relativ) stabile Höhe festgesetzt wird; davon profitieren alle Tankstellenbesitzer. Doch es wird immer einen eigensinnigen »Falken« geben, der der Versuchung erliegt, seine Preise zu Gunsten des schnellen Profits zu senken. Natürlich werden ihm andere Tankstellenbesitzer bald folgen, bis sich die Situation dann irgendwann wieder stabilisiert hat und vielleicht eine neue Preisbindung festgesetzt wird. Demokratien pflegen mit Gesetzen zu verhindern, dass solche Verhaltensweisen zu weit getrieben werden; aber das kann die Tatsache nicht verschleiern, dass Evolution eine Menge mit Marktwirtschaft gemein hat.

35

Die French Collection

Am Abend des 31. Januar 1977, zwanzig Minuten nach acht Uhr, schlossen sich die Türen zur Galérie Beaubourg, dem *Centre National d'Art et de Culture Georges Pompidou* in Paris, ob nun alle Geladenen Einlass gefunden hatten oder nicht. Präsident Valéry Giscard d'Estaing wollte in wenigen Minuten seine Eröffnungsrede halten. Es gab kein Entrinnen. Männer in Smokings und Frauen in Abendkleidern drängten sich auf allen Etagen, viele auf der Suche nach einem Drink – vergebens, denn der Präsident hatte aus Gründen, die nur er kannte, verfügt, dass keine Erfrischungen gereicht werden durften. Er eröffnete seine Rede mit einem Tribut an Pompidou, den ehemaligen Präsidenten der französischen Republik, der dieses Projekt ins Leben gerufen hatte; Jacques Chirac, den Bürgermeister von Paris, dem die Bauphase des Centre unterstanden hatte, überging er geflissentlich, und auch die Architekten und Erbauer erwähnte er mit keinem Wort. Die durstigen Gäste konnten nur zu dem Schluss kommen, dass ihm das Gebäude missfiel.[1]

Es gefiel manchen nicht. Viele hielten und halten das *Centre Pompidou* für das hässlichste Gebäude der Welt. Aber was man auch davon denken mag, seine Bedeutung steht außer Frage.[2] Erstens, weil es nicht nur als Galerie oder Museum, sondern als ein ganzer Gebäudekomplex samt Bibliothek konzipiert wurde, welcher der Stadt den Titel einer Kapitale der Künste zurückgewinnen sollte, den sie nach dem Zweiten Weltkrieg mit dem Aufstieg von New York verloren hatte. Zweitens war das Centre architektonisch wichtig, denn ob es einem nun gefällt oder nicht, es kennzeichnet den großen Versuch, die moderne Ästhetik zu überwinden, welche das Bauwesen seit dem Krieg beherrscht hatte. Und drittens schließlich beherbergt das Centre das *Institut de Recherche et de Coordination Acoustique/Musique* (IRCAM), das als Weltzentrum für experimentelle Musik gedacht war. Der Posten des Direktors wurde Pierre Boulez angeboten, in der Hoffnung, ihn damit aus Amerika zurücklocken zu können.[3]

Vor allem aber ist »das Beaubourg« von architektonischer Bedeutung. Entworfen wurde es von dem Italiener Renzo Piano und dem Engländer Richard Rogers, zwei der bedeutendsten Vertreter der Hightech-Baukunst ihrer Zeit. Der Jury, die sich für ihren Entwurf entschieden hatte, gehörten Philip Johnson, Jørn Utzon und Oscar Niemayer an, ein amerikanischer, ein dänischer und ein brasilianischer Architekt. Während Philip Johnson den Mainstream repräsentierte, der sich nach dem Bauhaus von Walter Gropius, Mies van der Rohe und Le Corbusier in der Architektur entwickelt hatte, hatten die beiden anderen einige der berühmtesten Gebäude seit dem Zweiten Weltkrieg gebaut. In funktioneller Hinsicht wurde die westliche Architektur in den dreißig Jahren zwischen 1945 und 1975 von zwei Charakteristika beherrscht: dem Bürogebäude und dem Wohnsilo. Die Lösungsvorschläge der Architektur im Internationalen Stil (ein von Philip Johnson selbst geprägter Begriff) hatten fast ausschließlich aus geraden Linien und Flachdächern bestanden, und zwar an Gebäuden, die entweder ganz schwarz (wie Mies van der Rohes Seagram's Tower in Manhattan) oder wie meistens (z. B. die unzähligen Wohnsilos) ganz weiß waren. Trotz so manches heroischen Versuchs, dieser Tyrannei der geraden Linie durch Zickzacklinien, Rhomben, Rauten wieder zu entkommen – wie am deutlichsten und erfolgreichsten während des Baubooms der neuen britischen Universitäten in den sechziger Jahren sichtbar wurde –, führte diese moderne Architektur nur allzu oft zu der von Jane Jacobs so kritisierten faden Stumpfsinnigkeit oder der »neuen Brutalität«, die der Architekturkritiker Reyner Banham beklagte. Das Problematische war, wie die italienischen Kritiker Manfredo Tafuri und Francesco Dal Co schrieben, dass so leidenschaftlich versucht wurde, »bedeutungsvolle Tiefe in ein Repertoire von ererbten Formen zurückzubringen, die an sich schon ohne jede Bedeutung waren«.[4] Typische Beispiele für diese großen und beinahe schon bedrohlich wirkenden Gebäude sind der South Bank Complex in London (das Ensemble, welches das National Theatre beherbergt) und der Torre Velasca in der Nähe des Mailänder Doms.

Niemayer und Utzon hatten zumindest versucht, dieser Tradition zu entgehen. Niemayer war bei Le Corbusier in die Lehre gegangen und vor allem wegen seiner geschwungenen, muschelartigen Zementdächer und seiner an Giorgio de Chirico erinnernden Perspektiven berühmt geworden, wie er sie insbesondere in der neuen brasilianischen Hauptstadt verwirklichte. Jørn Utzon hatte viele Siedlungen entworfen; sein berühmtestes Gebäude war das Opernhaus von Syndney, das mit seinen weißen, segelartig geblähten Dächern die Parade der Segelschiffe symbolisieren sollte, die vor noch gar nicht so langer Zeit erstmals an den Küsten Australiens gestrandet waren. Doch dieser Bau war trotz seines großen Erfolges beim Publikum (und seiner fraglos faszinierenden Originalität) vielleicht zu einzigartig im Hinblick auf seine Funktion und Lage (direkt am Wasser, von überall sofort sichtbar), um sich auf die Architektur im Allgemeinen auswirken zu können. Trotz dieser Einschränkungen muss man jedoch sagen, dass Niemayer und Utzon alles Erdenkliche versucht hatten, um sich von dem konventionellen architektonischen Kanon zu verabschieden, den Johnson verkörperte; und das ließ die Zusammensetzung der Beaubourg-Jury zumindest theorctisch richtig erscheinen, zumal auch noch Wilhelm Sandberg dazu gehörte, Kurator des Stedelijk-Museums für moderne Kunst in Amsterdam, der allenthalben als bedeutendster Kurator des Jahrhunderts gilt (ihm folgte allerdings direkt Alfred Barr). Die Jury musste nun unter 681 gültig eingereichten Vorschlägen entscheiden. Sie reduzierte sie zunächst auf 100 und dann auf 60. Schließlich entschied sie sich für Projekt 493 (alle Zeichnungen waren bei der Begutachtung anonym): von den Architekten Messrs Piano, Rogers, Franchini; Ingenieurbüro Ove Arup und Partner (das sowohl am South Bank Complex als auch an der Oper von Sydney beteiligt gewesen war).[5]

Der Genueser Renzo Piano, Jahrgang 1937, betrachtete sich nicht nur als Architekt, sondern auch als Industriedesigner (einer seiner Kunden war Olivetti); und der Engländer Richard Rogers, Jahrgang 1933 und Halbitaliener (sein Cousin Ernesto Rogers hatte Piano in Mailand unterrichtet), hatte als Fulbright-Stipendiat zuerst an der *Architectural Association School of Architecture* in London und dann in Yale studiert, wo er seinem späteren Partner Norman Foster und Philip Johnson begegnete. Der prämierte Entwurf von Piano und Rogers zeichnete sich durch zwei prägnante Details aus. Erstens wollten sie nicht den gesamten zur Verfügung stehenden Raum verbauen, jene sieben Morgen also, die bereits Jahre zuvor durch den Abriss der Markthallen von Paris frei geworden waren. Vor dem Gebäude sollte ein Rechteck für eine Piazza frei bleiben, die für Touristen und Straßenkünstler – Jongleure, Feuerschlucker, Akrobaten usw. – gedacht war. Umstrittener war das zweite Detail, nämlich dass das gesamte »Innenleben« des Gebäudes, all die normalerweise versteckten Dinge wie Air-Condition, Rohre, Motorenräume der Aufzüge usw., als deutlich sichtbarer Bestandteil des Gesamtentwurfs an der Außenseite angebracht und dazu bunt angemalt werden sollte. Aber das hatte einen ganz praktischen Grund, nämlich die Flexibilität des Gebäudes – da man davon ausging, dass es sich weiterentwickeln würde, musste man Vorkehrungen treffen, um unter Umständen auch seine Technik entsprechend verändern zu können.[6] Außerdem wollte man vermeiden, noch ein »Monument« mitten in Paris zu errichten. Und wenn man nun all die üblicherweise versteckten Elemente eines Gebäudes sichtbar machte, würden die »industriellen« Aspekte des geplanten Centre betont werden und das Gebäude insgesamt urbaner wirken.

Dass sich auch der Lift in einer Glasröhre an der Außenseite hochziehen sollte, war ein Detail, das Philip Johnson besonders gut gefiel.[7] Das Centre Pompidou wirkte am Ende zwar wie eine in Röhren eingewickelte Schachtel, aber es sah eben völlig anders aus als alles, was jemals gebaut wurde, und glich außerdem bestimmt keinem Gebäude im internationalen modernen Stil. Schön oder nicht, es war jedenfalls anders. Und damit war eine Lanze gebrochen. Zwar sollte es nicht viele Nachahmer finden, aber in jedem Fall regte es zu einem Wandel an.

*

Das IRCAM war von vornherein Teil der Planung des Centre Pompidou. Es sollte zu einem weltweit führenden musiktechnischen Zentrum werden und über Studios verfügen, die absolut frei waren von jedem Echo, außerdem über Computer neuester Art, akustische Forschungslabore und über einen Saal, in dem 500 Personen Platz haben würden. Ursprünglich wollte man dieses Zentrum, das später nur noch »Petit Beaubourg« genannt wurde, in fünf von einem Glasdach bedeckten Untergeschossen einrichten, die eine eigene Bibliothek und Studios für Musikwissenschaftler aus aller Welt beherbergen sollten.[8] Nachdem Giscard Präsident geworden war, hatte man diesen ehrgeizigen Plan jedoch gestutzt. Aber das Ergebnis war immer noch spannend genug, um Boulez zu locken, nach Hause zurückzukehren.

Pierre Boulez, Jahrgang 1925, gehörte zu jener Hand voll Komponisten – darunter Karlheinz Stockhausen, Multon Babbitt und John Cage –, die die Musik in den Jahren nach dem Zweiten Weltkrieg mit den meisten Innovationen bereicherten. In den fünfziger Jahren hatten die Komponisten der E-Musik im Wesentlichen drei Richtungen verfolgt: Serialität, Elektronik und die kompositorischen Launen des Zufalls. Boulez, Stockhausen und Jean Barraqué waren alle Schüler von Olivier Messiaen gewesen, der, wie man sich aus Kapitel 23 erinnern mag, nicht nur versucht hatte, Vogelgesang in Noten zu fassen, sondern auch glaubte, jede Art von Geräusch in Musik verwandeln zu können. Nicht zuletzt mit diesem Ansatz hatte er großen Einfluss auf seine Schüler ausgeübt. Stockhausen war besonders von der Musik Afrikas, Japans (wo er 1966 gearbeitet hatte) und Südamerikas beeindruckt, aber auch Boulez verwendete die Rhythmen schwarzafrikanischer Musik, man denke an seine Komposition *Le Marteau sans Maître* (»Hammer ohne Meister«, 1952–1954) für Vibraphon und Xylorimba. Auch die Serialität der letzten Werke des 1945 verstorbenen Anton von Webern übte großen Einfluss auf ihn aus. Für Boulez war mit diesen Kompositionen eine »Schwelle« überschritten worden, und die übertraten nun sowohl Stockhausen als auch der Amerikaner Milton Babbitt. Das europäische Zentrum für diesen Kompositionsansatz war Schloss Kranichstein in Darmstadt, wo sich in den Sommermonaten Komponisten und Studenten trafen, um über die neuesten Fortschritte zu diskutieren. Stockhausen unterrichtete dort regelmäßig.[9]

Boulez war vielleicht der intellektuellste Vertreter eines Gebietes, das mehr als die meisten anderen von Theorie bestimmt wird. Serialität bedeutete für ihn die Suche nach »objektiver Tongestaltung«, und sich selbst betrachtete er nicht nur als Komponist, sondern auch als Tonforscher, Tonarchitekt oder Toningenieur. In seinem Essay »An den Grenzen des Fruchtlandes« beklagte er die konservativen Trends in der Musik, nicht zuletzt, weil sie die Entwicklung neuer Instrumente verhinderten. Messiaens Vorgehensweise, die elektronische Musik und der Computer waren für ihn und seine Kompositionsweise ausgesprochen wichtige Fördermittel.[10] Aus einer seiner berühmtesten Kompositionen, *Strukturen*, wird auch ersichtlich, wie ausgiebig er sich mit strukturellen Fragen befasste – Struktur für ihn ein Schlüsselbegriff unserer Zeit. In seinen Schriften bezog er sich immer wieder auf Claude Lévi-Strauss, das Bauhaus, Fernand Braudel und Picasso, jeder in seiner Art ein Vorbild für ihn. Mit Jacques Lacan und Roland Barthes (siehe unten) führte er viele Gespräche, manche davon auch öffentlich; und eine seiner berühmtesten Bemerkungen war, dass es nicht ausreiche, der *Mona Lisa* einen Schnurrbart zu verpassen: Wenn, dann müsse man sie schon ganz zerstören. Rigoros wandte er sich einer »wissenschaftlich« pointierten Komposition zu, einer musikalischen Sprache, in der auch die Mathematik ihren festen Platz hatte.[11] Sowohl Boulez als auch Cage verwendeten Zahlenkolonnen zur Darstellung von rhythmischer Struktur.

Die elektronische Musik und die elektronische Verwandlung von natürlichen Geräuschen in metallische und aquatische Töne (*musique concrète*) bot einen zweiten experimentellen Weg, der nicht nur neue Strukturen, sondern auch das in dieser kleinen Gruppe so populäre »wissenschaftliche« Element beinhaltete. Neue Notenschriften wurden ebenso erfunden wie neue Instrumente, allen voran Robert Moogs Synthesizer, der 1964 auf den Markt kam und eine riesige Bandbreite an neuen, elektronisch generierten Tönen ermöglichte. Babbitt und Stockhausen schrieben nun sehr viel elektronische Musik; für Stockhausen wurde bei der Weltausstellung 1970 in Osaka sogar extra ein Kugel-Auditorium gebaut (zur Maximierung der Effekte).

Paul Griffith nannte den Zufall in der Komposition das Äquivalent zu Jackson Pollocks »Tröpfelmethode« oder Alexander Calders »Mobiles«.[12] In den USA war der führende Vertreter dieser Richtung John Cage; in Europa wurde der Zufall in Darmstadt 1957 mit Stockhausens *Klavierstück XI* und Boulez' *Klaviersonate* eingeführt. Der Pianist von Stockhausens Stück erhielt ein einziges Notenblatt, auf dem neunzehn Fragmente eingetragen waren, die in jeder beliebigen Reihenfolge gespielt werden konnten. Boulez' Werk war weniger extrem: Es war vollständig notiert, der Interpret aber gezwungen, an verschiedenen Stellen eine Richtungswahl zu treffen.[13]

In Boulez vereinte sich die Radikalität dieser Nachkriegskomponisten sogar so weit, dass er am Ende alles in der Musik in Frage stellte – die Art, wie Konzerte aufgeführt wurden, die Strukturierung des Orchesters, die

Bauweise von Konzertsälen, aber vor allem die Einschränkungen, der die Komposition durch die zur Verfügung stehenden Instrumente unterlag. Diese Kritik führte dann zur Idee des IRCAM. John Cage hatte etwas Ähnliches bereits Anfang der fünfziger Jahre in Los Angeles erprobt; Boulez erwärmte sich für diese Idee erst im Mai 1968, dem revolutionären Moment der französischen Nachkriegsgeschichte.[14] Seine Ziele waren hoch gesteckt (einmal sagte er: »Ich will die Mentalität der Menschheit ändern«), und noch viel mehr als jeder andere seiner Generation, mehr sogar als Stockhausen, sah er seine Musik im Braudelschen Sinne als Teil der *longue durée*, als ein Stadium der Evolution von Musik. Deshalb erwartete er von IRCAM auch, Musik bei der Suche nach Kreativität zu »rationalisieren« (seine Worte) und Maschinen wie den »$_4$X« zur Verfügung zu stellen, die selbst Musik »schaffen« konnten.[15] Im Mai 1977 stellte Boulez im *Times Literary Supplement* seine Ziele mit folgenden Worten dar: »Die Kooperation von Wissenschaftlern und Musikern – um hier bei diesen beiden Gattungsbegriffen zu bleiben, obwohl natürlich viele Spezialisierungen darunter fallen – ist eine Notwendigkeit, die von außen betrachtet nicht unbedingt unvermeidlich erscheint. Eine unmittelbare Antwort darauf könnte lauten, dass die musikalische Invention keiner korrespondierenden Technologie bedarf; viele Wissenschaftler finden an dieser Aussage nichts zu bemängeln und rechtfertigen ihre Wahrnehmung der Dinge mit der Behauptung, dass insbesondere die schöpferische Kunst dem Bereich von Intuition und Irrationalem zugehöre. Sie bezweifeln, dass diese utopische Verbindung von Feuer und Wasser etwas von dauerhaftem Wert hervorbringen kann. Wo Mysterium involviert sei, müsse auch Mysterium bleiben: Jede Erforschung, jede Suche nach einem Schnittpunkt, wird schnell als Sakrileg betrachtet. In ihrer Unsicherheit, was die Musiker eigentlich von ihnen verlangen und welches Terrain für gemeinsame Anstrengungen überhaupt zur Verfügung steht, verweigern sich viele Wissenschaftler von vornherein und sehen nur die Absurdität in dieser Situation.«[16] Doch dann fährt er fort: »Schließlich aber wird die musikalische Invention irgendwie die Sprache der Technologie erlernen und sogar für sich anwendbar machen müssen … Das faktische Verständnis der zeitgenössischen Technologie muss zum Bestandteil der Invention des Musikers werden, ansonsten würden Wissenschaftler, Techniker und Musiker einander zwar berühren und sich vielleicht sogar gegenseitig helfen können, doch die Aktivitäten des anderen würden ihnen nicht viel bedeuten. Daher wollen wir uns heute dem strahlenden Vorhaben widmen, den Weg für Integration zu bereiten, um im Laufe eines immer angemesseneren Dialogs schließlich eine gemeinsame Sprache zu finden, die sowohl die Imperative der musikalischen Invention als auch die Prioritäten der Technologie beachtet … Künftige Experimente werden aller Wahrscheinlichkeit nach in Übereinstimmung mit diesem ununterbrochenen

Dialog entwickelt werden. Aber wird es viele von uns geben, die sich diesem Unternehmen anschließen?«[17]

*

The French Connection, William Friedkins 1971 gedrehter Film über die Mafia und den Drogenimport in die USA, betraf Frankreich eigentlich gar nicht (einige der Gangster waren französischsprachige Kanadier). Trotzdem wurde dieser Titel zum geflügelten Wort für einen bestimmten Prozess, der auffällig in der Philosophie, Psychologie, Linguistik oder Epistemologie, Historiographie, Anthropologie und Musik stattfand – ein Prozess, der die Unterschiede zwischen dem französischen und dem angelsächsischen Denken deutlich machte und zu einer ebenso fruchtbaren wie kontroversen Auseinandersetzung führte. In den Vereinigten Staaten, Großbritannien und dem Rest der englischsprachigen Welt wurde die darwinistische Meta-Narration bevorzugt, während in Frankreich zwischen den späten sechziger und den achtziger Jahren die beiden anderen großen Meta-Narrationen des neunzehnten Jahrhunderts, der Freudianismus und der Marxismus, überwogen. Es war nicht immer einfach, zwischen diesen Theorien zu unterscheiden, da viele Autoren beiden anhingen und manche – im Allgemeinen Franzosen, aber auch Deutsche – ihre Ideen in einem derart schwierigen und paradoxen Stil propagierten, in einer so verdichteten Sprache, dass man (ganz besonders bei einer Übersetzung) kaum mehr nachvollziehen konnte, was sie eigentlich sagen wollten. Für die folgende Darstellung habe ich mich daher überwiegend nicht auf solche Arbeiten selbst, sondern auf leichter zugängliche Kommentare gestützt, in der Hoffnung, Unklarheiten damit umgehen zu können. Die französischen Gelehrten, von denen hier die Rede sein wird, repräsentierten allesamt einen bestimmten Trend.

Der 1901 in Paris geborene Jacques Lacan, ein Psychoanalytiker in der Tradition Freuds, hat eine ziemlich exzentrische persönliche Geschichte. In den dreißiger Jahren hatte er gemeinsam mit Raymond Aron, Jean-Paul Sartre, André Breton, Maurice Merleau-Ponty und Raymond Queneau (siehe Kapitel 23) Alexandre Kojèves Seminare über Hegel und Heidegger besucht. Seine eigenen Seminare, die er ab 1953 sechsundzwanzig Jahre lang veranstalten sollte, trugen dazu bei, die Psychoanalyse in Frankreich, wo sie nicht so schnell Fuß fassen konnte wie in den Vereinigten Staaten, zu einem ernst zu nehmenden Thema zu machen. Diese Seminare waren ein »Muss« in der intellektuellen Szene; 800 Menschen pflegten sich in einen für 650 Personen bestimmten Saal zu drängen, darunter viele prominente Intellektuelle und Schriftsteller. Der marxistische Philosoph Louis Althusser hielt sogar so große Stücke auf Lacan, dass er ihn 1963 bat, sein Seminar in die Ecole Normale Supérieure zu verlegen. Doch dann zog sich Lacan aus der Société Psychoanalytique de Paris (SPP) zurück und wurde wegen seiner eklektischen Methoden aus der Internationalen Psychoanalytischen Vereinigung ausgeschlossen. Nach dem Mai 1968 wurde dann der zu *Le Champ Freudien* umstrukturierte Fachbereich für Psychoanalyse in Vincennes (Teil der Pariser Universität) unter Lacans Leitung zu seinem neuen wissenschaftlichen Zuhause, und hier war diese Mischung aus Freudianismus und Marxismus dann in voller Aktion zu erleben.[18]

Lacans erstes Buch *Écrits*, 1966 veröffentlicht, enthielt wichtige Revisionen Freudscher Ideen, darunter auch die Aussage, dass es so etwas wie das Ich nicht geben könne.[19] Doch es war ein anderer Aspekt der Theorie Lacans, dem die breite öffentliche Aufmerksamkeit galt: seine (an Ludwig Wittgenstein wie Ronald D. Laing anschließende) Analyse der Funktion von Sprache.[20] Wie Laing war auch Lacan der Meinung, dass »Verrücktheit« eine rationale Reaktion auf eine unerträgliche Situation ist; wie Wittgenstein glaubte er, dass Sprache unpräzise ist und Wörter immer weniger oder mehr bedeuten, als sie dem Sprecher oder Zuhörer zu bedeuten scheinen. Da das Unbewusste jedoch kein amorpher Trieb und sprachlich bereits strukturiert sei, lasse sich linguistische Bedeutung durch die Psychoanalyse enthüllen. Doch Lacan machte damit kein Heilsangebot; für ihn war die Psychoanalyse eine reine Technik, die durch Zuhören und Hinterfragen das »Begehren des Subjekts« erkennen kann. Auf einen Nenner gebracht heißt das: Die sich während psychoanalytischer Sitzungen enthüllende Sprache besteht aus Wörtern, durch die das Unbewusste in »gespaltener« Form das subjektive Begehren formuliert; das Unbewusste ist jedoch kein rein privater Raum, sondern bildet das unbekannte Muster des durch Sprache vermittelten Bezugs zu anderen. Beeinflusst von Ferdinand de Saussures strukturaler Betrachtungsweise der Linguistik, war Lacan von den zur Verfügung stehenden linguistischen Möglichkeiten fasziniert. Er definierte ein »Viererschema mit invarianten Plätzen und einer bestimmten Anordnung der diese Plätze einnehmenden Termini« in den Formen eines »Diskurses des Hysterikers«, eines Diskurses »des Herrn«, des weiteren eines Diskurses »der Universität« und eines Diskurses »des Analytikers«. Da solche Diskurse jedoch kaum je in unverfälschter Form aufträten, dienten diese Kategorien auch nur den Zwecken der Psychoanalyse. Ein anderes bedeutendes Konzept von Lacan war die Nichtexistenz der reinen Wahrheit, weshalb er es auch für absolut sinnlos hielt, auf die Offenbarung der reinen Wahrheit zu warten. Lacan sagte gerne, dass der Patient dann seine Psychoanalyse zu beenden pflegt, wenn ihm klar wird, dass sie ewig weitergehen könnte, was nichts anderes bedeute, als dass die wahren Inhalte der Worte tatsächlich durch Sprache herausgearbeitet werden könnten: Sprache hat dem Patienten den wahren Charakter (die tiefere Bedeutung) seiner Situation klar gemacht. Lacans Anhänger betonen, dass genau diese Einschätzung für die extreme sprachliche Verdichtung seiner Schriften verantwortlich war – der Normalsterbliche würde einfach sagen: für ihre Unverständlichkeit. Der Leser müsse aus den Worten selbst Bedeutung »rekonstruieren«, nicht anders als der Dichter bei der Komposition eines Gedichts (allerdings möchte man annehmen, dass die rekonstruierte Sinngebung des Dichters leichter zugänglicher ist als die des Patienten).[21]

Natürlich können die Lacanschen Theorien in einem Buch wie diesem nur stark vereinfacht wiedergegeben werden. Gegen Ende seines Lebens führte er sogar mathematische Symbole in seine Arbeit ein, was seine Ideen den meisten Menschen auch nicht gerade zugänglicher machte, jedenfalls bestimmt nicht der wachsenden Zahl seiner Kritiker, die ihn für exzentrisch und verwirrt und seine Thesen für schlicht falsch hielten. Einen nicht geringen Anteil an dieser Kritik hatte die Tatsache, dass Lacan trotz seiner langen Karriere, in der er wiederholt den Versuch unternahm, Freud mit Hegel, Spinoza, Heidegger und der Sartreschen Existenzphilosophie zu synthetisieren, sogar die grundlegendsten Entwicklungen auf den Gebieten der Biologie und Medizin ignorierte. Wenn es denn ein Lacansches Erbe von Dauer gibt, dann wohl am ehesten, dass er einer der Gründerväter der »Dekonstruktion« war, der Idee, dass Sprache keine Bedeutung per se hat und der Sprechende mit dem Gesprochenen nur mehr oder weniger das, was ihm bewusst ist, zum Ausdruck bringen kann, während auch der Zuhörer immer seinen Teil zu diesem Geschehen beisteuert. Diese Idee lebte nicht nur in der Psychologie, sondern auch in der Philosophie, Linguistik, Literaturkritik und sogar im Film oder der Politik eine Zeit lang weiter.

*

Unter den Psychiatern war keiner so politisch und so einflussreich wie Michel Foucault. Seine Karriere war mindestens ebenso interessant wie seine Ideen. Paul-Michel Foucault wurde im Oktober 1926 in Poitiers geboren und an der *école normale supérieure* ausgebildet, die unter den *grandes écoles* als besonders grande galt. Die *normaliens* genannten Abgänger dieser Schule konnten sich praktisch aussuchen, an welcher Universität sie studieren wollten. Dort war es auch, wo Foucault Louis Althusser – einen zierlichen Mann »von fragiler, beinahe melancholischer Schönheit« – zum Freund, Schutzpatron und Mentor gewann. Althusser war alles andere als wohlhabend, außerdem war er häufig in analytischer Behandlung (und sogar bereit, sich Elektroschocks zu unterziehen). Aber er hatte einen unumstrittenen Ruf als großer Theoretiker.[22] Zur allgemeinen Konsternierung bestand Foucault seine ersten Prüfungen nicht; doch kaum fing er an, sich für die Psychiatrie zu interessieren, vor allem in den frühen Wachstumsjahren der Profession, begann er zu »erwachen«. Der Erfolg seiner Bücher öffnete ihm Tür und Tor zu vielen Größen des intellektuellen Lebens in Frankreich: Claude Lévi-Strauss, Roland Barthes, Fernand Braudel, Alain Robbe-Grillet, Jacques Derrida oder Emmanuel le Roy Ladurie. Nach den Unruhen von 1968 wurde er »Leiter« des Fachbereichs Philosophie an der neu gegründeten Universität von Vincennes.[23] Die so genannten *Centres expérimentaux* dieser Universität waren unmittelbar aus dem Mai 1968 hervorgegangen und das geistige Kind des neuen französischen Erziehungsministers Edgar Faure. Sie waren »resolut interdisziplinär, führten neue Kurse über Film, Semiotik und Psychoanalyse ein und öffneten als erste... Kandidaten ohne *baccalauréat* ihre Tore«. So kam es, dass diese Universität (zumindest für eine Weile) viele Menschen anzog, die bereits im Berufsleben standen oder nicht den Kreisen angehörten, aus denen die Universitäten üblicherweise ihre Studenten rekrutierten – »die Atmosphäre glich einem geschäftigen Bienenstock«.[24] Dieser Aspekt der Karriere Foucaults sowie die oft beschriebene Tatsache, dass er Drogen nahm, sich an Anti-Vietnam-Protesten beteiligte und eine wichtige Rolle im Zusammenhang mit der Gefängnisreform und der Schwulen-Bewegung spielte, weisen ihn als eine typische Führungspersönlichkeit der Gegenkultur aus. Dennoch wurde er (im Dezember 1970) ins Collège de France gewählt, »ins Allerheiligste des französischen Universitätswesens«, um den von ihm gewünschten und extra für ihn geschaffenen Lehrstuhl für die *Histoire des systèmes de pensée* (Geschichte der Denksysteme) zu übernehmen.[25] Es war die größte Anerkennung für sein bereits damals umfangreiches Werk.

Mit Lacan und Laing teilte Foucault die Überzeugung, dass Geisteskrankheit ein soziales Konstrukt ist und darin immer nur die Bedeutung zum Ausdruck kommt, »die aus dem Umkreis stammt, in welchem der von diesem Umkreis als Krankheit bewertete Zustand aufgetreten ist«. Moderne Gesellschaften, betonte Foucault, kontrollieren und disziplinieren ihre Bürger, indem sie die Macht, deren Geisteszustände zu definieren, an humanwissenschaftliche Praktiker delegieren.[26] Die »Wissenschaften vom Menschen« hätten die klassische Ordnung einer auf Souveränität und Rechten basierenden politischen Herrschaft durch ein neues Regime ersetzt, das Macht durch die Stipulation des normierten Verhaltens ausübt. So wüssten wir nun oder glaubten zu wissen, was ein »normales« Kind, ein »stabiler« Charakter, ein »guter« Bürger oder eine »perfekte« Ehefrau sei. Indem diese Wissenschaften und ihre Praktiker festlegten, was als normal zu gelten habe, definierten sie zugleich die Abweichung von der Norm. Und diese Regeln definierten dann ihrerseits, wer wir sind. Die Idee, dass der Mensch eine universale Kategorie sei, die das Gesetz des Seins beinhaltet, betrachtete Foucault als eine falsche und bestandslose Erfindung der Aufklärung. In all seinen Werken versuchte er die Idee einer singulären, kohäsiven Conditio humana zu widerlegen. Foucaults Werk wies eine seltene Einheitlichkeit auf. Seine bedeutendsten Schriften widmeten sich der Geschichte von Institutionen: *Wahnsinn und Gesellschaft. Eine Geschichte des Wahns im Zeitalter der Vernunft* (1961; deutsch 1969); *Die Geburt der Klinik. Eine Archäologie des ärztlichen Blicks* (1963; deutsch 1972); *Die Ordnung der Dinge. Eine Archäologie der Humanwissenschaften* (1966; deutsch 1971); *Archäologie des Wissens* (1969; deutsch 1973); *Überwachung und Strafen. Die Geburt des Gefängnisses* (1975; deutsch 1976); *Die Sorge um sich* und *Der Gebrauch der Lüste* (1984; deutsche Neuübersetzung 1986).

Aber Foucault schrieb jeweils nicht einfach nur eine Geschichte der Psychologie, des Strafvollzugs, der Ökonomie, der Biologie oder Philologie, er wollte vielmehr darstellen, wie sich in der Art und Weise, in der Wissen organisiert wird, die Machtstrukturen einer Gesellschaft spiegeln und dass die Definition des Normalen – normaler Mensch, normaler Geist, normaler Körper – ebenso politisch konstruiert ist wie die Definition der allein gültigen »Wahrheit«.[27] Wir sind alle der Wahrheitsproduktion der Macht unterworfen, schrieb er. Die Humanwissenschaften – bezeichnenderweise »Disziplinen« genannt – haben uns die Vorstellung vermittelt, dass der Organismus namens Gesellschaft legitimiert sei, Bürger zu regulieren und jedes Anzeichen von Krankheit, jeden Störfaktor und jede Abweichung auszusondern und zu behandeln, damit wieder eine normale Funktion unter dem wachsamen Auge des jeweiligen politischen Systems gewährleistet ist. Foucault nannte seine historischen Analysen »Archäologien«, weil er seine Arbeit, ähnlich wie Lacan, als Ausgrabungen betrachtete, die nicht nur die Prozesse der Vergangenheit freilegen, sondern so lange in der Tiefe graben, bis verschüttetes Wissen zum Vorschein kommt. Auch Foucault hatte etwas von einem *homme revolté*, indem er glaubte, dass der Mensch nur existieren kann, wenn er sich gegen den normativen Druck der Humanwissenschaften zur Wehr setzt; dass es keine kohärente oder konstante Conditio humana oder menschliche Natur keinen rationalen Kurs der Geschichte gebe und die menschliche Rationalität nicht Schritt für Schritt über die Natur siegen werde. Denn der Kampf ums Überleben folge keinem bestimmten Muster. Sein abschließendes Argument in diesem Zusammenhang lautete, dass der bourgeoise, humanistisch gebildete Mensch ausgedient habe. Der liberale Humanismus habe sich in dem Moment als Lug und Trug erwiesen und in nichts aufgelöst, als er sich als ein Machtinstrument einer bestimmten Klasse und der sozial Privilegierten entpuppte.[28] Das mit einem Gewissen ausgestattete und vernunftbegabte Subjekt sei im modernen Staat unmodern geworden – intellektuell, moralisch und psychologisch dekonstruiert.

Foucaults letztes bedeutendes Buch galt der Geschichte der Sexualität. Von Vergewaltigung und Kindesmissbrauch abgesehen, schrieb er darin, dürfe es keine Beschränkungen der sexuellen Freiheit geben. Diese Einstellung deckte sich voll und ganz mit seinem Œuvre. Für ihn persönlich hatte sie allerdings bittere Konsequenzen, denn vermutlich waren es die Schwulenbars und Saunas, für deren Existenzrecht er so eintrat (er liebte Kalifornien und reiste oft dort hin), die ihn das Leben kosteten. Michel Foucault starb im Juni 1984 an Aids.

*

Der Schweizer Psychologe Jean Piaget interessierte sich nicht nur für die Entwicklung des Kindes und den systematischen Fortschritt intelligenten Verhaltens, sondern – später in seinem Leben – auch für die Ideen von Foucault und Lacan und wurde schließlich zu einem führenden Vertreter jener Denkungsart, die unter der Bezeichnung »Strukturalismus« in die Geistesgeschichte einging. Obwohl er sich auch auf die Studien von Noam Chomsky berief, war der Strukturalismus letztlich ein vor allem im französischsprachigen Europa entwickeltes Konzept, das die empirischer geprägten Erkenntnisse der angelsächsischen Welt mehr oder weniger völlig ignorierte. Vermutlich haben auch deshalb so viele Menschen außerhalb Frankreichs bis heute Probleme zu erklären, was Strukturalismus eigentlich ist. Piagets schmaler Band *Der Strukturalismus* (1968; deutsch 1973) gehörte noch zu den klareren Darlegungen.[29] »Man kann den Strukturen die verschiedensten Ursprünge zuschreiben«, schrieb Piaget, »entweder sind sie als solche in der Art der ewigen Essenzen gegeben, oder sie treten, man weiß nicht wie, im Laufe jener gewundenen Geschichte, die Michel Foucault eine Archäologie nennt, auf, oder sie werden in der Art der Gestalten aus der physikalischen Welt abgeleitet, oder sie sind auf die eine oder andere Weise vom Subjekt abhängig … Alles in allem gibt es nur drei Lösungen: Prädetermination, zufällige Erschaffung oder Konstruktion …«[30] Einer seiner Ausgangspunkte war zum Beispiel, »organische Strukturen« wie die »Strukturen der Intelligenz« mathematisch zu definieren: »Es gibt keine Struktur ohne eine entweder abstrakte oder genetische Konstruktion.« Die Fähigkeit, sich mathematisch zu verhalten, entwickle sich während des Aufbaus der mentalen Strukturen im Laufe der Interaktionen des Organismus mit seiner Umwelt. Das perfekte Beispiel für eine »Struktur der Intelligenz« war für Piaget die »semiotische Funktion (Sprache, symbolisches Spiel, Bilder usw.)«, weil sie zu ersten reflektierenden Abstraktionen führe und neben dem ererbten Anteil eine individuelle Leistung in dem Sinne darstelle, in dem Lacan es für eine Leistung seiner Patienten hielt, Bedeutung aus der Psychoanalyse zu gewinnen. »Würde man uns aber fragen«, so Piaget in seinem Schlusswort, »wo wir diese Strukturen hinstellen, würden wir, die Aussage von Lévi-Strauss transponierend, sagen: halbwegs zwischen dem Nervensystem und dem bewussten Verhalten selbst …« (wo immer das sein mag).[31] Aber um noch mehr Verwirrung zu stiften, betonte er gleich, dass »der Strukturalismus selbst … infolge der Beziehungen zwischen der Deduktion und der Erfahrung entstanden ist« und daher »die Strukturen nicht als solche beobachtbar sind« und enorme »Anstrengung der reflektierenden Abstraktion« erforderten.[32] Im Verlauf des Buches wanderte er vom »Organizismus« eines Ludwig von Bertalanffy über Keynes' Ökonomie und über Freud bis hin zur Soziologie von Talcott Parsons, doch sein Hauptanliegen blieben die logischen Strukturen. Und da sich diese zumindest teilweise unbewusst herstellen, sah er für ihre Aufdeckung die Psychologie gefordert. Doch »die wesentliche Schlussfolgerung... ist die, dass das Studium der Strukturen nichts Exklusives sein kann und, vor allem in den Wissenschaften vom Menschen und vom Leben im Allgemeinen, keine einzige der anderen Forschungsdimensionen überflüssig macht«. Und dann fügte er hinzu: »Doch in den Bereichen, wo sich die Genese der alltäglichen Beobachtungen aufdrängt, wie in der Psychologie der Intelligenz, stellt man fest, dass zwischen Genese und Strukturen eine notwendige Interdependenz besteht.«[33] Mehr als die meisten seiner Zeitgenossen auf dem europäischen Kontinent war sich Piaget der Fortschritte in der Evolutionsbiologie und Psychologie bewusst – niemand konnte ihn beschuldigen, seine Hausaufgaben nicht gemacht zu haben. Dennoch blieben seine Schriften so abstrakt, dass sie in den Augen seiner angelsächsischen Kritiker eine Menge zu wünschen übrig ließen. Noch einmal zusammengefasst: Piaget hielt das perfekte Leben für eine vollendete Struktur, innerhalb biologischer Grenzen, aber doch auch in kreativer Weise individuell. Der Geist entwickelt sich oder reift, und dieser Prozess kann nicht beschleunigt werden. Das Verständnis vom Leben, das wir im Laufe des Erwachsenwerdens erwerben, wird durch Kenntnisse der Mathematik und Sprache vermittelt – zwei grundlegend logische Denksysteme –, die uns helfen, uns in der Welt zurechtzufinden, was wiederum zu der Fähigkeit beiträgt, diese Welt zu organisieren. Für Piaget bestimmt das Ausmaß, in dem wir unsere eigenen geistigen Konstrukte entwickeln und in dem diese dann der Realität entsprechen, wie glücklich und anpassungsfähig wir sind. Das Unbewusste kann im Wesentlichen als ein Störfaktor in diesem System gelten. Und es ist die Aufgabe der Psychoanalyse, dieses Problem zu lösen.

*

Nach den Erfolgen des Strukturalismus musste es ganz einfach einen Rückschlag geben. Der algerische Jude Jacques Derrida führte die Attacken gegen ihn an. Nach Erreichen der Unabhängigkeit im Jahr 1962 verließen die Juden Algeriens ihr Land en masse, und Frankreich hatte plötzlich den größten jüdischen Bevölkerungsanteil westlich von Russland.

Derrida eröffnete seinen Angriff mit einem Hieb gegen eine bestimmte Art von Literatur. Claude Lévi-Strauss wurde in den sechziger Jahren in Frankreich nicht nur als Anthropologe, sondern geradezu als ein Guru der

Philosophie gefeiert. Daher fanden seine strukturalistischen Ansichten auch weit über die Anthropologie hinaus in die Psychologie, Philosophie, Geschichtswissenschaft, Literaturkritik und sogar Architektur Eingang.[34] Ihm verdanken wir auch den Begriff »Humanwissenschaften«, der *Wissenschaften* vom Menschen, die, wie er behauptete, sämtliche metaphysischen Voreingenommenheiten der traditionellen Philosophie hinter sich gelassen hatten und eine wesentlich verlässlichere Perspektive auf die Conditio humana boten. Das wiederum habe dazu geführt, dass die traditionelle Rolle der Philosophie als »privilegierter Ausgangspunkt für die Synthese des menschlichen Wissens« zunehmend geringer wurde: »Die Humanwissenschaften hatten keinen Bedarf an dieser Art von Philosophie und konnten selber denken.«[35] Zu den Geistesgrößen, die nun unter Beschuss gerieten, gehörten auch Jean-Paul Sartre und der Linguist Ferdinand des Saussure. Lévi-Strauss äußerte nur Verächtliches über die »subjektivistische Schräglage« der Existenzphilosophie und betonte, dass eine auf persönlicher Erfahrung basierende Philosophie niemals etwas Wesentliches über die Gesellschaft oder die Menschheit aussagen könne. Als Anthropologe kritisierte er obendrein heftig die Ethnozentriertheit des herrschenden europäischen Denkens, dessen kulturelle Betonungen nie wirklich universell sein könnten.

Nun also knöpfte sich Derrida Lévi-Strauss vor, von dem er glaubte, dass er geradezu gefangen in seinem spezifischen Denkgebäude war. In Lévi-Strauss' autobiografischem Bericht *Traurige Tropen* über seine frühen anthropologischen Feldstudien in Brasilien ging es vor allem um die Bindeglieder zwischen den Schriften und dem geheimen Wissen von primitiven Stämmen wie den Nambikwara.[36] Dabei war er zu der Generalisierungen gelangt, dass die primäre Funktion der Schrift, da sie seit Tausenden von Jahren das Privileg der Mächtigen und daher mit Kastenbildung und Klassenschranken verbunden war, Versklavung und Unterwerfung gewesen sei. Zwischen der Erfindung der Schrift und dem Aufstieg der Naturwissenschaften habe es keinen wirklichen Wissenszuwachs, sondern immer nur auf- und absteigende Fluktuationen gegeben.[37]

Derrida propagierte eine ähnliche Ansicht, jedoch mit noch grundlegenderen Konsequenzen. Im Verlauf der gesamten Geschichte, sagt er, sei das Geschriebene immer mit weniger Respekt behandelt worden als die mündliche Rede, weil es gewissermaßen als weniger verlässlich, weniger maßgeblich und weniger authentisch gegolten habe.[38] Da sie auch kontrollierende Aspekte habe, sei die Schrift zu etwas Entfremdendem geworden, etwas, das der Erfahrung Gewalt antue. Wie Lacan und vor allem Foucault war auch Derrida von der Ungenauigkeit und Widersprüchlichkeit der Sprache fasziniert und hielt diesen Mangel für ein philosophisch sehr bedeutendes Phänomen. Anhand einer genauen Analyse des Textes von Lévi-Strauss deckte er nun die logischen Widersprüche seiner Argumente auf und wies auf die Grenzen von Begrifflichkeiten oder deren unangemessene Verwendung hin. Die Nambikwara verfügten zum Beispiel über alle möglichen Dekors, die, so Derrida, eine weniger ethnozentrierte Person als Lévi-Strauss ganz einfach Schrift genannt hätte. Ihre Kalebassen, genealogischen Stammbäume, Zeichnungen und so fort hätten zweifellos alle eine *Bedeutung*, die Lévi-Strauss' Art der Analyse jedoch niemals erfassen könne. Er habe mit seinen Memoiren ein eigenes Ziel verfolgt, das ihn dann nur mehr oder weniger erfolgreich zu solchen Erkenntnissen – gleichsam als Nebenprodukt – führte. Dabei seien ihm lauter Fehler unterlaufen – er widerspreche sich, lasse die Dinge wesentlich stärker schwarz-weiß erscheinen, als sie sind, und verwende immer wieder Begriffe, die nur einen Teil dessen beschreiben, auf das sie sich beziehen. Soweit, könnte man sagen, spricht hier der Common Sense. Doch damit gibt sich Derrida nicht zufrieden. Diese Unfähigkeit, Dinge in ihrer Vollständigkeit darzustellen, ist für ihn nicht nur entscheidend, sondern unvermeidlich. Für Derrida – wie für Lacan, Foucault oder Piaget – ist Sprache das wichtigste wahrnehmbare Konstrukt des Geistes, etwas, das den Menschen (vielleicht) von anderen Organismen unterscheidet. Sie ist für ihn das Grundwerkzeug des Denkens an sich und deshalb (vermutlich) von fundamentaler Bedeutung für Logik und Vernunft (und folglich auch für deren Korruption).[39] Erst wenn wir an unserer Sprache zu zweifeln beginnen, schreibt Derrida, erst wenn wir bezweifeln, dass die Sprache die Realität genau darstellt, und uns bewusst machen, dass alle Menschen ethnozentriert, inkonsequent und unklar sind bis hin zur Übersimplifizierung, könnten wir beginnen, uns eine Vorstellung vom Menschen zu machen. Das Bewusstsein sei nicht das, was es zu sein scheint, ebenso wenig wie Logik, Sinn und Intentionalität.[40] Derrida bezweifelt, dass es irgendeine menschliche Äußerung gibt, die einen einzigen Sinn haben kann, selbst für die sich äußernde Person. Wörter bedeuten grundsätzlich mehr oder weniger, als es dem Redner oder Zuhörer oder Leser bewusst ist.

Diese Kluft oder »Überstürzung« in der Wortbedeutung nannte Derrida *différance*. Und genau sie leitet den Prozess ein, den er als »Dekonstruktion« bezeichnet und der jahrelang ebenso populär wie umstritten war. Dekonstruktion war ein wesentlicher Bestandteil der postmodernen Argumentation (oder Sensibilität) und zog praktisch ebenso viele Abhandlungen wie Leser nach sich.[41] Doch Derrida hatte damit kein reines Kunstprodukt geschaffen oder gar Realität pervertiert. Was er sagen wollte (in sich gefährlich), war, dass menschliche Äußerungen unbewusste Elemente enthalten und jedes Wort an sich eine Geschichte hat, die weit umfangreicher ist als jede Erfahrung, die ein einzelner Mensch mit diesem Wort verbinden kann, weshalb alles, was er sagt, mit großer Wahrscheinlichkeit mehr bedeuten muss, als er zum Ausdruck bringen wollte. Letztlich ist auch das nichts anderes als gut begründeter Common Sense. Was

Kontroversen auslöste oder wo Derrida sich vom gesunden Menschenverstand verabschiedet zu haben schien, ist seine Behauptung, dass die ureigenste Natur der Sprache sogar den Sprechenden jeglicher Autorität über die Bedeutung des von ihm Gesagten oder Geschriebenen beraube.[42] Es gibt »keinerlei *natürliche*, durch Ähnlichkeiten gestiftete Verbindung zwischen dem Signifikanten und dem Referenten«, Zeichen sind »*arbiträr* oder *unmotiviert*«.[43] Damit hält Derrida das ganze Konzept der Philosophie, wie wir es verstehen (zu verstehen glauben), für hinfällig. Für ihn ist ein Fortschritt in den Angelegenheiten des Menschen unmöglich; es gibt keine Akkumulation von Wissen in dem Sinne, dass das, was wir heute wissen, »besser« oder vollständiger ist als das, was wir gestern wussten. Alte Wortbestände würden zwar für tot gehalten, aber auch das sei eine Bedeutung, die sich jederzeit ändern könne. So gesehen sei sogar das Wort »Philosophie« unpräzise, ungenau und daher kaum von Nutzen.

Für Derrida war der wichtigste Aspekt der Conditio humana ihre unentschiedene Natur. Wir schrieben unseren Erfahrungen fortwährend bestimmte Bedeutungen zu, ohne uns sicher sein zu können, dass diese Bedeutungen auch die »wahren« sind, während »Wahrheit« an sich bereits ein wenig hilfreicher Begriff sei, da sie sich ja unentwegt ändere.[44] Es gebe keinen Fortschritt, es gebe keine alleinige Wahrheit, die wir erfahren könnten, indem wir genug lesen oder lange genug leben. Alles sei im Fluss und unentschieden und werde es immer bleiben. Wir würden niemals wirklich wissen, was wir meinen, wenn wir etwas sagen, und andere würden uns nie so verstehen, wie wir verstanden sein wollen oder verstanden zu werden glauben. *Das* ist (vielleicht) die postmoderne Form von Anomie.

*

Louis Althusser wurde wie Derrida in Algerien geboren. Und wie Derrida war auch er marxistischer als Marx und glaubte, dass sich nicht einmal der große Revolutionär selbst immer der Bedeutung seines eigenen Werks bewusst war. Angesichts dieser Prämisse musste Althusser wohl tatsächlich an der Behauptung zweifeln, dass zwischen den Welten von Ideologie und Empirie eine Verbindung besteht. So schrieb er zum Beispiel, dass die empirischen Daten über die Gräuel im Gulag nicht notwendigerweise zu einer Abwendung von Stalin oder der UdSSR führen mussten. Althusser folgte Derrida, wenn er sagte, dass empirischen Daten jegliche Bedeutung fehle und man daher (wie Althusser selbst) Stalin und der kommunistischen Ideologie die Treue halten könne, ungeachtet der Ereignisse in der Sowjetunion unter Stalins Herrschaft. Ohnedies fand Althusser, dass das determinierende Element in der Geschichte überstrapaziert werde – es gebe so viele Faktoren, die zu einem Ereignis führten, ob sie nun ökonomischer, sozialer, kultureller oder politischer Art sind, dass es unmöglich sei, einzelne Ursachen herauszufiltern: »Mit anderen Worten: Es gibt nichts, was dazu befähigt, die Ursache eines historischen Ereignisses zu bestimmen. Daher kann jeder selbst entscheiden, welche historischen Kräfte am Werk sind, und diese Entscheidung konstituiert dann wiederum die eigene Ideologie. Der ökonomische Determinismus kann weder bewiesen noch widerlegt werden. Geschichtstheorie ist etwas, das sich der Mensch notwendigerweise allein erarbeiten muss, da sie sich auf keine empirischen und rationalen Demonstrationen einlässt.«[45] In jedem Fall, so Althusser, ist jeder Mensch so sehr die Schöpfung der ihn umgebenden sozialen Strukturen, dass seine Intentionen als Folgen der gesellschaftlichen Wirklichkeit und nicht als deren Ursachen betrachtet werden müssen.[46] Die Gesellschaft, vor allem die kapitalistische Gesellschaft, bestehe aus »einer bestimmten Anzahl von Realitäten« – aus »ideologischen Staatsapparaten (ISA)« –, die sich in Form von unterschiedlich spezialisierten Institutionen wie Familie, Medien, Schulen und Kirchen darbieten und so viele unterschiedliche Ideen propagierten und reflektierten, dass der einzelne Bürger nicht mehr als unbefangen wirkende Kraft gelten könne. Durch die Aktionen dieser »ISA« würde unsere Identität bestimmt.[47] Doch seien diese nicht identisch mit dem »repressiven Staatsapparat in der marxistischen Theorie«. »Die marxistischen Klassiker haben faktisch, das heißt in ihrer politischen Praxis, den Staat als eine komplexere Realität behandelt, als es die durch die ›marxistische Staatstheorie‹ gegebene Definition tut … Was die ISA vom (repressiven) Staatsapparat unterscheidet, ist folgender grundlegender Unterschied: Der repressive Staatsapparat ›arbeitet‹ auf der Grundlage der Gewalt, während die ideologischen Staatsapparate auf der Grundlage der Ideologie ›arbeiten‹.« Damit erschafften sie eine individuelle Identität und jene grundlegenden Situationen, welche einen Wandel einleiten können.[48] Leider wurden Althussers Ideen zu seinen Lebzeiten nach 1980 nicht mehr publiziert. Nachdem er seine Frau ermordet hatte, wurde er lebenslang in eine psychiatrische Anstalt gesperrt.

*

Mit ihrer Skepsis gegenüber der Sprache und insbesondere mit ihren Analysen der Zusammenhänge von Sprache und Wissen sowie Sprache und Macht wurden Strukturalismus und Dekonstruktion zu Stammesgenossen einer neuen Kulturtheorie, die auch in der Wissenssoziologie von Raymond Williams umrissen wurde und Marx nicht sehr fern stand. Gemeinsam bündelten sie sich schließlich zu einer Kritik an der kapitalistisch-materialistischen Gesellschaft und dem Wissen, das von den neuesten naturwissenschaftlichen Erkenntnissen profitierte.

Der frontalste Angriff gegen die Naturwissenschaften kam wieder vom europäischen Kontinent, und zwar von Jürgen Habermas, dem jüngsten großen Philosophen in der Tradition der Frankfurter Schule von Horkheimer, Benjamin, Adorno und Marcuse. Wie sie verfolgte auch er das Ziel einer modernen Synthese von Marx und Freud, akzeptierte jedoch, dass sich die gesellschaftlichen Bedingungen seit den Lebzeiten von Marx gewaltig geändert hatten und die Arbeiterklasse längst schon in die kapitalistische Gesellschaft integriert worden und daher keine revolutionäre Kraft mehr war.[49] Mit Adorno teilte er die Meinung, dass die sowjetische Gesellschaft den sozialistischen Gedanken völlig entstellt hatte. Und in der Frage der Ebenbürtigkeit von Sozialwissenschaften und Naturwissenschaften vertrat Habermas erstens die Ansicht, dass die moderne Geisteskultur die Rolle und die Verfahrensweisen der Empirie zu hoch bewerte: Die »modernen Erfahrungswissenschaften [vertrauen] nur noch der Rationalität ihres eigenen Vorgehens und ihres *Verfahrens* – nämlich der Methode wissenschaftlicher Erkenntnis oder dem abstrakten Gesichtspunkt, unter dem moralische Einsichten möglich sind.«[50] Zweitens fand er, dass die Naturwissenschaften ein falsches Bild vom Menschen als logisch begabtem Akteur vermitteln, welcher durchaus wisse, weshalb er handelt, wie er handelt. In Wirklichkeit gebe es keine ehernen Gesetze im Hinblick auf das menschliche Verhalten (eine Kritik nicht nur an den Naturwissenschaften, sondern auch an Marx), denn wäre dies der Fall, würde es nichts Menschliches geben. Der Mensch handle auf Grund von Reflexion, Intention und Vernunft, die von keiner Naturwissenschaft erklärt werden könnten. Seiner Art, Wissen zu akkumulieren, hafte immer etwas Emanzipatorisches an, denn je mehr der Mensch die Ursprünge seines Verhaltens und die gesellschaftlichen Institutionen, in denen sich dieses Verhalten abspielt, verstehen kann, desto eher werde er sich aus den Zwängen, denen er unterliegt, befreien können.[51] Ein klassischer Fall dieses Prinzips sei die Psychoanalyse, indem dort »Erklären« und »Verstehen« gleichsam zusammenfielen: »Die Rekonstruktion der Originalszene ermöglicht beides in einem: sie eröffnet ein Sinnverständnis des deformierten Sprachspiels und erklärt zugleich die Entstehung der Deformation selber.«[52] Auch diese Veränderung von Bedeutungen könne von den Naturwissenschaften nicht erklärt werden. Habermas' Vision war die eines »herrschaftsfreien Diskurses« in einer Gesellschaft, in der nicht Machtverhältnisse »das Sagen haben«, sondern Verständigung auf der Basis von Freiwilligkeit und Gleichberechtigung entsteht und dadurch eine gesteigerte Wahrnehmung der herrschenden Bedingungen erreicht wird.[53] Wissenschaft, so Habermas, verändere die Gesellschaft nicht nur, sondern sei ihrerseits von drei grundlegenden »Erkenntnisinteressen« geleitet: erstens vom »technischen« Interesse der empirisch-analytischen Wissenschaften; zweitens vom »praktischen« Interesse der historisch-hermeneutischen Wissenschaften; und drittens vom »emanzipatorischen« Interesse der kritischen Wissenschaften. Aus Anthony Giddens' Darstellung dieser Habermaschen Theorie stammt folgende zusammenfassende Tabelle[54]:

Gesellschaftlicher Aspekt	Konstituierendes Erkenntnisleitendes Interesse	Typen der Wissenschaft
Arbeit	Vorhersage und Kontrolle	Empirisch-analytische Wissenschaften
Interaktion	Verstehen der Bedeutung	Historisch-hermeneutische Disziplinen
Dominanz (Macht)	Emanzipation	Kritische Theorie

Die »harten« Wissenschaften besetzen die oberste Reihe, Aktivitäten wie Psychoanalyse und Philosophie die mittlere und die Kritische Theorie, der letztlich alle in diesem Kapitel besprochenen Denker angehören, die unterste Reihe. Wie Foucault würden Derrida und alle anderen zustimmen, dass die Erkenntnis des Zusammenhangs von Wissen und Macht die höchste Stufe emanzipatorischen Denkens darstellt.

*

Was diese französischen Denker (und Habermas) entwarfen, war im Wesentlichen eine postmoderne Form des Marxismus. Die einen schienen sich von Marx nicht vollständig abwenden zu wollen, andere wollten ihn auf den neuesten Stand bringen, aber keiner schien bereit, sich völlig von ihm zu lösen. Es waren jedoch weniger Marx' ökonomischer Determinismus oder seine klassenspezifischen Begründungen, an denen festgehalten wurde, als vielmehr seine Idee des »falschen Bewusstseins«, ausgedrückt in der These, dass Erkenntnis und Vernunft immer durch die Machtbeziehungen in einer Gesellschaft geformt oder vermittelt werden –, dass Erkenntnis, Hermeneutik und Verstehen immer einem Zweck dienen. Kant hat uns Briten beigebracht, dass es Grenzen der reinen Vernunft gibt. Nun erfuhren wir vom Kontinent, dass es auch Grenzen der emanzipatorisch wirkenden Erkenntnis gibt. Sicher wäre es nicht gerecht, zu behaupten, dass es sich hier um antiwissenschaftliche Schriften handele (Piaget, Foucault und besonders Habermas sind beziehungsweise waren viel zu umfassend gebildet, um so undifferenziert vorzugehen. Dennoch herrschte bei ihnen die Auffassung vor, dass die Naturwissenschaft keineswegs das einzige Wissen ist, dessen Erwerb sich lohnt und in jedem Fall nur inadäquat, wenn überhaupt, erklären kann, was wir wissen. Auch die Evolution haben diese Denker nicht wirklich ignoriert, doch sie zeigten sich wenig an der Frage interessiert, wie – oder ob – ihre Theorien mit den rasant wachsenden Erkenntnissen aus Genetik und Ethologie zu vereinbaren seien. Bemerkenswert ist auch, dass fast alle von ihnen Nachweise aus der Psychoanalyse akzeptierten und zur Untermauerung ihrer eigenen Thesen heranzogen. Für den angelsächsischen Leser hatte diese späte Fokussierung des Kontinents auf Freud, wie viele Kritiker meinten, etwas Unwirkliches, außerdem herrschte in Großbritannien auch das Gefühl, dass Foucault, Lacan und Derrida kaum mehr getan haben, als aus Einzelbeobachtungen – etwa über die damals zweifellos gravierenden Misshandlungen von Kriminellen oder »Geisteskranken«, oder, in Lacans Fall, über die Ungenauigkeiten in unserem Sprachgebrauch – ganze philosophische Gebäude zu errichten. Letztlich können sie nur nach der Überzeugungskraft beurteilt werden, die sie auf andere ausübten. Keiner von ihnen hat allgemeine Akzeptanz gefunden.

Doch wie diese Autoren die Idee in Frage stellten, dass es so etwas wie einen allgemein gültigen Kanon beziehungsweise eine allein gültige Betrachtungsweise in Bezug auf den Menschen und seine Geschichte gebe, hatte ganz zweifellos einen starken Effekt. Zumindest haben sie eine Skepsis eingeführt, die Eliot und Trilling gewiss vertreten hätten. 1969 überquerte der Strukturalismus in Form einer Sonderausgabe der *Yale French Studies* den Atlantik. Seither sollte, wie noch darzustellen sein wird, das postmoderne Denken die amerikanische Philosophie stark beeinflussen.

*

Roland Barthes gilt allgemein als ein poststrukturalistischer Gesellschaftskritiker. Er wurde 1915 als Sohn eines Marineleutnants in Cherbourg geboren und litt an einer Lungenkrankheit, die seine Kindheit leidvoll und einsam machte, aber im Zweiten Weltkrieg wenigstens dafür sorgte, dass er vom Wehrdienst befreit wurde und eine Karriere als Professor für Literatur beginnen konnte. Der frühe Verlust seines Liebhabers durch TB und die Präsenz seiner eigenen Krankheit bewogen ihn dazu, Medizin zu studieren. Doch während seiner Zeit im Sanatorium, in der er eine Menge las, begann er sich dann mehr für den Marxismus zu interessieren, was ihn eine Weile auch in den Bannkreis von Sartre brachte. Nach dem Krieg nahm er Stellen in Bukarest (damals natürlich kommunistisch) und im ägyptischen Alexandria an. Schließlich kehrte er nach Frankreich zurück und arbeitete in der Abteilung für kulturelle Angelegenheiten des französischen Außenministeriums. Die vielen einsamen Jahre und seine Reisen in die unterschiedlichsten Länder bewirkten, dass Barthes neben seinem Interesse für Literatur eine Leidenschaft für Sprachen entwickelte, und auf ebendiesem Gebiet sollte er sich schließlich einen Namen machen. 1953 begann er eine Reihe von Essays zu veröffentlichen, die die Aufmerksamkeit auf eine Sprachanalyse lenkten, die allmählich an Einfluss gewann, bis sie in den siebziger Jahren in der Literaturwissenschaft vorherrschend wurde.[55]

Das Phänomen Barthes hing nicht zuletzt mit der Tatsache zusammen, dass Freud in Frankreich erst so spät – mit den Arbeiten von Lacan – Anhänger fand. In gewisser Hinsicht war Barthes das französische Äquivalent zu Raymond Williams in Cambridge. Nach Barthes ging es bei der modernen Kultur um weit mehr als nur um das, was auf den ersten Blick wahrnehmbar ist; sein Argument war, dass der moderne Mensch von Zeichen und Symbolen aller Art umgeben sei, die mehr über die moderne Gesellschaft aussagten als alle traditionellen literarischen Formen. In seinem Buch *Mythologien des Alltags* (1957, erst 1964 ins Deutsche übersetzt) konzentrierte er sich auf spezifische Aspekte des modernen Alltags; aber die Themenauswahl für seine Betrachtungen faszinierte die Öffentlichkeit mindestens so sehr wie das, was er inhaltlich zu sagen hatte.[56] Denn allein schon mit dieser Auswahl gelang es ihm, uns klar zu machen, dass wir Alltägliches nicht einfach übergehen, sondern genauer betrachten und darüber nachdenken sollten. Wie das funktioniert, machte er zum Beispiel in seinen Kapiteln »Beefsteak und Pommes frites«, »Tiefenreklame« oder »Striptease« vor. »Ich wollte«, schrieb er, »in der dekorativen Darlegung dessen, ›was sich von selbst versteht‹, den ideologischen Missbrauch aufspüren, der sich meiner Meinung nach darin verbirgt.« So schilderte er beispielsweise »Plastik«: »Trotz seinen griechischen Schäfernamen (Polystyren, Phenoplast, Polyvinyl, Polyethylen) ist das Plastik, dessen Produkte man kürzlich in einer Ausstellung zusammengefasst hat, wesentlich eine alchimistische Substanz … es ist, wie sein gewöhnlicher Name anzeigt, die sichtbar gemachte Allgegenwart..: es ist weniger Gegenstand als Spur einer Bewegung … Doch das Lösegeld für dieses Gelingen besteht darin, dass das als Bewegung sublimierte Plastik als Substanz fast nicht existiert … In der poetischen Ordnung der großen Substanzen ist es ein zu kurz gekommenes Material, verloren zwischen der Dehnbarkeit des Gummis und der flachen Härte des Metalls … Am stärksten aber verrät es sich durch den Ton, den es gibt, diesen hohlen und matten Ton. Sein Geräusch vernichtet es, so wie auch seine Farben, denn es scheint nur die besonders chemischen fixieren zu können: Gelb, Rot, Grün, es behält von allen das Aggressive …«[57]

Seine Hinwendung zum Marxismus machte Barthes wie Sartre zum Verächter der Bourgeoisie; und der Erfolg seiner Analyse der Zeichen und Symbole des modernen Alltagslebens (der Semiologie, wie es später genannt wurde) führten dazu, dass er sich schließlich auch gegen die Einstellung der Strukturalisten zu den Wissenschaften wandte. Gestützt von Lacans Theorien des Unbewussten, stellte sich Barthes auf die Seite der humanistischen Interpretation von Literatur, Film und Musik. Sein berühmtester Essay war »Der Tod des Autors«, veröffentlicht 1968,[58] in dem auch der so genannte *New Criticism* zum Ausdruck kam, der seit den vierziger Jahren vor allem in den Vereinigten Staaten von der Prämisse ausging, dass das literarische Werk ein eigenständiges, von Autor, Leser und Gesellschaft unabhängiges Objekt sei. Von Barthes weitergeführt, bedeutet dies, dass die Intentionen des Autors bei der Interpretation des Textes keine Rolle spielen. Jeder Leser lese jedes Buch auf der Grundlage von vielen bereits gelesenen Werken, die jedem Wort eigene und von Autor zu Autor leicht variierende Bedeutungen verliehen hätten. Der Autor könne daher niemals voraussagen, welche Bedeutung seine Arbeit für andere haben wird. In seinem Essay *Die Lust am Text* (1973, deutsch 1974) schrieb Barthes: »Auf der Bühne des Textes keine Rampe: hinter dem Text kein Aktivum (der Schriftsteller) und vor ihm kein Passivum (der Leser); kein Subjekt und Objekt.«[59] »Die Lust am Text, das ist jener Moment, wo mein Körper seinen eigenen Ideen folgt – denn mein Körper hat nicht dieselben Ideen wie ich.«[60] Wie Raymond Williams wusste auch Barthes nur allzu genau, dass jedes Schreiben, jede Schöpfung mit dem kulturellen Kontext verknüpft ist, in dem sie entsteht. Er wollte dem Leser helfen, aus diesen Zwängen auszubrechen, um das Lesen als solches – ohnedies alles andere als ein passiver Akt – noch aktiver zu gestalten und damit letztlich auch vergnüglicher. In den angelsächsischen Ländern wurde er trotz einer ziemlich schlechten Presse sehr einflussreich. Heute, im Rückblick betrachtet, wirken seine Ansichten weniger ungewöhnlich als zur damaligen Zeit.* Aber er schrieb mit einer solchen Lebhaftigkeit und verfügte über eine derartige Formulierungs- und Beobachtungsgabe, dass nicht einmal Angelsachsen ihn so einfach links liegen lassen konnten.[61] Barthes wollte die befreienden Möglichkeiten der Sprache zeigen und uns helfen, aus dem beengenden Umgang mit ihr auszubrechen. Wie gut dies gelingen kann, bewies ein paar Jahre später Susan Sontag in ihrer Analyse der Metaphern von Krankheit (Aids), über die später mehr zu sagen sein wird.

*

Unter den Zeichen und Symbolen, auf die Barthes sein Augenmerk lenkte, nahm der Film einen besonderes Platz ein (Garbo, Eisenstein, Mankiewicz' *Julius Caesar*). Das war nicht ohne Ironie, denn während der ersten drei Jahrzehnte nach dem Zweiten Weltkrieg war Hollywood bei weitem nicht so bedeutend wie heute: Die interessantesten und kreativsten Innovationen fanden anderswo statt – und die waren samt und sonders *strukturalistisch*. Zweitens, und auch das eine Ironie, war es der europäische und vor allem der französische Film – der kreativste von allen –, der die Vorstellung vom Regisseur (und nicht vom Drehbuchautor oder Schauspieler oder Kameramann) als *Autor* schuf.

Hollywood erlebte nach dem Krieg mehrere Umbrüche. Die Einnahmen an den Kassen im Jahr 1946, im ersten wirklichen Friedensjahr, übertrafen alles bis dahin Dagewesene und dürften, die Inflation mit berech-

* Barthes' Ansichten enthalten zumindest einen Widerspruch: Wenn die Intentionen des Autors praktisch nichts bedeuten, wie können dann Barthes' eigene Ansichten von irgendeiner Bedeutung sein?

net, noch heute einen Rekord darstellen. Doch dann begann sich das Blatt für Hollywood zu wenden: Die Besucherzahlen sanken so kontinuierlich, dass zwischen 1946 und 1957 4000 Kinos schließen mussten. Ein Grund dafür war der sich wandelnde Lebensstil. Immer mehr Menschen zogen sich in die Grüngürtel zurück, und das Fernsehen konnte seinen Siegeszug antreten. In den Sechzigerjahren gab es noch einmal ein Revival, nachdem sich Hollywood den Fernsehgewohnheiten angepasst hatte, aber es sollte nicht von langer Dauer sein. Zwischen 1962 und 1969 gingen fünf von den acht großen Studios in andere Hände über und verloren dabei insgesamt 500 Millionen Dollar an Wert (nach heutigen Maßstäben vier Milliarden Dollar). Im Verlauf der siebziger Jahre erholte sich Hollywood wieder: Eine neue Generation von »Movie-brat«-Regisseuren begann sich zu etablieren. Und die hatten der europäischen Idee des Autorenfilms viel zu verdanken.

Die Idee an sich gab es natürlich schon, seit das Kino existierte. Doch es waren die Franzosen, die sie in der ersten Nachkriegszeit wieder belebten und popularisierten, indem sie öffentlich mit den Kritikern über die Frage stritten, wem die Lorbeeren für den Erfolg eines Films gebühren, dem Drehbuchautor oder dem Regisseur. 1951 gründete Jacques Doniol-Valcroze das Monatsheft *Cahiers du cinéma*, das ganz auf der Prämisse beruhte, dass der Film seinem Regisseur »gehört«.[62] Zu den kritischen Regisseuren, die ihre Ansichten in diesen *Cahiers* propagierten, zählten Eric Rohmer, Claude Chabrol, Jean-Luc Godard und François Truffaut. In einem berühmten Artikel unterschied Truffaut zwischen Filmen, die auf dem Buch eines Drehbuchautors basieren und vom Regisseur einfach nur inszeniert werden, und solchen, die von echten *auteurs* wie Jean Renoir, Robert Bresson, Jean Cocteau, Jacques Tati oder Max Ophüls hergestellt wurden. Und genau diese Betonung des *auteur* eröffnete die goldenen Jahre des Kunstfilms der Fünfziger-, Sechziger- und frühen Siebzigerjahre.

Robert Bressons erste Nachkriegsfilme waren von beinahe religiöser, auf jeden Fall gewiss spiritueller Qualität. Doch je älter er wurde, desto pessimistischer wurde er, und schließlich verlagerte er sich ganz auf die Alltagsprobleme junger Menschen.[63] *Une Femme douce* (1969) zum Beispiel war eine Allegorie: ein Film über eine einfache Frau, die ohne jede weitere Erklärung Selbstmord begeht. Ihr von Trauer überwältigter Mann erinnert sich an die Höhen und Tiefen des gemeinsamen Lebens und wird sich bewusst, dass er zu spät begriffen hat, wie sehr er sie liebt. Lasse das Leben nicht einfach an dir vorüberziehen, warnt Bresson, ergreife es, bevor es zu spät ist. *Der Teufel möglicherweise* (1977) ist einer der minimalistischsten Filme von Bresson. Wieder begeht die Hauptfigur Selbstmord, doch hier steht Bressons Technik im Mittelpunkt, sie ist das Geheimnis, erzeugt Unbehagen und zwingt den Zuschauer geradezu, sein eigenes Leben in Frage zu stellen.

Die keineswegs glatte Karriere von Jacques Tati erinnert ein wenig an die Figur seiner Filme. Am Ende war er bankrott und verlor alle Nutzungsrechte an seinem filmischen Werk,[64] darunter *Ferien* (1949), *Die Ferien des Monsieur Hulot* (1953) und seine berühmtesten Filme *Mon Oncle* (1958) und *Playtime* (1967). In *Mon Oncle* taucht Monsieur Hulot erneut auf, auch diesmal von Tati selbst gespielt, ein ungeschicktes Wesen, das im Regenmantel, den Schirm in der Hand, durchs Leben stolpert und dabei die Familie seiner Schwester in ihrem mit neuestem technischen Schnickschnack voll gestopften Haus beglückt. Tati macht aus diesen angeblich so arbeitssparenden Gerätschaften eine Witznummer nach der anderen und zeigt damit, dass solche Dinge den Vorwärtsdrang im Grunde nur behindern und jedem Lebensgenuss im Wege stehen.[65] Hulot freundet sich mit seinem Neffen Gerald an, einem sensiblen Jungen, der nicht viel übrig hat für all das, was um ihn herum vorgeht. Wie innovativ Tati war, bewiesen seine ungewöhnlichen Einstellungen, in denen manchmal mehrere Gags gleichzeitig ablaufen, und seine intelligenten Inszenierungen. In einer berühmten Szene laufen Hulots Schwester und Schwager so lange vor ihren runden Schlafzimmerfenstern hin und her, bis der Zuschauer den Eindruck hat, dass das Haus anfängt, mit den Augen zu rollen. Auch *Playtime* (1967) hätte nicht innovativer sein können, ob nun auf Tati oder Bresson bezogen. Es gibt keinen Hauptdarsteller und praktisch keinen Plot. Wie *Mon Oncle* ist dieser Film eine Satire auf den hoch glänzenden Stahl und die Gerätschaften der modernen Welt. In einer von Tatis typischen Szenen werden zum Beispiel eine ganze Reihe von visuellen Elementen eingeführt, aber keineswegs offensichtlich: Der Zuschauer muss sich anstrengen, um sie alle zu bemerken. Doch wenn man erst einmal richtig zu sehen gelernt hat, erkennt man auch, was Tati sieht, nämlich unsere alltägliche Umwelt, all die einzelnen, ohne Geschichten miteinander verbundenen Dinge. Wir können sie nur wahrnehmen und in unsere Erlebniswelt integrieren. Die Parallele zu Barthes und Derrida ist Absicht – aber viel lustiger.

Die *nouvelle vague* der Regisseure des Pariser *Rive gauche* war komplett dem Einfluss der *Cahiers du cinéma* zu verdanken, welche ihrerseits den Jugendkult der Babyboom-Generation reflektierten. Parallel dazu begann sich eine neue Filmkultur zu etablieren. Seit den späten Fünfzigerjahren schossen internationale Filmfestivals – Betonung auf »international« – wie Pilze aus dem Boden: San Francisco und London 1957; Moskau zwei Jahre später; Adelaide und New York 1963; Chicago und Panama 1965; Brisbane 1966; San Antonio, Texas und Shiraz, Iran, 1967. Cannes, die Mutter aller Filmfestspiele, gab es bereits seit 1939. Nach Hitlers Einmarsch in Polen wurden sie unterbrochen, aber 1946 sofort wieder aufgenommen.

Die Regisseure der *nouvelle vague* zeichneten sich durch technische

Neuerungen aus, die vor allem durch leichtere Kameras und damit variationsreichere Einstellungen ermöglicht wurden – ungewöhnliche Nahaufnahmen, unerwartete Perspektiven oder lange Sequenzen aus großer Entfernung. Doch ihre eigentliche Leistung war die neue Direktheit, die Vermittlung einer Unmittelbarkeit, die beinahe etwas Dokumentarisches hatte. Ihrem goldenen Zeitalter verdanken wir solche Klassiker wie *Sie küssten und sie schlugen ihn* (François Truffaut, 1959), *Hiroshima mon amour* (Alain Resnais, 1959), *Außer Atem* (Jean-Luc Godard, 1960), *Zazie in der Metro* (Louis Malle, 1960), *Letztes Jahr in Marienbad* (Resnais, 1961), *Jules und Jim* (Truffaut, 1962), *Cléo de 5 à 7 ans* (Agnès Varda, 1962), *Die süße Haut* (Truffaut, 1964), *Die Außenseiterbande* (Godard, 1964), *Die Regenschirme von Cherbourg* (Jacques Demy, 1964), *Alphaville* (Godard, 1965), *Fahrenheit 451* (Truffaut, 1966), *Zwei oder drei Dinge, die ich von ihr weiß* (Godard, 1967), *Meine Nacht mit Maud* (Eric Rohmer, 1967), oder *Die amerikanische Nacht* (Truffaut, 1973).[66]

Die berühmteste technische Innovation war Truffauts *jump-cut*, das heißt, er schnitt Teile mitten aus Sequenzen heraus, um mit einem verwirrenden Effekt abgelaufene Zeit (vor allem kurze Zeitsprünge) und Gefühlsumschwünge zu signalisieren. Auch der *freeze frame*, die eingefrorene Bewegung, wurde immer wieder eingesetzt, am deutlichsten in der letzten Szene von *Sie küssten und sie schlugen ihn*, wo der Junge dem Meer zugewandt steht und schließlich seinen Blick dem Zuschauer zuwendet. Mit diesem Mittel wurde häufig das Ende offen gelassen, und gerade in Kombination mit der durch diese *jump-cuts* eingeführten psychisch-nervlichen Komponente führte es dazu, dass solche Filme als »existenzialistisch« oder »dekonstruktivistisch« bezeichnet wurden – sie überließen es dem Zuschauer, sich seinen eigenen Reim auf das Angebot des Regisseurs zu machen.[67] Gewiss haben die Ideen Sartres und der anderen Existenzialisten die Autoren der *Cahiers* beeinflusst, ebenso wie Braudels Begriff der *longue durée*, ganz besonders in den Arbeiten von Bresson. Aber umgekehrt wurde auch Roland Barthes' berühmter Essay über den »Tod des Autors« von der Interpretationsfreiheit beeinflusst, die die *nouvelle vague* eingeführt hatte.[68]

Unter Filmhistorikern gilt *Hiroshima mon amour* als ebenso wichtig für die Filmgeschichte wie *Citizen Cane*. Wie alle großen Filme ist *Hiroshima* eine nahtlose Einheit von Geschichte und Form. Basierend auf einem Script von Marguerite Duras, erzählt er die zwei Tage währende Liebesgeschichte zwischen einer französischen Schauspielerin und einem verheirateten japanischen Architekten in Hiroshima. Angesichts des so gegenwärtigen Todes in Hiroshima muss die Frau ständig an ihre Liebe zu einem jungen deutschen Soldaten während der Besatzungszeit in Frankreich denken, der am Tag der Befreiung getötet wurde. Weil sie den Feind geliebt hatte, wurde sie von ihrer Familie in einen Keller gesperrt und ausgestoßen. Mit dieser neuen Liebe in Hiroshima erlebt sie den einstigen Schmerz noch einmal. Die Kombination von zärtlichen, hingebungsvollen Liebeszenen und brutalen Kriegszenen entspricht genau der Stimmung der Protagonistin.[69]

Sie küssten und sie schlugen ihn wird allgemein als bester Film betrachtet, der jemals über das Thema Jugend gedreht wurde. Es war der erste Film aus einer Fünferreihe – der letzte war *Liebe auf der Flucht* (1979) – rund um die Figur des Antoine Doniel. (Der Originaltitel *Les Quatre Cents Coups,* Die vierhundert Schläge, entspricht einem französischen Ausdruck für das Maximum, das ein Mensch ertragen kann, aber auch für etwas, das bis zum Exzess betrieben wird.) In diesem ersten Film ist Antoine zwölf Jahre alt. Allein gelassen von seinen Eltern, gerät er in Schwierigkeiten, reißt aus und wird schließlich in eine Jugendstrafanstalt eingewiesen. Truffaut macht deutlich, dass Antoine weder besonders schlecht noch besonders gut ist, sondern einfach ein Kind, das zwischen Kräften, die es nicht begreifen kann, hin und her gezerrt wird. Der Film will die Freiheit zeigen – geographisch wie intellektuell und künstlerisch –, von der dieser Junge ahnt, von der er aber immer wieder fortgerissen wird, sobald er sie ergreifen will. Ohne jemals irgendeinen Glücksmoment in der Schulzeit erlebt zu haben (wir bekommen andere zu Gesicht, die glücklich *sind*), tritt er als bereits Gezeichneter ins Erwachsenendasein ein. Die berühmte eingefrorene letzte Szene, heißt es üblicherweise, sei zweideutig und lasse alles offen. Nicht offen aber lässt dieser Film, wie traurig es ist, so vieles unwiederbringlich *nicht* erlebt zu haben. [70]

Außer Atem wurde oft als das filmische Gegenstück zu *Le Sacre du printemps* oder *Ulysses* bezeichnet. Es war Godards erstes Meisterwerk und sollte die ganze künftige Filmgeschichte ändern. Oberflächlich betrachtet ist es die Story eines kleinen (aber gefährlichen) Ganoven, der eine Menschenjagd auslöst, nachdem er einen Polizisten erschossen hat. Doch der Mann, dessen Geschichte der Film verfolgt (Jean-Paul Belmondo), ahmt Bogart nach, verhält sich wie die Gangster, die er so oft in B-Movies aus Hollywood gesehen hat.[71] Er trifft eine amerikanische Studentin (Jean Seberg), in die er sich verliebt und deren begrenzte Französischkenntnisse seine eigenen sprachlichen und persönlichen Grenzen betonen. Ihre so völlig unterschiedlichen Weltanschauungen, über die sie in den Pausen zwischen hektischen Aktionen ständig diskutieren, verleihen diesem Film eine Tiefe, die ihn deutlich von den B-Movies Hollywoods unterscheidet, vor denen sich Godard hier verbeugt und die er zugleich persifliert. Der von Belmondo verkörperte Michel Poiccard kennt die Rückschläge des Lebens, die Antoine Doinel gerade erst bewusst werden, nur allzu gut. Auch in diesem Film geht es wieder um das, was hätte sein können.[72]

Letztes Jahr in Marienbad, Regie Alain Resnais und Drehbuch Alain Robbe-Grillet, ist hingegen eine Art *noveau roman* auf der Leinwand. Es geht um die Versuche von X, A davon zu überzeugen, dass sie sich letztes Jahr in Marienbad trafen und sie ihm versprochen habe, dieses Jahr mit ihm fortzugehen. Wir erfahren nie, ob diese erste Begegnung tatsächlich stattgefunden hat, ob A nur wegen der Nähe ihres Ehemanns daran zweifelt oder ob die »Erinnerungen« von X in Wirklichkeit Vorahnungen von etwas Bevorstehendem sind. Dass dieser Plot schlicht unmöglich wirkt, wenn man ihn liest, spielt keine Rolle; wichtig ist allein, dass Resnais den Zuschauer mit Hilfe meisterhafter Sets und wunderschöner Aufnahmen die ganze Zeit über verwirrt, ohne dabei je sein Interesse zu verlieren. Die berühmteste Aufnahme zeigt eine große Parkanlage: Die Figuren werfen Schatten, aber die sie überragenden Sträucher nicht.[73]

Jules et Jim ist »das Heiligtum aller Liebenden, die von Leidenschaft besessen waren und von ihr zerstört wurden«. Es ist die Geschichte zweier Freunde, beides Schriftsteller, und der Frau, die sie lieben und die zuerst von dem einen ein Kind erwartet und sich dann in den anderen verliebt.[74] Der Film gilt nicht nur als Truffauts Meisterwerk, er war auch der Durchbruch von Jeanne Moreau in der Rolle der Cathérine. Sie ist so überzeugend als eigensinniger dritter Pol dieser Freundschaft, dass es zum Beispiel völlig selbstverständlich wirkt, wenn sie in die Seine springt, nur weil Jules und Jim sie von einer Diskussion über ein Strindberg-Stück ausgeschlossen haben.

Zwei oder drei Dinge, die ich von ihr weiß wurde von der Kritik als größter Film des bedeutendsten Regisseurs nach dem Zweiten Weltkrieg bezeichnet.[75] Der Plot hat weder besondere Stärken, noch ist er besonders originell: Eine Hausfrau arbeitet als Teilzeithure. Trotzdem ist es ein berüchtigt schwieriger Film, voller Anspielungen und endloser Hinweise auf Marx, Wittgenstein, Braudel oder den Strukturalismus, alle im Zusammenhang mit dem Film und der Frage, wie wir Filme sehen und – ein Thema, das allen Filmen von Godard und Truffaut zu Grunde liegt –, welchen Anteil der Film an unserer Lebensführung hat. *Zwei oder drei Dinge* gilt auch als ein »Barthesscher« Film, weil er »Mythologien« nicht nur schafft, sondern auch in Frage stellt, indem er Zeichen auf traditionelle und zugleich neue Weise benutzt, um zu zeigen, wie sie unser Denken und Verhalten beeinflussen.[76] Ein wichtiger Bestandteil der Renaissance des französischen Films war genau diese Bereitschaft, parallele Strömungen im Geistesleben aufzugreifen und sich als Teil einer kollektiven Aktivität zu begreifen. Die Tatsache, dass Godards Meisterwerk so schwierig ist, bedeutet zugleich, dass er die intellektuelle Auseinandersetzung an die erste und den Unterhaltungswert an die zweite Stelle setzte. Darum ging es, das war der Grund, weshalb der Hollywood-Film im dritten Viertel des zwanzigsten Jahrhunderts in die zweite Reihe verbannt wurde.

*

1980 erhielt Peter Brooks *Centre International de Créations Théâtricales* in Paris den Preis der New Yorker Theaterkritiker (»Drama Critics' Circle Award«), den er wahrlich verdient hatte. In vieler Hinsicht kann man sagen, dass Brooks Beziehung zum Theater der Beziehung entsprach, die Boulez zur Musik hatte. Beide ließen sich durch so gut wie nichts beeinflussen, beide gingen ihre eigenen kreativen Wege und waren ausgesprochen international und experimentell orientiert. Auch das »wissenschaftliche« Element, das Brook ins CICT brachte, ähnelte den Neuerungen, die Boulez am IRCAM in die Musik einführte.[77]

Brook wurde 1925 in London als Sohn russischer Einwanderer geboren, er verließ mit sechzehn Jahren die Schule. Während des Krieges arbeitete er kurz für die Crown Film Unit, ließ sich dann aber von seinen Eltern überzeugen, dass eine Hochschulbildung vielleicht doch keine so schlechte Idee wäre. Nachdem er bereits am Magdalen College in Oxford begonnen hatte, Theaterstücke zu inszenieren, ging er anschließend gleich zur Birmingham Repertory Company (»Birmingham Rep«). Im Zeitalter vor dem Fernsehen war diese Art von Theater sehr populär, heute kennt man es praktisch nicht mehr: Ungefähr alle zwei Wochen gab es eine neue Inszenierung, immer abwechselnd Klassiker und moderne Dramen, sodass die Repertoirebühne mit ihrer vertrauten Schauspielertruppe eine wichtige Rolle im lokalen Geistesleben spielte, vor allem natürlich in der Provinz. Erst nachdem im Jahr 1961 die Royal Shakespeare Company in Stratford-upon-Avon gegründet und Brook zur Mitwirkung eingeladen worden war, begann er über die regionalen Grenzen hinaus bekannt zu werden. Doch bereits in Birmingham hatte er die Briten mit Arthur Miller und Jean Anouilh vertraut gemacht und John Gielgud für *Maß für Maß* oder Laurence Olivier für *Titus Andronicus* gewinnen können.[78] Als absoluter Wendepunkt seiner Karriere gilt allgemein seine karge Inszenierung des *König Lear* im Jahr 1962, mit Paul Scofield in der Hauptrolle. Peter Hall, der bei der Gründung der Royal Shakespeare Company und für das National Theatre eine große Rolle gespielt hatte, bat Brook, zu ihm zu kommen. Brook sagte unter der Bedingung zu, dass er eine »eigene Forschungstruppe« bekam.

Einen Großteil des Jahres 1965 verbrachten Brook und seine Kollegen hinter verschlossenen Türen, dann stellten sie der Öffentlichkeit das Ergebnis ihrer experimentellen Klausur vor: ihr »Theatre of Cruelty«, so betitelt als Verbeugung vor Antonin Artauds Konzept eines »Theaters der Grausamkeit.«[79] *Cruelty* war hier in einem spezifischen Sinn gemeint. Brook selbst hatte in seinem *Manifesto for the Sixties* geschrieben: »Wir müssen auf Shakespeare blicken. Alles, was an Brecht, Beckett, Artaud bemerkenswert ist, ist Shakespeare. Damit eine Idee hängen bleibt, genügt es nicht, sie zu konstatieren: sie muss in unser Gedächtnis eingebrannt werden. *Hamlet* ist eine solche Idee.«[80]

Die berühmteste Aufführung in der Saison des *Theatre of Cruelty* war Brooks Inszenierung von Peter Weiss' *Marat/Sade*. Der vollständige Titel dieses Stücks erklärt den Plot: *Die Verfolgung und Ermordung Jean Paul Marats dargestellt durch die Schauspielergruppe des Hospizes zu Charenton unter Anleitung des Herrn De Sade*. Weiss selbst hatte das Stück marxistisch genannt, aber das spielte für Brook keine große Rolle. Er konzentrierte sich lieber auf die Intensität der Erfahrung, die durch das Theater vermittelt werden konnte (eines seiner selbstformulierten Ziele war, das Theater davor zu retten, von den für das neue Medium Fernsehen adaptierten Inszenierungen – in den sechziger Jahren noch sehr beliebt – verdrängt zu werden). Die wichtigste Technik zur Steigerung der Intensität im Theater war für Brook der Reim, dabei vor allem die Texte Shakespeares, da sie Schauspieler, Regisseur und Publikum zwangen, sich auf das Wesentliche zu konzentrieren. Aber ihm war klar, dass im zwanzigsten Jahrhundert eine neue Technik hinzukommen musste. *Die* Neuerung schlechthin war für ihn die Erfindung Brechts, »was man linkisch Verfremdung genannt hatte. Verfremdung ist die Kunst, eine Handlung so fern zu rücken, dass sie objektiv beurteilt werden und in Relation zur Umwelt – oder besser: zu den Umwelten – gesetzt werden kann.« *Marat/Sade* war Brooks Paradebeispiel dafür. Als er mit den Proben begann, bat er die Schauspieler, Wahnsinn zu improvisieren. Das Ergebnis war ein derart klischeehaftes Augenrollen und Gesabber, dass er mit dem ganzen Ensemble eine Nervenheilanstalt besuchte, um seine Schauspieler mit eigenen Augen sehen zu lassen, was sie darstellen sollten. »Auch ich war zum ersten Mal den wirklichen Schocks des direkten Kontakts mit den abscheulichen körperlichen Zuständen der Insassen von Nervenkliniken, Altenheimen und Gefängnissen ausgesetzt – Eindrücke aus dem wahren Leben, die durch auf Film gebannte Bilder nicht ersetzt werden können. Dort herrschten Verbrechen, Wahnsinn, politische Gewalt, sie klopften an das Fenster, stießen die Tür auf. Es führte kein Weg daran vorbei. Es reichte nicht aus, im angrenzenden Raum zu bleiben, auf der anderen Seite der Schwelle. Hier war eine andere Einlassung gefragt.«[81]

Nach dem neuerlichen Erfolg mit Shakespeares *Mittsommernachtstraum*, den Brook 1970 mit der RSC inszenierte (nachdem er bereits eine Reihe von Inszenierungen in Frankreich gemacht hatte), bot man ihm endlich die finanzielle Unterstützung an, die er so dringend brauchte, um das *Centre International de Recherche Théâtrale* (CIRT) auf die Beine stellen zu können (erst später wurde es in CICT umbenannt, *Centre International de Créations Théâtrale*). Dort wollte Brook sich von den Fesseln des kommerziellen Theaters – das für ihn immer bedeutet hatte, Kompromisse zu schließen – befreien.[82] Mit seinem Interesse nicht nur am Darstellerischen, sondern auch an der Art, wie ein Stück inszeniert werden und dann vom Publikum aufgefasst werden kann, oder an der

Frage, inwieweit konkrete Recherchen zur Erlebnisintensität beitragen können, zog Brook Schauspieler aus aller Welt an.

Das Stück *Orghast* (1971), das er in Persepolis aufführte, hatte er von dem britischen Dichter Ted Hughes (der 1984 zum *poet laureate* ernannt wurde) bearbeiten lassen. Mit seiner Hilfe wollte Brook vor allem herausfinden, wie die *Darbietung* von Text – der hier auch als Beschwörung gesungen wurde – das Verständnis seiner Aussagen beeinflusst. Auch Hughes hatte sich bei der Schöpfung dieser neuen Form an Noam Chomskys Forschungen über die Tiefenstruktur von Sprache orientiert.[83]

Nachdem die Truppe in das verlassene Theater *Bouffes du Nord* eingezogen war – 1874 erbaut, aber seit 1952 leer stehend –, begann Brook mit einem höchst ambitionierten und absolut einmaligen Experiment, das sich aus zwei Elementen zusammensetzte. Erstens aus dem Versuch, mit Hilfe des Theaters eine Universalsprache zu erschaffen. Brook besetzte nicht nur die Rollen mit Schauspielern aus unterschiedlichen Kulturen – Südamerikaner, Japaner, Europäer –, sondern führte seine Experimentalstücke dann auch vor *Publikum* aus unterschiedlichen Kulturen auf, um festzustellen, wie sie von ihm jeweils aufgenommen und verstanden wurden. Allein schon mit den Vorgaben seiner Stücke schien er schier unmöglich wirkende Ideen umsetzen zu wollen – beispielsweise mit dem Stück *Konferenz der Vögel* (1979), das auf einem Sufi-Gedicht basiert und eine komische, aber zugleich schmerzliche Allegorie über eine Vogelschar ist, die sich auf der Suche nach dem legendären Simourg, ihrem geheimen König, auf eine gefährliche Reise begibt.[84] Natürlich ist dies eine Reise zum Ich, auf der jeder Vogel/Mensch Stück für Stück seine Maske fallen lassen muss – eine Vorgabe, die Brook zum Beispiel improvisieren ließ. Ein weiteres, auf den ersten Blick undurchführbar wirkendes Projekt war seine Dramatisierung des Sanskrit-Epos *Mahabharata* (1985). Es ist fünfzehn Mal so lang wie die Bibel. Brook verdichtete es zu einer sechsstündigen Darstellung der »Kerngeschichte« der beiden zerstrittenen Familien. Recherchiert hatte er das Epos direkt in Indien, an das er sich in seinen Memoiren sehr emotional erinnert: »Indien ist vielleicht der letzte Ort, wo jede Periode der Geschichte koexistieren kann, wo die Hässlichkeit des Neonlichts Zeremonien beleuchten kann, die sich weder in ihren Ritualen noch in ihren äußerlichen Erscheinungsformen seit den Ursprüngen des hinduistischen Glaubens verändert haben.«[85] Seine Hauptdarsteller hatte er auf diese Reise mitgenommen und ihnen Zeit gegeben, an den heiligen Stätten zu verweilen, um wenigstens eine Ahnung von jener vedischen Welt zu bekommen, die sie wiedergeben sollten. (Mit all seinen unterschiedlichen Versionen sollte es zehn Jahre dauern, bis das Rollenbuch in endgültiger Fassung vorlag.) Die dritte dramatische Reise in nichtwestliche Gefilde führte Brook dann nach Afrika: *Les Iks*, ein Stück über die Hungersnot, schildert teils eine Vergangenheit, die von Brook den Berichten des Anthropologen Colin Thurnball entnommen hatte, des Entdeckers einiger außergewöhnlichen Stämme, und teils eine Zukunft, in der sich die Ideen des indischen Ökonomen Amartya Sen spiegelten, der 1998 den Nobelpreis für seine Theorien zur Entwicklung von Hungersnöten erhielt. Auch diesmal ergänzte Brook seine Studien durch Reisen mit seiner Truppe nach Afrika, Iran und in die USA. Er tat das nicht nur zum Amüsement oder zu reinen Informationszwecken, er wollte auch die Reaktionen des so unterschiedlichen Publikums in den unterschiedlichen Orten der Welt auf seine Aufführungen erleben. Solche Tourneen galten ihm einerseits als Test seiner Universalsprache für das Theater, andererseits konnte er dabei feststellen, wie sich seine Truppe entwickelte, wenn sie keinen kommerziellen Zwängen unterlag.[86]

Peter Brook war nicht nur am Experimentellen interessiert und nicht nur vorrangig an Frankreich orientiert, auch das englische Theater fand er »sehr lebendig«.[87] Das CICT führte weiterhin Shakespeare und Tschechow auf; Brook inszenierte Opern und drehte mehrere Filme für das Massenpublikum: *Herr der Fliegen* (1963) nach William Goldings Roman über eine Gruppe von Jungen, die auf einer verlassenen Insel stranden und bald schon »wieder« zu Wilden werden; *Begegnungen mit bemerkenswerten Menschen* (1979) nach der Autobiographie des Spiritualisten Georg Iwanowitsch Gurdijeff und *La Tragédie de Carmen* (1983). Außerdem schrieb er ein grundlegendes Werk über das Theater, in dem er seine vier Prinzipien des Dramas beschreibt: tödlich (*deadly*), heilig (*holy*), rücksichtslos (*rough*) und direkt (*immediate*). Am Ende seiner Memoiren schreibt Brook: »In seinen Anfängen war das Theater eine heilende Handlung, es heilte die Stadt. Gemäß der Wirkung grundlegender entropischer Kräfte kann aber keine Stadt den unvermeidlichen Prozess der Fragmentierung vermeiden. Nur wenn sich die Bürger an einem besonderen Ort unter besonderen Bedingungen versammeln, um gemeinsam an einem Mysterium teilzuhaben, werden die einzelnen Glieder wieder zusammengefügt und durch Spontanheilung zum größeren Körper geeint, in dem jedes Glied, neu eingegliedert, seinen Platz findet.*… Hunger, Gewalt, grundlose Grausamkeit, Vergewaltigung, Verbrechen – das sind die ständigen Begleiter der heutigen Zeit. Das Theater kann in die dunkelsten Zonen des Schreckens eindringen und ringt dabei doch immer nur um eines: nicht vor und nicht nach, sondern just in diesem einen Moment versichern zu können, dass es Licht im Dunkel gibt. ›Fortschritt‹ mag zu einer leeren Worthülse verkommen sein, aber ›Evolution‹ nicht; selbst wenn Evolution im Verlauf von Millionen Jahren stattfindet, kann uns das Theater aus diesem Zeitkorsett befreien.«[88]

* Anm. d. Ü.: Brook schreibt: »… in which each member, re-membered, finds its place«. Dies ist in seiner Doppelbedeutung – »member«, das Mit-Glied, auf Personen wie Körperteile bezogen, wird »re-membered« – nur unzulänglich ins Deutsche übertragbar.

Später dramatisierte Brook mit *L'Homme qui* Oliver Sacks' Buch *Der Mann, der seine Frau mit einem Hut verwechselte*, in dem der Autor die unterschiedlichsten neurologischen Absonderlichkeiten schildert. Auch das unterstreicht Brooks große Bedeutung in der Welt nach dem Zweiten Weltkrieg. Sein Bemühen, über die engen Grenzen der Nationalität hinauszugehen, Menschlichkeit im Wissenschaftlichen zu entdecken und wissenschaftliche Techniken bei der Inszenierung von großer Kunst einzusetzen, zeigen, welch ungewöhnliche Vision er vom *Heilungsprozess* hatte und wie er die Frage beantwortete, wo Heilung in der modernen Gesellschaft einsetzen muss.[89] Brook ist auch ein Existenzialist, obwohl er diese Bezeichung sicher weit von sich weisen würde. Um noch ein letztes Mal zu seinen Erinnerungen zurückzukehren: »Ich habe keinen Wundern beigewohnt, aber ich habe gesehen, dass es bemerkenswerte Männer und Frauen gibt, bemerkenswert, weil sie ihr ganzes Leben so viel an sich gearbeitet haben.«[90] Das trifft Wort für Wort auf Peter Brook selbst zu.

36
Gut leben und Gutes tun

1944 hatte Gunnar Myrdal in seiner Studie *An American Dilemma* vorhergesagt, dass sich die Lage der »Neger« in den USA nur verbessern würde, wenn sich die Gerichte ihrer Sache annähmen. Und genau das geschah zwischen Mitte der fünfziger und den siebziger Jahren, forderte allerdings auch schnell zu Reaktionen heraus. Präsident Richard Nixon und Vizepräsident Spiro Agnew fragten sich, ob das Oberste Bundesgericht der Vereinigten Staaten hier nicht erstens Entscheidungen traf, die vielmehr Sache der Regierung waren, weil es sich dabei im Grunde um als Rechtsfragen maskierte politische Fragen handelte, und zweitens indem es nun grundsätzlich Urteile zu Gunsten der Minderheiten fällte, nicht schamlos die Ansichten der »schweigenden Mehrheit« überging und soziale Spannungen nur noch schürte.

Präsident Nixon und Vizepräsident Agnew mussten ihr Amt in Schimpf und Schande verlassen, und somit hatten sich auch ihre persönlichen Ansichten bei dieser Auseinandersetzung erledigt. Doch das Thema stand nun auf dem Tapet. Einer, der sich seiner dann im Detail annahm, war Richard Dworkin, Professor an der Law School der Universität von New York. In seiner 1977 (deutsch 1984) veröffentlichten Studie *Bürgerrechte ernst genommen*[1] untersuchte er die Evolution von Recht und Rechtsempfinden anhand der herrschenden Gesetze, der Ethik, Linguistik, Politik und politischen Ökonomie, unter Berücksichtigung der jüngsten Entwicklungen in den Bürgerrechts-, Frauen- und Homosexuellenbewegungen und der Theorien von Ludwig Wittgenstein, Herbert Marcuse, Willard van Orman Quine und sogar Ronald D. Laing. Dworkin wollte angesichts der erwachenden Bürgerrechtsbewegungen bestimmte Rechtsvorstellungen wie zum Beispiel Rawls' Gerechtigkeitstheorie und Isaiah Berlins Ideen von der negativen und positiven Freiheit erneut einer Prüfung unterziehen. Er verteidigte den bürgerlichen Ungehorsam, rechtfertigte die Bevorzugung von Benachteiligten und stellte die grundlegende These auf, dass es kein allgemeines Recht auf Freiheit gibt, sofern man »Freiheit als Erlaubtheit (*license*)« verstand. Das Basisgrundrecht (sofern diese Formulierung einen Sinn ergibt) gebührt dem Individuum und nicht dem Staat, das heißt, jeder Mensch hat das Recht, jedem anderen Menschen gleich behandelt zu werden. Mit anderen Worten: Für Dworkin stand die Gleichheit vor dem Gesetz an oberster Stelle und vor allen anderen Interpretationen von Freiheit.

Dworkin behandelte nicht nur die großen sozialrechtlichen Fragen seiner Zeit, er stellte auch die grundlegende Frage, wie in einer Demokratie die jeweiligen Rechte der Mehrheit, der Minderheiten und des Staates gewahrt werden können. Ähnlich wie bei der früheren Auseinandersetzung *Rawls versus Nozick* zog auch er das utilitaristische Prinzip (ein Gesetz muss auf die größtmögliche Anzahl von Menschen anwendbar sein) dem Ideal (Gerechtigkeit ist das höchste gemeinsame Gut) vor. Besonders aber befasste er sich mit der Freiheit »in dem Sinn, den Isaiah Berlin als ›negativ‹ bezeichnet hat«. Man erinnere sich: Berlin definierte das Recht, in Ruhe gelassen zu werden, als negative Freiheit, und als positive Freiheit das Recht, als diejenige Person respektiert zu werden, die man sein möchte. Doch Dworkin kritisierte: »Nach dieser Auffassung wäre es eine untragbare Verwirrung, den Begriff der Freiheit so zu verwenden, dass wir nur dann einen Verlust an Freiheit zählen würden, wenn Menschen daran gehindert werden, etwas so zu tun, was sie unserer Meinung nach tun sollten. Das würde totalitären Regierungen erlauben, mit einer liberalen Maske aufzutreten, indem sie einfach argumentieren könnten, dass sie Menschen nur daran hindern, das Unrechte zu tun.«[2] Berlins Unterscheidung entpuppt sich Dworkins Meinung nach immer dann als falsch, wenn eine Gleichheit vor dem Gesetz besteht und so gesehen das Gesetz Priorität vor der Politik hat. (Das erinnert an Friedrich von Hayeks Aussage, dass die »spontane« Entwicklungsweise des menschlichen Rechtssystems jeder politischen Parteienbildung vorangehe.) Nach Dworkins Sicht schließt Gleichheit vor dem Gesetz auch ein allgemeines Recht auf Besitz aus, während Hayek und Berlin dies für ein Sine qua non der Freiheit hielten. Dworkin war zu seiner Ansicht auf Grund der Überlegung gelangt, dass Rechte in einer modernen Gesellschaft etwas so grundsätzlich Ernstzunehmendes sind, dass das Recht selbst nicht ernst sein kann, wenn es selbst die Rechte nicht ernst nimmt.[3] (Im Übrigen war Dworkins Analyse auch als Antwort auf eine politische Erklärung des ehemaligen Vizepräsidenten Agnew gedacht, der zur Frage von Außenseitern und Abweichlern gesagt hatte: »Die liberale Sorge um individuelle Rechte ist ein Gegenwind, der dem Staatsschiff ins Gesicht bläst«, was letztlich das Gleiche wie Nixons Äußerung über die »schweigende Mehrheit« aussagte.) Am Ende seines zentralen Kapitels »Rechte ernst nehmen« schreibt Dworkin: »Wenn wir wollen, dass unsere Gesetze und unsere rechtlichen Institutionen die Grundregeln liefern, innerhalb derer über diese Fragen Streitigkeiten ausgetragen werden, dann dürfen diese Grundregeln nicht das Recht des Eroberers sein, das die herrschende Klasse der schwächeren auferlegt, wie nach Marxens Annahme das Recht einer kapitalistischen Gesellschaft beschaffen sein muss. Der Hauptteil des Rechts – derjenige Teil, der die Gesellschaftspolitik, die Wirtschaftspolitik und die Außenpolitik bestimmt und ausführt – kann nicht neutral sein. Er muss zum größten Teil die Auffassung des Gemeinwohls angeben, welche die Mehrheit hat. Daher ist die Institution von Rechten entscheidend, weil sie das Versprechen der Mehrheit an die Minderheiten darstellt, dass man ihre Würde und Gleichheit achten werde … Der Staat kann die Achtung für das Recht nur dadurch wieder herstellen, dass er dem Recht einen Anspruch auf Achtung gibt. Er kann das nicht tun, wenn er den einen Aspekt vernachlässigt, der Recht von geordneter Brutalität unterscheidet. Wenn der Staat Rechte nicht ernst nimmt, dann nimmt er auch das Recht nicht ernst.«[4] Es gab wohl kaum einen Liberalen, der Dworkins Schlussfolgerung nicht unterschrieben hätte, dass in der modernen Zeit nach den sechziger Jahren das Recht auf Gleichbehandlung – durch den Staat – die Grundvoraussetzung für alle anderen Freiheiten war.

*

Eine ganz andere Sicht vom Erbe der Sechziger- und Siebzigerjahre und von der Freiheit oder Gleichheit, die aus dieser Zeit hervorgegangen waren, oder von den seither verabschiedeten Gesetzen, vertraten zwei konservative Ökonomen aus Chicago. Milton und Rose Friedman setzten Gleichheit vor dem Gesetz als gegeben voraus und gingen obendrein von der Prämisse aus, dass Freiheit nur garantiert sei, wo wirtschaftliche Freiheit herrscht und Menschen die »Freiheit der Wahl« haben (der englische Titel ihres 1980 erschienenen Buches lautete *Free to choose*), wo sie frei entscheiden können, wie sie ihren Lebensunterhalt verdienen, welchen Preis sie für eine frei wählbare Ware bezahlen und welchen Lohn sie einem Mitarbeiter zahlen wollen.[5] Solche Ansichten hatte Milton Friedman schon 1962 in seinem Buch *Capitalism and Freedom* vertreten (*Kapitalismus und Freiheit*, 1976, das bereits in Kapitel 30 zur Sprache kam). Dass er und seine Frau dieses Thema erneut aufgriffen, erklärten sie mit ihrer Sorge, dass das »big government«, welches sich zwischenzeitlich wie eine Krake über die gesamte Infrastruktur gestülpt habe und sich um nichts so sehr kümmere wie um »Rechte«, sich immer massiver in das Leben der Bürger einmische, während Arbeitslosigkeit und Inflation im Westen auf ein inakzeptables Niveau anstiegen. Allerdings hatten sie bereits das Gefühl, dass eine Kehrtwende einsetzte, weil die Menschen in den westlichen Staaten den »liberalen« Ansatz satt hatten und den ökonomischen Maßnahmen und Verhaltensweisen ihrer Regierungen inzwischen so skeptisch gegenüberstanden, dass sie sich eine Neuorientierung wünschten.[6]

Es lag den Autoren sehr daran, deutlich zu machen, dass *Free to Choose* viel mehr an der Praxis orientiert und konkreter war als *Kapitalismus und Freiheit*. Die Welt der Friedmans hatte ihre eigenen Ziele und Schurken. Zuerst einmal unterzogen die Autoren den Börsencrash von 1929 und die anschließende Weltwirtschaftskrise einer neuen Prüfung, um die allgemeine Ansicht zu widerlegen, dass diese beiden Ereignisse zum Kollaps des Kapitalismus geführt hätten beziehungsweise dass das kapitalistische System für den Bankrott so vieler Banken und die am längsten währende Depression in der Geschichte der Menschheit verantwortlich gewesen sei. Ihrer Meinung nach waren nur einige wenige Banken am eigenen Fehlmanagement gescheitert, vor allem die Bank of the United States, die ihre Tore am 11. Dezember 1930 hatte schließen müssen und damit das größte Finanzinstitut in der Geschichte der Vereinigten Staaten war, das jemals Bankrott ging. Für die Tatsache, dass zwar ein Rettungsplan ausgearbeitet, dann aber nicht umgesetzt worden war, machten die Friedmans wiederum vor allem den Antisemitismus unter »den führenden Mitgliedern der Bankengemeinschaft« von New York verantwortlich. Die Bank of the United States unterstand jüdischer Leitung, hatte im Wesentlichen jüdische Kunden und hätte laut Rettungsplan mit einer anderen jüdischen Bank fusionieren sollen. Das, so Friedman (selbst Jude), habe eine Industrie einfach nicht schlucken können, »die mehr als fast jede andere das Gehege der Wohlgeborenen und Wohlsituierten war«.[7] Diesem so gesehen also eher soziologischen als ökonomischen Bankrott seien weitere Pleiten erst gefolgt, nachdem Großbritannien 1931 den Goldstandard abgeschafft, das Zentralbankensystem völlig unzulänglich auf die neuen Krisen reagiert und das Interregnum zwischen der Präsidentschaft von Herbert Hoover und Franklin Roosevelt 1933 es mit sich gebracht hätte, dass über einen Zeitraum von drei Monaten keiner von beiden wirtschaftlich aktiv werden konnte. Den Friedmans zufolge waren der Börsenkrach und die Depression also eher das Ergebnis massiver technischer Unfähigkeit und konnten daher nicht zur Kritik am Kapitalismus als solchem herangezogen werden.

Dass der Börsencrash und die Wirtschaftskrise dennoch so gravierende Folgen hatten, war nach Meinung dieser Autoren vielmehr dem schon bald folgenden Krieg zu verdanken, der schließlich auch das geistige Klima verändert habe. Nun stellten die Menschen nämlich plötzlich fest oder glaubten, dass sie von Kooperationen mehr profitieren würden als vom Wettbewerb, weshalb sich noch während des Krieges die Idee des Wohlfahrtsstaates etablieren konnte und die Gangart für alle nachfolgenden Regierungen zwischen 1945 und etwa 1980 festgesetzt worden sei. Doch weder dieser »New Deal Liberalism«, wie es die Friedmans nannten, noch der Keynesianismus hätten funktioniert – und das war ihr Hauptargument. (Mit Keynes selbst gingen die Friedmans allerdings erstaunlich milde um – sogar Präsident Nixon hatte einmal gesagt: »Heute sind wir alle Keynesianer.«) Zum Beweis ihrer These analysierten sie Schulen, Gewerkschaften, den Verbraucherschutz oder die Inflationstendenz und kamen zu dem Schluss, dass die freie kapitalistische Marktwirtschaft in jedem Fall nicht nur eine effizientere Gesellschaft hervorgebracht, sondern auch zu mehr Freiheit, Gleichheit und einem ausgeprägteren Gemeinwohl geführt hätte: »Nirgends ist die Kluft zwischen Reich und Arm größer, nirgends sind die Reichen reicher und die Armen ärmer als in Gesellschaften, die keine freie Marktwirtschaft zulassen. Das traf auf die mittelalterlichen Gesellschaften Europas ebenso zu wie auf das Indien vor der Unabhängigkeit und in noch stärkerem Maße auf das moderne Südamerika, wo der jeweils geerbte Status die gesellschaftliche Stellung bestimmt. Es trifft ebenfalls auf die planwirtschaftlich gelenkten Gesellschaften wie Russland, China oder Indien seit der Unabhängigkeit zu, wo die gesellschaftliche Stellung durch den Zugang zu Regierungskreisen bestimmt wird. Es trifft sogar dort zu, wo im Namen der Gleichheit eine zentralistische Planwirtschaft eingeführt wurde, wie ebenfalls in jedem der oben genannten Länder.«[8] Aber sogar in westlichen Demokratien, so die Friedmans weiter, sei eine »neue Klasse« – wie sie bereits Irving Kristol beschrieben hatte – aus Bürokraten und von staatlichen Forschungsgeldern lebenden Akademikern aufgestiegen, die allenthalben Privilegien genossen, aber Gleichheit predigten: »Sie erinnern uns stark an den alten, wenngleich ungerechten Spruch über die Quäker: ›Sie kamen in die Neue Welt, um Gutes zu tun, und endeten damit, gut zu leben‹.«[9]

Die Friedmans zitierten eine Menge Beispiele für ihre These, dass allein der Kapitalismus Freiheit, Gleichheit und Wohlstand fördere. So beschränkten sie sich beispielsweise bei ihrer Kritik an den Gewerkschaften nicht auf die klassischen »Arbeiter«-Gewerkschaften, sondern bezogen auch die Berufsverbände der Mittelschichten wie den Ärztebund ein. Am Beispiel eines Distrikts von Kalifornien beschrieben sie, was geschehen konnte, wenn »Paramediker« zum Verband zugelassen wurden: Die Mediziner hatten sich vehement dagegen zur Wehr gesetzt, weil ihrer Meinung nach nur klassisch ausgebildetes Personal genügend Fachwissen für die Praxis hatte; in Wirklichkeit sei es ihnen jedoch nur um eine Zulassungsbeschränkung zur Wahrung ihrer eigenen hohen Honorare gegangen. Tatsächlich wiesen die Friedmans nach, dass die Zahl der Patienten, die einen Herzstillstand überlebt hatten, in den ersten sechs Monaten nach der Zulassung von Paramedikern von 1 auf 23 Prozent gestiegen war. Auf den Verbraucherschutz bezogen behaupteten sie ferner, dass sich die Legislative in den USA viel zu viel in den freien Markt einmische, was zum Beispiel auch den »drug lag« zur Folge gehabt habe – dass die Vereinigten Staaten bei der Markteinführung neuer Medikamente seit 1962 um etwa 50 Prozent hinter Staaten wie Großbritannien zurückgefallen waren (hier bezogen sie sich vor allem auf die Beta-Blocker), habe hauptsächlich an den unverhältnismäßig hohen Kostensteigerungen für die Erprobung neuer Medikamente gelegen. Und schließlich beklagten die Friedmans, dass der Staat viel zu enthusiastisch auf Exposés wie das von Rachel Carlson reagiert habe: »Alle Bewegungen der letzten zwei Jahrzehnte – die Verbraucherbewegung, die Ökologiebewegung, die Zurück-aufs-Land-Bewegung, die Hippie-Bewegung, die Bionahrungsbewegung, die Naturschutzbewegung, die ›Small-is-beautiful‹-Bewegung, die Bewegung der Atomkraftgegner – haben eines gemein: sie sind gegen jedes Wachstum. Sie sind gegen neue Entwicklungen, gegen industrielle Innovationen, gegen die Ausbeutung natürlicher Ressourcen.«[10] Es sei an der Zeit, endlich einmal laut zu sagen: Genug ist genug. Die Forderungen nach mehr Kontrolle und »Rechten« seien zu weit gegangen. Am Ende ihres Buches sahen die Friedmans jedoch einen Silberstreif am Horizont: Viele Menschen wünschten sich nun einen Rückzug des »big government«. Als Beweis führten sie an, dass Margaret Thatcher 1979 nur mit ihrem Wahlversprechen, »die Grenzen des Staates zurückzuziehen«, die Wahl gewinnen konnte oder dass in den USA nun ständig gegen das staatliche Postmonopol rebellierte wurde. Sie endeten mit der Forderung nach einem Zusatz zur amerikanischen Verfassung, einer Art *Economic Bill of Rights*, der den Staat zu Ausgabenkürzungen zwingen würde.

*

Wie war es zu diesem Stimmungsumschwung in der Öffentlichkeit gekommen? Ein Grund war die bereits erwähnte Ölkrise in den Jahren 1973/74, auf die eine lange Zeit der Stagnation des westlichen Lebensstandards und somit natürlich wachsende Unzufriedenheiten folgten. Wie der Ökonom Paul Krugman vom Massachusetts Institute of Technology (MIT) schrieb, war »der Zauber« der westlichen Wirtschaftssysteme – ihr ständig steigender Lebensstandard – 1973 plötzlich verflogen. Es dauerte eine Weile, bis dieser Trend sichtbar wurde, aber kaum war er für alle unübersehbar geworden, begannen Ökonomen wie insbesondere Martin Feldstein aus Harvard die negativen Effekte sofort mit den staatlichen Steueraufwendungen für Investitions- und Sparprogramme zu erklären.[11] Friedman sagte sogar voraus, dass die Inflation eine Stagflation – ein Nullwachstum – nach sich ziehen würde, und das war etwas, das der klassischen Ökonomie nach gar nicht passieren konnte. Paul Samuelson hatte diesem Phänomen seinen Namen gegeben, doch es war Friedman, der – zu Recht – den Nobelpreis für seine Stagflationsanalyse erhielt. Der von Friedman und Feldstein angeführten Kampagne schlossen sich bald schon andere an, bis sich Ende der achtziger Jahre schließlich ein harter Kern aus »Angebots«-Ökonomen gebildet hatte, die den Keynesianismus ablehnten und von der Prämisse ausgingen, dass nur drastische Steuersenkungen

– weil der Ökonomie damit mehr Mittel »zur Verfügung gestellt« wären – dem Wachstum einen Schub verpassen könnten, der groß genug wäre, um sich über die Ausgabenseite keine Sorgen mehr machen zu müssen. Solche Ideen standen sowohl hinter der Wahl von Margaret Thatcher 1979 in Großbritannien wie hinter der von Ronald Reagan zum Präsidenten der USA ein Jahr später. In den Vereinigten Staaten waren die Reagan-Jahre aber nicht nur von massiven Haushaltsdefiziten gekennzeichnet, für die man sogar 1990 noch zahlen musste, sondern auch von einer faszinierenden Aufholjagd an der Wall Street, die zwischen 1987 und 1992 zwar abflaute, dann aber erneut einsetzte. In Großbritannien kam es, abgesehen von einer vergleichbaren Hausse, an der Börse außerdem zu einer Reihe von wichtigen politischen »Privatisierungsinitiativen« von Besitz der öffentlichen Hand.[12] In sozialer, wirtschaftlicher und politischer Hinsicht waren diese Privatisierungen ein riesiger Erfolg, weil profitarme und überholte Betriebe in moderne, effiziente Unternehmen verwandelt werden konnten und die Realkosten für die Konsumenten zumindest in einigen Fällen gesenkt wurden. Viele Länder Westeuropas, Osteuropas, Asiens und Afrikas begannen diese Idee anschließend zu importieren.

Ungeachtet des Geschehens an den Börsenmärkten blieb das Wachstum in den wichtigsten westlichen Ökonomien jedoch wenig beeindruckend, jedenfalls verglichen mit den Jahren vor 1973. Gleichzeitig mehrte sich die ungleiche Verteilung des Wohlstands sprunghaft. In den achtziger Jahren waren Wachstum und Ungleichheit schließlich zu den beiden großen theoretischen Fragen geworden, mit denen sich die Ökonomen im ganzen Westen mehr noch als die Politiker beschäftigten.

*

Für die Verlangsamung des Wachstums nach der Ölkrise werden generell drei Ursachen angeführt. Die erste hatte mit Technologie zu tun. Robert Solow vom MIT war der erste Ökonom, der sie detailliert analysierte (und dafür 1987 den Nobelpreis bekam). Nach seinem Modell ist ein verstärkter Einsatz von Technik notgedrungen begleitet von einem sinkenden gesamtwirtschaftlichen Produktivitätszuwachs – in der Ökonomie nennt man dies inzwischen das »Solow-Paradoxon«.[13] Viele technologische Entwicklungen waren während des Zweiten Weltkriegs zur Reife gebracht und während der von Stabilität geprägten ersten Friedenszeit in Konsumprodukte verwandelt worden. Doch all diese Hightech-Waren – Jet, Fernsehen, Waschmaschine, Langspielplatte, Kofferradio, Auto – konnten nur bis zu einem bestimmten Punkt die Produktivität ankurbeln; sobald sie ausgereift waren, trugen sie zu keiner Innovation im eigentlichen Sinn des Wortes mehr bei, weshalb sich der technologische Fortschritt in den Siebzigerjahren auch prompt verlangsamte. Paul Krugman beleuchtete diesen Punkt in seiner Wirtschaftsgeschichte anhand des Beispiels des

Jumbojets Boeing 747, der noch heute eingesetzt wird, obwohl er bereits 1969 das Rückgrat vieler Airlines gewesen war. Der zweite Grund für die Wachstumsverzögerung hatte mit Soziologie zu tun. In den sechziger Jahren wurden die Babyboomer erwachsen; im selben Jahrzehnt gerieten viele Aspekte des Kapitalismus in die Kritik, beispielsweise das von vielen beobachtete Absinken der Ausbildungsstandards. Krugman schrieb: »Die Expansion der Unterschicht war ein entscheidender Hemmschuh für das Wachstum in den USA... Es lässt sich plausibel darstellen, dass soziale Probleme – der Verlust an ökonomischen Zwängen unter den Kindern der Mittelschicht, die sinkenden Ausbildungsstandards, der Aufstieg der Unterschicht – eine entscheidende Rolle bei der Verlangsamung von Produktivität spielten. Diese Geschichte unterscheidet sich zwar stark von der technologischen Erklärung, doch beiden gemein ist ein gewisser Fatalismus... [Dies] scheint nahe zu legen, dass wir mit einem langsamen Produktivitätswachstum zu leben lernen müssen und nicht fordern können, dass der Staat diese Situation einfach irgendwie wieder rückgängig macht.«[14] Die dritte Erklärung schließlich hatte mit Politik zu tun und deckte sich mit Friedmans Argument, dass die Staatspolitik für das langsame Wachstum verantwortlich sei und nur Steuerkürzungen oder Rücknahmen von Regulierungsmaßnahmen Kräfte freisetzen könnten, die für die Wiederbelebung des Wachstums nötig seien. Von allen drei Erklärungen schien diese letzte die größten Chancen auf einen Wandel zu bieten, da sie am eindeutigsten die Politik forderte. Sowohl die Thatcher-Regierung als auch die Reagan-Administration versuchten dem monetaristischen »Supply«-Ansatz zu folgen. Feldstein wurde nicht umsonst ins Weiße Haus geholt.

Ironischerweise waren, wie Paul Krugman schildert, die Achtzigerjahre bereits der Höhepunkt der konservativen Ökonomie, weil neue Ideen auftauchten und man sich nun auf die fundamentaleren Kräfte hinter den Phänomenen von Wachstum und Ungleichheit konzentrierte.[15] Die dominierenden Denkschulen in diesem Zusammenhang – jedenfalls auf die USA bezogen – waren Chicago und Cambridge, Massachusetts, wo Harvard und das MIT beheimatet sind. Während Chicago in erster Linie mit der konservativen Ökonomie in Verbindung gebracht wurde, waren in Cambridge mit Feldstein, Galbraith, Samuelson, Solow und Krugman beide Weltanschauungen vertreten.

Abgesehen von Solows Entdeckung des nach ihm benannten Paradoxons ist das Interesse, das er an einer Erklärung für die Prinzipien des Wachstums und für dessen Zusammenhänge mit sozialer Wohlfahrt, Arbeit und Arbeitslosigkeit an den Tag legte, das vielleicht beste Beispiel für den Themenkomplex, mit dem die mit Makroökonomie befasste ökonomische Theorie (im Gegensatz zur Ökonomie von geschlossenen Systemen) heute konfrontiert ist. Die in den fünfziger Jahren formulierten

Ideen von Solow und anderen Wirtschaftswissenschaftlern hatten sich zur so genannten alten (oder neoklassischen) Wachstumstheorie vereint,[16] die im Wesentlichen besagte, dass Wachstum durch technologische Innovation angekurbelt wird, aber erstens niemand vorhersagen könne, wann sich eine solche Innovation ergibt, und dieses Wachstum zweitens immer nur temporär sein könne, da es zwar zu einem Anstieg des Wohlstands komme, dieser sich jedoch nach einer Weile immer einpegeln würde. Diese Theorie wurde dann von Kenneth Arrow an der Stanford University weiter konkretisiert, indem er zeigte, dass sich obendrein ein Wachstum von ungefähr 30 Prozent ergibt, weil sich Arbeitnehmer durch ihre Arbeit weiterzuqualifizieren pflegen. Das heißt, sie werden geschickter und können ihre Aufgaben schneller erledigen, wodurch weniger Arbeitnehmer gebraucht werden. Und das bedeute wiederum, dass der Aufschwung zwar länger anhält, sich aber schließlich ebenfalls Rückwirkungen einstellen, die das Wachstum einpegeln.[17]

Die in den achtziger Jahren auftauchende neue Wachstumstheorie, die Robert Lucas aus Chicago als einer der ersten formuliert hatte (auch Solow trug dazu bei), argumentierte dagegen nun, dass substanzielle staatliche wie private Investitionen ein *anhaltendes* Wachstum sichern könnten, weil sie, abgesehen von allem anderen, zu besser ausgebildeten und motivierten Arbeitskräften führten, die sich der Bedeutung von Innovationen sehr bewusst seien.[18] Diese Idee war aus zwei Gründen bemerkenswert. Erstens, weil Lucas aus der Chicagoer Schule stammte, sich aber dennoch für *mehr* staatliche Einmischung und höhere Ausgaben aussprach; zweitens, weil darin eine Vernetzung von Soziologie, Sozialpsychologie und Ökonomie zum Ausdruck kam – die endgültige Anerkennung der von David Riesman in seiner *einsamen Masse* vertretenen These, dass sich »außengelenkte« Personen für Innovationen zu begeistern pflegen. Noch ist es zu früh, um sagen zu können, ob sich diese neue Wachstumstheorie als richtig erweisen wird.[19] Die Explosion der Computertechnologie und Biotechnologie in den Neunzigerjahren und die Leichtigkeit, mit der diese neuen Ideen akzeptiert wurden, sprechen sicherlich dafür. Dieser Fakt lässt Margaret Thatchers Attacken, die sie während ihrer Regierungsjahre gegen die Universitäten ritt, nur umso seltsamer erscheinen, denn Universitäten gehörten schon immer zu den besten Hilfen des Staates für technologische Innovationen, mit denen sich das Wachstum ankurbeln lässt.

*

Milton und Rose Friedman gründeten, wie die Chicagoer Schule generell, ihre Theorien auf die ihrer Meinung nach wichtigste Erkenntnis, die der Schotte und »Vater der modernen Ökonomie«, Adam Smith, in seinem Werk *Wohlstand der Nationen* 1776 offeriert hatte: »Adam Smith'

Schlüsselerkenntnis war, dass beide an einem Tausch beteiligten Parteien profitieren und sich, sofern eine Kooperation strikt freiwillig ist, niemand auf ein Tauschgeschäft einlässt, wenn nicht von vornherein feststeht, dass beide Parteien davon profitieren.«[20] So gesehen funktioniert die freie Marktwirtschaft der Friedmans nicht nur, sie stützt sich sogar auf ein ethisches Gerüst.

Nun gab es allerdings eine rivalisierende ökonomische Denkschule, die den Glauben der Friedmans an das offene marktwirtschaftliche System ganz und gar nicht teilte. Die Friedmans hatten der Armut in ihrem Buch *Free to choose* nur wenig Raum gegeben, weil sie ohnedies glaubten, dass sie sich drastisch reduzieren werde, wenn sich das von ihnen propagierte System erst einmal zu voller Blüte entfaltet habe. Viele andere Wirtschaftswissenschaftler machten sich allerdings große Sorgen wegen der herrschenden ökonomischen Ungleichheit, vor allem nachdem sie die Analysen von John Rawls und Ronald Dworkin gelesen hatten. Der Mann, der exemplarisch für diese ökonomische Denkschule steht, ist der indische, in Oxford und Cambridge ausgebildete Wissenschaftler Amartya Sen. In vielen Büchern und Aufsätzen versuchte Sen, der später im amerikanischen wie im englischen Cambridge lehrte, die Wirtschaftswissenschaften von den engen Interessen der Friedmans und übrigen Monetaristen wegzulenken. Ein von ihm besonders gefördertes Gebiet waren die »welfare economics«, eine Ökonomie, die über die Funktionsweisen des Marktes hinausblickt und sich detailliert den Fragen der institutionalisierten Armut und des »Bedarfs« widmet. Da Sen Armut wie Bedarf zu »messen« versuchte, waren viele seiner Artikel notgedrungen höchst technische mathematische Übungen. Ein klassisches Sen-Problem wäre zum Beispiel, zu berechnen, wer in der schlechteren Situation ist: eine Person mit höherem Einkommen, aber einem chronischen Gesundheitsproblem, oder eine Person mit geringerem Einkommen, aber in guter gesundheitlicher Verfassung.

Die wichtigste Errungenschaft von Sen war die Entwicklung unterschiedlicher Messmethoden, die es dann Regierungen beispielsweise ermöglichten festzustellen, wie viele Arme es in ihrem Zuständigkeitsbereich gab und in welchem Ausmaß welcher Bedarf in welcher Kategorie herrschte. Hier ging es nicht einfach nur um die Ermittlung von Durchschnittswerten, sondern, wie Sen schrieb, um »Konstruktionsprobleme«, deren Lösung bei den »Schrauben und Bolzen« beginnt. Auch hier hatten Ökonomie und Soziologie zusammengefunden. Noch relevanter waren zwei Ideen, die ebenfalls zu Sens Nobelpreis 1998 beitrugen, die erste im Hinblick auf die Vernetzung von Ökonomie und Ethik. Sens Ausgangspunkt war ein Non sequitur, das er oft beobachtet hatte: Viele Menschen, die nicht arm sind, interessieren sich dennoch für das Problem Armut, aber nicht nur deshalb, weil sie deren Beseitigung für notwendig halten, sondern weil sie Armut grundsätzlich als ein Unrecht empfinden. Mit anderen Worten, Menschen verhalten sich oft ethisch, indem sie ihr Eigeninteresse nicht an die erste Stelle setzen. Das, fand Sen, widerspricht nicht nur den Ideen von Ökonomen wie den Friedmans, sondern auch den Vorstellungen von Evolutionstheoretikern wie Edward O. Wilson und Richard Dawkins. In seinem Buch *On Ethics & Economics* (1987) zitierte Sen zum Beispiel das bekannte Gedankenspiel des Häftlingsdilemmas, das auch Dawkins in seinem *Egoistischen Gen* ausführlich dargestellt hatte; aber er fügte dem noch hinzu, dass Kooperation zwar in einem evolutionären Kontext ganz natürlich von Vorzug sein mag, in der industriellen oder kommerziellen Praxis jedoch, wo sich die egoistische Strategie für den Einzelnen theoretisch immer besser auszahlt, unterschiedliche kooperative Strategien deshalb gesucht werden, weil sich die Menschen der Rechte anderer Menschen ebenso bewusst sind wie ihrer eigenen und einen Gemeinschaftssinn besitzen, über den sie sich nicht einfach hinwegsetzen wollen. Mit anderen Worten: Der Mensch *hat* eine ethische Lebenseinstellung, die nicht allein von Egoismus geprägt ist. Und diese Tatsache hatte für Sen deutliche Auswirkungen nicht nur auf die ökonomische Organisation der Gesellschaft oder auf ihre Steuerstruktur, sondern auch auf ihre Hilfsbereitschaft gegenüber Armen und das Ausmaß, in dem sie soziale Bedürfnisse anerkennt.[21]

Sens nächste Studie, die dann endgültig die Phantasien in aller Welt anregte, war *Poverty and Famines* (Armut und Hungersnöte), sein 1981 veröffentlichter Bericht für das Weltbeschäftigungsprogramm der Internationalen Arbeitsorganisation (IAO), verfasst zu seiner Zeit als Professor für Politische Ökonomie in Oxford und als Fellow des All Souls College.[22] Der Untertitel lautete »An Essay on Entitlement and Deprivation« (Ein Aufsatz über Anspruch und Beraubung), was uns wieder zu Dworkins Rechtsbegriff zurückführt. Sen hatte vier große Hungersnöte untersucht: die große bengalische Hungersnot von 1954, der etwa 1,5 Millionen Menschen zum Opfer fielen; die äthiopischen Hungersnöte von 1972 und 1974 (über 100 000 Tote) und die Dürre und Hungersnot in der Sahel-Zone von 1973 (100 000 Tote). Seine wichtigste Erkenntnis war nun, dass in keinem dieser Fälle in den jeweils am stärksten betroffenen Gebieten ein signifikanter Rückgang an verfügbaren Nahrungsmitteln zu verzeichnen gewesen sei (in der Fachsprache »FAD« genannt: »Food Availability Decline«). Tatsächlich war die Nahrungsmittelproduktion pro Kopf in vielen von Hungersnöten geplagten Regionen sogar gestiegen (in Äthiopien zum Beispiel war die Produktion von Gerste, Mais und Zuckerhirse in sechs von vierzehn Provinzen sogar über Normal gestiegen).[23] Sen fand heraus, dass bei einer Hungersnot oder bei einer anderen Naturkatastrophe, wie einer Flut oder Dürre, die Menschen typischerweise erstens *glauben*, dass Nahrungsmittelknappheit herrscht und zweistens damit bestimmte Bevölkerungsteile – Bauern, Arbeiter, Landarbeiter – daran hindern, Geld zu verdienen. Wer im Besitz von Nahrungsmitteln ist, beginnt sie zu horten, und damit steigen die Preise, während zugleich große Bevölkerungssegmente beträchtliche Einkommenseinbußen erleiden. Eine Flut bedeutet, dass es kein Land gibt, auf dem Arbeit zu bekommen ist; eine Dürre bedeutet, dass Arme aus ihren angestammten Lebensräumen vertrieben werden, weil sie nicht genug anbauen können, um genug Geld zu verdienen und für ihren Lebensunterhalt aufkommen zu können. Doch der entscheidende Faktor in allen Fällen ist noch etwas ganz anderes, nämlich dass der »Anspruch« sinkt, wie Sen schreibt. Dass es immer weniger gegen Nahrungsmittel einzutauschen gibt, liegt laut Sen allein am Versagen des marktwirtschaftlichen Systems, das immer auf Basis dessen funktioniert, was nach Meinung der Beteiligten gerade geschieht oder demnächst geschehen wird. Aus objektiver Sicht hat der Markt in Bezug auf die Gesamtmenge der zur Verfügung stehenden Nahrungsmittel also Unrecht. Sens Analyse ist faszinierend, weil sie einerseits, wie er selbst schrieb, »konterintuitiv« ist, also scheinbar jedem Commonsense widerspricht, andererseits aber verdeutlicht, wie der Markt eine ohnehin schon schlechte Lage noch verschlechtern kann. Abgesehen davon, dass Sen mit diesen Analysen Staaten ganz konkret helfen konnte, die praktische Entwicklung von Hungersnöten zu verstehen, und sie damit in die Lage versetzte, solche Not zu vermeiden oder zumindest in ihren Auswirkungen zu lindern, verdeutlichten seine empirischen Ergebnisse die Grenzen der freien Marktwirtschaft und der mit ihr verbundenen Ethik. Hungersnöte scheinen uns der Ausnahmefall zu sein, betreffen aber dennoch ungeheuer viele Menschen.

*

Der MIT-Ökonom Paul Krugman schildert in seiner Wirtschaftsgeschichte des letzten Viertels des zwanzigsten Jahrhunderts, *Peddling Prosperity*, den Aufstieg der politisch rechts gerichteten Ökonomie und deren Niedergang in den achtziger Jahren. Das letzte Drittel seiner Studie widmet er dem Revival des Keynesianismus (in neuen Gewändern) in den späten achtziger und neunziger Jahren.[24] Er beschreibt den Misserfolg solcher rechtslastigen Doktrinen wie der »Konjunkturzyklus«-Theorie (»business-cycle theory«) und schildert die Belastungen, denen die amerikanische Wirtschaft auf Grund von riesigen Haushaltsdefiziten infolge der monetaristischen Politik von Ronald Reagan unterlag. Aber er nimmt sich auch die neueren Ideen von liberaleren Wirtschaftstheoretikern vor, zum Beispiel die von Lester Thurow in seinem 1980 veröffentlichten Buch *Zero-Sum Society* vertretenen Thesen, und untersucht Begriffe wie »strategischer Handel«, der von dem kanadischen Ökonomen James Brander und seiner australischen Mitautorin Barbara Spencer propagiert wurde und Staaten als reine Unternehmen ansieht, die ihre Ökonomien in eine strategisch günstige Lage gegenüber anderen Ökonomien zu platzieren versuchen. Diese Sichtweise herrschte auch im Weißen Haus der Clinton-Ära vor, zumindest bis Larry Summers im Mai 1999 Wirtschaftsminister wurde. Krugmans Ansicht nach war sie jedoch völlig fehl am Platz, weil Staaten erstens keine Unternehmen sind und nicht notwendigerweise konkurrieren müssen, um zu überleben und Wohlstand zu akkumulieren, und weil zweitens solche Denkweisen, auch wenn sie zweifellos intelligent sind, nur zu Fehlschlägen führen können, da sich der Mensch, wie ein Großteil der Forschung in den achtziger und neunziger Jahren bewiesen hat, einfach nicht auf jene perfekt rationale Weise verhält, welche die klassische Ökonomie vorsah, sondern immer nur auf »beinahe rationale« Weise. Das heißt, der Mensch macht sich hauptsächlich Gedanken über kurzfristige Ziele und orientiert sich an Informationen, die ihm *problemlos* zur Verfügung stehen. Die Tatsache, dass dieses Prinzip erkannt wurde, betrachtet Krugman als einen entscheidenden Fortschritt, weil damit verdeutlicht werden konnte, dass individuelle Entscheidungen, so sinnvoll sie im Einzelfall auch sein mögen, katastrophale Auswirkungen auf das Kollektiv haben können (kurzum: zur Rezession führen können). Daher verbündete sich Krugman auch mit den neuen Keynesianern, die von der Annahme ausgehen, dass bestimmte makroökonomische Interventionen des Staates Einfluss auf Innovation, Inflation, Arbeitslosigkeit und den internationalen Handel ausüben können. Dennoch schlussfolgerte er (Mitte der neunziger Jahre), dass es nach wie vor zwei ungelöste ökonomische Probleme gibt, nämlich langsames Wachstum und langsame Produktivität auf der einen und steigende Armut auf der anderen Seite. »Alles andere ist entweder von zweitrangiger Bedeutung oder kein Thema.«[25] Und damit sind wir wieder bei einem vertrauten Namen angelangt: John Kenneth Galbraith.

Unter professionellen Ökonomen heißt es manchmal geringschätzig, dass Galbraith weit weniger Einfluss auf den Kollegenkreis als auf die Öffentlichkeit ausübte. Aber damit tut man ihm Unrecht, denn in seinen vielen Veröffentlichungen hat er seinen Status als »Insider« unter den Ökonomen immer genutzt, um unliebsame Wahrheiten über den sich wandelnden Charakter der Gesellschaft zu äußern sowie über den Beitrag, den die Ökonomie zu diesem Wandel leistet. Obwohl Galbraith Jahrgang 1908 ist, hat sich der Charakter seiner Bücher auch im letzten Jahrzehnt des Jahrhunderts kein bisschen verändert. 1992 veröffentlichte er *The Culture of Contentment* und vier Jahre darauf *The Good Society: The Human Agenda*.

The Culture of Contentment (Die Zufriedenheitskultur) ist eine bewusste Umkehrung der Realität, und Galbraiths Ironie grenzt hier fast schon an Sarkasmus.[26] Was er in Wirklichkeit beschreibt, ist eine völlig blasierte, selbstgefällige Kultur. Bis Mitte der Siebzigerjahre, also ungefähr um die Zeit der Ölkrise, hatten die westlichen Demokratien die Idee einer gemischten Wirtschaftsform akzeptiert, und deshalb war auch ein gewisser ökonomisch-sozialer Fortschritt gewährleistet. Seither habe sich jedoch eine neue Oberschicht entwickelt, die wohlhabend oder sogar ausgesprochen reich ist, sich aber nicht im Geringsten um die Unterstützung der Glückloseren kümmere und sogar eine ganze Infrastruktur entwickelt habe, um diese politisch wie intellektuell zu marginalisieren oder gar zu dämonisieren. Zu dieser Struktur zählten zum Beispiel Steuererleichterungen für die Wohlhabenderen und Sozialhilfekürzungen für die Bedürftigen; kleine, zu bewältigende Kriege, »um die einigende Kraft eines gemeinsamen Feindes zu wahren«; ein »ungeschwächtes Laissez-faire als Verkörperung von Freiheit« oder die Forderung nach noch weniger staatlicher Einmischung. Für die Gemeinschaft habe das zur Folge, dass sich die »Zufriedengestellten« blind und taub gegenüber den wachsenden sozialen Problemen der Gesellschaft stellen. Während sie bereitwillig Billionen Dollar zur Abwehr von relativ unbedeutenden Feindfiguren ausgeben oder in ihrem Namen ausgeben lassen, sind sie ausgesprochen unwillig, Geld für die Bedürftigen im eigenen Land zur Verfügung zu stellen. An einer Stelle zitiert Galbraith erschreckende Zahlen: »Die Zahl der Amerikaner, die unterhalb der Armutsgrenze leben, ist in nur zehn Jahren um 28 Prozent von 24,5 Millionen im Jahr 1978 auf 32 Millionen im Jahr 1988 gestiegen. Zu diesem Zeitpunkt wurde in den Vereinigten Staaten fast jedes fünfte Kind in Armut geboren, vergleichsweise mehr als doppelt so viele wie in Kanada oder Deutschland.«[27]

Besonderen Zorn hegt Galbraith auf Charles Murray vom American Enterprise Institute, einer rechtslastigen Denkfabrik in Washington, D.C., der 1984 ein umstrittenes, aber auf detaillierten Dokumentationen beruhendes Buch mit dem Titel *Losing Ground* veröffentlichte, in dem er die amerikanische Sozialpolitik der Jahre 1950 bis 1980 thematisiert.[28] Eine seiner grundlegenden Thesen lautet, dass sich die Lage der amerikanischen Schwarzen in den fünfziger Jahren rapide verbessert habe und die meisten Statistiken, die zum Beweis ihrer Diskriminierung herangezogen würden, keine Diskriminierung, sondern vielmehr ihre Armut zum Ausdruck brachten. Er führte an, dass zwar eine Minderheit von Schwarzen im Laufe der sechziger und siebziger Jahre ihren Weg gemacht habe, aber die sozialen Initiativen der *Great Society* nicht nur gescheitert seien, sondern die Lage sogar noch verschlechtert hätten, weil es sich dabei in Wirklichkeit um reine Täuschungsmanöver gehandelt habe – um täuschende Anreize und täuschende Lehrpläne für täuschende College-Abschlüsse, täuschend, weil sie am Ende nicht das Geringste an der Grundsituation geändert hätten. Murray schlug sich auf die Seite der »Volksmeinung«, wie er selbst es nannte, und nicht auf die der Intellektuellen oder Sozialwissenschaftler. Und diese Volksmeinung vertrat drei Prämissen: erstens, dass der Mensch nach dem Prinzip Strafe und Belohnung – Zuckerbrot und Peitsche – funktioniere; zweitens, dass er von Grund auf weder fleißig noch moralisch sei, das heißt wenn er nicht angetrieben wird, meidet er die Arbeit und verhält sich unmoralisch; und drittens, dass er für seine Handlungen selbst verantwortlich sei; daher sei die Frage, ob er nun *tatsächlich* in irgendeinem letztgültigen philosophischen oder biochemischen Sinn für sich verantwortlich ist oder nicht, für die Funktionsfähigkeit der Gesellschaft irrelevant.[29] Murrays Tabellen, mit denen er zum Beispiel nachwies, dass sich der Arbeitsmarkt zwischen 1955 und 1980 kontinuierlich für Schwarze geöffnet hatte und deren Löhne ebenso angestiegen waren wie der Anteil schwarzer Kinder in desegregierten Schulen, widersprachen allem, was zur damaligen Zeit herrschende Expertenmeinung war. Auch seine Analyse der Geburtenrate von unehelichen Kindern überraschte, da er damit nachweisen wollte, dass in diesem Phänomen nicht nur ein »rassetypisches«, sondern auch ein »armutstypisches« Element zum Ausdruck komme.[30] Murrays Botschaft lautete kurzum, dass die Situation in den USA in den fünfziger Jahren nicht perfekt gewesen sei, sich aber rapide verbessert hätte, wenn man den Dingen ihren Lauf gelassen hätte, anstatt sie mit den Interventionen der *Great Society* wieder zu verschlechtern.

Für Galbraith lag Murrays Absicht klar auf der Hand – er wollte die Armen aus dem Haushaltsbudget und dem Steuersystem und damit »aus dem Gewissen der Wohlhabenden« tilgen.[31] In seinem Buch *The Good Society* (1996) bestätigte er das. Galbraith war nie ein »zorniger« Schreiber gewesen und hatte immer eine geradezu Tschechowsche Zurückhaltung gewahrt. Doch in *The Good Society* und in *The Culture of Contentment* ist – wenngleich in politischer Verkleidung – zu spüren, wie sehr er seine Kontrahenten verachtete. Die einzigartige Bedeutung von *The Good Society* und das, was dieses Buch mit all den anderen in diesem Kapitel dargestellten Ideen verbindet, besteht darin, dass hier ein Ökonom die Ökonomie als *Diener* der Menschen und nicht als den Motor für die Akkumulation von Wohlstand darstellt.[32] Galbraiths Agenda der guten Gesellschaft ist eindeutig links von der Mitte angesiedelt; die rechtslastigen Orthodoxien der Jahre 1975 bis 1990 hatten für ihn deutlich in die Sackgasse geführt, und nun fand er es an der Zeit, zur wahren Agenda zurückzukehren – zur Wiederherstellung der von hohen Wachstumsraten, niedrigen Arbeitslosenzahlen und niedrigen Inflationsraten geprägten Gesellschaften der unmittelbaren Nachkriegszeit. Dies aber nicht um des reinen Argumentes willen, sondern weil diese Ära für Galbraith von einem zivilisierteren Verhalten geprägt war, weil es eine Zeit des sozialen und moralischen Fortschritts war, bevor das »kleine Mittelalter« des Egoismus, der Gier und Scheinheiligkeit ausbrach.[33] Ob Galbraith damit tatsächlich so viele Zuhörer erreichte, wie er sich gewünscht hatte oder wie er sie früher gewonnen hätte, ist fraglich. Denn Armut, vor allem die Armut in den Vereinigten Staaten, war auch in den letzten Jahren des zwanzigsten Jahrhunderts noch immer ein »unsichtbares« Thema, das die »Zufriedengestellten« weder rühren noch aufrütteln konnte.

*

Das Thema »Rasse« war komplizierter. Erstens war es ganz und gar nicht »unsichtbar«, und zweitens konnte jeder feststellen, welche Fortschritte die Schwarzen und andere Minderheiten in bestimmten Bereichen – Medien, Politik, Literatur – gemacht hatten. Doch die Massenmedien der Massengesellschaft pflegen ein ziemlich verzerrtes Bild von den Realitäten zu zeichnen. Gerade in der Massengesellschaft enthüllt sich die Realität oft besser in den weniger faszinierenden und unterhaltenden Darstellungen und sicher am besten durch Statistiken. Genau mit diesem Mittel gelang es Andrew Hacker in seiner 1992 veröffentlichten Studie *Two Nations: Black and White: Separate, Hostile, Unequal,* die Leser aufzurütteln.[34] Uns bringt diese Arbeit nicht nur an den Anfang dieses Kapitels und zur Diskussion über Rechte zurück, sondern auch zur Bürgerrechtsbewegung, zu Gunnar Myrdal, Charles Johnson und W. E. B. Du Bois. Denn Hackers Botschaft lautete, dass sich in den Vereinigten Staaten so gut wie nichts verändert hat.

Als Professor der Politischen Wissenschaften am New Yorker Queen's College weiß Hacker die Zahlen des US-Census vermutlich besser zu interpretieren als irgendein anderer Fachmann außerhalb der Regierung, trotzdem lässt er sie oft für sich selbst sprechen. Jahrelang hat er amerikanische Statistiken über soziale und rassische Fragen analysiert, und er ist gewiss alles andere als ein Hitzkopf, sondern ein reservierter, ja beinahe trockener Akademiker, der weder zu Übertreibungen noch zu rhetorischen Schnörkeln neigt. Normalerweise publiziert er seine faszinierenden (und sachlichen) Analysen in der *New York Review of Books*, doch *Two Nations* wurde wohl als so schockierend empfunden, dass sowohl der Autor als auch die Redaktion glaubten, seine Aussagen hinter mehreren »weichzeichnenden« Einführungskapiteln verstecken zu müssen. Der Leser sollte erst einmal in einem angemessenen Kontext auf die folgenden Zahlen vorbereitet und der Rassismus ihm zunächst mit Anekdoten aus dem Alltag von Schwarzen fühlbar gemacht werden. Hackers Ausführungen waren in zwei Teile gegliedert, denn seine Zahlen bewiesen nicht nur, dass sich nach Jahrzehnten – nach einem Jahrhundert! – der Bemühungen noch immer ein tiefer Graben durch die Vereinigten Staaten zog, sondern auch, dass sich die Lage seit den Tagen von Myrdal sogar noch *verschlechtert* hatte, ungeachtet aller Kämpfe und Erfolge der Bürgerrechtsbewegung. Man kann Hackers Buch aufschlagen, wo man will, man wird nur Verstörendes entdecken.

HAUSHALTE MIT WEIBLICHEM VORSTAND

Jahr	*Schwarze*	*Weiße*	*Relation*
1950	17,2%	5,3%	3,2:1
1960	24,4%	7,3%	3,3:1
1970	34,5%	9,6%	3,6:1
1980	45,9%	13,2%	3,5:1
1993	58,4%	18,7%	3,1:1

Mit anderen Worten: Die Lage im Jahr 1993 war relativ gesehen kein bisschen besser als 1950.[35]

»Das wirkliche Problem unserer Zeit«, schrieb Hacker, »ist, dass mehr und mehr schwarze Kinder von unreifen, armen Müttern geboren werden. Verglichen mit weißen Frauen – die zumeist älter und besser situiert sind – leiden schwarze Frauen mit zweimal höherer Wahrscheinlichkeit unter Blutarmut während der Schwangerschaft, werden mit zweimal höherer Wahrscheinlichkeit nicht pränatal versorgt und bringen mit zweimal höherer Wahrscheinlichkeit untergewichtige Babys auf die Welt. Ihre Kinder entwickeln doppelt so häufig ernsthafte medizinische Probleme, darunter Asthma, Taubheit, Entwicklungsstörungen und Lernschwächen sowie Beschwerden, die sich durch Drogen- und Alkoholmissbrauch während der Schwangerschaft ergeben.«[36] Aus ökonomischer Sicht standen die beiden letzten Jahrzehnte des zwanzigsten Jahrhunderts unter keinem besonders guten Stern für Amerikaner aller Rassen. Dennoch stieg zwischen 1970 und 1992 das mittlere Jahreseinkommen weißer Familien nach konstantem Dollar-Wert berechnet von 34 773 $ auf 38 909 $, was einem Anstieg von 11,9 Prozent entsprach. Das durchschnittliche Einkommen schwarzer Familien sank hingegen in derselben Periode von 21 330 $ auf 21 161 $. In Relation zu durchschnittlich von Weißen verdienten 1000 $ war das Einkommen von Schwarzen also von 613 $ auf 544 $ gefallen.[37]

Hacker liefert ein langes Kapitel über Kriminalität, doch letztlich sind seine Zahlen über das angeblich desegregierte Schulsystem noch erschreckender. Anfang der Neunzigerjahre besuchten 63,2 Prozent aller schwarzen Kinder – zwei von dreien – noch immer segregierte Schulen; in einigen Staaten betrug dieser Anteil sogar bis zu 84 Prozent. Hackers Schlussfolgerung ist ernüchternd: »Angesichts der Verantwortlichkeiten liegt klar auf der Hand: Es ist das weiße Amerika, das den Umstand, schwarz zu sein, in einen so trostlosen Zustand verwandelt. Gesetzlich verankerte Sklaverei mag zwar der Vergangenheit angehören, doch Segregation und Subordination konnten weiterbestehen. Sogar heute noch stigmatisiert Amerika jedes schwarze Kind von Geburt an… Es gibt noch immer eine riesige rassistische Kluft und kaum Anzeichen, dass sie sich im kommenden Jahrhundert schließen wird. Eineinviertel Jahrhunderte nach der Sklaverei fordert das weiße Amerika von seinen schwarzen Bürgern noch immer eine Geduld und Ausdauer, die Weiße von sich selbst niemals erwarten würden. Also stellt sich für weiße Amerikaner doch eine prinzipiell moralische Frage: Ist es tatsächlich gerecht, den Mitgliedern einer ganzen Rasse einen schwereren Start ins Leben aufzubürden und dann von ihnen auch noch Entschlusskraft in einem Maße zu erwarten, wie es von unserer Rasse niemals gefordert wurde?«[38]

*

Die Ölkrise in den Jahren 1973/1974 gab Friedrich von Hayek und Milton Friedman zumindest in einer Hinsicht Recht: Die wirtschaftliche Freiheit ist, wie Ronald Dworkin verdeutlichte, zwar nicht die elementarste aller Freiheiten, aber doch eine recht fundamentale. Seit der Ölkrise und der durch sie ausgelösten Wirtschaftstransformationen wurden viele Bereiche des öffentlichen Lebens im Westen umgestaltet – seien sie politischer, psychologischer, ethischer oder soziologischer Art. Doch die Tatsache, dass die Studien von Galbraith, Sen und Hacker *nicht* vergleichbare öffentliche (im Gegensatz zu akademischen) Debatten auslösten wie Michael Harringtons *Other America* Anfang der sechziger Jahre, lässt die herrschende Stimmung vielleicht am deutlichsten erahnen. Individualismus und Individualität wurden so hoch bewertet, dass sie kippten und sich zum Egoismus wandelten. Die bürgerlichen Mittelschichten sind zu sehr damit beschäftigt, gut zu leben, um Gutes zu tun.

37
Der Preis der Unterdrückung

Als Dr. Michael Gottlieb von der University of California in Los Angeles in der zweiten Septemberwoche 1981 in Washington eintraf, um an einer Konferenz der National Institutes of Health (NIH) teilzunehmen, glaubte er optimistisch, dass die Gesundheitsbehörden der Vereinigten Staaten endlich eine neue Krankheit ernst genommen hätten, die, so fürchtete er, bald epidemische Ausmaße annehmen könnte. Die Gebäude der NIH, der größten und mächtigsten medizinischen Organisation der Welt, liegen über mehr als 300 Morgen Land in den Hügeln von Bethesda verstreut, rund fünfzehn Kilometer nordwestlich von Washington, D.C. Ende des zwanzigsten Jahrhunderts verfügten sie über ein jährliches Budget von 13 Milliarden Dollar. Unter ihrem Dach sind auch das Nationale Institut für Allergien und Infektionskrankheiten, das Institut für Herz, Lunge und Blut und das Nationale Krebs-Institut (NCI) vereint.

Die Konferenz, zu der Gottlieb angereist war, hatte das NCI einberufen, um über die überraschend vielen jüngsten Fälle einer in den USA sehr seltenen Hautkrankheit zu diskutieren, genannt Kaposi-Sarkom.[1] Linda Laubenstein, eine Blutspezialistin aus New York und Teilnehmerin dieser Konferenz, hatte KS in Form eines großflächigen Hautausschlags, verbunden mit vergrößerten Lymphknoten, erstmals im September 1979 bei einem Patienten gesehen, der zu ihr gekommen war, nachdem ein Dermatologe den Krebs bei ihm diagnostiziert hatte. Sie selbst hatte bis zu diesem Moment noch nie von KS gehört und sich erst einmal informieren müssen. Erstmals war diese Krebsart 1871 unter Juden und anderen Männern aus dem Mittelmeerraum aufgetreten; im nächsten Jahrhundert wurde von 500 bis 800 Fällen berichtet, darunter auch unter Bantus in Afrika. Gewöhnlich befiel dieser üblicherweise gutartige Krebs Männer im Alter zwischen vierzig und fünfzig Jahren. Die Läsionen waren schmerzfrei, und die Opfer starben normalerweise sehr viel später an irgendeiner anderen Krankheit. Doch Laubenstein und Gottlieb wussten mittlerweile, dass die in den USA aufgetretene KS-Version sehr viel bösartiger war. Inzwischen waren bereits 120 Fälle gemeldet worden, oft in Verbindung mit einer seltenen, parasitären Lungenentzündung, der so genannten Pneumocystis, und in 90 Prozent dieser Fälle hatte es sich um homosexuelle Männer gehandelt.[2] Sorgen bereitete auch die zusätzliche Komplikation, dass alle von ihnen unter einer seltsamen Immunschwäche litten – die Antikörper in ihrem Blut weigerten sich einfach, jede Art von Infektion zu bekämpfen, sodass die Männer am Ende gar nicht an der ursächlichen Krankheit, sondern an einem Infekt starben, den der geschwächte Körper nicht mehr abwehren konnte.

Die Bethesda-Konferenz überraschte Gottlieb. Gekommen war er wegen des Gerüchts, dass die NIH endlich ein Programm zur Erforschung dieser neuen Krankheit finanzieren würden. Das *Center for Disease Control* (CDC) in Atlanta, Georgia, hatte bereits festzustellen versucht, wo sie zuerst ausgebrochen war und wie sie sich verbreitet hatte, doch das Seuchenzentrum konnte nur »Stoßtrupps« zur Eindämmung von bereits ausgebrochenen ansteckenden Krankheiten anbieten, deshalb war es an der Zeit, Grundlagenforschung zu betreiben. Aber dann saß Gottlieb still und staunend unter seinen Kollegen und musste sich Vorträge über den Verlauf von KS und seine Behandlung in Afrika anhören, als seien sich die Vertreter der NIH gar nicht bewusst, dass diese Krankheit bereits auf die USA übergegriffen hatte, und zwar in einer wesentlich bösartigeren Form als auf der anderen Seite des Atlantiks. Er kehrte erbost und deprimiert nach Los Angeles zurück und beschloss, einen Artikel für das *New England Journal of Medicine* über die von ihm beobachtete Verbindung zwischen KS und *Pneumocystis carinii* zu schreiben. Aber die Fachzeitschrift schien keinen allzu großen Wert auf seine Meinung zu legen, denn die Redaktion schickte seinen Artikel immer wieder mit neuen Verbesserungsvorschlägen zurück. Angesichts der Vorgeschichte und dieser Ausflüchte konnte Gottlieb nur zu dem Schluss kommen, dass die Mächtigen, zumindest im Medizinbetrieb, dem Ausbruch dieser neuen Krankheitsform nur deshalb nicht die nötige Aufmerksamkeit schenkten, weil die überwältigende Mehrheit ihrer Opfer homosexuell war.[3]

Es sollte noch ein ganzes Jahr ins Land gehen, bevor diese neuen Symptome einen Namen erhielten. Zuerst nannte man sie GRID für »gay-related immune deficiency«, dann ACIDS für »acquired community immune deficiency syndrome«, und schließlich, Mitte des Jahres 1982, AIDS: »acquired immune deficiency syndrome«. Doch der passende Name war das geringste Problem. Im März des folgenden Jahres brachte der *New York Native*, eine Schwulenzeitung in Manhattan, die Schlagzeile: »1,112 and Counting« – es war die Zahl der homosexuellen Männer, die bereits an dieser Krankheit gestorben waren.[4] Ebenso tragisch wie die Zahl ihrer Opfer ist, dass Aids den beiden großen Gebieten zuzurechnen war, die neben der Entwicklung von psychiatrischen Medikamenten die medizinische Forschung der Nachkriegszeit beherrscht hatten; außerdem waren von ihr überproportional viele Menschen aus Künstler- und Intellektuellenkreisen betroffen.

Die beiden dominanten medizinischen Forschungsgebiete nach 1945 waren die Biochemie des Immunsystems und damit auch die Erforschung von Krebs. Nach den ersten Berichten, die Anfang der fünfziger Jahre über den Zusammenhang von Rauchen und Krebs erschienen waren, folgten bald erste Beobachtungen über einen unmittelbaren Zusammenhang von Rauchen und Herz-Kreislauferkrankungen. Zuerst hatte man herausgefunden, dass die koronare Thrombose – der Herzinfarkt – sehr viel häufiger unter Rauchern als unter Nichtrauchern und vor allem unter Männern auftrat. Diese Erkenntnis führte zu zwei weiteren konkreten Forschungsansätzen. Der entscheidende Faktor bei Herzerkrankungen ist der Blutdruck, und der wich in diesen Fällen stark von der Norm ab, wofür man im Wesentlichen zwei Gründe heranzog: Da Rauchen die Lungen schädigt und diese deshalb weniger Sauerstoff aus der Luft absorbieren können, wird bei jedem Atemzug auch entsprechend weniger Sauerstoff in den Körper transportiert, was das Herz zwingt, diesen Mangel durch heftigere Schläge auszugleichen. Im Laufe der Zeit wird der Herzmuskel so überbeansprucht, dass er schließlich aufgibt. Bei einem solchen Fall ist prinzipiell ein niedriger Blutdruck involviert; aber auch hoher Blutdruck wird zum Problem: Zu viele tierische Fette in der Nahrung führen dazu, dass sich in den Blutgefäßen Cholesterin ablagert und sie dadurch verengt oder im Extremfall ganz blockiert. Dadurch wird nicht nur das Herz stark belastet, sondern auch die Blutgefäße, da nun dieselbe Blutmenge durch einen viel engeren Raum gepresst werden muss. Im äußersten Fall kann das den Herzmuskel schädigen und/oder einen Bruch in den Wänden der Blutgefäße verursachen, auch der Gefäße im Gehirn, was dann eine Hirnblutung beziehungsweise einen Hirnschlag zur Folge hat. Die Mediziner pflegen diesen Zustand je nachdem mit blutdrucksenkenden, -erhöhenden oder blutverdünnenden Mitteln zu behandeln, oder sie ersetzen das Herz, wenn es bereits irreparabel geschädigt ist, durch ein Transplantat.

Vor dem Zweiten Weltkrieg stand kein einziges blutdrucksenkendes Präparat zur Verfügung. 1970 gab es bereits vier chemische Familien für die Herstellung von inzwischen weit verbreiteten Medikamenten, am populärsten darunter die so genannten Beta-Blocker, das Endergebnis einer Forschung, die bereits in den dreißiger Jahren begonnen und im Laufe der Zeit zu der Erkenntnis geführt hatte, dass der Neurotransmitter Acetylcholin (siehe Kapitel 28) auch Nervenstrukturen beeinflusst, die auf das Herz und die Blutgefäße einwirken;[5] in den Nervenbahnen, die zum Koronarsystem führen, wird eine dem Adrenalin ähnliche Substanz ausgeschüttet, die das Verhalten von Herz und Blutkörperchen kontrolliert. Gleich nachdem man diesen Zusammenhang erkannt hatte, begann die Suche nach einer Möglichkeit, in dieses System einzugreifen – es zu blockieren. 1948 entdeckte Raymond Ahlquist an der Universität von Georgia, dass zwei unterschiedliche Nerventypen an diesem Mechanismus beteiligt sind. Er nannte sie Alpha und Beta, weil sie auf unterschiedliche Substanzen reagierten. Seine »Beta-Rezeptoren« stimulierten sowohl die Herzschlagrate als auch die Kraft des Herzens, was den britischen Mediziner James Black zu der Frage anregte, ob sich durch eine Blockade der Adrenalintätigkeit die Herzschlagaktivität verringern lasse.[6] Die erste von ihm identifizierte Substanz, das Promethalol, erwies sich zwar als wirksam, wurde aber bald wieder zurückgezogen, weil sich herausgestellt hatte, dass es bei Mäusen zur Ausbildung von Tumoren führte. Die nächste Substanz, das Propranol, war frei von solchen Nebenwirkungen und wurde deshalb als erster von vielen Beta-Blockern eingesetzt. Dann jedoch stellte sich heraus, dass diese Blocker noch weit mehr bewirken können als nur den Blutdruck zu senken – sie können auch Herzunregelmäßigkeiten beheben und so zum Überleben von Patienten nach einem Herzinfarkt beitragen.[7]

Herztransplantationen waren natürlich der radikalste Eingriff nach einer Erkrankung des Herzens, doch je länger Mediziner die Entwicklungen in der Molekularbiologie beobachteten, desto attraktiver schien diese Option, bis irgendwann klar wurde, dass auch die Klonierung eine potenzielle Möglichkeit wäre. Denn das zentrale Problem von Transplantationen, das es zu lösen galt – einmal ganz abgesehen von der schwierigen involvierten Chirurgie oder den ethischen Fragen, die sich mit der Entnahme eines Spenderorgans aus dem Körper eines jüngst verstorbenen Menschen ergeben –, ist immunologischer Art: Da diese Organe buchstäblich in ein physiologisches System eingebrachte Fremdkörper sind, werden sie von diesem System auch als Eindringlinge abgewehrt.

Die Erforschung der Immunsuppression entwickelte sich aus der Krebsforschung, insbesondere aus der Erforschung von Leukämie, dem Krebsbefall der Lymphozyten – weißen Blutkörperchen –, die die Aufgabe haben, krankheitserregende Fremdkörper schnellstens zu vernichten.[8] Nach dem Krieg, sogar noch vor der Entdeckung der DNS-Struktur, wurde deutlich, dass die Lymphozyten, die bei der Reproduktion eine Rolle spielen, auch in der Krebsforschung von Bedeutung sein könnten (Krebs ist ja nichts anderes als die rapide Reproduktion bösartiger Zellen). Bei ersten Studien wurde nachgewiesen, dass spezifische Formen von Purin (wie Adenin und Guanin) oder Pyridamin (wie Cytosin und Thymin) tatsächlich das Zellwachstum beeinflussen. 1951 wurde dann entdeckt, dass eine unter dem Namen 6-Mercaptopurin (6-MP) bekannte Substanz zu einer zeitweiligen Remission von bestimmten Leukämie-Arten führte. Die Krebsart besiegen konnte sie nicht, aber immerhin schien die Aktion dieses 6-MP potent genug, um seine Wirkung bei der Immunsuppression zu testen. Die entscheidenden Experimente wurden Ende der fünfziger Jahre im New England Medical Center ausgeführt. Robert Schwartz und William Dameshek testeten zwei Medikamente, die normalerweise gegen

Leukämie eingesetzt wurden (Methotrexat und 6-MP), auf ihre Auswirkungen auf die Immunreaktion von Kaninchen. Wie Miles Weatherall in seiner Geschichte der modernen Medizin berichtete, kam der Durchbruch wieder einmal ganz zufällig. Schwartz bat die Lederle Laboratories um Methotrexat-Proben und den Pharmabetrieb Burroughs Wellcome um 6-MP.[9] Von Lederle hörte er kein Wort, aber Burroughs Wellcome schickte ihm eine großzügige Probe des 6-MP. Also machte er seine Tests erst einmal mit dieser Substanz. Schon nach wenigen Wochen stellte er fest, dass sie in der Tat als sehr potenter Immunsuppressor agierte. Später fand man bei weiteren Tests mit Kaninchen heraus, dass das Methotrexat nicht den geringsten Effekt zeigte. Wie Schwartz selbst einmal sagte, heißt das, dass dieses Experiment in einer Sackgasse gelandet wäre und man diesen Weg der Forschung nie weiterverfolgt hätte, wenn das Lederle-Labor anstatt Burroughs Wellcome reagiert hätte.[10] Dr. Christiaan Barnard transplantierte im Dezember 1967 erstmals ein menschliches Herz in einen menschlichen Körper. Der Patient überlebte achtzehn Tage. Nach Barnards zweiter Transplantation überlebte der Patient vierundsiebzig Tage. 1970 wurden in der Bundesrepublik erstmals Nerven transplantiert; 1978 standen zum ersten Mal kommerziell erwerbliche Immunsuppressoren für die Transplantationschirurgie zur Verfügung; 1984 wurde im Loma Linda University Medical Center in Kalifornien einem zweiwöchigen Mädchen das Herz eines Pavians eingesetzt. Es überlebte nur zwanzig Tage, doch damit war das »organ farming« plötzlich zu einer realen Möglichkeit geworden.[11]

*

Als die Aids-Epidemie ausbrach, wusste man also bereits eine Menge über das Immunsystem des menschlichen Körpers und die Zusammenhänge zwischen Immunsuppression und Krebs. 1978 entdeckte Robert Gallo, Forschungsmediziner am nationalen Krebsinstitut von Bethesda, eine neue Virusform, genannt »Retrovirus«, die Leukämie hervorruft.[12] Mit Viren hatte er sich eigentlich nur beschäftigt, weil man bereits wusste, dass die unter Katzen auftretende und häufig zum Tode führende feline Leukämie durch einen Virus verursacht wird, der das Immunsystem der Tiere zusammenbrechen lässt. Und japanische Forscher hatten bereits die T-Zellen-Leukämie studiert (T-Zellen, die für das Immunsystem entscheidenden weißen Blutkörperchen, waren gerade erst entdeckt worden), aber es war Gallo, der den menschlichen T-Zellen-Leukämie-Virus (HTLV) entdeckte. Das war ein gewaltiger Durchbruch in der Theorie wie in der Praxis. Professor Luc Montagnier vom Pasteur Institut in Paris verfolgte diesen Ansatz weiter und verkündete im Februar 1983, dass er sicher glaubte, einen neuen cytopatischen Virus entdeckt zu haben, der bestimmte Zellarten, wie zum Beispiel die menschlichen T-Lymphozyten zerstört. Seine

Wirkung ähnelt der des felinen Leukämie-Virus, das heißt er führt zu Krebs und setzt das Immunsystem schachmatt – und das entsprach genau dem Verlauf von Aids. Montagnier glaubte jedoch nicht, dass es sich bei »seinem« Virus um einen Leukämie-Virus handelte, da er sich etwas anders verhielt und daher auch andere genetische Eigenschaften haben musste. Verstärkt wurde dieser Vorbehalt, als Montagnier von einem Kollegen über den so genannten Lentivirus (nach dem lateinischen Wort *lentus*, langsam[13]) informiert wurde, der lange in Zellen schlummert, bevor er ausbricht. Genau das schien auch beim Aids-Virus der Fall zu sein und ihn vom Leukämie-Virus zu unterscheiden. Montagnier nannte den Virus LAV, für »Lymphadenopathie-assoziiertes Virus«, weil er ihn in den Lymphknoten von Patienten entdeckt hatte.[14]

*

Derzeit gibt es fünf verschiedene Schwerpunkte in der Krebsforschung.[15] Die Virusforschung ist einer, die anderen sind die Umwelt, die Gene, die Persönlichkeit (hinsichtlich der individuellen Reaktion auf die Umwelt) und die Autoimmunologie, entsprechend der These, dass der Körper das Potenzial zu krebsartigem Wachstum hat, doch bis zum allmählichen natürlichen Zusammenbruch des Autoimmunsystems im Alter von diesem daran gehindert wird. Nun gab es zweifellos einige bedeutende Durchbrüche in der Krebsforschung, zum Beispiel Gallos Virus-Entdeckung oder die Erkenntnis des Zusammenhangs von Tabak und Krebs, doch wie düster es in Wahrheit auf diesem Gebiet noch aussah, wurde 1993 von Harold Varmus, der 1989 den Nobelpreis für Physiologie erhalten hat und die NIH in Washington leitet, und Robert Weinberg vom MIT in dem Buch *Genes and the Biology of Cancer* deutlich gemacht.[16] Die Autoren resümieren, dass Tabak für 30 Prozent aller Krebstoten in den Vereinigten Staaten verantwortlich ist, Nahrung für weitere 35 Prozent und alle anderen Faktoren für jeweils nicht mehr als 7 Prozent. Zieht man die mit dem Rauchen verbundenen Tumore von der Gesamtsumme ab, ergibt sich, dass Häufigkeit der Erkrankungen und die Mortalitätsraten bei den meisten Krebsarten konstant geblieben sind oder abgenommen haben.[17] Varmus und Weinberg maßen den Umwelteinflüssen als Verursacher von Krebs daher relativ geringe Bedeutung bei und konzentrierten sich stattdessen auf seine biologischen Komponenten – also auf den Virus und das Gen. Jüngsten Studien zufolge gibt es so genannte Proto-Onkogene, durch Viren verursachte Mutationen, die zu einem anomalen Wachstum führen, das nicht verhindert werden kann, wenn keine Tumor-Suppressor-Gene vorhanden sind. Diese Erkenntnis war zwar ein intellektueller Durchbruch, konnte jedoch, wie selbst Varmus und Weinberg zugeben, bisher nicht in effektive Behandlungsmethoden umgesetzt werden. Tatsache bleibt jedoch, dass sich die Häufigkeit und Mortalitätsrate bei Krebs in den vergangenen Jahrzehnten kaum verändert haben.[18] Und so war es nur logisch, dass man diesen medizinischen Misserfolg nun selbst zu thematisieren begann und debattierte, wie es kam, dass einerseits die Politik wie die Krebsforschung ständig behaupteten, Krebs könne geheilt werden (was in gewissem Maße stimmt), andererseits unabhängige Fachzeitschriften mit wenigen Ausnahmen immer wieder betonten, dass sich weder die Häufigkeit dieser Krankheiten noch ihre Überlebenschancen im Geringsten verändert hätten und die meisten medizinischen Errungenschaften auf diesem Gebiet bereits Jahre zurücklägen (was ebenfalls stimmt).

Nicht zuletzt diese oft sehr vehement geführten öffentlichen Debatten bewirkten, dass die meisten Menschen das Urteil Krebs weit schrecklicher finden als die Nachricht von jeder anderen Krankheit. Dieser Umstand veranlasste Susan Sontag, nachdem sie sich selbst gerade erst einer Krebserkrankung hatte stellen müssen, zum ersten ihrer beiden berühmten Essays über Krankheit. In ihrem Buch *Krankheit als Metapher* schilderte sie, weshalb Krankheit im Allgemeinen und Krebs im Besonderen im späten zwanzigsten Jahrhundert zu Metaphern für alle möglichen politischen, militärischen oder anderen Prozesse wurden, die Krebs dämonisierten und – was noch schlimmere Folgen hatte – den Erkrankten von seiner Familie, seinen Freunden und seinem einstigen Leben isolierten.[19] Kämpferisch vergleicht sie die Rolle, die Krebs heutzutage spielt, mit der, die Tuberkulose noch vor einigen Generationen spielte. »Krankheit«, beginnt sie ihren Essay, »ist die Nachtseite des Lebens, eine eher lästige Staatsbürgerschaft.«[20] Krebs löst so gewaltige Ängste aus, dass Ärzte in Frankreich oder Italien sogar noch heute die Regel befolgen, »der Familie des Patienten eine Krebsdiagnose mitzuteilen, dem Patienten selbst jedoch nicht«. Und da eine Krebserkrankung »ein Skandal sein kann, der das Liebesleben, Aufstiegschancen, ja sogar den Arbeitsplatz gefährdet, neigen Patienten, die wissen, was sie haben, dazu, in Bezug auf ihre Krankheit äußerst zurückhaltend, wenn nicht geradezu verschwiegen zu sein.« Tuberkulose war »Verfall, Fieberhaftigkeit, Entmaterialisierung; es ist eine Krankheit der Flüssigkeiten«, Krebs hingegen »ist Degeneration, wobei die Körpergewebe sich in etwas Festes verwandeln … Krebs ist eine dämonische Schwangerschaft«.[21] »Während TB Eigenschaften annimmt, die der Lunge als Teil des oberen, geisterfüllten Körpers zugedacht sind, ist Krebs dafür berüchtigt, dass er Teile des Körpers (Dickdarm, Blase, Rektum, Brust, Speiseröhre, Prostata, Hoden) angreift, die anzuerkennen peinlich ist. Dass man einen Tumor hat, löst ganz allgemein irgendein Schamgefühl aus, doch wird innerhalb der Hierarchie der Körperorgane Lungenkrebs als weniger beschämend empfunden als Darmkrebs.« Die auffälligste Ähnlichkeit zwischen »den Mythen über TB und über Krebs besteht darin, dass beide als Erkrankungen der Leidenschaft verstanden werden oder wurden«. Während das bei TB auftretende Fieber als »Zeichen eines inneren Brennens« galt, einer verzehrenden Leidenschaft, »sieht man im Krebs heutzutage den Preis der Unterdrückung«.[22] Anhand der unterschiedlichsten Literatur fand Sontag heraus, wie stark die schreckliche Tuberkulose romantisiert wurde – angefangen bei Dickens' *Nicholas Nickelby* über Gides *L'immoraliste* und Hugos *Die Elenden*, über Manns *Zauberberg* bis hin zu Henry James' *Wings of the Dove*. Sontag fand das nicht nur äußerst widersinnig, sondern nahm es auch zum Anlass, um gegen eine vergleichbare Verdrehung der Tatsachen bei Krebs zu Felde zu ziehen.

Newsweek nannte *Krankheit als Metapher* »eines der befreiendsten Bücher unserer Zeit«. Auch in ihrem zweiten Essay über Krankheit, den sie 1989, ein Jahrzehnt später unter dem Titel *Aids und seine Metaphern* veröffentlichte, setzte sich Sontag zornig zur Wehr.[23] Aids empfand sie als eine der am stärksten mit »Kriegsmetaphorik belasteten« Krankheiten, deshalb wollte sie wenigstens einige der vielen Metaphern, die sich darum rankten, zurechtrücken. Vor allem wandte sie sich – heftigst – dagegen, dass Aids »als Suppe betrachtet [wird], die man sich selber einbrockt«, und »eine verständliche Mischung aus Aberglauben und Resignation manche Menschen mit Aids dazu [führt], auf eine antivirale Chemotherapie zu verzichten«.[24] Ihre ganze Verachtung galt den konservativen Christen, die behaupteten, dass Aids die Strafe für die Sünden und Auswüchse, für die »moralische Laxheit oder Verworfenheit« der sechziger Jahre und in erster Linie eine »Schwulenpest« sei.[25] Dieser »Kulturkampf« tobte inzwischen auch jenseits der amerikanischen Grenzen, »selbst in Frankreich, wo Aids – französisch *le sida* – schon früh das Arsenal politischer Invektiven bereichert hat. Le Pen hat einige seiner Widersacher als ›*sidatique*‹ (›Aids-behaftet‹) abqualifiziert, und der antiliberale Polemiker Louis Pauwels sagte von den Gymnasiasten, die im letzten Jahr streikten, sie litten an ›geistigem Aids‹.«[26] Angesichts solcher Umstände fragte Sontag, ob diese Furcht vor Aids nicht auf eine typisch kapitalistische Kosumkrankheit hindeute, insofern als sie »zu einer bedeutend bescheideneren Appetitbefriedigung« zwingt, während zugleich »das Funktionieren des Wirtschaftssystems [darauf beruht], die Menschen zu ermutigen, keine Grenzen anzuerkennen. Appetit *soll* unmäßig sein.«[27] »Wie hätte Sexualität angesichts der Konsum-Imperative und der unreflektierten Verherrlichung des ›Selbst-Ausdrucks‹ nicht zu einer Verbraucherentscheidung werden sollen: eine Übung in Freiheit, in erhöhter Mobilität, in Grenzerweiterung. Der risikolose Freizeit-Sex ist schwerlich eine Erfindung der männlichen Homosexuellen-Subkultur, sondern eine unvermeidliche Neuerfindung der Kultur des Kapitalismus, abgesegnet auch von der Medizin.«[28] Die Metaphern für Aids wirkten sich auf uns alle reduzierend aus, etwa indem sie eine der traurigsten Formen von Beziehung ins Leben riefen, »die kommerziell organisierte Aufgeilung per Telefon … als Version eines anonymen, promisken Sex ohne den Austausch von Flüssigkeiten«, die den Vorteil hat – wenn man das so sagen will –, sicher zu sein; oder indem sie zu groß angelegten Kampagnen für den Gebrauch von Kondomen und sauberen Nadeln führten. Es war an der Zeit, Krankheiten, ob Krebs oder Aids, endlich als das zu verstehen, was sie sind: Erkrankungen des Körpers, ohne jede moralische, gesellschaftliche oder literarische Tünche.

Dass sich die Einstellung zu Aids zu verändern begann, wurde auch von anderen Faktoren gefördert, zum Beispiel von der Tatsache, dass viele populäre Menschen davon betroffen waren. Als der *Hollywood Reporter* am 23. Juli 1985 die kleine Meldung brachte, dass der Filmstar Rock Hudson unter Aids litt, schenkte die Öffentlichkeit dieser Krankheit endlich die angesichts ihrer tödlichen Kraft angemessene Aufmerksamkeit.[29] Denn Hudson war das erste Aids-Opfer, das die Menschen durch die Leinwand sozusagen von Angesicht zu Angesicht kannten. Im Laufe der kommenden Jahre verlor das Kunst- und Geistesleben Hunderte von strahlenden Lichtern. Obwohl man den Virus inzwischen isoliert hatte, forderte es nach wie vor seinen Tribut: Michel Foucault, Philosoph, Juni 1984, Alter 57; Erik Bruhn, Tänzer, 1986, Alter 58; Bruce Chatwin, Reiseschriftsteller, Januar 1989, Alter 48; Robert Mapplethorpe, Fotograf, März 1989, Alter 42; Keith Haring, Graffitikünstler, Februar 1990, Alter 31; Halston, Modedesigner, März 1990, Alter 57; Tony Richardson, Filmregisseur, November 1991, Alter 63; Anthony Perkins, Schauspieler, September 1992, Alter 60; Denholm Elliott, Schauspieler, Oktober 1992, Alter 70; Rudolf Nurejew, berühmtester Tänzer seiner Zeit, der 1961 aus der Sowjetunion geflohen war, Direktor des Balletts der Pariser Oper wurde und auf allen berühmten Bühnen dieser Welt Triumphe feierte, Januar 1993, Alter 54. Keine andere Krankheit im zwanzigsten Jahrhundert hat das künstlerische und geistige Leben so ausgeblutet.[30]

*

Ein Ausbluten ganz anderer Art fand in der Psychiatrie statt. Am 29. März 1983 gab Dr. John Rosen seine Approbation in Harrisburg, Pennsylvania, zurück, um zu verhindern, vom *State Board of Medical Education and Licensure* in Pennsylvania in siebenundsechzig Fällen wegen der Verletzung des Pennsylvania Medical Practices Act und in fünfunddreißig Fällen wegen der Verletzung der Regeln des Medical Board angeklagt zu werden.[31] Rosen hatte viele Patientinnen schrecklich missbraucht, aber kaum eine mehr als Janet Katkow, die ursprünglich von ihren Eltern zu ihm gebracht worden war. Die folgende Darstellung stammt aus den öffentlich zugänglichen Gerichtsdokumenten: Beim ersten Treffen wollte Rosen von Jane in Anwesenheit ihrer Eltern wissen, ob sie bereits Geschlechtsverkehr gehabt habe. Sie gab keine Antwort, sagte nur, dass sie wieder nach Hause in die Berge von Colorado wolle, was Rosen sofort »tiefenanalytisch« damit erklärte, dass die schneebedeckten Bergspitzen für sie die »bestmögliche« Analogie zur »mit Muttermilch gefüllten Brust« seien. »Der Angeklagte sagte dann zur Mutter der Klägerin, dass er etwas Besseres habe, an dem die Klägerin saugen könne, und klopfte dabei an seine Lenden.«[32] Von da an zwang Rosen seine Patientin sieben Jahre lang, während der Therapiesitzungen an seinem Penis zu saugen. Dass sie anschließend grundsätzlich erbrechen musste, deutete Rosen als ihr Verlangen, die Muttermilch auszuspucken. Claudia Ehrman, eine andere Patientin von Rosen, die er von zwei seiner Assistenten behandeln ließ, wurde am 26. Dezember 1979 tot in ihrem Zimmer aufgefunden. Wie sich herausstellte, war sie von den Assistenten als »therapeutische Maßnahme« verprügelt worden, um sie »zu zwingen, mit ihnen zu sprechen«.

Rosens extreme Theorien und Praktiken – unter Psychiatern seit 1959 unter dem Begriff »direkte Analyse« bekannt – führten zu Anklagepunkten in 102 Fällen, die jedoch fallen gelassen wurden, nachdem er freiwillig seine Zulassung abgegeben hatte. Diese Geschichte ist das zentrale Kapitel in Jeffrey Massons 1988 veröffentlichtem Buch *Against Therapy*. Masson war selbst ausgebildeter Psychoanalytiker und kurzfristig auch Direktor der Sigmund-Freud-Archive, gelangte dann aber zu der Überzeugung, dass irgendwas mit der *Psycho*therapie schrecklich schief gelaufen sei, und zwar ganz unabhängig von ihrer Genealogie. Seine Kritik an der Psychoanalyse basierte auf der bislang noch von niemandem formulierten Überzeugung, dass sie *per definitionem* korrupt und daher unwiderruflich falsch sei.

Zu Beginn kehrt Masson zu Freud selbst zurück. Er reexaminierte Freuds erste Patientin Dora und erklärt dann, dass Freuds eigene massive Probleme die Sitzungen mit Dora so stark beeinflusst hätten, dass seine Interpretation ihres Zustands eindeutig beeinträchtigt gewesen sei; hinzu komme, dass Dora mindestens so gut verstanden habe, was mit Freud los war, wie umgekehrt. Freud »ignorierte ihre Bedürfnisse zu Gunsten seiner eigenen, bei denen es um nichts anderes ging als Belege für seine psychologischen Theorien zu finden.«[33] Mit anderen Worten: Die Psychoanalyse war von Anfang an korrupt. Dann wandte sich Masson dem geheimen Tagebuch von Sandor Ferenczi zu (erst 1985 veröffentlicht, obwohl er bereits 1933 gestorben war), dem zu entnehmen war, dass er selbst so sehr an der therapeutischen Beziehung gezweifelt hatte, um sich eine ganz neue Variante in Form der »gegenseitigen Analyse« zu überlegen, bei der zugleich der Patient den Therapeuten und der Therapeut den Patienten analysieren sollte. Anschließend betrachtete Masson Jungs Einlassungen zum Nationalsozialismus sowie seinen Antisemitismus und Mystizismus und stellte fest, dass er ein ebenso autoritärer Charakter war wie Freud und ebenfalls seine eigenen Gedanken in die Geschichten hineininterpretiert habe, die ihm seine Patientinnen erzählten, immer nach dem Motto, dass der Therapeut grundsätzlich neurosenfrei und der Patient neurotisch ist. Auch neuere Therapieformen, wie die von Carl Rogers begründete, oder die Gestalttherapie von Fritz Perls und die Varianten von Rollo May, Abraham Maslow und Milton Erickson, nahm Masson unter die Lupe.[34] Wo er auch hinblickte, überall fand er autoritäres Denken und – von noch größerem Übel für die Patienten – eine große Faszination an allem Sexuellen, insbesondere am Sex *in* der therapeutischen Beziehung. Für Masson stand nach all diesen Revisionen außer Frage, dass die therapeutische Situation mindestens ebenso, wenn nicht mehr, der Bedürfnisbefriedigung der Therapeuten diene wie den Bedürfnissen ihrer so genannten Patienten. Und so kam er zu dem Schluss, dass Therapie an sich ein Ding der Unmöglichkeit und genau dies der Grund sei, weshalb die psychoanalytischen Statistiken, die von derart hohen Versagensquoten sprachen, die Wahrheit darstellten.

Geistvoller als Massons Frontalangriff war Ernest Gellners Buch *The Psychoanalytic Movement* (1985), das zu den großartigsten intellektuellen Darlegungen des zwanzigsten Jahrhunderts gezählt werden muss.[35] Der 1925 in Paris geborene Gellner war in Prag und England ausgebildet worden und Professor der Philosophie wie der Soziologie an der London School of Economics, bevor er den William-Wye-Lehrstuhl für Sozialanthropologie in Cambridge übernahm. Der Untertitel seines Buches lautet »The Cunning of Unreason«, und Gellner entging absolut nichts im Hinblick auf die Psychoanalyse – kein Non sequitur, keine Inkonsistenz, keine nachlässige Begründung, logische Laxheit oder Heuchelei. Seine zentrale Kritik galt dem Unbewussten – der, wie er schrieb, neuen Version der Erbsünde.[36] Das sanktionierte Prinzip funktioniere nach dem Motto: »Softlee Softlee Catchee Unconscious« – eine von vielen wunderbaren Diminutionen Gellners in diesem Buch. Es scheine so, als gebe es ein spezielles Geheimhaltungsgesetz für das Unbewusste, als werde es nicht einfach nur vor dem Bewusstsein versteckt, sondern tue selbst aktiv alles, um sich selbst geheim zu halten.[37] »Weder Intelligenz noch bewusste Aufrichtigkeit, noch theoretischer Wissenserwerb können auf irgendeine Weise die Chancen steigern, die findigen Manöver des Unbewussten mit gegenaufklärerischen Mitteln zu umgehen oder zu überwinden.«[38] Freud glaubte sich durch irgendwelche undurchsichtigen Ereignisse in die Lage versetzt, diese scheinbar unüberwindliche Barriere durchbrechen und die dahinter entdeckten Geheimnisse dann in säkularer apostolischer Sukzession an andere weitergeben zu können. Aber wenn das Unbewusste so schlau ist, fragte Gellner, wieso hat es dann Freud nicht kommen sehen und sich noch besser vor ihm versteckt? Gellner wollte nicht einfach nur zu den statistischen Argumenten gegen die Heilfähigkeit der Psychoanalyse zurückkehren, er wollte sie entlarven. So zitierte er beispielsweise den Nobelpreisträger Friedrich von Hayek: »Ich glaube, die Menschen werden auf unser Zeitalter als das Zeitalter des Aberglaubens zurückblicken, das sich im Wesentlichen mit den Namen Karl Marx und Sigmund Freud verbindet.«[39] Doch Gellner bedurfte wirklich nicht der Hilfe anderer. »Das Unbewusste«, schrieb er, »ist wie eine dieser Absteigen gleich auf der anderen Seite der Grenze, wo Diebe und Schmuggler im Überfluss schwelgen, befreit von der Notwendigkeit, sich zu tarnen und zu verkleiden, wie sie es aus Angst vor den Behörden *diesseits* der Grenze so gewissenhaft tun... [Es] ist, als begegnete man seinen sämtlichen Freunden, Feinden und Bekannten, doch wie im Karneval kostümiert: Man mag sich vielleicht ein wenig überrascht fragen, was sie vorhaben, doch was das Personal selbst anbelangt,... gibt es kaum Überraschendes.«[40]

Entlarvt wurde jedoch nicht nur Freud. Ende Januar 1983 erschien die *New York Times* mit der Schlagzeile: »Neues Samoa-Buch stellt Margaret Meads Schlussfolgerungen in Frage.« Autor dieses Buches war der in Neuseeland geborene australische Anthropologe Derek Freeman, der seit 1940 auf Samoa gearbeitet hatte, meist in einem Gebiet rund 180 Kilometer entfernt von Ta'u, dem Dorf, in dem auch Mead ihre Feldstudien betrieben hatte. Freeman war überzeugt, dass Mead die samoanische Gesellschaft völlig missverstanden und deshalb auch ganz falsche Schlussfolgerungen gezogen hatte. Die Samoaner, so Freeman, hätten die gleichen Probleme wie Menschen in aller Welt; außerdem hätten sie sich selbst mächtig geärgert über die Art und Weise, wie sie von Mead in *Coming of Age* dargestellt wurden, nämlich als simple, verspielte Menschen, die auch Sex nur als ein großes Spiel empfinden und sich charakterlich stark von Menschen anderer Kulturen unterschieden.[41]

Der Artikel in der *New York Times*, der fast über die ganze Titelseite und noch eine weitere Seite im Innenteil lief, löste eine heftige Debatte aus. Nachdem die Harvard University Press Freemans Buch *Margaret Mead and Samoa: The Making and Unmaking of an Anthropological Myth* herausgebracht hatte, wurde er Dauergast der Fernsehstudios im ganzen Land.[42] Es wurden mehrere wissenschaftliche Seminare über seine Erkenntnisse veranstaltet, aber am entscheidendsten war, dass eine Konferenz der Amerikanischen Anthropologischen Gesellschaft seine Motive in Frage stellte und betonte, dass er bis dahin keinerlei akademische Arbeit geleistet und nur eigenen Angaben zufolge seit 1940 in Samoa geforscht habe. Hätte er seine Einwände nicht zu Lebzeiten von Margaret Mead vorbringen können, damit sie die Chance gehabt hätte, sich zu verteidigen? Freeman antwortete, dass er ihr seine ersten Zweifel sofort mitgeteilt und sie daraufhin auch in der Tat gewisse Ungenauigkeiten bei ihren Daten zugestanden habe, doch da er erst 1981 die Genehmigung zur Einsicht in die samoanischen Gerichtsakten bekam, habe er seine These, dass Samoaner ebenso gewalttätig seien wie alle anderen Völker, nicht früher belegen können.[43] Besonders was diesen Punkt anbelangte, waren die Anthropologen skeptisch, denn *sie* hatten keinerlei Schwierigkeiten gehabt, bereits Jahre zuvor Akteneinsicht zu bekommen. Noch heftiger diskutiert wurde, dass Freemans Erkenntnisse – sofern es denn wissenschaftliche Erkenntnisse waren – Franz Boas' These widersprachen, dass die Kultur (Umwelt) und nicht die Natur (genetisches Erbe) der bestimmende Faktor für jedes Verhaltensmuster sei. Freeman war zwar kein biologischer Determinist, doch wenn er Recht hatte, dann sprachen seine Revisionen von Meads Forschungsergebnissen ohne Frage für eine weit weniger von Kultur und Umwelt geprägte menschliche Natur. Ob er damit wirklich Recht hatte, wurde nie zufrieden stellend geklärt. Doch fest steht, dass seither auch über Meads großes Werk – wie über dem von Freud – ein Schatten liegt (wenngleich bei ihr niemand bezweifelte, dass viele ihrer Erkenntnisse der Realität entsprachen).

*

1997 publizierte Roy Porter sein Buch *The Greatest Benefit to Mankind*, eine Medizingeschichte von der Antike bis zur Gegenwart. Im Kapitel über die klinische Forschung zitiert er die Frage, die der Oxforder Medizinprofessor Sir David Weatherall an die moderne Medizin gestellt hatte: »Wo stehen wir?«, um gleich darauf dessen überraschend ernüchternde Antwort zu zitieren: »Wir scheinen mit unseren Erkenntnissen über die großen Killer der westlichen Gesellschaft in eine Sackgasse geraten zu sein, vor allem was die Herz- und Gefäßkrankheiten, den Krebs und all jene chronischen Krankheiten betrifft, deren Opfer unsere Krankenhäuser füllen... Obwohl wir in immer größeren Details herausgefunden haben, auf welche Weise diese Krankheiten Patienten krank machen, sind wir bei der Beantwortung der Frage, weshalb sie überhaupt auftreten, kaum vorangekommen.«[44]

Weatheralls Skepsis ist realistisch und seine Darlegung gut begründet (Triumphgeschrei wäre ohnedies unwissenschaftlich gewesen). Dasselbe gilt in Bezug auf die Revisionen von Freud, Jung und Mead. Die Ironie – oder Absurdität – therapeutisch bewirkter Sensibilität, wenn die Therapien selbst doch gar nicht funktionieren, kann niemandem entgehen. So sind denn auch die Schlussfolgerungen von Porter am Ende seiner meisterlichen Studie über die Medizin kaum weniger pessimistisch als Wheatheralls Erkenntnisse: »Die Wurzel des Übels ist strukturell. Es ist endemisch in einem System, in dem ein expandierendes medizinisches Establishment, das sich einer gesünderen Bevölkerung gegenübersieht, dazu getrieben fühlt, ganz normale Ereignisse wie die Menopause zu vermedizinen, Risiken in Krankheiten zu verwandeln und triviale Beschwerden mit ausgeklügelten Methoden zu behandeln. Ärzte wie ›Konsumenten‹ werden zu Gefangenen der Phantasie, dass bei *jedem irgendwas* nicht stimmt, aber bei allen alles geheilt werden kann.«[45] Auch das erklärt, weshalb die »Heilungsraten« in der Psychoanalyse so trostlos sind. Bei vielen, die sich einer Analyse unterziehen, ist also absolut nichts in Unordnung.

38

»Local Knowledge« und »dichte Beschreibung«

1979 erreichte die amerikanische Raumsonde *Pioneer 11* den Saturn und durchquerte seine äußeren Ringe, die, wie man seither weiß, aus vereisten Gesteinsbrocken bestehen. Im selben Jahr hielten nach der Markteinführung der ersten Kalkulationssoftware immer mehr Personal-Computer Einzug in die Büros. Die Firma Phillips brachte die Laser-Disc Videoplatte und Matsushita einen Flat-Screen-TV in Taschengröße heraus. Physiker in Hamburg beobachteten erstmals Gluonen (Austauschteilchen der starken Wechselwirkung, die die Farbladung der Quarks verändern). Wissenschaft und Technologie machten also nach wie vor beeindruckende Fortschritte, obwohl es in dieser Landschaft – durchaus wörtlich genommen – einen hässlichen Fleck gab, nämlich den Gau im Atomkraftwerk Three Mile Island in Harrisburg, Pennsylvania, bei dem ein Druckwasserreaktor wegen des unzureichenden Wissensstands der Mannschaft, wie sich später herausstellte, irreparabel zerstört worden war und geringe Mengen radioaktiven Materials entwichen. Niemand wurde verletzt, aber jeder war entsetzt.

Obwohl die Naturwissenschaften 1979 also materielle Fortschritte machten, die aufregende und intellektuell stimulierende neue Fragen mit sich brachten, erhoben viele warnend ihre Stimme. Aber sie brachten keine antiwissenschaftlichen Argumente im herkömmlichen Sinne vor, vergleichbar etwa den Einwänden, die üblicherweise aus den Reihen der Kreationisten oder irgendwelchen religiösen Fundamentalisten zu hören sind. Nein, Ende der siebziger Jahre war die Kritik an den Methoden der Naturwissenschaften und an ihrer Selbstdarstellung als ein unabhängiges Wissenssystem zu einem wesentlichen Bestandteil des postmodernen Denkens geworden. *Das postmoderne Wissen* von Jean-François Lyotard war die erste aus einer langen Reihe von Schriften, die den Status der Naturwissenschaften grundsätzlich in Frage stellten. Dass es sich hier um einen Bericht handelte, wie aus dem Untertitel hervorgeht, hatte den Grund, dass Lyotard als Professor der Philosophie an der Université de Paris VIII – Vincennes/Saint-Denis vom Universitätsrat der Regierung von Québec beauftragt worden war, einen »Bericht über das Wissen in den höchstentwickelten Gesellschaften« zu schreiben.[1] Lyotard hatte seine Karriere im Nachkriegsparis als linker politischer Journalist begonnen, sich gegen Ende seines Philosophiestudiums der Kunst und Psychoanalyse zugewandt und wie viele seiner Kollegen versucht, Freud und Marx auf einen Nenner zu bringen. Seine frühen Schriften widmete er Themen, die er selbst in drei Kategorien einteilte: in das Libidinöse, das Heidnische und das Widerspenstige.[2] Die erste Kategorie hatte einen deutlich psychoanalytischen Unterton, aber abgesehen davon wollte Lyotard mit seinem Begriff »libidinös« auch verdeutlichen, dass er den Menschen grundsätzlich eher von persönlichen, individuellen und sogar unbewussten Motiven bestimmt sah und nicht von offen politischen Motivationen oder gar irgendeiner spezifischen »Metaerzählung«. Auch mit seiner Wortwahl »heidnisch« meinte er weniger falsche als alternative Götter und implizierte, dass man auf zufrieden stellende und lohnende Weise ganz eigenen Interessen nachkommen kann, auch wenn diese keinen offiziell sanktionierten oder populären »Wahrheiten« folgen. Und mit dem Begriff »widerspenstig« betonte er, dass bestimmte Studien- oder Erfahrungsebenen einfach zu komplex sind oder zufällig entstehen, um jemals vorausgesagt oder verstanden werden zu können.

Seine Studie *Das postmoderne Wissen* hatte also »die Lage des Wissens in den höchstentwickelten Gesellschaften« zum Gegenstand. Lyotard wollte herausfinden, auf welche Weise sich wissenschaftliches Wissen von anderen Wissensformen unterscheidet und welche Auswirkungen die Erfolge des wissenschaftlichen Wissens auf das Individuum und die Gesellschaft haben. »Die Wissenschaft«, schreibt er, »ist von Beginn an in Konflikt mit den Erzählungen ... Bei extremer Vereinfachung hält man die Skepsis gegenüber den Metaerzählungen für ›postmodern.‹«[3] Dann folgt ein Vergleich der unterschiedlichen Wissensformen, die zum Beispiel eine Fabel, Gesetze oder die Naturwissenschaften vermitteln. Er konzediert, dass für viele Forscher wissenschaftliches Wissen die einzig existierende Form von Wissen ist, stellt aber die Frage, wieso wir Fabeln oder Gesetze dann überhaupt verstehen können. Die wichtigste nichtwissenschaftliche Form von Wissen – in dem Sinne, wie die meisten Wissenschaftler es verstehen würden – sei das Wissen um das Ich. Denn das Ich habe eine Geschichte und sei zumindest teilweise narrativ, ansonsten aber mit nichts anderem vergleichbar. Es ist der Wissenschaft nicht zugänglich, weil diese praktisch nur abstraktes Wissen hervorbringt.

In einem historischen Exkurs erklärt er: »Bei der anderen Legitimierungserzählung gibt die Beziehung zwischen Wissenschaft, Nation und Staat Anlass zu einer ganz anderen Ausarbeitung. Dies tritt bei der Gründung der Berliner Universität zwischen 1807 und 1810 zu Tage. Ihr Einfluss auf die Organisation der höheren Ausbildung in den jungen Ländern des 19. und 20. Jahrhunderts wird beträchtlich sein.«[4] Dass die Wissenschaft seither ein Kind der Universitäten und daher größtenteils von staatlichen Geldern abhängig war, ist für Lyotard insofern von größter Bedeutung für die Soziologie des (wissenschaftlichen) Wissens, als in diesem Bereich »die Regeln des spekulativen Sprachspiels« festgelegt werden. »Diese Art der Legitimierung durch die Autonomie des Willens privilegiert, wie man sieht, ein gänzlich anderes Sprachspiel, welches Kant den Imperativ nannte und das die Zeitgenossen präskriptiv nennen. Wichtig ist nicht oder nicht nur, vom Wahren abhängige denotative Aussagen zu legitimieren, wie: *Die Erde dreht sich um die Sonne*, sondern präskriptive, vom Rechten abhängige, wie: *Man soll Karthago zerstören*, oder: *Man soll den Mindestlohn auf x Francs festlegen.*« Nach 150 Jahren staatlich geförderter Wissenschaft sei Wissen nun »nicht mehr das Subjekt, es dient diesem; seine einzige, aber beträchtliche Legitimität besteht darin, der Moralität zu erlauben, Realität zu werden«.[5] Es falle uns wesentlich leichter, zu beweisen, dass sich die Erde um die Sonne dreht, als dass es einen Mindestlohn geben müsse. Doch liegt das an der Art der von uns betriebenen Wissenschaft, oder daran, dass die letztgenannte Aussage »widerspenstig«, also jedem Nachweis unzugänglich ist? Wenn es tatsächlich bestimmte Problemkategorien, Erfahrungen oder Sprachspiele gibt, die *prinzipiell widerspenstig* sind, wo bleibt dann die Wissenschaft? Wie steht es dann mit der Rolle der Universitäten? Und wie mit dem Optimismus (der Optimistischen), welcher darauf baut, dass die Wissenschaften im Laufe der Zeit alle Probleme lösen können? Lyotard, stark beeinflusst von Werner Heisenberg, Kurt Gödel und Thomas Kuhn, war von den neuen Ideen der späten Siebziger- und Achtzigerjahre beeindruckt, insbesondere von der Katastrophen- und der Chaostheorie: »Man gewinnt aus diesen ... Forschungen die Idee, dass die Überlegenheit der stetigen, ableitbaren Funktion als Paradigma und Prognose im Verschwinden begriffen ist. In ihrem Interesse für die Unentscheidbaren, für die Grenzen der Präzision der Kontrolle, die Quanten, die Konflikte unvollständiger Information, die ›*Frakta*‹, die Katastrophen und pragmatischen Paradoxa entwirft die postmoderne Wissenschaft die Theorie ihrer eigenen Evolution als diskontinuierlich, katastrophisch, nicht zu berichtigen, paradox. Sie verändert den Sinn des Wortes Wissen, und sie sagt, wie diese Veränderung stattfinden kann. Sie bringt nicht Bekanntes, sondern Unbekanntes hervor.«[6] Schließlich resümiert Lyotard, dass unsere »Sprachspiele, selbst wenn sie nicht dem kanonischen Wissen angehören, zur Erkenntnis ihrer selbst« erhoben würden und unser alltäglicher Diskurs in eine Art von Metadiskurs umgekippt sei: »Gewöhnliche Aussagen zeigen eine Neigung, sich selbst zu zitieren.«[7] Am Ende sei womöglich sogar der Begriff des Ich nichts anderes als ein Sprachspiel.

Auch Lyotards Schlussfolgerung hatte nichts mit Antiwissenschaftlichkeit zu tun. Sie betonte nur, dass auch andere Wissensformen (darunter auch die Spekulation) ihre Berechtigung haben und dass die Naturwissenschaften nicht einmal hoffen dürften, jemals so etwas wie eine vollständige Antwort auf die philosophischen Fragen zu finden, vor denen wir stehen (oder zu stehen glauben). Die Naturwissenschaften erhielten ihre Kraft und Legitimation durch ihre technologischen Erfolge, und das völlig zu Recht. Doch damit stoße das wissenschaftliche Wissen dann auch schon an seine Grenzen. Lyotard war sich sicher, dass es immer Bereiche im Leben geben wird, die diesem Wissen absolut unzugänglich bleiben – vor allem das Ich.

*

Wie Lyotard ist auch der Philosoph Richard Rorty aus Princeton vom Status des wissenschaftlichen Wissens fasziniert und schrieb zwei Abhandlungen, *Der Spiegel der Natur: Eine Kritik der Philosophie* (1980; deutsch 1981) und *Objectivity, Relativism, and Truth* (1991), in denen er eine radikale Neubewertung der Frage anbot, was Philosophie ist oder überhaupt jemals sein kann.[8]

Im *Spiegel der Natur* konzediert Rorty, dass sich die Naturwissenschaften als außerordentlich erfolgreich bei der Produktion einer bestimmten Art von Wissen erwiesen haben. Mit Rudolf Carnap teilt er die Meinung, dass sie eine bestimmte Form von Spekulation – nämlich die traditionelle Metaphysik – zu Recht zerschlagen haben, und wie Lyotard glaubt er, dass wissenschaftliches Wissen nicht die einzig existente Wissensform ist (bei ihm tauchen auch Literaturkritik und Politik als eigenständige Wissensformen auf). Rortys Hauptanliegen ist, die Philosophie davor zu bewahren, zum reinen Anhängsel der Naturwissenschaften zu werden. Eines Tages würden wir zwar dank ihnen in der Lage sein, im Prinzip jede Bewegung eines menschlichen Körpers (inklusive der Larynx oder schreibenden Hand) unter Bezugnahme auf die Mikrostrukturen in ebendiesem Körper zu erklären, aber deshalb werden wir noch immer nicht voraussagen können, was dieser Mensch sagen will und/oder meint. Die Sicherheit, mit der Rorty hier seine Sache vertritt, gewinnt er aus dem Argument, dass sich der Mensch unentwegt selbst neu erfindet, je mehr er liest, verdient und schreibt; und da er sich damit ständig selbst »bildet«, wird er im Laufe dieses Prozesses zu einer anderen Person. In diesem Sinne synthetisierte Rorty – unter anderem – Freud, Sartre und Wittgenstein: Freud habe (wie Marx) realisiert, dass sich der Mensch ändern kann, wenn sich sein Selbstbewusstsein ändert, und dass diese Veränderung durch Sprache herbeigeführt werden könne. Dieses Konzept des wandlungsfähigen Ich war auch ein zentrales Element von Sartres existenziellem Begriff des Werdens und Lacans Vorstellung vom therapeutischen Erfolg; aber auch Wittgensteins Fokus auf den zentralen Aspekt von Sprache sowie seine Behauptung, dass Metaphysik eine Krankheit der Sprache sei, stützten Rortys Neubewertung des Wesens der Philosophie. Rortys Ansicht nach unterlief den Philosophen ein Doppelfehler, indem sie die Philosophie erstens als eine Erweiterung der Naturwissenschaften betrachteten und folglich auch versuchten, sie mit wissenschaftlicher Sprache zu formulieren; und indem sie sie zweitens als ein *System* für eine mehr oder weniger vollständige Erklärung der Realität ansahen. Rorty hingegen sieht in der Philosophie den Versuch, in jene Bereiche der menschlichen Erfahrungen einzudringen, die die Naturwissenschaften niemals erobern könnten, und insofern bildend zu wirken: »Das Unternehmen, (uns und andere) zu bilden, kann in der hermeneutischen Tätigkeit bestehen, Verbindungen zwischen unserer eigenen Kultur und irgendeiner exotischen Kultur oder Geschichtsepoche herzustellen oder zwischen unserem eigenen Fach und einer anderen Disziplin, die mit einem inkommensurablen Vokabular inkommensurable Ziele zu verfolgen scheint. Oder es kann in der ›poetischen‹ Tätigkeit bestehen, sich solche neuen Ziele, eine neue Terminologie oder neue Disziplin auszudenken, an die sich dann sozusagen das Gegenteil von Hermeneutik anschließt: die Reinterpretation unserer vertrauten Umwelt in der noch unvertrauten Begrifflichkeit unserer Innovationen. In beiden Fällen ist diese Tätigkeit bildend, ohne konstruktiv zu sein ... zumindest sofern ›konstruktiv‹ für jene Art von Kooperation bei der Erfüllung von Forschungsprogrammen steht, die im normalen Diskurs praktiziert wird. Denn der bildende Diskurs *soll* nichtnormal sein, uns durch die Kraft seiner Fremdartigkeit aus unserem alten Selbst herausführen, dazu beitragen, dass wir andere Wesen werden.«[9] Doch, so Rorty weiter: »An der Peripherie der modernen Philosophie finden sich Gestalten, die – ohne eine ›Tradition‹ zu bilden – einander in ihrem Misstrauen gegen das Bild vom Menschen als dem Erkenner von Wesenheiten gleichen. Goethe, Kierkegaard, George Santayana, William James, John Dewey, der spätere Wittgenstein und der späte Heidegger gehören hierzu. Nicht selten wirft man ihnen vor, sie seien Relativisten und Zyniker. Häufig äußern sie Zweifel am Fortschritt und insbesondere an der jeweils neuesten Proklamation, diese oder jene Disziplin habe die Natur der menschlichen Erkenntnis so klar werden lassen, dass sich die Vernunft nunmehr auf alle übrigen menschlichen Tätigkeiten ausbreiten werde. Solche Schriftsteller waren es, die den Gedanken am Leben gehalten haben, dass wir, auch wenn wir es zu gerechtfertigten wahren Meinungen über alles Wissenswerte gebracht haben mögen, womöglich nicht mehr getan haben, als uns den jeweiligen Normen des Tages anzupassen. Sie hielten das historische Gespür dafür am Leben, wie aus den großen Siegen der Vernunft im vergangenen Jahrhundert die ›Vorurteile‹ und der ›Aberglaube‹ des gegenwärtigen Jahrhunderts wurde und dass ein von den jüngsten wissenschaftlichen Errungenschaften erborgtes brandneues Vokabular womöglich keine privilegierten Darstellungen des Wesens der

Dinge zum Ausdruck bringt, sondern bloß eine Beschreibungsmöglichkeit der Welt aus einer potenziellen Unendlichkeit von Vokabularen ausmacht... Die Philosophen des Hauptstroms werde ich die ›systematischen‹ nennen, die peripheren Philosophen dagegen die ›bildenden‹. Diese peripheren und pragmatischen Philosophen verhalten sich vor allem skeptisch zur *systematischen Philosophie*, zum Projekt universaler Kommensuration als solchem. In unserer Zeit sind Dewey, Wittgenstein und Heidegger solche großen bildenden und peripheren Denker.«[10]

In gewisser Weise betrachtet Rorty die Philosophie als eine parasitäre Aktivität auf der Basis einer Art geistigen Guerilla-Taktik: Sie nähert sich ihren Zielen mit leisen Schritten und ist sich des Geschehens in anderen Disziplinen immer bewusst. John Dewey, Wittgenstein und Kuhn »gelingt es auf je eigene Weise, der ›Wirklichkeitstreue im Sinne des Realismus‹ ihren Nimbus zu nehmen«.[11] Doch wenn Rorty die Philosophie zu nicht mehr als einem »Gespräch« erklärt, ist er der vielleicht größte Zerstörer des Nimbus (der letzte Abschnitt seines Buches lautet: »Die Philosophie im Gespräch der Menschheit«). »Hat man verstanden, dass das Erkennen nicht ein Wesen hat, das von den Wissenschaftlern oder den Philosophen beschrieben werden könnte, sondern dass es die Berechtigung ist, kraft momentan gültiger Maßstäbe etwas zu glauben, so ist man ein gutes Stück in die Richtung der Auffassung weitergekommen, für die *das Gespräch* der unhintergehbare Kontext ist, in dem Erkenntnis verstanden werden muss... Dass wir das von Platon begonnene Gespräch fortsetzen können, ohne die Themen zu diskutieren, die Platon diskutieren wollte, macht den Unterschied zwischen einer Auffassung der Philosophie als eine Stimme im Gespräch und ihrer Auffassung als ein *Fach*, ein professionelles Forschungsgebiet deutlich.«[12]

In seiner Abhandlung *Objectivity, Relativism, and Truth* befasste sich Rorty mit wissenschaftlicher Objektivität in Philosophie wie Politik. Objektivität in dem Sinne, dass »außerhalb von uns« etwas unabhängig davon existiert, ob jemand darüber nachdenkt oder wer es beobachtet, ist für ihn eine fatale Vorstellung. Die Idee, dass »Grün« oder »Schwerkraft« auf irgendeine andere Weise *sein* könnten als »Gerechtigkeit«, sei ein Missverständnis; in dieser Vorstellung spiegelte sich nur, dass sich mehr Menschen auf das geeinigt haben, was »grün« bedeutet, als auf das, was »Gerechtigkeit« bedeutet.[13] Wie Rorty betont, herrscht ganz einfach mehr »Solidarität« mit der Praxis, was einem sofort deutlich wird, wenn man sich zum Beispiel den Weg von *grün* vorstellt, seit die erste Person vor Urzeiten zum ersten Mal dieses Wort (in welcher Sprache auch immer) ausgesprochen hat. Musste sie nicht bereits eine klare Vorstellung von Grün gehabt haben? Und genau diese Vorstellung hat sich dann mitsamt dem zugehörigen Begriff etabliert, jedoch aus keinem anderen Grund als Pragmatismus. Oder denken wir an das Wort *Schwerkraft*. Es beschreibt eine

Entität, deren Eigenheit, was immer sie sei, noch heute nicht vollständig verstanden werde; und falls wirklich einmal jemand verstehen sollte, was dieses Wort bedeutet, könnte sich herausstellen, dass es ebenso inadäquat ist wie einst die Begriffe *Phlogiston* (für einen hypothetisch brennbaren Stoff) oder *Äther* und deshalb ebenfalls aus dem Sprachgebrauch verschwinden. Den Unterschied zwischen Wahrheit und Meinung hält Rorty letztlich jedoch für marginal, da auch er einzig eine Frage der Solidarität sei. Wir führten uns selbst in die Irre, wenn wir glaubten, dass es irgendwas gebe, das für alle Zeiten und in allen Kulturen wahr sein könne.

In seinem zuerst erwähnten Essay ging es Rorty darum, unsere Ambitionen im Hinblick auf die Philosophie zurückzuschrauben und diese mehr als ein »Gespräch« denn als ein Denksystem zu verstehen. Im zweiten Buch vertrat er denselben Ansatz in Bezug auf Vernunft und Logik. Vernunft, schreibt er, setzt sich nicht aus einem unveränderlichen Kanon von Denkweisen zusammen, die mit der Realität »außerhalb von uns« übereinstimmen. Sie entspricht vielmehr dem, was wir meinen, wenn wir sagen, dass jemand »vernünftig«, »methodisch«, oder »bei Verstand« ist. Sie umfasst Tugenden wie Toleranz, Respekt vor der Meinung des anderen, die Bereitschaft, zuzuhören, oder das Vertrauen in die Kraft der Überzeugung anstatt in die Gewalt. So gesehen habe der Unterschied zwischen Rationalität und Irrationalität nichts Spezifisches gemein mit dem Unterschied zwischen Geistes- und Naturwissenschaften. Rationales Sein oder Handeln sei nichts anderes als die Behandlung einer Frage – egal ob aus der Religion, Literatur oder Wissenschaft – auf eine Weise, die Dogmatismus, Schutzbehauptungen oder selbstgerechte Indignation nicht zulässt.[14] Insofern gebe es auch keinen Grund, Naturwissenschaftler zu preisen, weil sie »objektiver«, »logischer«, »methodischer« oder der Wahrheit »verpflichteter« als andere Menschen seien; aber es gebe eine Menge Gründe, die von ihnen entwickelten Institutionen zu preisen und diese für die übrige Kultur als vorbildlich darzustellen. Denn diese Institutionen konkretisierten die Idee einer »unerzwungenen Übereinkunft«; eine Orientierung an diesen Institutionen mache die Idee der »freien und offenen Begegnung« – jener Art von Begegnung, in welcher die Wahrheit nur siegen kann – daher zu einer Idee aus Fleisch und Blut. So betrachtet sei die Aussage, dass die Wahrheit bei dieser Begegnung nur siegen kann, unvergleichbar mit jeder metaphysischen Behauptung über die Zusammenhänge zwischen der menschlichen Vernunft und dem Wesen der Dinge; sie besage nichts anderes, als dass die beste Möglichkeit, herauszufinden, was einem glaubhaft erscheint, immer darin besteht, sich so viele Vorschläge und Argumente wie nur möglich anzuhören.[15] Als Pragmatiker bewundert Rorty die Naturwissenschaften zwar ihrer erwähnten Eigenschaften wegen, aber daraus folgt nicht, dass er sich eine vergleichbare Struktur der Gesellschaft wünscht. Vielmehr, so sagt er, legt die pragmatische Sichtweise nahe, dass die Humanwissenschaften tatsächlich anders sein *sollen* als die Naturwissenschaften. Diese Überlegung basiere weder auf epistemologischen noch auf metaphysischen Betrachtungen, welche ja immer nahe legten, dass sich das Studium von Gesellschaften grundsätzlich vom Studium der Materie unterscheiden müsse, sondern vielmehr auf der Beobachtung, dass die Naturwissenschaften primär an der Voraussage und Kontrolle des Verhaltens von Materie interessiert sind, wir uns von unseren Soziologen und Literaturkritikern hingegen wohl kaum entsprechende Voraussagen und Kontrollen wünschten.[16] Mit einem Wort: Es gebe keine »unterschiedlichen Welten«, alle Investigationsmöglichkeiten, von der physikalischen bis hin zur poetischen, seien gleichermaßen legitim.

Wenn Rorty über Politik diskutiert, geht es ihm vor allem um die Aussage, dass ein politisches System keine Vorstellung von der menschlichen Natur haben muss, um funktionsfähig zu sein. Eine solche Ideenentwicklung sei für die Existenz von bürgerlich-freiheitlichen Demokratien – die Rorty, daran lässt er keinen Zweifel, für das beste System hält – sogar kontraproduktiv. Genau in diesem Punkt unterscheidet er sich von vielen anderen postmodernen Gelehrten. Rorty stimmt mit Lyotard, Habermas und anderen Postmodernen zwar in der Beurteilung überein, dass Metaerzählungen wenig hilfreich sind und sogar in die Irre führen können, aber er setzt diesen Gedanken fort, indem er behauptet, dass der Erfolg der amerikanischen Verfassung und parlamentarischer Demokratien gerade ihrer Toleranz zu verdanken sei, was ja in der Praxis per definitionem bedeutet, dass Metaerzählungen über die menschliche Natur vermieden werden. Rorty folgt Dewey, wenn er argumentiert, dass erst die »Entzauberung« der Welt, wie sie durch den Verlust der Religiosität entstand, individuelle Freiheit ermöglichte und dazu führte, dass sich ein Geschichtsverständnis herausbilden konnte, welches in Rechnung stellt, dass die Geschichte sich aus zahllosen persönlichen Erzählungen und nicht aus einer einzigen großen Erzählung zusammensetzt. Und das heißt letztlich nichts anderes, als dass die postmoderne Sensibilität einen Endpunkt der bürgerlich-freiheitlichen Demokratie darstellt.

In diesem Punkt widerspricht Rorty Gelehrten wie Clifford Geertz, auf den wir in Kürze zu sprechen kommen. Der Anthropologe, Kulturhistoriker und Philosoph Geertz vertrat in den siebziger und achtziger Jahren in mehreren Studien die Ansicht, dass wir – um es für den Moment einmal so vereinfacht auszudrücken – bestenfalls *local knowledge* erwerben können, ein auf unseren unmittelbaren Erfahrungshorizont und ergo in Raum und Zeit verwurzeltes Wissen, und daher andere Kulturen und Gesellschaften grundsätzlich mit ihren jeweils eigenen und nicht mit unseren Begriffen interpretieren müssen. Rorty stimmt Geertz hier zwar teilweise zu, geht aber eindeutig von der Prämisse aus, dass die bürgerlich-freiheitliche Demokratie über etwas verfügt, das andere Gesellschaften nicht haben, nämlich eine Vorstellung vom eigenen moralischen Wert, auf dem ihre Toleranz gegenüber der Vielfalt beruht. Wenn sie jemanden als Feind verstehe, dann jene verworfenen Ethnozentristen, die diese Wertvorstellung zu unterminieren drohten.[17] Rorty betont, dass gerade die Anthropologen, für die Geertz selbst ein so herausragendes Beispiel ist, ein untrennbarer Bestandteil dieser bürgerlich-freiheitlichen Demokratie seien – *und genau das ist der Punkt*: Gerade sie richteten »unsere« Aufmerksamkeit auf die Existenz von Menschen, die bislang »außerhalb« standen; und gerade das, so Rorty, sei beispielhaft für die grundlegende moralische Unterteilung in die »Mittler von Liebe« und die »Mittler von Gerechtigkeit« in einer freiheitlichen Demokratie.* Zu den Mittlern der Liebe zählten Ethnografen, Historiker, Romanciers, investigative Journalisten und die weniger universalistisch als partikularistisch ausgerichteten Spezialisten wie Theologen und, ja auch die, Philosophen im herkömmlichen Sinne. Weil freiheitliche Demokratien keine dominante Idee von der menschlichen Natur zulassen, tragen sie auch dazu bei, dass das traditionelle Verständnis von Philosophie als einem Denk*system* »vergessen« wird. Die *défaillance* der Modernität ist für Rorty letztlich nur der Verlust des Glaubens an unsere Fähigkeit, eine Gruppe von einzigartigen Kriterien zu finden, die jeder zu jeder Zeit an jedem Ort akzeptieren kann, oder ein einziges Sprachspiel zu erfinden, das alle Aufgaben von allen jemals gespielten Sprachspielen übernehmen kann. Dass dieses theoretische Ziel verloren ging, beweise, dass sich einer der weniger wichtigen Nebenschauplätze der westlichen Zivilisation – die Metaphysik – gerade im Prozess des Niedergangs befindet. Dass kein einziger angemessener Diskurs zu einem einzigartigen, universellen Übersetzungshandbuch führen konnte (um nicht mehr ständig neue Sprachen lernen zu müssen), ziehe jedoch die Möglichkeit (im Gegensatz zur Schwierigkeit) eines friedlichen sozialen Fortschritts nicht in Zweifel. Das Versagen besonders der Metaphysik hindere uns nicht daran, zwischen Überzeugungskraft und Zwang zu unterscheiden. Wir können den vorliterarisch Gebildeten erst dann als jemanden ansehen, der davon überzeugt und nicht dazu gezwungen ist, Kosmopolit zu werden, wenn er die Sprachspiele Europas zu spielen gelernt hat und sich selbst entscheidet, ob er diejenigen ablegen möchte, die er zuvor gespielt hat – ohne mit dem Entzug von Nahrungsmitteln, Obdach oder *Lebensraum* bedroht zu werden, wenn er die gegenteilige Entscheidung trifft.[18]

Auch wenn Rorty diesen Punkt nicht weiter ausarbeitete, verwendete er doch Wörter wie *défaillance* und *Fortschritt*. Die korrekte Übersetzung

* Diese Terminologie erinnert an den Titel von Colin MacInnes' 1958 publiziertem Roman *Mr Love and Justice*.

von *défaillance* ist Ohnmacht, Schwäche, Versagen; aber dieser Begriff wird auch im Sinne von »Ausrottung« verwendet. Und so gesehen verknüpft Rorty die Postmoderne gleich in zweierlei Hinsicht mit der Evolutionstheorie. Wie auch andere Philosophen versucht er einerseits zu ergründen, ob sich der eigentliche Charakter von Wissenschaft und das von ihr produzierte Wissen in irgendeinem Sinne von anderen Wissensarten unterscheidet und, wenn ja, in welchem Maße die Wissenschaft selbst als ein Beispiel kultureller Evolution gelten kann; andererseits beschäftigt ihn die Frage, ob die Postmoderne selbst ein der Evolution unterliegendes Konzept ist.

*

Thomas Nagel, Professor für Philosophie und Rechtswissenschaften an der New York University, liebt es, seinen Büchern Titel zu geben, die einen stutzig machen: *Mortal Questions* (*Über das Leben, die Seele und den Tod*), *What Does It All Mean?* (*Was bedeutet das alles?*) *The View from Nowhere (Der Blick vom Nirgendwo)*, *The Last Word* (*Das letzte Wort*). Was Nagel von der üblichen postmodernen Welt unterscheidet, ist, dass er sich mit traditionellen philosophischen Fragen beschäftigt. Er verwendet zwar eine neue, klarere Sprache, befasst sich aber mit alten Problemen. Sogar Wörter wie *Geist* oder *Seele* benützt er ohne zu zögern.

In *Mortal Questions* (1979; *Über das Leben, die Seele und den Tod*, 1984) und *The View from Nowhere* (1986; *Der Blick vom Nirgendwo*, 1992) konzentrierte sich Nagel im Wesentlichen auf das Objektivität-Subjektivität-Problem und die Frage, inwieweit jede Erfahrung selbstbewusster Lebewesen subjektiv gefärbt ist.[19] Nagel ist, wie Robert Nozick und im Gegensatz zu John Rawls, einer jener Philosophen, die die Welt so nehmen, wie sie sie vorfinden, und meinen, dass man Fragen mehr vertrauen sollte als Antworten, der Intuition mehr als dem Argument und der pluralistischen Dissonanz mehr als der systematischen Harmonie. Unkompliziertheit und Eleganz dürften kein Grund sein, eine philosophische Theorie für zutreffend zu halten, sondern im Gegenteil Anlass geben, sie für falsch zu halten.[20] Nagel vertritt die Ansicht, dass es so etwas wie Geisteszustände *gibt* und es für jedes bewusste Lebewesen *»irgendwie ist«*, dieses Lebewesen zu sein. Er bezweifelt, dass es der Physik jemals gelingen kann, zu erklären, was die Erfahrung der Wirklichkeit oder was Ich-Bewusstsein ist. Deshalb fragt er auch, ob wir jemals zu einer auch nur annähernd vollständigen Konzeption von »Wirklichkeit« gelangen können und ob wir nicht besser daran täten, wenn wir die gegebenen Grenzen akzeptierten und weiterhin versuchten, Erfahrung und Subjektivität auf andere Weise zu verstehen. Es gibt kein Gesetz, das besagt, dass die Philosophie uns dabei nicht helfen kann. Und wie Lyotard, Rorty und andere ist auch Nagel von der Frage fasziniert, was die Wissenschaft aus uns gemacht hat und ob das von ihr produzierte Wissen tatsächlich eine Art von Spezialwissen und »objektiver« als andere Wissensformen ist. Man könnte sagen, Nagel ruft uns geradezu dazu auf, unsere Intuition ernst zu nehmen. Objektivität welcher Art auch immer, schreibt er, ist keine Messlatte für Realität, sondern bestenfalls eine Möglichkeit, die Wirklichkeit zu verstehen.[21] Und: »Der Unterschied zwischen dem Geistigen und dem Physischen ist weit größer als der Unterschied zwischen dem Elektrischen und dem Mechanischen.«[22] Das Verständnis von Physik, fährt er fort, wurde durch Maxwell und Einstein völlig umgekrempelt, also könnte es doch auch durchaus sein, selbst wenn es im Moment nicht so aussieht, dass eines Tages ein Maxwell oder Einstein in der Psychologie auftaucht und unser Verständnis von der Wirklichkeit ebenfalls fundamental verändert. Nagel wehrt sich nicht nur gegen die von der Physik formulierte Objektivität, er ist auch skeptisch gegenüber den Thesen der Evolutionstheorie. Mit Darwins Theorie, schreibt er, könne vielleicht erklärt werden, warum visionäre oder vernunftbegabte Lebewesen überleben, aber nicht, was Vision oder Vernunft überhaupt sind oder was sie ermöglicht. Sie erfordern keine diachronischen (historischen), sondern zeitlose Erklärungen. Dass ein Geist in der Lage ist, progressiv objektivere Vorstellungen von der Realität zu entwickeln, sei etwas, das Darwins Theorie von der natürlichen Zuchtwahl nicht erklären könne, da diese niemals die Möglichkeiten per se erklärt, sondern immer nur die mögliche Selektion.[23]

Nagel bietet keine Alternative zur Evolutionstheorie, betont aber, dass auch keine nötig sei, um an den großen Evolutionstheorien zu zweifeln. Genau darin liegt der Charme und vielleicht auch die Stärke von Nagels Texten – er fürchtet sich nicht, uns mitzuteilen, was er nicht weiß, und räumt sogar ein, dass seine eigenen Vorstellungen absurd sein könnten. Ihm geht es vor allem darum, Sprache und Vernunft auf eine Weise einzusetzen, die ein Denken ermöglicht, das es bisher nicht gab. Seine Intuition (und die Kraft seiner Beobachtungsgabe) sagen ihm, dass die gewaltige Natur unendlich komplex ist, daher könne jede eingrenzende Antwort eigentlich nur falsch sein, und es zeuge von außerordentlicher intellektueller Trägheit, wenn man nicht sämtliche denkbaren Möglichkeiten erforsche. »Die Fähigkeit, sich neue Formen von versteckter Ordnung vorzustellen und neue, von anderen erschaffene Begriffe zu verstehen, scheint angeboren zu sein. So wie Materie zusammengefügt werden kann, um einen bewussten, denkenden Organismus zu verkörpern, können sich einige dieser Organismen selbst neu fügen, um immer vollendetere und objektivere geistige Vorstellungen der Wirklichkeit, deren Teil sie sind, zu entwickeln; auch dies ist eine Möglichkeit, die von vornherein gegeben sein muss.«[24] Nagel nennt diese Sichtweise rational, aber nichtempirisch.[25] Da ein einverständlicher Austausch nur über Sprache möglich sei, schreibt Nagel, ganz im Sinne von Wittgenstein, könne es durchaus Dinge zwischen Himmel und Erde geben – oder gibt es solche sehr wahrscheinlich –, die wir grundsätzlich nicht verstehen können. In dieser Hinsicht seien wir sehr wahrscheinlich durch unsere biologischen Möglichkeiten beschränkt. Im Laufe der Zeit könnte sich das zwar ändern, doch in diesem Fall würde sich auch unsere Ansicht über das, was Objektivität und Realität ausmacht, ändern. »Realismus ist am zwingendsten gefordert, wenn wir die Existenz von etwas anzuerkennen genötigt sind, das wir nicht beschreiben oder vollständig wissen können, da es außerhalb der Reichweite von Sprache, Beweis, Evidenz oder empirischem Verständnis liegt.«[26] Nagel zufolge müssten wir dann also eines Tages auch verstehen können, was vor dem Urknall war.[27]

Ethik ist für Nagel eine mindestens ebenso objektive Angelegenheit wie alles andere, was die Wissenschaft anzubieten hat, doch die subjektive Erfahrung, das für ihn faszinierendste »Problem«, könne sie im Moment nicht einmal annähernd lösen. Die objektive Tatsache unseres subjektiven Lebens ist ein Konundrum, für dessen Verständnis wir weder über die richtige Sprache noch über den richtigen Denkansatz verfügten. Nagels Bücher sind schwierig, weil man spürt, wie sehr er sich selbst in jedem Augenblick am äußersten Rand der Sprachmöglichkeiten bewegt, während er zugleich alle Annahmen in Frage stellt, auf die wir uns gemeinhin geeinigt haben, und ständig neue Möglichkeiten entwirft, um das Vertraute (wie von Wittgenstein gefordert) auf bislang einmalige und aufregende Weise neu zu arrangieren. Man ist dabei stark an Lionel Trillings Forderung erinnert, dass sich die Dichtung von jedem Konsens fern halten und ständig neue, bislang unvorstellbare Möglichkeiten anbieten solle. Genau das tut Nagel, und das macht ihn nicht nur zu einer schwierigen, sondern auch sehr aufregenden Lektüre.

*

Clifford Geertz vom Institute for Advanced Study in Princeton teilt mit Postmodernen wie Lyotard *dezidiert* die Meinung, dass die Natur von überwältigender Vielfalt ist und wir uns dieser unbequemen Wahrheit stellen müssen, wenn wir auch nur im Geringsten die Bedingungen für unser eigenes Leben verstehen wollen. In seinen beiden Büchern *Dichte Beschreibung: Beiträge zum Verstehen kultureller Systeme* (1983; *The Interpretation of Cultures*, 1973) und *Local Knowledge* (1983) legt er im Detail dar, weshalb Subjektivität *das* für Anthropologen (aber auch andere Humanwissenschaftler) relevante Phänomen schlechthin sei.[28] Die grundsätzliche Einheit der Menschheit wird, so Geertz, zum leeren Begriff, wenn wir nicht zu begreifen lernten, dass Grenzziehungen zwischen einerseits dem Natürlichen, Universalen, Konstanten und andererseits dem Konventionellen, lokal Begrenzten und Variablen außerordentlich problematisch sind. »Kurz, ethnologische Schriften sind selbst Interpretationen... Sie sind Fiktionen, und zwar in dem Sinn, dass sie ›etwas Gemachtes‹ sind, ›etwas Hergestelltes‹ – die ursprüngliche Bedeutung von *fictio* –, nicht in dem Sinne, dass sie falsch wären, nicht den Tatsachen entsprächen oder bloße Als-ob-Gedankenexperimente wären.«[29] Die Jagd auf Universalien, schreibt Geertz, sei seit der Aufklärung zu einem das westliche Denken prägenden Ziel geworden, zum Paradigma westlicher Wissenschaften und des westlichen »Wahrheits«-Begriffs. Während seiner ganzen Karriere widmete sich Geertz bei seinen Feldstudien in Java, Bali und Marokko dem Versuch, diese Sichtweise zu ändern, indem er zwischen »dünner« und »dichter« Beschreibung von Kulturen unterschied. »Dicht« bedeutet, dass man versucht, die Zeichen, Symbole und Gebräuche anderer Kulturen anhand von deren eigenen Begrifflichkeiten zu verstehen, indem man eben nicht wie Lévi-Strauss von der Annahme ausgeht, dass menschliche Erfahrung in aller Welt auf bestimmte Strukturen reduziert werden kann, sondern versteht, dass andere Kulturen mindestens ebenso »tief« sind wie unsere, ebenso wohl durchdacht und reich an Bedeutung, aber vielleicht trotzdem so »fremd«, dass sie nicht einfach in unsere Denkungsart eingepasst werden können.[30]

Geertz' Ausgangspunkt ist die Paläontologie. Man könne nicht einfach behaupten, dass sich das Gehirn des *Homo sapiens* biologisch entwickelt und die kulturelle Evolution erst im Anschluss daran eingesetzt habe. Zumindest müsse es eine Periode gegeben haben, in der sich beide Prozesse überlappten. Während der Mensch mit Feuer und Werkzeugen umzugehen lernte, müsse sich sein Gehirn noch immer im Entwicklungsstadium befunden und daher logischerweise Feuer und Werkzeuge in diese Entwicklung einbezogen haben. Da diese Evolution in den unterschiedlichen Regionen der Welt aber auf jeweils etwas andere Art stattgefunden haben könnte, führte die Vorstellung von einer einheitlichen menschlichen Natur möglicherweise sogar in biologischer Hinsicht in die Irre. Geertz' eigene anthropologische Studien erfassten daher ganz bewusst mit dichten Beschreibungen bestimmte, der westlichen Kultur fremde Gebräuche anhand von Beispielen, die er auswählte, eben *weil* sie »uns« fremd erscheinen. So schreibt er eine lange Abhandlung allein über den balinesischen Hahnenkampf (bei dem die Menschen ihren Status auf eine für uns im Westen unvorstellbare Weise aufs Spiel setzen)[31]; oder über die Kriterien, nach denen Balinesen anderen Namen geben. An anderer Stelle nimmt er die Maler der italienischen Renaissance unter die Lupe (eine Art historische Anthropologie), oder die »religiöse Entwicklung im Islam« am Beispiel von Marokko und Indonesien. Sein Ziel ist jedoch in jedem Fall dasselbe: Er will zeigen, dass solche Prozesse nicht einfach als »primitive« Versionen westlicher Gebräuche verstanden werden können, sondern dass es sich um Praktiken handelt, die nach eigenem Recht reich sind und keine westlichen Gegenstücke brauchen. Die Balinesen zum Beispiel verfügen über fünf Möglichkeiten, anderen Menschen Namen zu geben; einige davon werden selten angewendet, aber alle vermitteln durch ein einziges Wort, welcher Religion der Namensträger angehört, wie viel Respekt ihm entgegengebracht wird und in welcher Beziehung er zu wichtigen anderen Personen seiner Gesellschaft steht. An einem anderen Beispiel zeigt er, wie ein Balinese, den seine Frau verlassen hat, das (balinesische) Gesetz selbst in die Hand nimmt, dann aber in einen nahezu psychotischen Zustand verfällt, weil er daraufhin von seiner Gesellschaft abgelehnt wird. Solche Geschichten können ganz einfach nicht mit ähnlichen Geschichten im Westen verglichen werden, sagt Geertz, weil es keine Äquivalente im Westen *gibt. Das* ist der springende Punkt.

Kulturelle Quellen sind daher weniger ein äußeres Beiwerk des Denkens als vielmehr ein innerer »Bestandteil«. Für Geertz kann eine Analyse des balinesischen Hahnenkampfes ebenso viel Reiches und Lohnendes über das Denken und die Gesellschaft in Bali offenbaren wie eine Analyse von *König Lear* oder von *Das wüste Land* über das Denken und die Gesellschaft im Abendland. Für ihn hat die alte Aufteilung in Soziologie und Psychologie – derzufolge die Soziologie von geografisch weit voneinander entfernten Gesellschaften immer differiert, ihre Psychologie aber dieselbe ist – keine Gültigkeit mehr.[32] Geertz' eigenes Resümee seiner Arbeit lautet: »Jedes Volk hat seine eigene Tiefe.«[33] Meinungsbildung sei eine Frage der bewussten Manipulation von kulturellen Formen; und Aktivitäten unter freiem Himmel wie Pflügen oder Hausieren eigneten sich dazu nicht weniger gut als Erfahrungen wie zum Beispiel »sehnen« oder »trauern«, die man im stillen Kämmerchen macht.[34] »Das Charakteristikum des modernen Bewusstseins … ist seine enorme Multiplizität. In unserer Zeit und künftig kann die Vorstellung einer allgemeinen Orientierung, Perspektive, Weltanschauung, die sich aus humanistischen Studien (oder, was das betrifft, auch aus den Naturwissenschaften) entwickelt und der Kultur die Richtung weist, nur eine Schimäre sein … Die Einmütigkeit bei der Beurteilung der Grundbedingungen wissenschaftlicher Autorität, alter Bücher und alter Sitten und Gebräuche ist verschwunden … Das Konzept eines ›neuen Humanismus‹, die Vorstellung, es lasse sich eine allgemein gültige Ideologie aus ›dem Besten, das je gedacht und gesagt wurde‹ schmieden und zum Curriculum verarbeiten, ist nicht nur unglaubwürdig, sondern ganz und gar utopisch und vielleicht sogar ein wenig beängstigend.«[35] Geertz betrachtet dies jedoch nicht als ein Rezept für Anarchie. Wenn wir erst einmal die »Tiefe der Unterschiede« zwischen Völkern und Kulturen akzeptieren, können wir auch beginnen, sie zu erforschen, und ein Vokabular entwickeln, mit dem wir sie der Öffentlichkeit darlegen. Das Leben der Zukunft werde aus einer Vielzahl lebendiger Beschreibungen bestehen, nicht aus »kraftlosen Verallgemeinerungen«. Auf diese Weise werde »das Gespräch der Menschheit« fortgeführt werden.[36]

*

Der Philosoph Hilary Putnam aus Harvard leistet mit seiner realistischen Position, die er »internen Realismus« nennt, einen ganz anderen Beitrag zur Wissenschaftsphilosophie. Er postuliert, dass das, was wir »Wahrheit« nennen, nicht nur von dem abhängt, was ist (wie die Dinge sind), sondern auch von dem, was der Denkende jeweils dazu beiträgt: »Es gibt einen Beitrag des Menschen, einen konzeptionellen Beitrag zu dem, was wir ›Wahrheit‹ nennen. Wissenschaftstheorien werden uns nicht einfach von den Fakten diktiert.«[37] Diese Ansicht hat für Putnam entscheidende Implikationen, weil die »wissenschaftliche Methode« am Ende des zwanzigsten Jahrhunderts zu einer ziemlich »verschwommenen« Angelegenheit geworden sei. Ihren Höhepunkt hatte sie bereits im siebzehnten Jahrhundert erreicht; seither habe sie sich peu à peu aufgelöst, weshalb zum Beispiel auch die logischen Positivisten des Wiener Kreises zum Anachronismus geworden seien. Putnam sprach damit die Vorstellung an, Wissenschaft – und daher Logik – sei nur auf das direkt Beobachtbare und neutrale »Fakten« anwendbar, was zu leicht falsifizierbaren Theorien führe. Viele moderne Wissenschaftstheorien, betonte er, sind keineswegs leicht falsifizierbar – man denke nur an die Evolutionstheorie.[38] Folglich stimmte er mit Rorty überein, dass man unter »Vernunft« das verstehen müsse, was die Mehrheit darunter versteht, nämlich wie sich ein vernünftiger Mensch zur Realität verhalten sollte. Doch Putnam vertritt darüber hinaus auch die Ansicht, dass es viel weniger Unterschiede zwischen Fakten und Werten gebe, als traditionelle Wissenschaftler oder Wissenschaftsphilosophen zugestehen. Mit Kuhn und Polanyi stimmt er darin überein, dass die Wissenschaft häufig auf Grund irgendeiner intuitiven oder induktiven Logik verfährt, weil sie niemals alle denkbaren, sondern immer nur die plausibelsten Experimente durchführt, wobei die »Plausibilität« bereits von einer »vernünftigen« Vorstellung abgeleitet sei, die man von dem hat, was als Nächstes getan werden sollte. Daraus ergibt sich für ihn, dass es sich bei Aussagen, die traditionell als Werte oder Vorurteile (im weitesten Sinne) betrachtet werden, nicht weniger um Fakten handelt als bei den wissenschaftlich produzierten Aussagen. Die zwei Beispiele, die er dafür anführt, lauten: dass Hitler ein schlechter Mensch war und dass es besser sei, zu lesen, als *Pushpin* zu spielen. Jeremy Bentham sagte im achtzehnten Jahrhundert, dass aus der Feststellung, man ziehe die Dichtung dem Spiel vor, ein rein subjektives Vorurteil spreche – ein beliebtes Argument der Relativisten, die glauben, dass das subjektive Leben eines Menschen, ganz zu schweigen von einer Kultur, nicht ergiebig oder sinnvoll mit dem von anderen verglichen werden könne. Putnams

Widerlegung war nicht anthropologischer, sondern philosophischer Art, denn sie besagte, dass dieses Argument dem »Vorurteil« als einem geistigen Gebilde Glauben schenke, während es den damit verbundenen »erweiterten Gefühlen«, den »erweiterten Repertoires an Bedeutungen und Metaphern« oder der »Selbstverwirklichung« diesen Glauben verweigere: »Die Idee, dass Werte nicht zur Ausstattung der Wirklichkeit gehören, und die Idee, dass ›Werturteile‹ ›Vorurteile‹ zum Ausdruck bringen, sind zwei Seiten derselben Medaille.«[39] Werturteile können, so sagt Putnam, rational untermauert werden, und es sei an der Zeit, sich ein für alle Mal von der Idee zu verabschieden, dass wissenschaftliche Fakten die einzigen Fakten seien, die dieses Namens wert sind. Sogar die Unterscheidung zwischen »klassischer« Physik und Quantenmechanik und ihren rivalisierenden Ansichten über die Realität sei vom Beobachter abhängig. »Der Schaden, den die alte Vorstellung von Wissenschaft anrichtet, kann folgendermaßen zusammengefasst werden: Wenn es ein einziges Reich der absoluten, von Wissenschaftlern Schritt für Schritt akkumulierten Fakten gäbe, dann würde sich alles andere als Nichtwissen darstellen.«

Willard van Orman Quine, ein weiterer Philosoph aus Harvard, vertritt wiederum einen anderen Standpunkt, obwohl auch er die Bedeutung von Wissenschaft und wissenschaftlicher Methodik für die Philosophie betonte. In einer Reihe von Abhandlungen – *From a Logical Point of View* (1953), *Word and Object* (1960), *Roots of Reference* (1974), *Theories and Things* (1981), *Quiddities* (1987) und *From Stimulus to Science* (1995) – legte er dar, dass sich die Philosophie mit der Wissenschaft nicht nur im Einklang befindet, sondern sogar ein Teil von ihr ist, oder dass es zwei Aspekte von Realität gibt, nämlich die der physikalischen Objekte, die außerhalb und unabhängig von uns existieren, und die der abstrakten Objekte, vor allem der Mathematik. Quine ist ein entschiedener Materialist. Er ist der Auffassung, dass es keine Veränderungen »ohne eine Veränderung der Verteilung von mikrophysikalischen Eigenschaften im Raum« gibt.[40] Dieser Denkansatz, schreibt er, ermögliche es ihm, jeden Dualismus zu vermeiden, da sich »geistige« Vorgänge durch Verhalten »manifestieren«. Mit anderen Worten: Das Verständnis geistiger Vorgängen wird letztlich ein rein neurologisches sein, ganz egal, ob wir es je erreichen werden oder nicht. Die Mathematik hat Quines Definition zufolge hier eine doppelte Bedeutung.[41] Erstens ist für die Beschreibung und das Verständnis des Universums von grundlegender Wichtigkeit, dass Zahlen existieren und funktionieren, umso mehr als Zahlen nur abstrakte Vorstellungen sind; zweitens erlaubt die Mathematik die Vorstellung von Gruppierungen, von der Art und Weise, wie sich Entitäten zu Superentitäten höherer Ordnungen gruppieren, und ermöglicht damit die Feststellung von Gleichartigkeit und Unterschiedlichkeit. Das stellt für Quine den Zusammenhang her zwischen Zahlen und Wörtern und Wörtern und

Sätzen, den Grundbausteinen der Erfahrung. Was bedeutet es für die Philosophie, wenn zum Beispiel die Zoologie die Entwicklung von lebenden Organismen in Form von Gattungen und Familien darstellt? Gibt es genuine Familien und Gattungen in der Natur, oder sind sie Produkte unseres Gehirns, basierend auf unserem Verständnis von Gleichartigkeit, Unterschiedlichkeit und deren relativen Bedeutungen? Was geht auf mikrophysikalischer Ebene im Gehirn vor, wenn wir über solche Fragen nachdenken und sprechen? Wie eng *können* Wörter mit dem tatsächlichen Geschehen »außerhalb von uns« übereinstimmen, und was bedeutet dieses Geschehen für die mikrophysikalischen Prozesse in unserem Gehirn?[42] Welche mikrophysikalischen Eigenschaften des Gehirns sind involviert, wenn Wörter von ähnlicher (aber nicht gleicher) Bedeutung in unterschiedliche Sprachen übersetzt werden? Es ist außerordentlich schwierig, den Philosophen Quine zu paraphrasieren. Seine Schriften sind meist höchst technische und mit mathematischen Bezeichnungssystemen angereicherte Angelegenheiten. Doch verallgemeinernd könnte man sagen, dass er insofern in der Tradition von Bertrand Russell, den logischen Positivisten und B. F. Skinner steht, als er Philosophie nicht wie Rorty und Nagel als eine Disziplin jenseits alles Wissenschaftlichen betrachtet, sondern als einen Bestandteil, eine Erweiterung von Wissenschaft. Sie stellt Fragen, welche Wissenschaftler zwar vermutlich so nicht stellen würden, formuliert sie jedoch auf eine Weise, die Wissenschaftler anerkennen *würden*.

Das Buch *Whose Justice? Which Rationality?* (1988) von Alasdair MacIntyre ist das vielleicht subversivste postmoderne Werk von allen. Auf außerordentlich originelle Weise vereint es die Arbeiten von Michel Foucault, Roland Barthes, Geertz, Rawls und Dworkin.[43] MacIntyre stellt eine Theorie der wahren Gerechtigkeit und praktischen Vernunft vor und fragt, welche Auswirkungen Vernunft und Rationalität sowie deren Implikationen auf den Gerechtigkeitsbegriff früherer Gesellschaften wie den des klassischen Griechenland oder Rom hatten; oder auf die von Thomas von Aquin im dreizehnten Jahrhundert an der Universität von Paris verbreiteten Lehren, auf die schottische Aufklärung im siebzehnten und achtzehnten Jahrhundert oder auf die Ideen der modernen, liberalen Zeit. Er analysiert nicht nur die in politischen, philosophischen, rechtswissenschaftlichen und literarischen Werken angeführten Argumente, sondern auch, in welcher Sprache diese vorgebracht wurden und inwieweit sie mit den modernen Vorstellungen übereinstimmten. In Athen zum Beispiel galt Rhetorik als die höchste Äußerung der praktischen Vernunft, die das Ziel hatte, zur Aktion anzuspornen. Daher hielt man es dort auch nicht für angemessen, zu konkurrierenden Ansichten Stellung zu beziehen oder beide Seiten eines Arguments zu erwägen, bevor man eine Entscheidung traf. Die beweisführende Argumentation, wie wir sie heute verstehen, beschränkte sich auf die Diskussion der Mittel zum Zweck und befasste sich nicht mit dem Zweck an sich oder mit der Frage, wie gerecht dieser war, da implizit vorausgesetzt wurde, dass darüber allgemeines Einverständnis herrschte. Nur tugendhafte Menschen, so MacIntyre, habe man in Athen des schlussfolgernden Denkens überhaupt für fähig gehalten – eine Vorstellung, die sogar mit einem eigenen Namen bedacht wurde: *boulesis*, der »Wille im Sinn eines einzelnen Wollens«. In diesem Kontext gesehen handelte der rationale Athener »unmittelbar und notwendigerweise auf der Basis einer Affirmation seiner Gründe zum Handeln … was unserer typisch modernen Methode, ein rationales Agens ins Auge zu fassen, völlig widerspricht«.[44]

Der heilige Thomas von Aquin hingegen fühlte sich den christlichen Lehren verpflichtet und war daher davon überzeugt, dass jeder Mensch das Potenzial zu vernünftigem Handeln und damit zu einer moralischen Lebensführung besitze, aber nur Bildung in einer bestimmten Reihenfolge – Logik, Mathematik, Physik – dieses Potenzial voll zum Tragen bringen könne. Für ihn gab es keinen Unterschied zwischen einem rationalen und einem moralischen Leben. Die schottische Aufklärung wiederum wandte sich wieder der Betonung von Leidenschaften zu, ähnlich Hume, der zwischen »calm passions« und »violent passions« unterschied, die nach seiner Überzeugung Priorität vor der Vernunft haben. Wahrheit per se, schreibt MacIntyre, ist nach Hume kein Objekt der Begierde. Doch wie lässt sich dann die Suche nach Wahrheit in der Philosophie erklären? Humes Antwort darauf lautete, dass das Vergnügen am Philosophieren und Analysieren in einem allgemeineren Sinne hauptsächlich in der geistigen Betätigung besteht, während die Aktivität des Geistes an sich dem Verständnis oder der Erkenntnis von Wahrheit gilt. Zu philosophieren, so MacIntyre, entpuppte sich als eine der Jagd nach der Waldschnepfe oder dem Regenpfeifer vergleichbare Aktivität, denn in beiden Fällen konnte die Leidenschaft im Vergnügen an der Jagd Befriedigung finden. Nach Hume kann die Vernunft uns also nicht motivieren.[45] Und die Leidenschaften, die uns tatsächlich motivieren, sind selbst weder vernünftig noch unvernünftig und der Wahrheit oder Unwahrheit gar nicht fähig.[46] Die Vernunft, betont Hume, ist »ein Sklave unserer Leidenschaften«; ihr verdanken wir zwar die Zweckrationalität unseres Handelns, aber zur Vernünftigkeit des Zwecks werde sie uns nie verhelfen.[47]

Die moderne freiheitliche Gesellschaft hat, wie MacIntyre erklärt, ein anderes Konzept von Vernunft und Gerechtigkeit, und zwar basierend auf der ganz anderen Annahme, dass der Mensch ein Individuum ist und sonst nichts. »Bei der aristotelischen praktischen Vernunft ist es das Individuum in seiner Eigenschaft als Bürger, das logisch denkt; bei der thomistischen praktischen Vernunft ist es das Individuum in seiner Eigenschaft als der Erforschende seines eigenen Wohls und des Wohls seiner Gemeinschaft; bei der Humeschen praktischen Vernunft ist es das Individuum in seiner Eigenschaft als besitzendes oder besitzloses Mitglied einer von einer gewissen Gegenseitigkeit und Reziprozität geleiteten Gesellschaft; doch bei der praktischen Vernunft der freiheitlichen Moderne ist es das Individuum in seiner Eigenschaft als Individuum, das logisch denkt.«[48] MacIntyres Fazit lautet daher, dass unsere Vorstellungen von Vernunft (und Gerechtigkeit) nur einer Tradition unter mehreren entsprächen. Er bietet hier auch kein Evolutionskonzept an, ebenso wenig wie er Darwin oder Dawkins in seinem Buch erwähnt. Stattdessen legt er dar, dass wir unseren Bezug zur Vergangenheit ständig weiter durch die Übersetzung von klassischen Texten deformieren, weil diese (sogar dann, wenn sie von Gelehrten angefertigt wurden) stark vergröbern, indem sie alte Worte nicht ihrem alten Sinn gemäß vermitteln, sondern sie in ungenaue, nur einigermaßen zutreffende moderne Äquivalente übertragen. Barthes zitierend, betont er, dass wir die Vergangenheit nur verstehen können, wenn wir alle Zeichen einbeziehen und alle semiologischen Hinweise auf genau die Weise interpretieren, die dem jeweiligen früheren Denken entsprochen hätte. Anders könne uns niemals eine »dichte Beschreibung« ihrer Ideen über Vernunft und Gerechtigkeit im Sinne von Clifford Geertz gelingen. Das Resultat des modernen, liberalen Verständnisses von Vernunft fand er in so mancher Hinsicht enttäuschend: »Womit der Student im Allgemeinen folglich konfrontiert ist..., ist eine offensichtliche Unschlüssigkeit aller Argumente jenseits vom Naturwissenschaftlichen, eine Unschlüssigkeit, die ihn auf seine oder ihre prärationalen Präferenzen zurückwirft. Also wird der Student typischerweise aus einer liberalen Ausbildung mit kaum neu hinzu gewonnenen Fähigkeiten oder Präferenzen entlassen, seine Ausbildung war ebenso ein Prozess der Deprivation wie der einer Bereicherung.«[49]

*

David Harveys Studie *The Condition of Postmodernity* ähnelt auf faszinierende Weise Lyotards *postmodernem Wissen*. Sie erschien 1980, wurde jedoch angesichts der vielen postmodernen Entwicklungen in diesem Jahrzehnt für die englische Neuauflage 1989 stark revidiert.[50] Harvey beginnt mit einer Gegenüberstellung von Postmoderne und Moderne, indem er aus einem Leitartikel in der Architekturzeitschrift *Precis 6* zitiert: »Die allgemein als positivistisch, technozentrisch und rationalistisch verstandene universelle Moderne wurde mit dem Glauben an einen linearen Fortschritt, an absolute Wahrheiten, an die rationale Planung von idealen Sozialordnungen und an die Normierung von Wissen und Produktion gleichgesetzt.« Die Postmodere hingegen bevorzuge »Heterogenität und Diversität als befreiende Kräfte für ihre Revision des kulturellen Diskurses.« Fragmentation, Indeterminismus und ein tiefes Misstrauen gegenüber allen universellen oder »totalisierenden« Auseinandersetzungen seien das Kennzeichen des postmodernen Denkens. Die Wiederentdeckung des philosophischen Pragmatismus (beispielsweise Rorty, 1979), der Ideenwandel auf dem Gebiet der Wissenschaftsphilosophie, wie er Kuhn (1962) und Feyerabend (1975) zu verdanken war, Foucaults Betonung der Diskontinuität und Diversität in der Geschichte und seine Bevorzugung von »polymorphen Korrelationen an Stelle von einfacher oder komplexer Kausalität«, neue Entwicklungen im Bereich der Mathematik, die die Indeterminanz betonten (Katastrophen- und Chaostheorie, fraktale Geometrie), die Besinnung auf die Wertigkeit und Würde »anderer« in Ethik, Politik und Anthropologie – all das lege nahe, dass ein profunder und weitreichender Wandel »in der Struktur der Empfindung« stattgefunden habe. All diesen Beispielen gemein sei ihre Ablehnung von »Metaerzählungen«, (umfassende theoretische Interpretationen von angeblich universeller Anwendbarkeit).[51] Harvey fasst jedoch nicht nur Kernpunkte zusammen, er trägt zu diesem Diskurs auch vier eigene Punkte bei: Zuerst beschreibt er die architektonische Postmoderne (die Form, in der sie wohl den meisten Menschen begegnet); dann untersucht er sehr lehrreich die politischen und wirtschaftlichen Bedingungen, die die Postmoderne ermöglicht haben und sie am Leben erhalten; er analysiert die Auswirkungen der Postmoderne auf unsere Begriffe von Raum und Zeit (hier spürt man, dass er von Haus aus Geograf ist); und schließlich liefert er auch die dringend nötige *Kritik* an der Postmoderne.

In Bezug auf Architektur und Stadtplanung verdeutlicht Harvey, dass die Postmoderne einen Bruch mit der modernen Idee darstellt, Planung und Entwicklung müßten sich auf eine umfangreiche, ganze Großstädte umfassende, technologisch rationale und effiziente Stadt*planung* konzentrieren, die sich auf eine Architektur ohne jeden Schnickschnack stützt (entsprechend dem Funktionalismus der Moderne im internationalen Stil). Die Postmoderne kultiviere die Vorstellung von einer Urbanität, die notwendigerweise fragmentiert ist, ein Palimpset vergangener Formen, aufeinander getürmt und zu einer Collage des zeitgerechten Nutzens vereint, der in vielen Fällen nur von kurzer Dauer sein kann. Die Anfänge der postmodernen Architektur setzt Harvey bereits im Jahr 1961 an, dem Erscheinungsdatum von Jane Jacobs' *Tod und Leben großer amerikanischer Städte* (siehe Kapitel 30), einem »der einflussreichsten antimodernen Traktate« über die »Fadheit« der Bauten im Internationalen Stil, die viel zu statisch seien für Städte, in denen *Prozesse* die entscheidende Rolle spielen.[52] Die Stadt, so Jacobs, braucht organisierte Komplexität, deren wesentlicher Bestandteil das ist, was dem Internationalen Stil fehlt, nämlich Diversität. Die postmoderne Stadtarchitektur deckte sich, so Harvey, im großen Ganzen mit den wirtschaftlichen, sozialen und politischen Bedingungen, die seit etwa 1973 herrschten, also ungefähr seit der

Ölkrise und der Zeit, als sich die wichtigsten Reservewährungen vom Goldstandard verabschiedet hatten. Eine ganze Reihe von neuen Trends führten nun zu einer von mehr Diversität geprägten, stärker fragmentierten, intimisierten und zugleich anonymisierten Gesellschaft, die sich aus wesentlich kleineren, unterschiedlicheren Einheiten zusammensetzte. Harvey unterteilt das zwanzigste Jahrhundert der Praktikabilität halber in die Ford-Jahre – etwa von 1913 bis 1973 – und die Jahre der »flexiblen Akkumulation«. Den »Fordismus«, der auch die von Frederick Winslow 1911 in seinem Buch *Die Grundsätze der wissenschaftlichen Betriebsführung* propagierten Ideen mit sich brachte, interpretiert Harvey als einen völlig neuen Lebensstil, der schließlich zur Massenproduktion, Produktnormierung und zum Massenkonsum führte:[53] »Der Fortschritt des Fordismus war, international betrachtet, die Gründung des globalen Massenmarkts und die Absorption der globalen Massenbevölkerung außerhalb des kommunistischen Lagers in die globale Dynamik eines neuen Kapitalismus.«[54] In politischer Hinsicht beruhte das Ganze auf den Vorstellungen einer massenökonomischen Demokratie, die durch das Gleichgewicht der Kräfte mit spezifischen Interessen zusammengeschmiedet wurde.[55] Die Neubewertung des Ölpreises im Anschluss an den Jom-Kippur-Krieg brachte eine gewaltige Rezession mit sich, die den Zusammenbruch des Fordismus beschleunigte und den Beginn des »Regimes der Akkumulation« einläutete.[56]

Die Anpassung an diese neue Realität erfolgte laut Harvey auf zweierlei Weise. Die flexible Akkumulation »ist von einer direkten Konfrontation mit der Rigidität des Fordismus gekennzeichnet. Sie basiert auf Flexibilität in Bezug auf Arbeitsprozesse, Arbeitsmärkte, Konsumgüter und das Konsumentenverhalten. Sie wird charakterisiert durch das Entstehen von völlig neuen Produktionssektoren, neuen Finanzierungsmöglichkeiten, neuen Märkten und vor allem durch die massive Beschleunigung kommerzieller, technologischer und organisatorischer Innovation.«[57] Zweitens kam es zu einer neuerlichen Runde der Kompression von Raum und Zeit, mit Betonung auf dem Flüchtigen, Vergänglichen, sich ständig Wandelnden. »Die relativ stabile Ästhetik der Fordschen Moderne wich den ständig gärenden, instabilen und flüchtigen Qualitäten einer postmodernen Ästhetik, die das Unterschiedliche, Ephemere, das Spektakel, das Modische und die Vergüterung [*commodification*] kultureller Formen feiert.«[58] Seinen Höhepunkt habe dieser Ansatz mit der Ausstellung *Les Immateriaux* gefunden, die 1985 unter der Ägide von Lyotard im Centre Pompidou in Paris stattfand.

Harvey stand der Postmoderne, wie gesagt, nicht unkritisch gegenüber, weil sie seiner Meinung nach auch nihilistische Elemente enthalte und die Rückkehr zu einer engstirnigen, sektiererischen Politik fördere, »bei der der Respekt gegenüber anderen in den Flammen des Wettbewerbs der

Fragmente verkohlt«.[59] Reisen, auch die Reisen der Phantasie, erweiterten den Geist nicht mehr, sondern dienten nur noch dazu, Vorurteile zu bestätigen. Wie können wir einen Fortschritt erleben, fragt Harvey, wenn Wissen und Bedeutung zu »Bruchstücken von Deutungsweisen« verkommen?[60] Sein Verdikt über den Zustand der Postmoderne war letztlich alles andere als schmeichelhaft: »Das Vertrauen in die Vernetzung von wissenschaftlichen und moralischen Urteilen ist zusammengebrochen; die Ästhetik als primärer Fokus von sozialen und intellektuellen Fragen hat über die Ethik gesiegt; Bilder dominieren Erzählungen: Vergänglichkeit und Fragmentierung nehmen gegenüber ewigen Wahrheiten und politischer Einigkeit eine Vorrangstellung ein, und sämtliche Erklärungsversuche haben sich aus dem Reich der materiellen und politisch-ökonomischen Begründungen auf die Betrachtung autonomer kultureller und politischer Praktiken verlagert.«[61]

39
»Die beste Einzelidee aller Zeiten«

Narborough ist ein kleines englisches Dorf, ungefähr zehn Meilen südlich von Leicester, in den East Midlands. Am späten Abend des 21. November 1983 wurde dort die fünfzehnjährige Lynda Mann sexuell missbraucht und erwürgt. Ihre Leiche wurde in einem Feld unweit ihres Elternhauses gefunden. Die Polizei begann mit der Fahndung, doch ohne Erfolg. Das Interesse an diesem Fall erlosch, bis am 2. August 1986 der Körper der ebenfalls fünfzehnjährigen Dawn Ashworth in der Nähe von Narborough zwischen Schwarzdornbüschen entdeckt wurde. Auch sie war sexuell missbraucht und erwürgt worden.

Diesmal förderte die Fahndung schon bald einen Verdächtigen zu Tage, einen Mann namens Richard Buckland, Pförtner in einem nahe gelegenen Krankenhaus.[1] Genau eine Woche, nachdem man Dawns Leiche gefunden hatte, wurde er verhaftet. Er gestand. Die Ähnlichkeiten mit dem ersten Fall, das Alter beider Opfer, die Art des Verbrechens und die Tatsache, dass beide Morde in der Nähe von Narborough geschehen waren, brachten die Polizei natürlich auf die Frage, ob Richard Buckland nicht beide Male der Täter gewesen war. Sie bat einen Wissenschaftler um Mitarbeit, der gerade eine neue Technik erfunden hatte: das so genannte DNA-Profil, das unter Polizisten wie in der Öffentlichkeit »genetischer Fingerabdruck« genannt wurde und das Geisteskind von Professor Alec Jeffreys von der Leicester University war.[2] Wie so viele wissenschaftliche Fortschritte war auch dieser im Rahmen eines ganz anderen Forschungsprojekts einfach »passiert«. Jeffreys erforschte gerade das Myoglobin-Gen, das zuständig ist für den Sauerstofftransport vom Blut in die Muskeln, und hielt nach »Markern« Ausschau, jenen charakteristischen Ausprägungen der DNA, die Abstammungsgutachten ermöglichen und damit den Wissenschaftlern festzustellen erlauben, wie sich die genetische Variation unter Populationen von Dorf zu Dorf und Land zu Land unterscheidet. Dabei entdeckte Jeffreys, dass auf diesem spezifischen Gen DNA-Abschnitte mit einem sich wiederholenden – Repeat genannten – Sequenzmotiv lagen. Bald darauf erfuhr er, dass dieselbe Beobachtung über Sequenzwiederholungen auch bei Experimenten mit anderen Chromosomen gemacht worden war. Nur hatte noch keiner außer ihm realisiert, dass für diese scheinbar sinnlosen Duplikationen eine Schwachstelle in der DNA verantwortlich war – vergleichbar einem Stotterer, der wieder und wieder am selben Buchstaben hängen bleibt. Und genau diese weit verbreitete Schwäche ist *von Mensch zu Mensch unterschiedlich*. Die entscheidende Sequenzwiederholung in der Länge von ungefähr fünfzehn Basenpaaren versuchte Jeffreys nun identifizierbar zu machen, sodass sie mit bloßem Auge unter dem Mikroskop erkennbar würde. Zuerst fror er die DNA ein, dann taute er sie wieder auf. Dadurch wurden die Membranen der roten Blutzellen aufgebrochen, aber nicht die der weißen, die die DNA enthalten. Nachdem er die zerstörten roten Blutkörperchen ausgewaschen hatte, fügte er ein Restriktionsenzym namens »Proteinase K« hinzu, wodurch die weißen Zellen aufgebrochen und die DNA freigelegt werden konnte. Anschließend wurde diese DNA wiederum mit einem anderen, »Hinfl« (*Haemophilus influencae*) genannten Enzym präpariert, damit die DNA-Bänder mit den Sequenzwiederholungen separiert werden konnten. Schließlich sortierte er die DNA-Fragmente bei einem Elektrophorese genannten Prozess in Bänder von unterschiedlicher Länge und transferierte sie auf Nylonmembranen, wo dann mittels radioaktiver oder luminiszierender Techniken ein für das jeweilige Individuum typisches Muster ablesbar wurde.[3]

Diese Technik wandte Jeffreys nun also auch zur Überprüfung von Richard Bucklands »genetischem Fingerabdruck« an. Man schickte ihm Samenproben aus den Körpern beider Opfer und ein paar Milliliter von Bucklands Blut. Später erzählte Jeffreys, dass dies einer der angespanntesten Momente seines Lebens gewesen sei. Bis dahin hatte er seine Technik nur zur Klärung der Frage angewandt, ob Verwandte von britischen Bürgern, die nach dem britischen Einwanderungsgesetz Niederlassungsrecht in Großbritannien hatten, mit diesen Personen tatsächlich so eng verwandt waren, wie sie vorgaben. Ein doppelter Mordfall war da schon eine ganz andere Sache und würde mit Sicherheit wesentlich mehr Aufmerksamkeit erregen. Als er spätabends in sein Labor ging, weil er nicht die Ruhe hatte, bis zum nächsten Morgen zu warten, und den Film aus der Entwicklerflüssigkeit herauszog, stellte er mit einem Blick schockiert fest, dass der falsche Mann verhaftet worden war: Die Samenproben, die den beiden Opfern entnommen worden waren, waren identisch, aber keinesfalls von Richard Buckland.[4] Die Polizei war wütend. Buckland hatte gestanden, also konnte dieses Ergebnis nur heißen, dass dieser Test nichts wert war. Jeffreys war verzweifelt, doch dann bestätigten mehrere unabhängige Forensiker sein Ergebnis, und die Polizei war gezwungen, mit ihrer Suche von vorne zu beginnen. Buckland, der erste Mensch, der je von diesem DNA-Test profitierte, musste freigelassen werden. Aber die Polizei passte sich der neuen Technologie schnell an und ließ die DNA aller

Männer in der Region von Narborough testen. Obwohl 4000 Proben gesammelt worden waren, konnte keine Übereinstimmung gefunden werden. Dann gestand Ian Kelly, ein Bäcker, der etwas außerhalb von Narborough wohnte, ein paar Freunden, dass er den Test für seinen Freund Colin Pitchfork gemacht hatte, der *innerhalb* des Testgebiets lebte. Alarmiert benachrichtigte einer dieser Freunde die Polizei. Pitchfork wurde verhaftet und seine DNA getestet. Der Freund hatte allen Grund zur Sorge gehabt: Die Proben deckten sich mit den Samenproben, die den Opfern entnommen worden waren. Im Januar 1988 wurde Pitchfork als erster Mensch auf Grund seines genetischen Fingerabdrucks verurteilt. Er erhielt lebenslänglich.[5]

*

Der DNA-»Fingerabdruck« ist jedoch nur die bekannteste Innovation aus der Molekularbiologie, weil sie in den achtziger Jahren immer häufiger eingesetzt wurde, um, wie in Großbritannien, Einwanderer zu testen, Vaterschaftsfragen zu klären, oder Vergewaltigungsfälle aufzudecken. Und diese praktischen Erfolge so kurz nach der Entdeckung der Doppelhelixstruktur trugen dann viel zu dem geistigen Klima bei, das die Techniken der Klonierung und Sequenzierung von genetischem Material zuließ. Doch parallel zu solchen Entwicklungen in der Praxis wurde auch eine Menge über Theorie diskutiert: Wie wird die Genetik unser Bild von der Evolution verändern oder unser Wissen mehren, und welches Licht kann sie auf die progressiven Stadien der Evolution seit dem Moment der Entstehung von Leben werfen? Welche philosophischen Fragen wirft sie in Bezug auf die Evolution selbst auf?

1985 veröffentlichte der Chemiker A. G. Cairns-Smith aus Glasgow seine Abhandlung *Seven Clues to the Origin of Life*.[6] Das Buch vertrat in so mancher Hinsicht Außenseiterpositionen, jedenfalls aber eine völlig andere Sicht vom Beginn allen Lebens als die meisten Biologen dieser Zeit. Der damals herrschende Konsens ging auf eine Experimentalreihe zurück, die in den fünfziger Jahren von S. L. Miller und H. C. Urey durchgeführt worden und zu dem Ergebnis gekommen war, dass in den frühesten Anfängen eine primitive Atmosphäre aus Ammoniak, Methan und Dampf (ohne Sauerstoff – darauf kommen wir noch zu sprechen) auf der Erde geherrscht haben musste. Miller und Urey hatten die Bedingungen dieser frühen Atmosphäre künstlich hergestellt und dann mit elektrischen Entladungen – »Blitzen« – getestet. Es entstand eine »dicke Brühe« aus organischen Chemikalien, viel dicker und mit einem größeren Anteil an Aminosäuren – den Grundbausteinen der Nukleinsäuren, aus denen die DNA besteht – als zuvor angenommen. Irgendwie, glaubten die beiden Forscher, hatten sich dann aus dieser dicken Brühe die »Moleküle des Lebens« gebildet. Graham Cairns-Smith hielt das für totalen Unsinn:

DNA-Moleküle seien extrem komplex und viel zu kompliziert strukturiert, um durch reinen Zufall entstanden sein zu können, wie es die Miller-Urey-Reaktion voraussetzte. Er rechnete in seiner Abhandlung vor, dass für die Entwicklung von Nuklcotiden ungefähr 140 Aktionen *gleichzeitig* nötig gewesen wären und dass die Chancen für ein solches Geschehen 10^{109} standen. Da diese Zahl höher ist als die Anzahl von Elektronen im Universum – die mit 10^{80} berechnet wurde –, kam Cairns-Smith zu dem Schluss, dass einfach nicht genügend Zeit zur Verfügung gestanden hatte oder das Universum nicht groß genug war, damit sich Nukleotiden nach diesem Muster entwickelt haben konnten.[7]

Seine eigene Version wich erstaunlich von der Miller-Urey-Theorie ab. Cairns-Smiths Meinung nach musste die Evolution bereits vor der Entwicklung des uns bekannten Lebens eingesetzt haben. Das heißt, es muss zunächst ein anderer Replikator existiert haben – vor den biochemischen muss es chemische Organismen auf der Erde gegeben haben, die genau jene Architektur lieferten, welche so komplexe Moleküle wie die DNA ermöglichte. Er blickte sich in der Natur um und stellte fest, dass es noch heute einfache, selbstmultiplizierende anorganische Kristalle gibt, beispielsweise im Lehm: Sobald sich spontan ein Kristallkern herausgebildet hat oder der entsprechende »Same« in eine übersättigte Lösung gefallen ist (Wasser), kann er wachsen und sich zu einer festen, geordneten Einheit ausbilden. Hin und wieder brechen diese Kristalle auseinander, aber da sich auch ihre Teile wiederum selbst multiplizieren, kann man diesen Prozess, so Cairns-Smith, durchaus als Reproduktion bezeichnen.[8] Solche Kristalle bilden unterschiedliche Formen, zum Beispiel lange Säulen oder flache Matten, und weil diese Formen Anpassungsleistungen an die jeweilige Mikro-Umwelt sind, hat hier eine Adaption und damit eine Evolution stattgefunden. Diese kristallinen Matten können sich dann zu Schichten von unterschiedlicher Ionisierung ausbilden. Cairns-Smith glaubte nun, dass zwischen diesen Schichten durch die Einwirkung von Sonnenlicht winzige Mengen von Aminosäuren entstanden sein könnten, was im Prinzip einer Fotosynthese gleichkommt. Bei diesem Prozess könnten dann wiederum die anorganischen Organismen mit Kohlenstoffatomen angereichert worden sein. Es gibt viele Substanzen, zum Beispiel das Titandioxid, die unter Einwirkung von Sonnenstrahlung Nitrogen an Ammoniak binden, und wasserlösliche Eisensalze, die bei ultravioletter Bestrahlung Kohlendioxid an Methansäure binden. Die kristalline Struktur des Lehms wäre vom äußerlichen Kristallwachstum abhängig gewesen (vom Phänotyp) und schließlich von Strukturen übernommen worden, die auf Kohlenstoff basieren.[9] Kohlenstoff ist, wie Linus Pauling minuziös nachgewiesen hat, erstaunlich symmetrisch und stabil – und genau das war für Cairns-Smith der Grund, weshalb anorganisch reproduzierende Organismen von organischen abgelöst werden konnten, und die Erklärung, wie dies geschah.

Diese These ist originell und klingt plausibel, hat aber ihre Probleme. Denn der nächste Schritt auf der Evolutionsleiter war die Entwicklung von Zellorganismen, von Bakterien, die einer Membran bedurften. Die besten Kandidaten dafür sind die so genannten Lipidblasen, winzige Bläschen, die automatisch Membranen bilden. In der Natur wurden diese Chemikalien in Meteoriten gefunden, die nach Meinung vieler Forscher die ersten organischen Verbindungen auf die noch sehr junge Erde transportiert hatten. Nach dieser Sicht wäre Leben in zumindest einigen seiner Bestandteile also außerirdischen Ursprungs. Ein anderes Problem stellt sich mit der Tatsache, dass die primitivsten Bakterien – bei denen es sich praktisch um nicht mehr als von Membranen umgebene aktive Stäbchen oder Scheibchen handelt – bisher im heißen Inneren der Erdausstöße gefunden wurden, die den Meeresboden aufbauen. In manchen Fällen sind sie überhaupt nur bei Temperaturen über dem Siedepunkt lebensfähig, was nun wiederum denkbar macht, dass das Leben in der Hölle begann. Es ist schwierig, all diese Fakten mit der Idee in Einklang zu bringen, dass das Leben in Folge der Einwirkung von Sonnenbestrahlung auf kristalline Lehmstrukturen in seichten Gewässern entstand.[10]

Doch was auch der Ursprung des Lebens (den man allgemein vor 3800 Millionen Jahren ansetzt) gewesen sein mag, so besteht gar kein Zweifel daran, dass die ersten Organismen Anaërobier waren, Bakterien, die nur in einer von Sauerstoff freien Atmosphäre leben können. Angesichts der Tatsache, dass die frühe Erdatmosphäre kaum oder keinen Sauerstoff enthielt, ist das nicht weiter überraschend. Anhand von irdischen Gesteinsproben lassen sich aber ab einer Zeit von vor ungefähr 2500 Millionen Jahren vermehrt Hämatiten feststellen, ein oxidiertes Eisenmineral, was nahe legt, dass ab diesem Zeitraum Sauerstoff zwar produziert, dieser aber anfänglich sofort von anderen Mineralen auf der Erde »verbraucht« wurde. Der beste Kandidat für einen solchen Sauerstoffproduzenten ist ein blaugrünes Bakterium, das in flacheren Gewässern, wo es von Sonnenstrahlen erreicht werden und das Licht mit dem Chlorophyll reagieren konnte, Kohlendioxid in Kohlenstoff zerlegte, den es zu eigenen Zwecken verbrauchte, und dann in Sauerstoff. Mit anderen Worten: Es fand eine Fotosynthese statt. Eine Weile lang saugten die Minerale der Erde allen vorhandenen Sauerstoff auf (Kalksteinfelsen fingen Sauerstoff in Form von Kalziumkarbonat ein, Eisen rostete usw.), doch schließlich waren die Minerale gesättigt. Erst ab diesem Moment vor über 1000 Millionen Jahren konnten die von Milliarden Bakterien abgegebenen winzigen Sauerstoffpartikel die Erdatmosphäre allmählich transformieren.[11]

Der nächste Schritt bestand aus der Verbindung von schleimigen Mikroben zu Gemeinschaften, zu »Matten« in einer beinahe zweidimensionalen Schichtung. In Südafrika und Australien wurden 3500 Millionen Jahre alte Versteinerungen dieser Mikroben entdeckt, aber es gibt sie auch heute noch, zum Beispiel in den salinen Ebenen der Tropen, wo keine grasenden Tiere ihr Überleben gefährden. »Es handelt sich um besondere, knollenartige Strukturen, die ein wenig wie große, schichtförmig angeordnete Kohlköpfe aussehen und mehrere Meter Höhe erreichen können.« Man nennt sie Stromatolithen. Ihre besondere Form ergibt sich, weil sie »aus schichtweise aufeinander liegenden Matten aus Bakterien gebildet werden, in deren klebrigen Fasern sich Sand und allerlei Partikel verfangen.« [12] Die Stromatolithen wurden ihrerseits von Prokaryonten hervorgebracht, von »Zellen, die keine Kerne oder andere wichtige Innenstrukturen enthalten«. Der nächste Schritt zu mehr Komplexität war, wie die amerikanische Biologin Lynn Margulis beschrieb, »die Herausbildung von eukaryontischen Zellen, die verschiedene innere Strukturen aufweisen«. Erstmals geschah dies, »als eine prokaryontische Zelle eine andere umschloss, wahrscheinlich um sie zu vertilgen. Stattdessen existierte die umschlossene Zelle jedoch weiter, und beide Zellen lebten in einer friedlichen Symbiose zusammen, wobei sie sich im Laufe der Zeit modifizierten.« Ein gutes Beispiel dafür ist Chloroplast, »jene Struktur in einzelnen Eukaryonten und höher entwickelten Pflanzen, in der die Fotosynthese stattfindet«.[13] Die Entstehung von Zellkernen und Organellen war ein alles entscheidender Schritt, denn erst sie ermöglichten die Entwicklung von komplexeren Strukturen. Auf diesen Prozess, so nimmt man an, folgte dann vor etwa 2000 Millionen Jahren die Evolution der geschlechtlichen Reproduktion, weil sie genetische Variationen zuließ. Sie war es, die der Evolution in dieser Phase einen gewaltigen Schub versetzte (die fossilen Nachweise für diese Periode beginnen schlagartig variantenreicher zu werden). Zellen wurden größer und variantenreicher, bis schließlich Schleimkörper auftauchten, die nicht nur die unterschiedlichsten Formen angenommen hatten, sondern sich gelegentlich auch über die Oberfläche anderer Objekte fortbewegen konnten. Mit anderen Worten: Es handelte sich um sowohl biotische als auch abiotische Organismen, die die Entwicklung von rudimentär spezialisiertem Gewebe verkörperten, dessen Verhalten bereits entfernt an einen Instinkt erinnert.[14]

Vor etwa 700 Millionen Jahren tauchte dann die Ediacara-Fauna auf. Nachweise für diese Urfauna wurden in den unterschiedlichsten Erdregionen entdeckt, von Leicester in England bis hin zu den Flinders Mountains in Südaustralien. Es gab sie in sehr exotischen, aber immer radialsymmetrischen Formen; ihre Haut war nur zwei Zellen dick und sie besaßen ansatzartige Mägen und Mäuler. Ein wenig sahen sie wie primitive Quallen aus und von daher nicht viel anders als Schleimkörper. Doch offenbar stellte die Ediacara-Fauna eine Sackgasse der Evolution dar, denn trotz ihrer vielfältigen Erscheinungsformen sollte sie wieder vollständig verschwinden – vermutlich, weil sie keinerlei innere Struktur besaß. Das Skelett scheint daher nun die nächste wichtige Stufe der Evolution gewesen zu sein. Paläontologen können dies mit einiger Gewissheit an der Tatsache ablesen, dass vor 500 Millionen Jahren explosionsartig Leben auf Erden entstand. Man nennt dies »die kambrische Explosion«. Im Laufe von nur 15 Millionen Jahren tauchten Schalentiere in teilweise den gleichen Formen auf, die uns noch heute vertraut sind: als Trilobiten, mit harten äußeren Panzern und manchmal gegliederten Beinen, manchmal Greifwerkzeugen, einige mit rudimentären Dorsalnerven, andere mit ersten Anzeichen von Augen und viele mit Merkmalen, die so seltsam sind, dass sie sich kaum beschreiben lassen.[15]

Zwischen Mitte und Ende der Achtzigerjahre begann sich eine neue evolutionstheoretische Synthese zu bilden, da nun entscheidende Entwicklungsstufen nachvollzogen und genauere Datierungen gemacht werden konnten. Machen wir einen großen Sprung in der geologischen Zeit von der kambrischen Explosion vor über 400 Millionen Jahren bis zur der Zeit vor etwa 65 Millionen Jahren: Durch die vielen Gesteinsproben, die auf dem Mond gesammelt werden konnten, war die Geologie plötzlich nicht mehr gezwungen, sich nur auf einen einzigen Planeten als Studienobjekt zu konzentrieren, und besaß eine viel reichhaltigere Datenbasis. Was den Mond und andere Planeten unter anderem von der Erde unterscheidet, sind die vielen sichtbaren Krater, die durch den Einschlag von Asteroiden und Meteroiten aus dem All entstanden waren.[16] Für die Geologie war das ein bedeutender Faktor, denn in den siebziger Jahren hatte man sich in dieser Disziplin längst an eine langsame, nur in messbaren Schritten von Millionen von Jahren voranschreitende Chronologie gewöhnt – abgesehen von einer großen Ausnahme, nämlich der so genannten K-T-Grenze. Dieser Einschnitt zwischen der Kreidezeit und dem Tertiär bezeichnet einen gewaltigen und sehr plötzlichen Bruch vor etwa 65 Millionen Jahren, erkennbar am plötzlichen Fehlen von fossilen Nachweisen für viele irdische Lebensformen.[17] Am deutlichsten betroffen von diesem Massensterben waren die Dinosaurier, die ungefähr 150 Millionen Jahre lang die Erde beherrscht hatten. Von einer Sedimentsstufe zur nächsten sind plötzlich keinerlei fossile Nachweise mehr zu finden. Zuerst hatten Geologen und Paläontologen vermutet, dass diese Ausrottung die Folge von klimatischen Veränderungen und dem Rückgang des Meeresspiegels gewesen sei. Viele hielten solche Prozesse aber für viel zu langsam, um als Erklärung dieses Phänomens herangezogen werden zu können – Pflanzen und Tiere hätten sich während dieses Zeitraums längst wieder anpassen können. In Wirklichkeit war die Hälfte aller Lebewesen zwischen der Kreidezeit und dem Tertiär mit einem Schlag vom Erdboden verschwunden. Nachdem inzwischen viele Krater auf dem Mond und anderen Planeten untersucht worden waren, begannen sich einige Paläontologen zu fragen, ob nicht auch eine ähnliche Katastrophe für das Massensterben vor 65 Millionen Jahren auf der Erde verantwortlich gewesen sein könnte. Und damit begann eine faszinierende detektivische Arbeit, die erst 1991 vollständig abgeschlossen war.

Damit ein Meteorit oder Asteroid eine solch zerstörerische Aufschlagkraft haben kann, muss er eine bestimmte Mindestgröße haben und einen Krater von einer Größe hinterlassen, die ihn mit bloßem Auge nicht mehr erkennbar machen würde.[18] Zuerst schien es keinen Kandidaten für einen solchen Einschlag zu geben, doch allmählich dämmerte den Forschern, dass Meteoriten eine andere chemische Struktur haben als die Gesteine der Erde. Vor allem sind sie reich an Edelmetallen der Platingruppe, die auf der Erde nur selten vorkommen, weil diese Elemente von Eisen absorbiert werden und die Erde einen riesigen Eisenkern hat. Außerdem müsste Meteoritenstaub reich an Elementen wie Iridium sein. Luis und Walter Alvarez von der University of California in Berkeley fanden in Gesteinsproben aus der K-T-Grenzperiode prompt *neunzig Mal* so viel Iridium wie im Erdgestein.[19] Dieser Fund im Juni 1978 sollte das Team aus Vater und Sohn (und später auch Schwiegertochter) zu einer mehr als ein Jahrzehnt währenden Suche antreiben. Der nächste Durchbruch kam 1981: Der holländische Wissenschaftler Jan Smit berichtete in *Nature* von einer Entdeckung, die er im K-T-Ton von Caravaca in Spanien gemacht hatte.[20] Es handelte sich um winzige runde Kügelchen von der Größe eines Sandkorns, genannt *Spherules*, die überall in diesem Gebiet zu finden waren und sich bei genauerer Betrachtung als Kristalle in »fedriger« Form erwiesen, bestehend aus dem Kaliumfeldspat Sanidin.[21] Wie sich später erweisen sollte, hatten sie sich aus Olivin (Magnesiumeisen(II)-ortho-silicat) gebildet. Aber ihre eigentliche Bedeutung war die Tatsache, dass es sich dabei um Tröpfchen aus dem gleichen Basaltgestein handelt, das einen Großteil der Meeresbodenkruste bildet. Mit anderen Worten: Der Meteorit war nicht auf Land, sondern im Wasser eingeschlagen.

Das war sowohl eine gute als auch eine schlechte Nachricht. Gut war, dass damit ein massiver Einschlag vor 65 Millionen Jahre bestätigt werden konnte, schlecht war, dass die Wissenschaft nun nicht nur nach einem Krater in den Ozeanen Ausschau halten musste, sondern auch nach geologischen Anzeichen für eine riesige Tsunami – Flutwelle –, die diesem Ereignis gefolgt sein musste. Berechnungen ergaben, dass sich eine ein Kilometer hohe Welle den Küsten genähert haben musste. Alles Suchen blieb erfolglos. Obwohl sich im Laufe der Achtzigerjahre die Nachweise für einen solchen Einschlag häuften – mehr als hundert geologische Areale wiesen so genannte Iridium-Anomalien nach –, war ein entsprechender Krater nirgendwo zu entdecken. Erst 1988, als der Kanadier Alan Hildebrand von der University of Arizona den Brazos River in Texas erforschte, begann die letzte Phase der nun schon seit einem Jahrzehnt währenden Suche.[22] Man wusste bereits, dass das harte, sandige Flussbett unter den Stromschnellen im Brazos, an einer Stelle in der Nähe von Waco, durch eine Tsunami entstanden war. Also begann sich Hildebrand nach ausgiebigen Erkundungen am Brazos auf die Suche nach Anzeichen für eine kreisförmige Verbindung dieser Stelle im Fluss mit anderen Gebieten zu machen. Er studierte Karten und Gravitätsanomalien und entdeckte schließlich eine kreisförmige Struktur am karibischen Meeresboden, die sich nördlich von Kolumbien bis hin zur mexikanischen Halbinsel Yucatán zog. Es konnte sich um einen Meteoritenkrater handeln. Seine paläontologischen Kollegen waren skeptisch, aber dann erhielt Hildebrand Rückendeckung von Geologen, die sich auf diesem Gebiet besser auskannten: Es handelte sich tatsächlich um eine Einschlagstelle, um den Krater von Chicxulub. Man hatte ihn einfach deshalb nicht sofort finden können, weil er seit der Kreidezeit ständig mit neuen Sedimenten aufgefüllt worden war und erst geophysikalische Messungen seinen Umriss deutlich machen konnten.[23] Als Hildebrand und seine Kollegen 1991 ihr Ergebnis veröffentlichten, war die Sensation – zumindest unter Geologen und Paläontologen – perfekt. Nun musste man den gesamten bisherigen Forschungsansatz revidieren, denn damit war bewiesen, dass sich Katastrophen *tatsächlich* entscheidend auf die Evolution auswirken können.[24]

Doch die Entdeckung von Chicxulub hielt noch weitere Überraschungen parat. Erstens stellte sich heraus, dass dieser Einschlag für die Verteilung der Zenoten verantwortlich war, jener kleinen, von Quellen gespeisten Süßwasserseen, die die Kultur der Maya überhaupt erst ermöglicht hatten.[25] Zweitens konnten die Paläontologen aus der Geschichte dieses Kraters drei Phasen eines Massensterbens herauslesen, jeweils vor 265, 250 und 205 Millionen Jahren. Und schließlich wurde deutlich, dass sich gerade das Aussterben der Dinosaurier befreiend auf die Säugetiere ausgewirkt hatte – bis zur K-T-Grenze hatten sich nur Kleinsäuger entwickeln können, ein Umstand, der, gemeinsam mit dem Fakt, dass es so viele von ihnen gab, vermutlich zu ihrem Überleben nach dem Einschlag beitrug. Große Säugetiere sind erst nach der K-T-Grenze aufgetaucht, erst als sie keine Konkurrenz mehr vom *Tyrannosaurus rex*, *Triceratops* und deren Brüdern und Schwestern zu befürchten hatten. Somit darf man vermuten, dass es ohne den Einschlag des K-T-Meteoriten auf der Erde keine Menschen geben würde.

*

Was die Ursprünge der Menschheit anbelangt, so konnte deren Geschichte zwar durch ein, zwei bedeutende Ausgrabungen in den 1980er-Jahren ergänzt werden. Doch letztlich war dieses Jahrzehnt eher das goldene Zeitalter der Interpretation und Analyse als das der Entdeckungen.

Im August 1984 fanden die Leakeys in Kenia den so genannten »Jungen von Turkana« (benannt nach dem nahe gelegenen See), der viel größer und schlanker war, als man von einem Skelett aus dieser Zeit erwartet hätte. Es war der erste Hominid, dessen Körperproportionen denen des modernen Menschen glichen.[26] »Der obere Abschnitt seines Rückenmarkkanals ist eng und lässt vielleicht darauf schließen, dass der Thorax nur in begrenztem Umfang Nervensignale enthielt. Es wurde vermutet, dies könne sogar auf eine weniger präzise Steuerung der willkürlichen Atmung hinweisen, was wiederum eine nur begrenzte Fähigkeit zur Kommunikation mittels komplexer und genau kontrollierter Laute widerspiegeln könne.« Mit einem Wort: Der Junge von Turkana hatte keine Sprache. Außerdem lagen seine Schultergelenke durch den schmaleren, nach oben zugespitzten Brustkorb so nahe an der Körpermittellinie, dass dies bestenfalls »günstig für ein im Geäst hangelndes Wesen« war. Die Leakeys legten das Alter des Skeletts auf 1,6 Millionen Jahre fest und ordneten es dem *Homo erectus* zu. Zwei Jahre später entdeckte ihr Erzrivale Don Johanson in der Olduvai-Schlucht die fragmentarischen Überreste eines Hominidenskeletts, das er knapp 200 000 Jahre älter schätzte als den Turkana-Jungen und dem *Homo habilis* zuordnete. Dieses Skelett war nun wieder völlig anders – gedrungen, mit langen Armen, insgesamt dem eines Affen sehr ähnlich.[27] Die Idee, dass es vor rund zwei Millionen Jahren mehr als nur eine Hominidenart gegeben haben könnte, wurde nicht von allen Paläontologen akzeptiert, aber es schien durchaus plausibel, dass es sich hier um die Zeit gehandelt haben könnte, in der sich die Hominiden durch Umweltveränderungen gezwungen sahen, die Wälder zu verlassen. Wie Elisabeth Vrba aus Yale verdeutlichte, müssen bestimmte Ereignisse vor ungefähr 2,5 Millionen Jahren notwendigerweise neue evolutionäre Entwicklungen ausgelöst haben.[28] Geologische Befunde aus dieser Zeit wiesen zum Beispiel nach, dass eine polare Vergletscherung stattgefunden hatte, die nicht nur zum Absinken der Temperaturen führte, sondern die Kontinente auch »arider« machte. Und das wiederum führte zu einem bemerkenswerten Wandel der Fauna – zumindest Teile des afrikanischen Waldes wurden in Savanne verwandelt und Waldantilopen deshalb allmählich durch Arten ersetzt, die auf den trockenen Ebenen grasten.[29] Da man 2,5 Millionen Jahre alte Steinwerkzeuge gefunden hatte, schien der Gedanke nahe liegend, dass Hominiden die Wälder vor 2,5 bis 1,5 Millionen Jahren verlassen haben, dann allmählich größer und körperlich geschmeidiger wurden und schließlich begannen, erstes primitives Werkzeug zu benutzen. Vor ungefähr 200 000 Jahren tauchten die ersten ausgefeilteren Werkzeuge auf, was in etwa der Zeit entspricht, aus der erste Nachweise für den Neandertaler vorliegen. Auch was deren Evolution betrifft, haben sich die Meinungen inzwischen geändert. Heute wissen wir, dass sein Gehirn ebenso groß wie unseres, allerdings »hinter« und nicht »über« dem Gesicht angesiedelt war, oder dass sie ebenfalls ihre Toten beerdigt, sich geschmückt (den Körper mit Ockerfarbe bemalt) und behinderte Mitglieder ihrer Gemeinschaften unterstützt haben.[30] Kurzum, es handelte sich also keinesfalls um die vom Viktorianischen Zeitalter dargestellten Wilden, sondern um eine eigenständige Art, die von 50 000 bis 28 000 v. Chr. mit dem *Homo sapiens* koexistierte.[31]

Diese und andere Entdeckungen aus den Jahren 1975 bis 1995 legen die folgende, aus Ian Tattersalls Schilderungen zusammengefasste und revidierte Chronologie der menschlichen Evolution nahe:

Vor 4 bis 3 Millionen Jahren	Bipedie
Vor 2,5 Millionen Jahren	Erster Werkzeuggebrauch
Vor 1,5 Millionen Jahren	Feuer (zum Kochen von Nahrung, was auf Jagdtätigkeit schließen lässt)
Vor 1 Million Jahren	Abwanderung der Hominiden aus Afrika
Vor 200 000 Jahren	ausgefeiltere Werkzeuge, Auftauchen des Neandertalers
Vor 100 000 bis 50 000 Jahren	Auftauchen des *Homo sapiens*
Vor 28 000 Jahren	Verschwinden des Neandertalers

Und warum ist der Neandertaler verschwunden? Viele Paläontologen haben darauf nur eine Antwort: weil der *Homo sapiens* sprechen lernte. Sprache verlieh dem modernen Menschen so massive Vorteile im Konkurrenzkampf um Nahrung und andere Ressourcen, dass sein Rivale bald schon keine Chance mehr hatte.

*

In den Zellen gibt es Organellen, die man mitochondriale DNA nennt. Es handelt sich um eine Art DNA-Fragment außerhalb des Zellkerns, der die Wirkung einer Zellbatterie hat und eine Substanz namens Adenosin Triphosphat oder ATP produziert. Im Januar 1987 veröffentlichten Allan Wilson und Rebecca Cann aus Berkeley anhand dieser mitochondrialen DNA eine archäologische Analyse, die völlig neue Grundlagen schuf. Die für Wilson und Cann besonders interessante Eigenschaft dieser DNA war, dass sie nur über die Mutter vererbt wird, sich also nicht wie die Zellkern-DNA durch Paarung, sondern ausschließlich auf die sehr viel langsamere Weise über den Weg der Mutation verändern kann. Wilson und Cann hatten nun die kluge Idee, die mitochondriale DNA von Menschen unterschiedlicher Populationen zu vergleichen, basierend auf der Vermutung, dass deren Abzweigung von irgendeinem gemeinsamen Ahnen jeweils umso länger zurückliegen müsste, je unterschiedlicher sie sind. Man weiß, dass Mutationen in relativ konstanten Abständen auftreten, also mussten solche Abweichungen auch eine Vorstellung davon geben können, wann sich die diversen Menschengruppen separiert hatten.[32]

Als Erstes stellten Wilson und Cann fest, dass sich die Menschheit in zwei große Gruppen aufteilen lässt – in Afrikaner auf der einen und alle übrigen auf der anderen Seite. Zweitens fanden sie heraus, dass es unter Afrikanern ein geringfügig höheres Mutationsaufkommen gibt als unter allen anderen Menschen, was die Erkenntnis der Paläontologie bestätigte, dass Afrikaner älteren Ursprungs sind und daher vermutlich die ganze Menschheit aus Afrika stammt und von diesem Kontinent aus die restliche Welt bevölkert hat. Und schließlich bewiesen Wilson und Cann, indem sie sich von der gegebenen Mutationsrate aus zurückarbeiteten, dass der heute existierende Mensch nicht älter als 200 000 Jahre sein kann, womit auch die durch fossile Nachweise gewonnenen Erkenntnisse auf breiter Ebene bestätigt waren.[33]

Ein anderer Grund, weshalb die Forschung von Wilson und Cann so viel Aufmerksamkeit erregte, war, dass ihre Befunde nicht nur mit den paläontologischen Entdeckungen in Afrika übereinstimmten, sondern auch mit der jüngsten linguistischen und archäologischen Forschung. Bereits 1786 hatte Sir William Jones, ein englischer Richter am Obersten Gericht von Kalkutta, entdeckt, dass zwischen Sanskrit, Latein und Griechisch eine deutliche Ähnlichkeit besteht.[34] Diese Feststellung brachte ihn dann auf die Idee der »Muttersprache«, auf die Vorstellung, dass es vor vielen Jahren eine einzige Sprache gegeben haben muss, aus der sich alle anderen Sprachen ableiten lassen. 1958 begann Joseph Greenberg Jones' Hypothese am Beispiel der Sprachentwicklung auf dem amerikanischen Kontinent vom südlichen Südamerika bis hin zu den Eskimos im Norden zu überprüfen. 1986 veröffentlichte er seine umfangreiche Studie unter dem Titel *Language in the Americas*. Sein Fazit lautete, dass alle dort gesprochenen Sprachen in drei Basiskategorien eingeteilt werden können.[35] Die erste und früheste Sprache war das in Südamerika und in den nordamerikanischen Südstaaten verbreitete »Amerindisch«, das über viel mehr Variationen verfügte als die nördlicheren Sprachen, was den Rückschluss zulässt, dass sie auch die älteste ist. Die zweite Sprachgruppe bildete das »Na-dene« und die dritte das »Eskimo-Alëutisch«, jeweils verbreitet in Kanada und Alaska, wobei das Na-dene variantenreicher ist als das Eskimo-Alëutisch. Greenberg war überzeugt, dass diese Sprachgruppen ein Hinweis auf die Völkerwanderung von drei Gruppen mit drei unterschiedlichen Sprachen nach Amerika waren. Am Beispiel der »Mutationen« einzelner Wörter rekonstruierte er, dass die Amerindisch sprechenden Gruppen vor 11 000 Jahren auf dem Kontinent eintrafen, die Na-dene sprechenden vor rund 9000 Jahren und dass sich die Alëuten und Eskimos vor ungefähr 4000 Jahren abgezweigt hatten.[36]

Greenbergs Schlussfolgerungen sind zwar heftig umstritten, stimmen aber ziemlich genau mit den Daten überein, die anhand von Zahnstudien und aus der genetischen Variationsforschung erworben wurden. Insbesondere decken sie sich mit der außerordentlich originellen Studie von Luca Cavalli-Sforza von der Stanford University. In einer Reihe von Veröffentlichungen – *Cultural Transmission and Evolution* (1981), *African Pygmies* (1986), *The Great Human Diasporas* (1993) und *History and Geography of Human Genes* (1994) präsentierten Cavalli-Sforza und Kollegen ihre Forschungen über die Variabilität des Blutes, vor allem des Rhesusfaktors, und der weltweiten Verteilung von Genen, die sie zu einer relativ kohärenten Sichtweise bezüglich des Zeitpunkts der ersten menschlichen Migrationen auf Erden geführt hatte. Ihre Erkenntnisse eröffneten auch eine Reihe von höchst ungewöhnlichen Möglichkeiten in Bezug auf unsere *longue durée*. So scheinen beispielsweise die Sprachen Na-dene, Sino-Tibetanisch, Kaukasisch und Baskisch ursprünglich miteinander verbunden gewesen zu sein und einst allesamt zu einer »Supersprachfamilie« gehört zu haben, die erst verdrängt wurde, nachdem sie von den Sprachen anderer Völker durchbrochen worden war (im Fall von Na-dene zum Beispiel von den Sprachen der anderen Volksgruppen auf dem amerikanischen Kontinent). Diese Nachweise ergaben außerdem ein sehr hohes Alter für die Baskisch sprechende Volksgruppe, die sich ja nicht nur ihrer Sprache, sondern auch ihrem Blut nach deutlich von allen umgebenden Gruppen unterscheidet. Cavalli-Sforza vermerkt übrigens, dass die von den Basken bewohnte Region an genau das Gebiet angrenzt, in dem die früheste europäische Höhlenmalerei entdeckt wurde, und fragt, ob diese Grenzlage vielleicht rückschließen lässt, dass sie das alte Volk sind, das seine Sammler- und Jägertechniken auf Höhlenwänden verewigt und den sich ausbreitenden Ackerbau und Viehzucht betreibenden Völkern aus dem Nahen Osten widerstanden hatte.[37]

Schließlich versuchte Cavalli-Sforza zwei der faszinierendsten Fragen überhaupt zu beantworten – nämlich wann Sprache zuerst auftrat und ob es überhaupt jemals eine einzige Stamm- beziehungsweise Muttersprache gab. Wie gesagt, glauben Paläontologen, dass der Neandertaler vor ungefähr 28 000 Jahren ausstarb, eben weil er über keine Sprache verfügte. Cavalli-Sforza konterte dies allerdings mit dem Hinweis, dass die für Sprache verantwortliche Hirnregion hinter dem linken Auge liegt und deshalb zu einer leichten Asymmetrie des Schädels führt. Während diese Asymmetrie bei Affen fehlt, ist sie in den zwei Millionen Jahren alten fossilen Schädeln des *Homo habilis* jedoch vorhanden. Hinzu kommt, dass unsere Gehirnschale vor ungefähr 300 000 Jahren ihr Wachstum eingestellt hat. All das legt nahe, dass die Sprache wesentlich älter sein könnte, als so mancher Paläontologe glaubt.[38] Andererseits liegen Studien über Sprachveränderungen im Laufe der Zeit vor (die Geschwindigkeit, in der solche Veränderungen ablaufen, ist ungefähr bekannt), die auf eine Abspaltung von Supersprachfamilien vor 40 000 bis 20 000 Jahren hinweisen. Hier gibt es also eine Diskrepanz, die bis heute nicht geklärt wurde.

Was nun die Muttersprache anbelangt, so verlässt sich Cavalli-Sforza auf Greenberg, der zumindest anhand eines Wortes nachgewiesen hat, das alle Sprachen dieselben Wurzeln haben. Die Grundform lautet *tik*.

Sprachfamilie	*Formen*	*Bedeutung*
Nilo-Saharisch	tok-tek-dik	eins
Kaukasisch	titi, tito	Finger, einzeln
Uralisch	ok-odik-itik	eins
Indo-Europäisch	dik-deik	hinweisen/zeigen
Japanisch	te	Hand
Eskimo	tik	Zeigefinger
Sino-Tibetisch	tik	eins
Austroasiatisch	ti	Hand, Arm
Indo-Pazifisch	tong-tang-ten	Finger, Hand, Arm
Na-dene	tek-tiki-tak	eins
Amerindisch	tik	Finger[39]

In Bezug auf die indo-europäischen Sprachen, deren Verbreitungsgebiet von Westeuropa bis nach Indien reicht, wurde Greenbergs Forschungsansatz dann von Colin Renfrew weitergeführt, jenem Archäologen aus Cambridge, der die Auswirkungen der revolutionären Carbon-14-Methode auf die Datierungsmöglichkeiten beschrieben hatte. Renfrew wollte aber nicht einfach nur die Ursprünge von Sprachen erforschen, sondern die dabei gewonnenen Erkenntnisse mit archäologischen Entdeckungen abgleichen, um herauszufinden, ob sich ein konsistentes Bild ergeben würde; außerdem wollte er den – noch heftig umstrittenen – frühesten Lebensraum der indo-europäischen Völker identifizieren, um festzustellen, welches neue Licht dies auf die Entwicklung der Menschheit insgesamt werfen würde. Er beginnt mit der Darstellung der je nach Volksgruppe unterschiedlichen Tonverlagerungen. Zum Beispiel:

Milch	= Französisch *lait*	= Italienisch *latte*	= Spanisch *leche*
Fakt	= Französisch *fait*	= Italienisch *fatto*	= Spanisch *hecho*

Dann untersuchte er die Verschiebungsrate und überlegte, welches das jeweils früheste Wort gewesen sein könnte. Er verglich die Variationen von bestimmten Schlüsselworten (wie *Auge*, *Regen* und *trocken*) und analysierte anhand der frühesten Töpferwaren und des frühesten Wissens über landwirtschaftliche Methoden die Ausbreitung von Ackerbau und Viehzucht in Europa und den angrenzenden Regionen. Dabei kam er zu dem Schluss, dass die zentrale Heimatregion der Indo-Europäer – dort, wo die Muttersprache Proto-Indo-Europäisch beheimatet war – in Mittel- und Ostanatolien um etwa 6500 v. Chr. lag und die Ausbreitung dieser Sprache in einem engen Zusammenhang mit der Ausbreitung von Ackerbau und Viehzucht stand.[40]

Das Überraschendste ist hier das Ausmaß der übereinstimmenden Erkenntnisse von Archäologie, Linguistik und Genetik. Die Verteilung der Völker um den Globus, das Verschwinden des Neandertalers, die Ankunft der Menschheit auf dem amerikanischen Kontinent, die Entstehung der Sprache, ihre mit Kunst und Landwirtschaft verbundene Verbreitung, ihre Zusammenhänge mit der Töpferei oder den unterschiedlichen heute existierenden Sprachen ergeben aus Sicht aller drei Disziplinen eine bestimmte Ordnung. Es war der Beginn des letzten Kapitels der evolutionstheoretischen Synthese.

*

Dass die Theorienbildung zur Evolution blühte, war vor einem derart mächtigen Hintergrund aus Empirie und Forschung nicht überraschend. Was aber vielleicht überraschend *ist*: dass biologische Abhandlungen in den 1980er- und 1990er-Jahren zu einem literarischen Phänomen wurden. Dutzende Autoren – Biologen, Paläontologen, Philosophen – schrieben reihenweise Bücher, die zu Bestsellern wurden und die Regale erstklassiger Buchhandlungen füllten. Offensichtlich hatten sich die literarischen Vorlieben der Leser gewandelt. Jedenfalls waren diese Erfolge nur noch mit einer Entwicklung in der Physik und Mathematik vergleichbar, auf die wir später zurückkommen werden. Die wichtigsten Autoren aus dieser Renaissance der darwinistischen Forschung waren in alphabetischer Reihenfolge: Richard Dawkins, Daniel Dennett, Niles Eldredge, Stephen Jay Gould, Richard Lewontin, Steven Pinker, Steven Rose, John Maynard Smith und E. O. Wilson. Gemeinsam galten sie als Neodarwinisten, und ihre Bücher, die mit ebenso großer Begeisterung wie Feindseligkeit verschlungen wurden, verkauften sich prächtig. Trotzdem wurde ein Mann wie Dawkins 1998 einmal als »gefährlichster Mensch Großbritanniens« bezeichnet.[41]

Die Botschaft dieser Neodarwinisten war jedoch nicht einheitlich. Die eine Sicht repräsentierten Wilson, Dawkins, Smith und Dennett, die andere Eldredge, Gould, Lewontin und Rose. Wilson veröffentlichte seinerseits wieder zwei Arten von Büchern. Zur ersten Reihe zählen die bereits erwähnte, 1975 erschienene Studie *Sociobiology* sowie *On Human Nature* (1978) und *Consilience* (1998; *Die Einheit des Wissens, 1999*). Allen gemein war ein etwas strenger Neodarwinismus, der um Wilsons Überzeugung kreiste, dass »die Gene Kultur an der kurzen Leine halten«.[42] Aber besonders Wilson wollte eine Brücke zwischen C. P. Snows zwei Kulturen schlagen, von deren Existenz er überzeugt war, indem er zeigte, wie die Naturwissenschaften das Wesen des Menschen durchdringen können, um Kultur zu erklären: »Der Kernpunkt der Diskussion ist also, dass das Gehirn existiert, weil es das Überleben und die Vervielfältigung der Gene fördert, die seinen eigenen Aufbau bestimmen.«[43] Wilson war überzeugt, dass die Biologie früher oder später in der Lage sein wird, auch anthropologische, psychologische, soziologische und ökonomische Phänomene zu erklären und dass sich diese Disziplinen deshalb eng vernetzen werden. Mit seinem Buch *On Human Nature* schloss er an seine Studie *Sociobiology* mit weiteren Aspekten menschlicher Erfahrungen an, die seiner Meinung nach als Adaptionen erklärt werden können. So behandelte er beispielsweise Hypergamie, die Tendenz von Frauen, Männer mit einem vergleichbaren oder besseren finanziellen und gesellschaftlichen Hintergrund zu heiraten; er befasste sich mit der Frage, wieso alle großen Kulturen der Welt ähnliche Merkmale in häufig derselben Reihenfolge erwarben, obwohl sie nicht in Verbindung miteinander standen. Er schilderte, dass chronischer Fleischmangel zu Zeiten, in denen der Mensch aus den reichen Jagdgründen abwanderte, die großen Religionen determiniert haben könnte, indem Eliten religiöse Gesetze erfanden, die den Verzehr von Fleisch einer bestimmten Kaste vorbehielten. Oder er zitierte das Beispiel der Insassen des Frauengefängnisses von Alderson in West Virginia: Dort wurde ein Verhalten beobachtet, das es bislang noch nie unter männlichen Häftlingen gegeben hatte, nämlich den Zusammenschluss zu familienartigen Gruppen, zentriert um ein sexuell aktives Paar, das sich als Mann und Frau definierte und andere Frauen um sich scharte, die als Brüder und Schwestern bezeichnet wurden, während ältere Mitgefangene die Rollen von Tanten und Onkeln übernahmen.[44] Mit all seinen Arbeiten versuchte Wilson deutlich zu machen, dass jede menschliche Kultur und sogar jedes ethische Verhalten des Menschen biologisch respektive genetisch erklärt werden kann. Und das tat er in einem ausgesprochen heiteren, aber völlig kompromisslosen Ton.

Der zweite Schwerpunkt seiner Arbeit, insbesondere vertreten in seinem Buch *Biophilia: The Human Bond with Other Species* (1984), war der Versuch, nachzuweisen, dass die Beziehungen zwischen Mensch und Natur unser Leben auf einzigartige Weise erklären und bereichern können.[45] Abgesehen von seinen Darlegungen, dass die Biophilie, die Lust an der Vielfalt des Lebens, unseren Sinn für Ästhetik erklärt (beispielsweise weshalb wir Landschaftsgemälde den Bildern von Stadtlandschaften vorziehen) oder dass wissenschaftliche Erkenntnisse über Flora und Fauna unser Vergnügen an Naturgedichten steigern oder erklären können, weshalb alle Menschen Schlangen fürchten (weil sie gefährlich sind, da brauchte man wirklich keinen Freud zu bemühen), nimmt er den Leser auf eine wissenschaftliche Entdeckungsreise mit und zeigt ihm, wie intellektuell stimulierend sie sein kann und wie wir damit unserem Leben einen Sinn abgewinnen können (allerdings, wie er selbst zugibt, einen begrenzten). Er erklärt uns den Zusammenhang zwischen der Größe einer Insel und der für sie erträglichen Anzahl von Spezies und wieso Erkenntnisse wie diese unsere Einstellung zum Umweltschutz prägen. *Biophilia* brachte offensichtlich bei vielen eine Saite zum Klingen, denn diese Studie zog etliche Forschungen nach sich, deren Ergebnisse zehn Jahre später, im August 1992, bei einer extra einberufenen Konferenz am *Woods Hole Oceanographic Institute* in Massachusetts diskutiert wurden. Durch systematische Forschung war man beispielsweise zu dem Schluss gekommen, dass der Mensch, sofern er eine Wahl hat, immer *unspektakuläre* Landschaften als Wohnsitz bevorzugt; oder dass sich Gefängnisinsassen, deren Zellen den Blick auf Landschaft ermöglichen, weniger oft krankmelden als solche, die nur den Gefängnishof sehen. Es wurden Lebewesen aufgelistet, die psychosomatische Krankheiten verursachen können (z. B. Fliegen und Aasgeier), weil sie in irgendeinem Zusammenhang mit Ernährungs- oder anderen Tabus stehen. Und auch James Lovelocks Gaia-Hypothese aus dem Jahr 1979 wurde diskutiert.* Sie besagte, dass die Biota der Erde ein ineinander greifendes System bilden, das eher physiologischen als physikalischen Gesetzen gehorcht (insofern als die Gase in der Atmosphäre und die Salze oder Alkalien in den Meeren so reguliert sind, dass ein Maximum an lebenden Organismen am Leben erhalten werden kann, als handle es sich dabei um einen einzigen gigantischen Organismus). Wilsons *Biophilia* war zwar eine Erweiterung seiner *Sociobiology*-Studie, aber da es eine weniger ikonoklastische Variation desselben Themas war, konnten sich seine hier vertretenen Argumente auch nicht gleichermaßen durchsetzen.[46]

Die Leidenschaft, mit der Richard Dawkins seine neodarwinistische Weltanschauung vertritt, ist nur noch mit der Intensität von Wilson zu vergleichen. 1987 gewann Dawkins den *Royal Society of Literatur Award* für sein 1986 veröffentlichtes Buch *The Blind Watchmaker* (*Der blinde Uhrmacher*, 1987), 1995 übernahm er den Charles-Simonyi-Lehrstuhl für »Public Understanding of Science« in Oxford. Zu seinen Veröffentlichungen zählen *The Extended Phenotype* (1982), *River out of Eden* (1995; *Und es entsprang ein Fluss in Eden: Das Uhrwerk der Evolution*, 1996) und *Climbing Mount Improbable* (1996; *Gipfel des Unwahrscheinlichen: Wunder der Evolution*, 1999). 1989 erschien außerdem sein Buch *The Selfish Gene* (*Das egoistische Gen*) in einer Neuauflage. Aus dem *blinden Uhrmacher* spricht eine gewisse Unduldsamkeit, so wie vielen Schriften von Dawkins der Wunsch anzumerken ist, es möge endlich ein Ende haben mit all den verqueren Theorien der Evolution.[47] Evolutionsgegner

* Anm. d. Ü.: Die Gaia-Hypothese des amerikanischen Biosphärenforschers James Lovelock wurde in den USA ebenso kritisch wie begeistert aufgenommen. Seine »Wissenschaft von der Erde« im Namen der archaischsten Göttin des Abendlandes orientierte sich an der mythologischen Auffassung der Erde als Lebewesen. Inzwischen bezeichnen die »Erd-Wissenschaftler« das Gleichgewicht von organischer und anorganischer Natur als *wisdom of the body*.

stellen üblicherweise die Frage, warum es, wenn die Evolution unumstritten sei, keine Zwischenformen des Lebens gebe; wie hätten sich Organismen mit so komplexen Ausprägungen wie Augen oder Flügel ohne die Existenz von organischen Zwischenformen entwickeln können? Nein, so etwas könne nur ein göttlicher Plan hervorgebracht haben. Also verwendete Dawkins eine Menge Energie darauf, solche Einwände zu entkräften. Zum Beispiel Flügel: »Unter den heute lebenden Tieren gibt es genügend, die jedes Stadium in diesem Kontinuum auf schöne Weise illustrieren. Es gibt Frösche, die mit großen Flughäuten zwischen den Zehen dahingleiten. Baumschlangen mit abgeflachten Körpern, die die Luft auffangen, Eidechsen mit Hautlappen längs des Körpers und mehrere verschiedene Arten von Säugetieren, die mit zwischen den Gliedern aufgespannten Membranen dahingleiten und uns zeigen, auf welche Weise die Fledermäuse einst begonnen haben müssen. Im Gegensatz zu dem, was wir in der kreationistischen Literatur lesen, sind nicht nur Tiere mit ›einem halben Flügel‹ üblich, sondern auch solche mit einem Viertelflügel, Dreiviertelflügel usw.«[48] Außerdem will Dawkins deutlich machen, dass Darwins »natürliche Zuchtwahl« tatsächlich stattfindet. Als Beleg führt er einige besonders aussagekräftige Beispiele an, am bezeichnendsten darunter das der Zikade, deren Lebenszyklen grundsätzlich eine Primzahl ergibt (dreizehn oder siebzehn Jahre). »Der Gedanke ist der, dass eine Tierrasse, die regelmäßig in Plagen auftritt, einen Gewinn davon hat, dass sie ihre Feinde, Räuber und Parasiten, abwechselnd ›überschwemmt‹ oder aushungert. Wenn diese Plagen sorgfältig zeitlich geplant sind, um im Abstand einer Primzahl von Jahren aufzutreten, so wird es für die Feinde viel schwerer, ihre eigenen Lebenszyklen zu synchronisieren.«[49] Dawkins' wesentlichster Beitrag aber war seine Neuinterpretation des Begriffes »Mem« (Plural »Meme«), ein Neologismus zur Beschreibung des kulturellen Äquivalents von Genen. Als Ergebnis der kognitiven Evolution des Menschen waren neue Replikatoren entstanden, »Informationsmuster, die nur in Gehirnen oder in künstlich hergestellten Gehirnprodukten – in Büchern, Computern usw. – gedeihen können. Vorausgesetzt, dass es Gehirne, Bücher und Computer gibt, können diese neuen Replikatoren, die ich Mem nannte, um sie von Genen zu unterscheiden, sich selbst von Gehirn zu Gehirn, von Gehirn zu Buch, von Buch zu Gehirn, von Gehirn zu Computer, von Computer zu Computer fortpflanzen.« Die Erfolgreicheren leben fort, indem sie sich zum Nutzen späterer Generationen »reproduzieren«.[50]

Auch Daniel Dennett, Philosoph an der Tufts University von Medford in der Nähe von Boston, ist ein kompromissloser Neodarwinist. In seinem Buch *Darwins gefährliches Erbe: Die Evolution und der Sinn des Lebens* (1995) schreibt er klipp und klar: »Wenn ich einen Preis für die beste Einzelidee aller Zeiten vergeben sollte, würde ich ihn Darwin verleihen, noch vor Newton und Einstein und allen anderen. Die Idee von der Evolution durch natürliche Selektion vereinigt mit einem Schlag das Gebiet von Leben, Sinn und Zweck mit den Bereichen von Raum und Zeit, Ursache und Wirkung, Mechanismus und physikalischem Gesetz.«[51] Wie Wilson und Dawkins geht es auch ihm darum, die Gegner der Evolutionstheorie endlich mundtot zu machen: »Darwins gefährliche Idee ist der Fleisch gewordene Reduktionismus.«[52] Sein ganzes Buch ist der Versuch, zu erklären, weshalb Leben, Intelligenz, Sprache, Kunst und letztendlich das Bewusstsein im Prinzip nichts anderes als Konstrukte seien. Noch könnten wir all die kleinen Schritte nicht erklären, die im Laufe der natürlichen Auslese stattfinden, doch zweifelt Dennett keinen Moment, dass wir eines Tages dazu in der Lage sein werden. Das Herzstück seines Buches (und Herz ist hier das richtige Wort angesichts der Leidenschaft, mit der er seine Sache vertritt) ist die Überprüfung der Ideen, die Stuart Kauffman 1993 in seiner Studie *The Origins of Order: Self-Organisation and Selection in Evolution* vertrat.[53] Kauffman wandte sich insofern gegen Darwins natürliche Zuchtwahl, als er behauptete, dass die Ähnlichkeit der Organismen nicht notwendigerweise von Abstammung zeuge, sondern genauso dadurch hervorgerufen sein könne, dass es nur wenige konstruktive Lösungen für jedes Problem gibt. Für die Gestalt eines Organismus könne ebenso gut eine Selbstorganisation verantwortlich sein.[54] Dennett konzediert, dass diese Idee von Kauffman nicht ganz von der Hand zu weisen ist und jedenfalls sehr viel nahe liegender scheint als all die anderen Hypothesen gegen die natürliche Auslese. Er findet im Gegensatz dazu aber, dass solche konstruktiven Einschränkungen die Möglichkeiten der Evolution letztlich erweitern und nicht begrenzen. Als analoges Beispiel führt er die Dichtung an: Wird im »einschränkenden« Versmaß geschrieben, findet der Dichter sehr viel mehr Juxtapositionen als beim Verfassen einer Einkaufsliste. Mit anderen Worten, Ordnung kann zwar zu Beginn einschränkend wirken, doch am Ende wird sie befreien. Dennetts Ziel ist – neben der Darstellung von Leben als ein physikalisches Konstruktionsphänomen, das durch natürliche Auslese Gestalt erhält –, sich dem zurzeit noch größten ungelösten Rätsel der biologischen Wissenschaften zu nähern – nämlich dem Bewusstsein. Aber darauf kommen wir später.

John Maynard Smith, Professor emeritus für Biologie an der University of Sussex, ist der Doyen der Neodarwinisten (sein erstes Buch zum Thema veröffentlichte er bereits 1956) und um einiges weniger populistisch als seine Kollegen, dafür einer der originellsten Denker und kompromisslosesten Theoretiker. Gemeinsam mit Eörs Szathmáry veröffentlichte er 1995 das Buch *The Major Transitions in Evolution,* aus dessen Kapitelüberschriften bereits hervorgeht, worum es ihnen ging:

Chemical evolution (Chemische Evolution)
The evolution of templates (Die Evolution von Templates*)
The origin of translation and the genetic code
(Der Ursprung von Translation** und der genetische Code)
The origin of protocells (Der Ursprung der Protozellen***)
The origin of eukaryotes (Der Ursprung der Eukaryoten****)
The origin of sex and the nature of species Symbiosis
(Der Ursprung von geschlechtlicher Fortpflanzung und
das Wesen der Symbiose von Spezies)
The development of spatial patterns
(Die Entwicklung von räumlichen Mustern)
The origin of societies (Der Ursprung von Gesellschaften)
The origin of language (Der Ursprung von Sprache)[55]

Ein Jahr bevor Smith und Szathmáry ihr Buch herausbrachten, veröffentlichte Steven Pinker, Professor für Kognitionswissenschaft und Leiter des *Center for Cognitive Neuroscience* am MIT, sein Buch *The Language Instinct* (1994; *Der Sprachinstinkt*, 1996).[56] Beide Veröffentlichungen sorgten dafür, dass die »Skinner-versus-Chomsky«-Debatte endlich ein Ende fand, denn beide waren zu der Schlussfolgerung gelangt, dass die Fähigkeit des Spracherwerbs zum Großteil ererbt ist. Den wesentlichsten Anteil an diesem Ergebnis hatten die Erkenntnisse über die Auswirkungen von Hirnverletzungen auf das Sprachvermögen, über die kindliche Sprachentwicklung und deren Zusammenhänge mit Wachstumsveränderungen im Nervensystem, die Erkenntnisse über die Abstammung jüngerer Sprachen von älteren; über die Ähnlichkeiten bei den Schädelstrukturen von Primaten, ganz zu schweigen von den Ähnlichkeiten zwischen den Regionen im Schimpansengehirn, die für die Wahrnehmung von Warn- und anderen Lauten zuständig zu sein scheinen, und entsprechenden Regionen im menschlichen Gehirn. Pinker bietet Fallbeispiele von Sprachschwierigkeiten, unter denen ganze Familien litten (insbesondere die Leseschwäche Dyslexie), und schildert, wie es anhand des bildgebenden Verfahrens PET (Positronenemissionstomografie) möglich ist, bei Versuchspersonen, die ein Radiopharmazeutikum eingenommen haben, festzustellen, welche Regionen des Gehirns aktiviert sind, wenn diese Personen bestimmte geistige Aufgaben erfüllen.[57] Es scheint wohl heute außer Zweifel zu stehen, dass Sprache ein Instinkt oder zumindest in gewissem Maße genetisch determiniert *ist*. Tatsächlich liegen dafür so

* Anm. d. Ü.: Nucleotidsequenz, die die Synthese einer nach den Gesetzen von Watson-Crick komplementären Sequenz steuert.
** Die Umsetzung der m-RNA-Nucleotidsequenz in die codierte Aminosäuresequenz.
*** Die Vorstufe der Organisationsform Zelle.
**** Organismen mit echtem Zellkern.

viele Beweise vor, dass man sich fragt, warum man jemals daran gezweifelt hat.

*

Neben – und manchmal auch gegen – Wilson, Dawkins, Dennett & Co. agiert eine zweite Gruppe von Biologen, die zwar in vielen Fällen deren Meinungen teilt, ihnen aber bei einigen grundlegenden Fragen völlig widerspricht. Zu dieser Gruppe zählen Stephen Jay Gould und Richard Lewontin aus Harvard sowie Niles Eldredge vom American Museum of Natural History in New York und Steven Rose von der Open University in England.

Der erste Rang in dieser Gruppe gebührt Gould, einem überaus produktiven Autor, der seinen Büchern mit Vorliebe lustige, manchmal geradezu versponnene Titel gibt: *Ever since Darwin* (1977), *The Panda's Thumb* (1980; *Der Daumen des Panda*), *The Mismeasure of Man* (1981; *Der falsch vermessene Mensch*), *Hen's Teeth and Horse's Shoes* (1983), *The Flamingo Smile* (1985; *Das Lächeln des Flamingos*), *Wonderful Life* (1989; *Zufall Mensch. Das Wunder des Lebens als Spiel der Natur*), *Bully for Brontosaurus* (1991; *Bravo, Brontosaurus. Die verschlungenen Wege der Naturgeschichte*), *Eight little Piggies* (1993) und *Leonardo's Mountain of Clams and the Diet of Worms* (1999). Es gibt vier Bereiche, in denen sich Gould und seine Kollegen von Dawkins, Dennett und den anderen unterscheiden. Der erste kommt in dem Begriff *Punctuated Equilibrium* zum Ausdruck, was so viel wie »unterbrochenes Gleichgewicht« heißt und eine Idee ist, die auf einen Beitrag von Eldredge und Gould über die Paläontologie beziehungsweise Paläobiologie zurückgreift, die sie im Jahr 1972 unter dem Titel »Punctuated Equilibrium: An Alternative to Phyletic Gradualism« veröffentlicht haben.[58] Die Grundidee stammt aus der Fossilienforschung und besagt, dass die Evolution nicht durch kleine Veränderungen über lange Zeiträume hinweg abläuft, wie es die traditionelle Darwinsche Lehre von der graduellen Evolution besagt, sondern sprunghaft unter isolierten Populationen – das heißt auf lange Perioden der Stase, in denen nichts geschieht, folgen Perioden eines rapiden, plötzlichen Wandels. Genau dies erklärt nach Meinung der Autoren, weshalb keine Zwischenformen entstanden, und beantwortet darüber hinaus auch die Frage der Speziation, dass sich neue Arten immer dann sprunghaft ausbilden, wenn sich der Lebensraum dramatisch verändert. Eine Zeit lang gewann diese Theorie auch als Metapher für eine plötzliche soziale Revolution ihre Anhänger (Goulds Vater war ein bekannter Marxist). Doch nach beinahe dreißig Jahren hat das »unterbrochene Gleichgewicht« eine Menge an Überzeugungskraft verloren. »Plötzlich« oder »sprunghaft« bedeutet in der Geologie nicht das Gleiche wie für uns Menschen – hier sind damit Hunderttausende, wenn nicht sogar Millionen von Jahren gemeint.

Aber man kann wohl in der Tat davon ausgehen, dass sich die Evolutionsrate von Zeit zu Zeit verändert.

Der zweite Bereich, in dem Uneinigkeit herrscht, ergab sich 1979 durch einen Artikel von Gould und Lewontin in den *Proceedings of the Royal Society*. Er trug den Titel »The Spandrels of San Marco and the Panglossian Paradigm: A Critique of the Adaptionist Programme«.[59] Der Kernpunkt dieses Aufsatzes, der dann zugleich diesen seltsamen Verweis auf eine architektonische Eigenart aufklärte, war, dass eine Spandrille – der spitz zulaufende »Zwickel« am Kreuzpunkt zweier Bögen – kein Merkmal des Entwurfs sei. Gould und Lewontin hatten solche Spandrillen an der Markuskirche in Venedig entdeckt und waren zu dem Schluss gekommen, dass es sich dabei um das unvermeidliche Nebenprodukt des entstandenen Bogens und nicht um ein Produkt des eigentlichen Entwurfs handelt. Obwohl sie sich so harmonisch einpassen, sind diese Spandrillen keine echten »Adaptionen« an das Gebäude, sondern schlicht und einfach das, was automatisch entsteht, wenn der Grundentwurf realisiert wird. Gould und Lewontin erkannten deutliche Parallelen zur Biologie: Nicht alle Entwürfe der Natur sind direkte Adaptionen. Für die Autoren kam darin ein »panglossisches«, geradezu exzessiv optimistisches Paradigma zum Ausdruck. Nun gab es also auch in der Biologie Spandrillen, ergo reine Nebenprodukte. Und wie schon mit ihrer These vom »unterbrochenen Gleichgewicht« glaubten Gould und Lewontin nun auch mit ihrer Spandrillen-Hypothese den Darwinismus radikal revidieren zu können. Sie behaupteten sogar, dass Sprache insofern eine biologische Spandrille sei, als darin ein emergentes Phänomen zum Ausdruck komme, das durch reinen Zufall während unterschiedlichster Anpassungsleistungen des Gehirns entstanden sei. Das war einfach zu viel und vor allem thematisch viel zu wichtig, um von Dawkins, Dennett und den anderen einfach übergangen zu werden. Prompt führten sie Beweise an, dass nicht einmal in der Architektur Spandrillen unvermeidlich sind, weil es auch noch andere Möglichkeiten gebe, mit dem Ergebnis zweier sich im rechten Winkel treffenden Bögen umzugehen. Und auch die Überlegung, Sprache als Spandrille, als das Nebenprodukt von ganz anderen Adaptionen zu behandeln, hat den Test der Zeit ebenso wenig bestanden wie das »unterbrochene Gleichgewicht«.

Der dritte Meinungsunterschied zwischen Gould und seinen Kollegen wurde 1989 nach der Veröffentlichung seines Buches *Wonderful Life* (*Zufall Mensch*) deutlich.[60] Gould rollte hier die Geschichte von »Burgess Shale« völlig neu auf, eine Fossilienfundstätte im kanadischen British Columbia, die unter Geologen und Paläontologen seit der Jahrhundertwende bekannt war. Die dort entdeckte versteinerte Fauna lässt den Rückschluss zu, dass während des Kambriums geradezu eine Explosion an Leben stattgefunden haben muss, aus der dann eine Vielzahl von unterschiedlichsten anatomischen Strukturen und Bauformen hervorgingen, die weit über das heute noch Existierende hinausgingen. Die meisten dieser Formen fielen dann dem Massensterben zum Opfer, aber unter den Überlebenden befand sich auch der Vorfahr der Wirbeltiere und damit der des Menschen. Gould behauptete nun, dass es keineswegs sicher sei, dass die evolutionär Durchsetzungsfähigen, würde man die Evolution zurückspulen und von vorne beginnen lassen, wieder dieselben wären – die Erde könnte heute von ganz anderen Überlebenden bevölkert sein. Diese Behauptung war natürlich reinste Häresie, und wieder einmal steht es angesichts der heute vorherrschenden wissenschaftlichen Meinung schlecht für Gould. Wie bereits erwähnt, gibt es nach Dennett und Kauffman immer nur eine begrenzte Zahl von konstruktiven Lösungen für jedes Problem; daher ist man heute auch allgemein der Ansicht, dass etwas sehr Ähnliches wie der Mensch herauskommen würde, wenn man die Evolution noch einmal von vorne beginnen lassen könnte. Auch Goulds Revision der Geschichte von Burgess Shale wurde heftigst kritisiert. Simon Conway Morris, der einer Paläontologengruppe aus Cambridge angehört und Jahrzehnte mit dem Studium dieser Fossilienfundstätte verbracht hat, schrieb in seinem 1998 veröffentlichten Buch *The Crucible of Creation*, dass sich die ungeheuren Mengen Trilobiten, die dort gefunden wurden, absolut mit der herrschenden Evolutionstheorie deckten und Vergleiche mit lebenden Tierfamilien zuließen, wenngleich auch Fehler bei der einen oder anderen Zuordnung gemacht worden sein könnten.[61]

Man möchte annehmen, dass die ständigen Abfuhren, die Gould auf seine Versuche erhielt, den klassischen Darwinismus neu zu formulieren, seine Begeisterung gedämpft hätten. Aber keine Rede davon. Außerdem verlief die Geschichte der vierten Auseinandersetzung, bei der er, Lewontin und Kollegen eine andere Meinung vertraten, in der Tat etwas anders. Zwischen 1981 und 1991 veröffentlichten Gould und Lewontin drei Bücher, die sich gegen die Art und Weise richteten, wie »die Doktrin der DNA« – so Lewontin – dazu benutzt werde, um »die Ungleichheiten innerhalb und zwischen Gesellschaften zu rechtfertigen und zu behaupten, dass sie unveränderlich seien«. In *Der falsch vermessene Mensch* (im Original 1981 veröffentlicht) behandelte Gould die Geschichte der IQ-Kontroverse und die Zusammenhänge mit den gerade jeweils herrschenden Einstellungen zu »Rasse« und »Klasse«.[62] 1984 folgte das Buch von Lewontin, Steven Rose und Leon J. Kamin, *Not in Our Genes: Biology, Ideology and Human Nature (Die Gene sind es nicht. Biologie, Ideologie und menschliche Natur)*, in dem sie darstellten, dass ein Großteil des biologischen Denkens noch in der bourgeoisen Mentalität des neunzehnten Jahrhunderts wurzelte. Der Versuch, so etwas wie den IQ zu vermessen, beruhe auf unhaltbaren Annahmen, und wer Geisteskrankheiten als ausschließlich biochemische Krankheiten darstelle, wolle unbequemen politischen Wahrheiten aus dem Weg gehen.[63]

Solchen Gedankengängen folgte Lewontin auch in seinem 1991 publizierten Buch *The Doctrine of DNA*, in dem er behauptete, dass die DNA perfekt in die vorherrschende Ideologie passe, dass der Zusammenhang zwischen Ursache und Wirkung einfach, nämlich im Prinzip eins zu eins sei. Außerdem biete die gegenwärtige DNA-Forschung keinerlei Aussichten auf die Heilung der großen Geißeln der Menschheit wie Krebs, Herzleiden, Schlaganfall. Diese Forschung diene mehr dazu, Wissenschaftlern Preise einzubringen, als die Wissenschaft selbst voranzutreiben oder dem Patienten zu helfen. Noch subversiver ist Lewontin, wenn er schreibt: »Seit den ersten Entdeckungen der Molekularbiologie war klar, welche gewaltigen Möglichkeiten der persönlichen Profitmaximierung die Genmanipulation, die Erschaffung von genetisch veränderten Organismen, bieten würde … Ich kenne keinen prominenten Molekularbiologen, der finanziell nicht auf das Biotechnologiegeschäft gesetzt hätte.«[64] Die menschliche Natur, wie sie von Evolutionsbiologen wie E. O. Wilson dargestellt wird, hält er für eine »erfundene Geschichte«, die nur dazu diene, bereits aufgestellte Theorien der Theoretiker haltbar zu machen.

*

Angesichts der Vorstellungen, die insbesondere Gould und Lewontin vertraten, war es wenig überraschend, dass sich beide ebenso vehement an einer weiteren (aber längst vertrauten) biologischen Kontroverse beteiligten, die 1994 zum Ausbruch kam. Es ging um Richard J. Herrnsteins und Charles Murrays Buch *The Bell Curve: Intelligence and Class Structure in American Life*.[65]

Nach zehn Jahren Vorarbeiten propagierten die Autoren der *Bell Curve** ein zweifaches Argument. An manchen Stellen scheint es direkt aus Michael Youngs Satire *Rise of the Meritocracy* zu stammen, auch wenn Herrnstein und Murray alles andere als Satiriker sind und das Ganze todernst meinten. So behaupteten sie, dass sich im zwanzigsten Jahrhundert eine »kognitive Elite« in der Gesellschaft herauszubilden begonnen habe, nachdem sich erstens immer mehr Colleges für jedermann geöffnet hätten, zweitens verbesserte IQ-Tests sich als weit bessere Voraussagen der künftigen beruflichen Leistungen einer Person erwiesen hätten als andere Indikatoren (wie zum Beispiel ein College-Abschluss, Einstellungsgespräche oder die persönliche Biografie) und drittens das soziale Umfeld für den größten Teil der Bevölkerung uniformer geworden sei. Dieses Aussiebeverfahren habe drei Phänomene zur Folge gehabt, die jeweils dazu beitrügen, dass sich dieser Prozess in Zukunft noch mehr beschleunigen werde: Erstens werde diese kognitive Elite in einer Zeit, in der alle anderen da-

* Anm. d. Ü.: »Glockenkurve«, die Grafik zur Darstellung der bei IQ-Tests ermittelten Ergebnisse.

rum kämpften, wenigstens einigermaßen mithalten zu können, immer reicher; zweitens setzte sich diese Elite physisch immer stärker von allen anderen Mitgliedern der Gesellschaft ab, besonders im Bereich von Arbeit und Wohnen; und drittens werde es zunehmend wahrscheinlicher, dass diese Elite nur noch untereinander heiratet.[66] Dann unterzogen Herrnstein und Murray die Resultate der *National Longitudinal Study of Youth* (NLSY) einer Revision, einer Datensammlung über ungefähr vier Millionen Amerikaner aus der in den sechziger Jahren geborenen Generation. Das veranlasste sie zu folgender Aussage: Niedrige Intelligenz sei eine grundlegendere Vorbedingung für Armut als die Herkunft aus unteren sozioökonomischen Schichten; Jugendliche, die frühzeitig die Schule verlassen, gehörten fast ausschließlich zu den untersten 25 Prozent der IQ-Verteilung; Menschen mit niedrigem IQ ließen sich mit größerer Wahrscheinlichkeit früh scheiden oder bekämen uneheliche Kinder. Eltern mit niedrigem IQ lebten mit höherer Wahrscheinlichkeit von Sozialfürsorge und brächten häufiger Kinder mit geringem Geburtsgewicht zur Welt. Männer mit niedrigem IQ endeten häufiger im Gefängnis. Dann die Rassenfrage: Herrnstein und Murray legten großen Wert auf ihre einführende Bemerkung, dass eine Person mit hohem IQ nicht automatisch bewundernswert oder liebenswert sei, und sie konzedierten auch, dass sich immer weniger rassisch begründete Unterschiede beim IQ feststellen ließen. Doch nach diesen und weiteren einschränkenden Vorbemerkungen über Ausbildung und Armut ließen sie sich dann trotzdem zu Aussagen wie dieser hinreißen: Personen asiatischer Herkunft in den USA seien »Weißen« überlegen, welche ihrerseits besser bei IQ-Tests abschnitten als Schwarze; erst jüngst in die USA eingewanderte Personen hätten niedrigere IQ-Werte als bereits in den USA geborene Bürger.[67] Diese angebliche Grundsituation veranlasste sie zu sorgenvoller Äußerung über den sinkenden IQ-Level in den USA. Das sei teilweise auf einen Trend zu einer konsequenten Abwertung des Erbmaterials (*dysgenic trend*) zurückzuführen: Menschen mit niedrigerem IQ bekämen mehr Kinder. Aber auch andere Gründe machten sie dingfest: Das amerikanische Schulsystem sei in der Praxis so »verdummt« worden (*dumbed down*), um dem Niveau von durchschnittlichen und unterdurchschnittlichen Schülern zu entsprechen, dass im Gegensatz zur allgemeinen Meinung die Leistungen von durchschnittlichen Schülern nicht gesteigert werden konnten. Im Gegenteil, gerade die klügeren Schüler seien am stärksten von diesem System betroffen, was auch daran zu erkennen sei, dass ihre durchschnittlichen SAT-Punkte (*Scholastic Aptitude Test*, ein Zulassungstest für das College) zwischen 1972 und 1993 um 41 Prozent sanken. Auch die Eltern blieben nicht ungeschoren, weil sie ihre Kinder angeblich nicht mehr zum Lernen ermunterten; und auch das Fernsehen oder das Telefon bekamen ihr Fett ab, Ersteres, weil es die Zeitung als Informationsquelle, und letzteres, weil es den Brief als Mittel des Selbstausdrucks ersetzt habe.[68] Und schließlich kritisierten sie die Bevorzugung von Benachteiligten im Rahmen der *affirmative-action*, weil diesem Personenkreis damit nicht nur *nicht* geholfen sei, sondern sogar geschadet werde. Aber es war der Aufstieg der kognitiven Elite, diese »unsichtbare Migration« und »Sezession der Erfolgreichen«, sowie ihre Annahme, dass sich die Interessen der Reichen mit denen der kognitiven Elite deckten, die Herrnstein und Murray am meisten Anlass zu Pessimismus gaben. Denn diese Elite, schrieben sie, werde die sich abzeichnende neue »Unterschicht« fürchten und mit »Freundlichkeit« zu kontrollieren versuchen (was im Prinzip auch Murrays Erzrivale J. K. Galbraith in seiner *Culture of Contentment* geschrieben hatte). Sie werde der Unterschicht soziale Unterstützung nur gewähren, solange sie ihr aus den Augen und damit aus dem Sinn bleibe, weshalb soziale Maßnahmen ziemlich sicher versagen müssten: »Der Rassismus wird in einer neuen und virulenteren Form wieder auftauchen.«[69]

Herrnstein und Murray sind Erzkonservative. Am liebsten wäre ihnen die Rückkehr zum altmodischen Familienmodell, zu kleinen Kommunen und den vertrauten Erziehungsmethoden, die den Schülern Geschichte, Literatur, Kunst, Ethik und Naturwissenschaften so vermittelten, dass sie jedes Argument anhand von strengen Standards gewichten, analysieren und evaluieren könnten.[70] Für sie sind IQ-Tests nicht nur aussagekräftige, sondern geradezu perfekte Mittel zur Gestaltung der Gesellschaft. Im Verbund mit einer demokratischen Politik und den homogenisierenden Erfolgen des modernen Kapitalismus förderten sie die rapide Schichtung einer anhand des Intelligenzquotienten strukturierten und geteilten Gesellschaft – genau das, was R. A. Fisher die »durchgebrannte Evolution« (*runaway evolution*) genannt hatte. Wir sind hier in der Tat Zeugen des Aufstiegs einer *Meritocracy*.

The Bell Curve löste auf beiden Seiten des Atlantiks heftige Kontroversen aus, was nicht überraschend war. Während des ganzen zwanzigsten Jahrhunderts hätten Weiße, die auf der »richtigen« Seite des von ihnen beschriebenen Grabens standen, angenommen, dass ganze Segmente der Bevölkerung schlicht und einfach dumm seien. Welche Reaktionen erwarteten sie darauf? Viele reagierten empört; und mindestens sechs Bücher zwischen 1995 und 1996 befassten sich im Detail mit den Behauptungen von Herrnstein und Murray (und widerlegten sie in vielen Fällen). Stephen Jay Goulds *Mismeasure of Man* wurde 1996 mit einem zusätzlichen Kapitel als Reaktion auf *The Bell Curve* neu verlegt. Sein Hauptargument war, dass diese Debatte einer fachlichen Expertise bedürfe. Viel zu viele Kritiker hätten sich zu Wort gemeldet (das Buch hatte allein im englischsprachigen Raum zu etwa zweihundert Besprechungen oder ausführlicheren Artikeln Anlass gegeben), die sich sogar selbst als nicht kompetent genug für eine Beurteilung der Statistiken von Herrnstein und Murray bezeichneten. Gould jedenfalls fühlte sich kompetent genug, um deren Argumente in der Luft zu zerreißen und vor allem ihre Gepflogenheit zu kritisieren, das *Vorliegen* eines statistischen Zusammenhangs, aber nicht den *Grad* der Abhängigkeit zwischen den Variablen anzuführen. Ihre Untersuchungen, so Gould, ergäben immer Zusammenhänge, die weniger als 20 Prozent der Varianz erklärten, »normalerweise weniger als 10 Prozent und oft sogar weniger als 5 Prozent. Im Klartext bedeutet das, dass sich nicht voraussagen lässt, was eine bestimmte Person aus seinen IQ-Punkten machen wird.« Zu genau dieser Schlussfolgerung war Christopher Jencks bereits dreißig Jahre zuvor gelangt.[71]

*

Zur selben Zeit, als der Tumult um *The Bell Curve* ausgebrochen war, war die Infrastruktur für ein biologisches Projekt bereit, das alle Voraussetzungen hatte, zu sogar noch größeren Kontroversen zu führen. Es ging um die Kartierung des menschlichen Genoms, damit sämtliche Nukleotiden des menschlichen Erbguts exakt verzeichnet wurden und zumindest die Möglichkeit eröffnet werden konnte, in unsere genetische Ausstattung einzugreifen.

Das Interesse an diesem Plan war im Laufe der achtziger Jahre ständig gewachsen. Tatsächlich aber spukte das Human-Genom-Projekt, wie es genannt werden sollte, schon in den Köpfen herum, seit der Bostoner Mediziner Victor McKusick 1966 umfassende Aufzeichnungen über »das Mendelsche Erbgut des Menschen« mit einer Liste aller bekannten genetischen Krankheiten veröffentlicht hatte.[72] Im Laufe der weiteren Forschung begannen es dann allmählich immer mehr Forscher für sinnvoll zu halten, das gesamte Genom zu kartieren. Am 7. März 1986 überraschte der Nobelpreisträger Renato Dulbecco, Präsident des Salk Institute, seine Kollegen in einem Artikel in *Science* mit der Versicherung, dass der Kampf um den Krebs schneller beendet wäre, wenn die Genetiker das menschliche Genom sequenzieren würden.[73] Daraufhin begannen sich auch amerikanische Behörden wie das Energieministerium oder die National Institutes of Health (NIH) dafür zu interessieren, ebenso wie Forscher in Italien, Großbritannien, Russland, Japan und Frankreich (etwa in dieser Reihenfolge – Deutschland lag auf Grund der Rolle der Biologie im Nationalsozialismus auf diesem Gebiet noch immer zurück). Im Juli 1986 veranstaltete das Howard Hughes Medical Institute in Washington eine große Konferenz, um die interessierten Parteien zusammenzubringen. Das hatte zwei Folgen: Im Februar 1988 veröffentlichte der U.S. National Research Council einen Bericht mit dem Titel *Mapping and Sequencing the Human Genome*, der ein konzertiertes Forschungsprojekt mit einem Budget von 200 Millionen Dollar jährlich vorschlug.[74] James Watson wurde noch im selben Jahr zum Associate Director der NIH mit spezieller Verantwortung für die Erforschung des menschlichen Genom bestellt. Und im April 1988 wurde HUGO (Human Genome Organisation, ein Konsortium aus internationalen Wissenschaftlern) gegründet, um die Lasten der Forschungsarbeit zu verteilen und sicher zu stellen, dass möglichst wenig unnötige Doppelarbeit gemacht würde. Ihr Ziel war, die Genom-Kartierung so früh wie möglich im einundzwanzigsten Jahrhundert abzuschließen. Aber das Human-Genom-Projekt lief nicht besonders gut. Im April 1992 trat James Watson aus Protest von seinem Direktorposten zurück, weil Wissenschaftler der NIH begonnen hatten, sich ihre Sequenzen patentieren zu lassen. Wie viele andere fand auch Watson, dass das menschliche Genom der Menschheit als solcher gehört.[75]

1988 bis 1989 hatte das Genom-Projekt einen gewaltigen Schub bekommen. Der Kommunismus in der UdSSR brach zusammen, die Berliner Mauer fiel, und eine neue weltpolitische Ära brach an. Auch auf intellektuellem Gebiet, denn auch HUGO war nicht die einzige Innovation des Jahres 1988. In diesem Jahr wurde auch das Internet geboren.

*

Während James Watson also eine führende Rolle beim Genom-Projekt einnahm, übernahm Francis Crick, sein einstiger Mitstreiter bei der Entdeckung der Doppelhelix, eine ebenso wichtige Position im Rahmen des vielleicht heißesten Themas der Biologie am Ende des zwanzigsten Jahrhunderts: des Bewusstseins. 1994 forderte Crick in seinem Buch *The Astonishing Hypothesis* (*Was die Seele wirklich ist*, 1997) konzentrierte Forschungsanstrengungen für die Entschlüsselung dieses letzten Geheimnisses.[76] Bewusstseinsstudien überlappen sich ihrer Natur nach mit der neurologischen Forschung, die bereits etliche Fortschritte bei der Identifizierung von unterschiedlichen Hirnstrukturen, wie zum Beispiel den Sprachzentren, gemacht hatte, seit unter Nutzung der MRI (*magnetic resonance imaging*, Magnetic-Resonanz-Tomografie) festgestellt werden konnte, welche Hirnregionen aktiv sind, wenn eine Person über die Bedeutung eines Wortes auch nur nachdenkt. Doch Bewusstseinsstudien sind nach wie vor auch eine Angelegenheit der Philosophen und nicht nur der Biologen. Wie John Maddox 1998 in seinem Buch *What Remains to be Discovered* (*Was zu entdecken bleibt*) feststellte, kann kein Mensch trotz noch so viel Introspektion erkennen: welche Neuronen in welcher Region seines Gehirns während eines Denkprozesses aktiv sind. Informationen dieser Art scheinen dem Nutzer Mensch einfach unzugänglich zu bleiben.[77]

Zuerst einmal sollte man hier anmerken, dass so mancher glaubt, zum Bewusstsein gebe es nichts zu erklären. Man hält es schlicht für eine »emergente Eigenschaft«, die immer dann automatisch aktiv wird, wenn man »einen Sack Neuronen« zusammenpackt. Andere finden diese Einstellung absurd. Eine gute Erklärung für solche emergenten Eigenschaften bietet John Searle, Philosophieprofessor in Berkeley, am Beispiel des Flüssigkeitszustands von Wasser: Das Verhalten von H_2O-Molekülen erklärt den Flüssigkeitszustand, aber die einzelnen Moleküle selbst sind nicht flüssig. Das Problem im Falle des Bewusstseins ist, dass unser Verständnis davon zurzeit noch so rudimentär ist, dass wir noch nicht einmal wissen, *wie* wir darüber sprechen sollen – und das nach einem ganzen »Jahrzehnt des Gehirns«, zu dem der US-Kongress am 1. Januar 1990 das letzte Jahrzehnt des zwanzigsten Jahrhundert erklärt hatte, was dann zu vielen Innovationen stimulierte und zu einer Reihe von Konferenzen führte, die bewiesen, wie sehr Bewusstseinsstudien in Mode gekommen sind.[78] Am ersten internationalen Symposium über Bewusstseinsstudien im April 1994 an der University of Arizona in Tucson nahmen beispielsweise nicht weniger als tausend Delegierte teil.[79] Im selben Jahr erschien die erste Ausgabe des *Journal of Consciousness Studies* mit einer Bibliografie von über tausend jüngst veröffentlichten Studien zum Thema. Gleichzeitig erschienen unzählige Bücher über das Bewusstsein, darunter als wichtigste von Gerald Edelman *Neural Darwinism: The Theory of Neuronal Group Selection* (1987), *The Remembered Present: A Biological Theory of Consciousness* (1989) und *Bright Air, Brilliant Fire* (1992); von Roger Penrose *The Emperor's New Mind* (1989) und *Shadows of the Mind: A Search for the Missing Science of Consciousness* (1994; *Schatten des Geistes. Wege zu einer neuen Physik des Bewusstseins,* 1995); von Colin McGinn *The Problem of Consciousness* (1991); von Daniel Dennett *Consciousness Explained* (1991); von John R. Searle *The Rediscovery of the Mind* (1992; *Die Wiederentdeckung des Geistes,* 1996); von Francis Crick *The Astonishing Hypothesis* (1994; *Was die Seele wirklich ist,* 1997); und von David Chalmers *The Conscious Mind: In Search of a Fundamental Theory* (1996). Auch immer mehr Fachzeitschriften zum Thema Bewusstsein wurden gegründet, und am Jesus College in Cambridge wurden gleich zwei internationale Symposien veranstaltet, die John Cornwell in seinen beiden Publikationen *Nature's Imagination* (1994) und *Consciousness and Human Identity* (1998) dokumentierte.

Das Bewusstsein war also ganz nach dem Geschmack der letzten Dekade des zwanzigsten Jahrhunderts. Nun könnte man sagen, dass sich Bewusstseinsforscher in vier Lager einteilen lassen: Da gibt es die Gruppe, die im Sinne des britischen Philosophen Colin McGinn behauptet, dass sich das Bewusstsein *prinzipiell* und für alle Zeiten jeder Erklärung entzieht.[80] Dem fügen Philosophen wie Thomas Nagel und Hilary Putnam hinzu, dass insbesondere die Naturwissenschaften die Qualia – die dem individuellen menschlichen Denken zu Grunde liegenden geistigen Inhalte, die wir als Bewusstsein bezeichnen – derzeit (und vielleicht sogar nie) erklären könnten. Dann gibt es Wissenschaftlicher wie Daniel Dennett, die man als »harte« Reduktionisten bezeichnen könnte. Sie behaupten nicht nur, dass das Bewusstsein durch die Naturwissenschaften erklärt werden *kann*, sondern auch, dass die Konstruktion einer Künstlichen Intelligenz (KI) mit einem eigenen Bewusstsein kurz bevorstehe.[81] Die »weichen« Reduktionisten wie John Searle hingegen glauben, dass das Bewusstsein von den physikalischen Eigenschaften des Gehirns abhänge, wir jedoch noch weit entfernt davon seien, auch nur zu ahnen, wie dieser Prozess funktioniert, und es eine absurde Vorstellung sei, dass künstliche Intelligenz jemals ein Bewusstsein entwickeln könne.[82] Und schließlich gibt es Forscher wie Roger Penrose, die der Ansicht sind, dass ein neuer Dualismus nötig sei, weil für das bewusstseinproduzierende Gehirn möglicherweise noch völlig unbekannte physikalische Gesetze gelten.[83] Penroses spezifischer Beitrag zu dieser Diskussion besteht aus der Hypothese, dass in den winzigen röhrenartigen Strukturen innerhalb der Nervenzellen des Gehirns die Quantenphysik auf eine noch nicht spezifizierte Weise jenes von uns Bewusstsein genannte Phänomen herstellt.[84] Penrose hält es sogar für denkbar, dass wir tatsächlich in drei Welten leben – einer physikalischen, einer mentalen und einer mathematischen: »Die physikalische Welt begründet die mentale Welt, welche wiederum die mathematische Welt begründet, die ihrerseits die Grundlage der physikalischen Welt bildet und immer so weiter im Kreis.«[85] Für viele Menschen ist das eine quälend komplizierte Vorstellung, auch wenn sie nicht bedeutet, dass Penrose damit bereits etwas *bewiesen* hätte. Seine Spekulation ist verführerisch und höchst originell – aber eben nur eine Spekulation.

Im herrschenden Klima finden die beiden reduktionistischen Versionen die meisten Interessenten. Für Forscher wie Dennett steht fest, dass sich das Bewusstsein und die Identität des Menschen aus der jeweiligen Lebensgeschichte ergibt und diese wiederum mit bestimmten Zuständen des Gehirns in einem Zusammenhang steht. So häufen sich beispielsweise die Nachweise, dass die Fähigkeit, »intendierte Aussagen« anderen Menschen gegenüber zu machen, eine Universalie ist, die mit einer bestimmten Hirnregion im Zusammenhang steht (dem orbitofrontalen Cortex) und beispielsweise in bestimmten Stadien von Autismus behindert ist. Es gibt auch Nachweise, dass sich die Blutzufuhr zum orbifrontalen Cortex steigert, wenn Menschen intendierte – im Gegensatz zu unintendierten – Aussagen machen und eine Schädigung dieser Hirnregion zu mangelnder Introspektionsfähigkeit führen kann.[86] So anregend dies auch klingt, so bleibt doch Fakt, dass sich die Mikroanatomie des Gehirns beträchtlich von Mensch zu Mensch unterscheidet und jede phänomenale Erfahrung in unterschiedlichen Hirnregionen verarbeitet wird, was eindeutig eine Integration erfordert. Aber sämtliche »Tiefenmuster«, die Erfahrungen mit Hirnaktivitäten koppeln, müssen erst noch entdeckt werden. Und davon scheint man noch weit entfernt zu sein, auch wenn eine Fortsetzung der Forschung in dieser Richtung noch immer als der viel versprechendste Weg erscheint.

Ein ähnlicher Forschungsansatz – der angesichts der Entwicklungen in den vergangenen Jahren vielleicht zu erwarten war – ist die Betrachtung von Gehirn und Bewusstsein aus einem darwinistischen Blickwinkel: In welcher Hinsicht ist Bewusstsein adaptiv? Dieser Denkansatz hat zwei Sichtweisen hervorgebracht: einmal, dass das Gehirn im Laufe der Evolution buchstäblich »zusammengeschustert« wurde, um all die vielen unterschiedlichen Aufgaben zu bewältigen. Dieser Ansicht nach baut es sich aus Organen aus drei Entwicklungsphasen auf: aus einer Kernsubstanz, die bereits Reptilien zur Verfügung stand und der Sitz unserer Grundtriebe ist (*Reptiliengehirn*); aus darüber liegenden Gewebestrukturen aus der Zeit der frühen Säugetiere, die zum Beispiel Zuneigung zu den eigenen Nachkommen produzieren (*paläomammalisches Gehirn*); und schließlich aus einer Schicht des für große Säugetiere typischen Großhirns, Sitz des folgernden Denkens, der Sprache und anderer »höherer Funktionen« (*neomammalisches Gehirn*).[87] Aus der zweiten Sicht wird argumentiert, dass der gesamten Evolution (und daher auch dem menschlichen Körper) emergente Bedingungen zu Eigen sind, wie beispielsweise, dass es für jedes physiologische Phänomen eine biochemische Erklärung gibt (der Natrium/Kalium-Fluss durch eine Membran bedingt auch das Potenzial der Nervenaktivität).[88] So gesehen wäre das Bewusstsein nichts prinzipiell Neues, auch wenn wir es im Moment noch nicht verstehen.

Die Erforschung der Nervenaktivitäten an Tieren aller Arten hat auch gezeigt, dass Nerven funktionieren, indem sie entweder feuern oder nicht feuern. Die Intensität drückt sich durch die Geschwindigkeit aus, in der sie feuern – je intensiver der Reiz, desto schneller werden die spezifischen Nerven ein- und ausgeschaltet. Das entspricht natürlich ganz der Funktionsweise von Computern, die Informationen in »Bits« verarbeiten und alles durch Konfigurationen der Zahlen 0 und 1 ausdrücken. Der Beginn der parallelen Verarbeitung (*parallel processing*) in der Informatik brachte den Philosophen Daniel Dennett auf die Frage, ob das Bewusstsein womöglich dadurch entsteht, dass im Gehirn ein analoger Prozess zwischen den verschiedenen evolutionären Ebenen stattfindet. Aber auch diese verlockende Überlegung kam bislang nicht über erste tastende Schritte in der Forschung hinaus. Im Moment scheint es niemanden zu geben, der sich den nächsten Schritt vorstellen kann.

Francis Cricks Ziel aber wurde erreicht. Das Bewusstsein *wird* erforscht wie nie zuvor. Allerdings wäre die Behauptung, dass dieses neue Jahrhundert schon bald Fortschritte bringen wird, etwas voreilig. Kein Geringerer als Noam Chomsky sagte einmal: »Es ist gut möglich – eigentlich ziemlich sicher –, dass wir aus Romanen immer mehr über das Leben und die Persönlichkeit des Menschen erfahren werden als aus der wissenschaftlichen Psychologie.«

40
Das Imperium schreibt zurück

In einem 1975 publizierten Essay kam Marcus Cunliffe, Professor an der George Washington University, zu dem Schluss, dass die kulturellen Beziehungen zwischen den Vereinigten Staaten und England in den sechziger Jahren eine entschiedene Kehrtwende gemacht hätten, jedenfalls was die Literatur betraf. Der sowohl quantitativ als auch qualitativ bedeutendere Beitrag werde nun von den USA geleistet.[1] Das Business der USA sei jedoch noch immer das Business, und deshalb müssten sich auch die Verlage am Profit orientieren, wenn sie überleben wollten. Unter diesen Bedingungen war das Sachbuch die verlässlichste Option – Hilfe zur Selbsthilfe, religiös gefärbte Seelenhilfe, sexualwissenschaftliche Abhandlungen, Gesundheitsratgeber, Kochbücher, Geschichtsbücher, Biografien, Börsenratgeber, Skandaldokumentationen, Abenteuerberichte und Erinnerungen.[2] Cunliffe vergaß auch nicht zu erwähnen, dass seit 1960 »der jährliche Konsum von Comic-Büchern die Milliardengrenze überschritten hatte. Die Ausgaben dafür, geschätzte 100 Millionen Dollar pro Jahr, waren vier Mal so hoch wie das gesamte Budget aller öffentlichen Bibliotheken«.[3] Während der *mid-cult* also florierte, sprachen amerikanische Schriftsteller zunehmend von »Entfremdung«. Die passive und immer stärker kommerzialisierte Massenkultur war ihr Feind: »Im avantgardistischen Roman lässt sich beobachten, wie man sich peu à peu von Eigenschaften verabschiedet, die den Hauptcharakteren eine gewisse Wertigkeit verliehen haben. Sogar die Stärksten (wie bei Hemingway) geben sich geschlagen. In der Mehrheit sind sie nun Opfer oder Banausen.«[4]

Dieser Wandel, so Cunliffe weiter, war in den späten sechziger und frühen siebziger Jahren durch politische und ökonomische Ereignisse, wie die vielen politischen Attentate oder die Ölkrise, ausgelöst worden. Er zitierte Richard Hofstadter (1970 gestorben; neben seiner in Kapitel 3 erwähnten Studie *Social Darwinism in American Thought* aus dem Jahr 1963 hatte er auch *Anti-Intellectualism in American Life* veröffentlicht), der 1967 in einem Beitrag zu Daniel Bells und Irving Kristolls Buch *The Public Interest* geschrieben hatte: »Ist es nicht möglich, dass sich die verantwortlich handelnde Gesellschaft kaum oder gar nicht mehr von moderner Literatur nähren und sich im Prinzip nur noch auf den historischen, journalistischen, ökonomischen, soziologischen Kommentar wird stützen können? Je unverfrorener die Kunst das Ich bestätigt, je ungehemmter sie in menschliche Abgründe eindringt, desto weniger wird sie vielleicht über den Zustand der verantwortlich handelnden Gesellschaft zu sagen haben.« Er bezog sich hier vor allem auf Walter Lippmann, James Reston, J. K. Galbraith, Paul Samuelson, Nathan Glazer und Daniel P. Moynihan.[5]

Cunliffe und Hofstadter wussten, wovon sie sprachen. Der Schwerpunkt *hatte* sich verlagert, Sachbücher *waren* ein Renner. Aber Amerikas Genius erfindet sich ständig neu, und so überrascht auch nicht, dass der amerikanische Roman das Ruder wieder einmal herumriss. Maya Angelou war ein erster Hinweis auf das, was kommen würde – ihre Werke sind autobiografisch, lesen sich aber wie Romane. Im letzten Viertel des zwanzigsten Jahrhunderts wurde die Rolle des schwarzen amerikanischen Autors, einst von Richard Wright, Ralph Ellison, James Baldwin und Eldridge Cleaver repräsentiert, wesentlich besser von Frauen wie Toni Morrison und Alice Walker ausgefüllt als von Männern. In ihren Büchern *Sula* (1973), *Tar Baby* (1981; *Teerbaby,* 1985) und *Beloved* (1987) fand Toni Morrison zu einer ganz eigenen Sprache, zu einem afrikanisch-amerikanischen Amalgam, das sich von Volksmärchen, Fabeln, mündlicher Überlieferung und öffentlichen wie privaten Mythen nährt und zu außerordentlich ursprünglichen Erzählungen führt, deren zentrales Anliegen es ist, die bedrückenden Erfahrungen von Schwarzen (und Frauen) in den USA aus dem Dunkel zu holen. Ganz ähnlich wie Angelous Autobiografien verweilen sie nicht in der Dunkelheit, sondern vertreiben sie optimistisch.[6] Morrisons Figuren treten eine Reise in die Vergangenheit an, um gewissermaßen noch einmal von vorn zu beginnen. *Sula* ist die Geschichte eines promiskuitiven Mädchens, aber nicht im Sinne einer Hure, sondern einer *erfolgreich* promiskuitiven Frau, deren Fähigkeit, zuzuhören und Aufmerksamkeit zu schenken mindestens so attraktiv ist wie ihr Körper. Und sie strahlt. Sie strahlt so sehr, dass sich die farblose Gemeinde, in der sie lebt, völlig verändert. Morrison erzählt uns hier ebenso viel über das Frausein wie über das Schwarzsein. *Beloved* ist ihr vielleicht ambitioniertestes Buch.[7] Angesiedelt in der Epoche der Rekonstruktion (in den amerikanischen Südstaaten nach dem Sezessionskrieg), wird hier die Geschichte einer schwarzen Mutter erzählt, die ihre kleine Tochter nach der Rückkehr des Master lieber tötet als wieder versklaven zu lassen. Doch weil es sich hier um Fiktion handelt, darf die geliebte Tochter *(beloved,* wie der Titel lautet) als Geist zu ihr zurückkehren und der Mutter neues Leben im Herzen schenken – die Tochter wird allein durch die Macht der Liebe wieder lebendig. Auch in diesem Buch greift Morrison auf den afrikanischen Stil von Mythen, Ritualen und mündlichen Überlieferungen zurück. Damit gelingt es ihr inmitten all des Elends und der Erniedrigungen der Sklaverei, Freude aufkeimen zu lassen – keine Sentimentalität, sondern echte, verdiente Freude.

Auch Alice Walker schreibt über die Armut, die sie als Kind von Kleinpächtern in den Südstaaten selber kennen gelernt hat, doch ihre Romane, vor allem *The Color People* (1982; *Die Farbe Lila,* 1984) blicken nach vorn und nicht zurück, nach vorn auf die Erfüllung all der Versprechen, die das offenere, urbane Amerika für Schwarze und Frauen bereithält. Der mit dem Pulitzer-Preis ausgezeichnete Roman folgt in Briefform der Geschichte einiger schwarzer Frauen, die aus der Armut und dem ewigen Missbrauch durch ihre Männer entfliehen, immer unter dem Damoklesschwert des Rassismus, der jeden erkämpften Schritt wieder gefährdet. Wie bei Morrison und Angelou ist auch die Stärke von Alice Walker ihr Optimismus. Sie betrachtet die Befreiung dieser Frauen nicht nur als einen politischen, sondern vor allem als einen persönlichen Fortschritt. In ihrem Innersten können sie gar nicht beschädigt werden – ihre Integrität ist unversehrt.[8]

Morrison und Walker sind einerseits postmoderne und postkoloniale Schriftstellerinnen und sind es andererseits auch wieder nicht. Denn ihre Auseinandersetzung mit der Frage, was es heißt, schwarz zu sein, »anders« zu sein, Frau zu sein, und ihre Verwendung der literarischen Formen Afrikas sind letztlich typisch für den Roman im letzten Viertel des Jahrhunderts. David Crystal schreibt in seinem Buch *English as a Global Language* (1997): »Es gab niemals eine so weit verbreitete oder von so vielen Menschen gesprochene Sprache wie Englisch«,[9] eine, wie Crystal betont, historisch einmalige Sache. Die englische Sprache war, wie er zustimmend den indischen Autor Salman Rushdie zitiert, schon lange nicht mehr im Alleinbesitz der Engländer.[10] »Wenn sogar die USA, die größte englischsprachige Nation, nur über ungefähr 20 Prozent der Englisch sprechenden Menschen dieser Welt verfügt [was Crystal zu Beginn seines Buchs nachgewiesen hatte], dann ist klar, dass heutzutage niemand mehr Alleinbesitzansprüche geltend machen kann.«[11] Auf den indischen Schriftsteller Raja Rao, Chinua Achebe und nochmals Rushdie bezogen schreibt er, dass sie alle Englisch als Weltsprache akzeptierten und zugleich warnend darauf hinwiesen, dass diese von nun an in immer neuen Verkleidungen auftreten werde.

*

Bis etwa 1970 war es möglich, von den »großen Büchern« des Jahrhunderts zu sprechen, jedenfalls zumindest im Hinblick auf die westliche Literatur. Plötzlich ging das nicht mehr. Schuld daran war der Zusammenbruch des Konsens, mit welchen Themen sich Literatur befassen oder nicht befassen sollte. Dreierlei hatte zu diesem Zusammenbruch geführt:

die postmodernen Theorien, die großen Talente aus den einstigen Kolonialstaaten und der Erfolg und Einfluss der freien Marktwirtschaft seit 1979/80, wodurch nicht nur viele neue Medien entstanden waren, sondern auch die Idee von ausschließlich national geprägten Kulturen desavouiert worden war. In Großbritannien beispielsweise wurde heftig Kritik geübt an der BBC und dem Arts Council, oder an der von Männern wie F. R. Leavis, T. S. Eliot und Lionel Trilling so geschätzten Vorstellung einer gemeinsamen Tradition. Damit war zwangsläufig plötzlich jede von einer Einzelperson angebotene Synopsis der Literatur des späten zwanzigsten Jahrhunderts umstritten, um das Mindeste zu sagen. Aber wenigstens ein paar Generalisierungen sind vielleicht noch möglich. Im folgenden Abschnitt werde ich mich auf einige beschränken: auf die lateinamerikanische Schule des »magischen Realismus«, die großen Einfluss auf andere literarische Schulen ausübte; auf den Aufstieg der postkolonialen Literatur, mit besonderer Betonung auf der englischsprachigen; auf den Aufstieg von »Kulturstudien« als Ersatz für das traditionelle Literaturstudium; und auf die nach wie vor starke und phantasievolle amerikanische Literatur, in der sich ein Land spiegelt – die letzte Supermacht –, das seinen Bürgern mehr als jedes andere erlaubt, sich in allen Aspekten des Lebens selbst zu verwirklichen.

*

Die bekanntesten Schriftsteller Lateinamerikas – Miguel Angel Asturias (Guatemala), Jorge Luis Borges (Argentinien), Carlos Fuentes (Mexiko), Gabriel García Márquez (Kolumbien), Pablo Neruda (Chile), Octavio Paz (Mexiko) und Mario Vargas Llosa (Peru) – stammen alle aus Ländern, die kaum noch als postkoloniale Staaten bezeichnet werden können, weil die meisten bereits im neunzehnten Jahrhundert ihre Unabhängigkeit erlangt hatten. Damals waren lateinamerikanische Schriftsteller politisch noch so deutlich engagiert, dass sie, wenn sie mit ihrem Engagement zu weit gegangen waren, oft Zuflucht in Europa suchen mussten. Die Kriege in Europa hatten dieser Möglichkeit der Emigration dann ein Ende gesetzt und die zahlreichen Putsche und Revolutionen in Lateinamerika die Schriftsteller gezwungen, ihr politisches Engagement den herrschenden Gegebenheiten anzupassen und neue Wege zu suchen. Außerdem erforderte die Tatsache, dass es in allen lateinamerikanischen Staaten benachteiligte Ureinwohner gibt, größere Aufmerksamkeit für die Unterdrückten in Gesellschaften, die sich selbst der europäischen Zivilisation zugehörig fühlen.

Unter diesen Bedingungen begann die Schule des magischen Realismus zu blühen. Es war eine primär ästhetische Antwort auf die politischen und sozialen Probleme dieser Länder. Am Anfang des zwanzigsten Jahrhunderts hatten es lateinamerikanische Schriftsteller noch als ihre Aufgabe betrachtet, konkret zur Verbesserung ihrer Gesellschaften beizutragen;

die Ziele des magischen Realismus waren bescheidener – er wollte letztlich nichts anderes, als die Lebensbedingungen in Lateinamerika so zu beschreiben, dass sie in der ganzen Welt verstanden werden konnten. Die Anziehungskraft dieser lateinamerikanischen Literatur, einmal abgesehen von ihren kraftvollen Bildern, ist daher auch ihr Ehrgeiz – der viel größer ist, als in der europäischen Literatur –, die sozialen Ideale nie aus den Augen zu verlieren und über das rein Persönliche hinauszugehen.

Jorge Luis Borges zum Beispiel entwickelte eine ganz neue Ausdrucksform für das, was er mitteilen wollte, eine Kreuzung zwischen dem Essay über real existierende Menschen und der Kurzgeschichte mit erfundenen Episoden. Borges mischt Philosophie mit ästhetischen Ideen und liebt es, mit dem Leser zu spielen, immer das Ziel vor Augen, »das Vertrauen des Lesers in Fakten und Realitäten zu erschüttern«.[12] In einer seiner Geschichten erfand er dafür einen ganzen Planeten namens Tlön, mit Einzelheiten bis hin zu eigenen Spielkarten, Dialekten, einer eigenen Religion und eigener Architektur. Ist einem dieser Planet nun so fremd wie Lateinamerika? Indem Borges die Unterschiede betont, verdeutlicht er das Gemeinsame der Menschheit.

In seinem Roman *Die Stadt und die Hunde* (1963) schilderte Mario Vargas Llosa das Leben von schwer erziehbaren Jungen, die in einer Kadettenschule diszipliniert werden sollen.[13] Einer dieser jungen Soldaten kann die unerbittliche Bandenrivalität nicht länger ertragen und begeht Verrat an einem Mitschüler, um endlich einmal nach Hause fahren zu dürfen. Bei einer Gefechtsübung kommt es zur Katastrophe, der Kadett wird tödlich verwundet, die Anstaltsleitung aber spielt die offensichtliche Vergeltungstat als Unfall herunter. Vargas Llosa kontrastiert diese Welt mit dem zivilisierteren Leben, in das diese Kadetten einmal zurückkehren werden. Wie Borges' Tlön und Márquez' Macondo (siehe unten) ist auch diese Schule von der übrigen Welt ebenso abgeschnitten wie Lateinamerika selbst. Das Gleiche trifft auf Vargas Llosas Roman *Das grüne Haus* zu, ein Bordell in der von Regenwald umgebenen Stadt Piura.[14] In diesem Roman, der allgemein als sein bester gilt, verändert sich die Chronologie sogar inmitten von Sätzen, um nicht nur die Vergänglichkeit von Zeit und Beziehungen, sondern auch die nicht fassbare Magie des Lebens fühlbar zu machen.[15]

Miguel Angel Asturias erhielt 1967 als erster lateinamerikanischer Romancier den Nobelpreis. Doch noch bedeutender als dieses Ereignis war in diesem Jahr die Veröffentlichung »des vollkommensten Werkes der lateinamerikanischen Literatur«, nämlich García Márquez' unvergleichlicher Roman *Hundert Jahre Einsamkeit*.[16] Das Buch war ein solcher Erfolg, dass zeitweilig wöchentlich neue Auflagen gedruckt werden mussten. Man verglich Márquez mit Cervantes, Joyce und Virginia Woolf, und er selbst gestand, stark von Faulkner beeinflusst worden zu sein. Doch damit wird man seiner Originalität nicht gerecht. Kein anderes Buch hat so sehr Lionel Trillings Bitten erfüllt, der Roman möge sich endlich von den traditionellen Denkweisen verabschieden und sich anderen Möglichkeiten, anderen Welten widmen. Márquez ist auf diesen Wunsch nicht nur eingegangen, er hat ihn auch auf höchst amüsante Weise umgesetzt.

In *Hundert Jahre Einsamkeit* gibt es nichts, was es nicht gibt.[17] Márquez erfand eine Stadt, Macondo, die vom Rest der Welt durch Sümpfe und undurchdringlichen Regenwald abgeschnitten und sogar so isoliert ist, dass die Hauptfigur Aureliano Buendía Entdeckungen machen kann (etwa dass die Welt eine Kugel ist), ohne sich bewusst zu sein, dass man das schon seit Jahrhunderten weiß. Auch die Moral hat in dieser Stadt noch nicht die höheren Stufen der Zivilisation erreicht: Zum Beispiel kann man ohne weiteres innerhalb der engen Verwandtschaft heiraten. Die Bewohner haben noch nicht einmal für alle Objekte in ihrem kleinen Universum einen Namen gefunden. Die Geschichte folgt dem Aufstieg und Fall von Macondo, den Zwistigkeiten unter den Bürgern, der politischen Korruption und einer geradezu exotischen Gewaltbereitschaft. Den roten Faden durch diese Erzählung bilden die Geschicke der Familie Buendía, deren Chronologie jedoch nie so ganz klar wird, weil die verschiedenen Generationen unterschiedliche Namen tragen. Manchmal erreichen Macondo Ideen und Dinge aus der Außenwelt (so wie die Eisenbahn), aber die Stadt verschließt sich immer wieder in ihrer Isolation, die Buendías leben weiterhin weltabgeschieden in ihrer Einsamkeit.

Márquez' Blick für die kleinsten und absurdesten Details führt zu einzigartig humorvollen Schilderungen. Lakonisch wird berichtet, dass Aureliano Buendía zweiunddreißig bewaffnete Aufstände angeführt und alle verloren hat; dass sämtliche seiner mit siebzehn verschiedenen Frauen gezeugten siebzehn männlichen Nachkommen während einer einzigen Nacht ausgerottet wurden, noch bevor der Älteste das Alter von fünfunddreißig Jahren erreicht hat; dass er vierzehn Anschläge gegen sein Leben, dreiundsiebzig Überfälle aus dem Hinterhalt, ein Exekutionskommando und eine Dosis Strychnin im Kaffee überlebte, die stark genug gewesen wäre, ein Pferd umzubringen. Die Buendías sind ständig von einem Haufen völlig übergeschnappter Exzentriker umgeben. Einmal bringt das junge Familienmitglied Meme achtundsechzig Schulfreundinnen mit nach Hause, um dort die Ferien zu verbringen. Am Abend ihrer Ankunft wollen natürlich alle ins Bad, bevor sie zu Bett gehen. Um ein Uhr nachts haben es die letzten immer noch nicht geschafft. Also ersteht Fernanda zweiundsiebzig Nachttöpfe, nur um das nächtliche Drama damit in ein morgendliches zu verwandeln, denn nun stehen die Mädchen vom Morgengrauen an mit dem Topf in der Hand in einer langen Schlange, bis sie endlich an der Reihe sind, ihn auszuleeren.

Macondo ist eine Welt, in der ein Prophet wie Melchiades einfach wieder ins Leben zurückkehren kann, weil er die Einsamkeit des Todes nicht erträgt, oder in der gelbe Blumen in Strömen vom Himmel regnen und Stürme Monate lang toben. Die Geschichte dieser Stadt ist von mythischer Qualität, voller Anspielungen auf die großen Ideen des zwanzigsten Jahrhunderts. Márquez gab ihr einen bewusst altmodischen Anstrich, damit sich der Leser von der Handlung distanzieren kann, wie Bert Brecht empfahl. Und indem er unglaubliche Dinge in Macondo geschehen lässt, versucht er, die Welt wieder zu verzaubern. Man muss das nicht gleich biblisch nennen, aber es kommt dem doch sehr nahe. Vielleicht glauben wir nicht, was geschieht, aber wir akzeptieren es. Es sind Illusionen, die an Kafka erinnern, aber an einen ausgesprochen fröhlichen Kafka. In gewissem Sinne sind José Buendía und sein Weib Ursula das Urpaar, das den Exodus aus dem Dschungel antritt, um das Meer zu finden; das Alter einiger Figuren entspricht dem der alttestamentarischen Patriarchen. Melchiades überreicht der Familie eine in Sanskrit verfasste Handschrift, was nicht nur an die Entzifferung der Sprachen vergangener Kulturen erinnert, sondern auch an die Thesen des britischen Richters William Jones über die »Muttersprache«. Das Pergament mit den Schriftzeichen wird zum Spiegel, was uns an die Beziehungen zwischen Text und Leser und die Ideen von Jacques Derrida denken lässt. Das Spiel mit der Zeit beschwört nicht nur die Relativitätstheorie, sondern auch Fernand Braudels Ideen über die *longue durée*. Und allem zu Grunde liegt, wie Carlos Fuentes schrieb, die »permanente Frage«, die sich nach hundert Jahren Einsamkeit stellt: »Was weiß Macondo über sich selbst? Das heißt: Was weiß Macondo von seiner eigenen Schöpfung?« Mit anderen Worten: Es stellt sich genau die Frage, mit der sich die Naturwissenschaften des zwanzigsten Jahrhunderts so obsessiv befassten.[18] Mit dem Untergang von Macondo bringt Márquez sogar die Idee der Entropie zur Sprache. In seinem Schlusssatz erinnert er uns, dass wir keine zweite Chance im Leben bekommen und uns deshalb niemals nur mit der »offiziellen Version« zufrieden geben dürfen. Man darf wohl sagen, dass dieses Buch das größte seiner Art in der letzten Hälfte des zwanzigsten Jahrhunderts war.

Aber diese alternative Welt hat auch noch andere Bedeutungen. Erstens sind dies Metaphern für Lateinamerika als Lebensraum »der anderen« – ein Schlüsselbegriff der Postmoderne. Als wichtiger aber gilt im Allgemeinen noch die »spielerische Reife« dieser Autoren. Es sind Künstler, die sich vom Alltäglichen und Politischen verabschiedet und damit dem lateinamerikanischen Roman eine Statur verliehen haben, mit der das Mutterland Spanien nicht mehr konkurrieren konnte. Márquez hat ein für alle Mal klargestellt, was dem lateinamerikanischen Roman zu Grunde liegt, nämlich Einsamkeit. Der lateinamerikanische Kontinent selbst wird zur Metapher für diesen Zustand.

*

Wollte man einen neuen »Kanon« aufstellen, würde dem magischen Realismus Lateinamerikas vermutlich sofort die so fein durchdachte Fabulierkunst des indischen Romans angeschlossen werden. Indische Romane in englischer Sprache gab es schon in den dreißiger Jahren, angefangen bei den Werken von Raja Rao und Mulk Raj Anand. Doch spätestens seit R. K. Narayans »Malgudi«-Geschichten können sie in zwei Typen untergliedert werden: in die minuziösen Beobachtungen und Schilderungen des indischen Lebens einerseits und andererseits in die Versuche, diesem Leben auf irgendeine Weise zu entfliehen. Wer die vertrauten englischen Idiome vor solch phantasiereichem Hintergrund wiederfindet, weiß jedenfalls, dass diese Sprache niemandem mehr »gehört«.

Fast alle der vielen Romane von R. K. Narayan spielen in seiner fiktiven Kleinstadt Malgudi, die eigentlich seine geliebte Heimatstadt Maisur darstellt. *The Sweet Vendor*, veröffentlicht 1967, ist zum Beispiel eine Studie über Spiritualität, wenngleich nicht in dem Sinne, in dem ein Christ sei verstehen würde.[19] Sechzig Jahre lang verkaufte Jagan Süßigkeiten in seinem Laden, bis er plötzlich beschließt, sein Leben zu ändern. Er will sich auf den Weg machen und einen Steinmetz finden, der das Abbild einer Göttin von solcher Reinheit erschaffen kann, dass sich dem kontemplativen Betrachter ganz neue spirituelle Horizonte öffnen. Doch natürlich nimmt er all seine kleinen Schwächen (und sein Scheckbuch) mit auf diesen Weg, was zu ein paar komischen Verwicklungen führt. Jagans Verwandlung ist einfach ein viel zu ehrgeiziges Projekt für eine Persönlichkeit, die so wenig frei von Irrtümern ist wie er. Wie die Figuren aus Larkins Gedichten ist auch er der Herausforderung, die er sich selbst gestellt hat, nicht gewachsen. Es ist nicht einfach, sich aus dem Leben zurückzuziehen. Da gibt es zum Beispiel Jagans launischen, mit einer Amerikanerin koreanischer Abstammung verheirateten Sohn, der sehr viel westlicher orientiert ist als der Vater und mit dem Jagan ständig im Streit liegt. Narayan macht sich hier natürlich auf ernst zu nehmende Weise über Indien selbst lustig, über die Spiritualität (oder das spirituelle »Gehabe«) und den Ehrgeiz eines Landes, das eine Weltmacht sein will, während es sich nicht einmal selbst ernähren kann, das den Westen zugleich verachtet und beneidet.

Anita Desais Geschichten erzählen auf den ersten Blick von banalen Alltäglichkeiten. Doch gerade sie bringen zum Ausdruck, wie wenig ihre Figuren auf das Leben in einem unabhängigen Indien, das ständig weiter verwestlicht wird, vorbereitet sind. In ihrem Buch *The Village by the Sea* sorgen sich die Bewohner des Dorfes Thul um das Vorhaben der Regierung, in der Nähe eine chemische Düngemittelfabrik zu bauen.[20] Hari, die Hauptfigur, versucht sich im Gegensatz zu den meisten anderen Dorfbewohnern, die jede Veränderung fürchten, der neuen Lage anzupassen. Er übersiedelt nach Bombay, um zu lernen, wie man Uhren repariert, voller

Hoffnung auf all die vielen Uhrenträger, die demnächst ins Dorf kommen werden. Doch während sich die anderen Bewohner seines Dorfes darum kümmern, dass die Vögel von der Industrie nicht vertrieben werden, zerstört Hari mit seinen Ambitionen sein Leben. Obwohl er in Bombay nur Trübsal findet, gibt es für ihn kein Zurück. Die neue Stille ist nicht die gleiche wie die alte. Was Desai sagt, ist, dass Veränderungen nicht so sehr eine Frage von Ereignissen als von Einstellungen und individueller Psychologie sind. Auch Deven, die Hauptfigur ihres Buches *In Custody*, ist sehr ehrgeizig. Als er die Einladung erhält, Sekretär des großen Urdu-Dichters Nur zu werden, fasst er den Plan, die Weisheit des Dichters auf Tonband zu bannen.[21] Tatsächlich aber gerät er damit von einer Schwierigkeit in die andere. Erstens ist der Dichter selbst alles andere als perfekt – Tauben, Wrestling und Huren liebt er mindestens so sehr wie weise Schriften –, zweitens ist Devens Umgang mit der Technik alles andere als kompetent, also endet das gesamte Projekt im Chaos. Desais Geschichten sind kleine Tragödien in den Augen des Lesers, aber große für die Personen, die sie erleben. Ist dies das Indien, das es schon immer gab, oder ist es erst durch die koloniale Besatzungsmacht so geworden? In den Geschichten von Antia Desai scheint dies niemand zu wissen.

Ganz anders in den Geschichten von Salman Rushdie. An seinen Figuren und seinen Plots ist nichts Alltägliches und nichts klein. Seine beiden bekanntesten Bücher, *Mitternachtskinder* (1981) und *Die satanischen Verse* (1988), sind in einem üppigen, geradezu überschäumenden Stil geschrieben. Bilder, Metaphern und Scherze türmen sich und quellen wie ein Atompilz.[22] Rushdies Beziehungen zu seinem Heimatland Indien und der englischen Sprache sind komplex. Seine Geschichten erzählen uns, dass es viele Indien gibt und dass viele davon grausam, fehlerhaft und in sich zerrissen sind. Die englische Sprache bietet zumindest die Möglichkeit, diese chronischen Risse zu überwinden. Nur so lässt sich der Mängel Herr werden, und nur wenn sich der Leser auf eine phantastische Reise der unwahrscheinlichsten Phantasien einlässt, kann er hoffen, Rushdies im Grunde sehr unmittelbare Botschaften auch zu verstehen. *Mitternachtskinder* erzählt die Geschichte des Salim Sinai, der eines von 1001 Kindern ist, die 1947 an dem Tag, an dem Indien unabhängig wird, um Mitternacht geboren werden. Allen diesen Kindern werden wundersame Eigenschaften verliehen – je näher der Moment der mitternächtlichen Geburt rückt, je deutlicher sich die Zeiger der Uhr zum ehrerbietigen Gruß aneinander legen, desto stärkere Zauberkräfte bekommen sie. Salim erhält die Fähigkeit, in Herz und Hirn der Menschen zu blicken, sein Hauptrivale Shiva hingegen erhält die Kraft eines Herkules. Das Buch ist fast durchgehend in Form von Salims Erinnerungen geschrieben, bietet aber kaum traditionelle Schilderungen. Rusdhie zieht den Leser in den Wirbel der Erzählung, in der Tagespolitik und private Obsessionen miteinander verquickt sind (eine Figur zum Beispiel arbeitet an einer Dokumentation über die Arbeitsbedingungen in einer Pickle-Fabrik). Alles ist durch immer noch phantastischere Metaphern, Witze und Sprachkonstruktionen ineinander verwoben. Der beste und zugleich schrecklichste Witz ist die entscheidende Szene, in der die beiden Hauptfiguren herausfinden, dass sie als Säuglinge vertauscht wurden. Rushdie fordert den Sinn der elementarsten Begriffe heraus: Unschuld, Zauber, Nation, Ich, Gemeinschaft – und damit auch Unabhängigkeit. – Alles in einem Stil, der nur als Elephantiasis bezeichnet werden kann und mit dem er den alten indischen Geschichtenerzählern nacheifert, obwohl er ganz modern ist. Manchmal erinnert dies an Günter Grass, manchmal an Gabriel García Márquez. *Mitternachtkinder* ist weder ein östliches noch ein westliches Buch. Das ist das Kriterium und das Maßstab seines Erfolges.

Das Thema der *Satanischen Verse* ist Migration, Emigration und der Glaubensverlust, der häufig damit einhergeht. Religiosität oder der Verlust des Glaubens und dessen Rolle im säkularisierten Leben eines einst gläubigen Menschen stehen, wie Rushdie selbst schrieb, im Mittelpunkt dieses Buches. Auch diese Themen behandelt er im Stil einer Fabel. Die Geschichte beginnt, als die beiden indischen Schauspieler Gibril Farishta und Saladin Chamcha, der eigentlich Salahuddin Chamchawal heißt, nach der Explosion eines Jumbojets der Air India über dem englischen Kanal abstürzen. Das erinnert natürlich an die Boeing 747 der Air India, die 1985 vor der Küste Irlands in die Luft gesprengt wurde, wie es heißt von kanadischen Sikh-Terroristen. Farishta ist der Star vieler »theologischer« Bombay-Filme und so populär, dass er für viele Inder eine Art Gott ist. Saladin ist dagegen ein Anglophiler, der Indien ablehnt und sich in England als Sprecher von Werbespots durchbringt. Die beiden stürzen also durch die Luft, umwirbelt von Flugzeugsitzen, Getränkewagen und Kopfhörern, landen aber sicher an einem englischen Strand. Nun beginnt ein Netzwerk von Geschichten, eine phantastischer als die andere. Doch keine Episode gerät Rushdie außer Kontrolle, und jede ist – für die, die sie entziffern können – voller Anspielungen. So bedeutet der Name Gibril Farishta in Urdu zum Beispiel Gabriel Engel, was ihn zum Erzengel macht, der nach islamischer Überlieferung der göttliche Überbringer des Qur'an an Mohammed war. Und Saladin war der große sunnitische Verteidiger des Islam gegen die Kreuzritter im Mittelalter und begründete die islamische Herrschaft über Jerusalem. Von seiner Mutter, die ihm alles über den Islam beigebracht hat, erfuhr Gibril auch die Geschichte von den satanischen Versen – dem Teufel war es gelungen, einen Satz in den Qur'an einzubauen, der zwar wieder gelöscht wurde, aber für immer ein Körnchen religiösen Zweifels hinterließ. Und genau dieser Zweifel steht im Zentrum von Rushdies Roman. Man könnte sogar sagen, dass er mit der Idee des Teufels, mit dem säkularen *Sein* des Teufels spielt, jedenfalls aus der

Sicht der Gläubigen. Im Laufe der verwobenen Geschichten wird Saladin mit den tausendundein verführerischen Stimmen, die er sich als Werbesprecher angeeignet hat, zum Jago und Gibril zum Othello. Gibril kommt vom rechten Weg ab, landet in einem Puff (einer »Anti-Moschee«, wie Malise Ruthven so treffend schrieb) bei Blasphemikern, die nicht nur ständig fluchen, sondern auch den Propheten kritisieren (zum Beispiel weil er selbst mehr Frauen hatte, als der strenge Islam erlaubt). *Die satanischen Verse* wandern ständig auf gefährlichem Grat und sind gewiss eine Herausforderung. Doch kann ein Buch sich mit Blasphemie befassen, ohne *selbst* blasphemisch zu sein? Rushdie wusste, dass er die Gläubigen provozieren musste, wenn er Glauben erforschte. An einer Stelle im Buch spricht der Prophet die »Fatwa« über einen ungläubigen Dichter aus.

Vielleicht war es vor allem das, was die islamischen Autoritäten provozierte. Am 14. Februar 1989 sprach Ruholla Al-Misawi Al-Chomeini, besser bekannt unter dem Namen Ajatollah Chomeini, im Iran die Fatwa über das Buch *Die satanischen Verse* und seinen »vom Glauben abgefallenen« Autor aus: »Im Namen Gottes des Allmächtigen, dem einen Gott, zu dem wir alle zurückkehren, möchte ich alle furchtlosen Muslime in der Welt davon in Kenntnis setzen, dass der Autor des Buches mit dem Titel *Die satanischen Verse*, welches gegen den Islam, den Propheten und den Koran geschrieben, gedruckt und veröffentlicht wurde, gemeinsam mit den Verlegern, die sich seines Inhaltes bewusst waren, zum Tode verurteilt wurde. Ich rufe alle glaubenstreuen Muslime auf, dieses Urteil schnell zu vollstrecken, wo immer sie sie [die Verurteilten] finden, auf dass es keiner mehr wage, die Lehren des Islam zu beleidigen. Wer auf diesem Pfad getötet wird, wird als Märtyrer im Namen Gottes betrachtet. Wer Zugang zum Autor dieses Buches aber selbst nicht die Macht hat, ihn zu exekutieren, soll ihn an das Volk ausliefern, damit er für seine Handlungen bestraft werden kann. Möge Gottes Segen über euch allen sein.«[23]

Innerhalb von achtundvierzig Stunden waren Rushdie und seine Frau untergetaucht und sollten, abgesehen von kurzen Ausflügen ins Rampenlicht, beinahe zehn Jahre lang in ihrem Versteck ausharren. In den kommenden Monaten machte die »Rushdie-Affäre« viele Schlagzeilen. Muslime in vielen europäischen Ländern verbrannten sein Buch öffentlich, im Iran demonstrierten Zehntausende gegen den Autor, und in Rushdies Heimatstadt Bombay kamen zehn Menschen zu Tode, nachdem die Polizei das Feuer auf Demonstranten eröffnet hatte. Insgesamt starben zweiundzwanzig Menschen wegen der *Satanischen Verse*, neunzehn auf dem indischen Subkontinent und zwei in Belgien.[24]

Wie in den Büchern von Salman Rushdie geht es auch in den Romanen von V. S. Naipaul – insbesondere in seinen späteren Werken – um Menschen, die außerhalb ihres eigenen nationalen Kontexts leben. Naipaul selbst wurde in Trinidad als Sohn neu eingewanderter Inder geboren und siedelte später nach England über, um in Oxford zu studieren. Abgesehen von seinen Recherchen für eine bemerkenswerte Reihe von Reisebüchern blieb er für immer in England.

Naipaul geht es weniger als Rushdie um Glaubensfragen. Er hat mehr mit Anita Desai gemein, die wie er von dem Modernisierungsprozess und dem technologischem Wandel fasziniert ist, nur mit dem Unterschied, dass Naipaul dies zum Anlass nahm, um über die Freiheit als solche nachzudenken. In seinem Buch *A House for Mr. Biswas* (1961; *Ein Haus für Mr. Biswas*) schildert er minuziös den Aufbau eines Hauses und den damit verknüpften Abbau des Mr. Biswas.[25] Die Begabung zur Schriftenmalerei führt ihn aus dem Gefängnis der Armut in eine Ehe, in der er auf andere Weise zum Gefangenen wird. Schließlich führt ihn die Schriftenmalerei zu anderen Formen des Schreibens, wobei es sich hauptsächlich um Briefe an den Sohn handelt. Während er als Schriftsteller Sprache ganz neu entdeckt, entdeckt er auch eine Art von Freiheit. Doch Naipaul lässt uns wissen, dass vollkommene Freiheit nicht nur unmöglich, sondern auch gar nicht wünschenswert ist. Erfüllung ist, zu lieben und geliebt zu werden – Biswas findet sie, aber frei wird er dabei nicht. In *The Mimic Men* (1968) hat sich die Szenerie nach England verlagert, nicht in das England, das sich ein armer Mann aus Trinidad erträumen mag, sondern in das graue Vorstadtengland der Einwanderer und ihrer ständigen Kämpfe – um irgendeine Arbeit, gegen die chronische Erschöpfung und für ihr vom Großstadtleben beschädigtes Selbstbewusstsein. Auch in diesem Buch läuft »Freiheit« auf einen dauernden Kampf ums Überleben hinaus.[26] Naipauls spätere Bücher – *In a Free State* (1971; *In einem freien Land*), das den Booker-Preis gewann, *Guerrillas* (1975; *Guerillas*) und *A Bend in the River* (1979; *An der Biegung des großen Flusses*) – sind politischer. Sie stellen die politische und die persönliche Freiheit in bewusst verwirrender Weise einander gegenüber. Im *freien Land* zum Beispiel fahren Linda und Bobby, zwei Weiße, durch ein vom Bürgerkrieg zerstörtes schwarzafrikanisches Land. Sie haben grundverschiedene politische Ansichten: Bobby ist ein liberaler Homosexueller und Linda eine ständig Plattheiten äußernde Erzkonservative. Naipaul fragt, wie es kommt, dass sie zu Hause so viele Freiheiten genießen, wenn sie sich über nichts einigen können. In ihrem Auto herrscht jedenfalls Bürgerkrieg.

Satyajit Ray (1922–1992) verwirklichte mit seinen Filmen ein wenig Desai, ein wenig Narayan und ein paar Aspekte von Rushdie und Naipaul. Aber er war mehr als nur ein Filmemacher. Er war ein kommerzieller Künstler, Illustrator, Autor von Kinderbüchern und Science-Fiction und ein gefeierter Musiker. Filme begann er zu drehen, nachdem er 1945 gebeten worden war, den populären Roman *Pather Panchali* für ein Kinderbuch zu illustrieren, und plötzlich die Idee gehabt hatte, die Geschichte zu verfilmen.[27] Er begann mit den Dreharbeiten ohne jede Erfahrung im

Filmemachen. An den Wochenenden setzte er sich hin und überlegte, wie es weitergehen sollte (ein richtiges Drehbuch gab es nicht).[28] Das Projekt kostete ihn zehn Jahre seines Lebens. Bis es endlich abgeschlossen war, hatte Ray mehrmals alles stoppen müssen, weil ihm das Geld ausgegangen war. Schließlich war die bengalische Regierung mit Fördermitteln eingesprungen.[29] Trotz seiner nicht gerade vom Glück verwöhnten Vorgeschichte wurde dieser Film ein Riesenerfolg und am Ende der erste einer Trilogie von insgesamt drei Trilogien, die Ray weltbekannt machten: die Apu-Trilogie (im Anschluss daran *Aparajito*, 1956, mit der Musik von Ravi Shankar, und *The World of Apu*, 1960); dann die Trilogie über das Erwachen der Frau (darunter am berühmtesten der noch immer populäre Teil *Charulata* – Die einsame Ehefrau – aus dem Jahr 1964); und schließlich seine Trilogie von »Stadtfilmen«, zu der auch *The Middleman* gehörte (1975).[30] Rays Filme wurden als eine Mischung aus Henry James und Anton Tschechow bezeichnet, obwohl dagegen einzuwenden ist, dass sie viel zu gefühlvoll sind, um an James zu erinnern. Die eigentliche Stärke von Ray liegt in seiner Art, die kleinen Dinge des Alltags mit einem liebevollen Blick fürs Detail zu erzählen (in *Pather* geht es um eine Familie, die ums Überleben kämpft; in *Charulata* um die Affäre zwischen einer Frau und dem jungen Cousin ihres Mannes; im *Middleman* um einen Geschäftsmann, der einem Kunden eine Frau beschaffen soll). In Rays Welt gibt es praktisch keine Schurken, weil er es immer irgendwie schafft, jeden und jedermanns Standpunkt zu verstehen. Er war sich der Mängel Indiens gewiss nicht weniger bewusst als die anderen Schriftsteller, aber für ihn scheinen die Widersprüche des Landes nicht so gravierend gewesen zu sein.[31]

*

Die Verleihung des Literaturnobelpreises 1986 an den nigerianischen Schriftsteller und Dramatiker Wole Soyinka und 1991 an den ägyptischen Romancier Nagib Mahfouz sowie die Verleihung des Booker-Preises an den nigerianischen Schriftsteller Ben Okri im selben Jahr bewiesen, dass die afrikanische Literatur endlich vom westlichen Literaturestablishment ernst genommen wurde. Dennoch findet die afrikanische Gegenwartsliteratur noch immer nicht annähernd so viele Anhänger in der Welt wie die indische oder die lateinamerikanische. Aus diesem Grund tat Soyinka, der in Großbritannien studiert und im Royal Court Theatre Lesungen veranstaltet hatte, in seiner Studie *Myth, Literature and the African World* (1976) auch sein Bestes, um so viele seiner Schriftstellerkollegen wie nur möglich dem Westen zugänglicher zu machen.[32]

Mit seinem eigenen Werk leistete Soyinka für die afrikanische Literatur, was Basil Davidson für die Archäologie in Afrika geleistet hatte. Es war wohl insbesondere seine literarische Themenauswahl – vor allem in seinen Dramen –, die schließlich ihm anstatt Chinua Achebe den Nobelpreis einbrachte (Achebes Roman *Anthills of the Savannah* wurde 1987 für den Booker-Preis nominiert). Soyinka gehört der Generation brillanter Schriftsteller an, die in der Zeit vor der Unabhängigkeit am Ibadan University College studiert haben, wie zum Beispiel Cyprian Ekwensi, Christopher Okigbo und John Pepper Clark, deren Werke, oder zumindest einige davon, Soyinka ebenfalls in seinem Buch über die Mythen und Literatur Afrikas vorstellt. Doch er wollte seine Kollegen nicht nur für eine internationale Leserschaft sichtbarer machen, sondern auch verdeutlichen, dass die schwarzafrikanische Literatur etwas Eigenständiges ist. Auch wenn sie sich vieler Themen annimmt, der sich die große Literatur anderer Länder ebenfalls widmet, ist sie aus eigenem Recht reich, komplex und intelligent. Und er wollte am Beispiel der *Yoruba*-Werke von Duro Ladipo oder von Obotunde Ijimeres *Imprisonment of Obatala* und Ousmane Sembènes *Gottes Holzstücke* nicht nur die unvergleichlichen Stärken der afrikanischen Literatur hervorheben, sondern auch deutlich machen, worin sie sich von ihren westlichen Gegenparts unterscheidet.[33] Hier betonte er vor allem die *kollektive* Erfahrung des Rituals in Afrika, im Gegensatz zum Individualismus des Westens, der Afrikanern völlig fremd ist, weil im afrikanischen Gesellschaftsvertrag die Gemeinschaft an erster Stelle steht. Welche Einflüsse das Ritual haben kann und wie lebendig diese Traditionen nach wie vor sind, schildert Soyinka anhand von Analogien: »Nehmen wir einmal an, [der Protagonist einer Geschichte] ist eine tragische Figur. Er erzählt eine unheilvolle Geschichte und gerät dabei ins Stocken. Sofort beginnen seine Zuhörer um ihn zu bangen und sich verwundert zu fragen: Hat er seinen Text vergessen? Hat er einen Blackout? Der einzelne Mensch handelt im Namen der Gemeinschaft, das Wohlergehen des Protagonisten ist untrennbar mit dem der ganzen Gemeinschaft verbunden.«[34] Unabhängig vom Inhalt einer afrikanischen Geschichte, sagt Soyinka, spricht aus ihr immer eine andere *Erfahrung*.

Soyinka ist ein ebenso kreativer Schriftsteller wie Kritiker. Im letzten Viertel des zwanzigsten Jahrhunderts war die Literatur- und Kulturkritik außerordentlich fruchtbar und außerordentlich kontrovers, vor allem auf drei zusammenhängenden Gebieten: dem der postkolonialen Kritik, der postmodernen Kritik und der Entwicklung der neuen Disziplin »Kulturstudien«.

Auf dem Gebiet der postkolonialen Kritik haben sich zwei Autoren besonders profiliert: Edward Said und Gayatri Spivak. Der Palästinenser Said, der der Fakultät der New Yorker Columbia University angehört, befasst sich in all seinen Arbeiten und besonders in seinen Studien *Orientalism* (1978), *Covering Islam* (1981) und »Orientalism Reconsidered« (1986) mit der Frage, wie »der Orient« im Westen und vor allem seit den Anfängen der »Orientstudien« im frühen neunzehnten Jahrhundert verstanden wird.[35] Er durchforstete die Schriften von Wissenschaftlern, Politikern, Romanciers (und sogar die Werke von Malern), angefangen bei Silvestre de Sacy und dessen 1806 veröffentlichter *Chrestomathie arabe*, über Gustave Flaubert, Arthur James Balfour und T. E. Lawrence bis hin zu den in den 1960er- und 1970er-Jahren veröffentlichten wissenschaftlichen Studien. Auf dem Umschlag seines Buches ist ein Junge zu sehen, nackt bis auf eine große Schlange, die sich um ihn windet; er steht auf einem Teppich, umgeben von einer Gruppe dunkelhäutiger, mit Gewehren und Säbeln bewaffneter Araber, die amüsiert gegen eine mit Arabesken und arabischen Schriftzeichen verzierte Kachelwand lehnen. Dieser Ausschnitt aus Jean-Léon Gérômes *Schlangenbeschwörer* (1870) illustriert exakt das, was Said zum Ausdruck bringen will: Dies ist ein imaginärer Orient, ein karikaturistisch simplifizierendes Stereotyp. Said glaubt, dass im Westen erfundene Orientstudien von den politischen Mächten korrumpiert wurden. Allein schon die Vorstellung, es gebe »einen Orient« im Sinne einer einheitlichen Entität, sei absurd und versuche diese aus so vielen Kulturen, Religionen und Ethnien bestehende, riesige Region zu verniedlichen. Nur so habe man eine Welt aus zwei ungleichen Teilen schaffen können, geprägt von Ungleichheit und Ungleichbehandlungen, deren Wurzeln allein im politischen (imperialen) Machtbedürfnis zu suchen seien. Allein schon im Begriff »geheimnisvoller Orient« komme die dämonisierende Vorstellung zum Ausdruck, dass alle »Orientalen« faul, hinterlistig und irrational seien. Said weist nach, dass mit de Stacys Versuch, die »Orientstudien« auf gleiche Stufe mit dem Studium der Antike zu stellen, die Idee popularisiert werden sollte, dass »der Orient« eine ebenso homogene Entität sei wie einst Griechenland oder Rom. Die Emma in *Madame Bovary* sehnt sich in ihrem langweiligen bürgerlichen Dasein nach dem Fremdartigen – nach lauter »orientalischen Klischees« wie Harems, Prinzessinnen, Prinzen, Sklaven, Schleiern, tanzenden Mädchen und Jungen, duftenden Scherbets, Salben und so weiter.[36] Joseph Conrad machte seine Heldin Alma in *Sieg* bereits durch diesen Namen unwiderstehlich für Männer, denn Mitte des neunzehnten Jahrhunderts löste dieser unweigerlich Phantasien über Tänzerinnen oder Prostituierte aus. Aber wie Said erklärt, bedeutet der Name *Alemah* im Arabischen »gebildete Frau«. Die ägyptische Gesellschaft pflegte Frauen so zu nennen, die als vollendete Rezitatorinnen von Dichtung berühmt waren. Selbst in jüngster Zeit, schreibt Said, habe sich die Situation kaum gebessert, wozu vor allem die arabisch-israelischen Kriege beigetragen hätten. Er zitiert aus einer Ausgabe des *American Journal of Psychiatry* aus dem Jahr 1972, in dem sich unter dem Titel »The Arab World« ein pensionierter Mitarbeiter des Geheimdienstes des amerikanischen Außenministeriums zu Wort meldet. Auf ganzen vier Seiten offeriert er ein Psychogramm von über 100 Millionen Menschen im Zeitraum von 1300 Jahren, das auf zwei verschiedenen Quellen basiert, nämlich auf zwei Büchern und zwei Zeitungsartikeln.[37] Am Beispiel solcher lächerlichen Versuche beweist Said, wie viel mehr Kenntnis der »orientalischen« Literatur nötig wäre (die, wie er bedauernd feststellt, an den Orient-Fachbereichen der westlichen Universitäten kaum vorhanden ist). Dezidiert befürwortet er auch Clifford Geertz' die Anthropologie gestellte Forderung nach einer »dichten Beschreibung« für den Fachbereich der internationalen Studien.[38] Aber ebenso wie Martin Bernals Ansichten über die afrikanischen Ursprünge der klassischen Kultur – davon wird im nächsten Kapitel die Rede sein – wurden auch Saids Argumente sogar von so hervorragenden Orientalisten wie Albert Hourani abgeschmettert.

Als Kritikerin, Inderin und Frau gehört Gayatri Chakravorty Spivak zu den prominentesten postkolonialen Schriftstellern. Den größten Einfluss aber übte sie vermutlich in ihrer Rolle als Herausgeberin der berühmten Zeitschrift *Subaltern Studies* aus. Mit dem hier auf passend ironische Weise verwendeten Begriff »subaltern« wurde auf die niederen, der Offiziersklasse untergeordneten Ränge in der britischen Armee angespielt, besonders natürlich in der britischen Imperial Army, wo »subaltern« so untergeordnet bedeutete, dass ein Untergebener sogar um Erlaubnis fragen musste, wenn er das Wort ergreifen wollte. Diese »Subaltern Studies« bieten nun eine revidierte Historiographie an, die versucht, eine alternative Geschichte Indiens darzustellen, eine neue Stimme zu sein, welche, vergleichbar den marxistischen Historikern Großbritanniens, diese Geschichte »von Grund auf neu« erzählt. Gayatri Spivak, die, wie Rushdie, Desai und so viele andere indische Intellektuelle ihr Leben zwischen Indien und dem Westen aufteilt, vereint in sich eine grundlegend feministische Weltanschauung mit dem neomarxistischen Touch eines Derrida und Foucault.[39] Die größte Errungenschaft dieser Gruppe war, dass sie sich Zugang zu den Unterlagen des Radsch erkämpfte, ohne die eine solche Revision unmöglich gewesen wäre, und anhand dieser neuen Fakten alles, was bislang als Erklärung für das Versagen der indischen Kultur herangezogen worden war, ins Gegenteil verkehren und Indien als ein dem britischen absolut ebenbürtiges System darstellen konnte.[40] Auch die so genannten »Meutereien« gegen die Briten haben »subalterne« Historiker einer Revision unterzogen. In den imperialen Berichten war immer nur von »Banden« und »Fanatikern« die Rede, deren Aufstände niedergeschlagen wurden.[41] In der neuen Historiographie werden sie hingegen unter den Aspekten der damals herrschenden Religions-, Ehe- und Sexualpraktiken sowie den ökonomischen Bedürfnissen des Imperiums erforscht und erklärt. Im Laufe der achtziger Jahre wurden fünf Bände *Subaltern Studies* unter großem Beifall der Forschung veröffentlicht. Allein ihnen ist zu verdanken, dass heute eine alternative Geschichtsschreibung über das »koloniale Wissen«, wie man es inzwischen nennt, existiert.[42]

*

In vieler Hinsicht lag der postkolonialen Bewegung – ganz zu schweigen von der postmodernen Sensibilität – etwas zu Grunde, das der amerikanische Kritiker Frederic Jameson *The Political Unconscious* nannte, wie der Titel seines 1981 veröffentlichen Buches lautete.[43] Die postkoloniale und postmoderne Kritik bezog einen Großteil ihrer Stärke aus denselben Argumenten, die Raymond Williams einige Jahre zuvor propagiert hatte, nämlich dass »ernste« Literatur nicht als etwas anderes verstanden werden dürfe als populäre Literatur, ebenso wenig wie man Kunst überhaupt nach solchen Prinzipien unterscheiden könne. Am deutlichsten wurde diese Position in zwei viel beachteten Artikeln der *New Left Review* vertreten: 1984 in »Postmodernism or The Cultural Logic of Late Capitalism« von Jameson und 1985 in *Against the Grain* von Terry Eagleton, einem Englischprofessor aus Oxford. Jamesons Argument lautete, dass es sich bei jeder Art von Ideologie um eine »Eindämmungsstrategie« handle, die es der Gesellschaft ermöglichen soll, »eine Erklärung über sich selbst anzubieten, welche die ihr zu Grunde liegenden Widersprüche unterdrückt«.[44] Die Gewissheiten, die der Roman des neunzehnten Jahrhundert vermittelte, seien dazu gedacht gewesen, der Mittelschicht zu versichern, dass die Ordnung ihres Klassensystems nicht gefährdet sei. Hemingways Romane hingegen, mit ihren sparsamen, kurzen Sätzen und dem obsessiven Machismo, mussten in exotische Länder verlagert werden, weil sie dem amerikanischen Selbstverständnis als komplexe, technologisch hoch entwickelte Gesellschaft einfach nicht entsprachen. Das zweite Hauptargument von Jameson lautete, dass die postmoderne Sensibilität Mitte der neunziger Jahre nicht mehr nur eine Weltsicht unter anderen darstellte, sondern als logische Konsequenz des Spätkapitalismus die vorherrschende.[45] In diesem späten Stadium, schrieb er, habe sich die Gesellschaft endgültig von der Teilung in Hochkultur und Massenkultur verabschiedet. Stattdessen sei eine Kultur entstanden, die heute viele Ältere als »heruntergekommen« verdammten, während sie von jüngeren Menschen begeistert angenommen werde – Kitsch, Schmalz, Pulp fiction und Fernsehen auf dem Niveau von *Reader's Digest*. Der Erste, der das begriffen habe, sei Andy Warhol gewesen. Worum es dabei aber eigentlich geht, ist laut Jameson die Erkenntnis des Spätkapitalismus, dass Kunst vor allem eine *Ware* ist, etwas, das man kaufen und verkaufen kann.

Eagleton argumentierte aus einer wesentlich aggressiveren marxistischen Position heraus. Aus der Unterteilung in »hohe« Kunst und Massenware spreche eine der ältesten Gewissheiten; und die Tatsache, dass diese unterminiert wurde, stütze nur das sozialistische Argument, weil damit »die rhetorischen Strukturen entlarvt wurden, denen zufolge sozialistische Werke politisch unwillkommene Wirkungen« hätten.[46] Im Spätkapitalismus, so Eagleton, wurden Waren zu Fetischen, auch die Ware Kunst. Damit entstand eine völlig neue ästhetische Kategorie.

Natürlich haben Kritiker wie Jameson und Stanley Fish, damals sein Kollege an der Duke University in North Carolina, der heute an der University of Illinois in Chicago lehrt, ihre Aufmerksamkeit nicht nur der Literatur, sondern auch anderen Medien gewidmet – Film, Fernsehen, Comics, Werbung, allesamt in ihrer eigenen Art Zeichensysteme[47]. So gesehen schufen sie im Verbund mit den frühen Arbeiten von Raymond Williams, mit dem Postkolonialismus, der postmoderne Literaturtheorie, den Theorien der französischen Autoren wie Barthes, Lyotard, Lacan, Derrida und Jean Baudrillard sowie mit der Anthropologie von Clifford Geertz die Grundlagen für die neue Disziplin »Kulturstudien«. Das ist zwar nicht das Gleiche wie Publizistik, aber letztlich entsprangen beide Disziplinen demselben Impuls. Die Grundidee hinter beiden lässt sich mit Jamesons Begriff des *political unconscious*, des politisch Unbewussten ausdrücken. Das heißt, imaginative Werke sind in keiner Weise »privilegiert«, um hier die beliebte Formel zu verwenden, sondern wie alles andere Produkte des jeweiligen Kontexts und der jeweiligen Umwelt. Und da auch sie den Kräften des Marktes unterliegen, haben sie unumgänglicherweise auch einen ideologischen oder politischen Aspekt. Das Ziel der Kulturstudien ist, diese versteckte Agenda sichtbar zu machen und damit eine der letzten Schichten des Selbst-Bewusstseins zu enthüllen.

Die Kulturstudien sind vor allem unter der älteren Generation umstritten, die noch mit der Idee aufwuchs, dass »ästhetische« Werte sui generis seien, dass sie sich aus sich selbst heraus nährten, unabhängig von allem anderen, und uns helfen würden, die »ewigen Wahrheiten« der menschlichen Existenz zu erkennen. An den Universitäten hingegen ist diese Disziplin sehr populär, was beweist, dass sie einem Bedürfnis von jungen Menschen entspricht (von einer reinen Mode lässt sich nicht mehr sprechen, dafür gibt es diesen Studiengang nun schon zu lange). Der Kern und zugleich umstrittenste Aspekt dieser Disziplin ist – zumindest im angelsächsischen Sprachraum – die Auseinandersetzung um Shakespeare. Keats hatte Shakespeare den »chief poet« genannt, den »begetter of our deep eternal theme«. Die neuen Shakespeareaner, wenn man sie einmal so nennen darf, argumentieren hingegen, dass der Bard of Avon zwar eine bemerkenswerte Zahl von bemerkenswerten Stücken geschrieben habe, diese aber nicht, wie Coleridge behauptete, zu allen Menschen an allen Orten in allen Zeiten sprechen können.

Die neuen Gelehrten argumentieren, dass Shakespeare, da er ja auch ein Mann seiner Zeit war, in den meisten, wenn nicht in allen seiner Dramen einen spezifischen politischen Kontext zum Ausdruck brachte. Und nicht nur das: In den beinahe vierhundert Jahren seit seinem Tod hätte ihn ein Establishment nach dem anderen für die eigenen, praktisch immer politisch rechts angesiedelten Zwecke benutzt. Mit anderen Worten: Shakespeare ist alles andere als eine objektive Quelle für grundlegende Weisheiten über die Natur des Menschen und wurde von weit Geringeren zu Propagandazwecken und der Förderung von bestimmten Weltanschauungen missbraucht. Mit der Betonung, dass Shakespeare ein Mann seiner Zeit war, wird zugleich ausgedrückt, dass seine Einsichten in die menschliche Natur nicht »fundamentaler« oder »profunder« oder »zeitloser« gewesen sein können als die eines jeden anderen, weshalb er seine Position als Fels, auf dem die englische Literatur baut, auch verwirkt habe. Für die kulturellen Materialisten, wie sie genannt werden, ist die Frage nach der Bedeutung Shakespeares gleichsam das Schlachtfeld der konkurrierenden Ansichten über Literatur und deren Relevanz für unser aller Leben.

Der erste konzertierte Angriff auf die Konvention wurde 1985 von Jonathan Dollimore und Alan Sinfield von der University of Sussex mit einem Buch geführt, dem sie den provozierenden Titel *Political Shakespeare* gaben.[48] Es enthält acht Essays von britischen und nordamerikanischen Gelehrten, die zeigen wollten – indem sie die Chronologie der Stücke mit den politischen Ereignissen der entsprechenden Zeit verglichen –, dass Shakespeare in der Tat nur ein Mann seiner Zeit war und weder die Geschichte noch die Politik oder gar die menschliche Natur transzendierte. Sofort veränderte sich die traditionelle Interpretation seiner Dramen radikal. *Der Sturm* zum Beispiel hatte plötzlich nichts mehr mit Kolonialismus und Amerika zu tun, sondern wurde zum Drama über Englands Probleme mit Irland. *Political Shakespeare,* mitten in den Thatcher/Reagan-Jahren veröffentlicht, löste seinerseits einen Sturm in der Fachwelt aus. Zwei Gutachter des Manuskripts hatten vehement gefordert, das Buch »unter gar keinen Umständen zu veröffentlichen«.[49] Und nachdem es dann doch veröffentlicht worden war, schrieb ein Rezensent: »Ein konservativer Kritiker... mag entsetzt zu der Schlussfolgerung gelangen, dass Shakespeare einem akademischen Aids erlag, weil sein Immunsystem der marxistischen, feministischen, semiotischen, poststrukturalistischen und psychoanalytischen Kritik tragischerweise nicht standhalten konnte.« Andere hielten es für ein bedeutendes Werk. Auch an den Universitäten erwies es sich als so populär, dass drei Neuauflagen in Folge gedruckt werden mussten. Annabel Paterson stellte in ihrer 1989 veröffentlichten Studie *Shakespeare and the Popular Voice* fest, dass Shakespeare bis Anfang des neunzehnten Jahrhunderts als politischer Dramatiker und Rebell betrachtet worden sei und erst Coleridge – besorgt, dass die Wellen der Französischen Revolution an die englische Küste schwappen könnten – aus eigenen politischen Beweggründen versucht habe, diese Sichtweise zu zerstören.[50] Jedenfalls löste diese Auseinandersetzung derart großes Interesse in Großbritannien aus, dass die *London Review of Books* Ende 1991 sogar eine Sonderausgabe über diese Kontroverse herausbrachte.

*

Die Stärke der amerikanischen Literatur, die für Marcus Cunliffe in den sechziger Jahren so deutlich wahrnehmbar war, trat nach den ersten beiden Nachkriegsdekaden noch deutlicher zu Tage. Am eindrucksvollsten war, dass sich die vertrauten Namen trotz so vieler neuer Talente halten konnten und sich ihr jeweiliger künstlerischer Ansatz als sehr widerstandsfähig erwies.

Der Dramatiker David Mamet zum Beispiel schrieb auch weiterhin in der wunderbaren amerikanischen Tradition von Eugene O'Neill, Tennessee Williams und Arthur Miller intime psychologische Dramen, deren »Handlungen« sich *in* den Charakteren abspielt und allein durch Sprache enthüllt. Über seine bedeutendsten Stücke *American Buffalo* (1975) und *Glengarry Glen Ross* (1983) wurde einmal gesagt, sie klagten eine Gesellschaft an, »in der die Moral des Business als Deckmantel für jede Art von krimineller Aktivität genutzt wird«.[51] In *Buffalo* planen ein paar armselige Gestalten einen Raub, den auszuführen sie absolut unfähig sind. Mamets Figuren sind von einer Sprachlosigkeit gezeichnet, die nicht nur die Ursache, sondern auch das Symptom ihrer Verzweiflung ist. Sein Schauplatz ist die moderne Stadt und die alle Lebensqualität zerstörenden Jobs, die sie hervorbringt, vor allem – das Echo von O'Neill und Miller – den Verkäufer oder Handlungsreisenden. In *Glengarry* versuchen sich die Angestellten eines Immobilienbüros mit dem kläglichen Optimismus ihrer Branche, der ihre stille Verzweiflung übertünchen soll und den Zuschauer schmerzlich berührt, gegenseitig im Wettkampf um die meisten Abschlüsse auszustechen. Nur so können sie vermeiden, sich ihre eigene, wahre Natur vor Augen zu führen.

Mamets Bedeutung als Künstler, der seinen Weg in den Siebzigerjahren begann, liegt in seiner Reaktion auf die postmoderne Welt, auf den Zusammenbruch alter Gewissheiten. Während Peter Brook mit seiner Freude am Multikulturellen selbst zum Bestandteil der neuen Stimmung geworden war und der britische Bühnenautor Tom Stoppard ihr deutlich etwas entgegenzusetzen versuchte, indem er versicherte, dass es objektive Wahrheiten wie Gut und Böse *gibt* und der Relativismus auf seine Weise selbst böse sei, betrachtete Mamet die Welt um sich herum mit der altmodischen Skepsis von Eliot.[52] Er folgte der von O'Neill begründeten Tradition, Amerika als »einen kolossalen Misserfolg« zu betrachten, und erneuerte sie.[53] Seine Theaterstücke sind *Theater*stücke, weil er den Massenmedien misstraut. »Die Massenmedien«, schrieb er in seinen Memoiren, »korrumpieren das menschliche Bedürfnis nach Kultur (eine Mischung aus Kunst, Religion, allegorischem Schauspiel und Drama – eine Feier unseres gemeinsam geführten Lebens) und verbuttern es zu Unterhaltung, wobei sie alles marginalisieren, was für die Massen nicht unmittelbar attraktiv ist, weil ihm der ›Geruch von Kultur‹ anhaftet oder weil es von nur ›begrenzter Anziehungskraft‹ ist ... Der *information superhighway* scheint Vielfalt zu versprechen, wird aber alles, was nicht augenblicklich attraktiv auf die Masse wirkt, marginalisieren oder trivialisieren. Noch überleben die Visionen von Modigliani, Samuel Beckett, Charles Ives, Wallace Stevens als *Kultur* in einer Gesellschaft, die sie niemals als Kunst akzeptiert hätte ... Die Massenmedien – und ich beziehe hier die Computerindustrie ein – verbünden sich, um unser Bedürfnis nach Gemeinschaft zu pervertieren ... Wir lernen zu glauben, dass wir so etwas wie Weisheit, Gemeinschaft, Provokation, Suggestion, Läuterung, Aufklärung nicht brauchten – dass wir nur der Information bedürften, als sei das Leben für jedermann ein Paket mit Bauteilen, für die uns Konsumenten nur die Aufbauanleitung fehlt.«[54]

John Updike verfolgte seit *Poorhouse Fair* im Jahr 1959 mit über dreißig Buchveröffentlichungen die kleinen und großen Themen des weißen Mittelstandsamerika. In *Ehepaare* (1968*), *Heirate mich* (1976) und *Das Gottesprogramm. Rogers Version* (1986) befasste er sich mit den Themen Sex und Fremdgehen, »den Zwielichtern der alten Moral«. In *Henry Bech* (1970) betrachtete er das kommunistische Osteuropa durch die Augen eines jüdisch-amerikanischen Reisenden, was zu wundervollen Vergleichen der großen gegnerischen Imperien des Kalten Krieges führte. Und in *Die Hexen von Eastwick* (1984) knöpfte er sich den Feminismus und Puritanismus in den USA vor. Doch die bei weitem größte Aufmerksamkeit gebührt seiner »Rabbit«-Tetralogie: *Hasenherz* (1960), *Unter dem Astronautenmond* (1971), *Bessere Verhältnisse* (1981) und *Rabbitt in Ruhe* (1990).[55] Harry »Rabbit« Angstrom war einst Profi-Basketballer, war einst jung und romantisch, doch nun ist er gefangen in den Banalitäten des Ehelebens. Rabbit ist das bewusste Gegenstück zu »Babbitt«, das heißt Updike betrachtet seinen Helden als den natürlichen Epigonen von Sinclair Lewis' Mann aus Zenith. Doch die Welt hat sich weiterbewegt, Rabbit lebt an der Ostküste und nicht im Mittleren Westen, er fühlt sich in New York und Connecticut auch mehr zu Hause. Seine Welt ist die der mit technischem Schnickschnack voll gestopften Wohnungen, der Waren – auch die der Kunst –, des materiellen Überflusses und der geistigen Armut. Rabbit und sein Kreis, denen es an nichts mangelt, was das Leben angenehm macht, versuchen die aufregenden Reize ihrer Jugendzeit wieder zu finden. Sie gehen Affären ein, besuchen Kunstkurse, trinken im-

* Anm. d. Ü.: Dieses Datum und alle folgenden Daten beziehen sich auf das Jahr der amerikanischen Ersterscheinungen.

mer teurere Weine und begeben sich auf immer pompösere Reisen. Aber dem Gefühl, dass sie in einem dem Untergang geweihten Zeitalter leben, dem nichts Heroisches, nichts Strahlendes mehr anhaftet, können sie damit nicht entkommen. Mit jedem Buch wird der »instinktive Realismus« der Figuren deutlicher, suchen sie immer verzweifelter nach Epiphanien, die ihrem Leben Bedeutung verleihen könnten. Das Schicksal der Charaktere in den Rabbit-Büchern ist, dass sie die Öde der Postmoderne betreten, ohne es zu wissen. Updike bringt uns auf die Idee, dass auf ebendiese Weise die soziale Evolution stattfindet.[56]

Saul Bellow wurde mit der beneidenswerten Äußerung geehrt – vielleicht noch schmeichelhafter als der Nobelpreis, den er 1976 erhielt –, dass er mindestens ein Meisterwerk alle fünf Jahre zu schreiben pflege. Zu diesen Meisterwerken gehören *Der Mann in der Schwebe* (1944), *Der Regenkönig* (1959), *Herzog* (1964), *Humboldts Vermächtnis* (1975), *Der Dezember des Dekans* (1982) und *Mehr noch sterben an gebrochnem Herzen* (1987).[57] Der 1915 in Kanada als Sohn jüdischer Einwanderer geborene Bellow wuchs in Chicago auf, deshalb sind auch die meisten seiner Romane dort oder in New York angesiedelt, in jedem Fall aber in Großstädten. Doch dies ist nicht die Welt von Updike. Bellows Figuren sind zumeist Juden und eher Schriftsteller oder Akademiker als Geschäftsleute; sie reflektieren mehr und fühlen sich von der Massenkultur und der Massengesellschaft der Großstädte auch eher überwältigt. Und sie setzen diesem Gefühl einen von Kafka, Sartre und Camus beeinflussten Hunger nach Metaphysik entgegen.[58] Im *Mann in der Schwebe* sagt der Protagonist, dass er noch immer gern die Antwort auf die Frage wüsste, wie ein guter Mensch leben solle und was er überhaupt tun könne. In den *Abenteuern des Augie March* (Orig. 1953) sagt der Held: »Aber das Wesen eines Menschen ist sein Schicksal – sagte Heraklit –, und am Ende kann doch nichts über die wahre Natur dessen, was da pocht, hinwegtäuschen, weder spielerische Lautmalerei der Fingerknöchel gegen die Tür noch Glacéhandschuhe.«[59] In allen Büchern von Bellow geht es um das, »was da pocht«, um das Wesen dessen, was das Ich mit dem anderen, mit der Gemeinschaft, der Gesellschaft verbindet. Welche Art von Gesellschaftsvertrag geschlossen wird, das ist für Bellow die entscheidendste Frage, das fundamentale Problem der Politik, der tiefste Widerspruch des Kapitalismus, das wichtigste Phänomen, dem sich die Wissenschaft noch nicht einmal anzunähern begann, *die* Frage, zu deren Beantwortung auch Religion und Glaube nichts Autoritatives beitragen können.[60] Mit *Herzog* wird uns ein Charakter vorgestellt, der entschlossen ist, sich dem gerade herrschenden Nihilismus nicht zu beugen; *Humboldts Vermächtnis* erzählt von einem Mozart des Geschwätzes, einem brillant redseligen Dichter, der arm wie eine Kirchenmaus stirbt, während sein postmoderner, konsumbesessener Schützling reich wird. Im *Dezember des Dekans* besucht Dekan Albert Corde aus Chicago – aus dem freien Westen also, was in diesem Fall Gewalt, Krebs und postmodernes Chaos bedeutet – die noch hinter dem Eisernen Vorhang liegende Stadt Bukarest, wo es noch intakte Familien und lebendiges Familienleben gibt. Ständig sieht er sich gezwungen, sein Wissen um das verzweifelte Leben in einer westlichen Großstadt mit den Gewissheiten des astrophysischen Universums zu vergleichen, das das alltägliche Brot seiner rumänischen Frau ist. Das Aphoristische am Titel *Mehr noch sterben an gebrochnem Herzen* ist, dass er eigentlich lauten müsste: Mehr noch sterben an gebrochnem Herzen als an Verstrahlung. Auf idiosynkratische, aber tragische Weise werden dem Leser die Grenzen der Wissenschaft vorgeführt. Und doch ist das Buch eine Komödie. Die Galerie von Bellows literarischen Figuren, vom »schwebenden Mann« über »Augie March« und »Henderson« weiter zu »Herzog« und über »Humboldt« zum »Dekan«, durchleben zutiefst menschliche und von Details wimmelnde Tragödien und Epiphanien. Bellow bietet ein intellektuelles und künstlerisches Œuvre, das in der zweiten Hälfte des zwanzigsten Jahrhundert seinesgleichen sucht.

*

Anfang der neunziger Jahre begann auch eine eigenständige Literatur der amerikanischen Ureinwohner zu erscheinen. Zu den kommerziell wie in der Kritik erfolgreichsten gehören *Keeping Slug Woman Alive. Approaches to American Indian Texts* (1993) und *Grand Avenue* (1994), beide von Greg Sarris.[61] Sarris, der amerikanisch-indianisch-philippinisch-europäisch-jüdischer Abstammung ist, ist der gewählte Häuptling des Miwok-Stammes und Englischprofessor an der University of California in Los Angeles und damit sozusagen der ultimative postmoderne multikulturelle Mensch, die logische nächste Stufe der amerikanischen Entwicklungsgeschichte. Er, oder jemand wie er, könnte zur neuen, bedeutenden, literarischen Stimme des beginnenden einundzwanzigsten Jahrhunderts werden. Aber Bellow hat einen Standard gesetzt, an dem jedes neu am Horizont auftauchende Talent gemessen werden wird.

41
Kulturkriege

Im September 1988 versammelten sich alle möglichen Wissenschaftler in Chapel Hill auf dem Campus der Universität von North Carolina, um über liberale Erziehung und Ausbildung zu diskutieren. Normalerweise sind Konferenzen eine friedliche Angelegenheit – nicht diese. Was die Delegierten hier veranstalteten, erinnerte einen Berichterstatter der *New York Times* an die tägliche Pflichtübung der Bürger in Orwells *1984*, zwei Minuten lang das Porträt von Goldstein, den man nur als »Widersacher des großen Bruders« kannte, zu beschimpfen. Auch in Chapel Hill empörte sich »ein Redner nach dem anderen« über eine kleine Gruppe von abwesenden »Kulturkonservativen«, die, nach den Worten von Stanley Fish, einem Englischprofessor der Duke University, einen »schwer verdaulichen Angriff auf die Menschheit« gestartet hatten und für die man, wie der *Times*-Reporter schrieb, nur Hohn und Spott übrig hatte. Obwohl man ihre Namen nicht erfuhr (vielleicht hatte die Zeitung Angst vor einer Anzeige wegen übler Nachrede), wusste jeder, wer gemeint war.[1] Der größte »Widersacher« hieß Allan Bloom und war Codirektor des *John M. Olin Center for Inquiry into the Theory and Practice of Democracy* an der Universität von Chicago, wo er als Professor auch dem »Komitee für soziales Denken«* angehörte. Noch wichtiger als diese Tatsache aber war sein im Jahr zuvor veröffentlichtes Buch *The Closing of the American Mind*, das die akademische Welt in den USA in hellste Aufregung versetzt hatte und dann binnen kurzem aus dem Getto der Gelehrten, an die es gerichtet war, ausgebrochen war und Bloom landesweit prominent (und zum Millionär) gemacht hatte.[3] Es wurde im Magazin *Time*, in der *Washington Post*, dem *Wall Street Journal*, der *Los Angeles Times* und der *New York Times* rezensiert und von Ikonen wie Conor Cruise O'Brien, Saul Bellow oder Arthur Schlesinger, je nachdem, geliebt oder gehasst.

Blooms These war schlicht, aber atemberaubend, auch wenn er das

* Das »Committee on Social Thought« war, um hier Harold Rosenbergs Formulierung zu verwenden, ein »Rudel unabhängiger Geister«, ein Bündnis von sozial engagierten Intellektuellen der Chicagoer Universität, dem außer Rosenberg selbst auch Saul Bellow und Edward Shils angehörten.

selbst ganz anders sah. In seinen langen Jahren als Hochschullehrer hatte er die Beobachtung gemacht, dass sich zwischen 1950 und Mitte der Achtzigerjahre nicht nur die Studenten der amerikanischen Universitäten geändert hatten, sondern auch die Universitäten selbst. Und er machte keinen Hehl daraus, von welch großem Übel er diesen Umschwung in praktisch jeder Hinsicht fand. In den Fünfzigerjahren, schrieb er, hätten die amerikanischen Universitäten dank eigener Talente und dank der vor dem Totalitarismus in Europa geflohenen Intellektuellen zu den besten der Welt gehört. In den Sechzigerjahren, nach fast zwei Jahrzehnten des Wohlstands, seien die Studenten abenteuerlustig, aber zugleich ernst gewesen, sie hätten Ideale gehabt und einen intellektuellen Hunger, »der eine elektrisierende Atmosphäre an den Universitäten schuf«.[3] Doch dann, Ende der Sechzigerjahre, hatte Bloom plötzlich sowohl unter den neu eingeschriebenen als auch den älteren Semestern an der Universität einen deutlichen Rückgang an Bildung festgestellt. Seither versuchte er die Schuldigen für diesen gefährlichen Niedergang der Kultur in den USA zu finden und an den Pranger zu stellen. Zuerst verschoss er sein Gift gegen die Rockmusik, die er barbarisch fand, weil sie sich ausschließlich an die Jugend wandte und dabei von nichts anderem als Sex, Hass und einer »widerlichen, hypokritischen Version von Bruderliebe« sprach.[4] An der Rockmusik, schrieb er, sei nichts Edles, Sublimes, Profundes oder Zartes: »Ich glaube, dass sie die Phantasie junger Menschen zerstört und es ihnen sehr erschwert, Leidenschaft für die Kunst und das Denken zu entwickeln, das Wesen einer liberalen Ausbildung.« Sein Zorn galt auch den Drogen, dem Feminismus, den neuen Psychologien und dem leidenschaftlichen Eintreten der Jugend für allgemeine Gleichheit, insbesondere für die Gleichbehandlung der Rassen.[5]

Nachdem er seine Beobachtungen über das veränderte Klima unter den Studenten geschildert hatte (wobei er sich nur auf die USA bezog, obwohl man ähnliche Entwicklungen überall beobachten konnte), wandte er sich im zweiten Teil seines Buches den größeren Fragen zu – den großen Worten, die uns ängstigen, wie James Joyce einmal sagte: »Ich«, »Kreativität«, »Kultur«, »Werte« oder »unsere Ignoranz«. Bloom wollte deutlich machen, dass sich auf diesem Gebiet nicht das Geringste verändert habe, ganz egal, wie sehr sich die Studenten selbst geändert hätten oder wie sehr sie glaubten, dass sich die Welt um sie verändert habe. Den Beweis trat er an, indem er zeigte, dass uns seine geliebten alten Philosophen – Platon, Aristoteles, Rousseau und besonders Locke – noch immer etwas zu sagen haben, dass sie uns noch immer »weise« machen und zutiefst bewegen können. Er versuchte nachzuweisen, dass viele Ideen, die die Sozialwissenschaften entdeckt zu haben glaubten, vor allem von den deutschen Philosophen Hegel, Kant, Nietzsche, Weber, Husserl und Heidegger längst eingeführt worden seien und dass für die Freiheit und die Vernunft – zwei

Dinge, die so viele als gegeben nähmen – in Wort und Tat gekämpft worden sei[6]. Wahre Kultur – im Gegensatz zur Drogenkultur oder Straßenkultur – besitze eine tiefere, eine wohlbegründete und *erarbeitete* Qualität, die immer auf das *Gute* weise. Bloom wollte beweisen, dass es eine Einheit des Wissens gibt, »welche mit dem Begriff Weisheit Hand in Hand geht«. Ernsthaftigkeit im Leben, schrieb er, bedeute, sich der Alternativen bewusst zu sein, die sich uns an den großen Scheidewegen stellen: Vernunft versus Offenbarung, Freiheit versus Notwendigkeit, Gut versus Böse, Ich versus der andere usw. »Genau darum geht es in der Tragödie.« Im dritten und letzten Teil des Buches attackierte er dann die Universitäten selbst, weil sie ihre Pflicht vernachlässigt hätten, Inseln der Vernunft und der Autonomie in einer Welt anzubieten, die immer mehr *political correctness* fordere. »Das Wesen der Philosophie ist die Abschaffung jeglicher Autorität zu Gunsten der individuellen menschlichen Vernunft … [Die Universität] muss die öffentliche Meinung verachten, weil sie den Samen der Autonomie in sich trägt – nämlich die Suche nach oder gar die Entdeckung der von der Natur gegebenen Wahrheit. Sie muss sich auf Philosophie, Theologie und die Klassiker der Literatur konzentrieren, auf Wissenschaftler wie Newton, Descartes und Leibniz, weil diese die umfassendsten wissenschaftlichen Visionen anbieten und ihr Handeln in einen Bezug zur Ordnung der Gesamtheit aller Dinge stellen. Universitäten müssen helfen, das zu bewahren, was in einer Demokratie am ehesten vernachlässigt wird.«[7] Harte Worte fand Bloom für die sechziger Jahre per se (»Barbaren ante portas«), oder auch für seine Universitätskollegen, weil sie dem Druck der Studenten nachgaben, oder für die »neuen« sozialwissenschaftlichen Disziplinen (»Teile ohne ein Ganzes«), aber vor allem für den *Master's degree in business administration* (M.B.A.), den er als »eine große Katastrophe« bezeichnete, weil ein solcher Abschluss das Leben nach dem Studium niemals so radikal verändern könne, wie es von einer angemessenen Ausbildung zu erwarten sei.

Mit solchen Äußerungen verärgerte und irritierte Bloom natürlich eine Menge Leute. Doch am meisten erzürnte er seine Kollegen aus den geisteswissenschaftlichen Disziplinen. Mit aller Vehemenz vertrat er die Idee – was wieder einmal an F. R. Leavis und Lionel Trilling erinnerte –, dass eine Universität vor allem die Heimstatt der Geisteswissenschaften sei, beziehungsweise dass nur »das Studium von Hochkultur, insbesondere der griechischen, die notwendigen Vorbilder für heute geforderte Leistungen« bieten könne.[8] Nur von den alten Philosophen, Romanciers und Dichtern, also ganz allgemein von den Autoren »großer Bücher«, könnten wir etwas lernen. Dass sie bis heute überlebt haben, sei schließlich kein Zufall: Diese Ideen hätten sich ganz einfach als die stärksten im Kampf ums Überleben erwiesen.

Bloom löste einen gewaltigen Sturm aus. Die Konferenz von Chapel

Hill propagierte genau das, wogegen sich Bloom zur Wehr setzte: Die Konferenzteilnehmer sprachen sich klar und deutlich gegen eine »engstirnige, überholte Interpretation von Geisteswissenschaft und Kultur an sich« aus, die sich auf Werke beruft, die, wie die Teilnehmer gern und oft betonten, alle von »toten, weißen europäischen Männern« stammten. Die amerikanische Gesellschaft habe sich viel zu stark verändert, sodass dieses Weltbild nicht länger dominieren könne. »Schwarze, Frauen, Latinos und Homosexuelle fordern die Anerkennung ihres jeweils eigenen Kanons«, fügte Professor Fish hinzu. »Alle Projekte wie das von… Bloom orientieren sich rückwärts, versuchen eine frühere Version der amerikanischen Kultur wieder zu beleben, die der Vorstellung von einem ethnischem Karneval oder einem Festival der Kulturen und von [anderen] Lebensweisen oder Gebräuchen vollständig widerspricht.«[9]

An diesem Punkt waren wir schon einmal. Allan Blooms Buch ist zwar viel länger als T. S. Eliots *Beiträge zum Begriff der Kultur* und auch leidenschaftlicher und eloquenter geschrieben, doch die Überschneidungen in der Argumentation sind deutlich. Das, was sich unterscheidet, spiegelt nur, was sich in den vierzig dazwischen liegenden Jahren so stark gewandelt hat, ob es nun um die Lage von Minderheiten, die Universitäten oder die Politik geht. Aber das bedeutete auch, dass auf Blooms Thesen andere Reaktionen erfolgten als auf Eliots Essay. Man reagierte, um das Mindeste zu sagen, ausgesprochen gedämpft.

*

Viele forderten Bloom zum Kampf, doch 1994 erhielt er von sehr einflussreicher Seite Unterstützung, nämlich von seinem Namensvetter Harold Bloom aus Yale, der in seinem Buch *The Western Kanon* kaum weniger kompromisslose Ansichten vertrat.[10] Er holte darin zum Schlag gegen den Feminismus, Marxismus, Multikulturismus, Neokonservatismus, Afrozentrismus und die postmodernen Kulturmaterialisten aus – jedenfalls so weit sie mit großer Literatur zu tun hatten – und behauptete, alles sei zerfallen aus welchen Gründen auch immer, das Zentrum habe nicht gehalten, und nun stünde reinste Anarchie im Begriff, über die so genannte »akademische Welt« hereinzubrechen. Im großen Stil belegte er ausführlich, dass es in der Tat so etwas wie einen *ästhetischen* Wert im Leben gibt. »Im Laufe eines Lebens mit Büchern« habe er festgestellt, dass dieser ästhetische Aspekt etwas Autonomes sei, das sich weder auf Ideologie noch Metaphysik reduzieren lasse: »Die ästhetische Kritik führt uns zur Autonomie einer imaginativen Literatur und zur Souveränität einer einsamen Seele zurück, zum Leser, nicht im Sinne eines Mitglieds der Gesellschaft, sondern im Sinne eines tiefgründigen Ich, zu unserer absoluten Innerlichkeit… Der ästhetische Wert wird aus der Erinnerung geboren und damit (wie Nietzsche wusste) aus dem Schmerz, den es bereitet, wenn man einfachere Vergnügen zu Gunsten von sehr viel schwierigeren aufgibt.«[11]

Nachdem er erklärt hatte, dass er das gegenwärtige Zeitalter für »das schlimmste aller Zeiten für die Literaturkritik« hielt, begann er seinen eigenen westlichen Kanon aufzustellen und zu verteidigen, bestehend aus sechsundzwanzig Autoren, die er für jeden, der an Literatur interessiert ist, als unerlässlich ansah. Allerdings gab er dazu folgende »Gesundheitswarnung« ab: »Die tief gehende Beschäftigung mit diesem Kanon wird einen weder zu einem besseren noch zu einem schlechteren Menschen, weder zu einem nützlicheren noch einem schädlicheren Bürger machen. Der Dialog des Geistes mit sich selbst ist primär keine soziale Realität. Alles, was einem der westliche Kanon einbringen kann, ist, dass man lernt, aus der eigenen Einsamkeit angemessenen Nutzen zu ziehen, aus einer Einsamkeit, deren Endform die Konfrontation mit der eigenen Sterblichkeit ist.«[12] Im Zentrum von Blooms Kanon steht Shakespeare, »der größte Schriftsteller, den wir je kennen werden«. Im Laufe des Buches kehrte er immer wieder zu den Einflüssen zurück, die auf Shakespeare selbst eingewirkt haben und die er auf alle nach ihm ausübte. Besonders viel Aufmerksamkeit widmete er den großen Tragödien *Hamlet*, *König Lear*, *Othello* und *Macbeth*, aber auch Falstaff, dem seiner Meinung nach vielleicht bedeutendsten Charakter, der jemals erfunden wurde, weil Shakespeare uns durch ihn die »Psychologie der Veränderlichkeit«, erfahren lasse und er »die eigene Wandelbarkeit auf der Grundlage des sich selbst Zuhörens« darstelle.[13] Das Kriterium für die Aufnahme in Blooms Kanon ist eine Merkwürdigkeit, einer Andersartigkeit von so monumentaler Originalität, dass »wir sie uns niemals ganz einverleiben können«, die andererseits jedoch so sehr »zum Gegebenen wird, dass wir ihren Idiosynkrasien gegenüber blind werden«. Auf Shakespeare folgen in seiner Liste Dante, Chaucer, Cervantes, Milton, Montaigne und Molière, Goethe, Wordsworth und Jane Austen. Ins Zentrum des amerikanischen Ka nons stellt er Walt Whitman und Emily Dickinson; Dickens' *Bleak House* und Eliots *Middlemarch* sind seine kanonischen Romane; auch Tolstoj, Ibsen, Joyce, Woolf, Kafka, Borges und Neruda erachtet er einer Aufnahme wert. Beckett, Joyce und Proust lässt er allerdings nur im Rückbezug auf Shakespeare gelten. In einem Kapitel behauptet er, dass uns Shakespeare, »der bedeutendste Psychologe der Weltgeschichte«, auch weit mehr über Freud sagen könne, als dieser es jemals über Shakespeare konnte. Tatsächlich weist Bloom mit großer Scharfsinnigkeit anhand von einigen weniger berühmten Schriften Freuds nach, dass er (der sein ganzes Leben lang Shakespeare im Original gelesen hat) sich seiner Schuld gegenüber dem Bard of Avon durchaus selbst bewusst gewesen sei.[14] Während Bloom also Freud als großen Stilisten anerkennt, bewertet er die psychoanalytische Weltanschauung als eine Art von Schamanentum, »eine uralte globale

Heilkunst«; darum sei, so sein Fazit, das Schicksal der Psychoanalyse vermutlich auch besiegelt. Wenn Bloom den Feminismus, Multikulturismus und Afrozentrismus als Annäherungsweisen an die Literatur verwirft, weil eine solche Assimilation immer nur eine *persönliche* und keine ideologische Angelegenheit sein könne, sieht er sich nicht als Ethnozentriker, sondern betont im Gegenteil, dass alle großen Schriftsteller subversiv seien. Und er verweist auch darauf, dass die Kultur eines Dante oder Cervantes viel weiter von der amerikanischen Ostküstengesellschaft des zwanzigsten Jahrhunderts entfernt sei als die der lateinamerikanischen Gesellschaft oder der nordamerikanischen Schwarzen im zwanzigsten Jahrhundert.

Ein Kanon, schreibt Bloom, könne niemals in Stein gemeißelt werden, doch mit dem Versuch, ihn aufzustellen, ergebe sich wenigstens ein gewisses Maß an Konkurrenz, das die Menschen zwingt, *nachzudenken* und eine Entität gegen die andere zu gewichten: Der Mensch – der Leser – erweitere damit seine Einsamkeit. »Ohne den Kanon hören wir auf zu denken. Man kann den Wechsel von ästhetischen Standards durch ethnozentrische und geschlechtsspezifische Kriterien zwar endlos idealisieren und dabei in der Tat bewundernswerte soziale Ziele verfolgen, doch schließlich kann sich nur Kraft mit Kraft paaren, wie Nietzsche unermüdlich bewiesen hat.«[15] Von Bloom stammt auch der Begriff der »Angst vor dem Einfluss«, womit er meinte, dass alle Schriftsteller von anderen großen Schriftstellern beeinflusst würden und deshalb die Schriften ihrer Vorgänger kennen müssen. Deswegen werde imaginative Literatur noch nicht zu wissenschaftlicher Literatur im Sinne einer kumulativen Tätigkeit, jedenfalls nicht unmittelbar. Allerdings lege es in der Tat nahe, dass sich spätere Werke zumindest in einem gewissen Umfang immer aus früheren Werken entwickelten. Das sei nicht Evolution im klassischen biologischen Sinne, doch wenn man die Kämpfe betrachte, die mit der Aufstellung eines Kanons einhergehen, dürfe man zumindest annehmen, dass die Entwicklung von imaginativer Literatur auch nicht von reinen Zufällen abhängt.

*

Dass die Blooms zu Gegenangriffen herausforderten, war klar. Und die erfolgten dann auf unterschiedlichste Weise, hatten aber meist eines gemein: Während die Blooms jeweils eine sehr persönliche Polemik in einem streitbaren, ironischen und manchmal sogar elegischen Stil geschrieben hatten, waren die Reaktionen wesentlich prosaischer und »mehr aus Kummer denn Zorn« geschrieben. Außerdem pflegten die Kritiker ihren Widerspruch auf wissenschaftliche Erkenntnisse zu stützen.

Lawrence Levines *The Opening of the American Mind* erschien 1996.[16] Levine, Professor emeritus für Geschichte an der University of California at Berkeley, hatte zuvor ein Buch mit dem Titel *Highbrow, Lowbrow* veröffentlicht, in dem er der Geschichte Shakespeares in den Vereinigten Staaten nachgegangen und zu dem Schluss gekommen war, dass die »Hochkultur« vor dem neunzehnten Jahrhundert allen Klassen und vielen unterschiedlichen Ethnien zugänglich gewesen sei. Erst in der zweiten Hälfte des neunzehnten Jahrhunderts habe, insbesondere auf Shakespeare und die große Oper bezogen, ein Prozess der »Sakralisierung« stattgefunden, welcher die Unterscheidung in »high« und »low« nach sich zog. In *The Opening of the American Mind* vertrat er nun Folgendes: Erstens, dass der Kampf um den Kanon und das Curriculum schon seit über einem Jahrhundert tobte und die Blooms folglich nichts Neues vorgebracht hätten; solche Kämpfe seien ganz einfach unvermeidlich, wenn sich eine Nation verändert und neu definiert. Außerdem wollten sich die Minderheiten, ethnischen Gruppen oder Immigrantengemeinschaften von einem Kanon, wie ihn Allan und Harold Bloom propagierten, gar nicht verabschieden, sondern diesem vielmehr eigene Werke hinzufügen, in denen sich ihre eigenen Erfahrungen spiegelten, die bislang völlig außer Acht gelassen worden waren.[17] Hinzu komme, dass ein so eng begrenzter Kanon in einem Land wie den USA – in dem es nicht nur viele Einwanderer gibt, viele unterschiedliche rassische und ethnische Gruppen, sondern dem im Vergleich zu beispielsweise Frankreich auch jede zentrale Tradition fehlt – überhaupt keinen Sinn ergebe, da er die Bedürfnisse aller Gruppen mit unterschiedlichen Erfahrungen nicht berücksichtige. Levine verteidigt die Universitäten, weil sie zumindest versuchten, der veränderten Sozialstruktur Amerikas gerecht zu werden und nicht stur einer Vergangenheit anhingen, die in der Form, in der sie dargestellt wird, vielleicht nie existiert habe. Sein originellster Beitrag zu dieser Auseinandersetzung aber war der Hinweis, dass die Idee eines Kanons »großer Literaturwerke« oder »westlicher Kultur« zumindest in den Vereinigten Staaten nur auf eine sehr kurze Zeit zurückgreifen konnte, weil diese Idee überhaupt erst nach dcm Ersten Weltkrieg aufgetaucht sei und bereits nach dem Zweiten Weltkrieg wieder ihren Rückzug angetreten habe. Er verweist darauf, dass »moderne« Schriftsteller wie Shakespeare und Walt Whitman »erst nach langen und ebenso intensiven und entzweienden Kämpfen wie den heutigen einbezogen wurden«. Bei der Sichtung von Schriften zur Universitätsausbildung im frühen neunzehnten Jahrhundert hatte er zum Beispiel einen Text von James Freeman Clark gefunden, der sich nach seinem Abschluss mit einem A.B. 1829 in Harvard darüber beschwert hatte, dass »kein Versuch unternommen wurde, uns für unsere Studien zu interessieren. Man erwartete von uns, durch Homer zu waten, als sei die Ilias ein Sumpf… Wir erfuhren nichts über das Strahlende und die Grandeur, über die Zartheit und den Charme dieses unsterblichen Epos. Niemand machte uns je auf die Melodie der Hexameter aufmerksam.«[18] Im Winter 1995 führte Charles William Eliot, der 1869 die Präsidentschaft von Harvard übernommen hatte, eine berühmte Debatte mit James McCosh, dem Präsidenten von Princeton, über die Vorzüge von Diversität gegenüber Uniformität. Eliot argumentierte, dass eine Universität »die alten Schätze der Bildung zwar nicht vernachlässigen darf, aber ein wachsames Auge auf neue Erkenntnisse haben muss und dazu verpflichtet ist, ihre Studenten zu ermuntern, nicht nur auf den ausgetretenen Pfaden, sondern auch auf den neu angelegten zu wandeln«. Die Columbia University begann 1921 mit ihren berühmten Seminaren, »die die Idee von großen Werken mit einer aristotelischen, die Ordnung und Hierarchie betonenden Scholastik vereinigten«. Das Problem war nur die Frage, was man tun sollte, damit auch die amerikanische Literatur der Aufnahme in den Kanon für wert befunden wurde. 1920 schrieb der Englischprofessor Lane Cooper von der Cornell University beispielsweise an einen Kollegen: »Ich habe mein Bestes getan, damit Seminare über amerikanische Literatur nicht allzu sehr ins Kraut schossen,« weil sie nur »Schaden anrichteten, indem sie ... die Aufmerksamkeit von besserer Literatur ablenkten ... Zu meiner Zeit an der Rutgers wurde amerikanische Literatur überhaupt nicht gelehrt.«[19] Levine selbst zitiert den Zweiten Weltkrieg als größten Mitverursacher dieses Wandels, wobei er Alfred Kazins Studie *On Native Grounds* (1942) eine besonders große Rolle zuschreibt, nicht nur weil er eine enorme Anzahl von imaginativen Schriften zusammengetragen hatte, sondern auch die bemerkenswert »Erfahrung der nationalen Selbstfindung« schilderte, von der die Zeit der Wirtschaftskrise geprägt war und die durch die Tatsache, dass Amerika plötzlich »als Hochburg der abendländischen Kultur in einer vom Faschismus überwältigten Welt« aufgetaucht war, noch an Bedeutung gewann.[20] Levine setzte sich nicht gegen einen Kanon als solchen zur Wehr, sondern gegen dessen angebliche Unveränderlichkeit, wie er ohnedies gegen das Prinzip Unveränderlichkeit per se eintrat. Außerdem erkannte er, dass die amerikanische Erfahrung insofern grundlegend anders war als die anderer Staaten, als die USA eine Einwanderernation ohne nationale Kultur sind, auch wenn das so mancher Gelehrte abstreiten mag. Er führt als Beleg den berühmten Begriff »Bindestrichamerikaner« an: Ur-Amerikaner, Afro-Amerikaner, Hispano-Amerikaner, Italo-Amerikaner usw. Gerade weil es in diesem Land ständig um Identität geht, so Levine, kann die Auseinandersetzung um einen Kanon, um Geschichte oder um »high« versus »low« hier auch nur in einer schärferen Form geführt werden als in anderen Ländern.[21]

*

Der schärfste Angriff gegen den »Kanon« kam 1987 jedoch von einem britischen Sinologen, der eine Professur für Staatslehre an der Cornell University in den USA innehatte. Martin Bernal ist der Sohn des bekannten Marxisten und Kristallografen irischer Herkunft, J. D. Bernal, der 1953 den Leninpreis gewann und Autor des vierbändigen Werks *Science in History* war.

Mitte der Siebzigerjahre, als die Ära Maos in China deutlich ihrem Ende zuging, hatte Martin Bernal das untrügliche Gefühl gehabt, dass »der zentrale Fokus künftiger Gefahren und globaler Interessen« auf dem östlichen Mittelmeerraum lag, und er beschloss, jüdische Geschichte zu studieren. Auch unter seinen eigenen Vorfahren hatte es, wie er schrieb, »vereinzelte jüdische Komponenten« gegeben, insofern war es auch das Interesse an seinen eigenen Wurzeln, das ihn auf das Studium der Geschichte des alten Judentums und der umliegenden Völker im Mittelmeerraum brachte und anschließend bewegte, mediterrane Sprachen zu studieren, um die Frühgeschichte, vor allem die des vorklassischen Griechenland, besser verstehen zu können. Ein Jahrzehnt lang forschte er, bis er seine Erkenntnisse schließlich in Form eines Buches veröffentlichte, das sich, kaum erschienen, als äußerst subversiv herausstellte. Bernal war zu seiner eigenen Zufriedenheit der Nachweis gelungen, dass sich die Kultur der griechischen Antike – die Grundlage eines jeden Kanons – nicht aus sich selbst heraus um etwa 400 v. Chr. entwickelt hatte, wie traditionelle Gelehrte behaupteten, sondern sich vielmehr von nordafrikanischen Völkern ableiten ließ, bei denen es sich um *Schwarze* handelte.

Black Athena (1987–1991) ist ein gewichtiges Werk, das auf Materialien aus der Philologie, Archäologie, Geschichte, Historiographie, dem Bibelstudium, ethnischen Studien, der Soziologie und noch vielen weiteren Disziplinen beruht. Es wird also schwer sein, Bernals komplexer Argumentation hier wirklich gerecht zu werden.[22] Hervorheben lassen sich seine fünf zentralen Aussagen, nämlich erstens, dass Nordafrika in Gestalt des alten Ägypten – mehrere Dynastien waren schwarz im Sinne von negroid –, den prägenden Einfluss auf das klassische Griechenland ausgeübt hatte; zweitens, dass es extensive Handelsbeziehungen gab; drittens, dass das alte Ägypten eine militärische Großmacht in dieser Region war; viertens, dass viele Orte in Griechenland von einem nordafrikanischen Einfluss zeugen; und fünftens, dass die Funde von Artefakten nordafrikanischer Herkunft an archäologischen Stätten des griechischen Altertums nicht einfach als zufällige Nachweise für Handelsbeziehungen gewertet werden können. Nicht weniger umstritten war seine Behauptung, dass diese Erkenntnisse bereits zum »Standard«–Wissen über die Antike gehört hatten, bevor sie bewusst von »rassistischen« »nordeuropäischen« Gelehrten im frühen neunzehnten Jahrhundert »ausradiert« worden seien, weil diese Männer beweisen wollten, dass ihr Teil Europas das Monopol auf kreatives und imaginatives Denken hatte und dort die Wiege der Kultur lag. Damit lieferten sie der Weltanschauung, die den Kolonialismus wie den Imperialismus rechtfertigte, gleich mehrere Grundlagen.[23]

Bernal geht von der einstigen Existenz eines Volkes aus, das proto-afroasiatisch-indo-europäisch gesprochen habe. Aus ihm ließen sich alle Völker und Sprachen ableiten, die auf diesen Kontinenten verbreitet sind. Der Bruch zwischen dem Afroasiatischen und Indoeuropäischen habe sich im neunten Jahrtausend v. Chr. vollzogen, und die Verbreitung des Afroasiatischen lasse Rückschlüsse auf die Expansion einer Kultur zu, in der bereits lange vor dem Ende der letzten Eiszeit im zehnten und neunten Jahrhundert v. Chr. entlang des ostafrikanischen Rift Valley Ackerbau und Viehzucht betrieben und Hippos gejagt wurden. Erst als sich die Sahara auszuweiten begann, seien diese Menschen weitergezogen, einige das Nildelta herunter, andere nach Saudi-Arabien, das heißt in die Region von Mesopotamien, wo schließlich die ersten »Kulturen« entstanden.[24] Eine Kultur, auch in Form von Schrift, habe sich über einen schmalen asiatischen Landstrich von Indien bis Nordafrika ausgebreitet und spätestens um 1100 v. Chr. etabliert. Bernal lieferte erste Nachweise für eine Folge von oberägyptischen schwarzen Pharaonen, die alle den Namen Menthope trugen und einen Falken- wie einen Stiergott anbeteten, Mntw und Mont. »Im selben Jahrhundert wurden die Paläste auf Kreta errichtet, an deren Wänden man die Anfänge des Stierkults findet, der eine so zentrale Rolle in der griechischen Mythologie des König Minos und Kretas spielt. Daher scheint die Annahme plausibel, dass die Entwicklungen auf Kreta direkt oder indirekt den Aufstieg des mittleren Königreichs in Ägypten reflektieren.«[25] Doch das ist nur der Anfang. Bernal untersuchte klassische griechische Dramei wie zum Beispiel Aischylos' *Die Schutzflehenden* nach ägyptischen Einflüssen; er suchte nach Übereinstimmungen zwischen Göttern und deren Funktionen; und er erforschte Lehnwörter und die Namen von Flüssen und Bergen (*Kephisos* zum Beispiel, einen in ganz Griechenland zu findenden Flussnamen, leitet er von *Kbh* ab, »der üblichen ägyptischen Bezeichnung für Flüsse, mit der Bedeutung ›frisch‹«). In einem Kapitel über Athen behauptet er, dass sich dieser Name aus dem ägyptischen *Ht Nt* ableiten lasse: »In der Antike wurde Athene beständig mit der ägyptischen Göttin Nt oder Neit gleichgesetzt. Beide waren jungfräuliche Göttinnen, die als Beschützerinnen der Krieger und als Urheberinnen der Schrift, des Spinnens und der Wissenschaften verehrt wurden. Der Neit-Kult konzentrierte sich auf die Stadt Sais im westlichen Nildelta, deren Bürger eine besondere Affinität zu den Athenern hatten.«[26] Und so ging es immer weiter, ob er nun die Töpferkunst oder die militärischen Bezeichnungen verglich oder über die Bedeutung der Sphingen räsonierte.

In der zweiten Hälfte des Buches analysiert Bernal berühmte Schriften der Renaissance, beispielsweise von Kopernikus oder Giordano Bruno, um zu beweisen, dass diese Männer den ägyptischen Einfluss auf Griechenland sehr viel bereitwilliger zugestanden hatten als spätere Gelehrte. In der erwachenden »Hellenomanie« nach der Französischen Revolution entdeckte er einen deutlichen christlichen Widerstand gegen »die Weisheiten« Ägyptens. Er schildert, wie deutsche, englische und französische Gelehrte, die alle ein mehr oder weniger rassistisches Weltbild vertraten (gegen Schwarze, gegen Juden), seiner Meinung nach bewusst die Bedeutung Ägyptens und Nordafrikas heruntergespielt haben, besonders Karl Otfried Müller, der »die neuen Techniken der Quellenkritik einsetzte, um alle alten historischen Bezüge zur ägyptischen Kolonisation zu diskreditieren und in Bezug auf die Phönizier herunterzuspielen«.[27] Bernal zufolge erhielten die Griechen ihren »halb göttlichen Status« erst, nachdem sich die Gelehrten zwischen 1880 und 1945 den antisemitischen Behauptungen Müllers angeschlossen und den Phöniziern jeden Anteil am Entstehen des antiken Griechenland abgesprochen hatten. Das heute betriebene Studium des klassischen Altertums ist laut Bernal also eine Erfindung des neunzehnten Jahrhunderts und basiert auf völlig falschen Annahmen.

Dieses Werk forderte eine Antwort geradezu heraus, und die wurde 1996 unter dem Titel *Black Athena Revisited* von Mary Lefkowitz und Guy MacLean Rogers gegeben.[28] Eine ganze Reihe von Wissenschaftlern aus Amerika, Italien und Großbritannien – darunter auch Frank Snowden, ein hervorragender Professor für klassische Philologie an der Howard University, einer schwarzen Institution – waren zu dem Schluss gekommen, dass Martin Bernal in so gut wie allen Fällen Unrecht hatte und seine einzige Leistung darin bestand, dass er mit seinem Buch die Altertumsforscher und ihre Disziplin zu etwas weniger Selbstsicherheit veranlasst hatte. Als Kritikpunkte heben sie besonders hervor, dass das alte Ägypten in Wahrheit nicht schwarz gewesen und ein Einfluss auf das antike Griechenland zwar bestanden habe, aber keineswegs vorherrschend gewesen sei und dass drittens nicht alle Gelehrten, die sich der Sicht einer »arischen« Vergangenheit anschlossen, gleich Antisemiten oder reine Romantiker sein müssen. Bernals Revision der Datierungen angenommener Schlüsselereignisse in der ägyptisch-griechischen Geschichte beruhe auf einer Fehldeutung der Radiokarbon-Ergebnisse, denn die Analyse alter ägyptischer Skelette und Schädel habe bewiesen, dass es sich um Menschen unterschiedlicher Volksgruppen gehandelt habe, die am ehesten dem rassischen Typus des Sudan entsprachen, nicht aber dem westafrikanischen, der die stärksten negroiden Züge von allen aufwies. Zudem hätten Analysen von antiker Kunst und Sprachen – aus Griechenland, Rom und auch anderen Regionen – erwiesen, dass sich die Ägypter stark von traditionellen »schwarzen« Volksgruppen wie den *Aithiopes* oder *Aesthiopes* (Äthiopiern) unterschieden (wörtlich übersetzt: »Völker der verbrannten Gesichter«).[29] Frank Snowden wies nach, dass die »Schwärze«

der Äthiopier und die Art ihres »wolligen« Haares in der Antike unter anderen sogar von Herodot als Vergleichsmaßstab für den Grad der Hautfärbung herangezogen worden waren. Nubier galten zum Beispiel als nicht so schwarz wie Äthiopier, aber schwärzer als Ägypter, welche wiederum dunkler waren als die Mauren. Bernal hatte behauptet, dass diverse griechische Städtenamen – Methone, Mothone und Methana – auf das ägyptische *mtwn* zurückzuführen seien, was »Stierkampf« oder »Stierkampfarena« bedeutete. Andere Wissenschaftler wiesen jedoch nach, dass *methone* auch die Bezeichnung für eine nach Art eines Amphitheaters gebaute Hafenanlage war und sämtliche Städte, auf die Bernal sich bezog, genau über solche verfügten.[30] Und was Bernals Rassismus-Vorwürfe betraf, so kritisierte Guy Rogers, dass er ausgerechnet George Grote als Antisemiten dargestellt hatte. Grote war 1829 einer der Gründerväter des Londoner University College gewesen, dessen ausdrückliches Ziel es unter anderem war, all jenen Gruppen eine Hochschulbildung zu ermöglichen, die keinen Zugang zu den Colleges von Oxford und Cambridge hatten, nämlich den Nonkonformisten, Katholiken und Juden.[31]

Man warf Bernal vor, mehr Schaden angerichtet als Gutes bewirkt und sich auf die Ebene von Autoren wie C. A. Diop begeben zu haben, der in seinem Buch *The African Origin of Civilisation* (1974) die Geschichte »verfälschte«, indem er die Ägypter als Schwarze darstellte und jeden Nachweis ignorierte, der seiner Hypothese widersprochen hätte (zum Beispiel, dass die mythologischen Tierfiguren auf vielen griechischen Vasen eher durch nahöstliche Motive als durch nordafrikanische beeinflusst worden waren).[32] Viele Forscher teilten die Ansicht von Mary Lefkowitz, Mitherausgeberin von *Black Athena Revisited*, dass Bernals Ideen nichts anderes als »afronzentrische Phantasien« seien und seine Darstellung der Ägypter als Schwarze »extrem irreführend« sei. Den schwarzen Amerikanern (von denen heute viele die Bezeichnung »afrikanische Amerikaner« – nicht »Afroamerikaner« – vorziehen) biete die Darstellung einer griechischen Antike mit afrikanischen Wurzeln natürlich die Möglichkeit, sich mit einem Mythos zu identifizieren und sich nach dem Prinzip der von Sokrates beschriebenen »gutartigen Lüge« über sich selbst zu erheben.[33] Dieser Streit ist bis heute nicht geschlichtet, und vermutlich ist auch nicht zu hoffen, dass er jemals beigelegt wird. Denn hier geht es nur zum Teil um eine fachliche Auseinandersetzung. Bernal war mit seinem »Projekt« mindestens so sehr daran gelegen, den Rassismus hinter der Theorienbildung aufzudecken, wie entscheidende historische Fakten zu revidieren.

*

Diese »Kulturkriege« wurden von »Geschichtskriegen« und »Curriculumkriegen« begleitet, doch letztlich ging es bei allen um dass Gleiche – um den Kampf zwischen den Traditionalisten und den Postmodernen.

Eine der erbittertsten Kontroversen entstand, nachdem 1995 anlässlich des fünfzigsten Jahrestags des Atombombenabwurfs auf Hiroshima und Nagasaki im August 1945 geplant worden war, eine Ausstellung im National Air and Space Museum (NASM) der Smithsonian Institiution in Washington zu veranstalten. Unter den Exponaten sollte sich auch die *Enola Gay* befinden, der Boeing B-29-Bomber, der die Atombomben abgeworfen hatte.[34] Nach ihrer historischen Mission hatte die *Enola Gay* eine ziemlich wechselvolle Geschichte. Nachdem das Flugzeug in seine Einzelteile zerlegt worden war, wurde es in einer Lagerhalle auf dem Land in Maryland aufbewahrt und konnte viele Jahre lang nur von angemeldeten Besuchern besichtigt werden. So war die Maschine praktisch allen Blicken entzogen worden. Erst eine Interessenvertretung von B-29-Veteranen erreichte, dass man sie Ende 1984 wieder in Stand zu setzen begann. Als die Feierlichkeiten zum Jahrestag des Endes des Zweiten Weltkriegs näherrückten, erwog man, das Flugzeug bei dieser Gelegenheit auszustellen. Doch angesichts des Grauens, für das die *Enola Gay* stand, rieten viele davon ab oder zogen sich auf die Behauptung zurück, dass der B-29-Bomber selbst von geringem aeronautischen Interesse sei und dieses besondere Exemplar ohnedies nur wegen seines spezifischen Einsatzes und seiner »Ausrüstung« Neugier wecken würde.

Als schließlich die Entscheidung fiel, die Feierlichkeiten zum Jahrestag im NASM zu begehen, äußerten im Smithsonian immer mehr Leute die Ansicht, dass diese Ausstellung nicht nur eine Feier des militärischen und technischen Sieges sein dürfe, sondern auch die Auswirkungen von Atomwaffen darstellen und den Beginn des Atomzeitalters repräsentieren müsse. Und damit begannen die Probleme, denn viele Veteranen und militärische Organisationen wünschten sich eine propagandistischere Veranstaltung und echte Feier, aber nicht eine kritische Ausstellung. Was den diversen militärischen Organisationen dann zur Begutachtung vorgelegt wurde – 300 Seiten Text, achtzehn Monate vor Beginn der geplanten Ausstellung – fanden diese völlig unbefriedigend und obendrein viel zu »düster«. Das *Air Force Magazine* trug diesen Einwand dann in die Öffentlichkeit, und sofort begannen die Diskussionen in den Medien, dem Pentagon und im Kongress.[35] Wie es schien, wollten faktisch alle außer den Historikern eine Siegesfeier und keine Gelegenheit liefern zu unbequemen Fragen über die Entscheidung der Amerikaner, die Bomben abzuwerfen. Vierzig Historiker unterzeichneten einen Brief an Präsident Clinton, um sich seine Unterstützung für eine historisch ernsthafte Präsentation zu sichern. Ohne Erfolg. Im Januar 1995 wurde verkündet, dass die Ausstellung gestorben sei und an ihrer Stelle eine weniger kontroverse und wesentlich feierlichere Veranstaltung stattfinden werde. Der Direktor der Smithsonian Institution trat zurück, bestimmte Presseorgane und der Kongress begrüßten diese Entscheidung hingegen lautstark. Newt Gingrich äußerte sich im Kongress zufrieden darüber, dass sich »die Menschen« ihre Geschichte von den Eliten »zurückgeholt« hätten.[36]

*

Allan Bloom hatte die akademische Welt attackiert, und Stanley Fish war mit anderen zu ihrer Verteidigung geeilt. Es war daher nicht überraschend, dass schließlich die Universitäten selbst unter die Lupe genommen wurden, vor allem Inhalt und Form ihrer Lehrpläne. Der erste und gewiss maßloseste Text aus dieser kritischen Reihe war Roger Kimballs 1990 veröffentlichtes Buch *Tenured Radicals: How Politics Has Corrupted Our Higher Education.*[37] Kimball, geschäftsführender Herausgeber des *New Criterion*, einer intellektuell streitbaren konservativen Kulturzeitschrift, hatte an einer Reihe von Seminaren und Konferenzen an verschiedenen Universitäten teilgenommen, um die Erfahrungen, die er dort machte, dann zu veröffentlichen. Unter anderem hatte er ein eintägiges Symposium zum Thema »Architecture and Education: The Past Twenty-Five Years and Assumptions for the Future« besucht, das 1988 von der Princeton School of Architecture veranstaltet wurde, und hatte an einer Panel-Diskussion teilgenommen, die 1989 anlässlich der Promotionsfeiern am Williams College stattfand. Zudem hatte er sich die 1986 unter dem Titel *Reconstructing Individualism: Autonomy, Individuality and the Self in Western Thought* veröffentlichten Vorträge einer Konferenz der Stanford University vorgenommen.[38] Was er dort fand, entsetzte ihn. Die meisten Postmodernen waren seiner Meinung nach einer »eklektischen« Mischung aus links orientierten Ideen aufgesessen, die aus den radikalen Sechzigerjahren übrig geblieben waren und sich zu großen Teilen Marcuses Begriff der »repressiven Toleranz« verdankten. Paul de Man und Stanley Fish widmete er ein ganzes Kapitel, und mit offensichtlich großem Vergnügen machte er sich über einige wilde Exzesse des postmodernen Denkens her.[39] Am Ende konzedierte er, dass Politik in der Tat die künstlerische Beurteilung beeinflusst, bestritt jedoch in seiner abschließenden Analyse, dass sie diese auch bestimmt.

Doch Kimballs Buch, letztlich nichts als eine hysterische und rein journalistische Reaktion, war nicht wirklich fundiert. Eine überlegtere Antwort kam von Dinesh d'Souza, einem Inder, der in den späten siebziger Jahren in die USA ausgewandert war. Für seine 1991 publizierte Studie *Illiberal Education: The Politics of Sex and Race on Campus* hatte er sechs amerikanische Universitäten geprüft – Berkeley, Stanford, Howard, Michigan, Duke und Harvard – und nachgeforscht, wie diese sowohl im Hinblick auf ihre Zulassungspolitik als auch auf ihre Lehrmethoden mit der Gleichstellungsfrage in Bezug auf Geschlecht und Rasse umgingen.[40] Dabei verließ er sich stark, aber nicht ausschließlich auf die Statistik, das heißt, er stützte sich, wo angemessen, auf Zahlen, blickte aber auch darüber hinaus. Zum Beispiel zitierte er aus einem vertraulichen internen Bericht der Stanford University, dass nur 18 Prozent der Schwarzen, die auf Grund des Affirmative-Action-Programms zugelassen worden waren, nach fünf Jahren ihr Studium beendet hatten, wohingegen 42 Prozent der Schwarzen, die den regulären Zulassungsprozess durchlaufen hatten, in dieser Zeit graduiert hatten. D'Souzas Reaktion war auch keineswegs hysterisch. Er gab zu, dass man solche Zahlen immer aus zwei Blickwinkeln betrachten könne, nämlich je nachdem als Beleg für Erfolg oder Misserfolg. Er selbst glaubte, dass es diesen Studenten – »den besten schwarzen und hispanischen Studenten Kaliforniens« – an anderen Universitäten vermutlich besser ergangen wäre, »wo sie sich leichter hätten einfügen, an vergleichbaren Personen messen und in proportional höheren Zahlen graduieren können.«[41] Dann nahm er sich Stanford vor, deren Fakultät nach großen Auseinandersetzungen die »Western Civilisation«-Seminare abgeschafft und durch den Lehrgang »Culture, Ideas, Values« (CIV) ersetzt hatte, der auch andere Kulturen, Ideen und Werte außer den abendländischen berücksichtigen sollte. In einer Liste führte er die empfohlene Literatur zu den Schwerpunkten Europa und amerikanischer Kontinent auf:

Dichtung	Maria Arguedas, Pablo Neruda, Ernesto Cardenal, Audre Lorde, Aimé Césare
Drama	Shakespeare, Euripides
Roman	García Márquez, Naipaul, Melville, Hurston, Findley, Rulfo Ferre
Philosophie	Aristoteles, Rousseau, Weber, Freud, Marx, Fanon, Retamar, Benedict
Geschichte	James, Guaman Poma
Tagebuch	Kolumbus, Cabeza de Vaca, Equiano, Lady Nugent, Dyuk Augustine, Menchu, Barrios de Chungara
Kultur	Filme über Volksreligionen und Wunderheiler in Peru (*Eduardo the Healer*) und in den USA (*The Holy Ghost People*)
Musik	Reggae-Lyrik, Rastafari-Dichtung, Andische Musik

D'Souza betonte jedoch, dass es sich hier nicht um Pflichtlektüre handelte: »Professoren in Stanford können flexibel sein, sofern sie eine ›substanzielle Repräsentation‹ der Dritten Welt garantieren.«[42] Dass Shakespeare primär aus dem Blickwinkel des Kolonialismus, Rassismus und des Geschlechterkampfs gelehrt wurde, vermerkte er ebenso kritisch wie die Tatsache, dass ein Buch wie *I, Rigoberta Menchu. An Indian Woman in Guatemala* – ein reines Gesprächsprotokoll, da Rigoberta Analphabetin ist – zu den Texten gehörte, die als repräsentativ für die neue Literatur dargestellt wurden. Rigobertas Buch enthält eine Menge Alltagsinformationen, vor allem über ihre eigene Familie, und erzählt hauptsächlich von ihrem eigenen politischen Erwachen, weshalb sich D'Souza auch fragt, wie typisch, bewegend oder künstlerisch repräsentativ ein solches Buch sein kann, zumal Rigoberta angeblich im Namen aller Ureinwohner des amerikanischen Kontinents spricht, selbst aber als Prominente von einer internationalen Konferenz zur nächsten reist. (1998 stellte sich heraus, dass Rigoberta Menchu viele der in ihrem Buch geschilderten Erlebnisse schlicht erfunden hatte.)

Auch D'Souza kritisierte Stanley Fish und Martin Bernal. Er zitierte aber auch hervorragende Wissenschaftler, von David Riesman über E. O. Wilson bis zu Willard van Orman Quine, die alle ihre Beunruhigung über die Trends in der amerikanischen Hochschulpolitik zum Ausdruck gebracht hatten.[43] Als Letztes führte er schließlich an, dass angesichts der enttäuschenden Resultate der Affirmative-Action-Programme und der neuen Lehrpläne über Kulturen und Ideen der Dritten Welt die große Gefahr bestehe, dass der alte Rassismus nur durch einen neuen ersetzt werde. »In einer Hinsicht unterscheidet sich der neue Rassismus jedoch. Der alte Rassismus beruhte auf Vorurteilen, wohingegen der neue Rassismus auf Schlussfolgerungen beruht ... Die neue Bigotterie leitet sich nicht aus Ignoranz ab, sondern aus Erfahrung. Sie wird nicht von Ignoranten vertreten, sondern von Studenten, die im direkten Umfeld der universitären Einrichtungen unmittelbare Erfahrungen aus erster Hand mit Minoritäten sammeln. Die ›neuen Rassisten‹ glauben nicht, dass sie von Minoritäten irgendwas lernen könnten; ganz im Gegenteil, sie glauben, dass sie die Einzigen seien, die bereit sind, der Wahrheit über sie ins Auge zu sehen ... sie empfinden ihre Ansichten nicht als befremdlich ... Sie haben das Gefühl, dass sie selbst das wichtige Thema beherrschen, während sich alle anderen im Kreise drehen und Purzelbäume schlagen, um das Nächstliegende zu vermeiden.«[44]

Doch nicht jeder fand das Campusleben in den USA so düster. Martha Nussbaum ist Professorin für Recht und Ethik an der Universität von Chicago und hatte zuvor an Universitäten im ganzen Land gelehrt. 1997 erschien ihr Buch *Cultivating Humanity*, in dem sie nicht nur sechs, sondern gleich fünfzehn »Kerninstitutionen« von den klassischen vier Hochschultypen der USA erforschte – von den Eliteuniversitäten der *Ivy League*, von den großen staatlichen Universitäten, von den kleinen, liberalen Colleges und den kirchlichen Universitäten Notre Dame (katholisch), Brandeis (jüdisch) und Brigham Young (mormonisch).[45] Als »Aristotelikerin« ging sie von der Prämisse aus, dass sogar das Athen der Antike, welches den konservativen Kritikern von Multikulturen ja ebenfalls als Referenzpunkt dient, offener gegenüber alternativen Ansichten war als diese Kritiker zugeben wollen. Ihr Modell bezog sie von Sokrates und den Stoikern, die, so Nussbaum, drei Eckpfeiler der liberalen Erziehung errichtet hätten, nämlich die kritische Selbstbetrachtung, das Ideal des Weltbürgers und die Entwicklung der narrativen Imagination.[46]

Nussbaums zentrale Botschaft, nachdem sie mehr Universitäten als irgendjemand vor ihr untersucht hatte, lautete, dass es dort viel weniger Extremisten gibt, als man glaubt, und dass ein großer Hunger nach Philosophie und ein großes Interesse an anderen Kulturen und anderen Lebensweisen herrschen. Die entsprechenden Seminare – überwiegend mit empfehlenswerter wissenschaftlicher Leidenschaft gehalten, wie sie betont – finden immer mehr Zulauf, weil sie bei Studenten beliebt sind, und nicht, weil sie ihnen von links gerichteten Fakultäten aufoktroyiert würden. Die Professoren nutzten ihrerseits viele Möglichkeiten phantasievoll, um ihren Studenten die Bedeutung der Antike und der Philosophie nahe zu bringen. In einem Seminar in Harvard wurden die Studenten beispielsweise aufgefordert, über die Frage zu diskutieren, ob Sokrates den Wehrdienst verweigert hätte. Athen habe die Idee des Weltbürgers immer ernst genommen, argumentiert Nussbaum und zitiert zum Beweis Herodots Überlegung, ob Ägypten und Persien den Athenern nicht vielleicht doch etwas über soziale Werte beibringen könnten.[47] In diesem Sinne findet sie es auch sehr begrüßenswert, dass Amartya Sen in Harvard den ökonomischen Standardtheorien mit seinem Seminar über »Hunger und Hungersnöte« eine ganz neue Wendung gab. Und was die Literatur anbelangt, so findet sie, dass das Tragische in der erzählerischen Phantasie kulturelle Grenzen besonders gut durchbrechen kann, da seine Universalität und Abstraktheit besonders geeignet seien, Menschen zusammenzuführen.[48] Auch betont sie, dass im Athen der Antike Moral und Politik Hand in Hand gingen, und fragt, ob man George Eliot oder Dickens tatsächlich politisch unbeteiligt lesen könne, wenn man ihre Schriften ganz ausschöpfen wolle. Und schließlich beruft auch sie sich auf Lionel Trilling und seine *Liberal Imagination* und zieht daraus die Lehre: »Der Roman als Genre ist bereits der Form nach dem Liberalismus verpflichtet, indem er der Individualität und der Privatheit jedes menschlichen Geistes Respekt zollt.«[49] Das Studium nichtwestlicher Kulturen, schreibt sie, diene dazu, die »Untugenden der Deskription« – Chauvinismus und Romantik – und die »Untugenden des Normativen« – Chauvinismus (ja, nochmals), Idyllisierung, Skepsis – zu bekämpfen. Viele im Westen tendierten dazu, nicht nur die Individualität der abendländischen Kultur, sondern auch die entgegengesetzte Ausrichtung der östlichen Kultur viel zu sehr überzubewerten. Sie versucht, das mit viel Energie nachzuweisen, indem sie darstellt, wie individualistisch auch nichtwestliche Gesellschaften sein können. Vom gleichen Denkansatz ausgehend betrachtet sie auch die afrikanisch-amerikanischen Studien, die Frauenforschung und diverse andere Studienzweige (beispielsweise fragt sie, weshalb Soziobiologen ihre Theorien häufig anhand von Schimpansen bilden, doch nie anhand von Bonobos, jenen erst 1929 entdeckten Primaten, deren »anmutige und unaggressive« Art sich stark von der des Schimpansen unterscheidet). Und schließlich stellt sie fest, dass die katholische Universität Notre Dame Fragen, die für sie theoretisch bedrohlich sein müssen, wesentlich offener zu behandeln pflegt als die Mormonenuniversität Brigham Young, womit sich auch erkläre, weshalb Erstere noch immer dem Wandel offen und daher populär sei, wohingegen Letztere nur noch vor sich hin dämmere.[50] Mit anderen Worten: Nussbaum verdeutlicht, dass man nur genauer hinzusehen braucht, um festzustellen, dass das Geschehen an den Universitäten weit weniger sensationell und Besorgnis erregend ist, als immer behauptet wird, und sie in Wirklichkeit viel besser sind als der Ruf, den ihnen die Schlagzeilen in den Medien nachsagen. Aber natürlich war sie nicht die Erste, die bewies, dass konkrete Belege ein gesundes Gegengewicht zu Vorurteilen sind – immerhin ist es genau das, was die Wissenschaft vom reinen Journalismus unterscheidet.

Die gewiss originellste Reaktion auf diese Kulturkriege war David Denbys exzellentes Werk *Große Bücher* (1999, im Original 1996 veröffentlicht). 1961 hatte Denby – Filmkritiker des *New York*-Magazins und freier Mitarbeiter des *New Yorker* – an der Columbia-Universität zwei Pflichtkurse belegt, in denen *die* Bücher par excellence behandelt wurden: Homer, Platon, Sophokles, Augustinus, Kant, Hegel, Marx und Virginia Woolf.[51] Dreißig Jahre später, im Herbst 1991, hatte er die Idee, an seine alte Alma Mater zurückzukehren und die gleichen Seminare wie einst zu besuchen, um herauszufinden, was sich verändert hatte, wie Weltliteratur inzwischen gelehrt wurde und welche Wirkung diese Darstellung auf ihn und seine achtzehnjährigen Mitstudenten haben würde. Sein Beruf als Filmkritiker, den er seit 1969 ausübte, machte ihm nach wie vor Spaß, aber »Anfang der Neunzigerjahre begann ich es satt zu haben: Nicht der Filme oder der Filmkritik war ich überdrüssig geworden, sondern meines Lebens in ›unserer Gesellschaft der Spektakel‹…, diesem ungeheuren System von Darstellung und leerem Schein, der erstickenden Atmosphäre von Informationen und Bildern und Verhaltensweisen… Die Medien geben Informationen, aber die Informationen sind heute flüchtig und unzuverlässig. Sind sie erst einmal da, werden sie sofort zerpflückt… Niemand hat jemals richtig ausreichende Informationen, was einer der Gründe unter vielen ist, weshalb die Amerikaner heute halb verrückt vor Angst und Ruhelosigkeit sind. Wie so viele andere war ich übersättigt und dennoch hungrig; ich wurde in den modernen Zustand des In-den-Medien-Lebens geschleudert, einen Zustand der Erregung, gewürzt mit Ekel.«[52] Denby nimmt uns mit auf die Reise durch die großen Bücher, die er liebt (Homer, Plato, Virgil, die Bibel, Dante, Rousseau, Shakespeare, Hume und Mill,

Marx, Conrad, de Beauvoir, Woolf); und wer ihn nicht begeistern kann, den erwähnt er einfach nur am Rande in seiner »Lektüreliste« (Galilei, Goethe, Darwin, Freud, Arendt, Habermas). Bemerkenswert an diesem Buch ist, in welch wunderbarem Stil der Autor seine eigenen Reaktionen auf die »großen Bücher« schildert, wie er sie hie und da mit Filmen vergleicht und wie er seine Angst beschreibt, dass sein Sohn Max von den großen Stimmen früherer Zeiten angesichts der Trivialität der Medien, denen er ständig ausgesetzt ist, bereits nicht mehr erreicht werden könnte. Er erzählt, dass Minoritäten zwar manchmal gegen die Vorherrschaft der weißen westeuropäischen Literatur rebellierten, doch »weder weiße, schwarze, asiatische, amerikanische noch lateinamerikanische Studenten kommen, außer in den seltensten Fällen, als geübte Leser an die Universität; das heißt, dass nur wenige mehr als eine nominelle Verbindung zur Vergangenheit haben«. Aber auch die große Mehrheit der weißen Studenten »kennt die intellektuelle Tradition, die angeblich die ihre ist, nicht besser als farbige Studenten«. Die Welten von Homer, Dante, Boccaccio, Rousseau oder Marx seien heute so fern gerückt, so anders als die eigene kleine Welt, dass wir die Fragen über das Selbst und die Gesellschaft, zu denen uns Seminare über abendländische Klassiker zwingen, heute gar nicht mehr stellen könnten, ohne in Verlegenheit zu geraten. Denn es seien Fragen, »die zu stellen unsere durch die Medien anerzogene Ironie uns ausgetrieben hat«.[53] »Am Ende meines Unijahres«, schreibt Denby, »wusste ich, dass die Kulturideologen, sowohl die linken als auch die rechten, größtenteils Nonsens reden. Beide Gruppen vereinfachen und karikieren die abendländische Tradition. Sie ignorieren die störrischen und schwierigen Bücher, sie ignorieren die wirklichen Studenten, von denen die meisten enteignet worden sind.«[54] Das Beste, was sich über den westlichen Kanon sagen lasse, sei, dass er als Grundlage dienen kann, um sich selbst in Frage zu stellen.

Die größte Gefahr sieht Denby durch die Medien gegeben. »Die meisten Hochschulen können nicht mit dem Sturzbach von Bildern und Klängen konkurrieren, der jeden Augenblick, außer dem gegenwärtigen, merkwürdig, blutlos oder tot erscheinen lässt.«[55] Die Welt hatte sich seit Denbys Studium auf den Kopf gestellt. Damals hatte der Pop eine befreiende Wirkung gehabt und wurde als wunderbar leichtes Gegengewicht zur Steife des Hörsaals empfunden, inzwischen hatte sich die Situation »in ihr Gegenteil verkehrt: Die Filme sind schwächer geworden, Pop ist ein Bereich von Konformismus und Selbstgefälligkeit geworden, während die traditionelle gehobene Kultur den Studenten wegen der ihr eigenen Fremdheit und Schwierigkeit sonderbar vorkommt. Sie werden vielleicht sogar von ihr schockiert.«[56]

Harold Bloom kehrte 1999 zu seiner ersten großen Liebe zurück. In seinem Buch *Shakespeare. Die Erfindung des Menschlichen* schreibt er, dass der große Dichter uns »erfunden« habe, dass alles, was wir unter »Persönlichkeit« verstehen, eine Erfindung Shakespeares sei.[57] Erst bei Shakespeare »findet eine echte Entwicklung statt, nicht nur eine Entfaltung: Seine Geschöpfe entwickeln sich, weil sie sich immer wieder neu begreifen. Manchmal gelangen sie zu einer solchen neuen Auffassung ihrer selbst, indem sie sich, sei es im Gespräch mit anderen, sei es im Monolog, selbst *belauschen.* Selbstbelauschung ist ihr Königsweg zur Individuation.«[58] Blooms Buch ist außerordentlich altmodisch, nicht nur im Hinblick auf seine Botschaft, sondern auch auf die Art, in der es geschrieben wurde. Es stellt einen Akt der Gottesanbetung dar. Freimütig gesteht Bloom ein, dass die »Bardolatrie«, die romantische Shakespeare-Verehrung, schon seit rund zwei Jahrhunderten eine Art von säkularer Religion sei. Aber er genießt es, in dieser Tradition zu stehen, auch wenn er in Anlehnung an T. S. Eliot glaubt, »das Höchste, was wir hoffen könnten«, sei, »Shakespeare auf eine neue Art und Weise nicht gerecht zu werden«. Man möge den »verfehlten Anspruch«, ihm gerecht zu werden, also endlich aufgeben. Doch auch wenn Shakespeares Geist so haushoch überlegen ist, auch wenn er sich nicht auf die Größe zurechtstutzen lässt, in der ihn die Feministinnen, Kulturmaterialisten und Marxisten am liebsten sehen würden: »Was hindert mich, ihn auf eine Weise zu deuten, dass ich diese Überlegenheit auszuloten versuche …?«[59] »Shakespeare lehrte uns durch Hamlet, unsere Beziehungen zu jedermann mit Skepsis zu betrachten, voller Misstrauen gegenüber aller Gewandtheit, Affekte zu artikulieren … Dass wir über uns selbst ebenso spontan wie über andere lachen können, verdanken wir weitgehend Falstaff … [Die Frauengestalt], die am meisten umfasst, ist Kleopatra: Sie führt uns die ganze Komplexität des Erotischen vor Augen und lehrt uns, dass es schlicht unmöglich ist, die Akteurin, die die Rolle der Liebenden gibt, und die wirklich Liebende voneinander zu unterscheiden … Ihre leidenschaftliche Existenz ist ständiger Wandel und schließt Ehrlichkeit aus, da sie für den Eros irrelevant ist.«[60] Blooms Fazit lautet: »Wenn wir ganz Menschen sind und uns selbst erkennen, werden wir Hamlet oder Falstaff ähnlich.«[61]

Es ist etwas Wundervolles um diesem »Bloom in love«. Er tut seine Kritiker und Gegner mit müder Handbewegung ab, ohne sie auch nur mit einem Wort erwähnen zu müssen. Außerdem ist das Ganze völlig unwissenschaftlich, aber genau das ist ja Blooms Argument – das ist es, was große Kunst nacheifernswert macht, genau um diese Gefühle zu wecken, gibt es überhaupt große Kunst. Individuation mag ja vielleicht eines der großen Themen des zwanzigsten Jahrhunderts gewesen sein, aber Shakespeare war schon lange vorher und auf bis heute unerreichte Weise dort angelangt. Er ist der einzige Mensch, den anzubeten sich lohnt. Wir sind, wenn wir nur unsere Augen aufmachen, ständig von seinem Werk umgeben.

Noch jemand folgte den Blooms auf die Barrikaden, diesmal eine wahre Kriegerin, eine akademische Boudicca, deren Breitseiten noch weit folgenreicher waren als die der alten Kriegerkönigin: die Historikerin Gertrude Himmelfarb, verheiratet mit Irving Kristol, dem Mitbegründer (gemeinsam mit Daniel Bell) von *Public Interest*. In ihrem Buch *On Looking into the Abyss* (1994) griff die emeritierte Professorin der Graduate School an der City University of New York die Postmoderne überall an, wo sie es auch nur gewagt hatte, ihr Haupt zu erheben, von der Literaturtheorie über die Philosophie bis hin zur Geschichte.[62] Gegen die Literaturtheorie führte sie an, dass diese inzwischen die Literatur selbst als Studienobjekt abgelöst und im Laufe dieses Prozesses alle »profunden geistigen und emotionellen« Erfahrungen ausgelöscht habe, die sich mit dem Lesen großer Werke verbinden. »Grausige Bestien« lauern in den »Tiefen des Abgrunds«.[63] Die »Bestien« der Moderne hatten sich zu Bestien der Postmoderne gewandelt – »Relativismus in Nihilismus, Amoralität in Unmoral, Irrationalität in Wahnsinn, sexuelle Abweichung in polymorphe Perversion«.[64] Für solche »boa-deconstructors« wie Derrida und Paul de Man, deren Beiträge zur Literatur für sie ohnedies kaum literarische, dafür umso mehr politische Ziele verkörperten (da hätten sie zugestimmt), hatte sie nur Verachtung übrig. Auch die *Annales*-Schule fand keine Gnade. Fernand Braudel bewunderte sie zwar wegen seines unbändigen Willens, sein erstes großes Werk aus dem Gedächtnis im Konzentrationslager zu schreiben, doch sein Konzept der *longue durée* kritisierte sie heftig, weil es ihn zu einer völlig schiefen Perspektive nicht zuletzt über den Holocaust verleitet habe. Und über den neuen Liberalismus hatte sie zu sagen, dass sein größter Feind, nun ja, der Liberalismus geworden sei. Heutzutage sei der Liberalismus so liberal, dass er die postmodernen Historiker von jeder Pflicht zur Wahrheit entbinde. »Die Postmodernen leugnen nicht nur die absolute Wahrheit, sondern auch jede kontingente, partielle, inkremente Wahrheit... Im Sprachgebrauch dieser Schule ist Wahrheit ›totalisierend‹, ›hegemonial‹, logozentrisch‹, ›phallozentrisch‹, ›autokratisch‹, tyrannisch‹.«[65] Richard Rorty attackierte sie wegen seiner Behauptung, dass es keine »essenzielle« Wahrheit oder Wirklichkeit gibt, und Stanley Fish wegen seines Arguments, dass das Ende der Objektivität »mich von der Pflicht entbindet, Recht zu haben«.[66] Doch ihr Hauptthema war ein anderes, nämlich dass »uns die Postmoderne mit dem Sirenengesang von Befreiung und Kreativität umgarnt«, während die Forderung nach »absoluter Freiheit gerade die Freiheit unterläuft, die sie zu bewahren sucht«.[67] Am gefährlichsten empfand sie die von ihr überall wahrgenommene Tendenz, die Bedeutung und den Schrecken des Holocaust herunterzuspielen, etwa mit der Behauptung, dass er eher etwas »Strukturelles« als ein Terror gewesen sei, für das reale Individuen persönlich verantwortlich waren, etwas, das nicht hätte geschehen müssen und das begriffen und von jeder Generation aufs Neue verstanden werden müsse. In diesem Abschnitt zitierte sie auch die Widmung, die David Abrahams 1981 seinem Buch *The Collapse of the Weimar Republic* vorangestellt hatte: »Für meine Eltern – die in Auschwitz und an anderen Orten die schlimmsten Folgen dessen erlitten, über das zu schreiben ich kaum in der Lage bin.« Himmelfarbs Ansicht nach wird der Leser hier aufgefordert zu glauben, dass die Eltern des Autors im Konzentrationslager umgebracht worden seien; aber in Wirklichkeit hatten sie überlebt. Die etwas umständlich formulierte Widmung Abrahams wurde später von der Historikerin Natalie Zemon Davis untersucht. Ihr Fazit lautete, dass Abrahams gesamte Arbeit einzig dem Nachweis gewidmet sei, dass der Holocaust nicht das Werk von individuellen Unholden, sondern das Werk »von historischen Kräften und Akteuren« war.[68] Das war zu viel für Himmelfarb, eine solche Relativierung des Bösen habe sich von jeder Vernunft verabschiedet. Aber genau das war für sie die Quintessenz der postmodernen Aussage, *das* Beispiel schlechthin, wohin zu viel Freiheit geführt hat.

*

Gewissermaßen könnte man diese Kulturkriege als eine Art Hintergrundstrahlung bezeichnen, die vom Urknall der russischen Revolution zurückgeblieben war. Exakt zur selben Zeit, in der der politische Marxismus gemeinsam mit der Berliner Mauer demontiert wurde, feierte die Postmoderne ihre größten Triumphe. Im Moment scheint es so, als hätten die Verfechter der »local knowledge« einen Vorteil. Gertrud Himmelfarbs Warnung, so zeitgerecht sie auch gekommen ist und wie man zu ihr auch stehen mag, wirkt da wie der Versuch, den Geist in die Flasche zurückzuzwingen.

42
Verborgene Ordnung

1986 rief Dan Lynch, Ex-Student der University of California in Los Angeles (UCLA), eine Computermesse für Hardware und Software ins Leben, genannt Interop. Bis dahin war die Zahl der Menschen, die über Computer-Networks miteinander verbunden waren, auf einen harten Kern aus ein paar Hundert Wissenschaftlern und Militärs beschränkt gewesen. Irgendwann zwischen 1988 und 1989 wurde diese reine Fachmesse jedoch plötzlich zum Renner. Leute aller Couleur zog es dorthin, denn allen schien klar geworden zu sein, dass diese neue Möglichkeit, über Computerterminals zu kommunizieren, die in aller Welt verstreut sind und Zugang zu vielen unterschiedlichen Datenbasen bieten – was man heute das Internet nennt –, ein sowohl intellektuell als auch kommerziell viel versprechendes Phänomen war. Vint Cerf aus Kalifornien, der sich selbst als Nerd* bezeichnete und sich jedes Jahr ein paar Tage freihielt, um wieder einmal den *Herr der Ringe* zu lesen, ist einer der wenigen Männer, die sich wirklich als Väter des Internet bezeichnen können. Auch er stellte beim Besuch der Interop fest, wie stark das Interesse gewachsen war. Bis dahin war das Internet praktisch nur ein Experiment gewesen. Damit war es jetzt vorbei.[1]

Die Antwort auf die Frage, wann und wo das Internet begann, hängt davon ab, wen man fragt. Manche sagen, es habe bereits 1945 im Kopf von Vannevar Bush existiert, dem Mann, der eine so entscheidende Rolle beim Bau der Atombombe gespielt und sich eine Maschine vorgestellt hatte, die das gesamte Wissen der Menschheit »zugänglich« machen würde. Doch die ersten zaghaften Schritte hin zu dem Netz, über das wir heute verfügen, erfolgten erst, nachdem die Russen die Welt im Oktober 1957 mit dem Start ihres *Sputnik* überrascht hatten. Denn die Tatsache, dass sie in der Lage gewesen waren, einen Satelliten ins All zu schießen (siehe Kapitel 27), bedeutete zugleich, dass sie die Technologie für Raketen mit so

* Anm. d. Ü.: Da dies ein in der Computerszene vertrauter Begriff ist, bleibt er unübersetzt, sei aber hier erklärt: Laut Computerlexikon handelt es sich um eine »sich vernachlässigende, unattraktive, an sozialen Beziehungen uninteressierte Person, die sich sklavisch intellektuellen oder wissenschaftlichen Aufgaben widmet«.

exakter Lenkbarkeit entwickelt hatten, um die USA erreichen und, wären sie mit Atomsprengköpfen bestückt, auf riesigen Flächen verwüsten zu können. Das kurbelte die technologischen Phantasien in den USA enorm an. Zu den Forschungsprojekten, die als Ergebnis dieses nun möglichen militärischen Engagements gestartet wurden, zählte auch eines, das herausfinden sollte, wie man das militärische und politische Kommando- und Kontrollsystem der Vereinigten Staaten über das gesamte Land verteilen könnte, damit es im Falle eines Angriffs seine Funktionsfähigkeit in den verschonten Landesteilen aufrecht erhalten könnte. Zeitgleich wurden mehrere neue Dienststellen eingerichtet, die für jeweils einen Teilaspekt dieser Entwicklung zuständig waren, darunter die National Aeronautics and Space Administration (NASA) und die Advanced Research Projects Agency (ARPA).[2] Die ARPA wurde mit der Aufgabe betraut, die Sicherheit der Kommando- und Kontrollstrukturen nach einem atomaren Angriff zu gewährleisten. Mit einem Stab von etwa 70 Leuten, einer finanziellen Erstausstattung von 520 Millionen Dollar und einem Etat von zwei Milliarden Dollar nahm sie ihre Arbeit auf.[3]

Zu dieser Zeit waren Computer zwar längst nichts Neues mehr, aber noch immer riesige und extrem teure Kästen (der damalige Computer von Harvard war 15 Meter lang und 2,50 Meter hoch). Zu den von der ARPA angeworbenen Spezialisten zählte auch Joseph Licklider, ein hoch gewachsener Psychologe aus Missouri, der 1960 in einem Artikel mit dem Titel »Mensch-Computer-Symbiose« eine Verkoppelung von Menschen und Computernetzen avisiert hatte, die er ironisch als »intergalaktisches Netzwerk« bezeichnete. Damit lag er natürlich weit ab vom Schuss. Der erste Durchbruch kam Anfang der sechziger Jahre mit der von Paul Baran entwickelten Idee des »Packet-Switching«, der so genannten »Paketvermittlungstechnik«.[4] Baran, ein Einwanderer aus Polen, war durch die Funktionsweisen des Gehirns auf diese Idee gekommen, wobei sein besonderes Augenmerk den Fragen galt, wie sich Kommunikationsstrukturen aufbauen lassen, »deren Teilbereiche auch nach einer Zerstörung von einzelnen Teilen noch als zusammengehörige Einheit funktionieren«, und wie es das Gehirn immer wieder schafft, »seine Funktionsfähigkeit zurückzugewinnen, indem es Verbindungen um eine geschädigte Region herum entwickelt«. Barans Idee war nun, auch eine Datennachricht in entsprechend kleine Pakete zu zerlegen und diese dann auf unterschiedlichen Routen an ihren Bestimmungsort zu schicken. Damit glaubte er, nicht nur die Übertragungsrate von Daten beschleunigen, sondern auch den vollständigen Informationsverlust im Falle einer defekten Leitung verhindern zu können. Die logische Konsequenz war die Entwicklung einer Technologie, die solche Netzwerke nach den schnellstmöglichen Verbindungen absuchen und die Datenpakete nach ihrer Ankunft am Zielort wieder zusammenführen kann. Fast zur gleichen Zeit war auch

Donald Watts Davies, Physiker am britischen National Physical Laboratory (NPL) in London auf diese Idee gekommen – tatsächlich stammt der Begriff *packet-switching* von ihm. Er war es auch gewesen, der als Erster begriffen hatte, »dass in einem ausgedehnten, öffentlich zugänglichen Netzwerk Unterschiede der Computer- und Betriebssysteme – Hard- und Software – überwunden werden mussten«.[5] Nach einer brandneuen mathematischen Theorie – *queuing theory* – wurde schließlich eine Software entwickelt, die verhindern konnte, dass sich Datenpakete an den Knoten stauen, indem sie ständig nach dem besten alternativen Übertragungsweg suchte.

1968 wurde das erste »Netzwerk« zwischen nur vier Standpunkten eingerichtet: der UCLA, dem Stanford Research Institute (SRI), der University of Utah und der University of California in Santa Barbara.[6] Die diesen Datenaustausch ermöglichende Technologie waren die so genannten »interface message processors« oder IMPs, deren Aufgabe es war, die eigentlichen Netzwerkverbindungen herzustellen: »Daten senden und empfangen, Fehler suchen und beim Auftreten von Fehlern Daten nochmals übertragen, den Datenverkehr lenken und nachprüfen, ob die Nachrichten an den beabsichtigten Zielen angekommen waren«.[7] Mit anderen Worten: Es kommunizierten nicht mehr die »Host«-Computer direkt miteinander, sondern einzelne Computer wurden über die IMPs mit den Host-Computern vernetzt, ganz egal, aus welcher Hard- und Software diese Einzelcomputer bestanden. Denn die IMPs kommunizierten über ein festgelegtes »Protokoll« in einer allen angeschlossenen Computern verständlichen Sprache und konnten den jeweiligen Bestimmungsort der Daten erkennen. Zur Überraschung aller vergab die ARPA den Auftrag zum Bau der Interface Message Processors dann an Bolt Beranek and Newman (BBN), eine kleine Consultingfirma in Cambridge, Massachusetts. Den ersten Processor lieferte BBN im September 1969 an die UCLA, den zweiten im Oktober an das SRI. Zum ersten Mal war es möglich geworden, dass zwei unterschiedliche Computer miteinander »sprachen«. Im Januar 1970 waren vier Knoten miteinander verbunden, alle an der Westküste der USA. Der erste Knoten an der Ostküste wurde im Hauptquartier der BBN im März eingerichtet. Damit verband das ARPANET, wie man es nennen sollte, den Kontinent.[8] Ende 1970 gab es fünfzehn Knoten, alle in Universitäten oder Denkfabriken eingerichtet.

Bis Ende des Jahres 1972 gab es drei transkontinentale Leitungen und eine größere Dichte von IMPs in den vier Regionen Boston, Washington, D.C., San Francisco und Los Angeles. Das Netzwerk bestand nun aus 29 Knoten, und das ARPANET wurde von jedem nur noch »the web« genannt. Natürlich war es noch immer ausschließlich Verteidigungszwecken vorbehalten, aber das hinderte die Leute, die Zugang dazu hatten, nicht, es für vergnüglichere Zwecke wie Schach- oder andere Spiele zu nutzen. Auch der News-Ticker von Associated Press war mittlerweile angeschlossen. Und da sich auch eine »Netzwerkpost«, wie man damals sagte, unter den Nutzern eingebürgert hatte, war es nur noch ein kleiner Schritt bis zur E-Mail. Geboren wurde sie, nachdem Ray Tomlinson, ein Ingenieur von BBN, ein Dateitransferprotokoll geschrieben hatte, das die Postsendung von einer Maschine in die Datei einer anderen Maschine ablegen konnte. Doch noch musste irgendeine Möglichkeit gefunden werden, die E-Mail-Adresse beziehungsweise den Namen des Nutzers von dem Namen der Maschine, die dieser benutzt, deutlich unterscheiden zu können. Das konnte nur durch ein Zeichen geschehen, das niemals im Namen eines Nutzers vorkommen würde. Während Tomlinson nachdenklich auf seiner Tastatur herumspielte, entdeckte er das @, was keine andere Bedeutung hatte als »at« (bei), die im Englischen gebräuchliche Form des »c/o« im Sinne von »*bei* einer bestimmten Einrichtung«.[9] Das war so genial logisch, dass sich diese Praxis sofort in der ARPANET-Gemeinde einbürgerte. 1973 gab es laut einer Studie 50 IMPs am Netz, aber drei Viertel aller Datenübertragungen bestanden aus E-Mails.

1975 war die Netzgemeinde auf über eintausend Personen angewachsen. Dann hatte Vint Cerf, während er in der Lobby eines Hotels in San Francisco auf den Beginn einer Konferenz wartete, eine Idee. Inzwischen war das ARPANET nicht mehr das einzige Computernetzwerk; auch andere Länder oder in den USA ansässige wissenschaftlich-kommerzielle Gruppen hatten eigene Netze eingerichtet. Cerf überlegte sich also, wie es wäre, wenn man sämtliche existierenden Netze über eine Reihe von Gateways, wie er es nannte, zusammenschließen würde. Die International Network Working Group (INWG) war begeistert und nahm das Konzept eines »Catnet« (»Concentrated Network«) in Angriff.[10] Aber zur Zusammenschaltung von Netzen mit unterschiedlichen Technologien und Geschwindigkeiten brauchte man TCPs, »transmission-control protocols«, also eine universale Sprache. Im Oktober 1977 stellten Cerf und seine Kollegen das erste System vor, das Zugang zu mehr als nur einem Netzwerk bot. Das Internet war geboren.

Es begann in rasender Geschwindigkeit zu wachsen. Da es nun nicht mehr reinen Verteidigungszwecken galt, aber 1979 praktisch noch immer nur auf die Kommunikation zwischen ungefähr 120 Universitäten und Forschungseinrichtungen beschränkt war, war es nur logisch, dass die Initiative aus der Hand der ARPA in die der National Science Foundation (NSF) überging. Das CSNET, über das die NSF bereits verfügte und das nur von den Informatikfakultäten der Universitäten benutzt werden durfte, diente als Sprungbrett für das NSFNET: 1985 entstanden fünf Supercomputerzentren über die ganze USA verteilt, die durch ein »Backbone-Netzwerk«, eben dem NSFNET, und in der Folge auch mit regionalen Netzwerken verbunden waren.[11] Diese Supercomputerzentren waren sowohl das Gehirn als auch die Batterien des Netzwerks, ein riesiger Gedächtnispool, der jede Information, die die Nutzer einspeisten, in sich aufsog und zugleich Staus verhinderte. Die Universitäten zahlten 20 000 bis 50 000 Dollar an jährlichen Nutzungsgebühren. Aber immer mehr Menschen wurde das Potenzial dieses Internet bewusst. Im Januar 1986 wurde an der Westküste ein Gipfeltreffen aller am Netz Beteiligten veranstaltet, um mit der Zuordnung von sieben »Domains« (oder »Frodos«, wie sie auch genannt wurden) Ordnung im System der E-Mails und Homepages zu schaffen: »edu« für Universitäten, »gov« für Regierungsinstitutionen, »com« für Firmen, »mil« für das Militär, »org« für regierungsunabhängige Institutionen, »net« für Netzwerkanbieter und »int« für internationale Handelsorganisationen. Erst mit dieser Strukturierung konnte das phänomenale Anwachsen des Internet zwischen 1988 und 1989 beginnen und das Interesse, das auf Dan Lynchs Interop sichtbar geworden war, Früchte tragen. Den endgültigen Schub gaben ihm dann die Forscher am CERN, dem europäischen Labor für Teilchenphysik in Genf, die 1990 das World Wide Web – den »multimedialen« Zweig des Internet – gründeten.[12] Denn dies nutzte das von Tim Berners-Lee erfundene Protokoll http, was es sehr viel einfacher machte, durch das Internet zu browsen. 1993 folgte *Mosaic*, der erste wirklich populäre Browser, entwickelt an der Universität von Illinois. Erst von diesem Moment an war das Internet kommerziell nutzbar und für jedermann leicht zu navigieren.

Natürlich hat das Internet auch seine Kritiker, wie zum Beispiel Brian Winston, der 1998 in seiner Geschichte der Medientechnologie davor warnte, dass das Internet »die katastrophale Umsetzung des Konzepts, das sich in der zweiten Hälfte des zwanzigsten Jahrhunderts für die Kommerzialisierung von Informationen entwickelt hat«, endgültig besiegeln würde.[13] Doch es gibt wohl nur wenige, die daran zweifeln, dass das Internet in der Tat *die* neue Form der Kommunikation ist und inzwischen sogar ganz neue, im Cyberspace entwickelte Beziehungsformen hervorbrachte.[14]

*

Später einmal wird man das Jahr 1988 vielleicht als den großen Wendepunkt in den Naturwissenschaften bezeichnen. Denn nicht nur das Internet und das Human-Genom-Projekt wurden in diesem Jahr auf den Weg gebracht und legten die ultramodernen Bedingungen für das einundzwanzigste Jahrhundert fest, sondern es erschien auch ein Buch, das den größten jemals errungenen kommerziellen Erfolg einer naturwissenschaftlichen Veröffentlichung haben sollte. Es bewies, wie sehr die Öffentlichkeit die Naturwissenschaften inzwischen akzeptiert hat, aber bezeichnete gewissermaßen zugleich, wie im Schlusswort zu sehen sein wird, den Höhepunkt.

Die Entstehungsgeschichte des Buches *Eine kurze Geschichte der Zeit* währte fünf Jahre und war nicht nur mit seinem Autor, dem Cambridger Physiker und Mathematiker Stephen Hawking, verknüpft, sondern in gewissem Sinne mindestens ebenso mit Peter Guzzardi, dem Cheflektor von Bantam Books in New York.[15] Denn er war es gewesen, der Hawking überzeugt hatte, Cambridge University Press zu verlassen. Der Verlag hatte in die Veröffentlichung dieses Buches eingewilligt, weil er auch alle anderen Arbeiten von Hawking verlegt hatte, und ihm einen Vorschuss von 10 000 Pfund angeboten – die höchste jemals von CPU gebotene Summe. Aber Guzzardi lockte Hawking trotzdem zu Bantam, was aber vermutlich keine sehr schwere Entscheidung für einen Wissenschaftler war, denn nachdem sich Bantam von Guzzardis Begeisterung hatte anstecken lassen, entschloss man sich dort während des Pokerns beider Verlage, dem Autor »allen Risiken zum Trotz ein letztes Angebot zu machen: 250 000 Dollar Vorschuss«. In den kommenden Jahren trug Guzzardi eine Menge dazu bei, den schwierigen Text von Hawking für die allgemeine Öffentlichkeit lesbar zu machen.[16] Das Buch erschien im Frühjahr 1988. Was dann geschah, wurde Verlagsgeschichte. Über eine halbe Million Hardcover-Ausgaben wurden allein in den Vereinigten Staaten und Großbritannien verkauft; die englischsprachige Ausgabe wurde bis 1991 zwanzig Mal neu aufgelegt und stand nicht weniger als 234 Wochen – viereinhalb Jahre – auf den Bestsellerlisten. Ob in Italien, Deutschland, Japan oder irgendeinem anderen Land der Welt, überall wurde das Buch ein durchschlagender Erfolg und Hawking schnell zum berühmtesten Naturwissenschaftler der Welt. In Großbritannien bekam er seine eigene Fernsehserie; er spielte in Hollywoodfilmen mit und füllte mit seinen Vorträgen Säle von der Größe der Londoner Albert Hall.

Aber das war nicht das einzig Ungewöhnliche an dieser Erfolgsstory. 1988 war Hawking sechsundvierzig Jahre alt. Bereits 1963, als er einundzwanzig war, hatte man bei ihm eine seltene und unheilbare Krankheit diagnostiziert: ALS, amyotrophe Lateralsklerose.[17] Ende 1962 hatte er erstmals wahrgenommen, dass sein Körper manchmal nicht so wollte wie er; 1988 war der Rollstuhl nicht mehr zu umgehen, und Hawking konnte sich nur noch mit Hilfe eines Computers verständlich machen, der an einen Stimmen-Synthesizer angeschlossen war. Doch ungeachtet dieses Handicaps war ihm 1979 gemeinsam mit dem Lehrstuhl für Mathematik, den auch Newton bekleidet hatte, der Titel »Likasischer Professor« verliehen worden. Er hatte die Einstein-Medaille gewonnen und eine Reihe von viel gelesenen wissenschaftlichen Abhandlungen über die Schwerkraft, die Relativität und die Struktur des Universums veröffentlicht. Wie Hawkings Biografen schreiben, werden wir zwar niemals wissen, in welchem Ausmaß diese schwere Behinderung zur Popularität seiner Ideen beigetragen hat, doch die Art, mit der er sich darüber hinwegsetzt, hat in der Tat nicht nur etwas Triumphierendes, sondern auch Bewegendes (Ende der sechziger Jahre hatte man ihm mitgeteilt, dass er noch etwa zwei Jahre zu leben hätte). Niemals ließ er zu, dass ihn sein körperlicher Zustand von seinen geistigen Aktivitäten ablenkte. Zu diesen gehörten zum Beispiel seine Erklärung für schwarze Löcher, die Entwicklung seiner »Singularitätstheorie« und die Frage, welche neue Erkenntnis sie uns über den Urknall ermöglicht oder die Überlegung, ob es multiple Universen gibt, die Auseinandersetzung mit neuen Vorstellungen über die Gravität und über die Zusammensetzung von Materie unter besonderer Berücksichtigung der »String-Theorie«.

Aber es sind die schwarzen Löcher, mit denen der Name Hawking am untrennbarsten verbunden bleiben wird. Wie bereits erwähnt, war diese Idee erstmals in den Sechzigerjahren aufgetaucht. Schwarze Löcher wurden als Objekte von extremer Dichte vorausgesagt, die infolge einer bestimmten stellaren Evolution entstehen, wenn ein großer Körper unter dem Einfluss von Schwerkraft bis zu einem Punkt in sich zusammenfällt, aus dem nichts, nicht einmal mehr Licht entweichen kann. Die Entdeckung der Pulsare, Quasare, Neutronensterne und der Hintergrundstrahlung in den Sechzigerjahren trug viel zu unserem Verständnis dieses Prozesses bei, abgesehen davon, dass es sich dabei nun nicht mehr nur um Hypothesen, sondern um Realität handelte. In Zusammenarbeit mit Roger Penrose, einem anderen brillanten Wissenschaftler, der am Londoner Birkbeck College auf dem Gebiet der angewandten Mathematik arbeitete, entwickelte Hawking nun die Idee, dass im Mittelpunkt eines schwarzen Lochs – wie am Anfang des Universums – eine »Singularität« herrschen muss, ein Moment, in dem Materie unendlich dicht und unendlich klein ist und in dem kein bekanntes physikalisches Gesetz mehr gilt. Dieser revolutionären Idee fügte Hawking dann noch hinzu, dass schwarze Löcher eine Strahlung emittieren (»Hawking-Strahlung«) und unter bestimmten Bedingungen explodieren können.[18] Er glaubte, dass man diese Strahlung durch Satelliten außerhalb der Erdatmosphäre (die solche Strahlung ja ausfiltert) entdecken kann – so wie Radiosterne in den sechziger Jahren dank der neuen Radioteleskope entdeckt wurden. Seine Begründung basierte auf Berechnungen, mit denen er nachwies, dass ein schwarzes Loch beim Aufsaugen von Materie heiß genug werden könne, um Strahlung zu emittieren. Prompt wurden vier solche Strahlungsquellen im Universum entdeckt und zu den ersten Kandidaten für beobachtbare schwarze Löcher. Mit späteren Berechnungen widerlegte Hawking, nachdem er herausgefunden hatte, dass sie Energie abgeben, seine eigene frühere Hypothese, dass schwarze Löcher stabil blieben: »Praktisch handelt es sich dabei um die Gravitationsenergie des Loches. Das Loch erzeugt mit seiner Energie zwei Teilchen, fängt aber nur eines von ihnen ein, sodass nur die halbe Energieschuld zurückerstattet wird, wodurch das Loch an Masse verliert … [es wird] ständig schrumpfen … so langsam, dass es Jahrmilliarden dauert, um ein Miniloch von Protonengröße so klein werden zu lassen, dass es explodiert.«[19]

In den Siebzigerjahren wurde Hawking ans Caltech eingeladen, wo er dem charismatischen Nobelpreisträger Richard Feynman begegnete.[20] Hawking nutzte die Gespräche mit dieser Autorität auf dem Gebiet der Quantentheorie, um eine Erklärung für den Anfang des Universums zu entwickeln.[21] Dass er diese Theorie 1981 dann ausgerechnet im Vatikan vorstellte, »war ein kurioser Einfall des Cambridger Physikers« (die katholische Kirche hatte zu einer Konferenz über die Entwicklung des Universums eingeladen). Die Grundlage seiner Theorie war die Frage, was mit der Singularität im Inneren geschieht, »wenn ein schwarzes Loch verdunstet«? Hawking glaubte, das Loch müsse, da es vollständig verschwindet, wenn es bis zu dieser Grenze verdunstet ist, auch die Singularität mit sich nehmen. Das Problem war nur, dass diese Vermutung auf Quantenprinzipien gründete, die bestimmte Aspekte des Unbestimmtheitsprinzips enthielt. »Die Größe dieser Unbestimmtheit wird durch die Plancksche Konstante angegeben, die uns grundlegende ›Quanten‹ vorgibt – die Plancksche Länge und die Plancksche Zeit.« Die Plancksche Länge beträgt 10^{22} Meter und ist damit weit kleiner als ein Atomkern. »Wenn also ein verdunstendes Schwarzes Loch so weit geschrumpft wäre, dass sein Durchmesser gerade noch eine Plancksche Länge aufwiese, könnte es sich nicht mehr weiter verkleinern. Verlöre es noch mehr Energie, könnte es sich nur vollständig auflösen. Entsprechend ist das Zeitquantum das kleinste Zeitintervall, das noch irgendeine Bedeutung besitzt. Diese Plancksche Zeit beträgt 10^{-43} Sekunden; ein kürzeres Zeitintervall gibt es nicht.«[22] Hawking löste diese Anomalie mittels eines Prozesses, der sich am besten durch eine Analogie erklären lässt. Zuerst fordert er, dass wir uns eine vollständig gekrümmte Raumzeit nach der Theorie Einsteins vorstellen, als sei das Universum von einer kugelförmigen Oberfläche, die »weit eher der Oberfläche der Erde als der eines sich ausdehnenden Ballons« ähnelt. Aber wie passt dann die beobachtbare Expansion des Universums ins Bild? »Ganz einfach«, sagt Hawking: »Wir müssen uns den Urknall als die Entsprechung eines Punktes auf der Oberfläche der Kugel am Nordpol vorstellen. Ein winziger Kreis, den wir um diesen Punkt ziehen (ein Breitengrad), entspricht dann der Größe des Raumes, den das Universum einnimmt. Im Laufe der Zeit müssen wir uns die Breitengrade in immer größerer Entfernung zum Nordpol denken – sie werden größer (zeigen, dass das Universum expandiert) und nähern sich allmählich dem Äquator. Von diesem aus in Richtung Südpol werden die Breitengrade wieder kleiner und repräsentieren dann das Universum, das jetzt mit verstreichender Zeit wieder schrumpft, bis es ganz verschwindet.« Doch die Erde hat am Nordpol keinen Rand, ebenso wenig wie es in diesem Bild des

Universums eine Diskontinuität in der Zeit gibt. Am Nordpol zeigt jede Richtung »auf Grund der Geometrie der gekrümmten Erdoberfläche nach Süden. Genauso gab es im Urknall keine Vergangenheit, und alle Zeit lag auf Grund der Geometrie der gekrümmten Raumzeit in der Zukunft.«[23]

Hawkings Theorie versucht zu erklären, was *vor* dem Urknall war. Doch eine Frage, die die Physiker im Zusammenhang mit der Urknalltheorie nicht in Ruhe ließ, war, weshalb das uns bekannte Universum scheinbar in allen Richtungen gleich aussieht.[24] Wie kommt diese außerordentliche Symmetrie zu Stande? Kaum eine andere Explosion weist eine solche Balance auf – was also verursacht diese grundlegende Andersartigkeit der »Singularität«? Alan Guth vom MIT und Andrei Linde, ein russischer Physiker, der 1990 in die USA ausgewandert war, behaupteten nun, dass am Anfang aller Zeiten – also bei $T = 10^{-43}$ Sekunden, als der Kosmos kleiner war als ein Proton – die Gravität kurzfristig eine *Abstoßungskraft* und keine Anziehungskraft gewesen sei. Nur deshalb habe das Universum eine so rasend schnelle Ausdehnungsphase durchlaufen können, bis es schließlich ungefähr die Größe einer Grapefruit hatte, die Inflation erschöpft war und der Feuerball zu der Art von Expansion überging, die wir noch heute beobachten (und messen) können. Der Kernpunkt dieser Inflationstheorie (die einige Kritiker für eine reine Ausgeburt der Phantasie halten) ist, dass dies nach dem Parsimoniegesetz die bestmögliche Antwort auf die Frage ist, weshalb das Universum so uniform ist: Eine rapide Ausdehnung hätte auch jede kleinste »Falte« geglättet. Außerdem erklärt sich damit auch, weshalb das Universum nicht vollständig homogen ist – es gibt Materiebrocken, aus denen sich Galaxien, Sterne und Planeten bilden und Formen von Strahlung entstehen, aus denen sich Gase bilden. Von Linde stammt auch die Idee, dass unser Universum nicht das einzige sein könne, das durch diese Ausdehnung entstand.[25] Er stellte zur Diskussion, dass es ein »Megaversum« mit vielen Universen unterschiedlicher Größe gebe, und ebendieses Thema interessierte auch Hawking brennend. Bei den so genannten »Babyuniversen« handelt es sich in Wirklichkeit um schwarze Löcher, um »Blasen« in der Raumzeit. Stellen wir uns einen Ballon vor, auf dessen Haut sich eine Blase gebildet hat, zu der ein Isthmus führt, das Äquivalent einer Singularität. Niemand könnte durch diese Verengung hindurch, und niemand wäre sich dieser Blase bewusst, sogar wenn sie größer als der Ballon selbst wäre. Tatsächlich könnten sich ganze »Blasenuniversen« – wie sie tatsächlich genannt werden – in unendlicher Zahl bilden: Sie ergeben sich durch die Krümmung von Zeit und Raum und die Physik der Schwarzen Löcher. Per definitionem können wir sie niemals unmittelbar erfahren – sie haben keine Bedeutung.

Dieser Ausdruck – »keine Bedeutung« – führt uns nun zu den jüngsten Überlegungen in der Physik. Manche sprechen hier auch von einer »ironischen Wissenschaft«, weil es sich um Spekulationen über oft höchst befremdliche Thesen handelt, für die es keine wirklichen Beweise gibt.[26] Aber damit wird man der Sache nicht gerecht, denn zu so mancher Spekulation ist man auf dem Wege von mathematischer Berechnungen gelangt, die Rückschlüsse auf Lösungen zulassen, wo Worte, Visuelles oder Analogien versagen. Während des ganzen zwanzigsten Jahrhunderts haben Physiker Theorien entwickelt, die erst viel später durch das Experiment bestätigt werden konnten, warum also nicht auch solche Spekulationen? Im Moment leben wir sozusagen in einer Übergangszeit, in der es keine Möglichkeiten zu geben scheint, herauszufinden, ob die neuesten Ideen der Physiker dem Test standhalten beziehungsweise einmal experimentell bestätigt werden können. Bei einigen scheint das allerdings äußerst unwahrscheinlich.

Eine dieser Theorien basiert auf der Idee von Physikern wie Hawking, dass echte Schwarze Löcher und sämtliche folgenden Universen »im Prinzip« durch »Wurmlöcher« oder »kosmische Strings« verbunden sein müssten.[27] Diese Wurmlöcher stellt man sich als fadenförmige Urmaterie vor, die die unterschiedlichen Regionen des Universums miteinander verbinden, inklusive der Schwarzen Löcher selbst, und somit zumindest theoretisch als Zugang zu anderen Universen dienen könnten. Sie sind jedoch so eng (eine einzige Plancksche Länge im Durchmesser), dass niemals etwas durch sie hindurchschlüpfen könnte, ohne die Hilfe von kosmischen Strings, die, um dies nochmals zu betonen, eine rein theoretische Form von Materie sind und als Relikte aus dem Urknall gelten. Solche kosmischen Strings soll es im ganzen Universum geben, in Form von sehr dünnen, aber immens dichten Fäden, die sich völlig »exotisch« verhalten. Das heißt, wenn man sie zusammendrückt, dehnen sie sich aus, wenn man sie dehnt, ziehen sie sich zusammen. Theoretisch könnten solche kosmischen Strings daher Wurmlöcher verbreitern. Und das wiederum lässt zumindest theoretisch Zeitreisen in ferner Zukunft möglich erscheinen. Jedenfalls behaupten das einige Physiker. Andere zeigen sich eher skeptisch.

Martin Rees' »anthropisches Prinzip« des Universums ist vielleicht etwas einfacher zu verstehen. Der mit Hawking fast gleichaltrige Brite, der bereits mit 31 Jahren auf den »Plumianischen Lehrstuhl für Astronomie und experimentelle Philosophie« und sechs Jahre später in die Royal Society berufen wurde, bietet indirekte Beweise für »parallele Universen«. Seine Prämisse lautet, dass für die Möglichkeit unserer Evolution unzählige Zufälle stattgefunden haben müssten, wenn es nur ein einziges Universum gebe. Bereits in einem seiner ersten Aufsätze hatte er jedoch gezeigt, dass sich nur ein einziger Aspekt unserer physikalischen Gesetze hätte verändern müssen – sagen wir, die Schwerkraft hätte sich erhöht –, damit das uns bekannte Universum heute völlig anders aussehen würde: Himmelskörper wären kleiner, kälter, hätten eine kürzere Lebensdauer, völlig andere Oberflächengeografien usw. Eine Konsequenz daraus ist, dass sich Leben, wie wir es kennen, aller Wahrscheinlichkeit nach ausschließlich in Universen bilden kann, die den uns bekannten physikalischen Gesetzen unterliegen. Und das wiederum bedeutet erstens, dass es höchstwahrscheinlich andere Lebensformen im Universum gibt (weil dort dieselben physikalischen Gesetze gelten), aber zweitens, dass es höchstwahrscheinlich eine Menge anderer Universen gibt, die anderen physikalischen Gesetzen unterliegen, nach denen *sehr* unterschiedliche Lebensformen existieren oder gar kein Leben. Rees hält es einfach für einen höchst unwahrscheinlichen Zufall, dass es unter allen denkbaren Möglichkeiten allein uns Menschen geben soll, die wir, weil es um uns herum physikalische Gesetze gibt, die uns dies erlauben, unser Universum beobachten und Mutmaßungen über andere anstellen zu können. Es müssen mit an Sicherheit grenzender Wahrscheinlichkeit noch andere und von dem unseren sehr unterschiedliche Universen existieren.[28]

Wie fast alle bedeutenden Physiker, Kosmologen und Mathematiker verwandte auch Hawking große Energie auf das, was manche Naturwissenschaftler »the whole shebang« nennen (den ganzen Kram), nämlich die so genannte »Theorie für Alles« oder »die Weltformel«. Diese ironische Formulierung bezieht sich auf den Versuch, die gesamte Grundlagenphysik mit einer einzigen Formel zu beschreiben – nichts weiter. Schon seit einem Jahrzehnt glauben einige Physiker, dass diese »allumfassende« Lösung zum Greifen nahe sei. Doch in Wirklichkeit entzieht sich diese Weltformel noch immer jedem Griff.[29] Vor der physikalischen Revolution, von der zu Beginn dieses Buches die Rede war, hätten gerade einmal zwei Theorien dafür zur Verfügung gestanden. Da gab es Isaac Newtons Gravitationstheorie, welche die Bewegungen von Himmelskörpern und die Frage erklären wollte, warum zum Beispiel ein Apfel auf den Boden fällt; und da gab es James Clerk Maxwells Darstellung des Elektromagnetismus für die Erklärung von Licht, Strahlung, Magnetismus und den Kräften, die zwischen elektrisch geladenen Teilchen wirken. Doch diese beiden Theorien waren nur bis zu einem bestimmten Punkt vereinbar. »Nach Isaac Newtons Bewegungsgesetzen können Sie einen davoneilenden Lichtstrahl einholen, wenn Sie schnell genug laufen, während Sie nach James Clerk Maxwells Gesetzen des Elektromagnetismus dazu nicht in der Lage sind.« Diesen Konflikt hat Einstein mit seiner Speziellen Relativitätstheorie gelöst, die bewies, dass Maxwell Recht hatte. Doch erst die Quantentheorie veränderte alles und machte die Physik zugleich schöner und noch komplexer. Sie verband Maxwells Theorie mit den neuen Quantengesetzen, die das Universum als ein diskontinuierliches System voraussetzen, in dem es Grenzen für die Miniaturisierung der Pakete elektromagnetischer Energie der Zeit- oder Entfernungseinheit gibt. Diese Erkenntnis führte dann gleich zwei neue Kräfte ein, die in sehr kurzer Reichweite *innerhalb* des Atomkerns operieren. Die starke Kraft hält die Teilchen des Kerns zusammen und ist *sehr* stark (es ist diese Energie, die in einer Atomwaffe freigesetzt wird); die andere ist für den radioaktiven Zerfall zuständig und wird schwache Kraft genannt.

Also gab es bis zu den Sechzigerjahren vier Kräfte, die miteinander in Einklang gebracht werden mussten: die Schwerkraft, den Elektromagnetismus, die starke Atomkraft und die schwache radioaktive Kraft. In den sechziger Jahren entwickelten Sheldown Glashow, Abdus Salam und Steven Weinberg in Texas dann eine Theorie, die sowohl die schwache Kraft als auch den Elektromagnetismus beschrieb (»elektroschwache Theorie«) und neben den Fotonen noch drei weitere Austauschteilchen (Weakonen genannt) erforderte, die so genannten W- und Z-Bosonen: das W^+, das W^- und das Z^0, die dann 1983 am CERN in Genf experimentell beobachtet wurden.[30] Später, im Zusammenhang mit der Entdeckung der Quarks, entwickelten Physiker gleich mehrere Gleichungen zur Beschreibung der starken Kraft. Diesen Quarks gab man ziemlich verrückte Namen (darunter auch die Namen von Farben, obwohl Teilchen natürlich völlig farblos sind), und die neue Theorie, mit der ihre Interaktion beschrieben wurde, nannte man Quantenchromodynamik oder QCD. Nun waren der Elektromagnetismus, die schwache Kraft und die starke Kraft mit einer Reihe von Gleichungen unter einen Hut gebracht worden. Das war eine bemerkenswerte intellektuelle Leistung, aber noch hatte keiner die Schwerkraft einbeziehen können. Und das war eine Grundbedingung für die Weltformel der Physiker.

Zuerst näherten sie sich einer Quantentheorie der Gravität an. Das heißt, sie nahmen an, dass auch der Gravitationskraft ein Teilchen zugeordnet ist, und nannten es *Graviton*, obwohl die neuesten Theorien davon ausgehen, dass es mehr als nur eines gibt. (Einige Physiker sagen 8 Gravitonen voraus, andere 154, was vielleicht eine Vorstellung vermitteln kann, welche Aufgabe da noch vor ihnen liegt.) Mitte der achtziger Jahre wurde die Physik dann geradezu überrollt von der »String-Revolution«, der 1995 die »Superstring-Revolution« folgte. Es ist fast unheimlich, wie sich die Aufregung, von der die Physik in der Wende vom neunzehnten zum zwanzigsten Jahrhundert ergriffen gewesen war, in der Wende vom zwanzigsten zum einundzwanzigsten wiederholte.[31] In den neunziger Jahren waren die Regale der Buchhandlungen in den Industriestaaten plötzlich mit mehr populärwissenschaftlichen Werken gefüllt als jemals zuvor, aber nun waren es nicht mehr nur dicke Bände über die Evolution oder die Biologie, nun gehörten dazu auch Physik, Kosmologie und Mathematik. Zu diesem Phänomen zählte 1999 auch ein Buch, das auf beiden Seiten des Atlantiks sofort die ersten Plätze der Bestsellerlisten errang, obwohl es mindestens so schwierig war wie Hawkings *Kurze Geschichte der Zeit*, wenn nicht sogar noch komplizierter: Brian Greenes

Das elegante Universum. Superstrings, verborgene Dimensionen und die Suche nach der Weltformel.[32] Es schildert die jüngsten Aufregungen auf dem Gebiet der Physik und gibt sich alle nur erdenkliche Mühe, diese hoch komplexen Themen auch Nichtphysikern zugänglich zu machen. (Um den Leser zu beruhigen, erklärt Greene im Vorwort, er habe den Text so angelegt, dass abstraktere Passagen »ohne Folgen für das weitere Verständnis des Buches überflogen oder ausgelassen werden« können.) Dieses Buch stellt dem fachfremden Leser auch die Namen vor, die, von ihm vermutlich völlig unbemerkt, inzwischen Eingang in den Pantheon der Physik gefunden haben und nunmehr dort neben Einstein, Rutherford, Bohr, Heisenberg, Schrödinger, Pauli, Chadwick, Penrose und Hawking stehen: darunter vor allem Edward Witten, dann Eugenio Calabi, Theodor Kaluza, Andrew Strominger, Stein Strømme, Cumrun Vafa, Gabriele Veneziano und Shing-Tung Yau. Eine internationalere Gruppe von Wissenschaftlern lässt sich wohl kaum finden.

Die String-Revolution entwickelte sich durch ein grundlegendes Paradoxon. Obwohl die moderne Physik auf zwei Eckpfeilern ruht, auf Einsteins Allgemeiner Relativitätstheorie, »die den theoretischen Rahmen zum Verständnis des extrem großräumigen Universums darstellt«, und auf der Quantenmechanik, »die den theoretischen Rahmen zum Verständnis der kleinsten Größenverhältnisse liefert«, können *nicht beide* Theorien, so wie sie gegenwärtig formuliert sind, richtig sein, denn sie »wollen partout nicht zueinander passen«. Alle Physiker zerbrachen sich nun den Kopf, ob es wirklich denkbar ist, »dass das Universum auf seiner fundamentalen Ebene geteilt ist, dass wir ein System von Gesetzen brauchen, wenn die Dinge groß sind, und ein anderes, wenn die Dinge klein sind. Und dass beide miteinander unverträglich sind.«[33] Aber die String-Theoretiker standen noch vor ganz anderen grundlegenden Fragen: Warum gibt es ausgerechnet vier Grundbausteine, warum gerade die Anzahl von Teilchen, die man kennt, und warum haben sie just die Eigenschaften, die sie haben? Ihre Antwort darauf lautet, dass der Grundbaustein von Materie tatsächlich nicht aus einer Reihe von Teilchen – »punktförmigen Gestalten« – besteht, sondern vielmehr aus winzigen, eindimensionalen »Strings«, also saitenartigen Fäden, die häufig aufgewickelt sind. Diese Strings sind extrem klein – ungefähr 10^{-33} Zentimeter, was bedeutet, dass sie mit den gegenwärtig zur Verfügung stehenden Messinstrumenten nicht direkt beobachtet werden können. Dessen ungeachtet aber geht die String-Theorie davon aus, dass ein Elektron ein String ist, welches in die eine Richtung schwingt, ein up-Quark ein String, das in die andere Richtung schwingt, und ein Tau-Teilchen ein String, das wieder in eine andere Richtung schwingt, und immer so weiter, vergleichbar den Saiten einer Violine, die je nach Ton immer in eine andere Richtung schwingen. Aber hier haben wir es mit allerwinzigsten Entitäten zu tun – um Einhundertmilliardenmilliardstel Mal (10^{20}) kleiner als ein Atomkern. Wie die String-Theoretiker nun glauben, ist auf dieser Ebene eine Vereinheitlichung der Relativitätstheorie und der Quantenmechanik in der Tat möglich. Und als reines Nebenprodukt davon, sozusagen als Bonus, ergibt sich aus solchen Berechnungen auch noch ganz natürlich das Gravitationsteilchen – das Graviton.

Erstmals abzuzeichnen begann sich die String-Theorie in den Jahren 1968 bis 1979, als Gabriele Veneziano am CERN zu seiner Überraschung herausfand, »dass eine eher ›abgehobene‹ Funktion, die etwa zweihundert Jahre zuvor von dem namhaften Schweizer Mathematiker Leonhard Euler als Teil rein mathematischer Forschungen entwickelt worden war…, zahlreiche Eigenschaften stark wechselwirkender Teilchen sozusagen in einem Aufwasch zu beschreiben schien«.[34] Doch Venezianos Beobachtung musste erst noch vervollständigt werden, und das taten drei andere Physiker, nämlich Yoichiro Nambu, Holger Nielson und Leonard Susskind, indem sie offenbarten: »Wenn man Elementarteilchen als kleine, schwingende und eindimensionale Saiten oder Strings darstellt, lassen sich ihre Kernkraft-Wechselwirkungen… exakt durch die Eulersche Funktion beschreiben. Falls die Strings klein genug sind…, sehen sie wie punktförmige Teilchen aus, und ihre Eigenschaften decken sich daher mit den Experimentalbeobachtungen.« Bald schon zeigte sich, dass diese Stringbeschreibung der starken Kraft schwer wiegende Mängel aufwies, aber die Idee war nicht tot zu kriegen, bis es 1984 schließlich zur ersten »String-Revolution« kam: Michael Green und John Schwarz wiesen als Erste nach, »dass der versteckte Quantenkonflikt, der die String-Theorie heimsuchte, durchaus lösbar war«. Damit traten sie eine Forschungslawine los, die in den nächsten beiden Jahre über tausend Papiere über die String-Theorie nach sich zog, die alle zum gleichen Fazit kamen, nämlich dass sich viele Faktoren der Teilchenphysik ganz natürlich aus dieser Theorie ergeben. Allerdings brachte die schöpferische Kraft der Stringtheorie nun wieder ihre eigenen Probleme mit sich: Eine Weile lang gab es tatsächlich fünf verschiedene Versionen dieser Theorie, die alle gleichermaßen elegant waren, von denen aber niemand sagen konnte, welche nun die »schönere«, also richtige war. Wieder einmal kam alles zum Stillstand, bis 1995 Edward Witten auf der String-Konferenz an der University of Southern California einen Vortrag hielt, der die Physiker »völlig verblüffte. Witten erläuterte einen Plan für die nächste Stufe der Entwicklung, mit dem er die ›zweite Superstring-Revolution‹ lostrat.«[35] Es gelang ihm, seine Kollegen davon zu überzeugen, dass es sich bei den fünf angeblich unterschiedlichen Versionen der String-Theorie in Wirklichkeit nur um fünf Aspekte ein und desselben zu Grunde liegenden Konzepts handelt, das dann unter dem Namen »M-Theorie« bekannt wurde, wobei das *M* je nachdem für *M*ysterium, *M*eta oder *M*utter aller Theorien steht.[36]

Seit man es nun mit so winzigen Entitäten wie den Strings zu tun hat, ergeben sich für Physiker bisher ungeahnte Möglichkeiten, darunter auch die Vorstellung, dass es »versteckte Dimensionen« geben könnte. Um das zu erklären, ist wieder einmal eine Analogie gefragt. Greene greift hier zum Beispiel des Gartenschlauchs. Betrachten wir einen solchen Schlauch aus der Ferne, dann *wirkt* er wie ein eindimensionaler Faden, wie ein Bleistiftstrich auf Papier. Nähert man sich ihm, erkennt man jedoch, dass es sich in Wirklichkeit um ein zweidimensionales Objekt handelt – aber natürlich war er schon zuvor zweidimensional, nur konnten wir das nicht erkennen. Die Physiker glauben nun, dass derselbe Effekt auf der Ebene von Strings vorhanden ist (oder sein könnte) – es gibt versteckte »aufgewickelte« Dimensionen, die wir gegenwärtig nicht wahrnehmen können. Tatsächlich halten sie sogar insgesamt *elf* Dimensionen für möglich, zehn räumliche und eine zeitliche.[37] Das ist eine Idee, die man sich kaum – oder besser: gar nicht – vorstellen kann, doch die Argumente der Wissenschaftler beruhen auf Mathematik (und zwar auf einer Art von Mathematik, die selbst Mathematiker schwer verdaulich finden). Doch für den, der sie verstehen kann, ergeben offenbar viele Dinge im Universum plötzlich einen Sinn. Schwarze Löcher lassen sich damit – vielleicht am ehesten vergleichbar den fundamentalsten Bausteinen der Natur – als Gateways zu anderen Universen erklären. Außerdem sind diese zusätzlichen Dimensionen nötig, sagen die String-Theoretiker, weil die Angewohnheit von Strings, sich auszudehnen oder aufzuwickeln, vielleicht auch den Umfang und die Frequenz ihrer Schwingungen erklären kann, mit anderen Worten aufzeigen kann, weshalb die uns bekannten »Teilchen« ausgerechnet die Masse, Energie und Atomzahl haben, die sich beobachten lassen. Jüngst fanden neben den Strings noch weitere Gestalten in die String-Theorie Eingang, nämlich zwei-, drei- und mehrdimensionale Membranen oder »Branen«, winzige Pakete, die zu erklären die Hauptaufgabe der Physik im einundzwanzigsten Jahrhundert sein wird.[38]

Das Erstaunlichste an der Stringtheorie – einmal abgesehen von der Existenz der Strings selbst – ist, dass sie eine *Vorgeschichte* des Universums *vor* dem Urknall nahe legt. Greene schreibt: »Gasperinis und Venezianos Arbeit lässt darauf schließen, dass am Anfang kein extrem heißes und eng aufgewickeltes Klümpchen war, sondern ein kalter und im Wesentlichen *unendlich großer* Raum.« Dann sei es zu einer Instabilität gekommen, »die jeden Punkt des Universums veranlasste, sich rasch von jedem anderen zu entfernen.« Der Raum krümmte sich zusehends, Energiedichte und Temperatur nahmen spektakulär zu, bis schließlich eine millimetergroße dreidimensionale Region *innerhalb* dieser riesigen Weite aussah wie das superheiße und dichte Körnchen, das, wie vermutet wird, durch inflationäre Expansion entstand. »Durch die Standardexpansion des herkömmlichen Urknallmodells ist aus diesem Körnchen das ganze uns vertraute Universum entstanden.«[39] Diese Theorie hat obendrein den großen Vorteil, dass sie eine Vereinigung sämtlicher Kräfte ermöglicht, inklusive der Schwerkraft.

Durch die String-Theorie gerät die Vorstellungskraft Normalsterblicher an ihre Grenzen. Jede visuelle Analogie versagt, und ihre Mathematik ist sogar für Mathematiker kaum noch verständlich. Doch ein paar Elemente enthält sie, die wir alle verstehen können: Erstens leben Strings in einer Welt jenseits der Planckschen Länge, was in gewisser Weise die logische Folge der Vorstellung ist, die sich Planck erstmals im Jahr 1900 vom Quant gemacht hatte. Und zweitens ist sie zu 99 Prozent noch immer reine Theorie. Zwar beginnen die Physiker erste Möglichkeiten für eine experimentelle Überprüfung zu finden, aber noch herrscht kein Mangel an Skeptikern, die an der Existenz dieser Strings zweifeln. Drittens betreten wir auf der Ebene dieser Winzigkeiten ein raum- und zeitloses Reich. Die allerneueste Forschung befasst sich mit der so genannten *Null-Bran*-Theorie. »Untersuchungen dieser Null-Branen lassen darauf schließen, dass hier die gewöhnliche Geometrie durch eine so genannte *nicht-kommutative Geometrie* ersetzt wird, deren Konzepte zu großen Teilen von dem französischen Mathematiker Alain Connes entwickelt worden sind.« Greene hält diese Theorie für »das möglicherweise fundamentalste Objekt der M-Theorie«, um uns einen ersten Eindruck vom raum- und zeitlosen Reich zu geben. Aber für Greene ist diese Forschung nicht nur von wissenschaftlicher, sondern auch von philosophischer Bedeutung. »Die Suche nach den fundamentalen Gesetzen des Universums«, sagt er am Schluss seines Buches, »ist ein spezifisch menschliches Unterfangen, das Geist und Gemüt auf eine harte Probe stellt, sie aber auch für ihre Anstrengungen belohnt... Wir sind alle, jeder auf seine Art, Wahrheitssucher und möchten wissen, warum wir hier sind. Wenn wir... die Welt aus unserer neuen Perspektive betrachten..., dann erfüllen wir unseren Teil der Aufgabe, fügen unsere Sprosse in die Leiter [der Generationen], die es der Menschheit erlaubt, nach den Sternen zu greifen.«[40]

Mit der Superstring-Theorie haben wir eine endgültige Amalgamierung von Physik und Mathematik erreicht. Die beiden Disziplinen haben sich schon immer nahe gestanden, aber niemals so nahe wie heute, da wir uns der Möglichkeit nähern, zu erfahren, dass die Basis aller Realität gewissermaßen mathematisch ist.

*

Viele Wissenschaftler glauben denn auch, dass wir uns gerade im goldenen Zeitalter der Mathematik befinden. Unter den Mathematikern selbst haben vor allem zwei Gebiete große Aufmerksamkeit erregt.

Die Chaoplexität ist ein Amalgam aus Chaos und Komplexität. James Gleick stellte 1987 mit seinem Buch *Chaos: Making a New Science* dieses neue Gebiet der Geistesgeschichte vor.[41] Die Chaosforschung geht von der Prämisse aus, dass es viele Phänomene gibt, die im mathematischen Sinne nichtlinear, das heißt *prinzipiell* unvorhersagbar sind. Wir alle kennen inzwischen den Schmetterlingseffekt: Der Flügelschlag eines Schmetterlings im Mittleren Westen der USA (zum Beispiel) kann eine Reihe von Ereignissen auslösen, die sich bis hin zu einem Monsun im Fernen Osten fortsetzen. Ein zweites Element dieser Theorie ist die »emergente Eigenschaft«, bezogen auf die Tatsache, dass es Phänomene auf der Erde gibt, die nicht einfach durch die Erforschung ihrer Bestandteile erklärt werden können. Das Bewusstsein ist ein gutes Beispiel dafür, denn selbst wenn man es je verstehen sollte (was sehr strittig ist), könnte dies niemals allein durch die Untersuchung der neuronalen und chemischen Bestandteile des Gehirns geschehen. Aber das trifft noch immer nicht ganz das, was die Chaosforscher wirklich meinen. Sie sagen auch, dass wir mit Hilfe von Computern, die uns noch viel umfangreichere Berechnungen ermöglichen, eines Tages in der Lage sein werden, so komplexe Systeme wie große Moleküle, neurale Netzwerke, die Prinzipien von Bevölkerungswachstum oder meteorologischen Mustern usw. nachzubilden und zu simulieren. Mit anderen Worten: Wir werden die verborgene Ordnung hinter dem augenscheinlichen Chaos enthüllen.

Die Grundidee der Chaoplexität stammt von Benoît Mandelbrot, einem Forscher für angewandte Mathematik bei IBM, der die »fraktale Geometrie der Natur« entdeckte, wie er es nannte (später wurde dieses Phänomen unter dem Begriff »Mandelbrot-Menge« bekannt). Dabei handelt es sich um Fraktale, also mathematische Objekte, die eine »nichtganzzahlige Dimension« aufweisen. Fraktale Merkmale finden sich zum Beispiel bei Küstenlinien, aber auch in Schneeflocken oder Bäumen. Aus der Ferne betrachtet haben sie einfach nur irgendeine bestimmte Form, doch je näher man kommt, desto deutlicher wird, dass sich der fraktale Aspekt ohne größere strukturelle Verluste in immer kleineren Dimensionen wiederholt. Man kann gar nicht nahe genug herankommen, um immer noch weitere Aspekte in der Struktur zu erkennen. Wiederholte Vergrößerungen der Grenzen »ziehen den Betrachter in eine endlose Phantasmagorie aus verschnörkelten Bildern hinein«. Muster kehren regelmäßig wieder, lösen sich aber nie zu gerade Linien auf – mit anderen Worten: Sie entsprechen nie irgendeiner einfachen mathematischen Funktion. Man nannte diese Mandelbrot-Menge »das komplexeste mathematische Objekt«.[42] Doch wie sich herausstellte, entstehen, nachdem man einfache mathematische Regeln in ein Computerprogramm eingegeben hat und diese laufend wiederholt, höchst komplizierte Muster, die sich *nicht* exakt wiederholen. Aus dieser und anderen Beobachtungen mit realen Fraktalen leiten Mathematiker ab, dass es sogar für scheinbar völlig chaotische und komplexe Systeme mächtige Naturgesetze gibt. Aber wir kennen sie noch nicht – ein weiteres Beispiel für versteckte Ordnung.

Ende der Achtziger-, Anfang der Neunzigerjahre begann die Chaostheorie plötzlich zu einer der populärsten Beschäftigungen von Mathematikern zu werden. Am Santa Fe Institute in New Mexico, südöstlich von Los Alamos, wurde extra eine Forschungsstätte eingerichtet, deren Fakultät auch Murray Gell-Man angehörte, der Entdecker des Quarks.[43] Diese neue Spezialisierung brachte dann auch diverse neue Begriffe mit sich, darunter die »selbst organisierte Kritizität«, die »Katastrophentheorie«, die hierarchische Struktur von »künstlichem Leben« und die »Selbstorganisation«. Die selbst organisierte Kritizität ist das geistige Kind von Per Bak, einem dänischen Physiker, der in den siebziger Jahren in die USA gekommen war.[44] Sein Referenzsystem ist der Sandhaufen. Je länger man Sand auf die Spitze eines Sandhaufens rieseln lässt, desto mehr nähert sich dieser jenem kritischen Zustand an, in dem bereits ein einziges weiteres Sandkorn eine Lawine auslösen kann. Bak war fasziniert von der Ähnlichkeit dieses Prozesses mit anderen Phänomenen, etwa Börsencrashs, dem Aussterben von Arten oder Erdbeben. Seiner Meinung nach lassen sich solche Prozesse mathematisch verstehen – das heißt: mathematisch *beschreiben*. Aber dass wir eines Tages in der Lage sein könnten, zu verstehen, warum diese Dinge geschehen, heißt noch nicht, dass wir sie auch kontrollieren oder gar verhindern könnten. Es ist nicht weit von Per Baks Theorie zur Katastrophentheorie des französischen Mathematikers René Thom, derzufolge rein mathematische Berechnungen ein »diskontinuierliches Verhalten« wie zum Beispiel das Entstehen von Leben, die Verwandlung der Raupe in einen Schmetterling oder den Zusammenbruch von Zivilisationen erklären können. Auch hier geht es um die Suche nach verborgener Ordnung.

Unter all diesen Forschungen heben sich besonders die Arbeiten des Physikers Philip Anderson über die Supraleitfähigkeit hervor, für die er 1977 mit dem Nobelpreis ausgezeichnet wurde. Anderson war ein erklärter Antireduktionist, das heißt, er sprach sich nicht für eine verborgene Ordnung hinter den Dingen aus, sondern behauptete, dass die Natur hierarchisch strukturiert ist, dass also jede Ebene in der natürlichen Organisation von den ihr über- und untergeordneten Ebenen unabhängig ist: »Auf jeder Stufe sind völlig neue Gesetze, Begriffe und Verallgemeinerungen erforderlich, die ebenso viel Inspiration und Kreativität erfordern wie auf der vorangegangenen Stufe… Die Psychologie ist keine angewandte Biologie und die Biologie keine angewandte Chemie.« Und dann fügte er hinzu: »Man darf der Versuchung, zu glauben, dass ein einmal bewährtes, allgemein gültiges Prinzip auf einer Ebene auch für alle anderen Ebenen gilt, nicht nachgeben.«[45]

*

In der Wende zum einundzwanzigsten Jahrhundert herrschte jedoch eine etwas enttäuschte Stimmung unter den Chaoplexologen. Was zu Beginn der Neunzigerjahre so faszinierend erschien, hat zumindest bislang nichts hervorgebracht, was auch nur annähernd so aufregend wäre wie die String-Theorie. Das Gebiet, auf dem die Mathematik noch immer aufregend ist und auch unerschrocken weitermacht, ist die Ebene, auf der sie sich mit der Biologie kreuzt. Ihre Errungenschaften auf diesem Gebiet wurden von Ian Stewart, Mathematikprofessor an der englischen Warwick University, in seinem 1998 veröffentlichten Buch *Life's Other Secret* zusammengefasst.[46] Stewart steht in einer Tradition, die weniger bekannt ist als die der Hawking-Penrose-Feynman-Glashow-Linie in der Physik und Kosmologie oder die der Dawkins-Hould-Dennett-Linie in der Evolutionstheorie. Er ist vielmehr der jüngste Beiträger zu der von D'Arcy Wentworth Thompson (*Über Wachstum und Form*, 1917), Stuart Kauffman (*Der Öltropfen im Wasser*, 1993 i. O.) und Brian Goodwin (*Der Leopard der seine Flecken verliert*, 1994 i.O.) begründeten Linie, deren gemeinsame Botschaft besagt, dass die Genetik keine vollständige Erklärung für das Leben abgeben kann oder jemals abgeben wird. Denn ohne Mathematik gehe es gar nicht, so überraschend das auch erscheinen mag, weil Mathematik jene physikalischen Substanzen – die versteckte Ordnung – beherrscht, aus denen alles Leben besteht.

Life's Other Secret will aufzeigen, dass die Mathematik heutzutage unser Verständnis von Leben auf jeder Ebene regiert, von der DNA bis zum Regenwald, vom Virus bis zur Vogelschar, vom Ursprung des ersten sich selbst duplizierenden Moleküls bis zum imposanten unaufhörlichen Marsch der Evolution.[47] Stewart verwendet gern humorvoll provokative Beispiele; so spricht er zum Beispiel von der Mathematik der Spinnweben und Schneeflocken, den Populationsvariationen von Ameisenkolonien oder den Formationen von Starenschwärmen; er untersucht auch solche Dinge wie das Verzweigungssystem von Pflanzen und das Muster auf dem Fell von Leoparden und Tigern. Ein ganzes Kapitel – »Flowers for Fibonacci« – widmet er den Mustern im Pflanzenreich. Die so genannte Folge der Fibonacci-Zahlen (1, 2, 3, 5, 8, 13, 21, 34, 55, 89, 144...) wurde 1202 von Leonardo von Pisa erfunden, Sohn des Bonaccio und also »Fi(lius)-bonacci«. Jede Zahl in dieser Sequenz ist die Summe der beiden vorangegangenen Zahlen – und diese simple Regel kann unendlich viel beschreiben: Lilien haben 3 Blütenblätter, Butterblumen 5, der Rittersporn hat 8, Ringelblumen 13, Astern 21 und Gänseblümchen 34, 55 oder 89.[48] Doch Stewarts Buch und sein Denken beinhalten mehr und sind auch noch weit interessanter als das. So erklärt er beispielsweise, dass die Zellteilung beim Embryo eine bemerkenswerte Ähnlichkeit mit der Bildung von Seifenblasen aufweist, oder dass die Art und Weise, wie Chromosomen in einer sich teilenden Zelle ausgelegt sind, der Anordnung der sich gegenseitig abstoßenden Magneten ähnelt. Mit anderen Worten: Welche Instruktionen auch immer in den Genen codiert sein mögen, viele biologischen Entitäten verhalten sich so, als ob sie durch ihre eigenen *physikalischen* Eigenschaften dazu gezwungen wären. Und ebendiese Eigenschaften können in Form von mathematischen Gleichungen dargelegt werden. Stewart hält das nicht für einen Zufall – das ist Leben! Leben nutzt die Mathematik oder Physik der Natur zum eigenen Vorteil. So stellt Stewart zum Beispiel fest, dass es eine versteckte Geometrie in Molekülen gibt, vor allem in der DNA, um die Knoten und Knäuel zu einer alles entscheidenden Architektur zu formen. Er schildert ein bemerkenswertes Experiment, das von Heinz Fraenkel-Conrat und Robley Williams mit dem Tabakmosaikvirus durchgeführt wurde und laut Stewart eine Brücke zwischen anorganischen und organischen Welten baute:[49] Werden die Komponenten des Virus in einem Teströhrchen separiert und dann sich selbst überlassen, reassemblieren sie sich spontan zu einem kompletten Virus, der sich replizieren kann. Es ist also die Architektur der Moleküle, die automatisch Leben hervorbringt. Folglich könnte diese Virusform – also Leben – theoretisch geschaffen werden, indem man entsprechende synthetische Substanzen vorbereitet und sie zusammen in ein Teströhrchen gibt. In der zweiten Hälfte der neunziger Jahre haben Mathematiker endlich den Prozess verstanden, durch den sich primitive Lebensformen wie zum Beispiel der Schleimpilz, die Amöbe *Dictyostelium discoideum*, bilden. Wie sich herausstellte, waren hier gar nicht einmal so schwierige mathematische Gleichungen gefragt. »Der Kernpunkt ist«, schreibt Stewart, »dass sich eine Menge Merkmale des Lebens als physikalisch und nicht als biologisch herausstellen.«[50]

Am meisten aber können vielleicht die Experimente enthüllen, die Stewart und seine Kollegen mit »künstlichem Leben« (AI, *artificial life*) machen. Im Prinzip handelt es sich dabei um reine Computerspiele, die symbolisch unterschiedliche Aspekte der Evolution replizieren.[51] Normalerweise erscheint dabei ein Raster von beispielsweise 100 × 100 Quadraten auf dem Bildschirm. In jedes dieser Quadrate wird nun entweder ein Busch oder eine Blume eingefügt, oder eine Larve und ein Tier, das sich von Larven ernährt. Dann werden verschiedene Regeln einprogrammiert. Ein Gesetz könnte beispielsweise lauten, dass sich das Raubtier immer über fünf Quadrate gleichzeitig fortbewegen kann, die Larve aber nur jeweils über ein Quadrat; oder dass die Larve auf einem grünen Blatt weniger leicht zu erkennen (und daher zu fressen) ist als auf einer roten Blüte usw. Da es sich um ein Computerspiel handelt, kann man dieses *artificial life* dann einfach »anstellen« und es für 10 000 oder sogar 50 Millionen Bewegungen sich selbst überlassen und abwarten, was sich »*a*wickelt« (*a*volves, das *a* steht für »*a*rtificial«, künstlich). Inzwischen sind bereits diverse solcher Programme ausprobiert worden, aber am faszinierendsten ist noch immer Andrew Pargellis' *Amoeba* aus dem Jahr 1996. Angefangen hatte alles mit einem Block zufälliger Computercodes, von denen sich 7 Prozent pro 100 000 Spielschritten nach dem Zufallsprinzip ersetzten (um Mutation zu simulieren). Pargellis' fand heraus, dass immer nach jeweils ungefähr 50 Millionen Schritten ein selbstreplizierendes Codesegment auftauchte, einfach auf Grund der Mathematik, auf der das Programm basierte. Stewart schrieb: »Die Replikation musste nicht in die Regeln eingebaut werden – sie geschah ganz einfach.«[52] Aber es gab auch noch andere Überraschungen, zum Beispiel plötzliche Symbiosen, das Auftauchen von Parasiten oder lange Perioden der Stase, unterbrochen von Phasen eines rapiden Wandels – mit anderen Worten also ziemlich genau jenes unterbrochene Gleichgewicht, welches von Niles Eldredge und Stephen Jay Gould beschrieben worden war. Für all diese Modelle (als Experimente im herkömmlichen Sinn können sie ja nicht bezeichnet werden), die zeigen, wie Leben begonnen haben könnte, gibt es nun von Stewart zitierte mathematische Modelle, die nahe legen, dass ein Netzwerk von Nervenzellen, ein »Neuronetz«, von dem Moment an, an dem es vollständig miteinander verbunden ist, auf natürlichem Wege die Fähigkeit erwirbt, Berechnungen anzustellen; man nennt dieses Phänomen *emergent computation* (»emergente Berechnung«).[53] Das heißt, dass sich nach den Prinzipien ganz normaler Physik spontan Netze mit natürlicher Rechenfähigkeit ausbilden: »Die Evolution wählt dann diejenigen Netze aus, die in der Lage sind, Berechnungen anzustellen, welche die Überlebensfähigkeit des Organismus verbessern, was dann wiederum zu spezifischen Berechnungen von zunehmend komplexerer Art führt.«[54]

Was Stewart zum Ausdruck bringen will und was bei weitem nicht von jedermann akzeptiert wird, ist, dass Mathematik und Physik ebenso gravierend an der Gestaltung von Leben beteiligt sind wie die Genetik. »Das Leben gründet sich auf mathematische Muster in der physikalischen Natur. Die Genetik nutzt diese Muster aus und organisiert sie, aber die Physik macht sie überhaupt erst möglich und bestimmt, wozu sie dienen.«[55] Für Stewart birgt nicht die Genetik das tiefste aller Geheimnisse, nämlich die verborgenste Ordnung allen Lebens, sondern die Mathematik. Er schließt sein Buch mit der Voraussage, dass im einundzwanzigsten Jahrhundert eine neue Disziplin entstehen wird, genannt *Morphomatik*, die den Versuch unternehmen wird, Mathematik, Physik und Biologie komplett zu vernetzen, um die verborgensten Muster der Natur zu enthüllen und uns, wie er sehr hofft, zu helfen, den Beginn allen Lebens zu verstehen.

SCHLUSSWORT

THE POSITIVE HOUR:
Die wissentliche Frist

I do not hope to know again
The infirm glory of the positive hour
T.S. Eliot, *Ash Wednesday* (1930)

Weil ich nicht hoff, ich kenne wiederum
Die wanke Glorie wissentlicher Frist
Aschermittwoch

Wer wollte an Eliots Gefühl zweifeln, dass das zwanzigste Jahrhundert »a positive hour« oder, wie es in der deutschen Übertragung heißt, eine »wissentliche Frist« darstellte und seine Glorie eine »wanke« war, so glorreich sie auch gewesen sein mag? In erhabener Unzufriedenheit fährt Eliot fort:

Weil ich nicht denk,
Weil ich erkannt hab, mir bleibt unerkannt
Macht, wahrhaft eine, die vorüberfließt,
Weil ich mich nimmer tränk
Wo Bäume blühn und Ursprung quillt: dort gilt kein Wiederum

Und weil ich weiß, Zeit ist allimmer Zeit
Und Ort ist Ort und anders nicht,
Was wirklich währt, währt nur für seine Zeit
An seinem Ort, sonst nicht,
Bin ich froh, dass Dinge sind, wie sie sind, und ich
Verzicht aufs selige Gesicht,
Verzicht auf die Stimme. – Weil ich
Nicht hoffen darf, ich kehr noch einmal um,
Grad deshalb bin ich froh, muss selber mir ein etwas baun,
  daran ich spür,
Ich bau's und bin sein froh

Und bitte Gott, er woll uns huldig sein,
Und bitt, ich mög vergessen,
Was in mir selbst ich allzu oft, tagaus tagein
Wälz deutend hin und her,
Weil ich nicht hoffen darf auf Wiederkehr,
Lass diese Rede stehn
Für was geschehen ist und geschieht nie mehr.
Mög das Urteil über uns kein strenges Schuldig sein.

Weil dieser Fittich kein Flieg-Fittich mehr,
Nur Schwinge ist, die Luft zu schlagen,
Luft, die nun außermaßen dünn und leer,
Dünner und leerer denn der Wille,
Lehr uns danach fragen und nichts danach fragen,
Hinsitzend in der Stille.[1]

Eliot schrieb dieses Gedicht inmitten des goldenen Zeitalters der Physik, die auch die goldenen Jahre Heideggers waren, bevor beide tief fielen. »Hinsitzend in der Stille« war seine Art auszudrücken, was Heidegger »Unterwerfung« nannte. Unterwerfe dich der Welt, wie sie ist, und juble, feiere, ohne immer gleich alles erklären zu wollen. Erfreue dich am Mysterium, das uns erlaubt, zu sein, wie wir sein wollen. Doch wie der elegische Ton des Gedichts spüren lässt, war Eliot mit dem Gedanken, dass dies die endgültige Lösung sein sollte, nicht wirklich glücklich. Wie zu viele andere war auch er von der Sache überzeugt, die die Naturwissenschaften vertraten, viel zu überzeugt, um wieder zum Status quo ante zurückzukehren. Wie jeder seiner Zeitgenossen konnte auch er nicht in Unkenntnis sein über das, was inzwischen bekannt war. Doch als Dichter konnte er dem Geschehen Ausdruck verleihen. Und ein entscheidendes Moment dieses Geschehens war, dass das Jahr 1930, in dem *Aschermittwoch* erschien, der vielleicht früheste Zeitpunkt war, zu dem sich alle drei großen geistigen Kräfte des zwanzigsten Jahrhunderts offenbarten: die Naturwissenschaften, die freie Marktwirtschaft und die Massenmedien.

Das heißt natürlich nicht, dass Naturwissenschaften, freie Marktwirtschaft oder Massenmedien ganz und gar Phänomene des zwanzigsten Jahrhunderts gewesen wären, denn das waren sie nicht. Vielmehr war es so, dass das zwanzigste Jahrhundert Elemente barg, die jede dieser drei Kräfte potenzierten und in den zwanziger Jahren für jedermann sichtbar geworden waren.

Was sich zur Zeit der Veröffentlichung von *Aschermittwoch*, vor allem nach den Entdeckungen von Edwin Hubble, in den Naturwissenschaften gerade erst abzuzeichnen begann, gewann im Laufe des Jahrhunderts eine Kraft, die weder Eliot noch irgendein anderer Mensch vorhersehen konnte. Aber einmal ganz abgesehen davon, welchen Einfluss einzelne Entdeckungen hatten, war die gewiss bedeutendste intellektuelle Entwicklung, die unendlich viel zur Autorität der Naturwissenschaften beitrug und die Vorstellung des Menschen von sich selbst grundlegend veränderte, das Ausmaß, in dem sich die Naturwissenschaften einander anzunähern begannen, und die Art und Weise, wie sie alle die *eine* große Geschichte aus unterschiedlichen Blickwinkeln erzählten. Zuerst vernetzten sich Physik und Chemie, dann Physik und Astronomie/Kosmologie, anschließend Physik und Geologie und schließlich auch die Physik und die Mathematik, obwohl diese Disziplinen sich schon immer nahe gestanden hatten. Auch Ökonomie und Soziologie drängten zueinander, und noch enger verband sich die Biologie – in Form der Genetik – mit der Linguistik, Anthropologie und Archäologie. Biologie und Physik haben sich noch nicht vernetzt, jedenfalls nicht in dem Sinne, dass wir dadurch zu verstehen gelernt hätten, wie sich inaktive oder träge Substanzen zur Schaffung von Leben verbinden. Doch wie aus dem letzten Kapitel in Ian Stewarts Buch deutlich hervorging, haben sie sich zumindest indirekt angenähert, weil Physik und Mathematik zum Verständnis von biologischen Strukturen beitragen und die Konzeption der Evolution erweitert wurde, um – was eine noch größere Rolle spielte – uns nun *eine* große Geschichte zu erzählen, angefangen beim Urknall, über all die Milliarden Jahre des Universums hinweg, als die Galaxien, das Sonnensystem, die Erde, die Ozeane, die Kontinente sich bildeten, bis hin zu allem Leben und der Verteilung der Flora und Fauna auf unserem Planeten. Ganz ohne Zweifel ist dies die mächtigste, auf Empirie beruhende Idee aller Zeiten.

Der vorerst letzte narrative Part dieser Geschichte stammt von Jared Diamond, Professor für Physiologie an der California Medical School, der als Anthropologe auch Studien in Neuguinea betrieben hat und 1998 für sein Buch *Guns, Germs and Steel* den Rhône-Poulenc-Preis für wissenschaftliche Publikationen erhielt.[2] In diesem Buch versucht er nichts Geringeres, als das gesamte Evolutionsmuster der letzten dreizehntausend Jahre – also seit der letzten Eiszeit – zu erklären. Seine Antwort ist ebenso kühn wie originell. In erster Linie befasst er sich mit der Frage, warum die Evolution dazu geführt hat, dass im Jahr 1492 Europäer in Amerika einfielen, um den Kontinent zu erobern, und nicht umgekehrt. Wieso hatten nicht die Inka den Atlantik von West nach Ost überquert und sich die Marokkaner oder Portugiesen untertan gemacht? Die Erklärung dafür fand er im geografischen Layout der Erde, insbesondere in der Verteilung der Kontinente über den Globus – vereinfacht ausgedrückt in der Tatsache, dass die Hauptachse des amerikanischen und afrikanischen Kontinents jeweils von Nord nach Süd verläuft, die des eurasischen Kontinents hingegen von Ost nach West.[3] Das Bedeutsame an diesem Sachverhalt ist, dass sich Kulturpflanzen und domestizierte Tiere viel leichter von Ost nach West oder West nach Ost verbreiten, da ähnliche Längengrade auch ähnliche geografische und klimatische Bedingungen bieten im Hinblick auf das Temperaturmittel, die Häufigkeit von Regen oder die Dauer des Tageslichts. Eine Ausbreitung von Norden nach Süden oder umgekehrt ist entsprechend schwieriger und machte die Verbreitung von domestizierten Tieren und Pflanzen praktisch unmöglich. Aus diesem Grund breiteten sich Rind, Schaf und Ziege in Eurasien viel schneller und umfangreicher aus als in Afrika oder auf dem amerikanischen Kontinent.[4] Und mit der schnelleren Verbreitung von Ackerbau und Viehzucht in Eurasien erklärten sich für Diamond auch die dort wesentlich größere Bevölkerungsdichte als auf den beiden anderen Kontinenten, was nun seinerseits wieder zwei Folgen nach sich zog. Erstens förderte der Wettbewerb zwischen den verschiedenen Gesellschaften die Evolution von neuen kulturellen Praktiken, vor allem die Entwicklung der Waffen, die eine große Rolle bei der Eroberung des amerikanischen Kontinents spielten; zweitens breiteten sich unter diesen (größtenteils domestizierten) Tierbeständen Krankheiten aus, die nur in relativ großen menschlichen Populationen überleben konnten und Völker, die keine Immunität gegen sie entwickelt hatten, dahinrafften. Damit, schreibt Diamond, war das globale Muster festgelegt. Dass der afrikanische Kontinent, der aus evolutionärer Sicht »sechs Millionen Jahre Zeit« gehabt hätte, um »loszulegen«, im Vergleich zu anderen Regionen der Welt so schlecht abgeschnitten hat, lag also nicht nur an der Tatsache, dass er an drei Seiten von riesigen Ozeanen und im Norden auch noch von einer Wüste vom Rest der Welt abgeschnitten war, sondern vor allem daran, dass sich entlang seiner Nord-Süd-Achse nur sehr wenige Tier- und Pflanzenarten domestizieren ließen.[5]

Diamonds Darstellung – eine erweiterte Version der *longue durée* – wurde als reine Spekulation kritisiert (was sie zweifellos ist). Doch wer bereit ist, sie zu akzeptieren, wird feststellen, dass sich damit gewissermaßen ein Ideenkreis schließt beziehungsweise die Frage klären lässt, weshalb die unterschiedlichen Menschengruppen der Welt auch unterschiedliche Entwicklungsstufen erreichten und warum beispielsweise gerade um 1500 n. Chr. Mit seiner Erklärung räumt Diamond expressis verbis mit einigen rassistischen Gedanken über die angebliche Überlegenheit der Europäer gegenüber anderen Gruppen in dieser Welt auf. Er bedient sich der Naturwissenschaften, um den Ideen entgegenzuwirken, die am Ende des zwanzigsten Jahrhunderts noch immer sozialen Sprengstoff lieferten.

Von welch grundlegender Bedeutung die Naturwissenschaften sind – wenn dies überhaupt noch hervorgehoben werden muss –, lässt sich auch an den so unterschiedlichen Schicksalen von Deutschland und Frankreich im zwanzigsten Jahrhundert belegen. Deutschland, das bis 1933 auf vielen Geistesgebieten weltweit führend war, wurde durch Hitlers Staatsterror seines Gehirns beraubt, wovon sich das Land bis heute nicht erholt hat (darüber ließ sich Allan Bloom in seinen Bemerkungen über die deutsche Kultur in *The Closing of the American Mind* eingehend aus). Im Zweiten Weltkrieg ging es nicht nur um den Zugewinn an Gebieten und »Lebensraum«, es ging in einem höchst realen Sinne auch um Ideen. In Frankreich war die Lage anders. Viele kontinentaleuropäische Geistesgrößen, vor allem in Frankreich und den deutschsprachigen Ländern, hatten sich einer der größten intellektuellen Anstrengungen dieses Jahrhunderts verschrieben, nämlich der Verbindung von Freud und Marx, was sich dann als die vielleicht größte geistige Sackgasse – oder Narretei – entpuppte und vor allem in Frankreich dazu führte, dass sich große Denker den Fortschritten der »harten« Wissenschaften verschlossen und folglich eine tiefe intellektuelle Kluft zwischen dem frankofonen und anglofonen Denken entstand.

*

Wie stark die zweite große Kraft des zwanzigsten Jahrhunderts war, nämlich die freie Marktwirtschaft, wurde durch das große »Experiment« deutlich, mit dem 1917 in Russland begonnen wurde und das bis Ende der achtziger Jahre andauerte. Die Zeit, in der beide rivalisierenden Systeme nebeneinander existierten, und schließlich der Zusammenbruch des Kommunismus, betonten die Vorzüge der freien Marktwirtschaft auf eine Weise, die Eliot, als er mitten in der Weltwirtschaftskrise *Aschermittwoch* schrieb, vielleicht nicht voraussehen konnte. Der Triumph des marktwirtschaftlichen Systems war so überwältigend, dass Francis Fukuyama 1992 beschloss, ihm mit seinem Buch *The End of History and the Last Man* (*Das Ende der Geschichte*) ein Denkmal zu setzen.[6] Es basiert auf einer Vorlesungsreihe, die Fukuyama auf Einladung von Allan Bloom an der Universität von Chicago gehalten hat, und geht von der Prämisse aus, dass die vorangegangenen Jahre ein beispielloser Triumph für die freiheitliche Demokratie in aller Welt gewesen seien, wodurch das »Ende der ideologischen Evolution der Menschheit« und die endgültige Entscheidung, welche Art von Regierung der Mensch haben möchte, ein für alle Mal deutlich geworden seien.[7] Dabei sprach er nicht nur von der ehemaligen Sowjetunion, sondern von all den vielen Staaten, die sich bis dahin zumindest auf den Weg zur freiheitlichen Demokratie und freien Marktwirtschaft gemacht hatten: Argentinien, Botswana, Brasilien, Chile, die mittel-osteuropäischen Staaten, Namibia, Portugal, Südkorea, Spanien, Thailand, Uruguay und so weiter. Fukuyamas Kernthese lautet, dass es eine Universalgeschichte gibt, einen einzigen, zusammenhängenden Evolutionsprozess, der »die Erfahrung aller Völker aus allen Zeiten« in Rechnung stellt.[8] Und er behauptet, dass der Mechanismus, durch den diese kohärente Geschichte erreicht werden konnte, von den Naturwissenschaften geliefert wurde, weil diese durch Konsens sowohl kumulativ als auch richtungweisend seien, »auch wenn ihr Einfluss auf das Glück des Menschen letztlich zweifelhaft ist«.[9] Obendrein, fügt er hinzu, »scheint die Logik der modernen Naturwissenschaften eine universelle Evolution in Richtung des Kapitalismus zu diktieren«. Genau dieser Prozess, glaubt Fukuyama, sei für viele immaterielle Entwicklungen im zwanzigsten Jahrhundert verantwortlich gewesen, am deutlichsten wahrnehmbar bei den psychologischen Entwicklungen. Die modernen Naturwissenschaften hätten insofern einen demokratischen Fortschritt gefördert, als ihre eigenen Institutionen grundlegend demokratisch seien und nur auf Basis einer umfassenden Bildung erfolgreich operieren könnten. Dieser Fakt habe seinerseits bei vielen Menschen das Bedürfnis nach Anerkennung im Hegelschen Sinne mit sich gebracht – im Sinne eines »fürsichseienden Selbstbewusstseins«, welches nur *ist*, indem es sich wehrhaft gegen ein anderes bewährt. In diesem Umfeld sei eine Hinwendung zum Individualismus – ob im Bereich der Psychologie, der Bürgerrechtsbewegungen oder sogar der Postmoderne – unvermeidlich gewesen. Er verglich diese Periode mit der Reformation, die Religion und Politik trennte, während im zwanzigsten Jahrhundert die politische Befreiung durch die persönliche Befreiung ersetzt worden sei. Fukuyama versteht das Christentum jedoch ganz im Sinne der Hegelschen »absoluten Religion« und nicht, wie er betont, im Sinne eines engstirnigen Ethnozentrismus, weil das Christentum alle Menschen als vor Gott gleich betrachte, »auf der Grundlage ihrer Fähigkeit, eine ethische Wahl treffen oder glauben zu können, und weil das Christentum den Menschen als frei betrachtet, als moralisch frei, um zwischen Gut und Böse zu unterscheiden«.[10] So gesehen sei das Christentum eine »entwickeltere« Religion als die anderen großen Glaubensgemeinschaften.

Einen ebenso unmittelbaren Zusammenhang wie zwischen den Naturwissenschaften, dem Kapitalismus und der freiheitlichen Demokratie gibt es auch zwischen den Naturwissenschaften und der dritten großen Kraft des zwanzigsten Jahrhunderts, den Massenmedien. Seit jeher waren sie weitgehend demokratisch, doch im Laufe des Jahrhunderts, während parallel eine Globalisierung der Märkte stattfand, vertiefte sich dieses Demokratieverständnis. Damit soll nicht bestritten werden, dass diese Prozesse ihre eigenen Probleme mit sich brachten, auf die ich noch zu sprechen komme. Hier geht es mir erst einmal nur um die Feststellung, dass die Naturwissenschaften wie die freie Marktwirtschaft und die Massenmedien demselben Impuls entsprangen und dieser während des ganzen zwanzigsten Jahrhunderts dominierte.

Die Thesen von Jared Diamond und Francis Fukuyama brachte David Landes in seinem Buch *Wohlstand und Armut der Nationen* (1999) auf einen geradezu unheimlichen Nenner.[11] Auf einer Ebene betrachtet, ist dieses Buch nur eine Wiederauflage der »traditionell« narrativen Historie, denn es beschreibt den Triumph des Abendlandes. Auf einer tieferen Ebene aber versucht Landes zu erklären, weshalb China mit seiner riesigen Flotte im Mittelalter nie wie die Länder des Abendlandes zu Eroberungszügen aufgebrochen war oder warum die zur selben Zeit so große technische Erfindungsgabe des Islam zum Schweigen gebracht und niemals wieder geweckt wurde. Landes' Antwort beruht zum Teil auf geografischen Gegebenheiten (die Verteilung von Parasiten in der Welt), zum Teil auf religiösen (der Islam verweigerte sich der Druckerpresse aus Angst vor möglichen Sakrilegen) und zum Teil auf demografischen, im Hinblick auf Bevölkerungsdichten und Migrationsmuster (Einwandererfamilien überfluteten Amerika, männliche Junggesellen zog es hingegen nach Lateinamerika, wo sie sich dann mit der heimischen Bevölkerung mischten). Er widmete sich aber auch dem Umstand, dass ökonomisch-politische und ideologische Systeme das Selbstbewusstsein fördern (und daher auch den Willen zu harter Arbeit), wohingegen beispielsweise das vom Katholizismus beherrschte spanische System in Südamerika weniger neugierig auf die neue Welt, weniger anpassungsfähig und weniger innovativ war. Wie Fukuyama stellt auch Landes eine deutliche Verbindung zwischen dem Kapitalismus und den Naturwissenschaften her, allerdings ist er der Ansicht, dass beide Systeme Wissen kumulieren. Für Landes birgt diese Geschichte alles entscheidende Lehren, auf die jedoch, wie er am Ende seines Buches schreibt, zum jeweils eigenen Schaden keiner hören will – eine Konvergenz findet nicht statt. Die Reichen werden immer reicher und die Armen immer ärmer.

*

Aber auch die Naturwissenschaften selbst verursachen Probleme, die hier nicht vernachlässigt werden dürfen. Der Wissenschaftsautor John Horgan befasst sich in seinem Buch *An den Grenzen des Wissens, Siegeszug und Dilemma der Naturwissenschaften*, aus dem bereits im letzten Kapitel zitiert wurde, insbesondere mit zwei Themenbereichen. Erstens überlegt er, ob die grundlegenden naturwissenschaftlichen Fragen nicht bereits alle beantwortet wurden – ob die heutige Biologie letztlich nicht eine reine Fußnote zu Darwin ist und die heutige Physik nicht insgesamt im Schatten des Urknalls verblasst. Und zweitens stellt er zur Diskussion, ob der Gedanke, dass bereits alles Beantwortbare beantwortet sein könnte, nicht eine entscheidende Phase der Menschheitsgeschichte überhaupt kennzeichnet. Überraschend viele seiner Gesprächspartner aus den Naturwissenschaften hatten geäußert, dass nicht »der *Glaube* an die Wissenschaft«, sondern »möglicherweise die Wissenschaft selbst ihrem Ende entgegengehe … Die Wissenschaft würde womöglich an ihren großen Erfolgen zu Grunde gehen.« Dass es Grenzen dessen gibt, was wir wissen *können*, schienen sie allerdings für gar keine so schlechte Sache zu halten. Horgan selbst folgte der Idee des Biologen Gunther Stent von der University of California at Berkeley (weil er »meine eigenen vagen Vorstellungen klar auf den Punkt bringt«), der in seinem 1969 publizierten Buch *The Coming of the Golden Age: A View of the End of Progress* zu dem Schluss gekommen war, »dass die Wissenschaft – wie die Technik, die Künste und alle sonstigen sich weiterentwickelnden, auf Anhäufung von Erkenntnissen oder Fertigkeiten beruhenden Unternehmen – ihrem Ende entgegengehe«.[12] Und auf Stent beruft er sich auch, wenn er schreibt, dass die Physik im Gegensatz zur Biologie zwar keine Grenzen zu kennen scheine, die Physiker jedoch »bei ihrem Bemühen, Daten aus immer unzugänglicheren Regionen zu erhalten…, zwangsläufig an verschiedene physikalische, wirtschaftliche und auch kognitive Grenzen stoßen« werden.[13]

Einer der von Horgan interviewten Forscher, die glaubten, dass »die inhärente Struktur des menschlichen Geistes unserem Verständnis Grenzen auferlegt«, war Noam Chomsky: »Chomsky teilt wissenschaftliche Fragen in Probleme ein, die zumindest potenziell gelöst werden können, und in Rätsel, die grundsätzlich nicht lösbar sind.«[14] Einige wissenschaftliche Untersuchungen, sagt Chomsky, hätten zwar zu »spektakulären Fortschritten« geführt, aber viele andere sich als Sackgassen erwiesen. »So haben die Wissenschaftler etwa keinerlei Fortschritte bei der Erforschung von Phänomenen wie dem Bewusstsein oder dem freien Willen gemacht.« Davon, betonte er, »haben wir nicht einmal eine schlechte Ahnung«.[15] In seinem 1988 erschienenen Buch *Probleme sprachlichen Wissens* war Chomsky sogar noch weiter gegangen, indem er feststellte, dass es durchaus möglich, ja sogar äußerst wahrscheinlich sei, dass wir aus Romanen stets mehr über das menschliche Leben und die menschliche Persönlichkeit lernen werden als aus der wissenschaftlichen Psychologie.[16]

Horgan selbst hält das Bewusstsein für die wichtigste aller noch ungeklärten Fragen, aber »der einschneidendste Fortschritt in der angewandten Wissenschaft, den ich mir vorstellen kann, ist die Unsterblichkeit… Es ist vorstellbar, dass die Wissenschaftler, sollte ihnen dies gelingen, Varianten des *Homo sapiens* erzeugen können, die unsterblich wären.«[17] Auch wenn Horgan hinzufügt, dass sich damit nicht notwendigerweise unsere grundlegenden Erkenntnisse über das Universum verändern würden, kommt darin J. D. Barnals Voraussage zum Ausdruck, dass der Mensch früher oder später in der Lage sein werde, seine eigene Evolution zu lenken.

Die Herausforderung, die Horgans These stellte, wurde von John Maddox, dem erst jünst pensionierten Herausgeber von *Nature*, in seinem Buch *What remains to be discovered* (*Was zu entdecken bleibt*) angenommen.[18] Dieses ist nicht nur eine exzellente Zusammenfassung unseres heutigen Wissensstandes auf den Gebieten der Physik, Biologie und Mathematik, sondern auch ein sinnvolles Korrektiv gegenüber der Siegesgewissheit so mancher Wissenschaftler. Denn Maddox gibt sich alle erdenkliche Mühe, um deutlich zu machen, wie vorläufig viele Erkenntnisse aus der Physik noch immer sind – so spricht er zum Beispiel grundsätzlich nur von »vermeintlichen« Schwarzen Löchern; in der Suche nach der Weltformel kommt für ihn reines Wunschdenken zum Ausdruck; dass es beim Projekt »Quantengravitation« derzeit so still ist, zeigt für ihn ganz deutlich, dass »das zu lösende Problem noch nicht vollständig verstanden wurde«; und die Idee, dass das Universum mit einem Urknall begann, werde sich als falsch erweisen.[19] Doch dass es deshalb mit den Naturwissenschaften vorbei sei, glaubt er gewiss nicht. Die Tatsache, dass die Welt des zwanzigsten Jahrhunderts derart von ihnen bestimmt wurde, scheint ihm vielmehr darauf hinzudeuten, dass das einundzwanzigste Jahrhundert mit einer ganz »neuen Physik« und schließlich sogar mit der Weltformel aufwarten könnte. Die Aufgabe der Astronomie werde sein, die Existenz des hypothetischen »großen Attraktors« (*great attractor*) zu bestätigen, jene gewaltige kosmische Materieansammlung, von der, wie man seit Februar 1966 weiß, 600 beobachtbare Galaxien angezogen werden. Die Kosmologie werde sich auf die Suche nach einer Erklärung für den zunehmenden Anteil nichtleuchtender Materie machen, sich also mit dem so genannten *Missing-mass*-Problem befassen, von dem vielleicht 80 Prozent des uns bekannten Universums betroffen sind und allein dessen Lösung die Expansionsrate nach dem Urknall erklären könnte. Maddox betont auch, dass es bisher keinerlei direkte Nachweise für die Inflation des frühen Universums gibt. Niemand weiß, ob eine rapide Expansion – der Urknall – überhaupt stattgefunden hat, der, wie er schreibt, nach wie vor weniger eine Theorie als ein reines Denkmodell sei. Noch vehementer verwirft er Lee Smolins Idee der parallelen Universen ohne ureigene Anfänge; sie hält er für nicht überzeugender als die Darstellung, die uns die *Genesis* vom Beginn des Universums bietet.[20] Tatsächlich stellt Maddox klipp und klar fest, dass wir schlicht und einfach nicht wissen, wie das Universum begann. Das Hubble-Gesetz müsse dringend modifiziert werden; und »allem Anschein nach ist die Raumzeit in unserer Nachbarschaft nicht wahrnehmbar gekrümmt [wie sie es nach der Relativitätstheorie sein müsste], sondern flach«.[21]

Sogar unser Verständnis von den Elementarteilchen hält Maddox für bei weitem noch nicht ausgereift und glaubt, dass wir gewaltige Überraschungen erleben werden, sobald der neue Teilchenbeschleuniger im Jahr 2005 am CERN ans Netz geht – weil die Experimente, die man dann machen kann, zu weiteren Experimenten zwingen werden, die wir weder dann noch künftig auszuführen in der Lage sein werden. Er verweist auch auf die seit Anfang 1997 diskutierte Spekulation, dass sogar Elektronen innere Strukturen haben und daher kein einheitliches Ganzes sind. Damit sei das Ziel einer Erklärung, »weshalb die Teilchen realiter sind, was sie sind, in weite Ferne gerückt«.[22] Auch im Hinblick auf die String-Theorie hat Maddox einen grundlegenden Einwand: Wenn es Strings in vielen Dimesionen geben muss, welchen Bezug haben sie dann zu der Realität, in der wir leben? Seine Antwort lautet, dass sich die String-Theorie als eine reine Metapher erweisen und unser Verständnis von Raum und Zeit grundlegend falsch sein könnte. Die Physik sei viel zu sehr damit beschäftigt gewesen, »passende Namen für einzelne Teile« zu finden, und habe es immer viel zu eilig gehabt, uns Erklärungen anzubieten, um angemessene *Vorstellungen* hervorzurufen. Maddox' reservierte Haltung gegenüber den Erfolgen der Naturwissenschaften ist außerordentlich erfrischend, zumal sie von einer solch unfehlbaren Quelle stammt, nämlich genau dem Mann, der als Herausgeber von *Nature* so vielen dieser Theorien eine erste Chance gegeben hat. Mit Horgan teilt er jedoch die Meinung, dass man das Geheimnis des Lebens per se im einundzwanzigsten Jahrhundert wird lösen und Krebs endgültig wird besiegen können. Und er glaubt auch, dass unser Verständnis der Zusammenhänge von Genetik und individueller Persönlichkeit gewaltige Fortschritte machen wird. Aber das größte aller Mysterien, das Bewusstsein, werde ein Geheimnis bleiben.

*

Die Übertragung der Prinzipien der Evolution auf das Bewusstsein, wie in Kapitel 39 diskutiert, ist nur eines der Gebiete, auf das sich die Neodarwinisten in jüngster Zeit konzentrierten. Praktisch befinden wir uns im Zeitalter eines »Universaldarwinismus«, nachdem der algorithmische Ansatz bereits auf beinahe alles angewendet worden ist: auf die evolutionäre Kosmologie wie auf die evolutionäre Ökonomie (und daher auch Politik) und die Evolution von Technologie. Doch die vielleicht radikalste Idee der Neo- oder Ultradarwinisten bezieht sich auf das Wissen selbst und stellt die faszinierende Frage, ob wir zurzeit auch die Ära einer Evolution der Wissensformen selbst durchlaufen.[23] Wir leben in einer Zeit – in »wissentlicher Frist« –, in der die Naturwissenschaften die Rolle übernehmen, die einst Kunst, Geisteswissenschaften und Religion als wichtigste Beiträger zum Wissenserwerb spielten. Man erinnere sich aus dem ersten Kapitel, dass die Familie von Max Planck im Deutschland der Jahrhundertwende geisteswissenschaftliches Wissen als ein den Naturwissenschaften überlegenes Wissen betrachtet hatte. Richard Hofstadter brachte als einer der Ersten die Möglichkeit zur Sprache, dass sich das nun alles verändern könnte, als er die Aufmerksamkeit auf die gewaltigen Erfolge lenkte, die das amerikanische Sachbuch und soziologische Abhandlungen in den sechziger Jahren im Vergleich zum Roman hatten (siehe Kapitel 39). Erinnern wir uns auch, wie Eugène Ionesco die Errungenschaften der Naturwissenschaften wahrnahm: »Ich frage mich, ob die Kunst nicht in eine Sackgasse geraten ist«, sagte er 1970 in einem Gespräch. »Wenn sie in ihrer gegenwärtigen Form nicht sogar bereits am Ende ist. Früher einmal verehrte man Schriftsteller und Dichter als Seher und Propheten. Sie verfügten über eine gewisse Intuition, über schärfere Sinneswahrnehmungen als ihre Zeitgenossen, und, was noch besser war: sie entdeckten Dinge. Ihre Vorstellungskraft reichte sogar noch über das hinaus, was die Wissenschaften selbst entdeckten, bis hin zu Dingen, die diese erst fünfundzwanzig oder fünfzig Jahre später entdecken sollten... Seit einiger Zeit haben nun die Wissenschaften enorme Fortschritte gemacht, während die empirischen Offenbarungen der Schriftsteller kaum noch welche machten... Kann man Literatur also immer noch als ein Mittel des Wissenserwerbs betrachten?«[24]

Alvin Kernan zitierte in seinem Buch *The Death of Literature* George Steiners Aussage, dass wir Zeugen des allmählichen Dahinschwindens des klassischen Zeitalters der Belesenheit seien.[25] Kernan selbst formulierte es so: »Der ewige Traum des Humanismus von der Gelehrsamkeit, von der Entdeckung einer endgültigen Wahrheit, wenn man nur genügend liest und schreibt, beginnt sich in unserer Zeit in nichts aufzulösen.«[26] An der Frage, wer der Schuldige ist, lässt er keinen Zweifel: »Das Fernsehen bedeutet nicht einfach nur, dass alte Dinge auf neue Weise getan werden, sondern stellt selbst eine radikal neue Weise dar, die Welt zu sehen und zu interpretieren: visuelle Bilder, nicht Worte; einfache, unzweideutige und nicht komplexe, versteckte Bedeutung; Flüchtigkeit, nicht Permanenz; Episoden, nicht Strukturen; Theater, nicht Wahrheit. Die Möglichkeit, dass Literatur neben dem Fernsehen bestehen kann, wovon viele überzeugt sind, scheint weniger wahrscheinlich, wenn wir uns bewusst machen, dass sich, während sich Leser in Zuschauer verwandeln, während die Lesefähigkeit schwindet und die Welt, durch den Fernsehbildschirm betrachtet, immer pittoresker und unmittelbarer wird, der Glaube an eine auf Sprache basierende Literatur unweigerlich dahinschwinden wird.«[27] »Es ist durchaus denkbar, dass sich die Literatur nur als das Produkt der Buchdruckerkunst und des Industriekapitalismus herausstellen wird, so wie Minnelieder und Heldenepen das Produkt der oralen Kultur von Stammesgesellschaften waren... sodass sie im elektronischen Zeitalter einfach verschwinden oder sich auf eine rein zeremonielle Rolle reduzieren wird, vergleichbar am ehesten der Pekingoper.«[28]

Wie Gunther Stent (auf den sich John Horgan bezogen hatte) beschrieb auch der Astronom John Barrow einen evolutionären Prozess in der Kunst, »der die kompositionellen Zwänge, denen Künstler unterliegen, ständig weiter gelockert hat... Ebenso wie sich die durch Konventionen, Technologie oder individuelle Präferenzen auferlegten Zwänge gelockert haben,

haben nun auch die so entstandenen Strukturen weniger formale Muster, werden sie mehr vom Zufall bestimmt und schwerer unterscheidbar vom Werk anderer, die unter ähnlichen, von Zwängen befreiten Bedingungen arbeiten.«[29] Stent hatte beschrieben, dass sich die Musik nach den gleichen Mustern wie alles andere entwickelte. So weiß man zum Beispiel aus diversen Studien, dass eine Melodie nur dann gefällt, wenn sie die Balance zwischen dem Erwarteten und dem Überraschenden hält. Klingt sie zu vertraut, wird sie als langweilig empfunden; klingt sie zu überraschend, geht sie »auf die Nerven«. Physiker haben diesen Vertrautheits-Überraschungsquotienten von Musik sogar mathematisch berechnet, und Stent, konnte daher nachweisen, dass die Musik seit der »maximalen Rigidität des rhythmischen Trommelns in alten Zeiten ... auf jeder Ebene den Spielraum des für den Hörer Erträglichen ausgeschöpft hat, bevor sie ihn wieder entspannt und sich auf eine neue Ebene des freien Ausdrucks begibt. In jedem Stadium, vom Altertum zum Mittelalter, von der Renaissance und dem Barock über die Romantik bis hin zur Atonalität und den modernen Perioden, ist die Evolution die Stufen zu immer stärker gelockerten Zwängen hinabgestiegen, wobei jede Stufe nach unten durch die Erschöpfung des Repertoires neuer Muster auf der vorausgegangenen Ebene provoziert wurde ... Die Kulmination dieses evolutionären Prozesses führte Komponisten wie John Cage in den sechziger Jahren dazu, sich von sämtlichen Zwängen zu befreien und es den Hörern zu überlassen, aus dem, was sie hören, das zu machen, was sie wollen: eine akustische Version des Rorschach-Tests.«[30] John Barrow fügte dem noch hinzu, dass auch in anderen schöpferischen Tätigkeiten wie der Architektur, Dichtung, Malerei oder Bildhauerei vergleichbare Befreiungsschläge von allen Zwängen zu beobachten waren. »Stent vermutete«, schrieb er, »dass bereits alle sehr nahe daran waren, die Asymptote ihrer stilistischen Evolution zu erreichen: einen strukturlosen Endzustand, der nur noch die subjektive Reaktion fordert.«[31]

Robert Wright schilderte eine ähnliche Methode, nach der der Darwinismus die Evolution von Wissensformen begünstigt. Die unterschiedlichen Möglichkeiten, die Welt zu begreifen – durch moralische, politische, künstlerische, literarische oder wissenschaftlich pointierte Annäherungen –, seien »im darwinistischen Lichte betrachtet reine Machtkämpfe. Einen Sieger gibt es immer, aber häufig keinen Grund, diesen auch für das Wahre zu halten.« Wright nennt diesen Ansatz den »darwinistischen Zynismus« und vergleicht ihn mit der postmodernen Methode, alle Formen menschlicher Kommunikation als »Dialoge der Macht« zu betrachten, »ironisches Selbstbewusstsein zur Tagesparole« zu erklären und Ideale nicht ernst zu nehmen, weil eine »Manipulation zum eigenen Nutzen« nie auszuschließen sei.[32] So gesehen hat sich die Postmoderne ihre eigene Evolution bereitet und wie die Musik, Dichtung und Malerei als ein Zugangsweg zur Betrachtung dieser Welt ihr Ende erreicht. Fukuyama hatte vermutlich keine Ahnung, was er mit seinem »Ende der Geschichte« lostreten würde.

Ein weiterer Grund für den wenig zufrieden stellenden Anteil der Geisteswissenschaften an der Entwicklung der Wissensformen im zwanzigsten Jahrhundert ist das Vertrauen, das die Modernen in die Theorien von Sigmund Freud setzten. Hier stimme ich ganz dem englischen Nobelpreisträger Sir Peter Medawar zu, der die Psychoanalyse 1971 »einen der traurigsten und den merkwürdigsten aller Marksteine der Geistesgeschichte des zwanzigsten Jahrhunderts« nannte.[33] Im Jahre 1900 hatte Freud der Welt das Unbewusste enthüllt, fast zur gleichen Zeit, als das Elektron, das Quant und das Gen entdeckt wurden. Doch während diese von wiederholten Experimenten bestätigt wurden und zu immer mehr Forschungen auf diesen Gebieten anregten, gelang es den Theorien Freuds nie, einen ungeteilten empirischen Rückhalt zu finden. Die Idee eines systemischen Unbewussten und der Dreiteilung des Geistig-Persönlichen in ein Es, Ich und Über-Ich schien in zunehmendem Maße weit hergeholt. Das ist meiner Meinung nach sehr entscheidend, denn die Konsequenzen des Misserfolges der Freudschen Theorien wurden bisher nicht wirklich durchdacht, und es wäre höchste Zeit, die Psychoanalyse einer neuerlichen Revision zu unterziehen. Denn wenn Freud so irrte, wie ich und viele andere glauben, was wird dann aus all den Romanen und praktisch dem ganzen Korpus des Surrealismus, dem Dada, aus bestimmten Formen des Expressionismus und der abstrakten Kunst, ganz zu schweigen von Richard Strauss' »freudianischen« Opern wie *Salomé* und *Elektra*? Was wird dann aus all den Ikonen des Romans wie D. H. Lawrence, Franz Kafka, Thomas Mann oder Virginia Woolf? Natürlich büßen diese Werke durch eine Abwertung der Theorien Freuds nicht notwendigerweise ihre Schönheit ein oder ihre Fähigkeit, Genuss zu verschaffen, werden aber doch zumindest in ihrer Bedeutung verwässert. Und natürlich verdanken sie der Psychoanalyse nicht ihre *ganze* Existenz, doch können sie, wenn sie eines so großen Teils ihres Sinngehalts beraubt werden, ihre intellektuelle Bedeutung und ihren Wert wahren? Oder werden sie dann zu Werken eines bestimmten Zeitgeists? Ich hebe dies deshalb so deutlich hervor, weil diese Romane, Gemälde und Opern ihrerseits zur Popularisierung und Legitimierung einer bestimmten Auffassung von der Natur des Menschen beigetragen haben, die, nachdem alle Beweise des Gegenteils ausblieben, falsch ist. Die Auswirkungen, die das hat, sind gar nicht zu zählen. Zum Beispiel nehmen wir doch heute alle an, dass unsere erwachsene Persönlichkeit etwas mit den Erfahrungen zu tun hat, die wir in der Kindheit machten, mit den Konflikten, die wir mit unseren Eltern hatten. Doch 1998 gelang es der Psychologin Judith Rich Harris, die Psychologengemeinde in den USA und anderen Ländern zutiefst zu irritieren. Sie wurde sogar aus ihrem Doktorandenseminar in Harvard ausgeschlossen, weil sie in ihrem Buch *The Nurture Assumption* behauptet hatte, dass Eltern viel weniger Einfluss auf ihre Kinder haben, als allgemein angenommen wird und die Peergroups, also andere Kinder, eine wesentlich entscheidendere Rolle spielen. In der Tat führte sie so viele Belege für diese Behauptung an, dass ein ganzes Jahrhundert Freudschen Kauderwelschs auf den Kopf gestellt wurde.[34] Und getreu den Freudschen Theorien war das zwanzigste Jahrhundert auch von der Idee beherrscht, dass Wahnsinnige, ganz ähnlich wie »primitive« Gesellschaften, einfach nur eine andere Sicht der Dinge haben. Auch das konnte mit keinem einzigen Nachweis belegt werden; außerdem schadet diese Beurteilung Geisteskranken sogar.

Robert Wright zitierte noch wesentlich mehr Fakten, warum der Evolutionsgedanke Zweifel an den Theorien Freuds schürt. In seinem Buch *The Moral Anima: Why We Are The Way We Are: The New Science of Evolutionary Psychology* (1994) schreibt er: »Wieso sollte der Mensch einen Todestrieb haben (»Thanatos«) [wie Freud behauptete]? Warum sollten sich Mädchen männliche Genitalien wünschen (›Penisneid‹)? Warum sollten Jungen Sex mit ihren Müttern haben und ihre Väter töten wollen (›Ödipuskomplex‹)? Stellen Sie sich einmal Gene vor, die spezifisch dazu gedacht wären, solche Triebe zu steuern; damit stellten Sie sich Gene vor, die wohl kaum dazu angetan wären, sich über Nacht in einer Population aus Jägern und Sammlern zu verbreiten.«[35]

Die Auseinandersetzungen um Freud erreichten in den USA anlässlich einer Ausstellung, die Mitte der neunziger Jahre in der Library of Congress in Washington den hundertsten Jahrestag der Psychoanalyse feiern sollte, einen Höhepunkt.[36] Denn kaum war dieser Plan bekannt geworden, sprachen sich mehrere Wissenschaftler, darunter auch Oliver Sacks, vehement dagegen aus, vor allem weil im Planungskomitee lauter »loyale« Freudianer saßen und Grund zu der Befürchtung bestand, dass diese Ausstellung zu einer reinen Propagandashow und Heiligenverehrung verkommen würde, »in der die jüngste Flut an revisionistischen Schriften über Freud ignoriert wird«.[37] Als dann 1998 das Buch der Ausstellung erschien, wurde diese Kontroverse weder vom Librarian of Congress, der das Vorwort schrieb, noch vom Herausgeber erwähnt. Doch völlig ignorieren konnten die Herausgeber die Zweifel, die bis zur Jahrhundertfeier der *Traumdeutung* angewachsen waren, auch wieder nicht. Zwei Autoren verglichen Freuds Ideen in ihren Beiträgen mit »fliegenden Untertassen«: unbeständig und unüberprüfbar. Zwei andere, darunter Peter Kramer, Autor des Buches *Listening to Prozac*, fanden sie zwar ebenfalls nicht überzeugend, konzedierten jedoch Freuds Einfluss. Erwähnenswert ist, dass in diesem Buch eine Menge von einer Freudschen »Industrie« oder von Freuds »Mut« und »Genie« die Rede war und ständig betont wurde, dass man ihn weniger als Wissenschaftler denn als phantasievollen Künstler beurteilen sollte.[38] Sogar Psychoanalytiker gestehen heute zu, dass Freuds Ideen über Frauen, über die frühen Gesellschaften der Sammler und Jäger oder über die Urschuld (des Judentums, weil »der ägyptische Moses von Juden erschlagen« worden sei) Phantastereien und peinlich seien. Also stehen wir heute vor der paradoxen Situation, dass die vorherrschende Geistesströmung des zwanzigsten Jahrhunderts, wie der Kritiker Paul Robinson schrieb, größtenteils auf falschen Ideen beruhte.

Aber der Revisionismus endete nicht bei Freud. Der Harvard-Historiker Richard Noll publizierte 1996 *The Jung Cult* und ein Jahr darauf *The Aryan Christ*.[39] Beide Bücher lösten erbitterte Kontroversen aus, die der Auseinandersetzung um Freud in nichts nachstanden, denn Noll behauptete, dass Jungs gesamte frühe Forschung auf Lügen beruhe, weil er sogar seine eigenen Notizen gefälscht habe, damit es so aussehe, als äußere sich in der Erinnerung seiner Patientinnen an Märchen das »kollektive Unbewusste« und nicht einfach etwas, das man ihnen im Kindesalter erzählt hatte. Auch Jungs Antisemitismus belegte Noll im Detail. Und die modernen Jungianer kritisierte er, weil sie sich standhaft weigerten, Jungs Ideen einer Überprüfung zu unterziehen, worin nur zum Ausdruck komme, dass sie sich nicht ihre Patienten vergraulen lassen wollten.

Die kommerzielle Seite des Jungianismus soll uns hier nicht interessieren. Wichtiger ist, dass wir Jungs Ideen und die Mängel der Freudschen Theorien nur zusammen betrachten müssen, um festzustellen, dass die Psychologie im zwanzigsten Jahrhundert auf Ideen beruhte – fast könnte man sagen: auf Mythen –, die durch keine einzige Beobachtung bestätigt werden konnten und deren Prämissen auf phantastischen, idiosynkratischen und manchmal regelrecht gefälschte Aussagen basierten. Die Psychologie ist bereits zu lange durch Freud und Jung auf Abwege geraten und Plausibilität gewiss das problematischste Element in Freuds Theorien. Es hat ein ganzes Jahrhundert gedauert, bis wir uns aus ihrem Schatten gelöst haben, aber so lange wir uns nicht vollständig von unseren Freudschen Vorstellungen befreien – aus dem Freudschen »Meinungsklima«, wie Auden einmal schrieb –, ist es höchst unwahrscheinlich, dass wir in der Lage sein werden, uns auf die erforderliche Weise selbst zu betrachten. Wie es aussieht, gibt es im Moment nur eine Hoffnung der Selbsterkenntnis, nämlich die Theorien Darwins und die jüngsten neurowissenschaftlichen Erkenntnisse.

Einen weiteren verwandten Trend in Bezug auf die Evolution von Wissen erkennt man, wenn man Russel Jacobys Buch *The Last Intellectuals* (1987) und John Brockmanns *Third Culture* (1995) einander gegenüberstellt.[40] Jacoby beschrieb den Niedergang des »öffentlichen Intellektuellen« im Leben der USA. Bis in die sechziger Jahre, schrieb er, hätten sich Persönlichkeiten wie Daniel Bell, Jane Jacobs, Irving Howe und J. K. Galbraith in der urbanen Boheme bewegt, für die Öffentlichkeit geschrieben und Fragen gestellt und Diskussionen gefördert, die alle etwas angingen, vor allem aber die Gebildeten.[41] Doch dann seien sie verschwunden, oder zumindest folgte ihnen keine neue Generation von streitbaren öffentlichen Intellektuellen nach. Und so kam es, dass die großen Namen Ende der achtziger Jahre, als er sein Buch schrieb, noch immer Bell, Galbraith et al. waren.[42] Jacoby schrieb diesen Umstand mehreren Faktoren zu: dem Niedergang der Boheme, die von der Beat-Generation »on the road« geschleppt worden war und sich dann in den Vorstädten verlor; der Abwanderung der urbanen Juden aus ihren Nischen, nachdem sich der Antisemitismus etwas gelegt hatte; dem Fall der Linken nach den Enthüllungen des stalinistischen Terrors; aber vor allem der Expansion der Universitäten, die die Intellektuellen erst in sich anzogen und dann unter dem Druck von Amt, Würden und Karrieren zerbrachen.[43] Auch wenn diese These ein wenig unfair gegenüber der von Christopher Lasch, Andrew Hacker, Irving Louis Horowitz oder Francis Fukuyama vertretenen Intellektuellengeneration war, so sprach Jacoby hier doch einen wichtigen Punkt an. Und richtig ist auch, was John Brockman feststellte, nämlich dass ihre Funktion mittlerweile von den Naturwissenschaftlern übernommen wurde. Denn heute haben die Naturwissenschaften mehr mit Politik und Philosophie zu tun als jemals zuvor. Jacoby schilderte den totalen Sieg der analytischen Philosophie in den amerikanischen und englischen Universitäten, wohingegen Brockmans Naturwissenschaftler *ihre* Wissenschaftsphilosophie als die inzwischen fortgeschrittenste und nützlichste betrachteten. Was wir hier erleben, ist die Evolution von Ideen und Wissensformen in voller Aktion.

Schließlich sollten wir uns im Zusammenhang mit dieser Evolution von Wissensformen noch einmal dem Trio Naturwissenschaften, freie Marktwirtschaft und freiheitliche Demokratie zuwenden. Welche Relevanz und Bedeutung dieser Zusammenhang hat, wird im vorliegenden Buch auch durch eine interessante Auslassung deutlich, die dem Leser gewiss schon aufgefallen ist. Was ich meine, ist die relative Abwesenheit von Gedanken, die nicht von abendländischen Geistesgrößen stammt. Als ich dieses Buch plante, hatte ich (und mein Verleger) vor, das Spektrum so international und multikulturell wie möglich zu machen. Es sollten nicht nur europäische und nordamerikanische – also westliche – Ideen Eingang finden, sondern auch ein ausgiebiger Blick auf nichtwestliche Kulturen geworfen und deren bedeutendste Ideen und Denker identifiziert werden, seien es Philosophen, Schriftsteller, Naturwissenschaftler oder Komponisten. Also begann ich Gelehrte zu befragen, die sich auf die wichtigsten nichtwestlichen Kulturen spezialisiert haben – Indien, China, Japan, Süd- und Zentralafrika und die arabische Welt. Völlig schockiert (und das ist nicht übertrieben) stellte ich fest, dass ausnahmslos alle (was ebenfalls nicht übertrieben ist) zu dem Schluss gekommen waren, dass die nichtwestlichen Kulturen im zwanzigsten Jahrhundert kein einziges Œuvre welcher Art auch immer hervorgebracht haben, das mit den Ideen des Westens vergleichbar wäre. Angesichts der vielen Bemerkungen über Rassismus in diesem Buch sollte ich hier vielleicht betonen, dass ein Großteil dieser Gelehrten selbst nichtwestlichen Kulturen angehört. Viele von ihnen stellten fest, dass es bei den entscheidendsten intellektuellen Auseinandersetzungen im zwanzigsten Jahrhundert in ihren eigenen (nichtwestlichen) Kulturen immer um die Frage gegangen sei, wie man mit der Moderne Schritt halten und wie man lernen könne, mit westlichen Denkmustern und westlicher Lebensart zurechtzukommen oder auf sie zu reagieren, wobei es in den meisten Fällen um Demokratie und Wissenschaft ging. Das stützt die in Kapitel 30 erörterte Aussage sowohl von Frantz Fanon als auch James Baldwin, dass in vielen Kulturgruppen *Kampf* als solcher die Kultur der Gegenwart kennzeichnet. Mich erstaunten diese Reaktionen sehr, zumal sie auf nahezu identische Weise von Spezialisten aus den unterschiedlichsten Disziplinen und Ländern stammten.

Selbstverständlich gibt es bedeutende chinesische Schriftsteller und Maler des zwanzigsten Jahrhunderts, und wir alle kennen bedeutende japanische Filmregisseure, indische Romanciers oder afrikanische Dramatiker. Einige von ihnen finden sich in diesem Buch wieder. Wir haben die florierende Schule der revisionistischen indischen Historiografie besprochen; und die Namen von hervorragenden Wissenschaftlern nichtwestlicher Herkunft gehen uns längst leicht von den Lippen – man denke nur an Edward Said, Amartya Sen, Anita Desai oder Chandra Wickramasinghe. Doch es gibt, wie mir wieder und wieder klar gemacht wurde, beispielsweise kein chinesisches Äquivalent zum Surrealismus oder zur Psychoanalyse, keinen indischen Denkprozess, der dem logischen Positivismus gleichkäme, nichts in Afrika, was es mit der *Annales*-Schule aufnehmen könnte. Welche Liste man über die Innovationen des zwanzigsten Jahrhunderts auch erstellt, ob es um die Erfindung des Plastik oder um Antibiotika geht, um das Atom oder um die *Stream-of-consciousness*-Literatur, um *vers libre* oder den abstrakten Expressionismus – man wird feststellen, dass es sich fast ausschließlich um Errungenschaften des westlichen Denkens handelte.

Ein Mann, der vielleicht am ehesten Hinweise auf die Gründe für diese Diskrepanz liefert, ist Sir Vidia (V. S.) Naipaul. 1981 hatte er vier islamische Staaten bereist, Iran, Pakistan, Malaysia und Indonesien. In Iran fand er den Zorn und »die Verwirrung eines Volkes mit hoher mittelalterlicher Kultur, das sich des Öls und des Geldes, eines Gefühls der Macht und Gewalt und des Wissens einer großen, neuen umfassenden Zivilisation bewusst wurde«.[44] »Diese Zivilisation konnte man nicht unterwerfen. Man musste sie zurückweisen; gleichzeitig musste man sich auf die [*sic*] stützen.«[45] Pakistan fand er in einem Zustand der Zerrissenheit und wirtschaftlichen Stagnation vor, sein »begabtes Volk der Hysterie nahe«.[46] »Diese ganze Geschichte, all dieses säkulare Versagen und Leid, war durch die Logik des Glaubens hinweggezaubert worden.«[47] Im Iran stellte er eine emotional betonte Zurückweisung alles Westlichen fest, vor allem der westlichen Einstellung gegenüber Frauen. Es gab keine Industrie, keine Wissenschaften und die Universitäten waren von »islamischen Eiferern« besetzt. »Der Fundamentalismus bot nichts. Er trieb die Menschen zu einem unversöhnlichen Glauben; er bot eine politische Wüste.«[48] Die Malaien fand er unfähig zum Wettbewerb (womit er den Wettbewerb mit den Chinesen meinte, die die Hälfte der malaischen Bevölkerung stellten und das Land wirtschaftlich dominierten); und der Islam Indonesiens, schrieb er, sollte die Menschen nur betäuben. Da die alte Gemeinschaft zusammenbrach, war Gläubigkeit die unvermeidliche Reaktion. In allen vier Staaten bezog der Islam seine Stärke aus der Konzentration auf Vergangenes, wodurch natürlich jede Entwicklung gehemmt wurde. Und genau auf diese Entwicklungshemmung war die Unfähigkeit der Völker islamischer Staaten zurückzuführen, sich dem Westen zu stellen, was dann seinerseits Zorn und Anarchie auslöste und die Menschen noch mehr an ihren Glauben kettete – ein ewiger Kreislauf. Nicht umsonst zitierte Naipaul hier Bertrand Russell: »Geschichte macht einem bewusst, dass es in menschlichen Angelegenheiten keine Endgültigkeit gibt; es gibt keine statische Perfektion und unverbesserbare Weisheit, die zu erreichen sind.«[49]

Mit Indien ging Naipaul noch härter ins Gericht. Dreimal hatte er das Land bereist und seine Eindrücke in *An Area of Darkness* (1967), *India: A Wounded Civilisation* (1977) und *India: A Million Mutinies Now* (1990) festgehalten.[50] »Die Krise Indiens«, schrieb er 1967, »ist die einer untergehenden Kultur, die einzig verbliebene Hoffnung ist nun schnell fortschreitender Verfall.« 1977 sahen die Dinge nicht mehr ganz so schwarz aus, obwohl das natürlich auch bedeuten konnte, dass der schnelle Verfall das Land bereits im Griff hatte. Naipaul empfand durchaus Sympathie für Indien, was ihn aber nicht unbedingt zurückhaltender machte. Hier zwei zufällig ausgewählte Zitate: »Indien befindet sich nicht nur in einer politischen oder ökonomischen Krise. Die eigentliche Krise ist die einer verwundeten alten Kultur, die sich ihrer Mängel bewusst wurde, aber nicht über die intellektuellen Mittel verfügt, um sich weiterzuentwickeln.«[51] »Der Hinduismus ... hat [den Indern] tausend Jahre Niederlage und Stagnation gebracht. Er hat den Menschen keine Vorstellung von einem möglichen Vertrag mit anderen Menschen vermittelt, keine Vorstellung vom Staat ... Seine Philosophie der Zurückgezogenheit hat die Menschen geistig reduziert und nicht mit der Fähigkeit ausgestattet, auf Herausforderungen reagieren zu können; er hat jedes Wachstum im Keim erstickt.«[52]

Mexikos Literaturnobelpreisträger Octavio Paz gehörte zweimal der mexikanischen Botschaft in Indien an, das zweite Mal als Botschafter. In seinem 1995 publizierten Buch *Im Lichte Indiens* (deutsch 1997) bringt er dem Subkontinent nicht nur viel mehr Sympathien entgegen als Naipaul, es ist geradezu eine Eloge auf seine Dichtung, Musik und Bildhauerei.[53] Aber auch er steht den unglücklicheren Seiten Indiens nicht blind gegenüber: »Die bemerkenswerteste und für Indien bezeichnende Besonderheit ist nicht ökonomischer oder politischer, sondern religiöser Natur: die Koexistenz von Islam und Hinduismus. Der extremste, strengste Monotheismus gegenüber dem reichsten, differenziertesten Polytheismus ist nicht nur ein geschichtliches Paradoxon, sondern auch eine tiefe Wunde. Islam und Hinduismus stehen zueinander nicht nur im Gegensatz, sie sind unvereinbar.«[54] »Doch das hinduistische Denken, Opfer einer Art Paralyse, kam gegen Ende des 13. Jhs. zum Stillstand. In dieser Epoche wurden auch die letzten großen Tempel errichtet. Diese historische Paralyse koinzidiert mit zwei anderen großen Phänomenen: dem Verlöschen des Buddhismus und dem Sieg des Islam in Delhi und an anderen Orten.«[55] »Als die interne Kritik, das heißt die Negationen, die aus dem Brahmanismus eine schöpferische Religion gemacht hatten, ausblieb, begann die große Lethargie der hinduistischen Zivilisation, eine Lethargie, die noch andauert... Dem Islam verdankt Indien große Werke der Kunst, vor allem im Bereich der Architektur und, in geringerem Maße, der Malerei; jedoch kein neues und originelles Denken.«[56]

Naipauls drittes Buch über den Subkontinent, *India: A Million Mutinities Now*, das er 1990 veröffentlichte, war ganz anders im Ton, insgesamt viel positiver. Es beinhaltet eine Reihe Porträts von Filmemachern, Architekten, Wissenschaftlern, Zeitungsmachern und Leuten, die sich im humanitären Bereich engagierten. Naipaul griff hier viel seltener – wenn überhaupt – auf die ernüchternden Generalisierungen zurück, die seine vorangegangenen Bücher kennzeichneten. Am Ende fasste er seine Erfahrungen mit den Worten zusammen: »Heute haben Menschen überall eine Vorstellung davon, wer sie sind und was sie sich schuldig sind... Die geistige Befreiung, die Indien erreicht hat, konnte sich nicht nur entlastend auswirken... Sie musste sich auch in Form von Zorn und Rebellion Luft machen... Doch nun gab es in Indien etwas, das 200 Jahre früher noch nicht existiert hatte: einen zentralen Willen, einen zentralen Geist, eine nationale Idee.«[57] Indien, glaubte er nun, habe auf dem Weg zu seiner Restauration wieder an Größe gewonnen.[58]

Ich wollte hier die Aufmerksamkeit auf Naipauls veränderte Sicht der Dinge richten, weil ich selbst so überrascht festgestellt hatte, wie wenig seine späteren Lobpreisungen die ausführlich begründete Kritik verdrängen konnten, die er in seinen früheren Werken in Bezug auf die Zusammenhänge von Religion und Politik oder von Kreativität, Intellektualität und sozialem Fortschritt geäußert hatte. Vielleicht lässt sich damit auch die Struktur meines Buches erklären, beziehungsweise weshalb ich nicht mehr über intellektuelle Entwicklungen außerhalb der Grenzen westlichen Denkens berichtet habe. Ich selbst kann eine wohlbegründete Antwort darauf nicht bieten, weil ich mich mit dieser Frage nicht ausführlich genug beschäftigt habe, ebenso wenig, so weit mir bekannt, wie irgendein anderer Autor. Bestenfalls David Landes kam einer solchen Antwort in seinem Buch *Wohlstand und Armut der Nationen* nahe. Auch er nahm kein Blatt vor den Mund und erklärte die Bürger der arabischen Staaten, die Inder, Afrikaner und Südamerikaner allesamt zu »Verlierern«.[59] Anhand von Zahlen versuchte er nachzuweisen, dass nicht einmal der Kolonialismus *nur* schlecht gewesen sei; und auch er stimmte schließlich zu, dass die vom religiösen Fundamentalismus hervorgerufene intellektuelle *Segregation* der Hauptgrund für technologische Rückschrittlichkeit ist. Man sollte Landes' Buch als den heroischen Versuch verstehen, hart zu sein, um Gutes zu bewirken, zu schockieren, um diese »Verlierer«-Kulturen in die Realität zurück zu provozieren. Es gäbe noch eine Menge mehr zu tun.

*

Sämtliche oben angesprochenen Probleme sind psychologischer und soziologischer Natur. Irving Louis Horowitz, Soziologieprofessor an der Rutgers University und Präsident des Soziologieverlages *Transaction/Society*, beklagte in seinem 1993 erschienenen Buch *Decomposition of Sociology* über den Zustand der Disziplin, der er sein ganzes Leben gewidmet hat, und über die Richtung, in die sie marschiere.[60] Dass er diese Studie just zu diesem Zeitpunkt geschrieben hatte, war der im Februar 1992 bekannt gegebenen Nachricht zu verdanken, dass drei amerikanische Universitäten ihre Fachbereiche für Soziologie geschlossen und Yale den dortigen um über die Hälfte reduziert hatte, weil die Zahl der Studenten, die noch in Soziologie graduieren wollten, von 35 996 im Jahr 1973 auf 14 393 gesunken war. Horowitz hatte keinen Zweifel an den Gründen dieses Niedergangs, der sich auch keineswegs nur auf die USA beschränkte: »Ich bin der festen Überzeugung, dass eine große Disziplin sauer, um nicht zu sagen ranzig geworden ist.«[61] Starke Worte für einen gewaltigen Stimmungsumschwung, der, wie er schrieb, durch die Injektion von Ideologie in eine Disziplin verursacht worden war, die behauptete, dass eine einzige Variable das Verhalten eines Menschen erklären könne. »Und so kam es, dass die Soziologie in hohem Maße zu einem Zentrum der Unzufriedenheit wurde, zu einem Sammelbecken für Individuen, die eine jeweils ganz eigene Agenda verfolgen, sei es die Gleichberechtigung von Schwulen und Lesben oder die Befreiungstheologie.«[62] »Jede Aussage über eine gemeinsame demokratische Kultur oder eine universale wissenschaftliche Basis gilt als suspekt. Als Soziologen getarnte Ideologen attackieren sie sofort als eine gefährliche Form von bourgeoisem Objektivismus oder, schlimmer noch, imperialistischen Tendenzen... Das, was die Soziologie einst am besten von allen konnte, nämlich die humanwissenschaftlichen Disziplinen durch das exakte Studium der gegenwärtig herrschenden Bedingungen zu unterstützen, um die Zukunft ein klein wenig besser zu gestalten, ging verloren. Nur noch eine revolutionäre Vergangenheit und eine selig machende Zukunft gelten als angemessene Studienobjekte, nun, da es sich die Soziologie zum Ziel gesetzt hat, die Natur des Menschen mit neuen Werkzeugen auszustatten, um die Gesellschaft systematisch zu reparieren.«[63] Das Ergebnis war, so Horowitz weiter, dass sich alle Wissenschaftler, für die Sozialwissenschaft untrennbar mit öffentlicher Politik verbunden ist – Sozialplaner, Strafrechtler, Demografen, Kriminologen, Krankenhausverwalter und internationale Entwicklungsexperten –, von der Soziologie verabschiedet haben.[64] Die Soziologie erforsche Ideologie nicht mehr, sie sei selbst zur Ideologie geworden, vor allem zu einer marxistischen. »Jede Disparität zwischen Getto und Vorstadt wird als Nachweis für den kranken Zustand des Kapitalismus herangezogen. Jede Statistik, die einen Anstieg der Mord- und Selbstmordraten nachweist, ist Beweis für die Dekadenz Amerikas beziehungsweise für den Grad des Widerstands gegen dieses Amerika. Jedes uneheliche Kind ist ein Nachweis, dass ›das System‹ außer Kontrolle geraten ist.«[65]

Der einzige Weg für die Soziologie, sich zu rehabilitieren und neu zu erfinden, wäre für Horowitz, dass sie die großen sympathetischen Fragen aufgreift und diese dann im Detail und unparteiisch beschreibt, um schließlich *Erklärungen* anzubieten. Die gewaltigste dieser Fragen ist für ihn der Holocaust, für den es, wie er schreibt, erstaunlicherweise noch immer keine angemessene soziologische Beschreibung oder Erklärung gibt. Die Soziologie müsse außerdem dem Staat wie der Öffentlichkeit auch im Bereich von Drogenmissbrauch und Aids unter die Arme greifen und obendrein zumindest den Versuch unternehmen, das »nationale Interesse« so zu definieren, dass sie damit zur Gestaltung der Außenpolitik beigetragen kann. Auch einen sozialwissenschaftlichen »Kanon« stellte Horowitz auf, eine Liste von Autoren, mit denen jeder gebildete Soziologe vertraut sein sollte. Und schließlich bringt er einen Punkt zur Sprache, der vielleicht sehr gut zum Ausdruck bringt, worum es in diesem Schlusskapitel geht: nämlich dass die »positive hour« – die »wissentliche Frist« oder, wie er selbst schreibt, *positive bubble* – vermutlich nicht ewig währt oder eine Sicht der Gesellschaft anbietet, mit der wir leben können.[66] Die Aufgabe der Soziologie bestünde deshalb vor allem darin, uns zu helfen, durch diese *bubble* hindurchzusehen und herauszufinden, wie wir miteinander auskommen können. Horowitz beendete sein Buch in einem viel optimistischeren Ton, als er es begonnen hatte, doch man kann nicht behaupten, dass er großen Erfolg damit gehabt und sich die Soziologie dadurch wesentlich verändert hätte. Dekomposition ist nach wie vor das deutlichste Merkmal dieser Disziplin.

*

Horowitz' Gedanken bringen uns zur Einführung dieses Buches zurück, in der ich erklärt habe, weshalb ich den Fokus von politischen und militärischen Ereignissen verlagern wollte. Natürlich ist dies, wie ich ebenfalls zu Beginn schrieb, eine künstliche Abspaltung, die nur der Möglichkeit diente, mich auf die bedeutenden und interessanten Themen konzentrieren zu können, die in den konventionellen Historiografien oft an den Rand gedrängt werden. Doch hier sei nun gesagt, dass es immer eine der größten Herausforderungen der Politik sein wird, Erkenntnisse, wie sie in diesem Buch dargelegt wurden, in die jeweilige Regierungspolitik einfließen zu lassen. Über die Theorie und Praktikabilität solcher Adaptionsversuche könnten ganze Bücher geschrieben werden, aber auch wenn in einem Buch wie diesem kein Raum für ein solches Unterfangen bleibt, sollte doch wenigstens diese Limitierung konstatiert und ein (wie ich finde) grundlegender Punkt dieses Themas zur Sprache gebracht werden.

Und der lautet, dass weder die rechte noch die linke Seite des konventionellen politischen Grabens sämtliche Verdienste bei der Behandlung intellektueller und sozialer Probleme für sich beanspruchen kann. Von Seiten der Linken schlug der Versuch fehl, Marx und Freud auf einen Nenner zu bringen, was angesichts der Tatsache, dass dieses Bemühen gleich auf zwei rigiden und irrigen Theorien über die menschliche Natur beruhte (wobei ich die Betonung mehr auf Freud als auf Marx lege), auch gar nicht anders sein konnte. Und die postmoderne Tradition ist eher im Sinne einer Diagnose und Beschreibung als im Sinne einer Prognose des künftigen Weges erfolgreich gewesen, abgesehen davon, dass sie uns vor der Vorstellung warnt, dass »große« Ideen für alle Menschen an allen Orten zu allen Zeiten Gültigkeit haben könnten.

Aber auch was die Theoretiker der Rechten betrifft, fragt man sich im Rückblick auf das vergangene Jahrhundert trotz der Erfolge der freien Marktwirtschaft, ob sie tatsächlich Gründe haben, sich zufrieden zurückzulehnen. Denn nur allzu häufig offerierten sie nichts anderes als die Direktive, nichts zu tun und den Dingen ihren »natürlichen« Lauf zu lassen, so als sei nichts auf der Welt natürlicher als das Nichtstun. Die Theorien von Milton Friedman oder Charles Murray wirken zum Beispiel so lange einleuchtend, bis einem die Schriften von George Orwell einfallen. Selbst wenn Friedman und Murray in den dreißiger Jahren publiziert hätten, hätten sie vermutlich für den Erhalt des Status quo argumentiert und sich dafür eingesetzt, der Wirtschaft ihren »natürlichen« Lauf zu lassen und nicht zu intervenieren – dabei, wer wollte es bestreiten, hatte Orwell längst unseren Blick geschärft und, in Verbindung mit den Erfahrungen aus einem Weltkrieg, dazu beigetragen, dass sich unsere Sensibilität, was den Umgang mit den Armen betraf, zu verändern begann. Auch wenn uns der Wohlfahrtsstaat *heute* unbefriedigend erscheinen mag, so hat er doch ganz eindeutig die Lebensbedingungen von Millionen Menschen in aller Welt verbessert. Und das wäre gewiss nicht geschehen, hätte man sie den Laisser-faire-Ökonomen überlassen.

Vermutlich hat Karl Popper die Lage ziemlich genau erfasst, als er sagte, dass die Politik insofern den Naturwissenschaften ähnlich sei – oder sein sollte –, als diese unentwegt modifizierbar sind. Unter solchen systemischen Bedingungen mag ein Wohlfahrtstaat vielleicht tatsächlich nur für ganz bestimmte Verhältnisse die angemessene Antwort sein. Doch er war es, der zu einer gesünderen, wohlhabenderen Bevölkerung beigetragen und damit letztlich dafür gesorgt hat, dass viel mehr Menschen viel älter werden können. Natürlich hat das auch Auswirkungen auf die Häufigkeit von Krankheiten oder auf das wirtschaftliche Profil ganzer Völker. Aber haben sich deshalb die Grundbedingungen gleich so verändert, dass nun etwas ganz anderes gefragt wäre? Die implizite Botschaft seines Buches lautete, dass in einer so dicht bevölkerten Welt, in der Zeit der Massengesellschaft (die ja ein Phänomen des zwanzigsten Jahrhunderts ist), jeder Fortschritt von einem entsprechenden Rückschritt oder neuen Problem begleitet wird. So gesehen sollten wir nie vergessen, dass uns die Naturwissenschaften zwei gleichermaßen wichtige Lektionen erteilten: Erstens enthüllten sie uns die Grundregeln und Grundlagen der Natur und zweitens lehrten sie uns, dass der *pragmatische* Denkansatz gegenüber allem Leben, das schrittweise Vorgehen, die bei weitem beste Art der Anpassung darstellt. Hüten wir uns vor grandiosen Theorien.

*

Am Ende des zwanzigsten Jahrhunderts begannen die Fehlschläge, die Gunther Stent und John Horgan als Erste beschrieben hatten, immer mehr an Bedeutung zu gewinnen – besonders die Idee, dass es auch für die Naturwissenschaften Grenzen des Erklärbaren gibt und folglich das, was wir wissen können, prinzipiell beschränkt ist. John Barrow, Professor der Astronomie an der Universität von Sussex, fasste diese Ideen 1998 in seinem Buch *Impossibility: The Limits of Science and the Science of Limits* zusammen.[67] »Die Naturwissenschaften«, so schrieb er in seinem Schlusswort, »gibt es nur, weil die Natur Grenzen setzt. Die Gesetze und unveränderlichen ›Konstanten‹ der Natur definieren die Grenzen, die unser Universum von einer Unzahl anderer vorstellbarer Welten, in denen womöglich alles möglich ist, unterscheiden. An den verschiedensten Fronten haben wir festgestellt, dass zunehmende Komplexität zu einer Situation führt, die nicht nur allgemein begrenzend, sondern auch selbstbeschränkend ist. Immer wieder gewann man im Laufe der Entwicklung unserer wirkungsvollsten Theorien den Eindruck, damit einfach alles erklären zu können… Die Vorstellung einer ›Theorie von Allem‹ erhebt ihr Haupt immer wieder. Doch dann geschieht etwas Unerwartetes. Die Theorie sagt voraus, dass sie nichts voraussagen kann: Sie erklärt uns, dass es Dinge gibt, die sie uns nicht erklären kann.«[68] Wenn Barrow seinen Überlegungen Kurt Gödels Theorie aus dem Jahr 1931 zu Grunde legt, dann teilt er uns auch mit, dass es Dinge gibt, die uns nicht einmal die Mathematik mitteilen kann. Es gibt Grenzen, die sich aus unserem Menschsein und unserem gemeinsamen evolutionären Erbe ergeben und nicht nur unsere Biologie, wie zum Beispiel unsere Größe, sondern auch die Grenzen der Informationsmenge bestimmen, die wir verarbeiten können. Die großen Fragen über die Natur des Universums stellen sich auch deshalb als unbeantwortbar heraus, weil nicht zuletzt sogar die Lichtgeschwindigkeit begrenzt ist. Es kann gut sein, dass auch die Chaoplexität und das Prinzip Zufall jenseits des uns Begreifbaren liegen. »Ob es sich um eine politische Wahl handelt, um eine Reihe von vernetzten Computern oder um die ›wählenden‹ Neuronen in unserem Kopf, es ist unmöglich, individuelle rationale Entscheidungen in kollektive Rationalität zu übersetzen.«[69]

Nicht jeder stimmt Barrow zu, doch wenn er Recht hat, dann brachte das Ende des zwanzigsten Jahrhunderts noch einen weiteren Umschwung mit sich, vielleicht den wichtigsten seit Galilei und Kopernikus – wir nähern uns dem Ende der »positive hour«, der »wissentlichen Frist«, und werden von einem »postwissenschaftlichen Zeitalter« erwartet. Vielen kann das zwar gar nicht schnell genug gehen, doch man sollte sich hier wirklich nicht so beeilen – denn wie John Maddox gezeigt hat, bleibt noch eine Menge für die Naturwissenschaften zu tun. Sie haben uns schon immer versprochen, egal, wie weit sie auf ihrem Weg gekommen waren, dass es zu einer ultimativen Erklärung des Universums kommen wird; wenn nun aber stimmt, was Barrow und andere behaupten, und dies tatsächlich bereits *theoretisch* unmöglich ist – wer weiß dann schon, was die Folgen sind und wohin uns die Evolution von Wissensformen als Nächstes führen wird?

Nur eines scheint wirklich klar zu sein, nämlich dass es, wie Eliot schrieb, keine Hoffnung »auf Wiederkehr« gibt, keinen Weg zurück. Die Erzkritiker der Naturwissenschaften, mit ihren eigenen säkularen Zeloten im Schlepptau, beschreiben zwar oft mit großer Gewandtheit, weshalb die Naturwissenschaften niemals eine vollständige Antwort auf das philosophische Wesen des Menschen liefern können, bieten selbst aber wenig an, was den naturwissenschaftlichen Erkenntnissen hinzugefügt werden oder diese ganz ersetzen könnte. Sie tendieren entweder dazu, auf die Wiederkehr eines Zeitalters der Religion zu hoffen oder eine Art Heideggerscher Unterwerfung unter die Natur zu fordern und uns vorzuschlagen, dass wir einfach »sein« sollten. Sie beklagen die »Entzauberung«, die unsere Abkehr von Gott mit sich brachte, wissen aber nicht, ob eine neue »Verzauberung« überhaupt von irgendeiner Bedeutung wäre.

Der britische Philosoph Roger Scruton ist einer der dezidiertesten unter diesen Denkern. In seinem *Intelligent Person's Guide to Modern Culture* (1998) nimmt er sich auf brillante Weise die Anmaßungen, Einstellungen und geistige Leere der modernistischen und populistischen Kultur vor. Er beschreibt ihre Unfähigkeit, »Erfahrungen der Zugehörigkeit« anzubieten, wie es sie im Zeitalter der von gemeinsamer Religion geprägten Hochkultur gab, und klagt über die Schwierigkeit, jemals Urteilsfähigkeit zu erwerben »in einer Welt, die sich nicht beurteilen lassen mag«. Was die Naturwissenschaften selbst anbelangt, so ist er eher skeptisch: »Die Welt des Menschen ist eine Welt der Bedeutungen, und keine menschliche Bedeutung kann von den Naturwissenschaften vollständig erfasst werden.« Für Scruton ist die Fiktion, die Phantasie, die Welt der Verzauberung, die höchste Berufung, da sie Sympathie für die Conditio humana, Toleranz, von allen geteilte Gefühle und eine unerfüllbare Sehnsucht weckt und das »verarbeiten«, was, wie Wagners Opern, tiefer reicht als Worte.[70]

Scruton sehnt sich nach Religion, schöpft aber ihre Möglichkeiten nicht ganz aus. Das vielleicht herausragendste unter allen religiös-postwissenschaftlichen Argumenten stammt von John Polkinghorne, einem Physiker, der mit Paul Dirac, Murray Gell-Mann und Richard Feynman studiert hat, dann in Cambridge mathematische Physik lehrte, dort eng mit Stephen Hawking zusammenarbeitete und 1982 schließlich zum Priester der anglikanischen Kirche ordiniert wurde. Seine These in *Beyond Science* (1996) setzt sich aus zwei Elementen zusammen. Erstens: »Unsere wissenschaftlichen, künstlerischen, moralischen und geistigen Kräfte übersteigen in hohem Maße das, was man überzeugend als zum Überlebenskampf notwendig bezeichnen kann; doch sie ausschließlich als ein glückliches, wenngleich zufälliges Nebenprodukt dieses Kampfes zu betrachten, hieße, das Mysterium ihrer Existenz nicht mit der gebotenen Ernsthaftigkeit zu betrachten.«[71] Und zweitens: »Die Evolution des bewussten Lebens scheint das bedeutendste Geschehen in der kosmischen Geschichte zu sein, und wir sind zu Recht von der Tatsache fasziniert, dass ein so besonderes Universum erforderlich war, um diese Möglichkeit hervorzubringen.«[72] Seinen Glauben an einen Schöpfer erklärt Polkinghorne mit dem anthropischen Prinzip – mit der Tatsache, dass ein Universum, das bis ins kleinste Detail aufeinander abgestimmt ist und physikalische Gesetze liefert, welche so etwas wie unsere Existenz ermöglichen, nur das Werk eines Schöpfers sein kann. Das ist zwar ein modernisiertes Argument, verglichen mit den Erklärungen, die der Bischof von Birmingham und Dean Inge in den dreißiger Jahren angeboten hatten, doch auch Polkinghornes Verteidigung der Existenz Gottes beruft sich noch auf all das, was wir *nicht* erklären können und vielleicht niemals werden erklären können. So gesehen unterscheidet sich seine Argumentation in nichts von all den vorangegangenen Behauptungen über Religion und Wissenschaft.[73]

*

Bryan Magee schreibt in seiner Biografie *Bekenntnisse eines Philosophen* (1997, deutsch 2000): »Ich bin nicht religiös und halte die Akzeptanz eines religiösen Glaubens für unvereinbar mit der Wahrheit. Ich wollte lediglich aufzeigen, dass es bestimmte Möglichkeiten gibt und dass wir nicht wissen können, ob sie mehr sind als eben Möglichkeiten. Für mich ist das eine Tatsache. Ich möchte durchaus nicht zum Glauben an die Wahrheit dieser Möglichkeiten aufrufen, da wir zu einem solchen Glauben keinen ausreichenden Grund haben. Aber die Möglichkeit, dass sie die Wahrheit sind, lässt sich nicht ausschließen… Sie könnten wahr sein, und die Menschen haben Grund genug, um sich zu wünschen, dass sie wahr sind, *doch weil sie sich durch rationale Argumente nicht ausreichend untermauern lassen* [Hervorhebung im Original], sind sie religiöse Glaubensartikel geworden.«[74] Ich teile diese Sichtweise Magees im großen Ganzen und stimme auch seiner Darstellung der tiefen Kluft zu, die sich in der westlichen Philosophie aufgetan hat: auf der einen Seite die analytische Philosophie, die im Wesentlichen mit den logischen Positivisten verbunden ist und von britischen und amerikanischen Philosophen vertreten wird, welche fasziniert sind von den Naturwissenschaften und sich Erklärung, Verständnis und Einsicht zum Ziel gesetzt haben; auf der anderen Seite das, was »zumindest in Großbritannien allgemein als ›Kontinentale Philosophie‹ bezeichnet wird… eine Anzahl von unterschiedlichen Schulen und Strömungen«, die im Wesentlichen auf Nietzsche, Hegel und Marx zurückgreifen und sich vorrangig mit Namen wie Husserl und Heidegger verbinden, auf die Jacques Lacan, Louis Althusser, Hans-Georg Gadamer und Jürgen Habermas folgen. »Die Kontinentale Philosophie ist bei weitem nicht so naturwissenschaftlich orientiert wie viele Zweige der Analytischen Philosophie, sie interessiert sich viel weniger für Mathematik und Logik und ist (vielleicht gerade deshalb) weniger technisch. Sie interessiert sich mehr für freudianische und post-freudianische Philosophie, für Literatur und die zeitgenössischen gesellschaftlichen und politischen Bewegungen.«[75] Und: »Kontinentale Philosophen berufen sich häufig auf die Notwendigkeit von ›Engagement‹ und meinen damit das gesellschaftliche Engagement, während Analytische Philosophen zumindest fachlich nur ein Engagement für unparteiische Strenge bei der Anwendung von Logik und Sprache gelten lassen.«[76] Diese Unterscheidung halte ich für sehr wichtig, denn sie ordnet einige unserer bedeutendsten Denker entweder dem empirisch-wissenschaftlichen Lager oder den Freudschen Theorien, der Literatur und der Politik zu. Was immer wir tun, offenbar kann über die Kluft zwischen diesen »zwei Kulturen« keine Annäherung stattfinden. Doch wenn ich Recht habe, dann wird es genau das sein, was die Probleme, vor denen wir stehen, am meisten von uns fordern. Im zwanzigsten Jahrhundert hat sich das, was man als wissenschaftlich-analytische Logik bezeichnen kann, als großer Erfolg und das, was sich im großen Ganzen als politische, parteiische und rhetorische Logik darstellen lässt, als katastrophal erwiesen. Die Kraft des analytischen, aber passiven logischen Positivismus hat der politisch-rhetorischen Logik eine Autorität verliehen, die sie nicht verdient. George Orwell hat das vor allen anderen gesehen und deshalb auch versucht, uns davor zu warnen. Oswald Spenglers und Werner Sombarts Unterscheidung zwischen Händlern und Helden wurde in Form der neuen Unterscheidung zwischen Helden und Naturwissenschaftlern nur neu aufgelegt.

Ich glaube jedoch, dass wir aus all dem noch immer etwas machen können, zumindest eine Agenda für den Weg, den wir gehen wollen. Aus der Darlegung in diesem Buch wurde deutlich, dass sich das Versagen von Disziplinen, insbesondere das Versagen der Soziologie und Psychologie, entscheidend auf das vergangene Jahrhundert ausgewirkt hat und untrennbar mit seinen politischen Katastrophen verbunden war. Andererseits haben die aus den wissenschaftlichen Erfolgen hervorgegangenen vereinten Kräfte – die freiheitliche Demokratie, die freie Marktwirtschaft und die Massenmedien – persönliche Freiheit und gelebte Individualität in einem nie gekannten Maße verwirklicht. Und das ist kein gering zu schätzender Erfolg, aber er lässt noch eine Menge zu wünschen übrig. Man betrachte sich nur einmal die Unfähigkeit der Vereinigten Staaten, ihres Rassenproblems Herr zu werden, das das gesamte zwanzigste Jahrhundert überschattete. Man betrachte die »ethnischen Säuberungen« in Ruanda, Bosnien und erst jüngst im Kosovo, die Erinnerungen an den Holocaust wie an die Aussagen Conrads im *Herz der Finsternis* wecken. Man sehe sich die Statistiken über Kriminalität, Drogenmissbrauch, uneheliche Kinder und Abtreibung an. In allen Fällen spiegelt sich gewissermaßen der Zusammenbruch von Beziehungen zwischen unterschiedlichen Gruppen – unterschiedlichen Nationen, unterschiedlichen Rassen, unterschiedlichen Stämmen, unterschiedlichen Familien, unterschiedlichen Altersgruppen oder den beiden unterschiedlichen Geschlechtern. Die Ereignisse im zwanzigsten Jahrhundert haben uns mehr und mehr über uns als Individuen beigebracht, aber sie haben uns nicht viel gelehrt über uns als Mitglieder von Gruppen, von Gruppen mit *gemeinsamer* Verantwortung, mit *gleichen* Rechten und Pflichten. In den Sozialwissenschaften hat der dominante Einfluss von Marx die Aufmerksamkeit darauf gelenkt, wie bestimmte Gruppen (Mittelschicht, Management) andere dominieren und ausbeuten. Doch dadurch wurde das Studium von anderen möglichen Gruppenbeziehungen massiv vernachlässigt. In der Psychologie hat Freuds schwerpunktmäßige Behandlung der Individualentwicklung, die ebenfalls angeblich nur auf Eigeninteressen, Feindseligkeiten und Konkurrenz basiert, die persönliche Selbstverwirklichung über alles gestellt.

Die Aufgaben, die den Geistes- und Sozialwissenschaften bevorstehen, sind daher ebenso deutlich wie dringlich: Alle diese Disziplinen müssen ihre Aufmerksamkeit nun auf Gruppen und die Psychologie und Soziologie von Gruppen verlagern, um herauszufinden, in welchem Verhältnis diese zueinander stehen und wie sich Individuen gegenüber den diversen Gruppen verhalten, denen sie angehören (Familie, Geschlecht, Generation, Rasse, Nation). Nur dann können wir hoffen, eines Tages in der Lage zu sein, solche Phänomene wie Rassismus, Vergewaltigung, Kindes- oder Drogenmissbrauch zu verstehen und zu kontrollieren.[77] Wie Samuel Huntington in seinem Buch *The Clash of Civilisations and the Remaking of World Order* (1996) schrieb, treffen die Menschen grundlegende Unterscheidungen nun nicht mehr primär anhand von Ideologien, sondern anhand von kulturellen oder gruppenspezifischen Interessen.[78] Es kann gar kein Zweifel daran bestehen, dass dies die wichtigsten Themen sind, denen sich Soziologie und Psychologie künftig zu widmen haben.

*

Noch eine letzte Beobachtung über das Zusammenspiel von Naturwissenschaften, freier Marktwirtschaft und Massenmedien: Die große Mehrheit der in diesem Buch dargestellten Ideen wurde an Universitäten produziert, weit weg vom Tohuwabohu der Märkte. Die Menschen, die diese Ideen hervorbrachten, taten dies meist nicht des Geldes wegen, sondern weil sie neugierig waren. Persönlichkeiten wie Peter Brook oder Pierre Boulez haben das marktwirtschaftliche System sogar ganz bewusst gemieden, um ihre Arbeit auf eine von marktwirtschaftlichen Überlegungen und Zwängen freie Weise entfalten zu können. Aus dem gleichen Grund wurde auch das Massenmedium, das den größten Beitrag zum intellektuellen und kommunalen Leben der Briten geleistet hat – die BBC – ganz bewusst den reinen Marktmechanismen entzogen. Wir sollten uns im Klaren sein, dass das Wissen, insbesondere die Wissensproduktionen der Grundlagenforschung, Ethik und Sozialkritik, immer menschlichen Aktivitäten entspringt, die sich per se dem Markt nicht unterwerfen, auch wenn sie eindeutig unter den von *diesem* System geschützten Bedingungen wachsen und gedeihen. Universitäten haben sich, jedenfalls in den meisten Fällen, zu ausgesprochen toleranten Kommunen entwickelt, in denen Menschen unterschiedlichen Alters, unterschiedlicher Herkunft und mit unterschiedlichen Meinungen, Interessen und Begabungen die unterschiedlichsten Gruppenkonstellationen ausprobieren und erforschen können. Wir sollten niemals vergessen, wie kostbar solche Lehr- und Forschungsstätten sind und dass sie es sein könnten, die, ungeachtet aller gegenwärtigen Probleme, von denen in diesem Buch die Rede war, auch ungeachtet alles dessen, was in diesem Epilog geschrieben wurde, einen Weg in die Zukunft bieten und uns aus der Sackgasse führen könnten, in die uns die Psychologie und Soziologie gebracht haben.

Die Neuen Humanwissenschaften und ein Neuer Kanon

Auch jenseits des rein Wissenschaftlichen verläuft die entscheidende Trennungslinie im westlichen Geistesleben – von der die Philosophie ebenso betroffen ist wie die Literatur, Religion, Architektur und sogar die Geschichte – heutzutage zwischen den Postmodernen, die das Fragmentierende und Trennende dieses »Karnevals der Kulturen« (um mir hier Stanley Fishs Formulierung zu borgen) präferieren, und den Traditionalisten, die das ernsthafte Empfinden haben (vor allem die junge Generation), dass uns dieser Denkansatz nicht gerecht wird, weil er einen ethischen Verrat begehe, weil er grundsätzlich der Beurteilung ausweiche, welche menschlichen Errungenschaften besser und welche weniger gut sind, und weil er deshalb die Menschen daran hindere, ein faires Spiel zu spielen. Noch befinden sich die Postmoderne und der Relativismus auf dem aufsteigenden Ast, aber wie lange noch? Die Kulturen von Afrika, Bali und anderen Drittweltländern wurden zwar gewissermaßen wieder entdeckt und bekamen damit auch den lang benötigten Schub, doch keine dieser Kulturen fand bisher eine mit den klassischen Kulturen des Nahen Ostens vergleichbare Resonanz. Niemand bezweifelt, dass Kunst, Geistesleben und Wissenschaft an allen Orten und zu allen Zeiten reinste Juwelen hervorgebracht haben oder dass die Gelehrten, die eine Vielzahl dieser Juwelen mit so unterschiedlichem Glanz aus der Versenkung geholt haben, uns zu den wichtigsten Errungenschaften des zwanzigsten Jahrhunderts verhalfen. Insbesondere das mittlerweile umfangreiche Wissen über die präkolumbianischen Ureinwohner Amerikas hat den Blick für reiche und miteinander verflochtene Kulturen geöffnet. Doch haben diese Entdeckungen irgendwelche Schriften hervorgebracht, die uns veranlasst hätten, zu überdenken, wie wir unser eigenes Leben führen? Haben sie zu irgendwelchen Erkenntnissen rechtlicher, medizinischer oder technologischer Art geführt, die uns dazu gebracht hätten, unsere Denk- oder Handelsweisen zu verändern? Ging aus ihnen eine neue Literatur oder Philosophie hervor, die uns neue Visionen angeboten hätten? Die Antwort lautet kurz und bündig: nein.

Damit eröffnet sich die Möglichkeit – fast möchte man sagen: Wahrscheinlichkeit –, dass wir irgendwann im einundzwanzigsten Jahrhundert in eine *post*-postmoderne Welt eintreten werden, in der die Argumente von Jean-François Lyotard, Clifford Geertz, Frederic Jameson, David Harvey und ihren Kollegen zwar noch immer anerkannt wären, aber nur noch bis zu einem gewissen Grad. Wir werden ein Stadium erreichen, in dem alle Kulturen der Welt wiederentdeckt und beschrieben sein werden, es aber *noch immer* eine Hierarchie der Kulturen gibt, weil man einige nach wie vor als unvergleichlich viel wichtiger für die Gestaltung unserer Welt empfinden wird als andere. An dieser Stelle sollte noch einmal betont werden, dass die traditionelle Hierarchie (welche die traditionelle »Metaerzählung« impliziert) zu Beginn des neuen Jahrtausends trotz diverser Versuche, sie zu erschüttern, praktisch noch immer unverändert gilt.

Hiram Binghams Wiederentdeckung von Machu Picchu, Basil Davidsons Ausgrabung von Mapungubwe oder Clifford Geertz' eigene »dichte Beschreibung« der balinesischen Hahnenkämpfe mögen jede auf ihre eigene Art das Äquivalent zu Platons *Staat* oder Shakespeares Falstaff oder Plancks Quant gewesen sein. Doch – und das ist sicher der wichtigste Punkt – auch wenn sie Anteil haben an der sich abzeichnenden *einen* Geschichte, die mit Sicherheit die größte Leistung der Gelehrten im zwanzigsten Jahrhundert war, so haben doch weder Machu Picchu noch Mapungubwe oder Bali dazu beigetragen, das Bild dieser Geschichte auch nur annähernd so zu *prägen* wie die traditionelleren Ideen.

Diese Aussage ist weder rassistisch noch ethnozentristisch. Wie Richard Rorty zu Recht betonte, war die dichte Beschreibung der *balinesischen* Hahnenkämpfe immer noch eine Errungenschaft der *westlichen* Anthropologie. Ich glaube aber, dass die Differenzen zwischen den Postmodernen und den Traditionalisten (mir fällt keine bessere Bezeichnung ein) beigelegt werden können, jedenfalls wenigstens einige davon. Neil Postman lenkte meine Aufmerksamkeit auf die Tatsache, dass William James zu Beginn des zwanzigsten Jahrhunderts »definierte, was ein humanistisches Fach konstituiert. Er sagte: ›Man kann praktisch allem einen humanistischen Wert geben, wenn man es historisch lehrt.‹«[79] Ob Geologie, Ökonomie oder Mechanik, alle werden zu humanistischen Disziplinen, »wenn man sie in Bezug auf die aufeinander folgenden Leistungen von Genies unterrichtet, denen diese Wissenschaften ihre Existenz verdanken. Wenn sie nicht so gelehrt werden, bleibt Literatur Grammatik, Kunst ein Katalog, Geschichte eine Liste von Daten und Naturwissenschaft eine Tafel mit Formeln und Gewichten und Maßen.«[80] Die narrative Form, richtig angewendet, besitzt größte Autorität, weil sie uns nicht nur zeigt, an welchem Punkt wir stehen, sondern auch, wie wir dort angekommen sind. Im Falle der *einen* Geschichte, die sich im Verlauf des zwanzigsten Jahrhunderts darzustellen begann, ist die Narration jedenfalls von so überwältigender Überzeugungskraft, dass sie meiner Meinung nach zur Beilegung einiger Probleme beitragen wird, von denen unsere Hochschulen in den letzten Jahren geplagt wurden, vor allem zur Beilegung der »Kulturkriege« und der Kämpfe um den westlichen Kanon.

Wie gesagt haben sich mittlerweile viele Denkweisen und Disziplinen einander angenähert oder bereits zusammengeschlossen, um die *eine* große Geschichte zu erzählen. Der mächtigste Verfechter dieser Idee war E. O. Wilson, der sogar den Begriff *consilience** aus der Versenkung holte, um diesen Prozess zu beschreiben. In seinem 1998 publizierten Werk *Die Einheit des Wissens* offerierte er eine erzreduktionistische Sicht der Dinge, indem er nicht nur beschrieb, auf welche Weise wissenschaftliches Wissen »zusammensprang«, sondern auch die Idee propagierte, dass die Naturwissenschaften eines Tages in der Lage sein werden, Kunst, Religion, Ethik, Verwandtschaftsmuster, Regierungsformen, Etikette, Mode, Liebeswerben, Begräbnisrituale, Bevölkerungspolitik, Strafmaßnahmen – und wem das noch nicht genügt: einfach alles – zu erklären.[81] Um hier nur ein Beispiel von vielen herauszugreifen: den naturwissenschaftlichen Zugang zur Kunst. Farbpräferenzen, so Wilson, sind größtenteils angeboren, was zugleich bedeutet, dass sich Kunst »ganz natürlich auf bestimmte Formen und Themen« konzentriert. Oder Metaphern: Sie »sind die Grundbausteine kreativen Denkens. Sie entstehen durch die sich im Laufe von Lernprozessen ausweitende Aktivierung des Gehirns und verbinden die unterschiedlichen Gedächtnisbereiche, wobei sie sie zugleich synergetisch verstärken.«[82] Die Wurzeln künstlerischer Inspiration reichen »bis in die Tiefen der genetischen Ursprünge des Gehirns zurück«; und ob nun in der Kunst oder den Wissenschaften, »das programmierte Gehirn sucht immer nach Eleganz, nach der knappsten und eingängigsten Formel für Muster, die ein detailreiches Wirrwarr verständlich machen können«; »Künstler scheinen einfach zu wissen, wie sie vorgehen müssen«.[83] In Mythos und Dichtung gibt es »zwei Dutzend« von »thematischen Gruppierungen, welche fast alle Archetypen einbeziehen …« Darunter zum Beispiel: »Der Stamm wandert«, oder »Der Stamm trifft auf die Mächte des Bösen«, oder »Die Welt endet in einer Apokalypse« und »Die sexuelle Erweckung der Frau«. »Kunst wurde maßgeblich vom Bedürfnis beeinflusst, Ordnung in die Verwirrung zu bringen, die durch Intelligenz entstand.«[84] Am Ende seines Buches schreibt Wilson: »Wir betreten die Ära eines neuen Existenzialismus, nicht jenes alten, von Kierkegaard und Sartre propagierten absurden Existenzialismus, der dem Individuum vollständige Autonomie zuschreibt, sondern eines, der das Konzept vertritt, dass eine korrekte Voraussicht und weise Entscheidungen nur durch uni-

* Anm. d. Ü.: Wilson verwendet die Bezeichnung »Zusammensprung« im Sinne einer »Einheit« infolge einer »Vernetzung«.

versales, ganzheitliches Wissen möglich sind. Im Zuge dieser Erkenntnisse werden wir uns bewusst werden, dass Ethik das fundamentalste aller Prinzipien ist. Im Gegensatz zum Geselligkeitstrieb von Tieren basiert die soziale Existenz des Menschen auf dem genetischen Hang, langfristige Verträge einzugehen, die mittels Kultur in moralische Werte und Gesetze übersetzt werden.«[85]

Mit anderen Worten: Für Wilson ist auch die Kunst ein untrennbarer Bestandteil der *einen* großen Geschichte. Und ich möchte nun hinzufügen, dass auf der Basis dieser Geschichte auch ein neuer Kanon entwickelt werden kann. Um diese Narration zu verstehen und um zu begreifen, wie sie geschrieben wurde, bedarf es eines ebenso soliden Grundwissens aus allen wichtigen naturwissenschaftlichen Disziplinen wie eines Wissens über die entscheidenden Phasen der Geschichte, den Aufstieg und Fall von Kulturen und deren Gründe. Große Werke aus Religion, Literatur, Musik, Malerei und Bildhauerei gehören ebenfalls zu dieser Erzählung, zu diesem umfassenden Verständnissystem, da Kulturen grundsätzlich den Versuch darstellen, einen Zugang sowohl zur natürlichen als auch zur übernatürlichen Welt zu finden, Schönheit zu schaffen, Wissen zu produzieren und sich der Wahrheit anzunähern. Auch die Bedeutung von Sprache und die Frage, wie sich Sprachen entwickelten, miteinander verflochten und dennoch so verschieden werden konnten, ist Bestandteil dieser *einen* Geschichte. Die Evolution erlaubt es uns, Kultur so passend wie nur irgend möglich in die Natur einzufügen. Die *eine* Geschichte erzählt uns, in welchen Beziehungen unterschiedliche Gruppen zueinander stehen, wie sich die Menschheit fortentwickeln kann und an welchen Stellen sie dabei alte Denkweisen überholen muss. Viele werden dieser Vorstellung nicht zustimmen und antworten, dass die Evolution keine teleologische Richtung vorgibt. Und noch mehr werden diesen roten Faden durch mein Buch mit Unbehagen und Skepsis betrachten. Doch ich glaube, die Beweise sprechen für sich selbst.

Diese Beweislage zu Beginn des einundzwanzigsten Jahrhunderts legt nahe, dass wir bereits in einer Crossover-Kultur leben. Während über die Auswirkungen der Massenmedien auf unser geistiges Leben geklagt wird, kann ein Blick auf die Regale in jeder guten westlichen Buchhandlung jedoch beweisen, dass die so genannte populärwissenschaftliche Literatur zu einem der größten Wachstumsbereiche geworden ist. Tatsächlich ist die Bezeichnung »populärwissenschaftlich« sehr irreführend, denn viele dieser Werke sind relativ schwierig zu lesen, jedenfalls wenn sie sich mit der Natur der Materie, abstruser Mathematik (Fermats letztem Satz) oder der Evolution auf winzigsten Ebenen befassen oder wenn sie die Nebenpfade der Paläontologie betreten, den Beginn aller Zeiten schildern und Wissenschaftsphilosophie betreiben. Dennoch finden immer mehr Menschen, dass man sich heutzutage nicht mehr als gebildet verstehen kann, wenn man nicht auf dem neusten Stand der Dinge auf diesen Gebieten ist. Es stimmt, gemessen an anderen literarischen Kategorien ist die Zahl solcher Publikationen gering, doch richtig ist auch, dass diese »populärwissenschaftliche« Literatur noch vor zwanzig Jahren kaum Platz in den Regalen der Buchhandlungen erforderte, weil es sie praktisch nicht gab.

Auf mich wirkt das sehr ermutigend, nicht zuletzt weil es eine allzu tiefe Kluft zwischen Naturwissenschaftlern und uns übrigen Sterblichen verhindern wird. Denn falls – und dies ist ein sehr großes Falls – die Superstring-Revolution wirklich zu etwas führt, könnte sich dieses Etwas als so außerordentlich schwierig erweisen, dass es die Wissenschaftler kaum noch mit uns teilen können. Bereits heute sind sie an die Grenzen des durch Metaphern Erklärbaren gestoßen. Wir werden uns also zumindest mit der Möglichkeit vertraut machen müssen, dass die Geheimnisse des Universums eines Tages nur noch denjenigen zugänglich sein werden, die überdurchschnittlich mathematisch begabt sind. Da hilft es nichts, wenn wir anderen murren, dass uns der Weg, den die Wissensproduktion einschlägt, nicht gefällt – denn nur dort, nur in diesen obersten Gefilden, werden Fortschritte überhaupt gemacht. Und das ist ein zusätzlicher Grund, weshalb ich mich so sehr für einen neuen humanwissenschaftlichen Kanon einsetze, der jedoch ganz im Sinne von James gelehrt werden müsste, damit er bei so vielen und so unterschiedlichen Menschen wie nur möglich Anklang findet und Verständnis weckt.

Die Evolution ist die Geschichte von uns allen. Physik, Chemie und Biologie sind auf eine Weise international, wie es Kunst oder Religion niemals sein können. Die Naturwissenschaften wurzeln im Abendland, doch heute gibt es auch hervorragende indische, arabische, japanische und chinesische Wissenschaftler in großer Zahl. (Im Juli 1999 erklärte China, dass es die Neutronenbombe herstellen kann – welch gewaltiger intellektueller Triumph.) Ich will damit keinen Rahmen schaffen, der es gestattet, sich schwierigen Beurteilungen zu entziehen: Wissenschaft und freiheitliche Demokratie sind oder waren westliche Ideen. Ich will auch keiner Debatte über einen rein westlichen Kanon aus dem Wege gehen. Doch wer die Ideengeschichte des zwanzigsten Jahrhunderts als eine narrative Darstellung von geistigen Strömungen studiert, dem öffnet sich der Blick für eine neue Humanität und einen Kanon, bei dem es um das *heute* gelebte Leben geht und der uns damit etwas bietet, das uns alle angeht. Und dieser gemeinsame historisch-intellektuelle Kanon gibt uns die Möglichkeit, noch anstehende Fragen zu beantworten und verbliebene Probleme zu lösen. Dieser Kanon gehört uns allen zusammen.

ANMERKUNG DER ÜBERSETZERIN

Aus einem Großteil der künstlerischen Œuvres und aus den Gesamtwerken der Ideengeschichte eines ganzen Jahrhunderts die Kerngedanken herauszulösen und komplexeste Zusammenhänge mit wenigen Worten unverfälscht darzustellen, war nicht nur für den Autor ein gewaltiges Unterfangen, es forderte auch von der Übersetzerin einen Kampf gegen das Unterholz eines gewaltigen Zitatendickichts, ständig auf der Hut vor Fußangeln. Ich entschied, nicht nur wie üblich aus den »klassischen« deutschen Übersetzungen von englischsprachigen Quellentexten (und natürlich sämtlichen deutschsprachigen Originalen) zu zitieren, sondern, soweit vorhanden, auch aus den Übersetzungen von allgemein weniger gelesenen Werken. Denn eine Schwierigkeit beim englisch-deutschen Vergleich von insbesondere geisteswissenschaftlichen Texten – ganz zu schweigen von englischen und deutschen Übersetzungen eines französischen Originals – ist bekanntlich, dass sie selten wirklich identisch lauten und manchmal sogar fast bis zur Unkenntlichkeit unterschiedlich sind (Habermas oder Lyotard sind hierfür besonders interessante Beispiele unter vielen). Im Zweifel habe ich mich daher gegen die Übersetzung einer vom Autor paraphrasierten oder einer Sekundärliteratur entnommenen Passage und für die Zitierung aus einer vorliegenden deutschen Übersetzung entschieden. Denn nur so konnte vermieden werden, eingebürgerte Fachbegriffe aus den Human- und Naturwissenschaften zu verfälschen oder den Wiedererkennungswert von Weltliteratur durch Neuübersetzungen zu verringern. Insofern unterscheiden sich das Original und die Übersetzung dieses Buches. Selbstverständlich wurde kein Eingriff ohne das Einverständnis des Autors vorgenommen. Ich möchte an dieser Stelle Peter Watson danken, der dem einjährigen Bombardement meiner mit Nachfragen und Vorschlägen bepackten E-mails mit britischer Lakonik und schwarzem Humor standgehalten hat.

Yvonne Badal *April 2001*

ANMERKUNGEN

VORWORT

1 Saul Bellow, *Humboldts Vermächtnis*, Deutsch von Walter Hasenclever, Köln (1976), München, 1995, S. 8–9. Zum Thema »Albtraum« passte hier jedoch ebenso gut ein Satz aus Joyces *Ulysses*: »Geschichte, sagte Stephen, ist ein Albtraum, aus dem ich zu erwachen versuche.« James Joyce, *Ulysses* [1922], Deutsch von Hans Wollschläger, Frankfurt a. M., 1975, S. 49.

EINFÜHRUNG

1 Michael Ignatieff, Interview mit Isaiah Berlin, BBC 2, 24. November 1997. Siehe auch: Michael Ignatieff, *Isaiah Berlin. Ein Leben*, aus dem Englischen von Michael Müller, München, 2000, S. 385.

2 Martin Gilbert, *The Twentieth Century: Volume I, 1900–1933*, London, 1997.

3 Claude Lévi-Strauss und Didier Erebon, *Das Nahe und das Ferne. Eine Autobiographie in Gesprächen*, aus dem Französischen von Hans-Horst Henschen, Frankfurt a. M., 1988, S. 173.

4 John Maddox, *What Remains to Be Discovered*, London, 1998, Einführung, S. 1–21.

5 Daniel C. Dennett, *Darwins gefährliches Erbe. Die Evolution und der Sinn des Lebens*, aus dem Amerikanischen von Sebastian Vogel, Hamburg, 1997, S. 23.

6 Roger Smith, *The Fontana History of the Human Sciences*, London, 1997, S. 577–578.

7 Siehe z. B. Paul Langford, *A Polite and Commercial People: England 1727–1783*, Oxford, 1989.

8 Roger Scruton, *An Intelligent Person's Guide to Modern Culture*, London, 1989, S. 42.

9 Siehe Roger Shattuck, *Candor & Perversion: Literature, Education and the Arts*, New York, 1999. Siehe insbesondere Kapitel 6, die Diskussion über »The Spiritual in Art«.

10 John Brockman (Hg.), *The Third Culture: Beyond the Scientific Revolution*, New York, 1995, S. 18–19. (*Die dritte Kultur. Das Weltbild der modernen Naturwissenschaft*, aus dem Amerikanischen von Sebastian Vogel, München, 1996, S. 15ff.)

11 Frank Kermode, *The Sense of an Ending*, Oxford, 1966.

KAPITEL 1

1 In diesem Kapitel stützte ich mich unter den vielen vorliegenden Freud-Biographien vorrangig auf: Ronald Clark, *Freud: The Man and the Cause*, New York, 1980, sowie Giovanni Costigan, *Sigmund Freud: A Short Biography*, London, 1967. Besonders empfehlen möchte ich jedoch auch: Peter Gay, *Freud. Eine Biographie für unsere Zeit*, aus dem Amerikanischen von Joachim A. Frank, Frankfurt a. M., 1989.

2 Costigan, Op. cit. S. 101.

3 Ibid. S. 100.

4 Ibid. S. 99.

5 Ibid.

6 William M. Johnston, *The Austrian Mind: An Intellectual and Social History 1848–1938*, Berkeley, 1972, S. 33–34.

7 Costigan, Op. cit. S. 88–89.

8 Johnston, Op. cit. S. 40.

9 Ibid. S. 238.

10 Costigan, Op. cit. S. 89.

11 Johnston, Op. cit. S. 65.

12 Gay, Op. cit. S. 679–680.

13 Johnston, Op. cit. S. 223.

14 Costigan, Op. cit. S. 65.

15 Sigmund Freud und Josef Breuer, »Studien über Hysterie«, *Studienausgabe*, Frankfurt a. M., 1989, Erg. S. 27; siehe auch Johnston, Op. cit. S. 235.

16 Ibid. S. 236.
17 Costigan, Op. cit. S. 42.
18 Sigmund Freud, *Die Traumdeutung*, G. W. Bd. 2/3, S. 149. Siehe auch Costigan, Op. cit. S. 68ff.
19 Ibid. S. 70.
20 Clark, Op. cit. S. 180.
21 Costigan, Op. cit. S. 77; Clark, Op. cit. S. 181.
22 Clark, Op. cit. S. 185.
23 Costigan, Op. cit. S. 79.
24 Clark, Op. cit. S. 213–214; Costigan, Op. cit. S. 101.
25 Joan Evans, *Time and Chance: The Story of Arthur Evans and His Forebearers*, London, 1943, S. 329.
26 Ibid. S. 350–351.
27 Richard Stoneman, *Land of Lost Gods: The Search for Classical Greece*, London, 1987, S. 268ff.
28 Donald Mackenzie, *Crete and Pre-Hellenic Myths and Legends*, London, 1995, S. 92.
29 Evans, Op. cit. S. 309.
30 Ibid. S. 309–318.
31 Mackenzie, Op. cit. S. 116; Evans, Op. cit. S. 318–327.
32 Evans, Op. cit. S. 329–330.
33 Ibid. S. 331.
34 Mackenzie, Op. cit. S. 118.
35 Evans, Op. cit. S. 331ff.
36 Ernst Mayr, *The Growth of Biological Thought*, Cambridge, MA., 1982, S. 727–729.
37 Ibid. S. 729; siehe auch William R. Everdell, *The First Moderns*, Chicago, 1997, S. 162–163.
38 *Berichte der Deutschen Botanischen Gesellschaft*: C. Correns, Bd. XVIII, Heft 4, 1900; E. Tschermak, Bd. XVIII, Heft 6, 1900; de Vries, Bd. XVIII, Heft 3; siehe auch Mayr, Op. cit. S. 722–726.
39 Ibid. S. 734.
40 Gregor Mendel, *Versuche über Pflanzenhybriden. Zwei Abhandlungen 1866 und 1870*, Thun und Frankfurt a. M., 1995, S. 2, 4, 10. Siehe auch Mayr, Op. cit. S. 730. Eine etwas kritischere Betrachtung dieses Vorgangs bietet Peter J. Bowler in *The Mendelian Revolution. The Emergence of Hereditarian Concepts in Modern Science and Society*, London, 1989, S. 110–116.
41 Mayr, Op. cit. S. 715.
42 Ibid. S. 734.
43 Everdell, Op. cit. S. 166.
44 Richard Rhodes, *The Making of the Atomic Bomb*, London, 1988, S. 30 (*Die Atombombe oder Die Geschichte des 8. Schöpfungstages*, Nördlingen, 1998).
45 Ibid. S. 40.
46 Ibid.
47 Everdell, Op. cit. S. 167.
48 Ibid. S. 48.
49 Ibid. S. 167; Rhodes, Op. cit. S. 30–31.
50 Joel Davis, *Alternate Realities*, New York, 1997, S. 215–219.
51 Everdell, Op. cit. S. 171.
52 Ibid. S. 166.
53 John Richardson, *A Life of Picasso: Volume I: 1881–1906*, London, 1991, S. 159ff.
54 Everdell, Op. cit. Kapitel 10, passim; sowie Roger Shattuck, *The Banquet Years: The Origins of the Avant-Garde in France 1885 to World War One*, New York, 1953, passim.
55 Richardson, Op. cit. S. 159ff.
56 Everdell, Op. cit. Kapitel 10, passim.
57 Richardson, Op. cit. S. 172.
58 Everdell, Op. cit. S. 155.
59 John Berger, *The Success and Failure of Picasso*, Harmondsworth, 1965, Neudruck, New York, 1980, S. 67.

KAPITEL 2

1 William R. Johnston, Op. cit. S. 147–148.
2 Hilde Spiel, *Glanz und Untergang. Wien 1866–1938*, aus dem Englischen von Hanna Neves, München, 1987, S. 54ff.
3 Ibid. S. 54. Siehe auch Johnston, Op. cit. S. 120; sowie George R. Marek, *Richard Strauss, The Life of a Non-Hero*, London, 1967, S. 166.
4 Allan Janik und Stephen Toulmin, *Wittgensteins Wien*, aus dem Amerikanischen von Reinhard Merkel, Wien, 1998, S. 57.
5 Johnston, Op. cit. S. 77.
6 Ibid. S. 169.
7 Janik und Toulmin, Op. cit. S. 57.
8 Franz Kuna, »A Geography of Modernism: Vienna and Prague 1890–1928,« in: Malcolm Bradbury und James McFarlane (Hg.), *Modernism: A Guide to European Literature 1890–1939*, London, 1976, S. 126.
9 Carl E. Schorske, *Wien. Geist und Gesellschaft im Fin de Siècle*, deutsch von Horst Günther, Frankfurt a. M., 1982, S. 10. [Anm. d. Ü.: Zu »Doppelgängerscheu« – bei Schorske: »Doppelgänger« – siehe Sigmund Freud, *Briefe 1973–1939*, Frankfurt a. M., 1968, S. 357.]
10 Kuna, Op. cit. S. 126.

11 Schorske, Op. cit. S. 12; siehe auch Janik und Toulmin, Op. cit. S. 75–76.
12 Schorske, Op. cit. S. 14.
13 Kuna, Op. cit. S. 127.
14 Janik und Toulmin, Op. cit. S. 136.
15 Hugo von Hofmannsthal, »Der Tor und der Tod«, *Gedichte und lyrische Dramen, Gesamtwerk in Einzelausgaben,* Herausgegeben von Herbert Steiner, Frankfurt a. M., 1970, S. 203.
16 Schorske, Op. cit. S. 17.
17 Hugo von Hofmannsthal, *Prosa II,* Op. cit. S. 229.
18 Ibid. Brief, S. 13.
19 Siehe zu diesem Thema auch T. S. Eliot in: *Beiträge zum Begriff der Kultur,* worauf ich in Kapitel 26 zurückkommen werde.
20 Schorske, Op. cit. S. 19.
21 Ibid.
22 Kuna, Op. cit. S. 128.
23 Janik und Toulmin, Op. cit. S. 109. An dieser Stelle vermerken die Autoren, dass Bruckner Ludwig Boltzmann Klavierstunden gab und Mahler »seine psychischen Probleme zu Dr. Freud trug«.
24 Johnston, Op. cit. S. 291.
25 Ibid. S. 296.
26 Ibid. S. 294.
27 Ibid. S. 299.
28 Everdell, Op. cit. S. 190; siehe auch Johnston, Op. cit. S. 299–300.
29 Johnston, Op. cit. S. 300–301.
30 Ibid. S. 301.
31 Everdell, Op. cit. S. 187.
32 Ibid. S. 191.
33 Johnston, Op. cit. S. 302.
34 Ibid. S. 302–305.
35 Janik und Toulmin, Op. cit. S. 84ff.
36 Ibid.
37 Otto Weininger, *Geschlecht und Charakter* (1903), München, 1997, S. 16–20, 409, 413.
38 Johnston, Op. cit. S. 233.
39 Leopold von Sacher-Masoch, *Venus im Pelz und andere Erzählungen*, Köln, 1996, S. 91.
40 Richard von Krafft-Ebing, *Psychopathia sexualis* (identisch mit 14. Aufl., 1912), München, 1997, S. I/9–10.
41 Janik und Toulmin, Op. cit. S. 114.
42 Schorske, Op. cit. S. 68–105.
43 Ibid. Siehe auch Johnston, Op. cit. S. 150.
44 Ibid.
45 Janik und Toulmin, Op. cit. S. 118.
46 Ibid.
47 Ibid. S. 113.
48 Schorske, Op. cit. S. 208.
49 Ibid. S. 219.
50 Ibid. S. 220.
51 Johnston, Op. cit. S. 144.
52 Janik und Toulmin, Op. cit. S. 142ff.
53 John T. Blackmore, *Ernst Mach: His Work, Life and Influence*, Berkeley, 1972, S. 6.
54 Ibid. S. 182–184.
55 Janik und Toulmin, Op. cit. S. 208.
56 Ernst Mach, *Analyse der Empfindungen* (1886), Darmstadt, 1991, S. 3.
57 Blackmore, Op. cit. S. 87ff.
58 Mach, Op. cit. S. 300; siehe auch Johnston, Op. cit. S. 184.
59 Johnston, Op. cit. S. 186; Blackmore, Op. cit. S. 232ff. und 247ff.

KAPITEL 3

1 John Ruskin, *Modern Painters: 5 Volumes*, Orpington, Kent, 1844–1888.
2 Arthur Herrman, *The Idea of Decline in Western History*, New York, 1997, S. 221.
3 Ibid. S. 222.
4 Ivan Hannaford, *Race: The History of an Idea in the West*, Washington D.C., 1996, S. 296.
5 Friedrich Nietzsche, *Werke*, Digitale Bibliothek, Bd. 2, *Unzeitgemäße Betrachtungen*, S. 66902, vgl. Nietzsche-W., S. 241.
6 Nietzsche, *Jenseits von Gut und Böse,* Op. cit. S. 68485/ S. 727.
7 Nietzsche, *Zur Genealogie der Moral,* Op. cit. S. 68568/ S. 776–777; sowie *Jenseits von Gut und Böse*, Op. cit. S. 68485/ S. 727.
8 Herrman, Op. cit. S. 99–100; Nietzsche, *Jenseits von Gut und Böse,* Op. cit. S. 68496/ Bd. 2, S. 734.
9 Herrman, Op. cit. S. 102.
10 Nietzsche, *Also sprach Zarathustra,* Op. cit. S. 67719/ S. 283.
11 Richard Hofstadter, *Social Darwinism in American Thought,* Boston, 1944, S. 5.
12 Mike Hawkins, *Social Darwinism in European and American Thought 1860–1945*, Cambridge, 1997, S. 109–118; sowie Hofstadter, Op. cit. S. 51–66.
13 Hofstadter, Op. cit. S. 152–153.
14 Ibid. S. 41.
15 Hawkins, Op. cit. S. 132.
16 Hannaford, Op. cit. S. 289–290.
17 Hawkins, Op. cit. S. 126–127.
18 Ibid. S. 178.
19 Siehe z.B. »Karl Marx/Friedrich En-

gels: Artikel und Korrespondenzen 1883«, http://www.mlwerke.de.
20 Hannaford, Op. cit. S. 292.
21 Hawkins, Op. cit. S. 193.
22 Ibid. S. 196.
23 Hannaford, Op. cit. S. 291–292.
24 Hawkins, Op. cit. S. 185.
25 Ibid.
26 Marx Nordau, *Entartung*, Berlin, 1892–93, S. 521 in Bd. II, S. 28, 135 in Bd. I.
27 Hannaford, Op. cit. S. 338.
28 Johnston, Op. cit. S. 364.
39 Hawkins, Op. cit. S. 62.
30 Ibid. S. 201.
31 Ibid.
32 Hannaford, Op. cit. S. 330; siehe auch Hawkins, Op. cit. S. 217.
33 Hawkins, Op. cit. S. 219.
34 Hannaford, Op. cit. S. 332.
35 Hawkins, Op. cit. S. 218.
36 Ibid. S. 225.
37 Ibid. S. 242.
38 Johnston, Op. cit. S. 357.
39 Janik und Toulmin, Op. cit. S 73.
40 Ibid.
41 Johnston, Op. cit. S. 358.
42 Theodor Herzl, *Tagebücher*, Bd. I, S. 42.
43 Theodor Herzl, *Der Judenstaat. Versuch einer Modernen Lösung der Judenfrage* (1896), Zürich, S. 24.
44 Johnston, Op. cit. S. 358.
45 Anthony Giddens, »Introduction, in Max Weber, *The Interpretation of Social Reality*, London, 1970, S. 9, (englische Ausgabe von *Die Protestantische Ethik und der »Geist« des Kapitalismus).*
46 Ibid. S. VIII.
47 Donald G. Macrae, *Weber*, London, 1974, S. 30–32.
48 Macrae, Op. cit. S. 58.
49 J. E. T. Eldridge (Hg.), *Max Weber: The Interpretation of Social Reality*, London, 1970, S. 9.
50 Giddens, Op. cit. S. IX.
51 Max Weber, *Die Protestantische Ethik und der »Geist« des Kapitalismus* (1904/05), Weinheim, 1993, S. 1.
52 Ibid. S. 15, 27.
53 Ibid. S. 167 Anm. 56, S. 32.
54 Ibid. S. 47, 147.
55 Ibid. S. 33.
56 Ibid. S. 34, 39, 40, 124.
57 Giddens, Op. cit. S. XVII.
58 Ibid. S. XVIII.
59 Eldridge, Op. cit. S. 281.
60 Hawkins, Op. cit. S. 307. Ernest Gellner führt in seinem Buch *Pflug, Schwert und Buch*, übersetzt von Ulrich Enderwitz, Stuttgart, 1990, S. 128, Webers Analyse noch einen Schritt weiter, indem er behauptet, dass die Normen von protestantischen Gesellschaften durch ihre Internationalisierung noch vertrauenswürdiger wurden und daher zu wirtschaftlichen Aktivitäten führten, die dazu beitrugen, dass Hochkultur schließlich zur Mehrheitskultur wurde: »Die ganze der Achsenzeit folgende, agrargesellschaftliche Periode hindurch kommt es immer wieder zu einem Spannungsverhältnis zwischen universalistischen, schriftkulturellen, egalitären, auf ein generelles Heil zielenden Glaubenslehren und religiösen Traditionen, die ritualzentriert, inegalitär und auf eine Stärkung des Gemeinschaftslebens ausgerichtet sind.«
61 Redmond O'Hanlon, *Joseph Conrad and Charles Darwin*, Edinburgh, 1984, S. 17.
62 D. C. R. A. Goonetilleke, *Joseph Conrad: Beyond Culture and Background*, London, 1990, S. 15ff.
63 O'Hanlon, Op. cit. S. 126–127. Siehe auch Kingsley Widner, »Joseph Conrad«, *Dictionary of Literary Biography*, Detroit, Bd. 34, S. 43–82.
64 O'Hanlon, Op. cit. S. 17ff.
65 Ibid. S. 20–21.
66 Widner, Op. cit. S. 43–82.
67 Ibid.
68 Joseph Conrad, *Herz der Finsternis (1902)*, neu übersetzt von Urs Widmer, Zürich, 1992, S. 96–97.
69 Goonetilleke, Op. cit. S. 88–91.
70 Conrad, Op. cit. S. 79–80.
71 Ibid. S. 112.
72 Ibid. S. 14.
73 R. W. Stalman, *The Art of Joseph Conrad: A Critical Symposium*, East Lansing, 1960.
74 O'Hanlon, Op. cit. S. 26.
75 Richard Curle, *Joseph Conrad: A Study*, London, 191.
76 Goonetilleke, Op. cit. S. 85.
77 Ibid. S. 63.
78 Stalman, Op. cit.

KAPITEL 4

1 Kurt Wilhelm, *Richard Strauss Persönlich. Eine Bildbiographie*, Berlin, 1999, S. 120.
2 Siehe Malcolm Bradbury und James Macfarlane (Hg.), Op. cit. S. 97–101.
3 George R. Marek, *Richard Strauss: The*

Life of a Non-Hero, London, 1967, S. 15 und 27.
4 Ibid. S. 150.
5 Wilhelm, Op. cit. S. 119; siehe auch Michael Kennedy, *Richard Strauss*, London, 1976, S. 144.
6 Wilhelm, Op. cit. S. 121.
7 Ibid. S. 122.
8 Ibid. S. 123.
9 Ibid. S. 125.
10 Ibid. S. 151; siehe auch Marek, Op. cit. S. 180.
11 Wilhelm, Op. cit. S. 151; siehe auch Marek, Op. cit. S. 121.
12 Kennedy, Op. cit. S. 144.
13 Marek, Op. cit. S. 183.
14 Ibid. S. 185.
15 Kennedy, Op. cit. S. 45. Siehe auch Bryan Gilliam (Hg.), *Richard Strauss and His World*, Princeton, 1992, S. 311ff.
16 Marek, Op. cit. S. 182.
17 Kennedy, Op. cit. S. 149.
18, 19 Marek, Op. cit. S. 186.
20 Marek, Op. cit. S. 316.
21 Hans H. Stuckenschmidt, *Schoenberg: His Life, World and Work*, London, 1977, S. 42.
22 Harold C. Schonberg, *The Lives of the Great Composers*, London, 1970, S. 516.
23 Schonberg, Op. cit. S. 517.
24 Everdell, Op. cit. S. 275.
25 Schonberg, Op. cit. S. 517.
26 Everdell, Op. cit. S. 266.
27 Stuckenschmidt, Op. cit. S. 88.
28 Schonberg, Op. cit. S. 520; siehe auch Stuckenschmidt, Op. cit. S. 141; sowie Schorske, Op. cit. S. 351.
29 Schonberg, Op. cit. S. 517.
30 Ibid. S. 518.
31 Everdell, Op. cit. S. 269; siehe auch Stuckenschmidt, Op. cit. S. 88 und 123–124.
32 Stuckenschmidt, Op. cit. S. 94; siehe auch Schonberg, Op. cit. S. 400.
33 Everdell, Op. cit. S. 277.
34 Ibid. S. 279.
35 Paul Griffiths, *A Concise History of Modern Music*, London, 1978, revidierte Ausgabe 1994, S. 26.
36 Schorske, *Fin-de-siècle*, Op. cit. S. 349.
37 Stuckenschmidt, Op. cit. S. 124.
38 Everdell, Op. cit. S. 277–278.
39 Ibid. S. 279.
40 Ibid. S. 280–281.
41 Stuckenschmidt, Op. cit. S. 124.
42 Schonberg, Op. cit. S. 520.
43 Schorske, Op. cit. S. 354f.
44 Griffiths, Op. cit. S. 34.
45 Joan Allen Smith, *Schoenberg and his Circle*, New York, 1986, S. 68.
46 Schonberg, Op. cit. S. 521.
47 Griffiths, Op. cit. S. 43.
48 Janik und Toulmin, Op. cit. S. 128.
49 Schorske, Op. cit. S. 360.
50 Siehe z.B. James M. Mellow, *Charmed Circle: Gertrude Stein and Company*, London, 1974, S. 8ff.
51 John Russell, *The World of Matisse*, Amsterdam, 1989, S. 74.
52 Jack Flamm, *Matisse on Art* (Revidierte Ausgabe), Berkeley, 1995, S. 35.
53 Pierre Cabanne, *Pablo Picasso: His Life and Times*, New York, 1977, S. 110.
54 André Malraux, *Picasso's Mask*, New York, 1976, S. 10–11.
55 Lael Westenbaker, *The World of Picasso, 1881–1975*, Amsterdam, 1980, S. 125ff.
56 Robert Hughes, *The Shock of the New*, London, 1980, S. 24.
57 Dora Vallier, »Braque, la peinture et nous«, *Cahiers d'Art*, Nr. 1, Paris, 1954, S. 13–14.
58 Ibid. S. 14.
59 Hughes, Op. cit. S. 27 und 29.
60 Arianna Stassinopoulos, *Picasso: Creator and Destroyer*, London, 1988, S. 96–97.
61 »Testimony Against Gertrude Stein«, *Transition*, Februar 1935, Nr. 23, S. 13–14.
62 Everdell, Op. cit. S. 311.
63 Ibid. S. 314.
64 Ibid. S. 313.
65 Peg Weiss, *Kandinsky in Munich*, Princeton, 1979, S. 58–59.
66 Ibid. S. 5–6.
67 Wassily Kandinsky, *Über das Geistige in der Kunst* (1912), Neuilly-sur-Seine, 1952, S. 9–10.
68 Weiss, Op. cit. S. 28, 34 und 40.
69 Kandinsky, Op. cit. S. 12.
70 Zitiert in Hughes, Op. cit. S. 301.
71 Weiss, Op. cit. S. 91.
72 Algot Ruhe und Nancy Margaret Paul, *Henri Bergson: An Account of His Life and Philosophy*, London, 1914, S. 2.
73 Jacques Chevallier, *Henri Bergson*, London, 1928, S. 39–41.
74 Leszek Kolakowski, *Bergson*, Oxford, 1985, S. 72.
75 Chevallier, Op. cit. S. 60.
76 Henri Bergson, *Denken und schöpferisches Werden*, Meisenheim. a. G., 1948, S. 127.
77 Henri Bergson, *Materie und Gedächtnis. Eine Abhandlung über die Beziehung*

zwischen Körper und Geist (1896), übersetzt von Julius Frankenberger, Hamburg, 1991, S. 168, 188.
78 Jacques Chevallier, *Bergson*, Paris, 1926.
79 Soulez, Op. cit. S. 132–133.
80 Kolakowski, Op. cit. S. 88–91.
81 Soulez, Op. cit. S. 133–134.
82 Siehe Erik Oger, in Bergson, *Materie und Gedächtnis*, Op. cit., »Vorwort«, S. XXVII.
83 Soulez, Op. cit. S. 142–143.
84 Ibid. S. 251ff.
85 *New Catholic Encyclopaedia*, Bd. X, New York, 1967, S. 1048.
86 Ibid. Bd. IX. S. 991–995.
87 J. G. Frazer, *Der Goldene Zweig. Das Geheimnis von Glauben und Sitten der Völker* (1890), aus dem Englischen von Helen von Bauer, Hamburg, 1989.
88 René Bazin, *Pius X*, London, 1928, S. 11ff.
89 *The Catholic Encyclopaedia*, Bd. X, London, 1911, S. 415.
90 Ibid. S. 460.
91 John King Fairbank, *China: A New History*, Cambridge, MA., 1994, S. 52.
92 Ibid. S. 53.
93 Denis Twitchett und John. K. Fairbank, *The Cambridge History of China, Volume II, Late Ch'ing, 1800–1911, Part 2*, Cambridge, 1980, S. 361–362; Fairbank, Op. cit. S. 218.
94 Fairbank, Op. cit. S. 218.
95 O. Edmund Clubb, *Twentieth-Century China*, New York und London, 1964, S. 25ff.
96 Fairbank, Op. cit. S. 232.
97 Ibid. S. 240.
98 Ibid. S. 243.
99 Jerome B. Grieder, *Intellectuals and the State in Modern China*, New York, 1981, S. 35ff.; Fairbank, Op. cit. S. 243.

KAPITEL 5

1 Edward Bradby (Hg.), *The University Outside Europe*, Oxford, 1939, S. 285ff.
2 Ibid. passim.
3 Aus einem persönlichen Gespräch mit Professor Robert Johnston.
4 Samuel Eliot Morison (Hg.), *The Development of Harvard University*, Cambridge, MA., 1930, S. 11 und 158.
5 Morison, Op. cit. S. XC.
6 Abraham Flexner, *Universities: American, English, German*, Oxford, 1930. S. 67. Entscheidende Folgen hatte auch, dass in Deutschland die führende Wissenschaft in staatlichen Universitäten konzentriert war, wohingegen sich das entsprechende Potential in Großbritannien auf private Universitäten und die Royal Society konzentrierte, was seinerseits Auswirkungen auf die universitären Entwicklungen hatte.
7 Flexner, Op. cit. S. 124.
8 Ibid. S. 151. Siehe auch E. R. Holme, *The American University*, Sydney, 1920, S. 143ff.
9 Ray Fuller (Hg.), *Seven Pioneers of Psychology*, London, 1995, S. 21.
10 William James, *Der Pragmatismus. Ein neuer Name für alte Denkmethoden* [1907], übersetzt von Wilhelm Jerusalem, Hamburg, 1977, S. 5–8.
11 William James, *Die Vielfalt religiöser Erfahrung. Eine Studie über die menschliche Natur* [1902], Frankfurt. a. M. und Leipzig, 1997, übersetzt von Eilert Herms und Christian Stahlhut, mit einem Vorwort von Peter Sloterdijk.
12 James, *Pragmatismus*, Op. cit. S. 31–32.
13 Ibid. S. 33ff., 48, 56.
14 Arthur Lovejoy, *Die große Kette des Wesens. Geschichte eines Gedankens*, [1936], Frankfurt a. M., 1993.
15 Ellen Key, *Das Jahrhundert des Kindes*, [1909], Weinheim, 2000.
16 Richard Hofstadter, Op. cit. S. 362.
17 John Dewey, *Demokratie und Erziehung*, [1900], Weinheim, 2000; sowie John Dewey mit E. Dewey, *The School of Tomorrow*, London, 1915.
18 Hofstadter, Op. cit. S. 366.
19 Ibid. S. 386.
20 Morison, Op. cit. S. 534–535.
21 Frederick Winslow Taylor, *The Principles of Scientific Management*, New York, 1913. (*Die Grundsätze wissenschaftlicher Betriebsführung*, Weinheim, 1995.)
22 Ibid. S. 60–61.
23 Morison, Op. cit. S. 539–540.
24 Hofstadter, Op. cit. Teil IV, S. 233ff.
25 Ibid. S. 266.
26 Ibid. S. 267.
27 Ada Louise Huxtable, *The Tall Building Artistically Reconsidered: The Search for a Skyscraper Style*, New York, 1984.
28 Johan Gloag, *The Architectural Interpretation of History*, London, 1975, S. 1.
29 Paul Goldberger, *The Skyscraper, New York*, 1981, (*Wolkenkratzer. Das Hochhaus in Geschichte und Gegenwart*, Stuttgart, 1984), siehe S. 9 zum Flatiron

Building und die Abbildung der Fotografie von Streichen auf S. 38.
30 Siehe die berühmte Ansichtskarte des Flatiron, ibid, S. 38.
31 Goldberger, Op. cit. S.17ff.
32 John Buchard und Albert Bush-Brown, *The Architecture of America*, London, 1967, S. 145.
33 Goldberger, Op. cit. S. 23.
34 Ibid, S. 18. Siehe auch Hugh Morrison, *Louis Sullivan: Prophet of Modern Architecture (*1935), Westport, 1971.
35 Wesley Towner, *The Elegant Auctioneers*, New York, 1970, S. 176.
36 Patrick Nuttgens, *The Story of Architecture*, Oxford, 1983.
37 William J. Curtis, *Modern Architecture since 1900*, Oxford, 1982, S. 39. (*Architektur im 20. Jahrhundert*, Stuttgart 1989.)
38 Goldberger, Op. cit. S. 18–19. Siehe auch Louis H. Sullivan, *The Autobiography of an Idea*, New York, 1956 (revidierte Ausgabe von 1924).
39 Goldberger, Op. cit. S. 34–36.
40 Zu Sullivans Einfluss in Europa siehe Leonard K. Eaton, *American Architecture Comes of Age: European Reaction to H. H. Richardson and Louis Sullivan*, Cambridge, 1972.
41 Goldberger, Op. cit. S. 83.
42 Frank Lloyd Wright, *An Autobiography*, London, 1977, S. 50–52.
43 Goldberger, Op. cit. S. 87 und 89.
44 Henry Combs with Martin Caidin, *Kill Devil Hill*, London, 1980, S. 212.
45 Ibid. S. 213.
46 Ibid. S. 214.
47 Ibid.
48 Ibid. S. 216
49 C. H. Gibbs-Smith, *A History of Flying*, London, 1953, S. 42ff.
50 Alphonse Breguet, *The Conquest of the Air*, London, 1909, S. 82ff.
51 Ibid. S. 50–51.
52 Ibid. S. 36–38.
53 Combs, Op. cit. S. 137–138.
54 Ibid. S. 204.
55 Ibid. S. 216–217.
56 Gibbs-Smith, Op. cit. S. 242–245.
57 H. H. Arnason, *A History of Modern Art*, London, 1977, S. 410.
58 Robert Hughes, *American Visions*, London, 1997, S. 323. (*Bilder von Amerika. Die amerikanische Kunst von den Anfängen bis zur Gegenwart*, München, 1997.)
59 Arnason, Op. cit. S. 410.
60 Martin Green, *New York 1913*, New York, 1988, S. 137.
61 Zitiert in Hughes, Op. cit. S. 325.
62 Ibid. S. 327.
63 Green, Op. cit. S. 140.
64 Hughes, Op. cit. S. 334.
65 Ibid. S. 331.
66 Arnason, Op. cit. S. 507.
67 Arthur Knight, *The Liveliest Art*, New York, 1957, S. 16–17.
68 Everdell, Op. cit. S. 203.
69 Ibid. S. 204.
70 Richard Schickel, *D. W. Griffith*, London, 1984, S. 20–23.
71 Ibid. S. 129ff.
72 Ibid. S. 131.
73 Siehe Liste in Schickel, Op. cit. S. 638–640.
74 Ibid. S. 132.
75 Ibid. S. 134.
76 Knight, Op. cit. S. 25–27.
77 Schickel, Op. cit. S. 116.

KAPITEL 6

1 Richard Rhodes, *The Making of the Atomic Bomb*, New York, 1988, S. 50. Zu den Zusammenhängen zwischen dem frühen Empirismus und der Aufklärung, siehe Ernest Gellner, *Pflug, Pferd und Buch. Grundlinien der Menschheitsgeschichte,* aus dem Englischen von Ulrich Enderwitz, Stuttgart, 1990, S. 130ff.
2 Rhodes, Op. cit. S. 41–42.
3 L. G. Wickham Legg (Hg.), *Dictionary of National Biography,* Oxford, 1949, S. 766/2.
4 Rhodes, Op. cit. S. 47.
5 *Dictionary of National Biography*, Op. cit. S. 769/2.
6 Rhodes, Op. cit. S. 47.
7 Ibid.
8 David Wilson, *Rutherford: Simple Genius*, London, 1983, S. 291.
9 Ibid. S. 289.
10 Ernest Marsden, »Rutherford at Manchester«, in J. B. Birks (Hg.), *Rutherford at Manchester*, London, 1962, S. 8.
11 Rhodes, Op. cit. S. 49–50.
12 Wilson, Op. cit. S. 294–297.
13 Rhodes, Op. cit. S. 50.
14 Michael White und John Gribbin, *Einstein: A Life in Science*, London, 1993, S. 5.
15 Ibid. S. 9.
16 Ibid. S. 10.
17 Ibid. S. 8.
18 Ronald W. Clark, *Einstein: The Life*

and Times, London, 1973, S. 16.
19 Ibid. S. 76–83; siehe auch White und Gribbin, Op. cit. S. 48.
20 Clark, Op. cit. S. 61–62.
21 Siehe Ibid. S. 89ff. für weitere Gedankenexperimente.
22 White and Gribbin, Op. cit. S. 95.
23 Clark, Op. cit. S. 100ff.
24 Die folgende Darstellung basiert auf Wiebe E. Bijker, *Of Bicycles, Bakelites and Bulbs: Towards a Theory of Sociological Change*, Cambridge, MA., S. 101–108.
25 Stephen Fenichell, *Plastic: The Making of a Synthetic Century*, New York, 1996, S. 86.
26 *Encyclopaedia Britannica*, London, 1963, Bd. 18, S. 40A.
27 Bijker, Op. cit. S. 107–115.
28 Ibid. S. 119.
29 Fenichell, Op. cit. S. 89.
30 Bijker, Op. cit. S. 146.
31 *Encyclopaedia Britannica*, Op. cit. S. 40D.
32 Fenichell, Op. cit. S. 19.
33 Bijker, Op. cit. S. 147.
34 Ibid. S. 148.
35 Ibid. S. 158.
36 Fenichell, Op. cit. S. 91.
37 Bijker, Op. cit. S. 159–160.
38 Siehe auch die Hinweise in *Encyclopaedia Britannica*, Op. cit. S. 40D.
39 Bijker, Op. cit. S. 166.
40 Caroline Moorehead, *Bertrand Russell: A Life*, London, 1992, S. 2.
41 Eine bibliographische Diskussion von Russells Werk bietet Ray Monk, *Bertrand Russell: The Spirit of Solitude*, London, 1997, S. 667ff.
42 Moorehead, Op. cit. S. 335.
43 Ibid. S. 35.
44 Ibid. S. 46ff.
45 Ronald W. Clark, *The Life of Bertrand Russell*, London, 1978, S. 43.
46 Moorehead, Op. cit. S. 96ff.
47 Ibid. S. 97–100.
48 Clark, *Bertrand Russell and His World*, London, 1981, S. 28; siehe auch Monk, Op. cit., S. 153.
49 Monk, Op. cit. S. 129ff. und passim; Moorehead, Op. cit. S. 94.
50 Moorehead, Op. cit. S. 96.
51 Bertrand Russell, »Whitehead and *Principia Mathematica*«, *Mind*, Bd. lvii, Nr. 226, April 1948, S. 137–138.
52 Bertrand Russell, *The Autobiography of Bertrand Russell, 1872–1914*, London, 1967, S. 152.
53 Moorehead, Op. cit. S. 99ff.
54 Monk, Op. cit. S. 192.
55 Ibid. S. 193.
56 Ibid. S. 191.
57 Moorehead, Op. cit. S. 101.
58 Ibid. S. 102.
59 Monk, Op. cit. S. 193.
60 Ibid. S. 195.
61 M. Weatherall, *In Search of a Cure: A History of Pharmaceutical Discovery*, Oxford, 1990, S. 83.
62 Ibid. S. 84–85.
63 Ibid. S. 86.
64 Claude Quétel, *Le Mal de Naples: histoire de la syphilis*, Paris, 1986.
65 Allan M. Brandt, *No Magic Bullet: A Social History of Veneral Disease in the United States since 1880*, Oxford, 1985, S. 23.
66 Quétel, Op. cit. S. 149.
67 Ibid. S. 146.
68 Ibid. S. 152.
69 Ibid. S. 157–158.
70 Martha Marquardt, *Paul Ehrlich*, London, 1949, S. 163; Brandt, Op. cit. S. 40.
71 Quétel, Op. cit. S. 141.
72 Marquardt, Op. cit. S. 28.
73 Ibid. S. 86ff.
74 Ibid. S. 160.
75 Ibid. S. 163ff.
76 Ibid. S. 168.
77 Ibid. S. 175–176.
78 Sigmund Freud, »Drei Abhandlungen zur Sexualtheorie«, *Studienausgabe*, Bd. 5, Frankfurt a. M., 1972, S. 138–139. (Siehe G. S., Bd. 5, S. 1–119; G. W. Bd. 5, S. 33–145.)

KAPITEL 7

1 David Levering Lewis, *W. E. B. Dubois: A Biography of Race*, New York, 1993, S. 392.
2 Ibid. S. 387–89.
3 Manning Marable, *W. E. B. Du Bois: Black Radical Democrat*, Boston, 1986, S. 98.
4 Lewis, Op. cit. S. 393.
5 Marable, Op. cit. S. 52ff.
6 Lewis, Op. cit. S. 33.
7 Marable, Op. cit. S. 49.
8 Lewis, Op. cit. S. 302–303.
9 Ibid. S. 316.
10 Ibid. S. 387ff.
11 Marable, Op. cit. S. 73.
12 Lewis, Op. cit. S. 404.
13 Ibid. S. 406.
14 Marable, Op. cit. S. 73.
15 Lewis, Op. cit. S. 405.

16 Everdell, *The First Moderns*, Op. cit. S. 209.
17 Ibid. S. 210 und 215–219.
18 Ibid. S. 217.
19 Mike Hawkins, *Social Darwinism in European and American Thought*, Op. cit. S. 239–240.
20 Ibid. S. 229–230.
21 Kenneth M. Ludmerer, *Genetics and American Society*, Baltimore, 1972, S. 60.
22 Ernst Mayr, *The Growth of Biological Thought*, Op. cit. S. 752ff.
23 Bruce Wallace, *The Search for the Gene*, Ithaca, 1992, S. 56.
24 Mayr, Op. cit. S. 750–751.
25 Wallace, Op. cit. S. 57–58; Mayr, Op. cit. S. 748.
26 Peter J. Bowler, *The Mendelian Revolution*, Op. cit. S. 132; Mayr, Op. cit. S. 752.
27 Mayr, Op. cit. S. 753.
28 T. H. Morgan, A. H. Sturtevant, H. J. Muller und C. B. Bridges, *The Mechanism of Mendelian Inheritance*, New York, 1915; siehe auch Bowler, Op. cit. S. 134.
29 Bowler, Op. cit. S. 144.
30 Melville H. Herskovits, *Franz Boas: The Science of Man in the Making*, New York, 1953, S. 17.
31 Ludmerer, Op. cit. S. 25.
32 Franz Boas, *The Mind of Primitive Man*, New York, 1911, S. 53ff. (*Das Geschöpf des sechsten Tages*, Berlin, 1955.)
33 Ludmerer, Op. cit. S. 97.
34 Boas, Op. cit. S. 1.
35 Boas, Op. cit. S. 34ff.
36 Ibid. S. 145ff.
37 Ibid. S. 251ff.
38 Ibid. S. 278.
39 Bertrand Flornoy, *Inca Adventure*, London, 1956, S. 195.
40 Hiram Bingham, *Lost City of the Incas*, London, 1951, S. 100.
41 John Hemming, *The Conquest of the Incas (*1970), London, 1993, S. 243.
42 Bingham, Op. cit. S. 50–52.
43 Hemming, Op. cit. S. 463–464.
44 Ibid. S. 464.
45 Bingham, Op. cit S. 141.
46 Flornoy, Op. cit. S. 194.
47 Bingham, Op. cit. S. 141.
48 Hemming, Op. cit. S. 464.
49 Bingham, Op. cit. S. 142–143.
50 Nigel Davis, *The Incas*, Colorado, 1995, S. 9.
51 Hemming, Op. cit. S. 469.
52 Ibid. S. 470.
53 Bingham, op. cit. S. 152.
54 Hemming, Op. cit. S. 472.
55 David R. Oldroyd, *Thinking About the Earth*, London, 1996, S. 50.
56 Ibid. siehe Karte auf S. 250.
57 George Gamow, *Biography of the Earth*, London, 1941, S. 133.
58 Oldroyd, Op. cit. S. 250.
59 R. Gheyselinck, *The Restless Earth*, London, 1939, S. 281.
60 Oldroyd, Op. cit. S. 144, 312.
61 Gamow, Op. cit. S. 2ff.

KAPITEL 8

1 Robert Frost, *A Boy's Will*, Vers 2, »The Trial by Existence«, (1913) in *Robert Frost: Collected Poems, Prose and Plays*, New York, 1995, S. 28.
2 John Rewald, *Cézanne and America: Dealers, Collectors, Artists and Critics*, Princeton, 1989, S. 175.
3 Judith Zilczer *The Noble Buyer: John Quinn, Patron of the Avant-Garde*, Washington, D.C., Hirschorn-Museum.
4 Milton Brown, *The Story of the Armory Show*, New York, 1988, S. 107ff.
5 Peter Watson, *From Manet to Manhattan: The Rise of the Modern Art Market*, New York, 1992, S. 176ff.
6 Rewald, Op. cit. S. 166–168; Brown, Op. cit. S. 64–73.
7 Watson, Op. cit. S. 179.
8 Brown, Op. cit. S. 133ff.
9 Ibid. S. 143ff.
10 Ibid. S. 119ff. und 238–239.
11 Roger Shattuck, *The Banquet Years*, Op. cit. S. 282–283.
12 Marcel Adéma, *Apollinaire*, London, 1954, S. 162.
13 Ibid. S. 163–164; siehe auch Everdell, Op. cit. S. 330.
14 Adéma, Op. cit. S. 164.
15 Everdell, *The First Moderns*, Op. cit. S. 330.
16 Eine ausgezeichnete Einführung in das Werk von Apollinaire bietet Shattuck, Op. cit. Kapitel 9 und 10, S. 253–322.
17 Schonberg, *The Lives of the Great Composers*, Op. cit. S. 431.
18 Everdell, Op. cit. S. 329–330.
19 Peter Watson, *Nureyev: A Biography*, London, 1994, S. 87–88.
20 Schonberg, Op. cit. S. 433.
21 Ibid.
22 Ibid. S. 434.
23 Ibid.
24 Richard Buckle, *Diaghilev*, London, 1979, S. 175.
25 Schonberg, Op. cit. S. 430.

26 Everdell. Op. cit. S. 331.
27 Buckle, Op. cit. S. 251.
28 Ibid. S. 253.
29 Schonberg, Op. cit. S. 431.
30 Buckle, Op. cit. S. 254.
31 Ibid. S. 255.
32 Everdell, Op. cit. S. 333.
33 Henri Quittard, *Le Figaro*, 31. Mai 1913, zitiert in Everdell, Op. cit. S. 333. Für den Hinweis auf das »musikalische Unbewusste« siehe Schonberg, Op. cit. S. 432.
34 Everdell, Op. cit. S. 335.
35 Clark, *Einstein*, Op. cit. S. 199.
36 Albert Einstein, *Über die spezielle und die allgemeine Relativitätstheorie*, Braunschweig/Wiesbaden, 1988, S. 44, 49; siehe auch White und Gribbin, *Einstein*, Op. cit. S. 132–133.
37 Clark, Op. cit. S. 235.
38 White and Gribbin, Op. cit. S. 135.
39 C. P. Snow, *The Physicists*, London, 1981, S. 56.
40 Rhodes, *The Making of the Atomic Bomb*, Op. cit. S. 69; siehe auch Snow, Op. cit. S. 58.
41 Ruth Moore, *Niels Bohr: The Man and the Scientist*, London, 1967, S. 71. Siehe auch Rhodes, Op. cit. S. 69–70.
42 Rhodes, Op. cit. S. 70ff.
43 Moore, Op. cit. S. 59.
44 Snow, Op. cit. S. 57.
45 Ibid. S. 58.
46 David Luke in der Einführung zu Thomas Mann, *Death in Venice and Other Stories*, London, 1990, S. IX.
47 Ibid. S. XXXV.
48 Ronald Hayman, *Thomas Mann*, New York, 1995, S. 252.
49 Luke, Op. cit. S. XXXIV-XLI.
50 Brenda Maddox, *The Married Man: A Life of D. H. Lawrence*, London, 1994, S. 36.
51 Helen Baron und Carl Baron, Einführung in D. H. Lawrence, *Sons and Lovers* (1913), Cambridge, 1992, S. XVIII. (*Söhne und Liebhaber*, Hamburg, 1960.)
52 James T. Boulton (Hg.) *The Letters of D. H. Lawrence*, Bd. 1, Cambridge, 1979, S. 476–477, zitiert in Baron und Baron, Op. cit. S. XIX.
53 Baron und Baron, Op. cit. S. XVIII.
54 Siehe George Painter, *Marcel Proust: A Biography*, Bd. 2, London, 1965, insbes. Kapitel 3.
55 Ibid. siehe Index S. 407ff.
56 Clark, Op. cit. S. 305.
57 Frank McLynn, *Carl Gustav Jung: His Life and Work*, London, 1996, S. 72.
58 Ibid. S. 176ff.
59 Barbara Hannah, *Jung: His Life and Work*, London, 1977, S. 69.
60 J. A. C. Brown, *Freud and the Post-Freudians*, Harmondsworth, 1961, S. 43, 46, 48.
61 McLynn, Op. cit. S. 305. Brown, Op. cit. S. 43.
62 Sigmund Freud, »Zur Geschichte der psychoanalytischen Bewegung«, *Gesammelte Werke*, Op. cit., Bd. 10, S. 88.
63 Richard Noll, *The Aryan Christ: The Secret Life of Carl Jung*, London, 1997, S. 108.
64 Clark, Op. cit. S. 331.
65 Freud an Ferenczi, 4. Mai 1913, in: Eva Brabant u.a. (Hg.), *Sigmund Freud, Sandor Ferenczi, Briefwechsel*, Bd. I/2, Wien, Köln, Weimar, 1993, S. 215.
66 Freud an Abraham, 13. März 1913, in: Hilda C. Abraham und Ernest L. Freud (Hg.) *Sigmund Freud / Karl Abraham, Briefe 1907–1926*, Frankfurt a. M., 1965.
67 Peter Gay, *Freud. Eine Biographie für unsere Zeit*, Op. cit. S. 367ff.
68 Clark, Op. cit. S. 356.
69 Gay, Op. cit. S. 70, 163, 242, 249, 264.
70 Robert Frost, Op. cit. Vers 4: »Reluctance«, S. 38.

KAPITEL 9

1 Ronald Clark, Op. cit. S. 366.
2 Ibid. S. 366.
3 Caroline Moorehead, Op. cit. S. 205.
4 John Richardson, *A Life of Picasso, 1907–1917: The Painter of Modern Life*, Bd. 2., London, 1996, S. 344–345.
5 Everdell, Op. cit. S. 346.
6 Ibid.
7 Ibid.
8 Siehe z.B. Paul Fussell, *The Great War and Modern Memory*, Oxford, 1975; sowie Jay Winter, *Sites of Memory, Sites of Mourning: The Great War in European Cultural History*, Cambridge, 1995.
9 Fussell, Op. cit. S. 9.
10 Ibid. S. 11.
11 Ibid. S. 13.
12 Ibid.
13 Ibid. S. 14.
14 Ibid. S. 41.
15 Ibid. S. 18.
16 Maxwell Maltz, *The Evolution of Plastic Surgery*, New York, 1946, S. 268.
17 Kenneth Walker, *The Story of Blood*, London, 1958, S. 144.
18 Ibid. S. 152–153.

19 Harley Williams, *Your Heart*, London, 1970, S. 74ff.
20 Walker, Op. cit. S. 144.
21 *Encyclopaedia Britannica*, William Bennett, London, 1963, Bd. 3, S. 808.
22 Walker, Op. cit. S. 148–149.
23 Stephen Jay Gould, *The Mismeasure of Man* (1981), New York, 1997, S. 179. (*Der falsch vermessene Mensch*, Frankfurt a. M., 1988.)
24 Raymond E. Fancher, *The Intelligence Men: Makers of the IQ Controversy*, New York, 1985, S. 60.
25 Gould, Op. cit. S. 179.
26 Ibid. S. 386.
27 Ibid. S. 188.
28 Fancher, Op. cit. S. 107.
29 Gould, Op. cit. S. 190.
30 H. J. Eysenck und Leon Kamin, *Intelligence: The Battle for the Mind*, London, 1981, S. 93.
31 Gould, Op. cit. S. 286ff.
32 Fancher, Op. cit. S. 136–137.
33 Ibid. S. 144–145.
34 Gould, Op. cit. S. 222.
35 Ibid. S. 223.
36 Ibid. S. 224.
37 Fancher, Op. cit. S. 124ff.
38 Gould, Op. cit. S. 227.
39 Ibid. S. 254ff.
40 Clark, *Freud*, Op. cit. S. 366–367.
41 Ibid. S. 375.
42 John Rawlings Rees, *The Shaping of Psychiatry by War*, New York, 1945, S. 113.
43 Rees, Op. cit. S. 28.
44 Emanuel Miller (Hg.), *The Neuroses in War*, London, 1945, S. 8.
45 Peter Gay, Op. cit. S. 376.
46 Clark, Op. cit. S. 386–387.
47 Ibid. S. 404–405.
48 Fussell, Op. cit. S. 355.
49 Bernard Bergonzi, *Heroes' Twilight: A Study of the Literature of the Great War*, London, 1978, S. 32.
50 Ibid. S. 42ff.
51 Ibid. S. 36.
52 John Silkin, *Out of Battle*, Oxford, 1972, S. 65.
53 Bergonzi, Op. cit. S. 41.
54 Ibid.
55 Martin Seymour-Smith, *Robert Graves: His Life and Work*, London, 1995, S. 49–50.
56 Bergonzi, Op. cit. S. 65–66; siehe auch Desmond Graham, »Poetry of the First World War«, in Dodsworth (Hg.), Op. cit. S. 124.
57 Seymour-Smith, »Graves«, in Ian Hamilton (Hg.), *The Oxford Companion to Twentieth-Century Poetry*, Oxford, 1994, S. 194.
58 Silkin, Op, cit. S. 249.
59 Ibid. S. 250.
60 Ibid. S. 276.
61 Kenneth Simcox, *Wilfred Owen: Anthem for a Doomed Youth*, London, 1987, S. 50ff.
62 Simcox, Op. cit. S. 129.
63 Bergonzi, Op. cit. S. 127; siehe auch Silkin, Op. cit. S. 207.
64 Wilfred Owen, *Gedichte*, aus dem Englischen von Joachim Utz, Heidelberg, 1993, S. 71, 102, 139.
65 Fussell, Op. cit. S. 7–118 und 79.
66 Winter, Op. cit. S. 78ff.
67 Ibid. S. 132.
68 Ibid. S. 57.
69 Ibid. S. 133ff.
70 Ray Monk, *Ludwig Wittgenstein: The Duty of Genius*, London, 1990, S. 112.
71 Siehe Janik & Toulman, Op. cit.
72 Monk, Op. cit. S. 12.
73 Ibid. S. 15.
74 Ibid. S. 30–33.
75 Brian McGuinness, *Wittgenstein: A Life, Volume One, Young Ludwig, 1889–1921*, London, 1988, S. 84.
76 Monk, Op. cit. S. 48.
77 McGuinness, Op. cit. S. 179–180.
78 Monk, Op. cit. S. 138.
79 Ibid. S. 145.
80 McGuinness, Op. cit. S. 263.
81 Monk, Op. cit. S. 149–150.
82 Ibid. S. 264.
83 Georg Henrik van Wright, *Wittgenstein*, Oxford, 1982, S. 77.
84 Monk, Op. cit. S. 157, 180ff.
85 Magee, Op. cit. S. 82; Monk, Op. cit. S. 215.
86 Ibid. S. 222.
87 Ludwig Wittgenstein, *Tractatus Logico-Philosophicus*, Werkausgabe in 8 Bden., Bd. 1, Frankfurt a. M., 1984, S. 10.
88 Monk, Op. cit. S. 156.
89 Wittgenstein, Op. cit. Nr. 6.41, S. 82.
90 Ibid. S. 85.
91 Van Wright, Op. cit. S. 145.
92 Robert Short, »Dada and Surrealism«, in Malcolm Bradbury und James McFarlane (Hg.), *Modernism*, Op. cit. S. 293.
93 William S. Rubin, *Dada and Surrealist Art*, London, 1969, S. 63.
94 Short, Op. cit. S. 295.
95 Rubin, Op. cit. S. 36.

96 Hughes, *The Shock of the New*, Op. cit. S. 61.
97 Short, Op. cit. S. 295.
98 Hughes, Op. cit. S. 61.
99 Rubin, Op. cit. S. 40–41.
100 Hughes, Op. cit. S. 61.
101 Rubin, Op. cit. S. 52–56.
102 Hughes, Op. cit. S. 64–66.
103 Ibid. S. 67–68.
104 Short, Op. cit. S. 296.
105 Ibid.
106 Rubin, Op. cit. S. 42–46.
107 Ibid.
108 Hughes, Op. cit. S. 75–78.
109 Short, Op. cit. S. 299.
110 Ibid. S. 300.
111 Ibid. S. 300.
112 Anna Balakian, *André Breton: Magus of Surrealism*, New York, 1971, S. 61 und 86–101.
113 Short, Op. cit. S. 300.
114 Beverly Whitney Kean, *French Painters, Russian Collectors*, London, 1985, S. 144.
115 Hughes, Op. cit. S. 81.
116 L. A. Magnus und K. Walter, »Introduction«, *Three Plays of A. V. Lunatscharskij*, London, 1923, S. V.
117 Timothy Edward O'Connor, *The Politics of Soviet Culture: Anatoli Lunatscharskij*, Ann Arbor, 1983, S. 68–69.
118 Magnus und Walter, Op. cit. S. VII.
119 Hughes, Op. cit. S. 87.
120 Ibid.
121 Ibid.
122 Galina Demosfenova, *Malevich: Artist und Theoretician*, Paris, 1990, S. 10.
123 Kasimir Malewitsch, »Die gegenstandslose Welt«, Bd. 12, *Bauhausbücher* (München, 1927), Mainz, 1980.
124 Hughes, Op. cit. S. 89.
125 Demosfenova, Op. cit. S. 14.
126 Hughes, Op. cit. S. 89.
127 Demosfenova, Op. cit. S. 197–198.
128 Hughes, Op. cit. S. 92.
129 Magdalena Dabrowski, Leah Dickermann und Peter Galassi, *Aleksandr Rodtschenko*, New York, 1998, S. 44–45.
130 Hughes, Op. cit. S. 93.
131 Ibid. S. 95.
132 Dabrowski et al., Op. cit. S. 62ff.
133 Ibid. S. 124.
134 Alexander M. Rodtschenko, Warwara F. Stepanowa: *Die Zukunft ist unser einziges Ziel*, herausgegeben von Peter Noever, München, 1991.
135 Ibid.

KAPITEL 10

1 Oswald Spengler, *Der Untergang des Abendlandes. Umrisse einer Morphologie der Weltgeschichte*, München, 1972.
2 Siehe auch Herman, Op. cit. S. 228.
3 Ibid. S. 231–232.
4 Arthur Helps, (Hg.), *Spengler Letters*, London, 1966, S. 17.
5 Herman, Op. cit. S. 234.
6 Ibid. S. 235.
7 Spengler, Op. cit. S. 29.
8 Spengler, Op. cit. S. 74, 547ff, 754.
9 Helps, Op. cit. S. 31, Brief an Hans Klöres, 25. Oktober 1914.
10 Thomas Mann, *Tagebücher 1918–1939*, Eintrag 2. Juli 1919, Frankfurt a. M., 1979–82, S. 62–64.
11 Herman, Op. cit. S. 244–245.
12 Helps. Op. cit. S. 133, Brief an Elisabeth Förster-Nietzsche, 18. September 1923.
13 Spengler, Op. cit. S. 462ff; siehe auch Herman, Op. cit. S. 246–247.
14 Bruce Arnold, *Orpen: Mirror to an Age*, London, 1981, S. 365.
15 D. E. Moggridge, *Maynard Keynes: An Economist's Biography*, London und New York, 1992, S. 6.
16 Robert Skidelsky, *John Maynard Keynes, Volume One: Hopes Betrayed*, London, 1983, S. 131.
17 Ibid. S. 176.
18 Moggridge, Op. cit. S. 282–283.
19 Skidelsky, Op. cit. S. 382.
20 John Howard Morrow, *The Great War in the Air: Military Aviation from 1909–1921*, Washington, D.C., 1993, S. 354.
21 Trevor Wilson, *The Myriad Faces of War: Britain and the Great War 1914–1918*, Cambridge, 1986, S. 839–841.
22 Moggridge, Op. cit. S. 341ff.; Skidelsky, Op. cit. S. 397ff.; Etienne Mantoux, *The Carthaginian Peace or the Consequences of Mr. Keynes*, London, 1946.
23 *The Economic Consequences of the Peace* (1919), in Bd. II (1971), *The Collected Writings of John Maynard Keynes* (30 Bde.), herausgegeben von Sir Austin Robinson und Donald Moggridge, London, 1971–1989. (*Die wirtschaftlichen Folgen des Friedensvertrages*, München/Leipzig, 1920.)
24 John Fairbanks, Op. cit. S. 267–268. Immanuel C. Y. Hsü, *The Rise of Modern China*, New York und Oxford, 1983, S. 501, spricht von 5000 Demonstranten.
25 Fairbanks, Op. cit. S. 268; Hsü, Op. cit. S. 569–570.

26 Chow Tse-tung, *The May Fourth Movement: Intellectual Revolution in Modern China*, Cambridge, Mass., 1960, S. 84ff.
27 Hsü, Op. cit. S. 422–423.
28 Fairbanks, Op. cit. S. 258.
29 Ibid. S. 261–264.
30 Ibid. S. 265.
31 Ibid.
32 Tse-tung, Op. cit. S. 171ff.
33 Fairbanks, Op. cit. S. 226.
34 Ibid.
35 Hsü, Op. cit. S. 569–570.
36 Siehe Liste in Tse-tung, Op. cit. S. 178–179.
37 Fairbanks, Op. cit. S. 268.
38 Ibid. S. 269ff.
39 Paul Johnson, *The Modern World*, Op. cit. S. 197; Fairbanks, Op. cit. S. 275–276.
40 William Johnston, Op. cit. S. 73.
41 Ibid.
42 M. Weatherall, *In Search of a Cure*, Op. cit. S. 128.
43 Arpad Kadarkay, *Georg Lukásc: Life, Thought and Politics*, Oxford, 1991, S. 177; Mary Gluck, *Georg Lukács and His Generation*, Cambridge, Mass., 1985, S. 14.
44 Georg Simmel, »Vom Wesen der Kultur«, *Österreichische Rundschau*, 15. Jg., Heft 1, Wien, 1. April 1908, S. 36–42.
45 Mary Gluck, Op. cit. S. 22, 131, 147.
46 Ibid. S. 154.
47 Ibid. S. 154–155.
48 Ibid. S. 156ff.
49 Kadarkay, Op. cit. S. 195.
50 Gluck, Op. cit. S. 204.
51 Ibid. S. 205.
52 Kadarkay, Op. cit. S. 248–249.
53 Gluck, Op. cit. S. 211.
54 A. Vibert Douglas, *The Life of Arthur Stanley Eddington*, London, 1956, S. 38.
55 L. P. Jacks, *Sir Arthur Eddington: Man of Science and Mystic*, Cambridge, 1949, siehe S. 2 und 17.
56 John Gribbin, *Companion to the Cosmos*, London, 1996, S. 92, 571. Siehe auch Douglas, Op. cit. S. 54ff.
57 Douglas, Op. cit. S. 39.
58 Ibid.
59 Ibid. S. 40.
60 Ibid.
61 Ibid.
62 Ibid. S. 41. Siehe auch Albrecht Fölsing, *Albert Einstein: Eine Biographie*, Frankfurt a. M., 1995.
63 Douglas, Op. cit. S. 42.
64 Alfred North Whitehead, *Wissenschaft und die Moderne Welt* (1925), übersetzt von Hans Günter Holl, Frankfurt a. M., 1988, S. 21–22. Siehe auch Ronald W. Clark, *Einstein: The Life and Times*, Op. cit. S. 224–225.

KAPITEL 11

1 Ross Terrill, *R. H. Tawney and His Times: Socialism and Fellowship*, London, 1974, S. 53.
2 Ibid. S. 53–56.
3 Anthony Wright, *R. H. Tawney*, Manchester, 1987, S. 48–49.
4 Ibid. S. 35ff.
5 R. H. Tawney, *Religion and the Rise of Capitalism* (1926), London,1990, insbes. Kap. 3, Sektion iii, und Kap. 4, Sektion iii.
6 Ibid. Kap. 3, Sektion iii, Kap. 4, Sektion iii.
7 Wright, Op. cit. S. 148.
8 Peter Ackroyd, *T. S. Eliot* (1984), London, 1993, S. 61–64, 113–114.
9 Stephen Coote, *T. S. Eliot: The Waste Land*, London, 1985, S. 10.
10 Ibid. S. 12, 94.
11 Ibid. S. 14. Siehe auch Robert Sencourt, *T. S. Eliot: A Memoir*, London, 1971, S. 85.
12 Boris Ford (Hg.), *The New Pelican Guide to English Literature: Volume 9: American Literature*, London, 1995, S. 327.
13 Brief von Pound an Eliot, 24. Dezember 1921, in: Valerie Eliot (Hg.), *The Letters of T. S. Eliot, Volume I, 1889–1921*, London, 1988, S. 497.
14 Siehe Coote, Op. cit. S. 30, insbes. Kap. 5 über Pounds redaktionelle Arbeit am *wüsten Land*, S. 89ff.; siehe auch Ackroyd, Op. cit. S. 113–126.
15 Sencourt, Op. cit. S. 89; siehe auch Coote, Op. cit. S. 9.
16 Coote, Op. cit. S. 26.
17 T. S. Eliot, *Das wüste Land*, übersetzt von Ernst Robert Curtius, Frankfurt a. M., 1975, S. 57–58, 42–43.
18 Valerie Eliot, Op. cit. S. 551–552. Siehe auch Coote, Op. cit. S. 17.
19 Frederick May, Vorwort zur englischen Ausgabe von Luigi Pirandello, *Six Characters in Search of an Author and Other Plays*, London, 1975. S. X.
20 May, Op. cit. S. VIII; Mark Musa, Einführung zur Penguin-Ausgabe von *Six Characters in Search of an Author and Other Plays*, London, 1995, S. XI und XIV. Siehe auch Benito Ortolani (Hg. u.

Übers.), *Pirandello's Love Letters to Marta Abbba*, Princeton, 1994.
21 Gaspare Giudice, *Pirandello*, Oxford, 1975, S. 119.
22 Frank Field, *The Last Days of Mankind: Karl Kraus and his Vienna*, London, 1967, S. 14.
23 Karl Kraus, *Die Fackel*, Bd. I der Gesamtausgabe »Zweitausendeins«, Frankfurt a. M., München, 1968–1976, S. 1–2.
24 Field, Op. cit. S. 102.
25 Karl Kraus, *Die letzten Tage der Menschheit*, in Bd. 12, Op. cit. S. 1.
26 W. Kraft, *Karl Kraus, Beiträge zum Verständnis seines Werkes*, Salzburg, 1956, S. 13.
27 James Joyce, *Ulysses*, übersetzt von Hans Wollschläger, Frankfurt a. M., 1996, S. 988.
28 Coote, Op. cit. S. 28.
29 Richard Ellman, *James Joyce*, New York, 1959, S. 401.
30 Declan Kiberd, Einführung zu James Joyce, *Ulysses*, Paris, 1922; Bodley Head-Ausgabe, 1992, S. lxxxi.
31 Ellman, Op. cit. S. 672; siehe auch John Wyse Jackson und Peter Costello, *John Stanislaus Joyce: The Voluminous Life and Genius of Joyce's Father*, London, 1997, S. 254–255.
32 Ellman, Op. cit. S. 551.
33 Kiberd, Op. cit. S. xxxii.
34 Joyce, Op. cit. S. 336.
35 Ibid. S. 364.
36 Ibid. S. 397.
37 Ibid. S. 595.
38 Kiberd, Op. cit. S. XV und lx.
39 Ibid. S. xxiii.
40 Ibid. S. xxx und xliv.
41 David Perkins, *A History of Modern Poetry, Volume I*, Cambridge, MA., 1976, S. 572.
42 Ibid. S. 601.
43 Ibid. S. 584.
44 Ibid. S. 596.
45 A. Norman Jeffares, *W. B. Yeats*, London, 1988, S. 261.
46 Perkins, Op. cit. S. 578.
47 Jeffares, Op. cit. S. 275.
48 F. Scott Fitzgerald, *Der große Gatsby* (1925), aus dem Amerikanischen von Walter Schürenberg, Zürich, 1974, S. 21.
49 James R. Mellow, *Invented Lives: F. Scott and Zelda Fitzgerald*, Boston, 1985, S. 56.
50 Fitzgerald, S., Op. cit. S.166ff.
51 Siehe Matthew Bruccoli, *Some Sort of Epic Grandeur: The Life of F. Scott Fitzgerald*, London, 1981, S. 221.
52 Fitzgerald, Op. cit. S. 187.
53 Paul Johnson, *A History of the Modern World*, Op. cit. S. 9–10.
54 Harold March, *The Two Worlds of Marcel Proust*, Oxford, 1948, S. 114.
55 Ibid. S. 182–194.
56 Ibid. S. 228.
57 Siehe ibid. S. 241–242, zu einer Diskussion über Freud und Proust.
58 George Painter, *André Gide: A Critical Biography*, London, 1968, S. 142.
59 André Gide, *Die Falschmünzer*, aus dem Französischen von Christine Stemmermann, Stuttgart, 1993: siehe auch Justin O'Brien, *Portrait of André Gide: A Critical Biography*, London, 1953, S. 254–255.
60 Painter, Op. cit. S. 143.
61 O'Brien, Op. cit. S. 195.
62 Kate Flint, Einführung zu *Jacob's Room*, Oxford, 1992, S. XIII-XIV.
63 James King, *Virginia Woolf*, London, 1994, S. 148.
64 Ibid. S. 314–315. Zu Eliots Reaktion siehe auch Hermione Lee, *Virginia Woolf*, London, 1996, S. 444.
65 Flint, Op. cit. S. XII.
66 Virginia Woolf, *Jacobs Zimmer*, Deutsch von Heidi Zerning, Frankfurt a. M., 1998, S. 95, 101.
67 King, Op. cit. S. 318.
68 Woolf, Op. cit. S. 32.
69 Robert Hughes, *The Shock of the New*, Op. cit. S. 212.
70 Ibid. S. 213.
71 Ibid.
72 Walter Hopps, »Ernst at Surrealism's Dawn: 1925–1927«, in William A. Canfield, *Max Ernst: Dada and the Dawn of Surrealism*, München, 1993, S. 157.
73 Camfield, Op. cit. S. 158.
74 Hughes, Op. cit. S. 215.
75 Siehe z.B. Abb. vii-vx, in Maurizio Fagiolo Dell'Arco, *De Chirico 1908–1924*, Mailand, 1984.
76 Hughes, Op. cit. S. 217–221.
77 Siehe »The Politics of Bafflement«, in Carolyn Lachner, *Joan Miró*, New York, 1993, S. 49.
78 Ibid. S. 28–32.
79 Hughes, Op. cit. S. 231, 235.
80 Ibid. S. 237–238. Siehe auch Robert Descharnes, *The World of Salvador Dalí*, London, 1962, S. 63; Ian Gibson, *The Shameful Life of Salvador Dalí*, London und Boston, 1997, S. 70–71.

81 Descharnes, Op. cit. S. 61. Gibson, Op. cit. S. 283.
82 A. M. Hammacher, *René Magritte*, London, 1974, Abb. 81 und 88.
83 Hammacher, Op. cit., widmet den von Magritte gewählten Titeln ein ganzes Kapitel.

KAPITEL 12
1 Stephen Jay Gould, *The Mismeasure of Man*, Op. cit. S. 260.
2 Ibid. S. 261.
3 Ibid.
4 Laurie R. Godfrey (Hg.), *Scientists Confront Creationism*, New York, 1983, passim.
5 Hofstadter, *Anti-Intellectualism in American Life*, New York, 1963, S. 126.
6 Ibid. S. 125.
7 Ronald L. Numbers, *Darwinism Comes to America*, Cambridge, MA., 1998, S. 77–89.
8 Hofstadter, Op. cit. S. 124–125.
9 James M. Hutchisson, Einführung zu Sinclair Lewis, *Babbitt* (1922), New York, 1996, S. XIIff.
10 Ibid. S. VIII-IX.
11 Ibid. S. XI.
12 Mark Schorer, *Sinclair Lewis: An American Life*, London, 1963, S. 345. Siehe auch Hutchisson, Op. cit. S. XII.
13 Sinclair Lewis, *Babbitt*, übersetzt von Daisy Bródy, Berlin, 1924, S. 335–336.
14 Alfred Kazin, *On Native Grounds* (1942), New York, 1995, S. 221.
15 Hutchisson, Op. cit. S. XVII.
16 Schorer, Op. cit. S. 353–356.
17 Asa Briggs, *The Birth of Broadcasting*, Oxford und New York, 1961, S. 65.
18 Theodore Peterson, *Magazines in the Twentieth Century*, Urbana, 1956, S. 40ff. und 211.
19 Ibid. S. 211.
20 Ibid.
21 Janice A. Radway, *A Feeling for Books: The Book-of-the-Month-Club, Literary Taste and Middle Class Desire*, Chapel Hill, 1997, S. 195–196.
22 Ibid. S. 221ff.
23 Robert S. und Helen Merrell Lynd, *Middletown: A Study in Contemporary American Culture*, London, 1929, S. VI.
24 Ibid. S. 7.
25 Ibid. S. 249.
26 Ibid. S. 48.
27 Ibid. S. 53ff.
28 Ibid. S. 83.
29 Ibid. S. 115.
30 Ibid. S. 532.
31 Ibid. S. 36.
32 David Levering Lewis, *When Harlem was in Vogue*, New York, 1981, S. 165.
33 Ibid. S. 168.
34 Siehe George Hutchinson, *The Harlem Renaissance in Black and White*, Cambridge, MA., 1995, S. 396ff.
35 Ibid. S. 168.
36 Hutchinson, Op. cit. S. 289–304.
37 Ibid. S. 145–146. Siehe auch Lewis, Op. cit. S. 34–35.
38 Lewis, Op. cit. S. 33.
39 Ibid. S. 51ff.
40 Ibid. S. 67–71.
41 Hutchinson, Op. cit. S. 396.
42 Ibid. S. 170ff; siehe auch Lewis, Op. cit. S. 115–116.
43 Lewis, Op. cit. S. 180ff.
44 Peterson, Op. cit. S. 235.
45 Ibid. S. 238.
46 Ibid. S. 240.
47 Ibid. S. 241.
48 Briggs, Op. cit. S. 65.
49 John Cain, *The BBC: Seventy Years of Broadcasting*, London, 1992, S. 11, 20.
50 Ibid. S. 10–15.
51 Zusammengestellt aus Tabellen und Zahlen in Briggs, Op. cit. passim; sowie Cain, Op. cit. S. 13.
52 Briggs, Op. cit. S. 14.
53 Radway, Op. cit. S. 219–220 und Kap. 7, sowie »The Scandal of the Middlebrow«, Kap. 7, S. 221ff.
54 Cain, Op. cit. S. 15.
55 Ibid. S. 25.

KAPITEL 13
1 Otto Friedrich, *Morgen ist Weltuntergang. Berlin in den Zwanzigerjahren* (1972), aus dem Amerikanischen von Thomas Rhode, Berlin, 1998, S. 91ff.
2 Lotte H. Eisner, *The Haunted Screen: Expressionism in the German Cinema and the Influence of Max Reinhardt*, London und New York, 1969, S. 17–27.
3 Peter Gay, *Weimar Culture: The Outsider as Insider*, London, 1969, S. 107. [Vergriffen: *Die Republik der Außenseiter. Geist und Kultur in der Weimarer Zeit 1918–1933*, Frankfurt a. M., 1970]
4 Ibid. S. 126.
5 Ibid.
6 Ibid.
7 Friedrich, Op. cit. S. 92.
8 Siehe Geoffrey Nowell-Smith' Besprechung dieses Films und Analyse seines Erfolgs: *The Oxford History of World*

Cinema, Oxford und New York, 1996, S. 144–145.
9 Friedrich, Op. cit. S. 92.
10 Gay, Op. cit. S. 108–109.
11 Ibid. S. 110.
12 Ibid. S. 32.
13 Ibid. S. 34.
14 Hughes, *The Shock of the New*, Op. cit. S. 175.
15 Ibid. S. 192–195; siehe auch Gay, Op. cit. S. 102ff.
16 Friedrich, Op. cit. S. 194.
17 Ibid. S. 196.
18 Hughes, Op. cit. S. 195.
19 Ibid. S. 195.
20 Ibid. S. 199.
21 Ibid. S. 199.
22 Bryan Magee, *Men of Ideas: Some Creators of Contemporary Philosophy*, Oxford, 1978, S. 44.
23 Martin Jay, *The Dialectical Imagination: A History of the Frankfurt School and the Institute of Social Research, 1923–1950*, Berkeley (1972), 1996, S. 152–153, Magee, Op. cit. S. 44 und 50.
24 Magee, Op. cit. S. 50.
25 Jay, Op. cit. S. 86ff.
26 Magee, Op. cit. S. 48.
27 Ibid. S. 51.
28 Ibid. S. 52.
29 Ibid.
30 Gay, Op. cit. S. 49.
31 Ibid. S. 51–52.
32 E. M. Butler, *Rainer Maria Rilke*, Cambridge, 1941, S. 14.
33 Ibid. S. 147ff.
34 Friedrich, Op. cit. S. 328.
35 Gay, Op. cit. S. 54.
36 Ibid. S. 59.
37 Ibid. S. 55.
38 Butler, Op. cit. S. 317.
39 Rainer Maria Rilke, *Duineser Elegien. Die Sonette an Orpheus* (1923), Frankfurt a. M., S. 15.
40 Gay, Op. cit. S. 55.
41 Ibid. S. 57.
42 Ibid.
43 Ibid. S. 59.
44 Friedrich, Op. cit. S. 255.
45 Hayman, *Thomas Mann*, Op. cit. S. 344–348.
46 Gay, Op. cit. S. 131.
47 Hayman, Op. cit. S. 346.
48 Gay, Op. cit. S. 131.
49 Ibid. S. 132–133.
50 Ibid. S. 136.
51 Ibid. S. 137, Zitat von Bruno Walter aus dem Jahr 1946, in Gay, Op. cit. S. 137.
52 Schonberg, *The Lives of the Composers*, Op. cit. S. 526.
53 Friedrich, Op. cit. S. 218.
54 Nuroa Nono-Schoenberg (Hg.), *Arnold Schönberg 1874–1951, Lebensgeschichte in Begegnungen*, Klagenfurt, 1998, S. 194; siehe auch Schonberg, Op. cit. S. 526.
55 Schonberg, Op. cit. S. 526.
56 Griffiths, Op. cit. S. 82.
57 Friedrich, Op. cit. S. 222.
58 Griffiths, Op. cit. S. 36–37, Schonberg, Op. cit. S. 524
59 Friedrich, Op. cit. S. 222.
60 Ibid. S. 223.
61 Schonberg, Op. cit. S. 527.
62 Peter Conrad, *Modern Times, Modern Places: Art and Life in the Twentieth Century*, London, 1998, S. 327–328.
63 Friedrich, Op. cit. S. 281.
64 Ibid.
65 Ronald Hayman, *Brecht: A Biography*, London, 1983, S. 138.
66 Ibid. S. 130.
67 Ibid. S. 131ff.
68 Ibid. S. 134.
69 Ibid. S. 135.
70 Griffiths, Op. cit. S. 112–113.
71 Hayman, *Brecht*, Op. cit. S. 148.
72 Ibid.
73 Ibid. S. 149.
74 Ibid. S. 148.
75 Ibid. S. 147.
76 Hugo Ott, *Martin Heidegger. Unterwegs zu seiner Biographie*, 1992, Frankfurt a. M., S. 123.
77 Paul Hühnerfeld, *In Sachen Heidegger*, 1961, S. 14ff., zitiert in Gay, Op. cit. S. 85.
78 Magee, Op. cit. S. 59–60; Gay, Op. cit. S. 86.
79 Was dieses Thema betraf, stand er zu Beginn »dem systematischen Theologen Rudolf Bultmann« und »der modernen Theologie von Friedrich Gogarten und Karl Barth« nahe. Siehe Ott, Op. cit. S. 123.
80 Magee, Op. cit. S. 67.
81 Ibid.
82 Ibid. S. 67 und 73.
83 Ott, Op. cit. S. 251. Siehe auch Gay, Op. cit. S. 8b.
84 Mary Gluck, *Georg Lukács and His Generation, 1900–1918*, Cambridge, MA., 1985, S. 211.
85 Johnston, *The Austrian Mind*, Op. cit. S. 366.
86 Ibid. S. 367.
87 Gluck, Op. cit. S. 218.

88 Johnston, Op. cit. S. 368.
89 Ibid. S. 372.
90 Conrad, Op. cit. S. 504.
91 Johnston, Op. cit. S. 374.
92 Magee, Op. cit. S. 96.
93 Ibid.
94 Ben Rogers, *A. J. Ayer: A Life*, London, 1999, S. 86–87.
95 Magee, Op. cit. S. 102–103.
96 Ibid. S. 103.
97 Rogers, Op. cit. S. 91–92.
98 Johnston, Op. cit. S. 195.
99 Robert Musil, *Der Mann ohne Eigenschaften* (1930 und Nachlassband 1942), Hamburg, 1952.
100 Johnston, Op. cit. S. 195.
101 Franz Kuna, »The Janus-faced Novel: Conrad, Musil, Kafka, Mann«, in Bradbury und McFarlane, *Modernism*, Op. cit. S. 449.
102 Ronald Speirs und Beatrice Sandburg, *Franz Kafka*, Op. cit. S. 1 und 5.
103 In Kafkas Brief an Oskar Pollak vom 20.12.1902.
104 P. Mailloux, *A Hesitation Before Birth: A Life of Franz Kafka*, London und Toronto, 1989, S. 13.
105 Ibid. S. 352.
106 Speirs and Sandburg, Op. cit. S. 105ff.
107 Mailloux, Op. cit. S. 355.
108 Richard Davenport-Hines, *Auden*, London, 1995, S. 26.
109 Alan Bullock, *Hitler and Stalin: Parallel Lives* (1991), London, 1993, S. 148.
110 Ibid. S. 149.
111 Ibid. S. 405–406.
112 George L. Mosse, *Die völkische Revolution. Über die geistigen Wurzeln des Nationalsozialismus*, aus dem Amerikanischen von Renate Becker, Frankfurt a. M., 1991.
113 Ibid. S. 40–61, 66, 67, 71.
114 Ibid. S. 115.
115 Ibid. S. 111.
116 Ibid. S. 120–123, 169.
117 Werner Maser, *Adolf Hitler. Legende, Mythos, Wirklichkeit* (1971), München und Esslingen, 1997, S. 238.
118 Ibid.
119 Ibid. S. 240.
120 Maser, Op. cit. S. 243.
121 Percy Schramm, *Hitler: The Man and the Military Leader*, London, 1972, S. 78–80.
122 Maser, Op. cit. S. 80.
123 Ibid. S. 247–249.
124 Ibid. S. 251–252.
125 Ibid. S. 252.
126 Ibid. S. 255.
127 Ibid. S. 181ff., 184, 186.
128 Ibid. S. 232.

KAPITEL 14

1 J. B. Bury, *The Idea of Progress*, London, 1920.
2 Ibid. S. 98ff.
3 Ibid. S. 291ff.
4 Ibid. S. 177ff.
5 Ibid. S. 192.
6 Ibid. S. 335ff.
7 Ibid. S. 278.
8 Ibid. S. 299.
9 Ibid. S. 334.
10 Ibid. S. 78ff.
11 C. W. Ceram, *Götter, Gräber und Gelehrte*, Hamburg, 1967, S. 180.
12 Ibid. S. 182.
13 Ibid. S. 182.
14 Ibid. S. 183.
15 Ibid. S. 177, 183–185.
16 Ibid. S. 185.
17 Siehe Abbildung in Howard Carter, *Das Grab des Tut-ench-Amun* (o. A. d. Ü.), Wiesbaden, 1997, S. 40–41.
18 Ceram, Op. cit. S. 188ff.
19 Ibid. S. 190. Zur Geschichte der Grabkammer siehe Carter, S. 105ff.
20 Ceram, Op. cit. S. 190–191.
21 Ibid. S. 192–193.
22 Ibid. S. 195.
23 Ceram, Op. cit. S. 196.
24 Ibid.
25 Ibid. S. 199.
26 C. Leonard Woolley, *The Sumerians*, Oxford, 1929, S. 6.
27 Ceram, Op. cit. S. 291.
28 Ibid. S. 299–300.
29 Ibid. S. 300.
30 Ibid. S. 303.
31 Ibid. S. 301.
32 Woolley, Op. cit. S. 30–32.
33 Leonard Woolley, *Excavations at Ur*, London, 1954, S. 251.
34 Ceram, op. cit. S. 304.
35 Ibid. S. 305.
36 Ibid. S. 305–306.
37 Ibid. S. 306.
38 Ibid. S. 305–307.
39 Ibid. S. 303.
40 Frederic Kenyon, *The Bible and Archaeology*, London, 1940, S. 155.
41 Ibid. S. 156.
42 Ibid. S. 158.
43 Frederic Kenyon, *Our Bible and the Ancient Manuscripts*, London, 1958, S. 30.

44 Kenyon, *Bible and Archaeology*, S. 160–161.
45 C. W. Ceram, *Der Erste Amerikaner*, Hamburg, 1972, S. 146.
46 Ibid.
47 A. E. Douglass, *Climatic Cycles and Tree Growth, Bd. I–III*, Washington, D.C., 1936, S. 2, 116–122.
48 Ibid. S. 105–106.
49 Ceram. *Amerikaner*, S. 147.
50 Siehe Douglass, Op. cit. S. 125, zum Einfluss der Sonnenflecken.
51 Herbert Butterfield, *The Whig Interpretation of History*, London, 1931.
52 Ibid. S. 37, 47.
53 Ibid. S. 27ff.
54 Ibid. S. 96.
55 Ibid. S. 107.
56 Ibid. S. 111.
57 Ibid. S. 123.

KAPITEL 15

1 Rhodes, *The Making of the Atomic Bomb*, Op. cit. S. 134.
2 C. P. Snow, *The Search*, New York, 1958, S. 88.
3 Rhodes, Op. cit. S. 137.
4 David Wilson, *Rutherford*, Op. cit. S. 404.
5 Rhodes, Op. cit. S. 137.
6 Ruth Moore, *Niels Bohr*, Op. cit. S. 21.
7 Rhodes, Op. cit. S. 114.
8 Moore, Op. cit. S. 80ff.; 122–123. Siehe auch Rhodes, Op. cit. S. 115.
9 Emilio Segré, *From X-Rays to Quarks*, London und New York, 1980, S. 124.
10 Helge Kragh, *Quantum Generations: A History of Physics in the Twentieth Century*, Princeton, 1999, S. 160.
11 Paul Strathern, *Bohr and Quantum Theory*, London, 1998, S. 70–72.
12 Moore, Op. cit. S. 137.
13 Strathern, Op. cit. S. 74.
14 Werner Heisenberg, *Der Teil und das Ganze. Gespräche im Umkreis der Atomphysik*, München, 1969, S. 51.
15 Moore, Op. cit. S. 138.
16 Heisenberg, Op. cit. S. 77.
17 Strathern, Op. cit. S. 77.
18 Heisenberg, Op. cit. S. 77; zur Matrix siehe auch Moore, Op. cit. S. 139.
19 Heisenberg, Op. cit. S. 78.
20 Moore, Op. cit. S. 14.
21 Kragh, Op. cit. S. 164–165.
22 Rhodes, Op. cit. S. 128; Moore, Op. cit. S. 143; Kragh, Op. cit. S. 165.
23 Heisenberg, Op. cit. S. 96–97.
24 Moore, Op. cit. S. 151.
25 John A. Wheeler und W. H. Zureck (Hg.), *Quantum Theory and Measurement*, Princeton, 1983, zitiert in Kragh, Op. cit. S. 209.
26 Albert Einstein, 1926, siehe z.B. in »Zitate zur Quantenphysik«, http://www.s.shuttle.de.
27 Siehe Tabelle in Kragh, Op. cit. S. 170.
28 Wilson, Op. cit. S. 444–446. Siehe auch Rhodes, Op. cit. S. 153.
29 Ibid. S. 449.
30 Rhodes, Op. cit. S. 154.
31 Ibid. S. 155.
32 Andrew Brown, *The Neutron and the Bomb, A Biography of James Chadwick*, Oxford und New York, 1997, S. 8.
33 Rhodes, Op. cit. S. 155–156.
34 Kragh, Op. cit. S. 185.
35 Rhodes, Op. cit. S. 160.
36 Brown, Op. cit. S. 102.
37 Rhodes, Op. cit. S. 161–162.
38 Brown, Op. cit. S. 104; siehe auch James Chadwick, »Some personal notes on the search for the neutron«, *Proceedings of the Tenth Annual Congress of the History of Science*, 1964, S. 161, zitiert in Rhodes, Op. cit. S. 162. Diese beiden Darstellungen weichen etwas voneinander ab.
39 Rhodes, Op. cit. S. 163–164; Brown, Op. cit. S. 105.
40 Kragh, Op. cit. S. 185.
41 Brown, Op. cit. S. 106.
42 Timothy Ferris, *The Whole Shebang: A State of the Universe(s) Report*, New York, 1997, S. 41.
43 Gale Christianson, *Edwin Hubble: Mariner of the Nebulae*, New York, 1995, S. 199. Siehe auch John Gribbin, *Copernicus to the Cosmos*, London, 1997, S. 2 und 186ff.
44 Clark, *Einstein*, Op. cit. S. 213. Siehe auch Banesh Hoffmann, *Albert Einstein: Creator and Rebel*, London, 1973, S. 215.
45 Ferris, Op. cit. S. 42.
46 Christianson, Op. cit. S. 199; Ferris, Op. cit. S. 43.
47 Clark, Op. cit. S. 406; Ferris, Op. cit. S. 44.
48 Ferris, Op. cit. S. 45.
49 John Gribbin, *Companion to the Cosmos*, Op. cit. S. 92–93.
50 Christianson, Op. cit. S. 157–160.
51 Ibid. S. 189–195.
52 Ferris, Op. cit. S. 45.
53 Christianson, Op. cit. S. 260–269.
54 Thomas Hager, *Force of Nature: The Life of Linus Pauling*, New York, 1995, S. 217.

55 Ibid. S. 65.
56 Ibid. S. 113.
57 Bernadette Bensaude-Vincent und Isabelle Stengers, *A History of Chemistry*, Cambridge, MA., 1996, S. 242ff.
58 Hager, Op. cit. S. 136.
59 Bensaude-Vincent und Stengers, Op. cit. S. 242–243. Hager, Op. cit. S. 136.
60 Hager, Op. cit. S. 138.
61 Ibid. S. 148.
62 Vor einiger Zeit wurde die Theorie von Heitler und London einer chemiehistorischen Revision unterzogen; siehe z. B. Bensaude-Vincent und Stengers, Op. cit. S. 243.
63 Hager, Op. cit. S. 169.
64 Ibid. S. 171.
65 Ibid. S. 159.
66 Viele der in den 1930er-Jahren veröffentlichten Chemiebücher erwähnen Heitler, London oder Pauling mit keinem einzigen Wort.
67 Glyn Jones, *The Jet Pioneers*, London, 1989, S. 21.
68 Ibid. S. 22–23.
69 Ibid. S. 24.
70 Ibid. S. 27–28. Whittles Anteil an dieser Erfindung wird in Großbritannien generell vernachlässigt, vielleicht, weil man ihn dort so miserabel behandelt hat. In *Aviation, An Historical Survey from Its Origins to the End of World War II* von Charles Gibbs-Smith – 1970 von HMSO veröffentlicht – wird Whittle nur drei Mal erwähnt, einmal fälschlicherweise sogar als Air Commodore! Auch in H. Montgomery Hydes *British Air Policy Between the War 1918–1939*, London, 1976, S. 539ff., finden sich nur ein einziger Hinweis und eine Fußnote zu Whittle.
71 Jones, Op. cit. S. 29.
72 Ibid. S. 36.
73 John Allen Paulos, *Beyond Numeracy*, New York, 1991, S. 95.
74 Ray Monk, *Wittgenstein*, Op. cit. S. 295.
75 Ibid. Anm. S. 295 n.
76 Ernst Nagel und James Newman, »Goedel's Proof«, in James Newman (Hg.), *The World of Mathematics*, Bd. 3, New York, 1955, S. 1668–1695, insbes. S. 1686.
77 Newman, Op. cit. S. 1687
78 Paulos, Op. cit. S. 97.
79 David Deutsch, *The Fabric of Reality*, London, 1998, S. 236–237.
80 Philip J. Davis und Reuben Hersh, *The Mathematical Experience*, London, 1981, S. 319.

KAPITEL 16

1 Sigmund Freud, »Das Unbehagen in der Kultur«, *Studienausgabe Bd. IX*, Frankfurt a. M., 1974, S. 193–270 [G. S., Bd. XII, S. 27–114; G. W., Bd. XIV, S. 419–506].
2 Ibid. S. 215.
3 Ibid. S. 250.
4 C. G. Jung, *Seelenprobleme der Gegenwart* (C. G. Jung-Taschenbuchausgabe in Einzelbänden), München, 1991.
5 Ibid.
6 Lucien Lévy-Bruhl, *How Natives Think*, London, 1926, S. 69ff.
7 Henry Frankfort, et al., *Before Philosophy*, London, 1963, bes. S. 103ff.
8 J. A. C. Brown, *Freud and the Post-Freudians*, Op. cit. S. 122.
9 Ibid. S. 8, 125 und 128.
10 Karen Horney, *Der neurotische Mensch unserer Zeit* [1937], aus dem Amerikanischen von Gertrude Lederer-Eckardt, Frankfurt a. M., 1995, S. 19.
11 Ibid. S. 19–21, 66.
12 Brown, Op. cit. S. 137.
13 Horney, Op. cit. S. 63–79.
14 Ibid. S. 147.
15 Ibid. S. 158.
16 Virginia Woolf, *Ein Zimmer für Sich Allein*, aus dem Englischen von Renate Gerhardt, Frankfurt a. M., 1981.
17 Ibid. S. 8.
18 Barrett, Op. cit. S. XII.
19 Ibid. S. XV.
20 Ibid. S. XVII.
21 Ibid. S. X.
22 Jane Howard, *Margaret Mead: A Life*, London, 1984, S. 53–54. Zur jüngsten Forschung siehe: Hilary Lapsley, *Margaret Mead and Ruth Benedict: The Kinship of Women*, Amherst, 1999. Dieses Buch enthält eine Beurteilung Ruth Benedicts durch Clifford Geertz, einen der einflussreichsten Anthropologen des letzten Vierteljahrhunderts.
23 Margaret Mead, *Blackberry Winter: My Early Years*, London, 1973, S. 139.
24 G. Stanley Hall, *Adolescence: Its Psychology and Its Relation to Physiology, Anthropology, Sociology, Sex, Crime, Religion and Education*, New York, 1905, 2 Bände, S. 68.
25 Ibid.
26 Mead, Op. cit. S. 150.
27 Howard, Op. cit. S. 79.
28 Ibid. S. 52.
29 Ibid. S. 79.
30 Ibid. S. 80–82.

31 Margaret Mead, *Coming of Age in Samoa: A Psychological Study of Primitive Youth for Western Civilisation*, New York, 1928.
32 Howard, Op. cit. S. 86.
33 Ibid.
34 Ibid. S. 127.
35 Zitiert in ibid. S. 121.
36 Mead, *Coming of Age in Samoa*, Op. cit. S. 197.
37 Ibid. S. 205.
38 Ibid. S. 148.
39 Howard, Op. cit. S. 162.
40 Ruth Benedict, *Patterns of Culture*, Boston, 1934.
41 Ibid. S. 59.
42 Ibid. S. 69.
43 Ibid. S. 131.
44 Judith Modell, *Ruth Benedict: Patterns of a Life*, London, 1984, S. 201.
45 Ibid. S. 205.
46 Ibid. S. 206–207.
47 Margaret Caffrey, *Ruth Benedict: Stranger in this Land*, Austin, 1989, S. 211ff., beschreibt den allgemeineren Einfluss von Ruth Benedicts Denken auf die amerikanische Gesellschaft.
48 Margaret Mead gelingt es in ihrer Biographie *Ruth Benedict*, New York, 1974, dennoch, dieses packende Detail zu vermitteln.
49 Howard, Op. cit. S. 212.
50 Martin Bulmer, *The Chicago School of Sociology*, Chicago, 1986, S. 1–2.
51 Ibid. S. 4–8 sowie Kapitel 4 und 5.
52 Charles S. Johnson, *The Negro in American Civilisation*, London, 1931.
53 Bulmer, Op. cit. S. 64–65.
54 Johnson, Op. cit. S. 229ff.
55 Ibid. S. 463.
56 Ibid. S. 179ff.
57 Ibid. S. 199.
58 Ibid. S. 311.
59 Ibid. S. 463.
60 Ibid. S. 475ff.
61 David Minter, *William Faulkner: His Life and Work*, Baltimore und London, 1980, S. 72–73.
62 Welche Anforderungen dies an Faulkner selbst stellte, wird vielleicht anhand der Tatsache deutlich, dass er sich nach Beendigung eines Kapitels grundsätzlich erst einmal ganz anderen Dingen widmete, beispielsweise Kurzgeschichten. Siehe Joseph Blotner, *Selected Letters of William Faulkner*, London, 1955, S. 92.
63 Ursula Brumm, »William Faulkner and the Southern Renaissance«, in: Marcus Cunliffe (Hg.), *The Penguin History of Literature: American Literature since 1900*, London, 1975/1993, S. 182–183, 189.
64 Ibid. S. 195.
65 Minter, Op. cit. S. 153–160.
66 Eric Hobsbawm, *Das Zeitalter der Extreme. Weltgeschichte des 20. Jahrhunderts*, aus dem Englischen von Yvonne Badal, München, 1995, S. 244.
67 T. R. Fyvel, *George Orwell: A Personal Memoir*, London, 1982, S. 21.
68 Michael Shelden, *George Orwell: Eine Biographie*, Aus dem Amerikanischen von Matthias Fienbork, Zürich, 1993, S. 168.
69 Ibid. S. 167–168.
70 Ibid. S. 168.
71 Ibid.
72 Ibid. S. 172.
73 Ibid. S. 172ff.
74 Ibid. S. 175.
75 Fyvel, Op. cit. S. 45
76 Sheldon, Op. cit. S. 176.
77 Fyvel, Op. cit. S. 44.
78 Sheldon, S. 223ff.
79 Ibid. S. 237.
80 Ibid. S. 304.
81 Ibid. S. 310.
82 Ibid. S. 311.
83 Ibid. S. 312.
84 Ibid. S. 316.
85 Ibid.
86 Ibid. S. 318.
87 Ibid. S. 325–326.
88 Fyvel, Op. cit. S. 65–66.
89 Lewis Mumford, *Technics and Civilisation*, London, 1934.
90 Ibid. S. 107ff.
91 Eine gute Einführung in dieses Thema bietet Lewis Mumford auch in *My Works and Days: A Personal Chronicle*, New York, 1979, S. 197–199.
92 Mumford, *Technics and Civilisation*, S. 400ff.
93 Ibid. S. 333.
94 Lewis Mumford, *The Culture of Cities*, London, 1938.
95 Ibid. S. 100ff.
96 Ibid. S. 223ff.
97 Ernest William Barnes, *Scientific Theory and Religion*, Cambridge, 1933.
98 Ibid. S. 434ff., 459ff., 504ff.
99 Ibid. S. 636ff.
100 William Ralph Inge, *God and the Astronomers*, London und New York, 1933.
101 Ibid. S. 19ff.
102 Ibid. S. 107.

103 Ibid. S. 140ff.
104 Ibid. S. 254–256.
105 Bertrand Russell, *Religion and Science*, London, 1935.
106 Ray Monk, *Bertrand Russell*, Op. cit. S. 244.
107 Ibid. S. 245.
108 Russell, Op. cit. Kapitel IV und VII.
109 Ibid. S. 236ff.
110 Ibid. S. 237.
111 Ibid. S. 243.
112 José Ortega y Gasset, *Der Aufstand der Massen*, übersetzt von Helene Weyl, Ulrich Weber, Curt Meyer-Clason und Helma Flessa, Stuttgart, 1962, S. 121, 138, 141, 162–166.
113 John Carey, *The Intellectuals and the Masses*, London und Boston, 1992, S. 17–18.
114 Ihre Kontakte in den frühen Jahren schildert Royden J. Harrison, *The Life and Times of Sidney and Beatrice Webb, 1858–1905: The Formative Years*, London, 2000.
115 Lisanne Radice, *Beatrice and Sidney Webb: Fabian Socialists*, London, 1984, S. 56.
116 Ibid. S. 264.
117 Ibid. S. 292.
118 Ibid. S. 292, 295.
119 Ibid. S. 297.
120 Ibid. S. 297 und 298.
121 Ibid. S. 303.
122 Ibid. S. 323, 325.
123 Stephanie Barron (Hg.), *Degenerate Art: The Fate of the Avant-Garde in Nazi Germany*, Los Angeles und New York, 1991, S. 12–13.
124 Ibid. S. 12.
125 Robert Cecil, *The Myth of the Master Race: Alfred Rosenberg and Nazi Ideology*, London, 1972.
126 Ibid. S. 12.
127 Ibid. S. 83.
128 Siehe z. B. Andreas Molau, *Alfred Rosenberg: Der Ideologe des Nationalsozialismus, Eine politische Biografie*, Koblenz, 1993, S.88ff.
129 Cecil, Op. cit. S. 95–103.
130 Ibid. S. 120.
131 Aldous Huxley, *Schöne neue Welt*, übersetzt von Herbert E. Herlitschka, Frankfurt a. M., 2000. [Anm. d. Ü.: Diese deutsche Übersetzung aus dem Jahr 1953 geht auf höchst ungewöhnliche Weise mit einem Werk der Weltliteratur um: sie germanisiert es! Huxleys Figuren erhielten gebräuchliche deutsche Namen und die Handlung wurde schlicht und einfach nach Berlin verlegt. Der Übersetzer begründete das in einer Vorbemerkung mit dem Hinweis, dass ihm dies »ratsam« erschien, da es »einerlei« sei, wo eine Handlung spiele – was zu der Frage Anlass gibt, warum es dann nicht dort sein konnte, wo der Autor sie ansiedelte. Da es sich um die einzig zur Verfügung stehende (weil von Huxley autorisierte und daher nicht veränderbare) Übersetzung handelt, sei sie hier trotz dieser Problematik erwähnt. Entgegen der Gepflogenheit, aus etablierten deutschen Übersetzungen zu zitieren, wurden die von Peter Watson zitierten Passagen in diesem Fall nach dem englischen Original neu übersetzt.]
132 Ronald Clark, *The Huxleys*, London, 1968, S. 130.
133 *Aldous Huxley: 1894–1963, A Memorial Volume*, London, 1965, S. 30.
134 Seine eigene Einstellung zu Büchern beschreibt Sibylle Bedford, *Aldous Huxley: A Biography, Volume One: 1894–1939*, London, 1973, S. 245–247.
135 Keith May, *Aldous Huxley*, London, 1972, S. 100.
136 Clark, Op. cit. S. 236.

KAPITEL 17

1 Henry Grosshans, *Hitler and the Artists*, New York, 1983, S. 72. Die Einzelheiten dieses Themas habe ich vorwiegend diesem ausgezeichneten kurzen Buch entnommen.
2 Hildegard Brenner, »Art in the Political Power Struggle of 1933 and 1934«, in Hajo Holborn (Hg.), *Republic to Reich: The Making of the Nazi Revolution*, New York, 1972, S. 424, zitiert in Grosshans, Op. cit. S. 72.
3 Grosshans, Op. cit. S. 72.
4 Barron, *Degenerate Art*, Op. cit. S. 396.
5 Carl Carls, *Ernst Barlach*, New York, 1969, zitiert in Grosshans, Op. cit. S. 72.
6 Grosshans, Op. cit. S. 72.
7 Ibid. S. 73.
8 Ibid. S. 74.
9 *Enzyklopädie des Nationalsozialismus*, Bd. 25, »Bildende Kunst und Architektur«, CD-Rom der Digitalen Bibliothek, S. 381, vgl. EdNS S. 156, sowie Grosshans, Op. cit. S. 75.
10 Ibid. S. 77.
11 Victor H. Miesel (Hg.), *Voices of German Expressionism*, Englewood Cliffs, 1970, S. 209ff.
12 Barron, Op. cit. S. 319.

13 Grosshans, Op. cit. S. 79. Siehe auch die Textsammlung *Kunst unter dem Nationalsozialismus*: http://artsci.wustl.edu.
14 Ibid. S. 79–80. [Anm. d. Ü.: In einigen Biografien wird diese Bemerkung einer anderen Begebenheit zugeschrieben: Liebermann habe sie während des SA-Fackelzugs in Berlin nach der Machtübernahme der Nationalsozialisten gemacht, den er vom Fenster aus beobachtete.]
15 Ibid. S. 81.
16 Berthold Hinz, *Art in the Third Reich*, New York, 1979, S. 43ff.
17 White und Gribbin, *Einstein*, Op. cit. S. 163–164.
18 Albrecht Fölsing, *Albert Einstein. Biografie*, Frankfurt a. M., 1993, S. 743–744.
19 White und Gribbin, Op. cit. S. 206.
20 Ibid. S. 200.
21 Fölsing, Op. cit. S. 733.
22 Ibid. S. 745.
23 Jarrell Jackman und Carlo M. Borden, *The Muses Flee Hitler: Cultural Transfer and Adaption 1930–1945*, Washington, D.C., 1963, S. 170.
24 Ute Deichmann, *Biologen unter Hitler, Portrait einer Wissenschaft im NS-Staat*, Frankfurt a. M., revidierte Ausgabe 1995, S. 72, 270–279.
25 Ibid. S. 354–356.
26 Stephanie Barron (Hg.), *Exilees and Emigrés: The Flight of European Artists from Europe*, Los Angeles, 1997, S. 212.
27 Peter Hahn, »Bauhaus and Exile: Bauhaus Architects and Designers between the Old World and the New«, in Barron, Op. cit. S. 212.
28 Ibid. S. 213.
29 Ibid. S. 216.
30 Ibid. S. 218.
31 Martin Jay, *The Dialectical Imagination*, Op. cit. S. 29.
32 Ibid. S. 30.
33 Laura Fermi, *Illustrious Immigrants: The Intellectual Migration from Europe: 1930–1941*, Chicago, 1971, S. 364–368.
34 Ibid. S. 139ff.
35 Clark, *Freud*, Op. cit. S. 502–504.
36 Ibid. S. 507.
37 Ibid.
38 Ibid. S. 511, 513–516. Gestapo-Zitat, siehe Peter Gay, *Freud*, Op. cit. S. 707.
39 Sigmund Freud, *Der Mann Moses und die monotheistische Religion, Drei Abhandlungen* (1939), G. W. Bd. 16, S. 133. Siehe auch Paul Ferris, *Dr. Freud*, London, 1997, S. 380.
40 Clark, Op. cit. S. 524.
41 Elisabeth Young-Bruehl, *Hannah Arendt, Leben, Werk und Zeit*, aus dem Amerikanischen von Hans Günter Holl, Frankfurt a. M., 1986, S. 38–65; sowie Elzbieta Ettinger, *Hannah Ahrendt, Martin Heidegger, Eine Geschichte*, München, 1994, S. 9–10.
42 Ettinger, Op. cit. S. 20.
43 Ibid. S. 24, 31–32.
44 Rüdiger Safranski, *Ein Meister aus Deutschland. Heidegger und seine Zeit*, Frankfurt a. M., 1997, S. 288.
45 Ibid. S. 282–283.
46 Young-Bruehl, Op. cit. S. 160–164.
47 Ibid. S. 165–166, 173, 205–206.
48 Siehe Victor Farías, *Heidegger und der Nationalsozialismus*, aus dem Spanischen und Französischen übersetzt von Klaus Laermann, Frankfurt a. M., 1989, siehe S. 151ff. zu Heideggers Rektoratsrede an der Universität Freiburg.
49 Safranski, Op. cit. S. 292, schreibt: »Die in den Anmerkungen versteckte Danksagung aber bleibt erhalten.«
50 Deichmann, Op. cit. S. 279, 282–283.
51 Ibid. S. 285–286, 288.
52 Ibid. S. 291.
53 Ibid. S. 306; Eine Darstellung der »Rassistischen Wissenschaft am KWI für Anthropologie« findet sich auch unter http://www.sowifo.fu-berlin.de/osi/fsi/ap/ap6-kwirass.htm
54 Deichmann, Op. cit. S. 311–312. Siehe auch Michael H. Kater, *Doctors under Hitler*, Chapel Hill, North Carolina, 1989, S. 31; Robert Proctor, *Racial Hygiene: Medicine Under the Nazis*, Cambridge, MA., 1988.
55 Ibid. S. 227.
56 Ibid. S. 227–228.
57 Ibid. S. 229.
58 Grosshans, Op. cit. S. 111.
59 Ibid. S. 101.
60 Richard Grunberger, *A Social History of the Third Reich*, London, 1971, S. 427, zitiert in Grosshans, Op. cit. S. 99–100.
61 Barron, Op. cit. S. 17ff; sowie Grosshans, Op. cit. S. 103. Siehe auch *Kunst unter dem Nationalsozialismus*, Webpage, Op. cit.
62 Grosshans, Op. cit. S. 103.
63 Ibid. S. 105; siehe auch Textsammlung unter http://www.acc.at/Quotes.
64 Barron, Op. cit. S. 20, 25ff.
65 Grosshans, Op. cit. S. 105.
66 Paul Ortwin Rave, *Kunstdiktatur im Dritten Reich*, Hg. Uwe. M. Schneede, Berlin , o. A.d. J., »Bericht über den Be-

such der Ausstellung ›Entartete Kunst‹ in München am 21. und 22. Juli 1937«, S. 145–149.
67 Miesel, Op. cit. S. 209, zitiert in Grosshans, Op. cit. S. 109.
68 Barron, Op. cit. S. 19.
69 Grosshans, Op. cit. S. 116.
70 Erik Levi, *Music in the Third Reich*, London, 1994, Kap. 4 und 7; siehe auch Boris Schwarz, »The Music World in Migration«, in Jackman und Borden (Hg.), Op. cit. S. 135–150.
71 Mary Bosanquet, *The Life and Death of Dietrich Bonhoeffer*, London, 1968, S. 82ff.
72 Eberhard Bethge, *Dietrich Bonhoeffer: Theologian, Christian, Contemporary*, 1970, S. 379ff. (dt. *Dietrich Bonhoeffer*, München, 1967).
73 Bosanquet, Op. cit. S. 82.
74 Ibid. S. 121–124; siehe auch Bethge, Op. cit. S. 193.
75 Bosanquet, Op. cit. S. 187ff.
76 Siehe seinen Tagebucheintrag vom 9. Juli 1939.
77 Bosanquet, Op. cit. S. 235.
78 Eberhard Bethge (Hg), *Dietrich Bonhoeffer, Widerstand und Ergebung, Briefe und Aufzeichnungen aus der Haft*, Gütersloh, 1951.
79 Ibid. S. 8.
80 Witali Schentalinski, *Das auferstandene Wort. Verfolgte russische Schriftsteller in ihren letzten Briefen, Gedichten und Aufzeichnungen. Aus den Archiven sowjetischer Geheimdienste*, aus dem Russischen von Bernd Rullkötter, Bergisch-Gladbach, 1996.
81 Ibid. S. 264–265.
82 Zu den Auswirkungen der russischen Revolution auf die Wissenschaft siehe Loren. R. Graham, *Science in the Soviet Union*, Cambridge, 1993, S. 79ff.
83 Nikolai Krementsov, *Stalinist Science*, Princeton, 1997, S. 20–25.
84 Paul R. Josephson, *Physics and Politics in Revolutionary Russia*, Berkeley, 1991, S. 104ff.
85 Krementsov, Op. cit. S. 24–25.
86 Ibid. S. 29–30.
87 Josephson, Op. cit. S. 152ff.
88 Krementsov, Op. cit. S. 35. Zu Pawlows Skeptik gegenüber der Psychologie und seinem Widerstand gegen den Marxismus siehe Loren R. Graham, *Science, Philosophy and Human Behaviour in the Soviet Union*, New York, 1973.
89 Josephson, Op. cit. S. 204.
90 Krementsov, Op. cit. S. 40.
91 Ibid. S. 43.
92 Ibid. S. 47. Siehe auch Graham, Op. cit. S. 117, zur Diskussion über sozialdarwinistische Techniken und deren Anbindung an den Marxismus.
93 Siehe in Josephson, Op. cit. S. 225ff., die Darstellung der »Einmischungen« der marxistischen Philosophie in die theoretische Physik.
94 Krementsov, Op. cit. S. 56; Graham, Op. cit. S. 241.
95 Krementsov, Op. cit. S. 57.
96 Krementsov, Op. cit. S. 59.
97 Graham, Op. cit. S. 108.
98 Krementsov, Op. cit. S. 60.
99 Siehe Graham, Op. cit. S. 121.
100 Krementsov, Op. cit. S. 60.
101 Josephson, Op. cit. S. 308.
102 Graham, Op. cit. S. 315.
103 Krementsov, Op. cit. S. 66–67.
104 Ibid. S. 73.
105 Ibid. S. 82.
106 Zu Wawilows Schicksal siehe Graham, Op. cit. S. 129–130.
107 Gleb Struve, *Russian Literature under Lenin and Stalin, 1917–1953*, Norman, 1971, S. 59ff.
108 A. Kemp-Welch, *Stalin and the Literary Intelligentsia, 1928–1939*, London, 1991, S. 233.
109 Über die Beziehungen zwischen Gorkij und Stalin in den letzten Jahren siehe Dan Levy, *Stormy Petrel: The Life and Work of Maxim Gorki*, London, 1967, S. 313–318.
110 Obwohl der Schriftstellerverband bei dieser Frage in zwei Lager gespalten war, siehe Struve, Op. cit. S. 232; sowie Kemp-Welch, Op. cit. S. 77.
111 Kemp-Welch, Op. cit. S. 77.
112 Ibid. S. 169–170.
113 Siehe Struve, Op. cit. S. 256ff.
114 Edward J. Brown, *The Proletarian Episode in Russian Literature 1928–1932*, New York, 1953, S. 69–70, 96, 120, 132.
115 Struve, Op. cit. S. 261; Kemp-Welch, Op. cit. S. 175.
116 Siehe Brown, Op. cit. S. 182, zu den Äußerungen des Politbüros über Schostakowitsch; siehe auch Kemp-Welsh, Op. cit. S. 178.
117 Zum Verhältnis zwischen Mandelstam und Achmatowa siehe Nadeschda Mandelstam, *Das Jahrhundert der Wölfe. Eine Autobiographie*, aus dem Russischen von Elisabeth Mahler, Frankfurt a. M., 1971.
118 Deutsche Übersetzung des Gedichts

»Wir leben, unter uns das Land nicht kennend« (1934) in Mandelstam, Op. cit. S. 459. Die Übersetzerin macht darauf aufmerksam, dass (*) »Himbeere« (*malina*) im Argot der Ausdruck für »verbrecherischer Plan« war; und zu (**) »Ossete« erklärt sie: »Bergstamm des Kaukasus, der sich von den Georgiern ziemlich unterscheidet; hartnäckig hielten sich die Gerüchte, Stalin stamme von diesem Volk ab.«
119 John und Carol Garrard, *Inside the Soviet Writers' Union,* London, 1990, S. 57–59.
120 Schentalinski, Op. cit. S. 372.
121 Ibid. S. 375, 381.
122 Ibid. S. 74ff.; siehe auch Garrard und Garrard, Op. cit. S. 38.
123 Kemp-Welch, Op. cit. S. 223.
124 Ibid. S. 224.
125 Ibid. S. 198.

KAPITEL 18

1 Lewis Jacobs, *The Rise of the American Film. A Critical History*, New York, 1939, S. 419.
2 Alfred Knight, *The Liveliest Art,* Op. cit. S. 156.
3 Ibid. S. 164–165.
4 Jacobs, Op. cit. siehe die Standaufnahmen S. 428 und 429.
5 Knight, Op. cit. S. 257.
6 Ibid. S. 261–262. Eine Liste der prominentesten Regisseure dieser Zeit findet sich in Jacobs, Op. cit.
7 Knight, Op. cit. S. 222.
8 Kristin Thompson und David Bordwell, *Film History,* New York, 1994, S. 353.
9 Knight, Op. cit. S. 225.
10 Ibid. S. 226–227.
11 Thompson und Bordwell, Op. cit. S. 354.
12 W. H. Auden, »Night Mail«, Juli 1935. Siehe Edward Mendelsohn (Hg.), *The English Auden,* London und Boston, 1977.
13 Knight, Op. cit. S. 211.
14 Thompson und Bordwell, Op. cit. S. 309.
15 Ibid. S. 310.
16 Knight, Op. cit. S. 212. Riefenstahl behauptete später, dass sie immer nur an Kunst interessiert gewesen sei und nichts von den mörderischen Untaten der Nationalsozialisten gewusst habe. Filmhistoriker haben dies stark bezweifelt. Siehe auch Thompson und Bordwell, Op. cit. S. 320.
17 Siehe John Lucas, *The modern Olympic Games*, Cranbury, 1980.
18 Allen Guttman, *The Olympics: A History of the Modern Games,* Urbana und Chicago, 1992, S. 67ff.
19 Außerdem erhielt Riefenstahl die Genehmigung, auch die Aufnahmen anderer Kameraleute zu verwerten. Siehe Audrey Salked, *A Portrait of Leni Riefenstahl,* London, 1996, S. 173.
20 Riefenstahl behauptete, dass Hitler sich nicht aus rassischen Gründen geweigert habe, Owen die Hand zu geben, wie allgemein berichtet wurde, sondern einzig, »weil es gegen das olympische Protokoll« verstoßen habe. Siehe Leni Riefenstahl, *The Sieve of Time: The Memoirs of Leni Riefenstahl*, London, 1992, S. 193.
21 Salked, op. cit. S. 186.
22 Knight, Op. cit. S. 213.
23 Ibid. S. 216.
24 Thompson und Bordwell, Op. cit. S. 294.
25 Knight, Op. cit. S. 217.
26 Ibid. S. 218.
27 Thompson und Bordwell. Op. cit. S. 298.
28 Knight, Op. cit. S. 218.
29 Zu Benjamins Freundschaften mit Brecht und Kraus und Details über sein Leben in Berlin siehe Momme Brodersen, *Spinne im eigenen Netz: Walter Benjamin, Leben und Werk,* Brühl-Moos, 1990, S. 200ff.
30 Bernd Witte, *Walter Benjamin. Mit Selbstzeugnissen und Bilddokumenten,* Frankfurt. a. M., 1985, S. 101.
31 Ibid. S. 108–109. Gershom Scholem schreibt in *Walter Benjamin – die Geschichte einer Freundschaft,* Frankfurt a. M., 1975, S. 257–258, dass der Begriff der »Aura« von Benjamin in einen »pseudo-marxistischen Zusammenhang« gestellt worden sei.
32 Stanislaus von Moos, *Le Corbusier: Elements of a Synthesis,* Cambridge, MA., 1979, S. 210–213.
33 Ibid. S. 191.
34 Ibid. S. 17, 49–50.
35 Le Corbusier, *Kommende Baukunst,* übersetzt und herausgegeben von Hans Hildebrandt, Stuttgart, 1926, S. 204. Siehe auch Robert Furneaux Jordan, *Le Corbusier,* London, 1972, S. 36, sowie Tafel 5; sowie von Moos, Op. cit. S. 75.
36 Jordan, Op. cit. S. 33.
37 Ibid. S. 36 und Tafel 5.
38 Von Moos, Op. cit. S. 154; siehe auch Jordan, Op. cit. S. 56–57.
39 Von Moos, Op. cit. S. 302–303.

40 Siehe ibid. S. 296–297, zu Le Corbusiers Aussagen über den natürlichen Alterungsprozess von weißer Farbe. Jordan, Op. cit. S. 45, zitiert Le Corbusiers Äußerung über dieses Problem: »Man muss die modernen Wissenschaften voll ausnützen.«
41 Humphrey Carpenter, *W. H. Auden: A Biography*, London, 1981, S, 12–13. Siehe auch die Erörterung des »Audenschen« in Bernhard Bergonzi, *Reading the Thirties*, London, 1978, S. 40–41.
42 Grevel Lindop, »Poetry in the 1930s and 1940s«, in Martin Dodsworth (Hg.), *The Twentieth Century*, Bd. 7 von *The Penguin History of Literature*, London, 1994, S. 268.
43 Ian Hamilton (Hg.), *The Oxford Companion to Twentieth-Century Poetry*, Op. cit. S. 21.
44 Gedicht VII, Juli 1932, aus »Poems 1931–1936«, in Edward Mendelsohn (Hg.), Op. cit. S. 120.
45 Gedicht VII, August 1932, ibid.
46 G. Rostrevor Hamilton, *The Tell-Tale Article*, zitiert in Bergonzi, Op. cit. S. 43.
47 Ibid. S. 52.
48 Gedicht XXIX, in Mendelsohn, Op. cit.
49 Bergonzi, Op. cit. S. 51. Siehe auch Carpenter, Op. cit. zur Entstehungsgeschichte von »Spain«; sowie Lindop, Op. cit. S. 273, zu seiner Entscheidung, die Tantiemen für dieses Gedicht zu stiften.
50 Zitiert in Frederick R. Benson, *Writers in Arms: The Literary Impact of the Spanish Civil War*, London, New York, 1968, S. 33.
51 Carpenter, Op. cit. S. 219. Siehe auch Bernard Crick, *George Orwell: A Life*, London, 1980, Kapitel 10, »Spain and ›necessary murder‹«, S. 207ff.
52 Benson, Op. cit. S. XXII und 88ff.
53 Ibid. S. XXII und S. 27.
54 André Malraux, *Die Hoffnung*, Stuttgart, 1954.
55 Curtis Cate, *André Malraux: A Biography, London*, 1995, S. 259ff.
56 Benson, Op. cit. S. 240, 295. Hemingways Buch konnte auch in Spanien gelesen werden; man bekam es dort unter dem Ladentisch. Siehe José Luis Castillo-Duche, *Hemingway in Spain*, London, 1975, S. 96.
57 John Berger, *The Success and Failure of Picasso*, Op. cit. S. 164.
58 Stassinopoulos, Op. cit. S. 231.
59 Berger, Op. cit. S. 102.
60 Stassinopoulos, Op. cit. S. 232.
61 Herbert Read, »Picasso's *Guernica*«, *London Bulletin*, Nr. 6, Oktober 1938, S. 6.
62 Robert Hughes, *The Shock of the New*, Op. cit. S. 110.
63 Ibid. S. 110–111.
64 Stassinopoulos, Op. cit. S. 256.
65 Herbert Rutledge Southworth, *Guernica! Guernica!*, Berkeley, 1977, S. 277–279. Rutledge schreibt, dass viele Spanier Picasso lange nicht vergeben konnten. Zu Orwells Reaktionen auf den Krieg siehe auch Benson, Op. cit. S. 64.
66 George Orwell, *Mein Katalonien: Bericht über den Spanischen Bürgerkrieg*, aus dem Englischen von Wolfgang Rieger, Zürich, 1975.
67 J. E. Morpurgo, *Allen Lane: King Penguin*, London, 1979, S. 80.
68 Ibid. S. 81–84.
69 Ibid. S. 92–92.
70 W. A. Williams, *Allen Lane, A Personal Portrait*, London, 1973, S. 45.
71 J. B. Priestley, *English Journey*, London, 1934, Penguin, 1977.
72 F. R. Leavis, *Mass Civilization and Minority Culture*, London, 1930.
73 Ian MacKillop, *F. R. Leavis: A Life in Criticism*, London, 1995, S. 74–75. I. A. Richards, der in seinem 1929 erschienenen Buch *Practical Criticism* diese einflussreiche Meinung vertrat, ging später nach Harvard, wo dieser Ansatz dann als »new criticism« behandelt wurde.
74 Q. D. Leavis, *Fiction and the Reading Public* (1932), London, 1990.
75 Ibid. S. 199–200.
76 Williams, Op. cit. S. 52ff., vergleicht sie mit dem Dritten Programm der BBC. Es sei eine der folgenreichsten Entscheidungen der Sendeanstalt gewesen, sich mit dem »Council for the Encouragement of Music and the Arts« zu verbünden, dem Vorgänger der britischen Arts Council.
77 Morpurgo, Op. cit. S. 114–116.
78 Ibid. S. 116.
79 Williams, Op. cit. S. 54.
80 Morpurgo, Op. cit. S. 131.
81 Ibid. S. 135.
82 J. K. Galbraith, *The Age of Uncertainty*, London, 1977, S. 203.
83 Ibid. S. 204.
84 Ibid. S. 211.
85 Robert Lekachman, *The Age of Keynes*, London, 1967; Pelican Books, 1969, S. 72.
86 Ibid. S. 80–84.
87 Diese Formulierung stammt aus

Robert Skidelskys Keynes-Biographie, Op. cit. S. 431.
88 Galbraith, Op. cit. S. 214.
89 Skidelsky, Op. cit. S. 572, schreibt, dass die Veröffentlichung der *Allgemeinen Theorie* einen »Meinungskrieg« unter Ökonomen nach sich gezogen habe.
90 Galbraith, Op. cit. S. 218.
91 Lekachman, Op. cit. S. 120.
92 Galbraith, Op. cit. S. 221.
93 Bergonzi, Op. cit. S. 112–114, 126–127.
94 Ibid. S. 61, 112.
95 Cole Porter, »You're the Tops«, 1934. Bergonzi, Op. cit. S. 127, fand diese Lyrik »gewissermaßen marxistisch«.
96 John Gloag, *Plastic and Industrial Design*, London, 1945, S. 86, bietet eine Einführung in die Entwicklung von Plastik und Polyäthylen.
97 Stephen Fenichell, *Plastic*, Op. cit. S. 106.
98 Burr W. Leyson, *Plastics in the World of Tomorrow*, London, 1946, S. 17, unterstreicht, wie schnell das Zellophan akzeptiert wurde.
99 1934 entwickelten die IG Farben auch den ersten synthetischen Smaragd. Siehe David Fishlock, *The New Materials*, London, 1967, S. 49.
100 Fenichell, Op. cit. S. 152–153.
101 Ibid. S. 161.
102 Ibid. S. 150–151.
103 Paul Johnson, *A History of the Modern World*, Op. cit. S. 247.
104 Michael Mannheim (Hg.), *The Cambridge Companion to Eugene O'Neill*, Cambridge, 1998, S. 1.
105 Louis Shaeffer, *O'Neill: Son and Playwright*, London, 1969, S. 69–70.
106 Stephen Black in Mannheim (Hg.), Op. cit. S. 4–12; Shaeffer, Op. cit. S. 174.
107 Normand Berlin, »The Late Plays«, in Mannheim (Hg.), Op. cit. S. 82ff.
108 O'Neill sagte einmal, für Hopes Saloon hätten ihm drei Kneipen Modell gestanden, in denen er »gelebt« habe. Siehe Arthur und Barbara Gelb, *O'Neill*, London, 1962, S. 296.
109 Dies ist eine sehr postdarwinistisch geprägte Vorstellung, aber O'Neill gestand, auch von Jung stark beeinflusst gewesen zu sein. Siehe Egil Törnqvist, »O'Neill's philosophical and literary paragons«, in Mannheim (Hg.), Op. cit. S. 22.
110 Shaeffer, Op. cit. S. 514. Siehe Mannheim, Op. cit. S. 85, zu »Warten auf Hickey«.
111 David Morse, »American Theatre: The Age of O'Neill«, in Marcus Cunliffe (Hg.), *American Literature since 1900*, London (1975), 1993, S. 77.
112 Eugene O'Neill, *Meisterdramen*, übersetzt von Ursula und Oscar Fritz Schuh, Frankfurt a. M., 1960, S. 686.
113 Ibid. S. 750; Shaeffer, Op. cit. S. 510ff., hält dies für den am wenigsten autobiographischen Teil des Stücks. O'Neill habe die Umgebung der Tyrons viel klaustrophobischer gestaltet, als es die der O'Neills – die z. B. zum Essen auszugehen pflegten – gewesen sei.
114 O'Neill, Op. cit. S. 757.
115 Berlin in Mannheim, Op. cit. S. 89.
116 Alfred Kazin, *On Native Ground*, Op. cit. S. 485.
117 Ibid. S. 295, 352, 442.
118 Ibid. S. 404.
119 Ibid. S. 488.
120 Simon Callow, *Orson Welles: The Road to Xanadu*, London, 1995, S. XI.
121 Ibid. S. 521.
122 Frank Brady, *Citizen Welles*, London, 1990, S. 309–310.
123 Callow, Op. cit. S. 570.

KAPITEL 19

1 Stephanie Barron, *Exiles and Emigrés*, Op. cit. S. 136–137.
2 Ibid. S. 16–18.
3 Ibid. S. 14.
4 Fermi, *Illustrous Immigrants*, Op. cit. S. 66–68.
5 Jackman und Borden, *The Muses flee Hitler*, Op. cit. S. 218.
6 Ibid. S. 219.
7 Ibid. S. 206–207.
8 Ibid. S. 208–226.
9 Barron, Op. cit. S. 9. Siehe auch Lewis A. Coser, *Refugee Scholars in America: Their Impact and Their Experiences*, New Haven und London, 1984, wo u.a. Kurt Lewin, Erik Erikson, Wilhelm Reich, Bruno Bettelheim, Erich Fromm, Karen Horney, Paul Lazarsfeld, Ludwig von Mieses, Karl Polanyi, Hannah Arendt, Thomas Mann, Vladimir Nabokov, Roman Jakobson, Erwin Panofsky, Hajo Holborn, Rudolf Carnap und Paul Tillich eigene Kapitel gewidmet sind.
10 Elisabeth Kessin Berman, »Moral Triage or Cultural Salvage? The Agendas of Varian Fry and the Emergency Rescue Committee«, in Barron, Op. cit. S. 99–112.
11 Varian Fry, *Auslieferung auf Verlangen. Die Rettung deutscher Emigranten in*

Marseille 1940/41, aus dem Amerikanischen von Jan Hans und Anja Lazarowicz, Frankfurt a. M., 1995, S. 35.
12 Ibid. S. 37.
13 Martica Swain, *Surrealism in Exile and the Beginnings of the New York School*, Cambridge, MA., 1995, S. 124–126.
14 Jackman und Borden, Op. cit. S. 90.
15 »The New School for Social Research: A Collective Portrait«, Coser, Op. cit., S. 102–109.
16 Ian Hamilton (Hg.), *The Oxford Companion to Twentieth-Century Poetry*, Op. cit. S. 51–52.
17 Barron, Op. cit. S. 187.
18 Ibid. S. 190ff.
19 Jackman und Borden, Op. cit. S. 140–141.
20 Ibid. S. 142–143.
21 Ehrhard Bahr, »Literary Weimar in Exile: German Literature in Los Angeles, 1940–1958«, in Ehrhard Bahr und Carolyn See, *Literary Exiles and Refugees in Los Angeles*, Los Angeles, 1988. Bahr stellt fest, dass sich die deutschen Schriftsteller in Los Angeles nie völlig assimilierten und ihren Blick ständig nach Deutschland richteten.
22 Barron, Op. cit. S. 358–359.
23 Ibid. S. 341.
24 Bernard Taper, *Balanchine*, New York, 1984, S. 147ff.
25 Ibid. S. 148.
26 Richard Buckle, *George Balanchine: Ballet Master, A Biography*, London, 1988, S. 61ff.
27 Taper, Op. cit. S. 149.
28 Lincoln Kirstein, *Mosaic: Memoirs*, New York, 1994, S. 23.
29 Taper, Op. cit. S. 151.
30 Buckle, Op. cit. S. 66, schreibt von zwei Treffen, einem im Savoy und einem zweiten im Haus von Kirk Askew in Chelsea.
31 Kirstein, Op. cit. S. 247–249.
32 Taper, Op. cit. S. 151.
33 Ibid. S. 153.
34 Ibid. S. 154.
35 Buckle, Op. cit. S. 88.
36 Taper, Op. cit. S. 156.
37 Ibid. S. 157.
38 Ibid.
39 Buckle, Op. cit. S. 88.
40 Taper, Op. cit. S. 160.
41 Diverse Autoren, *The Cultural Migration: The European Scholar in America*, Philadelphia, 1953, S. 155.

KAPITEL 20

1 Andrew Hodges, *Alan Turing: The Enigma*, London (1983), 1992, S. 160ff.
2 Siehe I. J. Good, »Pioneering work on computers at Bletchley«, in N. Metropolis, J. Howlett und Giancarlo Rota (Hg.), *A History of Computing in the Twentieth Century*, New York und London, 1980, S. 33.
3 Hodges, Op. cit. S. 160.
4 Siehe Paul Strathern, *Turing and the Computer*, London, 1997, S. 59.
5 Siehe Good, Op. cit. S. 35–36, wo ausgezeichnete Fotografien dieser Maschine abgebildet sind. Das jüngste, auf erst kürzlich freigegebenen Dokumenten basierende Buch über die Geschichte der Dechiffrierung der Enigma und über Harry Hinselys Anteile daran stammt von Hugh Sebag-Montefiore, *Enigma: The Battle for the Code*, London, 2000.
6 Hodges, Op. cit. S. 86.
7 Alle Turing-Zitate siehe Alan M. Turing, *Über berechenbare Zahlen mit einer Anwendung auf das Entscheidungsproblem*, http://www.turing-maschine.de. Zur Berechnungsweise siehe auch Strathern, Op. cit. S. 46–47.
8 Siehe Hodges, Op. cit. S. 96–101, über den Zusammenhang zwischen reellen und berechenbaren Zahlen. Siehe auch Strathern, Op. cit. S. 48.
9 Strathern, Op. cit. S. 49–50.
10 S. M. Ulam, »Von Neumann: The Interaction of Mathematics and Computers«, in Metropolis et al. (Hg.), Op. cit. S. 95ff.
11 Strathern, Op. cit. S. 51–52.
12 Ibid. S. 55–56.
13 Ibid. S. 57–59.
14 Turing wusste aber auch, von wem er sich Rat holen konnte. Siehe Wladyslaw Kozoczuh, *Enigma*, London, 1984, S. 96, über die Rolle der Polen.
15 Manchmal waren diese Botschaften nicht einmal in ordentlichem Deutsch verfasst. Aber dies war eines der ersten Probleme, die gelöst werden konnten. Siehe R. V. Jones, *Most Secret War*, London, 1978, S. 63.
16 Good, Op. cit. S. 40–41.
17 Hodges, Op, cit. S. 277.
18 Siehe B. Randall, »The Colossus«, in Metropolis et al., Op. cit. S. 47ff., der auch die vielen anderen Personen aufführt, die am Colossus mitgearbeitet hatten. Fotografien finden sich in Hodges, Op. cit. S. 268–269.

19 Strathern, Op. cit. S. 63–64.
20 Siehe Randall, Op. cit. S. 77–80. Dort wird auch der »Nebel«, der noch immer über den Kriegstreffen von Turing und Neumann hängt, ein wenig gelüftet.
21 Hodges, Op. cit. S. 247.
22 Strathern, Op. cit. S. 66.
23 Zur gesamten Chronologie siehe John Haugeland, *Artificial Intelligence: The very Idea*, Cambridge, MA., 1985, S. 261–263.
24 Hodges, Op. cit. S. 311–312.
25 Guy Hartcup, *The Challenge of War: Scientific and Engineering Contributions to World War Two*, Exeter, 1970, S. 17ff.
26 Ibid. S. 94.
27 Ibid. S. 96–97.
28 Ibid. S. 91. Zu den Fortschritten und Problemen, die man in Deutschland mit dem Radar hatte, siehe Alfred Price, *Instruments of Darkness*, London, 1967, S. 40–45; sowie David Pritchard, *The Radar War*, London, 1989, bes. S. 80ff.
29 Hartcup, Op. cit. S. 91; eine detaillierte Chronologie der Weiterentwicklung bietet Jack Gough, *Watching the Skies: A History of Ground Radar for the Air Defence of the United Kingdom by the RAF from 1946 to 1975*, London, 1993, S. 8–12.
30 Hartcup, Op. cit. S. 90 und 107.
31 Ronald W. Clark, *The Life of Ernest Chain: Penicillin and Beyond*, New York, 1985, S. 47ff.; siehe auch Weatherall, *In Search of a Cure*, Op. cit. S. 174–175.
32 Gwyn Macfarlane, *Alexander Fleming: The Man and the Myth*, London, 1984, S. 119ff.
33 Weatherall, Op. cit. S. 168.
34 Ibid. S. 165–166.
35 Gwyn Macfarlane, *Howard Florey: The Making of a Great Scientist*, Oxford und New York, 1979, S. 331.
36 Weatherall, Op. cit. S. 175–176.
37 John E. Pfeiffer, *The Creative Explosion: An Inquiry into the Origins of Art and Religion*, New York, 1982, S. 26ff. Der Autor stellte übrigens fest, dass die Geschichte dieses Hundes in Wirklichkeit reine Legendenbildung sei. Siehe auch Annette Laming, *Lascaux*, London, 1959, S. 54ff.
38 Mario Ruspoli, *The Cave of Lascaux: The Final Photographic Record*, London und New York, 1987, S. 188. Dieser Teil der Entdeckungsgeschichte ist heute umstritten.
39 Ibid.
40 Pfeiffer, Op. cit. S. 30.
41 Ruspoli, Op. cit. S. 188.
42 Pfeiffer, Op. cit. S. 31.
43 Eine detaillierte Beschreibung findet sich in Ruspoli, Op. cit. Siehe auch Fernand Windels, *Montignac-sur-Vézère*, Centre d'Études et de documentations préhistoriques, Dordogne, 1948.
44 Paul G. Bahn und Jean Vertut, *Images of the Ice Age*, London, 1988, S. 20–23.
45 Evan Hadingham, *Secrets of the Ice Age: The World of the Cave Artists*, London, 1979, S. 187.
46 Ruspoli, Op. cit. S. 87–88, erörtert diese Interpretation genauer. In Lascaux keine Frauenbilder. Professor Randall White von der New York University glaubt anhand bestimmter Merkmale dieser Venusfiguren (Schwänze, Tierohren) rückschließen zu können, dass sie aus der Zeit stammen, als Geschlechtsverkehr noch nicht mit Befruchtung in Zusammenhang gebracht wurde, eben weil solche animalischen Merkmale seiner Meinung nahe legen, dass man einen animalischen Geist für den Fortpflanzungsprozess verantwortlich machte.
47 Pierre Teilhard de Chardin, *Die Entstehung des Menschen*, aus dem Französischen von Günther Scheel, München, 1961, S. 67ff.
48 Ian Tattersall, *Puzzle Menschwerdung. Auf der Spur der menschlichen Evolution*, aus dem Englischen von Katrin Welge und Jorum Wissmann, Heidelberg/Berlin, 1997, S. 87f.
49 Teilhard de Chardin, Op. cit. S. 85–98.
50 Mayr, *The Growth of Biological Thought*, Op. cit. S. 566–569, schließt auch Bernard Rensch und G. Ledyard Stebbins in diese Gruppe mit ein, obwohl diese ihre Arbeiten erst 1947 beziehungsweise 1950 veröffentlichten, zu einer Zeit also, als die Konferenz in Princeton (siehe Hinweis im Text) bereits stattgefunden hatte. Auf S. 70 erklärt Mayr, dass kein »Paradigmenwechsel« im Kuhnschen Sinne (siehe Kap. 27 seines Buches), sondern vielmehr »ein Austausch« von »entwicklungsfähigen Komponenten« stattgefunden habe. Julian Huxleys Buch erschien in London, alle anderen dieser Synthese zugehörenden Werke wurden in New York veröffentlicht. Siehe auch Ernst Mayr und William B. Provine (Hg.), *The Evolutionary Synthesis: Perspectives on the Unification of Biology*, Cambridge, MA., 1980, in dem die Entwicklungen des Evolutionsgedankens außerhalb von

Großbritannien und den Vereinigten Staaten – Frankreich, Deutschland, Sowjetunion – dargestellt werden und aus moderner Perspektive ein kritischer Blick auf die ersten Persönlichkeiten auf diesem Gebiet geworfen wird – T. H. Morgan, R. A. Fisher, G. G. Simpson, J. B. S. Haldane und William Bateson.
51 Zur Popularität des damaligen »Erbsprung«-Denkens siehe David Kahn (Hg.), *The Darwinian Heritage*, Princeton, 1985, S. 762–763.
52 Tattersall, Op. cit. S. 89–94.
53 Ibid. S. 95.
54 Ernst Peter Fischer, »›Was ist Leben?‹ – mehr als vierzig Jahre später«, Einführung zu Erwin Schrödinger, *Was ist Leben? Die lebende Zelle mit den Augen des Physikers betrachtet*, aus dem Englischen von L. Mazurcak, neu bearbeitet von Ernst Schneider, München, 1989, S. 17.
55 Walter Moore, *Schrödinger: Life and Thought*, Cambridge, 1989, S. 395.
56 Schrödinger, Op. cit. S. 134.
57 Ibid. S. 110.
58 Ibid. S. 134.
59 Ibid. S. 74.
60 Ibid. S. 111.
61 Ibid. S. 134–135.
62 Moore, Op. cit. S. 397.

KAPITEL 21
1 Karl Mannheim, *Diagnosis of Our Time: Wartime Essays of a Sociologist*, London, 1943.
2 Ibid. S. 38.
3 Ibid. S. 32.
4 Ibid. S. 60ff.
5 Joseph Schumpeter, *Kapitalismus, Sozialismus und Demokratie*, 7. erw. Aufl., Tübingen und Basel, 1993.
6 Johnston, *The Austrian Mind*, Op. cit. S. 83.
7 Robert Heilbroner, *The Worldly Philosophers*, New York, 1986, S. 292–293.
8 Schumpeter, Op. cit. S. 213ff.
9 Ibid. S. 495–496.
10 Ibid. S. 252ff.
11 Ibid. S. 213–214. Siehe auch Heilbroner, Op. cit. S. 6, 301–302.
12 Heilbroner, Op. cit. S. 300–303.
13 Friedrich von Hayek, *Der Weg zur Knechtschaft*, München, 1994, S. 99.
14 Ibid. S. 112.
15 C. H. Waddington, *The Scientific Attitude*, London, 1941. (Auch das übrigens ein Buch aus der Reihe der *Penguin Specials*.)
16 Karl Popper, *Die offene Gesellschaft und ihre Feinde*, Bd. I: *Der Zauber Platons*, Bd. II: *Falsche Propheten. Hegel, Marx und die Folgen*, übersetzt von P. K. Feyerabend, München, 1977.
17 Popper hatte große Probleme, einen Verlag für seine *Offene Gesellschaft* zu finden, weil so mancher Verleger seinen Umgang mit Aristoteles respektlos fand. Die Zeitschrift *Mind* lehnte auch *Das Elend des Historizismus* ab. Siehe Mannheims Autobiographie *Unended Quest: An Intellectual Biography*, London, 1992, S. 119.
18 Roberta Corvi, *An Introduction to the Thought of Karl Popper*, London und New York, 1997, S. 52.
19 Ibid. S. 55.
20 Ibid. S. 59.
21 Popper, Op. cit. Bd. I, S.153, 168.
22 Ibid. Bd. II, S. 260ff.
23 Corvi, Op. cit. S. 69.
24 Siehe Popper, Op. cit. Bd. II, Kap. 4, »Die Autonomie der Soziologie«, sowie Kap. 13, »Die Wissenssoziologie.«
25 Corvi, Op. cit. S. 73.
26 William Temple, *Christianity and the Social Order*, London, 1942.
27 Zur »Einmischung« der Kirche siehe ibid. Kap. 2.
28 Ibid. S. 75.
29 Ibid. S. 76ff.
30 Ibid. S. 79.
31 Ibid. S. 87.
32 Nicholas Timmins, *The Five Giants: A Biography of the Welfare State*, London, 1996, S. 23. Siehe auch Derek Fraser, *The Evolution of the British Welfare State*, London, 1973, S. 199, der von 635 000 verkauften Exemplaren spricht.
33 John Kenneth Galbraith, *A History of Economics* (1987), London, 1991, S. 213–215.
34 Zu den Auswirkungen des Krieges auf die Stimmung der Briten siehe Fraser, Op. cit. S. 194–195.
35 Timmins, Op. cit. S. 11. Beveridge verliert über diesen Punkt natürlich kein Wort in seinen Memoiren. Siehe Lord Beveridge, *Power and Influence*, London, 1953.
36 Beveridge, Op. cit. S. 9, zitiert in Timmins, Op. cit. S. 12. Siehe auch José Harris, *William Beveridge: A Biography*, Oxford, 1977, S. 44.
37 Paul Addison, *Churchill on the Home Front 1900–1955*, London, 1992, S. 51, zitiert in Timmins, Op. cit. S. 13.

38 Harris, Op. cit. S. 54, 379. Siehe auch Timmins, Op. cit. S. 14.
39 Timmins, Op. cit. S. 15.
40 Ibid. S. 20.
41 Ibid. Siehe auch Harris, Op. cit. S. 385.
42 Timmins, Op. cit. S. 21. Harris, Op. cit. S. 390, schreibt jedoch, dass Beveridge erst Ende 1941 über Sozialversicherungen nachzudenken begonnen habe.
43 Fritz Grunder, »Beveridge meets Bismarck«, *York Papers*, Bd. 1, S. 69, zitiert in Timmins, Op. cit. S. 25.
44 Timmins, Op. cit. S. 23–24.
45 Cmnd. 6404, *Social Insurance and Allied Services: Report by Sir William Beveridge*, London, 1942, S. 6–7, zitiert in Timmins, Op. cit. S. 23–24.
46 In der Tat traf das sogar auf viele Beamte zu. Siehe Harris, Op. cit. S. 422.
47 Timmins, Op. cit. S. 29.
48 Derek Fraser, Op. cit. S. 180, zitiert in Timmins, Op. cit. S. 33.
49 Ibid. S. 37.
50 In seinen Memoiren erwähnt Beveridge, Op. cit. S. 319, die Aussage eines amerikanischen Kommentators: »Sir William ist heute vermutlich neben Mr. Churchill die populärste Persönlichkeit Großbritanniens.«
51 Allan Bullock, *Hitler and Stalin*, Op. cit. S. 858.
52 Crick, Op. cit. S. 316.
53 Marcolm Bradbury, Einführung zu George Orwell, *Animal Farm*, 1989, S. VI.
54 Crick, Op. cit. S. 316–318, fügt allerdings hinzu, dass »Papierknappheit« vermutlich auch bei Warburg nicht der einzige Grund für diese Verzögerung war.
55 Galbraith, *A History of Economics*, Op. cit. S. 248.
56 Lekachman, Op. cit. S. 128.
57 Moggridge, Op. cit. S. 629.
58 Lekachman, Op. cit. S. 124.
59 Moggridge, Op. cit. S. 631.
60 Lekachman, Op. cit. S. 127.
61 Ibid. S. 131.
62 *The New Republic*, »Charter for America«, 19. April 1943, zitiert in Lekachman, Op. cit. S. 133–135. Siehe auch Galbraith, Op. cit. S. 249
63 Lekachman, Op. cit. S. 150.
64 Ibid. S. 152.
65 Ibid. S. 158; siehe auch Moggridge, Op. cit. S. 724.
66 Lekachman, Op. cit. S. 152.
67 White hatte einen eigenen Vorschlag für eine internationale Bank ausgearbeitet, siehe Moggridge, Op. cit. S. 724.
68 Ibid. S. 802–803.
69 Keynes war wesentlich besorgter über die Ausgaben Großbritanniens in Übersee, weil diese seiner Meinung nach in keinem Verhältnis zu den zur Verfügung stehenden Mitteln standen. Siehe ibid. S. 825.
70 Lekachman, Op. cit. S. 138.
71 Ibid. S. 161.
72 Gunnar Myrdal, *An American Dilemma: The Negro Problem and Modern Democracy*, 2. Bde., New York, 1944.
73 Ivan Hannaford, *Race: The History of an Idea in the West*, Baltimore, 1996, S. 378.
74 E. Franklin Frazier, *The Negro Family in the United States*, Chicago, 1939.
75 Myrdal, Op. cit. S. XLVII.
76 Hannaford, Op. cit. S. 379.
77 Siehe Myrdal, Op. cit. S. 34.
78 Paul Johnson, *A History of the American People*, London, 1997, S. 794; Hannaford, Op. cit. S. 395.
79 Ralph Ellison, *Shadow and Act*, New York, 1964, S. 316.

KAPITEL 22

1 Richard Rhodes, *The Making of the Atomic Bomb*, Op. cit. S. 319.
2 Ibid. S. 321.
3 Clark, *The Birth of the Bomb*, London, 1961, S. 116, widerspricht der Behauptung, dass Frischs Haus von einer Bombe getroffen worden und abgebrannt sei.
4 Zu den Einzelheiten über Peierls Berechnungen siehe Clark, Op. cit. S. 118; siehe auch Rhodes, Op. cit. S. 323.
5 Tizards Komitee war erstaunlicherweise die einzige Körperschaft in Großbritannien während des Krieges, die wissenschaftliche Erkenntnisse nach ihrem militärischen Nutzen beurteilte. Siehe Clark, Op. cit. S. 55.
6 Robert Jungk, *Brighter Than a Thousand Suns*, London, 1958, S. 67. (*Heller als tausend Sonnen*, Gütersloh, 1962.)
7 Rhodes, Op. cit. S. 212.
8 Unter anderen Physikern galt Fermi als »Papst«. Siehe auch Jungk, Op. cit. S. 57.
9 Laura Fermi, *Atoms in the Family*, Chicago, 1954, S. 123. Siehe auch Rhodes, Op. cit. S. 249.
10 Anm. d. Ü.: Die offizielle deutsche Übersetzung der Nobelpreisbegründung (siehe z.B. www.dhm.de/nobelpreis/physik) unterscheidet sich im Wortlaut von der englischen Version: »For your disco-

very of new radioactive substances belonging to the entire *race* [Hervorhebung d. Ü.] of elements and for the discovery you made in the course of this work of the selective power of slow neutrons.« Peter Watson merkt hier zu »race« an: »War diese Formulierung ein Zufall oder von den Schweden bewusst gewählt?«
11 C. P. Snow, *The Physicists*, Op. cit. S. 90–91.
12 Otto Hahn, *New Atoms*, New York und Amsterdam, 1950, S. 53ff.
13 Rhodes, op. cit. S. 254–256.
14 Jungk, Op. cit. S. 67–77.
15 Helge Kragh, *Quantum Generations*, Op. cit. S. 260.
16 Ronald Clark, *The Greatest Power on Earth: The Story of Nuclear Fission*, London, 1980, S. 45. Siehe auch Jungk, Op. cit. S. 77, sowie Rhodes, Op. cit. S. 258.
17 Rhodes, Op. cit. S. 261.
18 Szilard hatte zwar auf Geheimhaltung gedrängt, aber kein Gehör gefunden. Siehe Kragh, Op. cit. S. 263.
19 Clark, Op. cit. S. 80.
20 Siehe Jungk, Op. cit. S. 82ff.
21 Ibid. S. 91. berichtet Jungk, dass Einstein die Möglichkeit einer Kettenreaktion nicht bedacht habe.
22 Rhodes, Op. cit. S. 291–292, 296.
23 Clark, Op. cit. S. 183, schreibt, dass auch Kanada als mögliche Alternative in Erwägung gezogen wurde. Siehe auch Rhodes, Op. cit. S. 329–330.
24 Kragh, Op. cit. S. 265; siehe auch Rhodes, Op. cit. S. 379.
25 Rhodes, Op. cit. S. 385.
26 Mark Walker behauptet in seinem Buch *German National Socialism and the Quest for Nuclear Power*, Cambridge, 1989, S. 222ff., dass die Bedeutung dieses Treffens von beiden Seiten übetrieben worden sei. Übrigens wurde diese Begegnung von Michael Frayn sogar zum Thema eines erfolgreichen Theaterstücks namens *Copenhagen* gemacht, das 1998 im Londoner National Theatre und 2000 am New Yorker Broadway aufgeführt wurde.
27 Leslie Groves, »The atomic general answers his critics«, *Saturday Evening Post*, 19. Mai 1948, S. 15; siehe auch Jungk, Op. cit. S. 122.
28 Rhodes, Op. cit. S. 450–451.
29 Clark, *The Greatest Power on Earth*, Op. cit. S. 161.
30 Rhodes, Op. cit. S. 437.
31 Jane Wilson (Hg.), »All in Our Time«, *Bulletin of the Atomic Scientists*, 1975, zitiert in Rhodes, Op. cit. S. 440.
32 Details über die innere Struktur finden sich in Kragh, Op. cit. S. 267.
33 Rhodes, Op. cit. S. 492, 496–500.
34 Kragh, Op. cit. S. 270.
35 Stefan Rosental (Hg.), *Niels Bohr*, Op. cit. S. 192.
36 Margaret Gowing, *Britain and Atomic Energy, 1939–1945*, London, 1964, S. 354–356. Siehe auch Rhodes, Op. cit. S. 482, 529.
37 Clark, Op. cit. S. 141, stellt dar, auf welche Weise die Briten die Fortschritte der Deutschen beobachteten.
38 Zur Präferenz der Deutschen von schwerem Wasser siehe Mark Walker, Op. cit. S. 27.
39 David Irving, *The Virus House*, London, 1967, S. 191. Nach dem Krieg wurde die Beteiligung der deutschen Physiker am Bau der Atombombe zu einer *cause célèbre*, nachdem einige von ihnen behauptet hatten, sie hätten sich aus moralischen Gründen an dieser Forschung nicht beteiligt. In der Folge wurden mehrere widersprüchliche Berichte veröffentlicht, kulminierend in dem von Jeremy Berstein 1996 in New York herausgegebenen Buch *Hitler's Nuclear Club: The Secret Recordings at Farm Hall*, das die der Forschung zugänglich gemachten Transkriptionen der Bandaufnahmen aus Farm Hall enthält – dem englischen Landsitz, in dem die gefangenen deutschen Wissenschaftler nach dem Krieg untergebracht waren. Diesen heimlich mitgeschnittenen Gesprächen der Deutschen war nun zu entnehmen, dass unter der Gesamtleitung von Werner Heisenberg Hunderte von Wissenschaftler, eingeteilt in neun Forschungsgruppen mit unterschiedlichen Schwerpunkten, am Bau einer deutschen Atombombe beteiligt gewesen waren. 1943 hatte sich das gesamte Projekt auf einen funktionsfähigen Reaktor konzentriert. Dass der Plan nicht realisiert werden konnte, lag nicht nur daran, dass die Deutschen kein schweres Wasser bekamen, sondern auch an der Bombardierung von Berlin, die das Institut zur Übersiedlung Richtung Süden zwang.
40 Herbert York, *The Advisers*, London, 1976, S. 30; siehe auch Rhodes, Op. cit. S. 458.
41 Kragh, Op. cit. S. 271; Rhodes, Op. cit. S. 501–502.
42 Das behauptet Rhodes, S. 618; Jungk, Op. cit. S. 178, schreibt allerdings, dass

Truman erst am 25. April informiert worden sei.
43 Jungk, Op. cit. S. 195.
44 Siehe Emilio Sègres Bericht in Kragh, Op. cit. S. 269.
45 Jungk, Op. cit., Kapitel XI, XII und XIV.
46 Die Maschine wurde nach der Mutter des Piloten Paul Tibbets benannt, siehe Jungk, Op. cit. S. 219.
47 Paul Tibbets, »How to drop an Atomic Bomb«, *Saturday Evening Post*, 8. Juni 1946, S. 136.
48 Caffrey, *Ruth Benedict*, Op. cit. S. 321.
49 Modell, *Ruth Benedict*, Op. cit. S. 285.
50 Ruth Benedict, The Chrysanthemum and the Sword (1946), Boston, 1989.
51 Ibid. S. X–XI.
52 Ibid. passim, circa S. 104.
53 Ibid. S. 116, siehe die Tabelle zum Vergleich von *On*, *Ko* und *Giri*.
54 Ibid. S. 253ff.
55 Ibid. S. 192.
56 Caffrey, Op. cit. S. 325.
57 Modell, Op. cit. S. 284.
58 Benedict, Op. cit. S. 305.

KAPITEL 23
1 Annie Cohen-Solal, *Sartre 1905–1980*, aus dem Französischen von Eva Groepler, Hamburg, 1988, S. 390–392.
2 Ibid. S. 393. Siehe auch Herman, *The Idea of Decline in Western History*, Op. cit. S. 343.
3 Cohen-Solal, ibid.
4 Ibid. S. 225.
5 Ibid. S. 45.
6 Ibid. S. 110. Siehe auch Ronald Hayman, *Writings Against: A Biography of Sartre*, London, 1986, S. 64. Siehe auch Herman, Op. cit. S. 334.
7 Herman, Op. cit. S. 335; siehe auch Cohen-Solal, Op. cit. S. 166ff.
8 Herman, Op. cit. S. 333.
9 Ibid. S. 338.
10 Heideggers Darstellung der menschlichen Auflehnung gegen die »Eigentlichkeit eines auf sich gestellten Seins zum Tode« deckte sich mit Sartres Ideen des *l'homme revolté*. Siehe Hayman, Op. cit. S. 132–133.
11 Herman, Op. cit. S. 339.
12 Antony Beevor und Artemis Cooper, *Paris after the Liberation: 1944–1949*, London, 1994, S. 199.
13 Ibid. S. 81, 200.
14 Ibid. S. 156, 164.
15 Cohen-Solal, Op. cit. S. 390. Siehe auch Beevor und Cooper, Op. cit. S. 159–161.
16 Beevor und Cooper, Op. cit. S. 155.
17 Herman, Op. cit. S. 343.
18 Jean-Paul Sartre, »Ist der Existenzialismus ein Humanismus?«, *Drei Essays*, Frankfurt a. M., 1981, S. 22.
19 Cohen-Solal, Op. cit. S. 670.
20 Herman, Op. cit. S. 346.
21 Maurice Merleau-Ponty, *Humanismus und Terror*, Frankfurt a. M., 1990.
22 Herman, Op. cit. S. 346.
23 Arthur Koestler, *Darkness at Noon*, London, 1940. [Anm. d. Ü.: Koestler »übersetzte« seine englische Fassung selbst, nachdem die deutschsprachigen Originalfassungen seiner Werke im Krieg verloren gegangen waren: Arthur Koestler, *Sonnenfinsternis*, Bern, Stuttgart, Wien, 1960.] Zu den Auseinandersetzungen mit Sartre siehe Arthur Koestler, *The Homeless Mind*, London, 1998, S. 288–290.
24 Cohen-Solal, Op. cit. S. 535.
25 Ibid. S. 616ff.
26 Beevor und Cooper, Op. cit. S. 347–348.
27 Stanley Karnow, *Paris in the Fifties*, New York, 1997, S. 240.
28 Cohen-Solal, Op. cit. S. 415.
29 Karnow, Op. cit. S. 240.
30 Cohen-Solal, Op. cit. S. 416.
31 Beevor und Cooper, Op. cit. S. 382.
32 Karnow, Op. cit. S. 251.
33 Cohen-Solal, Op. cit. S. 421ff.
34 Beevor und Cooper, Op. cit. S. 405.
35 Ibid. S. 408.
36 Wie viele Emotionen diese Episode noch immer hervorrufen kann, wird vielleicht durch die Tatsache deutlich, dass Annie Cohen-Solal in ihrer 1985 erschienenen (deutsch 1988) Sartre-Biographie auf 850 Seiten keinen einzigen Hinweis auf diese Geschichte, Krawtschenko oder irgendeine andere darin verwickelte Person lieferte.
37 Beevor und Cooper, Op. Cit. S. 409.
38 Ibid. S. 411–412
39 Zum Streit über die P. C. siehe Cohen-Solal, Op. cit. S. 332–333.
40 Beevor und Cooper, Op. cit. S. 416.
41 Zu »Nikolas Bourbaki«: Dies war das Pseudonym einer Gruppe von im Wesentlichen französischen Mathematikern (Jean Diendonné, Henri Carton et al.), die es sich zum Ziel gesetzt hatten, die gesamte Mathematik zu einem einheitlichen Ganzen zu verwandeln. Der erste Band von *Elemente der Mathematik* erschien 1939

und sollte auf über zwanzig Bände erweitert werden. Zu Olivier Messaien siehe Arnold Whittall, *Music Since the First World War*, London, 1977, 1995, S. 216–219, 226–231.
42 Zum *Mythos von Sisyphos* und Camus' Philosophie des Absurden siehe Oliver Todd, *Albert Camus: Une Vie*, Paris, 1996, S. 296ff; zum Pariser Kunstmarkt nach dem Zweiten Weltkrieg siehe Raymonde Moulin, *Le Marché de la peinture en France*, Paris, 1967.
43 Siehe die diversen Notizen zur *Pest* in Albert Camus, *Tagebücher 1935–1952* (Bd. I.), aus dem Französischen von Guido G. Meister, Reinbek b. Hamburg, 1963, passim.
44 Kate Millett, *Sexual Politics*, London, 1971, S. 346.
45 Ironischerweise war Mettray – das Gefängnis, in dem Genet seine Strafe absaß – eine landwirtschaftliche Kolonie, die, laut Genets Biograf, »eine täuschend echte ländliche Idylle (keine Mauer umgrenzte das Areal und der lange Weg, der dorthin führte, war von hohen Bäumen umstellt) und zugleich seltsam gut bewacht war«. Siehe Edmund White, *Genet*, London, 1993, S. 68.
46 Genet kämpfte hart, damit tatsächlich schwarze Schauspieler engagiert wurden. Zu den Auseinandersetzungen, die es deshalb in Polen gab, siehe White, Op. cit. S. 502–503.
47 Andrew. K. Kennedy, *Samuel Beckett*, Cambridge, 1989, S. 4–5.
48 James Knowlson, *Damned to Fame: The Life of Samuel Beckett*, London, 1996, S. 54.
49 Kennedy, Op. cit. S. 8.
50 Knowlson, Op. cit. S. 175.
51 Beevor und Cooper, Op. cit. S. 173.
52 Kennedy, Op. cit. S. 6, 7, 9, 11.
53 Knowlson, Op. cit. S. 387.
54 Kennedy, Op. cit. S. 24.
55 Ibid. S. 42.
56 *Godot* war übrigens in Deutschland, den USA und anderen Ländern sehr populär unter Gefängnisinsassen. Siehe Knowlson, Op. cit. S. 409ff.
57 Siehe Kennedy, Op. cit. S. 30, zu einer Darstellung dieser Figuren.
58 Ibid. S. 33–34, 40–41.
59 Claude Bonnefoy, *Conversations with Eugène Ionsescu*, London, 1970, S. 65.
60 Ibid. S. 82.
61 Zu Ionescos Gedanken über das Ende des Individuums siehe Eugène Ionesco, *Present, Past, Past Present: A Personal Memoir*, London, 1972, S. 139.
62 Bonnefoy, Op. cit. S. 167–168.

KAPITEL 24

1 Siehe Sartres Brief von Anfang 1944, in dem er schildert, wie er mit Camus um eine junge Frau rivalisiert. Jean Paul Sartre, in Simone de Beauvoir (Hg.), *Briefe an Simone de Beauvoir und andere*, aus dem Französischen von Andrea Spingler, Bd. 2, Reinbek b. Hamburg, 1985, S. 340f. Siehe auch den würdevollen und bewegenden Tribut, den de Beauvoir ihrem langjährigen Partner zollte: Simone de Beauvoir, *Die Zeremonie des Abschieds*, übersetzt von Uli Aumüller und Eva Moldenhauer, Reinbek b. Hamburg, 1986.
2 Claude Francis und Fernande Gontier, *Simone de Beauvoir, Die Biographie*, aus dem Französischen von Sylvie César und Friedmar Apel, Reinbek b. Hamburg, 1989, S. 247f.
3 Ibid. S. 290, 340.
4 Ibid. S. 153. Siehe auch Deidre Blair, *Simone de Beauvoir*, London, 1990, S. 325, 379–380.
5 Bair, Op. cit. S. 379.
6 Ibid. S. 380.
7 Siehe dazu ibid. S. 383.
8 Simone de Beauvoir, *Das andere Geschlecht. Sitte und Sexus der Frau*, aus dem Französischen von (Erstes Buch) Eva Rechel-Mertens und (Zweites Buch) Fritz Montfort, Reinbek bei Hamburg, 1968, S. 222, 226, 240.
9 Siehe Francis und Gontier, Op. cit. S. 298f., zur Aufnahme dieses Bandes in Frankreich, sowie S. 300 zu dem Fakt, dass das Buch dort auf den Index gesetzt wurde.
10 Blair, Op. cit. S. 387. Siehe auch Toril Moi, *Simone de Beauvoir, Die Psychographie einer Intellektuellen*, aus dem Englischen von Ingrid Lebe, Frankfurt a. M., 1996, S. 223ff., 273ff. zum »anderen Geschlecht«.
11 Blair, Op. cit. S. 432–433.
12 Ibid. S. 438.
13 Brendan Gill, »No More Eve«, *New Yorker*, Bd. XXIX, Nr. 2, 28. Februar 1953, S. 97–99, zitiert in Blair, Op. cit. S. 439.
14 Blair, Op. cit. S. 432.
15 Kinsey betrachtete sich als einen »zweiten Darwin«, siehe James H. Jones, *Alfred C. Kinsey: A Public/Private Life*, New York, 1997, S. 25ff.
16 John Heidenry, *What Wild Ecstasy:*

The Rise and Fall of the Sexual Revolution, New York, 1997, S. 21.
17 John D'Emilio und Estelle B. Freedman, *Intimate Matters: A History of Sexuality in America*, New York, 1988, S. 285.
18 Ibid. S. 285.
19 Ibid.
20 Ibid. S. 286.
21 Ibid.
22 Heidenry, Op. cit. S. 21.
23 Jones, Op. cit. S. 690–691; siehe auch D'Emilio und Freedman, Op. cit. S. 286.
24 Jones, Op. cit. S. 695.
25 Heidenry, Op. cit. S. 21.
26 D'Emilio und Freedman, Op. cit. S. 288.
27 Heidenry, Op. cit. S. 23.
28 Ibid.
29 Ibid. S. 24–25.
30 Ibid.
31 Ibid. S. 26.
32 D'Emilio und Freedman, Op. cit. S. 268, 312; siehe auch Heidenry, Op. cit. S. 28.
33 Heidenry, Op. cit. S. 29.
34 Ibid. S. 33.
35 Ibid.
36 Audrey Leathard, *The Fight for Family Planning*, London, 1980, S. 72.
37 Ibid. S. 87.
38 Ibid. S. 84.
39 Heidenry, Op. cit. S. 31.
40 Zu Rocks Einstellung siehe Leathard, Op. cit. S. 114.
41 Heidenry, Op. cit. S. 31.
42 Ibid; siehe auch Leathard. Op. cit. S. 104.
43 Heidenry, Op. cit. S. 31–32.
44 Ibid. S. 32.
45 Leathard, Op. cit. S. 105.
46 Ursprünglich hatte Nabokov sein Buch unter einem Pseudonym veröffentlichen wollen, um seine Position als ordentlicher Professor an der Cornell University nicht zu gefährden, doch seine Verleger Farrar, Straus & Giroux fanden, dass dies ihre Möglichkeit, sein Buch als große Literatur zu verteidigen, unterminieren würde. Allerdings wurde diese Darstellung von Andrew Field bestritten, siehe *VN: The Life and Art of Vladimir Nabokov*, London, 1978, S. 299–300.
47 Ibid. S. 324–235, zu der Tatsache, dass Nabokov jede psychoanalytische Interpretation seines Werks zurückwies.
48 Daniel Horowitz, *Betty Friedan: The Making of the Feminine Mystique*, Amherst, 1998, S. 193.
49 Betty Friedan, *Der Weiblichkeitswahn oder Die Selbstbefreiung der Frau*, Deutsch von Margaret Carroux, Reinbek b. Hamburg, 1966, S. 8–9.
50 Ibid. S. 9.
51 Ibid. S. 33–34, 37.
52 Horowitz, Op. cit. S. 2–3.
53 Friedan, Op. cit. S. 100ff.
54 Ibid. S. 18.
55 Siehe Horowitz, Op. cit. S. 226–227

KAPITEL 25

1 David Riesman, Nathan Glazer, Reuel Denney, *The Lonely Crowd*, New Haven (1950), 1989, S. XXIV. (*Die einsame Masse*, Reinbek b. Hamburg, 1950; vergriffen.)
2 Ibid. S. 5ff.
3 Ibid. S. 11.
4 Ibid. S. 15.
5 Ibid. S. 18.
6 Ibid. S. 19.
7 Ibid. S. 22.l
8 Ibid. Kap. VIII, IX und X.
9 Ellen Schrecker, *The Age of McCarthyism: A Brief History with Documents, Boston*, 1994, S. 63.
10 Theodor W. Adorno, Bruno Bettelheim, Else Frenkel-Brunswik, Norbert Gutermann, Morris Janowitz, Daniel J. Levinson, R. Nevitt Sanford, *Studies in Prejudice*, New York, 1950; mit einem Vorwort von Max Horkheimer ins Deutsche übersetzt vom Institut für Sozialforschung Frankfurt am Main, *Der autoritäre Charakter, Studien über Autorität und Vorurteil*, Amsterdam, 1968. Siehe auch Herman, *The Idea of Decline in Western History*, Op. cit. S. 316.
11 Herman, ibid.
12 Ibid.
13 Adorno kam zu dem Schluss, dass die Partei den einst von der Familie versorgten Gefühlshaushalt übernommen habe. Siehe Ben Agger, *The Discourse of Domination: From the Frankfurt School to Postmodernism*, Evanstone, Illinois, 1992, S. 251; siehe auch T. B. Bottomore, *Sociology as Social Criticism*, London, 1975, S. 91.
14 Herman, Op. cit. S. 318.
15 Andrew Jamison und Ron Eyerman, *Seeds of the Sixties*, Berkeley, Los Angeles, London, 1994, S. 52. Dieses Buch, auf dem meine Darstellung im Wesentlichen beruht, bietet eine ausgezeichnete und sehr originelle Einführung in das Denken der sechziger Jahre und verdiente wesent-

lich mehr Aufmerksamkeit, als ihm bisher geschenkt wurde.
16 In einem Brief vom 9. August 1956 schrieb Mary McCarthy, dass sogar Bernard Berenson, der eine Ausgabe der *Ursprünge* besaß, neugierig darauf war, Arendt zu treffen. Siehe Carol Brightman, *Between Friends: The Correspondence of Hannah Arendt and Mary McCarthy, 1949–1975*, London, 1995, S. 42.
17 Zu dieser schwierigen Geburt siehe Young-Bruehl, Op. cit. S. 285ff.
18 Jamison und Eyerman, Op. cit. S. 47.
19 Hannah Arendt, *Elemente und Ursprünge totaler Herrschaft. Antisemitismus, Imperialismus, Totale Herrschaft* (1951), von der Autorin aus dem Englischen übersetzt und neu bearbeitet, München, 1986, S. 667–669.
20 Ibid. S. 697.
21 Jamison und Eyerman, Op. cit. S. 48.
22 Siehe Young-Bruehl, Op. cit. S. 439ff.
23 Jamison und Eyerman, Op. cit. S. 50.
24 Ibid. S. 57.
25 Erich Fromm, *Wege aus einer kranken Gesellschaft. Eine sozialpolitische Untersuchung* (1955), aus dem Englischen von Liselotte und Ernst Mickel, Frankfurt a. M., 1960.
26 Ibid. S. 9–10, 17.
27 Ibid. S. 337.
28 Ibid. S. 338–339.
29 W. H. Whyte, *The Organisation Man*, London, 1957.
30 Ibid. S. 14.
31 Ibid. S. 63.
32 Ibid. S. 101ff.
33 Ibid. S. 217ff.
34 Ibid. S. 338–341.
35 Jamison und Eyerman, Op. cit. S. 36.
36 Ibid. S. 37.
37 Ibid. S. 36–37.
38 Ibid. S. 33, 34.
39 C. Wright Mills, *The Power Elite*, New York, 1956, S. 274–275. Siehe auch Howard S. Becker, »Professional Sociology: The case of C. Wright Mills«, in Roy C. Rist, *The Democratic Imagination: Dialogues on the work of Irving Louis Horowitz*, New Brunswick und London, 1994, S. 157ff.
40 Jamison und Eyerman, Op. cit. S. 39.
41 Ibid. S. 40.
42 C. Wright Mills, *White Collar: The American Middle Classes*, New York, 1953, S. IX, zitiert in Jamison und Eyerman, Op. cit. S. 40.
43 Mills, *White Collar*, Op. cit. S. 294–295; Jamison und Eyerman, Op. cit. S. 41.
44 Jamison und Eyerman, Op. cit. S. 43.
45 Ibid.
46 C. Wright Mills, *The Sociological Imagination*, Oxford, 1959, S. 5.
47 Ibid. S. 187.
48 J. K. Galbraith, *The Affluent Society*, Boston, 1958, S. 40. (*Gesellschaft im Überfluss*, Gütersloh, 1959; vergriffen.)
49 Ibid. S. 65.
50 Galbraith lässt in seiner ersten Autobiographie keinen Zweifel am Einfluss, den Keynes auf ihn ausgeübt hatte; siehe J. K. Galbraith, *A Life in Our Times*, London, 1981, S. 74–57, 622. (*Leben in entscheidender Zeit. Memoiren*, Gütersloh, 1982; vergriffen.)
51 Ibid. S. 86.
52 Ibid. S. 122ff.
53 Ibid. S. 128ff.
54 Ibid. S. 182, 191–192.
55 Ibid. S. 195ff.
56 Ibid. S. 233ff.
57 In seiner Autobiographie schreibt Galbraith, dass das *Time*-Magazin auf diesen Vorschlag völlig pikiert reagiert habe, während Malcolm Muggeridge ihn auf eine Stufe mit Tawneys *Acquisitive Society* und Keynes' *Economic Consequences of the Peace* gestellt habe. Siehe Galbraith, *A Life*, Op. cit. S. 354.
58 W. W. Rostow, *The Stages of Economic Growth*, Cambridge (1960), 1971.
59 Ibid. S. 7.
60 Ibid. S. 36ff.
61 Ibid. S. 59ff.
62 Ibid., die Zusammenfassung bezieht sich auf die Tabellen S. 38 und 59.
63 Ibid. S. 73ff.
64 Ibid. Fußnote S. 11.
65 Ibid. S. 107.
66 Siehe dazu die Darstellungen von Fukuyama im abschließenden Kapitel dieses Buches.
67 Rostow, Op. cit. S. 102–103.
68 Daniel Horowitz, *Vance Packard and American Social Criticism*, Chapel Hill, 1994, S. 98–100.
69 Ibid. S. 105.
70 Ibid.
71 Vance Packard, *The Hidden Persuaders*, New York, 1957.
72 Ibid. S. 87–88.
73 Vance Packard, *The Status Seekers*, New York, 1959.
74 Horowitz, Op. cit. S. 132.

75 Vance Packard, *The Waste Makers*, New York, 1960.
76 Horowitz, Op. cit. S. 119.
77 Malcolm Waters, *Daniel Bell*, London, 1996, S. 13–15.
78 Waters, Op. cit. S. 78.
79 Daniel Bell, *The End of Ideology: On the Exhaustion of Political Ideas in the Fifties* (1960), Glencoe, 1988. Siehe auch Waters, Op. cit. S. 79.
80 Waters, Op. cit. S. 80.
81 Siehe die Kapitel von Malcolm Dean, S. 105ff., und Daniel Bell, S. 123ff., in Geoff Dench et al. (Hg.), *Young at Eighty*, London, 1995.
82 Michael Young, *The Rise of Meritocracy*, London (1958), New Brunswick 1994.
83 Ibid. S. XI.
84 Ibid. S. XII.
85 Ibid. S. 170.
86 Barker, Op. cit. S. 161, zitiert einen Rezensenten mit den Worten, diesem Buch fehle »die menschliche Stimme«.

KAPITEL 26

1 Peter Ackroyd, *T. S. Eliot*, Op. cit. S. 289.
2 T. S. Eliot, »Beiträge zum Begriff der Kultur« (1948), *Werke 2, Essays I*, herausgegeben von Helmut Viebrock, Frankfurt a. M., 1967.
3 Ackroyd, Op. cit. S. 291.
4 Eliot, Op. cit. S. 18. Was Eliot vom gebildeten Müßiggang hielt, schildert Sencourt in *T. S. Eliot: A Memoir*, Op. cit. S. 154.
5 Eliot, Op. cit. S. 30.
6 Ibid. S. 20.
7 Ibid. S. 42.
8 Er schrieb, dass er sich der Tatsache, *Europäer* und nicht nur Brite zu sein, sehr bewusst war. Siehe Sencourt, Op. cit. S. 158.
9 Eliot, Op. cit. S. 49.
10 Ibid. S. 85ff.
11 Ibid. S. 23ff.
12 Ian MacKillop, *F. R. Leavis*, Op. cit. S. 15, 17ff.
13 F. R. Leavis, *The Great Tradition*, London, 1948, sowie *The Common Pursuit*, London, 1952.
14 Zu seiner Skepsis in Bezug auf die Verbindung zwischen Soziologie und Literatur siehe Leavis, *The Common Pursuit*, Kap. 14; zur »Annäherung an T. S. Eliot« – den Essay, in dem er *Aschermittwoch* als das Werk bezeichnete, das Eliots Ansehen besiegelt habe – siehe Kap. 23.
15 MacKillop. Op. cit. S. 111, sowie insbesondere Kap. 8, S. 263ff., zur Zukunft der Kritik.
16 Lionel Trilling, *The Liberal Imagination* (1948), New York, 1951.
17 Ibid. S. 34.
18 Ibid. S. 288ff.
19 Henry S. Commager, *The American Mind: An Interpretation of American Thought and Character Since the 1880s*, New York, 1950.
20 Ibid. S. 199ff., 227ff.
21 Ibid. S. 176–177.
22 Ibid. S. 378ff.
23 Jamison und Eyerman, Op. cit. S. 150–151.
24 Ibid. S. 150.
25 Trillings Frau beschrieb die Beziehung der beiden als »gleichsam ödipal«, siehe Graham Caveney, *Screaming with Joy: The Life of Allen Ginsberg*, London, 1999, S. 33.
26 Jamison und Eyerman, Op. cit. S. 152.
27 Barry Miles, *Ginsberg: A Biography*, New York, 1990, S. 196.
28 Ibid. S. 192.
29 Jamison und Eyerman, Op. cit. S. 152.
30 Ibid. S. 158–159.
31 Zu Ferlinghettis Reaktion auf die *Howl*-Lesung siehe Barry Miles, Op. cit. S. 197.
32 Ann Charters, *Kerouac: A Biography*, London, 1974, S. 24–25. Nach einem Beinbruch sollte es Kerouac nie gelingen, ins A-Team aufzusteigen, was er laut Charters als ein komplettes Versagen empfand, das er nie verwand.
33 A. d. Ü.: Jack Kerouac, *Unterwegs*, Reinbek b. Hamburg, 1968, erschienen als »berechtigte Übertragung aus dem Amerikanischen« ohne Angabe des Übersetzers. Eine sehr viel empfehlenswertere Neuübersetzung von Thomas Lindquist erschien in Reinbeck b. Hamburg, 1989.
34 Ann Charters in der Einführung zur amerikanischen Ausgabe von Kerouac, *On the Road*, New York, 1957, S. VIII, IX.
35 Ibid. S. XX.
36 Ibid. S. 92–97.
37 1945 hatte Kerouac so viel Benzedrin geschluckt, dass sich eine Thrombophlebitis in den Beinen entwickelte. Siehe ibid. S. 52.
38 Eine kurze Darstellung der Geschichte des Bebop bietet zum Beispiel Gerald Nicosia in *Memory Babe: A Critical Biography of Jack Kerouac*, New York, 1983, S. 112. Zu den nachträglichen Interpretationen, siehe ibid. S. 690–691.

39 Charters' Vorwort, Op. cit. S. XXVIII.
40 Siehe Jamison und Eyerman, Op. cit. S. 159.
41 Alan Freed, Interview in *New Musical Express*, 23. September 1956, zitiert in Richard Aquila, *That Old Time Rock'n' Roll: A Chronicle of an Era, 1954–1963*, New York, 1989, S. 5.
42 Donald Clarke, *The Rise and Fall of Popular Music*, New York, 1995, S. 373.
43 Aquila, Op. cit. S. 6.
44 Clarke, Op. cit. S. 370, schreibt, dass dies definitiv nicht die erste Nummer gewesen sei.
45 Natürlich waren dies nicht nur Imitationen. Siehe auch Simon Frith, *Performing Rites: Evaluating Popular Music*, Oxford, S. 195, über Presleys erotische Ausstrahlung.
46 Aquila, Op. cit. S. 8.
47 Zu den Charts und anderen Marketing-Kategorien der Popmusik siehe Frith, Op. cit. passim.
48 Arnold Goldman, »A Remnant to escape: The American Writer and the Minority Group«, in Marcus Cunliffe (Hg.), *The Penguin History of Literature*, Op. cit. S. 302–303.
49 Ralph Ellison, *Der Unsichtbare Mann*, deutsch von Georg Goyert, Reinbek b. Hamburg, 1998.
50 Jamison und Eyerman, Op. cit. S. 160.
51 James Campbell, *Talking at the Gates: A Life of James Baldwin*, London, 1991, S. 117.
52 Jamison und Eyerman, Op. cit. S. 163.
53 Campbell, Op. cit. S. 228.
54 Ibid. S. 125; siehe auch Jamison und Eyerman, Op. cit. S. 166.
55 Colin MacInness, *Absolute Beginners*, London, 1959, sowie *Mr Love and Mr Justice*, London, 1960.
56 Siehe z.B. Michael Dash, »Marvellous Realism: The Way out of Négritude«, in Bill Ashcroft et. al. (Hg.), *The Post-Colonial Studies Reader*, London und New York, 1995, S. 199.
57 Siehe Ezenwa-Ohaeto, *Chinua Achebe: A Biography*, Oxford, 1997, S. 60; sowie Gilbert Phelbs, »Two Nigerian Writers: Chinua Achebe and Wole Soyinka«, in Boris Ford (Hg.), *The New Pelican Guide to English Literature*, Bd. 8, *From Orwell to Naipaul*, London, 1983, S. 319–331.
58 Chinua Achebe, *Okonkwo oder Das Alte stürzt*, Frankfurt a. M., 1983. Siehe auch Phelbs, Op. cit. S. 321.
59 Ezenwa-Ohaeto, Op. cit. S. 66; siehe auch Phelbs, Op. cit. S. 321.
60 Ibid. S. 66ff., zu den unterschiedlichen Entwürfen dieses Buchs und Achebes Versuchen, einen Verleger zu finden; siehe auch Phelbs, Op. cit. S. 323.
61 Siehe Claude Lévi-Strauss und Didier Eribon, *Das Nahe und das Ferne*, Op. cit. Kap. 16, zu Lévi-Strauss' Gedanken zur »Zukunft der Ethnologie« und S. 176 zu den *Annales*.
62 Edmund Leach, *Lévi-Strauss*, London, 1974, S. 13.
63 Siehe auch Eribon und Lévi-Strauss, Op. cit. Kap. 16. Lévi-Strauss diskutiert mit Eribon auch, weshalb er »im letzten Kapitel von *Strukturen*« für die Psychoanalyse und namentlich Freuds *Totem und Tabu* den Ausdruck »Scheitern« gebrauchte, siehe ibid. S. 156. Siehe auch Lévi-Strauss, *Traurige Tropen* (1955), Frankfurt a. M., 1999; *Mythologica I, Das Rohe und das Gekochte*, Frankfurt a. M., 1980; *Mythologica II, Vom Honig zur Asche*, Frankfurt a. M., 1990; *Die elementaren Strukturen der Verwandtschaft*, übersetzt von Eva Moldenhauer, Frankfurt a. M., 1981.
64 Leach, Op. cit. S. 60.
65 Ibid. S. 63.
66 Ibid. S. 82ff.
67 Lévi-Strauss versuchte einmal, Margaret Mead mit Simone de Beauvoir zusammenzubringen, und gab ihnen zu Ehren einen kleinen Empfang. »Sie haben nicht einmal das Wort aneinander gerichtet.« Siehe Lévi-Strauss und Eribon, Op. cit. S. 24.
68 Basil Davidson, *Old Africa Rediscovered*, London, 1959.
69 Oliver Neville, »The English Stage Company and the Drama Critics«, in Ford (Hg.), Op. cit. S. 251.
70 Was geschah, nachdem John Osborne diese Anzeige gelesen hatte, berichtete er in *A Better Class of Person: Autobiography 1929–1956*, London, 1981, S. 275.
71 Neville, Op. cit. S. 252–253.
72 Peter Mudford, »Drama since 1950«, in Dodsworth (Hg.), *The Penguin History of Literature*, Op. cit. S. 296.
73 Zu den autobiographischen Überschneidungen siehe Osborne, Op. cit. S. 239ff.
74 Mudford, Op. cit. S. 395.
75 Ibid.
76 Michael Hulse, »The Movement«, in Ian Hamilton (Hg.), *The Oxford Companion to Twentieth-Century Poetry*, Op. cit. S. 368.

77 Mudford, Op. cit. S. 246.
78 Zu Larkins Beruf als Bibliothekar, was er selbst davon hielt, und zu seiner Schüchternheit siehe Andrew Motion, *Philip Larkin: A Writer's Life*, London, 1993, S. 109ff. Zu den anderen hier erwähnten Details über Larkin siehe Alastair Fowler, »Poetry since 1950«, in Dodsworth (Hg.), Op. cit. S. 346; sowie Motion, Op. cit. S. 242–243 und S. 269 zu den Artikeln in *The Times*. Seamus Heaneys Gedicht erschien im Rahmen von *A Tribute to Philip Larkin*, hg. von George Hartley, London, 1988, S. 39, und endete mit der Zeile: »A nine-to-five man who had seen poetry.«
79 Das Zitat »hilfloser Zuschauer« (»helpless bystander«) stammt aus Michael Kirkham, »Philip Larkin and Charles Tomlinson: Realism and Art«, in Boris Ford (Hg.), *From Orwell to Naipaul*, Op. cit. S. 286–289. Zu Morrison siehe Blake Morrison, »Larkin«, in Hamilton (Hg.), Op. cit. S. 288.
80 Richard Hoggart, *A Sort of Clowning: Life and Times*, Bd. II, *1940–59*, London, 1990, S. 175.
81 Leavis sagte, dass Hoggarts Buch »einigen Wert« habe, er aber »besser einen Roman geschrieben hätte.« Siehe Hoggart, Op. cit. S. 206.
82 Richard Hoggart, *The Uses of Literacy*, London, 1957.
83 Raymond Williams, *Culture and Society*, London, 1958.
84 Eine gute Darstellung dieses Punktes bietet Fred Inglis, *Cultural Studies*, Oxford, 1983, S. 52–56; siehe auch Fred Inglis, *Raymond Williams*, London und New York, 1995, S. 162ff.
85 Stefan Collini, Einführung zu C. P. Snow, *The Two Cultures*, Cambridge (1959), 1993, S. VII. [Anm. d. Ü.: Die vergriffene Übersetzung der *Rede Lecture* von C. P. Snow findet sich als Wiederabdruck in Helmut Kreuzer (Hg.), *Die Zwei Kulturen. Literarische und naturwissenschaftliche Intelligenz. C. P. Snows These in der Diskussion*, Stuttgart, 1969.]
86 Collini, Op. cit. ibid.
87 Ibid. S. VIII. Das Honorar, das Snow für diesen Vortrag erhielt, betrug 9 Guineas, dasselbe, was ein Referent bei Gründung dieser Vortragsreihe im Jahr 1525 erhalten hatte. Siehe Philip Snow, *Stranger and Brother: A Portrait of C. P. Snow*, London, 1982, S. 117.
88 Ibid. Siehe auch Collini, Op. cit. S. XX.
89 C. P. Snow, Op. cit. S. 14.
90 Ibid. S. 18.
91 Ibid. S. 29ff.
92 Ibid. S. 34.
93 Ibid. S. 41ff.
94 MacKillop, Op. cit. S. 320.
95 Obendrein wurde er auch krank. Siehe Philip Snow, Op. cit. S. 130.
96 Collini, Op. cit. S. XXXIIIff. Dieser Essay, 64 Seiten, wird empfohlen. Er bringt u. a. Snows Vortrag in Zusammenhang mit der sich ändernden Landkarte der Disziplinen in der 2. Hälfte des 20. Jahrhunderts.
97 Lionel Trilling, »A comment on the Leavis-Snow Controversy«, *Universities Quarterly*, Bd. 17, 1962, S. 9–32. Siehe auch Collini, Op. cit. S. XXXVIIIff.
98 Im britischen Fernsehen wurde dieses Thema erstmals 1968 diskutiert. Siehe Philip Snow, Op. cit. S. 147.

KAPITEL 27

1 Michael Polanyi, *Science, Faith and Society*, Oxford, 1946.
2 Ibid. S. 14.
3 Ibid. S. 19.
4 Ibid. S. 60ff.
5 Julian Symons, Einführung zur englischen Ausgabe von George Orwell, *1984*, Everyman's Library, 1993, S. XVI.
6 James Burnham, *Das Regime der Manager*, [o. A. d. Ü.], Stuttgart, 1949.
7 Zu den Problemen im Bereich der Physik siehe Paul R. Josephson, *Physics and Politics in Revolutionary Russia*, Los Angeles und Oxford, 1991. Zum Problem, das der Lyssenkoismus im kommunistischen China hervorrief, siehe Laurence Schneider, »Learning from Russia: Lysenkoism and the Fate of Genetics in China, 1950–1986«, in Denis Fred Simon und Merle Goldman (Hg.), *Science and Technology in Post-Mao China*, Cambridge, MA., 1989, S. 45–65.
8 Krementsov, *Stalinist Science*, Op. cit. S. 115.
9 Ibid. S. 107.
10 Ibid. S. 129–131, 159.
11 Ibid. S. 160, 165.
12 Ibid. S. 169.
13 Ibid. S. 174, 176, 179.
14 Michael Riordan und Lillian Hoddeson, »Birth of an Era«, *Scientific American: Special Issue, »Solid State Century: The Past, Present and Future of the Transistor«*, 22. Januar 1998, S. 10.
15 S. Millman (Hg.), *A History of Engi-*

neering and Science in the Bell Systems: Physical Sciences (1925–1980), Thousand Oaks, 1983, S. 97ff.
16 Riordan und Hoddeson, Op. cit. S. 11.
17 Ibid.
18 Ibid.
19 Ibid. S. 14.
20 Brian Winston, *Media, Technology and Society: A History from the Telegraph to the Internet*, London und New York, 1998, S. 216–217. Siehe auch Chris Evans, *The Mighty Micro*, London, 1979, S. 49–50.
21 Frank. H. Rockett, »The Transistor«, *Scientific American*, Op. cit. S. 18ff.
22 Ibid. S. 19.
23 Winston, Op. cit. S. 213.
24 Riordan und Hoddeson, Op. cit. S. 14–15.
25 Ibid. S. 13.
26 Allerdings sollte das Medieninteresse an ihrem persönlichen Verhältnis einiges zum kommerziellen Erfolg des Transistors beitragen. Siehe Winston, Op. cit. S. 219.
27 Ibid. S. 221.
28 Paul Strathern, *Crick, Watson und DNS*, London, 1997, S. 37–38. Auch James D. Watson schreibt: »... bei vielen war er gar nicht beliebt, und die meisten Leute fanden, er redete zu viel«; siehe J. D. Watson, *Die Doppelhelix. Ein persönlicher Bericht über die Entdeckung der DNS-Struktur*, deutsch von Wilma Fritsch, mit einer Einführung von Albrecht Fölsing, überarbeitete und erweiterte Neuausgabe, Reinbek. b. Hamburg, 1973, S. 30.
29 Strathern, Op. cit. S. 42.
30 Ibid. S. 44.
31 Zu den rivalisierenden Gruppen und dem Stand der Forschung in dieser Zeit siehe Bruce Wallace, *The Search for the Gene*, Op. cit. S. 108ff.
32 Strathern, Op. cit. S. 45.
33 Watson, Op. cit. S. 38.
34 Strathern, Op. cit. S. 49.
35 Watson, Op. cit. S. 78–84.
36 Ibid. S. 99.
37 Strathern, Op. cit. S. 56.
38 Watson, Op. cit. S. 101–102.
39 Ibid. S. 110.
40 Ibid. S. 136–137.
41 Paulings Biograph Thomas Hager schreibt, dass mehrere Historiker folgende Spekulation anstellten: Wäre Pauling nicht ein Pass verweigert worden, hätte er an der Konferenz der Royal Society in London teilgenommen, dabei von Franklins Ergebnissen erfahren und vermutlich daraufhin selbst die DNS-Struktur entdeckt. Siehe Thomas Hager, Op. cit. S. 414.
42 Strathern, Op. cit. S. 70–71.
43 Allerdings herrschte nicht nur Konkurrenz, sondern auch gegenseitige Achtung unter diesen Forschern. Pauling hatte Crick schon zuvor vorgeschlagen, ans Caltech zu kommen. Siehe Hager, Op. cit., S. 414; sowie Strathern, Op. cit. S. 72.
44 Watson, Op. cit. S. 170–171.
45 Ibid. S. 174–176.
46 Ibid. S. 185–187.
47 Strathern, Op. cit. S. 82.
48 James Watson schreibt in seinem »Epilog« zum Thema Franklin, dass sich seine »Eindrücke von ihr – sowohl in persönlicher als auch in wissenschaftlicher Hinsicht – weitgehend als falsch erwiesen« hatten, und hebt ausdrücklich ihren wissenschaftlichen Beitrag hervor. Siehe Watson, Op. cit. S. 200.
49 Alan Shepard und Deke Slayton, *Moon Shot*, New York, 1994, S. 37.
50 James Harford, *Korolev: How One Man Masterminded the Soviet Drive to Beat the Americans to the Moon*, New York, 1997, S. 121.
51 Ibid. S. 130. Zu den Schlagzeilen von Reuters siehe Shepard und Slayton, Op. cit. S. 39.
52 Obwohl *Sputnik I* so klein war, war er doch größer als das damals von den USA geplante Objekt. Siehe Charles Murray und Catherine Bly Cox, *Apollo: The Race for the Moon*, London, 1989, S. 23. Siehe auch Harford, Op. cit. S. 122.
53 Zu den Themen Kosten und Sicherheit, siehe Young, Silcock und Peter Dunn, *Journey to the Sea of Tranquility*, London, 1969, S. 80–81.
54 Ibid. siehe Anm. 50.
55 Ibid. S. 38–39, zu weiteren persönlichen Details über Koroljow.
56 Harford, Op. cit. S. 49–50.
57 Ibid. S. 51.
58 Robert Conquest, *The Great Terror*, London, 1968, sowie Conquest, *Kolyma: The Arctic Death Camps*, New York, 1979, S. 59.
59 Harford, Op. cit. S. 57
60 Ibid. S. 91.
61 Nach der Ankündigung der amerikanischen Trägerrakete *Vanguard* hatten die Russen damit geprahlt, dass sie die Amerikaner schlagen würden. Siehe Young, Silcock et al., Op. cit. S. 67.
62 Zu den Auswirkungen in den USA siehe Murray und Cox, Op. cit. S. 77.

63 Harford, Op. cit. S. 114–115.
64 Ibid. S. 110.
65 Nicht aber Eisenhower, jedenfalls erst einmal nicht. Siehe Young, Silcock et al., Op. cit. S. 68.
66 Ibid., S. 74. Dies ist nur einer von mehreren späteren Berichten über dieses Thema, die Koroljow mit keinem Wort erwähnen. Siehe auch Harford, Op. cit. S. 133.
67 Shepard und Slayton, Op. cit. S. 42.
68 Harford, Op. cit. S. 132.
69 *Sputnik 2* hatte einen sogar noch größeren Effekt als *Sputnik 1*, siehe Young, Silcock et al., Op. cit. S. 70–71.
70 Harford, Op. cit. S. 135.
71 Ibid. S. 135–136.
72 Zu den Auswirkungen der *Sputniks* auf die Politik von Eisenhower siehe Young, Silcock et al., Op. cit. S. 82ff.
73 Richard Leakey, *One Life*, London, 1983, S. 49.
74 Virginia Morrell, *Ancestral Passions: The Leakey family and the Quest for Humankind's Beginnings*, New York, 1995, S. 57.
75 Mary Leakey, *Olduvai Gorge: My Search for Early Man*, London, 1979, S. 13.
76 Morrell, Op. cit. S. 80–89.
77 Nicht zuletzt deshalb verlegte er sich auf das Schreiben von Büchern, wie zum Beispiel über *Kenya: Contrasts and Problems*, London, 1936.
78 Morrell, Op. cit. S. 163–174.
79 Mary Leakey, Op. cit. S. 83ff.
80 Siehe die detaillierte Karte der Schlucht in Mary Leakey, Op. cit. S. 52–53.
81 Morrell, Op. cit. S. 178.
82 Ibid. S. 180–181.
83 Mary Leakey, Op. cit. S. 75; siehe auch Richard Leakey, Op. cit. S. 50.
84 Morrell, Op. cit. S. 181.
85 Ibid.
86 Mary Leakey, Op. cit. S. 74.
87 L. S. B. Leakey, »Finding the World's Earliest Man«, in *National Geographic Magazine*, September 1960, S. 421–435.
88 Morrell, Op. cit. S. 196.
89 Ibid. Siehe auch Richard Leakey, Op. cit. S. 49.
90 Lévi-Strauss und Eribon, *Das Nahe und Das Ferne*, Op. cit. S. 173.
91 Karl Popper, *Logik der Forschung*, Tübingen, 1994, siehe insb. die Kapitel I, IV und V.
92 Thomas S. Kuhn, *Die Struktur wissenschaftlicher Revolutionen*, aus dem Amerikanischen von Kurt Simon, 2. Aufl. revidiert von Hermann Vetter, Frankfurt a. M., 1976, siehe insb. Kap. VI, S. 65ff.
93 Ibid. S. 155.
94 Siehe Kuhns »Postskriptum« aus dem Jahr 1969, ibid. S. 186ff.

KAPITEL 28

1 John Russell Taylor, *Hitch: The Life and Work of Alfred Hitchcock*, London, 1978, S. 225.
2 Donald Spoto, *The Life of Alfred Hitchcock: The Dark Side of Genius*, London, 1983, S. 420.
3 Ibid. S. 422–423.
4 Taylor, Op. cit. S. 256.
5 Spoto, Op. cit. S. 423–424.
6 Ibid. S. 424.
7 Ronald D. Laing, *Das geteilte Selbst. Eine existentielle Studie über geistige Gesundheit und Wahnsinn*, o. A. d. Übers., mit Genehmigung des Autors erschienen in der Editione Continua, 1974.
8 Gilbert Ryle, *Der Begriff des Geistes*, Aus dem Englischen übersetzt von Kurt Baier, Stuttgart, 1969.
9 Ibid. S. 4, 41, 51, 78ff.
10 Ibid. S. 449ff.
11 S. Stephen Hilmy, *The Later Wittgenstein: The Emergence of a New Philosophical Method*, Oxford, 1987, S. 191.
12 Ludwig Wittgenstein, *Philosophische Untersuchungen*, Werkausgabe Band 1, Frankfurt a. M., 1984.
13 Ibid. S. 272, 291, 298–299.
14 Obwohl sogar professionelle Philosophen hier von »Spiel« sprechen, siehe Hilmy, Op. cit. Kap. 3 und 4.
15 Wittgenstein, Op. cit. S. 299.
16 Magee (Hg.), Op. cit. S. 89.
17 Wittgenstein, Op. cit. S. 259, 314–315.
18 Ibid. S. 407.
19 Ibid. S. 391, 359. Diesen Teil schrieb Wittgenstein nach Ende des Zweiten Weltkriegs, was vielleicht ein Grund war, weshalb er dem Thema Schmerz so viel Raum gab.
20 Wittgenstein, Op. cit. S. 457.
21 Martin L. Gross, *The Psychological Society*, New York, 1979, S. 200.
22 Ibid. S. 201.
23 H. M. Halverson, »Genital and Sphincter Behavior in the Male Infant«, *Journal of Genetic Psychology*, Bd. 56, S. 95–136.
24 Siehe auch H. J. Eysenck, *Decline and Fall of the Freudian Empire*, London, 1985, insb. die Kapitel 5 und 6.
25 Ralph Linton, *Culture and Mental*

Disorders, Springfield, 1956; zitiert in Gross, Op. cit. S. 219.
26 Ray Fuller (Hg.), *Seven Pioneers of Psychology*, Op. cit. S. 126.
27 B. F. Skinner, *Science and Human Behavior*, Glencoe, 1953.
28 Ibid. S. 263ff.
29 Ibid. S. 375.
30 Ibid. S. 377–378.
31 Fuller (Hg.), Op. cit. S. 113.
32 B. F. Skinner, *Verbal Behavior*, New York, 1957.
33 Noam Chomsky, *Review* »Verbal Behaviour«, *Language* 35, 1959, S. 26–58; Chomsky, *Syntactic Structures*, Den Haag, 1957.
34 Noam Chomsky, *Sprache und Geist*, übersetzt von Siegfried Kanngießer, Gerd Lingrün und Ilrike Schwarz, Frankfurt a. M., 1970, S. 15, sowie Anmerkung S. 151.
35 John Lyons, *Chomsky*, London, 1970, S. 105–106.
36 Fuller (Hg.), Op, cit. S. 117.
37 Später veröffentlicht unter dem Titel (John Bowlby) *Child Care and the Growth of Love*, London, 1953.
38 Ibid. S. 18ff.
39 Ibid. S. 50ff.
40 Ibid. S. 161ff.
41 Peter E. Bryant, »Piaget«, in Fuller (Hg.), Op. cit. S. 133.
42 Unter den zahlreichen Veröffentlichungen Piagets bieten zwei eine besonders gute Einführung in seine Arbeit und Methoden: Jean Piaget, *Das Erwachen der Intelligenz beim Kinde*, autorisierte Übersetzung nach der dritten Aufl. von Bernhard Seiler, Stuttgart, 1969; sowie Jean Piaget, »Sechs psychologische Studien«, aus dem Französischen von Wolfgang Teuschl, in *Theorien und Methoden der modernen Erziehung. Jean Piget*, Wien, Zürich, 1972.
43 Bryant, Op. cit. S. 135ff.
44 Fernando Vidal, *Piaget Before Piaget*, Cambridge, MA., 1994, S. 230.
45 Bryant, Op. cit. S. 136.
46 Vidal, Op. cit. S. 231.
47 Weatherall, *In Search of a Cure*, Op. cit. S. 254.
48 Ibid. S. 255.
49 Ibid. S. 257.
50 David Healy, *The Anti-Depressant Era*, Cambridge, MA., 1997, S. 45.
51 Ibid. S. 61–62; siehe auch Weatherall, Op. cit. S. 258–259.
52 Healy, Op. cit. S. 52–54, berichtet über den einflussreichen Artikel, der 1960 über dieses Thema in *Nature* erschien.
53 Gregory Bateson, »Toward a Theory of Schizophrenia«, *Behavioral Science*, Bd. I, Nr. 4, 1956.
54 Adrian Laing, Op. cit. S. 138.
55 Ibid. S. 71. Ehemalige Patienten Laings erzählten seinem Sohn während der Recherchen zu diesem Buch, dass LSD heilsam sei. Siehe S. 71.
56 Jamison und Eyerman, *Seeds of the Sixties*, Op. cit. S. 122–123.
57 Ibid. S. 123.
58 Herbert Marcuse, *Der eindimensionale Mensch. Studien zur Ideologie der fortgeschrittenen Industriegesellschaft*, Deutsch von Alfred Schmidt, Hamburg, 1967 (die folgenden Zitate stammen aus der Taschenbuchausgabe, München, 1994).
59 Ibid. S. 242.
60 Ibid. S. 250.
61 Zur »antagonistischen Einheit« von Kunst und Revolution in diesem Kontext siehe Herbert Marcuse, *Counter-Revolution and Revolt*, London, 1972, S. 105.

KAPITEL 29

1 Moshe Pearlman, *The Capture of Adolf Eichmann*, London, 1961, insb. S. 113–120.
2 Young-Bruehl, *Hanna Arendt*, Op. cit. S. 465.
3 Hannah Arendt, *Eichmann in Jerusalem. Ein Bericht von der Banalität des Bösen*, aus dem Amerikanischen von Brigitte Granzow, München, 1964, S. 77.
4 Ibid. S. 126–127.
5 Young-Bruehl, Op. cit. S. 477ff.
6 Arendt, Op. cit. S. 299–300.
7 Young-Bruehl, Op. cit. S. 487ff., stellt diese Kontroverse in allen Einzelheiten dar, einschließlich der zeitgleichen Ermordung von Präsident Kennedy.
8 Laura Fermi, *Illustrous Immigrants*, Op. cit. S. 153–154.
9 Erik Erikson, *Childhood and Society* (1950), New York, 1965, siehe insbes. Teil 4, »Youth and the Evolution of Identity.«
10 Ibid. Kap. 8, S. 277–316.
11 Bruno Bettelheim, »Individual and Mass Behavior in Extreme Situations«, *Journal of Abnormal and Social Psychology*, 1943.
12 Bruno Bettelheim, *The Empty Fortress*, New York, 1968 (*Die Geburt des Selbst*, Frankfurt a. M., 1989).
13 Nina Sutton, *Bruno Bettelheim: The Other Side of Madness*, London, 1990, Kap. XI und XII.

14 Bruno Bettelheim, *Recollections and Reflections*, London, 1990, S. 166ff.
15 Laura Fermi, Op. cit. S. 207–208.
16 Richard Rhodes, Op. cit. S. 563.
17 Ibid. S. 777.
18 Kragh, Op. cit. S. 332ff. Siehe auch Alexander Hellemans und Bryan Bunch, *The Timetables of Science*, New York, 1988, S. 498.
19 George Gamow erklärte dies sehr ausführlich in *The Creation of the Universe*, New York, 1952; siehe auch S. 42 zum Thema der derzeitigen Raumtemperatur im Universum.
20 Hellemans und Bunch, Op. cit. S. 499.
21 Siehe Murray Gell-Mann, *The Quark and the Jaguar*, New York, 1994, S. 11, wo erklärt wird, weshalb er sich für den Namen »Quark« entschied.
22 Siehe die Angaben unter »quark«, »baryon« und »lepton« in John Gribbin, *Q is for Qantum*, London, 1998; siehe auch S. 190–191 zur ersten Quark-Forschung.
23 Eine etwas wissenschaftlichere Darstellung des »Eight-fold way« bieten Yuval Ne'eman und Yoram Kirsh, *The Particle Hunters*, Cambridge, 1986, S. 196–199.
24 Victor Bockris, *Warhol*, London und New York, 1989, S. 155.
25 Barron, *Exiles and Emigrés*, Op. cit. S. 21–28.
26 Dore Ashton, *The New York School: A Cultural Reckoning*, New York, 1973, S. 123,140.
27 Alice Goldfarb Marquis, *Alfred H. Barr: Missionary for the Modern*, Chicago, 1989, S. 69.
28 Ashton, Op. cit. S. 142–145, 156.
29 Ibid. S. 175.
30 Diana Crane, *The Transformation of the Avant-Garde: The New York Art World. 1940–1986*, Chicago und London, 1987, S. 45.
31 Ibid. S. 49.
32 Bockris, Op. cit. S. 112–134, insbes. S. 128.
33 Hughes, *The Shock of the New*, Op. cit. S. 251.
34 Crane, Op. cit. S. 82.
35 David Lehman, *The Last Avant-Garde: The Making of the New York School of Poets*, New York, 1998. Lehman schreibt, dass diese Dichter Ästheten gewesen seien, »die gegen das Universum des Moralisten rebellierten« und daran glaubten, »dass der experimentelle Weg zu den höchsten dichterischen Weihen« führt; siehe S. 358.
36 Arnold Whittall, *Music Since the First World War*, Op. cit. S. III.
37 Ibid. S. 3.
38 *Dancers on a Plane: John Cage, Merce Cunningham, Jasper Johns*, Liverpool, 1990, Einführung von Richard Francis, S. 9.
39 Whittall, Op. cit. S. 208.
40 Sally Banes, *Writing Dancing in the Age of Postmodernism*, Hanover und London, 1994, S. 103.
41 Banes, Op. cit. S. 104.
42 Ibid. S. 110.
43 Richard Francis, Op. cit. S. 11.
44 Banes, Op. cit. S. 115.
45 Ibid. S. 117.
46 Susan Sontag, »Gegen Interpretation« in *Kunst und Antikunst. 24 literarische Analysen*, Deutsch von Mark W. Rien, Frankfurt a. M., 1982, S. 18.
47 Ibid. S. 22.

KAPITEL 30

1 Doris Kearns, *Lyndon Johnson and the American Dream*, London, 1976, S. 210–217.
2 Friedrich von Hayek, *Die Verfassung der Freiheit*, Tübingen, 1991.
3 Ibid. S. 102.
4 Roland Kley, *Hayek's Social and Political Thought*, Oxford, 1994, S. 199–204.
5 John Gray, *Hayek on Liberty*, London, 1984, S. 73.
6 Ibid.
7 Milton Friedman mit Rose Friedman, *Capitalism and Freedom*, Chicago, 1963. (*Kapitalismus und Freiheit*, München, 1976.)
8 Zu den Unterschieden zwischen diesem und Friedmans späteren Büchern siehe Eamon Butler, *Milton Friedman: A Guide to His Economic Thought*, London, 1985, S. 197ff.
9 Friedman, Op. cit. S. 156.
10 Ibid. S. 100ff.
11 Ibid. S. 85.
12 Ibid. S. 190ff.
13 Michael Harrington, *The Other America: Poverty in the United States*, New York, 1962.
14 In Präsident Johnsons Memoiren werden allerdings weder Harrington noch Jacobs erwähnt. Siehe Lyndon Baines Johnson, *Meine Jahre im Weißen Haus*, München, 1972.
15 Siehe z. B. Arthur Marwick, *The Sixties*, Oxford, 1998, S. 260.
16 Harrington, Op. cit. S. 1.

17 Ibid. S. 82ff.
18 Kearns, Op. cit. S. 188–189.
19 Jane Jacobs, *The Death and Life of Great American Cities*, London, 1962 (auf Deutsch erschienen in der Reihe *Bauwelt Fundamente*, Bd. 4, *Tod und Leben großer amerikanischer Städte*, Biel-Benken, 1993.)
20 Ibid. S. 97ff.
21 Ibid. S. 55ff.
22 Ibid. S. 94–95.
23 Ibid. S. 128–129.
24 Ibid. Kapitel 14, S. 257ff.
25 Ibid. S. 378.
26 Ibid. S. 291ff.
27 Ibid. S. 241ff.
28 David L. Lewis, *Martin Luther King: A Critical Biography*, Allen Lane, 1970, S. 187–191.
29 Marwick, Op. cit. S. 215–216; siehe auch Coretta King, *My Life with Martin Luther King Jr*, London, 1970, S. 239–241.
30 Lewis, Op. cit. S. 227–229.
31 Ibid. S. 229.
32 Diese wie die folgende Liste wurden aus diversen Quellen zusammengestellt, basieren aber schwerpunktmäßig auf Phillip Waller und John Rowett (Hg.), *Chronology of the Twentieth Century*, London, 1995.
33 Frantz Fanon, *L'An Cinq de la Révolution Algérienne*, Paris, 1959; sowie *Peau noire, masques blancs*, Paris, 1982.
34 Frantz Fanon, *Die Verdammten dieser Erde*, Deutsch von Traugott König, mit einem Vorwort von Jean-Paul Sartre, Frankfurt a. M., 1966.
35 Ibid. S. 213–214 und 227–228.
36 Ibid. S. 236–242.
37 Die Studie wurde später in Buchform veröffentlicht: J. C. Carothers, *The Mind of Man in Africa*, London, 1972.
38 Eldridge Cleaver, *Soul on Ice*, London, 1968, S. 101–103.
39 Ibid. S. 207.
40 Maya Angelou, *I know Why the Caged Bird Sings*, New York, 1969 (*Ich weiß warum der gefangene Vogel singt*, Zürich, 2000.)
41 Ibid. S. 51.
42 Ibid. S. 14.
43 Ibid. S. 184.
44 Ibid. S. 201.
45 Jones, Op. cit. S. 529.
46 D'Emilio und Freedman, *Intimate Matters*, Op. cit. S. 312.
47 Ibid. S. 302–304.
48 Germaine Greer, *Der weibliche Eunuch, Aufruf zur Befreiung der Frau*, aus dem Englischen von Marianne Dommermuth, Frankfurt a. M., 1971/ München, 2000, S. 92.
49 Ibid. S. 257.
50 Juliet Mitchell, *Women's Estate*, London, 1971.
51 Ibid. S. 75.
52 Ibid. S. 59.
53 Ibid. S. 62.
54 Ibid. In ihrem späteren Buch *Psychoanalysis and Feminism*, London, 1974, widmete sich Mitchell diesem Thema noch ausgiebiger.
55 Kate Millett, *Sexus und Herrschaft. Die Tyrannei des Mannes in unserer Gesellschaft*, Deutsch von Ernestine Schlandt, Reinbek b. Hamburg, 1985.
56 Kate Millett, *Sexual Politics*, London, 1974, S. 314ff.
57 Ibid. S. 336ff.
58 Ibid. S. 356.
59 Heidenry, *What Wild Ecstasy*, Op. cit. S. 110–111. Siehe auch Andrea Dworkin, »My Life as a Writer«, Einführung zu *Life and Death*, Glencoe, 1997, S. 3–38.
60 Heidenry, Op. cit. S. 113.
61 Ibid. S. 186–187.
62 Ibid. S. 188.
63 Marwick, Op. cit. S. 114.
64 Kearns, Op. cit. S. 286ff.
65 Zu weiteren Details siehe Robert A. Caro, *The Years of LBJ: The Path to Power*, London, 1983, S. 336–337.
66 J. W. B. Douglas, *All Our Future*, London, 1968.
67 Steven Rose, Leon J. Kamin und R. C. Lewontin, *Not in Our Genes*, New York, 1984, S. 19.
68 Christopher Jencks et al., *Inequality: A Reassessment of the Effects of Family and Schooling in America*, New York, 1972.
69 Ibid. S. 8.
70 Ibid. S. 315.
71 Ibid. S. 84.
72 Ibid. S. 265.
73 Ivan Illich, *Entschulung der Gesellschaft. Eine Streitschrift*, aus dem Englischen von Helmut Lindemann und Thomas Lindquist, vom Autor erweiterte und von Claudia Sandkühler 4. überarbeitete Auflage, München, 1995.
74 Ibid. S. 109–113.
75 Norman Mailer, *An American Dream*, London, 1965.
76 Zu Passagen, die sich mit seinem wirklichen Leben decken, siehe Peter

Manso, *Mailer: His Life and Times*, New York, 1985, S. 316.
77 Norman Mailer, *Heere aus der Nacht. Geschichte als Roman, Der Roman als Geschichte*, München, 1968.
78 Mehr Hintergrundinformationen bietet Manso, Op. cit. S. 455ff.
79 Paul Johnson, *A History of the American People*, Op. cit. S. 555.
80 Ibid. S. 557.
81 Ibid.
82 Siehe Jian Qing, »Reforming the Fine Arts«, in Michael Schoenhals (Hg.), *China's Cultural Revolution 1966–1969*, New York und London, 1996, S. 198.
83 Sogar bestimmte Frisuren wurden verboten. Siehe »Vigorously and Speedily Eradicate Bizarre Hairstyles, a Big-Character Poster by Guangshou hairdressing trade«, in Schoenhals, Op. cit. S. 558–559.
84 Johnson, Op. cit. S. 560.
85 Yu Xiaoming, »Go on Red! Stop on Green!« in Schoenhals (Hg.), Op. cit. S. 331. Zum Lyssenkoismus im kommunistischen China sowie zu einer Darstellung der Strukturierung von Wissenschaft und Technologie und dem Einfluss von Forschern, die im Ausland studiert hatten, siehe Dennis Fred Simon und Merle Goldman (Hg.), *Science and Technology in Post-Mao China*, Cambridge, MA., 1989, insbes. die Kapitel 2, 3, 4, 8 und 10.
86 Zhores und Roy Medvedev, *A Question of Madness*, New York, 1971.
87 Ibid. S. 30
88 Ibid. S. 51.
89 Ibid. S. 54, 132.
90 Ibid. S. 78.
91 Ibid. S. 198ff.
92 Alexander Solschenizyn, *Ein Tag im Leben des Iwan Denissowitsch*, aus dem Russischen von Max Hayward und Ronald Hingley, München, 1963; sowie *Krebsstation*, Roman in zwei Büchern, aus dem Russischen von Christiane Auras, Agathe Jais und Ingrid Tinzmann, Neuwied und Berlin, 1969.
93 Michael Scammell, *Solzhenitsyn: A Biography*, New York, 1984, S. 61.
94 Ibid. S. 87.
95 Ibid. S. 415–418.
96 Ibid. S. 428–445.
97 Ibid. S. 518.
98 Ibid. S. 702–703.
99 David Burg und George Feiffer, *Solzhenitsyn*, London, 1972, S. 315.
100 Scammel, Op. cit. S. 510–511, 554–555, 628–629.
101 Ibid. S. 831.
102 Ibid. S. 874–877.
103 Alexander Solschenizyn, *Der Archipel Gulag*, aus dem Russischen von Anna Peturnik, Bern und München, 1974; zu den »Schiffen« siehe S. 463.
104 Ibid. S. 532.
105 Ibid. S. 115–120.
106 Ibid. S. 182.
107 Zu den »mechanistischen« Folgen der Publikation im Westen siehe Burg und Feiffer, Op. cit. Fußnote S. 316.
108 Isaiah Berlin, *Freiheit. Vier Versuche*, aus dem Englischen von Reinhard Kaiser, Frankfurt a. M., 1995.
109 Ibid. S. 205.
110 Ibid. S. 203–204.
111 Ibid. S. 209.
112 Ibid. S. 211.
113 Ibid. S. 221.
114 Ibid. S. 235–236.
115 Ibid. S. 236–237, 238.
116 Ibid. S. 240.
117 Ibid. S. 251, 255.
118 Raymond Aron, *Les désillusions du progrès*, Paris, 1969; sowie Herbert Marcuse, *An Essay on Liberation*, Boston, 1969.
119 Marshall McLuhan, *Die magischen Kanäle. Understanding Media*, aus dem Englischen von Meinrad Amann, Düsseldorf/Wien, 1968; hier zitiert aus 2. erweiterter Auflage, Basel, 1995, S. 124–125. Siehe auch Eric McLuhan und Frank Zingone, *Essential McLuhan*, London, 1997, S. 239–240.
120 McLuhan und Zingone, Op. cit. S. 242.
121 Ibid. S. 243.
122 Ibid. S. 161ff.
123 McLuhan, Op. cit. S. 22f.
124 Ibid. S. 165ff.
125 McLuhan und Zingone, Op. cit. S. 258–259.
126 Ibid. S. 261.
127 Guy Debord, *Die Gesellschaft des Spektakels*, aus dem Französischen von Jean-Jacques Raspaud, Berlin, 1996. S. 21, 26–27, 35, 109.
128 John Rawls, *Eine Theorie der Gerechtigkeit*, Übersetzung des vom Autor revidierten Textes von Hermann Vetter, Frankfurt a. M., 1979, S. 26–27.
129 Ibid. S. 28–29.
130 Ibid. S. 30.
131 Ibid. S. 81, 83.
132 Ibid. S. 409ff.

133 Robert Nozick, *Anarchy, State, and Utopia*, Oxford, 1974.
134 Ibid. S. 150.
135 Ibid. insbes. Kap. 8, S. 232ff.
136 B. F. Skinner, *Beyond Freedom and Dignity*, London, 1972 (*Jenseits von Freiheit und Würde*, 1973).
137 Ibid. S. 32.
138 Ibid. S. 42–43.
139 Ibid. S. 200ff.

KAPITEL 31

1 Anthony Hallam, *A Revolution in the Earth Sciences*, Oxford, 1973, S. 63–65. Siehe auch Simon Lamb und David Sington, *Die Erdgeschichte, Eine Spurensuche durch Jahrmillionen*, übersetzt von Renate Hirschberger, Köln, 2000; sowie Robert Muir Wood, *The Dark Side of the Earth*, London, 1985, S. 165–166.
2 David R. Oldroyd, *Thinking about the Earth*, Op. cit. S. 271.
3 Muir Wood, Op. cit. S. 167.
4 Ibid. Karte auf S. 166; siehe auch die eindrucksvolle Grafik in D. H. und M. P. Tarling, *Continental Drift*, London, 1971, S. 77.
5 Muir Wood, Op. cit. S. 141–142.
6 Ibid. Karte S. 149; Tarling, Op. cit. S. 28ff.
7 Muir Wood, Op. cit. S. 172–175, und Karte auf S. 176.
8 Basil Davidson, *Old Africa Rediscovered*, Op. cit. Kap. 26. Siehe auch Davidson, *The Search for Africa: A History in the Making*, London, 1994.
9 Davidson, *Old Africa Rediscovered*, Op. cit. S. 50.
10 Ibid. S. 187–189.
11 Ibid. S. 212–213.
12 Ibid. S. 216ff.
13 Siehe Anthony Kirk-Greene, *The Emergence of African History at British Universities*, Oxford, 1995.
14 Peter Burke, *Offene Geschichte, Die Schule der »Annales«*, aus dem Englischen von Matthias Fienbork, Frankfurt a. M., 1998, Kap. 2.
15 Ibid. S. 22. Siehe auch Françoise Dosse, *New History in France: The Triumph of the Annales*, Urbana und Chicago, 1994, S. 42ff.
16 Burke, Op. cit. S. 29. Siehe auch Marc Bloch, *Die Feudalgesellschaft*, Frankfurt a. M., 1982.
17 Burke, Op. cit. S. 29, 32.
18 Ibid. S. 33.
19 Dosse, Op. cit. S. 88ff.
20 Burke, Op. cit. S. 38.
21 Ibid.
22 Ibid. S. 40.
23 Ibid. S. 40–41. Zu Braudels Darstellung des »Klassenkampfs« im Mittelmeerraum siehe auch Dosse, Op. cit. S. 96.
24 Burke, Op. cit. S. 39.
25 Dosse, Op. cit. S. 100.
26 Burke, Op. cit. S. 49.
27 Burke, Op. cit. S. 50.
28 Vgl. auch Burke, S. 50–51.
29 Burke, Op. cit. S.51.
30 Ibid. S. 52ff.
31 Ibid. S. 65ff.
32 Ibid. S. 84. Siehe auch die kritischen Anmerkungen über Ladurie in Dosse, Op. cit. S. 157.
33 Burke, Op. cit. S. 85. Emmanuel Le Roy Ladurie, *Montaillou. Ein Dorf vor dem Inquisitor 1294–1324*, Frankfurt a. M., Berlin, Wien, 1980.
34 Burke, Op. cit. S. 85.
35 Harvey J. Kaye, *The British Marxist Historians: An Introductory Analysis*, London, 1984, S. 167–168.
36 Ibid. S. 86.
37 Siehe »Rent and Capital Formation in Feudal Society« in R. H. Hilton, *The English Peasantry in the Later Middle Ages*, Oxford, 1975, S. 174ff.
38 Zu den Auseinandersetzungen zwischen den Bauern und ihren Herren, die bis hin zu Streitigkeiten über den Besitz von Schafdung gingen, siehe R. H. Hilton, *A Medieval Society: The West Midlands at the end of the Thirteenth Century*, London, 1966, S. 108.
39 Kaye, Op. cit. S. 91–92.
40 Siehe z. B. Christopher Hill, *Change and Continuity in Seventeenth Century England*, London, 1975. S. 205ff.
41 Christopher Hill, *The English Revolution 1640*, London, 1955.
42 E. P. Thompson, *The Making of the English Working Class*, London, 1963, insbes. Teil 2: »The Curse of Adam«, und S. 12.
43 Ibid. S. 807ff. Siehe auch Kaye, Op. cit. S. 173ff.
44 Colin Renfrew, *Before Civilisation: The Radiocarbon Revolution and Prehistoric Europe*, London (1973), 1999.
45 Ibid. S. 32ff.
46 Ibid. S. 93.
47 Ibid. S. 133.
48 Ibid. S. 161, 170.
49 Ibid. S. 222.
50 Ibid. S. 273.

KAPITEL 32

1 Wer glaubt, dies sei einfach gewesen, lese die aufregende Präambel in Young, Silcock et al., *Journey to the Sea of Tranquility*, Op. cit. S. 306–320.
2 Peter Fairley, *Man on the Moon*, London, 1969, S. 33–34. Fairley, der damals Wissenschaftskorrespondent des britischen Senders ITN war, bietet den bei weitem lebendigsten Bericht über dieses Ereignis, weshalb ich mich in diesem Abschnitt auch hauptsächlich auf dieses Buch stütze. Siehe auch Young, Silcock et al., Op. cit. S. 321.
3 Paul Johnson, Op. cit. S. 629.
4 John M. Mansfield, *Man on the Moon*, London, 1969, S. 80ff.
5 Fairley, Op. cit. S. 73.
6 Ibid. S. 74; Young, Silcock et al., Op. cit. S. 71ff.
7 Fairley, Op. cit. S. 81–83.
8 Ibid. S. 99.
9 Ibid. S. 101–102.
10 In Langley (bei der CIA) wurde extra eine *Space Task Force* gegründet: siehe Young, Silcock et al., Op. cit. S. 120–122; siehe auch Fairley, Op. cit. S. 104.
11 Allerdings gehörten auch einige ziemlich unheimliche Eigenschaften dazu, siehe Young, Silcock et al., Op. cit. S. 167; sowie Fairley, Op. cit. S. 101.
12 Fairley, Op. cit. S. 139.
13 Ibid. S. 141, 142, 152.
14 Ibid. S. 152–153.
15 Ibid. S. 177–178; siehe auch Young, Silcock et al., Op. cit. S. 275.
16 Die medizinischen Probleme, denen sich die Crew ausgesetzt sah, schildern P. J. Bocker, G. C. Freud und G. K. C. Pardoe, *Project Apollo: The Way to the Moon*, London, 1969, S. 190; siehe auch Fairley, Op. cit. S. 190.
17 Ibid S. 38ff; siehe auch Young, Silcock et al., Op. cit. S. 326.
18 Steven Weinberg, *Die ersten drei Minuten. Der Ursprung des Universums*, aus dem Amerikanischen von Friedrich Griese, München, 1977, S. 58, 60–61.
19 Ibid. S. 62, 64, 134ff.
20 Ibid. S. 136.
21 Ibid. S. 65; siehe auch John Gribbin, *The Birth of Time*, London, 1999, S. 177–179.
22 Weinberg, Op. cit. S. 113ff.
23 Ein Diagramm, wie sich die vier Kräfte in die Entwicklungschronologie des Universums einpassen, bietet John D. Barrow, *The Origin of the Universe*, London, 1994, S. 48.
24 Siehe auch Gribbin, *Companion to the Cosmos*, Op. cit. S. 353–354.
25 Ibid. S. 401. Zu den Problemen, vor die diese schwarzen Löcher nach wie vor stellen, siehe Barrow, Op. cit. S. 134–135.
26 Gribbin, *Companion to the Cosmos*, Op. cit. S. 343, 387.
27 Ibid. S. 388.
28 Ibid. S. 344.
29 Barrow, Op. cit. S. 10.
30 Die Darstellung einer anderen Synthese und der jüngsten astronomischen Beobachtungen bietet Gribbin, *The Birth of Time*, Op. cit. S. 50–52, und Gribbin, Op. cit. S. 457–459.
31 Fairley, Op. cit. S. 194.
32 Über diese Entdeckung gibt es viele Berichte, siehe z. B. John Allegro, *The Dead Sea Scrolls*, London, 1956; oder Géza Vermes, *The Dead Sea Scrolls: Qumran in Perspective*, London, 1977, S. 87ff.
33 *The New Catholic Encyclopaedia*, New York, 1967, S. 215.
34 Ibid.
35 Ibid.
36 John Heywood Thomas, *Paul Tillich: An Appraisal*, London, 1963, S. 13–14.
37 Allerdings betonte er, dass es unterschiedliche Möglichkeiten gibt, sich Gott zu nähern. Siehe z. B. *Theology and Culture*, New York, 1959, insb. Kap. IX über Einstein, Kap. XIII über die Sowjetunion und die USA und Kap. XIV über die jüdischen Denktraditionen.
38 Thomas, Op. cit. S. 50.
39 John Macquarrie, *The Scope of Demythologizing: Bultmann and His Critics*, London, 1960, S. 13.
40 Rudolf Bultmann, *Theologie des Neuen Testaments* (1948), 9. Aufl. 1984, S. 319. Macquarrie, Op. cit. S. 12–13.
41 Macquarrie, Op. cit. S. 88–89.
42 Ibid. S. 84.
43 Ibid. S. 181.
44 Claude Cuénot, *Teilhard de Chardin: A Biographical Study*, London, 1965, S. 5.
45 Pierre Teilhard de Chardin, *Die lebendige Macht der Evolution*, Olten und Freiburg, 1966, S. 94.
46 Ibid. S. 237.
47 Tatsächlich gab es zwei Bücher, die posthum veröffentlicht wurden: *Der Mensch im Kosmos*, aus dem Französischen von Orthon Marbach, München, 1959; und *Das Auftreten des Menschen*, Olten und Freiburg, 1964.
48 Reinhold Niebuhr, *The Godly and the Ungodly*, London, 1959.

49 Ibid. S. 22–23.
50 Ibid. S. 131.
51 Arthur Schlesinger jr., »Reinhold Niebuhr's role in American political thought and life«, in Charles W. Kegley und Robert W. Bretall (Hg.), *Reinhold Niebuhr: His Religious, Social and Political Thought*, London, 1956, S. 125.
52 Über dieses Konzil gibt es eine Menge Berichte, keineswegs nur von Katholiken. Ich stütze mich auf die beiden in der Folge erwähnten. Siehe erstens Robert Kaiser, *Inside the Council: The Story of Vatican II*, London, 1963, S. 12–15.
53 Ibid. S. 236.
54 Ibid. S. 179.
55 Paul Blanshard, *Paul Blanshard on Vatican II*, London, 1967, S. 340.
56 Ibid. S. 288–289.
57 Anna Bramwell, *Ecology in the Twentieth Century: A History*, London und New Haven, 1989, S. 40–41.
58 Ibid. S. 132–134.
59 Rachel Carson, *Der stumme Frühling*, München, 1964. Siehe auch Linda Lear, *Rachel Carson: Witness for Nature*, London, 1998.
60 Lear, *Rachel Carson*, Op. cit. S. 191ff.
61 Ibid. S. 365–369.
62 Richard Doll, »The first reports in smoking and lung cancer«, in S. Lock, L. A. Reynolds und E. M. Tansey (Hg.), *Ashes to Ashes: The History of Smoking and Health*, Amsterdam–Atlanta, 1998, S. 130–142.
63 Die von Carson verwendete Sprache diskutiert Carol B. Gartner, *Rachel Carson*, New York, 1983, S. 98–99.
64 Zu den langfristigen Auswirkungen von DDT siehe Bill McKibben, *The End of Nature*, London, 1990.
65 Lear, Op. cit. S. 358–360.
66 Ibid. S. 409–414.
67 Die Tatsache, dass man Carsons Anschuldigungen in manchen Kreisen für übertrieben hielt, diskutiert Gartner, Op. cit. S. 103.
68 Lear, Op. cit. S. 419.
69 Dennis Meadows, Donella Meadows, Erich Zahn, Peter Milling, *Die Grenzen des Wachstums. Bericht des Club of Rome zur Lage der Menschheit*, aus dem Amerikanischen von Hans-Dieter Heck, Stuttgart, 1972.
70 Barbara Ward und René Dubois, *Only One Earth*, London, 1972.
71 Charles Reich, *The Greening of America*, New York, 1970, S. 11.
72 Ibid. S. 108.
73 Ibid. S. 129.
74 Ibid. S. 145–146.
75 Fritz Schumacher, *Small is Beautiful*, London, 1973; *A Guide for the Perplexed*, London, 1977.
76 Barbara Wood, *Alias Papa: A Life of Fritz Schumacher*, London, 1984, S. 349–350.
77 Ibid. S. 355.
78 Ibid. S. 353ff.
79 Ibid. S. 364.

KAPITEL 33

1 Martin Gilbert, *The Arab-Israel Conflict*, London, 1974, S. 97, zitiert in Johnson, Op. cit. S. 699.
2 Johnson, Op. cit. S. 669.
3 Ibid. S. 663–665.
4 John Kenneth Galbraith, *The New Industrial State*, London, 1967.
5 Ibid. S. 180–188.
6 Ibid. S. 59, 298–209.
7 Ibid. S. 223.
8 Ibid. S. 234.
9 Ibid. S. 347.
10 Ibid. S. 393.
11 Ibid. S. 389.
12 Ibid. S. 362.
13 Daniel Bell, *Die nachindustrielle Gesellschaft*, aus dem Amerikanischen von Siglinde Summerer und Gerda Kurz, Frankfurt a. M., 1985, S.374–375.
14 Ibid. S. 13–14, 375.
15 Ibid. S. 14, 375.
16 Ibid. S. 17, 41.
17 Ibid. S. 150.
18 Ibid. S. 114.
19 Ibid. S. 342ff.
20 Ibid. S. 220.
21 Ibid. S. 18–19.
22 Ibid. S. 22–23.
23 Ibid. S. 63, 65–66.
24 Ibid. S. 84–85.
25 Ibid. S. 86–87.
26 Ibid. S. 87–88.
27 Mitchell Cohen und Dennis Hale (Hg.), *The New Student Left*, Boston, 1967, S. 12–13.
28 Theodore Roszak, *The Making of a Counter Culture*, New York, 1969. (*Gegenkultur: Gedanken über die technokratische Gesellschaft und die Opposition der Jugend*, aus dem Amerikanischen von G. E. Ottmer und G. Kopper, Düsseldorf und Wien, 1971.)
29 Ibid. S. XXVI.
30 Ibid. S. 50.

31 Ibid. S. 62.
32 Ibid. S. 64.
33 Ibid. S. 182.
34 Siehe auch die Beschreibung von Maslow in: Colin Wilson, *New Pathways in Psychology: Maslow and the Post-Freudian Revolution*, London, 1973, S. 29ff.
35 Roszak, Op. cit. S. 165.
36 Allan Watts, *This is It, and Other Essays on Spititual Experiences*, New York, 1967.
37 Robert M. Pirsig, *Zen und die Kunst, ein Motorrad zu warten. Ein Versuch über Werte*, übersetzt von Rudolf Hermstein, Frankfurt a. M., 1976.
38 Roszak, Op. cit. S. 141–142.
39 Steve Bruce, *Religion in the Modern World: From Cathedrals to Cults*, Oxford und New York, 1996, S. 178–180.
40 Ibid. S. 181–186.
41 Tom Wolfe, *The Purple Decades*, New York, 1982, S. XIII.
42 Tom Wolfe, *Radical Chic*, London, 1970; *Mau-Mauing the Flak Catchers*, London, 1971.
43 Tom Wolfe, *The Me Decade*, New York, 1976.
44 Wolfe, *The Purple Decades*, Op. cit. S. 292–293.
45 Christopher Lasch, *The Culture of Narcissism: American Life in an Age of Diminishing Expectations*, New York, 1979. (*Das Zeitalter des Narzissmus*, Hamburg, 1995.)
46 Ibid. S. 17.
47 Ibid. S. 18–19.
48 Ibid. S. 29.
49 Ibid. S. 42.
50 Ibid. S. 259.
51 Ibid. S. 315–316.
52 Ibid. S. 170.
53 Keith Thomas, *Religion and the Decline of Magic* (1971), London, 1991.
54 Ibid. S. 31.
55 Ibid. S. 34.
56 Ibid. S. 62.
57 Ibid. S. 153.
58 Ibid. S. 161.
59 Ibid. S. 174.
60 Ibid. S. 249.
61 Ibid. S. 384.
62 Ibid. S. 387.
63 Ibid. S. 391–401.
64 Ibid. S. 445, 505.
65 Ibid. S. 763–764.
66 Christopher Hill, *The World Turned Upside Down*, London, 1972. (Anm. d. Ü.: Deutschsprachig erhältlich ist nur Hills Essay über das hier besprochene Thema: *Über einige intellektuelle Konsequenzen der englischen Revolution*, aus dem Englischen von Matthias Fienbork, Berlin, 1990.)
67 Ibid. Kapitel 3, 6, 7, 10.
68 Ibid. S. 282, 290.
69 Ibid. Kap. 15, S. 247ff.
70 Ibid. S. 253–258.
71 Owen Chadwick, *The Secularisation of the European Mind in the Nineteenth Century*, Cambridge, 1975.
72 Ibid. Kap. 5, passim.
73 Ibid. S. 209–210.

KAPITEL 34

1 Robert A. Hinde, »Konrad Lorenz (1903–89) and Niko Tinbergen (1907–88)«, in Fuller (Hg.), *Seven Pioneers of Psychology*, Op. cit. S. 76–77, 81–82.
2 Niko Tinbergen, *The Animal in its World*, 2 Bde., London, 1972, siehe insbes. Bd. 1, S. 250ff.
3 Siehe Mary Leakey, *Olduvai Gorge: My Search for Early Man*, Op. cit.
4 Robert Ardrey: *Adam kam aus Afrika. Auf der Suche nach unseren Vorfahren*, aus dem Amerikanischen von Ilse Winger, München, 1969.
5 Adrian House, *The Great Safari: The Lives of George and Joy Adamson*, London, 1993, S. XIII.
6 Siehe Joy Adamson, *Born Free*, London, 1960.
7 House, Op. cit. S. 227.
8 Das beste Buch von der und zugleich über die Adamson-Familie ist: George Adamson, *My Pride and Joy*, London, 1986, insbes. Teil II, »The Company of Lions«. Siehe auch House, Op. cit. S. 392–393.
9 Jane Goodall, *In the Shadow of Man*, London (1971), revidierte Ausgabe 1988.
10 Ibid. S. 101ff.
11 Ibid. S. 242.
12 Dian Fossey, *Gorillas in the Mist*, London, 1983, S. XVI. (*Gorillas im Nebel. Mein Leben mit den sanften Riesen*, München, 1991.)
13 Ibid. S. 10–11.
14 Harold Hayes, *The Dark Romance of Dian Fossey*, London, 1991, S. 321.
15 George Schaller, *The Serengeti Lion*, Chicago, 1972.
16 Ibid. S. 24ff.
17 Ibid. S. 378.
18 Ian und Oria Douglas-Hamilton,

Among the Elephants, London, 1978, S. 38.
19 Ibid. S. 212ff.
20 Virginia Morrell, *Ancestral Passions*, Op. cit. S. 466.
21 Donald C. Johanson und Maitland A. Edey, *The Beginnings of Humankind*, London, 1981, S. 18ff. Siehe auch Morrell, Op. cit. S. 466.
22 Morrell, Op. cit. S. 473–475. Siehe auch Ian Tattersall, *Puzzle Menschwerdung. Auf der Spur der menschlichen Evolution*, aus dem Englischen von Katrin Welge und Jorunn Wissmann, Heidelberg/Berlin, 1997, S. 190ff.
23 Ibid. S. 193.
24 Johnson und Edey, Op. cit. S. 255ff.
25 Tattersall. Op. cit. S. 194.
26 Morrell, Op. cit. S. 480, 487ff.
27 Johanson und Edey, Op. cit. S. 294–304.
28 Tattersall, Op. cit. S. 200ff. Eine allgemeine Darstellung des *A. afarensis* bieten Donald Johanson und James Shreeve, *Lucy's Child*, New York, 1990, S. 104–131.
29 Walter Bodmer und Robin McKie, *The Book of Man: The Quest to Discover our Genetic Heritage* (1994), London, 1995, S. 77. Cook-Deegan, Op. cit. S. 59.
30 Bodmer u. McKie, Op. cit. S. 77–78.
31 Ibid. Einen alternativen Bericht liefert Colin Tudge, *The Engineer in the Garden*, London, 1993, S. 211–213.
32 Robert Cook-Deegan, *The Gene Wars: Science, Politics and the Human Genome* (1994), New York und London, 1995, S. 59–61.
33 Eine sehr verständliche Erklärung dieses schwierigen Vorgangs bietet Bruce Wallace in *The Search for the Gene*, Op. cit. S. 90.
34 Bodmer und McKie, Op. cit. S. 73–74. Siehe auch die komplette Liste des ersten (von Sanger) sequenzierten Genoms, in Cook-Deegan, Op. cit. S. 62–63.
35 Bodmer und McKie, Op. cit. S. 86–87.
36 Jacques Monod, *Le Hasard et la Nécessité. Essay sur la philosophie naturelle de la biologie moderne*, Paris, 1970. Da die deutsche Ausgabe *Zufall und Notwendigkeit. Philosophische Fragen der modernen Biologie*, München, 1975, vergriffen ist, wurde aus der englischen Ausgabe zitiert: *Chance and Necessity: An Essay on the Natural Philosophy of Modern Biology*, New York, 1971, S. 158, 168, 177.
37 Edward O. Wilson, *Sociobiology: The New Synthesis* (1975), Cambridge, MA., gekürzte Ausgabe 1980, S. 218.
38 Ibid. S. 19, 93.
39 Ibid. S. 296.
40 Siehe z.B. die Wilson-Kritik von Richard Dawkins in *Das egoistische Gen* (1978), überarbeitete und erweiterte Neuausgabe, 1996, übersetzt von Karin de Sousa Ferreira, S. 163f.
41 Dawkins, Op. cit.
42 Ibid. S. 127–129.
43 Ibid. S. 168–169.

KAPITEL 35

1 Nathan Silver, *The Making of Beaubourg: A Building Biography of the Centre Pompidou*, Paris/Cambridge, MA., 1994, S. 171.
2 John Musgrove (Hg.), *A History of Architecture*, London, 1987, S. 1352, betont, dass die Lage des Gebäudes wichtiger ist als das Gebäude selbst.
3 Jean-Jacques Nattier (Hg.), *Orientations : Collected Writings of Pierre Boulez*, London, 1986, S. 11–12.
4 Diverse Autoren, *History of World Architecture*, London, 1980, S. 378.
5 Silver, Op. cit. S. 39ff.
6 Ibid. S. 6, 44–47.
7 Ibid. S. 49.
8 Ibid. S. 126.
9 Zu den anderen, die regelmäßig dort unterrichtet haben, siehe Nattier (Hg.), Op. cit. S. 26.
10 Eine ausführlichere Darstellung der Beziehung zwischen Boulez und Messaien bietet Jean-Jacques Nattier (Hg.), *The Boulez-Cage Correspondence*, Cambridge, 1993, S. 126–128,
11 Paul Griffiths, *Modern Music*, Op. cit. S. 136.
12 Ibid. S. 160–161.
13 Ibid. S. 163.
14 Boulez stand Cage sehr nahe. Siehe Nattier, *Correspondence*, Op. cit. passim.
15 Ibid. S. 25.
16 *Times Literary Supplement*, 6. Mai 1977.
17 Nattier (Hg.), *Orientations*, Op. cit. S. 492–494.
18 Philip Julien, *Jacques Lacan's Return to Freud*, New York, 1994. Siehe auch Bice Benvenuto und Roger Kennedy, *The Work of Jacques Lacan*, London, 1986, S. 223–224.
19 Jacques Lacan, *Ecrits*, Paris, 1966, S. 93: »Le Stade du miroir comme formateur de la fonction du Je … «
20 Ibid. S. 237ff: »Fonction et champ de la

parole et du lange en psychoanalyse.«
21 Benvenuto und Kennedy, Op. cit. S. 166–167; Julien, Op. cit. S. 178ff.
22 Quentin Skinner (Hg.), *The Return of Grand Theory in the Human Sciences* (1985), Cambridge, 1990, S. 143.
23 Didier Eribon, *Michel Foucault, Biographie*, aus dem Französischen von Hans-Horst Henschen, Frankfurt. a. M. (1991), 1999, S. 16, 285ff.
24 David Macey, *The Lives of Michel Foucault*, London, 1993, S. 219–220. Siehe auch Eribon, Op. cit. S. 285.
25 Eribon, Op. cit. S. 302–304.
26 Ibid. siehe insb. Kapitel 18, »Wir sind alle Beherrschte«.
27 Mark Philp, »Michel Foucault«, in Skinner (Hg.), Op. cit. S. 24.
28 Philp, Op. cit. S. 74–76, 78.
29 Jean Piaget, *Der Strukturalismus*, übersetzt von Lorenz Häfliger (1973), Stuttgart 1980.
30 Ibid. S. 59.
31 Ibid. S. 133.
32 Ibid. S. 131.
33 Ibid. S. 132, 135.
34 David Hoy, »Derrida«, in Skinner (Hg.), Op. cit. S. 45.
35 Christopher Johnson, *Derrida*, London, 1997, S. 6.
36 Ibid. S. 7.
37 Ibid. S. 10. Siehe auch Geoffrey Bennington und Jacques Derrida, *Jacques Derrida*, aus dem Französischen von Stefan Lorenzer, Frankfurt a. M., 1994, »Die Schrift«, S. 50–72.
38 Johnson, Op. cit. S. 4.
39 Ibid. S. 28.
40 Siehe auch Bennington und Derrida, Op. cit. S. 128–156.
41 Hoy, Op. cit. S. 47ff.
42 Ibid. S. 51.
43 Bennington und Derrida, Op. cit. S. 34.
44 Siehe Jacques Derrida, »Differance«, in *Marges de la Philosophie*, 1972.
45 Cantor, Op. cit. S. 304–305; siehe auch Susan James, »Louis Althusser«, in Skinner (Hg.), Op. cit. S. 151.
46 James, Op. cit. S. 144, 148.
47 Levin McDonnell und Kevin Robins, »Marxist Cultural Theory: The Althusserian Smokescreen«, in Simon Clark et al. (Hg.), *One-Dimensional Marxism: Althusser and the Politics of Culture*, London und New York, 1980, S. 157ff. Siehe auch James, Op. cit. S. 152–153.
48 Siehe die allgemeine Diskussion über Ideologie in Louis Althusser, *Philosophie und spontane Philosophie der Wissenschaftler*, Berlin, 1985.
49 Anthony Giddens, »Jürgen Habermas«, in Skinner (Hg.), Op. cit. S. 124–125.
50 Jürgen Habermas, *Nachmetaphysisches Denken. Philosophische Aufsätze*, Frankfurt a. M., 1988, S. 42.
51 Giddens, Op. cit. S. 126.
52 Jürgen Habermas, *Erkenntnis und Interesse*, Frankfurt a. M., 1973, S. 292.
53 Giddens, Op. cit. S. 127.
54 Ibid.
55 Louis-Jean Calvet, *Roland Barthes: A Biography*, London, 1994, S. 97ff., 135ff.
56 Roland Barthes, *Mythen des Alltags*, Deutsch von Helmut Scheffel, Frankfurt a. M., 1964.
57 Ibid. S. 7, 79–80.
58 Roland Barthes, »Der Tod des Autors«, in Fotis Jannidis et al. (Hg.), *Texte zur Theorie der Autorenschaft*, Stuttgart, 2000, S. 185–193.
59 Roland Barthes, *Die Lust am Text*, aus dem Französischen von Traugott König, Frankfurt a. M., 1974, S. 25.
60 Ibid. S. 26.
61 Barthes' Biograph stellt die spitze Frage, an welchen der beiden französischen Intellektuellen, die 1980 starben – Barthes oder Sartre – man sich schließlich mehr erinnern werde. Letzterer sei zu Lebzeiten zweifellos berühmter gewesen, aber… Siehe Calvet, Op. cit. S. 266.
62 Thompson und Bordwell, *Film History*, Op. cit. S. 493.
63 Robin Bus, *French Film Noir*, London und New York, 1994, S. 139–141, 506–509.
64 Ibid. S. 510–512.
65 Truffaut fand diesen Witz allerdings schwerfällig. Siehe Gilles Jacob und Claude de Givray, *François Truffaut – Letters*, London, 1989, S. 187. Siehe auch Thompson und Bordwell, Op. cit. S. 511.
66 Vollständige Filmographien finden sich in Thompson und Bordwell, Op. cit. S. 522.
67 Jerome Robbins wollte sogar ein Ballett nach *Sie küssten und sie schlugen ihn* aufführen. Siehe Jacob und Givray (Hg.), Op. cit. S. 158.
68 Thompson und Bordwell, Op. cit. S. 523–525.
69 Ibid. S. 528–529.
70 Zweideutig ja, doch Truffaut selbst fand, dass der Film sehr klar von seinem Publikum verstanden wurde. Siehe Jacob und Givray, Op. cit. S. 426. Siehe auch

Thompson und Bordwell, Op. cit. S. 524–525.
71 Zu Godards Philosophie über das Geschichtenerzählen siehe Richard Roud, *Jean-Luc Godard*, London, 1967, S. 48.
72 Thompson und Bordwell, Op. cit. S. 519–522.
73 Ibid. S. 529.
74 James Pallot und Jacob Levich (Hg.), *The Fifth Virgin Film Guide*, London, 1996, S. 341. Die Herausgeber weisen darauf hin, dass dieser Film auf bestimmter Ebene auch eine Parodie auf die »Dreiecksgeschichten von Hollywood« war, siehe S. 376.
75 Ibid. S. 758.
76 Eine Diskussion über die »durchbrochenen Grenzen« dieses Films bieten Colin McCabe et al., *Godard, Images, Sounds, Politics*, London, 1980, S. 39. Siehe auch Calvet, Op. cit. S. 140–141.
77 Peter Brook, *Threads of Time*, London, 1998.
78 Ibid. S. 127.
79 Ibid. S. 134.
80 Ibid. S. 54.
81 Ibid. S. 137.
82 M. M. Delgado und Paul Heritage (Hg.), *Directors Talk Theatre*, Manchester, 1996. S. 38.
83 Brook, Op. cit. S. 177; siehe auch Delgado und Heritage, Op. cit. S. 38.
84 Brook, Op. cit. S. 182–183.
85 Ibid. S. 208.
86 Ibid. S. 189–193.
87 Delgado und Heritage (Hg.), Op. cit., S. 49.
88 Brook, Op. cit. S. 225.
89 Allerdings befasste er sich auch geradezu obsessiv mit den Fragen, die das traditionelle Theater stellt, siehe John Peters, *Vladimir's Carrot: Modern Drama and the Modern Imagination*, London, 1987, S. 314.
90 Brook, Op. cit. S. 226.

KAPITEL 36

1 Richard Dworkin, *Bürgerrechte ernst genommen*, übersetzt von Ursula Wolf, Frankfurt a. M., 1984.
2 Ibid. Anm. S. 429, S. 432.
3 Ibid. S. 280ff.
4 Ibid. S. 335–336.
5 Milton und Rose Friedman, *Free to Choose*, New York, 1980.
6 Ibid. S. 15.
7 Ibid. S. 107.
8 Ibid. S. 179.
9 Ibid. S. 174.
10 Ibid. S. 229.
11 Paul Krugman, *Peddling Prosperity; Economic Sense and Nonsense in the Age of Diminished Expectations*, New York, 1994, S. 15.
12 Ibid. S. 178ff.
13 Robert Solow, Interview mit dem Autor, MIT, 4. Dezember 1997. Solow begann seine Sicht erstmals 1956 in verschiedenen Artikeln für das *Quarterly Journal of Economics* und 1957 in der *Review of Economic Statistics* zu propagieren.
14 Krugman, Op. cit. S. 64–65.
15 Ibid. S. 197.
16 Robert Solow, *Learning from »Learning by Doing«: Lessons for Economic Growth*, Stanford, 1997. [Anm. d. Ü.: Zu den Grundthesen von Solow siehe auch seine in der Übersetzung von Leonhard Männer erschienenen Radcliffe-Vorlesungen *Wachstumstheorie. Darstellung und Anwendung*, Göttingen, 1971.]
17 Solow, *Learning*, S. 20.
18 Ibid. S. 82ff; siehe auch Krugman, Op. cit. S. 200–202.
19 Siehe auch Kap. 9, »The Economic of Qwerty,« in Krugman, Op. cit. S. 221ff.
20 Friedman & Friedman, Op. cit. S. 19–20.
21 Zum Gefangenen-Dilemma siehe Amartya Sen, *Ethics and Economics*, Oxford, 1987, S. 82ff.
22 Amartya Sen, *Poverty and Famines*, Oxford, 1981.
23 Ibid. S. 57–63.
24 Krugman, Op. cit., »In the long run Keynes is still alive«, S. 197ff.
25 Ibid. S. 128, 235, 282.
26 J. K. Galbraith, *The Culture of Contentment*, Boston, 1992.
27 Ibid. S. 107.
28 Charles Murray, *Losing Ground: American Social Policy 1950–1980*, London, 1984.
29 Ibid. S. 146.
30 Ibid. Teil II.
31 Galbraith, Op. cit. S. 106.
32 J. K. Galbraith, *The Good Society*, Boston, 1996.
33 Ibid. S. 133, Kapitel 8–11.
34 Andrew Hacker, *Two Nations: Black and White: Separate, Hostile, Unequal* (1992), New York, 1995.
35 Ibid. S. 74.
36 Ibid. S. 84.
37 Nicht so einflussreich wie die Studien von Hacker oder Murray, aber dennoch

lesenswert, da sich dieses Buch speziell mit dem Migrationsmuster unter den 5 Millionen afrikanischen Amerikanern zwischen 1940 und 1970 befasst, ist: Nicholas Lemann, *The Promised Land: The Great Black Migration and How it Changed America*, New York, 1991.
38 Hacker, Op. cit. S. 229.

KAPITEL 37
1 Randy Shilts, *And the Band Played On*, New York, 1987, S. 20, 93–94.
2 Einen Bericht über die Homosexuellengemeinde am Vorabend der Krise bieten Robert A. Padgug und Gerald M. Oppenheimer, »Riding the Tiger: AIDS and the Gay Community«, in Elizabeth Fee und Daniel M. Fox (Hg.), *AIDS: The Making of a Chronic Desease*, Los Angeles und London, 1992, S. 245ff.
3 Shilts, Op. cit. S. 94.
4 Ibid. S. 224. Siehe auch den Bericht über HIV in New York, in Fee und Fox, Op. cit. S. 279ff.
5 Weatherall, *In Search of a Cure*, Op. cit. S. 240–241.
6 W. F. Bynum und Roy Porter, *Companion Encyclopedia of the History of Medicine*, Bd. I, London, 1993, S. 138.
7 Weatherall, Op. cit. S. 241.
8 Bynum und Porter, Op. cit. Bd. 11, S. 1023.
9 Weatherall, Op. cit. S. 224–226.
10 Ibid.
11 Bynum und Porter, Op. cit. S. 1023–1024, berichten ausführlicher über diesen Fall.
12 Mirko D. Grmek, *A History of AIDS*, Princeton und London, 1990, S. 58–59.
13 Shilts, Op. cit. S. 73–74 und 319.
14 Grmek, Op. cit. S. 62–70; siehe auch Shilts, Op. cit. S. 50–51.
15 Eine kurze, aber ausgewogene Geschichte des Krebs bietet David Cantor in seinem Artikel »Cancer« in Bynum and Porter, Op. cit. Bd. I, S. 537–559.
16 Harold Varmus und Robert Weinberg, *Genes and the Biology of Cancer*, New York, 1993. Eine umfangreiche schwedische Studie, die im Juli 2000 veröffentlicht wurde, kam zu dem Schluss, dass Umweltfaktoren für »über 50 Prozent aller Krebsarten verantwortlich sind«.
17 Ibid. S. 51.
18 Ibid. S. 185.
19 Susan Sontag, *Krankheit als Metapher*, aus dem Amerikanischen von Karin Kersten und Caroline Neubaur, Frankfurt a. M., 1981.
20 Ibid. S. 5.
21 Ibid. S. 10, 16–17.
22 Ibid. S. 21, 25, 26.
23 Susan Sontag, *Aids und seine Metaphern*, aus dem Amerikanischen von Holger Fliessbach, München, 1989.
24 Ibid. S. 28, 39.
25 Ibid. S. 61, 67.
26 Ibid. S. 68, 70–71.
27 Ibid. S. 81–82.
28 Ibid. S. 82.
29 Shilts, Op. cit. S. 453.
30 James Miller (Hg.) widmete den Folgen von Aids in Künstlerkreisen ein ganzes Buch: *Fluid Exchanges*, Toronto, 1992.
31 Jeffrey Masson, *Against Therapy* (1989), London, 1990, S. 165.
32 Ibid. S. 185.
33 Ibid. S. 101.
34 Ibid. Kapitel 7 und 8, S. 229ff. und 248ff. zum Thema Maslow.
35 Ernest Gellner, *The Psychoanalytic Movement: The Cunning of Unreason*, London, 1985.
36 Ibid. S. 36–37.
37 Ibid. S. 76.
38 Ibid.
39 Ibid. S. 162.
40 Ibid. S. 104–105.
41 Jane Howard, *Margaret Mead: A Life*, Op. cit. S. 432ff.
42 Derek Freeman, *Margaret Mead and Samoa: The Making and Unmaking of an Anthropological Myth*, Cambridge, 1983.
43 Howard, Op. cit. S. 435.
44 Roy Porter, *The Greatest Benefit to Mankind: A Medical History of Mankind from Antiquity to the Present*, London, 1997, S. 596.
45 Ibid. S. 718.

KAPITEL 38
1 Jean-François Lyotard, *Das postmoderne Wissen. Ein Bericht*, vollständig von Otto Pfersman überarbeitete Fassung der Übersetzung aus *Theatro machinarum* 3.4 1982, Wien, 1999.
2 Zu den Kategorisierungen libidinös, heidnisch und widerspenstig siehe in Lyotard: »Principales tendances actuelles de l'étude psychanalytique des expressions artistiques et littéraires«, in *Dérive à de Marx et Freud*, Paris, 1973.
3 Lyotard, *Das postmoderne Wissen*, Op. cit. S. 13–14.
4 Ibid. S. 98.

5 Ibid. S. 107–108.
6 Ibid. S. 172–173.
7 Ibid. S. 180.
8 Richard Rorty, *Der Spiegel der Natur. Eine Kritik der Philosophie,* übersetzt von Michael Gebauer, Frankfurt a. M., 1981; sowie *Objectivity, Relativism and Truth,* Cambridge, 1991.
9 Rorty, *Der Spiegel der Natur*, Op. cit. S. 390.
10 Ibid. S. 398–399.
11 Ibid. S. 413.
12 Ibid. S. 421–422, 423.
13 Rorty, *Objectivity*, Op. cit. S. 56–57.
14 Ibid. S. 37.
15 Ibid. S. 39.
16 Ibid. S. 40.
17 Ibid. S. 203ff.
18 Ibid. S. 218.
19 Thomas Nagel, *Mortal Questions,* Cambridge, 1979 *(Über das Leben, die Seele und den Tod,* Königstein, 1984*)*; sowie *The View From Nowhere* (1986), Oxford, 1989 (*Der Blick vom Nirgendwo,* Frankfurt a. M., 1992).
20 Nagel, *Mortal Questions*, Op. cit. S. X.
21 Nagel, *The View from Nowhere*, Op. cit. S. 26.
22 Ibid. S. 52.
23 Ibid. S. 78–79.
24 Ibid. S. 84.
25 Ibid. S. 85.
26 Ibid. S. 108.
27 Ibid. S. 107.
28 Clifford Geertz, *Dichte Beschreibung. Beiträge zum Verstehen kultureller Systeme* (1983), übersetzt von Brigitte Luchesi und Rolf Bindemann, Frankfurt a. M., 1987.
29 Ibid. S. 22–23.
30 Ibid. siehe Kapitel 1, »Bemerkungen zu einer deutenden Theorie von Kultur«, S. 57ff.
31 Ibid. S. 202ff.
32 Clifford Geertz, *Local Knowledge* (1983), New York, 1997, S. 8.
33 Ibid. S. 74.
34 Ibid. S. 151.
35 Ibid. S. 161.
36 Zu den neueren Studien von Geertz gehören die Publikationen der beiden Vorlesungsreihen *Works and Lives*, London, 1988, und *After the Fact*, Cambridge, 1995.
37 Bryan Magee, *Men of Ideas*, Op. cit., S. 196–197.
38 Ibid. S. 202, 205. Unter der Themenbandbreite von Putnams Arbeiten in diesem Zusammenhang befinden sich: »Two concepts of rationality« oder »The impact of science on modern concepts of rationality«, beides in *Reason, Truth and History*, Cambridge, 1981, sowie »What is mathematical truth?« und »The logic of quantum mechanics«, in *Mathematics, Matter and Method*, Cambridge, 1980; und »Why there isn't a ready-made world« und »Why reason can't be naturalized«, in *Realism and Reason*, Cambridge, 1983.
39 Putnam, *Reason, Truth and History*, Op. cit. S. 215; siehe auch Magee, Op. cit. S. 201.
40 Magee, Op. cit. S. 143–145.
41 Etwas leichter zugänglich sind die Ideen , die Quine in *Quiddities: An Intermittently Philosophical Dictionary*, Cambridge, MA., 1987, vermittelt. Hier stellt er bestimmte Aspekte des Alltaglebens auf geniale Weise mathematisch dar, siehe zum Beispiel das Kapitel »Success and Limits of Mathematicalism« in *Theories and Things*, Cambridge, MA, 1981, S. 148ff. Siehe auch Magee, Op. cit. S. 147.
42 Zu Van Quines Position gegenüber der analytischen Philosophie siehe: George D. Romans, *Quine and Analytic Philosophy*, Cambridge, MA., 1983, S. 179ff. Siehe auch Magee, Op. cit. S. 149.
43 Alasdair MacIntyre, *Whose Justice? Which Rationality?*, London, 1988.
44 Ibid. S. 140.
45 Ibid. S. 301.
46 Ibid. S. 302.
47 Ibid. S. 304.
48 Ibid. S. 339.
49 Ibid. S. 500.
50 David Harvey, *The Condition of Postmodernity* (1980), Oxford, 1990.
51 Ibid. S. 8–9.
52 Ibid. S. 3.
53 Ibid. S. 135.
54 Ibid. S. 137.
55 Ibid. S. 136.
56 Ibid. S. 140.
57 Ibid. S. 147.
58 Ibid. S. 156.
59 Ibid. S. 351.
60 Ibid. S. 350.
61 Ibid. S. 328.

KAPITEL 39

1 Bodmer und McKie, *The Book of Man*, Op. cit. S. 259.
2 Colin Tudge, *The Engineer in the Garden*, Op. cit. S. 257–260.
3 Bodmer und McKie, Op. cit. S. 257.

4 Ibid. S. 259.
5 Ibid. S. 261.
6 A. G. Cairns-Smith, *Seven Clues to the Origin of Life*, Cambridge, 1985.
7 Ibid. S. 47.
8 Ibid. S. 74.
9 Ibid. S. 80.
10 Richard Fortey, *Life: An Unauthorized Biography* (1997), London, 1998, S. 44, 54ff.
11 Ibid. S. 55–56, siehe die Berechnung der Sauerstoffproduktion von Bakterien.
12 J. D. MacDougall, *Eine kurze Geschichte der Erde. Eine Reise durch 5 Milliarden Jahre*, aus dem Englischen von Ulrich Mihr (1997), München, 2000, S. 48. Siehe auch Fortey, Op. cit. S. 59–61.
13 MacDougall, Op. cit. S. 70; Fortey, Op. cit. S. 68–69. Zu den Implikationen der Vorstellungen, die sich Margulis von Kooperation machte, siehe Tudge, Op. cit. S. 331, 334–335.
14 Fortey, Op. cit. S. 81ff.
15 Ibid. S. 102ff; MacDoughall, Op. cit. S. 121ff. Im März 2000 hielt der Oxforder Zoologe Andrew Parker einen Vortrag vor der Royal Institution in London und erklärte, dass diese kambrische Explosion der Evolution des Sehens zu verdanken sei: Organismen mussten Raubtiere schnell erkennen können, um zu überleben. Siehe *The Times*, London, 1. März 2000, S. 41.
16 McDougall, Op. cit. S. 43ff.
17 John Noble Wilford, *The Riddle of the Dinosaurs*, London und Boston, 1986, S. 221ff.
18 Ibid. S. 226–228.
19 Walter Alvarez, *T. Rex and the Crater of Doom* (1997), Princeton und London, 1998, S. 69. Siehe auch MacDougall, Op. cit. S. 191ff.
20 Die traditionelle Ansicht über die Ausrottung der Dinosaurier ist nachzulesen in Björn Kurtén, *The Age of the Dinosaurs*, London, 1968, S. 211ff.
21 Alvarez, Op. cit. S. 92–93.
22 Ibid. S. 109ff.
23 Ibid. S. 123ff; siehe auch MacDougall, Op. cit. S. 194.
24 MacDougall, ibid.
25 Alvarez, Op. cit. S. 133.
26 Ian Tattersall, *Puzzle Menschwerdung*, Op. cit. S. 238.
27 Ibid. S. 238–239, 242. Siehe auch Donald Johanson und James Shreeve, *Lucy's Child: The Discovery of a Human Ancestor*, New York, 1990, S. 201ff.
28 E. S. Vrba, »Ecological and adaptive changes associated with early hominid exolution, in: E. Delson (Hg.), *Ancestors: The Hard Evidence*, New York, 1988, S. 63–71; sowie E. S. Vrba, »Late Pleistocene climatic events and hominid evolution«, in F. E. Grinde (Hg.), *Evolutionary History of the ›Robust‹ Australopithecines*, New York, 1988, S. 405–426.
29 Tattersall. Op. cit. S. 251.
30 Christopher Stringer und Clive Gamble, *In Search of the Neanderthals*, London, 1993. S. 152–154. Diese Schlussfolgerung wird jedoch von vielen Forschern bezweifelt.
31 Tattersall, Op. cit. Kap. 15: »Der Höhlenmensch verschwindet«, S. 253ff.
32 Bodmer und McKie, Op. cit. S. 218, 232–233.
33 Brian M. Fagan, *The Journey from Eden: The Peopling of Our World*, London, 1990, S. 27–28. (*Aufbruch aus dem Paradies. Ursprung und Frühgeschichte der Menschen*, München, 1991.)
34 Colin Renfrew, *Archeology and Language*, London, 1987, S. 9–13.
35 J. H. Greenberg, *Language in the Americas*, Stanford, 1986.
36 Brian M. Fagan, *The Great Journey: The Peopling of Ancient America*, London und New York, 1987, S. 186.
37 Siehe hier vor allem: Luigi Luca Cavalli-Sforza und Francesco Cavalli Sforza, *The Great Human Diasporas: The History of Diversity and Evolution* (Erstveröffentlichung in Italien 1993), New York, 1995.
38 Ibid. S. 87.
39 Ibid. S. 185; siehe auch die Tabelle auf S. 186.
40 Renfrew, Op. cit. S. 205.
41 Paul Johnson, *Daily Mail*, London.
42 E. O. Wilson, *On Human Nature*, Cambridge, MA., 1978, S. 167.
43 Ibid. S. 2.
44 Ibid. S. 137; siehe auch die Tabellen auf S. 90.
45 E. O. Wilson, *Biophilia: The Human Bond with Other Species*, Cambridge, MA., 1984.
46 Stephen R. Kellert und E. O. Wilson (Hg.), *The Biophilia Hypothesis*, Washington D. C., 1973, S. 237. (Anm. d. Ü.: In diesem Zusammenhang sei auch auf die deutsche Übersetzung des von Wilson herausgegebenen Buches *Biodiversity* aufmerksam gemacht: *Ende der biologischen Vielfalt? Der Verlust an Arten, Genen und Lebensräumen und die Chancen für eine*

Umkehr, aus dem Amerikanischen von Brigitte Dittami et al., Heidelberg/Berlin/New York, 1992.) Siehe auch James Lovelock, *Gaia: A New Look at Life on Earth*, Oxford, 1979, 1982 und 1995.
47 Richard Dawkins, *Der blinde Uhrmacher. Ein neues Plädoyer für den Darwinismus*, aus dem Englischen von Karin de Sousa Ferreira, München, 1987.
48 Ibid. S. 113.
49 Ibid. S. 125.
50 Ibid. S. 191–192. [Anm. d. Ü.: Nach dem griechischen Wort *mneme*, »Gedächtnis«, »Erinnerung«, das erstmals R. Semon 1909 zur Erklärung von Vererbung und Gedächtnisleistungen verwendete. Dawkins definierte diesen Begriff im Kapitel »Meme, die neuen Replikatoren« in *Das egoistische Gen*, Op. cit. S. 304, folgendermaßen: »Beispiele für Meme sind Melodien, Gedanken, Schlagworte, Kleidermoden, die Art, Töpfe zu machen oder Bögen zu bauen. So wie Gene sich im Genpool vermehren, indem sie sich mit Hilfe von Spermien und Eizelle von Körper zu Körper fortbewegen, verbreiten sich Meme im Mempool, indem sie von Gehirn zu Gehirn überspringen, vermittelt durch einen Prozess, den man im weitesten Sinn als Imitation bezeichnen kann. Wenn jemand ein fruchtbares Mem in meinen Geist einpflanzt, so setzt er mir im wahrsten Sinne des Wortes einen Parasiten ins Gehirn und macht es genau auf die gleiche Weise zu einem Vehikel für die Verbreitung des Mems, wie ein Virus dies mit dem genetischen Mechanismus einer Wirtszelle tut … dies ist nicht einfach nur eine Redeweise – das Mem etwa für den ›Glauben an das Leben nach dem Tod‹ ist tatsächlich viele Millionen Male physikalisch verwirklicht, nämlich als eine bestimmte Struktur in den Nervensystemen von Menschen überall auf der Welt.«]
51 Daniel C. Dennett, *Darwins gefährliches Erbe. Die Evolution und der Sinn des Lebens*, aus dem Amerikanischen von Sebastian Vogel, Hamburg, 1995, S. 23.
52 Ibid. S. 111.
53 Stuart Kauffman, *The Origins of Order: Self-Organisation and Selection in Evolution*, Oxford, 1993.
54 Dennett, Op. cit. S. 303ff.
55 John Maynard Smith und Eörs Szathmáry, *The Major Transitions in Evolution*, Oxford, New York, 1995. (*Evolution, Prozesse, Mechanismen, Modelle*, Heidelberg, 1996.)
56 Steven Pinker, *Der Sprachinstinkt. Wie der Geist die Sprache bildet*, aus dem Amerikanischen von Martina Wiese, München, 1996.
57 Ibid. S. 453ff.
58 N. Eldredge und S. J. Gould, »Punctuated Equilibrium: An alternative to phyletic gradualism«, in T. J. M. Schopf (Hg.), *Models in Paleobiology*, San Francisco, 1972, S. 82–115. Siehe auch N. Eldredge, *Reinventing Darwin*, New York, 1995, S. 93ff., der diese Debatte auf den neuesten Stand bringt.
59 S. J. Gould und R. C. Lewontin, »The spandrels of San Marco and the Panglossian paradigm: A critique of the adaptionist programme«, in *Proceedings of the Royal Society*, Bd. B205, 1979, S. 581–598.
60 S. J. Gould, *Wonderful Life*, London, 1989. (*Zufall Mensch. Das Wunder des Lebens als Spiel der Natur*, München/Wien, 1991.)
61 Simon Conway Morris, *The Crucible of Creation: The Burgess Shale and the Rise of Animals*, Oxford, 1998.
62 S. J. Gould, *The Mismeasure of Man*, Op. cit. (*Der falsch vermessene Mensch*, München, 1988.)
63 Steven Rose, Leon Kamin und R. C. Lewontin, *Not in Our Genes*, Op. cit. (*Die Gene sind es nicht. Biologie, Ideologie und menschliche Natur*, Weinheim, 1988.)
64 R. C. Lewontin, *The Doctrine of DNA: Biology as Ideology* (1991), Toronto, 1993, S. 73–74.
65 Richard J. Herrnstein und Charles Murray, *The Bell Curve: Intelligence and Class Structure in American Life*, Glencoe, 1994.
66 Siehe auch Bernie Devlin, Stephen E. Fienberg, Daniel P. Resnick und Kathryn Roeder (Hg.), *Intelligence, Genes and Success: Scientists Respond to The Bell Curve*, New York, 1997, S. 22.
67 Ibid. S. 269ff.
68 Ibid. S. 167ff.
69 Herrnstein und Murray, Op. cit. S. 525.
70 Ibid. S. 444.
71 Gould, *The Mismeasure of Man*, Op. cit. S. 375.
72 Robert Cook-Degan, *The Gene Wars*, Op. cit. S. 110.
73 Bodmer und McKie, Op. cit. S. 320.
74 Cook-Degan, Op. cit. S. 286.
75 Ibid. S. 339.
76 Francis Crick, *The Astonishing Hypothesis: The Scientific Search for the Soul*,

New York, 1994. (*Was die Seele wirklich ist. Die naturwissenschaftliche Erforschung des Bewusstseins*, Deutsch von Harvey. P. Gavagai, Reinbek b. Hamburg, 1997.)
77 John Maddox, *What Remains to be Discovered*, Op. cit. S. 306. (*Was zu entdecken bleibt*, übersetzt von Thorsten Schmidt, Frankfurt a. M., 2000).
78 John Cornwell (Hg.), *Consciousness and Human Identity*, Oxford und New York, 1998, S. VI.
79 Ibid. S. VII.
80 Ibid.
81 John R. Searle, *The Mystery of Consciousness*, London, 1997, S. 95ff.
82 Searle, *Die Wiederentdeckung des Geistes*, aus dem Amerikanischen von Harvey P. Gavagai, München (1993), 1996, S. 60ff.
83 Roger Penrose, *Shadows of Mind: A Search for the Missing Science of Consciousness*, Oxford und New York, 1994. (*Schatten des Geistes. Wege zu einer neuen Physik des Bewusstseins*, Heidelberg, 1995.)
84 Searle, *The Mystery*, Op. cit. S. 53ff.
85 Ibid. S. 87.
86 Cornwell (Hg.), Op. cit. S. 11–12.
87 Robert Wright, *The Moral Animal*, New York, 1994, S. 321.
88 Olaf Sporns, »Biological variability and brain function«, in Cornwell (Hg.), Op. cit. S. 38–53.

KAPITEL 40

1 Marcus Cunliffe (Hg.), *American Literature since 1900*, Op. cit. S. 373.
2 Ibid. S. 377.
3 Ibid. S. 378.
4 Ibid. S. 373.
5 Richard Hofstadter, *Anti-Intellectualism in American Life*, New York, 1963, zitiert in Cunliffe, Op. cit. S. 386.
6 Alle deutschen Übersetzungen von Toni Morrison erschienen bei Rowohlt, Reinbek b. Hamburg. Siehe auch Malcolm Bradbury, *The Modern American Novel* (1983), Oxford und New York, 1992, S. 279.
7 Nancy J. Peterson (Hg.), *Toni Morrison: Critical and Theoretical Approaches*, Baltimore und London, 1997.
8 Alice Walker, *The Color People*, New York, 1982. (*Die Farbe Lila*, Reinbek b. Hamburg, 1984.)
9 David Crystal, *English as a Global Language*, Cambridge, 1997, S. 139. Siehe auch Michael Awkward, *Inspiriting Influences: tradition, revision and Afro-American women's novels*, New York, 1989.
10 Crystal, Op. cit. S. 130.
11 Ibid.
12 Jean Franco, *The Modern Culture of Latin America: Society and the Artist* (1967), London, 1967 und 1970, S. 198.
13 Mario Vargas Llosa, *Die Stadt und die Hunde*, Frankfurt a. M., 1980.
14 Mario Vargas Llosa, Das grüne Haus, Frankfurt a. M., 1992.
15 Keith Booker, *Vargas-Llosa among the Post-Modernists*, Gainesville, Florida, 1994.
16 Gerald Martin, *Journeys through the Labyrinth*, London, 1989, S. 218.
17 Gabriel García Márquez, *Hundert Jahre Einsamkeit*, übersetzt von Curt Meyer-Clason, Köln, 1970.
18 Carlos Fuentes, La nueva novela hispanoamericana, Mexiko Stadt, 1969, zitiert in: D. und V. Foster (Hg.), *Modern Latin American Literature*, New York, 1975, S. 380–381.
19 R. K. Narayan, *The Sweet Vendor*, London, 1967. Siehe auch William Walsh, »India and the Novel,« in Boris Ford (Hg.), *From Orwell to Naipaul*, London, 1983, S. 238–240.
20 Anita Desai, *The Village by the Sea* (1982), London, 1984.
21 Anita Desai, *In Custody*, London, 1984.
22 Salman Rushdie, *Mitternachtskinder*, aus dem Englischen von Karin Graf, München, 1998; sowie *Die satanischen Verse*, (o. A. d. Ü.), München, 1997. Siehe auch Catherine Cundy, *Salman Rushdie*, Manchester und New York, 1996; sowie Malise Ruthven, *A Satanic Affair: Salman Rushdie and the Rape of Islam*, London, 1990.
23 Mehdi Mozaffari, *Fatwa: Violence and Discovery*, Aarhus, 1998.
24 Siehe Verschiedene: *For Rushdie: Essays by Arab and Muslim Writers in Defence of Free Speech*, New York, 1994, bes. S. 21ff., 54ff. und 255ff.
25 V. S. Naipaul, *A. House for Mr. Biswas*, London, 1961. (*Ein Haus für Mr. Biswas*, München, 1995.)
26 V. S. Naipaul, *The Mimic Men*, London, 1968.
27 Andrew Robinson, *Satyajit Ray: The Inner Eye*, London, 1989, S. 74ff.
28 Ibid. S. 76.
29 Thompson und Bordwell, *Film History*, Op. cit. S. 483–484, 512–513;

siehe auch Pallot und Levich, Op. cit. S. 520.
30 Robinson, Op. cit. S. 156
31 Ibid. S. 513.
32 Wole Soyinka, *Myth, Literature and the African World*, Cambridge, 1976.
33 Ibid. S. 54–60, passim. [Anm. d. Ü.: Ousmane Sembènes Buch erschien in deutscher Übersetzung von Peter Schunck unter dem Titel *Gottes Holzstücke*, Frankfurt a. M., 1988.]
34 Soyinka, Op. cit. S. 41.
35 Edward Said, *Orientalism*, New York, 1978.
36 Ibid. S. 190.
37 Ibid. S. 317ff.
38 Ibid. S. 326.
39 Ranajit Guha und Gayatri Chakravorty Spivak, *Selected Subaltern Studies*, Oxford und New York, 1988, S. 3–32.
40 Gayatri Spivak, *In Other Words: Essays in Cultural Politics*, London, 1987; und *A Critique of Post-Colonial Reason: Toward a History of the Vanished Present*, Cambridge, MA., 1999.
41 Guha und Spivak, Op. cit. passim.
42 Bill Ashcroft, Gareth Griffiths und Helen Tiffin, *The Post-Colonial Studies Reader*, London und New York, 1995, bes. S. 24ff. und 119ff.
43 Frederic Jameson, *The Political Unconsciousness*, Princeton, 1981.
44 Raman Selden und Peter Widdowson, *Contemporary Literary Theory*, Lexington, 1993, S. 97.
45 Frederic Jameson, *Postmodernism or the Cultural Logic of Late Capitalism*, Durham, 1991.
46 Selden und Widdowson, Op. cit. S. 93–94; siehe auch: Terry Eagleton, *The Idea of Culture*, London, 2000.
47 H. Aram Veeser (Hg.), *The Stanley Fish Reader*, Oxford, 1999.
48 Jonathan Dollimore und Alan Sinfield (Hg.), *Political Shakespeare*, Manchester, 1985.
49 Peter Watson, »Presume not that I am the thing I was«, London, *Observer*, 22. August 1993, S. 37–38.
50 Annabel Patterson, *Shakespeare and the Popular Voice*, Oxford, 1989. Im Mai 2000 entschied der Leiter der English Studies an der Cambridge University, Shakespeare als Pflichtlektüre für einen akademischen Abschluss in Anglistik aus der Prüfungsordnung zu streichen.
51 Cunliffe (Hg.), Op. cit. S. 234.
52 Er teilte auch Eliots »sense of moral dismay«, wie auch eine Kapitelüberschrift in Dennis Carrolls Biographie des Bühnenautors *David Mamet* lautet (Basingstoke, 1987).
53 Ibid. S. 147.
54 David Mamet, *Make-Believe: Essays and Remembrances*, London und Boston, 1996; siehe auch Cunliffe, Op. cit. S. 159–160.
55 John Updikes Rabbit-Romane (Bd. I: *Hasenherz*; Bd II: *Unter dem Astronautenmond*; Bd. III: *Bessere Verhältnisse*, Bd. IV: *Rabbit in Ruhe*) erschienen als Tetralogie in einer Sonderausgabe, *Die Rabbit-Romane*, Reinbek. b. Hamburg, 1994.
56 Judie Newman, *John Updike*, Basingstoke, 1988.
57 Saul Bellow (Angaben nach Taschenbuchausgaben, wo vorhanden): *Der Mann in der Schwebe*, Köln, 2000; *Die Abenteuer des Augie March*, Deutsch von Alexander Koval, Köln/Berlin, 1956; *Der Regenkönig*, Bergisch Gladbach, 2000; *Humboldts Vermächtnis*, München, 1995; *Der Dezember des Dekan*, Köln, 1990; *Mehr noch sterben an gebrochnem Herzen*, Köln, 1989.
58 Jonathan Wilson, *On Bellow's Planet: Readings from the Dark Side*, New York, 1985.
59 Saul Bellow, *Die Abenteuer des Augie March*, Op. cit. S. 7.
60 Michael K. Glenday, *Saul Bellow and the Decline of Humanism*, London, 1990; siehe auch Bradbury, Op. cit. S. 171–172, 174.
61 Greg Sarris, *Keeping Slug Woman Alive: A Holistic Approach to American-Indian Texts*, Los Angeles, 1993; und *Grand Avenue*, New York, 1994, 1995.

KAPITEL 41

1 Allan Bloom, *Giants and Dwarves: Essays 1960–1990* (1990), New York, 1991, S. 16–17.
2 Allan Bloom, *The Closing of the American Mind*, New York, 1987, 1988.
3 Ibid. S. 49.
4 Ibid. S. 122.
5 Ibid. S. 91.
6 Ibid. S. 141.
7 Ibid. S. 254.
8 Ibid. S. 301.
9 Bloom, *Giants and Dwarves*, Op. cit. S. 24–25.
10 Harold Bloom, *The Western Kanon*, New York, 1994.
11 Ibid. S. 38.

12 Ibid. S. 30.
13 Ibid. S. 48.
14 Ibid. S. 371ff.
15 Ibid. S. 41.
16 Lawrence Levine, *The Opening of the American Mind*, Boston, 1996.
17 Ibid. S. 91ff.
18 Ibid. S. 16.
19 Ibid. S. 83.
20 Ibid. S. 86.
21 Ibid. S. 158.
22 Martin Bernal, *Black Athena: The Afroasiatic Roots of Classical Civilization.The Fabrication of Ancient Greece 1785–1985*. Bd.1, New Jersey, 1978, und *Black Athena: The Afroasiatic Roots of Classical Civilization: The Archaeological and Documentary Evidence*, Bd. 2, New Jersey, 1991; in der Folge zitiert aus London, 1991.
23 Ibid. S. 239.
24 Ibid. S. XXIV, XXVI, XXVII.
25 Ibid. S. 18.
26 Ibid. S. 51.
27 Ibid. S. 31.
28 Mary Lefkowitz und Guy MacLean Rogers, *Black Athena Revisited*, Chapel Hill und London, 1996.
29 Ibid. S. 113.
30 Ibid. S. 112ff.
31 Ibid. S. 431–434.
32 C. A. Diop, *The African Origin of Civilisation: Myth or Reality?* Westport, 1974.
33 Lefkowitz und Rogers, Op. cit. S. 21.
34 Edward T. Linenthal und Tom Engelhardt (Hg.), *History Wars*, New York, 1996.
35 Ibid. S. 35–40.
36 Ibid. S. 52, 59.
37 Roger Kimball, *Tenured Radicals: How Politics Has Corrupted Our Higher Education*, New York, 1990.
38 Ibid. S. 46ff.
39 Ibid. S. 96ff.
40 Dinesh D'Souza, *Illiberal Education: The Politics of Sex and Race on the Campus*, Glencoe, 1991.
41 Ibid. S. 40.
42 Ibid. S. 70.
43 Ibid. S. 226.
44 Ibid. S. 241.
45 Martha Nussbaum, *Cultivating Humanity: A Classical Defence of Reform in Liberal Education*, Cambridge, MA., 1997.
46 Ibid. S. 85.
47 Ibid. S. 53.
48 Ibid. S. 94.
49 Ibid. S. 105.
50 Ibid. S. 277–278.
51 David Denby, *Große Bücher. Meine Abenteuer mit Meisterwerken aus drei Jahrtausenden*, aus dem Amerikanischen von Einar Schlereth (für die deutsche Ausgabe überarbeitete Fassung von *Great Books*, New York, 1996), 1999, München, S. 17.
52 Ibid. S. 18.
53 Ibid. S. 487, 498–499.
54 Ibid. S. 497.
55 Ibid.
56 Ibid. S. 498.
57 Harold Bloom, *Shakespeare. Die Erfindung des Menschlichen*, aus dem Englischen von Peter Knecht, Berlin, 2000.
58 Ibid. S. 17.
59 Ibid. S. 26.
60 Ibid. S. 1018–1019.
61 Ibid. S. 1061.
62 Gertrude Himmelfarb, *On Looking into the Abyss*, New York, 1994.
63 Ibid. S. 4.
64 Ibid. S. 6.
65 Ibid. S. 83.
66 Ibid. S. 8.
67 Ibid. S. 104.
68 Ibid. S. 24.

KAPITEL 42

1 Katie Hafner und Matthew Lyon, *Arpa Kadabra oder die Geschichte des Internet*, aus den Amerikanischen von Gabriele Herbst, 2. korrigierte Auflage, Heidelberg, 2000, S. 300–301.
2 Ibid. S. 21–26.
3 Ibid. S. 22.
4 Ibid. S. 61.
5 Ibid. S. 40, 61ff, 65–66, 75–77.
6 Ibid. S. 90.
7 Ibid. S. 88.
8 Ibid. S. 198ff.
9 Ibid. S. 226–228.
10 Ibid. S. 264.
11 Ibid. S. 290–291.
12 Ibid. S. 305.
13 Brian Winston, *Media, Technology and Society: A History: from the Telegraph to the Internet*, London, 1998.
14 Über das Pro und Contra der Computerkultur schreibt Lauren Ruth Wiener in *Digitales Verhängnis, Gefahren durch Computer und Software*, München, 1996.
15 Michael White und John Gribbin, *Stephen Hawking. Die Biographie*, Deutsch von Hainer Kober, Reinbek b. Hamburg, 1995, S. 256–264. Siehe Stephen

Hawking, *Eine kurze Geschichte der Zeit*, Deutsch von Hainer Kober, Reinbek b. Hamburg, 1991.
16 White und Gribbin, Op. cit. S. 256–264.
17 Ibid. S. 75.
18 Paul Davies, *Der Plan Gottes. Die Rätsel unserer Existenz und die Wissenschaft* (1992), aus dem Englischen von Anita Ehlers, Frankfurt a. M., 1996, S. 266ff.; siehe auch White und Gribbin, Op. cit. S. 151f.
19 White und Gribbin, Op. cit. S. 174.
20 Ibid. S. 180–181.
21 Ibid. S. 207ff.
22 Ibid. S. 207–208.
23 Ibid. S. 211.
24 Joel Davis, Alternate Realities, *How Science Shapes Our View of the World*, New York und London, 1997, S. 159–162.
25 White und Gribbin, S. 215.
26 John Horgan, *An den Grenzen des Wissens. Siegeszug und Dilemma der Naturwissenschaften*, aus dem Amerikanischen von Thorsten Schmidt, (München, 1997), Frankfurt a. M., 2000, S. 12ff. Einige der hier besprochenen Punkte wurden bereits in Douglas R. Hofstadters Kultbuch *Gödel, Escher, Bach, ein Endlos Geflochtenes Band* vorgestellt (Stuttgart, 1985; übersetzt von Philipp Wolff-Windegg und Herman Feuersee). Hofstadter war von einer konzeptionellen Vergleichbarkeit der Mathematik, Malerei und Musik der drei Namensgeber seines Buches ausgegangen. Ihre Ähnlichkeiten entstanden seiner Meinung nach, weil sowohl Bach bei einigen Fugen als auch Escher bei seinen Bildern nicht nur der Harmonie- und der Perspektivlehre gefolgt, sondern zugleich aus ihnen ausgebrochen waren. Escher gelang es mit seinen Bildern, ohne der Perspektive Gewalt anzutun, den Anschein zu erwecken, als fließe Wasser den Berg hinauf oder gar in einem Kreis, was schlicht unmöglich ist, oder als würden Treppensteiger von den Stufen, auf denen sie hinauf- oder hinuntergingen, am Ende wieder zusammengeführt werden und damit ebenfalls dem Gesetz eines unmöglichen Kreises gehorchen. Für Hofstadter waren diese Paradoxa von formalen (bestimmten Regeln gehorchenden) Systemen insofern bedeutend, als sie die Mathematik, Biologie und Philosophie auf genau die Weise miteinander vernetzen, die seiner Ansicht nach eines Tages dazu beitragen wird, intelligentes Leben zu erklären. In Anlehnung an Monod glaubte er, dass wir das Leben nur verstehen können, wenn wir verstehen, wie ein Phänomen die Regeln seiner eigenen Existenz transzendiert. Was er damit vor allem bewusst machen wollte, war, dass man erst einmal diesen Aspekt von formalen Systemen klären muss, bevor man überhaupt daran denken kann, künstliche Intelligenz zu erschaffen. Hatte Gödel Recht mit seiner Behauptung, dass ein formales System nicht zugleich die Grundlagen für die Erklärung seiner selbst anbieten *kann*? Und heißt das automatisch, dass wir niemals in der Lage sein werden, uns selbst vollständig zu verstehen? Oder ist vielleicht irgendwas völlig schief an Gödels Idee? *Gödel, Escher, Bach* ist ein idiosynkratisches Buch, dem absolut keine Zusammenfassung gerecht werden kann. Es bietet jede Menge Zeichnungen und visuelle Illusionen von Escher, Magritte und dem Autor selbst; es steckt voller ernst zu nehmender mathematischer, musikalischer und chemischer Rätsel. Es ist eine Fundgrube. Aber trotz des Plaudertons ist es nicht einfach zu lesen. Allein schon wegen der Bibliographie im Anhang, die so viele Werke über künstliche Intelligenz vorstellt, ist es dieser Mühen aber wirklich wert.
27 White und Gribbin, Op. cit. S. 247–248.
28 Vgl. auch Martin Rees, Just Six Numbers: The Deep Forces that Shape the Universe, London, 1999.
29 Siehe die Einführung zum Thema in David Deutsch, *Die Physik der Welterkenntnis*, aus dem Englischen von Anita Ehlers (Basel, 1996), München, 2000, S. 9–33; siehe auch Horgan, Op. cit. S. 106–150; sowie O. C. W. Davies und J. Brown (Hg.), *Superstrings: A Theory of Everything?* Cambridge, 1988, S. 1–5.
30 Siehe auch Brian Greene, *Das elegante Universum. Superstrings, verborgene Dimensionen und die Suche nach der Weltformel*, aus dem Amerikanischen von Hainer Kober, Berlin, 2000, S. 151ff.; S. 207f.; zu Newton/Maxwell siehe Greene S. 19.
31 Abgesehen von den bereits zitierten Werken siehe hierzu auch Richard Feynman, *The Meaning of It All*, London, 1998; Ian Stewart, *Spielt Gott Roulette? Uhrwerk oder Chaos*, Frankfurt a. M., 1993; und Timothy Ferris, *Chaos und Notwendigkeit. Report zur Lage des Universums*, München, 2000.
32 Greene, Op. cit. passim.
33 Ibid. S. 17–18.

34 Ibid. S. 165.
35 Ibid. S. 167, 169.
36 Übrigens gehörten die String-Theoretiker zu den Ersten, die ihre Archive im Internet anlegten und ihre neuesten Erkenntnisse damit jedem Interessenten weltweit sofort zugänglich machten.
37 Greene, Op. cit. S. 239.
38 Ibid. S. 366f.
39 Ibid. S. 418.
40 Ibid. S. 438–439, 447.
41 James Gleick, *Chaos: Making a New Science*, New York, 1987.
42 Horgan. Op. cit. S. 330–331.
43 George Johnson, *Strange Beauty*, London, 1999. Siehe auch Horgan, Op. cit. S. 363–392.
44 Horgan, Op. cit. S. 325–330.
45 Philip Anderson, »More is Different«, in *Science*, 4. August 1972, S. 393, zitiert in Horgan, Op. cit. S. 335.
46 Ian Stewart, *Life's Other Secret*, New York, 1998.
47 Ibid. S. XIII. Inzwischen hat ein gewisser Revisionismus in Bezug auf Computer und Mathematik stattgefunden. Siehe z.B. D. J. R. Millican und A. Clark (Hg.), *Machines and Thought: The Legacy of Alan Turing*, Bd. I, Oxford, 1999; David Deutsch betrachtete das Turing-Prinzip in seinem Buch *Die Physik der Welterkenntnis*, Op. cit. S. 148f., als eine ausgesprochen gute Grundlage für das Verständnis der Natur.
48 Ibid. S. 22.
49 Ibid. S. 66.
50 Ibid. S. 89–90.
51 Ibid. S. 95ff.; siehe auch Blay Whitby, »The Turing Test: AI's Biggest Blind Alley?«, in Millican und Clark, Op. cit. S. 53ff. Siehe auch Stewart, Op. cit. S. 95ff.
52 Stewart, Op. cit. S. 96ff.
53 Ibid. S. 162.
54 Ibid.
55 Ibid. S. 245; siehe auch Joseph Ford, »Chaos: Past, Present, and Future«, in Millican and Clark, Op. cit. S. 259–260, der die gegenteilige Ansicht vertritt und behauptet, dass Ordnung etwas zutiefst Langweiliges sei, Chaos hingegen Faszination pur, und dass die Evolution im Prinzip nichts anderes sei als kontrolliertes Chaos. Auch Clark Glymour fragt sich, ob es »Ordnungen der Ordnung« gibt, siehe Op. cit. S. 278ff.

SCHLUSSWORT

1 T. S. Eliot, *Gesammelte Gedichte*, übertragen von Christian Enzensberger et al., Frankfurt a. M., 1988, S. 141–143.
2 Jared Diamond, *Guns, Germs and Steel*, London, 1997.
3 Ibid. Siehe die Karte auf S. 177.
4 Ibid. S. 57.
5 Ibid. S. 58.
6 Francis Fukuyama, *The End of History and The Last Man*, Glencoe, 1992. (*Das Ende der Geschichte. Wo stehen wir?*, aus dem Amerikanischen von Helmut Dierlamm, Ute Mihr und Karlheinz Dürr, München, 1992.) Zitiert wurde hier aus dem Original.
7 Ibid. S. XI.
8 Ibid. S. XII.
9 Ibid. S. XIV.
10 Ibid. S. 196.
11 David Landes, *Wohlstand und Armut der Nationen. Warum die einen reich und die anderen arm sind*, aus dem Amerikanischen von Ulrich Enderwitz et. al., Berlin, 1999.
12 Horgan, *An den Grenzen des Wissens*, Op. cit. S. 23–24.
13 Ibid. S. 26.
14 Ibid. S. 245.
15 Ibid.
16 Ibid. S. 246. Der amerikanische Physiker und Philosoph David Bohm, der die Vereinigten Staaten in der McCarthy-Ära verlassen und sich in Großbritannien niedergelassen hatte, formulierte sehr ähnliche Gedanken. Wie Fritjof Capra später in seinem Buch *Das Tao der Physik* (München, 1997) stellte auch Bohm Bezüge zwischen östlichen Religionen und der modernen Physik her – er selbst nannte das die »implizite Ordnung«. Seiner Ansicht nach kann die gegenwärtige Unterscheidung zwischen Kunst und Physik nur temporär sein. »Es hat sie in der Vergangenheit nicht gegeben, und es gibt keinen Grund, warum sie sich in Zukunft fortsetzen sollte.« Und als Aufgabe der Naturwissenschaften betrachtete er nicht das reine Ansammeln von Fakten, sondern die Herstellung von »neuen Verständnisweisen«. Ein dritter Wissenschaftler ähnlicher Couleur war Paul Feyerabend. Auch er hatte einst in Berkeley gelehrt und sich dann von den USA verabschiedet (er lebte ab Mitte der neunziger Jahre in der Schweiz und in Italien). Gleich in zwei Büchern – *Wider den Methodenzwang*, Frankfurt a. M., 1986, und

Irrwege der Vernunft, Frankfurt a. M., 1989 – vertrat er die Ansicht, dass der Wissenschaft und dem wissenschaftlichen Fortschritt jede Vernunft abhanden kam und der Drang des Menschen nach absoluter Wahrheit, so edel die Beweggründe für diese Suche auch sein mochten, allzu oft in die Tyrannei führte. Der wissenschaftliche Methodenzwang zog langweilige, homogenisierende geistige Einflüsse nach sich, weil er alles kreative Denken auslöschte. Diese Ansicht vertrat er mit solcher Verve, dass er sich im zweiten seiner oben angeführten Bücher sogar weigerte, den Faschismus als solchen zu verdammen, da ihn die so genannte wissenschaftliche Vernunft überhaupt erst ermöglicht habe. (Für seine Kritiker war natürlich ein gefundenes Fressen, dass er im Zweiten Weltkrieg in der Wehrmacht gekämpft hatte.)

17 Ibid. S. 37.

18 John Maddox, *What Remains to Be Discovered*, Op. cit.

19 Ibid. S. 122.

20 Ibid. S. 56–57.

21 Ibid. S. 59.

22 Ibid. S. 88.

23 Der Psychologe Henry Plotkin vom Londoner University College vertrat in seinem Buch *Darwin Machines and the Nature of Knowledge*, London, 1995, die Ansicht, dass Adaptionen insofern selbst eine Wissensform seien, als sie Bestandteile der Geschichte eines Organismus sind, die von vornherein festlegt, was dieser weiß und zu wissen in der Lage ist. So gesehen wäre die Intelligenz »höherer« Tiere eindeutig eine evolutionär vorherbestimmte Anpassungsleistung, die selber zu nichts anderem dient, als uns bei Anpassungen zu helfen. Laut Plotkin hat Intelligenz mehrere Funktionen, darunter ist eine der wesentlichsten die, welche den sozialen Zusammenhalt fördert. Und wenn der Mensch ein soziales Tier ist, das von der Kooperation mit anderen profitiert, müssen auch Sprache und Kultur nach diesem Muster funktionieren.

24 Claude Bonnefoy, *Conversations with Ionescu*, Op. cit. S. 167–168. Daneben gibt es den einzigartigen (aber deshalb nicht belanglosen) Fall der Oxford University Press, die im November 1998 ihre Dichtungsreihe mit der Begründung einstellte, dass Dichtung nichts mehr einbringe, weil es keinen Markt mehr dafür gebe. Die literarische Welt im angelsächsischen Sprachraum war zutiefst schockiert, zumal die Liste der von diesem Verlag vertretenen Dichter die zweitgrößte Englands war und bis 1918, als OUP Gerald Manley Hopkins herausgebracht hatte, zurückreichte. Das nun entstandene große Geschrei im ganzen Land brachte schließlich zu Tage, dass überhaupt nur vier Londoner Verleger regelmäßig Dichtung publizierten und folglich nur knapp 25 neue Titel pro Jahr erschienen, von denen sich jeweils nur zwei- bis dreitausend Exemplare verkauften. Das bietet kaum das Bild eines »gesunden« Geisteslebens. Peter Conrad schreibt in seinem Buch *Modern Times, Modern Places*, London, 1998, in dem er sich der Kunst des vergangenen Jahrhunderts widmet, dass es viel mehr Interessantes und Bedeutendes, worüber zu schreiben sich lohnte, in der ersten Hälfte des Jahrhunderts gegeben habe als in der zweiten und dass es sich bei den fast dreißig Themen, die für die Kunst von Bedeutung gewesen seien, bei weit über der Hälfte um Reaktionen auf die Naturwissenschaften gehandelt habe (in ihrer Bedeutung gleichwertig die Städte und Länder: Wien, Berlin, Paris, USA, Japan). Conrads Einschätzung von Kunst ist im Prinzip eine modernisierte Form vom Lionel Trillings Version: Musik, Literatur, Malerei und das Theater sollen uns helfen, guten Mutes zu bleiben, »weitermachen zu wollen«, so seine Worte. Das ist vielleicht kein ungewöhnlicher Standpunkt, aber er spricht von einer wesentlich reduzierteren Zielsetzung als noch vor hundert Jahren, zu Lebzeiten von Otto Wagner, Hofmannsthal oder Bergson. Fakt ist auch, dass sich die Rolle der Kunst, sogar an Peter Conrads strengen Anforderungen gemessen, verringert hat.

25 Alvin Kernan, *The Death of Literature*, New Haven und London, 1990, S. 134.

26 Ibid. S. 135.

27 Ibid. S. 151.

28 Ibid. S. 210.

29 John Barrow, *Impossibility: The Limits of Science and the Science of Limits* (1998), Oxford und New York, 1999, S. 94.

30 Ibid. S. 94–95.

31 Ibid. S. 95.

32 Robin Wright, *The Moral Animal*, Op. cit. S. 325.

33 P. B. Medawar, *The Hope of Progress*, London, 1972, S. 68.

34 Judith Rich Harris, *The Nature As-*

sumption: Why Children Turn Out the Way They Do*, London, 1998.
35 Wright, Op. cit. S. 315.
36 Siehe Michael S. Roth (Hg.), *Freud: Conflict and Culture*, New York, 1998.
37 Paul Robinson, »Symbols at an Exhibition«, *New York Times*, 12. November 1998, S. 12.
38 Ibid. S. 12.
39 Richard Noll, *The Jung Cult*, Princeton, 1994, und *The Aryan Christ: The Secret Life of Carl Gustav Jung*, Op. cit.
40 Russell Jacoby, *The Last Intellectuals: American Culture in the Age of Academe* (1987), New York, 1987, 1989, sowie John Brockman (Hg.), *The Third Culture*, Op. cit.
41 Jacoby, Op. cit. S. 27ff.
42 Ibid. S. 72ff.
43 Ibid. S. 54ff.
44 V. S. Naipaul, *Eine islamische Reise* (1982), übersetzt von Karin Graf, München, 1993, S. 125.
45 Ibid.
46 Ibid. S. 131.
47 Ibid. S. 132.
48 Ibid. S. 262.
49 Ibid. S. 372.
50 V. S. Naipaul, *An Area of Darkness*, London, 1967; *India: A Wounded Civilisation*, London, 1977, 1979; und *India: A Million Mutinies Now*, London, 1990.
51 Naipaul, *An Area of Darkness*, Op. cit. S. 18.
52 Ibid. S. 53. Solche Zitate wären endlos fortzusetzen. Wenden wir uns hier jedoch lieber noch einem anderen indischen Schriftsteller zu, diesmal einem, der auf dem Subkontinent geboren wurde und aufwuchs: Nirad Chaudhuri, der sein Land liebte, obwohl er es für »schwerfällig« hielt und »unfähig zu einer vitalen eigenständigen Kultur, es sei denn, es wird ausländischen Einflüssen unterworfen«. (Zitiert von Edward Shils in *Portraits*, Chicago, 1997, S. 83.) Viele seiner Landsleute kritisierten Chaudhuri so ausdauernd als »anti-indisch«, dass er noch in hohem Alter nach England übersiedelte. In Wahrheit hatte er einen unbestechlichen Blick. Die so häufig zitierte Spiritualität Indiens existiert laut Chauduri gar nicht: »Sie ist eine Einbildung westlicher Phantasie … es gibt keine schöpferische Kraft mehr in Indien.« (Ibid) »Indische Colleges und Universitäten waren noch nie kongeniale Forschungsstätten, abgesehen von der Indologie.« (Ibid. S. 103.)
53 Octavio Paz, *Im Lichte Indiens*, aus dem Spanischen von Rudolf Wittkopf, Frankfurt a. M., 1997.
54 Ibid. S. 43.
55 Ibid. S. 98–99.
56 Ibid. S. 99.
57 Naipaul, *India: A Million Mutinities*, Op. cit. S. 518.
58 Diese spätere Einsicht Naipauls fand ihr Echo in den Texten von Prasenjit Basu. Im August 1999 verdeutlichte dieser den Lesern der *International Herald Tribune*, dass sich Indien trotz der Tatsache, dass seine Bevölkerungszahl in derselben Woche gerade die Einmilliardengrenze überschritten hatte – was die meisten Menschen nicht gerade als gute Nachricht empfanden –, auf gutem Wege ist. Es hat hohe Wachstumsraten zu verzeichnen, der Export von Software wächst und gedeiht, seit der Unabhängigkeit von Großbritannien war es zu keiner ernsthaften Hungersnot mehr gekommen, und Hindus, Muslime, Sikhs und Christen kooperieren nicht nur im Rahmen der Kernkraftproduktion, sondern auch bei der Formulierung von neuen gesellschaftlichen Gesetzen. Vielleicht stimmt es also doch, dass sich das »innengelenkte Indien« schließlich zu verändern begann. Aziz Al-Azmeh äußerte sich mit ähnlich optimistischen Worten über den Islam. Bis zum Jom-Kippur-Krieg und der folgenden Ölkrise *habe* sich der Islam modernisiert und in der Tat versucht, sich unter anderem auch den darwinistischen Ideen anzunähern. Geändert habe sich das erst, seit er von einem rechtsgerichteten Islamismus beherrscht wird und nach dem Fall des Kommunismus westliche Kultur und Werte zur größten Bedrohung wurden.
59 Landes, Op. cit. S. 494ff.
60 Irving Louis Horowitz, *The Decomposition of Sociology*, Oxford und New York (1993), 1994.
61 Ibid. S. 4.
62 Ibid. S. 12.
63 Ibid.
64 Ibid. S. 13.
65 Ibid. S. 16.
66 Ibid. S. 242ff.
67 Barrow, *Impossibility*, Op. cit.
68 Ibid. S. 248.
69 Ibid. S. 251.
70 Roger Scruton, *An Intelligent Person's Guide to Modern Culture*, Op. cit. S. 69.
71 John Polkinghorne, *Beyond Science* (Cambridge, 1966), London, 1998, S. 64.

72 Ibid. S. 88.
73 Einige dieser Argumente wurden auf sehr originelle Weise von Gerald Holton aus Harvard in seinem Buch *The Scientific Imagination* (Cambridge 1978), Harvard, 1998, aufgegriffen. Anhand einer Untersuchung von naturwissenschaftlichen Innovationen, wie z.B. den Entdeckungen von Enrico Fermi oder dem Hochtemperatursupraleiter, kam Holton zu dem Schluss, dass Naturwissenschaftler gewöhnlich introvertiert, scheu wie kleine Kinder und sich als Erwachsene dem Druck, der von Ebenbürtigen ausgeht, außerordentlich bewusst sind. Phantasie sei im Kontext naturwissenschaftlicher Arbeit weniger gefragt als im Bereich der Kunst, da die Naturwissenschaften allgemein durch »Themata« beherrscht werden und voraussetzen, dass Ideen Schritt für Schritt entwickelt werden müssten, bis es zu einem Paradigmenwechsel kommen kann. Holtons Studie legt denn auch nahe, dass solcherart kleine Sprünge geistiger Vorstellungskraft letztlich viel fruchtbarer sind als der eine, große, revolutionärere Umschwung, den zum Beispiel Lewis Mumford und Lionel Trilling im Bereich der Kunst gefordert hatten. Nach den von Holton angeführten Beweisen waren es in der Tat immer die kleineren Schritte, die naturwissenschaftliche Erfolge nach sich zogen. Aber man kann sich von der Wissenschaft auch einfach verzaubern lassen – wie die meisten, wenn nicht alle Naturwissenschaftler. Richard Dawkins verwendete in seinem Buch *Unweaving the Rainbow* (London, 1998) eine Menge Energie darauf, diesen Fakt hervorzuheben. Der Titel stammt aus einem Gedicht von Keats über Newton, in dem es darum geht, dass Newton dem Regenbogen, nachdem er den Beweis für sein Zustandekommen erbracht hatte, jedes Geheimnis und jeden Zauber genommen und seine ganze Poesie zerstört habe. Im Gegenteil, sagt Dawkins, Keats (oder Chaucer oder Shakespeare oder Sitwell) wären sogar noch bessere Dichter gewesen, hätten sie mehr über naturwissenschaftliche Phänomene gewusst. Detailliert zeigt er anhand der Dichtung von Chaucer, Shakespeare und Wordsworth, wo sie wissenschaftlich völlig falsch gelegen hatten; er attackiert mit Vehemenz Mystizismus, Spiritualismus und Astrologie und bezeichnet sie als wertlosen Tand und als Zaubermittelchen; er preist die Wunder des Gehirns und der Naturgeschichte am Beispiel eines Wurms, der im Augenlid des Flusspferds lebt und sich von dessen Tränen nährt (S. 241). Es war das erste Mal, dass Dawkins etwas in Reaktion auf andere schrieb, was natürlich auch darin zum Ausdruck kam, dass er im Gegensatz zu seinen anderen Werken nicht selbst die Themenwahl getroffen hatte und dieses Buch die Qualität einer Verteidigungsschrift annahm – in meinen Augen eine völlig unnötige Maßnahme. Doch seine Taktik, große Dichter zu »korrigieren« – was ihm als Arroganz ausgelegt wurde –, hat etwas. Auch die Kritiker der Naturwissenschaften sollten sich darauf vorbereiten, dass ihre Heroen einer höchst kritischen Überprüfung unterzogen werden.
74 Bryan Magee, *Bekenntnisse eines Philosophen*, aus dem Englischen von Gabriele Haefs, München, 2000, S. 619.
75 Ibid. S. 590–591.
76 Ibid. S. 592.
77 Francis Fukuyama hat sich diesem Problemen zumindest ansatzweise in seinem Buch *The Great Disruption* (1999) gewidmet. Seiner Meinung nach hatte sich dieser »große Bruch« in den Industrienationen während der sechziger Jahre vollzogen, als ein steiler Anstieg von Kriminalität und sozialen Unruhen zu verzeichnen war, begleitet vom Niedergang der Familie und der familiären Gruppe als Quelle des sozialen Zusammenhalts. Fukuyama verbindet diese Ereignisse mit dem Wechsel von der Industrie- zur postindustriellen Gesellschaft, weil sich damit auch die hierarchischen gesellschaftlichen Strukturen verändert hätten; zudem sieht er hier auch einen Zusammenhang mit dem Babyboom (d.h. auch die Anzahl von gewaltbereiten jungen Männern hatte sich erhöht) und mit Innovationen wie der Antibabypille. Auch eine große intellektuelle Errungenschaft aus dem letzten Viertel des Jahrhunderts zählt für ihn zu den Faktoren, die zum Wandel führten, nämlich »die neue Biologie«, womit er im Wesentlichen die Soziobiologie meint, weil sie bewiesen habe, dass es in der Tat eine menschliche Natur gibt und der Mensch ein soziales Tier ist, das ethische Normen entwickelt und deshalb nach jedem Bruch erneut einen sozialen Zusammenhang herstellen wird. Um nichts anderes, schreibt er expressis verbis, gehe es bei all den Kultur*kriegen* – gekämpft werde immer auf moralischen Schlacht-

feldern. Damit lässt Fukuyama Nietzsche und Hayek in neuem, modernem Glanz erstrahlen. Sein Fazit lautet, dass wir die Zeit nach dem »großen Bruch« und damit auch die Rückkehr zu sozialer Kohäsion und Familienwerten bereits erleben.

78 Samuel Huntington, *The Clash of Civilisations and the Remaking of World Order*, New York, 1996.

79 Neil Postman, *Keine Götter mehr. Das Ende der Erziehung*, aus dem Amerikanischen von Angelika Friedrich, Berlin, 1997, S. 138.

80 Ibid.

81 Edward O. Wilson, *Die Einheit des Wissens*, aus dem Amerikanischen von Yvonne Badal, Berlin, 1999.

82 Ibid. S. 291.

83 Ibid. S. 292–294.

84 Ibid. S. 298–300.

85 Ibid. S. 397.

PERSONENREGISTER

SACHREGISTER